计算机信息技术基础

（第二版）

JISUANJI XINXI JISHU JICHU

主 编 姜灵敏
副主编 方 明
        林 东

广西师范大学出版社
GUANGXI NORMAL UNIVERSITY PRESS

哈佛燕京图书馆学术丛刊第九种
HARVARD-YENCHING LIBRARY STUDIES, NO. 9

裘开明年谱

◎程焕文 编

A CHRONICLE OF
ALFRED K'AIMING CH'IU'S LIFE

广西师范大学出版社
·桂林·

责任编辑：雷回兴　梁小勤　蒋剑瑛　韦晟妮　伍　兵
封面设计：杨　琳
版式设计：杨琼斌

图书在版编目（CIP）数据

裘开明年谱／程焕文编．—桂林：广西师范大学出版社，
2008.10
　ISBN 978-7-5633-7766-4

　Ⅰ．裘… Ⅱ．程… Ⅲ．裘开明（1898~1977）—年谱
Ⅳ．K825.4

中国版本图书馆 CIP 数据核字（2008）第 147510 号

广西师范大学出版社出版发行

（广西桂林市中华路 22 号　邮政编码：541001）
（网址：http://www.bbtpress.com）

出版人：何林夏
全国新华书店经销
广西师范大学印刷厂印刷
（广西桂林市临桂县金山路 168 号　邮政编码：541100）
开本：787 mm×1 092 mm　1/16
印张：64.25　　　字数：1600 千字
2008 年 10 月第 1 版　　2008 年 10 月第 1 次印刷
定价：350.00 元

如发现印装质量问题，影响阅读，请与印刷厂联系调换。

谨以此书

纪念欧美东亚图书馆的先驱、伟大的华美图书馆学家裘开明博士
纪念哈佛燕京学社和哈佛燕京图书馆成立 80 周年

*In Honor of A Pioneer of East Asian Librarianship in the Western World
and A Great Chinese American Librarian
This Book is dedicated to
Dr. Alfred K'aiming Ch'iu
In Commemoration of the Eightieth Anniversary of
Harvard-Yenching Institute And Harvard-Yenching Library*

裘开明博士肖像

Alfred K'aiming Ch'iu

March 11, 1898 – November 13, 1977

裘开明简介

裘开明（Alfred K'aiming Ch'iu, 1898-1977），字闇辉，20世纪西方最伟大的东亚图书馆先驱和华美图书馆学家。1898年生于浙江镇海县，1918年考入武昌文华大学文科，1920年师从"中国现代图书馆运动之皇后"韦棣华女士和"中国图书馆学教育之父"沈祖荣先生攻读图书馆学，1922年文学学士毕业后担任厦门大学图书馆第一任馆长，1924年赴美国纽约公共图书馆学校攻读图书馆学硕士学位，1925年考入哈佛大学文理研究生院攻读博士学位，1927年获图书馆学硕士学位，1933年获哲学博士学位。1927年担任哈佛大学汉文文库主管，1928年创办哈佛大学哈佛燕京图书馆，至1965年退休担任馆长共38年之久。白手起家把哈佛燕京图书馆办成了西方最大的东亚图书馆，其后又于1965年创办了美国明尼苏达大学图书馆东亚图书馆，于1966年创办了香港中文大学图书馆。著有《中国图书编目法》、《汉和图书分类法》和《哈佛大学哈佛燕京学社汉和图书馆汉籍分类目录》等奠定20世纪西方东亚图书馆事业基础的著作，被美国图书馆界和学术界共誉为"美国东亚图书馆馆长之领袖"和"西方汉学研究的引路人"。

前　言

　　2000年6月,哈佛大学哈佛燕京图书馆馆长郑炯文先生(James K. M. Cheng)先生约我为2004年哈佛燕京图书馆75周年纪念撰写一部裘开明先生传记,我毫不犹豫地接受了这项光荣的任务,因为我对研究武昌私立文华图书馆学专科学校的历史人物一直充满兴趣。为此,我曾先后于2001年10月至2002年1月和2002年10月两次专程赴哈佛大学收集相关研究资料,其后亦曾利用其他的出访机会,转道美国明尼苏达大学东亚图书馆,以及香港中文大学图书馆等地收集相关资料。前后数年,我累计收集到的资料不少,仅从哈佛燕京图书馆、哈佛燕京学社办公室、哈佛大学档案馆、哈佛学院图书馆、明尼苏达大学东亚图书馆等处收集到的档案资料就有一两万页之多。如此多的档案资料,翻阅一遍已属不易,况且还基本上均为英文资料。没有资料,写不了裘开明传记,而资料多了,整理起来非常艰辛,一时又难以完成裘开明传记。这是我在接受撰写裘开明传记前后遇到的一个两难问题。8年来,郑炯文先生一直在催促我尽快完成裘开明传记的写作,但是,在未全面地检阅堆放在我办公室里的十几箱资料中的每一页档案之前,我始终不敢下笔写裘开明的传记。因此,8年来我一直忙于整理有关裘开明先生的各种资料,2004年哈佛燕京图书馆75周年纪念之前,完成了47万字的《裘开明图书馆学论文选集》(广西师范大学出版社,2003年9月);如今,在哈佛燕京图书馆80周年纪念之际完成的这部百余万言的《裘开明年谱》,同样只是一项整理裘开明先生资料的阶段性成果。

　　正如我在《裘开明图书馆学论文选集》前言中所言:裘开明先生既是20世纪欧美东亚图书馆事业的伟大先驱者,又是学贯中西的图书馆学术大师。在图书分类学、编目学、目录学、版本学等诸多方面,裘开明先生融中国的传统学术成就与西方的近现代学术精华于一炉,开创了既与中西图书馆学术迥异其趣,又与中西图书馆学术兼容并蓄的独特"东亚图书馆学术"体系。这个学术体系差不多影响了整个20世纪西方东亚图书馆的发展,而东亚图书馆的发展又极大地推动了西方的亚洲研究。此二者互为表里,相辅相成,相得益彰,共同演绎了近一个世纪西方东亚图书馆事业与亚洲研究成长与发展的历史。

裘开明先生1922年从武昌私立文华图书馆学专科学校毕业以后,出任厦门大学图书馆馆长,其后赴美国纽约公共图书馆学院攻读图书馆学硕士学位,1927年再赴哈佛大学文理学院攻读经济学博士学位,从此开始创办哈佛燕京图书馆,并担任哈佛燕京图书馆馆长达38年之久。退休以后,他又相继创办美国明尼苏达大学东亚图书馆和香港中文大学图书馆,其间还倡导和协助创办了美国多个东亚图书馆,而燕京大学图书馆的发展始终与裘开明息息相关。然而,裘开明先生的贡献和影响并非仅局限于图书馆事业之内,美国、欧洲、日本、澳大利亚等地的中国研究、日本研究、韩国研究,乃至越南研究的专家学者均与裘开明先生有过千丝万缕的关系,其中相当一部分知名的专家学者都深受裘开明倡导亚洲研究的影响,受益于裘开明先生无私的图书馆服务。可以说,如果没有裘开明的卓越贡献,我们就无法想象哈佛大学执世界中国研究牛耳的今天,20世纪的欧美汉学研究历史也就必须改写。对此,我们可以从费正清(John King Fairbank)教授对裘开明先生的诸多感激之辞和评价之言中找到明确的答案。

正因为如此,要编撰一部真正能够全面而没有遗漏地记录裘开明生平事迹的年谱,几乎是一件不可能的事,因为任何人都很难穷尽散落在世界各地的机构和私人手中的与裘开明有关的资料,以及分散在各种著述中的相关资料。有鉴于此,在这部《裘开明年谱》的编撰中,我采用了化繁就简的编撰方法:1.史料的来源基本上只局限于哈佛燕京图书馆、哈佛燕京学社办公室、哈佛大学档案馆、哈佛学院图书馆、明尼苏达大学东亚图书馆的档案,少量收录其他相关资料。2.史料的选择基本上集中于裘开明和1966年以前的哈佛燕京图书馆,其他与裘开明没有非常直接相关的史料基本上不收录,例如哈佛燕京学社、燕京大学图书馆、燕京大学图书馆引得编纂处等机构发展的史料。这是因为,如果我不采取这种化繁就简的编撰方法,恐怕再做10年也无法完成《裘开明年谱》。虽然这种编撰方法存在着明显的挂一漏万缺陷,但是,它至少可以完成两项基本任务:其一,可以比较集中地记录裘开明创办和发展哈佛燕京图书馆的主要活动与贡献,我想这也是郑炯文先生邀我撰写裘开明传记的最低限度的要求。其二,迄今为止,我可能是唯一一个翻阅了哈佛燕京图书馆每一页档案,和极少数翻阅了哈佛燕京学社全部档案的研究者之一。如今,哈佛燕京图书馆1966年以前的档案已经全部转移到哈佛大学贮存图书馆保存,查阅起来已经没有几年前存放在哈佛燕京图书馆善本库内那样方便快捷,而哈佛燕京学社的档案现在仍然处在办公室日常使用的"文件"状态,非经特别允许不可查阅。也就是说,这部《裘开明年谱》在某种程度上提供了一些不为人知或者难得一见的重要史料。因此,如果读者能够从这部《裘开明年谱》中大致看清裘开明创办和发展哈佛燕京图书馆的基本轮廓,以及哈佛燕京图书藏书发展的基本脉络,那么,也就可以说我完成了《裘开明年谱》的最低限度的编撰任务。

本年谱的编撰并没有完全因循传统的年谱编撰方法,其具体的编撰方法如下:1.年谱中的每一个条目均按照"年月日"的时间顺序排列。只有月份而无法确定日期的,则排在每月的最后,以"某月"为标目;只有年份而无法确定月份与日期的,则排在每一年的最后,以"本年"为标目。2.因为年谱中的大部分内容来自往来信函,因此每一条记录的起首,均尽可能地明列人物的姓名、职务与所在单位等信息,以便读者了解其中的关键要素。3.每条记录的最后均注明出处,说明资料来源,以备读者查考。在出处注释中,HYL

Archives 是指"哈佛燕京图书馆档案"(Harvard-Yenching Library Archives),而 HYI Archives 则是指"哈佛燕京学社档案"(Harvard-Yenching Institute Archives)。4. 年谱中涉及大量的英文人名,包括中国、日本、韩国等国人名的各种拼音英译名,而我的见识和水平均十分有限,不敢冒然借助译名字典翻译,因为很多中国研究或者日本研究的西方学者有专门的中文姓名或者日文姓名、韩文姓名,例如:John King Fairbank 的中文名为费正清;Serge Elisséeff 的中文名为叶理绥,日文名为英利世夫。因此,在人名的处理上,采用了3种基本方法:凡是能够查考到确切中文姓名的英文姓名(包括日文、韩文的拼音英文姓名),一律采用中文译名,然后用括号注明英文全名或者拼音英文姓名,例如:费正清(John King Fairbank),叶理绥(英利世夫,Serge Elisséeff)。凡是暂时查考不出确切的中文姓名,或者也许没有专门的中文姓名的英文姓名,一律不翻译,而直接使用原文献中的英文姓名或者拼音英文姓名。凡是有多个中文姓名或者习惯中文译名者,在正文中只采用其中一个中文姓名或中文译名,其他的中文姓名或中文译名则在年谱最后的人名索引中予以反映,例如:正文中洪煨莲,又名洪业,在索引中的标目形式为"洪煨莲(洪业,William Hung)";又如 Edwin Oldfather Reischauer,译名有赖肖尔、赖邵华和赖世和,正文中只取"赖肖尔",而索引中的标目形式为"赖肖尔(赖邵华、赖世和,Edwin Oldfather Reisohauer)。5. 年谱中还涉及大量的机构名和书名,凡是有通用译名或者确切的中文名称的,则采用中文名称;必要时,在中文名称后注明英文名称或者日文、韩文拼音英文名称;凡是暂时没有查考出确切中文名称者,则直接使用原文献中的英文名称或者日文、韩文拼音英文名称。6. 在档案中,偶尔会出现只列有姓而没有列出全名的人物,经过多方查考亦不能确认的,则按原文列出姓。7. 因为已经出版了《裘开明图书馆学论文选集》,所以年谱只收录裘开明著述的书目信息,基本上没有说明其中的主要内容与观点。8. 档案原文本身存在着笔误、计算错误、标点错误等问题,本书通常照录原文,只是在需要注释说明时,以方括号"[ ]"或"编者注"的夹注方式予以注释说明。此外,偶尔还会遇到档案中无法辨认或者脱落的文字,对于这类文字,一律采用方框号"□"表示缺损的汉字。对于档案中的异体汉字或者不完全符合今天用词习惯的字词,则采用在原文后用圆括号"()"标注通用字词的方法,予以注释。9. 因为时间关系,在年谱的最后,我们只编撰了英汉人名索引。

《裘开明年谱》的编撰出版得到了国内外诸多专家学者的大力支持和竭诚帮助。

哈佛燕京图书馆馆长郑炯文先生和哈佛大学哈佛学院图书馆馆长柯南茜(Nancy M. Cline, Roy E. Larsen Librarian of Harvard College)一直非常重视《裘开明年谱》的编撰出版,并且提供多方的鼓励、支持和帮助。原哈佛燕京图书馆馆长吴文津先生(Eugene Wu)为我收集资料提供了许多十分宝贵的指导意见。哈佛燕京图书馆的沈津先生、朱宝梁先生、Jessica Eykholt 女士、马小鹤先生、高青女士、张凤女士、胡嘉阳女士等在我收集资料期间给与了各种各样的关心和帮助。

原哈佛燕京学社社长杜维明(Tu Weiming)教授、原哈佛燕京学社副社长爱德华·贝克(Edward J. Baker)先生,批准我查阅哈佛燕京学社档案,并提供了一切可能的方便。哈佛燕京学社办公室的薛龙(Ronald Suleski)先生和李若虹(Ruohong Li)女士在我查阅哈佛燕京学社档案期间给了许多照顾和帮助。

明尼苏达大学东亚图书馆陈肃馆长(Su Chen)在百忙之中热忱地帮助我收集明尼苏

达大学的档案史料,并带我去参观裘开明当年工作过的场所,邀请当年与裘开明先生共事过的同仁与我座谈。香港中文大学图书馆馆长施达理(Colin Storey)先生、厦门大学图书馆馆长萧德洪先生亦通过多方努力帮助我收集资料。

尤其令人感动的是,著名的图书馆学家、原芝加哥大学东亚图书馆馆长、年逾九旬的钱存训(Tsuen H. Tsien)教授,以及前加州大学欧文分校东亚图书馆馆长汪燮(William Sheh Wang)先生,慷慨地提供个人收藏的有关裘开明的信函和资料。他们的热诚支持与帮助令人终身难忘。

在年谱的编撰过程中,我的博士生周旖、王蕾、张靖一直在全程参加编辑、整理、审稿、统稿工作,竭诚奉献个人的聪敏才智和大量的休息时间,全力襄助。我的学生和同事王静芬、邱蔚晴、谢小燕、王海燕、李莉亦先后参加了部分档案资料的整理工作。没有他们的无私奉献,我就无法在百忙之中完成这部年谱。

广西师范大学出版社社长兼总编何林夏先生不遗余力地支持《裘开明年谱》的出版,雷回兴、梁小勤、蒋剑瑛、韦晟妮、伍兵、张妍妍、鲁朝阳、李婷等编辑夜以继日地编校稿件,为年谱的及时出版付出了艰辛的努力。

为此,我谨向上述为《裘开明年谱》提供各种各样的支持和热诚帮助的前辈、专家、学者、学生和同仁致以诚挚的感谢!

我深知:一部著作出版之日,便是修改补充之时。《裘开明年谱》更是如此。敬祈专家学者批评指正。

程焕文　谨识
2008 年 9 月 18 日
于广州中山大学竹帛斋

编者简介

程焕文,1961年生于湖北红安。武汉大学信息管理学院图书馆学专业文学学士、文学硕士,中山大学历史系中国近现代史专业历史学博士。1986年武汉大学毕业迄今在中山大学资讯管理系任教,历任资讯管理系主任、信息科学与技术学院副院长、网络教育学院院长、信息与网络中心主任等职;现任资讯管理系教授、中山大学图书馆馆长、传播与设计学院院长等职;兼任教育部高等学校图书情报工作指导委员会委员、教育部高等学校图书馆学学科教学指导委员会副主任委员、中国图书馆学会学术研究委员会副主任委员、图书馆史专业委员会主任委员、广东图书馆学会理事长、美国 Library Quarterly 编委、《中国图书馆学报》编委等学术职务。出版《中国图书论集》、《中国图书文化导论》、《中国图书馆学教育之父——沈祖荣评传》、《裘开明图书馆学论文选集》、《晚清图书馆学术思想史》、《世界图书馆学教育进展》、《信息资源共享》、《图书馆精神》、《图书馆权利与道德》、《用户永远都是正确的》等10余部著作,在国内外发表学术论文150多篇。

目 录
contents

1898 年/1 岁 …………………………………… (1)
1899 年/2 岁 …………………………………… (1)
1900 年/3 岁 …………………………………… (1)
1901 年/4 岁 …………………………………… (1)
1902 年/5 岁 …………………………………… (2)
1903 年/6 岁 …………………………………… (2)
1904 年/7 岁 …………………………………… (2)
1905 年/8 岁 …………………………………… (2)
1906 年/9 岁 …………………………………… (3)
1907 年/10 岁 ………………………………… (3)
1908 年/11 岁 ………………………………… (3)
1909 年/12 岁 ………………………………… (3)
1910 年/13 岁 ………………………………… (4)
1911 年/14 岁 ………………………………… (4)
1912 年/15 岁 ………………………………… (4)
1913 年/16 岁 ………………………………… (5)
1914 年/17 岁 ………………………………… (5)
1915 年/18 岁 ………………………………… (7)
1916 年/19 岁 ………………………………… (7)
1917 年/20 岁 ………………………………… (7)
1918 年/21 岁 ………………………………… (8)
1919 年/22 岁 ………………………………… (8)
1920 年/23 岁 ………………………………… (8)
1921 年/24 岁 ………………………………… (10)
1922 年/25 岁 ………………………………… (11)

1923 年/26 岁 …………………………………… (12)
1924 年/27 岁 …………………………………… (12)
1925 年/28 岁 …………………………………… (13)
1926 年/29 岁 …………………………………… (14)
1927 年/30 岁 …………………………………… (17)
1928 年/31 岁 …………………………………… (21)
1929 年/32 岁 …………………………………… (32)
1930 年/33 岁 …………………………………… (37)
1931 年/34 岁 …………………………………… (56)
1932 年/35 岁 …………………………………… (74)
1933 年/36 岁 …………………………………… (94)
1934 年/37 岁 …………………………………… (107)
1935 年/38 岁 …………………………………… (127)
1936 年/39 岁 …………………………………… (149)
1937 年/40 岁 …………………………………… (166)
1938 年/41 岁 …………………………………… (182)
1939 年/42 岁 …………………………………… (213)
1940 年/43 岁 …………………………………… (237)
1941 年/44 岁 …………………………………… (254)
1942 年/45 岁 …………………………………… (276)
1943 年/46 岁 …………………………………… (283)
1944 年/47 岁 …………………………………… (299)
1945 年/48 岁 …………………………………… (307)
1946 年/49 岁 …………………………………… (325)
1947 年/50 岁 …………………………………… (342)
1948 年/51 岁 …………………………………… (368)
1949 年/52 岁 …………………………………… (403)
1950 年/53 岁 …………………………………… (430)
1951 年/54 岁 …………………………………… (464)
1952 年/55 岁 …………………………………… (498)
1953 年/56 岁 …………………………………… (530)
1954 年/57 岁 …………………………………… (561)
1955 年/58 岁 …………………………………… (602)
1956 年/59 岁 …………………………………… (634)
1957 年/60 岁 …………………………………… (667)

1958年/61岁 …………………………………（692）
1959年/62岁 …………………………………（723）
1960年/63岁 …………………………………（745）
1961年/64岁 …………………………………（772）
1962年/65岁 …………………………………（794）
1963年/66岁 …………………………………（817）
1964年/67岁 …………………………………（850）
1965年/68岁 …………………………………（894）
1966年/69岁 …………………………………（932）
1967年/70岁 …………………………………（941）
1968年/71岁 …………………………………（942）
1969年/72岁 …………………………………（944）
1970年/73岁 …………………………………（949）
1971年/74岁 …………………………………（951）
1972年/75岁 …………………………………（953）
1973年/76岁 …………………………………（953）
1974年/77岁 …………………………………（954）
1975年/78岁 …………………………………（956）
1976年/79岁 …………………………………（958）
1977年/80岁 …………………………………（960）
英汉人名索引 …………………………………（963）

1898 年
1岁

3月11日
　　裘开明诞生于中国浙江省宁波镇海一个朴实的商人家庭。父亲裘廉芳(音译，Lienfang Ch'iu)，母亲裘王凤(音译，Feng Wang Ch'iu)。(Alfred K'aiming Ch'iu. See: *Who's Who in the World*. 2nd Edition, 1974-1975. Wilmette, IL: *Marquis Who's Who*, 1973:200. See also: Alfred K'aiming Ch'iu. "Reminiscences of A Librarian". *Harvard Journal of Asiatic Studies*, Vol. 25, 1965:7-18)

1899 年
2岁

本年
　　美国人韦棣华(Mary Elizabeth Wood,1861－1931)女士只身来华，探望时任武昌美国圣公会牧师的幼弟韦德生(Robert E. Wood,1872－1952)，因义和团运动之故，遂留武昌，任文华大学教职。

1900 年
3岁

1901 年
4岁

1902 年
5 岁

本年

韦棣华（Mary Elizabeth Wood）女士开始在文华书院（Boone College）开办图书馆，是为文华公书林（Boone Library）之创始。（Boone University, 1871-1921. Wuchang: Boone University, 1921:32, 35, 37）

1903 年
6 岁

本年

大约自本年开始，裘开明被其父裘廉芳（音译，Lienfang Ch'iu）送到其姨父开设的一所乡村私塾读书。其姨父为秀才出身，裘开明在私塾几年所学的全为传统的儒学，初学《三字经》、《千字文》、《百家姓》、《四书》和《五经》，间或学习《千家诗》。（Alfred K'aiming Ch'iu. "Reminiscences of A Librarian". *Harvard Journal of Asiatic Studies*, Vol.25, 1965:7-18）

1904 年
7 岁

1905 年
8 岁

1906 年
9 岁

1907 年
10 岁

1908 年
11 岁

1909 年
12 岁

本年

　　大约自本年开始,裘开明被其父裘廉芳(音译,Lienfang Ch'iu)送到湖北汉口,在其伯父的朋友杜先生所开的一家书店做学徒。杜先生原是位学人,后成为商人,当时担任文明书局汉口分店的经理。文明书局后来发展成为中国最大的出版社之一——中华书局。裘开明在文明书局汉口分店做学徒约有一年半之久,开始喜欢图书,并懂得了经济学的入门知识和商务管理的基本知识。图书学和经济学这两门学科奠定了裘开明在美国求学的基础。(Alfred K'aiming Ch'iu. "Reminiscences of A Librarian". *Harvard Journal of Asiatic Studies*, Vol. 25, 1965:7-18)

1910年
13岁

本年

裘开明在湖北汉口文明书局汉口分店做学徒。(Alfred K'aiming Ch'iu. "Reminiscences of A Librarian". *Harvard Journal of Asiatic Studies*, Vol. 25, 1965:7-18)

韦棣华(Mary Elizabeth Wood)女士创办的我国第一个西式图书馆——武昌文华公书林(Boone Library)新馆落成开放。(Boone University, 1871-1921. Wuchang: Boone University, 1921:32, 35, 37)

1911年
14岁

10月10日

辛亥革命在武昌爆发。在文明书局汉口分店做学徒的裘开明见证了武昌首义,因此对辛亥革命具有深刻的印象。(Alfred K'aiming Ch'iu. "Reminiscences of A Librarian". *Harvard Journal of Asiatic Studies*, Vol. 25, 1965:7-18)

本年

裘开明在湖北汉口文明书局汉口分店做学徒。(Alfred K'aiming Ch'iu. "Reminiscences of A Librarian". *Harvard Journal of Asiatic Studies*, Vol. 25, 1965:7-18)

1912年
15岁

1月1日

中华民国临时政府在南京成立。

2月12日

清宣统皇帝被迫宣告退位,清朝政府的统治遂告结束。

本年

大约在本年,裘开明结束在湖北汉口文明书局汉口分店的学徒生涯,被送往美国圣公会在湖南长沙开办的圣詹姆斯中学(St. James School)读一年级,学习西学。圣詹姆斯中学有来自湖南两大望族——曾氏家族(曾国藩)和左氏家族(左宗棠)的学童,其中一些学童后来亦赴哈佛大学和麻省理工学院留学,并因而成为裘开明的终身朋友。(Alfred K'aiming Ch'iu. "Reminiscences of A Librarian". *Harvard Journal of Asiatic Studies*, Vol. 25, 1965:7-18)

1913 年
16 岁

本年

裘开明在湖南长沙圣詹姆斯中学(St. James School)读二年级。(Alfred K'aiming Ch'iu. "Reminiscences of A Librarian". *Harvard Journal of Asiatic Studies*, Vol. 25, 1965:7-18)

1914 年
17 岁

12月27日

美国发明家霍尔(Charles Martin Hall,1863.12.6－1914.12.27)逝世。霍尔于1886年发明电解提炼铝矾土的方法,并创办了美国铝业公司,逝世后留下一笔可观的遗产和一份关系着美中文化交流事业发展的遗嘱。其遗产指定除了赠与亲属、朋友、仆役和他所信赖的慈善机构以外,其余的分为4个部分,全部用于发展教育事业:一部分赠与他的母校奥柏林学院(Oberlin College);一部分赠与柏瑞亚学院(Berea College);一部分赠与美国基督教协会(American Missionary Association);一部分用于发展美国国外若干地区的教育事业,即日本、亚洲大陆、土耳其以及巴尔干半岛,为这些地区的教育机构提供兴办和扩展的费用。(张寄谦《哈佛燕京学社》。见:《燕大文史资料》第6辑,1992,3:38－60)

本年

裘开明在湖南长沙圣詹姆斯中学(St. James School)读三年级。(Alfred K'aiming

Ch'iu. "Reminiscences of A Librarian". *Harvard Journal of Asiatic Studies*, Vol. 25, 1965: 7-18)

日本东京帝国大学姊崎正治(Masaharu Anesaki)教授和服部宇之吉(Unokichi Hattori)教授到哈佛大学开设佛教与东方文化讲座。姊崎正治是世界著名的佛学和东方哲学权威,而服部宇之吉则是著名的汉学学者。他们在教学中感到哈佛学院缺乏中文和日文书籍,于是开始尽力募集和购买中日文书籍。在伍兹(James H. Woods)教授等人的热心支持下,获得了一些慷慨的赠书。两套著名的日文版汉文《大藏经》正是在此期间获得的:第一套是由日本协和会(the Association of Concordia of Japan)捐赠的1880—1885年间在东京出版的弘教书院(the Kobunshoin)版日文《大藏经》;第二套是作为礼品带来的1905—1912年京都出版的《续藏经》。与此同时,服部宇之吉教授本人也有非常慷慨的捐赠。除了他自己的著作,他捐赠了一套5000册的康熙版《古今图书集成》,以及803册中日文图书,其中许多是他在日本的私人图书馆收藏的精美的日文版中国经典。姊崎正治教授也捐赠了很多图书,其中包括他自己的宗教与哲学著作。以上捐赠是为哈佛大学日文藏书之始。哈佛大学的中文藏书肇始于1879年哈佛大学聘请浙江宁波人戈鲲化(Ko K'un-Hua)担任中文教席(a chair of Chinese instruction)之时。1877年正值美国外交官顾圣(Caleb Cushing)的中文图书馆售给美国国会图书馆之际,波士顿的赖特(Francis P. Knight)先生呼吁维护大学中文教学的职位。于是在主要是中国海关担任专员多年的杜维德(Edward Bangs Drew)的帮助下,哈佛大学募集了8750美元的赞助经费。1879年,哈佛大学从浙江宁波聘请了一位中国老学者戈鲲化担任新的中文讲师职位,戈鲲化遂成为在美国大学教书的中国第一人。这位中国大陆学者的到来是剑桥历史上的一件大事,引起了不少评论。一位作者在1880年8月的《哈佛记录》(*Harvard Register*)中写道:"1880年的毕业典礼日翻开了哈佛大学历史新的一页。在参加典礼的教师中,有一位名副其实的古老中华帝国的教师。每一个敏感的观察者都一定会感到中文讲师戈鲲化的出现和工作,正在创建他来自的古老国度与我们所属的年轻国家之间的神奇联系。与戈教授有关的一个非常重要的事实是,他讲官话,即区别于方言的我们误称为'大陆话'的语言。懂'官话'使人能够与中国各地受过教育的人交谈。"戈鲲化对哈佛大学中文藏书的贡献,可从1882年1月9日的《波士顿每日广告人》(*the Boston Daily Advertiser*)报纸中有关戈鲲化的报道窥见一二:"(戈鲲化)……一位熟悉自己国家的古代经典且本人是知名作者的中国大陆人,给'新世界'带来从其祖国的文献中精选的著作。其中最新和让人好奇的是他自己刊行的诗集"。是为哈佛大学中国研究和中文图书馆之开始。此后,哈佛大学的中国人和美国人捐赠了很多中文书籍,其中捐赠数额较大的捐赠者有丁家立(Charles Daniel Tenney)、杜维德、张福运(Chang Fu-yung)。戈鲲化题赠给哈佛大学校长Charles W. Eliot的个人诗集现保存在哈佛燕京图书馆,他身着中国服装的全身照也悬挂在图书馆的经典阅览室中。(Alfred K'aiming Ch'iu. "A Guide to the Chinese-Japanese Library of Harvard University under the Auspices of the Harvard-Yenching Institute", Boylston Hall, Cambridge, Massachusetts, July 1932, printed by Hop Yuen Co. [美国波城合源公司], Boston, Mass. See Also: Alfred K'aiming Ch'iu. "The Harvard-Yenching Institute Library". *The Far Eastern Quarterly* [《远东季刊》], Vol. 14, No. 1 [November 1954]: 147-152)。

1915 年
18 岁

本年

裘开明自湖南长沙美国圣公会开办的圣詹姆斯中学(St. James School, Changsha, American Church Mission)转学至湖北武昌美国圣公会开办的文华中学,就读于四年级(the Middle School in the Fourth Form)。(Boone University, 1871-1921. Wuchang: Boone University, 1921:28)。在其后的 3 年中学读书期间,裘开明有幸接受毕业于牛津大学、剑桥大学、普林斯顿大学和麦克吉尔大学(McGill University)等大学的西方教师的教育,学习英语、法语、德语、历史和数学。(Alfred K'aiming Ch'iu. "Reminiscences of A Librarian". *Harvard Journal of Asiatic Studies*, Vol. 25, 1965:7-18)

1916 年
19 岁

本年

裘开明在湖北武昌美国圣公会开办的文华中学读五年级(the Middle School in the Fifth Form)。(Boone University, 1871-1921. Wuchang: Boone University, 1921:28)

日本东京帝国大学姊崎正治(Masaharu Anesaki)教授和服部宇之吉(Unokichi Hattori)教授离开哈佛大学。(Alfred K'aiming Ch'iu. "A Guide to the Chinese-Japanese Library of Harvard University under the Auspices of the Harvard-Yenching Institute", Boylston Hall, Cambridge, Massachusetts, July 1932, printed by Hop Yuen Co. [美国波城合源公司], Boston, Mass.)

1917 年
20 岁

本年

裘开明在湖北武昌美国圣公会开办的文华中学读六年级(the Middle School in the

Sixth Form)。(Boone University, 1871-1921. Wuchang: Boone University, 1921:28)

1918 年
21 岁

本年

　　裘开明自文华中学毕业后升入文华大学,读文科一年级。(Boone University, 1871-1921. Wuchang: Boone University, 1921:28)

1919 年
22 岁

本年

　　裘开明在文华大学读文科二年级。(Boone University, 1871-1921. Wuchang: Boone University, 1921:28)
　　燕京大学成立,燕京大学图书馆亦同时成立,初藏书不及 200 册,馆舍仅房屋一间。(《燕京大学图书馆概况》,1933:1)

1920 年
23 岁

春季

　　本年春季,韦棣华女士与沈祖荣先生和胡庆生先生仿效美国图书馆学教育制度,在文华大学创办图书科,学制两年,从大学本科二年级学生中招收学生。第一班入学者有来自文华大学文科三年级的陈宗登、裘开明和黄伟楞 3 人,以及来自文华大学读文科二年级的许达聪、查修和桂质柏 3 人,共计 6 人(此 6 人虽为一班,但是因原有年级的不同,毕业的届次亦异)。裘开明在读文科三年级的同时兼读图书科一年级,并立志将来从事图书馆工作或教学。(Boone University, 1871-1921. Wuchang: Boone University, 1921:28。又《毕业典礼程序》,见:《文华月刊》第 2 册第 4 号[1922 年 7 月]第 8—9 页)

6月26日

  武昌文华大学全体学生、教师和嘉宾在文华公书林司徒厅(Stokes Hall)举行毕业典礼,文华大学校长孟良佐(Rev. Alfred Alonzo Gilman)临时宣布在毕业典礼程序中插入一项议程——授予韦棣华(Mary Elizabeth Wood)女士荣誉文学硕士学位仪式,以表彰"我们的良师益友"(Our very good friend and teacher)韦棣华女士在中国取得的成就,这是文华大学颁发的第一个荣誉文学硕士学位。(T. C. S. Hu 胡庆生. "A Great Surprise on Last Boone Commencement Day". *The Boone Review*. Vol. XV, No. 4 November 1920: 344-345)

夏季

  文华大学图书科主任韦棣华女士及其他教授鉴于学生"在校读书太久,终难免有坐井观天的观念",所以在暑假期间将图书科的8位师生(及沈祖荣、胡庆生与图书科头班的6名学生)分别派往北京政治学会图书馆(3人)和上海商务印书馆图书馆(5人)实习。(查修《北京图书界见闻纪录》,见:《文华温故集》(*The Boone Review*), Vol. XV, No. 4 [November 1920]: 389-393)。裘开明被派往上海商务印书馆图书馆——涵芬楼实习。其时,涵芬楼主要由张元济和高梦旦(郑振铎的岳父)等人负责管理。(Alfred K'aiming Ch'iu. "Reminiscences of A Librarian". *Harvard Journal of Asiatic Studies*, Vol. 25, 1965: 7-18)。涵芬楼起源于1904年商务印书馆在上海闸北宝山路建筑新厂落成之时,其时编译所所长张元济已开始着手筹设图书馆,搜罗会稽徐氏、长洲蒋氏、太仓顾氏诸家散出藏书,以供编译所之用,是为涵芬楼藏书的起源。不久,清宗室盛氏、丰顺丁氏、江荫缪氏诸家藏书继续散出,张元济又购得数百种,图书馆的规模略具。到1926改名为东方图书馆向社会开放时,所藏中文、日文、法文、德文、书刊已达20余万册,其中尤以中文四部古籍善本、方志和外文古籍著称于世。(胡道静《上海图书馆史》,上海市通志馆,1935:24—37)。

10月8日

  文华大学校长孟良佐博士及夫人回美国休息,11时全体师生恭送至江干,以示惜别之意,场面甚为热烈。(《钱别孟校长》,见:《文华月刊》第1册第5、6号[1921年12月]第6—8页)

11月

  裘开明撰"Boone University Library Past, Present and Future: A Review of the History of the Library up to the Tenth Anniversary and Its Outline for the Future"(《文华大学图书馆的过去、现在与未来:图书馆10周年回顾及展望》)发表于《文华温故集》, Vol. XV, No. 4 (November 1920): 327-331。

12月24日

  本日晚礼拜后,文华大学全体师生同至文华公书林举行圣诞庆祝会,"首演活动电影、次滑稽戏、次魔术、次技击、次拳术、次诗歌、次团唱、殿以茶点,始各尽欢而散。"(《校闻》,见:《文华月刊》第1册第2号[1921年3月]第7页。)

12月25日

  文华大学全体师生举行圣诞礼拜和庆祝宴席。(《校闻》,见:《文华月刊》第1册第2号[1921年3月]第7页。)

本年

  裘开明撰"The Korean Independent Movement of 1919"(《1919年韩国独立运动》)发

表于《文华温故集》(*The Boone Review*)(Wuchang, 1920)。

裘开明开始担任武昌文华大学学生刊物《文华温故集》(*The Boone Review*)编委会委员,任期为 1920—1921 年。《文华温故集》职员表如下:中文编辑员为彭人丰(编辑主任)、郭华骏、徐继崧、徐鼎、韩良臣、徐家麟、岳尚增;英文编辑员为李廷芳(编辑主任)、王道平、朱友材、史经华、裘开明、李辉祖、雷法章、聂文惠、韦应芳、王振华;经理部为孙振西(总经理)、李贻栋(经理员)。其时裘开明的英文姓名为:Alfred K. M. Chieo。(《文华温故集》,Vol. XV, No. 4[November 1920]:321,425)

1921 年
24 岁

10 月 2 日

文华大学举行 50 周年校庆。(Boone University, 1871-1921. Wuchang:Boone University, 1921)

本年

裘开明在文华大学读文科四年级,同时兼读图书科二年级,并希望将来从事图书馆工作或教学。(Boone University, 1871-1921. Wuchang:Boone University, 1921:28)

裘开明担任文华大学军乐队(Boone Brass Band)中尉(The First Lieutenant)、文华大学学生基督教男青年会书记(Recording Secretary, Boone Students' Y. M. C. A.)、益智会会长(President, the Useful Knowledge Society)。益智会创办于 1898 年 3 月 14 日,宗旨为培养公开演说的技巧,掌握英语的应用技能,加深和促进国内外新知识。其主要活动包括演讲、辩论、朗诵与演讲比赛,以及翻译、小说与论文写作等文字工作。比赛优胜者颁发金奖(第一名)和银奖(第二名)。(Boone University, 1871-1921. Wuchang:Boone University, 1921:32, 35, 37)

哈佛大学聘请赵元任(Y. R. Chao)博士担任中文讲师。赵元任在哈佛任职期间为哈佛大学汉和图书馆带来了一些图书。(Alfred K'aiming Ch'iu. "A Guide to the Chinese-Japanese Library of Harvard University under the Auspices of the Harvard-Yenching Institute", Boylston Hall, Cambridge, Massachusetts, July 1932, printed by Hop Yuen Co. [美国波城合源公司], Boston, Mass.)

1922年
25岁

1月15日

文华大学举行毕业礼拜,是日上午十点半,学生齐着制服,整队入堂,汉口房会长讲道。(《毕业典礼志盛》,见:《文华月刊》第2册第1号[1922年5月]第8—9页)

1月17日

是日下午,文华大学举行"益智会、假公书林楼上开恳亲会,除祈祷唱诗一切应有尽有外,其特点为青年会密尔士君演讲,军乐队奏乐,教员四人合唱,毕师母钢琴独奏,均极受会众之欢迎。其次改选下季职员……再次给奖……最后闭会,殿以茶点。"其中裘开明获辩论奖。(《益智会恳亲会纪事》,见:《文华月刊》第2册第1号,1922年5月,第10—11页)

1月18日

文华公书林扩充改造工程竣工。文华大学重新正式启用文华公书林,并于下午两点在文华公书林举行毕业典礼。"祷告开会,全体唱题旨歌,督军省长及教育厅长均派代表恭祝说词。本校音乐班歌诗毕,美国驻汉副领事英文演说,以立定脚跟为题……继由美国音乐专家福尔谋君与全体作简单之谈话。"各科毕业生姓名如下:神学科3人:黄德宾、童世铎、王道平;文科9人(文学学士学位):陈宗登、裘开明、宣印谭、黄伟楞、雷海云、卢本桐、彭人丰、汤吉禾、周诚浒;图书科3人:陈宗登、裘开明、黄伟楞。文华大学图书科本年头班毕业生3人就职情况如下:裘开明受聘于厦门大学图书馆,陈宗登受聘于北京政治与社会学会图书馆,黄伟楞受聘于上海商务印书馆。(《毕业典礼志盛》,见:《文华月刊》第2册第1号[1922年5月]第8—9页。《公书林近事汇志》,见:《文华月刊》第2册第2、3号[1922年6月]第6页)

6月24日

自本年开始,文华大学进行学期调整,将毕业典礼完全由冬季改至夏季,因此本年先后有两届毕业生。本日,文华大学在文华公书林楼上举行夏季毕业典礼。各科毕业生姓名如下:文科10人(文学学士学位):张炎炳、徐继崧、许达聪、桂质柏、李贻栋、李辉祖、谭邦萃、查修、王润藻、王宝贤;理科2人(理学学士学位):李汉杰、史经华;图书科3人:许达聪、查修、桂质柏。至此,文华大学图书科本年头班6名学生全部毕业。(《毕业典礼程序》,见:《文华月刊》第2册第4号[1922年7月]第8—9页)

本年

自本年起至1924年,裘开明任厦门大学图书馆首任馆长。(Alfred K'aiming Ch'iu. *Who's Who in the World*. 2nd Edition, 1974-1975. Wilmette, IL: *Marquis Who's Who*, 1973:200)

燕京大学开始在北京海淀之北建筑新校舍。(《燕京大学图书馆概况》,1933:1)。通过路思义(Henry Winter Luce)的募集,燕京大学获得美国发明家霍尔(Charles Martin Hall, 1863.12.6—1914.12.27)遗产的捐赠:以166500美元建筑供电和供暖系统,以22000美

元为建筑住宅之用。(张寄谦《哈佛燕京学社》。见:《燕大文史资料》第6辑,1992,3:38—60)

1923年
26岁

7月1日

裘开明与黄惠春(音译,Hui-chun Huang)结婚。婚后育有一女,名裘美仪(May-i Ch'iu)。(Alfred K'aiming Ch'iu. *Who's Who in the World*. 2nd Edition, 1974-1975. Wilmette, IL: Marquis Who's Who, 1973:200)

本年

裘开明担任厦门大学图书馆馆长。其时,厦门有较多的日本侨民和台湾人,不少日本教授亦纷纷来到厦门大学讲学,裘开明遂有机会接触到日本文化,并初次开始学习日语。同时,裘开明亦曾旁听著名诗人陈衍的"中国文学"讲座。由于为厦门大学图书馆采购中文书籍,裘开明有机会接触到不少的知名藏书家与出版发行商,并成为广东著名藏书家广雅书局经理徐信符的朋友,从而自徐信符处学习到大量的中国目录学知识。在有机会结识诸如周树人(鲁迅)、林语堂等中国文学界人物的同时,裘开明亦结识了诸如德国汉学家艾克(Gustav Ecke)、法国汉学家戴密微(Paul Henri Demiéville)等欧洲的汉学家。(Alfred K'aiming Ch'iu. "Reminiscences of A Librarian". *Harvard Journal of Asiatic Studies*, Vol. 25, 1965:7-18)

1924年
27岁

春季

哈佛大学商业经济管理学院研究生部主任、化学系与艺术系筹集资金委员会主席董纳姆(Wallace B. Donham)试图申请美国发明家霍尔(Charles Martin Hall)遗留下来的基金,为化学系与艺术系建立化学实验室和博物馆,因不符合遗产资助范围而未遂。于是,董纳姆以及化学系与艺术系筹集资金委员会的其他成员决定以东方学为研究方向,拟定了建立哈佛大学东方研究所(Harvard Oriental Institute)的计划,并接受了霍尔基金两位委托人 Arthur V. Davis 和 Homer H. Johnson 的建议:如果在东方也寻找到一所愿意参加合作研究的大学研究机构,则申请较易得到批准。于是,哈佛大学一面着手实现其东方研究所的计划，一面着手在中国寻求可以合作的大学或研究机构。（张寄谦《哈佛燕京学社》。见：《燕大文史资料》第 6 辑，1992，3：38—60）

秋季

裘开明受厦门大学的派遣赴美国纽约公共图书馆图书馆学校（the Library School of the New York Public Library）攻读图书馆学。到达美国后，裘开明首先来到麻省剑桥和哈佛大学拜访其过去的老师 James Muller 博士。James Muller 博士在武昌文华大学任教时曾教授过裘开明的德国史和美国史课程，返美后在麻省剑桥圣公会神学院（the Episcopal Theological School）担任圣公会历史（Church History）教授。在初次哈佛之行时，裘开明就已下定决心在纽约公共图书馆图书馆学校毕业以后将到哈佛大学进一步深造。(Alfred K'aiming Ch'iu. Alfred K'aiming Ch'iu. Reminiscences of A Librarian. Harvard Journal of Asiatic Studies，Vol. 25，1965：7-18)

本年

赵元任（Y. R. Chao）博士辞去哈佛大学中文讲师职务，南京东南大学文学教授梅光迪（Kuang-ti Mei）先生继任哈佛大学中文讲师职务。(Alfred K'aiming Ch'iu. "A Guide to the Chinese-Japanese Library of Harvard University under the Auspices of the Harvard-Yenching Institute", Boylston Hall, Cambridge, Massachusetts, July 1932, printed by Hop Yuen Co.［美国波城合源公司］, Boston, Mass.)

1925 年
28 岁

6 月

裘开明向纽约公共图书馆图书馆的学校提交部分完成的毕业作业《中国贸易与财政书目》("The Tade and Finance of China", A Bibliography, Complied by Alfred K'aiming Ch'iu, submitted in partial fulfillment of the requirements for graduation at the Library School of the New York Public Library. June, 1925)，该书目共 37 页，裘开明在序言中曰：本书目只收录英文图书和论文，无意收录有关本主题的全部资料。本书目只是编者打算开展中国经济发展研究的开始，采用历史方法，收录了有关本主题自古至今的图书资料。因为该书目并非供图书馆使用，所以没有著录索书号，但是，实际上其中收录的图书全部来自纽约公共图书馆和哥伦比亚大学图书馆。(HYL Archives：Alfred K'aiming Ch'iu. "The Trade and Finance of China", A Bibliography)

9 月 10 日

Charles M. Hall 遗产董事会举行会议讨论成立哈佛燕京学社的相关事宜，内容如下：鉴于将可以使用霍尔遗产（the Hall Estate）每年提供的大约 60000 美元的收入基金，建议成立哈佛北京中国研究学社（Harvard-Peking Institute for Chinese Studies）。该学社的首要目的是通过哈佛大学与燕京大学及中国其他大学之间的合作，为中国文化以及学社董事可能批准的其他中国研究领域提供研究、教学和出版的便利。希望学社在中国设立一个中心,从各个方面帮助研究生,并与中国和美国的其他教育机构进行合作。但是,因为建立这样的中心需要与西方所谓教育理念紧密结合,所以,将有必要使用部分收入在美国建立一个中心,培训在中国工作的学者。建议在哈佛大学建立这样的中心,并以此为学社的美国总部。关于学社的行政管理组织,建议按照麻省法律成立一个的社团法人,以掌管学社的基金、管理和控制各项事务,该社团法人由 9 位董事组成:3 位由哈佛大学最初选定,3 位由燕京大学董事选定,另外 3 位由霍尔遗产董事会提名……(Harvard-Peking Institute for Chinese Studies. Memorandum of Conference, September 10, 1925. HYI Archives: file: HYI- Preliminary to establishment [Oriental Research Institute],1927)

9 月

裘开明考入哈佛大学文理研究生院(Graduate School of Arts and Sciences)攻读经济学博士学位,但因尚未完成纽约公共图书馆学校的文学硕士学位课程,所以告假一年。其时在哈佛大学登记的个人住址为:1 Lawrence Hall, 99 Brattle, Cambridge, MA.。(Harvard University Catalogue, 1925-1926. Cambridge: Harvard University, 1925:161)

因燕京大学校务长司徒雷登(John Leighton Stuart)的原因,哈佛大学与燕京大学于本月达成临时协议,双方合作建立"哈佛(大学)—北京(大学)中国研究学社"(Harvard-Peking Institute for Chinese Studies,当时燕京大学的英文名称仍然是 Peking University,以后才改为 Yenching University,学社亦改名为"哈佛—燕京学社",Harvard-Yenching Institute)。协议文件讲明了成立学社的目的:"学社的首要目的是通过哈佛大学与北京(燕京)大学以及中国其他研究机构的合作,保证为学术研究提供便利,资助出版那些经学社董事会赞同的在中国文化领域以及中国学的其他方面的研究成果。它期望学社保证在中国的研究中心里对从事研究的学生在各个方面都有所帮助,并将与中、美两国其他学校的研究所协作。既然这样的研究中心已在建立,因此无论如何要求中国的研究中心与西方教育理想典型密切接触。美国有必要为建立一所培养研究中国的学者的研究中心而支付一部分经费。建议哈佛大学建立这样一个中心作为美国研究所的指挥部。""关于中国文化的研究方向,准备把经费首先资助这些课题,如中国文学、艺术、历史、语言、哲学和宗教史。双方共同的任务是激发美国人的兴趣和利用近代批评手段来鼓励在中国的东方问题研究。"学社的目的不是为了提高那些西方学生因临时性目的而学习中国语言,而是首先保证在哈佛大学的西方学者和北京(燕京)大学的研究者,为传播与保存中国文化而进行研究。(张寄谦《哈佛燕京学社》。见:《燕大文史资料》第 6 辑,1992,3:38—60)

1926 年
29 岁

4 月

裘开明撰"Government Registration of Mission Schools"发表于《留美中国学生月

报》(*Chinese Students' Monthly*),Vol. 21,No. 6(April 1926):41-48。文中介绍裘开明主修铁路管理,目前正在哈佛大学从事研究工作。

5月27日

霍尔遗产(Estate of Charles M. Hall)董事 Homer H. Johnson 致函哈佛大学伍兹(James H. Woods)教授:非常感谢你在我们访问剑桥期间的热心接待。在我的平凡生活中不常有机会与知识分子在一起,但是这次访问使我有机会受到你们的欢迎。我和 Arthur V. Davis 先生(霍尔遗产董事)在纽约有一次满意的会谈,并就自今年1月1日起开始给(哈佛燕京)学社提供收入达成一致意见。另外,我们还同意按照(哈佛燕京)学社备忘录的建议支付22000美元的建筑费用。我们还同意直接给 Stewart 先生寄去(哈佛燕京)学社账户的6000美元,他建议将这笔钱给予某些华人图书馆馆长。我知道这是机密,但是,由于北京的形式动荡不安,似乎有必要将这些藏书保存在将会受益于这些藏书的(哈佛燕京)学社之外。Arthur V. Davis 先生建议,也许我们考虑给予资助的一些中国学校应该在董事提名中有声音。我们记着去请他们合作,如果他们有机会提名董事的话,他们就会感谢我们。我觉得这是一个非常好的建议,并且同意 Arthur V. Davis 先生的意见:如果你们委员会不提出有关此事的安排建议,我们就会请这些学校提名一个董事……我们将把(哈佛燕京)学社1926年上半年收入的支票寄给 Wallace B. Donham 先生。(Letter of Homer H. Johnson, Estate of Charles M. Hall, Cleveland, to Professor James H. Woods, Cambridge, Mass. May 27, 1926. HYI Archives:file:HYI- Preliminary to eastablishment〔Oriental Research Institute〕,1927)

6月17日

哈佛大学董纳姆(Wallace B. Donham)致函霍尔遗产(Estate of Charles M. Hall)董事 Homer H. Johnson:我们已与北京有一些通讯联系,我们现在已经消除了一切困难,可以在中美两地的任何一方立即付诸行动。据我了解,司徒雷登(John Leighton Stuart)校长想看到(哈佛燕京)学社立即开始,但是希望不要像现在这样公开宣扬。现在是开始工作的好时机,但也是让许多报纸来谈论此事的坏时机。当然,总有机会公开一个新社团,我觉得如果选择其他的时日就会解决目前面临的问题,并使每个人都满意……(Letter of W. B. Donham, Cambridge, Mass. to Homer H. Johnson, Estate of Charles M. Hall, Cleveland, June 17, 1926. HYI Archives:file:HYI- Preliminary to eastablishment〔Oriental Research Institute〕,1927)

10月5日

美国图书馆协会五十周年纪念大会在大西洋城和费城举行,19国代表51人应邀参加会议,中国代表5人:郭秉文(代表教育部及教育改进社)、裘开明(代表中华图书馆协会)、寿景伟(代表美华协进社),桂质柏(代表济南大学图书馆),以及韦棣华(Mary Elizabeth Wood)女士。(裘开明撰《美国图书馆协会五十周年纪念大会》,《图书馆学季刊》〔1926年12月〕第1卷第4期:710—721)

10月7日

美国图书馆协会50周年纪念大会于本晚举行第二次全体大会,武昌文华图书馆学专科学校创办人韦棣华女士在全体大会上"略述韦女士在中国所经营之图书馆事业及其成就。到会者皆鼓掌并起立向韦女士道贺,盖以女士为美国在华创办图书馆之第一也。"裘开明则代表中国"国家图书馆,谨谢贵会之邀请,并恭贺贵国图书馆协会五十年之伟大成功"。(裘开明撰《美国图书馆协会五十周年纪念大会》,《图书馆学季刊》〔1926年12月〕第1卷第4

期：710—721)

10月9日

下午参观普林斯顿大学，晚上在纽约市受纽约图书馆协会之请在柏拉之大旅馆(Hotel of Plaza)宴会，哥伦比亚大学校长柏德纳(Buteler)博士和纽约市长代表等人致欢迎词。(裘开明撰《美国图书馆协会五十周年纪念大会》，《图书馆学季刊》[1926年12月]第1卷第4期：710—721)

11月12日

哈佛大学 Wallace B. Donham 致函霍尔遗产(Estate of Charles M. Hall)董事 Homer H. Johnson 商讨(哈佛燕京)学社董事选举问题，其中一种方案是：9个董事，哈佛大学选4个，燕京大学选2个，中国的其他两个大学各选1个，霍尔遗产董事选1个……(Letter of W. B. Donham, Cambridge, Mass. to Homer H. Johnson, Estate of Charvles M. Hall, Cleveland, November 12, 1926. HYI Archives; file: HYI-Preliminary to eastablishment [Oriental Research Institute], 1927)

11月14日

裘开明于美国哈佛大学完成《美国图书馆协会五十周年纪念大会》一文的撰写。

12月

裘开明撰《美国图书馆协会五十周年纪念大会》发表于《图书馆学季刊》第1卷第4期(1926年12月)：710—721。

本年

裘开明在哈佛大学文理研究生院攻读经济学博士学位，因尚未完成纽约公共图书馆学校的文学硕士学位课程，所以再次告假一年，其时在哈佛大学登记的个人住址为：1 Lawrence Hall, 99 Brattle, Cambridge, MA.。(Harvard University Catalogue, 1926-1927. Cambridge: Harvard University, 1926:169)

大约在本年，裘开明开始在哈佛大学哈佛学院怀德的图书馆(Widener Library)每周义务工作数小时，在 T. Franklin Currier 先生的指导下进行编目实践。(Alfred K'aiming Ch'iu. "Reminiscences of A Librarian". *Harvard Journal of Asiatic Studies*, Vol. 25, 1965: 7-18)

裘开明第一次见到美国图书馆界先驱杜威(Melvil Dewey)。(Alfred K'aiming Ch'iu. "Reminiscences of A Librarian". *Harvard Journal of Asiatic Studies*, Vol. 25, 1965: 7-18)

裘开明与 E. Parsons 合撰 "The Stamps of the Formosan Republic"(May 25, 1895-June 6, 1895)发表于 *Philatelic Journal* (New York), 1926。

裘开明与桂质柏(John C. B. Kwei)合撰 "Libraries in China"发表于 *American Library Association Bulletin*, No. 70 (1926): 194-196。

本年燕京大学全体迁入在北京海淀之北建筑的新校舍，燕京大学图书馆暂借女校适楼之一部为临时办公之所。半年后(本年冬季)，燕京大学图书馆新馆落成。燕京大学图书馆新馆系纪念伯利先生夫妇(Mr. And Mrs. Thomas Berry)而建，占地面积6480多平方尺，钢筋水泥结构，其规模系仿文渊阁而略参西式，建筑费约10万元，内部自地窖而上共有4层：第一层为普通阅览室；第二层四面走廊，中空，西面为普通阅览室，其他三面为办公室；第三层为书库；下层地窖为储藏室。(《燕京大学图书馆概况》，1933：1—2)

1927 年
30 岁

2月1日

自哈佛学院图书馆开始建立中文和日文藏书以后，各种捐赠和购买渐多，到1927年1月时，藏于哈佛学院怀德纳图书馆（Widener Library）91 室的中文藏书已达4526 册，日文藏书已达1668册。于是，哈佛学院图书馆馆长柯立芝（Archibald Cary Coolidge）教授（1910－1928 年担任哈佛学院图书馆馆长）聘请原厦门大学图书馆馆长裘开明先生担任哈佛大学汉和文库主管，是为哈佛燕京图书馆之肇始。（Alfred K'aiming Ch'iu. "The Harvard-Yenching Institute Library." *The Far Eastern Quarterly*［《远东季刊》］. Vol. 14，No. 1［November 1954］：147-152. See Also：Serge Elisséeff. "The Chinese-Japanese Library of the Harvard-Yenching Institute." *Harvard Library Bulletin*，Vol. 10，No. 1，Winter 1956：73-97）

2月28日

裘开明自纽约公共图书馆学校毕业，并获得哈佛大学文学硕士学位。（Harvard University Catalogue，1927-1928. Cambridge：Published by Harvard University，1927：176，438. Alfred K'aiming Ch'iu. *Who's Who in the World*. 2nd Edition，1974-1975. Wilmette, IL：*Marquis Who's Who*，1973：200）

2月

裘开明在告假两年之后正式开始在哈佛大学文理研究生院攻读经济学博士学位，并开始担任哈佛学院图书馆汉和文库主管（Custodian of Chinese and Japanese Works，Harvard College Library），其时在哈佛大学登记的个人住址为：12 Trowbridge Street，Cambridge，MA.。（Harvard University Catalogue，1927-1928. Cambridge：Harvard University，1927：176，1007. Alfred K'aiming Ch'iu. *Who's Who in the World*. 2nd Edition，1974-1975. Wilmette, IL：*Marquis Who's Who*，1973：200）

裘开明之所以乐意担任哈佛学院图书馆汉和文库主管（Custodian of Chinese and Japanese Works，Harvard College Library），其主要原因之一是哈佛学院图书馆馆长柯立芝（Archibald C. Coolidge）的影响。柯立芝馆长曾是美国著名的义和团研究专家施达格（George Nye Steiger）博士（后担任西蒙斯大学教授）和美国著名中国历史文献研究专家贾德纳（Charles Sidney Gardner）博士的门生，其时在哈佛大学讲授远东历史。柯立芝馆长常说他教授远东历史并不是因为他精于远东历史，而是因为他认为远东历史很重要，并且应该列入哈佛大学的课程之中。后来，柯立芝馆长找到亨培克（Stanley Hornbeck）博士和 George H. Blakeslee 博士（后担任克拉克大学［Clark University］教授）来哈佛大学教授远东历史。裘开明感到柯立芝馆长太谦虚了，因为尽管他不懂汉语和日语，但是他非常熟悉有关汉语和日语的西方文献。在裘开明担心自己是否能够胜任哈佛学院图书馆汉和文库主管一职时，柯立芝馆长告诉裘开明：像在中国图书馆所做的那样，对哈佛大学图书馆的汉和藏书进行组织和编目，而不必担心没有接受长期的美国教育。其时，裘开明在汉和藏书的编目上主要依据张之洞（Chang Chih-tung）和繆荃孙编撰的《书目答问》，在图书分类上则主要依据清代学者孙星衍、繆荃孙和其他学者，以及诸如卡特（Charles Ammi Cutter）和杜威（Melvil Dewey）之类的美国图书馆界先驱者的分类理论与方法。（Alfred K'aiming Ch'iu. "Reminiscences of A Librarian". *Harvard Journal of Asiatic Studies*, Vol. 25, 1965: 7-18）

在担任哈佛学院图书馆汉和文库主管之初，裘开明在汉和文库的组织上得到了哈佛学院图书馆主管编目的副馆长 T. Franklin Currier 先生和梅光迪（Kuang-ti Mei）教授的诸多帮助。（Alfred K'aiming Ch'iu. "A Guide to the Chinese-Japanese Library of Harvard University under the Auspices of the Harvard-Yenching Institute", Boylston Hall, Cambridge, Massachusetts, July, 1932, printed by Hop Yuen Co. ［美国波城合源公司］, Boston, Mass.）

裘开明开始起草《汉和图书分类法》。（HYL Archives: Letter of Alfred K'aiming Ch'iu to Mamiya Fujio, July, 20, 1932）

4月15日

裘开明撰"Classifications in China: An Outline of Existing Chinese Classification Systems and A Suggested Scheme for Chinese and Japanese Books in American Libraries"发表于 *Library Journal*, Vol. 52, No. 8（April 15, 1927）: 409-414。

7月11日

裘开明向哈佛学院图书馆馆长提交《1927年2月1日至7月1日汉和文库报告》，报告写道：在2月期间，在哈佛学院图书馆编目部主任 T. Franklin Currier 先生的指导和帮助下，我把时间全部用于设计图书分类表。图书分类表初稿已交哥伦比亚大学图书馆中文文库主管桂质柏（John C. B. Kwei）先生和原中国天津南开大学图书馆馆长、现哥伦比亚大学图书馆学院学生 A. W. Wong 先生批评指正。T. Franklin Currier 先生审阅了部分初稿和全部定稿。我得益于他们的指正和建议，毫无疑问，这极大地改进了图书分类表。因为在之前的报告中我已经提交了该图书分类表，而且该图书分类表已在《图书馆杂志》(*the Library Journal*)4月号上发表，所以在本报告中，我不再描述该图书分类表。在本报告时间的初期，汉和文库有1668册日文藏书和4523册中文藏书。因为2月1日时这些藏书只有一份粗略的散页排架清单而没有目录，所以，我做的第一步工作就是编制全部藏书的卡片目录。我已经编写了554册日文图书的第一套主卡片目录，部分地完成了全部4523册中文藏书的第一套主卡片目录（书名目录）的编目，并且这些图书均已按新的分类法分类。虽然仅编写了部分藏书的排架卡片，但是全部藏书现在都已按新号码上架。主卡片目录均为书名目录，而不是像西文图书那样编制作者目录，因为：1. 中国人习惯先按书名查找图书；2. 大多数的中文书，包括诗文集，都有独特而显著的书名；3. 许多中文书的作者都是匿名的，或者其作者存疑且一直有争议。书名主卡片上的信息包括如下项目：书名、作者、编者、注解者等，版本、印刷，附注，丛书和其他注释，以及内容。除了注释和内容以外，作者卡片会与书名卡片有点类似。在报告的时间内，没有收到任何日文图书。可利用的中文藏书为3419册，包括道教文献1200册，上海商务印书馆涵芬楼影印本《卍字续藏经》752册，以及中文教师梅光迪（Kuang-ti Mei）的藏书1467册。《卍字续藏经》原本已毁于日本地震，所以由姊崎正治（Masaharu Anesaki）教授于1914年购得的这套影印本《卍字续藏经》已成为珍品，其将保存在图书馆供暂时使用和外借。梅光迪先生的藏书共计183种1467册，其中770册已完成分类编目。2月1日至7月1日期间，增加中文著作3419册，馆藏共计日文1668册、中文7942册；日文著作已编目554册,未分类;中文著作已编目6045册,已分类;装订图书909册(包括114册杂志),装订小册子75册,合计装订984册。除了分编图书以外,还花了一点时间起草图书编目规则,这是保持我们图书馆未来工作连续性和一致性的必需。我已经按照王云五先生的四角号码法设计了在我们图书馆使用的中日文图书书号表。顺便提一句,该书号表已经获得了打算在哥伦比亚大学中文图书馆引进四角号码法的桂质柏(John C. B. Kwei)先生的认可。哥伦比亚大学也将采用王云五(Y. W. Wong)先生的四角号码法。由此看来美国的中文图书馆可以在分编系统方面达到某些一致性。("Chinese-Japanese Collection of Harvard College Library at Harvard University: Annual Report of the Custodian"[February 1 to July 1, 1927], submitted by Alfred K'aiming Ch'iu, July 11, 1927. See: HYL Archives: "Chinese-Japanese Library of the Harvard-Yenching Institute at Harvard University: Annual Report of the Librarian", First to Tenth, 1927-1936)

7月16日

柯立芝(Archibald Cary Coolidge)致函董纳姆(Wallace B. Donham):我正在推进东方事务,总体上讲,现在是在哈佛大学建立中文图书馆的时候。所以,我正在鼓励订购书籍和目录柜,以及一台刚发明的新的中文打字机。我们正在要求送一台这样的打字机到哈佛大学来检验。我顺便附上一份裘开明的报告,也许你会感兴趣。裘开明是一个好小伙子,充满了热情。需要钱的时候,我会把账单寄给你。顺便说一下,裘开明已经接受了1927—1928年担任哈佛大学图书馆汉和文库主管的聘任。我想掌管财务者将会为他的薪水申请经费。(Letter of Archibald Cary Coolidge to W. B. Donham, North Chatham, Mass. July 16, 1927. HYI Archives: file: HYI- Preliminary to eastablishment [Oriental Research Institute], 1927)

7月25日

哈佛大学经济系T. N. Carver致函裘开明:"你关于中国农业的论义可读性极强,包含了一些我以前从来没有读过的资料。我认为你的文章写得很好,如果你能再完善一下,我建议你把它投到Farm Journal或其他农业类期刊上。但是我建议你做几点修改。"函中对裘开明的论文提出了整体修改意见以及各段的具体修改意见。(HYL Archives: Letter of T. N. Carver to Alfred K'aiming Ch'iu, July 25, 1927)

8月17日

加利福尼亚大学图书馆馆长Harold L. Leupp致函裘开明:敝馆没有王云五(Y. W. Wong)的《王云五大词典》,但在这里工作的美国农业部的Michael J. Hagerty先生有一本,他同意让我们借给你30天。书今天会随附表格寄给你。(HYL Archives: Letter of Harold L. Leupp to Alfred K'aiming Ch'iu, August 17, 1927)

8月

裘开明致函上海中华书局总店,寄送《四库备要》订单,并嘱装订事宜:1. 如某种书册数繁,每以六册至七册合装一函;2. 如某种书册数甚少(例如《尚书今古文注疏》),虽书本不厚,无须装订一函,切勿与他种书合装一函;3. 函夹两头均须有盖,如旧式函夹一样;4. 每函书名题签须粘贴于函之右侧面,俾书函直置于书架时得以现出。(HYL Archives: 裘开明致上海中华书局总店,1927年8月)

11月1日

裘开明撰"How to File Books in Chinese: Methods of Filing Chinese Characters and A System of Book Numbers for Chinese and Japanese Books"发表于*Library Journal*, Vol. 52, No. 19 (November 1, 1927): 1007-1011。

12月5日

裘开明致函Emily T. Larson以及旧金山公共图书馆编目部主管,了解使用"Ditto"设备复印目录卡片的相关经验。(HYL Archives: Letter of Alfred K'aiming Ch'iu to Emily T. Larson &. Head of the Cataloging Dept., San Francisco Public Library, December 5, 1927)

12月9日

Emily T. Larson来函答复裘开明的咨询,言其所在的图书馆只使用手动印刷机印刷卡片,不了解复印机复印的情况。(HYL Archives: Letter of Emily T. Larson to Alfred K'aiming Ch'iu, December 9, 1927)

12月13日

旧金山公共图书馆编目部首席编目馆员Aliec M. Healy来函解答关于使用"Ditto"设备复印目录卡片的问题。(HYL Archives: Letter of Aliec M. Healy to Alfred K'aiming Ch'iu, December 13, 1927)

12月15日

裘开明支付预订《二十四史辑要》及《清史列传》之费用至上海中华书局总店,并另附其他书籍订购单。(HYL Archives:裘开明致上海中华书局总店,1927年12月15日)

本年

裘开明通过与北京、上海和东京的代理商建立联系,购买了大量的中日文图书,同时开始研究中国和日本图书馆在用的图书分类表和编目规则,并由此制定了在哈佛学院图书馆开展中日文图书分类编目的具体计划。大量中日文图书的购置用款来自美国纽约尼亚加拉瀑布的铝业创办人霍尔(Charles M. Hall)遗产董事会对哈佛大学的资助。因此,在哈佛燕京学社成立之前一年多的时间内,哈佛大学,以及美国和亚洲的其他教育机构,通过柯立芝(Archibald Cary Coolidge)、博伊顿(Roland W. Boyden)、伍兹(James H. Woods)、George H. Chase、董纳姆(Wallace B. Donham)等哈佛人的说情而获得了霍尔遗产的资助。在霍尔遗产最终授予之前的1927年下半年,根据霍尔的遗嘱,大部分遗产留作"中国或者亚洲大陆的其他国家和日本、土耳其和欧洲巴尔干国家的教育用途"。董事们认为中国是最理想之地,同意实施一项最能实现霍尔遗愿的一批中国教育机构与一所美国大学之间的合作计划。哈佛大学被选作实施各项计划活动的中心,中国北京的燕京大学则被选为东方的联络大学。因此根据马萨诸塞州的法律,在1928年1月正式成立了作为教育机构的哈佛燕京学社。(HYL Archives: Alfred K'aiming Ch'iu. "The Harvard-Yenching Institute Library-the growth of its various collections and their present availability for research"[Manuscript]. See Also: Alfred K'aiming Ch'iu. "The Harvard-Yenching Institute Library". *The Far Eastern Quarterly* [《远东季刊》]. Vol. 14, No. 1 [November 1954]: 147-152)

《拟建东方研究所参考备忘录》共有6条备忘事件:1. 霍尔(Charles M. Hall)的遗嘱中有一部分资金可用于中国的教育工作,董事们已经非正式地表达了他们的意愿:如果哈佛大学能够制定一项令人满意的对中国有实际价值的工作计划,那么就可以在该计划的起步阶段每年投入30000—60000美元的资助。董事表决同意,如果计划被批准,且工作令人满意亦证明有价值,那么将从现在起向委托人提供大约4年的拨款,这只是董事们的意愿,并非限制他们在下拨经费之时斟酌处理的自由。根据董事会的规定,该计划必须认真考虑与中国的某个现有的教育机构或者研究机构合作,而不是建立一个全新的教育机构或者研究所。2. 哈佛大学已经拨款开展了各种各样的或者与中国有关或者将与中国有关的教育活动。(1)多年来,哈佛大学一直在开设中国语言和远东历史课程,哈佛大学可以在此基础上进一步拓展为两个教育和研究方向。(2)哈佛大学图书馆已经收藏了总数接近10000册的中国语言参考书,而且在法学院图书馆还有很多研究中国法律的著作,这些馆藏已经吸引了中国学生前来剑桥。(3)福格艺术博物馆(Fogg Art Museum)已经开展了一次中国考古探险,而且现在正在本托事部的资助下开展第二次中国考古探险。(4)阿诺得植物园(The Arnold Arboretum)一直在派遣探险队去中国研究植物,这些探险不仅增加了我们对中国树木的知识,而且使尚未意识到自然资源重要性的中国人获益。(5)哈佛大学已经具备下列领域的在中国从事研究的人力资源:历史、经济、考古学、植物学、古代哲学。3. 为了尽一切努力影响教育,显然有必要高起点地培训一些人员,使之能够培训更低层次工作的人员。为了完成这项任务,应该在哈佛大学和北京开设课程和收集资料,并且应该时常安排两地的教师和资料交换。应该按照类似的方式,在哈佛和北京两地集聚足够的学者,以便他们能够利用收集的资料,并开展两国间学者的合作研究……4. 中国的教育机构,即燕京大学和北京华北协和华语学校,已经表达了与哈佛大学合作的意愿,两校的校长,司徒雷登(John Leighton Stuart)和裴德士(William Bacon Pettus)准备前来美国商量细节。5. 董事会和哈佛大学相信,为北京的中心提供与哈佛大学相关的美国奖学金所开展的活动将会吸引其他基金支持中国的学校和哈佛大学,这将会扩大工作的领域。6. 只有在董事们提出了建议并且可能与司徒雷登和裴德士直接商谈时,才能提出这种教育尝试的管理计划。因此,虽然大家希望保持该计划的灵活性,但是,仍然提出了下列管理方案:根据哈佛大学与上述学校中的一个或者两个之间的协议组建哈佛燕京学社,如果可能的话,该协议应该涵盖与几个其他教育机构的合作。哈佛燕京学社的财政,包括经费的投入与开支,应该由哈佛大学控制。学社的领导权应该归属一个7人或者9人委员会,大多数的委员会成员应该由哈佛大学选举,少数的委员则从北京的合作学校中选任……(HYI Archives: Memorandum With Reference to A Suggested Oriental Institute, see file: HYI- Preliminary to eastablishment [Oriental Research Institute],1927)

除裘开明以外,汉和文库还聘请了两名兼职助理(two part-time assistants)。一名助理每天中午11时至下午1时上班,每小时的报酬为50美分;另一名助理每天晚上7时至10时上班,每小时的报酬为25美分;其余工作时间为裘开明的上班时间。(Eugene Wu. "The Founding of the Harvard-Yenching Library". *Committee on East Asian Libraries Bulletin*,1993.12[101]:65-69)

1928 年
31 岁

1月4日

哈佛燕京学社(Harvard-Yenching Institute)正式成立,设在美国马萨诸塞州剑桥(又称康桥)市的哈佛大学。第一次会议选出9位代表组成决策委员会:3位代表哈佛大学托事部,即伍兹(James H. Woods)、George Henry Chase 和柯立芝(Archibald C. Coolidge);3 位代表燕京大学托事部,即巴尔敦(James L. Barton)、巴伯(George G. Barber)和诺斯(Eric M. North);3 位代表霍尔基金遗产执行团,即董纳姆(Wallace B. Donham)、博伊顿(Roland W. Boyden)和格林(Roger S. Greene)。(张寄谦《哈佛燕京学社》。见:《燕大文史资料》第 6 辑,1992,3:38-60)

1 月 5 日

麻省秘书 Frederic W. Cook 签发哈佛燕京学社(Harvard-Yenching Institute)社团证书。该社团证书主要内容如下:兹有博伊顿(Roland W. Boyden)、George Henry Chase、诺斯(Eric M. North)、巴伯(George G. Barber)、董纳姆(Wallace B. Donham)、洛厄尔(A. Lawrence Lowell)、巴顿(James L. Barton)联合成立名为哈佛燕京学社(Harvard-Yenching Institute)的社团,该组织的宗旨是通过成立、发展、支持、维持和运转一个或者多个教育机构,或者通过支持或部分支持、合作、加入或合并已有的及今后成立的其他机构等方式,进行并提供有关中国、亚洲大陆其他国家、日本、欧洲的土耳其及巴尔干半岛地区文化的研究、指导和出版物发行,促进而非限制其发展。1. 资助从事适合进入文理研究院的中国学者或者欧洲学者的研究和教学工作,以为学者进入哈佛燕京学社工作和通过其他教育机构在中国开展本科工作做准备;探索、发现、收集和保存文物和古物,或者帮助博物馆或者其他机构从事此项工作。2. 获得、拥有、出售和转让建筑、房地产和一切有关利益,以及建筑楼宇。3. 借贷、发行证券、抵押或者典当哈佛燕京学社的部分或者全部股票资产。4. 持有、出售和转让投资基金、证券和通过捐赠或者其他方式获得的股票。5. 向其他慈善机构或者个人提供捐赠……除具备一般的不动产、资金等相关法律权利外,如无麻省高级法院的特别批准,不允许持有价值超过 200 万美元的不动产。(HYI Archives:File:Agreements With Harvard 1928-1976, The Commonwealth of Massachusetts, Certificate of Incorporation, January 5,1928)

1 月 12 日

洪煨莲(William Hung)致函柯立芝(Archibald C. Coolidge),商谈哈佛大学图书馆希望燕京大学图书馆作为其购买中文书的代理之事宜。洪煨莲表示:非常高兴能为哈佛大学图书馆服务,希望知道哈佛大学图书馆的购书计划、装运事项、交易等细节方面的要求,并请说明燕京大学图书馆的选书原则。(HYI Archives:Letter of William Hung to Archibald C. Coolidge, January 12,1928)

1 月

根据麻省的法律,哈佛燕京学社于 1928 年 1 月正式成立。根据社团法,聘任了 9 个董事管理新成立的学社事务,3 个董事由燕京大学董事会选派,3 个董事由哈佛大学校长和哈佛学院研究员选派,3 个由董事根据霍尔的遗嘱选派。哈佛燕京学社董事会像哈佛社团法人一样是一个永久的独自合法社团。博伊顿(Roland W. Boyden)担任第一任董事会主席,直至 1931 年 10 月 25 日逝世。其后由哈佛商学院院长董纳姆(Wallace B. Donham)继任主席。董事们为系统地建立中日文藏书拨款,而裘开明博士则开始利用其中国目录学知识和不尽的热情,将现代图书馆技术方法应用到中国藏书家的传统方法之中,正式组建一个研究图书馆——哈佛大学图书馆汉和图书馆。(Alfred K'aiming Ch'iu. "The Harvard-Yenching Institute Library." *The Far Eastern Quarterly*《远东季刊》, Vol. 14, No. 1 [November 1954]:147-152. See Also:Serge Elisséeff. "The Chinese-Japanese Library of the Harvard-Yenching Institute". *Harvard Library Bulletin*, Vol. 10, No. 1, Winter 1956:73-97)

2月6日

上海中华书局总店来电报云:收到哈佛大学图书馆汉和文库购书经费美金四百零九元八角七分,合申洋八百九十二元一角八分。并询问《四部备要》是否需用连史纸,布套题签如何办理。(HYL Archives:上海中华书局总店致哈佛大学图书馆信函,1928年2月6日)

2月10日

燕京大学的哈佛燕京学社正式成立,设有主任一人,聘请著名学者陈垣(Chen Yuan)担任(至1930年,后由容庚[Jung Keng]继任),另设由5人组成的学术委员会,除陈垣外,燕京方面另两人为洪煨莲(Willian Hung)与博晨光(Lucius Chapin Porter,当时均被邀请赴哈佛大学作访问学者),哈佛方面两人,一位是当时在巴黎的法国汉学家伯希和(Paul Pelliot),另一位是叶理绥(Serge Elisséeff),当时适在北京。但是,这种安排实为虚设,因为哈佛大学的哈佛燕京托事部并不承认。所以,实际负责工作的是行政管理委员会(Administrative Committee)或称北平办事处(Peking Office),内设执行干事(Executive Secretary)一人负责工作,该职位规定由美国人担任。第一任执行干事是博晨光(Lucius Chapin Porter,1880—1958)。其父博恒理(Henry Dwight Porter,1845—1916)为19世纪70年代来华的美国传教士,博晨光生于天津,于耶鲁大学毕业后返华,任通州协和大学教授。自1919年至1950年在燕京大学工作,历任燕京大学文理科科长、哲学系教授兼主任等职,深受司徒雷登信任)。(张寄谦《哈佛燕京学社》。见:《燕大文史资料》第6辑,1992,3:38—60)

2月20日

上海中华书局总店来函,回执哈佛大学图书馆汉和文库的《二十四史辑要》预订确认单。(HYL Archives,上海中华书局总店致哈佛大学图书馆信函,1928年2月20日)

2月28日

燕京大学洪煨莲(William Hung)教授致函美国哈佛大学文理研究生院院长George Henry Chase:作为哈佛燕京学社的董事,你可能已经知道,燕京大学司徒雷登校长(President John Leighton Stuart)希望博晨光教授(Lucius Chapin Porter)、钢和泰(Alexander W. von Staël-Holstein)教授和我在1928—1929学年度能够在剑桥,以便一起商量和筹划哈佛燕京学社在中国的发展事宜。我在给司徒雷登校长的信中表达过希望有机会在哈佛做些研究工作的愿望,他在电报中回复说已经办妥我作为学生前来哈佛的安排,但是电文没有告诉细节,所以我立即向你提交了这份入学申请。我1917年以优异成绩毕业于俄亥俄美以美会大学(Ohio Wesleyan University, Delaware, Ohio),获文学学士学位;1919年毕业于哥伦比亚大学,获文学硕士学位;1920年毕业于纽约联合神学院(Union Theological Seminary, New York, New York),获神学学士学位。1920—1922年担任卫理公会海外布道会(the Board of Foreign Missions of the Methodist Episcopal Church)秘书。自1922年秋起,我一直在燕京大学服务:1922—1923年在美国为燕京大学工作;1923—1924年担任历史系助理教授和代理主任;1924—1927年担任历史系主任和文理学院院长;1924年至今为副教授;1924年至今担任燕京大学图书馆主任;1926年至今担任燕京大学监事会(the Board of Managers)执行委员会委员。上述个人情况可向燕京大学董事会办公室查询,地址如下:150 Fifth Avenue, New York, N. Y. 燕京大学董事会办公室秘书是Eric M. North博士。(Letter of Professor William Hung to Dean George H. Chase, Harvard University, February 28, 1928. See: HYI Archives: File: William Hung 1928-1929)

4月10日

　　美国哈佛大学文理研究生院院长 George Henry Chase 致函燕京大学洪煨莲(William Hung)教授：2月28日来信收到，如无意外，我们会在哈佛燕京学社给你安排一个研究员职位，以便你有一年的时间在此学习。兹附上空白的入学申请表，请尽快填妥寄回。我还附了一封说明你已经取得哈佛大学文理研究生院资助的信，这封信比其他文件更容易使你成功地获得美国移民当局的签证。(Letter of Mr. George Henry Chase, Harvard University, to Professor William Hung, April 10, 1928. See：HYI Archives：File：William Hung 1928-1929)

5月28日

　　美国哈佛大学文理研究生院院长 George Henry Chase 致函燕京大学洪煨莲(William Hung)教授：我正式通知你，不久以前，我们社团法人已经同意你担任哈佛访问讲师(Visiting Lecturer)职位，根据哈佛燕京学社通过的预算，你明年将从哈佛燕京学社得到2000美金，和600美金的旅行费。我们的理解是，我们请你来是为了在哈佛燕京学社的组织方面提供帮助和建议，偶尔开办一些公共讲座，而不是一门正规的课程。我本来应该更早一点告诉你这个消息，但是我希望我能够把你明年来做研究的事办得更确切一些。不幸的是，柯立芝(A. C. Coolidge)教授的逝世和明年将去华盛顿国务院的 Hornbeck 博士的退出，使我们实际上没有一个人能真正地胜任指导远东历史研究的工作。今天，历史、政府和经济系(Division of History, Government, and Economics)的主任告诉我明年也不会有这样的人。所以他建议我告诉你，在你秋季到达剑桥时，毫无疑问会从系里找一两个教师帮助安排你的研究工作，但他希望强调的是，这些教师只能在研究方法而不是研究事实的基础上帮助你评价你的研究成果。现在剑桥难以找到小的住房，但是有很多公寓套房，如果需要帮助，请告知。(Letter of Mr. George Henry Chase, Harvard University, to Professor William Hung, May 28, 1928. See：HYI Archives：File：William Hung 1928-1929)

　　美国哈佛大学文理研究生院院长 George Henry Chase 致函董纳姆院长(Dean Wallace B. Donham)：兹奉上我在电话中提到的课程表。正如你所知，我已经把梅光迪(Kuang-ti Mei)先生讲授的中国语言文学课程与伯希和(Paul Pelliot)教授、钢和泰(Alexander W. von Staël-Holstein)教授和博晨光(Lucius Chapin Porter)教授讲授的课程安排在一起了，我想总体上看起来还不错。燕京大学的洪煨莲(William Hung)教授也会来此担任访问讲师，但是他将只做临时讲座，大部分时间则在历史系攻读博士学位。司徒雷登(John Leighton Stuart)要他在此为燕京大学做一些事。在4月25日的执行委员会会议上，我提出了接管梅光迪先生薪水的问题，但是委员会很反对，因为我们过去已经有了具体的安排。(Letter of Mr. George Henry Chase, Harvard University, to Dean Wallace B. Donham, May 28, 1928. See：HYI Archives：File：William Hung 1928-1929)

6月14日

　　Eugene Shen 来函推销上海中华书局出版的《四部备要》。(HYL Archives：Letter of Eugene Shen to Alfred K'aiming Ch'iu, June 14, 1928)

6月19日

　　上海中华书局总店来电报：添书择有照配邮奉，十二包计本版四十九元四角六分六，代办二十一元五角五分；五发票附缴；未配各书均售缺；《二十四史辑要》、《清史列传》已早付定之单，已先寄章矣；《四部备要》因有布套题签等问题，请详细示遵。(HYL

Archives：上海中华书局总店致哈佛大学图书馆信函，1928 年 6 月 19 日）

7 月 3 日

裘开明致函 Paul Meng："1. 到 1928 年 7 月 1 日为止，我馆收藏的中文书籍有 15248 卷/册；2. 到 1928 年 7 月 1 日为止，我馆收藏的日文书籍有 1676 卷/册；3. 到 1928 年 7 月 1 日为止，我馆收藏的欧洲出版的有关中国的书籍有 3369 卷/册"。"敝馆收藏的中文书籍主要包括古典文学、哲学、历史和普通参考工具书以及中文过刊。敝馆的主要目的是为在哈佛新成立的中国研究院的教师和学生们的研究、教学提供参考服务。敝馆已准备为哈佛大学从新建的北京市图书馆和北京基督教大学图书馆购买一批中国古籍。我们希望能在今后的几年内采购大量的中文书籍。""敝馆所收藏的来自欧洲各个不同国家的有关中国的书籍，是美国国内收藏得最完整的；尤其是收藏的此类过刊，是非常有价值的。敝馆收藏的过刊中，有丰富的研究中国历史、传记、政府、哲学和文学的刊物，但没有欧洲研究中国科学方面的资料。敝馆所收藏的与中国有关的欧洲书籍分布在整个馆里，通常和科学类书籍一起排架。"（HYL Archives：Letter of Alfred K'aiming Ch'iu to Paul Meng, July 3, 1928）

7 月 14 日

燕京大学洪煨莲（William Hung）教授在上海市致函美国哈佛大学文理研究生院院长 George Henry Chase：非常感谢你 4 月 10 日和 5 月 28 日的来信。在制定我来剑桥的确切计划之前，我一直在等待与司徒雷登（John Leighton Stuart）校长会面，司徒雷登校长只是在毕业典礼的前一天才返回燕京大学。然而，一切十分顺利。凭借着哈佛大学的聘任通知，我们才能够获得护照和美国签证，这使我、我的妻子和孩子们可以进入美国。我们已经预订了拉瓦尔品第 P.&O. 汽轮船（The P.&O. Steamer, Rowalpindi）的船票，将于 7 月 17 日从上海出发，8 月 18 日到达法国马赛（Marseilles），希望 9 月 15 日到达纽约。到达纽约后我们打算在一两天内到达波士顿，我们将从波士顿去马萨诸塞州的 Marblehead Neck，那里的 Hanford Crawford 夫妇邀请我们在那里住几天。我们带了很多行李，大部分是书，又不想把行李带去 Marblehead Neck。我将从纽约电告你我们到达波士顿火车南站的时间，如果你能安排人前来帮接走三件行李，将是对我的极大帮助。感谢你帮忙我们寻找房间，我们想要有家具的房间，但家具不必讲究。我们的两个女儿，一个 8 岁，另一个 6 岁，将会在剑桥上学，所以，我们想要既离小学近，又在步行至哈佛大学的范围内的公寓房间。（Letter of Professor William Hung, Shanghai, to Dean George H. Chase, Harvard University, July 14, 1928. See：HYI Archives：file：William Hung 1928-1929）

7 月 24 日

裘开明致函白雷格（Robert Pierpont Blake）：在对馆藏目录进行核对后，叶德辉（Yeh The-hui）藏书情况如下：1. 全部藏书共 5340 种，200000 卷或 50000 册。2. 大约有 60％是我们已有的或已经订购的复本。3. 藏书的价值主要在于其大部分是珍本和手稿，包括宋版书、元版书、明版书及清朝早期版本的书。整批藏书的价格是 2 万元，不知道计量单位是金还是银，待从 Bishop Roots 那里得到确切数字再行通知。因为藏书具体情况已经由伯希和（Paul Pelliot）详细描述过，故不多解释。（HYL Archives：Letter of Alfred K'aiming Ch'iu to Robert Pierpont Blake, July 24, 1928）

裘开明致函上海中华书局总店，结算购书款，嘱托所购《四库备要》布套题签的处理方式，订汉和图书馆所缺《学衡》、《心理》两种杂志各期。（HYL Archives：裘开明致上海中华书局总店，1928 年 7 月 24 日）

8月7日

哈佛大学文理研究生院院长 George Henry Chase 致函美国劳工部移民局总长：中国燕京大学洪煨莲(William Hung)教授已经被聘为哈佛大学1928－1929年度中国史访问讲师，并询问除了该项证明以外，洪煨莲教授从美国纽约港入关是否还需要其他官方文件，因为他计划在9月10日至20日期间到达美国。(Letter of Mr. George Henry Chase, Harvard University, to Commissioner General, Bureau of Immigration, U. S. Department of Labor, August 7,1928. See: HYI Archives: file: William Hung 1928-1929)

8月18日

美国劳工部移民局代理总长 George J. Harris 致函哈佛大学 George Henry Chase：已经收到 George H. Chase 8月7日有关洪煨莲(William Hung)教授已经被聘为哈佛大学1928－1929年度中国史访问讲师的信函。洪煨莲教授从美国纽约港入关，必须持有中国政府签发的教师证明，该证明应该附有美国驻扎中国总领事馆的非限额移民签证，否则他无法进入美国。(Letter of George J. Harris, Acting Commissioner General, Bureau of Immigration, U. S. Department of Labor, to Mr. George Henry Chase, Harvard University, August 18,1928. See: HYI Archives: file: William Hung 1928-1929)

9月21日

上海中华书局总店来函：收到哈佛大学中文文库汇来大洋七十一元零二分，用以预定《四部备要》一部及《学衡》，附寄预约券、订单及收条；《四部备要》第一集先寄到，请验收；《心理》售缺；布函究需若干，因书未出全，年前不能确定，将来待五集完全出版，再行定制。(HYL Archives：上海中华书局总店致哈佛大学图书馆信函,1928年9月21日)

9月25日

上海中华书局总店寄来汉和文库订购《学衡》杂志之订购确认单。(HYL Archives：上海中华书局总店致哈佛大学图书馆信函,1928年9月25日)

10月1日

上海中华书局总店来电报：所预约之《清史列传》乙部现第乙次书已出版，请速将原预约券挂号寄下。(HYL Archives：上海中华书局总店致哈佛大学图书馆信函,1928年10月1日)

10月24日

裘开明致函 George Henry Chase：兹附上上海经销商提供的中国各省县地方志目录。这些书是伯希和(Paul Pelliot)教授在教育委员会会议上提到的，有些书经你的批准已经买到，现在教授们正在核对还没有买到的所需地方志。因为上个学期的决定是最好在哈佛燕京学社的教授们审核通过后才能进行大宗购买，假如教授们认为目录上的这些书值得购买的话，我们会把订单寄去燕京或上海。(HYL Archives：Letter of Alfred K'aiming Ch'iu to George Henry Chase, October 24, 1928)

11月20日

上海中华书局总店来电报：《二十四史辑要》已于10月17日分扎二包挂号寄奉；《清史》第一次书亦即付寄；另附预约券及预约收条。(HYL Archives：上海中华书局总店致哈佛大学图书馆信函,1928年11月20日)

裘开明提交《汉和文库年度工作报告》(1927年7月1日至1928年6月30日)。报告分为馆藏发展、分类与编目、图书装订、公共服务与阅览室安排、信息服务、开支及馆藏发展统计表6个部分，内容如下：第一，馆藏发展。自1927年春至1928年初，大部分图书主要来自上海的三家公司：商务印书馆、万卷楼(Wan Chuan Lou & Sons)和中华书局。这3家公司是中国能处理国外业务的少数书商中较有名者。中国国内的书商不愿意赊账销售，且不一定会严格遵守顾客的要求。因此，除非在中国设立代理商或代理机构，否则不可能像中国的图书馆一样直接向当地书商购买图书。这种情况限制了我们的选择，但我们会尽力通过最可能的渠道采购图书。在将近1927年底的时候，北京图书馆馆长袁同礼（Tung-li Yuan）提出可以为哈佛学院图书馆在北京购买一些有价值的馆藏。袁同礼与 T. Franklin Currier 相识，并熟悉哈佛中文文库。他在给 T. Franklin Currier 的信中提出可以通过北京图书馆为哈佛购买好书。由于1928年签订了燕京大学为哈佛大学采购图书的协议，因此暂不接受袁同礼可提供的帮助，但今后随时需要均可安排。与燕京大学的协议使我们可以自由地得到专家服务，选择一位优秀的代表代替我们在中国采购图书。因此，大约3000美元的高额订单已于1月10日寄给燕京大学图书馆馆长。此批订单的图书将于9月底到馆。另有3批总计约5000美元的订单已于4月28日、8月18日、10月15日寄往北京。10月15日寄出的订单全部是由燕京大学洪煨莲（William Hung）教授选定的中文类书和参考书。燕京大学图书馆长在6月12日的来信中提到，根据他们图书馆的经验，处理我们的图书采购事务需收取5%的最低一般管理费用。7月13日，哈佛学院图书馆馆长 W. C. Lane 批准了此项开支。此项支出将加入每批图书的账单中，或者加入每个财政年度末的总账目之中。除了向商务印书馆订购一套《四部丛刊》和向中华书局订购一套《四库备要》外，未向其他图书来源购买中文古籍。第二，分类与编目。截至9月2日，所有15248册中文馆藏中，约有9561种已分类编目。已完成作者与书名混排字典式目录，并相应制作了丛书的作者和书名分析卡片。我们采用的是主款目卡片（main card）制，即利用"单元卡（unit card）"原样复制印刷其他目录卡片。目录卡片包括七组信息：第一组信息包括所有责任者的各种信息；第二组包括书名及其变化；第三组包括版本信息；第四组包括图书的外形特征，如页数、卷数、册数、函数、插图等；第五组包括书目解题及其他注释；第六组包括各种附注；第七组包括采购来源、日期及价格（只在排架卡片上反映）。所有卡片均按王云五（Y. W. Wong）的中文汉字四角号码法编排。一份漂亮的手写中文"如何使用目录"已完成并装框挂在目录盒上方。此份说明包括如何使用王云五的中文汉字四角号码法、如何检索作者和书名字顺目录，以及图书外借程序的简单介绍。因目前尚无统一的中文主题词表出版，所以，主题目录没有与作者一书名目录混排。中华图书馆协会正在设计中文主题词表。我们的主题目录是按分类主题顺序编排的传统中文书目。主题目录可以在普通排架目录的基础上增加更详尽的信息，以及主题检索和丛书个别书名分析检索。馆藏图书按照此主题目录的顺序排架，书架上亦贴有包括分类号、中英文分类主题的标记。根据北京图书馆有关中文图书分类的意见，我们使用修正过的四库分类法来编排主题目录，即在四部法的基础上，将史部分为历史科学和其他社会科学两类，另加入艺术、自然科学以及技术三个新的类别，这三个新的类别原来均包含在四库的子部中。在哈佛燕京学社教育委员会主席 George Henry Chase 的支持下，懂中日韩文的韩国人 K. D. Har 博士来馆协助开展日文馆藏的编目工作，所有日文书籍有望在12月底完成编目。第三，图书装订。所有多于3册/本的图书均装函。我们的函套是在中国国内常用的函套的基础上改进的，上下各增加了一片封盖以防止灰尘。单册或其他薄册子则使用欧式装订，共装订384册图书、281份小册子，装订人工加上制作函套、修复等费用总共开支1936.85美元。由于在美国的费用高于在中国的费用，所以希望能在北京制作函套。燕京大学图书馆长同意为哈佛大学承担此项工作。我们所使用的函套样版已寄至北京。我们亦要求接受我们一套《四部丛刊》订单的商务印书馆根据我们的样版制作函套。商务印书馆给出的函套价格为每个1.50元(含在函套上烫金字)、欧式装订为每份1.10至1.20元。第四,公共服务与阅览室安排。因空间和设备限制,9月份之前,汉和图书馆为读者提供的服务非常有限,只是偶尔有读者下来97室提一两个问题或是借一些书。1928年9月1日,图书馆搬至X、Y和W室。W室和Y室用作书库。学校开学后,Y室的部分图书被移出,Y室指定为博晨光(Lucius Chapin Porter)教授和洪煨莲(William Hung)教授的研究室。W室和Y室的书架都已满架,许多已编目的图书不得不放在91室。在搬入博伊斯顿堂之前,这将给我们的管理造成相当的不便。X室作为一般性阅览室开放。所有一般性的参考书,如百科全书、字典、词典、年鉴等,以及与课程相关的保存本图书均放在X室。此外,约20种不同类型的现刊亦放在X室供读者使用。中国学生的使用率最高。虽然图书馆的目的是要促进研究和鼓励严肃阅读,但是,当仅需相当小的开支就能满足读者的即时阅读需求时,我们仍然很难拒绝读者的即时阅读要求。图书馆仅订阅了约10种杂志以及一份《上海日报》,花费约150美元,其他期刊是各种来源的赠书。服务时间是图书馆人员极有限的情况下能接受的最长时间。图书馆除周六外,每天上午9时至晚上10时开放,下午5:30—7:00短暂关闭1.5小时。上午9时至下午5:30可以借还图书,但保存本和现刊只能在晚上闭馆后才能借出图书馆,并于第二天上午9:30之前归还。阅览室日均接待读者10人。当最新的期刊和报纸从中国到馆时,最高接待人数可达20人。很少读者把书借回家使用。每天平均有4或5个人外借图书。原因有二,其一是馆藏的严肃性,其二是最经常到馆的中国学生只是偶然参加有关中文课题的研究。极少有学中文的美国学生能够达到自由使用这些图书的程度。阅览室由两名学生助理管理,一名从早上11时工作到中午1时,另一名从晚上7时工作到晚上10时。早班的助理负责照看杂志和报纸、登记借出和还回的图书。晚班的助理只负责监管图书,没有分配其他工作。每年阅览室的开支包括支付早班助理300美元以及晚班助理180美元,共480美元。晚上平均有三四个读者登记。根据学社的政策和资源,人均读者占用每周4.50美元或每年180.00美元的开支。第五,信息服务。为中文系学生列书单和从中国购买图书占用了一定的工作量。今年以来,满足了不少有关中国与其他国家外交关系书目的需求。这些虽然很难称作严格的书目工作,但确实占用了编目人员的相当时间。但占用图书馆工作人员最多时间的是有关中国事务的各种各样的信息需求。中文系学生有关购买中国墨水、笔、印章、纸以及图书等信息的合理要求通常能得到满意的回答。然而,外部人员有关中国和日本事务的信息需求则是问题的来源。专业杂志作家、中国旅游促进者、中国和日本物品收藏者等,在得知哈佛大学有一个关于中国研究的机构后,都毫不犹豫地将他们的需求送来中文图书馆。不知是幸运还是不幸,中文图书馆成了整个学社的一种物理化身。任何中文图书馆的无礼行为将对整个学社造成影响。必须以政策的形式决定满足外部信息需求的问题。承担多少这样的工作是恰当的?图书馆工作人员是否应抽出一定时间完成这样的工作?如果是,图书馆的编目和建设工作将被拖慢,而那才是图书馆要实现的主要目标。第六,开支及馆藏发展统计表。中文图书购置费3181.49美元,欧洲语言图书购置费81.81美元,中文及日文图书装订费1936.85美元,总计5200.15美元。服务和工资开支1440.74美元。中文馆藏至1927年7月1日共7942册,至1928年7月1日共15248册,至1928年10月31日共20744册。日文馆藏至1927年7月1日共1668册,至1928年7月1日共1676册,至1928年10月31日共1693册。("Chinese-Japanese Collection of Harvard College Library at Harvard University: Annual Report of the Custodian"(July 1，1927 to June 30，1928)，submitted by Alfred K'aiming Ch'iu，November 20，1928. See:"Chinese-Japanese Library of the Harvard-Yenching Institute at Harvard University: Annual Report of the Librarian"，First to Tenth，1927-1936)

11月24日

美国学术团体协会(American Council of Learned Societies，ACLS)秘书 Mortimer Graves 致函裘开明:我已拜读你23日的来信。你或许还记得在夏天我曾告诉过你美国学术团体协会可能要进行中文研究调查。目前为止,这个调查研究还未正式启动,但有不少对中文有兴趣的人将会在12月份召开会议,对此计划进行讨论。会议后我们才能对此作出真正意义上的决定。我将尽所能把会议讨论的内容寄给你或哈佛图书馆。不久前我们寄了一份关于该调查计划的油印本出去。可惜这些调查计划已全部寄完,否则我将十分乐意给你也寄一份。我们自己也只保留着这份计划的原件在我们的档案中。假如你12月1日能在纽约,我们将非常乐意地邀请你参加我们的会议。会议将于当天早上9:30在哈佛俱乐部举行。(HYL Archives: Letter of Mortimer Graves to Alfred K'aiming Ch'iu，November 24，1928)

11月30日

裘开明接到关于召开"美国中国学研究现状"研讨会通知。该研讨会由美国学术团体协会(American Council of Learned Societies，ACLS)资助召开,时间为12月1日上午9:30,地点在纽约的哈佛俱乐部。伯希和(Paul Pelliot)、博晨光(Lucius Chapin Porter)和洪煨莲(William Hung)将作为哈佛大学和哈佛燕京学社的代表参加,同时亦希望裘开明和梅光迪(Kuang-ti Mei)先生参会。如果裘开明参会,学社将支付差旅费。(HYL Archives: Letter to Alfred K'aiming Ch'iu，November 30，1928)

12月10日

裘开明致函间宫富士(Fujio Mamiya):我对《图书馆研究》(Toshokan Kenkyu)第7期上发表的加藤修子(Kato Shuko)所撰《皇宫藏书历史概述》(A Historical Sketch of the Imperial Library)非常有兴趣。请将哈佛大学中文文库添加到此期刊的订户名单中,并自1928年9月(即第4期)起开始订购。我们现在开始收集日文图书,尤其是关于中国文化的日文图书。如果你能推荐一个可以处理日本国内所有日文出版物订单的可靠的日文图书公司,我们将不胜感激。请惠予帮忙收集日本各重要图书馆的目录。(HYL Archives: Letter of Alfred K'aiming Ch'iu to Fujio Mamiya，December 10，1928)

12月14日

上午10点,哈佛燕京图书馆委员会在伯希和(Paul Pelliot)教授的研究室举行哈佛燕京图书馆委员会会议,与会者有图书馆委员会主席白雷格(Robert Pierpont Blake)以及洪煨莲(William Hung)、梅光迪(Kuang-ti Mei)、裘开明和伯希和。会上,各位委员就主席提出的关于中文馆藏遵循何种方针进行建设的问题交换了意见,决定优先采访儒家经典和哲学类书籍,并在每年10000元拨款的基础上尝试性地编制图书馆财务预算。根据委员会的讨论结果,最终决定哈佛燕京学社图书馆各类藏书发展的优先顺序以及每年的投入如下:1.传记和一般性的参考工具书1500美元;2.考古学和艺术类图书1500美元(最好建设与此相关的当代学术馆藏,因为哈佛燕京学社图书馆在这方面的馆藏很薄弱);3.关于中国问题的日文期刊1000美元;4.历史类(史料和史评类书籍的单行本,如果可能的话,尤其应购买《广雅丛书》较早的版本)500美元;5.中文期刊500美元;6.地方志1000美元;7.不同作者的各种单行著作(尤其是当代作者的著作)150美元;9.关于外国的中文图书 100 美元;10. 关于韩国的著作(尤其是日本的考古调查和各个博物馆的出版物)250 美元;11. 当代文学 500 美元;12. 丛书 2500 美元。共计 10000 美元。购买丛书类的 2500 美元拨款需要在 4 年内全部到位,以建立起丛书馆藏。委员会的所有成员一致认为这个计划只是暂时性的,需要不断完善。会议于 12:10 结束。("Chinese-Japanese Library of the Harvard-Yenching Institute at Harvard University Report of the Librarian for 1955-1956". HYL Archives: Memo. Of Harvard-Yenching Library Committee Meeting: December 14, 1928)

12 月 29 日

裘开明致函美国学术团体协会(American Council of Learned Societies,ACLS)助理秘书 Mortimer Graves:感谢你寄来的关于中文研究的临时会议纪要。你的纪要做得非常出色流畅,不过有一个小疏忽,我在第 14 页加插了一段补充文字,请你考虑是否应该在出版时加上这段补充文字。这个疏忽是漏掉了我在会议上的一段讲话,即,我请求参加会议的西方汉学家们,在保护中国文化遗产的问题上应该亲自与中国的权威学者们合作,并劝阻所有破坏这些文化遗产的行为。就在我的请求提出之后,劳费尔(Berthold Laufer)先生发表了"应该号召中国的学术权威起来阻止所有的古董文物流通"的讲话。不知你是否有印象,或者是不是我没有在会议上说清楚?我想应该是后者的原因导致这个疏忽发生。因为劳费尔先生的讲话已经发表,补充进这个疏忽的内容应该会引起读者的兴趣,以让读者更完整地了解整个问题的详细情况。(HYL Archives: Letter of Alfred K'aiming Ch'iu to Mortimer Graves, December 29, 1928)

12 月

霍尔遗产董事会于本月制定了国外教育基金的分配方案。这部分基金占全部遗产的三分之一,已超过1400万美元。其中 760 余万美元的分配方案是公开的,要分配给霍尔遗嘱中指定的东方各地区的 20 所研究机构,包括 100 万美元给燕京大学,70 万美元给岭南大学,20 万美元给华西协和大学,30 万美元给金陵大学,5 万美元给福建协和大学,15 万美元给山东齐鲁大学等 6 所学校。扣除税额和手续费以外,尚余 640 万美元,给哈佛燕京学社。这部分款项分为两部分:一部分是一般性开支,有 450 万美元,为支付学社一般费用,包括学社在哈佛大学进行的一些活动所需费用;另一部分是限制性开支,有 190 万美元,按比例分配给上述 6 所学校与印度的阿拉哈巴德农业研究所。燕京大学获得的比例最大,可得 50 万美元,这就为燕京大学的发展提供了物质保证。(张寄谦《哈佛燕京学社》。见:《燕大文史资料》第 6 辑,1992,3:38-60)

本年

裘开明在哈佛大学文理研究生院攻读经济学博士学位,并担任哈佛学院图书馆汉和藏书主管和中国语言文学讲师,其时在哈佛大学登记的个人住址为:12 Mt. Auburn, Cambridge, MA.。(Harvard University Catalogue, 1928-1929. Cambridge: Harvard University, November 1928:52,40, 861)

哈佛大学的哈佛燕京学社成立以后,原拟聘请法国汉学家伯希和(Paul Pelliot)担任社长,伯希和婉辞而推荐他的学生法籍俄国东方学者叶理绥(Serge Elisséeff)担任,并兼任哈佛大学远东语言系主任。叶理绥,日文名英利世夫,出身显赫的旧俄世家,早年在德国柏林洪堡大学学习语言,日俄战争前后至日本,是东京帝国大学文学科毕业的首名欧洲学生,成绩优异。十月革命后流亡到法国,入法籍,从伯希和学习。叶理绥不仅精通日语,而且法、德、英等语言亦颇流利,汉语能阅读一般古籍。1956 年退休回法国。(张寄谦

《哈佛燕京学社》。见:《燕大文史资料》第 6 辑,1992,3:38—60)

裘开明根据威氏汉语拼音(Wade-Giles System)和赫氏日语拼音(Hepburn System)将中日文文献的书名和作者名进行罗马化而编撰的哈佛燕京图书馆目录于本年底诞生,是为美国第一个罗马化中日文图书馆目录,其后各地竞相采用。(Alfred K'aiming Ch'iu. Reminiscences of A Librarian. Harvard Journal of Asiatic Studies, Vol. 25[1965]:7-18)

在 1928—1929 学年度,哈佛大学汉和图书馆组织了一个专家顾问委员会,其委员由来自各地的著名远东专家,包括法国学院的伯希和教授(Paul Pelliot)、国立北京大学的钢和泰(Alexander W. von Staël-Holstein)教授和燕京大学的洪煨莲(William Hung)教授与博晨光(Lucius Chapin Porter)教授和哈佛大学的梅光迪(Kuang-ti Mei)教授。当时,梅光迪教授是哈佛大学正式的中文助理副教授,而其他的专家则都是访问讲师。后来,钢和泰男爵于 1929 年被哈佛大学聘为中亚语言教授,但是他一直住在北平,因为他需要指导从哈佛选派去北平中印研究所(the Sino-Indian Institute)的研究生。通过他们的推荐,裘开明为哈佛大学图书馆购买了很多珍贵的图书。(Alfred K'aiming Ch'iu. "Reminiscences of A Librarian". *Harvard Journal of Asiatic Studies*, Vol. 25[1965]:7-18. See Also: Alfred K'aiming Ch'iu. "The Harvard-Yenching Institute Library". *The Far Eastern Quarterly*[《远东季刊》], Vol. 14, No. 1, November 1954: 147-152)

除裘开明以外,汉和文库还聘请了两名兼职助理(two part-time assistants)。一名助理每天中午 11 时至下午 1 时上班,每小时的报酬为 50 美分;另一名助理每天晚上 7 时至 10 时上班,每小时的报酬为 25 美分;其余时间为裘开明的工作时间。(Eugene Wu. "The Founding of the Harvard-Yenching Library". *Committee on East Asian Libraries Bulletin*, 1993. 12[101]:65-69)

自本年起,裘开明开始组织汉和文库(后改名为汉和图书馆)与中日两国图书馆进行书籍交换工作,并开始向《期刊联合目录》(the Union List of Serials)寄报告。(Eugene Wu. "Alfred K'aiming Ch'iu and the Harvard-Yenching Library", 1984. See: HYL Archives: file: Alfred K'aiming Ch'iu and the Harvard-Yenching Library)

自本年开始,汉和图书馆与燕京大学图书馆在北平联合购买中文图书,联合购买直至 1937 年结束。(裘开明《哈佛燕京图书馆中文善本书》[*Chinese Rare Books in the Harvard-Yenching Library*],见:程焕文.《裘开明图书馆学论文选集》,桂林:广西师范大学出版社,2003.9:296—307)

截至本年底,汉和图书馆的藏书达到 15248 册/卷,是刚成立时馆藏的 3 倍多。("Introduction of the Harvard-Yenching Library". See: HYL Archives: file: East Asia in Harvard's Libraries)

自本年起至 1930 年,燕京大学的哈佛燕京学社派洪煨莲赴哈佛大学讲学。(张寄谦《哈佛燕京学社》。见:《燕大文史资料》第 6 辑,1992,3:38—60)

1929 年
32 岁

1月5日

裘开明致函间宫富士(Fujio Mamiya)：请将两份购书单转交给合适的外国图书馆代理商，如果没有合适的推荐，则将购书单转交给东京丸善株式会社(Maruzen-Kabushiki-Kaisha)。关于购买日文汉学杂志之事，我们希望购得尽可能完整的一套过刊。最好能让书店告知能购得哪些过刊，最合理的价格是多少。韩国图书主要是政府出版物，尤其是韩国的考古调查……(HYL Archives：Letter of Alfred K'aiming Ch'iu to Fujio Mamiya, January 5, 1929)

1月16日

间宫富士(Fujio Mamiya)致函裘开明：已把裘开明的名字加到日本青年图书馆联盟(League of Young Librarians)主办的《图书馆研究》(*Toshokan Kenkyu*)第1卷第4期之后各期订户名单中，并随函附上发票；第1卷第4期的《图书馆研究》将另函寄上；关于订书之事，尚不确定自己的公司是否有能力联系到预期的所有书商，但希望裘开明在订书单中详细列明作者、书名、版本、出版年、出版者和出版地；关于裘开明委托公司收集各图书馆目录之事，将另函寄奉目前已经收集到的各重要图书馆目录，但其中有些目录是收费的。(HYL Archives：Letter of Fujio Mamiya to Alfred K'aiming Ch'iu, January 16, 1929)

2月15日

裘开明致函间宫商店(F. Mamiya & Company)，告知已收到1月16日函中提到的出版物，并通知会计部汇款28.42美元，结算1月21日的出货单；提醒该公司下次寄送书籍时，收件人为哈佛大学汉文文库(the Chinese Library, Harvard University)，而非裘开明本人；询问该公司收集1月5日购书单上所列过刊的进展情况。(HYL Archives：Letter of Alfred K'aiming Ch'iu to Fujio Mamiya, February 15, 1929)

2月25日

裘开明致函J. Takakusu，申购J. Takakusu与K. Watanabe重编的《大巴新修大藏经》1套60册，布质装订；委托经海路托运到波士顿。告知哈佛中文文库已收藏1881年东京版和1905年京都版的《大藏经》，还收藏了中国上海商务印书馆出版的影印京都版《大藏经》，目前正在为《大藏经》编写索引，该索引不是按照字音而是按照字形编排的。得知新版《大藏经》中有根据日语发音的中文字索引以及罗马字母索引，询问是否有根据字形编写的索引。(HYL Archives：Letter of Alfred K'aiming Ch'iu to J. Takakusu, February 25, 1929)

3月9日

间宫富士(Fujio Mamiya)致函裘开明，详告代哈佛大学中文图书馆在日本搜访裘开明1月5日信中所述过刊的进展情况，并附各类书籍、期刊的报价单。(HYL Archives：Letter of Fujio Mamiya to Alfred K'aiming Ch'iu, February 16, 1929)

3月21日

裘开明在北平完成著作《中国图书编目法》"附录二编目参考书举要"的编写。在该"附录"的"尾声"中,裘开明曰:"本编三校清样复承友人袁守和先生指教数处,特此附誌,以表谢忱。民国二十年春分开明识于北平。"(见该著附录二)

3月30日

裘开明致函大正大藏经刊行会,汇款购买1套55卷本大正版中文《大藏经》,要求用欧洲风格的布质封面装订此书:收到汇票后,请即刻将书托运,并通知托运货轮抵达时间和货轮号。另附一张购买佛教方面图书的书单,请转交给大雄阁书房或者其他可信赖的书商。(HYL Archives:裘开明致大正大藏经刊行会信函,March 30, 1929)

4月1日

燕京大学洪煨莲(William Hung)教授在剑桥完成《(机密)哈佛燕京学社备忘录》,该备忘录共包括如下部分:1.《(机密)备忘录:哈佛燕京学社——概要与阐释》(Memoranda:Harvard-Yenching Institute, Summary and Explanation),2.《(机密)备忘录Ⅰ:哈佛燕京学社——规划》(Memoranda Ⅰ:Harvard-Yenching Institute, Mapping out a program),3.《(机密)备忘录Ⅱ:哈佛燕京学社——制订规划,学科领域的分界》(Memoranda Ⅱ:Harvard-Yenching Institute, Mapping out a program, Delimitation of the Field),4.《(机密)备忘录Ⅲ:哈佛燕京学社——规划,第一个五年期》(Memoranda Ⅲ:Harvard-Yenching Institute, Mapping out a program, First Period of Five Years),5.《(机密)备忘录Ⅳ:哈佛燕京学社——制订规划,第一个五年期,地区分布》(Memoranda Ⅳ:Harvard-Yenching Institute, Mapping out a program, First Period of Five Years, Geographical Allocation),6.《(机密)备忘录Ⅴ:哈佛燕京学社——制订规划,第一个五年期,组织》(Memoranda Ⅴ:Harvard-Yenching Institute, Mapping out a program, First Period of Five Years, Organization),7.《(机密)备忘录Ⅵ:哈佛燕京学社——制订规划,第一个五年期,哈佛燕京学社的图书馆》(Memoranda Ⅵ:Harvard-Yenching Institute, Mapping out a program, First Period of Five Years, The Libraries of the Institute),8.《(机密)备忘录Ⅶ:哈佛燕京学社——制订规划,第一个五年期,资料收集》(Memoranda Ⅶ:Harvard-Yenching Institute, Mapping out a program, First Period of Five Years, Collection of Material),9.《(机密)备忘录Ⅷ:哈佛燕京学社——制订规划,第一个五年期,学生培养》(Memoranda Ⅷ:Harvard-Yenching Institute, Mapping out a program, First Period of Five Years, Training of Students),10.《(机密)备忘录Ⅸ:哈佛燕京学社——制订规划,第一个五年期,研究金与奖学金》(Memoranda Ⅸ:Harvard-Yenching Institute, Mapping out a program, First Period od Five Years, Fellowships and Scholarships),11.《(机密)备忘录Ⅹ:哈佛燕京学社——制订规划,第一个五年期,年度平均预算建议》(Memoranda Ⅹ:Harvard-Yenching Institute, Mapping out a program, First Period od Five Years, Suggestions as to Average Annual Budget)。《(机密)备忘录Ⅵ:哈佛燕京学社——制订规划,第一个五年期,哈佛燕京学社的图书馆》(Memoranda Ⅵ:Harvard-Yenching Institute, Mapping out a program, First Period od Five Years, The Libraries of the Institute)的内容如下:在第一个五年期内最好给哈佛燕京学社每年提供平均4—5万美金的购书费。燕京学社的图书馆目前重点收集的图书应该是:欧洲汉学著述、中国地方志、未收入丛书的中国文集、善本、杂集。建议设立联系两个哈佛燕京学社图书馆的书目处(bibliographical bureau),其主要工作有三:一是编制两个图书馆的中西文书刊联合目录;二是北京的书目处应该制作一套主题标目分析索引卡片,并复制一套给哈佛的学社图书馆使用;三是哈佛的书目处可以把所有的汉学图书、评论和论文做成卡片,并复制一套给燕京的学社图书馆使用。《(机密)备忘录 VII:哈佛燕京学社——制定规划,第一个五年期,资料收集》(Memoranda VII: Harvard-Yenching Institute, Mapping out a program, First Period of Five Years, Collection of Material)言:在资料的收集中应该时刻牢记于心的是,我们的兴趣是教育,不是收藏古物。因此,在任何时候只要可以获得善本和稿本的直接影印制品,就不需要收集原件。(Memoranda: Harvard-Yenching Institute [Confidential], William Hung, Cambridge, April 1, 1929. See: HYI Archives: file: William Hung 1928-1929)

4月5日

博晨光(Lucius Chapin Porter)和洪煨莲(Hung William)撰写《哈佛燕京学社备忘录》,共包含十个部分,分别为:1.摘要和说明;2.备忘录Ⅰ—制定的计划;3.备忘录Ⅱ—研究领域的限定;4.备忘录Ⅲ—第一阶段:五年计划;5.备忘录Ⅳ—地域设置;6.备忘录Ⅴ—组织架构;7.备忘录Ⅵ—学社的图书馆;8.备忘录Ⅶ—资源获取;9.备忘录Ⅷ—人才培养;10.备忘录Ⅸ—资助与奖学金。该备忘录明确指出哈佛燕京学社的活动应具备文化性、科学性和教育性;学社第一阶段的活动带有尝试性,在这一阶段要注意纲领的统一性、组织架构的简单化以及节约成本。试验阶段为五年,此阶段的支出不可多于收入的 2/3;学社受大学董事会领导,在北京和剑桥两地设立小型机构,并建立配套的图书馆;先行设定的尝试性的研究领域为历史、语言和文学、哲学和宗教、艺术和考古学,学社应与各大学相关院系的师生密切合作,同时进行尝试性的出版活动,对学生进行高水平的训练和培养。备忘录中还规定了获得奖学金或资助的学生比例以及专门问题的调查与汇报程序。(HYI Archives: Memo of Havard-Yenching Institute, April 5, 1929)

4月14日

裘开明接间宫富士(Fujio Mamiya)来函,间宫富士汇报请朋友在韩国代裘开明搜访 1 月 5 日来信中所述书籍的进展情况。(HYL Archives: Letter of Fujio Mamiya to Alfred K'aiming Ch'iu, March 13, 1929)

4月30日

裘开明致函《中央日报》社:……前承惠赠贵报一份,至感高谊。惟自民国十七年十月八日以后多报均未收到,十月八日以前多份亦有缺漏。兹将所缺各期奉上,敬希照单补寄,并乞此后赓续惠寄。如不能长期赠送,即祈将报费书目开示,自当照缴也……(HYL Archives: Letter of Alfred K'aiming Ch'iu to Zhong-yang Ri-bao, April 30, 1929)

5月10日

裘开明致函浙江图书馆馆长:惠赠贵馆馆报第一卷一册,至感高谊。惟自该第一卷以后,多期迄未收到,可否敬祈补寄每卷各一份,以便珍藏。至敝馆出版物,自当按期寄上交换也。(HYL Archives:裘开明致浙江图书馆馆长信函,1929 年 5 月 10 日)

6月4日

美国小说家 George Allan England 来函请裘开明把其新作的书名 The Chinese Code 译成中文。(HYL Archives: Letter of George Allan England to Alfred K'aiming Ch'iu, June 4, 1929)

6月16日

美国小说家 George Allan England 来函感谢裘开明代译新作的书名,并表示小说出版后将赠送一本给裘开明；另言，其所购的一个中国茶壶上面有一首诗，请裘开明帮忙翻译成英文。(HYL Archives：Letter of George Allan England to Alfred K'aiming Ch'iu, June 16, 1929)

6月27日

裘开明寄中文书订购单到上海中华书局总店。(HYL Archives：裘开明致上海中华书局总店信函，1929年6月27日)

6月

裘开明在美国哈佛大学图书馆汉和文库完成著作《中国图书编目法》自序的撰写（见：裘开明著《中国图书编目法》，上海：商务印书馆，1931年2月第1版）。

7月21日

上海中华书局总店寄来购书发票三张。汉和图书馆所购《楹联墨迹大观》、《名人墨迹大观》、《尺牍墨迹大观》、《历代碑帖大观》、《统计新论》、《梅花喜神谱》、《公孙龙子解》、《墨子刊误》、《邮电航空史》、《文化小史》、《圆明园全图》、《圆明园考》、《太虚文钞》等书，连同邮费、发片裱工、发片、坐加裱工、坐片、基加裱工、基片等费用，共计69.2元。(HYL Archives：上海中华书局总店致哈佛大学图书馆信函，1929年7月21日)

7月23日

裘开明致函George H. Roerich，告知已将其名字添加到中文大藏经作者书名索引目录卡片的订购者名单中。(HYL Archives：Letter of Alfred K'aiming Ch'iu to George H. Roerich, July 23, 1929)

8月17日

裘开明函告大正大藏经刊行会，大正版中文《大藏经》尚有第1、19、25和54卷未收到，并随函再附购书单一份。(HYL Archives：裘开明致大正大藏经刊行会信函，August 17, 1929)

9月28日

自本日起至10月1日，燕京大学举行新校园落成典礼，校训为"以真理，得自由，而服务"(Freedom through Truth for Service)。(《燕京大学落成典礼秩序》. See：HYI Archives：Yenching University-Opening, 1929)

9月

裘开明撰《哈佛大学中国图书分类法凡例》发表于《文华图书科季刊》第1卷第3期（1929年9月）：271—275。

10月28日

裘开明致函George Henry Chase，并提交关于《钦定古今图书集成》的报告。函云：根据我们此前的交流，我已经撰写关于这两部著作的历史、范围和不同版本的简单报告，伍兹(James H. Woods)教授现在有最好的机会为我们购买这些著作。总之我建议，如果我们确定那是珍本，这是一个购买这两部杰作的绝好机会。现在馆藏的《图书集成》的版本很难阅读。我觉得图书馆很有必要买到这部必不可少的著作的其他版本。至于《武英殿聚珍版丛书》，这是一部最重要的重印文献，图书馆也缺少。原版的价值已经在所附的报告里陈述了。关于这两部著作的价格，我只能说，随着国内外购买者的竞争，它们的价格可能在几年内都很高。而且，我感觉伍兹教授在他的朋友和以前的学生的帮助下，会提供给我们准确的价格消息。关于一些原版的私人藏书，价值23000美元，因为还不知道藏书的内容，所以没有其他意见。最后，《武英殿聚珍版丛书》是1899年的广东影印本,我从厦门大学图书馆购得。我希望这些解释能让你和委员会的其他成员了解情况。(HYL Archives：Letter of Alfred K'aiming Ch'iu to George Henry Chase, October 28，1929)

10月

裘开明撰"The Division of Rent Between Landlord and Tenant in China"发表于 *Journal of Farm Economics*，Vol. 11, No. 4 (October, 1929)：651-653。

11月27日

裘开明接到关于薪水调整问题的通知：董事会本月来不及就调整先生的薪水一事进行投票，因此本月会计会支付先生 200 美元的薪水，此后调整为每月 140 美元。(HYL Archives：Letter to Alfred K'aiming Ch'iu, November 27，1929)

11月29日

裘开明致函 George Henry Chase：对吉利斯（I. V. Gillis)先生从北平寄来的书影仔细分析后，得出如下结论：1. 这两个清单包括著作 749 部，大约 12640 册。如果整批文献的价格是 3 万美元，这意味着每部著作 40 美元，或每册 2.35 美元。对这样的文献来说，这个价格很高。2. 在这些文献中，汉和图书馆已入藏的有 323 部，将近占到整批文献的 43%（用红色圆圈标记的是表示图书馆已入藏的）。如果将这批文献与图书馆已藏文献进行比较，复本率则将高达 50% 或更多，原因在于清单上的很多文献或是假造或是更改过书名，因为有些著作没有作者，不查看原书则很难分辨。3. 清单上所列书籍，有 43 种书各有 1 个复本，9 种书各有 2 个复本，1 种书各有 3 个复本，还有两种书各有 4 个复本，复本数共计 72 本。大部分复本印刷不同，但是在文章内容上大同小异，也视为复本。4. 在所有的著作中，大约 100 部是明版书，56 部是内府本，还有 100 部善本。内府本是由清朝内府刻书机构的刊刻本，在我的报告《武英殿聚珍版丛书》里有描述。其中的善本都是我们已经购买的。根据中国学者的意见，明版书不是中国出版物的范本，因此没有宋版书、元书本，甚至清代版本有价值。上述三种版本的图书在中国市场上仍有出售，其他著作都是普通版本。综上所述，这批文献不值得购买。以后假如有私人藏书想出售给图书馆，必须提供收藏家的名字。通过收藏家的名字，我们就能了解到藏书的价值，也能防止买到一些伪造的私人藏书。(HYL Archives：Letter of Alfred K'aiming Ch'iu to George Henry Chase, November 29，1929)

12月1日

美国小说家 George Allan England 来函询问 6 月份所寄的中国诗歌是否已经译成英文。(HYL Archives：Letter of George Allan England to Alfred K'aiming Ch'iu, December 1，1929)

12月3日

裘开明致函美国小说家 George Allan England，告知无力将所寄的中文诗歌准确地译成英文。(HYL Archives：Letter of Alfred K'aiming Ch'iu to George Allan England, December 3，1929)

12月30日

裘开明接冯国英（Feng Kwok-ying）来函，来函询问是否有研究中国传统戏剧的参考书目。(HYL Archives：Letter of Feng Kwok-ying to Alfred K'aiming Ch'iu, December 26，1929)

本年

裘开明在哈佛大学文理研究生院攻读经济学博士学位，并担任哈佛学院图书馆汉和文库主管和中国语言文学讲师(Instructor in the Chinese Language and Literature),其时在哈佛大学登记的个人住址为:1 Cleveland Street,Cambridge, MA.。其在中国的住址为:中国杭州。(Harvard University Catalogue, 1929-1930. Cambridge:Published by Harvard University, 1929:48, 59, 712, 869)

本年夏,哈佛大学将位于哈佛园内的博伊斯顿堂(Boylston Hall)的5间房间和地下室分配给哈佛燕京学社使用,汉和文库从哈佛学院图书馆(怀德纳图书馆)迁至博伊斯顿堂,与哈佛燕京学社合署办公,参考书放在大阅览室内,而书库则在地下室,并更名为哈佛燕京学社汉和图书馆(Chinese-Japanese Library of the Harvard-Yenching Institute)。其时,汉和图书馆由哈佛燕京学社和哈佛大学文理学院共同管理,经费支出则由哈佛燕京学社直接控制。汉和图书馆馆长受哈佛大学图书馆馆长白雷格(Robert Pierpont Blake)博士和文理学院院长George Henry Chase博士的双重领导,此二人均为哈佛燕京学社的董事,Chase院长曾担任学社教育委员会主席,在前社长上任之前Chase主席行使学社执行干事之职。("Chinese-Japanese Library of the Harvard-Yenching Institute at Harvard University Report of the Librarian for 1963-1964",p.39. See also:Eugene Wu. The Founding of the Harvard-Yenching Library. *Committee on East Asian Libraries Bulletin*,1993.12[101]:65-69)

除裘开明以外,汉和图书馆共有工作人员5人,均为兼职助理。(Eugene Wu. "The Founding of the Harvard-Yenching Library". *Committee on East Asian Libraries Bulletin*,1993.12[101]:65-69)

1930年
33岁

1月5日

裘开明回复冯国英(Feng Kwok-ying),函附汉和图书馆所藏中国戏曲研究资料目录。(HYL Archives:Letter of Alfred K'aiming Ch'iu to Feng Kwok-ying, January 5, 1930)

1月6日

芝加哥大学图书馆学院桂质柏(John C. B. Kwei)致函裘开明:"感谢你的圣诞卡。假期总是短暂的。我们又回到课堂,做起我们该做的事情。我在4天前搬到了大学公寓,我对这间宿舍非常满意,离我的研究所和图书馆都很近。你提到田洪都(Tien Hung-tu)将来美,但是还未到。我在China Weekly Review上看到洪煨莲(William Hung)先生将担任燕京大学图书馆馆长,Walter Ernest Clark小姐将出任副馆长。我想你应该知道Clark小姐,她是纽约公共图书馆图书馆学校的毕业生,可能是你的同学。我在纽约见过她,我想她应该是夏威夷人。"函中亦向裘开明询问哈佛大学汉文文库的馆藏情况,为其论文收集资料。(HYL Archives:Letter of John C. B. Kwei to Alfred K'aiming Ch'iu, January 6, 1930)

1月9日

Edwin Shui致函裘开明,请求裘开明提供一份哈佛大学图书馆中文文库所藏中国新文学书目或期刊目录,尤其是 1917 年中国文学革命以后出版的当代中国文学著作目录。(HYL Archives:Letter of Edwin Shui to Alfred K'aiming Ch'iu, January 5, 1930)

1 月 10 日

裘开明接哈佛燕京学社董事会晚宴邀请函。晚宴订于 1 月 17 日星期五晚上 6:45 时在商学院教工俱乐部举行。(HYL Archives:Letter of George Henry Chase to Alfred K'aiming Ch'iu, January 10, 1930)

裘开明致函 Edwin Shui,请其再详细表述其所需的文献主题,以便解答。(HYL Archives:Letter of Alfred K'aiming Ch'iu to Edwin Shui, January 10, 1930)

裘开明致函上海中华书局总店,请该店将预定的《四部备要》第二集寄来。(HYL Archives:裘开明致上海中华书局总店信函,1930 年 1 月 10 日)

1 月 11 日

裘开明致函 George Henry Chase,询问哈佛燕京学社董事会晚宴的确切日期,函云:"如果晚宴是在 1 月 17 日星期五举行,我很高兴接受你的邀请。但是如果是 1 月 20 日星期一,我就不能参加了,因为那天晚上我另有安排。"(HYL Archives:Letter of Alfred K'aiming Ch'iu to George Henry Chase, January 11, 1930)

1 月 13 日

裘开明接关于哈佛燕京学社董事会晚宴确切日期的信,函云日期为 1 月 20 日,并对裘开明不能出席表示遗憾。(HYL Archives:Letter to Alfred K'aiming Ch'iu, January 13, 1930)

1 月 16 日

裘开明提交《汉和文库年度工作报告》(1928 年 7 月 1 日至 1929 年 6 月 30 日)。报告分为馆藏发展、分类与编目、阅览室服务、信息服务以及待完成工作五个部分,另有两个附件。内容如下:(一)馆藏发展。1. 预算分配。1928 年 12 月 14 日,中文图书馆委员会(Chinese Library Committee)在怀德纳图书馆 714 号研究室中召开会议,讨论暂时的预算分配方法(以每年 10000 美元为基础),达成以下购书经费分配方案:书目及一般性参考书1500美元,考古学与艺术1500美元,日本汉学期刊1000美元,历史(特别是较早版本的《广雅丛书》)500 美元,中国现代期刊(特别是汉学方面)500 美元,政府公报1000美元,政府文件 500 美元,个人作家单行本 150 美元,其他国家的中文图书 100 美元,有关韩国的图书(特别是日本进行的考古调查和个体博物馆出版物)250 美元,当代文学 500 美元,丛书或珍本影印本 2500 美元,合计 10000 美元。委员会一致认为上述安排仅是暂时性的,且如果某一领域出现相当好的购买机会,将予以优先考虑。2. 馆藏增长数据。1928 年 7 月 1 日至 1929 年 6 月 30 日期间,获得中文著作 868 种11600 册,日文著作 80 种 315 册。1927 年 2 月 1 日至 1929 年 12 月 31 日馆藏比较数据,中文图书:1927 年 2 月 1 日 4526 册,1927 年 7 月 1 日 7,942 册,1928 年 7 月 1 日 15248 册,1928 年 11 月 1 日 20,744 册,1929 年 7 月 1 日 24511 册,1929 年 12 月 1 日 33824 册,1930 年 1 月 1 日 35335 册;日文图书:1927 年 2 月 1 日1668册,1927 年 7 月 1 日1668册,1928 年 7 月 1 日 1676册,1928 年 11 月 1 日1693册,1929 年 7 月 1 日1776册,1929 年 12 月 1 日 2055 册,1930 年 1 月 1 日 2055 册。从以上数据可以看出,1927 年 2 月 1 日至 1929 年 12 月 31 日间,中文馆藏约增加了 8 倍。馆藏在 1927 年 7 月 1 日和 1928 年 7 月 1 日两次翻倍。之后则以年均 0.5 倍的速度增长。日文馆藏在 1928 年 12 月 14 日预算分配方案出台之前没有大幅的增长。3.日文图书购置。在预算分配方案中,主要预计购买日本汉学期刊(回溯)和有关韩国的图书(特别是日本进行的考古调查和博物馆出版物)两类日文图书。

经中文图书馆委员会主席白雷格(Robert Pierpont Blake)特别批准,购买了一套价值630美元的《大正新修大藏经》(Taisho edition of Chinese Tripitaka)。少数极其重要的一般性日文参考书(如字典、百科全书等)的购买计入预算分配方案的第一类中。日文图书直接从日本购买。多个书商根据我们的需求提供报价,我们选择最低者订购。大部分日文图书是向东京的一诚堂书店(Isseido Book Store)订购,他们给出的报价总体而言优于其他书商。代理各种图书馆事务的图书馆学图书出版商间宫商店(F. Mamiya & Co.)为我们收集日本图书馆的目录。4. 中文图书购置。除了向上海的商务印书馆和中华书局直接购买部分有关汉学或相关主题的现行出版物以外,其他中文图书均由燕京大学图书馆代购。在能干的田洪都(Hungtu Tien)馆长领导下,燕京大学图书馆工作人员为我们提供了优质的服务。5. 捐赠与交换。主要捐赠如下:东京帝国大学史料编纂所(Historiographical Institute of the Tokyo Imperial University)捐赠48册,包括日本史料目录和古代历史文文献两个系列的出版物。我们图书馆已列在其通讯录上,今后将继续收到他们捐赠的这两个系列的出版物。以复制珍贵的古代日本著作藏于世界名地代表性图书馆为目标的Ikutoku基金会(Ikutoku Foundation)向哈佛大学图书馆捐赠的5册影印珍贵日文手稿,已转交中文文库。国民党中央宣传部捐赠了许多中央宣传部的出版物,以及 China Weekly Review 和 China Critic 两种英文期刊。哈佛中国学生会(Harvard Chinese Students' Club)将其从国内外接收的所有出版物捐赠给中文图书馆,包括4种日报和10种期刊,并为图书馆订阅《申报》,这样图书馆自己订阅的《申报》就能装订后供永久性参考。政府系 A. N. Holcombe 教授捐赠去年访问中国时带回的约20册国民党出版物。我们通过华盛顿史密森学会(Smithsonian Institution)的货物办公室与中国国立中央研究院的出版物国际交换处商定接收南京国立中央大学的出版物,目前已收到著作4种5册。我们回赠 Myers 的《印本条约书目》(*Bibliography of Printed Treaties*)以及 Kerner 的《斯拉夫书目》(*Slavic Bibliography*)各一份。日本东京龙谷大学图书馆(Ryukoku University Library)亦与我们商订交换安排。一年来我们收到他们捐赠的3种佛教典籍,其中一种是他们图书馆佛教馆藏的综合目录。其他向我们捐赠其出版物的还包括燕京大学、北京图书馆、辅仁大学、中华民国铁道部和国家海关税则委员会;部分捐赠者明确要求交换我们的出版物,遗憾的是哈佛学院图书馆和哈佛燕京学社目前均没有太多出版物可供交换,我们只能寄出"哈佛大学目录"以及 Myer 和 Kerner 的著作。(二)分类与编目。1. 编目种数与册数。840种10090册中文图书完成分类编目(原注:12月28日收到的1511册中文图书未编目)。314册日文图书卡片目录正在编制中。除此之外,还进行了四项重要的工作(见下面的2、3、4、9)。2. 汉文佛教大藏经索引(Index to Chinese Tripitaka)。第一项重要工作是编制两套中文佛教大藏经各部经文的详细经名索引。第一套中文大藏经由日本东京佛教研究中心弘教书院(Gukio Shoin)于1881至1885年刊行,中文名为《大日本大藏经》(*Ta jih pên ta ts'ang ching*),日文名为 *Dainihon Ko-tei Dai go kio*(即《弘教藏》,又名《缩刷藏》、《缩刷藏经》、《缩刻藏》、《大日本校订缩刻大藏经》),装订成418册,收经1916部。第二套由僧人 Yeun Haeda 博士领导下的日本最有造诣的佛教学者组成的委员会编辑,由日本藏经院1912年印行,中文名为《大日本续藏经》(*Ta Jih Pên Hsü Ts'ang Ching*),日文名为 *Dainihon Zuku zo kio*(即《卍字续藏经》),装订成750册,收经1757部。两套大藏经合计收经3673部,每部均写成一张完整的字典目录卡片。目录卡片尚未印刷。复制卡片时,可通过在印刷卡片上填写相应标目的方式完成如作者、译者、主题等其他检索入口的卡片。有关编制汉文佛教大藏经详细索引的计划将在本报告后面的部分中做进一步探讨。3.完成编目手册。这是第二项重要工作。为了保持编目的持久性和一致性，必须编制相关的编目规则，以生成各种不同格式的卡片。为此，我完成了一份长达138页的编目手册，其中包括编制一部完整的字典目录所需的所有细节。该编目规则和卡片格式是在中国目录学著作以及英美编目委员会、国会图书馆及其他重要的西方相关规则的基础上拟定的，是中国传统书目方法与西方现代图书馆方法相结合的尝试。该编目手册系统地总结了厦门大学图书馆和哈佛大学图书馆中日文图书编目的经验，得到了厦门大学图书馆前同事冯汉骥（Han-ye Feng）、现合作者汤吉禾（Edgar Chiho T'ang）的大力帮助。在编目的过程中，我编写了《中文图书编目法》（How to Catalog Chinese Books）一书，东方最大的出版机构上海商务印书馆现已应允出版该著。商务印书馆认为"此编目规则将服务于中国的其他图书馆"。4.完整的馆藏分类统计表。这是第三项重要工作，即开始按月和按年记录已分类和编目的图书，标明13个主要类目的著作种数和册数，如同美国的其他中文图书馆没有尝试目录卡片的印制一样，这是又一个创新。到目前为止，我们可显示图书馆资源情况的仅有一本图书验收登记簿和一套排架卡片目录；前者记录从购买和赠送两种途经得到的每一批图书的信息，包括时间、种数、册数或张数（地图、图画等）以及来源；后者在卡片上记录已分类、编目和按分类号上架的图书。5.馆藏财产清册。《藏书分类统计表》("Classified Record of Additions and Withdrawals")的编写程序如下：首先根据馆藏财产清册，逐张检查在架图书的排架卡片，补上丢失的排架卡片，搜寻不在架图书的去向，包括借出记录、保存本记录以及教授们的研究室，核对无误后排架目录即为一份完整的馆藏财产记录。然后按《藏书分类统计表》上的13类类目区分所有排架卡片，再计算每一类图书的种数和册数。每一列的底端是该类图书的种数与册数的总和。每一行的末端是该类图书的月度数据。"共计"列的最后是馆藏的总种数和总册数。为了便于分类统计，中文图书和日文图书区分成两部分馆藏，表单的一面用于记录中文馆藏，另一面用于记录日文馆藏。对于将来可能获得的韩文、满文、蒙文和藏文图书，可分别用单独的表单记录。6.显示统计数据的类目。《藏书分类统计表》采用的分类统计类目是根据我们自己的分类体系顺序编排的，即：100－999代表经，1000－1999代表哲学和宗教，2000－3999代表历史科学，4000－4999代表社会科学，5000－5999代表语言与文学，6000－6999代表艺术，7000－7999代表自然科学，8000－8999代表农业与技术，9000－9999代表综合性图书和书目。印刷在《藏书分类统计表》上的专门类别是根据学社目前最感兴趣的主题、最有可能问到的数字、图书馆最想获得的图书而选定的。例如，历史科学一组中显示所有4个下位类——考古学、目录学、历史学和地理学的统计数据，因为这些数据被多次要求提供。再如宗教类中，佛教被单独列出，因为学社似有意建立一个宏大的佛教文献馆藏，该数据可能在将来被问到。另一方面我们不可能拥有很多自然和应用科学类的图书，因此将这些类目统一成一个"文理科"。如果今后需要某些子类目的数据，我们可以从一个主要类目中将其分离出来。例如，如果需要知道法律文献的数据，编号4860－4899代表法律的排架卡片可以从编号4000－4999代表社会科学的卡片中分离。7.计算单位。上述13个类目的数据是按种（work）和册/卷（volume）两个单位来统计的。种（work）是指有区别书名的独立图书，册/卷（volume）是指中文的本或册。最后的五列显示丛书、连续出版物、报纸、地图、照片与图画五种特殊形式资料的数据。每一丛书所包括的独立款目的种数和册数计入所属相应的类目中，丛书一列统计馆藏丛书种数。连续出版物作类似处理。地图、照片与图画以张（piece）为单位计算，均指单张形式而非书本形式。8. 分类统计数据的作用。《图书增减分类记录》有多种作用:作为制定发展政策的指南;作为展示馆藏发展情况的办法;作为行政管理的工具。9. 印制卡片。通过采用"ditto"复制法复制卡片,图书馆可以在很少员工的情况下编制相当完整的包括作者、书名和分类主题的字典目录。若按每种图书平均对应4张卡片(作者卡片、书名卡片、分类主题卡片及一张或编者、或译者、或注释者或互见的补充卡片)计算,17842种图书共计71368张。若按实际测量与点算计算(即在目录中测量出1英尺厚的卡片,点算每英尺的平均卡片数,再以平均数乘以目录卡片总厚度),目录卡片共计71986张。两种计算方法结果的差异源于在第一种估算方法中无法避免遗漏互见卡片以及部分分析卡片的数目。在17842种馆藏目录卡片种,半数以上已复制,供以后制作字典式主题卡片时使用;排架卡片亦已复制,供编目人员使用。复制卡片还可以存放在其他图书馆,如国会图书馆,作为馆藏核对表之用。10. 为哈佛其他图书馆编目。一年来为保存有中日文图书的福格艺术博物馆(Fogg Art Museum)、碧波地博物馆(Peabody Museum)以及法律学院图书馆编目。这些编目记录亦保存在我们的目录中。虽然工作量不大,但仍然占用了我们的图书编目时间。11. 收入《美国连续出版物联合目录》的馆藏中日文期刊。图书馆拥有50种中文期刊和20种日文期刊,这在中国以外的汉文图书馆中相当可观。正如报告的第一部分所提到的,我们希望回溯建立完整的期刊馆藏,因此很有必要让美国和加拿大的其他图书馆了解我们的期刊收藏情况。经哈佛学院图书馆副馆长 T. Franklin Currier 同意,我们将重要的中日文期刊目录寄给 H. W. Wilson 公司以录入《美国连续出版物联合目录》("Union List of Serials")。(三)阅览室服务。1. 阅览室安排。自1929年6月图书馆搬至博伊斯顿堂(Boylston Hall)后,相当一部分时间和精力花在如何安排空间以获得高效的服务上。首先,根据各个房间的实际需要订购必需的家具设备,以满足各个房间的不同用途。其次,计算各个房间的书架容量,将最常用的图书安排在楼上(而非地下书库)。各个房间书架层格分布情况如下:13室(馆长办公室)48.5格,14室(普通阅览室)82.5格,15室(梅光迪教授研究室)36格,16室(洪煨莲教授研究室)49格,共计253个书架格层。以每个书架格层20图书计算,能够上架的总册数为5060册。目前安排在楼上的实际册数约是这个数字的2/3。一般性参考书、课程所需保存本以及整套的丛书放在普通阅览室。佛教书籍放在洪煨莲教授的研究室。其他布置工作还包括全局计划、公告板设计、流通台设计等。幸或不幸的是,在我任职的3年内,图书馆地址搬迁了两次。只有从事过类似工作的人才能体会到图书馆迁址的困难。2. 图书馆开放时间。图书馆的开放时间每天增加了半个小时。日常开放时间为:上午9时至下午6(而非原来的下午5:30),晚上7时至10时。图书外借的时间与在怀德纳图书馆时相同,即除周日和假期外每天上午9时至下午5:30。阅览室仍由两个学生助理负责,每人每天工作4个小时。除了一般的监督和办理外借外,还要求他们负责现刊、报纸管理,复制卡片和排卡工作。3. 日均读者量。普通阅览室的日均读者量比去年有所增加。去年约为10人,今年约15至20人。外借图书的人数不多,平均每天4至5人。夜间日均读者量4至5人。如果将外借许可权扩展到大波士顿地区的所有中国学生,图书外借的数量将迅速增加。在大波士顿各个学校注册的中国学生共有166名,哈佛仅占其中的67名。根据大学的规定,只有哈佛大学各院系的学生可以外借图书。汉文图书馆,作为怀德纳图书馆的一部分,自然要遵守此规定。因此我们不得不拒绝许多哈佛之外其他机构的中国学生外借中文图书的要求。希望将来可以做出安排,使得大波士顿地区其他大学注册的中国学生可以外借我们图书馆的图书,办法是由他们所在大学图书馆馆长负责图书的外借。(四)信息服务。1.外部信息需求。这里是指为所有人提供的信息服务而非仅指为与哈佛大学中文系有关的人提供的信息服务。大部分问题来自哈佛外部,以下是读者提的几个有代表性的问题:中国明朝的人口数,龙舟节的历史,佛教碑文上图章汉字的意思,中国经典的善本,1928年中国发生的重要事件,丝绸、锁等工艺品上的中文汉字的意思,翻译中文诗歌的篇章。并非所有问题都能及时回答。因此,相当的时间便用于寻找这些问题的答案上。在上一年的报告中,曾经暗示外部信息需求是侵占图书馆工作人员时间的一个来源。不幸的是,我们不能不担负这些工作,原因非常简单,我们不想无礼地对待外面的人。因此,哈佛图书馆应该允许在这些工作上花时间。这些工作有时候比纯粹的图书馆编目和分类工作更为麻烦。2.需要书本式的印刷目录。如果我们有一份书本形式的印刷馆藏目录,相当部分的问题将更易于回答。例如,有关某主题图书的问题,如果没有书本式的印刷目录,当被问到这样的问题时,我们就必须每次从卡片目录中抄出相关主题的图书。另外,还应制定一项政策,确定哈佛汉文图书馆应如何解答这些问题,解答问题的时间等等。(五)待完成的工作。有两件工作需要立刻处理。1.丛书书名与主题分析著录。2.完成三套中文佛藏的索引。报告的前面部分提到编制了包括在《大日本大藏经》(*Ta Jih Pên Ta ts'ang Ching*)和《大日本续藏经》(*Ta Jih Pên Hsü Ts'ang Ching*)两套佛藏中将近3676部佛经的书名卡片。接下来我们需要使用"Ditto"方法复制这些卡片,然后通过在印刷卡片上填入佛经作者和译者的方式制作一套责任者索引卡片,最后,还要将佛经分类并将分类号填入卡片制作一套分类主题索引卡片。书名索引将根据每部经名的前几个汉字进行编排,作者索引将根据作者的前几个汉字进行编排,主题索引将根据分类号编排。除了这两套佛藏外,去年秋又到馆一套佛藏,即《大正新修大藏经》("Taisho Edition")。《大正新修大藏经》收经2184部,装订成55册。这意味着我们必须制作3套各2184张的卡片(作者、书名和主题),共计6552张。除了上述两件工作外,燕京大学海运过来的几批中文图书将于早春到达。由于我们可以分配的人手有限,能否在近期内完成所有的工作很让人怀疑。3.一个有待解决的重要问题。目前有关建立中文馆藏的技术问题似乎在逐步得到解决:分类体系、编目体系、外借系统以及装订问题均已或多或少得到满意的解决。未来需要解决的问题是行政管理,即如何获得高效且尽责的助理来开展工作。为了成为美国乃至世界一流的大学图书馆——怀德纳图书馆的标准,汉文图书馆必须拥有尽可能完整的馆藏目录。而要有一份完整的馆藏目录,就必须尽可能完整的编制详细的卡片目录。这种工作不是个人表演。我们可以从哪里获得好的助理呢?作为一项政策,学生助理并不令人满意,尤其是在从事诸如编目之类的技术性工作时。学生助理只是临时性的,他们刚开始熟悉工作就要离开,因为大部分人的工作时间不能超过6个月或1年。如果要培训出满意的学生助理,则需要消耗熟练者的更多时间。在中国,像我们这种规模并以我们这样的速度购买图书的图书馆,至少雇佣两名全职馆员。为了给我们的图书馆找到一个可靠的日常事务处理方式,建议在签订严格的合约的基础上,从中国雇佣一名长期的全职助理。有了这种稳定的帮助,图书馆就不会受不可靠的学生助理的制约,而馆长就可以安排学生助理从事一些相对简单的工作,如阅览室管理或晚间值班。伍兹(James H. Woods)教授在北京向公众宣称哈佛燕京学社希望在剑桥建立和维持一个永久性的汉学图书馆,上述建议正是在此基础上提出的。(六)开支情况。1928年7月1日至1929年7月1日期间:图书购置费5056.79美元,装订费(哈佛图书馆装订处)1018.40美元,装订费(印刷汉字)81.60美元,人工服务费2282.57美元,设备费679.72美元,办公用品费77.33美元,电话与电报费 13.40 美元,旅费 62.63 美元,邮费 34.28 美元,总计支出 9306.72 美元。1929 年 7 月 1 日至 1929 年 12 月 15 日期间:图书购置费 6,362.43 美元,装订费 76.95 美元,……("Chinese-Japanese Collection of Harvard College Library at Harvard University: Annual Report of the Custodian"[July 1, 1928 to June 30, 1929], submitted by Alfred K'aiming Ch'iu, January 16, 1930. See:"Chinese-Japanese Library of the Harvard-Yenching Institute at Harvard University: Annual Report of the Librarian", First to Tenth, 1927-1936)

1 月 18 日

裘开明致函上海中华书局总店,请该店将预定的《清史列传》下半部寄来。(HYL Archives:裘开明致上海中华书局总店信函,1930 年 1 月 18 日)

1 月 20 日

哈佛燕京学社董事会召开会议,决定自 1930 年 9 月 1 日起聘请裘开明担任中文文库馆长,月薪 300 美元,并为其委任一名助理,以便其开展工作。会上亦讨论了裘开明所提交的馆长报告中的内容,尤其是关于印刷目录的建议。(HYL Archives: Letter of George Henry Chase to Alfred K'aiming Ch'iu, January 22, 1930)

1 月 22 日

George Henry Chase 致函裘开明:我相信你会很高兴地知道在星期一举行的哈佛燕京学社董事会会议上,他们同意了教育委员会提出的从 1930 年 9 月 1 日起委任你为中文文库馆长的建议,月薪是 300 美元;任职时间会比过去长,而且你还会有一个助理,这样你就有更多的时间开展自己的工作。如果你对这个决定满意的话,我会立即着手安排委任工作。司徒雷登(John Leighton Stuart)校长提交了一份报告,报告中说燕京大学认为田(洪都)先生在剑桥期间已给你提供了各种方式的协助,希望他在下半年能返回北平,并完成 1930—1931 学年度的工作。你报告中的其他事情,特别是对印刷目录的建议,在会议上也进行了讨论,我很乐意告诉你讨论的情况。(HYL Archives: Letter of George Henry Chase to Alfred K'aiming Ch'iu, January 22, 1930)

1 月 24 日

裘开明致函 George Henry Chase:我很高兴收到你 1 月 22 日的来信,邀请我担任汉文文库的永久馆长,能有机会为汉学研究作贡献我很荣幸,这是我的兴趣所在,并且能得到每年 3600 美元的薪水。我也很高兴知道委员会已经同意我提出的以 1800 美元年薪从中国雇用一名图书馆助理的建议。我接受这份工作,我想感谢你和委员会的其他成员,给予我一个发展汉学图书馆的机会,并从事汉学研究。为了感谢他们对我的信任,我会全力做好工作。(HYL Archives: Letter of Alfred K'aiming Ch'iu to George Henry Chase, January 24, 1930)

1 月 28 日

裘开明致函 George Henry Chase:如果学校满意的话,我宁愿聘期为 3 年,而不是永久的固定聘任,且年薪要增加,因为我想看看在 3 年里自己能为发展汉文文库做些什么。另外建议将头衔改为"汉和图书馆馆长及中文教员(Chinese tutor)"。请问能否提供一份关于田洪都的工作证明书。(HYL Archives: Letter of Alfred K'aiming Ch'iu to George Henry Chase, January 28, 1930)

2 月 4 日

芝加哥大学图书馆学院桂质柏(John C. B. Kwei)来函请裘开明随时告知关于其论文题目的最新资料,并希望得到裘开明发表在《图书馆杂志》(*Library Journal*)上的关于汉籍分类的文章。(HYL Archives: Letter of John C. B. Kwei to Alfred K'aiming Ch'iu,

February 4,1930)
田洪都致函裘开明:欧洲食住各节至感。分类法业经案上两份,与前案上之本或有出入之处。请校对斟酌为盼。至佛教部分最好先请专家细阅一遍,然后付印。国际关系部分似觉太简,应否扩充当希裁夺。尊著于哈大汉和图书馆一文已打复份。兹另邮寄上,此间馆事约本月中旬叫汤(吉禾)君代理。弟七月初或可成行往欧。暑假中一切工作分配,下次开具清单奉上。(HYL Archives:田洪都致裘开明信函,1930年2月4日)

2月12日

芝加哥大学图书馆学院桂质柏(John C. B. Kwei)致函裘开明:感谢你赠送你的论文、报告等参考资料,我已经读过你的精彩报告,很高兴得知商务印书馆同意出版你的编目规则。我想知道怎样才能在美国买到这本书。是否已经脱销了?比起包括执行委员会主席在内的中华图书馆协会所有成员,你为中国图书馆事业作出的贡献更大,因为你的这部著作涉及图书馆发展的最基本的三四种要素之一……函中亦向裘开明介绍其论文的基本框架。(HYL Archives:Letter of John C. B. Kwei to Alfred K'aiming Ch'iu, February 12,1930)

3月12日

裘开明致函George Henry Chase:因为申请到中国科学院社会调查所研究的基金,需要赴北平工作一年,故欲请假一年。建议在此期间请燕京大学图书馆馆长田洪都(Tien Hung-tu)代理图书馆事务。因为在北平期间可以借机考察在燕京大学复制中文目录卡片项目的可行性,并为汉文文库购买书籍,故向哈佛燕京学社申请往返旅费资助。请学校提供正式聘书,并把名字列在请假清单上,因为这是移民局的要求,否则返回哈佛时就不能带上家属。(HYL Archives:Letter of Alfred K'aiming Ch'iu to George Henry Chase, March 12,1930)

3月17日

哈佛燕京学社董事会会议在哈佛大学商学院教工俱乐部举行。出席会议的有:巴伯(George G. Barber),巴尔敦(James L. Barton),George Henry Chase,董纳姆(Wallace B. Donham),诺斯(Eric M. North),伍兹(James H. Woods),财务员Henry Shattuck先生,燕京大学校长司徒雷登(John Leighton Stuart),以及Homer H. Johnson先生。博伊顿(Roland W. Boyden)先生主持会议,Chase先生负责整理会议备忘录。通过若干项决议,其中哈佛燕京学社1930—1931年预算总计167500美元,哈佛大学负责的开支为:图书馆馆长和助理4200美元,图书和设备12000美元。

3月18日

葛受元(Andrew Son Yuen Ko)来函申请暑期工作。葛受元1926年毕业于武昌文华图专,担任东吴大学图书馆副馆长至1929年,于9月赴美进入卡尔顿大学(Carleton University)学习历史和政治学。(HYL Archives:Letter of Andrew Son Yuen Ko to Alfred K'aiming Ch'iu, March 18,1930)

3月20日

葛受元(Andrew Son Yuen Ko)再次来函表示希望申请暑期工作。(HYL Archives:Letter of Andrew Son Yuen Ko to Alfred K'aiming Ch'iu, March 20,1930)

3月28日

裘开明致函葛受元(Andrew Son Yuen Ko):你的申请信已经交给大学图书馆馆长了,很高兴地通知你,他已经同意你对图书馆助理一职的申请。在6月、7月和8月,你可能要做全职工作,每月工资 125 美元。在 9 月 1 日后,我们能为你提供兼职工作。假如你每周工作 24 个小时,你的实际工资是每月 73.2 美元。以我的经验来看,这些足够支付在剑桥的生活费。请告诉我你什么时候来。我在 6 月可能要离开美国,所以最好写信给田(洪都)先生,他将在 1930—1931 学年度代替我。你的航空信也安全收到。我还没有给你回信,但是我希望这个安排能让你满意。(HYL Archives: Letter of Alfred K'aiming Ch'iu to Andrew Son Yuen Ko, March 28, 1930)

4月8日

裘开明致函大雄阁书房,增订 28 卷中文《大藏经》续编,并告知已请会计寄出 354.40 美元支票,作为订书费及邮费。(HYL Archives: 裘开明致大雄阁书房信函, April 8, 1930)

4月19日

芝加哥大学图书馆学院桂质柏(John C. B. Kwei)来函感谢在写论文过程中裘开明给予的指点和帮助,从裘开明处所借的资料会在裘开明启程前往欧洲前归还,并称赞裘开明是图书馆界"先锋中的先锋(Pioneer of the pioneers)";函中亦述及毕业后去向之事宜,有跟随裘开明工作的计划。(HYL Archives: Letter of John C. B. Kwei to Alfred K'aiming Ch'iu, April 19, 1930)

上海中华书局总店来电报:挂号奉上《四部备要》预约券一纸;先寄之第二次书计廿一包想早收到;其第三集书总计二十一包于本月十六日已发出。(HYL Archives: 上海中华书局总店致哈佛大学图书馆信函, 1930 年 4 月 19 日)

4月26日

裘开明完成《哈佛大学图书馆汉和文库办事细则》的修订工作,并从即日起开始实施。该细则共十八章 60 条,对汉和文库日常文件、购书、收书、校对、登记、编目、分类、印片、排列、统计、装订、号码、皮藏、出纳、互借、参考、期刊和闭馆等工作流程作了详细的规定。第一章文件,规定:汉和文库对外重要文件以主任名义行之,其他普通文件以主任名义或仅用文库机关名行之,文件起草者应署名于文件末尾或主任签名之下;各项文件均按收发日期编号记入收发簿;各项文件均需备一复印件,依收件或发件人或机关英文名字母排列于文件柜内。第二章购书,规定:平日检点各书局图书目录及杂志日报书籍广告时,将应购书用购书片抄下,排入"拟购书目"抽屉中,教授与其他阅者所开书单亦用购书片抄出排入"拟购书目"抽屉中;每次购书时,将"拟购书目"与"已购书目"字典式目录核对、查重,再将应购书用纸或卡片抄写三份,并将该书片从"拟购书目"转入"已购书片"。第三章收书,规定:汉和文库直接购之书收到时即将到馆日期、售书处所通知哈佛大学图书馆注册主任;捐赠之书及交换品应另用纸片登记书名、赠者或交换者姓名、住址及进馆日期,排入赠书屉内,其中非由哈佛大学图书馆注册处转来者须将原书并赠者或交换者姓名、住址、书名、册数等英译,送往该处注册。第四章校对,规定:图书到馆首先须按其箱单或发票或赠者、交换者来函与"已购书目"之各项图书目片校对种数及册数,查其有无短缺,并取出该目片夹入该书中;其次按各书首卷所载目录检查图书卷数、册数、印刷、装订等有无错误;检点后除将应退还之书另置一边外,馀者均加盖馆章打印册次,并粘贴书签及借书日期单。第五章登录,规定:将对过书单所列图书重新计算一次,将最后实收图书总数报告于哈佛大学图书馆注册主任;每次到书先按文字分开,再将每种文字图书之种数、册数、来源及发录日期、发单号数分别登记入各语种藏书登录簿。第六章编目,规定:未正式编目前须据各书书名或作者姓名检查字典式目录有无同样目片(尤其是赠书),或他片载有该书作者之姓名、字号、年代等详细信息,此项作者之详细信息及同样书之架号应抄于该新书内夹之已购书目片；目录检寻完毕后，再照《中国图书编目法》正式编制目片，每书编目后即在该书第一册封面上画一圈；贵重图书，如宋元明本、乾嘉以前初印本、名人手批本、著名收藏铃记本，编目后应另用纸片登记，排入贵重图书之屉内；编目员如觉编目规则有须更改者，应商量主任，得其许可后方可更改，并须将更改处详细写于《编目法》中以归划一。第七章分类，规定：每次分类最好将性质相近之书齐集一处，再逐一照《哈佛燕京汉和图书分类法》及《作者号码缀成法》分类，并编架号；某书如馆中已有一部，版本不同者，该书分类号码及作者号码均须与前书相同，再根据《作者号码缀成法》第六条另加号码以资分别；一书可入两类者，其副本以列入一类为宜，惟须在分类目录中添备两类互见片；单行本书籍每分一种须即随取该书所夹之"已购书目片"（无已购书目片须写一临时纸片）插入书架目录中，如发现相同架号纸片，即更改新分类之书之架号；分丛书中各书时，应先在字典式目录中寻查有无同样之书，如有即用是种之架号，再根据《作者号码缀成法》第六条另加号码以资分别；各书架号由分类号码及书号缀成后，须写于该书前边壳面或第一函套内及目录片纸左上角，写时分类号码写一行，书号写于分类号码之下一行；分类员如觉《分类法》及《作者号码缀成法》由应修改者，请呈商主任修改之。第八章印片，规定：未付印前各片右下角应用墨水笔写各书进馆时日、来源及价目；日本、高丽、满、蒙、藏文书籍之卡片左下角应用抵脱（Ditto）墨水写 J（日本）、K（高丽）、Ma（满）、Mo（蒙）、T（藏）等字为记号；每类卡片须印复份，其数目由编目员酌量图书性质及卡片用途审定之，审定后即将数目写于每束卡片牵之黄纸上，令印片者照印；卡片印就后，即照《中国图书编目法》填写各书应有之各种目录片。第九章排片，规定：各种目录片未与底片拆开前，须将底片上之架号抄写，分类目录片之架号写在片之左上角，字典式目录中各片之架号写在片之右上角，各片架号抄就，即将底片放入逐月书架目录屉内；排片员取应入字典目录之各片，依照王氏四角号码检字法及本文库目录排列法。编写排列号码于各片之左上角，排入字典式目录中，分类目录则依分类号码排入分类目录中；复份目片均按书名排入复份目片屉内，此项排列号码可与编写字典式目录片使得之；须寄燕京之丛书及其他复份目片，应于排列本馆复份目片时取出，另置一屉。第十章统计，规定：每月底应将该月书架片先照文字分组，各族再按类别分开核计各类之种数及册数，分别填入本文库藏书分类统计表中；书架片数目点毕后，即排入书架目录，将暂时黄纸片取出抵消；丛书应依分析片统计，每一丛书先将其所含各书分析片依类分开，再点□数、种数、册数，填入统计表。第十一章装订，规定：本文库书籍装订分小册、西式平装、西式精装、中式函套四种；各书未送装订处以前，须将其架号、简略书名、原有册数、拟订册数及装订样式记于装订片（每部书一片）及每部书第一册上，如做函套，则原书不必送往装订处，仅将其架号、简略书名及函套之长宽厚尺寸并函套数目开片送往装订处；书籍装订完毕，即写书名、卷次及册次等于书背或函背上。第十二章号码，规定：写架号者应取每本书前边壳面内或每部书第一函套内之架号写于每册封面上及书名页后；书背小签应贴于书背下离底一寸半的地位，小签上之架号应分两层写，分类号在上层，书号在下层。第十三章庋藏，规定：本文库图书分四处庋藏，贵重图书置于17室，普通图书置于东西两书库，参考书置于阅览室（14室），书目等置13室。第十四章出纳，规定：阅者借书出馆时，馆员应请其用借书片填写书码、作者姓名、书名、借书人姓名、住址及书之卷数、册数，借书片之种书及用途如下：（一）黄色为借书出馆之用，（二）蓝色为借书在馆内阅读之用，（三）灰色为教员指定书之用，（四）绿色为教员借书保留于其书室之用；馆员须取原书与借书片上所填写各项核对，并须注意借书人之姓名、住址是否清楚，核对无讹后即于书内贴附还书日期单及借书片上加盖还书日期,然后方准书借出;次将借书满期月日书码册数及借书人号码写在借书簿上,再将借书片以书码排列于借书片屉内;贵重图书及参考书,如类书、百科全书、字典等,概不借出,教员指定书及近期杂志可于每晚九时后借出,惟须于次晨九时归还;出纳部管理员须每日查看借书簿,如有满期之书,应写□片,通知借书人归还;图书逾期归还,须自满期之日起,每日发洋五分,惟满期日如系星期日或例假,则罚金自次日起计算,如借书人无故不愿罚款,或愿罚而不交现款,可将其姓名报告于大学图书出纳及参考部主任;所收罚款应记入罚款簿,与每学年终交付大学图书馆注册部主任;本文库书本采关闭制(Closed Shelf System),阅者如欲往书库阅书,馆员应请其到出纳处签名及出入时间;出纳部管理员,应时常估计阅览室人数,记入阅览人数簿,晚间值班员更当将每晚本馆阅览人数记入簿中;本文库其他一切借书规则概照大学图书馆。第十五章互借,规定:本文库代阅者向他馆借书,须用本馆借书片将书名、作者、他馆书码及借书人姓名抄写二份,一份排入"向他馆借书目片屉",一份交大学图书馆出纳主任转借;此种借来书之期限由出借之馆规定,满期即须将书交大学图书馆出纳处寄还,同时在借书片上写"已送还"三字,将片保存,备年终做统计之用;他馆向本文库借书应照来函将书取出,写一借书片(架号、书名、作者、满期月日、借书馆)排入"他馆来借书目片屉",将书交大学图书馆出纳处发寄;借给他馆之书以两星期为限,未满期前一、二日须通知大学出纳处修函索还书籍,归还后即在借书片上写"已还"二字,将片保存,备年终入统计。第十六章参考,规定:教员交来指定书单上之西文书可转请大学图书馆普通阅览部主任取集之,汉和书则到书库内取之,如书已借出,则须收回;参考事件不论其为面问亦函询,均须记其(一)年月日,(二)咨询事由,(三)答复大概,皆入参考咨询簿中。第十七章期刊,规定:杂志日报应先盖馆章即收到日期,次应记其卷数、号数、出版日期于期刊上,再将各杂志及日报依日期陈列于阅览室;陈列之杂志、年刊以一期为限,季刊以四期为限,月刊以六期为限,周刊已一个月为限,日刊一周为限,限前各期均交装订处装订。第十八章开闭,规定:开馆时间为每日(星期日及假日除外)上午九时至下午六时,每晚七时至十时;借书时间为星期一至星期六上午九时至下午五时半。(HYL Archives:《哈佛大学图书馆汉和文库办事细则》,1930年4月26日)

4月

裘开明编英汉对照本《哈佛大学图书馆汉和文库分类大纲及索引》(*Harvard College Library Chinese-Japanese Collection Outline of Classification and Index to Classes*, Cambridge, Mass. April, 1930)打印刻写本印行,包括:(英汉)分类大纲(11页)、(英汉)类目字顺索引(12页)和(汉英)类目字顺索引(12页,按照王云五改订四角号码检字法取第一字之四角号码顺序排列)。其分类总目(Main Classes)为:100—999 经学类(Classics),1000—1999 哲学宗教类(Philosophy and Religion),2000—3999 史地类(Historical Sciences),4000—4999 社会科学类(Social Sciences),5000—5999 语言文学类(Language and Literature),6000—6999 美术类(Fine Arts),7000—7999 自然科学类(Natural Science),8000—8999 农林工艺类(Agriculture and Technology),9000—9999 丛书目录类(Generalia Polygraphy and Bibliography)。"弁言"曰:"本分类大纲及索引约占本馆分类法全部三十分之一,专为检查分类目录及架上书籍之用,阅者如欲借阅某书或某人之著作,仍请按书名或者作者名之笔画检查字典式目录。"(HYL Archives: *Harvard College Library Chinese-Japanese Collection Outline of Classification and Index to Classes*, Cambridge, Mass. April, 1930)

裘开明首次制定和发布汉和图书馆《卡片目录四角号码排卡规则》("Filing Rules for Cards in the Four-Corner-Number Catalog")。(HYL Archives：Filing Rules for Cards in the Four-Corner-Number Catalog, August 5, 1960)

5月20日

袁同礼（Yuan Tung-li）致函燕京大学图书馆代理馆长钟慧英（Clara Hui-yin Chung）：此前，裘开明委托国家图书馆帮助哈佛燕京学社购买中文书籍，并转交燕京大学帮助运寄。目前，我已代其购得《梅兰芳戏曲谱》(Selections from Mei Lanfang) 2卷。我会将其以独立包裹寄出，并附账单。请于方便的时候将此函转给哈佛。(HYL Archives：Letter of Yuan Tung-li to Clara Hui-yin Chung, May 28, 1930, See：B6-254 2-1)

5月28日

燕京大学图书馆代理馆长钟慧英（Clara Hui-yin Chung）致函裘开明：兹附上袁同礼（Yuan Tung-li）先生的来函，及其所附关于购买《梅兰芳戏曲谱》(Selections from Mei Lanfang) 2卷的账单发票，这是一部丝面装订的精装本书。Tu小姐（杜联喆?）将尽快寄给你。(HYL Archives：Letter of Clara Hui-yin Chung to Alfred K'aiming Ch'iu, May 28, 1930)

5月30日

梅贻琦致函中国科学社社员裘开明，函告科学社3月份选举之结果：梅贻琦当选理事长，吴鲁强当选书记，黄育贤当选会计。并附《科学》杂志约稿，并征集有关夏间聚会之事宜。(HYL Archives：梅贻琦致中国科学社社友信函，1930年5月30日)

6月21日

上海中华书局总店来电报，通知已于本月15日挂号寄上《北史》十册。(HYL Archives：上海中华书局总店致哈佛大学图书馆信函，1930年6月21日)

6月

截止到本月底，汉和图书馆在成立2年的时间里，藏书增长了7.5倍，从成立时的6194册增加到46186册。其中，中文书44103册，日文书2083册。裘开明带领5名兼职工作人员，共完成42000册藏书的编目工作，建立了作者－书名目录、分类目录和四角号码目录。(Eugene Wu. "The Founding of the Harvard-Yenching Library". *Committee on East Asian Libraries Bulletin*, 1993.12[101]:65-69)

7月12日

伦敦大学图书馆馆长致函裘开明，感谢哈佛大学汉和文库的赠书。(HYL Archives：Letter of Librarian of University of London Library to Alfred K'aiming Ch'iu, July 12, 1930)

7月15日

裘开明致函燕京大学图书馆田洪都：……弟任中文书编目事，常感觉查考作者年代工具书之不完备，拟编《明清进士姓名及登第年索引》一书，苦乏书记相助，不知兄能在燕大代聘一人任其事否？若贵馆原有职员如傅君或关君愿在晚间担任此事更佳，待遇照贵馆薪俸办理，需用卡片文具费及薪金由敝馆此间办公费支付。兹附上编纂叙例祈指正……(HYL Archives：裘开明致田洪都信函，1930年7月15日)

7月18日

贺麟致函裘开明，借阅有关朱熹的书籍，询问是否可以邮寄借书。(HYL Archives：贺麟致汉和图书馆信函，1930年7月18日)

夏季

裘开明自美国哈佛大学启程,途经英、法、俄等国,返回中国北京。途中曾参观大英博物院图书馆和法国国家图书馆等重要图书馆,了解其远东馆藏的情况,尤其是其敦煌遗书的收藏情况。(Alfred K'aiming Ch'iu. "Reminiscences of A Librarian". *Harvard Journal of Asiatic Studies*, Vol. 25[1965]:7-18)

8月12日

吉利斯(I. V. Gillis)来函通知哈佛燕京学社,蒙文版《甘珠尔》售价500美元。(Memorabilia of Purchase Tanjur-Kanjur, HYL Archives:file:Library, 1934-1936)

9月10日

裘开明致函燕京大学图书馆田洪都:尊函知编印日本丛书子目片稍有困难,兹略为说明诸点以利此项工作之进行……尊处如能在平津检书参考最好,如无书时亦请付之阙如,留待此间填补。以上各节仍请费神试为代办。如有其他问题,再行设法解决可也……(HYL Archives:裘开明致田洪都信函,1930年9月10日)

10月1日

中国科学社来函请社员推选留美分社本届年会下半年职员候选人。(HYL Archives:中国科学社致社友信函,1930年10月1日)

10月11—13日

汉文文库自10月11日下午1时至13日闭馆,自14日起照常开馆。(HYL Archives:Note of Chinese-Japanese Library, October 10, 1930)

10月22日

中国科学社寄来中国科学社留美分社职员选举票。其中分社长的候选人有梅贻琦、张洪元和汤佩松;书记候选人有张洪元、王德郅和任之恭;会计候选人有王德郅、周田和汤佩松。(HYL Archives:中国科学社致社友信函,1930年10月22日)

11月15日

裘开明致函George Henry Chase:阔别6年以后回家,我忙于很多事情,以至于我到今天才告诉你我在北平的工作。我很抱歉延迟这么久才回信。我在欧洲待了两个月,参观了伦敦、剑桥、牛津、莱顿、巴黎、罗马、维也纳和柏林的各种中文馆藏。我感觉这番经历对我返回剑桥后发展汉和图书馆将会很有帮助。自到达北平后,我帮洪(煨莲)先生组办燕京大学图书馆。洪先生负责行政上的事务,我主要负责技术方面。田(洪都)先生和我上学期在哈佛修订的分类法已经用来分类燕京的一半藏书。这些工作做完以后,根据旧分类法(杜威十进制)分类的书籍要进行重新分类。我们像在哈佛一样进行卡片复制,并打算将这些卡片和书一起寄往剑桥。这样就能节省很多劳力和经费,以购买更多的书。至于购买书籍的事,我在跟燕京大学图书馆订购部的负责人一起工作,打算首先买些最重要的图书,如南方各省的方志、考古和艺术方面的书籍、百科全书、传记等,补充我们的馆藏。如果私人藏书没有太多复本的话,我们有机会可以购买。在剑桥印刷的复制卡片在我离开前就寄来燕京了。因此,在燕京有关于哈佛的完整记录。这可以避免购买复本,节省不必要的花费。对于佛教书籍,我已经询问了钢和泰(Alexander W. von Staël-Holstein)教授和他的同事。这些原则将适用于购买其他特殊书籍。目前我正重新跟我的老朋友们联系。我的家与袁同礼(Yuan Tung-li)住在同一个院子里。袁先生现在是国立北平图书馆馆长。我已经去看望了一些哈佛在中国的同事,提供我力所能及的帮助。我很高兴得到你的建议,我会在中国尽力为哈佛服务。(HYL Archives:Letter of

Alfred K'aiming Ch'iu to George Henry Chase, November 15, 1930)

　　哈佛燕京学社董事会就重组北平管理委员会的建议做出决议。决议包括：1.委员会名称改为中国顾问委员会；2.由哈佛燕京学社董事会委派不少于7个不多于11个人担任委员会的委员；3.董事会采纳提交给顾问委员会的建议；4.当候选人是中国公民时，委员的委派应提交给顾问委员会；5.燕京大学的支出预算应提交给顾问委员会，以备董事会参考；6.董事会成员可以授权顾问委员会在其允许范围内对本财政年度的预算进行修改，但这种修改在没有董事会的同意下不能涉及下一年度；7.董事会委派一名执行秘书来中国负责顾问委员会以及中国其他机构和个人与董事会的沟通事宜。另外修订第二决议，即燕京大学中文研究学院不再受管理会的直接监督，授权燕京大学安排自己的研究活动，负责所有的部门的支出项目。(HYI Archives：关于北平管理委员会重组的建议的决议，November 15, 1930)

　　燕京大学图书馆致函裘开明，准备向哈佛学院图书馆汉文文库寄去7包复制卡片，仍然有超过2000的记录没有复制，这意味着燕京的馆藏记录不完整，有可能会在1932年1月完成卡片复制的工作。下周将会向哈佛学院图书馆汉文文库寄去一份为该馆采购的图书目录。(HYL Archives：Letter of Harvard Chinese Library in Yenching University Library to Alfred K'aiming Ch'iu, November 15, 1930)

11月18日

　　洪煨莲致函裘开明，言及分类法中文学类的相关类分问题，拟购书单交哈佛大学购书处核对后再购。函告裘开明去年春季曾寄给汉和图书馆拟购杂志目录，但至今未收到任何杂志，未知购书处是否已帮助购买，函附拟购杂志目录。对有关部分图书的缺页情况进行说明，嘱托购书处购买中国小楷毛笔六打寄来。关于分类法有待商榷之事，涉及历代丛书的类分，政府机关出版品取书码法，目录卡片左上角分类号码在第一行，书码在第二行，以及书码一律取四位数小数读法取消等事宜。(HYL Archives：洪煨莲致函裘开明信函，1930年11月18日)

11月

　　裘开明在河北省深泽县开展农场经营调查，选择深泽县西南可以代表该县及邻县种植棉花区域的王家梨元和小梨元两村，抽样调查了梨元村245户里78家农场的经营状况。(韩德章《河北省深泽县农场经营调查》，《社会科学杂志》)

12月23日

　　George Henry Chase致函裘开明：11月15日的来信已于多天前收到。你所说的关于书籍的购买情况对我来说是个好消息。我确信我们都同意非常需要方志、考古、艺术、传记等方面的书，应该买下私人藏书，如果它们不会提供太多的复本的话。与袁（同礼）先生住在一起肯定很有帮助，我很高兴你与国家图书馆长的关系很好。你能寻找新的哈佛燕京同事是很好的，我不怀疑你能给他们很多帮助。我认为在拥有多年的经验后，北平有很多长者可以帮助新人适应形势。除了你在信中所说的服务方式，我不能立即想到还有什么方式。如果有新情况的话，我会立刻通知你。田（洪都）先生看起来在图书馆很好，在剑桥比较高兴。一两天前我与哥伦比亚中文书库馆长见面的时候，他说对我们图书馆成长的方式印象很深。我谦虚的回答我们进行的很好，董事会也愿意继续拨款，这样图书馆能成长的更好更有用。自9月起，Florence T. Bayley被雇用为哈佛燕京学社常任执行秘书，她曾在中国待过一段时间。我相信这种长期的秘书会带来很大帮助……(HYL Archives：Letter of George Henry Chase to Alfred K'aiming Ch'iu, December 23, 1930)

12月24日

格林(Rorge S. Greene)致函董纳姆(Wallace B. Donham)要求辞职,原因是同时担任北平协和医学院主要执行委员、副董事、中国基金会的代理财务主管以及执行委员会委员,这些工作问题繁复芜杂,导致没有其他时间去开展其他事业。信中认为:哈佛燕京学社的管理看起来系统性不强,而且欠缺考虑;怀疑George Henry Chase教授被其他事情占据了,没有把学社管理得很好,可能缺少一个长期的称职的秘书。格林还认为:我们需要一个拥有学术背景同时有管理才能的人,如果不能同时兼备,可以是两个人;把北平委员会改建为顾问委员会的建议很好;赞成委派一个执行秘书负责管理中国和董事会的沟通事宜。(HYI Archives:Letter of Rorge S. Greene to Wallace B. Donham, December 24,1930)

12月26日

田洪都(Tien Hungtu)致函Ditto公司,应裘开明要求,请Ditto公司向北平燕京大学图书馆寄去一打Ditto墨水。(HYL Archives:Letter of Tien Hungtu to Ditto Co., December 26,1930)

12月31日

上海中华书局总店来电报云,因福建西北产纸之区受战乱影响,导致纸张匮乏,《四部备要》被迫推迟出版。(HYL Archives:中华书局致哈佛大学图书馆信函,1930年12月31日)

12月

裘开明撰"(Review of) Chinese Farm Economy by J. L. Buck of Nanking University"发表于《社会科学杂志》第1卷第4期(1930年12月):127—132。

本年

裘开明在哈佛大学文理研究生院攻读经济学博士学位,并继续担任哈佛学院图书馆汉文文库馆长(Librarian of Chinese Collection, Harvard College Library)和中国语言文学系讲师(Instructor in the Chinese Language and Literature),办公场所由哈佛学院图书馆迁至博伊斯顿堂(Boylston Hall),其时在哈佛大学登记的个人住址为:1 Cleveland Street, Cambridge, MA.。其在中国的住址为:中国杭州。在1930—1931学年度,裘开明不在哈佛大学。(Harvard University Catalogue, 1930-1931. Cambridge:Harvard University, November 1930:33, 44, 899)

自本年夏季起至1931年,裘开明获得中国科学院社会调查所的研究基金,离开哈佛大学返回北平担任中国科学院社会调查所研究员(Chief Research Fellow, Peiping Institute of Social Science, Academia Sinica),在陶孟和(L. K. Tao)教授的指导下从事河北省深泽县农业经济调查研究。在为期一年的调查研究中,裘开明收集了博士学位论文的资料,并在北京完成了博士学位论文的大部分写作任务。在北京期间,担任燕京大学图书馆顾问,燕京大学的洪煨莲教授曾专门向裘开明介绍燕京大学图书馆根据哈佛燕京图书馆分类法和编目法改编燕京大学图书馆目录,以及采用四角号码法编排卡片目录的情况。在北京期间,裘开明还曾参观过国立北平图书馆、国立北京大学图书馆、清华大学图书馆等所有大型图书馆,以研究其编目制度。(Alfred K'aiming Ch'iu. Who's Who in the World. 2nd Edition, 1974-1975. Wilmette, IL: Marquis Who's Who, 1973:200. Alfred K'aiming Ch'iu. "Reminiscences of A Librarian". Harvard Journal of Asiatic Studies, Vol. 25[1965]:7-18)

因裘开明在1930—1931年度赴中国从事研究,不在哈佛大学,北平燕京大学图书馆馆长田洪都(Hung-tu Tien)应邀来哈佛大学担任哈佛学院图书馆汉文文库代理馆长

(Acting Librarian of Chinese Collection，Harvard College Library)，其时在哈佛大学登记的个人住址为：351 Harvard Street，Cambridge，MA.。(Harvard University Catalogue，1930-1931. Cambridge：Harvard University，November 1930：33，44)

本年秋季，日本东京大学的岸本英夫(Hideo Kishimoto)先生被聘为哈佛大学日语讲师，在他的帮助下，裘开明根据当时尚在法国巴黎的叶理绥(Serge Elisséeff)教授的建议极大地加强了哈佛大学汉和图书馆的日文馆藏建设。(Alfred K'aiming Ch'iu. Alfred K'aiming Ch'iu. "Reminiscences of A Librarian". *Harvard Journal of Asiatic Studies*，Vol. 25 [1965]：7-18)

汉和图书馆开始收集中国方志。除向北平、上海、广州、杭州各地书商直接购买外，燕京大学图书馆亦协助采购工作。(HYL Archives：The Harvard-Yenching Library and Its Chinese Local Gazetteers Collection and Other Related Materials：A Brief Survey)

汉文图书馆馆长裘开明和代理馆长田洪都提交《汉文图书馆半年度工作报告》(1929年7月1日至1930年7月1日)。1930年4月之前(含4月)由裘开明负责，剩下的两个月(5月及6月)由田洪都担任代理馆长，因此，此报告由二人共同完成。报告分馆藏发展、编目与分类、阅览室与书库服务、信息服务与图书馆访问者、图书馆出版物、待完成工作、人员变动、1930－1931年度工资预算、全年支出9个部分。内容如下。(一)馆藏发展。1.馆藏增加数据。1930年1月1日至1930年7月1日6个月间，收到三批中文图书各35335册、44103册、8768册；收到三批日文图书各2055册、2083册、28册。2.1927年2月1日至1930年7月1日馆藏数据比较：中文馆藏，1927年2月1日4526册，1927年7月1日7942册，1928年7月1日15248册，1928年11月1日20744册，1929年7月1日24511册，1929年12月1日33824册，1930年1月1日35335册，1930年7月1日44103册。日文馆藏，1927年2月1日1668册，1927年7月1日1668册，1928年7月1日1676册，1928年11月1日1693册，1929年7月1日1776册，1929年12月1日2055册，1930年1月1日2055册，1930年7月1日2083册。3.图书采购的特点。一如从前，中文图书通过燕京大学图书馆购买，日文图书向东京的一诚堂书店(Isseido Book Store)订购。汉文回溯期刊和政府文件是这一时期购买的两类主要文献。丛书或珍本影印本、政府公报、当代作者的文学著作是这半年中三类次重要的购买文献。3.赠书与交换。东京帝国大学史料编纂所(Historiographical Institute of the Tokyo Imperial University)、Ikutoku基金会(Ikutoku Foundation)、南京国立中央大学继续向图书馆赠书。一个新的大额捐赠者是旧金山的平等协会(Equality Society)，他们向我们捐赠了27册俄国作者(如托尔斯泰[Tolstoi]、克鲁泡特金[Kropotkin])著作的中文译本。其他捐赠者包括：中国科学社捐赠1册，北京国立图书馆捐赠3册，平等协会捐赠27册，上海国家海关税则委员会捐赠11册，梁思永(S. Y. Liang)捐赠34册，Walter Ernest Clark教授捐赠2册，William R. Castle捐赠1册，东京帝国大学史料编纂所捐赠5册，南京国立中央大学捐赠11册。(二)编目与分类。1.编目与分类完成种数与册数。1930年1月1日至7月1日所有语种图书编目与分类记录，分经、哲学、宗教(佛教除外)、佛教、考古学、书目、历史与地理、社会科学、语言与文学、艺术、科学、综合性图书12类分别统计完成编目与分类的图书种数与册数，共计1844种6332册。1930年1月1日至7月1日中日文图书编目与分类记录，分经、哲学、宗教(佛教除外)、佛教、考古学、书目、历史与地理、社会科学、语言与文学、艺术、科学、综合性图书12类分别统计完成编目与分类的图书种数与册数，共计中文1828种6328册，日文16种4册。截至1930年7月1日中日文图书编目与分类记录,分经、哲学、宗教(佛教除外)、佛教、考古学、书目、历史与地理、社会科学、语言与文学、艺术、科学、综合性图书12类分别统计完成编目与分类的图书种数与册数,共计中文18947种40152册,日文739种1959册,合计19686种42111册。按前面所述,现有中日文馆藏46186册,则尚有4075(46186－42111)册图书未编目与分类。来年的工作量非常大。2.分类体系的修订。经过三年的使用,我们的分类体系的不足已经不时地体现。关于这些不足的记录已经完成。今年春天,我们开始全面的修订所有类目,特别是其中的基督教、考古学与人类学、地理学、教育、书法与绘画的书目。在修订考古学与人类文化学时,我们得益于人类学系梁思永先生的专家意见。佛教和医学两个类目需要作进一步的修订,这将在咨询过中国国内相关人士后进行。修订后的分类体系将提交给不同的权威人士评审。我们的目标是所有类目由至少一位专家过目。3.分类大纲及类目索引的印制。为了促进分类主题目录以及架上图书的使用,我们油印了一份分类体系大纲,包括按字母顺序编排的类目标题英文索引以及按四角号码法编排的类目标题中文索引。我们希望这能给希望了解某一主题馆藏情况以及图书排架情况的读者以较大的帮助。4.为了以一种更为持久的形式使图书馆工作更加标准化和透明化,使新助理熟悉日常馆务工作,拟订了一本有关各种主题(如通信、订购图书、稽核、编目、分类等)的技术指导手册。5.寄给燕京大学图书馆的卡片复本。全套馆藏目录卡片将寄给燕京大学图书馆。所有中文丛书或珍本影印本的独立书名款目分析卡片复本已经寄出。其他卡片复本亦将在完成后尽快寄出。这样燕京大学图书馆将拥有哈佛汉文图书馆的全部馆藏的完整目录。通过查看这一目录,可以避免不必要的重复。(三)阅览室与书库服务。1.图书搬至西边书库。教师阅览室下方的西边书库配备了阅览桌后,所有图书已搬至此处。在布置书架时,留下了未来两年馆藏扩展所需的足够空间。东边书库除报纸合订本和拆包室的新书外,已清出所有图书。西边书库的所有书架上均有相应的标志,每一排书架的最后还有一张长卡片指明该排的图书类别。每三排的两端悬挂一份"分类大纲及类目索引"。根据此索引,读者可以知道所有类目的编号。根据分类号,读者可以直接在书架上查找所需主题的图书。由于藏书是依据阅览室中分类主题目录的顺序排架,因此该索引使读者无需到阅览室查找主题目录即可找到某一类别的图书。"分类大纲及类目索引"起到了通览整个书库的藏书布局以及架上资料索引的作用。2.书库准进。为了教授们的方便,引进了图书馆统一钥匙系统。这样,只要一把钥匙就可以进入阅览室、东边书库和西边书库。像怀德纳图书馆一样,所有注册的研究生均有书库准进权。阅览室的流通台上放置了一本登记簿和5把不同编号的钥匙。学生如果需要进入书库,则在登记簿的"进入时间"处记下他拿走钥匙的时间,离开的时候要求在"离开时间"处记下他归还钥匙的时间。目前这种"荣誉制度"运作良好,但将来若发现任何滥用,将实行保护书库防止图书丢失的严格措施。3.今年春天因阅览室的良好设施,到馆读者量明显增加。不少学生到汉文图书馆准备功课。严格的秩序和安静维持措施看来得到所有读者的认可,亦给他们带来好处。日均读者量约为30人。图书外借量没有明显的增加,日均约5本。4.暑期开放时间。为了最大限度地利用图书馆资源,开放时间尽可能长。因此,采用了怀德纳图书馆而非其他专门图书馆(如哲学图书馆)的暑期时间表。图书馆开放时间为:周一至周五上午9时至下午5:30时,周六上午9时至下午1时。(四)信息服务与图书馆访问者。1.提供的信息服务。一如从前,只要可能,就为校外人员提供一般的信息服务。2.图书馆访问者。今年春天,我们荣幸地接待了商务印书馆总经理、东方图书馆馆长、四角号码法发明者王云五先生(Yün-wu Wong)。7月2日,我们又荣幸地接待了麦吉尔大学(McGill University)葛思德中国研究图书馆的创始人和赞助人葛思德(Guion Moore Gest),并应其要求向他赠送了一些图书馆出版物。(五)图书馆出版物。本财政年度结束之前,就我们过去3年内工作的开展了一次调查。除了作者和书名字典目录以及分类主题卡片目录外,图书馆的出版物还包括以下内容。系列A:1.1927年上半年年度报告;2.1927—1928年度报告;3.1928—1929年度报告。系列B:1.《中文图书编排法》("How to File Books in Chinese",*Library Journal*,New York,1927年11月1日);2.《中国图书编目法》(上海,商务印书馆,1930年)。系列C:1.《中国的分类法》("Classification in China",*Library Journal*,New York,1927年4月15日),后由M. Suzuki翻译成日文在《青年图书馆员季刊》(*Toshokan Kenkyu*,日本大阪,1928年4月)上发表;2.《各类中日文图书合并编号体系》(哈佛学院图书馆,1928年);3.《哈佛汉文图书馆分类体系概要》(《文华图书科季刊》(中国武昌,1929年9月);4.《分类大纲与类目索引》("Outline of Classification and Index to Classes",中英文,哈佛学院图书馆,1930年4月)。5.《中日文图书分类体系》("A system of Classification for Chinese and Japanese Books",中英文,即将由北京燕京大学图书馆出版)。系列D:《员工手册,第II部分,技术性指南》(哈佛学院图书馆,1930年4月)。系列E:1.《哈佛汉文图书馆:历史、资源、组织与使用简单说明》("Harvard Chinese Library:A Brief Statement about its History, Resources, Organization and Use",哈佛学院图书馆,1929年3月)。系列F:1.《中国货币书目》("Bibliography on Chinese Currency")编撰中。2.计划中的出版物。从上可以看出,A是行政管理系列,B是编目系列,C是分类系列,D是员工系列,E是公众信息系列。F是企划中的书目系列。该系列的另两种著作也完成一半,即1、4套中文大藏经所收佛经联合索引,2.《中国货币书目》("Bibliography on Chinese Currency"),3.《四库全书总目书名索引》("Title Index to the Catalogue of the Imperial Four-Treasuries Library")。除了系列F外,系列D的另两种著作,1.《员工手册,第I部分,汉文图书馆的组织》("Staff Manual, Part I, Organization of the Chinese Library")和3.《员工手册,第III部分,服务规则》("Staff Manual, Part III, Service Regulations")将尽快出版,以组织图书馆员工提供更有效的服务。怀德纳图书馆管理图书馆助理服务的相关规定应油印,以供制订我们的新规定参考及学生助理使用。这将较大地简化行政管理和提高日常事务的有序执行。(六)待完成工作。1.完成大藏经索引。《大日本大藏经》(*Ta Jih Pên Ta Ts'ang Ching*)和《大日本续藏经》(*Ta Jih Pên Hsü Ts'ang Ching*)两套大藏经所收佛经的3673张卡片,因其他更紧急的工作而被搁置。6月,曾指派一名学生助理标注各部佛经在大藏经中的页码。《大日本大藏经》所收佛经与南条文雄(Bunyin Nanjio)《大明三藏圣教目录》(*A Catalogue of the Chinese Translation of the Buddhist Tripitaka*)相关的信息已录入各相应的卡片。《大正新修大藏经》(*Taisho edition of Chinese Tripitaka*)(1929—1930出版的部分)所收2184部佛经的相应卡片在燕京大学图书馆完成。前面两套大藏经所收佛经对应的3673张卡片将寄给燕京大学图书馆进行复制,因为燕京大学图书馆没有收藏这两套大藏经。所有卡片印制完成后将寄回剑桥。卡片复本将分发给一些重要的机构,如国会图书馆和麦吉尔大学葛思德中文图书馆(Gest Chinese Library),还将出售给个人。我们计划出版三种卡片式大藏经联合索引(Union Index to the Tripitaka on Cards):按四角号码法编排的卡片;按《康熙字典》笔画检字法编排的卡片;以及按各套大藏经目录编排的卡片。最后一种是按威氏拼音或其他罗马拼音编排的卡片。2.分类主题目录。自从《分类大纲与类目索引》

("Outline of Classification and Index to Classes")出版后，分类主题目录的有效性大大增加。要继续发展主题目录，需要为所有可以归入多于一类的著作进行分析著录，还需要将所有丛书或影印珍本中的独立书名在分类主题目录中作主题分析。由于编写一份高质量的主题目录并非易事，可以说在接下来的两到三年内，馆员的精力将主要集中在这项工作上。要胜任这项工作，除了书目训练外，还需要各个主题的知识。为了完成这项工作，我们请求教员的帮助以弥补馆员的不足。3.部分类目重新分类。因分类体系的修订，部分类目需要重新分类。一旦分类人员分配好新的分类号，一名学生助理将负责更换卡片上和书上的旧索书号。4.复制排架目录供办公室使用。目前，阅览室的分类主题目录充当了排架目录的作用。随着馆藏量的快速增长，有必要复制一套单独的卡片式排架目录供办公室使用。当这套排架目录投入使用后，阅览室的那套可以真正用作分类主题目录，卡片上包含全面的信息，包括所有必需的分析卡片和互见卡片以及适当的导卡。5.采用另一财产清册。一旦办公室用排架目录完成，应采用另一完整的整个馆藏财产清册以追踪丢失的图书及校对差异。6.为了使作者和书名字典目录尽可能完美和全面，近期内将对目录编排开展一次全面的修订。由于负责将中文汉字转换成号码并将卡片编排入目录中的学生助理经常性地更换，排卡错误在所难免。7.计划编制《四库全书总目》书名索引。（七）人员变动。6月底，哈佛大学拉德克利夫学院（Radcliffe College）的学生 T. H. Kiang、麻省理工学院的学生 C. W. Ou 离开了我们。6月，华中大学及文华图书馆专科学校 1926 年本科毕业生、美国明尼苏达州卡尔顿学院（Carleton College, Northfield, Minn.）1930 年文科学士、前中国苏州大学图书馆副馆长（任职 3 年）葛受元（Andrew Son Yuen Ko）先生加入了我们。汤吉禾（Edgar Chiho T'ang）和 S. C. Yang 继续为图书馆服务。（八）1930－1931 年度工资预算。此预算经博晨光（Lucius Chapin Porter）和 George Henry Chase 院长同意。高级图书馆助理（汤吉禾）全年共1374美元；初级图书馆助理（葛受元）全年共 982 美元；学生助理（S. C. Yang）全年共 640 美元；晚班工作人员全年共 280 美元；书库管理人员全年共 600 美元；应急基金全年共 124 美元；共计 4000 美元。（九）全年支出支出：装订费 193.33 美元，图书购置费 7596.52 美元，共计 7789.85 美元。1929－1930 年度维持费开支：设备费1043.46美元，印刷和文具费 79.85 美元，邮费 72.37 美元，服务和工资 3083.44 美元，办公用品费 119.12 美元，共计 4110.16 美元。两部分支出总计11900.01美元。("Chinese-Japanese Collection of Harvard College Library at Harvard University: Semi-Annual Report of the Librarian" [July 1, 1929 to July 1, 1930], submitted by Alfred K'aiming Ch'iu and Tien Hungtu, 1930. See: "Chinese-Japanese Library of the Harvard-Yenching Institute at Harvard University: Annual Report of the Librarian", First to Tenth, 1927-1936)

本年哈佛燕京学社引得编撰处在燕京大学成立，洪煨莲（William Hung）教授担任主任，开始编撰《哈佛燕京学社汉学引得》丛书（*the Harvard-Yenching Institute Sinological Index Series*）。

1931 年
34 岁

1月13日

哈佛燕京学社秘书 Florence T. Bayley 致函裘开明,并随函附中文图书作者号码编制的八项原则。函云:我已为燕京大学图书馆订购一打墨水,于2日直接从芝加哥寄来。在与汤吉禾(Edgar Chiho T'ang)商量编目和分类问题后,我将会写信来告知具体情况。汤吉禾先生因眼疾已入马萨诸塞州立医院两个星期了,他很可能还将住院两至三周。我向哈佛燕京学社申请奖助金一事,想必你一定已从洪煨莲(William Hung)先生处得悉,但目前尚无结果。我相信还是有很大希望的,除非燕京下一年不再需要我。F. T. Chen 先生目前在剑桥,他告诉我今夏他将与钟慧英(Clara Hui-yin Chung)小姐在檀香山结婚,所以 Chung 小姐将在6月份离开哈佛燕京一段时间。如果我申请奖助金成功,建议你明年夏天回来,因为 Edgar 或许会一直工作到明年。如果申请失败,我将很高兴按照你所期望的那样,代理图书馆事务。我和汤吉禾均急切想知道你返回哈佛的日期。汉和图书馆必须有一个人仔细检查每天的工作,我们目前正在进行字典目录和分类目录的校订,难免存在许多错误。华美图书馆员非正式会议将于2月份在纽约召开,讨论分类、编目、归档等问题,我会在稍后的信中汇报相关细节。我希望你能抽空来函,从你的视角介绍一下燕京大学,尤其是燕京大学图书馆的情况。(HYL Archives:Letter of Florence T. Bayley to Alfred K'aiming Ch'iu, January 13, 1931)

2月1日

裘开明致函田洪都:前接11月15日英文信,及11月18日中文信,已悉一切。寄来之佛经卡片现由许地山先生整理译成梵文。整理完毕后,将由洪煨莲先生所创设之索引部排印成一种《大藏经索引》。燕大图书馆自皮高品君去职后,编目部由房兆楹君兼任,现房君须兼顾购书及编目二事,非常繁忙,代哈佛编印卡片事,恐暂时难办到,故弟已请房君将已购各书先期寄美。编目及分类仍请兄及(汤)吉禾弟在剑桥主持进行。燕大图书馆自兄去后,甚为纷乱。此次幸得洪煨莲先生到馆视事方能整理。洪先生办事有方,令人钦佩。弟平日主张本极不赞成图书馆主任以上有所谓"教授式"之馆长,但洪先生实非"教授式"徒务虚名之馆长可比。因伊对于馆务甚热心,对于图书馆事业亦有相当认识。洪先生在此任馆长,将来兄回燕大办事必可顺手。现洪先生主行政,弟与房兆楹君担任分类及编目。刻下新进馆之书皆已照兄与弟所共同审定之分类法分类,不久即将从事改变旧藏书籍。现需用《作者号码缀成法》及《目录使用法》,甚急。请将前者抄一份,后者影印一份,由快递寄燕大图书馆。房兆楹收讫。兄前寄来之分类法中并无《作者号码缀成法》。弟虽记其大概,然无底本参照仍不能将全部各条写出,故须请兄重抄一份寄来也。11月18日来函所提出各节已经房兆楹君及弟共同考虑,兹将吾二人意见陈述于后。(一)5235诸体总集及5765散文志集原系二事,应仍照分开,不必顾及阅者之□理作用,别集置于一处系不得已之办法。因形势上不能分开,总集诗文可以开,仍以分开可抄。未知吾兄以为如何。(二)普通丛书对专门丛书而言,只分"丛集丛书"与"个人丛书"二种,其他一切分法如断代书等一律取消,"丛集丛书"仍照哈佛旧用方法,依丛书名之前二字取四位数排列。但将来燕大可用丛书名前四字取四位数。(三)编辑机关相同,当照用年代号码以资分别。(五)照来函办理。唯哈佛卡片仍请将排列号码写于片之左上角。(四)照来函办理,但于必要时需用五位数四,仍得□数读法,否则全馆书籍书码必须用五位,甚不便也。(HYL Archives:裘开明致田洪都信函,1931年2月1日)

2月11日

裘开明致函 George Henry Chase:感谢你12月23日的来信,我很高兴知道 Florence T. Bayley 被雇用为哈佛燕京学社的常任秘书。我确信她将会对汉文文库很有帮助,特别是与其他图书馆的通信方面。因为你已批准雇用一个助理,在过去的四个月中我已经尽力在找合适的人选了。现在我终于找到了一个人,即冯汉骥(Han-ye Feng),他是杭州国立浙江大学艺术和科学学院的馆员。冯先生已经寄来了他简历,我已附上。你能考虑他的申请吗?……我认为冯先生可能要以学生的身份来美国。雇用冯先生不会增加明年的预算,因为其他两个兼职助理在夏天以后将会离开。我明白这是你的主意,要是冯先生能在汉文文库继续工作一段时间,学社会支付他的差旅费。有了冯先生,我们可以开始我们计划的对所有语言的汉学书籍进行联合编目的工作。我们也能将一些中文翻译成英文,可能还会出版一些简报。伦敦东方研究学校图书馆和国立巴黎现代东方语言学院都将他们的中文和日文书和关于东方的欧洲著作放在一起。你认为哈佛能适用相同的体系吗?这种联合体系看起来对那些为了自己的研究课题想使用东方的和各语种书籍的人来说很方便。我认为在很多技术的帮助下,汉文文库的职员也要处理欧洲语言的书籍。这些书要放在一个地方。这仅仅是个建议。计划的实施还要取决于怎么在汉文文库管理得很好。正如你所知,汉文文库正在一点一点成长,这样的成长对学校来说是健康的。我们一定不能仓促行事。我计划在9月底返回剑桥。洪煨莲(William Hung)已经写信给田洪都(Hung-tu Tien)叫他明年秋天返回燕京。司徒雷登(John Leighton Stuart)主席已经告诉我,燕京想让田先生返回,因为代理馆长钟慧英(Clara Hui-yin Chung)将要离开并在7月份结婚。目前我打算在周末去燕京,与负责中文书籍编目和分类的馆员一起工作。燕京的职员们都忙于自己的工作,因此不能为哈佛做太多的工作。图书馆的人手不足,因为在中国不容易找到技术好的助理。假如我在北平期间有什么能帮上忙的,请让告诉我。另外,你能让会计给我汇来我的差旅费吗?(HYL Archives:Letter of Alfred K'aiming Ch'iu to George Henry Chase, February 11, 1931)

2月27日

杜联喆致函裘开明:23日大扎收到,一切多承劳神襄助,不胜铭感,容后面谢。李氏之《北京琉璃厂书肆记》不曾带来,日人长泽规矩也所著之《中华民国书林一瞥》现在平□,即行检出付邮寄上,请查收。顷接房兆楹君来函,谓鲁省费大半已属无望,目下颇感灰心,情状似逞□窘。阁下前次函中曾提及暑后哈佛图书馆预期能有彼之位置,不知于出国前曾有若何之定规,若机会确有,如能及早通知房君,或有裨益于其暑假计划之解决也。本校东北亚洲研究所现拟搜集中国近十年来出版之关于中国西北、东北一切材料,特重中俄、中日关系。所备项目为人名、书名、出版地、所、出版年及价目。阁下若能代备一份哈图书馆现有之此类书籍目录,则大有助于喆之工作。再者,哈图书馆现存中文杂志目录,若能赐寄一份,尤佳。《书林一瞥》另封寄上……(HYL Archives:杜联喆致裘开明信

函,1931年2月27日)

2月

裘开明著《中国图书编目法》出版(上海:商务印书馆,1931年2月第1版第1次印刷,共131页)。

田洪都致函裘开明:2月1日来函,敬悉前情,欲陈各节分述为后:一、2月16日白雷格(Robert Pierpont Blake)教授来馆谈及燕大代购书籍事……兄与弟暑假中况难有谋面机会,此事最好烦兄与洪(煨莲)先生就近商酌改善,以利进行。二、历次请购新旧及二手集志,迄未见寄。烦告购书处酌量进行。三、本馆现有新书均已编完,日文书现正更改分类号码。丛书分析片亦在分类中。分类法全部已另打复份。如若校对后,当寄来一份目录。□□法照旧复份,□□当寄上。四、燕大图书馆馆□载各书类比号码颇不一致,兹另寄作者号码编制法十九条,希酌量采用。(HYL Archives:田洪都致裘开明信函,1931年)

3月5日

裘开明致函杜联喆:昨奉手教,今早又收到《书林一瞥》,无任感激。嘱代备关于中日及中俄问题书籍单,已由馆员某君用卡片抄录敝馆所有者。此外并在《读者目刊》所登关于"中日问题之中国书书目"及"关于满蒙之日文书目"二目上用铅笔转记为本馆所藏各书,又敝馆所藏杂志,本备有登记卡片,兹亦将该项卡片寄上以备尊抄。用毕即请寄还。是荷。房君兆楹之事,明已另函通告,总之下期敝馆经费若不增加,及馆员不离职他去,明实无法可设。房君年纪甚轻,多在国内研究二年,稍缓来美,想无甚阻碍,似不必如此灰心丧气也……(HYL Archives:裘开明致杜联喆信函,1931年3月5日)

3月10日

间宫富士(Fujio Mamiya)致函裘开明,请其根据随函所寄的出货单,向间宫商店(F. Mamiya & Company)汇寄用于订购日本青年图书馆员联盟主办的《图书馆研究》(*Toshokan Kenkyu*)第3卷第4期(1930年10月)至第5卷第3期(1932年7月)的订书款项。(HYL Archives: Letter of Fujio Mamiya to Alfred K'aiming Ch'iu, March 10, 1931)

3月23日

麦吉尔大学(McGill University)图书馆学院致函裘开明,调查哈佛大学图书馆的中文馆藏情况。(HYL Archives: Letter of Library Science School of McGill University to Alfred K'aiming Ch'iu, March 23, 1931)

3月26日

田洪都致函裘开明:来示敬悉。两方图书馆亟待面商,此谅必甚少。希将离开北平日期见示,如在8月中旬后,或可设法赶到;如在中旬以前,则恐无法赶回。一切只能通函商酌。再候十天左右,新抄分类法即可寄上,其中有不能不略加修改等数处,烦注意改之。此间图书馆事,无论弟在馆与否,当妥为料理,照常进行。所有谋事人员俱暂搁置或请其在致函兄接洽。《夷务始末记》寄上,此只至同治朝第40卷止,似尚有60卷缺乏未寄。闻北平图书馆现正向哈佛燕京图书馆学研究院请求津贴印卡片,希兄调查其相为荷。(HYL Archives:田洪都致裘开明信函,1931年3月26日)

3月下旬

裘开明填写麦吉尔大学(McGill University)图书馆学院寄来的调查哈佛大学图书馆中文馆藏的问卷,草拟答案。(HYL Archives:哈佛大学中文馆藏调查问卷答案,March, 1931)

3月

裘开明在河北省深泽县开展农场经营调查,选择深泽县东北可以代表河北省一般种植杂粮区域的南营村,抽样调查了南营村 220 户里的 106 家农场经营状况。(韩德章《河北省深泽县农场经营调查》,《社会科学杂志》[1934 年 6 月]第 5 卷第 2 期:222—259)

裘开明撰《农场经营研究:目的、范围与方法》发表于《社会科学杂志》第 2 卷第 1 期(1931 年 3 月):1—22。

4 月 8 日

裘开明致函白雷格(Robert Pierpont Blake):从田(洪都)先生最近的来信中,我知道你已经与他谈论了为哈佛买书的问题。等洪(煨莲)先生从河南回来的时候,我会与他商量这件事……洪先生是大学图书馆的主管,他掌管所有的事情,包括为哈佛购买书籍。我在燕京只有监督的权力,并提供技术支持,如分类和编目。已经为哈佛买到了一卷《永乐大典》,价格是 300 银元。去年夏天参观大英博物馆东方文献时,翟林乐(Lionel Giles)博士告诉我,邓罗(C. H. Brewitt-Taylor)先生有两卷《永乐大典》要卖。翟林乐博士还说邓罗正考虑将它们还给中国政府。他是想出售还是捐赠,我还不知道。你最好能写信给邓罗先生,问他是否愿意卖或捐赠。邓罗先生所拥有的两卷没有被袁同礼(Yuan Tung-li)列在他的《永乐大典》现存卷册的统计表上,可能因为他不知道。袁先生的统计表发表在《国立北平图书馆通讯》上。我还没看到邓罗先生的收藏,翟林乐也不记得是否有图解。如果它们有图解,而且有可观的长度,我认为值 200 到 600 美金。《永乐大典》在北平的价格一卷从 250 到 600 银元不等,取决于这些特殊卷册是以什么形式出版的,是否有图解,有多少页等。你能从伯希和(Paul Pelliot)教授那里了解《永乐大典》的情况吗?据说有一位法国女士有意出售一卷《永乐大典》。为了在汉和图书馆做展览,我们已经以合适的价格买到了一些宋元残本。如果有经费的话,北平还有其他宋元版本的书。这类书要通过中国海关是很难的,因为政府的现行法律限制珍本书籍和艺术品出口。我已经让一个朋友与福州一位著名的私人藏书家协商。这个藏书家刚开始想卖给厦门大学图书馆,我在那里当馆长的时候,开价是 10000 大洋。当时厦门大学没有足够的经费购买,藏书现在还在福州。藏书中有很多珍本。假如协商成功的话,购买可能要以燕京大学的名义进行。洪先生可能有计划将这些书运往哈佛。你能批准购买吗?如果批准的话,请告诉我,因为我必须发电报给你和 George Henry Chase 申请经费。当然,洪先生和我在购买藏书之前肯定会仔细考虑的。你能与 Chase 院长讨论一下购书的问题吗?然后告诉我你的意见。我预计将在 9 月返回剑桥。(HYL Archives: Letter of Alfred K'aiming Ch'iu to Robert Pierpont Blake, April 8, 1931)

4 月 27 日

George Henry Chase 致函裘开明:你 2 月 11 日的信已经收到了,我正等待学社董事会会议的答复……每个人都同意聘任冯汉骥(Han-ye Feng),我今天已经寄给他有关的表格和信,以确认允许他进入哈佛大学文理学院(Faculty of Arts and Science),这样他就能拿到护照了。正如你所说,假如冯先生能继续在汉文文库工作一段时间而且服务很好,学社可能会支付他的差旅费。对所有语种的书籍进行联合编目非常好。关于我们能否将中日文著作和关于东方的欧洲著作组合在一起的问题,我认为最好等到你返回剑桥以后再商讨。我想怀德纳图书馆的人对这个问题有很多看法,我们不得不与他们一起联合工作。我相信,历史学家、经济学家和其他人将会把关于中国的西文图书也放在汉文文库,但是等你回来后再看他们的态度吧。我很高兴知道你将在 9 月底回到剑桥。田(洪都)先生把所有的事情都安排的井然有序,他将在明年秋天返回燕京。我今天把你申请 600 美元差旅费的申请书交给会计了,这些钱将会直接汇给你。如果这些钱没有及时收到,请告诉我。(HYL Archives: Letter of George Henry Chase to Alfred K'aiming Ch'iu, April 27, 1931)

4月

裘开明撰"(Review of) Chinese Farm Economy: A Study of 2866 Farms in 17 Localities and 7 Provinces in China"发表于 *Journal of Farm Economics*, Vol. 13, No. 2 (April 1931): 345-347。(文中标明裘开明所属单位为:"Institute of Social Research, Peiping, China"[北京社会调查所])

5月1日

韦棣华(Mary Elizabeth Wood)女士在湖北武昌病逝,享年67岁。

5月6日

白雷格(Robert Pierpont Blake)致函裘开明:这封信是为了确认已收到你4月8日的来信,并说明我已经开始着手信中提到的事情了。我等了很长一段时间才收到伯希和(Paul Pelliot)教授关于巴黎所收藏的《永乐大典》的回信。这个事情已经成为泡影。关于你提出的购买私人藏书的问题,在没有与George Henry Chase院长和委员会的其他委员商讨以前,我不能答复你。这可能需要董事会的投票。我自己的意见是,假如能够达成此次交易,付款可能也不得不延迟几个月的时间,可以分成两个财政年度付款,这就意味着我们日常拨款的一部分将要用于这个项目。稍后我们的讨论有结果后,我会通知你。(HYL Archives: Letter of Robert Pierpont Blake to Alfred K'aiming Ch'iu, May 6, 1931)

5月15日

裘开明于北平完成《韦师棣华女士传略》一文的撰写。

5月18日

裘开明致函George Henry Chase:田(洪都)先生写信给我,说他预计在8月中旬到达北平。他想和我商量哈佛和燕京的工作,我可能到8月底才离开中国。我预计在9月底抵达剑桥。你能让汤(吉禾)先生在暑期管理汉文文库吗?我希望你已经收到了我2月11日的信,信中我建议雇用冯汉骥(Han-ye Feng)作为我们图书馆的助理。我希望能在拥有更多协助的情况下接管怀德纳图书馆藏关于中国的西文图书。我可以知道你关于冯先生的决定吗?你可能有兴趣知道,在我一个朋友的帮助下,我已经打算从杭州一位著名的私人藏书家处购买一批很重要的书籍。上个月,我们已经买了一些好东西。从财政部图书馆购买到一部有精美插图的手稿,共花费了250美元。我认为这是乾隆时期的很有典型意义的著述,对于美国来说,则是唯一的一部代表作。还买到了很多南方省份的方志。我之前写信给白雷格(Robert Pierpont Blake),告诉他我与福州一个私人藏书家协商的事情。假如协商成功的话,洪(煨莲)先生和我将会发电报向你申请经费。燕京的编目进行得很好。田洪都(Hung-tu Tien)和我希望我们在一年之内能为图书馆做好卡片的印刷。你能让会计将我的差旅费寄来吗?我需要这些钱来提前订票。(HYL Archives: Letter of Alfred K'aiming Ch'iu to George Henry Chase, May 18, 1931)

5月25日

裘开明致函George Henry Chase:感谢你4月27日的来信。我也收到了冯(汉骥)先生的一封信,他说已经收到了你的信,并让我向你表示感谢。他说在你的信中,没有证明他进入哈佛大学的表格。可能是你的秘书忘记把它放入信封了。你能通过航空信将表格寄到西雅图,然后再快递到中国吗?我寄出5月18日的信之后,就收到了杭州的丁(King)先生关于出售私人藏书的另一封信。该藏书中拥有很多我们图书馆没有的书,但不是善本。它有一个很值得肯定的特点，即所有的书都装订得很好，因为收藏者是水平很高的书籍装订家，他自己装订了大部分的书籍。我们可以自由选购一些书或购买整个藏书。假如要买下整个藏书，可能会有很多折扣。哈佛和燕京将各自选择所需，复本还可以卖给芝加哥大学。我想你已经听说了芝加哥大学向燕京购买中文书一事。总之，我们正在杭州买书，这些书主要来自三家私人藏书——杨氏（Yang）、周氏（Chow）和丁氏（King）。与福州龚（Kung）氏家私家藏书的协商进展很好。通过冯汉骥，我们收到了小龚（Kung）先生的信，他是厦门大学附属高级中学的教师，并与他的哥哥一起拥有藏书的整个所有权。因为洪煨莲（William Hung）是福州本地人，他将和我去福州调查该藏书。整个藏书开价是10万美元，其中有很多珍本。假如协商成功的话，藏书可能会以燕京的名义买进。这些珍本书是否能运出中国我还不知道。你能否让汤吉禾（Edgar Chiho T'ang）翻译一下最近报纸上很具争议的关于山东杨氏私人藏书海源阁（Hai Yua Ko）打算出售事件的报道。现在外国图书馆很难买到珍本书籍。请对购买书籍的事情保持信心。我认为白雷格（Robert Pierpont Blake）先生避免公开的政策是对的。他总是建议我不要向其他人提及我们在哈佛所做的事情。附：请告知伍兹（James H. Woods）教授我在北平所做的工作。（HYL Archives：Letter of Alfred K'aiming Ch'iu to George Henry Chase, May 25, 1931）

6月17日

George Henry Chase 致函裘开明：我已经与田（洪都）先生谈过了，我希望你在北平商讨这些事情。我知道田先生已经决定与汤（吉禾）先生在暑假一起管理汉文文库。我们已经批准聘用冯汉骥（Han-ye Feng），并列入了预算。我在4月27日寄给他的信中已通知他，我们已经批准他进入研究生院，这样我想他没有其他困难了。假如他没有收到这封信的话，请告诉我。我对这次买书很有兴趣，听说进展很好。我知道方志特别受欢迎。我已于4月29日致函会计给你发放差旅费。我有点怀疑这笔钱在这封信之前能否到达，如果没有，请让我知道。我们期盼9月底能在剑桥再一次见到你。（HYL Archives：Letter of George Henry Chase to Alfred K'aiming Ch'iu, June 17, 1931）

6月22日

因田洪都（Hung-tu Tien）将于本月底离美赴欧洲，故从本日起由汤吉禾（Edgar Chiho T'ang）代理汉文文库日常工作，直至裘开明返美。（HYL Archives：Letter of Hung-tu Tien to Alfred C. Porter, June 17, 1931）

6月26日

George Henry Chase 致函裘开明：收到你5月25日的来信后，我给冯（汉骥）先生寄了一封信，是通过航空寄到西雅图的。我不知道为什么冯先生在我4月27日的信中未发现表格，我当时附上了表格。你信中关于协商购书之事很鼓舞人心，我当然明白外国图书馆获得珍本书是很困难的。我会将你的来信复印件寄给伍兹（James H. Woods）教授，他对此很有兴趣。（HYL Archives：Letter of George Henry Chase to Alfred K'aiming Ch'iu, June 26, 1931）

6月28日

裘开明致函白雷格（Robert Pierpont Blake）：你5月6日的来信已经收到。购买龚氏私人藏的谈判仍在进行，结果还没确定。因为政治原因，像哈佛这样的外国图书馆如何购买这批藏书，还没有结论。洪（煨莲）先生的意见是以燕京的名义购买，因为燕京自己的珍本可以转移到哈佛。我认为如果这是买书的唯一方法，那么，在目前的情况下可能也就只能如此了。自从我到这里以后,我一直在购买各种书籍现存的最好版本,还买到了一些宋、元版本的书。这就是为什么我要比往年花费的经费更多的原因。我们在燕京财务处的存款已经不多。收到这封信后,你能让会计汇给燕京大学财务处两三千美元吗? 我们在下个月要支付一笔大的开支。我计划在 9 月 5 日从上海启程,希望能在 9 月底到达剑桥。(HYL Archives:Letter of Alfred K'aiming Ch'iu to Robert Pierpont Blake, June 28, 1931)

6 月 30 日

裘开明撰《韦师棣华女士传略》发表于《中华图书馆协会会报》第 6 卷第 6 期(1931 年 6 月 30 日):7—9。

6 月

裘开明撰《农产物贩运应有之研究工作》发表于《社会科学杂志》第 2 卷第 2 期(1931 年 6 月):269—278。

裘开明撰"Research in Public Finance in Relation to Agriculture:Scope and Method"发表于《社会科学杂志》第 2 卷第 2 期(1931 年 6 月):297—299。

罗振玉为哈佛学院图书馆汉文文库题词:"拥书权称小诸侯"(小篆),落款为"辛未六月 哈佛大学汉文图书馆雅属 贞松罗振玉书于辽东"。

陈宝琛为哈佛学院图书馆汉文文库题词:"学者山渊",横幅上书"辛未六月",落款为"陈宝琛"。

陈宝琛为哈佛学院图书馆汉文文库题写对联,上联题词为:"文明新旧能相益",条幅上书"辛未六月为哈佛大学中文图书馆题";下联题词为:"心里东西本自同",条幅落款为"陈宝琛时年八十又四"。

陈宝琛为裘开明题写对联,上联题词为:"周鼎商盘见科斗",条幅上书"闇辉仁兄雅正";下联题词为:"名山大泽出文章",条幅落款为"八十四叟陈宝琛"。

徐世昌为哈佛学院图书馆汉文文库题词:"居今识古",该横幅上题"哈佛大学汉文图书馆",落款为"徐世昌",有"徐世昌印"和"鞠人"印两方。(具体时间待考,见 1932 年"齐国樑"相关信函)

叶恭绰为哈佛学院图书馆汉文文库题词,横幅上书:"海外嫏嬛",落款为"哈佛大学图书馆鉴存 叶恭绰"。(具体时间待考)

傅增湘为哈佛学院图书馆汉文文库题词,横幅上书:"艺海珠英",落款为"傅增湘"。(具体时间待考)

7 月 1 日

汉文图书馆代理馆长田洪都(Hung-tu Tien)提交《图书馆年度报告》(1930 年 7 月 1 日至 1931 年 6 月 30 日)。在这一年里,馆藏和服务持续的进步。读者和信息需求的增加显示图书馆正逐渐受到重视。报告分馆藏发展、编目与分类体系、阅览室与书库服务、信息服务与馆藏互借、图书馆访问者、工作人员、支出、待完成工作、建议九个部分。后有两个附件,附件 A《关于在哈佛和燕京印制哈佛燕京学社图书馆馆藏中日文图书目录卡片的计划》("A Project for the Printing of Catalog Cards for the Chinese and Japanese Books of the Harvard-Yenching Institute Libraries at Harvard and Yenching")、附件 B《1930 年第二次修订版中经修订或完全更改的标目的分类号列表》("A List of the Classification Numbers of which the Headings have been either Modified or Changed entirely in the Second Revised Edition of 1930 from the First Revised Edition")。此外

还附有馆长裘开明的《对田先生报告的补充》("Supplement to Mr. Tien's Report")。报告内容如下。(一)馆藏发展。1.馆藏增加数据。1930年至1930年间,收到中文图书5205种12895册;收到日文图书75种235册。2.1927年至1931馆藏比较性数据。中文图书:1927－1928年15248册,1928－1929年224511册,1929－1930年44103册,1930－1931年54432册;日文图书:1927－1928年21676册,1928－1929年21776册,1929－1930年22083册,1930－1931年22870册。3.图书采购的特点。跟往常一样,图书采购范围的很广泛,但我们特别重视读者感兴趣的一些领域,如哲学、社会科学、艺术、政府文件等。今年政府文件的采购量最大。同以前一样,中文图书通过燕京大学图书馆购买。在燕京,至少有50个书商提供各种图书的报价,我们从中选购最低价格的图书,在此过程中还会考虑印刷质量和纸张质量等因素。日文图书通过东京的一诚堂书店(Isseido Book Co.),Kitazawa以及间宫商店(F. Mamiya & Company)购买。感谢岸本英夫(Hideo Kishimoto)和其他几位日本友人在日文图书的选择上给我们提出意见和建议。4.赠与与交换。去年夏天,《分类大纲》和《类目索引》的中英文油印本已寄往美国、欧洲、中国和日本收藏中日文图书的所有主要图书馆。旧金山的平等协会、东京帝国大学史料编纂所(Historiographical Institute of the Tokyo Imperial University)、南京国立中央大学、东京帝国大学、中华图书馆协会等继续向我们赠书。其他捐赠者包括:福建协和大学捐赠2册,张星烺(Chang Hsing-lang)捐赠6册,蒋复璁(Chiang Fu-tsung)捐赠2册,A. Anesaki教授捐赠42册,汤吉禾(Edgar Chiho T'ang)捐赠66册,田洪都捐赠4册,早稻田大学捐赠2册,物理和化学研究协会捐赠6册,东京Ikutoka基金会(Ikutoka Foundation)捐赠5册,大阪市政办公室捐赠7册,安徽教育厅捐赠1册,S. C. Wang捐赠16册,M. E. Chow捐赠16册,南京总理奉安委员会(Tsungli's Funeral Service Commission)捐赠2册。5.关于上述或购买或赠送获得的图书,有几点需要特别指出:其一,去年冬天通过在中国北平的吉利斯(I. V. Gillis)购买了一套著名的原版《武英殿聚珍版丛书》。此套丛书收录了由乾隆皇帝指定的一群优秀的中国学者精选的138种经、史、子、集珍本。本书根据《武英殿聚珍版程式》使用木活字印刷。板框高7.5英寸,广11.8英寸,半叶9行,行21字。由于印成后不久,所有250000枚活字毁于火灾,这套丛书更显珍贵。虽然此后出现了多种翻版,如康熙本、江苏本、浙江本、广东本和福本版等,但是,原始殿本仍然被视为标准本。从江苏本的8种到某福建本的148种,各版本收书种数不等。目前这套602册的丛书放置在74个函套中,收藏在特藏室内。其二,另一部需提及的著作是清代《筹办夷务始末》,这是中国1836年至1874年间外交档案汇编。这部著作具有不可超越的全面性和准确性,是极有价值的清代《筹办夷务始末》——政府主办的晚清各皇帝在位时期的中国外交档案集——的复制品。精心手写的清代《筹办夷务始末》现藏于北京故宫,保留着原始的手稿形式以及后来少数人检查过的痕迹。1925年,故宫办理清室善后委员会在紫禁城发现此部著作。首先发现了同治年间的50册100卷,很快又发现了道光和咸丰年间的80册160卷。其价值迅速为学者所认识。故宫博物院因此发起了出版计划。现在在我们馆藏中的这部著作所包含的丰富而有价值的信息,是我们无法从其他地方获得的。该著按年代收录了上谕、廷寄、奏折、照会、书函等。其三,日文图书方面,我们幸运地获得了几种珍贵文献。曾经担任过哈佛大学讲师的现东京帝国大学的A. Anesaki教授向我们提供了42册《大日本佛教全书》(Dai Ni Hon Bu Kkyu Zen Sho),同我们1915年购买的一部分合在一起,组成了完整的一套收经750部、装订成98册的日本作者佛教典籍。其中的许多部佛经并未收入著名的《大藏经》(Tripitaka)中。另一有价值的佛教典籍是《支那佛教史绩》(Shi Na Bu Kkyu Shi Seki),收集了中国留传下来的著名高僧、雕塑、画像、碑和其他佛教历史遗物的图片750张。这些图片的收藏者Daijo Takiwa博士和Sada Sekino博士对这些图片所作的注释分5册印刷。其他日文图书还包括《日本艺术协会报告》(Reports of the Japanese Association of Fine Arts)1—212期(1888至1910年);以及《建筑图片》(Pictures on Architecture)第1卷1—24期和第2卷1—24期(1912至1916年)。(二)编目与分类体系。1.分类法的第一和第二次修订。去年对分类法所做的修订仍有不完善之处,因此,进行了第二次修订。两份修订版已寄往北京,一份给裘开明,另一份给燕京图书馆,征求他们的意见。并请裘开明收集中国专家的修订意见。一份类目更换和修正列表已经寄给采用我们的分类法的燕京大学图书馆和哥伦比亚大学图书馆。2.所有语种图书编目与分类的数量。去年增加的13130册中日文图书中,已有4428种10219册完成编目和分类。3.重新分类图书种数和册数。由于去年两次修订分类法,部分类别的图书需要进行重新分类。由于重新分类的工作大部分是零星完成的,所以暂没有去年完成重新分类图书数量的准确数字。第一次修订后的重新分类的大概数字是中文图书21178种47030册,日文图书1056种2606册。这一大概数字仅为所有重新分类数的80%—90%。第二次修订后的重新分类工作将于今年夏天展开。4.重印排架目录卡片及燕京大学图书馆联合目录卡片。由于馆藏量的稳步增长,必须有排架目录,以供编制财产目录以及编目员分配索书号时参考。此外,还需要燕京大学图书馆的卡片式联合目录。鉴于这些需要,抄录了引进Ditto复制方法之前编制的原始目录卡片,重写了14000多张卡片,每张通过Ditto机复制了5份,以供排架目录、联合目录和分类目录使用。目前排架目录已完成。一套完整的馆藏图书作者卡片复本已经寄给燕京大学图书馆采购部,以免重复购置。5.继续编制分类目录分析卡片。只要日常工作压力不算太大,我们便利用我们的时间对所有丛书或影印珍本中的独立书名条目以及那些可以归入多于一类的著作进行分类。目前,我们已完成1/4的分析卡片。6.修订字顺目录。由于近来编号方法的改变,再加上负责将标注四角号码和排卡的学生助理频繁更换,经常发现排卡错误。今年春天对整个目录做了一次修订。对于那些很有可能误导读者取号的汉字,我们制作了参照卡片。还在较庞大的类目增加了导引卡(guide cards)。(三)阅览室与书库服务。学生们能相当好地使用阅览室。相当一部分的读者是附近的读者。导师阅览室比中文文库(Chinese Library)更为拥挤。图书外借量为日均7本。自从图书搬至西边书库,书库的入口有了更为严格的管理。进入书库的人必须签名方能得到钥匙。去年约有250名读者进入书库。今年夏天将进行一次调查,研究这种"荣誉制度(honor system)"有何优点。(四)信息服务与馆藏互借。1.信息服务。除了为哈佛大学的学生和教员提供服务外,亦为外部的需求提供许多信息。第一件需要提及的服务是,利用我们的目录核对贾德纳(Charles Sidney Gardner)的中文文献目录。此目录是贾德纳为美国学术团体协会(American Council of Learned Societies)开展全国汉学研究机构全面调查的一部分。经过仔细核对该目录收录的126种文献,我们发现我们已经收藏了其中的90种。在另外的36种文献中,我们收藏了一部分文献的其他版本,而几种尚未收藏文献,则可以在馆藏的其他著作中找到部分或完全相同的内容。汤吉禾和田洪都均该目录收录范围向贾德纳提出了许多建议。第二件需要提及的是,波士顿美术博物馆(Boston Museum of Fine Arts)经常向我们图书馆借有关中国美术的图书。他们的日本美术文献收藏被认为是美国国内最好的。我们图书馆,至少在目前,期望建立最佳的中国艺术馆藏。最近图书馆购买了收录中国艺术著作的《美术丛书》(Mei Shu Tsung Shu)以及日本出版的11种有关中国艺术的著作,使得此类收藏的实力大大增强。两个机构的合作将构成美国有关东方艺术的最佳收藏。目前此类信息的需求很多,例如:爱荷华州立大学地景建筑系(Department of Landscape Architecture)提出是否可以获得北京古建筑的建筑和设计文件,以及宋末杭州园林的中文文献。我们还要为哈佛大学校外的学生查阅资料,涉及的部分主题包括:中国传统园林及其对日本的影响,中国农业调查,美国及加拿大的汉文图书馆,中国出版业及报纸杂志发行的发展情况……为了促进公众对中国和整个东方的兴趣,应鼓励并继续开展这些服务。2. 馆际互借。波士顿美术博物馆、哥伦比亚大学、爱荷华州立大学、国会图书馆、麦吉尔大学、麻省理工学院和密苏里大学7个机构,一共从我们图书馆借出了45册图书。(五)图书馆访问者。需要特别提及的是,几位对汉学研究或哈佛燕京学社有真正兴趣的图书馆访问者。去年冬天,哥伦比亚大学日本文化文库的日籍主任以及中文文库的主任X. Y. Yen访问我馆两天,学习我们的编目、分类和行政管理制度。哥伦比亚大学中国历史学讲师Cyrus H. Peake以及1930－31年度中文系访问教授戴闻达(Jan Julius Lodewijk Duyvendar)访问我馆,并给予我馆以高度评价。国会图书馆中文部主任恒慕义(Arthur William Hummel)、美国学术团体协会秘书Mortimer Graves、上海中国银行行长Tsungli Pei、回母校聚会的哈佛1890届校友以及其他许多人访问了我们图书馆。(六)工作人员。汉文图书馆馆长裘开明在去北京之前与田洪都和汤吉禾制订了他离开一年内的工作计划。裘开明离开后,所有工作人员认真执行此计划,每人的周工作时间接近三倍的常规工作时间。由于学习压力,两位学生助理葛受元(Andrew Son Yuen Ko)和S. C. Yang将分别将每周的工作时间从22小时减少到15小时、从18小时减少到9小时。负责编目的助理汤吉禾因眼疾缺席3个月,目前已康复。(七)支出。1930年7月1日至1931年7月1日期间的支出情况如下:1. 日常维持费:装订413.50美元,设备452.74美元,印刷与文具36.88美元,服务与工资4357.59美元,办公用品219.11美元,邮费35美元,总计5514.82美元。2. 图书购置费6440.81美元。总计11955.63美元。(八)待完成工作。1. 馆藏财产目录。目前已完成排架目录,今年夏天将进行馆藏财产目录的工作。2. 部分类目的重新划分。由于去年第二次修订分类法,书库中的部分图书需要重新分类。3. 检查期刊档案。汉文书库中有新旧129种期刊,其中29种是日文期刊。当中的一些不完整。为了得出丢失的数量,必须进行全面的调查。丢失的期号目录将交付燕京大学图书馆采购部。4. 继续编制分类目录分析卡片。目前大约有10400张分类目录的分析卡片,其中约有一半是在第二次修订分类法之前完成分类的,必须对这一部分进行校对和重新分类。另外一半也需要进行分类。由于时间不足和经常修改分类法,我们的分析卡片分类进展相当缓慢。我们利用空余时间完成了少量分析卡片的分类工作。目前经反复试验,我们的分类体系已经达到一个相对稳定的程度,希望长期滞后的工作可以在尽可能短的时间内完成。5. 为其他院系的图书馆编目。法学院图书馆、碧波地博物馆(Peabody Museum)和福格艺术博物馆(Fogg Art Museum)收藏有相当数量的中日文图书,我们为他们提供编目服务。已经展开为碧波地博物馆编目的工作。其他院系图书馆的目录卡片复本将编入我们的主要目录,以方便不熟悉其他图书馆的读者使用。6. 为怀德纳图书馆的中西文图书编制目录卡片。目前我馆藏中的一些以中英文或中法文两种语言出版的图书。这种双语著作的目录卡片将以英文著录,以便编入怀德纳图书馆的目录。随着图书馆的发展,田洪都今年秋天返京后将重组我们设在燕京大学图书馆的采购部,以便提供更为持久和有效服务。为了节约我们的编目经费,燕京大学图书馆还帮助我们分类和编目所有为我们采购的图书。去年7月燕京大学图书馆已开始一小部分图书的分类编目,他们寄给我们的60种著作均附有分配了索书号和编排号的目录卡片。编目的质量很好,但分类仍有待改进。这第一步尝试充分证明能在将来继续此项工作。田洪都还推荐采用平版印刷方法印制卡片。(九)建议。1.开放时间。目前图书馆的日常开放时间周一至周五上午9时至下午6时、下午7时至晚上10时,其中下午6时至7时闭馆休息1个小时,这给用功的读者带来不便。建议将开放时间改为上午9时至晚上10时,中间没有休息时间。2.精本和珍本展览。美国公众似乎对于中文图书的印刷、装订和排版具有相当的兴趣,尤其是中文古籍。建议开辟一个小型展览室,如条件不允许,亦可在阅览室中划出一块展览区域。3.书库灯双联开关。目前,书库中仅在每一排书架的一端安有电灯开关,建议设置像怀德纳图书馆那样的双联开关。4.在阅览室的窗户下增添了新书架,这样可以使得阅览室的空间得到利用。最后,田洪都感谢哈佛大学和哈佛燕京学社的所有相关人员在于他在哈佛大学的两年里给他提供的指导和帮助。附件《关于在哈佛和燕京印制哈佛燕京学社图书馆馆藏中日文图书目录卡片的计划》包括需要、工作地点、如何工作、优势和预算五个部分。(一)需要。除了仅次于国会图书馆的馆藏规模外,哈佛汉文书库(Chinese Library)另一特征是其完整而及时更新的目录。馆藏的三种目录包括:作者与书名字顺目录、分类目录和排架目录。字顺目录除所有著作的作者和书名卡片外,还包括编者、译者或注释者卡片,以及分析卡片。分类目录的数量与著作所涉及学科的数量相当。排架目录则是一个书名一张卡片。因此我们可以大致推算出每一书名平均对应7张卡片。此外,还为燕京大学的哈佛汉文书库(Harvard Chinese Library at Yenching)提供两套馆藏目录卡片,以避免重复购置。还要为哈佛大学和燕京大学的联合目录提供一套完整的卡片。字顺目录中的主题卡片尚未计入上述推算中。显然,如果要编制一套完整的图书馆馆藏目录,那么每种书平均需要10张卡片。若非裘开明将Ditto复制法引进图书馆,在制作现有的目录上将会花费至少9倍的时间。Ditto复制法既节约时间又节省开支。唯一的不足是这种方法使用的墨水不够清晰持久。墨水不持久是我反对继续使用这一方法(引进替代方法的前提下)的主要原因。应引进平版印刷或使用活字印刷的方法以代替Ditto法。开始的时候,活字印刷的时间可能是平版印刷的2—3倍,但其可取之处在于统一和清晰,且长期来看,两者将花费相同的时间。使用平版印刷方法,至少需要两名抄写员完成抄写工作。抄写员的工资高于普通文员。除了两名抄写员外,还需要一名印刷技术人员和一名磨石工。使用活字印刷方法,则不需要那两名抄写员。我更倾向于引进活字印刷方法。(二)工作地点。很显然,在燕京大学印刷卡片比在哈佛大学印刷卡片要好。首先,中国的劳动力较便宜,其次,缺少的活字可以当场补全;其三,可以利用的其他图书馆的书目很丰富;其四,可以向中国的其他图书馆提供更好的服务。(三)如何工作。除了燕京大学图书馆中文编目部的现有工作人员外,我们还需要:5号和6号中文活字各一套;一部印刷机器;一名技术人员;一名印刷助理;一名有能力的、经良好训练的中国人,负责校对和更正卡片上有关图书的作者、版本、出版时间和其他必需信息。正如前面所说,每种图书需要10张卡片,则哈佛和燕京的两个学社图书馆共需要每种图书20张卡片。由于卡片印刷变得简单,我们可以为其他有需要的图书馆印刷额外的卡片。需额外印刷的每种图书的卡片数量有待对西方——欧洲和美国、东方——中国和日本的图书馆进行调查后确定。当然将根据开支有偿提供卡片。期望一段时间后卡片印刷的工作的开支可以自给。(四)优势。对于哈佛燕京学社图书馆:节约时间并节省开支;持久而统一的目录,不用担心将来需制作新卡片代替模糊的旧卡片。对于其他图书馆:比他们自己制作卡片更经济;有助于解决确定作者、版本、出版时间等的问题。(五)大致预算。第一年:5 号和 6 号中文活字各一套 2000 美元;一部印刷机器 250 美元;印刷室的其他设施 150 美元;目录卡片 300 美元;存放印刷卡片的目录盒 200 美元;一名校对员 250 美元;一名技术人员 200 美元;一名助理 100 美元;临时资金 400 美元,总计 3850 美元。第二年大约需要1400美元的预算,甚至更少,因为出售卡片的收入将加入第二年的预算中。这样,只需1400美元就可以为哈佛燕京学社图书馆和其他图书馆提供所需卡片,相当于现在哈佛中文文库每年仅制作本馆目录所需的开销。("Chinese-Japanese Collection of Harvard College Library at Harvard University: Annual Report of the Librarian"[July 1, 1930 to July 1, 1931], submitted by Hung-tu Tien[Acting Librarian], July 1, 1931. See: "Chinese-Japanese Library of the Harvard-Yenching Institute at Harvard University: Annual Report of the Librarian", First to Tenth, 1927-1936)

夏季

裘开明在完成了中国科学院社会调查所的研究工作以后,离开北京返回哈佛大学。鉴于燕京大学图书馆人力资源充足且成本低廉,在返回哈佛大学之前,裘开明已经与燕京大学图书馆馆长田洪都达成哈佛燕京图书馆与燕京图书馆在北京联合购买图书和联合翻印哈佛燕京图书馆目录卡片的协议。故自 1931 年起至 1936 年,裘开明一直全力编撰哈佛燕京图书馆目录。(Alfred K'aiming Ch'iu. "Reminiscences of A Librarian". *Harvard Journal of Asiatic Studies*, Vol. 25[1965]:7-18)

8 月 11 日

George Henry Chase 批准了裘开明关于追加购书经费的申请,决定拨款 2500 美元到燕京大学财务处。(HYL Archives: Letter of George Henry Chase to Alfred C. Porter, August 11, 1931)

8 月 18 日

克利夫兰公共图书馆的 L. A. Eastman 来函索借《哈佛学院图书馆汉和图书分类法大纲及分类索引》(油印本)。(HYL Archives: Letter of L. A. Eastman to Harvard University Library, August 18, 1931)

9 月 4 日

间宫富士(Fujio Mamiya)致函裘开明,欲购《哈佛学院图书馆汉和图书分类法大纲及分类索引》。(HYL Archives: Letter of Fujio Mamiya to Alfred K'aiming Ch'iu, September 4, 1931)

9 月 5 日

裘开明从上海启程,返回哈佛大学。(《同门会消息》,见《文化图书科季刊》第 3 卷第 4 期[1931 年 12 月]573 页 & HYL Archives: Letter of Alfred K'aiming Ch'iu to Robert Pierpont Blake, June 28, 1931)

9 月 11 日

间宫富士(Fujio Mamiya)致函裘开明:得知你已前来访间宫公司在东京的办事处,并订了一些书,未能相见深表遗憾。(HYL Archives: Letter of Fujio Mamiya to Alfred K'aiming Ch'iu, September 11, 1931)

9月15日

中午12时半,燕京大学图书馆委员会在校务长司徒雷登(John Leighton Stuart)住宅举行本学期首次会议,主席洪煨莲,秘书田洪都,出席会员为马季明、顾颉刚、容希白(容庚)、博爱理和桑美德(Miss margaret B. Spear),共7人,议决各案如下:(一)聘任麦倩曾女士为中日文编目部代理主任。(二)聘任华乐(M. L. Waller)女士为西文编目部主任。(三)派定以下各委员:(甲)中文书籍审查委员会马季明(主席)、田洪都、容希白、顾颉刚、邓之诚。(乙)西文日文东方学书籍审查委员会洪煨莲(主席)、许地山、王克私、田洪都。(丙)学系图书室问题委员会博爱理(主席)、洪煨莲、田洪都、华乐。(丁)学校书款分配委员会田洪都(主席)、博爱理、桑美德、马季明、洪煨莲、布多马。午后1时半闭会,聚餐,由图书馆主任田洪都介绍新旧职员,麦倩曾、华乐、房兆颖(即房兆楹)、陈鸿舜4人列座,2时散会。(《图书馆委员会本学期首次会议》,见:《燕京大学图书馆报》,第14期封面页,1931年9月30日)

9月29日

田洪都致函裘开明:想已安抵北平矣。前将所欲陈述关于馆务各种事,须分列于后:(一)字典式目录因排列号码相重颇多,故各片第一字之四角号码一律改第五角,用以数开,以为何如?(二)此后燕大代本版承印目片,每种须重印十份。备本版将来或可作与其他图书馆交换之用。(三)分类法3045名胜与3050游记指南合并,再分3045全国名胜游记指南。3050各地名胜指南请斟酌当否。(四)方志书籍,正志、续志及补志,均各自成一种,照编目片依撰修年代分别。(五)宋元明板书、精本书,及《永乐大典》(原本、影本),凡能表现中国印刷美术等,请随购若干,以便陈列。(六)燕大图书馆寄来之《仰视千七百二十九鹤斋丛书》缺第五集,请转知燕大图书馆长。(七)丛书分析片见注楠于添入丛书版本及出版,以免同书异版等无法分别之困,弟见如何?(八)前托北平图书馆代购之《梅兰芳戏曲谱》二册,书已寄到,价洋二十四元。想燕大图书馆之转付,请查明为何。来单附上。(九)本版应订应补之阙期刊物早经航空寄至燕大,请转知速购为盼。(HYL Archives:田洪都致裘开明信函,1931年9月29日)

9月30日

哈佛燕京学社致函裘开明,告知董事会投票决定裘开明自1931年至1932年8月31日的薪水为2400美元,并附上第一个月薪水的支票。(HYL Archives: Letter of W. C. Saeger to Alfred K'aiming Ch'iu, September 30, 1931)

9月

裘开明撰《按表亲查法在农场经营研究上之应用》发表于《社会科学杂志》第2卷第3期(1931年9月):303—316。

10月6日

接受哈佛燕京学社基金会资助的中国研究机构代表在北平召开特别会议。上午9—12时选举主席;下午2—4时各机构汇报中国研究情况。洪煨莲(William Hung)担任此次会议的记录秘书。(HYI Archives: Special Meeting of Chinese Studies Institute Sponsored by Harvard-Yenching Foundation, October 6, 1931)

10月7日

接受哈佛燕京学社基金会资助的中国研究机构代表特别会议继续召开。上午9—12时制定哈佛燕京学社中国顾问委员会内部章程,章程规定:1.委员会的名称应为哈佛燕京学社顾问委员会;2.18名成员由哈佛燕京学社董事会委派,从每个代表机构里选取两名代表;3. 建立一个执行委员会;4. 董事会应尊重委员会的政策;5. 所有关于成员的委派决议应提交顾问委员会;6. 董事会应授权顾问委员会进行年度规划和预测等;7. 董事会应指派一名执行秘书作为顾问委员会的秘书,处理董事会与顾问委员会的沟通事宜。成员包括福建协和大学、岭南大学、南京大学、齐鲁大学、华西大学、燕京大学。下午2—4时分析中国研究的现状。大学生中文课程提高特别委员会,选举 Wu Channellor 和洪煨莲(William Hung)作为非正式委员会的成员,参与制定课程提高计划。(HYI Archives: Special Meeting of Chinese Studies Institute Sponsored by Harvard-Yenching Foundation, October 6, 1931)

10月17日

裘开明致函密歇根大学图书馆馆长:应贵馆采访部的要求,我们将另函寄一本《哈佛学院图书馆汉和图书分类法大纲和分类索引(1930)》给你。这部大纲是我们汉和图书分类法的简略框架。如果你希望把此分类法应用于贵馆中文藏书,我们将寄给你一份详细的版本。采用这部分类法的图书馆有北京的燕京大学图书馆和哥伦比亚大学图书馆中文部。(HYL Archives: Letter of Alfred K'aiming Ch'iu to Librarian of University of Michigan Library, October 17, 1931)

10月23日

裘开明致函白雷格(Robert Pierpont Blake):哈佛燕京学社欲购买中国福州龚氏藏书楼藏书,我和燕京的成员对中国福州龚氏藏书楼提供的手抄藏书目录进行了评估,认为该藏书楼藏书总价值约为24064.50美元。各类藏书的册数、单价和总价如下:元代93册,每册估价20美元,共计1860美元;明代2517册,每册估价4美元,共计10068美元;清代7205册,每册估价1.5美元,共计10807.50美元;稿本209册,每册估价5美元,共计1045美元银元;未列入目录的284册(件),每册(件)估价1美元,共计284美元,以上共计24064.50美元。龚氏藏书楼主人龚礼贤(Kung Li-hsien)先生开价30000美元出售整个藏书楼的藏书。这两个价格之间的差距可以通过进一步的商议缩小。我认为即使以30000美元购买该藏书楼的藏书,相比于清华大学图书馆收购的杭州杨氏藏书楼藏书来看也不算昂贵,因为从版本质量上来看,龚氏藏书优于杨氏(Yang)藏书。龚氏藏书的发展经过了几代学者的努力和贡献,其藏书来自海宁陈氏和福州郑杰书的藏书楼,在此基础上逐步发展成为福建省和中国南方最好的私人藏书楼。我已经致信洪煨莲(William Hung)和田洪都(Hung-tu Tien)先生,建议田洪都先生暂停在燕京图书馆的工作,与顾颉刚(Ku Chieh-kang)一起去福州查对该藏书楼的目录,商定明确的购买价格。我认为哈佛燕京学社应该尽早购买该藏书楼的藏书,等这批书运到北平后,再考虑书籍存放的地点。现在南京政府已经颁布控制古籍珍本出口的法令,因此,我建议:1. 所有书籍应存放于燕京图书馆,而燕京自己收藏的龚氏藏书楼藏书可以运至哈佛;2. 哈佛大学应通过官方渠道正式地申请图书出口至剑桥的许可证;3. 司徒雷登(John Leighton Stuart)校长和洪煨莲教授需要寻找合适的方式和方法将这批书籍运往哈佛。请告知你的意见,以及是否有必要召开图书馆委员会会议讨论此问题。("Chinese-Japanese Collection of Harvard College Library at Harvard University: Supplement to Mr. Tien's Annual Report of the Librarian"[July 1, 1930 to July 1, 1931], submitted by A. K'aiming Ch'iu, 1931. See: "Chinese-Japanese Library of the Harvard-Yenching Institute at Harvard University: Annual Report of the Librarian", First to Tenth, 1927 - 1936. & Letter of Alfred K'aiming Ch'iu to Robert Pierpont Blake, October 23, 1931)

10月24日

裘开明致函间宫富士(Fujio Mamiya)：9月4日和11日的来信已收到，我将另函赠送一套《哈佛学院图书馆汉和图书分类法大纲和分类索引》。感谢你的助理带我参观东京的各图书馆。下次再有机会来日本，一定到大阪(Osaka)参观你们的工厂。我已通知哈佛大学会计按照9月14日发货单上所列书籍的购书费向间宫富士公司支付款项。(HYL Archives: Letter of Alfred K'aiming Ch'iu to Fujio Mamiya, October 24, 1931)

10月

哈佛大学哈佛学院图书馆汉和文库收到燕京大学图书馆哈佛购书处田洪都(Hung-tu Tien)先生的用款报告：1930—1931年度哈佛购书处总计用款为31700.49国币，其中书款30703.54，杂志929.95，邮费67.00。(HYL Archives: Tien Hung-tu, Statement of H. F. Account, 1930-1931)

曾任厦门大学图书馆代理馆长、河北省立图书馆馆长和浙江大学艺术学院图书馆主任的冯汉骥(Han-ye Feng)先生被聘为哈佛大学汉和图书馆编目馆员。(HYL Archives: A. K'aiming Ch'iu. "Chinese-Japanese Library, Harvard University, Report of the Librarian for the Year June 30, 1931 to July 1, 1932 to Professor Robert Pierpont Blake, Director of Harvard University Library". Boylston Hall, Cambridge, Mass., October, 1932)

裘开明致函田洪都：9月4日、11日及29日之惠书均已收到。弟因久别返国，各方面不免许多应酬，以致对国外朋友之音信反而疏忽，迟迟未答来书者。特在此尚祈兄曲为原宥。哈佛有兄与吉禾弟主持，弟极放心。承函询各节，兹略答之为下：（一）9月29号来函，除第三条外，均已照办。第三条所论为分类法。鄙意3045名胜与3050游记恐不能合并，因二者俱指全国名胜及游记。各省区名胜与游记应依照各省区号码随志书分类。前商务出版社各地名胜照片，因类似一种丛刊，故列入3045。如欲分散，亦未不可。（二）九月二十九日来函第七条：丛书分析片见□□版本，鄙意是否应该收。通常可不详版本，唯馆中一种丛书有两种以上版本者为《武英殿聚珍版》丛书，有江西本、福建本等等，则须注明其版本。（三）Ditto印机此间有胶片，而无墨水。请速购五六瓶寄下。（四）分类法所附《作者号码缀成法》现尚未收到，请速重抄一份寄来。（五）哈佛排片木架，请画一图样，并说明大小尺寸，以便在燕大照做一座。前□代交尊夫人洋25元及雨伞等物，均已送去，请勿挂念。承代购送赵君小孩礼物，赵君已来函提及，费神之处，容后面谢。敝内已于上月来平，现与袁同礼先生同居一屋（南长街五十三号）。此屋前系刘国钧先生所住，刘君因事不能来平，故弟得租来居住，可谓幸矣。弟在社会调查所所担任者为农业经济，现与华洋义赈会合作，拟调查河北之安平、浑泽、安国三县农民生产及消费经济。于明早6时出发前往调查，大约12日回平。(HYL Archives: 裘开明致田洪都信函, 1931年)

11月12日

裘开明致函美国学术团体协会秘书Mortimer Graves：你可能知道我已经重返哈佛了。我在北平度过了非常充实的一年，既在燕京大学图书馆做兼职工作，又在中国科学院社会调查所做兼职工作。田洪都(Hung-tu Tien)先生现在返回了燕京，和洪煨莲教授一起工作。去年我买了很多书，包括一些为哈佛买的善本书。这批书有一些已经寄到哈佛了，其余的正在路上。如果你有机会出差来波士顿，请来过来看看我们已经得到的一些新书。(HYL Archives: Letter of Alfred K'aiming Ch'iu to Mortimer Graves, Secretary of Committee on the Promotion of Chinese Studies, November 12, 1931)

11 月 16 日

美国学术团体协会秘书 Mortimer Graves 致函裘开明：非常高兴得知你已回到美国，尽管这让田（洪都）先生因此有所花费。我下次来哈佛的时候一定要来拜访你。正如你所知，我们正计划明年在哈佛举办一个有关东方研究的夏季研讨会，并希望在夏季与你的图书馆保持密切联系。（HYL Archives：Letter of Mortimer Graves to Alfred K'aiming Ch'iu, November 16, 1931）

11 月 19 日

裘开明致函美国学术团体协会（American Council of Learned Societies）秘书 Mortimer Graves：我对东方研究的夏季研讨会计划非常感兴趣，请告知计划的进展，尤其是哪些人会参加，会议的主题是什么，以便我们图书馆能为该会议做好准备。（HYL Archives：Letter of Alfred K'aiming Ch'iu to Mortimer Graves, November 19, 1931）

11 月 20 日

白雷格（Robert Pierpont Blake）致函美国国务院 Willys Huggles Peck：目前中国福州龚氏（Kung）藏书楼现正出售其藏书，从哈佛燕京学社汉学家的报告中，我得知该藏书楼收藏了许多高质量的学术文献，包括大量的元版和明版古籍，这些书籍与清版古籍一样禁止出售给国外。哈佛计划购买这批藏书，并先存放在燕京大学，请告知是直接通过外交途径，还是交由燕京的人帮忙办理这批藏书自中国出口的手续。（HYL Archives：Letter of Robert Pierpont Blake to Willys Huggles Peck, November 20, 1931）

11 月

裘开明著《中国图书编目法》（上海：商务印书馆，1931 年 2 月第 1 版，共 131 页）于 11 月第 2 次印刷。

12 月 5 日

裘开明致函白雷格（Robert Pierpont Blake），告知汉文文库所有有价值的书籍，如宋、元和明版书和手稿，以及白雷格办公室的文件，全部存放在保险箱中，并向白雷格解释汉文文库保险箱钥匙的用法。（HYL Archives：Letter of Alfred K'aiming Ch'iu to Robert Pierpont Blake, December 5, 1931）

12 月 11 日

裘开明应邀赴波士顿西蒙斯大学图书馆学院（the Library School of Simmons College），在该院会议厅为 020 学生俱乐部（020 Club）做题为《中国图书和图书馆历史》（"The History of Books and Libraries in China"）的学术报告。是为 020 俱乐部的第一个正式学术讲座，听众踊跃。报告结束后，许多学生驻留查看裘开明从哈佛大学汉和文库带来的中文古籍与书籍。（"Chinese Librarian to Speak." *Simmons News*，No. 11［December 10, 1931］:1. "020 Club Hears About Chinese Library Work". *Simmons News*，No. 12［December 17, 1931］:4）

12 月 25 日

洪煨莲（William Hung）致函裘开明：田洪都（Hung-tu Tien）将接受你提出的关于进一步向哈佛寄送书籍的计划。关于你为哈佛收购龚氏藏书楼（Kung's Library）的计划，哈佛燕京学社北平办事处将提供多种协助和服务，帮助哈佛获得这批书籍。关于这批藏书有一些细节需要注意：1.该批藏书的价格。马（Ma）经过重新评估后认为价格不应超过 20000 美元。2.这批藏书的主人尚未考虑清楚其否愿意将此批藏书出售给中国之外的其他图书馆。如果哈佛燕京学社北平办事处在交易中只是哈佛图书馆的代理，那么就必须坦白地告知他真正的收购方。3.你提出的将该批藏书暂存燕京并通过一些外交协助运往美国的办法有点困难。一则燕京图书馆的空间有限,二则燕京大学馆藏已有该批藏书中的多数书籍,因而对燕京大学没有多少帮助。此外将该批藏书先运往北平再转运到美国剑桥的运费成本并不是最经济的。因此,建议在该批藏书的收购程序上:1.告知福建大学哈佛欲购龚氏藏书楼,确保他们提供帮助;2.燕京大学图书馆委员会派1－2名成员前去福州更精确地评估该批藏书,并着眼于哈佛的利益进行谈判;3.该批藏书收购后可存贮于福建教会大学图书馆直至哈佛取得该批藏书的出口许可证。我认为福建教会大学将愿意帮助哈佛的这次收购交易,因此在该批藏书暂存该校期间将对其有所帮助,同时从福州至上海,再由上海至美国将会比中转燕京更为便宜。(HYL Archives:Letter of William Hung to Alfred K'aiming Ch'iu, December 25,1931)

本年

裘开明在哈佛大学文理研究生院攻读经济学博士学位,并担任哈佛学院图书馆汉文文库馆长(Librarian of Chinese Collection, Harvard College Library)和中国语言文学讲师(Instructor in the Chinese Language and Literature),办公地点为博伊斯顿堂(Boylston Hall),其时在哈佛大学登记的个人住址为:1 Cleveland Street, Cambridge, MA.。(Harvard University Catalogue, 1931-1932. Cambridge: Harvard University, November 1931:43, 54, 921)

裘开明对田洪都(Hung-tu Tien)《哈佛大学哈佛燕京学社汉和图书馆馆长年度报告》(1930年7月1日至1931年7月1日)做补充报告。报告云:需要对田洪都的精彩报告做一些补充,包括6月份报告完成之后完成的一些工作以及来年需要做的事情。(一)1931年6月之后完成的工作。1.今年夏天清点了约25000种60000册的馆藏财产目录。根据负责此项工作的汤吉禾(Edgar Chiho T'ang)的报告,只有8种著作、21本小册子和2份杂志丢失,丢失的馆藏也已经找回。2.今年夏天完成了约3600种丛书独立条目的分类和分析,并编入分类主题目录。3.采纳了田洪都的建议,自1931年10月1日起,图书馆开放时间改为上午9时至晚上10时。(二)来年待完成的工作。除了日常的编目与分类工作外,图书馆来年的重要任务包括几项。1.编制收录730种独立书名著作的《大日本佛教全书》(Dai Ni Hon Bu Khyn Zen Sho)的索引。这套全书将视为丛书,所有独立著作的卡片将编入我们的主要目录中,以便快速查找所需的特定著作。2.继续丛书中独立著作的分类,形成分类主题目录。一份详细分析的分类主题将有助于任何层次的学生制订中文书目或日文书目。3.继续为哈佛大学的其他院系制作目录卡片,如福格艺术博物馆(Fogg Art Museum)、碧波地博物馆(Peabody Museum)、法律学院和商学院,并将这些卡片编入我们的主要目录,以便将到我们图书馆查找资料的读者直接导向相关图书馆。4.准备一个珍本和善本的展览柜。去年在中国装配了准备展览柜的材料。参展的珍本和善本的详细描述将于另一报告中汇报。5.所有馆藏目录的音译和翻译……(三)在燕京印制卡片。正如田洪都报告中提到的,在燕京大学印制哈佛大学图书卡片的工作有了一个小开端,这项工作是由我去年在北平时开展的。我去年在北平除了为图书馆选购图书外,另一项主要工作是协助燕京大学图书馆重组其编目与分类系统。我的经验告诉我,由我在1927年发起的印制中文图书卡片的计划可以大规模的展开。我完全同意田洪都关于印制卡片的计划(参见《关于在哈佛和燕京印制哈佛燕京学社图书馆馆藏中日文图书目录卡片的计划》)。我还私下向伍兹(James H. Woods)教授和博晨光（Lucius Chapin Porter）提出燕京大学图书馆与国立北平图书馆合作开展这项重要的工作。我感觉国立北平图书馆的馆藏是北平其他图书馆无法超越的，不为其馆藏印制卡片以供其他图书馆使用将会成为一个很大的遗憾。然而，由洪煨莲（William Hung）为燕京大学编制索引的经验来看，我们已经开始使用 Ditto 方法印制卡片，在印制国立北平图书馆馆藏或北平的其他图书馆馆藏卡片之前，我们最应该做的是，按田洪都的计划，由学社批准 3850 美元的初始资金用于尝试和完善使用常规印刷机器印制卡片。在成功使用常规印刷机器印制卡片后，燕京大学图书馆可以要求北平所有图书馆合作，将馆藏图书的卡片交付复制。可以推测，这些卡片的总数可能覆盖现有中文图书的90%。这对于全国其他图书馆而言是福音。有了这些卡片，中国仅有少数大型的或专门的图书馆需要自行编目没有卡片的图书。估计只有四或五家图书馆会遇到这样的问题，如杨氏海源阁、瞿氏铁琴铜剑楼、南京国立图书馆和上海商务印书馆图书馆（原涵芬楼）。该计划可以叫做由燕京大学图书馆和北平国立图书馆牵头的北平所有图书馆卡片式联合目录。（四）近期内需要解决的两个问题。1. 为哈佛大学购买图书的问题。由于南京政府刚颁布禁止出口早期印刷图书的法律，为哈佛购买和寄送图书将遇到一些困难。已有 4 箱图书被扣留在天津港，请参阅附件中美国运通公司（American Express Company）的一通函件。田洪都和我暂时通过挂号邮件的方式邮递更有价值的、年代更久远的图书，就像从前通过美国运通公司空运普通图书和现代图书一样。如果通过挂号邮件邮递的图书被中途截取，必须寻找其他方式将图书运送到剑桥。这个问题在某种程度上是相当严峻的，因为这将从基础上影响我们馆藏的未来发展。我在 1931 年 10 月 23 日致白雷格（Robert Pierpont Blake）的函中提出了一些可能的补救措施。2. 合并有关中国和日本的西文图书与中日文图书的问题。由于无法在同一地点使用有关的西文图书和中日文图书给学习汉学的学生造成不便，也由于图书馆管理的原则——图书应放在最可能被使用的地方，建议将以下几类怀德纳图书馆收藏的有关中国和日本的图书转移到博伊斯顿堂（Boylston Hall）：怀德纳排架标记为 1276—1286 的中国和日本语言类，怀德纳排架标记为 ch. 300-401 的中国文学和哲学类，怀德纳排架标记为 Jap. 2000-2999 的日本文学和哲学类，怀德纳排架标记为 Jap. 4000-4126 的韩国文学和哲学类。此外还有关于中国和日本的主要期刊：《亚洲杂志》(*Journal Asiatique*)，《通报》(*T'oung Pao*)，*Bulletin de L'Ecole Francaise D'Extreme-Orient*, *Revue des arts Asiatiques*, *Avec la collaboration de l'Association Francaise des Amis de l'Orent*, *Mittheilungen des Seminars fü Orientalische sprachen*, *Ostasiatische Zeitschrift*, *Asia Major*, *Journal of the Royal Asiatic Society of Great Britain and Ireland*, *Burlington magazine*, *Bulletin of the School of Oriental Studies*, *The Chinese repository*, *The China review (or notes and queries on the Far East)*, *The new China Review*, *Journal of the North China Branch of the Royal Asiatic Society*, *China Journal of Arts and Sciences*。普通读者可能不会需要这些图书。有关中国和日本历史政府和有关在这两个国家旅游的图书因其为普通读者和学习东亚历史的读者所感兴趣，目前最好留在怀德纳图书馆。我们可以保留这些图书的记录，或是今后在我们的馆藏中添置复本。有人抱有这样的担心，当图书转移到博伊斯顿堂后，要在汉文书库使用这些图书可能不方便。为了克服这种担心，以下可以指出方便使用这些图书的三条理由：1. 汉文书库现在的开放时间与怀德纳图书馆一致。2. 博伊斯顿堂的整个东边书库可以用于贮藏西文图书。阅览室可以进行分隔，为用功的研究工作者提供五或六个小隔间。3. 可以提供一份有关中国和日本的西文馆藏的单独部门目录供读者咨询使用。("Chinese-Japanese Collection of Harvard College Library at Harvard University: Supplement to Mr. Tien's Annual Report of the Librarian"(July 1, 1930 to July 1, 1931), submitted by A. K'aiming Ch'iu, 1931. See: "Chinese-Japanese Library of the Harvard-Yenching Institute at Harvard University: Annual Report of the Librarian", First to Tenth, 1927-1936)

1932 年
35 岁

1月6日

美国远东事务部副主席 Maxwell M. Hamilton 致函哈佛大学图书馆白雷格(Robert Pierpont Blake)馆长:1月3日收到美国驻中国南京领事馆的电报,美国驻中国南京领事馆答复你11月20日的去函如下:经调查,领事馆认为哈佛采购的图书应该首先由哈佛燕京学社来处理,除非其他方法无法顺利解决,该项事务将不必诉求于外交干涉。(HYL Archives: Letter of Maxwell M. Hamilton to Robert Pierpont Blake, January 16, 1932)

1月7日

杜联喆致函裘开明:前接房兆楹君来函,谓山东省官费尚无消息,故一时仍不能启程来美国。国难未艾,或更不易搬到也。加校今日开始注册,下星期正式开课,喆一切尚称适意,唯切望暑后能转学东方,以增经验,广见闻。但官费既为数有限,又常积久迟延,故经费方面,颇耐踌躇。未审哈佛图书馆方面能否得一位置,以资补助?尚劳先生代为筹划……(HYL Archives:杜联喆致裘开明信函,1932年1月7日)

1月15日

裘开明致函加州大学宾板桥(Woodbridge Bingham)教授,推荐其所需的中文词典以及历史舆图。(HYL Archives: Letter of Alfred K'aiming Ch'iu to Woodbridge Bingham, January 15, 1932)

裘开明致函杜联喆:惠书敬悉,所嘱代谋位置一事,公谊私交皆应努力为谋。唯敝馆经费有限,来年且须酌减,现有全工已有人满之患,实难报。命暑后若有职员辞去,且房君兆楹不来此处,或能代谋划一半工位置。但此事系学生工作,薪俸甚微。较女士之学问经验,不免大材小用,至正式图书馆襄理之职,现已有人担任,下期仍旧继续,彼等既无过失,明当然无辞退理由,此中苦衷尚祈见谅。前寄上哈佛燕京学社奖学金请求办法规程一份已收到,以女士才学之优厚,为愿请求,当能获取。不妨请燕大教授,如陈垣、洪煨莲、博晨光(Lucius Chapin Porter)诸先生,及加校历史系教授代作介绍书数封,连同自己请求书寄至此间奖学金委员会会长 George Henry Chase。即今年不能获取,为将来亦不妨一试也……(HYL Archives:裘开明致杜联喆信函,1932年1月15日)

裘开明致函柯立芝(Archibald Cary Coolidge),告知未找到其所需的中文数学论文,请再提供更详细的书目信息。(HYL Archives: Letter of Alfred K'aiming Ch'iu to Archibald

Cary Coolidge, January 15, 1932)

1月20日

哈佛大学图书馆馆长白雷格(Robert Pierpont Blake)致函诺斯(Eric M. North),就哈佛燕京学社拟收购中国福州龚氏藏书楼事宜,询问应该与福建大学哪位人士通信联系,以请求帮助哈佛燕京学社保存和照看这批书籍直至哈佛燕京学社获得出口许可证。(HYL Archives: Letter of Robert Pierpont Blake to Eric M. North, January 20, 1932)

1月29日

裘开明致函图书馆用品社杨左平并附寄购书单,函请尽量先收集书单上用红笔圈出的书籍,并告知哈佛燕京学社的会计已将100美金的支票寄出,如有不足另行补寄。(HYL Archives: Letter of Alfred K'aiming Ch'iu to Yang Zuo-ping, January 29, 1932)

1月30日

裘开明致函图书馆用品社杨左平:昨天信里提到支票,我们的会计没有寄给贵社,而是今早交给了我。因此我把支票附上一并寄给你。我们所寄的支票只能在你们的银行兑换成现金。在纽约花旗银行上海分行,美金可以方便地兑换成银元。我还想强调一下,务必请贵社继续努力帮我们收集昨天寄给贵社的书单上的过期期刊。如果可能的话,我们还想从贵社那里购买中国国民党和共产党出版的小册子。寄这些册子前,请贵社寄相关书单和价格给我们。(HYL Archives: Letter of Alfred K'aiming Ch'iu to Yang Zuo-ping, January 30, 1932)

1月

上海"一·二八"事件爆发后,裘开明的家人(包括阿姨、堂兄弟姊妹)以及朋友艰难地从上海闸北的家中逃出,到北京避难。而裘开明上海家中的所有财物均毁于战火。(HYL Archives: Letter of Alfred K'aiming Ch'iu to Woodbridge Bingham, April 15, 1932)

2月3日

燕京大学图书馆馆长田洪都(Hung-tu Tien)致函裘开明:你12月14的来信及所附书籍订购单已经收到。现就信中提到的几点答复如下:1.哈佛大学的2500美元汇款已经收到,这笔汇款折合国币10175元。迄今为止,燕京财务部门为哈佛购买书籍垫付资金14,778美元,并且仍在继续购买书籍,所以需要追加购书经费。2.我们将根据你们的意见为贵馆制作中文印章。一枚印章会保存在敝馆,用来给贵馆图书盖章,另一枚会寄去给你。3.我们正在广泛收集中文汉学期刊的过期刊物,但恐怕已经没有了,因为都已经绝版了。4.推迟寄送图书给你的原因如下:(1)去年你购买了很多书,但是没有寄回哈佛。因此,敝馆的贮藏室已经满了。当我返回燕京时,我不得不花费大量时间清理这些堆积的书籍。(2)自1931年7月以来,敝馆已经通过天津港口寄送了3次书籍,1次4箱,然后9箱,最后8箱。它们都是50年前出版的,经天津海关处理,前两次都退回了燕京,海关打算没收12月16日的第3次邮寄书籍。我去天津与海关当局协商,通过一些大人物的帮忙,最终放行,只有一部著作,即御藏百美图的照片复印件被没收了。这些邮件正在运往美国的路上,头两次的邮包已经破损,我们将会通过挂号邮件给你寄来更重要和更古老的书籍。(3)你一定了解敝馆这些年来的流弊,我们的馆员要清理早期积累的工作,所以寄书速度缓慢下来。(4)因为是通过邮件寄书,所以,我们怕一次寄的包裹太多而引起当局的怀疑。如果引起当局怀疑的话,我们就没办法将一些古籍寄到哈佛了。因此,以防万一,我一次只寄出少量包裹。5.目前,我们不能通过邮件给你寄图书的函套和书箱,因为假如海关当局发现了的话,肯定会搜查这些书。6.贵馆最近需要的书籍,如汉学、方志、丛书、考古、艺术、传记和目录等将会尽快购买,但是你必须寄来更多的经费。7.你的朋友、杭州浙江大学艺术学院代理馆长孙述万(Sun Shu-wan)先生,向我们介绍了另一个私人藏书。我们已经派顾颉刚(Ku Chieh-kang)去考察馆藏了。关于购买私人藏书的细节问题将会在顾教授回来以后报告给你。(HYL Archives: Letter of Hung-tu Tien to Alfred K'aiming Ch'iu, February 3, 1932)

齐国樑致函裘开明:贵校图书馆向徐(世昌)前大总统求书匾额一节,幸不辱命,业蒙徐工书就,兹烦敝院程蕴辉先生赴平带上,即希查收……函附图书馆匾一纸。(HYL Archives:齐国樑致裘开明信函,1932年2月3日)

2月13日

博晨光(Lucius Chapin Porter)致函裘开明:我刚收到杜联喆(Lienche Tu)从加州大学伯克利国际交流中心寄来的信,她目前正在此处学习和工作。你应该记得杜女士已经在燕京大学图书馆工作了很多年,特别是在中文书籍采访部。杜女士对她下一学年的计划还不确定,打算申请哈佛燕京学社的基金。我认为假如杜女士能在她返回中国之前有机会与你一起工作,将对汉文文库有很大好处。你可能知道她的能力和性格。你能询问一下George Henry Chase院长有这个可能性吗?我在西部旅行很愉快,很高兴有个假期。(HYL Archives: Letter of Lucius Chapin Porter to Alfred K'aiming Ch'iu, February 13, 1932)

2月14日

杜联喆致函裘开明:哈佛燕京奖学金章程早已收到,多承顾念,不胜感激之至,但恐无甚希望乎。函国内烦□写信,时间太短,而来加时不久,无人可烦,只曾函博晨光(Lucius Chapin Porter)博士,现尚未得回信,未审如何。只期尽力为之而已。对于暑后计划,决拟转学东方,只经济一层,实感困难,目下国事如此不堪,官费一层,当然大不可乐观。工作一层,只求有工可作,以求糊口,以谋自给,□何敢选择乎?在此不景气现象下,谋事自为不易,只切望先生代为留意,代为筹款,予以襄助。鼎力援持之下,相信能有所成。感荷之诚尚当面谢。昨接房(兆楹)君来函,谓鲁省官费,尚无音信,在此国难期间,更属无望。只期于夏间能以哈佛大学雇员资格来美耳。北平方面来信,似乎有时丢失,不知何故。哈佛中文书籍,不如有否编印目录,若有尚请寄下一份为祷。现时帮忙本校亚洲研究所做些散工,搜集中文材料……(HYL Archives:杜联喆致裘开明信函,1932年2月14日)

2月23日

裘开明致函博晨光(Lucius Chapin Porter):感谢你2月13日的来信。关于杜(联喆)女士的计划,我已经和George Henry Chase院长讨论了。我强烈推荐了杜女士的学术和能力,并告诉Chase院长她的到来对汉文文库很有帮助。Chase院长说董纳姆(Wallace B. Donham)院长表示学社明年的收入可能要减少,所以他不能授权扩大图书馆的工作。我告诉Chase院长,杜女士已经申请了哈佛燕京学社的奖学金。我建议考虑她的申请。Chase院长说他会让委员会考虑的。我衷心希望杜女士能得到奖学金的资助。请代我转告杜女士:因为预算有限制,而图书馆的其他助理又没有辞职的打算,所以,我很遗憾在目前的情况下不能为她做得更多了。(HYL Archives: Letter of Alfred K'aiming Ch'iu to Lucius Chapin Porter, February 23, 1932)

2月

裘开明致函中华图书馆协会:贵会提倡图书馆业成绩优美。兹特请将敝馆加入为机关会员,会费若干仰即开单示知,当即奉上。又查敝馆现藏贵会出版品尚缺数种,可否请

照补寄,取资若干亦祈另开单寄下,以便照奉……(HYL Archives:裘开明致中华图书馆协会信函,1932年2月)

裘开明致函图书馆用品社杨左平:顷闻浙江大学图书馆孙述万先生来函言,杭州崔氏止园图书现欲出售,价约二万元。敝馆拟托贵社代为办理,兹有办法数点请为注意:(一)请贵社派人至杭接洽并会商孙君。(二)至杭之时切勿声张,并勿言敝处欲购该书,只言贵社欲购而已,以免将来出口困难。(三)事成之后敝处当给贵社以相当酬劳(或5%)。此项交易成之与否,敝处不得预知,是在贵社之努力与办事接洽之灵敏而定也。再有敝校法学院图书馆拟购大批中文书籍,今年至少可购银币一千元,或者可至五千元,今尚不能十分确定,现书单正在选择中,不日当可寄上,办法则另函详订。今敝处汇上银币四百元,作为寄存贵社临时动用之款。如敝处已托杭州孙君购书数种,如孙君账来时,则请为照付为盼。敝处将来拟委托贵社购书绝只一次可比。今有数事祈为注意,他如装订制书套,皆拟委托贵社代办。(一)各种书价最宜公道,虽不能比他家较廉,则虽与之一样,素不致一方吃亏。更不宜以敝处远在外洋,不谙中国旧书价格,故意抬高价目。如上海万卷楼为敝处购书均较他处为高。敝处当时虽无可奈何,然非经商之道也。(二)每次发单请开副份。(三)各种函件请用英文。再者购书愈快愈好,如有书籍一时不能买入者,请为即时通知为要。其他各事,俟每次购书再为详列,可也。(HYL Archives:裘开明致杨左平信函,1932年2月)

3月3日

裘开明致函大正大藏经刊行会,告知《大巴新修大藏经》第61,74,77,81,82和83卷收悉,并寄还重复的第71卷。(HYL Archives:裘开明致大正大藏经刊行会信函,March 3, 1932)

裘开明致函美国学术团体协会中国研究委员会秘书Mortimer Graves:得知复活节期间贵会将与美国东方学会在芝加哥联合举办远东研讨会,兹附上我的《中国的图书馆资源与书市:初步报告》("Library Resources and Book Markets in China: a preliminary report")一文的摘要,以供众览。请惠予将此摘要转交印刷。宣读这篇摘要需要半个小时,但如忽略细节则只需15分钟左右。我不知道能否出席会议,万一我不能出席,将委托别人替我宣读这篇文章。(HYL Archives:Letter of Alfred K'aiming Ch'iu to Mortimer Graves, March 3, 1932)

3月8日

美国学术团体协会中国研究委员会秘书Mortimer Graves致函裘开明:我将把你的报告摘要寄给耶鲁大学的Latourette先生,他是芝加哥会议的负责人。我希望你能够出席会议,如果不能,我们也会安排别人替你宣读你的文章。(HYL Archives:Letter of Mortimer Graves to Alfred K'aiming Ch'iu, March 8, 1932)

3月10日

裘开明致函齐国樑:昨由寒舍转来大札,敬悉前恩先生代敝馆向徐(世昌)前大总统求书匾额,已蒙书就,并已承带至舍下,不胜铭感。俟该匾到此后,当由敝校图书馆馆长及哈燕学社委员会会长,正式备书向先生及徐公道谢……(HYL Archives:裘开明致齐国樑信函,1932年3月10日)

3月14日

裘开明致函上海别发洋行(Kelly and Walsh, Limited),订购两种用于哈佛燕京学社中文课程的教材,每种各订7套;并请该洋行寄来定期的书目以及远东领域新书的提要。(HYL Archives：Letter of Alfred K'aiming Ch'iu to Kelly and Walsh, Limited, March 14, 1932)

3月16日

裘开明致函哈佛燕京学社教育委员会主席George Henry Chase：随函附上燕京大学馆长田洪都(Hung-tu Tien)先生最近来信的翻译件，信中解释了把书籍寄出中国的困难。考虑到这些困难，我在想教育委员会是否能向中国政府申请书籍运往哈佛的许可。中国法律禁止出口古董和善本，还有一个附带条件是"除非有护照的特别许可"。我认为哈佛在中国拥有有足够影响力的朋友，如格林(Roger S. Greene)和司徒雷登(John Leighton Stuart)能帮助我们。George H. Blakeslee现在作为美国使馆的特别专家在中国。他是哈佛的朋友，肯定也会给我们提供帮助。目前，燕京大学正在通过挂号邮件给我们邮寄更古老的书籍。普通书和一般版本要在天津的中国海关审查以后才能通过美国快递公司寄送。田先生在信中提到需要增加购书经费，我已嘱会计在12月通过纽约办公室又寄给燕京一笔2500美元的经费。这使得自1931年7月1日以来的购书经费总额达到了7500美元。关于田先生抱怨我在北平买到书籍后没有立即送往哈佛的事，完全是因为中国禁止出口珍本书籍原因，我害怕被当局没收。我是从北平国立图书馆知道要通过挂号邮件将书寄往国外的。(HYL Archives：Letter of Alfred K'aiming Ch'iu to George Henry Chase, March 16, 1932)

3月20日

上海中华书局总店来电报，因战乱导致纸张短缺，《四部备要》第四集推迟出版，敬请见谅。(HYL Archives：上海中华书局总店致哈佛大学图书馆电报，1932年3月20日)

3月29日

太平洋关系研究所(Institute of Pacific Relations)的Edward C. Carter来函索借裘开明撰写的《中国的图书馆资源与书市：初步报告》("Library Resources and Book Markets in China：a Preliminary Report")一文。(HYL Archives：Letter of Edward C. Carter to Alfred K'aiming Ch'iu, March 29, 1932)

3月30日

中华图书馆协会致函裘开明：贵馆欲加入敝会为机关会员，至深欢迎。兹奉上概览一纸，机关会员调查表一纸，即请填妥寄下，以便登册。会费每年缴纳5元。详章请阅概览便知。至所缺之出版品，除会报第一卷全卷及第二卷一期均已绝版，无从检寄外，余均另包付邮矣。该项刊物均照原价九折计算，共合洋柒元壹角壹分，附发单一纸。(HYL Archives：中华图书馆协会致裘开明信函，1932年3月30日)

图书馆用品社杨左平致函裘开明：贵馆的来信，中文过期期刊和4种中文图书的订单，以及贵馆寄来的100美元的银行汇票，俱已收悉。很抱歉，我们收到贵馆的来信和订单时没能够及时回复。这是因为日本占领了上海，使得我们位于战区的办公室不得不关闭。直到最近，我们才能从办公室拿到这些信笺、信封和一些其他的办公用品，因此耽误了给贵馆回信的时间。同时因为我们手头的办公用品不够，使得贵馆的订单也被延误了。不过，从今天开始，我们会及时处理贵馆的订单。关于杭州价值20000美金的古籍，我们已经帮贵馆咨询过了。燕京大学图书馆也派人去杭州考察过这批古籍。他们正在考虑购买的问题。不过，我们也在准备购买。如果我们可以为贵馆买到这些古籍，它们将必须在中国保存至少一年的时间。这样浙江省政府可能会认为这些书没有被运到国外。这批书现在是用400个箱子来存放的，如果它们要在中国存放一年的话，我们没有足够的地方。如果贵馆愿意支付租金，我们可以帮贵馆租个地方来存放这些书。我们准备就绪后,就会马上把古籍买回来。贵馆希望怎么付款给我们呢?另外,这个家族除了保存有古籍外,还有大量的碑帖。据一位业内人士称,这些碑帖价值至少50000美金。他们还没有表示想要卖掉碑帖。如果贵馆想要这些碑帖,我们收到贵馆的来信后会尽量安排购买事宜。至于贵馆要求订购的商务印书馆出版的4本中文图书,我们要通知贵馆这4本书同属于《万有文库》,故不能单册购买。我们试着从杭州、汉口和北京(在上海办公室关闭时)购买,但大家的答复都相同。关于过期中文期刊,我们正在处理,但贵馆书单上的大部分期刊都过期太长时间了。不过,我们会尽量尽快为贵馆全部收集到。至于100美元的支票,我们已经把它兑换成现银,并将收据寄回贵馆。关于收集国民党和中国共产党发行的全部小册子的事宜,我们要告知的是把国民党发行的小册子寄给贵馆是容易的,而共产党发行的就很难办到了。而且,我们办公室并不允许存放共产主义著作,但是我们还是很乐意为贵馆收集这些资料。只要我们拿到了这些资料,我们会用挂号信寄给你,并据此来收费。我们在信里还附上了两张照片,是我社最近在杭州为购买价值20000美元的古籍做准备工作时照的,是一套图书前两页的照片。尽管这套图书很普通,但这个版本却很珍贵。整套书有12卷,而且装订精美。卖主整套开价1200美金,我想我们能够以1000美金或者更低的价格买到这套书。还有一套书名为《古今将略》的图书,虽然年代还不太久远,但非常稀有,整套共12卷。这套书在清朝乾隆年间被列为禁书。这套书唯一的缺点是每本书上的印章都被除掉了,这一点是所有禁书都有的问题。这套书的价值是85银元。我们把来自一个古老家族的书单另函寄给贵馆。他们想以1600美金一次性付款的方式卖掉书单上的书。如果贵馆看中了书单上的某些图书,请在单上标记好,然后把单寄回给我们,我们会帮贵馆咨询价格。另外我们在此信中还会附上珍品图书的单子,上面有简介和价格。如果要购买单上的任何图书,我们会收取10%的附加费。(HYL Archives:Letter of Yang Zuo-ping to Alfred K'aiming Ch'iu, March 30, 1932)

3月

裘开明撰《作田场经营或农家生活研究选查田场或农家之方法》发表于《社会科学杂志》第3卷第1期(1932年3月):26—34。

4月1日

洪煨莲(William Hung)提交《哈佛燕京学社北平办事处图书馆建设备忘录》:国立北平图书馆代理董事袁同礼(Yuan Tung-li)对哈佛燕京学社北平办事处图书馆的建筑设计图和细节提出了一些建议:1.机械安装的预算(国币32000元)有些低;2.设计的办公室有些小;3.把印刷和装订区分离出去;4.整个预算用应从国币240120元提高到国币300000元;5.建筑特色与建筑工程同等重要,不能忽视。(HYL Archives:Memo. Of Building Library of Peiping Office of Harvard-Yenching Institute, April 1, 1932)

4月4日

裘开明致函太平洋关系研究所(Institute of Pacific Relations)的Edward C. Carter,告知《中国的图书馆资源与书市:初步报告》("Library Resources and Book Markets in China: a Preliminary Report")一文已交美国学术团体协会(American Council of Learned Societies, ACLS)出版,待正式出版后即奉上一份;该文较长,打印稿约90页,如果不能全文出版,将寄给Edward C. Carter一份手写稿复印件。(HYL Archives:Letter of Alfred K'aiming Ch'iu to Edward C. Carter, April 4, 1932)

4月7日

裘开明致函哈佛燕京学社教育委员会主席George Henry Chase:很高兴你能向我

征求关于编印国立北平图书馆中文馆藏卡片目录项目的意见。兹附上我对整个项目意见的备忘录,任何时候,只要通知一声,我将准备在董事会上做进一步的阐述。附件《关于编印中文书籍卡片目录的备忘录》云:由袁同礼(Yuan Tung-li)先生提出的计划极好,但是以下几点值得商榷,希望他们接受,例如,每种印刷卡片的成本可以减少到原估算的五分之四。该备忘录共包括4个部分:1.采用"单元卡"体系:袁先生计划每年编印1万种书的卡片目录,每种由4张卡片组成,印制20套。我认为,以袁先生给出的样片来看,为1种书准备4张不同的卡片完全没有必要。我建议采用单元卡体系的原则,即每种书仅1张主卡,上面包括全部的著录信息。这种"主卡"(key card)可以按作者顺序排列,也就是卡片第一行反映作者信息。其他对于图书馆来说必须的卡片目录(图书馆目录体系所需的卡片目录的具体数量取决于图书馆编目的详细程度),比如,书名卡片目录、编者或注释者卡片目录、主题卡片目录,以及书籍各部分的作者、书名和主题分析卡片目录可以通过手工在卡片上做标记的方法来排列组织。采用"单元卡"体系,在以下几方面都会很节省:(1)副本的编印:一种书无需准备印制4张卡片,1张标准的卡片目录即可。(2)排印:一种书无需排4个不同的版,而只需要排印1张标准的卡片。这样可以比原计划节约印刷成本约5/6左右。(3)校对和修订工作:一种书无需校对4张不同的卡片,而只需校订1张卡片。(4)卡片目录邮寄:……大大减少打包和邮寄的费用。2.仅用一种颜色印制卡片:袁先生计划采用两种颜色印制卡片,作者名用红色,其他著录信息用黑色。这种双色的办法实在没有必要,只会增加印刷成本。采用主卡片以作者标目,作者姓名列于卡片第一行,生卒年置于姓名后的括号里,作者姓名就会非常醒目,而不需用红色印刷。3.国立北平图书馆与燕京大学图书馆合作:尽管编印卡片目录的工作主要委托国立北平图书馆,因为它具备国立性质,馆藏雄厚,馆员出色,但是还是应该让它与燕京大学图书馆密切合作。这种合作最好由哈佛燕京学社图书馆派一到两名成员加入合作编目委员,该委员会是一个监督机制,监督负责卡片目录编印和邮寄的实际操作人员的工作。两所图书馆合作更重的方面在于,在所有的卡片底部同时印上国立北平图书馆和燕京大学图书馆的索书号(由分类号和书号组成)。这对于哈佛燕京学社图书馆的使用来说非常方便。对于购买卡片目录的图书馆来说,可以自由决定采用适合他们需要的分类法和书号(在图书馆实际工作中,存在着分类法与编目相脱节的现象,也存在两者混淆的现象。)如果一所图书馆既不想采用国立北平图书馆的分类体系,也不想采用燕京的分类体系,他们可以把他们的号码印在卡片底部。在卡片底部印有两种索书号的办法已经被国会图书馆采用过,他们在卡片上同时印有国会图书馆分类号和杜威分类号,因为没有一部独立的分类体系能够完全适应所有图书馆所有情况的需要。4.卡片目录上逐条著录的格式:关于卡片目录采用逐条著录的格式,并著录全部信息,意见非常不同。我在1931年由商务印书馆出版的《中国图书编目法》一书中提出的编目方法被燕京图书馆和哈佛大学图书馆采用。我打算写一篇中文的论文,以国立北平图书馆的卡片目录为例,评价和检讨书目著录格式与著录完整信息的问题。我认为那些卡片目录上关于作者的信息太简略,无法确定一本著作。国立北平图书馆的卡片上仅给出作者的姓名和朝代。而我们的卡片目录,则按照《四库全书目录》的完善形式,著录作者的姓名、字号、在世期(即作者中举的年份或被委以重值的年份)。如果作者的生卒年可以通过工具书确定,就给出其生卒年的西历年代。因为我们的卡片目录上反映作者更加全面详细的年代信息,在作者名字后面的括号里有相当多的信息。国立北平图书馆仅在作者姓名后著录朝代。虽然这与大多数中国传统目录相一致,尤其与是那些仅是简单的书名列表的书目一致,但是这种方法应该按以上的意见扩充和修改。总之,我希望中文书籍目录卡片编印项目具备自己固有的价值,因为它是向互惠的合作编目迈出的一步,使图书馆的资源可以更便于汉学研究者的获取和使用,国立北平图书馆使该项目的最佳领导者,我相信,无论国立北平图书馆是否接受前面备忘录所提到的我的建议,董事局都会同意资助这个项目,尽最大的努力推进汉学研究。经费预算概略:1. 计划编印目录的书籍,即需要编目的书籍,据袁先生讲可由国立北平图书馆编目组完成,在采用"单元卡"的情况下,这笔费用的节省不列在以下预算中。2. 就出版费用来说,没有和出版者商谈过,就很难准确估计出一种书排一张卡片比排四张不同的卡片能节省多少钱。一般来说,在中国排版的费用比美国低,印的卡片比在美国要多。但是,虽然中国人工便宜,我认为把副本的数量从 4 张减少到 1 张,每种卡片目录的印刷成本虽然就可以从 0.012 美元减少到 0.01 美元。所以这一项的支出比原计划节约 1/6 的费用。再加上用一种颜色印刷节约的费用,以及采用"主卡片"(master card)的办法节省的打包和邮寄费用,出版和运输卡片目录全部的费用总计比原计划节约 1/5。每种书采用单元卡的办法,比原计划节约 1/5 的成本,这意味着编印卡片目录的年度预算节约 20%,或者说工作效率提高了 20%,即原来每年出版 10000 张卡片目录,现在每年出版 12000 张卡片目录。3. 卡片运输费用 1440 美元,器材 2000 美元,1000 种书的目录卡片(共 1600000 张卡片)印刷费用 19200 美元,合计 22640 美元;采用单元卡单色印刷减少 1/5 的费用,即减少 4528 美元,则共计 22640－4528＝18112 美元;国立北平图书馆共 40000 种中文古籍,则共需要 18112×4＝72448 美元。(HYL Archives:Letter of Alfred K'aiming Ch'iu to George Henry Chase, April 7, 1932. See: HYL Archives, file: Cataloging Project)

4 月 9 日

T. F. C 致函裘开明:感谢你把提交给 George Henry Chase 教授的报告复印件寄给我。你已经严谨地阐述了自己的职责,正如我那天告诉过你的,我完全同意你的决定。至于联合编目的报告,我给你看的论文已经打算在新奥尔良的会议上宣读。纽约公共图书馆的 Keyes D. Metcalf 是委员会的主席,也是报告的作者,为什么你不给他写信,征求他对此事的意见呢?(HYL Archives:Letter of T. F. C to Alfred K'aiming Ch'iu, April 9, 1932)

4 月 11 日

芝加哥大学地理学教授 Wellington D. Jones 博士致函裘开明:最近在芝加哥大学东方学会组织的远东研究学术研讨会上,我对你的《中国的图书馆资源与书市:初步报告》("Library Resources and Book Markets in China: a Preliminary Report")报告摘要很感兴趣,能否在它出版后告知我,以便我去买一份。我 5 月将到剑桥访学,希望届时可拜会。(HYL Archives:Letter of Wellington D. Jones to Alfred K'aiming Ch'iu, April 11, 1932)

下午 4:30 时,哈佛燕京学社董事会在哈佛商学院教工俱乐部(Faculty Club)召开会议。出席会议的人员有:巴伯(George G. Barber)、巴顿(James L. Barton)、George Henry Chase、董纳姆(Wallace B. Donham)、诺斯(Eric M. North)、伍兹(James H. Woods)、财务员 Henry Shattuck 先生、燕京大学校长司徒雷登(John Leighton Stuart)以及新任董事 Carl T. Keller 先生。讨论的事项如下:1. 龚氏藏书楼的购买。关于购买中国龚氏藏书楼之事。Chase 先生向会议通报,白雷格(Robert Pierpont Blake)博士已致函美国驻南京总领事,询问如果哈佛燕京学社决定购买龚氏藏书楼藏书,有关向中国政府申请图书出口的许可证的可行性。华盛顿国务院寄来电报回复:总领事认为该项涉及图书从中国出口的图书采购计划应主要由哈佛燕京学社负责,请求外交干预是不明智的,除非其他方法都失败了。2. 图书馆卡片印刷。Chase 先生发言指出,上次董事会议中,图书馆馆长的报告提出一项建议,即图书馆卡片应该采用铅字印刷,代替现在使用的 Ditto 复制方式。我曾写信给司徒雷登博士,请他从北平国家图书馆馆长袁同礼(Yuan Tung-li)先生那里了解有关使用铅印方法印刷卡片的计划和成本。袁同礼先生回复告知,每套卡片(10000 条目录,每条目录 8 张卡片)估价 960 美元,如果开始小规模地印刷 20 套,每年的成本将少于 20000 美元。考虑到学社下一年收益将会极大地减少,学社下一年将不开展该项计划。3. 图书馆委员会组织调整。表决通过 T-232:出版委员会和图书馆委员会在教育委员会的管理下在其各自领域内运作。两个委员会由向董事会提交报告更改为向教育委员会提交报告。4. 裘开明差旅费补助。表决通过 T-235:从差旅经费中为裘开明拨款 700 美元,作为自其休假至今,携带家人来美开始工作的差旅补助。5. 出版裘开明关于中国图书馆的论文。Chase 先生指出裘开明已写了一篇关于中国图书馆的论文,他希望由学社出版。表决通过 T-236:裘开明关于中国图书馆设施的论文交付出版委员会处理。(Meeting of the Board of Trustees Held on April 11, 1932, April 11, 1932. HYI Archives: Trustees meetings minutes 1928-1933)

4月14日

哈佛燕京学社董事会致函裘开明,函告:1. 哈佛燕京学社董事会在会议上投票通过,拨款 700 美元用于裘开明及其家属从中国到剑桥的旅费。即裘开明 1931 年休假回中国的旅费由学社支付,下周将寄奉支票。2. 关于图书馆下一年度的拨款问题。因为收入减少,下一学年拨款还会继续减少,董事会投票削减所有的开支,以便燕京和学社购买书籍。最终的决议是 1932-1933 年度拨款 6000 美元用于汉文文库购买书籍、设备以及流动开支。这意味着有些书籍可能不得不停止购买。具体如何缩减开支的问题,下周面谈。(HYL Archives: Letter to Alfred K'aiming Ch'iu, April 14, 1932)

4月15日

裘开明致函加州大学教授宾板桥(Woodbridge Bingham),向其提供所需的关于唐代中国的研究书目,并言:感谢你对我家人的问候。他们现在在北平很安全。我阿姨、我的堂兄弟姊妹以及我的很多朋友艰难地从他们在上海闸北的家中逃出来。我在闸北的所有个人财产都毁了,但是最让我伤心的是东方图书馆和商务印书馆毁于炮火。(HYL Archives: Letter of Alfred K'aiming Ch'iu to Woodbridge Bingham, April 15, 1932)

裘开明致函芝加哥大学地理学教授 Wellington D. Jones 博士:《中国的图书馆资源与书市:初步报告》("Library Resources and Book Markets in China: a Preliminary Report")有可能由哈佛燕京学社或美国学术团体协会(ACLS)的中国研究促进会出版,出版后寄即奉一本。欢迎你来哈佛访学,届时愿意推荐一些汉和图书馆关于中日地理方面的资料,尤其是官方公报。(HYL Archives: Letter of Alfred K'aiming Ch'iu to Wellington D. Jones, April 15, 1932)

裘开明致函美国学术团体协会(ACLS)中国研究委员会秘书 Mortimer Graves:非常感谢你寄来的 3 份中文期刊论文目录,感谢你来信要我提供摘要。我想论文目录里有一个地方可以进一步改进,那就是在罗马化的中文和日文文章中的标题和名字后标上中文字样。我不太确认国会图书馆是否愿意让恒慕义(Arthur William Hummel)教授的中国助手抽空去做这件事情——在英文打印完毕后,在漏印版上切割中文字样。请问你是否能在百忙中抽空审阅我的关于中国图书馆资源和图书市场的报告?美国理事会,太平洋关系研究所(Institute of Pacific Relations)的 Edward C. Carter 先生,芝加哥大学地理学教授 Wellington D. Jones 博士,以及加州大学的宾板桥(Woodbridge Bingham)先生,都要求得到这份报告的复件。我想知道你们委员会是否打算把该报告印成单本的小册子,让那些每年都远赴中国进行远东研究的美国年轻人使用。当然,我可以在图书馆的期刊上发表其中的部分内容,但我认为如果引用全文会比较有用,而并非只引用部分。我非常想了解你的意见。整篇报告有大概有 80 页。你有 62 页,其余正在打印。我近日将会把余页寄给你。(HYL Archives:Letter of Alfred K'aiming Ch'iu to Mortimer Graves,April 15,1932)

4 月 18 日

美国学术团体协会(American Council of Learned Societies,ACLS)中国研究委员会秘书 Mortimer Graves 致函裘开明:我非常有兴趣地认真阅读了你的文章。我只有一点指正,就是你的罗马化音标有不一致之处。恒慕义(Arthur William Hummel)先生和我都拜读了你的文章,并非常细心地发现和修正了错误。当然这只是个小错漏,假如它也可以称之为错漏的话。就文章而言,我认为它写得非常好,并且完全值得印刷出版。我打算询问贾德纳(Charles Sidney Gardner)先生,如果贾德纳先生同意,我们将很高兴发表你的报告。另外一种可能的做法是将你的报告提供给《图书馆杂志》或者其他图书馆期刊。我会跟进此事,因为我正像你一样期望看到这篇文章发表。我们希望能在最后出版的文献目录上使用汉字,然而你提议,我们也可以将汉字印到油印纸上,我会让 Han 先生帮我试试看。(HYL Archives:Letter of Mortimer Graves to Alfred K'aiming Ch'iu,April 18,1932)

4 月 20 日

裘开明致函 Mary C. Porter,函寄汉和图书馆所藏中国戏曲重要著作书目。(HYL Archives:Letter of Alfred K'aiming Ch'iu to Mary C. Porter,April 20,1932)

芝加哥大学远东研究所 Lo Ch'uan-fang 致函裘开明:因远东研究所研究需要,想订购一批中国作家用中文撰写的关于中华文化或中国问题的书籍,请惠予推荐 12—20 种图书。(HYL Archives:Letter of Lo Ch'uan-fang to Alfred K'aiming Ch'iu,April 20,1932)

裘开明致函 W. M. Randall:在美国东方学会的会议上,我已经报告了我的论文《中国的图书馆资源与书市:初步报告》("Library Resources and Book Markets in China:a Preliminary Report")。因为整篇报告太长,基本不可能全部出版,所以,我现在以《中国的国立图书馆》为题将论文的一部分抽出来寄给你,希望能在你的季刊上发表。我已经将所有的中文书名和人名集中在一起,附在文后,作为与正文中出现的英文书名和人名的对照。我有正文中描述的 3 个图书馆的照片,不知你是否需要这些照片……(HYL Archives:Letter of Alfred K'aiming Ch'iu to W. M. Randall,April 20,1932)

裘开明致函美国学术团体协会(American Council of Learned Societies,ACLS)中国研究委员会秘书 Mortimer Graves:非常感谢你修改我报告中的罗马拼音。兹附上是我报告的附页(pp. 63-79),非常希望你能抽空审阅,同时我还会请贾德纳(Charles Sidney Gardner)先生帮忙审阅我的报告。(HYL Archives:Letter of Alfred K'aiming Ch'iu to Mortimer Graves,April 20,1932)

4 月 22 日

裘开明致函杜联喆(Lienche Tu):我很遗憾地通知你,汉文文库没有可能增加新职员了。在哈佛燕京董事会 4 月份的会议上,削减了图书馆的所有开支,不管是哈佛的还是燕京的。因为明年减少预算,可能有必要解雇一两名职员。我已经写信通知汤(吉禾)先生这个不幸的事实。我附上了一封写给 Gale 的信,因为他可能会在伯克利为你提供一个空缺。随函附上 George Henry Chase 院长写给我的信,阅毕请寄还。(HYL Archives:Letter of Alfred K'aiming Ch'iu to Lienche Tu, April 22, 1932)

哈佛燕京学社董事会主席 George Henry Chase 致函裘开明,说明董事会 T-244 决议的原委:哈佛燕京学社董事会在 4 月 11 日的董事会议上提出学社正面临财政问题,实际上这在几个月前已有预兆,现在出现了赤字。学社大部分资金来源于美国铝业公司,该公司现在已经被迫宣布利润减少。因此目前学社所处的环境非常不稳定,董事会认为目前应该持一种非常保守的发展政策,直到美国普遍的财政条件有所好转。可以肯定的是在未来的两三年间,学社的收益将会急剧减少。学社采取的第一步措施是彻底地减少学社在哈佛和燕京两个中心的直接活动,仅仅保留和持续那些有特色有必要持续的项目。学社将不再聘任研究员职位。学社有关图书采购、出版和项目的相关活动将暂时终止或大幅度减少……(HYI Archives:Form Letter Sent to institutions referred to in Vote T-244, April 22, 1932)

4月28日

裘开明函告中华图书馆协会:寄来各种刊物已收到,价洋、邮费以及本年度会费共华币十五元四角壹分(15 元 4 角 1 分),业已函知北平燕京大学图书馆哈佛购书处照付,随函寄回协会调查表一纸。(HYL Archives:裘开明致中华图书馆协会信函,1932 年 4 月 28 日)

裘开明回复芝芝加哥大学远东研究所 Lo Ch'uan-fang 来信,推荐约 30 种研究中国文化的重要当代中文出版物。(HYL Archives:Letter of Alfred K'aiming Ch'iu to Lo Ch'uan-fang, April 28, 1932)

5月15日

哈佛大学汉和图书馆在《燕京大学图书馆报》上刊登《征求国学及图书馆学刊物启事》,曰:敝馆为提倡东方文化,发扬中国学术起见,拟征集中国各图书馆及其他学术机关出版关于国学及图书馆学刊物,以资参考,为荷。各图书馆、学术机关及私人团体愿惠赐刊物或需购订者,请寄交北平燕京大学图书馆哈汉和图书馆办事处分别接受办理,为荷。(《美国哈佛大学汉和图书馆征求国学及图书馆学刊物启事》,见:《燕京大学图书馆报》,第 29 期第 2 页,1932 年 5 月 15 日)

5月16日

裘开明致函上海中华书局总店,请该店将漏寄之《四库备要》各卷补寄。(HYL Archives:裘开明致上海中华书局总店信函,1932 年 5 月 16 日)

5月20日

裘开明致函美国学术团体协会中国研究委员会秘书 Mortimer Graves:兹附上我给国会图书馆中文部 B. A. Claytor 先生的信,在信中专门谈到了我们整合三个日文版大藏经、编撰索引的事。我想,你可能想知道该索引目前的进展,因为这个索引计划是你在《1931 年美国中国研究进展》报告中首先公布的。请告诉我你们委员会决定如何使用我的关于中国图书馆资源和图书市场的报告。(HYL Archives:Letter of Alfred K'aiming Ch'iu to Mortimer Graves, May 20, 1932)

5月21日

裘开明致函下山重丸(Shigemarce Shimoyama),告知汉和图书馆已决定录用他来馆工作,询问他是否接受汉和图书馆的待遇。(HYL Archives:Letter of Alfred K'aiming

Ch'iu to Shigemarce Shimoyama, May 21, 1932)

5月24日

裘开明致函图书馆用品社杨左平：我们已经收到了4月5号和4月15号发货清单上的杂志。我们收到了 Good Roads Monthly（Vol. 10），但清单上却没列明；而清单上有列的《财政部公报》（the Bulletin of the Ministry of Finance, No. 14, No. 15），我们却没有收到。能否麻烦贵社帮我们把这个问题解决一下？收到这封信后，请贵社停止继续为敝馆购买1月29号订单上剩余的期刊。由于受经济萧条的影响，我们已经大大压缩了之前的预算，故无法支付购买过期杂志的费用。（HYL Archives：Letter of Alfred K'aiming Ch'iu to Yang Zuo-ping, May 24, 1932）

5月25日

康奈尔大学教授 Gassie D. Gaskill 致函裘开明：兹奉还从贵馆借阅的书籍，很高兴康奈尔大学已与汉和图书馆建立了馆际互借关系。我已经致函北京协和书局（Union Book Store）的 Jiu Ku 先生，希望康奈尔大学图书馆也能购置一套奉天版《清史稿》。在汉和图书馆停留一天，非常愉快，获益匪浅，感谢先生拨冗相伴，希望夏季研讨会时可以在贵馆停留更长时间，也欢迎先生届时能到康奈尔参观。（HYL Archives：Letter of Gussie D. Gaskill to Alfred K'aiming Ch'iu, May 25, 1932）

5月27日

哈佛大学图书馆馆长白雷格（Robert Pierpont Blake）致函哈佛燕京学社教育委员主席 George Henry Chase：如果可能的话，裘开明希望关闭历史阅览室，为哈佛燕京学社的学生提供更多的学习和研究讨论空间。这一点，不论是从学社的意见还是从历史学读者的需求出发，都是一个不可行的建议……此外，裘开明希望占用梅光迪（Kuang-ti Mei）的研究室，专门存放古籍。我不同意这种建议，我认为可以像之前在怀德纳图书馆 Lowell 贮藏室的做法一样，把古籍存放到地下室或隐蔽的闲置地方，如仓库、楼上的主阅览室……（HYL Archives：Letter of Robert Pierpont Blake to George Henry Chase, May 27, 1932）

裘开明致函齐国樑：徐（世昌）前大总统所书匾额刻由内子带到，至为欣感，已转呈敝校图书馆馆长白雷格（Robert Pierpont Blake）博士妥悬馆中。俾请飞名笔，得为万里楷模。兹由白雷格馆长致先生及徐公谢函各一通，祈转交为荷……（HYL Archives：裘开明致齐国樑信函，1932年5月27日）

5月28日

哈佛燕京学社董事暨哈佛图书馆馆长白雷格（Robert Pierpont Blake）向罗振玉（Lo Chen-yu）、徐世昌（Hsu Shih-chang）发出致谢函，感谢其应裘开明邀请，为汉文文库题写精美匾额，哈佛燕京学社将永久悬挂于墙上。并致函齐国樑（Chi Kuo-liang，天津女子学院教师），感谢其代向徐世昌求书匾额。（HYL Archives：Letter of Robert Pierpont Blake to Lo Chen-yu, May 28, 1932 & Letter of Robert Pierpont Blake to Hsu Shih-chang, May 28, 1932 & Letter of Robert Pierpont Blake to Chi Kuo-liang, May 28, 1932）

5月31日

裘开明寄中文书订购单到上海中华书局总店。（HYL Archives：裘开明致上海中华书局总店信函，1932年5月31日）

6月2日

裘开明致函美国学术团体协会（American Council of Learned Societies, ACLS）中

国研究委员会秘书 Mortimer Graves:我非常高兴从你5月31日的来信中得知你将打算出版我的《在中国的图书馆资源和图书市场》报告。我希望在报告中补充两点内容,请问你能否如附件所示,把每一段需要补充的文字加进报告之中?随函附上需要补充的手稿。(HYL Archives:Letter of Alfred K'aiming Ch'iu to Mortimer Graves, June 2, 1932)

6月4日

洪煨莲函告袁同礼,裘开明对国立北平图书馆目录卡片印刷项目进行了评估,但由于学社下一年度的经费缩减,董事会无法继续资助国立北平图书馆目录卡片印刷的项目。(HYL Archives:洪煨莲致袁同礼信函,1932年6月4日)

6月7日

美国学术团体协会(American Council of Learned Societies,ACLS)中国研究委员会秘书 Mortimer Graves 致函裘开明:非常感谢6月2日来函。我已经根据你的意见对报告进行了补充修改。我们正在试验一种新的汉字印刷方法,在此方法实现之前我们将不做任何处理。(HYL Archives:Letter of Mortimer Graves to Alfred K'aiming Ch'iu, June 7, 1932)

6月8日

哈佛燕京学社签发聘用下山重丸(Shigemarce Shimoyama)为汉文图书馆馆员的通知书。(Harvard College Library Employment Notice to Shigemarce Shimoyama, June 8, 1932)

6月25日

中华图书馆协会寄来汉和图书馆缴纳1931年度机关会费国币银5元正收据一纸。(HYL Archives:中华图书馆协会收据,1932年6月25日)

6月29日

上海中华书局总店来电报,请求支付《中国农村经济问题》等4种书的购书款。(HYL Archives:上海中华书局总店致哈佛大学图书馆电文,1932年6月29日)

7月1日

哈佛大学汉和图书馆的藏书量为:中文图书24947种55089册,日文图书793种2238册,中文期刊258种,日文期刊44种,另有西文图书若干。图书馆的藏书的分布如下:1.馆长室:有关印刷史、出版业、书目、图书馆和书商目录的书籍。2.外借台:保存本图书和普通参考书。3.阅览室:各种工具书。4.书库:书库分东西两个部分,西库藏已经编目的图书,东库藏未编目的图书。中日文图书混排。进入书库或者在书库中建立零时工作空间需经馆长批准。5.善本图书室:收藏中日文善本。西文图书则收藏在哈佛燕京学社所在的博伊斯顿堂(Boylston)17号房间和外借台,只供馆内阅览。当时汉和图书馆使用的图书分类法主要是依据《四库全书总目》、张之洞的《书目答问》、郑樵的《通志艺文略》、哈佛学院图书馆与美国国会图书馆的图书分类法编制而成,共分9个部类:100—999 经学,1000—1999 哲学与宗教,2000—3999 历史,4000—4999 社会科学,5000—5999 语言文学,6000—6999 美术,7000—7999 自然科学,8000—8999 农业与技术,9000—9999 丛书目录。共有3种目录:(1)人名与书名目录,按王云五的四角号码检字法排列。(2)书名与人名字典目录,中文按威氏拼音法(Wade-Giles System)、日文按日文罗马字法(Romaji-Kai System)的音顺排列。(3)主题目录:分中日文两个部分,按分类法的小类排列。图书馆委员会的成员共4人:哈佛大学图书馆馆长白雷格(Robert Pierpont Blake)教授(主席),Walter Ernest Clark 教授,贾德纳(Charles Sidney Gardner)先生,裘开明(秘书)。汉和图书馆的职员仅3人:馆长裘开明,编目员冯汉骥(Han-ye Feng),阅览室看管员（临时）葛受元（Andrew Son Yuen Ko）。（Alfred K'aiming Ch'iu. "A guide to the Chinese-Japanese Library of Harvard University under the Auspices of the Harvard-Yenching Institute", Boylston Hall, Cambridge, Massachusetts, July 1932, printed by Hop Yuen Co.［美国波城合源公司］, Boston, Mass.）

7月6日

自本日起至8月17日，汉文文库开馆时间为：星期一至星期五上午9时至下午6时，晚上7时至10时，星期六上午9时至下午1时。（HYL Archives：Note of Chinese Collection, July 6, 1932）

7月7日

裘开明致函哈佛大学图书馆馆长柯立芝（Archibald Cary Coolidge）：因为在远东地区研究暑期研讨会期间，要在博伊斯顿堂（Boylston Hall）举办一个中文善本和手稿展览，需借用哈佛大学图书馆的展览柜，暑期研讨会结束即归还。（HYL Archives：Letter of Alfred K'aiming Ch'iu to Archibald Cary Coolidge, July 7, 1932. See：Box 4-193）

7月20日

裘开明致函间宫富士（Fujio Mamiya）：另函寄来一份《哈佛大学汉和图书馆指南》（"Guide to the Chinese-Japanese Library of Harvard University"），如果你希望在你创办的《图书馆研究》杂志上发表该指南的日文版，那么，我希望能在中间加上一段话。我在《图书馆研究》（*Toshokan Kenkyu*）第1卷第2期上发表的《汉和图书馆分类法大纲》，已被燕京大学图书馆和哥伦比亚大学图书馆图书馆采用，国立北平图书馆亦以此为编制分类法的参考。《汉和图书分类法》已经试行5年（1927年2月起草后已经过了几年的研究修改），我将会出版该分类法的定本。1931年2月，商务印书馆出版了我撰写的《中国图书编目法》，很抱歉目前手边没有额外的书，等收到从中国寄来的书以后，即寄奉一本。（HYL Archives：Letter of Alfred K'aiming Ch'iu to Fujio Mamiya, July 20, 1932）

7月23日

留美青年会（Chinese Students' Christian Association）总秘书Y. E. Hsiao致函裘开明：非常感谢你上次在剑桥对我的招待。非常荣幸能认识裘太太与你家人。能否帮我一个忙？寄给我一份哈佛燕京学社现在有关东方研究的夏季课程表……（HYL Archives：Letter of Y. E. Hsiao to Alfred K'aiming Ch'iu, July, 1932）

7月24日

裘开明致函支那内学院流通处：两包书籍均已收到，已去函嘱北平燕京大学图书馆哈佛购书处照付书款。（HYL Archives：裘开明致支那内学院流通处，1932年7月24日）

8月30日

中国科学社留美分社（Sicence Society of China［American Branch］）第三次年会在麻省理工学院沃克纪念厅（Walker Memorial Hall, MIT）举行，裘开明先生于下午2时在教师宴会厅作题为《中国农业经济统计研究近期进展》（"Recent Advances on the Statistical Study of Chinese Agrecultural Economy"）的专题报告。冯汉骥（Han-ye Feng）、丁绪宝等62人参加会议。（See：HYL Archives：file：The third annual meeting program of Sicence Society of China［American Branch］, August 29-31, 1932）

间宫富士（Fujio Mamiya）致函裘开明：我已收到《哈佛大学汉和图书馆指南》（"Guide to the Chinese-Japanese Library of Harvard University"）。我希望将几个月前收到的油印本分类表插入到此文中一并发表。《图书馆研究》（*Toshokan Kenkyu*）第5

卷第 3 期正在印刷中,有望在 9 月底寄出。我已经联系了国会图书馆卡片目录部负责日文书的坂野志雄(Shio Sakanishi),如你有任何日文图书方面的问题,都可直接向坂野志雄询问。(HYL Archives:Letter of Fujio Mamiya to Alfred K'aiming Ch'iu, August 30, 1932)

8 月 31 日

间宫富士(Fujio Mamiya)致函裘开明:我已将《哈佛大学汉和图书馆指南》("Guide to the Chinese-Japanese Library of Harvard University")翻译完毕,将刊登在年底出版的第 5 卷最后一期上。译完此文后,我对汉和图书编目方法产生了浓厚的兴趣,希望你能寄来一些目录卡片供进一步研究,以便了解你的编目方法是如何对作者的姓名、字号、生卒年等进行标目,如何编制姓名、书名、出版时间、出版地点、出版者、版本、页数、卷数、函套、插图等完整的著录项目,因为现在日本的图书馆也面临着制定编目规则的问题。(HYL Archives:Letter of Fujio Mamiya to Alfred K'aiming Ch'iu, August 31, 1932)

8 月

裘开明撰 "The Destruction of the Commercial Press Library" 发表于 *Library Journal*, Vol. 57, No. 14 (August 1932):649-651。

9 月 4 日

钢和泰(Alexander W. von Staël-Holstein)决定捐款国币 5000 元,用于购买《丹珠尔》(共 224 卷)。(Memorabilia of Purchase Tanjur-Kanjur. See:HYL Archives:file:Library, 1934 –1936)

9 月 7 日

托雷多艺术博物馆(Toledo Museum of Art)东方艺术主任 Maclean. J. Arthur 致函裘开明:需中国线装书装帧方式的照片或复印件,请惠予帮助提供相关的图片,并描述线装书的各个组成部分以及制作工艺。(HYL Archives:Letter of Maclean. J. Arthur to Alfred K'aiming Ch'iu, September 7, 1932)

9 月 12 日

中华图书馆协会执行委员会致函裘开明:本会对于图书馆建筑注意研讨,凡各馆建筑影片无不征集储藏。闻贵馆新筑落成,规模宏大,敬祈惠赐新筑影片全份,及一切说明文字。(HYL Archives:中华图书馆协会执行委员会致裘开明信函,1932 年 8 月 16 日)

9 月 20 日

裘开明致函托雷多艺术博物馆(Toledo Museum of Art)东方艺术主任 Maclean. J. Arthur,告知将另函寄奉有关中国线装书装帧方式的文献,建议 Maclean. J. Arthur 亲自到汉和图书馆挑选所需要的线装书样本,怀德纳图书馆可提供收费的影印服务。(HYL Archives:Letter of Alfred K'aiming Ch'iu to Maclean. J. Arthur, September 20, 1932)

燕京大学图书馆哈佛购书处田洪都(Hung-tu Tien)先生向哈佛大学哈佛学院图书馆汉和文库提交用款报告:1931－1932 年度哈佛购书处总计用款为 19181.67 国币,其中书款 13828.63,杂志 841.13,杂费 4511.91。(See:HYL Archives:Hung-tu Tien, A Summarized Statement of H. C. F Account for 1931-1932)

9 月

裘开明撰 "Chinese Historical Documents of the Ch'ing Dynasty, 1644-1911" 发表于 *Pacific Historical Review*, Vol. 1, No. 3 (September 1932):324-336。

10 月 12 日

哈佛大学政府系教授 B. C. Hopper 致函裘开明:崔书琴(Tsui Shu-chin)请我就其

博士论文之事写信给你，他计划撰写关于莫斯科干涉中国革命的博士论文，希望了解一下贵馆关于这一主题所藏资料的情况。B. C. Hopper 认为图书馆应该拨出一部分经费用于购买中苏关系方面的文献，这对于这一领域的深入研究非常重要。(HYL Archives：Letter of B. C. Hopper to Alfred K'aiming Ch'iu, October 12, 1932)

10月14日

裘开明答复哈佛大学政府系教授 B. C. Hopper 教授10月12日的来函，告知已经让汉和图书馆在中国的代理通过购买或其他方式获得关于中苏关系方面的文献，但是限于这类资料的性质，恐难得到各类秘密文件，只能尽量为之。(Letter of Alfred K'aiming Ch'iu to B. C. Hopper, October 14, 1932)

10月16日

中国科学社北美分社修订社员名录，共有赵元任、裘开明、冯汉骥（Han-ye Feng）、丁绪宝等62人。(HYL Archives：Directory of the Members of Sicence Society of China American Branch [revised October 16, 1932])

10月17日

美国学术团体协会（ACLS）助理办公室经理 Donald Brock 致函裘开明：随信附上一份对中文研究感兴趣的人员修订名单。毫无疑问，这份修订名单中会遗漏一些名字，同时，有些人名应该排除掉。这份名单需要经常更新。(HYL Archives：Letter of Donald Brock to Alfred K'aiming Ch'iu, October 17, 1932)

10月19日

裘开明致函美国学术团体协会（ACLS）助理办公室经理 Donald Brock：非常感谢你所提供的对中文研究感兴趣的人员名单。这份名单非常有用，将可用作我们通讯录的基础。(HYL Archives：Letter of Alfred K'aiming Ch'iu to Donald Brock, October 19, 1932)

10月20日

裘开明致函美国学术团体协会（ACLS）中国研究委员会秘书 Mortimer Graves：你在10月19日的来信提到国会图书馆的 Frederick E. Brasch 先生想与中国科学社留美分社（Sicence Society of China [American Branch]）取得联系，我已转告我们协会的秘书汤佩松（Tang Pei-sung）博士。我相信汤博士将会与 Brasch 先生进行沟通。请问你是否愿意把我的名字列入你的通讯录中，以接受有关远东研究研讨会方面的印刷品？(HYL Archives：Letter of Alfred K'aiming Ch'iu to Mortimer Graves, October 20, 1932)

10月27日

芝加哥大学东方研究所秘书长 Edna Biller 致函裘开明，请求推荐几种中文入门教材。(HYL Archives：Letter of Edna Biller to Alfred K'aiming Ch'iu, October 27, 1932)

10月31日

裘开明致函中华图书馆协会执行委员会：前奉台函征集图书馆建筑影片及一切说明等项。已经查敝馆前年由大学图书馆移出至此堂，屋系由旧化学室改造，并未另建新馆，所请无以为应……(HYL Archives：裘开明致中华图书馆协会执行委员会信函, 1932年10月31日)

10月

本月裘开明向哈佛大学图书馆馆长白雷格（Robert Pierpont Blake）教授提交《1931—1932年度汉和图书馆馆长报告》：1931年6月30日至1932年7月1日，汉和图书馆采购中文图书1883种16604册，拓片397张，地图105幅，照片14张；日文图书330种

964 册,地图 3 张。新增了 158 种中文期刊,使总数达到了 258 种。日文期刊也由 29 种增加到了 44 种。本年度采购的大部分中文图书均由我(裘开明)于 1930 至 1931 年在北平、杭州和上海时购买,并照常通过燕京大学司库付款所得。作为浙江大学艺术学院图书馆主任(1930—1931),冯汉骥(Han-ye Feng)先生在杭州为我们采购图书提供了许多帮助。购得的图书先在燕京大学存放一段时间,因为刚生效实施的新法律禁止出口 1850 年以前印刷的中国古书。我们的图书曾经 3 次被天津海关官员扣留。经过洪煨莲(William Hung)教授和田洪都(Hung-tu Tien)先生的不断努力,海关最后将扣留的图书发还给了燕京大学。显然,必须找到其他的方法将图书运到美国。经过考虑,我突然想到,具有可拆装帧的中文图书能够拆开装帧分别邮寄,也就是说,图书可以按照一种方式邮寄,而可拆的装帧(例如:函套和书箱)可以按另外的方式邮寄。于是决定采用挂号邮件的方式邮寄薄而轻的图书,而重的装帧(例如:函套和书箱)则像以前一样采用船运。采用这种方法,除了几部善本是通过个人行李带回来的以外,其他的所有的 1850 年以前刻印的图书都寄到了剑桥……我在中国购买的善本图书如下:宋版白文《五经》、少微家塾点校附音《资治通鉴节要》、元版《广韵》……《永乐大典》卷 7756—7757,《永乐大典》卷 19416—19426,4 册影印本,……共 28 种。在过去的一年中,大部分时间用于编制大约 250 种丛书的主题分析卡片,并提供全新的罗马化的作者卡片目录和书名卡片目录,这在北美绝无仅有……1930—1931 年度我在北平时,我被燕京大学聘为燕京大学图书馆特别顾问。我特意帮助他们重新组织其分类法和编目法。燕京大学图书馆采用了我们的图书分类法。我们编制目录卡片的规则和形式,以及按照"复制方法"(ditto process)印刷目录卡片的实践也传到了燕京大学。1931 年 10 月,冯汉骥先生加入我们的职员,他曾任厦门大学图书馆代理馆长、河北省立图书馆馆长和浙江大学艺术学院图书馆主任。自 1927 年夏就一直在我们图书馆的汤吉禾(Edgar Chiho T'ang)先生于 1932 年 6 月离美回中国了。(HYL Archives:A. K'aiming Ch'iu. "Chinese-Japanese Library, Harvard Unviersity, Report of the Librarian for the Year June 30, 1931 to July 1, 1932 to Professor Robert Pierpont Blake, Director of Harvard University Library". Boylston Hall, Cambridge, Mass. , October, 1932)

11 月 3 日

裘开明致函间宫富士(Fujio Mamiya),附寄中日文图书的各类印刷目录卡片样本,简要介绍汉和图书馆编印卡片目录的缘起,并阐述采用书名卡片(title card)作为中日文图书主卡片(main card),并以书名为标目的如下理由:1. 在日本和中国,读者更习惯使用书名卡片;2. 著作中的引文通常都是标注书名;3. 古代的很多书都不知作者,或对作者有争议;4. 很多中文书都是由政府组织编写的。信末云:非常抱歉,至今我都没有收到中国邮寄的我的《中国图书编目法》。我不知道为什么他们不再寄书给我,我在很久以前就已经预订了。或许所有的书都已经毁于最近上海的空袭。(HYL Archives:Letter of Alfred K'aiming Ch'iu to Fujio Mamiya, November 3, 1932)

11 月 4 日

裘开明致函加州大学教授宾板桥(Woodbridge Bingham),告知其来信询问的几位好友的近况,并向其推荐最近搜集到的研究唐代中国的文献。(HYL Archives:Letter of Alfred K'aiming Ch'iu to Woodbridge Bingham, November 4, 1932)

11 月 13 日

加州大学宾板桥(Woodbridge Bingham)教授致函裘开明,感谢裘开明的帮助。

(HYL Archives: Letter of Woodbridge Bingham to Alfred K'aiming Ch'iu, November 13, 1932)

11月14日

哈佛燕京学社于下午4:30在哈佛商学院教工俱乐部(Faculty Club)召开在哈佛燕京学社董事会会议,出席会议的人员有:巴伯(George G. Barber)、巴顿(James L. Barton)、George Henry Chase、白雷格(Robert Pierpont Blake)、诺斯(Eric M. North)、伍兹(James H. Woods)、Carl T. Keller。财务员 Henry Shattuck 先生列席。Chase 先生主持会议。与图书馆发展有关的决议如下:1.表决通过 T－253:财务员 B.A.Garside 先生关于清理截至1932年6月30日财务账目赤字和结余的报告。具体情况如下:(1)图书馆普通预算经费(仅图书采购)赤字国币149.05元,外文图书采购经费赤字国币1458.42元,合计赤字国币1607.47元。该项赤字将在1932－1933年度同类拨款中首先支付。(2)中国6所机构在北京举行专用基金特别会议,会议费用赤字国币2775.46元。(3)以下结余将继续留存:薪水增长基金储备金国币30元、中印研究基金国币17元、汉学引得基金国币7506.12元、手稿印刷出版专项基金国币47.15元、哈佛大学图书资金国币20411.25元,合计国币28011.52元。(4)如果第(2)款中所述赤字可在1932－33年普通预算中预支,则以下结余可取消:考古工作实验基金国币1.52元、房屋租金国币427.52元、汉学研究学报基金国币251.42元、翻译基金国币287.49元、行政办公支出费用国币706.17元、牧师助理基金国币501.80元、临时基金国币320.73元、利息国币361.85元、顾颉刚奖助金国币2000元、共计国币4853.50元。2.表决通过 T－257:拨款国币2200元偿还钢和泰(Alexander W. von Staël-Holstein)教授为汉和图书馆购买藏文大藏经(*Tibetan Kanjur*)的成本费用。3.图书馆委员会报告。白雷格教授代表图书馆委员会做工作报告。关于预算大幅削减问题,除了本年度开始学社在北平尚有国币20411.25元的资金结余外,图书采购和装订的可用经费数额仅为1876美元。图书馆应集中购买必要的日文图书,尤其是那些对中国事务进行集中深入科学研究的出版物。经与叶理绥(Serge Elisséeff)教授和岸本英夫(Hideo Kishimoto)先生协商,建议购买3套必不可少的重要著作,成本分别为3184日元、1174日元和10014日元,总计14372日元。委员会已经利用本年度的拨款订购了第1套和第2套。因此应该考虑使用北平信用账户的可用余额。叶理绥教授和岸本先生迫切希望购买第3套。鉴于图书馆的预算已经被削减,应该为图书馆追加拨款。该书的订购经费总计1500美元,剩余费用从下年的图书馆拨款中拨付。图书馆馆长建议为了弥补图书馆藏书资源的缺漏和空白,希望以便宜和方便的方式出版馆藏中文图书目录,并按照每套目录约200美元的成本价格出售。白雷格教授指出图书馆委员会不倾向于支持图书馆馆长关于在中国出版图书馆图书目录的建议,因为图书馆馆藏资源尚未达到可以出版一部目录的程度。表决通过 T－262:从累积收益中拨款1500美元,用于图书馆日文图书的购买。(HYI Archives: Meeting of the Board of Trustees Held on November 14, 1932)

11月24日

裘开明撰写《中西邦交书目序》:本馆创立之初,原定工作计划除分类编目外,本有编纂各种学科书目及重要国学书籍索引,而继因经费结绌及在国外缺乏相当参考书籍,故未积极进行,仅由馆中同事二三人就各人所学及兴趣所好,于其他公务之余,兼及此项工作。汤君吉禾原任本馆编目,于国学既有深造,复在美国米速屡 Missouri、哥伦彼亚 Colombia 及哈佛诸大学研究历史及政治学有年,对于各国政治典制及中西邦交历史致力尤勤,此目即为其在馆时所编,复回国复经修正者。虽未能谓绝对完善,然于此学载籍已具表率,吾知其能裨益于研究中西文化交通者必大,故乐而为之序。(HYL Archives:裘开明撰《中西邦交书目序》,1932年11月24日)

11月25日

T. Price Maurice致函裘开明,询问汉和图书馆关于1925年5月30日上海"五卅"运动研究资料的收藏情况,并请提供反映1917年至1925年期间中国共产党、中国学生运动、中国劳工组织以及反帝反封建运动的报纸和期刊信息。(HYL Archives:Letter of T. Price Maurice to Alfred K'aiming Ch'iu, November 25, 1932. See: HYL Archives, B6-251/4-3)

11月29日

裘开明回复T. Price Maurice的来信,推荐关于五卅运动的研究资料以及关于1917年至1925年期间中国共产党、中国学生运动、中国劳工组织以及反帝反封建运动的报纸和期刊。(HYL Archives:Letter of Alfred K'aiming Ch'iu to T. Price Maurice, November 29, 1932)

12月2日

裘开明致函北京协和书局(Union Book Store)的Jiu Ku,订购中文新书。(HYL Archives:Letter of Jiu Ku to Alfred K'aiming Ch'iu, January 8, 1933)

12月5日

雪城大学地理学院(the Department of Geography, Syracuse University)院长葛德石(George Babcock Cressey)来函请裘开明代写几个中文字。(HYL Archives:Letter of George Babcock Cressey to Alfred K'aiming Ch'iu, December 5, 1932)

12月7日

裘开明致函雪城大学地理学院(the Department of Geography, Syracuse University)院长葛德石(George Babcock Cressey):你的助理写的中文字非常漂亮。我觉得我和我的助理写的字都不会更好,现把原件寄还给你,同时按照你的要求代抄一份,使用的是黑墨水而不是普通的中国墨水。影印复制时,黑墨水通常会比中国墨水更清晰。(HYL Archives:Letter of Alfred K'aiming Ch'iu to George Babcock Cressey, December 7, 1932)

T. Price Maurice致函裘开明,询问有关《每周评论》(*Weekly Critic*)和《新青年》(*New Youth*)两种期刊的相关问题,并请裘开明提供在来信中提到的博士论文题为《莫斯科对中国革命的影响》的中国留学生的联系方式,表示愿意把自己收藏的《中国评论》(*China Critic*)1927年上半年的6期赠送给汉和图书馆。(HYL Archives:Letter of T. Price Maurice to Alfred K'aiming Ch'iu, December 7, 1932)

12月9日

上海中华书局总店致电裘开明:贵馆预定的《四部备要》第二集现已出版,请寄预订单,以便寄书。(HYL Archives:上海中华书局总店致哈佛大学图书馆电文,1932年12月9日)

12月10日

裘开明回复T. Price Maurice,感谢赠送杂志给汉和图书馆,告知所询问的中国留学生的联系方式,并介绍《每周评论》(*Weekly Critic*)和《新青年》(*New Youth*)两种刊物的情况。(HYL Archives:Letter of Alfred K'aiming Ch'iu to T. Price Maurice, December 10, 1932)

12月31日

间宫富士(Fujio Mamiya)致函裘开明:已收到寄来的印刷目录卡片,目前日本亦有图书馆使用 Ditto 复制法,但是此法不适宜大量复制。目前日本也在制定标准的中日文图书编目规则,在帝国大学图书馆召开的会议上,已决定采用作者卡片(Author Card)作为主卡片。《图书馆研究》第 4 卷第 5 期已经出版,将另函奉上。《图书馆研究》第 5 期上刊登了我翻译的《哈佛大学汉和图书馆指南》("Guide to the Chinese-Japanese Library of Harvard University")和分类法,还有 Amano Keitaro 撰写的关于建立日文书编目标准的文章。我已经托朋友在上海购买了一本《中国图书编目法》。(HYL Archives:Letter of Fujio Mamiya to Alfred K'aiming Ch'iu, December 31, 1932)

本年

裘开明在哈佛大学文理研究生院攻读经济学博士学位,并担任哈佛学院图书馆汉文文库馆长(Librarian of Chinese Collection,Harvard College Library)和中国语言文学讲师(Instructor in the Chinese Language and Literature),办公地点为博伊斯顿堂(Boylston Hall),其时在哈佛大学登记的个人住址为:6 Ellsworth Avenue, Cambridge, MA.。(Harvard University Catalogue, 1932-1933. Cambridge:Harvard University, November 1932:43, 55, 932)

裘开明为中国科学社留美分社(Sicence Society of China[American Branch])1932—1933 年度会员。(HYL Archives:中国科学社留美分社选举委员会致全体社员,September 15, 1932)

顾廷龙考入燕京大学研究院国文部攻读文学硕士学位,其后任燕京大学哈佛大学图书馆驻平采访处主任。(《燕京大学研究院毕业生名录[1922 年至 1935 年]》,燕京大学,1935, 5:3)

本年哈佛燕京学社邀请法国汉学家伯希和(Paul Pelliot)教授担任社长职位,但是,伯希和谢绝了邀请,并决定推荐叶理绥教授(Serge Elisséeff)担任哈佛燕京学社社长,给年轻人一个尝试的机会。于是,叶理绥教授在 1932—1933 年被哈佛大学聘为访问教授。(Edwin O Reischauer. 英利世夫[Serge Elisséeff]先生小传. *Harvard Journal of Asiatic Studies*, Vol. 20, No. 1-2, June 1957:1-35)

叶理绥(Serge Elisséeff)教授在 1932—1933 年被聘为哈佛大学日文讲师。(Alfred K'aiming Ch'iu. "The Harvard-Yenching Institute Library". *The Far Eastern Quarterly*[《远东季刊》]. Vol. 14, No. 1 [November 1954]:147-152)

叶理绥(Serge Elisséeff)教授到达哈佛大学时,汉和文库有中文藏书71036册,日文藏书 3835 册。叶理绥教授多次与裘开明博士讨论藏书的采购问题,强调应加强日文重要汉学书刊的采购。(Serge Elisséeff. "The Chinese-Japanese Library of the Harvard-Yenching Institute". *Harvard Library Bulletin*, Vol. 10, No. 1, Winter 1956:73-97)

1933 年
36 岁

1月14日

裘开明致函杜联喆(Lienche Tu)：我很高兴地告诉你，汉和文库可能有个工作机会，因为明年秋季，其中一个助理可能要离开。这个空缺是一周20小时的兼职工作(全职工作是每周40个小时，每月工资150美元)。原本这个职位是打算给房(兆楹)先生，因为之前我答应过他。但是我刚知道房先生已经离开了燕京，去了山东大学图书馆。他还没有写信给我，我不知道秋季他是否能拿到山东省政府提供的部分奖学金和旅费来美国。但是我认为你在中国文学和历史上的学术成就将会对敝馆和我个人有很大的帮助。但是考虑到你自己的兴趣，我仍然认为你要申请哈佛燕京的奖学金，大约一年1500美元。你要是能得到这些奖学金，你就可以全力投入研究工作，我认为这样的安排对你比较好。而且，我感觉假如陈垣(Chen Yuan)教授、顾颉刚(Ku Chieh-kang)教授和燕京的洪煨莲(William Hung)为你给学社教育委员会写推荐信的话，你就能得到很好的机会拿到奖学金。我个人相信你能得到。陈垣和顾颉刚教授如写中文信给剑桥，我很愿意代译。总之，如果你申请学社奖学金，你需要你在燕京和加利福尼亚的教授写推荐信。当然，我会尽力向 George Henry Chase 院长推荐你的学术成就和你的品性。(HYL Archives：Letter of Alfred K'aiming Ch'iu to Lienche Tu, January 14, 1933)

1月19日

杜联喆(Lienche Tu)致函裘开明：你1月14日大函奉悉。非常感谢你的聘用。我没有想到会有这么好的机会。我能去东部特别是哈佛，多么令人振奋！关于哈佛燕京的奖学金，我感谢你的建议。在现在的情况下，我只能从加利福尼亚的教授那里得到推荐。因为这个申请要在3月1日前寄出，这样从中国写信就太晚了。而且，万一华北发生变故，我真的不想麻烦朋友们。可能明年我会再尽力尝试。(HYL Archives：Letter of Lienche Tu to Alfred K'aiming Ch'iu, January 19, 1933)

裘开明致函美国学术团体协会(ACLS)中国研究促进委员会秘书 Mortimer Graves：前几天，Bishop 博物馆及夏威夷的太平洋关系研究所的 E. S. Craighill Handy(哈佛，1915班)教授邀请我见面。他告诉我，他在我的《中国图书馆资源与图书市场》报告中看到一条有关太平洋事件的通知，他非常希望想要1份复件。请问我的手稿是否已交给了印刷商？最近我们收集了不少我的报告中没有提及的重要出版物。如果我的报告还没有出版，那么我希望补充这些重要资料，否则，我担心别人指责我有资料疏忽之失。当然如果报告的出版时间是1931年4月，那么，没有补充新的出版物就不会有太大麻烦。你的意见如何？(HYL Archives：Letter of Alfred K'aiming Ch'iu to Mortimer Graves, January 19, 1933)

2月3日

美国学术团体协会(ACLS)中国研究促进委员会秘书 Mortimer Graves 致函裘开

明：1月19日来信收悉，因为年会的关系，延迟了回信。你的手稿还没送去印刷，因为我们正在等哈佛燕京学社买的中文铅字，希望能在最后排版前到达。你想我把你的修订本寄回给你吗？（HYL Archives：Letter of Mortimer Graves to Alfred K'aiming Ch'iu, February 3, 1933）

2月4日

裘开明致函间宫富士（Fujio Mamiya）：感谢你翻译和发表《哈佛大学汉和图书馆指南》("Guide to the Chinese-Japanese Library of Harvard University")和分类法，以及寄来《罗马化日文字拼音方案》("Nippon-shiki system of romanizing Japanese Language")。请问日本目前有多少图书馆采用了这种新日文字拼音方案。我已经读了 Amano Keitaro 撰写的关于建立日文图书编目标准的文章，很有兴趣。不知间宫富士公司是否愿意出版我编写的《汉和图书分类法》？随函附上图书预订单一份。（HYL Archives：Letter of Alfred K'aiming Ch'iu to Fujio Mamiya, February 4, 1933）

3月20日

太平洋关系研究所（Institute of Pacific Relations）Elizabeth Green 致函裘开明，感谢裘开明为他编写的《中国的土地与劳动力》("Land and Labour in China")撰写评论。（HYL Archives：Letter of Elizabeth Green to Alfred K'aiming Ch'iu, March 20, 1933）

4月1日

裘开明向哈佛大学历史、政治学、经济学部学位委员会正式提交哲学博士学位论文。指导教师为 John Donald Black 教授和 William Leonard Crum 教授，博士学位论文题目为《1912－1932年中国农村经济统计调查》("Recent Statistical Surveys of Chinese Rural Economy, 1912-1932: A Study of the Sources of Chinese Agricultural Statistics, Their Methods of Collecting Data and Their Finding About Rural Economic Conditions")。包括以下8章：Introduction: Object and Scope of the Study; Part I: History, Methodology & Scope of Surveys; Chapter I: The Statistical Organization and Publications of China; Chapter II: Statistics of Agriculture Collected by the Central Government; Chapter III: Agricultural Survey by Provincial, County and Municipal Departments of Industries or of Reconstruction or of Social Affairs; Chapter IV: Surveys Conducted by Universities; Chapter V: Surveys of Other Educational, Social, and Commercial Organizations; Part II: Findings about Rural Economic Conditions from These Survey; Chapter VI: The Situation in Shentze County, Hopei Province as Revealed by An Economic Survey of 184 Farms Conducted in 1930-1931 by the Institute of Social Research, Peiping; Chapter VII: Summary of Findings from Other Surveys; Chapter VIII: General Summary and Conclusions. 该论文另有4个附录和24个插表，全文共651页，提交日期为"April 1, 1933"。（哈佛大学档案馆藏裘开明博士学位论文）

4月5日

裘开明致函哈佛大学图书馆馆长白雷格（Robert Pierpont Blake）：因图书馆委员会即将召开会议，故附上了下学年的预算草案和由维护部提交的计划，即将大阅览室分成两个区，一供研究学者使用，一供普通读者使用。最近有些人抱怨在汉和文库做研究时缺乏足够的空间。这个计划建议将阅览室的东北角辟为研究室，与一般读者区隔离开。如果有资金的话，可以提供带书柜和上锁抽屉的个人书桌。除了为研究生提供必要的空间，明年还需要为中日文系的教师们提供 2 个研究间。明年秋季将会有 4 名教师，即副教授梅光迪（Kuang-ti Mei）、岸本英夫（Hideo Kishimoto）先生、魏鲁男（James Roland Ware）博士和贾德纳（Charles Sidney Gardner）先生，但是这里只有 2 间研究间。我想知道是否能在 2 楼申请 2 间小教室为哈佛燕京学社所用。岸本先生已经多次向我要研究间了。毋庸置疑，我们也必须提供研究间给贾德纳先生。（HYL Archives：Letter of Alfred K'aiming Ch'iu to Robert Pierpont Blake，April 5，1933）

4 月 15 日

裘开明撰《哈佛燕京图书馆中文图书分类法》发表于《燕京大学图书馆报》第 48 期（1933 年 4 月 15 日）1—4 页。燕京大学图书馆主任田洪都（Hnny-tu Tien）先生在文前撰写识语如下：本分类法之凡例曾在《武昌文华图书科季刊》第 1 卷第 3 期内刊布题曰《裘开明哈佛燕京图书馆中国图书分类法凡例》，谅邀鉴阅。现因各方垂询本馆图书馆分类法函札频颁，不能无所答复，拟将该分类法每类大纲在本馆馆报逐期刊布，俾同好得窥全豹，以资研究而加指教，兹特转载该凡例于此，读者当不厌其重复也。此分类法系裘君开明以多年之经验编辑而成。裘君曾充厦门大学图书馆主任，继赴美入哥伦比亚大学研究图书馆专科，毕业后就哈佛大学汉和文库主任，即于六年前编就此种分类法，适用于汉和文库。嗣因哈佛燕京学社成立，双方交换研究员，应统一两图书馆之编目及分类法，以资研究上之便利，遂于民国十九年洪都在美与裘君商酌扩充此分类法，以期适用于本馆。至二十年秋，本馆所有新购书籍悉依此分类，其旧有书籍亦逐渐改编，业于今春蒇事焉。二十二年四月田洪都识（裘开明撰《哈佛燕京图书馆中文图书分类法》，见：《燕京大学图书馆报》，第 48 期第 1—4 页，1933 年 4 月 15 日）

太平洋关系研究所（Institute of Pacific Relations）Edward C. Carter 致函裘开明，感谢裘开明寄赠论文《中国的国立图书馆》（"National Libraries in China"）若干副本，并请再寄 2 份给身在檀香山的 Loomis。（HYL Archives：Letter of Edward C. Carter to Alfred K'aiming Ch'iu，April 15，1933）

裘开明致函美国图书馆协会秘书 Carl H. Milam：感谢你邀请我为美国图书馆协会即将出版的《世界通俗图书馆》（*Popular Libraries of the World*）第 4 册撰写一篇关于中国图书馆的文章。因目前非常忙碌，所以预计 6 月份才能开始撰写这篇论文。如果 7 月初交稿，是否会太晚。（HYL Archives：Letter of Alfred K'aiming Ch'iu to Carl H. Milam，April 15，1933）

4 月 22 日

哈佛大学怀德纳图书馆（Widener Library）白雷格（Robert Pierpont Blake）馆长致函 George Henry Chase 主席：我已与贾德纳（Charles Sidney Gardner）就哈佛燕京学社汉文文库（Chinese Library）进行了长谈。贾德纳说，哈佛主要是通过燕京大学购买图书，没有办法对采购图书的质量和发货时间等予以控制，同时还要支付燕京服务费用，去年支付的服务费高达 900 美金。鉴于燕京大学不断地为哈佛购买质量很差且版本令人极不满意的图书，妨碍了哈佛获得精良版本的图书，贾德纳建议通过一家北京书店订购新的出版物，这样可以获得更好的服务并且还无需支付服务费，同时认为新的出版资料应该通过邮寄方式传递，这样可以节省费用和时间。贾德纳说，这并非建议完全终止与燕京的协议，但是可以建议燕京寄来一些可供选择的复本资料目录。此外，我还与贾德纳讨论了有关账目审计的问题，这一问题一直困扰着裘开明，是否应该将这个问题提交董事会讨论？贾德纳已经与裘开明审核了燕京的账单，似乎没有发现任何大的不规范的地方,但是价格在一定程度上似乎有点高。(HYL Archives:Letter of Robert Pierpont Blake to George Henry Chase,April 22,1934)

4月24日

下午4:30,哈佛燕京学社董事会在哈佛商学院教工俱乐部召开会议。出席会议的人员有:巴伯(George G. Barber)、巴顿(James L. Barton)、白雷格(Robert Pierpont Blake)、George Henry Chase,Carl T. Keller、诺斯(Eric M. North)。财务员 Henry Shattuck 先生,燕京大学校长司徒雷登(John Leighton Stuart)先生和哈佛大学商学院副院长(Assistant Dean of the Business School of Harvard University)列席会议。教育委员会主席 George Henry Chase 先生主持了会议,秘书负责会议记录。与图书馆发展有关的决议如下:1.追加图书馆拨款。会议主席 George Henry Chase 提出:汉和图书馆的购书经费来自哈佛燕京学社和哈佛学院怀德纳图书馆,学社教育委员会提议应为汉文图书馆的书籍购买保险,于是产生了汉和图书馆藏书的所有权问题。已经就此事与哈佛大学校方进行了沟通,他们通过了一项决议,"哈佛大学承认,用哈佛燕京学社经费购买的或未来购买的所有图书属于哈佛燕京学社所有,并将用适当的标记登记在哈佛大学图书馆的记录上"。学社将为图书馆每年增加170美元预算,用作保险费用。2.图书馆委员会人员任命。表决通过 T-267,图书馆委员会任命以下人员:委员会主席白雷格教授;委员:Walter Ernest Clark 教授,贾德纳(Charles Sidney Gardner)先生。3.哈佛燕京学社北平办事处名称决议。表决通过 T-269:批准"哈佛燕京学社北平办事处"(Harvard-Yenching Institute Peiping Office)作为学社在北平办公室的名称使用,但是该名称将不用作学社在中国活动的名称。4.图书馆委员会报告。白雷格教授代表图书馆委员会作工作报告。白雷格在报告中指出,图书馆委员会同意裘开明拟定的预算草案,预算总额为12000美元。本年图书馆的发展已完全稳定,尽管来自遗产基金的经费较少,使委员会无法获得想要的资源。但图书馆已购买了大量的日文图书,因为叶理绥(Serge Elisséeff)教授希望建设该领域的馆藏资源。图书馆在功能上已基本运行良好。关于历史阅览室挤满很多喧闹的学生的问题,大家存有一些异议,但是,图书馆委员会不同意裘开明提出的用隔墙将图书馆的一个角落隔开的建议,因为这将妨碍室内的光线。图书馆委员会认为这个问题可以通过为研究生在地下室安排一个房间来解决,现在该室正在进行目录卡片印制工作。同时还建议在图书馆东北区域的阅览桌上安置带锁的抽屉,并设置一面玻璃书橱,以便于学者放置他们的字典。图书馆现缺少供教师用的研究空间,但图书馆已将他们隔开,每个房间可以供两人使用。表决通过 T-280:接受图书馆委员会报告。5.对洪煨莲(William Hung)教授的感谢。表决通过 T-282:接受洪煨莲教授关于汉学引得编纂处的报告。董事会董事感谢洪教授以及引得编纂处人员所作的卓越工作,他们的工作对汉学发展具有真正的贡献。6.学社主任。会议讨论了哈佛燕京学社主任的任命问题。会议主席表示,叶理绥教授因对学社事务非常了解,学社的每个人员留下非常受欢迎的印象;叶理绥已制定了1份学社将来应该如何发展的纲要,给委员会留下了深刻的印象。委员会认为他是学社主任的最佳人选。经教育委员会会议讨论,认为叶理绥教授应该取道中国回家(法国),访问北平及中国其他几所机构,学社董事会将在明年作出关于任命叶理绥的决定。George Henry Chase 主席指出,目前对社长候选人叶理绥教授争议最多的是他的教育背景,叶理绥教授接受的教育大部分是日本的教育,他获得的是东京大学的博士学位。另一位社长候选人是国会图书馆的恒慕义(Arthur William Hummel)博士,但是委员会认为他作为一位汉学家的声望有待提高。

如果叶理绥教授受中国学者欢迎,那么,董事会将在秋季的会议上提议叶理绥教授在1934—1935年度担任学社社长。表决通过 T-284:教育委员会建议叶理绥教授在回巴黎的途中,赴中国访问。董事会考虑在11月会议上批准对他的任命。(HYI Archives: Meeting of the Board of Trustees Held on Monday, April 24, 1933)

4月26日

杜联喆(Lienche Tu)致函裘开明:将于5月5日从旧金山乘 Pres. Wilson 号船出发回中国探亲,预计5月26日抵上海,8月下旬返美上班。在中国期间,如学社或图书馆有需要,愿意效劳。(HYL Archives: Letter of Lienche Tu to Alfred K'aiming Ch'iu, April 26, 1933)

4月27日

Journal of Political Economy 编辑部秘书 M. Finnamore 来函,裘开明撰"Review of R. H. Tawney's Land and Labour in China"(《评 R. H. Tawney 的〈中国的土地与劳动力〉》)一文已被 *Journal of Political Economy* 采用。(HYL Archives: Letter of M. Finnamore to Alfred K'aiming Ch'iu, April 27, 1933)

4月28日

裘开明致函美国图书馆协会编辑 Emily V. D. Miller:北平图书馆副馆长袁同礼(Yuan Tung-li)先生因为没有时间完成鲍士伟(Arthur E. Bostwick)博士委托撰写的一篇关于中国(民众图书馆概况)的文章,因此促请我撰写这篇文章。对此,我深感荣幸,并已与图书馆商量,给我一些自由的时间来完成这个工作。如无意外,我将可以在5月份完成这篇文章,并在6月的第一周提交文稿。为了中国和袁先生,我非常乐意完成这篇文章。如果忽视了这个责任的话,我将会一直对袁先生和中华图书馆协会感到有所亏欠。但是,如果能更早通知由我来做这个工作的话,我现在就已经完成了这篇文章。请告知交稿的截止日期,我将尽可能按时交稿。(HYL Archives: Letter of Alfred K'aiming Ch'iu to Emily V. D. Miller, April 28, 1933)

4月29日

裘开明致函杜联喆(Lienche Tu):……很高兴你将在中国度过夏天。你不必在8月急于返回,因为你不需要在10月1日之前上班,为了节约成本,图书馆将在9月份闭馆。你知道我们明年的预算将会减少,我们不得不尽量节省。学校会在9月26日左右开学,而课程要到10月初才开始,假如你9月回来,时间也充裕。如果你想申请拉德克利夫学院(Radcliffe College)宿舍,请尽快写信给他们的主任为你安排房间。这些房间的价格为每周4到7美元。根据移民法,你必须在拉德克利夫学院注册。哈佛研究生的课程也对拉德克利夫学院的学生开放。关于你在中国的工作,我认为你能为图书馆做以下工作:1. 如果可能的话,让田(洪都)先生安排一个负责任的专门助理管理哈佛事务。燕京已经为我们支付了15%的花费并承担了最初的编目和印刷卡片工作。但是在过去的两年里,燕京就没有做这些事了,我认为燕京没有遵守约定。当然,我们能自己对这些书进行编目和印刷卡片,但是在这里这项工作成本很高,特别是我们的预算又减少了……2. 我们已经寄给田先生我们的购书单。请协助他以最合理的价格买到最有用的书。从1928年到1930年,燕京为我们购买的书都是便宜的版本。只有我在北平的时候房(兆楹)先生为我们购买到了最有用的版本。3. 请在华北看看是否能找到一些有价值的私人藏书。我们可能明年有2000美元的经费购买中文书。当然,好的私人藏书可能要花费更多经费,但是图书馆委员会可以要求学社董事会给予特别考虑。4. 如果你要访问任何藏书,请复制藏书的书目……请根据你自己优秀的判断力去购买有价值的书,然后让燕京支付账单……(HYL Archives:Letter of Alfred K'aiming Ch'iu to Lienche Tu,April 29,1933)

4月30日

裘开明撰《哈佛燕京图书馆中文图书分类法(续)》发表于《燕京大学图书馆报》第49期(1933年4月30日):1—3页。

4月

裘开明撰《中国的国立图书馆》("National Libraries in China")发表于 Library Quarterly,Vol. 3. No. 2(April 1933):146-169。

5月3日

杜联喆(Lienche Tu)致函裘开明:昨奉手教,很高兴能在家待上一个月。我会尽力完成所有你交代的事情。假如你必须写信或打算写信给田洪都(Hung-tu Tien)先生,请告诉他我将赴燕京以及我的任务,我为哈佛买书的权利,这样就会顺利进行。我想获得关于购买书籍的更多确切信息。比如,什么性质的书最急需等。这样我就知道该去哪类私人藏书寻找了。而且,我将在上海和南京停留。关于书目著作的复印,我会遵循你说的做。如果你有时间,我想知道领导层和专门助理的问题,这样我们可以探讨怎么圆满解决问题。我能为你和裘夫人做什么事,我都很乐意帮忙,不要客气。我的地址是北平和平门内旧廉子胡同15号。(HYL Archives:Letter of Lienche Tu to Alfred K'aiming Ch'iu,May 3,1933)

5月8日

加州大学宾板桥(Woodbridge Bingham)致函裘开明:非常非常感谢我在剑桥小住期间你的热情款待。非常感激你盛情邀请我共进午餐,以及在图书馆为我提供的大力帮助……我此行非常愉快,只是深深的遗憾没有机会在剑桥停留更久的时间。希望裘太太的病不久能够痊愈。如果你们有机会来我处,或有任何需要我帮忙的事情,请一定通知我。(HYL Archives:Letter of Woodbridge Bingham to Alfred K'aiming Ch'iu,May 8,1933)

5月31日

裘开明致函间宫富士(Fujio Mamiya),订购岛谷正一(Shimaya Masaichi)的《印刷史》(History of Printing)(5卷):购书款将和3月22日的购书单一并支付。3月22日出货单上所列之书至今尚未收到。关于在贵公司出版《汉和图书分类法》一事,由于本年度的拨款已经全部用完,故需待下一财务年度再议此事,但是由于美国经济不景气,很可能哈佛燕京学社在下一年度无力提供120美元的印刷费资助。(HYL Archives:Letter of Alfred K'aiming Ch'iu to Fujio Mamiya,May 31,1933)

6月1日

裘开明致函 E. D. Cumming,推荐研究中国太监任用制度的第一手权威资料。(HYL Archives:Letter of Alfred K'aiming Ch'iu to E. D. Cumming,June 1,1933)

6月19日

裘开明致函康奈尔大学教授 Gussie D. Gaskill:根据你6月16日的来信,我已经通过铁路把你要的书快递到贵校图书馆了,随信附上发票。请把支票寄给哈佛学院图书馆汉和书库。今年夏天哈佛不举办正式的远东研究研讨班,但是在暑期学校的常规课程中会开设一些更深入的有关中日语言历史方面的课程。我们希望去年参加了研讨班的学生,这个暑期来参加这些课程。我随书寄送了1份有关暑期学校的宣传单。在暑期学校开课期间,我也会在这里,我在8月16日以后休假。但我会作为中国图书馆协会的代表,去参加在芝加哥召开的第 45 届美国图书馆协会年会。在去芝加哥的路上,希望能在 Ithaca 停留,并再次拜访贵馆。非常感谢你的邀请。(HYL Archives:Letter of Alfred K'aiming Ch'iu to Gussie D. Gaskill, June 19, 1933)

6 月 22 日

哈佛大学举行毕业典礼,裘开明自哈佛大学文理研究生院博士毕业,并获得哲学博士学位,其专业为经济学(Subject:Economics),专业研究方向为统计学(Special Field:Statistics),博士学位论文题目为《1912－1932 年中国农村经济统计调查》("Recent Statistical Surveys of Chinese Rural Economy, 1912－1932". Harvard University Catalogue, 1933-1934. Cambridge:Harvard University, November 1933:140)

6 月 24 日

谭卓垣(Chewk-woon Taam)致函裘开明,询问有关孙从添及其著作《藏书纪要》的信息。(HYL Archives:Letter of Chewk-woon Taam to Alfred K'aiming Ch'iu, June 24, 1933)

6 月 26 日

裘开明答复谭卓垣(C. W. Taam)有关孙从添及其著作《藏书纪要》的咨询。(HYL Archives:Letter of Alfred K'aiming Ch'iu to C. W. Taam, June 26, 1933)

7 月 19 日

雪城大学地理学院(the Department of Geography, Syracuse University)院长葛德石(George Babcock Cressey)来函请代查中国几个城市最新的人口数量。(HYL Archives:Letter of George Babcock Cressey to Alfred K'aiming Ch'iu, July 19, 1933)

7 月 21 日

雪城大学地理学院(the Department of Geography, Syracuse University)院长葛德石(George Babcock Cressey)对中国几个城市最新人口数量的咨询。(HYL Archives:Letter of Alfred K'aiming Ch'iu to George Babcock Cressey, July 21, 1933)

8 月 7 日

裘开明致函 Grosvenor 图书馆编目部主任 Florence C. Fuchs:最近一期的《图书馆杂志》(*Library Journal*)上刊登了你的文章《编目部节省人力的设备》("Labor-saving devices in the Catalogue Department"),阅后受益匪浅。我对你文中描述的"复印机"(the Standard New Process Duplicator)和"摹写机"(the Edison-Disk Mimeograph model 77 L. C.)非常感兴趣,这有可能就是敝馆所需的复制中文书卡片的设备。目前敝馆所使用的是"Ditto 胶印机"(Ditto gelatine roll),而主卡片上的中文字是使用毛笔手写上去的。你能否告诉我更多关于这 2 种设备的详细信息,或者请厂商寄一些标明价格的设备和配件宣传册给我?(HYL Archives:Letter of Alfred K'aiming Ch'iu to Florence C. Fuchs, August 7, 1933)

8 月 9 日

裘开明致函间宫富士(Fujio Mamiya),感谢其再次寄 3 月 22 日发货单中的书到汉和图书馆,但是汉和图书馆已经从邮局找回了第一次所寄的书,故会把第二次寄来的这些退回该公司;岛谷正一(Shimaya Masaichi)的《印刷史》(*History of Printing*),目前已经收到了第 4 和 5 卷,但是已决定将整套的书款预先支付给该公司;并通知间宫富士,上学期的账目已于 7 月 13 日付讫。关于出版汉和图书分类法一事,待出版资金筹集齐后,即把手稿寄奉其公司。(HYL Archives:Letter of Alfred K'aiming Ch'iu to Fujio Mamiya, August 9, 1933)

8月11日

　　B. A. DeVere Bailey 致函裘开明，咨询关于"古月轩"款瓷器的问题。（HYL Archives：Letter of B. A. DeVere Bailey to Alfred K'aiming Ch'iu, August 11, 1933）

　　哈佛大学施维许（Earl Swisher）、Bee、Tsui、毕乃德（Knight Biggerstaff）和 Chang 诸位先生联合致函裘开明：部分研究生要求继续在暑假使用中日文书籍，认为博伊斯顿堂的文献是最基本的保障。大部分书，包括放在哈佛燕京办公室的远东主题的专业期刊，一个月很难将它们转移到怀德纳（Widener）图书馆。而且在此期间每个学生不可能做精确的选择。他们建议要在夏季和秋季学期之间安排一部分职员值班。这可以在职员减少时，避免图书馆设备被不负责任的人使用。如果采取以上安排，可以方便我们和研究者们利用。感激你对哈佛学生的需求的关注。（HYL Archives：Letter of Swisher, Bee, Tsui, Biggerstaff and Chang to Alfred K'aiming Ch'iu, August 11, 1933）

8月14日

　　裘开明致函 B. A. DeVere Bailey，建议他向芝加哥菲尔德博物馆（the Field Museum）的劳费尔（Berthold Laufer）博士、密歇根大学的马尔智（Benjamin March）或哈佛福格艺术博物馆（Fogg Art Museum）的 Langdon Warner 咨询关于"古月轩"款瓷器的问题，因为此3人是研究中国艺术的权威。（HYL Archives：Letter of Alfred K'aiming Ch'iu to B. A. DeVere Bailey, August 14, 1933）

8月15日

　　哈佛大学汉和图书馆编目员冯汉骥（Han-ye Feng）离职，前往宾州大学读书。（HYL Archives：A. K'aiming Ch'iu. Chinese-Japanese Library, Harvard University, Report of the Librarian for the Year June 30, 1932 to July 1, 1933. Boylston Hall, Cambridge, Mass, November 10, 1933）

　　裘开明致函施维许（Earl Swisher）、Bee、Tsui、毕乃德（Knight Biggerstaff）和 Chang：我很高兴的通知你们，白雷格（Robert Pierpont Blake）批准了我的申请。暑假期间图书馆开放时间为周一到周五早上9点到下午1点；下午1点之后，若有需要仍可以留在图书馆，但是要关闭门窗和灯，防止书籍丢失。（HYL Archives：Letter of Alfred K'aiming Ch'iu to Swisher, Bee, Tsui, Biggerstaff and Chang, August 15, 1933）

8月

　　裘开明作为中华图书馆协会的代表，赴芝加哥出席第45届美国图书馆协会年会。（HYL Archives：Letter of Alfred K'aiming Ch'iu to Gussie. D. Gaskill, June 19, 1933）

9月8日

　　菲尔德自然历史博物馆的劳费尔（Berthold Laufer）来函欲借明刊本《饮膳正要三卷》。（HYL Archives：Letter of Berthold Laufer to Alfred K'aiming Ch'iu, September 8, 1933）

9月15日

　　裘开明致函菲尔德自然历史博物馆的劳费尔（Berthold Laufer），云所借之书汉和图书馆未入藏，建议咨询国会图书馆。（HYL Archives：Letter of Alfred K'aiming Ch'iu to Berthold Laufer, September 15, 1933）

9月25日

　　雪城大学地理学院（the Department of Geography, Syracuse University）院长葛德石（George Babcock Cressey）致函裘开明：不慎丢失了裘开明去年寄来的九峰图的注释，再次询问此图的出处。（HYL Archives：Letter of George Babcock Cressey to Alfred K'aiming Ch'iu, September 25, 1933）

9月27日

裘开明致函雪城大学地理学院（the Department of Geography, Syracuse University）院长葛德石（George Babcock Cressey），告知九峰图出自《古今图书集成》方舆汇编山川典第九十七卷九峰部汇考之二。（HYL Archives: Letter of Alfred K'aiming Ch'iu to George Babcock Cressey, September 27, 1933）

密苏里州大学（University of Missouri）Liu Kou Ik 来函请裘开明推荐一些关于农业信贷体系方面的参考文献。（HYL Archives: Letter of Liu Kou Ik to Alfred K'aiming Ch'iu, September 27, 1933）

9月30日

裘开明致函密苏里州大学（University of Missouri）Liu Kou Ik，推荐关于农业信贷体系方面的参考文献。（HYL Archives: Letter of Alfred K'aiming Ch'iu to Liu Kou Ik, September 30, 1933）

9月

杜联喆致函裘开明：……为购各类书籍事大札敬悉。在最近期间，当竭力代办。此项采买本应早日着手进行，但有不得已之原因，不愿就此披陈。喆初返平时，即往燕京拜访诸师友，晤洪（煨莲）田（洪都）二位先生，间接谈及哈佛图书事，皆谓目下经费告罄，除必要之杂志等籍外，暂停止买书。喆以不明内幕，又未有相当职权，故一时未敢开始采买。此番苦衷，尚祈见谅。昨又晤燕图帮办职员，暗询一切情形，彼等乃谓，据言现时哈佛已无钱买书。喆几日内赴燕调查事情，并磋商 overhead 事。届时当再做详细报告。前者陆秀女士曾自沪来函，谓有手表一只托喆转交先生，定当如嘱不误。喆本乘 S. S. Pres. Mckinley 于9月2日由沪动身，但连续生病二十多日，自昨日方见起色，今日才能下地行走，故该船已不能成行，心中万分焦急。但人生风云祸福事，也无力抵抗。近乘 S. S. Pres. Hoover 于9月16日由沪起行，是此则10月中旬方能到哈……（HYL Archives: 杜联喆致裘开明信函，1933年9月）

10月4日

裘开明致函杨左平：根据贵社8月23日的来信和寄来的发货清单复本，敝社已经通知会计给把43.76美元的汇票寄给贵社，以结算账目。贵社不用再将过期的中文期刊寄给敝馆了，因为一直以来敝馆的代理商，燕京大学图书馆都有寄给我们。有关订购共产主义出版物的事项，请贵社把此类出版物的书单和价格一起寄给哈佛大学采购部和燕京大学图书馆。为了避免购买复本，敝馆的采购将集中进行，因为燕京大学图书馆也会为我们采购此类书籍。如果贵社提供的书单符合我们的要求，我想燕京大学图书馆会接受订购的。（HYL Archives: Letter of Alfred K'aiming Ch'iu to Yang Zuo-ping, October 4, 1933）

美国学术团体协会（ACLS）Mortimer Graves 致函裘开明：我们可以向你借半打中文铅字做实验吗？我保证完整归还。如果哈佛校园内没有，我想下次你去 Tyler 街的时候，帮我问问 Hop Yuen 公司，看他们能否借给我们，3号、4号或5号字都没问题。（HYL Archives: Letter of Mortimer Graves to Alfred K'aiming Ch'iu, October 4, 1933）

10月10日

裘开明致函美国学术团体协会（ACLS）Mortimer Graves：10月4日来函收悉。我会在从芝加哥返家途中经过华盛顿时，把中文铅字亲自送给你。我下星期去芝加哥作为中国教育部和中国图书馆协会代表参加国际图书馆协会联合会第2次会议。我将在10月20日（星期五）下午离开芝加哥，第2天下午抵达华盛顿。如果你和你夫人方便的话，我想 10 月 22 日（星期日）下午拜访你们家。接着星期一我将和恒慕义（Arthur William Hummel）博士商讨我们的油印目录卡片和他们的中国官方文件复本互换的工作，然后和政府部门的几个朋友见面。（HYL Archives：Letter of Alfred K'aiming Ch'iu to Mortimer Graves，October 10，1933）

10 月 16 日

雪城大学地理学院（the Department of Geography，Syracuse University）院长葛德石（George Babcock Cressey）来函询问 Chien Lung 的 *At a Later Date Naturally* 一书的中文书名是什么，如何用拼音拼写。（HYL Archives：Letter of George Babcock Cressey to Alfred K'aiming Ch'iu，October 16，1933）

10 月 20 日

国际图书馆协会联合会第 2 届年会闭幕，裘开明离开芝加哥。（HYL Archives：Letter of Alfred K'aiming Ch'iu to Mortimer Graves，October 10，1933）

10 月 21 日

裘开明抵达华盛顿。（HYL Archives：Letter of Alfred K'aiming Ch'iu to Mortimer Graves，October 10，1933）

10 月 22 日

裘开明拜访 Mortimer Graves 一家。（HYL Archives：Letter of Alfred K'aiming Ch'iu to Mortimer Graves，October 10，1933）

10 月 23 日

裘开明与恒慕义（Arthur William Hummel）博士商讨油印目录卡片以及中国官方文件复本互换的工作，然后和政府部门的几个朋友见面。（HYL Archives：Letter of Alfred K'aiming Ch'iu to Mortimer Graves，October 10，1933）

10 月 26 日

裘开明从华盛顿返回哈佛。（HYL Archives：Letter of Alfred K'aiming Ch'iu to George Babcock Cressey，October 27，1933）

10 月 27 日

裘开明致函雪城大学地理学院（the Department of Geography，Syracuse University）院长葛德石（George Babcock Cressey），答复有关 *At a Later Date Naturally* 一书的中文书名问题。（HYL Archives：Letter of Alfred K'aiming Ch'iu to George Babcock Cressey October 27，1933）

美国学术团体协会（ACLS）Mortimer Graves 致函裘开明：关于中国教育部要在中国海外建图书馆的提议，你能告诉我更多的详情吗？图书馆打算提供哪种类型的资料，是真正的优秀中国书籍馆藏还是仅仅是现代政治资料？当然，如果是后者的话，选址华盛顿和其他地方是一样的，因为对于当代资料的复制在哪都是无甚价值的。我们想要的是方志的完整档案，毫无疑问你也会对这个感兴趣。说到书的问题，我记得哈佛大学的 Rufus O. Suter 先生正向我们申请一份研究工作。他还提出了购买书籍的专项申请。在某些情况下，我们会让学者获得他研究所需要的书籍，那是在确信他确实是通过其他渠道无法获取那些书。因为当他使用完后，就会产生书籍所有权的问题。我敦促 Suter 先生和你谈谈，尤其是他在申请信中提到一个在我看来愚蠢的观点：哈佛大学几乎没有学生能读到这些书。如果他申请获批，对他的学习又是必不可少的，哈佛燕京学社图书馆也不会购买的话，我们捐这批书出来不是不可能。但我想要我们完全为他买书是不可能的。（HYL Archives：Letter of Mortimer Graves to Alfred K'aiming Ch'iu，October 27，1933）

10 月 31 日

裘开明致函美国学术团体协会(ACLS)中国研究委员会秘书 Mortimer Graves：10 月 27 日来函收悉。我和 Rufus O. Suter 谈过。他需要钱买些必要的参考书目，如 *Giles*、*Coureur*、*Williams*、*Tsu Yuan*、《康熙字典》、《佩文韵府》，以及 13 世纪经书的标准版本。由于没有一个图书馆能为每个学生提供这些书，我认为他的要求是合理的。这些书我们图书馆有 2 到 3 册，但不允许学生外借。我认为每个学习汉语的美国学生都应人手一套这些书。当然，贾德纳(Charles Sidney Gardner)先生有许多套这些书，但几乎没有人像贾德纳先生那么富有。如果社会不想用贫穷惩罚学生，我想委员会同意 Suter 先生的请求会是一个很好的政策。中国政府正打算在美国建立中国国际图书馆。图书馆的类型也还没确定。根据中国政府在日内瓦的中国国际图书馆报告，其内含有中文书籍，包括古代和现代，当然还有一些涉及现代政治的书籍。就我所知，主持这个计划的人是想通过这些图书馆展示当代中国公民的文化面貌，带一点政治理念的宣传。日内瓦中国国际图书馆的地址是 Bibliotheque Sino-Internationale, Florissant 5, Geneva, Swiss。如果你感兴趣，可以直接去信这个地址。(HYL Archives：Letter of Alfred K'aiming Ch'iu to Mortimer Graves, October 31, 1933)

11 月 10 日

裘开明向哈佛大学图书馆馆长提交 1932—1933 年度汉和图书馆馆长报告。该馆长报告言：在 1932 年 6 月 30 日至 1933 年 7 月 1 日，汉和图书馆采购中文图书1187种 8448 册，拓片 338 张，地图 17 幅；日文图书 946 种 2,804 册，影印手稿 47 卷轴。新增了 81 种中文期刊，使总数达到了 366 种。日文期刊也由 44 种增加到了 70 种。实际上，所有的中文图书都是通过燕京大学图书馆购买的，只有一些由商务印书馆出版的图书是直接从出版商购买的。过去数年燕京一直给我们提供了非常好的服务，但是去年的服务不如从前。我们的读者和馆员现在主要面临着如下困难：(1)新出版的汉学图书到馆非常慢；(2)寄往燕京的书单中，教师和研究生建议购买的许多图书都没有买到，反而为我们购买了很多我们现在不需要的燕京大学图书馆馆藏的复本。虽然其中一些复本是价钱合算的重要著作，但是大部分既不是我们要求购买的书单上的图书，也不是我们读者的课程范围之内，这些书是丛书、类书、书目、新出版的汉学、考古学、传记图书、明清人文集和地方志；(3)燕京已经超支 15%。就哈佛燕京学社拨给哈佛和燕京的经费而言，比较公平合理，但是，哈佛的图书一直没有得到像燕京一样等量的服务，例如，燕京答应为哈佛编目图书，但是迄今为止还没有兑现其承诺……日文书刊大部分购自东京一诚堂(the Isseido Book Store)。8 月 15 日，在这里担任编目员两年之久的冯汉骥(Han-ye Feng)先生暂时离开我们去宾州大学学习。他答应暑假时回来帮忙。冯汉骥先生给我们图书馆提供了极大的帮助。(HYL Archives：A. K'aiming Ch'iu. Chinese-Japanese Library, Harvard University, Report of the Librarian for the Year June 30, 1932 to July 1, 1933. Boylston Hall, Cambridge, Mass, November 10, 1933)

美国圣经学会(American Bible Society)秘书长 George Wm. Brown 来函询问中华民国元年中历 12 月 12 日为西历何年何月何日。(HYL Archives：Letter of George Wm. Brown to Alfred K'aiming Ch'iu, November 10, 1933)

11 月 12 日

裘开明致函美国圣经学会(American Bible Society)秘书长 George Wm. Brown：中华民国元年中历 12 月 12 日即西历的 1912 年 1 月 30 日。(HYL Archives：Letter of Alfred

K'aiming Ch'iu to George Wm. Brown, November 12, 1933)

11月13日

裘开明致函移民局,告知冯汉骥(Han-ye Feng)先生地址。(HYL Archives: Letter of Alfred K'aiming Ch'iu to Wagner, November 13, 1933)

11月21日

哈佛大学哈佛学院图书馆汉和文库收到燕京大学图书馆哈佛购书处田洪都先生(Hung-tu Tien)的用款报告:1932—1933年度哈佛购书处总计用款为21599.18国币,其中书款7773.67,杂志853.25,装订967.68,杂费1547.33,办公费5507.25,转拨日本一诚堂(Isseido)美金1000元折合国币4950元。(See: HYL Archives: Hung-tu Tien, Statement of H. F. Account, 1932-1933)

11月22日

太平洋关系研究所的赖德懋(Owen Lattimore)致函裘开明:刚刚收到你11月20日的来信,我急于告诉你,我希望你能为《太平洋事务》(Pacific Affairs)季刊的第1期写一篇文章。出于多种因素的考虑,我们不得不推迟一个月出版第1期,我相信推迟一个月,你将有时间完成这篇文章。另外还有一事请你帮忙。为了提高我们书评部的素质和效力,我们计划每一期至少刊登一篇评论,或者是关于重要的中文新出版物的,或者是关于未译成英文的研究成果。这有利于英语国家的学者能够及时了解中国的动态。如果你能时常提供一些你认为值得评论的中文出版物的信息,我们将不胜感激。同时,如果能推荐擅长撰写评论的人选,将是对我们最大的帮助。我们尚未想到第1期刊登什么中文书的书评,所以如果你恰好想到,麻烦你通知我。(HYL Archives: Letter of Owen Lattimore to Alfred K'aiming Ch'iu, November 22, 1933)

11月23日

裘开明致函太平洋关系研究所的赖德懋(Owen Lattimore)先生,提交个人撰写的文章。(HYL Archives: Letter of Owen Lattimore to Alfred K'aiming Ch'iu, November 24, 1933)

11月24日

太平洋关系研究所的赖德懋(Owen Lattimore)致函裘开明:关于书评之事,毫无疑问《太平洋事务》(Pacific Affairs)季刊主要刊登有关经济、时事以及政治类重要著作的书评。以你提交的文章为例,该文是关于重要的考古发现的报告,字数应约为500到1000字,写作风格应该适合一般读者(而非专家),也就是使普通读者了解考古发现的细节,重建古代历史,或重建古代文化与社会——这种写法既有趣又实用。(HYL Archives: Letter of Owen Lattimore to Alfred K'aiming Ch'iu, November 24, 1933)

11月29日

裘开明致函菲尔德自然历史博物馆劳费尔(Berthold Laufer),告知其所需的参考书书目信息。(HYL Archives: Letter of Alfred K'aiming Ch'iu to Berthold Laufer, November 29, 1933)

12月2日

美国学术团体协会(ACLS)中国研究委员会秘书Mortimer Graves致函裘开明:我想按照以下计划印刷关于汉字铅字的书籍。首先,我把原文按罗马铅字排好版,并为汉字预留了空间,然后让印刷工印刷几册出来。同时,我把原稿给一个中国印刷工,让他按顺序排好汉字,固定,印刷几册出来。然后,我把汉字剪出来贴在英文印刷稿预留的位置上,再把完整的文章重新平版油印出来。比如:原稿写着"张之洞和李鸿章是清朝末年的重要人物"(Chang Chih-tung[张之洞]and Li Hung-chang[李鸿章] were important personages in the later Ch'ing[清]dynasty.)我会把汉字剪出来插入原文。你认为这样可行吗？你认为 Hop Yuen 公司能为我做这些汉字吗？他能在最大的纸张上印刷多少 5 号汉字？你认为每页大概要多少钱？(HYL Archives：Letter of Mortimer Graves to Alfred K'aiming Ch'iu, December 2, 1933)

12 月 6 日

美国学术团体协会(ACLS)中国研究委员会秘书 Mortimer Graves 致函裘开明：12 月 2 日来函已收到。我咨询了 Hop Yuen 公司，他们能印刷的最大纸张尺寸为 11 英寸×17 英寸，大概一张能印刷 2000 个 5 号汉字。每页的价钱是 10 元。我想你提议的方法——先印刷汉字，然后挑出来贴在英文长条校样上是可行的。然而，你实在不必被这个麻烦困扰。我们的铅字已由日本运抵波士顿。我不知道这些字样是如何排版。我们可能要在工作室的地下室花点时间设好这些字样。如果你能等，我们可以为你设置用硬绳子固定好的成组必备字样。而且，Hop Yuen 公司要在 12 月 19 日后才能为你们做，因为他们说自己失去了抵押品赎回权，已被卖给另一个集团所有人。重新开张后，他们公司的名字也会变更为：中文印刷公司。期待你回信答复下一步要怎么做。(HYL Archives：Letter of Alfred K'aiming Ch'iu to Mortimer Graves, December 6, 1933)

12 月 22 日

裘开明撰"The Harvard-Yenching Institute"发表于 *Harvard Alumni Bulletin*, Vol. 36, No. 13 (December 22, 1933)：360－362。

12 月 28 日

杜联喆(Lienche Tu)致函裘开明：因学业繁重，故申请辞去汉和文库学生助理工作。(HYL Archives：Letter of Lienche Tu to Alfred K'aiming Ch'iu, December 28, 1933)

本年

裘开明撰《中国民众图书馆概况》("China")发表于鲍士伟(Arthur E. Bostwick)编《世界通俗图书馆》(*Popular Libraries of the World*)。(Chicago：American Library Association. 1933：52-62)

裘开明担任哈佛大学哈佛学院图书馆汉和文库主管(Librarian of Chinese and Japanese Collection, Harvard College Library)和中国语言文学讲师(Instructor in the Chinese Language and Literature)，办公地点为博伊斯顿堂(Boylston Hall)13 号，其时在哈佛大学登记的个人住址为：6 Ellsworth Avenue, Cambridge, MA。(Harvard University Catalogue, 1933-1934. Cambridge：Harvard University, November 1933：42, 54, 924)

裘开明为中国科学社留美分社(Sicence Society of China[American Branch])1932－1933 年度会员。(HYL Archives：中国科学社留美分社选举委员会致全体社员, September 15, 1932)

自本年起，汉和图书馆开始大力发展日文馆藏。(Introduction of the Harvard-Yenching Library. See：HYL Archives：file：East Asia in Harvard's Libraries)

1934 年
37 岁

1月4日

　　就读于哥伦比亚大学图书馆学校的房兆楹(Chaoying Fang)致函裘开明：两年前我们在北京的一次私人谈话中提及我进入哈佛大学图书馆汉文部担任你的助理的事情，我现在正式向你申请这个职位，如果它还空缺的话。我在1928年毕业于北京的燕京大学，并在1930年从武昌文华图书馆学专科学校毕业。然后我在燕京大学图书馆担任采购和中文编目部主管，工作了两年。去年11月我来到纽约，并在哥伦比亚大学图书馆学校学习。我打算在春季去哈佛大学学习更多语言方面的知识，以促进我在图书馆工作方面更深入的学习。在汉和图书馆做兼职助理对我将会有很大帮助。我很熟悉你的分类法体系，在燕京大学图书馆对中文书籍编目上也很有经验。图书馆学校冬季课程将会在2月初结束。如果同意我的申请，请通知我，我可以在哈佛大学春季学期开始时一边学习一边在贵馆做助理。(HYL Archives：Letter of Chaoying Fang to Alfred K'aiming Ch'iu, January 4, 1934)

1月5日

　　留美青年会(Chinese Students's Christian Association)总秘书Y. E. Hsiao来函索取汉和图书馆照片，希望刊登在即将出版的留美青年会会刊1月号上。(HYL Archives：Letter of Y. E. Hsiao to Alfred K'aiming Ch'iu, January 5, 1934)

1月6日

　　裘开明致函留美青年会(Chinese Students's Christian Association)总秘书Y. E. Hsiao，函寄刊载有哈佛燕京学社介绍专文的《哈佛校友通讯》(*Harvard Alumni Bulletin*，1933年12月22日出版)，《哈佛大学汉和图书馆指南(1932年7月)》，以及发表在《图书馆季刊》(*Library Quarterly*)上的论文《中国的国立图书馆》("National Libraries in China")。(HYL Archives：Letter of Alfred K'aiming Ch'iu to Y. E. Hsiao, January 6, 1934)

1月8日

　　留美青年会(Chinese Students's Christian Association)总秘书Y. E. Hsiao致函裘开明，感谢裘开明所寄的资料，但仍表示希望收集一些汉和图书馆的照片，如果没有照片，则希望裘开明能够寄一张已经发表在1933年12月22日出版的《哈佛校友通讯》(*Harvard Alumni Bulletin*)上的照片。(HYL Archives：Letter of Y. E. Hsiao to Alfred K'aiming Ch'iu, January 8, 1934)

　　北京协和书局(Union Book Store)经理Jiu Ku致函裘开明：由于利润太低，协和书局不能担任汉和图书馆在中国购买中文新书的代理机构。(HYL Archives：Letter of Jiu Ku to Alfred K'aiming Ch'iu, January 8, 1934. HYL Archives：file：Library, 1934-1936)

裘开明致函房兆楹(Chaoying Fang)，告知可以聘房兆楹到汉和文库协助编目和分类工作，每周工作24小时，每月报酬75美元，任期自2月1日至6月30日。(HYL Archives：Letter of Alfred K'aiming Ch'iu to Chaoying Fang, January 8, 1934)

裘开明致函杜联喆(Lienche Tu)，告知批准其辞职申请。(HYL Archives：Letter of Alfred K'aiming Ch'iu to Lienche Tu, January 8, 1934)

1月9日

裘开明致函 Notman Studio，索要发表在《哈佛校友通讯》(*Harvard Alumni Bulletin*)1933年12月22日版上的汉和图书馆照片。(HYL Archives：Letter of Alfred K'aiming Ch'iu to Notman Studio, January 9, 1934)

裘开明致函 M. G. Buck：李白的诗集已于1922年出版了英译版，书名为 *The Works of Li Po, the Chinese Poet*，由小畑薰良(Shigeyoshi Obata)翻译，纽约 E. P. Dutton & Co. 出版，此书书后附有一个非常好的书目，收录了所有李白诗歌的译本；另外，更多关于中文著作的译本以及关于中国的基本著作的信息可以参考贾德纳(Charles Sidney Gardner)编、美国学术团体协会(ACLS)出版的 *A Union List of Selected Western book on China in American Libraries*。(HYL Archives：Letter of Alfred K'aiming Ch'iu to M. G. Buck, January 9, 1934)

1月12日

裘开明致函哈佛燕京学社教育委员会主席 George Henry Chase，提交"中国目录学(Chinese bibliography)"和"中文参考书(Chinese reference works)"两门课程的教学大纲，要求以这两门课程代替以前的一门研究性课程，其开课的目的在于提高学生独立、合理使用图书馆的能力。"中国目录学"的课程编号为"Chinese 12a"，半学年（第一学期），每星期二、星期四和星期六上午11时上课，授课内容为各种类型中国书目和书目方法的发展历程，开课对象为学过一至两年中文的学生，或同等中文水平者。"中文参考书"的课程编号为"Chinese 12b"，半学年（第二学期），每星期二、星期四和星期六上午11时上课，授课内容为学习百科全书、字典、索引、目录、传记辞典、地方志和政府文书等基本参考书的起源、形成、组织和版本，授课方式包括使用工具书解决实际问题和课堂讨论，开课对象为学过一至两年中文的学生，或同等中文水平者。(HYL Archives：Letter of Alfred K'aiming Ch'iu to George Henry Chase, January 12, 1934. See：HYL Archives：file：Library, 1934-1936)

1月14日

裘开明致函间宫富士(Fujio Mamiya)，告知已收到寄来的3本关于日语罗马化的小册子以及《图书馆研究》(*Toshokan Kenkyu*)；并附寄请其公司代购图书的购书单。(HYL Archives：Letter of Alfred K'aiming Ch'iu to Fujio Mamiya, January 14, 1934)

1月18日

裘开明致函加州大学图书馆 F. M. Bumstead 先生，告知哈佛已经有 Bumstead 先生12月19日所寄目录中的图书，否则一定会向贵馆购买。(HYL Archives：Letter of Alfred K'aiming Ch'iu to F. M. Bumstead, January 18, 1934)

1月23日

裘开明致函上海光明书局：敝馆现欲在申托一殷实可靠之书店托办各种新出关于"中国学"书籍，主代办理装订书籍等事。兹特附上购书片24张，即请从速代办。若原书系纸面者，请改钉洋装，蓝色布面，书背烫金字，以合于图书馆用者为合格。书费及装订费共价若干，请开发票正副2份，待书收到后，当将正份发票由此处寄至北平燕京大学图书馆哈佛购书处，付款不误。此次购书系试办性质，以后若贵店办理迅速，价目公道（贵店给予敝馆之折扣应与贵店给予国内各学校及图书馆相同），敝馆当常向贵处购书。(HYL Archives：裘开明致上海光明书局信函，1934 年 1 月 23 日)

哈佛大学图书馆馆长白雷格（Robert Pierpont Blake）致函哈佛燕京学社教育委员会主席 George Henry Chase：随函附上了博伊斯顿堂（Boylston Hall）的维修费用表，我认为我们可能应该用临时经费支付。裘先生非常着急，想给地板打蜡，因为地板损坏严重⋯⋯明年这笔费用可能由博伊斯顿堂维修预算中每隔一段时间支付一次。(HYL Archives：Letter of Robert Pierpont Blake to George Henry Chase, January 23, 1934)

1 月 25 日

裘开明致函哈佛大学研究生院副院长 L. S. Mayo，介绍房兆楹（Chaoying Fang）的情况，请其帮忙把房兆楹以哈佛普通学生的身份上报移民局。(HYL Archives：Letter of Alfred K'aiming Ch'iu to L. S. Mayo, January 25, 1934)

1 月 27 日

Gaylord 兄弟公司（Gaylord Bros., Inc.）副总裁 A. H. Gaylord 致函裘开明，告知上海的中国图书馆服务社（the Chinese Library Service）欲担 Gaylord 兄弟公司在中国的图书馆业务销售代表，询问中国图书馆服务社是一个怎样的机构，与该机构合作 Gaylord 兄弟公司能在中国开展哪些业务。(HYL Archives：Letter of A. H. Gaylord to Alfred K'aiming Ch'iu, January 25, 1934)

1 月 30 日

哈佛燕京学社教育委员会主席 George Henry Chase 批准拨款 25.03 美元为博伊斯顿堂（Boylston Hall）地板打蜡。(HYL Archives：Letter of George Henry Chase to Robert Pierpont Blake, January 30, 1934)

2 月 2 日

裘开明致函 Gaylord 兄弟公司副总裁 A. H. Gaylord，告知汉和图书馆与中国图书馆服务社（the Chinese Library Service）之间的业务来往。(HYL Archives：Letter of Alfred K'aiming Ch'iu to A. H. Gaylord, February 2, 1934)

2 月 6 日

裘开明致函留美青年会（Chinese Students's Christian Association）总秘书 Y. E. Hsiao：随函附上敝馆照片冲洗的账单，该照片是不久前应你的要求寄给你的。烦请直接汇款给 the Notman Studio。因为敝馆没有可用于免费赠送的照片，而我又无权支付冲洗照片的费用，希望你能理解为什么我不得不把账单转给你。"(HYL Archives：Letter of Alfred K'aiming Ch'iu to Y. E. Hsiao, February 6, 1934)

2 月 7 日

中国研究促进委员会（Committee on the Promotion of Chinese Studies）秘书 Mortimer Graves 致函裘开明：经与白雷格（Robert Pierpont Blake）先生商量，我决定给你寄两篇有汉字内容的手稿（我想大概有 8000 个汉字）。这两篇有疑问的专著被选编为我们的年度 Morse 丛书第 1 册，分别是马尔智（Benjamin March）的《中国国画术语》(*Some Technical Terms in Chinese Painting*) 和傅路特（Luther Carrington Goodrich）的《乾隆文字狱》(*Literary Inquisition of Ch'ien Lung*)。就我个人看来，你可以将这些中文铅字按它们在文章中从左到右出现的顺序放在字槽内，然后将整个字槽交给我们的印刷工。我们将会为此付款。如果你喜欢，你可以在给我们字槽之前留一份校样。我们可以用支票付款。你只需关注原稿中的汉字。当然,如果你能对全文提意见我们也很高兴。(HYL Archives: Letter of Mortimer Graves to Alfred K'aiming Ch'iu, February 7, 1934)

2月9日

燕京大学图书馆馆长田洪都(Hung-tu Tien)来函,并寄来最近一批赠书的书单(约有60种),函中解释最近为汉和图书馆购书工作拖拉的原因是,燕京大学图书馆内部正处于人事变动的过渡期,以后会提高向汉和图书馆寄书的速度。(HYL Archives: Letter of Alfred K'aiming Ch'iu to Robert Pierpont Blake, March 16, 1934)

2月10日

裘开明致函中国研究促进委员会(Committee on the Promotion of Chinese Studies)秘书 Mortimer Graves:2月7日来函已收到,我要赶紧告诉你,根据"康熙字典计划",考虑到有140,600个独立的铅字,恐怕要一个月以上才能做完全部字体。一个能容纳64个抽屉的橱柜已设计好,并正由学校维修工厂打造。我们正在加快整理汉字的工作(大约有10000个字),一旦完成会立即通知你。请收到我们通知后才把原稿发送过来。随函附上字体目录。根据"康熙字典计划",这些目录里的汉字正在整理中,但有8盒的单个铅字还没整理。如此大量的铅字要整理完毕是一项冗长而又精确度相当高的工作。(HYL Archives: Letter of Mortimer Graves to Alfred K'aiming Ch'iu, February 10, 1934)

2月19日

间宫富士(Fujio Mamiya)致函裘开明,详细汇报为汉和图书馆代购1月13日购书单上书籍的进展情况,并询问《三十三种清代传记文献索引》(*Index to 33 collections of Ch'in Dynasty biographies*)在何处可以购得,价格多少。(HYL Archives: Letter of Fujio Mamiya to Alfred K'aiming Ch'iu, February 19, 1934)

2月23日

哈佛燕京学社教育委员会主席 George Henry Chase 致函裘开明:经哈佛燕京学社教育委员会开会决定,为了让你将全部精力投入到汉和图书馆的发展中,在1934—1935学年不再请你承担教学任务。(HYL Archives: Letter of George Henry Chase to Alfred K'aiming Ch'iu, February 23, 1934)

留美青年会(Chinese Students's Christian Association)总秘书 Y. E. Hsiao 来函告知,已支付 the Notman Studio 冲洗相片的账单。(HYL Archives: Letter of Y. E. Hsiao to Alfred K'aiming Ch'iu, February 23, 1934)

2月28日

太平洋关系研究所(Institute of Pacific Relations)的赖德懋(Owen Lattimore)致函裘开明:Carl W. Bishop 为我们刊物的第6期撰写了一篇重要的文章——《早期中国文化传播的路线》("The Direction of Cultural Movement in Early China")。该文中约有60个汉字,其中约有10个重复,即相当于有50个不同的汉字。我想将此文用汉字印刷。哥伦比亚大学的傅路特(Luther Carrington Goodrich)建议我可以向哈佛大学出版社借铅字。你认为这是否有可能,如果有的话,我该向谁借……如果你能帮助我,我将非常感谢。(HYL Archives: Letter of Owen Lattimore to Alfred K'aiming Ch'iu, February 28, 1934)

3月2日

裘开明回复太平洋关系研究所(Institute of Pacific Relations)的赖德懋(Owen Lattimore)2月28日的来信:我很高兴的告诉你,汉字铅字归哈佛燕京学社所有,现存于敝馆地下室,我们愿意借给你所需要的汉字铅字,但是你得保证完整地把铅字归还,如有损坏则需赔偿。我们的铅字来自东方,保存妥当,但是最近一两个月不能外借。因为现在我们正在为美国学术团体协会(ACLS)的两部已完稿的专著——马尔智(Benjamin March)的《中国国画术语》(*Some Technical Terms in Chinese Painting*)和傅路特(Luther Carrington Goodrich)的《乾隆文字狱》(*The Literary Inquisition of Ch'ien Lung*)排版。如果你只是需要 60 个左右的汉字,我认为采用照相复制的方法更便宜。(HYL Archives:Letter of Alfred K'aiming Ch'iu to Owen Lattimore, March 2, 1934)

3 月 7 日

上海光明书局致函裘开明:接诵 1 月 23 日来函,领悉一是嘱购书籍 24 种,除《中国农村问题》系广州中大出版部出版,及《词林姓氏韵编》系中央刻经院出版,因上海各同业均无代售,当即另函代为购办,其余已照来单办就,即托钉局装订布面,尚有《计政学报》一种第 1 期因出版半年尚未续出,故未代定,仅办上第 1 期 1 册。各书当于昨日由邮挂号寄奉,兹附上发单正副 2 份……知贵馆以后拟常托敝局办理中国书籍,是表欢迎,惟因出版物散见于国内各地,手续似较复杂,势非专员办理不可,倘荷贵馆信任敝局,甚愿另用专员,每年由贵馆津贴车马费若干,尚希裁夺……再各书装订,因另本关系,故费稍昂。《申报年鉴》出版时由《申报》馆直接寄上,兹将订单随函附奉……随函附有订购各种书籍的发票(2 页)以及《申报年鉴乙种》预约收据。(HYL Archives:上海光明书局致裘开明信函,1934 年 3 月 7 日)

3 月 9 日

叶理绥(Serge Elisséeff)函告洪煨莲(William Hung),裘开明希望得到一套汉学索引丛书。(HYL Archives:Letter of Serge Elisséeff to William Hung, March 9, 1934)

3 月 12 日

裘开明收到日本神户市图书馆的赠书书单。(HYL Archives:神户市图书馆赠书书单,1934 年 3 月 12 日)

裘开明致函间宫富士(Fujio Mamiya):稍后哈佛燕京学社会计会将代购日文图书的书款汇至贵公司。随函附上一封致神户市图书馆(Kobe city Library)的感谢信,感谢他们赠书给我馆,请你代为转交。关于《三十三种清代传记文献索引》(*Index to 33 collections of Ch'in Dynasty biographies*),可致函洪煨莲(William Hung),向其购买。随函附上购书单一份。(HYL Archives:Letter of Alfred K'aiming Ch'iu to Fujio Mamiya, March 12, 1934)

3 月 14 日

太平洋关系研究所(Institute of Pacific Relations)的赖德懋(Owen Lattimore)致函裘开明,感谢裘开明来信中的建议,但仍欲用汉字铅字印刷,同时向裘开明邀稿。(HYL Archives:Letter of Owen Lattimore to Alfred K'aiming Ch'iu, March 14, 1934)

3 月 16 日

裘开明致函哈佛燕京学社图书馆委员会主席白雷格(Robert Pierpont Blake),转达田洪都(Hung-tu Tien)2 月 9 日来信的主要内容,并言:鉴于中国其他的商业机构因无利可图不愿担任汉和图书馆在中国的购书代理机构,建议继续由燕京大学图书馆作为汉和图书馆在中国购书的代理机构,同时增加 3000 美元的中文新书购置经费,其中1000美元支付给燕京大学,2000 美元支付汉和图书馆在上海和东京的购书款;另外再增加1000美元,用于弥补赤字。(HYL Archives:Letter of Alfred K'aiming Ch'iu to Robert Pierpont Blake, March 16, 1934)

3月20日

　　裘开明致函哈佛燕京学社教育委员会主席 George Henry Chase,申请参加美国东方学会(American Oriental Society)年会的旅费。(HYL Archives：Letter of Alfred K'aiming Ch'iu to George Henry Chase, March 20, 1934)

3月21日

　　Nathaniel N. Atkins 致函裘开明,函中附有一张明信片,询问明信片上的句子是何含义。(HYL Archives：Letter of Nathaniel N. Atkins to Alfred K'aiming Ch'iu, March 21, 1934)

3月23日

　　裘开明答复 Nathaniel N. Atkins,解释明信片上句子的含义。(HYL Archives：Letter of Alfred K'aiming Ch'iu to Nathaniel N. Atkins, March 23, 1934)

3月28日

　　哈佛燕京学社教育委员会(Educational Committee)决定拨款 30 美元,作为裘开明参加本年度美国东方学会(American Oriental Society)年会的旅费。(HYL Archives：Note of Letter of George Henry Chase to Alfred K'aiming Ch'iu, March 28, 1934)

4月9日

　　哈佛燕京学社图书馆委员会主席白雷格(Robert Pierpont Blake)在哈佛燕京学社董事会会议上宣读《图书馆委员会报告》。报告中陈述了通过燕京大学为哈佛燕京学社图书馆购买中文新书的优点以及具体办法,即每年从图书馆财务预算中拨出约 10000 元国币,作为燕京大学为哈佛燕京学社图书馆购买中文新书的经费,在燕京大学指定一位专门的工作人员从事该项工作。另外申请额外的经费(可能 500 美元)用于哈佛燕京学社购买学社教员推荐的西文书。白雷格还向董事会提交了由裘开明起草的 1934—1935 年度汉和图书馆财务预算,请董事会批准,同时希望董事会在这个财政年度增拨1000美元的经费,用于提前订购乾隆内府藏书。(HYL Archives：Report of the Library Committee, April 9, 1934)

4月10日

　　裘开明致函上海光明书局:前接 3 月 7 日大扎及发票双份,内开各书已于昨日收到,兹请敝校会计处汇上银洋 45 元,除附此次发票,余款请留作购《中国农村问题》及《计政学报》续出各期之用。《词林姓氏韵编》一书已由敝馆在中国代理处北平燕京大学图书馆购得,请不再寄是书为荷。若贵局愿代敝馆在申购办书籍,其营业条件应与其他代售处同样。敝馆前托上海《申报》服务部及北平大同书店代购书籍,并为津贴何项车马费,故敝馆亦不能付给尊处事项费用。尊处若不愿为敝馆代办经理人,请即来函告知,以便另托他处也。总之敝馆购书一切公开,全由委员会决定,故难另给任何书店以特别费用也……(HYL Archives：裘开明致上海光明书局信函,1934 年 4 月 10 日)

4月12日

　　裘开明致函上海别发洋行(Kelly and Walsh, Limited),预订《影印宋碛砂版大藏经》,并询问如何办理此批书的邮寄事宜。(HYL Archives：Letter of Alfred K'aiming Ch'iu to Kelly and Walsh, Limited, April 12, 1934)

4月13日

　　裘开明致函 A. Gleason,请 A. Gleason 女士把汉和图书馆去年为其提供照片的费用支付给汉和图书馆。(HYL Archives：Letter of Alfred K'aiming Ch'iu to Mrs. A. Gleason, April 13, 1934)

裘开明致函耶鲁大学图书馆编目部 A. M. Monrad：感谢你寄来耶鲁大学图书馆藏书票。衷心地感谢你在我访耶鲁大学图书馆时，带领我参观新图书馆并详细地介绍耶鲁编目系统，此次访问获益良多。（HYL Archives：Letter of Alfred K'aiming Ch'iu to A. M. Monrad, April 13, 1934）

4月17日

美国国家农业部农业经济局图书馆馆长 Mary G. Lacy 致函裘开明，询问是否有最新版的汉学和日本学研究机构的名录，或者美国学术团体协会（ACLS）通讯第1期所列机构的地址。（HYL Archives：Letter of Mary G. Lacy to Alfred K'aiming Ch'iu, April 17, 1934）

4月23日

裘开明致函美国国家农业部农业经济局图书馆馆长 Mary G. Lacy，提供最新版的汉学和日本学研究机构名录，并建议 Mary G. Lacy 致函 Mortimer Graves 收集更新的信息。（HYL Archives：Letter of Alfred K'aiming Ch'iu to Mary G. Lacy, April 23, 1934）

裘开明致函下山重丸（Shigemarce Shimoyama），通知其报备4月份的上班时间，以便发放报酬，并告知决定从5月份开始，每两周发放一次报酬。（HYL Archives：Letter of Alfred K'aiming Ch'iu to Shigemarce Shimoyama, April 23, 1934）

5月4日

裘开明致函哈佛大学图书馆怀德纳图书馆（Widener Library）白雷格（Robert Pierpont Blake）馆长：哈佛燕京学社董事会和图书馆委员会在4月份会议中，批准燕京图书馆馆长田洪都（Hung-tu Tie）提出的关于在燕京建立一个独立的机构专门负责哈佛图书整理工作的建议。您和洪煨莲（William Hung）先生是否可以在接到此信后尽快建立组织机制，挑选适合的人员，并且控制每位人员年薪在1500银元以内。下一年的中文图书采购经费约为2500金元，根据1比3的汇率来计算，总计约7500银元。扣除管理费用，尚余6000银元可以用于图书和装订支出。请通知燕京图书馆馆长开始购买汉和图书馆自1933年12月寄去的书目所列图书。我会让会计约在7月1日左右寄给他1000美元的汇票。（HYL Archives：Letter of Alfred K'aiming Ch'iu to Robert Pierpont Blake, May 4, 1934）

5月16日

裘开明致函山东大学图书馆馆长黄星辉（Julius Hsin-hui Huang），欢迎其来汉和图书馆工作，告知办理签证的相关事宜：我已经让文理学院（Faculty of Arts and Science）院长寄入学通知书给你，这是你申请护照所必备的文件。我还请袁同礼（Yuan Tung-li）先生致函贵校校长和教育部，这样你就可以取得教育部的护照，而非普通学生护照。无论如何，你都要告诉美国大使馆，你是来哈佛学习图书馆管理的。等你到了美国以后，如果有需要，你再更改专业或学校……（HYL Archives：Letter of Alfred K'aiming Ch'iu to Julius Hsin-hui Huang, May 16, 1934）

5月22日

袁同礼（Yuan Tung-li）致函裘开明：兹附上我给山东大学黄星辉（Julius Hsin-hui Huang）先生的信。如果可能的话，请你寄给他一份图书馆名单，让他在来剑桥的途中参访。可能你也告诉了他，为了能有更多的时间参观图书馆，要早作动身打算。我希望经过几年在哈佛的工作，他有机会去参访欧洲的图书馆，所以他可能就无法取道太平洋回中国。我记得我在剑桥的时候告诉过你，我计划让 C. P. Wang 今年秋天到国会图书馆工作，他现在正在哥伦比亚大学中文图书馆工作。因为恒慕义（Arthur William

Hummel)先生直到 6 月 22 日才能回来,故此事尚悬而未决。王先生 6 月 30 日离开哥伦比亚。不知汉和图书馆能否暂时聘用他两个月,即从 7 月 1 日到 8 月 31 日……(HYL Archives:Letter of Yuan Tung-li to Alfred K'aiming Ch'iu,May 22,1934)

5 月 23 日

裘开明回复袁同礼(Yuan Tung-li):由于图书馆假期没有空缺,加之预算有限,无力安排 C. P. Wang 来馆工作,请予谅解。建议致函加州大学或斯坦福大学图书馆的中文编目部询问他们是否有可能暂时聘用 C. P. Wang。(HYL Archives:Letter of Alfred K'aiming Ch'iu to Yuan Tung-li,May 23,1934)

5 月 29 日

上海别发洋行(Kelly and Walsh,Limited)寄来《影印宋碛砂版大藏经》的预定单和预约简章。《宋碛砂版大藏经》原书折叠本共 591 函计经 1521 种,分为 6310 卷,每版 5 面,每面 6 行,每行 17 字,影印版将原书缩印成 1 册,每册约 80 页,每册第一面插印佛像一张,照 4 开本式,用连史纸石版精印,分订 591 册,另加目录 1 册,共计 592 册。全书预计分 4 期出版,第 1 期 1933 年 9 月底出书 150 册,第 2 期 1934 年 3 月底出书 150 册,第 4 期 1934 年 9 月底出书 150 册,第 4 期 1935 年 3 月底出书 142 册。(HYL Archives:Letter of Kelly and Walsh,Limited to Alfred K'aiming Ch'iu,May 29,1934 &《影印宋版藏经会发售影印宋碛砂版大藏经预约简章》)

6 月 4 日

上海光明书局致函裘开明:已收到 4 月 10 日的来函及汇票。《中国农村问题》及《计政学报》以后各期俟办就即寄上。(HYL Archives:上海光明书局致裘开明信函,1934 年 6 月 4 日)

6 月 13 日

中国研究促进委员会秘书 Mortimer Graves 先生致函裘开明:傅路特(Luther Carrington Goodrich)告诉了我关于延缓在书中放置汉字以及谋求校样的事。发送校样的想法是由白雷格(Robert Pierpont Blake)博士提出的,而我认为应该有办法实现。或许可以简单地将油墨辊滚过字槽内的铅字,然后将张纸覆盖在铅字上刷印,而在印刷机上印刷全部资料。很期待 10 天后能与你会面,如果到时候这个问题还没解决,我们可以再做修改。(HYL Archives:Letter of Mortimer Graves to Alfred K'aiming Ch'iu,June 13,1934)

6 月 15 日

裘开明撰,章新民译《中国》(中国民众图书馆概况)发表于《文华图书馆学专科学校季刊》第 6 卷第 2 期(1934 年 6 月 15 日):190—197。

裘开明致函中国研究促进委员会秘书 Mortimer Graves:你 6 月 13 日来函询问傅路特(Luther Carrington Goodrich)手稿中汉字一事,根据魏鲁男(James Roland Ware)博士的意见,我们决定把巴尔的摩印刷厂排检的铅字放在小马尼拉信封内给你。手稿中每页上的汉字都有个号码,而装有铅字的信封上有相对应的号码。魏鲁男认为,排字工应该能按正确的顺序排定每个引文,并放入排字盘中。然后,你只需要求印刷工印好汉字的校样。我们只能想到这个办法,因为我们没有长条校样。文稿中一半的汉字已经挑出来放在信封中。我们用了最开始的铅字做实验,但不确定手稿中所有的汉字都有。我们已经发现有些汉字缺失,如满族皇帝的名字,还有如"书"和"集"的铅字数量不够。这些可能只能在哈佛大学出版社或波士顿的中文印刷厂找到,但他们只有 2 号和 4 号字,并不能适用于你们的 5 号字。如果你能在 6 月 23 日前到剑桥,我将很期待与你会面。然后,我将作为中国代表去蒙特利尔参加美国图书馆协会会议。学校夏季学期的大部分时间我都会在图书馆。(HYL Archives: Letter of Alfred K'aiming Ch'iu to Mortimer Graves, June 15, 1934)

6月16日

裘开明致函密歇根大学 International House 的马尔智(Benjamin March):感谢你6月14日的来信,我已经把信转交给了中国武昌文华图书馆学专科学校的徐家麟(James Chia-ling Hsu),我相信徐先生将尽最大的努力在研究项目上帮助你。关于我们在费城时谈过的你的手稿《中国画术语》(Some Technical Terms in Chinese Painting),我想知道什么时候可以排版付印。我们现在正在排傅路特(Luther Carrington Goodrich)先生的手稿,再过2、3周即可完成中国字排版。你最好夏天的时候能把稿子寄给我们,因为我们还有很多人的著作要排版,开学期间很多中国学生都没有时间做此项工作。(HYL Archives: Letter of Alfred K'aiming Ch'iu to Benjamin March, June 16, 1934)

6月28日

密歇根大学 International House 马尔智(Benjamin March)致函裘开明:感谢你6月16日的来信,此信已转给我。我还收到了一封 Russell Sage 基金会 Glenn 先生的来信,询问关于徐(家麟)先生今年是否来美国的问题。不管怎样,我希望一切顺利,否则我和袁同礼(Yuan Tung-Li)先生都会感到失望。Mortimer Graves 先生有我的《中国画术语》(Some Technical Terms in Chinese Painting)一书的原稿,该稿已经放在他那里2年了。春天的时候他写信给我提出了一些略微修改的建议,之后我再没有收到他的信。你直接去信告诉他现在你已经准备付印此著了,这样会更快一点……(HYL Archives: Letter of Benjamin March to Alfred K'aiming Ch'iu, June 28, 1934)

6月30日

白瑞华(Roswell S. Britton)来函询问裘开明在东方学会费城会议上向其提及的近期中国出版的几种有关国际法方面书籍的书名、作者、出版日期和出版地等信息。(HYL Archives: Letter of Roswell S. Britton to Alfred K'aiming Ch'iu, June 30, 1934)

6月

裘开明与韩德章合撰《河北省深泽县农场经营调查》发表于《社会科学杂志》第5卷第2期(1934年6月):222—259。原文作者项未署裘开明姓名,但裘开明在其所撰《农业》("Agriculture")的第28项注释中说:"裘开明与韩德章撰《河北省深泽县184个农场之经营调查》(北平社会调查所,1936)因战争而中断出版。该项调查的中文版发表在《社会科学杂志》(北平)上。"查裘开明博士学位论文,此文确系裘开明博士学位论文之一部分,而曾参与调查的韩德章将其独自以个人名义发表。

7月1日

叶理绥(Serge Elisséeff)教授被正式聘为哈佛燕京学社社长和哈佛大学远东语言教授。叶理绥社长的有力领导为哈佛燕京学社奠定了坚实的基础,哈佛大学汉和图书馆立即迈开了发展的脚步。从叶理绥社长上任以后,西文藏书、藏文藏书、满文藏书、蒙文藏书和后来的韩文藏书逐一建立。在1934年7月1日至1942年7月1日的8年间,哈佛大学汉和图书馆的藏书增长了一倍。(Alfred K'aiming Ch'iu. "The Harvard-Yenching Institute Library". *The Far Eastern Quarterly*(《远东季刊》). Vol. 14, No. 1 [November 1954]: 147-152)

叶理绥(Serge Elisséeff)教授担任哈佛燕京学社社长后,汉和文库在管理制度上发生改变,馆长不再受哈佛大学图书馆馆长和文理学院(Faculty of Arts and Science)院长的双重领导,直接接受学社社长的领导,负责管理和建设图书馆。(HYL Archives: Chinese-Japanese Library of the Harvard-Yenching Institute at Harvard University Report of the Librarian for 1963-1964, p.39)

叶理绥(Serge Elisséeff)教授担任哈佛燕京学社社长后,由于董事的支持和裘开明博士的专业敏锐性,哈佛燕京学社汉和图书馆着手采购各种最佳版本的中文图书,而北平燕京大学哈佛燕京办事处主任洪煨莲(William Hung)进一步促进了中文图书的采购。当时在中国采购中文图书不是一件容易的事,因为中国的书店并非像西方的书店一样专业,几乎没有什么书店出版目录。不过,中国人总是优秀的目录学家,通过各种书目,汉和图书馆迅速增加了馆藏。(Serge Elisséeff. The Chinese-Japanese Library of the Harvard-Yenching Institute. Harvard Library Bulletin, Vol. 10, No. 1, Winter 1956:73-97)

7月3日

H. L. Mencken 致函裘开明,告知准备出版自己所撰著作《美国语言》(*The American Language*)的修订版,想收集关于汉语在美国演变流传方面的资料,并请裘开明提供相关的参考文献信息。(HYL Archives: Letter of H. L. Mencken to Alfred K'aiming Ch'iu, July 3, 1934)

7月6日

裘开明致函密歇根大学 International House 马尔智(Benjamin March):……你能否让秘书寄给我一份你们编制的包括课程和学生姓名在内的油印资料? 我已经以个人名义致函徐(家麟)先生,催他暑假来美国。如果文华图书馆学专科学校不给他报销旅费,我想他能找到其他的资助。Mortimer Graves 先生前几天来我办公室,我和他谈了关于你的著作的事情……(HYL Archives: Letter of Alfred K'aiming Ch'iu to Benjamin March, July 6, 1934)

裘开明致函白瑞华(Roswell S. Britton):兹附上近期中国出版的有关古代中国国际法方面的书目信息。书目中所列书籍,汉和图书馆都有入藏,可通过馆际互借获得,但是,目前这批书已被一名正在做博士论文的中国留学生借出。如果你想贵校图书馆购买这批书,则可与北京协和书局(Union Book Store)联系。(HYL Archives: Letter of Alfred K'aiming Ch'iu to Roswell S. Britton, July 6, 1934)

7月7日

白瑞华(Roswell S. Britton)致函裘开明,感谢裘开明的帮助,询问裘开明在7月6日回信中所提到的中国留学生的博士论文有哪些主要观点,并希望能够与该留学生讨论古代中国国际法方面的问题。(HYL Archives: Letter of Roswell S. Britton to Alfred K'aiming Ch'iu, July 7, 1934)

7月9日

裘开明回复 H. L. Mencken 7月3日来信,告知关于汉语在美国的流传演变问题,目前没有成文的研究资料,建议 H. L. Mencken 向 T. S. Tse 请教该问题,并最好能够到中国南部去做实地考察。(HYL Archives: Letter of Alfred K'aiming Ch'iu to H. L. Mencken, July 9, 1934)

裘开明致函白瑞华(Roswell S. Britton),详告7月6日信中所提的中国留学生的详细信息。(HYL Archives: Letter of Alfred K'aiming Ch'iu to Roswell S. Britton, July 9, 1934)

裘开明致函中国研究促进委员会(Committee on the Promotion of Chinese Studies)

秘书 Mortimer Graves：随函附上房兆楹（Dhaoying Fang）夫人杜联喆（Lienche Tu）为傅路特（Luther Carrington Goodrich）的手稿工作的时间表。她希望你能这个月付酬。经哈佛燕京学社出版物委员会主席白雷格（Robert Pierpont Blake）先生同意，这份工作的工资标准为每小时 75 美分。（HYL Archives：Letter of Alfred K'aiming Ch'iu to Mortimer Graves，July 9，1934）

7 月 11 日

白雷格（Robert Pierpont Blake）致函东京大学科学与宗教系岸本英夫（Hideo Kishimoto）博士：哈佛燕京学社和美国学术团体协会（ACLS）正在致力于中文出版物的收藏，尤其是珍稀古籍文献。这是您曾提出过的建议。学社为此将在下一年拨款 500 美元，并希望将成本等控制在此数目内。如果 Tsukiji 出版社还有其他的目录，我们希望能够获得所有可提供的出版物目录。（HYL Archives：Letter of Robert Pierpont Blake to Hideo Kishimoto，July 11，1934）

7 月 12 日

H. L. Mencken 来函致谢。（HYL Archives：Letter of H. L. Mencken to Alfred K'aiming Ch'iu，July 12，1934）

7 月 13 日

间宫富士（Fujio Mamiya）来函汇报代汉和图书馆购买 3 月 12 日购书单上所列书籍的进展情况。（HYL Archives：Letter of Fujio Mamiya to Alfred K'aiming Ch'iu，July 13，1934）

7 月 17 日

裘开明致函上海华丰印刷铸字所：兹欲购置楷书铅字一副，请对于下列各条详细赐答：（一）5 号每副价目若干？（二）每副有几何个同一字？（三）每副总共有字若干枚？（四）自申至美寄费若干？（五）除铅字外，贵厂出售钢铸字模否……（六）请寄五号及 4 号字样本目录 2 册并铅字数枚……（HYL Archives：裘开明致上海华丰印刷铸字所信函，1934 年 7 月 17 日）

密歇根大学 International House 马尔智（Benjamin March）回复裘开明 7 月 6 日的信函：我已经收到 Mortimer Graves 寄来的哥伦比亚大学王际真（Wang Chi-chen）先生对我的著作所提的意见。我还有时间仔细校对稿件，我可能能在秋天来临之前把稿子寄给你。我已经让 Walne 小姐把我们研究所的资料寄给你存档。不幸的是，大纲已经没有了，所有复本都用完了。等我回到安娜堡，如果我能找到多的一份，我即寄给你。（HYL Archives：Letter of Benjamin March to Alfred K'aiming Ch'iu，July 17，1934）

7 月 18 日

裘开明致函哈佛大学图书馆怀德纳图书馆（Widener Library）馆长白雷格（Robert Pierpont Blake）教授：鉴于哈佛燕京学社董事会决定汉和图书馆和怀德纳图书馆（Widener Library）内所有用哈佛燕京基金采购的图书的所有权归哈佛燕京学社所有，建议在藏书票上做一些改变，由原来的"来自哈佛燕京学社"（From the Harvard-Yenching Institute）改为"哈佛燕京学社存放"（Deposited by the Harvard-Yenching Institute），因为"来自哈佛燕京学社"藏书票通常用于那些不能声称对图书有法律所有权的图书馆。函附《哈佛燕京学社中文图书和研究丛书备忘录》（HYL Archives：Letter of Alfred K'aiming Ch'iu to Robert Pierpont Blake，July 18，1934）

7 月 20 日

国会图书馆副馆长来函告知已收到裘开明为房兆楹（Chaoying Fang）所写的推荐

信。(HYL Archives：Letter of Chief Assistant Librarian of Library of Congress to Alfred K'aiming Ch'iu, July 20, 1934)

7月30日

美国学术团体协会（ACLS）助理会计 Donald Block 致函裘开明：根据你给 Mortimer Graves 先生的信中所要求的内容，我给杜联喆小姐开了一张 36.98 美元的支票。希望你转交给她。很抱歉拖了那么久才把支票给你。(HYL Archives：Letter of Donald Block to Alfred K'aiming Ch'iu, July 30, 1934)

8月7日

白雷格（Robert Pierpont Blake）在葛思德（Guion Moore Gest）位于 Woolworth Building 的办公室内，与葛思德商谈加拿大魁北克省蒙特利尔市麦吉尔大学葛思德汉文图书馆（G. M. Gest Chinese Library, McGill University）最终可能的收藏地点。葛思德回顾其藏书的历史，说明寻求安置这批收藏的缘由，并就馆藏安置提出了8条要求。白雷格作了相应的答复，并提出了问题的难点和建议。(HYL Archives：Memorandum of conversation between Guion Moore Gest and Robert Pierpont Blake in New York, August 7, 1934)

裘开明致函感谢间宫富士（Fujio Mamiya）代汉和图书馆在日本购书。(HYL Archives：Letter of Alfred K'aiming Ch'iu to Fujio Mamiya, August 7, 1934)

8月8日

裘开明签发中止雇用房兆楹（Chaoying Fang）的通知书。(HYL Archives：Notice of Termination of Employment of Fang Chaoying, August 8, 1934)

8月9日

白雷格（Robert Pierpont Blake）致函 George Henry Chase：随信附上我与葛思德（Guion Moore Gest）的会谈备忘录。葛思德图书馆馆藏共 130000 册。全数编目，中国式装订。其中可能有相当数量的复本。乐意得知你的任何意见。(HYL Archives：Letter of Robert Pierpont Blake to George Henry Chase, August 9, 1934)

8月24日

格林（Roger S. Greene）致函董纳姆（Wallace B. Donham）：随信附上我给白雷格（Robert Pierpont Blake）的信函。葛思德汉文图书馆是一个无价的藏书库，如果哈佛大学积极推进此事，很有可能成为该批藏书的新的安置地点。我想如果学社可以支付这批藏书在移交期间的保管费用，将对我们的计划起到相当大的帮助。这批藏书必须有人保管，而9月1日后，这笔费用将不可能从其他途径获得，因此，我们需要马上行动。(HYL Archives：Letter of Roger S. Greene to Wallace B. Donham, August 24, 1934)

格林（Roger S. Greene）致函白雷格（Robert Pierpont Blake），说明葛思德（Guion Moore Gest）和他本人对葛思德汉文图书馆选择新的安置地点一事的具体意见。(HYL Archives：Letter of Roger S. Greene to Robert Pierpont Blake, August 24, 1934)

8月29日

间宫富士（Fujio Mamiya）致函裘开明：兹附上汉和图书馆订购 1934 年 10 月—1936 年 9 月《图书馆研究》(*Toshokan Kenkyu*)杂志的收据。日本青年图书馆员联盟（League of Young Librarians）计划于本年底出版一部由 20 所图书馆联合编制的书本式图书馆学书目，款目不少于 2000 条，按日本十进分类法排列，并编有罗马化作者索引，此书目除向青年图书馆员联盟的会员发行外，还计划向欧美国家发行，请帮忙推荐一个合适的人选负责在欧美的发行工作。(HYL Archives：Letter of Fujio Mamiya to Alfred K'aiming Ch'iu, August 29, 1934)

8月30日

白雷格(Robert Pierpont Blake)致函葛思德(Guion Moore Gest):已就葛思德汉文图书馆选择新的安置地点一事咨询哈佛燕京学社各相关机构成员,各成员均对哈佛燕京学社可能成为新的安置地点表示非常感兴趣,并要求我向你提出适当的提议。以下是我根据各成员的要求提出的与馆藏命名、安置地点、移交期间的管理、书籍购买义务以及抵押金额有关的5点意见。正式的提议将由哈佛燕京学社董事会发出,在此之前,我希望获知上述意见是否令你满意。(HYL Archives: Letter of Robert Pierpont Blake to Guion Moore Gest, August 30, 1934)

8月31日

裘开明作为中国科学社留美分社(Sicence Society of China [American Branch])社员,出席中国科学社与中国工程社的联合年会,并担任论文组与讨论会的主持人。(HYL Archives:《中国科学社与中国工程社联合年会特刊·年会会程·论文·摘要[1934年8月31—9月3日]》)

9月1日

上午9时—12时,裘开明参加中国科学社与中国工程社联合年会的论文研讨会,宣读题为《中国农民的经济负担与生活》的论文。此文是裘开明于1930—1930年对河北省深泽县184个农民进行经济调查后所撰调查报告的最后两个部分。(HYL Archives:《中国科学社与中国工程社联合年会特刊·年会会程·论文·摘要[1934年8月31—9月3日]》)

葛思德(Guion Moore Gest)致函白雷格(Robert Pierpont Blake):很高兴葛思德汉文图书馆选择新的安置地点一事得到贵社的认真考虑。藏书的最后地点我仍然需要认真考虑。对于贵社提出的5条建议我均做了认真的考虑,其中的几条我完全同意,然而以我目前的经济状况计,我无法接受贵社提出的金额,我不得不说价格必须提高。当然我愿意与贵社继续商谈。(HYL Archives: Letter of Guion Moore Gest to Robert Pierpont Blake, September 1, 1934)

格林(Roger S. Greene)致函白雷格(Robert Pierpont Blake):我刚刚收到你8月30日的来信及随信所附你于8月30日及31日给葛思德(Guion Moore Gest)的信。不管葛思德可能作出什么样的修改,我认为你们给出的建议及给出的方式是非常合适的。我已经致电葛思德办公室请他对你们提出的建议做出回应,但他今天不在办公室。希望董纳姆(Wallace B. Donham)能够找到他。(HYL Archives: Letter of Roger S. Greene to Robert Pierpont Blake, September 1, 1934)

9月2日—3日

裘开明在中国科学社与中国工程社的联合年会上被推选为1934—1935年度中国科学社留美分社(Sicence Society of China [American Branch])社长。(HYL Archives:《中国科学社与中国工程社联合年会特刊·年会会程·论文·摘要[1934年8月31日—9月3日]》)

9月5日

巴伯(George G. Barber)致函白雷格(Robert Pierpont Blake):诺斯(Eric M. North)给我寄了一份你于8月30日写给葛思德(Guion Moore Gest)的信函复印件。我对于信中所提到的葛思德汉文图书馆是否将成为哈佛燕京学社的财产、5000美元的抵押金以及书籍购买义务存有疑问。由哈佛燕京学社接收葛思德汉文图书馆一事所包括的详细政策和程序均未获得学社董事会的通过。我想此事相当重要,董事会应尽早举行特别会议。(HYL Archives: Letter of George G. Barber to Robert Pierpont Blake, September 5, 1934. See: B8-318, 3-2)

9月12日

Langdon Greenwood来函咨询关于中国经学文献英译本方面的信息。(HYL Archives: Letter of Langdon Greenwood to Alfred K'aiming Ch'iu, September 12, 1934)

9月18日

裘开明回复Langdon Greenwood,告知关于中国经学文献英译本方面的信息。(HYL Archives: Letter of Alfred K'aiming Ch'iu to Langdon Greenwood, September 18, 1934)

9月28日

裘开明致函间宫富士(Fujio Mamiya)今欧美国家出版的书本式图书馆学书目数不胜数,不知道日本青年图书馆员联盟编撰的书本式图书馆学书目是否计划收入西文书籍和文章,如果收入的话,其书目的成本和价格无疑会增加。日本青年图书馆员联盟编撰的书本式图书馆学书目即使只收录日文和中文的书籍和文章,也非常有价值,因为欧美国家所编的图书馆学书目从未收录这两个语种的书籍与文章。建议除了编制罗马化作者姓名索引以外,再编制依据字形、字根、笔画或王氏四角号码法排列的索引。可以考虑请纽约市H. W. Wilson公司担任该书目在欧美市场的发行代理。(HYL Archives: Letter of Alfred K'aiming Ch'iu to Fujio Mamiya, September 28, 1934)

9月

叶理绥(Serge Elisséeff)自本月起正式上任,担任哈佛燕京学社社长。(HYL Archives: Chinese-Japanese Library of the Harvard-Yenching Institute at Harvard University Report of the Librarian for 1955-1956)

10月8日

裘开明致函哈佛燕京学社教育委员会主席George Henry Chase申请增加薪水:在1933年以来的3年任期里,我的薪水一直没有增加,我当时没有提出加薪的问题,是因为根据1930年1月28日信中的条款以及哈佛大学的优先条件,我认为会在第2个3年任期内增加我的薪水。我现在提出加薪的要求是考虑到我为学社所做的工作以及我的技能与经验。至于我工作的质量,如果需要考核的话,我想可以建议学社新任社长叶理绥(Serge Elisséeff)教授对美国和欧洲所有的中日文文库进行比较。我提出这个请求完全考虑到了哈佛大学可能会在1936年我任期届满时免去我的职务。感谢你们能给予考虑。(HYL Archives: Letter of Alfred K'aiming Ch'iu to George Henry Chase, October 8, 1934)

10月9日

哈佛燕京学社教育委员会(Educational Committee)主席George Henry Chase致函裘开明:在10月9日的哈佛燕京学社教育委员会议上,经教育委员会委员表决通过,决定从1935-1936年度开始将裘开明担任汉和文库馆长的年薪增加到3750美元。(HYL Archives: Letter of George Henry Chase to Alfred K'aiming Ch'iu, October 9, 1934)

10月11日

白雷格(Robert Pierpont Blake)致函秘书Florence T. Bayley:葛思德(Guion Moore Gest)在电话里告知我,他可以于下周前来与我们商讨葛思德汉文图书馆一事。我们是否能于下周召集一次执行委员会及教育委员会委员会议,周三、周四、周五均可。晚餐较午餐合适。请致电George Henry Chase、董纳姆(Wallace B. Donham)、Walter Ernest Clark、叶理绥(Serge Elisséeff)、魏鲁男(James Roland Ware)、贾德纳(Charles Sidney Gardner),以及G. G. Wilson,确定合适的时间。(HYL Archives: Letter of Robert Pierpont Blake to Florence T. Bayley, October 11, 1934)

10月16日

下午1时,哈佛大学图书馆委员会主席白雷格(Robert Pierpont Blake)与葛思德(Guion Moore Gest)商谈出售葛思德图书馆(Gest Library)的事宜,出席会议者有Walter Ernest Clark、Langdon Warner、G. G. Wilson、董纳姆(Wallace B. Donham)、贾德纳(Charles Sidney Gardner)、魏鲁男(James Roland Ware)、叶理绥(Serge Elisséeff)、George Henry Chase 以及 Carl T. Keller。(HYL Archives:Letter of Florence T. Bayley to Robert Pierpont Blake,October 15,1934)

哈佛大学哈佛学院图书馆中文文库收到燕京大学图书馆哈佛购书处田洪都先生(Hung-tu Tien)的用款报告:1933—1934年度哈佛购书处总计用款为3,257.48国币,其中书款1092.87,杂志650.72,装订316.70,杂费1197.19(HYL Archives:Hung-tu Tien,Harvard College Chinese Library Book Account for 1933-1934)

10月17日

中国银行总管理处戴志骞致函裘开明:前由中华图书馆协会于震寰先生寄来哈佛大学汉和图书馆永久会员会费洋100元正,业已收到。兹附上基金保管委员会甲种第四号一纸,并盼吾兄在美努力劝募。(HYL Archives:戴志骞致裘开明信函,1934年10月17日)

10月20日

裘开明向哈佛大学图书馆馆长提交《1933—1934年度汉和图书馆馆长报告》:在1933年6月30日至1934年7月1日,汉和图书馆采购中文图书1,281种7167册,拓片42张,地图36幅;日文图书136种355册,影印手稿608卷轴,地图2幅。新增中文期刊26种,使总数达到了392种。日文期刊新增5种,总数增加到了75种。根据我们的建议和要求,在过去的一年中,燕京在购买图书中提供的服务有很大的改善。我们收到书非常快。我们现在唯一的不满是,寄给我们很多我们的订单中没有的稿本和未经我们同意就寄给我们复本。就我们这么少的经费而言,我们现在不需要这些稿本,也不值得购买。因此,我们已经把大部分的稿本寄回了燕京。如果再卖掉这些稿本的话,我们可以兑现大约1,200美元,这些钱可以用来购买我们更需要的图书……购买日文图书一直没有任何困难,东京一诚堂(the Isseido Book Store)一直提供着非常优质的服务……在再次延期之后,前燕京大学图书馆馆员杜联喆(Lienche Tu)女士于1933年11月1日来到了我们图书馆,她一直是兼职工作,她于2月1日辞职后,已经在燕京大学图书馆工作了一年半的房兆楹(Chaoying Fang)先生接替了她的工作。8月,他们都离开剑桥加入了美国国会图书馆东方部。他们的突然离开使我们图书馆处于困难境地,幸亏冯汉骥(Han-ye Feng)先生在暑期能够前来工作。我请他留下来,但是他要去宾州大学读书。因此,我邀请了国立山东大学图书馆黄星辉(Julius H. H. Huang)来我们图书馆。冯汉骥先生和国立北平图书馆副馆长袁同礼(Yuan Tung-li)先生极力推荐他。黄先生有望在9月初到达剑桥。(HYL Archives:A. K'aiming Ch'iu. Chinese-Japanese Library, Harvard University, Report of the Librarian for the Year June 30,1933 to July 1, 1934. Boylston Hall, Cambridge, Mass, October 20,1934)

10月22日

下午4时,哈佛燕京学社图书馆委员会召开会议,图书馆委员会主席白雷格(Robert Pierpont Blake),以及 Walter Ernest Clark 教授、叶理绥(Serge Elisséeff)教授和贾德纳(Charles Sidney Gardner)教授出席会议。会议的主要内容包括:1. 委员会决定由裘开明确定每年用于购买中文书籍和日文书籍的经费比例;文献应该按照语种划分,但是关于其他国家历史类的文献,应该主要依据其内容划分。2. 会议讨论并通过了裘开明的馆长报告。3. 委员会认为燕京大学只需要向哈佛燕京学社的图书馆邮寄学社指定的手稿或手稿资料。4. 根据不同学科书籍采购的一般原则,图书馆委员会认为图书馆应该重点搜购丛书类文献;其他主题的文献采购的优先次序为:语言类、书目类、历史类和考古类;同时,购买目前与学社有联系的地区的地方志,限制购买艺术类文献。5. 根据目前日文书的收藏情况,日文文献采购的优先次序为:(1)中日语言类,(2)中国历史类,(3)中国地理类。6. 委员会还认为,某些重在其参考价值、而非时效性的期刊,可以从中国和日本订购合订本,以节省装订的开支。7. 如果在下一年能够为善本书库买到封闭的书柜,则建议把这笔费用列入"管理"项目中的固定资产开支中。8. 图书馆委会建议,图书馆的藏书清点工作由学生助理负责,随时清点。9. 贾德纳教授代表图书馆委员会审查燕京大学的订书发票。10. 贾德纳教授提议购买关于满族以及清朝初期文献,经委员会投票通过。(HYL Archives: Meeting of Library committee, October 22, 1934)

11月1日

中国科学社(Sicence Society of China)Bacow F. Chow 致函裘开明:兹附上一份很旧的中国科学社社员名单,我已将保存的所有财务档案寄给了高尚荫(Harry Gaw)先生。我这里没有书记的文件。上任书记是密歇根大学的吴大猷。我想他已经回中国了,不知有没有留下有价值的文件。我也把上次投票选举的结果随信寄给你。选票显示裘开明以 5 票当选 1934–1935 年度中国科学社留美分社社长。(HYL Archives: Letter of Bacow F. Chow to Alfred K'aiming Ch'iu, November 1, 1934)

11月7日

裘开明致函中国科学社 Bacow F. Chow:感谢寄来中国科学社选举结果。请告知高尚荫(Harry Gaw)在职期间有多少新进社员。请将选举结果汇报给学社在中国的总部。我会尽快把任之恭返华前留下的两大捆文件寄给新任书记。(HYL Archives: Letter of Alfred K'aiming Ch'iu to Bacow F. Chow, November 7, 1934)

裘开明致函中国科学社留美分社新任会计高尚荫(Harry Gaw):兹附上中国科学社留美分社已回国社员名单,请马上开始征收本年社费,建议每人收取 2 美元,并根据 Bacow F. Chow 寄来的新名单发送信件。(HYL Archives: Letter of Alfred K'aiming Ch'iu to Harry Gaw, November 7, 1934)

11月9日

葛思德(Guion Moore Gest)自纽约致电白雷格(Robert Pierpont Blake):经过考虑,葛思德认为目前推进葛思德纪念图书馆(Gest Memorial Library)移交给哈佛一事商谈的最好办法是,除了在葛思德近期前来剑桥与董纳姆(Wallace B. Donham)院长及其他相关人士会谈之前先支付给葛思德 75000 美元现金,哈佛燕京学社董事会应该考虑是否能够以 5000 美元的年薪正式聘用葛思德女儿 Sylvia Gest,支付年薪的期限为 20 年或视其女儿的寿命(Sylvia 现年 41 岁)而定。葛思德还告知白雷格:他最近与洛克菲勒基金会的 David H. Stevens 博士商谈过此事,Stevens 博士对将这批馆藏移置哈佛表示了强烈的兴趣,并表示如果有机会愿提供帮助,当然相关的程序必须由哈佛燕京学社拟定。Stevens 博士指出如果可能,必须于本月 17 号之前向洛克菲勒基金会提出此事。此外,The Maharaja Gaekwar of Baroda 对此事亦感兴趣,并乐于提供任何可能的帮助。〔本备忘录的内容由葛思德在电话中确认,并正式提交给董事会〕(HYL Archives: Memorandum of conversation between Guion Moore Gest and Robert Pierpont Blake, November 9, to be submitted to the Harvard-Yenching Trustees on November 12，1934）

11月14日

美国移民局来函调查葛受元（Andrew Son Yuen Ko）的近况。（HYL Archives：Letter of J. H. Wagner to Alfred K'aiming Ch'iu，November 14，1934）

间宫富士（Fujio Mamiya）致函裘开明9月28日信函：日本青年图书馆员联盟（League of Young Librarians）所编图书馆学书目只收录专著，不收录日本、中国和外国期刊上的文章。感谢你的建议，我们将再编制一个作者姓名四角号码索引。至今未收到The Wilson and Grafton公司的答复，但莱比锡的the Otto Harrassowitz公司表示愿意担任图书馆学书目的欧美市场发行代理；希望在书目即将完成时，你能够对其中的美国和中国部分提意见。《图书馆研究》（*Toshokan Kenkyu*）第7卷第4期已经出版，另函奉上。明年2月将出版第7卷合订版以及1－8期的索引。随函附上订购《图书馆研究》1933年10月至1934年9月的发票。（HYL Archives：Letter of Fujio Mamiya to Alfred K'aiming Ch'iu，November 14，1934）

11月17日

中国科学社会计、耶鲁大学奥斯本动物实验室高尚荫（Harry Gaw）致函裘开明：已收到你缴来的社费；随函附上1美元，作为你撰写通讯的报酬。我已遵嘱下单订购信纸和信封。（HYL Archives：Letter of Harry Gaw to Alfred K'aiming Ch'iu，November 17，1934）

11月19日

裘开明致函美国移民局，告知葛受元（Andrew Son Yuen Ko）的近况。（HYL Archives：Letter of Alfred K'aiming Ch'iu to J. H. Wagner，November 19，1934）

11月20日

裘开明致函华美协进社（China Institute in America）社长孟治（Meng Chih）：敝馆已经收到你寄来的截止到1934年6月30日的年度报告，报告很好。从今年起，敝馆除了增加中文书和日文书的收藏量，还打算开始收藏西方国家出版的有关中国和日本的书。请你将敝馆加入到贵社的邮寄列表中，以便将来我们可以收到由贵社派送的出版物。如果你还有剩余的第1、第2期报告，请寄给我们。（HYL Archives：Letter of Alfred K'aiming Ch'iu to Meng Chih，November 20，1934）

11月23日

叶理绥（Serge Elisséeff）致函白雷格（Robert Pierpont Blake）：在董事会的上一次会议中，因急于继续发展我们自己的馆藏，我提出哈佛燕京学社不应在葛思德图书馆上花费超过25000美元。我与贾德纳（Charles Sidney Gardner）和裘开明先生讨论过葛思德图书馆收藏与我们图书馆馆藏的复本问题，2人均认为重复率至少为50%；其中经部馆藏重复率更是高达95%。而葛思德（Guion Moore Gest）相当引以为豪的殿本二十四史，哈佛图书馆亦藏有影印本，足以满足研究的需要。葛思德图书馆在方志和丛书方面的收藏非常薄弱。我们在美术和考古类的收藏亦十分深厚，我不知道葛思德图书馆馆藏在这一类中是否还有对于我们而言有价值的藏书。葛思德图书馆在医书上的馆藏具有极大的优势，但医书的收藏实非我们的基本兴趣所在，因为我们的馆藏中已经包括了重要的医书，而其他次要的医书，毋须花费太多便能购得。葛思德图书馆馆藏中的个别作者著述非常重要，但我不知道这些个别作者确切是谁及其著述的具体价值所在。贾德纳告诉我就他所见葛思德图书馆的部分馆藏并不强大到足以激发我们收购的信心。佛经手稿可能很重要，也可能不重要，因为我们已经收藏了重要的佛教经典出版物。我的感觉是，格林(Roger S. Greene)之所以如此倾向于哈佛接手葛思德图书馆，是因为他并不了解我们已有的馆藏而凭葛思德图书馆的名声作出判断。在与葛思德进入实质性谈判前，我认为我们完全有必要亲自前往蒙特利尔市检查葛思德图书馆馆藏。这项工作易于实行，只要魏鲁男(James Roland Ware)、裘开明先生和我带上一名同事花上5至6天时间即可。我个人未曾亲眼见到葛思德图书馆馆藏，因此我是根据劳费尔(Berthold Laufer)博士的描述发表个人的意见。作为哈佛燕京学社的新任社长，如果我要为此事担负责任，我就必须对这一著名的汉文收藏有更多的了解。葛思德图书馆目录很好，但新出版的越南河内法语学校(French School in Hanoi)的中文藏书目录已经可以取代其地位。(HYL Archives：Letter of Serge Elisséeff to Robert Pierpont Blake，November 23，1934)

12月5日

加利福尼亚州立图书馆馆长 Mabel R. Gillis 致函裘开明：我们最近获赠一套中国二十四史，1903年上海印刷版。国会图书馆的恒慕义(Arthur William Hummel)博士告诉我，贵馆有专门为中国书籍准备的卡片，而且你有这套书的卡片。请问你是否确有这些卡片，以及我们如何才能获得这些卡片？同时，我也很想知道哪里还能找到这些朝代的历史书籍。非常感谢你的帮助。(HYL Archives：Letter of Mabel R. Gillis to Alfred K'aiming Ch'iu，December 5，1934)

12月6日

叶理绥(Serge Elisséeff)致函白雷格(Robert Pierpont Blake)：我们经常谈及葛思德图书馆与哈佛图书馆的馆藏复本问题。为了确切地了解复本问题以及佛经稿本情况，我认为在购买这批馆藏之前，有必要派裘开明先生、贾德纳(Charles Sidney Gardner)和我到蒙特利尔进行实地考查。此事极易完成，只需带上我们的一名卡片编目员一同前往。我坚持将裘开明先生纳入这一小型委员会中，因为他是最熟悉哈佛图书馆的人之一。我不只身前往的原因是这项工作需要花费一定的时间来查找和确认一定数量藏书的书名并判断我们感兴趣的一些珍本的真实价值；小组协同工作大概需要4至5天时间。我同样认为教育委员会的意见是在对部分馆藏特别是佛经稿本作彻底调查后再考虑是否购买葛思德图书馆。(HYL Archives：Letter of Serge Elisséeff to Robert Pierpont Blake December 6，1934)

12月10日

斯坦福大学图书馆书目部主管 Florence M. Craig 致函裘开明：国会图书馆恒慕义(Arthur William Hummel)建议我们购买贵馆的《四库全书》和《四部丛刊》目录卡片。如果有可能的话，我们能否在作决定之前，看一看卡片的样板，并了解一下价格？(HYL Archives：Letter of Florence M. Craig to Alfred K'aiming Ch'iu，December 10，1934)

裘开明致函加利福尼亚州立图书馆馆长 Mabel R. Gillis 女士：你12月5日询问有无二十四史卡片的信收悉。很遗憾你想要的这套卡片已很久没印刷了，而且我们也没有多余的库存。关于二十四史的收藏情况，可以参考美国学术团体协会(ACLS)印刷、贾德纳(Charles Sidney Gardner)编写的《美国图书馆精选中文图书联合目录》("A Union List of Selected Chinese Books in American Libraries")。就我所知，以下的图书馆也有收藏这套二十四史(当然其他图书馆的版本可能与你们的不同)：国会图书馆、哈佛(有五个版本)、哥伦比亚、加利福尼亚、康奈尔、耶鲁、纽约公共图书馆、哈特福特神学院(Hartford Theological Seminary)，以及麦吉尔大学图书馆。这些朝代历史具有相当大的价值，是中国标准的历史以及中国文献收藏不可缺少的部分。关于西方人对这些书籍的分析评价,可以参考伟烈亚力(Alexander Wylie)写的《汉籍解题》("Notes on Chinese Literature",上海出版,1922:15-24)。随信附上我们油印卡片的样品(由 Rand 准备,由复写方法进行初版及再版。我们根据委托供应这些卡片,因为我们只印刷 8 或 10 套作自用,以及供应给国会图书馆,通常我们有与样本一样的复制卡片,大约占我们藏品的 50%。这些卡片每张价值 1.5 美分至 2 美分,包含复制工作、原材料、分拣卡片和邮寄费用。希望我以上的答复能让你满意。如果还有其他需要我们帮助之处,欢迎写信给我们。(HYL Archives:Letter of Alfred K'aiming Ch'iu to Mabel R. Gillis, December 10, 1934)

葛思德(Guion Moore Gest)致函白雷格(Robert Pierpont Blake):我已经给我的图书馆馆长 Swann 博士指示,嘱其在贾德纳(Charles Sidney Gardner)及助手前来蒙特利尔期间提供各种帮助。我很乐意让他们记录与哈佛重复的复本情况,但我想他们一定会对葛思德图书馆馆藏中的珍本数量以及一些著作的特殊品质感到惊讶,复本的情况并不常见。因为我们从未曾公布我们的馆藏目录,所以我不希望贵方将我们的全部馆藏内容罗列清单。我们之所以如此警惕,原因很明显,是为了避免将某些书籍带出中国可能引发的冲突,这一点,贵方一定可以理解。我非常抱歉来访期间我未能在场。我还希望你也能一同前来,看看我们的馆藏及其保存状况。我已请 Swann 博士告知麦吉尔图书馆(Library of McGill)你们来访之事,并要求他们如有需要,周日仍然开放。不过我想 2 天的时间应该就足够了。(HYL Archives:Letter of Guion Moore Gest to Robert Pierpont Blake, December 10, 1934)

12 月 11 日

白雷格(Robert Pierpont Blake)致函葛思德(Guion Moore Gest):得知贵馆将提供必要的设施,我们非常地高兴。周日开放图书馆非常重要,因为我们的小组只能周五晚上出发,而叶理绥(Serge Elisséeff)教授必须周一返回。我们将严格达到你在信中提出的要求。事实上,我们只是为了检验某些特定馆藏的内容和价值,以获得尽可能清晰的总体印象。很抱歉因工作缠身我无法前往。(HYL Archives:Letter of Robert Pierpont Blake to Guion Moore Gest, December 11, 1934)

12 月 12 日

葛思德(Guion Moore Gest)致函白雷格(Robert Pierpont Blake):贵小组来访后即会看到关于我的图书馆的馆藏内容和价值是完全没有问题的。从现在算起 5 至 10 年的时间将证明我对于获得这些古老而珍贵书籍所作判断的正确性。其中的很大一部分即使在现在也是难以复制的。在蒙特利尔,我觉得 Windsor Hotel 是最舒适的旅馆。如果贵小组成员在入住时提及我的姓名,我想他们一定会为你们提供很好的服务。(HYL Archives:Letter of Guion Moore Gest to Robert Pierpont Blake, December 12, 1934)

美国政治社会学学会的 Ernest Minor Patterson 致函裘开明:美国政治社会学学会将于 1935 年 4 月 5 日—6 日在宾夕法尼亚州费城贝尔维尤—斯特拉特福旅馆召开第 39 届年会,主题为"社会主义、法西斯主义与民主主义",希望中国科学社留美分社(Sicence Society of China[American Branch])能委派 1-3 名代表参加会议。(HYL Archives:Letter of Ernest Minor Patterson to Alfred K'aiming Ch'iu, December 12, 1934)

12 月 14 日

裘开明与叶理绥(Serge Elisséeff)、贾德纳(Charles Sidney Gardner)赴加拿大蒙特利尔,考察麦吉尔大学(McGill University)葛思德图书馆(Gest Library)的藏书。(HYL Archives:Letter of George Henry Chase to Immigration and Naturalization Service, December 13, 1934)

12月15日—16日

裘开明与叶理绥（Serge Elisséeff）、贾德纳（Charles Sidney Gardner）在麦吉尔大学（McGill University）察看葛思德图书馆（Gest Library）的主要藏书，清点和查核了有关中国经学、历史、哲学、农业、医学、数学和天文学、丛书、百科全书、佛教和道教文献、文学、戏曲等类的大约1800种 100000 册藏书，其中大部分佛经依据日文书目索引核对。（HYL Archives：Letter to Robert Pierpont Blake, December 20, 1934. & Letter of Serge Elisséeff to Wallace B. Donham, December 21, 1934. & Letter of Robert Pierpont Blake to Guion Moore Gest, December 26, 1934. & Letter of Robert Pierpont Blake to David H. Stevens, December 26, 1934）

12月19日

加州大学图书馆馆长 Harold L. Leupp 致函裘开明：我们在1933年曾向中国北平 Fu Chin 书店订购了几本中文书，由于没有收到回应，后来就取消了这次的订购。然而，由于该书店的一些误会，我们收到了原来订购的这批订书，这批书中有一部分是我们图书馆的复本，兹附上目录，不知你是否有兴趣购买？（HYL Archives：Letter of Harold L. Leupp to Alfred K'aiming Ch'iu, December 19, 1934）

12月20日

叶理绥（Serge Elisséeff）、裘开明和贾德纳（Charles Sidney Gardner）结束对葛思德图书馆考察后，撰写考察小组评估报告。报告认为：这批馆藏无疑是西方国家私人所有的最好收藏，其中包括了汉学多个领域的重要参考著述。然而，如果不将这批馆藏视为一个抽象实体或者视为一个整体，而是单独以这批馆藏能给哈佛燕京学社的教师、学生以及声誉带来的功用作为衡量标准，那么，考察小组认为对于葛思德图书馆的高度评价应有所保留，因为哈佛燕京学社已经拥有与之规模相当且内容相似的馆藏。考察的结论是：葛思德图书馆各类藏书的种类和数量都在哈佛之下，且与哈佛图书馆的藏书重复比率很高，其中在经学、历史、哲学、丛书和文学类藏书中，大约有85%哈佛燕京学社已经入藏，但在医学、数学和天文学类藏书中，仅有20%是哈佛燕京学社已有的，但这3类文献并非是哈佛藏书的重点。总的来说，值得哈佛图书馆购买的藏书不到葛思德图书馆总藏书量的十分之一；葛思德图书馆藏书的实际版本情况和保存情况比较好，都经过精心编校；考虑到其中明版书和清版书的比例，结合当时中国书市的行情，考察小组对葛思德图书馆的藏书中为哈佛所需的部分做了估价，认为约值13000美元。（HYL Archives：Letter of Serge Elisséeff to Wallace B. Donham, December 21, 1934）

加利福尼亚州立图书馆馆长 Mabel R. Gillis 致函裘开明，感谢裘开明提供的所有有关中国朝代历史的信息。（HYL Archives：Letter of Mabel R. Gillis, State Librarian to Alfred K'aiming Ch'iu, December 20, 1934）

12月21日

哈佛燕京学社教育委员会（Educational Committee）召开会议讨论叶理绥（Serge Elisséeff）、贾德纳（Charles Sidney Gardner）和裘开明提交的葛思德图书馆调查报告。委员会一致认为，哈佛燕京学社用15000美元购买葛思德图书馆的藏书是不明智的选择。（HYL Archives：Letter of Robert Pierpont Blake to David H. Stevens, December 26, 1934. See：HYL Archives：fileL Gest Library, 1934）

12月22日

裘开明致函斯坦福大学图书馆书目部主管 Florence M. Craig 12月10日的来信：很愿意向其他图书馆提供中日文图书的印刷目录卡片，每张目录卡片的订购价在1.5美分到 5 美分之间，即：只订某书名和作者的卡片目录时，订购 1 张的价格为 5 美分，从第 2 张开始每张 1.5 美分；订购某一指定主题文献的目录卡片，第 1 张的订购价格为 3 美分，从第 2 张开始每张 1.5 美分。以上价格包含复制的费用、卡片材料成本和挑选卡片的人工费以及邮费。我们库存的卡片是按照印刷在卡片右上角的索取号排列的。这就是为什么按类或主题订购比按作者和书名订购便宜，因为后者我们必须检索字顺目录以确定索取号。随函附上《四部丛刊》第二辑的油印目录卡片样本和某本书在哈佛完整目录的体系中所用的一套目录卡片。贵馆负责中文书的馆长通过他在哈佛的一个朋友写信给我，向我询问关于作者号的问题，我在这里也随函附上敝馆为同类书编制书号的规则。另函，我们将以馆际互借的形式寄给你一本我所写的关于中日文文献编目的书，该书1931年由商务印书馆出版。你可否将这些资料转交给贵馆中文书库馆长？敝馆有两套作者—书名字顺目录，一套按威妥玛拼音排序，另一套按王氏四角号码法排序。我们没有在我们的卡片上印刷这些排列号和罗马化拼音，因为我们不打算让其他图书馆也采用我们的排列方法。关于索取号，在我们早期印刷的卡片上是没有的（我们于 1927 年开始印刷目录卡片），但是自 1931 年开始在每张卡片上印刷索取号。但是，你们当然可以把卡片上敝馆的索书号划掉，很容易地在卡片上使用贵馆自己的分类法和书号编排方法。如果贵馆打算采用我们的分类法……我们很愿意借给你们一套敝馆的分类法。(HYL Archives：Letter of Alfred K'aiming Ch'iu to Florence M. Craig, December 22, 1934)

本年

裘开明担任哈佛大学哈佛学院图书馆汉和文库馆长(Librarian of Chinese and Japanese Collection, Harvard College Library)和中国语言文学讲师(Instructor in the Chinese Language and Literature)，办公地点为博伊斯顿堂(Boylston Hall) 13 号，其时在哈佛大学登记的个人住址为：23 Hammond Street, Cambridge, MA。(Harvard University Catalogue, 1934-1935. Cambridge：Harvard University, November 1934：43, 57, 936)

裘开明担任中国科学社留美分社(Sicence Society of China [American Branch])社长。(HYL Archives：Letter of Ernest Minor Patterson to Alfred K'aiming Ch'iu, December 12, 1934)

裘开明担任中国南京政府统计部部长荣誉顾问。[HYL Archives：《中国科学社与中国工程社联合年会特刊·年会会程·论文·摘要(1934 年 8 月 31—9 月 3 日)》]

1935 年
38 岁

1 月 16 日

斯坦福大学图书馆书目部主管 Florence M. Craig 致函裘开明：非常感谢你 12 月 22 日的来信，并借给我们的你关于中日文文献编目的大作。我们打算订购贵馆的《四库全书》和《四部丛刊》两部丛书的目录卡片,希望能尽快收到这些卡片。我冒昧地问一下,按丛书订购卡片的价格可否与按主题订购卡片的价格一样,即第一张 3 美分,其后每张 1.5 美分。(HYL Archives: Letter of Florence M. Craig to Alfred K'aiming Ch'iu, January 16, 1935)

1月24日

上海别发洋行(Kelly and Walsh, Limited)寄来各种邮寄《影印宋碛砂版大藏经》的凭证。(HYL Archives: Letter of Kelly and Walsh, Limited to Alfred K'aiming Ch'iu, January 24, 1935)

1月29日

裘开明向哈佛燕京学社社长叶理绥(Serge Elisséeff)汇报汉和图书馆1935－1936年度的购书计划。内容如下:划分购书经费最好的办法是(1)在总经费中,确定用于购买中、日、西文各个语种书籍的比例;(2)在各个语种之下,再确定用于购买各个地区或主题,如中国、日本、韩国、考古、宗教、哲学等书籍的经费百分比。在中文书方面,建议购买1871年出版的莫友芝(Mo Yu-chih)的《郘亭知见传本书目十六卷》;在方志方面,首先购买中国南部和西部省份,如福建、广东、广西、四川、云南和贵州的重要城市的方志,因为南部和西部省份对于人类学和语言学的研究非常重要;另外,下一年还要再购买一些丛书。预算计划中的购书经费肯定不足以购买以上计划中的全部书籍。为了迎接1936年哈佛成立300周年纪念,希望学社建议董事会增加购书经费。关于购买北京协和书局出版的康熙年间的《大清会典》之事,究竟是购买售价120银元的残补黄纸本,还是购买售价500银元的白纸本。附录《1935－1936年度的财务预算》:1. 图书共4500美元,其中中文书3500美元,装订与函套经费500美元,关于中国和日本的西文书500美元;2. 保险200美元;3. 设备、补给和文具、邮费和特快专递、电话和电报费500美元;4. 工资和津贴3500美元,其中兼职的首席技术助理,每周上班20小时的薪水960美元(专业中级,全职人员每月的报酬为160美元;协助编目);兼职的二等技术助理,每周上班20小时的薪水750美元(专业初级,全职人员每月的报酬为125美元;协助编目);学生助理,每周工作30小时报酬950美元(无专业级别,每小时55美分到65美分的报酬;协助流通、上架、拼写和抄写卡片等),勤杂工,每周工作55小时840美元(无专业级别,每小时25到40美分的报酬;一个男孩全职,另一个兼职)。共计8700美元。另附上《1934－1935年度的财务预算》作为比较。1934－1935年度汉和图书馆预算:1. 图书共4500美元,其中中文书和日文书3500美元(1934年春天经委员会批准,80%用于购买中文书,即2800美元;20%用于购买日文书,即700美元),装订与函套经费500美元,关于中国和日本的西文书500美元;2. 保险200美元;3. 设备、补给和文具、邮费和特快专递、电话和电报费500美元;4. 工资和津贴3500美元,其中兼职的首席助理的薪水1350美元(全职工作人员每月报酬为150美元;协助编目);兼职的二等技术助理,负责阅览室,每月薪水为62.50美元,全年薪水750美元;负责阅览室的学生助理的报酬700美元,勤杂工的报酬700美元。共计8,700美元。截止到1935年1月30日为止,购书经费中用于购买日文书的支出为785美元,购买中文书的支出为2300美元,购买西文书的支出为510美元,装订费用为330美元,共计3925美元,结余575美元。(HYL Archives: Letter of Alfred K'aiming Ch'iu to Serge Elisséeff, January 29, 1935. See: HYL Archives: file: Library, 1934-1936)

2月11日

中国科学社留美分社(Sicence Society of China [American Branch])秘书 S. C.

Chen 来函转达上海办事处的来信,来信中嘱咐美国分社注意以下事项:(1)派1至3位代表出席1935年4月5—6日在费城召开的美国政治与社会学学会第39届年会。(2)要求出纳提交过去2年的年度收支报告,并将全部收入的60%汇到总社办事处。(3)经常向总社提交成员活动的报告。(4)参加中国的科学普及运动,帮助收集有关中国科普的小册子和出版物。(HYL Archives: Letter of S. C. Chen to Alfred K'aiming Ch'iu, February 11, 1935)

2月14日

中国科学社(Sicence Society of China)收到裘开明交纳的1934年常年正社费国币5圆正。(HYL Archives: File: 中国科学社社费收据常字第0110号通知)

裘开明致函中国科学社留美分社(Sicence Society of China [American Branch])会计、耶鲁大学奥斯本动物实验室的高尚荫(Harry Gaw):应中国办事处的要求,我们必须把本年度总收入的60%汇到总办事处。请你告诉我(1)之前结余的管理费金额,(2)本年度的全部收入,(3)尚未付款的人数。建议由你、冯汉骥(Han-ye Feng)和我代表中国科学社留美分社参加美国政治与社会学会第39届年会。你4月5日至7日能去费城吗?我们3人可以在那讨论今夏召开的年会计划。本次年会是为另一个有关中国工业化的会议做准备,例如,将科学运用到我国的经济发展中。今年是我们科学社成立20周年,我们须好好筹划。同时请你对即将召开的会议提出建议。(HYL Archives: Letter of Alfred K'aiming Ch'iu to Harry Gaw, February 14, 1935)

2月18日

中国科学社留美分社(Sicence Society of China [American Branch])会计、耶鲁大学奥斯本动物实验室的高尚荫(Harry Gaw)致函裘开明,汇报学社会计事务,并告知可以前往参加费城会议,建议出版一份最早研究者的论文汇编,作为年度特刊。(HYL Archives: Letter of Harry Gaw to Alfred K'aiming Ch'iu, February 18, 1935)

3月26日

裘开明致函中国科学社留美分社(Sicence Society of China [American Branch])会计、耶鲁大学奥斯本动物实验室的高尚荫(Harry Gaw)和秘书、宾夕法尼亚大学物理实验室的S. C. Chen,询问其能否于4月2日或3日到纽约,以便商讨即将召开的夏季会议。(HYL Archives: Letter of Alfred K'aiming Ch'iu to Harry Gaw & S. C. Chen, March 26, 1935)

3月28日

中国科学社留美分社(Sicence Society of China [American Branch])秘书S. C. Chen来函,告知因高尚荫(Harry Gaw)无暇于4月2日或3日到纽约商谈夏季会议事宜,希望裘开明能于4月5日左右到达费城,共商夏季会议计划。(HYL Archives: Letter of S. C. Chen to Alfred K'aiming Ch'iu, March 28, 1935)

4月2日

裘开明致函中国大使馆,询问南京中央政府发布禁止中国古旧珍稀图书出口法令的相关问题。(HYL Archives: Letter of Alfred K'aiming Ch'iu to China Embassy, April 2, 1935)

4月4日

裘开明在哥伦比亚大学与中文系师生座谈。(HYL Archives: Letter of Alfred K'aiming Ch'iu to Jan Julius Lodewijk Duyvendar, April 11, 1935)

4月5日—7日

裘开明赴费城,出席美国政治社会学会在贝尔维尤—斯特拉特福旅馆召开的第39

届年会。期间，与中国科学社留美分社成员 S. C. Chen、高尚荫（Harry Gaw）和冯汉骥（Han-ye Feng）商讨筹备中国科学社年会事宜，本年年会与中国工程学会留美分社同时召开。(HYL Archives：Letter of S. C. Chen to Alfred K'aiming Ch'iu，April 9，1935)

4月9日

中国科学社留美分社秘书 S. C. Chen 致函裘开明，建议采用私人信函的方式，邀请提名者担任中国科学社和中国工程社联合会议属下各委员会的工作人员。(HYL Archives：Letter of S. C. Chen to Alfred K'aiming Ch'iu，April 9，1935)

4月10日

裘开明致函斯坦福大学图书馆书目部主管 Florence M. Craig：我们已另函寄给你一包《四库全书》和《四部丛刊》的油印目录卡片。因为在你上一封信中没有说每种书需要多少卡片，所以我们这一次尝试着每种书寄了3张。建立两套目录体系是足够的了：(1)书名和作者的字典式目录……(2)分类（或分类－主题）目录，同时可作为排架目录使用。正如我们在去年12月22日的信中所说的那样，敝馆每种书至少配6张卡片以用于各类目录体系，即(1)2张用于作者和书名字典式目录，按照汉字发音排序（威妥玛拼音）；(2)2张用于作者和书名字典式目录，按照汉字字形排列（王氏四角号码法）；(3)至少一张用于分类（或分类主题）目录；(4)1张用于排架目录。对于一个完整的目录系统而言，多张目录卡片的确是有必要的，图书馆应该至少拥有3套卡片。你可以跟贵馆的负责中文书的馆长讨论一下，今后订购的时候，每种卡片需要多少张。另外请 Florence M. Craig 核对此次寄给斯坦福大学图书馆卡片目录的应收费用，即：《四库全书》的69张目录卡片首卡，每张5美分，共3.45美元，其余的138张卡片，每张1.5美分，共2.07美元；《四部丛刊》的13张首目录卡片，每张5美分，共0.65美分，其余的13张卡片，每张1.5美分，共1.95美元；（因为没有库存了，只能暂时寄上2套，即0.31美元；）合计6.67美元。请告知斯坦福大学图书馆采用何种分类法对汉和文献进行分类。(HYL Archives：Letter of Alfred K'aiming Ch'iu to Florence M. Craig，April 10，1935)

裘开明致函加州州立图书馆馆长 Mabel R. Gillis：现寄给你中国二十四史油印卡片，总费用为：28张一级卡片（每张5分）1.40美元；56张后来的卡片（每张1 1/2分）0.84美元；邮资0.11美元；总计2.35美元。每张卡片有3个复本，足以应对以下3个条目：(1)作者；(2)书名；(3)主题。如果你的馆藏中国图书不太多，最好在你的常规目录填写中文卡片时，根据罗马化的威妥玛拼音法：中英字典，(上海伦敦，1921)来翻译。我们制作了一张卡片作为范例以供参考，是司马迁的《史记》。你可以找个优秀的中国学生完成剩余的工作，要求他根据翟理斯式拼音法(Giles)处理。每张卡片右上角的印刷数字是我们的索书号。根据杜威十进分类法，分类号为 951.08（中国－历史－收藏）。如果你们版本与我们的不同，请让中国学生做整理校勘。顶部边缘为印成红色的卡片是分析卡片，你能很容易找到，因为我们把这些卡片放在了一起。请问你可以付款给敝馆吗？(HYL Archives：Letter of Alfred K'aiming Ch'iu to Mabel R. Gillis，April 10，1935)

4月11日

裘开明致函哥伦比亚大学中文系教授戴闻达（Jan Julius Lodewijk Duyvendar）：很荣幸上周四能与你以及哥大中文系的教员座谈……随函附上一套四库全书目录卡片，含全部分析目录卡片……敝馆所有中日文书籍以及燕京大学所藏200000多册书籍全部按照我用中文编写的《中国图书编目法》进行描述性编目……南京的"国立中央图书馆"亦采用此书对书籍编目……敝馆的分类法仍是手写形式，分类法大纲在1930年油印出版过……（HYL Archives：Letter of Alfred K'aiming Ch'iu to Jan Julius Lodewijk Duyvendar，April 11，1935）

4月14日

裘开明致函中国科学社留美分社（Sicence Society of China［American Branch］）秘书 S. C. Chen，赞同其4月9日来信中的计划，并表示如有太多信要写，可考虑油印。（HYL Archives：Letter of Alfred K'aiming Ch'iu to S. C. Chen，April 14，1935）

4月15日

中国科学社留美分社（Sicence Society of China［American Branch］）秘书 S. C. Chen 致函裘开明，告知裘开明被选举为中国科学社与工程学社留美分社联合会议总务委员会的代表，会议将于9月上旬在纽约召开。中国科学社留美分社同时入选的代表还有 P. T. Young 和 C. J Luh。（HYL Archives：Letter of S. C. Chen to Alfred K'aiming Ch'iu，April 15，1935）

4月19日

斯坦福大学图书馆书目部主管 Florence M. Craig 致函裘开明：《四库全书》和《四部丛刊》的卡片已于前几天收到了。这些卡片对我们来说很有用。目前来说，每种书3张目录卡片已经足够了。你们的卡片是不是没有标示主题？如果可能的话，我们比较希望卡片上能够反映主题。我在考虑我们按作者和书名订购卡片目录的费用问题。在1月16日的信中我们询问按丛书订购目录卡片和按指定的某一主题订购目录卡片的价格是否一样。国会图书馆按丛书订购的价格为3美分一张……（HYL Archives：Letter of Florence M. Craig to Alfred K'aiming Ch'iu，April 19，1935）

中国科学社留美分社（Sicence Society of China［American Branch］）会计高尚荫（Harry Gaw）寄来6.65美元，用于报销裘开明4月初因学社公务赴费城和纽约的路费。（HYL Archives：Letter of Harry Gaw to Alfred K'aiming Ch'iu，April 19，1935）

4月20日

裘开明致函上海别发洋行（Kelly and Walsh，Limited）：已经收到从旧金山转寄来的一箱《影印宋碛砂版大藏经》，建议下次直接寄往波士顿港口。随函用于支付1月23日寄来的各种邮寄票据的汇款。（HYL Archives：Letter of Alfred K'aiming Ch'iu to Kelly and Walsh，Limited，April 20，1935）

4月23日

哥伦比亚大学中文系教授戴闻达（Jan Julius Lodewijk Duyvendar）来函致谢，告知已收到寄来的目录卡片样本，决定为本校中文系的藏书订购目录卡片；函中亦云，在数年前田洪都（Hung-tu Tien）来访哥伦比亚大学时，已经赠给哥伦比亚大学一部油印版的分类法大纲，在研究所稍事修改后已经开始使用。（HYL Archives：Letter of Jan Julius Lodewijk Duyvendar to Alfred K'aiming Ch'iu，April 23，1935）

4月26日

裘开明致函斯坦福大学图书馆书目部主管 Florence M. Craig：汉和图书馆卡片目录的订购价格如下，如果是订购某一主题的大部分目录卡片，订购价格为3美分。丛书的卡片目录在书库中按分类号排列，而分类号相同的作者和书名则须在字顺目录中检索。我们在卡片目录上通过分类号来表示书的主题，而不再使用任何主题词表中的叙词表示主题，因为中国目前没有出版过一部诸如美国图书馆协会或国会图书馆编制的那种公认标准的主题词表。中国教育部已经出版了一些标准叙词表，如物理术语表、化学术语表等。中华图书馆协会正在致力于编制一部标准的中文主题词表。湖北武昌的文华图书馆学专科学校正在把《美国图书馆协会主题词表》(A. L. A. List of Subject Headings)译成中文。但是在这些标准的主题词表出现之前,我们都无法编制中文字顺主题目录。因此,事实上,中国所有的图书馆只是对他们的中文书进行分类编目(主题目录根据分类编排,不同于美国发明的主题词表按字母顺序机械排列)。我们的主题目录也采用此种方法,但是在目录卡片上对我们分类法附加上英文索引。我们的分类目录与的排架目录有4点不同:(1)包含丛书中独立著作的分析主题;(2)有主题交叉参照卡片;(3)通常一种书不止一张卡片,而在排架目录中一本书只有一张卡片。比如一本关于书法和绘画的著作被分入书法类,在书法类的书架上有一张目录卡片,在绘画类书架上还加入一张卡片;(4)在分类目录中,同一类的卡片按照作者出生年代和著作出版日期排列,不像排架目录按照作者姓名的四角号码排列。四角号码书号法类似于贵馆的《卡特著者号码表》,是一种根据中国作者"字母"顺序排列的机械化方式。以上是我们的主题目录体系。我认为贵馆可以从以下三种方法中择其一来效仿:(1)建立独立的主题目录,采用杜威十进分类法的顺序排列卡片……(2)在我们的中文卡片上打上英文主题词,选用贵馆总馆采用的主题词表……(3)编制你们自己的中文主题词表,建立字典式的作者、书名和主题卡片,按照王氏四角号码法或其他中国字排列法排列。我很想知道你们会采用何种方式。关于中日文书的书名与作者字顺目录中,按照王氏四角号码法排列卡片,我设计了一种简单的规则,贴在我们的目录柜上。另函我们将附上该规则的复印件,赠送给贵馆。(HYL Archives:Letter of Alfred K'aiming Ch'iu to Florence M. Craig, April 26, 1935)

4月27日

裘开明致函斯坦福大学图书馆馆长 Nathan Van Patten,告知关于贾德纳(Charles Sidney. Gardner)先生的文章再版的信息。(HYL Archives:Letter of Alfred K'aiming Ch'iu to Nathan Van Patten, April 27, 1935)

裘开明致函中国使馆:收到中国政府发布的《文物保护法》,不胜感激。(HYL Archives:Letter of Alfred K'aiming Ch'iu to China Embassy, April 27, 1935)

加利福尼亚州立图书馆馆长 Mabel R. Gillis 致函裘开明:我们已收到中国《二十四史》油印卡片的包裹。我们需要一份这些卡片的清单。这份清单要按照我们的需求来列。你是否能列一式三份寄给我?同时,非常感激你指导我们使用这些卡片。(HYL Archives:Letter of Mabel R. Gillis, Librarian of California State Library to Alfred K'aiming Ch'iu, April 27, 1935)

4月30日

中国科学社留美分社(Sicence Society of China [American Branch])会计高尚荫(Harry Gaw)致函裘开明:至今只收到5名成员对加入学社本年年会委员的回复。美国化学工程学院年会将于1935年5月13—15日在特拉华州威灵顿召开,因中国科学社有一名社员在耶鲁学化工学院,计划参加会议,有没有可能从学社得到一些经费,作为学社的正式代表参加会议。我已将目前收到所有款项的60%寄给上海办公室,目前余额是18.78美元。我将于5月17日与陈(S. C. Chen)博士一起离开美国前往英国,离开之前,会把现有文件寄往剑桥。(HYL Archives:Letter of Harry Gaw to Alfred K'aiming Ch'iu, April 30, 1935)

5月2日

中国科学社留美分社(Sicence Society of China[American Branch])会计高尚荫

(Harry Gaw)致函裘开明：因即将赴欧洲，现寄来 2 个包裹，其中是关于学社的文件、手稿等，以及学社剩余的 17.71 美元的支票。我计划几天后离开纽黑文，5 月 17 日从纽约出海。（HYL Archives：Letter of Harry Gaw to Alfred K'aiming Ch'iu, May 2, 1935. See：SSC-8）

5 月 4 日

裘开明致函中国科学社留美分社（Sicence Society of China [American Branch]）会计高尚荫（Harry Gaw）：非常感谢你 4 月 30 日与 5 月 2 日的来信和随信寄来的 17.71 美元支票。我本应将钱和文件（尚未收到）收藏在图书馆，直到中国科学社新的职员被选举出来。请告诉我过去一年账户收支的具体情况。我仍然在等待陈（S. C. Chen）博士有关我们邀请参加会议各个委员会委员们的回复消息，如果他们同意的话，我会很快开始安排会议的计划。很遗憾，你和陈博士都不能留下参加会议。然而，非常感谢你在过去一年里提供的合作与服务。与你和陈博士合作十分愉快。有关派人参加美国化学工程学院年会的事情，我认为我们的经济情况无法支持我们参会。甚至，我们去参加费城会议也仅仅是出于我们总社办公室的要求。在我看来，应该由中国化学学会或者中国化学学会留美分会派人参加。（HYL Archives：Letter of Alfred K'aiming Ch'iu to Harry Gaw, May 4, 1935）

5 月 6 日

裘开明致函中国科学社留美分社（Sicence Society of China [American Branch]）秘书、宾夕法尼亚大学物理实验室的 S. C. Chen：我们邀请了一些人为即将召开的会议的各委员会服务，你收到他们的回信了吗？如有，请将他们的信寄给我。你离开纽约到欧洲的时候，将秘书办公室所有的公文都留给哥伦比亚大学图书馆中文部的中国馆员岳良木。我会从他那里取回公文，转交给下一位秘书。祝返华行程愉快。（HYL Archives：Letter of Alfred K'aiming Ch'iu to S. C. Chen, May 6, 1935）

5 月 13 日

斯坦福大学图书馆书目部主管 Florence M. Craig 致函裘开明：感谢你寄来的贵馆规定的照相复制版。等到我们馆的规则制定完毕后我们将给你一份。贵馆卡片的账单已经交到办公室。不久将汇款给你们。我们最后决定在标准的中文书主题词表产生以前，所有的书都不设立主题目录卡片。公共目录采用作者、编者和书名标目，按四角号码排列。公共排架目录同时作为分类目录。我们不太清楚如何处理《四库全书》和《四部丛刊》中的卷册。这些卷册都没有函套。贵馆的丛书是否有函套？如果没有，贵馆如何保管？是否是每册书单独在架上？你是否知道上海商务印书馆打算之后为这些丛书发行函套？我们希望能尽快得知这些问题的答复，因为我们的中文书编目馆员不久将赴中国……（HYL Archives：Letter of Florence M. Craig to Alfred K'aiming Ch'iu, May 13, 1935）

5 月 16 日

裘开明致函斯坦福大学图书馆书目部主管 Florence M. Craig5 月 13 日的来信：我们很高兴地告诉你，敝馆所有线装中文书都已经配备了防尘函套，另函我们将寄给你《四库全书》和《四部丛刊》的样本各一部。盒式函套装是在哈佛图书馆装订部制作的，每个函套 50 美分到 1 美元，价格取决于订购函套的尺寸和数量。四折式函套装由上海的商务印书馆制作，依照我们的特殊要求和我们自己的设计而制作，每个函套中国国币 40 分。《四库全书》是南京国立中央图书馆作为赠书送给我们的，没有函套，我们必须在剑桥订做函套，我们倾向于订做盒式函套。至于把各卷书放入函套的方法有 2 种，主要取决于你是打算把丛书拆开然后按类上架；还是把整套丛书作为一个整体，然后附上一个分类号。第 1 种情况,每个函套内只能放一部著作,即使只是一本很薄的书;第 2 种情况,一个函套内可以放 2—3 种不同的著作,所有的函套可以做成同样规格的尺寸,即宽 2—4 英寸。敝馆的丛书大部分按第 2 种方法装入函套,只是对《四部丛刊》和少数丛书采用第 1 种方法,因为它们是相继独立出版的。可以让你们的中文编目馆员阅读我写的那本书关于中文编目的第 12 章,其中我列举了这 2 种方法。(HYL Archives:Letter of Alfred K'aiming Ch'iu to Florence M. Craig,May 16,1935)

5 月 17 日

中国科学社留美分社(Sicence Society of China [American Branch])秘书 S. C. Chen 致函裘开明:很抱歉没有时间早点给你写信,上周我一直忙于收拾行李。在出发前往欧洲之前还有一点时间,我写了一些要点。随信附上施(Palmer C. Sze)女士和 Richard Kuo 先生的 2 封信。C. J. Luh 先生已经同意作为总务委员会成员。所有到我实验室的信都会转发给你。需要提交给技术委员会的会议论文还欠缺 2 篇。(HYL Archives:Letter of S. C. Chen to Alfred K'aiming Ch'iu,May 17,1935)

5 月 28 日

虞芝佩来函求职。(HYL Archives:虞芝佩致裘开明信函,1935 年 5 月 28 日)

6 月 1 日

裘开明致函华美协进社(China Institute in America)社长孟治(Meng Chih):我已收到你寄来的贵社 1933—1934 年年度报告,在此向你表示衷心的感谢。我得知你正在建立一所参考图书馆,如果你需要参考中日文方面的资料,请通知敝馆,敝馆十分乐意把我们收藏的这类书籍和资料通过馆际互借的方式借给贵社图书馆……敝馆还有一批中国学生助理可以提供翻译和编撰服务,此项服务采用标准价格收费。请你将敝馆加入到贵社的通讯录中,以便敝馆能收到由贵社分派的来自中国基地——国立清华大学和国立北京大学图书馆以及其他机构的中英文报告。我们特别需要一份清华大学的最新目录。(HYL Archives:Letter of Alfred K'aiming Ch'iu to Meng Chih,June 1,1935)

6 月 4 日

华美协进社(China Institute in America)社长孟治(Meng Chih)致函裘开明:非常感激你在 1935 年 6 月 1 日来信中所提的好建议。这一年来,敝社经常要参考中文期刊,而且还常常要求我们进行翻译。一旦工作超量,定请汉和图书馆协助;非常荣幸可以把贵馆添加到敝社的通讯录中,今后汉和图书馆即可收到来自中国基地——国立清华大学和国立北京大学图书馆的中英文报告;明年秋季开始,华美协进社计划出版一种双周刊或者月刊,类似《读者文摘》,目的是要让美国读者了解中国在改革、教育和科学等领域的最新发展动向,由于哥伦比亚大学所收录的中文期刊很少,所以希望汉和图书馆能够提供参考资料。最近你有来纽约的计划吗?我之前计划找时间就这个问题找你单独谈谈,但遗憾的是上次我去波士顿的时候你刚好病了。(HYL Archives:Letter of Meng Chih to Alfred K'aiming Ch'iu,June 4,1935)

6 月 5 日

斯坦福大学图书馆书目部主管 Florence M. Craig 致函裘开明:感谢你借给我们的中文书函套样品。我们将另函寄还。我们已经决定或多或少地也用硬纸板或帆布手工自制一些函套。Nathan Van Patten 馆长将写信答复你上一封信中,关于你的学生想到斯坦福来的事情。(HYL Archives:Letter of Alfred K'aiming Ch'iu to Florence M. Craig,June 5,1935)

裘开明致函华美协进社(China Institute in America)社长孟治(Meng Chih)：今年9月的前2个星期我打算去纽约参加中国科学社会年会，到时候我顺便去你办公室拜访你。(HYL Archives：Letter of Alfred K'aiming Ch'iu to Meng Chih, June 5, 1935)

哈佛商学院图书馆馆长Arthur H. Cole博士致函裘开明：专业图书馆协会今年于6月11日至14日在波士顿举行年度大会。第一天，6月11日（星期二）为哈佛日(Harvard Day)。出席大会的代表将计划参观哈佛大学图书馆。早上由商学院图书馆款待，午餐在哈佛教授俱乐部进行，之后将按照兴趣分组参观专业图书馆。我想知道贵馆是否在6月11日能接受参观，并且需要安排人员对图书馆的内容和程序为参观者进行即时解释。组委会将感激你提供的协助。(Memorandum to Harvard University Libraries：Alfred K'aiming Ch'iu, Librarian of Chinese-Japanese Collection, June 5, 1935)

6月6日

华美协进社(China Institute in America)社长孟治(Meng Chih)来函表示愿意协助先生在中国科学社里的工作，并请将需要分发的宣传单和通告内容在本月20日寄到华美协进社办公室。(HYL Archives：Letter of Meng Chih to Alfred K'aiming Ch'iu, June 6, 1935)

6月7日

裘开明回复虞芝佩，告知汉和图书馆目前暂无空缺，如有空缺再另行通知。(HYL Archives：Letter of Alfred K'aiming Ch'iu to Yü Chih-p'ei, June 7, 1935)

裘开明致函哈佛学院图书馆注册主任(Registrar)Edward L. Gookin：因黄星辉(Julius Hsin-hui Huang)已辞去汉和图书馆的工作，将赴密歇根大学，故请结算黄星辉的工作报酬。(HYL Archives：Letter of Alfred K'aiming Ch'iu to Edward L. Gookin, June 7, 1935)

6月9日

裘开明致函康奈尔大学教授Gussie D. Gaskill：随函附上2份复本书清单，敝馆可以出售清单上的图书。上面的价格是我们支付的价格，尚未包括从中国到美国的运输费用。日文图书全部是标准的历史地理参考工具书。其中部分是寄送来的样书，部分是不小心多买的。由于图书馆已经有这些书，我们不能再买，当然，我们也可以退书。但我想贵馆可能对它们感兴趣，因此我先把书单寄给你看看。请你用铅笔标出你想要的图书，并将书单寄还给我们。如果你也有复本书出售，也请把书单寄给我们，让我们也有机会买上几本。(HYL Archives：Letter of Alfred K'aiming Ch'iu to Gussie D. Gaskill, June 9, 1935)

6月11日

本日为美国专业图书馆协会年会哈佛日(Harvard Day)，专业图书馆协会与会代表参观汉和图书馆。(Memorandum to Harvard University Libraries：Alfred K'aiming Ch'iu, Librarian of Chinese-Japanese Collection, June 5, 1935)

6月18日

斯坦福大学图书馆书目部主管Florence M. Craig致函裘开明，表示打算使用汉和图书馆的索书号，并言：我们何时能收到下一批卡片？张（敷荣）先生将于今年8月离开敝馆，我们希望在他离开之前能够尽可能多地做一些工作。(HYL Archives：Letter of Florence M. Craig to Alfred K'aiming Ch'iu, June 18, 1935)

6月25日

哈佛学院图书馆副馆长T. Franklin Currier的秘书Florence H. Hook致函裘开明：早上Currier先生收到随函附上的这封信，虽然学院图书馆已不再印制卡片，但是我不确定哈佛大学汉和图书馆的运作,希望能了解贵馆是否有印制卡片,是否是汉字的,是否出售。(HYL Archives:Letter of Florence H. Hook to Alfred K'aiming Ch'iu,June 25,1935)

6月26日

裘开明答复加州大学图书馆馆长 Harold L. Leupp:根据你的要求,我们可以按同样的价格将我们的《四库全书》油印中文卡片卖给你们。每张卡片5美分,每张附录卡片1/2美分,我们已卖给国会图书馆,斯坦福大学图书馆以及加州州立图书馆。这些图书馆每张卡片要了3份复本:一份是用于作者款目,一份用于书名款目,一份用于学科款目或可能作为分类目录用的书架清单。(HYL Archives:Letter of Alfred K'aiming Ch'iu to Harold L. Leupp,June 26,1935)

7月3日

加州大学图书馆馆长 Harold L. Leupp 致函裘开明,感谢告知《四库全书》油印中文卡片一事,希望了解印了多少卡片,以便计算总费用,以及将要付印卡片的年度开支(假设目录卡片工作还没完成),以便下订单。(HYL Archives:Letter of Harold L. Leupp to Alfred K'aiming Ch'iu,July 3,1935)

7月5日

施(Palmer C. Sze)女士致函裘开明:已结束了在哈佛商学院的工作,于上星期一开始在纽约花旗银行工作,因工作原因,不得不退出中国科学社今年会议的社会委员会。(HYL Archives:Letter of Palmer C. Sze to Alfred K'aiming Ch'iu,July 5,1935)

7月6日

裘开明为下山重丸(Shigemarce Shimoyama)开探亲证明。(HYL Archives:下山重丸的探亲证明,July 6,1935)

7月9日

裘开明致函加州大学图书馆馆长 Harold L. Leupp,答复 Leupp 先生7月3日的来函:我们已经为《四库全书》第一套丛书的第一批书印制了总共69张不同的卡片。目前只收到在南京的国立中央图书馆赠送的第一批书。我知道第2版和第3版已出版,这个时候那些订购了全套书的图书馆可能已直接从商务印书馆处收到了第一批书,而我们还在等待我们的捐赠人——国立中央图书馆的慷慨和速度。随函附上《四库全书》内容说明书,说明第一套丛书有231册,将会分4期出版。因此我们为这套书至少准备了231张分析卡片。另外,我们必须准备丛书和前后参照卡片,所以总共有250张卡片。基于这个基础,整套卡片的花费如下:首250张卡片以每张5美分计算,则为:12.50美元;随后500张卡片以每张1.5美分计算,则为:7.50美元;合计:20.00美元。贵校东方语言系的 Florence Walne 女士在去年对敝馆做了调查工作。她很熟悉我们的中文和日文馆藏及油印目录卡片。如果你有任何疑问,我肯定她能回答你。(HYL Archives:Letter of Alfred K'aiming Ch'iu to Harold L. Leupp,July 9,1935)

7月10日

裘开明致函斯坦福大学图书馆书目部主管 Florence M. Craig:应你6月18日来信的要求,我们将另函寄给你2包《四部丛刊初编》的目录卡片,价格如下:62种首卡片,每张5美分,共3.10美元;124张目录卡片,每张1.5美分,共1.86美元;邮资0.40美元;共计5.36美元。以上邮包包含了我们为《四部丛刊初编》所印刷的全部目录卡片(共75种)。关于《四库全书》,我们寄给你该书已出版的第一辑的全部目录卡片。到目前为止,我们馆只有南京国立中央图书馆赠送给我们的第一辑。我从上海出版的中文报纸的广告上得知,《四库全书》的第二辑和第三辑已经出版,但是我们的捐赠人还没有寄给我们。贵馆是否需要随后的几辑?以后我们将尽量把寄给你们目录卡片上的索书号划掉,但是这样的话我们每张首卡片可能要加收1美元,因为划掉的工作需要花费时间在有索书号处粘贴空白纸条。(HYL Archives:Letter of Alfred K'aiming Ch'iu to Florence M. Craig, July 10, 1935)

7月13日

波士顿公共图书馆馆长 Milton Edward Lord 致函裘开明,请裘开明转交一封简短的信给 Vi-lien Wong 先生,对 Wong 先生本月到波士顿公共图书馆参观时自己不在馆表示遗憾。(HYL Archives:Letter of Milton Edward Lord to Alfred K'aiming Ch'iu, July 13, 1935)

7月17日

斯坦福大学图书馆的张敷荣致函裘开明:前查尊处寄来四部丛刊续编第1期书片稍有残缺,特开单□请即日补寄为荷。随函附欠缺目片的书单一份,共缺35片。(HYL Archives:张敷荣致裘开明信函,1935年7月17日)

7月18日

裘开明致函华美协进社(China Institute in America)社长孟治(Meng Chih),感谢其慷慨的帮助,随信附寄30份需要分发给清华校友的会议通知。(HYL Archives:Letter of Alfred K'aiming Ch'iu to Meng Chih, July 18, 1935)

7月19日

斯坦福大学图书馆书目部主管 Florence M. Craig 致函裘开明:我们已经收到了《四库全书》第二、三辑。核对你上次寄来的目录卡片,我们发现某些书没有目录卡片,有些书仅有2张目录卡片。我随函寄上一份书名清单。至于划掉卡片上的索书号之事,我们希望卡片看上去尽可能整洁。所以你不必把寄给我们的目录卡片上的索书号划掉。Nathan Van Patten 馆长将会和你结算上一批目录卡片的钱。(HYL Archives:Letter of Florence M. Craig to Alfred K'aiming Ch'iu, July 19, 1935)

裘开明作为中国科学社留美分社(Sicence Society of China [American Branch])社长,致函中国科学社留美分社社员,邀请社员参加第6届中国科学社留美分社年会,时间定于9月7日—14日,在纽约 International House 与中国工程学会留美分社同时召开。会议主题为:工业化——科学应用对于中国经济发展和国家重建的作用。会议的发言大纲于8月15日之前提交。(HYL Archives:Letter of Alfred K'aiming Ch'iu to Members of SCC, July 19, 1935)

裘开明致函波士顿公共图书馆馆长 Milton Edward Lord:7月13日来信收悉,并已把你的信转交给了纽约的 Vi-lien Wong 先生。Wong 先生很遗憾错过了与你见面的机会,但他很感激 Richard G. Hensley 先生提供的无私帮助。(HYL Archives:Letter of Ch'iu, Alfred K'aiming to Milton Edward Lord, July 13, 1935)

7月23日

中国工程社留美分社理事 Kwang H. Chang 来函询问中国科学社留美分社对联合会议所做的计划。(HYL Archives:Letter of Kwang H. Chang to Alfred K'aiming Ch'iu, July 23, 1935)

华美协进社(China Institute in America)社长孟治(Meng Chih)致函裘开明,告知几周内将寄去华美协进社所有学生的名单。(HYL Archives:Letter of Meng Chih to Alfred K'aiming Ch'iu, July 23, 1935)

7月25日

裘开明致函斯坦福大学图书馆书目部主管 Florence M. Craig,告知将补寄给斯坦福大学图书馆上一批未能寄成的《四部丛刊初编》的24张目录卡片,其中8张首卡片每张5美分,其余的24张目录卡片每张1.5美分,再加上0.08美元的邮资,共计0.72美元。并向 Florence M. Craig 女士解释,由于《四部丛刊初编》的目录卡片没有更多的库存。上一次只能每种寄2张卡片,还请张(敷荣)以汉和图书馆所寄的目录卡片以蓝本,手工抄写卡片。另外因为汉和图书馆至今未收到《四库全书》的第二、三辑,故无法编制目录卡片。随函还附上了汉和图书馆的复本书目录,斯坦福大学图书馆可从中挑选有需要的,向汉和图书馆购买或交换。(HYL Archives:Letter of Alfred K'aiming Ch'iu to Florence M. Craig, July 25, 1935)

7月27日

加州大学图书馆馆长 Harold L. Leupp 致函裘开明:我们想购买一套《四库全书》的目录卡片,并会在8月1日后下正式的订单。目前我们仅收到史密森国际交换部(Smithsonian International Exchange)送过来第一批《四库全书》,史密森国际交换部的货运总是很慢。(HYL Archives:Letter of Harold L. Leupp to Alfred K'aiming Ch'iu, July 27, 1935)

7月29日

裘开明致函中国工程社留美分社理事 Kwang H. Chang,附寄《第六届中国科学社留美分社会议临时计划》:我不知我们是否能像去年一样单独发行一本小册子。我们本来邀请 Richard Kuo 担任出版委员会成员,但他已经离开美国回中国,没有人能筹到经费或者保证广告的刊登。为了节省费用,我想我们最好把计划印刷在会议通知或者美东中国学生夏令营的通告上。这是我希望 Paul Feng 负责处理出版事务的原因。你能否敦促 Feng 先生为我们做这件事呢?随信附上一封给他的信。由于 S. C. Chen 和高尚荫(Harry Gaw)5月到欧洲去了,社里的事情变得很混乱,所有的事情都由我来承担。我想我们可以不必开会就直接决定会议计划,这也可以节省花费。(HYL Archives:Letter of Alfred K'aiming Ch'iu to Kwang H. Chang, July 29, 1935)

裘开明致函 Paul Feng,邀请 Paul Feng 担任中国科学社第6届年会出版委员会的负责人,并帮忙在远东中国学生夏季会议的通知上印制学社会议计划。(HYL Archives:Letter of Alfred K'aiming Ch'iu to Paul Feng, July 29, 1935)

8月1日

裘开明起草向中国各古籍书店征集所售中文方志及丛书目录之通告,通告要求目录中提供书名、撰人、版本、刻印年代(或修志年月)、册数、纸质种类等信息。(HYL Archives:征集中文方志及丛书目录之通告,1935年8月1日)

8月2日

加州大学图书馆馆长 Harold L. Leupp 致函裘开明:我们订购了一套《四库全书》油印中文卡片;包括已经发行和将要发行的内容,为了支付账款,请提供第163-4950号通知单。(HYL Archives:Letter of Harold L. Leupp to Alfred K'aiming Ch'iu, August 2, 1935)

8月9日

裘开明回复康奈尔大学教授 Gussie D. Gaskill,寄奉所需的《梁章锯(1775-1849)书目》。(HYL Archives:Letter of Alfred K'aiming Ch'iu to Gussie D. Gaskill, August 9, 1935)

8月10日

康奈尔大学教授 Gussie D. Gaskill 致函裘开明:敝馆拥有的宋版是《四部丛刊》中

《周礼》的描摹复制本,版本相当完好,只有 2—3 页有一些缺字,一处是印章盖在字上模糊,一处是书页破损了。拜访你的图书馆非常愉快,对我也十分有益。遗憾的只是没有停留更长时间,坐下来做些真正的工作以便更熟悉图书馆。非常感谢你花了那么多的时间接待我。房先生夫妇(房兆楹[Chaoying Fang]、杜联喆[Lienche Tu])和国会图书馆馆员杨(联陞)先生,在本周开始的时候曾在本馆停留了很短的时间度假。希望你有一天也来此地。(HYL Archives:Letter of Gussie D. Gaskill to Alfred K'aiming Ch'iu, August 10, 1935)

8 月 28 日

北平保萃斋书庄袁庚西致函裘开明先生:自平拜别,转瞬数年矣……今者魏楷(魏鲁男,James Roland Ware)先生回国特拜上数言,并付上宋刻宋印《妙法莲华经》照印样片二纸。此经是敝号近受友人托售者,纸墨鲜明,完美绝佳,故宫博物院藏有此经二种,均无此完好,亦非风泾徐禧刊。前经徐森玉君、张雨楼君、天津周三爷审察,均得好评。北平图书馆出价千壹百元,北京大学图书馆出价千贰百元,因该售主非得出价壹千四百元不售,故未成交。倘若贵图书馆收买,即照千四百元,如有他让,敝号负全责。贵图书馆能否收买,祈便赐知,为盼。(HYL Archives:北平保萃斋书庄袁庚西致裘开明信函,1935 年 8 月 28 日)

裘开明致函中国工程社留美分社理事 Kwang H. Chang:因年会会议时间已临近,请示对中国科学社留美分社所做的临时计划的意见,你是否愿意将合作计划印制在美东中国学生夏令营的通知上。贵社已收到多少论文,科学社方面还需要做那些准备工作? 我计划在 9 月 7 日星期六离开剑桥,乘船到纽约,预计第 2 天早上抵达。(HYL Archives:Letter of Alfred K'aiming Ch'iu to Kwang H. Chang, August 28, 1935)

裘开明函寄 6.20 美元的邮资给 Chen Pearl Liu。(HYL Archives:Letter of Alfred K'aiming Ch'iu to Chen Pearl Liu, August 28, 1935)

8 月 30 日

中国工程社留美分社理事 Kwang H. Chang 致函裘开明:发言人和宴会都还未安排,各项筹备事务亦未完成几件;收了 5—6 篇中国工程师的论文,又有 2 篇被撤回;故 Paul Feng 倾向于会议改期,希望能得到一份你做的计划书,以便补充细节;建议邀请 T. Z. Koo 博士或施肇基(Alfred Sao-ke Sze)大使参会并演讲;希望你能早点来纽约,以便共同筹备会议。(HYL Archives:Letter of Kwang H. Chang to Alfred K'aiming Ch'iu, August 30, 1935)

9 月 1 日

裘开明致函中国驻美全权大使施肇基(Alfred Sao-ke Sze),邀请施肇基出席中国科学社留美分社与中国工程学社留美分社共同举办的 20 周年年会,并请其发表讲话。(HYL Archives:Letter of Alfred K'aiming Ch'iu to Alfred Sao-ke Sze, September 1, 1935)

9 月 3 日

裘开明致函中国工程社留美分社理事 Kwang H. Chang:两天也未在波士顿联系到 T. Z. Koo,有些人说他还没来。你能帮我在纽约找找他吗? 如果施(肇基)大使不能来的话,你是否愿意邀请中国驻纽约总领事来讲话呢? 华美协进社(China Institute in America)社长孟治(Meng Chih)也是一个可能的人选。我想他们两人应该都可以。如果我们邀请很多讲演者参加全体会议,我们可以开一个社交会和一个宴会。如果只能做一个,我想我们可以取消宴会保留社交会。我已经写信给 International House 的施

(Palmer C. Sze)女士,请他和你联系,安排社交活动计划。我们应该要有一些娱乐项目,你能找到一些在纽约的中国女孩排演节目吗?施女士是否认识一些这样的人?如果我们能为社交聚会提供一个好节目,我们的会议就成功了一半。专家和对这些方面感兴趣的人都可参加致力于技术论文的研讨会。你是否同意将会议改到原定日期的 3 天后……我将会在周日与你见面。(HYL Archives: Letter of Alfred K'aiming Ch'iu to Kwang H. Chang, September 3, 1935)

裘开明又致函中国工程社留美分社理事 Kwang H. Chang:收到你 8 月 30 日的来信,以及中国学生夏令营组织委员会寄来的有关取消该营的明信片,感到非常遗憾。在收到 8 月 27 日明信片之前,我没有收到任何来自 Paul Feng 的消息。随信附上我们年会的宣传单,由于敝社所有的社员以及受邀客人在 7 月就收到了 9 月 7 日—14 日开会的通知,我们不能推迟或者改期了。但是,我们可以将部分研讨会从上半周调整到后半周(如我寄给你的计划安排一样)。随信附上计划一份,以及写给施大使的邀请信一份。不知你是否能代表贵社也给施大使写封信?我没权力代表工程社。不管来的人是多是少,我们都会如期召开会议,不必感到失望或者沮丧。你补充完细节后,我们会提前几天将计划油印好。如果时间实在不够,我们最好取消年会的盛宴。没有必要要求与会者为参加宴会购买门票。我们的聚会是一个专业人员聚会,我们的全体会议致力于社交,邀请人发言,如大使施肇基,应该足够。我找了几个地方,希望能找到 T. Z. Koo,但似乎没有人知道他在哪里。我找到他后,会再写信给你。International House 的负责人施(Palmer C. Sze)女士会安排我们的社交聚会,筹划这样的盛会可以咨询他。请用我们两个学社的名义共同申请下周使用 International House 的权利。由于敝社所有社员的信件都会发来剑桥,我不能过早离开这里。不管如何,我在纽约能做的事情也不会比我在这里一直做的更多。"(HYL Archives: Letter of Alfred K'aiming Ch'iu to Kwang H. Chang, September 3, 1935)

裘开明致函 International House 的施(Palmer C. Sze),请其与中国工程社留美分社理事 Kwang H. Chang 联系,共同安排社交活动计划;并告知将于 9 月 8 日上午到达纽约就此事面谈。(HYL Archives: Letter of Alfred K'aiming Ch'iu to Palmer C. Sze, September 3, 1935)

9月4日

裘开明致函中国科学社留美分社(Sicence Society of China[American Branch])社员 D. D. Uong:因为某些原因,我们不得不将中国科学社与中国工程学社留美分社的联合会议改到下周的后半周(即星期三至星期六,9 月 11—14 日)举行。你能否在星期五下午和星期六早上赶到纽约,主持技术论文会议。我们希望你能自己提交一篇论文。随函附寄中国工程学社理事 Kwang H. Chang 的关于会议议程及注意事项的信。(HYL Archives: Letter of Alfred K'aiming Ch'iu to D. D. Uong, September 4, 1935)

裘开明致函中国科学社留美分社(Sicence Society of China[American Branch])成员 Theodore E. Hsu 和冯汉骥(Han-ye Feng),通知联合会议改期,敦促其多收集会议论文,并负责主持技术论文研讨会。函末邀请冯汉骥星期五到纽约,星期六同回哈佛。(HYL Archives: Letter of Alfred K'aiming Ch'iu to Theodore E. Hsu & Han-ye Feng, September 4, 1935)

裘开明致函中国工程社留美分社理事 Kwang H. Chang:非常感谢你 9 月 3 日令人鼓舞的来信。你的整个安排非常好,尤其是将年度宴会改成小晚餐,仅限于我们的成员和与会代表参加。没有必要将我们这类小规模的专业群体的晚宴与具有政治演讲性质的盛大政治宴会混在一起。你和 Fong 先生所做的到工业工厂以及科学站参观的安排,我相信所有中国科学社社员都会十分感兴趣。我恐怕敝社只能收到 2—3 份论文来参加技术论文研讨会。我不知道现在 Theodore E. Hsu、D. D. Uong、冯汉骥(Han-ye Feng)3 位先生手里收到了多少论文。我想,安排 2 场研讨会应当已经足够。你认为我们的会议是否在晚上举行更好呢? 这样更多的人能来参加,比如,你和 Fong 先生这些白天需要上班的人。我们希望这个会议的规模尽可能大,因为我们希望能在会上选举明年中国科学社的职员以及讨论其他社里的重要事项。(HYL Archives: Letter of Alfred K'aiming Ch'iu to Kwang H. Chang, September 4, 1935)

9 月 5 日

中国驻美全权大使施肇基(Alfred Sao-ke Sze)致函裘开明,告知因另有约定,故无法出席中国科学社留美分社(Sicence Society of China [American Branch])20 周年年会。(HYL Archives: Letter of Alfred Sao-ke Sze to Alfred K'aiming Ch'iu, September 5, 1935)

9 月 12 日

裘开明作为中国科学社留美分社(Sicence Society of China [American Branch])社长,出席中国科学社留美分社在纽约 International House,与中国工程学会留美分社召开的联合年会。本次会议的主题为:工业化——科学应用对于中国经济发展和国家重建的作用。裘开明担任本次会议总务委员会委员。上午 9 时裘开明代表中国科学社留美分社做官方致辞;在晚上 7 时的会议上,裘开明作题为《中国科学社 20 周年以及未来计划》的报告。(HYL Archives:《1935 年中国工程学社留美分社与中国科学社留美分社联合会议议程安排》,September, 1935)

9 月 13 日

裘开明在纽约参加中国科学社留美分社与中国工程学会留美分社召开的联合年会。(HYL Archives:《1935 年中国工程学社留美分社与中国科学社留美分社联合会议议程安排》,September, 1935)

美国学术团体协会(ACLS)远东研究委员会秘书 Mortimer Graves 致函裘开明:真遗憾没能在这个夏天见到你,但是我只去了一趟剑桥,而那天哈佛燕京学社关门。我希望未来有机会与你见面。马尔智(Benjamin March)的《中国国画术语》(*Some Technical Terms in Chinese Painting*)在第 15 页缺了一个汉字,可否请你将这个五号汉字寄给 Waverly Press(Mt. Royal and Guilford Avenues, Baltimore, Md.),以便插入到正确的位置。(HYL Archives: Letter of Mortimer Graves to Alfred K'aiming Ch'iu, September 13, 1935)

9 月 14 日

裘开明继续在纽约参加中国科学社留美分社与中国工程学会留美分社召开的联合年会。上午 9-12 时,裘开明与 Thomas T. Eoyang, Kwang H. Chang 共同主持"中国工业化的意义"研讨会。(HYL Archives:《1935 年中国工程学社留美分社与中国科学社留美分社联合会议议程安排》,September, 1935)

9 月 17 日

美国学术团体协会(ACLS)远东研究委员会秘书 Mortimer Graves 致函裘开明:你能否帮忙告诉 Waverly 出版社,在马尔智(Benjamin March)的书中,以下 2 个字:"Pa 八"和"Hsing 興",是代替书中用错的 2 个字:"jen 人"和"yu 與",改完这 2 个字,这件事情应该就算完成了。(HYL Archives: Letter of Mortimer Graves to Alfred K'aiming Ch'iu,

September 17, 1935)

9月21日

华美协进社(China Institute in America)社长孟治(Meng Chih)致函裘开明：华美协进社可作为中国科学社的永久办公室，也同时保管贵社的各种文档。和中国工程学社一样，我们可以将贵社的名字放在大楼的公告板上，并可以不时帮你接听各种电话。或许你记得我曾告诉你，敝社计划出版一种月报，如果计划实现，我们希望在这个公告板中可以公布所有美国和中国有关汉学的教育与文化机构的最新消息。我们还可出版一些贵社的官方新闻，或大家或多或少都感兴趣的贵社社员论文（至少是文摘）。你一旦正式提交申请，我很高兴将其提交给执行委员会。我相信所有的职员应该都会欢迎这样的安排。(HYL Archives：Letter of Meng Chih to Alfred K'aiming Ch'iu, September 21, 1935)

9月

裘开明收到美国中东部华裔学生暑期会议邀请函，会议于9月7日—14日在纽约召开。(美国中东部华裔学生暑期会议邀请函，1935年9月)

10月3日

裘开明致函华美协进社(China Institute in America)社长孟治(Meng Chih)：作为中国科学社留美分社的社长，我请求贵社给予我们将你的总部作为敝社永久办公室的特权，以便收发信件与保存文件。(HYL Archives：Letter of Alfred K'aiming Ch'iu to Meng Chih, October 3, 1935)

10月7日

哈佛学院图书馆登记员Edward L. Gookin致函裘开明：有210包从中国寄来的书籍已于9月4日到馆，每个包裹的邮资为15美分，共计31.50美元，已由哈佛学院图书馆垫付，请与哈佛学院图书馆结清该项邮费。(HYL Archives：Letter of Edward L. Gookin to Alfred K'aiming Ch'iu, October 7, 1935. See：HYL archives：file Library, 1934-1936)

10月上旬

裘开明通知中国科学社社员选举1935—1936年度中国科学社职员。(HYL Archives：Letter of Alfred K'aiming Ch'iu to Members of SCC, October, 1935)

10月11日

华美协进社(China Institute in America)社长孟治(Meng Chih)致函裘开明：愿意把协进社的总部当作中国科学社留美分社的永久办公室，信件可以转发至此，文件亦可保存在此。(HYL Archives：Letter of Meng Chih to Alfred K'aiming Ch'iu, October 11, 1935)

10月14日

Thomas T. Eoyang致函裘开明，请裘开明登记刚从中国来美的中国科学社社员高学中的姓名和地址。(HYL Archives：Letter of Thomas Eoyang to Alfred K'aiming Ch'iu, October 14, 1935)

10月19日

斯坦福大学图书馆主任馆长Nathan Van Patten致函裘开明，函寄斯坦福大学图书馆中文书编目组新员工手册，征询裘开明对此手册的意见。(HYL Archives：Letter of Nathan Van Patten to Alfred K'aiming Ch'iu, October 19, 1935)

10月20日

Victor H. McCutcheon来函感谢裘开明推荐的关于中国教育改革方面的文献。(HYL Archives：Letter of Victor H. McCutcheon to Alfred K'aiming Ch'iu, October 20, 1935)

10月中旬

裘开明请哈佛大学修缮处（Maintenance Division）R. B. Johnson估算定制5个带玻璃门的橡木书柜的价格，书柜用于保存哈佛燕京学社图书馆的珍稀文献。（HYL Archives：Letter of R. B. Johnson to Robert Pierpont Blake, October 24, 1935. See：HYL Archives：file：Library, 1934-1936）

10月23日

哈佛大学哈佛学院图书馆汉和文库收到燕京大学图书馆哈佛购书处田洪都（Hung-tu Tien）先生的用款报告：1934年7月至1935年6月年度哈佛购书处总计用款为6,697.72国币，其中书款4,249.51，杂志468.54，装订346.69，杂费498.98，办公费1,134。（HYL Archives：田洪都，燕京大学图书馆哈佛购书处中文书籍账簿，1934年7月至1935年6月）

10月28日

洛克菲勒基金会人文科学部主任David H. Stevens来函征求裘开明对国会图书馆提交的中日文图书编目提案的意见，并邀请裘开明参加11月29日在纽约召开的关于中日文图书编目的会议，希望未来能建立起一个全国统一的编目协议。（HYL Archives：Letter of David H. Stevens to Alfred K'aiming Ch'iu, October 28, 1935. See：HYL Archives：file：Rockefeller Foundation, N. Y. C.）

裘开明致函华美协进社（China Institute in America）社长孟治（Meng Chih），寄送个人所撰论文《中国科学社20周年及其未来计划》。（HYL Archives：Letter of Meng Chih to Alfred K'aiming Ch'iu, October 30, 1935）

10月30日

斯坦福大学图书馆书目部主管Florence M. Craig女士来函询问汉和图书馆何时能将《四部丛刊初编》第二、三辑编目完毕并印制出目录卡片。（HYL Archives：Letter of Florence M. Craig to Alfred K'aiming Ch'iu, October 30, 1935）

华美协进社（China Institute in America）社长孟治（Meng Chih）来函告知已收到裘开明所撰论文《中国科学社20周年及其未来计划》。（HYL Archives：Letter of Meng Chih to Alfred K'aiming Ch'iu, October 30, 1935）

11月1日

裘开明向哈佛大学远东学系主任和哈佛燕京学社社长提交《1934－1935年度汉和图书馆馆长报告》。该报告言：在1934年6月30日至1935年7月1日，汉和图书馆采购中文图书1,058种6,017册，拓片30张；日文图书328种809册，影印手稿2卷轴；西文图书261种，344册。新增中文期刊25种，使总数达到了417种，但是其中只有187种在继续编辑出版。日文期刊新增5种，总数增加到了80种。自1927年2月汉和文库正式建立以来，本年度报告第一次记录入藏的西文图书。这些西文图书大部分是通过哈佛燕京学社获得的捐赠和交换图书。一些是在去年用我们的西文图书经费购买的。以前用西文图书经费购买的图书都是在怀德纳图书馆编目与保存的，不计算在汉和文库之内。只是在某部书采购、编目和按我们的目录上架后才列入我们的统计数据之中。这些图书虽然是用我们的经费购买，但是排在怀德纳图书馆的书目记录之中，属于怀德纳图书馆的统计数据。正如我在去年的年度报告所言，我们的馆藏地方志比较弱小，我们大约只有750部，而美国国会图书馆有1600部。所以在暑假期间我们向中国各省的重要书商寄出了大约140封信，请求提供地方志和丛书的价格目录。迄今为止，我们已经收到北平、上海、杭州和苏州的大约20家书店的回复。我们可能会购买他们的书目中提供的我们馆藏中没有的494种5,117册地方志,总价格为10,538.90中国国币。平均每册2银元,如果去掉一些昂贵的地方志,则每册的平均价格会低很多。按照6本一函计算,5,117册地方志需要做866个中式函套。每个函套的价格是中国国币40分,总价格将是346.60银元。所以,494种地方志的总价大约为11000银元。按照35分美金兑换1银元的比例计算,也就是3,143.28美金。加上邮寄和船运费用,购买这494种地方志共需要拨款3500美金。如果有更多的钱的话,则可以购买更多的地方志,因为书商提供的1,031种地方志中有一些没有标明版本……黄星辉(Julius Hsin-hui Huang)在今年6月离职去密歇根大学图书馆学院读研究生。中国武昌文华图书馆学专科学校的徐家麟(James Chia-ling Hsu)应邀前来担任首席技术助理(First Technical Assistant)。他9月份来到剑桥,将一半时间在图书馆工作,一半时间在哈佛研究目录学和历史方法。徐先生毕业于文华图书馆学专科学校,在清华大学图书馆和燕京大学图书馆各做过一年的编目馆员,在过去的5年中一直在文华图书馆学专科学校担任讲师。(HYL Archives: A. K'aiming Ch'iu. Chinese-Japanese Library, Harvard University, Report of the Librarian for the Year June 30,1934 to July 1, 1935. Boylston Hall, Cambridge, Mass, November 1, 1935)

11月7日

裘开明回复洛克菲勒基金会人文科学部主任David H. Stevens10月28日征求关于国会图书馆提交的中日文图书编目提案意见的来函。函中认为Stevens应该调查一下在美国东岸4到5所大型图书馆,如国会图书馆、麦吉尔大学葛思德图书馆、哥伦比亚大学中日文文库、耶鲁大学图书馆、康奈尔大学沃森图书馆和哈佛大学汉和图书馆,中日文图书编目情况的现状;这比召集各图书馆负责中日文图书编目工作的负责人开会要有用得多。同时函中还反对采用国会图书馆主题词表对中日文图书分类。并言已经收到来自哥伦比亚大学、斯坦福大学、英国牛津大学和其他一些汉学研究机构的来信,询问关于哈佛燕京学社图书馆分类法的情况。如果对此感兴趣,愿意寄送一份关于哈佛燕京学社图书馆分类、编目和相关出版物的备忘录。(HYL Archives: Letter of Alfred K'aiming Ch'iu to David H. Stevens, November 7, 1935)

11月8日

裘开明致函斯坦福大学图书馆书目部主管Florence M. Craig10月30日的来信,告知其商务印书馆未出版过《四部丛刊初编》的第二、三辑,只出版过《四库全书》的第二、三、四辑。另外汉和图书馆所藏《四库全书》系"国立中央图书馆"所赠,不知道什么时候会受赠其他几辑,故也无法对其他几辑的进行编目。函中还请Florence M. Craig把汉和图书馆的复本书清单寄回。(HYL Archives: Letter of Alfred K'aiming Ch'iu to Florence M. Craig, November 8, 1935)

裘开明致函斯坦福大学图书馆馆长Nathan Van Patten:非常感谢你寄来贵馆中文书编目组的新员工手册。很荣幸你能向我征求意见。手册编写得非常好。只是有3点我认为你应该注意。(1)我觉得公共字顺目录中中文卡片的排列恐怕不能按照书号或整个索书号。按照王氏四角号码法排列作者姓名或书名所产生的排列号与为了在同一类号下区分不同的书所产生的书号是完全不同的。前者用于字顺目录,后者通常用于公共排架目录。请参考敝馆字顺目录排列规则的两张图标复印件。另外,把排列号置于卡片的右下角对于读者来说是相当不方便的。排列号最显著的位置应该是在左上角,而大多数美国图书馆都是把索书号放在卡片左上角。假如贵馆也是把索书号置于卡片的这一角,那么至少应该把排列号置于卡片的右上角。(2)我非常欣赏你编写了这样一部完整的公务目录。在我看来,这部目录应该让读者也能用到,尤其是学习中文的美国学生。我与美国学生相处 8 年的经验告诉我,对于他们来说易于使用按罗马化拼音(大多数英语国家最通常使用的是韦氏汉英字典里的现代威妥玛拼音)顺序排列的目录,另外一方面,除了来自广州的以外的大多数中国学生都会将官话,且会使用韦氏拼音。因此,我们也拥有一套按韦氏拼音排列的作者—书名字顺目录,但是不像贵馆的目录,我们在卡片最上面一行,除了音译拼音以外,不印制其他的英文。(3)第 3 个问题是关于在索书号中如何标示复本的问题。此外,中文书的函套是一种非常不可靠的书目计量单位。一种书出版了 8 册,有的图书馆有可能置于同一个函套内,而有的可能置于两个函套内。所以为了便于比较统计数据,使用册作为计量单位更可靠。我想知道你对我的意见的反馈情况。顺便问一下,张(敷荣)先生是否还在贵馆上班?(HYL Archives:Letter of Alfred K'aiming Ch'iu to Nathan Van Patten, November 8, 1935)

洛克菲勒基金会人文科学部主任 David H. Stevens 来函邀请裘开明参加 11 月 29 日星期五在纽约召开的关于远东资料编目的会议,并打算邀请 4 位或 5 位熟悉这一问题的馆长作简要的发言。(HYL Archives:Letter of David H. Stevens to Alfred K'aiming Ch'iu, November 8, 1935. See:HYL Archives:file:Rockefeller Foundation, N.Y.C.)

11 月 9 日

裘开明回复洛克菲勒基金会人文科学部主任 David H. Stevens 的邀请,表示同意参加远东资料编目会议,并将就美国图书馆中日文图书管理方法的问题发言。(HYL Archives:Letter of Alfred K'aiming Ch'iu to David H. Stevens, November 9, 1935)

11 月 12 日

洛克菲勒基金会人文科学部主任 David H. Stevens 来函介绍出席 11 月 29 日会议的代表。(HYL Archives:Letter of David H. Stevens to Alfred K'aiming Ch'iu, November 12, 1935)

11 月 18 日

哈佛燕京学社董事会召开会议,图书馆委员会主席白雷格(Robert Pierpont Blake)向董事会提交工作报告。其报告包括 3 个方面的建议:(1)采纳裘开明关于搜购中国地方志的建议,请董事会尽可能增加拨款,用于购买中国地方志。(2)支持裘开明关于编辑和出版学社图书馆所藏丛书书目的计划。(3)在魏鲁男(James Roland Ware)博士的努力下,甘珠尔和丹珠尔已寄达剑桥,为了妥善保护这批文献,请董事会拨款 385 美元,用于定制书柜。另外图书馆委员已经批准汉和图书馆与哈佛大学法学院图书馆合作编制国际法专题目录,汉和图书馆负责收集日文法律文献。(Report of Robert Pierpont Blake to Harvard-Yenching Institute Trustees, November 4, 1935. See:HYL Archives:file:Library, 1934-1936)

11 月 20 日

斯坦福大学图书馆书目部主管 Florence M. Craig 致函裘开明,告知在 10 月 30 日的信中误把《四库全书》写作《四部丛刊初编》。并言:目前斯坦福大学图书馆已收到了《四库全书》的第二、三、四辑。随函寄上贵馆的复本书清单。张(敷荣)先生核对后认为这些书斯坦福大学已入藏,所以目前我们不可能购买这些书。(HYL Archives:Letter of Florence M. Craig to Alfred K'aiming Ch'iu, November 20, 1935)

11 月 21 日

洛克菲勒基金会人文科学部副主任 John Marshall 来函邀请裘开明参加 11 月 29 日

在纽约召开的远东资料编目会议,并希望裘开明在会上做关于远东资料编目现状的报告,对目前正在使用的各种分类法的优缺点进行比较。(HYL Archives:Letter of John Marshall to Alfred K'aiming Ch'iu, November 21, 1935. See: HYL Archives: file: Rockefeller Foundation, N. Y. C.)

11月22日

裘开明回复洛克菲勒基金会人文科学部副主任John Marshall,表示同意参会并发言。(HYL Archives:Letter of Alfred K'aiming Ch'iu to John Marshall, November 22, 1935. See: HYL Archives: file: Rockefeller Foundation, N. Y. C.)

11月23日

裘开明致函斯坦福大学图书馆书目部主管Florence M. Craig:我们昨天已经从华盛顿史密森国际交换部(Smithsonian International Exchange)拿到了《四库全书》的第二、三辑。麻烦的是我们在盒子里没有找到第3辑的原始书单,该书单关系到我们在目录中编排每部独立著作的顺序。你能否用航空信把你们的寄给我(书单的中文名称是:四库全书珍本第三期书目录)。待我们抄写完毕即奉还。(HYL Archives:Letter of Alfred K'aiming Ch'iu to Florence M. Craig, November 23, 1935)

11月29日

裘开明赴纽约,出席David H. Stevens博士召集的关于中日文文献编目格式问题的首次会议,会议地点在Stevens博士办公室。出席会议的有来自国会图书馆、哈佛、耶鲁、哥伦比亚和加州大学的代表,邀请的嘉宾有著名的英国日本学专家George Bailey Sansom爵士。会议讨论了当时美国各图书馆所采用的各种中日文文献编目方法的效果,初步涉及了进一步完善中日文编目的暂定计划。会上,裘开明做了关于远东资料编目现状的报告,对目前正在使用的各种分类法的优缺点亦进行了比较。(HYL Archives:Letter of Alfred K'aiming Ch'iu to Charles B. Fahs, April 26, 1949 & Alfred K'aiming Ch'iu. Memo. Of Harvard-Yenching Institute Chinese Cards Program, April, 1947)

12月5日

裘开明致函洛克菲勒基金会人文科学部主任David H. Stevens,询问12月20日会议议程及会议发言方面的问题。(HYL Archives:Letter of Alfred K'aiming Ch'iu to David H Stevens, December 10, 1935)

12月7日

斯坦福大学图书馆的张敷荣致函裘开明:东行之期,更视任职情形方能决定也。兹有托者,敝校图书馆新组织中文部,暂由弟负全责,弟对此云面□等研究,均正愿兄将哈校中文图书组织情形详为见告。更请于最近数日内代(请问贵校中文图书部主任)为解答下列数问题,俾敝校能否速决定中文图书分类标准:(一)书片之Call No.(索书号)之第二号数Record No.为用王云五之四角号码取(作者)姓之首二号码及名之首一号码,(依哈校经验)用时有何困难(例如,曾国藩=8064;萧统=4420)?(二)如上述办法可行,则用何号码以分别同一作者所著各书之同属一类者(例如:黎青主著:乐话;黎青主著:音乐通论)(曾国藩:曾国藩六种;曾国藩:曾文正公家书)。(三)若无著作者而须用书名号码时,设书名过长,将如何选用号码?例如宋拓淳化阁帖(如不用□□字为编者号)。(HYL Archives:张敷荣致裘开明信函,1935年12月7日)

12月10日

洛克菲勒基金会人文科学部主任David H Stevens致函裘开明:关于袁(同礼)先生的要求,还需要时间考虑。我很欢迎你能提出更多的建议……在你的信中提到的其他资料,我们都已经归档了,故不能外借。但是我确信恒慕义(Arthur William Hummel)先生将会很高兴寄给你一份他的计划文件。请你在方便的时候寄来你的提案大纲,在新年开始后可以提上议事日程。(HYL Archives:Letter of David H Stevens to Alfred K'aiming Ch'iu, December 10,1935)

12月12日

斯坦福大学图书馆书目部主管 Florence M. Craig 致函裘开明:尚未收到《四库全书》第三辑的"红色单据",已经致函商务印书馆询问,详情见后附张(敷荣)先生的信函。我们需要《四库全书》第二、三辑的目录卡片,每种卡片要3张。(HYL Archives:Letter of Florence M. Craig to Alfred K'aiming Ch'iu, December 12,1935)

张敷荣致函裘开明:大扎读悉。敝处亦缺四库珍本初集第三、四两期书单,昨已去函索取,不知何日方能寄到。现查第一、二期书单,均依商务书馆首次寄来之《四库全书珍本初集样本》中所列各书此序排列。先生如以为可依此样本编完第三、四两期次序,而贵处又等此样本,请示知,即交邮寄上。(HYL Archives:张敷荣致裘开明信函,1935年12月12日)

12月20日

裘开明赴纽约参加由洛克菲勒基金会人文科学部主任 David H. Stevens 组织召开的美国中日文图书馆馆长会议,并在会上发表关于图书馆分类编目的专题讲话。(HYL Archives:Letter of Alfred K'aiming Ch'iu to David H. Stevens, December 23,1935)

12月21日

裘开明在纽约与洛克菲勒基金会人文科学部主任 David H. Stevens 商谈出版《汉和图书分类法》的计划,以及印刷中国基本古籍中文目录卡片的计划。David H. Stevens 建议裘开明向洛克菲勒基金会提交关于这2个计划的备忘录。(HYL Archives:Letter of Alfred K'aiming Ch'iu to David H. Stevens, December 23,1935)

12月23日

裘开明致函洛克菲勒基金会人文科学部主任 David H. Stevens:我想知道洛克菲勒基金会是否已经决定资助国立北平图书馆从 1936 年 1 月开始印刷中文书目录卡片,如果是,我是否可以在我的论文《美国图书馆汉和图书标目》("Handling of Chinese and Japanese Books in American Libraries")中提及该计划。另外,我是否可以发表关于12月20日会议方面的文章。我希望能够从贵处借阅恒慕义(Arthur William Hummel)博士的备忘录,该备忘录中包括国会图书馆中文书分类表和袁同礼(Yuan Tung-li)的印刷卡片样本,我打算在正在撰写的论文中对这些材料进行评论。在12月21日与你的谈话中,我曾提到出版《汉和图书分类法》和印刷中国基本古籍中文目录卡片的计划。在后一个计划中,我们将通过对清代学者推崇的大约 20 部历代书目进行统计分析,确定基本的中文古籍。这将有助于中文书编目的标准化,推动美国汉学研究。到目前为止,后一个计划尚未得到每个人的赞同。但是这个计划与袁同礼先生的计划不冲突,因为袁同礼先生的计划主要是印刷当代出版物的目录卡片。我从剑桥到纽约参加美国中日文图书馆馆长会议开销如下:火车票 17 美元,住宿费 3 美元,出租车及杂项费用 5 美元,共计 25 美元,请惠予报销。(HYL Archives:Letter of Alfred K'aiming Ch'iu to David H. Stevens, December 23,1935)

陈世材致函裘开明,请裘开明帮忙函寄哈佛大学文理学院或法学院各种奖学金申请表,并详明各项奖学金的具体数目。(HYL Archives:陈世材致裘开明信函,1935年12月23日)

12月27日

加州大学图书馆馆长 Harold L. Leupp 致函裘开明，询问何时能提供其他中文和日文书籍的印刷卡片，以及每张卡片的单价和1936年间发行卡片的订购价格。(HYL Archives：Letter of Harold L. Leupp to Alfred K'aiming Ch'iu, December 27, 1935)

本年

裘开明撰"Modern Library Movement in China"发表于 *Library in China：Papers Prepared on the Occasion of the Tenth Anniversary of the Library Association of China* ,Peiping：Library Association of China, 1935：1-17。该论文集共收录9篇论文，其余8篇为：吴光清（Kuang-Tsing Wu）"Ten Years of Classification and Cataloguing in China"、沈祖荣"Samuel Tsu-jung Seng）Professional Training of Librarianship in China"、查修（Lincoln H. Cha）"Library Legislation in China"、严文郁（Wen-yu Yen）"Cooperation Between Chinese Libraries"、蒋复璁（Chiang Fu-Tsung）"National Libraries in China"、柳诒徵（Liu I-Cheng）"The Provincial Libraries in China、Julie Rummelhoff Tai Medical Libraries in China"、杜定友（Ding U Doo）"Public Libraries and Adult Education in China"。

裘开明担任哈佛大学哈佛学院图书馆汉和文库馆长（Librarian of Chinese and Japanese Collection, Harvard College Library）和中国语言文学讲师（Instructor in the Chinese Language and Literature），办公地点为博伊斯顿堂（Boylston Hall）13号，其时在哈佛大学登记的个人住址为：23 Hammond Street, Cambridge, MA。（Harvard University Catalogue, 1935-1936. Cambridge：Harvard University, November 1935：65, 72, 886）

裘开明担任中国科学社留美分社（Sicence Society of China [American Branch]）社长。（HYL Archives：Letter of Alfred K'aiming Ch'iu to Meng Chih, October 3, 1935）

叶理绥（Serge Elisséeff）担任哈佛燕京学社社长，办公地点为博伊斯顿堂（Boylston Hall）17号。（Harvard University Catalogue, 1935-1936. Cambridge：Harvard University, November 1935：30）

裘开明撰写题为《哈佛图书馆的中国地方志》（"Chinese Local Histories in the Harvard"）的报告，报告中指出哈佛燕京学社图书馆每年的购书经费不足以满足其搜购中国地方志的需要，并论述了中国地方志的特点、对于汉学研究的重要性以及在国立北平图书馆和美国国会图书馆的收藏情况，要求增加用于购买这类文献的经费。该报告提交到哈佛燕京学社图书馆委员会后，得到主席白雷格（Robert Pierpont Blake）的肯定，在1935年11月18日召开的哈佛燕京学社董事会会议上，要求董事会增加经费，用于购买中国地方志。（HYL Archives：Chinese Local Histories in the Harvard, 1935）

汉和图书馆开始向美国其他东亚图书馆出售 ditto 复印目录卡片。（Chinese-Japanese Library of the Harvard-Yenching Institute at Harvard University Report of the Librarian for the year July 1, 1948 to June 30, 1949）

顾廷龙毕业于燕京大学研究院国文部（1932年入学），毕业论文为《说文废字废义考》，时在燕京大学担任哈佛大学图书馆驻平采访处主任。（《燕京大学研究院毕业生名录（1922年至1935年）》,燕京大学，1935年5月出版）

1936 年
39 岁

1 月 6 日

加州大学的 Ferdinand D. Lessing 致函裘开明,归还《中国图书编目法》(*How to Catalog Chinese Books*)。(HYL Archives:Letter of Ferdinand D. Lessing to Alfred K'aiming Ch'iu,January 6,1936)

1 月 9 日

裘开明致函加州大学图书馆馆长 Harold L. Leupp:12 月 27 日来函收悉,我很高兴地通知你我们尚有印刷目录卡片供应,批量购买的价格大概是每张卡片 1 美分。如果你想在来年购买我们的这些卡片,请尽早订购,以便我们可以尽早估算需要通过"母片"复制卡片的数量,因为"母片"重复使用的质量会较差。如果没人想要我们的卡片,我们只要印刷足够自用的数量即可,仅留一两套库存。保存复制卡片较为困难,因此除非有大量订单,否则我们不会印制多套。每个"母片"大概能复制 15 套清晰的卡片,然后又要做新的"母片",这要花费很多的人力和物力。(HYL Archives:Letter of Alfred K'aiming Ch'iu to Harold L. Leupp,January 9,1936)

1 月 11 日

坂卷俊三(Shunzo Sakamaki)致函裘开明:我听说有一名来自哈尔滨的苏联军官将要出售大批东亚地图。昨天他来了哥伦比亚大学,但是角田(Tsunoda)先生对其不感兴趣。我当时不在,直到今天才听说。据说此人又去了剑桥,并卖给你几幅地图。请问是否真有此事。如果你确实买了他的地图,我相信一定物有所值,我想买一副自用,因为过几个月我就回夏威夷大学了,我想带一幅好一点的可挂在墙上的地图。我不知道如何与卖地图的人联系,我想有可能你知道如何与他联系。如果你买过他的地图并且很满意,那么即使他现在不在纽约,我觉得我也不必亲自看过地图就可以决定买了。(HYL Archives:Letter of Shunzo Sakamaki to Alfred K'aiming Ch'iu,January 11,1936)

1 月 16 日

裘开明回复坂卷俊三(Shunzo Sakamaki),告知无法联系到出售地图的苏联军官,只能向坂卷俊三介绍一下所购地图的大概情况,并对其未来的学习、工作安排表示肯定。(HYL Archives:Letter of Alfred K'aiming Ch'iu to Shunzo Sakamaki,January 16,1936)

芝加哥大学教授顾立雅(Herrlee Glessner Creel)致函裘开明:请在你方便时尽快把我们之前在芝加哥大学图书馆馆长处讨论的中文书目录和账单寄到芝加哥大学图书馆。我会负责监督他们付账。值得高兴是,敝校图书馆部门已经准备好采用你的分类法,我希望我们可以在这方面进行更多的合作。当我向他们试探性地提及这个问题时,他们似乎都准备好合作,积极加入你的编印卡片计划。希望芝加哥大学图书馆成为你的中文卡片编印项目试验地。这次旅程的所有时间几乎都用于拜会我的"老先生"梅光迪

(Kuang-ti Mei)先生。再次感谢你对我在剑桥时令人愉快的盛情款待。(HYL Archives：Letter of Herrlee Glessner Creel to Alfred K'aiming Ch'iu, January 16, 1936)

1月17日

裘开明致函哈佛燕京学社社长叶理绥(Serge Elisséeff)：非常感谢你私下告诉我，将继续聘用我。我建议能否把我现在的头衔改为"哈佛燕京学社图书馆馆长和哈佛大学中文讲师"(Librarian of the Harvard-Yenching Institute and Lecturer in Chinese at Harvard University)，修改的原因我已经跟你私下说过了。关于我的任期，我想提醒你，George Henry Chase 院长在 6 年前曾说过没有期限，但是不知道 Chase 院长和其他董事们现在是否还是这样的意见。在哈佛正式通知我任期和确切头衔以前，希望你能提前告诉我，因为我需要这些信息以便确定我如何购买保险以及处理其他私人问题。(HYL Archives：Letter of Alfred K'aiming Ch'iu to Serge Elisséeff, January 17, 1936)

1月20日

裘开明致函芝加哥大学教授顾立雅(Herrlee Glessner Creel)：下周敝馆将为你做一套复制卡片。很抱歉忘记问你是否也需要敝馆丛书的卡片，还是只需要单行本卡片。敝馆丛书中独立著作的分析卡片是没有分类号的，但是这些卡片在敝馆的分类主题目录里都是主题分析著录，有分类号。如果你希望把号码从分类主题目录卡片上复制到分析卡片上，我们将不得不要求你为这项服务付费，给一个学生 60 美分的时薪去抄这些号码。丛书的主卡片和分析卡片上面印有排架号或者索书号，因为一种丛书通常都集中放在同一书架上，我们希望你能知道，我们给你寄去的卡片并不是敝馆所有馆藏的卡片。只有馆藏的 30—50%，因为 1927—1929 年复制的卡片已经没有库存，这些卡片可能正是你所需要的，因为我们早期已经购买的这些书大多是更基本和更重要的图书。另外，徐家麟(James Chia-ling Hsu)先生，敝馆今年的首席技术助理，将可能在 1936—1937 学年到贵校图书馆学研究院学习。徐先生是武昌文华图书馆学专科学校毕业的学生，在清华和燕京大学图书馆的中文编目部工作过一段时间。这一年里他一直在学习哈佛图书馆的方法，如果明年你希望有个兼职到贵馆处理中文馆藏，他或者能帮点忙。但是他还没有决定到哪里去，因为他同时申请了哥伦比亚大学、芝加哥大学和密歇根大学。(HYL Archives：Letter of Alfred K'aiming Ch'iu to Herrlee Glessner Creel, January 20, 1936)

1月22日

赵不凡致函裘开明：被选举成中国科学社留美分社的会计让我很吃惊。上一次会议因为我要到医院值班而未参加。没有想到有人会推举我的名字。我想一定有人能比我为中国科学社奉献更多时间，更好的服务。但既然已经选定，我定会尽我所能。如果你最近来纽约的话，可否直接把书带给我。也可以通过邮局寄给我。(HYL Archives：Letter of Zhao Bu-fan to Alfred K'aiming Ch'iu, January 22, 1936)

1月29日

Shen-wu Wan 致函裘开明：因已回国担任中央大学化学系教授，无法担任中国科学社留美分社的职务，请再选他人。(HYL Archives：Letter of Shen-wu Wan to Alfred K'aiming Ch'iu, January 29, 1936)

2月3日

赵不凡致函裘开明：关于中国科学社留美分社会计的职务，我并不特别希望接受，因为我已经不再经常参与学生活动了。我想其他人可能可以做得更好。希望你能找到一个更合适的人。很高兴能在你来纽约时与你见面，到时请给我个电话。我一般1—2点、

5—9点都会在办公室。(HYL Archives：Letter of Zhao Bu-fan to Alfred K'aiming Ch'iu, February 3，1936)

2月14日

芝加哥大学教授顾立雅(Herrlee Glessner Creel)致函裘开明：我想敝馆最好暂时不用丛书分析卡片。敝馆对贵馆重印所有卡片的项目非常感兴趣，希望届时你能知会进展。我想敝馆肯定会订购4套卡片，当然，我会先取得官方确认。我对你推荐的徐家麟(James Chia-ling Hsu)很感兴趣。敝馆真的很需要一个人来处理中文书籍。如果徐先生有意的话，我会虚席以待。请告知汉和图书馆负责中文馆藏职员的薪酬基数是多少，以便参考。(HYL Archives：Letter of Herrlee Glessner Creel to Alfred K'aiming Ch'iu, February 14，1936)

2月20日

裘开明致函芝加哥大学教授顾立雅(Herrlee Glessner Creel)：我通过铁路快递给你们邮寄图书馆所需的目录卡片，请问是邮寄给你本人，还是给芝加哥大学图书馆。汉和图书馆书本式目录的出版计划已经提交给学社董事会，如有意订购1936年发行的油印卡片，请予告知。附徐家麟(James Chia-ling Hsu)的基本情况和汉和图书馆中文图书助理的薪水表。(HYL Archives：Letter of Alfred K'aiming Ch'iu to Herrlee Glessner Creel, February 20，1936)

2月21日

留美青年会(Chinese Students's Christian Association)寄来募捐函。(HYL Archives：Letter of C.S.C.A. to Alfred K'aiming Ch'iu, February 21，1936)

3月3日

哈佛燕京学社图书馆委员会主席白雷格(Robert Pierpont Blake)正式批准哈佛大学修缮处(Maintenance Division)1935年11月提交的汉和图书馆善本书库改造方案。(HYL Archives：Letter of Robert Pierpont Blake to R. B. Johnson, March 3，1936)

哈佛燕京学社执行委员通过投票表决，决定开始实施图书馆图书安全保护方案。该方案决定，在汉和图书馆当前财务预算的基础上，增加385美元的拨款，为汉和图书馆的藏书、小册子和手稿购买Cyrus Brewer公司为期3年的火灾水灾全额保险，即每年购买保险的经费为195美元，3年共计585美元。投保财产的总价值为52000美元。(HYL Archives：Safeguarding Books in Library, March 3，1936)

3月4日

芝加哥大学图书馆学研究院Mary Alice Macdonald致函裘开明，征求裘开明作为推荐人对入学申请人徐家麟(James Chia-ling Hsu)的评价意见。(HYL Archives：Letter of Mary Alice Macdonald to Alfred K'aiming Ch'iu, March 4，1936)

3月9日

哈佛燕京学社执行委员会召开会议。会上叶理绥(Serge Elisséeff)教授建议将汉和图书馆(Chinese-Japanese Library)更名为哈佛燕京学社图书馆(Library of the Havard-Yenching Institute)，第一个原因在于董事会已经投票通过书籍属于学社，仅仅只是暂存在哈佛大学图书馆，第二个原因在于保险是由学社支付的。另外，叶理绥教授认为，图书馆不只是拥有汉和文献，还拥有蒙文、满文和藏文文献以及关于中国和日本的西文书、期刊等出版物，今后还会购买更多的西文书和期刊。叶理绥教授进一步提出，图书馆的账单全部寄给怀德纳图书馆，书籍与怀德纳图书馆所购书籍一起登录，再交给学校财务处付账,而学社社长则对整个过程完全不知情,为了使购书活动与学社的其他工作联系得更紧密,图书馆购书账单应让学社办公室审核后再交给财务处付账。会议最后投票决定,由哈佛学院图书馆馆长白雷格(Robert Pierpont Blake)解释为何不可以将图书馆更名为"哈佛燕京学社图书馆(Library of the Havard-Yenching Institute)",以及为何图书馆的账目不交给学社办公室审核。(HYL Archives: Letter of Secretary of Harvard-Yenching Institute to Keyes D Metcalf, May 10, 1939)

3月14日

哈佛燕京学社社长叶理绥(Serge Elisséeff)与哈佛学院图书馆馆长白雷格(Robert Pierpont Blake)磋商决定:(1)学社图书馆的名称修改为哈佛燕京学社汉和图书馆(Chinese-Japanese Library of the Havard-Yenching Institute),所有保存在博伊斯顿堂(Boylston Hall)和怀德纳图书馆(Widener Library)的藏书章也相应改为新的名称。(2)今后汉和图书馆的账目和工资都由学社直接支付。该计划会在下一财政年度开始实施。(Memoire of Meeting between Serge Elisséeff and Robert Pierpont Blake, March 14, 1936)

3月20日

裘开明向哈佛燕京学社社长叶理绥(Serge Elisséeff)提交1935—1936学年度汉和图书馆财务报告和1936—1937学年度汉和图书馆预算计划。内容如下:1.1935—1936年度图书馆的财务预算:(1)图书与装订共4500美元,其中中文书3000美元,日文书700美元,西文书300美元,装订经费500美元;(2)保险费200美元;(3)设备、补给和文具、邮费和特快专递、电话和电报费共计500美元;(4)工资和津贴3500美元。以上共计8700美元。2.至1936年3月20日已支出的费用:(1)图书与装订共4419.61美元,其中中文书3183.25美元(无未付账单),日文书596.85美元(另有约100美元的未付账单),西文书100美元(另有约184美元的未付账单),装订539.51美元(另有约50美元的未付账单);(2)保险46.68美元;(3)设备、补给和文具、邮费和特快专递、电话和电报费共计526.40美元;(4)工资和津贴2039.35美元。以上共计7032.04美元。另外,收入金额共计68.36美元,其中出售藏书复本收入28美元,书商退还支票18.70美元,出售印刷目录卡片收入21.66美元。实际支出:7032.04美元-68.36美元=6963.68美元。由于从现在到6月份,还有1800美元的未付款,用于支付已经到馆和即将到馆的中国地名辞典的费用,而这1800美元本是在下一年度的预算外的,所以强烈要求在下一年度的预算中增加1600美元,其中购买中文书增加1300美元,购买设备增加300美元,下一年图书馆需要购买2—3箱善本书。3.1936—1937汉和图书馆财务预算计划:(1)图书与装订共4500美元,其中中文书3000美元,日文书700美元,西文书300美元,装订500美元。(2)保险费200美元;(3)设备、水电和文具、邮费和特快专递、电话和电报费500美元;(4)工资和津贴3500美元,其中截止到6月份,日文部代理馆长(Acting Librarian)的薪水(从1937年9月1日开始,将在薪水支出账目中设立常规拨款用作支付代理馆长的薪水)1200美元。首席技术助理(First technical assistant)的薪水960美元,学生助理的报酬480美元,勤杂工(stack pages)860美元。共计8700美元。4.1935年—1936年的图书馆需求:(1)为了迎接哈佛300周年纪念,汉和图书馆希望凭借中日文馆藏提高学社在知名访问学者眼中的声誉。(2)判断中文藏书的实力主要取决于2类文献:一是各学科具有代表性选集(selected works)收藏的系统程度,如经学、历史、哲学、文字学、传统集部著作收藏的系统程度。二是各个学科领域全集(complete works)收藏的丰富程度。目前哈佛的馆藏拥有300多种这类馆藏(丛书、全书),但是非常有必要购买一些虽然不是代表作但是非常重要的书籍,对于现有的版本不精的藏书,应购买更好的版本。委员会应该在每年常规的拨款之外,尽量满足图书馆这方面的迫切需要。(3)地方志对很多分支学科的研究都具有相当重要的意义,这类著作包括中国各个地区的地形、历史、历史地理和人物传记、考古、经济,以及重要的统计数据。哈佛图书馆目前仅拥有约600种这类藏书,而国立北京图书馆拥有3800多种这类藏书,甚至国会图书馆都拥有1800多种。(4)希望委员会建议董事会为迎接哈佛300周年庆典,拨3000美元给图书馆用于购买方志类书籍。(HYL Archives:Letter of Alfred K'aiming Ch'iu to Serge Elisséeff,March 20,1936)

4月4日

哈佛大学修缮处(Maintenance Division)对博伊斯顿堂地下室善本书库的修缮图纸进行修改,并重绘制了新的图纸。此次修缮工程的内容包括:在善本书库和地下室走廊之间安装防火门,在窗户外部安装夹丝安全玻璃,修建半高石灰墙,为书柜安装防水金属顶框,在墙上开凿通往卫生间的排水管道。(HYL Archives:Letter of R. B. Johnson to Serge Elisséeff,April 3,1936 & 博伊尔斯顿堂地下室善本书库图纸修订稿,April 4,1936)

4月15日

华美协进社(China Institute in America)社长孟治(Meng Chih)来函,请裘开明帮忙提供一份中国留学生在美学习物理专业的人员名单。(HYL Archives:Letter of Meng Chih to Alfred K'aiming Ch'iu,April 15,1936)

中国科学会执行委员会秘书来函通知裘开明当选中国科学社与中国工程社联合会总务委员会的代表,委员会会议将于9月初在纽约举办。(HYL Archives:Letter of Secretary to Alfred K'aiming Ch'iu,April 15,1936)

4月20日

裘开明致函哈佛燕京学社社长叶理绥(Serge Elisséeff),汇报1935—1936年度汉和图书馆的工作情况。言:1935—1936年度图书馆新增藏书:1935年7月1日,中文藏书92,668册,日文藏书7,803册,西文藏书344册;1936年4月20日,中文藏书99438册,日文藏书8052册,西文藏书487册。新增中文藏书中有136种,方志类文献1602册。图书馆原有方志类文献678种,到1936年5月中旬可增加到902种,预计到1937年9月份,方志类文献可达到约1000种,是国会图书馆收藏地方志数量(据1935年统计,其收藏量为2232种)的一半左右。国会图书馆和汉和图书馆是唯一2所被收录到商务印书馆出版的地方志收藏机构名录中的外国机构。近几年,汉和图书馆购买量第二大的中文文献为丛书,预计到1937年9月,所藏丛书可达约600种(1935年,国会图书馆所藏丛书数量为581种)。由于几乎全部经费用于购买方志和丛书,其他种类文献购置量下降,故请求中文书籍购书经费增加1500美元。在期刊方面,目前订购中文期刊114种,日文期刊45种,西文期刊7种,中断订购的中文期刊472种,日文期刊53种。而出售印刷目录卡片方面,向斯坦福大学图书馆出售606张目录卡片,向加州大学图书馆出售606张目录卡片,向芝加哥大学图书馆出售8500张目录卡片,共计9812张。(HYL Archives:Letter of Alfred K'aiming Ch'iu to Serge Elisséeff,April 20,1936)

4月27日

哈佛燕京学社董事会召开会议,听取了关于汉和图书馆更名提案的报告,董事长报告:图书馆委员会认为"汉和图书馆(Chinese-Japanese Library)"这个名称在中国十分有影响力,如果更名,则有可能与哈佛大学图书馆混淆。因此,委员会决定保持名称不变;

但是应该在属于学社财产的书籍上加盖"哈佛大学哈佛燕京学社汉和图书馆(Chinese-Japanese Library of the Harvard-Yenching Institute at Harvard University)"印章以及学社的印章。诺斯(Eric M. North)博士质疑汉和图书馆的名称是否合适,董事长认为此名称仍旧合适,因为汉和图书馆的主要藏书为中文和日文;此外,汉和图书馆所藏方志类文献的目录正在中国印刷,国会图书馆与汉和图书馆在中国正在进行正式的合作,所以更名可能会带来麻烦。(HYL Archives：Letter of Secretary of Harvard-Yenching Institute to Keyes D Metcalf, May 10, 1939)

5月5日

哥伦比亚大学Nancy Lee Swann来函申请借阅汉和图书馆所藏《藏书纪事诗》。(HYL Archives：Letter of Nancy Lee Swann to Alfred K'aiming Ch'iu, May 5, 1936)

5月3日

陈世材致函裘开明：闻汉和图书馆于9月将有馆员缺额一席,欲应聘,以便到美求学。(HYL Archives：陈世材致裘开明信函,1936年5月3日)

5月6日

裘开明致函芝加哥大学教授顾立雅(Herrlee Glessner Creel)：或许你有兴趣知道哈佛燕京的董事们在4月27日的会议上通过了我的出版计划,敝馆的中文书目录将以书本的形式出版,因此我将在明年1月到中国去。有鉴于此,我想询问你是否还打算购买敝馆的复写卡片。敝馆现大约有7000张。如果你仍然想买的话,请告诉我们将账单寄到你那儿还是寄到学校图书馆。(HYL Archives：Letter of Alfred K'aiming Ch'iu to Herrlee Glessner Creel, May 6, 1936)

5月8日

芝加哥大学教授顾立雅(Herrlee Glessner Creel)来函询问汉和图书馆出版的目录里是否包含分类号,如有则考虑订购2套以上的目录,这样就可以将其中一些裁剪下来,贴在卡片上,而不必自己誊写卡片,希望能了解关于这个出版物的更多细节问题。(HYL Archives：Letter of Herrlee Glessner Creel to Alfred K'aiming Ch'iu, May 8, 1936)

5月9日

Jean Gates来函求职。(HYL Archives：Letter of Jean Gates to Alfred K'aiming Ch'iu, May 9, 1936)

5月13日

裘开明致函哥伦比亚大学Nancy Lee Swann,告知已将其申请互借的《藏书纪事诗》和《武林藏书录》寄出。(HYL Archives：Letter of Alfred K'aiming Ch'iu to Nancy Lee Swann, May 13, 1936)

裘开明致函Jean Gates：非常抱歉,汉和图书馆目前没有新的职位空缺,而且预算也不允许再聘请工作人员,我已经把你的信转给叶理绥(Serge Elisséeff)教授,觉得他有可能为你在学社的《哈佛亚洲研究学报》(*Harvard Journal of Asiatic Studies*)办公室谋一份差事。但是他告诉我他不打算聘请你这种情况的人员,如果你能向某个基金会申请到奖学金来哈佛攻读汉学,他倒是很欢迎你来……虽然我的名字列在哈佛研究课程目录"Chinese 20"下,但是明年,学社当局不希望我把时间用在上课上,而是希望我把所有时间用在筹备和完善明年即将出版的书目上。所以即使你今年夏天或明年秋天来此学习,恐怕我也没有时间给你上课。希望你能够理解……(HYL Archives：Letter of Alfred K'aiming Ch'iu to Jean Gates, May 13, 1936)

裘开明回复芝加哥大学教授顾立雅（Herrlee Glessner Creel）：对于你询问的有关敝馆即将出版的书本式目录的问题，每一个条目都会有排架号或者是索书号，因为没有这样的号码，没有人能在书库里找到书……敝馆书目印在薄薄的纸上，单面折页印刷。这样就能进行裁剪并贴到卡片上。印刷使用 4 号或者 5 号楷体。由于我们希望使用中国手工造纸以及楷体字，这样出版的费用就比使用进口现代纸张以及普通的宋体字高。我们已经将要求通知中国方面，但目前还无法告诉你最后的价格。我想在西方，每本可能的价格是 10 美元－15 美元，如果有更多人想订购敝馆的目录，印刷量更大一些，价格可能相对会便宜一些。敝馆希望能印1000本。希望你能提些与我们的目录有关的建议……（HYL Archives：Letter of Alfred K'aiming Ch'iu to Herrlee Glessner Creel, May 13, 1936）

5月14日

哥伦比亚大学的 Nancy Lee Swann 来函感谢裘开明寄来所需的书籍。（HYL Archives：Letter of Nancy Lee Swann to Alfred K'aiming Ch'iu, May 14, 1936）

5月25日

裘开明在寄往中国内地各古籍书店订购方志的订单上附注文字如下：所选购之书目信息均用黄纸片开上，请将所选购的各类各种方志汇集后，代做中国蓝布函套，外面用白色油墨写书名、卷数等；各书函套做好，即请由邮挂号寄来，共价若干，请开发票双份；正份寄至北平燕京大学图书馆哈佛购书处付款；副份与书籍同时直接寄美。订单附函套样式及书背写法图样一纸。（HYL Archives：方志订购单，1936 年 5 月 25 日）

6月6日

邓嗣禹（Teng Ssǔ-yü）和毕乃德（Knight Biggerstaff）在其《中国参考书目解题》序中向曾经为该著提供过建议、修改意见和帮助的裘开明等人致谢。（邓嗣禹、Knight Biggerstaff 编《中国参考书目解题》「燕京学报专号第 12 号」，北平燕京大学哈佛燕京学社出版，1936：Ⅳ）

6月11日

沈宏康来函求暑期兼职。（HYL Archives：沈宏康致裘开明信函，1936 年 6 月 11 日）

6月13日

裘开明致函陈世材，告知已代为办妥入读哈佛大学研究院的手续，同意聘用陈世材到汉和图书馆工作，并说明办理出国手续的事宜和日程，以及汉和图书馆馆员的待遇。（HYL Archives：裘开明致陈世材信函，1936 年 6 月 13 日）

6月15日

洛克菲勒基金会人文科学部副主任 John Marshall 来函请裘开明安排 Tsao Tsu-ping 于 7 月 1 日到 15 日在哈佛学院图书馆实习的事宜。（HYL Archives：Letter of John Marshall to Alfred K'aiming Ch'iu, June 15, 1936. See：HYL Archives：file：Rockefeller Foundation, N.Y.C.）

6月19日

裘开明致函洛克菲勒基金会人文科学部副主任 John Marshall：欢迎 Tsao Tsu-ping 先生 7 月 1 日参观图书馆，可以安排他在哈佛大学所属的 72 所图书馆中的任意一所学习，请告诉我，Tsao Tsu-ping 到达的具体时间，以便派人迎接。（HYL Archives：Letter of Alfred K'aiming Ch'iu to John Marshall, June 19, 1936）

6月20日

哥伦比亚大学的 Nancy Lee Swann 来函咨询《藏书纪事诗》和《武林藏书录》的版本问题。（HYL Archives：Letter of Nancy Lee Swann to Alfred K'aiming Ch'iu, June 20, 1936）

6月23日

裘开明签发沈宏康雇用中止通知书。(HYL Archives:沈宏康的雇用中止通知书,1936年6月23日)

裘开明致函虞芝佩,告知汉和图书馆目前职位有空缺,如欲应聘,请速来函。(HYL Archives:裘开明致虞芝佩信函,1936年6月23日)

6月24日

本日为燕京大学校务长司徒雷登(John Leighton Stuart)60寿庆和校友返校日,燕京大学各部门均举行展览,图书馆则举行古籍展览。(李书春撰《参观图书馆展览记》,见:《燕京大学图书馆报》,第93期第2—3页,1936年7月15日)

6月26日

裘开明致函哥伦比亚大学的Nancy Lee Swann,解答《藏书纪事诗》和《武林藏书录》的版本问题。(HYL Archives:Letter of Alfred K'aiming Ch'iu to Nancy Lee Swann, June 26, 1936)

虞芝佩致函裘开明:因种种原因,无法应聘,深感遗憾。(HYL Archives:虞芝佩致裘开明信函,1936年6月26日)

6月

裘开明撰"The Introduction of Spectacles into China"发表于《哈佛亚洲研究学报》(*Harvard Journal of Asiatic Studies*),Vol.1, No.2 (July 1936):186-193。

7月6日

明治大学图书馆副馆长森本贤三(Kenzo Morimoto)致函裘开明,函请赠送裘开明撰《哈佛大学汉和图书馆指南,1932》("A Guide to the Chinese-Japanese Library of Harvard University, 1932")。(HYL Archives:Letter of Kenzo Morimoto to Alfred K'aiming Ch'iu, July 6, 1936)

7月31日

菲尔德自然历史博物馆(Field Museum of Natural History)馆长E. M. Wilcoxsan致函裘开明,告知博物馆得到了一批劳费尔(Berthold Laufer)博士留下的中文文献,希望购买有关中文图书编目法的书籍,并询问书籍价格。(HYL Archives:Letter of E. M. Wilcoxsan to Alfred K'aiming Ch'iu, July 31, 1936)

8月3日

裘开明回复菲尔德自然历史博物馆(Field Museum of Natural History)馆长E. M. Wilcoxsan,推荐汉和图书馆使用的有关中日文图书编目、分类及排架排卡方法的书籍,并简略介绍汉和图书馆的工作流程。(HYL Archives:Letter of Alfred K'aiming Ch'iu to E. M. Wilcoxsan, August 3, 1936)

裘开明致函明治大学(Meiji University)图书馆副馆长森本贤三(Kenzo Morimoto),告知《哈佛大学汉和图书馆的指南,1932》("A Guide to the Chinese-Japanese Library of Harvard University, 1932")已绝版且无复本,可查找发表在《图书馆研究》(Toshokan Kenkyu)(1932年12月)第5卷第4期上的日文版《哈佛大学汉和图书馆的指南》。(HYL Archives:Letter of Alfred K'aiming Ch'iu to Kenzo Morimoto, August 3, 1936)

8月11日

哈佛大学哈佛学院图书馆汉和图书馆收到燕京大学图书馆哈佛购书处提交的用款报告:1935—1936年度哈佛购书处总计用款为7,511.35国币(结存165.27),其中书款

4021.70，杂志501.70，装订390.60，邮费及杂费992.08，薪水1440.00。(HYL Archives：哈佛大学汉和文图书馆书款报告1935—1936)

菲尔德自然历史博物馆(Field Museum of Natural History)馆长E. M. Wilcoxsan致函裘开明：非常感谢你把《中国图书编目法》一书借给敝馆使用，敝馆已决定遵照此书为馆藏编目，希望届时可以再借分类法一用。(HYL Archives：Letter of E. M. Wilcoxsan to Alfred K'aiming Ch'iu, August 11, 1936)

8月12日

美国图书馆协会的Hazel B. Timmerman致函裘开明：Jean Gates正在向美国图书馆协会申请工作，并把你列为推荐人，烦请惠寄关于Jean Gates的推荐信。(HYL Archives：Letter of Hazel B. Timmerman to Alfred K'aiming Ch'iu, August 12, 1936)

上海别发洋行(Kelly and Walsh, Limited)致函裘开明，告知292卷《影印宋碛砂版大藏经》已经寄出，并随函附寄发货单和Thos. Cook & Son公司发票。(HYL Archives：Letter of Kelly and Walsh, Limited to Alfred K'aiming Ch'iu, August 12, 1936)

8月17日

裘开明致函美国图书馆协会Hazel B. Timmerman：不了解Jean Gates其人，请与国会图书馆东方部部长恒慕义(Arthur William Hummel)联系，以获得更多关于Jean Gates的信息。(HYL Archives：Letter of Alfred K'aiming Ch'iu to Hazel B. Timmerman, August 17, 1936)

8月24日

裘开明致函Jean Gates：感谢你的来信以及对敝馆的称赞。我很抱歉地告诉你，敝馆没有经费聘请秘书，我也非常怀疑委员会是否能够通过在未来增加图书馆管理经费的预算。的确，我认为这个岗位需要一名在欧洲和美国受过中日文馆藏管理专门训练的西方人。而且，我相信西方的中文和日文图书馆应该按照中日文的译音对作者目录和书名目录进行排卡，即使卡片完全是用中文和日文编写的。我反对在卡片上对书名或内容进行翻译，因为我相信使用书目的人应该有足够的中文或日文知识，懂得大部分文字的含义。(HYL Archives：Letter of Alfred K'aiming Ch'iu to Jean Gates, August 24, 1936)

9月1日

冯汉骥(Han-ye Feng)开始代理汉和图书馆馆长一职。(HYL Archives：Chinese-Japanese Library Harvard University Report of the Acting Librarian for the year June 30, 1936 to July 1, 1937)

9月29日

裘开明完成《美国中文图书馆改良计划》("Project for improvement of Chinese Libraries in American")。该计划书包括17部分，分别为：(1)现状；(2)小型图书馆；(3)大型研究中心；(4)书价；(5)哈佛；(6)耶鲁；(7)哥伦比亚；(8)宾夕法尼亚；(9)康奈尔；(10)密歇根；(11)芝加哥；(12)科罗里达；(13)加利福尼亚；(14)斯坦福；(15)华盛顿；(16)总结；(17)十所图书馆中文馆藏改良计划一览表。其主要内容如下：(1)现状：保证美国的汉学研究在世界处于领先地位，有赖于2个重要因素：一是培养人才，二是有充足的馆藏。在美国，只有3所图书馆拥有合理的、完善的馆藏组织，能够满足研究的需要，这三所图书馆分别是国会图书馆、普林斯顿大学的葛思德图书馆(Gest Library)和哈佛大学图书馆。(4)书价：尽管半个世纪以来书价一直在稳步上涨，但是中文善本书的价格仍然较低。中国的印刷术拥有1000多年的历史，刊印的大量书籍保存完好，并有珍贵的影印本书籍。但是战火导致值得收藏的书籍越来越少,另外书籍受潮和虫蛀现象也很严重。在中国虽然还有大量的善本书,但是数量正在迅速地减少,只有少部分书籍被重印。目前中国银元的价格低,所以正是低价购买书籍的好时机。(5)哈佛大学:在剑桥的汉和图书馆拥有馆藏 100000 册,自然拥有很多必藏书籍。(6)耶鲁大学:耶鲁图书馆的日文馆藏大约将近 10000 册,其系统的日文馆藏由朝河贯一(Kanichi Asakawa)博士建立。但是中文馆藏非常少,主要来自捐赠。Sterling 图书馆和 Day Missions 图书馆所收藏的关于中国的西文书不成比例。而耶鲁大学长期进行有关中国的研究。(7)哥伦比亚大学:哥伦比亚大学的中文图书馆错误地以为已经拥有足够的馆藏。但事实上,他们严重缺乏方志、个人文集和全集这 3 大类文献,而这 3 大类文献对各种研究都重要。(8)宾夕法尼亚大学:该大学在 1932 年被迫取消了由著名人类学家萧洛克(John K. Shryock)博士提出的中文馆藏建设计划。(9)康奈尔大学:康奈尔大学图书馆拥有全美西文汉学文献收藏量最雄厚的 Charles W. Wason 藏书,另外还有捐赠的图书。主管 Gussie D. Gaskill 女士在该大学讲授中国历史,她购买了一些经过仔细挑选的中文书,但是有限的经费使图书馆不能继续补充西文馆藏。(10)密歇根大学:最近几年密歇根大学在人类学、考古学、艺术、经济和专门史研究者的推动下开始重视汉学研究。J. W. Stanton 博士最近访问了中国、日本和俄国,借机可以买一些这 3 个国家的书回来,但因为缺少资金,所以妨碍了该图书馆建立令人满意的中文馆藏。(11)芝加哥大学:该大学拥有东方研究所,理论上似乎应该作为远东研究的中心。其馆藏应该能够与国会图书馆和哈佛相匹敌,甚至超过这两所图书馆。(12)科罗里达大学:该大学聘请施维许(Earl Swisher)讲授中国历史,他希望能够在其研究的基础上建立起中文资源。他向普通教育基金会(General Education Board)申请了 500 美元,购买 2500 册经过仔细挑选的中文书籍。但是其馆藏仍存在着缺陷。(13)加州大学:该大学目前正在努力发展其东方语言文学系,其东方语言文学系是全国历史最悠久的东方语言文学系之一。其中文图书馆是在个人捐赠藏书的基础上建立起来的,拥有大量复本。1936 年春天清点藏书时发现,1932 年美国学术团体协会(ACLS)出版的《中文图书联合目录》("Union List of Selected Chinese Books")中所列的 228 种重要著作中,有 129 种已经丢失。为了弥补损失,增加日文馆藏,Ferdinand D. Lessing 教授在远东地区利用一个假期的时间购买了 6500 美元的书籍。但是其馆藏仍不能满足作为一个主要研究中心的研究需要。(14)斯坦福大学:该大学于 1927 年开始建立汉学研究,后来因为人事问题终止研究,但是关于日韩历史和文化的研究仍在进行中,重新建立包含重要文献的中文馆藏的时机似乎已经成熟。(15)华盛顿大学:迄今为止,该大学图书馆完全不能为该校的汉学研究提供任何资源。而毕乃德(Knight Biggerstaff)博士已经被该校聘请讲授中国语言和历史,他急需至少 10000 卷的中文参考资源。(16)总结:根据上述分析以及文后所附统计表,3 所大型的研究中心和 7 所小型的研究中心共需要 100000 美元的拨款,才能配备比较充足的汉学研究资料。(17)10 所图书馆中文馆藏改良计划一览表:其一,大型图书馆:(1)哥伦比亚,目前藏书量 45000 册,建议增加 40000 册,共计 85000 册,投入拨款 20000 美元;(2)芝加哥,目前藏书量 5000 册,建议增加 60000 册,共计 65000 册,投入拨款 30000 美元;(3)加利福尼亚,目前藏书量 35000 册,建议增加 40000 册,共计 75000 册,投入拨款 20000 美元;其二,普通研究型图书馆:(4)耶鲁,目前藏书量 8000 册,建议增加 15000 册,共计 23000 册,投入拨款 5000 美元;(5)康奈尔,目前藏书量 8000 册,建议增加 15000 册,共计 23000 册,投入拨款 5000 美元;(6)密歇根,目前藏书量 2500 册,建议增加 15000 册,共计 17500 册，投入拨款 5000 美元；其三，历史类研究图书馆：(7)宾夕法尼亚，目前藏书量 1000 册，建议增加 10000 册，共计 11000 卷，投入拨款 3000 美元；(8)科罗里达，目前藏书量 2500 册，建议增加 10000 册，共计 12500 册，投入拨款 3000 美元；(9)华盛顿，目前藏书量 0 册，建议增加 10000 册，共计 10000 卷，投入拨款 3000 美元；(10)斯坦福，目前藏书量 2000 册，建议增加 10000 册，共计 12000 册，投入拨款 3000 美元。(HYL Archives：Alfred K'aiming Ch'iu. Project for improvement of Chinese Libraries in American, September 29, 1936)

9 月 30 日

裘开明接哈佛大学财务处关于发放薪水的通知。通知云：1936 年 9 月 1 日至 1937 年 8 月 31 日的薪水为 2500 美元(从 1937 年 1 月 1 日开始半薪)，薪水分月发放。(HYL Archives：Letter of Bursar's Office of Havard College to Alfred K'aiming Ch'iu, September 30, 1936)

10 月 6 日

因哈佛大学财务处对裘开明的年薪计算有误，裘开明致哈佛燕京学社社长函叶理绥(Serge Elisséeff)，请求董事会予以更正：1935－1936 学年，工作了整整 12 个月；1935－1936 学年和 1936－1937 学年的上半学年，共有 9 个星期的带薪假期，但是都没有休息，可以将其调整到 1937 年 1 月和 2 月，因此 1937 年的年假应从 3 月 1 日算起，即从 1937 年 3 月 1 日开始，其薪水按半薪计算。随函附上哈佛大学财务处的薪水通知。(HYL Archives：Letter of Alfred K'aiming Ch'iu to Serge Elisséeff, October 6, 1936)

10 月 8 日

华美协进社(China Institute in America)社长孟治(Meng Chih)致函裘开明：华美协进社正在编撰有关中国透镜发明方面的参考资料，汉和图书馆是否有收藏？听说你将要回中国，不知何时动身，可否在你动身之前或者抵华后与你会面。(HYL Archives：Letter of Meng Chih to Alfred K'aiming Ch'iu, October 8, 1936)

10 月 10 日

裘开明回复华美协进社(China Institute in America)社长孟治(Meng Chih)，推荐汉和图书馆所藏透镜方面的资料，并言：我们打算圣诞节前后动身去中国，但我现在还没有定下确切的日期，因为我太太患了肺结核现在在疗养院治疗，我还不知道医生什么时候才能允许她出去旅行。(HYL Archives：Letter of Alfred K'aiming Ch'iu to Meng Chih, October 10, 1936)

10 月 15 日

华美协进社(China Institute in America)社长孟治(Meng Chih)致函裘开明：尚未收到汉和图书馆寄来的书籍。我计划于 10 月 30 日乘船去中国，明年春回美，如果有需在中国代办之事，悉听吩咐。(HYL Archives：Letter of Meng Chih to Alfred K'aiming Ch'iu, October 15, 1936)

10 月 16 日

华美协进社(China Institute in America)致函裘开明，告知已经收到汉和图书馆寄来的书籍，并致以谢忱。(HYL Archives：Letter of China Institute in America to Alfred K'aiming Ch'iu, October 16, 1936)

10 月 29 日

裘开明致函哈佛燕京学社社长叶理绥(Serge Elisséeff)教授：1935 年春季提交的关于汉和图书馆目录印制出版的成本估价，并未包括作者和书名索引的印刷费用。董事会表决批准的 1500 美元仅够印制汉字目录。学社希望增加上述索引，故必须增加额外的

1000至2000美元拨款,因为制作英文铅字成本很高,且必须由中国不同的印刷商制作。如果本年度或下一年经费不允许的话,罗马化索引的出版可以推迟到未来学社财政状况较好的时候。由于这些索引需要全部从分类主题目录中分离出来,所以不能够同时印刷。兹附上一些目录的主要内容格式,以及罗马化索引的样本页。目录共有35000条款目,按照10条款目1页计算,全部分类目录将共有大约3500页。每页印刷的款目记录有必要松散一些,以便于剪切并贴到可能褪色的卡片目录上。这种印刷目录不仅可以向其他地方的读者提供服务,增加汉和图书馆的威信,而且可以代替甚至会完全褪色的油印目录。印刷目录是一种成本低廉,但是实现上述目标的有效工具。目录计划出版1000套。根据我已经收到的个人和图书馆请求,我认为学社和汉和图书馆可能会在美国和欧洲售出300套,在中国和日本售出300套。如果在美国和欧洲每套目录定价为5美元的话,将会收到1500美元;在中国和日本,不包括罗马化索引,每套不应超过5元国币,将有1500元国币,或者约450美元。这两部分的总收益约为2000美元,意味着如果在3000美元计划启动费用的基础上,再增加1500美元用于罗马化索引,那么,最终将有2000美元返还给学社。(HYL Archives: Letter of Alfred K'aiming Ch'iu to Serge Elisséeff, October 29, 1936)

11月5日

裘开明致函洛克菲勒基金会人文科学部主任David H. Stevens,提交印刷《哈佛燕京汉和图书分类法》("Harvard-Yenching Classification System for Chinese and Japanese Books")项目申请书:目前不宜发表任何文章,因为直接指出各个图书馆都没有资金和人力按照他们所希望的方式编目,会在图书馆界引起反感。哈佛燕京学社董事会已通过了编印中文图书目录的方案。我将于年底带着目录卡片赴中国,在燕京大学图书馆印刷卡片。随函寄上两张复印照片,书本式分类目录和罗马化索引将按照卡片上的格式印。另外还会按照王氏四角号码法编制作者和书名索引。汉字笔画索引主要供中国人使用,而罗马字母拼音索引主要给西方用户使用。书本式目录每页印10条款目,这样书本式目录可裁开用于卡片目录,这是取代"Ditto"油印卡片最经济的方法。但贾德纳(Charles Sidney Gardner)博士认为该种方法虽然节省经费,但不方便,故向洛克菲勒基金会提交了申请印刷目录卡片的计划。印刷分类法,可以使书本式分类目录和卡片目录的使用更方便。随函所附《印刷美国图书馆使用统一的汉和图书分类法的项目申请书》("Project for Printing a Uniform System of Classification for Chinese and Japanese Books in American Libraries")包括以下内容:一、引言——统一分类法的需求。图书馆的中日文书库采用统一的分类法是大多数从事中日文文献工作者的愿望。1. 根据美国国内各图书馆以及研究机构所藏中日文图书的规模和未来的发展趋势,以及研究者对这些文献的需求,图书馆内将设立专门的中日文图书收藏部门,因此,制定统一的中日文图书分类法的条件已经成熟,且很有必要。2. 美国各图书馆和研究机构所收藏的中日文图书,不仅有当代出版的关于科技方面的新式图书和翻译成西文的图书,还有很多关于古代社会与文化的古籍,中日两国各图书馆的实际工作经验表明,中日文古籍不适合采用西方现代的图书分类法,所以有必要在中国古代四部分类法的基础上,结合新旧图书的内在逻辑关系,制定适合中日文新旧图书使用的统一分类法。3. 对于主要收藏历史、文化等人文科学和社会科学方面书籍的图书馆,尤其需要一部统一的分类法,其优点体现在(1)目录卡片的交换,(2)学生和研究者只需要知道一种分类体系,(3)便于馆际互借,(4)未来实现集中分类和合作编目。二、计划。建议印刷哈佛大学图书馆和燕京大学图书馆在过去十年里一直使用的《哈佛燕京汉和图书分类法》,基于以下理由:1. 经过实践的检验,燕京大学有 25 万册中日文藏书、哈佛大学有 10.5 万册中文藏书和 9000 册日文藏书,都采用该分类法。细目详细,包括很多新增学科。2. 同一主题的新旧图书可统一分类,3. 以四部分类法为基础,比根据杜威等西方分类法而设计的分类法,更适合类分中国古籍。4. 应用广泛。在美国有两大图书馆采用该分类法——哈佛大学图书馆 1927 年开始采用该分类法,哥伦比亚大学图书馆 1931 年开始采用该分类。国会图书馆中文书分类法在 1934－1936 年期间修订的时候,吸收了该分类法的部分内容。其他图书馆,如芝加哥大学图书馆打算采用该分类法。牛津大学图书馆、斯坦福大学图书馆、菲尔德自然历史博物馆(Field Museum of Natural History)、哈特福特神学院(Hartford Seminary)基金会等著名图书馆纷纷询问关于这部分类法的信息。在中国,燕京大学图书馆收到大量要求复印该分类法的请求。5. 哈佛中文藏书目录出版以后,书中所有的书目都按照该分类法分类、赋予书号。使用哈佛燕京分类法的图书馆无需自己进行图书分类,可以为他们节省 3500 种(即 105000 册)图书分类的成本。如果他们购买足够的书目,将该目录的款目裁剪贴在卡片上,就可以节省手工编目和抄写卡片的费用。6. 该分类法的编者决不从版权中获利,谨将此贡献给中国的图书馆事业和美国的汉学研究。三、预算。该部分类法共 500 页,尺寸为 17×25cm,分类表部分 350 页,索引 150 页,双语对照。出版 500 部该分类法的费用为:1. 中英文排版费:每版(一叶,即 2 页)国币 5.00 元,总计国币 2500 元;2. 纸张费用:每叶(2 页)纸国币 1.25 元,总计国币 625 元;3. 装订费用:每部国币 0.70 元,总计国币 350 元;4. 编制索引和校对费用国币 500 元;以上四项共国币 4000 元,折合美元 1,200 元。(HYL Archives:Letter of Alfred K'aiming Ch'iu to David H. Stevens, November 5, 1936)

11 月 9 日

哈佛燕京学社董事会召开会议,会议决定同时出版书本式目录和卡片目录,供汉和图书馆以及美国其他大学图书馆使用。卡片目录的出版由洛克菲勒基金会资助,其中 2 月份将到账 4000 美元的拨款,7 月 1 日之前哈佛燕京学社将拨款 750 美元。目录的出版工作在裘开明的指导下进行,他将于 1937 年 2 月中旬抵达北平。另外董事会投票通过了贾德纳(Charles Sidney Gardner)提出的图书馆卡片印刷和发行的建议,即:如果洛克菲勒基金会拨款 8600 美元用于为其他机构购买卡片,则学社将总计拨款 1400 多美元给汉和图书馆用于 1937－1938 年度预算,订购 7 套卡片;关于卡片出售的细节计划待与洛克菲勒基金会商议后准备。(HYL Archives:Letter of Serge Elisséeff to Yenching-University, December 2, 1936.& Letter of Alfred K'aiming Ch'iu to David H. Stevens, November 16, 1936)

11 月 10 日

洛克菲勒基金会人文科学部主任 David H. Stevens 致函裘开明:11 月 5 日来信收到,已将寄来的关于出版《汉和图书分类法》的申请书归入档案,建议你在启程去中国之前找机会与我们面谈一下这份申请书,以便决定是否向哈佛燕京学社提供印刷经费。(HYL Archives:Letter of David H. Stevens to Alfred K'aiming Ch'iu, November 10, 1936)

11 月 12 日

裘开明致函洛克菲勒基金会人文科学部主任 David H. Stevens:我之所以不向哈佛燕京学社申请印刷分类法的经费,其原因有 2:(1)我已经向学社董事会申请到了一大笔出版书本式目录的经费;(2)学社在燕京和哈佛的图书馆已经有 4 册分类法,足够日常工作所使用。根据对使用这部分类法的图书馆以及汉学研究机构满意度的调查,得出结论是有必要出版《哈佛燕京汉和图书分类法》；事实证明这部分类法对于美国其他中日文图书收藏机构来说都有很大价值，所以其他机构比哈佛燕京学社更应该承担和资助分类法的出版。(HYL Archives：Letter of Alfred K'aiming Ch'iu to David H. Stevens, November 12, 1936)

裘开明致函菲尔德自然历史博物馆副馆长 C. Martin Wilbur：感谢你邀请我参加《劳费尔(Berthold Laufer)纪念文集》的编写工作，遗憾的是我正忙于出版汉和图书馆的书本式目录，无暇分身，希望1月在去中国的途中可以与你见面。(HYL Archives：Letter of Alfred K'aiming Ch'iu to C. Martin Wilbur, November 12, 1936)

11月14日

哈佛燕京学社向钢和泰(Alexander W. von Staël-Holstein)教授支付国币2200元，以报销钢和泰为汉和图书馆购买藏文甘珠尔的费用。(HYL Archives：Memorabilia of Purchase Tanjur-Kanjur)

11月16日

裘开明致函洛克菲勒基金会人文科学部主任 David H. Stevens，转告哈佛燕京学社董事会1936年11月9日会议的内容。(HYL Archives：Letter of Alfred K'aiming Ch'iu to David H. Stevens, November 16, 1936)

11月

裘开明向哈佛燕京学社董事会(Harvard-Yenching Institute Trustees)提交报告，阐释出版《汉和图书分类法》和印刷馆藏书本式目录和目录卡片2份计划书。报告内容如下：我提交了2份计划书给洛克菲勒基金会的 David H. Stevens 博士，希望能在洛克菲勒基金会12月份的会议上讨论。这2个项目共申请大约100000美元的经费，用于全面研究哥伦比亚大学、芝加哥大学、加州大学的目录，并且为耶鲁大学、宾夕法尼亚大学、康奈尔大学、密歇根大学、科罗里达大学、斯坦福大学和华盛顿大学配备目录，使各个研究中心的汉学研究在查找资料时不需要浪费宝贵的时间和精力。这个项目无需学社拨款，但是 David H. Stevens 博士希望得到一份哈佛燕京学社董事会支持实施该项目的正式文件，故希望学社董事会在开会的时候能够通过该项目。第二项计划是在编印学社中文图书馆藏书本式目录的基础上，印刷50套目录卡片，在全美发行。所需要的印刷经费共10000美元，即每套200美元。这个项目可以使低成本、色泽持久、清晰的印刷卡片代替目前学社图书馆正在使用的易褪色的卡片。图书馆现在需要7套印刷卡片，希望董事会在1937－1938年度的财政拨款中增加1400美元，用于购买目录卡片。洛克菲勒基金会将提供8600美元的经费用于印刷学社的目录卡片，并向其他图书馆发售。出于博爱的胸怀，其他需要购买目录卡片的图书馆可以用相当于整套售价一半的价格购买整套目录卡片。事实上这相当于预付购买空白卡片的费用，由哈佛燕京学社提供印刷、排列、打包和运输服务。出售目录卡片一半的收入(约2000美元)用于向小型图书馆派送中文目录，帮助他们上架和给藏书分类、组织卡片目录，并使他们的藏书加入到联合编目项目中。剩余的2000美元收入用于编印国会图书馆和葛思德图书馆(Gest Library)藏书的目录卡片。希望董事会对该计划给予支持，并将意见转告 David H. Stevens 博士。以上提到的编印目录的拨款中，并未包括编印索引的费用，该索引是把书名和作者名转化成罗马字母拼音，然后按字母顺序排列。在哈佛大学300周年纪念会上，伯希和(Paul Pelliot)教授和胡教授强调了增加这种索引的重要性。增加这种索引需要600美元，但能提高藏书的可用性。希望在1937－1938年的预算中增加这笔拨款。(HYL Archives：

Report of Alfred K'aiming Ch'iu to Harvard-Yenching Institute Trustees，November，1936）

裘开明向哈佛燕京学社董事会提交 9 月 29 日撰写的《美国中文图书馆改良计划》("Project for improvement of Chinese Libraries in American")以及《中文目录供应计划》("Project for Provision of Chinese Catalogues")。《中文目录供应计划》的内容包括：1. 提案：哈佛燕京学社拨款出版哈佛所藏中文图书的目录，计划在美国同时发行卡片目录 50 套（每套包含 35000 条款目），此项工作将由裘开明利用 1937 年年休假期间，在他的指导下于北平进行。2. 支出：使用美国卡片印刷，全部费用的支出为 10000 美元，每套成本 200 美元。哈佛燕京学社可仅支付 7 套卡片目录的经费，这 7 套卡片目录用于取代现在正在使用的目录。但是哈佛燕京学社没有能力承担这个项目的全部支出，其余的 8,600 美元打算申请基金会支持。3. 哈佛目录的合理性：目前在哈佛大学的中文馆藏数量为 100000 册。可以被列为远东以外地区最大的中文书库之一。系统的馆藏建设使得对各类中国文献的搜集都堪称典范。哈佛图书馆是美国唯一一所按照综合标准对馆藏进行准确编目的图书馆，因此可以在哈佛图书馆目录的基础上编制联合目录。4. 哈佛目录的特点：采用紫色墨水、明胶纸卷复印，最终会退色；印刷字体比手写体清楚、规格统一。5. 国会图书馆的特点：中文馆藏在西方是最大的；目录组织不合理——由历史原因造成，目前正在完善中；如果接受这个提案，国会图书馆理论上至少需要 4 套目录；国会图书馆有 1000 多条本地记录是剑桥所没有的，但不存在编目问题。6. 葛思德图书馆（Gest Library）的特点：文献采访工作相对薄弱；急需目录卡片。7. 其他大型图书馆的特点：哈佛的卡片能够满足哥伦比亚、芝加哥和加州大学的需求；他们已把正常的编目费用统统排除，因为索书号已经能满足他们的需要；向各个主要的中心图书馆提供哈佛中文馆藏目录不仅可以推动书目检索，最终还将为全美联合编目打下基础。8. 小型图书馆的特点：小型图书馆至少需要主题目录和分类目录 2 套目录。9. 发行：每套目录从北平用船运往美国前，都将先在北平利用中国便宜的劳动力，按照作者、书名或主题分类归档。11. 每套目录的数量：哈佛图书馆需要 7 套目录卡片，2 套卡片用于作者一书名字典式目录，两套用于按字母顺序排列的抄本目录，一套用于分类主题目录，一套用于排架目录，一套用于交叉参照。另外计划国会图书馆 4 套，葛思德图书馆 1 套，哥伦比亚、芝加哥、加利福尼亚各 4 套，耶鲁、科内尔、密歇根、多伦多各 3 套，宾夕法尼亚、科罗拉多、斯坦福、华盛顿各 2 套，哈特福特 1 套。（HYL Archives：Alfred K'aiming Ch'iu. Project for Provision of Chinese Catalogues，November，1936）

12 月 5 日

哈佛燕京学社制定了关于中文书印刷目录项目的试行草案。草案规定，根据 1936 年 11 月 9 日董事会会议的决议，授权执行委员会拨款总额不超过 10600 美元的经费用于印刷目录项目，条件是其中的 8600 美元由洛克菲勒基金会提供，而且关于卡片的出售和收入的分配细节，要与洛克菲勒基金会商议，再由执行委员会投票表决。来自洛克菲勒基金会的资金已经由基金会的秘书来信确认完毕，即：卡片的印刷和发行计划要符合贾德纳（Charles Sidney Gardner）先生的备忘录，洛克菲勒基金会对卡片出售和收入的分配没有任何条件。因此执行委员会有必要与董事会的投票相一致，做出关于以上问题的决定。以下决议是根据委员会的需要而做出的修改：(1)洛克菲勒基金会的 8600 美元赠款用于 1937 年学社现有馆藏的目录卡片的印刷和发行费用；(2)总计 10600 美元拨款用于学社图书馆卡片的印刷和发行，其中 8600 美元将由洛克菲勒基金会承担，1400 美元由图书馆 1937－1938 年度的预算承担，另外 600 美元由 1937－1938 年度预算的出版项目承担,用于支付编制目录和卡片的罗马化款目的费用。以下决议已经提交给洛克菲勒基金会人文部主任David H. Stevens先生,他表示不反对,即:(1)除非董事会或执行委员会给出进一步的指示,否则图书馆卡片将会以原材料和印刷成本的半价出售给其他图书馆;(2)出售卡片所得的收入将预留为特别基金,由社长支配,其中不超过2000美元要用于聘请一名中文编目员的薪水和差旅费,其职责是到美国其他购买卡片的图书馆,协助建设目录体系,其余收入在社长的安排下用于印刷新的卡片,主要针对学社图书馆未入藏而国会图书馆和葛思德图书馆(Gest Library)有藏的文献。(草案旁批注:Stevens先生告诉我,说他不知道为什么要以半价而不是全价出售卡片?很显然他认为由学社的优秀职员编制的卡片是学社作出的巨大贡献,而只以半价出售卡片是非常低的。而社长则认为以半价出售是合理的,不然可能会影响其他图书馆购买卡片。关于最后一项投票,我从Stevens先生那里获得的印象是他认为学社能自由使用,但是必须有官方信函澄清,或是由Stevens投票同意。贾德纳先生的备忘录第一页建议支付给编目员费用后的余额,要用于印刷图书馆未入藏而国会图书馆和葛思德图书馆有藏的文献卡片,但这并没有在他给我的原始备忘录中提及,该原始备忘录也是他提交给基金会的。在备忘录的第2页中他暗示了未来对新卡片的需求。我认为,现在的投票结果可能会使社长有权使用附加的上述两项图书馆卡片的经费。)(Library Print Cards Provisional Protocol, December 5, 1936)

12月9日

洛克菲勒基金会人文科学部主任David H. Stevens致函裘开明,告知哈佛燕京学社可以自由支配出售印刷目录卡片所得的收入。(HYL Archives: Letter of Alfred K'aiming Ch'iu to David H. Stevens, December 14, 1936)

12月11日

裘开明致函洛克菲勒基金会人文科学部主任David H. Stevens:敝社董事会对出售目录卡片的收入分配问题有疑问,贾德纳(Charles Sidney Gardner)先生建议学社支付卡片的全部费用,但是允许其他机构以半价购买,即每套以100美元的价格购买。贾德纳先生最近提出的建议案与早期的不同了,他建议只用一半的经费支持派遣中文编目员去帮助小型图书馆,另一半要作为周转资金用于国会图书馆和葛思德图书馆(Gest Library)卡片的印刷。基金会能否考虑将出售卡片的收入归学社所有并支配?基金会对于这两个事情有什么看法请告诉我。如果方便的话,请在本周周五委员会会议前让我知道。(HYL Archives: Letter of Alfred K'aiming Ch'iu to David H. Stevens, December 11, 1936)

12月12日

哈佛燕京学社执行委员会召开会议,会上宣读洛克菲勒基金会人文科学部主任David H. Stevens12月9日的来信。执行委员会认为卡片的出售计划已经得到明确阐述。故投票通过:除非董事会或执行委员会有进一步指示,否则图书馆的印刷卡片以半价出售给其他图书馆;出售卡片的收入作为特别基金,由社长或执行委员会支配,其中不超过2000美元作为聘请一名中文编目员到其他购买卡片的图书馆帮助建立目录体系的薪水和交通费,其余经费在社长的支配下,用于新卡片的印刷,新卡片主要是针对学社图书馆未入藏而国会图书馆和葛思德图书馆(Gest Library)有藏的书籍。该项目的经费由学社财务部门管理。(HYL Archives: Letter of Alfred K'aiming Ch'iu to David H. Stevens, December 11, 1936)

12月14日

裘开明致函洛克菲勒基金会人文科学部主任David H. Stevens,转告哈佛燕京学社执行委员会 12 月 12 日会议的决议。并请 Stevens 转告 Margaret Thompson 小姐,将 4000 美元经费于 2 月 1 日前汇给 Henry Shattuck。(HYL Archives: Letter of Alfred K'aiming Ch'iu to David H. Stevens, December 14, 1936)

下午 4:30,在博伊斯顿堂(Boylston Hall)17 号举行哈佛燕京学社图书馆委员会会议。会议包括如下内容:1.提交 1937－1938 年度图书馆财务计划初稿,委员会建议,如果叶理绥(Serge Elisséeff)教授在中国的四川省发现重要的方志文献,委员会再另外拨发用于购买方志的经费。2.叶理绥教授"京都大藏经"项目的经费,一半从日文书购书经费中拨发,一半从中文书购书经费中拨发。3.图书馆从 1937 年 7 月 15 日到 9 月 15 日闭馆。4.由裘开明推荐的新助理从 1937 年 9 月 15 日开始上班。5.从 1937 年开始,裘开明赴中国北平主持卡片目录编印工作。6.提交给图书馆委员会的《1937－1938 年度汉和图书馆财务计划初稿》:(1) 图书与装订经费共 6000 美元,其中中文书经费 4000 美元,含常规书籍购书经费 3000 美元,方志购书经费 1000 美元;日文书经费 1200 美元,含常规书籍购书经费 700 美元,额外购书经费 500 美元;西文书经费 300 美元,装订经费 500 美元。(2)保险费 200 美元。(3)设备、水电和文具、邮费和特快专递、电话和电报费 500 美元。(4)工资和津贴 3500 美元,其中代理馆长 1937 年 7、8 月份的薪水 400 美元,首席助理薪水 1400 美元,3 名学生助理的报酬 800 美元,2 名勤杂工的报酬 900 美元。共计 10200 美元。(HYL Archives: Meeting of the Library Committee, December 14, 1936)

本年

自本年起至 1965 年,裘开明一直担任哈佛大学中国文学讲师。(Alfred K'aiming Ch'iu. *Who's Who in the World*. 2nd Edition, 1974-1975. Wilmette, IL: Marquis Who's Who, 1973: 200)

裘开明担任哈佛大学哈佛燕京学社汉和图书馆馆长(Librarian of Chinese and Japanese Library of Harvard-Yenching Institute at Harvard University)和中国语言文学讲师(Lecturer in the Chinese Language and Literature),办公地点为博伊斯顿堂(Boylston Hall) 13 号,其时在哈佛大学登记的个人住址为:23 Hammond Street, Cambridge, MA。(Harvard University Catalogue, 1936-1937. Cambridge: Harvard University, November 1937:65, 72)

为了帮助学生和学者的研究,哈佛燕京学社汉和图书馆在本年建立了一个小的有关远东的西文书刊馆藏。(Serge Elisséeff. "The Chinese-Japanese Library of the Harvard-Yenching Institute". *Harvard Library Bulletin*, Vol. 10, No. 1, Winter 1956:73-97)

裘开明向哈佛燕京学社社长提交《1935－1936 年度汉和图书馆馆长报告》。报告内容如下:在 1935 年 6 月 30 日至 1936 年 7 月 1 日期间,汉和图书馆采购的图书包括 4 部分:(1)中文图书 1033 种 9150 册,地图 9 张,卷轴 1 件;(2)日文图书 165 种 442 册,明信片和图片 119 张,地图 1 幅;(3)西文图书 231 种 265 册;(4)藏文图书,一套《甘珠尔》(*Kanjur*)和《丹珠尔》(*Tanjur*),共 320 册。自 1927 年 2 月汉和文库正式建立以来,本年度报告第一次记录入藏的藏文图书。这些藏文图书是数年前由钢和泰(Alexander W. von Staël-Holstein)教授购买,今年夏天由魏鲁男(James Ronald Ware)博士从北平带回来的。在我们的中文藏书和西文藏书中有一些双语的满文和蒙文图书,但是,因为其数量现在不足以组成独立的藏书,所以分别列入了中文藏书和西文藏书的统计数据之中。本年度,购买了中国地方志和丛书 753 种 6960 册,获得捐赠和交换的中国地方志和丛书 280 种 2190 册……首席技术助理(First Technical Assistant)徐家麟(James Chia-ling Hsu)先生在 10 月 1 日离职。9 月 1 日,冯汉骥(Han-ye Feng)博士应邀前来担任助理和代理馆长。(A. K'aiming Ch'iu. "Chinese-Japanese Library, Harvard University, Report of the Librarian for the Year June 30,1935 to July 1, 1936."Boylston Hall, Cambridge, Mass, 1936)

1937 年
40 岁

1 月 1 日

裘开明启程赴中国。由于裘开明在 1931 年已经与燕京大学图书馆馆长田洪都(Hung-tu Tien)达成哈佛燕京图书馆与燕京图书馆在北京联合翻印哈佛燕京图书馆目录卡片的协议,所以在其后的 5 年间(1931—1936)裘开明一直在全力编撰哈佛燕京图书馆目录。通过哈佛燕京图书馆目录用户的呼吁,尤其是贾德纳(Charles Sidney Gardner)博士和赖肖尔(Edwin Oldfather Reischauer)的重要影响,美国洛克菲勒基金会(Rockefeller Foundation)于本年底正式批准提供 10000 美元资助哈佛燕京图书馆根据排印哈佛燕京图书馆书本目录(由哈佛燕京学社资助)的式样印刷卡片目录。裘开明之所以提出以书本式和卡片式两种形式发行哈佛燕京图书馆目录,其思想来源于医学实践的启示——通常一个人服药有片剂和水剂两种选择。有鉴于此,裘开明决定专程赴北京办理该目录的印刷事务。在北京期间,裘开明通过多位北京专家的帮助为哈佛燕京图书馆购买了许多图书。(Alfred K'aiming Ch'iu. Reminiscences of A Librarian. Harvard Journal of Asiatic Studies, Vol. 25(1965):7 - 18 & HYL Archives:Letter of Serge Elisséeff to Eric M. North, February 24, 1938)

1 月 5 日

一箱汉和图书馆中文书籍目录卡片由美国运通公司(American Express Company)承运,从波士顿寄往北平,并在东方保险公司(Orient Insurance Company)投保 5000 美元。(HYL Archives:东方保险公司投保单,1937 年 1 月 5 日)

1 月底

裘开明抵达上海,随即赴南京。(张树滋撰《校闻及同门消息》,见:《文华图书馆学专科学校季刊》第 9 卷第 1 期[1937 年 3 月 15 日出版]147 页)

3 月初

裘开明赴武汉,回母校武昌文华图书馆学专科学校,与沈祖荣校长以及毛坤、汪长炳等人商讨学校进行之事。裘开明出席武昌文华图书馆学专科开学第一次纪念周活动,并向全校师生发表演讲。据《校闻及同门消息》载:"裘开明同学回国来校:裘同学留美深造及服务于美国图书馆者十二年,已得博士学位,现任美国哈佛大学中日文图书馆主任。此次休假回国,藉附带考察,以便为该馆搜集材料,为编目录之用,于一月底抵沪,随过南京。如为便道计,即乘津浦路到北平。但裘同学为顾念母校心切,特买轮来汉,计在此间五日,与沈校长暨毛汪范诸同学,商讨学校进行之事,费时甚多,开学第一次纪念周,裘同学出席演讲,辞义恳挚,员生均为感佩云。"(张树滋撰《校闻及同门消息》,见:《文华图书馆学专科学校季刊》第9卷第1期[1937年3月15日出版]147页)

3月10日

哈佛燕京学社秘书Florence T. Bayley致函裘开明:你们在中国近况如何,还好吗?我衷心希望你及你的夫人回到祖国感到非常的高兴,祝愿裘夫人身体健康。此函主要目的是提醒你,当你需要洛克菲勒基金会拨付的用于图书馆卡片印刷计划的4000美元拨款时,请适时告知我。洛克菲勒基金会声明:他们将根据阶段性财务报告进行后续拨款。这些经费在你们任何需要的时候可随时拨付,并建议我在你需要的时候汇寄给燕京大学财务处。我非常羡慕你在北京,可以重温旧景。希望日本人不要太明目张胆和嚣张。衷心祝福你及你的夫人,祝愿你的夫人早日康复。(HYL Archives:Letter of Florence T. Bayley to Alfred K'aiming Ch'iu, March 10, 1937)

3月14日

武昌文华图书馆学专科学校北平同学会开会欢迎裘开明回国休假。席间裘开明报告母校近况以及各同学在海外的情况。欢迎会最后改选北平同学会1937年度的执行委员,裘开明与严文郁、陈尺楼、杨作平、沙鸥诸人当选。(张树滋撰《校闻及同门消息》,见:《文华图书馆学专科学校季刊》第9卷第1期[1937年3月15日出版]147页)

3月25日

哈佛燕京学社秘书Florence T. Bayley致函裘开明:我已在纽约向燕京大学财务处寄去630美元的支票,用于图书馆的目录印刷。你需要在7月1日之前告诉我,在明年的1,350美元(750美元加600美元罗马化费用)拨款中,你需要在7月份寄给你多少经费用于目录工作。我认为其中一部分经费应留作目录包装或其他支出。钢和泰(Mrs. Alexander W. von Staël-Holstein)夫人向Conant校长发来电报告知钢和泰于3月16日去世。获悉钢和泰教授的逝世,我们感到非常震惊。自从你和叶理绥(Serge Elisséeff)教授赴中国后,学社变得非常宁静。但是我依然非常忙碌,4月12日即将召开董事会议……博伊斯顿大楼从顶楼至地下室被粉刷一新。在George H. Chase主席的帮助下我成功地为大楼安装了一个喷水式饮水口,这样人们可以不需要爬楼就可以饮用到水。一位哈佛老校友好像要回来参加300周年纪念庆典,将要在旧的博伊斯顿大楼举行纪念仪式,他出资修葺该楼。我希望你回来之前这里能始终保持一新和干净。(HYL Archives:Letter of Florence T. Bayley, to Alfred K'aiming Ch'iu, March 25, 1937)

财政部通知燕京大学请领购运教育用品护照,告知:由美国哈佛大学图书馆起运、燕京大学接收的、用于在中国排印书本目录的约3万余张汉文书籍目录稿片(皆系旧片),经津海关已经抵达天津。(HYL Archives:燕京大学购运教育用品请领护照表,1937年3月25日)

4月14日

裘开明致函哈佛燕京学社社长叶理绥(Serge Elisséeff)教授:刚自博晨光(Lucius Chapin Porter)博士处获悉你从广东返回上海接受手术治疗。衷心祝愿和祈祷你的身体早日康复。我非常抱歉告知你,我们的目录卡片货箱目前仍扣留在天津海关,因为没有来自南京政府的官方文件我们不能顺利提取这批货物,否则我们必须缴纳国币6000元。我们已向南京政府申请官方许可文件,但是我们还在等待审批。为何我们必须支付这么高的费用,原因在于海关的依据是我们为这些卡片估价的保险费为5000美元。事实上,这套分类主题卡片,尽管对别人来说比相应的图书价值要低很多,但为了准备这些卡片哈佛已花费甚多，如果这些卡片在运往中国途中丢失，那么再准备一套同样的卡片需要 5000 美元。因此，这是我们确定保险的目的。兹附上 2 份新的关于印刷我们的目录和印制洛克菲勒基金卡片的估价意见。这是经过与洪煨莲（William Hung）教授、田洪都（Hung-tu Tien）先生和引得校印所主任李书春（Li Shu-ch'un）先生一同仔细商量后整理出来的结果。印刷目录总计费用为国币 9176.50 元，或 3000 美金。由于董事会仅提供 1500 美金的拨款，因此还需在明年申请追加 1500 美金的拨款。你能否签署批准附件的估价意见，以便我们可以发送给剑桥方面。关于卡片印刷的评估，我会直接致函贾德纳（Charles Sidney Gardner）博士和 David H. Stevens 博士。我们的结论是如果他们想使我们使用美国品质的卡片纸，他们最好在美国购买卡片并寄给我们。祝你早日康复，向尊夫人送上最美好的祝愿。（HYL Archives：Letter of Alfred K'aiming Ch'iu to Serge Elisséeff, April 14, 1937）

4 月 20 日

汉文书籍目录稿片经教育部审核后，财政部向燕京大学颁发免税通行护照。（HYL Archives：财政部护照，1937 年 4 月 20 日）

4 月 22 日

裘开明致函洛克菲勒基金会人文科学部主任 David H. Stevens：我曾于 1936 年 11 月向你提交关于出版哈佛大学和燕京大学图书馆所用分类法的项目申请书，同年 12 月叶理绥（Serge Elisséeff）教授与你就此事进行商谈，我们现决定将出版分类法的项目合并到哈佛燕京学社图书馆目录卡片编印项目中，因为分类法是所有分类主题目录和目录卡片的核心部分。我们不久将正式向你提出申请，现只是征求意见，并希望在资助出版目录卡片项目的 10000 美金之外，再申请出版分类法的经费。我一到中国，就一直忙于计划如何在经费预算内出版目录卡片和分类法，咨询了一些印刷和出版方面的专家，想出了各种节约的办法。哈佛引得校印所同意以预算中计划的低廉费用承接整个项目，哈佛引得校印所曾印刷过洪煨莲（William Hung）教授主持的《哈佛燕京汉学引得丛书》，是一个非赢利机构，其创办的原始资金来自哈佛燕京学社。美国生产的空白图书馆卡片由哈佛燕京学社剑桥办公室购买，然后寄往北平。我已通知哈佛燕京学社的秘书 Florence T. Bayley 从洛克菲勒基金会转交给哈佛的经费中支出 4000 美元汇给燕京大学。这笔款项的所有支出账目将由燕京大学的会计 Mary Cookingham（郭美瑞）寄给你，所有的支出都将通过燕京大学财务处审核。拨款的余款将在 Bayley 小姐或贾德纳（Charles Sidney Gardner）教授的监督下，转交哈佛燕京学社用于购买空白卡片。随函寄上一份整个项目的经费预算表。（HYL Archives：Letter of Alfred K'aiming Ch'iu to David H. Stevens, April 22, 1937）

裘开明致函哈佛燕京学社 Florence T. Bayley：这封信是我首次通过航空邮件从中国寄往美国的信件。请你将哈佛财务处将洛克菲勒基金会的 4000 美元经费和哈佛燕京学社目录印制出版拨款的余额款项汇至燕京大学财务处（Mary Cookingham（郭美瑞）小姐）。请在 7 月 1 日前汇来目录拨款的另外 750 美元。学社的拨款是不够的，可能需要洛克菲勒基金资助一部分拨款。关于将部分洛克菲勒资金用于目录印制所需铅字的制作费用一事，我已致函目前在成都的叶理绥教授（Serge Elisséeff），但未收到回复。叶理绥教授在上海时病得很严重，我抵达上海后去外侨总医院（the General Hospital for Foreigner）看望了他。听闻冯汉骥（Han-ye Feng）先生想在 7 月中旬离开剑桥，我已与叶理绥教授安排徐家麟先生（James Chia-ling Hsu）于 1937 年秋季从哥伦比亚大学图书馆学校前来管理汉和图书馆，徐先生曾于 1935—1936 年间在汉和图书馆工作过一年，因此比较了解图书馆的事务。我希望这种安排比重新从中国找一位新人要合适。徐先生将于 7 月份来图书馆几天，了解一下情况，接着图书馆将按照叶理绥教授的决定在夏季闭馆。徐先生将在夏季期间前往华盛顿特区进行图书馆实习，并将于哈佛大学开学之前返回剑桥。请你通知哈佛大学财务处于 7 月 1 日通过太平洋航空邮件给我寄来我的半年全额工资的一部分和差旅津贴的剩余费用，由燕京大学财务处转交。同时在 9 月 1 日以同样的方式寄来董事会表决通过的我的薪水的余额款项。(HYL Archives：Letter of Alfred K'aiming Ch'iu to Florence T. Bayley, April 22, 1937)

裘开明再次致函哈佛燕京学社 Florence T. Bayley：我为你买了一件垂饰礼物……(详细描述该物品的外观)。请告知你是希望叶理绥教授返回剑桥时带给你，还是等明年 2 月我返回时带给你。感谢你给我夫人寄来的信函，她现正与她的亲戚呆在南京附近的一个乡下地方，恢复身体。我会在写信给她的时候告诉她你的来信。这是第一次从中国发往剑桥的航空邮件，我希望你能够喜欢上面贴的邮票。请代我问候 George Henry Chase 主席和白雷格 (Robert Pierpont Blake) 博士。(HYL Archives：Letter of Alfred K'aiming Ch'iu to Florence T. Bayley, April 22, 1937)

裘开明致函魏鲁男 (James Roland Ware) 教授：自抵达中国以来，我一直忙于公务，以致迟迟未能给你来信。衷心地感谢你在我们回家的途中给予的热诚帮助，请别误会我已将你给予的帮助完全忘记了。叶理绥 (Serge Elisséeff) 教授已从上海去了四川。在叶理绥教授去四川之前，我刚到上海时，叶理绥教授正患一场很严重的病，我曾去位于苏州路上的外侨总医院 (the General Hospital) 看望了他。叶理绥教授在身体恢复后便去了福州和广东，但是必须重新返回上海做手术。据我所知，叶理绥教授是两周前出院的。我们对钢和泰 (Alexander W. von Staël-Holstein) 教授的去世深感悲痛。我希望钢和泰教授的去世对你的工作没有太大的影响。由燕京大学引得校印所承担目录出版和卡片印刷的工作已全部安排妥当。附件是一份新的有关目录印制所需成本的估价。从中可看到为期两年的1500美元拨款，即每年 750 美元的拨款并不够计划的运作，同时将有来自洛克菲勒基金对该项卡片计划资助的剩余资金。我已致函叶理绥教授，请他征询是否可以将部分洛克菲勒资金用于购买目录印刷所需的铅字。否则，学社董事会将必须另外拨付1500美元的款项。不知你对此有何意见。另外，目录将出版 500 套(册)，一部分将用中国纸张印制，另一部分将用道林纸印制，这种纸也将用于哈佛燕京引得丛书的印制。标题将用 4 号字，作者用 5 号字，注释用 6 号字。不知你对此有何意见。(HYL Archives：Letter of Alfred K'aiming Ch'iu to James Roland Ware, April 22, 1937)

裘开明致函贾德纳 (Charles Sidney Gardner)：很多原因妨碍了我早些回信，很抱歉。附件是敝馆出版目录和印刷卡片的预估费用。从中可以发现，目前的拨款还不够，洛克菲勒基金会可能会追加款项。敝馆能使用部分洛克菲勒基金会用于目录的排版吗？敝社董事会在这个项目的 1 万美元之外又拨了1400美元的款项。我们可以使用一部分用于排版吗，否则董事会有必要再拨款1500美元用于目录的出版。你能询问一下剑桥的人员，然后告诉我你们的决定吗？叶理绥 (Serge Elisséeff) 教授去年 12 月在纽约见到 David H. Stevens 后告诉我，敝馆出版分类法的计划可能要与印刷卡片的计划合并到一起，因为分类法是分类主题目录必不可少的一部分。因此我们在预算中也把出版分类法列为一项支出。我认为 Stevens 博士之所以对叶理绥提出这样的建议，是因为我的计划在印刷卡片的计划之后已经通过了，而且已经没有机会再单独追加拨款了。我现在正尽可能地节省,这样总体预算就能负担卡片和分类法的项目。我不知道你对这个安排是否满意。请将我的信附上你的意见寄给 Stevens 博士。关于在剑桥购买空白图书馆卡片的事宜,你或 Florence T. Bayley 小姐必须监管这个事情。哈佛的采购代理 William Morse 可以为哈佛燕京学社订购这些卡片。在将这些卡片寄往中国时,有必要从纽约的中国领事馆获取再出口的证明和领事发票,这样可以避免最后的附加税,天津的中国海关必须预先知道这些卡片在印刷后将再次从中国寄回美国。(HYL Archives: Letter of Alfred K'aiming Ch'iu to Charles Sidney Gardner, April 22, 1937)

5月17日

哈佛燕京学社秘书 Florence T. Bayley 致函裘开明:兹附上贾德纳(Charles Sidney Gardner)先生寄给你的关于卡片计划的信函。首先,请允许我对你关于目录和卡片计划,及附你个人注解的来函,还有你为我准备垂饰礼物表示感谢。我太喜欢它了,我想它看起来会非常漂亮。请在绳子两端末尾处系上小粒珍珠,留作系在我的珍珠项链上。如果不可以的话,我将保留蓝色的铃铛……如果叶理绥(Serge Elisséeff)教授可以将其带给我,我会非常喜欢它,但是请不要让他带铁画。裘夫人给我寄来一封非常美好贴心的信函,不久我将会给她写信。我们非常高兴获得第一份航空信邮票,George Henry Chase 主席对此非常感兴趣,我将邮票送给他的孩子。我认为你安排徐家麟(James Chia-ling Hsu)先生代理图书馆是一个很好的安排,图书馆非常幸运,你不在的期间有徐先生。我希望你已经收到今年预算中用于目录的 750 美元拨款。我会于 7 月 1 日将明年的预算中的另外 750 美元寄给你,同时也寄去 600 美元罗马化费用。我也将让财务员于 7 月 1 日通过太平洋航空邮寄,寄去你 7 至 9 月份的薪水和你的 500 美元差旅补贴。但是,你可能忘记了我告诉你的是 10 月 1 日而非 9 月 1 日寄去你 10 至 12 月的薪水。上周,我请 Henry Shattuck 先生给燕京大学财务寄送 4000 美元,他已照办。一旦我们收到洛克菲勒的拨款,我会迅即将卡片寄给你,在我离开之前,如果有关这些事务有任何需要修正的地方,仍有时间来函。函附相关文件,但是很难联络到 Chase 主席和其他董事。如果你有任何想法,请立即告知我。希望北平的夏季不会太热,使你的工作和裘夫人都能处于舒适的状态。此外,白雷格(Robert Pierpont Blake)博士考虑到向董事会请求追加拨款的数额较大,认为此事有必要首先由图书馆委员会进行商议。(HYL Archives: Letter of Florence T. Bayley to Alfred K'aiming Ch'iu, May 17, 1937)

5月21日

美国学术团体协会(ACLS)远东研究委员会秘书 Mortimer Graves 致函裘开明:你收到的这封信函,内有普利查德(Earl Hampton Pritchard)写的《远东书目通报》第 1 卷第 5 期,以及第 1 卷的索引。去年这一著作作为实验品推出,因此,没有受到太多的关注,传播并不广。如果你想要更早期的数据,我们可以提供,但存货不多。这篇著作是普利查德博士无私努力的结果。我们在办公室油印这份通报。由于人力有限,这对我们是个相当大的负担。而且,由于只能在业余时间完成,每期都是延后的。最新的这一期,即 1936 年 12 月期,其实是 5 个月前的内容。这并不是执行者的错误,而是因为所有工作都要在业余时间完成之故。虽然所有的速记工作都是由我们的员工完成,但是,5 期的 200 份复本及索引成本超过 200 元,包括纸张,油墨,卡片,印刷模板及邮资。如果将实际打印、油印成本计入,这 200 份的成本超过 400 元。其实,我们的职员已不止用业余时间来完成通报的工作,如果公报不能达到一定程度的自负盈亏,我担心他们难以继续这项工作。当然,这份通报不可能立刻就实现自负盈亏。但我想,如果通报每年收费 2 元,充足的订单就能支付我们的运营成本。因此,特向你们这些年内曾经收到过通报的读者呼吁,请预订来年的通报,以便我们能更好地开展相关工作。(HYL Archives:Letter of Mortimer Graves to Alfred K'aiming Ch'iu, May 21, 1937)

6月15日

裘开明撰《美国图书馆事业之新趋势》发表于《文华图书馆学专科学校季刊》第9卷第2期(1937年6月15日):165—168。

哈佛燕京学社秘书Florence T. Bayley小姐致函哈佛大学财务处W. C. Saeger先生,函请在1937年6月30日之后向燕京大学财务处汇寄5200美元支票,其中包含以下拨款:汉和图书馆目录卡片采购费1200美元,在中国的图书采购费2750美元,汉和图书馆目录预备金650美元,汉和图书馆目录罗马化预备金600美元。其中,前2项拨款为学社1937—1938年图书馆项目预算的拨款,后两项为学社1937—1938年出版项目预算的拨款。(HYL Archives:Letter of Florence T. Bayley to W. C. Saeger, June 15, 1937)

6月18日

哈佛燕京学社秘书Florence T. Bayley致函裘开明:已收到你关于年金付款(annuity payment)的来函,我已致函财务,参见附件。我将根据你的要求回复美国教师保险和年金协会给你的来函。我亦向财务寄去一份信函,包括有关图书馆的各种拨款。冯汉骥(Han-ye Feng)先生建议我寄去一半图书拨款,即2750美元。我已保留200美元拨款用于卡片的购买,以及从目录拨款中保留100美元,用于货运、快递等开支。如果我保留的太多,你可以来函告知我,我将在9月份返回剑桥后寄去你所需要的经费。请不要忘记下次的薪水支付日期应为10月1日,届时我将寄去你的10至12月的薪水。冯先生几天前告知我图书馆的薪水将透支50美元。因为在你离开后Frank Harrington找到魏鲁男(James Roland Ware)先生,请求增加工资。魏鲁男先生请George Henry Chase主席批准了此事。因为格林(Roger S. Greene)先生不愿意拨款超支,我将会拖延薪水凭单直至7月1日。11月份我们不得不为图书馆向董事会申请更多经费。我已为洛克菲勒计划订购了卡片,1504000份卡片将会寄给你。厂家承诺从接到订单之日起,1月交货,成本总计3235.60美元,其后还将有发票、货运等费用,洛克菲勒基金会已支付4000美元。我希望目录工作进展顺利,北平的天气不管怎样,都不会比剑桥热。如果有任何需要我帮助的,请随时告知我。在此,送上我美好的祝愿。(HYL Archives:Letter of Florence T. Bayley to Alfred K'aiming Ch'iu, June 18, 1937)

6月24日

裘开明通过哈佛燕京学社秘书Florence T. Bayley转函给冯汉骥(Han-ye Feng),并致函Florence T. Bayley:感谢你5月17日的来信。很高兴听说你开始买卡片了。已收到了Henry Shattuck先生寄给燕京大学财务员的4000美元。汇票以3.362的汇率兑换成13448元北平本地货币,是在花旗银行北平分行兑换的。燕京财务人员通知我说,她没有收到你3月25日信中提到寄给北平的630美元支票。你可查一下吗?叶理绥(Serge Elisséeff)教授和夫人在6月9号来到北平。我们已经讨论过印刷目录的计划。他将向董事会报告为什么与我在1936年春季所作的初始估算有如此大的出入。你知道,洛克菲勒基金会已经大大增加了编排和印刷书籍目录的经费,因为页数翻倍了,纸的价格每天也都在涨。(HYL Archives:Chinese-Japanese Library Harvard University Report of the Acting Librarian for the year June 30, 1936 to July 1, 1937 & Letter of Alfred K'aiming Ch'iu to Florence T. Bayley, June 24, 1937)

7月7日

日寇发动"卢沟桥事变",中国抗日战争爆发。由于战争的原因,裘开明在无法返回美国的情况下被迫滞留中国。(Alfred K'aiming Ch'iu. Reminiscences of A Librarian. Harvard Journal of Asiatic Studies, Vol. 25(1965):7 - 18)

7月8日

裘开明自北京启程前往中国南方地区。(HYL Archives: Letter of Alfred K'aiming Ch'iu to Serge Eliséeff, October 21, 1937)

7月11日

委托波士顿 Carter Rice 公司寄交北平燕京大学的15箱空白目录卡片(共计1504000张),获得了中国领事馆批文。(HYL Archives: 领事签证, July 11, 1937)

7月12日

哈佛燕京学社秘书 Florence T. Bayley 致函裘开明,已收到由燕京大学财务员 Mary Cookingham(郭美瑞)签署的、日期为1937年3月24日的630美元收据。已收到货运1504000卡片至中国的相关文件,将请 Wadman 小姐10天内寄去所有文件的复本及货箱目录及内容的目录复本。本函附有关货运的文件和一封7月12日我致洛克菲勒基金会的信函复印件,显示基金会第2次付款4600美元的3424.65美元已支付,结余的1175.35美元由 Henry Shattuck 先生负责。函告如需结余资金,会在9月份返回剑桥后将资金寄给燕京大学财务。(HYL Archives: Letter of Florence T. Bayley to Alfred K'aiming Ch'iu, July 12, 1937)

15箱空白目录卡片(共计1504000张)通过 Dollar 船运公司的 Lincoln 号寄往上海,目录卡片价值3424.65美元,在 Firemen 基金保险公司投保,投保金额为3300美元。(HYL Archives: Letter of Florence T. Bayley to Alfred K'aiming Ch'iu, July 13, 1937)

7月13日

哈佛燕京学社秘书 Florence T. Bayley 致函裘开明:兹回复你6月24日的来信,我已在财务处查到燕京大学会计 Mary Cookingham(郭美瑞)在1937年3月24日签署的630美元的收据,所以她说没收到汇票可能是忽略了。假如你能提醒一下收据的编号,她就能找到了。关于洛克菲勒的印刷卡片计划,我已经收到了关于海运1504000张卡片的文件,是通过 Dollar 船运公司的 Lincoln 号在星期一发出的。William Morse 先生说他在办公室保留了文件的复印件(当然我想另函邮件寄给你两份),除了保险单,我收集齐了所有的复印件。我已经复印了这封信,并叫 Wadman 小姐在10天内连带箱子的清单一起寄给你。我附上了关于海运邮寄的文件以及我在7月12日致洛克菲勒基金会的信的复印件,信中说明了第2笔资金4600美元中的3424.65美元已经用了,余额是1175.35美元,由 Henry Shattuck 先生保管。如果你想写信说明你什么时候需要多少钱,我会在9月份开学后把钱汇给燕京大学会计。我今晚离开,希望船运一切顺利。我还要邮一封复印件给 George Henry Chase 院长……随函附寄邮寄空白目录卡片的提货单、领事批文、Firemen 基金保险公司的保险单以及美国海关的出口证明、货物清单等文件。(HYL Archives: Letter of Florence T. Bayley to Alfred K'aiming Ch'iu, July 13, 1937)

7月14日

冯汉骥(Han-ye Feng)辞去汉和图书馆代理馆长一职。此后由徐家麟(James Chia-ling Hsu)继续担任代理馆长。(HYL Archives: Chinese-Japanese Library Harvard University Report of the Acting Librarian for the year June 30, 1936 to July 1, 1937)

7月15日

冯汉骥(Han-ye Feng)结束代理汉和图书馆馆长的工作,致函裘开明:7月2日徐家麟(James Chia-ling Hsu)来访,并于7月3日下午离开前往芝加哥。我已经告诉他我所知道的关于图书馆的一切事情,我相信他会把图书馆管理得比我更加出色。James将于9月12日左右回来,图书馆将于9月14日开馆。我已经告诉徐家麟明年9月份写报告给董事会,并向他列明了所有报告中所需的资料。我想在我离开之前向你汇报在过去6个月我所做的工作。大多数时间我们忙于清理遗留下来的工作。比如15523张罗马拼音卡片和11671张四角号码卡片组建了2套卡片目录,其中不含日文和英文的卡片目录。仔细核对了罗马拼音卡片目录的拼写,并增加了卡片目录柜。编制了重要的丛书分析目录《说郛》和《玉函山房辑佚书》。其他许多丛书的分析目录也进行了罗马化,但是中途中断,因为我想稍后将拥有印刷的卡片目录。所以我坚持编制四角号码卡片目录和日文卡片目录,并努力使它们完整。我认为接下来至少需要一两年新的印刷卡片才能取代旧的卡片。在这段时间里必须保证其他检索馆藏的途径,即至少要有一种目录是完整的。还校对了四角号码卡片,但校对得不像罗马化目录那么细致。编制并印刷了约3000种日文丛书分析目录,但还未排卡。编制四角号码和进行罗马化的工作全部完成,准备排卡。为西文书目编制了一套新的清晰易懂的指南。关于这个目录我想提供一条意见,即在我们所拥有的馆藏记录后添加一些标记,以与怀德纳图书馆的藏书相区别。经常发生学生或我们的助理在我们的书库里找怀德纳图书馆的藏书……目前唯一区分的标志是书号(分类号),但是读者和助理区分不出……之前留下的所有新书以及在你离开之后新到的图书均在编目中。主题目录卡片已经寄给你,其他卡片排入各自的目录中。所有新书都已经在书库中上架。燕京大学寄来的一些新书仍未编目,因为我们尚未收到卡片。我们这里没有编制卡片,因为我猜在燕大已经编过卡片。整个地下室的墙和窗户都已经漆过。在图书馆暑假闭馆期间将重漆地板。现在图书馆看起来比较新,且更容易打扫。在西侧书库的北墙安装了一排新的入墙书架。这项工程花费了150美元,其中115美元是从1936—1937学年度的设备费中支出,另外35美元从1937—1938学年度的预算中支出。把书往前挪,以缓解历史和方志类书架的拥挤情况。现在的书是这样安排的,所有关于经典类和哲学类的书置于一条过道处,宗教类书籍安排在另一条过道处,以此类推。我已经没有时间更改书架标签,但是我已经告诉徐家麟做此事。东侧工作室和珍稀书库做了一些新的安排……大多数事情还保持原样,如果我做得久一点我将会再做一些调整。这学期我没有把很多书交给学校的装订厂,而是把相当多的书交给了波士顿的F. J. Barnard公司。我发现这个公司装订水平和学校装订厂一样好,而且便宜很多……所有的杂志都仔细清点并装订成册。丢失清单大约在一个星期以前已经寄给你以便补齐。我已经没有时间核对这些杂志并把它们送到装订厂了,但是我已经告诉徐家麟下个学期初做此事了。按照你的吩咐,截止到7月1日所有的经费都已用完。1936—1937学年度的594.84美元的购书经费已经寄给了燕大董事会,让你在中国买书。这笔钱大约在3周前寄出。Florence T. Bayley小姐起初不愿意寄这笔钱,但是最终还是答应。这笔钱中大约100多美元是装订费。因为装订是购书的一部分,所以我一并寄给你了。图书馆将于7月16日到9月13日闭馆。报纸和一些字典放在怀德纳。其他保存在怀德纳的书仍保存在那里,以便有需要的读者能到那里使用。Bayley小姐从7月13日开始到欧洲度假,所以所有事情在此日之前都安排妥了。我已经告诉徐家麟在9月13日之前到馆上班,因为从9月14日到16日要召开远东协会(确切名字我忘记了)会议,白雷格

（Robert Pierpont Blake）博士通知我图书馆在此3天要开放。（HYL Archives：Chinese-Japanese Library Harvard University Report of the Acting Librarian for the year June 30, 1936 to July 1, 1937）

7月

哈佛燕京学社社长叶理绥（Serge Elisséeff）教授访问燕京大学，裘开明汇报工作进展。（HYL Archives：Letter of Serge Elisséeff to Alfred K'aiming Ch'iu, November 24, 1937）

8月14日

在上海黄浦江上的日本驱逐舰用防空机关炮击落一架中国飞机，飞机坠毁在上海市内，赖肖尔（Robert Reischauer）等人在飞机坠毁地面的爆炸中丧生。当时裘开明与赖肖尔同在飞机坠毁的爆炸现场，虽幸免于难，但因亲眼目睹了许多人丧生的惨景，悲愤万分，故称此日为"黑色星期六"（Black Saturday）。（Alfred K'aiming Ch'iu. "Reminiscences of A Librarian". *Harvard Journal of Asiatic Studies*, Vol.25(1965):7-18）

8月21日

裘开明由上海抵达南京。（HYL Archives：Letter of Alfred K'aiming Ch'iu to Serge Elisséeff, October 21, 1937）

8月

汉和图书馆开始在北京琉璃厂和隆福寺一带的旧书市场购买中文古籍。此购买活动持续了4年，到1941年9月结束，汉和图书馆最有价值的中文古籍很多都是在这一阶段购买到的。（裘开明. 哈佛燕京图书馆中文善本书. 见：程焕文. 裘开明图书馆学论文选集. 桂林：广西师范大学出版社，2003.9：296-307）

9月27日

哈佛燕京学社社长叶理绥（Serge Elisséeff）教授致函裘开明，询问汉和图书馆目录准备工作的进展情况：在美国学术团体协会中日研究委员会会议期间，代表均对汉和图书馆的目录计划表示出极大的兴趣，并表达了他们希望尽快利用到此目录的愿望。你是否已收到7月12日寄去的1504000张卡片。今天上午，Florence T. Bayley小姐致电Dollar轮船办公室，获悉卡片有可能仍滞留神户，但我希望此批卡片已经由日本轮船转运至天津。参加中日研究委员会会议的教授们亦询问关于你的有关分类法的手稿印刷情况，很多图书馆希望看到该手稿的印刷版形式。请你告知到达北京以后向学社和汉和图书馆寄来图书的情况，以便学社和图书馆能查检是否收到。你是否可用董事会上次会议批准拨付的500美元专门预算购入一些新的地方志？1937－1938年图书馆的普通图书拨款为4500美元，其中900美元用于日文图书，225美元用于西文图书的购买，剩下3,375美元则用于中文图书。在该项拨款的基础上，董事会另外增加了500美元用于中国地方志的采购。学社已向燕京大学财务处汇寄了2750美元，其中包括500美元的中国地方志图书采购费用。如果除已汇寄至北平的2750美元中文图书采购费用之外还需要额外的经费，例如在市场上购买重要的私人藏书，我认为燕京大学将可以暂时给学社预支一些资金。我返回哈佛后，见到了代任馆长职责的徐家麟（James Chia-ling Hsu）先生，很高兴有这样一位熟悉图书馆业务，并且是我以前比较熟悉的人担此职责。我已与徐先生说明了图书馆长的各项职责，并共同决定，因本年度没有任何大规模的图书采购，图书馆目前将不需要任何业务助理，并确定了部分馆员的分工。（HYL Archives：Letter of Serge Elisséeff to Alfred K'aiming Ch'iu, September 27, 1937）

10月17日

裘开明自香港返回北平。（HYL Archives：Letter of Alfred K'aiming Ch'iu to Serge

Elisséeff, October 21, 1937)

10月21日

哈佛燕京学社社长叶理绥(Serge Elisséeff)教授致函裘开明：今天上午收到你发来的电报，得知你已安全抵达北平，急切盼望获得你此行及北平学术活动现状的信息，希望你能继续目录工作。兹附上我在武昌时写给你的信函，洛克菲勒基金会人士和美国汉学家对尽快出版此目录抱有极大的兴趣，因此，我希望你能够寄来有关此项目录计划工作进展的准确报告，以及关于何时开始印刷工作的信息。我希望你能够寄来校样，以便校对中文字符的英译情况。同时，我想知道目前在北京是否可以继续进行图书采购，以及是否必须推迟采购工作直至局势好转后在等信息。目录卡片已于7月12日由Dollar船运公司运往中国。Dollar船运公司波士顿办事处告诉我，这批卡片有可能仍在日本神户，尚未转运至天津。我准备今天致函Dollar船运公司神户办事处，要求他们尽一切努力运寄卡片，以使目录尽快出版，因为哈佛已经收到美国部分大学的订购单。请你来函告知上批货运图书何时由北平寄出，数量多少等信息。(HYL Archives：Letter of Serge Elisséeff to Alfred K'aiming Ch'iu, October 21, 1938)

裘开明致函燕京大学财务员Mary Cookingham(郭美瑞)，告知哈佛大学财务在过去3个月内寄来的资金的分配方案：594.84美元为哈佛汉和图书馆图书基金；总计为5200美元的支票账户中，2750美元增入图书基金，1250美元增入目录基金，1,200美元增入卡片基金。(HYL Archives：Letter of Alfred K'aiming Ch'iu to Mary Cookingham, October 21, 1938)

裘开明致函哈佛燕京学社社长叶理绥(Serge Elisséeff)教授：今天上午我已经给你发了一份电报，简短地汇报我从自南方延期返回燕京大学的原因，由于担心你没有收到我此前分别于南京和香港寄来的信函，因此我再次将部分事情重复报告如下：我于7月8日出发去中国南方，原计划在7月底返回燕京大学。但7月底天津和北京地区发生几场战争，南京没有火车发往天津。因此，我在8月的第一个星期前往上海欲搭乘轮船，但买不到票。我立即发了一封电报给燕京大学图书馆馆长田洪都(Hung-tu Tien)先生，但未见回复。当我在上海等待轮船期间，8月13日爆发了战争。我们几乎被关押在上海，因为所有的交通都已中断，并遭受更大的危险。最后，我设法从上海逃出，于8月21日抵达南京。我和我的家人停留在南京市郊，我们挖了一个地洞在里面避难。与此同时，我逐渐成功地与燕京大学的司徒雷登(John Leighton Stuart)校长、洪煨莲(William Hung)教授和田洪都(Hung-tu Tien)先生取得了联系。他们建议我经由香港取道海上返回北京。因此，我携家人从南京出发乘英国轮船至长沙，在把我的家人安排在长沙一个比较安全的地方后，我乘飞机飞往香港。从香港再乘轮船至天津，于10月17日抵达燕京大学。现在我正在努力实施目录计划，以弥补失去的时间。在围绕北平的战役之后的几个星期中，燕京大学面临的形势令人不安，因此我的助手们没有做太多的工作。一直到9月15号燕京大学正式开学后，一切才逐渐回复正常。但是，我们仍旧在非常艰难的条件下工作，自然我也希望能够尽快地完成这一计划。因为洛克菲勒卡片计划的原因，我必须在燕京大学停留比预期的更长的时间。现在我不知道怎样才能快速地完成书目的印刷任务，因为很多因素都不在我们的控制之中。不管怎样，我认为我不可能在美国移民局限定的时间内返回美国。因此，我正在向华盛顿申请延长6个月，直至1938年6月30日返美。请你向董事会提议把我在北平工作的时间延长3至4个月，直至目录出版。我不会提出任何休假要求，因为这样做没有意义，我在北平每天都在为哈佛工作。我试图与武昌文华图书馆专科学校领导商定达成协议,让徐家麟(James Chia-ling Hsu)先生继续在哈佛工作至明年的夏季。同时,我将在北平为汉和图书馆购买图书,并准备图书目录卡片。请你寄来魏鲁男(James Roland Ware)和贾德纳(Charles Sidney Gardner)希望订购的图书目录清单,现在是在中国图书市场购买图书的好时机。我正在努力搜集汉和图书馆所缺少的一些重要书籍。我们已经购买了一套有关清朝皇帝完整记录的《清朝实录》,这套书仅出版了200套。我们还将设法购得《八旗通志》。关于目录的进展,我们目前正在进行罗马化工作。据估计这一阶段的工作可能需要2个月的时间。我希望能在12月份开始制作铅字,将会有很繁重的校对任务。如果你希望校对音译罗马化样稿,我将通过快递或航空邮寄将样稿寄给你。燕京大学财务处已收到由Florence T. Bayley 小姐寄来的5200美元。如果可以将这部分拨款中的1400美元用于卡片计划的罗马化和铅字制作费用,董事会将不必要向印刷目录拨更多的资金。我认为目录款目的罗马化费用应该由洛克菲勒计划承担,因为仅卡片会有罗马化款目。如果董事会想从出版基金中额外拨款900美元用于目录计划,那么印刷目录拨款总额将为3000美元。如果仅出版300套,则每套成本10美元。我觉得这对目录计划来讲数额太大。我认为收取一部分的卡片费用是公平的,因为铅字制作非常昂贵,占卡片印刷费用的主要部分。请将来信寄给司徒雷登校长,然后转交给我。(HYL Archives：Letter of Alfred K'aiming Ch'iu to Serge Elisséeff, October 21, 1937)

10月27日

裘开明致函哈佛燕京学社,告知7月12日从美国寄出的15箱空白目录卡片至今仍未收到。(HYL Archives：关于哈佛燕京学社卡片装船运往中国的报告, February 28, 1938)

11月5日

美国学术团体协会(ACLS)远东研究委员会秘书 Mortimer Graves 致函裘开明：你的有关美国图书馆中文图书分类法及卡片的书在哪里？我们委员会想看一看是否能出版。我原本想大家不用看原稿就直接投票决定是否投资出版,但这不符合我们的传统,部分委员也坚持要看原稿。我们想先做少量印刷,然后再做大量印刷。很抱歉没有时间写得更多。希望你一切安好。如果可能,请寄给我一份手稿的复本。如果不行,请告诉我。(HYL Archives：Letter of Mortimer Graves to Alfred K'aiming Ch'iu, November 5, 1937)

11月8日

哈佛燕京学社董事会召开会议,出席会议的人员有：董纳姆(Wallace B. Donham)、巴伯(George G. Barber)、白雷格(Robert Pierpont Blake)、George Henry Chase、Walter Ernest Clark、格林(Roger S. Greene)、Carl T. Keller、诺斯(Eric M. North)、学社主任叶理绥(Serge Elisséeff)教授、学社财务员 Henry Shattuck 先生、(私立)华西协和大学校长 Joseph Beech 先生出席了晚宴。与图书馆发展有关的决议如下：1. 表决通过 T—480：(1)以下盈余和赤字注销,国币1223.81元净盈利归入哈佛燕京学社 1937－1938 年度预算中。其中图书馆购书经费无赤字,盈余国币 2.24 元。(2)以下盈余自 1937 年 7 月 1 日起,结转至财务员账户,总经费国币 25926.19 元,其中图书馆经费(购外文图书)为国币 838.44 元。2. 关于审计员报告中涉及的由洛克菲勒基金会拨给学社的 8600 美元用于 1937 年度学社现有馆藏图书卡片目录的印刷和分配支出费用。表决通过 T—484：请求洛克菲勒基金会将 8600 美元的资助资金使用期延长至 1938 年度。3. 财务报告的薪水部分显示：经哈佛学院院长批准裘开明的薪水增长了 937.50 美元,但是尚未得到董事会的批准。Chase 解释这不是薪水增加,而是由于裘开明有关他离开中国的计划有变化支付了大于预算所规定的费用。表决通过 T-485：授权由 Chase 负责纠正支付给裘开明的薪水的差异。4. Chase 补充指出教育委员会认为图书馆委员会目前来说没有必要存在，因为已有学社社长。表决通过 T-495：撤销图书馆委员会，决议 T-328 所组织的委员会人员解除。5. 关于图书馆，学社社长叶理绥（Serge Elisséeff）教授言，汉和图书馆现任代理馆长（徐家麟[James Chia-ling Hsu]）已起草了一份自 1936 年 6 月至 1937 年 7 月期间的图书馆工作报告，报告显示此年度中文图书采购数量为 7073 册，中文图书总量达到 108852 册。由于购买昂贵的京都版中文大藏经花费了 700 美元，日文图书仅购买 118 册。图书馆已完整地拥有必需的佛教典籍资源，本年度采购的重点仍为中国地方史志文献，购买了约 1000 种，此外还重点购买了一些文集。叶理绥教授补充道，他在北平期间，与裘开明就图书馆目录进行了数次交流，他发现关于卡片校订有大量工作要做，超出了裘开明所预期的工作量，由此导致工作期延长。目录印刷工作将于 9 月份开始。6. 1936-1937 年燕京大学报告。叶理绥教授向会董事汇报了燕京大学 1936-1937 年度报告，并介绍了他此次访问燕京的认识。其中就关于燕京大学图书馆的发展，指出燕京大学进入一个良好的发展阶段，尽管比较拥挤。馆藏资源唯一缺乏的是绝大部分重要的西文丛书。洪煨莲（William Hung）教授询问叶理绥教授是否有可能获得特别津贴费用来充实增强这部分馆藏。他的请求是合理的，因为北京其他图书馆亦非常缺乏西文文献。叶理绥教授指出，他知道在燕京大学开展此项工作的人是洪煨莲教授，洪煨莲教授是对学社有积极的激励作用的人才，对洪煨莲教授的组织能力充满了兴趣。燕京大学的出版物具有很高的学术水平，对中国历史有巨大的价值。引得工作在不同学者的批评改进中不断取得发展，每一部出版物都比前一部要进步很多，深得法国学术界认可，已授予洪煨莲教授儒莲奖（Prix Stanislas Julien）。7. 格林先生认为应该在备忘录中列入叶理绥教授提出的有关向在中国的附属机构图书馆提供一项拨款的计划。表决通过 T-511：董事会赞成由叶理绥教授起草的关于向在中国的附属机构图书馆提供一项拨款的计划，但是相关活动应该在一个更加合适的时间展开。8. 关于汉和图书馆目录和洛克菲勒印刷图书馆卡片计划的准备，叶理绥教授汇报道，洛克菲勒基金会用于支持图书馆目录卡片印刷的 8600 美元的拨款，已有 4000 美元汇寄至北京，3424.65 美元用于在美国购买1504000张卡片的费用支出，裘开明目前正在指导书本目录和卡片目录的出版。洛克菲勒基金会的拨款足够卡片目录的印刷成本，但是完成书本目录的印刷工作将需要追加1000美元经费。表决通过 T-518：为图书馆完成汉和图书馆书本目录，在本期预算中追加 1200 美元。（HYL Archives：Meeting of the Board of Trustees Held on Monday, November 8, 1937）

11 月 10 日

裘开明致函哈佛燕京学社社长叶理绥（Serge Elisséeff）教授：我在 7 月份时曾向哈佛邮寄了 3 包有关 9 种丛书 60 种单本书的 2,149 张目录卡片，请告诉徐家麟（James Chia-ling Hsu）先生，在完成目录和图书的核对，并在图书上贴完排架号标签之后，将这些卡片归入排架目录，四角号码目录和罗马化目录。我希望你已收到了我 10 月 22 日关于本年度图书采购计划的信函。我们正在购买地方志、满文图书、明代传记，以及市场上可以买到的一些重要的书籍。请你尽快寄来我们迫切需要的图书目录信息。燕京财务处已经收到 2750 美元的图书采购经费，我知道还有 2750 美元的结余，请问学社希望将多少费用用于日文和西文图书的采购？你是否愿意寄来更多的中文图书采购资金，此外本年度我们还有望获得多少资金？关于书目计划，目前正在进行罗马化、时间、作者名和书名的检查工作。这些工作需要耐心细致地做。函附徐家麟先生关于剑桥和北京两地汉和图书馆工作计划的中文信函。(HYL Archives: Letter of Alfred K'aiming Ch'iu to Serge Eliséeff, November 10, 1937)

11月11日

　　裘开明致函徐家麟：6月9日来函已于6月29日收到。我7月8日回南方度暑，此后因战事发生，交通阻隔，未能由常路北上，只得将家眷由南京带往长沙。途经武昌时，曾与沈师（沈祖荣）谈及兄来年的计划。沈先生之意为"因时局关系，学校经费困难"。我非常希望你能在哈佛工作到明年夏季。我会与叶理绥(Serge Eliséeff)教授商量此事，并已致函叶理绥教授，此事大概不成问题。我无法在本年底返回美国。因战事影响，我10月17日才从香港返回北平，在我离开北平期间，在燕大的同人亦未安心工作。哈佛目录卡片于5月间运到北平，暑假又耽搁3个多月。我们现在正在赶补罗马拼音和校对全部目录卡片，最早也要等到明年1月才能排印，其后还要校对清样，打印纸板，预备将来印刷卡片。所以，我必须留在北平工作，大概要到1938年2—3月间才能返回哈佛。你在汉和图书馆工作期间写了不少随笔，请将你对于书本目录、排印卡片，以及本馆分类法的高见速写成有系统的评论，寄来参考，以便随时改进北平的工作。暑假期间，我寄来了两箱图书和3包共计2149张卡片，请按分类号、四角号码和罗马拼音，将这些卡片归入排架目录、四角号码目录和拼音目录。我在北平除指导校印目录外，还随时替哈佛购买图书。请你用黄色纸笺记下教授和学生推荐的预购书名。我曾在武昌见过冯汉骥(Han-ye Feng)先生，他已向我简要说明了你到哈佛后事务移交的情形。请告知开学以来汉和图书馆的情形，并寄来本年度汉和图书馆新的预算方案和你提交的上年度工作报告。(HYL Archives：裘开明致徐家麟信函，1937年11月11日)

11月15日

　　裘开明致函哈佛燕京学社社长叶理绥(Serge Eliséeff)教授：13日收到了你9月27日的来信，信中提出的几个问题，我已在10月22日、11月10日给你的信中回复。Florence T. Bayley小姐在夏季寄来的15箱白色卡片已经运抵天津，我们已将船运账单和其他文件转交北京美国运通公司(American Express Co.)办理相关移交手续。海关规定要求提供财政部的官方护照，以避免支付关税。燕京大学通常的做法是向教育部申请护照，由教育部转交财政部办理，燕京再将审批下来的官方护照连同船运账单交给天津海关专员。这就是有效的程序。但是鉴于目前纷乱的局势，燕京从南京财政部获得这一护照较为困难，因此博晨光(Lucius Chapin Porter)教授已致函天津海关专员，请求他破例放行这批卡片，但是尚未得到回复，不知这批卡片没有官方护照是否可以放行。感谢你告知很多美国专家对我们的卡片计划和汉和图书馆中日文分类目录抱有极大兴趣。你的鼓励和这些专家的兴趣使我更加深刻地认识到应该以更细致的方式开展这项工作，这也正是我在原始卡片的校对和勘误工作上花费很多时间的原因。我们将在12月中旬完成35000份全套卡片的罗马化工作，之后则必须重新将卡片归入原来的分类顺序中。今年春季购买的大约30种丛书和270种图书的新卡片也将排入分类目录中，因此，我们的目录将涵盖截至1937年7月1日购买的所有图书。我很抱歉地告诉你，目录的出版将不得不推迟半年，因为春季有两个月的时间耗费在设法从海关得到卡片，以及夏季3个月战争的阻滞。我曾告知你，我们一边开展目录计划工作，一边也在继续购买图书。每个周末，我会利用周六或周日的下午，甚至2日的下午，进北京城内，去逛琉璃厂和隆福寺一带的书店。同时，我请求书商每周寄3次图书样本给燕京大学图书馆，通过这种方式,我们已经购买了大量的地方志、明代传记、明清文集,这些文献对研究明朝的衰落和满清皇朝的崛起有很大的价值。关于私人藏书的购买,我认为有很多机遇,但是在购买私人藏书时候,要不买汉和图书馆馆藏所有的复本是很困难的。好比汉和图书馆不是一个孩子,而是一个成长中的成年人,他很可能拒绝很多种提供给他的食物。我们感兴趣的是私人藏书中的珍稀文献,精美版本,以及批校本,但是任何私人藏书都将会有我们所有的复本,并且没有一个私人藏书愿意只出售古籍和珍稀版本,这就是在购买这类图书时遇到的困难之处。夏季时,经一些朋友介绍,我了解到福州一个私人藏书家想出售其全部藏书,并已请他寄来书目,但因战争未果。我们已再次致函联系,我们很可能有机会购买这批私人藏书。自7月1日开始,我们已向剑桥邮寄了两箱图书和57个邮递包裹。附件是这些图书的目录。请徐家麟(James Chia-ling Hsu)先生核查这些图书是否全部运抵博伊斯顿堂。接下来,我们将通过挂号寄出5件包裹共3476张这些图书的目录卡片。秋季,我原本可以在南方买到很多地方志,而且南方的书价要比北京的低廉,但因为既没有现金,通信又不畅,我很难与燕京的人员取得联系。北京的书商将价格保持在比较高的水平,有些更是少见的昂贵。他们会认为哈佛有钱,而且需要这些书,如果不是因为战争,我更倾向于在南方购买这些书,尤其是去杭州、上海、福州、武昌和长沙等地。鉴于南方困难的财政状况,我认为许多收藏者愿意尽快出售他们的藏书。我在明年春季返回美国的途中可以再次去这些地方考察有什么值得汉和图书馆购买的书。对此,特征询你的意见。(HYL Archives:Letter of Alfred K'aiming Ch'iu to Serge Elisséeff, November 15, 1937)

11月17日

哈佛燕京学社汉学引得编纂处来函通知,因 Chao Feng-tien 承担汉和图书馆目录卡片项目的拼写工作,请裘开明支付300元报酬。(HYL Archives: Letter of Harvard-Yenching Institute Sinological Index Series to Alfred K'aiming Ch'iu, November 17, 1937)

11月24日

哈佛燕京学社社长叶理绥(Serge Elisséeff)教授致函裘开明:不管15箱卡片是否已运抵燕京大学,均请你尽快回复目录工作的进展情况。我希望每2个星期就能收到你的一份关于目录计划进展的简短工作汇报。目录罗马化转换和校对的工作可请伯烈伟(Polevoy)先生在北京负责,伯烈伟先生曾是北大教授,可以审核名称罗马化。洪煨莲(William Hung)教授与伯烈伟相熟,请洪煨莲教授与伯烈伟先生协商关于罗马化核查工作的报酬,并请伯烈伟先生同意在其工作完成后再支付他的报酬。我对卡片款目内容罗马化工作有所担忧,原因是许多名词在北京话口语和标准语中有不同的读法。作为目录则必须遵循标准语发音,标准语发音在 Giles 字典中有注明。董事会已批准1000美元追加拨款用于目录的印刷。如果你能提交一份目录印刷支出与经费申请的报告,那么,我可以寄来更多的资金。我7月份去燕京时看到燕京大学积存着很多已打包的哈佛燕京学社图书,现在这些积存的图书已经处理了吗? 在北京采购图书的政策是否有变化。学社希望搜集到更多的中文和满文著作。请你了解一下伯烈伟先生的个人藏书中有什么书籍是值得哈佛燕京学社购买的。函附一份我在奉天(沈阳)时购买的满文图书目录。(HYL Archives: Letter of Serge Elisséeff to Alfred K'aiming Ch'iu, November 24, 1937)

11月26日

哈佛燕京学社社长叶理绥(Serge Elisséeff)教授致函裘开明:我从 Florence T. Bayley 小姐那里获悉你已从1937年10月1日开始参加退休金保险计划,显然,由于中国局势纷乱,你忘记了支付 10 月 1 日的款项,为了不使保险过期,我们已经让财务支付了款项。学社同时还收到了卡内基基金会的通知,你尚未寄送 11 月 1 日的付款,George Henry Chase 主席已请财务转账给了卡内基基金会。这 2 项预付款在学社预算中属于超支付款,因为学社已经在 10 月 1 日给你汇了 3 个月的全额工资,因此,这 2 项预付款将从你接下来的薪水中扣除。(HYL Archives:Letter of Serge Elisséeff to Alfred K'aiming Ch'iu, November 26, 1937)

11 月 29 日

哈佛燕京学社社长叶理绥(Serge Elisséeff)教授致函裘开明,告知哈佛燕京学社董事会 1937 年 11 月 8 日会议的情况。并言:如果在北京或天津有比较好的机会购买地方志,那么你可以购买这些文献,如果有必要,燕京大学将会预付相关款项。(HYL Archives:Letter of Serge Elisséeff to Alfred K'aiming Ch'iu, November 29, 1937)

12 月 2 日

S. F. Howard 致函裘开明:汉和图书馆发往天津的 15 箱空白卡片丢失,已通知 Dollar 船运公司发电报给神户(Kobe)分公司,要求调查此事并寻找货物,再发往天津。(HYL Archives:Letter of S. F. Howard to Alfred K'aiming Ch'iu, December 2, 1937)

12 月 7 日

裘开明致函哈佛燕京学社社长叶理绥(Serge Elisséeff):由于缺乏资金,在中国只购买了 356 种 3304 册低价的地方志,还有 86 种 939 册珍稀地方志尚未购买,故申请 2000 美元购书经费。(HYL Archives:Letter of Alfred K'aiming Ch'iu to Serge Elisséeff, December 7, 1937)

12 月 10 日

哈佛燕京学社社长叶理绥(Serge Elisséeff)教授致函裘开明:我已收到你 10 月 22 日、11 月 10 日自北京寄来的信函,非常高兴地知道北京方面工作的更多进展信息。洛克菲勒基金会已经批准将经费的使用期延长至明年,希望你能在 1938 年底完成工作,否则,我们很可能会失去这些资金,你可以想象届时我们整个目录工作将会陷入何种困难的境地。你可以确切地告诉我你认为什么时候有可能完成这些工作并返回美国。我想知道你停留在中国的 2、3 个月或 4 个月期间我可以为你们做些什么。我必须确切地知道你们的计划是什么,因为必须安排你的薪水和你的教师年度津贴事宜。根据你 1937 年 8 月 21 日自南京来函提出的请求,我们已将 937.50 美元汇至武昌,没有扣除退休津贴。你应该记得在你 5 月 29 日写给 Florence T. Bayley 小姐的信函中你承诺:"自 10 月 1 日至 1938 年 2 月 1 日期间的月工资,将通过个人汇款从北京寄至学社"。可是,你没有这样做,为了不使你的保险失效,学社已让财务分期支付了 10 月 1 日至 11 月 1 日的款项,尽管学社没有这部分的预算拨款。请你记得按照我 11 月 26 日信函的要求支付未来的付款……你在 11 月 10 日的来函中说"燕京财务处已经收到 2750 美元的图书采购经费。我知道还有 2750 美元的结余",我并不了解此事,在 1937—1938 年度的预算中,我们有 3375 美元的中文图书采购经费,以及用于地方志采购的特别拨款 500 美元。但是必须从这些经费中扣除京都大藏经的一半费用,即 360 美元。我将从本年度中文图书预算中扣除这笔经费。因此,总经费为 3515 美元,除去我在[伪]"满洲"购买图书花去的 85.50 美元,结余 679.50 美元。我们还可以寄给你 500 美元。如果有采购图书的特别机会,并且你认为正常拨款无法满足的话,请与洪煨莲(William Hung)教授商量,并致函告知我具体情况。我将尽力寻找额外的拨款……接下来我将寄给你一份希望你购买的图书目录,不过这需要等我有时间审查这份目录并与徐家麟(James Chia-ling Hsu)先生商量之后。(HYL Archives: Letter of Serge Eliséeff to Alfred K'aiming Ch'iu, December 10, 1937)

本年

裘开明担任哈佛大学哈佛燕京学社汉和图书馆馆长(Librarian of Chinese and Japanese Library of Harvard-Yenching Institute at Harvard University)和中国语言文学讲师(Lecturer in the Chinese Language and Literature),办公地点为博伊斯顿堂13号(Boylston Hall),其时在哈佛大学登记的个人住址为:23 Hammond Street, Cambridge, MA。自1937—1938学年第一学期至1938年1月1日,裘开明赴中国从事研究,不在哈佛大学。(Harvard University Catalogue, 1937-1938. Cambridge: Harvard University, November 1937:65, 72)

燕京大学图书馆哈佛购书处向哈佛大学哈佛学院图书馆汉和图书馆提交用款报告:1936—1937年度哈佛购书处总计用款为国币7698.44(结存国币2801.56),其中,书款2873.04,志书919.61,杂志562.22,装订314.20,邮费及杂费1589.37,薪水1440.00(领薪者为:顾廷龙每月60元,共720元;刘楷贤每月30元,共360元;关瑞林每月30元,共360元)。(HYL Archives:哈佛大学汉和文图书馆书款报告1939—1940)

汉和图书馆代馆长徐家麟(James Chia-ling Hsu)向哈佛燕京学社社长递交1936年6月30日至1937年7月1日馆长年度报告,报告的主要内容如下:1.图书馆馆藏情况:1936—1937学年藏书量变化情况:新增中文图书7073册、日文图书118册、西文图书138册,合计7329册。馆藏总数达到117963册,其中中文图书108852册、日文图书8363册、西文图书748册。2.图书馆工作和服务。1936—1937学年度上半年主要从事编印馆藏汉籍书本式目录的工作。编制了完整的中文书主题目录,准备用船运往燕京大学印刷。另外图书馆还进行常规的分类和编目工作。为了缓解中文书库的拥挤状况,沿书库的墙壁安置了新书架……3.人事变动。裘开明馆长于1936年12月前往中国一年,指导书本式目录编印项目。1936年9月1日,冯汉骥(Han-ye Feng)博士开始在图书馆工作,担任代理馆长,于1937年7月14日辞职。此后由徐家麟继续担任代理馆长。1936—1937学年度,在图书馆担任助理的有陈世材(Chen Shih-tsai)、C. J. Tung、S. Tsuji和S. Yu等人。4.图书馆财务。(1)1936—1937学年度图书馆预算总额为8700美元,其中,图书和装订费:中文书3000美元,日文书700美元,西文书300美元,装订500美元,共计4500美元。设备、水电、文具、邮资、电话和电报:500美元。保险:200美元。薪水和津贴:代理馆长(1—6月)1200美元,首席技术助理320美元,3名学生助理1080美元,书库临时工900美元,合计3500美元。(2)1936—1937学年度图书馆总支出8782.23美元,其中,中文书3415.22美元,日文书730.34,西文书216.95,共计图书购置费4362.51美元。装订213.70美元,保险195.00美元,设备223.30,水电191.61美元,印刷与文具35.52美元,电话和电报68.71美元,邮资和特快专递7.86美元,薪水和津贴3499.74美元。(Chinese-Japanese Library Harvard University Report of the Acting Librarian for the year June 30, 1936 to July 1, 1937)

本年秋,裘开明与Edwin G. Beal在燕京大学相会。(Printed Cards for Far Eastern Books from Harvard University Chinese-Japanese Library, 1938-1963. HYL Archives: statistic of HY cards, 1928-1963)

1938 年
41 岁

1月4日

　　哈佛燕京学社社长叶理绥(Serge Elisséeff)教授致函裘开明:感谢1937年11月15日来函,徐家麟(James Chia-ling Hsu)先生已核查书目中所列图书,图书馆已收到全部寄来的图书。徐先生将写信告诉你1936年1月图书馆收到的有关《清季外交史料》的事情:通过检查这些文献,我们发现不仅是缺失了部分卷期,而且封面存在编号错误现象。这些封面是在燕京制作的,徐先生将函告具体缺失卷期的情况,以及这些文献的完整性对学社的重要性。我期待你来信告知天津海关是否已放行扣留的目录卡片,以及你的薪水在武昌和北平重复支付的处理情况。请你尽快寄来一份中国南方省份地方志的目录,因为我已致函成都方面,请当地人员为汉和图书馆购买四川和云南两省的地方志。(HYL Archives:Letter of Serge Elisséeff to Alfred K'aiming Ch'iu, January 4, 1938)

1月13日

　　哈佛燕京学社社长叶理绥(Serge Elisséeff)教授致函裘开明:我对地方志采购和汉和图书馆是否能搜集一批新的重要的地方志非常感兴趣。执行委员会已同意订购剩余的86种共计939册地方志。2000美元的拨款已汇至燕京大学财务处。因此次订购经费数目较大,为安全慎重起见,请你与精通中国目录学的洪煨莲(William Hung)教授一起对订购目录进行核查。我知道你不会将2000美元全部用完,但是,我还是希望知道经费的使用情况,所有的结余经费可保存在燕京大学财务处,用于学社未来的图书采购支出……(HYL Archives:Letter of Serge Elisséeff to Alfred K'aiming Ch'iu, January 13, 1938)

　　裘开明自北平致函哈佛燕京学社社长叶理绥(Serge Elisséeff)教授:兹附上哈佛大学图书馆图书经费账目、汉和图书馆图书目录账目和洛克菲勒基金会(Rockefeller Foundation)基金账目表。你在11月24日的来函中提到聘请伯烈伟(Sergei Polevoy)先生在北平负责校订样稿,帮助检查罗马化目录。目前,伯烈伟先生尚在监狱,一旦出狱,我会告诉他此事。我自到达燕京大学后,已经给你写了7封信,但均未见回音。这7封信的日期分别是:1937年10月4日(寄自香港,告知已出发前往北平),1937年10月22日(告知抵达燕京大学,并汇报工作计划),1937年11月10日(告知7月份向哈佛寄去两箱图书),1937年11月11日[报告在燕京的工作,内附给徐家麟(James Chia-ling Hsu)先生的中文信,列有汉和图书馆工作计划大纲],1937年12月7日(关于地方志采购,告知发自日本神户的15箱卡片失去踪迹),1937年12月10日(报告在燕京的工作进展,内附给徐家麟的中文信)。现将我在燕京的工作情况汇报如下:(一)书目计划进展。1.我12月7日曾给你写信,告知自日本神户运来天津的15个包装箱并非哈佛失踪的空白卡片。自12月10日起,我一直在频繁地质询北平美国运通公司(American Express Company)关于15箱卡片以及7月自北平寄往剑桥和汉和图书馆的两箱图书的情况,但是,公司回复还未有进一步的消息。2.30000张卡片的罗马化工作已由引得编纂人员完成,哈佛燕京学社引得编纂处聂崇岐(Nieh Ch'ung-ch'i)副主任正在进行检查。我和两位助手基本完成了卡片目录和目录款目细节的检查工作。3. 我将会在中国农历新年后的西历2月份将卡片送交印刷公司印刷。如果到2月中旬还没有收到空白卡片的话，那么，印刷工作有可能受阻，而且印刷成本将会增加。原本决定印制500本，但现在我认为按照你的建议出版300本（精装）目录比较合适。但是，我希望丛书分析目录出版500本，以便组成一套600种丛书的分类索引、作者索引和书名索引。这种组合索引将填补汉学领域的空白，因为浙江图书馆和清华大学图书馆的丛书分析索引仅仅是书名索引，而南京大学图书馆仅有作者款目。这部新著的书名为《哈佛图书馆现藏600种丛书子目主题—书名—作者分析索引》(*A Combined Analytical Subject Subject-title-author Index to the Individual Works in 600 Ts'ung-shu now in Harvard Library*)。随信附一份由燕京大学财务处提供的截至1937年12月31日的各种收据和账目支出的情况表。目录经费中已经使用2807.67美元（在情况表中第二页有详细说明）。引得校印所提交的目录印刷出版最初估计成本为国币9176.50元，如果要达到这个数额则必须增加约1500美元用于书名的罗马化和英文铅字的铸造……（二）图书采购。目前已经购买了344种3040册地方志，以及529个包装箱。现在问题是如何将这些图书运至剑桥。现有大约9或10个木箱要寄出，其中部分图书的出版期超出了可以通过海关运寄的范围，而且现在邮寄图书比以前更容易丢失。国会图书馆通过美国驻北平大使馆将其采购的中文图书运往美国，我们是否也可以利用同样的渠道？现在是购买图书的好时机，请学社向燕京大学财务处汇来更多的资金用于购买图书。Hilda L. Hague小姐告诉我可以从哈佛燕京学社北平办事处借钱购买地方志，因此我准备购买一些稀缺珍贵的地方志。（三）明年的计划。因为我不得不留在北平指导卡片和目录的印刷出版工作，校正样稿，编制目录索引……所以我无法在春季学期返回哈佛。我已经函请华盛顿美国劳工部把我的签证期限延长6个月，直至6月30日。请George Henry Chase主席写信给劳工部支持我的申请。如果一切顺利的话，我希望在5月底完成工作。同时，在这期间，我将在北平继续购买图书。文华图书馆学专科学校校长沈祖荣（Samuel Tsu-jung Seng）先生希望徐家麟先生返回武昌。如果徐家麟先生6月份离开哈佛回国，则图书馆有必要聘请一位技术助理。如果徐家麟能继续留在哈佛，那么，我们可以一起工作，而不需要技术助理。徐家麟先生返回文华图专后，原本接替徐家麟先生工作的毛坤（Mao Kun）先生将空闲下来。我曾在武昌与毛坤先生商量他来哈佛工作的事情，毛先生提出如果他能够获得差旅费资助的话，他很愿意接受这个职位。徐家麟先生自两年前来哈佛后，他所有交通费用支出都是由文华图专支付的。现在因中国局势的困难，文华图专没有能力支付毛坤先生的费用。因此，我想知道你是否同意徐家麟先生离开后聘请毛坤先生为技术助理，是否可以向董事会提议给予毛坤先生一定的交通费用补贴。毛坤先生毕业于北京大学和文华图专，在过去的7年里一直在文华图专教授中文编目，他同时也懂一些日语，你可以向徐家麟先生详细了解毛坤先生的情况。（HYL Archives：Letter of Alfred K'aiming Ch'iu to Serge Elisséeff, January 13, 1938）

1月17日

裘开明致函叶理绥（Serge Elisséeff）：在你寄来的满文文献目录中，同一种书有两套的是《清文鉴》。我记得《清文鉴》在我们馆中只有中文和满文两种语言。我不知道你在沈阳（Mukden）买的复本是两种还是三种语言。最近我偶然看到非常珍稀的中文、满文、蒙文和藏文四种语言的复本。国立北平图书馆出版的《满文书籍联合目录》中仅仅收录了一部这样的著作，保存在故宫博物馆图书馆，北平的其他图书馆都没有。书商开价

500 美元，但是我与他还了 20% 的折扣，即 400 美元。我已经买了这套书，假如你在满洲里买的跟这本一样的话，我可以退还这本书，改换其他的书，虽然我认为这个可能性不高，因为四种语言的《清文鉴》真的很少见。如果我们图书馆不想要的话，请问魏鲁男（James Roland Ware）博士是否愿意购买，作为其私人藏书。(HYL Archives：Letter of Alfred K'aiming Ch'iu to Serge Elisséeff, January 17, 1938)

美国运通公司（American Express Company）经理 S. F. Howard 致函裘开明：通过天津办事处获悉，由哈佛寄往北平燕京大学图书馆的 15 箱卡片尚未收到，并且 Dollar 航运公司天津代理没有明确的信息。建议哈佛燕京学社和汉和图书馆根据邮寄货品的价值向轮船公司提出申请赔偿。请你寄来相关申请，我们将转交给 Dollar 航运公司天津代理。(HYL Archives：Letter of S. F. Howard to Alfred K'aiming Ch'iu, January 17, 1938)

1月20日

裘开明致函美国运通公司（American Express Company）经理 S. F. Howard 先生：请贵公司代表哈佛燕京学社和汉和图书馆的利益，向轮船公司提出赔偿申请。与此同时，因为此前我们曾收到 Dollar 航运公司神户办事处告知正在向天津运寄该批卡片的来函，所以，请贵公司联系 Dollar 航运公司日本神户办事处，请他们在日本追踪这批卡片的下落。(HYL Archives：Letter of Alfred K'aiming Ch'iu to S. F. Howard, January 20, 1938)

1月26日

裘开明自北平致函哈佛燕京学社社长叶理绥（Serge Elisséeff）教授：我刚得知汉和图书馆已收到1937年7月自北平寄出的两箱图书，但是迄今为止还没有获得我们寄出的其他图书是否收到的任何音信。我们通过海运寄送图书包裹时都附有回执单，汉和图书馆收到图书后都会随即填写和反馈包括包裹序号等内容的回执单，由于一直没有收到回执，不知道图书包裹是否安全到达，所以，我们不能再寄更多其他的图书。聂崇岐（Nieh Ch'ung-ch'i）因阑尾炎手术暂停了卡片罗马化校对工作，加上遗失的卡片仍无音信，因此，印刷计划有所延迟。如果洛克菲勒基金会（Rockefeller Foundation）希望在今年完成计划，那么是否可暂时搁置遗失卡片一事，重新寄来一批卡片。请你委任一名新的西方学者负责罗马化样稿的校对工作。我希望你能够从上述和此前的信件了解我现在遇到的困难处境。我已经办妥护照延期事宜，将尽快完成这里的工作后返回美国。烦请将我半年的薪水寄来燕京大学。另外，是否要购《云冈石窟》日文本，我已购买到一套《伊犁总统事略》，对研究中俄关系有很重要的学术价值。(HYL Archives：Letter of Alfred K'aiming Ch'iu to Serge Elisséeff, January 26, 1938)

2月3日

裘开明自北平致函哈佛燕京学社社长叶理绥（Serge Elisséeff）教授：鉴于《清文鉴》定价昂贵，且是满洲皇宫影印本，我已经取消了对《清文鉴》的订购。美国运通公司（American Express Company）还没有关于遗失的 15 箱卡片的信息。请问洛克菲勒基金会（Rockefeller Foundation）或者学社是否可以暂时确定这批卡片已经遗失，并重新寄来一批卡片。如果以后能够找回这些丢失的卡片，还可以出售给哈佛或者美国的其他图书馆。如果真的丢失了，货运公司会立即作出赔偿。问题在于由谁帮助我们购买现在急需的空白卡片，希望你能够做出决定。另外，请你委托一位在北平的人负责帮助校对罗马化目录样稿，我会负责中文目录样稿的校对。赖肖尔（Edwin Oldfather Reischauer）先生会在夏季返回哈佛，是否可请赖肖尔先生为汉和图书馆带回一些购得的古籍。(HYL Archives：Letter of Alfred K'aiming Ch'iu to Serge Elisséeff, February 3, 1938)

2月5日

裘开明致函哈佛燕京学社社长叶理绥（Serge Elisséeff）教授：我很高兴地得知学社已收到从北平寄去的所有图书包裹，我们将会继续寄出更多的积聚在燕京大学图书馆的图书。地方志将通过美国运通公司于下周寄出，所有古旧图书将通过挂号邮寄。请你和学社在收到书后及时回复，以便我们了解剑桥收到寄运图书的情况。目前学社已经拥有了绝大部分重要的汉籍丛书。我已咨询过洪煨莲（William Hung）教授和燕京大学的其他专家，准备购买对学社极为有价值的另外一部份丛书。在过去的两周内，我仔细审核了中国书商和私人藏书家递交的1000多种不同类型的图书，发现其中有很多值得购买的书籍，尤其是清代乾隆时期的一些禁毁书籍。我在1月12日给你的信中附了一份我们在北平购买到的地方志目录，其中包括四川地方志，你不必再去信给成都方面请求他们协助购买四川和云南两省的地方志。就我所知，汉和图书馆仅缺一卷《清季外交史料》，该卷的蓝本已经在燕京制作完成，并已于1月10日寄出，请你问一问徐家麟（James Chia-ling Hsu）先生是否已经收到，以及是否还有其他缺少的卷册。如果有，请徐家麟寄来目录，我将在燕京制作相关蓝本复本，如果缺卷太多，唯有重新买一套。美国运通公司目前还没有获得Dollar船运公司关于15箱卡片去向的信息。美国运通公司已经代表学社和汉和图书馆向Dollar船运公司提出了赔偿损失的申请。由于没有空白卡片，现在推进洛克菲勒计划的唯一办法就是制作印板纸模印制书本目录。哈佛燕京学社引得编纂处副主任聂崇岐（Nieh Ch'ung-ch'i）已经恢复工作，他将继续之前他的职员所做的罗马化校核工作。我期待着你委任一位西方汉学者代替伯烈伟（Sergei Polevoy）先生校正罗马化样稿。相信你已经收到了我提交的汉和图书馆明年工作计划，我再补充一些关于日文图书的计划。我认为聘任一位人员代替K. Shimoyama先生从事日文图书的工作至少一年是极为必要的。汉和图书馆目前已经开展了日文丛书的作者和书名的分析著录工作，但是分类目录不完整，我认为必须找一个具有全面深厚的日语知识基础的人员协助我完成日本图书的分类编目工作。于式玉（Yü shih-yü）和她的丈夫李安宅（Li An-che）希望有机会访问美国，曾向我询问是否有受聘汉和图书馆的机会，我认为这对日文图书工作是一个很好的机会，因为她在燕京大学图书馆积累了丰富的工作经验，是完成汉和图书馆日文图书分类的合适人选。（HYL Archives：Letter of Alfred K'aiming Ch'iu to Serge Elisséeff, February 5, 1938）

2月10日

Ch'en Feng-hsiung致函裘开明，要求支付1937年11月份参与汉和图书馆目录项目打字的报酬1.50元。（HYL Archives：Letter of Ch'en Feng-hsiung to Alfred K'aiming Ch'iu, February 10, 1938）

哈佛燕京学社社长叶理绥（Serge Elisséeff）教授致函在北平的裘开明：1月13日来函收悉，现将有关事项答复如下：1. 如伯烈伟（Sergei Polevoy）先生仍不能进行罗马化样稿校正工作，建议请赖肖尔（Edwin Oldfather Reischauer）先生负责该项工作。如果赖肖尔先生也不行的话，可考虑Brand先生。但希望你在决定之前先与洪煨莲（William Hung）先生商议，因为洪先生比较了解怎样在北平找到一位合适的罗马化样稿校正员。2. 你1月13日来信中所列的信函均已收到，徐家麟（James Chia-ling Hsu）先生也收到你的两封来信，我已再次叮嘱徐先生回函。3. 我已寄给你以下信函：(1)1937年9月27日（询问相关工作进展、你抵达北平后寄回哈佛的图书的情况、授权你采购私人藏书）；(2)1937年10月5日（去武昌，告知已电汇给你937.50美元）；(3)1937年10月21日

(确认你的电报收据,获悉你安全抵达北平等);(4)1937 年 11 月 24 日(告知卡片于 10 月 26 日从神户交运,以及伯烈伟先生的情况);(5)1937 年 11 月 26 日(关于你的退休津贴支付问题);(6)1937 年 12 月 10 日(长信,关于寄给你的支票等几件事情);(7)1938 年 1 月 4 日(确认你 11 月 15 日返回的图书目录)。4. 我已致电 Dollar 航运公司波士顿办事处,查证卡片仍未运抵天津原因,该办事处许诺致电他们在神户的办事处尽可能得到一些相关信息。你是否可以以北平方面的立场致函 Dollar 航运公司神户办事处,并请美国运通公司与 Dollar 航运公司天津的代理方联系,查找卡片失踪的情况。如果你在收到此函时仍然未收到卡片,请你发电报"Chase Harcoll No Chiu",学社及汉和图书馆将着手将此事移交保险公司,或尽力开始一些行动。Dollar 航运公司波士顿办事处的解释是,因为我们运抵天津的 15 箱卡片在旧金山装运时,有一批货箱的标记号与哈佛的卡片货箱一样,所以当转载至天津时出现了错误,并非是哈佛的卡片。5. 根据你的要求,我已要求徐家麟先生在收到你从北平寄来的图书以后给你寄回图书回执单。6. Henry Shattuck 先生已汇给燕京大学财务处 2000 美元的地方志专款。我将寻找航运这些图书的可能性。7. 关于你请求增加购书经费一事,提醒你注意考虑本年度的图书馆预算,其中普通图书 4500 美元,地方志 500 美元,日文图书 500 美元。据你 1937 年来函的请求,学社已汇拨 2000 美元用于购买地方志,这是对图书馆非常巨大的一项预算,因此再申请更多的经费是不明智的。8. 我将请 George Henry Chase 主席致函华盛顿有关部门,支持你延长签证的申请。目录计划进展的延迟不仅是因为中国目前的政局,也许你们开始这项工作有点晚了,因为你一直忙于北京大学的教学。我希望这项计划能在你离开中国之前完成。9. 关于技术助理一事,我已经与徐家麟先生沟通过,徐先生愿意留在哈佛继续工作直至你回来,这将为学社避免聘请一个新的技术助理而必须申请签证的麻烦,还会为学社节省必须支付的交通费用。在哈佛燕京学社的中国学生经济状况普遍困难,自然我们应该在图书馆安排一些工作给这些学生帮助他们缓解经济困难。(HYL Archives: Letter of Serge Elisséeff to Alfred K'aiming Ch'iu, February 10 1938)

2 月 17 日

哈佛燕京学社社长叶理绥(Serge Elisséeff)教授致函华盛顿特区美国国务院 William R. Castle 先生,函询 William R. Castle 先生可否与美国国务院远东部联系商量,看有无可能通过美国驻北平大使馆,协助哈佛将裘开明在北平为汉和图书馆购买的一部份 1850 年之前的古籍从中国运至剑桥。哈佛燕京学社将支付所有相关的费用。(HYL Archives: Letter of Serge Elisséeff to William R. Castle, February 17, 1938)

2 月 18 日

哈佛燕京学社社长叶理绥(Serge Elisséeff)致函裘开明:我今天收到了你 1 月 17 日和 20 日的来信。你问我在沈阳购买的《清文鉴》是不是双语的,它确实是汉文和满文双语的。我已经告诉了魏鲁男(James Roland Ware)先生和贾德纳(Charles Sidney Gardner)先生,这部书的确是很贵,但是对我们图书馆还是很重要。我写信给你是为了通过电汇寄送的 2000 美元的事。我认为这些钱是用来购买方志的。我们不仅对善本方志感兴趣,而且对一般的方志也感兴趣,这样每个省都能通过地方历史的形式展现出来。你可能记得我们与洪煨莲(William Hung)先生的谈话,说一个省的方志甚至比县志还重要,因为方志是由更好的学者编纂的,比县志写得更仔细。我很高兴听说你已经从著名的 Wang Shih-cheng 图书馆买到了宋代官员的传记文集和同治时期的复本,但是不要太热衷于买珍本。要知道我们需要的是一个运作的图书馆。我们正尽力调查我们的卡片到底出了什么事,我认为这15箱卡片不会丢,特别是在神户,那是一个经营得很好的港口。我认为你制作印刷纸模的建议听起来很好,我不反对你这样做。你能告诉我具体的费用是多少吗? 你向我咨询寄送1850年前书籍的建议,我正努力打听哪种方式最好。执行委员会会对你本年度的薪水投票,我一知道结果就写信给你。(HYL Archives:Letter of Serge Elisséeff to Alfred K'aiming Ch'iu, February 18, 1938)

2月22日

洪煨莲(Hung William)致函哈佛燕京学社社长叶理绥(Serge Elisséeff):我在这里常与裘开明讨论如何购买有价值的古籍,最近裘开明访得了一批非常珍贵的书,尤以宋版书《琬琰集》和元刻明印的《通志》最为珍贵,另外裘开明还购买了一批包括四川和云南省在内的方志。裘开明告知我,你计划邀请华西协和大学的专家帮助购买有关四川和云南两个省份的方志,因此我请裘开明提供一份哈佛已拥有的四川和云南两省方志的书单(该书单包括书名和版本项),然后把这份书单寄给华西协和大学校长张凌高(Lincoln Dsang),以避免出现复本。(HYL Archives:Letter of Hung William to Serge Elisséeff, February 22, 1938)

2月24日

哈佛燕京学社社长叶理绥(Serge Elisséeff)致函诺斯(Eric M. North)博士:裘开明先生于1937年1月1日赴中国,计划花费7个月的时间编目,5个月的时间出游;但由于战争和自身的原因,他可能不得不延迟到1938年5月回美。我被授权对裘先生的薪金进行调整安排,还要用学社的捐助金为裘先生的退休金做安排。(HYL Archives:Letter of Serge Elisséeff to Eric M. North, February 24, 1938)

3月4日

Carter&Rice公司(Carter, Rice & Co. Corp.)、哈佛学院以及哈佛燕京学社和燕京大学委任William Morse作为代理,处理向Dollar船运公司和Firemen资金保险公司的索赔事宜。(HYL Archives:代理权委托书, March 4, 1938)

3月5日

裘开明致函哈佛燕京学社哈佛燕京学社社长叶理绥(Serge Elisséeff)教授:兹附上部分目录卡片副本,供你赠与对此颇感兴趣的美国人士参考。这些卡片是我已寄来的新购地方志的目录卡片。目录排版工作已于2月第3周开始,希望5月底之前完成35000条记录。书本目录的校样将首先印刷。因美国运通公司(American Express Company)仍未追查出学社寄来的15箱卡片去向,我与助手在燕京大学无空白卡片供印制,所以已向燕京大学图书馆借了一些空白卡片,足够印制新地方志书目记录的用量(每种10张卡片)。哈佛燕京学社引得校印所(Index Press)主任李书春(Li Shu-ch'un)先生告诉我,由于用于洛克菲勒目录印制计划的排版铅字要保留大约6个月的时间,因此需要支付每条记录7分钱的费用,总计约国币2100元。这一损失应归咎于空白卡片未按期运到。排字印版保留和存放的时间越长,需要支出的费用越多。我希望在6个月内能获得空白卡片……我已代伯烈伟(Sergei Polevoy)或其他西方汉学学者校对了最终版校样中的罗马化款目和中文款目。请你致函洛克菲勒基金会David H. Stevens博士,给他寄去一些卡片样板,并告他如果使用燕京方面现有的空白卡片,则可以在夏季完成计划。鉴于空白卡片在寄运途中丢失和东亚的战争局势,洛克菲勒基金会应该考虑修改原有的计划。(HYL Archives:Letter of Alfred K'aiming Ch'iu to Serge Elisséeff, March 5, 1938)

哈佛燕京学社哈佛燕京学社社长叶理绥(Serge Elisséeff)教授致函在北平的裘开

明：你请求学社在2000美元之外追加拨款，我认为这不可能，但是我会在4月份的董事会议上尽力争取，可能会在7月份新的预算中获得许可。不知书商是否同意将付款时间拖迟到7月以后，我想这些书商应该会信任哈佛燕京学社北平办事处。我们从日本购买图书就经常使用这种方式。很高兴你购买到了《伊犁总统事略》，请购买日本（Shinkai Taketaro）版《云冈石窟》。祝愿聂崇岐（Nieh Ch'ung-ch'i）先生手术成功，早日康复。（HYL Archives：Letter of Serge Elisséeff to Alfred K'aiming Ch'iu, March 5, 1938）

3月12日

因委托Dollar船运公司寄送的15箱目录卡片（共计1504000张，1937年7月12日从美国寄出）丢失，William Morse代表Carter & Rice公司、哈佛学院以及哈佛燕京学社和燕京大学向Dollar船运公司提出索赔，卡片价值连同运费、码头、保险、领事费和提货单等费用总计价值为3424.65美元。（HYL Archives：致Dollar船运公司的索赔书，March 12, 1938）

3月13日

哈佛燕京学社哈佛燕京学社社长叶理绥（Serge Elisséeff）教授致函在北平的裘开明：很高兴获悉你已取消订购《清文鉴》，我也认为《清文鉴》价格昂贵，希望可以通过捐赠获得此书。我已与学社教育委员会协商了关于赖肖尔（Edwin Oldfather Reischauer）先生带回部分古籍的事，他们均表示赞成。我会请董事会为此次运送拨付必要的经费，请告知赖肖尔乘船的具体情况。我接到Ardelia Hall小姐的电话，她急切地希望知道如何处理冯汉骥（Han-ye Feng）先生离开剑桥后他留在公寓里的你家具。我已请她先暂时帮忙保管在她的地下室。（HYL Archives：Letter of Serge Elisséeff to Alfred K'aiming Ch'iu, March 13, 1938）

3月15日

哈佛燕京学社哈佛燕京学社社长叶理绥（Serge Elisséeff）教授致函在北平的裘开明：很高兴收到你2月15日的来信。我查看了你寄来的新采购的地方志，很高兴了解到汉和图书馆目前已经拥有比较完善的地方志文献资源。学社收到了Dollar船运公司的信息，失踪的卡片货箱可能在香港，但是没有确切的信息。我已致信David H. Stevens博士，告知他卡片丢失的信息。我已经写信给赖肖尔（Edwin Oldfather Reischauer）先生，如果他有时间，则请他负责罗马化样本校对的工作。目前学社严重超员，财政前景不明朗，因此，我很抱歉地告诉你，我们不能为李安宅（Li An-che）的夫人（于式玉）提供职位……应停止使用"成都华西协和大学哈佛燕京学社"的称谓，只有一个哈佛燕京学社，在剑桥哈佛，北平办事处应该注明为：哈佛燕京学社中国办事处（Chinese Department）。（HYL Archives：Letter of Serge Elisséeff to Alfred K'aiming Ch'iu, March 15, 1938）

3月21日

裘开明自北平致函哈佛燕京学社哈佛燕京学社社长叶理绥（Serge Elisséeff）教授：燕京大学田洪都（Hung-tu Tien）先生同意暂时中止燕京大学西文图书目录的印制计划，把他们现有的20万份空白卡片借给哈佛使用，因此我决定先使用这些白卡片，尽可能多地印制目录卡片。按照每份书目记录印刷40张卡片计算，将会印制约5000条记录，或者说整个目录的六分之一……因为卡片计划的原因，我可能无法于6月30日之前返回美国。我已经向华盛顿方面申请了护照延期，希望在9月份开学之前回到剑桥。由于我还在中国，如果要维持汉和图书馆的开放服务，则应请徐家麟（James Chia-ling Hsu）先生夏季留在剑桥。另函附一份已购买到的158种地方志目录，我们仍在继续搜集购买此类文献。(HYL Archives：Letter of Alfred K'aiming Ch'iu to Serge Elisséeff, March 21, 1938)

4月4日

裘开明看望住院的洪煨莲(William Hung)教授。洪煨莲教授于3周前住院做手术,本日已基本康复。裘开明与洪煨莲商量聘请罗马化目录校对员的事宜,决定根据哈佛燕京学社社长叶理绥(Serge Elisséeff)教授最初的建议聘任赖肖尔(Edwin Oldfather Reischauer)先生。(HYL Archives：Letter of Alfred K'aiming Ch'iu to Serge Elisséeff, April 7, 1938)

裘开明与美国运通公司(American Express Company)交涉寻找丢失卡片事宜,美国运通公司许诺会尽最大能力加快追查卡片的去向。(HYL Archives：Letter of Alfred K'aiming Ch'iu to Serge Elisséeff, April 7, 1938)

4月6日

美国运通公司(American Express Company)经理S. F. Howard致函裘开明,函告15箱自波士顿由Carter, Rice & Co. Corp.公司运往中国北平海淀燕京大学的空白卡片目前已经抵达香港,Dollar船运公司已安排将此批卡片运往天津。(HYL Archives：Letter of S. F. Howard to Alfred K'aiming Ch'iu, April 6, 1938)

赖肖尔(Edwin Oldfather Reischauer)先生至燕京大学,与裘开明讨论有关罗马化目录校对工作的事宜。赖肖尔同意现阶段帮助学社做这一项工作,但是,如果这项工作要占用太多时间的话,则请裘开明另请他人做这项工作。最后达成基本意见：由于邮寄卡片比较困难,裘开明负责对罗马化样本的一校,即进行初印本与手写罗马化稿本的校对,赖肖尔先生则负责罗马化样本的二校,即进行新印本与裘开明一校本的校对。(HYL Archives：Letter of Alfred K'aiming Ch'iu to Serge Elisséeff, April 7, 1938)

裘开明给George Henry Chase主席发电报,说明北平方面至今未收到目录卡片。(HYL Archives：Letter of Alfred K'aiming Ch'iu to Serge Elisséeff, April 7, 1938)

4月7日

上午,拜访燕京大学校长司徒雷登(John Leighton Stuart),商谈如何将更多有价值的图书从北平运往剑桥,以避免邮寄可能出现的丢失情况。司徒雷登校长答应就此事向当地政府主管官员协商,尽力取得官方许可凭证,这样所有的珍本古籍可以打包装进一个大的包装箱内,由美国运通公司(American Express Company)或者由赖肖尔(Edwin Oldfather Reischauer)先生途经巴拿马运河运至剑桥。少量的出版于1850年前的有价值的古籍则通过挂号邮寄方式寄去,出版于1850年之后的图书将根据重量由美国运通公司通过常规邮寄寄去哈佛。(HYL Archives：Letter of Alfred K'aiming Ch'iu to Serge Elisséeff, April 7, 1938)

裘开明自北平致函哈佛燕京学社哈佛燕京学社社长叶理绥(Serge Elisséeff)教授,汇报先后与洪煨莲(William Hung)和赖肖尔(Edwin Oldfather Reischauer)商谈罗马化目录校对的结果,以及本日上午拜会司徒雷登(John Leighton Stuart)校长所商谈之事。并言：燕京大学财务员已收到用于购书的500美元和2000美元汇款,以及用于书目和卡片印制出版的1200美元。已支出国币8714.66元,约合2500美元,用于地方志采购,这是今年此类书籍最大的预算额,购书费剩余2000美元。兹附上一份丛书目录,红色铅笔标记的丛书是已购买的,其他的则是委托北平书商正在寻找的。根据购买时机和价格,将尽可能完整地收集所有省份的地方志。我认为购买省府志比县志要好,因为在质量和编撰的细致程度上前者比后者要高一些。我将购买更多的丛书,明代传记、地方志及其他所缺少的重要的图书。如果经费用完,我们将与书商协商在 7 月后支付款项……
(HYL Archives:Letter of Alfred K'aiming Ch'iu to Serge Elisséeff, April 7, 1938)

4 月 8 日

哈佛燕京学社哈佛燕京学社社长叶理绥(Serge Elisséeff)教授致函裘开明:我在 7 日给你发了一封关于 Dollar 船运公司最终找到遗失卡片的电报,卡片已于 3 月 25 日自香港运往天津。你 3 月 5 日寄来的卡片样稿中有若干错误。我们的汉和图书馆目录将是美国出版的第一部中文图书目录,并且是由哈佛燕京学社出版的,所以,我担心目录中还会有其他错误,如果最终校样可以寄来学社审核,那么目录的出版错误会少一些。我觉得你在北平期间不可能最终完成目录,不管怎样,在你离开北平后印刷工作应继续进行下去。因目录出版已经延迟了两三个月,再有稍稍延迟不会有什么大的影响。如果有可能将印版保留 6 个月,那么就没有必要制作纸模,因为制作纸模只会增加支出费用,而且即使出版第二版,我们将不仅会修订目录,而且会增加新的目录。卡片格式非常好,将易于操作处理,包含了足够的信息,但是如果你将我们的卡片与国立北平图书馆出版的卡片相比较的话,将发现他们的卡片著录了更多的信息。然而,这是需要作为馆长的你来决定的事情。我将卡片给徐家麟(James Chia-ling Hsu)先生看了,他和魏鲁男(James Roland Ware)博士对这些卡片非常满意,但还没有机会给贾德纳(Charles Sidney Gardner)博士过目。我将会在 4 月 11 日董事会会议上给各位董事看这些卡片。(HYL Archives:Letter of Serge Elisséeff to Alfred K'aiming Ch'iu, April 8, 1938)

4 月 11 日

哈佛燕京学社董事会会议于下午 4:30 在哈佛商学院教工俱乐部召开,出席会议的人员有:董事董纳姆(Wallace B. Donham)(会议主席),巴伯(George G. Barber),George Henry Chase,Walter Ernest Clark,胡美(Edward H. Hume),Carl T. Keller,学社哈佛燕京学社社长叶理绥(Serge Elisséeff)教授,学社财务员 Henry Shattuck 先生,William H. Claflin, Jr. 先生列席会议。与图书馆有关的决议如下:1. 表决通过 T-529:批准 1938 年 1 月 13 日执行委员会以邮寄投票方式表决的结果,即从储备基金中划拨 2000 美元作为特别拨款,用于汉和图书馆在中国购买地方志文献。2. 表决通过 T-530:批准 1938 年 2 月 24 日执行委员会以邮寄投票方式表决的结果,即授权学社哈佛燕京学社社长叶理绥教授安排裘开明自 1938 年 2 月 1 日起在本财政年度剩余时期的薪水。3. 哈佛燕京学社社长叶理绥教授报告,他已收到一封来自钢和泰夫人(Mrs. Alexander W. von Staël-Holstein)的信函,钢和泰夫人表示愿意以 4000 美元的价格出售属于她前夫的藏文佛经甘珠尔。哈佛燕京学社社长叶理绥教授补充指出这需要花费一定的费用用于打包和将书籍装箱运至美国。哈佛燕京学社社长叶理绥教授希望在赖肖尔(Edwin Oldfather Reischauer)先生从中国途径巴拿马运河返回美国时,亦能带回蒙古文佛经甘珠尔,这些经藏原本即属于学社所有,现在暂存于花旗银行北平支行(National City Bank in Peking)。哈佛燕京学社社长叶理绥教授言,有关携运这两套图书的额外费用将不能超过 500 美元,并将根据董事会在上次会议通过的 T-512 决议,从储备基金中支出。4. 图书馆报告。哈佛燕京学社社长叶理绥教授报告如下:1938 年 1 月 8 日,中文图书总计 111000 册,日文图书 9500 册,中文期刊到刊 120 种,日文期刊到刊 50 种。自 1 月开始,已从中国向汉和图书馆寄出了许多具有很高价值的珍贵明版图书。关于地方志,董事会在本财年预算中给予了一项特别拨款。现存地方志有 5832 种,但没有任何图书馆保存了全部的地方志。汉和图书馆约有 1318 种,还有 340 种正由北平寄来。关于古籍善本，汉和图书馆现有 1659 年以前出版的古籍 978 种 24204 册。Keller 先生认为董事会应该为图书馆购买更多的地方志。哈佛燕京学社社长叶理绥教授指出现在这个时期正是购买中国地方志的好时机，因为中国的国立北平图书馆和北京大学图书馆均没在购买此类书籍，仅有燕京大学图书馆在采购。5. 表决通过 T-537：1938－1939 年度预算中为图书馆增加 2000 美元拨款用于采购中国地方志。哈佛燕京学社社长叶理绥教授指出裘开明已经寄给他一些图书馆目录的样本卡片，发现其中有一些小的错误，并已向裘开明发电报，让裘开明在最终印刷之前将校样寄来美国，因为他不愿意未经他的审核就出版学社的出版物。哈佛燕京学社社长叶理绥教授进一步报告指出，裘开明希望在他 6 月返回美国的时候，从中国带来一位助理馆长，但是现在的代理馆长徐家麟（James Chia-ling Hsu）先生希望在此以更少的薪水工作至明年，这样将会节省差旅支出和一部分薪水。此外，去年 7 月份寄往中国用于印制图书馆目录的卡片遗失在日本神户和中国天津之间的途中，但是最终已在香港找到了这批卡片，并已于 3 月 27 日自香港寄出，很可能已抵达天津。（Meeting of the Board of Trustees Held April 11, 1938. See: HYI Archives: Trustees meetings minuets 1937-1941）

4月14日

裘开明自北平致函哈佛燕京学社哈佛燕京学社社长叶理绥（Serge Elisséeff）教授：9 日和 10 日发来的电报收悉，已将 10 日的电报转给赖肖尔（Edwin Oldfather Reischauer）先生，并请赖肖尔先生继续此前开始的罗马化目录校对工作，直至你有新的指示。我已给你邮寄了第一部分 36 页的样本，此后将每周邮寄一部分，也请你每周一次反馈修订样本，以便可以尽快开始最终的印刷出版工作。引得校印所（Index Press）主任李书春（Li Shu-ch'un）先生告诉我，在校样寄到剑桥修订期间，必须保留和存储印版 3－6 月的时间，因此，将会在原有印刷出版成本中增加国币 2100 元的费用。我已要求美国邮递公司加快工作效率，以确保卡片从香港抵达天津后立即交货，并希望不要再出现上次那种包装箱散开的现象。我很高兴地得知教育委员会接受了我提出的关于由赖肖尔先生将绝大部分有价值的图书带回剑桥的建议。我已请司徒雷登（John Leighton Stuart）校长申请官方许可，以确保赖肖尔先生能顺利带走这批古籍。赖肖尔先生将于 6 月 24 日启程去神户，7 月 25 日到达纽约市。洪煨莲（Wiliam Hung）教授将致函华西协和大学校长，告诉他不要购买你以前要求他购买的四川和云南地方志。很抱歉你误会了我在 2 月 15 日来函中附言。我没给成都方面写过信，洪煨莲教授也没有将他的信寄至"华西协和大学哈佛燕京学社"。哈佛燕京学社在北平一般指 Hilda L. Hague 小姐的办公室，因此我以为在成都也一样，但是我可能完全错了，很抱歉我不小心用错了名称。（HYL Archives: Letter of Alfred K'aiming Ch'iu to Serge Elisséeff, April 14, 1938）

4月15日

裘开明自北平致函哈佛燕京学社哈佛燕京学社社长叶理绥（Serge Elisséeff）教授：根据你 4 月 9 日电报的指示，我已经给你邮寄了第一份共 36 页的目录校样，供你审阅修正，请尽快返回修正后的校样，以便尽快在燕京大学开始最终的印刷工作。以后，我将每周给你寄来一部份校样。请你注意目录的中文标题严格的翻译名为："A Classified Catalogue of Chinese Books in Harvard University Library"（哈佛大学图书馆汉籍分类目录）。我不知这种没有反映哈佛燕京学社的英文名称是否能获得你和董事会的同意，另有一个更为实际的名称，即："A Classified Catalogue of Chinese Books in the Harvard-Yenching Institute Library at Harvard University"（哈佛大学哈佛燕京学社图书馆汉籍分类目录)。我认为中文以"《哈佛大学图书馆汉籍分类目录》,哈佛燕京学社出版"的形式比以"《哈佛大学哈佛燕京学社图书馆汉籍分类目录》"的形式出版要更为合适。我也不倾向于英文名称出现哈佛燕京学社,因为"A Classified Catalogue of Chinese Books in Harvard University Library"由哈佛燕京学社出版的形式被人熟知。这只是我的建议,请你决定并告诉我你的意见。(HYL Archives：Letter of Alfred K'aiming Ch'iu to Serge Elisséeff, April 15, 1938)

4月23日

裘开明自燕京大学致函哈佛燕京学社哈佛燕京学社社长叶理绥(Serge Elisséeff)教授:已收到美国运通公司(American Express Company)的答复,获悉目录卡片已经运出,一旦卡片到达即去办理交货手续。请转告 Florence T. Bayley 小姐不要担心此事,这不是她的错。(HYL Archives：Letter of Alfred K'aiming Ch'iu to Serge Elisséeff, April 23, 1938)

5月5日

国会图书馆东方部伍贵珍(Wu Kuei-chen)致函裘开明:我曾于2月份询问哈佛大学图书馆馆长 Keyes D. Metcalf 先生有关在贵馆学习一事,并得到了他的同意。现特来函告知我将会在下周的后半周到达剑桥,5月16日在贵馆学习。(HYL Archives：Letter of Wu Kuei-chen to Alfred K'aiming Ch'iu, May 5, 1938)

5月6日

裘开明收到美国运通公司发送到燕京大学的两货车卡片。经清点,除第15箱以外,其他14个货箱均已散开,部分卡片受损情况严重,但未发现货箱遗失。(HYL Archives：Letter of Alfred K'aiming Ch'iu to Serge Elisséeff, May 9, 1938)

5月9日

裘开明致函哈佛燕京学社哈佛燕京学社社长叶理绥(Serge Elisséeff)教授,汇报5月6日收到目录卡片的具体情况:希望你致函 Dollar 船运公司(the Dollar Line)波士顿办事处,告知他们如果继续以这种方式处理哈佛的货运事务,那么哈佛将不再与之合作。我已经把这批卡片转交引得校印所,目前卡片存储在一个独立的房间内以避免火灾。为了进一步预防,我已经请李书春(Li Shu-ch'un)先生负责确保这些卡片在寄回美国之前的安全。当这批卡片重新寄回美国时,需要准备更多的纸箱,意味着会增加支出费用。自4月1日以来,我一直在加班校对目录,以尽可能快的速度向引得校印所送交目录卡片和校样,因为此项工作尚处开始阶段,部分目录还需要做一些必要的调整,而且校印所也正在向新的厂房搬迁,所以,4月份的工作进展比以前更慢。很感谢你、魏鲁男(James Roland Ware)博士和贾德纳(Charles Sidney Gardner)博士在印刷最终样稿之前对校样进行审核,希望你们能将错误减少到最低。我认为,目录卡片,不同于图书,一张卡片上出现一个错误,将是100%的错误。而此目录又是受洛克菲勒基金资助的,因此更应该以双倍的细致工作杜绝错误的发生。这亦是我花费这么多时间编校卡片的原因。多花费几个月的时间出版出一份更加精良的目录,比匆忙赶工留下诸多遗憾地出版一个目录要更好。鉴于北京大学图书馆、清华大学图书馆等中国图书馆以及其他包括美国图书馆在内的外国图书馆的现状,我认为如果哈佛燕京学社汉和图书馆能在1938年内出版这部包括丛书子目主题分析目录和书名、作者索引在内的目录,将是一个不小的成绩,将领先于其他图书馆。虽然北平图书馆的卡片目录比哈佛燕京学社汉和图书馆的卡片目录多了一些著录的事项,但是北平图书馆的目录也忽略了很多汉和图书馆卡片目录上所有的细节。这两个月来,我在图书采购工作上花费了很多时间,已购买了 10 种清人文集,还购买了 1 种书名为《国朝列卿记》(Collective Biography of Ming Ministers Kuo Chao Lieh Ching Chi)的善本古籍。我还查访到乾隆本《八旗通志初集》(Pa ch'i t'ung chih),以及其他一些珍稀古籍。很抱歉我们未能制成《清季外交史料》第一卷的蓝本,因其中有很多照片和图版。我一直在设法寻找一个副本,最后成功地从作者的夫人(沙鸥小姐,曾在去年任北大参考馆员)那里获得一个副本。关于航运大部分古籍至剑桥的方式,我们仍在与有关政府部门和官员进行协商,希望可从天津中国海关署长那里获得官方许可证。我和赖肖尔(Edwin Oldfather Reischauer)先生正在积极协商此事,要等到司徒雷登(John Leighton Stuart)校长有时间继续催促此事以后,才会有确切的结果(HYL Archives:Letter of Alfred K'aiming Ch'iu to Serge Elisséeff, May 9, 1938)

5 月 11 日

裘开明致函美国运通公司:对于贵公司 4 月 21 日发来的 15 箱空白卡片费用账单,我们拒绝接受"从香港到天津的运费共计 51.63 美元"这项付费,因为哈佛燕京学社剑桥办公室在去年 7 月就已经预付了从波士顿到天津的运费,我们并不能对越港运输重复付账,况且这本身已经浪费了我们的时间和精力。请写信给 Dollar 船运公司天津办事处,让他们退还已经由燕京大学财务处支付的 51.63 美元。关于海运的状况也是极糟糕的,所有的箱子除了最小的一个以外都已破损,这些木箱里的纸箱也已损坏了。当卡片运回美国时,我们还得重新准备纸箱,这又是一笔额外的花费。我希望贵公司代表我们学社向 Dollar 船运公司提出抗议,告诉他们这 6 个木箱的破损状况,当工人从贵公司的仓库里搬出去时,这些箱子都掉在了地上,我们不得不浪费时间数这些纸箱。我希望 Stone 先生已经将船运状况的调查报告寄给你了。(HYL Archives:Letter of Alfred K'aiming Ch'iu to American Express Company, May 11, 1938)

5 月 17 日

裘开明致函哈佛燕京学社哈佛燕京学社社长叶理绥(Serge Elisséeff)教授:4 月 23 日来函收悉,感谢你对目录提出的建议。我完全同意你所说的"由于目录将以哈佛燕京学社和哈佛大学名义出版,故必须尽力使目录尽可能少出现错误"。我希望你能够将第一部分校样给美国和欧洲的其他中西方学者审阅,如能将这些学者的批评和评论反馈给我,我将不胜感激。我正在夜以继日地努力工作,力争在 8 月中旬返回美国之前尽可能多地完成目录排版和校对工作。根据你的建议,我将尽力赶上 8 月 17 号开往日本神户的 Dollar 船运公司 President Taft 号轮船。由于 5 月下旬卡片才运抵北平,以及战争浪费掉的 7 个月宝贵时间,我现在必须接受惩罚,一天进行 10 至 12 小时的过量工作。但是,即使这样,我仍然非常很担心在我离开北平之前将难以完成所有的校对和索引工作……因为我们的目的是完善汉和图书馆的地方志馆藏,所以没有必要再编一份地方志目录。最好是利用朱士嘉先生的《中国地方志综录》,该书目收录的地方志比其他的目录都要齐全。我在离开剑桥之前已根据该《综录》核查过汉和图书馆的馆藏,因此可以我的核查结果作为采购的指南……本年度的 2500 美元地方志采购拨款已经用完。请你寄来 4 月份董事会议通过的 1938—1939 年度图书馆预算。在利用其他目录校订我们正在编辑出版的目录中,我发现了很多我们必须在下一年度购买的各类图书,以便填补我们馆藏的缺漏和空白。我仔细检查了由东洋文库(Toyo Bunko)出版的《东洋文库地方志综录》,该书目大约收录了 2550 种著作,朱士嘉先生的《中国地方志综录》则列有 5432 种地方志。《中国地方志综录》是迄今出版的最全面的中国地方志目录,但是,《综录》仍不完全，因为我们已经购买到了一些《综录》没有收录的地方志。我已让朱士嘉先生复制了汉和图书馆购买的地方志书名目录，以便他在《综录》再版的时候补充这些著作。（HYL Archives：Letter of Alfred K'aiming Ch'iu to Serge Elisséeff，May 17，1938）

6月1日

裘开明致函燕京大学财务处 Mary Cookingham（郭美瑞），请她将1250美元转账至图书基金账户，将1200美元转至洛克菲勒基金账户，因为这两笔款项之前被误入裘开明1937年10月21日来函所言的目录基金账户。（HYL Archives：Letter of Alfred K'aiming Ch'iu to Mary Cookingham（郭美瑞），June 1，1938）

6月10日

裘开明致函 J. A. Mouland 公司：根据赖肖尔（Edwin Oldfather Reischauer）先生的指示，并应贵公司昨天电话里的要求，我们已经将附录清单上的书籍寄给贵公司了。兹附上一份天津海关署长 Hon S. T. Wen 写给燕京大学司徒雷登（John Leighton Stuart）先生的中国官方信函，该函已批准我们的书籍从天津港口通关，不受阻碍。除了贵公司要在天津出示这个文件以外，赖肖尔先生还要带上一封司徒雷登先生写给 Hon S. T. Wen 的英文信函，此函授权他携带图书去哈佛大学。中文书籍的保价是1000美元，请向赖肖尔先生询问藏文书和蒙古文书的保险价值。（HYL Archives：Letter of Alfred K'aiming Ch'iu to J. A. Mouland & Co.，June 10，1938）

哈佛燕京学社社长长叶理绥（Serge Elisséeff）教授致函在北平的裘开明：我已向董事会请求下一年度增加对地方志采购的拨款，董事会同意拨款2000美元。我将请财务员于7月1日汇寄给燕京大学财务员一半资金，同时寄来用于采购中文图书的1000美元经费。这样一来，你将有1000美元的地方志购买费，2000美元中文图书购买费。我已批准由赖肖尔（Edwin Oldfather Reischauer）先生携带蒙文和藏文大藏经给汉和图书馆。希望你能够成功获得图书出口的许可证。关于目录的标题，我认为"Chinese-Japanese Library of the Harvard-Yenching Institute at Harvard University"（哈佛大学哈佛燕京学社汉和图书馆）可以分成两至三行排列，关于标题的中文译名可与洪煨莲（William Hung）教授商量，但是，需要提醒你的是，不要忘记董事会始终坚持在标题中提及哈佛燕京学社，这一点不能忽略。中文名称可以排成3行，其中哈佛燕京学社用小一号的字体，汉和图书馆用比较粗的字体，哈佛大学则用比哈佛燕京学社更小一点的字体……我已经收到一箱目录，将会在9月份布鲁塞尔东方学者国际会议上向与会学者们展示这些卡片和样本。（HYL Archives：Letter of Serge Elisséeff to Alfred K'aiming Ch'iu，June 10，1938）

6月11日

哈佛燕京学社社长叶理绥（Serge Elisséeff）致函徐家麟（James Chia-ling Hsu）：我写信给你是为了安排在我离开哈佛期间和裘先生回来之前的工作，裘先生和我要重新安排图书馆的组织管理工作。在7、8、9这三个月里你继续担任代理馆长，每月薪水200美元。我之前通知你，图书馆将于8月15日至9月19日期间闭馆。陈（世材）先生和童（世纲）先生可能在7月份和8月份最初的两个星期以及9月份的最后两个星期上班。后一个安排是我和裘先生决定的，但是还没确定我们是否将继续给中国留学生上课以及他们的报酬是否一样。Frank Harrington 将于7月份的第一周收到15美元，他打算放两周假，所以8月份图书馆闭馆，他还能回来清理图书，以及做你交给他的工作。N. Battit 将平均每天在图书馆工作两小时，即一周12个小时，每小时40美分。在图书馆闭馆的一个月里,无需从图书馆财务中为其支付报酬。我从下一年度的中文书购书预算中提取 200 美元,增加到装订费中,则装订费为 300 美元,在这个预算范围内,你可以自己决定为各类图书和期刊进行必要的装订。我不在的三个月里,我授权你可以支配西文书中预算的 400 美元。暑假期间,Huff 小姐可以在 15 号房间工作。我还希望你 7、8 和 9 月份每个月向 Florence T. Bayley 小姐交一份经费支出明细。在 7、8 两个月,图书馆星期六全天闭馆。(HYL Archives: Chinese-Japanese Library Harvard University Report of the Acting Librarian for the Year July 1, 1937 to July 1, 1938)

6 月 17 日

裘开明致函哈佛燕京学社哈佛燕京学社社长叶理绥(Serge Elisséeff)教授言:赖肖尔(Edwin Oldfather Reischauer)先生于今日上午携带中文图书启程回美,兹附上相关目录,另外还有两至三种珍本古籍将由我亲自带回美国。你可以在该目录中看到《八旗通志 初集》,我非常幸运地以国币 240 元的价格购买了这部珍本,并将继续设法搜购清代嘉庆年间的《八旗通志 二集》。哈佛引得校印所已完成了铅字的排版工作,印制了约 680 条目录的初校校样。我已经要求他们尽可能多地印制初校校样,这样我就可能在 8 月 1 日以前完成初校校样的校对工作。(HYL Archives: Letter of Alfred K'aiming Ch'iu to Serge Elisséeff, June 17, 1938)

6 月 21 日

哈佛燕京学社秘书 Florence. T. Bayley 小姐致函在北平的裘开明:5 月 9 日和 17 日来函收悉,函附 1938－1939 年图书馆预算计划。我已请会计于 7 月 1 日后给燕京大学汇寄了 1000 美元的地方志专门拨款和 1000 美元的中文图书拨款。另外,哈佛燕京学社社长叶理绥(Serge Elisséeff)日前已飞往巴黎,所以他不能回复你 5 月 9 日的来函。(HYL Archives: Letter of Florence. T. Bayley to Alfred K'aiming Ch'iu, June 21, 1938)

7 月 23 日

裘开明致函哈佛燕京学社 Florence. T. Bayley:感谢你 6 月 21 日的来信。我也收到了哈佛燕京学社社长叶理绥(Serge Elisséeff)教授 6 月 10 日的信函。哈佛燕京学社社长叶理绥告诉我,在我的抗议下,Dollar 船运公司已经退还了 15 箱卡片自香港运至天津的货运费。我已经在中国停留了 18 个月,之所以至今还不能完全完成印刷目录的工作,部分原因是战争,但更大的原因是由于 Dollar 船运公司的工作失误导致两次卡片货运的延期。哈佛燕京学社社长叶理绥教授要求我 8 月 1 日由北平返回美国,这对我来讲是不可能的,因为我必须留在北平监管图书目录和卡片目录的最后印刷出版。迄今为止,我已收到魏鲁男(James Roland Ware)博士寄回的 138 页校勘稿,还有 61 页有待返回。这 199 页必须在我返回美国之前印刷。一旦事情按照正确的方式开展,哈佛引得校印所就会知道其后将如何去开展最终的目录印制工作。迄今已经印制了 1250 页目录,还有 450 页。美术、自然科学和科技类目录仍在印制中。我们都在夜以继日地努力工作,但是在 8 月底之前完成 1700 页初校校样的印刷工作是不可能的。我必须留在燕京。洪煨莲(William Hung)教授和田洪都(Hung-tu Tien)先生都不希望我在没有完成这里的工作之前就离开。他们都事务繁忙,我只能请他们提一些一般的建议,他们并不知道其中的具体细节。因此,我不能将工作留给他们。由于中国的事务,我已经取消了早前的订票,现在我计划 9 月 4 号乘俄国女皇号从上海启程,9 月 19 日抵达西雅图。请你让徐家麟(James Chia-ling Hsu)先生在开学之前尽可能多地编目图书。我看了下一年度的图书馆预算,很惊讶地发现委员会解雇了在流通台服务的一个中国学生助理,由 N.

Battit 代替他的位置。对此，我表示异议，我不认为 Battit 可以胜任这份需要懂中文和日文的工作，希望下一年辞退 Battit，另外聘请一个中国或日本学生，或者一个懂得中日文的美国学生。如果哈佛燕京学社社长叶理绥教授向 Battit 承诺了工作的话，我希望他的薪水从行政办公预算或者亚洲研究期刊的预算中支出。随函附一份 7 月 1 日委托美国运通公司（American Express Co.）货运的 5 货箱图书目录，请交给徐先生。另外两份收据给哈佛大学财务处。（HYL Archives：Letter of Alfred K'aiming Ch'iu to Florence T. Bayley, July 23, 1937）

8 月 16 日

聂崇岐致函裘开明：……半年来嘱敝处代拼之片，总计时间约六十小时，以每小时五角计，共合叁拾元，祈即时此款拨与敝处，以完手续。（HYL Archives：聂崇岐至裘开明信函，1938 年 8 月 16 日）

8 月 26 日

裘开明致函燕京大学财务处 Mary Cookingham（郭美瑞）：我将于下周启程返美，根据来自哈佛的指示，我必须带回有关书本目录和洛克菲勒卡片计划账目的详细报告，请你让 Kuo 先生提供一份有关上述两种账目的详细说明报告，然后请你在打印的报告正本和副本上签字。我将把副本留给洪煨莲（William Hung）教授。我将把上述两项计划的指导工作移交给学社北平办事处主任洪煨莲教授和燕京大学图书馆馆长田洪都（Hung-tu Tien）先生。（HYL Archives：Letter of Alfred K'aiming Ch'iu to Mary Cookingham, August 26, 1938）

9 月 1 日

裘开明自北平启程回美国。在启程之前，裘开明召集洪煨莲、齐思和、田洪都、李书春等人在齐思和的住宅召开会议，嘱田洪都代为管理汉和图书馆目录卡片、书本目录以及分类法印刷等事，并确定印费为每版 20 美分。（HYL Archives：Letter of Alfred K'aiming Ch'iu to Arthur William Hummel, December 9, 1938 & 李书春致裘开明信函，1939 年 5 月 28 日，以及田洪都致裘开明信函，1939 年 11 月 22 日）

9 月 26 日

裘开明回到哈佛大学。（Alfred K'aiming Ch'iu. Reminiscences of A Librarian. Harvard Journal of Asiatic Studies, Vol. 25(1965):7-18 & HYL Archives：Letter of Alfred K'aiming Ch'iu to Arthur William Hummel, December 9, 1938）

9 月 30 日

裘开明致函田洪都、李书春：一、前由日本横滨寄上改正经学分类表，请早收到并印毕。兹附上书皮及书皮后封面样张各一，请照样付印。硬壳书皮只印二百份即足，其余一百份有薄纸封面，可装订成厚册。印就请邮寄五十部来。二、前寄经学类卡片三包（片 1-500）已收到。以后发寄卡片请附清单双份，一份寄回中国，一份留此以备参考。又已印就卡片三十七套，请留七套在平，其余速装箱由美国运通公司寄来。第一套中之丛书总目片在二张以上者请用白线扎好。三、关于罗氏基金会[即洛克菲勒基金会]继续印行卡片计划，计划书现已草就，待哈佛燕京学社社长叶理绥（Serge Elisséeff）呈 David H. Stevene 通过后即可寄平。四、哲学宗教类稿件在太平洋上已校阅大半，已交魏鲁男（James Roland Ware）先生校阅英文，待其阅毕即当寄上。五、《分类法》（定名《汉和图书分类法》）印刷费已另有款项，请即送付印。版式请采用英文《杜威十进分类法》及皮高品《中国十进分类法》，请打样张数种寄来。需用款项暂由卡片印费支付，将来另寄上偿还。（HYL Archives：裘开明致田洪都、李书春信函，1938 年 9 月 30 日）

李书春致函裘开明：一、发单上所开的压铅费压版费，均系算至1939年1月底为止，倘到期此书目仍不能付印完竣时，则1939年1月以后，敝所即按每月付印数目由压版数中减去，以压版实数比照原发单所开之压铅压版价格计价，由哈佛汉和图书馆付款。（印此书共压铅达五万余斤……）二、吾等所印此项书目，原来预料至本年（1938年）9月底竣事，绝未料及延日若是之久。现在所压版数，计共排、校等等所需费用，实属甚巨，且此版皆系细碎铅料组成，如有移动，稍一不慎，最易错乱，所以保存一事最当注意；若仍如过去之一年情形，关于保存一事，处于此地，自然无可顾虑，惟时局变化无定，安全与否非可预卜，此后倘有受故，敝所对此重而且大、不易移动之两千面铅版，即无力负保护之责矣……敬请先生谋划……（HYL Archives：李书春致裘开明信函，1938年9月30日）

9月

秋季开学初，哈佛大学远东学系正式成立，哈佛燕京学社社长叶理绥（Serge Elisséeff）教授担任哈佛大学远东学系首任系主任。（Alfred K'aiming Ch'iu. The Harvard-Yenching Institute Library. *The Far Eastern Quarterly*（远东季刊）. Vol. 14, No. 1 (November 1954): 147-152)

汉和图书馆停止向美国其他东亚图书馆出售ditto复制目录卡片，改为出售印刷目录卡片。（HYL Archives：Chinese-Japanese Library of the Harvard-Yenching Institute at Harvard University Report of the Librarian for the Year July 1, 1948 to June 30, 1949）

10月4日

裘开明发电报给燕京大学引得校印所（Index Press），嘱印制编号1401开始的卡片50份。（HYL Archives：Telegram of Alfred K'aiming Ch'iu to Yenta Index Press Peking, October 4, 1938）

10月6日

裘开明致函哈佛燕京学社社长叶理绥（Serge Elisséeff）：鉴于我在中国期间与你通信频繁，故似乎没有必要对我的工作进行长篇报告。但是出于存档的需要，我愿意在此简要汇报自1937年2月到1938年8月我离开学校期间为学社所作的工作。至于详细情况，则请参见1937年10月22日、11月10日、11月15日、12月7日，及1938年1月12日、1月17日、1月20日、1月26日、2月3日、2月15日、3月5日、3月21日、4月7日、4月14日、4月21日、5月9日、5月17日、6月17日、7月23日的信。（一）关于购书工作。1937年春季，在我等待我们的ditto复印卡片寄抵北平期间，我无事可做，所以我大部分时间都在走访各书店，并核对燕京代购之书。去年10月我从南方返回北平，我再次利用部分时间选购书籍。我很高兴地向你报告，我买到了很多不常见的书（参见附件A）。我们共计购得地方志502种4320册（参见附件B）。在核对过我们馆所藏的600多种丛书书目后，我编制了包含43种重要丛书的目录（参见附件C）。该目录采用ditto复制方式复印，并发放给北平各书商。目录中所列之书，到目前为止我们已经购得了23种，还有20种极难购得。我们希望在未来一年能够买到其余的丛书。除了方志、丛书和善本书以外，我们还购得了一些明代传记、清人文集以及其他各类能够填补我们藏书缺陷的文献。我们购书的详细账目和中文发票在启程后不久即寄来了。希望过一段时间能够收到。（二）关于印刷书本式目录。去年5月，ditto复制卡片抵达北平，我立即开始对其进行必要的完善工作。由于这些卡片是在过去10年（1927年2月到1937年1月）的时间里编制的，其中一些已经相当残破。在我服务哈佛的早期，我独自一人率先采纳现代科学的方法为中文书进行编目试验。因为我们图书馆在中国国内外是首个采用所谓"单元卡片"方式以及使用 ditto 复制法复印中文书目录卡片的图书馆，所以我们早期的卡片难免会在形式和内容上存在不足。10 年前，极少有像我现在所拥有的哈佛燕京学社汉学引得丛书这样好的书目工具。随着时间的流逝，我不断改进我们馆目录卡片的编制方法。它们现在的形式是经过长期艰苦工作以及燕京与哈佛的不断使用发展而来的。因此过去 6 年编制的卡片与早期的采用 ditto 方法复制的卡片不统一。我在中国的第一项工作就是统一所有卡片的内容和形式。由于早期缺少必要的工具，作者的大多数信息，如生卒年、字、号都未填写。我在燕京的大多数时间都用在查找这些信息上了。在这项工作中，我得到了来自燕京大学图书馆职员的热情协作和帮助。我实际核对了我们藏书中 35000 种书籍的每一条书目记录。为了使整部目录更加统一、一致，我不得不修改了很多中国文学书籍的分类，重新排列了许多卡片。按照现行分类法的类名为 600 多种丛书中所含的约 20000 种独立著作编制分析款目，使编校工作的难度增加了一倍。在中国，只有南京的江苏国学图书馆像我们一样大规模地为丛书编制分析款目；但是这个图书馆的分类主要是依据传统的四库分类法，类名为旧术语，而我们的书所采用的分类法则是在四库基础上编制出的详细分类法，与他们的分类法不同的是，为了确定各书在现代术语下的学科和性质，我们必须浏览每一本书，这样我们的读者才能找到书，即在现代语境下，找到所需主题的古籍。把丛书中所包含的如此多的独立著作归入到统一、复杂的分类体系中，这项工作所花费的时间比我想象的要多很多。目录出版拖延的另外一个原因在于，我们又收录了大部分新书，如过去一年所购的方志和善本书。额外新增的书使书目容量增加了四分之一。现在不含索引共有 2000 页；而我们原来预计是 1500 页。6 个索引——2 个主题索引（一个为中文索引，一个为英文索引），2 个书名索引（一个为威妥玛拼音索引，一个为王氏四角号码索引）和 2 个作者索引（一个为威妥玛拼音索引，一个为王氏四角号码索引），采用比书目主体部分小一些的字体印刷，可能需要 600 页。作者和书名的拼写由哈佛燕京引得编纂处的工作人员在其副主任聂崇岐（Nieh Ch'ung-ch'i）先生指导下完成的。在校对清样时，我虽然校对了拼写，但这些工作我的贡献是非常少的。这一项目的详细账目和原始发票列于附件 D 中。(三)关于洛克菲勒目录卡片项目。正如你所知道的，直到今年 5 月份我们才收到 1500000 张空白图书馆卡片。因此到目前为止只有经类书籍（约 3500 种）的卡片印制完毕，每种书的目录卡片印 40 份。已经有 3 套通过挂号信寄来剑桥，其余的 37 套仍在燕京。我们已经致函燕京，请他们把已经印好的卡片通过美国运通公司用水路航空快信寄来。印刷卡片过程中，必须把为印刷书本式目录而排的版加以改动。这些改动或增加的内容有：(1)在书名之下放置丛书的注释，在书本式目录中为了节省空间，注释是跟在书名之后的；(2)增加方志类书籍省份的中文名称；(3)在每张卡片上增加英文机构名称"Harvard-Yenching Institute"、丛书分析款目的分析分类号以及系列号。除了以上提到的对卡片所做的必要修改外，卡片的印刷要比书本式目录的印刷要慢，因为每张卡片都要手工放入机器再取出，同时脚踏印刷，而书本式目录的印刷可以机器自动进行，并自动切纸。因此，在 1938 年之内没有可能完成印刷工作。印刷厂估算，如果再添置几台设备，可在 1939 年夏季完成书本式目录所收全部款目对应卡片的印刷工作。在书本式目录中，分类主题词表采用中英文对照的方式清晰地印刷出来。对于卡片来说，我设想印刷中英文对照的指引片。这些指引片的尺寸遵照美国标准尺寸，能够插入到 Remington Rand 公司生产的卡片目录柜中。大约有 1000 张指引片，每张印 40 份，在北平印刷这些导卡片所需的费用为国币 890 元，按照现在的汇率，折合美元 160 美元。每套售价为 5 美元。成本低于卡片的售价。这些指引片可用于那些采纳我馆分类法的图书馆，而印刷卡片则可用于使用任何一种分类法的图书馆。卡片在美国的发行也很是问题。目前哈佛汉和图书馆的工作人员无暇顾及此项目。必须用结余的 1240 美元聘请更多的学生助理在我的指导下完成此项工作，用于发行工作的这笔钱掌握在董事会手中。我们希望合作馆能够尽快告知欲订购的套数。该工作阶段的联系工作最好交给华盛顿的 Mortimer Graves 先生。最后一个重要的问题是关于洛克菲勒基金的，这笔钱连同出售卡片的收入最好能够循环使用。在我临行前不久，燕京成立了一个临时委员会，成员包括洪煨莲（William Hung）教授（主席）、齐思和（Ch'I Ssu-ho）教授（1935 年获哈佛大学博士学位，原哈佛燕京成员）、燕京大学图书馆馆长田洪都（Hung-tu Tien）先生以及我本人。成立这个委员会的目的是为了最合理地使用出售目录卡片的收入，以便能够继续出版未来几年哈佛燕京学社图书馆在燕京与哈佛购得的新书的目录卡片。这个项目萌芽于当前美国汉学界和中文图书馆界非常特殊的环境中，我衷心地希望它能够永久持续下去，在未来造福各个图书馆。如果按照我们所预计的卡片出售迅速，那么作为一个永久性项目，它的继续运作则无需再依靠洛克菲勒基金会的后续资助。和以前一样，编制用于印刷的手写目录卡片的成本由哈佛汉和图书馆和燕京大学图书馆的编目预算中支出。只有中英文卡片的排版和印刷成本需要从循环经费中支出。今后卡片的售价将会比现在的要高，因为这些卡片汉字的排版费用是从我们印刷书本式目录的拨款中支出的。你能否把以上建议转告给洛克菲勒基金会的 David H. Stevens 博士，请他批准我们循环使用经费用于继续印刷今后所购图书的目录卡片。卡片项目的账目列于附录 E。随函附上附录 A（1937－1938 所购善本书清单）、附录 B（1937－1938 所购方志清单及现购地方志书单）、附录 C（哈佛建议购买之丛书书单）、附录 D1（书本式目录项目收支账目）、附录 D2（哈佛中文图书馆本式目录账目）、附录 E1（洛克菲勒目录卡片项目账目明细）、附录 E2（洛克菲勒目录卡片项目账目）。

表：附录 D1　书本式目录项目收支账目

拨　　款			
日期	美元	折合国币（元）	合计
1937 年 6 月 30 日	630.00	2107.35	
1938 年 6 月 15 日	2250.00	12037.51	
1938 年 6 月 15 日	（利息）4.71	25.19	14170.05
支　　出			
日期	明细	金额	
1937 年 8 月 31 日	支付印刷厂	2276.64	
10 月 31 日	支付裘开明邮资	20.00	
10 月 31 日	拍电报给哈佛燕京学社社长叶理绥博士	28.33	
11 月 18 日	支付赵卡片拼写	300.00	

续表

11月20日	打字工作	2.70	
12月1日	支付引得编纂处卡片拼写	150.00	
12月22日	支付陆述文誊写	30.00	
1938年1月21日	支付陆述文誊写	30.00	
1月31日	打字工作	1.50	
2月15日	支付陆述文誊写	15.00	
2月25日	支付陆述文誊写	6.00	
3月19日	支付印刷厂	1500.00	
4月12日	打字工作	4.80	
5月2日	支付印刷厂	1000.00	
5月26日	支付印刷厂	1000.00	
5月31日	打字工作	3.00	
6月1日	支付朱誊写	12.00	
6月27日	支付朱誊写	75.00	
6月30日	支付印刷厂	5300.00	
7月8日	支付田洪都邮资	100.00	
7月19日	支付（佟起翔）Tung Chi Hsiang	35.00	
7月28日	支付罗维勤誊写	67.00	
7月28日	支付朱誊写	75.00	
8月11日	打字工作	2.10	
8月26日	支付佟起翔誊写	56.00	
8月26日	支付罗维勤誊写	20.00	
8月26日	支付引得编纂处卡片拼写	30.00	
8月30日	印刷厂	86.50	12226.57
	1938年8月30日结余		1943.48

表：附录 D2 哈佛中文图书馆书本式目录账目

拨　　款			
原始预算	额外增加 250 页的成本	支付校对和拼写费用	合计
$9176.50	1000.00	950.00	11126.50

表:附录 E1　洛克菲勒目录卡片项目账目明细

拨　　款			
日期	美元	折合国币	合计
1937 年 6 月 19 日	（洛克菲勒基金）4000.00	13448.00	
1938 年 5 月 31 日	（学社拨款）1200.00	4023.00	
1938 年 6 月 15 日	（学社拨款）200.00	1070.00	18541.00
支　　出			
日期	明细	金额	
1938 年 3 月 19 日	支付印刷厂	3000.00	
4 月 12 日	发电报给剑桥	25.65	
4 月 22 日	支付美国运通公司	194.42	
5 月 2 日	支付印刷厂	2000.00	
5 月 26 日	支付印刷厂	1000.00	
8 月 30 日	支付印刷厂	3110.00	9330.07
美国运通公司退款		39.63	9290.44
	1938 年 8 月 30 日结余		9290.44

表:附录 E2　洛克菲勒目录卡片项目账目

原始预算	
30000 种书的卡片，每种的材料费、排版费和印刷费为 $0.25	7500.00
非制作纸模的卡片排版费，每种 $0.05	1500.00
印刷 30000 种卡片，每种 40 份，总支出	6000.00
排版 2000 页英文稿，每页 $1.50	3000.00
修改丛书卡片的标目	1800.00
印刷卡片而保存的铅字	4000.00
印刷 1000 种指引卡，每种 40 份	890.00
卡片保险	100.00
卡片从北平到燕京的汽运费	10.00

续表

合计	16000.00
收款	9110.00
赤字	6890.00

(HYL Archives：Letter of Alfred K'aiming Ch'iu to Serge Elisséeff, October 6, 1938)

李书春致函裘开明：别来倏经月余，想已平安抵美……书目照常进行，卡片亦已印至一千余张……今日寄上校样三包：计第一包内装新改样 349—449，初校原样 339—434，此包由航空邮寄，需款 114.85；第二包内装新改样 450—535，初校原样 435—515，此包由西伯利亚走，挂号寄，需款 0.75；第三包内装新改样 531—650，初校原样 516—633，此包挂号寄，由海道直走。以上三包到达之早晚，先生即可决定此后寄稿之方法……在以上所寄三包以外，尚寄普通寄发三包，内装新改样，页码与上三包之新改样同。在新改样上皆注有各项问题，务祈一一批答，以便照办……(HYL Archives：李书春致裘开明信函，1938年10月6日)

10月10日

裘开明致函美国学术团体协会中国学研究委员会(Committee on Chinese Studies, American Council of Learned Societies)秘书 Mortimer Graves 先生：很抱歉好久没通信了。但在中国的这个环境下我什么都不能说。我收到了你要《分类法》复本的来信后，随即写信给徐家麟(James Chia-ling Hsu)先生，请他从博伊斯顿堂的办公室寄份复本给你。我没有在北平印刷分类法，因为不确定出版经费能否到位。洛克菲勒有一笔可自由支配的余款同意用来给我们印刷卡片，但没有直接授权，我不敢用。回到剑桥后，我从贾德纳(Charles Sidney Gardner)处获悉你有资金可以为我们出版分类法。去年燕京引得编纂处的报价是国币 3000 元或 900 美金，按汇率换算，现在仍能以 900 美金支付出版费用。你能告诉我多久才能得到你们的经费吗？另一项需要你协助的是订购我们出版的卡片的订户名单。我们想尽可能快的知道每个机构想要多少套。我在给哈佛燕京学社社长叶理绥(Serge Elisséeff)教授的报告中有提建议，现随信附上。请看完后回信给我。当你途经华盛顿时，请抽空来博伊斯顿堂，我想和你就双方共同感兴趣的话题聊一聊。(HYL Archives：Letter of Alfred K'aiming Ch'iu to Mortimer Graves, October 10, 1938)

10月11日

李书春致函裘开明：前者田洪都先生云先生函索经学类之书本目录数十册。敝所闻信后即往各纸行觅购适当之纸料，以作印分类表之用……此时局各项纸类多不齐全，是以虽广事搜购，亦未购得色质合意者，故不得已，乃以前所用之红色打字纸印成十册，后用白道林纸印成十册，共分十包发邮奉上……(HYL Archives：李书春致裘开明信函，1938年10月11日)

10月12日

李书春致函裘开明：……顷接来电，嘱将卡片书目每张增印十张，当即照办。惟现在印过之卡片号码已达一千四百，已经拆毁之版，现在补印即须重新排制矣。其重制版费，敝所当按排卡片版计价……(HYL Archives：李书春致裘开明信函，1938年10月12日)

10月14日

美国学术团体协会中国学研究委员会(Committee on Chinese Studies, American

Council of Learned Societies)秘书 Mortimer Graves 致函裘开明:很高兴近期收到你的来信,特别是知道你安全回到了剑桥。关于你将要出版的《分类法》,早前我已在办公室拿到了哈佛的复本,并由我们的中文和日文图书编目委员会研究过。我们认为这本书的出版将很令人期待。当时我曾经写信告诉过你,不过好像你没收到。我们不能在美国出版这本哈佛的手稿,因为有太多变动,已不能算是你的著作了。不过,我们有总共 900 美元的经费用来进行出版事宜。你能告诉我出版的条件,出版商是谁,以及谁会获得出版的收入等情况吗?在美国我们自己的中文和日文图书编目项目中,我们将需要足够多的复本。在哈佛卡片的帮助下,这个项目现在正在国会图书馆和哥伦比亚大学开始。请告诉我这些详情。如果可以以哈佛燕京学社的名义协助出版的形式申请的话更好。无论如何,资金已经准备好了,只要细节弄清就可以运作了。(HYL Archives: Letter of Mortimer Graves to Alfred K'aiming Ch'iu, October 14, 1938)

10 月 19 日

裘开明致函美国学术团体协会中国学研究委员会(Committee on Chinese Studies, American Council of Learned Societies)秘书 Mortimer Graves 先生:谢谢你 10 月 14 日来信提及你会支付 900 美元出版我们的《汉和图书分类表》。我们决定让哈佛燕京学社作为促进中国研究的官方机构向贵委员会或其他研究机构要求协助并不合适。如需任何的申请程序,请让我以个人名义申请。其次,对于出版者,在我看来,无论是燕京大学图书馆或贵协会都可以作为出版者。出版者为燕京引得编纂处,曾印刷《哈佛燕京汉学引得》以及我们的目录卡片。我们打算出 300 套复本。在印够给你的复本数量后,其余可以以每本 6 元中国币的价格在中国和日本出售,以每本 3 美元的价格在美国和欧洲出售。我想让你来决定这本书从销售到之后发展的用途。根据贾德纳(Charles Sidney Gardner)博士的建议,我已通知燕京大学图书馆着手《分类法》的排版。因为接下来的年度他都在那里,因此我邀请贾德纳博士尽可能有时间的去监管这本书的印制过程。校样会寄给我先过目。随信附上《哈佛燕京学社分类法》的出版计划复本,此计划已于 1936 年 11 月提交给洛克菲勒基金会。随着印刷的卡片的分发,我希望我们的《分类法》能卖得更多,因为我们的卡片有分类号码,每张卡片决定了书的性质,我们卡片的使用者将会去《分类法》里找出号码所代表的含义。不论各图书馆采用哪种分类法分类其中文和日文书籍,他们都有必要检索这些分类号码……考虑到我们印制目录卡片的发行情况,你能否为我们提供收集到的购买者及其订购数量的清单呢?我们为书本目录第一册准备的卡片大约有 3500 种,正等待发行。我带了 3 套回美国,其余的将由美国特快专递公司空运回来。我们这里只有两本出版的图书目录的第一册。其余的一到,我就送一本给你。(HYL Archives: Letter of Alfred K'aiming Ch'iu to Mortimer Graves, October 19, 1938)

10 月 20 日

哈佛燕京学社致函哈佛大学采购部(Purchasing Department of Harvard University):请为学社购买与之前从 Carter, Rice & Co. 购入的相同的图书馆指引白片(7.5×12.5 cm 穿孔)250000 张。请要求供货商通过美国运通公司(American Express Company)将这批卡片船运至中国北平燕京大学图书馆。此事烦请 Mortimer Graves 留意。(HYL Archives: Letter of Harvard Yenching Institute to Purchasing Department of Harvard University, October 20, 1938)

美国学术团体协会中国学研究委员会(Committee on Chinese Studies, American Council of Learned Societies)秘书 Mortimer Graves 致函裘开明:非常感谢你 19 日的来

信。安排很令人满意。请告知你想什么时候以何方式支付费用。(HYL Archives: Letter of Mortimer Graves to Alfred K'aiming Ch'iu, October 20, 1938)

10月21日

裘开明致函Larz Anderson：我以哈佛大学哈佛燕京学社汉和图书馆的名义，感谢你馈赠给图书馆一套很有价值的《江户名所图绘》(Edo Meisho Zue)。同时，感谢上次我在你家愉快的会面和你招待我的茶，以及你让我带给哈佛燕京学社社长叶理绥夫人(Mrs. Serge Elisséeff)的花和你送给我的书。学社董事会的一名成员Carl T. Keller先生打电话给我，说你可能想把上次我在你家里看到的中文手稿赠给汉和图书馆。假如你决定这么做的话，我们非常感谢。(HYL Archives: Letter of Alfred K'aiming Ch'iu to Larz Anderson, October 21, 1938)

哈佛燕京学社图书馆代购并邮寄250000张图书馆指引白片至北平燕京大学图书馆。(HYL Archives: Cost list of Harvard-Yenching Institute Library buy and mail white library index cards to Peiping, October 21, 1938)

10月26日

裘开明致函燕京大学会计Mary Cookingham(郭美瑞)：华府的美国学术团体协会(ACLS)中国研究委员会已经拨款900美元，作为我们图书馆《分类法》的出版费用。在过去10年里，燕京和哈佛都在使用该分类法。根据我的要求，美国学术团体协会将给你寄来一张800美元汇票，作为在中国的使用费用。请在纽约花旗银行北平分行以美元存入这笔钱。这笔钱是用于印制和行政补助的开支，这是根据燕京大学教务长洪煨莲(William Hung)教授以及燕京大学图书馆馆长田洪都(Hung-tu Tien)先生的严格要求而规定的。请为"美国学术团体协会津贴"单独立一个账号，不要与洛克菲勒卡片项目共用一个账号，那是哈佛汉和图书馆的图书编目基金。(HYL Archives: Letter of Alfred K'aiming Ch'iu to Mary Cookingham(郭美瑞), October 26, 1938)

裘开明致函美国学术团体协会中国学研究委员会秘书Mortimer Graves：我很高兴得知你对我们分类法的出版安排感到满意。可否请你明确地答复我，你究竟是想燕京大学图书馆还是美国学术团体协会，或者两者一起，成为出版者。如果指定前者为出版者，我们当然会在这本书的首页显示这个分类体系是由美国学术团体协会中国研究委员会资助出版的。至于转寄经费，根据燕京大学会计的要求，请寄送一张800美元的现金票据。随信附上了燕京大学会计Mary Cookingham(郭美瑞)小姐的信，请你随着支票一同寄返。剩下的100美元，可以保留在你的办公室，作为在美国发行这本书的支出费用，例如邮资、运费、包装、广告宣传等。如果燕京后期需要更多的钱，我们可以再寄给他们一点。一旦我收到你的来信告知我谁是出版者，我就会给主管洪煨莲(William Hung)教授和燕京大学图书馆馆长田洪都(Hung-tu Tien)先生写信。(HYL Archives: Letter of Alfred K'aiming Ch'iu to Mortimer Graves, October 26, 1938)

10月

本月，裘开明起草"哈佛燕京学社编印目录卡片暂行简章"(Memorandum for the Printing of Cards for Future Accessions of the Harvard-Yenching Institute Libraries)。简章规定：

第一章　组织及经费

第一条　本社编印目录卡片由燕京大学图书馆及哈佛大学汉和图书馆当局组织委员会主持之。

第二条　委员会得聘用雇员以辅佐此工作之进行。

第三条　起草目录底片之费用于两馆原有常年编目经费内支付。

第四条　校印及发行目录卡片之费用由哈佛大学汉和图书馆前此印片余款及今后出售卡片收入担负之。以后发售新印卡片收入均作此事之基金,不得移作他用。

第二章　编目条例及卡片款式

第五条　编目条例及卡片款式一律依据哈佛大学汉和图书馆于1938－1939年所发行之书本及卡片目录。

第六条　条例及款式如有何更改处,须经两馆当局认可,然后施行之。

第三章　编目及印行手续

第七条　底片由燕京起草印就,初校四张随书寄美,由哈佛校对并分类,再寄还燕京正式付印。

第八条　卡片暂委托引得校印所代印。

第九条　卡片之发行由燕京与哈佛在中美分别办理。

第四章　印片范围

第十条　本社拟编印之卡片暂以哈佛大学汉和图书馆每年所购入之书,即燕京大学图书馆原有及将来购入之国学书籍而为哈佛所无者为限。

第十一条　他馆(如美国国会图书馆)如欲委托本社代印卡片,其格式须与本社自行编印卡片相同。如交来底片内容有缺略,而须由本社填补者,本社得增收相当费用。

(HYL Archives：哈佛燕京学社编印目录卡片暂行简章[Memorandum for the Printing of Cards for future Accessions of the Harvard-Yenching Institute Libraries],1938年10月)

11月1日

裘开明回复Harold L. Leupp对汉和图书馆以及印刷目录卡片项目的询问。(HYL Archives：Letter of Alfred K'aiming Ch'iu to Harold L. Leupp, November 1, 1938)

11月4日

裘开明致函田洪都,谈及以下几件事:一、应哥伦比亚大学图书馆馆长C. C. Williamson和芝加哥大学东方语言系顾立雅(Herrlee Glessner Creel)的定购要求,我昨天给你发了电报,请你邮寄目前已完成的卡片各一套至上述2所大学。芝大订购了4套卡片,一套由贵处邮寄,其余3套或可待通过美国运通公司运至波士顿的大宗运输抵达后由此处发寄芝大。希望你已经收到我9月30日的函件,建议通过美国运通公司船运除暂留贵处以待之后归档的7套卡片之外的其他所有卡片。二、因卡片需求增加,敝处10月4日发一电报致引得校印所,请其每种书名卡片印制50份而非40份。请督其执行。如果经部部分类目尚未分发,请要求引得校印所每种书名卡片多印刷10份。目录中共35000种书名,每种印刷50份需1750000张卡片,去年寄往燕京的卡片数量为1504000张,因此,我们向Carter, Price & Co.公司加订了250000张卡片,将通过美国运通公司运至贵处。三、昨天我刚刚收到目录校样页450至530。10月24日,敝处已将校对过的校样页201至295寄回贵处,剩下的哲学与宗教类校样将于日内寄上。四、我在9月30日的函中要求贵处按随信附上的样本印制经部的版权页。之后的各部分,如哲学与宗教、历史科学等,亦请按该样本印制版权页。每一部分印制完成,请邮寄30到50份至剑桥,邮费从书本目录经费中出,已于8月增汇100美金至燕京会计处。五、请让办事员将哥大和芝大的邮费账目分开,因敝处需请其分别偿还邮费。(HYL Archives：Letter of Alfred K'aiming Ch'iu to Tien Hungtu, November 4, 1938)

裘开明发电报给北平燕京图书馆(Yenta Library Peking)，嘱其邮寄卡片各一套至哥伦比亚大学和芝加哥大学。(HYL Archives：Telegram of Alfred K'aiming Ch'iu to Yenta Library Peking，November 4，1938)

11月10日

裘开明致函美国学术团体协会中国学研究委员会秘书 Mortimer Graves 先生：我10月10日寄给你一份写给哈佛燕京学社社长叶理绥(Serge Elisséeff)教授的报告，如果读完，能否寄回？关于我们的印刷卡片的销售，很想得到你的建议。你能让我通过你的《远东研究评论》(Notes on Far Eastern Studies)要这些卡片的订户名单和数量吗？你认为我应该在下期的《评论》里写份说明书，说明这些卡片的种类及销售的条件吗？根据哥伦比亚大学和芝加哥大学的要求，我们发了电报给燕京大学，要他们把卡片直接寄给这两间大学。其余卡片会空运到这里。顾立雅(Herrlee Glessner Creel)增加订单到5套。印刷《分类法》的钱你寄给了燕京大学的 Mary Cookingham(郭美瑞)小姐了吗？你想哪家作为印刷商——燕京大学图书馆，你的协会还是两家联合一起？翻阅我们的档案，我发现我们仍缺以下书籍：《美国远东研究》(1937，6)，《远东目录学期刊》第1卷1至3期，第2卷1至4期。如果你有这几期的存货，请以合理价格提供给敝馆，并附发票复本。(HYL Archives：Letter of Alfred K'aiming Ch'iu to Mortimer Graves，November 10，1938)

11月12日

裘开明前往波士顿西部的伍斯特(Worcester)市，考察伍斯特文物学会(Worcester Antiquarian Society)所藏中文文献。(HYL Archives：Letter of Alfred K'aiming Ch'iu to Serge Elisséeff，November 14，1938)

11月14日

裘开明致函哈佛燕京学社社长叶理绥(Serge Elisséeff)：我上周六去了伍斯特文物学会(the Worcester Antiquarian Society)仔细查看了那里的中文书籍。我发现了一些宗教小册子和早期圣经的中文版本，还有一本1811年的旧年历。以上书籍 W. G. Vail 馆长想自己保留，因为这两方面他们有很好的馆藏。《东西洋考每月统计传》是在中国出版的第一份期刊。它是1833年7月由 Charles Gutzlaff 在广州创办的，此人的中文名字是郭实腊，这是一部关于宗教、政治、科学、商业和其他问题的普通杂志。这部杂志对于那些想研究中国期刊出版史的学生来说是很重要的。还有《申报》，是中国第一份报纸。还有一套木刻版的《十三经》，一部20卷的由耶稣会传教士翻译的科学著作，还有一本《康熙字典》，三本老式中国小学的课本，如《三字经》和《千家诗》等。以上书籍将会由伍斯特文物学会作为捐赠品寄到我们图书馆。(HYL Archives：Letter of Alfred K'aiming Ch'iu to Serge Elisséeff，November 14，1938)

哈佛燕京学社董事会会议下午4:30在哈佛商学院教工俱乐部(Faculty Club)召开，出席会议的人员有：董纳姆(Wallace B. Donham)，Walter Ernest Clark，格林(Roger S. Greene)，胡美(Edward H. Hume)，Carl T. Keller，诺斯(Eric M. North)，学社哈佛燕京学社社长叶理绥(Serge Elisséeff)教授，学社财务员 William H. Claflin，Jr. 先生。与图书馆发展有关的决议如下：1. 关于在 1936-1937 年度预算中支付给裘开明大于批准额度的薪水支出，起因源于他在中国停留的计划有变化。会议主席宣读了一封 George Henry Chase 主席的信函，与其建议相一致，通过了以下表决。表决通过 T-559：追溯通过 1936-1937 年度向裘开明额外支付 937.50 美元薪水。2. 图书馆报告。裘开明已从中国返回剑桥。图书目录第1分册经类200页已经开始印刷，并将很快寄来。整个目录将有 20000 页,而非原来计划的 1500 页。该目录将有两种引得,其一为作者姓名引得,其二为书名引得。哈佛燕京学社社长叶理绥教授已将该目录定价为每册 12 美元,出售所得将偿还学社为印制 300 套复本和运寄这些目录所支出的费用。整部目录将在本年度末完成。现在时不时会收到来自中国的校样,都是关于罗马化的校对和修正。由洛克菲勒计划提供的一些卡片也将交付印制,经部著作部分已经完成。每张卡片上都有一个表示学社财产的标记。属于学社所有的蒙文甘珠尔,以及从钢和泰夫人(Mrs. Alexander W. von Staël-Holstein)处购得的藏文甘珠尔和丹珠尔,均已由赖肖尔(Edwin Oldfather Reischauer)先生一起带回。董事会批准一项 5000 美元的支出费用,用于此项采购目的。该套图书采购费用为 4000 美元,加上包装、装运等其他费用共计 4456.86 美元。哈佛燕京学社社长叶理绥教授补充道,图书馆没有存放这些图书和由裘开明购买的一些古籍的木箱、家具。这些珍贵的图书现在放在古籍室桌子上和地板上。哈佛公务处已经寄来一份有关这些家具的约 700 美元的估价报告,但是由于该估价报告没有将移动古籍室的一个保险箱费用计算在内,哈佛燕京学社社长叶理绥教授请求 750 美元的拨款,将所有费用包含进来。表决通过 T－567:在本期预算中为图书馆增加 750 美元拨款,用于准备蒙文甘珠尔、藏文甘珠尔和丹珠尔及其他近期自北平购买的古籍存放设施。哈佛燕京学社社长叶理绥教授汇报指出,鉴于图书馆通过期刊办公室收到大量的期刊和许多交换书籍,多数未装订,学社今年有约双倍数量的图书需要装订,但是该项费用不足。表决通过 T－568:在本期预算中为图书馆增加 750 美元的拨款用于支出图书装订费用。图书馆已经收到 Larz Anderson 夫人的 3 种中国卷轴书籍和一种木版印刷的古籍《江户名所图绘》。图书馆不久将收到由伍斯特文物学会(the Worcester Antiquarian Society)寄来的一些古书和期刊,绝大多数是《东西洋考每月统记传》,第一种中国近代出版的期刊。裘开明已告知哈佛燕京学社社长叶理绥教授,目前中国有很多购买私人藏书的不寻常的机会。裘开明请求董事会考虑是否可为采购这类藏书给予拨款,如果可行,裘开明将请洪煨莲(William Hung)教授派一个人前往上海周边寻找此类采购机会。表决通过 T－569:哈佛燕京学社社长被批准请洪煨莲教授派一人前往上海视察购买对哈佛燕京学社有极大价值的私人藏书(或私人图书馆的部分书籍)。如果可以用不超过 10000 美元的价格收购这样的私人藏书,并从中国出口,将从财务员手中未花费的收益经费中给予拨款。哈佛燕京学社社长叶理绥教授进一步报告道,图书馆馆藏图书保险期将于 1938 年 12 月 9 日终止。他询问董事会董事是否希望为图书购买这些图书全额成本的保险,因为财务办公室已在询问保险金是否要续一个学期。如果要续,保险额是多少。(HYI Archives：Meeting of the Board of Trustees Held on November 14, 1938)

11 月 15 日

裘开明致函李书春:10 月 6 日及 12 日大札均已奉悉。目录稿样 450－535, 535－650 挂号二包及普通寄法三包均于本月 7、8、9 三日到此。惟由香港航空邮寄一包至 14 日始收到,耗费寄款至一百十几元之多,诚可惜。前所拟定寄法较此邮寄方式快捷且便宜,以后均不可再由此路寄件。(HYL Archives:裘开明致李书春信函,1938 年 11 月 15 日)

11 月 16 日

燕京大学引得校印所(Index Press)李书春致函裘开明:……书本目录,嘱令照寄来之书皮稿式装订二百册,其余之百册则嘱装订薄纸皮,以便全部合□,并令速装 50 册寄美等语。惟奉到来示时,敝所已照前订之格式装廿册发邮矣,且赐下之书皮稿式,何者为外皮、何者为副皮,敝所未敢决定,恐据以将二百册全部装订有不合宜处,故敝所现正赶印书皮（照新寄来格式），拟再装 30 册奉上，一俟先生阅后决定格式，示知再订全部（200册）。卡片目录，嘱令"凡一书有数片者，以白线束之"。揣先生意，似令将所有之卡片，按片上之号码一二三四……等顺次查出作为一份，共要 30 份寄美；非谓片上号码之"一"要卅张合为一束，"二""三""四"……等皆各以卅张为一束也。惟若按前一办法（一二三四……顺次查出）则需工太多，且先生临行时曾谓查对卡片之工作请图书馆任之，故敝所现因需工费用之关系及是否，若敝所可揣测等情形，故先生按每片之一号码，合卅张为一组，查清装成一箱寄上，箱中共装廿四匣又廿三小包，片码由 1 至 768，共片 25860 张，由运通公司寄上……至整理卡片办法，究用上所说之第一办法，抑第二办法？需用工费如何？……汉和图书分类法，兹排样张数页奉上，并附说明单一纸，阅后请将各条决定示下即照排，好在内容无多，当可速成也。为此样张上所用之英文铅字体式多有不恰意处，此盖因敝所关于英文书版工作较少，故英文铅字种类无多……敝所鉴于以上缺点，拟将英文排版部分略事补充，拟再购英文字类以应需用，惟北平方面之售铅字处所售铅字之体式多不佳美，现拟恳先生在美之哈佛印刷部代为采购……即新选体式佳美之铅字，由六磅至廿八磅之斜、正、黑、白各体每字母选购三枚……（HYL Archives：李书春致裘开明信函，1938 年 11 月 16 日）

Elizabeth Hill 来函询问汉和图书馆正在出版的中文书馆藏目录的书名、价格、格式以及 1934 年出版的《武英殿彝器图录》的价格，并希望能寄来更多的出版物目录。（HYL Archives：Letter of Elizabeth Hill to Alfred K'aiming Ch'iu, November 16, 1938）

11 月 18 日

裘开明回复 Elizabeth Hill 来信的询问。（HYL Archives：Letter of Alfred K'aiming Ch'iu to Elizabeth Hill, November 18, 1938）

洛克菲勒基金会执行委员会召开会议，对拨款给哈佛燕京学社的 RF36123 条款进行修订，拨款增加到 8600 美元，用于印刷和发行学社目前的目录卡片。基金的期限截至 1939 年 12 月 31 日，如果到时候有余额将会用于发行印刷卡片。（HYL Archives：Letter of Norma S. Thompson to Serge Elisséeff, November 21, 1938）

11 月 21 日

美国学术团体协会中国学研究委员会秘书 Mortimer Graves 致函裘开明：你的报告这一两天内我就会寄回。我建议你为《远东研究评论》的出版物写卡片的"分类说明"。我想 Charles B Fahs 会出版的。依照你们学社的要求，钱寄给了 Mary Cookingham（郭美瑞）小姐。除非我们必须承担，否则我们不想成为出版者。我想在这件事上我们同样不需要做出版者。我们的回溯出版物会免费寄给你们。（HYL Archives：Letter of Mortimer Graves to Alfred K'aiming Ch'iu, November 21, 1938）

12 月 1 日

鉴于裘开明建议提高汉和图书馆每年的投保价值，把图书馆的赠书、设备，以及图书编目等加工成本，纳入投保范围，哈佛燕京学社社长叶理绥（Serge Elisséeff）致函学社执行委员会的各位委员，请其投票表决是否同意废除学社董事会 11 月 14 日会议关于图书馆每年投保价值 70000 美元的决议，把图书馆每年投保价值提高到 100000 美元。（HYI Archives：Letter of Serge Elisséeff to Harvard-Yenching Institute Executive Committee, December 1, 1938）

12 月 3 日

哈佛燕京学社执行委员会就汉和图书馆将每年投保价值从 70000 美元提高到

100000 美元的议案投票表决，5 名委员投赞成票，故此提案通过。(HYI Archives：Vote on Library Insurance of Harvard-Yenching Institute Executive Committee，December 3，1938)

12 月 8 日

裘开明致函李书春：10 月 31 日大札及目录 10 包均已收到。兹由快邮寄上哲学宗教类稿样 280—347 页，并分类表一纸，即请用前次购到之红色打字纸印成书面，出版者及后页编撰者款式均照前次寄上样张排印，装订完毕，请由快邮寄下数十册。卡片不知已印完几何？昨由美国运通公司运至北平白卡片 250000 张，收到后即请示复。又前托(田)洪都兄代交付印《汉和图书分类法》，未悉已动手排版否？最好先寄印得样张数种以便选择。(HYL Archives：裘开明致李书春信函，1938 年 12 月 8 日)

哈佛燕京学社社长叶理绥(Serge Elisséeff)致函洪煨莲(William Hung)，通知洪煨莲董事会已经批准了在上海购买私人藏书的计划，如果这批书中有复本，愿将复本赠给燕京大学图书馆。希望洪煨莲能亲自赴沪，或者派一名可靠的人去一趟上海，考察一下该计划的可行性。另外通知洪煨莲 9 月份所寄出的词典卡片至今还未收到。(HYL Archives：Letter of Serge Elisséeff to William Hung，December 8，1938)

12 月 9 日

裘开明邮寄圣诞贺卡给私立华中大学校长韦卓民(Francis C. M. Wei)。(HYL Archives：Letter of Francis C. M. Wei to Alfred K'aiming Ch'iu，February 17，1939)

裘开明致函国会图书馆东方部恒慕义(Arthur William Hummel)，告知已挂号寄赠《汉和图书馆汉籍分类目录》第一卷，请批评指正。并表示有计划于圣诞节期间参观国会图书馆。(HYL Archives：Letter of Alfred K'aiming Ch'iu to Arthur William Hummel，December 9，1938)

裘开明致函菲尔德自然历史博物馆馆长 C. Martin Wilbur，邮寄汉和图书馆编制的《汉籍分类目录》第一卷，并告知订购价格为整套书加上邮费 12.00 美元。(HYL Archives：Letter of Alfred K'aiming Ch'iu to C. Martin Wilbur，December 9，1938)

12 月 10 日

燕京大学图书馆馆长田洪都致函裘开明：承主卡片属此间分寄哥伦比亚及芝加哥大学各一份，但接来函，卡片已由引得校印所先数日运出，不及遵办，此事只可俟箱到剑桥，由尊处分发矣。又将来新书印成之片，此间留出 7 份备查外，余 43 份一并寄上。鄙意凡售出之片，美国各处所定，归尊处发，中国定者由敝处发，较为方便。再卡片自电嘱引得校印所加印十份后，兄已预计净片之不敷用，而将添购寄下，甚善。惟鄙意丛书尚有细目片，细目片虽非单种，而用片甚多，似兄仅计种数，细目片未尝顾及，将来空仍不敷。又新书印片，其净片亦须预备，但一年须用若干，无法估计，只可请兄酌寄，由美寄卡来此，因领取时海关手续周折，希望能合成大量一次交运，幸勿分批……附言：再据引得校印所云，净片印时有磨损之处，务请酌情加若干，以备不敷，是否应得如此，倘兄与书春昔曾言明，则请兄亦须计及此种用片之数……(HYL Archives：田洪都致裘开明函件，1938 年 12 月 10 日)

12 月 14 日

燕京大学会计 Mary Cookingham(郭美瑞)致函裘开明：随信附上国币 4208 元的收据，该数目相当于按照 5.26 的汇率卖给纽约花旗银行的 800 美元。在你给我的信中，你要求这些钱用美元进行保管，但是这违反了哈佛燕京学社社长叶理绥(Serge Elisséeff)教授的指示。他在 9 月 29 日给 Galt 博士的信中是这么写的："我们在这里是很难对有关美国货币的处理问题给你指示,同时也很难告知何时卖出美国票据,因为我们不知道你这里的金融状况。我想我们应该留给你来判断这件事。"你在给我的信中,注明这些钱会用于当地的开支。这显得卖出这些钱比持有现行货币会更好。这些天汇率非常不确定。我们已经报告给洪(煨莲)先生和田(洪都)先生,这些钱会用作美国学术团体协会津贴的费用。(HYL Archives: Letter of Mary Cookingham(郭美瑞)to Alfred K'aiming Ch'iu, December 14, 1938)

燕京大学引得校印所所长李书春致函裘开明:昨承洪煨莲先生面斥,并读先生于11月15日所发大札,知以航空寄稿事获罪于台端,春实不敏,咎何能辞?惟有数语赘述于下,敢请赐鉴:按春对于印专目事,办事本居被动地位,先生在平时,一切皆惟先生之命是从,先生返美,则遇事必商诸田(洪都)先生,一如先生在平时也。此当在洞悉中,亦春办事应守之手续也。前于寄稿之先,即与田先生商请寄稿办法,田先生当以先生寄稿方法见示,春即赴邮局接洽,乃邮局拒不收受,谓欲由航空寄递,只有由香港一途,否则即为平信,惟由香港邮寄航空,寄费则需百余元。春同样殊为惊异,盖普通航空邮寄费百元,为罕见事也,犹豫不敢自决,乃复与田先生商酌,并电传先生处觅得先生在平时发稿寄费账单,而第一笔6月25日所发,即系由香港邮寄者……寄费为45元或78元……同时亦须顾到先生之宝贵时光及如何免除误事,故权其轻重,计算得失,最后乃决然由香港寄法投递,并为稳固计为试验孰快孰慢计,同时又分别由西伯利亚、海道直接发寄三包,至航空反而在后寄到,此为预料不及也……先生前寄之稿仅经学类之二百面耳,分寄十余次,每次不过二十面而已,是则我等所及之稿,一包即达二百面之多(内计原校样339—434,新改样340—449)……而由第二次至第八次寄稿共廿一件(第八次系11月23日所发,为初校样改毕之末一次)……附言:先生之图书分类,前于11月15日已寄样稿数页,如何之处,急为示知或电告当照办。否则,田先生如有指示,亦当尊行也。"(HYL Archives: 李书春致裘开明函件,1938年12月14日)

12月17日

美国全国教育协会国际关系委员会主席Annie C. Woodward致函裘开明,调查汉和图书馆建筑学藏书的情况。(HYL Archives: Letter of Annie C. Woodward to Alfred K'aiming Ch'iu, December 17, 1938)

12月20日

裘开明致函康奈尔大学历史系教授毕乃德(Knight Biggerstaff):感谢你的来信与圣诞节卡片。根据你的要求,我已经为你下订单向Florence T. Bayley小姐购买了2份《汉籍分类目录》——一本是你自用的,一本是给康奈尔大学图书馆的。另函为你和你们的图书馆寄送了《中文古籍分类目录》第一卷,另一卷从中国寄来后也会给你寄去。很遗憾,我必须告诉你,目前我们没有权限出售印刷卡片给个人,此权利是属于洛克菲勒基金会的。根据协议,我们必须至少以成本价出售,每套40000张卡片,200美元一套,已经出售了7套(1400美元)给美国的图书馆和大学。如果1—2年后,所有的50套卡片没有全部售出的话,我们可以单独销售给有需要的人。但是在目前,我们不能这样做。我将关(富权)先生的中文信转给你,他是一个著名的满族中国史学者、最好的明清史权威之一——金梁的女婿,信里有份《清史稿》的样张,他说如果我们图书馆没有这套书的话,他可以让他的岳父提供一份给我们,他请求我们知会其他可能的美国买家。价格是60美元一套,你或者贵校图书馆有意购买吗?(HYL Archives: Letter of Alfred K'aiming Ch'iu to Knight Biggerstaff, December 20, 1938)

12月29日 华美协进社(China Institute in America)社长孟治(Chih Meng)致函裘开明:请确认是否每月收到华美协进社的出版物。我们希望通过努力使我们的出版物能或多或少系统地介绍文艺复兴以来中国在人文和科学方面的研究情况。如蒙惠赐关于战后中国教育和文化发展方面的稿件,我将万分感谢自从我们在北平见面已经一年多了,盼望能在不久的将来和你再次见面。如果近期你不来纽约,我想在1月18日、19日,即星期三、星期四的某个时间去剑桥探望你。附言云:社刊计划出版一期特刊,内容是关于过去20年来中国出版的50本最好的书籍。现有两个判断标准:创新性和影响力。欲请先生根据经验推荐一份50本最好书籍的清单。(HYL Archives: Letter of Chih Meng to Alfred K'aiming Ch'iu, December 29, 1938)

本年 裘开明担任哈佛大学哈佛燕京学社汉和图书馆馆长(Librarian of Chinese and Japanese Library of Harvard-Yenching Institute at Harvard University)和中国语言文学讲师(Lecturer in the Chinese Language and Literature),办公地点为博伊斯顿堂13号(Boylston Hall),其时在哈佛大学登记的个人住址为:252 Harvard Street, Cambridge, MA.。(Harvard University Catalogue, 1938-1939. Cambridge: Harvard University, November 1938:67, 75, 950)

裘开明编《美国哈佛大学哈佛燕京学社汉和图书馆汉籍分类目录》(全三册)(A Classified Catalogue of Chinese Books in the Chinese-Japanese Library of the Harvard-Yenching Institute at Harvard University. Cambridge, Massachusetts: Harvard-Yenching Institute, 1938—1940. 828p. in 3 vols.)第1册正式出版,并随即开始印刷第一册的卡片目录。(Alfred K'aiming Ch'iu. Reminiscences of A Librarian. Harvard Journal of Asiatic Studies, Vol. 25(1965):7-18)

燕京大学图书馆哈佛购书处向哈佛大学哈佛学院图书馆汉和图书馆提交用款报告:1937—1938年度哈佛购书处总计用款为17351.40元国币(结存7145.82元),其中书款5407.22元,志书8714.66元,杂志47.58元,装订574.22元,邮费606.45元,寄件材料118.08元,文具39.19元,薪水1844.00元。薪水领款者和支款额分别为:1937年7月至1938年6月:顾廷龙先生840元,刘楷贤先生420元,关瑞林先生360元;1938年3—6月:吴钰祥先生100元,佟起翔先生100元,陆述文先生24元。(HYL Archives:哈佛大学汉和文图书馆书款报告1937—1938年)

在美国洛克菲勒基金会(the Rockefeller Foundation)的资助下,哈佛大学哈佛燕京学社汉和图书馆开始在北平燕京大学印刷中文图书卡片目录,并按照空白卡片加运费的价格(百分之百的美国产卡片运到中国印刷后再运回美国)向中国、美国、加拿大、英格兰、荷兰和瑞典的大约20个图书馆发行。所有收到这些卡片的图书馆(包括哈佛)都非常感谢洛克菲勒基金会的这份有用的礼品。太平洋战争爆发后,停止了该项目。总共印刷了大约12530张经学、哲学、宗教、考古学、传记、历史和地理的书名目录卡片;但是,还有35000张排好版的书名目录卡片没有印刷,可以在剑桥利用这些卡片目录的校样。(Alfred K'aiming Ch'iu. Reminiscences of A Librarian. Harvard Journal of Asiatic Studies, Vol. 25 (1965):7-18)

汉和图书馆继续在北平琉璃厂和隆福寺一带的旧书市场购买中文古籍。此购买活动持续到1941年9月结束,汉和图书馆最有价值的中文古籍很多都是在这一阶段购买到的。[裘开明. 哈佛燕京图书馆中文善本书(Chinese Rare Books in the Harvard-Yenching Library)//程焕文. 裘开明图书馆学论文选集. 桂林:广西师范大学出版社,2003.9:296—307]

哈佛大学正式成立远东语言系(the Department of Far Eastern Languages),哈佛燕京学社社长叶理绥(Serge Elisséeff)担任第一任系主任。(Alfred K'aiming Ch'iu. The Harvard-Yenching Institute Library. The Far Eastern Quarterly. Vol. 14, No. 1(November 1954):147-152)

代馆长徐家麟(James Chia-ling Hsu)向哈佛燕京学社社长递交馆长年度报告,报1937年7月1日至1938年7月1日期间图书馆各方面的情况。1.图书馆馆藏情况。1936—1937年度汉和图书馆藏书量变化情况如下:新增中文图书6121册,日文图书1081册,西文图书171册,合计7373册,馆藏总量125336册,其中中文图书114973册,日文图书9444册,西文图书919册。1937—1938年度中文方志总量达到了1300种。西文书全部来自交换或赠送。2.图书馆工作和服务。(1)编目与分类。1937—1938年度主要对日文书进行编目,清点全部馆藏,补充丢失的目录卡片……除了上述工作以外,还在尝试编制罗马化日本作者姓名一览表。正在编制图书馆中日文期刊、杂志的财产目录……(2)阅览室和书库服务……(3)信息服务与馆际互借……馆际互借方面,向加州大学图书馆、耶鲁大学图书馆、杜克大学以及美国和其他国家的中国研究所提供外借服务。洛克菲勒基金会介绍伍贵珍(Wu Kuei-chen)小姐到汉和图书馆访问一个多月。伍贵珍小姐毕业于加州大学图书馆学院,在加州大学图书馆任职,负责管理中文书。在访问期间,汉和图书馆向其提供了一套分类法大纲的副本。宾夕法尼亚大学卜德(Derk Bodde)博士也向汉和图书馆申请借阅大纲的副本。康奈尔大学图书馆也向汉和图书馆购买了一套大纲的副本。3.人事变动。冯汉骥(Han-ye Feng)博士结束了在汉和图书馆的代理馆长工作后于1937年7月返回中国。陈世材(Chen Shih-tsai)和C. J. Tung先生在本年度以学生助理的身份在汉和图书馆做兼职。S. Tsuji先生在馆做了一个月的兼职后离开美国赴日本。Frank Harrington和N. Battit负责听差以及其他服务性工作,前者为全职,后者为兼职。4.图书馆财务。(1)1937—1938年度图书馆共计支出11994.87美元,其中:中文书3610.57美元,日文书1206.65美元,西文书140.91美元,合计6958.13美元。薪水和津贴4443.87美元。其他(略)。(2)1937—1938年度哈佛大学向燕京大学拨付购书款项如下:1937年8月23日2750.00美元(=国币9219.37元),1937年10月31日594.84美元(=国币1986.76元),1938年2月12日500美元(=国币1667.50元),1938年5月31日1250美元(=国币4190.63元),1938年6月31日750美元(=国币4012.50元),以上共计5844.84美元,折合国币21076.76元。其中1938年5月和6月收到的2000美元(折合国币8203.13元)用于购买方志。(3)1937—1938年度燕京大学代购图书开支:图书国币5407.22元,方志国币8714.66元,期刊国币47.58元,装订国币574.22元,邮资国币606.45元,打包费国币118.08元,文具国币39.19元,工资国币1844.00元,累积结余国币7145.82元,共计国币24497.22元。(HYL Archives: Chinese-Japanese Library Harvard University Report of the Acting Librarian for the Year July 1, 1937 to July 1, 1938)

1939 年
42 岁

1 月 4 日

裘开明致函华美协进社(China Institute in America)社长孟治(Chih Meng)：欢迎你于 1 月 18 日、19 日来哈佛访问，希望有机会展示汉和图书馆最新收藏的中文古书，并共拟一份中国最近 20 年出版的 50 本最好书籍的目录。(HYL Archives：Letter of Alfred K'aiming Ch'iu to Chih Meng, January 4, 1939)

1 月 5 日

科罗拉多学院(Colorado College)历史系教授 Carroll B. Malone 致函裘开明，询问汉和图书馆的藏书情况。(HYL Archives：Letter of Carroll B. Malone to Alfred K'aiming Ch'iu, January 5, 1939)

1 月 10 日

裘开明致函科罗拉多学院(Colorado College)历史系 Carroll B. Malone 教授，外借《汉和图书馆简介》，以供 Carroll B. Malone 教授了解汉和图书馆的藏书情况。(HYL Archives：Letter of Alfred K'aiming Ch'iu to Carroll B. Malone, January 10, 1939)

1 月 11 日

哥伦比亚大学教授傅路特(Luther Carrington Goodrich)致函裘开明，询问汉和图书馆是否打算购买《清史稿》。(HYL Archives：Letter of Luther Carrington Goodrich to Alfred K'aiming Ch'iu, January 11, 1939)

1 月 14 日

日本研究所所长 Tamon Mayeda 致函裘开明，函寄日本研究所的相关宣传资料。(HYL Archives：Letter of Tamon Mayeda to Alfred K'aiming Ch'iu, January 14, 1939)

科罗拉多学院(Colorado College)历史系 Carroll B. Malone 教授来函致谢，并归还《汉和图书馆简介》。(HYL Archives：Letter of Carroll B. Malone to Alfred K'aiming Ch'iu, January 14, 1939)

1 月 16 日

裘开明致函燕京大学会计 Mary Cookingham(郭美瑞)：非常感谢你在 12 月 14 日的来信，随函附上了 800 美元的收据，作为印制哈佛汉籍分类法的"美国学术团体协会津贴"。为了避免误解，我解释一下为什么我在 10 月 26 日的信中要求你将这笔钱以美金方式存留下来。首先，这笔钱是我从美国学术团体协会中国研究委员会申请得到的分类法印刷特别拨款。哈佛燕京学社社长叶理绥(Serge Elisséeff)教授不想让哈佛燕京学社向美国学术团体协会申请这项拨款，同时他拒绝在花费这笔钱方面承担任何的职责。因此，借着合乎逻辑的暗示，他的有关处理学社美国货币的决定不能应用在这件事上。第二，我在 10 月 26 日的信中说"这笔钱是用于印刷和行政补助的开支，这是根据燕京大学教务长洪煨莲(William Hung)教授以及燕京大学图书馆馆长田洪都(Hung-tu Tien)先生的严格要求而规定的"。在我看来,当你们把 800 美金兑换成中国币时,他们还没有商量出版《分类法》的开支是否完全以当地货币,或者部分以当地货币和部分以美国货币来支付。现在,引得编纂处李(书春)先生在一封近期的来信中希望我为他从美国活字铸造厂购买一些英文铅字,以便印刷《分类法》的英文部分。大概我们不得不用美金来支付这笔费用了。鉴于以上两个原因,可否请你从我们正在通过燕京的纽约办公室寄给你的 2000 美元中取出 800 美元,并留下这笔钱,以单独的美金存款的方式,存放在银行的美国学术团体协会津贴账户下。你已经兑换的相当于 800 美元的 4208 元国币则可以放到 2000 美元的图书经费中。我已经把你的信给哈佛燕京学社社长叶理绥教授看了,那是关于他对燕京处理美国货币的早期指令。因为他离得很远,他自然地想将这件事交给你来判断,这也是从另一方面说明,燕京在为哈佛购买中文图书时应该负责对哈佛的美金经费做出最佳的兑换。哈佛燕京学社社长叶理绥教授所说的"判断"并不意味着在一收到汇款之后就用机械的和自动的流程兑换成国币。你是完全自主的,可以以美金形式持有这笔钱几个月,如果你认为那是对哈佛图书经费最有利的。(HYL Archives:Letter of Alfred K'aiming Ch'iu to Mary Cookingham, January 16,1939)

1月17日

洛杉矶大学(Los Angeles University)Margaret Cressaty 致函裘开明,询问汉和图书馆中文图书书本目录、卡片目录、汉和图书馆分类法、丛书编目等情况。(HYL Archives:Letter of Margaret Cressaty to Alfred K'aiming Ch'iu, January 17,1939)

1月18日

国会图书馆东方部恒慕义(Arthur William Hummel)致函裘开明,告知已收到汉和图书馆寄来的《汉籍分类目录》第一卷,国会图书馆将继续订购书目的后几卷,并对《汉籍分类目录》,尤其是其中的丛书分析款目大加肯定。(HYL Archives:Letter of Arthur William Hummel to Alfred K'aiming Ch'iu, January 18,1939)

1月19日

美国铅字公司(American Type Founders Sales Corporation)回复哈佛印刷所 David T. Pottinger 副所长 1 月 17 日的信函,告知铅字字号及价格、船运至中国的费用等。(HYL Archives:Letter of the Export Division of American Type Founders Sales Corporation to David T. Pottinger, January 19,1939)

1月23日

裘开明回复洛杉矶大学 Margaret Cressaty 的咨询。(HYL Archives:Letter of Alfred K'aiming Ch'iu to Margaret Cressaty, January 23,1939)

1月

裘开明撰"The Harvard-Yenching Institute Printed Cards for Chinese Books"发表于 Notes on Far Eastern Studies,No. 4(January,1939):17-19。[此文为"Printed Cards for Chinese Books"(发表于 The Library Journal,Vol. 65,No. 5(March 1,1939):178-180)的节略本]

2月1日

裘开明致函李书春:一、兹附上哈佛大学印刷所副所长及美国铅字公司来函,内详铅字种类及价目各节。如欲采购,即请电示。按美国印刷工业近多机械化,故印刷所多以机器排字,所谓"个体机器捡字"及"别行机器捡字"是也,手工捡字既系罕见,故制造个体铅字公司仅三数家。似美国铅字公司为最大。该公司所出铅字精良,与贵所汉文铅字配合甚佳。弟已按贵所中文铅字样本所列各号字捡出该公司之各体大小英文铅字制为一表,由哈佛印刷所副所长包(David T. Pottinger)先生审查合适寄至该公司征求价目。该项价目及中英文各号字体已在该公司来函开明。查该公司出售铅字最小单位为一套,一套内之大写小写铅字数有一定配合比例,不能折散零售。又贵所如决定采用美国式铅字,则以前所有之英文铅字即不能用于排印同一书籍(如哈佛分类法),否则体式必不相合,故贵所不用美国铅字则已,若欲采用必购全套方为合适。二、哈佛分类法稿样暂存此处,待贵所采购英文铅字政策决定后再寄上。因该书需用英文铅字太多,而该书又须在美国推销,若英文印得不佳,还是暂缓付印为妙。三、前托付印卡片指引分类细条(guide slips),未知印出几何?又经学类全部已印出即请寄下。又新出卡片随印出即请随寄来三份,不必俟全部出齐再寄。前函所云"凡一书有数片者,以白线束之",系指丛书总目片而言。如经学类之《皇清经解》共百廿一片,须在各片下方圆孔用白线束好,使各片在目录柜中不致散失。此事办法,中文采访部刘楷贤君知之,请向彼一询可也。四、关于采购美国英文铅字信件,如不电示,请再不可由香港航空邮寄。因自七七中日开战后,平津与香港间即无航邮。(HYL Archives:裘开明致李书春信函,1939年2月1日)

2月10日

洛杉矶大学 Lillian B. Getty 致函裘开明,感谢提供的有关汉籍编目和分类方面的信息,告知已决定订购汉和图书馆《汉籍分类书目》,并正在考虑是否订购卡片目录。(HYL Archives:Letter of Lillian B. Getty to Alfred K'aiming Ch'iu, February 10, 1939)

2月11日

哈特福德神学院(Hartford Theological Seminary)Lewis Hodous 教授致函裘开明,询问汉和图书馆是否有为《朱文公文集》(四部丛刊本)、《韩昌黎集》(东雅堂重刻)和《疑年录汇编》三种书编目。(HYL Archives:Letter of Lewis Hodous to Alfred K'aiming Ch'iu, February 11, 1939)

2月17日

燕京大学会计 Mary Cookingham(郭美瑞)致函裘开明:因为在将800美元兑换成国币的问题上产生了那么多的误解,我们深感歉疚。我们收到这笔钱时以为它是哈佛的钱,所以,我们就按照已授权自由处理哈佛其他汇款的方式处理了这笔汇款。我们想指出的是,北平现在的货币状况非常不确定。去年12月,管理委员会决定兑换在那个时候留给燕京的所有美国货币……你建议我们从纽约办公室寄给我们的总额为2000美元的图书基金汇款中取出800美元,但是,由于这笔经费属于不同的独立机构,因此这个做法不太可行。对任何人而言,要知道什么时候外币汇款能够以最有利的时候卖出是不可能的。我们觉得最好就是探听谁有权确定汇率。去年秋天,哈佛燕京学社社长叶理绥(Serge Elisséeff)教授很清晰地说,在燕京我们有责任卖出来自哈佛的汇款。任何不接受这样安排的经费要予以详细说明。如果今后你想保留美国货币的经费,我们希望你明确地告诉我们这笔钱要在什么时候进行兑换,并请哈佛燕京学社社长叶理绥教授同意你的要求。我们会非常乐意遵照你的指示行事。至于引得编纂处李书春(Li Shu-ch'un)通过你订购铅字的付款问题,只要他希望,我们会很高兴地协助李先生购买外国货币,并为他设立账户。我们希望这个解释是清晰的,也希望将来我们可以避免一些误解。(HYL Archives:Letter of Mary Cookingham(郭美瑞)to Alfred K'aiming Ch'iu, February 17, 1939)

私立华中大学校长韦卓民(Francis C. M. Wei)致函裘开明:我刚刚收到你12月9日寄出的圣诞卡片。到达这里用了2个多月的时间。如今邮政非常慢。感谢你的祝福。

现在你可能知道学校(当时还在广西桂林)又在搬迁。我们将迁往云南,先在昆明落脚,然后再为学校择合适的校址,可能会在消息闭塞的昆明西部。再次搬迁很困难,但是为了我们的工作和学校的延续,不得不搬。我还没有写信给哈佛燕京学社社长叶理绥(Serge Elisséeff)教授,因为我想不久我就要到云南了。远离我们在武昌的图书馆,严重影响了我们研究工作的开展。此项研究工作我们最初是打算依靠哈佛燕京董事会的资助,然而到达桂林后,我们决定改变研究领域,进行关于中国西南地区土著民族历史文献研究……到达云南后,我们希望继续进行这项研究,我争取在春天的时候提交给哈佛燕京学社社长叶理绥教授一份初步的报告。我们已经买了一些关于这方面的中文书,到达昆明后还有可能可以使用北京大学图书馆的书。如果你有机会,请转告哈佛燕京学社社长叶理绥教授。我们未来在昆明的通信地址是云南大理县喜洲镇,航空信可以节省很多时间。我预计 2 月 20 日前往昆明,并于下个月月初抵达。(HYL Archives：Letter of Francis C. M. Wei to Alfred K'aiming Ch'iu, February 17, 1939)

2 月 21 日

燕京大学委托美国运通公司承运一箱印制完毕的图书馆目录卡片,从北平寄往剑桥。(HYL Archives：美国运通公司装运单, February 21, 1939)

裘开明致函李书春:新印成经学类目录已于昨日收到 6 本。兹将校过书面副皮(即书名页 title page)附上,请即照样改印。至于外硬皮除将中西书名提高一点外,不必改动。以后续出各类目录均照此印成。纸面装订本惟有 50 册,将来拟全部合并精装者,不必加印外硬皮。此次所印 30 册,书名页(即副皮)体式既不合,又有错字,发出去,实伤贵所及哈佛燕京学社之名誉。故弟拟将此 30 册之书名页剪去,另请贵所印改正书名页 30 单张寄来,以便粘上去,不知尊意如何。又每本分类表若无红色纸即用白色纸亦可。将来装订成厚大本时再用红色或他色薄纸隔开,以作每类之识别。由美国运通公司寄来卡片一箱,已于昨日查点无误。由邮寄来卡片第 4、5 两包亦于前日收到。所有收到卡片中之丛书总目片在二片以上者,如第 13 及 17 号之《皇清经解》及《续解》之总目片,皆未用白线束好,以后请贵所或图书馆派人清出束好。工费另加可也。目录各类指引条(用作指引片者)至今未寄来,不知何故,请速将经学类中西指引条印出。(HYL Archives：裘开明致李书春信函,1939 年 2 月 21 日)

2 月 23 日

裘开明致函西南联大图书馆馆长严文郁(Yen Wen-yu):自从中日战争爆发以后,敝馆所订的 500 多种中文期刊突然中断。燕京大学图书馆处于沦陷区,已经不能再为敝馆购买任何新刊和新书,所以敝馆决定在西南地区物色代理。我考虑贵馆或中华图书馆协会,或者其他商业机构是否愿意为敝馆担任代理。随函附上 100 美元的汇款。烦请你帮忙为敝馆物色代理,并将汇款转交给有可能担任敝馆代理的机构。敝馆希望订购所有重要的新刊,比如《今日评论》,原有刊物的出版机构从上海、北平、汉口迁往西南地区以后复刊的刊物……我们还希望购买西南各省份的方志。如果你听说任何大批出售此类书籍的消息,请把目录寄给燕大的田洪都(Hung-tu Tien)先生。他会在核对过敝馆寄存在他处的书目后,将需要购买的清单寄给你……(HYL Archives：Letter of Alfred K'aiming Ch'iu to Yen Wen-yu, February 23, 1939)

3 月 1 日

裘开明撰"Printed Cards for Chinese Books"发表于 *The Library Journal*, Vol. 65, No. 5(March 1, 1939):178-180[此文后又以抽印本形式刊行]。

3月8日

裘开明致函李书春:一、卡片第6至8包于昨日收到,检点后发现缺片2588—2593,请速补寄。前托将一书数片用白线束好,均未照做,不知何故?第2088号共50份,每份应用线束好寄美,所需工费可另开账计算。二、书目史学类弟已校不少,惟因魏楷(魏鲁男,James Roland Ware)先生自前月起至今仍在病中,无法校阅英文,故不能一时寄上。弟现在惟日夜工作,但因馆务太繁而馆员缺乏,诸事皆须亲自经理,校阅书目时间因之减少,恐须于今年底完成。(HYL Archives:裘开明致李书春信函,1939年3月8日)

3月15日

燕京大学李书春致函裘开明,说明燕京大学引得校印所排印哈佛大学汉和图书馆目录的各项具体事宜:……既须敝所购铅字事决定后再发排,则敝所对于采购铅字事自当急于进行……30、36、60 point 三种铅字,用途较少,即有时需用,亦可临时设法,为顾及经济计,暂不添购。肯将8、10、12、14、16、18 point 铅字号之正、斜、黑各体,代购全份为荷。至于装一箱寄发或装两箱寄发,在铅字公司购买或由哈佛印刷部购买,款项由敝所寄奉或由分类法印刷费向下就近拨垫,概依尊便……燕校图书馆购求部在敝所排印之尊处采购新书卡片,前与先生及洪(煨莲)田(洪都)两公在齐思和宅聚谈时,曾商定此项印费为每片美金两角。现此种卡片已排就若干,敝所对于此项印费,拟在本年六月终结算一次,尊处如能于彼时电燕校会计处拨付美金更佳,否则即按六月终之金价折合中国国币……指引片正在赶印中。书目片,当遵嘱随时寄发三份……附呈第二号卡片箱清单两份。前奉上至书本目录卅册,(第一次邮寄六册,装箱十八册,又邮寄六册),所装配之版权页及前封面内之副页等,未悉有无再行变更之处?又前者来示嘱令"照寄下之书皮稿式装订二百本册,共余百册嘱装订薄皮以待全部出售",是否即按敝所寄上之卅册样式,仅将外皮厚纸换印薄纸者即可?抑另有别种办法?统请示知。(前寄上卅册内之分类表,系用白纸;以后又接来示嘱仍用红色纸,因俟再订时当照办。)(HYL Archives:李书春致裘开明信函,1939年3月15日)

3月17日

裘开明向美国各有关图书馆馆长和远东研究学者寄赠"Printed Cards for Chinese Books"抽印本,并通告出售汉和图书馆印刷目录卡片的信息:兹奉上关于中文书卡片目录和分类书本目录出版的论文抽印本,卡片目录和书本目录均由哈佛燕京学社出售。因为出版资金来自洛克菲勒基金会和哈佛燕京学社的拨款,所以卡片目录的售价极低,每张卡片近0.25美分,这价格仅是一般尚未出版的内容不完整的图书馆卡片目录价格的25%。所有希望节约中文编目人力资本的图书馆都可以购买这套卡片目录,这也是拥有大量中文馆藏的图书馆迈向合作编目的一步。出售卡片所获得的资金将用于在马萨诸塞州剑桥的哈佛大学哈佛燕京学社图书馆和在中国北平的燕京大学图书馆新增馆藏书目的出版,在未来这批新的目录卡片也将出售给美国的图书馆。(HYL Archives:Letter of Alfred K'aiming Ch'iu to Librarians and Teachers of Far Eastern Subjects, March 17, 1939)

3月20日

哥伦比亚大学中日文系 Cyrus H. Peake 致函裘开明,咨询汉和图书馆所藏《清史稿》的版本情况。(HYL Archives:Letter of Cyrus H. Peake to Alfred K'aiming Ch'iu, March 20, 1939)

3月25日

普林斯顿大学公共与外交事务学院 David N. Rowe 致函裘开明:因普林斯顿大学

从洛克菲勒基金会获得一笔用于购买远东研究资料的经费,计划其中一部分用于购买中文书,补充并完善葛思德图书馆(Gest Library)的馆藏,故奉上欲购图书之目录,请你过目并提供宝贵意见。(HYL Archives: Letter of David N. Rowe to Alfred K'aiming Ch'iu, March 25, 1939)

3月29日

哥伦比亚大学中日文系的 Cyrus H. Peake 致函裘开明,感谢裘开明提供的汉和图书馆所藏《清史稿》的版本情况,并请代查所藏《清史稿》中《时宪志》的内容。(HYL Archives: Letter of Cyrus H. Peake to Alfred K'aiming Ch'iu, March 29, 1939)

3月30日

燕京大学图书馆田洪都致函裘开明:……再者书本目录经部早已竣事,哲学宗教类亦将藏事。近有大同书店自美闻讯,知已出版,来询订购情形。因思经类已成,既定分卖,似可先行,规定发售赠送简章,中国、美国、日本各机关及个人如须由此间代发,请开一详单。书中应否夹一赠送人请求教正字样之中英文卡片,亦盼求及。(HYL Archives: 田洪都致裘开明信函,1939年3月30日)

3月31日

裘开明回复哥伦比亚大学中日文系 Cyrus H. Peake:因最近无暇代查《时宪志》,故将《清史稿》中相关的卷册通过馆际互借寄给你,请你自查。(HYL Archives: Letter of Alfred K'aiming Ch'iu to Cyrus H. Peake, March 31, 1939)

4月1日

裘开明回复普林斯顿大学公共与外交事务学院 David N. Rowe,告知寄来的目录上所列的中国外交关系与当代史方面的文献都值得购买,并进一步帮助估算购买费用,建议购买中文方志可以《中国地方志综录》为依据。(HYL Archives: Letter of Alfred K'aiming Ch'iu to David N. Rowe, April 1, 1939)

4月5日

哈佛大学房地产处(Department of Building and Grounds)主管 R. B. Johnson 致函裘开明,商议为博伊斯顿堂安装手动图书升降机(hand power booklift)的报价事宜。(HYL Archives: Letter of R. B. Johnson to Alfred K'aiming Ch'iu, April 5, 1939)

普林斯顿大学公共与外交事务学院的 David N. Rowe 致函裘开明,感谢裘开明提供的购买中文书的建议,并表示希望从汉和图书馆购买2种书,询问购书价格。(HYL Archives: Letter of David N. Rowe to Alfred K'aiming Ch'iu, March 25, 1939)

4月12日

洪煨莲(William Hung)致函裘开明,告知汉和图书馆搜购中国国内私家藏书的相关事宜。(HYL Archives: Letter of William Hung to Alfred K'aiming Ch'iu, April 12, 1939)

4月15日

裘开明在华盛顿会见美国学术团体协会中国学研究委员会秘书 Mortimer Graves,在 Mortimer Graves 秘书的办公室商谈燕京大学订购美国铅字印刷哈佛燕京学社图书馆分类法的事宜。(HYL Archives: Letter of Alfred K'aiming Ch'iu to Mortimer Graves, April 15, 1939)

4月21日

裘开明致函美国学术团体协会中国学研究委员会秘书 Mortimer Graves:为了确认上星期六我们在你办公室的谈话,请允许我提醒你,北平燕京大学引得校印所向新泽西州伊丽莎白市的美国铅字公司(American Type Founders Sales Corporation)订购了一整套美国铅字,用于印刷哈佛燕京学社图书馆分类法。鉴于铅字运往北平需要一段时间,我猜测在暑假之前新铅字还不能投入实际使用。用旧铅字印刷的清样页去年12月寄给我了,但是我不同意使用,因为英文字和中文字不协调。后来我寄给他们一些美国铅字的样本。所以现在他们要求订购铅字。随函附上燕京大学财务处寄来的800美元的收据。这笔钱已经兑换成国币,存在纽约花旗银行(National City Bank)北平支行……关于我们的印刷卡片,到目前为止有以下机构订购:加州大学1套,芝加哥大学5套,克莱蒙特学院(Claremont College)1套,哥伦比亚大学1套,耶鲁大学2套,皇家安大略考古博物馆(Royal Ontario Museum of Archaeology)2套。如果你能帮我们推销目录卡片,我将不胜感激。我们并不担心卡片最终出售,但是我们不希望长时间的保存卡片,因为这需要付出额外的人力和空间,我们很难支付得起。而且,目前已经印好的卡片迅速出售出去,可以在资金上帮助我们为新购的文献印刷目录卡片。1938年下半年所购的约500种书的清样已经印刷完毕,这些书未收入到即将出版的书本式目录中,也未包括在之前以每套100美元定价出售的卡片中。这些新卡片的价格如下:

	每种印刷100份	每种印刷50份
排版与印刷成本	0.20	0.20
空白卡片的成本	0.25	0.125
人力成本	0.05	0.025
合计	0.50	0.350
每张卡片的平均价格	0.05	0.07

对于哈佛来说,印刷卡片每年的支出比之前的 ditto 复制卡片要高,但是印刷卡片的质量更好。对于其他图书馆来说,我认为这意味着大大节省编目支出,事实上,据估计,美国图书馆为一本书编目的成本为50美分到1美元。(HYL Archives:Letter of Alfred K'aiming Ch'iu to Mortimer Graves,April 21,1939)

4月23日

胡美(Edward H. Hume)致函裘开明,询问"尽信书,则不如无书"的出处。(HYL Archives:Letter of Edward H. Hume to Alfred K'aiming Ch'iu,April 23,1939)

4月25日

裘开明回复胡美(Edward H. Hume),告知"尽信书,则不如无书"的出处。(HYL Archives:Letter of Edward H. Hume to Alfred K'aiming Ch'iu,April 25,1939)

4月29日

康奈尔大学历史系教授毕乃德(Knight Biggerstaff)致函裘开明,询问《东华录》的版本问题。(HYL Archives:Letter of Knight Biggerstaff to Alfred K'aiming Ch'iu,April 29,1939)

4月30日

胡美(Edward H. Hume)致函裘开明,感谢告知"尽信书,则不如无书"的出处。(HYL Archives:Letter of Edward H. Hume to Alfred K'aiming Ch'iu,April 30,1939)

5月1日

裘开明接曾宪三来函,函中询问裘开明能否代办在美签证延期手续。(HYL Archives:曾宪三致裘开明函,1939年)

5月4日

裘开明致函康奈尔大学历史系教授毕乃德(Knight Biggerstaff)，回答关于《东华录》的版本问题。(HYL Archives：Letter of Alfred K'aiming Ch'iu to Knight Biggerstaff, May 4, 1939)

裘开明致函洛克菲勒基金会奖学金与旅行服务部(Division of Fellowship and Travel Service)主管 Floyd Lyle，申请为曾宪三(Mark H. S. Tseng)的留美签证延期一年。(HYL Archives：Letter of Alfred K'aiming Ch'iu to Floyd Lyle, May 4, 1939)

5月6日

国会图书馆东亚部主任恒慕义(Arthur William Hummel)致函裘开明：考虑到中国国内的战局，希望汉和图书馆能聘用曾宪三(Mark H. S. Tseng)一年。函中亦对曾宪三在国会图书馆的工作给予高度评价。(HYL Archives：Letter of Arthur William Hummel to Alfred K'aiming Ch'iu, May 6, 1939)

5月9日

裘开明回复国会图书馆东亚部主任恒慕义(Arthur William Hummel)：汉和图书馆因建立关于中国和日本的西文书馆藏的需要，正欲招聘工作人员，故可以聘请曾宪三(Mark H. S. Tseng)，请曾宪三向哈佛燕京学社图书馆委员会递交申请，并请你写推荐信。(HYL Archives：Letter of Alfred K'aiming Ch'iu to Arthur William Hummel, May 9, 1939)

5月10日

哈佛燕京学社秘书致函 Keyes D Metcalf，告知关于哈佛燕京学社图书馆更名一事的情况，并附上学社执行委员会1936年3月9日会议记录以及学社董事会1936年4月27日会议记录，说明更名之事的始末。(HYL Archives：Letter of Secretary of Harvard-Yenching Institute to Keyes D Metcalf, May 10, 1939)

5月15日

裘开明致函田洪都，谈及以下几件事。一、前奉3月30日笔关于赠送新出书本目录事已与社长叶(Serge Elisséeff)先生商定，由贵处直接发寄欧洲各国文化机关及图书馆若干份，详单附呈。至于中国及日本各机关，因战事，请暂缓寄赠。若有向尊处订购者，请按全部十元美金出售。英文发售详章已在美国图书馆协会杂志发表，前曾寄呈一份，谅已收到。二、发寄书本目录邮票寄费等请仍由该目录款项支付，不能与罗氏基金会〔即洛克菲勒基金会〕印片费混合。兹由此间直寄上美金二百元交贵校会计处，以美金存入银行，以作将来发寄目录运费。(HYL Archives：裘开明致田洪都信函，1939年5月15日)

5月17日

裘开明致函曾宪三(Mark H. S. Tseng)，告知汉和图书馆决定聘用他担任二级助理馆员(Second Assistant)。(HYL Archives：Letter of Alfred K'aiming Ch'iu to Mark H. S. Tseng, May 17, 1939)

5月19日

曾宪三(Mark H. S. Tseng)致函裘开明，感谢裘开明提供到汉和图书馆工作的机会。(HYL Archives：Letter of Mark H. S. Tseng to Alfred K'aiming Ch'iu, May 19, 1939)

5月23日

哥伦比亚大学的 Catherin Laird 致函裘开明，表示希望在5月29日参观汉和图书馆，并附傅路特(Luther Carrington Goodrich)的推荐信。(HYL Archives：Letter of Catherin Laird to Alfred K'aiming Ch'iu, May 23, 1939)

裘开明致函耶鲁大学东方语言文学系 George A. Kennedy 教授，函请向汉和图书馆寄送一份《哈佛大学中级汉语教材》(*Intermediate Chinese Texts Used at Harvard University*, by James Roland Ware. Cambridge：Harvard-Yenching Institute, 1937. 160 pages)复本，并寄来复本制作发票。(HYL Archives：Letter of Alfred K'aiming Ch'iu to George A. Kennedy, May 23, 1939)

5月24日

裘开明回复哥伦比亚大学的 Catherin Laird，表示欢迎前来参观，并希望可共商两馆合作事宜。(HYL Archives：Letter of Alfred K'aiming Ch'iu to Catherin Laird, May 24, 1939)

裘开明致函哥伦比亚大学李芳馥(Augustine F. Li)：我们愿意以合理的薪水邀请曾宪三(Mark H. S. Tseng)在下一个年度来汉和图书馆工作；当你给袁（同礼）先生写信的时候，能否询问他希望以什么方式把敝馆在美国为中国图书馆收集的藏书运回中国。我们有一箱怀德纳图书馆的书在春季已寄往华盛顿特区的史密森国际交换部(Smithsonian International Exchange)，哈佛图书馆付的邮费。还有哈佛大学很多其他教授赠送的图书，也在敝馆，已整理完毕。这些书运到华盛顿需要有人支付邮资。中华图书馆协会可以支付这些费用吗？还有打包的费用。袁先生希望我们怎么做这些事，如果没有中华图书馆协会或者其他中国官方机构的许可，我们甚至不能在这里筹款。贵馆馆员 Catherine Laird 小姐写信告诉我说她下星期一到敝馆参观访问，如果你有什么关于我们两馆之间合作的事宜，请转告她，届时我们可以讨论。你是否在按照1939年严（文郁）先生介绍给哥伦比亚大学的《汉和图书馆分类法》在重新分类贵馆的旧书？我希望我们的分类法可以在明年顺利地出版。(HYL Archives：Letter of Alfred K'aiming Ch'iu to Augustine F. Li, May 24, 1939)

5月28日

李书春致函裘开明：客秋先生临去平时，敝所为书目压版压铅事，曾致函台端，谓"发单所开之压铅费压版费，均系算至1939年1月底止，倘到期仍不能付印完结时，则1939年1月底以后，校所即按月间去付印版数，以所余压版实数比照原发单所开之压铅压版费计价，由哈佛汉和图书馆补付。(因此书目压铅达五万余斤，铅料稽压日久，不能移作他用，敝所不堪其累也)"云云。现查此书目已付印者仅达397面，尚不及全部五分之一。又4月15号接得先生来言："……诸事皆须亲自经理，校阅书目时间因之减少，此目恐须今年底完成焉！"等等……又尊处委排之新购书籍卡片，曾于先生离平前在齐思和先生宅开首次委员会时决定印费为每版美金二角。今此项卡片已排成一千余版，迄未付印，计算此项稽压铅料亦不在少数……然存版日久，敝所于需用铅料方面周转惟艰，则不能不略计压版费……以上两事，除另缮计价办法外，敬请先生提前通知田洪都先生赐予拨款……附言：指引片、书目片、重印书目之书名页等等，目下正在赶办，一俟完竣再为寄奉……前拜托购买铅字事，进行如何……又及(一)大书目压版费：原每月压铅费为400元，共2000块板。合每块版每月压铅费2角。至今共发印397版，尚余1603版，若自1939年2月1日算起至5月底止为4个月，每月320.60，共为1282.40。斯后每月计算压铅费，不付印之版按每月计算，其随时付印之版以燕大图书馆发交校印所付印之日为准，若在每月10日前付印者不收该月之压铅费，在10日至20日中付印者仅收该月压铅费三分之一，在21日至月底付印者仅收该月压铅费三分之二，每月末计算压铅费一次，将清单送交田洪都先生核查。(二)新购书籍卡片压铅费：新片压版费每片为大书目每版之十分之一，即每月压铅费国币2分。其计算方法，于燕大图书馆发寄样张赴美之日算起,二月之内不计压铅费,2月之外即过1日至15日计半月之压铅费;过16日至30日,计一月之压铅费。此等日数之计算,以校印所收列燕大图书馆复印样张之日为准。(即有样张寄美之日至校印所收到燕大图书馆付印样张之日,减去两月之日数,余者即为有压铅费之日数。)"(HYL Archives:李书春致裘开明函,1939年5月28日)

5月29日

上午,裘开明带哥伦比亚大学Catherin Laird参观汉和图书馆。(HYL Archives: Letter of Catherin Laird to Alfred K'aiming Ch'iu, June 2, 1939)

严群致函裘开明,委托裘开明代为打探其回燕京大学任教一事。(HYL Archives:严群致裘开明信函,1939年5月29日)

5月31日

裘开明回复严群,告知所托之事需等待燕大的消息。(HYL Archives:裘开明致严群信函,1939年5月31日)

6月2日

哥伦比亚大学Catherin Laird致函裘开明:感谢你亲自带我参观汉和图书馆。我必须承认,我在离开的时候,十分羡慕你所组织与管理的图书馆。在不久的将来,当我们完成了"夏季计划"的时候,我希望两馆之间能开始做一些复本交换工作。希望你能在这个夏季到我们这里来。(HYL Archives: Letter of Catherin Laird to Alfred K'aiming Ch'iu, June 2, 1939)

6月8日

洛克菲勒基金会奖学金与旅行服务部主管Floyd Lyle致函裘开明,告知按照有关规定,基金会已经无法为曾宪三(Mark H. S. Tseng)的签证延期。(HYL Archives: Letter of Floyd Lyle to Alfred K'aiming Ch'iu, June 8, 1939)

6月20日

裘开明致函耶鲁大学东方语言文学系George A. Kennedy教授:王德箴(Elisabeth Tê-chên Wang)小姐正在向洛克菲勒基金会申请奖助金,以便今年秋季赴耶鲁大学做学术研究,我为此特致函予以推荐。王德箴小姐在中国文学界享有盛誉,其出版于1935年的《先秦学术思想史》,是一部按照中国旧文体写作的著作,深受学界赞誉……王德箴小姐是一位非常聪明,且具有坚实中文功底的学生,她本人愿意在严谨的指导下从事艰难的工作,也表示非常愿意帮助你的工作。我认为如果你愿意帮助她获得资助,那么对她本人以及对耶鲁大学都是有益的。(HYL Archives: Letter of Alfred K'aiming Ch'iu to George A. Kennedy, June 20, 1939)

6月

裘开明邀请重庆国立中央图书馆的于震寰(Zunvair Yue)赴美协助日文书编目工作。(HYL Archives: Chinese-Japanese Library Harvard University Report of the Librarian for the Year June 30, 1938 to July 1, 1939)

7月1日

徐家麟(James Chia-ling Hsu)先生在汉和图书馆担任了3年技术助理(Technical Assistant)和代理馆长之后于本日辞职。曾宪三(Mark H. S. Tseng)进馆工作。(HYL Archives: Chinese-Japanese Library Harvard University Report of the Librarian for the Year June 30, 1938 to July 1, 1939)

7月2日

裘开明接重庆中央图书馆蒋复璁(Chiang Fu-Tsung)电报,请求通过电汇预支3个

月的薪水。(HYL Archives：蒋复璁致裘开明电报,1939 年 7 月 2 日)

7 月 3 日

哥伦比亚大学李芳馥(Augustine F. Li)致函裘开明,附寄哥伦比亚大学图书馆中文书目录卡片的样片,征求裘开明对卡片编制的意见,并询问中国人如何以美国大学教师的身份入境。(HYL Archives：Letter of Augustine F. Li to Alfred K'aiming Ch'iu, July 3, 1939)

7 月 6 日

裘开明致函哥伦比亚大学李芳馥(Augustine F. Li)：我认为你们按照美国学术团体协会(ACRL)著录规则编制的卡片做得很好。你在哥伦比亚大学做了很了不起的工作。当你完成一定量的工作后,敝馆或者可以采用一些你为中文书编制的主题词。我想,采用相同的主题词,对于美国采用了不同分类法的中文图书馆而言,可能是取得某种统一的最好办法。对于分类法,很遗憾,我第一次知道哥伦比亚大学改用了刘国钧分类法。首先,我强烈反对国立北平图书馆使用两种不同分类法处理中文图书的做法。在实践中,纽约公共图书馆过去在特殊情况下曾使用一种分类法对参考工具书进行分类,另一种分类法对流通图书分类,但这种做法没有太多优点,并不推荐其他图书馆使用,尤其是对于中国的图书馆。我不知道为什么袁(袁同礼)先生[或者是刘(国钧)博士]选择这样一个被美国舍弃的做法。现在,如果第一个基于四库的 NLP 分类法能够用于分类参考书,我就看不出它为何不能用于分类流通图书,因为他们的卡片可以揭示大部分流通馆藏里的书籍。完全使用一个尚未得到中国广泛认可的分类法("刘国钧分类法")来印刷卡片是一个大错误。因此,李小缘说"刘国钧分类法"卖给其他图书馆时要带着印好的卡片! 第二,我不认为刘国钧分类法值得推荐。作为一个实用的系统,它与王云五(Yün-wu Wong)的扩展杜威分类法是一样的。刘国钧分类法的整体结构建立在事物本身逻辑关系的错误理论上(我这样认为,虽然刘博士本人是个哲学理论家)。对于这点,他可能会说这是按事物的起源。第三,我认为,对于美国的中文图书馆,它们一般都收集古书,很少收集新出版的图书,对四库法进行一些修订(的分类体系),例如哈佛燕京分类法或 NLP 第一版(就时间而言,哈佛燕京出现的时间比 NLP 早)或许是最合适的。在我们的分类法中,我们并不过多强调来源。坦白说,我们的(体系)是旧四库法的一个扩充和修改,基于非常古老的中国知识概念,如源于先汉时期经、史、子、集分类,没有其他哲学基础。对于中文书籍的书号系统(著者表),我并不赞同卡特著者号码法,因为它有以下 3 个不足：1. 需要将中文名字按照某种对应模式音译成罗马拼写；2. 每次分配书号时需要查找对照表,花费大量时间；3. 卡特法对照表是一些混合标识的系列号,包括字母与数字……我不知你和其他人是否愿意重新考虑中文书分类与取书号的问题。如果你那方面的意见有任何转变,我都非常希望知道。对于你希望在夏季回中国,我强烈建议你成行。当你离开美国时,你 1934 年的学生身份将会中止。下一个秋季你再回来,将以一个新的身份——非全职教师签证的方式入境,只要你向任何一个美国驻中国领事馆出示你哥伦比亚大学"中国研究助理"的聘书即可。这样,你可以将你的家人带来,并且只要在哥伦比亚大学的聘任期内,你都可以想留多久,就留多久,不必再为回国许可确认感到烦恼。你可以向华盛顿的移民局说明你将以学生的身份永远离开这个国家。另外,在你离开的 2—3 个月内,你是否希望请曾宪文(Katherine Tseng)小姐代理你的工作?……(HYL Archives：Letter of Alfred K'aiming Ch'iu to Augustine F. Li, July 6, 1939)

7 月 10 日

哥伦比亚大学李芳馥(Augustine F. Li)致函裘开明：我会认真考虑你 7 月 6 日来信

中的建议,在我来此之前,哥伦比亚大学用于分类法的费用已经商定,并不知道他们是什么时候讨论使用你的分类法。我回来后,会小心处理这件事。对于一个美国图书馆而言,在NLP系统中将中国汉字与罗马字混合起来,需要非常小心……(HYL Archives:Letter of Augustine F. Li to Alfred K'aiming Ch'iu, July 10, 1939)

  蒋复璁致函裘开明:……敝馆对于悉稽国外先进之成规研拟适于国情之图书馆技术准则素极重视。故贵馆聘用于震寰君一事,虽在工作极度紧张之时,亦乐其前往,期其于贵馆借用期间,有获得新知之机会,以两年返国为宜。至于去程旅费,实因法定外汇统制颇严,市场美元价格已超出国币十倍,实难筹措,故只得负其重庆香港间之一切用费,渡洋所需不得不请尊处预支三月薪金,俟于君抵美,尽速摊还……(HYL Archives:蒋复璁致裘开明信函,1939年7月10日)

7月11日

  于震寰致函裘开明:国立中央图书馆应允资助旅费500元,而渡洋费用实因汇率过高,无法筹拨,希望能预支薪金,预支之钱最好电汇至香港中国银行,汇单寄至重庆;另如无大问题,将于8月由渝启程。(HYL Archives:于震寰致裘开明信函,1939年7月11日)

  汉和图书馆汇给于震寰(Zunvair Yue)420美元,提前支付其3个月的薪水,以用作赴美旅费。(HYL Archives:Chinese-Japanese Library Harvard University Report of the Librarian for the Year June 30, 1938 to July 1, 1939)

  胡美(Edward H. Hume)致函裘开明,询问几种中文古籍汉和图书馆是否有藏。(HYL Archives:Letter of Edward H. Hume to Alfred K'aiming Ch'iu, July 11, 1939)

7月13日

  裘开明回复胡美(Edward H. Hume),告知他所需的几种中文古籍已从书库提出,另有1种无法确定是何书。(HYL Archives:Letter of Alfred K'aiming Ch'iu to Edward H. Hume, July 13, 1939)

7月17日

  胡美(Edward H. Hume)致函裘开明,请求代查几种参考文献。(HYL Archives:Letter of Edward H. Hume to Alfred K'aiming Ch'iu, July 17, 1939)

7月18日

  裘开明致函加州大学东方语言系主任Ferdinand D. Lessing教授,推荐来自中国天津的耿靖民先生:耿靖民(Jin-min Ken)先生毕业于许多中国图书馆馆员就读的文华图书馆学专科学校。他来美国之前,在天津的南开大学图书馆编目部门工作了七年。由于耿靖民先生提出的申请太晚,而我们的员工安排已于4月就确定了下来,否则,我们将会邀请在敝馆任职。不知道你们中文馆藏是否需要他。(HYL Archives:Letter of Alfred K'aiming Ch'iu to Ferdinand D. Lessing, July 18, 1939)

  裘开明答复耿靖民(Jin-min Ken)的求职申请:因为下一年度的员工名单早在4月就确定了,因此现在图书馆没有空缺。建议你尝试向加州大学图书馆申请职位,这个图书馆拥有大量中文馆藏,随函附上我写给加州大学东方语言系Ferdinand D. Lessing教授的推荐信,希望能有所帮助。(HYL Archives:Letter of Alfred K'aiming Ch'iu to Jin-min Ken, July 18, 1939)

7月31日

  裘开明回复私立华中大学校长韦卓民(Francis C. M. Wei)2月17日的来信:……哈佛燕京学社社长叶理绥(Serge Elisséeff)教授也收到了你的报告。徐家麟(James Chia-ling Hsu)和我有幸将该报告译成英文,因为学社有些董事不认识中文。我相信我们的英文译文已经以信件的方式在董事们当中传阅,因为董事会在你的报告到达的3个星期以前,即4月份,就已经召开了最后一次会议。兹附上一份我们的译文给你。哈佛燕京学社董事会一年例行召开两次会议,第一次是在11月份的第二个星期,第二次是在4月份的第二个星期。我建议,如果你打算再提交一份报告的话,最好尽量提早寄出,以便在11月份会议时到达。我从那些在4月份会议以前就收到你的报告的委员们处听说,另外有一大笔经费到账。所有申请机构提交的报告都是英文的,并附有中文附件。我觉得华中大学最好也这样,同时寄来由贵校中文系撰写中文的报告也无妨。我已经看过了你的报告所附的中国西南部地方文献书目,发现其中很多书本馆都没有入藏。随函附上一张500美元的支票。你能否帮我们依照随函所附的每一张黄色订购单购买书籍,这些订购单是按照王氏四角号码法排列的。我们正在建设中文地方志馆藏,而燕京大学在北平很难买到西南地区的文献。不知道华中大学是否愿意承担为哈佛购买西南地区方志的工作。如果你能接受此任务,我认为我们这里的委员们将由衷地感谢你。请致函燕京大学图书馆的田洪都(Hung-tu Tien)先生,让他寄给你一份我们所掌握的西南地区方志(四川、湖南、贵州、广东和广西)书目。无论你为我们买到其中的哪一种,都请致函燕大,免得他们在北平为我们买同样的书。如果随函附上的支票不够用,我们可以随时把钱汇给你们。(HYL Archives: Letter of Alfred K'aiming Ch'iu to Francis C. M. Wei, July 31, 1939)

8月8日

哈佛燕京学社社长叶理绥(Serge Elisséeff)社长致函怀德纳图书馆馆长 Keyes D. Metcalf:哈佛燕京学社董事会已决定把寄存在怀德纳图书馆的、属于汉和图书馆的藏书迁移回博伊斯顿堂,现决定派汉和图书馆副馆长曾(宪三)先生到怀德纳图书馆清点学社经费所购的中、日及远东书籍。(HYL Archives: Letter of Serge Elisséeff to Keyes D. Metcalf, August 8, 1939)

8月10日

胡美(Edward H. Hume)致函裘开明,请代查几条中国古代医学方面的资料,并云将于8月16日—18日到汉和图书馆阅读资料。(HYL Archives: Letter of Edward H. Hume to Alfred K'aiming Ch'iu, August 10, 1939)

裘开明致函胡美(Edward H. Hume)来信:因对中国古代医书不甚了解,故所问的某些问题无法回答。另,汉和图书馆于8月16日到9月20日期间闭馆,希望你8月14日前来馆阅读资料,我乐意协助你查找资料。(HYL Archives: Letter of Alfred K'aiming Ch'iu to Edward H. Hume, August 10, 1939)

8月11日

李书春致函裘开明:前以大书目及新购书卡片存版过多、压版日久,敝所曾于5月28日寄奉燕函,请提前函知田洪都先生拨付压版费,藉资周转事,此函想早邀鉴及矣。惟迄未蒙赐覆,至为焦灼。该敝所既因金价飞涨之影响,致需款孔亟,而转瞬旧历中秋又至,商号彼此结账,复为敝所需款正多时期,周转为艰也……指引片、经学类及哲学宗教类俱印毕,一半日内即装木箱发邮奉上。内计:经学类第一二层者17种,第三四层者134种;哲学宗教类,第一二层者24种,第三四层者102种。其印刷工料价格:第一二层每种50份,每份按一元五计;第三四层每种20份,按一元二计;两种共合印刷工料347.70元。并因敝所需款孔亟,已由田先生处支用。应从何款项下开除,请函达田先生可也。大书目之哲学宗教类,已装订20册,送交田先生。今又订成30册,分装15包付邮寄上。书目中分类表所用之红打字纸已购得，以后再订时，拟每类除用白纸分类表装订30册（因经学类既已用白纸分类表装订30份，此后若全部改用红纸恐不一律）外，其余概以红纸分类表装订。再者，前示曾言"大书目要50册，将来合并精装，不加硬皮者"，如此办法不再变更，以后每类正文及分类表等印毕时，敝所即除提出50册留待合订外，余即不再候示迳行，全数订成单本寄上……前于6月15日由运通公司发上卡片一箱（第三箱），内装卡片84匣（匣号109－192），共装卡片83760张（片号3020至5085）。又装重印之经学类书名页及书皮卅二份。此箱或先此函收到矣。经学类副页及书皮，即先生上次来示谓敝所将书名页排误者。按此事实敝所经手人之疏忽……前示谓"所寄之三张卡片中缺2588－2599"，嘱为补寄，兹已重印，随指引片包一并奉上，至缺片之原因，在敝所包装时，系经两三人复核始发出，恐非敝所之误，想为包裹散坏所致……三张片，现又发邮七包（包号由13－19），共包卡片5607张。再，为先生便于查考计，特将凡已寄出之三张片邮寄清单全部奉上两份，第三箱卡片清单二份，至请一并检收。二十开本丛书索引，现将印至八百面，经学类印至490面终了……将来如何装订，亦可预先计划也。蒙代购铅字，诸多费神……此项邮件现约至津，已向运通催问，俟收到当再奉告也。至款项敝所已由花旗付讫。金价飞涨，此些许小事费中币将达千元，远出敝所预算之外……大著分类法，请即规定发稿，以便着手排印。至此书之排印费，敝所拟按每页中币拾伍元计……实则只当美金八角余……较之先生在平时……则此15仅当时之3元耳。再，此15之数系现在暂定，倘金价再有变动，当更重议……新购书目片，以垫办工料较多，敝所函盼早印，以兹周转。更拟将此项印费预支，如蒙先生予以允准，则感盼无既矣……昨Gardner（贾德纳）来言办理编印联合卡片事（即将哈佛所无之中国图书，而美国其他较大之图书馆已有者，编印目录卡片），询以印价。书春以按哈佛新购书卡片印价计算。又问"新购书卡片印费美金二角何以如此之贵？原来如何规定者？"书春答以"原议排版费一角，印费五分，拼印费五分。并告以若按现在中国之美金价，两角折合中币似觉数多，然与物价相较商属低廉。且在去年与裘先生规定时，美金价为三元五角，而此时二角在当时仅中币七角耳，彼时为数尚不多也。"后及与其所谈印价为："一、稿件完全，而仅排印者，（无拼音与寄美校对重印等）美金一角五分。二、排印、代拼音者，美金二角。三、以上两种任何一种排就之版印峻后，再将人名书名调换重印者，美金五分"。此外，谈话与我等所印新购书卡片有关系者："裘先生所印之卡片全为人名在上书名在下，而不另有书名在上人名在下之一种，是其缺点。"联合卡片能否印成，尚难预定……（HYL Archives：李书春致裘开明函，1939年8月11日）

8月14日

国会图书馆东方部主任恒慕义（Arthur William Hummel）致函裘开明，求借商务印书馆出版的中文铅字字体、字号产品目录，并征询购买中文铅字的建议。（HYL Archives：Letter of Arthur William Hummel to Alfred K'aiming Ch'iu, August 14, 1939）

8月17日

裘开明致函国会图书馆东方部主任恒慕义（Arthur William Hummel）：兹奉寄5年前所购的商务印书馆中文铅字的产品资料及5号字的字体目录，请你务必于9月15前归还。商务印书馆出售的铅字，美观、优质、价格合理，建议你购买一整套4号铅字，因为汉和图书馆只有5号铅字推荐。（HYL Archives：Letter of Alfred K'aiming Ch'iu to Arthur William Hummel, August 17, 1939）

8月23日

于震寰（Zunvair Yue）致函裘开明：因为仍未从香港大通银行（Chase Bank）支取到

汇款,故仍未启程赴美,待一收到汇款即动身。(HYL Archives:Chinese-Japanese Library Harvard University Report of the Librarian for the Year June 30,1938 to July 1,1939)

8月24日

裘开明与曾郁(原名曾宪文,Katherine Yu Tseng)结婚。曾郁,号郁若,湖北鄂城(一说武昌)人,出生名门,1930年毕业于武昌私立文华图书馆学专科学校。婚后育有子女4人,女:裘庄仪(Chuang-i Ch'iu)、裘宣仪(Hsuan-i Ch'iu)、裘华仪(Hua-i Ch'iu),子:裘威仪(Wei-i Ch'iu)。(Alfred K'aiming Ch'iu. Who's Who in the World. 2nd Edition, 1974-1975. Wilmette, IL: Marquis Who's Who, 1973:200 & HYL Archives: Letter of Katherine Yu Tseng to Eugene Wu, December 25, 1986)

9月22日

王毓铨致函裘开明,介绍友人到汉和图书馆查阅中国家庭制度方面的文献。(HYL Archives:王毓铨致裘开明,1939年9月22日)

9月29日

哈佛燕京学社收到燕大寄来经学类及哲学宗教类指引片条子第一匣。(HYL Archives:裘开明致李书春函,1939年11月22日)

9月30日

裘开明致函间宫富士(Fujio Mamiya),托其转交给一诚堂书店(Isseido Bookstore)10日元,作为对日本青年图书馆员联盟(League of Young Librarians)编制、出版《图书馆研究》(*Toshokan Kenkyu*)索引第2卷的赞助;感谢最新一期的《图书馆研究》上刊登关于汉和图书馆的汉籍分类目录以及汉籍印刷卡片目录的通告;并告知如果日本有图书馆欲购之,可将订单寄往燕京大学图书馆。(HYL Archives: Letter of Alfred K'aiming Ch'iu to Fujio Mamiya, September 30, 1939)

10月3日

接于震寰转来致沈祖荣之函,函中于震寰向沈祖荣汇报办理汇款领取手续以及出国护照事宜。(HYL Archives:于震寰致沈祖荣信函,1939年8月10日)

10月10日

哈佛燕京学社收到燕大寄来书目卡片第三箱由3020至5085,每号40份共计83760张。(HYL Archives:裘开明致李书春信函,1939年11月22日)

10月17日

哈佛大学哈佛学院图书馆汉和图书馆收到燕京大学图书馆哈佛购书处的用款报告:1938—1939年度哈佛购书处总计用款为42719.77元国币,其中书款23877.56元,志书13911.34元,杂志90.47元,装订545.44元,装订(志书)232.24元,邮费900.00元,寄件材料273.60元,文具291.92元,杂费10.70元,薪水2586.50元。(HYL Archives:哈佛大学汉和图书馆书款报告1938—1939年)

10月24日

裘开明致函哈佛燕京学社社长叶理绥(Serge Elisséeff),报告汉和图书馆书本式目录和卡片目录的发行情况。(HYL Archives:Chinese-Japanese Library Harvard University Report of the Librarian for the Year June 30,1938 to July 1,1939)

10月25日

裘开明致函田洪都,谈及以下几件事:一、以后关于书本目录及罗氏基金[即洛克菲勒基金会]图书馆印片事请另函示知,不与敝馆购书事合为一函。二、承厚意转托顾君起潜(顾廷龙)继续校阅,无任感激。兹得顾君由申来函亦似愿负此责相许,实赖兄志力恳说之动。三、商洽赠送书目事,前次蒙来函提示,即与社长叶(Serge Elisséeff)先生商量。彼时伊以中国战局未定,学术机关星散而又迁移无常,故暂定只将目录赠送于欧美各国。前次奉上名单系由伊拟定,弟未参加意见。刻因接来书又与彼商议,得其许可将目录分送于中国及日本各团体及个人(名单另纸附上),请即由尊处直接寄出。所费邮资请在书本目录款项下开支。至于大同及其他各处来定购,发售邮费在外(全部书目约二千面,分订10册,共价美金10元;经学类约200面,故定价美金1元;其他各册请按此比率定价)。四、前接引得校引所李书春所长于1939年5月28日及8月12日两次来函索付压版及其他费用,兹分别谨答如下,请转告:其一,大书目压版费请由罗氏基金(即洛克菲勒基金会)印片余款支付(请参考此前校印所发票);该项余款用尽恐难再付压版费;请李君酌减其压铅费;此间亦当尽力将稿件于明年暑假前交完。其二,兹寄至燕大会计处美金500元,作为排印新购书籍(即未入大书目之书)卡片、邮资及卡片装箱费。其三,新入藏书籍卡片压版费似应从4月以上算起,因中美间邮件往返需时2月余至3月,其他一月为此间校对及分类卡片所必须之时,故4月以内应不纳压版费,请与李君商量以利进行。其四,印行书本目录所余美金及国币存款请暂勿动用,以便将来编制索引之用。罗君维勤之薪俸请由购书款支付。其五,《汉和图书分类法》暂不能付印,因款项及人力皆无法周转;去年由华盛顿美国人文科学协会寄至贵校会计处美金八百已被其强迫换成国币,至今损失必甚大,以较北平百物增价,此区区四千余元当不足印行分类法也。(HYL Archives:裘开明致田洪都,1939年10月25日)

10月27日

裘开明致函洛克菲勒基金会人文科学部主任David H. Stevens:我在周六将会去纽约,很希望能见到你,如果方便的话想谈一谈由你们的基金会赞助的卡片计划。我写信给你是想谈谈关于1938年10月18日的事情,现在情况发生了变化。卡片装在包裹里没有进行分配,当我们收到不同大学的订单时,我们不得不做分配工作。我们没有学社基金的拨款来做这些事情,我想知道我们能否使用卡片出售的收入来支付整理费用。在初始计划中,这笔收入本来是用于派遣编目员到不同的大学以及为国会图书馆、葛思德图书馆(Gest Library)印刷卡片的。我们已经收到了来自8所大学共14套卡片的订单,并不是所有的卡片被售出,所以我们的资金很少。但是我想获得你的批准,能使用这些资金,用于分配卡片给不同的图书馆和印刷新的卡片。我还没有收到你的许可和你在1938年10月28日的信中所说的详细报告,请寄来给我。我们可以在11月4日讨论这些事情,如果你那天有空的话。你什么时间合适呢,请通知我。(HYL Archives: Letter of Alfred K'aiming Ch'iu to David H. Stevens, October 27, 1939)

10月

《赠送哈佛燕京学社汉籍分类目录表》,内容如下:分4类,其一,哈佛燕京学社补助机关7个(燕京大学图书馆、齐鲁大学图书馆、金陵大学图书馆、福建协和大学图书馆、华西大学图书馆、华中大学图书馆、岭南大学图书馆);其二,中国机关4个(中华图书馆协会、文华图书馆学专科学校、国立北平图书馆、国立中央图书馆筹备处);其三,日本机关5个(东洋文库、东方文化学院东京研究所、东方文化学院京都研究所、北平人文科学研究所、日本青年图书馆员联盟协会 大阪间宫商店转);其四,个人4个(顾起潜廷龙先生、聂筱珊崇岐先生、洪煨莲业先生、田京镐洪都先生)。(List of Chinese and Japanese Institute for Free Library Catalogues. See: HYL Archives: File Subscribers to Harvard-Yenching Cards)

《赠送哈佛燕京学社分类目录清单》内容如下:(印刷部分)包括9个国家——英国、

瑞典、比利时、法国、印度(Indo-China)、德国、意大利、波兰、苏联的 15 个图书馆、博物馆或东方研究机构；(手写部分)包括 3 个国家——法国、荷兰、瑞典的 3 个个人，1 个英国的图书馆。19 个机构或个人由 1 至 19 依次手写编号。从北平寄出。(List for Free Library Catalogues [Sent from Peking]．See：HYL Archives：File Subscribers to Harvard-Yenching Cards)

11 月 2 日

裘开明提交《馆长年度报告》(1938 年 6 月 30 日至 1939 年 7 月 1 日)，报告内容如下：1. 图书馆馆藏情况。1938－1939 年度汉和图书馆新增藏书量如表所示：中文图书 730 种 9779 册，日文图书 374 种 1061 册，藏文图书 2 种 214 册，满文图书 15 种 344 册，西文图书 167 种 262 册，合计图书 1288 种 11660 册。截至 1939 年 7 月 1 日，汉和图书馆藏书总量：中文图书 20885 种 124252 册，日文图书 3421 种 10502 册，藏文图书 4 种 534 册，满文图书 25 种 458 册，蒙文图书 4 种 42 册，西文图书 902 种 1181 册，合计图书 25241 种 136969 册。在过去的 1937－1939 两个年度里，所购买的中文书主要可分为：(1)方志；(2)丛书；(3)明代传记和历史作品；(4)清代作者的文集；(5)关于艺术、人物和历史的画册；(6)关于晚清历史的文献。这些书中很多都是珍稀文献，购书款来自购买中文私家藏书的专项经费。1937 年 1 月至 1938 年 8 月我在中国期间，我极力搜求带有精美雕版插图的书籍……因为我馆在丛书和方志两类书籍方面占优势，所以这两类书值得特别关注。截至 1936 年 5 月 14 日，丛书藏量已达 577 种。在接下来的 3 年里，1936－1937 年度增加了 63 种，1937－1938 年度增加了 45 种，1938－1939 年度增加了 131 种，目前共计 816 种。在过去的两年里方志藏量也显著增长。截至 1937 年 6 月 30 日方志藏量为 974 种 12579 册。在 1937－1938 年间增加了 439 种 4499 册。目前总数为 1924 种 21449 册，分省统计如下：

哈佛燕京学社汉和图书馆馆藏中国方志一览表(1939 年 7 月 1 日)

省份	行政分区总数	已知现存方志种数	馆藏总数	
			种数	册数
满洲 3 省*	130	152	45	374
西北省份	113	34	37	376
山东省	117	438	193	1715
河北省	160	510	236	2080
河南省	118	415	154	1366
山西省	121	359	166	1292
陕西省	98	303	119	743
甘肃省	106	124	34	346
江苏省	80	466	169	2046
浙江省	90	425	144	2057
安徽省	69	238	65	954
江西省	93	409	74	1813

续表

省份	行政分区总数	已知现存方志种数	馆藏总数 种数	馆藏总数 册数
湖北省	81	301	84	1000
湖南省	88	272	69	979
四川省	157	427	153	1404
福建省	72	239	46	746
广东省	108	344	69	1009
广西省	120	134	27	303
贵州省	73	74	15	162
云南省	105	168	25	684
共计	2099	5832	1924	21449

* 编者注:此为哈佛图书馆分类方法。

除了购买旧书以外,还与地处所谓"自由中国(Free China,指昆明和重庆)"和香港的一些研究机构建立了教育和经济方面的联系,以方便购买从沦陷区迁往内地的中国研究机构和大学所出版的新书和现刊。这些出版物是在北平的燕大所无法获得的,我们非常幸运能够通过燕大买到沦陷区的出版物,还能通过在云南和四川的朋友〔即昆明西南联合大学图书馆馆长严文郁(Yen Wen-yu)先生、云南大理华中大学校长韦卓民(Francis C. M. Wei)博士、重庆国立中央图书馆馆长蒋复璁(Chiang Fu-Tsung)先生〕买到抗日后方的出版物。通过香港的商务印书馆购买了共计约50种新书,这些新书由中央研究院(Academia Sinica)、国家编译局(National Translation Bureau)、孙中山教育与文化促进社(Sun Yat-sen Institute for the Advancement of Education and Culture)等研究机构出版。来自战场后方,主要是重庆和昆明出版的新刊的数量达到38种。更多的新书来自中国西南地区。虽然这些资料中很多寿命是短暂的,不具备永久的研究价值,但是它们至少为迁都中国西部的中华民国政府的这一历史时期带来一些希望。在日文书购买方面,所购买的大多数日文书由学术团体出版,主要是关于汉学和日本学方面的专著。除了由哈佛燕京学社社长叶理绥(Serge Elisséeff)教授挑选的书以外,我根据东京国际文化学院(the Kokusai Bunka Shinkokai)出版的《日本研究导论》(the Introduction to Japanese Studies)核对书目清单,《日本研究导论》一书由各个研究领域的权威编写。我还翻检了《东京国际文化学院日本与远东重要日文著作书目年鉴》(The Kokusai Bunka Shinkokai Annual Bibliographical Register of Important Works Written in Japanese on Japan and the Far East)。根据这个信息源而编制的全部订购单最后都由哈佛燕京学社社长叶理绥教授审定。过去的一年购买了许多中国儒家经典著作的日文译著以及一些重要日本文学丛书。在赠书和交换图书方面,在过去一年里,我们收到了来自美国、中国、欧洲和日本研究机构以及私人的捐赠,共计122种201册,分别为:中文书21种61册,日文书11种35册,西文书90种105册。大多数西文书是用《哈佛亚洲学报》(the Harvard Journal of Asiatic Studies)交换而得,捐赠者名单保存在学报办公室。有些赠书通过学社办公室收得,捐赠机构和书名清单由办公室秘书保管。通过赠送和交换获得的出版物的复本清单保存在馆长办公室等待进一步处理。2.编目与分类……大多数时间都在完善各类目录。在燕京大学编制了约1200种著作的卡片并打印出校样。这些卡片中,我只对278种图书的卡片进行了核对并分类。这些卡片的书名和作者的罗马拼音由魏鲁男(James Roland Ware)博士校对。在日文书的编目和分类方面,编制了244种单行本、8种丛书及其所含的117种著作的目录卡片,并采用ditto方式进行复印。所有这些书均分类完毕。作者姓名和书名的罗马化拼写由哈佛燕京学社社长叶理绥教授校正。汉和图书馆的日文丛书已经根据作者和书名编制了分析目录,裘开明希望能尽快编制出依据丛书内容的分析目录。为防火安全起见,整套约1000种日文书的目录卡片原稿保存在怀德纳图书馆,而保存在博伊斯顿堂(Boylston Hall)的为复制品。在西文书编目方面,利用国会图书馆发行的印刷目录卡片,这些卡片由哈佛学院图书馆为汉和图书馆订购,经费由哈佛学院图书馆支付。在哈佛学院图书馆的各类目录中都登记了汉和图书馆所藏的西文书,这样学校各个院系都能利用到汉和图书馆的藏书。西文书的编目工作包括按照汉和图书馆的分类法分类、贴索书号、该藏书章以及排入西文书目录。暑假期间,曾宪三(Mark H. S. Tseng)先生清点了全部西文书,对丢失的书进行查找,对丢失或损坏的卡片进行补编。然而对西文藏书所做的最重要的工作还是查找和核对学社保存在怀德纳图书馆的藏书……此项工作花费了曾宪三先生整个夏天的时间,在中国类、考古学、哲学、艺术、宗教、民间传说和语言类七大类书中共计发现121种138卷书。我们不确定我们的书是否还有被怀德纳图书馆分到其他类别中的,因为我们只系统地清查了以上7类书。根据这些被查找出的书编制了一份清单,清单中包含怀德纳的索书号,所以未来任何时候,如果学社想把这些书运回自己的书库,即可随时从怀德纳搬运回来。1938－1939年度各语种目录新增目片数统计如下:中文书作者－书名四角号码目录新增目片3584张,作者－书名罗马字母目录新增目片3072张,分类主题目录新增目片3900张,排架目录新增目片53张,以上共计10609张;日文书作者－书名四角号码目录新增目片2728张,作者－书名罗马字母目录新增目片227张,分类主题目录新增目片426张,排架目录新增目片309张,以上共计3690张;西文书作者－书名目录新增目片348张,排架目录新增目片122张,以上共计470张(为国会图书馆印刷卡片,一些是打字机打印的卡片)。各语种目录合计新增目片14769张。3.阅览室与书库。1938－1939年度,汉和图书馆共外借823种1504册图书。书库平均每天有40－65册/卷藏书下架在阅览室内使用。每天晚上有10－15种保存本被带出图书馆。从费正清(John King Fairbank)教授开设远东史课程开始,第二学期阅览室的人数以及保存本的使用率呈上升趋势。因为书架拥挤,书库内各类藏书的书架都全部重新整理过。方志类藏书的书架被移到东侧书库西文藏书的后面,而本来放置在那里的中日文报纸移到怀德纳图书馆保存。这只是一个临时保存方志类藏书的地方,因为这个地方不久要腾给新增的日文馆藏。目前亟需为我们很有价值且迅速增长的中文方志寻找一个藏书空间。西侧书库原本存放方志类藏书的空间用来存放新到馆的清代文集和其他书籍。暑假期间花费了200美元在走廊安装钢筋书架,用于保存一般的中文过刊和过期的学术杂志。如果不能尽快在博伊斯顿堂或其他地方腾出更多的藏书空间和书架,我将不得不把书装箱保存在哈佛某栋楼的地下室。另外,为了让读者更容易在书架上找书,每行书架的底部都换上了新的中英文对照的书库指南。4.参考咨询与馆际互借。汉和图书馆还向学生和校外学者提供参考咨询服务。向学生提供的参考咨询服务主要包括帮学生找书以及使用各类工具书解答不同类型的信息咨询。另外有 14 名来自各个研究机构的学者使用汉和图书馆查找资料。戴闻达(Jan Julius Lodewijk Duyvendar)教授在《通报》第 34 卷(1939 年 7 月)第 341 页向汉和图书馆致谢。毕乃德(Knight Biggerstaff)教授在《哈佛亚洲学报》第 4 卷第 2 期(1939 年 7 月)109 页向汉和图书馆致谢。另外在 1938－1939 年度,有包括国会图书馆在内的 12 所机构向汉和图书馆提出借书的申请,共计外借 41 种 137 册图书。5. 图书编目以及卡片目录项目。收录儒家经类图书的《汉籍分类目录》第 1 卷于 1938 年 9 月出版,并以出售或赠送的方式向中国、日本、美国以及欧洲的学术机构发行。第 2 卷哲学和宗教类书目于本年 5 月份投入印刷。燕大通知我们已向剑桥寄出了 30 本目录,但是到目前为止尚未收到……本年底,第 3 卷历史学类(考古学、人类学、传记、历史和地理)书目有望出版。其余的社会科学卷(第 4 卷)、语言与文学卷(第 5 卷)、艺术卷(第 6 卷)、科学与技术卷(第 7 卷)、总论卷(第 8 卷)和书目卷(第 9 卷),以及第十卷索引计划在明年夏天完成。在过去的一年里,我除了把时间用在履行馆长日常管理责任以及推进重要的当代文献编目工作以外,我还把我全部的时间用于阅读和校对书本式目录的第二次校样。这项工作花费的时间比我想象的要多……在未来的一年里我将继续做这些工作,因为这是唯一能使全部书目尽早出版的方法。到目前为止,约有 6000 张卡片运抵剑桥,涉及儒家经典类、哲学类、宗教类和考古学类。这些卡片的副本的分发情况如下:加州大学 1 套,芝加哥大学 5 套,克莱蒙特学院(Claremont College)1 套,哥伦比亚大学 1 套,耶鲁大学 2 套,宾夕法尼亚大学 1 套,华盛顿大学 1 套,皇家安大略博物馆 2 套。1938－1939 年度,分发书本式目录和卡片目录的工作在裘开明的办公室进行。我大多数时间都用于回答关于目录的咨询问题和对外宣传目录卡片。在发行汉和图书馆编印的书本式目录和卡片目录的工作上,我和图书馆工作人员都花费了很大精力。希望在接下来的一年里,图书馆能够卸下这副重担,让其他部门承担此项工作。卡片的出售情况不像预想中的那么迅速;到目前为止,仅售出 14 套,收入 1400 美元(仅 800 美元到账)。另一方面,又有约 1200 种新的卡片在燕大印毕。所以年度财务预算中必须设置 500 美元的预算用于卡片目录项目,以保证该项目继续运作,否则必须立刻中止该项目,改用过去的 Ditto 方式复制卡片和书目。对于哈佛大学来说,每年印刷卡片目录的费用比之前采用 Ditto 方式印刷卡片的费用高,但是印出的卡片的质量也当然好很多。对于其他图书馆来说,我认为这意味着他们可以节省编目支出,因为据估算,在美国任何一所图书馆编一本中文书的平均费用为 50 美分到 1 美元。6. 图书馆人事。徐家麟(James Chia-ling Hsu)先生在汉和图书馆担任了三年技术助理(Technical Assistant)和代理馆长之后于 1939 年 7 月 1 日离开图书馆。同一天,曾宪三(Mark H. S. Tseng)进馆工作。曾宪三毕业于武昌文华图书馆学校,在哥伦比亚大学获得图书馆学硕士学位,曾在清华大学图书馆工作过两年,在国立北平图书馆工作过六年,在国会图书馆东方部工作过两年。6 月邀请重庆国立中央图书馆的于震寰(Zunvair Yue)先生赴美协助日文书编目,并提前支付其 3 个月的薪水以用作旅费,但因尚未收到汇款,故至今仍未动身赴美。陈世材(Chen Shih-tsai)继续在馆担任学生助理,负责校对和抄写卡片。Frank Harrington 先生继续在馆担任普通职员。两人都应该涨薪水。前者每小时的报酬为 65 美分——是哈佛燕京学社社长叶理绥和徐家麟 1938 年春天制定的工资水平,而后者的工资为每月 75 美元,比博伊斯顿堂看门人的工资还低。我是否可以从 1940 年 1 月 1 日开始从中文购书经费中挪用 200 到 300 美元用于提高他们的薪水?7. 图书馆财务。1938－1939 年度图书馆预算:(1)常规预算(董事会 4 月份会议通过):图书 8000 美元

(中文书 3600 美元,日文书 1400 美元,西文书 700 美元,装订 300 美元,方志 2000 美元),保险 300 美元,办公经费 500 美元,薪水和津贴 3250 美元(徐先生 1500 美元,Harrington 先生 750 美元,2 名兼职学生助理 1000 美元),总计 12050 美元;(2)追加预算(董事会 11 月份会议通过)装订费 750 美元,制作善本书的函套以及藏文三藏经 750 美元,复制一套日文卡片目录 100 美元,购买中国私人藏书家的善本书 10000 美元。全年预算合计 23650 美元。1938－1939 年度支出统计:(1)常规预算支出:图书 7768.70 美元(中文书 3468.08 美元,日文书 1576.69 美元,西文书 723.93 美元,方志 2000 美元),装订 1047.49 美元,保险 293.87 美元,水电 863.91 美元,办公经费 380.39 美元,薪水和津贴 3248.95 美元,总计 13603.31 美元。(2)追加预算支出:复制一套日文卡片目录 100 美元,购买善本书的专项经费 4000 美元[其中 3000 美元交由贾德纳(Charles Sidney Gardner)先生购书,500 美元购买藏文三藏经,500 美元交由燕大购书]。全年支出合计 17703.31 美元。(3)哈佛大学给燕京大学的图书采购拨款共计 9000 美元,折合国币 42563.92 元,其中 2000 美元(折合国币 8203.13 元)用于购买方志。燕京大学代购图书开支(1938－1939 年度)国币 49709.74 元(含结余国币 6989.97 元)。1938－1939 年度燕大代购中文书的经费结余 2000 美元(折合国币 6989.97 元)已由贾德纳先生支取为哈佛购买书籍,关于所购书籍的详细情况,原始发票和账目由贾德纳先生出具。在燕大代购中文书的全部支出中,有 500 美元用于购买拉萨版的藏文大藏经。在购买日文书方面,汉和图书馆通过横滨银行(Yokohama Bank)纽约分行汇给一诚堂书店(Isseido Bookstore)333.19 美元,又通过燕京大学财务处汇了 1200 美元,前者的汇率为 1 美元兑 3.59 日元,后者的汇率为 1 美元兑 6.16 日元。(HYL Archives:Chinese-Japanese Library Harvard University Report of the Librarian for the Year June 30,1938 to July 1,1939)

11 月 4 日

哈佛燕京学社收到燕大寄来哲学宗教类目录 30 本。(HYL Archives:裘开明致李书春信函,1939 年 11 月 22 日)

11 月 6 日

裘开明致函华美协进社(China Institute in America)社长孟治(Chih Meng):感谢寄来华美协进社出版物。希望也能将该社出版物寄给《哈佛亚洲学报》(*Harvard Journal of Asiatic Studies*)编辑部一份。(HYL Archives:Letter of Alfred K'aiming Ch'iu to Chih Meng,November 6,1939)

11 月 8 日

于震寰(Zunvair Yue)致函裘开明,告知其被日本警方驱逐下船,滞留横滨。(HYL Archives:Letter of Zunvair Yue to Alfred K'aiming Ch'iu,November 8,1939)

哈佛燕京学社收到燕大寄来经学类及哲学宗教类指引片条子第二匣。(HYL Archives:裘开明致李书春信函,1939 年 11 月 22 日)

11 月 10 日

裘开明致函洛克菲勒基金会人文科学部主任 David H. Stevens:我今天收到了你 11 月 8 日的来信,还有 1938 年 11 月 21 日来信的复印件,信中介绍了你们执行委员会的工作。我很抱歉我周六到你办公室时没有读到你信的副本,因为我没想到这封信会授权让我使用由洛克菲勒基金会在敝馆新项目上的拨款。请允许我简短地重复一下关于这个卡片项目的计划:批准拨款 8600 美元,用于印刷汉和图书馆所有的 43 套卡片。在原始计划中,出售这 43 套卡片的收入有一半,大约 2000 美元用于派遣中文编目员去那些购买卡片的大学图书馆,剩余的 2000 美元将作为周转资金为国会图书馆和葛思德图书馆(Gest Library)印刷馆藏卡片。现在,由于你为国会图书馆和其他美国大学拨发了补助金,所以就没有必要为他们印刷卡片和派遣编目员了。而且,自计划开展开始,收益会比投入的少,迄今只有 14 套已经售出了,其中只有 8 套已付款,共 800 美元。我想写信要求允许使用这 800 美元,这样后续资金可以从出售卡片的收入中获得,以便用于卡片的印刷和新卡片的采购,而不再用于聘请编目员和为国会图书馆以及葛思德图书馆。而且,如果美国的大学不打算买全部 43 套卡片,我要求允许把这些卡片卖给莱顿大学(Leiden University)或者其他想购买的国外机构。(HYL Archives:Letter of Alfred K'aiming Ch'iu to David H. Stevens,November 10,1939)

11 月 11 日

私立华中大学校长韦卓民(Francis C. M. Wei)致函裘开明:我在动身前往重庆和香港之前收到了你 7 月 31 日写来的信。我没有料想到,在我回来的时候竟在火车上延误了近 1 个月,所以我没能尽早给你回信,请你原谅。非常感谢你帮助我们把报告初稿提交哈佛燕京学社董事会研究,现在中文系正在为哈佛燕京学社董事会会议作准备。很抱歉,我们恐怕不可能在 11 月份会议之前再提交一份报告了,但是我们会尽量在 4 月份之前寄达报告。我们已经收到为贵馆购书的 500 美元经费,以及随函所附书目。在此我寄给你一张财务处开具的收条,并将随时呈报购书账目。对于我们来说,在云南购书也根本不是件容易的事情,但是我们会尽力去买,稍后即向你汇报。搜访方志不易,政府还下令海关禁止出口方志。如果你真的想买,我还是认为北平和上海是好地方。(HYL Archives:Letter of Francis C. M. Wei to Alfred K'aiming Ch'iu,November 11,1939)

11 月 12 日

田洪都致函裘开明:引得校印所承印贵馆卡片及书本目录,在兄去岁离平时预定今年暑期即可蒇事,乃迄今尚未及全部之半,兹处定稿现在仅寄到历史地理一类,此间校馆事宜亦甚十分忙迫,但云所校书本卡片预算两月内皆可印出,惟按兹处寄稿情形,不到明年此际不能告□,即延至后年此际亦未必可以结束。弟初以代兄监管此事为□,不过一年精力尚可应付,若长此纷心,势必丛脞语弟所任本务,亦不免有所妨碍也,且引得校印所以压板太多,据称原有压板费之议已于 9 月 15 日由编印卡片款下支付压板费 2300 余元,迄今又逾两月,照算又需支 1000 余元,将来此款究应归何项开支,即席核示。吾兄离平时所划归编印目录之款,陆续开支,截至现在卡片项下仅存 2000 元,书本项下仅存 1600 元,年底开支亦恐不够,应请早为筹划以上种种问题。务望吾兄决定一具体办法,嗣后兹处所有底稿预定分几次寄来,大约可于若干时间寄到一次,此间亟愿得之详情,以便支配校馆工作,书本目录哲学与宗教类业经装订,来册者按照来单所开欧美各馆,已分别寄出矣。引得校印所拖欠铅字,日昨始行收到,现在着手添铸新字,约 1 月后可以开始排印分类法。新购各书编印目录卡片,均经陆续寄请校改,务望于校改后按每次全部寄还,幸勿从中抽乱,以便上板时节省功力,否则前后颠倒,清理甚费时间,须另加工价。(HYL Archives:田洪都致裘开明,1939 年 11 月 22 日)

11 月 13 日

哈佛燕京学社召开董事会会议,学社社长叶理绥(Serge Elisséeff)汇报裘开明提交的馆长年度报告。(HYI Archives:Meeting of the Board of Trustees Held November 13,1939)

11 月 16 日

裘开明致函美国学术团体协会中国学研究委员会秘书 Mortimer Graves:我曾跟贾

德纳(Charles Sidney Gardner)博士详谈,我与他的所有信件往来都是有关我们的《分类法》的出版事宜。他说他打算很快来见你,并将告诉你确切的情况。我想向你说明以下的事实:(1)由燕京大学会计 Mary Cookingham(郭美瑞)小姐签署的 800 美元的收据,我已经在 4 月 21 日的信中转给你了。她没有按照我提出的以美金形式保留这笔款项的清晰要求做,而是将这笔钱兑换为 4200 中国货币。(2)因为汇率的猛烈波动,以及北平所有物价的随之上涨。引得编纂处现在想要以美金来定价。(3)起初估计 900 美元足够出版这本分类法,但是我们在你这里只存有 100 美元,其余的经费以中国货币形式存在纽约花旗银行北平分行。(4)将 4200 中国货币再次转换为美金就只能得到大约 300 美元。(5)这个 500 美元的损失必须由某人来承担。我拒绝为这个损失负上所有责任。(6)除非有一笔相当数量的额外拨款,否则我们不能启动这个手册的出版工作。(7)来自美国铅字公司(American Type Founders Sales Corporation)的英文铅字已经寄到了燕京,并已经由引得编纂处支付了费用。(HYL Archives: Letter of Alfred K'aiming Ch'iu to Mortimer Graves, November 16, 1939)

11 月 22 日

裘开明致函李书春:一、前奉 5 月 28 日及 8 月 11 日两函,本应早复,奈因该信到后,未见信内所提及之哲学宗教类书目及指引片条子,又因发售卡片与书本目录事项须经社长叶先生及哈社董事会之决定,故延迟至今始答复。惟先曾致函田京镐(田洪都)兄,请其速付书目卡片压版费,谅款早已收到。二、由尊处寄来各件,发到时日如下:(一)书目卡片第三箱由 3020 至 5085,每号四十份共计 83760 张,于 10 月 10 日收到;(二)经学类及哲学宗教类指引片条子第一匣于 9 月 29 日,第二匣于 11 月 8 日到此;(三)哲学宗教类目录 20 本,于 11 月 4 日接到。以上各件现已分发完毕。指引片条子印刷精美,除三、四张小错外,其余皆合用,已将一份放入木馆印片分类目录柜中,读者同声称赞。三、兹将关于续印书本目录及卡片事分别详答如次。(一)大书目每分册印毕即请全数钉(订答:原文即用"钉",故不改。)成单本交付哈佛燕京学社驻平办事处主事人员分别处理,其详细办法已由社长叶(Serge Elisséeff)先生致函洪(煨莲)先生说明;兹将该函复份附上一阅,并请转致洪都兄存。(二)卡片随印毕请随将全部 50 份交付哈燕学社驻平办事处分发或保存。(三)每类指引片条子印毕请分散成套,每套匣为一束。此次寄来每种 20 份或 50 份作一匣,须在此间将同样条子分开成套,费时颇多。以后请贵所派人分开匣好,其所费工资请算入印刷工料费内。又每款指引条子印毕,请全数寄美国,因此项出品贮藏不占地故也。(四)20 开本《丛书子目分类索引》经子两类印毕请用纸面分钉二册样本寄来一阅,其余部数请暂存贵处。(五)拙著《汉和图书分类法》因印刷费不足,请暂勿排印,但请用美金估价,每叶(二面)须美金若干,该书全部须排若干面。(请取燕大图书馆稿本一阅,中英标书名索引约占分类表全部三分二。按此算法,若分类表需二百面,则索引部分需一百面,如此类推。)(六)承示与贾德纳(Charles Sidney Gardner)先生所谈关于联合印片事,甚感此事现正在进行中,待将来伊之计划得各处同意后,再当函告。刻下吾等似应照前年预定计划将哈佛书本目录及哈佛卡片速速印毕。故弟在此日夜赶阅书本目录二稿清样,史学类方志部分不日即可寄上。(七)关于压版费事,已函请洪都兄办理,请与之接洽。惟刻下经费困难,压版不能再加,否则无法付款。(八)新购书目片(即未入大书目者)排印费应由出售前印卡片收入款项支付。该款今日始得纽约罗氏基金会之许可,哈佛燕京学社得用作印行新购入书之卡片。日内当可由此间寄燕大会计处美金若干。此项印费能否预支,请与洪先生及田京镐兄接洽。(九)丛录类二校清样 I—

221(1883)至 0-329(1991)敝处去年只收到一份,请再寄一份。(十)经学类副页(即书名页)及版权页请再印 20 份由快邮寄来。又以后每册版权页在某年某月下将"出版"二字改为"初版",再下则添加下列语名"全部十册,约二千余面,定价美金十元"。(HYL Archives:裘开明致李书春信函,1939 年 11 月 22 日)

11 月 23 日

于震寰致函裘开明:蒙借支旅费汇华,至 10 月初始得大通银行函,允在香港兑取。10 月 17 日弟携内子由渝飞港,原拟赶搭克利夫兰总统船,不意该船已无空位,只得改订日本皇后船,遂先至沪候船,11 月 1 日送内子登顺天轮北返,3 日弟登日本皇后东渡。8 日行抵横滨,因弟所执为重庆发给并签证之官员护照,被日本警察拘讯,其时惶惧莫名,曾发一函,书不成字,至 22 日始改乘亚洲皇后船继续行程。船上本可拍发电报,不意乃因时局关系,禁止收发,无由向先生报告此船直驶温哥华,12 月 1 日可达,当晚 7 时换车,5 日晨 9 时抵孟垂尔(Montreal),9 时 42 分离孟垂尔(Montreal),Train no: C. P. R., Boston & Maine,即日晚 7 时半至波士顿,可与先生快谭一是矣……(HYL Archives:于震寰致裘开明信函,1939 年 11 月 23 日)

11 月 29 日

裘开明致函洛克菲勒基金会人文科学部主任 David H. Stevens:感谢你 11 月 12 日的来信,解决了我们卡片计划的相关问题。我们正欲寄汉和图书馆馆藏目录第一卷儒家经典类和第二卷哲学和宗教类给你。(HYL Archives: Letter of Alfred K'aiming Ch'iu to David H. Stevens, November 29, 1939)

间宫富士(Fujio Mamiya)致函裘开明:感谢你的捐款,我将会把你的名字列入索引捐助人的名单中,出版后即寄奉一份;随函并附上我编的纪年表(Chronological Tables),请你向研究东方学的学生推荐,每份售价 15 美分,如果大量购买可有 20% 的折扣;我正在根据《王云五大辞典》编写《汉和辞典》,该辞典的编译已经历时 10 年多,积累了 7000 多页,计划在 1 年之内完成该辞典所附两个索引的编写工作,还计划在辞典中附英文版的四角号码法以及日文和中文罗马化规则的说明,请求你提供相关的资料。(HYL Archives: Letter of Fujio Mamiya to Alfred K'aiming Ch'iu, November 29, 1939)

11 月 30 日

加州大学图书馆总馆 Charles E. Hamilton 致函裘开明:圣诞节那一周期间,我将在剑桥停留一两天。我非常渴望看看汉和馆藏。我在加州大学是一位日文文献编目员,今年夏天和秋天参加国会图书馆日文文献分类计划,我是加州大学的代表。请你告知我是否可以在 12 月 27 日早上参观贵馆的馆藏。(HYL Archives: Letter of Charles E. Hamilton to Alfred K'aiming Ch'iu, November 30, 1939)

12 月 1 日

于震寰(Zunvair Yue)正式到馆上班。(HYL Archives: Chinese-Japanese Library Harvard University Report of the Librarian for the Year June 30, 1939 to July 1, 1940)

12 月 4 日

国会图书馆东方部主任恒慕义(Arthur William Hummel)致函裘开明:因种种原因,国会图书馆无法在商务印书馆购得 5 号宋体铅字,请问还有哪里出售中文铅字。(HYL Archives: Letter of Arthur William Hummel to Alfred K'aiming Ch'iu, December 4, 1939)

12 月 9 日

裘开明致函国会图书馆东方部主任恒慕义(Arthur William Hummel),建议委托陈其瑗(C. Y. Chen)代购中文铅字,或通过西雅图铅字公司(Seattle Type Founders Co.)购买中文铅字。(HYL Archives: Letter of Arthur William Hummel to Alfred K'aiming Ch'iu, December 4, 1939)

本年

裘开明担任哈佛大学哈佛燕京学社汉和图书馆馆长(Librarian of Chinese and Japanese Library of Harvard-Yenching Institute at Harvard University)和远东语言系中国语言文学讲师(Lecturer in the Chinese Language and Literature),办公地点为博伊斯顿堂13号(Boylston Hall),其时在哈佛大学登记的个人住址为:14 Remington Street, Cambridge, MA.。(Harvard University Catalogue, 1939-1940. Cambridge: Harvard University, November 1939:67,76,965)

魏鲁男(James Ronald Ware)担任哈佛大学远东语言系教授(Professor in the Far Eastern Language),办公地点为博伊斯顿堂(Boylston Hall)12号。贾德纳(Charles Sidney Gardner)担任哈佛大学远东语言系副教授(Assistant Professor in the Far Eastern Language),办公地点为博伊斯顿堂(Boylston Hall)15号。赖肖尔(Edwin Oldfather Reischauer)担任哈佛大学远东语言系中国语言文学教员(Instructor in the Chinese Language and Literature),办公地点为博伊斯顿堂(Boylston Hall)15号。费正清(John King Fairbank)担任哈佛大学历史系教员与助教(Instructor and Tutor in the Department of History),办公地点为Kirkland H-11。(Harvard University Catalogue, 1939-1940. Cambridge: Harvard University, November 1939:975,978,1012,1028)

燕京大学的哈佛燕京学社行政管理委员会(Administrative Committee)或称北平办事处(Peking Office)第一任执行干事(Executive Secretary)博晨光(Lucius Chapin Porter)因与哈佛燕京学社社长叶理绥(Serge Elisséeff)不合而辞职,执行干事一职由历史系教授洪煨莲(William Hung)继任。(张寄谦. 哈佛燕京学社. 见:《燕大文史资料》第6辑,1992,3:38-60)

裘开明编《美国哈佛大学燕京学社汉和图书馆汉籍分类目录》(全三册)(A Classified Catalogue of Chinese Books in the Chinese-Japanese Library of the Harvard-Yenching Institute at Harvard University. Cambridge, Massachusetts: Harvard-Yenching Institute, 1938-1940. 828p. in 3 Vols.)第二册正式出版,并随即开始印刷第二册的卡片目录。(Alfred K'aiming Ch'iu. Reminiscences of A Librarian. Harvard Journal of Asiatic Studies, Vol. 25(1965):7-18)

1940年
43岁

1月4日

裘开明致函间宫富士(Fujio Mamiya):我将会尽力向远东语言系的学生推荐你所编的年代表,但是由于我是哈佛大学的公务人员,不能从事任何商业活动,所以建议你考虑请东京的一诚堂书店(Isseido Bookstore)或丸善株式会社(Maruzen Co.)作为在美国的销售代理。我们汉和图书馆希望在你编译的《王云五大辞典》日文版出版以后购买一套；至于四角号码法的英文版说明，你可以参考王云五先生自己编写的《四角号码法检字法》（修订本）(Wong's System for Arranging Chinese Characters: The Revised Four-Corner Numeral System)，上海商务印书馆 1928 年出版，145 页。(HYL Archives: Letter of Alfred K'aiming Ch'iu to Fujio Mamiya, January 4, 1940)

1月5日

Helen B. Chapin 致函裘开明，询问《豫章古今记》的版本问题。(HYL Archives: Letter of Helen B. Chapin to Alfred K'aiming Ch'iu, January 5, 1940)

1月9日

裘开明与叶理绥(Serge Elisséeff)商谈在中国国内购买拓片之事，向叶理绥出示陆教授所藏拓片目录，其中包括造像拓片、石刻拓片、石柱拓片、墓碑拓片和雕塑拓片。(HYI Archives: Letter of Serge Elisséeff to William Hung, January 18, 1940)

1月10日

裘开明致函田洪都：关于印片部分兹答如下（以后来信请将印片事不与购书事合为一函）。（一）大书目延期出版实为不得已之事，非吾心所愿，此后当尽力将此事结束。接每月初发寄底稿若干，惟其多少则须视社长叶(Serge Elisséeff)先生、汉文教授魏(James Roland Ware)先生及弟个人其他工作之切迫与校稿之时间，此刻甚难言定。（二）大书目压版费于 10 月 23 日函中曾请由罗氏（编者注：即洛克菲勒基金会。）编印卡片费支付，惟此项压铅费当时李（书春）君计算太高，弟曾请其酌减。以弟算法，压铅费应以购铅资本金之利息为标准。李君所算压版费含有全所行政费及其他部分工人调息工资之损失。此二种费用实不能加在哈佛大书目身上。（三）排印新购书籍卡片需用铅质，若能由敝馆购下以定排一千种卡片为限，铅质用完即不再排新片，旧片版折散铅质流通再排新片，如此办法，应可不付压版费，或为根本解决压铅费之良法。不知足排千种卡片之铅质需若干斤，其价几何，又每年铅质折旧损失若干斤，价值多少？均请函告。（四）1939 年度所排新书卡片已近千种，以后所编新书草目片请暂存贵处，不交引得校印所再排。俟敝处将去年全部新片寄上印毕后，铅质空出后再排新片，如此可减轻压铅费用。（五）《汉和分类法》印费不足，请暂勿排印。弟已向某机关请求添经补助费，能否成功现尚不知。故以不排版为妙。（六）排印新书卡片费应由去年 10 月间寄上美金五百元支付，本项目下已付引得校印所之款可移作大书目压版费用。又罗氏基金印片款项及哈佛书本目录款项自弟离平到现在已用若干，尚存若干，请于便中赐一详细账单。（七）引得校印所寄来卡片第 21 至 27 包及新书方志片数包于前日收到，包皮损坏，破烂不堪，内中卡片亦破。以后无论何机关（校印所或哈佛燕京学社驻平办事处）寄片请其用硬匣子装好，再加厚纸打包，以免路途损坏。（八）寄来某一书之卡片超过一张以上者，均未用白线束好。此项工作似由校印所做最好。须添工费亦只好少付补款。(HYL Archives: 裘开明致田洪都信函，1940 年 1 月 10 日)

1月11日

裘开明回复 Helen B. Chapin，解答关于《豫章古今记》版本问题的咨询。(HYL Archives: Letter of Alfred K'aiming Ch'iu to Helen B. Chapin, January 11, 1940)

间宫富士(Fujio Mamiya)致函裘开明：已收到你为东京一诚堂(Isseido Book store)出版的青年图书馆员联盟(League of Young Librarians)《图书馆研究》(Toshokan

Kenkyu)总索引第 2 期捐赠的 10 日元,索引出版后将会赠送你一本,作为捐赠人,你的名字将会出现在第 117 页。(HYL Archives:Letter of Fujio Mamiya to Alfred K'aiming Ch'iu, January 11, 1940)

1月13日

国会图书馆东方部主任恒慕义(Arthur William Hummel)致函裘开明,言,因发现从中国和日本运来的书中有生虫的现象,请问应如何处理。(HYL Archives:Letter of Arthur William Hummel to Alfred K'aiming Ch'iu, January 13, 1940)

1月18日

叶理绥(Serge Elisséeff)致函燕京大学洪煨莲(William Hung):我与裘开明先生一起讨论过陆教授所藏拓片目录,我很怀疑其中的造像拓片真的是直接从实物拓片,而不是复制品,因为几年前福格博物馆(Fogg Museum)购买的拓片即是复制品。所以,请你在北京仔细查看这些拓片,并告诉陆教授,他收藏的很多宋代以前的拓片对哈佛燕京图书馆很有价值。如果你认为这些拓片值得购买,那么,请予以购买,并予以装裱,以便于保存和使用,同时在中国装裱也更经济。(HYI Archives:Letter of Serge Elisséeff to William Hung, January 18, 1940)

1月19日

伯里亚学院(Berea College)校长 Francis S. Hutchins 致函裘开明,请求推荐研究中国传统教育、1904—1905 中国教育改革以及党化教育的英文参考资料。(HYL Archives:Letter of Francis S. Hutchins to Alfred K'aiming Ch'iu, January 19, 1940)

1月23日

Helen B. Chapin 致函裘开明,询问封城地方志中是否有雷焕传记。(HYL Archives:Letter of Helen B. Chapin to Alfred K'aiming Ch'iu, January 23, 1940)

1月25日

裘开明回复伯里亚学院(Berea College)校长 Francis S. Hutchins 的咨询,推荐 5 种关于中国教育的英文文献,并告知馆藏地点。(HYL Archives:Letter of Alfred K'aiming Ch'iu to Francis S. Hutchins, January 25, 1940)

2月1日

燕京大学引得校印所所长李书春致函裘开明:华札敬悉。印奉之指引条子,尚能适用,甚慰!过蒙称赞,至感,惟不敢当也。所示各件,除已照办者及将 20 开书目 4 册(经、哲两类各二册)、丛录类二校样(9—221,9—339)、经学类副叶版权页(旧格式者 20 份由"出版"改"初版"者 20 份),已分别寄奉外,兹特将应再奉达数事列后:一、开始,先生恐尊著之分类法印费不敷,着敝所估价及页数事,已与田(洪都)先生商谈。查此书篇幅不多,至于价格,前曾函告,每叶美金一元二角,虽现在生活程度增高,一元二之印费再加少许,计以所存款项亦无超过之虞。容当排成版式奉上……二、来示令将"大书目每册版权页之'出版'改为'初版',又添加'全部十册,约二千余面,定价美金十元"等语。现已将印过之经、哲两类书皮作废,另照来示重印,为将来印至最末一册副页时,全部页数既已固定,"约二千余面"之字样,是否删掉?……三、关于历史类指引片,已印至发印书目号码,正包好待寄间,来信令按次配成套数。稍候当即改配奉上。四、已装成册之大书目,书背皆未印字,是否印有书名等等较好,如印,印何项字样?请示知。五、大书目每类装成一册,其页码则全部衔接,惟已装成之两册,书皮正面未印第几册字样,是否为查阅便利即以印第几册为宜?如以为然,其第几册字样印在何处?请示知。六、前即奉之方志类新购书片(每号各50份)，因敝所仓卒间寄出，未及与田先生商酌，之未将应留燕校图书馆备用之七张提出，兹请先生饬人将该方志片每号查出七份，寄回燕校图书馆应用为盼……再者此项卡片现已排成2500余张，积压铅料甚多，如能陆续发印，至盼。又前发印之方志片，因先生未按排版时所编号码之次序，以存版堆积之故，至临印查号时殊费手续。以后再发印时，如于尊处无不方便之处，未悉可否按原来排版所编之号码次序发印，以省手续费？……七、卡片目录，最初每号印40份，当印至1400号时，来示改印50份，是则1400以前各号皆须重排补印，其排印费敝所当另计价等情，曾函达台端。现此项卡片已补印一部分，惟上月间由田先生转奉之关于书目卡片等"此后需款单"中，未将此项列入。此项排印费，敝所拟按每号中币6角计算(按此数较原片印费增多，其原因，即现在生活程度较前增长数倍……)，1400将共中币840元……八、20开书目，来示未提及将来印毕时寄交美国抑交燕校哈佛燕京学社收存，敝所以此项书目，在款项方面既为显明提出，冒然交送恐有不便……九、关于书目卡片各事，已于此地哈佛燕社接洽商定办法，此后之三张卡片等等即不再由敝所发寄。十、前由田先生转寄之"需款单"，想已收阅，书目、卡片等既就近交送此地哈佛燕社，则此单(需款单)所列款数，当然减少若干。惟关于压版费事来示谓："……剩下经费困难，压版费不能再加，否则无法付款耳"等语，按敝所只要于营业情势上无显著滞碍，对尊处各事，本无绝对不可之处，是以此次积压铅料垫办款项甚巨，致节节烦渎，幸属蒙鉴及，使敝所免受若干困难，殊深铭感。惟此困难，迄未脱卸，故压版费仍请先生维持照旧拨付……设尊处于压版款项方面仍有难处，可尽量将书目提前付印……十一、关于新购书目卡片压版事，前曾寄奉压版费说明单一纸，为当时未料及存版如是之多且久，所以压版费故按每块中币二分计算，系照大书目十分之一计算，实则此新购书片十块几乎等于大书目二块，现在此项存版已逾二千五百余块……此每块压版费二分已较过廉，兹按照每块每月压版费美金五厘计算……十二、顷据田(洪都)先生云：贵处所存之卡片印刷费，现已用罄。查自开英文发单后结至现在，敝所共支卡片印刷费3000元，贵处尚欠洋3000余元；况印卡片等事尚须延日半载，此后当不断需款，如何筹措之处，敢情先生计划及之。又闻田先生云，贵处尚存有书目印费2000余元，按书目敝所已无须款之处，此后如何请函商田先生为祷！……(HYL Archives：李书春致裘开明信函，1940年2月1日)

2月5日

日本参考图书馆(Japan Reference Library)顾问Helmut Ripperger致函裘开明，介绍日本参考图书馆的情况。(HYL Archives：Letter of Helmut Ripperger to Alfred K'aiming Ch'iu February 5，1940)

2月12日

美国学术团体协会中国学研究委员会秘书Mortimer Graves致函裘开明：看起来，燕京的会计似乎在将我们的经费兑换为中国货币方面表现愚蠢，但是，这毕竟是燕京内部的事，对此我做不了任何事情，我能做的就是耐心地等待这本书的问世。(HYL Archives：Letter of Mortimer Graves to Alfred K'aiming Ch'iu, February 12, 1940)

2月23日

裘开明致函荷兰莱顿汉学研究所所长戴闻达(Jan Julius Lodewijk Duyvendar)：经哈佛燕京学社董事会和洛克菲勒基金会批准，我们可以向你们汉学研究所出售中文图书印刷目录卡片，售价为每套(40000张卡片)100美元。我们已将目录卡片寄出，请注意查收。(HYL Archives：Letter of Alfred K'aiming Ch'iu to Jan Julius Lodewijk Duyvendar, February

23,1940)

2月26日

裘开明向李书春邮寄明信片,告知向哥伦比亚图书馆和芝加哥大学东方学会各发送一套图书馆目录卡片。(HYL Archives:李书春致裘开明信函,1940年3月30日)

2月28日

裘开明致函田洪都:昨奉新编样片第四包,内多系方志,甚佳。以后凡方志之草片,仍请交引得校印所排印。其他已编新书草片暂勿付印,俟此间校毕已收者并寄还后再排印其他草片。前寄上美金五百元谅已收到,此款专为排印及校对新编草片之用。洪(煨莲)先生发寄旧目卡片需用工料等费不日将由本所会计处寄上美金三百元,特此预告。又关于编目方法,应请添加一点,即以后作者生卒年后加籍贯;应修改二点如下:(一)"学者称"改为"人称",(二)作者之字号只列其最著名之字及号,其他不常用之字号从略,以省地位。不知尊意若何?(HYL Archives:裘开明致田洪都信函,1940年2月28日)

3月4日

燕京大学李书春致函裘开明:读先生与田(洪都)先生函,得悉一是。按函中所述,除寄上之卡片途中破烂着敝所以后包裹再求坚固外,所注重者惟压版费一事。按此事不但先生看重,即敝所亦以为是可观之一笔开除,惟先生以为此费之大系因鄙人计算过高之故则不然,设使此事在一年前结束,则此种之问题决不会发生,盖因超出预算时间一年有余,压版费因日久则多,又因多而感觉甚大也。先生谓"压版费可敷敝所全部行政费与工人间息损失",实际适得其反:敝所因压版占制版课房二间,每欲充作他用二不能,及因压铅而受到艰难之大,其程度或有过于先生以为压版费之高者,不过其琐屑详情笔难尽述,处此时境之下,亦非先生可想而知,所以未蒙谅解也。为冀求先生鉴察起见,兹将可述者谨答如下。一书目事:当时计算压版费虽未根据银行放款一分利率,然合以种种消耗,亦所差无几。但以现在物价计之,每书目一块仅铅价已在21元(书目版一块用铅23斤,铅价每百斤90元),现在银行放款利率至少一分四厘,是则书目一块,每月压版费达3角矣,木盘费数千元占房二间等损失皆未计算也。书目原压铅五万余斤,今已印者不及三分之一,约尚压铅四万斤。初未料及延时如是之久,故在此一年间敝所因压铅不能承揽其他印品,因之营业减少者有之;因压版而敝所应用之铅质不足,不克大量出品,致承揽之印品应一月印竣而拖延半载,对雇主失信者有之;犹有必须增铅,如新购书片,承印哈佛之两图书馆闻见录等,以高利借款而高价购铅者有之。此所谓"铅质减少,资金流通"者未能也。有铅而不能用,有工人而不能出品,所谓巧妇难为无米之炊也。弟高利借款,高价购铅,营业减少……凡此种种犹属小节,其最大问题则为现在生活程度太高:当先生在北平时,普通工人薪资为20元,自馔每月饭费仅5元,此种情形五六年来无大变动;乃近二年内出人意想之高涨:普通工人薪资40元者,其感受困苦,犹不能支持,该现在每一人每月饭费需廿五元(饭食以吃小米面计,每斤三角五。白面大米则不敢梦想也。布价以前二角一尺者,现在六角。吃着物品如是,其他可知),以一人终岁勤劳所得仅免一人冻馁,亦云苦矣。此为琐事,不应赘渎。盖欲先生以此推之大书目如在一年前结束,则敝所可得适当益处,而现在情形虽先生感到开除之大,而敝所反受亏累也。况即现在物价情况,亦难稳定,如书目再拖延一日,而物价再高涨一日,敝所将受重亏,虽压版费之多亦如杯水难救车薪之火也。所谓"压版费含有全所行政费及其他工人间息损失",敝所何敢以重利累及先生,且假使如是,书目压版愈久,敝所则愈欢迎,而前函屡次催印何故欤?不但书目,即新购书片亦屡函催,且即如此函催,敝所尚以为未至,是即以有压版费故,敝所所居地住不能极催也。此又可证明"压版费含有全所行政费及其他工人间息损失"之非实,而敝所受到困难甚多也。二新购书片:先生拟自购足排千种之铅质,更替排版,以免压版费。敝所以为有以下诸问题:1. 现此项卡片已排至之千种,如按先生办法,须俟已排者印竣施行。2. 每千种片,需铅3000斤,按目前价共洋3000元,此购铅事不难也,为所谓"旧片拆散,再铸新字",事实困难甚多。按平常排版手续,首先特稿于七八千斤铅质完备字架上拣字,(如此字架,需中文者4份,英文者3份),遇有缺字再开字单补铸,此补铸之字不过数十分之一而已。盖此七八千斤铅质之完备字架,敝所备有十余份,凡敝所印品用字悉于此字架中取之,凡印毕之字可用者亦悉归于此字架,如是循环不已,诸多便利。但仅购3000斤之铅质,以所谓"旧片拆散,再铸新字"之办法,则某字铸若干,完铸某字,必须根据原稿片查得也,是以少数有限之铅质,而供一种无限定字类字数之印品也,此种办法,无论事实不可能,如必行之,则查稿、计数、铸字、分字、拣字等,新而旧,旧而新之麻烦手续,其工费之大,需时之久当非预想所及,又不知超过压版费几倍也……此事虽有以上诸问题,然余以为终须谋求较善办法,故当此函写至前段时,即持往田先生处商酌,以如何能使哈佛减轻压版费之开除为目的。""于是即谈及:燕京新购书寄美需时3个月,寄稿及信需时1个月。并计算:此地寄出书后,即将卡片稿付敝所排版,排竣发邮,先生可于书籍未到前收得卡片校样;俟收到书籍即校对,校对时间1月总能竣事;校竣即寄回。如是,可需时间为……共5个月。于是即与田先生商定:自校印所收到燕图书馆发来卡片稿日(即书籍寄美日)起,5月以内先生如能将片样寄回付印,即不算压版费。否则五个月以外,逾一天者计半月,逾十天者计一月,以燕图书馆交到先生寄来付印样日为准,按每版每月美金0.007计算压版费。如是较前敝所函达之压版费谈中所拟两月以后计费办法则展多三月……至每月美金0.007之数,较前为多之处,万请参阅上述生活价高诸多情形,予以允准……是我等所印之书应一年前印竣,而拖延至现在,则敝所在书目印费方面即较原印费数受到四倍之亏累矣。现在敝所正计划如何计算此项亏累,拟恳先生补发,不日当正式函恳……(HYL Archives:李书春致裘开明信函,1940年3月4日)

3月23日

裘开明致函李书春:2月1日大札已于本月7日收到。内提《丛书子目索引》四册及经学类副页与版本页共四十份均已先后收到,请勿念。兹分别敬答如后:(一)分类法定价每叶美金1元2角是否指纸张费及排印费综合之价或仅指排版费及印刷费?查此书若用16开本样式,正文分类表约160叶,中西索引约80叶,共240叶。按美金1元1角计算,共需美金280元,现存燕大会计处仅国币2400余元(由美金800元换成),恐不敷此数(以现行金价计算)。即使所存款项足付排印及装订等费,则纸料须另筹。以明计算,此书若印50部,需纸1.5令(Ream),印100部则需3令(Ream),不知平津现在能否购得上等西洋道林纸否?先生既慨允代印,即请试排版式若干张寄来一阅,分类号码不必退格排,中英类目则须按其大小性质退格排列。样式可取英文 *Library of Congress Classification Schedules* 一阅即知。(二)大书目版权页印至最末一册时可将"约二千余页"字样删去。(三)大书目背请印下列字样"美国哈佛大学汉和图书馆汉籍分类目录第0册00类"。(四)丛书子目综合索引每类印毕暂存尊处,并请暂不装订成册,此事如何处置容后奉告。(五)目录片第1至1400号请暂勿重排加印。因贾(Charles Sidney Gardner)先生有意印书或在上,样式俟其决定再当函告。(六)新书卡片发印决不能照排版无码次序。此事请想一彻底办法。以明经验言之,最好每片底版作一单位,并制一有1000小格木架,然后将每一底版放在一格内,每小格给一号码,如此欲取某号码卡片底版,一检即得。若木架不坚固,可在贵所墙壁上用砖及水泥做成1000小格地位,每小格可放二小块底版,共2000卡片底版容量,如此同时压版最多不能过2000块,不知尊意如何?(七)新片压版费即照来示,以每块每月美金5厘计算,但在发寄美国底片4月以内不能收取压版费。此事已于去年10月25日致田(洪都)先生函中说明。(八)大书目压版费不能再付,因罗氏基金会(编者注:即洛克菲勒基金会。)来款已用罄,祈鉴谅是幸。此间当速速将底稿发还付印,使贵所可速腾用铅料也。(九)兹寄上历史科学类最末一部底稿,请即付印是荷。(十)卡片第34至35包均已收到。又第四箱由美国运通公司寄来已到波城海关,惟纳税手续未办清,刻尚未取出。以后卡片请送交哈佛燕京学社发寄。但丛书总目片在二张以上者仍请贵所用线束好,以便应用。(十一)自1938至1940寄来卡片第1至9288号共3份,不知共用邮费若干?此项邮费应请哈佛燕京学社发还贵所,以作印刷等费。附上一函,请转呈洪(煨莲)先生是托。(HYL Archives:裘开明致李书春信函,1940年3月23日)

3月30日

燕京大学李书春致函裘开明:前函对于书目及卡片拟增加印费事,兹复拟定补助数目及赘述原因如下,请核阅赐示为祷。按敝所每月开除,在一年以前为数七百元即足用,而现在之人数较昔未加多,范围未扩大,则每月开除反非3000元不敷。盖如购置油墨,昔为四角一磅者,今则须以3元,修理机器昔为10元者,今则非60元不办。总之,衣食、印刷用品、工价等等皆较一年前增高四倍或十倍也。是则,以如此之情形,而印应一年前竣事而拖延现在之印品,欲以一年前之工价用人,则无人来做,欲以一年前之物价购物,则无从购得也,明矣。此非责备先生愆期之过,乃被出人意料高涨之工价物价实迫,此时非赐补印费,则难于进行也。故所受贵馆嘉惠已多,以莫名感荷,此事之损失,其数如为数百元甚至千元,故所印不敢唠叨奉渎,奈其情况有如蚊力负山,不克前进之势,特不避烦琐述如上,并拟定数目于后⋯⋯卡片目录印费,拟每片增加3角。大书目印费,拟每叶增加2元。(卡片印费,原来为每片2角5分。若以工价物价较昔涨4倍计之,则每片现在须再增1元。兹拟自大数目800面以后之卡片起,每片仅增印费3角。大书目,原来每叶排印费共3元,计排改费2元,印费1元。若以工价物价较昔增涨四倍计之:则昔之排印3元现在应为15元,计排改费2元者为10元,印费1元者为5元。若依此计算:则排改费10元中之工作,现在至少尚有五分之一之改版工作未完,是10元中即有2元应再另加者;其印费5元,减去原有之1元,尚有4元即为现在应另加者。如是,则现在每叶须加改印费六元矣。惟若此计算,未免为数过巨⋯⋯故现在仅拟自大书目800面以后,每叶请增加印费2元⋯⋯)再,前开上英文□单中尚欠敝所卡片印费洋3000余元,此款何日拨付及如何付法均情通知田(洪都)先生办理⋯⋯卡片目录除7090号以前已全部分别送交燕校图书馆邮运贵馆,及自7091至9288(片145)号亦已送交燕校图书馆7份,邮寄贵馆3份外,其自7091号至9288(片145)号之40份现已交燕校哈燕社,其9288(片146)号以后之50份,亦已将印出者陆续送交哈燕社收存。附呈清单一纸,请查核有无错误。新购书片,已排至三千□万余张,现尚陆续发排。前函关于此片曾叙述数事,至请参阅前函,如能陆续发印,俾得铅料周转⋯⋯前接2月16日明信片,言发给哥伦比亚图书馆及芝加哥大学东方学分图书馆卡片各发一套。已通知海士芬女士,但查其所有发片单内已有该二处之名。前此奉函,关于大书目曾询以下各事:1. 将来印最末一册书皮之版权页要否"约二千余面"字样? 2. 大书目之书背要否印字或印何字? 3. 大书目之书皮正面要否第几册字样?请即示复⋯⋯(HYL Archives:李书春致裘开明信函,1940年

3月30日)

4月17日

裘开明致函李书春：一、大书目压版事以后亦不必再提。此间自当尽力将稿送还，早日付印。至于贵所因时局关系物价飞涨致受亏累，此事在二三年前，非何人所能料及，敝馆在能力范围内能解决先生之难当乐力相助。但大书目印刷费存燕大者恐已无几，此间又无余款可寄，只得待将来二十开本丛书子目出售，进款移作补助也。二、新购书片暂照尊意办理，其压版费当可由出售卡片入款支付。以后每年新书最多只排二千张，旧排者印完再排新版，如此当可减少压版费。贾德纳(Charles Sidney Gardner)先生有意将新书卡片印二种格式：(一)书名在上；(二)作者在上。以免美国各图书馆多费人工重抄一次。一俟其决定款式即当函告，并增加印刷费以利进行也。三、兹交邮寄上新方志卡片一包，已经魏楷(魏鲁男, James Roland Ware)先生及弟等校阅(魏先生校阅此包需时一月！)，请速付印。印好卡片请交洪(煨莲)先生点收，请其助理人不要将新片与旧片混合。若怕混杂动乱，只好将新片交图书馆田(洪都)先生暂为保存。历史科学类分类表另邮寄上，该册印好请先寄二册至此。(HYL Archives：裘开明致李书春信函，1940年4月17日)

5月13日

裘开明致函田洪都：关于大书目及卡片增加印费事，屡由李书春兄函告，弟亦无法。可否兹请先生决，若哈佛印书目存款尚多，即请照其议每叶增加印费二元。照弟处所存之账，书目印费原存国币一千九百四十三元四角八分，后于1938年8月寄上美金100元、1939年4月中又寄上美金200元，此项国币及美金存款未知已用去若干？罗氏(编者注：即洛克菲勒基金会。)印片余款结至1938年8月2日止，尚存9000余元。但欠校印所6800余元，两相抵除，应尚余二千三百十元三角二分。但增付压版费不知用去若干？尚欠校印所几何？今李君欲于八百面以后，每卡片增加印费3角。以未印出卡片20000张计算，须共增6000元。如此巨款，不知从何处出？请与李君接洽。此项增款只好待将来改印第二种卡片格式时向American Council of Learned Societies请求增补。(HYL Archives：裘开明致田洪都信函，1940年5月13日)

裘开明致函李书春：3月30日来示已悉，谨答如下。(一)大书目及卡片自800面以后须增加印费，弟并无不可，惟不知燕大所存之款是否足应付此项开支。请与田(洪都)先生商量。照理大书目增加印费应由哈佛印行目录余款支付，卡片增加费应由罗氏(编者注：即洛克菲勒基金会。)印片余款支付，又前欠贵所卡片印费3000余元亦由罗氏印片款项支付。此款如何付法，须视交货多少而定。因此时卡片尚未印出一半，当不能将全部印费先期交付也。(二)卡片由邮寄来者已收到9288号共3份。第4箱卡片检点后缺第6120号一片共40份，请查明。(三)第二册哲学宗教类大书目前曾由Miss Baylay(编者注：即Florence T. Bayley。)函请洪(煨莲)先生再寄二三十册来此，至今尚未收到，请便中到哈佛燕京学社一询至托。(四)哥大及芝大预订卡片既已由海(士芬)女士发寄，尊处当可不理此事。(HYL Archives：裘开明致李书春信函，1940年5月13日)

5月16日

燕京大学图书馆馆长田洪都致函裘开明：奉展2月28日手书……所编新书草片自当候尊处校后付印，惟引得校印所已经排版者积压至3000版之多，于该所营业不无影响，务望尊处校对该项片以从速为妙。承汇下美金500元业已收到。关于编目方法修改三点，以管见所及分别答复另纸录请酌夺。大书目原拟去年暑假蒇事，乃延至现在仅成三分之一。今以尊处校寄底稿情形推之，恐再逾两年未必即可告竣。若尊处校稿可以从速寄来,而此间校对工作则又非罗君一人所能胜任愉快。总之此事务望吾兄早定具体办法刻日成功为好……新书目片此后即当送,嘱停止再排,惟已往付排者,计有三千多种,而兹处所校定者,延未寄下,仅嘱将方志草片继续付排,照此办理,将见校印所压板日多,而压板费亦随之增加。据弟愚见,不若将已排者赶紧校印,即方志草片,亦宜暂行停排。书目卡片在未移交哈佛学社管理时,原定每种敝处留七份备用,乃自移交后,该社只送六份,不知因何误会,应请吾兄函告该社补送一份,并以后仍送七份为要。大书目压板费之交涉,李书春兄已有专函详商,弟不复赘。校印书本目录及卡片各项开支,当为造具详细账目一份,寄请察核,余容再叙……函附田洪都关于作者项著录的意见,意见云:1.作者生卒年后加籍贯。欧美的作者生卒年后加上籍贯,用以表示他是哪一国的作家,至于本国的作者后加上籍贯,是为什么呢?若是为读者用的,在一位真正研究一种学术的人,不但早已知道作者的籍贯,并且了然他的一切,似不必加。为一位初学的,虽加上籍贯,也无多大意义,亦可不加。即或不为此,而有他用,但作者有古有今,而古今行政区域的划分及地名,亦随时代变迁,生卒年后所加籍贯,是全用今地名,还是用作者出生时代之地名呢?须确定一个标准,始不致前后纷歧,疑为两人。假设不问作者是古是今,一概用今地名,例如:庄周史传题战国楚人,战国时楚之区域,实括今之湘鄂皖赣等地,实非今日之楚。若在生卒年后加上湖北二字,在名字上似无不可,于理欠安,因战国时实无湖北之名,若从其出生时代之地名,则古地名非一般人所知道的,势必在古地名后附注即今之某地,又未免过于冗长,况以前所编之片,均不加籍贯,今右加之,不免两歧。2.学者称改人称。学者称改为人称,只字之改换与减少,原义仍同,似无不可。3.作者字号只列其最著名者。作者字号有多有少,多的如道济字石涛,号清湘老人,清湘陈人,大涤子,苦瓜和尚,瞎尊者等等。在这许多不同的字号之中,在甲以为清湘老人是著名的,而乙以为大涤子是著名的,丙更以为苦瓜和尚是最著名的,究竟哪个著名,哪个不著名,实在是难得一个标准。若漫无标准,任编目者随意取舍,则甲编之片题道济号清湘老人,而乙编之片题道济号大涤子,丙又题道济号苦瓜和尚,查目录的人,将疑为几人。加籍贯意思是求详,减作者的字号是节省地位,求详与节省地位是相反的,求详占得地位太多,亦不醒目,兹为兼筹顾计,除作者栏内仅列姓名及生卒年外,拟另辟一栏,将别号籍贯等等用六号字一一列入,究竟如何,希酌定。附例:I.(1)庄周(B.C. 365－290,楚);庄周(B.C. 365－290,楚(即今……等地));(3)庄周(B.C. 365－290,湖北)。II.(1)道济字石涛号清湘老人(清释)撰(另起一行退一字)苦瓜和尚画语录;(2)道济(清释)撰(另起一行退一字)苦瓜和尚画语录(另辟一栏)附注:字石涛,号清湘老人,一号清湘陈人,清湘遗人,又号大涤子,又号苦瓜和尚,又号瞎尊者。(HYL Archives:田洪都致裘开明信函,1940年5月16日)

5月21日

裘开明致函曾宪三(Mark H. S. Tseng):哈佛燕京学社决定续聘你一年,担任技术助理一职,从7月1日开始生效。(HYL Archives:Letter of Alfred K'aiming Ch'iu to Mark H. S. Tseng, May 19, 1940)

6月14日

商务印书馆上海办事处 Weiting Lee 致函裘开明,函寄购书发票,告知图书购买图书的进展。(HYL Archives:Letter of Weiting Lee to Alfred K'aiming Ch'iu, June 14, 1940)

6月19日

裘开明致函田洪都:关于编目印片诸点兹谨答如下。(一)卡片列作者籍贯施行困难,即请作罢。已于4月12日函呈,谅早达鉴。(二)作者之字号仍请只列其最著名者。

若恐前后不一,应在编目部设一作者片参考目录 Authors Authoritative List。每次编目时先在该目中查考前次付印详细格式。(三)前项作者参考目录可用已印出新旧卡片按四角号码排列一份。又书名参考目录 Title AuthoritativeList 亦可用已印出卡片与作者片混合排列。(四)除四角号码所排之作者、书名目录外,再请排列一份罗马字拼音作者书名混合目录,每片须将已印字西文)用打字机写在片之首行。(五)按丛书名将各项分析片排在一处,将来与丛书总目片查对,每种丛书分析片若有阙少,可再补印。(六)以上所用卡片共五份。第六份作敝馆之排架目录 Shelf List,将来与罗马字及四角号码混合目录一并寄来。第七份存燕京,由尊处利用。(七)目录卡片 7901 至 9890 因移交误会多寄一份来此,故尊处只得六份。自 9891 起仍由哈佛燕京学社发交七份,已经函告该处办理。7091 至 9890 号敝处已有两份,一份作分类目录,一份作排架目录,请在尊处排架目录中注明"已寄剑桥"字样。(八)四角号码混合书名作者目录及罗马字拼音混合书名作者目录中各片未排以前请均注明大书目之页数(用铅笔写在片之右中,将来索引印好,用橡皮擦去),以便将来制大书目索引之用。此事甚为重要,请特别注意。(九)新书卡片既已印至三千余,无铅可用,即停止付印。惟目录学及百科全书等二大类(分类号 9290 至 9999)草片尚在此间,弟欲将近三年来购入此二类新书列入大书目,故请尊处用"地道" Ditto 法将编好草片暂印四份寄来。此二类书即不再印新片(因已入大书目)。(HYL Archives:裘开明致田洪都信函,1940 年 6 月 19 日)

7 月 11 日

燕京大学引得校印所所长李书春致函裘开明:吾等所之大书目,因时间过久,所以有增加印费等事,但前此皆随时因他事而连想到者,兹稍一审核,复有前需款单未料及之数事,须请先生筹划者:一、大书目分类表用红打字纸费 500 元;二、大书目增购纸费(即大书目用纸,系按最初估计页数购备,实际已超出预算,现在至历史类终了,仅存纸 57 令,预计未印者尚须纸 72 令。须再购 15 令)1800 元;三、大书目索引增加印费(前所请增加之印费,仅为正文,此类未排之索引未计入。当初预计 300 叶,较正文虽排,拟以每叶 4 元增加)1200 元;四、超出预算以大书目正文排印费(约超出预算 125 叶,每叶按原排印费 3.50 元计)4375 元。按此类事,前既屡屡函渎,今复层出,似属不情,至以为憾……附注:20 开丛书子目索引,现在约计全部须排 3500 面(历史类终了,排至 1500 面),初未料及如此之多,致以购之纸仍不敷用,须再购报纸 13 令。计须洋 500 元。请先生筹措为荷。(HYL Archives:李书春致裘开明信函,1940 年 7 月 11 日)

Sophie C. Hills 致函裘开明,告知代为曾宪三(Mark H. S. Tseng)办理签证延期手续之事宜。(HYL Archives:Letter of Sophie C. Hills to Alfred K'aiming Ch'iu, July 11, 1940)

7 月 27 日

裘开明致函田洪都:兹有恳者,前次收到大书目及卡片发现稍有错误,尤其卡片左下角常脱落分析分类号,请转恳主其事者校对时多细心留意,不胜感激之至。历史科学类大书目未知已印就否?请通知哈佛燕京学社办公处速寄三十册以应急用。该类指引片如已印毕,亦请李书春先生速付邮寄来。大书目余下稿样现全部已先校,丛书分析片待每类单行本校毕即可寄上,请先转告李君为盼。(HYL Archives:裘开明致田洪都信函,1940 年 7 月 27 日)

8 月 9 日

裘开明致函商务印书馆上海办事处,函请向香港办事处详述汉和图书馆对图书的装订要求。另附订单 24 张。(HYL Archives:Letter of Alfred K'aiming Ch'iu to Commercial

Press, August 9, 1940)

8月15日

私立武昌华中大学中国文学系研究室致函裘开明：兹奉上7张购书发票以及"代订购书籍清单"。(1)1939年9月21日付登《云南日报》广告(收买云南等省志书等)国币112元；(2)1939年10月11日付登《云南朝报》广告(收买云南等省志书等)国币50元；(3)1940年2月5日付《云南边地问题研究》国币1元8角；(4)1940年4月4日付《触怀吟二十种》国币20元4角；(5)1940年5月7日付《备徼志》国币20元；(6)1940年5月27日付元代云南史地考五种(内《粤江流域人民史》一册，因寄□洲遗失，未能寄出。应除书价国币1元5角9分，折实价国币1元3角5分)国币27元9角8分；(7)1940年6月20日付《岭表纪蛮》国币20元7角9分。以上共计国币234元9角7分(内出《粤江流域人民史》实价国币3元3角5分)，附发票共柒张。《外滇系》26册，计国币30元。因系向私家所买，无发票，虽属残本，然其中所收关于云南掌故等记载甚多，颇为有用，一时无全书可买，故聊将此本奉上，即作敝系奉赠可也。以上各书买后皆存昆明敝校办事处，仰由昆明奉寄，祈捡收后示复。(HYL Archives：私立武昌华中大学中国文学系研究室代订购书籍清单，1940年8月15日)

9月6日

燕京大学田洪都致函裘开明：7月27日手书奉悉，所谓目录卡片(9035、9036、9037)有左下角脱落分析分类号码者，查系根据台端面嘱邢云林兄义例所办，凡分析分类号与书架号之分类相同者，不必重列于左下角。该9035等片均系明季同为2738号码照例不应重列，非脱落也。关于历史科学类大书目及指引片事，已将来示照抄一份交李书春兄办理矣。(HYL Archives：田洪都致裘开明函件，1940年9月6日)

9月21日

萧树柏致函裘开明：一别燕园，倏经二载，海洋遥望，良切瞻依。想先生砚祺安适，是祝。吾校依然无恙，弦歌不辍，际此动荡危难之世界中，吾人尚安静读书，于此真幸事也。生来年亦将离此佳园矣。现吾校已开课二周矣，今年新生急增，图书馆大有人满为患。司徒(John Leighton Stuart)校长康健如恒，其苦心孤诣维护一切，处此高压之下，亦非易易。洪煨莲师上月赴哈，想不久当可会晤，定能了悉一切。赵君□华仍在昆明联大学习工程。彼不时求书，该地物价飞腾，生活艰难，较之北平更甚。国内时局，如何进展，据载西南边陲有事，确否不评。内地狼烟四起，生民涂炭……而处此大难之下，生来年毕业，拟来美深造，惟末学小生，恐难有望，特肯师提携帮助，学校虽可请求，其数太微，生拟来年至哈以半工半读，不知可否？望师先为指导注意，如能有成，生当筹措旅费，来年赴美时，与师左右……生所学为计学，尤喜研究经济史，生之论文不日开始，题为《中国铁路发展小史》，导师为陈其田先生，惟学问浅薄，恐难成篇，并望师随时多与指导……(HYL Archives：萧树柏致裘开明信函，1940年9月21日)

9月24日

商务印书馆上海办事处的Weiting Lee致函裘开明，告知汉和图书馆图书订购和购书款的处理情况，并函寄《东方画刊》订购申请表和《今日之中国》发票。(HYL Archives：Letter of Weiting Lee to Alfred K'aiming Ch'iu, September 24, 1940)

10月5日

商务印书馆上海办事处的Weiting Lee致函裘开明，汇报汉和图书馆图书订购单的进展以及购书款处理情况。(HYL Archives：Letter of Weiting Lee to Alfred K'aiming Ch'iu,

October 5，1940)

10 月 16 日

燕京大学田洪都致函裘开明：奉展 6 月 19 日手书，关于编目印片诸点所示九项均已诵悉，除第（一）（二）（七）（八）（九）各项可以遵照办理外，兹将（三）（四）（五）（六）各项奉答如下：（三）作者书名新旧目片混合排列，照此办法，一于检查上不甚顺便；二于将来编印索引时，新旧错杂，选剔多费时间；三新片无多，尚须继续编制，现在不便混合，倘谓编印索引时作者书名必须混合，再行排列一起，未为晚也。（四）加制罗马字拼音作者书名混合目录，每片首行打印罗马字，照此办法，此间打字机不能常□备用，须另置一架，并须请一打字员，所有应用文具等件，均须购备，未审此项经费有所预空否也？（五）将各分析片排在一处，照此办法，则须再加卡片数份（请参考第六项）。（六）所用卡片共七份，将来以第六份寄回哈佛，第七份存燕京，利用查此七份卡片，以常利用之，尚不相差；若有特例，则不足也，例如第 3814 号片作者、副作者片六张，书名及见片二张，哈佛书架片一张，兼书分析片一张，燕京留用片一张，若加制罗马拼音作者书名片六张，书名片二张（拼音（为哈佛应用）片，若似中文索引编成后，以原有卡片改制之现在，可省此八张），共需十九张，除七份全数用之外，尚少十二张（五项所云之分析片尚不在内），其补充办法或另拨款用底脱法（Ditto）加印，或仍由哈佛燕京学社如数拨用，均请裁夺示知。至于编印大书目索引之工作，约分四部：（一）核提卡片；（二）缮写四角号码；（三）分开（并校阅）已写四角号码之作者书名卡片；（四）排下列七片——1 中文作者片、2 中文书名片、3 拼音片、4 丛书分析片、5 哈佛书架片、6 燕京留用片、7 新购书片（并约加指导片）。此四部工作至少须用一人，其津贴费用，自开始至完成，按燕京现在定例付给，亦非数百元所能办到，至于编制校对付印，各项所费尤多，应如何预算，拨款之处，尚乞早为筹定也……（HYL Archives：田洪都致裘开明信函，1940 年 10 月 16 日）

10 月 29 日

裘开明致函荷兰莱顿汉学研究所所长戴闻达（Jan Julius Lodewijk Duyvendar）：非常感谢你寄来 4 份发表在《通报》第 35 卷第 5 期上的《汉和图书馆汉籍分类书目》书评，我已经将其中 3 份书评已分别送给了叶理绥（Serge Elisséeff）、魏鲁男（James Roland Ware）和汉和图书馆。待《分类目录》第三卷出版后，我即通知哈佛燕京学社北平办事处给你和莱顿汉学研究所各寄赠 1 本。（HYL Archives：Letter of Alfred K'aiming Ch'iu to Jan Julius Lodewijk Duyvendar, October 29，1940）

裘开明致函美国学术团体协会，函请邮寄以下出版物以及其发票：(1) 德效骞（Homer Hasenplug Dubs, Jr.）《〈汉书〉选译》卷二（*History of the Former Han Dynasty*, Vol. 2)；(2) 宾板桥（Woodbridge Bingham）《唐朝的建立：隋亡唐兴初探》（*The Fall of the Sui and the Beginning of the T'ang*)。（HYL Archives：Letter of Alfred K'aiming Ch'iu to American Council of Learned Societies，October 29，1940）

10 月 30 日

哈佛大学哈佛学院图书馆汉和图书馆收到燕京大学图书馆哈佛购书处提交的用款报告：1939-1940 年度哈佛购书处总计用款为国币 98935.445 和美金 234.84（结存国币 6187.305），其中，书款国币 54371.74、美金 1.53，志书 21628.02，拓片 5500.00，杂志国币 199.06、美金 1.00，装订 3274.69，编目 914.35，邮费 3300.00，寄件材料 3020.43，文具 357.165，杂费 136.84，薪水 5495.50，与 Polevoy Books 公司的联系费国币 737.65、美金 234.84。（HYL Archives：哈佛大学汉和文图书馆书款报告 1939-1940）

10 月 31 日

裘开明提交《馆长年度报告》(1939 年 6 月 30 日至 1940 年 7 月 1 日),主要内容如下:1. 图书馆馆藏情况。1939－1940 年度汉和图书馆新增藏书量:中文图书 1435 种 19862 册,日文图书 781 种 2428 册,满文图书 20 种 181 册,蒙文图书 4 种 244 册,西文图书 198 种 293 册,合计图书 2438 种 23008 册。截至 1940 年 7 月 1 日,哈佛大学汉和图书馆藏书总量:中文图书 22320 种 144114 册,日文图书 4202 种 12930 册,藏文图书 4 种 534 册,满文图书 45 种 639 册,蒙文图书 8 种 286 册,西文图书 1100 种 1474 册,合计图书 27679 种 159977 册。在过去的一年里所购买的中文书主要可分为:(1)方志;(2)丛书;(3)明代传记和历史作品;(4)清代作者的文集;(5)弥补各类文献不足的其他文献,尤其是历史、传记、语言、艺术和人类学文献;(6)由商务印书馆以及中国西南地区的学术机构出版的汉学专著。在新增的 1435 种中文著作中,有 179 种为丛书,丛书总藏量达到 995 种。新增方志 377 种,截至到 1940 年 7 月 1 日此类藏书的总量达到 2301 种 24973 册。

哈佛燕京学社汉和图书馆馆藏中国方志一览表(1940 年 7 月 1 日)

省份	行政分区总数	已知现存方志种数	馆藏总数	
			种数	册数
满洲 3 省*	130	152	53	413
西北省份	113	34	44	416
山东省	117	438	228	1920
河北省	160	510	268	2312
河南省	118	415	183	808
山西省	121	359	166	1292
陕西省	98	303	213	1683
甘肃省	106	124	38	384
江苏省	80	466	222	2472
浙江省	90	425	172	2451
安徽省	69	238	78	1200
江西省	93	409	85	2090
湖北省	81	301	100	1149
湖南省	88	272	79	1120
四川省	157	427	167	1487
福建省	72	239	55	858
广东省	108	344	93	1261

续表

省份	行政分区总数	已知现存方志种数	馆藏总数	
			种数	册数
广西省	120	134	34	359
贵州省	73	74	19	185
云南省	105	168	36	774
共计	2099	5832	2301	24973

* 编者注：此为哈佛图书馆分类方法。

关于日文书购买方面，所购的日文书大多数是汉学和日本学领域新出版的学术专著。购买日本文学和艺术方面的文献的花费占据了日文购书经费的很大一部分。期刊方面的增长情况如下：中文 66 种，日文 8 种，西文 12 种。截至到 1940 年 7 月 1 日，汉和图书馆拥有 645 种中文期刊，其中约 85 种为现刊；122 种日文期刊，其中 50 种为现刊；74 种西文期刊，其中 47 种为现刊。

在赠书和交换图书方面，在过去一年里，我们收到了来自美国、中国和日本研究机构以及私人的捐赠，共计 229 种 1555 册，分别为中文书 53 种 1280 册，日文书 112 种 181 册，西文书 64 种 94 册。1939—1940 年度的西文书是通过用《哈佛亚洲学报》(the Harvard Journal of Asiatic Studies)交换而得。大多数日文赠书来自与纽约市的日本研究所的交换，以及怀德纳图书馆接收的捐赠。本年度最有价值的赠书是通过东京的日本外务省获得的"满洲国"政府赠 1220 卷《大清历朝实录》。2. 编目与分类。编目和分类工作分为两部分：(1)图书馆积压的书籍。(2)每年新到馆的书……1939—1940 年度各语种目录新增目片数统计如下：中文书作者—书名四角号码目录新增目片 3387 张，作者—书名罗马字母目录新增目片 2350 张，分类主题目录新增目片 5990 张，排架目录新增目片 151 张，以上共计 11878 张；日文书作者—书名四角号码目录新增目片 2201 张，作者—书名罗马字母目录新增目片 4144 张，分类主题目录新增目片 729 张，排架目录新增目片 1926 张，以上共计 9000 张；西文书作者—书名目录新增目片 536 张，排架—分类主题目录新增目片 54 张，以上共计 590 张。各语种目录合计新增目片 21468 张。3. 阅览室与书库。1939—1940 年度汉和图书馆共外借图书 1723 种 3739 册，日均外借 15 册。除了远东文化史这门课上课的 13 周期间以外，阅览室平均每天下架 35 本书；在远东文化史这门课上课的 13 周期间，阅览室平均每天下架 2675 本书。每天晚上约有 10 种保存本被带出图书馆，而在考试期间则会有更多的保存本在夜间会被带出图书馆。每天阅览室约有 15 名学生在馆阅览，而在考试期间阅览室内相当拥挤。中文书的使用率远高于日文书和西文书的使用率。地下书库的走廊安装了 30 副单面普通防火钢筋书架，10 副安置在工作室和储藏室，但是空间仍不够使用。所以我们把全部中文佛教类藏书和日文佛教类藏书以及巨型全书《古今图书集成》共计 5020 卷移往怀德纳图书馆。以后我们还必须把更多的书转移到怀德纳图书馆。如果建一条地下走廊连接博伊尔斯顿堂和怀德纳图书馆，将非常方便我们的工作，怀德纳图书馆的空间也许能够满足我们图书馆未来五到六年——即我们建成自己的新楼之前——馆藏增长的需要。4. 参考咨询与馆际互借。汉和图书馆的参考咨询服务包括指导学生使用工具书以及协助他们查找与其研究领域相关的书籍和文章。1939—1940 年度图书馆还向 12 名校外学者提供服务,有包括国会图书馆、哥伦比亚大学图书馆、耶鲁大学图书馆在内的 9 所学校向汉和图书馆提出借书的申请,共计外借藏书 40 种 106 卷。另外为配合美国图书馆协会出版新版的《美国图书馆丛书联合目录》(*A Union List of Serials in American Libraries*),图书馆花费了大量的时间清点中文、日文以及西文期刊馆藏。5. 书本式目录以及卡片目录项目。书本式目录的历史卷(500 页)已经于 7 月份在北平出版,因此 10 月份我们应该能收到此书。其他的社会科学卷、语言与文学卷、艺术卷、科学与技术卷将尽可能快地出版。哈佛引得校印所的经理李书春(Li Shu-ch'un)先生写信说需要 5000 元国币即 250 美元买更多的纸张用于印刷接下来的几卷和索引卷后增加的页数。页数增加是因为书本式目录中增加了 1937—1938 年度新购图书的条目。关于新目录卡片项目,我听说美国学术团体协会(ACLS)中日文图书资料分会(Sub-committee on Chinese and Japanese Library Resources)已经准备实施一项计划……6. 图书馆人事。于震寰(Zunvair Yue)受聘担任日文书技术助理。曾宪三(Mark H. S. Tseng)继续在馆担任中文书和西文书技术助理。7. 图书馆财务。(1)1939—1940 年度图书馆预算总额 15032 美元,其中中文书 4000 美元,日文书 1500 美元,西文书 1500 美元,装订 500 美元,方志 2000 美元,薪水和津贴 4490 美元。(2)1939—1940 年度支出总计 16071.46 美元,其中中文书 4058.49 美元,日文书 1984.19 美元,满文及蒙文 521 美元,西文书 1106.73 美元,方志 2000 美元,装订 489.91 美元,薪水和津贴 4326.44 美元。(3)1939—1940 年度燕京大学代购图书拨款 8000 美元,主要开支如下:普通图书国币 54371.74 元,方志国币 21628.02 元,拓片国币 5500 元,期刊国币 199.06 元,邮费国币 3300 元,打包及包装材料国币 3020.43 元,文具国币 357.165 元,工资国币 5495.50 元。(HYL Archives: Chinese-Japanese Library Harvard University Report of the Librarian for the Year June 30, 1939 to July 1, 1940)

11 月 1 日

裘开明致函商务印书馆上海办事处:已收到所寄之图书,将以半年结算的方式支付购书费。请香港分社寄送其他订单上尚未供给的图书。另附 32 张订单。(HYL Archives: Letter of Alfred K'aiming Ch'iu to the Commercial Press, November 1, 1940)

11 月 6 日

裘开明致函商务印书馆上海办事处,取消对两种书的订购,另寄 9 份图书订购单。(HYL Archives: Letter of Alfred K'aiming Ch'iu to the Commercial Press, November 6, 1940)

11 月 18 日

哈佛燕京学社召开董事会会议,学社社长汇报裘开明提交的馆长年度报告。本次会议与图书馆有关的决议如下:表决通过 T—644:燕京大学账户结余和赤字授权交付董事会副主席和财务员处理。George H. Chase 汇报指出,由于中国纸张价格上涨,委员会建议为图书馆目录的印制增加小部分拨款。表决通过 T—649:为本期预算出版项目增加 300 美元,用作为在中国的图书馆目录印制购买纸张的追加拨款。由于目录现已超过预计的页数。表决通过 T—650:在本期预算中为图书馆增加 300 美元,用作自 1937 年起补充目录的卡片印刷。另外,罗克(Joseph F. Rock)博士在中国生活了很长时间,积累收藏有大量的中文图书,罗克博士致函学社社长云:"我已拟定了一份新的遗嘱,由檀香山毕夏普信托公司(the Bishop Trust Co.)负责妥善地保管。我想你们应该知道如果我去世了,所有的图书、手稿、艺术品和民族学标本(西藏文和中文)以及我所有的注解

（注释），将转入哈佛燕京学社，我知道这些资源在哈佛燕京学社不仅会被很好地保存，而且会被很好地利用。"Chase 指出罗克博士提出的唯一规定是，这些图书应作为一个完整的整体保存，不能与任何图书馆合并，学社应支付这些图书运至剑桥的运费，约在 900－1000 美元间。委员会建议为这一计划拨款 1000 美元。表决通过 T－651：从本期预算差旅费预算项目中拨款 1000 美元，用于将罗克博士的藏书及其捐赠给学社的其他物品运往剑桥的运费。董事会全体董事向罗克博士的慷慨捐赠表示衷心的感谢和敬意。表决通过 T－652：学社社长叶理绥教授致函罗克博士，询问关于该约定，即他优先选择哈佛燕京学社的起因是什么，以及应该授予他何种荣誉称号。表决通过 T－669：部分拉萨版大藏经和其他图书自北平中印研究所运至美国的费用将从学社财务员掌管的用于购买一个中国的私人藏书楼的拨款的未支出结余中支付。（HYI Archives：Meeting of the Board of Trustees Held November 18，1940）

11 月 22 日

裘开明致函田洪都：关于编印卡片事答复如左：（一）美国管理汉籍人员多汉学家，对图书馆学无甚研究，为彼等利用，弟想丛书分析片一律应有分析分类号，所以此后无论分析号与书架号同否，应将分析分类号列在片之左下角。（二）新式陆续出版之丛书除一、二与汉学有关者，在 20 开丛书子目综合索引中多未收入，应在稿上注明"少者"字样。前因事忙，忽略在该种丛书单行本旁注明"少者"字样，蒙罗（维勤）君校出，甚佳。（三）校对事本甚麻烦而易错，弟知尊处负责者本甚尽力，但弟偶检一二张即发现错误，以后请负责再过细又过细，方可减少此种错误。又寄上之稿经此间魏鲁男（James Roland Ware）先生改过者，最好再请聂筱珊（聂崇岐）先生校阅一过，因魏楷（编者注：即魏鲁男。）君常将"原有对的"改错了，真真可笑，他最后校阅拼音我亦无暇再校他所校过的。（四）大书本目录索引可用下列二种目录片排印。其一，"四角号码"书名人名混合目录；其二，"韦氏拼音"书名人名混合目录。本馆在此本有此二种目录，但"地道"片（Ditto Cards）已有多数不清楚，将来拟全部换印好卡片，但填写汉字、写四角号码及用打字机抄写拼音等，若在美国为之，所费必多，故前函（6 月 19 日）请尊处起首雇员代办。此事并非制索引，乃为哈佛换新印卡片，此费理应由此间付给，不过今年未列入预算，暂请用购书款一部分为之，应用材料设备等亦请暂用书款，另列账目可耳。（五）至于是二种目录编制及排列法，即照 10 月 16 日来函，不加入新印草片（即未入大书目之书），副片（Secondary Cards）亦用印好卡片，再向哈佛燕京办公处购买短少之片，惟片全部已运至此，请尊处适时用单□□□□，需用若干张可由此间照来单检出寄上，将来由本馆经常费拨款付价也。（六）副片顶上第一行填写汉字或打英文字均用黑色字体，大小能与铅字相同更好。但请写楷书，因王氏四角号码法取楷体。（七）排丛书分析片驻哈佛书架目录仅用一份印片即足，每种先排总目片再排子目片。因前者用分析片而不用单行本片，后者用单行本片及丛书总目片（请另手抄一张，不列细目），而不必用分析片。（八）以上二种目录（四角混合目录、拼音混合目录）中各片，分析片注二种页数，单行本片只注大书目页数，须注明大书目页数及二十开本丛书子目综合索引页数，均用铅笔写在片号（Card No.）左右。（九）待全部卡片印完排好，即可交此二种目录片排印。至于排印费，将来再商。所以编制二种索引工作系一种副产品，该项经费不必在大书目印刷费支取。（十）燕京留用一份印好片，如何排法及处置一切费用应由燕大图书馆自决，弟无法计划也。（HYL Archives：裘开明致田洪都信函，1940 年 11 月 22 日）

裘开明致函李书春：惠书早已收到，因款项无着，故不能即复。兹已经董事会通过增加索引排印费及用纸,将来另算。索引用纸不与正文用纸相同亦可,拟在美国购纸寄至中国,兹将关于排印正文事项谨答如左。(一)最初正文预计 1750 面,后增至 2000 面,其超出之 250 面排印费已由尊处于 1938 年 8 月开账列入,故不能再加。至于以后超出 2000 面之数,当另付价。刻照二校稿样正文已排至 1991(即 9－329)面,离 2000 面无几,尚有类书及书目学二大类目片未排,或须排至 2250 面方可完毕。则此 250 面计 125 叶即照尊议付价可也。(二)大书目印至 2250 面,不知尊处存纸足用否? 不足时能在平买到同样纸否? 此事甚为重要,因正文用二种纸恐不甚美观,若能购得同样 15 令,共价 1800 元,可由此间另付价。(三)大书目分类表不用白纸印,余出之纸,可印正文增加之面数,其另购红打字纸费 500 元由此间支付可也。(四)排印 20 开丛书子目索引,需用纸再购 13 令,恐仍不足,因索引分类正文排完尚有书名及人名混合引得,该项引得虽可用六号小字排,恐亦需用纸二三令,又该项引得即用大书目索引之排成版删去单行本书名及作者项目,故此工作亦系一种副产品,排版费由大书目经费支付印刷费(照尊处 1937 年 4 月 14 日所开排索引 584 面共洋 1314 元,应加若干将来再议),拟不再补给,因原定大书目本印 500 部,现仅印 300 部,故得加印 200 部 20 开丛书子目综合索引。先生前已允照办,想以后当无变更也。(五)大书目想早已印至历史科学类终了,不知为何未寄来? 该类指引条亦请直接寄来。(六)社会科学类稿件不日当即寄上。以上需用各费不日当寄至(田)洪都兄处转付也。卡片 6120 号补印完毕否,请速寄出。(HYL Archives:裘开明致李书春信函,1940 年 11 月 22 日)

12 月 9 日

燕京大学图书馆陈鸿舜致函裘开明,请裘开明极力推荐申请洛克菲勒基金会奖学金。(HYL Archives:陈鸿舜致裘开明,1940 年 12 月 9 日)

12 月 11 日

裘开明致函荷兰莱顿汉学研究所所长戴闻达(Jan Julius Lodewijk Duyvendar):几天前收到了《通报》第 35 卷第 5 期,作为交换,兹寄奉《哈佛亚洲学报》(*Harvard Journal of Asiatic Studies*);希望你能将《通报》第 35 卷第 1－4 期寄来。(HYL Archives: Letter of Alfred K'aiming Ch'iu to Jan Julius Lodewijk Duyvendar, December 11, 1940)

12 月 28 日

荷兰莱顿汉学研究所所长戴闻达(Jan Julius Lodewijk Duyvendar)致函裘开明:尚未收到《汉籍分类书目》第三卷,而尚未寄来的 7091－9890 号目录卡片待战争结束后再邮寄比较保险,收到后即付款。(HYL Archives: Letter of Jan Julius Lodewijk Duyvendar to Alfred K'aiming Ch'iu, December 28, 1941)

本年

裘开明担任哈佛大学哈佛燕京学社汉和图书馆馆长(Librarian of Chinese and Japanese Library of Harvard-Yenching Institute at Harvard University)和远东语言系中国语言文学讲师(Lecturer in the Chinese Language and Literature),办公地点为博伊斯顿堂(Boylston Hall)13 号,其时在哈佛大学登记的个人住址为:30 Mellen Street, Cambridge, MA.。(Harvard University Catalogue, 1940-1941. Cambridge: Harvard University, November 1940:58)

自本年起至 1964 年,裘开明一直担任波士顿美术博物馆(Boston Museum of Fine Arts)东亚图书馆资料顾问。(Alfred K'aiming Ch'iu. *Who's Who in the World*. 2nd Edition,

1974-1975. Wilmette, IL: *Marquis Who's Who*, 1973:200)

裘开明撰"Agriculture"发表于 *Harley Farnsworth MacNair*, 编 *China*(Chapter XXXII, Berkeley: University of California Press, 1940, 466-491, 541-545)该著目录内有裘开明英文简介文字如下:"Alfred K'aiming Ch'iu, Librarian, Harvard-Yenching Institute, Harvard University; Fellow, Brookings Institute, Washington, D. C.; Member, Academia Sinica; Honorary consultant, Chinese Government Directorate of Statistics; Sometime Research follow, Peiping Research Institute of Social Science; Lecturer in Economics, National Tsing Hua University, Peking; Professor of Economics, National University of Peking; Co-author of *An Economic Survey of 184 Farms in Shentse County*, Hopei Province (1936); Author of "Recent Statistical Surveys of Chinese Rural Economy, 1912-1932" (unpublished doctoral dissertation, Harvard University, 1938); and of articles in learned journals."(编者注:见该著第 xxv—xxvi 页。)

裘开明编《美国哈佛大学燕京学社汉和图书馆汉籍分类目录》(*A Classified Catalogue of Chinese Books in the Chinese-Japanese Library of the Harvard-Yenching Institute at Harvard University*. Cambridge, Massachusetts: Harvard-Yenching Institute, 1938-1940. 828pp. in 3 Vols.)第 3 卷正式出版,并随即开始印刷第 3 册的目录卡片。截至到本年,《美国哈佛大学燕京学社汉和图书馆汉籍分类目录》共出版了 3 卷,收录了儒家经典类、哲学和宗教类以及历史类书籍,共计 830 页。总计共印刷卡片 50 套(全部目录),每套 12195 张,其中 42 套从中国寄出,另外 8 箱未寄出,因燕京大学校园被日军侵占,即毁于战火。寄出的 42 套卡片中,共向中国、美国、加拿大和欧洲的图书馆发行了 20 套,每套售价 200 美元,仅相当于在二战以前从美国波士顿向中国北平海运同等数量的空白卡片所需的费用,价格十分低廉。(Alfred K'aiming Ch'iu. Reminiscences of A Librarian. *Harvard Journal of Asiatic Studies*, Vol. 25(1965):7-18 & HYL Archives: A. K. Chiu: Cataloguing at Harvard-Yenching Library: Accomplishments and Prospects)

1941 年
44 岁

1 月 16 日

燕京大学图书馆馆长田洪都致函裘开明:接展去年 11 月 22 日手书祗悉一一,兹逐条奉复如下:(一)丛书分析片以后均遵嘱将分析分类号列在卡片之左下角。(二)书本目录稿上凡新陆续出版而与国学无关之丛书单行本旁均应注明"小去"以后当依此办理。(三)卡片上"二部"字样系付印时未将目录稿上"二部"两字销去致有此误,幸除 7197 一片外,再未发见。至商务印书馆拼音中之 S 颠倒,系年民推动之误,以后当嘱罗(维勤)君等格外留心出本书之拼音。吾兄欲将魏楷(魏鲁男,James Roland Ware)君校改之稿再请聂君筱珊（聂崇岐）一校以致精确，惟兹事非一朝可能竣工。现在聂君工作颇忙，除担任引得总编辑外，兼教历史系功课。弟接来示后曾对聂君微露此意，渠亦似无不可之处，但弟既非哈佛职员亦非吾兄代表，不敢以一种友谊口头上之付托，遂尔越俎代庖，则欲与聂君正式接洽须由吾兄定一方式示知，俾便照办，否则弟为拟方式三种如下，请择行其一：(1)由哈佛汉和图书馆正式具函致北平哈佛燕京学社接洽；(2)由吾兄个人迳函聂君个人接洽；(3)由尊处示知具体办法言明待遇时间等项，并寄来聘请函件交由弟与聂君当面商洽。(四)嘱买一旧打字机暂为打写卡片上拼音之用，惟现在旧打字机价既不廉亦不耐用，且字迹不甚清晰，如拼音符号之类又不全备，将来哈佛新购书籍甚多需用打字机之处亦正不少，与其购一旧者不适于用，不如在美国定制一架 Smith 或 Remington，伺便人带来，既便宜而又合用，且作索引尚需时日，俟由美国购到打字机应用亦不为晚也。尊意以为如何？(五)卡片印出后由哈佛燕京学社每次送交敝处7份排成作者及书名目录，专备哈佛购书对查有无重复及编目参考之用。至于将来为哈佛作大书本目录及20开本之索引时。可于此7份卡片之外另向哈佛燕京学社拨用，但敝处无权迳与该社接洽，需由尊处专函通知准予随时拨用方为便利。如需用已运至美之卡片，自当开单向尊处索取。至于做混合目录每片用铅笔注明页数，均应照办。(HYL Archives：燕京大学图书馆田洪都先生致裘开明先生信函，1941年1月16日)

裘开明致函商务印书馆上海办事处，商议支付购书款及汇款事宜，并要求每月寄来一次账目明细。(HYL Archives：Letter of Alfred K'aiming Ch'iu to the Commercial Press, January 16, 1941)

傅路特（Luther Carrington Goodrich）致函裘开明，询问汉和图书馆是否藏有何三畏的《芝园集》。(HYL Archives：Letter of Luther Carrington Goodrich to Alfred K'aiming Ch'iu, January 16, 1941)

1月17日

裘开明致函傅路特（Luther Carrington Goodrich），介绍在《四部丛刊》中发现的两种《芝园集》版本，并请傅路特告知明人所撰第三种《芝园集》的版本情况。(HYL Archives：Letter of Alfred K'aiming Ch'iu to Luther Carrington Goodrich, January 17, 1941)

1月20日

傅路特（Luther Carrington Goodrich）致函裘开明，提供有关何三畏撰《芝园集》的线索。(HYL Archives：Letter of Luther Carrington Goodrich to Alfred K'aiming Ch'iu, January 20, 1941)

1月22日

裘开明回复傅路特（Luther Carrington Goodrich），介绍何三畏及其生平与著作，告知未发现此人有作《芝园集》之证据。(HYL Archives：Letter of Alfred K'aiming Ch'iu to Luther Carrington Goodrich, January 22, 1941)

2月3日

商务印书馆上海办事处 Weiting Lee 致函裘开明，汇报汉和图书馆1940年11月1日、11月6日和12月4日3份订单的处理情况，告知其中20种书是上海公司没货之书，将由香港办事处直接发货，发现《广州三月二十九日革命史》似为重复订购之书，请予以确认。(HYL Archives：Letter of Weiting Lee to Alfred K'aiming Ch'iu, February 3, 1941)

2月25日

裘开明致函商务印书馆香港办事处，订购《东方杂志》38卷1－24期、《教育杂志》31

卷 1—12 期、《东方画刊》4 卷 1—12 期、《今日中国》2 卷第 5 期。(HYL Archives：Letter of Alfred K'aiming Ch'iu to Hong Kong Office of the Commercial Press，February 25，1941)

2 月 26 日

（香港）岭南大学图书馆何多源致函裘开明：叶理绥（Serge Eliséeff）教授致敝校黄延毓教授一函经已收到。承嘱敝校代购 1939—1940 之《大公日报》及杂志、新书等，自当如命办理。《大公日报》四大包已于今日寄出。次日报原报馆不甚齐全，但已在一私人处补足，价格较报馆所售者稍廉，将来接到学校单据时，便知清楚。日报全份已着工人代为查点，据谓经已齐全，间有缺期系属例假停刊。欧战期间，本港政府禁止旧日报寄出，但已由敝校向邮局书报查检处主任接洽，已蒙特准邮寄。今日邮局第一日发售香港百年纪念邮票，寄上之日报全贴此种邮票，订有十六七整套之多，颇为珍贵，未知能否寄回二三套与敝馆，以留纪念耳。又来函嘱购新出版物，未知是否只限于国学或与中国问题有关之中文新刊，便请示知……（HYL Archives：何多源致裘开明信函，1941 年 2 月 26 日）

3 月 4 日

裘开明致函洛克菲勒基金会人文科学部主管 David H. Stevens，推荐燕京大学图书馆副馆长陈鸿舜（Ch'en Hung-shun）申请赴美奖学金。（HYL Archives：Letter of Alfred K'aiming Ch'iu to David H. Stevens, March 4, 1941）

洪煨莲致裘开明：请允许我感谢你和裘太太（曾宪文）在我在剑桥期间对我的热情款待。我于 2 月 6 日抵上海，2 月 14 日回到燕京大学。总的来说，此行非常愉快，一路顺利。家人亦都安好，学校工作进展如常。行李亦按时抵达，没有征收任何关税。随函附上致 David H. Stevens 博士的信，一切可自明。你同陈（鸿舜）先生交情极深，相信在有需要的时候，你一定愿意作为第二推荐人签字。拜托你就此事写信给 David H. Stevens 博士。而且，剑桥和纽约的距离不像纽约到北京那么遥远，所以能否请你在陈先生的申请已有结果时就直接向 David H. Stevens 博士打探？申请结果毫无疑问会影响你是否决定邀请陈先生到你所领导的汉和图书馆工作。无论最终结果是陈先生申请到奖学金还是到贵馆工作，都烦请你给陈先生或我拍个电报……（HYL Archives：Letter of William Hung to Alfred K'aiming Ch'iu, March 4, 1941）

3 月 17 日

燕京大学图书馆陈鸿舜（Ch'en Hung-shun）致函裘开明：自去年 10 月在你的建议下申请洛克菲勒基金会奖学金后，即把你列为推荐人之一，同时熟读你撰写的《中文图书编目法》以及其他参考书，上周又寄出一篇最近撰写的文章，如需更多份数，请来函告知。(HYL Archives：Letter of Ch'en Hung-shun to Alfred K'aiming Ch'iu, March 17, 1941)

3 月 22 日

裘开明致函田洪都：谨复者前奉 12 月 29 日及 1 月 16 日尊函所述关于排列卡片及校对书本目录一切情形均已聆悉。兹将全部丛书总目稿与馆藏丛书一一校对，待魏（James Roland Ware）先生阅毕拼音，即可寄上付印。以后各类书目所有丛书子目分析片即可与总目校对，不必由罗（维勤）君再查原书矣。去年寄上指引空白片数千张，曾请写单字及其四角号码，原请写二份，一份存尊处，为排列印好中文卡片之用，一份作排列此间日文卡片之用。兹付上日本制造汉字表及其四角号码一纸，谨请亦写制指引片，与其他汉字指引片一并寄来（愈速愈妙），以应急用也。（HYL Archives：裘开明致田洪都信函，1941 年 3 月 22 日）

4 月 3 日

裘开明致函洛克菲勒基金会人文科学部主管 David H. Stevens，再次建议基金会资助陈鸿舜（Ch'en Hung-shun）来美访学。（HYL Archives：Letter of Alfred K'aiming Ch'iu to David H. Stevens, May 7, 1941）

4月5日

裘开明致函（香港）岭南大学图书馆何多源：2月26日尊函及《大公报》与新书等均已收到。最近出版物蒙兄代购，无任感激。新刊以有关国学及中国问题者为限。商务出版国学书籍向由该公司上海、香港两发行所直寄敝馆，故无须劳驾采购。此间所最需要者为西南自由中国之出版品，不知内地刊物能否由航空直寄香港，再由尊处以普通印刷品挂号邮件寄美。又《大公报》将于4月1日满期，请通知该报馆继续寄报，并将报费发票双份寄至尊处，代为付款……兹附赠纪念邮票三套，请转赠黄延毓夫人一套。（HYL Archives：裘开明致何多源信函，1941年4月5日）

裘开明致函商务印书馆上海办事处：1月份明细的账目已收到，希望以后每月底寄一次明细账目。从香港办事处订购的《东方杂志》和《教育杂志》迄今未收到。希望能寄来新书目录，以便了解新书的出版情况。附49种图书的订购单。（HYL Archives：Letter of Alfred K'aiming Ch'iu to the Commercial Press, April 5, 1941）

4月16日

赵元任（Y. R. Chao）致函裘开明：听闻你的现任助理Yang Shao-chen太太即将离开汉和图书馆，故向你推荐毕业于麻省理工学院的Chang Hwei-lan继任助理。（HYL Archives：Letter of Y. R. Chao to Alfred K'aiming Ch'iu, April 16, 1941）

4月22日

国会图书馆的吴光清（Kuang-Tsing Wu）致函裘开明：得知汉和图书馆似乎将有一个空缺，故欲推荐正就职于国立北平图书馆上海办事处的钱存训（Tsuen-hsuin Tsien）应聘，兹附寄钱存训简历一份。（HYL Archives：Letter of Kuang-Tsing Wu to Alfred K'aiming Ch'iu, April 22, 1941）

4月29日

（香港）岭南大学图书馆何多源致函裘开明：4月5日航函敬悉。承嘱续定《大公报》一年本，已代函订阅。后与孙述万兄谈及，知严文郁兄确已于本年2月代为续定。幸敝馆尚未付报费与《大公报》，故能退回定单，得免重复，未知绍诚（严文郁）兄已函知贵馆否。商务出版之书已由接到台函之日起停止代购，但3月19日在商务代购之书，如《全宋词》、《纪录汇编》等数十种，连邮费共值港币□元，经由香港商务直接寄出，无法退回，至为抱歉。如贵社之长致函（黄）延毓兄时声明在先，则断不至由此错误也。夏威夷大学中文图书馆拟购此种书，可直接函（谭）卓垣兄商酌转让也。关于西南自由中国之书籍，已代购《战时教育方针》、《四川经济考察团报告农林编》等58种，已连同在港出版之国学书报另邮寄上。又代定（编者注：此处"定"似应为"订"。）重庆杂志约四十种，直接由重庆寄港，但能否由航空寄港，现尚未见重庆书店函复，如不能，可由平寄。敝馆所定（编者注：此处"定"似应为"订"。）之刊物均系平寄，约一个月至两个月可寄到，两年来绝少遗失。抗战以来，航寄之货物堆积太多，除函件外，其他印刷品不易付寄，如有空位，乃以印刷品填补，名曰'填空'。中国交通不便，搜购刊物极感困难，且时有损失。如敝馆月前汇往数十元与某著名学术机关订购书籍，迄今六个月未见书籍寄来，亦无收据寄下。屡次函询均不见复。以北平图书馆之有六七个办事处，分设各地，亦无法搜购齐全。商务出版之新书，每日一种，但印数甚少，每种祇印三百至五百，一经分发各分馆，及售罄即无法购得。敝馆曾特约香港商务每有新书即留一部，经其总经理及营业主任特准，而仍时有一二种无法购得,如朱谦之所著《欧洲文化所受中国之影响》一书在出版后第二日即购不到,因低级店员时有遗忘代留也。在港出版之《财政评论》已出四卷,为研究中国战时经济之最佳刊物,每期 200 页。未知贵馆已订阅否?现创刊号已三版,惟每册增价至港币 1 元或 6 角(即较原价高三四倍),全份尚可购得,恐重庆未敢代购。《教育杂志》有两期系《抗战以来之高等教育专号》,亦恐贵馆已订阅,故未代购。广州失后,本港旧书摊时有西南方志出售,价格较平津所售者均廉一倍。莫天一之《五十万卷楼藏书目》22 册(有提要)已印就,尚未发出即广州沦陷,故流传颇少,在港旧书摊仅售价港币 1 元 4 角至 3 元不等,但北平文奎堂售北平货币 50 元(现北平币涨价伸港币 22 元)之巨。未知贵馆已在北平购此书否?又旧书摊有《三民主义月刊》合订本,全份共六巨册。此刊前由胡汉民主编,攻击国民政府,故列入禁书,难得全份。国立北平图书馆亦不齐,但敝馆已有一整套,未知贵馆需购订否?香港旧书摊售书,不允写发票,因恐有追究,为我辈代图书馆购书者一大苦事,盖难于报销也。北平燕大图书馆转来定单一纸,嘱购之书,如《中兴鼓吹》等已代购数种,其余在港无法找得者,则由敝馆代函索取。香港各大学出版之学术刊物,即有关于中国者,亦代索取一份寄上,并均在书面盖一'本馆敬赠'等字。此次代购之重庆刊物,其中有 18 种为工人误盖敝馆之章,殊为歉疚。闻贵馆出版有汉和书目,能赐寄一册否?中国自经此次抗战后,许多以前认为最普通之书,现在亦难于购得,如民智书店出版之总理全集,重庆各机关竟要登报征求。在港沪亦殊难购得一部王古鲁之《日人研究中国学术之一斑》与王芸生辑之《六十年来中国与日本》,港沪平津书店竟无一册之留贻,内地更无论矣。世乱如斯,公私所藏书如秦火胡灰,都非意外。收集散亡,惟有赖于兄弟之努力耳。承嘱代购刊物,敝馆极愿帮忙,并尽其力之所及,以代搜集。附来纪念邮票三套已收到,谢谢!其中一套已转赠延毓夫人……附上代购新书、杂志书单一份,请点收。(HYL Archives:何多源致裘开明信函,1941 年 4 月 29 日)

4 月 30 日

(香港)岭南大学图书馆向哈佛燕京学社汉和图书馆邮寄代购新书 74 种,杂志 19 种。(HYL Archives:寄书单,1941 年 4 月 30 日)

5 月 5 日

裘开明致函(香港)岭南大学图书馆何多源:昨接燕大来函,谓已将在华北购不到之书若干种转请尊处代购。祈设法征求,是为至托。二次收到香港商务寄来书多种,几全系重本,因商务出版品,敝馆早已购得,以后请勿购,是荷。兹附上应购书报黄片二张,请购之,不胜拜托之至。存贵校会计处书款用完,请示知,以便奉上数百元。又已购书籍将来由尊处开账,请将发票一并寄下。(HYL Archives:裘开明致何多源信函,1941 年 5 月 5 日)

5 月 7 日

洛克菲勒基金会人文科学部副主管 John Maeshall 致函裘开明,告知洛克菲勒基金会可能不会接受陈鸿舜(Ch'en Hung-shun)来美访学的资助申请,询问裘开明是否愿意以汉和图书馆的名义邀请陈鸿舜到馆担任助理。(HYL Archives:Letter of John Maeshall to Alfred K'aiming Ch'iu, May 7, 1941)

5 月 10 日

裘开明给洪煨莲(William Hung)发电报,通知决定聘陈鸿舜(Ch'en Hung-shun)来汉和图书馆工作。(HYL Archives:Letter of Alfred K'aiming Ch'iu to William Hung, May 12, 1941)

5 月 12 日

裘开明函告于震寰(Zunvair Yue),哈佛燕京学社决定续聘于震寰 2 年,职务为图书馆技术助理(technical assistant),年薪1,800美元,聘期从7月1日开始。(HYL Archives:Letter of Alfred K'aiming Ch'iu to Zunvair Yue, May 12, 1941)

裘开明起草和签署聘用陈鸿舜(Ch'en Hung-shun)到汉和图书馆工作的正式聘用通知书。(HYL Archives:Letter of Alfred K'aiming Ch'iu to Ch'en Hung-shun, May 12, 1941)

裘开明致函洪煨莲(William Hung),告知洛克菲勒基金会没有批准陈鸿舜(Ch'en Hung-shun)的奖学金申请,故决定聘请陈鸿舜到汉和图书馆工作。随函寄来正式的聘用通知书。(HYL Archives:Letter of Alfred K'aiming Ch'iu to William Hung, May 12, 1941)

裘开明致函洛克菲勒基金会人文科学部副主管John Maeshall:非常遗憾你未批准陈鸿舜(Ch'en Hung-shun)先生今年的奖学金申请,但是我希望明年你能考虑他的申请。未来的一年,敝馆将邀请陈先生到馆担任助理一职,以便他能参访美国的各个图书馆,通过实践的方式学习图书馆的管理。然而,我仍旧认为在美国的图书馆学校进行为期一年的理论训练对于一名中国的图书馆馆长来说非常有意义。这就是我推荐陈先生申请贵基金会资助的原因。(HYL Archives:Letter of Alfred K'aiming Ch'iu to John Maeshall, May 12, 1941)

5月16日

裘开明致函田洪都:关于新书编目事,前请暂勿印片,兹将此事全部计划,似觉下列办法较为妥当,特拟如下。(一)当局欲将自1937暑假至明夏(1942)所购之书编印汉籍目录续编。以弟估计此五年购入书籍约在一万种左右,即须排印一万卡片,现所排板之片共3182张,尚须排6000余片。(二)初本拟先印卡片打纸板留版,以后再排书本目录,但据洪(煨莲)先生谈此法有困难,故现改定新书一律再不排印卡片。现已排之三千余版暂时留下以便将来排入书本目录续编。(三)自现在至明夏,此间当竭力将大书目稿校完寄上付印。希望于明秋排印索引正编,全部出版完毕。(四)新书在尊处已编草片者以后请用Ditto方法,每种单行书及丛书总目暂印6张,丛书分析片每种五张,前书目及类书二类每种仅印四张,以后亦改为6张,但一律不用美国上等白片,请在国内购买普通卡片(排印新书稿片3000余张不知是否国产纸,若价甚廉,似可用)。(五)兹由敝馆会计处寄上美金五百元,请将排印3000余张新书片之排板(编者注:此处"板"似应为"版"。)费、印草片费及购铅料之款付清。此项铅料将来可暂售与引得校印所,以后即不付压板(编者注:此处"板"似应为"版"。)费。余款请以美金暂存中国或纽约银行,预备将来排印目录续编。(六)去年寄上之美金500元系出售大书目所著录书卡片收入之款,请以美金暂存纽约银行(闻燕大会计处可以美金存放纽约银行),将来如何动用须得罗氏基金团(编者注:洛克菲勒基金会,下同)之许可。(七)印大书目及其中著录书名卡片本由二种款项开支,(a)本馆印目录费,(b)罗氏基金团津贴印片费。不知至全部书目及卡片印毕,此二种款项能否维持至终?前接李书春先生来函,谓须增购印纸及添加排索引费,现已得社长(叶理绥,Serge Elisséeff)许可再增出版大书目费200元美金,兹特附上。本拟在此购纸,但无合适者,且价甚高,请与李君商量,若国内无纸仍请寄还美金100元,在此购纸。(八)用Ditto印新片购材料费(卡片、墨水及胶卷与工人薪金)由敝馆常年经费支付,将来另寄。编起草片费用仍由购书款支付。(九)编日本丛书子目片及付印材料费(请用美国白片),亦当另寄上,总之此二事不与印大书目及印卡片事混合,以清手续。(十)历史科学类指引片未收到。该类卡片是否已全部印毕?刻是否已起首排社会科学类?以上各节如何办理请赐尊意。(HYL Archives:裘开明致田洪都信函,1941年5月16日)

5月17日

裘开明致函商务印书馆香港办事处,订购期刊若干种。(HYL Archives:Letter of

Alfred K'aiming Ch'iu to Hong Kong Office of the Commercial Press，May 17，1941)

5月20日

裘开明致函(香港)岭南大学图书馆何多源，嘱新书、杂志由岭南大学图书馆请人扎包付邮，人工及材料用费等由哈佛图书馆担负。(HYL Archives：何多源致裘开明信函，1941年7月30日)

5月23日

哈佛燕京学社社长叶理绥(Serge Elisséeff)教授致函上海合众图书馆馆长顾廷龙(Tinglung Ku)先生，感谢顾廷龙先生推荐介绍《恬养斋文钞》(*Tien Yang Chai Wen Chao*)一书，并言裘开明对再版文集中的一些文章很感兴趣。(HYL Archives：Letter of Serge Elisséeff to Tinglung Ku，May 23，1941)

5月28日

裘开明致函(香港)岭南大学图书馆何多源：昨接到新书、杂志等两大包，全系此间师生欲阅读物，甚佳。兹将关于邮寄及装订手续略呈如左：(一)新书、杂志由贵处请人扎包付邮。人工及材料用费等应由敝处担负，请向贵校会计处领取办理手续费……(二)每次寄件请开一单，随包付下，以便此间照单点收，该单复份请存尊处，以作参考。(三)新书平装者请在港另改硬面布装。(四)线装书仅一册者亦请改洋装，二册以上者则请做中国函套，格式如附上之说明书。(五)前由燕大寄上杂志缺期单，请尽量微购杂志，能购到全卷者，亦请在港装订。(六)装订用蓝色洋布或土布，书之背面烫银色字(书名及作者)。附上应购书四片，请代购。(HYL Archives：裘开明致何多源函，1941年5月28日)

6月2日

洪煨莲(William Hung)致函裘开明：我对洛克菲勒基金会拒绝陈鸿舜(Ch'en Hung-shun)的奖学金申请感到遗憾，但是很高兴得知汉和图书馆将聘陈鸿舜担任助理，相信他的工作能力绝不会让你失望。得知哈佛燕京学社聘请了赵元任(Y. R. Chao)，故写函一封，请你代为转交。兹附上支付给你的电报费。(HYL Archives：Letter of William Hung to Alfred K'aiming Ch'iu，June 2，1941)

6月3日

裘开明致函(香港)岭南大学图书馆何多源：……尊函所提《财政评论》、《三民主义》(敝馆有一卷一至三期，二卷一、三期，不全)同莫天一之《五十万卷楼藏书目录》等，请速购之。至于商务出版物如《东方杂志》、《教育杂志》、《今日中国》、《东方画刊》等，前曾两次航空函订，至今尚未收到本年度之第一期。得暇请至商务印书馆一询为荷。以后该馆每周新书自1941第一周起，即请尊处代为选购。范围以有关国学及中国问题，材料不易得于西书者为限。惟国学基本丛书，系由万有文库版重印，敝馆早已预约，请勿再购。凡在商务选购之书，请该馆开发票双份，随寄至此。装订等事亦请该馆办理，请与主事者接洽。书款由此间随寄至上海总店，或香港分馆。以前敝处购书皆先将书款存于上海商务总店，每月由该处寄账报告，书则由香港或上海寄来，弟甚欲照旧办理，惟选书则请兄为之。兹附上致商务一函，请便转交……另敝馆《汉籍分类目录》全部十册，现出至第三册，早已请燕大寄赠贵馆一部，如未收到，请函询燕大图书馆主任，是幸。(HYL Archives：裘开明致何多源信函，1941年6月3日)

裘开明致函商务印书馆香港办事处经理黄汉生(Hanson F. S. Hwang)：敝馆已授权岭南大学图书馆的何多源(Ho To-yan)从贵公司代敝馆选购图书。请贵公司将何多源定购的图书直接以挂号信寄给敝馆，账单则通过贵处上海办事处寄给敝馆。敝馆一直在上海办事处有部分预付款。如果贵处更希望敝馆直接付款,敝馆将把预付款从上海转到贵办事处。十多年来,贵公司上海推广部一直在帮敝馆处理装订事宜。敝馆希望贵处会愿意给我们提供相同的服务。如你所知,我们的装订有两种:(1)中国线装书放在函套里;(2)新式装订的图书先精装再邮寄。装订费单独记账。如贵公司上海办事处提供的折扣一样,请允许敝馆定购贵处出版物时享有相同的教育折扣(10%)。(HYL Archives: Letter of Alfred K'aiming Ch'iu to Hanson F. S. Hwang, June 3, 1941)

6月10日

田洪都致函裘开明:5月11日奉读大电,无任欣慰。陈君鸿舜亟愿趁此机会作海国壮游,得意追随左右,备承教益,尤为荣幸,现正筹办出国一切手续,大约7月可以首途,此间薪水亦即自7月起停支。惟时值艰难,所有来往旅费颇成问题。务望贵馆对于陈君之待遇及工作等项,为之详细示知……(HYL Archives:田洪都致裘开明信函,1941年6月10日)

6月11日

(香港)岭南大学图书馆何多源致函裘开明:5月5日大函敬悉,商务之书经已停止代购,请释□注寄来黄片定单40030、807470,嘱补寄购失去之《大公报》,查1939年1月至1940年10月系敝馆代购者,来片所谓缺失者,只有二份,其已代补购,其余各期系该报例假停刊,并非缺失,请看该报出版号数是否接续便知也。1939年1月2日(1月1日新年停刊,1月2日无报),2月16至22日(中国旧历新年停刊),10月11日(10月10日国庆日停刊,11日无报);1940年1月2、3日(新年停刊),2月7至9日(中国旧历新年停刊),10月11日(国庆日停刊)。又1940年6月13日一份已检,昨日连同《新曲苑》等书寄上。其余3月24日及1939年9月2日两份,下次寄书时想可补得寄上。是则1939年至1940年10月各月《大公报》已完整无缺矣。又来片嘱代补购1938年1月至12月《大公日报》缺期,查该报自1938年8月13日始在香港创刊。来片所嘱代购者是汉口《大公报》抑上海《大公报》,便请示知。燕大在华北购不到之书已有下列各种代为搜得,并经寄上:一、《南洋年鉴》(新加坡出版);二、《星洲十年》(同上),《中兴鼓吹》(重庆),《立国之道》(同上),《中国战时经济政策》(商务),《贵州文献汇刊》第四期(此刊极难得,一至三期绝版,第四期系托人在贵阳搜到,用航邮寄港,共用去邮资□元,附上代购此书者来函,俾知在内地购书之状况。)其余嘱购之书已分函搜寻。现月来,重庆空袭甚烈,有一日落弹达四百枚,报载书店集中之中一路大部分焚毁。重庆之刊物有一部份在港重印,但大部分仍需函重庆书店代购。敝校代贵馆购书之手续颇繁,兹说明如下:(一)由敝馆代购;(二)由黄延毓先生用英文写支付单;(三)由书店或本馆凭发票收据赴会计处支款;(四)发票收据连同支付单存会计处;(五)由敝校在一定时期将单据寄还贵馆。此间书店均不允发两份发票,现只有规模较大之商务及正中书局肯发副票(亦已大帮书购买为限)。前在此二书局购得一帮书,兹将副发票寄上,至正票存会计处附在支付单后,将来由敝校汇转贵馆。前嘱代购之杂志新出各期可以代购。至补购以前各期,则无办法。其理由如下:(一)重庆市经多年之轰炸后,书店多已焚毁,并无存书;(二)内地纸价极昂,杂志印本不多,现接重庆各出版家来函,均谓无法补买,只有二三种或有机会补得,现查贵馆所需各刊有一部分(但每份不齐)广州大学图书馆藏有复本(因该校有两图书馆,一在内地,一在香港),该馆主任系内子担任,闻可以书籍交换。未知尊意如何。又有人藏有近两年来中国内地杂志创刊号凡六七十种,可以出让,如贵馆需要,可代商购。敝馆亦有少数复本杂志系贵馆所需者,将来经学校核准后可以赠送贵馆也……再者,内地出版之图书系直接向重庆书店代购,但重庆因空袭甚剧,影响店员办事效率,故函托代购之书报非常迟缓。现拟托香港正中书局代为购办,成绩如何,迟两星期方知。现中国内地出版书籍集中重庆。绍诚(严文郁)兄远处昆明,且该地空袭亦烈,弟曾接绍诚兄来函,谓每日日间需往城外走避,日走数十里路,实无时间做事云。(HYL Archives:何多源致裘开明信函,1941年6月11日)

6月21日

田洪都致函裘开明:日文丛书总目片及编制分析目略例现已收到,拟即着手办理。惟以总目片依据略例编制分析片,不无发生困难之处。查总目片作者一项仅列姓名而略例则云除姓名外更须记有字号及生卒年等,若以有辞典可查,而辞典中同一时代同一地域同一姓名者往往有之,不参照原书即行记入,难免舛误。有生卒年不详者,略例则云求有活动之年,而活动之年非求之原书中序跋,无从获得。至若书名之有异名及副题者与其丛书子目之确实出板(编者注:此处"板"似应为"版"。)年等,均非凭空揣测可以了事,且略例中已厉言及参照原书,洵以编制此项片,非得原书实不易着手也。查总目片七种,敝馆入藏者仅有《五山文学全集》及《谣曲大观》二种,其余询之北平图书馆及近代科学图书馆,亦未入藏。此间既无书可借以参照,而总目片亦不甚详明。如何之处。(HYL Archives:田洪都致裘开明信函,1941年6月21日)

6月24日

(香港)岭南大学图书馆何多源致函裘开明:兹寄上另纸所列图书、杂志一单,请着人检收。其中《甘肃科学教育馆学报》系由该馆用航邮寄赠,贵馆不收代价,但请贵馆赠送贵校最新出版刊物一二册寄"甘肃兰州官驿后七十五号该馆",以资交换之。昨将台函转交香港商务分馆,据该馆黄经理汉生云:"该馆未代定(编者注:此处"定"似应为"订"。)阅各种杂志、图书,俟接到贵馆汇来书价或按金,方能继续将书报寄上,因上海总馆与分馆之账目是划分者"。现该馆已直接函复台端。后弟查得其停止寄发贵馆杂志、图书之原因为上海商务印书馆工厂及发行部全体职工罢工已有三个月之久,现仍无解决办法,故上海方面不能代向香港分馆订购书报。现弟恐贵校前定(编者注:此处"定"似应为"订"。)阅之杂志,如《东方杂志》等满期已久,将来无法补购,故拟二三日后即用贵馆存在敝校之款代定(编者注:此处"定"似应为"订"。)一年。想尊意必赞同也。函嘱订购之《财政评论》等已购得寄上,莫天一之《五十万卷楼藏书目》线装22册仅以港币1元8角(即美金4角5分)购得,可谓便宜之至。至胡汉民主编之《三民主义月刊》,查系缺第一卷,只存第二至第六卷,共30册(合订5册)。因此刊系中央严令禁毁并由党部派人赴各图书馆抽检,故颇难得,且其中包含许多中国史料,而书贾索价不过每卷港币叁元,共15元,并不为贵,故即代购之。其正式单据存本校会计处。弟意此刊仍以不陈列为宜,留得将来学者作史料参考,因其中文字太过激也。又寄上顾岳中之《中国战时教育》等书报,系由重庆寄来者,请查收……附言:又福建省政府出版之丛书,其中有《福建之纸》、《福建华侨派款之研究》、《福建经济研究》、《福建统计年鉴》等书均系专家调查撰述,极有价值,已用航函代为索取,但未知索得否耳,此书似非卖品。(HYL Archives:何多源致裘开明信函,1941年6月24日)

6月25日

裘开明致函(香港)岭南大学图书馆何多源:前日收到书籍两包,查点后缺冼群著《代用品》一种,请设法补寄,是托。兹由敝馆会计处寄至贵校会计处美金洋伍佰元,以作日后购书之用。此间已函请燕大图书馆将在华北够不到之西南方志及其他两广出版旧书籍开一详单，由尊处代购之。附上之敝馆杂志缺期单，亦请在港尽量征集……黄延毓先生请代致意。（HYL Archives：裘开明致何多源信函，1941年6月25日）

6月28日

商务印书馆香港办事处黄汉生（Hanson F. S. Hwang）致函裘开明：已收到贵馆委托何多源（Ho To-yan）从敝处订购新书的通知，我们想通知你的是，我们已经和何先生谈过，同意为贵馆提供由何先生代选之书籍。不过我方的条件是贵馆需先将预付定金汇款至敝社，或者是将贵馆的预付款余额从上海转到敝社香港办事处来，以便我们可以为你开设一个用港币交易的账户。有关书籍装订的问题，处和上海办事处一样，很乐意为贵馆效劳，提供同样的服务。不过我们需要贵馆提供一个装订样本以及具体要求。贵馆是一个以教育为目的的机构，按照上海办事处给贵馆的价格，敝处的出版物将给予贵馆9折的折扣价。（HYL Archives：Letter of Hanson F. S. Hwang to Alfred K'aiming Ch'iu, June 28, 1941）

6月

汉和图书馆主阅览室楼上的新书库开始动工。（HYL Archives：Chinese-Japanese Library Harvard University Report of the Librarian for the Year July 1, 1941 to June 30, 1942）

7月3日

商务印书馆上海办事处 K. K. Lee 致函裘开明：随信附上发票，所列9种书已从香港寄出，稍后收取装订费；有两种书无货；由于4月23日的罢工，商务印书馆严重减员，延误了回复，表示歉意。（HYL Archives：Letter of K. K. Lee to Alfred K'aiming Ch'iu, July 3, 1941）

哈佛商学院贝克图书馆（Baker Library）馆长 Arthur H. Cole 致函裘开明：我转交给你3份中文资料，以及上海中国银行家研究所（Chinese Bankers' Institute of Shanghai）寄给《经济学季刊》的中文信，和 A. E. Monroe 博士给我的一个注释。中国银行家研究所想要确保他们的《金融指南》（*Financial Guide*）和《信托季刊》（*Trust Quarterly*）能与《经济学季刊》交换。但是我看不到第三种刊《经济研究季刊》与之有何关联。对我来说似乎《经济学季刊》可能用于和《经济研究季刊》（中文）进行交换。《哈佛季刊》对这类交换一直都很慷慨。我想这个中文期刊可以交给你来保管。如果交换是协会性质的，我相信这应该是《哈佛商业评论》和这两种刊物之间的交换。我想知道的是它们是否是值得收藏的出版物，以及贵馆是否是希望进行交换。可否请你仔细阅读这3份刊物，并将你对它们的看法连同这几份刊物一并回寄给我呢？感谢你给予的帮助。（HYL Archives：Letter of Arthur H. Cole to Alfred K'aiming Ch'iu, July 3, 1941）

7月7日

芝加哥大学教授顾立雅（Herrlee Glessner Creel）致函裘开明：邓嗣禹（Teng Ssǔ-yü）先生写信告诉我，你热心地帮他了解你的图书分类法。毋庸置疑我们为给你造成的麻烦感到非常抱歉。我认为邓先生打算在敝馆开展的工作将非常重要，因为我们将是第一个试图不加修改就把你的分类法和印刷卡片大规模地应用于馆藏的图书馆（芝加哥大学图书馆有100000册中文书）。在美国学术团体协会（ACRS）中国研究委员会会议上，我们再次讨论了编目工作以及各馆是否打算采纳贵馆卡片这两个问题。据我所知，哥伦比亚大学打算对你的卡片进行一些修改。但我指出，那并不是一个好主意，最好能不做任何修改地使用你的分类法。其他图书馆相关工作人员说这将非常困难。无论如何，我们都对一个问题达成了共识——现在正是好机会，可以在芝加哥这里进行试验性计划,以证明我的观点是否正确。当然,要期待这样的试验取得最大的成功,除非有一个尽可能熟悉这套分类体系的人来负责。因此,非常感谢你在这么短的时间里,使邓先生熟悉了所有原则和操作方法。(HYL Archives: Letter of Herrlee Glessner Creel to Alfred K'aiming Ch'iu, July 7, 1941)

(香港)岭南大学图书馆何多源致函裘开明:顷接(严)文郁兄来函嘱将贵馆存款汇港币贰百元与西南联大图书馆,以便代贵馆搜购西南刊物。查西南刊物在港不易购得,文郁兄既能就近代办,自属最好办法。将来刊物寄港时,自当转寄贵馆。但学校支出贵馆存款,须由黄延毓先生签发支付单。黄先生之意见须由台端来函授权拨款与严文郁先生,敝校方能照付。该此乃必须之手续也,仅此转达,请即航函示复为荷。(HYL Archives:何多源致裘开明信函,1941年7月7日)

7月10日

裘开明致函芝加哥大学教授顾立雅(Herrlee Glessner Creel):感谢你7月7日的来信。邓(嗣禹)先生正忙于完成论文,他没有时间与我讨论贵馆将来的工作。等他完成论文后,我将非常高兴与他进一步深入讨论整件事情。可能我可以先为他准备一些备忘录。现在看起来,那些从其他专业转到图书馆学专业的人似乎在学术方面较强(当然,也不是所有人),但是在技术与经济上就比较弱。我认为,我们一定不能忘记考虑编目与组织整个图书馆的经济因素。如果有足够可以使用的金钱,我们当然可以做出近乎"完美"的目录。这个国家有个很大的东方图书馆已经花费了几年进行重组,当然也花了不少钱在重新编目上,但直到现在仍然没有一个统一的、大家可以很方便地检索到图书的目录。作为美国一所一流大学里一个迅速发展的系所的管理者,你当然希望以最经济的方式来组织你所在系所的图书馆,而且希望又快又有效率。对我而言,第一个建议当然是毫不迟疑地建立一个检索目录,使抽屉里的卡片和书架上的图书之间建立适当的联系,图书通过分类系统地组织到书架上。为了达到这个目的,你现在的职员可能需要在邓先生到达你那儿之前完成以下事情:(1)将一套印刷卡片按照罗马字母顺序排好序,其他4套仍然按照原来给你的顺序放着。在给卡片排序之前,音译的书名原来印在卡片的最后,现在可能需要将它们抄写或者用打字机放在卡片的第一行,或者只是用红色铅笔在原处画下画线。这些工作,一个勤奋的高中生就能完成。但所有卡片的顺序应该完全按照Giles字典的顺序进行排序。(2)将丛书与单行本分离,丛书一套套放好。如果要确定一本书是否属于丛书,可以查询沈乾一的《丛书书目汇编》(上海,1927)和杨家骆的《丛书大辞典》(北平,1936)其他有关问题,我可与邓先生再讨论。(HYL Archives: Letter of Alfred K'aiming Ch'iu to Herrlee Glessner Creel, July 10, 1941)

裘开明致函哈佛商学院图书馆馆长Arthur H. Cole博士:在你7月3日来函提到的3份中国期刊中,我认为《金融指南》(*Financial Guide*)和《信托季刊》(*Trust Quarterly*)都非常有用,这两种期刊包含了中国股票市场和其他出版物中没有的金融统计数据。无论是《哈佛商业评论》或是《经济学季刊》都可用作交换,虽然上海的中国银行家协会需要后者。在天津由亚当斯密(Adam Smith)经济学院出版的中文《经济研究季刊》已经寄往贵馆作为交换。它包含了大部分西方经济期刊中的理论文章译文,尤其是美国和英国的。在该刊第一卷中只有一篇《中国耕牛的起源》(*Origins of the Use of Oxen in Chinese Agriculture*)的原文。我不知道《经济学季刊》或你们的《哈佛商业评论》是否愿意与它建立交换关系。敝馆内所有你寄来的中文资料都已经编目,你们的学生在任何时候都可以过来查询。随函归还A. E. Monroe博士的信函。(HYL Archives:

Letter of Alfred K'aiming Ch'iu to Arthur H. Cole, Librarian of Library of Harvard Business School, July 10, 1941)

7月12日

裘开明致函(香港)岭南大学图书馆何多源：6月11号惠书敬悉，同时此间亦接得黄延毓先生之信。前函所提书款500元即由敝校会计处寄至黄先生收转。以后购书请照来示办法进行，发票副份不必寄来，惟每次寄书请由尊处书记寄一书单，以便此间照单收点。兹附上燕大图书馆寄书开单格式，贵馆在可能范围内请用此格式开寄书单，否则即照上三次，用白纸开单亦可。但邮寄方法请改作印刷品挂号(每包由北平来此，约国币2元3角)，因每次由尊处寄来之包系作Parcel Post，货物样品须在此验关，并付关税，每包美金1角5分，作书籍印刷品扎包寄来，则无此麻烦，亦不必付税。当然遇大本书籍不能作印刷品寄者，可照旧做Parcel Post寄来。内附应购书三片，请酌购。(HYL Archives：裘开明致何多源信函，1941年7月12日)

7月15日

裘开明致函田洪都：……弟任中文书编目事，常憾觉查考作者年代工具书之不完备，拟编《明清进士姓名及登第年索引》一书，苦乏书证相助，不知兄能在燕大代聘一人任其事否？若贵馆原有职员，如傅(寿崑)君或关(瑞林)君，愿在晚间担任此事，更佳。待遇照贵馆薪率办理，需用卡片文具费及薪金由敝馆此间办公费支付，兹附上编撰叙例，敬祈更正……《明清进士姓名及登第年索引》叙例：一、此编系取李宙望等编《明进士题名碑录》记朱汝珍便《词林辑略》二书所录人名，按王氏四角号码检字法排成一贯索引。二、每目先姓名次登第年(君主年号及甲子纪元)末公元。三、读者由某一人之登第年即可在原书查得其字号、籍贯、官谥、著作及其同科诸人。四、编目者不能查得某一作者之生卒年，可用其登第年定其在目录排列之次序。五、未谙习四角号码检字法者可检查首附之笔画检字及Wade-Giles式(威妥玛)罗马字拼音检字。六、姓名四角号码之排列一依《中国人名大辞典索引》排法为准。随函附上每卡之格式。(HYL Archives：裘开明致田洪都信函，1941年7月15日)

商务印书馆上海办事处K. K. Lee致函裘开明：贵馆2月25号和5月17号致香港办事处的来信，已经转来敝处处理。随函附上第4816－4820号续订期刊的订购单。另外装订商送来《国立中央研究院历史语言研究所集刊》之后，即寄给贵馆……赖肖尔(Edwin Oldfather Reischauer)博士所订之书，三项有货，另外一项暂时没货。附上发票若干，烦请转交赖肖尔……我们这边4月23日开始的罢工还未结束，在此期间敝社的人员发生了很大变动，我们对因此而带来的延误向贵馆道歉。希望我们本月底可以恢复正常营业。(HYL Archives: Letter of K. K. Lee to Alfred K'aiming Ch'iu, July 15, 1941)

7月16日

芝加哥大学教授顾立雅(Herrlee Glessner Creel)致函裘开明，询问中文书编目的问题。(HYL Archives: Letter of Herrlee Glessner Creel to Alfred K'aiming Ch'iu, July 16, 1941)

7月24日

裘开明致函傅路特(Luther Carrington Goodrich)，感谢傅路特的赠书。(HYL Archives: Letter of Alfred K'aiming Ch'iu to Luther Carrington Goodrich, July 24, 1941)

7月28日

商务印书馆上海办事处的K. K. Lee致函裘开明：汉和图书馆在上海办事处订购书籍的账单已全部处理完毕；已知悉贵馆已直接从岭南大学订购《东方杂志》等期刊。

(HYL Archives: Letter of K. K. Lee to Alfred K'aiming Ch'iu, July 28, 1941)

7月30日

（香港）岭南大学图书馆何多源致函裘开明：7月12日航函敬悉，以后寄书可照尊处所定办法，书籍亦可代为钉装，但香港生活费高昂，故书籍钉装费，每本要港币5角至1元5角（以书之大小计算）。每次寄上之书均用包裹邮寄，其原因为包裹寄递较印刷品挂号寄法约廉一倍有多。（包裹每包七磅，邮费2元4角，印刷品挂号每磅八角，7磅共5元6角。）但以后为贵馆点收便利起见，决尊嘱，改用印刷品挂号寄法。港地邮费奇昂，较之由北平寄出，相差甚远也。今日寄上另纸所列书报一单，请照单点收。此次寄上之书，大部分系由重庆及甘肃航空寄港，其中《西南实业通讯》全份17册，系由敝馆直接向出版社代购，为研究中国战时经济建设之重要刊物。此刊书价不过国币十元另四角，而航邮费需国币40余元。又台端5月20日来函谓新书、杂志由岭大图书馆请人扎包付邮，人工及材料用费等应由哈佛图书馆担负，自可照办其办法。已由（黄）延毓先生去函贵社社长（叶理绥，Serge Elisséeff）请示，查敝馆以前代购书籍均属义务代办，并无支取人工费用等也。在香港订购内地书报之办法有三：一、为托香港正中书局（总局在重庆）在重庆代购，由航空寄港。二、为托严绍诚（文郁）兄由昆明代购，但中国出版中心在重庆，昆明甚少出版物。重庆刊物不易运往昆明。三、为托国立北平图书馆驻重庆办事处馆员私人代购。此办法最快，而搜集亦最易。但托私人代购，似应给以书价百分之二十以为舟车费。因重庆车费极昂，人力车夫与教授薪水差不多，每月可得300元。此种办法较在港订购为廉，盖香港书局出售重庆刊物，以港币六折出售也。现敝馆系托香港正中代办。至应采何种办法，请示知为荷。（HYL Archives：何多源致裘开明信函，1941年7月30日）

（香港）岭南大学图书馆向哈佛燕京学社汉和图书馆邮寄代购中文新书16种、杂志20种。（HYL Archives：寄书单，1941年7月30日）

8月5日

芝加哥大学教授顾立雅（Herrlee Glessner Creel）致函裘开明，求购汉和图书馆编印的书本式目录、目录卡片和分类法。（HYL Archives：Letter of Herrlee Glessner Creel to Alfred K'aiming Ch'iu, August 5, 1941）

8月16日

陈鸿舜致函裘开明：前由（洪）煨莲先生转到5月12日惠书一件，聘舜为贵馆助理，辱承提挈，欣感无既。本应即时答谢，惟因领取护照棘手，难定行期，未能早覆，歉疚无已。6月初旬，即遵嘱申请游历护照，往返天津三次，皆无结果，始则需美领馆许可信件，继则需哈佛大学正式公函，终则言非美国大学承认留学书信不能发给。至于游历护照，现在绝对不予发给。舜不得已。只好改领留学护照。七八月中，又去天津三次，始得领到护照，电请美国国务院允准入口，已于8月2日发出，俟得电覆方能定船，大约非9月下旬不能首途。迟到之罪，伏希鉴原……（HYL Archives：陈鸿舜致裘开明信函，1941年8月16日）

8月20日

裘开明回复芝加哥大学教授顾立雅（Herrlee Glessner Creel），对芝加哥大学图书馆开展中文书分类编目工作提出建议。（HYL Archives：Letter of Alfred K'aiming Ch'iu to Herrlee Glessner Creel, August 20, 1941）

8月26日

芝加哥大学教授顾立雅（Herrlee Glessner Creel）致函裘开明，感谢裘开明对芝加哥大学图书馆的中文书编目工作所提供的建议和资料。(HYL Archives：Letter of Herrlee Glessner Creel to Alfred K'aiming Ch'iu, August 26, 1941)

9月9日

裘开明致函(香港)岭南大学图书馆何多源：……叠奉6月24日、7月7及30日大札,并附单所列书籍、杂志等均已收点无误。兹将关于购书办法要点略答如下：(一)西南刊物拟全托尊处代购。刻日机在安南已有根据地,昆明空袭甚烈,恐绍诚(严文郁)兄不便再续办此事,已去函请其停购任何刊物矣。(二)西南刊物即照尊处意拜托北平图书馆驻渝办事处人员代购,给以相当之舟车费(数目由尊处决定)加在书价内。前美京某机关欲购自由中国刊物,弟亦推荐国立北平图书馆驻渝办事处。该机关想已修函向袁守和(袁同礼)先生接洽,不知敝馆购书事是否亦须恳商袁公。此事最好请尊裁,弟并无成见也。(三)商务出版物由兄选定,或由此间开单索寄,均请该馆扎包直接寄来。书款亦由此间直接寄付,现已寄去全洋壹百元。(四)贵馆代敝馆购书,此间应付人工及材料费用等详细办法已由本社社长叶先生(Serge Elisséeff)致函黄延毓先生说明矣。(五)书籍、杂志等非过重者,仍请以印刷品挂号法寄来,以免此间多费报关纳税等手续。(六)尊处每次开写寄书单,请将书籍与杂志分二单开列,否则亦请前后分别开列,以利此间登录工作也……再者敝馆之分类法久欲付印,但因时局关系,不便寄往北平,搁置在此已三年。以弟估计,照皮高品氏中国日进分类法版式约200余面,不知兄能否在港代接洽一可靠之印刷所承办此事。在港付印较在平方便,因校样可用航空寄来及送回。(HYL Archives：裘开明致何多源信函,1941年9月9日)

裘开明致函商务印书馆香港办事处经理黄汉生(Hanson F. S. Hwang)：兹汇款100美元,以支付岭南大学图书馆何多源(Ho To-yan)代为选购之图书费用。另寄若干份按四角号码排序的购书单,请仔细核对,避免与何多源所选之书发生重复。(HYL Archives：Letter of Alfred K'aiming Ch'iu to Hanson L. Hwang, September 9, 1941)

9月10日

裘开明致函田洪都：……知编印日本丛书子目片稍有困难,兹略为说明诸点以利此项工作之进行。(一)作者用其姓名或字号全依辞典,生卒年亦同,其有同一时代同一地域同一姓名者为数甚少,可请取其近似者印片,到此后校读时自能改正。(二)最后活动之年在辞典中不能求得者,请留空白待到此后填补。(三)书之有异名及副题者,与子目之确实出版年。尊处如能在平津检书参考最好,如无书时亦请付之阙如,留待此间填补。以上各节仍请费神试力代办……兹由邮挂号寄上大书目"社会科学"末部校样,印就请先寄一二本来此。丛书总目部分印好,示请寄二本……附上购书片三张,系急用者,请求代购为祷。(HYL Archives：裘开明致田洪都信函,1941年9月10日)

(香港)岭南大学图书馆向哈佛汉和图书馆邮寄代购中文新书5种、杂志26种。(HYL Archives：寄书单,1941年9月10日)

9月27日

燕京大学图书馆馆长田洪都先生致函裘开明：此次尊处寄来书本目录校样上(P811—828)据罗维勤君云,该目之旁有应注"小去"者均未经注出,不知另有删改抑因公忙忽略所致也。惟据罗君按二十开本丛书分析分类目录所编入之书,仅以能独立成帙的整套丛书之分析片或整套丛书之单种按照单种书编目者为限(如某某丛书之一),此种独立成帙的整套丛书有别于陆续出版之Series(连续出版物)。以前尊处寄来书本目录校样中,有在该目之旁注"小去"者,即属非独成帙的整套丛书在廿开本中应取消不印,著为定例,未闻有所删改也。按照此例,在以前尊处来稿中有所忽略未经加注"小去"者,均已由罗君在大书本目录印就之清样上该目之旁添注"小去",发交引得校印所于排印廿开本时删去不印。兹为求其前后一律起见,又将此次尊处寄来之书本目录校样(P811—828)未经注有"小去"者均由罗君应添注"小去"于目之旁,以符定例。惟以后社会各科学类若须照往例排印廿开本时,则请台端在大书本目录校样上仍注"小去"话嘱罗君负责添注,竟应如何之处统希赐复。(HYL Archives:田洪都致裘开明信函,1941年9月27日)

9月

哈佛燕京学社汉和图书馆在北平琉璃厂和隆福寺一带的旧书市场购买中文古籍的工作到本月结束。(裘开明. 哈佛燕京图书馆中文善本书(Chinese Rare Books in the Harvard-Yenching Library)//程焕文. 裘开明图书馆学论文选集. 桂林:广西师范大学出版社,2003.9:296—307)

10月1日

田洪都致函裘开明:月前奉上一函计达左右。陈君鸿舜自承函台,即准备一切,拟于7月赴贵馆供职。不意现在出国手续极为繁杂,迁延数月,始幸办妥,已于9月26日由平飞沪,定乘本月6日古力治船放洋,不久当可把□倾谈矣。但陈君近况颇窘,所□旅费均从借贷而来,敝校仅允于一年之中,每月给予安家费100余元,则定亏累,势将不堪。拟恳吾兄商之当局,将陈君应得薪金从7月起开支,以资弥补……(HYL Archives:田洪都致裘开明信函,1941年10月1日)

10月2日

国会图书馆C. F. Remer致函裘开明:国会图书馆在不久前组建了特别信息部远东组(Far Eastern Section of the Division of Special Information),我现在担任远东组组长,因工作需要,远东组正在搜集国会图书馆通过馆际互借可以从全美各个图书馆得到的日文期刊的信息,请求汉和图书馆编制一份1937年1月以后出版的日文刊物目录,要求包含书名和出版周期方面的信息。这些刊物如果外借给其他机构,借阅期限为多久。(HYL Archives: Letter of C. F. Remer to Alfred K'aiming Ch'iu, October 2, 1941)

10月4日

燕京大学邢云林致函裘开明:前托镜宇(于震寰)转上乙书□邀请及矣。近日校对哈佛丛书类书本目录,因思弟素日最喜编目工作,此番参与校对极为欣幸,年来发现问题颇多,除随时京镐(田洪都)兄已有报告外,尚有数事恐未详及,兹分述于后,想我兄亦所乐闻矣。(一)县志目录片,书名间加注省名,其法盖使人确知某县属于何地,或有同名之县用此以作分别,然地方专著不限于志书,例如《洛阳名园记》、《金陵古今图考》、《西湖新志》等书,皆应加注,不然何详于志书而略于其他地方著述耶?如认为此注加否无关重要,则志书除同名者加注,其余者亦可从略,此应斟酌者一也。(二)此目收编外国人士著述颇多,作者姓名之注音皆用其原名或原音为主(西人用原名,日本姓名皆用原音)。普通读者能否尽知各国读音与否,实属疑问,为便利计,似宜附录外人姓名对照表。(三)中国名机关之出板物,著录中有附英文原称者,有者则否,为求便用计,亦宜附录机关中英文名称对照表。(四)书名用字,每因印者之意而改题,或以俗代正,或以古体而代通行体,或其他是以一喜而按书名序列时,每患不能同居,如《筍谱》之题《笋谱》,《畊录稿》之题《耕录稿》,《鸡肋篇》之题《鸡类篇》等,此种情形正与外国字之有不同拼法相类似,目录中之著录似乎对此尚无办法。(五)丛书名中有种数时,则下方之种数可从略,此法弟已斗胆主张实施,然实际种数与书名间不符时则仍注明。(六)作者与书名引得,已有计议,而类目引得,始终尚未涉及,按分类目录为 systematic 之排法,于此办法中而想兼 syndetic 排法之优点,须于有详细引得以调济之,例如哲学类之中国哲学家本目乃以人类书,设须欲按旧类名查书,如道家、儒家等则感有其书而无其类,凡此则应用引得调和,以宏其用。印度人 Ranganathan: Theory of Library Catalogue(阮冈纳赞:图书馆编目理论)曾云分类目录可具标题目录之长处,端在引得之作,有无好法耳,不知我兄虑到此点否?(七)此目虽为分类目录,而每类中之次序,并不以书码为根据(分析片亦应有分析书码),亦即书码不是以供充分之利用,以致排列时重赘一番周折,哈佛如此,燕大亦如此,为将来求效率计,为书架目录合理计,宜设法改良。即我兄之分类法中,于特殊类目下,亦宜语明用何法序列,关于此题,弟于编目法稿中曾详论其得失,今抽出案上是否得当尚乞指教。以上数条或者尚有商谈之必要,今后如再发现其他问题当再报告设法解决……(HYL Archives:邢云林致裘开明信函,1941 年 10 月 4 日)

10 月 6 日

哈佛大学哈佛学院图书馆汉和图书馆收到燕京大学图书馆哈佛购书处提交《二十九年度工作报告》,其中的用款报告言:1940－1941 年度哈佛购书处总计用款为国币 111033.96 元(1 美元约等于国币 14.57 元),其中书款 34574.80 元,志书 35248.60 元,拓片善本 13000.00 元,满文书 4458.5 元 7,杂志 21.40 元,装订 6634.55 元,邮费 6995.47 元,寄件材料 342.03 元,文具 998.34 元,行政费 8660.20 元(领薪水者为王润琴、李书德、傅寿崑、冯大同、黄宝铭、关延庚、刘栋、罗维勤等)。(HYL Archives:哈佛大学汉和图书馆书款报告 1947－1948)

10 月 7 日

裘开明回复国会图书馆特别信息部远东组组长 C. F. Remer,告知汉和图书馆所藏日文期刊概况,并函附期刊目录。(HYL Archives: Letter of Alfred K'aiming Ch'iu to C. F. Remer, October 7, 1941)

(香港)岭南大学图书馆何多源致函裘开明:9 月 10 日寄上重庆杂志及福建省政府赠送之专书 5 种,想径收到。福建出版之刊物系非卖品,乃由敝馆代函索取者。今日又寄上书报一单,请照附上之书单点收。此次寄上之书已代钉装,计中本钉装费每本□毛港币,大本杂志每本一元。又商务印书馆出版之新书是否由敝馆拨尊处存款代购。前经函达,未见答复,故未敢代为选购,因商务港馆似不愿由上海方面划也。附上燕大图书馆来函,请察阅,并希转知哈佛燕京学社,即将贵馆目录寄下……(HYL Archives:何多源致裘开明信函,1941 年 10 月 7 日)

(香港)岭南大学图书馆何多源致函裘开明:昨日寄上之图书原分 4 包,因过重乃改为 9 包。昨附上之书单所写 4 包者,误也。现重庆雾季已届,空袭较少,想重庆出版之书不日可大量寄来也……昨中央图书馆托人在沪购得宋刊本《中兴馆阁书录》(有解题之书目)。此书沉埋已数百年,今日复见人间,想亦兄所乐闻也。(HYL Archives:何多源致裘开明信函,1941 年 10 月 7 日)

(香港)岭南大学图书馆向哈佛汉和图书馆邮寄代购中文新书 9 种,杂志 21 种。(HYL Archives:寄书单,1941 年 10 月 7 日)

10 月 9 日

裘开明致函商务印书馆上海办事处 K. K. Lee:已收到你 7 月 15 日和 28 日来信所附发货清单,除赖肖尔(Edwin Oldfather Reischauer)博士的书以外,所有图书均在清单之上，但仍要把赖肖尔博士的书寄来。请将因赖肖尔博士的书未到而导致的差价记在敝馆的账上，并请贵馆财务部门每月定期寄给我一份说明。函附已返还的杂志订阅凭证，我们今后将直接从商务印书馆香港办事处定购图书，并将款项汇至该处。(HYL Archives: Letter of Alfred K'aiming Ch'iu to K. K. Lee, October 9, 1941)

10月13日

（香港）岭南大学图书馆何多源致函裘开明：9月9日航函延至今日始收到。西南刊物已托国立北平图书馆驻渝办事处颜先生代购，但书籍仍由弟根据重庆航寄来港之《中央日报》新书广告选购（并由颜先生供给新刊消息）。颜先生早已代敝馆购书，此乃私人感情，托办不须通知袁（同礼）公。至购书所用之舟车费由颜先生实报实支。兄至商务之函已代交，但商务工潮已解决，不知上海方面是否继续代贵馆配书。为避免重复起见，最好由兄通知上海商务。弟决定代贵馆选购商务五月一日以后出版之新书，其选书原则照兄前定办法选妥，由该馆钉装及付寄。贵馆分类法可托香港英皇道商务印书馆印刷厂代印（俟台示所印册数及用何种纸，□方能估价。）其□尊函所示寄书办法可照办。又敝馆代贵向中国政府函索出版物，多已答复，允许赠送。现书已寄到者有广西省政府出版之《广西防务沿革史》及《中国建设与广西建设》等三巨册及月前寄上之福建政府刊物五种，均由敝馆代函道谢。重庆每年10月至3月为雾季，书籍杂志可以出版；四月至八月为空袭最剧烈之时期，出版界几完全停顿也。现敝馆正利用此雾季代贵馆托人在重庆搜购书报也……又代贵馆购书事决由敝馆义务代办，不另请工读生帮忙，但舟车费、寄书工人小费、包扎费仍由贵馆担负，此事已由（黄）延毓兄转达叶社长(Serge Elisseff)。下星期有一帮重庆杂志寄上。其中有《中国行政院公报》六七册，此公报载中国战时一切法令。每年连邮费不过国币四元，可谓低廉之极。本馆每次寄出杂志均须由本校正式函请邮政局书报检查处长特准寄发，否则不能寄出。（因战时法例所限。）美京某机关托北平图书馆购中国西南刊物尚易，但由港转寄则颇有困难，因北平图书馆不易得港方特准也。(HYL Archives: 何多源致裘开明信函,1941年10月13日)

10月21日

裘开明提交《馆长年度报告》(1940年7月1日至1941年6月30日)，主要内容分如下：1. 图书馆馆藏情况。1939－1940年度哈佛大学汉和图书馆新增藏书量：中文图书2336种15510册，日文图书448种1235册，藏文图书4种108册，满文图书76种361册，蒙文图书6种38册，西文图书216种287册，合计图书3086种17539册。截至1941年7月1日哈佛大学汉和图书馆藏书总量：中文图书24656种159624册，日文图书4650种14165册，藏文图书8种642册，满文图书121种1000册，蒙文图书14种324册，西文图书1316种1761册，合计图书30765种177516册。在过去的一年里所购买的中文书主要可分为：(1)方志；(2)丛书；(3)类书和字书，两者均为一般参考书；(4)书目，尤其是私人藏书楼的书目；(5)带有中文对照的满文和蒙文文献；(6)小学或中国语言学；(7)家谱；(8)各类字典和词典；(9)清代职官目录；(10)中国非沦陷区出版的文化、政治、经济以及社会科学类新书。新增丛书59种，丛书馆藏总量达到1054种。新增方志276种，方志馆藏总量达到2571种27900册。

哈佛燕京学社汉和图书馆馆藏中国方志一览表(1941年7月1日)

省份	行政分区总数	已知现存方志种数	馆藏总数	
			种数	册数
满洲3省*	130	152	58	530
西北省份	113	34	47	434
山东省	117	438	242	2012
河北省	160	510	282	2407
河南省	118	415	199	1746
山西省	121	359	149	932
陕西省	98	303	227	1774
甘肃省	106	124	41	400
江苏省	80	466	248	2764
浙江省	90	425	197	2740
安徽省	69	238	92	1373
江西省	93	409	103	2400
湖北省	81	301	122	1336
湖南省	88	272	99	1450
四川省	157	427	182	1608
福建省	72	239	68	1058
广东省	108	344	116	1473
广西省	120	134	41	433
贵州省	73	74	21	205
云南省	105	168	37	825
共计	2099	5832	2571	27900

* 编者注:此为哈佛图书馆分类方法。

关于日文书购买方面,所购的日文书大多数是汉学和日本学领域新出版的学术专著。日本史和日本文学、中国史和语言学方面藏书的各种缺陷已经部分地得到弥补。期刊的增长情况如下:中文30种,日文3种,西文2种。截至1941年7月1日,汉和图书馆拥有675种中文期刊,其中约50种为现刊;125种日文期刊,其中45种为现刊(24种为订购,21种为赠送);76种西文期刊,其中超过一半为现刊。欧洲和亚洲的战争极大地影响了学术期刊的出版,而且由于太平洋航线数量稀少且不确定,我们不确定今年能否继续收到从远东运来的中日文期刊。在赠书和交换图书方面,在过去一年里,我们收到了来自美国、中国和日本研究机构以及私人的捐赠，共计304种1745册，分别为中文书151种1487册，日文书39种135册，西文书144种123册。中文书重要的单笔捐赠是由克利夫兰市(Cleveland)的R. C. Brinkley太太捐赠的95种136册书籍。这些书来自R. C. Brinkley太太的已故父亲Robert Brinkley先生的藏书。Robert Brinkle先生是老子和道教领域的一名严肃的学者。许多年前他曾在我们图书馆做过一个学期的研究。我们图书馆的馆员为其提供的服务一定给他留下了美好的印象，所以使他决定把书捐赠给我们。1940－1941年度的西文书是通过用《哈佛亚洲学报》交换而得。大多数日文赠书是与纽约市的日本研究所交换而得，并得到了费正清(John King Fairbank)博士和赖肖尔(Edwin Oldfather Reischauer)博士的帮助。这些赠书主要是关于当代日本及其附属国的政治、工业和经济方面的文献。2. 编目与分类。编目和分类工作分为两部分：(1)图书馆积压的书籍，(2)每年新到馆的书。对图书馆积压的旧书所进行的工作主要是校正作者生卒年和其他名字，有时要对不同的书重新分类。1940－1941年度各语种目录新增目片数统计如下：中文书作者－书名四角号码目录新增目片10600张，中文书作者－书名四角号码临时目片1103张，作者－书名罗马字母目录新增目片748张，新印刷的分类主题目录新增目片108张，以上共计15435张；日文书作者－书名四角号码目录新增目片5411张，日文书作者－书名四角号码临时目片368张，作者－书名罗马字母目录新增目片3832张，分类主题目录新增目片934张，排架目录新增目片631张，以上共计11176张；西文书作者－书名目录新增目片287张，排架－分类主题目录新增目片105张，以上共计392张。各语种目录合计新增目片27003张。3. 阅览室与书库。1939－1940年度，汉和图书馆共外借2314种5862册图书，日均外借22册(本年度共开放264天，44周)。每天阅览室约有15－22名学生在馆阅览。共有805种保存本和282种其他参考书在夜间被带出图书馆使用。由于书库空间拥挤，全部中文方志被移往怀德纳图书馆(Widener Library)。这给读者造成了很大不便，因为方志是考古学、传记、历史、语言、政治、社会、经济、民族学、天文学和地理数据的主要来源参考资料。它们既可提供阅读又可以用作快速参考。只要在阅览室楼上的书库安装书架，我们就可以把方志类藏书移回博伊斯顿楼。4. 参考咨询与馆际互借。汉和图书馆向超过一打的校外学者提供参考咨询服务，全美13所研究机构向汉和图书馆提出借书的申请，共计外借59种144册藏书。另外为配合美国图书馆协会出版新版的《美国图书馆丛书联合目录》(*A Union List of Serials in American Libraries*)，图书馆花费了大量的时间清点中文、日文以及西文期刊馆藏。编入这本庞大的目录的，不只是我们中日文期刊的刊名，还包括卷数、期数以及收到日期，这样校外人员就可以准确的了解截至到1941年7月1日我馆的馆藏情况。汉和图书馆的参考咨询服务包括指导学生使用工具书以及协助他们查找与其研究领域相关的书籍和文章。但是仍有学生抱怨图书馆的参考咨询服务，我认为这类学生属于不愿意或不准备使用图书馆的各类目录，没有任何一所图书馆会把所有的时间都用于帮所有读者检索索书号。为了让他们更方便的利用中日文的四角号码作者－书名目录，我们在商务印书馆的新汉英字典上为约10000多个字标记了王云五四角号码，该字典附有康熙字根法索引、笔画号码索引和威妥玛拼音。5. 图书馆人事。曾宪三(Mark H. S. Tseng)于本学期末辞职，其职位由燕京大学图书馆的陈鸿舜(Ch'en Hung-shun)先生继任，陈鸿舜先生由洪煨莲(William Hung)教授大力推荐。于震寰(Zunvair Yue)先生和Frank Harrington先生继续在馆工作。6. 图书馆财务。(1)1940－1941年度图书馆预算：图书14000美元(其中，中文书4000美元，日文书1500美元，西文书1000美元,装订500美元,方志2000美元,善本书5000美元),保险400美元,水电500美元,办公经费500美元,薪水和津贴5112美元,印刷卡片500美元,出售副本的收入550.56美元,董事会购买善本专项经费结余2000美元,合计23562.56美元。(2)1940－1941年度支出统计:图书14664.99美元(其中,中文书3544.45美元,日文书2210.46美元,善本书5000美元,西文书897.50美元,方志2000美元,装订612.58美元),保险403美元,水电212.46美元,办公经费333.40美元,薪水和津贴5778.52美元,印刷卡片500美元,总计21492.37美元。(3)燕京大学代购图书开支(1940－1941年度):总计拨款7062.63美元(折合国币114344.23元),总计支出国币114344.23元(含结余国币3310.27元),其中,普通图书国币34574.80元,方志国币35348.60元,拓片及善本书国币13000.00元,满文书国币4458.57元,期刊国币21.40元,装订(普通图书国币4907.36元,方志国币689.51元,拓片国币895.00元,满文书国币142.68元),寄书邮费国币6995.47元,打包及包装材料国币342.03元,文具国币998.34元,管理支出国币8660.20元。(HYL Archives: Chinese-Japanese Library Harvard University Report of the Librarian for the Year July 1, 1940 to June 30, 1941)

　　(香港)岭南大学图书馆何多源致函裘开明:今日寄上另纸所列各书报一批,共四包,请点收。郑振铎之《中国版画史》已出三辑,约值国币二百零八元。贵馆已购得否? 如未买,敝馆可代购。商务今日出版《孤本元明杂剧卅二册》,俟贵馆寄交商务之美金壹百元收到后,即由该馆寄奉也。(HYL Archives: 何多源致裘开明函,1941年10月21日)

　　(香港)岭南大学图书馆向哈佛汉和图书馆邮寄代购中文新书8种,杂志19种。(HYL Archives: 寄书单,1941年10月21日)

11月3日

　　商务印书馆香港办事处黄汉生(Hanson F. S. Hwang)致函裘开明:尚未收到100美元的汇款,请查核;何多源(Ho To-yan)已将贵馆的订单转交来,收到汇款后会按要求发货。(HYL Archives: Letter of Hanson F. S. Hwang to Alfred K'aiming Ch'iu, November 3, 1941)

11月14日

　　裘开明致函日本研究所所长Tamon Mayeda,申请从该所借出2种日文书,并表示如需收费,则请连同发票一并寄来。(HYL Archives: Letter of Alfred K'aiming Ch'iu to Tamon Mayeda, November 14, 1941)

11月17日

　　日本研究所所长Tamon Mayeda回复裘开明,告知将另函邮寄汉和图书馆11月14日申请借出的2种日文文献,但是其中的一种1934年以后出版的书目没有入藏,建议向日本的图书馆借阅。(HYL Archives: Letter of Tamon Mayeda to Alfred K'aiming Ch'iu, November 17, 1941)

11月21日

　　Ho Kuo-liang致函裘开明:本人毕业于燕京大学,现就职于华盛顿大学,希望能在哈佛大学中文图书馆觅职。(HYL Archives: Letter of Ho Kuo-liang to Alfred K'aiming Ch'iu, November 21, 1941)

11月26日

　　裘开明致函美国学术团体协会中国学研究委员会秘书Mortimer Graves:随函附上哈佛大学的420美元支票,作为在燕京大学印刷《分类法》的费用。我非常抱歉我曾信任一个人的判断,这个人的错误计算以及固执己见的行为导致了我们项目的 380 美元损失。幸运的是,哈佛大学图书馆在 Keyes D. Metcalf 先生的英明领导下,在 9 月购置了一台复制机器,从费用低廉和质量好的角度来看,复制的产品似乎还是挺令人满意的。我们《分类法》的"双重复制"样品的前 10 页已经通过贾德纳(Charles Sidney Gardner)博士寄送给你,请看效果是否可以。因为我没有收到你的来信,我猜想你对我们的工作进度是满意的。哈佛大学图书馆的复制处工作任务太重,每天只能为我们做 3 页或者 4 页。按照这个效率,我们的《分类法》可能得到明年春天才能完成。可是,这是要比在中国做得更快的。我只感到遗憾两年前哈佛还没有那台复制机器。在你那里的 100 美元外加这 420 美元将会足够发行 200 份复本。如果我们给每份复本定价 3 美元,我们可能可以得到 100 到 200 美元。(HYL Archives:Letter of Alfred K'aiming Ch'iu to Mortimer Graves, November 26, 1941)

12 月 3 日

Mary Coklly Wood 致函裘开明,求证插花艺术以及最美的花瓶是否来自中国。(HYL Archives:Letter of Mary Coklly Wood to Alfred K'aiming Ch'iu, December 3, 1941)

12 月 7 日

珍珠港事件爆发,美国对日宣战。负责印刷汉和图书馆馆藏目录的北平燕京大学被日军占领,汉和图书馆书本式目录和卡片目录编印项目被迫中断。中断时尚有 7 卷书本式目录尚未出版,只保存下了共收录约 26000 种图书的书本式目录的缩微胶片。从 1938 年 9 月至今,汉和图书馆在燕京大学共为 12195 种馆藏编印目录卡片,印成目片 12530 张,涵盖了 1938－1940 年期间出版的馆藏书本式目录前三卷中所收录全部条目。在此期间印成的另外 3,182 张目片,是为 1938 年 6 月以后购买的图书所印,应为当时 10 卷书本式目录已全部排版完毕,故此 3182 条目录不包含在书本式目录中,因为战事的缘故,也永远不可能再分发给订户。(HYL Archives:Alfred K'aiming Ch'iu. Cataloguing at Harvard-Yenching Library:Accomplishments and Prospects. & Chinese-Japanese Library of the Harvard-Yenching Institute at Harvard University Report of the Librarian for the Year July 1, 1948 to June 30, 1949)

12 月 9 日

裘开明回复 Mary Coklly Wood 关于插花艺术方面的咨询。(HYL Archives:Letter of Alfred K'aiming Ch'iu to Mary Coklly Wood, December 9, 1941)

12 月 11 日

商务印书馆上海办事处 Weiting Lee 致函裘开明:《孙子新铨》和《稼轩词》两种书香港暂无货,郭沫若的《石鼓文研究》正在制作函套,随后寄上,将分别开具含装订费、邮寄费在内的票据。这套书在沦陷区已经禁销,是由香港分社特别寄来的,以确保制作的函套跟从前一致。函中另附购书发票若干。(HYL Archives:Letter of Weiting Lee to Alfred K'aiming Ch'iu, December 11, 1941)

12 月 30 日

燕京大学图书馆馆长田洪都致函裘开明:本月 7 日奉上一函,谅达左右,兹将关于校印卡片及书本目录各事有须奉商之处分别述下:据邢君云林云,吾兄前在此间曾与言及校对卡片务致精密,倘卡片上发现一个错误,重于书本上十个错误,故罗君维勤等对于经学、哲学、宗教、历史各类卡片之校样特别尽心。书本目录经学类之校样,当吾兄未赴美时嘱赶速校完出版,乃仅根据底片一校,其于书本上之分析目与细目未遑逐一对照,以致分析目上所题之作者书名、丛书注中所题之册数起讫,有与细目不同之处,至校对卡片时对照细目,始陆续发现改正。其哲学宗教类以后校样经吾兄在美校后寄来,阙误较少,但与卡片校对亦须有改动之处。弟为免去以后书本目录与卡片互有出入,并供校对卡片之效率增加计,乃改变方法,自历史科学类298页起,将校对卡片之精力移以校对书本目录,所有分析目与细目均一一对照。自611页以后为历史科学地理类,经罗维勤、顾廷龙校后,再由邢云林君帮同复校一次,务至无所阙误。然后改板(编者注:此处"板"似应为"版"。)付印即根据所印书本目录校对卡片,则卡片不致再有阙误,而书本与卡片亦不致互有出入之处,且校对既已熟练,一触阙误,心目瞭然,即可逐一改正,自不至有顾此失彼之弊。如此则不必循环翻阅多费时间,而校对卡片之效率自增矣。书本目录普通丛书类之初校校样,系吾兄未赴美以前交由罗君维勤根据底片参照东方文化学院京都研究所汉籍目录,用之校对。惟该类底片最初由吾兄交佟君起翔照东方文化学院京都研究所汉籍目录用铅笔在底片上添改,罗君据以校对时见底片上所注版本年代有与东方目录相出入者,未敢遵照东方目录将细目擅为添改,而于校毕后另纸说明,面交吾兄核阅矣……顺颂年禧。附廿七年九月至廿九年十二月校印书本卡片目录工作报告概要一份另寄。(HYL Archives:田洪都致裘开明信函,1941年12月30日)

裘开明致函《远东季刊》(*Far Eastern Quarterly*)编辑Cyrus H. Peake:……然而,有两处规则与全文不一致,或现行规则不一致。首先,Vlb:"拼写著名的地名按照中国邮政地图的拼法;其他地名的拼写按照威妥玛拼音法,书写时作为一个整体,不使用连字符"。这与你的总体原则不一致,你的总原则规定在构成短语、书名、复姓和人名的中国字之间使用连字符。根据这个原则做如下修改,才与你的关于使用连字符号的总原则相符,即"对于中国地名,按照中国邮政地图拼写法时,作为一个整体书写,不使用连字符(如Amoy),但是按照威妥玛拼音拼写时,在汉字之间使用连字符(如Hsia-mn)。这只适用于知名的邮政地名(如上海、汉口),但是对于不知名的地名,邮政拼写法后必须在括号内注明威妥玛拼写法。如Sincheng (Hsin-ch'êng)新城,一个在湖北,一个在湖南,一个在江西。中国邮政地名表使用1928和1937年上海商务印书馆出版的《英汉字典》(*A Comprehensive English-Chinese Dictionary*)。"其次,Vlb:"……如果是复姓,姓的两个音节均大写(如Ssu-Ma Ch'ien)",这与现行的国会图书馆印刷目录卡片、哈佛燕京学社图书馆书本式目录以及《哈佛亚洲学报》的规定不一致,它们都是采纳这样的格式Ssu-ma Ch'en。我想你提倡复姓两部分音节都大写的原因在于,有时构成复姓的第二个汉字也是一个姓,如在Ssu-ma司马的情况下,但是其实几乎不存在这样的情况。很多时候,复姓的第二个汉字根本不会作为姓氏,如复姓Ssu-t'u司徒、Yeh-l耶律。以Yeh-l耶律为例,如果按照你目前的复姓中第二个字大写的规则,很明显就会出现与你规则中关于拼写蒙古、满族及其他非汉人姓名的规定矛盾。正如你所知,复姓Yeh-l耶律,最早使用的是辽代的人——一个非汉人部落。以此为例,那么是应该按照复姓中第二个字大写的规则还是按照拼写非汉人姓名的规则双音节中的第二个音节不大写的规定?所以为了让你的规则与我们实际所使用的规则一致,请修改不一致的地方。(HYL Archives:Letter of Alfred K'aiming Ch'iu to Cyrus H. Peake, December 30, 1941)

12月

汉和图书馆主阅览室楼上的新书库完工,共计安装了305副书架。(每副的尺寸是36英寸×9英寸)(HYL Archives:Chinese-Japanese Library Harvard University Report of the Librarian for the Year July 1, 1941 to June 30, 1942)

1942 年
45 岁

1月

汉和图书馆进行新旧书库间的搬书、倒架工作。(HYL Archives: Chinese-Japanese Library Harvard University Report of the Librarian for the Year July 1, 1941 to June 30, 1942)

2月3日

费慰梅(Wilma Canon Fairbank)因进行"美国对华政策"调查的需要,致函裘开明询问汉和图书馆的名称和地址、相关人员的姓名和地址、中文馆藏的数量以及重点学科。(HYL Archives: Letter of Wilma Fairbank to Alfred K'aiming Ch'iu, February 3, 1942)

2月21日

杜克大学中文图书馆主任致函裘开明:我校中文图书馆的藏书均按照汉和图书馆目录卡片进行分类,但是最近按照哈佛燕京学社汉学丛书索引新购入的一批书,大多数没有对应的汉和图书馆目录卡片,请问能否提供索取号列表,另外《汉籍分类目录》第三卷是否已经出版。(HYL Archives: Letter of Custodian of the Duke Chinese Library to Alfred K'aiming Ch'iu, February 21, 1942)

2月23日

凯斯应用科学学院(Case School of Applied Science)化学副教授 Irene Levis 致函裘开明,询问采用何种方法把日文译成英文更科学。(HYL Archives: Letter of Irene Levis to Alfred K'aiming Ch'iu, February 23, 1942)

2月25日

裘开明致函哥伦比亚大学图书馆学院院长 C. C. Williamson,推荐陈鸿舜(Chen Hung-shun)入读哥伦比亚大学图书馆学院,并请 Williamson 给洛克菲勒基金会写推荐信,帮助陈鸿舜申请奖学金。(HYL Archives: Letter of Alfred K'aiming Ch'iu to C. C. Williamson, February 25, 1942)

2月27日

裘开明致函杜克大学哲学系德效骞(Homer Hasenplug Dubs, Jr.)博士:我已嘱学社秘书把《汉籍分类书目》第三卷寄给杜克大学图书馆,该卷于 1940 年 7 月出版,由于战争原因,在从北平寄往美国的途中丢失了若干册,如果杜克大学图书馆又收到了从中国寄来的书目第三卷,请把多余的复本寄还汉和图书馆。关于哈佛燕京学社汉学丛书索引的索取号,首先取决于贵馆的规定,丛书是按整套上架,还是拆散按类上架。如果是前一种情况,则只有一个索取号(9100/1224, 1-37 卷; 9100/1224s, 增补卷 1-19 卷),如果是后一种情况,丛书中不同的书的索取号都是完全不同的……(HYL Archives: Letter of Alfred K'aiming Ch'iu to Homer H. Dubs, February 27, 1942)

2月

汉和图书馆完成了在新旧书库间的所有搬书、倒架的工作。存放在怀德纳图书馆的中文方志和日文佛教书籍又移回博伊斯顿堂。所有的中文书都存放在东侧书库，占据三层楼，日文、西文、藏文、蒙文和满文书存放在西侧地下室。（HYL Archives：Chinese-Japanese Library Harvard University Report of the Librarian for the Year July 1，1941 to June 30，1942）

3月4日

裘开明致函凯斯应用科学学院（Case School of Applied Science）化学副教授 Irene Levis，解答关于日文译英文的咨询。（HYL Archives：Letter of Alfred K'aiming Ch'iu to Irene Levis，March 4，1942）

3月6日

中国大使馆傅安致函裘开明：前年夏天游剑桥，得承教益，欣幸何如。兹闻哈佛燕京学社出刊韩文教材多种，如 The 214 Classifies，"600" Word List 等，又闻先生主持其事。现有友人需用此项教材参考，特为函恳，转嘱该会检寄全部教材一份，需款若干，示知即汇。又该会有无汉英字典出售，亦请便中示及……（HYL Archives：傅安致裘开明信函，1942年3月6日）

3月9日

裘开明回复中国大使馆傅安，告知关于购买教材及英汉字典的相关事宜。（HYL Archives：Letter of Alfred K'aiming Ch'iu to Fu An，March 9，1942）

3月16日

洛克菲勒基金会人文科学部副主管 John Marshall 致函裘开明，就陈鸿舜（Chen Hung-shun）向洛克菲勒基金会申请奖学金一事，询问陈鸿舜在美国的工作情况以及学成后的发展计划。（HYL Archives：Letter of John Marshall to Alfred K'aiming Ch'iu，March 16，1942）

3月21日

裘开明致函洛克菲勒基金会人文科学部副主管 John Marshall，告知陈鸿舜（Chen Hung-shun）在美国的工作情况以及学成后的发展计划。（HYL Archives：Letter of Alfred K'aiming Ch'iu to John Marshall，March 21，1942）

3月24日

洛克菲勒基金会人文科学部副主管 John Marshall 的秘书致函裘开明，告知已收到裘开明3月21日的信，但因 Marshall 出差不在，故稍后再复。（HYL Archives：Letter of Secretary of John Marshall to Alfred K'aiming Ch'iu，March 24，1942）

4月13日

裘开明提交《汉和图书馆备忘录》，其主要内容如下：1.从东方购得的书籍。日本：邮包寄来的现刊，1941年8月1日于东京发出，11月6日收到。有两箱书籍由"Nako Maru"号于1941年10月运抵旧金山，但没有卸船又同船返日。华北：10月底从北平邮寄的包裹，于1942年2月16日在波士顿收到。华南：11月从香港寄来的书籍和杂志包裹，于1942年1月12号收到。2.馆藏目录和印刷卡片计划的进展：截至1941年9月5日，有五大类送到燕京，即经类、哲学和宗教、历史科学、社会科学和丛书。前三类的印刷本已经收到，并于1941年初派发给美国所有的订购者。社会科学和丛书部分即将在燕京完成，但是直到战争爆发，还没有收到。还有三类：语言文学、艺术、科学与技术仍然在这里。因此书籍目录大概已完成5/8，还有剩下的3/8会在战争结束后寄来。截至1941年12月7日，卡片已经印至10638号，并已收到并派发给订购者。即卡片总数的1/3已印毕。我馆现只有一套印刷卡片和大约10本书本式目录。所有的卡片和书本式目录都贮藏在学社的北平办公处。书本式目录剩余三卷的印版也在北平,不知道是否已在战争中损毁。关于此问题,有人指出所有哈佛引得校印所制作的印刷本和纸模都是在北平发行的,如果全部损毁,则必须在战后重印。关于目录和印刷卡片项目的进展报告将发表在美国《远东研究评论》上。如果订购者对报告中的情况不满意,或是要求退款,可采取适当的行动满足他们的要求。目前尚无订购者要求退款。相信战争结束后,可以完成所有由于战争而中止的出版计划。3. 下一年度工作:尽力维持日常工作,并合理计划未来。因为战争,咨询远东各方面信息的电话和信件显著增加。由于美国学术团体协会(ACLS)向汉和图书馆索要一份分类法,故整个秋季都将整理分类法。大约140页已经由哈佛大学印刷厂印毕,约有160页未印。1月和2月将对所有新旧书架上的书籍重新归架整理。在怀德纳图书馆的中日文书籍搬回了博伊斯顿堂。目前所有中文书籍都存放在东侧书库,占据三层,日文、西文、藏文和蒙古文的书籍在西侧地下室。书本式目录里所列的中文书籍总量大约是33000种,在过去的4年里(1937—1941年),大约又新增11000部中文文献,其中约4500部已经编制了目录卡片,还有约700部已分类,另外还要编制6500张卡片。这11000种书总计占已出版书本式目录收书总数的1/3。计划全部11000种馆藏编目和分类完毕后,如果学社希望出版,可作为书本式目录的增补卷。日文编目工作方面,对100部单行本编目、分类,310种日文丛书中,有131种丛书共计印刷了7850张分析卡片,其中大约有500张已经分类并归入主题目录,另7350种已赋予分类号;其余179种丛书大约需要编制18000张分析卡片,预计一两年内完成。馆藏日文书籍的目标同中文书籍一样的,即不仅仅完成作者和书名目录,还要建立分析款目的分类主题目录,为以后出版书本式目录做好准备。4. 1942—1943年度的预算:因明年的预算要削减到10000美元,故没有必要再拨发购书经费,本年度剩余的购书经费可划拨到下一年度。预算按照以下分配:(1)装订500美元;(2)保险500美元;(3)办公费用500美元;(4)薪水6000美元;总计7500美元。(HYL Archives: Memoire of Chinese-Japanese Library, April 13, 1942)

  裘开明致函叶理绥(Serge Elisséeff):之前我听传闻说国立北平图书馆的中文善本书籍要运到美国保管。在美国东方协会(American Oriental Society)年会上,这个传闻被证实了。这些善本书籍现在暂时存放国会图书馆,并打算制作成缩微胶片。一旦缩微完成,即转移到美国中西部的秘密保险库中,国会图书馆自己的所有珍本已经转移过去了。因为时间紧急,我强烈建议你向董事会建议,学社要立即请求国会图书馆为我们制作这些书籍缩微胶片的正片。整笔花费大约是2000美元,但是能得到国立北平图书馆的全部珍本书籍,对我们以后的研究将是无价的。在我的办公室有一份国立北平图书馆善本书目录,从中你可以了解到这批书籍的价值。(HYL Archives: Letter of Alfred K'aiming Ch'iu to Serge Elisséeff, April 13, 1942)

4月

  裘开明参加美国东方协会(American Oriental Society)年会,在会上提议出版《东亚文献全国联合目录》(*A National Union Catalog of East Asian Publication*)。(HYL Archives: Eugene Wu. Alfred K'aiming Ch'iu and the Harvard-Yenching Library, 1984)

  汉和图书馆为美国东方协会(American Oriental Society)一百周年纪念会举办珍稀中文图书和藏文图书展览,供全体与会代表参观,展览图书的陈列有以下3个地方:霍夫顿图书馆(Houghton Library)、怀德纳图书馆(Widener Library)和位于博伊斯顿堂(Boylston Hall)地下室的善本书库。(HYL Archives: Chinese-Japanese Library Harvard

University Report of the Librarian for the Year July 1,1941 to June 30,1942)

5月16日

Carl Chungsoon Kwak致函裘开明：从《时代杂志》上得知汉和图书馆正在发展日文馆藏，欲聘请日文写作和口语流利的工作人员，而自己是韩国人，目前正在芝加哥一所语言学校教授日语，希望应聘到汉和图书馆工作。(HYL Archives：Letter of Carl Chungsoon Kwak to Alfred K'aiming Ch'iu, May 16,1942)

5月28日

国会图书馆信息协调人(Coordinator of Information) Charles B. Fahs致函裘开明：感谢你帮忙查找文献，我们已经通过馆际互借正式向贵馆提出了外借申请。另外，我已与Stelle博士(Charles C. Stelle)商谈过你提出的关于提供汉和图书馆主题索引的建议，希望近期能够有个明确方案。(HYL Archives：Letter of Charles B. Fahs to Alfred K'aiming Ch'iu, May 28,1942)

6月6日

芝加哥大学的邓嗣禹(Teng Ssu-yü)致函裘开明：你赠送的有关四角号码字典的书已收到，我谨代表芝加哥大学图书馆向你表示衷心的感谢。请问哈佛对已故Harre M. G. Labatt-Simon的藏书出价多少，我希望芝加哥大学图书馆最终能够买到这批书。请问汉和图书馆印刷的书目卡片已经从中国寄来多少，分类法是否已经印毕，我们想购买以辅助本馆编目工作。另外，我已给你邮寄了我当年在剑桥借的图书，请注意查收。(HYL Archives：Letter of Teng Ssu-yü to Alfred K'aiming Ch'iu, June 6,1942)

6月8日

因国会图书馆需要收集哈佛所藏对华盛顿可能有用的藏书信息，裘开明建议可行的办法是，把学社图书馆主题索引中华盛顿有可能有需要的部分拍照，因此国会图书馆信息协调人(Coordinator of Information) Charles C. Stelle来函了解汉和图书馆主题索引的相关情况。(HYL Archives：Letter of Charles C. Stelle to Alfred K'aiming Ch'iu, June 8,1942)

6月9日

裘开明致函国会图书馆信息协调人(Coordinator of Information) Charles C. Stelle：我很高兴地通知你，哈佛大学图书馆可以承制缩微胶片或影印。前者的价格大约比后者便宜10倍。地理、当代史和传记、经济和政治、科学和技术类的日文文献目录卡片约有2000张。制作缩微胶片的成本为每1000张卡片5美元，因此整个工作需要10－12美元。而影印的成本则为100到120美元。每页(11英寸×8.5英寸)上安排8－10条款目，采用普通信纸的尺寸，则需要200－250页。请函示你们打算采取何种制作方式。(HYL Archives：Letter of Alfred K'aiming Ch'iu to Charles C. Stelle, June 9,1942)

裘开明致函芝加哥大学的邓嗣禹(Teng Ssu-yü)：非常感谢你在6月6日的来信中谈及故去的H. M. G. Latte-Simon的藏书之事。我知道那批书主要是日文书籍。叶理绥(Serge Elisséeff)教授和赖肖尔(Edwin Oldfather Reischauer)博士负责与Simon先生谈判，你可以请顾立雅(Herrlee Glessner Creel)教授给他们写信询问详细的情况。我馆的分类法大概印制了200页，已到中国哲学。如果你需要，我馆可以将印毕部分装订成套，作为第一部分寄给你，以后将其他的再寄过去。(HYL Archives：Letter of Alfred K'aiming Ch'iu to Teng Ssu-yü, June 9,1942)

6月

在Wellesley学院的毕业典礼期间，为纪念蒋介石(Chiang Kai-shek)夫人宋美龄毕业 25 周年,汉和图书馆应邀在 Wellesley 学院图书馆举行中文善本展览。(HYL Archives：Chinese-Japanese Library Harvard University Report of the Librarian for the Year July 1, 1941 to June 30, 1942)

7月14日

芝加哥大学远东图书馆代理馆长邓嗣禹(Teng Ssu-yü)致函裘开明：很抱歉没有及时回复你的来信。我认为你们决定先行出版分类法第一部分十分明智。因为装订需花费的时间较长,我馆仅在这方面有点困难。梁启超先生的女儿梁思懿女士即将作为兼职馆员和教师来我馆工作,其聘期自8月1日起。8月我必须开始进行图书编目工作。你认为分类法8月能出版吗?如果不能,能否尽可能将可印好的部分先寄给我们?另因我正在修改我即将发表的论文,可否通过馆际互借,借阅贵馆所藏《抚夷日记》?若可,将感激不尽。(HYL Archives：Letter of Teng Ssu-yü to Alfred K'aiming Ch'iu, July 14, 1942)

7月16日

裘开明致函芝加哥大学的邓嗣禹(Teng Ssu-yü)：我已通过馆际互借把《抚夷日记》寄往芝大图书馆。我随时可以先将没有装订好的分类目录寄给你一份,待项目完成后再寄给你装订好的分类目录,那时再请你把没有装订的分类目录归还给我。(HYL Archives：Letter of Alfred K'aiming Ch'iu to Teng Ssu-yü, July 16, 1942)

8月7日

芝加哥大学远东图书馆代理馆长邓嗣禹(Teng Ssu-yü)致函裘开明：因我馆《四部丛刊》和《丛书集成》缺少函套,烦请告知贵馆中文书函套的制作机构和成本。此外,因为我们希望尽快开始芝加哥大学远东图书馆的编目工作,请你寄来汉和图书馆迄今已印制完毕的分类目录。(HYL Archives：Letter of Teng Ssu-yü to Alfred K'aiming Ch'iu, August 7, 1942)

8月18日

裘开明致函芝加哥大学远东图书馆代理馆长邓嗣禹(Teng Ssu-yü)：我已经以铁路快递到货付款的方式给你寄来了两个中国古籍函套样板,这是我们的装订商特别为你们制作的函套。如果需求达到一定的数量(至少每次订购50个),则成本约为每个60美分,此函套适用于《丛书集成》。还有一种每个约1.10美元,是每本需要量身定做的书籍函套。订购量越大,成本相对稍为便宜,与芝加哥的价格差不多。此外,汉和图书馆目录已经印制至中国文学类,约有230页,我将尽快将整套寄给你。(HYL Archives：Letter of Alfred K'aiming Ch'iu to Teng Ssu-yü, August 18, 1942)

8月24日

美国学术团体协会(ACLS)中国学研究委员会秘书 Mortimer Graves 致函裘开明：这星期的某天我可能到访剑桥。我可以向你的图书馆借一册《前汉书》吗?我想要德效骞(Homer H. Dubs)在用的那个版本,包括第6章到第10章的。(HYL Archives：Letter of Mortimer Graves to Alfred K'aiming Ch'iu, August 24, 1942)

10月28日

裘开明提交第16次《馆长年度报告》(1941年7月1日至1942年6月30日),主要内容如下：1.图书馆馆藏情况。1941—1942年度哈佛大学汉和图书馆新增藏书量：中文图书681种4892册,日文图书75种203册,西文图书150种381册,合计图书906种5376册。截至1942年7月1日哈佛大学汉和图书馆藏书总量为图书31671种182892册,其中,中文图书25337种164516册,日文图书4725种14368册,藏文图书8种642

册,满文图书 121 种 1000 册,蒙文图书 14 种 324 册,西文图书 1466 种 2042 册。由于战争的关系,1941－1942 年度汉和图书馆馆藏增长量是自 1927 年以来最少的一年。在珍珠港事件爆发以前的几个星期,我们几乎没有收到来自远东的邮包。8 月 1 日从日本东京寄出的最后一船书于 1941 年 11 月 6 日收到。有一艘装有两箱书的船在 1941 年 10 月到了旧金山,但是没有卸货,两箱书就随原船回日本了。来自中国北部的一艘装有 10 箱中文书封面的船一直没有抵达。该船物品为 1941 年 7 月燕京大学图书馆通过日本邮船株式会社(Nippon Yusen Kaisha)托运给我们的。此批中文书封面先装运上"Naurei Maru"号从天津驶往神户(Kobe),然后可能在神户转装到"Awata Maru"号继续驶往美国。但是从去年 8 月到 12 月间我们都没有听说这艘船抵达太平洋沿岸的任何一个码头。所以这艘船有可能仍在日本。还有几包 10 月底从北平寄出的书,在 1942 年 2 月 16 日收到。仍旧约有 18 包书丢失。1942 年 1 月 12 日我们收到从南中国寄来的几包书和杂志,是在香港的岭南大学于 11 月底寄出的。方志方面,新增 41 种,方志馆藏总量达到 2622 种 28285 册。中文丛书馆藏新增 35 种,馆藏总量达到 1089 种,在美国所有中文图书馆中居首位。日文书方面,去年一年收到的日文新书很少。在本财务年度结束后购买了已故的 H. M. G. La Catt-Simon 的日文藏书,此部分书未列入本年度的统计中,但是会列入下一年的统计表中。初步来看,可以说这批书不仅为我们的日文馆藏弥补了以前缺乏的重要的新文献,还为我们重要的日文参考书提供了许多非常必要的复本。这批书中有 60% 为汉和图书馆已入藏的图书。所购西文书主要为语言类,是为了配合课程的需要而购买。在过去的一年里,极力完善关于亚洲研究的西文学术期刊方面的馆藏。另外在过去的一年里,西文期刊新增 10 种。日文期刊从 125 种增长到 160 种,所增长的日文期刊主要自哈佛大学图书馆系统的其他图书馆移交而得。中文期刊新增 38 种,馆藏总量达到 713 种,近一半的中文期刊都为完整入藏。因此就中日文丛书和学术性期刊的入藏情况来看,我们图书馆即使在西方国家不是处于首位,在美国也是处于首位的。在赠书和交换图书方面,在过去一年里,我们收到了来自美国、中国和日本研究机构以及私人的捐赠,共计 163 种 274 册,分别为中文书 46 种 62 册,日文书 55 种 109 册,西文书 62 种 103 册。2.编目与分类。在过去的一年里,编目工作主要是对丛书(中文丛书和日文丛书)的详细内容进行分析。全部蒙文和满文文献都采用手写卡片方式编目,所有的书都有索书号。伯烈伟(Polevoy)教授和柯立夫(Francis W. Cleaves)博士校对完书名和作者的罗马化拼写后形成的最终的目录卡片一律用 ditto 墨水复印。另外 1941－1942 年度到馆的所有西文书都配有国会图书馆的印刷目录卡片或哈佛的打字机打印目录卡片。1941－1942 学年度各语种目录新增目片数统计如下:中文书作者—书名四角号码目录新增目片 686 张,其中临时目片 563 张,作者—书名罗马字母目录新增目片 639 张,分类主题目录新增目片 354 张,排架目录 268 张,以上共计 2510 张;日文书作者—书名四角号码目录新增目片 1444 张,作者—书名罗马字母目录新增目片 862 张,分类主题目录新增目片 445 张,排架目录新增目片 355 张,以上共计 3104 张;西文书作者—书名目录新增目片 503 张,排架—分类主题目录新增目片 186 张,以上共计 689 张。各语种目录合计新增目片 603 张。3.阅览室与书库。1941－1942 年度汉和图书馆共外借 1689 种 5122 册图书,日均外借 19 册(本学年度共开放 264 天,44 周)。对比前一学年日均借书 22 册,流通数量下降是因为自从珍珠港事件以后我馆制定的新规则,只有远东学系的师生可以外借图书。主阅览室楼上的新书库于 6 月份开始动工,1941 年 12 月末完工。共计安装了 305 副书架(每副的尺寸是 36 英寸×9 英寸)。在 1、2 月份我们完成了在新旧书库间的所有搬书、倒架的工作。存放在怀德纳图书馆(Widener Library)的中文方志和日文佛教书籍又移回博伊斯顿堂(Boylstou Hall)。现在所有的中文书都存放在东侧书库,占据三层楼,日文、西文、藏文、蒙文和满文书存放在西侧地下室。4月份图书馆面向所有参加美国东方学会(American Oriental Society)一百周年纪念会的人员举办了一次珍稀中文书和藏文书展览。这些书陈列在3个地方——霍夫顿图书馆(Houghton Library)、怀德纳图书馆以及我们位于博伊斯顿堂)地下室的善本书库。在Wellesley College 6月份的毕业典礼上,我们的一些善本应邀在Wellesley College 图书馆展出,同时纪念蒋介石(Chiang Kai-shek)夫人宋美龄毕业25周年。4. 参考咨询与馆际互借。1941—1942学年度汉和图书馆向大约20位校外学者提供参考咨询服务,全美18所研究机构向汉和图书馆提出借书的申请,共计外借77种120册藏书。因为日本攻占珍珠港,询问关于远东各方面问题的电话和信件明显增加。在此期间,汉和图书馆为军界和政界人士提供了大量信息,裘开明在报告中详举3个例子,说明汉和图书馆在战争中起到的作用。在报告中裘开明写道"我之所以提到以上事例,是因为这些领域并不是我们所擅长的,学社的兴趣主要在于文化方面而不是中国和日本的科学技术方面。我们一直向其他机构提供文化领域的文献,比如哲学、宗教、艺术和考古、历史、语言、文化等方面。但是现在我们必须承担起"战争工作"。有些咨询来自美国政府的各个军队机构,查询国防类的日文书馆藏目录,他们不知道图书馆界迅速增长的当代目录是卡片形式的,根据这些卡片整理书目清单需要花费很多时间。为了满足这类需求,我们为卡片编制了专门的索引,并把卡片处理成可以以最小的成本(日文分类主题目录每套约10美元)制作缩微胶片的形式。通过这种方式,我们希望我们的日文书目能够满足需要。我们图书馆被指定保管三名日籍人士拥有的文献。他们的名字和他们的研究领域分别是R. Awano(历史)、Tsurumi(哲学)和都留重人(Shigeto Tsuru,经济)。Awano 先生在珍珠港事件前离开美国,而 Tsurumi 和都留两位先生于1942年6月作为第一批美籍东京裔人遣返回国,包括 Grew 大使。前两位先生的藏书由美国军事情报局(U. S. Military Intelligence Service)波士顿办公处移交给我馆,而都留先生的藏书由他的朋友暨同事、经济学系的 G. Haberler 教授转交给我馆。由于这些书战后依旧归原主人所有,所以我们把它们和我们自己的馆藏分开保管,但是我们为此编制了专门的卡片和目录……5. 图书馆人事。Frank Harrington 辞职,Frederick W. Hoppe 从怀德纳图书馆调入汉和图书馆顶替 Frank Harrington 的职位。于震寰(Zunvair Yue)先生继续担任日文书编目助理。6. 图书馆财务。(1)1941—1942学年度图书馆预算:图书10000美元(其中,中文书4000美元,日文书2000美元,西文书1500美元,装订500美元,方志2000美元),保险500美元,水电850美元,办公经费500美元,薪水和津贴(包括支付给 Wm. Black 的1400美元专项拨款)7400美元(以上总计19250美元),出售副本的收入135.40美元,购买善本专项经费结余2000美元,合计21385.40美元。(2)1941—1942学年度支出:图书3267.60美元,装订588.10美元,保险248.89美元,水电976.56美元,办公经费414.64美元,薪水和津贴5968.69美元,总计11464.48美元。(3)由于战争的缘故,本学年未收到来自燕京大学的账目。(HYL Archives:Chinese-Japanese Library Harvard University Report of the Librarian for the Year July 1, 1941 to June 30, 1942)

11月7日

美国学术团体协会(ACLS)中国学研究委员会秘书 Mortimer Graves 致函裘开明:非常感激你想起我,但尴尬的是我没有及时通知你我无法去剑桥。德效骞(Homer H.

Dubs)第二卷的部分铅字丢失了,我正在确定是哪些字,以便可以从这里现有的铅字里找得到。因此,我想要看看《前汉书》。在铅字丢失前,我找到了一份校样。因此我去不去剑桥都于事无补。我把你要的东西寄了给你,作为我们收到《哈佛亚洲学刊》(HJAS)的交换。(HYL Archives：Letter of Mortimer Graves to Alfred K'aiming Ch'iu, November 7, 1942)

11月9日

哈佛燕京学社董事会举行董事会议,学社社长汇报裘开明所提交的汉和图书馆1941—1942年度工作报告,主要述及文献资源建设、藏书空间发展、古籍展览、参考咨询服务的情况。(HYI Archives：Minutes of November 9, 1942)

11月10日

裘开明致函 Michael J. Hagerty：你11月5日写给叶理绥(Serge Elisséeff)教授的信引起了我的注意。回复你的问题,我馆《百川学海》的版本是1501年出版的,一本明代木刻版《明弘治十四年无锡华氏刊本》,是翻宋本的最早版本。你可能并不清楚陶湘的翻宋本,因为此本有多处缺页,故在这种情况下,陶湘使用了华氏明代木刻版以弥补缺失的页码和不明确的地方。如果你有兴趣看明代版,我们会很高兴以成本价提供给你缩微胶片。(HYL Archives：Letter of Alfred K'aiming Ch'iu to M. J. Hagerty, November 10, 1942)

12月23日

芝加哥大学远东图书馆代理馆长邓嗣禹(Teng Ssu-yü)致函裘开明：因芝加哥大学校方希望在芝加哥制作中国书籍函套一事,以便量身定做,所以,我们不订购你们的中国书籍函套。芝大远东图书馆书库已大致按照汉和图书馆分类体系排架,大部分书籍仅需5—10分钟即可找到……祝圣诞快乐、新年快乐。(HYL Archives：Letter of Teng Ssu-yü to Alfred K'aiming Ch'iu, December 23, 1942)

12月30日

裘开明致函芝加哥大学远东图书馆代理馆长邓嗣禹(Teng Ssu-yü)：已收到12日寄来的3份书目。分类目录主体部分已出版,即：经、哲学与宗教、历史、社会学、语言文学、艺术等类。很多有远东文献馆藏的美国图书馆可能会感兴趣。我们将会把这部分未装订的288页分类目录以铁路快递到货付费的方式寄给你们芝大远东图书馆。先借给你们使用,待到分类目录开始销售后,请你将此散页目录归还……(HYL Archives：Letter of Alfred K'aiming Ch'iu to Teng Ssu-yü, December 30, 1942)

1943年
46岁

1月7日

芝加哥大学远东图书馆代理馆长邓嗣禹(Teng Ssu-yü)致函裘开明：已收到你寄来的分类法,这对我馆编目工作十分有帮助,亦非常感谢答应帮助我馆为寄去的书单上的丛书等补充索书号。实际上,因为哈佛与芝加哥的书籍不一样,贵馆目录卡片中有很大一部分是我馆没有的,而我馆馆藏的许多书在你出版的目录及印制的卡片里也没有。对此,希望能得到你的建议。(HYL Archives：Letter of Teng Ssu-yü to Alfred K'aiming Ch'iu, January 7, 1943)

2月1日

裘开明致函芝加哥大学远东图书馆代理馆长邓嗣禹(Teng Ssu-yü)：对于你1月7日来函中提及在贵馆使用我馆印刷卡片时遇到的困难,在此,我对我馆遇到此类问题时采用的方法作简要说明如下：(1)同一著作的不同版本,出版项(日期、地点、出版者,或者印刷人、版本)和校勘(书籍的页、卷、不同辑录、其他物理特征)不同,去除我馆卡片上的印刷信息并写上经研究确定后贵馆的版本的相关信息。(2)同一标题的不同作者。在这种情况下,有可能它们是真正不同的作品,或者两个人同名,或者我们卡片上的作者是错误的。如果是后者,非常感谢你向我指出错误。我们很可能将作者搞错了。(3)贵馆如没有我馆目录卡片所对应的书籍,或者贵馆书籍没有找到相应的我馆的目录卡片。前者可以把这部分卡片置于一边,以供将来买到书籍时使用；后者可以选择等待我馆卡片刊印或者贵馆自己编目。我馆库存中还有很多重复的丛书分析卡片,其中大部分具备不同检索入口,只有简单的信息,我想贵馆一定能增加必要项目,自行完成其他工作。也就是说,这些卡片比空白卡片还是好用些,有一些也一定是贵馆所需要的。如果贵馆希望获得这些重复的分析卡片,并支付邮资,我馆愿意将其与相同数量的空白卡片交换,或者贵馆直接付款购买。我们把分类表借给贵馆,还有一份《图书馆杂志》(*Library Journal*),其中有篇文章是关于其他图书馆如何使用汉和图书馆印刷卡片标引图书的介绍。下周我们将会寄回你的丛书书单。(HYL Archives：Letter of Alfred K'aiming Ch'iu to Teng Ssu-yü, February 1, 1943)

2月25日

芝加哥大学远东图书馆代理馆长邓嗣禹(Teng Ssu-yü)致函裘开明：已收到2月1日来函,非常感谢你的建议及其后所寄分类表和资料。因我的课程很紧,很抱歉未能及早回函。因我馆图书都经过了严格编目上架,故尽管我们计划使用贵馆的分类法,但目前并不急于进行编目调整工作。关于你提出的用空白卡片交换贵馆目录卡片的建议,我们认为贵馆十分慷慨,请尽可能把贵馆有的卡片寄给我馆一份,我们会将空白卡片寄去,并付邮资。我们将完好无损地保存并还回贵馆寄来的分类表,目前我们正在检查贵馆印刷的卡片和分类表,如果发现有错误,会马上向你报告。但我们的确迄今为止未发现有任何错误。(HYL Archives：Letter of Teng Ssu-yü to Alfred K'aiming Ch'iu, February 25, 1943)

3月6日

北平国家图书馆袁同礼(Tung-li Yuan)馆长致函哈佛燕京学社社长叶理绥(Serge Elisséeff)教授：希望你收到了我1942年12月16日的来函以及我与费正清(John King Fairbank)教授一起制定的联合备忘录。兹附另一份我与费正清教授制定的进一步计划案,希望你给予关注。我将会向哈佛燕京学社寄来国立北平图书馆编《图书馆馆刊》,请你指正。中国教育部将派遣我赴印度做短期考察,并安排中国大学和研究机构所需新书刊的空运事宜。请你代我向剑桥诸同事问候,并告知他们我正与费正清博士进行密切的合作,以促进中美文化交流的进一步发展。(HYI Archives：Letter of Tung-li Yuan to Serge Elisséeff, March 6, 1943)

3月7日

Margaret Webb即将离开剑桥,来函告别。(HYL Archives：Letter of Margaret Webb to

Alfred K'aiming Ch'iu, March 7, 1943)

3月10日

芝加哥大学远东图书馆代理馆长邓嗣禹(Teng Ssu-yü)致函裘开明,寄还分类表,并函询汉和图书馆对《四部丛刊》的著录方法,是集中著录还是分析著录？(HYL Archives: Letter of Teng Ssu-yü to Alfred K'aiming Ch'iu, March 10, 1943)

3月27日

裘开明致函美国学术团体协会(ACLS)中国学研究委员会秘书 Mortimer Graves:随信附上我们分类法书名页的样品,361页的主题内容已经印制好。我们现在正在修订和扩充"索引",那是在12年前就汇编了的索引。索引可能需要额外的60页内容,我想哈佛复制处能够在夏天之前为我们完成全部工作。你是否认同这个书名页,或者觉得需要修改？特别是对书页上的内容？在你1938年10月14日为这个出版物申请资金的信中,你告诉我手稿由你们中文和日文图书编目委员会审查。我不能确定中国研究委员会和日本研究委员会是不是就是这个更小的编目委员会。我用这个短语"远东研究委员会"(Committees on Far Eastern Studies)是因为它曾出现在你的一份报告中。当然,这听起来会比"中日研究委员会"(Committees on Chinese and Japanese Studies)要好些。如果你认为这个名称不正确,请你随意修改。下个月纽约会举办美国亚洲学会的年会,我打算给你和其他成员看看完整的分类法。我也会写一篇关于我们的这个分类法背景的简短论文。随函附上了这篇论文的文摘。以下是出版分类法的一些经费情况:印制361页主体内容的实际费用457美元,印制另外70页索引和介绍内容的可能费用(每页1.6美元)112美元,合计569美元。美国学术团体协会最初拨款900美元,在燕京会计的兑换中损失380美元,在你这里的结余为520美元。根据以上设定的框架,不足的款额会是49美元。如果我们把这本书订价为3.5美元,邮资另付,且对每册书不加装订,而是把所有的书页都放置在纸盒子内,那么假定在美国可以卖出100个复本(印制了200份复本),收入将会是350美元,这都会返回给协会。在这种抵押担保的基础上,协会是否愿意提供给我100美元,以冲抵印制的不足费用、制作纸箱子的费用、包裹和邮递图书给买家的费用呢？为了减少你的麻烦,这些书将会保存在博伊斯顿堂并从剑桥邮寄出去。你只需要在收到客户订单的时候转发给我们。出版图书馆分类法的书是成本很高的生意。这本书的价格只包括印制的费用,而不会包括分发书页、校对和制作索引等的费用。这些项目由我这里的办公室的日常经费来承担。这本书如果装订的话不会卖得很好,因为那将会增加价格,那并不是我所想见到的。因为书页用单页的书是不能用机器来装订的。那必须全部用手工来做,在这个时候那会需要花费每份复本1.5到2美元。在印制这本书的过程中,印制的费用已经在整个过程中间增加到30%;那就是说,首200页按照每页1.1美元进行印制(200个复本),而其后书页的费用将会上升至每页1.6美元(200个复本)。(HYL Archives: Letter of Alfred K'aiming Ch'iu to Mortimer Graves, March 27, 1943)

3月29日

恒慕义(Arthur William Hummel)博士致函哈佛燕京学社,告知国会图书馆已对325册中文图书制作了缩微胶卷。(HYL Archives: Letter of Serge Elisséeff to Eric M. North, May 28, 1943. See: HYI Archives: file HYI 1943 Elisséeff, Serge)

4月6日

裘开明致函芝加哥大学远东图书馆代理馆长邓嗣禹(Teng Ssu-yü):非常感谢你3

月10日的来信和寄回来的3页分类表。函寄我馆分类表简表的索引(英文字母字顺和王氏四角号码索引)赠与贵馆,因完整详细的索引现仍未能出版,我希望此简表索引能对贵馆图书编目有所帮助。如果图书馆有两套《四部丛刊》,当然可以一套集中存放,一套则按照不同分类分别存放。现有一美国汉学家想购买一套《四部丛刊》,因贵馆有六套《四部丛刊》,能否卖给他一套呢?详情请询问顾立雅(Herrlee glessner Greel)教授。我馆已查过你寄来书单上大部分的丛书,并按书单给了索书号。现在正在核查我馆是否有对应的卡片。因此前两个有经验的学生助理离开了,新的助理需要花费一点时间来熟悉工作,因此工作进展将会有点缓慢,请耐心等待。(HYL Archives: Letter of Alfred K'aiming Ch'iu to Teng Ssu-yü, April 6, 1943)

4月12日

哈佛燕京学社董事会举行董事会议。社长叶理绥(Serge Elisséeff)教授提请董事关注中国目前的局势,指出战争已经摧毁了中国一些大的出版中心,尤其是商务印书馆所处的上海,以及南京。目前图书在重庆出版,但由于纸张的缺乏,书籍非常少,且很快就变为绝版。为了提供给汉和图书馆新出版的中文书籍,他请求目前身在重庆的北平国家图书馆馆长袁同礼(Tung-li Yuan)先生帮助学社购买新的出版物,并在战时将这些书籍保存在中国。近期他收到了袁同礼先生的来函,函告他已购买了所有新出版的人文社科类出版物,并愿意继续为学社购买图书,但由于他已用完学社寄去的用于购买图书的资金,故希望寄来一些资金以用于采购。会议表决通过为图书馆1943—1944年预算增加1500美元拨款,由袁同礼先生购买新出版的中文图书和期刊,这些书刊在战争结束之前被暂时保存于中国。(HYI Archives: Meeting of the Board of Trustees Held on April 12, 1943)

4月14日

Louis B. C. Fong 来函咨询所发现的一种雕刻品的相关信息。(HYL Archives: Letter of Louis B. C. Fong to Alfred K'aiming Ch'iu, April 14, 1943)

4月22日

芝加哥大学远东图书馆代理馆长邓嗣禹(Teng Ssu-yü)致函裘开明:你在4月5日的来信中提到一位美国杰出的汉学家想买一部《四部丛刊》,让我问远东图书馆能否卖给他一套,我已询问过顾立雅教授(Herrlee Glessner Creel),很抱歉答案是否定的。除非战争结束,不然很难得到整套。如不介意请告诉我这位学者的姓名,或者我可以和他交流一下。希望能收到贵馆协助补充的丛书索书号和答应给我们的卡片。感谢你寄来的贵馆分类法简表和索引。(HYL Archives: Letter of Teng Ssu-yü to Alfred K'aiming Ch'iu, April 22, 1943)

5月28日

哈佛燕京学社社长叶理绥(Serge Elisséeff)教授致函诺斯(Eric M. North)博士:1942年9月4日,裘开明就中文善本书籍缩微胶片制作一事致函美国国会图书馆。彼时,裘开明与国会图书馆恒慕义(Arthur William Hummel)博士经常保持通信联系。恒慕义博士致函哈佛燕京学社,函告学社国会图书馆已对325册中文图书制作了缩微胶片。裘开明向国会图书馆借出运往华盛顿的善本书籍运寄目录单,对照北平国家图书馆善本目录,发现已有2870种善本被寄往华盛顿。由此可知国会图书馆仅制作了一小部分中文善本书籍的缩微胶片。裘开明整理了一份汉和图书馆所需要的精选善本目录,并将稍后向国会图书馆汇寄2000美元。1942年4月13日,哈佛燕京学社董事会第T-738表决批准支出2000美元用于缩微胶片制作费用。目前的情况是国会图书馆不能够向汉和图书馆提供他们所需要的善本缩微胶片,因其仅仅制作了 11% 善本的缩微胶片,哈佛燕京学社唯有耐心等待。哈佛燕京学社仅需要部分善本书籍缩微胶片,因汉和图书馆已自中国购得部分善本书籍,甚至所购书籍版本更好。(HYI Archives: Letter of Serge Elisséeff to Eric M. North, May 28, 1943)

6月29日

芝加哥大学远东图书馆代理馆长邓嗣禹(Teng Ssu-yü)致函裘开明:我馆非常期待获得贵馆建议的以我馆空白卡片交换贵馆库存重复的分析卡片。关于请贵馆协助补充我们寄去的目录索书号一事,我们担心你工作繁忙,加之战时人力紧缺,能否找到助手协助完成此项工作。我的助理告知我我馆所藏典籍无法找到对应的贵馆出版的卡片,另一方面,贵馆出版的书目卡片大部分是丛书,因此,根据你的建议,我们应先将丛书编目。此外,请告知《韩诗外传》的索书号。(HYL Archives: Letter of Teng Ssu-yü to Alfred K'aiming Ch'iu, June 29, 1943)

7月6日

因 Elizabeth K. Bray 申请入读西蒙斯大学(Simmons College),该校来函了解裘开明对 Elizabeth K. Bray 的评价。(HYL Archives: Letter of Assistant to the Registrar of Simmons College to Alfred K'aiming Ch'iu, July 6, 1943)

7月7日

美国学术团体协会(ACLS)中国学研究委员会秘书 Mortimer Graves 致函裘开明:我原本期待着能跟你在纽约的亚洲学会的会议上讨论分类法的出版问题,但是因为我女儿生病了,我被迫中途折返,因此我那时没有时间来处理所有工作上的事情。(女儿已经完全恢复了,谢谢你。)我想没有任何理由拒绝在出版这本书上投入 100 美元,甚至稍微更多些。为了让事情得到解决,我非常乐意预付这个数给你,如果你仍然认为这个计划能够继续进行。我的问题是如何明智的发行没有装订的图书。当然,我非常怀疑售出 100 个复本的可能性,但是我会认为如果这个产品是一本装订好的书,而不仅仅是连续的一些书页的话,售出的机会或许会更大些。除非,保持书页的形式会有一些优势。

你一直非常有耐性并长期忍受这件事的困扰,我非常盼望着做所有我能做的事来结束这件事。谁知道呢?——我可能甚至连答复一封邮件也做不到。我在近期没有计划到剑桥或者波士顿,因为这个夏天我们不打算离开华盛顿。可是,我希望在不太远的将来会有一些事能让我们见面。无论如何,来华盛顿的话可别不给我电话。(HYL Archives: Letter of Mortimer Graves to Alfred K'aiming Ch'iu, July 7, 1943)

7月12日

裘开明致函杜联喆:前奉离加前寄出 5 月 3 日惠书,蒙女士慨允,代在国内收购书籍,已将盛意转达。我馆委员会并函知燕京田洪森兄,兹将我馆最需用各类书列下如下:(一)考古金石类,请暂取容(容媛)女士之金石参考书目及北平图书馆《读书目刊》二卷七号,董作宾君之甲骨文论著目录采购之参考。(二)书画报类,请去余绍宋之《书画书录解题》,该目所著录而为我馆所参者请一律购买。我馆已有书画书籍请燕京查核可也。(三)音乐类,请取袁同礼之音乐书目,见《中华图书馆协会会报》三卷□期。(四)书目类,由女士自行选购,我馆已有丛书在燕京皆有底片。(五)南方各省地方志。(六)国家新著择其重要者。关于燕京取手续费事,请文田君来年是否可代我馆编目,若不能代编目,手续费是否仍旧为百分之十五,其他事件已直接函告田君,不劳费神也,专此敬请。(HYL Archives:裘开明致杜联喆信函,1943 年 7 月 12 日)

裘开明致函芝加哥大学远东图书馆代理馆长邓嗣禹(Teng Ssu-yü)：因缺少助手及我馆人员轮换迅速等，无法在上学期完成你的工作。曾有3名学生先后参与此工作，第4位学生现仍忙于继续此前开始的工作，包括：1.查书目，按照书单记录索书号；2.在丛书的卡片中查重，制作一份现有的所有卡片的目录。我将会把上述两种目录都寄给你。如果贵馆此前曾做过一份贵馆丛书馆藏的复印目录，请将索书号写在复印的目录上，将原件寄给我们，如果你只是想作为记录留下的话。请在我们给你的丛书卡片复本上标记你想要的，我们会将寄给贵馆。有些丛书卡片不太完整的情况，如我此前建议，先对丛书编目。如果有时间，最好能同时将我馆目录中没有的版本同时标引出来。现在你已经有一本完整的分类法，我无法理解为什么贵馆不先将自己的图书编目。(HYL Archives：Letter of Alfred K'aiming Ch'iu to Teng Ssu-yü, July 12, 1943)

7月16日

哥伦比亚大学 Dorothy M. Eggert 致函裘开明：因哥伦比亚大学图书馆计划将馆藏中文书籍重新分类、编目，希望了解你所主持的汉和图书分类法以及分类目录、目录卡片的详细情况，计划把你探索性的研究成果应用于实践。不知你听过这个说法没有，"模仿是最好的恭维"。哥伦比亚大学的中文文库向哈佛燕京学社致以最真挚的赞扬。(HYL Archives：Letter of Dorothy M. Eggert to Alfred K'aiming Ch'iu, July 16, 1943)

7月23日

芝加哥大学远东图书馆代理馆长邓嗣禹(Teng Ssu-yü)致函裘开明：非常感谢你7月12日的回函及所附2份目录，感谢你在百忙之中帮助芝大远东图书馆整理并核查相关索书号。请问我们是否有必要转换索书号？……(HYL Archives：Letter of Teng Ssu-yü to Alfred K'aiming Ch'iu, July 23, 1943)

7月26日

裘开明回复哥伦比亚大学 Dorothy M. Eggert：1.美国学术团体协会将要出版并销售《汉和图书馆分类法》和分类目录。361页的主体部分在去冬今春之际已经由哈佛大学印刷厂印毕，但是还没有做好发行的准备。目前，我们仍然忙于完成整个体系的综合索引。这个项目的条目索引不仅能指向书中的正文，而且能指示国会分类法中相关的主题词。换而言之，我们正尝试通过试验，回答一个被广泛讨论的问题：一部好的分类目录加上综合索引能否取代普通的美国辞典式主题目录。如果我们的尝试成功，那么我们的分类体系将以综合索引的形式，同时具备分类目录和辞典式主题目录的优点。现在我馆只有12年前编的分类法油印本，这明显不够。如果我们的尝试失败，我们就需要重新做一个辞典式主题目录，将英文主题词打印在印好的中文卡片上，这些卡片已经设计成可以在卡片上方写明中文或英文主题词的模式。(请注意我馆卡片和NLP之间的差别，它们的书名在第一行。)你可能也同意我的看法，在同一主题词下，无论是中文还是英文，与其将卡片按照书名排列，不如按照作者排列，只有这样才能将所有同一主题的同一作者的图书集中放在一起。如果陈(鸿舜)先生非常希望现在就用的话，我馆的分类法未装订的册页可以借给贵馆使用。我想如果他目前正专注于完成贵馆所有卡片书名的罗马化拼写，他可能不会有多少时间用于分类。2.哈佛燕京学社的中文图书分类目录大概有2000页，尚不包括总索引。迄今为止出版了827页，分成3卷，其余的只是校样，分为6卷，分别是：第四卷社会科学、第五卷语言和文学、第六卷艺术、第七卷自然科学、第八卷农林工艺、第九卷总录考志。我想，把剩下的1000多页付印，实在难以负担。更重要的是，这个费用与将来你能得到的成品相比，并非必要。一旦战争结束，我们希望出版后面这九卷并编制总索引,大概要包括 4 万个条目。从 1937 年夏天到 1941 年 12 月 7 日为止,我馆又新购得 10000 册中文书,这些将来会作为增补卷出版。3. 我们愿意用国会图书馆质量的空白卡片与我馆的复写卡片进行交换。另外,我们需要你支付一些必要费用,包括排序、打包、邮寄等费用。这些工作将由一名学生以 60 美分时薪来完成。我们旧的复写卡片有索书号,但是没有王氏四角号码或者对照的英文拼写。如果你希望每张卡片上有对应的罗马化书名,可以让学生助理查我们的罗马化目录(一个用韦氏拼音拼写书名、作者的目录)。4. 提供李玉汶《汉英新辞典》的书目信息。5. 我希望你和陈先生能指出(分类法和分类目录的)任何谬误,能从你们的批评中获益。最后,即使哥伦比亚大学采用我馆的分类体系,你也不需要对每本书都进行分类。我知道,在我们出版的目录里有时可能会把一些书籍分错类。不过,贵校的教师和学者最终会帮助你决定应当如何对一本有疑问的书进行分类编目。(HYL Archives:Letter of Alfred K'aiming Ch'iu to Dorothy M. Eggert, July 26, 1943)

7 月 29 日

芝加哥大学远东图书馆代理馆长邓嗣禹(Teng Ssu-yü)致函裘开明:我馆计划对一些服务馆员进行专门的中文语言培训,因考虑到剑桥有很多学生希望你能帮助他们提供工作机会,故此希望你能向我馆推荐一位出生并成长于北京,有一些中文教学经验的人选,此外还希望你推荐一位可教授美国学生日语的人选。我们将非常感谢你的推荐。(信中附有一份芝加哥大学远东图书馆希望可自汉和图书馆获得的部分丛书类的重印或印刷卡片,并请寄来账单。)(HYL Archives:Letter of Teng Ssu-yü to Alfred K'aiming Ch'iu, July 29, 1943)

8 月 5 日

裘开明致函芝加哥大学远东图书馆代理馆长邓嗣禹(Teng Ssu-yü):我们现在正在根据你 7 月 29 日来函所列目录查找你需要的卡片。兹附上我馆其他中国丛书的目录,这些卡片是我 1937—1938 年在燕京大学亲自督导印制的,请用"Chicago"标出你想要的。非常感谢你要我向贵馆推荐中日文教员的候选人,很抱歉我必须告诉你目前这样的人我们都聘用了,没有什么很好的人选可以推荐。(HYL Archives:Letter of Alfred K'aiming Ch'iu to Teng Ssu-yü, August 5, 1943)

8 月 10 日

芝加哥大学远东图书馆陈鸿舜致函裘开明:国会中文图书馆先后共有三种分类法,同类书籍至今仍分列三处。吴光清先生不拟再编新分类法,只就最后分类法斟酌应用目录。(中日文)排列概用笔画,既无拼音又无分类,纷杂情形与哥大相伯仲。王重民先生负责善本书籍专著提要,兼管善本照相,杜联喆女士继续清代传记校对。吴君杂事太多,大人物买一古书,即电召伊到私邸鉴定。上月并北至某省代编某大人物私藏汉画目录,在馆编目时间实在有限,国会图书馆既不能添人,编目就序尚无日也。哥大图书馆任职甫逾一月,已用哈大铅印目录片查对哥大目录片一次,哥大架号亦已用铅笔加上。哥大无钱,先制书名拼音目录,尽量用哈大片。本年计划 C. C. Williamson 先生主张只编书名拼音目片,借用哈大分类号码,片上书上标上,书籍按号排上。如能一一成功,本年成绩即算不错。至于作者目录、分析目录只可待诸将来再说。哥大家谱法律则例杂书不少,或许有哈大尚未入藏者,新编工作大概不在少数。现在无书记,只可利用旧目片(写新片费时太多),格式体例无法兼顾,不日拟请爱(Dorothy M. Eggert)女士向贵馆交涉 Ditto 目片。一俟罗马拼音书名目录片编完,Ditto 片插换后,舜拟携其余片至贵馆查抄分类号码及作者拼音(哈大印片能用者不过二十分之一)。附言云：朱士嘉先生上二月在哥大用国会图书馆方志目录查对哥大方志，哥大每月给伊一百五十余元，此事系傅(Luther Carrington Goodrich)先生经手。昨日朱君拜舜代询，尊处方志是否亦须查对？报酬如能相仿，伊即可前来效劳也。(HYL Archives：陈鸿舜致裘开明信函，1943年8月10日)

8月12日

裘开明向哥伦比亚大学出版社订购《远东季刊》(*Far Eastern Quarterly*)1卷2期至4卷(连续3年)。(HYL Archives：Letter of Alfred K'aiming Ch'iu to Columbia University Press, August 12, 1943)

8月14日

基督教海外医务协会(Christian Medical Council for Overseas Work)胡美(Edward H. Hume)致函裘开明，咨询关于儿童疾病的中文参考书信息。(HYL Archives：Letter of Edward H. Hume to Alfred K'aiming Ch'iu, August 14, 1943)

8月17日

哥伦比亚大学Dorothy M. Eggert致函裘开明：陈(鸿舜)先生已经决定在哈佛中文书目录卡片的基础上对馆藏中文书进行重新编目，故希望了解更加确切的费用问题，以及哈佛的卡片大约有多少可用于哥伦比亚大学图书馆。我对你最后提及的如何施行你的分类法很感兴趣，我很怀疑你是否真的有"错误"地分类图书。但我承认对于一本书该如何分类，不同的人之间的确存在分歧。这就是为什么我强调目录与分类体系一样重要的原因。(HYL Archives：Letter of Dorothy M. Eggert to Alfred K'aiming Ch'iu, August 17, 1943)

8月19日

裘开明致函基督教海外医务协会(Christian Medical Council for Overseas Work)胡美(Edward H. Hume)，解答关于儿童疾病中文参考书的咨询。(HYL Archives：Letter of Alfred K'aiming Ch'iu to Edward H. Hume, August 19, 1943)

8月27日

Bishop Logan Boots(The Island House, Mackinac Island)致函裘开明，询问洪承畴的生平、目前学术界对《景山日记》(*Ching Shan's Diary*)的看法、"We shall meet anon at the Yellow Spring. To die is only to come home"(袁昶对许景澄所云)的中文译文以及含义。(HYL Archives：Letter of Bishop Logan Boots to Alfred K'aiming Ch'iu, August 27, 1943)

8月31日

裘开明致函哥伦比亚大学Dorothy M. Eggert：1. 直到1943年7月1日，我馆的中文馆藏是35457种，超过1000种是丛书，大约750种是期刊，23700种是单行本。在过去的16年里我馆总计通过复制或活版印刷生产了超过56000张不同的卡片(一个丛书可能会根据内容产生10或者20张卡片)。如果贵馆只希望得到每本中文单行本的卡片，我们有10000种，其他的已经没有库存。我并不清楚这10000种不同的卡片有多少能对贵馆中文馆藏重新编目派上用场。我恐怕只有通过对这些复写卡片(有些是活版印刷的)按照英文书名目录进行排序，一张一张查看才能知道答案。据我了解，截至1943年6月30日，贵馆大约有中文藏书14060种，丛书我假设至少有三四百种。2. 从库存找出这10000种卡片(按索书号排序，因为卡片上没有其他数字，也很少出现罗马化的书名或作者)并且打包，大约需要30—40小时。即大约需要25美金支付劳动报酬。另外需要25美金购买与10000张国会图书馆卡片同等品质的空白卡片。所以你所有的花费应当不多于50美元。(HYL Archives：Letter of Alfred K'aiming Ch'iu to Dorothy M. Eggert,

August 31，1943)

9月10日

裘开明致函 Bishop Logan Boots(The Island House，Mackinac Island)，解答有关洪承畴的生平、目前学术界对《景山日记》(Ching Shan's Diary)的看法以及"We shall meet anon at the Yellow Spring. To die is only to come home"(袁昶对许景澄所云)的中文译文以及含义的咨询。(HYL Archives：Letter of Alfred K'aiming Ch'iu to Bishop Logan Boots，September 10，1943)

9月14日

哥伦比亚大学的 Dorothy M. Eggert 致函裘开明：陈(鸿舜)先生正在向哥大图书馆编目部主管 Terry 推荐使用哈佛的目录卡片；并确认你在信中所估测的馆藏数字是正确的。(HYL Archives：Letter of Dorothy M. Eggert to Alfred K'aiming Ch'iu，September 14，1943)

9月22日

陈鸿舜致函裘开明：哥大服务将近三月，工作尚无多大头绪也。Ditto 卡片虽已通过，款项尚无着落。Miss Eggert(Dorothy M. Eggert)反对移用中日文书款，该馆当局尚须另为开源。自助工作生只肯出六毛，迄今尚无合格人应征也。哈大藏书目录方志部分类号(为年代)及县名等，有几处似不甚妥，弟已标注于哥大目录上。先生愿一顾否？昨日将工作计划书草成，兹特奉鉴，乞不吝指教。(HYL Archives：陈鸿舜致裘开明信函，1943年9月22日)

10月1日

裘开明致函 Louis B. C. Fong，解答关于所发现的雕刻品的咨询。(HYL Archives：Letter of Alfred K'aiming Ch'iu to Louis B. C. Fong, October 1，1943)

10月21日

裘开明致函哥伦比亚大学 Dorothy M. Eggert：贵馆订购的中文书目录卡片已经完成，10盒卡片已经排好序准备寄出。在寄出卡片前，不知是否让贵馆的陈(鸿舜)先生来此，把作者和书名的罗马化拼写誊到卡片上。其中只有一盒卡片揭示的书籍不在《分类目录》里，因为卡片所著录之书籍是在1937年夏以后购得。陈先生在此可以参考汉和图书馆的罗马化拼写目录和校样，遗憾的是这些资料不能外借。校样里款目的罗马化拼写是非常谨慎的，曾由燕京大学的魏鲁男(James Roland Ware)教授、顾廷龙(Ting lung Ku)先生、聂崇岐先生等进行修订。如果贵馆派陈先生来此工作，请先以正式信函通知哈佛燕京学社社长叶理绥(Serge Elisséeff)教授。(HYL Archives：Letter of Alfred K'aiming Ch'iu to Dorothy M. Eggert，October 21，1943)

10月23日

哥伦比亚大学的 Dorothy M. Eggert 致函裘开明：感谢你即将寄来的10盒目录卡片。陈(鸿舜)先生说，排架目录卡片几乎都完成了罗马字母拼写的过程。他认为在比对过排架目录和你给我们的手写卡片后，再到哈佛继续这项工作可能会更好。他可以将剩下的没有分类的卡片与你全部的目录核对。因此，他问你能否在编制完毕后尽快将这些卡片寄到哥伦比亚。Carl M. White 博士还没有考虑陈先生到哈佛的事情，不过在所有这些安排确定之前会写信知会叶理绥(Serge Elisséeff)教授。(HYL Archives：Letter of Dorothy M. Eggert to Alfred K'aiming Ch'iu，October 23，1943)

10月26日

裘开明提交第17次《馆长年度报告》(1942年7月1日至1943年6月30日)，其主要内容如下:1.图书馆馆藏情况。1942—1943年度哈佛大学汉和图书馆新增藏书量:中文图书120种543册,日文图书344种462册,藏文满文蒙文图书0种0册,西文图书135种205册,合计图书599种1210册。截至1943年7月1日哈佛大学汉和图书馆藏书总量:中文图书25457种165059册,日文图书5069种14830册,藏文图书8种642册,满文图书121种1000册,蒙文图书14种324册,西文图书1601种2247册,合计图书32270种184102册。大多数购书经费用于购买日文和西文书。一笔1600美元的款项,包括运输费,用于购买已故的Catt-Simon H. M. G. La先生的藏书,共计322种454册日文书以及10种西文书。这批书的数量并没有统计到上面的表格中,因为我们打算先出售其中的复本或用于和其它图书馆交换。1941年11月6日北平燕京大学图书馆寄出的43包中文书于今年2月份到馆。这批书共计42种198册。大多数书为家谱,只有2种书是方志,5种是关于中国法律的书籍,1种是历史类的文献,1种是儒家经典方面的文献,还有4种是文学类书籍。所购的大批西文书是整套的过期期刊、字典以及初级的语言类书籍。1940年我馆的《汉籍分类目录》第三卷历史地理卷出版,我馆约有一半的方志收入其中,同年春天国会图书馆出版了《中文方志目录》,共收录2939种方志。我们发现我馆所收藏的405种方志是国会图书馆未收藏的。在这些未收录的方志中,约有100个地区国会图书馆根本没有任何有关方志收藏。

哈佛燕京学社汉和图书馆馆藏中国方志一览表(1943年7月1日)

省份	行政分区总数	已知现存方志种数	馆藏总数	
			种数	册数
河北省	160	573	283	2415
山东省	117	506	249	2060
河南省	118	453	200	1752
山西省	121	386	228	1777
陕西省	98	338	155	1013
甘肃省	106	144	41	400
江苏省	80	527	252	2777
浙江省	90	507	210	2797
安徽省	69	278	96	1403
江西省	93	428	109	2480
湖北省	81	318	123	1340
湖南省	88	303	100	1458
四川省	157	477	184	1618
福建省	72	272	69	1064
广东省	108	375	122	1510
广西省	120	163	41	433

续表

省份	行政分区总数	已知现存方志种数	馆藏总数	
			种数	册数
贵州省	73	92	21	205
云南省	105	190	39	845
满洲3省*	130	163	59	534
西北省份	113	69	47	434
共计	2099	6562	2628	28315

* 编者注：此为哈佛图书馆分类方法。

图书馆馆藏西文期刊新增50种，馆藏总量达到138种。中文期刊仅新增2种，是美国出版的，中文期刊馆藏总量达到715种，近一半的收藏是完整的。日文期刊新增49种，来自其他图书馆的移交，馆藏总量达到209种。在赠书和交换图书方面，在过去一年里，我们收到了来自研究机构以及私人的捐赠，共计98种150册，分别为西文书44种47册，日文书34种55册，中文书20种48册。为了逐步建立珍稀中文书和日文书的缩微胶片馆藏，今年春季国会图书馆花费了2000美元。到目前为止已收到华盛顿所藏的14部国立北平图书馆善本书的正片胶卷。这些书制成缩微胶片共用了23盘规格为35mm的胶卷，约合2032英尺长。董事会能否拨发100美元的专项经费用于图书馆配备阅读器。2.编目与分类。过去的一年，分类和编目的主要工作是彻底修订我馆的分类法，为分类目录的主题编制英文索引。分类法大约有360页采用平版方式印刷，经费来自美国学术团体协会远东研究委员会。英文主题索引共收录约2200个主题词。1942—1943学年度各语种目录新增目片数统计如下：中文书作者—书名四角号码目录新增目片3456张，其中临时目片110张，作者—书名罗马字母目录新增目片1970张，分类主题目录新增目片324张，排架目录273张，以上共计6133张；日文书作者—书名四角号码目录新增目片1959张，作者—书名罗马字母目录新增目片1854张，分类主题目录新增目片1762张，排架目录新增目片385张，以上共计5960张；西文书作者—书名目录新增目片119张，排架—分类主题目录新增目片114张，以上共计233张。各语种目录合计新增目片12326张。

日文书馆藏统计(1943年7月1日)

类号	主题	单行本		丛书			期刊
		种数	册	套数	册	分析作品种数	
100—999	中国经学	67	126	2	2	8	0
1000—1699	哲学	192	262	11	92	298	3
1700—1799 1920—1999	宗教 (不含佛教)	217	246	23	93	1173	6

续表

类号	主题	单行本 种数	单行本 册	丛书 套数	丛书 册	丛书 分析作品种数	期刊
1800－1929	佛教	335	547	35	934	3846	6
2000－2249	考古学和人类学	220	445	7	75	189	6
2250－2299	传记	172	276	4	33	128	4
2300－3999	历史和地理	920	2710	34	481	1144	28
4000－4999	社会科学	778	1009	18	284	2126	65
5810－5859	日本语言	231	428	3	25	96	4
5860－5969	日本文学	596	751	68	1051	8582	7
5000－5809 5970－5999	其他语言 其他文学	138	254	2	12	86	1
6000－6999	艺术	403	820	10	70	251	12
7000－8999	科学和技术	151	305	2	4	63	14
9000－9399	总录	93	601	98	1742	8402	31
9400－9999	书志	226	359	6	20	21	22
	合计	4739	9140	323	4918	26416	209

3. 阅览室与书库。1942－1943年度汉和图书馆共外借2280册中、日、西文图书,日均外借8册图书(本学年度共开放264天,44周)。未统计隔夜借还图书以及在馆阅读图书的数量。阅览室的主要使用者为中文和日文系的低年级学生,利用阅览室的字典做作业。4. 参考咨询与馆际互借。1942－1943年度,全美共有包括国会图书馆、芝加哥大学图书馆、耶鲁大学图书馆等在内的13所研究机构向汉和图书馆提出借书的申请,共计外借219册藏书。对校外个人和机构的参考咨询服务包括答复关于中国和日本的各方面主题的电话和信件咨询。为答复这些咨询问题,从书中寻找最合适的信息和事实所花费的时间相当多。回答这些问题共计撰写并寄出30封信函。为军事机构编制了4种书目:一种是为美国陆军情报局编制的我馆所藏关于日本的军事战略、武士道、军事组织、军事经济以及日文科技词典方面的书目;一种是为美国海军情报局编制的我馆所藏关于南韩岛的日文书目;第三种是为战略处(Office of Strategic Services)编制的中日文的伊斯兰教文献;第四种是为经济战略处(Office of Economic Warfare)编制的我馆所藏关于中国西北地区和内蒙地区的中日文文献。美国海军情报局波士顿办事处还派了2名代表驻我馆查找我们所收藏的日本城市和海岸线的明信片和地图。6月份他们在此工作了两天。令我们惊讶的是他们找到了相当多对他们有价值的印有日本海岸线、现代钢铁结构的大桥以及其他工业建筑的明信片。这两名代表是技术人员,但是他们不懂日文和

中文,所以我们必须把卡片上的所有描述文字翻译给他们。向其他机构提供的另一种参考咨询服务是向哥伦比亚大学图书馆和芝加哥大学图书馆传授我们关于中文书编目的经验和知识,这两所大学采用我们的分类法和编目方法。我们为芝加哥大学核对和分类了约 400 种丛书,向哥伦比亚大学图书馆邮运了约 10000 张中文书的 ditto 目录卡片,并用此交换他们的空白卡片。令人高兴的是美国大学中的三大中文图书馆——哈佛(165000 册),哥伦比亚(135000 册)和芝加哥(100000 册)——现在都在使用相同的图书分类法。5. 图书馆人事。Frederick W. Hoppe 于 1942 年 7 月离开图书馆,由于战争的缘故,很难找到合适的人选继续担任普通助理一职。1942-1943 年度,Paul Limm 先生、Margaret Webb 太太、David Battit 先生、Paul Haskel 先生以及 Carty Lynch 先生相继在图书馆工作了短暂的一段时间。裘开明大部分时间用在培训助理和流通工作。于震寰(Zunvair Yue)继续在馆工作。R. C. Hahm 先生仅在图书馆工作了约 7 周的时间,而图书馆向其支付了 1000 美元的薪水。6. 图书馆财务。1942-1943 年度图书馆预算:图书 5000 美元,装订 500 美元,保险 500 美元,办公经费 500 美元,薪水和津贴 6000 美元,总计 12500 美元。1942-1943 学年度支出统计:图书 4409.92 美元,装订 832.28 美元,保险 514.45 美元,水电 47.72 美元,办公经费 164.24 美元,薪水和津贴 5309.74 美元,总计 11278.35 美元。(HYL Archives:Chinese-Japanese Library Harvard University, Report of the Librarian for the Year July 1, 1942 to June 30, 1943)

11 月 10 日

陈鸿舜致函裘开明:欣闻 Ditto 片业已装好,尊处按照分类目录校对卡片节,理应立即奉召。惟此间亦有几点应待考虑后方可决定者:(一)Ditto 片多少可以采用无从预知;(二)Ditto 片既有分类号码,谅与书本目录者无多大出入。若采用片不多,将来携回核对亦不麻烦;(三)此间拼音目录至多半个月内即可作完;(四)哈佛之行及期间久乍,须待馆长裁可,方能照办。总之 Ditto 片是否应暂存尊处或先寄敝处,俟商妥后再行奉告,绝不延误。(HYL Archives:陈鸿舜致裘开明信函,1943 年 11 月 10 日)

11 月 20 日

陈鸿舜致函裘开明:兹与 Miss Eggert(Dorothy M. Eggert)商量,结果仍以 Ditto 卡片先行查对哥目为宜。因工作紧张之故,Ditto 卡片纵有小疵,恐亦无暇详顾矣。可否拨冗将 Ditto 卡片即日掷下……(HYL Archives:陈鸿舜致裘开明信函,1943 年 11 月 20 日)

11 月 29 日

美国图书馆协会东方和西南太平洋委员会主席(Committee on the Orient and Southwest Pacific, Chairman)Charles H. Brown 致函研究图书馆馆长:美国图书馆协会东方和西南太平洋的图书馆合作委员会要求为一些美国研究图书馆概述直接采购当代中国出版物的合作计划的细节。我随函附上两份文件,一是为美国图书馆联合采购中国出版物的协议备忘录复本,一是来自美国政府在中国的代表费正清(John King Fairbank)博士的信件,以及来自北平国立图书馆馆长、同时也是在中国的图书馆协会的执行董事、袁同礼(Yuan Tung-li)博士的信件。中华图书馆协会提出建立一个委员会以及聘请一个代理人为一些美国图书馆采购当代和近代中国出版物。这些出版物在重庆保存,直到战争结束。出版物包括:1. 汉学;2. 战时中国的经济和统计数据;3. 有关中国和中文的来源资料;4. 科学和技术出版物。虽然必须开始一个简单的项目,包括为所有参与馆的统一采购,随后可能也包括对特殊资料的采购。中国委员会希望仅选择那些将会使任何收集中文资料的图书馆都普遍感兴趣的出版物。下面的注释是对随信附上的协议备忘录的补充和解释:1.监管。美国图书馆协会东方和西南太平洋委员会计划向美国图书馆协会和研究图书馆协会推荐,从参加的图书馆馆长中选出一个联合委员会,指定来对于收到承诺之后的计划进行监管。直到参与的图书馆知道了,才能通知这个联合委员会。这个联合委员会将会准备这样的条例,如对于参与馆效劳的特派的服务以及为非参与馆提供的特别服务建立交换价格,如果这样的服务是行之有效的,则有必要建立交换价格;在项目开始之后将为成为计划内成员的申请进行资格鉴定,作为馆长董事会也将为项目提供基本的服务。2.财政。财政将会由美国图书馆协会来处理。在成员馆支付的每1000美元里,750美元将会分配到出版物的采购和保存,200美元作为在中国的开销,50美元支付给美国联合委员会在美国图书馆协会总部的成本和消耗。设想联合委员会将无偿提供其服务。3.航运。不可能立即将所有采购品进行运送,但是在中国的迹象显示,有时小型的航运还是有可能的。在军方操控期间,大批资料将会尽可能安全的保存起来,我们希望在战后直接运送到各个图书馆。4.保证。美国图书馆协会不能保证运送;也不能设想接受超出中国图书馆协会的合作委员会集资款的任何财政债务。资金的汇寄将会在任何能得到的最佳建议下进行。每个独立的图书馆需要考虑战争的危险。5.对特殊出版物的需求。我们希望我们在中国的代理最终能够满足特殊需求。但是,直到项目进行,也不可能做到这种程度。参加的成员馆可以在战后继续聘请这个代理,提出更多明确的义务。6.行动。中国正在通货膨胀循环中,价格高涨,远远超出美元的兑换价值。因为这个原因,及时采取行动是必要的。请把已签署的协议的复本寄到我所在的艾姆斯(Ames)。你们的支票,可以支付到美国图书馆协会。在通知你们已有足够数量的图书馆加入了这个计划,可保证其成立之后,你们就可以寄给协会。参与馆的数量可能限制在15个。一般而言,在图书馆返回签署的协议备忘录复本之后,他们将会被接纳为参与者。然而,为了提供合意的地理划分,联合委员会被授权对这个原则进行些微的改动。可否请你们告知在目录中,特别是协议的第六段内容中,贵馆对哪些类型的资料更感兴趣。如果贵馆感兴趣的资料没有包含在这些目录中,也请告知。这些信息将会送到在中国的委员会,但不会作为采购指引,而是作为在选择资料时的引导信息,这对该计划的将来发展可能会有所帮助。为了获得即时的反馈,该计划已经提交给以下图书馆的馆长:哥伦比亚大学、哈佛大学、纽约公共图书馆、加利福尼亚和芝加哥大学。所有五位馆长表示出非常大的兴趣,并做出明确的或是很大可能的许诺。国务院文化关系部和美国学术团体协会的成员们,对这个计划有非常大的兴趣,并已经协助其发展。很可能你的一些教员对东方研究有着独特的兴趣,他们也会收到有关它的一些交流信息。(HYL Archives: Letter of Charles H. Brown to Heads of Research Libraries, November 29, 1943)

美国图书馆协会东方和西南太平洋委员会主席(Committee on the Orient and Southwest Pacific, Chairman)Charles H. Brown 致函研究图书馆馆长们的随函附件,内容为为美国图书馆的联合采购中国出版物的协议备忘录:为了与美国其他图书馆共同购买当代和近代中国出版物,如在11月29日来自美国图书馆协会委员会关于对东方和西南太平洋的图书馆合作的一封信中所概述的,本馆同意以下条款:1.一旦被通知有足够多的图书馆已经参加这个计划以确保其成立,它将会转移其1000美元的份额给美国图书馆协会。2.美国图书馆协会和美国研究图书馆协会将会指定一个联合委员会来监管这个计划。3.在本国的财政事务将会由美国图书馆协会来处理,需要时将通过其审计员来授权预付款给中国的适当的代表。4.少于支付给这个计划总量5%的资金将会被用作清算账目、给美国图书馆协会总部的其他直接费用(估计在 2.5% 或更少),以及给其他管理费用,包括联合委员会的开销。5. 每个图书馆支付的 750 美元将会用来采购和保存出版物。每个馆支付的 1000 美元中少于 200 美元将会被用于聘请一个代理,以及袁同礼(Yuan Tung-li)博士为主席的中国图书馆协会的附属委员会在中国的其他开销。6. 将会主要采购当代和近代以及很可能在这些类别中的出版物:(a)汉学;(b)战时中国的经济和统计资料;(c)关于中国和中文事物的原始资料;(d)科学和技术出版物。7. 所购出版物保存在中国,在协议终止之前都由中国委员会监管。如果需要,保存费用将会在 1945 年 6 月 30 日之后由合作图书馆来支付。8. 在战后通过中国委员会安排,图书将会通过水运寄给各参加的图书馆。运费以及之后如果货运被长时间延后所需的保存费用,可能必须由各参与的图书馆额外支付。9. 中国委员会将会被要求为联合委员会向美国图书馆协会做购买和支付的季度报告。那些报告将会被转发给参与的图书馆。10. 这个协议会在 1945 年 6 月 30 日终止。除非这个协议在此之前有更新。在那之后,结余将会返还给各参与的图书馆。(HYL Archives: Memorandum of Agreement for the Joint Purchase of Chinese Publications for American Libraries)

12 月 3 日

裘开明致函哥伦比亚大学图书馆的 Dorothy M. Eggert: 11 月 27 日我馆用铁路快运寄了一箱 12000 张的复印中文卡片和一份我馆分类表给贵馆。我们在信里附上一张发票,是筛选和包装卡片的劳务费。图书馆专用的空白卡片是 2.3 美元 1000 张,这是哈佛大学采购部采购回来的价格。你可以寄空白卡片给我们或是付费给我们。我馆复印卡上的索取号并不完全正确,贵馆在使用之前先要对照分类表进行核对。(HYL Archives: Letter of Alfred K'aiming Ch'iu to Dorothy M. Eggert, December 3, 1943)

裘开明致函芝加哥大学远东图书馆代理馆长邓嗣禹(Teng Ssu-yü):昨日已将你于 7 月 29 日订购的中国丛书的卡片,约 25000 张,通过火车快递寄给你。因我馆长期缺少中国学生帮忙,很抱歉延误了卡片的邮寄,尽管我馆现在用 75 美分时薪雇人帮忙,但我们仍然按以前 60 美分收取费用。(HYL Archives: Letter of Alfred K'aiming Ch'iu to Teng Ssu-yü, December 3, 1943)

12 月 4 日

国会图书馆东方部日文组副组长 Edwin G. Beal, Jr. 致函裘开明:应美国战争部(War Department)要求,代查最新出版的医学日英、英日简明词典,请问汉和图书馆是否藏有此类词典,比如 Tetsuo Kagawa 编、东京南山堂(Nanzando)1936 年出版的《标准医语辞典》(*Hyojun igo jiten*)。(HYL Archives: Letter of Edwin G. Beal to Alfred K'aiming Ch'iu, December 4, 1943)

12 月 6 日

哥伦比亚大学图书馆 Dorothy M. Eggert 致函裘开明:你 12 月 3 日的来信以及贵馆复印 12000 张目录卡片的发票已经寄往我馆采购部。上周在收到贵馆的来信之前,我馆采购部已经通知收到了贵馆所寄资料,但是通知里提及的是个约数,和贵馆送来的发票并不一致。不过,我相信我们在这一问题上的分歧不会给我们之间的合作造成困难。我报告说,此次发货的卡片共装了 11 箱,平均每箱 925 张卡片,其中一箱装了约 600 张。这些大概的数字是通过称普通包装箱的重量得到的,大概每个箱子可以装 150 张卡片,这些卡片大约每 100 张就有 1 英寸厚。没想到你会将贵馆的分类表寄过来,我们感到非常高兴。现在有了贵馆重新修订的分类法,陈(鸿舜)先生可以更好地利用贵馆的分类系统来进行中文编目工作了,他的工作一定会圆满完成的。实际上,由于现在找不到合适的助手来帮忙,我馆只有陈先生一人在做这项工作。根据我的经验,我想我们当前的编目工作首先要将复印的目录卡上的分类号与重新修订过的分类表核对一遍。不过,既然陈先生说过要写信和你谈谈他的工作进程和计划,我想就等陈先生跟你解释吧。(HYL Archives:Letter of Dorothy M. Eggert to Alfred K'aiming Ch'iu, December 6, 1943)

12月8日

裘开明致函国会图书馆东方部日文组副组长 Edwin G. Beal, Jr.:在收到你12月4日来信的同时,我馆也收到了战争部(War Department)关于日英医学词典的查询。我馆已经通知该部把书寄给了贵部门(函中详告通过哈佛大学图书馆馆际互借部寄给国会图书馆的两部日英医学词典的书目信息以及简要情况)。(HYL Archives:Letter of Alfred K'aiming Ch'iu to Edwin G. Beal, Jr., December 8, 1943)

12月14日

芝加哥大学远东图书馆代理馆长邓嗣禹(Teng Ssu-yü)致函裘开明:已收到25000张卡片的包裹,我们财务处已寄付107美元。衷心感谢你给予的巨大帮助。因一直忙于区域专业培训计划(ASTP),未能及时来函表示感谢。(HYL Archives:Letter of Teng Ssu-yü to Alfred K'aiming Ch'iu, December 14, 1943)

12月16日

国会图书馆东方部日文组副组长 Edwin G. Beal, Jr., 致函裘开明:感谢你12月8日的来信。你寄给我们的两部字典已安全抵达。我将寄给战争部(War Department)。如果战争部打算借这两本书复印,我将首先征得你的同意。如果你不反对,我们将把两部字典保存一段时间。负责我馆馆际互借部的 Goldberg 先生告诉我们,假期丢失邮件的风险增大,即使是挂号包裹也会丢失。推迟几日还可以给战争部(War Department)的领导以时间考虑是否需要复印。(HYL Archives:Letter of Edwin G. Beal to Alfred K'aiming Ch'iu, December 16, 1943)

12月22日

裘开明致函国务院文化关系部费慰梅(Wilma Canon Fairbank):非常感谢你在12月8日随信附上美国图书馆协会为在重庆联合采购中文图书的计划书。这个预先提供的信息给我可贵的时间来详细思考这个问题。几天后怀德纳图书馆馆长向叶理绥(Serge Elisséeff)教授提出同样的主张。当他询问我的看法时,我已经准备好了答案。为这事我必须谢谢你。我的建议是:1.哈佛应该加入这个计划的集资,为了避免打上"不合作"的印记,同时也要鼓励这样有意义的项目;2.哈佛应该坚持重庆的中国代理在为我们购买任何文献之前,应该仔细检查我们最近所获得的存放在美国大使馆的新出版物的所有目录,以避免重复购买。这意味着对哈佛的特别服务。有趣的是如果图书馆的采购部门对这件事不仔细的话,那么这个图书馆的采购就很容易出现无谓的重复。即使是费正清(John King Fairbank)博士寄给我们的清单上,我也能发现一些重复。这种情况来自:从1938年到1941年,我们买了一些免费的中国出版物,从重庆和其他内陆城市空运到香港,再从香港经水路运到美国。在珍珠港悲剧后中国和美国的海上运输完全停止,我们非常幸运的是,在这之前我们在剑桥已收到了一些这种出版物。我们寄给费正清博士一份我们已经有的新期刊的目录,但是并没有寄出其他新出版物的任何目录。这就是为什么袁(同礼)先生和费正清博士再次给我们买了那些在1938—1941年间出版的基本的出版物。这个错误在我。我期待费正清博士会记得他离开美国到中国之前在我办公室所看到的所有新书,这对他是非常不公平的。幸运的是,当其他美国图书馆在中国也无法获得这些文献的时候,我们往往能够向他们转卖这些复本。所以最终学社是不会蒙受任何财政上的损失的。但是在未来的采购中,我们应该试着尽可能的避免重复订购。这就是为什么哈佛在购买特殊的文献时需要特别的服务,这些文献不包含在为其他图书馆提供的统一资源内。我想我们可以毫不自夸的说我们在剑桥拥有的免费中国出版物(非缩微胶卷)无论是质量还是数量上,都在所有其他美国图书馆的前列。另外,我们不可能购买任何来自国会图书馆的新中文出版物的缩微胶卷,或是那里有的这些缩微胶卷的任何目录。你认为我们可否直接从 OSS 获得《大公报》和《中国图书馆协会通报》(它的中国新出版物目录和有关图书和图书馆的新闻很有价值)的缩微胶卷呢?我已经再没有勇气写信给恒慕义(Arthur William Hummel)博士谈论此事了。(HYL Archives:Letter of Alfred K'aiming Ch'iu to Wilma Canon Fairbank,December 22,1943)

本年

裘开明撰 Yuan Ch'ang(袁昶)辞条发表于恒慕义(Arthur William Hummel)编 *Eminent Chinese of the Ch'ing Period*,Washington,D. C.:United States Government Printing Office,1943,Vol.2:945-948。(袁同礼为袁昶的孙女婿)

裘开明出席在纽约举行的美国东方学会(American Oriental Society)会议远东组(Far Eastern Group)会议,并宣读论文,所宣读的论文为《汉和图书分类法》(*A Classification Sheme for Chinese and Japanese Books*)引言中的节选。(HYL Archives:Letter of Alfred K'aiming Ch'iu to Kennedy G. A.,February 24,1944)

裘开明与冯汉骥(Feng Han-yi)和于震寰(Zunvair Yue)合编的《汉和图书分类法》(*A Classification Scheme for Chinese and Japanese Books*)由华盛顿美国学术团休协会(the American Council of Learned Societies)出版。至 1960 年代,据芝加哥大学远东图书馆主任钱存训(Tsuen-hsuin Tsien)调查,美国 15 所主要的远东图书馆中,有 10 所采用这部分类法。到了 1980 年代末,包括美国、加拿大、英国、荷兰和澳大利亚在内的约 22 所主要的东亚图书馆都采用了裘开明创立的分类法。(童世纲. A Tribute to Alfred K'ai-Ming Ch'iu. 图书馆学报,1965[7]:1-3 & Wu Eugene. Alfred K'aiming Ch'iu and the Harvard-Yenching Library,1984. HYL Archives:Alfred K'aiming Ch'iu and the Harvard-Yenching Library)

从本年起,汉和图书馆开始收藏缩微胶片。(HYL Archives:刘楷贤《1969 年度中文部工作报告(1969.7—1970.6)》,1970 年 7 月 29 日)

1944 年
47 岁

1 月 7 日

美国图书馆协会公共关系部主管 Olga M. Peterson 致函裘开明:战争信息办公室

(OWI)计划在3月份开展一项有关中国的信息活动。根据战争信息办公室的要求,美国图书馆协会已经提出把1944年3月25日至31日作为中国图书周,以示在学校、大学和公共图书馆的庆祝。去年10月,英国图书周得到了图书馆的热烈响应,非常成功。我们注意到,即使不是全部,也有许多活动是在国家机构所属当地代表的帮助下制定的当地计划。促进对我们盟国的了解是一个目的,似乎能吸引所有市民和教育团体的兴趣。我们真诚地希望能得到你的配合,以在你们的会员中激起对中国图书周的兴趣。中国图书周的目的是在随后的几个月以持续的兴趣,鼓励开展与中国相关的阅读和讨论。学会已经要求图书馆馆长们参加有关中国的会议;安排讲座、论坛、电影放映或是与当地组织或个人联合主办的接待工作;向组织机构提供图书清单,图书展示或项目建议。你能帮助我们促请会员们参加当地的计划,或是在当地图书馆的协助下安排他们自己的有关中国图书周的计划表吗?相信在这项活动背后,你会有其他更多的方法来推进这个想法。不管这些方法是否涉及图书馆馆长,我们都想了解详情。不论你打算做的是与否我们的建议一致,还是用其他的方法,我们特别渴望告诉图书馆馆长们你想做什么。因为我们希望在二月初发行的一则新闻简报中宣布你的合作,我们可否请你在1月22日之前给予答复呢?(HYL Archives:Letter of Olga M. Peterson to Alfred K'aiming Ch'iu, January 7, 1944)

1月15日

陈鸿舜致函裘开明:我将应邀参加在哥伦比亚大学举行的美国东部大学图书馆长会议,并在会上演讲中国大学图书馆及研究机关图书馆问题,请你在此问题上赐教,并希望能提供一些国内大学概况及图书馆内部照片。(HYL Archives:陈鸿舜致裘开明信函,1944年1月15日)

2月5日

裘开明致函美国学术团体协会中国学研究委员会(Committee on Chinese Studies, American Council of Learned Societies)秘书Mortimer Graves:兹奉上我们装订的《汉和图书分类法》一册。这本《分类法》的书页是用黄铜扣件钉在一起的,三个装订洞是笔记本装订常用的标准钉洞。这种临时装订方式有三个优点:(1)对于图书馆员而言,可以按照图书馆的常规装订方式再次装订成书本,以提高耐用性。(2)为我们节省装订费用,从而减少从协会申请更多拨款的可能性。(3)这将会降低买家的购买费用。关于这本书的价格,我想不应该太贵,最多每份2.5美元或者2美元。你认为我建议的价格怎样?如果有100份复本以这个价格出售,那么返回给你的收款将会是250美元到200美元。那将足以抵消稍后出版索引的费用。关于发行和销售的工作,你希望我做些什么?我可以将所有的复本用木箱子装载运送到你办公室吗?我认为接受订单并放置这些书的合理地点是你的办公室。深深地感谢你在这方面的鼓励和帮助。另外:可否请你帮我写一份这本书的广告,以便寄给致力于研究远东问题的图书馆期刊和杂志社发表。(HYL Archives:Letter of Alfred K'aiming Ch'iu to Mortimer Graves, February 5, 1944)

2月17日

耶鲁大学学生Albert G. Kountz, Jr.来函咨询汉和图书馆所藏化学、科技及医学类英汉词典的书目信息。(HYL Archives:Letter of Albert G. Kountz, Jr. to Alfred K'aiming Ch'iu, February 17, 1944)

2月24日

裘开明致函耶鲁大学东方学系教授George A. Kennedy:兹附上我出席1943年在纽约举行的美国东方学会年会远东组会议时宣读的文章。该文已作为序言收入到我编写的由美国学术团体协会（ACLS）资助出版的《汉和图书分类法》(*A Classification Sheme for Chinese and Japanese Books*)一书中。此书在去年只是以平版方式少量印刷了一些，恐怕只够发给那些处理中日文书有困难的专业馆员。但是，序言的部分内容，即这篇文章，偏向于汉学研究，所以，我不知道你是否愿意接受此文，把它发表在《美国东方学会杂志》(*Journal of American Oriental Society*)上。(HYL Archives: Letter of Alfred K'aiming Ch'iu to George A. Kennedy, February 24, 1944)

3月10日

美国学术团体协会中国学研究委员会秘书Mortimer Graves致函裘开明：很高兴我们不需要从协会申请更多的钱来清账，就可以完成印刷《汉和图书馆分类法》的全部工作。最初的900美元经费（由燕京的会计进行兑换时少了380美元）是用于在中国印制这本书的，当时燕京大学引得编纂处已经排版好了部分内容，但是从没有支付过费用，而且所有排版的东西可能已经被毁了。这本书装帧完全是按照美国印刷工业的良好工艺完成的，我希望它将会比在中国印制的类似图书要更经得起比较。可否请你告诉我如何出售这本分类法？芝加哥、哥伦比亚、宾夕法尼亚和好莱坞的W. M. Hawley工作室已经填写了订单，但是我还没有寄给他们账单。请告知你对发行方法和价格的看法。(HYL Archives: Letter of Mortimer Graves to Alfred K'aiming Ch'iu, March 10, 1944)

3月21日

C. K. Yang致函裘开明，推荐适合到哈佛大学中文印刷车间担任排字工人的人选。(HYL Archives: Letter of C. K. Yang to Alfred K'aiming Ch'iu, March 21, 1944)

4月7日

裘开明致函美国学术团体协会中国学研究委员会秘书Mortimer Graves：我今天给你寄来了三箱共182本《汉和图书分类法》，剩下的18本按以下方式进行处理：卖给哈佛燕京图书馆4本；卖给W. M. Hawley工作室(Hollywood, California)3本；卖给宾夕法尼亚州立大学图书馆1本；寄给你本人1本；三位编辑保留9本；合计18本。请你直接把账单寄给上面的三个图书馆。对于这本书的零售价格，我没有明确的意见。请按照你的判断来定价。非常感谢你愿意负责广告宣传和分发工作。你写完广告后，能否给我看一下？以下是需要在宣传中提到的一些事实：(1)在中国，燕京大学图书馆已采用《汉和图书分类法》成功地分类和编目了250000多册中日文图书。(2)在美国，哈佛、芝加哥、哥伦比亚和宾夕法尼亚大学图书馆已经采用《汉和图书分类法》处理他们馆藏的中日文图书。(3)《汉和图书分类法》涵盖汉学和日本学，涉及到中日文文献的许多主题。请告知是否需要给以下机构和杂志社免费赠送一本，请他们帮忙撰写和发表书评：(1)国会图书馆；(2)国务院文化关系部；(3)太平洋关系研究所；(4)美国的中国学会；(5)《远东季刊》；(6)《美国亚洲学会会刊》；(7)《图书馆学季刊》（芝加哥大学）；(8)《图书馆杂志》（纽约市）；(9)《美国图书馆学会通讯》（芝加哥）。(HYL Archives: Letter of Alfred K'aiming Ch'iu to Mortimer Graves, April 7, 1944)

4月10日

哈佛燕京学社董事会1944年4月10日举行董事会议。会议表决通过T-811：自1944年7月1日开始，裘开明作为汉和图书馆馆长的薪水由3900美元增加至4000美元。(HYI Archives: Meeting of the Board of Trustees Held on April 10, 1944)

4月14日

裘开明撰"The Literary Aspects of Chinese Painting"发表于 *Art News*, Vol. 43,

No.4(April 1—14,1944):10—12,28。

4月21日

华盛顿中国防务用品公司(China Defense Supplies,Inc.)Felton Chow 致函裘开明:我1943年12月离开重庆时,交通部的王文山(Wang Wen-san)交给我一份书单,我知道他是想请你在美国处理那批书,但是他没有给我明确的指示。王文山刚刚让我与你联系,请你函告是否愿意购买书单所列的书籍。方便时,请告诉我,我能将你的信函转给王文山。(HYL Archives:Letter of Felton Chow to Alfred K'aiming Ch'iu,April 21,1944)

5月2日

芝加哥大学远东图书馆 June Work 致函裘开明,函告已收到汉和图书馆寄来的分类目录,并将尽快归还。(HYL Archives:Letter of June Work to Alfred K'aiming Ch'iu,May 2,1944)

5月8日

Cecill Paige Golann 致函裘开明,申请到汉和图书馆工作。(HYL Archives:Letter of Cecill Paige Golann to Alfred K'aiming Ch'iu,May 8,1944)

5月12日

国会图书馆东方部日文组副组长 Edwin G. Beal,Jr.致函裘开明,查询两种日文书汉和图书馆是否有藏,并与裘开明商讨编制日文资料联合目录的问题。(HYL Archives:Letter of Edwin G. Beal,Jr. to Alfred K'aiming Ch'iu,May 12,1944)

5月13日

裘开明回复 Cecill Paige Golann,告知未能录用的原因。(HYL Archives:Letter of Alfred K'aiming Ch'iu to Cecill Paige Golann,May 13,1944)

5月17日

裘开明致函国会图书馆东方部日文组副组长 Edwin G. Beal,Jr.,告知汉和图书馆没有收藏他所查询的两种日文图书,并向 Beal 提供汉和图书馆收藏的其他有关日本人口政策方面的书目信息;对 Beal 提出的立即着手编制日文文献联合目录的提议表示赞同。(HYL Archives:Letter of Alfred K'aiming Ch'iu to Edwin G. Beal,Jr.,May 17,1944)

6月15日

哥伦比亚大学图书馆的 Dorothy M. Eggert 致函裘开明,告知已收到寄来的《汉和图书分类法》初稿一份,并已用快递寄还之前借用的《汉和图书分类法》散页。(HYL Archives:Letter of Dorothy Eggert to Alfred K'aiming Ch'iu,June 15,1944)

6月20日

国会图书馆东方部日文组副组长 Edwin G. Beal,Jr.致函裘开明:敝馆已将上田贞次郎(Ueda Teijiro)的《日本人口政策》一书制成缩微胶片,我已嘱馆际互借办公室将此书归还给贵馆。很高兴你在编制日文联合书目的问题上赞同我的意见,但是现在此项目最大的问题是缺乏受过专业训练的人员,我今后会随时通报该项目的进展情况。(HYL Archives:Letter of Edwin G. Beal,Jr. to Alfred K'aiming Ch'iu,June 20,1944)

6月

美国图书馆协会中文资料联合采购计划(the ALA Program for Joint Purchase of Chines Materials)签订最终协议书。该项目由美国图书馆协会和研究图书馆协会联合发起,其目的是建议在重庆的中华图书馆协会成立一个书籍代购机构,为美国的有关图书馆购买中文书籍。该项目由13位参与图书馆馆长组成的合作委员会统一管理,美国图书馆协会的审计部门负责管理每个参与图书馆提供的购书经费。哈佛大学汉和图书馆为该项目的参与馆之一，裘开明则担任该项目合作委员会委员。(HYL Archives：Alfred K'aiming Ch'iu. Memorandum on the Harvard-Yenching Institute Chinese Card Project，April，1947)

7月1日

美国图书馆协会中文资料联合采购计划(the ALA Program for Joint Purchase of Chines Materials)正式启动。(HYL Archives：Alfred K'aiming Ch'iu. Memorandum on the Harvard-Yenching Institute Chinese Card Project，April，1947)

9月14日

裘开明致函美国学术团体协会(ACLS)，函寄11.5美元支票，购买下列出版物：(1)费正清(John King Fairbank)编 Directory of Organizations in America Concerned with China(0.50美元)，(2)美国学术团体协会编 Catalogue of Publications in the Humanities(免费)，(3)Acker & Rowland 编 The Wall-paintings of Heryuji(5.00美元)，(4)裘开明编《汉和图书分类法》(1.50美元×4本，共6.00美元)。合计11.50美元(其中最后一项已从哈佛大学印刷厂取得，仅为付款)。(HYL Archives：Letter of Alfred K'aiming Ch'iu to American Council of Learned Societies，September 19，1944)

10月10日

裘开明致函华美协进社(China Institute in America)社长孟治(Chih Meng)，订购1944年出版的《在美中国大学生和大学毕业生名录》，并言：我们得知，著名的中文报纸《大公报》在你的支持下已经重新出版发行了。请你给我们寄一份订购目录，敝馆要订阅一年的报纸，收到目录后我们会将全部书款汇给你。(HYL Archives：Letter of Alfred K'aiming Ch'iu to Chih Meng，October 10，1944)

10月14日

芝加哥大学东方语言与文学系教授邓嗣禹(Teng Ssu-yü)致函裘开明，询问"Ma Wei Slope"的中文译名以及小说的原始出处。(HYL Archives：Letter of Teng Ssu-yü to Alfred K'aiming Ch'iu，October 14，1944)

10月16日

裘开明致函邓嗣禹(Teng Ssu-yü)，告知"Ma Wei Slope"应是"马嵬坡"的译名，并告知记载该故事的文献。(HYL Archives：裘开明致邓嗣禹信函，1944年10月16日)

10月31日

基督教海外医务协会(Christian Medical Council for Overseas Work)胡美(Edward H. Hume)致函裘开明，询问有关中国历史及文言文方面的问题。(HYL Archives：Letter of Edward H. Hume to Alfred K'aiming Ch'iu，October 31，1944)

10月

裘开明提交第18次《馆长年度报告》(1943年7月1日至1944年6月30日)，其主要内容如下：1.图书馆馆藏情况。1943—1944年度哈佛大学汉和图书馆新增藏书合计311种726册，其中，中文图书8种25册，日文图书113种395册，藏文图书1种1册，蒙文图书4种4册，西文图书185种301册。截至1944年7月1日哈佛大学汉和图书馆藏书总量为32581种184828册，其中，中文图书25465种165084册，日文图书5182种15225册，藏文图书9种643册，满文图书121种1000册，蒙文图书18种3284册，西文图书1786种2548册。1943—1944年度汉和图书馆英文期刊新增7种，馆藏总量达到145种。中文期刊新增19种，所增的中文期刊均是从中国的抗战大后方空运而来，中文期刊总藏量达到734种。日文期刊种数未变。在赠书和交换图书方面,在过去一年里,我们收到了来自研究机构以及私人的捐赠,共计203种487册,分别为西文书85种89册,日文书112种390册,中文书6种6册。2.编目与分类。1943年底,美国学术团体协会(ACLS)在华盛顿出版了《哈佛燕京学社汉和图书分类法》(*Harvard-Yenching Institute System of Classification for Chinese and Japanese Books*),并以成本价出售给美国的各远东图书馆以及各大学图书馆。这部分类法已经被美国主要的远东图书馆采用,比如哥伦比亚大学图书馆、芝加哥大学图书馆、宾夕法尼亚大学图书馆和杜克大学图书馆。分类法的出版大大增加了学社所出版的中文书目录卡片和书本式目录的使用价值。在过去的一年,大约编制了2200条英文主题词,校对了约2000条主题词。除了出版分类法和编制主题索引,在编目方面我们一直在努力实现下列四个方面的目标:(1)完成馆藏日文书的分类编目。目前此项工作取得了以下进展:(a)全部单行本共约5000种书的分类编目工作已经完成。(b)在320种丛书中,已经完成其中170种丛书中的14700种著作的卡片目录排卡工作。剩余150种丛书中的17300种独立著作将在接下来的几个月编目和分类……(2)完成《汉籍分类目录》的增补卷。计划出版的9卷书本式目录共包含33000种独立著作。到目前为止我们已经收到了已出版的三卷书本式目录,即经部卷、哲学和宗教卷以及历史科学卷。在珍珠港事件之前收到的燕京大学的信函说另外两卷书本式目录,即社会科学卷和丛书卷已经印刷,但是我们还没有收到成品。剩下的几卷是语言和文学卷、艺术卷、科学和技术卷、一般参考工具书卷以及书目卷。这几卷书现在只是出了清样。最后一卷(第10卷)是整套书目的索引卷。在过去的4年里(1937—1941年)新增中文书约11000种。增补卷将收录后来到馆的新书以及第一版漏收的书籍(少于100种)。(3)编制中文丛书简明目录。目前条目数量已经超过1000种。到本学期末,将编制完成约600种丛书的目录卡片。希望董事会能同意拨一笔经费在国内出版中文丛书的简明目录。这一项目需要300美元的经费。(4)最后一个富有挑战性的目标是精编一部馆藏中文善本书解题目录。目前馆藏中文善本共有520种,其中宋版1种,元版8种,明版425种,清初版(1644—1765)56种,手稿20种,校注本10种。我们的某些中文善本书在各类公开展览中曾做过简要的介绍。我们计划进一步开展工作,完成对馆藏中文书中精选出来的这520种馆藏的描述,并把成果以精装本的形式出版。1943—1944年度各语种目录新增目片数统计如下:中文书作者—书名四角号码目录新增目片150张,作者—书名罗马字母目录新增目片137张,分类主题目录新增目片45张,排架目录48张,以上共计380张;日文书作者—书名四角号码目录新增目片891张,作者—书名罗马字母目录新增目片766张,分类主题目录新增目片582张,排架目录新增目片182张,以上共计2421张;西文书作者—书名目录新增目片616张,排架—分类主题目录新增目片268张,以上共计884张。各语种目录合计新增目片3685张。3.阅览室与书库。1943—1944年度汉和图书馆共外借807种1609册图书,日均外借6册书(本学年度共开放264天,44周)。未统计隔夜借还图书以及在馆阅读图书的数量。阅览室的主要使用者为中文和日文系的低年级学生,利用阅览室的字典做作业。书库的使用率不太高,但是很多书被哈佛大学其他院系的中国学生从书库带到阅览室使用,因为这些学生没有权利进入书库。4.参考咨询与馆际互借。1943—1944年度,全美共有22所研究机构向汉和图书馆提出借书的申请,共计外借53种288册藏书。在过去的一年里,很难安静地坐下来做一些有价值的技术或人文方面的研究工作,因为总受到咨询各方面问题的电话和来访者的打扰。随着在哈佛攻读文科和理科学位的中国学生的增长,大量时间用于帮学生查找学位论文和学期论文的资料。事实上,远东语系以外其他院系注册的中国学生,除了两三名学生以外,大多数学生都想写关于中国方面的学位论文。因为负责中文馆藏的副馆长在馆藏建设方面成绩卓越,很多中国留学生都被吸引到哈佛利用汉和图书馆做研究。为中国留学生解答文献利用方面的问题花费了裘开明很多时间,但是在目前的情况下,这种情况还会持续下去。裘开明希望学社能在现有的一名中文教授的基础上,再聘请一名中文教授,共同指导学生利用文献。董事会一定会很高兴得知两名来自中国一流大学的知名教授来我馆做研究。其中一名的研究成果不久将由哈佛大学地质和地理学系出版。另一名来自中国政府的高级官员来我馆做了一年关于中国与其他西方国家的企业法比较研究。他25年前毕业于哈佛大学法学院,目前在中国社会已经取得了卓越的地位。这几位先生知道他们的资料源,但是仍旧花费了我很长时间帮助他们搜集资料。总之,在过去的一年里我有2/3的时间用于管理工作和参考咨询工作。剩下用于从事自己真正感兴趣的技术和学术研究的时间非常少。5.图书馆人事。于震寰(Zunvair Yue)先生把全部精力用于校对日文书目。1943年9月份聘请Hunt Livingston, Jr.先生担任普通助理。1942—1943年度,越来越难找到中国留学生或日本留学生担任学生助理抄写目录卡片。4名学生助理相继离开图书馆,因为学校其他勤工俭学岗位的工资更高。我正试图寻找一名受过图书馆学专业训练的中国留学生到馆担任学生助理。如果到明年5月份我们未能找到,我们将到中国邀请一名。6.图书馆财务。(1)1943—1944年度图书馆预算:图书3500美元,装订800美元,保险500美元,办公经费和水电费500美元,薪水和津贴5500美元,总计10800美元。(2)1943—1944年度支出统计:图书3499.43美元,装订267.16美元,保险696.85美元,水电84.40美元,办公经费144.64美元,薪水和津贴3762.80美元,总计8455.28美元。另外向哥伦比亚大学和芝加哥大学提供服务,收入159.10美元,则实际支出8296.18美元,结余2503.82美元上交学社财务部门。(3)北平、沙坪坝和重庆的图书馆代购中文书收支情况(1944年6月30日)。拨款:1500美元(通过中国银行汇兑,汇率1:20,折合中国币29268.29元),500美元(通过美国大使馆汇兑,汇率1:30,折合中国币14634.15元),费正清博士转入中国币2745.90元,银行利息中国币76.94元。支出中国币46720.63元,其中,1943年9月21日转交给费正清博士中国币10000元,1943年10月13日转交给费正清博士中国币10000元,支付给Kwei小姐中国币1149.71元,费正清博士所购6箱书的运费中国币1380元。结余中国币4.65元。(HYL Archives: Chinese-Japanese Library Harvard University Report of the Librarian for the Year July 1, 1943 to June 30, 1944)

11月6日

裘开明致函基督教海外医务协会(Christian Medical Council for Overseas Work)胡美(Edward H. Hume),解答有关中国历史及文言文方面问题的咨询。(HYL Archives: Letter of Alfred K'aiming Ch'iu to Edward H. Hume, November 6, 1944)

裘开明致函Hunt Livingston, Jr.:你离开以后,我们从哈佛招聘办公室找了一个人临时替代你。她是哈佛一学生的妻子。由于初接触这一工作,她处理得不是很好,给我造成了极大的不便。我非常希望你的母亲能早日康复,你能早日回来工作。如果你母亲恢复到一定程度,我想建议你将其转到波士顿的医院或家中,这样你就能一边工作一边照顾她。(HYL Archives: Letter of Alfred K'aiming Ch'iu to Hunt Livingston, Jr., November 6, 1944)

11月8日

基督教海外医务协会胡美(Edward H. Hume)致函裘开明,感谢裘开明的帮助,并告知正在撰写的著作《中国之桥》(*Bridge of China*)出版后将赠送一本给汉和图书馆。(HYL Archives:Letter of Edward H. Hume to Alfred K'aiming Ch'iu, November 8, 1944)

11月13日

哈佛燕京学社董事会举行董事会议。叶理绥(Serge Elisséeff)社长汇报裘开明提交的汉和图书馆馆长年度报告,并谈及关于罗克(Joseph F. Rock)博士的个人藏书问题。叶理绥说,罗克博士收藏有关中国的普通书籍在汉和图书馆馆藏中都有,因此对汉和图书馆来讲全部是复本。除了摩梭(Mo-so)稿本和极少数古籍之外,汉和图书馆不应该购买罗克博士的其他藏书。(HYI Archives:Meeting of the Board of Trustees Held on November 13, 1944)

12月13日

国会图书馆东方部日文组副组长 Edwin G. Beal, Jr. 致函裘开明:1.最近收到哈佛学院图书馆申请互借 Kenzo Sawamoto 著 *Nippon kokusei soran*,但此书已外借给其他机构,稍后才能寄给哈佛学院图书馆。2.感谢你转告与 Lieutenant Garrison 的通信情况,兹附上我与 Lieutenant Garrison 的通信。3.目前在美国几乎每一本日文书都是珍稀文献,为了发挥其最大效用,应该出版一部日文文献联合目录。目前我的设想已经得到国会图书馆的肯定。我的计划是收集哈佛、哥伦比亚、西北大学、加州大学和国会图书馆所编的卡片目录。每种著作分别配备作者目录卡片和书名目录卡片。其他图书馆之后也可陆续添加,但是我认为最好先集中主要图书馆的目录。我已将此构想整理成一份备忘录提交给了 Clapp 先生,Clapp 先生很可能就此事与你商量。(HYL Archives:Letter of Edwin G. Beal, Jr. to Alfred K'aiming Ch'iu, December 13, 1944)

12月28日

国会图书馆东方部日文组副组长 Edwin G. Beal, Jr. 致函裘开明:最近我向国会图书馆采访部部长 Clapp 先生提交了一份备忘录,在备忘录中我建议采纳你提出的敝馆购买贵馆日文馆藏目录卡片的建议。而 Clapp 先生让我直接和你确认相关情况。当然,我知道贵馆的日文卡片尚未印刷,因此很大程度上取决于贵馆的库存是否有额外的卡片。我提出以下建议供你参考。如果你有其他建议请知会我们:1.交换一套单元卡……哈佛拥有我们所需要的大量目录卡片。我们大约有11000张单元卡片。这些卡片都是临时性卡片,我们希望有一天可以用印刷卡片替代这些卡片。尽管如此,到目前为止我们尚无计划印刷我们的目录卡片,也无计划向其他机构购买。我知道在对日战争结束之前,替换目录卡片的工作都是不可能的,因此我们计划最近几年都采用目前的目录卡片。2.购买1-2套单元卡,建立日文书的作者目录和书名目录。3.从哈佛临时借一套单元卡片,借来的卡片有可能之后被复印。4.采用缩微胶片复制哈佛全部的目录,如果哈佛拥有相关设备,此种方法最易操作。(HYL Archives:Letter of Edwin G. Beal, Jr. to Alfred K'aiming Ch'iu, December 28, 1944)

12月

刘楷贤致函裘开明:不奉手教业已三载……自太平洋战争爆发,暴敌封锁燕京大学,楷贤即避居平市友人家中,终日困居书斋,读书以度日,年余精神异常痛苦。去岁春季来成都,仍在燕京大学图书馆供职,馆中仅梁思庄先生与楷贤二人分担各种工作,工作繁重,报酬甚微。忆自1934年来燕京图书馆担任燕京与哈佛编目,迄今已十年余,虽然校方认楷贤作事尽职,但依然为一编目员,瞻念前途,不无忧懼。回忆先生归国时,为哈佛编辑汉籍书目,楷贤常捧书问难,获益良多,每一思及輒神驰左右。为前途计,希望追随左右,拟请先生在哈佛图书馆为楷贤谋一枝栖,一则可增学识,再则可广见闻,将来再重返燕京服务,敬祈先生玉成之……为前途计,始函恳先生鼎力玉成,但尚未向校方任何人谈及此事。函附履历一纸,云:姓名刘楷贤;籍贯河北永清县;年龄37岁;出身国立北平师范大学文学士(民18至22年);曾任职务:天津南开中学图书馆馆员(民13至18年),南京国防设计委员会事务员(民22至23年),美国哈佛大学汉和图书馆驻北平采访处助理(民23至30年),北平私立燕京大学图书馆中日文编目组助理、副组长、代理组长、编目员(民23至现在)。(HYL Archives:刘楷贤致裘开明信函,1944年12月)

本年

裘开明著《中国图书编目法》(上海:商务印书馆,1931年2月第1版,共131页)于1944年在重庆第3次印刷)。

1945 年
48 岁

1月2日

英文《中国月报》(The China Monthly)编辑 Mark Tsai 致函裘开明邀稿。(HYL Archives: Letter of Mark Tsai to Alfred K'aiming Ch'iu, January 2, 1945)

1月8日

裘开明致函吴光清(Kuang-Tsing Wu):恭喜你刚刚出版了大作 Scholarship, Book Production and Libraries in China。最近国会图书馆向敝馆索要《汉和图书分类法》,但是敝馆目前没有库存,所有的《汉和图书分类法》都移交给了出版者——美国学术团体协会(ACLS)。我将通知贵馆采访部向该协会索取。最终出版的《汉和图书分类法》仍旧和我想象的相去甚远。我相信里面有很多错误和矛盾之处。如果你发现了任何错误,请写信告诉我,我将不胜感激。在你将此部分类法与中国现行的各种分类法,如刘国钧分类法、皮高品分类法进行比较研究后,我希望你能给我的分类法一个中肯的评价。我们从很多渠道得知(袁)同礼来了美国。随函附上一封给他的信,麻烦你在他到了华盛顿后转交。(HYL Archives: Letter of Alfred K'aiming Ch'iu to Kuang-Tsing Wu, January 8, 1945)

裘开明致函英文《中国月报》(The China Monthly)编辑 Mark Tsai,承诺在1945年为其刊物撰写一篇文章。(HYL Archives: Letter of Alfred K'aiming Ch'iu to Mark Tsai, January 8, 1945)

1月18日

裘开明致函国会图书馆东方部日文组副组长 Edwin G. Beal, Jr.:接到你去年12月28日要求获得一套敝馆日文卡片的来信后,我与学社以及大学图书馆的各位管理人员商谈了此事。敝馆能为你们所做的事情大概如下：1. 为了方便复制敝馆完整的日文书目，敝馆将把款目的数量从 30000 条减少到约 6000 条（大概 10000 张卡片），除去其中所有丛书的分析款目。而每种丛书的内容将包含在随后的卡片种。2. 这 10000 张卡片可用于制作缩微胶片……3. 全部缩微胶片将全部免费提供给国会图书馆，做为我们对在华盛顿建立全美日文书联合编目中心的贡献。4. 如果国会图书馆现有多余的一套日文目录卡片，希望能够赠予汉和图书馆。（HYL Archives：Letter of Alfred K'aiming Ch'iu. to Edwin G. Beal, Jr., January 18, 1945）

1月23日

国会图书馆东方部日文组副组长 Edwin G. Beal, Jr. 致函裘开明，对裘开明所做的向国会图书馆东方部日文组提供日文目录卡片的安排表示感谢，并告知稍后国会图书馆将会给予正式答复。（HYL Archives：Letter of Edwin G. Beal, Jr. to Alfred K'aiming Ch'iu, January 23, 1945）

2月3日

王重民致函裘开明：王文山想卖的那一批写本书，近两礼拜内费去几天的时间，一本一本的都翻阅了一次。总而论之，钞写恶俗，内容低下。但就另一方面观之，实有另一方面的价值。如有曲本五六十种，都注有工尺字，那显然是戏班上教徒弟的课本。又如县官的交代簿，县志局的流水账，书院的课卷，数百年后，都必成为最重要的史料。又典业和钱庄，都是我国商业中的特别组织。贵处的典业那样发达，不知曾见过些讲典业的刻本书没有？这一批书内倒有几种。1.《典业须知录》一卷，是同光间新安人在浙江开惟善堂当铺的掌柜著的，他自序说："吾家习典业，至予数传矣。"2.《贸易须知辑要》二卷，专论学"小官"的规律。3.《珠谱》一卷，徽州人眉山氏撰，有康熙四十五年澹庵序，都是在湖北营典业的。4.《银洋珠宝谱》一卷。5.《玉器皮货谱》一卷。右三书都是从经验中得来的鉴别真伪和定价方法。还有几种清代的稿本。1.《说文部目》一卷，清胡澍撰稿本。他是绩溪人。2.《绳其武斋自纂年谱》一卷，清黄赞汤撰。他是道光进士，官至广东巡抚。记事颇详颇佳。3.《编注本草骈文便读》十卷，清华壎辑。同治十一年纂成，是一部十六册的大书。4.《汲古阁北史校记》八册，均无刻本。北史无校证，是记出于朴学之手，惜佚作者姓氏，然值得印行。又有宋稿几种，今已辑要印入其全集中。1.《壹斋集》诗五卷文一卷，清黄钺撰。诗已刻，文未刻。此为黄钺手校清本。2.《道西斋尺牍》两卷，清王咏霓撰。他在驻德使馆作秘书，为给国内诸大老尺牍。3.《袁端敏公奏稿》一册，清袁甲三撰。太平天国时事。5.《川匪奏禀》二册，道光间平四川青莲教事。然亦有名钞：1.《秋泉先生遗稿》一卷，明杨鉴撰。无刻本，此为明季钞本。2.《礼记孜文》十二册，日本山井鼎辑。有秦恩复及印记。朱印不佳，然非伪。这批书若好好收藏在外国，数百年后，不都变成敦煌写本了吗？想王文山先生得之一定非常便宜，因为都像北平宣武门大街冷摊上的东西，不必索价太昂。Elisséeff（叶理绥）给袁守和（袁同礼）先生一信，托他看看，我因此阅一遍，请守和先生以缺点为优点立意，复他一封信。但王君要五千美金，则不便说价，请先生劝劝刘驭万先生，减一些钱，乘机卖出最好。内有十几部有用的书，我们照一 film，那是非常容易的。恒（Arthur William Hummel）先生听到，先生说这批书还不错，他又动心，但非有先生来信作证不可，所以现在还是先仅哈佛，哈佛不成，再向恒先生说。不知先生以为如何？但先应酌量减价，大家都是学界中人，赚钱太多，不必亦不好也。（HYL Archives：王重民致裘开明信函，1945年2月3日）

2月14日

裘开明发电报给童世纲（Tung Shihkang）：请立刻前来，否则将把职位提供给刘楷贤(Liu K'ai-hsien)。(HYL Archives：Telegram of Alfred K'aiming Ch'iu to Tung Shihkang, February 14，1945)

2月19日

　　Anna M. Hanson 致函裘开明：Nina C. Brotherton 小姐告诉我贵馆需要一名阅览室助理，我向你推荐 Florence Tayian 小姐。(HYL Archives：Letter of Anna M. Hanson to Alfred K'aiming Ch'iu, February, 19, 1945)

　　美国图书馆协会东方和西南太平洋委员会主席 Charles H. Brown 致函中文书采购计划的合作图书馆馆长：华盛顿美国图书馆协会办公室已经给你们邮寄了号码为3、4、5、6和7的图书包裹，收到上述包裹以后，请贵馆的采购馆员核对包裹内所附的号码目录，然后把标上收到记号的号码目录寄给我一份。我一直试图在可能的情况下直接登记你们的目录。我已经寄送给你们所有采购资料的目录。第一个目录日期为8月10日，没有标上号码。所有后来的目录都已经标记了号码，与图书上标记的号码相对应……袁(同礼)博士4月时将会在艾姆斯(Ames)，那时，我们将会仔细讨论一下合作采购的全部事宜。同时，我们在重庆为你们保存了一些有价值的中国出版物，在战后根本不可能获得这些出版物了。我很抱歉要麻烦你们的采购馆员检查这个随函附上的目录，并寄给我往后航运中收到的图书编号，因为我确实需要这些信息。(HYL Archives：Letter of Charles H. Brown to the Libraries Cooperating in the Chinese Purchase Pool, February 19, 1945)

2月22日

　　国会图书馆东方部日文组副组长 Edwin G. Beal, Jr. 致函裘开明：据我了解，国会图书馆采访部主任 Clapp 先生将会写信给你，告诉你国会图书馆将采纳你提出的以缩微形式复制汉和图书馆日籍目录的慷慨建议，现奉上一份技术说明书，不知是否合用。我已经与联合书目主管 Schwegmann 先生商谈过采用何种规格的胶片更易于复制并放大印刷一事。随函附上 Schwegmann 先生提供的缩微胶片样本，16mm，无孔，可改成10.2mm，非常合适。另外一种方法，是把卡片制成35mm胶片，每张胶片上10张卡片，但是不是很方便。哈佛可以尝试其他制作方法。(HYL Archives：Letter of Edwin G. Beal, Jr. to Alfred K'aiming Ch'iu, February 22, 1945)

　　裘开明致函 Anna M. Hanson，说明阅览室助理一职已经有人选，没有职位空缺。(HYL Archives：Letter of Alfred K'aiming Ch'iu to Anna M. Hanson, February, 22, 1945)

2月23日

　　裘开明致函太平洋国际学会中国分会(China Institute of Pacific Relations)刘驭万(Liu Yu-wan)：在认真考虑过袁同礼(Tung-li Yuan)先生关于王文山(Wang Wen-san)先生中文写本藏书及美国著名汉学家的价值判断后，敝社社长叶理绥(Serge Elisséeff)教授嘱我告知你，我馆愿以1500美金的价格全部购买这批藏书。由于该批书籍中的大部分对我们而言并没有价值，且其中的部分书籍我们馆藏中有更佳版本，因此我们认为这一价格是相当公平的。如果王先生接受我们的出价，我们将让我社在华盛顿的代表打包并邮寄这批书籍。请尽快答复。(HYL Archives：Letter of Alfred K'aiming Ch'iu to Liu Yu-wan, February 23, 1945)

2月27日

　　美国商务部国内外贸易局远东处主管 Charles K. Moser 寄来1912年以后中国出版的中国法律文献的书目，请汉和图书馆核对；并邀请汉和图书馆加入商务部编制全国当代中国法律书目的项目。(HYL Archives：Letter of Charles K. Moser to Alfred K'aiming

Ch'iu, February 27, 1945)

2月28日

裘开明致函美国图书馆协会东方和西南太平洋委员会主席Charles H. Brown：根据你2月10日的通知，现随函附上1月初我们收到的国立北平图书馆从重庆寄来的第一批五个包裹中的22部中文著作的目录。我们也收到第二批著作号为23—35的邮包和著作号为36—88的第三批邮包，但是这两批邮包都没有目录。你是否能尽早寄给我们这些著作(号码：23—88)的目录，我们非常需要这些目录来进行目录的补充和清点工作。我建议是否可以请你要求在重庆的国立北平图书馆准备这些图书的中文目录(必要时则同时提供英文目录)，并在每一批航运给美国各合作馆包裹中附上目录的复本，以便每个图书馆在邮件抵达后就可以用随附的目录查点图书。这将会有助于加速每个馆的目录更新和编目工作的进度。现在我们正在对这些中文图书进行编目和印制"单元卡"，请你写信询问他们是否有兴趣从哈佛购买卡片，以及购买卡片的数量，以便我们及时复制目录卡片。(HYL Archives: Letter of Alfred K'aiming Ch'iu to Charles H. Brown, February 28, 1945)

3月5日

太平洋国际学会中国分会刘驭万(Liu Yu-wan)致函裘开明：收到你2月23日来信后，我发了一封电报给王文山(Wang Wen-san)，通知他你代表叶理绥(Serge Elisséeff)教授决定购买T. K. Chi先生中文文献的手稿，价格为1500美元。前天我收到了王先生的回复，他代表Chi先生处理这件事情，他说"根据你2月26日的电报，请让哈佛以1500美元的价格购买这批书，不包括交通费或保管费。假如需要的话，在交易完成后由哈佛支付"。根据以上指示，我作为T. K. Chi先生授权的代理，将全部中文藏书都出售，这些书籍现在放置在国会图书馆，价格为1500美元。贵馆作为购买者要承担所有的运费和保管费。我必须告诉你，我上次见到恒慕义(Arthur William Hummel)时，他没有说需要保管费。我寄给你三份重要的文件：1. 恒慕义在1935年9月30日写给T. K. Chi先生的信。2. T. K. Chi先生在1944年8月9日写给恒慕义博士的信，这是一封授权信，让我代表T. K. Chi先生卖书。3. 王文山发来的电报。我也会写信给恒慕义，让他批准这批书放行。(HYL Archives: Letter of Liu Yu-wan to Alfred K'aiming Ch'iu, March 5, 1945)

美国图书馆协会东方和西南太平洋委员会主席Charles H. Brown致函裘开明：我已经把重庆寄来的图书清单寄给了所有13个合作图书馆……我已经收到了一些图书馆希望汉和图书馆为这些图书制作目录卡片的请求。我将去信给所有合作馆，一旦他们希望购买这些目录卡片，我就会请他们与你联系。袁(同礼)博士现在或很快将会在波士顿。在他来西部之前，你一定会先见到他。我有许多事情想征求他的意见，也想请教他有关中英文双语图书目录的问题，但我不想带给他太多麻烦和不便。(HYL Archives: Letter of Charles H. Brown to Alfred K'aiming Ch'iu, March 5, 1945)

3月6日

裘开明致函国会图书馆东方部主任恒慕义(Arthur William Hummel)：可能太平洋国际学会中国分会的刘驭万(Liu Yu-wan)先生已经告诉你了，T. K. Chi先生的所藏中文手稿已经卖给敝学社了。附件是T. K. Chi写给你的一封信，授权刘驭万先生从贵馆运出整批藏书。贵馆可以把这些书装在两三个箱子里，通过收件人付费的铁路快运寄出。请保价1500美元，并把包装的账单寄到敝馆，我们会立即支付。(HYL Archives:

Letter of Alfred K'aiming Ch'iu to Arthur William Hummel, March 6, 1945)

3月8日

美国国务院 Robinson 致函美国图书馆协会 Marry M. Lydenberg: 现将通过美国图书馆协会及中华图书馆协会联合采访计划, 从中国接收的 30 包出版物转交给你, 以分发给参与该项目的各图书馆。参与馆包括哥伦比亚大学图书馆、哈佛大学图书馆、纽约公共图书馆、西北大学图书馆、加州大学图书馆、芝加哥大学图书馆、夏威夷大学图书馆、密歇根州大学图书馆、明尼苏达州大学图书馆、密苏里州大学图书馆、宾夕法尼亚州大学图书馆、华盛顿大学图书馆、耶鲁大学图书馆、国会图书馆。(HYL Archives: Letter of Robinson to Marry M. Lydenberg, March 8, 1945)

3月14日

美国图书馆协会东方和西南太平洋委员会主席 Charles H. Brown 致函参与联合采访计划的 13 个合作图书馆的馆长: 随函附上一份显然已经寄到华盛顿的图书目录, 但是, 我现在无法告诉你们这些寄来的图书的编号……事实上, 我们还只是给中国支付了全部基金的十三分之三, 即 3000 美元, 我们就已经收到非常令人满意的回报, 显然一些图书还保留在重庆。哈佛燕京学社汉和图书馆馆长裘开明博士, 要我告诉你们, 一旦需要印刷卡片目录请立即通知他。哈佛能够提供至今收到的所有航运图书的印刷卡片目录。我知道你们会很欢迎这样的消息, 如果你们需要这些印刷卡片目录, 你们必须立即给裘博士写信。高额以及大浮动的兑换汇率导致在汇寄资金到中国的过程中存在了许多复杂的问题。袁(同礼)博士将会给我寄一份在中国仍在出版的科学期刊的目录。他很乐意帮忙订购特别的期刊和特别的出版物……我期待 4 月份袁先生在芝加哥与 Ralph A. Beals 先生、Carl H. Milam 先生和我进行具体磋商, 随后去艾姆斯(Ames)参观并修改中国项目的相关条款。(HYL Archives: Letter of Charles H. Brown to the Heads of Thirteen Libraries Cooperating in the China Purchase Project, March 14, 1945)

3月17日

哥伦比亚大学中日文系德效骞(Homer Hasenplug Dubs, Jr.)来函委托代查一篇关于自己译著的书评。(HYL Archives: Letter of Homer Hasenplug Dubs, Jr. to Alfred K'aiming Ch'iu, March 17, 1945)

3月19日

密歇根州大学图书馆总馆 Cordelia L. Haagen 夫人致函裘开明: 东方及西南太平洋委员会主席 Charles H. Brown 于 3 月 14 日函告我馆, 哈佛或可提供中国采购计划所供书籍之印刷卡片。若确实, 我馆愿订购本馆通过中国采购计划获得的书籍的相应印刷卡片, 每一种书订购 5 张卡片。(HYL Archives: Letter of Cordelia L. Haagen to Alfred K'aiming Ch'iu, March 19, 1945)

3月20日

密苏里大学哥伦比亚分校图书馆馆长 B. E. Powell 致函裘开明: 作为参与中国采购计划的 13 个合作图书馆之一, 我们非常希望把握机会获得与所采购资料相应的印刷卡片。东方及西南太平洋委员会主席 Charles H. Brown 刚刚将可通过你获得卡片的好消息告诉我。我们希望订购你们的目录卡片。(HYL Archives: Letter of B. E. Powell to Alfred K'aiming Ch'iu, March 20, 1945)

宾夕法尼亚州大学图书馆馆长 Charles W. David 致函裘开明: 东方及西南太平洋委员会主席 Charles H. Brown 函告我, 贵馆准备提供中国采购计划所供书籍之印刷卡片。无论如何请将这些卡片寄给我们。贵馆已为我馆大部分中文馆藏提供卡片,我馆愿跟进这一计划,并获得与我馆馆藏相关的所有已印制卡片。(HYL Archives：Letter of Charles W. David to Alfred K'aiming Ch'iu, March 20, 1945)

芝加哥大学大学图书馆装备部主任(Preparations Department, Chief)谢拉(Jesse Hauk Shera)致函裘开明：爱荷华州立学院图书馆(Iowa State College Library)Charles H. Brown 写信告诉我,你将负责中国采购计划所有书籍的卡片供应。我馆非常愿意订购每种卡片6张。如有其他安排,烦请告知。(HYL Archives：Letter of Jessse Hauk Shera to Alfred K'aiming Ch'iu, March 20, 1945)

3月21日

华盛顿大学图书馆中文部主任 Ruth Hale 致函裘开明：东方及西南太平洋委员会主席 Charles H. Brown 函告我馆,或可从贵处获得中国采购计划所购书籍之印刷卡片。我馆有意获得现已运至或将会运至美国之书籍的所有卡片。(HYL Archives：Letter of Ruth Hale to Alfred K'aiming Ch'iu, March 21, 1945)

加州大学伯克利分校大学图书馆馆长 Harold L. Leupp 致函裘开明：Charles H. Brown 先生函告我,贵馆可能提供目前通过袁(同礼)博士负责的合作采购计划从中国获得的所有书籍的印刷卡片。我馆已经收到第1—88号邮包,需要订购已经运到和将会运到的所有书籍的卡片,如果没有主题卡片,则每一种卡片订购6张。此函可视为正式订单。(HYL Archives：Letter of Harold L. Leupp to Alfred K'aiming Ch'iu, March 21, 1945)

3月22日

哥伦比亚大学图书馆助理馆长(Columbia University, the Libraries, Assistant Director)Maurice F. Tauber 致函裘开明：Charles H. Brown 博士3月14日函告我,贵馆准备印制通过中国采购计划所购书籍之卡片。若卡片是重新印刷而非复制,我馆愿意订购,否则不订购。请告知至卡片分发我们所需等待的时间。(HYL Archives：Letter of Maurice F. Tauber to Alfred K'aiming Ch'iu, March 22, 1945)

明尼苏达州大学图书馆采访部主任 Raymond H. Shove 致函裘开明：我们知道已经可以获得通过中国采购计划接收的书籍的印刷卡片。请给我馆寄无编号清单上所有图书及有编号清单上23—88号邮包图书的作者卡片2套、书名卡片1套,以及所有已印制的主题分析卡片。发票一式三份,请直接寄给订购部。(HYL Archives：Letter of Raymond H. Shove to Alfred K'aiming Ch'iu, March 22, 1945)

3月24日

国会图书馆东方部日文组副组长 Edwin G. Beal, Jr. 来函向汉和图书馆借书。(HYL Archives：Letter of Edwin G. Beal, Jr. to Alfred K'aiming Ch'iu, March 24, 1945)

3月28日

裘开明致函美国商务部国内外贸易局远东处主管 Charles K. Moser：汉和图书馆人手紧缺,无力与商务部合作编写书目,建议你们与哈佛大学法学院图书馆联系合作事宜,此馆藏有大量关于中国法律的西文文献,亦有很多中文法律书籍;欢迎你从华盛顿派人或从哈佛大学法学院招募学习中国法律的学生来汉和图书馆查检中国法律方面的文献。(HYL Archives：Letter of Alfred K'aiming Ch'iu to Charles K. Moser, March 28, 1945)

萧翁辉兰(Huei-Lan Org Siu)致裘开明,申请图书馆助理一职。(HYL Archives：Letter of Huei-Lan Org Siu to Alfred K'aiming Ch'iu, March 28, 1945)

3月29日

华美协进社(China Institute in America)社长孟治(Chih Meng)致函裘开明：你可

能已经看过关于斯坦福大学胡佛图书馆馆藏中国文献的备忘录。如果没看过,我想你对此备忘录的内容一定感兴趣,在此随函附上。H. H. Fisher 博士不久前在纽约的时候,他请我帮忙收集有影响力的中国学者对该备忘录的意见。我知道你对这一领域有浓厚的兴趣,一直都非常关注这一领域,所以我想请你给出一些意见。(HYL Archives: Letter of Chih Meng to Alfred K'aiming Ch'iu, March 29, 1945)

西北大学 Charles Deering 图书馆 Wintree Buruse 致函裘开明:爱荷华州学院图书馆 Charles H. Brown 建议我们给你写信,询问是否可以获得通过中国采购计划接收的书籍的印制卡片。我们非常希望能够获得这些印制卡片,你可在卡片印制过程中将此函视为订单。(HYL Archives: Letter of Wintree Buruse to Alfred K'aiming Ch'iu, March 29, 1945)

4月3日

裘开明致函国会图书馆东方部日文组副组长 Edwin G. Beal, Jr.:你 22 日来信寄来的关于缩微胶片的说明书已经交给怀德纳图书馆照相复制部了。他们有 35mm 的胶片机,但是他们目前不能为敝馆制作日文卡片的胶片,因为承担了太多来自军队和民防机构的工作。所以,我联系了波士顿唯一一家能够制作缩微胶片的公司——缩微图片公司(Micro-Photography Company)。他们在 2 月 9 日和 3 月 16 日的来信中略述了他们的情况……随函附上该公司的信,请阅毕归还。由于在波士顿地区缺乏合适的制作缩微胶片的设备,这阻碍了敝馆的工作进展。另外一个阻碍工作进展的问题是所用的墨水,还亟需一名学生助理协助此工作。随函寄上 5 张目录卡片的样片,并把你 3 月 24 日来信中所需的文献通过怀德纳图书馆馆际互借部寄给贵馆。(HYL Archives: Letter of Alfred K'aiming Ch'iu to Edwin G. Beal, Jr., April 3, 1945)

裘开明致函国会图书馆东方部主任恒慕义(Arthur William Hummel):你 3 月 21 日的信让我很惊讶,你第一次表现出你有兴趣购买王文山(Wang Wen san)先生的中文手稿文献。在此之前,我从王的信中知道你没兴趣购买整批文献,只想买其中一些文献,他不愿意分散整批书籍。但是在过去 10 年里没收到贵馆任何订单,王文山就想把整批书卖给美国其他图书馆。为此他写了好多次信给我,让我帮助他处理这些书。直到刘驭万(Liu Yu Wan)作为王文山授权的代表,在 1 月份向哈佛燕京学社报价,这件事才达成最后协议。我推荐购买是基于以下几点:(1)它包括某些有价值的款目,如(a)带有中文标注的戏剧课本;(b)地方政府的文件;(c)古老的典业的记录;(d)一些未刊的手稿。(2)学社以后会以合适的方式处理复本。(3)整批文献会有一个适中的价格。没看过这些书,仅从目录看我也不能确定,所以我向叶理绥(Serge Elisséeff)教授建议让袁同礼(Yuan Tung-li)仔细翻阅这些书并写份报告,他总结出以上我提出的有价值的文献。我们的报价是 1500 美元,立即与刘先生联系后,他获得了王的应允。这个合同已经签订,敝馆的支票也在刘先生 3 月中旬离开前签发。所以根据相关的法律程序,我馆目前真的不能答应你的要求。以刘先生和王先生的角度来看也是极不公平的,因为他们知道你真正的意愿,想以低价购买整批文献,他们宁愿让你购得。但是他们始终认为你不想购买整批文献而只是选择某些文献。而且,刘先生忙于他在太平洋国际学会的事务,自然不能腾出时间继续此事的协商。所以我们一开出 1500 美元的价格,他就很高兴的接受了。你本可以在 2 月时开出这样的价格的,他那时在华盛顿,他很可能会发电报给王先生要求出售。我认为整个误会来自于你太不好意思开低价了,而我作为一个美国化的中国人表现得就很直接。学社的教育委员会在上周的会议上做出决定,我馆要支付国会图书馆保管费。作为一个中国客座馆长,我认为这对美国不是一个损失,因为不管哈佛燕京学社支付了多少钱,是国会图书馆,即另一个美国机构得到这笔钱。事实上,作为一个中国人,我真的不在乎是谁买了这批书——不管是国会图书馆还是哈佛燕京学社汉和图书馆,因为它对中国来说仍然是个巨大的损失。(HYL Archives:Letter of Alfred K'aiming Ch'iu to Arthur William Hummel,April 3,1945)

4月8日

哥伦比亚大学中日文系德效骞(Homer Hasenplug Dubs,Jr.)来函感谢裘开明为其查找关于其译作的评论文章,拜托裘开明帮忙收集关于自己著作的书评。(HYL Archives:Letter of Homer Hasenplug Dubs,Jr. to Alfred K'aiming Ch'iu,April 8,1945)

4月11日

Hunt Livingston,Jr.致函裘开明,说明因母亲生病的原因,不得不暂时离开工作岗位。(HYL Archives:Letter of Hunt Livingston,Jr. to Alfred K'aiming Ch'iu,April 11,1945)

4月13日

耶鲁大学图书馆采访部主任 Donald G. Wing 致函裘开明:东方及西南太平洋委员会主席 Charles H. Brown 函告我馆,可以通过贵馆获得中国采购计划所购书籍之印刷卡片,我们希望贵馆能将耶鲁大学图书馆列入愿意接受卡片图书馆的名单。(HYL Archives:Letter of Donald G. Wing to Alfred K'aiming Ch'iu,April 13,1945)

4月21日

美国图书馆协会东方和西南太平洋委员会主席 Charles H. Brown 致函参加中国采购计划的图书馆馆长:(1)我非常地高兴通知,芝加哥大学图书馆馆长 Ralph A. Beals 已经接管中国采购计划的出版物发送工作。未来如有任何疑问都可以向他咨询。出版物将会从中国寄送到芝加哥大学图书馆,并标记中国图书计划。(2)袁(同礼)博士正在准备中国出版的科技期刊目录。东方委员会和研究图书馆协会的顾问委员会正在研究采购这些期刊的问题。(3)大多数图书馆已收到从中国寄出的所有出版物。一些缺失的出版物已经记录下来,看起来替换工作最好等到战争结束后再进行。一些邮包可能已被误送或是已经搁置到下一次再运送。到目前为止,图书馆普遍收到超过88件。直到4月1日只有3000美元已寄到中国,这意味着每个馆1000美金的集资款中,只用了十三分之三,平均每馆用了230.77元。这些数字显示这88件平均费用为每件2.62元。一些从最初集资款中采购来的出版物还没有发送。显然,袁博士已经以一个相当优惠价格成功地采购了出版物,尤其是考虑到中国的通货膨胀现状。(4)哈佛燕京学社对于提供印制卡片目录的提议已经得到合作图书馆的普遍接受。在一个非常小的规模上,我们已经启动了一个合作运动,这在将来可能具有决定性意义。(HYL Archives:Letter of Charles H. Brown to the Heads of Libraries Cooperating in the Chinese Purchase Project,April 21,1945)

4月23日

裘开明致函美国图书馆协会中文资料联合采购计划成员馆:为中文书印刷卡片的项目,作为在美国图书馆协会中文资料联合采购计划中的子项目,最终确定在哈佛大学印刷厂完成……卡片的特点与之前印刷的那些卡片相似。关于卡片使用说明的论文发表在1939年3月1日出版的《图书馆杂志》第64卷第5期上。每张卡片的价格为9美分,包括邮费和少量的其他费用。各位在来信中,有些已经指明了计划订购每种卡片的数量,但是大部分没有说明。哈佛燕京学社汉和图书馆的经验表明,每部中文著作需要6张卡片。如果你们都能接受每部著作6张卡片的价格为54美分的话,将大大简化我们在战时劳动力短缺的情况下运作这项合作计划的程序。这个价格比之前哈佛燕京学社发行的卡片的价格稍高,有两个原因:(1)这次没有获得洛克菲勒基金会的补贴;(2)现在的卡片不同于以前,现在是在美国印刷的,会比战前在中国印刷的费用要高些。每张卡片的订价是根据卡片的数量决定的。少于 70 种的价格会高点,超过 70 种的价格就会便宜点。因此,除非所有的合作馆都就加入这个计划,否则印刷卡片的计划不能顺利进行,哈佛燕京学社图书馆将不得不恢复用 Ditto 复制机复制中文卡片,尽管从技术角度来讲并不令人满意。各位可以在下面的纸条上写好计划订购每种卡片的数量,并寄回给我。
(HYL Archives:Letter of Alfred K'aiming Ch'iu to Members of the ALA Program for Joint Purchase of Chines Materials,April 23,1945)

4 月 25 日

美国学术团体协会中国学研究委员会秘书 Mortimer Graves 致函裘开明:袁同礼先生(Tung-li Yuan)两星期前来我这里时提出想要两本《汉和图书分类法》,以供他的图书馆使用。如果你还有额外的两本,请你按以下地址寄给他(纽约市第 65 东街 125 号美国中国研究所)。我已经把你随信寄来的卡片样板寄给了美国图书馆协会中文书籍购买计划的 13 个合作图书馆,其中 11 家有意向买这些印刷卡片。在 8 年前(1937 年)你通过获得洛克菲勒基金会拨款而开始的工作,将会由这些图书馆以自助合作计划继续开展……(HYL Archives:Letter of Alfred K'aiming Ch'iu to Mortimer Graves,April 25,1945)

4 月

裘开明为《远东季刊》(*Far Eastern Quarterly*)撰写文稿《哈佛燕京学社分发第一批美国印刷中文图书目录卡片》(*The Harvard-Yenching Institute Distributes First U. S. Printed Catalog Cards for Chinese Books*),文章主要内容如下:13 所美国研究型图书馆参与了美国图书馆协会中国采购计划,通过位于重庆的中华图书馆协会购买中文图书。此批图书的卡片印制工作于 4 月由哈佛大学印刷办公室完成,哈佛燕京学社于夏初开始将第一批美国印刷中文图书目录卡片分发给各参与馆。此次印制的卡片的特征与之前在北平印制的卡片相似。《美国远东研究评论》(*Notes on Far Eastern Studies in America*)1939 年 1 月第 4 期有专文介绍这种卡片的使用方法。因哈佛没有足够的 4 号中文字符,卡片采用 5 号和 6 号字符。每张卡片定价 9 美分,包括邮资及包装费用……如有远东研究学者需要选择性地购买此批卡片,请与哈佛燕京学社裘开明馆长联系。
(HYL Archives:The Harvard-Yenching Institute Distributes First U. S. Printed Catalog Cards for Chinese Books,April,1945)

5 月 1 日

美国学术团体协会中国学研究委员会秘书 Mortimer Graves 致函裘开明:我们会寄给袁(同礼)博士几本《汉和图书分类法》。谢谢你提醒我们。除了洛克菲勒基金会,我不知道哪里还可以申请资金印刷你所说的卡片。希望不久的将来能去剑桥与你会面。
(HYL Archives:Letter of Mortimer Graves to Alfred K'aiming Ch'iu,May 1,1945)

5 月 3 日

密歇根州大学图书馆总馆 Cordelia L. Haagen 致函裘开明,订购参与美国图书馆协会中文资料联合采购计划所购图书的目录卡片,每种书订购 6 张目录卡片。(HYL Archives:Letter of Cordelia L. Haagen to Alfred K'aiming Ch'iu,May 3,1945)

芝加哥大学大学图书馆装备部主任(Preparations Department,Chief)谢拉(Jesse Hauk Shera)致函裘开明:经与邓嗣禹(Teng Ssu-yü)讨论,我们认为你们的中文图书目录卡片价格合适,格式完全适合我馆的需要,兹奉上我馆需要目录卡片的中文图书目录,每种图书订购6张目录卡片。(HYL Archives：Letter of Jesse Hauk Shera to Alfred K'aiming Ch'iu, May 3, 1945)

加州大学伯克利分校图书馆采访部主任 Dorothy Keller 致函裘开明，订购参与美国图书馆协会中文资料联合采购计划所购图书的目录卡片，每种书订购6张目录卡片。(HYL Archives：Letter of Dorothy Keller to Alfred K'aiming Ch'iu, May 3, 1945)

5月4日

明尼苏达州大学采访部致函哈佛燕京学社，订购参与美国图书馆协会中文资料联合采购计划所购图书的目录卡片，每种书订购6张目录卡片。(HYL Archives：Order No. MX3279 from University of Minnesota, Order Department to Harvard University, Chinese-Japanese Library, May 4, 1945)

密苏里大学哥伦比亚分校馆长 B. E. Powell 致函裘开明，订购参与美国图书馆协会中文资料联合采购计划所购图书的目录卡片，每种书订购7张目录卡片。(HYL Archives：Letter of B. E. Powell to Alfred K'aiming Ch'iu, May 4, 1945)

密歇根州大学图书馆总馆 Cordelia L. Haagen 致函裘开明，订购参与美国图书馆协会中文资料联合采购计划所购图书的目录卡片，每种书订购6张目录卡片。(HYL Archives：Letter of Cordelia L. Haagen to Alfred K'aiming Ch'iu, May 4, 1945)

5月8日

耶鲁大学图书馆采访部主任 Donald G. Wing 致函裘开明，订购参与美国图书馆协会中文资料联合采购计划所购图书的目录卡片，每种书订购6张目录卡片。(HYL Archives：Letter of Donald G. Wing to Alfred K'aiming Ch'iu, May 8, 1945)

5月12日

夏威夷大学图书馆馆长 Carl Stroven 致函美国图书馆协会东方及西南太平洋委员会主席 Charles H. Brown，表示愿意订购参与美国图书馆协会中文资料联合采购计划所购图书的目录卡片。(HYL Archives：Letter of Carl Stroven to Charles H. Brown, May 12, 1945)

5月14日

童世纲（Tung Shihkang）发电报给裘开明，请帮忙准备护照。(HYL Archives：Telegram of Tung Shihkang to Alfred K'aiming Ch'iu, May 14, 1945)

国会图书馆东方部日文组组长 Edwin G. Beal, Jr. 致函裘开明，归还汉和图书馆目录卡片的样片以及裘开明写给波士顿缩微图片公司（Micro-Photography Company）的信函，并介绍国会图书馆照相复制部试验制作卡片的结果。(HYL Archives：Letter of Edwin G. Beal, Jr. to Alfred K'aiming Ch'iu, May 14, 1945)

5月16日

哥伦比亚大学图书馆助理馆长 Maurice F. Tauber 致函裘开明：我与本馆负责东亚馆藏的 Dorothy M. Eggert 就购买贵馆的中文图书目录卡片一事进行了讨论，她告诉我，本馆在收到中国采购计划的图书时就已经进行了编目，并提出，只有明确了本馆是否参加卡片计划将对其他图书馆订购卡片的价格产生什么样的影响以后，才能决定是否参加卡片计划。请告知贵馆是否需要所有参与采购计划的成员馆均购买卡片才会开展印制计划。(HYL Archives：Letter of Maurice F. Tauber to Alfred K'aiming Ch'iu, May 16, 1945)

5月21日

裘开明回复耶鲁大学学生 Albert G. Kountz, Jr. 的咨询，函寄汉和图书馆所藏化学、科技及医学类英汉词典的目录。(HYL Archives：Letter of Alfred K'aiming Ch'iu to Albert

G. Kountz, Jr. , May 21, 1945)

5月24日

美国商务部国内外贸易局中国法律处主管 Myron Wiener 来函,请裘开明推荐一名具有法学教育背景的中文翻译到其所在的部门任职。(HYL Archives: Letter of Myron Wiener to Alfred K'aiming Ch'iu, May 24, 1945)

5月26日

芝加哥大学图书馆 Ralph A. Beals 致函裘开明:按照最初的提议,美国图书馆协会中文资料联合采访计划将会在今年6月30日终止,除非13个合作图书馆希望在6月30日以后仍然继续实施该计划。迄今为止,每个合作图书馆都已经收到117包图书。现在面临的问题是将该计划延期至1946年6月30日,还是不再继续这个计划,并在1945年7月1日返还未用完的结余款给各图书馆。请你对这个计划的未来发展提出你的意见(HYL Archives: Letter of Ralph A. Beals to Alfred K'aiming Ch'iu, May 26, 1945)

5月31日

David H. Clift 致函裘开明,建议汉和图书馆在香港以较低的价格重印《汉和图书馆汉籍目录》。(HYL Archives: Letter of David H. Clift to Alfred K'aiming Ch'iu, May 31, 1945)

6月6日

裘开明致函美国图书馆协会中文图书合作采访计划主席 Ralph A. Beals:5月26日来信收悉,我们当然希望美国图书馆协会中文图书合作采购计划在下一年能够继续进行下去。因为在北平和重庆这样重要的图书交易中心还没有得到自由解放以前,任何一个美国的图书馆想在中国单独进行图书采购都会是非常困难的事情。(HYL Archives: Letter of Alfred K'aiming Ch'iu to Ralph A. Beals, June 6, 1945)

国会图书馆东方部日文组组长 Edwin G. Beal, Jr. 致函裘开明,表示愿意等到波士顿缩微图片公司(Micro-Photography Company)购置到新的照相机以后再开始制作日文图书目录卡片的缩微胶片。(HYL Archives: Letter of Edwin G. Beal, Jr. to Alfred K'aiming Ch'iu, June 6, 1945)

6月19日

裘开明致函国会图书馆 Mortimer Taube,告知已经收到国会图书馆寄来的原 T. K. Chi 寄存在国会图书馆的4箱中文图书,并向国会图书馆致谢。(HYL Archives: Letter of Alfred K'aiming Ch'iu to Mortimer Taube, June 19, 1945)

6月28日

美国国会图书馆订购部致函裘开明,正式订购参与美国图书馆协会中文资料联合采购计划所购图书的目录卡片,每种书订购6张目录卡片。(HYL Archives: Purchase Order No. 0332X from Library of Congress, Order Division to Harvard Yenching Institute, Alfred K'aiming Ch'iu, June 28, 1945)

6月30日

参与美国图书馆协会中文资料联合采购计划的13个合作图书馆共同修订合作协议书,裘开明作为该项目合作委员会的委员参与协议书的修订。(HYL Archives: Alfred K'aiming Ch'iu. Memo. of Harvard-Yenching Institute Chinese Print Cards Program, April, 1947)

6月

哈佛大学哈佛燕京学社汉和图书馆开始在哈佛用普通铅字印刷中文图书卡片目录,后来扩大到日文图书,但是因为汉字铅字太贵,所以改为影印或者胶印。这些在美国印刷的目录卡片亦按成本价向其他图书馆发行。从1945年6月到1949年6月,大约有

500 种中文图书和 2040 种日文图书的目录卡片按照这种方式发行。(Serge Elisséeff. The Chinese-Japanese Library of the Harvard-Yenching Institute. *Harvard Library Bulletin*, Vol. 10, No. 1, Winter 1956:73-97)

7月11日

裘开明致函国会图书馆东方部日文组组长 Edwin G. Beal, Jr., 答复有关"厘金"问题的咨询。(HYL Archives: Letter of Alfred K'aiming Ch'iu to Edwin G. Beal, Jr., July 11, 1945)

7月13日

国会图书馆东方部日文组组长 Edwin G. Beal, Jr. 致函裘开明, 向汉和图书馆借关于"厘金"方面的文献。(HYL Archives: Letter of Edwin G. Beal, Jr. to Alfred K'aiming Ch'iu, July 13, 1945)

7月17日

裘开明致函国会图书馆东方部日文组组长 Edwin G. Beal, Jr., 感谢寄来五长盒国会图书馆日文书卡片。(HYL Archives: Letter of Alfred K'aiming Ch'iu to Edwin G. Beal, Jr., July 17, 1945)

8月3日

美国图书馆协会和美国研究图书馆协会联合委员会中文图书合作采购计划主席 Ralph A. Beals 致函裘开明:我很高兴地向告诉你,所有参与美国图书馆协会中之资料联合采购计划的合作图书馆都投票赞成下一年继续进行采购计划。这表明大家对采购的图书普遍感到满意。最近没有收到中国寄来的图书,但是我们收到了来自中国的消息,在 5 月份会有一次图书采购活动,可能不久这批书就会寄到美国。我们将会以每个月寄给中国 1000 美元基金的速度采购更多的中国图书。(HYL Archives: Letter of Ralph A. Beals to Alfred K'aiming Ch'iu, August 3, 1945)

8月27日

芝加哥大学远东图书馆代理馆长邓嗣禹(Teng Ssu-yü)致函裘开明:毫无疑问,我们都为战争如此快地结束和以如此令人愉快的方式结束而感到高兴。战争结束后,敝馆慢慢恢复了战前的工作,我开始一天花几个小时编目。我发现我们并没有贵馆书目里的一些图书的目录卡片。请问贵馆书目中收录的图书是否都有目录卡片,或者因为战争的原因,已经取消了部分目录卡片的供应?如果你们能够很快重新供应这些卡片,那么我们就不需要再另外编制这些图书的目录卡片了。敝馆采用了贵馆的分类法,我们想了解贵馆有哪些卡片、目录,或者是新的计划,以便我们能够与贵馆保持一致。(HYL Archives: Letter of Teng Ssu-yü to Alfred K'aiming Ch'iu, August 27, 1945)

9月6日

英文《中国月报》(*The China Monthly*)编辑 Mark Tsai 致函裘开明,再次邀稿。(HYL Archives: Letter of Mark Tsai to Alfred K'aiming Ch'iu, September 6, 1945)

9月18日

裘开明致函芝加哥大学远东图书馆代理馆长邓嗣禹(Teng Ssu-yü):因为我此前离开剑桥外出休假,所以直到今天才回复你的来函。敝馆所出版的书目中的每一种图书都有印好的卡片,因战争原因,美国的部分订购机构可能没有获得部分卡片。我希望燕京大学在北平复员后能够寄来那些丢失的卡片,当然,前提是库存没有被日本人破坏。美国图书馆协会合作采购计划自重庆购买的新书的卡片已交哈佛大学出版社付印,但因出版社和图书馆均缺少有经验和受过培训的人员,出版过程可能需较长时间。本学年,敝馆希望能完成分类目录的中英文主题词索引。这些卡片将在博伊斯顿堂完成,我希望可从采用《汉和图书分类法》的图书馆中获得充足的资金,以保证顺利印制和发行这些卡片。(HYL Archives：Letter of Alfred K'aiming Ch'iu to Teng Ssu-yü, September 18, 1945)

9月20日

上海合众图书馆馆长顾廷龙致函裘开明：不通音问者忽二三年矣,想念之情无时或释。今获胜利,倒悬顿解,普天同欢,伏维潭寓安吉,著述日新为颂。贵处一切想均照常,曾受战争影响否？惟恐新书则无从增添耳。敝馆寂寞之中,勉为进行,如蚁负山,积书至14万册。正在整理编目。关于分类一层,因敝馆与南京国学图书馆内容近似,暂采其法应用。□□不完善,则编索引补救之,免得多数更张,无所适从。先生素主实事求是,望能赞同敝意。分类项目既定,当须加标数码符号,但用十进法,有削足适履之若。窃□贵定不计十进法,纯一西剌伯数目,最为钦佩。兹特仿为之,将来务呈指正不识。不计十进法之标号,无有规律否？当□赐教,俾有遵循,无任仰祷。贵处近况及今后计划便望示及一二。敝馆所印丛书共乃14种,除第一种已寄呈外,余容邮递稍便亦寄。又龙与潘君景郑合编《明代版本图录》,居然乱中出书,至以为幸。容当呈正。燕京友好陈鸿舜、邓嗣禹、朱士嘉、冯家升、周一良诸君近况为何？晤时均希道念,容再一一修笺。贵编目录未及后事,当须继续完成不泄。□驾须归国可否,工作伟大,□早问世……[信函周围附注]近年新出书无不少,大约以上海为多。中法汉学研究所所出《国学季刊》,据敝藏□多经此兵□,火□书难以估计。敝人前创重印古书之议,尤为亟须拟有详细计划,请先生为竞机会,有款可请时当即寄呈,为能实现有功学术不泄。(HYL Archives：顾廷龙先生致裘开明信函,1945年9月20日)

9月

费正清(John King Fairbank)来华,在重庆为美国信息服务处(USIS)工作。在华期间,费正清志愿为母校哈佛大学服务,帮助哈佛燕京学社汉和图书馆购买书籍,以及从国立中央图书馆及其他中国文化机构募集捐赠图书,共为哈佛燕京学社汉和图书馆寄送战时重庆和其他地区新出版的图书1400多册。[Paul A. Cohen and Merle Goldman. Fairbank Remembered. Published by the John K. Fairbank Center for East Asian Research, Harvard University, and distributed by the Harvard University Press, 1992. 159-161(Eugene Wu, Harvard University)]

10月1日

夏威夷大学图书馆馆长Carl Stroven致函裘开明：我于5月12日致函美国图书馆协会东方及西南太平洋委员会主席Charles H. Brown,表示有意购买卡片,但该函不可视为订单。我与本馆东方馆藏负责人谭卓垣(Chewk-woon Taam)探讨了此事,由于他习惯于使用书名检索而非作者,不会使用贵馆提供的卡片,因此请贵馆将我馆从订购印刷卡片的名单中删除。(HYL Archives：Letter of Carl Stroven to Alfred K'aiming Ch'iu, October 1, 1945)

10月9日

童世纲(Tung Shihkang)发电报给于震寰(Zunvair Yue),告知聘书中需加旅费说明。(HYL Archives：Telegram of Tung Shihkang to Zunvair Yue, October 9, 1945)

10月10日

哈特福德神学院凯斯纪念图书馆馆长(the Case Memorial Library, Hartford Seminary)Elmer J. Cook牧师致函哈佛燕京学社：我馆德效骞(Homer Hasenplug Dubs, Jr.)教授告诉我,你们已经开始向我们寄送贵社印制的中文书籍目录卡片。我以为我馆已下订单,但由于此项工作在我接任馆长之前已完成,其中或许有误。请贵社告知是否接到我馆订单,若是,为何仍未收到卡片。(HYL Archives:Letter of Rev. Elmer J. Cook to Harvard-Yenching Institute, October 10, 1945)

10月16日

《中国月报》(The China Monthly)编辑 Mark Tsai 致函裘开明,再次约稿。(HYL Archives:Letter of Mark Tsai to Alfred K'aiming Ch'iu, October 16, 1945)

10月18日

裘开明致函夏威夷大学图书馆馆长(University of Hawaii Library, Librarian)Carl Stroven:我馆已将系列编号1—13的三批卡片寄给贵馆。如果贵馆不准备使用,请连同账单一并退回,因为有一个不在13个合作图书馆之列的图书馆希望购买。目前,有包括国会图书馆在内的12个图书馆订购我馆的印刷卡片,因此,明年此计划可能继续实行。之后,美国图书馆协会中国采购计划可能中止,因为许多大型美国图书馆已在北平或上海设立自己的代理机构,可以作为中文书籍贸易的活动中心。(HYL Archives:Letter of Alfred K'aiming Ch'iu to Carl Stroven, October 18, 1945)

裘开明致函哈特福神学院凯斯纪念图书馆馆长(the Case Memorial Library, Hartford Seminary)Elmer J. Cook 牧师:我馆未接到贵馆订购印刷中文目录卡片的订单。随信附上有关卡片的资料和样本。请与德效骞(Homer Hasenplug Dubs, Jr.)教授商量,若需卡片,请告知。(HYL Archives:Letter of Alfred K'aiming Ch'iu to (Rev.) Elmer J. Cook, October 18, 1945)

10月20日

裘开明致函李书春:兹有恳者,敝馆汉文书目在美各处仅收到一、二、三册,但第四册社会科学类及第八册丛书类之三校曾于1941年夏寄上,不知已印成书本否?又其他各类铅字排版不知仍存在否?一切均在念中,请作一详细报告寄美国。敝社欲继续此项书目之印行,以后可望一种战后新预算以作此项印刷之经费也。报告书请详列:(一)铅字版,(二)已印书目,(三)已印卡片数目,(四)存货,即未印白片纸张等,(五)印好书本及卡片存货。(HYL Archives:裘开明致李书春信函,1945年10月20日)

10月

裘开明提交第19次《馆长年度报告》(1944年7月1日至1945年6月30日),其主要内容如下:1.图书馆馆藏情况。1944—1945年度哈佛大学汉和图书馆新增藏书量:中文图书779种1528册,日文图书23种57册,藏文满文蒙文图书0种,西文图书282种347册,合计图书1084种1932册。截至1945年7月1日,哈佛大学汉和图书馆藏书总量为33665种186760册,其中,中文图书26244种166612册,日文图书5205种15282册,藏文图书9种643册,满文图书121种1000册,蒙文图书18种328册,西文图书2068种2895册。1944—1945年度所购中文图书可分为两类:(1)18和19世纪中文手稿506种1103册;(2)中国抗战后方所出版的新书,这些文献是通过美国图书馆协会合作购书项目购买的,此项目在重庆的代理机构是中华图书馆协会,这些新书都是在美国国务院情报关系部(the Division of Intellectual Relations)的帮助下,从中国空运到美国的。其中一些新书是随副总统华莱士(Henry Agard Wallace)从中国返美的飞机运到美国的。500种手稿原是南京一位姓齐的旧中国学者的财产。由其友人,中国国家资源委员会(the National Resources Board)的王文山(Wang Wen-san)博士运到美国出售。这批书保存在国会图书馆东方部有近十年的时间,由于各种我们所不知的原因,国会图书馆东方部的主任(恒慕义,Arthur William Hummel)从来没有仔细考虑过为国会图书馆购买这批书。所有手稿保存得相当完好,其中一些手稿具有极高的历史价值和学术价值。虽然这不是一个系统的藏书,但是却有很多在其他地方找不到的著作。据统计,以下几组著作具有特殊的价值:(1)关于旧时代商业的记录。比如:当铺经营、商业经营、珠宝鉴定、银元和宝石鉴定。当铺和钱庄是中国特有的机构,但是鲜有关于这方面的出版物。因此这些手稿对于中国经济史和金融机构的研究很有价值。(2)戏曲演员的训练手册。有50多种曲本著作,这些手稿在中国从来没有以印本书的形式出现过,因为带有乐谱的剧本是每个剧团演员的行业秘密。两个剧团编写的相同剧目的剧本绝不会相同。这些剧本是研究中国戏曲的重要文献。(3)县衙门的文献。这批文献的大多数内容涉及县衙的税收、土地制度、地方法律和一般行政管理。这批文献是研究中国地方政治和地方经济史的重要资料。(4)中国旧式科举考试的括帖。约有近20篇科举考试的文章,通过这些文章可以一窥中国科举考试制度和所谓的八股文的起源。(5)彩色手绘地图。约有50张彩色手绘地图,标示不同区县的厘金关卡。地图上还标示了水路交通航道和海岸线的防御工事。(6)作者手稿。这类手稿在中国被称为稿本。在中国文献学中这种手稿是最有价值的手稿。以下几种是值得出版和收录到 Harvard-Yenching Institute Chinese Texts and Studies Series 中的稿本:(A)胡澍(Hu Chu,1825—1872)著《说文部目》(Radical headings of the Shuo-wen),1卷。(B)黄赞汤(Huang Tsan-tang,1823进士,广东总督(编者注:此处似应为"1833年进士,广东巡抚"。)著《绳其武斋自纂年谱》(Chronological auto-biography),1卷。(C)华壎(Hua Hsun)著《编著本草骈文便读》(Rhymes for herbals),16卷,前言写于1882年。(D)无名氏著《汲古阁北史校记》(Critical Notes on the Official Northern Dynasty History),原藏于毛晋(Mao Chin)的汲古阁(Chi-ku ko),8卷。(E)王咏霓(Wang Yun-ni,1880年进士)著《道西斋尺牍》(Personal correspondence)1卷,德国和法国致中国友人的信函,有些信函已经出版。(F)黄钺(Huang Yueh,d. 1402)著《壹斋集》(Literary collection),诗歌5卷,散文1卷,诗歌部分已经出版,但是散文部分从来没有出版过。(G)《袁甲三(Yüan Chia-san,1835年进士)奏稿》(Memorials of Yüan Chia-san);《袁端敏公奏稿》(on Anglo-Franco invasion of China)1卷;《袁午桥先生军务奏稿》(on the Taiping Rebellion)1卷。袁同礼(Yuan Tung-li)先生认为这部奏稿的大部分已经出版了。(H)《川匪奏禀》(Memorials on bandit suppression in Szechuan in the middle of the 19th century)2卷。(I)杨鉴(Yang Chien)的《秋泉先生遗稿》(16世纪),1卷。这本书虽然不是一部真正的稿本,但是这是一部真正的明代抄本,原稿没有印刷版。(J)董其昌(Tung Chi-chang,1555—1636)的《董文敏公真迹》。以上这些有价值的版本的挑选工作得到了王重民(Wang Chung-ming)先生的大力帮助,王重民先生负责国立北平图书馆(the National Library of Peiping)的善本书,这批书现存于国会图书馆。(7)来自著名藏书家的珍贵稿本2种。期刊方面,新增西文期刊2种,西文期刊连续出版物总藏量达到147种;新增日文期刊2种,日文期刊连续出版物总藏量达到218种;中文期刊新增29种,中文期刊总藏量达到763种,其中约有50种为现刊。2.编目与分类。上一年度报告中汇报的1943年开始的几个与编目和分类工作有关的项目仍在继续中。简要情况如下:……过去的一年将载入美国合作编目与目录卡片技术发展史,因为这一年在美国首次编印了中文书目录卡片。之前的哈佛燕京学社目录卡片虽然是在美国编制的,但是是在北平印刷的。美国图书馆协会中文资料联合采购计划的13个合作馆中,有11所使用哈佛大学印刷的目录卡片。目前为止已经编印和发行了 1470 种目录卡片。中国抗战后方出版的新书印刷纸张粗糙,封面很薄。我们耗费了大量的时间和精力为这些书装订上了耐用的封面,以便于阅读和保存。等到各出版社,比如商务印书馆和世界书局等把他们的印刷厂和办公处迁回上海和北京后,这些书中的大部分有可能会重印。但是这批在重庆印刷的书在未来将会非常有价值,因为他们将成为中国抗日战争史的记忆。3. 阅览室与书库。1944—1945 年度汉和图书馆共外借 1368 种 3576 册图书,图书馆流通台共开放了 44 周 264 天,日均外借图书 14 册。4. 参考咨询与馆际互借。1944—1945 年度,全美共有 36 所研究机构向汉和图书馆提出借书的申请,共计外借 168 种 333 册藏书,其中中文书 61 种 148 册,日文书 81 种 154 册,西文书 26 种 31 册。

在过去的一年里,我大部分时间用在面向哈佛大学学生(这一年在哈佛大学注册的中国学生共有 94 人)以及来自其他大学的研究者开展的参考咨询工作上。哈佛燕京学社享誉美国。无论在哪个学校做中国研究的中国留学生,通常都会到我馆或国会图书馆搜集与他们论文相关的材料。在过去的一年里,我馆接待了来自康奈尔大学、哥伦比亚大学、宾夕法尼亚大学、史密斯学院、雪城大学、斯卡利特学院(Scarritt College)、达特茅斯学院、韦尔斯利学院和波士顿大学的学生。由于大量的精力用在参考咨询工作上,我在 1944—1945 年度仍旧无暇顾及研究工作、丛书的分析编目以及编制善本书的描述目录。5. 图书馆人事。由于母亲生病,Hunt Livingston, Jr. 先生于 4 月中旬辞职。为此,怀德纳图书馆派 William Henry Winship 先生到汉和图书馆帮忙。我认为根据汉和图书馆的规模和服务范围,图书馆至少需要配备以下人员:馆长、中文书编目技术助理、日文书和西文书编目技术助理、阅览室监管、全职书库管理员,或两名兼职勤杂工。除以上 5 名全职工作人员以外,还需要聘请兼职学生助理从事抄写和其他文案工作。以上提到的全职工作人员应给予助理馆员(assistant librarian)的职称,评定职称后,他们的薪水不能低于馆长的薪水太多。为了压缩开支,不设副馆长职务。于震寰先生(Zunvair Yue)已经向我们明确提出明年回中国。我希望现在能授权他在中国联系两名合适的人选担任技术助理职位,每人年薪 1800 美元。人员短缺节省了经费。因此下表显示了 1941—1945 年,每年度返还给董事会的薪水和津贴拨款的结余数目。

薪水和津贴拨款统计(1941—1945)　　　　单位:美元

年度	拨款	支出	结余
1941—1942	7400	5968.69	1431.31
1942—1943	6000	4309.74	1690.36(1)
1943—1944	5500	3603.70(2)	1896.30
1944—1945	5650	4617.98	1032.02
4 年总计	24550	18314.15	6049.99
平均每年	6137.50	4578.54	1558.96

(1) 其中 1000 美元交由 R. C. Hahm 博士购买韩文教学资料

(2) 另外向哥伦比亚大学和芝加哥大学提供服务,收入 159.10 美元。

(HYL Archives: Chinese-Japanese Library Harvard University Report of the Librarian for the Year July 1, 1944 to June 30, 1945)

11月3日

Edwin G. Beal, Jr. 致函裘开明，邀请裘开明为《远东季刊》(*The Far Eastern Quarterly*)撰稿介绍哈佛燕京学社印刷中文书目录卡片的进展情况。(HYL Archives: Letter of Edwin G. Beal, Jr. to Alfred K'aiming Ch'iu, November 3, 1945)

11月28日

裘开明致函童世纲：七七事变前，明回国编印哈佛书目，在津由令兄处得悉弟有游美求学意，弟之姓名即印入明之脑海中。故前年弟致函镜宇(于震寰)兄，欲在此谋一位置，明即赞成弟来。但因战事关系，各种不便及困难。至今始得消除。兹附上本社社长叶先生(Serge Elisséeff)正式聘书。弟持此向美国大使馆领取护照，及向中国外汇管理委员会请求购买路费外汇，当无问题。惟刻下交通不便，女客来美恐极困难。因运兵之船不卖女客票，请弟不可因夫人延搁时日。因此间馆务极忙，急须人襄理一切，故最好请弟只身先来，待到此后寻着房屋及接理馆事后一年半载再请夫人出来，届时中美国间商船必加多，然否？若弟不能于二三月间抵此，请先示知，以便就地请人代理，盖此处虚席相待已年余，事务积累甚多也。(HYL Archives：裘开明致童世纲信函，1945年11月28日)

11月29日

美国图书馆协会东方及西南太平洋委员会主席Charles H. Brown致函对合作采购中文资料感兴趣的馆长以及其他拥有东方馆藏的馆长，并函附邓光禄先生，严文郁先生和Tane Matsukata小姐给Brown的求职信复本：邓先生多年来担任成都华西协合大学图书馆馆长，享有极高的声誉，显然如果他能够获得美国大学图书馆聘用的话，那么美国国务院就有可能同意他来美国。严先生已在哥伦比亚大学图书馆学院学习，我想现在他获得奖学金的可能性不大，但是如果他能够在美国找到一个年薪不低于1800美元的职位，那么，他就可能留在美国。如果不能获得明确的资助，或者在美国没有达到每月150美元的收入，那么，我想驻中国的美国使馆就不会批准签证。Tane Matsukata小姐非常信奉美国的生活方式，你们也许会有兴趣聘用这样真诚的日本人，她回国后很可能服务于日本的民主事业。我极力地为这三个人寻找职位，我有邓先生的资格证书，也能够从严先生和Matsukata小姐那里得到他们的资格证书……因为高汇率的原因，从中国装运美国图书馆协会中文资料联合采购计划所购图书的工作已经暂时搁置……附注：我已经收到国立武汉大学图书馆馆长桂质柏(John C. B. Kwei)先生的来信。如果我们能在美国某个地方为他找到一个职位，国务院就有可能支付他往返美国的费用。我也随信附上了国务院Willys Huggles Peck先生来信的复本。我想这封信证实美国图书馆协会的国际事务已经开始得到关注了。(HYL Archives：Letter of Charles H. Brown to Librarians Interested in the Cooperative Acquistion of Chinese Material and to Others Maintaining Oriental Collections, November 29, 1945)

12月4日

裘开明致函成都华西大学华西边疆研究所于式玉和李安宅：兹有恳者，敝馆日文书籍在七七事变前，本由一日人助理担任编目，后弟于1938年底由平回剑不久，该日人自动辞职回国。开战期间，一切由于君镜宇(于震寰)及弟二人经管，虽屡欲聘请贤嫂来此相助，但因战事关系未得学校当局之同意。刻世界已恢复和平，中美间交通亦渐恢复，故又向当局提及此事，已得主管者之许可，聘贤嫂来此担任日文编目，月薪百五十元，但无川资。贤嫂若能在此工作二年，来回路费准可由薪俸中省出。不知嫂愿屈就否。如愿前来，请来电示知，以便致送正式聘书。又安宅兄若亦欲同时来美考察及讲学，当可得罗氏基金委员会(编者注:即洛克菲勒基金会。)或其他大学之补助或聘请也。(HYL Archives: 裘开明致于式玉和李安宅信函,1945年12月4日)

在裘开明举荐下,哈佛燕京学社社长叶理绥(Serge Elisséeff)决定聘刘楷贤(Liu K'ai-hsien)社担任研究助理(Research Assistant),协助一般参考咨询工作,同时担任汉和图书馆中文书编目馆员,年薪1800美元(另ร路费800美元)。任命从1948年7月1日生效,聘期2年。(HYL Archives: Letter of Serge Elisséeff to Liu Kai-hsien, December 4, 1945)

12月6日

燕京大学李书春致函裘开明:睽违数载,音问断绝,良深驰系!今兹战事告终,燕校恢复,快慰奚如!想彼此同情也。大札读悉,关于校印所情形,当日美战起,本所即于12月9日与燕校同时被日军接受,当时一纸一物毫未取出,整个沦入日人手中,并以日人强横行动,使人不敢向迩,及避免一切是非计,此后即未敢接近燕园。直至日人降服,吾等接受燕校时始入校印所院中。校印所不但一切物品皆空,即门窗垣壁破坏情形已使人不能辨认。所有房屋皆不堪用,不得已,现本所已迁至海甸堆房居胡同重新筹备,惟一切一切皆须购置,当此物价奇贵之时,实非易事,幸经积极张罗,现始开工,拟于12月8日即能印出印品。惟恢复旧观尚须多方帮忙,须待相当时日也。垂询各节,关于贵处印品情形,在目录片方面:当时凡已印过大书目者,目录片虽未全部印竣,然亦不过少数未印;其印过者,亦有少数正在整理中;其大多数已送至哈燕学社。大书目方面:社会科学类(第四册已印竣,但未装订。至1—3册,则已全部订成送交哈燕学社矣。小本书目:约已装成3册,送交哈燕学社。阁下之分类法,大概已排成一小部分。以上仅就追忆所及;总之,在校印所所存上项各种,皆被日人全部运至他处,现在详查,在燕校存者,仅有:1—3册大书目第1册70册,第2册61册,第3册37册,目录片157500张。小本书目仅有残存散书页一部分,未印之目录白片700匣,每匣千张。此外则无从考证矣。至以上各书某种寄美若干?某种为哈燕学社售出若干?某种售与未售?因燕校中之底簿不全,且管此事人员亦未全部复职,皆难于详查矣。至此次事变本所所受损失,以现在物价论,其数之巨,或达十万万以上(约合美金20万)。本所整个损失不论矣,即以承印哈佛大书目等项印品而言,若分项计算则有:一、铅字铅料约占铅10万斤,按现价每斤联合准备洋500元计,约合洋50000000元。二、上项所占之铅10万,铸成铅字铅料,约需工价洋30000000元。三、所存大书目等版用木盘及附带其他用品约值联洋4500000元。四、敝所为贵处印品预备之一部分纸张约值联洋500000元(大书目等所用纸张为贵处自备者除外,尚有本所预备之大书目书皮等等纸张约计如上数)。以上为本所因承印贵处印品所受损失物品之数目,约共85000000元。此外尚有贵处应付未付之欠款,计有以下各项:一、压版费,约联洋12500000元(当时约欠压版费20000元,按彼时美金1元换国币8元计,约合美金2500元,再按现在美金1元换联洋5000元计如上数)。二、目录卡片印费约联洋22500000元(约已印15000种,每种印费美金0.30元,共美金4500元,再按现在美金每元换联洋5000计算,如上数)。三、指引片印费及工料费约联洋1500000元(约印300种,每种美金1元,按现在美金价计如上数)。以上为贵处应付未付之欠款,约合联洋36500000元。计以上两项,本所因承印贵处印品所受之损失,共约联洋121500000元,按现在美金价1元换联洋5000元计,约共美金24300元。现在本所正在积极筹划恢复,贵处印品,亦愿意庚续承印,且亦为敝所应尽之责,惟最大问题,为刻刻感到经济窘迫,兹承赐示,特陈述以上情形,敬恳台端万分协助,将以上所计数目赐予筹计拨发,藉资挹注,不但敝所受惠,俾能周转,且可使本所为燕校服务胜任愉快,为贵处服务便利也。至盼！至祷！又本所所有文件尽数遗失，前与贵处来往情形，丝毫不能详查，以上所计数字，不过凭记忆计算，容或与实际小有出入，敬请与贵处底卷核对，如有不符敬祈示知为荷。（HYL Archives：李书春致裘开明函件，1945 年 12 月 6 日）

曾于 1939 年在汉和图书馆工作的 J. Q. Murugala 致函裘开明，询问自己当年受聘的具体日期和薪水等信息。（HYL Archives：Letter of J. Q. Murugala to Alfred K'aiming Ch'iu, December 6, 1945）

12 月 7 日

函告荷兰莱顿汉学研究所所长戴闻达（Jan Julius Lodewijk Duyvendar），战争已经结束，现将 7091－9890 号目录卡片寄奉汉学研究所，收到后请告知；由于哈佛引得校印所在战火中被摧毁，故现在无法保证能否继续出版后续的汉籍分类目录和目录卡片，待有结论后再行通知；询问是否收到了汉籍分类目录的第三卷。（HYL Archives：Letter of Alfred K'aiming Ch'iu to Jan Julius Lodewijk Duyvendar, December 7, 1945）

12 月 11 日

裘开明回复 J. Q. Murugala，告知汉和图书馆 1939 年聘用 Murugala 的具体信息。（HYL Archives：Letter of Alfred K'aiming Ch'iu to J. Q. Murugala, December 11, 1945）

本年

哈佛大学哈佛燕京学社汉和图书馆开始建立韩文馆藏。（Serge Elisséeff. The Chinese-Japanese Library of the Harvard-Yenching Institute. *Harvard Library Bulletin*, Vol. 10, No. 1, Winter 1956：73-97）

汉和图书馆建成西语部（A Western-language Section）。（HYL Archives：Introduction of the Harvard-Yenching Library）

汉和图书馆把大约 15000 张日文目录卡片制成汉和图书馆分类目录缩微胶片，与国会图书馆共享，国会图书馆在此基础上建立日籍联合编目项目。（HYL Archives：Eugene Wu., Alfred K'aiming Ch'iu and the Harvard-Yenching Library, 1984）

1946 年
49 岁

1 月 3 日

苏联学院 Basil M. Alexéièv 教授致函裘开明，请提供北平 Licoph Service 发行的图书小册子。（HYL Archives：Letter of Basil M. Alexéièv to Alfred K'aiming Ch'iu, January 3, 1946）

1 月 6 日

裘开明在加州大学伯克利分校图书馆考察远东文献馆藏。（HYL Archives：Letter of Charles B Fahs to Alfred K'aiming Ch'iu, January 8, 1946）

1 月 9 日

裘开明完成对加州大学伯克利分校图书馆馆藏远东文献的考察，离开加州大学。

(HYL Archives: Letter of Charles B Fahs to Alfred K'aiming Ch'iu, January 8, 1946)

1月18日

裘开明致函哈佛引得校印所所长李书春:已与当局商讨彼等之意,以往贵处之损失将来应在日人赔款中扣取,盖司徒(John Leighton Stuart)校长有意向日方要求赔偿燕大全体损失美金二百万元,此款将由美国政府或中国政府向日方要求也。闻贵所已于12月间复业,不胜欣喜之至。此后请将应重排之大书本目录作一新估计,约作美金若干一页及每种卡片若干印五十张须印费若干,以便造作新预算也。尊言大书目社会科学类已印成,不知能在燕大各处寻得一份否? 不然此部须重校对颇费时日。又丛书杂著类三校清样弟已于日美开战前寄至燕大图书馆,不知此稿仍存在否? 均请一查。本馆《汉和图书分类法》已于1943年在美国石印方法印成二百部,由华京美国人文科学理事会出版,闻将售罄,兹另邮寄上一部,请到图书馆筱珊(聂崇岐)兄处一阅。并祈估计重版排印费需若干(以五百部计算)? 一切费神。(HYL Archives:裘开明致李书春信函,1946年1月18日)

2月14日

裘开明发电报给李安宅(Li An-che),询问李夫人于式玉(Yü shih-yü)是否愿意接受哈佛燕京学社汉和图书馆日文编目员职位。(HYL Archives:Telegram of Alfred K'aiming Ch'iu to Li An-che, February 14, 1946)

2月17日

成都华西大学华西边疆研究所于式玉(Yü shih-yü)致函裘开明:昨天我们收到你1945年12月4日的来信,非常惊喜。你的记性真好,在战争导致我们分别如此之久后,你还记得我。在接到你的信后,我在5分钟内就发出了"接受工作"的电报。你或许想知道战争以来我们的情况如何。(李)安宅和我去了甘肃拉卜楞寺……我很高兴有机会参加你们哈佛图书馆的工作。否则,要等到我们大学派遣我来美国进修,我的赴美行程会拖延两年之久。考虑到年龄问题,对于我来说,来美国越早越好……如果我决定来贵馆从事日文编目工作,请问是否有可能把我的薪水增加到150美元以上? 我之所以问这个问题,是因为(李)安宅要养5个小孩和1个单身姨妹(寡妇),的确很困难……(HYL Archives:Letter of Yü Shih-yü, West China Frontier Research Institute, Chengtu, Szechnuan, China, to Alfred K'aiming Ch'iu. February 17, 1946)

2月25日

童世纲(Tung Shih-kang)发电报给裘开明,告知将于6月到达美国。(HYL Archives:Telegram of Tung Shih-kang to Alfred K'aiming Ch'iu, February 25, 1946)

2月26日

西蒙斯大学图书馆学院代理院长Nina C. Brotherton致函裘开明,推荐短期实习生Isabel Chin到汉和图书馆求职。(HYL Archives:Letter of Nina C. Brotherton to Alfred K'aiming Ch'iu, February 26, 1946)

中国基督教大学联合董事会C. A. Evans致函裘开明:我于2月19日接到于式玉(Yü Shih-yü)的电报,她请我转告你,她愿意接受贵馆提供的职位。(HYL Archives:Letter of C. A. Evans to Alfred K'aiming Ch'iu, February 26, 1946)

2月27日

裘开明致函刘楷贤:去岁承赐书及电询,无任感激。届时因此间计划未决定,故不能即复,有劳殷望寸心,非常不妥,疏忽之罪,尚祈由为消谅耳。自日美开战,复敝馆与燕大间音信断绝。明固不知先生已于民国三十三年春避难到成都,待至1945年4月间始前后接到大扎(编者注:此处"扎"似应为"札"。)及尊电,但彼时敝馆早已在国内聘定中央图书馆童君世纲来此,后童君有赴新疆就要职说,明又寄一聘书由童君转交兄。不幸童君到新未久即回重庆,现仍欲来此就职。明固无法废弃前约,只好让彼来此也。童君与明并无深交,系由敝馆副主任于震寰先生推荐。先生让明致袁守和(袁同礼)先生书后……自抗战胜利后,燕大洪(煨莲)先生及李书春兄均有信来,洪先生不久将来哈佛,陈鸿舜兄现在纽约哥大图书馆服务,暑假后回燕大仍旧副馆长兼参考部主任之职,不知兄有意仍回北平燕大图书馆服务否?如愿北上,敝馆编印目录事仍当借重先生,以成其事。明夏如有机会,明亦想回国一行,不知能成功否……梁思庄先生前请代致意。(HYL Archives:裘开明致刘楷贤信函,1946年2月27日)

3月6日

哈佛燕京学社社长叶理绥(Serge Elisséeff)教授致函于式玉(Yü Shih-yü):根据我社馆长裘开明的推荐,我很高兴给你发出正式聘任邀请,聘请你担任哈佛燕京学社汉和图书馆研究助理一职,负责日文书籍编目,年薪1800美元,无旅费。聘期自1946年7月1日起,为期两年,是否续聘将取决于我们对你工作是否满意。(HYL Archives:Letter of Serge Elisséeff to Yü Shih-yü, March 6, 1946)

3月7日

裘开明致函成都华西大学华西边疆研究所李安宅教授与于式玉:去岁12月初奉上一函,详述此间馆务情形及需深通日文者整理日籍之编目,并询问贤嫂(于式玉)能否来美相助,因未得复示,故又于上月14日呈上一电,兹由燕大纽约办公处接得回示,知能来美,不胜所慰之至。兹奉上本所所长叶(Serge Elisséeff)先生之聘书,请持向外交部领取护照及购换路费之外汇。如外汇之购换有困难处,可由华西大学或燕京大学正式向美国国务部(编者注:此处"部"似应为"院"。)驻中国之文化事业专员费正清夫人(Wilma Canon Fairbank,费慰梅)请求津贴川资。馆中经费不裕,不能付给川资,二十年来皆如此也。贤嫂领得护照后,即向船(编者注:似应为"船运"。)公司预定舱位,女客较难,必须于数月前办理此项手续,始能于7月1号前赶到此地。动身前请来一电飞航快信,详告动身日期、船名及抵美西岸之日期,以便在此代定房子。再美国退伍兵士入学校者太多,在此地寻房屋非常困难,故必须赶早预定也……(HYL Archives:裘开明致李安宅于式玉信函,1946年3月7日)

3月16日

陈鸿舜致函裘开明:我将会在六月底结束哥伦比亚图书馆的职务,于8月返国。预计6月就可以完成哥大中文图书馆所藏中文书籍、杂志以及官方小册子的编目,但还没有开始处理丛书分析卡片。胡登元夫人去年秋天就辞职离开了,由黄夫人接任。据Dorothy M. Eggert小姐说,你的朋友严(文郁)先生大概无法专任哥大图书馆的职位,如果半工读或许还有可能,因为哥大图书馆经费不多。如果他愿意屈就,我将向人事主管C. McCarthy博士竭力推荐。另外,你是否有机缘可以安排起潜(顾廷龙)兄到美国观光。而续印目录的事情,我回到燕京后将会继续。然北平无法寄送包裹,书籍购买可能不得不延缓办理了。我已请傅路特(Luther Carrington Goodrich)博士介绍哥大图书馆向周一良先生购买《周季木先生所藏匋文集》。(HYL Archives:陈鸿舜致裘开明信函,1946年3月16日)

3月19日

顾廷龙致函裘开明:多年不通音问,时深悬念。去年战争结束后,航邮当未通,即寄一平函□起居。不知曾收到否？敝处在此四年之中，先后印成丛书十四种十六册，印虽不精，惟皆未刊之稿。除第一种出版时承台端介绍，乃与 Harvard Journal of Asian Studies(《哈佛亚洲学报》)作为长期交换。战迄停顿，现能继续否？倘蒙许可，请将 Vol. 6 No. 3 起至最近者见与敝处。当即检寄。其他关于考古者两种：一、《河朔古迹图识》，二、《补藤花馆石墨目录》，无可奉赠？不知 Journal Vol. 1－5(《哈佛亚洲学报》1－5 卷) 当能赐补全份否？(HYL Archives：顾廷龙致裘开明信函，1946 年 3 月 19 日)

3 月 21 日

裘开明致函苏联学院 Basil M. Alexéièv 教授：由于 1941 年爆发了太平洋战争，我们无法直接与北平 Licoph Service 通信，在此之前，我们曾购买过他们的全部出版物。我听说北平 Licoph Service 现在已经被清算，因为在日本人短期统治北平期间，该公司的一位奠基人曾与日本人合作。可是，在北平可能还存有他们出版物的复本。购买那些书以及中文图书的最佳地点是北平协和书店(Union Book Store)。该书店一直为国会图书馆、哥伦比亚大学图书馆和哈佛采购大量图书，经理 T. K. Koo 先生是个完全可以信赖的人。(随函寄北平 Licoph Service 发行的出版物通知，以及加州美国书商 P. D. Perkins 编制的相同出版物目录。)(HYL Archives：Letter of Alfred K'aiming Ch'iu to Basil M. Alexéièv, March 21, 1946)

裘开明致函成都华西大学华西边疆研究所于式玉(Yü Shih-yü)：你分别通过美国大使馆和邮局寄来的 2 月 17 日来信已经收到。根据你的愿望，哈佛燕京学社已经向华盛顿的美国国务院提交了为你申请旅费的报告。如果申请批准了的话，你将会从重庆的费慰梅(Wilma Canon Fairbank)女士办公室那里得到结果。自战争结束以来，我们收到了 100 箱日文图书，这些图书都是从华北日侨(Japanese Nationals in North China)那里得到的。于震寰(Zunvair Yue)先生正在用最快的速度编目，但是，他今年 5 月不得不离开哈佛，返回他原来在中国南京中央图书馆的工作岗位，他已经离开该工作岗位六年半了。所以，我们希望你能够在 6 月份到达哈佛，并从 7 月 1 日开始工作，以便我们的日文编目工作持续不断。(HYL Archives：Letter of Alfred K'aiming Ch'iu to Yü Shih-yü, West China Frontier Research Institute, Chengtu, Szechnuan, China. March 21, 1946)

3 月 22 日

燕京大学引得校印所所长李书春致函裘开明：1 月 18 日手书读悉。所云敝所损失，将来于日本赔偿燕大款内扣取，惟此事能否实现？何时办到？均不可预知，敝所只得静候。至于贵处应付之指引片、卡片印费、压版费等欠款，殊与战事无关。因于战事发生前即已寄上，故亟盼先行掷付，盖此款数，在贵处虽属微乎其微，而在敝所则能藉资周转，务恳阁下为力，设法早日拨付至祷！至盼！关于大书目排印费，敝所拟按每页美金 10 元计，卡片排印费按每种美金 7 角计，《汉和图书分类法》按每页美金 5 元计。以上价格之事变前或小有出入，然当此人工物价奇贵之秋，尚属低廉。至于纸价多寡，何时决定，再按何时市价购备，眼下未便估计……(HYL Archives：李书春致裘开明函件，1946 年 3 月 22 日)

3 月 25 日

西蒙斯大学图书馆学院代理院长 Nina C. Brotherton 致函裘开明，函寄西蒙斯大学图书馆学院学生实习表格和实习工作指南等材料。(HYL Archives：Letter of Nina C. Brotherton to Alfred K'aiming Ch'iu, March 25, 1946)

3 月 27 日

裘开明致函荷兰莱顿汉学研究院院长戴闻达(Jan Julius Lodewijk Duyvendar)：因

为我无权处理学社的出版物,所以,我已经把你索取哈佛燕京学社出版物的来函转交哈佛燕京学社秘书处处理。我计划参加复活节(4月21日)举行的美国东方学会会议,不知你是否出席。(HYL Archives:Letter of Alfred K'aiming Ch'iu to Jan Julius Lodewijk Duyvendar, March 27, 1946)

哈佛大学比较动物学博物馆 Margaret A. Frazier 致函裘开明:数周前,根据 R. H. Haynes 先生的建议,我们曾经写信给你,请贵馆帮助翻译一些日文图书目录,不知是否已收到我们的来信。切盼回复,并感谢帮助。(HYL Archives:Letter of Margarer A. Frazier to Alfred K'aiming Ch'iu, March 27, 1946)

3月28日

裘开明致函哈佛大学比较动物学博物馆 Margaret A. Frazier:兹附上6张日文图书的目录卡片。每本书中均有一张卡片,通过对比目录卡片与书中的卡片,你们很容易判断目录卡片所对应的图书。目录卡片的第一部分内容是原文书名与作者名,第二部分为书名与作者名的标准罗马化拼写……我们做了卡片的副本,并已经排入我们的目录。(HYL Archives:Letter of Alfred K'aiming Ch'iu to Margarer A. Frazier, March 28, 1946)

William E. Schevill 致函裘开明,感谢裘开明解释中国和日本的纪年方法。(HYL Archives:Letter of William E. Schevill to Alfred K'aiming Ch'iu, March 28, 1946)

裘开明致函哥伦比亚大学图书馆 Dorothy M. Eggert:陈鸿舜(Ch'en Hung-shun)先生曾来信提到贵馆需要一名受过良好培训且工作经验丰富的中国馆员,以便陈先生7月份回北平后接替他的工作。我谨向你推荐严文郁(Yen Wen-yu)先生。严文郁先生想到贵校进修图书馆学院的课程,正适合做兼职图书馆员的工作。(HYL Archives:Letter of Alfred K'aiming Ch'iu to Dorothy M. Eggert, March 28, 1946)

3月29日

刘楷贤致函裘开明:顷奉2月27日手示,并附袁守和(袁同礼)先生函,捧读之余,敬悉一一。蒙先生关垂,虽今岁未获随侍左右,而先生提携后进之高谊,业已铭感五中。复蒙垂询回北平燕大否,并命助理贵馆编印目录。两旬前曾接此间学校当局通知,续聘贤回北平燕大,应聘与否,尚未决定。今又奉手示,命助贵馆编印目录事,谨从先生命,贤仍回燕大,但为期一年,希明秋能赴美,亲聆教诲,藉增学识。贤之未来前途,皆先生所赐,敬祈先生玉成之。关于贤回校后,尚不知担任何种工作,亦未便自荐也。此间学校大约在五月初及五月半分两次迁平,到平后,当再函报先生……(HYL Archives:刘楷贤致裘开明信函,1946年3月29日)

4月1日

哥伦比亚大学图书馆 Dorothy M. Eggert 致函裘开明:我已将你推荐严文郁(Yen Wen-yu)先生的信函转交 C. McCarthy 博士。我们暂时不打算招聘接替陈(鸿舜)先生工作的新馆员。如果严先生希望在我校的图书馆学院进修,那么,我们可以考虑。(HYL Archives:Letter of Dorothy M. Eggert to Alfred K'aiming Ch'iu, April 1, 1946)

哈佛燕京学社举行董事会会议,通过有关图书馆的决议如下:1. 表决通过 T-891:在1945-1946年度的图书馆预算中增加800美元拨款,用于影印罗克(Joseph F. Rock)博士藏书中的摩梭稿本(Moso manuscripts)。2. 表决通过 T-908:自1946年7月1日起,裘开明薪水从4000美元增长至4400美元。(HYI Archives:Meeting of the Board of Trustees Held on April 1, 1946)

4月4日

哈佛比较动物学博物馆 Margaret A. Frazier 致函裘开明,请求帮忙编目一批日文书籍。(HYL Archives: Letter of Margaret A. Frazier to Alfred K'aiming Ch'iu, April 30, 1946)

裘开明致函芝加哥大学图书馆馆长 Ralph A. Beals:昨天我们收到一批来自美国图书馆协会中文资料联合采购计划的中文图书,但是这批包裹中没有清单。国立北平图书馆重庆办公室有没有给贵办公室寄送这批货运的中文清单复本?如果有,请尽快转给我们,以便我们核对图书。(HYL Archives: Letter of Alfred K'aiming Ch'iu to Ralph A. Beals, April 4, 1946)

4月9日

裘开明致函哥伦比亚大学 Carl M. White 博士:我谨推荐严文郁(Yen Wen-yu)先生攻读贵校图书馆学院博士学位。严文郁先生1932年毕业于哥伦比亚大学并获得理学硕士,现任国立北京大学图书馆馆长,他正在向贵校人事办公室主任 C. McCarthy 博士申请贵馆中文文库的兼职工作职位,烦请你考虑他在贵校图书馆学院攻读博士学位的申请。严文郁先生已将个人简历和书面申请交给了 McCarthy 博士。贵校图书馆现在的中文编目员陈鸿舜(Ch'en Hung-shun)先生将于7月份返回中国北平的燕京大学图书馆担任参考馆员,而贵校图书馆的中文图书编目工作尚未完成,据 Dorothy M. Eggert 女士和陈先生说,还有大量中文丛书的分类编目工作待完成。我认为严先生完全能够胜任这项工作,从他的简历中可以得知这一点。F. J. Reece 教授也熟知严先生的为人,我想他会很乐意帮助你了解严先生。(HYL Archives: Letter of Alfred K'aiming Ch'iu to Carl M. White, April 9, 1946)

4月11日

裘开明致函芝加哥大学图书馆馆长、美国图书馆协会中文书联合采访计划主席 Ralph A. Beals:在查核完最近收到的贵办公室寄来的中国图书后,我们发现有些包裹中少了一些图书,请告知这次从中国寄送来的图书的实际情况。(HYL Archives: Letter of Alfred K'aiming Ch'iu to Ralph A. Beals, April 11, 1946)

4月14日

耶鲁大学图书馆编目部 Isabel Chin 致函裘开明:在汉和图书馆实习期间获益良多,谨致谢忱。(HYL Archives: Letter of Isabel Chin to Alfred K'aiming Ch'iu, April 14, 1946)

4月15日

芝加哥大学图书馆服务部主管谢拉(Jesse Hauk Shera)致函裘开明:感谢你4月11日来信告诉我们美国图书馆协会中文资料联合采购计划邮包内图书遗失的情况,我们已经记录在案。中文图书的航运和接收地点都已经变得比较复杂。中国的相关机构还没达到我们所希望的完美程度,而且相当没有规律性。另一方面,我们在人事上存在着严重的缺陷,以致我们不能按照预期的速度发送图书和目录。我不断地听到消息说,袁同礼(Yuan Tung-li)先生很快将来芝加哥。如果袁同礼先生来到芝加哥的话,我就能和他一起解决这些困难,但是他至今还没有出现。我希望你能在我们遇到困难的时候予以容忍。我们会直面这些困难并最终解决。(HYL Archives: Letter of Jesse Hauk Shera to Alfred K'aiming Ch'iu, April 15, 1946)

4月21日

裘开明出席美国东方学会在纽约召开的年会。荷兰莱顿汉学研究院院长戴闻达(Jan Julius Lodewijk Duyvendar)教授在会上肯定了《汉和图书馆汉籍目录》的重要作用,并在会后赴剑桥,利用一周的时间帮忙审阅《汉和图书馆汉籍目录》校样。(HYL Archives: Chinese-Japanese Library Harvard University Report of the Librarian for the Year July 1,

1946 to June 30,1947)

4月30日

裘开明致函芝加哥大学远东图书馆代理馆长邓嗣禹(Teng Ssu-Yü):敝馆于(震寰)先生向你推荐童世纲夫人吴元清女士(Wu Yuencheng)应聘贵馆助理馆员。对此,我发表一些看法,我从来没有见过吴女士,但我的太太(曾宪文)很了解她。吴女士是一位安静而尽责的人,曾在桂林师范学院图书馆、华西协和大学图书馆工作长达10年,是一位非常合适的人选。(HYL Archives:Letter of Alfred K'aiming Ch'iu to Teng Ssu-Yü, April 30, 1946)

5月13日

童世纲(Tung Shih-kang)发电报给裘开明,告知正在上海等待美国签证。(HYL Archives:Telegram of Tung Shih-kang to Alfred K'aiming Ch'iu, May 13, 1946)

5月27日

裘开明致函皇家安大略考古博物馆东亚部(East Asiatic Department of the Royal Ontario Museum of Archaeology)秘书:由于在中国北平的燕京大学哈佛引得校印所被日军摧毁,目前无法确定汉籍卡片目录和书本式分类目录何时能够重新开印。哈佛燕京学社打算继续出版馆藏目录,具体公告将会刊登在纽约市出版的《远东季刊》(*Far Eastern Quarterly*)上。(HYL Archives:Letter of Alfred K'aiming Ch'iu to East Asiatic Department of the Royal Ontario Museum of Archaeology, May 27, 1946)

6月15日

李安宅(Li An-che)致函裘开明,告知于式玉(Yü shih-yü)赴美前的若干准备问题,并决定带小女儿同往。(HYL Archives:Letter of Li An-che to Alfred K'aiming Ch'iu, June 25, 1946)

6月25日

成都华西大学华西边疆研究所李安宅(Li An-che)教授代夫人于式玉(Yü Shih-yü)致函裘开明,询问于式玉赴哈佛燕京学社图书馆工作的旅费等事宜,并说明于式玉准备出国的具体情形。(HYL Archives:Letter of Professor Li An-che, West China Frontier Research Institute, Chengtu, Szechnuan, China, to Alfred K'aiming Ch'iu, June 25, 1946)

6月

洪煨莲(William Hung)抵达哈佛。于震寰(Zunvair Yue)辞职回中国。(HYL Archives:Chinese-Japanese Library Harvard University Report of the Librarian for the Year July 1, 1945 to June 30,1946)

7月2日

燕京大学引得校印所所长李书春致函裘开明:前上一函,今又数月未通音候,殊深歉疚,近维诸事顺适为盼。敝所自去年复业后竭力经营,虽略具眉目,但人力财力均感缺如,时局交通又复不可恃,与旧观之恢复其去尚远,仅仅能应付各种工作而已。贵处未了工作想必希望急于进行,如能早日掷下以便提前着手至盼。前者尊函所云敝所各种损失当与日寇清算,此语甚当,但尊处现用之目录片约15000种及指引片300种均未付款,此项印费为贵处应付未付之款,似不宜索之于日寇,因该两种均已印妥奉上实用,与日寇之侵略无关,只以交通不便,其款未曾掷下耳。现敝所需款孔亟,故函述如上,希将所欠之目录片印费美金4500及指引片印费300元赐予,从速掷下,俾敝所藉资周转进行并可与尊处将来服务之便利,实为至盼。(HYL Archives:李书春致裘开明函件,1946年7月2日)

7月12日

童世纲(Tung Shih-kang)发电报给裘开明,请其告知于镜宇(于震寰)在旧金山等候。(Telegram of Tung Shih-kang to Alfred K'aiming Ch'iu, July 12, 1946. See: HYL Archives, file: Chinese Library Employee Record 1945-June 1953)

7月15日

裘开明致函童世纲(Tung Shih-kang):很高兴知道你将于17日抵达旧金山,可惜于震寰(Yue Zunvair)已于10日离开,你二人无法在美国见面了。我知道洪煨莲夫人(Mrs. William Hung)和她女儿跟你一同前来,洪(煨莲)先生已在那边等候。若有任何疑问,请询问洪夫人的意见。你可于8月1日开始工作,但需要花些时日寻找寓所。目前剑桥的房屋供应紧张,我尚未替你寻得合适的地方。幸好你没有携眷前来,单身寓所还是较易找到的。当你从芝加哥来波士顿时,请发电报告知。(HYL Archives: Letter of Alfred K'aiming Ch'iu to Tung Shih-kang, July 15, 1946)

7月17日

裘开明致函成都华西大学华西边疆研究所李安宅(Li An-che)教授:非常感谢你6月26日的来信。我们高兴地得知李夫人(于式玉,Yü Shih-yü)已经获得了签证。作为在美国国务院支付旅行费用的中国文人名单上的人,她可以优先从费慰梅(Wilma Canon Fairbank)女士的文化关系办公室获得船票。当然,我们希望她尽快到达,因为她的聘期从7月1日开始,而且我们图书馆有许多工作要做。我高兴地得知你们又生了一个女儿,衷心地祝贺。我想你们的小女儿与她在中国的兄弟姐妹们住在一起,远比和她的母亲一起来美国要好得多。在美国安置她这个年龄的儿童很难而且很贵。慈善机构只接受孤儿和贫困家庭的小孩。我们在美国的中国人当然不能把我们的小孩送去美国的慈善机构……(HYL Archives: Letter of Alfred K'aiming Ch'iu to Professor Li An-che, West China Frontier Research Institute, Chengtu, Szechnuan, China. July 17, 1946)

7月20日

耶鲁大学图书馆编目员陈春绮致函裘开明:耶鲁大学图书馆将借鉴汉和图书馆的做法对东方语言馆藏重新分类。(HYL Archives:陈春绮致裘开明信函,1946年7月20日)

7月24日

傅路特(Luther Carrington Goodrich)致函裘开明:非常感谢你寄来《中国的火器》,我会在8月的假期里认真拜读。如果你还有这本书,能否送一些给我们,因为该著收录了怀德纳图书馆或其他普通图书馆一般不收藏的一些论文。(HYL Archives: Letter of Luther Carrington Goodrich to Alfred K'aiming Ch'iu, April 30, 1946)

7月25日

裘开明致函耶鲁大学图书馆编目部Isabel Chin:我很高兴地得知,耶鲁大学图书馆将在东方语言文学系George A. Kennedy的领导下,使用我馆的印刷目录卡片和《汉籍分类目录》对东方语言文献进行重新分类编目。我不确定贵馆是否有《汉和图书馆分类法》,如果没有的话,则可以向美国学术团体协会购买。我不知道贵馆将按照什么分类法对东方语言文献进行重新分类。我知道贵校的日文图书是在朝河贯一(Kanichi Asakawa)教授的指导下采用普通图书馆分类法分类的,从旧分类法转变为新分类法需要花费很长的时间,但是,如果可以极大地提高服务效率的话,是值得的。我认为美国的中日文图书应该统一按照中国和日本的分类法进行分类。(HYL Archives: Letter of Alfred K'aiming Ch'iu to Isabel Chin, July 25, 1946)

8月5日

　　加州大学伯克利分校大学图书馆编目部主任 Doris F. Higgins 致函裘开明：因馆长 Harold L. Leupp 先生已经退休，今后请将中文目录卡片直接寄至编目部。（HYL Archives：Letter of Doris F. Higgins to Alfred K'aiming Ch'iu, August 5, 1946）

8月7日

　　国会图书馆交换与捐赠部主任 Thomas R. Barcus 致函裘开明：国会图书馆委托我向你致谢，我们已经收到哈佛大学汉和图书馆寄来的5份目录卡片索引缩微胶片。这项工作可以提高图书馆馆藏的价值，非常值得投入时间、精力和金钱。我们将把这批胶片记入交换账目，希望未来能收到你们寄来的更多资料。（HYL Archives：Chinese-Japanese Library Harvard University Report of the Librarian for the Year July 1, 1945 to June 30, 1946）

8月17日

　　国会图书馆东方部日文组组长 Edwin G. Beal, Jr. 致函裘开明：上周，贵馆日籍卡片目录的缩微胶片寄达我馆日文组。虽然我现在不在图书馆，虽然我知道你已经收到了图书馆官方的致谢函，但是我还是想向你表达我个人的谢意。我还为此写了一篇短讯发表在《远东季刊》（*Far Eastern Quarterly*）11月号上。你的努力以及贵社的慷慨大大推进了美国日文书集中编目的进程。"（HYL Archives：Chinese-Japanese Library Harvard University Report of the Librarian for the Year July 1, 1945 to June 30, 1946）

　　刘楷贤致函裘开明：前奉先生手示，业于离成都前奉复，谅邀鉴及。贤5月下旬离成都，乘汽车至陕西宝鸡，再经陇海路至徐州，然后转京沪路至上海，候船来津，终于上月末安抵北平。知关锦注，特此奉闻。本月1日来燕京，即日到图书馆办公，担任中文编目部事宜，惟恐力不能胜任，尚希先生不吝教言，时赐指示为祷……（HYL Archives：刘楷贤致裘开明函，1946年8月17日）

8月

　　童世纲（Tung Shih-kang）到汉和图书馆任职，担任中文书技术助理（Technical Assistant for Chinese Books）。童世纲毕业于文华图书馆学专科学校（Boone Library School），曾担任过南京和重庆的中央政治研究所图书馆馆员。（HYL Archives：Chinese-Japanese Library Harvard University Report of the Librarian for the Year July 1, 1945 to June 30, 1946）

9月2日

　　燕京大学哈佛引得校印所所长李书春致函裘开明：前上一函，谅达尊览，时光瞬息，不通音候又阅两月……兹有所恳者敝所经济已临山穷水尽之时，前函所求补还欠款事，万望吾兄鼎力维持。吾兄与弟及引得校印所之关系，原非菲薄，自不能坐视校印所难于进行，与弟之难于应付也。故敢烦渎特请与主管者交涉，发还前欠为祷！再者，尊处未了工作如何进行，亦请早日进行，亦所至盼。（HYL Archives：李书春致裘开明函件，1946年9月2日）

9月4日

　　李安宅（Li An-che）致函裘开明，告知夫人于式玉（Yü shih-yü）赴美的准备情况。（HYL Archives：Letter of Li An-che to Alfred K'aiming Ch'iu, September 4, 1946）

9月11日

　　裘开明致函李安宅（Li An-che）夫人于式玉（Yü shih-yü），询问来美行程安排。（HYL Archives：Letter of Alfred K'aiming Ch'iu to Yü shih-yü, September 11, 1946）

9月17日

　　美国图书馆协会东方和西南太平洋委员会主席 Charles H. Brown 致函裘开明，告知,希望能在 9 月 28 日(星期六)上午到剑桥与裘开明见面,商谈对可以在中国工作的图书馆员的具体要求。(HYL Archives：Letter of Charles H. Brown to Alfred K'aiming Ch'iu, September 17, 1946)

9 月

于式玉(Yü shih-yü)到汉和图书馆任职,负责日文馆藏的工作。于式玉毕业于日本奈良女子大学(Nara Women's Normal College),曾担任过燕京大学日语系讲师和西南联大藏语和日语副教授。(HYL Archives：Chinese-Japanese Library Harvard University Report of the Librarian for the Year July 1,1945 to June 30,1946)

10 月 23 日

燕京大学图书馆馆长聂崇岐(Nieh Ch'ung-ch'i)致函裘开明：我们已经通过邮寄,或者 Bryner & Co. 公司给你们寄来了 227 册图书。其中,211 册购于太平洋战争爆发以前,16 册购于 1945 年 10 月 1 日至 1946 年 6 月 30 日之间。加上其他的杂费,到 1946 年 6 月 30 日时,我们花了 1002.95 美元。我们聘请了 4 个人为贵馆服务,两个全职,两个兼职。他们的姓名和基本薪水如下：Fu Chen-chih 75 美元/2 个月,吴钰祥(Wu Yu-hsiang)50 美元/2 个月,Yuan The-fen 22 美元,Lu Kuang-lai 20 美元。现在他们的薪水,包括通货补贴,达到大约 350000 元国币,大约相当于 100 美元(兑换率大约为 1 美元 3350 国币)。自 1946 年 7 月 1 日以来,我们已经购买了 42 册图书,加上其他杂费开支,价格大约为 800 美元。所以,你们原来提供的 2000 美元差不多用完了。如果你能够提供 1946-1947 年度的经费,我们将非常感谢。附件是开支报告。1945 年 10 月 1 日至 1946 年 6 月 30 日：哈佛购书处总计用款为 2048848.00 元国币(相当于 1002.95 美元),其中书款 838048.00 元,杂志 346600.00 元,5 个书箱 245000.00 元,马车费 10600.00 元,杂费 80650.00 元,书籍装订 446500.00 元。1946 年 7 月 1 日至 1946 年 10 月 23 日：哈佛购书处总计用款为 1844647.00 元国币(相当于 800.00 美元),其中书款 725637.00 元,杂志 525900.00 元,邮费 162950.00 元,杂费 99440.00 元,装订 29600.00 元,马车费 5000.00 元,海运费 296120.00 元。(HYL Archives：哈佛大学汉和图书馆书款报告 1945－1946)

10 月

裘开明向哈佛燕京学社社长提交第 20 次《馆长年度报告》(1945 年 7 月 1 日至 1946 年 6 月 30 日),其主要内容如下：1. 图书馆馆藏情况。1945－1946 年度哈佛大学汉和图书馆新增藏书量合计 3012 种 7215 册,其中,中文图书 742 种 1745 册,日文图书 2038 种 5129 册,藏文满文蒙文图书 0 种,西文图书 232 种 341 册。截至 1946 年 7 月 1 日哈佛大学汉和图书馆藏书总量合计 36677 种 193975 册,其中,中文图书 26986 种 168357 册,日文图书 7243 种 20411 册,藏文图书 9 种 643 册,满文图书 121 种 1000 册,蒙文图书 18 种 328 册,西文图书 2300 种 3236 册。从统计数据可见,日文书增长幅度很大。这些书种由中国天津的 6 名日本人捐赠,柯立夫(Francis W. Cleaves)教授从中起到了很大作用,当时柯立夫教授因服务于美国军方被派往中国华北地区。这批捐赠共有 107 箱图书和 4 箱拓片与画作。学社以非常便宜的价格购得这批文献,共计 234.53 美元,含快递和邮资费。从语种上看,这批文献中有 1952 种 4912 册日文书,510 种 1419 册中文书,33 种 48 册西文书,32 幅绘画作品。大多数日文书都是 1940－1945 年战争期间出版的重要出版物。其中还有许多儒家经典著作是图书馆已经有入藏的,这些复本将来会用于和其他图书馆交换图书。中文书主要是中日战争期间重庆以及其他内陆城市出版的新书。感谢费正清(John King Fairbank)教授在采访这些书籍的过程中所做的工作,以及为联系国立中央图书馆和中国其他的文化机构向我馆赠书所做的努力。这批中文新书共计716种1443册,未列入上面的统计数据中,因为它们是7月1日以后才到馆的。期刊方面,在费正清教授购得的中文书中,有233种1248本新刊。另外在原有77种旧刊的基础上又新增522本。因此期刊目录上所登记的期刊总数达到1770本。哈佛现藏中文期刊1007种,其中300种为现刊。日文期刊新增2种新刊,这类语种的连续出版的馆藏达到220种。西文期刊新增5种新刊,西文期刊总藏量达到152种。本年度汉和图书馆通过燕京大学图书馆在中国购得19种129册中文书籍。2.编目与分类。(1)日籍分类书目。已于6月份完成包含15000张卡片的日籍分类主题目录缩微胶片的制作工作。缩微胶片已委托波士顿缩微图片公司直接运往国会图书馆,并收到了国会图书馆的感谢信。除了完成分类编目以外,还对柯立夫藏书(Cleaves Collection)的246种日文书进行编目。(2)为重庆空运来的中文新书编目,并为美国图书馆协会印刷目录卡片。共计完成275种书的编目,140种书的目录卡片在哈佛大学印刷厂印毕,费用共计496.11美元,每种书配置6张目录卡片,平均成本是3.54美元,分别出售给西北大学、加州大学、芝加哥大学、密歇根大学、明尼苏达大学、密苏里大学、宾夕法尼亚大学、华盛顿大学、康奈尔大学、耶鲁大学和国会图书馆。出售这些目录卡片共计收入530.28美元。所以美国图书馆协会卡片目录项目可以在没有任何资助的情况下进行。而汉和图书馆在此项目中,无需支付任何费用,只需付出人力。(3)为费正清博士所购之中文书编目。这些书大多是美国其他图书馆未入藏的,所以没有为这些书编印目录卡片,因为印刷卡片目录的费用由一所图书馆承担太昂贵(每套成本3.54美元);为这些新书共编制了629张手写目录卡片。这些手写卡片将用ditto墨水复写并用ditto机复制。(4)为通过成都的南京大学所购的中文方志编目。共计为61种488册方志编目。其中陕西省方志新增2种,湖南和贵州各增1种,四川省各县县志新增57种。

哈佛燕京学社汉和图书馆馆藏中国方志一览表(1946年7月1日)

省份	行政分区总数	已知现存方志种数	馆藏总数	
			种数	册数
河北省	160	573	283	2415
山东省	117	506	249	2060
河南省	118	453	200	1752
山西省	121	386	228	1777
陕西省	98	338	157	1025
甘肃省	106	144	41	400
江苏省	80	527	252	2777
浙江省	90	507	210	2797
安徽省	69	278	96	1403
江西省	93	428	109	2480

续表

省份	行政分区总数	已知现存方志种数	馆藏总数 种数	馆藏总数 册数
湖北省	81	318	123	1340
湖南省	88	303	101	1462
四川省	157	477	244	2084
福建省	72	272	69	1064
广东省	108	375	122	1510
广西省	120	163	41	433
贵州省	73	92	22	211
云南省	105	190	39	845
满洲3省*	130	163	59	534
西北省份	113	69	47	434
共计	2099	6562	2692	28803

* 编者注：此为哈佛书馆分类方法。

以上统计数据中不含具有争议的游记和年鉴的数量，而这类文献在美国一些图书馆是纳入方志类的。汉和图书馆划分方志的依据是缪荃孙（Miu Ch'üan-sun）所著的《清学部图书馆方志目》。（5）完成对柯立夫藏书的清点工作。柯立夫藏书共有174箱，编制了完整详细的目录。这部目录共计81页，规格与正规信纸的大小相同。1945－1946年度各语种目录新增目片数统计如下：中文书作者—书名四角号码目录新增目片984张，作者—书名罗马字母目录新增目片454张，分类主题目录新增目片262张，排架目录259张，以上共计1959张；日文书作者—书名四角号码目录新增目片1883张，作者—书名罗马字母目录新增目片1765张，分类主题目录新增目片851张，排架目录新增目片334张，以上共计4833张；西文书作者—书名目录新增目片285张，排架—分类主题目录新增目片89张，以上共计374张。各语种目录合计新增目片7166张。3. 书本式目录和洛克菲勒目录卡片项目。由于洪煨莲（William Hung）教授缺席，4月份的董事会未达成关于该项目任何决议。洪教授于6月份抵达哈佛，随后又收到北平哈佛引得校印所经理李书春（Li Shu-ch'un）的几封信，从这两人处得知哈佛引得校印所、汉和图书馆书本式分类目录以及洛克菲勒目录卡片项目在战争中的损失情况和目前的现状。建议董事会重新启动书本式目录和洛克菲勒目录卡片项目。4. 阅览室与书库。1945－1946年度汉和图书馆共外借978种2049册图书，图书馆流通台共开放了44周264天，日均外借图书8册。未统计隔夜借还图书以及在馆阅读图书的数量。因为预见到远东学系的学生数量会大幅度增长，所以暑假期间修缮和添加了阅览室和书库的设施设备。阅览室现有32个工作台，每个工作台配有一把椅子和一张书桌。这些工作台都编了号，每名研究生都能拥有一张工作台。书库里有14张书桌（4张是新订购的，还未到货）。5. 参考咨询与馆际互借。1945－1946年度，全美共有18所研究机构向汉和图书馆提出借书的申请,共计外借82种182册藏书,其中中文书60种156册,日文书12种15册,西文书10种11册。本年度和过去的几个学年度一样,我的大量的时间都用于解答读者问题上,希望学社能尽快批准聘请一名专门的参考咨询馆员。5. 图书馆人事。于震寰(Zunvair Yue)先生于6月从我馆辞职。于先生1939年以交换馆员的身份从国立中央图书馆来到哈佛,战争使于先生滞留在这里长达6年,这对于中国来说是不幸的,对于我们来说却是幸运的。在此期间,他把我们的日文馆藏和各类目录建设得很完善。我们能够以缩微胶片的形式出版日籍分类主题目录主要归功于他的努力和勤奋。如今他又回到南京国立中央图书馆,担任采访部主任。于先生在这里的岗位于9月份由李安宅(Li An-che)夫人于式玉(Yü shih-yü)接任,她毕业于日本奈良女子大学(Nara Women's Normal College),曾担任过燕京大学日语系讲师和西南联大藏语和日语副教授。她向西南联大告假2年,正在休假中。自陈鸿舜(Ch'en Hung-shun)先生1942年9月辞职后,中文书技术助理(Technical Assistant for Chinese Books)的岗位这么多年一直空缺,因为战争期间很难从中国聘请到人。8月份童世纲(Tung Shih-kang)先生到馆担任该职,他毕业于文华图书馆学校(Boone Library School),曾担任过南京和重庆的中央政治研究所(Central Political Institute)图书馆馆员。在他到来之前,原国立北平图书馆参考咨询馆员邓衍林(Teng Yen-lin)先生暂时代理该职务。怀德纳图书馆派来的William Henry Winship先生继续在汉和图书馆担任阅览室监管,由于远东语系学生数量的增长,William Henry Winship先生的工作相当繁重。6. 图书馆财务。(1)1945-194学年度图书馆预算:图书5800美元[其中,中文书3000美元,西文书和日文书2000美元,罗克(Joseph F. Rock)博士的摩梭手稿800美元],装订850美元,保险650美元,办公经费和水电500美元,薪水和津贴5700美元,总计13500美元。(2)1945-1946年度支出统计:图书5919.42美元,装订557.35美元,保险560美元,办公经费与水电336.90美元,印刷图书馆目录卡片366.72美元,薪水和津贴5866.98美元(其中,正式员工3520美元,临时工2121.34美元,退休金225.64美元),总计13607.37美元。另有出售印刷卡片收入300.96美元,图书馆罚款收入5美元。(3)哈佛中文书经费支出统计(燕京大学代购部分)。1945年10月1日至1946年6月30日:书籍国币838048元,期刊(报纸)国币346600元,邮资国币81450元,5个书箱国币245000元,运费国币10600元,文具及杂费国币80650元,图书封面国币446500元,合计国币2048848元(折合1002.95美元)。1946年7月1日至1946年10月23日:书籍国币725637元,期刊(报纸)国币525900元,邮资国币162950元,文具及杂费国币99440元,图书装订国币29600元,陆路运费国币5000元,水路运费国币296120元,合计国币1844647元(折合800美元)。(HYL Archives: Chinese-Japanese Library Harvard University Report of the Librarian for the Year July 1, 1945 to June 30, 1946)

11月14日

哈佛燕京学社董事会在哈佛商学院教工俱乐部举行董事会议,出席会议者包括:巴伯(George G. Barber)、董纳姆(Wallace B. Donham)主席、白雷格(Robert Pierpont Blake)、Paul H. Buck、Walter Ernest Clark、格林(Roger S. Greene)、胡美(Edward H. Hume)、诺斯(Eric M. North)、Carl T. Keller、叶理绥(Serge Elisséeff)。财务员William H. Claflin, Jr. 列席会议。洪煨莲(William Hung)、赖肖尔(Edwin Oldfather Reischauer)、柯立夫(Francies W. Cleaves)、海陶玮(James Robert Hightower)和陈观胜(Kenneth Chen)出席晚宴。有关图书馆的内容如下:1. 表决通过:中印研究所1422.

77美元、哈佛大学图书基金2397.05美元、普通用途240.66美元,这些燕京大学在1945年8月20日至1946年6月30日期间的结余结转1946—1947年度。2.表决通过:向柯立夫先生在天津获得日文图书并打包运送至学社表示感谢。3.表决通过:在本期预算中增加3500美元用于出版,其中3000美元用于在中国完成汉和图书馆目录,500美元用于在美国购买纸张并运往中国。4.表决通过:在本年度购买罗克(Joseph F. Rock)博士的书籍和地方志的8000美元预算拨款中增加500美元。

1947—1948年度哈佛燕京学社经由燕京大学支出费用预算

单位	费用(美元)
图书馆 仅图书采购	10000
考古学实验室	500
教职员	8250.05
宿舍租赁	2400
奖学金	2000
汉学研究杂志	3000
办公费用	1000
办公助理	1750
办公室秘书	1620
临时费用	1000
中印研究所(现称为美国亚洲研究所)	参考上文
汉学引得丛书	6000
会计和审计	878.75
煤补助金	1800
合计	40198.80
薪金补偿差量(由燕京大学财务员保存)	10000

1947—1948年度哈佛大学哈佛燕京学社薪水支出预算

姓名	薪水(美元)	退休金(美元)
魏鲁男(James Roland Ware)博士	6600	330
裘开明博士	4500	225
伯烈伟(Sergei Polevoy)先生	3500	175
赖肖尔博士	6000	300
柯立夫博士	4500	225

续表

姓名	薪水（美元）	退休金（美元）
李方桂(Li Fang-kuei)博士	8000	
洪煨莲博士	8000	
海陶玮博士	3500	175
Yang 博士	4500	
合计	49100	1430
合计	50530	

1947—1948年度哈佛大学哈佛燕京学社其他支出预算：图书馆19305美元（其中，图书采购8000美元，管理11305美元），奖学金15000美元，出版物综合支出29500美元（其中杂志8000美元，图书、地图等21500美元）(HYI Archives：Board of Harvard-Yenching Institute Trustees Meeting of November 14，1946)

加州大学图书馆副馆长John Mackenzie Cory致函裘开明：因得知哈佛燕京图书馆的日文资料目录已经由贵馆或者国会图书馆制成了胶卷，特询问有关此事的信息，希望购买这个胶卷的复本。(HYL Archives：Letter of John Mackenzie Cory to Alfred K'aiming Ch'iu，November 14，1946)

11月22日

顾廷龙致函裘开明：久疏音问，驰念良□，比维潭第安康，校理多吉为颂。叠从陈君鸿舜来函及周一良、于震寰两君面述，敬悉种切，仰蒙垂念，谋予深造，既诚且挚，令人感激莫名。前承惠赐大著分类法，持读数过，无任钦佩。敝馆初采国学方法，现虽可以应付，将来恐有不甚适合之处，颇拟改用贵法。总之，敝人主张不别制新法，觅一曾实验之法最为妥善。曾经实验之法则唯贵法与国学法两种（其他各法或太简略，或不适用于旧籍）耳。拙作《明代版本图录》出版后销行不广，曾奉赠一部托人邮寄，仅付普通邮件之资，忘未挂号，不知能免洪乔之误否，念之。龙昔曾奉诏接洽拟以敝馆出版物与哈佛燕京社出版物交换，原为抛砖引玉之图，恐难邀兄，迟迟未能即寄。今晤于（震寰）君，偶言及此集，似忆曾承先生为之商洽。兹特寄呈两色列目为下：1.敝馆丛书 十六册 一函；2.补藤花馆金石目 一册；3.训真书屋遗稿 一册；4.河朔古迹图识 二册；5.陟冈楼丛刻 八册；6.钱士青先生丛刻 九册。1、2、4系敝馆藏稿自印，3系敝馆藏稿□贵阳朱氏所印，5、6为潘钱两家所印捐赠。敝馆以资交换者哈佛燕京社除季刊外□出汉英字典一种。倘能无荷颁为幸，何如？敝处近编张菊生先生捐赠书目寄平，托引得校印所代印，一俟出版，即行呈教。贵处于胜利后已开始收书否？（洪）煨莲先生想时晤面，希为道念。(HYL Archives：顾廷龙致裘开明信函，1946年11月22日)

裘开明致函加州大学图书馆副馆长John Mackenzie Cory：根据你11月14日的请求，我已写信给国会图书馆，请他们为贵馆另行提供一份日文分类主题目录的原始缩微胶卷。由于国会图书馆照片复制部的工作较多，因此不能确定他们什么时候能复制好。只要一完成，我们就会给贵馆寄出支票。作为我馆对华府美国馆藏日文联合目录（A Union Catalogue of Japanese in American Collections in Washington, D. C.）的贡献，我们日文主题目录的原始胶卷保存在国会图书馆。哈佛燕京学社保留复制和销售的版权。请告知贵馆馆长 Donald Coney 博士是否决定邀请我在圣诞新年假期间调查贵馆的日文和中文馆藏,以便尽快预订机票。(HYL Archives:Letter of Alfred K'aiming Ch'iu to John Mackenzie Cory,November 22,1946)

11月23日

裘开明致函哥伦比亚大学 Dorothy M. Eggert:徐家璧(Chia-pi Hsu)先生和陈鸿舜(Ch'en Hung-shun)先生上周曾来访,很高兴获悉贵馆的管理有了很大改善……陈先生本月底离开美国,从西海岸乘船前往中国。我相信,只要你去函提出要求,他将很乐意帮贵馆在北平做任何事情。他与你一起工作了三年,应该很了解贵馆馆藏情况,他能够就贵馆购买图书的事情向 T. K. Koo 先生(编者注:T. K. Koo 系中华图书馆协会理事长袁同礼的助理。)提出很好的建议。(HYL Archives:Letter of Dorothy M. Eggert to Alfred K'aiming Ch'iu,November 23,1946)

11月30日

哥伦比亚大学 Dorothy M. Eggert 致函裘开明:感谢你寄来伊东忠太有关建筑的日文期刊卡片,我馆已着手购买日文书籍。在陈鸿舜(Ch'en Hung-shun)先生离开前,没能让他看到一个有序运转的图书馆,还让徐家璧(Chia-pi Hsu)先生面对混乱的状况,我深感惭愧。但是,如果你能像对陈先生一样鼓励和支持徐先生,他可能不会像我现在这样感觉境况很糟糕。与徐先生一起工作很愉快,希望他能在这里找到满足感。(HYL Archives:Letter of Dorothy M. Eggert to Alfred K'aiming Ch'iu,November 30,1946)

11月

哈佛燕京学社董事会会议决定拨款 3500 美元,用于印刷洛克菲勒基金资助尚未排印《汉和图书馆汉籍目录》的剩余几卷。(HYL Archives:Chinese-Japanese Library Harvard University Report of the Librarian for the Year July 1,1946 to June 30,1947)

12月12日

裘开明致函斯坦福大学人文学院东方语言系 Chan Shau-wing 教授:你最近来参观我馆,让我们感到非常荣幸。我们两个机构之间有多种合作方式,可以让我们共同受益。其中一种方式就是交换复本书。费正清(John King Fairbank)教授已经致函正在中国为斯坦福买书的芮玛丽(Mary Clabaugh Wright),请她在华北访求图书时每种书均购买两本,一本用于与哈佛交换。哈佛最近购买的出版物很多都有两三个复本。我已经和燕京的洪煨莲(William Hung)教授谈过你决定找一名新的中国图书馆员为你们的中文藏书编目。他推荐了燕京大学的毕业生,现就职于南京国立中央大学图书馆,担任助理馆员的罗秀贞(Lo Hsiu-chen)小姐。请告诉我们她能否到贵校就职的更多详细情况,尤其是年薪和贵校是否支付她的路费……另外,麻烦你把随函所附的信件转交给林博士。在信中,我请林博士帮我在伯克利找一个房间,从12月26日开始连续使用两周,期间我将赴加州大学调研远东馆藏。(HYL Archives:Letter of Alfred K'aiming Ch'iu to Chan,Shau-wing,December 12,1946)

12月18日

裘开明致函商务印书馆上海办事处:战前向贵出版社订购了很多图书,但因为海上交通中断没有收到。现在情况逐渐正常,希望你们出版社已经完全复员,可接收订单。函附已用红色标记的订单选目,请尽早将已标记图书和双联发票寄来。另外,请定期寄给我们贵出版社的以下两种期刊,包括所列及今后出版的所有卷期:《东方杂志》38 卷(1941年)17,21—24期;41卷(1945年)13—24期;42卷(1946年)1—现期。《教育评论》27 卷(1937 年)1—6,8—12 期;31 卷(1941 年)11—12 期。(HYL Archives:Letter of Alfred K'aiming Ch'iu to Commercial Press,Shanghai, December 18, 1946)

12 月 20 日

裘开明接刘楷贤来函,函云:三月自成都曾奉复先生函,八月抵达燕京又奉上一函,两信想均鉴及。贤在图书馆负责中文编目部事宜,现除编新购书,且兼理旧书,本周同仁新旧参半,于是工作稍形忙碌,贤唯有勤慎尽力,时有恐未能胜任,尚希先生时赐教言为祷。贤此次应聘回校,校方置贤在成都时之阶级与薪水二百五十元于不顾,骤改薪水为一百卅十元,改阶级为助理,午夜思维,心颇不安,瞻念前途,不无忧懅。且此次亦有来自成都之同仁(与贤同阶级),薪水仅减数十元,阶级改为助教,想或因有人推荐故。但同在一校任事,而贤在馆服务已达十二载,竟悬殊若此,揆诸情理,遗憾殊深。贤到校时适煨莲先生赴美讲学,设洪(煨莲)先生在校,想或不至此。贤本月薪水仅十数元,维持生活既难,前途又无希望,久留无益,势须另谋他途,唯有敬候先生提携耳!祈先生明夏在哈佛为贤谋一枝栖,俾亲聆教诲,兼可偿读书素愿。学成仍返燕京服务,祈先生鼎力玉成之……(HYL Archives:刘楷贤致裘开明信函,1946 年)

12 月

富田幸次郎(Kojiro Tomita)与裘开明合撰"Portraits of Wu Ch'uan-chieh (1269-1350), Taoist Pope in the Yuan Dynasty"发表于 *Bulletin of the Museum of the Fine Arts(Boston)*, Vol. 44, No. 258 (December 1946):88—95。

本年

裘开明担任哈佛大学哈佛燕京学社汉和图书馆馆长(Librarian of Chinese and Japanese Library of Harvard-Yenching Institute at Harvard University)和中国语言文学讲师(Lecturer in the Chinese Language and Literature)。(HYL Archives:1951 年 3 月 15 日裘开明简历)

二战结束以后,哈佛大学的教授从战争工作中返回学校正常工作,重新开始重视哈佛大学的远东研究。为了建立起哈佛燕京学社的一流基础,哈佛大学通过 1946 年设立的东亚区域研究项目(the East Asiatic Regional Studies Program)增添了现代与当代中日韩研究强化教育项目。为了该项目,哈佛大学图书馆一直为购买当代和近期中日文图书拨出相应的款项。从此以后,哈佛大学成为一流的中日研究和当代远东研究中心。(Alfred K'aiming Ch'iu. "The Harvard-Yenching Institute Library". *The Far Eastern Quarterly*(《远东季刊》). Vol. 14, No. 1(November 1954):147-152)

汉和图书馆等美国 13 所研究图书馆继续参加美国图书馆协会中文书联合采购计划,在中国购买出版物。汉和图书馆继续在哈佛大学印刷该计划所购出版物的目录卡片,并向参与计划的图书馆出售印成的目录卡片。(HYL Archives:Chinese-Japanese Library of the Harvard-Yenching Institute at Harvard University Report of the Librarian for the Year July 1, 1948 to June 30,1949)

由于二战结束后美元兑换日元困难,汉和图书馆自本年起通过佛蒙特州拉特兰 Charles E. Tuttle Co. 在日本代购日文书籍,该公司由美军驻日本部队的军官 Charles E. Tuttle 开设。(HYL Archives:Chinese-Japanese Library of the Harvard-Yenching Institute at Harvard University Report of the Librarian for 1961-1962)

1947 年
50 岁

1月6日

Samuel J. Hume 来函推销自己开设的公司,该公司位于加州伯克利,专营进口艺术、戏曲以及相关学科图书,并随函附上公司经营的书目;信中还提及加州大学图书馆在该公司购买东方艺术方面的重要文献,公司还为其代寻罕见书籍;另外还自我介绍道,与胡美(Edward H. Hume)是堂兄弟,和洪煨莲(William Hung)夫妇、燕京大学的李书春(Li Shu-ch'un)等人是好朋友,洪煨莲曾在他的公司买过书,并打算过几个月再来访公司;邀请裘开明有空也能去其公司考察。(HYL Archives:Letter of Samuel J. Hume to Alfred K'aiming Ch'iu,January 6,1947)

1月15日

加州大学伯克利分校远东馆藏馆员 Elizabeth Huff 致函裘开明:我已将你撰写的关于加州大学伯克利分校东方馆藏的调查报告抄写完毕,我认为将你的调查报告手稿和我的抄写稿分开保管比较安全,馆长 Donald Coney 博士的秘书 Weeks 夫人也赞同我的意见,因此我会将第二份和第三份抄写稿寄给你。你是专家,你的书法很漂亮,而我的中文和日文书法远不及你,但是,我会尽可能细致地抄写你的手稿……相信我,我会按照你的要求做,并且尽力校对以减少错误。(HYL Archives:Letter of Elizabeth Huff to Alfred K'aiming Ch'iu,January 15,1947)

1月29日

裘开明致函加州大学伯克利分校图书馆馆长 Donald Coney 博士:我已给你寄出了我撰写的关于贵馆东方馆藏的报告,报告内附有 6 页书目,列明了建议立刻购买的书籍。这份报告耗费了我们大量的精力,如果你打算将报告交给东方图书馆,那么,我建议贵馆保留一份复本。我建议你们用我提出的书目核对你们现有的中日文目录,然后按顺序抄录做成目录卡片,因为人脑的记忆始终是不可靠的。根据你们历史系教授 Delmar Brown 的请求,我们通过哈佛怀德纳图书馆的馆际互借部门,送给你们一本 Bin Hirose 编的《日本丛书索引》(Nippon Sosho Sakuin)。这是目前唯一的一种用于日文丛书中单本著作的书名索引。我馆有多余的复本,这本书在我馆的需求量不大,因为我们已根据作者和书名把 324 种日文丛书中的 26495 册单本著作做了分析著录。我们已按照罗马拼音和日文字顺将这些作者和书名的分析卡片编排成日文目录,因此,我们自己的目录比 Bin Hirose 编的《日本丛书索引》(Nippon Sosho Sakuin)更完善。正如我在报告中所建议的那样,Bin Hirose 编的《日本丛书索引》(Nippon Sosho Sakuin)应放置在贵馆东方研讨室的日文目录柜顶部,并贴上注释,以引起读者的注意。(HYL Archives:Letter of Alfred K'aiming Ch'iu to Donald Coney,January 29,1947)

1月

裘开明致函佛蒙特州拉特兰(Rutland,Vt)查尔斯·特特公司(Charles E. Tuttle)

Tuttle 先生,内附一份 50 种期刊的订购单,委托 Tuttle 先生在日本代订。(HYL Archives:Chinese-Japanese Library of the Harvard-Yenching Institute at Harvard University Report of the Librarian for the Year July 1,1947 to June 30,1948))

2月6日

费正清教授(John King Fairbank)致函裘开明:哈佛国际与区域研究委员会计划于3月20日至21日组织一个主题为"土地改革"的区域研究研讨会,我知道你对该主题有兴趣,并拜读过你发表在 Harley Farnsworth MacNair 编的《中国》(China)中的精彩文章。希望你可以参加本次会议。(HYL Archives:Letter of John King Fairbank to Alfred K'aiming Ch'iu,February 6,1947)

2月24日

燕京大学哈佛引得校印所所长李书春(Li Shu-ch'un)致裘开明函:很高兴听说你被聘为加州大学图书馆东亚图书馆的顾问。我必须说,加大聘请你是很明智的举措。我相信你在这方面会给他们有益的建议,这也意味着你们两馆之间为了相互丰富馆藏将会在文献交换方面取得重要成就……你知道,我正在与胡美(Edward H. Hume)博士合作向美国出口中文书以及艺术类文献。我冒昧地说一句,如果贵馆对这项工作有兴趣,我非常愿意担任贵馆在中国的代理,向贵馆提供所需图书。(HYL Archives:Letter of Li Shu-ch'un to Alfred K'aiming Ch'iu, February 24,1947)

2月28日

加州大学伯克利分校图书馆馆长 Donald Coney 致函裘开明:非常感谢你与 Elizabeth Huff 面谈,并把你的调查报告交给她。我很抱歉在收到你的报告后一直没有写信给你。正如 Huff 的看法一样,看过报告的人都认为非常好。我们已聘请 Elizabeth Huff 担任东亚图书馆馆长。我们没有遵从你在报告中提出的关于馆长人选的建议,并不代表我们忽视了它的价值,而是形势逼迫我们这样做。我希望你与 Huff 面谈后,能感到她确实在这个职位上做得很成功。另外,不知你是否收到了撰写此报告的支票。(HYL Archives:Letter of Donald Coney to Alfred K'aiming Ch'iu, February 28, 1947)

3月7日

裘开明致函加州大学伯克利分校图书馆馆长 Donald Coney 博士:我还没有收到支票,你们东方语言系的秘书 Kendall 夫人写信告诉我,因为官方收入税收程序的官僚作风,支票支付工作被拖延了。祝贺 Elizabeth Huff 小姐已接受你的聘任担任你们东亚图书馆的新馆长。我想你聘用她有很多好处,首先,这避免了被聘用者还担任着其他院系职位的麻烦。我在报告中提到过你们学校在人员安排方面的困难,而且,正如我报告中所建议的那样,我想另外两名候选人只有被聘为合适级别的教学职位后才会考虑馆长这个任职。其次,我想 Huff 小姐是很出色的,如果她决定把这几年的时间都花在这个工作上,她将很快达到那两位候选人的工作水平。她在决定究竟是接受哥伦比亚大学的工作,还是接受你们大学的工作之前曾和我面谈过。我告诉她,只要组建好了加州大学的东方图书馆,就会比在哥伦比亚大学图书馆任职获得更好的声誉。我在伯克利时,从没考虑过她,因为我没想到她的博士论文能完成得那么快,以及她会对图书馆工作感兴趣,否则我肯定会推荐她。你知道她和 Florence Walne 小姐是我们图书馆最先获得博士报考资格的人,她也是第一个获得这个荣誉的女士。她很光荣地通过了博士考试。她已经和我面谈了三次,现在她正赶回来准备在她离开这里去西部之前的另一次会议。(HYL Archives:Letter of Alfred K'aiming Ch'iu to Donald Coney, March 7, 1947)

3月10日

  Samuel J. Hume致函裘开明：很遗憾，你在加州大学考察东方文献期间，我未能与你见面，也未能和你商谈购买图书的事宜。洪煨莲（William Hung）博士在从旧金山前往檀香山的途中将来我处看望我，所以，我写信给你，邀请你到我家来，但是我没有收到任何答复，我怀疑那封信是否寄达。（HYL Archives：Letter of Samuel J. Hume to Alfred K'aiming Ch'iu, March 10, 1947）

3月16日

  裘开明致函于震寰：2月20日之尊函未云愿仍返美继续相助此间馆务，吾即定意不要挽留李太太（于式玉），她已表示欲转雅礼大学图书馆工作，故前日曾请叶（Serge Elisséeff）社长致兄一电，请仍回哈主持日文编目。兹附上彼之聘书，请持向教育部领出国护照。只给兄月资美金500元，此数虽不能供二人之旅费，但或可少补耳。小女美仪亦欲来美，请相助向侨务委员会领取华侨眷属出国护照，因小女还未成年，故当随父同居也。（HYL Archives：裘开明致于震寰信函，1947年3月16日）

3月19日

  加州大学伯克利分校图书馆馆长Donald Coney致函裘开明：感谢你3月7日来信对Elizabeth Huff小姐做出评价。我曾见到哥伦比亚大学图书馆的Carl M. White博士，他认为Huff小姐的工作做得不错。（HYL Archives：Letter of Donald Coney to Alfred K'aiming Ch'iu, March 19, 1947）

  裘开明致函加州大学图书馆Delmar Brown教授：感谢你在伯克利的热情招待。我已通过馆际互借寄给贵馆Bin Hirose编的《日本丛书索引》（*Nippon Sosho Sakuin*）。希望此书能对日文丛书中单本著作的著录有所帮助。我已经把你借阅《法学志林》（*Hongaku shirin*）的请求转交给了哈佛大学法学图书馆，因为我馆没有这种馆藏。我知道法学图书馆藏有东京法政大学（Hosei Daigaku）出版的《法律评论》（*Law Review*），但因为其日文期刊目录未显示馆藏情况，所以不清楚有没有所需的卷期。（HYL Archives：Letter of Alfred K'aiming Ch'iu to Delmar Brown, March 19, 1947）

  裘开明致函加州大学历史系教授宾板桥（Woodbridge Bingham）：抱歉迟了回信给你，因为从伯克利回来后，我忙于处理图书馆和办公室的工作。函附有关中国历史研究的重要中文著作以及有关日本历史研究的两种书籍的目录，这两种书籍分别由Kuroita Katsumi和Mototsugu Kurita两位日本作者所写。其中，Kurita的著作是综合性日本文学著作的指南。这与你准备写的中国历史文学的著作性质很相似。我们有两本Kurita的著作（3册）。如果你或Delmar Brown博士想借，我可以长期借给贵馆（直到你得到来自日本的复本为止）。中国历史的图书不在我写给贵馆的报告中，因为这是为你个人使用而汇编的。如果你想让贵馆购买这些书，你可以将这张清单转交给你们东方图书馆新馆长Elizabeth Huff。再次感谢你们夫妇的热情招待。（HYL Archives：Letter of Alfred K'aiming Ch'iu to Woodbridge Bingham, March 19, 1947）

3月24日

  加州大学伯克利分校图书馆馆长Donald Coney致函裘开明：已收到你3月19日的信，我馆已通过馆际互借借得Sogo Kokushi Ken-kyu的第二份复本，感谢你同意在我们从日本购得此书前一直使用它。我还要感谢你提供的《日本丛书索引》（*Nippon Sosho Sakuin*）。至于《法学志林》（*Hongaku shirin*），哈佛法律图书馆说他们不提供馆际互借。你的报告非常有价值，Elizabeth Huff已上任，我与她一起讨论了图书馆进一步发展的具体步骤。我们已经订阅了一些书籍,但是须待正常的财务制度建立以后,才能将这些订单归档。我很认真地读了你的报告,我认为你在短时间内进行了非常完整准确的调查。我们在以后的发展中将会认真考虑你所提出的建议。我仍在等待从国会图书馆得到贵馆分类目录的缩微胶片,但是该馆告诉我,他们的工作还远远没有做好,我预计还得等待很长时间。希望能尽快见到你。(HYL Archives:Letter of Donald Coney to Alfred K'aiming Ch'iu, March 24, 1947)

3月26日

耶鲁大学图书馆副馆长 David H. Clift 致函裘开明,函请推荐一人担任耶鲁大学图书馆中文部主任,年薪约 3000 美元。(HYL Archives:Letter of David H. Clift to Alfred K'aiming Ch'iu, March 26, 1947)

3月27日

加州大学历史系教授宾板桥(Woodbridge Bingham)教授致函裘开明:感谢你 3 月 19 日寄来的中国历史研究资料,我对你写给 Donald Coney 的关于远东馆藏的报告印象深刻。你揭露了很多严重的弊端,我相信你的报告在我们未来的计划中会非常有用。(HYL Archives:Letter of Woodbridge Bingham to Alfred K'aiming Ch'iu, March 27, 1947)

魏复古(Karl August Wittfogel)致函裘开明:我们已经完成了《辽代社会史》的手稿,现正付印。我们将会归借阅的资料,兹附上我们《辽代社会史》导言预印本。(HYL Archives:Letter of Karl August Wittfogel to Alfred K'aiming Ch'iu, March 27, 1947)

4月2日

上海中华基督教女青年会全国总协会高麟英致函裘开明:英于最近已得波士顿大学的助教职,每周须工作 15 小时,每月可得 50 元,仅足免半年之学费。英因尚须攻读,故欲寻一时间较少、报酬较高之事,未悉哈佛燕京图书馆有空额,可为代谋一职位否。因该处离校尚近,一切较为便利也。望先生代为留意,则一俟英抵波城后,即可前往接洽。一切有劳,容后面谢。(HYL Archives:高麟英致裘开明信函,1947 年 4 月 2 日)

4月5日

裘开明致函耶鲁大学图书馆副馆长 David H. Clift 先生,推荐获伊利诺斯大学图书馆学学士和政治学博士、曾任清华大学图书馆中文编目部主任和上海国立交通大学图书馆馆长的查修(Lincoln H. Cha)博士:查修博士年龄约 45 岁。如果耶鲁大学希望对其面试,可由我转交信函。请在致查修博士的信函中说明薪水、职位和任期等信息。如果查修博士不合适,我将向耶鲁大学图书馆继续推荐中国其他的图书馆馆长。(HYL Archives:Letter of Alfred K'aiming Ch'iu to David H. Clift, April 5, 1947)

裘开明致函加州大学伯克利分校图书馆馆长 Donald Coney:函附近期耶鲁大学图书馆来函,函中要求我为该馆推荐担任中文高级编目员的人选。我欲推荐上海合众图书馆的顾廷龙(Ku Ting-lung)先生。不知道你和 Elizabeth Huff 小姐是否决定邀请顾先生去加州。如果你们邀请他,我就不将其推荐给耶鲁;否则,我会将他推荐给耶鲁。就我所知,在中国他是最擅长这项工作的人选。你曾告知我邀请顾先生的困难之一是,他不是很会讲英语。的确,这是他的一个劣势。但在耶鲁这个劣势就不会是障碍了,因为耶馆已有另一位中国馆员,她可以为他做翻译,向他请教中文编目方面的疑难问题。如果你和 Elizabeth Huff 小姐想要一个接受过美国图书馆学校教育且具有流利英语能力的中国馆员,我可以推荐查修(Lincoln H. Cha)博士,他拥有伊利诺斯大学图书馆学学士学位以及政治学博士学位,曾任国立清华大学图书馆中文编目部主任和上海的国立交通大学(类似于美国的 MIT)图书馆馆长。他大约 45 岁,去年持探亲签证来美国,曾在联合国有一份临时工作,但现在纽约没有任何工作。他刚来信说想在美国找一个较为长久的图书馆职位(大概为期 3—4 年)。请尽快答复。(HYL Archives：Letter of Alfred K'aiming Ch'iu to Donald Coney, April 5, 1947)

4 月 8 日

耶鲁大学图书馆副馆长 David H. Clift 先生致函裘开明,感谢裘开明向耶鲁大学图书馆推荐查修(Lincoln H. Cha)博士。David H. Clift 将尽快致函查修博士,并请裘开明转交。(HYL Archives：Letter of David H. Clift to Alfred K'aiming Ch'iu, April 8, 1947)

4 月 10 日

加州大学伯克利分校图书馆副馆长 Douglas W. Bryant 致函裘开明：我今天给你发了一封电报,内言："你可以推荐顾廷龙(Ku Ting-lung)先生去耶鲁大学。谢谢。稍后写信给你。"这是我们根据顾先生的语言能力和旅行费用情况而做出的决定。我馆明年的预算尚未确定,而我们相信 Elizabeth Huff 小姐(尚未到任)在管理图书馆前还需要一段时间来适应。但是,我们会把查修(Lincoln H. Cha)先生列入考虑人选。(HYL Archives：Letter of Douglas W. Bryant to Alfred K'aiming Ch'iu, April 10, 1947)

4 月 25 日

加州大学伯克利分校图书馆副馆长 Douglas W. Bryant 致函裘开明：有关你推荐查修(Lincoln H. Cha)任职 Elizabeth Huff 小姐领导的东亚图书馆的中文资料编目员一事,希望向你了解更多一些有关他的信息,包括你如何评价他的任职能力,以及他的通信地址。因加州法律要求大学非教学职员必须为美国公民,我也想了解他的国籍。如果他是中国公民,我们可能要为他的任职做特别申请。(HYL Archives：Letter of Douglas W. Bryant to Alfred K'aiming Ch'iu, April 25, 1947)

4 月

裘开明向洛克菲勒基金会(Rockefeller Foundation)人文科学部副主任 Charles B Fahs 提交《哈佛燕京学社中文图书印刷目录卡片备忘录》(*Memorandum to the Project of Printed Cards for Chinese Books*)。该备忘录内容如下：一、中文图书单元卡制度的开端。在中国,图书馆过去都习惯采用书本式目录。在美国采用卡片目录大约是在 19 世纪的最后十年里,而在中国则是在 1912 年中华民国成立以后才出现,到 1925 年中华图书馆协会成立以后才普及。但是那时的卡片目录都是手写的,卡片的著录项目,比如书名项、作者项、分类主题和排架号等,都不同……哈佛学院图书馆汉和文库在裘开明的带领下,从 1927 年开始实施中日文卡片目录的"单元卡(unit card)"制度,通过 Ditto 复制技术对主卡(master unit-card)进行复制。这种单元卡只需要一张主卡描述全部的书目信息,代替原来一本书四、五张不同的手写卡片。考虑在快速复制卡片的过程中可以节约时间、节省成本,这种用机器复印中文目录卡片的方法被中美中文图书馆广泛接受和采用。1928 年哈佛燕京学社成立,哈佛燕京学社图书馆接受了哈佛学院图书馆所有的中日文藏书,因此成为世界上第一个提出机械复制中文书单元目录卡片方法的图书馆。哈佛燕京学社对大量复制中文图书目录卡片的重视程度与日俱增,汉和图书馆为中日文藏书的不同目录建立了完善的体系,包括：(1)书名和作者目录,作者包括团体和个人(含编辑者、汇编者、注释者、翻译者等等),按汉字的罗马拼音排列;(2)书名和作者目录按照汉字结构排列(王氏四角号码法);(3)分类主题目录,包括中日文丛书的分析目录;(4)排架目录,卡片目录按照图书馆藏书在书架上的位置排列。建立这样一个完善的卡片目录体系,每本书至少需要 7 或 8 张卡片。学社有两所图书馆,一个是在剑桥,一个是在北平的燕京大学,则每本书一共需要 15 到 16 张卡片。然而每本书所需要的这些目录卡片的数量,如果采用一般的印刷方法仍不够经济,所以无法用一般的印刷方法代替 Ditto 复制法。二、1930 年由商务印书馆出版的中文书印刷目录卡片。与美国的发展不一样的是,中国的第一套印刷中文目录卡片不是由教育或文化机构出版的,而是一个商业机构出版的。1929 年,上海的商务印书馆在其经理王云五(Yün-wu Wong)先生(现任南京政府财政部部长)的积极推动下,开始出版《万有文库》。第一辑共收录著作 1010 种 2000 册,统一大小为 6.875×4.625 英寸,于 1930 年初完成……一套 3000 张的印刷目录卡片与第一辑《万有文库》同时出版,免费随书赠送。虽然这些书的分类和编目还有很大的改进空间,并且其卡片的形式也遭到广泛批评,但是作为在中国的第一次尝试,它证明印刷中文目录卡片是经济而又可行的。遗憾的是,商务印书馆没有为其它出版物继续印刷目录卡片……主要原因在于印刷成本高。因为没有一家商业机构会承担一个亏本的项目,所以印刷图书馆卡片项目需要教育基金会的资助。三、国立北平图书馆印刷中文图书目录卡片的提议。1932 年,国立北平图书馆向哈佛燕京学社提出申请资助印刷中文目录卡片的计划。这个提案计划每年印刷 10000 种书的目录卡片,每种书印制 4 种不同的卡片,采用红黑双色印刷,共印 20 套。该计划采取的是复合卡片的方法,而不是采用单元卡的方法。由于该计划所需的启动资金庞大,又因为当时美国经济低迷,所以学社无力资助该计划的启动。后来,国立北平图书馆向洛克菲勒基金会提交了这个计划,并在裘开明和其他图书馆馆长的建议下,不采用复合卡形式和双色印刷,使预算大大减低。最后,洛克菲勒基金会通过了该项申请,1936 年初,国立北平图书馆启动目录卡片项目。编制目录卡片的范围为 1912 年 1 月以后出版的图书。最终采用单元卡的形式,即一种书一张卡片,用不同的字体和字号对各种著录项进行强调和区分。从 1936 年到 1941 年 12 月珍珠港事件爆发,一共出版了 10600 种目录卡片。四、洛克菲勒基金会对美国远东图书馆发展与管理的关注。由于洛克菲勒基金会的远见和重视,在过去的十年里,一些大型的远东图书馆,如普林斯顿、芝加哥和哥伦比亚,借助洛克菲勒基金会的巨额资助迅速壮大。而洛克菲勒基金会的注意力不只停留在买书上,还进一步关注图书馆的组织和管理,使之成为学者的研究中心。为此,David H. Stevens 博士于 1935 年 11 月 29 日召集有志于远东资料编目之士在他办公室召开会议。出席会议的有来自国会图书馆、哈佛、耶鲁、哥伦比亚和加州大学的代表。邀请的嘉宾有著名的英国日本学专家 George Bailey Sansom 爵士。会议讨论了当时美国各图书馆所采用的各种中日文文献编目方法的效果,初步涉及了进一步完善的暂定计划。五、美国学术团体协会(ACLS)远东研究委员会编目委员会。1936 年美国学术团体协会远东研究委员会(一个是中国研究委员会,一个是日本研究委员会)共同创建了一个关于美国图书馆远东文献编目的分支机构,该机构有三名成员,主任是哥伦比亚大学的贾德纳(Charles Sidney Gardner),另外两位成员是欧柏林学院(Oberlin College)的 Clarence Herbert Hamilton 教授,华盛顿弗利尔美术馆东方艺术部(Oriental Art at the Freer Gallery of Art)主任 A. G. Wenley 先生。这个机构的两个主要职能是:(1)完善现有的编目方法,介绍新的、更好的中日文文献的编目方法;(2)监督用于编目的经费的使用——比如洛克菲勒基金会通过美国学术团体协会发放到各个图书馆的经费(1938—1940 年度,哥伦比亚大学获得了这类经费)。同时这个委员会的成员还对各类图书馆现正使用的编目方法进行了非正式的个别调查和集体调查。六、哈佛燕京学社中文书目录卡片项目的起源和发展。

1936年哈佛燕京学社董事会在社长叶理绥（Serge Eliséeff）教授的建议下，决定出版学社在剑桥的图书馆所藏汉籍书本目录。裘开明立即提出出版书本式和卡片式两种目录。但因为这项计划需要大量的资金，最初计划书本目录中的每一条款目作为一个独立的单元，并采用目录卡片的形式，所以每条款目印毕可以裁开，贴于空白卡片上作为目录卡片使用。这样，学社的书本式目录可作为其他图书馆目录卡片的基础。但是美国学术团体协会编目委员会的主任贾德纳博士认为裘开明的建议虽然合理，而执行起来太费人力。他建议加入洛克菲勒基金会的资助计划中，这样书本目录和目录卡片可按原计划采用排印的方法印刷。基金会随后即资助了8600美元，同时哈佛燕京学社投入了1400美元。整个项目的启动资金总共为10000美元。裘开明1937年1月前往中国，并于1938年秋天回到剑桥。书本目录的第一卷和目录卡片的第一个系列儒家经典类于1938年9月印刷出版。直到1941年12月珍珠港事件爆发，书本目录出版了四卷：（1）儒家经典；（2）哲学与宗教；（3）历史；（4）社会科学（第四卷社会科学类已印刷完毕，但未装订。不久日军占领燕京大学并毁掉了一切。至今这些书页都无处可寻，只有一些卡片保存了下来）。同时配套的目录卡片印刷了15000种。但直到目前，美国的订户只收到了书本目录的前三卷，卡片只收到10638号之前的卡片。除了书本式目录上列出的书目外，新采购的、不在书本目录上的3182种书的目录卡片也付印完毕，但尚未邮寄到各个图书馆。关于目录卡片的邮寄和被日军毁坏的目录卡片在另外的信中已陈述过。七、美国图书馆协会中国图书合作采购项目的全国合作编印目录卡片。1944年，美国图书馆协会和研究图书馆协会的一个联合委员会提出了中国图书合作采购项目（China Cooperative Purchasing Program）。这个合作委员会由13位合作图书馆的馆长组成，并建议在重庆的中华图书馆协会成立一个书籍代购机构。每个参与图书馆都提供一笔共用的购书经费。财务方面由美国图书馆协会的审计部门管理。1944年6月签订最终协议，并于当年的7月1日开始执行。1945年6月30日，参与馆修订了协议书，但没有涉及到进一步的财政投入方面的问题。所购买的资料主要是当代出版物，涉及以下几类：(a)汉学；(b)战争期间经济和统计资料；(c)关于中国和中国人的原始资料；(d)科技出版物。资料通过美国国务院商品处寄往美国，在美国国内的发送中心是芝加哥大学图书馆。1944年11月，大多数图书馆收到了第一批书，共22种29册。1947年3月收到最新一批也是最后一批书，共15种19册。到目前为止，一共收到347种书。由于战争的缘故，国立北平图书馆和哈佛燕京学社都中断了目录卡片的业务，各参与图书馆对资料的编目都存在问题，尤其是那些没有专职负责人管理中文书籍的图书馆。后来，除了两个参与图书馆以外的所有参与馆在自我维持的基础上，加入了合作编目和印刷目录卡片的计划（后来有两所非参与馆加入到该计划中，一所是国会图书馆，一所是康奈尔大学图书馆，这两所图书馆都是通过美国图书馆协会合作采购以外的途径购买图书）。编印目录卡片的工作委托给哈佛燕京学社图书馆。实际编目工作由裘开明的办公室操作，印刷工作由哈佛大学印刷厂承接。虽然到目前为止所有收到的书籍都已经完成了编目原稿，并准备交付给印刷厂，但是只有179种书的目录卡片印刷完毕。因为哈佛大学印刷厂不再继续承印卡片，又很难找到其他的印刷厂。因为没有财政资助，现在目录卡片发售的单价高于原来由洛克菲勒基金资助的哈佛燕京学社的卡片。之前在中国印刷的卡片以很低的价格出售——每张0.25美分，只是原来图书馆非印刷的、内容不完整的目录卡片价格的25%，而现在在国内印刷的目录卡片每张卡片售价为9美分……国立北平图书馆的目录卡片在国内发售的价格是，如订购整套目录，则每张0.5美分，如果订购某些书或某个主题，则每张

0.8美分。哈佛燕京学社的目录卡片在美国印制,国立北平图书馆的目录卡片在中国销售在日本印制。哈佛燕京学社的目录卡片用中英文印刷,国立北平图书馆的目录卡片仅用中文印刷。八、中美中文目录卡片编印现状。在中国,只有国立北平图书馆和哈佛燕京学社中国办事处致力于中文书目录卡片编印工作。商务印书馆在出版《万有文库》的时候成为第一个为图书印刷目录卡片的机构,但很久以前就停止了卡片印刷项目。另外两个图书馆——南京的国立中央图书馆和国立北京大学图书馆在抗日战争前为上百种藏书编印了目录卡片,只在自己图书馆内使用。国立中央图书馆有计划开展目录卡片服务,但是从政府获得拨款仍是一个问题。国立北平图书馆如果不能进一步从洛克菲勒基金会获得拨款,其目录卡片服务也难以为继。哈佛燕京学社也面临着同样的问题。国立北平图书馆和哈佛燕京学社出版的目录卡片几乎没有重复。国立北平图书馆编制目录卡片的范围是1912年1月以后出版的书籍,而哈佛燕京学社编印的目录卡片主要是1912年以前出版的图书。另外一个不同之处在于,哈佛燕京目录卡片按照韦氏拼音将作者姓名和书名罗马化,并且在作者款目中含有作者生卒年的西历年份;而国立北平图书馆目录卡片没有这些信息,作者姓名和书名的读音没有指示,作者项著录非常简单,只有姓名和生活朝代,没有生卒年。在美国,只有哈佛燕京学社编印、出版和发行中文目录卡片,在15年前,哈佛燕京学社还曾向美国的各个图书馆出售过Ditto复制版中文目录卡片。国会图书馆至今还没有编印过任何中文目录卡片,它的中文目录卡片全部是从哈佛燕京学社购买的。合作编目项目,即卡片的编印工作并不是在华盛顿进行,而是在各个参与馆进行,并只能提供初始编目的稿片(即图书在参与馆编目,只有卡片在华盛顿印刷),而且合作编目的范围还没有涵盖中日文书籍。根据国会图书馆馆长年度报告,没有迹象表明国会图书馆将在全美范围内承担起编印中文书目录卡片的责任。裘开明认为中文书目录卡片在中国印刷会比在美国印刷更便宜优质。除了Ditto复制版目录卡片和为美国图书馆协会中文书编印的大约180种目录卡片,哈佛燕京学社的目录卡片都是在北平的燕京大学编印的。即使国会图书馆计划把目录卡片服务扩展到中文书领域,在美国编印目录卡片的成本也是很昂贵的,除非在中国设立办公处或代理机构。九、哈佛燕京学社中文目录卡片项目继续开展的必要性和优势。哈佛燕京学社中文书目录卡片项目是一个有组织的整体。如果将该项目中止或者转交给其他研究机构势必导致已经发行的目录卡片的实用性降低,因为:(1)丛书的分析目录在印刷的目录卡片中只完成了一部分,已经完成印刷的目录卡片是关于儒家经典、哲学、宗教、考古、传记、历史、地理和社会科学部分的,其余关于艺术、文学等类的目录卡片尚未付印,这些主题的书只编印在后面几卷的分类书本式目录中。(2)一些重要的图书馆,如哥伦比亚、芝加哥、杜克、宾夕法尼亚以及哈特福德神学院(Hartford Theological Seminary)已经采纳了1943年由美国学术团体协会在华盛顿出版的《哈佛燕京学社汉和分类法》。如果中途更换出版的研究机构,将会导致这些图书馆蒙受巨大的损失,因为他们的藏书和目录卡片是按照哈佛燕京学社的方法组织的,而其他研究机构印刷和提供中文目录卡片不一定会采用哈佛燕京分类法。战争中止了这项计划,目录卡片的印刷场所燕京大学被毁⋯⋯十、学社未来的计划——关于目录卡片服务。分类书本式目录十卷,将包含大约38000种书,全书完成后,约有40000张卡片随书印刷。书本式目录中收录的图书是1937年以前出版的,之后采购的图书共计大约有12000种,是书本式目录中收录图书数量的1/3。学社打算出版增补书目,如果可以得到基金会的资助,或者原来的订户们愿意承担费用,未来出版的增补目录中的款目也将印刷目录卡片。随着目录卡片单价的提高,这个项目可以自给自足，就像为美国图书馆协会的中文书印刷目录卡片那样。哈佛燕京学社图书馆是世界上第一个以同一种体例出版两种不同形式目录的图书馆。这种图书馆目录同时出版书本式目录和卡片式目录的做法深得西方图书馆的肯定。由研究图书馆协会1940年资助的 Edwards Brothers 的《国会图书馆印刷目录卡片图书目录》(*Catalogue of Books Represented by Library of Congress Printed Cards*)，现在已经完成了700卷（用影印方法印刷），是朝着与哈佛燕京学社图书馆相同的方向迈进的一步。最近国会图书馆决定同时以书本式目录和目录卡片的形式出版1939年1月开始的累积目录（Cumulative Catalogue），再一次证明哈佛燕京学社图书馆从1937年开始出版两种形式的目录卡片是正确的。《哈佛燕京学社日籍分类目录》(*Harvard-Yenching Classified Catalogue of Japanese Books*)与中文书目的编制相似，现在还有缩微胶片发行。从缩微胶片到常规印刷只是很小的一步。如果能够获得经费，学社将按照中文书目已经尝试过、并取得成功的方法，出版日文书的书本式目录和目录卡片。(HYL Archives：Memorandum to the Project of Printed Cards for Chinese Books. April, 1947)

裘开明受洛克菲勒基金会（Rockefeller Foundation）的邀请前往纽约，就汉和图书馆卡片目录项目的细节问题，向洛克菲勒基金会负责远东事务的人文科学部副主任 Charles B Fahs 博士做进一步深入的解释。因为 Fahs 博士即将到东方做考察，故该项目的申请没有马上得到批复。(HYL Archives：Chinese-Japanese Library Harvard University Report of the Librarian for the Year July 1, 1946 to June 30, 1947)

5月1日

哈佛学院图书馆 John E. Shea 来函告知裘开明，依费正清（John King Fairbank）先生的要求，已将有关图书寄给汉和图书馆。(HYL Archives：Letter of John E. Shea to Alfred K'aiming Ch'iu, May 1, 1947)

加州大学图书馆采访部主任 Dorothy Keller 致函裘开明：很抱歉延迟至今才回你1947年3月10日来函，你给了我们很多有益的信息。我还有些事情尚未弄清楚，函附我致国会图书馆有关日文分类主题目录的缩微胶片事宜的函件复本，如果你直接从华盛顿听到任何消息，就可以了解这里发生了什么事情。如果他们通过馆际互借给我馆缩微母片，我们将很乐意为贵馆和我馆同时制作复本。我馆将跟进这件事，并函告你事情进展。(HYL Archives：Letter of Dorothy Keller to Alfred K'aiming Ch'iu, May 1, 1947)

加州大学图书馆采购部主任 Dorothy Keller 致函国会图书馆照相版复制服务部，并抄送裘开明：请寄送日文分类主题目录的微缩胶片复本。(HYL Archives：Letter of Dorothy Keller to Photoduplication Service of Library of Congress, May 1, 1947)

5月2日

耶鲁大学图书馆副馆长 David H. Clift 致函裘开明：在收到你关于推荐查修（Lincoln H. Cha）博士的来函时，我馆已在认真考虑耶鲁大学一位教员的求职申请。这是我为什么没有按照你的提议将信函转给查修博士的原因。(HYL Archives：Letter of David H. Clift to Alfred K'aiming Ch'iu, May 2, 1947)

裘开明致函加州大学伯克利分校图书馆馆长 Donald Coney：你4月19日发来电报要求购买我馆的书籍复本，正好赶上哈佛燕京学社董事会会议，并被列入议程。董事会决定北平的燕京大学图书馆首先享有我馆日文复本的购买权，他们挑选完之后才在美国展开认购。燕京大学图书馆馆长洪煨莲（William Hung）教授此时正在夏威夷大学演讲，将于6月来我馆挑书。然后，我会把剩余的日文复本目录和中文复本目录提供给你。

贵馆排在所有申请图书馆的首位。很高兴你们东亚图书馆在新馆长领导下，加速发展，向大学提供应有的服务。首先，你们已经任命 Elizabeth McKinnon 作为你们的日文助理；此外，根据 Douglas W. Bryant 先生来函，我想你们正在联系查修博士（Lincoln H. Cha）担任你们的中文助理，我很快将致函 Bryant 先生介绍查修博士。如果你们对我们日文丛书的 Ditto 复制书名分析卡片感兴趣，请让 Elizabeth Huff 小姐将你们的日文丛书书名目录寄给我们，并让她写信给 McKinnon 小姐，请她在这里的时候挑选卡片。（HYL Archives：Letter of Alfred K'aiming Ch'iu to Donald Coney, May 2, 1947）

5月8日

加州大学伯克利分校图书馆馆长 Donald Coney 致函裘开明：非常感谢你在5月2日的来函。我非常希望我们能有机会探究一下贵馆的卡片复制品。我正将你的邮件转发给 Elizabeth Huff 小姐，她会与你联系。我们期待着 Elizabeth McKinnon 小姐的到来。（HYL Archives：Letter of Donald Coney to Alfred K'aiming Ch'iu, May 8, 1947）

5月10日

Liang Hece 致函裘开明：很高兴从童世纲（T'ung Shih-kang）处得知贵馆愿为我提供一暑期工作职位。丹佛大学（University of Denver）将于6月7日起进入暑期长假，我最晚将于6月12日到馆。（HYL Archives：Letter of Liang Hece to Alfred K'aiming Ch'iu, May 10, 1947）

5月13日

裘开明致函上海中华基督教女青年会全国总协会高麟英（Lin-ying Kao）：兹回复你1947年4月2日的兼职申请，我高兴地告诉你，我们将高兴地聘请你担任哈佛燕京学社图书馆学生助理，薪酬为每小时75美分。每周工作的时间需要根据图书馆的需要和你在波士顿大学读书的空闲时间来确定。（HYL Archives：Letter of Alfred K'aiming Ch'iu to Miss Lin-ying Kao, May 13, 1947）

5月15日

裘开明致函魏复古（Karl August Wittfogel），感谢寄来《辽代社会史》导言预印本。（HYL Archives：Letter of Alfred K'aiming Ch'iu to Karl August Wittfogel, May 15, 1947）

5月20日

哥伦比亚大学东亚图书馆馆长 Howard P. Linton 致函裘开明：很感谢你再次提出为美国图书馆协会采购组购买图书印刷卡片的建议。这足以推动整个问题的重新开始，这个问题是我几个月前接任这个职位时所继承的问题之一。（HYL Archives：Letter of Howard P. Linton to Alfred K'aiming Ch'iu, May 20, 1947）

5月22日

Maurice F. Tauber 致函裘开明：哥伦比亚大学东亚图书馆馆长 Howard P. Linton 先生曾给你写信，谈及通过美国图书馆协会中文资料联合采购计划所购买图书的卡片问题。我们想知道哥大是否能向美国图书馆协会订阅第325种（《尚书》大纲）及其后的所有图书的卡片及价格。（HYL Archives：Letter of Maurice F. Tauber to Alfred K'aiming Ch'iu, May 22, 1947）

5月23日

哥伦比亚大学东亚图书馆馆长 Howard P. Linton 致函裘开明：我馆的藏书排架采用了贵馆印刷的分类目录，上有分类号、汉字主题词、译文主题词等。我确信我们向贵馆订购了一整套目录，但现在我们找不到分类号为 4000－9999 的目录。烦请告知最后的分类号是多少，贵馆是否有库存的目录、价格及应通过谁来订购；若哈佛没有库存的目录,可以到哪里订购。(HYL Archives：Letter of Howard P. Linton to Alfred K'aiming Ch'iu, May 23, 1947)

裘开明致函哥伦比亚大学东亚图书馆馆长 Howard P. Linton：在收到 Maurice F. Tauber 博士的来函后,我会将通过美国图书馆协会购买的图书的印制卡片寄给你。我馆日文图书分类使用了与中文图书一样的分类系统,请查看《汉和图书馆分类法》的日文部分,并请指正。
(HYL Archives：Letter of Alfred K'aiming Ch'iu to Howard P. Linton, May 23, 1947)

5月26日

裘开明统计芮玛丽(Mary Clabaugh Wright)赠送的图书,统计数据如下：

			收到		入藏		复本	总计		
			种	册(张)	种	册(张)	册(张)	收到	入藏	复本
书籍	中文	一般	129	169	118	121	48	489	242	247
		共产党	111	266	77	78	188			
	西文	一般	2	2	1	2	0			
小册	中文	共产党	41	52	41	41	11			
杂志	中文	一般	17	104	9	73	31	231	122	109
		共产党	20	105	13	37	68			
	蒙文	一般	1	15	1	7	8			
	西文	一般	3	7	3	5	2			
报纸	中文	共产党	8	985	3	162	823	993	164	829
画报	中文	共产党	2	8	2	2	6			
附注			(一)"总计"系以册(张)为单位；(二)书籍包括小册在内；(三)画报列入报纸栏内。							

(HYL Archives：Gifts through Mrs. Wright, May 22, 1947)

5月29日

叶理绥(Serge Elisséeff)发电报给于震寰(Zunvair Yue)：哈佛自9月1日起向你提供研究助理馆长一职,薪水同前,日后再增。(HYL Archives：Telegram of Serge Elisséeff to Zunvair Yue, May 29, 1947)

加州大学伯克利分校图书馆副馆长 Douglas W. Bryant 致函查修博士(Lincoln H. Cha),并抄送裘开明：裘开明博士告诉我你可能对有发展前景的图书馆职位感兴趣。裘博士说你现正在旅行,故能联系到你的最佳方式是通过他。加州大学伯克利分校图书馆刚成立了东亚图书馆,收藏该大学所有中日文文献。Elizabeth Huff 博士是东亚图书馆的馆长,Elizabeth McKinnon 小姐将于7月到任,负责日文书目工作。我馆为你提供的职位是研究助理,负责中文资料编目,并协助挑选中文图书,年薪为3300美元。这个职位还没最终确定,但我们希望未来两个月内能确定。如果你对这个职位感兴趣,请尽快回复我,我将很高兴回答关于职位或学校聘用方面的问题。(HYL Archives: Letter of Douglas W. Bryant to Lincoln H. Cha, May 29, 1947)

6月2日

费正清教授(John King Fairbank)致函裘开明,感谢裘开明在过去的一年中对中国研究项目的支持和协助,寄送《关于哈佛大学汉和图书馆与斯坦福大学胡佛图书馆之间交换当代中国文献的备忘录》(Memorandum on the Exchange of Books Concerning Modern China between the Chinese-Japanese Library of Harvard, and the Hoover Library of Stanford)。备忘录中写道:胡佛图书馆已经寄给哈佛图书馆489册书籍和小册,231期期刊以及大约1000期报纸,裘开明先生已经向Keyes D. Metcalf先生提交了详细的报告。哈佛图书馆将邮寄给胡佛图书馆相同数量的复本文献。待资料寄达胡佛图书馆并验收以后,发票将寄给裘先生。根据双方意愿,此交换协议继续生效,以长期进行等价图书交换。双方不涉及现金支付。另外芮玛丽(Mary Clabaugh Wright)在协议后注明:"我已经收到费正清教授寄来的400美元,用于胡佛图书馆在中国的代理机构为哈佛图书馆购书所需。这些书已经下订单,不久将运往哈佛,此协议与上文的交换协议无关。"(HYL Archives: Letter of John King Fairbank to Alfred K'aiming Ch'iu, June 2, 1947)

6月9日

联合国人事局人事招聘主管W. P. Barrett致函裘开明,请裘开明评估邓衍林(Teng Yen-Lin)能否担任联合国中文印刷品校对员一职。(HYL Archives: Letter of W. P. Barrett to Alfred K'aiming Ch'iu, June 9, 1947)

6月10日

高麟英(Lin-ying Kao)致函裘开明,感谢汉和图书馆为她提供学生助理一职。(HYL Archives: Letter of Lin-ying Kao to Alfred K'aiming Ch'iu, June 10, 1947)

6月14日

查修(Lincoln H. Cha)致函加州大学伯克利分校图书馆Douglas W. Bryant:非常感谢你发电报给我,但是,我不得不拒绝你的提议。如果你的电报早来两星期,我一定会去加州。我有点失望在6月8日才收到你5月29日来函,因为在等待的两个月中我花掉了五六百美元。因为我曾经有过这样的经历,所以我担心你们对我的申请不感兴趣。因此,我到处找工作。当然,我不是抱怨。我知道你不可能更早发电报给我。我只是想说在某种环境下,人只有动作更快才能到达安全之地。我有过痛苦的经历,不想再次失望了。很抱歉不能接受你提供的职位,但我想裘博士一定还有其他人选。既然你有职位空缺,我想一定会有适合的人。再次感谢你。(HYL Archives: Letter of Lincoln H. Cha to Douglas W. Bryant, June 14, 1947)

6月18日

裘开明致函加州大学伯克利分校东亚图书馆馆长Elizabeth Huff博士:查修博士(Lincoln H. Cha)不接受任职这事还不算太糟。我想著名的中国历史学家顾颉刚(Ku Chieh-kang)的表亲顾廷龙(Ku Ting-lung)先生和查修一样能适合这个职位。事实上,他的汉语古籍知识可能比许多接受过美国图书馆培训的中国图书馆馆长要好。他曾长期就职于燕京大学图书馆的经历,使他能很快接受现代图书技术,因为燕京有几位受过西方教育的图书馆馆员。他的英语能力应该可以在伯克利和人交流。既然你们都擅长于中国官方语言,你可以用普通话和他交流。毕竟,你是要他对中文资料进行编目以及推荐中文书籍,而不是用熟练的英语上课教学。他在1939年由商务印书馆和东方图书馆的张元济(Chang Yuan-chi)博士引荐,参与组建上海合众图书馆的工作,深获好评。张博士是位老翰林,也是商务印书馆出版影印本中国善本书计划的顾问,包括如《四部丛刊》、百衲本中国二十四史之类著名的丛书。在我对顾先生的评价报告中,还包括他最近编印了合众图书馆的《合众图书馆丛书》(1940－1945),包括著作14种16册,能在《中文书目季刊》(*Quarterly Bulletin of Chinese Bibliography*)1946年12月第6卷1－4期75－77页找到相关介绍。顾先生的另一优势是,他通过张元济和表亲顾颉刚认识许多中国古籍私人藏书家,他们或许会愿意卖出藏书。我想通过他在中国的关系,加州大学可以买到许多想要的书。我也很愿意邀请顾先生来我们图书馆工作,但我们没有像你们图书馆这样的预算。(HYL Archives：Letter of Alfred K'aiming Ch'iu to Elizabeth Huff, June 18, 1947)

裘开明致函加州大学图书馆副馆长Douglas W. Bryant:查修(Lincoln H. Cha)博士6月14日将寄给你的信抄送了给我。很抱歉他不接受你们的任职邀请。最后他就职于联合国,薪酬比大学职位要高。我在近期给你们的报告中有提到,可以邀请上海合众图书馆馆长顾廷龙(Ku Ting-lung)先生任职。为了详细说明顾先生有多适合这个职位,我还单独写了信给Elizabeth Huff博士。希望你们能认真考虑顾先生。如果你决定邀请顾先生,他的通邮地址是:上海长乐路746号合众图书馆。你们最好提供给他600美元的往返旅费。这笔费用可以在他第一年工资中逐月扣除。这笔费用最好不要直接寄现金给他,而通过付款给旧金山美国快递公司,让该公司通知他们的上海分部在顾先生的账户下留下600美元的存款。支付交通费之后,顾先生就能合理的安排其余开支。这可以避免美金兑换中国现金,再将中国现金换成美金,因为中国政府法律规定所有的海外票据必须只能用中国国内现金来支付。希望上面的建议对你有所帮助。(HYL Archives：Letter of Alfred K'aiming Ch'iu to Douglas W. Bryant, June 18, 1947)

6月19日

加州大学图书馆副馆长Douglas W. Bryant致函裘开明:查修(Lincoln H. Cha)博士已经从蒙特利尔回函,说他无法接受我馆所提供的职位。希望你能再提供合适的人选,尽快填补我馆中文编目员的空缺。(HYL Archives：Letter of Douglas W. Bryant to Alfred K'aiming Ch'iu, June 19, 1947)

7月2日

Maurice F. Tauber致函裘开明:我正在帮哥伦比亚大学图书馆找一本论述中国青铜器的杂志——《燕京学报专刊》(*Yenching Journal of Chinese Studies Monograph Series*)第17期,不知你可否给予帮助。(HYL Archives：Letter of Maurice F. Tauber to Alfred K'aiming Ch'iu, July 2, 1947)

7月8日

Gussie D. Gaskill致函裘开明,询问一本书的分类问题,以及购买的目录卡片是否已经寄出。(HYL Archives：Letter of Gussie D. Gaskill to Alfred K'aiming Ch'iu, July 8, 1947)

7月11日

裘开明致函上海商务印书馆:兹附上你们近期出版物的31份定购单,请在方便时尽早把书寄给我们。两种杂志我们订阅一年,此外,前卷的缺号也补给我们。请寄双联发票,一收到发票我们就汇款。请定期向我们图书馆邮寄你们每期的《每周初版新书》两份,我们愿意支付邮资。(HYL Archives：Letter of Alfred K'aiming Ch'iu to Commercial Press, Shanghai, July 11, 1947)

7月17日

裘开明致函Maurice F. Tauber：获悉贵馆为美国图书馆协会中文图书分类编目已完成至324款目，我们非常高兴。贵馆已不再需要这些图书的印刷卡片。为美国图书馆协会做的卡片中，从325至340款目（我们收到的最后款目）尚未印刷。其中耽搁的原因是哈佛大学印刷厂从今年3月1日之后不再接受中日文卡片的印刷。由于生意不多，不能保存中日文铅字，也不能继续雇中国排字工人。战争期间哈佛大学印刷厂之所以能帮我们印刷卡片，是因为他们从美国陆军和海军接到了很多中日文的印刷工作。虽然我们与纽约的两家公司谈过，但至今没能在美国找到经济、合适的印刷中文卡片的公司。最终我们可能会被迫在中国北平印刷这些卡片，但是，我们担心美国图书馆协会中文资料联合采购计划是否会继续下去，因为从中国购买新出版物，尤其是现期期刊会非常慢。我想但凡大型的远东图书馆，如哥伦比亚大学、哈佛大学等，都想直接通过自己在中国的代理订购中文新出版物。如果美国图书馆协会的计划中止，我们也会停止中文新出版物的卡片印刷，因为我们不知道其他图书馆是否购买了这些书籍，而且为我们的新书印制的卡片对其他图书馆不一定有用。过去20年间我们利用Ditto复印机为我馆现有馆藏（新书和旧书）复印卡片。我们觉得它很实用、很经济，因为用这种方法复印的卡片虽不持久，但它可以利用我馆的各种目录的一个原版拷贝迅速印出多种不同卡片。我们希望最终能印刷出我们中文图书的书本式目录（及同类型的卡片），所以并不担心Ditto复印卡片逐步模糊，因为20年后印刷卡片会取代复印卡片，就好像我们印刷的卡片取代了20年前的那些复印的卡片一样。20年来一直未曾使用的所有卡片都变得非常脏，也非常破旧了，必须更换。与此同时，我们的书本式目录将成为一种永久的记录，供子孙后代及全世界汉学家利用。我在1936年提出一个想法，即按同样的程序制作两种形式的图书馆目录，一种是卡片目录，一种是书本式目录。得知这一想法在美国图书馆得到了广泛认同，我非常高兴，因为有国会图书馆印刷卡片的累积目录与其之前的爱德华书本式目录所受到的热烈欢迎作为证据。从你的著述以及熟悉你的朋友的讲述中，我得知你与我一样对图书馆技术加工颇感兴趣。非常感谢你对我们的出版物提出批评指正。很遗憾，哈佛出版社没有《燕京学报专刊》（Yenching Journal of Chinese Studies Monograph Series）第17期的库存，因为那本书已经绝版很久了。我馆有两本，但我们也需要两本。你可以从该书作者、中国广州国立中山大学考古学系容庚（Jung Keng）教授那购买一本。(HYL Archives: Letter of Alfred K'aiming Ch'iu to Maurice F. Tauber, July 17, 1947)

7月18日

裘开明致函Howard P. Linton：分类号为4000—9999的卡片目录尚未印刷，会与我们中文图书目录后面的卷期一起印刷。不知我们何时能再开始做这个项目，因为我们在燕京的设备全毁了，我们正努力筹集资金恢复印刷卡片和图书目录的全盘计划。我们日文主题目录的卡片是手写的，目录的第一部分看起来与印刷的一样整洁。你在北部的新英格兰度假期间，如有机会经过波士顿，我很乐意向你展示我们的各种目录。(HYL Archives: Letter of Alfred K'aiming Ch'iu to Howard P. Linton, July 18, 1947)

裘开明致函斯坦福大学胡佛研究所芮玛丽（Mary Clabaugh Wright）：从芮沃寿（Arthur Frederick Wright）博士给柯立夫（Francis W. Cleaves）的信中我们得知你已经安全抵达斯坦福，并开始正常上班……我们已经收到的你寄来的交换图书数量如下：书籍283种489册；期刊41种231期；报纸10种993期。除了用于和其他图书馆交换的复本以外，我们已经对 199 种书籍、26 种杂志和 5 种报纸进行了编目，并放入我们的中文主书库中。关于书籍的目录卡片、期刊的 Ditto 复制目录卡片以及报纸的手写登记卡片将另函告知。因为我们没有对复本编目，我们无法知会关于复本的作者名和书名……随函附上我馆寄出去用作交换的 4 箱复本的货运收费单。根据之前的协议，运费最后由你支付……开箱核对过书以后，请提供给我们一份粗略的册数清单和复本的书名清单……我希望里面的书与胡佛所藏文献没有重复的。（HYL Archives：Letter of Alfred K'aiming Ch'iu to Mary Clabaugh Wright, July 18, 1947）

裘开明致函 Gussie D. Gaskill：因一直忙于结束本学年图书馆的财务和统计工作，抱歉回复较晚。随函附上你所要求的已补充分类号的 20 张卡片。其中王庆云的《石渠余记》据我馆书本式图书目录，分类号为清乾隆 2810，但此书实际上分到 4354，即清代中国经济史会更合适。另一个可能的分类号是 4687，即清朝的政制，这与四库的分类精神更加一致。如果书按照上述的任一类目排架，应该在分类主题目录的其他两个类别中做互见指示。上述这个例子说明，即使图书馆使用的是相同的分类法，如果情况和兴趣不一样的话，也可能把相同的书放在不同的类目里。我馆出版书本式目录的索引可能仍需好几年才能出版。有几个已购我馆书本式目录与卡片的美国图书馆已经按照书名、作者（或者两者）的罗马化转录排好了卡片。这些排好的目录相当于我们出版的目录的最好的索引。很遗憾贵馆没有这些资料，否则你可以很容易发现我馆将每本书分到以下的类目中：经、哲学、地方史、地理。其次，寄去的卡片未描述印刷类型（如是否雕版、活字、平版印刷）。第三，随函所附的卡片在主检索题名上用《石渠余记》比用《熙朝政纪》更合适，因为后者只是前者的草稿。作者的定本在《清史稿·艺文志》中正式采用《石渠余记》，在我找到的几种其他参考资料里也用的《石渠余记》。希望上面的解说可以回答你的问题。（HYL Archives：Letter of Alfred K'aiming Ch'iu to Gussie D. Gaskill, July 18, 1947）

7月24日

胡佛图书馆馆长 Nina Almond 致函裘开明：最近获悉贵馆系统地复印了所藏中日文文献目录卡片，而这些卡片是国会图书馆所没有的。胡佛图书馆可否订购这些目录卡片？如果可以，如何订购？我馆刚刚开始建设远东馆藏。因此我们正在探索中，如果你能向我们提供任何关于方法和书目工具方面的建议，我们都将不胜感激。目前我们没有中文助理。夏（Xia）先生在我们这里工作了一段时间便去了华盛顿大学，到目前为止我们都未能找到令人满意的接任者。Matsuo 先生正在为我馆的日文资料编制目录。他已经在我们这里工作了一段时间，我们已经逐渐建立起了馆藏日文资料目录。（HYL Archives：Letter of Nina Almond to Alfred K'aiming Ch'iu, July 24, 1947）

7月25日

毕乃德（Knight Biggerstaff）致函裘开明：不知你 8 月 10 日那周是否在剑桥，我希望你和贵馆能向我一位研究社会人类学的研究生 Milton L Barnett 提供查找中国西部少数民族资料的帮助，我告诉他你对他会很有帮助，不只是在书目方面，而且你还认识很多这方面的学者。他非常希望见到你。自我离开剑桥，已有七八年未见到你，我们应该找个时间见见面。（HYL Archives：Letter of Knight Biggerstaff to Alfred K'aiming Ch'iu, July 25, 1947）

7月30日

裘开明致函毕乃德（Knight Biggerstaff）：非常高兴收到你的来函，我馆 8 月的后三周闭馆，但我大多数时候会在剑桥。若 Milton L Barnett 可提前写信给我，我可以安排为他开放图书馆。从在我馆工作的 Gussie D. Gaskill 小姐处得知很多你在康奈尔大学的工作进展。很高兴获悉你成为哥伦比亚大学新成立的远东研究所主任。我似乎发现美国人对远东非常感兴趣。很多大学都有大班学习。今年早春我受加州大学远东委员会的邀请,在加州大学停留了 2 周,做了一个如何重新组织他们的远东图书馆的调查。在那里我也发现在这方面有不少活动。在调查的课程里学生有的有 100－200 人！我在伯克利见到了施维许(Earl Swisher)和宾板桥(Woodbridge Bingham)。我真的感到非常高兴,曾经在博伊斯顿堂学习的人现在身居要位。他们给了我在哈佛工作的新灵感。我最大的女儿美仪(May-i Ch'iu),你在剑桥见到的时候她还是个婴儿,今年秋天她要从南京回来继续大学学习。我其他的孩子包括 3 个女儿和一个儿子,都在美国出生。我感到非常高兴,因为无论是在图书馆还是在家里,我都感到非常忙碌。书和孩子是世界上最有趣的东西！向你和 Camilla 问好。(HYL Archives: Letter of Alfred K'aiming Ch'iu to Knight Biggerstaff, July 30, 1947)

7 月

裘开明与远东图书印务馆(Oriental Press)经理冯国英(Feng Kwok-ying)面商汉和图书馆中文目录卡片印刷事宜,请其估算成本,对冯国英所提供的样本亦表示满意。(HYL Archives: Letter of Feng Kwok-ying to Alfred K'aiming Ch'iu, October 9, 1947)

8 月 4 日

Maurice F. Tauber 致函裘开明言:鉴于出现的困难,我们会继续做自己的目录。我们无法找到立刻解决你的印刷问题的方法。如果理解有误,请马上告诉我们。我们对在美国印刷中文居然成为一个问题甚感惊讶。我们东亚图书馆的 Howard P. Linton 先生会就这件事情写信给你。感谢你提供有关《燕京学报专刊》(Yenching Journal of Chinese Studies Monograph Series)第 17 期的信息。(HYL Archives: Letter of Maurice F. Tauber to Alfred K'aiming Ch'iu, August 4, 1947)

哥伦比亚大学东亚图书馆馆长 Howard P. Linton 致函裘开明:非常感谢你提供有关印刷版中文目录卡片的信息。我们将按贵馆处理日文主题目录的做法手写剩余的卡片。你说的中文图书目录和卡片格式很有趣。我看了你 7 月 17 日写给 Maurice F. Tauber 博士的信,信中你详细阐述了这个问题。很遗憾美国似乎没有可做汉字印刷的厂家,这是恒慕义(Arthur William Hummel)博士最早告诉我的。不知纽约的中文报纸出版社有无兴趣做这项工作。可能这样做不切实际,但根据供求关系理论,这一定是有利可图的生意。(HYL Archives: Letter of Howard P. Linton to Alfred K'aiming Ch'iu, August 4, 1947)

8 月 6 日

胡佛研究所图书馆赠书与交换部主任 Hobart Young 致函裘开明:我写信给你是为了告诉你,8 月 5 日我已经收到贵馆寄来的用于交换的 4 木箱远东资料复本。此事由芮玛丽(Mary Clabaugh Wright)代表我馆处理。一个小箱子和一个大箱子在抵达时已经破损,我们将尽可能仔细地对内容进行核对。(HYL Archives: Letter of Hobart Young to Alfred K'aiming Ch'iu, August 6, 1947)

8 月 7 日

斯坦福大学胡佛研究所芮玛丽(Mary Clabaugh Wright)致函裘开明:最近你将收到赠书与交换部主任 Hobart Young 写给你的信,通知你我馆已经收到贵馆最近用船运寄给我们的复本。现在我馆没有中文书记员,所以我们无法给你编写书名目录。尽管如此，我们会尽快拆包并核对馆藏。如果你同意我们只给你提供一份详细的册数清点统计，而不是书名清单，我们将感激不尽。(HYL Archives：Letter of Mary Clabaugh Wright to Alfred K'aiming Ch'iu, August 7, 1947)

商务印书馆香港办事处 L. P. Lam 致函裘开明：关于贵馆 7 月 11 日来函，我们要告知，贵馆 31 张订购单中的一部分货已经于本月 5 号邮寄发货了，剩余的因我社采购不到，已经转交上海办事处办理。东方书店的《儿女英雄传》现已没货。随信附上采购发票副本，如贵馆能尽快汇款过来，我们将不胜感激。(HYL Archives：Letter of L. P. Lam to Alfred K'aiming Ch'iu, August 7, 1947)

8 月 24 日

刘楷贤致函裘开明：今春四月，(陈)鸿舜先生返国，转示尊嘱，盼贤静待，定有机会去美，并告贤迳函先生，用示同意，爰即于四月函禀，惟迄今未奉手示，不胜悬念。去岁童(世纲)君再议去美，至贤未得应聘，乃遵命北来燕校，藉为哈佛编目，原望为期一年，以偿素志。而本年未获去美，仍复蝉联。然俯念前途，惶恐万分，久株燕校，徒负年齿。惟愿先生早日函示，果能于明年去美，则当早为准备，否则亦当别为筹计也。先生奖掖后进，为贤所素仰，尚希鼎力匡助，俾贤得成愚愿，则幸甚矣。临池惶然，不胜翘企之至。(HYL Archives：刘楷贤致裘开明信函，1947 年 8 月 24 日)

8 月 25 日

燕京大学图书馆哈佛购书处陈鸿舜致函裘开明：代购之中文书籍及杂志公报等共计 6 种 555 册分作 13—47 共 35 包，开具清单从邮寄上。即希查收并附回据一纸，即希盖章掷还，以备查考为荷。(HYL Archives：陈鸿舜致裘开明信函，1947 年 8 月 25 日)

9 月 9 日

哈佛大学学工办公室主任(Student Employment Office, Director)John W. Holt 致函裘开明：我处收到许多学生希望到图书馆工作的申请信函，若贵馆有职位空缺，我处乐于推荐学生。(HYL Archives：Letter of John W. Holt to Alfred K'aiming Ch'iu, September 9, 1947)

9 月 16 日

裘开明致函上海商务印书馆：7 月 11 日订购的 31 种新书，已自贵出版社香港办事处收到 13 种，从你处收到了 1 种，将迄今收到的图书的款项直接汇到香港。请将剩余订购图书寄来。函附 1945 年 10 月至 1947 年 6 月的《每周新书通报》。请尽快寄来已选书目图书。本馆所订四种期刊应从当前卷的第一期开始。既然不再有官方货币兑换控制，我们希望你们现在能以中国的货币给我们开账单，我们会根据当前的市场汇率用美元支付给你们。请继续寄来 1947 年 7 月之后的《每周新书通报》(双份)。(HYL Archives：Letter of Alfred K'aiming Ch'iu to Commercial Press, Shanghai, September16, 1947)

9 月 24 日

洛克菲勒基金会(Rockefeller Foundation)人文科学部副主任 Charles B Fahs 致函裘开明：关于在北平建立缩微胶片制作中心的重要性，我想听听你的建议。我认为，一方面这有可能成为第二个被损失的机构(第一个即战前在 PUMC 设立的缩微胶片制作中心)。另一方面，如果在未来几年内建立一所缩微胶片制作中心，北平还有多少珍贵的文献保存下来了。如果国立北平图书馆提供缩微胶片服务，哈佛燕京学社在未来的两三年内能利用多少次？(HYL Archives：Letter of Charles B Fahs to Alfred K'aiming Ch'iu, September 24, 1947)

10月1日

胡佛研究所图书馆赠书与交换部主任 Hobart Young 致函裘开明：关于你邮寄来的四箱书，即我1947年8月6日写给你的信中所提到的书，现在我可以跟你结账了。芮玛丽（Mary Clabaugh Wright）向我馆提供了这几箱书所涉内容的数据：书籍和小册子384册；报纸130张；期刊2246期。我们这里的哈佛交换图书账目中没有关于这批书的详细函件，要待我核对后才能知道是否有文献因为集装箱破损而丢失。我们现在感觉似乎没有少书。我们非常感谢你在寄书一事上帮助芮玛丽。我们希望能继续接收复本资料。另外，芮玛丽告诉了我大概的数字，我们可以据此先在哈佛交换账目中做好记录。关于我们寄给你的书，根据你1947年7月18日寄给芮玛丽的信，我们知道你已经收到：书籍283种489册；期刊41种231期；报纸10种993期。同时，我已经通过 Keyes D. Metcalf 先生和 Andrew D. Osborn 先生的办公室结账并寄送资料；从我们书目中挑选出来的12种书和7种小册（全部为英文），在5月份的时候寄给了 Keyes D. Metcalf 先生。早前芮玛丽还寄了305册书给费正清（John King Fairbank）教授。（HYL Archives：Letter of Hobart Young to Alfred K'aiming Ch'iu, October 1, 1947）

耶鲁大学图书馆采访部主任 Donald G. Wing 致函裘开明：贾德纳（Charles Sidney Gardner）教授于昨日向我展示了一张卡片，希望我馆将来可拥有一份美国图书馆馆藏丛书的联合目录。如果贵馆可帮助我馆制作目录底片，那么我馆将据之制作复本，其中一套将送回给贵馆，并附上我馆馆藏资源目录，另一套则希望寄给中国的某个书商，以便帮助我馆获得其他资源。我馆希望以此可行方式尽力帮助贵馆制作联合目录。（HYL Archives：Letter of Donald G. Wing to Alfred K'aiming Ch'iu, October 1, 1947）

10月4日

商务印书馆香港办事处 P. C. Li 致函裘开明：感谢贵馆9月16日来函，7月11日订单部分已发货，剩余已转交重庆办事处处理，因书在重庆印刷出版，仅重庆有货。最近订单则仍由香港办事处处理。尽管设立了开放的外汇市场，但现在出口交易获得的外汇收益仍要通过政府来兑换，导致额外开支的增加和交易程序的繁琐。因此，需补充说明一下，此次我们从香港发货的外汇收益已经交给政府来兑换了。按常规将两期《新书报》周刊寄去，以后可直接将订单寄至香港办事处（HYL Archives：Letter of P. C. Li to Alfred K'aiming Ch'iu, October 4, 1947）

刘楷贤（Liu K'ai-hsien）致函裘开明：不知先生是否收到我的信。在最后一封信中，我询问先生我是否有望于1948年赴美，在哈佛或其他学校深造。同时华美协进社的孟治（Chih Meng）博士来函建议我致函爱荷华州大学（Iowa State College）的 Charles H. Brown 博士。随即我即致函给他。多年来与先生共事，为先生效劳，仍希先生提携。设先生做此事有困难，祈先生能致函 Charles H. Brown 博士，向其推荐我，先生德高望重，先生一言极有分量，胜算亦大。（HYL Archives：Letter of Liu K'ai-hsien to Alfred K'aiming Ch'iu, October 4, 1947）

10月6日

裘开明致函胡佛研究所图书馆赠书与交换部主任 Hobart Young 言：费正清（John King Fairbank）教授让我写信询问贵馆寄给我们的《国民政府公报》是否是作为和我馆交换的复本，我馆收到的四箱书中有几乎完整的1927—1936年的《国民政府公报》。如果不是用作交换的，我们愿意出资购买，费用从我们之前交给你们的400美元款项中支出。随函所附的111张黄色目录纸条和4张 Ditto 复制目录卡片（现刊），是为贵馆在6

月份寄给我们的第二批中国共产党出版物所编制。目前贵馆已经寄来用于交换的文献共计 309 册(而非你在 1947 年 10 月 1 日来信中所说的 305 册)。在 309 册书中,期刊共计 60 期,数量相当于中文薄书和小册的数量。下表显示了我馆这两种类型的文献新增的数量和复本数量。1947 年 6 月 30 日收到胡佛图书馆寄来的交换书逐条详列如下:

种类	新增		复本	
	种数	册数/期数	种数	册数/期数
书籍	109	120	70	74
小册	0	0	55	55
期刊	3	33	11	27
合计	112	153	136	156
报纸	2	53	2	168

从上表中我们可以看出你寄给我们的第二批资料,有 50% 的书籍和小册是我馆已有入藏的,而报纸的复本率超过三分之二。我们能否把所有这些复本寄回给你们,并从交换书项目中取消掉这批书？或许你可以用这些书和美国的其他图书馆进行交换。请知会我们贵馆对这批书的处理决定。(HYL Archives: Letter of Alfred K'aiming Ch'iu to Hobart Young, October 6, 1947)

裘开明致函洛克菲勒基金会(Rockefeller Foundation)人文科学部副主任 Charles B Fahs,答复关于建立缩微胶片制作中心的意见:关于在中国建立缩微胶片制作中心的问题,我结合各方面因素,在参考哈佛燕京学社其他人建议的基础上,提出以下建议:1. 正如你指出的那样,这很有可能成为第二个在北平遭受损失的机构。2. 在战争期间,中国政府为了保护国立北平图书馆最好的中文善本书,将这些书运往国会图书馆,并由国会图书馆进行了拍照。这批书将运回北平,但是美国的任何一所图书馆出于研究的需要,都可以从国会图书馆买到缩微胶片。3. 在图书馆资源采购和图书出版方面,上海-南京地区与北京-天津地区相比,排在更重要的位置,在新书方面,其重要性更大。继国立北平图书馆之后,善本书第二多的汉学图书馆是在南京的江苏国学图书馆,以及很少人知道的、但是中文藏书在上海最丰富的徐家汇天主教图书馆,这两个图书馆的藏书都没有制成缩微胶片。4. 在上海-南京地区的公共机构、私人藏书楼以及出版机构,有很多相当完整的中文报纸、期刊以及政府出版物。这些都是美国研究型图书馆所需要的。综上所述,在上海-南京地区建立缩微胶片制作中心好过在北平,这两个地方目前比较安全、更可行,并且有许多美国图书馆(以及中国图书馆)所需要的大量文献。至于选择哪个机构承担这项工作,这取决于洛克菲勒基金会准备捐赠多少照相设备给中国的文化机构。如果只有一套照相设备,那么应该给国立北平图书馆,因为:(1)它是中国唯一一所,也是最大的国家图书馆;(2)袁同礼(Yuan Tung-li)先生大概已经向基金会申请这类设备了;(3)我们不能为国立北平图书馆设置障碍,因为它慷慨地允许国会图书馆拍摄所有最精良的善本书。照相设备具体可以交给国立北平图书馆在上海的转运办公室,如果这个办公室已经取消了,未来五年内可以设立在上海的美国信息服务中心(U. S. Information Service Center)的图书馆,或者直到在内战达成一个比较令人满意的政治局面,北平局势安全时,再搬到国立北平图书馆。现在当务之急是把所有过期的重要报纸、公开文献、期刊以及历代的中文善本书制成胶片。请一位有能力的人承担这项工作,并且所有的文化机构和私人藏书家(可以付报酬给后者)通力合作,估计这项工作五年内即可完成。(HYL Archives:Letter of Alfred K'aiming Ch'iu to Charles B Fahs, October 6, 1947)

10月8日

裘开明致函胡佛图书馆馆长 Nina Almond:关于你7月24日来信请我为贵馆推荐一名合适的中国助理的事情,请让我先给你看一封上海市图书馆采访与编目部主任李继先(Johnson C. S. Lee)来函。从各方面来看,我都认为他是最适合的人选。在我看来,你们新建立的中文馆藏的关键问题在于选拔合适的馆员,以便有个好的开始,并为未来的馆藏建设打下坚实的基础。随着时间的流逝,你就会同意我的观点,一名训练有素、富有经验的图书馆员对于一个成长中的图书馆来说,是起点而不是终点,随着图书馆的馆藏达到相当的规模,维持一个图书馆馆藏良好的状态,虽然困难,但是也要比一开始就能合理地进行组织和管理要简单。最后,你的图书馆可能需要更多的经费用于支付聘用专业人员的大笔薪水,这比你一开始组建中文馆藏聘用学生助理要贵得多。等到你决定了新建中文书库的人事安排以后,我们可以进一步商讨我们两馆之间的合作问题,诸如我们向贵馆提供印刷目录卡片、提供关于书目工具方面的建议等。(HYL Archives:Letter of Alfred K'aiming Ch'iu to Nina Almond, October 8, 1947)

裘开明致函 Gussie D. Gaskill:关于你8月11日来函询问是否可获得我馆中日文印刷目录卡片,我已致函燕京大学,获悉序号1—12136仍有货,每套价格为100美元,另加自中国寄来之邮费20美元,卡片覆盖书本目录前三卷。如洛克菲勒基金会(Rockefeller Foundation)能继续提供资助,此项计划迟些时间将会重启。如有兴趣,请将订单发给燕京秘书处。(HYL Archives:Letter of Alfred K'aiming Ch'iu to Gussie D. Gaskill, October 8, 1947)

10月9日

远东图书印务馆(Oriental Press)经理冯国英(Feng Kwok-ying)致函裘开明:上个星期收到赖肖尔(Edwin Oldfather Reischauer)博士关于出版《哈佛亚洲学报》(*Harvard Journal of Asiatic Studies*)的来函。这让我想起拜访你的愉快经历。那时候,你让我帮你估算出版图书馆中文目录卡片的项目。我提供给你一些样本,我记得你认为是满意的。三个月过去了,我一直没有你的消息。是否你对此事有深入的考虑,希望收到你的来函。(HYL Archives:Letter of Feng Kwok-ying to Alfred K'aiming Ch'iu, October 9, 1947)

洛克菲勒基金会(Rockefeller Foundation)人文科学部副主任 Charles B Fahs 致函裘开明,感谢裘开明10月6日来函提出在中国建立缩微胶片制作中心的意见。(HYL Archives:Letter of Charles B Fahs to Alfred K'aiming Ch'iu, October 9, 1947)

芝加哥大学东方语言学系顾立雅(Herrlee Glessner Creel)教授致函裘开明:你可能知道,国立北平图书馆的钱存训(Tsuen-hsuin Tsien)先生已成为我们的职员,负责进行我们中文馆藏编目工作。我想知道美国图书馆界是否有中文藏书联合目录,或者是否有计划制作一个联合目录。如果是的话,我们应该至少额外制作一套卡片供这一联合目录使用。如你能告诉我贵馆是否有计划出版一个关于贵馆所有目录卡片的书本式目录,我将非常感激。我们发现已出版的书本式目录非常有用,同时我也当然希望这些书本式目录能够继续出版后续卷册,以使其完整。自从我与你上次非常愉快的会面后已过了很多年了,但是我一直希望不久之后,我将有可能去访剑桥或你有可能来访芝加哥时,我们能再次见面。(HYL Archives:Letter of Herrlee Glessner Creel to Alfred K'aiming Ch'iu, October 9,

1947)

10月14日

　　钱存训致函裘开明：久慕盛誉，未获识荆，至深抱憾。训今秋应芝大之约，来此整理中文藏书，得邓嗣禹兄指示，略知梗概。此间订有 HY（哈佛燕京学社）卡片五套，分类编目拟全部追随尊著方法，以期一律。兹有数点，仍求指教，应祈拨冗赐示为幸。（一）此间有分类法一册及书目三册，不知最近采用之编目规则有无印本（商务本已有）可供参考？书目第三册以后已有新编出版否？（二）罗马字拼音根据何法？是否 Giles？其他编目所采主要参考书应请择要介绍一二以供应用。（三）分类指引卡及字典目录指导卡有无印就的出售，此间拟用两套，请示知以便采购。（四）贵馆复制卡片，除排印外，是否尚采用其他方法？此间藏书其无 HY 卡片者，能否编就托贵馆代为排印？需价若干？并请探寻示知。（五）排印卡片有无简目可作添补订购之指南否？其他与分类编目及排列卡片有关说明倘能寄赐一份，俾有遵循，尤所感幸。匆匆敬颂……嫂夫人（曾宪文）前请代道候。弟在沪曾继其未完之工，为中国科学社编印书目一册，不知见及否？（HYL Archives：钱存训致裘开明信函，1947年10月14日）

　　裘开明致函芝加哥大学东方语言学系顾立雅（Herrlee Glessner Creel）：关于你10月9日来函所询问题，我非常高兴地告知你，我们中一部分人员已开始着手准备在国会图书馆建立一个中日文图书联合目录。1945年我在纽约召开的美国东方协会（the American Oriental Society）会议上，曾宣读过一篇有关这一主题的论文。我认为，如果对卡片标注罗马化拼音，并且在提供书名或卡片信息时，向美国所有图书馆提供统一的罗马拼音系[（中文译名采用威氏罗马拼音(Wade-Giles)；日文译名采用罗马字或赫氏(Romaji or Hepburn System)]，那么将中文或日文书名卡片归入国会图书馆的西文图书主联合目录，并不比将法文或俄文书名卡片归入主联合目录中有更多的困难。在国会图书馆日文组组长 Edwin G. Beal, Jr. 先生积极的指导下，国会图书馆开始向美国其他远东图书馆收集日文图书目录卡片。我们赠送给国会图书馆一份我馆日文图书分类目录中约18000张卡片的缩微胶卷。像我馆的中文卡片一样，每张 Ditto 复制日文卡片包含分类号，表示图书的主题，并根据赫氏罗马拼音法（Hepburn System）进行作者和书名的罗马化，目前国会图书馆将这部分日文图书联合目录保存在东方部独立的文件箱中。美国所有图书馆的图书尚未编入西文目录主联合目录。关于中文图书，国会图书馆有两套我馆的印刷卡片。我想现在就收集其他图书馆的中文图书目录卡片尚为时太早，因为绝大部分图书馆，就像你们的图书馆一样，正处于编目阶段。我认为对你们图书馆来讲，应该至少留出一套额外的目录卡片用于有可能在华盛顿国会图书馆建立的联合目录。我们学社董事会的目的是恢复并继续我馆馆藏中文图书的书本式目录和印刷卡片目录计划。学社已制定了一份提交洛克菲勒基金会（Rockefeller Foundation）的正式申请，请求另外拨款用于印刷设备的更换，以及为战时由日军在燕京损毁的中文分类目录剩余卷册进行铅字排版。一旦我们此项计划有进一步的进展，我将会再次写信给你。（HYL Archives：Letter of Alfred K'aiming Ch'iu to Herrlee Glessner Creel，October 14, 1947）

　　商务印书馆香港办事处 P. C. Li 致函裘开明：补充10月4日致贵馆的信，7月11号的订单中剩余的货已经由我方重庆办事处于10月9日直接出货给你，香港办事处会及时处理。我处缺货的期刊，重庆办事处也没有。我们正写信给其他分公司，我们会尽快告知贵馆结果。（HYL Archives：Letter of P. C. Li to Alfred K'aiming Ch'iu, October 14, 1947）

　　Emeilia E. Welfel 致函裘开明：我已另函给你寄送 Reynolds 小姐申请借阅的《东方

文选》共计 15 卷的缩微胶卷。稍后我们的会计部会将账单寄给你。我馆制作缩微胶卷的 Peters 小姐,告知除了卷 I 之外,其他缩微胶卷都很好。(HYL Archives:Letter of Emeilia E. Welfel to Alfred K'aiming Ch'iu, October 14,1947)

10 月 23 日

裘开明向哈佛燕京学社社长递交第 21 次《馆长年度报告》(1946 年 7 月 1 日至 1947 年 6 月 30 日),报告的主要内容如下:1.图书馆馆藏情况。1946—1947 年度哈佛大学汉和图书馆新增藏书量合计 2912 种 11520 册,其中,中文图书 2407 种 10646 册,日文图书 283 种 547 册,藏文图书 2 种 17 册,满文图书 2 种 9 册,蒙文图书 1 种 1 册,西文图书 217 种 300 册。截至 1947 年 7 月 1 日哈佛大学汉和图书馆藏书总量为 39589 种 205495 册,其中,中文图书 29393 种 179003 册,日文图书 7526 种 20958 册,藏文图书 11 种 660 册,满文图书 123 种 1009 册,蒙文图书 19 种 329 册,西文图书 2517 种 3536 册。在日文书方面,1946—1947 年度,汉和图书馆仅得到来自洛克菲勒家族成员 E. G. Stillman 博士捐赠的 547 册日文书,故本年度日文书的增长量为历年最低,而用于购买日文书籍的 2000 美元一直没有动用,在本学年度末才汇给了佛蒙特州拉特兰(Rutland, Vt)Charles E. Tuttle 公司,该公司在日本有代理机构,故委托其在日本购买日文文献。在中文书方面,中文古籍购自北平,新书购自重庆和上海;古籍与新书的购买比率为 6:4;很多中文古籍购于战前,在日军侵占燕京大学之后抢救出来的;大多数新书的购买得益于费正清(John King Fairbank)博士的努力,一部分新书的购书经费也来自于费正清教授从怀德纳图书馆获得的经费;中文新书中有很多是在国民政府统治区无法获得的共产党出版物,这些文献是芮玛丽(Mary Clabaugh Wright)作为斯坦福大学胡佛战争图书馆(Hoover War Library at Stanford University)的代表访问共产党统治区域时亲自购买的,作为斯坦福大学的交换书籍进入汉和图书馆。1946—1947 年度汉和图书馆通过燕京大学图书馆在中国购得 202 种 1655 册中文书籍。本学年度最大的一笔中文赠书由加州大学伯克利分校区继续教育部(the Extension Division of the University of California at Berkeley)中国文学与文化讲师 Henry H. Hart 捐赠,共计 431 种 2956 册,主要是关于中国文学,尤其是小说和戏曲方面的文献。这批书保存在怀德纳图书馆,按照 Hart 博士捐赠的条件,设立哈特(Hart)夫人纪念室。这批赠书的临时目录已排入汉和图书馆的中文图书四角号码目录中。连续出版物方面,在中文新书中,有 300 种连续出版物,共约 2000 册,已登录到连续出版物登录卡中。截至 1946—1947 年度,汉和图书馆共有 1111 种中文连续出版物,大约有 30 种为年刊或年鉴。日文连续出版物有 271 种,其中 51 种为年鉴。另外,本学年度新增西文连续出版物 6 种,目前汉和图书馆西文连续出版物达到 158 种。方志方面,1946 年共新入藏方志 123 种,982 册,其中河北省(编者注:此为哈佛图书馆的分类方式。)5 种,山东省 8 种,河南省 6 种,山西省 3 种,陕西省 3 种,江苏省 4 种,浙江省 5 种,安徽省 2 种,江西省 8 种,湖北省 1 种,湖南省 5 种,四川省 56 种,福建省 3 种,广东省 2 种,广西省 2 种,贵州省 1 种,云南省 3 种,满洲省(编者注:此为哈佛图书馆的分类方式。)5 种,新疆 1 种。截至 1947 年 7 月 1 日汉和图书馆收藏中国方志共计 2806 种 29785 册。丛书方面,1946 年汉和图书馆新增中文丛书 15 种,中文丛书收藏种数达到 1104 种。半数以上的丛书卡片目录已编印完毕,并建立了独立的中文丛书目录。这部独立的目录将构成全美图书馆所藏中文丛书目录的基础,并进一步编成全美图书馆所藏中文丛书联合目录。2.馆藏分类编目情况。为了缩短图书从采访到可以被用户使用的过程,汉和图书馆对到馆的图书采取不针对内容进行分类即进行预编目的方法,待卡片目录编印完毕再对图书进行分类,这也是在中日文的四角号码卡片目录柜中有很多黄色临时草片的原因。很多读者抱怨这些黄色的临时草片上面没有索书号,但是这种使用上的不便是在建立完整、合理的目录体系过程中不可避免的,这种做法也好过让用户等上几个月才能与新到馆的图书见面。因为临时草片采用王氏四角号码排列法,所以新到馆的图书均按照四角号码法单独陈列。这种做法的好处就在于可以让读者在最短的时间内了解到有哪些图书新到馆,并马上可以获得……3. 图书编目与洛克菲勒基金(Rockefeller Foundation)卡片目录项目。1947年3月,裘开明撰写的关于卡片目录项目技术问题的备忘录,连同哈佛燕京学社社长所写的正式项目申请书一起提交给洛克菲勒基金会,申请继续开展并完成中文图书印刷卡片目录项目。1947年4月,裘开明受洛克菲勒基金会的邀请前往纽约,就汉和图书馆卡片目录项目的细节问题,向洛克菲勒基金会负责远东事务的人文科学部副主任(Assistant Director)Charles B Fahs 博士做进一步深入的解释。因为 Fahs 博士即将到东方做考察,故该项目的申请没有马上得到批复。10月,Fahs 博士考察归来,开始考虑汉和图书馆中文书卡片目录编印项目的申请。因为尚没有得到洛克菲勒基金会的资助,1946年11月份哈佛燕京学社董事会会议所通过的,用于印刷洛克菲勒基金资助排印的书本式目录剩余几卷的3500美元拨款尚未使用。因为在董事会1947年4月份的会议上没有把为编印卡片目录拨款之事纳入议程,故请求重新拨发3500美元。馆藏书本式目录的作用非常重要,汉和图书馆所出版的馆藏书本式目录受到广泛肯定和高度评价,但由于前三卷出版的数量有限,故只能满足各个研究机构的订购需求,却无法满足学者和学生的个人订购请求。因此哈佛燕京学社董事会应该支持汉和图书馆继续出版馆藏书目。4. 阅览室与借阅服务。1946—1947年度,汉和图书馆共外借2000种4508册馆藏。图书馆外借服务开放的时间共264天44周,日均外借图书17册。图书馆外借业务的增长主要是因为学生数量的大幅度增长。以上馆藏流通的数据不包括隔夜借还的数量和馆内阅览的数量。在过去的一年里,图书馆中日文藏书完整的财产目录修订完毕,对其中的很多错误作了更正。很多图书在书架上找不到,这类图书单独编列一个清单,将在未来的几个月里继续查找。这是继1938年第一次编制财产目录后的第一次修订。要求今后每年的图书馆预算中增加年度财产目录编制的经费。5. 馆际互借与参考咨询。1946—1947年度汉和图书馆共向美国13所机构提供馆际互借服务。参考咨询服务方面,往年主要是解答远东语言系学生的问题,以及其他校外研究者的邮件或来馆咨询。在1946-1947年度,除前面提到的情况外,又增加了来自中国区域研究项目学生的提问。负责中文书的全职馆员童世纲(Tung Shih-kang)几乎把全部时间都用于挑选和整理由费正清(John King Fairbank)教授寄给图书馆的中文资料。幸运的是,因为汉和图书馆的西文书主要是为哈佛燕京学社的师生以及字典编纂出版计划的成员服务的,所以社长(叶理绥,Serge Elisséeff)坚决地拒绝了向中国区域研究项目的学生提供西文书方面的服务。但是汉和图书馆仍面临的一个问题就是,学社是否应该提供更多的拨款用于为其他院系所购买的中日文图书、期刊和报纸编目,以及为这些出版物提供服务,还是请其他院系从经费中拨出一定比例给汉和图书馆,用于聘请更多的人手为其服务。在国会图书馆,为一本书编目的费用是1美元多,其他图书馆通过使用国会图书馆提供的印刷卡片,可以降低编目的成本。但是在中日文文献领域,只有汉和图书馆印刷卡片目录,并向美国其他的图书馆提供类似国会图书馆的卡片目录服务。6.人事变动。1947年6月,李安宅太太(于式玉)离职,前往耶鲁大学图书馆,负责该馆的中文馆藏工作。发电报邀请汉和图书馆原负责日文馆藏的助理、现任南京国立中央图书馆采访部主任的于震寰(Zunvair Yue)回剑桥。一个新设立的岗位研究助理与副馆长等待他来就任。经过反复协商,于震寰不久将回汉和图书馆任职。对其支付的薪水同其之前在汉和图书馆任职时的一样,但是从下一个财政年度开始,其薪水将有所增加。裘开明建议从1948年7月1日开始,支付给于震寰的年薪为3000美元。另外董事会决定请哈佛大学提供于震寰从南京到剑桥的路费,如果哈佛大学不能提供这笔费用,哈佛燕京学社将从自己的财务预算中拨发500美元支付给于震寰。童世纲将继续担任中文书助理,但是因要到波士顿大学学习,所以从秋天开始其工作时间减半。担任普通助理的William Henry Winship被提升为阅览室监管。毕业于波士顿学院的Albert W. Burns被聘为新任的普通助理,代替William K. Carlson。William K. Carlson在汉和图书馆的工作时间从1947年3月1日到9月30日。科罗拉多州丹佛大学图书馆学院的研究生徐亮(Liang Hsu)暑假期间在汉和图书馆负责编制财产目录。7.图书馆财务。1946—1947年度图书馆预算:图书8000美元(其中,中文书4000美元,日文书2000美元,西文书2000美元),装订850美元,保险650美元,办公经费500美元,水电500美元,薪水和津贴7000美元,11月份会议通过的书本式目录编印经费3500美元,总计21000美元。1946—1947年度收支统计:图书8226.39美元,装订849.18美元,图书保险560美元,设备(家具和装置)439.83美元,办公经费576.94美元,薪水与津贴(含职员的退休金和差旅费)6983.89美元,共计17636.89美元。此外有收入如下,出售印刷卡片目录242.01美元,罚款34.01美元。(HYL Archives: Chinese-Japanese Library of the Harvard-Yenching Institute at Harvard University Report of the Librarian for the Year July 1, 1946 to June 30, 1947)

11月3日

哈佛燕京学社董事会执行委员会召开会议,决定对汉和图书馆的全部馆藏进行重新估价,以便为其购买保险。另外,1945年11月份董事会议上,批准拨款3500美元用于印制由洛克菲勒基金(Rockefeller Foundation)资助的书本式目录的剩余部分。因为来自洛克菲勒基金的必要资金不允许,董事成员拨款没有被使用。本次会议上,同样的款额再次被批准在本期财政年度使用。(HYL Archives: Chinese-Japanese Library of the Harvard-Yenching Institute at Harvard University Report of the Librarian for the Year July 1, 1947 to June 30, 1948)

11月6日

胡佛研究所图书馆赠书与交换部主任Hobart Young致函裘开明:很高兴收到你1947年10月6日来函。我猜测你信中的第一段是询问我1947年9月16日致Keyes D. Metcalf先生的信中所提之事。我们之所以用《政府公报》来抵消胡佛图书馆对哈佛的400美元的信用账户,是因为这批公报的价值正好相符,它在我们的复本中并不常见。我将把你的账目计划提交给我们馆长Philip T. McLean先生,因为这可以减少胡佛图书馆的债务,从而影响到他计划的制定——这件事不在我的职权范围内。关于芮玛丽(Mary Clabaugh Wright)代表胡佛图书馆邮寄给你的、贵馆已经有入藏的复本,我可以告诉你我所知道的一些情况。芮玛丽向我保证,按照她与哈佛最初签署的协议,她为胡佛图书馆搜集的所有资料,哈佛都会接收其复本。由于在外收集文献和作出决定必须迅速,所以无法事先核对哈佛的馆藏目录……你1947年7月18日写给她的信中说明你所收到的书恰好贵馆的中文书库有藏,你打算按正常程序来处理这些书。从1947年10月6日你寄给我的信中最后一句话来看,我认为你的意思是汉和图书馆希望中止协议,不再接收芮玛丽最近的309册书。目前就此事我仍不能给你最后的答复,但是一旦商议得出结果即通知你。(HYL Archives: Letter of Hobart Young to Alfred K'aiming Ch'iu, November 6, 1947)

11月12日

刘楷贤致函裘开明:10月4日曾奉上一函,并附呈致Charles H. Brown博士函之复份,谅已鉴及。Charles Bunsen Shaw, Librarian of Swarthmore College, Penn. U.S.A.(美国宾夕法尼亚州斯沃斯莫尔学院图书馆馆长),中国教会联合大学在美联合托事部图书馆代表来中国视察学校图书馆,已于日前来平,住于燕京大学临湖轩。Brown博士致函Shaw博士,嘱约贤晤谈,业于昨晚晤于临湖轩,告贤赴美进修事,已有可能;询贤之学历及经历甚详,并询赴美欲入何校以及学成后服务等,贤答以入任何学校皆可,学成后仍返燕京服务。Shaw博士嘱贤将晤谈情形函告Brown博士,再嘱贤函恳先生为贤写推荐书与Brown博士,则赴美进修事,实现当更速也。先生奖励后进,俾贤得赴美偿读书素愿,想先生接贤十月四日信后,早已致函Brown博士,乐为贤写推荐信耶。今Shaw博士再嘱奉函先生,或者Brown博士致函Shaw博士时,尚未接先生之推荐书也,抑或先生之推荐书遗失也。恳请先生再速函Brown博士,鼎力玉成之。则贤之前途,皆先生所赐也……(HYL Archives:刘楷贤致裘开明信函,1947年11月12日)

11月26日

胡佛研究所图书馆赠书与交换部主任Hobart Young致函裘开明:我们已经收到芮玛丽(Mary Clabaugh Wright)要求交换《中国国民党年鉴(1929年)》的请求,并已于11月21日寄出该著。(HYL Archives: Letter of Hobart Young to Alfred K'aiming Ch'iu, November 26, 1947)

11月27日

刘楷贤致函裘开明:10月4日及11月3日曾两次奉上函禀,恳先生为贤写荐信,想已鉴及。今晨接Charles H. Brown手示,仍道及先生之荐信为最重要。今特将Brown博士之函缮写复份附呈,祈查收为荷。仍祈先生为贤写荐信,鼎力玉成之,则贤之前途皆先生所赐也。(HYL Archives:刘楷贤致裘开明信函,1947年11月27日)

11月30日

商务印书馆香港办事处经理Hsu Ying-chong致函裘开明:贵馆9月16号寄给上海办事处的函中所附订单已转交本处处理。已分两批发货,共25箱书。请贵馆按发货清单副本查收,确认后答复。订单中有13本书,现无库存,我处已写信联系公司总部,尽量为你购买。关于贵馆要求订购的四种期刊的问题,很抱歉无法从第一期开始帮你订购,因其中一些过期期刊已无法购买到。不过,每种期刊我们还是为贵社订购了半年的货,我们在信里附上了四张订购回执。订购期刊总共30.72港币,请和我们附上的所有清单上的金额一起汇款给我们。另7月11日订购已分别从上海和重庆出货,贵馆先前和现在的采购总额为968.75港币。请贵馆尽快汇款,不胜感激。(HYL Archives: Letter of Hsu Ying-chong to Alfred K'aiming Ch'iu, November 30, 1947)

12月15日

哈佛燕京学社董事会在哈佛商学院教工俱乐部举行董事会议,学社社长(叶理绥,Serge Elisséeff)向董事会汇报了由裘开明馆长提交的汉和图书馆年度报告,涉及书刊采购、图书目录和洛克菲勒卡片计划、流通借阅服务、人事和薪金等方面的情况。董事会讨论及表决批准的与图书馆有关的部分决议如下：图书馆已经向由 Keyes D. Metcalf 先生推荐的佛蒙特州书商 Charles A. Tuttle 公司汇去 2000 美元拨款。书即将收到，并将在下一年的报告中对此批书的性质、种类予以讨论。另外，在 1946－1947 年度图书馆 17500 美元的拨款中，8226.39 美元用于图书支出，超支 226.39 美元。装订和设备支出则比预期的要少，截至本年结束未支出 115.20 美元。投票表决通过：董事会主席批准指示财务员不论汇率如何，为图书馆投保的总保价为 350000 美元。（HYI Archives：Meeting of the Board of Trustees Held on December 15，1947）

12 月 31 日

裘开明致函商务印书馆香港办事处经理 Hsu Ying-chong 先生：已向贵办事处汇款 850.59 港币，第 275 号发票列出了将要转售给我社的学生教科书，哈佛燕京学社秘书负责这项转售事务。因此，这部分书款账单由学社秘书办公室来支付。今后，请将我们的账单入"汉和图书馆，哈佛大学（博伊斯顿堂）。"而学社秘书订购任何书刊应入"哈佛燕京学社"，这样就不至于混淆两个账户。汉和图书馆只为本馆订购图书，学社秘书则为教学或教授个人订购图书。另外，我们尚未收到从重庆直接寄出的第 277 号发货清单上的图书。本函寄还贵办事处 7 月 1 日至 9 月 30 日的出版物周刊，请将我们用红色铅笔标记的图书寄给我们，并如此前一样寄来发票两份。请把装订好的平装书，从本馆购书账户扣除装订费。装订用蓝色的布，白色锡印或金色印。（HYL Archives：Letter of Alfred K'aiming Ch'iu to Hsu Ying-chong，December 31，1947）

本年

裘开明于本年担任加州大学伯克利分校远东图书（Far Eastern books，University of California at Berkeley）顾问。（Alfred K'aiming Ch'iu．Who's Who in the World. 2nd Edition，1974-1975．Wilmette，IL：Marquis Who's Who，1973:200）

裘开明担任哈佛大学哈佛燕京学社汉和图书馆馆长（Librarian of Chinese and Japanese Library of Harvard-Yenching Institute at Harvard University）和中国语言文学讲师（Lecturer in the Chinese Language and Literature）。（HYL Archives：裘开明 1951 年 3 月 15 日简历）

汉和图书馆等美国 13 所研究型图书馆继续参加美国图书馆协会中文资料联合采购计划，在中国购买出版物。汉和图书馆继续在哈佛大学印刷处为这期间所购买的出版物印刷目录卡片，并继续向其他 12 所图书馆出售印成的目录卡片。自 1945 年加入该项目开始至本年底，汉和图书馆共编印了 300 多种中国战时出版物的目录卡片。（HYL Archives：Chinese-Japanese Library of the Harvard-Yenching Institute at Harvard University Report of the Librarian for the Year July 1，1948 to June 30，1949）

1948 年
51 岁

1月5日

商务印书馆香港办事处 Hsu Ying-chong 致函裘开明：随信附上我处可供中英文图书目录。我处向贵馆的报价以港元结算，提供 35％折扣；订购须预先汇款 30％，作为预付邮资或运费；如果运费低于 30％，我处会根据贵馆的要求，或退还余款或存入贵馆账户。是否仍需中文书目录？（HYL Archives：Letter of Hsu Ying-chong to Alfred K'aiming Ch'iu, January 5, 1948）

1月15日

钱存训致函裘开明：日前剑桥小游，得亲教益，诸承指导，获益良多。临行复蒙亲送登车，殷殷照料，尤为□感。祇以时日匆促，未能多留，引以为怅，甚愿他日有缘再图良晤也。车行后幸得一座，比邻适为一芝大学生，一路到校，颇不寂寞。彦堂先生于上星期日始循纽约归来，因连日奔波，稍感疲惫。此间复印卡片，尚未决定解法，将来如用 photostat 方法，当请介绍。又承复一函，返校后始得阅及，附致邓兄及 Creel 贺片，均已转交矣。（HYL Archives：钱存训致裘开明信函，1948年1月15日）

1月22日

Agnes H. Yeh 致函裘开明，因考试和结婚、搬家等事请假。（HYL Archives：Letter of Agnes H. Yeh to Alfred K'aiming Ch'iu, January 22, 1948）

耶鲁大学图书馆副馆长 David H. Clift 先生致函裘开明：我馆正在制定中日文馆藏编目计划，并决定遵循贵馆的编目系统。不知我馆及我校其他所有院系需向贵馆订购多少套卡片？迄今收到多少套？这些卡片对我馆编目的帮助和意义何在？（HYL Archives：Letter of David H. Clift to Alfred K'aiming Ch'iu, January 22, 1948）

1月26日

孟治（Chih Meng）致函裘开明，邀请裘开明参加2月6日下午5点举行的茶会，并告知届时华美协进社（China Institute in America）荣誉主席 V. K. Welling 大使将出席并发言，展厅还将举办一个由中国艺术协会筹备的中国银器展览。（HYL Archives：Letter of Chih Meng to Alfred K'aiming Ch'iu, January 26, 1948）

裘开明寄给佛蒙特州拉特兰（Rutland, Vt）查尔斯·特特公司（Charles E. Tuttle Co.）的 Tuttle 先生一份图书订购单，包含65条待购日文文献信息。（HYL Archives：Chinese-Japanese Library of the Harvard-Yenching Institute at Harvard University Report of the Librarian for the Year July 1, 1947 to June 30, 1948）

裘开明致函燕京大学图书馆刘楷贤（Liu K'ai-hsien）：感谢你圣诞节贺卡以及所有来函。如果贵馆允许你暂离开一段时间，我馆即准备聘你前来。请与馆长陈鸿舜（Ch'en Hung-shun）先生以及校务长窦维廉（William H. Adolph）商谈此事，询问燕京能否以官方名义派你到哈佛做交换馆员。他们有可能可以从纽约的基督教大学联合董事会（United Board of Christian Colleges）申请到你在美国结束学习后回燕京工作的路费。你抵美后，我馆将支付给你一年的薪水，用作生活费。在此工作一到两年后，你可以向洛克菲勒基金会（Rockefeller Foundation）或联董会申请奖学金进修图书馆学，Charles Bunsen Shaw 博士即是在他们的赞助下完成对中国基督教大学图书馆的调查。据我所知他计划这个月底回纽约。美国图书馆协会的 Charles H. Brown 博士与 Clapp 以及其他美国图书馆员去年11月份离美赴日。此时他们一定在中国。因为 Brown 博士不在联董会任职，而所在的美国图书馆协会目前不资助中国图书馆员，故我未就你的事情致函给他。相比来我馆工作而言，如果你更愿意向联董会申请奖学金，我很愿意在 Shaw 博士回国后给他写信推荐你。（HYL Archives：Letter of Alfred K'aiming Ch'iu to Liu K'ai-hsien, January 26，1948）

1月28日

裘开明致函耶鲁大学图书馆副馆长 David H. Clift 先生：根据我馆记录，贵校已向我馆订购了2套古籍印刷目录卡片，并寄给了由 George A. Kennedy 教授主持的耶鲁东方语言学院。所有这些目录记录均列于汉和图书馆《汉籍分类目录》前三卷中。耶鲁每卷购买了一套。此外，贵馆也订购了6套新中文书的目录卡片，这些新中文书是通过美国图书馆协会中国合作采购计划从重庆购得的。迄今这些记录只印制了179条，因为哈佛大学出版社在去年停止了这些卡片的印制。而目前在美国找不到一家出版社能以合理的价格印制卡片。我馆不得不通过 Ditto 复印或缩微的方法来印制卡片。贵馆是否想要这些剩余的目录卡片，如果需要，我馆可立即按要求缩微制作这类卡片。对于旧的图书，两套卡片可能不够。我馆使用了7套卡片。芝加哥大学图书馆已经订购了5套。两周前，我与 Charles S. Gardner 教授简要地讨论了这一问题。我馆所有日文图书目录卡片约15000种，于去年夏天完成缩微胶片的制作，应国会图书馆要求赠给他们，作为我馆对美国远东图书馆馆藏资源联合目录的贡献。国会图书馆日文图书目录卡片没有罗马化的作者名和书名。Hall 先生告诉我用 alfa 纤维纸缩微复制卡片成本为每张卡片2美分。如果耶鲁大学需要，可以向国会图书馆影印部和东方部订购。我馆的日文目录卡片可节省贵馆的编目时间，因所有卡片均根据哈佛燕京分类法分配了图书分类编目号码。去年，于式玉（Yü shih-yü）在汉和图书馆对战时出版的1000多部日文图书进行了编目。这些重新编制的目录可以以每张卡片2美分的价格为你们耶鲁大学制作缩微胶片。（HYL Archives：Letter of Alfred K'aiming Ch'iu to David H. Clift，January 28，1948）

1月29日

Joseph K. Yamagiwa 致函裘开明：美国学术团体协会（ACLS）远东研究委员会派我为代表，调查目前在美国主要大学图书馆里的中文、日文和其他远东语种书籍的编目现状。委员会还对其他图书馆共享卡片的方式感兴趣。委员会有建立东方史料联合目录的意图……我们感觉某些图书馆在聘用称职的编目员方面有困难……你能向我们提供你对远东文献采访和编目的意见吗？（HYL Archives：Letter of Joseph K. Yamagiwa to Alfred K'aiming Ch'iu，January 29，1948）

耶鲁大学图书馆副馆长秘书 Maucaicy Vauz Vaclp 致函裘开明：因 David H. Clift 先生这段时间不在图书馆，我代其确认你1月28日来函。Clift 先生非常高兴从你处获得的相关信息，他将在返回纽黑文后回复。（HYL Archives：Letter of Maucaicy Vauz Vaclp to Alfred K'aiming Ch'iu，January 29，1948）

1月31日

商务印书馆香港办事处经理 Hsu Ying-chong 先生致函裘开明：非常感谢你1947年

11月31号来函及汇款,汇款的金额是850.59港元和87.44港元,分别用来支付3C3－316、325、277、275A和275号发票上的账目。我们已在发票上签字并于本月27号寄回给你,希望你能及时收到。感谢贵馆建议为贵馆和哈佛燕京学社开设两个不同的账户,以免混淆,我们已据此着人办理。关于贵馆要求我方将订购书加工,使用蓝色布质封面,并刻上白色锡箔字或金色字的问题,很抱歉地告诉你我方的装订公司现在业务很忙,如果装订,可能费时颇多,且装订加工费用不比同行装订公司便宜。故此向贵馆推荐一家装订公司,该公司的装订价格如下:蓝色布质封面,仅书脊刻金字6.00港元;蓝色布质封面,封面和书脊均刻金字8.60港元。上述所列的加工费看起来挺贵的,但如果我方为贵馆加工的话会更贵。因为大家都很清楚,单独在一本书上把书名镀成金字和装订不同尺寸的书,自然会比为1000册同样尺寸的书装订和镀字要贵。考虑贵馆一直是我社的老顾客,因此我们不会收取任何佣金。不过,我们期待贵馆能同意接受我们的报价,并尽快答复我们。至于贵馆去年7月的订单,我们已经买到了单上的8本书。请告知我们,贵馆是否想要这批和现在订购的书用同样的标准来装订和镀字。因装订加工工作,这批订书可能会迟些才能发货给贵馆了。我们会慎重跟进此事的。另附上我们从10月1日到12月31日间出版的周刊。盼早日收到贵馆新订单。(HYL Archives: Letter of Hsu Ying-chong to Alfred K'aiming Ch'iu, January 31, 1948)

2月2日

裘开明致函Joseph K. Yamagiwa:很久以前我馆曾寄过一套中文书籍印刷目录卡片给国会图书馆。去年夏天又寄去了一整套日文分类目录,包括18000张卡片的缩微胶片。我馆日文卡片在形式上与中文卡片相同。我们愿意将我们打印的中文卡片和重写的日文卡片复印件提供给中日文书籍联合目录中心。你知道,我有建立联合目录的想法已经十年了,我在美国东方学会的远东小组成立之前就说过很多次……我馆正计划以两种形式出版我们的日文目录,像我们的中文目录一样,以书和卡片两种形式存在。随函附上三篇有关中日文文献编目的论文和汉和图书馆日文卡片样片。(HYL Archives: Letter of Alfred K'aiming Ch'iu to Joseph K. Yamagiwa, February 2, 1948)

2月3日

胡佛研究所图书馆赠书与交换部主任Hobart Young致函裘开明,感谢裘开明寄来《中国国民党年鉴》(1929年)的目录卡片,并告知不久以后可以再寄一份可用于交换的中文复本书目录到汉和图书馆。(HYL Archives: Letter of Alfred K'aiming Ch'iu to Hobart Young, February 3, 1948)

2月8日

刘楷贤(Liu K'ai-hsien)致函裘开明:燕京大学已向基督教大学联合董事会(United Board of Christian Colleges)报送我的名字,申请赴美奖学金,我们正在听候董事会的决定和安排。我已在图书馆服务14年之久,自然希望再进修。先生若能向Charles Bunsen Shaw博士推荐,我将不胜感激。若此计划成泡影,我亦将得到燕京的批准,赴哈佛中文图书馆在先生麾下效力。因先生与Shaw博士相熟,故先生有可能更易得知董事会关于我申请奖学金的决定,以便我万一申请失败,不致错过贵馆的空缺。(HYL Archives: Letter of Liu K'ai-hsien to Alfred K'aiming Ch'iu, February 8, 1948)

2月9日

裘开明致函耶鲁大学图书馆馆长James T. Babb教授:根据你2月5日来函的建议,我馆已为贵馆Stuart小姐和Chitoshi Yanaga博士2月13日的来访做好了准备。

(HYL Archives：Letter of Alfred K'aiming Ch'iu to James T. Babb, February 9, 1948)

2月11日

哥伦比亚大学东亚图书馆馆长 Howard P. Linton 致函裘开明，询问是否可通过馆际互借借阅汉和图书馆所藏的《唐开元占经》(Tang Dynasty Astrology Book)。(HYL Archives：Letter of Howard P. Linton to Alfred K'aiming Ch'iu, February 11, 1948)

2月13日

哈佛大学哈佛学院图书馆汉和图书馆收到燕京大学图书馆哈佛购书处提交的用款报告：1946—1947年度哈佛购书处总计用款为21891337.00元国币（结存18410078.00元），其中书款6970137.00元，杂志2258850.00元，装订2208000.00元，邮费2892360.00元，文具469240.00元，行政费7092750.00元。(HYL Archives：哈佛大学汉和文图书馆书款报告，1946—1947)

耶鲁大学图书馆副馆长 David H. Clift 致函裘开明，感谢汉和图书馆寄赠日文目录卡片的样本。(HYL Archives：Letter of David H. Clift to Alfred K'aiming Ch'iu, February 13, 1948)

2月19日

美国学术团体协会(ACLS)行政秘书 Mortimer Graves 致函裘开明：随信附上慕尼黑巴伐利亚州图书馆 G.. Hofman 博士的来信，不知你能否代我回复他。我想你比其他任何人更了解有关情况。(HYL Archives：Letter of Mortimer Graves to Alfred K'aiming Ch'iu, February 19, 1948)

裘开明致函哥伦比亚大学东亚图书馆馆长 Howard P. Linton：《唐开元占经》(Tang Dynasty Astrology Book)已寄出。不知贵馆所藏光绪年间的《清实录》是否完整，是否包含我馆所缺的页码。若是，请帮忙为我馆所缺页码做照相负片。(HYL Archives：Letter of Alfred K'aiming Ch'iu to Howard P. Linton, February 19, 1948)

2月21日

耶鲁大学图书馆副馆长 David H. Clift 致函裘开明：感谢你来函给 Chitoshi Yanaga 博士和我本人提供建议。了解和学习了贵馆在馆藏资源建设方面的运作方式后，我认为这有助于我馆东方馆藏的建立。(HYL Archives：Letter of David H. Clift to Alfred K'aiming Ch'iu, February 21, 1948)

2月24日

裘开明致函商务印书馆香港办事处经理 Hsu Ying-chong 先生：感谢1月5日和31日来函及所附英文和中文目录，我们已将中文订购书目予以标记，请将这些书用蓝布装订，中文书名和作者用金色字体印在书脊上。关于1月31日来信中提出的装订报价，我们认为没有问题。如果是多卷书，就按原先的中式装订给多卷书做函套。不要采用西方方式装订，西方装订方式只适用于平装图书。随信附上我们使用的函套图样，请让你的装订厂按这个样本装订。请每月继续寄给我们新的出版物周刊（2份），我们会标记以后寄还给你，作为我们新书的订单。(HYL Archives：Letter of Alfred K'aiming Ch'iu to Hsu Ying-chong, February 24, 1948)

2月25日

裘开明致函 Charles Bunsen Shaw，介绍刘楷贤(Liu K'ai-hsien)情况，建议基督教大学联合董事会(United Board of Christian Colleges)资助其赴美留学。(HYL Archives：Letter of Alfred K'aiming Ch'iu to Charles Bunsen Shaw, February 25, 1948)

哥伦比亚大学东亚图书馆馆长 Howard P. Linton 致函裘开明：已收到《唐开元占

经》(*Tang Dynasty Astrology Book*)。我馆正在核查《清实录》的页码并为你们做照相复制。希望你能来纽约参加美国东方学会的会议。(HYL Archives: Letter of Howard P. Linton to Alfred K'aiming Ch'iu, February 25, 1948)

2月27日

裘开明致函佛蒙特州拉特兰(Rutland, Vt)查尔斯·特特公司(Charles E. Tuttle Co.)Tuttle先生,寄送一份408种日文图书的订购单。(HYL Archives: Chinese-Japanese Library of the Harvard-Yenching Institute at Harvard University Report of the Librarian for the Year July 1, 1947 to June 30, 1948))

裘开明致函美国学术团体协会(ACLS)行政秘书Mortimer Graves先生:非常感谢你2月19日来函中所附巴伐利亚州图书馆G. Hofman博士的来信。兹附上我给他的回信。不知你们办公室还有多少本《汉和图书分类法》。我们正在考虑在中国出版有详细索引的第二版。这本书中国的需求很大,但我没办法提供给他们。不知能否在你们办公室购买三本?请把账单寄给我。能否再各寄一本给英国牛津大学中文图书馆和中国重庆国立罗斯福图书馆?严文郁先生(Yen Wen-yu)和德效骞教授(Homer H. Dubs)都希望你能把这本书作为礼物送给他们。(HYL Archives: Letter of Alfred K'aiming Ch'iu to Mortimer Graves, February 27, 1948)

裘开明致函巴伐利亚州图书馆G. Hofman博士:你12月11日写给华盛顿特区美国学术团体协会(ACLS)的信,由委员会行政秘书Mortimer Graves先生转交给了我。就此答复如下:《汉和图书分类法》是为了哈佛燕京学社图书馆和中国北平燕京大学使用而设计的。很长一段时间它只是一份手稿而不被其他图书馆接受。我们为中文书籍准备的分类书籍目录在1938年印刷后,中国及海外立即对我们的分类法感兴趣了。美国学术团体协会很慷慨地出资,于1943年在美国出版了少量此书。这本书已经被耶鲁大学图书馆、哥伦比亚大学图书馆、宾夕法尼亚州大学图书馆、杜克大学图书馆、芝加哥大学图书馆和华盛顿大学图书馆接受。英国牛津大学、荷兰莱顿汉学研究所、上海合众图书馆,以及中国重庆国立罗斯福图书馆都已接受了我们的分类法。关于我们的分类法在中国和日本的地位问题,请参阅我们的《汉和图书分类法》,尤其是吴光清的《中国分类目录十年》和Murajima Yasuo的《当代日本分类表》。《通报》(*T'oung Pao*)第35卷第5期第418页、《哈佛亚洲研究》1945年第8卷第3—4期370页、《远东季刊》1945年第5卷第1期第86页都有对我们分类法的评论。如果你在德国期刊中发现关于对我们分类法任何错误的评论,请寄复本给我。对于你为适应巴伐利亚州图书馆系统而修改我们的分类法的做法,我也很感兴趣。(HYL Archives: Letter of Alfred K'aiming Ch'iu to G. Hofman, February 27, 1948)

3月1日

美国学术团体协会(ACLS)行政秘书Mortimer Graves致函裘开明:我寄给你五本《汉和图书分类法》,以便你送给中国或其他你认为有需要的人。同时,按你的建议,我也寄了给牛津和重庆。这些书我会在成本支出中扣除,所以是免费送出的,但现在我不会无限制的免费派发。希望这个月底能与你在纽约会面。(HYL Archives: Letter of Mortimer Graves to Alfred K'aiming Ch'iu, March 1, 1948)

3月2日

耶鲁大学Chitoshi Yanaga致函裘开明:非常高兴能够与你相见,并有机会参观贵馆,与你讨论各种问题。我想你有极好的理由为你们优秀的图书馆及高效的运作感到自豪。我们深知建设与维持中日文藏书,并向学生和研究人员开放这些资源是非常困难的工作,因此我们非常敬佩你对哈佛大学中日文馆藏发展所做出的贡献。你提供给我们的建议对我们建设耶鲁东方馆藏的工作有巨大的价值。我们很高兴获悉在我们面临问题的时候,我们能在任何时间拜访你,寻求你的帮助和建议。(HYL Archives:Letter of Chitoshi Yanaga to Alfred K'aiming Ch'iu, March 2, 1948)

3月3日

商务印书馆香港办事处经理 Hsu Ying-chong 先生致函裘开明:我们按贵馆要求寄去一本精装本样书给你,封面和书脊上镀有白色锡箔字。如贵馆满意样书的加工工艺,并能接受我们1月31号来信中所列的价格,请及时告知我们。我们可以加快加工进度,希望能尽快完成贵馆的订货后发货给你。关于贵馆订阅第66期《东方杂志》的问题,我们已致函上海办事处,让他们直接寄给你。至于你1947年11月17日寄来的卡片中索要的《东方杂志》的第43卷第9—12以及16期,除了16期没有外,其余几期我们昨天已经寄给你了。另附第 AM105、106号货款发票副本,金额是8.31港元,已经记在贵社账单上了。(HYL Archives:Letter of Hsu Ying-chong to Alfred K'aiming Ch'iu, March 3, 1948)

3月8日

邓嗣禹致函裘开明:《逸经26》(1937年3月)第22页有胡怀琛《木牛流马考》一文,如不十分麻烦,可否惠恩拨冗作一照片或软片能读即可,因敝图无《逸经》杂志也。久违雅教,希望能有机会稍事团聚,藉聆教益。于震寰先生不知何时来美,途径芝域,无希驻足一谈,若便乞转达,专此致叩。道安。(HYL Archives:邓嗣禹致裘开明信函,1948年3月8日)

3月11日

裘开明分类统计费正清(John King Fairbank)送来之文献:中文书籍新增59种71册,重复16种113册;中文小册重复31种42册,西文小册新增1种1册;中文油印本新增2种4册;中文杂志新增26种149册,旧有13种145册,重复18种245册,日文杂志新增1种1册,西文杂志新增1种1册;中文画刊新增1种1册;中文画报新增2种3册;中文报纸新增1种8张。以上合计新增中文书91种236册,旧有13种145册,重复65种400册;日文书新增1种1册;西文书新增2种3册;其中书籍共计75种184册,小册32种43册,油印本2种4册,杂志59种542册,画刊1种1册,画报2种3册,报纸1种8张,合计222种785册。(HYL Archives:费正清送来书总分类统计表,1938年3月11日)

3月15日

裘开明致函芝加哥大学东方语言学系教授邓嗣禹(Ssǔ-yü Teng):感谢你3月6日来函。非常抱歉我馆所藏《逸经》(I Ching)通过燕京大学订购尚未寄来。我将致函燕京,要求他们在方便时尽早寻找一份复本。书一旦寄来我会告知你。费正清(John King Fairbank)博士告诉我当你还在哈佛做他的助理的时候,你发现一部《点石斋画报》(上海,1884,配插图)的复本。我无法回忆起我们曾收藏有此书。也许你可能是在怀德纳善本部发现的。你可否来函介绍一下此书的情况,非常感谢!(HYL Archives:Letter of Ssǔ-yü Teng to Alfred K'aiming Ch'iu, March 15, 1948)

3月16日

裘开明致函南京中央图书馆采访部主任于震寰(Zunvair Yue):叶理绥(Serge Elisséeff)教授对于你持续不在剑桥非常担心,因为这里有太多的工作要做。今年在我们(远东语言)系的学生超过了100个,并且新到了大量的书。我们希望你12月回来。

我们正在请求哈佛大学重新聘任你 3 年,担任远东语言系研究助理和哈佛燕京学社图书馆副馆长,薪水与周一良(Chou I-liang)博士在这里教书时我们付给他的一样。请告诉我你什么时候能来美国。如果你立即来美国的话,我想请你做我的女儿美仪(May-i Ch'iu)的保护人行吗?她已经办完了美国驻上海总领事馆的所有移民签证手续,但是在旅行中她需要作为保护人的长者陪同,因为她还未成年。(HYL Archives:Letter of Alfred K'aiming Ch'iu to Zunvair Yue, Chief, Acquisition Department, national Central Library, Nanking, China, March 16, 1948)

费正清教授(John King Fairbank)致函裘开明:得悉贵馆丢失一本赖德懋(Owen Lattimore)的《中国的亚洲内陆边疆》(*Inner Asian Frontiers of China*),特寄送副本一册。(HYL Archives:Letter of John King Fairbank to Alfred K'aiming Ch'iu, March 16, 1948)

3 月 18 日

裘开明致函 CardMaster 公司董事长 M. J. Doppelt:卡片机印制的中文和日文目录卡片非常不错,随函附上样品。有个问题是公司提供的蜡纸价格,零售价格为每刀(24 页)蜡纸 1.75 美元。如果一年只用一些或者甚至只用十张,那么总费用是没什么影响的。但是我馆每年要为几千种图书做目录,至少会要印制 3000—4000 张卡片。因此,这样高的单价会使得总价相当可观。你可否给我们一个批量的价格?哈佛大学的采购代理从几乎所有的商店和工厂那里为哈佛购买供给品和文具,都可以得到一个教育优惠。另,请寄给我们一刀蜡纸以供急用。(HYL Archives:Letter of Alfred K'aiming Ch'iu to M. J. Doppelt, March 18, 1948)

3 月 19 日

刘楷贤(Liu K'an-hsien)致函裘开明:接奉先生 2 月 25 日为贤助学金事致函 C. B. Shaw 博士之复份,捧读之余,不胜感激。上星期接 C. B. Shaw 博士 2 月 29 日来信云 U. B. C. C. C.(基督教大学联合董事会)选拔中国图书馆馆员来美读书一节,尚无确期。贤已将 C. B. Shaw 博士来信及先生 1 月 26 日欲聘贤来哈佛服务信,一并缮写复份,请陈鸿舜(Ch'en Hung-shun)先生携去与代理校长 Adolph[窦维廉(William H. Adolph)]博士商讨此事,结果 Adolph 博士说:关于赴美路费,尚须开会讨论,以燕京经济而论,恐不易代出赴美路费。还是第一步能由 U. B. C. C. C. 选出赴美读书最为善,因其供给往返旅费也。Adolph 博士又说:就函向 C. B. Shaw 博士催其选拔,大约五月初就可接到 C. B. Shaw 博士复信。贤能否中选,届时即刻函禀先生,若不能读书,即来哈佛服务,得追随先生,则贤之素愿得偿也。来哈佛服务,贤既无力,燕京恐不能代出旅费,恳祈先生设法能否向美国 State Department(国务院)请求旅费,[据闻李太太(于式玉)去哈佛,就是 State Department 出的路费]。贤来哈佛服务,待遇情形祈示知。因除维持生活外,尚须储蓄,以备一二年后,作读书计划。(HYL Archives:Letter of Liu K'ai-hsien to Alfred K'aiming Ch'iu, March 19, 1948)

3 月 20 日

商务印书馆香港办事处经理 Hsu Ying-chong 致函裘开明:按贵馆要求,贵馆此前和现在的订书都已送到我社印刷厂装订、镀字、制作中国款式的函套。我们向你保证,我们一直都是认真及时地在办理贵馆的订货业务。只要上述你所订的书一加工完,我们就立即发货。函一月、二月出版的周刊和最新出版物征订书单以供参考,希望能尽快收到你的新订单。(HYL Archives:Letter of Hsu Ying-chong to Alfred K'aiming Ch'iu, March 20, 1948)

徐家璧(Hsü Chia-bi)致函裘开明：作为哥伦比亚大学图书馆学院的研究生，我目前正在研究中国关于公共图书馆的全国性法规，希望我的研究成果有益于我国公共图书馆服务的未来发展。在完成对大学图书馆所藏中英文文献的初步调查后，我需要获得更深入的信息，随函附上调查问卷一份。你所提供的深度信息是我研究成功的一个重要因素。在此我恳请你的合作，在你方便的时候填写问卷。随函所附问卷，系根据1947年4月1日教育部17752号部令公布之《图书馆规程》拟就，并请在5月1日前寄还。随函另附研究大纲一份。(HYL Archives：Letter of Hsü Chia-bi to Alfred K'aiming Ch'iu, March 20, 1948)

3月24日

西蒙斯大学(Simmons College)Kenneth R. Shaffer致函裘开明，请裘开明为在汉和图书馆实习的学生填写实习意见。(HYL Archives：Letter of Kenneth R. Shaffer to Alfred K'aiming Ch'iu, March 24, 1948)

CardMaster公司M. J. Doppelt致函裘开明：因为蜡纸是手工制作，而非机械生产，所以即使量大也不会降低价格。全美国的图书馆，包括纽约公共图书馆、芝加哥公共图书馆、纽瓦克图书馆等，每年都会用掉将近10000张蜡纸。即使每一刀的价格是1.75美元，他们也还是觉得相当实惠。我们的雕刻师正在为你的文章刻版，一旦完成就会转给你。(HYL Archives：Letter of M. J. Doppelt to Alfred K'aiming Ch'iu, March 24, 1948)

3月25日

美国图书馆协会东方和西南太平洋委员会主席Charles H. Brown致函裘开明：我们建筑系一位来自中国广东的毕业生非常想得到有关中国结构性粘土产品的任何可能的信息。你是否正巧有这些资料呢？他也想要一幅广东地图以及俯瞰图。如果贵馆有任何资料，我们非常乐意通过馆际互借获得。另询汉和图书馆是否有空缺岗位提供给Ruth G. Wan太太。(HYL Archives：Letter of Charles H. Brown to Alfred K'aiming Ch'iu, March 25, 1948)

3月26日

西蒙斯大学(Simmons College)图书馆学学院院长Kenneth R. Shaffar致函裘开明：随信附上我院学生实习表现报告表，请你填写他们在贵馆实习的表现。(HYL Archives：Letter of Kenneth R. Shaffar to Alfred K'aiming Ch'iu, March 26, 1948)

3月31日

芝加哥大学东方语言学系邓嗣禹(Teng Ssu-yü)教授致函裘开明：我尽力去回忆我是否曾在博伊斯顿堂或者怀德纳(Widener)曾经见到过《点石斋画报》，但结果是我一点也不记得关于这本书的任何信息。(HYL Archives：Letter of Teng Ssu-yü to Alfred K'aiming Ch'iu, March 31, 1948)

3月底

裘开明赴纽约出席图书馆特别集会，约见徐家璧。临行前从徐家璧处借走《教育法令》一册，以备填写问卷。(HYL Archives：徐家璧致裘开明信函，1948年6月24日)

4月5日

裘开明致函爱荷华州立大学图书馆副馆长Charles H. Brown博士：关于中国结构性粘土产品的研制和广东城市的信息，我向你推荐中国现代工业方面的中文著作，华盛顿的军事地图服务部或者香港政府的英国殖民办公室会有更好的地图。Julian Arnold的《中国贸易手册》内有最新的关于广东地区的美国领事报告。暂无职位空缺可提供给

Ruth G. Wan 太太。(HYL Archives：Letter of Alfred K'aiming Ch'iu to Charles H. Brown, April 5, 1948)

4月7日

裘开明致函商务印书馆香港办事处经理 Hsu Ying-chong：刚收到你寄来的式样装订样本。样本看起来很好，做工也令我们非常满意。为了降低价格，请只在书脊上印标题和作者。没有必要在封面上印字，因为书垂直立在书架上的时候是看不见的。请尽快按这种样式装订我们所有的图书，并在你们的发票中加上这项装订费。函附已用红色铅笔标记遴选书目的1月1日到2月29日的出版物周刊复本，亦请将这些书装订。已请财务员根据 AM105 和 106 号发票汇款给你们。函附自贵出版社北平办事处收到相关期刊订阅过期通知，请将我们的订阅多延一年。(HYL Archives：Letter of Alfred K'aiming Ch'iu to Hsu Ying-chong, April 7, 1948)

4月9日

上海美国学校校长(Shanghai American School) Thoms C. Gibb 致函裘开明：上海 Yellow Hall 嘱我代购 1938 年至 1940 年《汉籍分类目录》第三卷。请便时尽早将这些目录及发票寄给 Yellow Hall。(HYL Archives：Letter of Thoms C. Gibb to Alfred K'aiming Ch'iu, April 9, 1948)

毕乃德(Knight Biggerstaff)致函裘开明：你不能参加远东协会年会我很难过。自从我上次参观过剑桥，至今已经九年了，我希望能在纽约再见你。我认为你应该向学会的董事会提交你关于图书馆资源建设的意见。恒慕义(Arthur William Hummel)博士是新任主席，费慰梅(Wilma Fairbank)是秘书。美国学术团体协会(ACLS)远东研究委员会对这个问题也很感兴趣，在4月1日的会议上，成立了相关委员会，着手解决整个图书馆的问题。美国图书馆协会东方和西南太平洋委员会顾问 Joseph K. Yamagiwa 负责此事。我很遗憾你不能去参加美国东方学会的会议。(HYL Archives：Letter of Knight Biggerstaff to Alfred K'aiming Ch'iu, April 9, 1948)

国会图书馆东方部部长恒慕义(Arthur William Hummel)致函裘开明，就美国学术团体协会(ACLS)远东研究委员会提出建立编目中心的建议，咨询裘开明的意见。(HYL Archives：Letter of Arthur William Hummel to Alfred K'aiming Ch'iu, April 9, 1948)

4月10日

程其保致函哈佛燕京图书馆：第五届中美文化关系圆桌会议请柬已寄来，会议时间为本年2月8日(星期五)，仍在马利南大学举行。根据去年8月美国国会曾通过的一项重要议案即所谓"国防教育案"宗旨，更为扩大美国大学中国语文教学机会起见，特定"美国学校推广中国语文教学"一题为本届圆桌会议讨论中心。函请出席，尚乞赐复为荷。(HYL Archives：程其保致哈佛燕京图书馆信函，1948年4月10日)

4月14日

裘开明致函国会图书馆东方部部长恒慕义(Arthur William Hummel)，对建立编目中心的提议表示赞同，并回顾汉和图书馆编印目录卡片的历程，详细陈述赞同的理由：首先，应该有一个采用常规印刷或类似于印刷的方式复制目录卡片的中心。我认为在美国，政府印刷局(U. S. Government Printing Office)或国会图书馆的印刷部门是理想的集中印制中日文图书馆目录卡片的地方。美国正在帮助世界上的其他国家。英语有句谚语说的好"仁爱须由近及远"。我认为国会没有任何理由可以拒绝拨一点点钱给国会图书馆用于完善中日文馆藏，所以或许可以利用这笔经费编印图书馆目录卡片。(HYL

Archives：Letter of Alfred K'aiming Ch'iu to Arthur William Hummel，April 14，1948）

裘开明致函芝加哥大学东方语言学系顾立雅(Herrlee Glessner Creel)：光阴荏苒，数年之后，我得以在纽约再次见到了你，实为我带来了巨大的快乐。我非常感激你对我的文章所给予的评论：当一个人在进行一项研究时，重要的是获得另一个图书馆的图书而非此图书的目录卡片。通过假设不同的图书馆均收藏有非常重要的中文图书，例如乾隆内府本或影印本版《二十四史》，阮元本《十三经》等，我强调不同图书馆的特殊性。例如，当国会图书馆和哈佛已经拥有完善的中国地方志收藏时，那么芝加哥大学如果在中国地方志耗费很多资金显然是不明智的。当然，你或许希望或应该购买所有诸如洛阳、安阳等地的地方志版本，因为这些地区一直进行考古挖掘。我非常高兴你已寄给恒慕义(Arthur William Hummel)博士一份关于在美国开展中文图书集中编目的备忘录。恒慕义已就我的观点写信给我。函附一份我回复他的信函。他对此并不是非常感兴趣。我希望我的信能够促使他采取一些行动。在集中编目实现之前，我希望钱存训(Tsuen-hsuin Tsien)先生能尽他所能地工作。他已设法在卡片机（Cardmaster machine）上复制卡片了吗？（HYL Archives：Letter of Alfred K'aiming Ch'iu to Herrlee Glessner Creel，April 14，1948）

4月21日

裘开明寄给佛蒙特州拉特兰(Rutland，Vt)查尔斯·特特公司(Charles E. Tuttle Co.)Tuttle先生一份包含14种日文图书和12种日文期刊的图书订购单。（HYL Archives：Chinese-Japanese Library of the Harvard-Yenching Institute at Harvard University Report of the Librarian for the Year July 1，1947 to June 30，1948）

4月22日

栾植新致函裘开明，告知：如果通过重新排版的方式重印卡片目录，则每条书目印刷50份，所需的排版费用为50美分。（HYL Archives：Chinese-Japanese Library of the Harvard-Yenching Institute at Harvard University Report of the Librarian for the Year July 1，1947 to June 30，1948）

裘开明致函哥伦比亚大学东亚图书馆馆长Howard P. Linton：感谢你引导参观贵图书馆，受益颇深，与1946年参观贵馆时的情形相比，1948年的变化非常大。（HYL Archives：Letter of Alfred K'aiming Ch'iu to Howard P. Linton，April 22，1948）

4月25日

刘楷贤致函裘开明：3月19日曾奉上一函，若不能读书，即来哈佛服务，谅邀鉴及。昨日历农先生转示C. B. Shaw博士致敝校校务长窦维廉(William H. Adolph)博士信（兹录副份，随函附呈，祈检收！）。Shaw博士以贤来哈佛服务为宜，或者因读书机会较少故耳。贤今决定追随先生来哈佛服务。关于来美旅费一节，前函业已奉闻，贤既无力，燕京又不能出旅费，恳祈先生设法可否向美国State Department(国务院)请求旅费，如需要燕京学校证明函件，当即照办，或者先向哈佛预备，以后从薪水中归还。统祈来函示知为祷。（HYL Archives：刘楷贤致裘开明信函，1948年4月25日）

5月3日

裘开明收到陈观胜转来的燕京大学引得校印所栾植新信函，栾植新在函中言：询关于哈佛在引得校印所印书本目录及卡片目录事，兹就记忆所及者，分述于下：一、书本目录——此项书目，已排成全部版共二千余面，大致均校对完竣待印。惟当时印好装订成书者仅三册，约三百面，送交哈佛燕京学社。二、卡片目录——此项卡片目录，每片印数目大概是印四大张。至于印成若干，大致装成之三册书目，中所载各书均已印竣，又在此三册所收各书以外又印多寡，则不能忆及矣。当时印此项书目卡片，随时即竣，随时由校印所查点装匣，送交哈佛燕京学社邮寄。当时寄往美国片数，究竟已寄至若干号码？尚有若干未寄？则不能详知矣。以上所述为印刷情形，当时正在按次进行校、印之际，即遭一二・八事变，校印所遂与燕校同时被日人强迫接收，一切机具纸类铅类稿件书籍，甚至职工私人物品悉数沦于日人手中。当时一纸一物毫未取出。及至日人降服接收燕校时，查视校印所房院，不但一物无存，而窗壁多已破坏，非复旧观矣。于是关于与校印所有关物品，即在燕校内留意，仅发现白卡片约七百匣（如原匣无散失，每匣一千张），大约内有少许仅在片之圆孔下端有哈佛英文字者，发现后即置于一室内存放。迄未暇详细察阅。此外关于哈佛印书目校对样张纸类等等渺无所见矣。至于卡片目录除已寄往美国者外，即在燕校中再事寻觅恐怕不能再有所得。以上为植新所知者，叙述为此。又，所询□仍印卡片目录印费若干，此项卡片目录，按每一种书所排一块版计算。拟定为一块版印数在一至一百张者排印费美金五角，一块版印数在一百张以上至二百张者排印费美金六角，二百张以上每加印百张，增印费美金五分。此时如承委印，极愿竭诚效劳，祈即商定后赐示为荷。（HYL Archives：栾植新致陈观胜信函，1948 年 4 月 12 日）

5 月 5 日

裘开明致函哈佛燕京学社北平办事处执行干事陈观胜（Kenneth Chen）：非常感谢你 4 月 23 日的来信和所附引得校印所新主管栾（植新）先生的信件。你的来信是我过去三年来收到的最令人鼓舞的一封。我立即与叶理绥（Serge Elisséeff）教授商讨了恢复哈佛大学汉和图书馆图书目录和卡片目录计划的事宜，以下是我们商定的基本意见：1. 因为在燕京已经找不到编号为 12137—12195 的印刷卡片目录，我们应该立即开始采用影印复制或者重新排版中比较便宜的一种方法重印这些卡片目录，并分发给各订户，也可以通过重排的办法重印，但要选择最经济的办法，然后分发给订户。麻烦你请栾先生接手这项工作，并给他一套编号为 12137—12195 的薄纸目录卡片。如果采用影印的办法，每张卡片的费用少于 50 美分，则采用影印的办法；否则，按他 4 月 22 日信中所说的重新排印，每张 50 美分。2. 在卡片目录发行完毕后，应该发布通知：因为战争和不可抗拒的因素，后面的卡片目录已经损失，原以每套 100 美元加 20 美元邮费订购的卡片目录已经发行完毕。每个订户花费 100 美元收到了 12195 张卡片，总计大约 1 美分 1 张卡片，之所以该卡片的价格比国会图书馆的西文卡片更便宜，是因为洛克菲勒基金会（Rockefeller Foundation）的支持。3. 从 1948 年 7 月 1 日起，哈佛燕京学社将开始该项目的恢复工作，而不必继续等待洛克菲勒基金会的第二次资助。董事会已经投票同意支付 3000 美元。你们办公室从以前销售的卡片目录收入中可以获得 1500 美元，另外还可以从今后的卡片目录和书本目录的销售中再获得 1500 美元。几项合计共有 6000 美元，这足以出版另外两卷书本目录（社会科类和语言文学类）以及 10000 多张卡片目录，而我们完整目录的后一部分估计为 20000 张卡片。我们接下来这些目录卡片给新老订户的售价为每张 5 美分。一期付款为 500 美元，购买 10000 张卡片。等到第二批洛克菲勒捐款一到，价格就下调。即使老订户中只有一半买接下来的卡片目录，我们仍可以有 8000 美元的收入。这足够我们出版第二批卡片目录，即最后的 10000 张卡片目录以及最后三卷书本目录（即艺术类、科学技术类以及丛书和书目类）。4. 当然，我们的目的不是为了赚钱，而是为了通过该项目完成罗马化书本目录和卡片目录的印刷。从战争结束开始，我们为了等第二批洛克菲勒基金的捐款到位，浪费了差不多三年的时间。推迟的原因是基金会希望国会图书馆承担集中编目和出版卡片目录的工作。如果国会图书馆决定承担这个项目，那么我们的计划就可以纳入到他们的项目中。我们中文书目录出版工作始于 1937 年，那时候几卷书本目录都已经排版，共计 12000 个条目，大概占图书馆全部中文馆藏的 1/3。两批卡片目录出售的全部收入都将用于出版中文馆藏的增补书本目录和附加的卡片目录，采用同样的板式。这样整个项目能够连续运作、自给自足。如果国会图书馆出版全美中文和日文文献卡片目录或东方文献卡片目录的项目启动，如果美国远东研究委员会（American National Committee on Far Eastern Studies）也决定加入的话，我们更加乐意加入到他们的项目里去。但是我们不能再等了，不能再不行动了！我们正在请哈佛财务处拨 3000 美元到纽约的燕京办公室。随函附上陈鸿舜（Ch'en Hung-shun）先生关于从剑桥发寄 4 套编号为 1—7090 卡片目录的信。（HYL Archives：Letter of Alfred K'aiming Ch'iu to Kenneth Chen, May 5, 1948)

5 月 7 日

裘开明致函国会图书馆东方部部长恒慕义（Arthur William Hummel）：最近收到贵馆照相复制服务部主任 Donald C. Holmes 来函，告知有可能把贵馆所藏我馆日籍分类书目缩微胶片制成标准尺寸的卡片。请问复制这些卡片，并将其根据我馆卡片上的罗马化拼音按作者和书名的字母顺序排列款目，最终形成全美图书馆日籍联合目录所需的时间是多长。除了在贵馆制作日籍分类目录缩微胶片外，我馆还编制了珍珠港事件以后所购买书籍的目录，可用于今后再出版联合目录。请贵馆在复制过程中注意纠正卡片上的错误，并及时通知我馆。（HYL Archives：Letter of Alfred K'aiming Ch'iu to Arthur William Hummel, May 7, 1948)

5 月 11 日

裘开明致函耶鲁大学图书馆副馆长 David H. Clift 先生：去年此时，你来函要我推荐一位中文图书编目人选，当时我推荐了查修（Lincoln H. Cha）博士，但他因接受了英国一个机构的更好的选择而没有接受这一职位。其后，我馆将于式玉（Yü shih-yü）调给贵馆，她的离开对我们来说是巨大的损失，但是我希望在过去的一年中她的工作为贵馆做出了许多贡献。近来我听说李夫人因为孩子和其他一些家庭原因，将离开贵馆返回中国，她的丈夫（李安宅，Li An-chê）亦将于下一个学年离开耶鲁去英国。如果于式玉确定将要离开，我是否可以向你推荐顾廷龙（Ku Ting-lung）先生接任她的职位？请与 Chitoshi Yanaga 和 George A. Kennedy 商量此事，并告诉我你们的决定。顾先生曾多次来函表示他很希望有机会以交换馆员身份来访美国。他所有的著作均为中文著作，英语仅会阅读和理解，口语不是很好。我向贵馆推荐此人，不仅仅是因为他的学识，我认为他对贵馆的中文馆藏建立可起到重要的作用。（HYL Archives：Letter of Alfred K'aiming Ch'iu to David H. Clift, May 11, 1948)

5 月 12 日

国会图书馆东方部日文组 John R. Shively 致函裘开明：待具有商业性质的卡片目录制作完毕后，即开始制作日籍联合目录的卡片，大概需要几个星期的时间；国会图书馆一直在研究如何把目录罗马化，另函将寄上卡片目录的样片，请你批评指教。（HYL Archives：Letter of John R. Shively to Alfred K'aiming Ch'iu, May 12, 1948)

裘开明致函美国移民归化局（Immigration and Naturalization Service），证明汉和图书馆愿意聘用吴元清（Wu Yuencheng）担任图书馆的学生助理。（HYL Archives：Letter of Alfred K'aiming Ch'iu to Immigration and Naturalization Service, May 12, 1948)

商务印书馆香港办事处经理 Hsu Ying-chong 致函裘开明:函附贵馆今年第一批、第二批订书发票副本,金额为 1203.59 港元,含装订镀字费、中文书帆布函套制作费。本月 9 号已将全部书邮寄给贵馆。为了答谢贵馆予我社的支持,此次图书采购中我们给贵馆 36％的折扣价。请贵馆尽快支付去年订购的四种期刊尚未结算的账单。我们很抱歉因我社需按你的要求对书进行加工,导致贵馆订购的书发货被延误了。不过我们希望我们提供的书能让贵馆满意。如果贵馆全部 17 个包裹的货都已收到,请告知我们。贵馆订购的第三批书现在我方工厂加工,完成后我们马上发货给你。另附 1-3 月出版周刊,如需订购,请将订单寄给我们。(HYL Archives:Letter of Hsu Ying-chong to Alfred K'aiming Ch'iu, May 12, 1948)

裘开明致函美国司法部移民归化局局长,证明童世纲夫人(Mrs. Yuenching Wu Tung)的身份和情况。(HYL Archives:Letter of Alfred K'aiming Ch'iu to the Chief of U. S. Department of Justice, Immigration and Naturalization Service, May 12, 1948)

5 月 13 日

西蒙斯大学(Simmons College)图书馆学学院院长 Kenneth R. Shaffar 致函裘开明,推荐吴元清(Wu Yuencheng),并感谢裘开明为其学院学生填写实习表现报告表。(HYL Archives:Letter of Kenneth R. Shaffer to Alfred K'aiming Ch'iu, May 13, 1948)

5 月 14 日

耶鲁大学图书馆副馆长 David H. Clift 致函裘开明:你关于 Ku 先生的来函非常具有思想,我将把你的信函转给 Chitoshi Yanaga。李安宅夫人于式玉(Yü shih-yü)下一年的计划还未明确确定,我们曾请她继续留在这里,但是她的去留取决于她丈夫的计划,同时亦取决于她是否能延长在美国的居留权。她为我馆提供了极大的帮助。如果我们决定采纳你的建议,我将需要向你进一步咨询一些详细的信息。(HYL Archives:Letter of David H. Clift to Alfred K'aiming Ch'iu, May 14, 1948)

裘开明致函商务印书馆香港办事处经理 Hsu Ying-chong,函告尚未收到汉和图书馆 1 月份订购的任何图书,请其加速装订图书。希望先把书价和装订费双联发票寄来,以便能在今年 6 月 30 日为止的预算中支付,邮资和包装费用,可以在寄出图书之后再寄来一份单独的清单。(HYL Archives:Letter of Alfred K'aiming Ch'iu to Hsu Ying-chong, May 14, 1948)

5 月 15 日

哥伦比亚大学东亚图书馆馆长 Howard P. Linton 致函裘开明,告知已寄还《唐开元占经》(*Tang Dynasty Astrology Book*)、《清实录》分册及遗失页面的复印件。(HYL Archives:Letter of Howard P. Linton to Alfred K'aiming Ch'iu, May 15, 1948)

5 月 20 日

裘开明致函商务印书馆香港办事处经理 Hsu Ying-chong:已收到 111－118 号发票。随信附上贵处 3 月份出版物周报所选书目,请将标记红色之图书寄来。1 至 2 月出版物周报已寄还。随信附上哈佛一位教授递交的 3 本中文书订购清单,请将这些书和双联发票寄到哈佛燕京学院博伊斯顿堂,这些书的复本将转售给我们的学生。请将这个账目和图书馆的账目分开。(HYL Archives:Letter of Alfred K'aiming Ch'iu to Hsu Ying-chong, May 20, 1948)

5 月 22 日

商务印书馆香港办事处经理 Hsu Ying-chong 致函裘开明言:我社已经于本月 9 号

将贵馆的第一批、第二批订书以及第 111 号至第 116 号发票打包邮寄给贵馆。关于贵馆第三批要求订购 9 种新书和续订之前的 5 种图书的订单，加工厂刚刚装订、刻字、制作函套加工完，已运到我社，很快就可以发货。照贵馆要求，我们已经先把第 AM120 号、121 号发票附在信里寄出。关于贵馆要求我社为你订购世界书局的订单，因其没有在香港设立分部，我们将把订单转给上海办事处。由上海办事处来联系世界书局上海分公司直接发货给贵馆，或者让他们在上海帮贵馆购买。（HYL Archives：Letter of Hsu Ying-chong to Alfred K'aiming Ch'iu, May 22, 1948）

5 月 24 日

费正清教授（John King Fairbank）致函裘开明：史华慈（Benjamin Isadore Schwartz）和 Brand 先生将于下一年在俄国研究中心工作。随信附上史华慈提供的一份书目，是贵馆所缺。如果能在 9 月份之前通过馆际互借或者从中国购买的方式设法获得这些资源，我将不胜感激。另函又言：给贵馆寄上四册画报，其中一部份来自《点石斋画报》，并已制作了 25 片用于课程的幻灯片。这些画报由 Walter G. Rundle 提供。我建议支付其 50 美元，因为这些资料对中国研究工作非常有价值，Walter G. Rundle 先生之前已经捐献了一大批油印新闻档案。如果贵馆希望以更低价格购买这些资料，我非常乐意弥补差价。（HYL Archives：Letter of John King Fairbank to Alfred K'aiming Ch'iu, May 24, 1948）

5 月 29 日

美国图书馆协会东方和西南太平洋委员会主席 Charles H. Brown 致函裘开明：我想知道你是否可能会出席 6 月 14 日（周一）下午在大西洋城召开的会议。你关于 Joseph Koshimi Yamagiwa 的提议的意见将会给我们非常大的帮助，同时，我想听听你对于提到的在中国的图书馆机构的看法。（HYL Archives：Letter of Charles H. Brown to Alfred K'aiming Ch'iu, May 29, 1948）

美国图书馆协会东方和西南太平洋委员会主席 Charles H. Brown 致函所有对东方图书馆和东方馆藏感兴趣的美国人，特别是那些想致力于东方图书馆事业的人：应多个图书馆的要求，东方和西南太平洋委员会将为那些对东方文明感兴趣的图书馆员组织一次会议，这个会议将会在 6 月 14 日（周一）下午 2:30 在亚特兰大切尔西酒店三号室会议厅召开。会议的第一个议题是讨论《富布赖特法》（Fulbright Act）的现状，以及根据《富布赖特法》委任图书馆馆员在中国和其他可能的国家组织图书馆研究机构的可能性。密歇根大学的 Joseph Koshimi Yamagiwa 博士提议把在东方图书馆以及美国对东方馆藏感兴趣的人士召集在一起，讨论相互感兴趣的一些议题，例如图书交换、人员交换、在东方国家购买图书的方式、东方图书的分类和编目等。这个小组将很可能在未来某个时间与美国东方协会产生联系。如果你对这种讨论小组感兴趣的话，我们将诚挚地欢迎你来参加这个会议。令人期待的是，军事部民政办公室 T. W. Simpson 先生将会出席会议，并回答关于日本图书馆的问题。我们同样希望说服 Gordon Bowles 博士参加会议，并回答有关基于《富布赖特法》派送图书馆员到中国和其他国家的问题。请注意这个非正式的会议将不会出现在此前印制的美国图书馆协会官方议程中，但是会在 ALA 公告板上发布通知。如果你有可能参加，我建议你留意会议的时间和地点。我将在 6 月 13 日（周日）下午的晚些时候抵达切尔西酒店，我很高兴回答在会前或是会后的任何问题。（HYL Archives：Letter of Charles H. Brown to all persons interested in libraries in the Orient and collections on the Orient in this country, and especially to those who may desire to engage in library activities in the Orient, May 29, 1948）

5月

童世纲(T'ung Shih-kang)从汉和图书馆辞职。(HYL Archives：Chinese-Japanese Library of the Harvard-Yenching Institute at Harvard University Report of the Librarian for the Year July 1, 1947 to June 30, 1948)

6月2日

裘开明寄给佛蒙特州拉特兰(Rutland, Vt)查尔斯·特特公司(Charles E. Tuttle Co.)Tuttle先生一份包含46种日文图书的订购单。(HYL Archives：Chinese-Japanese Library of the Harvard-Yenching Institute at Harvard University Report of the Librarian for the Year July 1, 1947 to June 30, 1948)

C. C. Tim致函裘开明，函寄一种在香港出版发行两年的中文经济类周刊样本及订单，介绍其分析、报道当今中国财经方面的发展状况，尤其关注中国官僚资本的动态。询问是否有意订购，如欲订购，则寄回填写好的订单。(HYL Archives：Letter of C. C. Tim to Alfred K'aiming Ch'iu, June 2, 1948)

6月3日

西蒙斯大学(Simmons College)Kenneth R. Shaffar来函感谢裘开明及时把对学生的实习意见寄回。(HYL Archives：Letter of Kenneth R. Shaffar to Alfred K'aiming Ch'iu, June 3, 1948)

6月4日

裘开明寄给佛蒙特州拉特兰(Rutland, Vt)查尔斯·特特公司(Charles E. Tuttle Co.)的Tuttle先生一份包含27种日文期刊的订购单。(HYL Archives：Chinese-Japanese Library of the Harvard-Yenching Institute at Harvard University Report of the Librarian for the Year July 1, 1947 to June 30, 1948)

裘开明致函燕京大学校务长窦维廉(William H. Adolph)：叶理绥(Serge Elisseeff)教授已经批准贵校的刘楷贤来哈佛实习，考察和学习哈佛图书馆体系与管理，同时协助我馆进行中文编目。我馆今天已经汇给贵校纽约办事处500美元，用于支付刘先生的旅费，此款是从我馆常规图书馆预算中支出的。刘先生每月可从哈佛会计处直接支取150美元。请你出具证明为刘先生办理护照。对于他来说，最好的方式就是以燕京大学职员的身份以度假的名义申请旅游护照。(HYL Archives：Letter of Alfred K'aiming Ch'iu to William H. Adolph, June 4, 1948)

裘开明致函美国图书馆协会东方和西南太平洋委员会主席Charles H. Brown：随函附上Joseph Koshimi Yamagiwa的建议。抱歉我没有计划参加今年的美国图书馆协会会议。根据Yamagiwa博士的建议，四月的整个第一周将在纽约市召开美国东方协会年会，我们将在会上就这一主题进行一些讨论。首要之事是在中国建立一个美国图书馆学校。第二，我们必须找到一位美国图书馆员来领导这个学校，就像已故的韦棣华女士(Mary Elizabeth Wood)一样，将他/她的一生奉献给中国。此外，可以在不同地方建立短期图书馆研究班，可以邀请美国图书馆员前往图书馆学校或短期研究班教授课程。(HYL Archives：Letter of Alfred K'aiming Ch'iu to Charles H. Brown, June 4, 1948)

6月7日

裘开明致函费正清教授(John King Fairbank)：兹附上我写给S. C. Ch'en的信函。我希望获得你5月24日信函中所列的关于中国马克思主义的书籍。我希望Ch'en先生能够在上海购买书目中其余的书。关于三册《点石斋画报》(第四册是完全与此前不同的著作)，我认为价值5－10美元。与那些油印新闻档案合起来计算的话，则如你所言价值应为 50 美元。哥伦比亚大学图书馆收藏有完整的一套《画报》,我馆可花费 10 美元订购该《画报》全套的缩微胶片。利用缩微胶片,你可以制作任何数量的教学幻灯片。因临近财政年尾,我很抱歉地告知你,图书经费已经没有多少剩余了。我希望自 7 月 1 日新的财政年度开始时,我馆能够汇转一些经费到你的账户上,用于中文图书的采购,包括《点石斋画报》在内,供中国研究计划所用。(HYL Archives:Letter of Alfred K'aiming Ch'iu to John King Fairbank,June 7,1949)

6 月 8 日

美国图书馆协会东方和西南太平洋委员会顾问 Joseph Koshimi Yamagiwa 致函裘开明:感谢你关于美国大学图书馆远东文献调查的回复。美国图书馆协会东方和西南太平洋委员会主席 Charles H. Brown 打算在 6 月 14 日举行的会议上讨论远东文献等问题。现在的计划是明年春季在耶鲁大学举行较大型的会议,与美国东方学会和远东协会会议一起召开。(HYL Archives:Letter of Joseph Koshimi Yamagiwa to Alfred K'aiming Ch'iu,June 8,1948)

6 月 14 日

美国图书馆协会东方和西南太平洋委员会在大西洋城召开非正式会议,讨论美国大学图书馆发展远东文献馆藏的问题。此次会议与美国图书馆协会年会同时举行,大约 100 人参会。会议由美国图书馆协会东方和西南太平洋委员会主席 Charles H. Brown 主持。会议决定组织一个致力于发展对东方文献的非正式团体——美国及海外东方藏书全国委员会,由 Charles H. Brown 担任临时主席,该委员会成立的目的是为了建立东方图书馆馆长、大学图书馆馆长与东方学领域的学者之间的联系。作为筹备阶段,先采取试验性的非正式协会形式,并成立两个下属委员会,即执行委员会和中日文现代出版物中心编目委员会。其他下属委员会,如图书采访委员会、书籍和人事交换委员会等稍后再成立。会上还计划于 1949 年春季在纽黑文耶鲁大学,与美国东方学会和远东协会共同举办联合会议。联合会议的议题包括:1. 采访问题;2. 远东文献馆员的专业培训;3. 集中编目、合作编目和独立编目;4. 技术问题:分类体系、罗马字母排序等;5. 由受过专业训练的学者担任馆员;6. 在未入藏东方文献的图书馆设立具备一定中日文知识的馆员和编目员岗位;7. 在中、日、美图书馆间建立书籍与馆员交换关系。此次会议的内容还包括:1. 宣布众议院否决了提供 50 万美元用于实施信息及教育交流法案(Smith-Mundt Act)的提案。会议建议与会人员都发电报给美国参议员拨款委员会,强烈要求上述款项交还给会议委员会。2. 探讨了中国图书馆、中国的图书馆员培训和美国图书馆员在中国发挥的作用,提出派遣 6 名美国图书馆员到中国的计划,其中 2 名去北平,2 名去苏州,2 名去广州。这些馆员要从事图书馆建设的建议工作和对馆员的教学工作。3. 陈述国务院在 43 个国家建立信息图书馆的情况。已经开放的图书馆有 50 个,还有 80 个在计划中。中国的 12 个图书馆由上海的 Margaret Thompson 负责。国务院希望雇用美国图书馆员管理这些图书馆。4. 陈述了由军队在德国、澳大利亚、日本和韩国管理信息中心的情况。(HYL Archives:Letter of Joseph Koshimi Yamagiwa to Alfred K'aiming Ch'iu, June 8,1948 &《美国及海外东方藏书全国委员会非正式会议录》,August 6,1948)

6 月 22 日

刘楷贤致函裘开明:15 日鸿舜先生示贤以先生致窦维廉(William H. Adolph)博士信,敬悉聘贤赴贵馆实习,并汇来旅费,捧读之余,不胜感激。先生之隆情,贤之素愿得偿,皆先生所赐也。19 日已呈教育部申请应聘出国,请求早日批准,未知何日方能从外交部领到护照。19日赴城内订船位,询问数公司,8月份船位均已售满,又函托上海友人代定8月份船位。设办理护照及定船位顺利,即能于贵校开学前赶到。若无8月船位,仅能搭9月初的船赴美。再者,贤负责之中文编目及采访两组工作,尚未开始,结束亦须相当时日,方能结束完毕。俟领到护照,订妥船位,当再函禀。至于贤来美住宿问题,祈先生早代为解决。(HYL Archives:刘楷贤致裘开明信函,1948年6月22日)

6月24日

徐家璧致函裘开明言:3月尾间大驾来纽约参加图书馆特别集会,事后得机会面聆教诲,欣何如之。时光易逝,不觉倏忽近3月矣。吾兄回府之前曾在弟处假去教育法令一册(36年中华出版),为解答论文问卷之用,未悉业经用毕否?上周美国图书馆协会年会,弟曾随哥大图书馆同人暨邓兄衍林、孙兄云畴(自费生在此习图书馆学)前往大西洋城参加会议,此行大开眼界,并聆名人宏论,颇觉获益不浅也。(HYL Archives:徐家璧致裘开明信函,1948年6月24日)

6月28日

商务印书馆香港办事处经理 Hsu Ying-chong 致函裘开明:关于贵馆5月14号的来信中附上的要求将之前取消的汉学书籍订单转给世界书局的问题,我们注意到订单中的一部分书籍尚有库存,且与世界书局出版的一模一样。如贵馆不特别介意装订风格和世界书局出版的不同,希望很快得到订购书的话,我们会把这些书转寄给贵社,并附上所有发货的清单。另外如果订单上的书,我们没有的话,我们会转交给上海办事处来为你办理的。如果贵馆愿意和以前一样,要求我们把上面提到的书进行装订、镀字加工的话,我们将会十分感谢贵馆。我社所能提供的汉学书籍的价格比世界书局的便宜。(HYL Archives:Letter of Hsu Ying-chong to Alfred K'aiming Ch'iu, June 28, 1948)

6月29日

商务印书馆香港办事处经理 Hsu Ying-chong 先生致函裘开明:转寄一张我社折价销售书籍的目录,为便于国外买家购买,特别将这批折价书的销售时间延长到7月底。你会发现这批折价销售的书中大部分的报价比批发价还便宜。我们希望你能从中为自己和贵馆挑选一些来购买。(HYL Archives:Letter of Hsu Ying-chong to Alfred K'aiming Ch'iu June 29, 1948)

6月

汉和图书馆在波士顿 Storrs-Bement 公司订购30令白色 Moronoco 纸,并委托 Strathmore Paper 公司从马萨诸塞州直接运往中国。购买30令纸共用438.30美元,运费为67美元,超过董事会购买印刷馆藏目录用纸预算5.30美元。(HYL Archives:Chinese-Japanese Library of the Harvard-Yenching Institute at Harvard University Report of the Librarian for the Year July 1, 1947 to June 30, 1948)

1947—1948年度,牛津大学(Oxford University)中国宗教和哲学教授修中诚(Ernest Richard Hughes)到哈佛大学进行研究工作,对汉和图书馆给予高度评价,并决定继续留在哈佛大学研究半年。在此期间,修中诚经常与裘开明探讨其正在研究的课题,裘开明为其提供了大量研究所需的资料。(《哈佛大学哈佛燕京学社汉和图书馆馆长年度报告:1947年7月1日—1948年6月30日》(HYL Archives:Chinese-Japanese Library of the Harvard-Yenching Institute at Harvard University Report of the Librarian for the Year July 1, 1947 to June 30, 1948)

聘请童世纲(T'ung Shih-kang)的夫人吴元清(Wu Yuencheng)到馆接任童世纲

(T'ung Shih-kang)的工作。吴元清(Wu Yuencheng)毕业于西蒙斯大学(Simmons College)图书馆学院。(HYL Archives：Chinese-Japanese Library of the Harvard-Yenching Institute at Harvard University Report of the Librarian for the Year July 1, 1947 to June 30, 1948)

1947—1948年度，汉和图书馆通过燕京大学图书馆在中国购得545种2626册中文书籍。(HYL Archives：Chinese-Japanese Library of the Harvard-Yenching Institute at Harvard University Report of the Librarian for the Year July 1, 1947 to June 30, 1948)

7月1日

哈佛燕京学社开始重新启动目录卡片编印项目，启动经费来自学社董事会的拨款3500美元以及之前出售书本式目录和目录卡片的收入2500美元，共计6000美元，而不再继续等待洛克菲勒基金会的拨款。(HYL Archives：Chinese-Japanese Library of the Harvard-Yenching Institute at Harvard University Report of the Librarian for the Year July 1, 1947 to June 30, 1948)

7月2日

裘开明致函斯坦福大学远东图书馆委员会主席芮沃寿(Arthur Frederick Wright)，寄送其所需的中文书目录卡片。(HYL Archives：Letter of Alfred K'aiming Ch'iu to Arthur Frederick Wright, July 7, 1948)

7月7日

斯坦福大学远东图书馆委员会主席芮沃寿(Arthur Frederick Wright)致函裘开明：卡片直接寄往我在历史系的地址为佳，但若已寄往胡佛(Hoover)，亦无妨。账单请务必填写我的以下头衔"斯坦福大学远东图书馆委员会主席"。我们愿意购买新的卡片。请将此函视为订购新卡片之有效定单。若需要其他形式的订单请告知。(HYL Archives：Letter of Arthur Frederick Wright to Alfred K'aiming Ch'iu, July 7, 1948)

裘开明致函商务印书馆香港办事处经理Hsu Ying-chong先生：你6月28日来函所附贵社出版的基础汉学馆藏书目中所列图书，我馆均已有收藏。我馆需要的是由世界书局出版的同一书名不同版本的图书。由于世界书局在香港没有开设分部，请将我馆有关世界书局出版物选目归还，我们将通过上海的代理购买这些图书。我馆所需贵社减价销售的图书清单及4月新书清单随信附上。平装书请如前装订后再寄来，不必按中国模式做书之函套，因在剑桥做会更便宜。(HYL Archives：Letter of Alfred K'aiming Ch'iu to Hsu Ying-chong July 7, 1948. See：Box 4—184)

7月8日

商务印书馆香港办事处经理Hsu Ying-chong致函裘开明：你们所订的图书已于本月1号按要求分别发货给贵馆和贵学社秘书处。另附第3/112号发票副本，金额为67.37港元，含装订镀字费、邮费。关于给贵学社秘书处的书，已按要求将第3/113号发票副本寄上。(HYL Archives：Letter of Hsu Ying-chong to Alfred K'aiming Ch'iu, July 8, 1948)

7月15日

南京中央图书馆于震寰致函裘开明：本定7日可以起飞，不意领事馆因内部手续问题未能如期签证护照，只得再等21日飞机矣。蒋(复璁)馆长接受复兴奖金至欧美游历考察已定于21日威尔逊总统船。弟因恐被拖住作为义务随从未与同行。蒋对人颇表示不欢，恐将来俟其到东岸时尚需应酬一下也。弟已于6月底请求留职停薪，即是辞职变相，到沪后物价倍涨而毫无收入，拮据之至。蒋希望弟于一年后回馆，弟则对于中央图书馆早已厌倦，盖该馆官气太重，总务人员重于专业之技术人员，如不全体整顿则一部分亦殊难获成绩,将来回国拟另谋出路也。又中馆编目组主任彭道真女士因其夫程希孟任职国联中国代表团(顾问?),亦与蒋同船来美。又美仪顷来电话知其亦在上海,今午与黄维廉兄及美仪共餐。美仪现仍在检验身体,据之可无须保护人同行,如能乘 21 日船则熟人甚多也。(HYL Archives:于震寰致裘开明信函,1948 年 7 月 15 日)

7 月 22 日

裘开明致函佛蒙特州拉特兰(Rutland, Vt)查尔斯·特特公司(Charles E. Tuttle Co.)的 Tuttle 先生,提交一份包含 385 种日文图书的订购单。(HYL Archives:Chinese-Japanese Library of the Harvard-Yenching Institute at Harvard University Report of the Librarian for the Year July 1, 1947 to June 30, 1948)

7 月 23 日

芝加哥大学东方语言学系顾立雅(Herrlee Glessner Creel)致函裘开明:我必须在一周或十天之内,向学校行政管理部门提出推荐,为此我需要对职员数量进行一项估计,这对我们中文图书的编目非常有必要。如果你能协助我实现一项非常粗略的估计我将非常感激。我们已经收藏约 110000 本中文图书。正如你所知,我们正在使用哈佛燕京分类法和哈佛燕京目录卡片,但是我们发现哈佛燕京目录卡片仅包含不到一半的我们的图书。即使在有我们的图书对应的卡片中也有部分是不同的版本。假设我们仅有一个中文编目员,他将需要对 110000 本文献进行编目,如果你能在你多年经验基础上,为我们提供一个近似数,我们将非常感激。我知道在一个模糊的基础上进行这一估计非常困难,但即使是粗略的估计,我也非常感激。函附一张邮票和一个信封。(HYL Archives:Letter of Herrlee Glessner Creel to Alfred K'aiming Ch'iu, July 23, 1948)

于震寰致函裘开明:弟项已飞抵旧金山,拟参观附近图书馆数处即行东进。途中将在丹佛及芝加哥二市各停一二日,别无勾留。想旬日间可晤尊颜矣。如有合宜房屋,请费神代为租订为感。敦三兄(童世纲)且勿告之,见面时彼必讶异也。(HYL Archives:于震寰致裘开明信函,1948 年 7 月 23 日)

7 月 27 日

裘开明致函芝加哥大学东方语言学系顾立雅(Herrlee Glessner Creel):关于你来函要求获得一项人员数量估计一事,你指出这对贵馆约 110000 册中文藏书编目工作的开展非常重要。对此,我必须进行三种假设,因为你未提供给我建立评估的任何参考数据(藏书册数不能作为估计基础,因为它仅仅与编目成本有较小的关联)。这三个假设是:(1)你们的(中文)馆藏与哥伦比亚藏书规模相当,约 14500 种图书;(2)你们的(中文)馆藏约有 500 种丛书,约 15000 种著作;(3)你们希望进行合适但简单的编目,没有详细注释或描述等,卡片上仅著录下列事项:A. 作者项,以及著者的字和号,如可能还将包括生卒年代;B. 书名及别名;C. 完整的版本项;D. 简单的注释项;E. 作者和书名罗马化威氏拼音(Wade-Giles);F. 索书号。你们不希望进行书名或著作描述信息的英译。按照上述前两项假设,你们图书馆收藏有或将会收藏有 30000 种(图书),即 14500 种图书和 500 种丛书中的 15000 种著作,一个经验丰富的优秀全职中文编目员很有可能一年编完 6000 种图书,这需要他或她花费 5 年的时间来完成这项工作。但是,经过训练的中文编目员不能单独做这项编目工作,他(她)必须有 1—2 名学生助理来协助抄写和复制卡片,还有可能需要你的秘书协助在卡片上打印罗马拼音。上述估计也许不正确,我希望这能够为你和钱存训(Tsuen-hsuin Tsien)先生在核实你们图书馆的实际馆藏数量后进行更准确的估计提供一种参考。(HYL Archives:Letter of Alfred K'aiming Ch'iu to Herrlee Glessner

Creel, July 27, 1948)

7月30日

芝加哥大学东方语言学系顾立雅(Herrlee Glessner Creel)致函裘开明：非常感谢你7月27日的来函，你提供的数据将对我们非常有帮助。希望你能度过一个愉快的夏天。(HYL Archives: Letter of Herrlee Glessner Creel to Alfred K'aiming Ch'iu, July 30, 1948)

8月2日

于震寰(Zunvair Yue)抵达剑桥，正式就任汉和图书馆副馆长一职。(HYL Archives: Chinese-Japanese Library of the Harvard-Yenching Institute at Harvard University Report of the Librarian for the Year July 1, 1948 to June 30, 1949)

8月3日

哈佛燕京学社北平办事处执行干事陈观胜(Kenneth Chen)回复裘开明：为了便于向你报告12137—12195号目录卡片的情况，所以没有及时回信。印刷商已经寄给我们50套卡片目录。按照你的指示，我们将从北平办事处给下列机构寄送你们图书馆的卡片。(1)1套卡片目录(No. 7091—12195)给瑞典斯德哥尔摩远东古物博物馆；(2)1套卡片目录(No. 7091—12195)给美国斯坦福大学胡佛研究所；(3)2套卡片目录(No. 7091—12195)给美国加州大学伯克利分校；(4)3套卡片目录(No. 7091—12195)和4套卡片目录(No. 12137—12195)给美国哈佛燕京图书馆。关于卡片目录(No. 1—7090)，你说已经从你们的库存中给燕京大学图书馆寄来了4套，Chen Huang-hsun先生已告诉我他还没有收到。他一旦收到你寄来的这4套卡片目录，我将会转交与之连续的4套卡片目录(No. 7091-12195)。以下是有关卡片目录(No. 7091—12195)的一些问题：……（略）(HYL Archives: Letter of Kenneth Chen, Executive Secretary, Harvard-Yenching Institute, Yenching University, Peiping, China, to Alfred K'aiming Ch'iu, August 3, 1948)

8月5日

美国图书馆协会中文资料联合采购计划秘书谢拉(Jesse H. Shera)和美国图书馆协会东方和西南太平洋委员会主席Charles H. Brown致函在战争期间参加美国图书馆协会中文资料联合采购计划的图书馆馆长：在战争期间安排将所采购的中文图书通过航运寄到美国的袁同礼博士(Yuan Tung-li)来函说，该项目现在已经正式停止，在中国采购办公室的活动记录已在重庆遗失或是被毁。目前在美国图书馆协会财务部尚有3323.79美元的结余，因此，你将会收到来自美国图书馆协会的一张255.67美元的支票，是为13个合作馆分摊的份额。此外大部分馆长还会收到退还的1000美元押金。现在已无法得到许多从中国邮寄的图书。我们曾希望能够在战后这些年延续美国图书馆协会中文资料联合采购计划，但是我们发现有太多的障碍。中国的书商已经活跃起来，一些图书馆馆长已经和中国的图书馆馆长建立了采购图书和期刊的关系。美国图书馆协会东方和西南太平洋委员会主席可以寄给你们一份书商的名单，以及能够按要求安排货运的图书馆馆长名单。但是，不论是主席还是委员会都不会对这样的一份名单承担任何责任。(HYL Archives: Letter of Jesse H. Shera to libraries which participated during the war in the cooperative purchasing program for books published in China, August 5, 1948)

8月9日

商务印书馆香港办事处经理Hsu Ying-chong致函裘开明：贵馆要求订购的世界书局出版的汉学书无法买到。因世界书局没有在香港设立分部，我们亦尝试在其他地方帮你购买，但均为徒劳。函附第139号发票副本，金额为78.05港元，烦请转交哈佛燕京学社秘书处。如需订购,请参照1948年5月20日的信。(HYL Archives:Letter of Hsu Ying-chong to Alfred K'aiming Ch'iu, August 9, 1948)

8月13日

裘开明致函费正清教授(John King Fairbank):随信附上 S. C. Ch'en 先生的来函,请你检查是否可行。关于英语出版物问题,请你直接与 Ch'en 先生联系,汉和图书馆不需要此类书籍。怀德纳图书馆是否希望请 Ch'en 先生代替上海别发洋行(Kelly & Walsh)作为该馆在上海的代理,这并不是我所能决定的……我会将 Rideout 夫人的信寄还给你。(HYL Archives:Letter of Alfred K'aiming Ch'iu to John King Fairbank, August 13, 1948)

8月17日

裘开明致函商务印书馆香港办事处经理 Hsu Ying-chong:已收到寄来的书和发票,财务员会及时付款。请在收到汇款后,将签名收据直接寄至哈佛大学 Lehman Hall 财务员。另函附两份用蓝色铅笔标记过的商务印书馆1948年5月和6月的新书简报,请先将精装书寄来,然后如常把平装书装订成精装后再寄来。(HYL Archives:Letter of Alfred K'aiming Ch'iu to Hsu Ying-chong, August 17, 1948)

8月19日

刘楷贤致函裘开明:外交部护照已于上周领到,一切手续及文件,亦均办妥。原定17日签 Visa,届时赴美领事馆办理,签发 Visa 负责人语贤关于签发贤之 Visa,尚须请询美国 State Department(国务院)。因恐贤到美停于旧金山也。能否签发 Visa,尚须候美国 State Department(国务院)复信再定,往返恐需一月,贤之赴美,势将延缓。签发 Visa 负责人亦未述说不签理由,仅云恐贤持 Visa 停于旧金山耳!贤想大概不外先生致窦维廉(William H. Adolph)信:贤之来哈佛为 intern(实习),用 Visitor's Visa(访问学者签证)来美。或者 Visitor's Visa 不能作事?不知先生以贤推测为然否?尚希先生致函 State Department(国务院),解释命贤来美情形,或可协助美领事馆早日得到复信。能如此,则贤可早日来美也……(HYL Archives:刘楷贤致裘开明信函,1948年8月19日)

8月31日

美国科罗拉多州大学图书馆中文编目员胡延钧(William Yen Chen Hu)致函裘开明:兹恳者,本校中文研究部拟将藏书编目管理的分类法采用尊著《汉和图书分类法》,作者号码亦用四角号码制。本部主任史憐书先生(Earl Swisher)嘱函先生请教于美国内能否购到《王云五大辞典》一书,除充普通应用外,并可作检查四角号码之依循。如贵校哈燕学社有出版之作者号码表,亦请示知,以便采购应用。(HYL Archives:胡延钧致裘开明信函,1948年8月31日)

8月

美国及海外东方藏书全国委员会(National Committee on Oriental Collections in the United States and Abroad)成立,其主要职能之一就是改进美国图书馆中日文文献编目的方法。(HYL Archives:Chinese-Japanese Library of the Harvard-Yenching Institute at Harvard University Report of the Librarian for the Year July 1, 1948 to June 30, 1949)

9月2日

赵元任致函裘开明:顷由"花园城"回来数日,大驾适在暑期别墅,未得晤谈至怅!前接毕范宇君来函,托荐国员唐昌晋。弟恐怕有东行,拟携信面交。兹此又须返加,特将毕函附上,即希参考。弟等拟星期日大早"赶车"动身,明年再见了。(HYL Archives:赵元任

致裘开明信函,1948年9月2日)

9月3日

密歇根州大学东方语言系 Joseph Koshimi Yamagiwa 致函裘开明:本系日本研究中心计划购买一套贵社印制的中日文卡片。由于主任 Robert B. Hall 教授及负责提出正式订购请求的秘书不在,需要几个星期之后方能启动该计划。请将我们列入贵社卡片订购名单。(HYL Archives: Letter of Joseph Koshimi Yamagiwa to Alfred K'aiming Ch'iu, September 3, 1948)

芝加哥大学东方语言文学系顾立雅(Herrlee Glessner Creel)致函裘开明言:我已经收到你有关后续目录卡片印刷的来信,但是,现在我无法寄给你一份确切的卡片订单,因为我必须与之商议的人不在芝加哥。我相信我们会订购至少一套贵馆近期新购文献的卡片目录,但我要到10月的第一周左右才能给你明确的答复。我还必须与我们学校结算我们订购哈佛燕京目录卡片的账目。在我的印象中,我们订购了贵馆5套卡片并已付款,每套卡片35000张,总成本为1000美元。我现在不知道这些卡片的剩余部分是否准备印刷。你最近的消息中仅提到了近期新购文献目录卡片的信息,能否告诉我你们是否会印刷那些最初订购的卡片?祝愿你度过一个愉快的夏天。芝加哥除了一星期前热了一阵子以外,气候非常舒适。我希望来年的某个时间我有机会去访剑桥,并与你会面。(HYL Archives: Letter of Herrlee Glessner Creel to Alfred K'aiming Ch'iu, September 3,1948)

9月9日

商务印书馆香港办事处经理 Hsu Ying-chong 先生致函裘开明:7月7日来函订购特价书事宜,已向贵馆寄出6个包裹,平装书此前已装订好。请收到后回复。附162号发票复本,金额为729.53港元,含装订镀字费,及其他开支,请汇款至我社。此外,还征订丘吉尔《第二次世界大战》的中译本否?(HYL Archives: Letter of Hsu Ying-chong to Alfred K'aiming Ch'iuHsu Ying-chong, September 9, 1948)

9月上旬

裘开明致函哈佛燕京学社中日文卡片订购者:战争期间,哈佛大学为军事服务,从事了许多中日文资料的印刷,战争结束后,因美国陆军及海军不再支持,哈佛大学印刷处不再从事中日文铅字印刷,因此,我馆中文卡片的印制亦无法继续。经与美国多个中文印刷机构商议,我们发现采用常规印刷方式继续印制中文卡片并不可行,因为大部分公司索价过高或要求保证每年定量印刷。因此,我馆不得不采用平版印刷的方式完成13个美国研究图书馆通过开始于1943—1944年,中止于战争结束的美国图书馆协会中文资料联合采购计划所购图书的卡片印刷。1947年3月,我们收到了重庆寄来的最后一个图书清单,编号是347;自那时起,中华图书馆协会理事长袁同礼(Yuan Tung-li)又从上海和北平寄来一些书籍,以用尽剩余的1000美元,但是,这些书籍都没有清单,也没有提交给合作图书馆的整个购买计划的详细账单。哈佛燕京图书馆就此事询问中方,袁同礼博士的助理 T. K. Koo 先生曾寄回一份从北平邮寄美国的图书清单,但他未能提供在上海购买图书的清单。哈佛燕京图书馆已将从重庆、上海和北平获得的所有图书(除了中文连续出版物)编目,并印制了目录卡片。若有合作图书馆希望我们印制连续出版物卡片,我馆愿意效劳。我馆正使用平版印刷方法印制所有最近获得的中日文新书卡片(样本随信附上)。我馆将按成本价格提供这些卡片,而不将我馆的编目花费摊入其中。早前以常规印刷方式印制的卡片每张9美分,现在以平版印刷方法印制的卡片每张仅需5美分。最近获得的图书数量约为4000种中文书和2000种日文书,以每张5美分计,一套中文卡片为 200 美元，一套日文卡片为 100 美元。请尽早预定，以便确定印制数量。(HYL Archives：Letter of Alfred K'aiming Ch'iu to subscribers of the Harvard-Yenching Institute Chinese and Japanese Library cards)

9月17日

刘楷贤致函裘开明：北平美国领事馆尚须请示美国国务院（State Department）就诶是，谅邀鉴及。想先生早已向美国务院解释矣，迄今已届一月。美领事馆仍未通知签证事。昨日贤再赴美领事馆询问，而签证负责人告贤："尚未接美国务院来信，签证事尚须等候"等语。贤在此间惟静候签证，俟签毕，即赴沪，候船来美，知关锦注。(HYL Archives：刘楷贤致裘开明信函，1948年9月17日)

9月20日

哈佛大学哈佛学院图书馆汉和图书馆收到燕京大学图书馆哈佛购书处提交的用款报告：1947－1948年度哈佛购书处总计用款为国币1043144900元（＝2153.69美元），其中书款550165100元，杂志250113800元，装订92189000元，邮费95614000元，文具21883000元，行政费33180000元（领款者为石星五）。(HYL Archives：哈佛大学汉和图书馆书款报告1947－1948)

9月22日

美国科罗拉多州大学图书馆馆长Eugene H. Wilson致函裘开明：我馆的一位同事、远东史教授史懈书（Earl Swisher）博士于去年在中国期间为我馆购买了几百种中文书籍。这些中文书籍现已到馆，我们考虑是否可能以每张5美分的价格向贵社购买相关图书的印刷卡片。随信附上这批馆藏的部分书目，该书目由负责编目工作的馆员胡延钧（William Yen Chen Hu）先生所拟。若贵社能提供相关条目的印刷卡片，我馆打算每种图书购买3张目录卡片。若贵社能够提供目录卡片，我馆可在短期内寄来该批书籍的完整目录。(HYL Archives：Letter of Eugene H. Wilson to Alfred K'aiming Ch'iu, September 22, 1948)

9月27日

商务印书馆香港办事处经理Hsu Ying-chong先生致函裘开明：已经装订加工了贵馆8月24号订购的平装本书籍，并已于20号发货。3种缺货图书，有两种已到货，即《俄国法律学说》和《金元戏曲方言考》。《湖北方言调查报告》正在请购，晚些再复。除附上应贵馆会计要求的收据外，还附运费的发票副本，即第203号发票，金额为125.74港元。请寄支票给我们。(HYL Archives：Letter of Hsu Ying-chong to Alfred K'aiming Ch'iu, September 27, 1948)

9月28日

华盛顿大学图书馆远东图书馆馆长Ruth Hale Gershevsky致函裘开明：感谢你关于目录卡片的报告。这些目录卡片非常有助于加快相关资料的编目工作。我馆有意订购贵社当前的卡片系列，随函附上我们订购4000种中文书和2000种日文书目录卡片的订单，根据你的报告，每年将花费约300美元。(HYL Archives：Letter of Curator Ruth Hale Gershevsky to Alfred K'aiming Ch'iu, September 28, 1948)

9月29日

裘开明致函燕京大学图书馆馆长陈鸿舜（Ch'en Hung-shun）：感谢你如此及时地把我馆1947－1948年度通过燕京购买图书的详细账目寄给我们，该账目已于9月20日收到。请在贵馆方便的时候，再寄给我们一份购书清单（书名按照四角号码法排列）以及购书的原始发票,因为我撰写提交给学社社长的年度报告时需要这些资料。我已经接连收到刘楷贤6月22日、8月19日和9月17日三封关于办理出国护照和签证的信。随函附上一封哈佛大学图书馆馆长 Keyes D. Metcalf 致美国国务院信函的副本。我希望美国国务院能够尽快解决此事,请转告刘先生耐心等待,因为现在新移民在美国找工作非常艰难。正如你所知,波士顿美术馆聘请 Harriet O. S. Wang 太太为中文书和日文书编目员,其聘书由馆长、世界知名意大利油画权威 G. H. Edgell 博士签发,并于一月份寄出,然而她也仍未收到美国驻北平领事馆签发的签证和护照。最糟糕的是,叶理绥(Serge Elisséeff)教授不同意给刘先生签发哈佛大学的职员聘书。不知道燕京方面能否采用1941年你来此工作时申请签证的同样方法,帮助刘先生办理签证。(HYL Archives: Letter of Alfred K'aiming Ch'iu to Ch'en Hung-shun, September 29, 1948)

10月2日

宾夕法尼亚州大学图书馆采购部主任 Elisabeth L. Gordon 女士致函哈佛燕京学社汉和图书馆,定购一套定价为200美元的中文目录卡片。(HYL Archives: Letter of Elisabeth L. Gordon to Harvard University, Harvard-Yenching Institute, the Library, October 2, 1948)

10月5日

商务印书馆香港办事处经理 Hsu Ying-chong 先生致函裘开明:兹奉上我们8月出版的周刊,另外还有两张我们专门针对大学生的需要挑选的出版物目录。如果贵馆需要选购,请寄订单给我社。期待贵馆的回信。(HYL Archives: Letter of Hsu Ying-chong to Alfred K'aiming Ch'iu, October 5, 1948)

10月6日

爱荷华州立大学图书馆副馆长 Charles H. Brown 致函裘开明:我希望你能为我安排与一些人的单独会面,包括费正清夫人(Wilma Fairbank,费慰梅)、Ward 小姐、洪煨莲博士(William Hung)、和 Schoenhof's Foreign Books, Inc. 的 Paul Mueller 先生。(HYL Archives: Letter of Charles H. Brown to Alfred K'aiming Ch'iu, October 6, 1948)

10月10日

Agnes H. Yeh 致函裘开明:请你告知我因请假原因所欠哈佛燕京学社金额,以便还上;如有需要,我秋季可到图书馆工作,若否,请写一解雇函。(HYL Archives: Letter of Agnes H. Yeh to Alfred K'aiming Ch'iu, October 10, 1948)

10月14日

哈佛燕京学社北平办事处执行干事陈观胜先生(Kenneth Chen)致函裘开明,汇报汉和图书馆目录卡片的最新订户名单、邮寄目录卡片的通讯录、丢失的目录卡片清单(附说明),以及裘开明6月份寄运纸张的通关情况:刚从中国旅行社(China Travel Service)得知这批纸正在通过天津海关,一旦通过检查,就会立即运送给我们。据中国旅行社说,进口税大约国币700元。这个数目是估计的数目,等从中国旅行社得到完整的报告后,我会告诉你确切的数目。如果你允许的话,我们就从经营索引丛书的收益中支付关税。目前官方汇率是国币4元兑换美金1元。汉和图书馆目录卡片丢失及清点库存情况如下:目前的库存中已经没有编号7091—12136的目录卡片,还有10套编号为12137—12195的目录卡片,这十整套目录卡片是刚印完的。至于编号为1—7090的卡片,你说在珍珠港事件以前转交给燕京大学图书馆,目前再一次查找、检查,发现这些卡片散落在不同的地方,并用了很多时间整理才找到了目录卡片。在此提供已丢失的目录卡片清单,丢失的目录卡片每种有的存4张,有的存5张,有的存6张。从丢失卡片的清单可以看出，如果我们要利用现有的目录卡片，那么需要补充的卡片数量很大。丢失的卡片重印 5 到 6 套，加上现存的 5 到 6 套卡片，就可以构成完整的 5 到 6 套卡片。请告知你下一步的计划。现在在中国印卡片要比以前贵。我记得，栾植新先生为最后一批卡片的定价是一套 50 张卡片 50 美分，而现在这个价格是不可能的了，因为物价严重上涨，过去 1 美元能买 30 斤小米，现在按官方汇率，只能买 4 斤。整个局势都处于不断变化中。截至 1948 年 9 月，汉和图书馆卡片目录库存情况如下：编号为 7091－12136 的卡片已无库存，编号为 12137－12195 的卡片余 10 套(1948 年夏天重印的)。丢失卡片的类号如下：7.3－30；55－79；155－196；252－306；357－423；471－526；561－612；679－732；806－857；915－954；1006－1063；1122－1172；1228－1273；1320－1370；1437－1487；1530－1581；1646－1699；1750－1804；1843－1884；1951－2060；2088－2145；2201－2258；2309－2371；2415－2472；2524－2583；2623－2671；2737－2786；2841－2893；2980－3019；3062；3068－3115；3196－3236；3269－3328；3415－3464；3500－3559；3590－3654；3722－3771；3844－3894；3944－4000；4063－4119；4133；4141－4250；4281－4343；4377－4437；4497－4557；4610－4663；4724－4783；4815－4877；4930－4983；5057－5100；5168－5201；5203－5218；5286－5338；5273；5383－5422；5493－5556；5597；5608－5664；5702－5754；5805－5874；5955－6011；6017；6057－6114；6175－6230；6284－6340；6390－6511；6550－6581；6586－6621；6666－6730；6776－6839；7014－7047；7089－7157；7209－7268；7316；7351－7408；7464－7505；7580－7623；7649；7689－7750；7828－7882；7957－8012；8030－8087；8158－8219；8291－8344；8400－8466；8512－8540；8542－8575；8601－8970；8981－9032；9101－9163；9225－9261；9288.1－9288.166；9303－9355；9410－9411；9429－9483；9551－9600；9624；9681－9734；9802－9853；9888－9889；9910－9975；10027－10076；10161－10220；10271－10333；10381－10436；10467；10504－10554；10619－10678；10721－11080；11120－11183；11226－11290；11348－11413；11441－12136。哈佛燕京学社北平办事处向美国邮寄汉和图书馆目录卡片的情况如下：(1)1948 年 8 月寄往伊利诺斯州芝加哥市芝加哥大学东方研究所远东图书馆 5 套编号为 12137－12195 的卡片目录；(2)1948 年 8 月寄往加州 Claremont 大学图书馆 1 套编号为 12137－12195 的卡片目录；(3)1948 年 8 月寄往哥伦比亚大学远东图书馆 1 套编号为 12137－12195 的卡片目录；(4)1948 年 8 月寄往北卡罗莱纳州杜克大学图书馆 1 套编号为 12137－12195 的卡片目录；(5)1948 年 8 月寄往哈佛燕京图书馆 3 套编号为 7091－12136 的卡片目录，4 套编号为 12137－12195 的卡片目录；(6)1948 年 8 月寄往 Hartford 神学院图书馆 3 套编号为 12137－12195 的卡片目录；(7)1948 年 8 月寄往加州斯坦福大学胡佛研究所图书馆 1 套编号为 7091－12136 的卡片目录，1 套编号为 12137－12195 的卡片目录；(8)1948 年 8 月寄往华盛顿特区国会图书馆采访部 2 套编号为 12137－12195 的卡片目录；(9)1948 年 8 月寄往荷兰莱顿汉学研究所 1 套编号为 12137－12195 的卡片目录；(10)1948 年 8 月寄往瑞典斯德哥尔摩远东古物博物馆 1 套编号为 7091－12136 的卡片目录，1 套编号为 12137－12195 的卡片目录；(11)1948 年 4 月寄往英国牛津大学中文系教授德效骞(Homer Hasenplug Dubs, Jr.)2 套编号为 7091－12136 的卡片目录，8 月又寄了 1 套编号为 7091－12136 的卡片目录，3 套编号为 12137－12195 的卡片目录；(12)1948 年 8 月寄往费城宾夕法尼亚大学图书馆 3 套编号为 12137－12195 的卡片目录；(13)1948 年 8 月寄往普林斯顿大学图书馆 1 套编号为 12137－12195 的卡片目录；(14)1948 年 8 月寄往加拿大多伦多市皇家安大略考古博物

馆 2 套编号为 12137－12195 的卡片目录；(15)1948 年 4 月寄往加州大学洛杉矶分校图书馆编目部 3 套编号为 7091－12136 的卡片目录，8 月又寄了 3 套编号为 12137－12195 的卡片目录；(16)1948 年 8 月寄往加州大学伯克利分校图书馆 2 套编号为 7091－12136 的卡片目录，3 套编号为 12137－12195 的卡片目录；(17)1948 年 8 月寄往西雅图华盛顿大学图书馆 1 套编号为 12137－12195 的卡片目录；(18)1948 年 8 月寄往耶鲁大学远东语系 2 套编号为 12137－12195 的卡片目录；(19)1948 年 8 月寄往北平燕京大学图书馆 4 套编号为 7091－12136 的卡片目录，4 套编号为 12137－12195 的卡片目录。(HYL Archives：Letter of Kenneth Chen to Alfred K'aiming Ch'iu，October14，1948)

10 月 18 日

爱荷华州立大学图书馆副馆长 Charles H. Brown 上午抵达剑桥。(HYL Archives：Letter of Charles H. Brown to Alfred K'aiming Ch'iu，October 6，1948)

10 月 19 日

耶鲁大学图书馆副馆长 David H. Clift 先生致函裘开明：我馆目前仍在考虑究竟应向贵馆订购多少近期中日文图书目录卡片。如果你能对下列问题提供回复，将对我们有很大的帮助：(1)这些卡片涵盖哪些领域，如果不是所有领域，具体是哪些？(2)我们是否能每种先订购一份卡片，其后如果需要的话，再次订购？如此的话，订购价格是多少？(HYL Archives：Letter of David H. Clift to Alfred K'aiming Ch'iu，October 19，1948)

芝加哥大学谢拉(J. H. Shera)副教授致函裘开明：很遗憾我必须说，你在 10 月 10 日来信中提到的 347 号清单，是我收到的来自美国图书馆协会中文资料联合采购计划的最后一份清单。对这次采购计划的混乱状态，我非常抱歉。但是在这样的环境下，这似乎是无法避免的。我一直与爱荷华州立大学的 Charles H. Brown 先生密切联系，我们正尽可能以最快的速度开展清点工作，因为我们俩都感到这个计划不再能达到预期的目的了。(HYL Archives：Letter of J. H. Shera to Alfred K'aiming Ch'iu，October 19，1948)

美国科罗拉多州大学图书馆中文编目员胡延钧(William Yen Chen Hu)致函裘开明：月前本馆曾收到贵馆为印制中日文图书目录卡片事之通函，当即开列本馆所藏中日文图书目录，请购贵馆之目录卡片，时经月余，迄未见覆。兹奉本馆馆长 Eugene H. Wilson 嘱再函先生查核赐复为盼。本馆现更有图书约二十种，一俟奉到回示，即行列目奉上，续购卡片。(HYL Archives：胡延钧致函裘开明信函，1948 年 10 月 19 日)

10 月 25 日

美国图书馆协会 Charles H. Brown 致函裘开明：感谢你帮忙安排我会见相关人员。我与纽约的 Howard P. Linton 先生、华盛顿的恒慕义(Arthur William Hummel)博士和 Frederick H. Wagman 博士讨论了印刷卡片的事情，稍后我会写成文字寄给你。(HYL Archives：Letter of Charles H. Brown to Alfred K'aiming Ch'iu，October 25，1948)

10 月 27 日

裘开明回复耶鲁大学图书馆副馆长 David H. Clift10 月 19 日的来函：一旦你方便做出决定时，请详细列明贵馆希望订购的每种卡片的数量，因为我们目前正在进行平版印刷的印版制作，我们必须知道每种卡片需要印刷的数量。迄今，已有 7 个图书馆寄来了订单，大多数图书馆每种卡片仅订购 1 份。(HYL Archives：Letter of Alfred K'aiming Ch'iu to David H. Clift，October 27，1948)

裘开明向哈佛燕京学社社长提交第 22 次《馆长年度报告》(1947 年 7 月 1 日至 1948 年 6 月 30 日)，其主要内容如下：1. 图书馆馆藏情况。1947－1948 年度，哈佛大学汉和图书馆新增藏书量合计 2582 种 7728 册,其中,中文图书 1349 种 5890 册,日文图书 934 种 1421 册,藏文图书 2 种 2 册,蒙文图书 1 种 1 册,西文图书 296 种 414 册。截至 1948 年 7 月 1 日,哈佛大学汉和图书馆藏书总量合计 42171 种 213223 册,其中,中文图书 30742 种 184893 册,日文图书 8460 种 22379 册,藏文图书 13 种 662 册,满文图书 123 种 1009 册,蒙文图书 20 种 330 册,西文图书 2813 种 3950 册。中文文献方面,来自北平的旧书和来自上海、香港的新书数量下降。旧书与新书的比例为 7∶3。旧书主要是清代的丛书、方志、宗谱和文集,以及关于清代官府的作品,新书则涵盖了各个领域,尤其为中国区域研究项目的师生们购买的关于社会科学方面的书籍。近两年来,哈佛大学和国会图书馆作为西方最大的两所远东文献收藏机构,其中文文献增长情况之比较如表所示:

表:哈佛大学与国会图书馆中文文献增长比较

图书馆	年增长种数		年增长册(卷)数	
	1946—1947	1947—1948	1946—1947	1947—1948
哈佛大学	2407	1349	10646	5890
国会图书馆*	953	2114	3206	3791

*国会图书馆的数据来自国会图书馆近两年来的年度报告

日文文献方面,1947—1948 学年度有明显的增长。934 种日文文献中大多数都是通过佛蒙特州拉特兰(Rutland,Vt)查尔斯·特特公司(Charles E. Tuttle Co.)购买的,只有 69 种来自交换和赠送。Tuttle 先生从东京为汉和图书馆购买的日文书籍有五大类:(1)编号为 HA——共 46 种文献,全部是从一诚堂书店(Isseido Book Store)早期书目(共含 1189 种文献)中挑选出来,并在一诚堂书店购买的;(2)编号为 HB——共约 120 种文献,是 Tuttle 先生根据一诚堂书店早期书目搜访到的,以上文献皆为日本战前出版的文献;(3)编号为 HC——约 100 种文献,主要是关于战争时期日本的文献;(4)编号为 HD——约 680 种,主要是 1941—1946 年间出版的日本学者著作,是 Tuttle 先生在裴泽(John C. Pelzel)先生的帮助下现场挑选的;(5)编号为 HE——为日文过刊,可补齐汉和图书馆所藏日文期刊,购买这些过刊共用了 177.60 美元。从珍珠港事件到 1946 年底,汉和图书馆得不到任何关于日本出版动态的信息,并且由于战争期间的日本纸张匮乏,学术作品的出版非常有限,因此非常有必要委托其他机构在日本尽可能购买有价值的日文文献。所以从 1948 年初开始,汉和图书馆通过指定购买图书的方式指导 Tuttle 先生在日本的选书工作,共向其邮寄了 6 次订购单,含 918 种新书以及战前学术出版物的购买信息,并在 1947—1948 年度通过 Tuttle 先生新订了 39 种日文期刊。为了避免 Tuttle 先生在选购日文文献时出现复本,汉和图书馆还寄给 Tuttle 先生几类日文卡片目录,包括柯立夫(Francis W. Cleaves)在战争末期在中国北部所购买的日文新书的约 1900 张卡片,裴泽的日文新书赠书目录,Stillman 博士的日文新书赠书目录,Donald Shively 的日文新书赠书目录,以上三种赠书目录共含书目信息 224 条,另外还寄上了战前日本出版的 1000 种社会学文献的卡片目录。连续出版物方面,在中文新刊中新增 121 种连续出版物,截至 1947—1948 年度,汉和图书馆共有 1232 种不同的中文连续出版物,大约有 350 种为最近订购的。日文连续出版物新增 25 种,截至 1947—1948 年度,汉和图书馆共有 296 种不同的日文连续出版物。另外,西文连续出版物新增 14 种,使汉和图书馆西文连续出版物达到 172 种。方志方面,新入藏方志 31 种 427 册,方志总藏量达到 2837 种 30212 册。截至 1948 年 7 月 1 日,汉和图书馆收藏中国方志情况如表所示:

哈佛燕京学社汉和图书馆馆藏中国方志一览表

省份	行政分区总数	已知现存方志种数	1947—1948年度新增数量		馆藏总数	
			种数	册(卷)数	种数	册(卷)数
河北省	160	573	2	24	290	2467
山东省	117	506	2	12	259	2135
河南省	118	453	2	53	208	1843
山西省	121	386	2	14	162	1055
陕西省	98	338	2	24	233	1817
甘肃省	106	144	1	3	42	403
江苏省	80	527	/	/	256	2801
浙江省	90	507	1	10	207	2843
安徽省	69	278	1	40	99	1458
江西省	93	428	2	24	119	2598
湖北省	81	318	/	/	124	1356
湖南省	88	303	/	/	106	1500
四川省	157	477	3	32	303	2582
福建省	72	272	9	173	81	1261
广东省	108	375	/	/	124	1531
广西省	120	163	/	/	43	457
贵州省	73	92	/	/	23	217
云南省	105	190	3	17	45	881
满洲3省*	130	163	/	/	64	564
西北省份	113	69	1	1	49	438
共计	2099	6562	31	427	2837	30207

* 编者注：此为哈佛图书馆分类方法。

丛书方面，新增中文丛书/连续出版物24种418卷，中文丛书收藏种数达到1128种，是全美远东图书馆中此类文献收藏最多的图书馆。根据编目数据统计显示，约30种丛书的分析款目共揭示独立文献544部1295卷。这类文献大大丰富了图书馆的馆藏。赠书与交换图书方面，因为美元储备短缺，一些欧洲图书馆决定与美国图书馆建立交换关系，通过经济学上所谓的"实物交易（barter trade）"的方法，用欧洲的图书交换美国的出版物。中国和日本的图书馆也面临着同样的困境，中日图书馆更愿意用他们本国的出版物交换美国的出版物。在1947—1948年度，汉和图书馆用价值约80美元的《化学文摘 40 年索引》(Fourth Decennial Index to Chemical Abstracts)与南京国立中央图书馆交换了 2 套中文古籍丛书(108 卷)、80 种中文新书、46 期中文期刊以及 202 期中国政府出版物。与日本各大学和博物馆交换书刊的问题由正在日本的赖肖尔(Edwin Oldfather Reischauer)教授负责。因为哈佛大学的图书馆可以以 50％的折扣购买哈佛大学出版社的出版物(这类出版物不得用于国内使用)同国外图书馆进行交换,所以哈佛燕京学社可以考虑购买这类出版物同中国和日本的图书馆进行交换。另外赖肖尔(Edwin Oldfather Reischauer)教授还建议汉和图书馆购买新远东协会秘书兼会计费慰梅(Wilma Canon Fairbank,费正清夫人)手上的一批日文文献。这批文献已经由该协会的日本会员寄达汉和图书馆。2. 馆藏编目分类情况。在文献进入流通环节前,以下四个步骤需要相当多的人手:(1)对照汉和图书馆的馆藏目录,查核出版目录、剪报、书评以及贸易书目,以避免出现复本。(2)编制订购目录,并寄给书商。(3)按照发货单以及货物清单核对到馆图书。(4)加工到馆图书,即加盖馆藏章、贴书标以及到馆日期,登记到馆图书的种数和卷数。平均改装一本书的费用约为 2.50 美元。作为试验,一部分书委托香港的商务印书馆装订。但是在香港装订一本书的费用并不比在美国低很多。按照美元和港元的汇率,商务印书馆装订一本西式装订方式的书的费用为 2 美元,装订一本中式装订方式的书的费用为 5.75 美元。因此,将不再继续委托商务印书馆代装订中式书籍。在 1947－1948 年度,有 6 种中式函套装是在香港装订的。3. 图书编目与洛克菲勒基金(Rockefeller Foundation)卡片目录项目。汉和图书馆汉籍书本式目录的前三卷已印制完毕,收录经类、哲学、宗教、考古和人类学、传记和宗谱以及历史和地理类书籍 12195 种,共编制卡片目录约 13000 张。到 1947－1948 年度为止,共有 42 套卡片目录分发给包括汉和图书馆在内的 19 所图书馆。绝大多数图书馆都是美国的图书馆,订购这套卡片目录的国外机构有 5 所:北平燕京大学图书馆、英国牛津大学图书馆、瑞典斯德哥尔摩远东古物博物馆(Museum of Far Eastern Antiquities)、荷兰莱顿大学汉学研究所(Sinological Institute at Leiden University)以及加拿大多伦多皇家安大略博物馆(Royal Ontario Museum)。卡片目录已无剩余存货,已无完整成套的卡片目录出售给订户。日军侵略者在战争期间损毁了保存于燕京大学的 8 套卡片目录。洪煨莲(William Hung)、聂崇岐(Nieh Ch'ung-ch'i)和陈观胜(Kenneth Chen)在过去的三年里抢救出来的卡片目录不足以凑成一套完整的卡片目录。因此有必要通过缩微影印的方式重印丢失的卡片目录,以满足后续订购机构的需求。按计划,馆藏目录重印和续印工作继续在燕京大学进行。但是由于南京政府在军事上的节节败退,中国北部的政治局势不稳定,所以无法确定馆藏目录编印计划能否顺利进行。即使可以继续进行,编印的费用较上一次编印会增加。4. 阅览室与借阅服务。1947－1948 年度,汉和图书馆共外借 2686 种 8148 册馆藏。图书馆外借服务开放的时间共 264 天 44 周,日均外借图书 31 册。图书馆外借业务的增长主要是因为学生数量的大幅度增长。以上馆藏流通的数据不包括隔夜借还的数量和馆内阅览的数量。5. 馆际互借与参考咨询。19471948 年度,汉和图书馆共向 24 所机构和图书馆提供了总计 96 种 319 册图书的馆际互借服务,其中,中文图书 55 种 235 册,日文图书 32 种 75 册,西文图书 9 种 9 册。6. 人事变动。1947－1948 年度,汉和图书馆人员非常紧缺。自 1947 年 6 月李安宅(Li An-chê)太太于式玉女士(Yü shih-yü)辞职后,一直未聘到顶替她的合适人选。南京国立中央图书馆的于震寰(Zunvair Yue)和燕京大学图书馆的刘楷贤(Liu K'ai-hsien)至今无法到任。整个学年,只有 William H. Winship 一直在馆工作。童世纲(T'ung Shih-kang)只上一半时间的班,并于5月底辞职。但于6月份聘请了童世纲(T'ung Shih-kang)的夫人吴元清(Wu Yuencheng)到馆接任其工作。吴元清毕业于西蒙斯大学(Simmons College)图书馆学院。由于薪水偏低的原因,原担任普通助理的William K. Carlson和Albert W. Burns在馆工作了很短的时间便相继辞职。7.图书馆购买保险。根据学社董事会的建议,对全部馆藏进行重新估价,以便购买保险。为了提高保险额度,以后每年用于购买保险的经费将从800美元提高到1300美元。8.图书馆财务。下表显示过去20年图书馆每年购书支出,以及对赠书的估价和编目支出的总情况。

图书馆图书经费历年开支一览表(单位:美元)

项目	支出金额	项目	支出金额
1926—1927	3000.00	1939—1940	10160.32
1927—1928	5200.15	1940—1941	14264.99
1928—1929	6156.79	1941—1942	3855.70
1929—1930	7789.85	1942—1943	5242.20
1930—1931	6440.81	1943—1944	3766.59
1931—1932	12787.82	1944—1945	5237.97
1932—1933	3225.60	1945—1946	6476.77
1933—1934	3254.53	1946—1947	9075.57
1934—1935	4483.66	1947—1948	9217.89
1935—1936	11629.371	以上合计	156402.85
1936—1937	4576.21	历年赠书总估价	15000.00
1937—1938	11743.962	编目总支出	34000.00
1938—1939	8816.10	总计	205402.85

1947—1948年度图书馆预算(单位:美元)

开支项目		金额	
图书	中文书	5000	8000
	日文书	2000	
	西文书	1000	
装订		1000	
保险		650	
办公经费(电话、电报、文具、邮费等)		500	
设备(研究台、椅子、卡片目录柜)		850	

续表

开支项目		金额	
薪水和津贴	日文书编目助理	2600	8305
	中文书编目助理	2100	
	阅览室助理	1400	
	阅览室助理的社会保险	70	
	书库助理	1100	
	书库助理的社会保险	55	
	小工(Page boy)	600	
	学生助理	380	
总计		19305	

1947—1948年度收支统计

	收支项目		金额		合计
支出项目	图书		8004.85		17522.42
	装订		1213.04		
	图书保险		1009.55		
	设备(家具和装置)		337.33		
	办公经费	电话和电报	82.01	603.02	
		邮费、快递、运费	47.88		
		服务费	0.35		
		水电	236.95		
		印刷与文具	235.83		
	薪水与津贴(含职员的退休金和差旅费)		6354.63		
收入项目	出售印刷卡片目录		262.80		339.44
	罚款		64.64		
	出售复印本		12.00		
支出总和					17182.98
剩余经费总和					2122.02
经费拨发总和					19305.00

（HYL Archives：Chinese-Japanese Library of the Harvard-Yenching Institute at Harvard University Report of the Librarian for the Year July 1, 1947 to June 30, 1948）

10月

富田幸次郎（Korijo Tomita）与裘开明合撰"An Album of Landscapes and Poems by Shen Chou"（1427—1509）（《沈周的风景画与诗》）发表于 *Bulletin of the Museum of the Fine Arts*（Boston），Vol. 46，No. 265（October 1948）：55~64。

11月1日

耶鲁大学图书馆副馆长 David H. Clift 致函裘开明：我馆准备订购目录卡片如下：每种中文书5张卡片、每种日文书4张卡片。（HYL Archives：Letter of David H. Clift to Alfred K'aiming Ch'iu, November 1, 1948）

11月10日

刘楷贤致函裘开明：此间美国领事馆已于今日签证（Visa），现托友人进行赴沪飞机票或轮船票，俟购到票后即行赴沪，再候轮船来美。（HYL Archives：刘楷贤致裘开明信函，1948年11月10日）

斯坦福大学图书馆的 Hobart Young 来函寄奉一份用于交换的中文书籍清单，共列有90种文献。函中希望斯坦福大学图书馆能与汉和图书馆建立起长期的交换关系，此项工作斯坦福大学方面由 Hobart Young 和芮玛丽（Mary Clabaugh Wright）共同负责。（HYL Archives：Letter of Hobart Young to Alfred K'aiming Ch'iu, November 10, 1948）

11月13日

裘开明致函耶鲁大学 J. Rahder 教授：今天上午，叶理绥（Serge Elisséeff）教授已将你10月21日写给他的信转交给我。在10月份的第一周，Hall, G. K. 就借出了 Shiratori 用乌拉尔—阿尔泰语发表在东洋文库《东洋学报》（*Toyogakuho*）上的文章，以用于缩微照相复制，并已将期刊归还汉和图书馆。我不明白为什么他还未寄给你照片复制本。我馆已通过写信和长途电话与 Hall 先生联系，询问这些文章的复制事宜。正如我此前告诉你的，我不是一个摄影专家，我馆没有复制图书的照相设备。因耶鲁大学图书馆亦委托 Hall 先生复制图书，因此你可以请贵校图书馆领导致函缩微图片公司（Microphotography Co., West Newbury-port）询问此事，这是获悉结果最快的方式。因我馆不能参与此类经济交易事务，故我此前即嘱咐 Hall 先生将复本和账单直接寄给你。关于复制 Yoshio Yamada 的 Naracho Bumposhi，亦请你直接致函 Hall 先生，他会就复制该书或者部分页内容提供给你一个成本估价。如果你希望通过馆际互借系统借这本书，请首先获得叶理绥教授的同意。因该书属绝版善本，叶理绥教授不太主张外借出去。（HYL Archives：Letter of Alfred K'aiming Ch'iu to J. Rahder, November 13, 1948）

11月15日

哈佛燕京学社董事会在哈佛商学院教工俱乐部（Faculty Club of School of Business Administration）举行董事会议，投票表决：在本期预算中追加拨款2325美元给汉和图书馆，其中1200美元用于支付刘（楷贤）先生薪水，1125美元用于支付 Ueda 夫人薪水。此外，学社社长提请董事会诸位董事注意，在董事会4月会议后，图书馆的保险费增加了，在本期预算中该项拨款不够，提议拨付总计506.67美元的费用用于弥补图书馆的保险费用。（HYI Archives：Meeting of the Board of Trustees Held on November 15, 1948）

11月16日

美国科罗拉多州大学图书馆馆长 Eugene H. Wilson 致函裘开明：我曾于1948年9

月22日写信给你询问购买哈佛燕京学社目录卡片的事宜,至今未见答复。现将原函复印件再次附上以确保送达,烦请答复。若贵社无法提供目录卡片,我馆将谋求其他渠道。(HYL Archives:Letter of Eugene H. Wilson to Alfred K'aiming Ch'iu,November 16,1948)

11月17日

哥伦比亚大学东亚图书馆馆长Howard P. Linton致函裘开明,询问裘开明有关George Bailey Sansom先生需要的德富苏峰(Tokutomi Soho)《近世日本国民史》中记述横井小楠的所在卷期,并希望能通过馆际互借申请借阅。(HYL Archives:Letter of Howard P. Linton to Alfred K'aiming Ch'iu,November 17,1948)

11月23日

裘开明致函斯坦福大学教授芮沃寿(Arthur Frederick Wright):……很高兴通知你早期印制的洛克菲勒卡片(序号从1到7090)已于昨天通过铁路快运寄给你了。请通知芮玛丽(Mary Clabaugh Wright)关于卡片的寄送情况。附上洛克菲勒卡片的发票。美国图书馆协会中文资料联合采购计划卡片的账单也将会及时寄给你。我们还未收到贵馆订购中日文卡片的正式订单。(HYL Archives:Letter of Alfred K'aiming Ch'iu to Arthur Frederick Wright,November 23,1948)

哈佛大学房地产处Charles J. Walsh致函哈佛燕京学社社长叶理绥(Serge Elisséeff),并抄送裘开明,说明博伊斯顿堂一楼阅览室改造和重新布局工程的费用问题:根据随函附上的1948年11月22日编号为1137的图纸修订稿,估计修订以后的工程费用为14700美元。裘博士建议我们从之前的计划中去掉控制室。因此我们从之前16000美元的预算中减去了1300美元。(HYL Archives:Chinese-Japanese Library of the Harvard-Yenching Institute at Harvard University Report of the Librarian for the Year July 1,1948 to June 30,1949)

11月24日

斯坦福大学图书馆Hobart Young11月10日寄来中文书交换书目清单,裘开明对照书目清单,勾选汉和图书馆所需的书籍,并寄回斯坦福大学,请斯坦福大学图书馆把交换书籍的价值记入两馆交换往来账户的汉和图书馆名下。(HYL Archives:Letter of Alfred K'aiming Ch'iu to Hobart Young,November 24,1948)

11月29日

密歇根大学图书馆总馆馆长Warner Grenelle Rice致函裘开明:几周前总馆收到一份通知各个订户订购哈佛燕京学社汉和图书馆目录卡片的通知。在此期间,我们一直在尝试着为远东文献编目,并取得了些许进展。就我们所拥有的有限馆藏来看,我们似乎没有必要订购目前哈佛燕京学社图书馆发行的全部中日文目录卡片,所以我们不打算订购一整套。(HYL Archives:Letter of Warner Grenelle Rice to Alfred K'aiming Ch'iu,November 29,1948)

11月

裘开明致函美国科罗拉多州大学图书馆馆长Eugene H. Wilson及中文编目员胡延钧(William Yen Chen Hu):感谢贵馆此前三次来函询问,然因我社无法像国会图书馆一样按照贵馆提交的中文书目清单提供目录卡片,故迟至今日方予以答复。我社仅能按套提供目录卡片,可提供的三套目录卡片包括:(1)1938年秋至1941年12月在北平燕京大学印制的一套13000张卡片,共著录中文图书12195种,亦有3卷相应的书本式《汉籍分类目录》,即卷一儒家经典、卷二哲学与宗教、卷三历史科学与地理。(2)1945年至

1947年在剑桥哈佛大学印刷处用标准铅字印刷和平版印刷两种方式印制的300种战时中文出版物目录卡片,该批出版物是通过美国图书馆协会中文资料联合采购计划获得的。(3)1947年秋哈佛燕京学社开始使用平版印刷现有中文及日文馆藏的图书馆卡片,该系列售价是,每张卡片5美分,每张卡片副本2.5美分。上述三个系列的卡片仍有少量供应：第一系列全套13000张卡片定价100美元,外加20美元中国至美国的邮费；第二系列全套333张卡片定价22.13美元；订购第三系现有中文卡片的价格是100－200美元不等,取决于卡片数量。随信附上贵馆中文馆藏清单,其中的许多条目涉及上述三套卡片。我个人认为,贵馆购买所有三套卡片是加快中文书籍编目的唯一途径；贵馆可根据需要自行复制卡片副本。王云五的《四角号码大辞典》可从香港商务印书馆购得。两部附带王氏四角号码的汉英词典有：Simon Walter《汉英初学者词典》(伦敦,1947年),刘驭万《新汉英词典》(上海,1933年；美国平版印刷版,1945)。(HYL Archives：Letter of Alfred K'aiming Ch'iu to Eugene H. Wilson and William Yen Chen Hu, 1948)

哈佛燕京图书馆邮寄的用于印刷汉籍书目的30令纸张通过天津海关检查,抵达燕京大学,由陈观胜(Kenneth Chen)接收。(HYL Archives：Chinese-Japanese Library of the Harvard-Yenching Institute at Harvard University Report of the Librarian for the Year July 1,1948 to June 30,1949)

12月3日

裘开明致函芝加哥大学东方语言学系顾立雅(Herrlee Glessner Creel)：非常感谢你近期来函询问我馆的卡片计划,并打算订购我馆自远东地区收到的新近中日文图书的印刷卡片。首先需要说明的是,我馆将不再发行在北平印制的序号12195之后的卡片。夏季我馆从我们学社在燕京的办事处给你们寄了5套重印的卡片,序号为12137－12195,这些卡片包含了我馆书本目录前三卷中的所有目录。每套价格120美元,你们支付了600美元,因此是以平均每张卡片1美分的价格购买了这些卡片。我馆在1941年12月7日之前就完成了馆藏目录所有后续卷册的排版,并印了两套校样。但所有印版和校样均在战时日本军占领燕京大学时期被毁。所幸的是,我们有一套书本目录校样仍保存在剑桥,而且我们在燕京发现了幸存的一套号码为12137－12195的卡片目录校样(12137－12195的卡片库存也被损毁了)。我们在5月份重新排版,重印了编号12137－12195的卡片。这些卡片于夏季期间分批寄给了我们的订户。我希望你们已全部收到。因出售卡片收益微薄(已售出42套,8套部分或全部被毁),我们不可能对我馆书本目录计划后续卷册列出的所有图书约23000或更多中图书目录进行重新排版,制作印刷卡片,因为恢复这项卡片计划,必须获得来自洛克菲勒基金会(Rockefeller Foundation)或其他机构的资助。暑假之前,在学社一笔小额拨款支持下,我们制定了重新排印书本式目录的计划。这一计划将会首先出版两卷或更多的书本目录后续卷册,以及约10000多张社会科学、语言和文学目录卡片。如果没有洛克菲勒基金会的支持,我们将计划以每张卡片5美分的价格出售给订户,或者以每套10000张卡片500美元的价格出售。只有得到第二次洛克菲勒资助,卡片的价格才会降低(我们很久以前向洛克菲勒基金会申请了第二次资助金)。因为华北政治局势,我们的董事11月份在纽约召开的董事会上投票表决将学社在中国的办事处从北平迁移到其他与学社有紧密关系的华南或华西地区教会大学。因此我们目前尚无法恢复书本目录和卡片计划。近期,我们已成功地开始了在美国印刷中日文图书卡片的计划,迄今为止,已有7个图书馆寄来订单,其中耶鲁订购数量最多。兹附上我写给耶鲁大学图书馆副馆长David H. Clift先生的信函。(HYL Archives：Letter of Alfred K'aiming Ch'iu to Herrlee Glessner Creel，December 3，1948)

12月8日

裘开明致函赵元任（Y. R. Chao），说明汉和图书馆暂无职位空缺可提供给唐昌晋，建议唐昌晋先入美国大学学习后再作申请。(HYL Archives：Letter of Alfred K'aiming Ch'iu to Y. R. Chao，December 18，1948)

12月15日

刘楷贤致函裘开明：上月中曾奉上一函，谅邀鉴及。贤已设法来沪，抵沪后即奔走船位，现已在美总统轮船公司购到美琪将军号（General Meiqi）三等船位客票，票价美金283元（票价275.00加人头税8.00）。船定明年1月2日自沪经香港、小吕宋来美。两周来，战局关系，京沪人心颇恐慌，豪门大贾纷纷逃往港台，一般公教人员，惟有听天由命耳！届时美船能否来沪，可否成行，此贤昼夜不能去诸怀者耶！(HYL Archives：刘楷贤致裘开明信函，1948年12月15日)

博伊斯顿堂一楼阅览室进行改造和重新布局，工程预计持续两个月，将于1949年2月15日完成。(HYL Archives：Chinese-Japanese Library of the Harvard-Yenching Institute at Harvard University Report of the Librarian for the Year July 1，1948 to June 30，1949)

12月21日

裘开明致函国会图书馆东方部日文组组长Edwin G. Beal，Jr.，告知已寄给国会图书馆400种当代日文出版物的目录卡片，每种书两张卡片，共计800张；询问全国日籍联合目录项目会持续多久，并请Edwin G. Beal，Jr.与恒慕义（Arthur Willia Hummel）博士商量是否率先开展中文图书全国联合目录项目。(HYL Archives：Letter of Alfred K'aiming Ch'iu to Edwin G. Beal，Jr.，December 21，1948)

12月23日

商务印书馆香港办事处经理Hsu Ying-chong致函裘开明：已收到贵馆上个月22号的来信、订单以及《学原》的续订通知单。贵馆已付款的书现已送到工厂重新装订。对于缺货的图书，已请公司总部多进货，货到即发给贵馆。函列此前缺货现已有进货的书目，已于17号急件邮寄给贵馆。附第360号发票，总额为108.54港元，其中包括装订费、镀字费以及其他购买中的常规费用。如方便请尽快汇款给我们。(HYL Archives：Letter of Hsu Ying-chong to Alfred K'aiming Ch'iu，December 23，1948)

12月31日

国会图书馆东方部日文组组长Edwin G. Beal，Jr.致函裘开明：1948年12月21日所寄800张目录卡片已收到，希望你能寄来1946—1948年间制作的Ditto复制卡片。贵馆是否已收到5月份寄出的两盒国会图书馆目录卡片？我已与恒慕义（Arthur Willia Hummel）博士商谈过中文全国联合目录事宜，恒慕义博士认为与其建立集中编目中心，不如鼓励各个图书馆出版各自重要馆藏的书本式目录，但是仍欢迎贵馆将中文书目录与我馆共享。(HYL Archives：Letter of Edwin G. Beal，Jr. to Alfred K'aiming Ch'iu，December 31，1948)

刘楷贤致函裘开明：美琪将军号（General Meiqi）定明年元旦自上海开，经香港、小吕宋，预计24日可达旧金山，想1月底或2月初可抵哈佛。敬祈先生便中代为安置住处，以免到时无处可住。(HYL Archives：刘楷贤致裘开明信函，1948年12月31日)

本年

裘开明担任哈佛大学哈佛燕京学社汉和图书馆馆长（Librarian of Chinese and

Japanese Library of Harvard-Yenching Institute at Harvard University)和中国语言文学讲师(Lecturer in the Chinese Language and Literature)。(HYL Archives;裘开明 1951 年 3 月 15 日简历)

  裘开明担任美国图书馆协会东方和西南太平洋委员会顾问。该委员会的成员还包括：Charles H. Brown(主席)、Howard P. Linton(顾问)、Joseph Koshimi Yamagiwa(顾问)。(HYL Archives：Letter of Charles H. Brown to Wilma Fairbank, November 20, 1948)

  哈佛大学汉和图书馆购得 Bruno Petzold 教授(1873—1949)集 40 余年心血收藏的著名中日文佛教藏书，共计 2672 种 6587 册。该藏书对大乘佛教的研究极其有用。Bruno Petzold 教授生活在日本，并成为一位对大乘研究极具兴趣的僧人。他生前曾计划以该藏书为基础建立一个佛学研究中心，并得到许多日本名贵的支持，但是因为二次世界大战的原因未能如愿。该藏书包含着丰富的佛经与造像资料和许多德川幕府时期(Tokugawa period, 1600—1868)印刷的重要著作，以及大约 200 种珍贵的手稿和多幅 17 世纪的木刻版画，例如，佛教净土宗三经(three sutras of the Pure Land sect of Buddhism)之一的《阿弥陀经》(*Amidakyo*)，是 Kadenokoji Tsunetada(1247—1310)的手写本，还有 1373 年的《三昧耶戒》(*Sammaya kai shiki*，又译作 *Samaya Commandments*)。该藏书具体数量如下：1. 丛书 42 种 2077 册，2. 单行本(tankobon) 339 种 431 册，3. 和刻本(wahon) 297 种 2909 册，4. 经折本(sutra) 270 种 270 册，5. 画轴(kakemono) 528 件。(HYL Archives：Harvard-Yenching Institute receives the Petzold Buddhist Library from Japan)

1949 年
52 岁

1 月 5 日

  裘开明致函杜克大学图书馆 Gertrude Merritt：我已收到 Kipp 先生转来你 1948 年 12 月 20 日函，关于 Zien 女士向我馆索求她所列书名目录卡片一事，由于此批卡片是十年前在燕京大学图书馆印制的，现已用完，建议 Zien 女士参考我发表在《图书馆杂志》(*Library Journal*)1939 年 3 月第 64 卷第 5 期第 178—180 页中介绍此批目录卡片印制情况的文章，或可了解我馆目录卡片利用的一些技术问题。德效骞(Homer Hasenplug Dubs, Jr.)教授曾代贵馆向我馆订购过一套目录卡片(编号 1—12195)，Zien 女士所列前两套丛书收录的书籍大部分都包含在其中，建议 Zien 女士首先根据卡片上的罗马化书名把整套卡片按字母顺序归档，然后再查找所需的卡片。贵馆还需用微缩照相技术复制我馆卡片两至三份，以供编目之用，复制数量要根据贵馆收藏的中文书和日文书所需的卡片的种数来定。应 Zien 女士要求，我们去年夏初安排她来我馆实习。但是她直到暑假最后两周才到，当时我馆已闭馆，因此我们无法为她安排实习，只能让她大体参观了一下(HYL Archives：Letter of Alfred K'aiming Ch'iu to Gertrude Merritt, January 5, 1949)

1月12日

裘开明致函耶鲁大学图书馆副馆长 David H. Clift:芝加哥大学图书馆学研究生院顾家杰(Chia-chieh Ku)先生请我支持他申请耶鲁大学图书馆职位。坦诚地说,我只在南京见过他一次,不过南京中央图书馆馆长和武昌文华图书馆学专科学校校长极力推荐此人。我建议你安排他在贵馆实习6个月,了解其工作能力,如果决定任用,可以考虑聘其为耶鲁大学东亚语言与文学系教师。(HYL Archives:Letter of Alfred K'aiming Ch'iu to David H. Clift, January 12, 1949)

裘开明致函国会图书馆东方部日文组组长 Edwin G. Beal, Jr.:我馆将另函寄给贵馆赠书与交换部一包日文目录卡片,共计108张,提交给日文资料全国联合目录项目。很高兴从你12月31日的信中得知贵馆在建立联合目录方面取得如此迅速的进展。我们已经收到贵馆在 John R. Shively 先生指导下所编制的两长盒的日文目录卡片。贵馆的目录卡片正存放在我馆编目部,进行各主题的馆藏核对工作。我馆的专业馆员对《日本十进分类法》(*Japanese Decimal Classification*)十分熟悉,因为《日本十进分类法》非常适用于科学技术类书籍。希望贵馆能够集中编制这些主题的文献,而我馆则在汉学、人文科学以及社会科学文献编目方面更专业。这样在美国就不会出现这两大类日文文献的重复编目。(HYL Archives:Letter of Alfred K'aiming Ch'iu to Edwin G. Beal, Jr., January 12, 1949)

1月21日

裘开明致函密歇根大学图书馆馆长 Warner Grenelle Rice:感谢你1月14日来信邀请我在4月份即将在纽黑文召开的远东协会会议上做一个关于中日文文献分类编目问题的报告。我自然非常乐意接受这个机会,以阐释我们的工作成果。在过去的20年里,我在哈佛一直从事这项工作。关于日程上所列的其他议题,我认为你在信中已经列得很清楚了。在此我向你推荐两个演讲人,一个是贾德纳(Charles Sidney Gardner)博士,曾担任图书馆与博物馆所藏远东研究资源调查项目的主持者,该项目由美国学术团体协会(ACLS)资助,可演讲美国远东藏书现状。另一个是赖肖尔(Edwin Oldfather Reischauer)教授,即将结束在日本为期6个月的访问回国,可演讲日本的文化机构以及其国际交换出版物。总之,我认为大多数美国远东文库的主任对远东书市的兴趣超过对中日图书馆现状的兴趣,因为大多数中日图书馆现在都一片混乱,尤其是中国的图书馆。因此,如果你说服 Fukuda 小姐演讲关于日本书市以及出版事业,则将对美国图书馆更有帮助。另外,我认为我们应该从国会图书馆请一个人向我们介绍关于他们何时把封存在华盛顿的大量资料解密的情况。关于人员交换的问题,我认为你在回复密歇根大学东方语言系日本研究中心 Joseph Koshimi Yamagiwa 教授去年夏天的通知函时,能够着重强调……总之,我认为对来自学习中文或日文的学生助理(即所学专业非图书馆学的学生)不加以严格、适当的监管是不能令人满意的。至于聘请中国或日本的职业图书馆员来美,我认为,相对于固定在一个地方工作来说,他们大多会更珍惜到美国各中心学习图书馆业务的机会。如此大量的外国图书馆员入境管理美国图书馆的外文文献有悖于培训美国本土人力资源的精神,而且美国的移民法也不允许。(HYL Archives:Letter of Alfred K'aiming Ch'iu to Warner Grenelle Rice, January 21, 1949)

1月27日

美国图书馆协会东方和西南太平洋委员会主席 Charles H. Brown 致函各拥有东方馆藏的图书馆馆长:作为美国图书馆协会东方和西南太平洋委员会主席,我曾与在中国重庆的国立罗斯福图书馆馆长严文郁(Yen Wen-yu)先生通信。因为政治的原因,他必须离开中国,想在美国受聘。严文郁先生通过提供交换出版物,并为美国的许多图书馆充当中国图书采购代理的角色,给许多美国图书馆提供了帮助。他非常熟悉中文文献,同时我发现他了解书目问题并熟知其中的细节。我将非常高兴能收到你们的来信,告知任何适合他的可能职位,以及你们想与他交流的地点。我不确定他将会在重庆停留多久,但是我让他告知他的行踪。有一位更年轻的中国人,沈宝环(Harris Bao Huan Seng)先生,毕业于文华图书馆学专科学校。他现在正就读于丹佛大学图书馆学系。他的父亲是沈祖荣(Samuel Tsu-jung Seng),文华图书馆学专科学校的校长。当然他没有严先生所拥有的经历,但是他确实有如严先生一样优秀的英语口语能力。他现在不能再获得中国的资助。如果你们有任何职位适合这个熟悉美国图书馆方法以及能够翻译中文的年轻人,我们都将非常高兴收到你们的来信。北平国家图书馆馆长袁同礼(Yuan Tung-li)博士将会在2月15日到达美国。我知道他会有一段时间和我们一起。之后可以通过国会图书馆的恒慕义(Arthur William Hummel)博士与他联系。(HYL Archives: Letter of Charles H. Brown to Librarians of Institutions Possessing Oriental Collections, January 27, 1949)

2月1日

燕京大学图书馆刘楷贤(Liu K'ai-hsien)以交换馆员的身份抵美,开始在汉和图书馆从事中文书目的校对工作。(HYL Archives: Chinese-Japanese Library of the Harvard-Yenching Institute at Harvard University Report of the Librarian for the Year July 1, 1948 to June 30, 1949)

2月5日

Victor C. Yeh致函裘开明:内人Agnes H. Yeh因学习关系,未来四个月将不能到贵馆工作,若贵馆暑假仍有需要,她可再前往工作。(HYL Archives: Letter of Victor C. Yeh to Alfred K'aiming Ch'iu, February 5, 1949. See: HYL archives file: Chinese Library Employee Record 1945-June 1953)

2月9日

美国图书馆协会东方和西南太平洋委员会Charles H. Brown致函裘开明:寄给你一份有关美国图书馆在日本的目标报告。你可能知道中国立法院的人员也得到了这份报告的复印件,该报告建议他们成立像日本国会图书馆那样的议会图书馆。蒋复璁(Chiang Fu-tsung)被这个提议打乱了,我想这就是他匆忙返回南京的原因。当然,考虑到南京已有中央图书馆,在同一个城市建立第二个国家图书馆是愚蠢的。(HYL Archives: Letter of Charles H. Brown to Alfred K'aiming Ch'iu, February 9, 1949)

2月7日

斯坦福大学胡佛研究所图书馆赠书与交换部主任Hobart Young致函裘开明:我们已经在上星期采用收货人付款的方式将你在1948年11月24日来信中挑选的中文资料复本寄去了,请收到这批交换资料以后,告知是否已经付款。(HYL Archives: Letter of Hobart Young to Alfred K'aiming Ch'iu, February 7, 1949)

2月15日

博伊斯顿堂一楼阅览室改造和重新布局工程完毕。改造后,汉和图书馆的空间得到扩大:拥有8间新的教授办公室;中央阅览室有40个阅览座位、21个书架;为区域研究项目设置的西文阅览室有56个阅览座位、46个书架。而在改造前,汉和图书馆一楼只有5间办公室,2楼和3楼共有2间办公室,东区阅览室只能容纳30个阅览座位和38个书架。(HYL Archives：Chinese-Japanese Library of the Harvard-Yenching Institute at Harvard University Report of the Librarian for the Year July 1, 1948 to June 30, 1949)

2月25日

斯坦福大学胡佛研究所芮玛丽(Mary Clabaugh Wright)致函裘开明,请求汉和图书馆提供一份可用于交换的中文图书目录。(HYL Archives：Letter of Mary Clabaugh Wright to Alfred K'aiming Ch'iu, February 25, 1949)

美国图书馆协会东方和西南太平洋委员会顾问 Joseph Koshimi Yamagiwa 来函通知东方文献国家委员会与远东协会联合会议的暂定议程:时间 1949 年 4 月 7 日上午 9 时,地点在纽黑文,联合会议采取圆桌会议的形式。暂定议题包括:(1)由 Charles H. Brown 做关于远东图书馆的报告;(2)美国图书馆协会东方和西南太平洋委员会顾问 Joseph Koshimi Yamagiwa 汇报美国东方文献的调查结果;(3)技术问题的讨论,主要包括采访、人事交换、编目以及东方书籍编目员的专业培训。希望裘开明能够参会,并在以下课题中选择一个做报告:(1)贵馆的中、日和其他远东语言的馆藏数量,关于远东的西文文献的数量;(2)贵馆文献的学科领域;(3)继续增加馆藏和新的采访模式;(4)对于国家委员会发挥更大作用的建议。(HYL Archives：Letter of Joseph Koshimi Yamagiwa to Alfred K'aiming Ch'iu, February 25, 1949)

3月7日

费正清教授(John King Fairbank)致函裘开明,并抄送 Anne Pratt:我正从事《现代中国:文献目录指南》(*Modern China：a Bibliographical Guide*)下卷的编辑准备工作,包括对比汉和图书馆的目录,核对所有记录的图书编目号码。如果你能够协助 Prett 小姐做以下两项事务,我将非常感激。其一:请检查该书中所有的未列出图书编目号码的参考文献;其二,因 Pratt 小姐不会使用中文,请你让汉和图书馆馆员在她检查过程中给予协助。很遗憾未在上两个星期与你商讨此编辑文稿,希望能在 3 月晚些时间进行。(HYL Archives：Letter of John King Fairbank to Alfred K'aiming Ch'iu, March 7, 1949)

3月10日

裘开明函告陈观胜(Kenneth Chen),燕京寄往哈佛的 103 包中文善本书已经收到,现存于博伊斯顿堂。(HYL Archives：Letter of Alfred K'aiming Ch'iu to Kenneth Chen, March 10, 1949)

3月23日

商务印书馆香港办事处经理 HsuYing-chong 致函裘开明,告知汉和图书馆订单所订书均已按要求装订好了,于 16 日挂号寄出。函附截至 3 月 20 日图书馆所欠资金表,共计 203.13 港币,请寄余款。函请注意发货清单以美元为单位,因自本年其调整降低了对国外的售价。另附新书征订表。(HYL Archives：Letter of HsuYing-chong to Alfred K'aiming Ch'iu, March 23, 1949)

裘开明致函密歇根大学东方语言系日本研究中心 Joseph Koshimi Yamagiwa,答复其有关汉和图书馆馆藏中日文和其他远东语言文献数量、关于远东的西文文献数量、文献涵盖学科领域等方面的调查:目前,我馆的 11 套中文卡片出售给了 7 所图书馆,13 套新的日文卡片分发给了 9 所图书馆,包括国会图书馆的联合目录。我认为,国家委员会能做的是在华盛顿开始联合目录的计划,并用中日文字体对中日文卡片进行集中印制。该机构可以位于华盛顿或纽约,必须采取措施继续完成始于国会图书馆的日文书籍的合作编目计划。(HYL Archives：Letter of Alfred K'aiming Ch'iu to Joseph Koshimi Yamagiwa,

March 23, 1949)

Luetta Melcalf 致函裘开明，推荐赵英琪（Y. Q. Chao）到汉和图书馆工作。(HYL Archives: Letter of Mrs. Luetta Melcalf to Alfred K'aiming Ch'iu, March 23, 1949)

3月25日

密歇根大学东方语言系日本研究中心 Joseph Koshimi Yamagiwa 致函裘开明：我刚与密歇根大学图书馆馆长 Warner Grenelle Rice 谈论了东亚文献国家委员会和远东协会联合会议的计划。Rice 博士说你已答应参加圆桌会议讨论。我们在想你能不能发表一个关于哈佛编目工作的 10 至 15 分钟的演讲。我们也让 Howard P. Linton 做一个关于哥伦比亚大学这方面的演讲。正如你所知，整个计划将包括：先是关于美国东方文献的报告，然后是技术问题的讨论，主要是采访、书籍交换、人事交换、对编目员和东方图书馆分析员的专业培训等方面。(HYL Archives: Letter of Joseph Koshimi Yamagiwa to Alfred K'aiming Ch'iu, March 25, 1949)

4月7日

裘开明与副馆长于震寰（Zunvair Yue）一起赴纽黑文耶鲁大学，参加远东协会（the Far Eastern Association）第一次年会。会议由美国图书馆协会东方和西南太平洋委员会主席 Charles H. Brown 主持，共 69 人出席。会上，Joseph Koshimi Yamagiwa 首先简单报告美国大学图书馆的东方馆藏情况。裘开明在会议上宣读论文《哈佛燕京学社图书馆远东文献采访、编目和使用的若干基本标准》，主张卡片目录采用基础的单元卡形式，卡片上印刷中日文文献本身使用的汉字或假名，在卡片底部标明作者和书名的罗马化拼写形式。这种意见赢得了很多拥护者。除了密歇根大学图书馆以外，所有其他图书馆，包括日本国会图书馆和美国国会图书馆，均采用哈佛燕京单元卡的形式，只是著录不及汉和图书馆详细，也无系列标识。会上，密歇根大学图书馆的 Sakanishi 小姐不赞同裘开明的观点，向大家展示了目前密歇根大学和哥伦比亚大学正在使用的日文目录卡片，即采用罗马拼音、汉字和英文译名混合格式的日文文献目录卡片。不过哥伦比亚大学自 1942 年开始，中文文献目录卡片采用汉和图书馆的格式。另外，裘开明在会上提出的在美国国内采用常规的凸版印刷方式或相似的印刷方式集中编印中日文文献目录卡片的建议得到了一致接受。会议期间，恒慕义（Arthur William Hummel）博士宣读了国会图书馆副馆长发来的电报，告知与会者，国会图书馆决定承担起领导全国集中编印中日文文献卡片目录的任务，原始的卡片目录底片由各个合作图书馆提供，国会图书馆负责出资印刷，此外，国会图书馆将成立专门的部门负责卡片目录的分发工作。会议通过了关于建立远东协会和美国图书馆协会联合委员会的建议，并推选恒慕义、清水治（Osamu Shimizu）和 Elizabeth Huff 担任该联合委员会的代表。(HYL Archives: Chinese-Japanese Library of the Harvard-Yenching Institute at Harvard University Report of the Librarian for the Year July 1, 1948 to June 30, 1949 &《东方藏书全国委员会小组会议和远东协会部门会议记录》, April 7, 1949)

4月11日

哈佛燕京学社北平办事处执行干事陈观胜（Kenneth Chen）致函裘开明：谢谢你 3 月 8 日来信告知燕京大学寄给哈佛的 103 包中文善本书已经平安到达。我 4 月 4—5 日的假期去香港询问了印刷汉和图书馆卡片目录和书本目录的相关事宜。在此之前，我也询问过广东的印刷商，他们因为没有发音符号铅字，所以无法印刷。在香港我找到了两家能够印刷贵馆卡片目录的印刷商。（1）商务印书馆：每张卡片排印 50 张的费用为 10

港币,书本目录的印刷费用是每页印 300—500 份 40 港币。(2)致生洋纸行:每张卡片排印 50 张的费用为 4.5 港币,书本目录的印刷费用是每页印 250 份 24 港币,如果每页印 500 份则 30 港币。用于印刷目录卡片和书本目录的样纸也随函附上。致生洋纸行曾为国立北平图书馆印刷过目录卡片,所以比较有经验。报价也低于商务印书馆,请你作决定。(HYL Archives: Letter of Kenneth Chen, Executive Secretary, Harvard-Yenching Institute, Yenching University, Peiping, China, to Alfred K'aiming Ch'iu, April 11, 1949)

4 月 14 日

耶鲁大学东亚语言与文学系 George A. Kennedy 教授致函裘开明:因在最近一次的远东会议上我们取得了一致意见,故随此函附上 8 份中日文编目卡片,供贵学社排印铅字版目录参考。罗马化拼音可能应该按照常规的铅字排印,耶鲁大学希望订购这样的卡片目录。我对贵馆印刷办公室有深刻的印象。我希望将来有一天能让贵馆印刷办公室来印刷《哈佛亚洲学报》(*Harvard Journal of Asiatic Studies*)中文版。如果相关成本并不比在中国或日本高,那么我系未来也将会把所有中日文手稿卡片寄给贵馆印刷办公室印制。因贵馆编辑的 Key to Chinese Reading for Beginners 已不再出版,我想请问贵学社是否还有一两套复本,我们希望购买。(HYL Archives: Letter of George A. Kennedy to Alfred K'aiming Ch'iu, April 14, 1949)

4 月 15 日

华美协进社 Ruth A. Greene 致函裘开明:我们将于 4 月 28 日(星期四)5 点至 7 点,在中国屋举办一个茶会,为景泰蓝陶瓷展揭幕,这个展览主要展出 16 至 18 世纪的景泰蓝瓷器。此次展览是由我们研究院艺术委员会的主席 C. F. Yao 先生亲自筹备的。我们要特别借这次茶会向我们的合作伙伴表示敬意,同时还要为来自中美两国的朋友在中国屋聚会提供宝贵的机会。我们非常期待你的参与。函附华美协进社 1949 年 5 月快报。(HYL Archives: Letter of Ruth A. Greene to Alfred K'aiming Ch'iu, April 15, 1949)

4 月 18 日

赵英琪(Y. Q. Chao)致函裘开明,表示暑期愿到汉和图书馆工作。(HYL Archives: Letter of Y. Q. Chao to Alfred K'aiming Ch'iu, April 18, 1949)

4 月 19 日

裘开明致函 Luetta Melcalf 夫人,说明汉和图书馆可为她推荐的赵英琪(Y. Q. Chao)提供暑期工作。(HYL Archives: Letter of Alfred K'aiming Ch'iu to Mrs. Luetta Melcalf, April 19, 1949)

4 月 25 日

加州大学图书馆总馆采访部主任 Dorothy Keller 致函哈佛燕京学社:我们仍未收到编号为 17700 订单的账单。如果可能,请将发票寄来,以便核实付款。如果不能,请告知,以便我们取消相关记录。(HYL Archives: Letter of Dorothy Keller to Harvard-Yenching Institute, April 25, 1949)

4 月 26 日

裘开明致函洛克菲勒基金会(Rockefeller Foundation)人文科学部副主任 Charles B. Fahs:你寄给图书馆的 Toa Senkaku Shishi Kiden 第二卷,遵照你信中的嘱咐,已经转交给 Marius B. Jansen 先生。等他用完之后,我将把书归还给你。感谢你的合作,因为我馆虽然在太平洋战前购得了此书的第一卷和第三卷,却无论如何都无法得到第二卷。另函我馆将赠送给你一些我馆平版印刷的当代日文书卡片(第一批共 1000 种)。希望你能满意我馆卡片的格式。此种格式哈佛在20年前就应用在中日文文献的目录卡片和书本式目录中,现在日本、中国和美国多个著名图书馆所出版的书本式目录和卡片目录的编目格式几乎和我馆的相同,这让我馆很受鼓舞。以下几个图书馆所使用的卡片格式与哈佛相同。日本:(1)日本奈良天理中心图书馆(Tenri Central Library),1932－1935年间出版的8卷本书本式目录。其标目格式与我馆的几乎一致。(2)东京帝国大学图书馆(Tokyo Imperial University Library)1938年出版的中日文文献书本式目录增补第1期。所采用的格式与哈佛燕京书本式目录的格式非常相似。(3)日本新国会图书馆(New National Diet Library)新版的《收书通报》(*Shusho Tsuho*/ *Bulletin of New Accessions*)1948年11月第1期。它的目录除了不包括作者生卒年和拼写以外,格式和我馆的一样。中国:(4)燕京大学图书馆以及其他几个图书馆。美国:(5)国会图书馆日文部。Edwin G. Beal, Jr.博士在纽黑文会议上宣布他们即将出版的卡片的格式将采用和哈佛相似的格式,即在卡片顶部用中文和片假名描述图书,在卡片底部标示作者和书名的拼音。(6)哥伦比亚大学图书馆——中文卡片与我馆格式一致。(7)芝加哥大学图书馆——中文卡片与我馆格式一致。(8)加州大学图书馆——中文卡片与我馆格式一致。(9)耶鲁大学图书馆——中文卡片与我馆格式一致。即经过这么多年的讨论和试验,比起1935年David H. Stevens博士首次召集会议时的情况,中日文书籍卡片编目的格式已经逐渐统一,1935年11月29日相关人士在David H. Stevens博士办公室召开会议讨论中日文文献编目格式的问题。关于此问题,欢迎你给出宝贵的建议。(HYL Archives:Letter of Alfred K'aiming Ch'iu to Charles B. Fahs, April 26, 1949)

4月29日

费正清教授(John King Fairbank)致函叶理绥(Serge Elisséeff)教授:居住于剑桥的Lucy Drew小姐同意以100美元出售其所收藏的超过100幅的照片和画册,这些资料你曾在怀德纳图书馆图书外借部浏览过。是否直接将钱支付给Lucy Drew小姐?函附裘开明致Lucy Drew小姐的手写信函,该函请Lucy Drew小姐寄来账单,以便哈佛大学财务处汇给其支票。(HYL Archives:Letter of John King Fairbank to Serge Elisséeff, April 29, 1949)

费正清教授(John King Fairbank)来函告知裘开明:他收到芮玛丽(Mary Clabaugh Wright)寄来的一份一种日文图书的目录卡片,看起来似乎值得购买,函附刘广京(Kwang Ching Liu)关于订购此书的一些建议,供裘开明参考。(HYL Archives:Letter of John King Fairbank to Alfred K'aiming Ch'iu, April 29, 1949)

裘开明向美国图书馆协会东方和西南太平洋委员会顾问Joseph Koshimi Yamagiwa通报关于修订远东协会细则的投票情况。并询问纽黑文会议的成果是否已经出版,在何处出版,以及Yamagiwa在美国学术团体协会(ACLS)远东研究委员会的任职情况。(HYL Archives:Letter of Alfred K'aiming Ch'iu to Joseph Koshimi Yamagiwa, April 29, 1949)

5月2日

美国图书馆协会东方和西南太平洋委员会顾问Joseph Koshimi Yamagiwa致函裘开明:纽黑文联合会议的会议记录以及所有会议论文在Charles H. Brown处,希望不久可以出版;关于图书馆问题的联合委员会将会由美国图书馆协会选拔其代表们时指定,主席和秘书都可能由委员会自己任命。(HYL Archives:Letter of Joseph Koshimi Yamagiwa to Alfred K'aiming Ch'iu, May 2, 1949)

Luetta Melcalf 夫人致函裘开明,感谢汉和图书馆为赵英琪(Y. Q. Chao)提供暑期职位。(HYL Archives：Letter of Mrs. Luetta Melcalf to Alfred K'aiming Ch'iu, May 2, 1949. See：HYL Archives File：Chinese Library Employee Record 1945-June 1953)

5月3日

耶鲁大学图书馆副馆长 David H. Clift 致函裘开明：顾家杰(Chia-chieh Ku)先生将他与你有关我馆订购贵馆未发行目录卡片可能性之谈话告诉了我,我从中得知贵馆有可能提供编号为 4000—9000 的目录卡片。我馆需每种书订 6 张卡片,请告知是否可行及价格；若可行,我馆能从下一个财政年(7 月始)始定购。(HYL Archives：Letter of David H. Clift to Alfred K'aiming Ch'iu, May 3, 1949)

5月9日

洛克菲勒基金会(Rockefeller Foundation)人文科学部副主任 Charles B. Fahs 致函裘开明：我已收到你 4 月 26 日的来信和一套哈佛燕京学社图书馆日文藏书的印刷卡片。(HYL Archives：Letter of Charles B. Fahs to Alfred K'aiming Ch'iu, May 9, 1949)

5月10日

东方藏书全国委员会执行主席(National Committee on the Oriental Collections)、美国图书馆协会东方委员会主席(A. L. A. Committee on the Orient)Charles H. Brown 致函东方藏书全国委员会国内外成员,寄送 1949 年 4 月 7 日在纽黑文召开的东方藏书全国委员会与远东协会联合会议备忘录及附录。(HYL Archives：Letter of Charles H. Brown to the Members of the National Committee on Oriental Collections in the United States and Abroad, May 10, 1949)

5月11日

裘开明致函耶鲁大学图书馆副馆长 David H. Clift：来函收悉,现将有关问题回答如下：第二批《汉籍分类目录》校样包括第四卷社会科学、第五卷语言与文学、第六卷艺术、第七卷科学与技术、第八卷丛书或连续出版物及杂记、第九卷一般参考工具书及书目。这几卷约收录 20000 种图书,而十年前印刷及发行的前三卷目录,包括第一卷儒家经典、第二卷哲学与宗教、第三卷历史学,共收录 12195 种图书。原拟在美国照相复制,但是,因为价格过高,卡片的质量与我馆以前印刷的不同,因此,我社决定实施一更全面的计划,即在香港哈佛燕京学社驻中国办事处重新排版印刷 20000 种图书的目录卡片。我社已收到香港两个印刷机构的报价,如果以前订购卡片的图书馆能共同订购 30 套,将有可能以每张 2.5 美分的价格出售卡片,一套 20000 张卡片共需 500 美元。贵馆是否愿意在两年内购买两或三套？贵馆原要求定购两套以前的卡片,我馆现仍有两套未售出,每套 120 美元 12530 张卡片(12195 种图书),请告知是否愿意以原有订购手续购买这仅有的两套卡片。(HYL Archives：Letter of Alfred K'aiming Ch'iu to David H. Clift, May 11, 1949)

5月13日

裘开明致函商务印书馆香港办事处经理 HsuYing-chong 先生,函附 3 种所需图书的订购单,分别是《铁路运输学》、《中国史前时期之研究》、《历史语言研究所集刊》。购买冯友兰和梁启超著作的书款由哈佛燕京学社与图书馆支付。(HYL Archives：Letter of Alfred K'aiming Ch'iu to HsuYing-chong, May 13, 1949)

Gussie D. Gaskill 致函裘开明：迄今已收到 952 张日文目录卡片,以及 1000 张日文卡片目录的账单。由于我们现在正观望是否有某种中日文图书编目合作计划可以实施,故请你取消我们预订的中、日文卡片。请重新给我们寄一张我们已经收到的 952 张卡片的修订账单，我将支付并关闭我们的账户。(HYL Archives: Letter of Gussie D. Gaskill to Alfred K'aiming Ch'iu, May 13, 1949)

裘开明致函哈佛燕京学社北平办事处执行干事陈观胜(Kenneth Chen)：叶理绥(Serge Elisséeff)教授希望启动目录卡片和书本目录的印刷工作。但是致生洋纸行的报价不是很清楚，例如他们是否两种目录都承做，价格是否一样。请调查以下两种情况下该公司各要价多少：(1)书本目录首次排版、首次印刷，然后把排好的版用于目录卡片的印刷，每张卡片印50份。在印刷卡片的过程中，需要在卡片的右下角和左下角新增两小项内容：(a)哈佛燕京学社；(b)卡片编号。(2)同(1)中的内容，由汉和图书馆提供卡片原材料(即把空白卡片船运至香港)。另外通知陈观胜，已经汇了1000美元。(HYL Archives: Letter of Alfred K'aiming Ch'iu to Kenneth Chen, May 13, 1949)

5月15日

东方图书馆服务公司致函裘开明：很高兴地通知你，我公司将以最近商议的价格为贵馆提供中国出版的所有书籍。我公司能够以最低的价格为贵馆提供最高满意度的服务。如果是大宗订单，请提前支付10%的邮费或运费。任何有关图书服务和中国文化的问题，我公司都很乐意回答。兹附上一些精选的中国艺术、文学、历史出版物目录。(HYL Archives: Letter of Oriental Library Service to Alfred K'aiming Ch'iu, May 15, 1949)

5月16日

Harold Oatfield致函裘开明，询问汉和图书馆是否有意购买《大阪朝日新闻》(Osaka Asahi)。(HYL Archives: Letter of Harold Oatfield to Alfred K'aiming Ch'iu, May 16, 1949)

5月17日

裘开明致函Gussie D. Gaskill：很高兴得知中日文图书编目合作计划有可能很快实施，我对此很感兴趣。可否告知参加馆和主办馆？据我了解，国会图书馆反对承担中日文图书的集中或者合作编目责任，虽然我也敦促恒慕义(Arthur William Hummel)做这件事。事实上，哈佛燕京学社汉和图书馆出版分发卡片计划也是合作编目的一种形式。只用非常低廉的价格(3张卡片只要10美分)，一个图书馆就可以得到一套卡片为自己的图书编目。任一图书馆如果有一本特别的图书希望有目录卡片，我馆也很愿意通过平版印刷印制该书卡片。当然，那个图书馆要把该书已编好的手抄纸片寄给我们(合作编目即：每个图书馆为自己的图书编目，然后将编好的卡片寄到一个地方集中，再印制卡片并分发给其他人。与集中编目不同，集中编目通常由一个中央机构，比如说国家图书馆，为国内所有图书馆编目图书)。剩余48张日文卡片正在运往贵馆，因此1000张日文卡片发票不需要更改。我们将取消贵馆对中、日文目录卡片的订单。如你所知，恒慕义博士愿意等日本和中国国家图书馆印制并分发卡片。我不知道将要等多久。事实上，如果所有的美国远东图书馆都团结一致，制定一个行动计划，我们就不用等了。我估计，如果20个图书馆愿意以5美分购买第一张卡片，第二张以后2.5美分购买的话，那么在美国的所有中日文藏书都可以在本地编目。卡片可以在香港或日本印制，通过代理分发。函附我致耶鲁大学图书馆副馆长的信函。希望能听取你对这个计划的意见。(HYL Archives: Letter of Alfred K'aiming Ch'iu to Gussie D. Gaskill, May 17, 1949)

5月19日

裘开明致函Harold Oatfield，表示愿意以185.19美元的价格购买《大阪朝日新闻》(Osaka Asahi)，并希望最好能把缺期陆续补齐。(HYL Archives: Letter of Alfred K'aiming

Ch'iu to Harold Oatfield, May 19, 1949)

斯坦福大学远东图书馆委员会主席芮沃寿(Arthur Frederick Wright)致函裘开明：我馆收到若干包日文卡片，而贵社亦给我开列了 50 美元 1000 张日文卡片的账单。查我馆并没有订购日文卡片的记录，我的个人文件亦未显示有任何相关的委员会行动记录。虽然我确实有计划从哈佛燕京学社订购全套日文卡片，但仍苦于预算磋商，而目前经费已超支。如果贵社确实收到斯图订单，请告知由来及日期。若确有订单，我馆将立刻尽力筹款；但我个人更倾向于对未来的可能性有更清晰把握之后再行此事。(HYL Archives：Letter of Arthur Frederick Wright to Alfred K'aiming Ch'iu, May 19, 1949)

5 月 23 日

Harold Oatfield 致函裘开明：已派人去购买《大阪朝日新闻》(Osaka Asahi)，其他细节通过航空信告知；能否提前得到支票。(HYL Archives：Letter of Harold Oatfield to Alfred K'aiming Ch'iu, May 23, 1949)

5 月 25 日

裘开明致函斯坦福大学远东图书馆委员会主席芮沃寿(Arthur Frederick Wright)：请退回我社误寄所开日文卡片发票；考虑到贵馆经费超支，贵馆将在 1949 年 7 月 1 日后方收到中文卡片账单。关于误寄之 1000 张日文卡片，请保留一段时间。我们亦将为贵馆留出其他日文卡片(已印制 2000 张)。若贵委员会做出决定购买全套日文卡片，请寄来正式订单，我社将把剩余之卡片寄予贵馆。贵馆所需早期日文卡片需从国会图书馆影印部订购，因我社日文分类目录之缩微胶卷存放于彼处。(HYL Archives：Letter of Alfred K'aiming Ch'iu to Arthur Frederick Wright, May 25, 1949)

5 月 29 日

费正清教授(John King Fairbank)致函裘开明：为了更好地安排布置现代史研究室，请将本函所列著作添加到其他中文著作旁边的书架上。(HYL Archives：Letter of John King Fairbank to Alfred K'aiming Ch'iu, May 29, 1949)

5 月 31 日

美国图书馆协会东方和西南太平洋委员会 Charles H. Brown 致函裘开明：已把纽黑文会议的会议录复印了 100 份，下周会编辑第二版。你可能有兴趣知道西北大学的一个教授打算把附录做为学生的必读文献。我收到很多来信，都要求得到会议录的复印件。我们好像独占了这个领域了。祝贺你的贡献。(HYL Archives：Letter of Charles H. Brown to Alfred K'aiming Ch'iu, May 31, 1949)

斯坦福大学远东图书馆委员会主席芮沃寿(Arthur Frederick Wright)致函裘开明：我馆自然愿意从较低的香港价格中获益，希望知道你对以下两个问题的意见：其一，贵社是否认为有必要获知所有订购者所需要订购的数量，我馆仅需要一套；其二，贵社亦对在中国处理事务的可靠性有所担心。若香港之提议不可行，我馆愿继续请 G. K. Hall 先生完成此事。(HYL Archives：Letter of Arthur Frederick Wright to Alfred K'aiming Ch'iu, May 31, 1949)

6 月 2 日

华美协进社 Ruth A. Greene 致函裘开明：中美两国的关系目前不断恶化，而设立华美协进社的目标就是要不惜一切代价来维持和发展两国关系。华美协进社的计划就是要和中国学生一起努力，要在美国的各所学校教授传播中国文化，要召开有中美两国成员参加的会议来达到团结两国的目的。以前，我们华美协进社的经费主要来源于中国国内,现在这些经费都已经被截断了,因此我们比过去更需要你的支持。自从1948年1月12日你成为华美协进社的合作伙伴以来,我们一直没有再收到你的来信了。我们相信这只是你的一时疏忽,因此想提醒你一下……我们希望你能和美国那些对中国友好的人民一样,坚持公认的标准,继续支持我们。(HYL Archives:Letter of Ruth A. Greene to Alfred K'aiming Ch'iu, June 2, 1949)

6月7日

费正清教授(John King Fairbank)致函裘开明,询问汉和图书馆是否有订购或收藏《华侨日报》。(HYL Archives:Letter of John King Fairbank to Alfred K'aiming Ch'iu, June 7, 1949)

6月8日

裘开明接到赖肖尔(Edwin Oldfather Reischauer)教授转来的 Arnulf H. Petzold 的信函,信中介绍了其父 Bruno Petzold 教授的佛教藏书情况,并表示希望出售这些藏书。(HYL Archives:Letter of Arnulf H. Petzold to Edwin Oldfather Reischauer, May 30, 1949)

6月10日

广东岭南大学哈佛燕京学社北平办事处执行干事陈观胜(Kenneth Chen)回复裘开明来信:感谢你1949年5月13日的来信。现将我与香港致生洋纸行(Che San & Co.)面谈后的结果汇报如下:按照第一种情况,印刷卡片目录的价格为每套4港元,一套50张卡片。印刷书本式目录的报价和之前的一样。致生洋纸行(Che San & Co.)的代表询问一册书本目录有多少页,计划出版多少部。我觉得这是个庞大的工作,书本目录的出版费用有可能会进一步降低。按照第二种情况,每套卡片印刷费为3.50港元。请你决定是运空白卡片到香港印刷还是使用致生洋纸行的卡片印刷。感谢你告诉我已经转来1000美元到我们的办公室,用以在华南购买中文图书。请告知你们想购买什么类型的图书,是主要用于购买现在出版的新书,还是线装书?如果是前者,在这里和香港都很容易买到,如果是后者就比较困难。广州的旧书市场很贫乏,值得购买的书都在私人藏书家手里。加州大学艾尔文(Richard Gregg Irwin)博士来这里为他们图书馆买书,没找到一本可买的,所以打算去上海,在那里他从私人藏书者手里买到了一大批书。暑假期间,我打算在香港安家,而妻子和两个孩子希望搬去檀香山。我计划办完事情以后回广州,有可能的话回北平。为保险起见,请你以后寄信一次寄两封,一封寄到岭南大学,一封寄到香港,请 Jack Yuen 先生转,地址是香港皇后大道中心 12－14 美亚保险公司(American Asiatic Underwriters)。(HYL Archives:Letter of Dr. Kenneth Chen, Executive Secretary, Harvard-Yenching Institute, Lingnan University, Canton, China, to Alfred K'aiming Ch'iu. June 10, 1949)

6月14日

裘开明致函 Arnulf H. Petzold:你给赖肖尔(Edwin Oldfather Reischauer)教授的信已经转呈我校图书馆委员会,委员们对这批藏书非常感兴趣,但是在做决定之前,希望能够了解更多的细节。(HYL Archives:Letter of Alfred K'aiming Ch'iu to Arnulf H. Petzold, June 14, 1949)

6月16日

裘开明致函费正清教授(John King Fairbank):我非常高兴推荐现任上海市立图书馆采访与编目部主任李继先(Johnson C. S. Lee)先生担任胡佛图书馆中文编目员。两年前,应胡佛图书馆前馆长 Nina Almond 小姐的请求,我曾寄给她一封李先生的申请信。关于你希望获得的《华侨日报》，本校已自该报4年前在纽约发行时就开始订购，该报连同其他中日文报纸完整地收藏在怀德纳图书馆。（HYL Archives：Letter of Alfred K'aiming Ch'iu to John King Fairbank，June 16，1949）

6月17日

  Gussie D. Gaskill致函裘开明：感谢来信并寄来你给David H. Clift的信件，现奉还。关于此前在纽黑文曾谈到过的合作编目计划，我们大部分人认为这是一件好事，现国会图书馆愿意提供照相平版复制卡片，这是个令人鼓舞的消息。但我确实希望，在继续长期执行下去之前，先集中一次讨论，确定行动的计划。我知道恒慕义（Arthur William Hummel）博士希望能将中日文图书编目留给中国、日本的国家图书馆完成。最近有个消息说日本国家图书馆计划为日文书印制卡片，如果北平国家图书馆可以及时恢复印刷卡片，我将很乐意使用该馆的卡片。同时，我们现在约有一半他们的卡片，但也有大量的工作要做，就是要根据你的分类法对图书进行分类，以让他们进入我们的目录。你是否继续为那些被日本人毁坏的你目录里的图书印制卡片，完成贵馆书本式目录？尽管我们真的很愿意也拥有这些目录卷，但因我馆中文馆藏范围十分有限，我不知道我们是否能买得起。（HYL Archives：Letter of Gussie D. Gaskill to Alfred K'aiming Ch'iu，June 17，1949）

  Charles H. Brown寄给裘开明3份纽黑文东方藏书全国委员会会议记录和附录。（HYL Archives：Letter of Charles H. Brown to Alfred K'aiming Ch'iu，June 17，1949）

6月21日

  洛克菲勒基金会（Rockefeller Foundation）人文科学部副主任Charles B. Fahs致函裘开明，告知计划把汉和图书馆日文目录卡片寄给巴黎东方语言学院图书馆馆长Colette Meuvret女士，并考虑与巴黎进行合作编目，此事已告知社长叶理绥（Serge Elisséeff）博士。（HYL Archives：Letter of Charles B. Fahs to Alfred K'aiming Ch'iu，June 21，1949）

6月24日

  裘开明致函洛克菲勒基金会（Rockefeller Foundation）人文科学部副主任Charles B. Fahs：请转告Colette Meuvret女士，如果她需要后续的日文书目录卡片（大约2000张）以及用于交换和订购的中文书卡片，请致函哈佛燕京学社。欧洲三所远东研究中心——英国的牛津大学、莱顿的汉学研究所以及斯德哥尔摩的远东古物博物馆都订购了哈佛燕京学社的目录卡片。日本国会图书馆宣布，提供日本所有当代出版物的目录卡片，且目录卡片采用的格式与美国图书馆所使用的几乎无差别。收到他们的卡片后，哈佛燕京学社就可以停止编印当代书的目录卡片，而重点编制旧书（即未列入日本国会图书馆编目计划的书）的目录卡片。（HYL Archives：Letter of Alfred K'aiming Ch'iu to Charles B. Fahs，June 24，1949）

6月27日

  费正清教授（John King Fairbank）致函立陶尔图书馆（Littauer Library）Hugh Montgomery先生，告知将立陶尔图书馆中文文献迁移至博伊斯顿堂，应该向哈佛大学国际与区域研究委员会收取费用，以及如何有效地将这些资源排列上架，以方便利用。（HYL Archives：Letter of John King Fairbank to Hugh Montgomery，June 27，1949）

6月28日

  立陶尔图书馆（Littauer Library）Hugh Montgomery先生致裘开明：关于在汉和图

书馆开放区域重新布置书架一事,你是否制定了文献排架的准备工作计划,我非常乐意与哈佛大学工务处约定时间,将中文文献迁移到博伊斯顿堂。你是否对文献迁移有特殊要求和建议？(HYL Archives: Letter of Hugh Montgomery to Alfred K'aiming Ch'iu, June 28, 1949)

  Arnulf H. Petzold致函裘开明：我将会尽快寄来家父藏书（含轻井泽藏书Karuizawa Library)的完整书目,而另外一份由学者用中文编写的详细目录现在日本,有望几周后寄达；轻井泽藏书由非常有价值的欧洲文献以及一些日文文献组成,现存于温哥华的家中,也可供汉和图书馆挑选；而现藏于日本大仓山研究所(Okurayama Institute)的藏书和各类资料则需要购买机构自行装箱、邮寄。(HYL Archives: Letter of Arnulf H. Petzold to Alfred K'aiming Ch'iu, June 28, 1949)

6月

  1948—1949年度,汉和图书馆通过燕京大学图书馆在中国购得195种367册中文书籍。但是这批书并未寄到剑桥,仅有书单在馆长办公室文件中备案。(HYL Archives: Chinese-Japanese Library of the Harvard-Yenching Institute at Harvard University Report of the Librarian for 1950-1951)

7月1日

  美国国会图书馆开始实施中日文图书合作编目计划(the Cooperative Cataloging Project for Chinese and Japanese Books),哈佛大学哈佛燕京学社汉和图书馆停止自己印刷发行哈佛大学哈佛燕京学社汉和图书馆的卡片目录,其后只能从美国国会图书馆卡片部购买哈佛大学哈佛燕京学社汉和图书馆所需的卡片目录。(Serge Elisséeff. The Chinese-Japanese Library of the Harvard-Yenching Institute. *Harvard Library Bulletin*, Vol. 10, No. 1, Winter 1956:73-97)

7月5日

  美国中国电影娱乐公司总裁翁兴庆(Hsing-ching Weng)致函裘开明：现在可以提供一些有关中国的电影,这些是描述中国的土地与艺术的10分钟有声电影,柯达胶卷。这些最近制作的影片是关于北平、杭州、南京、天津、长春的,而其中中国艺术系列包括了山水画、人物画、玉雕、戏剧和民族舞蹈,还有部分关于中国雕塑。我们想你会对有关中国的影片感兴趣,因此我们很高兴继续向你提供更多有关中国的影片的新信息和协助计划。(HYL Archives: Letter of Hsing-ching Weng to Alfred K'aiming Ch'iu, July 5, 1957)

7月7日

  裘开明致函国会图书馆东方部部长恒慕义(Arthur William Hummel)：衷心祝贺在你的努力下,中日文文献合作编目项目以及集中印制目录卡片项目得到国会图书馆的批准,我馆愿意放弃自己的项目支持国会图书馆主持的这些项目,从下一学年开始即停止印刷和发行我馆的中日文文献目录卡片,稍后即把我馆其余已经编目完毕但尚未印刷的2040种日文书的编目数据提交给国会图书馆,所编目文书出版于1941—1948年间,其后我馆将向国会图书馆订购日文书目录卡片。关于中文卡片,我馆拥有已排好版的目录清样,包括近20000条款目,是我馆书本式目录的后续几卷——社会科学卷、语言文学卷、艺术卷、科学技术卷、总论及书志卷。正如你所知,后几卷书目丧失在战火中。由于日军占领了燕京大学校园,很多已经排好版的书页以及已经印刷完毕的社会科学卷全部被毁。所幸,剑桥保存有一份清样。但是与这些书目款目相对应的卡片一直没有向美国的图书馆发行过,目前的合作计划应该是一个重新让这些卡片问世的好机会。随函附上粘贴在国会图书馆空白卡片上的印刷目录样片。烦请你和贵馆编目部主任商议此事,询问他每年能够接受我馆多少条此类目录用于复制和发行给其他图书馆。除了印刷目录款目以外,已经编目的 1938 年以后到馆的中文书可分为四大类:1. 在中国印刷卡片的;2. 由哈佛大学出版社印刷卡片的;3. 平版印刷卡片;4. 使用非永久性紫墨水的 Ditto 复制卡片。第二类和第三类卡片已经向美国的图书馆发行过,但是后来在中国印刷的目录卡片(超过 3000 种)以及近 10000 张 Ditto 复制卡片从来没有向美国的图书馆发行过。因为目前国会图书馆中日文卡片的格式与我馆的非常相似……或许哈佛目录卡片的复制工作可以列入合作编目项目中,这样可以节省其他图书馆大量的时间……随函附上我馆在中国印刷的目录卡片(在我馆的书本式目录和清样中均未收录)以及 Ditto 复印卡片的样片。请咨询贵馆编目部主任此类卡片是否可以一并复制。(HYL Archives:Letter of Alfred K'aiming Ch'iu to Arthur William Hummel, July 7, 1949)

7月13日

耶鲁大学图书馆副馆长 David H. Clift 致函裘开明,告知耶鲁大学图书馆收到了国会图书馆有关复制和分类远东文献目录卡片的计划,询问是否对汉和图书馆的出版计划有影响。(HYL Archives:Letter of David H. Clift to Alfred K'aiming Ch'iu, June 28, 1949)

7月20日

裘开明致函斯坦福大学胡佛研究所的芮玛丽(Mary Clabaugh Wright),再次推荐李继先(Johnson C. S. Lee),询问能否再为其保留职位一段时间,并推荐此间可以代替其的人选。(HYL Archives:Letter of Alfred K'aiming Ch'iu to Mary Clabaugh Wright, July 20, 1949)

7月23日

斯坦福大学胡佛研究所芮玛丽(Mary Clabaugh Wright)致函裘开明:考虑到李继先(Johnson C. S. Lee)是胡佛图书馆中文藏书馆长职位的合适人选,故愿意为其再保留职位一段时间。感谢你寄来的第一份用于交换的中文书复本目录,会在内来几天内挑选完毕。(HYL Archives:Letter of Mary Clabaugh Wright to Alfred K'aiming·Ch'iu, July 23, 1949)

7月27日

费正清教授(John King Fairbank)来函请裘开明帮助检查哈佛大学国际与区域研究委员会中国研究项目编辑的目录简介是否有错,或者是否有建议和评论。(HYL Archives:Letter of John King Fairbank to Alfred K'aiming Ch'iu, July 27, 1949)

国会图书馆编目部主任 Frederick H. Wagman 致函裘开明:首先感谢贵馆订购日文目录卡片。我馆希望日后贵馆还能订购中文目录卡片。关于哈佛燕京学社的款目清样,政府印刷局认为可以进行复制。随函附上你寄给我们的款目复制样本。我们认为很满意。关于复制这些款目的准备工作,我们有以下建议:1. 没有必要把款目的罗马化部分和款目的主体部分分开。这可以使剪贴工作更容易。2. 你可能会注意到样片上的分类号很模糊。为了更加便于辨认,或许在每张卡片相同的位置打印分类号更好。3. 我们可以提供给贵馆空白的卡片,上面印有我馆的机构名称。这可以省却裁剪和粘贴工作。4. 我馆希望贵馆能在卡片上打印所分配的国会图书馆系列号,系列号和分类号位于卡片的同一行。为此会分配空白编号给各个图书馆。5. 这些款目的拷贝请不要和贵馆提交的其他款目混在一起。至于在中国印刷的目录卡片,政府印刷局也可以复制,复制效果令人满意。关于准备这些卡片的拷贝用于复制工作,我们有以下建议:1. 打印分类号的推荐位置是卡片左下方。2. 在和哈佛燕京学社卡片拷贝相同的位置处打印国会图书馆系列号。为此会分配一批号码。3. 由国会图书馆提供空白卡片。4. 建议每 40 张卡片为一包,提交给国会图书馆。不接受 Ditto 复制卡片进行照相胶印复制。这些款目如果要复制必须重新转换,以常规拷贝的形式提交。我馆希望贵馆能做这样的转换工作。从目前的经费状况来看,国会图书馆有能力把汉和图书馆所提交的各类型卡片都进行复制。随函奉还你寄给国会图书馆的各类卡片样片。(HYL Archives:Letter of Frederick H. Wagman to Alfred K'aiming Ch'iu, July 27, 1949)

8月2日

斯坦福大学胡佛研究所的芮玛丽(Mary Clabaugh Wright)致函裘开明,附寄勾选好的交换复本目录。(HYL Archives:Letter of Mary Clabaugh Wright to Alfred K'aiming Ch'iu, August 2, 1949)

8月4日

裘开明致函国会图书馆编目部主任 Frederick H. Wagman:感谢你于 7 月 27 日来信,我已与哈佛大学图书馆馆长 Keyes D. Metcalf 博士谈过此事,他倾向于以"哈佛大学"的名义而不是以"哈佛燕京学社"的名义向国会图书馆合作编目项目提交卡片。下一年我馆将为中日文合作编目计划项目小组所能提供的书目卡片配额约计 8000—9000 张,其中 2000 张为当代中国图书记录,2000 张为当代日本图书目录;4000—5000 张为自哈佛燕京学社分类图书目录校样款目中提取的旧中文图书目录。贵馆是否能立即寄来 1000 张空白目录卡片。建议项目小组指定使用的卡片上能够预先印上浅蓝色的横格和竖格,这样可以确保卡片格式更加统一,而照相胶印时浅蓝色格子又不会显现出来,随函附样片仅供参考。(HYL Archives:Letter of Alfred K'aiming Ch'iu to Frederick H. Wagman, August 4, 1949)

8月10日

裘开明致函斯坦福大学胡佛研究所的芮玛丽(Mary Clabaugh Wright):我们已给你寄送了一箱大概 360 份的中国期刊,这些期刊是你在 8 月 2 日的信中所勾选的复本。房兆楹(Fang Chaoying)先生和裘夫人(曾宪文)已经写信给李继先(Johnson C. S. Lee),转达了你的意思。这些信打算让返回上海、南京地区的朋友带去。上海和美国之间的电报服务是开放的,但是我们不能发给他这样的电报,因为他已经被上海市立图书馆聘为代理馆长。我们建议他离开上海到香港去。一旦我们收到他在香港的消息,我会让你发送一份正式的邀请,这样他能在香港拿到护照和签证。(HYL Archives:Letter of Alfred K'aiming Ch'iu to Mary Clabaugh Wright, August 10, 1949)

8月12日

国会图书馆东方部主任恒慕义(Arthur William Hummel)致函裘开明,寄来中日文文献合作编目项目推荐使用的 3 种目录卡片样片,函中对卡片格式标准加以解释。(HYL Archives:Letter of Arthur William Hummel to Alfred K'aiming Ch'iu, August 12, 1949)

8月13日

斯坦福大学胡佛研究所芮玛丽(Mary Clabaugh Wright)致函裘开明:胡佛图书馆的新预算已经被正式批准,决定正式聘用李继先(Johnson C. S. Lee);请你转告李先生胡佛图书馆的工作性质,我们希望能够尽快联系上他,以便发出正式的邀请,该职位将保留到 1950 年夏天。(HYL Archives:Letter of Mary Clabaugh Wright to Alfred K'aiming Ch'iu, August 13, 1949)

8月19日

费正清教授(John King Fairbank)致函裘开明:胡佛图书馆将接受你的推荐建议,我认为这将为胡佛图书馆带来巨大的帮助,同时也对我及我所在的研究中心带来极大帮助,因为未来我们的采购工作将会与胡佛图书馆有密切的合作。我非常高兴以任何方式协助与李继先(Johnson C. S. Lee)先生的通信交流。此外,我获悉只要你愿意,哈佛大学图书馆可以将东亚研究中心所需文献资源迁移至现代史阅览室。如果这一迁移需要支付费用,我猜测国际与区域研究委员会必须支付这部分费用。不管怎样,我希望在你认为方便的时候,可以顺利进行这项迁移。(HYL Archives:Letter of John King Fairbank to Alfred K'aiming Ch'iu, August 19, 1949)

8月22日

裘开明致函国会图书馆东方部主任恒慕义(Arthur William Hummel):在你8月12日寄来的3种卡片规范样本中,你认为第二种是比较适合中文图书目录的,因为它适应于丛书的内容。尽管我馆已在尽量简化著录,但是有些要素还是有必要添加在目录卡片上。国会图书馆是否已准备了另外一种在目录卡片前三行方形区域的尺寸上有不同的样本卡片和其他类型卡片?我馆坚持我们的目录卡片尺寸,但是我们从长期的实践经验认识到,两种类型的方形区域尺寸是必要的。大尺寸用于第一部分的编目款目,即作者、书名、出版项,较小的尺寸用于第二部分,即校勘项、注释、综合著作的目录内容等。为了实现所有成员馆提交的目录卡片的统一性,我们必须在卡片上舍弃任何不确定的元素,也就是说是在两个方形区域中著录三个要素,还是在三个方块中著录四个要素等。(HYL Archives:Letter of Alfred K'aiming Ch'iu to Arthur William Hummel, August 22, 1949)

8月23日

斯坦福大学胡佛研究所芮玛丽(Mary Clabaugh Wright)致函裘开明,告知收到汉和图书馆寄来的360份期刊。(HYL Archives:Letter of Mary Clabaugh Wright to Alfred K'aiming Ch'iu, August 13, 1949)

8月28日

Arnulf H. Petzold致函裘开明:我已收到从日本寄来的家父藏书的完整详细目录,将于今日将目录寄往汉和图书馆,希望目录中的中文目录对图书馆委员会审阅资料有帮助。(HYL Archives:Letter of Arnulf H. Petzold to Alfred K'aiming Ch'iu, August 28, 1949)

8月30日

国会图书馆东方部主任恒慕义(Arthur William Hummel)致函裘开明:随函寄奉按要求修改的卡片样片;我馆卡片部2周前寄给贵馆5000张旧格式的空白卡片,供贵馆粘贴清样使用,新格式的卡片印刷完毕后即奉上;现把C49-2000到C49-4000号码段分配给贵馆使用,如果在12月31日之前,贵馆还需要更多的号码,可来函索取,但是从1950年开始则将使用C50开头的号码。(HYL Archives:Letter of Alfred K'aiming Ch'iu to Arthur William Hummel, August 30, 1949)

8月31日

Harold Oatfield致函裘开明,请汉和图书馆通过其公司华盛顿办公处支付购买《大阪朝日新闻》(Osaka Asahi)的书款,这批书已于6月29日由横滨运往哈佛。(HYL Archives:Letter of Harold Oatfield to Alfred K'aiming Ch'iu, August 31, 1949)

费正清教授(John King Fairbank)致函裘开明,函询是否可为俄国研究中心的赵国钧(K. C. Chao)先生在现代中国阅览室安排一个座位。(HYL Archives:Letter of John King Fairbank to Alfred K'aiming Ch'iu, August 31, 1949)

9月1日

裘开明致函费正清教授(John King Fairbank):我今日结束休假,正式开始工作。关于从怀德纳图书馆和立陶尔图书馆(Littauer Library)向博伊斯顿堂迁移图书一事,需等哈佛大学工务处将书架装入现代史阅览室后才能展开相关工作。但此事自我两个星期前离开后至今仍无任何进展。我已再次联络 Keyes D. Metcalf 先生,Metcalf 先生正在与工务处联系。关于胡佛图书馆聘任李继先(Lee C. S. Johnson)先生一事,因不能从美国直接寄给李先生任何电报和信件,我已托返回上海和南京地区的朋友带给李先生两封信,建议他前往香港,自香港与美国通信。今天很高兴见到你推荐的俄国研究中心的赵国钧(K. C. Chao)先生,带他参观了图书馆,同时亦为他安排了一个座位。(HYL Archives: Letter of Alfred K'aiming Ch'iu to John King Fairbank, September 1, 1949)

9月27日

裘开明致函日本国会图书馆国际交换部主任 T. Ichikawa:我们想向你表达衷心的感谢,感谢你寄给我们你在 6 月 1 日信中提到的出版物,我们已经全部收到。赖肖尔(Edwin Oldfather Reischauer)教授和费正清(John King Fairbank)教授正在从贵馆的政府文献中挑选哈佛需要的文献。等他们挑选完毕,我们即把清单寄给你们。你能否告诉我们贵馆需要哈佛哪种类型的出版物?我相信哈佛可以向贵馆提供本校出版的新出版物和各个图书馆所藏的复本。你在 8 月 23 日致叶理绥(Serge Elisséeff)教授的信中提到贵馆为日文新书印刷目录卡片,我们热切地盼望它们的出版。很高兴得知贵馆关于为全部文献另外订购目录卡片的规定,对此,贵馆只需寄给我们一份作为赠送即可。这些卡片是否向日本所有的图书馆出售?与你们国内图书馆同等条件的外国图书馆是否可以购买?另函将寄给你们我馆印刷的一套 3 卷本的中文书目。(HYL Archives: Letter of Alfred K'aiming Ch'iu to T. Ichikawa, September 27, 1949.)

9月

裘开明起草《关于区域研究项目学生使用中日文馆藏的图书馆规定》。规定指出:位于博伊斯顿堂西侧的现代中国和日本研究室特别留出提供给区域研究项目和现代历史专业的学生们使用。善本和价值高的出版物都放在开放书架上。1. 主阅览室里未在外借台上登记的书都不能带出现代中国藏书室。2. 安全出口可以开着通风,但未经允许不能当作通道。3. 从书架上拿下的书要放回原处,或交由服务员放回。4. 研究室一般不接待来访者。5. 严禁吸烟。6. 图书馆的其他规章制度均适用。(HYL Archives:《关于区域研究项目学生使用中日文馆藏的图书馆规定》,September, 1949)

10月4日

裘开明致函国会图书馆东方部日文组组长 Edwin G. Beal, Jr.:请问合作编目项目组给哈佛的日文卡片分配了多少系列号?我馆已经收到日本国会图书馆从东京寄来的第一批印刷日文卡片(1—114 号卡片丢失)。贵馆如何为贵馆正在编目中的书额外订购卡片?贵馆是在图书馆采用机器化的方式复制他们的卡片,还是从东京订购多张卡片?我认为,如果我们能够从贵馆订购到所有日本国会图书馆的卡片,这对美国所有图书馆都是有利的。而向国会图书馆订购日本国会图书馆印刷卡片的订户则应该向国会图书馆支付一定的代理费用。(HYL Archives: Letter of Alfred K'aiming Ch'iu to Edwin G. Beal, Jr., October 4, 1949)

10月6日

密歇根大学东方艺术与建筑系副教授 John Hadley Cox 致函裘开明:很高兴和你一起度过一段短暂的时光,感谢你送给我你在《波士顿美术馆馆刊》上发表的文章。我记得我在那里的时候,你跟我提到过,你们馆里 120000 张中文文献的书目卡片是非常实用的。假如我可以购得这些目录卡片,我是否可以把它们按照主题,同时再按作者和书名的顺序排列? 是否是必须购买整套,还是或者可以只购买某一主题的卡片? 我记得我没有问过你关于日文卡片的事。是否也可以按主题购买? 最后,我还有一个问题麻烦你,即是否有可能买到贵馆东方艺术方面的字典、百科全书、期刊或专著。让我感到高兴的是密歇根这里的设备正在完善和改进中,但是如果你能告诉我任何贵馆已经有藏或者你认为我会感兴趣的非常重要的复本,我将非常感激。我曾私下和叶理绥(Serge Elisséeff)教授谈过复本的问题,并让他如果有可能的话与我们进行交换。哈佛燕京学社图书馆是否需要关于远东研究领域的权威欧洲著作,而这些著作又是学生在怀德纳图书馆很难借到的? 我问这些问题的原因是我们可以交换这些复本。(HYL Archives: Letter of John Hadley Cox to Alfred K'aiming Ch'iu, October 6, 1949)

10月7日

徐亮(Liang Hsu)致函裘开明,感谢在剑桥的日子里裘开明带领他参观哈佛的各个图书馆以及在家中的设宴款待,并告知分别后的情况。(HYL Archives: Letter of Hsu Liang to Alfred K'aiming Ch'iu, October 7, 1949)

10月10日

斯坦福大学胡佛研究所芮玛丽(Mary Clabaugh Wright)致函裘开明,询问裘开明向胡佛图书馆推荐的李继先(Johnson C. S. Lee)是否打算应聘。(HYL Archives: Letter of Mary Clabaugh Wright to Alfred K'aiming Ch'iu, October 10, 1948)

10月12日

自5月2日至是日,汉和图书馆陆续收到Charles E. Tuttle先生在日本购买的政府出版物,分8批运到剑桥,共计613种829件,总价值为412.80美元,占怀德纳图书馆用于购买社会科学类中日文文献常规拨款的1/4左右。裘开明认为,这类政府出版物没有必要通过购买获得,可以通过与日本国会图书馆交换获得。从此,Tuttle先生不再继续为哈佛购买这类出版物。(HYL Archives: Chinese-Japanese Library of the Harvard-Yenching Institute at Harvard University Report of the Librarian for the Year July 1, 1948 to June 30, 1949)

汉和图书馆负责中日文期刊的吴元清(Wu Yuencheng)向裘开明汇报,自1949年4月12日至本日,共计6个月,新到馆中文期刊291期,日文期刊1376期,并全部登录到卡片目录上。(HYL Archives: Chinese-Japanese Library of the Harvard-Yenching Institute at Harvard University Report of the Librarian for the Year July 1, 1948 to June 30, 1949)

10月15日

裘开明致函加州大学东亚图书馆艾尔文(Richard Gregg Irwin):今天上午,我们"词典计划"的房兆楹先生(Fang Chaoying)给了我一些书目去查。在你提出的7条书目中,我们这里只可以查到其中1条,这一条可能还不是你想要的完整的原文。我指的是周亮工的《因树屋书影》,邓实做了其节选版本,名为《书影择录》或《书影选集》,以及《美术丛书》初集第四辑第四期里也有。很可能贵馆已经有那本丛书了,而如果你没有的话,我们会很乐意根据你的要求通过馆际互借的方式给你寄去。至于杂剧选,我不太能确定你要的是哪本。我们有许多这样的馆藏。可否请你问一下你们的读者,以便给我们一个明确的查找信息。我们有1931—1933年《申报》,但是这样的报纸已经不能馆际互借。你是否想要我们给贵馆制作这份报纸的缩微胶卷? 制作新闻报纸缩微胶片的费用是每页3.5分钱。我希望你已经收到我们为你自己研究所用而寄给你的所有地方志。如果你需要更多的这类文献,请告诉我。(HYL Archives: Letter of Alfred K'aiming Ch'iu to Richard

Gregg Irwin, October 15, 1949)

10月17日

裘开明致函密歇根大学采购部：最后两批包括编号1441—1680以及1681—2040的卡片已分别于6月24日及7月15日递送密歇根大学总图书馆日本研究中心，发票已于9月19日递送。请尽快汇款。(HYL Archives: Letter of Alfred K'aiming Ch'iu to University of Michigan, Purchasing Department, October 17, 1949)

10月18日

裘开明致函斯坦福大学远东图书馆委员会主席芮沃寿(Arthur Frederick Wright)，询问关于远东图书馆问题会议的日程。(HYL Archives: Letter of Alfred K'aiming Ch'iu to Arthur Frederick Wright, October 21, 1948)

10月21日

斯坦福大学远东图书馆委员会主席芮沃寿(Arthur Frederick Wright)致函裘开明：目前尚未确定关于远东图书馆问题会议的日程，已把你的提议交给了美国图书馆协会东方和西南太平洋委员会顾问Joseph Koshimi Yamagiwa，他会保管此提案。(HYL Archives: Letter of Arthur Frederick Wright to Alfred K'aiming Ch'iu, October 21, 1948)

10月24日

裘开明提交第23次《馆长年度报告》(1948年7月1日至1949年6月30日)，报告的主要内容如下：1.图书馆馆藏情况。1948—1949年度哈佛大学汉和图书馆新增藏书量为4293种6708册，其中，中文图书653种1460册，日文图书3328种4829册，藏文满文蒙文图书0种，西文图书312种419册。截至1949年7月1日哈佛大学汉和图书馆藏书总量为46464种219931册，其中，中文图书31395种186353册，日文图书11788种27208册，藏文图书13种662册，满文图书123种1009册，蒙文图书20种330册，西文图书3125种4369册。1948—1949年度，日文文献的入藏量高于之前各年，购买日文文献的经费主要来源于三个渠道：(1)哈佛燕京学社的常规拨款；(2)怀德纳图书馆柯立芝基金的特别拨款；(3)怀德纳图书馆购买社会科学类现代中日文文献的常规拨款。其中来自柯立芝基金(Collidge Fund)的2550美元的特别拨款，按照纽约州政府银行部清算律师的要求，用于购买了1708册有关经济和金融方面的日文书籍和手稿。这批文献主要来自于战争期间日本在美国纽约的三大主要商业机构——正金银行(Yokohama Specie Bank)、邮船株式会社(Nippon Yusen Kaisha)、大阪商船株式会社(Osaka Shosen Kaisha)。全部文献包括860本图书，629册小册子和219期杂志。这批文献大多数都不是常规的商业出版物，因此并非是能够从正常的购书渠道所能获得的。这批文献包含了商业文书、内部刊物、企业报告以及有关日本工业、国内商业、对外贸易、航运、银行、金融等方面的政府报告。在这批文献中，有关世界上其他重要国家内部的政治、经济情况的特别报告上都有日本领事馆标示的"机密"字样。这些资料对商学院、法学院、近代远东史以及区域研究都非常有价值。学社拨发的购书经费主要用于购买人文科学类的日文文献，比如语言、文学、历史、地理、哲学、宗教、艺术、考古学方面的文献，以及一般的参考书。而怀德纳图书馆的常规拨款主要用于购买日文政府出版物以及经济学、社会学和教育学方面的文献。1948—1949年度，用于购买日本政府出版物的支出共计412.80美元，占怀德纳图书馆用于购买社会科学类中日文文献常规拨款的1/4左右。这类政府出版物没有必要通过购买获得，可以通过与日本国会图书馆交换获得。因此，Charles E. Tuttle先生不再继续为哈佛购买这类出版物。另外，已经把来自日本国会图书馆的政府出版物清单交给费正清（John King Fairbank）教授和赖肖尔（Edwin Oldfather Reischauer）教授挑选。由于中国政局动荡，1948—1949年度购自中国的中文文献很少。一些中国古籍在中国新政权清理旧律法之前得以寄往哈佛，并已经到馆。中文新书主要来自两个渠道：上海和香港。上海方面的购书请费正清教授的私人代理、美国信息处的S.C.Ch'en负责；香港方面的购书由商务印书馆和陈观胜（Kenneth Chen）博士负责。但是由于出售的版本有限，一些出版社被政府当局禁止进入销售市场和流通渠道，导致在上海和香港两地购买新书存在困难。在1948年下半年中，在上海无法购买到关于共产党方面的书籍，到了1949年，在北平和上海两地已经无法购得一些国民党的重要出版物。令人满意的是，汉和图书馆已经收藏了许多乾隆时期、国民党时期、日军侵略时期以及共产党方面的禁书。或许将来学者必须到剑桥利用这些书进行研究。连续出版物方面，在中文期刊中新增134种，截至1948—1949年度，汉和图书馆共有1366种不同的中文连续出版物。日文连续出版物新增377种，截至1948—1949年度，汉和图书馆共有673种不同的日文连续出版物。另外，西文连续出版物新增10种，使汉和图书馆西文连续出版物达到182种。方志方面，新入藏方志32种318册，方志总藏量达到2869种30525册。截至1949年7月1日，汉和图书馆收藏中国方志情况如表所示：

哈佛燕京学社汉和图书馆馆藏中国方志一览表

省份	行政分区总数	已知现存方志种数	1947—1948年度新增数量		馆藏总数	
			种数	册（卷）数	种数	册（卷）数
河北省	160	573	4	38	294	2505
山东省	117	506	4	28	263	2163
河南省	118	453	2	36	210	1879
山西省	121	386	1	4	163	1059
陕西省	98	338	4	36	237	1853
甘肃省	106	144	1	2	43	405
江苏省	80	527	/	/	256	2801
浙江省	90	507	3	32	210	2875
安徽省	69	278	/	/	99	1458
江西省	93	428	2	24	121	2622
湖北省	81	318	4	56	128	1412
湖南省	88	303	1	5	107	1505
四川省	157	477	2	20	305	2602
福建省	72	272	1	11	82	1272
广东省	108	375	2	14	126	1545

续表

省份	行政分区总数	已知现存方志种数	1947—1948 年度新增数量		馆藏总数	
			种数	册(卷)数	种数	册(卷)数
广西省	120	163	1	12	44	469
贵州省	73	92	/	/	23	217
云南省	105	190	/	/	45	881
满洲 3 省*	130	163	/	/	64	564
西北省份	113	69	/	/	49	438
共计	2099	6562	32	318	2869	30525

* 编者注：此为哈佛图书馆分类方法。

丛书方面，有中文丛书/连续出版物 20 种，包含 426 部独立著作，共 219 册到馆并编目，中文丛书收藏种数达到 1148 种，是全美图书馆中此类文献收藏最多的图书馆。汉和图书馆所收藏的丛书可以与日本东京的东洋文库(Toyo Bunko)和京都的 Tōhō Bunko Gakuin 相匹敌，前者丛书收藏量为 1000 种，后者丛书收藏量为 1300 种；在中国，战前仅 4 所图书馆的丛书收藏量过千种，分别为国立北平图书馆、南京江苏国学图书馆、北京日本人文科学研究所中文图书馆以及国立清华大学图书馆。赠书与交换图书方面，1948—1949 年度，哈佛大学与日本国会图书馆建立了正式的书刊交换关系。从日本国会图书馆共获得 500 册专著、小册子和连续出版物。在美国国内，与斯坦福大学胡佛研究所、华盛顿美国战争部以及波士顿美国公理会海外传教差会图书馆进行了书刊交换活动。从美国战争部获得 294 种 304 册文献，主要为日本政府出版物；从美国公理会海外传教差会图书馆处获得了"一批非常有价值的"《圣经》以及福音书的早期中日文译本，其中所获得的中文文献为 334 种 419 册，日文文献为 248 种 271 册，除此以外，还有一些西文文献，特别是供传教士使用的老字典和手册。赠书依然来自南京国立中央图书馆、南京和台湾的学术团体以及纽约市的 E. G. Stillman 博士。2.馆藏编目分类情况……3.合作编目与学社发行卡片目录。汉和图书馆对本馆藏书分类、编目的成果使其他图书馆同样受益，这些图书馆一直向汉和图书馆购买中日文卡片目录。然而没有任何两所图书馆的目录是完全一样的，因为没有任何两所图书馆的藏书是完全一样的。然而，描述和指引同一种书的卡片目录可以用于任何一个入藏该书的图书馆，以此建立起卡片目录系统。为了避免同一版本的书被不同收藏馆分别编目，比较经济的做法就是所有图书馆合作编目，同一种书由一所图书馆编目，编成的卡片目录分发给其他所有图书馆使用。根据前述节约人力和成本的原则，汉和图书馆自 1935 年首次向全美其他远东图书馆出售采用 Ditto 复制方式、铅刷方式和石印方式制作的目录卡片以来，我馆的目录卡片得到了广泛的认可和接纳……在过去的一年里，共编印日文书目录卡片 2040 张，中文书目录卡片 883 张，并分发给其他图书馆。自 1935 年至 1949 年 10 月，哈佛燕京学社共发行中日文图书馆目录卡片 18935 张，比包括国立北平图书馆和日本国会图书馆在内的，任何一所出版卡片目录的中国和日本的图书馆都多。自 1949 年下半年开始，汉和图书馆加入国会图书馆合作编目项目，预计在未来一年内，向国会图书馆提交 8000 张卡片目录稿片，其中包括中文新书目录卡片 2000 张,日文新书目录卡片 2000 张,选自汉和图书馆未出版的书本式目录中的中文古籍编目数据 4000 条。4. 图书目录。由于中国政治局势的影响,1947－1948 年度报告中汇报的重新启动图书编目的计划未能实施。为继续印刷中文书目而拨发的 3500 美元仅支出了 505.30 美元,用于购买纸张,并寄给了陈观胜。但是不久,陈观胜由北平避走广州。在燕京大学重新启动中文书目编印计划彻底搁浅。不久,收到陈观胜来信,汇报在香港继续进行书目编印计划的可能性,在香港印刷 250 套书本式目录,则每页的印费为 24 港元,印刷 500 套则为 30 港元。所印书本式目录共 2000 页,则加上购买纸张的费用,完成印刷计划共需 48000 港元,折合美元 8000 元。除了中文书本式目录,还计划出版 30000 种日文馆藏的书本式目录,预计每页编排 15 条书目,共 2000 页。从日本方面收到来自岩波书店和朝日新闻社的报价,全部印刷费大约为 4250 美元,印刷纸张需由汉和图书馆自己提供。则加上购买印刷纸张的费用,该项目共需 5000 美元的拨款。综上,实施中文书本式目录和日籍书本式目录编印计划,在未来的两三年内需向董事会申请 8500 美元的拨款,其中 5000 美元用于编印日籍书本式目录,3500 美元用于编印中文书本式目录(另外 1500 美元来自前几年出售卡片目录和书本式目录的收入)。另外,国会图书馆正在尝试着把汉和图书馆已印好的书本式目录上的条目裁剪下来粘帖到卡片上,制成目录卡片,并向全美所有有需要的远东图书馆发行。加入国会图书馆合作编目项目以后,汉和图书馆自己编印书本式目录,同时一条书目还可以免费获得十张根据本馆书本式目录制成的目录卡片。因此出版书本式目录将达到双重目的,正是一石二鸟。5. 阅览室与借阅服务。1948－1949 年度,有两个月的时间,博伊斯顿堂一楼阅览室进行改造和重新布局。工程完成后,汉和图书馆的空间得到扩大。1948－1949 年度,汉和图书馆共外借 2750 种 7545 册馆藏。图书馆外借服务开放的时间共 264 天 44 周,日均外借图书 30 册。以上馆藏流通的数据不包括隔夜借还的数量和馆内阅览的数量。6. 馆际互借与参考咨询。1948-1949 年度,共有 30 所机构、图书馆通过馆际互借向汉和图书馆借书。问题在于我们是否要继续贯彻我馆图书外借的方针,还是在将来设置一些外借方面的限制,尤其是中文方志类(国会图书馆的方志不向其他机构外借)和其他珍惜文献。这个决定必须由董事会作出,否则我计划执行哈佛大学图书馆馆际互借的规则。参考咨询服务方面,参考咨询馆员的大部分时间用于解答远东语言学系(Department of Far Eastern Languages)和中国区域研究项目(China Regional Studies Program)学生的问题,以及其他校外研究者的邮件或来馆咨询。很多来自东部大学的学者到汉和图书馆做研究。其中,来自哥伦比亚大学的蔡咏春(Ts'ai Yung-ch'un)在汉和图书馆做了整整一年关于程颐(Ch'eng I)哲学思想的研究。6. 人事变动。1948-1949 年度,于震寰(Zunvair Yue)和刘楷贤(Liu K'ai-hsien)相继到汉和图书馆工作。William Henry Winship 和吴元清(Wu Yuencheng)整个学年一直在馆上班。Albert W. Burns 在馆担任普通助理一直到 1948 年 10 月 15 日。从 1948 年 11 月 1 日起,由一位名叫 Carl I. Walker 的黑人继续担任普通助理。Carl I. Walker 的工作表现非常出色,显示出其在各个方面都很有能力。另外还聘请了一位非常有能力,又很有责任心的年轻日本女士 Kazuko Uyeda 担任日文编目助理。8. 图书馆财务。

1948－1949年度图书馆预算　　（单位：美元）

开支项目		金额	
图书	中文书	5000	8000
	日文书	2000	
	西文书	1000	
装订		850.00	
保险		1306.67	
办公经费		500	
设备		850	
薪水和津贴		8325.00	
总计		19831.67	

1948－1949年度收支统计（单位：美元）

收支项目		金额	合计
支出项目	图书	6461.79	20190.83
	装订	1870.44	
	图书保险	1306.67	
	设备	972.78	
	办公经费	554.88	
	印刷卡片	685.75	
	薪水与津贴	8338.52	
收入项目	出售印刷卡片目录	859.95	884.95
	罚款	25.00	

　　另外，1948－1949年度，用于编印书本式目录的经费为3500美元，购纸支出505.30美元，结余2994.70美元。从上表中可以看出，看起来购书经费没有全部用完，而用于书本装订的支出超支。这是因为，很多在中国和日本已经装订好的书由代理寄达到馆时未装订纸质封面。有我们的代理在中国和日本所做的装订工作列入到发票中，作为购书支出，而审计员只将在哈佛大学装订厂所做的装订列入到装订支出中。从印刷和销售图书馆卡片目录项目中，我们得到174.20美元的收益。(HYL Archives：Chinese-Japanese Library of the Harvard-Yenching Institute at Harvard University Report of the Librarian for the Year July 1, 1948 to June 30, 1949)

10月25日

　　加州大学东亚图书馆艾尔文(Richard Gregg Irwin)致函裘开明：感谢你帮我查找研

究所需的文献。贵馆是美国唯一的一家拥有 1933 年 11 月之前《申报》的图书馆。非常感谢贵馆愿意借出我所需要的图书，这些书在我们图书馆没有馆藏。感谢你的推荐。(HYL Archives：Letter of Richard Gregg Irwin to Alfred K'aiming Ch'iu, October 25, 1949)

10 月 27 日

裘开明致函斯坦福大学胡佛研究所芮玛丽（Mary Clabaugh Wright）：10 月 24 日收到了李继先（Johnson C. S. Lee）9 月 19 日从上海发出的信，函中表示他非常希望能接受美国大学图书馆的职位聘请；然由于战争原因，目前只能等他抵达香港后才能再联系到他。(HYL Archives：Letter of Alfred K'aiming Ch'iu to Mary Clabaugh Wright, October 27, 1949)

10 月

富田幸次郎（Korijo Tomita）与裘开明合撰"An Album of Twelve Landscapes by Tao-chi"发表于 Bulletin of the Museum of the Fine Arts (Boston), Vol. 47, No. 269 (October 1949)：49～58。

蔡咏春（Ts'ai Yung-ch'un）致函裘开明：我希望借此机会表达我对你以及贵馆馆员的谢意，在过去的一学年里你们为我提供了极好的服务。你毫无疑问建立了非常优秀的馆藏。令我印象最为深刻的就是贵馆的编目技术，它对像我这样的访问学者很有帮助。(HYL Archives：Letter of Ts'ai Yung-ch'un to Alfred K'aiming Ch'iu, October , 1949)

11 月 3 日

斯坦福大学胡佛研究所芮玛丽（Mary Clabaugh Wright）致函宾夕法尼亚州立大学人文研究院中国研究中心卜德（Derk Bodde）教授：随函附上 Harriet Mills 有关采购和在美国建立中国文学文献馆藏的备忘录。我对此有浓厚的兴趣，正准备致函恒慕义（Arthur William Hummel）和 Mills 小姐。由于几乎所有的中国现代文学著作都具有高度的政治性，我们馆藏已有很多这类资源。但是，由于目录知识很粗浅，一定遗漏了很多文献资源。根据胡佛图书馆的意见，第一步应该是拟定目录，原则上我们应该联合其他图书馆，由 Yen-sheng Chao 先生发起一项目录调查。根据该份调查核查馆藏资源，然后再进一步计划采购。(HYL Archives：Letter of Mary Clabaugh Wright to Derk Bodde, November 3, 1949)

11 月 4 日

裘开明致函加州大学东亚图书馆艾尔文（Richard Gregg Irwin）：我已经找到关汉卿的一部戏剧《钱大尹智勘绯衣梦》中的一段文字的位置。这部戏剧收录在国立北平图书馆藏明版《顾曲斋元人杂剧选》中。但是国会图书馆有这丛书的正片胶卷，所以如果你给恒慕义（Arthur William Hummel）博士写信，他可以为贵馆做一份负片缩微胶卷。这本书列在《北平图书馆善本目录》第四卷第 76a 和 76b 页。我希望现在你已经收到我们的后半部《建阳县志》。房兆楹先生（Fang Chaoying）去怀德纳图书馆查找我们的《申报》时，我会安排怀德纳图书馆的照片复印部门对他挑选出来的文章进行缩微拍摄。房先生会寄给你胶卷，并附上一张支票。(HYL Archives：Letter of Alfred K'aiming Ch'iu to Richard Gregg Irwin, November 4, 1949)

11 月 8 日

国会图书馆东方部日文组组长 Edwin G. Beal, Jr. 致函裘开明：东方文献目录卡片复制项目（Oriental Card Reproduction Program）向各个图书馆提供目录卡片分配编号的用意，主要是为了避免出现重复。另外国会图书馆向日本国会图书馆申请了 5 套完整的日文目录卡片,打算用国会图书馆的西文目录卡片与之交换,如果西文目录卡片不能满足要求,还可以用美国的出版物交换或现金进行结算。我相信哈佛可能也希望获得一套目录卡片,可以直接和日本国会图书馆联系。日本国会图书馆可能会愿意用卡片交换贵校的出版物或藏书,或者也可以把购买卡片的经费预存在纽约花旗银行(National City Bank of New York)东京支行,换成日元。日本国会图书馆为各类日文书编制的卡片可以通过佛蒙特州拉特兰市(Vermont, Rutland)的 Charles E. Tuttle 公司购买。这些卡片上有名的罗马化(译名)、出版者的音译名等。有些图书馆愿意使用这类卡片,因此通过 Tuttle 公司购买。其他一些图书馆,例如哈佛、国会图书馆和加州大学主要需要的是日本国会图书馆所印卡片上的文字,为了排架则还会另外进行罗马化。我们相信我们不会试图通过影印的方式复制这些印刷卡片。目前,我馆也没有能力派出额外的人手处理该项目,我们也不确定合作馆中有多少愿意为额外的服务支付费用。因此我认为需要购买完整的日本国会图书馆目录卡片的图书馆可以直接向日本国会图书馆订购,这样也便于日本国会图书馆印刷足够多套卡片满足各馆的需要。(HYL Archives: Letter of Edwin G. Beal, Jr. to Alfred K'aiming Ch'iu, November 8, 1949)

11月10日

费正清(John King Fairbank)教授致函海陶玮(James Robert Hightower)教授:芮玛丽(Mary Clabaugh Wright)来函中提到的图书采购一事值得去做,至少值得致函表达对此事的兴趣。你是否告知裘开明哈佛大学国际和区域研究委员会中国计划分委员会正在试图参与采购这些资源?我认为在你和裘开明的指导下,再配以部分资金支持,我们将会获得有用的资源。(HYL Archives: Letter of John King Fairbank to Robert Hightower, November 10, 1949)

11月14日

哈佛燕京学社董事会在哈佛商学院教工俱乐部举行董事会议,学社社长(叶理绥,Serge Elisséeff)汇报图书馆馆长裘开明年度汉和图书馆工作报告。此外,与图书馆有关的讨论和决议如下:(1)董事会上,学社社长报告博伊斯顿堂一楼的改造为图书馆增加很多的空间,增加了6个新室。新的研究生中心阅览室可以容纳40位读者,而为区域研究项目的学生准备的阅览室能够容纳56位读者。(2)学社社长提出图书馆计划对地方志文献和一些古籍进行缩微化,以便代替原始文献借阅。委员会决定为该项计划建立循环基金。投票表决通过:设立1500美元的循环基金,支持制作汉和图书馆所藏地方志和古籍文献的缩微胶片计划,以主要用于租借或出售,所得收益加入循环基金。该项基金来自本期预算的奖助金拨款。(3)关于已逝的伯希和(Paul Pelliot)的俄文馆藏资源。哈佛大学愿意以19000美元购买这批文献。这批藏书约2500余册,其中包括很多稀有的珍贵古籍,有涉及中国、蒙古、西伯利亚、中亚和高加索等国家和地区的语言学、历史学、考古学、民间传说和地理学文献。学社社长同意如果打算购买该批书籍,将会从哈佛燕京学社每年拨付给怀德纳图书馆的款项中支出1000美元,为期五年。有关中国、蒙古和中亚的书籍所有权将归哈佛燕京学社所有,存放于博伊斯顿堂。会议投票表决通过:哈佛燕京学社与怀德纳图书馆和苏联研究中心联合购买伯希和俄语藏书,其中有关中国、蒙古和中亚的书籍所有权归属于哈佛燕京学社所有,并被存放于博伊斯顿堂。(HYI Archives: Meeting of the Board of Trustees Held on November 14, 1949)

11月23日

裘开明致函费正清教授(John King Fairbank):汉和图书馆迫切希望订购目前中国

再版的有价值的书籍。汉和图书馆自两年前就开始发展现代中国小说文献资源，依据《一千五百种现代中国小说和戏剧》(北平，1948)，以及其他一些中文书目，同时在海陶玮(James Robert Hightower)和 Yang 教授的帮助下，我们可以拟定一份令人满意的书目。我认为关于这些文献的采购工作，可以委托燕京大学图书馆。但现在面临的主要问题不是如何去购买到这些资源，而是去哪里寻求经费。哈佛燕京学社下一年的图书经费预算已用于与俄国研究中心和怀德纳图书馆协力购买伯希和(Paul Pelliot)收藏的俄国文献，另一部分则将用于从日本文久堂(Bunkyūdo)购买中国经典书籍，还有一部分预算经费则用于购买香港私人藏书家的中文古籍。因此，实际上没有经费用于购买现代中国文献。你们在购买现代中国文学和其他共产主义出版物方面可提供多少经费？我认为只要经费具备了，这些出版物的订购将不成问题。(HYL Archives：Letter of Alfred K'aiming Ch'iu to John King Fairbank，November 23，1949)

裘开明致函国会图书馆东方部日文组组长 Edwin G. Beal, Jr.：感谢你提供订购日本国会图书馆目录卡片的信息。汉和图书馆又向目录卡片复制项目组提交了日文原稿编目卡片，请国会图书馆将不需要复制的卡片归还汉和图书馆。(HYL Archives：Letter of Alfred K'aiming Ch'iu to Edwin G. Beal, Jr.，November 23，1949)

11 月 25 日

加州大学东亚图书馆艾尔文(Richard Gregg Irwin)先生致函裘开明，请求代其查找馆藏文献，并提供馆际互借。(HYL Archives：Letter of Richard Gregg Irwin to Alfred K'aiming Ch'iu，November 25，1949)

11 月 28 日

费正清(John King Fairbank)教授致函裘开明：非常感谢你 11 月 23 日来函，并向我介绍汉和图书馆目前开展的极具竞争力的工作。每次当我提出一个问题，我都有一种感受，即你能够把控大局……我不能确定如果我们参与目前身在北京的 Harriet Mills 小姐所提出的计划，我们能够获得什么，我倾向于建议将此事搁置一边。我们大约有 100 美元可用于购买中国现代文学文献，也可尝试自 Keyes D. Metcalf 先生处得到更多的经费。我是否要将资金寄给你？我自己现在并无任何购买渠道，我希望目前的一些有关共产主义出版物的采购活动能够继续。(HYL Archives：Letter of John King Fairbank to Alfred K'aiming Ch'iu，November 28，1949)

12 月 2 日

裘开明致函费正清(John King Fairbank)教授，并抄送燕京大学图书馆馆长陈鸿舜(Chen Hung-shun)及中国大学联合董事会财务 C. A. Evans：11 月 28 日来函收到，是否可请 Keyes D. Metcalf 博士向中国大学联合董事会财务寄 500 美元，由他们转寄给燕京大学财务。在过去的 5 个月中，汉和图书馆在发展有关现代中国的书刊采购计划上取得了一些成绩：(1)初夏，与燕京大学图书馆重新建立了通信联系，燕京大学已寄来三份有关共产主义出版物的目录，约有 500 种书刊。经过与馆藏核对，已向燕京大学寄去了大约 350 种书刊的订购单。(2)燕京大学已帮助汉和图书馆订购了包括《人民日报》、《解放日报》、《进步日报》、《光明日报》等报纸，此外 10 月份首次从香港收到由 Christopher Rand 提供的《大公报》、《文汇报》。请你致函 Rand 先生，请他帮忙长期订购。(3)1949 年 8 月 5 日，向目前在香港的哈佛燕京学社中国秘书长陈观胜(Kenneth Chen)博士寄去一份 110 种图书的订单。其中 26 种已在香港找到并购到，剩下的还在继续寻找。(4)11 月 23 日收到燕京大学图书馆寄来的 56 种有关现代中国的书籍。(5)11 月份，向燕京大学寄去 4 份有关现代中国的书籍订单,总计 228 种书刊。(6)11 月 23 日,向香港商务印书馆寄去一份 14 种图书的订单。(HYL Archives：Letter of Alfred K'aiming Ch'iu to John King Fairbank, December 2, 1949)

裘开明致函加州大学东亚图书馆艾尔文(Richard Gregg Irwin)：你在 11 月 25 日的来信中提出借阅 6 本中文图书,很抱歉我们只有其中的两本,即《藏》和《续藏》。这两本书 1599 年出版,都入藏于我们的善本书室。即使是我校的教授也不允许外借。你需要我们为贵馆制作这两本书的缩微胶卷吗?(HYL Archives：Letter of Alfred K'aiming Ch'iu to Richard Gregg Irwin, December 2, 1949)

12 月 4 日

Keyes D. Metcalf 通知：哈佛学院图书馆已决定在怀德纳图书馆分类编目中国区域研究的图书和小册子。该通知已转达给费正清(John King Fairbank)教授。(HYL Archives：Chinese-Japanese Library of the Harvard-Yenching Institute at Harvard University Report of the Librarian for 1949-1950)

12 月 5 日

裘开明致函 Charles E. Hamilton：很高兴你将在 12 月 27 日来访问我馆。届时,我们可以讨论贵校东亚图书馆和我馆之间在合作方面的共同问题。(HYL Archives：Letter of Alfred K'aiming Ch'iu to Charles E. Hamilton, December 5, 1949)

12 月 8 日

费正清(John King Fairbank)教授致函裘开明：我已致函 Keyes D. Metcalf 教授并与他作了交流。我们一直赞赏你现在继续开展的有关现代中国的书刊采购计划。Metcalf 教授告知我,他将根据你去函所提出的请求,寻求 500 美元经费用于自现在至 6 月 30 日期间有关现代中国的书刊采购。我告知 Metcalf 教授相信这 500 美元可以解决这一期间的资源采购问题。此外,Metcalf 3 月份将须要对下一财政年,即 1950－1951 年的此类采购成本进行估算,他希望我和你在这个冬季某个时间能够商量一下有关下一年的财务预算问题。(HYL Archives：Letter of John King Fairbank to Alfred K'aiming Ch'iu, December 8, 1949)

Arnulf H. Petzold 致函裘开明,询问哈佛燕京学社图书馆委员会是否已经决定购买其父的佛教藏书。(HYL Archives：Letter of Arnulf H. Petzold to Alfred K'aiming Ch'iu, December 8, 1949)

12 月 9 日

哈佛大学哈佛学院图书馆汉和图书馆收到燕京大学图书馆哈佛购书处提交的用款报告：1948－1949 年度哈佛购书处总计用款为 1752.80 美元(包括 CNC 法币 1840647000 元＝US＄334.66 元,金圆券 6765.95 元＝US＄273.47,人民券 71940 元＝US＄179.85 元,美元 964.82 元),其中,书款：法币 2555210000 元,金圆券 1751.62 元,人民券 10810.00 元；杂志：法币 1438646000 元,金圆券 1868.23 元,人民券 36970 元；装订：金圆券 971.40 元,人民券 15220 元；邮费：法币 145891,000 元,金圆券 1437.30 元,人民券 8080 元,美金 61.39 元；文具用品：法币 900000 元,金圆券 170.90 元,人民券 860 元；行政费：金圆券 566.50 元,美金 903.43 元(领款者为刘楷贤)。(HYL Archives：哈佛大学汉和图书馆书款报告 1948－1949)

12 月 16 日

裘开明致函加州大学东亚图书馆艾尔文(Richard Gregg Irwin)：随函附上刊登在《申报》(1933 年 11 月 1 日)上的一篇文章的照相复制本。请将支付费用寄给怀德纳图书馆的照片复制部或者寄给我。感谢你对我们服务的好评。你的需求只是我们日常事务的一种。图书馆工作似乎并不讨好,因此,得知我们的服务得到赞赏是件好事。我想,在薪酬低、地位不被认可的情况下,正是这样的鼓励支持着所有图书馆员的士气。(HYL Archives: Letter of Alfred K'aiming Ch'iu to Richard Gregg Irwin, December 16, 1949)

荷兰莱顿大学汉学研究所曾珠森(Tjan Tjoe Som)致函裘开明,提出使用洛克菲勒基金会的拨款向汉和图书馆订购1000张目录卡片。(HYL Archives: Letter of Tjan Tjoe Som to Alfred K'aiming Ch'iu, December 16 & 22, 1949)

12月27日

Charles E. Hamilton先生访问哈佛燕京学社汉和图书馆,与裘开明讨论加州大学东亚图书馆和汉和图书馆之间的合作等问题。(HYL Archives: Letter of Alfred K'aiming Ch'iu to Charles E. Hamilton, December 27, 1949)

12月28日

加州大学东亚图书馆艾尔文(Richard Gregg Irwin)致函裘开明:感谢你快速回信和寄来《申报》文章的照片复制本,我还未收到怀德纳图书馆照相复制服务部的账单。另外,我希望能通过馆际互借借到两本书:(1)赵景深《小说闲话》(2)赵景深,《小说戏曲新考》(民国二十八年,世界书局)。(HYL Archives: Letter of Richard Gregg Irwin to Alfred K'aiming Ch'iu, December 28, 1949)

本年

从本年开始,国会图书馆开始实施东方文献卡片复制项目,于是汉和图书馆结束在美国发行目录卡片的工作,参加国会图书馆的东方文献卡片复制项目。该项目由美国各东亚图书馆合作,把各馆的编目数据交给国会图书馆复制,然后再分寄给美国各个研究型图书馆。该项目共进行了10年,于1958年结束。(Eugene Wu. Alfred K'aiming Ch'iu and the Harvard-Yenching Library, 1984)

自本年开始,汉和图书馆获得特别许可,被允许通过交换的方式获取关于中国大陆的资料。(HYL Archives: Introduction of the Harvard-Yenching Library, May 22, 1976)

1950年
53岁

1月2日

斯坦福大学胡佛研究所芮玛丽(Mary Clabaugh Wright)访问汉和图书馆,并与裘开明商谈李继先(Johnson C. S. Lee)来美就任胡佛图书馆中文藏书馆长一职的问题。(HYL Archives: Letter of Alfred K'aiming Ch'iu to Mary Clabaugh Wright, January 14, 1950)

1月6日

裘开明致函加州大学东亚图书馆艾尔文(Richard Gregg Irwin):已通过哈佛大学图书馆的馆际互借部给你寄出以下3本书:(1)张行《小说闲话》(我们没有赵景深的相同书

名的著作);(2)赵景深《小说戏曲新考》;(3)谭正璧《中国小说发达史》。(HYL Archives: Letter of Alfred K'aiming Ch'iu to Richard Gregg Irwin, January 6, 1950)

1月7日

杨泉德(Chen-Tek Yang)致函裘开明:我是印第安纳大学的一名中国学生,父亲是中国上海来青阁书庄的书商老板,过去曾以商务印书馆为中介,间接与汉和图书馆驻上海书刊采购代表有很多业务往来。得悉汉和图书馆有意购买中国古籍,在夏威夷大学教授谭卓垣(Chewk-woon Taam)先生的建议下,我给你写信,不知贵馆是否有意购买《吴友如画宝》,民国十四年印,共26册,22美元。(HYL Archives: Letter of Chen-Tek Yang to Alfred K'aiming Ch'iu, January 7, 1950)

1月11日

裘开明致函 Arnulf H. Petzold:哈佛燕京学社董事会特别委员会已经批准以5000美元的价格购买你父亲 Bruno Petzold 教授的中日文佛教藏书(不含复本),而其他的神学和哲学方面的藏书,以及与汉和图书馆已有藏书重复的书籍,请另售予其他图书馆。经过审阅你所提供的详细书目清单(中文版和西文版),我发现其中有2000册书是我馆已有的。如果你能接受我们5000美元的出价,我们将非常愿意挑选出这些复本,然后帮你出售或退还给你。如果这些复本出售给了美国其他图书馆,售书所得当然会寄还给你。根据我的猜测,我估计这些复本可以卖2000美元。另外一方面,如果你希望我们能在哈佛完整地保存全部藏书,敝社董事会希望这些复本以赠送的形式捐给图书馆……(HYL Archives: Letter of Alfred K'aiming Ch'iu to Arnulf H. Petzold, January 11, 1950)

1月14日

裘开明致函斯坦福大学胡佛研究所芮玛丽(Mary Clabaugh Wright):很高兴你在1月2日来敝馆跟我们一起讨论李继先(Johnson C. S. Lee)的问题。我很高兴地通知你关于他的消息。附件是他1949年11月21日的来信,他说他将尽力去香港,并在到达那里以后发电报给我们。在这封信里,你会注意到以下特别之处:他说他收到了我寄送的5封来自中国科学院的信。你可以看出他没有提到他现在工作的机构和他妻子工作的单位。他没写上他的真实中文名字"李继先",签名只是"Johnson Lee",可能是借用美国或英国人的名字。所有的这些都是为了避免当局拆看他的信。但是这封信看起来根本就没有被拆开过,所以上海的审查制度可能并不是特别严格。我对他能在6月时来斯坦福是乐观的。我会寄给你更多我所了解的信息。(HYL Archives: Letter of Alfred K'aiming Ch'iu to Mary Clabaugh Wright, January 14, 1950)

1月18日

裘开明致函加州大学东亚图书馆艾尔文(Richard Gregg Irwin)先生,解答艾尔文1月13日来函所询问的有关"宋鉴"的术语问题,并提供相关参考书目。(HYL Archives: Letter of Alfred K'aiming Ch'iu to Richard Gregg Irwin, January 18, 1950)

1月29日

加州大学东亚图书馆艾尔文(Richard Gregg Irwin)致函裘开明,告知现在所研究的有关宋江的一些考证问题,并希望裘能提供给他一些相关资料。(HYL Archives: Letter of Richard Gregg Irwin to Alfred K'aiming Ch'iu, January 29, 1950)

1月30日

裘开明致函荷兰莱顿汉学研究院(Sinological Institute at Leiden University)曾珠森(Tjan Tjoe Som):洛克菲勒基金会(Rockefeller Foundation)寄来的用于购买1000种

中文书目录卡片的拨款及所购之卡片将用挂号信寄往贵所。(HYL Archives：Letter of Alfred K'aiming Ch'iu to Tjan Tjoe Som，January 30，1950)

2月2日

Arnulf H. Petzold 致函裘开明：5000 美元只是作为购买藏书的价格，而这批藏书在日本装箱和寄往美国的费用则由贵馆另外支付。先父藏书中与汉和图书馆已有藏书重复的部分，我同意由你代为以 2000 美元左右的价格出售给美国的其他图书馆，但如果出售不去，我担心不知道如何处理将复本寄回温哥华的费用以及保管费用。由于我并不想将复本赠送给汉和图书馆，所以在确定复本能否出售出去之前，暂时不能决定是否将藏书出售给汉和图书馆。(HYL Archives：Letter of Arnulf H. Petzold to Alfred K'aiming Ch'iu，February 2，1950)

2月7日

裘开明致函艾尔文(Richard Gregg Irwin)，与艾尔文讨论清代学者对一些史实考据的问题。(HYL Archives：Letter of Alfred K'aiming Ch'iu to Richard Gregg Irwin，February 7，1950)

2月8日

加州大学图书馆中日文图书馆 Man-Hing Yue Mok 致函裘开明：我馆正在建设中文和日文图书新馆藏。你修订的分类法最易使用，也很适合我们的馆藏，我们决定采用。大概在 2 年前，我们采购了 3 套贵社出版的卡片(号码 1－12195)，此外我们还有贵馆的《汉籍分类目录》1－3 卷。请告知上面提到的号码之外，是否还有其他更多的卡片或目录，若有，我们希望购买。请转达我对裘夫人(曾宪文)的问候，我们曾于 1935－1936 年间一起在国立北平图书馆工作。(HYL Archives：Letter of Man-Hing Yue Mok to Alfred K'aiming Ch'iu，February 8，1950)

2月9日

裘开明致函芝加哥大学地理系 Edward A. Ackerman 教授：我们已经努力了 6 个月去设法获得一部你撰写的非常有价值的著作《日本自然资源和美国政策》(*Japanese Natural Resources and U. S. Policy*)，但是正如我函附的信件中所示，我们没有成功。新闻报道说，你的书将很快从日本市场上收回，因为该书普遍不受欢迎。我们这里的学生急切希望获得你的这部著作。你还有额外的复本可以出让给我馆吗？我们非常愿意购买。请告知我们现在哪里可以获得该书的复本。(HYL Archives：Letter of Alfred K'aiming Ch'iu to Edward A. Ackerman，February 9，1950)

2月16日

芝加哥大学地理系 Edward A. Ackerman 教授致函裘开明：我已收到你 2 月 9 日关于我的《日本自然资源和美国政策》(*Japanese Natural Resources and U. S. Policy*)的来函。诚如你从新闻中所了解到的，我是为统帅部自然资源处(the Natural Resources Section of General Headquarters)而撰写这份报告的，因此这次我不能自己发行这本书。东京的普遍抗议和抵制行为只会导致出版推迟。《日本自然资源和美国政策》将于未来几个月内在东京出版。我建议你致函东京细川出版公司(Hosokawa Printing Company)，询问他们什么时候出版。我也有计划在美国出版此著，但是至少是 6 个月后才可出版。函附商务部寄来的你请求回复的信函。感谢你来函询问。我非常抱歉现在不能送给你这本书。(HYL Archives：Letter of Edward A. Ackerman to Alfred K'aiming Ch'iu，February 16，1950)

2月17日

裘开明致函伊利诺斯州大学图书馆学院院长 Robert B. Downs,推荐刘楷贤(Liu K'ai-hsien)到该院攻读图书馆学硕士学位。(HYL Archives:Letter of Alfred K'aiming Ch'iu to Robert B. Downs, February 17, 1950)

2月24日

裘开明致函加州大学图书馆中日文图书馆 Man-Hing Yue Mok:由于中国政局不稳,我们还不能确定将如何开展在燕京大学出版卡片和目录的项目。董事会决定停止继续北京的项目,改在日本印制图书目录的后续卷册。这项工作将于7月开始。自1949年7月1日国会图书馆开始实施中日文图书合作编目项目之后,我馆已经终止出版和发行中日文卡片的项目。现在贵馆需向国会图书馆订购我馆的卡片。3年前在加州大学伯克利分校图书馆的邀请之下,我作了一个关于他们东亚图书馆的报告。你可以在报告中找到一些对贵馆馆藏有价值的建议。(HYL Archives:Letter of Alfred K'aiming Ch'iu to Mrs. Man-Hing Yue Mok, February 24, 1950)

2月26日

加州大学东亚图书馆艾尔文(Richard Gregg Irwin)致函裘开明,告知其东亚图书馆书库扩充了一倍。(HYL Archives:Letter of Richard Gregg Irwin to Alfred K'aiming Ch'iu, February 26, 1950)

2月27日

费正清(John King Fairbank)教授致函裘开明:很多研习近代史的学生经常会用到郑鹤声编的《近世中西史日对照表》和《辞海》两种参考书,建议贵馆将这两种书及类似的工具书放置在当代中国阅览室或阅览桌上,供读者使用。(HYL Archives:Letter of John King Fairbank to Alfred K'aiming Ch'iu, February 27, 1950)

3月3日

裘开明致函密歇根大学图书馆学院 Donald Wang:很高兴得知你将于暑期末获得密大图书馆学硕士学位。那时我馆也许仍在开放。我馆的一名馆员想前往伊利诺斯州大学图书馆学院受训一年,并于第二年回来。至于你询问我馆《四部丛刊》目录卡片的事宜,我馆还库存有3套这部庞大丛书的完整 Ditto 复制目录卡片,其中包含270种独立著作的款目。每张目录卡片的售价为5美分,每套售价为15.4美元。如果贵馆需要3套,则总价为30.8美元,因为第二套和第三套每张目录卡片售价为2.5美分。(HYL Archives:Letter of Alfred K'aiming Ch'iu to Donald Wang, March 3, 1950)

3月6日

加州大学图书馆采访部主任 John E. Smith 致函裘开明,订购目录卡片。(HYL Archives:Letter of John E. Smith to Alfred K'aiming Ch'iu, March 6, 1950)

Arnulf H. Petzold 致函裘开明:经考虑,我接受贵馆以5000美元的价格购买先父非复本部分的佛教藏书,但书籍装箱、邮寄的费用则由汉和图书馆另外支付。(HYL Archives:Letter of Arnulf H. Petzold to Alfred K'aiming Ch'iu, March 6, 1950)

3月9日

裘开明致函 Arnulf H. Petzold:哈佛燕京学社董事会决定:(1)5000美元为购买全部非复本的中日文书籍(包括佛教画轴和经典)的净价;(2)学社将支付书籍装箱和寄往剑桥的费用;(3)学社将承担挑选和保存复本的费用,直到将这些复本出售给美国的其他图书馆为止;(4)学社承诺:在5年后,无论这些复本是否出售,都支付给你2000美元。(HYL Archives:Letter of Alfred K'aiming Ch'iu to Arnulf H. Petzold, March 9, 1950)

3月12日

加州大学图书馆中日文图书馆 Man-Hing Yue Mok 致函裘开明：据你的建议，我们请伯克利校区的 Donald Coney 先生借给我们你在3年前为他们图书馆撰写的报告，我期待阅读这份报告，我相信它对我们会很有帮助的。（HYL Archives：Letter of Mrs. Man-Hing Yue Mok to Alfred K'aiming Ch'iu, March 12, 1950）

3月20日

伊利诺斯州大学图书馆学院副院长 Harold Lancour 致函裘开明：刘楷贤（Liu K'ai-hsien）正在申请来我院读书，你被他列为推荐人，所以请你对他作出综合评价。（HYL Archives：Letter of Harold Lancour to Alfred K'aiming Ch'iu, March 20, 1950）

华美协进社孟治（Chih Meng）致函裘开明：关于你3月17号的来信，我已经把信中所谈事宜提交给我社艺术委员会主席 C. F. Yao 先生。今年春季艺术展的展位已经全部被预定了，要到夏季才有可能帮到你了。我想你能谅解，我们的章程规定不允许我们展出任何用来出售的艺术品。不过，等 Yao 先生与艺术委员会商讨决定之后，我将再和你联系。（HYL Archives：Letter of Chih Meng to Alfred K'aiming Ch'iu, March 20, 1950）

裘开明致函爱荷华州立大学图书馆 Charles H. Brown：远东协会（Far Eastern Association）第二次年会将于4月在密歇根大学举行，你是否计划在大会中就东方图书馆的问题举行另一个会议？在去年的会议上，我极力主张集中印刷中日文图书编目卡片和合作编目，这项工作现在华盛顿进行得不错。到目前为止，我们图书馆已经完成了该项目的大概1200册图书。如果我们能在这个项目的相关问题上举行另一个会议，将会是很好的事情。另外，你是否还存有我的论文《哈佛燕京学社图书馆远东文献采访、编目和使用的若干基本标准》？该论文是油印的，是去年东方馆藏全国委员会小组会议纪要的附件。如果你有的话，可否借给我，以便我复制更多的复本。（HYL Archives：Letter of Alfred K'aiming Ch'iu to Charles H. Brown, March 20, 1950）

4月1日

童世纲（Tung Shih-kang）回汉和图书馆工作，担任研究与参考助理，但由于当地移民局方面的问题，童世纲直到1950年7月1日才开始正式上班。（HYL Archives：Chinese-Japanese Library of the Harvard-Yenching Institute at Harvard University Report of the Librarian for 1949-1950）

4月3日

加州大学东亚图书馆艾尔文（Richard Gregg Irwin）致函裘开明，提出馆际互借请求，并询问裘开明是否参加在安娜堡（Ann Arbor）的会议。（HYL Archives：Letter of Richard Gregg Irwin to Alfred K'aiming Ch'iu, April 3, 1950）

4月4日

裘开明致函荷兰莱顿大学汉学研究院（Sinological Institute at Leiden University）贾保罗（Robert Paul Kramers）：感谢你将新出版的专著《孔子家语》（K'ung Tzǔ Chia Yü）赠送给我馆以及我本人，感谢你在前言中提到我和汉和图书馆的名字，欢迎你再次来剑桥做研究。（HYL Archives：Letter of Alfred K'aiming Ch'iu to Robert Paul Kramers, April 4, 1950）

裘开明答复伊利诺斯州大学图书馆学院（University of Illinois Library School）副校长 Harold Lancour 3月20日的来函，对刘楷贤（Liu K'ai-hsien）作出简要的综合评价。（HYL Archives：Letter of Alfred K'aiming Ch'iu to Harold Lancour, April 4, 1950）

4月6日

裘开明致函加州大学东亚图书馆艾尔文(Richard Gregg Irwin),言无法参加远东协会会议。(HYL Archives:Letter of Alfred K'aiming Ch'iu to Richard Gregg Irwin, April 6, 1950)

4月7日

爱荷华州立大学图书馆Charles H. Brown致函裘开明:你应该已经收到了4月13—15日在安娜堡(Ann Arbor)举行远东协会(Far Eastern Association)会议的通知。图书馆会议将于4月13日下午举行。我没拿到你在纽黑文会议(编者注:即3月20日函中所提之东方馆藏全国委员会小组会议。)论文的模版,我只有两三份复印件。希望能在安娜堡见到你。我会在那里停留1到2天。(HYL Archives:Letter of Charles H. Brown to Alfred K'aiming Ch'iu, April 7, 1950)

4月10日

加州大学东亚图书馆艾尔文(Richard Gregg Irwin)致函裘开明,向裘开明提出馆际互借申请需求,并探讨编目制度的问题。(HYL Archives:Letter of Richard Gregg Irwin to Alfred K'aiming Ch'iu, April 10, 1950)

4月11日

费正清(John King Fairbank)教授致函裘开明:哈佛学院图书馆馆长Keyes D. Metcalf先生向我解释道,如果贵馆可以指定一些重要的中文报纸进行回溯缩微的话,哈佛大学图书馆外国报纸缩微计划将同意制作这些报纸的缩微复本。我建议将《新华捷报》、《大同报》缩微,你是否有其他建议?此外,Metcalf先生告知该项计划可获拨100美元经费,用于购买两种当代报纸,并会补助其缩微成本。这两种报纸可以是从北京寄来的共产党的报纸,也可以是你希望从上海或香港获得的一种资料或报纸。我在选择你提供的两种香港报纸上有些犹豫。我们是否应该把我以前收到的北京过期报纸给Metcalf先生,并请他补助这些资料的缩微成本?我认为Metcalf先生会非常乐意接受上述建议,并开展这些资料的回溯缩微工作。(HYL Archives:Letter of John King Fairbank to Alfred K'aiming Ch'iu, April 11, 1950)

4月17日

哈佛燕京学社董事会举行董事会议,投票表决通过:拨款6000美元(5000美元用于非复本文献部分购买,1000美元用于全部书籍的包装和运输费用)用于购买Bruno Petzold的6500册佛教藏书。投票表决通过:汉和图书馆在未来3年内在日本印刷出版的图书馆中日文目录,成本约为14000美元,印刷出版的资金将从1950—1951、1951—1952和1952—1953年度预算中的出版物拨款中支付。(HYI Archives:Meeting of the Board of Trustees Held on April 17, 1950)

4月21日

费正清(John King Fairbank)教授致函裘开明:希望贵馆能至少保存李剑农(Chien-nung Li)教授有关中国现代政治史的著作2—4个复本。国际和区域研究委员会和我可以补充这部分经费支出,因为学生非常需要这些著作,只有一个复本显然难以满足学生的需求。(HYL Archives:Letter of John King Fairbank to Alfred K'aiming Ch'iu, April 21, 1950)

4月24日

Arnulf H. Petzold致函裘开明:不知你是否收到了我3月28日的来信,请尽快答复运寄藏书的方法和付款的途径。我希望你能将欧洲书籍的目录寄回,并告诉我哪些机构有可能会对剩下的复本有兴趣。(HYL Archives:Letter of Arnulf H. Petzold to Alfred

K'aiming Ch'iu, April 24, 1950)

4月29日

荷兰莱顿汉学研究院(Sinological Institute at Leiden University)曾珠森(Tjan Tjoe Som)致函裘开明:感谢你寄来目录卡片,这些卡片对任何一所图书馆都非常有用,我们希望能继续订购后续出版的书本式分类目录和卡片目录。(HYL Archives: Letter of Tjan Tjoe Som to Alfred K'aiming Ch'iu, April 29, 1950)

4月

由于汉和图书馆在博伊斯顿堂的藏书空间局促,藏文和蒙文佛教大藏经(甘珠尔和丹珠尔)被移送到拉蒙特图书馆(Lamont Library)地下室保存。(HYL Archives: Chinese-Japanese Library of the Harvard-Yenching Institute at Harvard University Report of the Librarian for 1949-1950)

5月3日

裘开明致函Arnulf H. Petzold:哈佛燕京学社董事会已投票通过拨款300美元,用于支付你从日本将所售佛教藏书运往剑桥的费用,请你寄来双联发票,超过这个数目的支出稍后可另寄账单来报销。用于购买整个藏书的5000美元则要到7月1日方能到账,我们希望能分期支付书款,每期支付500-1000美元。我将另函寄回欧洲书籍的目录,达特茅斯学院(Dartmouth College)可能会对这批欧洲书籍有兴趣,你可致函询问,函中亦可提及我的名字。(HYL Archives: Letter of Alfred K'aiming Ch'iu to Arnulf H. Petzold, May 3, 1950)

加州大学东亚图书馆艾尔文(Richard Gregg Irwin)致函裘开明,请裘开明帮助查找文献,并提供馆际互借。(HYL Archives: Letter of Richard Gregg Irwin to Alfred K'aiming Ch'iu, May 3, 1950)

5月5日

裘开明致函国会图书馆东方部主任恒慕义(Arthur William Hummel):我馆将向贵馆寄送一箱首批中文印刷目录卡片,供贵馆复制。这批编号为C50-5000的目录卡片从未供美国其他图书馆使用,因为这部分卡片没有收入我馆将在日本印制的书本式目录中。因为我馆准备在日本重新排版印刷我馆书本式目录的后续卷目,因此本年度将不再向贵馆寄送校样粘贴卡片。我馆希望在日本重排的目录中增加更多新的目录,这些新的目录都是从我馆现有的各种目录中重抄的卡片……同时,我将向贵馆寄去另一箱最新印刷的图书目录卡片,这些卡片均是我馆首次编目加工的卡片,其中绝大多数是丛书分析目录卡片,希望这部分目录卡片与其他图书馆提交的书目数据没有重复。关于日文书籍目录卡片,我馆已经寄给Edwin G. Beal, Jr.博士约1700种目录卡片,仅剩下的300种目录卡片会在两个月内完成。(HYL Archives: Letter of Alfred K'aiming Ch'iu to Arthur William Hummel, May 5, 1950)

5月8日

Arnulf H. Petzold致函裘开明,函寄300美元的双联发票,此笔款项为汉和图书馆支付Arnulf H. Petzold将其出售的佛教藏书从日本运往剑桥的首批运费。(HYL Archives: Letter of Arnulf H. Petzold to Alfred K'aiming Ch'iu, May 8, 1950)

加州大学东亚图书馆Charles E. Hamilton致函裘开明:在《汉和图书分类法》4000大类的取号中,我越来越关注在4774-4785类号中为(二)战后资料取号的正确方法。政府的重组致使现在的分类法相当不适合现在的出版物,因为我们收到了大量同类的图书。我确信你遇到了同样的问题,我很好奇你想到了怎样的解决办法。显然需要一个新的地区分类号,但是,有地方可以插入这个地区分类号吗? 在我看来,怎么插入都会使十进制分类法使用起来相当难用。如果收到共产主义中国的政府出版物,在分类表的中国部分将会出现同样的问题,我毫不怀疑这点。我会很感激你所提供的任何建议。(HYL Archives:Letter of Charles E. Hamilton to Alfred K'aiming Ch'iu, May 8, 1950)

Arnulf H. Petzold 致函裘开明,详述从日本装箱、寄运所售佛教藏书的进展以及存在的困难,并请教裘开明应如何将藏于温哥华的佛教藏书寄往剑桥。(HYL Archives:Letter of Arnulf H. Petzold to Alfred K'aiming Ch'iu, May 8, 1950)

5月9日

前任哈佛大学图书馆馆长白雷格(Robert Pierpont Blake)教授逝世,享年64岁。(Robert Pierpont Blake, Harvard University Gazette Volume XLVI, Number 6)

5月10日

裘开明回复加州大学东亚图书馆艾尔文(Richard Gregg Irwin),告知艾尔文入藏其所需参考书的图书馆。(HYL Archives:Letter of Alfred K'aiming Ch'iu to Richard Gregg Irwin, May 10, 1950)

5月11日

裘开明致函 Arnulf H. Petzold:请你在寄送佛教书籍时注意在有关当局办理齐全的手续。哈佛大学司库将以支票形式支付这批书籍的运费。欧洲书籍的目录已经用挂号信寄出。请你把在温哥华的佛教藏书通过海运运至汉和图书馆。(HYL Archives:Letter of Alfred K'aiming Ch'iu to Arnulf H. Petzold, May 11, 1950)

5月12日

加州大学东亚图书馆艾尔文(Richard Gregg Irwin)致函裘开明,感谢裘开明给他寄送的《三国演义》、《水浒传》和《西游记》三本小说。(HYL Archives:Letter of Richard Gregg Irwin to Alfred K'aiming Ch'iu, May 12, 1950)

5月13日

日本王胜之致函裘开明:吾兄之以日本图书馆参观指导之聘请,弟可及时代为办理。弟至今未得横滨美领之音信,是否可许家内来美,恐于5月内接通知。若家内不得许可时,弟欲于6月中旬赴旧一行。日前经友人介绍一位由日本来美之留学生山口玲子(日本女子大学毕业后服务于美军属之图书馆数年),今夏由 Western Reserve University 图书馆专业毕业,因经济关系不得入他校继续研究,因而不知兄处是否有半工半读之职务力效。(HYL Archives:王胜之致函裘开明信函,1950年5月13日)

5月16日

裘开明致函加州大学图书馆东亚图书馆 Charles E. Hamilton:5月8日来函收悉,关于二战后新的日本政府部门或者已更换新名称的旧日本政府部门发行的日本政府出版物的分类问题,我们的分类原则是依照出版物的内容分类,而不是依照出版机构的名称分类。因此,不论政府部门的名称如何改变,无论机构或部门的名称在日本或中国的历史有何改变,这些文献均可分入同一分类号下。对于新成立的部门出版的出版物,不宜使用一个新的类号(即使是预留的类号),因为如果使用新的类号,那么,内容相似的出版物将会分散到不同的类别⋯⋯汉和图书馆并不担心共产主义中国出版的政府出版物的分类问题,也不会因此而修改分类法。(HYL Archives:Letter of Alfred K'aiming Ch'iu to Charles E. Hamilton, May 16, 1950)

董纳姆(Wallace B. Donham)致函哈佛燕京学社社长叶理绥(Serge Elisséeff)教授,

解释和说明哈佛燕京学社计划购买罗克(Joseph F. Rock)藏书和摩梭稿本的经过,为叶理绥教授在巴黎或伦敦面见罗克提供背景信息。(HYI Archives：Letter of Wallace B. Donham to Serge Elisséeff, May 16, 1950)

5月19日

裘开明致函加州大学东亚图书馆艾尔文(Richard Gregg Irwin)：库恩(Franz Kuhn)翻译的德文版《水浒传》已寄往贵馆。很抱歉我们在康熙《兴化县志》中没能找到任何有关施耐庵的内容。我希望国会图书馆的王恩保(Joseph En-pao Wang)先生能够在他们有的版本中为你找到一些信息。明版的《刘槎翁(Liu Ch'en-weng)文集》不提供外借,但是我们可以为傅汉思(Fraenkel Hans)博士做缩微胶片。(HYL Archives：Letter of Alfred K'aiming Ch'iu to Richard Gregg Irwin, May 19, 1950)

5月20日

裘开明致函密歇根大学美术系教授 John Hadley Cox：感谢你寄来的有价值的中文佛教铜像目录。很高兴得知你在密歇根一切顺利。随函附上日文艺术类文献目录,这些书为 Donard H. Shively 先生所有。能否告诉我贵馆是否有兴趣购买?(HYL Archives：Letter of Alfred K'aiming Ch'iu to John Hadley Cox, May 20, 1950)

裘开明致函香港商务印书馆经理 Hsu Ying-chong 先生：函附 3 份用红色铅笔勾选的订购目录,请尽快将这些图书寄给汉和图书馆,并将这些勾画过的目录归还。请寄来中国小字毛笔和中字毛笔各 6 支。我已请本馆中国办事处的秘书陈观胜(Kenneth Chen)给贵馆汇存了一笔美金,请从余额中扣除以上款项。(HYL Archives：Letter of Alfred K'aiming Ch'iu to Hsu Ying-chong, May 20, 1950)

美国图书馆协会和远东协会联合委员会主席 Charles H. Brown 致函裘开明,函寄东方馆藏全国委员会会议录。(HYL Archives：Letter of Charles H. Brown to Alfred K'aiming Ch'iu, May 20, 1950)

5月23日

费正清(John King Fairbank)教授致函裘开明：感谢你 5 月 14 日来函对中国研究计划提出宝贵的意见。我担心在你在哈佛任职期间,我们难以改变韩国(朝鲜)研究的落后停滞现状。但不管怎样,我们的研究兴趣仍在,而且我有一小部分资金可用于采购图书资料……如果你能够提出一些我们认为非常有益的采购计划和建议,将对我们有很大帮助。我们与贵馆均认为学校应该收藏有关美国与亚洲的当代文献,而贵馆在韩文资料的收藏上比较缺乏,我希望逐渐增加有关该领域的当代文献收藏。不知你对韩文资料采购有什么建议和计划。(HYL Archives：Letter of John King Fairbank to Alfred K'aiming Ch'iu, May 23, 1950)

5月24日

钱存训致函于震寰：另有恳者,尊馆目录前印三册,年前在康桥似见 4000 号以后有校样一份,装订成册,近闻已剪贴付印,不知进行如何? 敝处编目事宜,一应追随尊馆旧章,所因卡片,采用不少[约 1/3(经子)至 1/2(史)]。现 3000 号以前各书均已编就(约四万余册),正着手 4000 号以后各书,如旧目已印就一部,仍拟每卡订购一份,以资应用。如书本目录能设法翻得一部(用 photostat 或 microfilm),俾供参考,尤所乞盼。如何之处,即乞指示一二,不胜感幸。专此顺候。旅祺。裘公前乞代候,所陈各节,并请转言,不另函续。(信末于震寰注：如何答复,乞示。)(HYL Archives：钱存训致于震寰信函,1950 年 5 月 24 日)

裘开明致函胡佛研究所与图书馆中文馆藏负责人芮沃寿（Arthur Frederick Wright）：我们已收到李继先（Johnson C. S. Lee）的来函，他现在无法立即离开中国大陆。这封信是通过他的朋友从香港寄过来的。他很抱歉未能前来美国，并感谢你为他保留职位到现在，很抱歉让你失望。但是当下的世界情况，我们都无能为力。有一位名叫童世纲（Tung Shih-kang）的先生，毕业于武昌文华图书馆学专科学校，并在波士顿大学获得政治学学士学位。1946—1948年间，他在我馆工作了两年，后去了联合国图书馆，临时工作6个月，我们已经重新聘任他回我馆工作。若你想让他到贵馆工作，我们很愿意推荐他去，我馆可重新聘请一位年轻资历浅的人。童先生是个很尽责而又谨慎的馆员。现年大约40岁，从他的个人简历来看，他在中国有相当的政治经验。童夫人（吴元清 Wu Yuencheng）也是一名训练有素的馆员，曾经是西蒙斯大学图书馆学学院的研究生，他们没有孩子。万一我们不能立即找到合适人选，我可以让童夫人暂来我馆工作，直到找到合适的人。童先生在我馆工作的两年时间里，将费正清（John King Fairbank）教授为中国区域研究项目购买的大部分文献进行了编目。如果贵馆亦藏有这些文献，童先生将能很快完成相关的工作。（HYL Archives: Letter of Alfred K'aiming Ch'iu to Arthur Frederick Wright, May 24, 1950）

5月26日

裘开明致函钱存训（Tsuen-hsuin Tsien）：你5月24日写给于震寰先生的信已转由我来答复。我们已经改变原有计划，将在日本重新铅印《汉籍分类目录》的后续卷册。我们还未向国会图书馆送交我们的剪贴卡片，但是我们将会在明年秋季进行此项事宜，以便他们复制并分发给其他图书馆。同时，我们希望在《汉籍分类目录》的后续卷册中增加更多新的目录，其中一些是已送交给国会图书馆复制和分发的普通印刷卡片，大约有约3000种，不过绝大部分是1938年后新增的目录。我馆现在仅有各种目录的Ditto复制卡片。这些复制卡片将在后续卷册中进行铅字印刷。现在可以通过缩微图片公司（Micro-photography Co., West Newbury, Mass.）缩微复制我馆的社会科学类书目校样和别集目录。该公司也可根据卡片纸张的类型，以每张卡片5美分或3.5美分的价格，从缩微胶片负片影印正片卡片。这些打印卡片或缩微胶片的订购单应直接寄给该公司。鉴于国会图书馆中文卡片价格高和制作时间长，我认为贵馆可以现在订购一套分类号为4000和5000的此种影印卡片。其后你们可以从国会图书馆多购买一套书名和作者目录卡片。你可以与顾立雅（Herrlee Glessner Creel）教授商议此事。斯坦福和耶鲁大学已经从该公司购买了我馆的这些卡片。你们是否已订购国会图书馆中日文图书合作编目计划（Cooperative Cataloging Plan for Chinese and Japanese books）复制和发行的中文卡片？如果已订购，你们不久将会收到我馆在中国印刷的卡片，这些卡片并未列入我们的书本式目录中。（HYL Archives: Letter of Alfred K'aiming Ch'iu to Tsuen-hsuin Tsien, May 26, 1950）

裘开明致函费正清教授（John King Fairbank）：感谢你转发 S. C. Ch'en 先生有关1948—1949年图书采购决算的函件。Ch'en 先生信中所提及的第62号包裹已经于去年收到。我已检查了上海寄来的新书目，并通过航空邮寄给燕京大学，请他们帮助订购。我认为燕京大学是值得信赖的机构，迄今为止在采购书籍上没有遇到什么困难。我馆已收到几批燕京大学航运来的书籍，并已移交给 Brand、赵国钧（Kuo-chun Chao）、史华慈（Benjamin Isadore Schwartz）几位使用。7月1日后，我将请 Keyes D. Metcalf 先生委托纽约中国大学联合董事会转寄给燕京大学用于采购报刊和当代图书的经费。为了避免国家封锁,第二批来自上海的邮件现由美国邮政局接受办理。我已致函燕京大学,请他们留意购买1872—1924年的《申报》,用于制作缩微胶片,费用则自Metcalf的报纸缩微计划经费中支出。稍后告知具体费用数目。(HYL Archives:Letter of Alfred K'aiming Ch'iu to John King Fairbank,May 26,1950)

裘开明致函国会图书馆编目部主任Frederick H. Wagman博士:5月3日来函收悉,现就你提出的关于复制汉和图书馆日本作者规范卡片(authority card)的事宜答复如下:汉和图书馆编制日本作者规范卡片已超过10年,目前已经有10500片卡片存放于12个目录柜中,其中包括10000个人名和500个机构名称。但是这些卡片一开始制作的时候主要是供汉和图书馆内部使用,并没有考虑过出版或者允许他人使用。因此,很多都是手工制作卡片,不统一,其中一些卡片还损坏了。因为这些原因,汉和图书馆一直未考虑出版并提供给其他图书馆使用。由于哈佛燕京学社一直努力建立一种高水平的形象,我认为日本作者规范卡片,不论是印刷卡片,还是手抄卡片,都没有达到这个水平。因此,汉和图书馆决定暂时不参加国会图书馆的计划。哈佛燕京学社在最近一次的春季会议上已批准在未来的几年间出版汉和图书馆日文图书目录的拨款。考虑到国会图书馆的计划在未来对美国东亚图书馆将极为有益,汉和图书馆将在日本进行日文规范卡片的排版印制。在明年这些卡片从日本运回来后,汉和图书馆将像制作中文卡片一样制作剪贴卡片,并提交给国会图书馆的日文合作编目计划。如果是这样的话,这项工作将在1950—1951年间开始实施。(HYL Archives:Letter of Alfred K'aiming Ch'iu to Frederick H. Wagman,May 26,1950)

5月29日

加州大学东亚图书馆艾尔文(Richard Gregg Irwin)致函裘开明:感谢你为我查找《兴化县志》,我仍在等着德文版《水浒传》。感谢你给傅汉思(Fraenkel Hans)博士提供有关刘槎翁(Liu Ch'en-weng)的馆藏信息。随信附上Donald. H. Shively先生想出售书籍的目录。(HYL Archives:Letter of Richard Gregg Irwin to Alfred K'aiming Ch'iu,May 29,1950)

5月30日

费正清(John King Fairbank)教授致函裘开明:Shirato先生目前在哥伦比亚大学与Wlbur教授一起编制关于中国共产主义的中日文文献目录,希望我和贵馆能够协助提供资料。(HYL Archives:Letter of John King Fairbank to Alfred K'aiming Ch'iu,May 30,1950)

6月2日

裘开明致函美国图书馆协会和远东协会联合委员会主席Charles H. Brown:非常感谢你寄来1949年4月在纽黑文(New Haven)召开的关于东方馆藏的会议记录。非常抱歉我没能参加今年贵委员会在安娜堡(Ann Arbor)召开的会议。国会图书馆对于在安娜堡通过的一些提案做了交流讨论。其一是关于日文规范著录卡片的交换和分配,其二是关于继续中国和日本合作编目项目的事宜。到目前为止,每一个人似乎对这个项目都感到满意。截至今日,我们已经完成了约2000册日文图书和2400册中文图书的编目。在这个月底之前,也就是这个学年结束之前,我希望可以寄送给国会图书馆6000张中日文图书卡片,以便国会图书馆卡片部门进行复制。这是我们在1949年7月给我们自己定下的目标。(HYL Archives:Letter of Alfred K'aiming Ch'iu to Charles H. Brown,June 2,1950)

6月3日

芝加哥大学远东图书馆馆长钱存训(Tsuen-hsuin Tsien)致函裘开明:非常感谢你5

月 26 日来函告知有关 4000 和 5000 分类号的目录卡片情况。我们非常高兴获悉贵馆书本式目录和印刷卡片的进展情况。我已与芝加哥大学图书馆装备部商议了此事。我们认为这些 4000 和 5000 类目录卡片校样缩微胶片和一套 4000 类照相复制卡片将对我们有非常大的用处。我们正准备致函缩微图片公司协商进一步的细节。为了对成本进行估计,我们恳请你告知我们 4000 和 5000 类目录卡片的数量。一旦我们加入国会图书馆中文图书合作编目计划,我们将会收到为贵馆复制的卡片。顾立雅(Herrlee Glessner Creel)先生已赴欧洲几个星期了,他将于明年 10 月份回来。请代我向裘夫人(曾宪文)和其他诸友问好。(HYL Archives:Letter of Tsuen-hsuin Tsien to Alfred K'aiming Ch'iu, June 3, 1950)

Arnulf H. Petzold 致函裘开明:我已委托 Werner Levedag 全权负责将日本的佛教藏书运往汉和图书馆的全部工作。我已收到你寄还的欧洲书籍目录,随函附上我已签名的首批运费双联发票。(HYL Archives:Letter of Arnulf H. Petzold to Alfred K'aiming Ch'iu, June 3, 1950)

6 月 5 日

美国图书馆协会和远东协会联合委员会主席 Charles H. Brown 致函裘开明:我非常感谢你 6 月 2 日的来信。我很高兴所有的馆长都同意了我们的项目。我觉得在过去数年来所取得的进展真是了不起。哈佛小组有没有看过《中国出版调查》(Chinese Press Survey)?这份调查是由 John W. Powell 出版,由 Fang Fu-An 编辑的。如果你们已读过,我想知道中国的教授和学生对这报告有什么想法。(HYL Archives:Letter of Charles H. Brown to Alfred K'aiming Ch'iu, June 5, 1950)

斯坦福大学胡佛研究所芮玛丽(Mary Clabaugh Wright)致函裘开明:很遗憾李继先(Johnson C. S. Lee)不能来美工作。我们目前正在考察一名在伊利诺斯大学图书馆学院攻读硕士学位的年轻中国女子,希望能多一些人选。(HYL Archives:Letter of Mary Clabaugh Wright to Alfred K'aiming Ch'iu, June 5, 1950)

6 月 10 日

裘开明致函加州大学东亚图书馆 Man-Hing Yue Mok:贵馆采访部询问我馆后续的印刷卡片,很抱歉我们暂时没有。我已致函燕京方面,请他们给贵馆寄一套后续的卡片。由于日本军队占领(燕京大学校园)的原因,其中的一些卡片可能已经遗失了。因此,请你们告知缺少的卡片序号,我馆将为贵馆复制。随函附上缩微图片公司制作的样本一份,这份样本是用卡片的缩微胶卷放大制成的。我的一个朋友有一套商务印书馆万有文库本 21 卷《十通》,愿以 200 美元的价格出售。贵馆可能已有该文献的其他版本,但该版本较佳,且附有索引,可放在一般阅览室供参考查询用。贵馆或可购入。(HYL Archives:Letter of Alfred K'aiming Ch'iu to Man-Hing Yue Mok, June 10, 1950)

6 月 12 日

裘开明致函芝加哥大学远东图书馆馆长钱存训(Tsuen-hsuin Tsien):6 月 3 日来函收悉,我馆社会科学和中国经典类目录卡片的情况如下:4000—4999 类大约有 2250 种图书,5242—5560 类大约有 3090 种图书。我认为,如果你打算以大约 266 美元的价格购买这些文献的影印卡片,那么你就不需要买缩微胶片,这样在目前可以节省一部分资金,但是最终你还是必须向国会图书馆订购一套卡片。(HYL Archives:Letter of Alfred K'aiming Ch'iu to Tsuen-hsuin Tsien, June 12, 1950)

6 月 13 日

吴婉莲(Dorothea Wan Lien Wu)来函告知可以来馆上班的时间段,并介绍自己的学习经历和语言能力。(HYL Archives：Letter of Dorothea Wan Lien Wu to Alfred K'aiming Ch'iu, June 13, 1950)

6月14日

加州大学图书馆采访部主任John E. Smith致函裘开明：我们希望订购贵馆分类号从7090至12195的一套目录卡片。我已经拿到《佩文韵府》和《十通》的缩微胶卷。非常感谢你所提供的帮助。(HYL Archives：Letter of John E. Smith to Alfred K'aiming Ch'iu, June 14, 1950)

6月15日

Emma Delong Mills致函裘开明，介绍前往台湾调查华美协进社在台湾的医疗项目实施情况的见闻。(HYL Archives：Letter of Emma Delong Mills to Alfred K'aiming Ch'iu, June 15, 1950)

6月19日

Man-Hing Yue Mok夫人致函裘开明：我很感激你告知《十通》的出售信息。将来如有其他中文和日文重要书籍的相关信息，可否请你告诉我？根据你的建议，我们正在向缩微图片公司订购4000－4999类号和5242－5569类号的影印卡片。你是否参加了去年4月在密歇根举办的远东协会会议？我一直想知道那次会议以来形成了什么重要的决定或是结论。(HYL Archives：Letter of Mrs. Man-Hing Yue Mok to Alfred K'aiming Ch'iu, June 19, 1950)

6月25日

吴婉莲(Dorothea Wan Lien Wu)致函裘开明，告知自8月14日开始可以到馆上班。(HYL Archives：Letter of Dorothea Wan Lien Wu to Alfred K'aiming Ch'iu, June 25, 1950)

6月28日

哈佛学院图书馆参考部主任参考助理Foster M. Palmer致函裘开明：国会图书馆1949年寄来的第27批供费正清(John King Fairbank)教授和史华慈(Benjamin Isadore Schwartz)先生借阅的图书，在一个月前准备归还时发现有三本未找到，史华慈还专门查找了缺少的图书，但未有下落。你能否提出处理此事的建议，此事必须尽快向国会图书馆汇报。(HYL Archives：Letter of Foster M. Palmer to Alfred K'aiming Ch'iu, June 28, 1950)

6月

富田幸次郎(Korijo Tomita)与裘开明合撰"Album of Six Chinese Paintings Dated 1618, by Li Liu-fang (1575－1629)"发表于 Bulletin of the Museum of the Fine Arts (Boston), Vol. 48, No. 272 (June 1950)：26－33。

哈佛燕京学社1949－1950年度(截至1950年6月30日)所购古籍可以称道者包括：①东汉延熹七年(146)土圭乙方，专属，清末出土于河北定县。端方旧藏。有分兼行书三行，十四字，字字劲挺流丽，实开后世行书之先河。②瓷器，计唐一、宋八、元十三、明三十、清三十五，年代尚未十分确定者八，共计九十三件。据故宫博物院专门委员吴荣培及清华大学陶瓷专家顾□□教授等，均谓此项标本选择甚精，足以配合本校陶瓷科之研究。③铜镜，战国一、秦八、汉二十六、唐七、宋三、明一，共计五十一面。著录于梁上椿《岩窟藏镜》者二十四面。④墓志，唐二十一、明一，共计二十二方。此项墓志虽非精品，以其价格相宜，□备一格。⑤清道光(1821－1850)帝后像一轴，图绘极精，可供研究近代史者观摩。(HYI Archives：《哈佛燕京学社1949－1950年度所购古籍可以称道者》)

1949－1950年度，汉和图书馆通过燕京大学图书馆在中国购得593种4928册中文书籍。但是这批书并未寄到剑桥,仅有书单在馆长办公室文件中备案。(HYL Archives: Chinese-Japanese Library of the Harvard-Yenching Institute at Harvard University Report of the Librarian for 1950-1951)

7月5日

费正清(John King Fairbank)教授致函裘开明:我们现在是否可以开始挑选国会图书馆累积的复本?因为其他大学正在挑选国会图书馆的复本。我记得汉和图书馆决定等从日本购得的书籍和柯立夫藏书(Cleaves collection)运抵哈佛后再开始选书,这样是否会错过最佳时机?(HYL Archives: Letter of John King Fairbank to Alfred K'aiming Ch'iu, July 5, 1950)

7月10日

裘开明致函斯坦福大学胡佛研究所芮玛丽(Mary Clabaugh Wright):祝贺你终于为胡佛图书馆中文部聘请到了一位合适人选,很抱歉我给你推荐的人选迟迟无法上任而浪费了你很多时间。这说明我不是一个好的政治预见者。现在中国已经进入一个封闭时期,我们对此都感到很难过。感谢你建议 Philip T. Mclean 在8月7日来剑桥时参观我馆。我很愿意跟他谈论我们两馆的福利问题。这些问题的解决将会使我们双方都受益。(HYL Archives: Letter of Alfred K'aiming Ch'iu to Mary Clabaugh Wright, July 10, 1950)

7月14日

耶鲁大学图书馆编目主管 Dorothy F. Livingston 致函裘开明:我们有许多涉及哈佛燕京中日文图书目录卡片的通信和信息,其中有一些看起来似乎是矛盾的。根据记录,我馆于1948年11月1日向贵馆订购了所有的中日文卡片,其中中文卡片每种5张,日文卡片每种4张。贵馆正在重新印刷和出售这些卡片,但是我们尚未收到贵馆寄来的日文目录卡片……我馆最近一次收到贵馆寄来的卡片是1949年7月。我猜想贵馆停止了卡片印刷计划。同时,国会图书馆现在正在提供所有的中日文图书目录卡片。如果你能确认或更正我的看法,我们将不胜感激。(HYL Archives: Letter of Dorothy F. Livingston to Alfred K'aiming Ch'iu, July 14, 1950)

裘开明致函东京商科大学(Tokyo University of Commerce)教授都留重人(Shigeto Tsuru):感谢你6月15日的来信,以及随函所附的岩波书店(Iwanami Shoten)承印我馆日文书目的成本报价单。随后我们还收到了该书店寄给我们的样本。坦率地说,我方对报价单和样本的第一反应是不满意,因为:(1)成本高,是我们预计的2倍;(2)由于编辑擅自修改正文,最终排版后每页的内容和我们的原稿相去甚远,比如,把目录中马尔萨斯(Malthus)的《人口论》译成日文。我们著录的作者和译者形式如下:Malthus, Thomas Robert; Yoshida, Hideo(tr.),但是岩波书店的编辑给我们改成了下面的形式:Thomas Robert Malthus Keizaigakugenri, tr. by Yoshida Hideo。你可以看出他正在借机破坏图书馆编目已有的规则。还有,在日本著名小说家目录中,我们列出了井原西鹤(1641—1692, Saikaku Ibara)姓名的片假名和罗马拼音字母,但是编辑让排版工人完全放弃姓氏的片假名,标目只保留了西鹤二字,却又保留了 Saikaku Ibara 罗马拼音全名,一看到这两部分(片假名和罗马拼音全名)就觉得矛盾。这名小说家可能是以"西鹤"的名字为大家所熟知,但是我们的图书馆员则是在姓氏之下列出其全部著作。你可能赞成我的观点,这个问题是由图书馆员决定的,而不是岩波书店的编辑决定得了的。随函附上一份油印的英日文对照日文图书编目规则,以便该书店按照我们的规则以及我们之前寄给他们的手写目录卡片重新排版。烦请与岩波先生磋商,我们是否可以支付7000美元到他在纽约的账户,请岩波书店完成全部工作,即出版 500 套书目,每套 2000 页。当然,如果最终书目超过 2000 页,我们会相应地增付费用。(HYL Archives: Letter of Alfred K'aiming Ch'iu to Shigeto Tsuru, July 14, 1950)

7 月 21 日

裘开明致函美国驻香港总领事馆美国信息图书馆黄星辉(Julius Hsin-hui Huang):兹附上我给胡佛图书馆中文文库主管芮玛丽(Mary Clabaugh Wright)的信件。很抱歉,那里的职位空缺已经被人填补了。如果我知道李继先(Johnson C. S. Lee)没有去,我就会推荐你去那个职位。6 个月甚至 3 个月以前,芮玛丽都可能接受我另外推荐的应聘者。后来,Wright 夫人(芮玛丽)与美国伊利诺斯大学图书馆学院的毕业生、原岭南大学图书馆代理馆长王肖珠女士取得了联系。当我接到你 6 月 26 日来信时,已经太晚了,因为 Wright 夫人已经接受了王女士的申请。所以,你知道李继先不仅违背了自己的诺言,而且也糟蹋了另外一位文华毕业生的机会。我将不会再那样信任他。然而,我觉得你现在的职位不错,万一再发生世界大战,而美国领事馆不得不从香港撤回美国本土,我肯定他们会把你一起带回美国。看看他们对 S. C. Ch'en 先生多好,已经在华盛顿特区为他安排了工作。虽然存在着世界大战的威胁,但是,我们已经决定在香港印刷我们的中文图书目录。哈佛燕京学社的中文秘书陈观胜(Kenneth Chen)博士今年春在香港时已经与致生洋纸行(Che San & Co.)进行了初步的商谈。附件是我写给致生洋纸行要求他们提供详细报价的中文信件,请你带去交给他们……请你帮我们图书馆做上述工作,我将要求哈佛燕京学社支付你的一切费用,请保留所有的花费账单。附件"裘开明致函香港致生洋纸公司执事"言:敝馆书本目录向由北平燕京大学校印所承印,(珍珠港)事变后美国与北平间船邮断绝无法进行,故改在香港付印。春间请哈佛燕京学社驻华秘书长陈观胜先生向贵公司接洽,承寄来用纸样张及估计价目,均已收悉。兹再请美国领事图书馆主任黄星辉先生来前,请予接洽一切,并祈从速排印书本目录样张一页,字体格式及大小均照旧样。来函请答复下列各问题:(1)若照该样张印 500 部,每部 2000 面(或页)用寄来纸样,每面需价若干?(2)全部排完后,打 2000 面纸版,每个纸版(即每面)需价若干?(3)若取 100 部由纸面改订布面,烫金字,每部需价若干?(HYL Archives: Letter of Alfred K'aiming Ch'iu to Julius Hsin-hui Huang, U. S. Information Library, American Consulate-General, Hong Kong, July 21, 1950)

裘开明致函耶鲁大学图书馆编目员 Dorothy F. Livingston:我馆已给你们寄送了 1948 年编制的 62 种日文丛书子目卡片,兹附上相关账单。经过核查,David H. Clift 先生起初每种日文图书仅订购了 2 张卡片,但其后他增加到了每种 4 张卡片。如果耶鲁大学希望购买少订的 2 张卡片,请寄来序列号,我将尽力满足。我馆与耶鲁大学图书馆之间的各种有关卡片购买事宜的通信看起来似乎是矛盾的,但实际上这些信指的是不同系列的卡片,因此并不矛盾。1949 年 7 月,我们开始实施中日文图书合作编目计划(Cooperative Cataloging Plan for Chinese and Japanese books)后,国会图书馆也决定开始发行这些由参与图书馆提供的影印主卡片,我馆自然停止了发行这类目录,以避免与国家计划之间的冲突。我认为,美国图书馆协会和远东协会联合委员会发给各图书馆的各种各样的通知,以及《国会图书馆通讯》不定期发布的信息已使所有的图书馆都清楚了这一合作事宜。显然,Clift 先生还未明了这些信息。因此我们愿意再次说明,一旦国会图书馆开始向其他图书馆提供卡片发行服务,哈佛将不会侵占国会图书馆集中编制和发行卡片的权利。(HYL Archives: Letter of Alfred K'aiming Ch'iu to Dorothy F. Livingston, July

21,1950)

7月24日

　　费正清(John King Fairbank)教授致函裘开明：兹附上我收到的国务院急件，其中包含一份很长的目录，该目录是国会图书馆采购的有关中国共产主义出版物的目录，请阅后归还。希望你能够参考该份目录，制定一份从香港采购其中部分图书的订购目录。我所领导的中国研究计划在过去的5年中一直计划做一卷有关中国共产主义政策的档案文献，现在已经获得批准，未来将由史华慈(Benjamin Isadore Schwartz)、Brand、赵国钧(Kuo-chun Chao)组成的研究小组继续该项工作，我会陆续告知你相关进展。(HYL Archives：Letter of John King Fairbank to Alfred K'aiming Ch'iu, July 24, 1950)

7月25日

　　费正清(John King Fairbank)致函裘开明：兹附上中国农村复兴联合委员会(Joint Commission on Rural Reconstruction)信息与教育办公室主任 M. S. Ravenholt 5月22日、5月29日、6月23日给我的三封信件，其中包括有关农业与土地改革方面的文献目录。我将向汉和图书馆赠送目录中的32种文献，希望你能够建立有关中国农村复兴联合委员会农业与土地改革方面文献的专藏，集中保存这类文献。我计划组织学生从事这一领域的研究，因此今后还会陆续寄来相关出版物。(HYL Archives：Letter of John King Fairbank to Alfred K'aiming Ch'iu, July 25, 1950)

7月26日

　　裘开明致函费正清(John King Fairbank)教授：感谢你寄来美国驻大连领事馆为美国政府购得的有关中国共产主义出版物的目录。该目录对我馆有很大帮助，因为其中有很多苏联作者的名字已经被译成中文。我已将大连领事馆的急件寄还给你，但留下了书目，以便核查我馆馆藏。我馆馆藏中已经有了目录中所列的很多文献，但绝大部分是延安版本。你是否希望我馆购买较新的中国东北或[中国]北京的版本。Keyes D. Metcalf 先生即将于8月中旬结束欧洲之行，返回美国，你是否要请 Metcalf 先生向纽约中国大学董事会寄去500美元，由该会转寄给燕京大学，请燕京大学图书馆馆长代购中国共产主义出版物。随函附上我给怀德纳图书馆 James W. Pirie 先生的有关制作《北华捷报》缺期缩微胶片的信函。此外，燕京大学图书馆馆长近期来函告知已查到两个收藏有完整《申报》的单位，其一是北京图书馆，其二是上海徐家汇天主教藏书楼，但是没有好的相机拍摄。北平图书馆的缩微设备陈旧，不能用于拍摄报纸。燕京有新的缩微设备，但是缺少新的胶卷。陈鸿舜(Ch'en Hung-shun)先生已致函洪煨莲(William Hung)教授，请他向学社申请一笔资金用于购买这些胶卷。(HYL Archives：Letter of Alfred K'aiming Ch'iu to John King Fairbank, July 26, 1950)

　　裘开明致函怀德纳图书馆报纸缩微计划负责人 James W. Pirie：兹附上费正清教授关于制作《北华捷报》缺期缩微胶片的备忘录，请你们帮忙制作所缺期刊的缩微胶片。(HYL Archives：Letter of Alfred K'aiming Ch'iu to James W. Pirie, July 26, 1950)

8月3日

　　裘开明致函费正清教授(John King Fairbank)：你寄给我馆的报刊内容均与共产主义或准共产主义有关。我馆是否应从香港获得一些非共产主义类的报刊。随函附上非共产主义团体正在出版的报纸和月刊目录。我馆即将收到香港社会民主党编辑出版的《国家复兴》。我馆已在目录上列明了希望获得的报刊，请你在香港的代表在提供现刊的同时，也提供过刊。(HYL Archives：Letter of Alfred K'aiming Ch'iu to John King Fairbank,

August 3,1950)

8月12日

汉和图书馆自本日到9月16日闭馆,字典和其他必要参考著作暂时转移到怀德纳图书馆,其他书籍在闭馆期间可以外借。(HYL Archives：Note of Chinese-Japanese Library, May 13,1950)

8月15日

Arnulf H. Petzold致函裘开明:我刚刚从Werner Levedag处得知,全部佛教藏书已经于8月2日从大仓山研究所(Okurayama Institute)运往横滨,现保存于仓库,并在仓库中打包。8月5日,将采用挂号的方式向贵馆试寄3包图书……8月7日,第一批70包书准备装运上船……目前估计所有佛教书籍将有1000包,请你将1000美元的书款直接寄给Werner Levedag。(HYL Archives：Letter of Arnulf H. Petzold to Alfred K'aiming Ch'iu, August 15,1950)

8月17日

哥伦比亚大学东亚图书馆馆长Howard P. Linton致函裘开明:现在的图书目录只有作者目录和书名目录,我们最近一直在讨论利用主题目录或分类目录查找资料的问题,提出了很多问题,但可能还有一些我们尚未遇到的其他问题。其中的一个问题是你对主题目录与分类目录价值的看法,我们希望知道你的具体意见。你是否已公开出版了你使用的分类主题词表?或者该词表是否可以借阅或复印?关于已出版的主题词表,我们想知道哈佛是否有沈祖荣(Samuel Tsu-jung Seng)的《标题总录》(这是否是国会图书馆主题词表的译本)或者吕绍虞的《中文标题总录》?如果有,我们可否短期借阅?……我意识到在这封信中提出了很多要求,深感歉意。但我们高度敬佩你在中文编目方面取得的成就。我希望我们有朝一日能稍稍报答你。(HYL Archives：Letter of Howard P. Linton to Alfred K'aiming Ch'iu, August 17,1950)

8月18日

香港致生洋纸行(Che San & Co.)致函裘开明,函告印刷书本式目录的第一次报价:(1)500册书,每册1000叶即2000页,双面印刷,中式平装装订,厚纸封面,每叶13英寸×10英寸,每叶31元,共计31000元;(2)500册书,每册2000叶即2000页,单面印刷,中式平装装订,厚纸封面,每叶13英寸×10英寸,每叶31元,共计36000元;(3)500册书,每册1000叶即2000页,双面印刷,新式平装装订,便于翻阅,每叶12.75英寸×9英寸,每叶30元,共计30000元;(4)500册书,每册2000叶即2000页,单面印刷,新式平装装订,便于翻阅,每叶12.75英寸×9英寸,每叶18元,共计36000元。接到订单后90天交货。加急增收50%的费用。(HYL Archives：Letter of Che San & Co. to Alfred K'aiming Ch'iu, August 18,1950)

8月19日

香港致生洋纸行(Che San & Co.)致函裘开明,函稿印刷书本式目录的最终报价,并寄来2页书本式目录印刷样张。最新的报价如下:(1)500册书,每册1000叶即2000页,双面印刷,中式平装装订,厚纸封面,每叶13英寸×10英寸,6.2元,共计31000元;(2)500册书,每册2000叶即2000页,单面印刷,中式平装装订,厚纸封面,每叶13英寸×10英寸,3.6元,共计36000元;(3)500册书,每册1000叶即2000页,双面印刷,新式平装装订,厚纸封面,每叶13英寸×10.5英寸,6.25元,共计31250元(约等于每页15.62港元);(4)500册书,每册2000叶即2000页,单面印刷,新式平装装订,厚纸封面,每叶 13 英寸×10.5 英寸,3.75 元,共计 37500 元。(5)2000 页排版纸模,尺寸为 11.2 英寸×8.5 英寸,每张 12 元,共计 2400 元。(6)100 本历史类书籍装订成皮布面,烫金字,每册 3.50 元,共计 350 元。以上是我们的最后报价。接到订单后 90 天交货。Term:-F. O. B. 加急增收 50％的金额。(HYL Archives: Letter of Che San & Co. to Alfred K'aiming Ch'iu, August 19, 1950)

美国驻香港领事馆图书馆主管黄星辉(Julius Hsin-hui Huang)致函裘开明:当你收到我这封信的时候应该也收到致生洋纸行(Che San & Co.)关于印刷贵馆中文书书目的报价。致生没有保存之前的报价单,我也没有告诉他们报价是多少。所以他们重新估算了印一面或一张纸印两面的价格。我让他们致函给你,并保存来往的通信,这样我们做事情就白纸黑字有凭有据,他们也有记录可查。他们建议使用比较厚的纸,这样可以双面印刷,更经济。所以他们的估价是按照采用厚纸(80 磅)印刷计算的。他们的预算里包括了用 76 磅纸印刷和用厚纸印刷的不同价格。他们用"叶"作为印刷的计量单位,而不是用"页"。按照他们的预算(用厚纸),1 叶印两面,即 2 页,若印刷 500 册,则每叶需港币 31 元(每页 15.50),包括用纸做封面中式平装装订。另外,他们认为一册书 1000 叶太厚了,不便采用中式平装装订,所以他们建议采用"新式"装订法,我以为"新式"装订法即用纸做封面的洋装。这样,包含装订在内,每叶 30 港币,每页的尺寸为 12.75 英寸×9 英寸;或者每叶 30.65 港币,每页的尺寸为 13 英寸×10.5 英寸。(我认为前一个尺寸太小了,所以让他们按照 13 英寸×10 英寸或 13 英寸×10.5 英寸的尺寸向你报价。)根据他们第一次的预算,采用洋装比较便宜的原因是每页朝内的边缘可以留得比较小,这样一大张纸可以裁成不止一叶。另外,印刷的时候可以 2 叶同时印,而不必一次印一叶。然而他们再估算 13 英寸×10 英寸或 13 英寸×10.5 英寸的尺寸时,他们忘记了用洋装比较便宜这一因素,计算了额外用纸的费用,所以他们第一次估算仍旧低于用中式平装。打纸版每张 12 元。用布面装订的费用是每册 3.5 元。(HYL Archives: Letter of Julius Hsin-hui Huang to Alfred K'aiming Ch'iu, August 19, 1950)

8 月 29 日

刘楷贤致函裘开明言:府上拜别,倏忽两周,想先生乡居,心身多福。贤十四、十五两日在 Widener(怀德纳)图书馆,承各部热心指教,获益甚多。两周来馆中,收到各处致先生函,皆为公事信,故未转来。Widener(怀德纳图书馆)转来期刊及小册二三十册。此外可收到 Tuttle Co. 寄来许多书包。Library of Congress(国会图书馆)寄来几个包,想为印就之编目片。《百川学海》等三种丛书校毕,可以邮寄,在未寄 L. C. 以前,祈先生一阅,以期无错误。单种书编目片,汉字已校,错字分别标出,故未送去打字。架上书只编了少半。钥匙四把函封,置于预备寄 Library of Congress(国会图书馆)卡片盒中,祈检收。年余侍几席,捧书清益,周末(9 月 2 日)将行,不胜依依。因路远未能晋谒拜别,伏祈见谅!(HYL Archives: 刘楷贤致裘开明信函,1950 年 8 月 29 日)

8 月 30 日

费正清教授(John King Fairbank)致函裘开明:我有一份胡佛图书馆赵国钧(Kuo-chun Chao)于今年夏天编制的有关中国共产主义出版物的目录。只要香港或其他渠道有机会,应尽快购买目录中的多数图书。我将于 9 月份拜访 Keyes D. Metcalf 先生,并与他商量有关财务的事宜,将会告知你商讨结果。关于你 7 月 26 日来函所询事情,我认为如果图书馆有延安版本,就没有必要买(中国)满洲或(中国)北京的版本。当然,对于重要的著作,较晚的版本或许纸张比较好,在文本上也有不同,请另作判断。(HYL

Archives: Letter of John King Fairbank to Alfred K'aiming Ch'iu, August 30, 1950)

8月31日

裘开明撰《汉和图书分类法纲要》发表于《文物参考资料》1950年第8期(1950年8月31日):141—146。

9月4日

Rudalf Leowenthal致函裘开明:兹附上宾格尔(Karl Buenger)教授的中文法律图书目录(至少3200册)。此批书现在德国汉堡的自由港口,宾格尔博士想把这批书处理掉。考虑到他仅运费就花费了1000美元,故他希望能以2500美元的价格出售这批书。不知贵社是否有意购买,如无兴趣,请帮忙提供有兴趣购买的机构。(HYL Archives: Letter of Rudalf Leowenthal to Alfred K'aiming Ch'iu, September 4, 1950)

9月6日

斯坦福大学图书馆远东文献部主管倪卫德(David Shepherd Nivison)致函裘开明:胡佛图书馆和斯坦福大学图书馆正在筹划共同参加国会图书馆发起的中日文图书合作编目计划(Cooperative Cataloging Plan for Chinese and Japanese books),现在的问题是如何处理该计划编印的目录卡片与哈佛燕京学社已经编印的目录卡片之间的关系,该计划是在哈佛目录卡片的基础上进一步发展,还是完全复印哈佛的目录卡片?正如你所知道的,我们从贵社购买了基本藏书的12195种中文目录卡片;现在假设这些卡片和国会图书馆的项目不重复,我认为图书馆最好还是购买基本藏书的日文目录卡片以及增补的中日文目录卡片。(我从你1949年5月25日写给芮沃寿[Arthur Frederick Wright]教授的信中得知你错把1000种日文目录卡片寄给我们了,这些目录卡片是我们已经有且未付钱的)。当然,我们首先要知道这批卡片多少钱。(HYL Archives: Letter of David Shepherd Nivison to Alfred K'aiming Ch'iu, September 6, 1950)

9月7日

Arnulf H. Petzold致函裘开明:所有书籍的装箱工作已经基本完成,到目前为止共打包845个,第一批书已经分两次寄出,完整的寄书清单亦已寄给你,第一批书每包的价值约为400日元,总价值约29200日元(不少于100美元),希望你能够及时支付各项开支费用。(HYL Archives: Letter of Arnulf H. Petzold to Alfred K'aiming Ch'iu, September 7, 1950)

9月9日

刘楷贤致函裘开明:上月29日曾奉上一函,谅已鉴及。贤2号晚上6时乘汽车西来,4号安抵Champaign(伊利诺斯州香槟市),承陈晋贤帮忙,租到单人房间(502 E. John Street, Champaign, Ill.)。不烧饭,月租30元。房旧而价昂,较为理想者距图书馆学校仅两条街,离学校食堂亦甚近。食与住都已解决,身体亦平安,伏祈释念。此间物价较波城为高,传说价廉实非。昨晨谒外国学生顾问Dean Hamilton,并谒图书馆学校当局。14日考英文,与图书馆学校考试冲突,经Dean与图书馆学校商妥,英文考毕再到图书馆学校考试。15、16两日注册,21日上课,考后情形如何,当再函禀。(HYL Archives:刘楷贤致裘开明信函,1950年9月9日)

9月10日

Werner Levedag致函裘开明:我们已于8月5日和8月26日分两次寄出第一批Arnulf H. Petzold出售的佛教书籍,共计73包,连续编号,随函附上各包书籍的清单,下周将寄出第二批,约70包。(HYL Archives: Letter of Werner Levedag to Alfred K'aiming

Ch'iu, September 10, 1950)

9月19日

裘开明致函 Arnulf H. Petzold：我已告知哈佛学院司库向你支付第二批书籍的邮寄费用700美元，但是哈佛燕京学社将不会支付所有书籍的监管费用。(HYL Archives：Letter of Alfred K'aiming Ch'iu to Arnulf H. Petzold, September 19, 1950)

费正清教授(John King Fairbank)致函怀德纳图书馆馆长 Keyes D. Metcalf：我们已委托燕京大学图书馆馆长协助汉和图书馆订购有关中国共产主义及其他类出版物，请考虑由哈佛大学图书馆委托纽约中国大学联合董事会转寄500美元给燕京大学，以支付其相关费用。这笔费用是过去计划的延续，很多由政府控制的出版物正在陆续从中国寄来哈佛。苏联研究中心的一项研究计划也急需利用这些出版物。(HYL Archives：Letter of John King Fairbank to Keyes D. Metcalf, September 19, 1950)

裘开明致函山口玲子(Reiko Yamaguchi)：有一位来自日本的中国学者王胜之(Wang Sheng-chih)先生[王先生是我们图书馆副馆长于震寰(Zunvair Yue)的朋友]可能有兴趣接受我们图书馆的一个职位，他已经向我们提到了你的名字。我赶紧告诉你我们图书馆有一个日文编目初级助理的职位空缺，月薪150美元，每周全职工作38小时。如果你对这份全职工作有兴趣，或者考虑一边在西蒙斯大学读图书馆学，一边在我们图书馆兼职，那么我将会高兴地接受你的申请。(HYL Archives：Letter of Alfred K'aiming Ch'iu to Miss Reiko Yamaguchi, 10801 Easr Boulevard, Cleveland 6, Ohio, September 19, 1950)

9月20日

裘开明致函 Werner Levedag：已收到第一次所寄的3包书，希望以后寄书的同时邮寄船运清单以及海关结关证，并在每包书上注明所值金额。(HYL Archives：Letter of Alfred K'aiming Ch'iu to Werner Levedag, September 20, 1950)

裘开明致函费正清(John King Fairbank)教授：怀德纳图书馆采访部主任 Edwin E. Williams 先生于今早来访，与我商谈了向燕京大学汇寄500美元经费的事宜。我馆已从你9月6日寄来的卡片中挑选出两箱胡佛图书馆的目录卡片，并分成了3类：(1)共产主义出版物；(2)国民党出版物；(3)一般性背景著作。由于汉和图书馆没有收藏第一类的所有共产主义出版物，所以，我们正在查对馆藏。我馆同时也想使用今年夏天由赵国钧(Kuo-chun Chao)编的胡佛图书馆藏当代中国共产主义出版物目录，你是否可寄给我们一份。此外，我们还需要国务院的共产主义出版物目录，请你请求苏联研究中心拍摄一份该目录的胶卷，然后将底片寄给我们，我们将把其中汉和图书馆需要的出版物目录寄给燕京大学。(HYL Archives：Letter of Alfred K'aiming Ch'iu to John King Fairbank, September 20, 1950)

9月21日

山口玲子(Reiko Yamaguchi)致函裘开明：虽然我要感谢你和王胜之(Wang Sheng-chih)先生的好意，但是太晚了，我已经回到学校继续学习图书馆学课程，我很享受学校生活。在回日本之前，可能是明年9月，我想参观你现在工作所在的著名哈佛燕京图书馆。(HYL Archives：Letter of Miss Reiko Yamaguchi, 10801 Easr Boulevard, Cleveland 6, Ohio., to Alfred K'aiming Ch'iu, September 19, 1950)

9月22日

裘开明回复斯坦福大学图书馆远东文献部主管倪卫德(David Shepherd Nivison)9月6日的来信：汉和图书馆中日文图书卡片计划和国会图书馆中日文目录卡片计划是两

个独立的计划,在性质上完全不同。第一,国会图书馆在战争期间实施了全美各图书馆馆藏日文文献合作编目计划,但是并没有开展中文图书合作编目。我们在向国会图书馆日文图书合作编目计划提交日文图书目录卡片的同时,还从国会图书馆得到了我馆没有收藏的日文图书目录卡片缩微胶片。与此同时,我们还印刷日文目录卡片(每种图书2张目录卡片),出售给其他图书馆,订购价格为第一张卡片5美分,其后的卡片2.5美分。随函附上几年前我馆向该项目提交卡片的声明。理论上,研究者可以通过华盛顿联合目录卡片检索到任何一名日本作家的日文著作,但实际上,研究者必须先写信给各个远东图书馆才能确定所需文献的收藏处所,因为除了哈佛以外,其他图书馆(包括国会图书馆)都没有提交全部的日文馆藏目录卡片。我不知道斯坦福是否早已参加国会图书馆的日文图书合作编目计划。第二,国会图书馆的中日文图书合作编目计划(Cooperative Cataloging Plan for Chinese and Japanese books),是我馆工作人员呼吁美国开展集中编目和复制中日文图书目录卡片的结果。然而,由于事实上是各个参与馆独立编目,再把编好的中日文目录卡片复本寄给国会图书馆排版印刷,所以集中编目并未真正实现。如果你没有看过关于该计划的通知,你可以向国会图书馆东方部索取。关于该项目的缘起以及哈佛燕京学社卡片目录项目的中止可参阅《远东季刊》(*Far Eastern Quarterly*) 1950年8月4日第9卷第4期第390页的文章。从1949年7月1日起,我们已经向国会图书馆提交近2500种日文目录卡片和5000种中文目录卡片,然后由国会图书馆印刷并向其他订购图书馆发行。我们自己并没有订购中文目录卡片,只是购买该项目发行的日文目录卡片。我不知道斯坦福是否订购了这些目录卡片。如果没有,我认为你们值得订购,因为这些目录卡片能够减轻你们的编目压力。合作编目计划没有回溯卡片。如果贵馆需要1949年7月1日以前印刷的中日文目录卡片,就只能向我馆购买。我估计我们库存的日文目录卡片(约1000种)应该还有一些。如果贵馆不需要我们误寄给你们的几千种日文目录卡片,请寄回给我们;否则我们就会把这些卡片的账单寄给你们。(HYL Archives: Letter of Alfred K'aiming Ch'iu to David Shepherd Nivison, September 22, 1950)

Howard P. Linton致函裘开明:感谢你上周在我访问汉和图书馆时的热情接待,兹附上可供馆际交换的书目,希望继续与贵馆开展书刊交换。(HYL Archives: Letter of Howard P. Linton to Alfred K'aiming Ch'iu, September 22, 1950)

9月23日

Arnulf H. Petzold致函裘开明:我已收到哈佛学院司库寄来的购买佛教藏书的第二笔书款700美元,将另函把收据寄给哈佛学院司库。我在6月3日给你的信中已详细介绍了负责在日本处理此事的代理的情况,而在8月15日的信中则详细说明了在此次出售佛教藏书中,需要哈佛燕京学社额外承担的邮费、打包材料费、人工费和当地运输费用的数目,以及在横滨港口租用仓库的费用。请问你们是否已经收到第一批佛教藏书?另外,保存在温哥华的佛教藏书预计可在11月份寄出。(HYL Archives: Letter of Arnulf H. Petzold to Alfred K'aiming Ch'iu, September 23, 1950)

9月26日

哈佛大学哈佛学院图书馆汉和图书馆收到燕京大学图书馆哈佛购书处提交的用款报告:1949－1950年度哈佛购书处总计用款为2000.3美元(包括相当于1219.45美元的39394340元人民币及780.85美元),其中,书款(普通书)27779000元,书款(新文化书)3531400元,杂志1152980元,装订4153460元,邮费2348500元,文具用品429000元,行政费780.85美元。(HYL Archives:哈佛大学汉和图书馆书款报告1949－1950)

9月28日

裘开明致函费正清(John King Fairbank)教授:随函附上1949—1950年度燕京大学为我馆购买的中国共产党和其他新文化图书的目录。请你向 Keyes D. Metcalf 先生说明自去年以来已向北京汇寄500美元。目录中的一部分书已收到,但绝大部分仍在燕京大学等待打包和运寄。目前,通过中国邮局寄书是一件非常复杂的过程,新中国政府已设立两个委员会:文化委员会和对外贸易委员会,负责审查出版事务是否符合时宜,是否批准出口,因此这些书运寄缓慢。一旦收到这些书,我将单独存放于你在博伊斯顿堂的办公室,或者与你此前的书刊存放一起。请你寄还燕京所购书目和自国务院复印的复印件,我想再次核对,以便寄给燕京大学的书目没有重复。(HYL Archives: Letter of Alfred K'aiming Ch'iu to John King Fairbank, September 28, 1950)

李观仪(Kuan-I Li)致函裘开明,就是否应该接受图书馆学训练询问裘开明的意见。(HYL Archives: Letter of Kuan-I Li to Alfred K'aiming Ch'iu, September 28, 1950)

裘开明致函 Howard P. Linton:在你这次访问汉和图书馆中,你可能知道了我反对在美国图书馆引入任何中文或日文主题词表的意见,因为东方目前还没有解决有关主题词表的两个主要争论的问题,即,主题词词义的不确定性和如何排检意义不确定或者有多个意义的主题词。我在中国见过吕绍虞的《中文标题总录》,但尚未见过沈祖荣的《标题总录》,我知道沈先生的《标题总录》是从旧版国会图书馆主题词表直接翻译过来的。我仍相信美国图书馆可以通过两个步骤解决中日文图书的主题分析问题……正如你所知,哈佛仍处在第一步,但我们的卡片适用于按英文标目的字母顺序排列的字典式主题目录,因为我们在卡片的标目前列有作者和书名的罗马拼音。在字典式主题目录中,所有卡片都应该在同一主题标目下先按作者排列,以便集中某位作者的同一主题著作,反之,先按书名排列,则会分散某位作者的同一主题著作。我很高兴看到由韦慕庭(Clarence Martin Wilbur)编辑的你的《中国共产主义新书目》,韦慕庭也采用了作者居先的形式,这与你在日文卡片及日文采购目录中采用的方式不同。再次回复你8月17日来信中提出的问题,我们在目录卡片的左下侧页边为分析者列出了分析分类号,这在我们所有的中日文图书的印刷卡片上都可见到。这是一封长信,因为主题目录是非常重要的问题,所以我有责任坚持我的信念。(HYL Archives: Letter of Alfred K'aiming Ch'iu to Howard P. Linton, September 28, 1950)

9月30日

刘楷贤致函裘开明:9日曾奉上一函,谅已鉴及。考试结果,除补修课程,尚须补修英文,愧甚。考试题目除编目与分类能答外,其文学、社会等非所素知,无从解答。美国同学考试结果亦然,且有图书馆学校毕业考,考试后亦补修课程。本学期选图书馆学两门,英文两门,如此情形,一年半能否念完,都属疑问。图书馆学无课本,制定参考书多而重,课外作业繁而琐,整天在图书馆读参考书,作题目。本周忙报告,考试及选课情形,函禀稍迟,祈见谅!此间中国同学百数十人,今晚开迎新会,新同学30余人,除新自香港、台湾来者数人外,其余皆为转学者。此间天气忽凉忽热,近两日一如夏天……曾宪文先生代为问候。(HYL Archives:刘楷贤致裘开明信函,1950年9月30日)

10月3日

裘开明致函 Arnulf H. Petzold:已收到 Werner Levedag 寄来的3包佛教书籍。兹附上波士顿海关寄来的邮局通知单,通知单上说明第一批70包书已经抵达,但是领取书籍需要凭发货凭证,请你尽快把发货凭证以及邮局通知单寄来。请转告 Werner

Levedag,如果每批寄运的包裹过多,且总价值超过 100 美元,则需要办理正式的海关报关手续。哈佛燕京学社将支付除管理费用以外的全部支出。(HYL Archives:Letter of Alfred K'aiming Ch'iu to Arnulf H. Petzold, October 3, 1950)

10 月 5 日

胡佛研究所与图书馆中文部主管芮玛丽(Mary Clabaugh Wright)致函裘开明,询问汉和图书馆的中国共产主义资料分类体系以及中国和日本政府及机构出版物的团体款目格式。(HYL Archives:Letter of Alfred K'aiming Ch'iu to Mary Clabaugh Wright, November 7, 1950)

10 月 6 日

Arnulf H. Petzold 致函裘开明,解释所出售的佛教藏书的邮寄情况。(HYL Archives:Letter of Arnulf H. Petzold to Alfred K'aiming Ch'iu, October 6, 1950)

10 月 10 日

刘楷贤致函裘开明:奉手示,敬悉一切。附来 9 月份薪金支票一纸,并舍弟信一一拜收,祈释念。今晨又收到卡片一匣,校对及作罗马拼音,作毕当即奉上。(HYL Archives:刘楷贤致裘开明信函,1950 年 10 月 10 日)

10 月 14 日

加州大学东亚图书馆艾尔文(Richard Gregg Irwin)致函裘开明:感谢你 9 月底的来信,并邀请我在结束考试之后来看望你。因为考试的确切时间还没定下来,所以我现在还没能计划行程。一旦确定,我会提前通知你。(HYL Archives:Letter of Richard Gregg Irwin to Alfred K'aiming Ch'iu, October 14, 1950)

10 月 19 日

裘开明提交第 24 次《馆长年度报告》(1949 年 7 月 1 日至 1950 年 6 月 30 日),主要内容如下:1. 图书馆馆藏情况。1949—1950 年度哈佛大学汉和图书馆新增藏书量为 2352 种 4657 册,其中,中文图书 774 种 2491 册,日文图书 1154 种 1453 册,满文图书 1 种 36 册,蒙文图书 1 种 1 册,西文图书 422 种 676 册。截至 1950 年 7 月 1 日哈佛大学汉和图书馆藏书总量为 48814 种 224588 册,其中,中文图书 32167 种 188844 册,日文图书 12942 种 28661 册,藏文图书 13 种 662 册,满文图书 124 种 1045 册,蒙文图书 21 种 331 册,西文图书 3547 种 5045 册。1949—1950 年度,日文文献购买的主要是最近两三年内的出版物。我们将馆藏依照日本的图书馆以及其他文化机构出版的重要书目和目录进行核对,发现第一步需要补充的就是哲学和宗教类书籍。经核查发现未入藏的图书有 1596 种,已编入订购单,寄往日本代理。这些书中,有很多已经绝版很久,因此目前很难确定在未来几年内有多少能够在日本买到。已购到的书一抵达剑桥,即编入即将在岩波书店(Iwanami Book Comany)出版的日籍书目中。中国的出版事业正在迅速恢复。通过新政府审查的新书很容易买到。此外,由于外国书商放松了对旧书的竞相购买,旧书的价格,尤其是 8 年多前出版的书的价格,正在迅速下跌。因为新政府严禁珍稀图书和文物出口,所以,外国书商现在已经不能进口这些图书和文物了。中国人整体上都高度重视书籍乃至一切用汉字印成的东西……但是,目前中国有钱人留下来的很少,因此中文古籍的私人买家数量微不足道。然而,中国的公共机构和图书馆现在都处于非常艰难的财政状况中,因此无论书价是多少,他们也无力购买。到目前为止,新政府还未对古籍和其他财产(除了土地已经实现国有化)采取任何充公政策。因此,有经济实力的私人机构和个人拥有非常好的机会,以非常公道的价钱购买好的中文古籍,因为书商们必须以卖书为生。因此燕京大学图书馆馆长最近致函道，燕京大学已经投入了比之前任何年份都多的经费购买了更多的古籍。据汇报，燕京大学也已经为哈佛购买了593种4928册中文古籍。新书主要是关于共产主义的著作，共购得535种564册，购书经费是从哈佛大学图书馆为中国区域研究计划设立的中日文当代文献采购经费中支出的。这些中文新旧书籍通过速度缓慢的邮船运到剑桥。如今从中国往外寄书是一个漫长的过程，因为所有出口的出版物必须通过审查并经过新政府所设立的两道关卡：(1)文化事业委员会，(2)对外贸易委员会。一些1870年以前出版的古籍还必须在燕京大学图书馆保存一段时间。或许可以在燕京大学制作我们所需的任何书籍的缩微胶片。关于缩微胶片，燕大图书馆长致函希望从学社获得一些财政支持，为战后在美国购买的最新的缩微胶片制作设备购买必要的零件和胶卷。希望董事会能够拨一笔专项经费，以把不能运出中国的重要中文古籍制作成缩微胶片。由此，我们也许可以逐步建立起一座中文珍本文献缩微胶片库。在连续出版物方面，中文新刊新增46种，截至1949－1950年度，汉和图书馆共有1412种中文连续出版物。日文连续出版物新增235种，截至1949－1950年度，汉和图书馆共有908种日文连续出版物。另外，西文连续出版物新增41种，使汉和图书馆西文连续出版物达到223种。据负责中日文连续出版物的吴元清(Wu Yuencheng)汇报，在过去的一年里，共有122期中文期刊和2583期日文期刊到馆。另外，在1949－1950年度，最重要的购书工作是购买Bruno Petzold教授的佛教藏书。关于这批藏书的详细情况有待将来所有书籍到馆并调查完毕后再汇报，暂时能够说明的是关于这批著名的藏书的大致特征。这批藏书由已故的Bruno Petzold教授经过40多年的系统收集而建立，Bruno Petzold教授是定居在日本的著名佛教学者。其藏书共计6500多册，分为以下几类：

表：Petzold藏书分类统计

序号	类别	种数	册数
1	连续出版物 （如丛书(Sōsho)、全书(zenshū)等）	42	2077
2	单行本 (Independent editions, Tankō-bon)	243 96	287 144
3	日本版 (Wa-hon or Japanese style editions)	1297	2909
4	手稿	196	372
5	经折本(Folded Scriptures, Sūtra)	270	270
6	画轴(Scroll Pictures, Kakemono)	528	528
合计		2672	6587

整个藏书中仅第一类和第二类在哈佛大学的藏书中有部分收藏，42种连续出版物中，我们仅有18种，所以复本率并不像我们最初所想的那么高。在339种西式装订单行本中，哈佛仅入藏了74种；因此这一类的复本率非常低。这批藏书对于研究大乘佛教(Mahāyāna Buddhism)非常有用，已故的Bruno Petzold教授毕生致力于研究大乘佛教。Bruno Petzold教授坚信大乘佛教和基督教之间不存在根本的冲突，他计划以这批藏书

为核心建立一个佛教研究所。该计划赢得了日本知名人士的支持,包括已故的德川王子(Prince Tokugawa),但是因为二战以后的国际环境,他建立佛教研究所的计划未能实现。这批藏书纳入哈佛以后,加上我馆已有的许多关于佛教的有价值的中文、藏文、日文、蒙文和满文文献,哈佛燕京学社能够逐步成为美国乃至全世界的佛教研究中心。在方志方面,新入藏江苏省方志仅1种2册,方志总藏量达到2870种30527册。截至1950年7月1日,汉和图书馆收藏中国方志情况如下:

哈佛燕京学社汉和图书馆馆藏中国方志一览表

省份	行政分区总数	已知现存方志种数	1949—50年度新增数量		馆藏总数	
			种数	册(卷)数	种数	册(卷)数
河北省	160	573	4	38	294	2505
山东省	117	506	4	28	263	2163
河南省	118	453	2	36	210	1879
山西省	121	386	1	4	163	1059
陕西省	98	338	4	36	237	1853
甘肃省	106	144	1	2	43	405
江苏省	80	527	/	/	257	2803
浙江省	90	507	3	32	210	2875
安徽省	69	278	/	/	99	1458
江西省	93	428	2	24	121	2622
湖北省	81	318	4	56	128	1412
湖南省	88	303	1	5	107	1505
四川省	157	477	2	20	305	2602
福建省	72	272	1	11	82	1272
广东省	108	375	2	14	126	1545
广西省	120	163	1	12	44	469
贵州省	73	92	/	/	23	217
云南省	105	190	/	/	45	881
满洲3省*	130	163	/	/	64	564
西北省份	113	69	/	/	49	438
共计	2099	6562	32	318	2870	30527

*编者注:此为哈佛图书馆分类方法。

在丛书方面，中文丛书新增 53 种 832 册，共含 1010 种独立著作。中文丛书收藏量达到 1215 种，共含独立著作超过 32000 种，其价值通过建立作者、书名和主题分析目录得到了提升。在 1950 年夏天，编制完成了馆藏日文丛书财产目录，共收录 640 种丛书，总计 49272 部独立著作。在赠书与交换图书方面，1949－1950 年度，赠书和交换图书主要来自日本国会图书馆。斯坦福大学胡佛研究所及图书馆寄给汉和图书馆很多中国共产党出版物的复本。麻省理工学院 Robert S. Woodbury 教授将其已故妻子杨月卿（Yang Yüeh-ch'ing，上海人）的全部中文藏书，共计 161 种 333 册捐给了汉和图书馆。另外一位个人捐赠者为东京的 Kihei Abe 先生，赠给图书馆一套大正（Taishō）版中文佛教大藏经，西式装订 55 册。2. 馆藏编目分类情况……3. 合作编目与书本式目录情况。1949－1950 年度是中日文图书合作编目计划（Cooperative Cataloging Plan for Chinese and Japanese books）实施的第一年，该项目是裘开明 1949 年 4 月建议国会图书馆东方部发起的。作为该项目的发起者，学社图书馆承担了向国会图书馆提供编目数据的大部分责任。自 1949 年 7 月 1 日至 1950 年 6 月 30 日期间，共向国会图书馆提交了 6214 条书目的稿片，其中日文单行本编目数据 2183 条，中文单行本编目数据 605 种，中文丛书编目数据 3426 种。中文卡片中有 2820 张为印刷卡片，1211 种为手写卡片。汉和图书馆提交给国会图书馆的编目数据是包括国会图书馆在内的其他任何一所图书馆所提交的数据的 3 倍左右。合作编目项目不仅使从国会图书馆获得我馆卡片目录的其他图书馆获益，也减轻了我馆印制卡片目录的经济压力。作为对汉和图书馆贡献的回报，国会图书馆每收到一条书目数据都会免费赠送给汉和图书馆相应的 10 张卡片目录。这意味着汉和图书馆在 1949－1950 年度从国会图书馆免费获得 62140 张卡片目录，相当于节省了 3107 美元。另外，在 1949－1950 年度，从日本国会图书馆收到用于交换哈佛燕京学社出版物和中文书印刷卡片的日文卡片目录，这些卡片目录是为 1949 年及其之后出版的日文当代书籍所编印的。遗憾的是我馆尚未将这些卡片目录用于我们的目录中，因为：(1) 国会图书馆只向订购整套卡片目录的订户出售卡片目录，(2) 这些卡片目录没有采用美国图书馆通用的赫氏拼音（Hepburn system），(3) 大多数卡片是关于科学技术类书籍或西文书的译本，这些书都是我馆不常购买的。因此比起我们自己编目，采纳日本国会图书馆的卡片目录所花费的时间和金钱更多。因此我们决定目前不采用日本国会图书馆的卡片目录，仅将这些卡片归档，作为公共检索的书目工具。随着加入国会图书馆的合作编目项目，哈佛燕京学社不必再印刷卡片目录，但是对印刷卡片的需求同过去一样迫切，即使是在拥有了书本式目录之后，因为在我馆各类目录中很多已变脏和褪色的 Ditto 复制卡片目录需要替换。因此计划配合合作编目项目继续出版书本式目录，即将出版的书本式目录的后几卷每页裁开后可作为单独的款目，这些款目粘贴在空白卡片上，即可提交给国会图书馆用于印制和发行供其他图书馆使用的卡片目录。同时这些书本式目录的每条款目可换得国会图书馆免费赠送的 10 张卡片目录，用于替换 Ditto 复制卡片目录。我们已经收到来自东京岩波书店印刷日籍书本式目录和香港致生洋纸行（Che San & Co.）印刷汉籍书本式目录的报价，报价一旦得到社长和董事会的审核和批准，印刷工作很快即可开始。日籍书本式目录共收纳约 40000 条款目。每页编排 20 条，整本书目需要 2000 页。计划出版 500 套，岩波书店报价为 12000 美元。汉籍书本式目录也为 2000 页（每页编排 15 条书目）。致生洋纸行（Che San & Co.）出版 500 套的报价为5500美元。汉籍和日籍书本式目录每册约400页,各分5卷出版。每册定价5美元,每套定价为25美元。4.阅览室与借阅服务。1949—1950年度是扩建后的汉和图书馆投入使用的第一年,师生们对扩建后的图书馆很满意。历史、地理和社会科学类的书架拥挤,绝对没有空间放下更多的方志。结果,很多方志都摆在桌子和地板上。有必要在目前夹层上方再建一层书库。有人建议将一些书移到拉蒙特图书馆(Lamont Library)新建的地下室,这个建议听起来合理,但是并不切实际,因为很难从方志类书籍,或历史、社会科学类书籍中选出可以放到拉蒙特图书馆的书。3年前中国区域研究计划成立以来,这类书的使用率很高,甚至有教授和学生建议把属于法律图书馆、但现存于Brighton新英格兰贮存图书馆(New England Deposit Library)的日文法律书籍移回博伊斯顿堂。因此,除非在最近3年有可能建成新馆,否则绝对需要在东部书库的上方建立更高一层的书库。如果学校不愿意提供经费的话,或许董事会最好可以在明年春天拨发一笔特别经费用于建设书库。1949—1950年度,汉和图书馆共外借2959种7291册馆藏。图书馆外借服务开放的时间共264天,44周,日均外借图书30册。以上馆藏流通的数据不包括隔夜借还的数量和馆内阅览的数量。事实上,隔夜借还和馆内阅览的数目更大,因为汉和图书馆是一个研究和参考咨询型的图书馆,而不是一个流通图书馆。1949—1950年度,共有31所机构、图书馆通过馆际互借向汉和图书馆借书。由于面临着许多中文书,尤其是雕版印刷书籍具有不可替代性,又因为北京的新政权制定了严格的关于中文古籍的法律,禁止1870年以前的印本书出口,所以非常有必要对我馆自由的馆际互借政策加以适度的限制。为了安全起见,对欲外借中文古籍的其他机构,要收取用于制作缩微胶片的循环使用经费和租借费用。该政策仅实施了几个月,所以尚不知道是否有效,也尚不知制作缩微胶片的费用能否从出借胶片的租金中得到回收。另外,向汉和图书馆提出互借申请的,很多都是哈佛燕京学社的毕业生或是原来的学生,现在是在其他大学从事远东研究的教授。参考咨询服务方面,参考咨询馆员的大部分时间用于解答远东语言系和中国区域研究计划的学生的问题,以及其他校外研究者的邮件或来馆咨询。很多来自东部大学的学者到汉和图书馆做研究。其中,来自哥伦比亚大学的蔡咏春(Ts'ai Yung-ch'un)在汉和图书馆做了整整一年关于程颐(Ch'eng I)哲学思想的研究。5.中国区域研究馆藏(China Regional Studies Collection)。(1)现状。博伊斯顿堂西文阅览室馆藏的管理和服务存在着很多问题。为此学校图书馆馆长、学社社长和项目组负责人讨论最终的解决对策。其存在的问题主要是缺乏合适的专门管理人选,为中国区域研究计划而购买的中日文书籍分别由图书馆负责中日文书籍的工作人员管理,而西文书则没有妥善的管理,只是简单地按照"中国"和"日本"加以区分,且未编目,更未列入目录体系中。关于这批西文书采用何种分类法的问题交由怀德纳图书馆负责技术工作的副馆长Andrew D. Osborn解决,但是到目前为止尚未确定解决方案。(2)可能的解决办法。据哈佛大学图书馆馆长助理Kipp先生的估计,怀德纳图书馆现有6594册关于中国的西文馆藏,3540册关于日本的馆藏。从经济的角度考虑,并不打算让现存于汉和图书馆的关于中国和日本的西文馆藏采用另外不同的分类法。因此,我建议所有为中国区域研究计划购买的西文书和连续出版物都采用怀德纳图书馆分"中国"和"日本"两类的方法编目和分类。相应的技术处理过程,包括登录和装订连续出版物都交由怀德纳图书馆完成……至于为中国区域研究计划购买的当代中日文书籍,仍由学社图书馆工作人员编目和提供服务。在这里值得一提的是,哥伦比亚大学和国会图书馆已经向美国国务院申请ECA.基金的资助,用于另外聘请管理这类当代书籍的职员。因此,我建议哈佛大学图书馆馆长可以向美国国务院提出相似的资助申请,用于为中国区域研究计划的图书编目。

6.人事变动。在进行了为期一年半的出色图书馆工作后,刘楷贤(Liu K'ai-hsien)离开汉和图书馆,进入伊利诺斯大学图书馆学校深造,但是仍继续为汉和图书馆校对排印目录卡片校样,稍后还将校对书本式目录的校样。童世纲(Tung Shih-kang)回汉和图书馆工作,担任研究与参考咨询助理。5月份Frank Correia在Revere Sugar Refining公司找到了一份全职的工作,但是他的工作非常出色,我们请他每星期六上午来帮助我们。吴元清由于入境方面的限制,从1950年2月份开始改为兼职上班。William Henry Winship和Carl I. Walker继续在汉和图书馆工作,工作表现出色。7.图书馆财务。

1949—1950年度图书馆预算

开支项目		金额(单位:美元)	
图书	中文书	4000	7000
	日文书	2000	
	西文书	1000	
装订		1000	
保险		1300	
办公经费(特快专递、电话等)		500	
设备(卡片目录柜等)		1000	
薪水和津贴	阅览室助理	1800	9284
	阅览室助理的社会保险	90	
	书库接待员	1380	
	书库接待员的社会保险	69	
	中文编目员	1800	
	中文参考咨询助理	1800	
	日文助理	1200	
	小工(Page boy)	600	
	学生助理	545	
总计		20084	

1949－1950年度收支统计

收支项目		金额（单位：美元）		合计
支出项目	图书	中文书	3837.48	21026.92
		日文书	2212.36	
		西文书	739.36	
		小计		6789.2
	装订		1140.42	
	图书保险		1306.67	
	设备		844.99	
	办公经费		366.1	
	印刷卡片目录		748.07	
	薪水与津贴（含职员的退休金和差旅费）	正式员工	7058.81	
		临时工	2394.55	
		退休金与保险	378.11	
		小计		9831.47
收入项目	之前账目余额		4	895.7
	出售卡片目录		572.4	
	罚款		25	
	出售复印本		45.3	
	Expenses recovered		249	

（HYL Archives：Chinese-Japanese Library of the Harvard-Yenching Institute at Harvard University Report of the Librarian for 1949-1950）

10月21日

Phyllis Chiu Chu Wang致函裘开明求职。（HYL Archives：Letter of Phyllis Chiu Chu Wang to Alfred K'aiming Ch'iu, October 21，1950）

10月27日

Werner Levedag致函裘开明，函寄第1－3批书的书目清单各1份以及海关发货单各2份，告知1950年10月25日寄出第3批书，共50包。（HYL Archives：Letter of Werner Levedag to Alfred K'aiming Ch'iu, October 27，1950）

10月30日

裘开明致函费正清（John King Fairbank）教授，告知叶理绥（Serge Elisséeff）教授同意他使用自学社成立至今汉和图书馆的经费支出和预算数字。（HYL Archives：Letter of Alfred K'aiming Ch'iu to John King Fairbank, October 30，1950）

11月1日

裘开明致函Phyllis Chiu Chu Wang，告知汉和图书馆暂无职位空缺提供。（HYL Archives：Letter of Alfred K'aiming Ch'iu to Phyllis Chiu Chu Wang, November 1，1950）

11月3日

裘开明致函李观仪（Kuan-I Li）：我向来不愿就人生中的两个问题——如何选择职业以及如何选择配偶——给人提供意见。关于你来函所询是否应该开始图书馆员职业训练,我很难提出建议。虽然中国确实需要很多图书馆员,但不意味着其他专业的中国学生都应该进入图书馆领域,图书馆工作需要特别的态度,且在大多数国家,图书馆员的待遇都是很差的。而在美国,接受过图书馆学训练的东方人的就业情况也已远不如前。(HYL Archives: Letter of Alfred K'aiming Ch'iu to Kuan-I Li, November 3, 1950)

11月6日

华美协进社C. F. Yao致函裘开明:你也许知道华美协进社在过去近25年里一直致力于加强中美两国之间的相互理解。华美协进社是唯一一个由中国教育者创办和管理的组织,它不仅为中国学生提供服务,而且也为美国学生服务。在过去的25年里,尽管远东地区在政治、经济方面都发生了剧变,华美协进社仍然通过致力于传播中国优秀的历史和文化而赢得了世界各国的称赞。今年我们已建成华美协进社在中西部地区的分社。我们还要求在美国其他地区建立同类研究院。二战爆发前,华美协进社的主要收入来源于中国国内。自从我们在中国的收入来源被截断以来,我们的美国友人一直慷慨解囊予以资助……中国理事强烈认为我们应该把华美协进社当作一个中美合作组织,这一点也是我们社的独特之处(其他中美组织大多都是由美方出资创建和管理,并只从中方获利的机构)。因此,我们呼吁一些中国朋友能够尽量帮助我们把工作继续下去,这也是我们保持我们的名誉和美国人对我们的高度评价的唯一有效渠道。明年5月是华美协进社成立25周年庆。我们希望在那之前能将我们成员中的很多中国朋友列一个名单出来。如今正是中美关系出现危机的时候,这项工作更为必要,我们将不惜代价来完成,因此急需更多资金来开展工作。我们的工作值得你慷慨支持,我们将万分感激你对我们的帮助和支持。(HYL Archives: Letter of C. F. Yao to Alfred K'aiming Ch'iu, November 6, 1950)

11月7日

裘开明致函胡佛图书馆中文部主管芮玛丽(Mary Clabaugh Wright):非常抱歉迟迟没答复你10月5日来信中提出的有关中共资料分类表的问题和有关中日政府与机构出版物团体作者款目形式的问题。就共产主义的分类而言,我们在大约一年前编制了一个分类表,并且一直在努力使其公开。我们对于出版该分类表犹豫不决,因为我们一直在等待我们现在才收到的新版《美国国会图书馆社会科学分类法(H类)》。但是国会图书馆的分类表(见1950年版525页)太简略以至于类分我们现有的一点点中共藏书都不够用。你们的中共藏书可能要比我们的多很多,兹附上我们的共产主义分类表,该分类表是按照与天主教相同的方法编制的,也就是说,我们更喜欢把所有的共产主义资料集中在我们的分类法的一个类目,而不是分散在不同的国家或者不同的主题之中。请惠予提供你的建议和批评意见,因为我们想修改好以后出版。关于中日文著作的团体作者款目形式,目前在美国有两种系统——美国国会图书馆格式和哈佛大学格式,国会图书馆东方部将团体的译名作为主要标目,按团体的音译名作进一步细分。哈佛则采用20年前建立的一种更为简单的方法(最早见于拙作1931年上海商务出版社出版的《中国图书编目法》),我们的原则将根据韦氏汉语罗马拼音和赫氏(Hepburn)日语罗马拼音中国和日本团体名一起排列。数年前,我曾督促《连续出版物联合目录》(Union List of Serials)录入所有中日文连续出版物的音译名而非英文、德文或法文译名。结果是,该主编现在需艰难地对应两个图书馆提交的译名和音译名。正如你所知,译名没有统一的标准。即使国会图书馆在西文书籍编目时,也难以统一地使用中国机构团体的译名。我们将另外寄给贵馆一盒我馆所藏中国共产主义出版物的目录卡片和赵国钧(Kuo-chun Chao)的卡片……（HYL Archives：Letter of Alfred K'aiming Ch'iu to Mary Clabaugh Wright, Curator, Chinese Collection, Hoover Institute and Library, Stanford, Ca. November 7, 1950）

11月13日

哈佛燕京学社董事会举行董事会议，学社社长（叶理绥，Serge Elisséeff）汇报图书馆馆长裘开明起草的《馆长年度报告》（1949年7月1日至1950年6月30日），此外，与图书馆有关的问题和决议如下：(1)表决通过：通过本年度图书馆报告，并归入哈佛燕京学社档案。(2)图书馆现在的保险单将于1950年12月1日终止，新保险单的费用为3年5495美元，或者一年1831.67美元，有别于过去3年3900美元或一年1300美元的保险费用。表决通过：在本期预算中为图书馆的拨款增加350美元用于更新的保险单。(3)由于由大学购买的存放于汉和图书馆的中日文书籍的不断增加，图书馆必须雇佣额外的人员来从事编目工作。而图书馆人员的薪水比较低。董事会讨论为图书馆所有全职人员，裘开明博士、于震寰（Zunvair Yue）先生提高薪水。表决通过：在本期预算中为图书馆拨款增加1365美元，其中1050美元用于增加额外兼职助理的薪水，315美元用于增加图书馆馆员的薪水，追溯至1950年7月1日起生效；表决通过：建议哈佛大学将裘开明博士的薪水从5000美元增加到5500美元，追溯至1950年7月1日起生效，在本期预算中为图书馆人员薪水拨款增加530美元，其中500美元用于增加薪水，30美元用于增加退休金；表决通过：建议哈佛大学将于震寰先生的薪水从3000美元增加到3300美元，追溯至1950年7月1日。在本期预算中增加318美元入图书馆薪水的拨款中。其中300美元用于增加薪水，18美元用于增加退休金。(4)表决通过：如果哈佛大学接受社会安全保险计划，执行委员会将被授权为哈佛燕京学社人员拨款用于退休保障。投票表决通过：为购买伯希和（Paul Pelliot）俄文藏书中的复本图书拨款1500美元。（HYI Archives：Meeting of the Board of Trustees Held on November 13, 1950）

11月14日

刘楷贤致函裘开明：10月21日邮奉编目片一包，想已鉴及。前日拜收10月份支票50元一纸，及舍弟字上海来信，不胜感谢！Charles H. Brown博士现在此间图书馆学院教书，日前晤及，嘱贤便中问候先生。（HYL Archives：刘楷贤致裘开明信函，1950年11月14日）

11月16日

李观仪（Kuan-I Li）致函裘开明，表示决定尝试申请就读图书馆学学校。（HYL Archives：Letter of Kuan-I Li to Alfred K'aiming Ch'iu, November 16, 1950）

11月20日

胡佛图书馆中文文库主管芮玛丽（Mary Clabaugh Wright）：感谢你11月7日的来信。你提供的关于团体款目的信息非常有用。我发现在赵国钧（Kuo-chun Chao）提供的目录上，我们只有34本复本。我将会把这些书寄给你们。我有其他12本复本，但是已被哥伦比亚预定了。如果你愿意等，我会把哥伦比亚不需要的那些书寄给你。一旦我们在编制共产主义文献分类法上有起色，我一定会通知你。我很感激你把童世纲（Tung Shih-kang）先生借调给我们。看起来他能解决我们的问题。但是，我发现因为王（肖珠）女士的意外离开，使我们陷入了困境，我们聘请了一个年轻的中国人，没受过图书馆学相关培训，但他能力都很好，我想他会很快学会图书馆学方面的知识。我在12月12日左右要去剑桥，会停留多几日，希望能见到你。我们可以面谈关于编目的问题。同时请告诉我，你是否想立刻得到这34本复本和所有的卡片？或者再等待一段时间，以便让我们做得更好？以后，你会发现我们提供交换的复本清单会很有用。制作期刊和报纸的复本比书籍更难。我们计划不制作报纸的复本。但是我们计划将期刊的复本清单提供给其他有兴趣的图书馆。我们可能会将 1950 年的期刊列成清单并在下一年提供。就目前情况来说，我不可能处理赵国钧提出的那些期刊，因为我不确定他是想要完整的期刊还是特定的几期。(HYL Archives：Letter of Mary Clabaugh Wright to Alfred K'aiming Ch'iu, November 20, 1950)

11 月 21 日

Janet Johnson 致函日本东京中国研究所，函告已收到该研究所出版物《中国研究》第 11 期。函询是否可将第 7、8、9、10 期也寄送给汉和图书馆，以便完整收藏。(HYL Archives：Letter of Janet Johnson to Tokyo Institute of Chinese Studies, November 21, 1950)

11 月 22 日

Werner Levedag 致函裘开明，函寄第 4—5 批书的书目清单各 1 份以及海关发货单各 2 份，告知 1950 年 11 月 11 日寄出第 4 批书，共 50 包 155 册，包裹编号从 194 到 243；1950 年 11 月 22 日寄出第 5 批书，共 50 包 150 册，包裹编号从 244 到 293。(HYL Archives：Letter of Werner Levedag to Alfred K'aiming Ch'iu, November 22, 1950)

11 月 27 日

叶理绥(Serge Elisséeff)致函裘开明，通知：自 12 月 3 日起，所有职员的工作时间改为一周 35 个小时，图书馆和所有的办公室将在周日休息。(HYL Archives：Note of Serge Elisséeff, November 27, 1950)

11 月 30 日

Arnulf H. Petzold 致函裘开明，汇报截止到 11 月份所寄出的 5 批书的情况；询问裘开明是否已经收到发货凭证以及船运清单，以及可否加大寄书的频率以及每次寄书的数量；同时告知裘开明，藏于温哥华的中日文佛教书籍将尽快寄往汉和图书馆，并函附 500 美元的货运发票。(HYL Archives：Letter of Arnulf H. Petzold to Alfred K'aiming Ch'iu, November 30, 1950)

12 月 4 日

裘开明致函费正清(John King Fairbank)教授：我向赵国钧(Kuo-chun Chao)提供了我馆自北京和香港获得的所有新的共产主义出版物目录。我认为你关于在香港搜集出版物的建议甚好，尤其是在中国大陆现在禁止出口出版物的情况下。随函附上我致黄星辉(Julius Hsin-hui Huang)先生的信函，黄已在香港和上海的美国信息图书馆工作了很长时间。你可致函美国领事和该馆新任馆长 Ada M. Sullivan 小姐，了解一下该馆是否可为哈佛开展此项工作提供协助，如不可，则最好请黄星辉先生利用他个人的时间协助进行这一工作，并给予其一些补偿。随函附上你所需的共产主义期刊和报纸目录。一旦芮玛丽(Mary Clabaugh Wright)带回我馆的卡片后，我馆将向燕京大学图书馆订购大量的共产主义出版物。自香港新寄来有相当多期数的三种报纸，是否要将缺刊目录寄给香港的 Leach 先生。(HYL Archives：Letter of Alfred K'aiming Ch'iu to John King Fairbank, December 4, 1950)

12 月 5 日

裘开明致函 Arnulf H. Petzold：11 月 30 日寄来的 500 美元货运发票已经转交会计部门，你可以增加每次寄书的数量，但须有完整的海关手续。如果你能够得到出口许可的话，请把剩余的藏书装入 2 至 3 个木箱内通过海运，一并寄来。(HYL Archives：Letter of

Alfred K'aiming Ch'iu to Arnulf H. Petzold, December 5, 1950）

T. D. Downing 公司致函裘开明：Werner Levedag 从横滨寄来的 70 包佛教书籍，海关已经放行，将通过挂号包裹寄往汉和图书馆。(HYL Archives：Letter of T. D. Downing Co. to Alfred K'aiming Ch'iu, December 5, 1950)

12月7日

胡佛图书馆中文文库主管芮玛丽(Mary Clabaugh Wright)致函裘开明，函寄赵国钧(Kuo-chun Chao)所需的书目卡片。(HYL Archives：Letter of Mary Clabaugh Wright to Alfred K'aiming Ch'iu, December 7, 1950)

12月8日

胡佛图书馆中文文库主管芮玛丽(Mary Clabaugh Wright)向汉和图书馆寄送所需的 31 种 32 册图书。(HYL Archives：Letter of Mary Clabaugh Wright to Alfred K'aiming Ch'iu, December 7, 1950)

12月9日

刘楷贤致函裘开明：5 日收到 11 月份薪金 50 元，谢谢！本月底或须去芝加哥申请延长 Visa（签证），顺便想参观芝加哥大学图书馆，盼能会晤钱（存训）先生，祈先生便中写一介绍函掷下，贤之"所得税退款"尚未退还，是否可以写改住址之通知信与税局，藉以提醒该税局，未知可否？(HYL Archives：刘楷贤致裘开明信函，1950 年 12 月 9 日)

12月12日

Howard P. Linton 致函裘开明：我们一直在努力整理的期刊订阅目录已基本成型。韦慕庭(Clarence Martin Wilbur)教授建议涵盖信函内所列学科主题的期刊，并建议请你推荐这些领域的一些具体刊物名称。(HYL Archives：Letter of Howard P. Linton to Alfred K'aiming Ch'iu, December 12, 1951)

12月13日

Werner Levedag 致函裘开明，函寄第 6 批书和第 7 批书的发货单各 1 份以及邮寄清单各 1 份，告知 1950 年 12 月 4 日寄出第 6 批书，共 49 包 239 册，包裹编号从 294 到 342，总价值 19800 日元；12 月 13 日寄出第 7 批书，共 50 包 459 册，包裹编号从 343 到 392。(HYL Archives：Letter of Werner Levedag to Alfred K'aiming Ch'iu, December 13, 1950)

12月14日

裘开明致函胡佛图书馆中文文库主管芮玛丽(Mary Clabaugh Wright)：感谢你把我们的卡片归为两类，一类是你们有复本的，一类是你们没有的。请保留第一类卡片，并在你来剑桥时把第二类卡片带来。费正清(John King Fairbank)和赵国钧(Kuo-chun Chao)都急于获得这些预定的书，因为我馆不能从其他图书馆得到这些书。我们可以为贵馆建立一个文档。我馆很高兴能够不时收到贵馆的复本目录。但是因为时间关系，我们最近不能编制复本的目录。随函附上新的共产主义期刊。过去我说过，你在《远东季刊》上对美国联邦白皮书的评论很好，我们去年从国会图书馆购买了《公共事务通讯》第 77 号，发现没有评论比你的更有冲击力了。你在国际政策方面的评论让我们都成了外行人。(HYL Archives：Letter of Alfred K'aiming Ch'iu to Mary Clabaugh Wright, December 14, 1950)

12月15日

胡适致函裘开明：久不曾通讯道候，十分抱歉。我自从 9 月底来 Gest Library（耶鲁大学葛思德图书馆），作一个初步考察，那时我就决定要请老兄分一位助手来帮我的忙。

两个月的观察使我觉得这个小图书馆里颇有许多好书,值得学者的研究与注意。恰好那时严文郁兄介绍童世纲先生到纽约敝寓来看我,我曾把 Gest 的一些问题和他谈,并且请他考虑,万一我需要他来帮忙,他能不能向裘先生商量,许他来这里? 他那时曾许我考虑,我很高兴。后来普林斯顿当局居然给我全权,要我物色一位图书馆学者来帮忙,我就写信给童先生,请他向老兄陈说,请老兄许他来这儿帮我的忙。上星期他回信说,老兄很能谅解,已允许他来作我的助手。今天他第一次到 Gest Library 参观,我们又细谈一次,总算正式决定了。此事多蒙老兄谅解,我真心感激。童兄辞去较优的薪俸,来屈就较低的薪俸,我特别感谢他的热心肠。我向学校当局说了,他们听说童先生是曾在裘开明先生手下受过多年训练的,他们都十分高兴!我趁童君回哈佛之便,托他带这短信奉候老兄,并向老兄特别致谢! (HYL Archives:胡适致裘开明信函,1950 年 12 月 15 日)

12 月 21 日

哈佛大学国际与区域研究委员会中国研究计划主席费正清(John King Fairbank)教授致函裘开明:请你帮助在图书馆查找借出未归还的一套 6 卷本《石渠余记》。兹附上 Elizabeth Huff 转来的一份关于收购一批手稿专藏的建议,这是 Elizabeth Huff 前段时间获悉的一个机会,但不适合加州大学(伯克利)东亚图书馆。李文森(Joseph Richmond Levenson)已做了专门的记录。Elizabeth Huff 在给我的信中附有卖主最近的一封信函以及收藏目录。我亦从芮玛丽(Mary Clabaugh Wright)处得到了该份建议。希望听听你的意见。价格无疑是太昂贵,但是,也许可以联合收购这批手稿。(HYL Archives:Letter of John King Fairbank to Alfred K'aiming Ch'iu, December 21, 1950 & HYL Archives:Letter of Elizabeth Huff to John King Fairbank, December 15, 1950)

裘开明致函 Howard P. Linton:随函附上一份 23 种重要中文现刊的目录。请问你是否仍然通过北京国家图书馆的 T. K. Koo 先生购买图书,T. K. Koo 现在与新政府有明确的政治关系。(HYL Archives:Letter of Alfred K'aiming Ch'iu to Howard P. Linton, December 21, 1951)

12 月 26 日

刘楷贤致函裘开明:奉 12 月 18 日两手示,敬悉一切。承介绍 F. J. Reece 教授及钱存训先生,不胜感激。明后天当去拜访 Reece 教授。如去支加哥(芝加哥)移民局时,便中当访钱先生,参观支大(编者注:即指芝加哥大学。)图书馆。贤在伊校读书,学位要九课,补修四课,英文二课,最低限度要明年 2 月念完,就是美国同学都念三学期才能念完。图书馆学无高深学理,可以说不算难,就是指定参考书繁重,课外作业多,不时考问,总日夜不闲也念不完。同班中已有三位同学自动退学,还有被警告下半年不能继续念的,贤睹此情形,时刻战战兢兢,不敢疏忽。圣诞节与新年两周假期,仍读参考书,赶写一篇文(将来在公共图书馆或学校图书馆服务,现在先计划一下)"A philosophy of librarianship of your own"。贤英文根底太差,是最苦与最吃亏处,先生知我深,想能想象贤之困难。忆及在哈佛时,先生曾云,伊校严格,此语已验。前昨两晚到中外友人家中过圣诞节,希望明年能在府上过圣诞节。(HYL Archives:刘楷贤致裘开明信函,1950 年 12 月 26 日)

12 月 28 日

裘开明致函普林斯顿大学图书馆馆长 Julian P. Boyd 及副馆长 Lawrence Heyl,向他们推荐童世纲(Tung Shih-kang)。(HYL Archives:Letter of Alfred K'aiming Ch'iu to Julian P. Boyd and Lawrence Heyl, December 28, 1950)

12 月 29 日

T. D. Downing 公司致函裘开明:Werner Levedag 从横滨寄来的 50 包佛教书籍,

海关已经放行,将挂号寄往贵馆。(HYL Archives: Letter of T. D. Downing Co. to Alfred K'aiming Ch'iu, December 29, 1950)

本年

裘开明起草《重新出版图书目录计划》(Revival of the Book Catalog Project)。该计划内容如下:1. 中文图书目录。收入单行本图书款目 31026 条,预计 1148 种丛书的分析款目为 30000 条;共计书目款目 61026 条;已出版的前三卷含书目款目 12195 条;已经在燕京排版但是被毁坏的条目总数为 25000 条(如果没有爆发战争的话,用于重新排版这 25000 条书目的 3900 美元费用就不必支出了);自 1938 年以来新购图书(可能和旧书一起在增补目录里单独出版过)23831 种;48831 条款目所需的页数为 3050 页(每页 16 条款目);索引(估计)450 页;付印总页数 3500 页;每页 2.5 美元,共需 8750 美元;已有资金以及出售书本目录和卡片目录的收益共 3750 美元,另外需要拨款 5000 美元。2. 日文图书目录:收入单行本书目款目 10308 条;预计 587 种丛书的分析款目为 29692 条;共计书目款目 40000 条;40000 条书目所需的页数为 2000 页(采用较小字体每页 20 条款目);每页 2.5 美元,共需拨款 5000 美元。3. 书目销售:(1)如果每卷 400 页,日文书目将分 5 卷出版。每卷售价 6 美元,即每套售价 30 美元,出售 150 套可获收入 4500 美元。(2)中文书目分 8 卷出版,每卷 435 页。每卷售价 6 美元,即每套售价 48 美元,出售 100 套可获收入 4800 美元。4. 与书本目录配套的卡片目录的实用性:(1)国会图书馆正在进行的中日文图书合作编目计划(Cooperative Cataloging Plan for Chinese and Japanese books)证明,毫无疑问,通过照相复制的方法可以重复制作印刷好的单页书目款目,再粘贴在空白卡片上面,费用低,质量好。国会图书馆以每张 3 美分的价格出售给其他图书馆。(2)全国合作编目计划免费赠送哈佛 5 到 10 份卡片复本。这些来自华盛顿的印刷卡片将取代我们馆污损、退色的 Ditto 卡片。(3)整个项目需要 10000 美元拨款,但不需要一年到位,可以分二到三年分别拨款。我们的目的是在 1953 年完成所有图书的编目,作为学社成立 25 周年的献礼。(HYL Archives: Revival of the Book Catalog Project, 1950)

从本年开始,韩文藏书成为汉和图书馆一个独立的部分。(HYL Archives: Memoire of Kim, Sungha to Wu Eugene, January 5, 1967)

1951 年
54 岁

1月2日

Werner Levedag 致函裘开明:1950 年 12 月 21 日寄出 67 包共 581 册佛教藏书,批号为 8,随函附上 2 份发货单和 1 份包裹清单。这一批书的包裹标号从 393 号到 459 号。1950 年 12 月 29 日寄出 69 包共 651 册书,批号为 9,包裹标号从 460 号到 528 号,随函附上 2 份编号发货单和 1 份包裹清单。按照 Arnulf H. Petzold 先生的要求,我们将提高寄书频率,1951 年 1 月后将每周寄一次,每批书的价值不高于 100 美元。另,1950 年

12月20日,Bruno Petzold 教授佛教藏书中的 8 箱画轴和经卷已寄往波士顿。(HYL Archives：Letter of Werner Levedag to Alfred K'aiming Ch'iu, January 2, 1951)

1月5日

Werner Levedag 致函裘开明：1月5日寄出第 10 批共 64 个包裹 673 册的书。随函附上发货单 2 份、邮寄清单 1 份以及 8 箱画轴和经卷的货箱钥匙 9 把。(HYL Archives：Letter of Werner Levedag to Alfred K'aiming Ch'iu, January 5, 1951)

1月9日

裘开明致函北京国际书店出口部主任 Chu His：我馆欲向贵店订购两套 1952 年新出版的《毛主席选集》。我们已经连续收到了 1950 年全年各期的中文版《人民画报》和英文版《人民中国》(People's China)。但是只收到了 1、2、7 和 8 4 个月份的《人民日报》。贵店能否把 1950 年其他月份的《人民日报》补齐给我们。如果贵处还有以下几种刊物的 1950 年过刊,则请寄给我们：《新华月报》、《新观察》、《新建设》、《人民教育》、《中国科学》和《人民文学》。(HYL Archives：Letter of Alfred K'aiming Ch'iu to Chu His, January 9, 1951)

裘开明致函国会图书馆东方部主任恒慕义(Arthur William Hummel)：随函附上我馆写给贵馆照相复制部的信以及一份国立北平图书馆的善本书单,这些书贵馆已经制成了缩微胶片。烦你转告 Donald C. Holmes 先生为我馆制作这些缩微胶片的副本,制作费从我馆的账户中支出。请寄给我馆 3000 张空白的有蓝色横线格的卡片,用于我馆为中日文合作编目项目编制目录卡片。另外请告诉我们 1951 年度我馆可以使用的丛书分析款目的空白系列号码。是否有图书馆提交了所有由商务印书馆出版的《丛书集成》的分析款目？如果没有,我馆将提交这些款目并由我们自己为它们编制系列号。我馆已经推迟为这部庞大丛书编目的工作,部分是因为我馆正在等待其他部分的出版,部分是因为此套丛书收书 100 种,而我馆只有 98 种。我馆的目录中已经有了这 98 种丛书的分析目录卡片。而我馆所缺的另外 2 种丛书印于明代,已列入我馆请贵馆制作缩微胶片的清单中。1950 年编制的约 1000 种丛书分析目录卡片的系列号码正在校对中。待校对工作一完成,我馆即把它们寄给贵馆。尽管我馆是在 1951 年把它们寄给贵馆的,但是它们是否还是应该使用 1950 年的系列编号呢？(HYL Archives：Letter of Alfred K'aiming Ch'iu to Arthur William Hummel, January 9, 1951)

裘开明致函胡佛图书馆中文文库主管芮玛丽(Mary Clabaugh Wright)：感谢你核对我馆的卡片,并寄来贵馆的复本。有些书我馆已经入藏,故寄回给你,你可以提供给其他图书馆。胡适(Hu Shih)把我馆童世纲(Tung Shih-kang)带去普林斯顿大学图书馆,对葛思德中文图书进行编目。我们现在正在寻找一名训练有素的中国馆员。你能评价一下王(肖珠)女士吗？她曾经在你那里工作过。我不明白她为什么只在斯坦福呆了这么短的时间？是因为她的性格特异还是与别人很难相处？希望你给些建议。她向我馆提交了申请,但我还没回复她,因为她在斯坦福的记录有点令人怀疑。(HYL Archives：Letter of Alfred K'aiming Ch'iu to Mary Clabaugh Wright, January 9, 1951)

1月10日

刘楷贤致函裘开明：奉手示,承关怀贤求学问题,不胜感激。年前 12 月 28 日午后晋谒 F. J. Reece 教授夫妇两位老人,颇为慈祥,留贤晚饭,饭后告贤读书方法,并嘱注意健康。昨遇 Reece 教授于校园,复代先生问候,其并嘱贤写信时问候先生。Recce 教授下学期在伊校授二课,1. Lib. Sci(图书馆学) 428 The Physical problems of Libraries

（图书馆实务），2. Lib. Sci（图书馆学）452 Education of Librarianship（图书馆员教育）。12月份薪水50元支票一纸拜收。（HYL Archives：刘楷贤致裘开明信函，1951年1月10日）

1月12日

哈佛大学国际与区域研究委员会中国研究计划主席费正清（John King Fairbank）教授致函裘开明，函附美国国务院公告，建议裘开明向Keppler上校办公室函索研究员申请表格，申请中国研究计划研究员。（HYL Archives：Letter of John King Fairbank to Alfred K'aiming Ch'iu, January 12, 1951）

国会图书馆东方部主任恒慕义（Arthur William Hummel）致函裘开明：你1月9日来信要求我馆制作12种书的缩微胶片，其中，《崇庆新雕五音集韵》和《天涯不问》两种我馆没有收藏，照相复制部将寄奉另外10种书的缩微胶片。我已命卡片部给贵馆寄出3000张空白卡片，并把C51－5001至C51－10000号码段分配给贵馆使用。目前尚无图书馆提交《丛书集成》的分析目录卡片；其他丛书的分析目录卡片如果是在1951年印刷，请赋予1951年的编号。（HYL Archives：Letter of Arthur William Hummel to Alfred K'aiming Ch'iu, January 12, 1951）

1月14日

哥伦比亚大学东亚图书馆馆长Howard P. Linton致函裘开明：感谢你参与我馆中文现刊的推荐。我们从T. K. Koo先生处只得到了很少几种期刊。你在函中提到T. K. Koo先生的政治倾向性，我们对此很感兴趣，想了解更多。（HYL Archives：Letter of Howard P. Linton to Alfred K'aiming Ch'iu, January 14, 1951）

1月15日

Arnulf H. Petzold致函裘开明：12月5日收到购买佛教藏书的第一批书款500美元。1950年12月4日寄出了第6批书，共49包239册；1950年12月13日寄出第7批书，共50包459册；1950年12月21日寄出第8批书，共67包581册；1950年12月29日寄出第9批书，共69包651册；1951年1月5日寄出第10批书，共64包673册；共计299包2603册。1950年12月20日，8箱画轴和经卷装船。目录上列出的藏书共11箱，贵社所购买的图书装了8箱。编号为6和7的两个货箱中是家父的出版物，不属于出售范围，因此未寄给贵馆。请汇出第2期书款1000美元。（HYL Archives：Letter of Arnulf H. Petzold to Alfred K'aiming Ch'iu, January 15, 1951）

1月16日

裘开明致函李文森（Joseph Richmond Levenson）：根据费正清（John King Fairbank）教授的建议，我已给你寄去一份有关满洲版共产主义出版物的详细目录清单。请设法尽可能多地搜购目录中未标记大写H（H表示汉和图书馆馆藏已有收藏）的图书。若在香港无法购得其中的大部分图书，请将此目录转给燕京大学图书馆馆长。你是否可尽力为我馆购买一套《广东丛书（第二辑）》？（HYL Archives：Letter of Alfred K'aiming Ch'iu to Joseph Richmond Levenson, January 16, 1951）

1月18日

胡佛图书馆中文文库主管芮玛丽（Mary Clabaugh Wright）致函裘开明：上次给你的信中忽略了一点，就是关于国会图书馆合作编目计划之哈佛目录卡片复制的问题。我与恒慕义（Arthur William Hummel）和Edwin G. Beal, Jr.先生都谈过了，Beal认为在合作编目计划项目下进行复制可能有点困难。但是他认为由其他图书馆提出请求可能就能复制卡片。我对他说我们急于开始对清朝和民国早期的一些著作进行编目，但在合作编目系列里没有发现相关款目,因此准备提交我们自己的复印件。哈佛可能有这样的卡片。Beal 博士建议我将所需要的卡片序号告诉你,然后由你提交这些卡片给他。这个流程可能会给贵馆的职员造成不便。另一个方法就是我们抽出在斯坦福图书馆的卡片复印件,并随着我们自己编制的卡片提交。这样就不用麻烦贵馆了,贵馆的卡片也能借给其他图书馆使用。这个方法的困难在于卡片的底部要写上"胡佛图书馆"提交给国会图书馆,而不是以哈佛图书馆的名义给国会图书馆。当然任何看到卡片的人都不会认为是我们自己编制的,因为哈佛图书馆制作卡片的优秀质量已经众所周知了。那么这就看似有些不诚实。你认为该如何处理? 我希望知道你的意见。(HYL Archives:Letter of Mary Clabaugh Wright to Alfred K'aiming Ch'iu, January 18, 1951)

1 月 19 日

香港美国信息服务处(U. S. Information Service)黄星辉(Julius Hsin-hui Huang)致裘开明:关于香港美国信息服务处是否可为哈佛采购中文图书一事,我已通过 Ada M. Sullivan 把你的来信移交信息服务处主任 Paul W. Frillmann 处理。Frillmann 表示非常愿意在此领域为哈佛提供帮助,他会直接与你联系。美国驻香港领事馆提醒美国公民,如果没有重要的原因,应尽早撤离香港。没有人能确切知道战争是否会打到香港。领事馆和美国信息服务处将在战事灾难确定发生之前关闭。所有的职员将会被解聘。这也是我急切希望在美国寻找一份工作的原因。(HYL Archives:黄星辉致裘开明信函,1951 年 1 月 19 日)

1 月 22 日

Werner Levedag 致函裘开明:1951 年 1 月 13 日寄出 77 包共 1156 册佛教藏书,批号为 11,随函附上 2 份编号为 11 的发货单和 1 份包裹清单。1951 年 1 月 20 日寄出 91 包共 1596 册书,编号为 12,随函附上 2 份编号为 12 的发货单和 1 份包裹清单。下一次及最后一批书将于 1951 年 1 月 27 日寄出。(HYL Archives:Letter of Werner Levedag to Alfred K'aiming Ch'iu, January 22, 1951)

1 月 26 日

费正清(John King Fairbank)教授致函裘开明:我从 1950 年美国学术团体协会(ACLS)备忘录中获悉你已编写了一部伟烈亚力(Alexander Wylie)《汉籍解题》的修订增补本,并且配有威氏(Wade-Giles)拼音译文,作者准确的生卒年代、文献的收藏处所。这些信息是否正确,是否有计划出版? 我们对此书具有浓厚的兴趣,请提供相关信息。(HYL Archives:Letter of John King Fairbank to Alfred K'aiming Ch'iu, January 26, 1951)

1 月 28 日

Werner Levedag 致函裘开明:最后一批书于 1951 年 1 月 27 日寄出,编号为 13,共 85 包 1077 册,随函附上 2 张编号为 13 的发货单和 1 份邮寄清单;纠正前几次邮寄清单的错误:第 8 批书的总数是 576 册,第 9 批书的总数是 657 册,第 10 批书的总数是 678 册。(HYL Archives:Letter of Werner Levedag to Alfred K'aiming Ch'iu, January 28, 1951)

1 月 29 日

刘楷贤致函裘开明:26 日大考完毕,昨天才将卡片校完,因此稽迟,尚祈检收。昨接芝加哥移民局来信,约定 2 月 7 日会见,届时去支(芝)便中当访钱存训先生,参观芝大图书馆。Dr. Charles H. Brown 将于明天离此间返 Iowa,嘱贤写信时问候先生,并言三月开东方学会时,可能在会中会见先生。贤将于本周末搬到 906 S. Fourth st. Champaign, Illinois 双人房间,每月 21 元,可以烧饭,(课忙也许无时间烧饭,可能有此权利,用于周末,或假期时间,多少可节省点钱)。一位中国同学最(近)一二日返国,空出此床位,但此床位已托人谋求已二三月矣。以后先生赐示,请寄此处。贤已申请 ECA(经济合作总署),结果如何,当再函禀先生。(HYL Archives:刘楷贤致裘开明信函,1951 年 1 月 29 日)

1 月

童世纲(Tung Shih-kang)辞职,赴普林斯顿大学葛思德东方图书馆(Gest Oriental Library)担任中文编目员一职。(HYL Archives:Chinese-Japanese Library of the Harvard-Yenching Institute at Harvard University Report of the Librarian for 1950-1951)

2 月 2 日

裘开明致函费正清(John King Fairbank)教授:我已收到香港美国信息图书馆(U. S. Information Library in Hongkong)华人副馆长黄星辉(Julius Hsin-hui Huang)先生的一封来函,该函提到李文森(Joseph Richmond Levenson)博士于 1 月 18 日曾去访该馆,该馆馆长 Ada M. Sullivan 女士和 Paul W. Frillman 先生答应只要形势允许,愿意帮助哈佛在香港地区采购中文出版物。何多源(Ho To-yan)先生是一位很好的目录学家,如果他愿意接受这份工作,你或许应让李文森博士将那份有关共产主义出版物的目录转给何多源先生,而不是寄给燕京大学。近期我们已自北京收到了一些新的出版物,也从国际书店收到一份新书通报目录和一份普通公告。尽管国际书店愿意出售图书,哈佛愿意购买图书,但目前面临的问题是,由于美国政府对红色中国的禁运政策,我们应该如何向北京汇款。感谢你对我修订伟烈亚力(Alexander Wylie)的《汉籍解题》有兴趣。尽管我 10 年以前就已经开始做这项工作,但是因为我没有时间,所以这项工作始终无法完成。如果可以,我将会与你详细讨论此事,我想如果出版这一成果的话有可能需要 2000 至 3000 美元的经费。(HYL Archives:Letter of Alfred K'aiming Ch'iu to John King Fairbank, February 2, 1951)

2 月 6 日

裘开明致函香港美国信息服务处(U. S. Information Service)黄星辉(Julius Hsin-hui Huang):感谢你 1 月 19 日来函告知李文森(Joseph Richmond Levenson)博士抵达香港一事。我已为你在美国找到了一份工作,中国区域研究计划主任费正清(John King Fairbank)教授,此前一直在寻找一位受过专业训练的中国图书馆员担任其研究计划的参考助理和编目员,不过目前费正清教授尚未有这一职位的预算资金。如果你愿意填写后附的申请表并提交给美国国务院,从其 ECA(经济合作总署)中国学生、教授和研究人员专项拨款中申请一笔经费的话,那么就可以考虑这一职位。你还应请 Thompsoh 小姐、Ada M. Sullivan 小姐、Paul W. Frillman 先生和其他一些人为你向美国国务院人员交换部(Division of Exchange of Persons)写推荐函。我也会为你写推荐信。(HYL Archives:Letter of Alfred K'aiming Ch'iu to Julius Hsin-hui Huang, February 6, 1951)

费正清(John King Fairbank)教授致函裘开明:我认为汉和图书馆的图书采购应该可在香港进行,我建议我们之间互通所有与李文森(Joseph Richmond Levenson)博士的通信信件。(HYL Archives:Letter of John King Fairbank to Alfred K'aiming Ch'iu, February 6, 1951)

2 月 9 日

裘开明致函李文森(Joseph Richmond Levenson)博士,再次请其帮助搜购刘广京(Kwang Ching Liu)先生和洪煨莲(William Hung)教授研究所需的丁日昌撰《抚吴公牍》和《螺树山房丛书》。随函附上两种书籍完整详细的书目信息。如果你没有时间搜寻这两种书籍，请转给何多源（Ho To-yan）先生。（HYL Archives：Letter of Alfred K'aiming Ch'iu to Joseph Richmond Levenson, February 9, 1951）

裘开明致函国际书店主管 Liu Bong-chun，告知已收到 1950 年 12 月 4 日寄来的出版物列表以及寄给费正清（John King Fairbank）的关于《人民中国》的四份介绍性文字，并已决定通过国际书店订购《人民中国》和《人民画报》两种期刊。（HYL Archives：Letter of Alfred K'aiming Ch'iu to Liu Bong-chun, February 9, 1951）

加州大学东亚图书馆艾尔文（Richard Gregg Irwin）致函裘开明：我们不知道哈佛燕京丛书第 19 种的书名是什么，是否已经出版，因为我们缺少第 19 种。请问第 19 种收录的是鸟居龙藏（Torii Ryuzo）的《辽代石刻墓群》吗？我们将寄给你一份 Charles E. Hamilton 先生和我草拟的编目条例，请指正。（HYL Archives：Letter of Richard Gregg Irwin to Alfred K'aiming Ch'iu, February 9, 1951）

2 月 14 日

香港美国信息服务处（U.S. Information Service）黄星辉（Julius Hsin-hui Huang）致函裘开明，表示很高兴可以再次去哈佛工作，并向裘开明请教相关赴美申请问题。（HYL Archives：Letter of Huang Hsing-Huei to Alfred K'aiming Ch'iu, February 14, 1951）

2 月 20 日

Werner Levedag 致函裘开明，告知邮寄 Petzold 佛教藏书的所有包裹都购买了美国友邦保险公司（American International Underwriters Co.）的保险。（HYL Archives：Letter of Werner Levedag to Alfred K'aiming Ch'iu, February 20, 1951）

Arnulf H. Petzold 致函裘开明：我已经把在温哥华的全部佛教藏书寄往汉和图书馆，其中 1951 年 2 月 15 日寄出 23 个保价包裹，内含 31 册书；2 月 20 日通过铁路运输寄出 2 箱书，内含 121 册书，以上共计 152 册书。如果你们需要的话，我可以向汉和图书馆提供一份英文版的藏书目录，以及中文目录的手稿或影印件。（HYL Archives：Letter of Arnulf H. Petzold to Alfred K'aiming Ch'iu, February 20, 1951）

2 月 21 日

裘开明回复香港美国信息服务处（U.S. Information Service）黄星辉（Julius Hsin-hui Huang）2 月 14 日来函，告知助教、图书馆助理的待遇，应申办护照的种类、资助基金等事宜。（HYL Archives：Letter of Alfred K'aiming Ch'iu to Julius Hsin-hui Huang, February 21, 1951）

裘开明致函加州大学东亚图书馆艾尔文（Richard Gregg Irwin）：哈佛燕京丛书第 19 种为侯仁之（Hou Jen-Chih）的中国经济地理学著作，但是一直没有出版过。该著连同《庄子引得》（汉学索引丛书增刊）和我们的《汉籍分类目录》的最后 5 册都在战争时期被日本侵略军毁坏了。虽然这些书已经印刷，但是在燕京找不到任何复本。制好的印版也被毁坏了。《庄子引得》在战后曾用校样重印，但是第 19 种专著不能重印（可能这本书还不够重要）。因此，第 19 种这个编号就不再列入哈佛大学出版社的综合目录。事实上世上任何一家图书馆，包括剑桥的哈佛燕京学社办公室，都没有收到过这个复本。假设这本书的校样（像我们的图书目录一样在剑桥有校样）还在燕京，在现在的世界环境下也不会进行出版。此外，鸟居龙藏（Torii Ryuzo）的《辽代石刻墓群》是一本独立的著作，未收入任何一套丛书。（HYL Archives：Letter of Alfred K'aiming Ch'iu to Richard Gregg Irwin, February 21, 1951）

裘开明致函美国驻香港领事馆美国信息图书馆助理馆长黄星辉（Julius Hsin-hui

Huang)：我已收到你的来函及所附致生洋纸行（Che San & Co.）提供的关于出版我馆中文图书目录的报价单。由于目前国际局势紧张，哈佛燕京学社尚未决定是否在东京或香港印制该图书目录。一旦有决定，我会及时告知。另外，因费正清（John King Fairbank）教授领导的中国区域研究计划急切希望购买所有有关当代中国、中国共产党、国民党及其他政党的所有新的出版物，请你给予帮助。我获悉 Ada M. Sullivan 小姐已被任命为贵馆的馆长，并且正在帮助国会图书馆和华盛顿其他政府部门搜集香港和澳门的中国出版物。不知是否可以也帮哈佛搜购这些图书。费正清教授将会向 Ada 小姐和美国领事馆大使寄去一封正式的请求函。我知道我所提出的这一请求对贵馆来说是一项有很大工作量的事情，意味着贵馆也必须为所有美国私立大学订购这些图书，这也是 George Kates 博士在战时拒绝为哈佛提供这一帮助的原因所在。如果此请求不可行，哈佛将不得不请求个人协助，如 S. C. Ch'en 先生。（HYL Archives：HYL Archives：Letter of Alfred K'aiming Ch'iu to Julius Hsin-hui Huang, February 21, 1951）

2月28日

裘开明致函 Arnulf H. Petzold：我们已经收到 2 月 20 日从加拿大温哥华寄来的 23 包佛教书籍的发货单和邮寄清单，目前除 1 包书籍未收到外，其余的 22 包均已收到。我们收到了 Ferguson 运输公司（Ferguson's Transport Company）寄来的从铁路货运发货的 2 箱书的装货账单，并已经请海关的经纪人和货运代理提供书籍到达波士顿火车站的担保。到目前为止，我们已经收到 Werner Levedag 寄来的 11 批书，第 12 批共 91 包，仍在波士顿海关等待结关。最后一批书即第 13 批书仍在寄往美国的途中。请把全部书籍的中英文目录各寄一份给哈佛燕京学社，以用于清点图书和出售复本给其他图书馆。（HYL Archives：Letter of Alfred K'aiming Ch'iu to Arnulf H. Petzold, February 28, 1951）

裘开明致函 Myra Yin-Suan King，告知汉和图书馆暂无职位空缺提供。（HYL Archives：Letter of Alfred K'aiming Ch'iu to Myra Yin-Suan King, February 28, 1951）

3月1日

Arnulf H. Petzold 致函裘开明，函寄收到汉和图书馆第 3 期书款 467 美元的收据。（HYL Archives：Letter of Arnulf H. Petzold to Alfred K'aiming Ch'iu, March 1, 1951）

3月7日

裘开明向美国图书馆协会 Charles H. Brown 提交参加远东协会—美国图书馆协会东方藏书联合委员会会议的论文题目。（HYL Archives：Letter of Alfred K'aiming Ch'iu to Charles H. Brown, March 7, 1951）

裘开明回复胡佛图书馆中文文库主管芮玛丽（Mary Clabaugh Wright）对复制汉和图书馆早期印刷目录卡片的询问：Edwin G. Beal, Jr. 博士建议的方式是，贵馆告诉我馆早期印刷卡片的序列号，我馆再向国会图书馆合作编目计划提交这些卡片，由国会图书馆统一复制。但是我们极力避免这样做，因为这样做虽然增加了合作编目计划里的卡片种类，但它只代表了复制的成果，并没有增加美国图书馆中文编目的种类。如果国会图书馆有中文图书联合目录的话，你在信中提到的问题都能很容易地解决。哈佛联合目录的印刷卡片都提交给合作编目计划用于编制联合目录了。其他图书馆的卡片也都收入了在编的联合目录。因此，你能得到一部全美图书馆中文图书的总目，以核对贵馆的藏书。如果国会图书馆有你所需要的卡片，他们会在卡片上为贵馆增加馆藏地的标识，然后进行复制。这种方法有三大好处……但是美国图书馆的中文图书联合目录说起来容易，要做就难了。幸运的是，我们已经有了多年前 Edwin G. Beal, Jr. 负责编制的日文图书联合目录。在编制联合目录之前,我馆会允许斯坦福或其他图书馆复制我馆的印刷卡片。耶鲁大学已经这样做了。附件是一个卡片样本,是在 G. K. Hall 先生的缩微图片公司以每张 5 美分的价格为耶鲁复制的。我相信西海岸也会有类似公司承接这类业务。(HYL Archives: Letter of Alfred K'aiming Ch'iu to Mary Clabaugh Wright, March 7, 1951)

刘楷贤致函裘开明:承手示,并一、二月份薪水支票二纸,社会保险证(022－26－3293 号),均已拜收,祈释念。《丛书集成》卡片,俟拼音毕,当即奉上,贤 1949 年应退还之所得税,迄今仍未退还,(前者先生信言及收到即转寄,贤上月查悉报税时地址为 119 Oxford St.,故此上月已函询税局,亦未接该局来信)未知究竟。1950 年应报之税,哈佛会计处寄来扣税收据,误将他人之收据寄来,贤已于上星期寄还哈佛,但贤之报税收据,哈佛会计处仍未寄来,未知能否在 Illinois(伊利诺斯州)报税? 设不能在 Illinois(伊利诺斯州)报税,必须在 Boston(波士顿)报税,如何办理,祈先生便中示知为祷。(HYL Archives:刘楷贤致裘开明信函,1951 年 3 月 7 日)

3 月 9 日

香港大学冯平山中文图书馆刘国蓁致函裘开明:冯馆于战前时曾寄存广州三家藏书,即罗氏敦复书画室、黄氏劬学斋及徐氏南州书楼。战后徐氏一家已取回所存各书,现尚有罗氏及黄氏两家因寄存期过久,港大当局有意欲其取回,以清手续,但一时颇难安置,是以他等欲将其割让,嘱弟代谋出路。素仰贵部搜罗宏博,储藏丰富,于是不揣冒昧,将其所藏大略情形及其他版本书籍列单一份,又罗氏目录撮录一份奉呈左右,恳请鼎力襄助介绍与贵主任商洽,倘蒙采购曷胜感幸。如欲要详细书目及其整部书籍价值敬乞示知,以便抄录及所值若干奉上。(HYL Archives:刘国蓁致裘开明信函,1951 年 3 月 9 日)

3 月 10 日

香港美国信息图书馆(U. S. Information Library)黄星辉(Julius Hsin-hui Huang)致函裘开明:经过考虑后,我决定采纳你的建议,不着急去美国。因为现在美国还没有一个合适的职位,一旦辞去现在的职务,将不能够再重新回来。但是如果有一个像胡佛图书馆那样比较好的职位,我将毫不犹豫地放弃现在的工作去美国。我将请 Paul W. Frillman 先生委托李文森(Joseph Richmond Levenson)购买一部《燕国王朝》(*Yan-Ko Dynasty*)的著作。(HYL Archives: Letter of Julius Hsin-hui Huang to Alfred K'aiming Ch'iu, March 10, 1951)

3 月 13 日

爱荷华州立大学图书馆 Charles H. Brown 致函裘开明:去岁春季在安娜堡(Ann Arbor)会议上,Howard P. Linton 同意负责筹备今年 3 月 27－29 号在费城举行的远东协会—美国图书馆协会东方馆藏联合委员会会议。他已制定好计划,但这个计划只是暂时的,我知道有些演讲者可能不同意。我将你的名字也加到计划中去了。我们可能需要你的论文以备出版。计划将会有些改变。袁同礼(Yuan Tung-li)写信说他没有提交中国图书馆状况报告。我认为他是错的,但是我没有责怪他。我们会对你的论文进行讨论,我把它安排在计划的最后。(HYL Archives: Letter of Charles H. Brown to Alfred K'aiming Ch'iu, March 13, 1951)

3 月 23 日

加州大学东亚图书馆艾尔文(Richard Gregg Irwin)致函裘开明:感谢你提供了我需要的两份资料。你若得知国会图书馆将会复制《丛书集成》的分析卡片,无疑会欣喜若狂。如果可以得到这些卡片,我们必然会受益。而且,我们也羡慕你能在丛书编撰的时候就拥有了丛书底本,想必这些底本现在收藏在善本库房了。我今天下午给你寄来了 Charles E. Hamilton 和我编写的描述性编目条例草案,希望得到你的批评和指正。(HYL Archives:Letter of Richard Gregg Irwin to Alfred K'aiming Ch'iu, March 23, 1951)

3月28日

裘开明赴费城宾夕法尼亚大学,参加远东协会－美国图书馆协会东方馆藏联合委员会会议。出席会议的人员包括来自远东协会和美国图书馆协会的代表:Elizabeth Huff、恒慕义(Arthur William Hummel)、清水治(Osamu Shimizu)、Charles H. Brown、Robert B. Downs 和 Warner Grenelle Rice。此次会议的议题包括:对日本图书馆员进行的培训;日文书采访、编目;汇报委员会的其他活动;东方文献编目问题。第四个议题"东方文献编目问题",讨论了印刷东方文献目录卡片、卡片罗马化、制定规范档以及中文图书联合目录的问题。裘开明做了题为《美国图书馆中文图书联合目录:意义、面临问题和解决方法》的报告。(HYL Archives:《远东协会－美国图书馆协会联合委员会的会议录》, March 28, 1951)

4月2日

费正清(John King Fairbank)教授致函裘开明:兹附上李文森(Joseph Richmond Levenson)博士从香港寄来的手写本图书采购目录。李文森博士在香港的地址为:552 Mt. Cameron Road, The Peak, Hongkong(China)。假如我把李文森博士提出的多种建议交由你来考虑和处理,你可请赵国钧(Kuo-chun Chao)先生在有关目前中国研究计划方面协助你,我建议学社授权李文森博士继续为哈佛采购书刊。除去已汇给李文森博士的 100 美元之外,我建议额外增加 200 美元,并在之后再增加 200 美元。我将写信给哈佛大学图书馆 Keyes D. Metcalf 馆长,请其拨付 400 美元经费。如果你能根据我对图书馆可购书刊的评价,对后附目录进行标记,并请李文森博士按照此目录去采购的话,我将非常感激。(HYL Archives:Letter of John King Fairbank to Alfred K'aiming Ch'iu, April 2, 1951)

4月3日

裘开明致函 T. D. Downing 公司(T. D. Downing Co.):兹寄来滞留在波士顿海关的 3 箱 Petzold 佛教藏书的钥匙,请用毕归还。(HYL Archives:Letter of Alfred K'aiming Ch'iu to T. D. Downing Co., April 3, 1951)

4月6日

裘开明致函李文森(Joseph Richmond Levenson)博士:很高兴从你给费正清(John King Fairbank)教授的函中获悉你已为我馆在中国购买了许多书籍,我确信哈佛师生会对你在这个危急时期给予我馆的及时协助非常感激。你是否可以帮助我馆购买我在此函中所附三份书目清单中的书刊,其中包括部分你在给费正清教授的信函中提及的书刊,请转告何多源(Ho To-yan)先生给我馆寄来他在中国华南地区搜集到的中文古籍目录。(HYL Archives:Letter of Alfred K'aiming Ch'iu to Joseph Richmond Levenson, April 6, 1951)

裘开明致函胡佛图书馆中文文库主管芮玛丽(Mary Clabaugh Wright),推荐徐亮(Hsu Liang)先生,并寄奉简历一份。(HYL Archives:Letter of Alfred K'aiming Ch'iu to Mary Clabaugh Wright, April 6, 1951)

4月11日

胡佛图书馆中文文库主管芮玛丽(Mary Clabaugh Wright)致函裘开明:感谢你 4 月 6 日的来信以及所附徐亮(Hsu Liang)先生的简历。首先,我正努力打探 Howard P.

Linton 先生是否愿意让徐亮离开。当然在联系时我没有提到你的名字。如果 Linton 先生愿意,我将立即写信给徐亮。同时我想知道你是否知道徐亮的移民状况,他会在美国呆多长时间？斯坦福如果想要帮助他的妻子和女儿来美国,应该采取什么措施？能否提供香港黄星辉（Julius Hsin-hui Huang）先生的信息？（HYL Archives：Letter of Mary Clabaugh Wright to Alfred K'aiming Ch'iu, April 11, 1951）

4月12日

T. D. Downing(T. D. Downing Co.)致函裘开明：8 箱 Petzold 佛教藏书已经通过海关抽查,货物箱的 3 把钥匙已归还,书已经由海关放行,通过快递公司送往贵社。（HYL Archives：Letter of T. D. Downing Co. to Alfred K'aiming Ch'iu, April 12, 1951）

4月16日

哈佛燕京学社举行董事会会议。会议表决通过第 T-1144 议案,向哈佛大学推荐长期聘任裘开明为哈佛燕京学社汉和图书馆馆长,并在他任职馆长期间内保持他的中国语言和文学讲师资格。（HYL Archives：Minutes of April 16, 1951.）

Arnulf H. Petzold 致函裘开明,告知将藏于温哥华的佛教藏书寄往剑桥的各项费用总计为 60.89 加元。（HYL Archives：Letter of Arnulf H. Petzold to Alfred K'aiming Ch'iu, March 13, 1951）

斯坦福大学胡佛研究所与图书馆中文文库主管芮玛丽（Mary Clabaugh Wright）致函裘开明：斗胆向你和其他可能会感兴趣者寄呈我所关注的一批 19 世纪中国官员致曾国藩的书信和报告手稿。去年夏天,这批手稿的所有人 Lorraine Luke 夫人（联系地址：1, Coronation Terrace, Caine Road, Hongkong）准备将这批手稿出售给加州大学；Elizabeth Huff 将 Luke 夫人介绍给了我。我与其通信数回,但仍未有结果。她原来的售价是 10000 美金,后来,她打算以 1000 美金（不计包装、船运、保险、缩微制作的费用）将这批手稿租借给加大进行缩微胶片制作。哈佛的李文森（Joseph Richmond Levenson）以及威斯康星大学的 Eugene Boardman 检查了这批手稿,随信附上 Boardman 就此事写给我的信以及 Luke 夫人罗列的手稿清单,该清单经 Boardman 检查无误。如你能告知贵单位是否有兴趣参与租借这批手稿在美国制作缩微胶片,我将不胜感激,所有参与单位均可拥有一套缩微胶片。我还希望知道贵单位愿意投资的金额。Boardman 还就香港的其他清朝史料提供了一些建议。不知你对此事意见如何？（HYL Archives：Letter of Mary Clabaugh Wright to Alfred K'aiming Ch'iu, April 16, 1951）

4月17日

傅路特（Luther Carrington Goodrich）致函裘开明：哥伦比亚大学图书馆急于从中国台湾、中国香港和中国大陆购买中文图书,因为必须有许可证才能购买,因此请你告知如何处理这样的情况。（HYL Archives：Letter of Luther Carrington Goodrich to Alfred K'aiming Ch'iu, April 17, 1951）

4月18日

裘开明致函 Werner Levedag：波士顿海关已经结关并放行 8 箱画轴（Kakemono）和经卷。最后一批书,即第 13 批书,内含 761-845 号包裹已经收到。请再寄一次第 4、5、6、7 批书的邮寄清单,并将一份英文版书目和一份手写中文版的书目清单寄来。已经收到一共 23 包和 2 箱从温哥华寄来的书。现在正忙于拆包拆箱,按照邮寄清单和目录清点图书。（HYL Archives：Letter of Alfred K'aiming Ch'iu to Werner Levedag, April 18, 1951）

裘开明致函哈佛广场邮局负责人,申请减免 Petzold 佛教藏书的关税。（HYL

Archives：Letter of Alfred K'aiming Ch'iu, April 18, 1951)

4月22日

密歇根大学远东语言与文学系柯迂儒（James I Crump, Jr.）致函裘开明：我收到了你细心的来信和图书目录，你记着我们的请求，让我感到受宠若惊。房联喆（L. C. Fang）太太（即杜联喆）寄给我们一份你建议的图书目录，包含了许多对我们有价值的信息。正如你所说的，虽然卫挺生（Tingsen S. Wei）先生的藏书中有很多必不可少的基本图书，但是仍旧偏向于儒家经典著作、历史及汉学著作。目前我们正努力建设文学馆藏，为此我们已经决定从香港的一家书店购买大量图书。Warner Grenelle Rice 教授目前忙于尝试通过财政部和其他政府机构扫除障碍，以便我们能够从香港购书而不必缴纳10000美元罚金。我们不知道怎样才能成功地从香港购书，但是同时我们的经费已经投入到此次购书工作中。Rice 教授将把卫先生的图书目录存档，如果将来我们有经费，且有需要的话，则有可能会购买。感谢你向我们提供的信息。（HYL Archives：Letter of James I Crump, Jr. to Alfred K'aiming Ch'iu, April 22, 1951)

4月23日

裘开明致函傅路特（Luther Carrington Goodrich）：抱歉地告知你现在很难从中国大陆获得图书。除了少量能自燕京寄给我们的图书之外，我们无法从中国大陆买到更多图书。我们至今尚未申请许可证向中国汇款，在美国政府发布冻结共产主义中国资产的禁令之前，我们在燕京还有一点余款。我们现在主要从香港购买中文图书，因为香港有些经销商能从大陆买到新出版物。我们也通过你们中国历史计划的杜联喆（Tu Lien-che）买到了少量的图书。她告知从上海寄来的图书，有旧有新。当然，她如何操作以及如何寄钱到上海是一个商业秘密，我不便向她打听这些问题。我想她也会很乐意向哥伦比亚大学图书馆供应图书。至于台湾地区发行的出版物，你能在台湾或香港购买。我知道国会图书馆已请特特公司（Tuttle Co.）购买台湾地区出版物。以下香港书店能向美国图书馆供应出版物：(1)商务印书馆，皇后大道中35号。(2)中华书局，皇后大道中31号。(3) Willing Book Company，雪厂街20号7号室（Rm. 7. No. 20. Ice House Street.）。(4) Educational Supplies Dept. 国泰（香港）有限公司，香港干诺道中83号（83 Connaught Road, Central）。从你的来信中清楚地得知你没通过 T. K. Koo 先生从北京购买图书。你是否知道该法国书店的店主 Vetch 先生已扩大了他向国外买家供应中文图书的生意？他准备了一些非常好的书目。你是否有收到？中国新政府的法律规定1870年后出版的任何图书都可以合法出口，但问题是如何汇款到共产主义中国。汇款是需要从你们政府拿到许可证的。但如果我们有朋友愿意借钱给我们并帮我们在中国付款，我们从中国购买任何东西在法律上都是允许的。可能 Vetch 先生在纽约或巴黎有一个银行账户。你可以在中国以外的其他地方付款到他账户。我希望上述建议对你有用。（HYL Archives：Letter of Alfred K'aiming Ch'iu to Luther Carrington Goodrich, April 23, 1951)

裘开明致函山口玲子（Reiko Yamaguchi）：你在1950年9月21日的来信中，提到你将来东部参观图书馆。我想知道你是否有兴趣在今年夏季时到我们图书馆来工作。夏季之后，你可能会在我们图书馆或者在美术博物馆富田幸次郎（Kojiro Tomita）先生领导的亚洲部中找到更永久的职位。请告诉我多少薪水和在什么样的条件下你会愿意来哈佛工作。（HYL Archives：Letter of Alfred K'aiming Ch'iu to Miss Reiko Yamaguchi, 10801 Easr Boulevard, Cleveland 6, Ohio. April 23, 1951)

4月24日

芝加哥大学远东图书馆馆长钱存训(Tsuen-hsuin Tsien)致函裘开明:为了编制我馆馆藏分类号3000以下的书目,去年你曾热心地建议我们向缩微图片公司(Microphotography Co.)订购一套影印卡片。去年8月,我们向在该公司寄去了订单,今年亦曾向该公司在波士顿的新地址寄去两封信函,但始终没有得到回复。我想请问你是否知道这个公司是否仍在运营,是否已迁移到了其他地方?假设该公司已不再运营,如果你能就我们如何获得一套贵馆的卡片为我们建议另外一个公司或途径,我们将非常感激。我非常迫切需要获得一套贵馆的6000－9000类目卡片和分析片,尤其是丛书类目卡片和分析片。我们是否有可能通过贵馆的书本式目录校样制作缩微胶片复本或照相版印刷卡片?通过国会图书馆分配,我们获得了贵馆一些丛书卡片,但是数量非常少,而且不是一次性地收到所有的卡片。目前我们在没有分析片的情况下,正在开始编制丛书部分的目录。我们希望你可以就相关编目程序提供给我们一些指导,以便我们在随后能够使用贵馆的分析片。你们在日本再版贵馆书本目录的计划怎么样了,进展如何?我急切希望能够获得该目录能尽快出版的消息。请代向裘夫人(曾宪文)、于震寰兄和其他诸友问候。(HYL Archives: Letter of Tsuen H. Tsien to Alfred K'aiming Ch'iu, April 24, 1951)

夏连荫(Julie Lien-ying How)致函裘开明:东亚学院正考虑将1927年4月在北京俄国大使馆查获的较重要文献的译本以及摘要出版一集汇编。请你帮助澄清一些文献译本的疑点。(HYL Archives: Letter of Julie Lien-ying How to Alfred K'aiming Ch'iu, April 24, 1951)

4月25日

韦慕庭(Clarence Martin Wilbur)致函裘开明:哥伦比亚大学东亚学院在我的领导下,正主办一个"中国共产主义运动史研究"的研究课题,准备极广泛地翻译或摘录关于该运动史的历史文献,并计划在各类型研究图书馆中发布其成果。夏连荫(Julie Lien-ying How)担任我研究助理,偶尔会写信向你询求意见,并将代表东亚学院研究计划提出一些文献查找等请求。(HYL Archives: Letter of Clarence Martin Wilbur to Alfred K'aiming Ch'iu, April 25, 1951)

傅路特(Luther Carrington Goodrich)致函裘开明,感谢裘开明回复关于购买中文图书的问题。(HYL Archives: Letter of Luther Carrington Goodrich to Alfred K'aiming Ch'iu, April 25, 1951)

4月26日

费正清(John King Fairbank)致函裘开明,建议把中国农村复兴联合委员会的出版物,无论中文还是英文的,全部集中排架。(HYL Archives: Letter of John King Fairbank to Alfred K'aiming Ch'iu, April 26, 1951)

4月28日

刘楷贤致函裘开明:手示敬悉一切。附来3月份薪水支票一纸,拜收无误。1950年报税事已于3月14日办清,现1949年多付税额已于日前退还,均祈释念。《丛书集成初编》草片拼音业已作完,现由邮奉上,祈检收。因课忙,迟迟奉上,希先生见原!贤来伊校读书将及一年,仍苦于语言,两学期仅读七门课程(其中有三门英语),尚余九门必修课。图书馆课繁重,每学期选三门,颇为吃力,若此势须(需)一年,1952秋方能完成学业,届时当来哈佛效犬马之命之罪,敬祈先生见原!而先生高谊,贤没齿不敢忘!贤为延期Visa,曾于2月、3月两次赴支加哥(芝加哥)移民局,究竟如何,迄今仍未接该局来信。

贤英语基础甚差,写读都感困难,Prof. Hostetter(我的导师)见怜,每周抽暇教余个人英文三小时,"诲人不倦"精神,今之古人,更使贤发奋读书,虽苦亦忘苦也。Prof. F. J. Reece 每日数晤,Reece 教授,恂恂长者,除垂询贤之课程外,复嘱注意身体健康,此真良导师,为教育而教育也。贤在此间一切平安,祈释念……(HYL Archives:刘楷贤致裘开明信函,1951 年 4 月 28 日)

4 月 29 日

Arnulf H. Petzold 致函裘开明:Werner Levedag 来信询问如何处理英文目录第 105 页(No. 3, Catalogue)第 7 箱图书的目录。这一箱书中主要是 Bruno Petzold 教授的著作,还没有寄给汉和图书馆。Werner Levedag 在信中说,这一箱书中有 Bruno Petzold 教授为所有藏书编写的书目,很多条书目的背后还写有大段的评论。这批资料列在 Werner Levedag 编制的"增加与删除的图书清单"的第 3 页"未寄图书"下,以"No. 7－3, catalogue-worthless, not sent"标记。现随函寄上 2 种书目的样本,请先生决定是否需要邮寄。另外请审阅开支报告,并支付 495.53 美元的差额。(HYL Archives: Letter of Arnulf H. Petzold to Alfred K'aiming Ch'iu, April 29, 1951)

Arnulf H. Petzold 致函裘开明:根据随函所附的 Werner Levedag 先生 4 月 16 日寄来的《Bruno Petzold 教授中日文佛教藏书从日本大仓山(Okurayama)寄往美国马萨诸赛州剑桥哈佛燕京学社的财务支出报告》,总支出为 5360744.44 日元＝1495.53 美元(1 美元兑换 358.45 日元);收到汇款:第一次,1950 年 6 月 300 美元;第二次,1950 年 9 月 700 美元;共计 1000 美元。收支差额 495.53 美元。附件《Bruno Petzold 教授中日文佛教藏书从日本大仓山寄往美国马萨诸赛州剑桥哈佛燕京学社的财务支出报告》的内容如下:1. 支出。(1)分拣人员费用。在大仓山研究所清点、打包图书:10500 日元。(2)搬运费:从大仓山研究所运往大仓山仓库:8700 日元。(3)大仓山仓库场地租赁费(1950 年 8 月 1 日至 1951 年 1 月 31 日):60000 日元。(4)仓库保存保险费(27 美元):9720 日元。(5)装运打包人工费:19600 日元。(6)打包材料费:纸板 300 张,18000 日元;内包装纸 840 张,6720 日元;外包装纸 550 张,19250 日元;瓦楞纸 3 卷,9000 日元;绳子 40 团,7600 日元;浆糊 2729 日元;纸 14 大张,840 日元;共计 64130 日元。(7)打印标签、目录号等:3000 日元。(8)打印货运清单以及目录副本(提供给海关和邮局):5400 日元。(9)从仓库运往邮局的运费:5700 日元。(10)邮局邮寄服务费:2400 日元。(11)自大仓山到剑桥的船运费:第 1A 批 979 日元;第 1B 批 23600 日元;第 2 批 23525 日元;第 3 批 16855 日元;第 4 批 16885 日元;第 5 批 16920 日元;第 6 批 16272 日元;第 7 批 16020 日元;第 8 批 21616 日元;第 9 批 21887 日元;第 10 批 20732 日元;第 11 批 25541 日元;第 12 批 30153 日元;第 13 批 27815 日元;共 845 包,邮费共计 278800 日元。保险费 25182 日元(69.95 美元)。全部邮费加保险费共 303982 日元。(12)经卷和画轴运费(大仓山－剑桥):8 个箱子打包、装箱、运往码头的费用 12780 日元;装卸费 3962 日元;海运费 19680.84 日元;保险费 6789.6 日元(18.86 美元);共计 42942.44 日元。以上全部费用:536074.44 日元。2. 收到汇款。(1)来自 Arnulf H. Petzold 先生东京的账户 605000 日元。(2)来自 Arnulf H. Petzold 先生的 200 美元支票,折合 71690 日元(1 美元＝358.48 日元)。(3)来自 Arnulf H. Petzold 先生:哈佛大学的 300 美元支票折合 107535 日元。(4)来自 Arnulf H. Petzold 先生:哈佛大学的 700 美元支票折合 250287.71 日元。共计 490012.71 日元。3. 收支差额:46061.73 日元。(HYL Archives: Letter of Arnulf H. Petzold to Alfred

K'aiming Ch'iu, April 29, 1951)

4月30日

李文森(Joseph Richmond Levenson)致函裘开明:按照你来函所附书籍目录,我会尽我所能去搜集购买,并将这些图书寄给你。我已收到何多源(Ho To-yan)先生经由谭维翰(Tan Wei-hon)先生转寄来的书刊资料,也收到了中华书局和 Willing Book Co. 的图书包裹。这些图书的书款除了《广东丛书》直接由学社支付给 Willing Book Co. 之外,我已全部支付。上述图书公司也寄来了一份他们可以采购到的 19 世纪出版的图书的目录,这是我之前提出的建议,当时获得了你们的同意,我希望学社批准向书目编辑者支付 50 元港币的报酬。(HYL Archives: Letter of Joseph Richmond Levenson to Alfred K'aiming Ch'iu, April 30, 1951)

费正清(John King Fairbank)致函裘开明:兹附上了芮玛丽(Mary Clabaugh Wright)的通知,是关于曾国藩书信的一些细节。这种机会很难得。因此我建议向芮玛丽表明,哈佛将会加入这个计划并及时订购缩微胶片。购买费用可以从 20 世纪以前中国传统著作的购买经费是支出。(HYL Archives: Letter of John King Fairbank to Alfred K'aiming Ch'iu, April 30, 1951)

山口玲子(Reiko Yamaguchi)致函裘开明,感谢并接受汉和图书馆所提供的工作职位。(HYL Archives: Letter of Reiko Yamaguchi to Alfred K'aiming Ch'iu, April 30, 1951)

5月1日

山口玲子(Reiko Yamaguchi)致函裘开明:根据移民局的要求,我需要做的第一件事是问你贵馆是否有继续培训项目。如果有,你介意寄给我你们的号码吗?他们说,你们的号码必须是列在美国国务院目录中的号码,并且该号码是 P 字头的。如果没有,也请告诉我,因为移民局有其他的可能性延长我的护照。因为我是受克利夫兰妇女俱乐部联合会资助的,所以,该会主席 Arthur E. Griffith 女士想知道贵馆会对我负多少责任……(HYL Archives: Letter of Reiko Yamaguchi to Alfred K'aiming Ch'iu, May 1, 1951)

5月2日

裘开明致函李文森(Joseph Richmond Levenson)博士:感谢转寄中华书局的图书目录,由该公司寄来的 10 包书籍已于 4 月最后一周收到,核查无误。随函附上 2 份我馆从国际书店订购期刊和图书的发票,国际书店请我馆直接将汇款寄给他们在香港的代理——新民主出版公司(Sin Min Chu Publishing Co.)。请你代我馆向他们支付12.3美元。请你将另一附件的新书目录转给中华书局代为采购。我馆正在等待何多源(Ho To-yan)先生代为购买的杂志和图书。你是否可以安排通过航空邮递寄来《人民日报》和《新华月报》,因为赵国钧(Kuo-chun Chao)及其研究团队急切希望获得这两种最新的文献资料。(HYL Archives: Letter of Alfred K'aiming Ch'iu to Joseph Richmond Levenson, May 2, 1951)

5月8日

裘开明致函克利夫兰妇女俱乐部联合会主席 Arthur E. Griffith:我高兴地告诉你我们图书馆将聘请山口玲子(Reiko Yamaguchi)女士担任日文图书编目员,年薪 2100 美元。哈佛大学为所有的雇员提供社会安全和医疗保险计划,学校的雇员健康诊所负责治疗小病。哈佛大学不负责教职员工的住房,但是哈佛住房信托有供教职员工租借的价格适中的住房。国际学生中心的秘书 Lawrence M. Mead 教授夫妇将乐意为外国学生推荐合适的住处。通常,哈佛大学和麻省理工学院的教授家里喜欢接受东方学生居住,或者是帮忙做一些家务或者是付租金。如果你给 Lawrence M. Mead 教授夫妇写封信的话，他们肯定会乐意帮山口玲子提供这样的机会。（HYL Archives：Letter of Alfred K'aiming Ch'iu to Mrs. Arthur E. Griffith, President, federation of Women's Clubs of Cleveland, Ohio. May 8，1951）

裘开明致函俄亥俄克利夫兰的山口玲子（Reiko Yamaguchi）：兹附上我们给 Arthur E. Griffith 女士的信件。请你叫她写一封信给哈佛大学国际学生中心的 Mead 教授夫妇，询问如果可能的话是否有机会以帮忙做家务的方式住在一位教授家里（这种机会通常只留给贫困的学生，你不容易申请得到，因为你来哈佛是带薪的）。此外，Mead 先生还会推荐租金合适的住处。哈佛大学图书馆没有在美国国务院注册任何培训项目，但是已经接受了刚从美国图书馆学院毕业的外国图书馆员。我已经请哈佛大学图书馆馆长写了一封信给克利夫兰移民局。如果可能的话，我们希望你从 6 月 1 日起开始在我们这里工作。（HYL Archives：Letter of Alfred K'aiming Ch'iu to Miss Reiko Yamaguchi, 10801 Easr Boulevard, Cleveland 6, Ohio. May 8, 1951）

裘开明致函胡佛图书馆中文文库主管芮玛丽（Mary Clabaugh Wright）：感谢你寄来的关于曾国藩书信缩微胶片计划的通知，希望能以大约 100 美元的价格购得缩微胶片，但并不打算购买全部缩微胶片。兹将黄星辉（Julius Hsin-hui Huang）的情况说明如下……（HYL Archives：Letter of Mary Clabaugh Wright to Alfred K'aiming Ch'iu，May 8, 1951）

胡佛图书馆中文文库主管芮玛丽（Mary Clabaugh Wright 致函裘开明，说明由于下一年度胡佛图书馆的预算已经被削减，所以暂时不能考虑在 1952 年 1 月之前增加新的中文编目员，因此聘请徐亮（Hsu Liang）来馆工作一事暂时搁置。（HYL Archives：Letter of Mary Clabaugh Wright to Alfred K'aiming Ch'iu, May 8, 1951）

Werner Levedag 致函裘开明：我手中现有两份目录，一份是英文目录，一份是手写的中文目录。我将寄给你手写的中文目录，因为英文目录上有关于清点藏书工作的注释，所以待你收到全部藏书并清点无误后，再寄给你。（HYL Archives：Letter of Werner Levedag to Alfred K'aiming Ch'iu, May 8, 1951）

5月9日

裘开明致函李文森（Joseph Richmond Levenson）：我已请费正清（John King Faribank）教授给你寄去 400 美元的支票，感谢你请 Willing 图书公司（Willing Book Co.）寄来中国古籍图书目录，北京大学出版的《国学季刊》和北京中法汉学研究所（Le Centre Franco-Chinois D'Études Sinologiques, Peking）出版的《汉学》。你能否搜购到英文版《燕京社会研究学报》（Yenching Journal of Social Studies）的部分卷期？我馆愿意以高价购买。我希望你在离开香港之前，能够与中华书局和 Willing 图书公司（Willing Book Co.）分别达成协议，即与中华书局达成向我馆提供在中国大陆出版的近期出版物的协议，与 Willing Book Co. 达成向我馆提供中国古籍图书的协议。你将有可能找到第 3 个代理机构，来代理在台湾[地区]、香港[地区]和东南亚一些反共产党的国家或地区出版的图书出版物事务。除香港 3 个代理机构之外，还有个人收集者的偶然供应作为补充，例如何多源（Ho To-yan）先生等。我认为这将很好地恢复来自中国的新旧出版物的固定供应。汉和图书馆同时也已在日本购买到并正在购买大量的旧中文图书，这类图书绝不是一项预算可以满足的。（HYL Archives：Letter of Alfred K'aiming Ch'iu to Joseph Richmond Levenson, May 9, 1951）

裘开明致函夏连荫（Julie Lien-ying How）：从北京的苏联大使馆查获的俄文文献共

12册,有俄文本和张国沈的中文翻译对照本,还有1928年在北京出版的其他版本,可提供馆际互借。目前关于这批俄文文献的中日文研究很多,你和韦慕庭(Clarence Martin Wilbur)教授可能已经知道俄文文献的真实性受到质疑一事,建议你与蒋廷黻(T. F. Tsiang)博士联系,请他提供意见。(HYL Archives: Letter of Alfred K'aiming Ch'iu to Julie Lien-ying How, May 9, 1951)

山口玲子(Reiko Yamaguchi)致函裘开明,告知考试结束以后6月15日即可到馆开始工作。(HYL Archives: Letter of Reiko Yamaguchi to Alfred K'aiming Ch'iu, May 9, 1951)

5月10日

裘开明致函Arnulf H. Petzold:仍未收到4月18日来信中所提到的丢失了的邮寄清单,请通知Werner Levedag尽快补寄,以便于清点图书。Bruno Petzold教授所编制的目录手稿很有价值,应该在哈佛燕京学社图书馆完整地保存下来。目前至少有3名学者在哈佛燕京学社从事佛教的研究,任何关于佛教的资料,不管对于其他机构来说是如何的没有价值,但对于哈佛燕京学社来说都是有价值的。目前哈佛燕京学社所拥有的佛教文献在西方国家是最完备的。所以请把整部目录的手稿寄给哈佛燕京学社。(HYL Archives: Letter of Alfred K'aiming Ch'iu to Arnulf H. Petzold, May 10, 1951)

裘开明致函芝加哥大学远东图书馆馆长钱存训(Tsuen-hsuin Tsien):由于缩微图片公司(Micro-photography Co.)的G. K. Hall先生暂时离开了一段时间,此前我们无法与他取得联系,故迟迟未回复你4月24日来函。Hall先生昨天致电我们,告知他将给你们邮寄影印社会科学类卡片。因经费问题,我们的《汉籍分类目录》再版计划将推迟。我们将在1953年哈佛燕京学社25周年前先印刷和出版我馆的日文书本目录。我们正在计划删减《汉籍分类目录》后续卷册的校样,并将目录款目粘贴在空白卡片上,以供复制并提交给国会图书馆合作编目计划。或许贵馆首先必须获得一套简明的主卡片,用于编制贵馆的丛书目录,并等待来自国会图书馆合作编目计划的分析卡片。同时,贵馆读者可以利用邓嗣禹(Teng Ssu-yü)与毕乃德(Knight Biggerstaff)合编的《中国文献选编题解》(1936)中所列出已出版的丛书索引。(HYL Archives: Letter of Alfred K'aiming Ch'iu to Tsuen-hsuin Tsien, May 10, 1951)

5月11日

夏连荫(Julie Lien-ying How)致函裘开明:我已请东亚图书馆的Howard P. Linton先生向哈佛提出馆际互借的申请,请求借阅哈佛所藏的12册俄文文献。(HYL Archives: Letter of Julie Lien-ying How to Alfred K'aiming Ch'iu, May 11, 1951)

5月13日

Arnulf H. Petzold致函裘开明:我已收到Werner Levedag的来信,得知在藏书搬到横滨的时候,有一些书被遗漏了。在日本大仓山(Okurayama)发现编号为1120、1153和1156的包裹,共70本书,不久将寄给你。Werner Levedag已经把中文目录寄给你了,英文版目录(内有Werner Levedag关于清点工作的注释)暂时保留,直到汉和图书馆清点过所有图书无误后再寄出。其他还有一些中文目录未寄出,是因为Werner Levedag认为这些目录没什么价值,但因为他不是这方面的学者,也不懂中文,所以他的意见不一定准确,请你做最后的决定。(HYL Archives: Letter of Arnulf H. Petzold to Alfred K'aiming Ch'iu, May 12, 1951)

5月15日

傅路特(Luther Carrington Goodrich)致函裘开明,告知已将裘开明来信中的信息转达给了 Howard P. Linton 先生，Linton 先生正在申请许可证购买中国大陆、[中国]香港和[中国]台湾的资料。（HYL Archives：Letter of Luther Carrington Goodrich to Alfred K'aiming Ch'iu, May 15, 1951）

5月17日

裘开明致函密歇根大学远东语言与文学系柯迁儒（James I Crump, Jr.）：随函附上原燕京大学教授、南京政府立法院委员卫挺生（Tingsen S. Wei）出售中文图书的目录，他现在香港九龙桂林街61号新亚书院工作（他的通讯地址为香港沙田地铁站7号邮箱）。卫教授是哈佛毕业生，也是一名非常优秀的中国学者，精通日语。他是当今优秀著作《神武开国新考》的作者，该书试图证明这样一个事实，日本天皇神武（Jimmu）就是被秦始皇（在位时间从公元前221年到公元前210年）派往日本的中国人徐福。无论你们是否有兴趣购买他的藏书，都请写信给他。也许他会给贵校图书馆一个优惠的价格。他所有的藏书对于任何一所图书馆来说，都是必不可少的基础中文藏书。我馆都已经有入藏，所以我们无需再买。（HYL Archives：Letter of Alfred K'aiming Ch'iu to James I Crump, Jr., May 17, 1951）

5月18日

Arnulf H. Petzold 致函裘开明，函附3033美元的收据，此笔款项为汉和图书馆支付购买佛教藏书（含画轴和经卷）的第四期书款。（HYL Archives：Letter of Arnulf H. Petzold to Alfred K'aiming Ch'iu, March 13, 1951）

裘开明致函费正清（John King Fairbank）：兹附上陶维勋（Clinton W. Tao）先生的美国国务院资助申请表。请仔细阅读，并予以强烈推荐，因为我们必须要他编目所有从香港来的现行中文出版物。正如你所知，童世纲（Shih-kang Tung）先生今年1月离开我们图书馆去普林斯顿大学葛思德东方图书馆（Gest Oriental Library）在胡适（Hu Shih）手下工作。他的职位暂时由他的夫人（吴元清）填补。所以，我们必须要陶先生来此工作，以便中国藏书的编目不至于中断。（HYL Archives：Letter of Alfred K'aiming Ch'iu to John King Fairbank, May 18, 1951）

5月21日

胡佛图书馆中文文库主管芮玛丽（Mary Clabaugh Wright）就曾国藩书信缩微胶片一事致函裘开明，希望能够通过协商，让哈佛也参加该缩微胶片制作项目。（HYL Archives：Letter of Mary Clabaugh Wright to Alfred K'aiming Ch'iu, May 21, 1951）

5月25日

哥伦比亚大学图书馆办公室 Dollie B. Hepburn 致函裘开明，请帮忙核实徐家璧（Chia-pi Hsu）的相关信息，以便为徐家璧申请经济援助。（HYL Archives：Letter of Dollie B. Hepburn to Alfred K'aiming Ch'iu, May 25, 1951）

5月26日

日本国会图书馆国际事务部主任 T. Ichikawa 致函裘开明：我们已经通过史密森尼研究院（Smithsonian Institution）连续向贵馆寄赠了20—30种日本商业杂志。根据国会图书馆日文组组长 Donald. H. Shively 先生的建议，从1948年开始，我们两馆之间就已经建立了这种文献交换关系，兹附上一份用于交换的杂志清单。（HYL Archives：Letter of T. Ichikawa to Alfred K'aiming Ch'iu, May 26, 1951）

5月28日

山口玲子（Reiko Yamaguchi）致函裘开明，告知准备到汉和图书馆工作。（HYL Archives：Letter of Reiko Yamaguchi to Alfred K'aiming Ch'iu, May 28, 1951）

5月29日

刘楷贤致函裘开明：奉到4月份薪水支票一纸及《百陵学山》细目片，罗马拼音业已做毕，今随函奉上，祈检收。因上两周写term paper（学期论文），小考，昨天午后一门课已考大考，因预备考试关系，未能早日奉上《百陵学山》之细目片拼音，万祈见原！学期考试6月9号完毕，尚有一周余时间到暑期学校，设有拼音及校对工作，祈先生掷下，贤能在该时间工作。（HYL Archives：刘楷贤致裘开明信函，1951年5月29日）

5月31日

裘开明致函哈佛大学外国学生顾问办公室秘书M. Hughes：非常感谢你帮助我们使山口玲子（Reiko Yamaguchi）女士来哈佛大学作为研究学者在我们图书馆工作。她的地址是10801 Easr Boulevard，Cleveland，Ohio。哈佛燕京学社将从7月1日起付给她年薪2100美元……（HYL Archives：Letter of A. Kaiming Chiu to M. Hughes, Secretary, Office of the Advisor to Forein Students, May 31, 1951）

6月2日

Werner Levedag致函裘开明：我们在清点日本大仓山（Okurayama）图书馆时，发现另外一批盖有"Petzold先生佛教藏书"印章的书，遂将这70册书打包，于1951年5月18日寄出，共5包，其中有4册手写的日文目录。随函附上2张编号为14的发货单和两份包裹清单。（HYL Archives：Letter of Werner Levedag to Alfred K'aiming Ch'iu, June 2, 1951）

6月7日

李文森（Joseph Richmond Levenson）致函裘开明，函寄哈佛燕京学社的收据，以及汇给何多源（Ho To-yan）先生300美元的中国联合银行汇款收据。告知目前在香港和广东的中文图书采购情况，其中包括请广东何多源、香港谭维翰（Tan Wei-hon）博士等帮助购书，以及相关资金汇寄方式等。（HYL Archives：Letter of Joseph Richmond Levenson to Alfred K'aiming Ch'iu, June 7, 1951）

Werner Levedag致函裘开明：一箱有"Lexa Maersk"标记的货运木箱，内装有佛教藏书的书籍，于1951年6月1日从日本横滨装船发运，预计1951年7月1日到达波士顿；随函附上编号为B7的装货单原件和复印件各一份，编号为15的发货单1份，以及货运箱的钥匙一枚。（HYL Archives：Letter of Werner Levedag to Alfred K'aiming Ch'iu, June 7, 1951）

6月8日

哈佛大学图书馆馆长Keyes D. Metcalf致函裘开明，抄送Keyes D. Metcalf致美国移民归化局申请延长吴婉莲（Dorothea Wan Lien Wu）在美签证的报告。（HYL Archives：Letter of Keyes D. Metcalf to Alfred K'aiming Ch'iu, June 8, 1951）

胡佛图书馆中文文库主管芮玛丽（Mary Clabaugh Wright）致函裘开明：斯坦福研究所（SRI）希望开展关于现代中国的一系列研究，重点是社会科学，特别是经济。斯坦福研究所其实不是斯坦福大学的研究所，只是一个与斯坦福大学共同开展工业领域和社会科学领域合作研究的机构。我们胡佛图书馆没有关注过这个新的研究计划。但是，因为要利用胡佛图书馆中文馆藏的原因，斯坦福研究所准备为我们雇用一定数量的编目员，聘期一年，可以续聘。因为斯坦福研究所不属于斯坦福大学，因此雇员的薪水也不由斯坦福大学支付。我不知道确切的薪水，但是他们会支付很有竞争力的工资。因为斯坦福研究所希望近期就开展研究和翻译工作，所以急需聘请编目工作人员。我自己都怀疑我们能否找到一个编目员，我想你可能认识一些人，不仅会编目，还有能力选购书籍、期刊和报纸,并会写文献解题。在文献解题的基础上,斯坦福研究所的翻译和研究人员可以随时选择他们所需要的书,而我们则可以出版一些油印的书目。不知你对此有何建议,请尽快通知我。(HYL Archives:Letter of Mary Clabaugh Wright to Alfred K'aiming Ch'iu, June 8, 1951)

6月12日

山口玲子(Reiko Yamaguchi)致函裘开明,告知来剑桥的行程安排。(HYL Archives:Letter of Reiko Yamaguchi to Alfred K'aiming Ch'iu, June 12, 1951)

哥伦比亚大学图书馆办公室 Dollie B. Hepburn 致函裘开明,感谢核实有关徐家璧(Chia-pi Hsu)先生的信息。(HYL Archives:Letter of Dollie B. Hepburn to Alfred K'aiming Ch'iu, June 12, 1951)

6月13日

田清心(Ruth Ching-hsing Tien)致函裘开明,请求更改暑期上班的时间(HYL Archives:Letter of Ruth Ching-hsing Tien to Alfred K'aiming Ch'iu, June 13, 1951)

6月14日

哈佛大学国际和区域研究委员会副主席(中国区域研究计划负责人)费正清(John King Fairbank)教授致函裘开明:我已将以铅笔注明的要点寄给李文森(Joseph Richmond Levenson),不知他是否转交给你。李文森希望贵馆能与他保持配合。(HYL Archives:Letter of John King Fairbank to Alfred K'aiming Ch'iu, June 14, 1951)

6月19日

加州大学陈世骧(Shih-hsiang Chen)致函裘开明:将赴纽约一趟,很想去剑桥查找资料时拜访你。不知你夏天是否都在剑桥。(HYL Archives:Letter of Shih-hsiang Ch'en to Alfred K'aiming Ch'iu, June 19, 1951)

6月23日

刘楷贤致函裘开明:19日奉卡片一大匣,内分五扎,兹将"急需者"一扎仅先做毕奉上,祈检收。其余将陆续奉上。敝校暑校自昨天起开始注册,26日上课。F. J. Reece 教授只教一学期课,不再教了。现迁居"607 West Vermont Ave., Urbana"。贤年来在校读书,而学习勉强得到成绩"B",今设将再接再厉,希不负先生所望也。先生暑假何日休假,往何处避暑?(HYL Archives:刘楷贤致裘开明信函,1951年6月23日)

6月24日

Arnulf H. Petzold 致函裘开明,说明5月18日以及6月1日通过水路货运向汉和图书馆邮寄书籍的情况。(HYL Archives:Letter of Arnulf H. Petzold to Alfred K'aiming Ch'iu, June 24, 1951)

6月

富田幸次郎(Korijo Tomita)与裘开明合撰"Shih Hu (Stone Lake): A Chinese Scroll Painting by Lu Chih (1496-1576)"发表于 *Bulletin of the Museum of the Fine Arts* (Boston), Vol. 49, No. 276 (June 1951): 34-39。

7月3日

钱存训致函裘开明:久疏函候,遥想公私均告。弟顷拟查阅徐以愻(维则)所编《增版东西学书录》(光绪二十七年1902增补本)。闻(吴)光清兄言,贵馆或有此书,已嘱敝馆 Inter Library Loan Division(馆际互借部)前来借取,如能通融一阅,数日即当归还。(在 Columbia 借到一部系光绪二十五年初版,兹须增补本,如贵馆所有系二十五年版,即作罢）。另有他书两种，一并言借，尚乞，赐兄为幸。又前承函示复印贵馆 4000、5000 号目录一节，已嘱 Micro-photography Co.（缩微图片公司）照相，但迄今尚未得该处消息，是否已经印制，仍乞便中代为一查，是所至幸。屡费清神，至感抱歉也。专此顺颂。（于）镜宇兄并候。（HYL Archives：钱存训致裘开明信函，1951 年 7 月 3 日）

7 月 4 日

加州大学东亚图书馆艾尔文（Richard Gregg Irwin）致函裘开明，请求帮忙查找下述书目资料的相关信息：《禹贡》是不是在 1937 年 7 月之前出版的，《甲寅》（周刊）是否创刊于 1929 年出版，《居延汉简考释》、《续古逸丛书》的出版情况。（HYL Archives：Letter of Richard Gregg Irwin to Alfred K'aiming Ch'iu, July 4, 1951）

7 月 6 日

裘开明致函日本国会图书馆国际事务部主任 T. Ichikawa，告知已经收到 5 月 26 日寄来的、由史密森尼研究院（Smithsonian Institution）转交的日文期刊清单，并已寄给日本国会图书馆一份汉和图书馆日文期刊缺佚清单，请求帮忙代寻。（HYL Archives：Letter of Alfred K'aiming Ch'iu to T. Ichikawa, July 6, 1951）

裘开明致函胡佛图书馆中文文库主管芮玛丽（Mary Clabaugh Wright）：建议你与袁同礼（Yuan Tung-li）联系，请他帮忙推荐合适人选，或者致函哥伦比亚大学图书馆学校，该校正好有两三个将于今年 6 月毕业的年轻中国馆员正在找工作。（HYL Archives：Letter of Alfred K'aiming Ch'iu to Mary Clabaugh Wright, July 6, 1951）

裘开明致函加州大学陈世骧（Shih-hsiang Ch'en）：7 月 5 日到 8 月 16 日，图书馆开放。你现在过来很合适。8 月 18 日到 9 月 16 日，图书馆将会关闭，我计划外出几周。（HYL Archives：Letter of Alfred K'aiming Ch'iu to Shih-hsiang Ch'en, July 6, 1951）

7 月 8 日

Phyllis Chiu Chu Wang 致函裘开明求职。（HYL Archives：Letter of Phyllis Chiu Chu Wang to Alfred K'aiming Ch'iu, July 8, 1951）

7 月 20 日

裘开明回复加州大学东亚图书馆艾尔文（Richard Gregg Irwin）7 月 4 日的来信，提供查找馆藏资料的结果，解答相关咨询。（HYL Archives：Letter of Alfred K'aiming Ch'iu to Richard Gregg Irwin, July 20, 1951）

裘开明致函 Phyllis Chiu Chu Wang，告知汉和图书馆暂无职位空缺提供。（HYL Archives：Letter of Alfred K'aiming Ch'iu to Phyllis Chiu Chu Wang, July 20, 1951）

7 月 23 日

加州大学东方语言学系 Donald H. Shively 教授致函裘开明：明天离开伯克利，希望能在 8 月 3 日抵达贵馆并停留一个月。（HYL Archives：Letter of Donald H. Shively to Alfred K'aiming Ch'iu, July 23, 1951）

7 月 26 日

裘开明致函日本文久堂书店（Bunkyudo），函寄日文图书订购单，并特别询问能否代购到《抱朴子》一书。（HYL Archives：Letter of Alfred K'aiming Ch'iu to Tanaka Kenro, July 26, 1951）

7 月 27 日

胡佛图书馆中文文库主管芮玛丽（Mary Clabaugh Wright）来函感谢裘开明 7 月 6 日信中的建议，并表示袁同礼（Yuan Tung-li）有可能会到胡佛图书馆工作。（HYL Archives：Letter of Mary Clabaugh Wright to Alfred K'aiming Ch'iu, July 27, 1951）

7月28日

刘楷贤致函裘开明：奉手示，敬悉一切。五、六两月薪水拜收，祈释念。暑期贤选读两课，忙碌情形，想先生可以想象耳。贵馆何日放暑假？先生赴何处休假？念念。随函附奉拼音稿片一捆，祈检收。（HYL Archives：刘楷贤致裘开明信函，1951年7月28日）

7月31日

裘开明致函胡佛图书馆中文文库主管芮玛丽（Mary Clabaugh Wright）：随函附上致生公司（Chi Sheng Book）的发票。非常抱歉我馆也有这样的发票，但是我们收到了寄来的书。李文森（Joseph Richmond Levenson）先生上个星期过来看我，说他不记得寄给贵馆和我馆的来自致生的书是由公司还是由他自己发的。他建议我们写信给谭维翰（Tan Wei-hon）问问这些书的具体情况。我已经写信给谭先生了，还附上了我馆发票的复印件。可能你也要这样做。邓嗣禹（Teng Ssu-yü）博士自从6月起就在这里工作了。他已经选取了我馆很多复本，几乎没有多少剩下的了。印第安纳大学正在购买我馆的复本，我们自己还要从香港购买其他书。但是，我们仍然有很多期刊和报纸的复本。如果你有兴趣，我会寄来清单。（HYL Archives：Letter of Alfred K'aiming Ch'iu to Mary Clabaugh Wright, July 31, 1951）

8月3日

加州大学东方语言学系Donald H. Shively抵达剑桥。（HYL Archives：Letter of Donald H. Shively to Alfred K'aiming Ch'iu, July 23, 1951）

8月7日

芝加哥大学钱存训致函裘开明：此前所借书籍已归还。《芥子园画传》我校图书馆未有入藏，经查贵馆藏有两种版本，请代为影印目录卡片。（HYL Archives：钱存训致裘开明信函，1951年8月7日）

8月8日

印第安纳大学历史系教授邓嗣禹（Teng Ssu-yü）致函裘开明：请允许我全心全意地向您致谢，感谢你特别照顾我，把贵馆所有的钥匙都交给了我，允许我在任何时候使用它们。如果没有这样的特权，即使我再呆上三个月也不能完成工作。虽然我离开得很匆忙，但是我相信我所使用过的所有书都保持着原样。如果贵馆的复本完整的话，印第安纳大学图书馆希望购买贵馆的复本，还想购买商务印书馆出版的、含一卷索引的《十通》。如果你方便的话，麻烦你告诉我们你打算出售的书籍的价格。（HYL Archives：Letter of Teng Ssu-yü to Alfred K'aiming Ch'iu, August 8, 1951）

胡佛图书馆中文文库主管芮玛丽（Mary Clabaugh Wright）致函裘开明：鉴于你对共产主义出版物非常感兴趣，故在此寄奉可用于交换的复本清单，希望得到贵馆可用于交换的报纸、期刊复本清单。我校图书馆亦有大量可用于交换的报纸、期刊复本，但是要到秋季才能整理完毕。（HYL Archives：Letter of Mary Clabaugh Wright to Alfred K'aiming Ch'iu, August 8, 1951）

加州大学东亚图书馆艾尔文（Richard Gregg Irwin）致函裘开明：抱歉延迟答复你7月20日的来信。因为Elizabeth Huff博士与我在过去两周时间里都在为中国拓片展览做准备，这个展览将于本周六在旧金山博物馆举行。感谢你寄来《续古逸丛书》卡片，我们可以据之查看本馆馆藏。另外，Charles E. Hamilton先生和我都很高兴得到你对"条例草案"的反馈，并会采纳相关的建议。三井（Mitsui）图书已经全部拆包并临时上架。下一个大工程就是将这些书移动到Boalt Hall，希望能在今年年底前完成搬迁。

(HYL Archives: Letter of Richard Gregg Irwin to Alfred K'aiming Ch'iu, August 8, 1951)

8月11日

文久堂书店(Bunkyudo)Tanaka Kenro 致函裘开明，答复裘开明7月26日所寄日文图书订购单的相关事宜，并告知《抱朴子》一书过一段时间才有货。(HYL Archives: Letter of Tanaka Kenro to Alfred K'aiming Ch'iu, August 11, 1951)

8月20日

国会图书馆东方部日文组组长 Edwin G. Beal, Jr. 致函裘开明：维护从日本国会图书馆购买的4套目录卡片是一项艰巨的工作，但是从长远利益来看，还是可以从中受益，所以，我们将会继续对日本国会图书馆目录卡片进行罗马化。我怀疑国会图书馆编目部将会改变只接受1950年以后出版的日文图书目录卡片的政策，非常希望能把未列入合作编目计划的卡片编入日文图书联合目录。请问汉和图书馆是否有备用的卡片可供国会图书馆使用。国会图书馆经过慎重考虑，决定只编制以作者为标目的日文图书联合目录。(HYL Archives: Letter of Edwin G. Beal, Jr. to Alfred K'aiming Ch'iu, August 20, 1951)

8月23日

胡佛图书馆中文文库主管芮玛丽(Mary Clabaugh Wright)致函裘开明：陶维勋(Clinton W. Tao)已把你列为他应聘胡佛图书馆中文文库职位的推荐人，请你对陶维勋的能力作出评价。(HYL Archives: Letter of Mary Clabaugh Wright to Alfred K'aiming Ch'iu, August 23, 1951)

9月3日

日本国会图书馆国际事务部主任 T. Ichikawa 致函裘开明：现寄来东京国立教育研究所赠给贵馆的一套完整的1950—1951年日本小学和中学日文教材，希望对你们的日本教育研究有用。另外，国立教育研究所附属教育图书馆希望建立国内外教材馆藏，供从事教育学的研究者以及研究所工作人员使用。因此，如果贵馆藏有贵国小学或中学教材的复本的话，我们希望贵馆可以提供给我们。(HYL Archives: Letter of T. Ichikawa to Alfred K'aiming Ch'iu, September 3, 1951)

9月6日

岩波书店(Iwanami Shoten)编辑吉野源三郎(Genzaburo Yoshino)致函裘开明：依照都留重人(Shigeto Tsuru)博士的建议，我们有幸再次寄给你一份贵馆日文书目的样本。关于这份样本，请允许我们做下列说明：1. 随函所附的样本完全遵照贵馆日文图书编目格式规范的规定。2. 样本上所印的款目严格按照我们收到的目录卡片的内容。3. 每页上方可印刷任何需要的文字，书目的尺寸与贵馆中文书目的尺寸相同。4. 为了在9000美元报价的范围内完成这项工作，书目的页数将压缩到1650页左右，因为纸价飞涨，现在的价格比当时报价时上涨了20%。5. 为了压缩页数，排版不可避免地会密集，就像都留博士上次寄给你的样本B一样。6. 之前样本的排版只是依照日本出版社的习惯和曾经出版过的很多这类书目的格式。对于贵社的书目也只是一种尝试，并不是想打破贵馆的规范。另外，由于经济情况恶劣，有可能需要对之前的报价做出略微的调整，但是我们会尽量让调整幅度不要太大。然而我们可能要强调的是，我们交给都留博士的报价只包括完成出版书目的实际费用，而不包括付给我们的佣金，因此我们希望在书目实际完成后，记得支付我们佣金。关于此问题，我们将咨询都留博士，他现在正在法国参加学术会议，待他回来后不久，你可能就会收到我们的报告。(HYL Archives: Letter of Genzaburo Yoshino to Alfred K'aiming Ch'iu, September 6, 1951)

9月7日

文久堂书店(Bunkyudo) Tanaka Kenro 致函裘开明,汇报处理7月26日日文图书订购单的进展情况。((HYL Archives: Letter of Tanaka Kenro to Alfred K'aiming Ch'iu, September 7, 1951)

9月8日

伦敦大学亚非学院(School of Oriental and African Studies)图书馆馆长皮尔森(J. D. Pearson)致函裘开明,表示希望购买《汉和图书馆汉籍分类目录》前三卷,并询问此目录是否还有后续卷以及关于为中文书、日文书分类的问题,表示有意采用汉和图书馆的分类法,询问此分类法是否有出版或有可能出版最终版本,如没有,现在还能否购到试行版。(HYL Archives: Letter of J. D. Pearson to Alfred K'aiming Ch'iu, September 8, 1951)

9月12日

王金玲(Chin-ling Wang)致函裘开明求职。(HYL Archives: Letter of Chin-ling Wang to Alfred K'aiming Ch'iu, September 12, 1951)

9月14日

刘楷贤致函裘开明:七、八月份薪水拜收,祈释念。《丛书集成初编》No. 601—2600 卡片寄奉,祈检收。其余做毕,再为奉上。月初贤应友人邀赴 Lake Geneva, Wisconsin 游览,来往五日,增广许多见闻。1949 年及 1950 年多扣之"所得税"业已退还,贤之 Visa(签证)未延长,但芝加哥移民局来信云:暂先在美国居住,每三月报告一次住址及职业。在美居住若无问题,贤得侍先生实习编目,捧书问难,获益必多,更藉以报先生知遇之恩。敝校业于11日注册,17日上课。现在搬到903 W. Illinois st. Urbana, Illinois 居住,单人房间,起居读书都觉方便。(HYL Archives: 刘楷贤致裘开明信函,1951年9月14日)

9月18日

刘楷贤致函裘开明:14日奉上一函及卡片稿一匣,谅邀鉴及。今晨又发现几张《丛书集成初编》卡片稿,急速做毕,随函附奉,祈检收。尚有《丛书集成初编》No. 2601—3999 做毕,即寄奉。(HYL Archives: 刘楷贤致裘开明信函,1951年9月18日)

9月19日

日本国会图书馆国际事务部主任 T. Ichikawa 致函裘开明,请求代日本东京的《主妇之友》(Friend of the Housewives)出版社用《主妇之友》交换美国的《好管家》(Good Housekeeping),并将把《主妇之友》第35卷第9和10期连同其他杂志一并寄给汉和图书馆。(HYL Archives: Letter of T. Ichikawa to Alfred K'aiming Ch'iu, September 19, 1951)

9月26日

裘开明回复伦敦大学亚非学院(School of Oriental and Aferican Studies)图书馆馆长皮尔森(J. D. Pearson)9月8日的来函:《汉和图书馆汉籍分类目录》前三卷仍有出售,而此书目的后续几卷,即社会科学卷、语言与文学卷、艺术卷、科学技术卷、总论及其他卷,只有清样,根据清样制成的缩微胶片亦向美国的各图书馆发行,如果亚非学院图书馆有意购买缩微胶片,请来函订购,每卷售价5美元;同样是由于战争的原因,《汉和图书分类法》未能再版,但是汉和图书馆出版了一部适合共产主义出版物的分类法扩展版,可以赠送一份给贵馆,而试行版的分类法可以在美国学术团体协会(ACLS)买到;汉和图书馆还为卡片目录编印了主题词表指南,主题词从三卷书目中抽出,中英文对照,印于战前,现在牛津大学图书馆有藏,如感兴趣可以前去查看。(HYL Archives: Letter of Alfred K'aiming Ch'iu to J. D. Pearson, September 26, 1951)

胡佛图书馆中文文库主管芮玛丽（Mary Clabaugh Wright）寄来用于交换的复本清单。（HYL Archives：Letter of Mary Clabaugh Wright to Alfred K'aiming Ch'iu, September 26, 1951）

加州大学图书馆东亚图书馆馆长 Elizabeth Huff 致函裘开明：我馆这个月将开始对馆藏进行编目。为了使卡片能够更快地被当地所使用，我馆将会在图书馆进行简易平版印制。因此，我馆将不可能将参加国会图书馆的合作编目计划。作为弥补，我馆乐于以每张 2 美分的价格出售卡片的复本。随函附上卡片样品，请告知贵馆是否愿意订购这些复本。（HYL Archives：Letter of Elizabeth Huff to Alfred K'aiming Ch'iu, September 26, 1951）

9月27日

傅路特（Luther Carrington Goodrich）致函裘开明：前几天我从夏威夷避暑回来，途中发现了你与富田幸次郎（Kojiro Tomita）先生讨论胡适（Hu Shih）的一叠通信。我很珍惜，也很喜欢读这些信函。（HYL Archives：Letter of Luther Carrington Goodrich to Alfred K'aiming Ch'iu, September 27, 1951）

裘开明致函王金玲（Chin-ling Wang），告知汉和图书馆暂无职位空缺提供。（HYL Archives：Letter of Alfred K'aiming Ch'iu to Chin-ling Wang, September 27, 1951）

裘开明致函 Betram Towle：赖肖尔（Edwin Oldfather Reischauer）告诉我们你有兴趣到我们图书馆工作。我馆现有一兼职空缺。同时，波士顿美术博物馆亚洲艺术部也有一全职空缺，我们也许可能给你一份联合聘书。请打电话告诉我，你是否愿意前来。（HYL Archives：Letter of Alfred K'aiming Ch'iu to Betram Towle, September 27, 1951）

9月30日

Arnulf H. Petzold 致函裘开明，函寄一份所售佛教藏书的清单，共计佛教书籍 63 种 421 册。（HYL Archives：Letter of Arnulf H. Petzold to Alfred K'aiming Ch'iu, September 30, 1951）

10月2日

裘开明致函胡佛图书馆中文文库主管芮玛丽（Mary Clabaugh Wright）：感谢你寄给我馆的复本目录，我们已进行核对，一旦核查完即将我馆勾选过的书单寄还给你，同时会寄来我馆期刊复本的目录。我无法评价陶维勋（Clinton W. Tao），我对他并不了解。你可以去询问国立中央图书馆前馆长蒋复璁（Chiang Fu-Tsung）和华盛顿大学图书馆远东馆员 Ruth Krader，因为陶维勋曾在他们手下工作。（HYL Archives：Letter of Alfred K'aiming Ch'iu to Mary Clabaugh Wright, October 2, 1951）

裘开明致函加州大学东亚图书馆艾尔文（Richard Gregg Irwin）：美国国会图书馆最近决定只按作者标目一种方式编排日文图书联合目录，日本国会图书馆同样是采用以作者作为主要标目的做法，这表明了同一种潮流，那就是，一旦遇到一本著作，首先浮现在读者头脑中的第一个问题就是，谁是这部著作的创作者……（HYL Archives：Letter of Alfred K'aiming Ch'iu to Richard Gregg Irwin, October 2, 1951）

10月4日

斯坦福大学图书馆日文编目员 Allan M. Paul 致函裘开明，咨询日文图书编目方面的问题，并表示希望借阅相关的工作手册。（HYL Archives：Letter of Allan M. Paul to Alfred K'aiming Ch'iu, October 4, 1951）

10月5日

伦敦大学亚非学院（School of Oriental and Aferican Studies）图书馆馆长皮尔森（J. D. Pearson）致函裘开明：我们已决定订购已出版的 3 卷《汉籍分类目录》以及未出版的语言文学卷缩微胶片，希望你能赠送给我们一份共产主义出版物分类法。我将抽时间前往牛津大学查看你们编的主题词表。另外,艾士宏(Werner Eichhorn)博士编写了一部亚非学院图书馆藏丛书目录,我们将另函奉上。(HYL Archives:Letter of J. D. Pearson to Alfred K'aiming Ch'iu, October 5, 1951)

10月6日

刘楷贤致函裘开明:奉手示,敬悉一切。附来9月份薪水支票一纸及丛书卡片三种,一一拜收。丛书卡片三种校毕及拼音,连同前者《丛书集成》稿片,撰毕拼音,一并由邮奉上,祈检收。(HYL Archives:刘楷贤致裘开明信函,1951年10月6日)

10月7日

Arnulf H. Petzold致函裘开明,函寄两份所售画轴清单,一份含画轴30种,另一份含画轴17种。告知清单中所列画轴未包括在从日本寄出的Bruno Petzold藏书托运清单中,将由温哥华(Vancouver)寄往哈佛大学(HYL Archives:Letter of Arnulf H. Petzold to Alfred K'aiming Ch'iu, October 7, 1951)

10月8日

Arnulf H. Petzold致函裘开明:所有能够在大仓山研究所(Okurayama Institute)找到的丢失的书籍将悉数寄给贵社,我已经提醒Werner Levedag就此事答复你。我在寄给你们的目录中特别标记了一些文献,比如一些木刻文献等,因为这些文献恰好与我出售给你们的书籍和卷轴保存在一起,所以,我将这些文献也寄给你们了。但是,我父亲从来没有把这些资料当成是藏书的一部分,因此我冒昧地决定把这些书赠给东京帝国大学的Hayashima教授。因为我也没有把我父亲的出版物列入此次售书的范围内,所以,请你们直接把这些书寄还给我。兹附上并非寄给汉和图书馆的Bruno Petzold佛教藏书目录。(HYL Archives:Letter of Arnulf H. Petzold to Alfred K'aiming Ch'iu, October 8, 1951)

10月9日

裘开明致函文久堂书店(Bunkyudo)Tanaka Kenro,说明8月17日所寄日文图书订购单的相关事宜。(HYL Archives:Letter of Alfred K'aiming Ch'iu to Tanaka Kenro, October 9, 1951)

10月18日

裘开明提交《馆长年度报告》(1950年7月1日至1951年6月30日),其主要内容如下:1.图书馆馆藏情况。1950—1951年度,哈佛大学汉和图书馆新增藏书4976种12523册,其中中文图书983种3504册,日文图书3541种8182册,蒙文图书1种1册,韩文图书63种327册,西文图书388种509册。截至1951年7月1日,哈佛大学汉和图书馆藏书总量为53792种237111册,其中,中文图书33152种192348册,日文图书16483种36843册,藏文图书13种662册,满文图书124种1045册,蒙文图书22种332册,韩文图书63种327册,西文图书3935种5554册。1950—1951年度,日文书籍增长数量为历年最大,其原因是购买了Bruno Petzold的佛教藏书,以及在一诚堂(Isseido)订购了大量的哲学和宗教书籍。我们图书馆以前缺少的必备文献通过这两个购书源得到了补充。因为日文图书目录第一卷收录中国经学、哲学和宗教类文献,所以在过去的一年里,我们主要购买的是这三个领域的文献,近年来其他领域出版的文献只购买了一些重要著作。怀德纳图书馆继续为区域研究计划购买社会科学领域的中日文文献。这类出版物中大部分都是关于共产党的文献——或正面或反面。怀德纳图书馆主要通过佛蒙特州拉特兰(Rutland, Vt)Charles E. Tuttle Co.购买日文书籍,该公司在日本派驻了一名代表。在中文书籍方面,中国区域研究计划负责人费正清(John King Fairbank)教授派李文森(Joseph Richmond Levenson)博士赴香港6个月,负责购买中文书籍。除了在香港购买现代中文新书和一些绝版的近代文献以外,图书馆还从日本东京两家专营中文古籍的书店——文久堂(Bunkyudo)和山本书店(Yamamoto Shoten)购买线装中文古籍。从日本购买的中文古籍简况如下:文久堂 399 种 3819 册,山本书店 65 种 337 册,远东贸易公司 5 种 162 册,特特公司 17 种 454 册,合计 486 种 4772 册。从在日本购买中文古籍的数量和在中国购买中文古籍的数量的统计数据比较可以得出结论:战后日本已经成为购买中文古籍的佳地。出现这种现象的原因可能在于:(1)日本藏有一批优秀的中文古籍,许多在中国失传的中文古籍只能在日本寻到。(2)一些著名的日本汉学家自行出版和销售自己收藏的藏书。(3)大概是因为日本战败于美国的科学与技术的原因,又一轮对西方事物(尤其是美国)的狂热风潮正席卷整个日本,一切中国和东方的事物都遭到轻视和抛弃。我们可以利用此机会为学社的图书馆廉价购买一批珍贵的中文古籍。由于篇幅和时间的限制,我不能在报告中详细叙述购书情况。我希望能够出版一部关于汉和图书馆在中国和日本访书以及所访之书的著作,作为哈佛燕京学社 25 周年纪念的献礼。(4)战后日本通货膨胀,很多家庭,即使战前很富有或经济状况很好的家庭,都陷入经济困境。日本著名的三井文库(Mitsui Library)藏有中日韩文献 100000 册,全部出售给了加州大学伯克利分校,使其日文馆藏数量超过了哈佛和哥伦比亚。连续出版物方面,中文新刊新增 59 种,截至 1949－1950 年度,汉和图书馆共有 1471 种中文连续出版物,其中约 20 种是共产党出版物。日文连续出版物新增 131 种,截至 1949－1950 年度,汉和图书馆共有 1039 种日文连续出版物。另外,西文连续出版物新增 22 种,使汉和图书馆西文连续出版物达到 245 种。新增并登录到卡片目录的中文连续出版物共 1263 期,日文连续出版物 3636 期,西文连续出版物 264 期。在方志方面,吉林省、河北省和湖北省各增加方志一种,截至 1950 年 7 月 1 日,汉和图书馆收藏的中国方志总藏量达到 2873 种 30547 册。在丛书方面,中文丛书新增 13 种,共含 110 种独立著作。中文丛书收藏量达到 1228 种,共含独立著作超过 32110 种,所有独立著作都编制了作者、书名和主题分析目录。日文丛书新增 32 种 672 册。在赠书与交换图书方面,日本国会图书馆在 1950－1951 年度共赠送或交换连续出版物 500 期,书籍 88 种,94 册(卷)。怀德纳图书馆转交给汉和图书馆一批美国前驻日大使 W. Cameran Forbes 捐赠的中日文文献。麻省理工学院图书馆因为搬新馆,所以将其中国毕业生捐赠的中文书籍共 75 种 215 册,移交给汉和图书馆永久保存。因此除了哈佛学院和拉德克利夫学院(Radcliffe College)的中国学生和日本学生,麻省理工学院的中国学生也成为我们图书馆的赞助人之一。到 1951 年 10 月为止,汉和图书馆已经收到从日本和加拿大寄来的 Bruno Petzold 佛教藏书 2699 种 8649 册(件),具体情况如下:(1)汉和图书馆无收藏复本的书籍:中文书 34 种 148 册(件),日文书 1747 种 5424 册(件),韩文书 2 种 2 册(件),日文期刊 63 种 568 册(件),经折 169 种 268 册(件),经卷 26 种 51 册(件),经幡 412 种 412 册(件),画轴 41 种 41 册(件),经叶 2 种 2 册(件),其他(目录等)17 种 30 册(件),合计 2513 种 6946 册(件)。(2)汉和图书馆已藏有复本的书籍:图书 169 种 1600 册(件),期刊 86 册(件),经文 8 种 8 册(件),经幡 7 种 7 册(件),画轴 2 种 2 册(件),合计 186 种 1703 册(件)。购买 Petzold 佛教藏书共支出 6652.97 美元,其中 5000 美元用于购书,1652.97 美元用于运费。2. 馆藏编目分类情况。1950－1951 年度,共编目单行本 1879 种,丛书 60 种,丛书分析著作 961 种。总计新增各类目录卡片 30757 张,装订图书 1537 册。平均改装一本书的费用约为 94 美分。3. 合作编目与书本式目录情况。已有 2746 种编目记录(其中中文图书编目记录 1525 种,日文书编目记录 1221 种)被国会图书馆合作编目计划采纳。另外有 364 种日文书编目记录因为日本国会图书馆已经出版卡片目录,或其他图书馆已经提交过,故未采纳,这部分卡片由汉和图书馆自己出资在波士顿的缩微摄影公司(Micro-Photography Co.)采用缩微摄影的方式复制,每张卡片5美分。而提交给国会图书馆的2746种编目记录,得到了免费赠送的相应卡片目录27460张。已收到岩波书店(Iwanami Book Co.)寄来的3张日籍书本式目录的样张。由于日本物价飞涨,原来9000美元印刷预算必须稍作增加。于震寰(Zunvair Yue)先生估计,因为新到馆的关于哲学和宗教类的书籍数量如此之大(2513种来自Petzold藏书,571种来自一诚堂),这些书将耗费目前在岗馆员至少一年半的时间进行加工,才可能全部收入到日籍书本式目录的第一卷中。所以,卡片目录手稿寄往日本排版最早也要到明年9月份。如果明年春天能够再聘请2名日本助手的话,就有可能在明年6月份排版。因为书目的第一卷必须在1953年夏天出版,所以我希望能够另外聘几名在美国图书馆学校就读的日本留学生协助工作。4. 阅览室与借阅服务。目前的书库已经没有空间可以容纳更多的书。除非在不久的将来新建一栋楼,否则将必须把图书馆一分为二,把一半的书移到拉蒙特图书馆(Lamont Library)地下室,为未来5年的图书增长腾出空间。要移到拉蒙特图书馆的书包括全部中日文的佛教藏书、全部的中国方志和大部分珍稀藏书。但是,把图书馆一分为二会给读者和工作人员带来不便。但是最终的决定权归董事会,我等待1951年11月份董事会会议的决议。1950—1951年度,汉和图书馆共外借3007种,5994册馆藏。图书馆外借服务开放的时间共264天,44周,日均外借图书23册。以上馆藏流通的数据不包括隔夜借还的数量和馆内阅览的数量。在中国区域研究计划阅览室的管理问题上,大学图书馆馆长Keyes D. Metcalf博士根据我在上一年年度报告中的建议,决定阅览室里有关中国和日本的西文书按照怀德纳图书馆的"中国"和"日本"藏书分类和编目,由怀德纳图书馆流通台负责。所有由中国区域研究计划负责人办公室交换获得的连续出版物交由怀德纳图书馆进行技术处理和装订。5. 馆际互借与参考咨询。1950—1951年度,共有32所机构、图书馆通过馆际互借向汉和图书馆借出图书146种424册。另外在1950—1951年度,共有16名来自其他机构的学者在汉和图书馆做研究,有些甚至在汉和图书馆做了整整一年的研究。这些学者都对汉和图书馆的馆藏和服务给予了很高的评价。6. 人事变动。1951年1月,童世纲(Tung Shih-kang)辞职。其夫人吴元清(Wu Yuencheng)工作到1951年6月份,即1950—1951年度结束方离开汉和图书馆。Carl I. Walker于1951年3月份去参军,故1951年4—8月期间,由William Cole顶替书库管理员的岗位。现在仍在为这一岗位寻找新人,但是因为我们的报酬对于年轻人来说,比在公司或企业工作低很多,所以很难找到人选。1951年6月份,新聘山口玲子(Reiko Yamaguchi)小姐为日文编目员。山口玲子小姐毕业于东京女子大学和西储大学(Western Reserve University)图书馆学院。另外还聘请了毕业于燕京大学和西蒙斯大学(Simmons College)图书馆学院的吴婉莲(Dorothea Wan Lien Wu)担任中文编目员。已经在汉和图书馆做了近3年(1948年9月—1951年6月)兼职日文助理的Kazuko Uyeda太太辞职。从1950年10月起,Amy M. Mitsutomi太太开始担任该职。7. 图书馆财务。

1950－1951 年度图书馆预算

开支项目		金额（单位：美元）	
图书	中文书	3000	7000
	日文书	3000	
	西文书	1000	
装订		1500	
保险		1500	
办公经费（特快专递、电话、电报等）		500	
设备		500	
合作编目		700	
薪水和津贴	研究助理	2200	10900
	参考咨询助理	2200	
	中文编目员	1800	
	书库接待员	1550	
	日文助理	1600	
	中文参考咨询助理	1800	
	兼职勤杂工	600	
	学生助理	550	
	退休补贴	400	
总计		22600	

1950－1951 年度支出统计

开支项目		金额（单位：美元）	
图书	中文书	2261.14	7064.01
	日文书	4300.91	
	西文书	501.96	
装订		1455.2	
图书保险		1597.36	
设备		208.93	

续表

开支项目		金额（单位：美元）	
办公经费	水电	100.13	313.15
	印刷和文具	10.8	
	电话和电报	128.11	
	邮费和特快专递	36.55	
	服务费	29.99	
	其他	7.57	
合作编目		645.15	
薪水与津贴	正式员工	8181.27	11110.24
	临时工	2425.63	
	退休金与养老金	424.26	
	社会保险	79.08	
合计		22394.04	
盈余		205.96	
财政拨款		22600	

（HYL Archives：Chinese-Japanese Library of the Harvard-Yenching Institute at Harvard University Report of the Librarian for 1950-1951）

10月24日

印第安纳大学历史系教授邓嗣禹（Teng Ssu-yü）致函裘开明，询问正在出售的《二十四史》的情况。（HYL Archives：Letter of Alfred K'aiming Ch'iu to Teng Ssu-yü, October 31, 1951）

文久堂书店（Bunkyudo）的 Tanaka Kenro 致函裘开明，答复有关日文图书订单的问题。（HYL Archives：Letter of Tanaka Kenro to Alfred K'aiming Ch'iu, October 24, 1951）

10月25日

裘开明致函伦敦大学亚非学院（School of Oriental and Aferican Studies）图书馆馆长皮尔森（J. D. Pearson）：我馆已收到10月5日来信中提到的中文丛书目录，目录中所列之丛书，除个别丛书（不多于5种）以外，我馆均有所藏。我馆亦为所藏丛书编制了分析目录卡片，如贵学院有兴趣，可出售，随函附上目录卡片的样片。另函将寄上《汉籍分类目录》前三卷以及发票三联。哈佛大学图书馆照相复制部将寄《汉籍分类目录》语言文学卷的缩微胶片给贵学院图书馆。随函附上印刷版的主题词指南。（HYL Archives：Letter of Alfred K'aiming Ch'iu to J. D. Pearson, October 25, 1951）

10月26日

裘开明致函田清心（Ruth Ching-hsing Tien）：我馆决定聘用你，稍后神学院图书馆的馆长将会交给你一批关于汉和图书馆卡片目录的工作，请你好好完成。（HYL Archives：Letter of Alfred K'aiming Ch'iu to Ruth Ching-hsing Tien, October 26, 1951）

10月30日

华美协进社 C. F. Yao 致函裘开明,简述华美协进社在过去的一年中在帮助中国学生和专家等提供就业机会和就业指导方面所作的活动和成就,以及本年夏季论坛与研讨会所取得的丰富成果,并告知因委员会经费告急,请裘开明帮忙募集捐款。(HYL Archives: Letter of C. F. Yao to Alfred K'aiming Ch'iu, October 30, 1951)

裘开明致函斯坦福大学图书馆日文编目员 Allan M. Paul:关于你提出的有关日文书编目的问题,经过思考我提出以下建议:(1)不管斯坦福目前的情况如何,贵馆日文和中文馆藏的未来发展必须使用同一个标准的分类体系和编目格式。(2)不管是修订分类法和编目格式,还是使用一个在美国其他地方适用的相似的分类法,编目格式都不能太偏离已有的美国编目格式,比如国会图书馆合作编目计划和哈佛燕京学社使用的卡片格式(我认为,在卡片竖栏里书写文字与将书名作为主标目的单元卡片已经彻底改变了)。兹附上我馆的卡片样本,我们基本上仍然遵循早先出版的规则和格式:(1)《中国图书编目法》;(2)哈佛燕京学社的《汉和图书分类目录》;(3)1948-1949年间出版的日本卡片和合作编目计划的一些卡片。(HYL Archives: Letter of Alfred K'aiming Ch'iu to Allan M. Paul, October 30, 1951)

裘开明致函胡佛图书馆中文文库主管芮玛丽(Mary Clabaugh Wright),寄送汉和图书馆用于交换的复本书目录。(HYL Archives: Letter of Alfred K'aiming Ch'iu to Mary Clabaugh Wright, October 30, 1951)

裘开明致函文久堂书店(Bunkyudo)Tanaka Kenro:今后请把我馆订书账单直接寄往剑桥。随函再附上7张订书单。(HYL Archives: Letter of Alfred K'aiming Ch'iu to Tanaka Kenro, October 30, 1951)

10月31日

裘开明致函印第安纳大学历史系教授邓嗣禹(Teng Ssu-yü):你问到的《二十四史》是上海影印的710卷乾隆内府本。这套书是麻省理工学院的一名中国学生的,我完全不认识该学生,他告诉我此套书是完整的,他愿意以350美元出售,因为他非常需要经济资助,以完成学业。正如你所知,我馆已藏有一套该书,因此我把此事转告你。(HYL Archives: Letter of Alfred K'aiming Ch'iu to Teng Ssu-yü, October 31, 1951)

11月1日

哈佛大学图书馆采访部主任 Edwin E. Williams 致函裘开明:在本周初 Keyes D. Metcalf 先生参加的华盛顿会议上,讨论了一些从中国采购图书的问题。目前美国的《外国资产管理规定》(the Foreign Assets Control Regulations)禁止向从中国接受的资料付款,也禁止向海外的中国国民付款;只能向美国银行的封闭账户付款,但是书商一般收不到该项付款。但是,美国国会图书馆一直能够从财政部获得例外,看来其他的研究图书馆也能够获得这种有限的例外,虽然采购的资料可能仅限于与国防有关的对研究有用的资料……我将把此信抄送一份给费正清(John King Fairbank)教授,因为 Metcalf 先生也想知道他的想法。(HYL Archives: Letter of Edwin E. Williams to Alfred K'aiming Ch'iu, November 1, 1951)

11月4日

刘楷贤致函裘开明:10月6日手示奉悉,附(刘)宫鹦女士信业已转,希释念。奉复稽迟,尚祈先生见原!先生所赐证明,宫鹦女士信赖之,视如拱璧,其前所疑贤者,现已冰释。先生及裘太太(曾宪文)关怀贤之婚事,赐予证明,造福后进,不胜感激,定于明夏毕业一节（贤本学期选修三课，仍甚忙碌，其外尚余五课，大约明年8月读完。宫鹦女士前在 Drew University 得宗教教育硕士，复在哥伦比亚得教育硕士，来意校（伊利诺斯大学，Illinois University）继续念教育一年，去夏改在图书馆工作，业已工作年余，全时间在图书馆工作，兼在图书馆学校读一二课，至明年夏得图书馆学学士），贤毕业后设来剑桥效犬马之劳，助先生编目，用以报大德于万一，若宫鹦女士可能在哈佛工作，实贤之所愿也，祈先生设法玉成之。贤与宫鹦女士拟于圣诞时节结婚，日期尚未规定，知闻锦注，特先奉闻！(HYL Archives：刘楷贤致裘开明信函，1951年11月4日)

刘楷贤致函裘开明：10月30日由邮奉上单据、书及杂志稿片（这是前者寄来的稿片，业于10月30日如数奉上）一包，祈检收。(HYL Archives：刘楷贤致裘开明信函，1951年11月4日)

11月5日

哈佛燕京学社举行董事会会议。学社社长叶理绥（Serge Elisséeff）教授提出图书馆藏书空间拥挤，必须尽快将半数馆藏资源迁移至拉蒙特图书馆（Lamont Library）。学社购买的伯希和俄文藏书已通过史密森尼研究院（Smithsonian Institution）寄来。此外，由于现在日本有很多珍贵的具有很高价值的藏书在出售，建议派裘开明博士前往日本为汉和图书馆购买图书。同时裘开明博士也应前往香港，因为许多中国出版机构在香港有代理机构。(HYI Archives：Harvard-Yenching Institute Minutes of November 5, 1951)

11月16日

胡佛图书馆中文文库主管芮玛丽（Mary Clabaugh Wright）致函裘开明，函寄勾选过的中文期刊交换清单。(HYL Archives：Letter of Mary Clabaugh Wright to Alfred K'aiming Ch'iu, November 16, 1951)

密歇根大学历史系教授、《远东季刊》（*Far Eastern Quarterly*）编辑 John W. Hall 致函裘开明：很高兴在今年夏天参观了贵馆，并得到你对我正在撰写的研究书目提出的建议和指导。我所撰写的日本史研究书目应该于今年年底完稿。此书花费了我很多时间，我希望它是一本非常有用的书。我此次写信是想问贵馆是否有多余的一套《张文襄公全集》。密歇根大学有一位专门研究张文襄的人，他现在苦于无法获得研究资料。我想如果贵馆有多余的一套，是否有可能出售给密大图书馆？如果贵馆只有一套，是否可以通过馆际互借获得？我知道现在这种书已经无法再从中国购得，很多图书馆都拒绝把这类中文书外借。无论你能提供《张文襄公全集》的全部或部分供我们研究，我都将不胜感激。(HYL Archives：Letter of John W. Hall to Alfred K'aiming Ch'iu, November 16, 1951)

11月19日

华美协进社 Edwin N. Clark 致函裘开明：贵馆过去与华美协进社的合作为我们开展工作带来了很大的帮助。我们知道你对于我们今年正在进行的工作很感兴趣。中国的现状加重了华美协进社的责任。华美协进社要帮助在中美两国人们之间建立更强的友好关系，加深双方的相互理解。为了承担起这个责任，我们不惧负担加重，大大拓宽了我们之间交流活动的领域。你也知道在美国，华美协进社在培养中国学生、学者和专家方面起着领导作用。因成百上千留美中国毕业生急需就业指导和帮助，华美协进社的就业指导部也已经成立了。纽约州高等教育管理委员会主席 Ordway Tead 博士要求我们增开和中国有关的课程，包括对4所州立大学的教师进行指导。现阶段开设的一个课程只是针对公立学校的教师。今年夏天在 Wilhelm Norland 参议员、胡适（Hu Shih）博士、蒋廷黻（T. F. Tsiang）博士以及 Geraldine Townsend Fitch 女士协助下我们在俄亥俄湖畔讨论了一些重要计划。我们主持召开的论坛、研讨会以及夏季会议只是我们所设计的计划的一部分。我们希望通过这些计划来加深全世界一切自由国家对民主性原则的理解。我想冒昧地建议你考虑也能够为华美协进社的这项重要工程尽点力。兹附上赠卡和写好回信地址的信封各一份。我和我们管理委员会的所有成员对于你对华美协进社的关心表示感谢。(HYL Archives：Letter of Edwin N. Clark to Alfred K'aiming Ch'iu, November 19, 1951)

11月20日

裘开明答复国会图书馆东方部日文组组长 Edwin G. Beal, Jr. 8月20日的来信，应允出借汉和图书馆的目录卡片给国会图书馆，用于编制全国日文文献联合目录，并随函附上一份丛书联合目录中日文文献标目规则，希望 Edwin G. Beal, Jr. 考虑采纳该标目规则，对标目进行拼音音译。(HYL Archives：Letter of Alfred K'aiming Ch'iu to Edwin G. Beal, Jr., November 20, 1951)

11月22日

季志仁(John T. J. K)致函裘开明求职。(HYL Archives：Letter of John T. J. K to Alfred K'aiming Ch'iu, November 22, 1951)

11月28日

裘开明致函刘楷贤(Liu Kai-hsien)：感谢你11月4日的来信。关于你希望明年回到哈佛以后刘太太(刘宫鹦)能够找到一份工作，我已经征求了怀德纳图书馆的意见，得悉她可能像邓嗣禹夫人(Mrs. Teng Ssu-yü)一样在哈佛图书馆系统中安排一个岗位，邓嗣禹夫人1949—1950年度在拉德克利夫学院(Radcliffe College)工作。随函附上哈佛大学人事处的职位申请表。请你转告她填写详细信息，并在新年前寄回给我。(HYL Archives：Letter of Alfred K'aiming Ch'iu to Liu Kai-hsien, November 28, 1951)

11月29日

纽约 Myron S. Falk, Jr. 致函裘开明：兹附上两份你即将在《美国中国艺术学会档案》(*Archives of the Chinese Art Society of American*)第5期上发表的论文《芥子园画传》(The Chieh Tze Yuan Hua Chuan)的长条校样。我从印刷商那里收到插图和汉字的校样后会立即寄给你。当然，长条校样校完以后，我会寄给你页面校样，所以你只需要寄回一套校正的长条校样。谢谢你把这篇非常有趣的论文寄给我们中国艺术学会在新的《档案》上发表。(HYL Archives：Letter of Myron S. Falk, Jr., 115 Broadway, New York, N. Y., to A. Kaiming Chiu. November 29,1951)

11月30日

韦慕庭(Clarence Martin Wilbur)致函裘开明，感谢延长《国民周报》借期一个月。(HYL Archives：Letter of Clarence Martin Wilbur to Alfred K'aiming Ch'iu, November 30, 1951)

12月3日

裘开明致函日本国会图书馆国际事务部主任 T. Ichikawa：9月19日来函收悉，哈佛燕京学社图书馆和哈佛大学图书馆都不入藏诸如《好主妇》(*Good Housekeeping*)之类的美国大众期刊，建议你与市级图书馆联系这类交换业务。(HYL Archives：Letter of Alfred K'aiming Ch'iu to T. Ichikawa, December 3, 1951)

12月8日

文久堂书店(Bunkyudo)Tanaka Kenro 致函裘开明，汇报处理汉和图书馆日文书订单的进展情况。(HYL Archives：Letter of Tanaka Kenro to Alfred K'aiming Ch'iu, December 8, 1951)

12月11日

国会图书馆东方部日文组组长 Edwin G. Beal, Jr. 致裘开明:我同意你提出的在中日文编目中法人机构应该按照其音译名称进行著录的意见。多年前在合作编目计划开始阶段,我馆根据中日文形式著录机构名称,是因为那时我馆不使用罗马拼音。我馆东方部目前使用的中日文目录卡片之所以存在明显的矛盾,是因为我们希望与国会图书馆所有卡片目录保持一致。这些卡片已经建立并且印行多年。按照音译系统改变这些卡片记录将要再版和重新发行其中的许多目录卡片。这将是一件花费巨大的事情。此外还有其他原因。包括美国图书馆协会的规则,我馆已同意遵守美国图书馆协会在作者和书名上的著录规则,而东方部作为图书馆的一部分,则必须遵守图书馆相关的规定。多年前,东方部使用音译款目记录,被耶鲁和密歇根大学诟病其与国会图书馆不一致导致同一作者有不同形式的款目记录。因此,我们不得不做出改变,与国会图书馆一般的目录保持一致。就我个人观点来看,这样做虽然有利于统一国会图书馆普通目录,但是却对东方部的目录造成了困难。正如你所言,陷入了一种矛盾的境地。我更倾向于使用音译款目记录,并相信中文部也有同样的看法。但是国会图书馆不太可能改变政策。我会将你的信函和此封回函一并转给我馆相关权威人士,让他们了解你的观点,并考虑是否愿意改变。(HYL Archives:Letter of Edwin G. Beal, Jr. to Alfred K'aiming Ch'iu, December 11, 1951)

12月13日

胡佛图书馆中文文库主管芮玛丽(Mary Clabaugh Wright)致函裘开明,告知汉和图书馆所需要的复本在圣诞节前无法寄出,待1952年1月的第二个星期才能寄送。(HYL Archives:Letter of Mary Clabaugh Wright to Alfred K'aiming Ch'iu, December 13, 1951)

12月14日

裘开明函告胡佛图书馆中文文库主管芮玛丽(Mary Clabaugh Wright),已通过铁路快运寄出457册用于交换的复本期刊。(HYL Archives:Letter of Alfred K'aiming Ch'iu to Mary Clabaugh Wright, December 14, 1951)

裘开明致函季志仁(John T. J. K),告知汉和图书馆暂无职位空缺提供。(HYL Archives:Letter of Alfred K'aiming Ch'iu to John T. J. K, December 14, 1951)

刘楷贤致函裘开明:月初奉11月28日手示,敬悉一切。附来11月份薪水支票,已拜收,并附人事科表格一纸,新年后交(刘)宫鹉填写,当在奉上,兹检收。(HYL Archives:刘楷贤致裘开明信函,1951年12月14日)

12月17日

裘开明致函 Arnulf H. Petzold:从东京和温哥华寄来的佛教藏书已全部清点完毕,随函附上丢失书籍的清单,请通知 Werner Levedag 先生在日本寻找丢失的书籍。(HYL Archives:Letter of Alfred K'aiming Ch'iu to Arnulf H. Petzold, December 17, 1951)

耶鲁大学图书馆日文编目员 Warren M. Tsuneishi 致函裘开明:在你的引导下参观贵馆实在令人大开眼界。我非常感谢你们能在繁忙的日程中找出时间向我们展示你们极具价值的馆藏资源。但是我仍然有一两点不甚清楚,我恳请你帮我解惑。(1)哈佛燕京汉和图书馆目录卡片是否并入了怀德纳图书馆联合目录?(2)关于贵馆的采购工作,在采购学社教学和研究项目所需资源上有多少投入和努力?即贵馆主要将采购集中于哪些领域?最后,有一种著作,即《朝鲜郡书大系》(Chosen gunsho taikei),我想如果贵馆馆藏没有的话,你们可能会感兴趣,该书由朝鲜古书刊行会编译。如果贵馆感兴趣,我可以提供给你有关这一著作的详细分类目录。(HYL Archives：Letter of Warren M. Tsuneishi, Japanese Cataloger of Yale University Far East Library to Alfred K'aiming Ch'iu, December 17，1951)

12月18日

汉和图书馆原工作人员吴元清(Wu Yuencheng)应聘美国教育考试服务处的职位,该中心来函请裘开明评价其工作能力。(HYL Archives：Letter of Elizabeth Glasscock to Alfred K'aiming Ch'iu, December 18，1951)

12月19日

裘开明致函斯坦福大学图书馆中文文库主管芮玛丽(Mary Clabaugh Wright)：不知道贵馆是否打算将中日文卡片与图书馆普通目录混排,如果这样,则会产生出版物的音译标题和款目排列的问题。如能使用音译标题参见著录则可方便读者检索。在大部分东亚图书馆,中日文卡片是根据罗马字母排序分别排列的,这种方法在国会图书馆、哥伦比亚、哈佛都有应用,没必要增加一个英文的联合标题。(HYL Archives：Letter of Alfred K'aiming Ch'iu to Mary Clabaugh Wright，December 19，1951)

12月27日

裘开明致函耶鲁大学日文编目员 Warren M. Tsuneishi：感谢你12月17日来函表示愿意提供给我馆《朝鲜郡书大系》(Chosen gunsho taikei)复本。我们刚核查了有关该著作的馆藏情况,并将馆藏内有的资源以黄色标记。如果贵馆可让我们获得该著我馆所缺卷册,我馆将提供其他中日文图书复本作为交换。这种交换以图书价值或成本为基础,乃至按页交换亦可。如果此前的交换基础可以接受,请将价格标签添加在寄来的图书上。我们非常高兴你们上个月的来访,如安排上有任何不周,还望见谅。哈佛燕京中日文目录卡片在怀德纳图书馆的主要联合目录中并没有与西文目录卡片合并,但是我馆西文图书作者目录卡片与联合目录合并在一起了。据我所知,密歇根大学和耶鲁大学是美国仅有的两所将中日文目录卡片与西文图书目录卡片合并在主目录中的机构。我馆图书采购集中的领域已列入《专业图书馆调查》(Survey of Special Libraries)和美国东方藏书联合委员会第一次报告中。贵馆收藏有这两份出版物。通常,我馆主要为哈佛燕京学社所设立的学科教学收集文献资源。中国和日本的区域研究计划提供经费,支持在远东地区及进行有关中国和日本共产主义的图书采购。尽管这些图书所有权不归学社所有,但是它们由我馆负责处理,并保存于我馆。(HYL Archives：Letter of Alfred K'aiming Ch'iu to Warren M. Tsuneishi, December 27，1951)

本年

裘开明担任哈佛大学哈佛燕京学社汉和图书馆馆长(Librarian of Chinese and Japanese Library of Harvard-Yenching Institute at Harvard University)和中国语言文学讲师(Lecturer in the Chinese Language and Literature)(HYL Archives：裘开明简历, March 15,1951)

裘开明撰"The Chieh Tze Yuan Hua Chuan (Mustard Seed Garden Painting Manual)：Early editions in American collections"(《美国收藏〈芥子园画传〉早期版本》)发表于 Archives of the Chinese Art Society of American, Vol.5(1951)，55—69。

裘开明撰 Mary Elizabeth Wood(韦棣华)辞条发表于 Edward T. James 编 Notable American Women, 1607—1950：A Biographical Dictionary, Cambridge：Harvard

University Press,1951:647—648。

  汉和图书馆在馆藏372册韩文藏书的基础上建立韩文部,其后迅速发展成为美国最好的韩文研究馆藏。[*A Classified Catalogue of Korean Books in the Harvard-Yenching Institute Library at Harvard University*(《哈佛大学哈佛燕京学社图书馆韩籍简目》). Cambridge,Massachusetts,1962:i—ii]

1952年
55岁

1月3日

  裘开明致函文久堂书店(Bunkyudo)Kenro Tanaka,支付662270日元购书款。(HYL Archives:Letter of Alfred K'aiming Ch'iu to Tanaka Kenro, January 3, 1952)

1月9日

  远东协会—美国图书馆协会联合委员会主席Charles H. Brown致函裘开明:因妻子生病,我需要辞去主席一职,请你就新任主席人选发表意见。另外,请你提供150份你的论文,以便在会上分发、讨论。兹附上我给密歇根大学图书馆馆长Warner Grenelle Rice的信函。(HYL Archives:Letter of Charles H. Brown to Alfred K'aiming Ch'iu, January 9, 1952)

1月14日

  裘开明致函远东协会—美国图书馆协会联合委员会主席Charles H. Brown:感谢你1月9日来函,及所附你关于联合委员会新主席选举致Warner Grenelle Rice先生的函件。从个人观点来讲,我希望你继续担任此职务。但如果因健康状况不允许的话,我们也不得不接受事实,选举新的人选。对此,只有选出一个杰出的美国图书馆馆长担任联合委员会的主席,才能得到很多馆长的支持。我希望推荐的两位杰出人选是Robert B. Downs和J. Perian Danton……感谢你提议在联合委员会会议上分发我的论文,但受经费限制,我只能印制论文的大纲。(HYL Archives:Letter of Alfred K'aiming Ch'iu to Charles H. Brown, January 14, 1952)

1月15日

  文久堂书店(Bunkyudo)Tanaka Kenro致函裘开明,说明向汉和图书馆寄送日文图书的情况。(HYL Archives:Letter of Kenro Tanaka to Alfred K'aiming Ch'iu, January 15, 1952)

1月16日

  远东协会(Far Eastern Association)—美国图书馆协会联合委员会主席Charles H. Brown致函裘开明:如果你完成的论文不包含中文字而且你能够在回信中寄给我,那么我就可以在爱荷华用自己的经费油印。这项花费不会超过8美元或者10美元。我想在下周一以前得到你的论文。如果我在星期一没有得到你的答复,我将直接油印你的论文大纲。我知道远东协会会议将在波士顿举行,但是,因为我要去佛罗里达州立大学,所以无法出席会议。(HYL Archives：Letter of Charles H. Brown, Iowa State College of Agriculture and Mechanic Arts, Ames, Iowa, to Alfred K'aiming Ch'iu, January 16, 1952)

1月17日

裘开明致函文久堂书店(Bunkyudo)Kenro Tanaka,建议他改良在图书封面上标注书名的方法。(HYL Archives：Letter of Alfred K'aiming Ch'iu to Kenro Tanaka, January 17, 1952)

裘开明致函普林斯顿教育测试服务人事部秘书 Elizabeth Glasscock,提供有关童元清夫人(Mrs. Yuenching Tung,即吴元清)个人工作及人际关系能力的评价。(HYL Archives：Letter of Alfred K'aiming Ch'iu to Elizabeth Glasscock, January 17, 1952)

1月23日

耶鲁大学图书馆高级编目员 Warren M. Tsuneishi 致函裘开明：感谢你1951年12月27日的来函。耶鲁大学图书馆已完成重新核查馆藏《朝鲜郡书大系》(*Chosen gunsho taikei*)复本的工作……耶鲁大学图书馆需要以下几类资源：中日文参考工具书,特别是1920—1940年出版的书目参考著作；连续出版物；有关社会科学、文学和历史的专论著作。我希望这将成为耶鲁大学图书馆与汉和图书馆交换关系的基础,我期待你能够寄给我一份你分发传阅的关于中日文编目的信函,特此感谢。(HYL Archives：Letter of Warren M. Tsuneishi to Alfred K'aiming Ch'iu, January 23, 1952)

纽约 Myron S. Falk, Jr. 致函裘开明：感谢你寄来你的论文《芥子园画传》页面校样校正稿。印刷商担心是否能够按照你的原稿排印,因为插图、汉字等排印的确是一件相当复杂的工作。所以,如果你能把退还给你的手稿寄给我,我就能再查校。(HYL Archives：Letter of Myron S. Falk, Jr., 115 Broadway, New York, N. Y., to Alfred K'aiming Ch'iu, January 23, 1952)

1月28日

日本国会图书馆编目部主任 Naro Okada 致函叶理绥(Serge Elisséeff)：应 H. Hibbett 的要求,日本国会图书馆代汉和图书馆在京都大学图书馆制作《况斋丛书》(*Kyosai-sosho*)的缩微胶卷,由于京都大学图书馆所藏《况斋丛书》是上野图书馆(Ueni Library)藏本的手抄件,与原件内容略有不同,故最后采用上野图书馆的藏本制作缩微胶卷,该藏本共计80册16000页,制作需历时3个月,约需经费280美元(每帧3.5美分),采用35毫米全色胶卷。日本国会图书馆希望通过从汉和图书馆获得同等价值的藏书来抵消以上制作费用,所需具体文献的清单将另函寄上。(HYL Archives：Letter of Naro Okada to Serge Elisséeff, January 28, 1952)

Paul Haskell 致函裘开明：我曾于1943年暑假在哈佛图书馆工作,现因求职需要,请你帮我写一封推荐信。(HYL Archives：Letter of Paul Haskell to Alfred K'aiming Ch'iu, January 28, 1952)

1月31日

裘开明致函文久堂书店(Bunkyudo)Kenro Tanaka ,函寄662270日元的购书款支票。(HYL Archives：Letter of Alfred K'aiming Ch'iu to Kenro Tanaka, January 31, 1952)

刘楷贤致函裘开明：去年12月及今年1月份薪水均拜收。昨又收到黄稿片一盒,祈释念。兹由邮奉上《丛书》及单种书黄稿片,祈检收……(HYL Archives：刘楷贤致裘开明函,1952年1月31日)

2月10日

裘开明致函胡佛图书馆中文文库主管芮玛丽(Mary Clabaugh Wright),函寄交换复本目录清单，并请斯坦福大学图书馆今后寄来的目录清单中能够列明每本书的价格，以便在年底采用现金支付的方式结算差额。(HYL Archives：Letter of Alfred K'aiming Ch'iu to Mary Clabaugh Wright, February 10, 1952)

2月12日

耶鲁大学图书馆 Donald G. Wing 致函裘开明：耶鲁大学图书馆坚持《朝鲜群书大系》(*Chosen gunsho taikei*)每卷价格应为6美元，因为这是他们在当地获得该文献的价格。实际上，耶鲁大学图书馆原本准备将这些复本退回给书商，但考虑到这似乎是帮助汉和图书馆尽早配齐这套文献的一个很好机会，所以，我们会把其他的一部份复本留作我们的馆藏，我们确信这样的价格用于交换不成问题。(HYL Archives：Letter of Donald G. Wing, Head of Accessions Department, Yale University Library, to Alfred K'aiming Ch'iu, February 12, 1952)

裘开明回复纽约最高法院来函：Paul Haskell 曾于1943年暑假在哈佛图书馆工作，表现很好。(HYL Archives：Letter of Alfred K'aiming Ch'iu to Supreme Court of New York, February 12, 1952)

2月15日

Choya 贸易公司(Choya Trading Co.)致函裘开明，告知书店更换办公地点后的新通讯地址。(HYL Archives：Letter of Chòya Trading Co. to Alfred K'aiming Ch'iu, February 15, 1952)

2月18日

哥伦比亚大学东亚图书馆 Howard P. Linton 致函裘开明：我尚未获得有关1月25—26日的会议安排，希望你能告知会议的具体安排以及你对会议内容的一些看法。这样大家在会前就可以先互相交流意见，确定要讨论的议题。否则，与会者无法提出建议、批评或评论，有可能在返程时才能想起这些问题。此外，我将会在2月19日将西文目录第1期和日文评论选集的第2期寄给你，请你寄还日文评论选集第1期。(HYL Archives：Letter of Howard P. Linton to Alfred K'aiming Ch'iu, February 18, 1952)

2月23日

吴宝珠(Pearl Wu)致函裘开明：1949年我离开大陆去台湾之前，家父吴砚农(Paul Yen-lung Wu)嘱咐我，若想到美国大学图书馆工作，可请裘叔叔你帮忙，他与你是很好的朋友。我于1947年毕业于文华图书馆学专科学校。毕业后，曾在南京神学院(Nanking Theological Seminary)图书馆、国立贵州大学、台湾大学图书馆任职过编目员或编目部主任。1951年调到(台湾)"教育部"做馆员。1951年8月我加入美国信息服务处(U.S. Information Service)设立的台北美国图书馆(American Library in Taipei)，目前在该馆担任副馆长一职。馆长 Ruth Krueger 小姐是美国人。若有需要，她将为我写推荐函。家父仍在湖南大学教书，我想他若知道你帮我在美国找到工作，一定会很高兴。我计划在这里工作一两年后再继续学习，可以存钱交学费。因为我们与(台湾)"教育部"关系很好，而我又是美国政府的雇员，一旦我接到贵馆的聘书，护照则很好办。外子曾供职于武汉大学、贵州大学以及台湾师范学院，现是台北美国信息服务处的主编。你能否推荐给他一份教学或研究的工作？这仅是询问，因我不想太麻烦你。一旦我先期赴美，他则可比较容易找到机会赴美。请代我向你的妻妹曾宪华女士问好。(HYL Archives：Letter of Pearl Wu to Alfred K'aiming Ch'iu, February 23, 1952)

2月27日

裘开明致函日本国会图书馆编目部主任 Naro Okada：汉和图书馆亟需购买《况斋丛

书》(Kyosai-sosho)的缩微胶卷,请你按照1月28日来函所告知的价格(280美元)出售给汉和图书馆,无论以直接支付美金的方式,还是支付国际图书配给券(联合国教科文组织图书配给券,UNESCO book coupons)结算均可以。(HYL Archives:Letter of Alfred K'aiming Ch'iu to Naro Okada, February 27, 1952)

裘开明致函日本东京中国研究院《中国研究》杂志主编,感谢赠送《中国研究》杂志,并请寄赠汉和图书馆缺期的3本《中国研究》。(HYL Archives:Letter of Alfred K'aiming Ch'iu to the editor-in-chief of Chinese Study, February 27, 1952)

2月28日

胡佛图书馆中文文库主管芮玛丽(Mary Clabaugh Wright)致函裘开明:我刚给你寄来一批价值50美元的零散复本。我个人倾向于交换复本而不是出售复本,我们更希望多得到一些书。因为我们正在努力购买日本、香港和东南亚的中国共产主义的出版物,这些图书供应非常有限。而我馆的采购预算只允许购买我们所需要的图书,因此我们需要的是贵馆的复本文献而不是钱。但我意识到目录清单的编制和流通也需要很多人力……我认为我馆无法准备列明每条书目单价的目录清单,这需要耗费很多人力。因此我希望进行书与书之间的交换……(HYL Archives:Letter of Mary Clabaugh Wright to Alfred K'aiming Ch'iu, February 28, 1952)

2月

《连续出版物联合目录》(Union List of Serials)主编Marga Franck自纽约到剑桥拜访裘开明,并与裘开明以及哈佛大学图书馆的其他人员一起商讨关于《连续出版物联合目录》第2版收录中日文连续出版物的一些问题。会议讨论产生了以下几点尝试性的办法:1.鉴于中日文姓名和书名在西方语言中存在排序的困难,今后把中日文连续出版物单独编排。2.为了方便所有美国图书馆员使用中日文期刊和图书,决定把独立的中日文连续出版物目录以附件形式附于《连续出版物联合目录》正文之后,同时以单行本目录的形式向从事远东研究的学者和机构发行单独编排的中日文连续出版物目录。3.在把中日文书名和团体名进行音译的基础上,款目的排列严格按照字母顺序安排。4.作为参考译名,书名的英文译名置于圆括号()内,如果出版物本身包含英文译名,则英文译名置于方括号[]内。5.用户可以通过所有收藏中日文连续出版物的美国图书馆检索和借阅。(HYL Archives:Chinese-Japanese Library of the Harvard-Yenching Institute at Harvard University Report of the Librarian for 1951-1952)

3月3日

裘开明与Edwin E. Williams和Keyes D. Metcalf商讨如何解决与斯坦福大学胡佛图书馆交换书籍所产生的账目差额问题。(HYL Archives:Letter of Edwin E. Williams to Alfred K'aiming Ch'iu, March 30, 1952)

3月4日

裘开明致函国会图书馆东方部日文组组长Edwin G. Beal, Jr.,感谢他将国会图书馆所藏参考工具书《历代残阙日记》(Rekidai zanketsu nikki)借给汉和图书馆。并向国会图书馆照相复制服务部申请购买日本学者Keicho Ikai所撰研究《史通》著作的缩微胶卷,同时还请求国会图书馆把《历代残阙日记》制成缩微胶卷。(HYL Archives:Letter of Alfred K'aiming Ch'iu to Edwin G. Beal, Jr., March 4, 1952)

3月10日

加州大学东亚图书馆艾尔文(Richard Gregg Irwin)致函裘开明:叶理绥(Serge

Elisséeff)教授已经接受了我的手稿,将列入哈佛燕京学社学术丛书出版。同时,我馆已经搬入新馆址并开放运行了一个多月,我们都感到极大的轻松,因为可以不必在旧馆址内踩着别人的脚趾头在狭窄的地方穿行。我希望远东协会(Far Eastern Association)有机会于某个时间在西海岸开会,这样我们就可以作为东道主款待大家了。另外,我希望得到关于《国语》的注释者章昭以及《庄子》的作者庄周的年代资料,在此表示感谢。(HYL Archives:Letter of Richard Gregg Irwin to Alfred K'aiming Ch'iu, March 10,1952)

3月12日

哥伦比亚大学东亚图书馆 Howard P. Linton 致函裘开明,询问裘开明是否带联合目录的报告来参加会议,并请裘开明尽快告知会议报告所需时间以及报告内容。(HYL Archives:Letter of Howard P. Linton to Alfred K'aiming Ch'iu, March 12,1952)

3月20日

日本出版贸易株式会社(Japan Publications Trading Company)总裁 M. Mochizuki 致函裘开明:为了满足西方图书馆对日文古籍和善本的需求,日本出版贸易株式会社每月将编制《图书通报》。2月份和3月份的《图书通报》将于4月初寄出,如果汉和图书馆对此《图书通报》有兴趣,今后将会定期寄奉。《图书通报》中所列书目价格包括了邮费以及占图书市场价 10%－15% 的手续费。(HYL Archives:Letter of M. Mochizuki to Alfred K'aiming Ch'iu, March 20,1952)

3月26日

裘开明致函钱存训,询问钱存训是否参加美国亚洲学会将于下周在剑桥召开的会议,并告知有关迎接及宴请相关到会诸友的事宜。(HYL Archives:裘开明致钱存训,1952年3月36日)

3月27日

裘开明致函哥伦比亚大学东亚图书馆 Howard P. Linton:兹附上我的会议报告摘要,我已复制了多份供与会代表在会前阅读。请问你到达波士顿的时间,如果你抵达的时间不是我的办公时间,我想去车站接你。我们的办公时间是上午9点至下午5点,但下周二图书馆会开放到下午6点半。(HYL Archives:Letter of Alfred K'aiming Ch'iu to Howard P. Linton, March 27,1952)

3月28日

Howard P. Linton 致函裘开明:非常感谢你昨日的来信以及寄来的报告摘要。今天有些事情像小洪峰似的到达,我正打算今晚将它们泄洪和分流。这肯定会很有趣。我还不知道我何时能到达波士顿。你提出到火车站接我,我真不该给你造成压力。开会的时候你将会非常忙碌。我抵达后会尽量和你联系。我会在会议的当天到达,但我可能不得不在会议的当天就提前离开。对 Charles H. Brown 博士的缺席,甚感遗憾。再次感谢你所做的一切,以及你提出将要做的一切。非常高兴将再次见到你。Gussie D. Gaskill 小姐今天在城里,我们正非常愉快地接受她的访问。(HYL Archives:Letter of Howard P. Linton to Alfred K'aiming Ch'iu, March 28,1952)

3月30日

Edwin E. Williams 致函裘开明,告知已与胡佛图书馆中文文库主管芮玛丽(Mary Clabaugh Wright)就两馆交换书籍所产生的账目差额问题交换了意见。(HYL Archives:Letter of Edwin E. Williams to Alfred K'aiming Ch'iu, March 30,1952)

4月1—3日

裘开明参加远东协会(Far Eastern Association)—美国图书馆协会东方藏书联合委

员会在剑桥举行的第 4 届会议。出席会议的有来自远东协会的代表 Elizabeth Huff、恒慕义(Arthur William Hummel)、清水治(Osamu Shimizu),以及来自美国图书馆协会的代表 Charles H. Brown、Robert B. Downs 和 Warner Grenelle Rice。会议由 Warner Grenelle Rice 主持。4 月 2 日,远东协会—美国图书馆协会联合委员会于下午 2:30 在波士顿 Statler 酒店 C 客厅举行会议,会议分两部分:第一部分为宣读论文,共 3 人,每人 15 分钟,裘开明第 3 个发言,宣读题为《关于美国图书馆中日文连续出版物联合目录单行本的报告》("Report on the Separate Union List of Chinese and Japanese Serials In American Libraries")的论文,文中专门介绍了 1952 年 2 月《连续出版物联合目录》(*Union List of Serials*)主编 Marga Franck 与哈佛大学图书馆商讨出版单行本中日文连续出版物联合目录的实施计划,其中对国会图书馆日本组在印制目片计划中,以英文著录日本政府机构名称一节表示反对,而对该馆中国组采用罗马拼音方式著录中国政府机构名称一节表示完全赞同。裘开明在发言中提出的建议,除一人投反对票外,其他与会人员均投了赞成票。Edwin G. Beal, Jr. 博士称该报告是"有纪念意义"的报告,"其意见对于国会图馆成立东方资料整理委员会(Orientalia Processing Committee,OPC)具有决定性的影响"。遗憾的是,会后,远东协会未能找到经费支持这项有价值的计划,故出版单行本中日文连续出版物联合目录的计划暂时搁浅。第二部分为专题报告,包括美国研究图书馆协会国家需求委员会的报告和联合委员会工作报告。会议决定国内外东方藏书联合委员会将于 1952 年 7 月 1 日解散。1948 年美国图书馆协会东方委员会发起成立了国内外东方藏书联合委员会,成立时共有 150 名成员,包括各主要图书馆的馆长、负责东方馆藏的管理者、东方文库的馆员、曾经在东方文库或打算到东方文库工作的馆员。该委员会主要关注海外的东方文献。1949 年 4 月 7 日与远东协会举行联席会议,成立了远东协会—美国图书馆协会东方藏书联合委员会,其后在 1950 年、1951 年和 1952 年连续举行了会议。它的成立的目的是加强直接负责东方文献的馆员们与机构的主要管理者之间的联系,希望能促进美国东方研究图书馆与东方的图书馆之间的合作。由于联合委员会的会议日程有时与远东协会的会议冲突,联合委员会的目的看来根本不可能实现,因此会议建议远东协会和美国图书馆协会解散联合委员会。此外,在此次会议期间,汉和图书馆在博伊斯顿堂举办书展,参展书籍包括明代类书和宋版书、元版书。(HYL Archives: Join Committee of Far Eastern Association-Ameican Library Association, Boston, April 2, 1952. & Chinese-Japanese Library of the Harvard-Yenching Institute at Harvard University Report of the Librarian for 1951-1952. & Edwin G. Beal, Jr. 撰,台湾师范大学图书馆学研究会节译,《美国东亚图书馆委员会简史》,《中国图书馆学会会报》,1973[25]:32—34[1973 年 12 月 1 日出版];原文发表在 *Committee on East Asian Libraries*, News Letters, No. 41, Sep., 1973:42-50)

4 月 6 日

寿德棻(Te-fen Shou)致函裘开明求职。(HYL Archives: Letter of Te-fen Shou to Alfred K'aiming Ch'iu, April 6, 1952)

4 月 12 日

印第安纳大学历史系教授邓嗣禹(Teng Ssu-yü)致函裘开明,提请注意查收印第安纳大学图书馆已寄出的图书,函附书目清单。(HYL Archives: Letter of Teng Ssu-yü to Alfred K'aiming Ch'iu, April 12, 1952)

密歇根大学图书馆中日文文库主管 G. Raymond Nunn 致函裘开明,请裘开明寄来此前曾提及过的复本书目清单,并保证在 7 天内归还。(HYL Archives: Letter of G. Raymond Nunn to Alfred K'aiming Ch'iu, April 12, 1952)

4月14日

费正清(John King Fairbank)致函裘开明：我一直在讨论从香港采购书刊的问题，最好的建议似乎是我们应该请Wayne Altree去做一些事情：1.尽力去购买所有出版的资料，过一段时间再看看通过这种简单的方式我们是否以更少的麻烦和更低的价格更高效地得到了资料。2.应该极力主张Altree寻找一位有兴趣去香港大众书店的中国朋友去购买一切他能够购买的资料。关键的是，该书店好像只向在香港有兴趣研究大陆思想意识的中国人提供资料。如果一个外国人去那里的话，肯定会引起极大的注意，所以，如果Altree能够找到这样的人的话，那么Altree就可以得到帮助。(HYL Archives：Letter of John King Fairbank to Alfred K'aiming Ch'iu, April 14, 1952)

因办理报关手续需要，裘开明致函文久堂书店(Bunkyudo)Kenro Tanaka，向其索取所有与购书相关的文件。(HYL Archives：Letter of Alfred K'aiming Ch'iu to Kenro Tanaka, April 14, 1952)

4月18日

裘开明致函文久堂书店(Bunkyudo)Kenro Tanaka：感谢你4月12日来函同意用罗马拼音为我馆购买的图书标明书名。我馆使用银灰漆直接在布制书皮上用罗马拼音表示汉字，这种漆是防水的，因此没必要涂上防虫漆。我们已从你们书店第13号目录中遴选了一些订购图书，希望能立即为我们处理订单。很高兴你为我馆提供了与哈佛日本校友会一样的折扣。在收到你们的发票后，我们会随即寄去预付款，以便贵单位可从日本政府拿到出口许可……兹附上汉和图书馆书籍装订标准。(HYL Archives：Letter of Alfred K'aiming Ch'iu to Kenro Tanaka, April 18, 1952)

4月23日

裘开明致函密歇根大学图书馆中日文文库主管G. Raymond Nunn：感谢你4月12日的来函。我们刚刚收到贵馆寄来的两箱用于交换的日文复本书。你能否寄给我一份有关这批书标明有每本图估价的清单？此清单可便于我们清点每箱里的书，也便于我们在未来的交换工作中结算。你所订购的我馆《汉籍分类目录》前3卷上个星期已经用保价邮件寄出。随函寄上这3本书的发票。另外随函寄上的还有几份日文书复本清单，供密大图书馆挑选。(HYL Archives：Letter of Alfred K'aiming Ch'iu to G. Raymond Nunn, April 23, 1952)

4月24日

密歇根大学图书馆总馆馆长Warner Grenelle Rice致函裘开明：我们在远东协会(Far Eastern Association)在波士顿主办的图书馆会议上的相识给我留下了美好的记忆。我记得那时候你正在和G. Raymond Nunn先生聊天，他告诉我他在剑桥受到了你的友好款待。我知道Nunn先生向你提出交换图书建议，大部分是复本之间的交换，而你也表示了对该计划的信心，即哈佛和密歇根之间可以在等价交换的基础上进行图书交换。我希望能够正式地确定这一意向，以免将来产生什么问题或麻烦。因为密歇根大学图书馆决定扩充中文图书馆藏，图书馆有意购买贵馆前几年出售的哈佛中文书目录卡片。你能否告诉我们贵馆这套完整的目录卡片(包括中文和日文)现在售价多少钱？我们正在计划更换我们密歇根目录卡片系统，希望我们的目录系统能够更容易为其他图书馆所接受并进行整合。(HYL Archives：Letter of Warner Grenelle Rice to Alfred K'aiming Ch'iu, April 24, 1952)

4月27日

刘楷贤致函裘开明：奉手示，并拜收4月份薪水50元。关于贤之Alien bond保险费20元,业已直接寄Mr. James B. Freeburn,祈释念。兹从邮奉上黄稿片拼音二扎,祈检收。本周(刘)宫鹦接哈佛大学图书馆人事科来函云:"现无位置,如有机会再为函邀。"似此说法,像现时希望甚小。先生能否在波斯顿其他图书馆代为设法?……(HYL Archives:刘楷贤致裘开明函,1952年4月27日)

4月28日

袁同礼(Yuan Tung-li)致函裘开明:上星期我寄给你2本大陆出版的新书书目。从这些书目中你可注意到共产主义中国未出版任何科技类书籍。你核查完这些书目后,请回寄给我。台湾大学的方豪(Fang Hao)教授提交了哈佛燕京学社资助申请。他是一名很有才华的学者,我希望他能获得资助。如果董事会过一段时间开会的话,你能否为他争取这个机会?如有消息,烦请你告知我。获悉有关燕京大学方面的坏消息,我感到很悲伤。希望你不久后可以完成你的报告,届时能否告诉我一些相关的消息?我已经完全断了和中国的联系,因为没有人敢写信说重要的事情。裘太太(曾宪文)和你们的孩子都一切可好?我女儿秋天的时候继续在哈佛读化学,全托你和裘太太照顾她了。(HYL Archives: Letter of Yuan Tung-li to Alfred K'aiming Ch'iu, April 28, 1952)

4月29日

哈佛燕京学社董事会举行董事会议,表决通过几项有关汉和图书馆的决议:1. 表决批准学社为1951—1952年度图书馆预算拨款增加3000美元,用于购买中文图书,此项资金将从本年度预算中图书地图等项拨款中转账。2. 表决批准在本年度预算中为图书馆增加445美元拨款,为3位汉和图书馆员增加薪水,该项资金自非限制累积基金中拨付,并自1952年1月1日起开始生效。3. 表决通过向哈佛大学提议将裘开明馆长的薪水和退休津贴分别增加至6500美元和390美元,自1952年7月1日起生效。4. 哈佛燕京学社社长叶理绥(Serge Elisséeff)教授于会议中汇报汉和图书馆急需扩充馆藏空间,哈佛大学已在博伊斯顿堂建立了两层书库,由于当时缺少钢材,未完成第3层书库。会议表决通过由董事会主席为汉和图书馆向哈佛大学申请位于博伊斯顿堂24号室的第3层书库。(HYI Archives: Harvard-Yenching Institute Minutes of April 29, 1952)

5月1日

寿德萊致函裘开明:4月6日晚曾上一书向贵处请求工作。兹因久未见覆,深恐该函中途遗失,故再奉函先生,作一自我介绍。晚原籍浙江。燕京政治学系毕业。后应教育部自费留学考试,获取。于1948年来美,入华盛顿州立大学攻读国际关系。1950夏得硕士学位。旋因觉我中国之学术文化在世界整个历史上自有其光辉之地位,而历代文选资料却少有系统之整理,晚甚愿努力于此。乃于去年夏间转入此间图书馆学系,借以学习西洋科学方法,为整理我国国故之工具。本校图书馆学系为一年之课程,本年2月即可结束。晚久仰贵处藏书丰富,对发扬中国文化贡献正大。近来浏览贵处出版之书籍刊物,尤为钦佩。晚略读古籍,或可为贵处效力,故再冒昧上书,请求工作,深恳先生以扶持后进之心,慨为纳用。(HYL Archives:寿德萊致裘开明信函,1952年5月1日)

5月2日

裘开明致函哥伦比亚大学东亚图书馆馆长Howard P. Linton:随函附上我曾写给《连续出版物联合目录》(Union List of Serials)编辑Marga Franck女士的一封信。请问她是否曾拜访过你,并与你讨论了中日文期刊分别单独出版联合目录的经费筹措办法?我们正在做中日文刊名的编目工作,但感觉有些困难,如果这样一份独立的目录最终因缺少经费支持而不能出版的话,那现在所做的任何有关中日文刊名的工作则变为在浪费我们的时间。对于是否有必要继续进行这些刊名的工作,希望能参考一下你的建议。你拿走了我的报告的部分手稿,如果你希望全文出版这份报告,并将其作为第4次会议记录的附录,我可否寄给你一份油印的报告?以方便你在必要时可以快速印出多份复本。兹附上我发表在《芥子园》上的论文复印本,请予以指正。(HYL Archives：Letter of Alfred K'aiming Ch'iu to Howard P. Linton, May 2, 1952)

裘开明致函寿德棻(Te-fen Shou),告知其汉和图书馆暂无空缺职位提供。(HYL Archives：Letter of Alfred K'aiming Ch'iu to Te-fen Shou, May 2, 1952)

5月9日

费正清(John King Fairbank)致函裘开明：兹附上 John Philip Emerson 先生的来信。在信中你将看到他特别要求你用他的姓名做个文件夹,小心地保存他寄给你他为我们所做的所有收据。这将为他提供其财务活动完全是规矩的证明,因为他是在政府受雇,为我们工作完全是空闲时间,而作为兼职没有个人报酬。我想我们应该按照他的请求妥善地保存这些收据。(HYL Archives：Letter of John King Fairbank to Alfred K'aiming Ch'iu, May 9, 1952)

荆磐石致函裘开明：久未通函,念念之。弟现仍在国会图书馆工作,惟调至法律图书馆之远东法律科,负责日本法律问题,工作尚轻松有兴趣。惟仍系国务院之助辅中国学教授款项下,一般规定限制为18个月。弟已过半,故必须预作计划耳。弟之意见以不远离纽约和华府为原则,亦奉上弟之简略历一份,祈便中代为推荐。如有离华府较近之学校,弟亦愿执教。辛苦老友,尚祈见谅。再者友人唐视培教授系西北联大同事,现在香港,寄来多份广告,如贵处所托,请直接函之可也。唐兄为人忠诚,做事负责,亦热心基旧。彼如有所托,必十分尽力,特为介绍。内子现亦在此,吾兄如来此,祈先示知以便尽地主之谊。弟家中电话为 L13－0449。吾兄之少爷、小姐此时谅均长大了。(HYL Archives：荆磐石致函裘开明,1952年5月9日)

5月12日

裘开明致函刘楷贤夫人刘宫鹦(Liu Kung-ying)：关于你申请哈佛大学图书馆职位之事,我已从 Keyes D. Metcalf 博士处得到确切答复,你的申请并未被拒绝,该馆负责人事工作的副馆长 Philip J. McNiff 将会寄函给你。他们只是想通知你目前尚无空缺,须到学年末才可能有空缺。Metcalf 博士还告诉我,如果可能,暑假初时你可以来剑桥,因为 McNiff 先生对你进行面试。你们能否在6月底左右来剑桥？我已经安排刘楷贤从1952年7月1日开始上班,年薪为2500美元,我希望他能在6月份完成申请学位的手续。费正清(John King Fairbank)教授领导的中国区域研究计划9月份可能开始为中国大陆出版的中文新出版物编制索引和摘要。如果这个计划开始实施,则需要一名中国图书馆员,年薪为2100至2400美元。当然,届时我会推荐你应聘这一职位。(HYL Archives：Letter of Alfred K'aiming Ch'iu to Liu Kung-ying, May 12, 1952)

加州大学东方语言学系 Donald H. Shively 教授致函裘开明：已另函寄去一本曾于去年9月借阅的图书。除15期日本期刊《斯文》(*Shi bun*)之外,馆藏还有该刊的哪几期?我已经从国会图书馆借阅了第1至15期,但是国会图书馆没有其他期数。因为我还有不到一个月的时间就要出发去日本,如果在美国找不到的话,我希望可在日本图书馆利用这些资料。很高兴去年夏天曾与你见面,并受邀在中国城享用了一顿非常令人愉快的晚餐。(HYL Archives：Letter of Donald H. Shively to Alfred K'aiming Ch'iu, May 12, 1952)

5月14日

傅路特(Luther Carrington Goodrich)致函裘开明：Howard P. Linton 先生已将你

的优秀论文复本和各种善本古籍图书的说明转交给我。我原本希望能去哈佛参观这场展览,遗憾的是我当时忙于各种杂务,没有参加会议。但是,在胡适(Hu Shih)博士的引导下,我有幸在普林斯顿观看了这场展览,那真是一次令人愉快的经历。(HYL Archives：Letter of Luther Carrington Goodrich to Alfred K'aiming Ch'iu, May 14, 1952)

5月15日

芝加哥大学远东图书馆钱存训(Tsuen-hsuin Tsien)致函裘开明：如果可能的话,请惠寄一份有关中国共产党书籍的分类方案。不知你有关《芥子园画传》的研究进展如何。我正在从事关于早期中西交流的书籍研究,不知汉和图书馆是否有相关的中日文资料,如《皇清职贡图》(*Huang Ching Chih Kung Tu*)等。据悉汉和图书馆成功地举办了一次中国古籍的展览,芝加哥大学远东图书馆也正准备举办一个关于远东文明的系列讲座,兹附上讲座日程安排。(HYL Archives：Letter of Tsuen-hsuin Tsien to Alfred K'aiming Ch'iu, May 15, 1952)

5月19日

华美协进社(China Institute in America)Charles Edison 致函裘开明,募集帮助中国留学生的捐款。(HYL Archives：Letter of Charles Edison to Alfred K'aiming Ch'iu, May 19, 1952)

5月20日

裘开明致函文久堂书店(Bunkyudo)Kenro Tanaka：第13号订购单的购书款已经汇出,由于本学年购书经费已用尽,下次购书款将在7月1日以后再寄。感谢你寄来中文书籍进口日本的说明,由于法律规定在1949年以后任何中国来源的物品都禁止进口美国,所以这样一个说明对波士顿的美国海关也是必要的。(HYL Archives：Letter of Alfred K'aiming Ch'iu to Kenro Tanaka, May 20, 1952)

5月21日

裘开明致函密歇根大学图书馆总馆的馆长 Warner Grenelle Rice：此前因我一直在等待收到前一段时间贵馆寄来的两箱日文图书复本的价目表,所以迟迟未给你回函。烦请你代我询问一下 G. Raymond Nunn 先生,是否已经核对完4月底我馆寄给他的两份复本目录清单。很抱歉地告诉你,我馆此前由洛克菲勒基金会资助印制的中文图书印刷目录卡片在很久前已售完。这些卡片目录均收录在3卷本《汉籍分类目录》中,该书出版于1938—1940年间,卡片编号为1—12195,每套售价120美元。美国有些图书馆购买了不止一套,有可能会有一两所图书馆愿意退回一套给我们。如果那样,我们就可以出售给贵馆。珍珠港事件后,我们与中国的联系中断,我们在剑桥印制了一部分中日文卡片,同时采用铅印和影印。现在我馆还存有几百种此类卡片。这些卡片出售给其他图书馆的价格为每张5美分。我记得贵馆曾经买过一套。如果 G. Raymond Nunn 先生还需要此类卡片,请寄给我们一份卡片系列号清单,我们会尽力挑拣出贵馆所需的卡片,并以每张5美分的价格出售给你们。我馆第3系列的中日文目录卡片是自1949年7月中日文文献合作编目计划启动以后,由国会图书馆印刷的。这些卡片可向华盛顿国会图书馆购买。为了促进合作编目计划,我们自1949年7月起就停止了印刷和出版卡片。(HYL Archives：Letter of Alfred K'aiming Ch'iu to Warner Grenelle Rice, May 21, 1952)

5月22日

裘开明收到刘楷贤来函,函云：捧读先生与(刘)宫鹦(刘楷贤夫人)手示,敬悉业为贤安定职务,仍得追随先生服务,实如所愿。先生且将为宫鹦之工作向费先生推荐,不胜感谢。宫鹦对于该工作亦感兴趣,至于国学方面,她亦略有根底,想能胜任。尚祈先生鼎力玉成之。贤前来伊校虽及两年,但对于规定课程尚有两门须在暑假学校修毕,始完成硕士学位。今忽奉手示,约于7月1日开始工作,敬悉之余,难于进退。若于6月休学,在学业上未免功亏一篑。再者本学年暑期学校时间短促,6月13日开课,8月9日学期结束。至于贵馆照例于8月间闭馆,为同仁暑期休假。若蒙允许,准贤改于9月1日开始工作,则贤可利用6至8月中的7个星期继续挣扎,完成一篑之功,想必蒙先生赞助也。至所得ECA辅助,业于2月间停止。今且克勤克俭,亦正期为时不远,再勉再励,至于宫鹦6月间复可得图书馆学校学位。她在本校图书馆工作方面,仍能维持至7月底止,8月中当即整装东来不误……(HYL Archives:刘楷贤致裘开明函,1952年5月)

6月7日

密歇根大学图书馆总馆采购馆员Cordelia L. Haagen致函裘开明:随函附寄你4月23日来函所提及的两箱图书的目录清单,总价值为106美元,并寄还我们已勾选过的贵馆复本书目录清单,清单分两部分:第一部分是我们在贵馆复本书目清单中勾选的我馆所需的图书目录,价值30美元(此项属于汉和图书馆与密歇根大学图书馆的图书交换项目);第二部分是从佛教图书目录清单中遴选出的价值30.55美元的图书目录(此部分是密歇根大学图书馆另外向汉和图书馆购买的图书,不列入交换项目)。请贵馆将以上勾选的图书通过铁路快递,采用收件人付费的方式寄来密歇根大学图书馆。(HYL Archives:Letter of Mrs. Cordelia L. Haagen to Alfred K'aiming Ch'iu, June 7, 1952)

6月9日

袁同礼(Yuan Tung-li)致函裘开明:兹奉上两本由香港Willing图书公司(Willing Book Co.)寄给我的1950和1951年的《全国新书目》。如果你对其中的图书有兴趣,可以把账单寄给Willing图书公司,并在发票上注明编号"No. TLY 0011"。我想贵馆应该已经订购了《四部要籍序跋》,该书包括了重要的中文著作的序言和跋文。因此书仅限售209本,所以非常值得购买。你可向台北商务印书馆订购(每册35美元)。烦请告诉我最近获得贵社基金资助的人员名单。(HYL Archives:Letter of Yuan Tung-li to Alfred K'aiming Ch'iu, June 9, 1952)

文久堂书店(Bunkyodo)Kenro Tanaka致函裘开明,汇报处理汉和图书馆订书单的进展情况,并函附关于适合出口的中文书籍的说明。(HYL Archives:Letter of Kenro Tanaka to Alfred K'aiming Ch'iu, June 9, 1952)

孙任以都(Sun E-tu Zen)博士致函裘开明:两周前我搬去宾夕法尼亚州立学院图书馆(Pennsylvania State College Library),暑假期间我将在那里做一项翻译项目,主要翻译关于中国近代史的中文学术性期刊论文。我通过宾夕法尼亚州立学院图书馆向贵馆借阅一些我在该项目中要用到的期刊。因为我们的研究需要长时间地使用这部分期刊,不知你是否可以在外借这些期刊方面作一些特殊的安排。我们是否可以借用一个暑假,并于9月1日归还?对此我们将感激不尽……如果不能借如此长时间,可否在这期间借用6个星期?(HYL Archives:Letter of Sun E-tu Zen to Alfred K'aiming Ch'iu, June 9, 1952)

6月12日

费正清(John King Fairbank)教授致函裘开明,函附芮玛丽(Mary Clabaugh Wright)致宾板桥(Woodbridge Bingham)关于在美国国内组织购买当代中国出版物的项目之函,询问裘开明对此项目的意见。(HYL Archives:Letter of John King Fairbank to Alfred K'aiming Ch'iu, June 12, 1952)

6月19日

Wm. Lippman 致函裘开明：我已将你提供的书面保证和6月17日来函一起呈交给了海关征收员，但他认为材料不充分，不予办理海关入关手续。因此，我认为现在你唯一的选择就是填写一份进口许可证申请表。我已将申请表格附上。你必须亲自填完表格，并在第2页上签好名。两份表格都要回寄给我们，以便我们提交给有关当局处理。（HYL Archives：Letter of Wm. Lippman to Alfred K'aiming Ch'iu, May 19, 1952）

6月24日

Chinyoho Koloynehi 致函裘开明：感谢你带我参观贵馆和了解贵馆的编目工作，在哈佛大学图书馆的旅程因你而丰富。（HYL Archives：Letter of Chinyoho Koloynehi to Alfred K'aiming Ch'iu, June 24, 1952）

6月30日

裘开明致函密歇根大学图书馆总馆采访馆员 Cordelia L. Haagen：函附我馆6月13日寄给贵馆的一箱日文书的发票，你所勾选的54号图书，因我馆需要保存一本复本，故无法用于交换。另外，贵馆寄给我们的书中有3种寄重了，现退回，请你从交换书账目上扣除这3种书。（HYL Archives：Letter of Alfred K'aiming Ch'iu to Mrs. Cordelia L. Haagen, June 30, 1952）

7月5日

刘楷贤致函裘开明：奉手示，敬悉一切。拜收五、六月薪水支票百元。今由邮局寄奉拼音黄纸稿片一包，祈检收。（HYL Archives：刘楷贤致裘开明函，1952年7月5日）

7月7日

日本国会图书馆编目部主任 Naro Okada 致函裘开明，告知《况斋丛书》（Kyosai-sosho）的缩微胶卷已经制作完毕，将另函奉上，希望汉和图书馆以价值280美元的联合国教科文组织图书配给券（UNESCO book coupons）支付制作费。（HYL Archives：Letter of Naro Okada to Alfred K'aiming Ch'iu, July 7, 1952）

7月10日

裘开明致函 Birnbach：随函附一组货运票据，上面记载着东京日本出版贸易株式会社（Japan Publications Trading Company）托运的3木箱日文古籍，请查收。所附票据包括：托运单、美国领事签字的发票、买方发票、证明书和货物大小以及重量清单。该货轮即将抵达波士顿港口，请你按照以往程序检查到货情况。（HYL Archives：Letter of Alfred K'aiming Ch'iu to Birnbach, July 10, 1952）

7月11日

裘开明致函美国财政部、纽约联邦储备银行（Federal Reserve Bank of New York）：近25年来哈佛燕京学社汉和图书馆一直都在进口中日文图书，其中有许多书来自日本，均为14—15世纪的中国的印本。你们应该了解，这些中文图书很久以前就流传到日本了，在美国外国资产管理办公室制定相关法令之前就已经在日本了。除了最近的这艘 SS Arima Maru 号货轮托运由东京文久堂（Bunkyudo）图书公司委托寄给我们的4箱中文图书之外，迄今为止，我们从日本进口这类图书时均无遇到任何问题。在我们信中所附的书面陈述中，清楚地记载着这批图书早在1949年前就已经进口到日本，因此我们认为不需要许可证就可以进口这批图书，但是波士顿海关征收员要求我们向你们申请办理许可证，因此现在向你提出申请，请予以办理。此外，我们还想请求你们给波士顿港口的海关当局发一个长期有效的通行令，规定今后在货船入关时只要出示美国驻东京总领事馆签字的书面保证原件，并能证明所托运的中文古籍图书是1949年前进口到日本的，即允许我社如以往一样从日本进口中文图书。(HYL Archives：Letter of Alfred K'aiming Ch'iu to Treasury Department and Federal Reserve Bank of New York, United States, July 11, 1952)

裘开明致函 Birnbach：根据你6月19日来函的建议，我们哈佛燕京学社已向美国联邦储备银行申请办理允许进口中文图书的许可证，在此寄给你一份我们的申请材料副本，我社秘书已在上面签字。随函附上一封我们致美国财政部秘书的信函，我作为汉和图书馆馆长已在函上签名，此外还附文久堂(Bunkyudo)图书公司原来的书面证明一份。烦请你把我们提供的所有材料和申请一起代为转交给美国政府的有关当局。(HYL Archives：Letter of Alfred K'aiming Ch'iu to Birnbach, July 11, 1952)

7月14日

Wm. Lippman 致函裘开明：感谢你7月10日来函及所附关于3箱 SS Hawaii Maru 号货轮自日本寄运中文古籍的文件。一旦这批书到达波士顿后，海关验关、入关手续立刻就可以办理好。我们会按照美国夏威夷货轮公司来函建议，负责将货从纽约运到波士顿。因此前你寄来的托运单虽然是日本出版贸易株式会社(Japan Publications Trading Company)委托的，但他们却没有在托运单上签字。因此，我们十分感谢你按照我们电话协商的建议将另外两张原来的托运单寄给我们。(HYL Archives：Letter of Wm. Lippman to Alfred K'aiming Ch'iu, July 14, 1952)

7月15日

Wm. Lippman 致函裘开明：已收到你7月11日来函，及你们向美国联邦储备银行提出的关于由 SS Arima Maru 货轮运抵的4箱书籍进口许可证的申请。我们已迅即将你的申请转交给了联邦储备银行，希望他们能尽快为你办理有关事宜。(HYL Archives：Letter of Wm. Lippman to Alfred K'aiming Ch'iu, July 15, 1952)

7月16日

孙任以都(Sun E-tu Zen)博士致函裘开明：上个月我曾写信给你，询问关于在整个暑假期间向贵馆借用中文学术性期刊的可能性……因我至今未收到你回函，故再次冒昧来函询问。目前我们整个翻译工作是通过向其他两所图书馆借书而进行的。因我们使用的是借来的书，所以受到时间的限制，工作起来不方便。如果汉和图书馆能够为我们作些特殊的安排，允许我们自7月至8月两个月间都可以使用这些中文期刊，将对我们带来很大的帮助。我之所以冒昧地向你提出这样的请求，不只是冒昧请求，不只是因为你总是很热情地帮助别人，还因为我记得贵馆通常在暑假期间整个月都闭馆，因此我们有可能在整个闭馆期间都借用这些书……(HYL Archives：Letter of Sun E-tu Zen to Alfred K'aiming Ch'iu, July 16, 1952)

7月17日

裘开明致函胡佛图书馆中文文库主管芮玛丽(Mary Clabaugh Wright)：我们已寄还香港 Willing 图书公司误寄至我馆的43本书籍，其他误寄书籍由于已经盖上汉和图书馆的馆藏章，故不便奉还，我们已请该公司重新寄给你们这些图书。(HYL Archives：Letter of Alfred K'aiming Ch'iu to Mary Clabaugh Wright, July 17, 1952)

7月18日

裘开明致函孙任以都(Sun E-tu Zen)博士：迟迟未答复你6月9日来函，是因为我在等你寄来中文学术性期刊清单……我们很难提供一份空白的许可证给任何一个计划无限期地借用我馆所藏中日文连续出版物的图书馆，因为这种许可获得批准，取决于以下3个条件:1.期刊的性质;2.借入馆所需用于研究目的的文章数量和内容长度;3.同一种期刊我们自己的教员和学生需求的程度。因此,请你尽快寄一份包含外借期刊卷数和期数的清单给我们……我馆将于8月16日至9月15日期间闭馆,但教授和研究人员有图书馆的钥匙,且他们通常会在此期间来图书馆利用资源,包括使用期刊,至少我现在就知道有3个人会来馆使用学术性期刊。(HYL Archives:Letter of Alfred K'aiming Ch'iu to Sun E-tu Zen, July 18, 1952)

裘开明致函芝加哥大学远东图书馆钱存训(Tsuen-hsuin Tsien),介绍《芥子园画传》的研究进展、有关共产主义的图书分类方案和中国古籍展览情况。告知汉和图书馆收藏有《皇清职贡图》(Huang Ching Chih Kung Tu),但属于古籍室,不允许馆际互借,但可以按照规定的价格制作缩微胶卷。(HYL Archives:Letter of Alfred K'aiming Ch'iu to Tsuen-hsuin Tsien, July 18, 1952)

7月22日

胡佛图书馆中文文库主管芮玛丽(Mary Clabaugh Wright)致函裘开明:如果香港Willing图书公司(Willing Book Co.)无法再次将误寄到贵馆的书籍寄来斯坦福,那么,我们希望贵馆能归还误寄给你们并已经盖上贵馆馆藏章的书籍,因为这批书籍都是斯坦福大学图书馆选购的。(HYL Archives:Letter of Mary Clabaugh Wright to Alfred K'aiming Ch'iu, July 22, 1952)

7月25日

裘开明致函文久堂书店(Bunkyudo)Kenro Tanaka,询问该书店是否已收到哈佛汇去的购书款支票,并告知寄来的书籍中有4箱中文图书被海关扣押,目前汉和图书馆正在努力向财政部申请进口中国书籍的许可证。(HYL Archives:Letter of Alfred K'aiming Ch'iu to Kenro Tanaka, July 25, 1952)

7月31日

裘开明致函日本国会图书馆编目部主任Naro Okada,汇寄价值280美元的联合国教科文组织图书配给券(UNESCO book coupons),用以支付国会图书馆帮助制作《况斋丛书》缩微胶卷的费用。(HYL Archives:Letter of Alfred K'aiming Ch'iu to Naro Okada, July 31, 1952)

8月1日

芝加哥大学远东图书馆馆长钱存训(Tsuen-hsuin Tsien)致函裘开明,感谢裘开明7月18日来函及告知可提供《皇清职贡图》(Huang Ching Chih Kung Tu)的缩微胶卷。(HYL Archives:Letter of Tsuen-hsuin Tsien to Alfred K'aiming Ch'iu, August 1, 1952)

8月6日

裘开明致函日本图书馆株式会社(Japan Library Bureau, Inc.),订购4种日文书,并询问《图书馆术语辞典》(*Dictionary of Library Terms*)编者间宫富士(Fujio Mamiya)的地址。(HYL Archives:Letter of Alfred K'aiming Ch'iu to Japan Library Bureau, Inc., August 6, 1952)

8月8日

裘开明致函国会图书馆东方部部长恒慕义(Arthur William Hummel):获悉你将出访远东地区,在此希望委托你以下事宜:请帮我馆代购1951年12月至1952年9月各期的《新华月报》,以及有关国民党和共产党的各类政府出版物。此外,希望国会图书馆能将台湾"中央图书馆"的古籍制成缩微胶卷,尤其是柯立夫(Francis W. Cleaves)教授所需的《道园类稿》(虞集撰,明初复刻元至正五年抚州路儒学刊本,此版本与《四部丛刊》中所收录的版本不同)一书。(HYL Archives：Letter of Alfred K'aiming Ch'iu to Arthur William Hummel，August 8，1952)

  裘开明致函 Choya 贸易公司(Choya Trading Co.),函寄从 1952 年 6 月 25 日第 17 号目录中勾选的部分图书订购单,包括论丛、有关"和平条约"的新图书等。(HYL Archives：Letter of Alfred K'aiming Ch'iu to Choya Trading Co.，August 8，1952)

8月12日

  裘开明回复袁同礼(Yuan Tung-li)4 月 28 日和 6 月 9 日来函：很抱歉我们还没有核对完 1950 年和 1951 年的新书目录,遵照你的建议,我们向香港 Willing 图书公司(Willing Book Co.)购买了这两部书。事实上,我们还没有完成对 Wayne Altree 先生所购的全部新书的编目工作,这些书是 Altree 先生在香港为胡佛图书馆买书时顺便帮我们买的。但是草编目录纸片已经排入公共检索四角号码目录。因此对于我们来说查找馆藏新书并不难。另外,如果你想知道你需要的书我馆是否有藏,我们将很乐意帮你检索任何专门的文献或简目。关于获得学社资助的人选名单,秘书处说名单尚不完整,入选名单要等到 11 月份以后才能确定,届时将会在哈佛大学名录上公布。但是我知道台湾大学的方豪(Fang Hao)教授不在入选名单上。我们已经购买了一套《四库要籍序跋》。非常感谢你的建议。(HYL Archives：Letter of Alfred K'aiming Ch'iu to Yuan Tung-li，August 12，1952)

8月14日

  裘开明致函密歇根大学图书馆总馆采访馆员 Cordelia L. Haagen,函寄两份中日文复本书清单。(HYL Archives：Letter of Alfred K'aiming Ch'iu to Mrs. Cordelia L. Haagen，August 14，1952)

  裘开明致函 Gregory Henderson：赖肖尔(Edwin Oldfather Reischauer)教授转交给我馆两部俄文字典,请你寄来这两部字典的发票,以便我馆汇款给他。费正清(John King Fairbank)教授和赖肖尔教授正合作从事中国区域研究计划,他们花费大量时间致力于对中国、日本和朝鲜共产主义的深入研究,请你留意东柏林是否有关于中国、朝鲜、日本共产主义者(党)的书籍,如果有,请帮我们购买。同时,我们还希望得到你的一份关于东欧图书市场上这类文献情况的报告。目前,很多有关中国共产党的出版物已经被中国大陆政府列入禁止经由香港出口外国的书目,但是我认为这类书籍中有一部分还是可以在东欧图书市场买到,因此需要你帮助调查。(HYL Archives：Letter of Alfred K'aiming Ch'iu to Gregory Henderson，August 14，1952)

8月15日

  裘开明致函加州大学伯克利分校东亚研究所所长宾板桥(Woodbridge Bingham)教授：很久以来我一直沉默不语,而我的沉默已经被某些人误认为我对你的《现行中文出版物文摘》(A Digest of Current Chinese Publications)项目缺乏兴趣。实际上,我总是准备着为任何值得做的项目工作。我之所以一直沉默,完全是因为当我自己是销售者时,我相当不愿意像中国谚语所说的那样"王婆卖瓜自卖自夸"。但是现在我希望你们委员会考虑为什么哈佛是你们计划的最佳地点。在总结我们图书馆对于该项目的好处时,自然我不得不说我的"西瓜甜",而且我将以下述事实说明我的"西瓜甜"：1. 虽然《文摘》将要收录的只是从 1946 年至今的战后时期出版物,但是该时期中文报刊的背景资料非常重要……2. 中国大陆共产党当局正在鼓励对过去的思想家和改革家进行批判研究,在这样的研究中必然要利用非常广泛的原著,而哈佛正好收藏了大量的中文原著,而且这些原著都是过去100来的最好版本……3. 广泛的现行出版物采购计划……5. 哈佛燕京图书馆的现代化文献整理功能……6. 哈佛大学博伊斯顿堂的"理想"地点……7. 位于大西洋海边的哈佛比在太平洋海岸的其他大学图书馆更靠近美国国会图书馆……请惠予考虑我的建议。(HYL Archives: Letter of Alfred K'aiming Ch'iu to Professor Woodbridge Bingham, Director, Institute of East Asiatic Studies, Uniersity of California, Berkeley, Ca., August 15, 1952)

8月16日

汉和图书馆自即日起到9月14日闭馆。闭馆期间,研究人员和在校学生可以带上所需的书(除了标记"R"和"B"的书记以外)到怀德纳图书馆书库使用。(HYL Archives: Note of Chinese-Japanese Library, June 2, 1952)

8月27日

胡佛图书馆中文文库主管芮玛丽(Mary Clabaugh Wright)致函裘开明:香港智源书局(Apollo Book Company)把属于汉和图书馆的一批书误寄到了斯坦福大学,现特予奉还。(HYL Archives: Letter of Mary Clabaugh Wright to Alfred K'aiming Ch'iu, August 27, 1952)

9月2日

芝加哥大学图书馆采购部主任 Robert W. Wadsworth 致函裘开明:1950年8月我馆曾向马萨诸塞州的缩微图片公司(the Micro-photography Company of West Newbury)订购了54552片汉和图书馆社会科学与文学图书影印目录卡片,总价约299.2美元,但至今未有任何回音。我们以为哈佛已经完成了该项卡片订购的制作工作,希望你能提供此事的进展信息。(HYL Archives: Letter of Robert W. Wadsworth to Alfred K'aiming Ch'iu, September 2, 1952)

9月4日

费正清(John King Fairbank)致函裘开明:兹附上 John Philip Emerson 先生的一张便条。Emerson 先生非常好意地帮我们在台湾省了不少钱。因为他能够像我二战时在重庆所做的那样,几乎不花钱地帮助哈佛大学汉和图书馆做很多文献工作,所以他的这项计划有望允许继续进行。我承认"(台湾)当局"出版资料的质量是低的,但是我们需要此类的现行资料……关于 Willing 图书公司6月份错把胡佛图书馆采购的图书寄到哈佛的事,我发现,一旦发生错误,这里的人就感到应该从哈佛的馆藏中抽出邮寄的图书,即使是已经编目的图书。他们说在出现错误时这是通常的做法。我不确定应该提供一些什么建议。我们当然要保持与 Wright 夫人(芮玛丽)合作的良好关系,但是,毫无疑问,更重要的事是维护我们在做此事中的声誉。我无法告知胡佛图书馆在这个错误中是否丢失了一些有价值的书刊,但是我想如果你能做出任何寄还邮寄资料的姿态,那么都将是有用的。毫无疑问,其中的很多资料都可以从香港买到,并且他们可能已经订购了。但是,如果你也能从香港订购,然后寄给他们一些他们原来订购的图书,这可能是有用的善意姿态。如果我能在日本帮你,请不要不告诉我。我想那里有很多我们需要的日本版现代资料,但是我想请你告诉我哈佛今年能够购买日文图书的数量。去年秋天,Jansen 为西雅图购买了几千册日文图书,我们是否也应该去做同样的尝试?(HYL Archives: Letter of John King Fairbank to Alfred K'aiming Ch'iu, September 4, 1952)

9月8日

Choya 贸易公司(Choya Trading Co.)致函裘开明:感谢你8月8日来函订购14种书,本函附贵馆自第11号书目中订购的10种图书的价格,总计16.15美金,我公司已于

6月分3个包裹给贵馆寄去这些图书,并随函寄去了发票,其中《战争终结史录》为两卷,取代现已不再版的原版一卷本。《请和条约的综合研究》将于10天后出版修订版,届时我们再寄给贵馆。另外,提请你注意我公司通信地址已变更。(HYL Archives:Letter of Choya Trading Co. to Alfred K'aiming Ch'iu, September 8, 1952)

9月11日

日本图书馆株式会社(Japan Library Bureau, Inc.)主管间宫富士(Fujio Mamiya)致函裘开明,详述1945年3月14日其住所、办公室和工厂以及藏书全部烧毁后,他在各方帮助下重建家园和事业的经历。并附寄汉和图书馆订购图书确认函及发货单。(HYL Archives:Letter of Fujio Mamiya to Alfred K'aiming Ch'iu, August 15, 1952)

9月17日

邓嗣禹致函裘开明:阇辉前辈先生赐鉴,久未上函请安,不知近况如何,合宅清泰否?拙作《捻匪与游击战》一文共280余页,夏已告竣。关于共产党领袖讨论游击战问题,两月以前已请哥伦比亚大学Howard P. Linton先生代为搜罗寄来,早承允诺但久无回信。昨从间接询问知在病中,久未到馆视事,故一切外来文件皆搁置未理,乃转从贵图书馆借用。数日前已请敝校图书馆处通知哈佛。信到之时敬恳特别帮忙为祷。又北京人文图书馆目录及国学论文索引,不知贵处有重本转售否。有此二书,关于书籍杂志之出版时地问题,可得不少帮助,否则搜集材料之时,未及一二,留意书或编书目时,小问题重重,几于无法解决。《涡阳县志略》一书乞示编者与出版时间。书成之后当在序中致谢。同文局廿四史去年经先生介绍,此后已购妥……(HYL Archives:邓嗣禹致裘开明信函,1952年9月17日)

裘开明致函日本出版贸易株式会社(Japan Publications Trading Company),请该公司作为汉和图书馆的代理,在日本Rinrokuko书店和山本书店(Yamamoto Shoten)购书,告知该公司如何与哈佛大学会计部门办理支付手续。无论从中国大陆、日本,还是香港,一切与中国大陆有关的运寄货物,美国政府一律禁止入关,除非能够证明物品是在1949年以前生产的,裘开明提醒该公司在发货时注意,向美国总领事馆提供此批书籍是1949年以前在日本出版的、与共产主义中国无关的证明,并应在每本书上贴上"日本制造"的标签。(HYL Archives:Letter of Alfred K'aiming Ch'iu to Japan Publications Trading Company, September 17, 1952)

裘开明致函加州大学东方语言系陈世骧(Ch'en Shih-hsiang)教授:我们已将唐代许嵩著二十卷本《建康实录》寄给贵馆。该书曾被本学社的洪煨莲(William Hung)教授借去,所以我们夏季时无法提供给你使用……我很遗憾无法在你离开剑桥去西岸前与你见上一面,赵元任(Y. R. Chao)先生一家曾在8月底的那一周,参观了我的小别墅,我们进行了倾心的交谈。(HYL Archives:Letter of Alfred K'aiming Ch'iu to Ch'en Shih-hsiang, September 17, 1952)

9月18日

费正清(John King Fairbank)致函裘开明:我们在科罗拉多Aspen召开了一次有关中国思想的有趣的会议,会议期间卜德(Derk Bodde)说他知道你有兴趣编制一部将西文翻译成中文的索引。这当然是研究中国思想和西方对中国思想影响的重要课题,所以我现在写信给你询问此事。你现在是否在积极地编制该索引?这当然将是一件值得去做的最有用的事情。我想知道你是一直在编制该索引,还是有兴趣开始编制该索引。我们9月20日将飞往檀香山……你负责的中文图书馆似乎越来越奇妙,离开得越远就越是感激。(HYL Archives: Letter of John King Fairbank to Alfred K'aiming Ch'iu, September 18, 1952)

T. D. Downing 公司(T. D. Downing Company)致函 Douglas W. Bryant：我公司已收到美国纽约联邦储备银行(Federal Reserve Bank of New York)外国资产管理办公室批准的第 B12021 号许可证，允许我公司进口已由 SS Arima Maru 号货轮运抵美国的4 箱图书。我们尽快安排办理海关验关及入关之事宜。(HYL Archives: Letter of T. D. Downing Company to Douglas W. Bryant, September 18, 1952)

9月19日

裘开明回复美国中央情报局波士顿办公室 Howard B. Sprague 9 月 17 日的来信询问，告知哈佛大学汉和图书馆的中文书刊收藏情况。(HYL Archives: Letter of Alfred K'aiming Ch'iu to Mr. Howard B. Sprague, Boston Office, Central Intelligency Agency, Boston, Mass., September 19, 1952)

裘开明致函文久堂书店(Bunkyudo)Tanaka Kenro：你一定已从报纸上了解到，美国政府现在正在实施严格的措施，禁运来自共产主义中国的任何货物，而且这种禁运还将扩大到其他地方，来自香港和日本的货物也在禁止之列，除非发货人能证明来自于第三国家的货物是 1949 年前生产的。因此我要求你向美国领事馆证明这些货物来自日本，即在 1949 年前就已经在日本了……同时，你们必须打印一些纸条，标明"来源国家：日本"，贴在每一本书上。如果可能的话，请按我本次挑选的书目寄来有关书籍。我们很高兴通知你，通过 SS Arima Maru 号货轮寄来的 4 箱书已经由美国海关放行。(HYL Archives: Letter of Alfred K'aiming Ch'iu to Tanaka Kenro, September 19, 1952)

9月23日

裘开明致函印第安纳大学历史系教授邓嗣禹(Teng Ssu-yü)：9 月 17 日来函收悉，兹附上 2 张你需要的中文图书目录草片，卡片包含关于版本和版记在内的所有信息。很抱歉我馆没有多余的《国学论文索引》以及北京人文图书馆目录出售。你可以致函东京的文久堂(Bunkyudo)或香港的 Willing 书局(Willing Book Co.)，有可能买得到。关于你申请外借我馆所藏有关共产党游击战文献一事，我们尚未收到申请书，但我们现正在为你搜集相关文献，一旦馆际互借单从怀德纳图书馆转到我馆，我们立刻将书寄给贵校图书馆。(HYL Archives: Letter of Alfred K'aiming Ch'iu to Teng Ssu-yü, September 23, 1952)

裘开明致函胡佛图书馆中文部主管芮玛丽(Mary Clabaugh Wright)：感谢寄来从智源书局(Apollo Book Company)购买的图书和所附发票。兹附上香港 Willing 书局的购书发票，香港 Willing 书局在为哈佛大学汉和图书馆和胡佛图书馆采购中文书时，将两馆所购之书全部寄往哈佛大学，且只通开了一张给哈佛大学的购书发票，因而造成了图书发送的错误和发票的遗漏。现根据 Willing 书局寄来的胡佛图书馆订购单，将误发到哈佛的胡佛图书馆购书全部奉还……(HYL Archives: Letter of Alfred K'aiming Ch'iu to Mary Clabaugh Wright, Curator, Chinese Collection, Hoover Library, Stanford, Ca., September 23, 1952)

9月25日

裘开明致函 Birnbach：兹附上日本出版贸易株式会社(Japan Publications Trading Company)的日文图书托运单和文久堂(Bunkyudo)的中文图书托运单，请贵公司照常代为办理好海关通关手续事宜。如果此次从文久堂大批进口的中文图书验关需要出示新的许可证，请将申请表和你致哈佛大学图书馆馆长 Keyes D. Metcalf 博士的信一并寄来。(HYL Archives: Letter of Alfred K'aiming Ch'iu to Birnbach, September 25, 1952)

9月26日

  T. D. Downing公司(T. D. Downing Company)Wm. Lippman致函裘开明：感谢你9月25日来函及所附关于SS Atami Maru号货轮托运3箱二手日文图书的文件。托运书籍验关和入关手续会尽快生效，货船将于9月28日左右抵达纽约，几天后即可抵达波士顿。我们建议贵馆此后可让发货单位将货直接托运到马萨诸塞州的波士顿，不要再运到纽约了，因为从纽约提货后还要支付自纽约将货运到波士顿的运费。(HYL Archives：Letter of Wm. Lippman to Alfred K'aiming Ch'iu, September 26, 1952)

  T. D. Downing公司(T. D. Downing Company)Wm. Lippman致函哈佛大学图书馆馆长Keyes D. Metcalf：我公司已收到汉和图书馆馆长裘开明博士寄来的文件，他要求自日本横滨由MS Trein Maersk货轮托运4箱中文书。我们已委托Bunkydo运输有限公司代为托运，货船将于10月23日左右抵达。进口这批书，需要获得由美国联邦储备银行(Federal Reserve Bank)的外国资产管理办公室颁发的进口许可证。而获批进口许可证，需要按照必要的程序来办理。现在需要汉和图书馆填写本函所附申请表，一式三份。请将填好并签名的申请表寄来，我们会转交给汉和图书馆的银行代理人。同时还需要提供附有Bunkydo运输有限公司证明的领事签证发票，用来证明这批船运的图书是1820年到1930年间进口到日本来的。如需任何帮助，请与我联系。(HYL Archives：Letter of Wm. Lippman to K. D. Metcalf, September 26, 1952)

9月30日

  日本国会图书馆国际事务部主任T. Ichikawa致函裘开明，告知三菱经济研究所(Mitsubishi Economic Research Institute)将不再通过日本国会图书馆国际事务部向汉和图书馆赠送出版物*Keizai-Josei*，而改为直接寄送。(HYL Archives：Letter of T. Ichikawa to Alfred K'aiming Ch'iu, September 30, 1952)

10月2日

  裘开明致函美国驻台湾信息处文官John Philip Emerson：你在9月3日的来信中提出雇用一名中文秘书编撰台湾文献目录，费正清(John King Fairbank)博士已在一封从加州寄来的信中指示我限定我们支付给你雇用秘书的经费总额。鉴于我们从中国大陆和香港购买中共出版物的任务很重，我们的确不能太多地超出编撰台湾出版物目录和购买台湾中文出版物的现有1000美元预算。所以，请你从现在起到1953年6月30日在编撰书目上的花费不要超过250美元。请使台湾的人们明白，哈佛购买如此多的共产主义出版物，不是因为我们喜欢共产主义，而是因为这些共产主义出版物，特别是像《新华月报》之类被美国禁止的中国大陆书刊，既是哈佛大学学生的极大需求，也是从我们图书馆借书的各级美国政府安全部门代表的极大需求。(HYL Archives：Letter of Alfred K'aiming Ch'iu to John Philip Emerson, MSA, Formosa, October 2, 1952)

  裘开明致函胡佛图书馆中文文库主管芮玛丽(Mary Clabaugh Wright)：我们已经核对了费正清(John King Fairbank)教授给我们的贵馆复本中文期刊目录，并用铅笔圈出了我们需要的期刊。如果还能够买到这些期刊的话，请把我们圈选的期刊寄来，并附上账单，全部费用以美元形式在年底付清。我们已经编制了不同时期期刊大致价格的目录，因为图书馆并不是为了盈利而出售复本，这只是一个粗略的估算体系。我们认为这样一个体系能节省馆员的时间，不用逐本登记，而且它也能较好地反映出两馆的交换事宜。附件是我们的中文期刊复本目录，请选择你们需要的期刊。(HYL Archives：Letter of Alfred K'aiming Ch'iu to Mary Clabaugh Wright, Curator, Chinese Collection, Hoover Library,

Stanford, Ca., October 2, 1952)

10月6日

文久堂书店(Bunkyudo)Kenro Tanaka 致函裘开明,汇报汉和图书馆所购书籍在日本办理海关手续的情况。(HYL Archives: Letter of Kenro Tanaka to Alfred K'aiming Ch'iu, October 2, 1952)

10月8日

文久堂书店(Bunkyudo)Kenro Tanaka 致函裘开明,告知已收到汉和图书馆第14号目录的订购单,函请汇寄书款。(HYL Archives: Letter of Kenro Tanaka to Alfred K'aiming Ch'iu, October 8, 1952)

10月10日

裘开明回复香港 Willing 书局8月30日、9月3日和16日的来信,告知订购42种期刊和4种中文报纸,首先是自1952年7月1日起6个月的《长江日报》和《解放日报》,然后是从1952年8月1日起5个月的《文汇报》。(HYL Archives: Letter of Alfred K'aiming Ch'iu to Willing Book Company, Hong Kong, October 10, 1952)

裘开明致函文久堂书店(Bunkyudo)Kenro Tanaka,告知邮寄日文图书的相关事宜。(HYL Archives: Letter of Alfred K'aiming Ch'iu to Kenro Tanaka, October 10, 1952)

平贺义彦(Yoshihiko Hiraga)致函裘开明:我现就读于波士顿大学,得知哈佛燕京学社汉和图书馆现招日本籍留学生一人,特申请此临时职位,兹附上个人信息及合适的工作时间。(HYL Archives: Letter of Yoshihiko Hiraga to Alfred K'aiming Ch'iu, October 10, 1952)

大慈弥一博(Ojimi Kazahiro)致函裘开明:我现就读于波士顿大学,得知哈佛燕京学社汉和图书馆招日本籍留学生一人,特申请此临时职位。(HYL Archives: Letter of Ojimi Kazahiro to Alfred K'aiming Ch'iu, October 10, 1952)

10月13日

日本图书馆株式会社(Japan Library Bureau, Inc.)致函裘开明,告知8月6日所订购的4种书将于今日另函寄出。(HYL Archives: Letter of Japan Library Bureau, Inc. to Alfred K'aiming Ch'iu, October 13, 1952)

胡佛图书馆中文文库主管芮玛丽(Mary Clabaugh Wright)致函裘开明,探讨斯坦福大学图书馆与汉和图书馆交换复本的相关事宜。(HYL Archives: Letter of Mary Clabaugh Wright to Alfred K'aiming Ch'iu, October 13, 1952)

10月14日

裘开明致函文久堂书店(Bunkyudo)Kenro Tanaka:请先寄来第14号目录中的295号图书《八种画谱》和账单(一式两份)。你们是否愿意通过邮寄形式寄送中文图书?我馆已收到10月8日寄来的发票,故不必再单独寄账单来。因中、日、韩文图书的购书经费是相互独立的,因此请分别寄送3类图书的发票,发票要求用英语填写,金额则以美元表示。(HYL Archives: Letter of Alfred K'aiming Ch'iu to Kenro Tanaka, October 14, 1952)

裘开明分别致函求职者平贺义彦(Yoshihiko Hiraga)和大慈弥一博(Ojimi Kazahiro):感谢你来函申请我馆职位。很遗憾你所申请的职位已有合适的人选。我们将在档案中保留你的申请资料,若再有职位空缺,我们将优先考虑你。(HYL Archives: Letter of Alfred K'aiming Ch'iu to Yoshihiko Hiraga and Ojimi Kazahiro, October 14, 1952)

日本出版贸易株式会社(Japan Publications Trading Company)出口部经理 H. Kataoka 致函裘开明,告知该公司帮助汉和图书馆在 Rinrokuko 书店和山本书店

（Yamamoto Shoten）所购之书已经按照裘开明9月17日信中的要求寄出，函附这批书的发票3份。（HYL Archives: Letter of H. Kataoka to Alfred K'aiming Ch'iu, October 14, 1952）

10月22日

裘开明致函日本出版贸易株式会社（Japan Publications Trading Company）：哈佛大学财务处将以汇款的方式与贵公司结算编号为K542和K543两张发票的书款，请贵公司转告山本书店（Yamamoto Shoten），取消对汉和图书馆的发货，因为我社社长叶理绥（Serge Elisséeff）教授将于年底访问日本，这批书可由叶理绥教授亲自带回美国。（HYL Archives: Letter of Alfred K'aiming Ch'iu to Japan Publications Trading Company, October 22, 1952）

裘开明致函庆应义塾大学（Keio University）图书馆学院院长Robert L. Gitler：因我馆日文编目馆员山口玲子（Reiko Yamaguchi）辞职回国，希望在贵院聘请一名优秀的女毕业生来我馆工作……另外，请问贵院图书馆是否藏有汉和图书馆的《汉籍分类目录》和《汉和图书分类法》？如没有，我愿意赠给贵院一套。（HYL Archives: Letter of Alfred K'aiming Ch'iu to Robert L. Gitler, October 22, 1952）

10月23日

费正清（John King Fairbank）致函裘开明：我在完成我的《通商口岸》一书的书目工作中，强烈地感到我们需要做出特别的努力去建立哈佛大学与19世纪有关的现代社会科学期刊日文馆藏。我准备叫Roger Hackett先生和斯坦福大学的Thomas C. Smith博士圈出书目给你核查，并且明年1月后我想在东京为建立该馆藏而尽力收集一些拟购书刊的书目信息供你审核。在征求叶理绥（Serge Elisséeff）教授的意见之前，我想先知道你的意见。如果请一些日本专家为我们做一项我们应该收藏资料的全面调查，我们会给他们支付报酬吗？……我想明年2月我会尝试逃离冷战去台湾或者至少是香港，并且将愿意与你一起筹划此事。无论在哪里，你管理的哈佛藏书都享有极高的声誉，但是，我还是一直在查找新的资料，并且有的是重大的遗漏资料。持续不断地收集资料的确是一场战斗。例如：我们有原来由占领军当局出版、现在由大使馆出版的《日本出版调查》（*the Japanese Press Survey*）吗？这是将来历史研究工作所必需的资料，如果你与赖肖尔（Edwin Oldfather Reischauer）教授讨论这个问题，我将非常感谢。我担心哈佛会在很多情形下太落后。（HYL Archives: Letter of John King Fairbank to Alfred K'aiming Ch'iu, October 23, 1952）

10月28日

裘开明函告胡佛图书馆中文文库主管芮玛丽（Mary Clabaugh Wright）：我馆已寄给贵馆一批你们需要的中文交换期刊，共两箱133期16捆，总价值78.9美元。（HYL Archives: Letter of Alfred K'aiming Ch'iu to Mary Clabaugh Wright, October 28, 1952）

裘开明致函加州大学图书馆东亚图书馆馆长Elizabeth Huff博士：因人手紧缺，且在博伊斯顿堂排列整理卡片目录极为缺乏空间，我馆已决定不再接受任何与我们交换的平版印刷卡片。截至目前，我馆已从东亚图书馆接收了2800张卡片。我们将会在适当的时间寄返2800张汉和图书馆的卡片，而这些卡片并不是那些定期向国会图书馆合作编目项目提供的卡片。（HYL Archives: Letter of Alfred K'aiming Ch'iu to Elizabeth Huff, October 28, 1952）

10月30日

裘开明致函国会图书馆东方部代理主任Edwin G. Beal, Jr.：你能否寄给我8000张空白卡片，用于我馆抄写提交给贵馆中日文图书合作编目计划的主目录卡片。我们之所以需要这么多的卡片,是因为我们计划为《丛书集成》编制分析目录卡片,《丛书集成》中有近4000种书。另外我们计划在未来一年,即在1953年6月30日前编制2000种日文书单行本和2000种中文书单行本的目录卡片……暑假期间我请国会图书馆的Aonin先生转交给Evelyn B. McCune夫人一封信,请她协助我们进行日文书采购。你能否请她寄给我们一份韩国釜山各书店名称和地址的目录……请告知在制作目录卡片缩微胶卷时如何能够消除卡片上的蓝线。(HYL Archives: Letter of Alfred K'aiming Ch'iu to Edwin G. Beal, Jr., October 30, 1952)

胡佛图书馆中文文库主管芮玛丽(Mary Clabaugh Wright)致函裘开明:兹附上用于交换的期刊复本清单,总价值310.45美元。希望房兆楹(Chaoying Fang)的夫人杜联喆(Lienche Tu)能够尽快到胡佛图书馆上班,从事本馆所藏共产主义出版物的编目工作。(HYL Archives: Letter of Mary Clabaugh Wright to Alfred K'aiming Ch'iu, October 30, 1952)

10月

裘开明与富田幸次郎(Kojiro Tomita)合撰"Scroll of Six Odes from Mao Shih: Calligraphy Attributed to Kao Tsung and Drawings to Ma Ho-chih, Chinese, Twelfth Century"发表于 *Bulletin of the Museum of Fine Arts* (Boston), 50(1952): 41-49。

11月3日

裘开明致函费正清(John King Fairbank):非常高兴收到你10月23日从日本的来信。我已经收到你在加州时寄给我们的所有复本期刊目录。我们已经核对了你寄来的目录,并且已经写信告诉(胡佛图书馆的)芮玛丽(Mary Clabaugh Wright):我们需要已经在她的目录上做了标记的中文期刊复本,并且愿意用我们的复本与她交换或者直接支付现金。上周我们给她寄去了两箱我们的中文复本期刊,这些期刊是她在我们的复本目录上圈选的,我们提出的总价格是87美元。叶理绥(Serge Elisséeff)教授和赖肖尔(Edwin Oldfather Reischauer)教授都已经看了你10月23日的来信,并与我讨论了购买漏订书刊以填补我们馆藏重要缺失的问题。我们大家都同意没有必要聘请日本"专家"去做这项工作,因为我们感到为了涵盖我们日文藏书的各个学科,一个专家远远不够,而又没有哪个日本学者能够懂所有的学科,所以最好一个也不聘请。也许你不知道我们图书馆员一直在利用各种专门书目和日本重要图书馆的目录系统地查找我们可能购买的必需书刊。叶理绥教授和赖肖尔教授也一直在给我们提供需要购买的日文书刊目录。迄今为止,我们的藏书已经涵盖了如下学科:1.中国经学(特别是有关经文的日文评注);2.哲学;3.佛学;4.其他宗教;5.考古学;6.传记;7.历史;8.地理。我们正在准备印刷我们的书本式日文目录。当然,图书馆将欢迎你想在现代日本史藏书建设上作出的任何贡献……香港美国信息图书馆(Ameirecan Information Library)的黄星辉(Julius Hsin-hui Huang)先生已经写信给我们拒绝接受担任我们的图书采购代理的工作,因为他非常害怕香港的共产党书商。现在我们准备把所有的订单全部交给香港Willing书局。兹附上Willing书局提供的他们一直未能收集到的期刊目录。我希望你到香港时能够通过香港的黑市买到这些期刊……《日本外交文书》丛书很久以来就一直收藏在我们图书馆中……你的来信似乎暗示哈佛在努力建立良好的日文图书馆中正在忽视重要的书刊,但是我们不想在这项工作中忽视任何书刊。当然,我们有可能在采购中漏订一些书刊,但是这些漏订的书刊在其后总是能够补齐。我们欢迎你提供建议和热情帮助,但是请不要在你还不清楚的情况下就在日本学者面前说我们漏订了诸如《日本外交文书》之类的重要藏书……(HYL Archives: Letter of Alfred K'aiming Ch'iu to John King Fairbank. November 3,

1952)

11月6日

文久堂书店（Bunkyudo）Kenro Tanaka 致函裘开明，告知已把汉和图书馆所订购的《八种画谱》1 箱 8 卷寄出。（HYL Archives：Letter of Kenro Tanaka to Alfred K'aiming Ch'iu, November 6, 1952)

密歇根大学图书馆总馆采访馆员 Cordelia L. Haagen 致函裘开明，告知已收到寄还的日期为 8 月 14 日的中日文复本图书清单。（HYL Archives：Letter of Mrs. Cordelia L. Haagen to Alfred K'aiming Ch'iu, November 6, 1952)

11月8日

H. C. Tien 致函裘开明，告知已成立香港东方书局（Oriental Book Company），希望与汉和图书馆建立合作关系。（HYL Archives：Letter of H. C. Tien to Alfred K'aiming Ch'iu, November 8, 1952)

日本出版贸易株式会社（Japan Publications Trading Company）出口部经理 H. Kataoka 致函裘开明：书已经按你的要求寄出，而购自山本书店（Yamamoto Shoten）的书现存于我公司仓库中，我们已转告山本书店取消发货，另请你亲自致函山本公司详细说明情况。（HYL Archives：Letter of H. Kataoka to Alfred K'aiming Ch'iu, November 8, 1952)

11月10日

密歇根大学远东语言与文学系柯迁儒（James I. Crump, Jr.）致函裘开明：不久前我向哈佛燕京申请馆际互借，外借贵馆目录号码为 5661、4818 的《孤本元明杂剧》，我收到了这部非常有趣的著作的第二套和第三套，卷数为第 11—31 卷。尽管书单上注明第 1—10 卷无法外借，但我的确非常有兴趣借阅第 1—10 卷，我想知道为什么我借不到第 1—10 卷。如果原因是这些书正在被其他人使用，那么我愿意等一段时间再借，如果只是因为它们不能外借，我愿意找个时间长途旅行到东部来阅览。如果你能告诉我这 10 卷书的情况，以及何时我有可能借到等信息，我将不胜感激。我们在密歇根一切都很好。年轻的 G. Raymond Nunn 先生正在从事一份很好的工作，Warner Grenelle Rice 教授也非常配合。当然，购书来源不是很多，对此我们存在着一些困难。如果你有任何关于如何在大陆买书的建议，希望你能告诉我们。正如你所知道的，我们把主要精力放在俗文学方面，我们现在已经购买了一批高质量的馆藏。我只是希望有一天我们能向某些哈佛的学者提供他们在你处无法获得的书，即我们能以尽可能协助贵馆吸引全美的汉学家的方式回报你。（HYL Archives：Letter of James I. Crump, Jr. to Alfred K'aiming Ch'iu, November 6, 1952)

文久堂书店（Bunkyudo）Kenro Tanaka 致函裘开明，解释从日本寄书到美国的手续和收费标准。（HYL Archives：Letter of Kenro Tanaka to Alfred K'aiming Ch'iu, November 10, 1952)

11月11日

日本庆应义塾大学（Keio University）图书馆学院院长 Robert L. Gitler 致函裘开明，询问男毕业生是否可到汉和图书馆应聘工作，以及工作前景、工资待遇和应聘者自身应具备何种条件。并表示非常渴望获赠汉和图书馆的《汉籍分类目录》以及《汉和图书分类法》等文献。（HYL Archives：Letter of Robert L. Gitler to Alfred K'aiming Ch'iu, November 11, 1952)

11月14日

裘开明致函日本图书馆株式会社（Japan Library Bureau, Inc.），告知 8 月 15 日发货单上所列书籍已于今日收到,哈佛大学财务处已分别开出 3 张支票,金额总计 44 美元,以支付此批书款。(HYL Archives: Letter of Alfred K'aiming Ch'iu to Japan Library Bureau, Inc., November 14, 1952)

11 月 17 日

哈佛燕京学社董事会举行董事会议,会议讨论了裘开明起草提交的 1951 年 7 月 1 日至 1952 年 6 月 30 日《汉和图书馆工作报告》,会议投票表决通过图书馆报告,并存档。另外还表决批准向汉和图书馆拨款 20000 美元,作为韩文和中文图书采购的专项拨款,该项资金从学社非限制累积收益资金中划拨,由哈佛燕京学社财务员负责向日本方面支付。(HYI Archives: Harvard-Yenching Institute Minutes of November 17, 1952)

11 月 20 日

芝加哥大学远东图书馆馆长钱存训(Tsuen-hsuin Tsien)致函裘开明:你此前曾向我馆请求一份由国会图书馆再版的芝加哥大学目录卡片,因当时芝大仅有一套,故未能提供。1952 年再版时,我们为贵馆保留了一份副本,现将此套共计 16511 张的目录卡片寄给你,多数是经典著作、地方志和丛书类目录,均是你所需要的信息。我馆将不定期地为贵馆寄去新的目录卡片。我馆曾从缩微图片公司(Micro-photography Company)订购了一套贵馆的目录卡片,但是至今未收到回复。芝加哥大学图书馆副馆长曾数次试图与该公司接洽,均未有结果。你能否帮忙查证此事,请该公司为我们制作一套 4000—5000 份卡片正片副本,或 4000—9000 份尺寸为 35 毫米的缩微卡片负片副本,以便由芝加哥大学图书馆照相复制部复制。尤其是作者目录卡片可节省很多编目工作,我们希望尽早获得这批卡片,以提高芝大图书馆的编目效率。关于你对《芥子园画传》的研究,我听 Judson D. Metzger 先生说他收藏有你的论文未收录的几个版本。此外他还收藏有《石竹斋画谱》的几种珍贵的版本,如果你有兴趣了解更多信息,可与 Judson D. Metzger 先生联系。(HYL Archives: Letter of Tsuen-hsuin Tsien to Alfred K'aiming Ch'iu, November 20, 1952)

11 月 21 日

裘开明致函日本国会图书馆国际事务部主任 T. Ichikawa:你 11 月 1 日来函请求我们用美国学校的课本交换你寄给我们的日本学校教材,我已将你的信转给哈佛学院图书馆代理副馆长 Douglas W. Bryant 先生,请其代办此事。他正在尝试从相关出版社和机构寻找美国学校的教材。同时,如果你写信告诉他,贵馆是否还需从其他途径收集美国学校教材,以及哪类美国学校的教材对日本教育者最有用等这些信息,相信对他会有帮助。正如你所知道的,美国的教育行业不像日本那么统一和集中化,所以美国 58 个州各类学校使用的教材均有不同。(HYL Archives: Letter of Alfred K'aiming Ch'iu to T. Ichikawa, November 21, 1952)

11 月 26 日

裘开明致函芝加哥大学远东图书馆馆长钱存训(Tsuen-hsuin Tsien):感谢你 11 月 20 日寄来你所撰论文《中国书目分类史》(History of Bibliographic Classifications in China),及贵馆的 651 张卡片,这些卡片有助于我们查询贵馆的部分馆藏,尤其是儒家经典与考古学方面的文献。在过去的 10 年中,这两个领域的书籍由顾立雅(Herrlee Glessner Creel)教授负责采购。兹附上我馆致贵馆采购部 Robert W. Wadsworth 先生的信函副本,该函主要解释了我馆延迟处理贵馆发来的关于请求从缩微图片公司(Micro-photography Company)复印卡片一事的原因。目前,我馆所有馆员正全力开展在日本印制馆藏日文图书目录的相关工作，第一卷"经典著作、哲学和宗教书目"手稿将于1月份由哈佛燕京学社社长叶理绥（Serge Elisséeff）教授亲自带至日本。其后，我馆将进行中文图书目录的编制，因二战我们终止了在燕京大学的中文图书目录印制工作，如有可能，我们将在日本安排印制4000至9000条目录。（HYL Archives：Letter of Alfred K'aiming Ch'iu to T. H. Tsien，November 26，1952）

裘开明致函芝加哥大学图书馆采购部主任Robert W. Wadsworth：得知你们还未得到马萨诸塞州缩微图片公司（Micro-photography Company of West Newbury）有关你们向该公司订购54552张影印目录卡片一事的回复，我深表歉意。我也未得到回复。目前只有这家公司可以提供芝加哥大学图书馆所需要的卡片。我曾亲自去该公司在波士顿的办事处，但已非原来的办事处，而现在的执事者对该公司一无所知。在我看来该公司的G. K. Hall已出事，因为此人与我馆失去了一切联系，也未归还我馆为加州大学陈世骧（Ch'en Shih-hsiang）教授制作缩微胶卷的一份非常有价值的期刊。今日我也收到了钱存训（Tsuen-hsuin Tsien）馆长的来信，同样谈及此事。对此，我认为也许该聘请律师处理此事。但这应该是学校层面出面处理的事情而非我个人的事情。对钱存训馆长来信提及所需要缩微复制汉和图书馆的中文目录卡片一事，我认为最好的制作单位是怀德纳图书馆。我将订购单转给了怀德纳图书馆，成本为10美元。（HYL Archives：Letter of Alfred K'aiming Ch'iu to Robert W. Wadsworth，November 26，1952）

11月

裘开明提交第26次《馆长年度报告》（1951年7月1日至1952年6月30日），其主要内容如下：1.图书馆馆藏情况。1951—1952年度，哈佛大学汉和图书馆新增藏书量合计4334种9693册，其中，中文图书2410种5591册，日文图书1566种3454册，韩文图书49种49册，西文图书309种599册。截至1952年7月1日，哈佛大学汉和图书馆藏书总量如下：

哈佛大学汉和图书馆馆藏总量（1952年7月1日）

文献语种	馆藏种数	馆藏册数
中文	35562	197939
日文	18049	40297
藏文	13	662
满文	124	1045
蒙文	22	332
韩文	112	376
西文	4244	6153
合计	58126	246804

中文文献购买类型主要分为两大类，即当代文献与古典文献。二战后至1952年间，汉和图书馆每学年购买当代文献的数量如下表所示：

中文当代文献购买数量一览表(1946－1952)

学年	1946－47	1947－48	1948－49	1949－50	1950－51	1951－52	合计
种数	950	600	500	535	497	1900	4982
册数	4000	1700	600	564	550	2500	9914

大多数当代文献为共产党出版物，采购经费来自哈佛大学图书馆每年1000美元的拨款。尽管如此，学社每年仍需花费500美元用于装订这些图书。二战后，中文线装古籍主要购自北平的私人藏书家、香港的中文书商和日本东京的书店。二战后汉和图书馆历年购买中文线装古籍数量如下表所示：

中文线装古籍购买数量一览表(1946－1952)

学年	1946－47	1947－48	1948－49	1949－50	1950－51	1951－52	合计
种数	202	545	195	593	486	352	2373
册数	1655	2626	367	4928	4772	3285	17633

日文图书的采购主要集中于绝版书和当前出版的新书两个领域。前者主要是为了填补现有各类日文藏书的不足，后者则主要考虑其当前和未来的研究价值。在编印馆藏日籍书本式目录准备工作方面，图书馆馆员已经系统地核查了所有专门的日文书目和重要的日文书图书馆目录，查明本馆未入藏的图书，及由日本专家推荐的重要著作或日本各主要图书馆入藏的著作。因这类书绝大多数已绝版，因此采购工作进展缓慢。在连续出版物方面，1951－1952年度，日文连续出版物新增220种，增长数量为历年之最，使本馆日文连续出版物总量达到1259种；中文连续出版物新增48种，该类馆藏总量达到1519种；西文连续出版物新增14种，该类馆藏总量达到259种。截至1952年7月，本馆各语种连续出版物共计3037种。新增并登录到卡片目录的中文连续出版物共966期，日文连续出版物共4259期，西文连续出版物共400期。在1951－1952年度，本馆馆员还为美国图书馆协会负责出版的《连续出版物联合目录》(Union List of Serials)清查了几百种收入其中的中日文期刊。因经费不足，本馆共有544种中文期刊和546种日文连续出版物未收录到1952年版的联合目录中。1952年2月我与《连续出版物联合目录》的主编Marga Franck开会商谈出版专门的中日文连续出版物联合目录的实施计划，以及参加1952年4月1－3日在波士顿和剑桥举行的远东协会(Far Eastern Association)年会的情况。在报纸方面，在二战刚结束时，我就与华盛顿政府原子能计划医学组的馆长联系，因为该组正在搜集日本报纸关于两枚原子弹在日本爆炸后造成的影响(尤其是在医学方面)的报道。因此我们很幸运以合理的价格购得日本两大主流报社——《东京朝日》(Tokyo Asahi)报社和《朝日新闻》(Asahi Shimbun)报社发行的大量报纸。截至1952年，本馆拥有1928年至1952年几乎全部的《朝日新闻》(Asahi Shimbun)，只有1945年、1946年和1947年的某些期没有。在1951年7月份，华盛顿方面转交给哈佛大学图书馆28种不同的中日文报纸，其中有21种是汉和图书馆未入藏的。这些报纸目前已经录入汉和图书馆的卡片目录，但是仍保存在怀德纳图书馆。在中文报纸收藏方面，来自北京、上海、汉口、重庆、广州和香港这几个城市的中文报纸，1923年到1952年间的收藏均是完整的，但由于空间的限制，我希望能够将这些报纸制成缩微胶卷保存。然而，到哪里找钱把中日文报纸制成大量的缩微胶卷，这是让所有馆长都头疼的事情。这个问

题只有通过几个图书馆合作才能解决。我正在与怀德纳图书馆联系,试图达到合作制作缩微胶卷的目的。2. 馆藏编目、分类情况……3. 合作编目与书本式目录情况。国会图书馆合作编目计划接收本馆中文图书目录卡片 173 种,日文书编目数据 1490 种,共计 1663 种。我们获得免费卡片目录 16630 张,相当于节省了 832 美元经费。对于因已有其他图书馆提交过、而未被国会图书馆采纳的编目数据,则由本馆自己出资复制卡片,价格为每 8 种(每种印制 15 张)卡片 4 美元。每种书印 15 张卡片,其中 6 到 8 张分配入本馆各种目录体系中,2 张寄给国会图书馆,其余的 5 张作为备用,用于出售给其它图书馆,尤其是英国等欧洲的远东图书馆。每张卡片目录的成本为 0.033 美元[$4/(15×8)],出售给其他图书馆的价格为 5 美分。另外,正在尽可能快地为计划收入日籍书本式目录第一卷的新购图书编目。日籍书本式目录计划出版 8 卷,分别为:儒家经典、哲学和宗教卷,历史卷,社会科学卷(含哈佛法学图书馆的书),语言文化卷,艺术卷(含波士顿美术馆的藏书),科学与技术卷,总论卷,以及索引卷(索引卷分 4 部分:作者罗马化索引、书名罗马化索引、作者和书名字符索引以及作者和书名英译索引)。我们已经与东京的日本图书馆株式会社(Japan Library Bureau Inc.)取得联系,该公司经理间宫富士(Fujio Mamiya)先生,是 1927 年青年图书馆馆员联盟(League of Young Librarians)的创办人之一,也是日本图书馆界的一位领导者。他拥有丰富的图书馆学书籍出版经验,比如索引和图书馆目录。他大约在 30 年前(他现年 62 岁)曾在美国生活过,所以他非常了解美国图书馆的方法。我认为间宫富士的公司会以较低的价格做得更好。我们现在正在等待该公司寄来的印刷样品。也许将日本图书馆株式会社的报价同岩波书店(Iwanami Co.)的报价进行比较后,社长叶理绥(Serge Elisséeff)教授会决定亲自与间宫先生商谈出版日籍书本式目录的事情。希望叶理绥教授明年 1 月份赴日本的时候,我们能把已经准备好的第一卷初稿的一部分交给他转交间宫先生或其他你比较满意的出版社。在第一次校样从日本寄来以后,我们计划接受其他图书馆对卡片目录的订购,卡片目录采用与书本式目录相同的格式印刷。如果可确定有 30 个用户订购,那么卡片目录在经费上就不存在问题,不需要申请任何基金的资助。4. 阅览室与借阅服务。我要继续向学社社长和董事会重申的是图书馆的空间十分紧张,已经没有空间存放藏书,购书计划也因此搁浅,亟需在未来 5 年之内为学社和图书馆建一栋新楼……另外建议在现有馆舍的东部另建一层书库。代理机构已经测量了我们的书库,下一步工作就是向大学图书馆馆长报批。春假期间整理东部阅览室的基础中文参考书。由于善本古籍书库空间有限,大量的明代类书被移到东部阅览室。另外,本馆在 1952 年 4 月 1 日至 3 日期间举办了明代类书和宋元版书的的展览。暑假期间本馆编制了完整的日文馆藏财产目录,并即将完成藏书清点和整架工作(丢失书籍的查找或把藏书归回原位的工作)。因大量的读者直接进入书库,而书库又缺乏管理,书架上的日文书顺序混乱。越多人直接进入书库找书,越应该经常清点藏书。本馆上一次藏书清点是在 6 年前由 Anna Pickall 小姐和 Niwa 小姐负责的。如果预算允许,我们应该每年清点一次藏书……图书馆馆员有责任组织各类藏书,使之能够有效地利用……西侧书库的日文书和西文书,以及 3 楼东侧书库的中文书已经彻底用真空吸尘器清理过。这项工作因人工费用高,所以成本很高。如果我们的书放置在像拉蒙特图书馆(Lamont Library)那样的防尘建筑里,这笔昂贵的支出就可避免了。博伊斯顿堂比灰尘更严重的问题是火灾隐患,这对于一个收藏有无价资源的图书馆来说,无论多大额的保险也无补于事。因此,除了藏书空间不足以外,灰尘和火患问题也是未来建新楼的理由。5. 流通统计和参考咨询工作。1951 年 7 月 1 日－1952 年 6 月

30日外借图书合计2967种6408册,其中,中文图书1555种4765册,日文图书694种826册,西文图书718种817册。1951－1952年度,图书馆外借服务开放的时间共264天,44周,日均外借图书24册。以上馆藏流通的数据不包括隔夜借还的数量和馆内阅览的数量。另外,由于拉蒙特图书馆禁止女生入馆,所以汉和图书馆得到了拉德克利夫学院(Radcliffe College)的特别赞助。1951－1952年度外借给其他机构的图书合计147种299册,其中,中文图书110种242册,日文图书26种35册,西文图书11种22册。本馆因实行新的政策,即要求借书机构购买珍稀书籍的缩微胶卷,比如过期的学术期刊和珍贵的专著的缩微胶卷,所以通过馆际互借外借出的缩微胶卷由424册(1950－1951年度)下降到299册(1951－1952年度)。遗憾的是,我们并没有统计为其他图书馆制作了多少缩微胶卷。缩微胶卷的循环经费尚未使用,因为借入馆通常愿意购买缩微胶卷,而不是租借缩微胶卷。然而,把我们大量的资金投入到使用率不高的缩微胶卷上是不明智的,原因为:(1)需要支付缩微胶卷保存和编目的费用,这些缩微胶卷仅是我们馆藏的胶卷副本。我们的读者通常更愿意使用印刷版的书籍而不是缩微胶卷。(2)缩微胶卷随着时间会变质,并导致无法使用。同时收藏使用率不高且本馆已经有入藏纸质版书籍的缩微胶卷也是不明智的,但是图书馆已经发起制作缩微胶卷的项目,把在中国和日本的中日文珍稀文献和专著制成缩微胶卷。图书馆以近300美元的价格完成了叶理绥(Serge Elisséeff)教授和洪煨莲(William Hung)教授需要的日文珍稀图书——《况斋丛书》(Kyōsai-sōshō)手稿的缩微胶卷和一本关于《史通》日文珍稀著作的缩微胶卷。在美国所有的图书馆里,只有哈佛拥有这两本珍稀文献的文本。我们请学社社长决定如果其他大学的学者希望使用以上珍稀文献,是否要收费？除了以上缩微胶卷以外,我们还有近百卷北京图书馆所藏珍稀中文书籍的缩微胶卷,以及中国战时首都四川重庆出版的珍贵的中文期刊和报纸的缩微胶卷。目前面临的问题是如何找到一个既合适又安全的地方保存这些缩微胶卷。为此,本馆在1952年春天购买了一个大的缩微胶卷柜。因为日本的图书馆拥有我们所需要的珍稀文献,我请求董事会批准用缩微胶卷循环经费在日本购买这些书的缩微胶卷。如果学社决定允许其他机构租用这些珍贵的胶卷,则购买胶卷的经费可以回收回来,用于学社以后循环使用。1951－1952年度,通过馆际互借向汉和图书馆借书的机构共有37所,共有30名来自其他机构的学者在汉和图书馆做研究,有些甚至在汉和图书馆做了整整一年的研究。在这些学者出版的著作前言中可以看到对汉和图书馆的赞誉之辞。6.人事变动。1952年6月,山口玲子(Reiko Yamaguchi)小姐返回日本。本馆截至目前还未找到正式的人选填补高级日文编目员一职的空缺。我们现聘用了3名日本学生每周工作共35小时,但是他们的工作显然无法和山口小姐相比。为了使本馆的日本馆员更稳定,我已与庆应义塾大学(Keio University)图书馆学院院长联系,请他派一名受过训练的日本女性图书馆员来填补山口小姐的职位。请学社社长叶理绥教授去日本时,在该校物色一两名人选。最重要的是我们要在6月份之前要找到合适的人选,因为Amy M. Mitsutomi夫人将于明年6月份辞职,如果没有一位训练有素的全职助理协助,于震寰(Zunvair Yue)先生不可能独自支撑日文部。高全惠星(Chun Hesung Koh)夫人于1952年夏天开始入馆工作,负责为韩文书编目。另外图书馆聘请了一位叫Joseph Jones的年轻人担任普通书库管理员,另外有两名学院的学生在从事兼职,协助Joseph Jones完成书库的杂事,两人每周工作25小时。图书馆另外一件值得庆贺的事情是我们聘回了刘楷贤(Liu K'ai-hsien),一位优秀的中国学者,也是一名非常细心的技术人员。刘先生已经与我合作了近20年,最早是在燕京,现在在哈佛,从《汉籍分类目录》的酝酿到完成。因此书本式目录大部分成绩必须归功于刘先生的贡献和精心工作,因为校读几千条用威妥玛拼音拼写的款目清样不是一件容易的工作。William Henry Winship 和吴婉莲(Dorothea Wan Lien Wu)继续在馆工作。图书馆馆员们和学社的其他职员一样,抱怨没有共同的休息室,工作空间拥挤。这也是亟需建新楼的理由之一。7. 图书馆财务。

1951—1952 年度图书馆预算

开支项目		金额(单位:美元)	
图书	中文书	6000	10000
	日文书	3000	
	西文书	1000	
装订		1500	
保险		1850	
办公经费(特快专递、电话、电报等)		750	
设备		1000	
国会图书馆合作编目		700	
薪水和津贴	研究助理	2400	13420
	日文编目员	2100	
	中文编目员	1950	
	日文书助理	1800	
	中文书助理	1680	
	书库管理员	1590	
	学生助理	500	
	小工(Page boy)	700	
	退休补贴	700	
总计		29220	

1951—1952 年度支出统计

开支项目		金额(单位:美元)	
图书	中文书	5936.79	9794.66
	日文书	2939.65	
	西文书	918.22	

续表

开支项目		金额（单位：美元）	
装订		2510.27	
图书保险		1445.82	
设备		697.28	
办公经费	水电	285.76	546.9
	印刷和文具	9.45	
	电话和电报	144.29	
	邮费和特快专递等	98.82	
	服务费	8.58	
国会图书馆合作编目		669.21	
薪水与津贴	正式员工	9880.02	13582.35
	临时工	2994.24	
	退休金与养老金	514.97	
	社会保险	193.12	
合计		29246.49	

图书馆1951—1952年度经费超支26.49美元，最大的单项超支是装订费，预算为1500美元，实际支出为2510.27美元。这种情况的发生是因为怀德纳图书馆不支付为中国区域研究计划购买的共产党书籍的装订费用。值得高兴的是，经过与我们社长的商谈，大学图书馆馆长最终同意从下一年开始从怀德纳图书馆的预算中支付此项装订费用。下一年度将向董事会申请30000美元的经费用于购买书籍和装订，其中10000美元用于购买中文书（尤其是古籍），7500美元用于购买日文书，9000美元用于购买韩文书，1000美元用于购买西文书，2500美元用于装订书籍。希望在1953年7月1日之前所申请的经费的1/2或1/3能获批准，用于哈佛燕京学社社长日本之旅购买关于远东的书籍。(HYL Archives: Chinese-Japanese Library of the Harvard-Yenching Institute at Harvard University Report of the Librarian for 1951-1952)

12月2日

裘开明致函庆应义塾大学(Keio University)图书馆学院院长Robert L. Gitler：汉和图书馆亦可从贵学院挑选男毕业生来工作……因叶理绥(Serge Eliséeff)教授明年一月将赴日本，届时可亲自到贵校挑选学生。我将另函寄给庆应义塾大学一套3卷本的汉和图书馆《汉籍分类目录》和一些关于汉和图书馆的文献，但与《汉籍分类目录》配套的目录卡片已售罄，而《汉和图书分类法》则可向美国学术团体协会(American Council of Learned Societies)购买。另外，在日本青年图书馆员联盟(League of Young Librarians)的《图书馆研究》(*Toshokan Kenkyu*)1932年第5卷第507—528页刊登有关于汉和图书馆早期历史的日文文章。(HYL Archives: Letter of Alfred K'aiming Ch'iu to Robert L. Gitler,

December 2,1952)

文久堂书店(Bunkyudo)Kenro Tanaka 致函裘开明,告知已收到汉和图书馆汇寄的313美元购书款。(HYL Archives：Letter of Kenro Tanaka to Alfred K'aiming Ch'iu, December 2, 1952)

12月3日

日本图书馆株式会社(Japan Library Bureau, Inc.)主管间宫富士(Fujio Mamiya)致函裘开明,函告已收到总金额为44美元的3张支票,并已按要求兑换了其中的两张。函请裘开明注意,该公司已经搬迁到新地址。(HYL Archives：Letter of Fujio Mamiya to Alfred K'aiming Ch'iu, December 3, 1952)

12月4日

裘开明致函密歇根大学图书馆总馆采访馆员 Cordelia L. Haagen：随函附上2张中日文图书的购书发票,是贵馆从我馆的2份复本书清单上勾选购买的图书。这些书现已打包装入一木箱内,将采用铁路快递收件人付款的方式寄往贵馆。截至1952年5月24日,从密歇根收到的图书共计106美元,归还价值3.5美元的少量复本,共计从密歇根大学获得价值102.5美元的书；汉和图书馆出售给密大图书馆价值32.25美元的中文书,以及价值109.89美元的日文书,共计142.14美元；则相当于汉和图书馆在密歇根大学图书馆还有结余39.64美元(142.14－102.5＝39.64)。(HYL Archives：Letter of Alfred K'aiming Ch'iu to Mrs. Cordelia L. Haagen, December 4, 1952)

裘开明收到 Keyes D. Metcalf 致美国司法部移民归化局地方长官信函的抄送件,函中内容为向移民管理局申请办理刘楷贤(Liu K'ai-hsien)、刘宫鹦夫妇入境工作及居留的手续。(HYL Archives：Letter of Keyes D. Metcalf to Hon. Henry Nicolls, December 4, 1952)

12月8日

童世纲(Shih-kang Tung)致函裘开明：请你即刻帮我给加拿大的美国驻多伦多总领事馆副领事 Gordon R. Firth 写一封信,证明我曾于1946年7月至1948年6月以及1950年3月1日至12月31期间在哈佛大学远东语言系担任研究助理,并说明我的职责内容。此函是我申请美国移民法规定的相关权力的必需材料。(HYL Archives：Letter of Shih-kang Tung to Alfred K'aiming Ch'iu, December 8, 1952)

12月9日

哈佛燕京学社社长叶理绥(Serge Elisséeff)教授致函 Michael Sullivan：在我们的馆长裘开明博士推荐下,我很高兴向你提供我社汉和图书馆助理一职,你将负责所有中日文汉学期刊。(HYL Archives：Letter of Serge Elisséeff to Michael Sullivan, December 9, 1952)

裘开明致函加拿大的美国驻多伦多领事馆副领事 Gordon R. Firth,提供童世纲(Shih-kang Tung)在哈佛大学的工作及聘任证明。(HYL Archives：Letter of Alfred K'aiming Ch'iu to Gordon R. Firth, December 9, 1952)

12月10日

香港东方书局(Oriental Book Company)H. C. Tien 致函裘开明,函寄推荐书单,并承诺可以提供免费包装和5％的购书折扣。(HYL Archives：Letter of H. C. Tien to Alfred K'aiming Ch'iu, December 10, 1952)

12月12日

Michael Sullivan 致函哈佛燕京学社社长叶理绥(Serge Elisséeff)教授,告知因签证问题不能接受其所提供的汉和图书馆助理职位。(HYL Archives：Letter of Michael Sullivan to Serge Elisséeff, December 12, 1952)

12月15日

C. Easton Rothwell 和 Philip T. McLean 致函裘开明：我们离开纽约太仓促了，未及通知师友，还请你原谅。到斯坦福后又因人地生疏，一时也未能找到合适住家，所以至今尚未妥帖下来。前者承蒙你赐信问讯，十分感激。公事方面因头绪多端，又缺少经验，一时未能操纵自如。哈佛那边10月底寄来的交换杂志《科学》《教育》杂志等一批早已收到……特速检查无误，向你报告。至于以前两馆交换各事，当不详知。一切就请你多多指教吧。同学录之事，大家都不是外人，本亦无甚问题。以后等（房）兆楹（Chaoying Fang）有工夫，由他和你通信再谈好了。（HYL Archives：C. Easton Rothwell，Philip T. Mclean 致裘开明信函，1952年12月15日）

12月19日

裘开明致函岩波书店（Iwanami Shoten）编辑吉野源三郎（Genzaburo Yoshino）：我已收到你1951年9月6日来函，及随函所附我馆日文书目录的2页样本……需要告知你的是，这两种格式都不适合印刷在标准的3×5厘米大小的图书馆目录卡片上。我社社长叶理绥（Serge Elisséeff）教授1月中旬左右将访问日本，他将与你当面商谈所有问题，并提供给你我们计划出版的书目新样本。（HYL Archives：Letter of Alfred K'aiming Ch'iu to Yoshino Genzaburo, December 19, 1952）

裘开明致函日本图书馆株式会社（Japan Library Bureau, Inc.）主管间宫富士（Fujio Mamiya）：叶理绥（Serge Elisséeff）教授将于明年1月去日本，届时将与你会晤，商谈关于出版汉和图书馆日文书本目录之事，如果贵单位能够承担此项工作，希望届时你们能告诉叶理绥教授一个准确的估价（全书2000页，32000条款目）。另外，我们还有一项比较小的出版工作希望委托贵公司印刷，即出版《哈佛大学哈佛燕京学社图书馆日文丛书简明目录》(Finding List of Japanese Sōsho in the Library of the Harvard-Yenching Institute at Harvard University)，叶理绥教授将把手写稿带给贵公司，我想咨询用何种方式出版比较便宜？我们也希望贵公司为我馆《日文丛书简明目录》编制首字标准罗马化索引和首字王氏四角号码索引。我们能否再获得一份由你翻译的王氏四角号码法？（HYL Archives：Letter of Alfred K'aiming Ch'iu to Fujio Mamiya, December 19, 1952）

12月22日

裘开明致函香港东方书局（Oriental Book Company），函寄新的订书单。（HYL Archives：Letter of H. C. Tien to Alfred K'aiming Ch'iu, January 2, 1952）

12月26日

香港东方书局（Oriental Book Company）H. C. Tien 致函裘开明，函寄12月份的购书目录，并告知该公司已成为香港大学唯一的中文书代理机构。（HYL Archives：Letter of H. C. Tien to Alfred K'aiming Ch'iu, December 26, 1952）

12月27日

日本出版贸易株式会社（Japan Publications Trading Company）出口部经理 H. Kataoka 致函裘开明，汇报向汉和图书馆寄书的进展情况。（HYL Archives：Letter of H. Kataoka to Alfred K'aiming Ch'iu, December 27, 1952）

本年

裘开明撰《美国收藏〈芥子园画传〉早期版本》("The Chieh Tze Yuan Hua Chuan [Mustard Seed Garden Painting Manual]: Early editions in American collections")发表

于 *Archives of the Chinese Art Society of American*, Vol. 5(1951), 55-69。

本年春,为了保存所藏缩微胶卷,汉和图书馆购买了一个专用缩微胶卷柜,可收纳900盒16毫米胶卷,或450盒35毫米胶卷,柜子的底部有抽屉,用于填充化学药水,使空气湿润,以保护缩微胶卷。(HYL Archives: Chinese-Japanese Library of the Harvard-Yenching Institute at Harvard University Report of the Librarian for 1951-1952)

本年秋季,哈佛大学设立韩语教席(Korean language Instruction),并决定开设韩语课程,由汉和图书馆负责收集韩文文献,以配合韩语课程的教学。

1953年
56岁

1月6日

裘开明致函国会图书馆东方部主任恒慕义(Arthur William Hummel):获悉国会图书馆藏有两本1819年木刻版的《琵琶语》,我希望贵馆能将其中一本与汉和图书馆交换。贵馆合作编目计划把我馆提交的《义和团》丛书分析目录卡片错误地添加了丛书编号,特此提醒,请予以修改。自1953年新年开始,我馆将使用C53-8000之后各编号的卡片编制丛书目录,包括新中国出版的丛书和古代木刻版丛书。今年我馆需要更多的编号,因为我们计划把《丛书集成》的全部分析目录卡片提交给贵馆,我们准备这些目录卡片用了一年多的时间。(HYL Archives: Letter of Alfred K'aiming Ch'iu to Arthur William Hummel, January 6, 1953)

裘开明致函耶鲁大学图书馆远东图书馆馆长Warren M. Tsuneishi:请允许我衷心地祝贺你自1953年1月1日起被耶鲁大学正式任命为耶鲁大学图书馆远东图书馆馆长。我希望这一授权能使耶鲁大学所有的中日文图书有望集聚到一个地方,改变此前分散于耶鲁大学图书馆内不同地方的情况。顺便问你是否将要参加今年春季远东协会(Far Eastern Association)的克利夫兰(Cleveland)会议?你是否已自爱荷华州立大学图书馆Charles H. Brown博士处收到1952年我们的联合委员会会议报告复本?如果没有,你最好立即致函Brown博士。另外,如果你已使用完此前你从我馆借走的两份较早的会议报告,请寄还我馆。再次祝贺你!(HYL Archives: Letter of Alfred K'aiming Ch'iu to Warren M. Tsuneishi, Director of Yale University Far East Library, January 6, 1953)

1月8日

裘开明向香港东方书局(Oriental Book Company)寄发订书单。(HYL Archives: Letter of H. C. Tien to Alfred K'aiming Ch'iu, January 23, 1953)

1月9日

裘开明向香港东方书局(Oriental Book Company)寄发订书单。(HYL Archives: Letter of H. C. Tien to Alfred K'aiming Ch'iu, January 23, 1953)

1月13日

裘开明致函东京大学汉语言文学系教授吉川幸次郎(Kojiro Yoshikawa):应海陶玮

（James Robert Hightower）教授的要求，我建议哈佛与贵校两所大学间建立交换书刊的关系，我们尤其希望交换贵校出版的中国书索引。我将给你寄去我所撰《美国收藏〈芥子园画传〉早期版本》(*The Chieh Tže Yuan Hua Chuan [Mustard Seed Garden Painting Manual]: Early editions in American collections*)。（HYL Archives：Letter of Alfred K'aiming Ch'iu to Kojiro Yoshikawa, January 13, 1953）

裘开明向香港东方书局（Oriental Book Company）寄发订书单。（HYL Archives：Letter of H. C. Tien to Alfred K'aiming Ch'iu, January 23, 1953）

1月15日

吴文津（Eugene Wu）致函裘开明，咨询《汉和图书分类法》"3000－3299 中国：地理和地方历史"大类下，关于类名以及类号的设置问题。（HYL Archives：Letter of Eugene Wu to Alfred K'aiming Ch'iu, January 15, 1953）

1月23日

香港东方书局（Oriental Book Company）H. C. Tien 致函裘开明：应你的要求，我们已搜访到全套《虾球传》。另外我公司正在陆续寄出 1952 年 12 月 22 日、1953 年 1 月 8 日、9 日和 13 日订单中订购的书籍。（HYL Archives：Letter of H. C. Tien to Alfred K'aiming Ch'iu, January 23, 1953）

1月26日

裘开明致函哥伦比亚大学东亚图书馆馆长 Howard P. Linton：感谢你寄给我联合委员会 1952 年会议录的复本。你是否可再提供两份？一份给我们图书馆，一份给我们的副馆长于震寰（Zunvair Yue）先生。联合委员会的解散，对我们的未来工作，是一件最不幸的事情。我们所有在远东领域工作的人都想获得美国大学和大型公共图书馆馆长的关注。这一联合委员会的存在是我们相互交流的良好渠道，即使一些大型图书馆不能参加。我们都很感激你组织了这个联合委员会，并出版了过去 3 年的会议年度报告。现在谁能取代你的位置呢？就我所知还没有，这真的很令人难过。（HYL Archives：Letter of Alfred K'aiming Ch'iu to Howard P. Linton, January 26, 1953）

日本出版贸易株式会社（Japan Publications Trading Company）出口部经理 H. Kataoka 致函裘开明：我已拜访过现在日本的叶理绥（Serge Elisséeff）教授，我们通过商谈，做出如下安排：1. 在未收到 500 美元购书款情况下，先行发货，一个月内分三批寄出，每批图书价值 100－200 美元；2. 第一批书已于 1 月 14 日寄出，附上编号为 K541(1) 的发票；3. 第二批书将于近日发出，附上编号为 K541(2) 的发票。另外，随函附我 1952 年 12 月 27 日给你寄去的信函及 1953 年 1 月 17 日编制的编号 JP－70 的账目报表。（HYL Archives：Letter of H. Kataoka to Alfred K'aiming Ch'iu, January 26, 1953）

1月29日

东京大学吉川幸次郎（Kojiro Yoshikawa）致函裘开明：很高兴接到你关于两校之间交换出版物一事的来函。按照你的要求，我寄给你一套《王维诗集索引》(*Index to Wang Wei's Poetical Works*)。遗憾的是，《唐代传记索引》(*Index to the T'ang Dynasty Biographies*) 已经绝版。但我们寄给你一套《迩言等五种综合索引》(*Index to Five Works Etymologizing Chinese Colloquial Words*) 代替《唐代传记索引》，希望贵馆感兴趣。另外，我还未收到贵馆寄来的图书。（HYL Archives：Letter of Kojiro Yoshikawa to Alfred K'aiming Ch'iu, January 29, 1953）

2月2日

裘开明致函密歇根大学远东文库主管 G. Raymond Nunn：你是否参加 2 月 2－8 日

在芝加哥召开的美国图书馆协会冬季会议？我将于今天下午出发，希望能在那里能见到你。如果你方便的话，2月5日星期四下午我想参观贵馆。我计划当天晚上7点离开安娜堡（Ann Arbor）前往纽约。如果你不在，你不必改变原计划。只需要告知贵馆采访馆员 Cordelia L. Haagen 夫人或 Warner Grenelle Rice 博士我下午将去参观贵馆即可。我想他们可能会安排馆员带我参观。（HYL Archives：Letter of Alfred K'aiming Ch'iu to G. Raymond Nunn，February 2，1953）

2月3日

印第安纳大学历史系教授邓嗣禹（Teng Ssu-yü）致函裘开明：我已经翻译了3篇袁昶（Yuan Chang）的回忆录，并阅读了收录在《清代名人传略》（*The Eminent Chinese of the Ch'ing Period*）中你所撰写的关于他的传记，其中你写道："他们现在已为外国人所了解。"但是有关义和团的四卷新资料中，这3篇资料是根据袁昶本人早期所写的译文重印而成，编者没有就其真实性做出任何评价。你能否详细地告诉我这方面的情况，以便于我们决定是否将其收录到即将出版的《中国对西方的反应》（*China's Response to the West*）一书中？你能否寄给我本函所列一些书的缩微胶卷？……崔书琴（Tsui Shu-chin）请我代为订购其博士论文《广州—莫斯科协议对孙中山政治哲学和革命策略的影响》（*The Influence of the Canton-Moscow Entents upon Sun Yat-sen's Political Philosophy and Revolutionary Tactics*）的缩微胶卷，他还想买一本收录了1934年博士论文摘要的书。因为我不知道书的确切名字，所以无法帮他订购。你能否请贵馆工作人员把上述提到的书和博士论文的缩微胶卷寄到以下地址：中国台湾台北中山南路11—A崔书琴博士。而上述资料的账单请寄给我……（HYL Archives：Letter of Teng Ssu-yü to Alfred K'aiming Ch'iu，February 3，1953）

2月5日

裘开明在密歇根大学安娜堡（Ann Arbor）分校停留半日。下午，在密歇根大学图书馆总馆馆长 Warner Grenelle Rice 和远东文库主管 G. Raymond Nunn 的带领下参观密歇根大学图书馆，并与 Plummer 教授和柯迂儒（James I. Crump, Jr.）博士会晤。晚上7点，G. Raymond Nunn 送裘开明到火车站，回纽约。（HYL Archives：Letter of Alfred K'aiming Ch'iu to G. Raymond Nunn，February 18，1953 & Letter of Alfred K'aiming Ch'iu to Warren M. Tsuneishi, Director of Yale University Far East Library，February 12，1953）

耶鲁大学图书馆远东图书馆馆长 Warren M. Tsuneishi 致函裘开明：感谢你1月26日来函，我已收到1952年会议报告。当获悉联合委员会将不再存在时，我感到非常沮丧。我认为这个委员会履行的是一种非常有用且非常必要的功能。一年前，我曾致函斯坦福大学的芮玛丽（Mary Clabaugh Wright）博士，与其讨论在《远东季刊》（*Far Eastern Quarterly*）上开辟一个图书馆通讯栏目（Library News Section）的可行性。Wright 博士回复表示赞成，建议有兴趣的馆长可考虑同意将他们各馆的信息通过这一刊物传播。现在国会图书馆在此事上缺少积极的领导，我认为远东协会中有兴趣的成员应该合力推动此事，直到其真正地实现。我希望你可以在远东协会（Far Eastern Association）会议那周的周一前来克利夫兰（Cleveland），以便可参加《远东季刊》的编辑委员会会议，并在会上提出此事。我自己目前尚不确定是否会参加克利夫兰的会议。但编目部东方语言组的一些人计划找个时间去参观贵馆，我期望届时会与你相见。（HYL Archives：Letter of Warren M. Tsuneishi to Alfred K'aiming Ch'iu，February 5，1953）

2月6日

裘开明自纽约回程中在耶鲁大学远东图书馆做短暂访问。（HYL Archives：Letter of

Alfred K'aiming Ch'iu to Warren M. Tsuneishi, February 12, 1953)

2月9日

香港东方书局(Oriental Book Company) H. C. Tien 致函裘开明,汇报处理汉和图书馆订书单的进展情况。(HYL Archives: Letter of H. C. Tien to Alfred K'aiming Ch'iu, February 9, 1953)

日本出版贸易株式会社(Japan Publications Trading Company)出口部经理 H. Kataoka 致函裘开明:K541(2)号发票所列书籍已于1月28日寄出,本函附船舶注册国籍凭证,并附 K633 和 K644 号发票。我们至今尚未收到 500 美元的汇款,因此希望你核实汇款的银行、支票编号以及支票日期。(HYL Archives: Letter of H. Kataoka to Alfred K'aiming Ch'iu, February 9, 1953)

2月12日

裘开明致函 Yoshiaki Iwamuro:我馆副馆长于震寰(Zunvair Yue)先生告诉我你有兴趣申请我馆办公室助理一职。该职位薪水是每月 150 美元,每周工作 35 小时,即一天 7 小时、一周 5 天。请你告知我是否有意接受该职位。如果你无此意愿,能否请你向我们推荐一些在日本接受过中学教育的日籍人选?男女均可,对英文水平没有太高的要求。(HYL Archives: Letter of Alfred K'aiming Ch'iu to Yoshiaki Iwamuro, February 12, 1953)

裘开明致函耶鲁大学图书馆远东图书馆馆长 Warren M. Tsuneishi:感谢你2月5日的来函,很遗憾我2月6日自纽约回程中在贵馆短暂停留时,未能有机会与你见面交流。关于你建议在《远东季刊》(*Far Eastern Quarterly*)中为远东图书馆开放一个新的栏目一事,我认为是一个好的建议,我将会给密歇根大学图书馆馆长 Warner Grenelle Rice 博士写信,询问他和 G. Raymond Nunn 先生是否愿意与新任《远东季刊》编辑——密歇根大学日本史副教授 John W. Hall 博士合作编辑这样一个栏目。2月5日,我在安娜堡(Ann Arbor)分校停留了半日。我认为 Nunn 先生在他们的日文图书编目中做了非常卓越的工作,尽管我并不同意他们的卡片格式……请问你和贵馆馆员何时来访我馆。(HYL Archives: Letter of Alfred K'aiming Ch'iu to Warren M. Tsuneishi, Director of Yale University Far East Library, February 12, 1953)

2月13日

裘开明致函印第安纳大学历史系教授邓嗣禹(Teng Ssu-yü):我们已经把发表在《燕京社会学学报》(*Yenching Journal of Social Studies*)1950年7月第5期第1—29页上的张的文章以及崔书琴(Tsui Shu-chin)博士 1934年在哈佛的博士论文制成了缩微胶卷。怀德纳图书馆照相复制部将会把两种缩微胶卷和账单寄给你。我还请哈佛大学出版社与发票一起寄给你一份《哈佛大学 1934年博士论文摘要》(*Harvard University Summary of Ph. D. Theses for* 1934)。至于袁昶(Yuan Chang)关于义和团运动的3篇回忆录,我认为最终还是应由你自己决定是否把3篇回忆录的译文收录到你即将出版的《中国对西方的反应》(*China's Response to the West*)一书中。尽管由共产主义作者新出版的四卷本义和团资料汇编中收录了这些回忆录,但我怀疑这些编者并未真正对这些回忆录解读清楚。这部新的资料汇编还收录了 Chin-shan 的日记,该日记被后来的学者证明是假的……因此,被收录在新出版的资料汇编中的袁昶的回忆录并不一定是权威资料。另一方面,人们对于这些资料的怀疑会随着义和团资料汇编编者的注释而加重,这些注释附在第一篇回忆录(第四卷,159页)之前。注释说回忆录原稿丢失……书中收录的则比原稿的影印件更完整。遗憾的是,我馆没有 1905年的影印版的《太常袁公行略》,

该书藏于国立北京图书馆。但是我馆藏有其他的全部文集,如《暴匪纪略》、《清季外交史料》以及1951年出版的义和团资料汇编,其中收录了回忆录。你何不写信给斯坦福大学图书馆的袁同礼(Yuan Tung-li)博士,询问他对这3篇回忆录的看法?我自己的意见是这3篇回忆录的时间非常值得怀疑,因为似乎被曲改过。事实上,袁昶可能亲笔为该回忆录撰写了草稿,但是主要问题在于他是否把回忆录交给了许景澄(Hsü Ching-ch'eng),并且许景澄是否对第一稿做了修改,并联合署名。正如你所知的,回忆录的书名与合写者的姓名在以下两种书中是不同的:(1)太常寺卿袁……折(《清季外交史料》);(2)许竹篔侍郎袁爽秋京卿第一疏(《拳匪纪略》)……(HYL Archives:Letter of Alfred K'aiming Ch'iu to Teng Ssu-yü, February 13, 1953)

2月18日

裘开明致函密歇根大学远东文库主管G. Raymond Nunn:感谢你在2月5日当天带领我参观贵校图书馆,并送我前往火车站。随函附寄我们从贵馆日文复本书目录上挑选出来的我馆所需图书清单,感谢你让我馆最先挑选,并请你转告贵校图书馆采访部,请他们采用铁路快递、收件人付费的方式寄送这批图书。另外附寄我馆的中文书复本目录,供你们挑选。待收到你们寄来的图书发票后,我们会立即将贵馆日文复本书目寄还。(HYL Archives:Letter of Alfred K'aiming Ch'iu to G. Raymond Nunn, February 18, 1953)

裘开明致函密歇根大学图书馆总馆馆长Warner Grenelle Rice:感谢你带领我参观贵校图书馆,并邀请Plummer教授和柯迂儒(James I. Crump, Jr.)博士前来会晤……很高兴得知你正在撰写一份意见书,欲提交给美国图书馆协会编目委员会,并转发给全美所有的远东图书馆。我认为仅是美国图书馆协会、远东协会及它们的报告已经远远不够,有必要设立专门的信息发布中心。《远东季刊》(Far Eastern Quarterly)编辑、斯坦福大学的芮沃寿(Arthur Frederick Wright)教授表示,如果有人愿意搜集和编辑资料,他非常愿意在《远东季刊》中开辟"图书馆通讯"(Library News Section)专栏。因为新编辑John W. Hall教授现在密歇根,不知道贵馆是否愿意负责组织这样一个中心,汇集所有来自各远东图书馆馆长的信息。而由你和G. Raymond Nunn先生帮助John W. Hall教授编辑这些资料并投稿给《远东季刊》。因为我不出席今年春天远东协会在克利夫兰(Cleveland)举行的会议,希望你能代我在会上建议为所有设立远东文库的图书馆成立一个信息发布机构。(HYL Archives:Letter of Alfred K'aiming Ch'iu to Warner Grenelle Rice, February 18, 1953)

香港东方书局(Oriental Book Company)H. C. Tien致函裘开明:我们有《新华月报》1949.11—1951.12(26册)出售,价格共260港元,贵馆是否有意购买?贵馆所订购的《五十年甲骨学论著目》、《战后南北所见甲骨录》、《甲骨吉金篆籀文字统编》不久将寄出。(HYL Archives:Letter of H. C. Tien to Alfred K'aiming Ch'iu, February 18, 1953)

2月19日

裘开明致函Choya贸易公司(Choya Trading Co.),函寄从自该公司近期书目中选出的部分有关韩国、日本哲学、辞典等图书的订购单,并请将两张发票用印刷品邮件方式寄给汉和图书馆。(HYL Archives:Letter of Alfred K'aiming Ch'iu to Choya Trading Co., February 19, 1953)

裘开明致函吴文津(Eugene Wu),回复吴文津对《汉和图书分类法》"3000—3299中国:地理和地方历史"大类类名以及类号设置问题的询问。(HYL Archives:Letter of Alfred K'aiming Ch'iu to Eugene Wu, February 19, 1953)

2月20日

费正清(John King Fairbank)在东京致函裘开明:我2月28日至3月12日将在香港,通讯地址是:Paul Frillman, USIS, US Consulate General, Hong Kong。我已经见过了叶理绥(Serge Elisséeff)教授,并且收到了你12月22日的来信和一份哈佛希望购买的中文期刊目录。我会去看看 Willing 书局,问他们是否能找到目录上列出的中文期刊。根据叶理绥教授的建议,我还会去看看东方书局的 H. C. Tien 先生,并将尽力找到能够代表我们利益的代理商。叶理绥教授和我都同意的一件事是,如果不先征求你的意见,我们在香港就什么也不能做。例如,我在香港做出任何安排,我将都要报告给你同意,因为这是我们保持采购工作集中管理的必要程序……(HYL Archives:Letter of John King Fairbank, Tokyo, Japan, to Alfred K'aiming Ch'iu, February 20, 1953)

2月21日

Yoshiaki Iwamuro 致函裘开明:因我目前正就职于芝加哥的 Cosmopolitan National 银行,故无法应聘汉和图书馆的职务,但我一定尽力帮你物色合适的人选。(HYL Archives:Letter of Yoshiaki Iwamuro to Alfred K'aiming Ch'iu, February 21, 1953)

2月23日

密歇根大学图书馆总馆馆长 Warner Grenelle Rice 致函裘开明:我现在还没有计划要去参加在克利夫兰(Cleveland)召开的馆长会议,但我已经委托 Howard P. Linton 先生代我在会上提出部分建议……我对在《远东季刊》(*Far Eastern Quarterly*)设立"图书馆通讯"(Library News Section)专栏很感兴趣,我接受你的建议,我将与 John W. Hall 联系商讨此事。(HYL Archives:Letter of Warner Grenelle Rice to Alfred K'aiming Ch'iu, February 23, 1953)

2月24日

日本国会图书馆国际事务部主任 T. Ichikawa 致函裘开明:我计划于3月份去美国进行短暂的访问。我希望能在3月16日或17日中抽出一天时间去参观贵馆,并与你讨论我馆与贵馆交换出版物的事情。在此值得提出的是,我馆最希望与贵馆交换的是政府出版物(包括法令、法案、规章、政府公报),关于建筑和管理方面的图书馆学资料。同时,我非常渴望了解哈佛燕京学社的苏联研究和中国研究情况……(HYL Archives:Letter of T. Ichikawa to Alfred K'aiming Ch'iu, February 24, 1953)

2月26日

费正清(John King Fairbank)在东京致函裘开明:我发现东京的内山书店一直能够通过一个亲戚直接获得北京的出版物,而且我已经以500日元(360日元等于1美元)一份的价格购买了1952年8月至12月的《新华日报》(共5册),并准备寄给你。我已经提出了继续订购的要求,以保持其连续性。我现在想询问该书店其他书刊的价格。他们有4册本义和团史料,售价7500日元,8册本太平天国史料,售价6000日元……(HYL Archives:Letter of John King Fairbank, Tokyo, Japan, to Alfred K'aiming Ch'iu, February 26, 1953)

2月27日

裘开明致函香港东方书局(Oriental Book Company)H. C. Tien:我馆仅订购《新华月报》1951年3月至12月和1952年1月至今的各期。函附一份订单,请将相应的账单寄给费正清(John King Fairbank)教授和 Paul W. Frillman。(HYL Archives:Letter of Alfred K'aiming Ch'iu to H. C. Tien, February 27, 1953)

3月2日

裘开明致函在香港的费正清(John King Fairbank)教授:在我2月27日给你的信

中，我已告诉你，我们已经有了日本史书目（1946－1950年）中的大部分图书，我们现在正在从东京一诚堂(Isseido Book Co.)订购我们没有的图书。关于中文现行图书，我们已经给了一张限额空白支票给 Willing 书局。我们主要不满意的是他们一直没有寄给我们足够的学术著作，例如中国科学院及其各研究所的连续出版物。我们现在继续与 Willing 书局打交道，是因为它是李文森(Joseph Richmond Levenson)博士为哈佛采购图书的第一家书店。Wayne Altree 先生也从 Willing 书局为哈佛图书馆和胡佛图书馆购买过很多图书。叶理绥(Serge Elisséeff)教授看起来喜欢东方书局，因为其经理 H. C. Tien 博士以前是燕京大学的教授。我希望你对香港的这几家书店以及其他的书店做部分调查，以作为制定我们未来采购政策的基础……(HYL Archives：Letter of Alfred K'aiming Ch'iu to John King Fairbank, Kita-shinagawa, Tokyo, Japan. March 2, 1953)

裘开明致函 Hokubei Shimpo：图书馆有一个日文助理的空缺，请问你是否有合适的人选推荐。(HYL Archives：Letter of Alfred K'aiming Ch'iu to Shimpo Hokubei, March 2, 1953)

3月4日

印第安纳大学历史系教授邓嗣禹致函裘开明：印第安(纳)大学现在筹备东方文化宣传期，有名人演讲、美术展览、中国书籍展览等……关于中国书籍，此校正在萌芽期间，展览目的在使人注意，以便阔人捐钱，学生选课。美术品方面，此校美术史教授已从各博物馆借来一大批。关于书籍，不知先生可否惠借若干，不必注重宋元孤本，而在趣味方面注意。如《织耕图》、《三才图会》，等等，不知可否。请先生拨冗挑选七八种，由馆际互借，慎重保险寄来。因为不知具体书名，故本校图书馆仅云中文书。展览地方在图书馆善本书室，有玻璃柜，有锁，可保险无损失，寄还时，亦必慎重保险寄回。展览时间是3月23至4月3日，但希望能早日接到，因编说明书及印目录，颇需时日也。可否惠允，乞示。又贵校《古今图书集成》不知有重本出让否？……(HYL Archives：邓嗣禹致裘开明函，1953年3月4日)

3月初

裘开明参访芝加哥大学图书馆。(HYL Archives：Letter of Alfred K'aiming Ch'iu to Richard Irwin, March 25, 1953)

3月6日

裘开明致函日本国会图书馆国际事务部主任 T. Ichikawa，欢迎其来美访问汉和图书馆，并商讨两馆交换出版物的问题。(HYL Archives：Letter of Alfred K'aiming Ch'iu to T. Ichikawa, March 6, 1953)

Hozen Seki 受《纽约时报》编辑委托致函裘开明，推荐 Shoko Aoyagi 牧师填补汉和图书馆日文助理馆员的空缺。(HYL Archives：Letter of Hozen Seki to Alfred K'aiming Ch'iu, March 6, 1953)

3月7日

吴文津(Eugene Wu)致函裘开明，感谢裘开明解答他对分类法的部分疑问，希望能获得一部分类法的手稿用作参考，这样对中国历史文献的编目将有很大帮助。(HYL Archives：Letter of Eugene Wu to Alfred K'aiming Ch'iu, March 7, 1953)

3月9日

密歇根大学图书馆总馆采访馆员 Cordelia L. Haagen 致函裘开明：未来几天我们会将你于2月18日致 G. Raymond Nunn 先生的函中所挑选的日文复本书寄给贵馆，总价值为140.30美元。另我馆对你寄来的汉和图书馆中文书复本目录的核对工作，也将在未来几天进行。本函附寄一份我馆日文期刊复本目录,我们将这份目录还同时寄给了另外两所图书馆。(HYL Archives: Letter of Cordelia L. Haagen to Alfred K'aiming Ch'iu, March 9, 1953)

华美协进会 Charles Edison 致函裘开明夫妇,募集捐款。(HYL Archives: Letter of Charles Edison to Alfred K'aiming Ch'iu and Mrs. Chiu, March 9, 1953)

傅路特(Luther Carrington Goodrich)致函裘开明:恳请你帮我两个忙,我准备在即将于华盛顿召开的美国东方学会会议上作一个非常简短的报告,主题是有关两部佛经,一部为 956 年的印本,另一部为 975 年的印本。我已将 965 年佛经卷轴的前几英寸做了幻灯片。这部佛经一开始就显示了日期。你是否能向我提供贵馆的 975 年本佛经相同部分的光面照片?我愿意支付相关费用。最近,在京都的一个高年级学生询问 Walter Liebenthal 先生目前的地址。你是否知道?如果不知道,能否帮忙从陈观胜(Kenneth Chen)、洪煨莲(William Hung),或是柯立夫(Francis W. Cleaves)几位那里获得他的地址?(HYL Archives: Letter of Luther Carrington Goodrich to Alfred K'aiming Ch'iu, March 9, 1953)

佑野恭吉(Kiokichi Sano)致函裘开明:感谢你愿意考虑为我提供工作机会,随信附我的简历,请将我的名字加入贵馆的档案。(HYL Archives: Letter of Kiokichi Sano to Alfred K'aiming Ch'iu, March 9, 1953)

3 月 10 日

裘开明致函 Hozen Seki 牧师:你的朋友 Shoko Aoyagi 牧师愿意接受汉和图书馆日文编目馆员这份工作,请问他能否从 3 月 16 日或 17 日,即星期一或星期二开始上班?Shoko Aoyagi 的工作将于 6 月 30 日结束。哈佛燕京学社社长叶理绥(Serge Elisséeff)教授 5 月份将从日本返回美国,届时如果叶理绥教授同意继续聘用他,并且他也愿意继续在图书馆工作,我们将会继续聘用他。(HYL Archives: Letter of Alfred K'aiming Ch'iu to Hozen Seki[Rev.], March 10, 1953)

Hozen Seki 牧师致函裘开明:因纽约佛教教会(New York Buddhist Church)即将举行 15 周年庆典,我们需要 Shoko Aoyagi 牧师留下来帮忙,因此可否允许他 4 月 1 日开始到贵馆上班?[HYL Archives: Letter of Hozen Seki(Rev). to Alfred K'aiming Ch'iu, March 10, 1953]

Choya 贸易公司(Choya Trading Co.)致函裘开明:你 2 月 19 日来函订购的 22 种图书已寄出 8 种图书,兹附上发票,其他则还在搜集中。1951 和 1952 年的图书价格有所变动,原因是日本为了重建被战火毁坏的图书馆,大学、博物馆和图书馆都在积极购买图书,致使过去 3 年来日本书价稳固上涨。很多好书的价格比以前翻了 2 倍甚至 3 倍,尽管如此,市场上能买到的图书仍然稀缺,因此一些书无法提供。如果汉和图书馆想获得关于韩国和远东的图书,我们愿意帮助汇编详细目录。(HYL Archives: Letter of Choya Trading Co. to Alfred K'aiming Ch'iu, March 10, 1953)

3 月 12 日

裘开明致函密歇根大学图书馆总馆采访馆员 Cordelia L. Haagen:我已将贵馆日文期刊复本书目录寄回给你,书目上用红色圆圈标记的期刊是我馆计划购买的,请贵馆用铁路快递和收件人付费的方式寄给我馆。(HYL Archives: Letter of Alfred K'aiming Ch'iu to Cordelia L. Haagen, March 12, 1953)

裘开明致函应聘者佑野恭吉(Kiokichi Sano):目前我馆已经聘请到合适的人选,但我们会将你的资料备案,如果下次职位有空缺,我们会再通知你。(HYL Archives: Letter of

Alfred K'aiming Ch'iu to Kiokichi Sano, March 12, 1953)

裘开明致函傅路特(Luther Carrington Goodrich)：我收到了你 3 月 9 日的来函，很高兴得知现在你已确信有不同时期印刷的佛经，我不是很了解 956 年印刷的佛经。至于雷峰塔佛经,可能你已经知道,可以去查阅《图书馆学季刊》(中文版)第 1 卷第 2 期(1926 年 6 月)第 331－332 页庄严(Chuang Yen)的一篇论文。现收藏在霍顿图书馆(Houghton Library)的 975 年佛经真本很不完整,真本上的日期和开头的图像不是很清晰,因此用真本拍出来的光面照片可能不符合你的要求。我们会寄给你我馆收藏的一部很好的摹本作为替代品,此摹本是中国国内收藏的真本的完美复制本。在你看到这一复制本后,如有需要,我会请霍顿图书馆(Houghton Library)William A. Jackson 教授将他们收藏的真本制作一个影印本给你。此外,陈观胜(Kenneth Chen)先生告诉我 Walter Liebenthal 先生现在印度。他会帮你查找到 Walter Liebenthal 先生的地址。(HYL Archives：Letter of Alfred K'aiming Ch'iu to Luther Carrington Goodrich, March 12, 1953)

3 月 16 日

香港东方书局(Oriental Book Company) H. C. Tien 致函裘开明：现将 HU004 号发票寄给你。迄今为止,我公司已经寄出本函所附目录中的所有书籍。我估计较早寄给贵馆的邮包可能已经到达,非常感谢你们及时付款给我们。费正清(John King Fairbank)教授与我们讨论了哈佛图书馆香港购书计划。协议备忘录的复印件已经寄给你。稍晚我还将提交给你一份详细的报告,如果你能提出可行的建议,我们将十分感激。(HYL Archives：Letter of H. C. Tien to Alfred K'aiming Ch'iu, March 16, 1953)

Yoshiaki Iwamuro 致函裘开明,推荐 Kaz Kozaki 应聘哈佛燕京学社汉和图书馆办公室助理一职。(HYL Archives：Letter of Yoshiaki Iwamuro to Alfred K'aiming Ch'iu, March 16, 1953)

3 月 18 日

裘开明致函日本出版贸易株式会社(Japan Publications Trading Company)：我们在贵公司 1953 年 2 月第 12 期图书通报上勾选了一些我们订购的中文图书,请你们将发货单和图书一并寄来,账单请交给现入住于东京帝国饭店的叶理绥(Serge Elisséeff)教授……因地址填写有误,由贵公司代我们购买山本书店(Yamamoto Shoten)的 4 箱中文书被东京邮局退回给了山本书店,请贵社重新寄一次。(HYL Archives：Letter of Alfred K'aiming Ch'iu to Japan Publications Trading Company, March 18, 1953)

裘开明致函 Yoshiaki Iwamuro：非常遗憾,我馆的职位空缺已由纽约日本佛教教会(New York Japanese Buddhist Church)推荐的 Shoko Aoyagi(Rev.)填补。我们会将你所推荐的 Kaz Kozaki 先生的人事记录存档,将来我社如有职位空缺,再与你联系。(HYL Archives：Letter of Alfred K'aiming Ch'iu to Yoshiaki Iwamuro, March 18, 1953)

香港东方书局(Oriental Book Company) H. C. Tien 致函裘开明：感谢你 2 月 27 日来函。我们已经从上海订购了《新华月报》,收到后会立刻寄给你。我们已收到你寄来的 46 种图书订单,在这 46 种之外,我们还找到了你们需要的另外 18 种图书。在费正清(John King Fairbank)教授与我公司签署购买许可后,我们会立刻寄送给你。我们目前仍然在香港搜集其他文献,我们相信能够为贵馆订购到你们所需要的那部分图书。(HYL Archives：Letter of H. C. Tien to Alfred K'aiming Ch'iu, March 18, 1953)

加州大学东亚图书馆艾尔文(Richard Gregg Irwin)致函裘开明：大约是 1951 年,本校东方语言学系 Edward Schafer 教授曾以馆际互借方式向贵馆借出一册《福建通志》

(Fu-chien t'ung-chih,1942 年,改进出版社印行),我希望了解有关这本地方志的信息,如编者、出版者、卷数以及册数等。另外,Charles E. Hamilton 先生正在详细审校《描述性编目条例草案》(Draft Code for Descriptive Cataloging),第二版将会在一个月内付印。我们对编目规则的统一化提议感兴趣,这个提议有可能会被美国的图书馆界所普遍采纳,我希望该草案第二版至少能像坚实的起点一样发挥其作用。(HYL Archives:Letter of Richard Gregg Irwin to Alfred K'aiming Ch'iu, March 18, 1953)

3 月 19 日

傅路特(Luther Carrington Goodrich)致函裘开明:感谢你 3 月 12 日寄来令人满意的回复和 975 年的佛经摹本,我在昨天下午就收到了。这个佛经摹本完全符合我们的要求,请不必再劳烦 William A. Jackson 教授做影印本了。(HYL Archives:Letter of Luther Carrington Goodrich to Alfred K'aiming Ch'iu, March 19, 1953)

裘开明致函费正清(John King Fairbank)教授:今天你的秘书打电话给我,我知道你还在香港,所以就写了这封信。Edwin E. Wiiliam 先生打算写信给你商谈他们从东方书局订购当代中国图书的事。我昨天已经写信给 Willing 书局停止我们的新书总括订单(限额空白支票),我知道,你想我们把该总括订单(限额空白支票)转到 H. C. Tien 博士的书店。总的来说,哈佛的财务人员不愿意在没有看到发票之前就把钱付给书商(我个人认为这是一个非常好的财务制度)。诚然,过去,你在重庆,李文森(Joseph Richmond Levenson)博士和 Wayne Altree 先生在香港时,哈佛曾经向你们预付过购书款,但是,你们 3 个都不是书商,而 Tien 博士现在是书商。因此我能够做的和过去为 Tien 博士做过的一样,就是一收到他们航空寄来的发票就立即付款,而不必等到收到图书以后。这种方法可以大大地缩短书商资金回笼的时间。但是,很明显的是,任何人想做图书生意的话都必须有自己的资金。哈佛大学和任何美国的教育机构不可能为 Tien 提供资本⋯⋯非常抱歉。(Letter of Alfred K'aiming Ch'iu to John King Fairbank, Kita-shinagawa, Tokyo, Japan, March 19,1953)

3 月 20 日

费正清(John King Fairbank)在香港与东方书局 H. C. Tien 博士签署《哈佛大学香港购书计划协议备忘录》,该协议包括目的、操作原则和希望购买的资料三个部分。(HYL Archives:Harvard Library Hong Kong Buying Program:Memorandum of Agreement between Professor John King Fairbank and H. C. Tien of Oriental Book Co., 82 Castle Peak Rd., Kowloon, Hong Kong, March 20,1953)

3 月 23 日

香港东方书局(Oriental Book Company)H. C. Tien 致函裘开明:函附我公司对 2 号期刊目录的简单注释。费正清(John King Fairbank)教授在昨日离开之前,也检查了所有为贵馆挑选的书和过刊,我们将于一两天内寄出所有的过刊。(HYL Archives:Letter of H. C. Tien to Alfred K'aiming Ch'iu, March 23, 1953)

3 月 25 日

裘开明致函加州大学东亚图书馆艾尔文(Richard Gregg Irwin):3 月 18 日来函收到,随函附上我馆所藏《福建通志》(Fu-chien t'ung-chih)的目录卡片复制本,该目录卡片是已故的陈衍(Ch'en Yen)老先生于 10 年前编辑完成的,陈衍老先生原是厦门大学中国文学教授,当时我正在厦门大学图书馆担任馆长,我曾师从他学习中国文学目录学。该书的出版者为福州的福建通志馆。因为这部著作已经绝版一段时间了,唯一可购买到该书的途径就是通过东京或香港的书商。很高兴得知你正在再次修订贵馆的中日文书籍的《描述性编目条例草案》(Draft Code for Descriptive Cataloging)。我希望你和 Charles E. Hamilton 先生能够看到你们的方法更多地被应用到如美国国会图书馆、日本国会图书馆、哈佛以及美国其他图书馆的实践当中去。国会图书馆编制全国中日文图书联合目录，以及在合作编目计划下各图书馆之间目录卡片的交换，被证明不仅对西文图书而言是一个福音，并且同样在未来对中文和日文图书而言也是一大福音……合作编目主要涉及两个方面：(1)主卡片采用作者标目；(2)在卡片底部提供作者和书名的拼音，中文采用威妥玛拼音(Wade-Giles System)，日文采用赫氏拼音(Hepburn System)。非常遗憾，Elizabeth Huff 小姐在她的论文中误会了我的立场，引用我的话，把我当成反对罗马化的权威。我只是反对翻译，但是我从来没有反对为了排架而把作者和书名进行罗马化。根据字母顺序排列中日文卡片，早在 25 年前就已经在哈佛开始，到现在已经毫无疑问地证明这种方法是适合研究汉学和日文学的美国学生的最好办法，因为他们在区别汉字字形方面有很大困难。芝加哥大学的顾立雅(Herrlee Glessner Creel)教授是第一个坚持按照字根和笔画排列卡片的人，而现在他们的中文目录在钱存训(Tsuen-hsuin Tsien)先生的领导下，也全部重新编排，改成了用威妥玛拼音排列卡片(大约三个星期前我去了芝大)。(HYL Archives：Letter of Alfred K'aiming Ch'iu to Richard Gregg Irwin, March 25, 1953)

3 月 27 日

费正清(John King Fairbank)教授在日本致函哈佛怀德纳图书馆 Keyes D. Metcalf 博士，告知在台北停留了 5 天时间，发现了许多对哈佛大学有用的书刊，鉴于台湾一直没有有经验的书商为哈佛采购图书服务，已经邀请美国驻台北信息处的文官 Yu-wei Jao 负责帮忙采购书刊……(HYL Archives：Letter of John King Fairbank, Tokyo, Japan, to Keyes D. Metcalf, Widener Library, March 27, 1953)

3 月 30 日

Myra Yin-Suan King 致函裘开明：我曾在两年前申请过贵校图书馆的职位。也自那时起，我就读于佛罗里达州立大学图书馆学学院，即将于 6 月份获得硕士学位。因我有在图书馆担任学生助理的工作经验，也感觉自己较两年前更能胜任贵馆的职位，因此再次向贵馆提交职位申请。(HYL Archives：Letter of Myra Yin-Suan King to Alfred K'aiming Ch'iu, March 30, 1953)

3 月 31 日

裘开明致函香港东方书局(Oriental Book Company) H. C. Tien，函寄已勾选的期刊订购单(HYL Archives：Letter of Alfred K'aiming Ch'iu to H. C. Tien, March 31, 1953)

4 月 1 日

裘开明致函密歇根大学图书馆总馆采访馆员 Cordelia L. Haagen：已收到 3 月 27 日寄来的中日文文献复本目录，我们要求购买目录中编号为 21a、22a、29a、51a、65、82、98a、105a、127a、169a 和 357 的图书。此外还希望购买上一批书目中编号为 1、7、9、11、12 和 13 的图书。鉴于以下书籍不完整或我馆已有入藏，我们退还 *Nihon chiri seigi*、*Nihon nōmin shiryo shusui* 和 *Takahito shinni nikki* 3 种图书，请不要将此 3 种书计入购书发票中。(HYL Archives：Letter of Alfred K'aiming Ch'iu to Cordelia L. Haagen, April 1, 1953)

4 月 3 日

香港东方书局(Oriental Book Company) H. C. Tien 致函裘开明，函寄报纸、期刊选

购目录。(HYL Archives: Letter of H. C. Tien to Alfred K'aiming Ch'iu, April 3, 1953)

4月6日

日本出版贸易株式会社(Japan Publications Trading Company)出口部经理 H. Kataoka 致函裘开明：已收到你3月18日的订单，我们将尽快以挂号邮寄方式寄出图书包裹。贵馆500美元的汇书款已于2月26日收到，收据也已寄出。随函附上4月1日填写的发票，发票上所列山本书店的中文书尚未寄出；另附编号 JP-87 的联合账目报表，此报表已交给叶理绥(Serge Elisséeff)教授。关于我与叶理绥教授面谈的结果如下：(1)叶理绥教授将发电报给哈佛，通知与我们结算发票所列的1843.57美元；(2)我们在收到汇款后立即向哈佛寄书。另外，在你3月18日来函中提到的那批因写错地址退回山本书店的书，我们已经再次寄出。(HYL Archives: Letter of H. Kataoka to Alfred K'aiming Ch'iu, April 6, 1953)

4月10日

裘开明致函 Myra Yin-Suan King：请填写职位申请表并寄回。我馆下一学年是否会有空缺职位，现在还很难说，因为老职员都没有说要离职，同时我馆明年的预算要到4月底才能确定。(HYL Archives: Letter of Alfred K'aiming Ch'iu to Myra Yin-Suan King, April 10, 1953)

4月12日

费正清(John King Fairbank)教授致函裘开明：我收到了你3月19日和24日的来信和 Keyes D. Metcalf 博士3月19日的来信，并且已经写信给香港的 H. C. Tien 概述我们看来已经同意的大致情况。我想你也已经直接写信给他了。以下是我的看法：1. 我没有从 Willing 书局听说过他们过去从你这里接受新书总括订单(限额空白支票)的事情……2. 按照航空发票支付他的账单在我看来是一个不错的安排，特别是当 Metcalf 博士能够预付300美元的时候……所以 Tien 应该有足够的资金运转。当然我们都意识得到，也许在剑桥的安全环境中不太容易意识到 Tien 正处在冷战的前线，他正在为我们做的不仅是生意，而且还冒着一些额外的风险，因为他相信我们会买他的书……总之，我很高兴你能按发票给他付款。3. 我已经叫他去找《人民日报》，暂时不要买台湾资料……(HYL Archives: Letter of John King Fairbank to Alfred K'aiming Ch'iu. April 12, 1953)

4月16日

钱存训致函裘开明：你此前来访芝加哥并作演讲，因时间匆忙未及招待深表遗憾。芝加哥大学图书馆订有《翻译通报》杂志(新华书店发行)，缺第2卷。其中第2卷第5期为中国翻译史特辑，急需一阅，哈佛燕京图书馆是否有此期杂志可以借阅？如有，请允许馆际互借借阅此文献。(HYL Archives: 钱存训致裘开明信函,1953年4月16日)

裘开明致函日本文久堂书店(Bunkyudo)Tanaka Kenro：中文书需要进口商得到财政部的许可，特别是大宗货物。小批量的物品容易进口。我想知道叶理绥(Serge Elisséeff)教授是否已要求你将不同的哈佛毕业生的名字作为寄件人？(HYL Archives: Letter of Alfred K'aiming Ch'iu to Tanaka Kenro, April 16, 1953)

4月20日

巴伐利亚州立图书馆 Franz Joseph Meier 致函哈佛燕京学社秘书 Gerloff：作为我们图书馆的东方部主管，我非常感谢你在2月6日给我们馆长 G. Hofman 博士的回信，也很高兴得知裘博士乐意赠送给巴伐利亚州立图书馆一本《汉籍分类目录》。(HYL Archives: Letter of Franz Joseph Meier to Gerloff, Secretary of the Harvard-Yenching Institute, April

20,1953)

4月21日

加州大学东亚图书馆艾尔文（Richard Gregg Irwin）博士致函裘开明：感谢你寄来《福建通志》（Fu-chien t'ung-chih）的目录卡片，我会按照你的建议，尝试从东京或香港的书商购买一套该书。对于《描述性编目条例》（Code for Descriptive Cataloging）内的编目政策，我详细地考虑了你提出的两点意见。实际上在克利夫兰（Cleveland）举办的一个非正式会议上，东方图书馆员就已对这些问题进行了长时间的讨论，遗憾的是你没有参加这个会议。他们仍然认为，对于大多数民国以前出版的中文著作可以通过以书名作为主款目的方式来实现更广泛的统一，并且可以节省时间。然而，现代的趋势是将重点放在了作者款目上，特别是科技文献对此尤为重视。在一个图书馆中，科技类型的文献采用作者款目无疑将会更为令人满意。其中有人提出一个建议，即采用任意一个日期，例如中国的1911年，对这一时期之前的出版物使用题名款目为主款目，而之后的出版物则使用作者款目为主款目。但是他们确信以题名款目为主款目最符合他们的需要。如果这一观点合理，他们会为作者制作一个补充款目。与此同时，Charles E. Hamilton先生曾探讨过这一问题，他在《描述性编目条例》修订版前言中也介绍了有关在单元卡片上增加书名和作者姓名音译的问题。因为你不久将会收到这个复本，故在此不再赘言。此外，Elizabeth Huff不理解你所提到的有关她误解了你对音译观点的文章是哪一篇，因为她并没有就这个主题写过任何文章。（HYL Archives：Letter of Richard Gregg Irwin to Alfred K'aiming Ch'iu, August 21, 1953）

Myra Yin-Suan King致函裘开明：我已填好哈佛大学汉和图书馆职位申请表。正如上封信函所云，我将于6月6日毕业，获得图书馆学硕士学位，我希望能在这个领域谋得职位，希望你能考虑我。若需要提供其他信息，请告知我。（HYL Archives：Letter of Myra Yin-Suan King to Alfred K'aiming Ch'iu, April 21, 1953）

4月25日

香港东方书局（Oriental Book Company）H. C. Tien致函裘开明：我们非常荣幸地成为贵馆在香港的购书代理机构，我们保证会提供最好的服务。为了达到这个目的，我无疑需要听取你的建议。费正清（John King Fairbank）教授从日本寄来两封信，通过他的信，我获得了很多来自哈佛的关于执行这个计划的具体建议。有鉴于此，我冒昧地陈述一些建议：(1)支付方式。我已经从你们财务部门收到300美元。除费正清教授160美元的保证金之外，资金是充足的。关于未来的支付方式，如果你们的财务员能在收到账单后及时支付，今后则不必提前支付。(2)台湾文献。今后将不再寄送台湾文献。请保留那些已寄去的台湾文献。对此，我需要特别提到自由出版社的文献，这些文献是费正清教授在香港时为贵馆购买的。如果你希望退回的话，我们无法承担损失……(3)购买新出版物。我公司不会再寄去翻译或技术类书籍了。如果有的话，我们会列入目录中。也不会提供1953年2月前出版的书籍……我和费正清教授一起去Willing书局（Willing Books Co.）核查哈佛是否与他们有长期订单后，发现你已向他们订购了一些期刊，而非我们听说的"空白订单"。为了避免出现复本情况，我相信你已经取消了与他们的"空白订单"。我们已经开始向贵馆寄送1953年以后的文献了。(4)经典书籍。我们会一直保持向你寄送推荐书目。有可能你已注意到我们几乎每天都会给你寄我们的特别书目。在你选择后，我们才会将书目寄给其他客户挑选。你不必担心贵馆会错过什么书籍，如果我公司一种书只有一本存货，我们也会优先保障贵馆的需求。(5)《新民日报》

的订阅。我将会去打听《新民日报》的地址……（HYL Archives：Letter of H. C. Tien to Alfred K'aiming Ch'iu, April 25, 1953）

4月27日

裘开明致函哈佛燕京学社社长叶理绥（Serge Elisséeff）教授：因1952年通过的《新移民法》的限制，高濑保（Tomatsu Takase）先生获得护照存在困难，相关解决办法还有待我们商量。（HYL Archives：Letter of Alfred K'aiming Ch'iu to Serge Elisséeff, April 27, 1953）

4月28日

裘开明致函日本文久堂书店（Bunkyudo）交流订书事宜。（HYL Archives：Letter of Alfred K'aiming Ch'iu to Kenro Tanaka, April 28, 1953）

裘开明致函日本出版贸易株式会社（Japan Publications Trading Company）：我们将订购从贵社1953年3月第13期图书通报中勾选的书籍。叶理绥（Serge Elisséeff）教授已代表哈佛燕京学社支付给贵社两张总计2641.13美元的支票。另外，特告知你我已经收到K541和K708号发货单上所列的图书。（HYL Archives：Letter of Alfred K'aiming Ch'iu to Japan Publications Trading Company, April 28, 1953）

4月

诺斯（Eric M. North）先生撰写《哈佛燕京学社政策基础注解》（*Notes on Bases for Harvard-Yenching Institute Policy*），对哈佛燕京学社政策的基础给予十个方面的注解。（HYI Archives：Eric M. North. *Notes on Bases for Harvard-Yenching Institute Policy*, April, 1953）

5月1日

裘开明致函日本文久堂书店（Bunkyudo），函寄订书单。（HYL Archives：Letter of Alfred K'aiming Ch'iu to Kenro Tanaka, May 1, 1953）

5月4日

日本出版贸易株式会社（Japan Publications Trading Company）出口部经理H. Kataoka致函裘开明，告知已向汉和图书馆寄出9箱货品，其中8箱为中文书，另外一箱是叶理绥（Serge Elisséeff）教授的私人行李。货票将于今日以航空信寄出。函附H. Kataoka致叶理绥的信函。（HYL Archives：Letter of H. Kataoka to Alfred K'aiming Ch'iu, May 4, 1953）

5月5日

裘开明致函香港东方书局（Oriental Book Company）H. C. Tien：我建议没有必要为哈佛订阅《人民日报》，因为我们已自北京一家书店得到答复，他们会像往年一样直接将这些报纸寄给我们。至于中国大陆的现行出版物，一些美国图书馆得到了美国财政部的允许，可以直接汇款到中国大陆，从国际书店购买书籍。并且，有些书还能从香港的Willing、智源（Apollp）、三联书店等购买……贵公司寄给我馆很多复本，使得我们的馆员花费了很多时间来核对这些包裹和复本，加重了我们的工作负担，不仅是对我馆馆员时间的浪费，还浪费了我们学校的购书资金。在我3月19日致费正清（John King Fairbank）教授的信函中已经说明，不需要再订购自由出版社的出版物，因为我们已经从这个出版社直接获得了赠书……关于经典著作，请贵公司不必麻烦为我馆制作特别目录了，因为我们已经购买了很多经典著作版本。如果你们要寄给其他图书馆选书目录的话，顺便可以寄给我们一份，这就足够了。诚如你所知，美国人相信自由市场和激烈的竞争，因此你们公司将面临与香港其他书店的价格竞争。我认为我们图书馆不会一直从高于市场价格的公司购买书籍。(HYL Archives：Letter of Alfred K'aiming Ch'iu to H. C. Tien, May 5，1953)

5月6日

裘开明致函在日本的费正清(John King Fairbank)教授：因为我想与叶理绥(Serge Elisséeff)教授面谈有关你挑选的一诚堂(Isseido Book Co.)有关中国的日文图书的付款问题，所以直到今天才回复你4月12日的两封航空来信。我高兴地告诉你，非常幸运的是，在今年的预算中，我们有足够的钱购买所有的有关现代中国的图书，所以没有必要动用怀德纳图书馆为你的区域研究项目拨付的2000美元购书款。而且，哈佛燕京学社已经支付了今年订购的所有日文期刊和两种报纸的费用，这些费用以前都是由怀德纳图书馆支付的。当然，你知道这样的好事情(在区域研究项目看来)不会长久，因为我们图书馆将没有额外的图书专款，而常年预算只够购买哈佛燕京学社和远东语言系教学与研究所需的日文图书。所以，怀德纳图书馆将不得不支付你和你的助手们可能推荐购买的图书，同时还会从怀德纳图书馆的购书款中支付一部分我们订购日文期刊的费用。在这种情况下，我担心怀德纳图书馆拨付的2000美元购书款会不够支付你们购买的中日文图书，因为你已经告诉Keyes D. Metcalf博士你们已经确定在香港和台湾购买1600美元的中文图书。请理解我不是在批评你把拨付的书款用于购买中文图书，我只是想请你注意这些事实。至于处理复本的问题，你们这些教授必须明白和同情我们图书馆员，因为我们在博伊斯顿堂面临着两种非常困难的境况：1.书库的书已经挤满了，如果让复本图书占用图书馆的宝贵空间，那么甚至常用图书都几乎没有空间放置。2.我们图书馆的人手非常短缺。我们甚至没有钱去雇佣每小时1美元工钱的学生助理。如果普通馆员去一包又一包地开包并一个书单又一个书单地查核从H. C. Tien(香港东方书局)和Yu-wei Jao(台北美国信息处)那里购买来的复本图书，自然图书馆的其他重要服务就会因此而受到影响。因为很明显的是，如果安排一个馆员去处理这些复本，他或者她自然就不能去编目我们还没有的图书这样的更重要和更需要的工作。当然，你知道在日本和香港找职员助手非常容易，可是在剑桥要找那样的帮手又难又贵。我知道现在为我们图书馆购书难免会遇到复本。例如：在叶理绥教授核对的57种图书中，1946—1950年各期《东洋史文献类目》，只有6册(3609、4104、4134、4136、4487和4537期)不在我们图书馆之中。幸运的是，叶理绥教授做了一件非常明智的事，不是叫一诚堂把书寄来，而是叫图书馆员先查对目录。所以，我们避免了从日本购买复本。就日文图书而言，你也应该遵循让图书馆员先查对目录这个明智的程序……感谢你寄来的《新华日报》，这是迄今为止你寄来的唯一最好的书刊。我们已经有两套太平天国和义和团史料，请不要再买了……非常抱歉，我说了上面这些不愉快的事情，请多原谅。(HYL Archives：Letter of Alfred K'aiming Ch'iu to John King Fairbank, Kita-shinagawa, Tokyo, Japan, May 6,1953)

佛罗里达州州立大学图书馆学学院院长Louis Shores致函裘开明：Myra Yin-Suan King给我看了你4月10日寄给她的信函。我诚恳地向你推荐她。在过去两年里她一直为我们图书馆工作，并已完成了自己的硕士学业。她为人和善、工作能力强且具有团队合作精神。我非常希望你能聘用她。(HYL Archives：Letter of Louis Shores to Alfred K'aiming Ch'iu, May 6，1953)

5月7日

香港东方书局(Oriental Book Company)H. C. Tien致函裘开明：我公司寄给贵馆图书中的复本请不必再寄还，我们将这些复本作为送给贵馆的赠书。你们只需寄回复本目录以便我公司核算。实际上，我公司所寄的图书是按照费正清(John King Fairbank)教授的要求寄送的。在此我重申一下4月25日去函中我所陈述的为贵馆寄书的原则……我已为贵馆购买到《清内阁旧藏汉文黄册联合目录》、《中国考古学报》等，将于一两天内寄出。(HYL Archives：Letter of H. C. Tien to Alfred K'aiming Ch'iu, May 7, 1953)

5月13日
日本出版贸易株式会社(Japan Publications Trading Company)出口部经理H. Kataoka致函裘开明，函告已收到4月28日寄来的图书订单，会尽快发货。此外，详细汇报了最近几次寄书和发货单给汉和图书馆的具体情况。(HYL Archives：Letter of H. Kataoka to Alfred K'aiming Ch'iu, May 13, 1953)

5月15日
裘开明致函香港东方书局(Oriental Book company)经理H. C. Tien博士：兹回复你5月7日有关复本的来信，我们想告诉你，所有由我们的代表费正清(John King Fairbank)博士订购的图书(26、27和31号邮包中的15种图书)，虽然都是复本图书，但是我们哈佛仍然接收并付款，因为我们觉得其责任在客户，如果他订购的图书出现复本，这是他的错，但是要你们来承担这种财务损失不公平。至于在你5月7日的信中列出的其他5种图书，都是你们自作主张寄给我们的，我们将要求你们退还全部的费用，因为根据我们的协议，在没有先寄来目录给我们审核和批准之前，你们不能寄给我们任何1953年2月以前出版的出版物。我们将把这5种图书当作你们的财产放在一边，请告诉我们应该把这些书寄到你们可能卖去的哪个北美图书馆。迄今为止，我们已经收到61包图书，其中许多都是复本……(HYL Archives：Letter of Alfred K'aiming Ch'iu to H. C. Tien, Managing Director, Oriental Book Campany, Kowloon, Hong Kong. May 15, 1953)

5月20日
裘开明先生致函美国驻香港领事馆总领事Arthur William Hummel, Jr.：令尊给我们寄来了一份一个香港藏书家收藏的佛教珍本目录。正如你所知，哈佛现在在美国拥有最集中的中文、日文、藏文、蒙文和梵文佛教典籍。虽然从研究的角度看，珍本书并不重要，但是它们都是有趣的中国最古老的佛教印刷样本。所以，如果整个藏书的价钱不是高不可攀的话，我们可能有兴趣考虑购买。请你叫拥有者给我们提供全套书的最低价格和前面两种书的价格。(HYL Archives：Letter of Alfred K'aiming Ch'iu to Arthur William Hummel, Jr., American Consulate General, Hong Kong, May 20, 1953)

裘开明致函佛罗里达州州立大学图书馆学学院院长Louis Shores：感谢来函介绍贵院研究生Myra Yin-Suan King的情况。很抱歉要让你两位失望了，我馆今年暂时没有职位空缺，所有馆员都会继续留下工作，而我们也没有新的预算增加职位。(HYL Archives：Letter of Alfred K'aiming Ch'iu to Louis Shores, May 20, 1953)

5月21日
耶鲁大学远东图书馆馆长Warren M. Tsuneishi致函裘开明：今年在远东协会(Far Eastern Association)会议上曾见到你。我希望你已获悉我和Edwin G. Beal, Jr.、艾尔文(Richard Gregg Irwin)博士、Gussie D. Gaskill和来自密歇根的Ray Lue、G. Raymond Nunn，将以非正式的方式聚集一起协商部分问题，希望你届时能够出席。我们讨论的问题之一是进一步增强图书馆间互助。函附我馆近期自香港收到的丛书的目录，我们计划对这些丛书进行分析编目，制作统一的分析目录卡片。在此计划实施之前，我希望了解一下贵馆是否已对你们的丛书进行编目，统一的分析卡片是否允许利用？

我馆不需要全套的目录卡片,只需要其中一种。同时我也希望了解一下相关成本问题。感谢你和贵馆此前所给予我们的帮助,我希望能尽快去访剑桥,与你会晤。(HYL Archives:Letter of Warren M. Tsuneishi, Director of Yale University Far East Library to Alfred K'aiming Ch'iu, May 21, 1953)

5月29日

遵照叶理绥(Serge Elisséeff)教授的嘱托,裘开明致函香港大学图书馆馆长Dorothea Scott,并邮寄中文线装书函套制作说明书:(中文线装书函套)这种制作方法是我早在北京燕京大学图书馆时设计的,已被北京和其他各地的许多图书馆使用。自30年前我在厦门大学林文庆(Lim Boon Keng)博士(现在新加坡)的领导下开始我的图书馆生涯时,我就反对中文书采用西式装订法。我们图书馆出版了一部三卷本的中文书本式目录,还出版了《汉和图书分类法》[由华盛顿的美国学术团体协会(ACLS)出版]。如果你对这两种出版物有兴趣,我们很愿意寄给贵馆。(HYL Archives:Letter of Alfred K'aiming Ch'iu to Mrs. Dorothea Scott, May 29, 1953)

裘开明致函香港东方书局(Oriental Book Company)经理H. C. Tien博士:费正清(John King Fairbank)教授已经写信给我,他将购买你寄给我们图书馆的所有复本,以便你不必退还这些复本的订购费用。请寄给我们迄今为止已经收到的70包图书的全部发票(复印件)……我们正在寻找1949年和1950年的全套《大公报》或者《文汇报》以及1951年的上海《解放日报》,请予留意。(HYL Archives:Letter of Alfred K'aiming Ch'iu to H. C. Tien, Managing Director, Oriental Book Campany, Kowloon, Hong Kong, May 29, 1953)

裘开明致函耶鲁大学图书馆远东图书馆馆长Warren M. Tsuneishi:你于5月21日来函询问的有关汉和图书馆12种中文丛书目录卡片事宜,因我馆必须从布满灰尘的仓库中寻找,故回函有所延误。我馆对这些丛书已进行了编目和分析,分析卡片存放于按罗马化字母顺序和按照四角号码法排列的卡片系统中。但我馆仓库剩余的这些丛书卡片并不完整。如果贵馆仅需要一种卡片,我们则比较容易找出并制作缩微胶卷。我们将不收取任何费用,但贵馆需要提供人力,以便从仓库堆集的目录中将这些目录查找出来。由于你即将要来访剑桥,请仔细查看这些卡片,并作出决定。(HYL Archives:Letter of Alfred K'aiming Ch'iu to Warren M. Tsuneishi, Director of Yale University Far East Library, May 29, 1953)

6月5日

裘开明致函香港东方书局(Oriental Book Company)经理H. C. Tien博士,请速寄经济导报社编《新中国国际贸易事业趋向》、谢家编《新外汇论丛》和安子介著《国际贸易实践》。(HYL Archives:Letter of Alfred K'aiming Ch'iu to H. C. Tien, Managing Director, Oriental Book Campany, Kowloon, Hong Kong, June 5, 1953)

6月8日

裘开明致函国立情报机构远东部主管Walter E. Bass:你获取有关国际贸易和共产主义中国财政的5本书缩微胶卷请求,已从Sprague先生的办公室转给了我们。我馆现仅收藏有最后两本,分别是:(d)《新财政学教程》,丁方、罗毅著;和(e)《中央人民政府财政和经济政策法律与法令简编》(*Compendium of Laws and Decrees on the Financial and Economic Policies of the Central People's Government*)。前三本书我们已经订购,但还未收到。一旦他们寄来,我们将会为你做缩微胶卷。我们准备以挂号邮寄方式寄给你我们预备的一些草拟目录纸片。这些纸片里每一页的右上角都有索书号,这是在我们书架上图书排列的顺序……(HYL Archives：Letter of Alfred K'aiming Ch'iu to Walter E. Bass, June 8, 1953)

香港张云辉致函裘开明：日前接友人转来香港美国新闻处恒先生(Arthur William Hummel)来函，谓贵图书馆有兴趣考虑收购敝处经卷。此批经卷为数代家藏孤本，近因远东局势动荡，个人迁徙频繁，故愿割爱全部出让，免遭意外。查此批经卷内有宋朝帝王御制回文诗、高僧诗句、唐贞观时代叙事文，以及剑南东川节度使董璋(有印)与文学家柳宗元等亲抄经文，均为稀世珍品。贵图书馆为美国最高学府所设，保藏此物最为适宜，深符所愿。兹将重新整理之详细目录及每卷之横长与竖长尺寸另抄附上，以资参考(全部共 157 卷，横长共 22100 余吋，竖长 13 吋上下，计共 50 万字以上)。此种有古董性质之文艺品本属无价，兹因意在图其安全之保存，故不惜从廉出让，订价美金 78500 元整。附件目录一份(18 页)，剪报一份(2 张)。赐复请于封面加写以下中文字样以免遗失"香港新界屏山唐人新村凤辉园韩筱文先生转张云辉。(HYL Archives：香港张云辉致函裘开明先生信函，1953 年 6 月 8 日)

香港大学图书馆馆长 Dorothea Scott 致函裘开明：已收到 5 月 29 日寄来的中文线装书函套制作说明，我还希望获得一部贵馆的三卷本中文书本式目录以及一部《汉和图书分类法》，如果需要我馆支付书款，可把发票一并寄来。(HYL Archives：Letter of Mrs. Dorothea Scott to Alfred K'aiming Ch'iu, June 8, 1953)

6 月 16 日

裘开明先生回复香港张云辉来信：昨奉大札内附尊藏经卷目录，已由敝馆购书委员会审查。兹因敝馆无此巨款收此宝物，故将原目挂号奉还。(HYL Archives：裘开明先生致香港张云辉信函，1953 年 6 月 16 日)

6 月 18 日

裘开明致函美国驻台湾信息处文官 John Philip Emerson：费正清(John King Fairbank)教授已经聘请台北美国信息处的 Yu-wei Jao 博士担任明年采购台湾出版物的哈佛代理人，因为你很快就会回美国。请把你的所有哈佛购买记录转交给他，以使他避免重复收集政府文献或者在市场上重复采购新书刊。Jao 博士特别想得到你提供给我们的哈佛在台订购期刊名称以及政府文献目录。请告诉他如何更好地从各政府机关获得免费的台湾"当局"文献。(HYL Archives：Letter of Alfred K'aiming Ch'iu to John Philip Emerson, MSA China Mission, Taiwan, June 18, 1953)

日本庆应大学(KeioUniversity)Robert L. Gitler 致函裘开明，讨论高濑保(Tomatsu Takase)先生护照的问题。(HYL Archives：Letter of Robert L. Gitler to Alfred K'aiming Ch'iu, June 18, 1953)

6 月 22 日

胡佛图书馆杜联喆(Lienche Tu)致函裘开明：自从我馆集中收藏了 20 世纪中国现代史方面文献资源后，我深切地感受到你为图书馆工作所作出的无价的贡献，这是图书馆工作的基础。胡佛图书馆现在计划发展编目工作，因此迫切需要有关中文图书分类法、编目规则方面的信息，希望你能提供给我们一些更多的信息，吴文津(Eugene Wu)先生表示愿意协助你这方面的工作。(HYL Archives：Letter of Lienche Tu to Alfred K'aiming Ch'iu, June 22, 1953)

6 月 24 日

香港张云辉致函裘开明：昨奉本月 16 日大函敬悉，一是云辉最近拟迁居印尼，该地潮热甚于香港,故愿将所存经卷妥为安置,未审贵图书馆最高能出价若干,敬希费神示复为荷。(HYL Archives:香港张云辉致函裘开明信函,1953年6月24日)

6月26日

裘开明致函胡佛图书馆杜联喆(Lienche Tu),函告由于汉和图书馆关于中国现代史方面的文献较少,缺乏修订分类法的依据,希望胡佛图书馆在这方面能够作出贡献。(HYL Archives:Letter of Alfred K'aiming Ch'iu to Lienche Tu, June 26, 1953)

6月30日

裘开明致函日本国会图书馆编目部主任 Naro Okada:哈佛燕京学社一名学生正在叶理绥(Serge Elisséeff)教授的指导下撰写博士论文,她需要参考一种音乐方面的日文珍稀手稿。这部著作书名是《三五要录》,出版于1328年,可在大正十五年(1926年)刊印的《宫内省图书寮:增加帝室和汉图书目录》(*Upplementary Catalogue of Japanese and Chinese Books in the Library of the Imperial Household*)第148页上查到。请你帮我们制作这一资料的缩微胶卷,费用由我们承担。(HYL Archives:Letter of Alfred K'aiming Ch'iu to Naro Okada, June 30, 1953)

7月6日

钱存训致函裘开明:芝加哥大学有学者急需数种考译书目录,希望向贵馆提出馆际互借申请。《东西学书录》有1902年增广本为最佳,如无,则1899年旧印本也可。因馆际互借图书常耽搁多日,又所需甚急,故请交馆际互借书部邮寄。剑桥气候如何?……邀请你携夫人(曾宪文)来我芝加哥的家中小住。附注:增广本《东西学书录》遍寻国会、哥大、加大及华盛顿均无收藏。请问贵馆是否有买到。(HYL Archives:钱存训致裘开明信函,1953年7月6日)

7月9日

裘开明致函钱存训:所需书籍已交哈佛大学图书馆寄出,但徐桐生《东西学书录》该馆未入藏。主要寄出书目为:梁启超《西学书目表》;《江南制造局记 卷二:图书》;《西学书目答问》……我与内子(曾宪文)感谢之前在你家中留住数日之情。(HYL Archives:裘开明致钱存训信函,1953年7月9日)

7月10日

巴伐利亚州立图书馆 Franz Joseph Meier 致函裘开明:你曾于4月20日致函 Gerloff 夫人,可否请你将信函中所提到的目录寄给我?另外,你可否告诉我们在哪里可以找到洪煨莲(William Hung)先生为他的索引所做的排序方法?这个问题时常会有人问我们。我已经向 Fuchs 先生转达了你的问候,我希望他会亲自给你答复。在我的记忆里,博伊斯顿堂和贵馆所藏书籍都非常干净整洁。祝愿你们一切安好。(HYL Archives:Letter of Franz Joseph Meier to Alfred K'aiming Ch'iu, July 10, 1953)

7月11日

哈佛燕京学社社长叶理绥(Serge Elisséeff)教授致函董纳姆(Wallace B. Donham),函附新的预算,其中包括由人力资源办公室提议的各种增加的预算,总计增加约2192美元,并在4月27日董事会议上获得通过,如果董纳姆先生接受附件修订的预算,则请其在附件卡片上签字。

经费类别	1952—1953年	1953—1954年	增额
图书馆(薪水、社会保险和退休金)	17030美元	19222美元	2192美元

1953—1954 年度哈佛燕京学社修订预算：图书馆

经费类别		金额
裘开明薪水	馆长年薪	6500
	退休金	422.5
于震寰（Zunvair Yue）薪水	副馆长年薪	3900
	退休金	253.5
8 位馆员的工资		19222
图书采购和装箱		12500
保险和设备		2000
办公支出		750
合作编目		750
日文编目员首次赴美国		700
总计		46998

（HYL Archives：Letter of Serge Elisséeff to Wallace B. Donham, July 11, 1953）

7 月 15 日

裘开明致函国会图书馆东方部日文组组长 Edwin G. Beal，Jr. 博士：非常高兴能够拜读你在国会图书馆《信息公报》（*Information Bulletin*）1953 年 6 月 22 日第 12 卷 25 期上发表的对 Charles E. Hamilton 的《东方图书描述性编目条例》（*Code for Descriptive Cataloging of Oriental Books*）的评论。美国图书馆中日韩文图书编目中存在的核心问题是：目录卡片的联合目录、合作编目、标准化音译，以及集中印制目录卡片，是否像西文目录对西文书籍一样有用。如果答案是肯定的，那么每个图书馆必须放弃那些在图书编目中不必要的细节，以实现共同的目标……（HYL Archives：Letter of Alfred K'aiming Ch'iu to Edwin G. Beal, Jr., July 15, 1953）

7 月 19 日

芝加哥大学远东图书馆钱存训致函裘开明：感谢贵馆借给我们请求的书籍，除了《译书经眼录》一种外，其余将会在下周内归还。《译书经眼录》已交图书馆制作缩微胶卷。感谢你多次协助。芝加哥此地天气酷热，室内常在华氏百度左右，颇以为苦，东部或较为凉爽。请代向裘夫人问好。（HYL Archives：钱存训致裘开明信函，1953 年 7 月 19 日）

7 月 24 日

国会图书馆东方部日文组组长 Edwin G. Beal，Jr. 致函裘开明：联合委员会正在研究编目的问题，目前还不知道会作出怎样的决议。我和恒慕义（Arthur William Hummel）博士相信，很多图书馆会同意在贵馆和我馆的卡片格式之间采取折中意见……然而国会图书馆编目部正在实际参与对这些问题的研究，所以很可能是由他们决定国会图书馆推荐何种编目方式给美国图书馆协会，而不是我们东方部的中文组和日文组来决定。希望美国图书馆协会采纳某一官方的中日文文献编目制度，希望各个图书馆在这一问题上愿意服从美国图书馆协会的领导。在合适的时机，你将会有一个非常好的机会争取使全国图书馆都采纳哈佛的编目制度,事实上,很多图书馆现在使用的编目制度已经很接近贵馆了。(HYL Archives:Letter of Edwin G. Beal, Jr. to Alfred K'aiming Ch'iu, July 24, 1953)

7月31日

裘开明致函巴伐利亚州立图书馆 Franz Joseph Meier 博士:我们以挂号方式寄给贵馆我们的三册《汉籍分类目录》。中国字庋撷法是洪煨莲(William Hung)教授设计的,在《哈佛燕京引得》每册刚开始的地方都有解释,但是据我所知,在中国、日本或是海外没有机构采用他的方法。你也可以告诉你的读者不要在意这个方法。在每册起始处对汉字使用笔画或者威妥玛拼音法(Wade-Giles System),这是我们这里所使用的方法。我们中没有人学用洪教授的方法,将来也不会。(HYL Archives:Letter of Alfred K'aiming Ch'iu to Franz Joseph Meier, July 31, 1953)

8月4日

裘开明致函芝加哥大学历史系普利查德(Earl Hampton Pritchard)教授:我已收到你有关中国海事(沿海防卫)的明代文献借阅请求。我馆已通过哈佛大学图书馆馆际互借部寄给你两种著作,即《海防图论》和《郑开阳杂著》。第三种名为《广舆图》,属于善本馆藏,明刻本,刻于1565年,可以为你制成缩微胶卷,费用为7.5美元。请向怀德纳图书馆缩微复制部寄去订购申请,到时候,他们会直接寄给你缩微胶卷和账单。(HYL Archives:Letter of Earl Hampton Pritchard to Alfred K'aiming Ch'iu, August 4, 1953)

8月10日

钱存训致函裘开明:感谢此前借给我们多种译书文献,我已将阅完的书籍奉还。芝加哥大学图书馆采访部向贵馆请求借两种善本影印,分别是:《广舆图》和《皇清职贡图》,已与贵馆影印部函洽。(HYL Archives:钱存训致裘开明信函,1953年8月10日)

8月13日

芝加哥大学历史系普利查德(Earl Hampton Pritchard)教授致函裘开明:感谢你于8月4日来函中告知我《广舆图》将被制成缩微胶卷。芝加哥大学远东图书馆钱存训(Tsuen-hsuin Tsien)馆长也在请求复制此书。感谢你寄来我们所需要的一些文献,我们可能还会通过馆际互借向贵馆请求传递一些文献资料。关于我正在从事的1517年至1750年间中国与西方关系的研究,芝加哥大学远东图书馆没有我所需要的部分参考书籍,我利用贵馆的相关目录查询得知,绝大多数书籍包含在贵馆出版的第三卷《汉籍分类目录》中。希望在第三卷目录出版与联合目录编制期间,贵馆能将其中部分书籍借给我们使用。函附我们希望通过馆际互借借阅的书目。(HYL Archives:Letter of Alfred K'aiming Ch'iu to Earl Hampton Pritchard, September 22, 1953)

8月18日

裘开明致函法国国家图书馆采购服务部主任 F. Gaston Cherau:很高兴告诉你,我们刚完成一份完整的缩微胶卷,这份胶卷是我馆《汉籍分类目录》的后续卷,分别是:四、社会科学,五、语言和文学,六、美术,七、科学与技术,八、综合(例如丛书和杂集等)。这些后续卷目录在开本和形式上与前三卷,即中国经典、哲学和宗教和历史科学书目一样,约2000页,是前三卷目录数量的三倍。这些后续卷目录可通过柯达快速自动复制机器,将缩微胶卷复制转换成图书馆目录卡片,而这些卷目的缩微胶卷片需花费约10美元。如果你需要,请将你们的订单交给哈佛大学图书馆缩微复制部。除了你从哈特福特神学院(Hartford Theological Seminary)图书馆 Cleason 先生那里获得的早期三卷《汉籍分类目录》的印刷卡片外,对随后的五卷目录,我们也印制了几千张 1939—1949 年的目录卡片。我馆书库中仅还有 2000 张卡片,我们以每张 5 美分的价格将这些卡片提供给其他图书馆。1949 年之后,国会图书馆开始了中日文图书的合作编目计划,我馆卡片开始由国会图书馆印制。根据国会图书馆馆长的 1951 年年度报告,该项合作计划自 1949 年 7 月 1 日至 1951 年 6 月 30 日期间,印制和分发了总计 20827 张卡片。其中有 8824 张目录卡片(5556 种中文图书和 3168 种日文图书)则是这两年间由我馆提供的。外国图书馆可以通过国会图书馆直接购买这些卡片。希望以上信息可以对你有所帮助。(HYL Archives:Letter of Alfred K'aiming Ch'iu to F. Gaston Cherau, August 18, 1953)

8 月 20 日

加州大学东方语言学系 Donald H. Shively 教授致函裘开明:我大约会自 8 月 24 日起在剑桥停留一个星期至 10 天左右,期间我需要利用怀德纳图书馆以及贵馆资源。我听说自从两年前我离开那里至今,你采购了许多新书。如果你届时不会外出的话,我期待能与你见上一面。(HYL Archives:Letter of Donald H. Shively to Alfred K'aiming Ch'iu, August 20, 1953)

9 月 3 日

费正清(John King Fairbank)教授致函裘开明:兹奉上我们的《日本现代中国研究》(*Japanese Studies of Modern China*)手稿复写本,该著将由东京 Tuttle 公司印行,我希望今年底能够面世。我自然对我们哈佛已经有其中的多少资料很感兴趣,而且如果很多没有的话也完全不会感到惊讶。然而,有可能在我们的著作出版后美国的很多中国专家将会努力去购买我们的目录中列出的他们认为重要的资料。因此,如果我们不能在别人之前在日本市场上购买到目录上我们所需的资料,那么我将会感到非常沮丧。换句话说,我们能够查对一下我们的馆藏,并在该著出版之前迅速订购我们所需要的资料吗?关于我们应该订购什么,我会听从你的判断。至于购买的经费问题,如果你愿意的话,我将乐意去与 Keyes D. Metcalf 博士商谈。在我们没有的资料中,我想一些对哈佛燕京项目有用,一些可能更适合哈佛大学图书馆。所以,相当可能的办法是两个图书馆联合购买。如果有任何问题,请告知。(HYL Archives:Letter of John King Fairbank to Alfred K'aiming Ch'iu, September 9, 1953)

9 月 18 日

裘开明致函高濑保(Tomatsu Takase):很高兴你将自日本赴美,我们已帮你解决住宿问题。请在启程前与日本图书馆株式会社主管间宫富士(Fujio Mamiya)见面,商量在东京印制汉和图书日籍目录事宜。(HYL Archives:Letter of Alfred K'aiming Ch'iu to Tomatsu Takase, September 18, 1953)

9 月 19 日

何炳棣致函裘开明:感谢你在我今年夏季在汉和图书馆查阅资料时给予的指导和帮助。我于 7 月 4 日离开剑桥后去了国会图书馆。我对汉和图书馆的印象是,贵馆所藏方志,早期(康、雍)确较国会为多,量虽与之相采,而质胜之。你对农业经济最有研究,兹列出部分有关农业经济的问题,向你请教,并希望能获得一些当代中国耕地面积的重要估计资料,以便参考……(HYL Archives:何炳棣致裘开明信函,1954 年 9 月 19 日)

9 月 22 日

裘开明致函斯坦福大学图书馆远东文库主管倪卫德(David Shepherd Nivison):9 月 6 日来函收悉,在此,我提醒你注意,国会图书馆正在实施两个不同的计划,你们应考虑具体参加哪一个计划。一个计划是国会图书馆在二战期间开始的美国图书馆日文图书联合目录,实际上并没有中文图书联合目录。另一计划是国会图书馆中日文图书合作编目计划,这是美国东亚图书馆领域几年来集中编目和复制中日文目录的结果。该项计划实际上并不是集中编目,而是由不同成员馆单独编目,然后将卡片复本交给国会图书馆复制,并向各图书馆分发的合作编目。合作编目计划并不是回溯性的,因此如果贵馆需要的话,必须向汉和图书馆购买1949年7月以前的中日文目录卡片。(HYL Archives：Letter of Alfred K'aiming Ch'iu to David Shepherd Nivison, September 22, 1953)

9月23日

印第安纳大学历史系教授邓嗣禹(Teng Ssu-yü)致函裘开明,询问汉和图书馆是否藏有两套《古今图书集成》,如果有,那么能否出售给他一套。(HYL Archives：Letter of Teng Ssu-yü to Alfred K'aiming Ch'iu, September 23, 1953)

9月

自本月到1954年6月(即1953—1954学年度),金圣河(Sungha Kim)在波士顿大学学习。期间,他一直在汉和图书馆做兼职。后来他从南加州大学获得图书馆学硕士(MLS)学位后,即到汉和图书馆工作,成为韩文部主任。(HYL Archives：A Brief Chronology of the Korean Section, Harvard-Yenching Library)

10月2日

裘开明致函印第安纳大学历史系教授邓嗣禹(Teng Ssu-yü)：汉和图书馆没有多余的《古今图书集成》可用于出售或交换。原本去年政府打算赠送给汉和图书馆一套上海出版的小印本《古今图书集成》,但汉和图书馆未接受,建议你询问芝加哥大学图书馆是否有售。(HYL Archives：Letter of Alfred K'aiming Ch'iu to Teng Ssu-yü, October 2, 1953)

10月5日

高濑保(Tamotsu Takase)抵达波士顿,裘开明前往洛根机场(Logan Airport)接机,并将其接往剑桥,带领他熟悉哈佛大学的环境。(HYL Archives：Chinese-Japanese Library of the Harvard-Yenching Institute at Harvard University Report of the Librarian for 1953-1954))

裘开明致函法国国家图书馆采购服务部主任F. Gaston Cherau：你9月8日来函中,提到关于将我馆约20000种中文图书目录复制成3×5厘米目录卡片一事。我非常乐意向你提供以下建议：目前哈佛大学及麻省理工学院图书馆均没有将缩微胶卷印制成卡片的设备。我们准备将我馆《汉籍分类目录》第三卷邮寄给贵馆。因我馆《汉籍分类目录》一至三卷库存已经很少,所以我们不会向同一个机构出售两套复本,而且我们仅限于分发给学术机构,也不会出售给个别学者。而我馆最新印制的校样形式的后续卷目也不会出版,并且我馆也仅有两套复本,供日后修订和出版所用。这些书目的铅字版已经在日本占领北京时损毁于燕京大学,因此这些校样非常珍贵,这也是我馆将这些书目制成缩微胶卷给其他图书馆使用的原因。如果贵馆需要的是缩微胶卷版,而不是卡片版,我馆可以帮你们制作,价格是10美元。如果贵馆不能将书目由缩微胶卷复制为卡片,有一家商业公司可以承担这类工作,你可以考虑,即马萨诸塞州波士顿剑桥街29号的缩微图片公司(Micro-Photography Co.)……另外,国会图书馆和华盛顿海军部有这种将缩微胶卷转换复制为卡片的设备,但我们不知道费用情况。随信附上两个样版,其一为国会图书馆的样板,其二为波士顿缩微图片公司的样板。而我馆的印刷目录卡片仍然允许使用,包括1939—1949年间增加的图书目录。这些印刷卡片涵盖所有学科,但是有超过50%的图书是古老的经典著作。我们正对这些卡片进行分类,我们会寄给你一套全部已有的卡片,作为我社赠送的礼物。另外,你是否收到过从哈特福特神学院(Hartford Theological Seminary)寄出的一套半《汉籍分类目录》前三卷的印刷书目卡片?那是唯一剩下的存货了。我们这里已经再没有这样的卡片了。希望以上的内容能或多或少回答了你的疑问。(HYL Archives:Letter of Alfred K'aiming Ch'iu to F. Gaston Cherau, October 5, 1953)

10月7日

密歇根大学图书馆总馆采访馆员 Cordelia L. Haagen 致函裘开明:我们想购买《朝日新闻》(*Asahi Shimbun*)1932年5月各期、1945年1月1日至1946年12月31日各期的缩微胶卷,请问汉和图书馆是否藏有该缩微胶卷,如有,售价多少;如无,是否有计划制作缩微胶卷。(HYL Archives:Letter of Mrs. Cordelia L. Haagen to Alfred K'aiming Ch'iu, October 7, 1953)

10月16日

裘开明致函密歇根大学图书馆总馆采访馆员 Cordelia L. Haagen:我馆所藏《朝日新闻》(*Asahi Shimbun*)时间范围从1928年到1953年,但是缺1945年至1947年各期,我们在日本的代理正在为我们搜求这部分缺期文献。请你致函怀德纳图书馆照相复制部,询问他们制作1932年5月各期《朝日新闻》缩微胶卷的价格。(HYL Archives:Letter of Alfred K'aiming Ch'iu to Mrs. Cordelia L. Haagen, October 16, 1953)

裘开明致函日本图书馆株式会社主管间宫富士(Fujio Mamiya):你寄来的智源书局(Appollo Press & Company)的出版报价太高,我馆无法接受。另外我馆向贵单位订购《朝日新闻》(*Asahi Shimbun*)1945年、1946年、1947年以及1948年1—11月各期。(HYL Archives:Letter of Alfred K'aiming Ch'iu to Fujio Mamiya, October 16, 1953)

10月20日

裘开明致函文久堂(Bunkyudo),向该书店订购图书,并函告已收到寄来的书籍,请将发票寄至汉和图书馆。(HYL Archives:Letter of Alfred K'aiming Ch'iu to Bunkyudo, October 20, 1953)

张云辉致函裘开明:南洋归来查所收信件内并无尊处来音。愿尽量将售价减低以便值兹乱世,此物便在尊处保存。未卜贵图书馆愿出价若干,敬希示知,当乐于考虑并尽速裁答。(HYL Archives:张云辉致裘开明信函,1953年10月20日)

10月27日

裘开明提交第27次《馆长年度报告》(1952年7月1日至1953年6月30日),其主要内容如下:1.图书馆馆藏情况。1952—1953年度,哈佛大学汉和图书馆新增藏书量如下表所示:

哈佛大学汉和图书馆新增藏书量(1952—1953年度)

文献语种	新增种数	新增册数
中文	2639	8604
日文	829	2206
藏文	0	0
满文	2	8
蒙文	2	3

续表

文献语种	新增种数	新增册数
韩文	182	413
西文	275	401
合计	3929	11635

截至1953年7月1日，哈佛大学汉和图书馆藏书总量如下表所示：

哈佛大学汉和图书馆馆藏总量(1953年7月1日)

文献语种	馆藏种数	馆藏册数
中文	38201	206543
日文	18878	42503
藏文	13	662
满文	126	1053
蒙文	24	335
韩文	294	789
西文	4519	6554
合计	62055	258439

中文文献的采购主要分为两大类：(1)古籍文献，(2)当代文献。古籍文献由学社购买，当代文献经费则由怀德纳图书馆从中国区域研究计划的专项经费中支出。1952－1953年度，共计购买中文书2639种、8604册，其中古籍935种、6330册，当代文献1537种、2027册，其他中文书(包括赠送和交换书籍)167种、247册。目前中文新出版物主要来自香港(大陆的书亦由此购买)和台湾两地。前者主要是共产党出版物，后者主要是反共出版物。纯粹的研究性出版物很少购自这两地。虽然有很多人文主题的著作，比如中国古代社会性质或对著名历史人物的新评价等著作，然而事实上所有这些著作都是从共产主义或反共产主义的角度写作的。完全抛开政治因素的著作已淹没在当前这股巨大的争议潮流中，中国学术界已到了失去纯粹学术的如此地步。中文古籍主要购自日本，我馆在1952－1953年度购买的近千种中文古籍中，有大量的明版书，以及关于儒家经典的珍稀日文版和韩文版书籍，另外还有两种元版书，其余的是清版书，主要印于1850年以前。这些善本书将收入《中文善本目录》(Catalogue of Rare Chinese Books)。在过去的一年里新增日文书也可以分为两大类：(1)绝版书，(2)目前出版的新书。至于中国学研究领域的当代日文书籍，比如日本和亚洲的共产主义，已经由怀德纳图书馆列入东亚区域研究计划(the East Asiatic Regional Program，之前名为中国区域研究计划[China Regional Program])购买。关于共产主义的日文书籍，哈佛大学俄国研究中心研究人员也同样使用得到。学社把经费主要用于购买汉学和日本学的权威日文研究著作，尤其是关于哲学、宗教、古代和中世纪历史、艺术和考古学、语言和文学以及一般性的工具书。在连续出版物方面，1952－1953年度日文连续出版物新增50种，馆藏总量达到1309种。中文连续出版物新增187种，馆藏总量达到1706种。西文连续出版物新增21种，

馆藏总量达到280种。截至1953年7月,汉和图书馆共有各语种连续出版物共计3297种。新增并登录到卡片目录的中文连续出版物共2467期,日文连续出版物共1686期,韩文连续出版物共10期,西文连续出版物共425期。1952—1953年度,汉和图书馆首次购买的整套重要日文期刊有:(1)《斯文》(Shibun),1919—1943年,日文汉学研究期刊;(2)《支那研究》(Shina Kenkyu),1920—1943年,由在上海的日本著名学校东亚同文书院的师生出版的中文研究期刊;(3)《青丘学丛》(Seikyū gakusō),1930—1939年,由韩国汉城京城帝国大学(Keijo Imperial University)的教授编辑,是关于韩国文化和与中国关系的研究型期刊;(4)《茶木人》(Chawan),1931—1950;(5)《建筑杂志》(Kenchiku Zasshi),1922—1952;(6)《工艺》(Kōgei),1931—1948;(7)《历史与地理》(Rikishi-to-Chiri),1917—1934;(8)《早稻田文学》(Waseda Bungaku),1934—1943年;(9)《前卫》(Zenei),1946—1953年;(10)《东洋学会杂志》,1881—1929年。1952—1953年度,丛书和方志类图书新增中文丛书30种,中文丛书总藏量达到1258种,这30种丛书含独立著作200多部,共420卷。方志新增11种、88册/卷,中文方志总藏量达到2884种、30635册/卷。2.馆藏编目、分类情况……各语种目录新增目片数统计如下:中文书作者—书名四角号码目录新增目片8663张(其中5311张为临时草片),作者—书名罗马字母目录新增目片3798张(其中458张为临时草片),分类主题目录新增目片1374张,排架目录新增目片1250张,以上共计15085张;日文书作者—书名四角号码目录新增目片6309张(其中1365张为临时草片),作者—书名罗马字母目录新增目片5021张(其中517张为临时草片),分类主题目录新增目片2539张,排架目录新增目片1005张,以上共计14874张;韩文书作者—书名四角号码目录新增目片167张(其中125张为临时草片),作者—书名罗马字母目录新增目片63张(其中30张为临时草片),主题—排架目录新增目片30张,以上共计260张;西文书作者—书名目录新增目片668张,排架—主题目录新增目片313张,以上共计981张。各语种目录合计新增目片31200张。1952—1953年度,汉和图书馆的各类装订业务仍由哈佛大学装订厂(the Harvard University Bindery)承接,平均改装一本书的费用仅为1.64美元,高于1951—1952年度,这是因为大量期刊采用全手工的西式装订方式,大量的Petzold佛教藏书采用中式函套装,这两种装订方式比较贵。3.合作编目与书本式目录情况。国会图书馆合作编目计划采用本馆中文书编目数据1259种,日文书编目数据1165种,共计2414种。本馆获得免费的目录卡片24140张,如果这些书目数据由我们自己印刷,每条目录印刷5张卡片,需要613.50美元费用。如果我们从国会图书馆购买这些数量的卡片(24140张),我们则需花费905.25美元。

除了从国会图书馆免费获得的卡片目录以外,在过去的一年里我们还印刷了637种书的平版印刷卡片目录。在东京大学(Tokyo University)山本达郎(Tatsuro Yamamoto)教授的指导下,本馆日文丛书目录正在东京的Kaimei-do公司(Kaimei-do and Co.)印刷,最终的清样由叶理绥(Serge Elisséeff)教授校读,并撰写目录前言。关于日籍书本式书目,本馆正在与岩波书店(Iwanami Shoten)、Kaimei-do公司(Kaimei-do and Co.)以及日本图书馆株式会社等公司商谈印刷事宜,一旦确定合适的公司,我们会将收录儒家经典、哲学和宗教类书籍的第一卷书目寄送至日本排版。在1950年4月份的董事会会议上,投票表决通过为印刷中日文图书馆目录拨款14000美元。迄今为止,我们仅向日本的哈佛同学会(Harvard Club)寄去5000美元。由于日本物价水平迅速增长,董事会表决批准拨付的经费总额可能只够印刷日籍书本式目录的费用。因此我想建议董事会再拨一部分经费,至少 10000 美元,用于在未来的 5 年内印刷汉籍书本式目录。关于中文善本书目录,虽然这样收集善本书不是我们图书馆的目标,但在购买必要的研究资料过程中,许多善本书和稀有版本入藏博伊斯顿堂。在很多情况下,很多合适的版本都是珍稀版本,因此我们必须购买。图书馆现收藏有近千册明(1368—1643)版书,还有许多清初康熙(1662—1722)和乾隆(1736—1795)时期的书,部分宋(960—1279)、元(1280—1368)版本古籍,以及一些非常有趣的手稿。普查博伊斯顿堂的善本书,并且按照中国的传统形式,以简化的书本式目录格式出版一部善本书的简明目录,对图书馆来讲,是一项非常有价值的工作。在香港或日本出版一部这样的目录需要 750 美元的经费。4. 阅览室与借阅服务。我需要继续向学社社长和董事会重申,图书馆空间十分紧张,已经没有空间安置藏书。虽然前文理学院院长 Paul H. Buck 博士同意资助在博伊斯顿堂东翼三楼建书库的全部费用的 2/3,然而到目前为止仍未有任何进展。我认为在开学期间建三楼的书库,会严重影响师生们使用图书馆,所以建议在三楼西侧不经常用到的 30 号房间设置临时书架(钢筋书架或木书架)。1953 年夏天,本馆对从 100—999 儒家经典类到 7000—8999 科学技术类的中文馆藏进行了部分清点工作,发现很多图书丢失。我们接下来的工作是寻找丢失的书或错架的书……图书馆花费了大笔经费用于清点图书和查找丢失的图书,因为我们正在查找一年前(即 1952 年夏)日文藏书清点时发现丢失的图书。另外,图书馆的藏书条件不利于保存珍贵书籍,因为有太多的入口通往书库的不同区域。5. 流通服务和参考咨询工作。

馆藏外借统计(1952 年 7 月 1 日—1953 年 6 月 30 日)

文献语种	中文	日文(含韩文)	西文	合计
外借种数	1332	703	753	2788
外借册数	3756	949	822	5527

1952—1953 年度,图书馆外借服务开放的时间共 264 天,44 周,日均外借图书 20 册/卷。以上馆藏流通的数据不包括隔夜借还的数量和馆内阅览的数量。另外,由于拉蒙特图书馆(Lamont Library)禁止女生入馆,所以汉和图书馆得到了拉德克利夫学院(the Radcliffe College)的特别赞助。1952—1953 年度馆际互借外借文献的数量比 1951—1952 年度少,是因为实施了新政策,向申请馆提供文献的缩微胶卷。汉和图书馆还在日本和国会图书馆购买珍稀图书的缩微胶卷。截至 1953 年 6 月,已经拥有缩微胶卷藏品 171 卷。今后,我们计划通过向日本的图书馆购买珍稀文献的缩微胶卷来扩充馆藏。1952—1953 年度,通过馆际互借向汉和图书馆借书的机构共有 39 所,共有 24 名来自其他机构的学者在汉和图书馆做研究,有些甚至在汉和图书馆做了整整一年的研究。6. 人事变动。1953 年 4 月 1 日,Shoko Aoyagi 牧师到汉和图书馆,接任日文助理一职,任职三个半月后,于 7 月中旬离开汉和图书馆前往洛杉矶。Shoko Aoyagi 牧师来自纽约日本佛教教会(the Japanese Buddhist Church)。1953 年 2 月,负责连续出版物的 S. C. Tien 小姐因为结婚而辞职。1953 年 6 月,Amy M. Mitsutomi 夫人辞职。1953 年 9 月初,高全惠星(Hesung Chung Koh)辞职。目前我们正在寻找能够协助韩文文献编目的韩文助理。William Henry Winship、刘楷贤(Liu K'ai-hsien)和吴婉莲(Dorothea Wan Lien Wu)继续在馆工作。7. 图书馆财务。

1952—1953 年度图书馆预算

开支项目		金额(单位:美元)	
图书	中文书	5000	10000
	日文书	3000	
	韩文书	1000	
	西文书	1000	
装订		2500	
保险		1500	
办公经费(特快专递、电话、电报等)		750	
设备		500	
国会图书馆合作编目		750	
薪水和津贴	阅览室主任	2700	17030
	高级中文编目员	2500	
	初级中文编目员	2300	
	首席日文编目员	2300	
	初级日文助理	1920	
	初级中文书助理	1920	
	书库管理员	1800	
	小工	700	
	社会保险与退休补贴	890	
总计		33030	

1952—1953 年度支出统计

开支项目		金额(单位:美元)	
图书	中文书	4879.85	9759.05
	日文书	3431.22	
	韩文书	759.4	
	西文书	688.58	
装订		3213.84	
图书保险		1445.82	

开支项目		金额(单位:美元)	
设备		535.68	
办公经费	水电	168.27	591.05
	印刷和文具	197.7	
	电话和电报	137.94	
	邮费和特快专递等	87.14	
国会图书馆合作编目		792.93	
薪水、津贴与退休补贴		16396.37	
合计		32734.74	

(HYL Archives：Chinese-Japanese Library of the Harvard-Yenching Institute at Harvard University Report of the Librarian for 1952-1953)

11月4日

日本图书馆株式会社(Japan Library Bureau, Inc.)主管间宫富士(Fujio Mamiya)致函裘开明：我已联系过《朝日新闻》(Asahi Shimbun)的销售代理商岩南堂书店(Gannando Bookseller)，该书店表示由于《朝日新闻》未出版过1945年和1946年的合订版，故现在已经无法提供这两年的报纸，只能提供1947年1—12月共12册以书本形式合订的《朝日新闻》以及1948年1、2、3、4、7、8、9、10、11月共9册以书本形式合订的《朝日新闻》，每册售价1美元；如果你需要订购的话，那么请及时下订单。(HYL Archives：Letter of Fujio Mamiya to Alfred K'aiming Ch'iu, November 4, 1953)

11月5日

哈佛大学比较动物学博物馆Jessie Bell Mackenzie致函裘开明，函请汉和图书馆帮助编目一批中日文图书。(HYL Archives：Letter of Jessie Bell Mackenzie to Alfred K'aiming Ch'iu, November 5, 1953)

11月7日

裘开明致函Choya贸易公司(Choya Trading Co.)：请寄来1953年10月23日目录中的《伊东忠太与他的筑地本愿寺》(Chuta Ito and his Chikuchi Hogazi)(6卷，价值32美金)及其发票，我们收到发货单后会立即汇款给你们。(HYL Archives：Letter of Alfred K'aiming Ch'iu to Choya Trading Co., November 7, 1953)

11月9日

哈佛燕京学社董事会举行董事会议。会议投票表决通过：向哈佛大学拨款5000美元，用于博伊斯顿堂东翼第三层书库的建造费用，哈佛大学则提供10000美元的拨款。会议还表决通过派裘开明赴日本两个月，为汉和图书馆购买中日文图书，为目录印刷安排初步工作，访问日本国际教会大学(Japan International Christian University)、东京女子教会大学(Tokyo Woman's Christian College)和同志社大学(Doshisha University)的图书馆。哈佛燕京学社财务支付裘开明博士的往返机票和1000美元的东京生活费。该项资金从非限制性累积基金中拨付。(HYI Archives：Trustees Minutes of November 9, 1953)

11月11日

何炳棣致函裘开明:感谢你还没等我校正式向贵馆提出借书申请,就已先行寄出我所需的图书。贵馆同事能否代查有关土地研究的材料,兹附上相关书目。我将会在明年5月初先到华盛顿,工作一两周之后再到康桥与你会面。我想还是先由我们学校正式提出借书申请,比较合乎程序,不敢再期望你的破格处理了。(HYL Archives:何炳棣致裘开明的信函,1953年11月11日)

11月12日

裘开明回复新加坡马拉雅大学图书馆馆长 Walter Ernest Clark 10月29日来信:很高兴地得知贵校终于建立了中国研究系和你们的中国研究系主任已经在日本和香港购买了80000册中文图书。我们将尽力提供我们力所能及的一切帮助……(HYL Archives: Letter of Alfred K'aiming Ch'iu to Walter Ernest Clark, Librarian, University of Malaya, Singapore, November 12, 1953)

11月20日

香港张云辉致函裘开明先生:数月前接奉6月16日挂号信谓贵图书馆以敝藏经卷价目过高,未能购买,此即奉复一函,数日后云辉即赴南洋,最近归来查所收信件内并无尊处来音,深恐邮递遗失,兹者云辉愿尽量将售价减低以便值兹乱世此物得在尊处保存,未卜贵图书馆最高能出价若干,敬希示知云辉,当乐于考虑并尽速裁答。(HYL Archives:香港张云辉致裘开明先生信函,1953年11月20日)

裘开明致函香港东方书局(Oriental Book Company):由于所寄《太平天国文物图录》系复本,故退还。请尽量避免邮寄1953年以前的出版物,如要提供,请事先寄书目让我馆选择。我们希望寄来的每批书的发票是双联发票。(HYL Archives:裘开明致香港东方书局信函,1953年11月20日)

11月23日

Choya贸易公司(Choya Trading Co.)致函裘开明,函附编号为115的估价发票复印件,其中有一套《伊东忠太与他的筑地本愿寺》(Chuta Ito and his Chikuchi Hogazi),共6卷,已按汉和图书馆订单预留,该公司会在收到汇款后立即寄出。函附邮寄地址:日本大阪大阪中心260号邮政信箱。(HYL Archives: Letter of Choya Trading Co. to Alfred K'aiming Ch'iu, November 23, 1953)

11月24日

裘开明致函日本图书馆株式会社主管间宫富士(Fujio Mamiya):汉和图书馆决定购买1947年1—12月共12册以书本形式合订的《朝日新闻》,以及1948年1—4,7—11月共9册以书本形式合订的《朝日新闻》,请用航空信寄来发货单副联,通过海路寄来图书。另请询问有没有人愿意出售1945年和1946年的《朝日新闻》。关于汉和图书馆中文图书目录的出版事宜暂时搁置。(HYL Archives: Letter of Alfred K'aiming Ch'iu to Fujio Mamiya, November 24, 1953)

11月30日

哥伦比亚大学东亚图书馆馆长 Howard P. Linton 致函裘开明:我收到堪培拉澳大利亚国立大学图书馆馆长 A. L. G. McDonald 先生的来函,他在信中询问有关《燕京学报》是否停刊一事。他刚获得该刊的1—39期,其中第39期出版于1950年12月。而哈佛大学出版社在1952年的目录上刊登的则是该刊最后一期第38期。因为我所收藏的该刊最后一期是第38期(1950年6月),并发现缺失了第37期。McDonald 询问该刊是否有第39期,如该期确已出版,那么如何才能得到第39期,以及第37期。(HYL Archives: Letter of Howard P. Linton to Alfred K'aiming Ch'iu, November 30, 1953)

刘裘翰香(Han-Hsiang Chiu Liu)致函裘开明:根据一些中国友人的建议,我专门写信给你,询问是否有到哈佛或波士顿的图书馆工作的机会。我于1940年毕业于上海中西女中(McTyeire Girls' High School),1943年6月获得上海圣约翰大学(St. John's University)文学学士学位。1949年11月到美国,后获得加州埃默里大学(Emory University)神学学士学位,主修神学,辅修教育学。目前,我在埃默里大学的神学院教书,边学习边工作。我将于今年6月获得图书馆学硕士学位。作为移民,公共图书馆、公立学校、州立大学和所有的联邦或州立机构都不允许我申请工作。另一方面,在我离开家乡上海的4年里,家中发生了重大变故,难以用语言表达。由于远离家乡和国籍问题,我很难找到一份稳定的职位。故此致函征询你的意见。因我孤身带着小孩在外,希望能给小孩一个良好而稳定的环境以塑造他的性格,因此,我不能随意尝试各种职业,不能总是变更住址。希望能找到与我的资历和经验相适合的工作。不管怎样,我会尽力学习和提高自己。感谢你的帮助。(HYL Archives: Letter of Mrs. Han-Hsiang Chiu Liu to Alfred K'aiming Ch'iu, November 30, 1953)

12月2日

华美协进社Charles Edison致函裘开明,募集资金。(HYL Archives: Letter of Charles Edison to Alfred K'aiming Ch'iu, December 2, 1953)

12月9日

裘开明从台北为汉和图书馆购买了齐如山(Ch'i Ju-shan,1877—1962)晚期收藏的中国戏曲和小说72种328册/卷。齐如山正是利用这批文献为许多著名戏曲表演家,如梅兰芳等,编写了许多剧本。这批文献大多数印于明代,由于当时政府采取禁毁的措施,所以这批文献中的一些版本非常珍稀,有些甚至是孤本。[裘开明. 哈佛燕京图书馆中文善本书(*Chinese Rare Books in the Harvard-Yenching Library*)//程焕文. 裘开明图书馆学论文选集. 桂林:广西师范大学出版社,2003.9:296—307 & HYL Archives: Note of buying book from Chi Ju-shan, Taipei, December 9, 1953]

12月21日

裘开明致函何炳棣(Ping-ti Ho)教授:9月19日和11月11日的来函收到,在你提供的有关中国土地问题的目录中,我馆仅有其中一种文献。我想在华盛顿的美国农业部图书馆会收藏有更多这样的出版物。关于中国可耕地和已耕地的评估,你可以从本函所列的出版物中找到一些有用的信息。我认为中国在其漫长的历史中,从未曾将多于其全部土地的12%的面积作为耕地,现在中国可耕地面积总量不会超过其全部面积的15%至20%,在未来希望能够通过将边缘干旱的土地和被水淹没的土地变成可耕种土地之后,中国的可耕地面积能够占全部面积的25%—30%。我想你可能会认为我的这种观点非常悲观,我希望你的研究能对我这样的看法有所纠正。(HYL Archives: Letter of Alfred K'aiming Ch'iu to Ping-ti Ho, December 21, 1953)

12月24日

文久堂(Bunkyudo)H. Isoda致函裘开明:本书店长期负责汉和图书馆业务的Kenro Tanaka突然去世,现由我来接管汉和图书馆业务。我们已收到你寄来的第16号目录的订购单,现正在处理中。(HYL Archives: Letter of H. Isoda to Alfred K'aiming Ch'iu, December 24, 1953)

12月26日

何炳棣致函裘开明：希望你费神为我查找土地研究资料。我发现官方的土地数字是纳税单位，我认为民国时若干县份曾举行过土地呈报或测量，但是就《地政月刊》的零散数字来看，已发现《统计月报》和专家的估计都过低。这是因为民国统计专家仍不免受几百年官方数字影响。至于耕地面积，当代若干估计均相当接近事实，而我认为你的意见更为合理。希望得到你的赐教。(HYL Archives：何炳棣致裘开明信函，1954年12月26日)

12月31日

裘开明致函文久堂书店(Bunkyudo) H. Isoda，对 KenroTanaka 的去世表示哀悼，并询问是否收到3506.14美元的购书款项。(HYL Archives：Letter of Alfred K'aiming Ch'iu to H. Isoda, December 31, 1953)

本年

裘开明被任命为远东协会(Far Eastern Association)代表，该协会是美国图书馆协会的特别委员会，与国会图书馆东方文献整理委员会合作，从事东方文献的编目工作。自此，裘开明开始着手制定东亚文献编目的统一标准规则。(HYL Archives：Eugene Wu. Alfred Kaiming Chiu and the Harvard-Yenching Library, 1984)

威廉姆·肖纪念基金会(The William Shaw Memorial Fund)资助汉和图书馆购买韩文书籍。(HYL Archives：A Brief Chronology of the Korean Section, Harvard-Yenching Library)

在哈佛大学日本校友会(Harvard Club of Japan)的推荐下，自本年起，汉和图书馆在日本通过文光堂(Bunkōdo Book Store)购书。这是由一诚堂出口部(Export Department of the Isseido)的前经理成立的一家小书店。在此期间汉和图书馆仍从一诚堂和日本出版贸易株式会社(Japan Publications Trading Company)购书。但因为佛蒙特州拉特兰(Rutland, Vt)的 Charles E. Tuttle 公司的价格高于其他日本书店的供货价，故逐渐地停止与该公司合作。(HYL Archives：Chinese-Japanese Library of the Harvard-Yenching Institute at Harvard University Report of the Librarian for 1961-1962)

1954年
57岁

1月4日

Choya贸易公司(Choya Trading Co.)致函裘开明：根据汉和图书馆的订单，我们已于1月3日发货，5包图书将会于下个月底寄达汉和图书馆。(HYL Archives：Letter of Choya Trading Co. to Alfred K'aiming Ch'iu, January 4, 1954)

1月5日

日本图书馆株式会社主管间宫富士(Fujio Mamiya)致函裘开明：我已向岩南堂书店(Gannando Bookseller)递交了《朝日新闻》的订购单。今日也已将购得的所有《朝日新闻》分两个包裹通过航运寄往贵馆，但是仍缺少1949年6月号的《朝日新闻》合订本，待我们搜访到后再邮寄给你。1945年和1946年的《朝日新闻》我们无法找到纸质版,你们是否可以购买缩微胶卷? 我们已和日本国会图书馆协商了制作1945年和1946年各期《朝日新闻》缩微胶卷一事……另请你寄给我几期《哈佛图书馆评论》(Harvard Library Review)。(HYL Archives:Letter of Fujio Mamiya to Alfred K'aiming Ch'iu, January 5, 1954)

1月11日

费正清(John King Fairbank)教授致函裘开明:袁同礼(Yuan Tung-li)建议我们应当从香港获得《文汇报》,因为《文汇报》比其他日报包含的经济新闻更多。我总的感觉是我们可能已经有了《文汇报》,如果没有,那么你不认为我们应该做此事吗?(HYL Archives:Letter of John King Fairbank to Alfred K'aiming Ch'iu. January 11,1954)

1月12日

裘开明致函日本图书馆株式会社主管间宫富士(Fujio Mamiya):在日本国会图书馆制作《朝日新闻》缩微胶卷的费用太高,而且我相信美国各图书馆合作制作外国报纸缩微胶卷的项目不久将可以扩展到日文报纸领域,而美国国会图书馆可能藏有1945年和1946年的《朝日新闻》,因此我们可等待在美国与其他图书馆合作制作《朝日新闻》的缩微胶卷。另外,烦请你帮忙询问朝日出版社(Asahi Press)是否出版过1945年、1946年以及战争期间《朝日新闻》的精简本。(HYL Archives:Letter of Alfred K'aiming Ch'iu to Fujio Mamiya, January 12, 1954)

裘开明致函哥伦比亚大学远东图书馆馆长 Howard P. Linton:请原谅我未能早点回复你11月30日来函,因为我在努力帮你查找《燕京学报》(Yenching Journal of Chinese Studies)第37期和39期的馆藏复本。不幸的是,我们没有这两期的任何复本,但我们有该学报第1—4期的复本。第39期是1950年12月出版的,你可尝试查找一下香港和日本的书店有没有这两期,尤其是香港九龙青山公路82号东方书局(the Oriental Book Co.)和日本京都左京区临川书店。衷心祝愿过一个非常愉快的、圆满的新年。(HYL Archives:Letter of Alfred K'aiming Ch'iu to Howard P. Linton, January 12, 1954)

1月14日

哥伦比亚大学远东图书馆馆长 Howard P. Linton 致函裘开明:非常感谢你12日的来函,以及你帮助我们查找《燕京学报》(Yenching Journal of Chinese Studies)第37期和39期所付出的努力。我很遗憾在剑桥找不到该刊,但很感激你的建议。我们会写信给澳大利亚国立大学 A. L. G. McDonald 先生,向他提供我们的复本,以交换我们遗失的各期《燕京学报》缩微胶卷。如果这个主意没有奏效,或者只能取得一点成果,我们都会进一步努力,按照你的建议,从香港或京都购买《燕京学报》第37和39期的原版。我希望今年对你而言也是一个非常好的年头。(HYL Archives:Letter of Howard P. Linton to Alfred K'aiming Ch'iu, January 14, 1954)

裘开明致函刘裘翰香(Han-Hsiang Chiu Liu):附件是一份职位申请表,所有申请哈佛大学工作的人都需要填写,请填好并寄回。目前我无法确切地说下一学年是否有职位空缺,因为这取决于现有职员中是否有人离开。(HYL Archives:Letter of Alfred K'aiming Ch'iu to Han-Hsiang Chiu Liu, January 14, 1954)

国会图书馆东方部日文组组长 Edwin G. Beal, Jr. 致函裘开明:国会图书馆编目委员会和东方文献部已经投票决定派我前往哈佛、耶鲁以及纽约,调查将我馆全部中日文卡片进行活字印刷的可能性。关于哈佛我想了解以下几个问题:1.哈佛中文卡片活字的尺寸(每个铅字的字号,每个汉字的数量,每副活字是否不止一个尺寸等)。2.平均每本书的一张卡片排版和印刷的成本是多少……3. 假设统一的合作编目计划真的成功实施了,哈佛是否还考虑印刷自己编制的卡片?……我个人认为这些问题还不成熟,因为美国图书馆协会研究此事的委员会还没有完全组建起来,也尚未开始工作(我不是该委员会的委员,但是我听说你有可能成为委员)。但是国会图书馆编目委员会希望尽可能多地搜集信息提供给美国图书馆协会的委员会……远东协会(Far Eastern Association)年会即将在纽约召开,Marius B. Jansen写信给我,让我在4月15日星期四早上组织一场关于图书馆的分会,我已经答应了此事。我认为我们之前的分会尝试着解决太多的问题,结果却没能真正圆满地处理好任何一个问题……今年我的意见是主要关注由东方编目委员会提出的关于中日文图书主题目录的问题。在此问题上,恒慕义(Arthur William Hummel)博士和我为代表的国会图书馆东方部主张采用分类目录,但是东方编目委员会主张采用主题目录,而国会图书馆很有可能把东方编目委员会的意见提交给美国图书馆协会,因此我计划在此次远东协会年会上,请加州大学东亚图书馆的艾尔文(Richard Gregg Irwin)和哥伦比亚大学东亚图书馆的代表分别介绍中日文图书主题目录的经验,请你介绍汉和图书馆使用分类目录的经验。我会在开会前把加州大学和哥伦比亚大学代表的发言寄给你,以便你可以有针对性地进行反驳。我保证会尽我最大的努力让美国图书馆协会联合会接受你的意见。(HYL Archives:Letter of Edwin G. Beal, Jr. to Alfred K'aiming Ch'iu, January 14,1954)

1月16日

《远东季刊》(*Far Eastern Quarterly*)编辑John W. Hall致函裘开明:我们正在准备进行一项针对国内外著名的东方图书馆的详细调查,接下来的几年中,我们将在这一领域内开展调查,我相信《季刊》的读者们会非常欢迎我们刊登有关东方文献迅速增长的状况等信息。因此我想向各图书馆的馆长征集从各个方面描述其图书馆的简单报告。随函附上一份我们所需要的这类报告的样本……你可从中看出,我们感兴趣的是关于贵馆东方文献发展的历史、藏书以及馆员的性质、馆藏资源最关注的领域、吸引研究者的特色文献、未来采访工作的总体政策等。(HYL Archives:Letter of John W. Hall to Alfred K'aiming Ch'iu,January 16,1954)

1月22日

裘开明致函哥伦比亚大学远东图书馆馆长Howard P. Linton:热烈祝贺你完成了不朽的著作《高第(Henri Cordier)中国书目作者索引》。请你寄给我两本及其双联发票。并请将这部重要著作的出版通知寄给以下两人:康奈尔大学西文部的Rudolf Lowenthal博士,他的《高第俄文著作索引》几年前就完成,但尚未出版,我看过他的手稿。袁同礼(Yuan Tung-li)博士(地址:60 Orchard Street,Cambridge 38,Mass.),他正在洛克菲勒基金的支持下增补高第的《中国学书目》。我对你在1954年所取得的成功和得到的快乐致以美好的祝福。(HYL Archives:Letter of Alfred K'aiming Ch'iu to Howard P. Linton,January 22,1954)

裘开明致函哈特福特神学院(Hartford Theological Seminary)图书馆馆长Henry Allan Gleason, Jr.博士:能否请你告诉我们,贵馆是否会再次出售你们购买的《汉籍分类目录》印刷卡片(一套从编号1到12195,以及另外半套从编号7091到12195)给我们?因为我们收到几个海外请求,需要这些卡片,而我们这里的库存已经耗尽了。我们将很愿意支付总数为185.5美元的费用,外加正常的3%的银行利息。如果贵馆已经使用这些卡片,并且希望保存这些卡片,我们需要你提供一份书面说明。(HYL Archives:Letter of

Alfred K'aiming Ch'iu to Henry Allan Gleason, Jr., January 22, 1954)

1月23日

哥伦比亚大学远东图书馆馆长 Howard P. Linton 致函裘开明,商讨两馆开展复本图书交换工作的相关事宜。(HYL Archives: Letter of Howard P. Linton to Alfred K'aiming Ch'iu, January 23, 1954)

1月25日

裘开明致函费正清(John King Fairbank)教授:兹附上一份日文期刊目录,其中包括你的《日文现代中国著作书目》(*Bibliography of Japanese Works on Modern China*)所引用的重要期刊。你可以在你引用的日文期刊后面加上索书号。我们已经订购了所有没有索书号的日文期刊,一旦收到这些新的期刊,我们就会寄给你我们的索书号……(HYL Archives: Letter of Alfred K'aiming Ch'iu to John King Fairbank, January 25, 1954)

哈佛大学法学院图书馆编目部 Margaret Moody 致函裘开明:兹奉送一套法学院图书馆新增日文图书的目录卡片,不知对汉和图书馆是否有用,如有用,我们将会陆续寄送这些目录。(HYL Archives: Letter of Margaret Moody to Alfred K'aiming Ch'iu, January 25, 1954)

哥伦比亚大学远东图书馆馆长 Howard P. Linton 致函裘开明:感谢你22日来函,我们会尽快将《高第(Henri Cordier)中国书目作者索引》寄来。我对这项工作甚感抱歉,当我见到你后会向你解释原因……我也将函告 Rudolf Lowenthal 这件事情,感谢你的建议。今天上午,我收到自香港东方书局(the Oriental Book Co.)寄来的一份报告,很遗憾现在已经没有《燕京学报》(*Yenching Journal of Chinese Studies*)第37期和39期。我正试图向采访部递交一份图书订购单,请求哈佛提供缩微胶卷。此事是否合理?如不妥,我会立刻停止此项申请。Edwin G. Beal, Jr. 来函说明远东协会(FEA)会议的图书馆会议,似乎非常有趣。我希望这次会议能成功举办。我希望明天你就能收到那几期一直没有收到的《日文图书采购通报》(*Notes on Selected Japanese Acquisitions*)。函附《高第中国书目作者索引》出版介绍。(HYL Archives: Letter of Howard P. Linton to Alfred K'aiming Ch'iu, January 25, 1954)

1月28日

刘裘翰香(Han-Hsiang Chiu Liu)致函裘开明:我已经将申请表填好并寄回。若有需要,我可来贵馆参加面试。非常感谢你的帮助!(HYL Archives: Letter of Han-Hsiang Chiu Liu to Alfred K'aiming Ch'iu, January 28, 1954)

1月29日

裘开明致函香港东方书局(Oriental Book Company)H. C. Tien:我们已经汇了600美元的购书款。非常抱歉,因为汉和图书馆和哈佛大学图书馆之间工作衔接上的错误,没有及时向你们支付购书款。函附订购图书目录一份。(HYL Archives: Letter of Alfred K'aiming Ch'iu to H. C. Tien, January 29, 1954)

1月30日

《远东季刊》(*Far Eastern Quarterly*)编辑 John W. Hall 致函裘开明:感谢你响应我们开办美国东方图书馆专栏的倡议……如果可能的话,我将负责这一栏目。季刊每期的截稿日期分别是2月15日、5月15日、8月15日和11月15日。你是否有可能在这些日期之前寄稿给我们?(HYL Archives: Letter of John W. Hall to Alfred K'aiming Ch'iu, January 30, 1954)

2月2日

裘开明致函芝加哥大学历史系普利查德(Earl Hampton Pritchard)教授:感谢你为汉和图书馆制作京都内阁文库(the Naikaku Bunko)所藏明代朱纨(1492—1549)著《甓馀集》善本的缩微胶卷。该著中的《茂边纪事》在我馆所藏《金声玉振集》内有收录,我馆于1952年通过国会图书馆的合作编目计划为该书编制了一套印刷目录卡片,卡号为:No. C52—8151。此前你要求我馆帮你查找的明代著作,我馆皆有收藏,请提供书名,我们会为你制作缩微胶卷,但最好的方式是你来我馆阅览这些书籍。(HYL Archives:Letter of Alfred K'aiming Ch'iu to Earl Hampton Pritchard,Febrary 2,1954)

裘开明致函哈佛大学法学院图书馆编目部 Margaret Moody:感谢你寄来贵馆日文图书目录卡片,希望日后贵馆每增加一种日文书,都能赠给我馆4—5张相应的目录卡片。(HYL Archives:Letter of Alfred K'aiming Ch'iu to Margaret Moody, February 2,1954)

国会图书馆东方部日文组组长 Edwin G. Beal, Jr. 致函裘开明,询问裘开明是否会出席在纽约举行的远东协会(FEA)年会,如果出席,论文题目是什么。(HYL Archives:Letter of Edwin G. Beal, Jr. to Alfred K'aiming Ch'iu, February 2, 1954)

2月5日

裘开明致函国会图书馆东方部日文组组长 Edwin G. Beal, Jr. 博士:我很高兴采纳你的建议,出席4月份在纽约召开的远东协会(FEA)会议,我将撰写并提交一篇关于反对为中日文目录卡片增加英文主题词的论文,正式的论文题目是:《在有限的预算下合理编制中日文图书主题目录的方法》(What is the Adequate Subject Approach to Chinese and Japanese Books under a Restricted Budget)。我完全同意你、恒慕义(Arthur William Hummel)博士、吴光清(Kuang-Tsing Wu)博士以及其他国会图书馆日文组人士的观点,即在美国远东图书馆目前尚未对其馆藏在书名和作者上得到合理的控制与发展的前提下,以及在东亚图书馆的管理层普遍抱怨编目成本高的情况下,浪费时间和经费,为非专业人员和读者在中日文目录卡片上增加英文主题目录是不明智的做法。我认为远东图书馆目前的责任在于:确保各图书馆对馆藏资源的完全控制;通过在中日文目录卡片上提供完全的罗马化拼音来节省读者的时间;建立完整的作者和书名联合目录,供国家研究和馆际互借服务。我希望所有的图书馆馆长能承认他们并不是任何领域的专家,他们只具有为专家和学生提供中日文图书的某些作用。(HYL Archives:Letter of Alfred K'aiming Ch'iu to Edwin G. Beal, Jr., Febrary 5, 1954)

日本文久堂书店(Bunkyudo)M. Tanaka 致函裘开明:我们已收到3402.77美元的购书款支票。函附包括216箱177种959册中文书籍,以及日文书、韩文书和其他费用在内的共计584.76美元的发票,请贵馆付款。我公司现正在安排向贵馆寄运日文书籍,稍后中文书会以法日研究所的名义寄出,其后再寄韩文书籍。(HYL Archives:Letter of M. Tanaka to Alfred K'aiming Ch'iu, February 5, 1954)

2月8日

日本文久堂书店(Bunkyudo)M. Tanaka 致函裘开明,告知已收到463.37美元的支票。另有179册日文书籍正在进行报关,希望可以安全抵达。(HYL Archives:Letter of M. Tanaka to Alfred K'aiming Ch'iu, February 8, 1954)

2月11日

裘开明致函国会图书馆东方部日文组组长 Edwin G. Beal, Jr.:关于哈佛的汉字活字规格,20年前,我馆首次从中国(上海商务印书馆)和日本(大日本印刷株式会社[Dai

Nippon Printing Type Co.],东京银座七丁目)购得铅字,现在共有9000个字,包括日文假名……只有一种字号,即5号字……关于我馆在哈佛大学印刷厂排版和印刷中文卡片的成本:战争期间,美国政府从太平洋沿岸的一两家印刷机构缴获了一些中文活字,并借给哈佛大学印刷厂为美国陆军和海军印刷中日文教学书籍,他们聘请了一名日裔美国人从事排版工作。由于美国海军和陆军的需要,哈佛大学印刷厂在1945年6月至1947年4月期间为我馆印刷了一些中文卡片。所以我们的工作只是哈佛大学印刷厂顺便进行的。尽管如此,每张卡片的成本还是很高。以每种书印刷70张卡片计算,平均每种卡片的成本为3.54美元。如果不是战争的需要,我校印刷厂绝对不会为我馆印刷这些卡片……我认为如何在美国开展起真正的合作编印中日文书籍目录卡片项目是一个大问题,要克服很多困难最后才能取得成功。如果你愿意,你可以在即将到来的4月份纽约会议上提出这个问题。(HYL Archives: Letter of Alfred K'aiming Ch'iu to Edwin G. Beal, Jr., February 11, 1954)

耶鲁大学图书馆远东图书馆馆长Warren M. Tsuneishi致函裘开明:我的一位日本东京的朋友、耶鲁神学院博士生Masap Takenaka先生对贵馆所藏有关日本新教现代史,尤其是日本新教与社会运动的关系的资源非常感兴趣。如果贵馆能够对这位学生提供帮助,我将极为感激。(HYL Archives: Letter of Warren M. Tsuneishi to Alfred K'aiming Ch'iu, Febrary 11, 1954)

2月15日

裘开明致函美国移民归化局,介绍吴婉莲(Dorothea Wan Lien Wu)在汉和图书馆的工作内容、工作表现、人际关系,函请移民局根据1953年的《难民法》(Refugee Act),延长吴婉莲在美国的签证。(HYL Archives: Letter of Alfred K'aiming Ch'iu to Immigration and Naturalization Service, February 15, 1954)

间宫富士(Fujio Mamiya)致函裘开明,告知已经收到哈佛燕京学社财务部汇来的《朝日新闻》的订购款。(HYL Archives: Letter of Fujio Mamiya to Alfred K'aiming Ch'iu, February 15, 1954)

2月17日

国会图书馆东方部日文组组长Edwin G. Beal, Jr.致函裘开明:我已将你的论文题目交给今年的会议议程委员会主席Marius B. Jansen博士,并添加到印刷的会议议程中。感谢你向我提供有关卡片印刷成本的信息。我在促成中日文合作编目项目问题上遇到了巨大的困难。需要告诉你的是,目前美国图书馆协会编目与分类部新组建了一个名为东方文献编目委员会(Cataloging of Oriental Materials)的组织,主席为华盛顿大学图书馆的Maud L. Moseley小姐。(HYL Archives: Letter of Edwin G. Beal, Jr. to Alfred K'aiming Ch'iu, February 16, 1954)

2月19日

贝克图书馆(Baker Library)馆长Arthur H. Cole致函裘开明:随函附一份《一桥大学企业史目录》(Company Histories in Hitotsubashi University),该目录是为商业历史学会准备的、在日本所能找到的大部分的商业史。我想知道你是否希望核查贵馆有多少种图书包含在该目录内?我希望能和你共同荐购一些其他的书籍。随着人们对日本经济和商业发展的日益关注,哈佛似乎应该拥有一些更重要的企业史文献,即使是一些日文文献。(HYL Archives: Letter of Arthur H. Cole, Librarian of Baker Library to Alfred K'aiming Ch'iu, February 19, 1954)

2月20日

何炳棣致函裘开明：感谢你向我提供的借书帮助，我曾在日前向贵馆提出几本书的馆际互借申请，其中包括董其昌的《神庙留中奏疏汇要》。而这本书我几周前就曾向华盛顿大学函借，但始终都未收到回复消息。今早我突然收到了这本书，所以特致函告知你如果书还没寄出，就请取消。我曾委托（杨）联陞兄询问贵馆收藏的北平图书馆在战时暂存于国会图书馆的善本书的缩微胶卷情况。据说这些善本书并没有全部缩微复制，但不知明代方志中比较重要的部分是否已缩微复制。因为我将会在春夏之间大量翻阅明代史料，希望能在剑桥久住，只有万不得已，才去华盛顿。（HYL Archives：何炳棣致裘开明信函，1954年2月20日）

2月24日

裘开明致函何炳棣（Ping-ti Ho）：我馆已通过馆际互借寄出你所需的几种图书。我很高兴得知你在5月和6月会再次来访利用我馆。欢迎你来我馆参考我们所有的明版明代资料，但是我们不会在国会图书馆购买明代方志的缩微胶卷。我馆的政策是：不会向美国其他图书馆购买易于获得的任何资料。因为我们认为访问学者可以到华盛顿使用这样的缩微胶卷，或者他们自己的图书馆将会从华盛顿首府为学者订购这样的缩微胶卷，所以我们留出我们的经费购买在日本的中文善本图书。（HYL Archives：Letter of Alfred K'aiming Ch'iu to Ping-ti Ho, February 24, 1954）

2月25日

哈佛学院图书馆副馆长Douglas W. Bryant致函Tadatoshi G. Kumatsu：我馆未来一年没有可提供的职位空缺，而我相信你特别适合图书馆员职位，我已将你的求职信转给哈佛燕京学社汉和图书馆馆长裘开明，汉和图书馆或许有职位空缺。兹附上职位申请表，请填好后尽早寄回。（HYL Archives：Letter of Douglas W. Bryant to Tadatoshi G. Kumatsu, February 25, 1954）

2月26日

日本文久堂书店（Bunkyūdo）M. Tanaka致函裘开明，告知2月10日通过挂号包裹寄出179册日文书籍，共有编号为J1—J16号的16个防水包裹，实际价值314.74美元，装运费和保险分开计算。（HYL Archives：Letter of M. Tanaka to Alfred K'aiming Ch'iu, February 26, 1954）

裘开明致函贝克图书馆（Baker Library）馆长Arthur H. Cole博士：在你寄来的173种有关日本企业史书目中我们只有其中的20种，并标记为H。这20种图书大部分都是通过贵馆从日本获得的。因为这些日本企业史实际上与美国企业报告和内部刊物非常相似，基本上不对外发行，我认为最好的获取方式是直接与相关的公司联系，用哈佛商学院的出版物进行交换。当然，你也可以致函东京的美国大使馆商务大使随员，请求他们为收集这种报告提供协助。这些公司史的主题并不在哈佛燕京学社感兴趣的领域内，所以我馆不会为获得这类出版物而做什么努力。（HYL Archives：Letter of Alfred K'aiming Ch'iu to Arthur H. Cole, Librarian of Baker Library, February 26, 1954）

3月1日

何炳棣（Ping-ti Ho）致函裘开明：2月24日来函收悉，非常感谢你向我解释你为什么没有为哈佛燕京购买国会图书馆的明代方志缩微胶卷。我想这是非常明智而又有远见的政策，你可以从日本购买缩微胶卷和善本图书以节约经费。在过去的25年中，你小心规划并致力于汉和图书馆的管理和发展，使其成为一个大型、对远东研究领域的研究者和高年级学生而言无价的研究型图书馆。这决不是巧合。从现在起,我相信他们将会发现汉和图书馆如此迅速的发展和壮大……因为我必须在 3 月 31 日的财政期限之前报告研究的支出,因此我再次向贵馆提出馆际互借申请,借阅一些中文图书。事实上,从去年秋天至今,我不断地受惠于你热心的帮助,使我这样一位远离研究中心的学者能够从贵馆借阅图书。我诚挚地感谢你和你的员工,我期待在 5 月底或 6 月初再次与你会面。(HYL Archives:Letter of Ping-ti Ho to Alfred K'aiming Ch'iu, March 1, 1954)

3 月 4 日

裘开明致函国会图书馆东方部日文组组长 Edwin G. Beal, Jr. 博士:感谢你 2 月 16 日的来函,关于编制中日文目录卡片主题词一事,我的看法是,目前大多数图书馆财政经费紧张,预算有限,由哈佛燕京学社汉和图书馆承担这一额外的工作是不可能的。一旦我们承担了此项工作,就会使我馆的常规编目工作出现滞后,我们将会遗留下比目前数量更多的未编目书籍。但是,我建议你们从 1954 年 7 月 1 日起在国会图书馆累积(作者)目录中收录中日文图书作者目录,以使贵馆的计划看起来更具有建设性和更为乐观。你们或许可以在 4 月纽约的远东协会(FEA)会议上宣布这一计划。我认为国会图书馆在接受各图书馆提交目录卡片的开始阶段尽可能少地设置限制条件是比较明智的。你曾经在 1952 年波士顿会议上指出:哈佛、国会图书馆、芝加哥大学、哥伦比亚、加州大学以及华盛顿大学等在目录卡片上具有一致性,并且其目录卡片可以互换。我认为这种一致性的两个基本条件是:1. 以作者款目为单元卡的主要形式;2. 作者和书名的罗马化拼音置于卡片底部……(HYL Archives:Letter of Alfred K'aiming Ch'iu to Edwin G. Beal, Jr., March 4, 1954)

3 月 5 日

裘开明致函香港东方书局(Oriental Book Company),订购《新华月报》的缺期,并请东方书局函寄上一年度的购书账目报表。(HYL Archives:Letter of Alfred K'aiming Ch'iu to H. C. Tien, March 5, 1954)

3 月 12 日

何炳棣致函裘开明:我在你们借给我的书中发现内有《内阁大库现存清代汉文黄册目录》,喜出望外……另外,我已函请国会图书馆提供有关山西、宁波和徽州地方志的缩微胶卷。早期广州的地方志,似多已散佚,甚为可惜。(HYL Archives:何炳棣致裘开明信函,1954 年 3 月 12 日)

3 月 13 日

临川书店(Rinsen-Shoten)致函裘开明:感谢你长期以来的支持……去年秋天,东京文久堂经理 Kenro Tanaka 先生去世了,他的继承人年龄还太小,不能继承他的事业,公司可能不会再继续下去了。该公司从事的是书籍事业,由 Keitaro Tanaka 创办,Kenro 的前辈开始从事中文书籍的买卖事业,至今已经历时半个世纪。我作为 Keitaro Tanaka 的堂弟,代表他感谢你长期以来对他的事业的支持……我们计划举办一个书展,附件是书展目录,我们很愿意为你服务……(HYL Archives:Letter of Rinsen-Shoten to Alfred K'aiming Ch'iu, March 13, 1954)

3 月 20 日

香港东方书局(Oriental Book Company)H. C. Tien 致函裘开明,汇报处理汉和图书馆订书单的进展,以及结算购书款等事宜。(HYL Archives:Letter of H. C. Tien to Alfred K'aiming Ch'iu, March 20, 1954)

M. Tanaka致函裘开明,汇报最近向汉和图书馆寄来一批中韩文书籍的情况。(HYL Archives: Letter of M. Tanaka to Alfred K'aiming Ch'iu, March 20, 1954)

3月24日

裘开明致函国会图书馆东方部主任恒慕义(Arthur William Hummel),回顾恒慕义在国会图书馆工作期间取得的巨大成绩,祝贺恒慕义光荣退休。(HYL Archives: Letter of Alfred K'aiming Ch'iu to Arthur William Hummel, March 24, 1954)

3月26日

国会图书馆东方部日文组组长Edwin G. Beal, Jr.致函裘开明:感谢你3月4日来函提出的建议,国会图书馆正在考虑中。由于东方部的中日文文献编目方法在国会图书馆内部受到很多抨击,所以,编目工作能否继续进行尚不可知,现在正在等待国会图书馆以及美国图书馆协会的决定。兹附上国会图书馆考虑将来使用的远东图书目录卡片样版6张。(HYL Archives: Letter of Edwin G. Beal, Jr. to Alfred K'aiming Ch'iu, March 26, 1954)

3月31日

裘开明致函美国国会图书馆日文组组长Edwin G. Beal, Jr.博士:很高兴收到你3月26日的来信和所附的将考虑未来用于远东图书的6张卡片样本。我个人认为贵馆编目部坚持按照俄文、希伯来文和希腊文书籍的编目原则对远东书籍进行编目,从技术上而言是合理的,特别是贵馆希望将中文和日文书籍卡片纳入国会图书馆累积(作者)图书目录中。为了团队利益和福利,以及促进美国中日文书籍合作编目的进一步实现,哈佛已经准备好放弃我们原有的卡片格式,虽然该卡片格式在哈佛和燕京使用了很长时间,且使用效果令人满意。分析国会图书馆斯拉夫语卡片,我们注意到以下几点:第一,罗马化并根据国会图书馆1949年《描述性编目规则》规定的作者标目;第二,原文字的书目著录;第三,根据国会图书馆规则规定的格式所作的英文稽核项;第四,英文注释;第五,原文字内容;第六,根据国会图书馆西文卡片格式所作的英文回溯。以上几点,我希望你、吴光清(Kuang-Tsing Wu)博士以及哈佛成员可以同意第二点,即以原文字进行书目著录。我们直接的意见如下:第一,描述需采用原文字,除括弧内表示日期的阿拉伯数字外,不应使用其他任何文字;第二,出版项需使用标准中文(或日文)顺序,即时间、地点、出版者或印刷者、印刷方式;第三,丛书注释应加括弧置于出版项的后面,因为根据中国或日本的书目传统,丛书是出版项而非稽核项的一部分。随信附上建议的格式。请与吴博士讨论以上几点,并告知我们贵馆的决定。国会图书馆编目部的人不懂中文或日文,因此最后款目的顺序和格式及使用文字还将由我们来决定。无论如何,我们关于美国中日文图书编目的观点如此接近,这真是让人兴奋。如果我们能迈出这一步,我们远东图书馆员一定能对国会图书馆的权威人士作出贡献……(HYL Archives: Letter of Alfred K'aiming Ch'iu to Dr. Edwin G. Beal, Jr., Chief, Japanese Section, Library of Congress. March 31, 1954)

裘开明致函密歇根大学历史系教授、《远东季刊》(*Far Eastern Quarterly*)编辑John W. Hall:感谢你请贵校出版社寄给我你的著作《日文参考书书目》,并在前言中提到我的名字。这样的赞誉总是鼓舞我去改进我馆对向你这样的学者提供的服务,去做更多超过图书馆员本职工作以外的事情。关于在《远东季刊》上刊登关于我馆的文章事宜,我希望我能在5月15日之前把稿子寄给你。待4月份在纽约参加远东协会会议时,我们再详谈关于文章的事情。(HYL Archives: Letter of Alfred K'aiming Ch'iu to John W. Hall, March 31, 1954)

4月1日

裘开明致函亚特兰大大学图书馆学院院长 Virginia Lacy Jones:得知贵校今年有一日本学生,随信附上职位申请表一份,若他有兴趣于今年7月1日起来我馆担任实习生,请让他填写申请表并寄回,该职位年薪2100美元,每周工作35个小时,附带一个月的暑期。(HYL Archives:Letter of Alfred K'aiming Ch'iu to Mrs. Virginia Lacy Jones, April 1, 1954)

裘开明致函密歇根大学图书馆学院院长 Rodolph H. Gjelsness:得知贵校今年有一日本学生,随信附上职位申请表一份,若他有兴趣于今年7月1日起来我馆担任实习生,请让他填写申请表并寄回,该职位年薪2100美元,每周工作35个小时,附带一个月的暑期。(HYL Archives:Letter of Alfred K'aiming Ch'iu to Rodolph H. Gjelsness, April 1, 1954)

4月4日

哥伦比亚法律图书馆 Richard Lane 博士致函裘开明:我正在为《哈佛亚洲学报》(*Harvard Journal of Asian Studies*)撰写评论文章,请你告诉我哈佛的日文藏书中有没有井原西鹤(Ihara Saikaku)的任何初版著作? 如果你能给我任何信息,将不胜感激。(HYL Archives:Letter of Richard Lane to Alfred K'aiming Ch'iu, April 4, 1954)

4月5日

裘开明致函卡耐基图书馆学院副院长(Carnegie Library School)Elizabeth Nesbitt:哈佛大学图书馆馆长 Keyes D. Metcalf 先生已将你为 Leo Chang 先生求职写的推荐信转交给我。非常遗憾我馆今年没有职位空缺。(HYL Archives:Letter of Alfred K'aiming Ch'iu to Elizabeth Nesbitt, April 5, 1954)

4月6日

王方宇致函裘开明:在剑桥诸承指教,并惠予便利,极为感荷。齐藏多孤本,归入贵馆收藏,深幸物得其主。今将所见小说类杂录笔记奉呈一阅,时间仓促,未得其详,且未录副本。请于阅毕,掷还为幸。其中有数种方宇拟请制作缩微胶卷,不审可获。允准否? 贵馆图书编目、保管、汇集,皆有独到之处,有功艺林,极为钦仰。盼得机再来造访,籍多聆教。阁下过纽黑文(New Haven)时,亦请过我一谈,是所至盼。(HYL Archives:王方宇致裘开明信函,1954年4月6日)

耶鲁大学图书馆远东图书馆馆长 Warren M. Tsuneishi 致函裘开明:耶鲁大学收藏的《人民日报》、《大公报》、《中央日报》3种中文报纸不完整,贵馆是否收到上述报纸,是否有计划将其缩微出售或捐赠? 我期盼在即将召开的远东协会会议上与你会面。(HYL Archives:Letter of Warren M. Tsuneishi, Director of Yale University Far East Library, to Alfred K'aiming Ch'iu, April 6, 1954)

4月9日

国会图书馆东方部代理主任 Edwin G. Beal, Jr. 致函裘开明,感谢裘开明对合作编目计划的大力支持,希望裘开明能够入选美国图书馆协会的专门委员会,推进合作编目计划的发展。(HYL Archives:Letter of Edwin G. Beal, Jr. to Alfred K'aiming Ch'iu, April 7, 1954)

裘开明致函耶鲁大学图书馆远东图书馆馆长 Warren M. Tsuneishi:4月6日来函收悉,汉和图书馆已收到《人民日报》、《中央日报》和《文汇报》。因我馆所藏《人民日报》有部分缺期,贵馆是否有多余的《人民日报》可提供给我馆以补齐缺期? 报纸的缩微成本非常昂贵,据我所了解,美国研究图书馆协会下属的一个委员会已经在实施报纸缩微工作。哈佛大学图书馆 David Weber 先生负责所有语种报纸的缩微计划,如果贵馆希望购买任何中日文报纸的缩微胶卷,请致函 David Weber 先生。(HYL Archives: Letter of Alfred K'aiming Ch'iu to Warren M. Tsuneishi, Director of Yale University Far East Library, April 9, 1954)

裘开明致函哥伦比亚法律图书馆 Richard Lane 博士:我馆仅有井原西鹤(Ihara Saikaku)几种著作第一版的影印本,如《日本永代藏》(1688)、《西鹤诸国奇闻》(1685,第1—2卷)……(HYL Archives: Letter of Alfred K'aiming Ch'iu to Richard Lane, April 9, 1954)

4月11日

美国文化中心 Gregory Henderson 致函叶理绥(Serge Elisséeff)教授:日本京都似乎是东方文献流入哈佛馆藏盆地的排水口。兹附上一份汉和图书馆用于补充韩文馆藏的订购书目。订购书目中的韩国图书在书市上不常见,很多之前买到的书现在很难再获得,这些图书出现在近期的大型的京都书店拍卖会上。此外,感谢哈佛燕京学社寄给美国文化中心很有用处的资料。(HYL Archives: Letter of Gregory Henderson to Serge Elisséeff, April 11, 1954)

4月13—15日

裘开明出席在纽约举行的远东协会(FEA)年会,提交题为《在有限的预算下合理编制中日文图书主题目录的方法》(*What is the Adequate Subject Approach to Chinese and Japanese Books under a Restricted Budget*)的会议论文,该论文共26页,主要内容包括:(一)引言。1.主题目录中依字母顺序排列主题的重要性。2.主题目录中依字母顺序排列主题的好处:(1)任何一所图书馆都可以使用与总馆相同的分类法,在主书库中将中日文书籍混排。(2)在图书馆总卡片目录中,按英文主题词排列中日文书籍的目录卡片,以便非专业人士和普通公众使用图书馆的的中日文资源。(二)建立中日文图书字顺主题目录的难题与费用。1.语言难点与语义问题。(1)意译与音译。(2)中文音译与日文音译。2.建立主题规范档的必要性。(三)分类目录是检索中日文图书最经济的途径。1.传统分类目录的原则。(1)中日文类书的分类方法。(2)中日文期刊索引中采用的分类方法。(3)中日研究者对主题使用的习惯。(4)中日文图书馆建立各类分类目录的实用性。(5)快速编制丛书的分析目录。2.分类目录的优点。(1)分类目录的经济性。(2)可灵活为分类目录编制主题索引。(3)系统组织各个主题。(四)为中日文图书编制主题目录中,馆员与专业人士的分工。1.鼓励从事远东研究的教授编制书目和索引的必要性。2.在中国和日本开展中日文图书主题分析的主体工作。3.使用书目,自由获取分类完善的馆藏,以此替代字母主题目录。(五)美国图书馆中日文图书字顺主题目录的前景。1.在国会图书馆累积式书目(作者)与主题书目计划中合作编制中日文目录卡片。(1)国会图书馆编目部的决策。(2)关注中日文图书的主题检索。2.国会图书馆主题目录(书本式目录)最终可能被修订。国会图书馆所藏资源分类目录的优点。(1)国会图书馆决定编制主题目录,有必要先进行对美国学者意向的广泛调查。(2)作为一部国际性的书目,分类书目更有用。(3)分类目录各卷出版后,应该能够拆开出售,以专业书目的形式出售给个人。(4)分类书目应该能够替代美国各图书馆正在使用的各种字典式主题目录。在这次会议上,远东协会执行委员会决定委任裘开明担任美国图书馆协会远东资料编目专门委员会(Special Committee on Cataloging Far Eastern Materials)的远东协会代表。随后,裘开明收到美国图书馆协会编目与分类委员会主席的正式邀请函,聘请裘开明担任特别顾问。作为美国图书馆协会编目与分类委员会的特别顾问和远东资料编目专门委员会的远东协会代表,裘开明的主要职责是修订《美国图书馆协会编目条例》(*ALA Cataloging Code*, 1949)和《国会图书馆编目条例》(*Cataloging Rules of the*

Library of Congress，1949)中关于远东图书编目部分的规则。(HYL Archives：What is the Adequate Subject Approach to Chinese and Japanese Books under a Restricted Budget & Chinese-Japanese Library of the Harvard-Yenching Institute at Harvard University Report of the Librarian for 1953-1954)

4月14日

Margaret E. Baker致函裘开明，函寄转发给T. D. Downing公司的发票，请汉和图书馆提供一份海关验关所需的英文书名目录给T. D. Downing公司。(HYL Archives：Letter of Margaret E. Baker to Alfred K'aiming Ch'iu, April 14, 1954)

4月19日

密歇根大学图书馆学院院长Rodolph H. Gjelsness致函裘开明：我就贵馆提供实习生职位一事，与日籍学生June Otsuki进行了交谈，June Otsuki希望在学校多待一年，并希望1955年6月获得硕士学位后再到贵馆工作。(HYL Archives：Letter of Rodolph H. Gjelsness to Alfred K'aiming Ch'iu, April 19, 1954)

4月21日

裘开明致函Jean Gates：根据赖肖尔(Edwin Oldfather Reischauer)教授的建议，兹附上一份有关韩国人传记资料的韩文目录，其中，1—3号条目对研究韩国历史上著名的韩国作家和人物的传记资料很有价值。第3号条目是韩国学者的字号索引，我们有一份这部著作的手稿，而另一份铅印本已被东京的文久堂(Bunkyudo)列入《近期拍卖销售目录》(*Recent Auction Sale Catalog*)的661号条目。第4号条目是一份日本外国办事处的出版物，第5号条目同样是一份韩国政府的正式出版物。所有这些出版物很可能在国会图书馆内有收藏，该馆韩文编目员Edwin G. Beal, Jr.博士或Yang先生一定会告诉你如何为贵馆获得这些书。(HYL Archives：Letter of Alfred K'aiming Ch'iu to Jean Gates, April 21, 1954)

4月23日

裘开明致函美国文化中心Gregory Henderson：叶理绥(Serge Elisséeff)教授已经把你于4月11日写给他的信转交给我了。很高兴美国文化中心在大型的文教书店(Bunkyo)拍卖会上拍得了这些韩国图书，请将你信中所列3种著作的发票寄来。此外，请你联系京都女子教会高中校长，烦请他提供该校的书目，尤其是供外国留学生使用的图书目录，不论是英文还是日文目录均可。(HYL Archives：Letter of Alfred K'aiming Ch'iu to Gregory Henderson, April 23, 1954)

4月26日

Yasuhito Hirabayashi致函裘开明求职。(HYL Archives：Letter of Yasuhito Hirabayashi to Alfred K'aiming Ch'iu, April 26, 1954)

4月28日

国会图书馆东方部代理主任Edwin G. Beal, Jr.致函裘开明，函索裘开明的会议论文《在有限的预算下合理编制中日文图书主题目录的方法》(*What is the Adequate Subject Approach to Chinese and Japanese Books under a Restricted Budget*)(HYL Archives：Letter of Edwin G. Beal, Jr. to Alfred K'aiming Ch'iu, April 28, 1954)

4月29日

密歇根大学图书馆G. Raymond Nunn致函裘开明：我需要一份日本哲学和宗教领域的复本书目录。你能否尽快处理我的请求，因为Holzman先生即将赴日本，在他离开之前我必须和他一起核对书目。如果你能将贵馆《丛书集成》的清点目录借给我们，我们将不胜感激。因为我们需要根据这份清点目录核对我们的馆藏丛书。我们在几日之内即可归还。若是标有丛书流水号的目录,则尤其有价值。目前我们正在准备另外一份包括丛书在内的复本书目录,不久就可以寄给你们。(HYL Archives:Letter of G. Raymond Nunn to Alfred K'aiming Ch'iu, April 29, 1954)

裘开明致函国会图书馆东方部代理主任 Edwin G. Beal, Jr.:兹奉上我的会议论文,感谢你在远东协会(FEA)年会上为我引见 Lucile M. Morsch 小姐。通过仔细研究 Maud L. Moseley 小姐所在委员会提出的对美国图书馆协会和国会图书馆编目条例的修订意见,我认为《美国图书馆协会编目条例》中第 67 部分关于中国人姓名的著录需要全部重写……(HYL Archives:Letter of Alfred K'aiming Ch'iu to Edwin G. Beal, Jr., April 29, 1954)

4月

汉和图书馆开始动工,在博伊斯顿堂东翼3层新建一层书库,7月份竣工,工程期间善本书被运往怀德纳和拉蒙特图书馆保存。(HYL Archives:Chinese-Japanese Library of the Harvard-Yenching Institute at Harvard University Report of the Librarian for 1953—1954)

5月4日

裘开明致函密歇根大学图书馆 G. Raymond Nunn:4月29日来函收悉,感谢寄来你4月17日致 Maud L. Moseley 小姐信函的抄送件,以及国会图书馆修改美国图书馆协会和国会图书馆编目条例的计划书。我已经仔细研读了这些计划书……我将会寄给你我馆的《丛书集成》分类目录。请用彩色铅笔在上面标明贵馆已收藏但尚未列入目录的卷数编号,以便我们了解自我们在战前购买了这套书后,另外还有哪些书出版……我已让馆员尽快编制我馆宗教和哲学类日文文献的复本书目,预计在下星期一可以寄给你们。另外,请寄还我们1953年春天寄给贵馆的日文复本书目录。请告知贵馆是否有兴趣得到我们的中文复本书目录。(HYL Archives:Letter of Alfred K'aiming Ch'iu to G. Raymond Nunn, May 4, 1954)

裘开明致函加州大学东方语言系 Donald. H. Shively 教授:兹附上文光堂书店(Bunkodo)日本汉学期刊《斯文》(*Shibun*)的订单。汉和图书馆已有全套的《斯文》,如果加州大学或是加州大学图书馆需要购买,可与书商联系。(HYL Archives:Letter of Alfred K'aiming Ch'iu to Donald Shiveley, May 4, 1954)

5月5日

密歇根大学历史系教授、《远东季刊》(*Far Eastern Quarterly*)编辑 John W. Hall 致函裘开明:很高兴在纽约见到你,并听你讲起剑桥最近的逸闻。本次来函是想询问你是否有可能在下一期《季刊》出版前把关于贵馆的文章寄给我们。正如你所了解的,我们急迫地希望尽可能早地发表关于哈佛的文章。下一期的截稿日期是5月15日。请告诉我们在此之前你能否给我们一篇文章。(HYL Archives:Letter of John W. Hall to Alfred K'aiming Ch'iu, May 5, 1954)

亚特兰大大学图书馆学院院长 Virginia Lacy Jones 致函裘开明:我院有一日籍学生 Saddo Yoshida 先生,现正在攻读图书馆学硕士学位,主修编目和参考咨询,他将于1955年2月完成所有的课程。因他目前出现了经济问题,没有经费继续学业,我们正尽力筹钱帮助他完成学业。如果他不参加暑期学校(Summer School)而选择打暑期工的话,他希望能有一份工作可以解决明年的开支。如果你仍有兴趣让他1955年2月1日后到贵馆工作,我们很高兴你能考虑他。他很想在完成工作获得图书馆经验后留在美国。如果他获得硕士学位,贵馆能支付他多少薪水?这个暑假他能否到贵馆工作?薪水为多少?盼复。(HYL Archives:Letter of Mrs. Virginia Lacy Jones to Alfred K'aiming Ch'iu, May 5, 1954)

5月6日

裘开明致函哥伦比亚大学东亚研究所上田俊夫(Toshio Ueda)教授:兹奉还你借给我们查阅的你的书目和讲稿注释。我们只有你目录中的4种书,并且我们已经订购了近卫氏(Konoe)、Ohashi、Saito和Sakuda撰写的个人回忆录。我们发现哈佛大学图书馆有全套的日本战争罪行东京审判出版物。感谢你非常友善地指出我们日文藏书的不足……(HYL Archives:Letter of Alfred K'aiming Ch'iu to Toshio Ueda, May 6, 1954)

裘开明致函密歇根大学图书馆G. Raymond Nunn:随函附上我馆佛教类日文书复本目录的第二部分,阅毕请将两部分一并寄还。(HYL Archives:Letter of Alfred K'aiming Ch'iu to G. Raymond Nunn, May 6, 1954)

5月7日

华美协进社(China Institute in America)K. S. Wang致函裘开明:我离开剑桥已经两年了,上周回来,很遗憾没能去拜访你。你也许知道,我们协会在中国机构工作中的一个重要环节是帮助中国研究生和知识分子在美国安身。附件是David H. L. Tseng的简历,他请我们帮助他在哈佛大学图书馆或波士顿美术博物馆谋职。Tseng将于今年8月从华盛顿大学毕业,获得图书馆学硕士学位。他想在新英格兰区获得工作。若贵馆能考虑他,我和Tseng都将感激不尽。(HYL Archives:Letter of K. S. Wang to Alfred K'aiming Ch'iu, May 7, 1954)

裘开明致函日本出版贸易株式会社:兹附上订购日本政论家个人论文集的6份订单。我们在很久以前就已经支付了1953年12月2日SB-8号发票和12月21日SB-23号发票上所列图书的书款,但是至今尚未收到图书,请尽快寄来所缺的图书。(HYL Archives:Letter of Alfred K'aiming Ch'iu to Japan Publications Trading Company, May 7, 1954)

裘开明致函加州大学图书馆采访部Dorothy Keller:我非常赞同你的看法,现在没有必要订购我们的《汉籍分类目录》第4至10册,因为该项目还没结束,目前也没有定下出版后几册的确切日期。当这个项目重新启动时,我们会发出一则新公告,随后你们就可以订购最新内容了。(HYL Archives:Letter of Alfred K'aiming Ch'iu to Dorothy Keller, May 7, 1954)

5月10日

裘开明致函密歇根大学历史系教授、《远东季刊》(*Far Eastern Quarterly*)编辑John W. Hall:我正在努力赶写关于汉和图书馆的文章,争取在本周末完稿,并且于下星期一或星期二寄到你的手中。(HYL Archives:Letter of Alfred K'aiming Ch'iu to John W. Hall, May 10, 1954)

钱存训致函裘开明:获悉你曾在远东协会纽约会议上宣读论文,我未能与会,深感遗憾。不知你和艾尔文(Richard Gregg Irwin)先生的文章是否有印本可获一读……我的友人郭大维系(齐)白石老人弟子,近应美国国务院之请来美一年,在Iowa学习西画,作品将在Iowa等地展览,并希望在9月至12月期间在美国东部展出,因知你与波城(波士顿)美术馆Kojiro Tomita(富田幸次郎)先生相熟,函请代为介绍。并等郭先生在港出版的画集寄到后即可寄给你,供接洽所用。请代向于震寰及诸友问候。(HYL Archives:钱存训致函裘开明信函,1954年5月10日)

裘开明致函亚特兰大大学图书馆学院院长Virginia Lacy Jones:感谢你关于Saddo

Yoshida 的来函……我目前无法确定明年 2 月我馆是否有职位空缺，请他届时再写信来。(HYL Archives：Letter of Alfred K'aiming Ch'iu to Mrs. Virginia Lacy Jones, May 10, 1954)

伦敦大学亚非学院(School of Oriental and African Studies)图书馆代理馆长致函裘开明：1951 年亚非学院图书馆原本订购的是《汉籍分类目录》语言文学卷的缩微胶卷，但是哈佛大学图书馆误寄来了"总论及其他"卷的缩微胶卷，不过现在不想退还，希望能进一步购买社会科学卷、语言文学卷和艺术卷的缩微胶卷。(HYL Archives：Letter of Deputy of Librarian of School of Oriental and African Studies to Alfred K'aiming Ch'iu, May 10, 1954)

5 月 12 日

裘开明致函芝加哥大学远东图书馆馆长钱存训(Tsuen-hsuin Tsien)：5 月 10 日来函收悉，我十分赞同你们准备为《汉和图书分类法》编制索引的想法。希望在你的帮助下，我们两馆可以合作，共同致力于此项计划，最终能以书本式目录和卡片目录两种形式出版，供其他图书馆使用。如果顾立雅(Herrlee Glessner Creel)教授同意你们分配部分时间从事此项计划，我将设法寻找资金出版这一成果。这并不是一项容易的工作，汉和图书馆在过去 15 年间一直在断断续续地做这项工作，我们有约 6 箱卡片目录，卡片上有打印的英文标题和手写的汉字标题，在 1930 年 4 月，我馆还影印了一份分类目录的简易索引，那时我们曾将该索引分发给其他图书馆使用。请你检查贵校图书馆和远东图书馆是否有这个索引。如果贵馆有时间做这项工作，我将寄给你们这 6 箱卡片，供芝加哥大学远东图书馆校勘和编辑使用。兹奉上我在远东协会纽约会议上发表的论文，请你和 May G. Hardy 小姐批评指正。(HYL Archives：Letter of Alfred K'aiming Ch'iu to Tsuen-hsuin Tsien, May 12, 1954)

荣之颖(Angela Chih-ying Jung)致函裘开明：我是华盛顿大学图书馆学院的一名研究生。我论文的题目是关于美国图书馆的中文图书主题标目问题。你的分类法指导我解决了很多问题。不知你能否解答我的几个问题：1. 你是否在贵馆的目录卡片中使用了主题标目？若是，贵馆是否有字典目录或单独的主题目录？贵馆是自己编制主题标目词表，还是使用国会图书馆的主题标目？2. 你认为国会图书馆的主题标目是否适用于中文图书，是否适合作为中文图书著录的标准标目，或者你认为是否有必要？我正使用你的分类法，参考国会图书馆的主题标目词表，以及汉籍书目和索引，努力编纂人文学科的中文图书主题标目词表。很希望得到你的建议。作为一名中国学生，我希望能到中文图书馆工作。如果贵馆秋季有职位空缺的话，我希望申请。若有可能请寄给我一份职位申请表，我将非常感谢。我是英国文学的博士候选人，已获得英国文学的硕士学位，并将于今年 8 月获得图书馆学硕士学位。(HYL Archives：Letter of Angela Chih-ying Jung to Alfred K'aiming Ch'iu, May 12, 1954)

裘开明致函华美协进社(China Institute in America)K. S. Wang：你来函询问我馆能否聘用 David H. L. Tseng，很遗憾我馆目前没有职位空缺。事实上，我馆在你来信之前已经收到了 3 个中国馆员的申请。因预算困难，我们不打算吸收任何新成员。据我所知，社会科学和人文领域的中国知识分子在新英格兰地区的工作机会很有限。波士顿美术博物馆已经有了一位全职的中国美术家，我猜测他们的亚洲美术部可能会有预算聘用一名中国助理。我想西岸和中西部可能会有更好的工作机会。(HYL Archives：Letter of Alfred K'aiming Ch'iu to K. S. Wang, May 12, 1954)

5 月 17 日

裘开明致函密歇根大学历史系教授、《远东季刊》(*Far Eastern Quarterly*)编辑 John

W. Hall：随函附上我关于哈佛燕京学社图书馆文章的结尾部分。我想你已经收到了文章的第一部分，第一部分是星期六通过快递寄给你的。如果你觉得这篇文章太长了，请直接删掉关于采访、参考咨询服务和外借政策的第四部分。或许我们也可以删除一部分历史。叶理绥（Serge Elisséeff）教授已经读过这篇文章的手稿了，因为他一直很关注你让我写的这篇文章，他认为我们应该自己出钱多复印几份，寄给那些有兴趣的人，尤其是学社的董事们和哈佛大学派到远东语言系的考察团成员。我已经寄给你第二稿，以代替第一稿……最后，再次感谢你邀请我写这样一篇文章。叶理绥教授经常让我写一些关于我馆所藏善本书的文章，但是我一直没有抽出时间做这件事。我给他的借口是我必须首先进行编目工作。这篇文章也让我兑现了对他的承诺，尤其是关于图书馆资源部分，他想让国内外的美国学者都了解我馆的资源。（HYL Archives：Letter of Alfred K'aiming Ch'iu to John W. Hall, May 17, 1954）

5月18日

裘开明致函密歇根大学图书馆 G. Raymond Nunn：感谢你如此迅速地寄回《丛书集成》目录。这样一部庞大的巨著，我们只收到了6辑共计3397卷。我知道美国有些图书馆已经收到第7辑，总卷数达到3467卷。如果贵馆所藏已经达到这个数目，那么贵馆的比我们的更完整。如果你能热心地寄给我们第7辑中各卷的书号，我们将不胜感激……虽然我馆藏有上百种丛书（除了一种）的初始版本，但是《丛书集成》版的各本最适合学生使用，因为加有标点。如果我们的一些学生读不了原版，希望读有标点的本子，而恰好我馆又未入藏，我们想从贵馆外借。我们正在集中所有你从我馆复本书清单中勾选的书，并打包装入用锡线捆扎的木箱中。等全部打包完毕后，我们就用铁路快递寄给贵馆，由收件人付费……当然我们也可以预付运费，运费计入购书发票中。随函附上3份中文复本书清单……（HYL Archives：Letter of Alfred K'aiming Ch'iu to G. Raymond Nunn, May 18, 1954）

5月19日

裘开明致函哈佛大学外国留学生事务所：汉和图书馆决定聘 Yasuhito Hirabayashi 为实习生，请求留学生事务所为该生办理相关手续，以便获得美国移民局的批准。（HYL Archives：Letter of C. H. J. Keppler to Alfred K'aiming Ch'iu, May 19, 1954）

密歇根大学图书馆 G. Raymond Nunn 致函裘开明：我馆所藏的《丛书集成》共有2684卷，以下是在我馆有藏而在贵馆目录中未找到的图书：189—193《焦氏类林》、2972—2978《尺牍新钞》、2979—2981《书叙指南》、2982《香严尚书寿言，合肥相国寿言》……我馆采访部将寄去订购贵馆哲学和宗教类日文复本书的订单，我希望这批书能够尽早寄来。我馆最新的复本书清单编写完毕后即寄给你们。（HYL Archives：Letter of G. Raymond Nunn to Alfred K'aiming Ch'iu, May 19, 1954）

5月21日

美国图书馆协会分类编目委员会东方文献编目委员会主席 Maud L. Moseley 致函裘开明：鉴于你做了大量推动美国图书馆东方文献编目实践发展的工作，我想请你担任美国图书馆协会分类编目委员会东方文献编目专门委员会的顾问，不知你是否愿意？我们委员会的委员 G. Raymand Nunn 先生参加了远东协会的4月会议，他告诉我，你被任命为该委员会的特别代表。我们很高兴即将能得到你的帮助，解决难题。描述性编目的问题看来最为紧迫，幸亏我们可以借鉴国会图书馆东方文献整理委员会所做的工作。你将收到他们的工作手册，不知你在7月6日前是否有时间研究该文件并告知我们你的意见。特别期待与你会面。(HYL Archives: Letter of Maud L. Moseley, Chairman, ALA-DCC Special Committee on Cataloging Oriental Materials, University of Washington Library, to Alfred K'aiming Ch'iu, May 21, 1954)

裘开明致函荣之颖(Angela Chih-ying Jung):随信附上我馆中日文图书编目的简要介绍。关于国会图书馆主题标目是否准确,我在4月份纽约召开的远东协会图书馆会议上宣读的一篇论文里已详细说明。这篇论文现在贵馆 Maud L. Moseley 女士手里,她是美国图书馆协会中日文图书编目规则修订分委员会主席,我是上述委员会的远东协会代表。很遗憾秋季我馆暂无职位空缺,你可于春季再写信,到时候我们将确切知道明年是否有职位空缺。(HYL Archives: Letter of Alfred K'aiming Ch'iu to Angela Chih-ying Jung, May 21, 1954)

裘开明致函密歇根大学图书馆 G. Raymond Nunn:随函附上一份一家伦敦公司出售中文书的清单,都是些好书,但是我们已有入藏。请选择贵馆需要的,然后把这份书单寄回在英国的这家公司。我们把所有的日文书打包了5箱。如果你下星期之前不给我们写信,我们就默认为你们愿意我们用铁路快递、收件人付款的方式把书寄给你们。(HYL Archives: Letter of Alfred K'aiming Ch'iu to G. Raymond Nunn, May 21, 1954)

裘开明致函伦敦大学亚非学院(School of Oriental and African Studies)图书馆代理馆长,告知可向缩微图片公司(Micro-Photography Co.)订购所需三卷《汉籍分类目录》的缩微胶卷。(HYL Archives: Letter of Alfred K'aiming Ch'iu to Deputy of Librarian of School of Oriental and African Studies, May 21, 1954)

M. Tanaka 致函裘开明,告知汉和图书馆购书的账目。(HYL Archives: Letter of M. Tanaka to Alfred K'aiming Ch'iu, May 21, 1954)

芝加哥大学远东图书馆馆长钱存训(Tsuen-hsuin Tsien)致函裘开明:感谢你寄来你的论文。你在论文中提出的关于中日文图书主题标目(subject-heading)和主题分类(subject-class)的观点很有意义,并富有建设性……我认为分类卡片目录应该从4个方面进行改进:1. 在导卡(guide cards)的汉字标目上使用英语译文和拼音;2. 通过在导卡上补充下位类目和互见,以描述未出现在导卡上的次要主题的正确位置;3. 通过设置一个主题分类索引,显示主题和交叉参照之间的关系;4. 在主题索引缺少的情况下,在特定主题和次要主题中的主题标引可以按字母顺序排列……我很高兴你让我编辑你已经以卡片形式汇编的主题索引,但鉴于时间、人力,以及我馆目前正在进行的编目工作等原因,这项工作目前还难以展开。你是分类领域的权威,更熟悉其中的变化和调整情况,希望不久的将来你能够将其编辑并出版。这对使用《汉和图书分类法》的用户有很大益处。我将寄还你的文章。因 May G. Hardy 小姐现在国会图书馆工作,所以我无法给她看你的文章。(HYL Archives: Letter of Tsuen-hsuin Tsien to Alfred K'aiming Ch'iu, May 21, 1954)

5月24日

Yasuhito Hirabayashi 致函裘开明,告知正在办理到汉和图书馆实习的相关手续,预计在6月15日开始实习。(HYL Archives: Letter of Yasuhito Hirabayashi to Alfred K'aiming Ch'iu, May 24, 1954)

5月26日

美国图书馆协会分类编目委员会东方文献编目专门委员会 Grace E. M. May 致函裘开明:根据美国图书馆协会分类编目委员会东方文献编目委员会主席 Maud L. Moseley 女士的要求,我现在寄给你国会图书馆东方文献整理委员会准备的工作手册。

该文件是 Moseley 女士的委员会考虑发展东方文献编目规则的起点。(HYL Archives：Letter of Grace E. M. May, ALA-DCC Special Committee on Cataloging Oriental Materials, Library of Congress, to Alfred K'aiming Ch'iu, May 26, 1954)

国会图书馆参考咨询部主任 Burton W. Adkinson 致函裘开明：在国会图书馆东方部担任主任 20 多年的恒慕义（Arthur William Hummel）博士已经退休，现在需要选一名新的主任。国会图书馆希望向各个领域的学者征求东方部主任合适人选的建议，所以，我希望你能给我一些建议……(HYL Archives：Letter of Burton W. Adkinson to Alfred K'aiming Ch'iu, May 26, 1954)

5月28日

裘开明致函美国图书馆协会分类编目委员会东方文献编目专门委员会主席 Maud L. Moseley：感谢你 5 月 21 日的来信。我将非常乐意担任你们委员会的顾问。因为接到了 G. Raymand Nunn 先生 4 月 17 日给你的信，所以，我一直想给你写信谈谈有关各图书馆远东文献描述编目实践的现状。Nunn 先生在他的信中指出贵委员会所面临的最为紧迫的是中文、日文及韩文书籍的描述性编目问题。在这一问题上，过去的原则性争论主要有 3 类：第一，描述的语言；第二，作者及书名的音译或罗马化；第三，款目的顺序及细节。第一点包括了编目的一个原则问题，即美国图书馆应使用英文还是应使用资料的原始语言来描述远东资料。过去只有哥伦比亚大学和密歇根大学的两个图书馆倾向于使用英文对日文书籍进行描述性编目。哈佛大学和加州大学伯克利分校的图书馆则与之相反，仅使用资料的原始语言对中文和日文书籍进行描述性编目。国会图书馆（及其追随者）则处于两种完全相反的方法之间，目录卡片上的出版项和丛书项使用原始语言，而修订项和注释则使用英文；Lucile M. Morsch 的委员会制定的远东资料新编目规则采用这一折中的办法。在第二点上，加州大学伯克利分校图书馆是唯一拒绝在其日文或中文书籍的目录卡片上使用罗马化的图书馆。其他美国图书馆都采用了罗马化的方法。而耶鲁大学图书馆最先使用罗马化的方式对其日文目录卡片进行排序。自 1927 年起，哈佛汉和图书馆兼用罗马化和四角号码法将中文和日文书籍的目录卡片排序成两个不同的目录系统。国会图书馆及哥伦比亚大学图书馆则于 1953 年采用罗马化方式排序。至于第三点，加州大学和哥伦比亚大学倾向于将书名作为主要款目，而其他图书馆均将作者作为主要款目。出版项款目的顺序也很重要，因为东方和西方的书目实践在其出版项的组成上存在差异。中日文书籍出版项的顺序一般为：时间、地点、出版者、印刷方式。哈大、芝大、加州大学（伯克利分校）在中文和日文书籍的出版项上均采用了这一顺序，但哥大仅在日文书籍中采用。国会图书馆、胡佛图书馆、华盛顿大学以及加州大学（洛杉矶分校）则采用西方顺序，即：地点、出版者及时间。此外，关于丛书说明，中国和日本的书目中均将之视为出版或版本项的一部分。大部分中国和日本学者在引用时通常仅指出某著作所属的丛书名称，而不再具体提及其他版本信息。由于中国和日本学术圈这一根深蒂固的习惯，哈佛、华盛顿、芝加哥、哥伦比亚以及胡佛均将丛书说明置于出版项的后面。国会图书馆及其他图书馆则采用西方方式，置于稽核项的后面。关于中日文书籍合作编目，自 1949 年 7 月 1 日起，国会图书馆以上述几个图书馆提交的主卡片为依据印制了中、日、韩文书籍的卡片。哈佛、国会图书馆、日本国会图书馆、芝加哥大学、哥伦比亚大学、加州大学（洛杉矶分校）、华盛顿大学达成了基本的协议，卡片可以在这些机构间相互交换。大致情况如此。(HYL Archives：Letter of Alfred K'aiming Ch'iu to Maud L. Moseley, Chairman, ALA-DCC Special Committee on Cataloging Oriental Materials, University of

Washington Library, May 28, 1954)

5月29日

裘开明致函耶鲁大学图书馆远东图书馆馆长 Warren M. Tsuneishi：随函附寄汉和图书馆日文复本目录，请从目录中选择贵馆想要获得的复本。感谢你寄来贵馆剔除的中文报纸《人民日报》(1953年2月1—14日，16—28日)，完善了我馆对该报纸的馆藏。耶鲁大学的读者在任何时间内如果需要这份报纸，我馆均可以提供一份缩微胶卷。兹奉上我致美国图书馆协会分类编目委员会东方文献编目专门委员会主席 Maud L. Moseley 小姐信函的复印件，恳请你阅后提出意见或看法。(HYL Archives：Letter of Warren M. Tsuneishi, Director of Yale University Far East Library to Alfred K'aiming Ch'iu, May 29, 1954)

6月2日

加州大学东亚图书馆艾尔文(Richard Gregg Irwin)博士受一个日本朋友的委托，致函裘开明，询问汉和图书馆有关 *Studia Serica* 学报的收藏情况，希望获得这些刊物的缩微胶卷。(HYL Archives：Letter of Richard Gregg Irwin to Alfred K'aiming Ch'iu, June 2, 1954)

6月4日

裘开明致函加州大学洛杉矶分校 H. Arthur Steiner 博士：费正清(John King Fairbank)教授告诉我你正在从事《毛泽东选集》各种版本的比较研究。兹附上我们图书馆有关版本的目录，请通过贵校图书馆馆际互借部借阅这些图书。或许你知道自由亚洲委员会在1951年时出版的《斯坦福大学胡佛图书馆藏毛泽东著作目录》，毛泽东的许多著作都收藏在胡佛图书馆中。美国国会图书馆有1949年以前莫斯科和满洲里出版的一些特别版本。史华慈(Benjamin Isadore Schwartz)博士在他的著作中用过这些版本。当然你可以在国会图书馆找到更多的版本。(HYL Archives：Letter of Alfred K'aiming Ch'iu to Dr. H. Arthur Steiner, University of California, Los Angeles. June 4,1954)

裘开明致函国会图书馆参考咨询部主任 Burton W. Adkinson，告知关于东方部主任人选的意见。(HYL Archives：Letter of Alfred K'aiming Ch'iu to Burton W. Adkinson, June 4, 1954)

6月7日

耶鲁大学图书馆远东图书馆馆长 Warren M. Tsuneishi 致函裘开明：兹奉上我馆的中日文图书复本目录。在远东协会(FEA)年会中，我们曾协商过汉和图书馆、哥伦比亚大学远东图书馆和耶鲁大学远东图书馆之间开展三方书刊交换合作的事宜。我们每个图书馆都希望从另外两个图书馆获得复本，而且目前正在进行这种交换活动，希望我们三方的合作能够持续发展下去。(HYL Archives：Letter of Warren M. Tsuneishi, Director of Yale University Far East Library to Alfred K'aiming Ch'iu, June 7, 1954)

裘开明致函芝加哥大学远东图书馆馆长钱存训(Tsuen-hsuin Tsien)：5月21日来函收悉，感谢你对《汉籍分类目录》提出的改进意见。我将会寄还你撰写的优秀文章《评 Hamilton"编目规则"》。你建议将 Hamilton"编目规则"中的"英语的使用应与美国图书馆的编目规则保持一致"，改为"英语的使用限定于美国图书馆界已建立的编目规则中的校勘和注释项，而书名、作者、编辑和出版项则使用书籍的语言，如国会图书馆对斯拉夫语书籍的编目方式"……我非常赞同你的这些建议。(HYL Archives：Letter of Alfred K'aiming Ch'iu to Tsuen-hsuin Tsien, June 7, 1954)

6月8日

国会图书馆参考咨询部主任 Burton W. Adkinson 致函裘开明，感谢提供有关东方部主任人选的意见。(HYL Archives：Letter of Burton W. Adkinson to Alfred K'aiming Ch'iu, June 8, 1954)

6月9日

裘开明致函密歇根大学图书馆编目员 Rolland C. Stewart：我已收到你5月14日来函，以及所附的3张订购我馆日文书复本的订单……我们已将复本书目上所标记的书以及发票打包成5个木箱，并于5月27日用铁路快递、收件人付费的方式寄往贵馆，价值共计900美元。因为现在已经到了我馆财务年度的末期，你们能否尽快支付这3张发票上的购书款？此外，编号为31号、49号和102号的书每种误寄成两本，但是价格是按照每种一本计算的，能否把多寄的复本寄还给我们？(HYL Archives：Letter of Alfred K'aiming Ch'iu to Rolland C. Stewart, June 9, 1954)

裘开明致函密歇根大学图书馆 G. Raymond Nunn：你在5月19日的来信中提到的4种书，汉和图书馆实际都有入藏，只是在目录中遗漏了……兹附上我给 Rolland C. Stewart 的信函。(HYL Archives：Letter of Alfred K'aiming Ch'iu to G. Raymond Nunn, June 9, 1954)

裘开明致函耶鲁大学图书馆远东图书馆馆长 Warren M. Tsuneishi：6月7日来函和贵馆中日文图书复本目录均已收悉，非常感谢。兹附上我馆希望获得的目录卡片，请问是否可通过铁路快递寄给我馆？……我们对贵馆复制卡片的方式很感兴趣……请提供贵馆利用这种复印设备复制卡片的经验信息。(HYL Archives：Letter of Alfred K'aiming Ch'iu to Warren M. Tsuneishi, June 9, 1954)

裘开明致函加州大学东亚图书馆艾尔文(Richard Gregg Irwin)博士：6月2日来函收悉，汉和图书馆有全套的 *Studia Serica* 刊物，如果需要缩微胶卷，请寄送订单到哈佛大学怀德纳图书馆影印部订购。(HYL Archives：Letter of Alfred K'aiming Ch'iu to Richard Gregg Irwin, June 9, 1954)

6月11日

哈佛学院图书馆副馆长 Douglas W. Bryant 致函裘开明，转交 Jean Chowu Huang 小姐寄来的求职信。(HYL Archives：Letter of Douglas W. Bryant to Alfred K'aiming Ch'iu, June 11, 1954)

6月15日

密歇根大学图书馆 G. Raymond Nunn 致函裘开明：我将会把贵馆寄给我们的31号、49号、102号书多出来的复本寄还。我们确信《大日本佛教全书》(*Dai-Nihon Bukkyō Zensho*)150卷再加1卷才是完整的，然而我们发现此书缺第85卷和125卷(根据随书所带的丛书目录)，第13、14、17卷亦存在复本……我们正在对贵馆中文图书复本目录进行核对，将于近期内寄还。(HYL Archives：Letter of G. Raymond Nunn to Alfred K'aiming Ch'iu, June 15, 1954)

6月24日

裘开明致函密歇根大学图书馆 G. Raymond Nunn：6月15日来函收到，非常感谢贵馆寄回我们多寄的日文图书复本。很抱歉寄给贵馆的那套《大日本佛教全书》(*Dai-Nihon Bukkyō Zensho*)缺两卷(第85卷和125卷)。我们在这类复本中未找到这两卷书。我们正致函在日本的代理，请他们登广告，寻求用我馆所藏的这套书的其他复本交换这两卷书。如果贵馆的读者需要这两卷书，可以从我馆所藏的这套中外借。(HYL Archives：Letter of Alfred K'aiming Ch'iu to G. Raymond Nunn, June 24, 1954)

裘开明为吴婉莲开具在汉和图书馆工作并被续聘之证明。(HYL Archives：吴婉莲的

工作证明,June 24,1954)

6月25日

美国图书馆协会分类编目委员会东方文献编目专门委员会主席 Maud L. Moseley 致函裘开明:感谢5月28日的来信。你愿意担任我们委员会的顾问,这使我感到从未有过的荣幸。兹附上美国图书馆协会明尼阿波利斯会议的预备报告一份,请你就美国图书馆协会的建议发表意见,截止日期是8月15日。(HYL Archives: Letter of Maud L. Moseley, Chairman, ALA-DCC Special Committee on Cataloging Oriental Materials, University of Washington Library, to Alfred K'aiming Ch'iu, June 25, 1954)

Akira Kashiwagi 致函裘开明:我代表 Noriko Arima 给你写这封信,衷心地感谢贵馆将在秋季聘用她。Noriko Arima 现正与其妹住在加州,整个夏天在那里工作。接到你的通知后她将返回波士顿。(HYL Archives: Letter of Akira Kashiwagi to Alfred K'aiming Ch'iu, June 25, 1954)

6月29日

何炳棣致函裘开明:5月康桥小聚,得倾积愫,至今犹快。深以今夏写作繁重,未能久住为憾。明夏将攻一新问题,必可在康桥作数周勾留,届时定能充分聆教也。晚于6月初重去华府,胶卷精华尽两周之力,采摭殆尽,即于月中飞返西岸,稍事休息,上周已开始写撰。材料方面经两年搜集,本已无大问题,惟于加撰明代人口时,发现明末丁数,与清初丁数犹不少处当需对校。故周前已向贵馆商借方志若干种(仅需有关户口之函)。今日接国会图书馆函,云方志仍不出借(晚在华府时,王恩保先生亲告可以出借),故万不得已,只好将前向国会出借数种,再向贵馆恳借。年来受先生惠助实多,只有铭诸肺腑,待报于异日。(HYL Archives:何炳棣致裘开明信函,1954年6月29日)

7月4日

裘开明致函耶鲁大学图书馆远东图书馆馆长 Warren M. Tsuneishi:6月7日来函收悉,兹附上我馆给哥伦比亚大学东亚图书馆寄去的日文复本图书目录和发货单。请你将此目录送给哥伦比亚大学图书馆,供他们检查和参考,并保留发货单,以扣除应该归属于耶鲁大学远东图书馆的那部分经费。(HYL Archives: Letter of Alfred K'aiming Ch'iu to Warren M. Tsuneishi, Director of Yale University Far East Library, July 4, 1954)

7月7日

耶鲁大学远东图书馆馆长 Warren M. Tsuneishi 致函裘开明,并抄送哥伦比亚大学远东图书馆馆长 Howard P. Linton:贵馆寄给了我馆价值330美元的交换图书,哥伦比亚大学远东图书馆有价值330美元的资源是我馆希望获得的,同时哥伦比亚大学远东图书馆迫切希望获得贵馆价值300美元的佛教馆藏文献复本资源。因此,我将贵馆所寄复本图书目录直接寄给了 Howard P. Linton 先生,我们没有从书目中挑选任何复本。哥伦比亚大学远东图书馆在挑选完目录之后反馈给了我,兹附上反馈目录给你,请你们直接将所选书目的图书寄给 Linton 先生,并请将交换协约寄给我馆。我馆将为贵馆设立总计为300美元的信用账户(赊购账),而哥伦比亚大学远东图书馆将寄给我馆价值300美元的交换文献。我希望通过此次清算,可以进一步稳固我们三方的交换关系。(HYL Archives: Letter of Warren M. Tsuneishi, Director of Yale University Far East Library to Alfred K'aiming Ch'iu, July 7, 1954)

7月8日

裘开明致函斯坦福大学胡佛图书馆吴文津(Eugene Wu):很高兴从美国图书馆协会

分类编目委员会东方文献编目专门委员会主席 Maud L. Moseley 那里得知你已经被任命为该委员会委员。作为该委员会的顾问,我已经将美国图书馆远东文献编目现状函告 Moseley,现随信附上我所写的函件。为了调和有关中日韩资料编目的不同看法,我希望你能够站在东方观点的立场上重点谈谈有关出版项、丛书注释和印刷方法等问题。(HYL Archives:Letter of Alfred K'aiming Ch'iu to Eugene Wu, Hoover Library, Stanford Uniersity, July 8,1954)

裘开明致函耶鲁大学远东图书馆馆长 Warren M. Tsuneishi:感谢你 6 月 11 日来函附寄贵馆的复印卡片样本给我,这些卡片制作得非常好。因我馆需求量并不大,每年需要复制的卡片也并不多,因此我们认为不需要租借一台复印机。据我所知,波士顿地区也尚未有这种机器设备。因此,不知贵馆是否可每月帮助我馆复制一部分卡片?我馆可按贵馆所定的价格支付。请你与贵馆内相关专家商量,我希望我们两馆间的这种互助计划能够得以实施。(HYL Archives:Letter of Alfred K'aiming Ch'iu to Warren M. Tsuneishi, July 8, 1954)

7月9日

国会图书馆东方部中文组代理组长 Edwin G. Beal, Jr. 致函裘开明,告知已收到裘开明 7 月 2 日的来信,并函寄裘开明所需的完整目录。(HYL Archives:Letter of Edwin G. Beal, Jr. to Alfred K'aiming Ch'iu, July 9, 1954)

7月14日

裘开明致函耶鲁大学图书馆 Warren M. Tsuneishi,函寄交换图书复本的目录和发票。(HYL Archives:Letter of Alfred K'aiming Ch'iu to Warren M. Tsuneishi, July 16, 1954)

7月15日

胡佛图书馆杜联喆(Lienche Tu)致函裘开明,索取关于远东文献合作编目方面的参考资料。(HYL Archives:Letter of Lienche Tu to Alfred K'aiming Ch'iu, July 15, 1954)

7月16日

耶鲁大学图书馆 Warren M. Tsuneishi 致函裘开明:感谢你 7 月 14 日来函,以及所附日文复本目录和发票。我已经将该目录寄给了哥伦比亚大学远东图书馆,并保留了发票。我馆当然对贵馆的中日文复本感兴趣,事实上,我在上封信中已经请求你能将你们的复本目录寄给我们。至于你 7 月 8 日来函中提到的复制贵馆卡片的问题,我馆管理层表达了对开展这个计划的意愿……(HYL Archives:Letter of Warren M. Tsuneishi to Alfred K'aiming Ch'iu, July 16, 1954)

7月22日

美国图书馆协会分类编目委员会主席 Benjamin A. Custer 致函裘开明:在明尼阿波利斯的会议上,分类与编目委员会正式同意成立为期两年、止于 1956 年的东方文献编目委员会。Maud L. Moseley 女士请求不再担任主席职位,我高兴地告诉你密歇根大学的 G. Raymond Nunn 先生已经接受了替代 Moseley 女士的邀请,Moseley 女士将继续担任委员。过去曾经考虑过或许可以指派非分类与编目委员会委员的人到该专门委员会,但是因为美国图书馆协会规则的修订,这种想法被分类编目委员会的委员否决了。因为据我所知你不是分类编目委员会委员,所以我代表执行委员会很高兴地邀请你担任该专门委员会的顾问,任期两年(1954—1956)。更好的是,我想邀请你加入分类编目委员会并成为该委员会的正式委员。你可以从分类编目委员会的行政秘书 Orcena Mahoney 女士那里获得申请表。我们期待着你的加入和早日回音。(HYL Archives:

Letter of Maud L. Moseley, Chairman, ALA-DCC Special Committee on Cataloging Oriental Materials, University of Washington Library, to Alfred K'aiming Ch'iu, July 22, 1954)

裘开明致函加州大学东亚图书馆馆长 Elizabeth Huff：近日哈佛法学院 Toshio Kano 将会拜访贵馆……Kano 先生在修读法学学位期间，曾在我馆从事兼职工作，并偶尔会在法学图书馆里为日本的法学和政治科学类书籍文献编排目录。他是一个非常有效率、自觉的员工。我们非常遗憾他无法继续在这里工作，因为考虑到他的岳父年事已高，他正打算和他的家人一同迁往旧金山，并在那里完成他的博士论文。他有可能需要用到贵馆的日文书籍，可能还会需要有一份兼职工作。如你可相助，我将万分感激。（HYL Archives：Letter of Alfred K'aiming Ch'iu to Elizabeth Huff, July 22, 1954）

胡佛图书馆吴文津（Eugene Wu）致函裘开明：感谢你 7 月 8 日的来信，以及随函所附你 5 月 28 日写给 Maud L. Moseley 的信函。我能为东方文献编目专门委员会服务是我的荣幸。国会图书馆 Grace E. M. May 已经寄给我"工作手册"，并且我已读完了。看起来委员会对编制专门的东方文献编目条例并没有兴趣。但是，正如你在信中所指出的，在出版项、丛书注释、稽核项等方面，应尽量应用东方的标准……（HYL Archives：Letter of Eugene Wu to Alfred K'aiming Ch'iu, July 22, 1954）

7 月 23 日

密歇根大学图书馆 G. Raymond Nunn 致函裘开明：我馆从贵馆所购的复本书中有 5 种我馆已有入藏，现将复本寄回，相关购书款请计入我们下次的购书款中，勿需退还。贵馆寄给我们的复本书目仍在我馆，我们计划聘请一位会说中文，尤其是懂得国语、威妥玛拼音的员工帮我们处理中文书复本书目方面的工作以及大批积压的中文书，主要是艺术类的书籍。如果你希望我们在 8 月底之前寄回书目，请写信告诉我们。（HYL Archives：Letter of G. Raymond Nunn to Alfred K'aiming Ch'iu, July 23, 1954）

7 月 25 日

耶鲁大学远东语言研究所郅玉汝（Y. J. Chih）致函裘开明：久闻鸿名，仰慕良深，兹者顷接香港张云辉先生信称，彼藏有宋版佛经 110 卷，隋唐抄本佛经 157 卷，共约 50 万余字。近以远东局势动荡，深恐此种孤本古物丧失，年前遂与贵处函洽出售事。今张先生谓其行止无定，颇愿尽量减价脱手，以保其古物之安全，故特来信嘱代为询问贵馆最近尚有购入之意否。如何之处，望便中示下，以便转告，不胜感谢之至。（HYL Archives：Letter of Y. J. Chih, Institute of Far Eastern Language, Yale University, to Alfred K'aiming Ch'iu, July 25, 1954）

7 月 26 日

美国图书馆协会分类编目委员会主席行政秘书 Orcena Mahoney 致函裘开明：在 Benjamin A. Custer 先生 7 月 22 日给你的信中，Custer 先生说可以从我们办公室获得加入美国图书馆协会和分类编目委员会的申请表。为了便于你加入美国图书馆协会和分类编目委员会，我现在将申请表寄给你。我们非常希望你能成为分类编目委员会的正式委员。万一现在还不行的话，分类编目委员会仍然会感谢你作为顾问所能作出的有价值的贡献。（HYL Archives：Letter of Orcena Mahoney, Executive Secretary, ALA Division of Cataloging and Classification, Chicago, to Alfred K'aiming Ch'iu, July 26, 1954）

7 月 30 日

裘开明致函美国图书馆协会分类编目委员会主席 Benjamin A. Custer：非常感谢你 7 月 22 日来信邀请我担任美国图书馆协会分类编目委员会东方文献编目专门委员会的专门顾问。正如我 5 月 28 日给 Maud L. Moseley 女士的信所述，我将非常高兴尽力为你们委员会服务,因为我已经被远东协会选为你们委员会的代表,以反映远东学者有关远东文献编目的观点。(HYL Archives: Letter of Alfred K'aiming Ch'iu to Maud L. Moseley, Chairman, ALA-DCC Special Committee on Cataloging Oriental Materials, University of Washington Library, July 30, 1954)

裘开明致函密歇根大学图书馆 G. Raymond Nunn:我们承诺将退还复本的书款计入下次购书中。我已收到我馆日本代理的通知,他们找到了《大日本佛教全书》(Dai-Nihon Bukkyō Zensho)一书所缺的两卷(第 85 卷和 125 卷),我们会在收到后立即寄给贵馆。祝贺你即将担任美国图书馆协会分类编目委员会东方文献编目专门委员会的主席,我也被邀请担任该委员会的顾问,兹附上我答复邀请的函件。(HYL Archives: Letter of Alfred K'aiming Ch'iu to G. Raymond Nunn, July 30, 1954)

裘开明致函胡佛图书馆杜联喆(Lien-che Tu):函附我写给 Maud L. Moseley 信函的复印件。在这封信中,我对美国图书馆的东方文献编目现状做了比较主观的陈述,但是并没有对中日文出版物的编目条例提出建议。我们对于国会图书馆"工作手册"的建议已经形成了第一份草稿,完成后我会寄送一份复印件给贵馆。贵馆吴文津(Eugene Wu)先生已成为美国图书馆协会分类编目委员会东方文献编目专门委员会的委员。我没见过吴先生,但是从过去的来信中,我认为他是个很称职的馆长。自从我被远东协会委任为美国图书馆协会分类编目委员会东方文献编目专门委员会的东方协会代表后,我就尽最大努力以东方标准推进中日文图书编目发展。我认为中日馆员完全接受美国化是一个错误,即使《英美编目条例》(AACR)是目前世界上最重要的编目条例之一……虽然中国没有专门的中文编目标准,但是中国有悠久的编目历史。这些编目传统必须在现代的中日文图书编目中得以发扬。1952 年新的日文编目条例出版,但却是完全美国化的成果,目前该条例的使用较少。我希望胡佛图书馆能与哈佛一起,在新的东方图书著录中保持东方传统。(HYL Archives: Letter of Alfred K'aiming Ch'iu to Lien-che Tu, July 30, 1954)

7 月

童世纲撰《裘开明先生对图书馆事业的贡献》发表在《图书馆学报》(台湾私立东海大学图书馆编印)1954 年第 7 期。

汉和图书馆在博伊斯顿堂东翼书库新建一层书库的工程竣工。新建的书库用于保存中文方志以及韩、蒙文文献。新书库的最后两排安装了带锁的金属栅栏门,用于保存手稿,原保存在西侧地下书库里的韩、满和蒙文馆藏被移往新书库,西侧地下书库被腾空,用于存放不断增长的日文馆藏,此书库的空间可以满足未来两三年日文文献增长的需要。新建的东侧书库一层能够容纳 160 个书架,每个书架宽 36 英寸,高 91 英寸,分为 7 层,最下面一层高 13 英寸,接下来的三层各高 14 英寸,最上面的三层各高 12 英寸;每层可容纳 30 卷书籍,每架可容纳 210 卷,整个书库可容纳西式装订的书籍 33600 卷。1 卷西式装订的书籍大约相当于 3 本传统中式线装书,因此该书库大约可容纳不包括函套的 100000 本中文书,而函套大约要占据 20% 的空间,即整层书库可容纳 80000 本中文书。东侧书库新建一层的费用为 15000 美元,故保存每本中文书的成本约为 20 美分。(HYL Archives: Chinese-Japanese Library of the Harvard-Yenching Institute at Harvard University Report of the Librarian for 1953-1954)

8 月 4 日

加州旧金山市 F. Y. Chang 博士致函裘开明:我的一位香港朋友写信告诉我,他藏有宋版书约 35 种，均系常熟铁琴铜剑楼瞿氏、聊城海源阁杨氏、汕头持静斋丁氏、松江韩氏、四川傅沅叔，及海内各大收藏家所收藏，确系孤本。该收藏者想全套出售，开价 300000 美元。如果有人有兴趣购买的话，他将提供一份书影目录。贵馆有兴趣吗？如果没有，能否告诉我谁或者哪个图书馆有可能购买？谢谢。（HYL Archives：Letter of Dr. F. Y. Chang, San Francisco, California, to Alfred K'aiming Ch'iu, August 4, 1954）

8月5日

裘开明致函日本出版贸易株式会社：已经收到 5 月 8 日寄来的 5 箱中文书。2 月 19 日 SB-64 号发票上所列之书，仍有 2 种未收到，请核查。很高兴得知日本修订了《日本外汇管制条例》（*Japanese Foreign Exchange Control Regulation*），今后贵社可以直接寄三联发票给我馆，我馆在收到发货单后随即将以航空邮寄方式汇款给你们。另外向贵社订购从第 22 和 23 期的图书通报上勾选的书籍。（HYL Archives：Letter of Alfred K'aiming Ch'iu to Japan Publications Trading Company, August 5, 1954）

8月6日

裘开明致函耶鲁大学远东语言研究所郅玉汝（Y. J. Chih）：谢谢你有关你的朋友张云辉先生所藏宋版佛经和抄本佛经的来信。在此之前，我们已经多次回复他了，我们图书馆没有钱购买这批藏书。你与耶鲁大学远东语言研究所有关系，为什么你不说服耶鲁去购买这批藏书？（HYL Archives：Letter of Alfred K'aiming Ch'iu to Mr. Y. J. Chih, Institute of Far Eastern Language, Yale University, August 6, 1954）

裘开明致函加州旧金山市 F. Y. Chang 博士：谢谢你 8 月 4 日来信告诉我你的香港朋友有一些中文珍本出售。对于你的朋友来说，在美国销售这些珍本书的最好方法是准备这些珍本书书名页的书影和一份用中文编写的带有版本信息的书名目录。这份目录不必翻译成英文，因为在美国图书馆的每一个东方图书馆馆长都能阅读汉字。鉴于整套书的价格很高，我担心几乎没有哪个图书馆买得起全部珍本。所以，你的朋友最好在每本书后标明价格，以便每本书都能找到买家，而不必长久等待。虽然我们图书馆关注此事，但是我们不可能购买全套，因为其开价比我们 10 年的购书经费还要高。但是，我们很有兴趣看一下目录，或许在购书经费允许的情况下，我们会选购几本。（HYL Archives：Letter of Alfred K'aiming Ch'iu to Dr. F. Y. Chang, San Francisco, California, August 6, 1954）

裘开明致函耶鲁大学图书馆的 Warren M. Tsuneishi：……感谢你以成本价为我馆复制中日文卡片。你写给 G. Raymond Nunn 先生的信函复印件对我馆估算复制卡片的费用非常有用……附件是我馆的日文复本的 3 份目录，贵馆勾选完你们希望获得的书目后请寄回。我们将会寄给你们大约 1000 张需要复制的卡片，每种请帮我们分别复制 6 张。（HYL Archives：Letter of Alfred K'aiming Ch'iu to Warren M. Tsuneishi, August 6, 1954）

8月7日

裘开明收到文光堂（Bunkōdo Book Store）寄来的《大日本佛教全书》（*Dai-Nihon Bukkyō Zensho*）第 85 卷、第 125 卷的购书发票，每卷 1200 元，合计 2400 元，折合美元 7.50 元。（HYL Archives：Invoice of Bunkōdo Book Store, August 7, 1954）

8月11日

裘开明致函加利福尼亚美国文化中心 Gregory Henderson：感谢你寄来的日本京都地区不同书商的书目，我馆已从目录中选择了相当多的中文书并向汇文堂（Ibundo）订购了。目前我馆韩文馆藏资源通过直接在韩国和日本采购，取得了快速的发展，现在正忙于对这些书籍的编目。我馆已经有一套完整的、基础的目录卡片，因此可以查检复本。

如果有任何日本学者或藏书家有韩国书籍意欲出售,请他航空邮寄给我们一份标有价格的书目。此外,非常感谢你将我馆拟购目录转寄给京都女子教会高中,我馆已经收到有关这一学校的著作。(HYL Archives：Letter of Alfred K'aiming Ch'iu to Gregory Henderson, August 11, 1954)

8月12日

密歇根大学图书馆 G. Raymond Nunn 致函裘开明：兹奉上加州大学东亚图书馆 Chareles E. Hamilton 撰写的《国会图书馆中日韩文图书编目"工作手册"观察报告》(*Observations on the L. C. "Working Paper" for Cataloging Chinese, Japanese and Korean Books*)。鉴于这份报告的重要性,我已经决定将此份报告紧急分发出去,并希望你能在9月15日之前提交一份意见书。届时希望你把写好的意见书印20份,分别寄给名单上的成员。(HYL Archives：Letter of G. Raymond Nunn to Alfred K'aiming Ch'iu, August 12, 1954)

8月13日

耶鲁大学图书馆 Dorothy Spencer 致函裘开明,函寄用于交换的复本清单,并告知在交换书籍的总价值上,汉和图书馆欠耶鲁大学图书馆 86.43 美元。(HYL Archives：Letter of Dorothy Spencer to Alfred K'aiming Ch'iu, August 13, 1954)

8月16日

汉和图书馆从即日起到9月12日闭馆,进行藏书清点和清洁工作。闭馆期间,研究人员以及远东语言部和东亚区域研究项目组的学生可以带上所需书籍(除了标记"R"和"B"以外)到怀德纳图书馆总阅览室使用;拥有图书馆钥匙的读者不可外借钥匙。(HYL Archives：Note of Chinese-Japanese Library)

8月19日

裘开明致函密歇根大学图书馆 G. Raymond Nunn：在我发表我的意见之前,我急于读完 Charles E. Hamilton 先生的报告,上星期六即8月14日,他的报告一到,我立即把它安排进了日程。根据 Charles E. Hamilton 先生对国会图书馆工作手册的反对意见,我得以有机会更正我的一些看法。我的报告将分为两个独立的部分：1. 我们的建议,即已包含在国会图书馆工作手册中、被我们所接受的观点,但是仍需要修改的各部分;2. 对我们的建议的解释……随函附上20份。请让你的办公室来分发此意见书。(HYL Archives：Letter of Alfred K'aiming Ch'iu to G. Raymond Nunn, August 19, 1954)

8月21日

裘开明致函密歇根大学采访部 G. Raymond Nunn,寄送《评 Hamilton 国会图书馆中日韩文图书编目"工作手册"观察报告》第一部分。(HYL Archives：Letter of Alfred K'aiming Ch'iu to G. Raymond Nunn, September 17, 1954)

8月24日

Toshio Kano 致函裘开明,请求开具一份工作证明寄给美国移民归化局。(HYL Archives：Letter of Toshio Kano to Alfred K'aiming Ch'iu, August 24, 1954)

9月9日

密歇根大学图书馆采访部 G. Raymond Nunn 致函裘开明：请在随函所附的日文书复本(个别有一些中文书)目录上选择你所需要的文献。在编制目录时,为了节约成本,省略了详细的书目信息。一些重要文献的价格是参考日本书商目录上的报价。尽管如此,我们还是打算按照最低价值等价交换这些资料。平均每册书的价格为75美分。除了年鉴以外,每期期刊的价格为 10 美分……我已经收到你的《评 Hamilton 国会图书馆中日韩文图书编目"工作手册"观察报告》第一部分。我正在等哥伦比亚的报告,之后即可出版总的报告。(HYL Archives: Letter of G. Raymond Nunn to Alfred K'aiming Ch'iu, September 9, 1954)

9月10日

裘开明为 Toshio Kano 开具在汉和图书馆工作的证明。(HYL Archives: Letter of Alfred K'aiming Ch'iu to Immigration and Naturalization Service, September 10, 1954)

9月13日

裘开明完成《评 Hamilton 国会图书馆中日韩文图书编目"工作手册"观察报告》,全文共 16 页,主要内容如下:Charles E. Hamilton 先生在西方的远东研究学者中,显示出了他对中日韩文书籍,尤其是对这些文种古籍的本质和编辑最具穿透力的认识。他 1953 年 5 月出版的《描述编目规则》(Code for Descriptive Cataloging)已应用于加州大学伯克利分校东亚图书馆,是唯一一部关于中日文书籍编目的西文著作……Charles E. Hamilton 先生的问题主要源于两个方面的困扰,其一,由于存在诸多困难,因此将作者姓名和书名罗马化(转录)不适用于亚洲文献目录卡片;其二,书名作为中日韩文书籍的主要著录标题是最合适的,因为以作者作为主要著录标题会导致著录的随意性选择。鉴于上述这两个疑问,他在加州大学东亚图书馆进行了中日韩文书籍编目的实践。尽管这些图书馆的编目实践有着非常明显的区别,但是在美国远东图书馆界还是有两个共同的重要的一致点,即作者主要著录标题可以像用于西文书籍编目一样,用于中日文和韩文的编目中。尽管这种方式存在很多缺陷,但对远东研究专业人员和非专业美国图书馆馆员制作中日文卡片来讲,却是极为有用和有效的方式。由国会图书馆东方文献整理委员会编制的中日韩文文献编目工作手册即是基于上述的一致点。Charles E. Hamilton 先生在《描述编目规则》一书第 ii 页指出,以书名作为主要著录标题并不是一种创新。什么是传统?就中国传统而言,以作者作为主要著录标题实质上与书名相比,更是一种古老的传统。例如最古老的史书目录《汉书艺文志》,作者班固所列出的所有著作,作者在首,书名仅排作者之后。查考所有朝代的书目著作,我们会发现对作者作为主要标题著录的方式远比以书名更广泛。由此,在如艺文志或经籍志等 16 部此类书目著作中,仅有 4 部用了书名作为主要著录标题,即:《隋书经籍志》、《旧唐书经籍志》、《补五代史艺文志》和《清史艺文志》。以作者为主要著录标题不仅用于断代史书目录,而且用于丛书学术书目中。如《经义考》、《小学考》、《四库全书总目提要》等。由此,Charles E. Hamilton 先生指出在远东文献中,"通常缺乏强调个人作者"是不正确的。相反,为了解书的本质,对作者的背景须特别的关注。在中国古代,事实上很多书籍没有书名而以其作者名而著名。因此,Charles E. Hamilton 先生的断言——在最广泛的意义上,作者因书籍而闻名,而不是书籍因作者而著名——鉴于如此多的古代和当代中日文书籍而需要修正。否则,如何能说出诸如中国哲学史或日本哲学史这些书籍的作者呢?事实是当代大量的中日文出版物入藏美国图书馆,以作者作为主要著录标目的编目方式是最佳的。然而,普通公众忽视了对作者的关注。即,公共图书馆的一般读者总是更倾向于使用书名而非作者,不论是中日文书籍还是西文书籍。在美国,几乎每个人都知道《飘》,但是有多少人可以确切说出该书的作者呢?因此 Charles E. Hamilton 先生在其书中所指出的"在西方,作者著录标题的传统是由西方出版实践建立的"并不正确。就西方出版实践来看。在绝大多数的出版商目录和出版商新书目录中,书籍书名著录于前,并加粗加大字号,作者著录于书名之下或之后并在之前加"by"。更准确地应该说以作者作为主要著录标题是由学者和图书馆员设立的,强调著作的作者。不论是东西还是西方,出版商和书商为迎合图书的大众需求,更加强调书名而不是作者。但是如果编目是一种学术加工,则图书馆员必须强调作为书籍的创造者——作者,不管是中日文书籍还是西文书籍。因此,以作者为主要著录标题对中日文书籍与西文书籍一样是最佳的。Charles E. Hamilton 先生提出的将书名作为主要著录标题应用于中日文书籍的实践有诸多困境,因为对中日文书籍来讲,书名比作者更加普及。理解中文书籍变化难懂的书名是一件不容易的事情,因为它缺乏固定性。同一部著作可能会在不同的中文书目中发现不同的书名。非但同一著作的不同出版者或不同版本的印刷商经常遇到不同的书名,实际著作本身在著作不同的部分中也经常有不同的书名。如 Charles E. Hamilton 先生提出的在他的观测中,中国作者可能将他们的著作使用不同的书名。中国目录传统总是通过著作者的真实姓名来列出书籍,因为,作者姓名的变化比书名的变化要小。第一部中国二十四史索引是由汪辉祖编撰的出版于 1884 年的个人姓名索引,名为《史姓韵编》。第一部《四库全书总目》的索引也是一个作者索引,编撰者是陈乃乾,由上海大同书社于 1926 年出版。最后,无论任何形式的主题目录都适用于中日文书籍。在词典目录或分类目录中仅次于书名目录的第二大重要著录是作者。在中日文书籍传统分类目录中,分类中的书名是由作者按年代排列。在西方版式的词典目录中,读者的注意力自然地转向作者而不是书名。(HYL Archives: Alfred K'aiming Ch'iu, Comments on Mr. Charles E. Hamilton's Observations on the L. C. "Working Paper" for Cataloging Chinese, Japanese and Koren Books, September 13, 1954)

9 月 14 日

密歇根大学采访部 G. Raymond Nunn 致函裘开明:很抱歉这么久都未寄还贵馆的复本目录。现在已用平信寄出,你不需要理会我们在上边所做的检讫记号。希望你能把目录上做标记的文献寄给我们……贵馆是否藏有《宋元明清名画大观》? 我们的藏本缺插图 30。如果贵馆有藏,请问据贵馆藏本复制一张插图需要多少钱? (HYL Archives: Letter of G. Raymond Nunn to Alfred K'aiming Ch'iu, September 14, 1954)

9 月 17 日

裘开明致函密歇根大学采访部 G. Raymond Nunn:过几天,我们将通过铁路邮寄、收件人付款的方式给你寄去你从我们复本书目录上所勾选的资料。我将向怀德纳图书馆照相复制部查询制作《宋元明清名画大观》插图 30 的照片的价格,下次写信告诉你。我很奇怪你在 9 月 8 日才收到我对国会图书馆工作手册的意见书,因为我是在 8 月 21 日亲自寄给你的。为什么邮件从波士顿寄到安娜堡需要这么久? 随函附上两份我对 Charles E. Hamilton 先生观察报告的意见书。这只是第一部分。第二部分下星期一寄给你。(HYL Archives: Letter of Alfred K'aiming Ch'iu to G. Raymond Nunn, September 17, 1954)

9 月 18 日

Arthur Makoto Miyazaki 致函裘开明:我收到加州大学伯克利分校一位朋友 Noriko Arima 小姐的明信片,提及在贵馆工作一事。正如你所知,她原要到贵馆工作,但由于她近期需返回日本,因而无法到贵馆工作了。由于我正在找工作,她让我尽力争取她原来的工作职位。我想你可能从她本月返回哈佛学院的兄长处听说了此事。虽然我没有图书馆学的相关培训经历,但是我对图书馆工作非常感兴趣。我喜欢书籍。我自小在日本长大,精通日语。在此我简单介绍一下我的经历。我于 1925 年 12 月 27 日出生在加州,当时我的父亲是美国的一位基督教牧师。在我 3 岁时,我们返回了日本。

1948 年我来到美国学习,获得了美国公民资格。我毕业于仙台东北大学(Tohoku University in Sendai)。我也在青山学院(Aoyama-Gakuin college)和明治学院(Meiji Gakuin college)学习过一段时间。来美后,我进入了阿斯伯利神学院(Asbury Theological Seminary),于 1951 年获得神学学士学位。然后我开始在埃默里大学 (Emory University)进行硕士阶段的学习,但由于身体原因不得不放弃。我在芝加哥大约做了一年的文秘工作。去年 8 月份我去了疗养院,现在我已经从扁桃体切除术中恢复过来了。如果需要的话,我愿意提供一份健康证明。若能获得工作,我可于 10 月初开始工作。(HYL Archives: Letter of Arthur Makoto Miyazaki to Alfred K'aiming Ch'iu, September 18, 1954)

9 月 20 日

裘开明致函密歇根大学采访部 G. Raymond Nunn:随函附上我撰写的《评 Hamilton 国会图书馆中日韩文图书编目"工作手册"观察报告》第二部分 2 份,完整版 1 份。尽管我的意见书已经很长了,但我还是没有涉及 Hamilton 先生报告中的一些次要的观点。我们相信,如果能接受哈佛对国会图书馆工作手册的建议,他的很多疑问都可以解决。另函中我们将用保价邮件寄给你们所缺的两册《大日本佛教全书》(*Dai-Nihon Bukkyō Zensho*)。(HYL Archives: Letter of Alfred K'aiming Ch'iu to G. Raymond Nunn, September 20, 1954)

9 月 27 日

裘开明致函美国国会图书馆东方文献部代理主任 Edwin G. Beal, Jr. 博士:兹附上我撰写的《评 Hamilton 国会图书馆中日韩文图书编目"工作手册"观察报告》。我今年 8 月把我对美国国会图书馆远东出版物编目"工作手册"的意见寄给了 G. Raymond Nunn 先生。Nunn 先生叫我对 Hamilton 先生在他的报告中提出的难题做一些评论,我必须说的是,这是一件非常细致的全部问题研究。我希望通过采用哈佛的美国国会图书馆"工作手册"修订版能够解决一些 Hamilton 先生提出的难题……(HYL Archives: Letter of Alfred K'aiming Ch'iu to Edwin G. Beal, Jr., Acting Chief, Division of Orientalia, Library of Congress, September 27, 1954)

10 月 4 日

裘开明致函密歇根大学采访部 G. Raymond Nunn:随函附上我们勾选过的贵馆日文书复本目录,请将标记了红圈的文献寄给我们,即编号为 38、43、44、59、63、66、82、93、106、128、211、215、221、224、194、198、201、207、196、179、183、189、168、138、149、240、241、242、255、258、259、264 和 265 的资料。也请将我馆在目录上标记的各期期刊寄给我们。兹附上我馆的两份日文连续出版物复本书目,请你方便时候尽快告诉我们贵馆想获得哪些期刊。这些期刊与贵馆期刊的价格一样,贵馆可以在等价交换的基础上获得它们。18×24 尺寸照片的价格如下:1. 底片 1.00 美元,2. 底片冲洗出的照片 0.90 美元。请问贵馆所藏《宋元明清名画大观》"插图 30"是不是赵孟頫所画的卷轴?你可以把照片的订单寄到怀德纳图书馆照相复制部,我们会把需要拍照的书送往怀德纳图书馆。(HYL Archives: Letter of Alfred K'aiming Ch'iu to G. Raymond Nunn, October 4, 1954)

10 月 7 日

裘开明致函 Arthur Makoto Miyazaki:很抱歉我馆目前暂无职位空缺。Noriko Arima 小姐确实打过电话给我们询问夏季工作机会,我们当时告诉她暂无职位空缺,可到秋季再尝试申请,而她居然告诉你她将来我馆工作。我们从来没有做过这种承诺。我馆已有 2 名受过训练的日本图书馆员以及 4 名兼职文职助理,对于我们的工作而言已经足够了。(HYL Archives:Letter of Alfred K'aiming Ch'iu to Arthur Makoto Miyazaki, October 7, 1954)

10 月 8 日

裘开明致函远东考古博物院(Ostasiatiska Samlingarna)Else Glahn:关于你 9 月 17 日就宋朝诗人陆游(1125－1210)的书目询问,现列出一些我馆有关陆游的最重要馆藏……哈佛大学图书馆报告说这个明版的缩微胶卷价格是大约 40 美元。钱大昕(Ch'ien Ta-hsin)的自编《年谱》(编号 9)是被其他当代研究如编号 8,10 和 11 所广泛使用的基础。铃木虎雄教授是中国文献方面的一位著名的日本权威专家,他对陆放翁诗作的注解是很值得参考的。我馆有一些陆游的其他著作……这些著作分散在不同的丛书中(我们图书馆有超过 1300 种丛书馆藏)。陆游的非诗著作最著名的可能就是《南唐书》。以上是我现在想得到的所有信息了。如果你有其他问题,请告诉我。请代替我向 Karlgren 博士问好,并告诉他我已经收到远东博物馆的第 26 号通报。(HYL Archives:Letter of Alfred K'aiming Ch'iu to Else Glahn, October 8, 1954)

10 月 15 日

密歇根大学图书馆采访部 G. Raymond Nunn 致函裘开明:随函所附日文书复本目录上标记的书籍和期刊将用铁路特快邮寄、收件人付费的方式寄给你。正如已经商谈过的那样,我们将在等价交换的基础上交换期刊,我们将尽快把贵馆的交换目录寄回,共计有 81 册非期刊类文献,平均每册书的价格为 75 美分,由我校财务处出具的相关发票也将寄给你。随后将寄出 94 册期刊。感谢你提供给我们有关复印机的信息,稍后我们将函告怀德纳图书馆。(HYL Archives:Letter of G. Raymond Nunn to Alfred K'aiming Ch'iu, October 15, 1954)

裘开明提交第 28 次《馆长年度报告》(1953 年 7 月 1 日至 1954 年 6 月 30 日),其主要内容如下:1. 图书馆馆藏情况。1953－1954 年度,哈佛大学汉和图书馆新增藏书量如下:

哈佛大学汉和图书馆新增藏书量(1953－1954 年度)

文献语种	新增种数	新增册数
中文	1905	8605
日文	1529	3325
藏文	1	2
满文	2	4
蒙文	1	14
韩文	86	232
西文	303	339
合计	3827	12521

截至 1954 年 7 月 1 日,哈佛大学汉和图书馆藏书总量如下:

哈佛大学汉和图书馆馆藏总量(1954 年 7 月 1 日)

文献语种	新增种数	新增册数
中文	40106	215148

续表

文献语种	新增种数	新增册数
日文	20407	45828
藏文	14	664
满文	128	1057
蒙文	25	349
韩文	380	1021
西文	4822	6893
合计	65882	270960

汉和图书馆1953—1954年度的中文书购书方针及经费来源情况同1952—1953年度馆长报告所述。1953—1954年度，共计购买中文书1905种8604册，其中古籍1019种7482册，当代文献862种1053册，其他中文书(包括赠送和交换书籍)24种69册。除了72种328册中国戏曲和小说类书籍购自台湾齐如山(Ch'i Ju-shan)教授藏书以外，传统装订方式的中文古书主要购于东京和京都。齐如山是中国传统戏曲音乐和理论方面的权威，原是中国当代著名表演家梅兰芳的指导者。除了齐如山的藏书以外，我们在日本还买了许多日文和中文雕版印刷的中国小说和戏曲类书籍。连同图书馆之前已入藏的这两类文献，哈佛现在已经成为整个中国文学领域的研究中心——无论是在经典文学和诗歌领域，还是在戏曲和小说这两个由于受儒家道德影响而在传统中国被忽略的领域。我们利用怀德纳图书馆的购书经费在香港大量购买新书，我馆也收藏了大量最近几年由左翼作家和共产主义作家倡导的比较新的现实主义义学著作。这些新书包含了大量从无产阶级立场的角度重新评价旧中国作家和中国传统文学的文字。日文书的购书方针同1951—1952年度馆长报告所述一样。在过去的一年里，购买了许多中文经典的日本木刻雕版本。这些版本，尤其是那些带有日本学者批注的书，对重要的中国文本的比较研究具有重要意义。日本版的书为了防止歧义，通常都有句读（即 Kaeri-ten），这对中国人本身也是有用的。对于某些重要的中文著作，日本的雕版印刷本只在我们图书馆有收藏，因为这些文献的中文版或者在中国已经失传，或者因为在中国是禁书，很难见到复本。因此，我们必须买这些日本古籍。但是这些雕版印刷的书籍价格昂贵，所以购买日文书的支出大大超过了预算。在过去的一年里，图书馆职员们系统地核查了所有日文专门书目和主要的日本私家藏书和公共图书馆的重要目录，确定我馆未入藏之书。这个缺口必须在我们的日文馆藏书本式目录出版以前尽快填补上。新的日文书或绝版日文书均购自同一家书店，我们已与这家书店合作了很多年。据粗略统计，在过去的一年里，购日文图书总计1529种，其中约30%，即约500种是新出版物。据日本的出版社和书商估计，每年日本新出版的出版物约5000种，也即我们图书馆只购买了其中的10%。在连续出版物方面，1953—1954年度，中文新刊新增38种，中文连续出版物总量达到1744种。日文连续出版物新增134种，馆藏总量达到1443种。韩文连续出版物新增6种，馆藏总量达到8种。西文连续出版物新增34种，馆藏总量达到314种。截至1954年7月，汉和图书馆收藏各语种连续出版物共计3509种。新增并登录到卡片目录的中文连续出版物共1204期，日文连续出版物共2115期，韩文连续出版物共46期，西文连续出

版物共 505 期。本年度，汉和图书馆购买的整套或接近整套的重要日文期刊有：(1)《文化》(Bunka)，第 1—18 卷，1934—1954 年；(2)《经济学杂志》(Keizai gaku zasshi)，第 1—30 卷，1937—1954 年；(3)《历史地理》(Rekishi chiri)，第 1—49 卷，51—81 卷，1882—1943 年；(4)《历史教育》(Rekishi kyōiku)，第 1—14 卷，1926—1940；(5)《日本语》(Nihon go)，第 1—3 卷，1941—1943；(6)《古典研究》(Koten kenkyū)，第 1—7 卷，1936—1942 年；(7)《农业经济研究》(Nōgyō keizai kenkyū)，第 1—19 卷，1925—1945 年；(8)《书道》(Shodō)，第 1—9 卷，1932—1940 年；(9)《心理学研究》(Shinri gaku kenkyū)，第 1—15 卷，(19—25 卷)，1926—1940 年，1948—1954 年；(10) Ananai,(第 1—5 卷)，1950—1954 年。(11)《回教事情》(Kaikyō jijyō)，第 1—4 卷，1939—1942 年。丛书和方志类，1953—1954 年度，新增中文丛书 21 种，含 276 种独立著作，264 册，中文丛书总藏量达到 1279 种。方志新增 6 种，53 册，中文方志总藏量达到 2890 种，30688 册。2. 馆藏编目、分类情况……各语种目录新增目片数统计如下：中文书作者—书名四角号码目录新增目片 7923 张(其中 3185 张为临时草片)，作者—书名罗马字顺目录新增目片 4743 张(其中 132 张为临时草片)，分类主题目录新增目片 2191 张，排架目录新增目片 2146 张，以上共计 17003 张；日文书作者—书名四角号码目录新增目片 3213 张(其中 1882 张为临时草片)，作者—书名罗马字母目录新增目片 3007 张(其中 1828 张为临时草片)，分类主题目录新增目片 1512 张，排架目录新增目片 1064 张，以上共计 8796 张；韩文书作者—书名四角号码目录新增目片 354 张，作者—书名罗马字母目录新增目片 187 张，主题-排架目录新增目片 45 张，以上共计 586 张；西文书作者—书名目录新增目片 646 张，排架—主题目录新增目片 340 张，以上共计 986 张。各语种目录合计新增目片 27371 张……1953—1954 年度，汉和图书馆的各类装订业务仍由哈佛大学装订厂承接，平均改装一本书的费用仅为 1.55 美元，略低于 1952—1953 学年度。在日本的装订价格约是在美国装订的一半，即(a)函套装每套 1.10 美元，(b)期刊装订每册 1.20 美元。因此我们的政策是当购买大量的旧刊或大量的中文线装书时就在日本做装订。3. 合作编目与书本式目录情况。国会图书馆合作编目计划接纳我馆中文书编目数据 1728 种，日文书编目数据 1625 种，共计 3353 种。我馆获得免费的目录卡片 33530 张，这些书目卡片如果由汉和图书馆自己印刷，需要经费 1667.50 美元，如果从国会图书馆购买则需 667.00 美元。本馆日籍书本式目录的第一卷仍在编撰中，我们力争在 1955 年付印。第一卷将收录儒家经典类、哲学和宗教类(除了佛教书籍以外，此类将单独出版一卷书目)书籍 2000 条款目(即 2000 种馆藏)，在印刷过程中需要 150 张对开纸。我馆最显著的特征之一是拥有近 1300 种丛书，并对它们的内容做了完整的分析著录。我们所拥有的丛书是西方所有图书馆中最好的。因为英国剑桥大学的学者对英国及欧洲图书馆所藏中文丛书进行了一次普查……出版一部类似我馆现在正在出版的日文丛书简明目录的中文丛书简明目录，对于汉学界来说将是非常有用的。这样一部目录可以在日本或香港出版，将需要 50 美元的经费。4. 阅览室与借阅服务。汉和图书馆通过国会图书馆，从某个官方机构获得了 35 种中国大陆所有重要城市在过去两三年内出版的报纸，共计 36 箱，总重量 1300 磅。这批报纸被分类、排架并被添加到卡片目录中，保存在怀德纳图书馆专门放置汉和图书馆报纸类馆藏的书库，但是此书库已经没有更多的空间保存更多的中日文报纸。在未来必须决定是放弃一些过期的报纸，还是在确定丢弃这些报纸之前先制作缩微胶卷。汉和图书馆 4 月份起在博伊斯顿堂东翼兴建书库，7 月书库完工，但是预计在两三年后，汉和图书馆将再次面临书库空间不够的问题。5. 流通服务和参考咨询工作……1953—1954 年度,图书馆外借服务开放的时间共 264 天 44 周,日均外借图书 24 册。以上馆藏流通的数据不包括隔夜借还的数量和馆内阅览的数量。另外,由于拉蒙特图书馆(Lamont Library)禁止女生入馆,所以汉和图书馆得到了拉德克利夫学院(Radcliffe College)的特别赞助……1953—1954 年度,通过馆际互借向汉和图书馆借书的机构共有 31 所,共有 24 名来自其他机构的学者在汉和图书馆做研究,有些甚至在汉和图书馆做了整整一年的研究。6. 人事变动。1953 年 10 月 5 日,高濑保(Tamotsu Takase)到汉和图书馆工作。波士顿大学的学生金圣河(Kim Sung Ha)到馆担任韩文书编目助理。宫内泰子(Yasuko Miyanchi)到馆工作,负责日文连续出版物。William Henry Winship、刘楷贤(Liu K'ai-hsien)、金圣河、吴婉莲(Dorothea Wan Lien Wu)和宫内泰子将继续在馆工作。7. 图书馆财务。

1953—1954 年度图书馆预算

开支项目		金额(单位:美元)	
图书	中文书	5000	10000
	日文书	3000	
	韩文书	1000	
	西文书	1000	
装订		2500	
保险		1500	
办公经费(文具、特快专递,电话等)		750	
设备		500	
国会图书馆合作编目		750	
薪水和津贴	阅览室主任	3000	19222
	高级中文编目员	3000	
	初级中文编目员	2600	
	首席日文编目员	2100	
	初级日文书助理	2100	
	初级中文书助理	1860	
	书库管理员	1860	
	小工(Page boy,兼职)	1700	
	社会保险与退休补贴	1002	
旅费(首席日文编目员)		700	
总计		35922	

1953—1954 年度支出统计

开支项目		金额(单位:美元)	
图书	中文书	4969.59	12678.25
	日文书	6700.63	
	韩文书	351.11	
	西文书	656.92	
装订		1814.14	
图书保险		1320.38	
设备		727.18	
办公经费	水电	289.26	690.44
	印刷和文具	162.09	
	电话和电报	164.93	
	邮费和特快专递等	60.00	
	服务费	14.16	
国会图书馆合作编目		807.39	
薪水与津贴	正式员工	12221.17	17340.57
	临时工	4176.39	
	退休金与养老金	655.91	
	社会保险	28.10	
合计		36190.45	

中韩文书籍专项拨款(20000 美元)　　　单位:美元

	金额
I. 叶理绥(Serge Elisséeff)教授支出总额	5000.00
A. 日本出版贸易株式会社(Japan Publications Trading Co.)	1900.00
B. 一诚堂书店(Isseido Book Co.)	650.00
C. 琳琅阁书店(Rinrokaku Book Co.)	620.00
D. 日本出版贸易株式会社	741.13
E. 文久堂书店(Bunnkyudo Book Co.)	326.55
F. 文久堂书店	655.00

续表

G. 一诚堂书店	104.00
H. 汇率差（Loss in exchange）	3.32
II. Kao's 韩文书	2000.00
A. 500.00 美元	
B. 1500.00 美元	
III. 购自文久堂的中文书	640.60
IV. 购自文久堂的中文书	724.00
V. Dr. Suh's 韩文书	466.62
VI. 齐如山教授所藏戏曲和小说类书籍	2300.00
VII. 购自文久堂的中文书	3042.77
VIII. 波士顿哈佛校友会（用于转移日本校友会在山本书店 Yamamoto Co. 购买的中文书）	2850.00
IX. 文光堂书店（Bunkodo Book Store）	1212.10
余额	1763.91

（HYL Archives：Chinese-Japanese Library of the Harvard-Yenching Institute at Harvard University Report of the Librarian for 1953-1954）

10月18日

密歇根大学采访部 G. Raymond Nunn 致函裘开明：兹寄还贵馆两份日文期刊复本目录和我馆的订购目录。我们至今尚未收到所缺的两册《大日本佛教全书》（*Dai-Nihon Bukkyō Zensho*），烦请贵馆帮我们补齐。另，能否寄给我们1954年9月14日函中所提到的资料？（HYL Archives：Letter of G. Raymond Nunn to Alfred K'aiming Ch'iu, October 18, 1954）

10月22日

印第安纳大学历史系教授邓嗣禹（Teng Ssu-yü）致函裘开明，询问从日本购买中日文书籍最好的代理是哪些公司，以及印第安纳大学历史系可否向汉和图书馆借《剿平捻匪方略》一书。（HYL Archives：Letter of Teng Ssu-yü to Alfred K'aiming Ch'iu, October 22, 1954）

10月25日

麻省理工学院国际研究中心 Douglas S. Paauw 致函费正清（John King Fairbank）教授：我收到了东方书局（the Oriental Book Company）H. C. Tien 博士寄来的一批经济类文献。现寄给你一份发货单复印件，请你核查这些目录，看哪些是汉和图书馆感兴趣和需要的，并请来函告诉我订购决议，以便我将贵馆不需要的图书退还给 Tien 博士。费正清教授将此信转寄给裘开明，并附短言：Paauw 希望你能从这些书目中挑选图书馆希望订购的图书目录。（HYL Archives：Letter of Douglas S. Paauw to John King Fairbank, October 25, 1954 & Letter of John King Fairbank to Alfred K'aiming Ch'iu, October 25, 1954）

10月28日

裘开明致函波士顿公共图书馆馆长Milton E. Lord博士：从福格（Fogg）艺术博物馆馆员Lucas小姐那里获悉你们图书馆印刷与绘画部经常安排现代和当代艺术家的作品展览。因此我想询问一下贵馆是否有兴趣在12月份或明年1月份为一位非常著名的中国艺术家陈源夫人凌叔华（Su-hua nee Ling）安排展览？……她去年曾在伦敦和巴黎展出过作品，现在她的作品正在印第安纳波利斯博物馆（Indianapolis Museum）展出，接着将会在纽约展出。随函附以下相关资料，包括：1. André Maurois de l'Académie Franciser 的介绍信。2. Vadime Elisséeff, Conservateur du Musée Cernuschi, Ville de Paris 的介绍信。3. 前中国驻美国大使胡适（Hu Shih）博士的介绍信。4. 关于画家部分作品的明信片。供你参考。（HYL Archives：Letter of Alfred K'aiming Ch'iu to Milton Edward Lord, October 28, 1954）

11月2日

裘开明致函Donald L. Philippi：有关图书分类法的参考资料有：裘开明著《中国图书编目法》（1931年上海商务印书局出版）；哈佛燕京学社1938—1940年出版《哈佛燕京学社汉和图书馆汉籍分类目录》第1卷：儒家经典，第2卷：哲学与宗教，第3卷：历史学；裘开明撰《中文图书印刷目录卡片》（《图书馆杂志》[Library Journal]1939年3月1日第64期第178—180页）等，你可在加州大学图书馆查到这些资料……兹附上3个不同图书馆的卡片样片。我希望你可以去加州大学图书馆，将该馆的目录卡片与哥伦比亚、芝加哥等大学图书馆的目录卡片进行比较研究。这3个图书馆有着明显的区别，并且他们与合作编目计划的其他成员馆的目录卡片亦有很大的区别。请代我向Dean小姐、Man-Hing Yue Mok夫人、Wen先生问候。（HYL Archives：Letter of Alfred K'aiming Ch'iu to Donald L. Philippi, November 2, 1954）

11月3日

裘开明致函印第安纳大学历史系教授邓嗣禹（Teng Ssu-yü）：10月22日来函收悉，在日本没有所谓最好的中日文书籍代理商，但是考虑实际情况，我向你推荐日本出版贸易株式会社（Japan Publications Trading Company），其地址为"No. 1 Sarugakucho i-chome, Kanda, Chiyoda-ku, Tokyo, Japan"。该公司每月出版中日文新旧书籍的书目，并出版、发行东京地区其他中日文书商的目录。他们能为你从任何一家书店寻找任何中文、日文或西文图书，从中收取目录上所标书价15%的服务费……关于《剿平捻匪方略》一书，建议你可通过日本出版贸易株式会社在日本购买，此书目前已经很难见到，书籍也相当厚重，共计320卷，16函。我们通常不允许馆际互借如此宏富的著作，但是考虑到你的困境——如果你不能到华盛顿或剑桥来查阅此书，你将无法完成你的著作，如果贵馆愿意支付此书来回的铁路保价快递费用，我们可以把书借给你，但是请按程序向哈佛大学怀德纳图书馆提出互借申请。（HYL Archives：Letter of Alfred K'aiming Ch'iu to Teng Ssu-yü, November 3, 1954）

耶鲁大学图书馆Dorothy Spencer致函裘开明：兹奉上日文书籍复本交换图书目录，贵馆从目录中所选书籍的总价值为163.28美元，比我馆书籍的价值多了76.85美元，请寄来支票或者寄来贵馆的中日文书籍复本目录，以供我们选择。（HYL Archives：Letter of Dorothy Spencer to Alfred K'aiming Ch'iu, November 3, 1954）

11月5日

毕乃德（Knight Biggerstaff）致函裘开明：我和我的一个研究生目前正在研究严复

(Yen Fu),我们可能需要借用贵馆的一些书籍。在申请馆际互借前,我希望你能告诉我下列5种单行本:《群已权界论》、《社会通诠》、《孟德斯鸠法意》、《群学肄言》和《穆勒名学》是否比《严译名著丛刊》里的版本包含更多的材料?我们对严复的教育思想感兴趣,这些资料是来自我们图书馆里一本严复翻译的书的注释。如果丛刊本与单行本包含的注释一样,可能对我们(也对你)来说借用丛书会更容易些。但如果不是,那么我们将需要借阅这两种书籍。我和Camilla离开剑桥已经很久了,我们感觉已经完全和旧日的朋友断绝了联系。希望你和你的家人安好。我们至少下次远东会议可以再见。(HYL Archives:Letter of Knight Biggerstaff to Alfred K'aiming Ch'iu, November 5, 1954)

11月8日

哈佛燕京学社董事会召开会议,社长叶理绥(Serge Elisséeff)教授汇报裘开明撰写提交的1953—1954年度报告。学社社长向董事会申请购买中文、韩文善本古籍的经费,希望拨付20000美元的专项经费用于汉和图书馆图书采购。会议表决通过,由哈佛燕京学社社长叶理绥教授和Bundy负责处理将地理规划学院占据原汉和图书馆空间的收回工作;拨款4000美元作为图书馆应急经费。(HYI Archives:Meeting of the Board of Trustees Held on Monday, November 8, 1954)

11月10日

裘开明致函芝加哥大学东亚图书馆馆长钱存训(Tsuen-hsuin Tsien):感谢你赠送的由芝加哥大学东亚图书馆出版的《近期中日文文献采购资源精选目录》(芝加哥大学远东图书馆,1953年6月第1期,1954年10月第2期)和《近期西文文献采购资源目录》(芝加哥大学远东图书馆,1954年10第2期)。这些目录对我馆了解芝加哥大学图书馆近期新书资源有极大的参考价值。我馆目前未出版类似的书目出版物,而是正集中对图书进行编目并向国会图书馆寄送目录主卡片供复制和分发。我馆目前正全力推进合作编目计划,因此,在不久的将来,所有美国东亚图书馆的中日文目录卡片将会以季刊和年度累积本的形式编入国会图书馆作者目录……(HYL Archives:Letter of Alfred K'aiming Ch'iu to Tsuen-hsuin Tsien, November 10, 1954)

11月12日

麻省理工学院国际研究中心Douglas S. Paauw致函裘开明:费正清(John King Fairbank)教授把我你寄来的关于购买中文图书的信函转寄给我,现向你寄回我已签署过的附件。我在你的发票中增加了约1/4从香港订书的邮资。你为图书馆订购的书籍,包括书籍成本和邮资在内,共计14.67港元(或2.70美元)。方便时请你让会计寄给我支票。我会请秘书将书寄给你。函附一份香港联合研究所(the Union Research Institute in Hong Kong)出版的书目,希望你关注并订购以下书籍:*the Price Problems of Communist China*(定价1.50美元或9港元);*the Foreign Trade of Communist China*(定价1.50美元或9港元);*Monetary Affairs in Communist China*(定价2美元或12港元);*Revenue and Disbursement of Communist China*(定价2美元或12港元)。(HYL Archives:Letter of Douglas S. Paauw to Alfred K'aiming Ch'iu, November 12, 1954)

钱存训致函裘开明:奉到11月10日手教,敬悉一一。前承惠寄大著《编目规则修订意见》,至为钦佩。惟以忙于他事,未及得暇详细研究,深以为憾。兹收到会中另寄一份,即将赐下一份仍行奉运,尚祈查收。敝处所印新书选目,因应校中多系要求而试办者,因总馆目录中无中日文卡片,而多系教授无不常来本馆。只有借此方法,可以供给新书消息也。弟无赶忙编目工作,现已完成十分之九,惟因人手太少,难以速成也……(HYL

Archives：钱存训致裘开明信函，1954 年 11 月 12 日）

裘开明致函毕乃德（Knight Biggerstaff）：很高兴久无音讯之后重新收到你的来信。你所询问的有关严复（Yen Fu）《严译名著丛刊》与单行本之间的区别的问题，应该说其实没有多少区别，仅仅是在丛书里，单行本的注释已经集中起来，附在每卷之后作为丛书的附录。如果目的是为引用和使用的话，丛书版本可能更好（哈佛索取号为 No.9119/6424，v.1－8）。几年前有个学生也将严复作为费正清（John King Fairbank）教授区域研究课程的学期论文研究内容。我帮他收集了我馆有关严复的资料。论文的作者和题目是：Stanley Leyden 撰《严复作为翻译家的思想批评》（1950 年 1 月），该论文从未发表，目前保存在区域研究中心的学生论文里。如果你想借用，请先征求费正清教授的同意。有关严复的重要参考文献有：1.王遽常《严几道年谱》（上海，商务印书馆，1936），2.严复《严几道诗文钞》（上海，1922），3.林耀华《严几道的社会思想》《社会学界》1933 年 6 月第 7 卷第 1－82 页），这是林先生在燕京的非常显示其能力的硕士论文，1950 年之前，林先生就已经是燕京的教授了。4.郭斌苏《严几道先生》（《国风》1936 年第 8 卷第 8 期第 213－229 页）。郭斌苏先生是我的朋友，如严复一样，是经典著作的研究学者，在西方接受教育。他是近代中国少数几个可以用漂亮的中文和优雅的英文写作的中国学者，能深入理解西方文明和中国文化的经典与传统。我馆有上述所有藏书，如果你希望借用，请通过贵馆的馆际互借部门提出申请。请向 Camilla Biggerstaff 问好。（HYL Archives：Letter of Alfred K'aiming Ch'iu to Knight Biggerstaff，November 12，1954）

11 月 17 日

裘开明致函香港东方书局（Oriental Book Company）H. C. Tien：贵公司寄出的部分包裹我们至今未收到，请告知包裹编号以便我们核查。对于新书装订问题，建议一般小册子每本装订费 10－25 美分，装订费用以及邮费一并列入购书发票。关于装订，限制规定如下：1.只对有永久价值的书籍装订，如参考书、书目、一般调查和学科的完整历史。2.对少于 150 页的册子不装订，传统线装书不装订。3.一部著作的两三卷装订成一部新的超过 150 页的书。（HYL Archives：Letter of Alfred K'aiming Ch'iu to H. C. Tien，November 17，1954）

11 月 19 日

裘开明致函密歇根大学采访部 G. Raymond Nunn：今天我们通过铁路快递寄给贵馆一箱你在我馆复本书目录上勾选的中日文复本书。我们所勾选的贵馆期刊约 70 期，但是我们收到贵馆寄来的 94 期，因此我们这里还有贵馆 24 期期刊。随函附上你夏天时寄还给我们的带有书价的期刊和书籍目录。请寄来我们所寄还贵馆的两种书的凭证，因为经过仔细核对，发现它们是我馆已有入藏的复本。（HYL Archives：Letter of Alfred K'aiming Ch'iu to G. Raymond Nunn，November 19，1954）

裘开明致函日本国会图书馆馆长金森德次郎（Tokujrro Kanamori）：你 10 月 12 日写给 Keyes D. Metcalf 博士关于派遣贵馆馆员来哈佛的信已经转给我了。Tatsuo Yoshida 先生和 Hide Nakane 先生到达这里后，我们愿意派遣一名日裔馆员陪同他们……随函附上一份丢失刊物的目录，该目录是我馆非常需要的贵馆的文献，请你转告贵馆国际交换部，把这些丢失的期刊寄给我们……（HYL Archives：Letter of Alfred K'aiming Ch'iu to Tokujrro Kanamori，November 19，1954）

S. Kojima 致函裘开明：《正编大日本校订藏经》整套共 1097 册，价格（含购书费、保险费及运费）总共为 1200 美元。《续编大日本校订藏经》（佛经）正常价格为 1400 美金。

我社以特惠价格出售的这套佛经是一套善本书,该书在日本已经很难再找到库存了,贵馆再去购买这样一套善本书的机会将不会太多。现请你将订购单和汇款一起寄给我社,收到贵馆的订单后,我们会将整套书寄给贵馆。不过,我社此次出售书所遵循的原则是先到者先得。出售特价图书的期限到 1955 年 1 月 31 日止,也就是贵馆的订单和汇款必须在今年年底或之前寄到我社。随函附上大藏经续印说明。(HYL Archives:Letter of S. Kojima to Alfred K'aiming Ch'iu, November 19,1954)

11 月 24 日

波士顿公共图书馆馆长助理 John J. Connolly 致函裘开明:很遗憾不能在波士顿公共图书馆安排陈源夫人凌叔华(Su-hua nee Ling)的画作展览,因为直到 1955 年秋季,我们的计划表都已排满。(HYL Archives:Letter of John J. Connolly to Alfred K'aiming Ch'iu, November 24,1954)

11 月 26 日

Donald L. Philippi 致函裘开明:很抱歉未能尽早回复你 11 月 2 日的来函,感谢你为我提供了很多有价值的资料。我非常高兴能收到你的《哈佛关于修订美国图书馆协会编目条例的意见》,我也对 Charles E. Hamilton 先生关于国会图书馆工作手册的评论意见非常感兴趣。我通过加州大学洛杉矶分校 Man-Hing Yue Mok 夫人的协助,得到了国会图书馆工作手册。非常感谢你们给予我的协助。你提供给我的很多出版资料线索我已然熟悉,但仍有部分是我所不知道的。我还没有《中国图书编目法》,但有一份日本国立国会图书馆的编目条例,这是该馆目前所使用的编目规则基础,该条例符合了战后的需要,是对以前编辑规则的修订……此外,我已相对熟悉由国会图书馆印行的联合目录,以及相关合作图书馆的实践,或许我将会根据你的建议对各种实践做法进行逐项的详细研究。(HYL Archives:Letter of Donald L. Philippi to Alfred K'aiming Ch'iu, November 10,1954)

11 月

裘开明撰"The Harvard-Yenching Institute Library"发表于《远东季刊》(*Far Eastern Quarterly*),Vol.14,No.1 (November 1954):147—152。

12 月 1 日

Wm. Lippman 致函裘开明:感谢你 11 月 30 日的来信,以及所附自日本购买中文书的进口许可证。我方采纳了你来函的建议,这批进口书将按照进口许可证的要求在美国海关验关、入关,剩余的经费留作今后运货之用。此次的验关、入关手续很快即可办完。你寄来的发票在过海关时给了我们很大帮助,现寄回给你。(HYL Archives:Letter of Wm. Lippman to Alfred K'aiming Ch'iu, December 1,1954)

Margaret E. Baker 致函裘开明:现将你从文光堂书店(Bunkodo Book Store)订书的书单回寄给你,这份书单不符合海关验关的要求。我方需要提供一份文光堂书店开出的发票(用英文填写),发票上有每本书的价格及此批进口书船运总运费,这样才能办理验关、入关手续。尽管现在过海关已经不需要提供领事签证的发票,但书店开具的发票是一定要出示的。你可否拿到发票后寄给我?我会即刻帮你转交给 T. D. Downing 公司的相关人员,并且尽可能在最短的时间内帮你办理验关手续。如果你无法将书店开出的发票寄给我,那么可否请你给我开具一张船运运费的发票?如需帮助请跟我联系。附注:如我方附上发票,可否请你帮我将它翻译成中文?(HYL Archives:Letter of Margaret E. Baker to Alfred K'aiming Ch'iu, December 1,1954)

12月2日

　　日本图书馆株式会社主管间宫富士（Fujio Mamiya）致函裘开明：贵馆1953年10月16日来函要求订购1945年和1946年的《朝日新闻》，当时因没有出版合订版，故未能购得，而最近朝日出版社（Asahi Press）出版了1945年上半年各期《朝日新闻》的合订版，1945年下半年的将于1954年12月底出版，1946年《朝日新闻》的合订版（分两册）有望在1955年1—3月间出版，如果贵馆仍希望订购，我们将代为购之。（HYL Archives：Letter of Fujio Mamiya to Alfred K'aiming Ch'iu, December 2, 1954）

12月3日

　　裘开明致函Donald L. Philippi，函寄Donald L. Philippi 11月26日来函请求协助填写的远东图书馆调查问卷结果。（HYL Archives：Letter of Alfred K'aiming Ch'iu to Donald L. Philippi, December 3, 1954）

　　裘开明致函费正清（John King Fairbank）教授：随函附上我已用红色圆圈标记过的Douglas S. Paauw博士寄来的书单，我们将向他购买这些书籍。请让他把书和他签字后的账单寄至博伊斯顿堂。我会让哈佛大学财务员从我馆的中文图书预算经费中支付书款。我认为应写信告知H. C. Tien博士，请他不要再将任何书籍以在书籍包裹上注明汉和图书馆的方式寄送给个人。如果你或Paauw博士希望为区域研究计划购买任何中文书，请将书目提供给我馆即可，我们一定会为你们订购。（HYL Archives：Letter of Alfred K'aiming Ch'iu to John King Fairbank, December 3, 1954）

12月4日

　　远东协会（FEA）程序委员会主席Ardath W. Burks教授致函裘开明：我俩的朋友，国会图书馆日文组的Edwin G. Beal, Jr.在夏天时写信告诉我，他今年冬季会在远东，可能在1955年3月28—31日在华盛顿举行远东协会年会以前不能回国。Beal向我解释说，美国图书馆协会已经建立了一个由华盛顿大学Maud L. Moseley女士担任主席的东方文献编目专门委员会。我知道你是美国图书馆协会该委员会的远东协会代表，而密歇根的G. Raymand Nunn是一位委员。Beal的主意是，今年的远东协会图书馆会议应该有一份有关美国图书馆协会该专业委员会工作的详细报告。显然已经有一份国会图书馆准备的"工作手册"……因为你是远东协会的代表，所以我将遵循你有关挑选会议主席和其他会议事项的建议。（HYL Archives：Letter of Professor Ardath W. Burks, Chairman, FEA Program Committee, Rutgers University, to Alfred K'aiming Ch'iu, December 4, 1954）

12月6日

　　胡佛图书馆中文文库主管芮玛丽（Mary Clabaugh Wright）致函裘开明：因为我馆采访人员的不负责，1950—1951年的馆藏有很大的空白，故希望能够交换贵馆所藏复本资源。随函附上斯坦福大学图书馆的书报、期刊复本目录。（HYL Archives：Letter of Mary Clabaugh Wright to Alfred K'aiming Ch'iu, December 6, 1954）

12月8日

　　裘开明致函远东协会程序委员会主席Ardath W. Burks教授：谢谢你12月4日来信告知Edwin G. Beal, Jr.博士可能缺席会议和有必要指定一位新的远东协会/美国图书馆协会图书馆问题联合会议主席。我高兴地得知这次年会将在华盛顿特区举行，我们应该尽力从国会图书馆东方文献整理委员会的委员中挑选一位委员担任会议主席。除了Beal博士以外，国会图书馆东方文献整理委员会还有6位委员，包括主席Lucile M. Morsch女士和秘书Grace E. M. May女士。请写信给国会图书馆副馆长Lucile M.

Morsch女士,请她担任联合会议的主席。如果她不能担任主席的话,那么请她从该委员会中选一名代表替代Beal博士。Maud L. Moseley女士已经辞职,G. Raymand Nunn先生已经取代了美国图书馆协会东方文献编目专门委员会主席的职务。我是该委员会的远东协会代表。明年3月,我将向该委员会提交3份报告:1.一篇有关美国图书馆远东图书主题法的论文,2.哈佛大学关于修改美国图书馆协会和国会图书馆编目规则的建议,3.所有建议的讨论报告。我希望Nunn博士能够收集所有的建议和讨论报告,并且就该问题写一个最终报告,提交给明年3月会议。(HYL Archives:Letter of Alfred K'aiming Ch'iu to Professor Ardath W. Burks, Chairman, FEA Program Committee, Rutgers University, December 8, 1954)

Edwin N. Clark致函裘开明,函寄华美协进社为6000多名中国学生和新近毕业生募集捐款的倡议。(HYL Archives:Letter of Edwin N. Clark to Alfred K'aiming Ch'iu, December 8, 1955)

12月9日

哈佛大学东亚研究委员会东亚研究计划费正清(John King Fairbank)教授致函裘开明:在收集中国文献资料过程中,我们遇到的主要问题是订购《新华月报》的困难。我想我们应该写信与一些香港人士联系,看能否通过特别途径购买到这些资料复本。你能否帮我们编制一份贵馆《新华月报》的缺期目录,并给我几份复印件,以便我将这些目录转寄给香港方面。对此,你是否还有其他一些好的建议?(HYL Archives:Letter of John King Fairbank to Alfred K'aiming Ch'iu, December 9, 1954)

12月13日

裘开明写完《评美国图书馆协会分类编目委员会东方文献编目专门委员会第一次评议报告》,全文共21页。(HYL Archives:Alfred K'aiming Ch'iu, "Comments on the First Report of the ALA-DCC Special Committee on Cataloging Oriental Materials' Deliberations", December 13, 1954)

堪培拉大学学院T. M. Owen致函裘开明:学院东方研究系的毕汉思(Hans Bielenstein)教授向我询问有关你们的印刷卡片目录。他觉得如果我们能够购买贵馆现有馆藏和未来馆藏的图书作者卡片,不仅会简化我们的编目工作,也为我们提供了一个非常有价值的书目。请问我们是否可以购买到贵馆的卡片,并且如果可行,请告诉我卡片的数量和相应的最高估价。(HYL Archives:Letter of T. M. Owen, Registar of Canberra University College to Alfred K'aiming Ch'iu, December 13, 1954)

12月15日

裘开明致函密歇根大学图书馆G. Raymond Nunn:今日我向你提供的名单上的所有人邮寄了我写的《评美国图书馆协会分类编目委员会东方文献编目专门委员会第一次评议报告》,我将再邮寄几份供你使用。(HYL Archives:Letter of Alfred K'aiming Ch'iu to G. Raymond Nunn, December 15, 1954)

胡佛图书馆Philip T. McLean致函裘开明,请求推荐一个合适的人选,负责胡佛图书馆日文书编目工作。(HYL Archives:Letter of Philip T. McLean to Alfred K'aiming Ch'iu, December 15, 1954)

12月16日

日本国会图书馆国际事务部主任T. Ichikawa致函裘开明:我将寄去你于11月19日寄给我馆馆长金森德次郎(Tokujrro Kanamori)的书单中所列如下几种书:(1)

Zassikijisakuin Jinbunkagaku-hen,第 3 卷第 2、6、11 期,第 4 卷第 11 期至第 7 卷第 2 期;*Sizenkagaku-hen*,第 2 卷第 1 期到第 5 卷第 2 期;(2)*Kokunai Suppanbutu Mokuroku*,第 5 卷第 1、3、5—12 期;(3)*Kosajimu Sankosiryo*,第 2、13、14 卷;(4)*Kosamokuroku*,第 1—5、10、12 卷;(5)*Kokuritu Kokkai Tosyokan Nenpo*,1950—1952。书单上其他的期刊因我馆没有库存,故无法寄送。(HYL Archives:Letter of T. Ichikawa to Alfred K'aiming Ch'iu, December 16, 1954)

12月17日

香港古今图书公司致函裘开明,说明寄送发票和目录中所需图书的各种详细情况。(HYL Archives:Letter of C. M. Chen Book Company to Alfred K'aiming Ch'iu, December 17, 1954)

12月18日

日本国会图书馆馆长金森德次郎(Tokujrro Kanamori)致函裘开明,告知尚未确定两名交换馆员抵达美国的日期。(HYL Archives:Letter of Tokujrro Kanamori to Alfred K'aiming Ch'iu, December 18, 1954)

12月21日

亚洲基金会主席 Robert Blum 致函裘开明:因为你擅长亚洲事务,我们相信你会对亚洲基金会感兴趣,因此,我们附寄描述我们基金会宗旨和有关活动的宣传册,以及《亚洲学生》周刊。这个周刊是基金会为在美国学习的亚洲学生印制的,其内容为多数美国出版物通常没有而可能对你有益的亚洲材料。正如你可在宣传册上看到的,我们主要关注在亚洲与亚洲人的协作。我们期待以我们有限的资源,与有志于提高美国对亚洲理解的个人或团体合作。类似合作的例子在宣传册内"亚洲报告"有提及。毫无疑问你认识宣传册里提及的这些个人或组织。如果你认为他们谁有兴趣和我们基金代表聊聊,请告诉我们。如果你有任何关于如何扩展我们与亚洲人的关系及协助他们推进民主进程的建议,也欢迎告诉我们。(HYL Archives:Letter of Robert Blum to Alfred K'aiming Ch'iu, December 21, 1954)

12月23日

裘开明致函胡佛图书馆 Philip T. McLean,推荐胡佛图书馆所需的日文编目馆员(HYL Archives:Letter of Alfred K'aiming Ch'iu to Philip T. McLean, December 23, 1954)

1955 年
58 岁

1月3日

香港古今图书公司致函裘开明:现在不允许从上海出口图书了。可是在贵馆订购的一个月之前,我们已经从中国的其他地方订购了这些书。如果事情顺利的话,我们期待能收到这些书并在一个月内寄给贵馆。(HYL Archives:Letter of C. M. Chen Book Company to Alfred K'aiming Ch'iu, January 3, 1955)

1月8日

大森丰子(Toyoko Cecillia Omori)致函裘开明,告知将于 2 月 1 日正式开始任学生助理一职,并询问可否将薪水提至每小时1美金。(HYL Archives: Letter of Toyoko Cecillia Omori to Alfred K'aiming Ch'iu, January 8, 1955)

1月10日

香港古今图书公司致函裘开明:那位书写订购书单的抄写员很高兴听到你的建议,也愿意为你抄写一些图书馆卡片。他表示因为这个并不是他的专长,因此他倾向于由你来决定他的报酬。我们想由你寄给他一批卡片作为尝试会更好。请注明卡片是通过海运还是航空信形式寄返,我们当然希望你能补贴这个邮资。(HYL Archives: Letter of C. M. Chen Book Company to Alfred K'aiming Ch'iu, January 10, 1955)

1月12日

裘开明致函大森丰子(Toyoko Cecillia Omori):你可以2月1日到职。每小时85美分是所有新的学生助理的起步薪水,如果学生工在工作一段时间后向我们证明其工作价值,我们一般会提高薪水。(HYL Archives: Letter of Alfred K'aiming Ch'iu to Toyoko Cecillia Omori, January 12, 1955)

华美协进社致函裘开明:为了解我国旅美学人对科学研究之成就与贡献,特检附"科学研究工作调查表"一份,即请逐项填注,本表当妥为保存,专供参考之用。查此项调查具有极大价值,务恳惠予合作,于收到本表一二日内即行填就寄回本社:125 Fast 65th Street, New York 21, N. Y. 毋任感激。函附科学研究工作调查表一份。(HYL Archives:华美协进社致裘开明信函,1955年1月12日)

1月14日

何炳棣致函裘开明:多谢所赐贺年片,晚尽一冬假撰作物,焦头烂额,疏简之处,多乞先达宽恕。两年来得陆续写撰,端赖贵馆多方惠助,只好在书序中特别声谢。拙作《明清人口》业经哈佛燕京社收入专论丛书,惟何时即出,无法预测。作物已撰写数言,惟冬假过短,现开课已两周,无法继续,只有留待今夏。晚最近对进士录深感兴趣,拟于授课之余,翻阅数种。贵馆所藏清代进士录甚丰,未审能否先惠借十种,时代最好自康熙至道光,晚清亦所欢迎。进士录印象所及,似有两种。一种为书名录,仅列各科中式名单,并无身家背景,价值不太大。晚所拟借者似属于进士登科录(至少明代为此),内有身家(三代)背景,在清代或名称为《会试同年齿录》。晚僻处西岸,无法查贵馆目录,能否格外费心,代恳贵馆同人稍事翻检,务求内有三代资历官衔者,始行寄出。如有清代各省乡试同年齿录,具有身家背景者,亦最所欢迎。正式函借手续后日即由敝校图书馆办理,因恐借单上无法说明,故先草此函。贵馆为亦有《明代进士登科录》,乞以书名示之,以便另恳复制胶卷。此类材料抄录颇费时间,故每月所借,不逾十种,为能随还随借,实最所欣感也。今夏东上,大体应无问题。计划拟先在国会工作三四周,五月底或六月初即到剑桥,届时必多有机会聆教也。(HYL Archives:何炳棣致裘开明信函,1955年1月14日)

1月25日

大森丰子(Toyoko Cecilia Omori)致函裘开明,告知下星期开始上班,1月31日上午9点来拜访裘开明。(HYL Archives: Letter of Toyoko Cecilia Omori to Alfred K'aiming Ch'iu, January 24, 1955)

1月26日

裘开明完成《关于美国图书馆协会分类编目委员会东方文献编目专门委员会主席所提各项建议案的保留意见》,全文共12页。(HYL Archives: Alfred K'aiming Ch'iu. Reservations with Respect to Various Recommendations. January 26, 1955)

钱存训致函裘开明：久未通函，想，新春多福。前承惠赐评样、编目条例多份，至佩高见。弟以事冗，未能参加讨论为歉。兹有恳者，顾立雅（Herrlee Glessner Creel）先生拟在港购买《太平御览》一部，希望其版本与哈佛燕京引得鲍刻本所据者相同。香港蔚林书店有一部系光绪十八年（1892）广东南海李氏重刻鲍氏本，不知此本页数是否与嘉庆23年鲍崇城刊本相符。敝处无此二本，倘贵馆有此二种版本，敬恳一查示知，如无原书，请向洪煨莲先生一问或知其详也。又年前承介绍 Boston（波士顿）一家 gallery（画廊）可接受私人画展之用，弟将其地址遗失，拟恳便中查示，不胜感幸之至。（HYL Archives：钱存训致裘开明信函，1955年1月26日）

裘开明致函刘裘翰香（Han-Hsiang Chiu Liu）：我馆自7月1日起有一期刊助理的职位空缺，主要负责记录和装订所有的期刊。薪水是每年2100美元，附带3个星期的暑假，每周工作35个小时。有关我馆的规模和性质，包括3000多种期刊的情况，有文章刊登于1954年11月的《远东季刊》（Far Eastern Quarterly）第14卷第1期上。如果你对这一职位感兴趣，请尽快告知。于震寰（Zunvair Yue）夫妇将会写信给你介绍剑桥的详细情况。（HYL Archives：Letter of Alfred K'aiming Ch'iu to Han-Hsiang Chiu Liu, January 26, 1955）

1月28日

裘开明致函美国图书馆协会分类编目委员会东方文献编目专门委员会主席 G. Raymond Nunn：1月25日来信收悉。你在收集有关你的一系列建议的回复上已经做了极有成效的工作。昨天我们已经把我们长达6页的答复用专递寄出了，希望今天或者明天你就能收到，同时我们还寄给了你分发名单上的每个人。我在远东协会会议上的发言题目是《用于远东图书的作者款目原则》（"Principles of Author Entry as Applied to Far Eastern Books"）。有必要讨论这个问题，因为在采用作者作为这些图书的主款目中有一系列没有回答的问题。虽然 Charles E. Hamilton 的以书名作为主款目的倡议不是一项明智稳妥的政策，但是他对作者款目的疑问与反对是有根据的，而且应该予以答复和讨论……（HYL Archives：Letter of Alfred K'aiming Ch'iu to G. Raymond Nunn, Chairman, ALA-DCC Special Committee on Cataloging Oriental Materials, Library of University of Michigan. January 28, 1955）

郑慧雯（Hwei-Wen Cheng）致函裘开明：我现就读于纳什维尔的 Peabody 图书馆学院（Peabody Library School），将于8月获得硕士学位，懂中文、韩文，想在图书馆做实习生，请惠予回复。（HYL Archives：Letter of Hwei-Wen Cheng to Alfred K'aiming Ch'iu, January 28, 1955）

1月31日

裘开明回复远东协会程序委员会主席 Ardath W. Burks 教授1月8日的来信：祝贺你安排了如此好的远东协会/美国图书馆协会图书馆问题联合会议程序，并且挑选了哥伦比亚大学 Howard P. Linton 先生这样一位好主席。感谢你邀请我参加远东协会/美国图书馆协会编目问题小组会议。你在信中提到的我的3篇论文已经是过去的历史，我即将提交的论文题目是《用于远东图书的作者款目原则》（"Principles of Author Entry as applied to Far Eastern Books"）。根据 G. Raymond Nunn 先生的建议，我对远东图书主题分析的问题做了进一步的探讨，我将提交一份与 Nunn 先生的《远东书目》重组计划相关的《美国图书馆远东图书年度联合目录》建议大纲……（HYL Archives：Letter of Alfred K'aiming Ch'iu to Professor Ardath W. Burks, Chairman, FEA Program Committee, Rutgers

University. January 31,1955)

1月

原日本高野山大学(Koyasan University)佛教研究副教授,现德国汉堡大学(Hamburg University)东方研究讲师 Chimyo Horioka 法师以兼职馆员的身份到汉和图书馆,协助佛教藏书编目。所有佛教藏书的目录卡片编制完成后,将寄往日本,作为馆藏日籍书本式目录的第二卷排版印刷。(HYL Archives:Chinese-Japanese Library of the Harvard-Yenching Institute at Harvard University Report of the Librarian for 1954-1955)

2月1日

刘裘翰香(Han-Hsiang Chiu Liu)致函裘开明:我对你提到的职位非常感兴趣。有两个问题想请你解答:第一,关于这一职位的性质,是属专业性质还是文秘性质?第二,在不影响工作的情况下,我是否可以选修学分?目前我在肖特尔学院(Shorter College)担任助理馆员,请你明确告知接受这一职位的详细手续。(HYL Archives:Letter of Han-Hsiang Chiu Liu to Alfred K'aiming Ch'iu, February 1, 1955)

2月2日

裘开明致函郑慧雯(Hwei-Wen Cheng):我馆目前暂无职位空缺,你可与新加坡南洋大学图书馆馆长严文郁(Yen Wen-yu)先生联系。(HYL Archives:Letter of Alfred K'aiming Ch'iu to Hwei-Wen Cheng, February 2, 1955)

裘开明致函香港东方书局(Oriental Book Company) H. C. Tien:感谢你寄来费正清(John King Fairbank)教授的信函。对贵公司制定合理的价格政策,我表示赞同。另外,我馆尚未收到贵公司寄来的一些书籍包裹。(HYL Archives:Letter of Alfred K'aiming Ch'iu to H. C. Tien, February 2, 1955)

裘开明致函芝加哥大学远东图书馆馆长钱存训(Tsuen-hsuin Tsien):关于你1955年1月26日来函请求订购《太平御览》一事,请告知顾立雅(Herrlee Glessner Creel)教授,1882年广东李氏《太平御览》版本系1807歙县鲍氏的抄本……(HYL Archives:Letter of Alfred K'aiming Ch'iu to Tsuen-hsuin Tsien February 2, 1955)

2月3日

美国图书馆协会分类编目委员会东方文献编目专门委员会主席 G. Raymond Nunn 致函裘开明:我们委员会的第一批建议现在正在印刷中,并将在编目委员会下次召开美国图书馆协会规则修改会议时送到编目委员会委员的手中。这批建议中只收录了一致通过的建议案。我知道在充分地考虑了不同声音的情况下,我们没有必要取得一致的意见。就第5号建议案而言,你是少数派。坦率地说,我现在知道我们应该如何处理这个问题。如果你代表的是一个小的图书馆,或者你的意见没有价值,我们就可能将这项建议案放在一边不理睬了。然而,要想分类编目委员会接受一项西文图书普通规则的变化是困难的。这纯粹是一个实际的问题,我期待着你提供一个使编目委员会和东方文献编目专门委员会都能够接受的解决办法。我正在考虑在远东协会会议前后在华盛顿召开一次会议,Lucile M. Morsch 女士已经同意召开一次东方文献编目专门委员会与公务目录的联合会议。但是,除非我们能够提出很多的不同意见,否则会议将不会列入讨论议程,因为会议的日程很满。接下来是困难的两个月!(HYL Archives:Letter of G. Raymond Nunn, Chairman, ALA-DCC Special Committee on Cataloging Oriental Materials, to Alfred K'aiming Ch'iu, February 3,1955)

2月4日

裘开明致函日本国会图书馆国际事务部:获悉贵馆已再次给我馆寄来了上次丢失的

图书,但是,迄今我馆尚未收到。如果你们是通过华盛顿史密森尼研究院(Smithsonian Institution)国际交换服务中心寄送的,我们将写信联系他们。随函附上两种日文善本书的书目信息,这两种书分别藏在位于上野公园的前日本国立图书馆和尊经阁文库(Sonkeikaku Library),我们非常愿意出资将这两种书制成缩微胶卷。你是否愿意帮我馆制作缩微胶卷,并把发票一并寄给我?另外,我们已经从史密森尼研究院收到了你在1954年11月22日信中所提到两木箱日文教材。(HYL Archives: Letter of Alfred K'aiming Ch'iu to T. Ichikawa, February 4, 1955)

裘开明致函刘裘翰香(Han-Hsiang Chiu Liu):我很高兴你愿意接受我馆的助理馆员一职。但从你的具体情况看,我现在建议你不要接受这份工作。因为我馆的空缺不是专业职位,而是一个实习生的职位。我馆的全职职员很难学习哈佛大学的课程,因为大部分办公时间是从早上9点至晚上5点,周一至周五。但是我馆的职位对那些想学习中日文图书编目的人来说是比较好的。现有数位中国或日本的学生申请该职位,想在美国学习图书馆学。因此,除非收到你的答复,否则这个职位将会提供给其他申请者。我们希望你能在暑假来参观新英格兰地区以及我馆。(HYL Archives: Letter of Alfred K'aiming Ch'iu to Han-Hsiang Chiu Liu, February 4, 1955)

2月7日

裘开明致函香港东方书局(Oriental Book Company)H. C. Tien:请把书籍装订费用列入发票。汉和图书馆不选购儿童书籍和自然科学与技术类书籍,而且只订购新出版物。(HYL Archives: Letter of Alfred K'aiming Ch'iu to H. C. Tien, February 7, 1955)

2月8日

裘开明致函美国图书馆协会分类编目委员会东方文献编目专门委员会主席G. Raymond Nunn:感谢你2月3日来信告知将很快就能收到分类编目委员会有关美国图书馆协会规则和国会图书馆规则的第一批建议。我很高兴地得知你的看法:在启动远东图书合作编目计划中,我们没有必要取得绝对的一致意见。正如你所知,在西文图书合作编目的初期,在所有的细节上都有不一致性。美国各图书馆发行的西文图书印刷卡片现在仍然在细节上有一些差异……(HYL Archives: Letter of Alfred K'aiming Ch'iu to G. Raymond Nunn, Chairman, ALA-DCC Special Committee on Cataloging Oriental Materials, February 8,1955)

2月9日

裘开明致函Donald L. Philippi:感谢你寄来关于美国东亚馆藏的精彩报告,我认为应该将该报告适当扩展,并在某一图书馆学杂志上公开发表,因为这份报告不仅对美国的图书馆馆长和东亚研究专家有强大的吸引力,而且会引起欧亚图书馆馆长和专家教授的浓厚兴趣。兹附上Edwin G. Beal, Jr.博士有关国会图书馆中日文卡片罗马化问题的信函,请你参考后,将此信与我此前寄给你的手稿资料一并回寄给我……关于四角号码法的使用,我了解到使用四角号码法的图书馆比使用笔画法的图书馆要多。伦敦大学中国学系、东京大学人类学研究所均将四角号码法用于所有的索引工作中。这是一种非常省时间的工具,一旦你掌握它就不会忘记。利用开明书店、中国其他的出版公司,以及日本东京大学出版的各种四角号码索引,可以节省成千上万小时的时间。因为四角号码法的发明者原来是南京国民政府的内阁成员,所以,中国共产党政府曾经禁止使用,但是现在又准许使用,数以千计的字典中使用了四角号码法,但是发明人的名字却从未被注意。这种方法在中国被广泛地使用,政府也无法禁止它。(HYL Archives: Letter of

Alfred K'aiming Ch'iu to Donald L. Philippi, February 9, 1955)

裘开明函告胡佛图书馆中文文库主管芮玛丽（Mary Clabaugh Wright），已通过水路寄出胡佛图书馆所需的交换复本。（HYL Archives：Letter of Alfred K'aiming Ch'iu to Mary Clabaugh Wright, February 9, 1955)

2月13日

美国图书馆协会分类编目委员会东方文献编目专门委员会主席 G. Raymond Nunn 致函裘开明：我已经决定在提交给分类编目委员会的第二批建议中不收入第 5 号建议案。在第二批建议中总共有大约 10 项建议案，我希望下周能够准备好这份报告。就第 5 号建议案而言，将不得不提交专门委员去作决定。在这种情况下，除了哈佛以外，所有其他的委员都已经投了反对票，我不可能看到分类编目委员会通过这项远东图书的例外建议案。如果委员会的看法不一样，他们可能会有更好的机会使这项例外获得通过。（HYL Archives：Letter of G. Raymond Nunn, Chairman, ALA-DCC Special Committee on Cataloging Oriental Materials, to Alfred K'aiming Ch'iu, February 18, 1955)

2月15日

钱存训致函裘开明：前来手教，承告《太平御览》版本至感，又寄下关于丛书注之公函，弟至当赞同。前次 Ford Foundation（福特基金会）有一人在此询问，谓 DCC（美国图书馆协会分类编目委员会）所拟之统一编目规则究竟何用，是否已编就之，各图书馆均将照新规则更改。敝意本馆当仍照旧例进行。因 90% 已经编就，人力资财均不可能再改也。未知贵馆政策如何？兹再恳者，Creel（顾立雅）先生要用《科学》Vol.11, No.12 中一篇论文《论以岁差定尚书尧典四仲中星之年代》（作者似系竺可桢），贵馆如藏有此杂志，拟用 photostat 复印 Negative 一份，便中拟恳查示面数及印费若干，当嘱敝馆采访部函恳代印不误……（HYL Archives，钱存训致裘开明信函，1955 年 2 月 15 日）

2月16日

裘开明致函美国图书馆协会分类编目委员会东方文献编目专门委员会主席 G. Raymond Nunn：感谢你 2 月 11 日来信寄来你给美国图书馆协会分类编目委员会主席 Marian Sanner 的报告。你说除了哈佛以外大家都已经投了第 5 号建议案的反对票。我想第 5 号建议案提交投票的形式不公平，因为如果出版项是按照西方的出版地、出版者和出版日期的顺序排印的话，如果有关印刷方法的信息有注释的话，那么根据中国的习惯自然没有必要在出版项之后再做丛书注释。既然一切都是"西化的"，为什么丛书注释的位置就不能西化？如果你的时间和精力允许的话，我希望你能在我 2 月 16 日给女士的投票信的第 4 页上另外增加两个条款作为注释，这将是唯一一种能够采取的反映民意的公平投票表决。（HYL Archives：Letter of Alfred K'aiming Ch'iu to G. Raymond Nunn, Chairman, ALA-DCC Special Committee on Cataloging Oriental Materials, Library of University of Michigan, February 16, 1955)

裘开明致函美国国会图书馆东方文献整理委员会主席 Lucile M. Morsch：1955 年 2 月 14 日，我收到一份从加州大学伯克利分校东亚图书馆寄来的，由国会图书馆东方文献整理委员会于 1953 年 11 月 2 日提交的华盛顿大学远东图书馆的报告。它是与美国图书馆协会分类编目委员会东方文献编目专门委员会主席的第一次报告一起分发的华盛顿文本，根据 G. Raymond Nunn 先生 12 月 28 日的来信，还送了一份给你们委员会的秘书 Grace E. M. May 女士。因为你们在 1954 年 12 月发行的美国图书馆协会规则和国会图书馆规则建议修改稿的修订本中，没有采用 Maud L. Moseley 女士和 Ruth

Krader 先生提交的两项非常重要的修订意见,所以,我要求你们委员会进一步考虑这两份建议……(HYL Archives:Letter of Alfred K'aiming Ch'iu to Miss Lucile M. Morsch, Chairman, Orientalia Processing Committee, Library of Congress, February 16, 1955)

2月17日

裘开明致函钱存训:2月15尊函已悉,所要《科学》Vol.1,No12已检出,即请贵馆致函 Widener(怀德纳图书馆)复印部 Photographic Dept.(照相复制部)照印可也。DCC(美国图书馆协会分类编目委员会)将来之统一编目规则只用于将来编目,已编就之片决不更改。弟现尽力主张编东方旧书应用中国固有目录等习惯,不能用西洋成规。不知高见如何?匆此草复,教请学安。嫂夫人前乞代问好。(HYL Archives:裘开明致钱存训信函,1955年2月17日)

Donald L. Philippi 致函裘开明:远东图书馆问卷调查得到的部分图书馆馆藏量信息如下:

单位名称	馆藏量
国会图书馆	600000
哈佛大学	270960
加州大学	215000
哥伦比亚	173958
普林斯顿葛斯德(Gest)图书馆	117456
芝加哥大学	117456
多伦多大学	100000

上述7个图书馆是美国东亚馆藏中规模最大的7个图书馆。遗憾的是,其中一些图书馆很少被人了解,且未参与国会图书馆的合作编目计划,或没有参与美国图书馆协会分类编目委员会东方文献编目专门委员会的工作。(HYL Archives:Letter of Donald L. Philippi to Alfred K'aiming Ch'iu, February 17, 1955)

2月18日

胡佛图书馆 Philip T. McLean 致函裘开明,介绍胡佛图书馆日文馆藏以及日文编目规则的情况(HYL Archives:Letter of Philip T. McLean to Alfred K'aiming Ch'iu, February 18, 1955)

加州大学东亚图书馆艾尔文(Richard Gregg Irwin)致函裘开明:我很遗憾无法参加今年远东协会(FEA)的会议,将再次错过与你会面的机会。很高兴去年春天你带领我参观了贵馆……Charles E. Hamilton 先生计划来访问剑桥。(HYL Archives:Letter of Richard Gregg Irwin to Alfred K'aiming Ch'iu, February 18, 1955)

2月19日

郑慧雯(Hwei-Wen Cheng)致函裘开明:感谢你向我提供新加坡南洋大学的信息,我将与严文郁(Yen Wen-yu)馆长联系,但我更愿在美国多待一两年。(HYL Archives:Letter of Hwei-Wen Cheng to Alfred K'aiming Ch'iu, February 19, 1955)

2月21日

裘开明致函香港东方书局(Oriental Book Company)H. C. Tien:感谢你说明汉和

图书馆截至 1955 年的购书账目。为了加快现刊的发送,建议你们分开寄送期刊和书籍。关于书籍的装订质量,我并不满意……(HYL Archives:Letter of Alfred K'aiming Ch'iu to H. C. Tien, February 21, 1955)

何炳棣致函裘开明:日前清理书架,发现章中如《清代考试制度》一书,系客冬向贵馆所借,因本头过小,夹群书中,久久始行检出,为此疏忽,不胜歉疚。幸该书无恙,除已交敝校参考部立即邮还外,特向先生请罪。再日前恳借清代进士录 10 种,贵馆同仁为一一翻检,需时过多。前数周读国会所存 10 种,凡有进士三代(同三名光绪间有数种不止三代)履历者,皆名为《会试同年齿录》,所以别于《进士登科录》(仅存三代姓名并无履历。惟明代则进士登科录,进士录则相当于清代之登科录,无履历)者也。为省贵馆同人时间,今恳有便抽检以下诸年代以外之清代会试同年齿录,为能惠借,必当特别小心使用,抄毕立即妥为付邮奉还。以下诸年份之齿录均已向国会借书抄竟,固勿庸再寄:(1)道光 2 年(1822)壬午恩科,(2)道光 13 年癸巳科,(3)同治 7 年戊辰科,(4)光绪 2 年丙子恩科,(5)光绪 12 年丙戌科,(6)光绪 15 年己丑科,(7)光绪 21 年乙未科,(8)光绪 24 年戊戌科,(9)光绪 30 年申辰恩科。国会方面并无顺治、康熙、雍正、乾隆、嘉庆五朝会试同年齿录。贵馆唯有若干种,实至足珍贵也。再为可能,乞示贵馆所藏清代各省乡试同年齿录(乡试录为三代履历)省份年份,最感。为诸同人工作过忙,自作罢论。平馆善本及国会所藏明代进士登科录(永乐一、弘治二、嘉庆三、隆庆一、万历一)共 8 种,均经购置胶卷。贵馆为收有明代登科录,更所欣闻。晚计划拟于 5 月初先到国会工作四五周,即至剑桥。6 月初旬必可得机一吐积愫也。两三年来,诸蒙贵心交处,客一并面谢。(HYL Archives:何炳棣致裘开明信函,1955 年 2 月 21 日)

2 月 23 日

裘开明致函美国图书馆协会分类编目委员会东方文献编目专门委员会主席 G. Raymond Nunn:感谢你在 2 月 18 日的来信中同意进一步考虑第 5 号建议案。我个人不愿看到再就此问题进行投票表决,因为这无助于解决问题,如果其他的观点都是西化的话。我的观点是,如果美国图书馆协会分类编目委员会要采用西方规则进行远东图书编目,那么,就应该让我们把卡片上的一切都西化……(HYL Archives:Letter of Alfred K'aiming Ch'iu to G. Raymond Nunn, Chairman, ALA-DCC Special Committee on Cataloging Oriental Materials, University of Michigan Library, February 23,1955)

美国国会图书馆东方文献整理委员会主席 Lucile M. Morsch 致函裘开明:我在处理东方资料编目问题的工作中最高兴的事情之一,就是你一直作为美国图书馆协会委员会委员的积极参与。我已经感到你对参与讨论的问题有很深刻的理解,对美国图书馆中日韩文资料编目的标准化实践的发展有兴趣,这种热情和我们在国会图书馆的热情完全一样。所以,我相信你在 1 月 26 日写的题为《关于……各种建议案的保留意见》的 12 页备忘录中和 1 月 16 日给我的信中表达的不同意见会得到解决。幸运的是,我们尚未同意的事情都是"便士"问题,不是"英镑"问题,正如你在早前给委员会的论文中所说的那样,最基本的事情是一致的,只是某些细节有异议。尽管如此,我希望我们将来能够在我们完成工作以前关注这些细节。因此,我会清楚地说明我们对于你已经提出的问题的考虑……(HYL Archives:Letter of Miss Lucile M. Morsch, Chairman, Orientalia Processing Committee, Library of Congress, to Alfred K'aiming Ch'iu. February 23, 1955)

2 月 24 日

香港古今图书公司致函裘开明,说明所订购各种图书的定价、有货无货、是否寄出等详细情况。(HYL Archives：Letter of C. M. Chen Book Company to Alfred K'aiming Ch'iu, February 24, 1955)

2月25日

哈佛大学法学院图书馆Earl C. Borgeson致函裘开明，询问哪些机构收藏日文法学类书籍。(HYL Archives：Letter of Earl C. Borgeson to Alfred K'aiming Ch'iu, February 25, 1955)

2月26日

胡佛图书馆吴文津（Eugene Wu）致函裘开明：非常感谢你寄来你给G. Raymond Nunn先生、Marian Sanner女士和Lucile M. Morsch女士的有关Nunn先生给美国图书馆协会（ALA）编目委员会的报告，特别是有关丛书注释位置的信函。我发现我个人完全同意你有关丛书注释位置修改的意见，而且我已经写信给Nunn先生，要求他举行进一步的讨论会，讨论此事以及我仍然反对的采用东方人"在西方文献中的固定名称"的做法。我不能去参加下次远东协会会议的图书馆会议。如果你有即将在会议上宣读的有关作者款目原则的论文，那么我很乐意得到一份供我自己参考。(HYL Archives：Letter of Eugene Wu, The Hoover Institute and Library on War, Revolution and Peace, Stanford University, to Alfred K'aiming Ch'iu, February 26, 1955)

2月28日

加州大学东亚图书馆Charles E. Hamilton致函裘开明：我将于3月21日到剑桥拜访你，参观汉和图书馆馆藏，并商讨一些问题。(HYL Archives：Letter of Charles E. Hamilton to Alfred K'aiming Ch'iu, February 28, 1955)

3月1日

裘开明致函哈佛大学法学院图书馆Earl C. Borgeson：2月25日来信收悉，随函附上南加州大学Donald L. Philippi所做的非官方调查报告《美国图书馆远东馆藏调查》（"Survey of Far Eastern Collections in American Libraries"），供你参考。建议你在启动项目前，向国会图书馆日文部主管或负责法学类文献的馆员寻求帮助。我认为在美国图书馆协会（ALA）和国会图书馆修订完东方文献编目条例以后，依据全美统一的中日韩文文献编目方法，启动哈佛大学法学院图书馆日文文献重新编目的计划比较合适。你如果对美国图书馆协会和国会图书馆修订编目条例的计划有兴趣，可致函美国图书馆协会分类编目委员会东方文献编目专门委员会主席G. Raymond Nunn先生，或国会图书馆东方文献编目委员会主席Lucile M. Morsch小姐。(HYL Archives：Letter of Alfred K'aiming Ch'iu to Earl C. Borgeson, March 1, 1955)

裘开明致函加州大学东亚图书馆艾尔文（Richard Gregg Irwin）博士：非常感谢你2月18日的来函，并附上了一部傅兰雅（John Fryer）所著非常有趣的著作。我们非常感谢这份很有意义的礼物。南加州大学图书馆学院的Donald L. Philippi先生已经通过对美国和加拿大的远东馆藏进行调查，为我们的专业提供了一项非常重要的服务。在这项调查中，我惊讶地得知贵馆在馆藏规模上已位居第三，并在快速地追赶哈佛！我记得在我1947年1月为贵馆所做的调查中，贵馆仅拥有54987册藏书，这8年里贵馆馆藏增长如此迅速。这样的增长是否部分归因于对贵馆馆藏傅兰雅图书数量的重新计算呢？如你所知，该部分图书是按照重新装订后的西文图书形式来计算，而不是按照传统的中文图书的"种"来计算的。如北京清华大学图书馆，许多传统的中文图书按照西文方式进行重新装订，这些重新装订的图书就按照西文装订的单元来计算。多么可惜啊，在那个时候中国图书馆员没有更好地了解这个情况。我们都知道，从科学的角度来看，图书馆统计应该以出版社原始发行的图书物理单元来进行计算。我们收到了来自欧洲,澳大利亚和马来半岛的图书馆购买目录卡片的请求。因贵馆此前曾购买了3套目录卡片,并且贵馆并不使用罗马化来填写贵馆目录的卡片,因此可能用不上哈佛的卡片。可否请贵馆查看并按照原价或者稍高的价格回售给我馆一套或两套我馆的中文卡片,这些卡片目录已被列入我馆的书本式目录的前3卷中。(HYL Archives:Letter of Alfred K'aiming Ch'iu to Richard Gregg Irwin, March 1, 1955)

3月3日

哈佛大学法学院图书馆Earl C. Borgeson致函裘开明,感谢裘开明提供相关资料。(HYL Archives:Letter of Earl C. Borgeson to Alfred K'aiming Ch'iu, March 3, 1955)

耶鲁大学胡佛图书馆中文文库主管芮玛丽(Mary Clabaugh Wright)致函裘开明:兹奉上复本图书交换清单,请你勾选所需图书。(HYL Archives:Letter of Mary Clabaugh Wright to Alfred K'aiming Ch'iu, March 3, 1955)

3月4日

裘开明致函美国国会图书馆东方文献整理委员会主席Lucile M. Morsch:感谢你2月23日来信答复我在2月16日给你的信中提出的问题。我非常高兴地接受你的邀请,就我在最近的信中提出的观点,提供进一步的信息和例子……(HYL Archives:Letter of Alfred K'aiming Ch'iu to Lucile M. Morsch, Chairman, Orientalia Processing Committee, Library of Congress, March 4, 1955)

耶鲁大学胡佛图书馆艾尔文(Richard Gregg Irwin)致函裘开明:自从你1947年调查东亚馆藏开始,胡佛图书馆馆藏迅速增长,登记在册的馆藏文献有113000册,我馆另从耶鲁大学图书馆转移来接近77000册日文书籍……馆藏迅速增长的原因在于1948到1950年间我馆获得了专项基金资助。(HYL Archives:Letter of Richard Gregg Irwin to Alfred K'aiming Ch'iu, March 4, 1955)

3月8日

裘开明致函耶鲁大学胡佛图书馆Philip T. Mclean,推荐东京国会图书馆(National Diet Library)的金村繁(Shigeru Kanamura)和芝加哥大学的Kaz Kozaki担任胡佛图书馆日文编目馆员。(HYL Archives:Letter of Alfred K'aiming Ch'iu to Philip T. Mclean, March 8, 1955)

裘开明致函Donald L. Philippi,询问美国有哪些拥有中日文书籍的图书馆使用《汉和图书分类法》(*Harvard-Yenching Classification System for Chinese and Japanese Books*),以便将该数据写入3月底在华盛顿举行的远东协会(FEA)会议报告之中。(HYL Archives:Letter of Alfred K'aiming Ch'iu to Donald L. Philippi, March 8, 1955)

3月10日

日本图书馆株式会社(Japan Library Bureau, Inc.)主管间宫富士(Fujio Mamiya)致函裘开明:去年12月2日,我曾给你写过一封信,但是至今未收到你的答复,因此,我再次给你寄来贵馆购买1945年1—6月《朝日新闻》(*Asahi Shimbun*)简化版的账单。请问贵馆是否需要1946年的《朝日新闻》?(HYL Archives:Letter of Fujio Mamiya to Alfred K'aiming Ch'iu, March 10, 1955)

3月13日

June Otsuki致函裘开明:高濑保(Tamotsu Takase)先生告知我贵馆6月将有一职位空缺,届时我将从密歇根大学图书馆学系(University of Michigan, Department of Library Science)毕业,希望能申请这一职位。我已经填好高濑保先生给我的一份职位申请表，随信附寄给你。(HYL Archives：Letter of June Otsuki to Alfred K'aiming Ch'iu, March 13, 1955)

3月14日

耶鲁大学胡佛图书馆 Philip T. Mclean 致函裘开明，感谢裘开明推荐日文编目人选。(HYL Archives：Letter of Philip T. Mclean to Alfred K'aiming Ch'iu, March 14, 1955)

3月15日

美国国会图书馆东方文献整理委员会主席 Lucile M. Morsch 致函裘开明：感谢你3月4日的来信，特别是信末的美言。你不需要为表达与我不一致的意见而道歉。我不会自命懂得中文书的一切，不会与你争论需要用什么信息去著录中文书这个主题。然而，我觉得我的责任就是对建议在目录款目中增加数据的必要性提出问题。但是对于你的如下陈述则是个例外，你的陈述是"编目的世界原则是……一本书应该按照其本身的语言，并且根据该书书写语言的传统编目"。我只会同意编目的世界原则是一本书应该按照其书写的语言编目。(HYL Archives：Letter of Lucile M. Morsch, Chairman, Orientalia Processing Committee, Library of Congress, to Alfred K'aiming Ch'iu, March 15, 1955)

3月16日

裘开明致函日本国会图书馆(National Diet Library)国际事务部主任 T. Ichikawa，申请购买尾崎正义(Masayoshi Ozaki)编《船载书目》*Hakurai Syomoku*，10卷)的缩微胶卷。(HYL Archives：Letter of Alfred K'aiming Ch'iu to T. Ichikawa, March 6, 1955)

裘开明致函 June Otsuki：我很高兴地告诉你，你符合我馆实习生职位的要求，请尽早回复你是否接受这一职位。(HYL Archives：Letter of Alfred K'aiming Ch'iu to June Otsuki, March 16, 1955)

3月18日

裘开明致函哈佛燕京学社社长叶理绥(Serge Elisséeff)教授：根据你让我提交一份未来20年汉和图书馆藏书空间发展需求估计报告的指示，我非常高兴地提供下列信息：图书馆现有馆藏量为277352册，所有书库书架共计有997个，3个阅览室有120个木制书架，每个书架约藏150册普通西文装订形式的图书，按照2本中文书比1本西文书计算，此种书架可以藏450册中文图书。未来图书馆的馆藏量将约为500000册，我馆还需要增加222000册书。如果图书馆每年按照10000册图书的增长量增长的话，我们需要20年达到这个数量，但如果每年按照20000册增长量增长的话，仅需11年就可以达到这个水平。汉和图书馆近年来每年实际的增长情况如下表所示：

年份	册（卷）
1945—1946	7215
1946—1947	11520
1947—1948	7728
1948—1949	6708
1949—1950	4657
1950—1951	12523
1951—1952	9693

续表

年份	册（卷）
1952—1953	11635
1953—1954	12521
1954—1955	10000
10年	104200

从上表可看出，在过去的10年中，汉和图书馆每年藏书量的增长约为10000多册，有一段时间图书馆极难从日本和中国，尤其是中国购得图书。假设冷战将在未来的10年间持续盛行，那么图书馆每年的资源增长量将不会比过去的10年多。但如果世界局势有所改善，中美关系重新建立，那么图书馆每年的资源增长量将是令人期待的。并且在20内年，将会实现50万册的目标。根据上述目标，将需要2000个书架，因为图书馆还需要从拉蒙特图书馆回迁许多图书，并且从怀德纳图书馆回迁汉和图书馆全部的报纸资源。请你让Keyes D. Metcalf博士与一名建筑师核查建造上述馆藏空间的可能性成本。(HYL Archives：Letter of Alfred K'aiming Ch'iu to Serge Elisséeff，March 18，1955)

3月21日

Howard P. Linton致函裘开明：这只是一封短笺，是想告诉你，我们欣喜地期待着很快能看见你。我还想告诉你，我希望你能在纽约停留较长时间，至少够时间访问我们图书馆……我也很希望听听你对《书目》的看法，在某种可怕的程度上我已经陷进去了。最近，我在伊萨卡岛度过了一个愉快的周末，在那里，Gussie D. Gaskill小姐极其慷慨地抽出时间给了我一些建议。我确实没想到她已经放弃了《书目》编辑的职位。Ardath W. Burks教授说我们的会议可能于周三(3月30日)下午在国会图书馆召开。我尚未收到书面的会议日程，但上次与他谈及时，他表示讨论《书目》的会议可能于那天晚上召开。会议上我们将会发现这样或那样的问题。如果有任何我能够帮你的事情，请告诉我。另，请你再次抽空来我馆访问。(HYL Archives：Letter of Howard P. Linton to Alfred K'aiming Ch'iu，March 21，1955)

裘开明致函胡佛图书馆中文文库主管芮玛丽(Mary Clabaugh Wright)，寄送汉和图书馆勾选过的复本交换目录。(HYL Archives：Letter of Alfred K'aiming Ch'iu to Mary Clabaugh Wright，March 21，1955)

哈佛燕京学社董事会召开会议。会上，教育委员会向董事会报告：在博伊斯顿堂的汉和图书馆欲迁到神学院路2号的新馆舍，董事会授权董事会议主席和哈佛大学就此事谈判。(HYI Archives：Trustees Meetings Minutes 1954-1956)

加州大学东亚图书馆Charles E. Hamilton到剑桥拜访，参观汉和图书馆馆藏，并与裘开明讨论一些问题。(HYL Archives：Letter of Charles E. Hamilton to Alfred K'aiming Ch'iu，March 21，1955)

3月22日

胡佛图书馆吴文津(Eugene Wu)致函裘开明：非常感谢你寄来1955年3月4日给Lucile M. Morsch女士的信。我高兴地告诉你，我现在能够参加4月1—2日在华盛顿举行的东方文献编目专门委员会与国会图书馆公务目录的联合会议。我收到了G. Raymond Nunn先生准备的会议日程，而且我高兴地告诉你，贵馆和胡佛图书馆中文部都广泛地同意会议的建议案。我想,有一点,而且是非常重要的一点,我并不同意。我已经寄给 Nunn 先生一些有关将"西文文献固定姓名"用于东方人的补充说明。我很想知道你对该问题的看法,并且希望我们在制定该项规则上取得一致意见,以便我们能够继续使用东方人姓名的标准罗马化形式。(HYL Archives:Letter of Eugene Wu to Alfred K'aiming Ch'iu, March 22, 1955)

裘开明致函英属哥伦比亚大学历史系何炳棣(Ping-ti Ho)教授:根据你近期的借书请求,我馆已通过怀德纳图书馆馆际互借部门向你寄去几期《会试同年齿录》。除此之外,还有许多明经通谱、各直省乡试同年齿录、投考者的祖辈身份记录及主要传记。如想借阅,可通过贵校图书馆寄来馆际互借申请,并表明所需资料年份。(HYL Archives:Letter of Alfred K'aiming Ch'iu to Ping-ti Ho, March 22, 1955)

3月23日

裘开明致函 Howard P. Linton:3月21日来函和远东协会(FEA)计划已收到,非常感谢。我们非常幸运地为远东文献编目专门委员会找到了你这样一位优秀的、公正的主席。你将担负繁重的责任,带领远东文献编目专门委员会走向成功……你编的《高第(Henri Cordier)中国书目作者索引》是近年出现的最有用的工具。我非常感激你邀请我们去参观你优秀的图书馆,但我恐怕不能在周日以外的时间去纽约,而4月3日是你们的闭馆日。因此我将保留这份邀请,留待下次去纽约。在此致以美好的祝福,希望很快能见到你。(HYL Archives:Letter of Alfred K'aiming Ch'iu to Howard P. Linton, March 23, 1955)

3月24日

裘开明完成《作者款目与作者说明》一文的撰写。(HYL Archives:Alfred K'aiming Ch'iu. "Author Entry VS Author Statement". March 24, 1955)

3月28日

梅贻琦致函裘开明:兹为吾国人士关于人文学科论著发表之便利,并藉以与国外文教籍贯交换联系起见,拟于本年内将《"清华"学报》回复出版。其范围,凡文史哲学及社会经济诸科门,皆可包列;其名称,以沿用《"清华"学报》旧名,拟在国内外便于销行;其内容,则凡吾国各界学者之研究论著皆所欢迎。惟举办之始,除编印费用另行筹备外,其征稿编辑诸事最为重要,顷赖诸先生热心赞助,俾克有成,爰拟即组织《"清华"学报》编辑委员会,该会主席已商得何廉先生慨允担任,兹拟聘台端为《"清华"学报》编辑委员会顾问编辑(编辑委员会暂订名单请见附页)除关于编辑事宜另由何廉先生函洽外,谨函奉约,至希惠允,无任感幸之至。附:《"清华"学报》编辑委员会:何廉(主席)、杨联陞、梅贻宝、李田意、柳无忌、蒲薛凤。顾问编辑:胡适、赵元任、李济、李书华、萧公权、董作宾、洪煨莲、李方桂、沈刚伯、裘开明、陈受颐、刘崇鋐、许烺光。(HYL Archives:梅贻琦致裘开明信函,1955年3月28日)

3月29日

香港古今图书公司(C. M. Chen Book Compomy)致函裘开明,说明汉和图书馆订购的图书到货、寄送等详细情况。(HYL Archives:Letter of C. M. Chen Book Company to Alfred K'aiming Ch'iu, March 29, 1955)

4月5日

美国图书馆协会(ALA)分类编目委员会东方文献编目专门委员会主席 G. Raymond Nunn 致函裘开明:首先我要感谢你在上周华盛顿联合会议中提供的一切帮

助。我相信我们已经取得了实质性进展,而且我们正在准备会议报告。该报告将是一份署名报告,并将以草案的方式寄给你评论和作必要的修改。在华盛顿会议上,我们讨论了分词问题。虽然我们一直没有采用分词的特别方法,但是我们将会这样做,以便不论是远东语言的还是只有罗马化远东团体作者款目的远东图书卡片在实践中保持一致性。现在还不足以说可以逐字地排检,但是已经没有问题了……(HYL Archives:Letter of G. Raymond Nunn, Chairman, ALA-DCC Special Committee on Cataloging Oriental materials, to Alfred K'aiming Ch'iu, April 5,1955)

哈佛大学 Doo Soo Suh 博士致函裘开明:感谢你在发展韩文文献馆藏资源上的考虑和帮助。我想提出一点建议,请你们多注意与远东语言系对韩文文献资源感兴趣的教师和研究人员进行沟通和商量,听取他们的建议,以便在采购中选择更好的书籍。我于本日早上收到韩国驻联合国大使 Col. Ben C. Limb 的来函,他们在纽约的办事处将陆续向哈佛寄来韩国报纸和期刊,希望入藏汉和图书馆供师生使用。我对他们表示了感谢,并鼓励他们继续在这项事务上提供帮助。(HYL Archives:Letter of Doo Soo Suh to Alfred K'aiming Ch'iu, April 4,1955)

4 月 11 日

毕乃德(Knight Biggerstaff)致函裘开明:很高兴能在远东学会(FEA)会议上见到你,虽然只交谈了几分钟,但我日后必将会去拜访你。请问贵馆是否藏有杨守敬所著《历代舆地图》?因我正在准备一部历史地图集,料想上述这一著作可能对我有用。另外,贵馆是否藏有 1933 年的《上海市通志馆期刊》?有文章的参考文献提到,这期期刊所载第 2 篇文章提到了我正在研究的格致书院……(HYL Archives:Letter of Knight Biggerstaff to Alfred K'aiming Ch'iu, April 11, 1955)

4 月 13 日

日本国会图书馆(National Diet Library)副馆长 Hideo Nakane 致函裘开明,感谢裘开明在他年初访问汉和图书馆时给予的热情招待,以及提供的图书馆建设方面的建议。(HYL Archives:Letter of Hideo Nakane to Alfred K'aiming Ch'iu, April 13, 1955)

4 月 15 日

裘开明致函香港古今图书公司(C. M. Chen Book Compony):我们购买的是《燕京学报》专论丛书第 19 号而不是第 18 号,请贵公司提供第 19 号复本。贵公司没有必要在每个包裹上注明进口许可号,这会花费太多宝贵的时间。因为当包裹运抵之后,必须随即安排包裹的清理和运送,而不会去管包裹上是否有进口许可号。另请你们不要再通过包裹邮递方式寄送书籍,这会使我们在每个包裹的运输费用上须支付 15 美分的成本,请以小包裹形式通过挂号图书邮递方式寄送这些书籍。另请寄送函中所列目录编号的图书。(HYL Archives:Letter of Alfred K'aiming Ch'iu to C. M. Chen Book Company, April 15, 1955)

4 月 16 日

裘开明致函美国图书馆协会(ALA)分类编目委员会东方文献编目专门委员会主席 G. Raymond Nunn:感谢你 4 月 5 日的来信和随信寄来的你撰写的优秀的联合会议报告。你似乎误解了哈佛在罗马化分词上的立场。我们从来没有说过没有任何问题,也没有说过逐字排检是最好的方法。你认为迄今为止哈佛是美国第一个大规模采用罗马化中日文目录卡片排检的图书馆。我们采用逐字排检的事实表明我们从一开始就意识到了分词困难的问题。我们简单地回避了问题,但是一直没有解决问题。在某种程度上讲,分词问题在中文中也存在。如果我们要等待在采用罗马化卡片排检以前就解决这个问题,那么,我们就绝不会像现在这样编撰出一套完整的罗马化目录。我将给你一份我们将日文罗马化的报告供你考虑……(HYL Archives:Letter of Alfred K'aiming Ch'iu to G. Raymond Nunn, Chairman, ALA-DCC Special Committee on Cataloging Oriental Materials, Library of University of Michigan, April 16,1955)

4月18日

裘开明致函顾慰华(Walter Ku),告知暑假图书馆有空闲岗位可以提供。(HYL Archives:Letter of Alfred K'aiming Ch'iu to Walter Ku, April 18, 1955)

裘开明致函 June Otsuki,询问是否接受汉和图书馆提供的职位。(HYL Archives:Letter of Alfred K'aiming Ch'iu to June Otsuki, April 18, 1955)

4月20日

裘开明致函日本图书馆株式会社(Japan Library Bureau, Inc.)主管间宫富士(Fujio Mamiya):我已收到3月10日你寄来的1945年1—6月《朝日新闻》(*Asahi Shimbun*)简化版的账单,哈佛燕京学社财务部将支付这份账单。上星期,《朝日新闻》的饭岛(Iijima)博士来访我馆,他答应7月份回到日本后将寄给我们所有缺少的各期《朝日新闻》,所以你们不必再向我馆寄送该报。(HYL Archives:Letter of Alfred K'aiming Ch'iu to Fujio Mamiya, April 20, 1955)

4月21日

胡佛图书馆中文文库主管芮玛丽(Mary Clabaugh Wright)致函裘开明:今日已向汉和图书馆寄出一纸箱交换书籍,包括30种34册书,137期期刊,估计价值为35美元。此外,还即将寄送《生活》合订本到汉和图书馆。(HYL Archives:Letter of Mary Clabaugh Wright to Alfred K'aiming Ch'iu, April 21, 1955)

4月22日

June Otsuki 致函裘开明:我非常希望接受这一优越的职位,但由于薪水的原因,我不得不放弃。(HYL Archives:Letter of June Otsuki to Alfred K'aiming Ch'iu, April 22, 1955)

裘开明致函哈佛大学 Doo Soo Suh 博士:感谢你4月8日转寄给我韩国大使馆 Col. Ben C. Limb 大使关于帮助哈佛燕京学社汉和图书馆获取韩国出版物的信函。我认为,对于一个图书馆,任何学科领域的馆藏文献资源建设都是该领域教授、专家和研究者们以及图书馆馆员的共同职责,因此汉和图书馆非常欢迎你提出的购买韩国书籍的一切建议。实际上图书馆在公共目录柜旁边设立了一个建议箱,欢迎每位研究生将他们对图书馆采购图书的建议,包括书名在内投入建议箱。关于处理师生们的建议或订购细节事宜,图书馆已经制定出合理细致的计划,以确保图书馆以最经济的价格采购书籍。(HYL Archives:Letter of Alfred K'aiming Ch'iu to Doo Soo Suh, April 22, 1955)

香港古今图书公司(C. M. Chen book Company)致函裘开明,说明订单寄送的具体情况,并提供一些图书目录供裘开明挑选。(HYL Archives:Letter of C. M. Chen Book Company to Alfred K'aiming Ch'iu, April 22, 1955)

堪培拉大学学院(Canberra University College)日语高级讲师 Frank C. Langdon 致函裘开明:虽然自我在哈佛读研至今,时间已经过去了5年,但我还是会回想起你在剑桥建立起来的那个美好的图书馆。我非常感激有那么多的机会可以去利用它。我现在澳大利亚堪培拉大学学院东方语言学系教授日文课程,该系非常希望能建立一个为教学参考和研究所服务的,收藏中日文图书的图书馆……我很自然地想起你,想获得你的建议,你的意见将会对我有极大的帮助,对此我将报以深深的感激。我们期望学院能够尽快获得一笔巨大的购书经费。不幸的是,这将会是在我们能够聘到一位东方图书馆长和助手之后的事情。因此现在必须由我和教授中国学的毕汉思(Hans Bielenstein)教授开始展开初步的图书购买活动。我们对自己专业领域之外的中日文书目知识并不了解,因此我们想在图书购买的预备阶段获得一些指引。我了解到贵馆已出版的两册馆藏目录,请问这会是我们购买基础图书时一个很好的指南吗?可否告诉我该目录正确的书名,可在哪里买到或借到,以及价格是多少等信息。同时,可否请你向我们推荐其他一些目录或指南?另外一个问题是,什么是东方图书最好的分类法?我知道哈佛和加州大学伯克利分校使用的是你的分类法。澳大利亚国立大学的研究生院已经购买了几千册中文图书,并已分类,但却仿效浙江省立图书馆使用的《杜威十进分类法》。如果我们学院加入国立大学,这部分图书可能会在将来加入我们的馆藏。同时,在堪培拉的国会图书馆计划购买东方图书,尽管该馆至今还未对其所藏少量的东方图书或与日本国会图书馆(National Diet Library)交换而得的政府资料进行分类。上述三个图书馆将不会重复藏书,而是互补有无……你是否会推荐我们使用《汉和图书分类法》(美国学术团体协会[ACLS],华盛顿,1943 年)?你向我们提供的任何建议,我们都将非常感激。同时,因为到澳大利亚的常规邮件要花费几个月的时间,若你可以航空信回函,我们将会非常感激。请代我向叶理绥(Serge Elisséeff)教授问候,他是战前我在哈佛读大学本科时候的日文教师。(HYL Archives:Letter of Frank C. Langdon to Alfred K'aiming Ch'iu, April 22, 1955)

4 月 23 日

裘开明致函 June Otsuki:在前两封信中未向你详细说明津贴和薪水,现补充说明……请考虑是否接受该职位。(HYL Archives:Letter of Alfred K'aiming Ch'iu to June Otsuki, April 23, 1955)

裘开明致函日本国会图书馆(National Diet Library)国际事务部主任 T. Ichikawa:非常感谢你 3 月 16 日来函问贵馆寄给我馆的连续出版物丢失的期数,这些出版物我们已全部收到,一切良好。关于日文善本的缩微胶卷,请寄给我们《续日本书纪》(*Syoku Nihongi*)胶卷底片的发票,该书原为雕版印刷版,藏于上野图书馆(Ueno Library),部分内容是关于圣武天皇(Shomu Tenno)的神龟(Jinki)和天平(Tempyo)时期。另外能否告诉我们尾崎正义(Masayoshi Ozaki)所编的十卷本《船载书目》(*Hakurai Syomoku*)的估计价格?如果太贵,我们考虑今年就不订了。(HYL Archives:Letter of Alfred K'aiming Ch'iu to T. Ichikawa, April 23, 1955)

4 月 25 日

Jean Chowu Huang 致函裘开明:华盛顿大学远东图书馆馆长 Ruth Krader 小姐告知我贵馆现有一职位空缺,我愿申请,随信附上简历。我将于 8 月从华盛顿大学图书馆学院毕业,获图书馆学硕士学位。(HYL Archives:Letter of Jean Chowu Huang to Alfred K'aiming Ch'iu, April 25, 1955)

4 月 26 日

裘开明致函 Jean Chowu Huang:我馆可于 1955 年 6 月起向你提供一个实习生职位,但必须立刻上班,你将因此延期毕业。请考虑后答复我。(HYL Archives:Letter of Alfred K'aiming Ch'iu to Jean Chowu Huang, April 26, 1955)

June Otsuki 致函裘开明,表示对所提供职位的条件很满意,但由于他希望找到一份全职工作,因此婉拒实习生一职。(HYL Archives:Letter of June Otsuki to Alfred K'aiming Ch'iu, April 26, 1955)

程其保致函裘开明：顷"接教育"部张部长晓峰先生来函，欣闻台端出席远东学会第七届年会，并于会中宣读论文，至为感奋。兹以"中华文化出版事业委员会"发行《学术季刊》一种，已出版至三卷三期，均刊登国内外学人论著。特请将大作"Principles of Author Entry as Applied to Far Eastern Books"寄该刊发表。（请寄中文稿，或寄原稿，授权该刊代译。）如蒙惠允，请即将大稿寄下，以便稿寄为荷。（HYL Archives：程其保致裘开明信函，1955年4月26日）

4月27日

Chin Tieh-cheng致函裘开明：我现就读于华盛顿大学图书馆学院，将于夏季获得图书馆学硕士学位，希望能够在贵馆求得一个职位。（HYL Archives：Letter of Chin Tieh-cheng to Alfred K'aiming Ch'iu, April 27, 1955）

4月28日

韩国驻联合国大使Col. Ben C. Limb致函裘开明：我们很高兴能帮助哈佛燕京学社汉和图书馆采购韩国出版物。为此，我已致函汉城韩国公共信息办公室和教育部，他们将寄来所有的有关人文和社会科学类的韩文出版物目录，包括价格和可获得这些书籍的书店名称等，届时我会转寄给你。你如有任何需要帮助，请来函告知我们，我们将尽可能地向贵馆提供协助。（HYL Archives：Letter of Col. Ben C. Limb to Alfred K'aiming Ch'iu, April 4, 1955）

4月29日

郑慧雯（Hwei-wen Cheng）致函裘开明，表示因学习关系不能接受汉和图书馆提供的实习生职位，函询是否有办法协调。（HYL Archives：Letter of Hwei-wen Cheng to Alfred K'aiming Ch'iu, April 29, 1955）

加州大学图书馆订购部主任Dorothy Keller致函裘开明：从1949年至1951年，在试验和临时性编目期间，我馆将复制的两套卡片重新搁置，仅使用了其中部分卡片。原来的24390张卡片，约有18600张作为复本没有使用。我们很愿意卖出这一套。这套卡片将会分成两套，其中一套大约7740张卡片是按排架号编排的，另外一套大约10860张卡片是按书名字顺编排的。按照排架号编排的卡片已经添加了罗马化的作者标目，所有其他卡片仍保持原样。在这种情况下，我们认为100美元加上邮资将是对双方都公平合理的价格。如果贵馆对此感兴趣，并寄邮件或正式的订单给我们，我们会将这些卡片打包并寄给贵馆。（HYL Archives：Letter of Dorothy Keller to Alfred K'aiming Ch'iu, April 29, 1955）

4月30日

《"清华"学报》何廉致函裘开明：关于《"清华"学报》复刊事，已由梅月涵（梅贻琦）校长于致台端之聘函中说明，兹不再赘。今后在稿件之评阅方面，尚望多加帮助，以匡不逮。如有编辑事宜，需要特别请教者，亦当随时奉闻，俾有所遵循，而免疏漏……学报复刊伊始，于人文社会科学诸领域，需要稿件，请赐寄鸿文，以光篇幅，则学报幸甚矣……附征稿简章，第一期稿件拟于本年8月1日以前集齐……（HYL Archives：何廉致裘开明信函，1955年4月30日）

4月

裘开明在美国专业图书馆协会在波士顿举行的采访培训班上作题为《采访远东出版物的问题》的报告。（HYL Archives：Letter of Mary L. Allison to Alfred K'aiming Ch'iu, September 11, 1956）

5月1日

程其保致函裘开明：自本年3月4日起，我将持续向贵馆寄赠台湾出版的"《中央日报》"。我每3天会收到一次以航空邮寄方式寄给我的"《中央日报》"，收到后我会立刻转发给贵馆。此事目的在于：为汉和图书馆提供必备研究资料，希望哈佛师生有机会阅读中文报纸，请将该报置于图书馆显眼位置。（HYL Archives：程其保致裘开明信函，1955年5月1日）

5月2日

裘开明致函高全惠星（Chun Hesung Koh），解释汉和图书馆初级助理馆员的待遇情况。（HYL Archives：Letter of Alfred K'aiming Ch'iu to Chun Hesung Koh, May 2, 1955）

5月4日

裘开明与高全惠星（Chun Hesung Koh）面谈关于其受聘担任汉和图书馆初级助理馆员的有关问题。（HYL Archives：Letter of Chun Hesung Koh to Alfred K'aiming Ch'iu, May 4, 1955）

5月5日

裘开明回函告知 Chun Chu-Hwa 哈佛大学规定的学生助理最高薪酬标准。（HYL Archives：Letter of Alfred K'aiming Ch'iu to Chun Chu-Hwa, May 5, 1955）

5月6日

Chun Chu-Hwa 函告裘开明他可以做兼职的时间段。（HYL Archives：Letter of Chun Chu-Hwa to Alfred K'aiming Ch'iu, May 6, 1955）

裘开明致函堪培拉大学学院日语高级讲师 Frank C. Langdon：你在4月22日的来函中，向我描述了澳大利亚图书馆的良好进展。我很惊讶，像你这样一位没有接受过图书馆培训的教授，竟然能如此深入地谈论有关图书馆分类法和图书馆技术业务方面的问题，足见你和毕汉思（Hans Bielenstein）教授都已投入了相当多的时间来了解这些问题。有鉴于此，我提供以下部分建议，供你参考：1.中文图书。最好的入门指南是以下4种：(1)容媛（Yuan Jung）《经籍要目答问》（燕京大学历史系再版，见：《史学年报》1939第2卷第5期，北平）。燕京大学哈佛燕京学社办事处的馆长秘书容小姐在向燕京大学的教授们咨询后草拟了这本书目，她也向我咨询过。该书目共11页。如果你无法得到，我们可以为你提供一份照片复制本或影印本，价格为3美元。(2)长泽规矩也（Nagasawa Kikuya）《支那学入门书略解》（*Shina gaku nyūmon sho ryakukai*，东京：文久堂[Bunkyudo]，1948，第3次修订版）。东京法政大学（Hosei University）的长泽规矩也教授是现在日本研究中国书目的最优秀权威之一。与其他日本汉学家相比，他出版了更多有关中国书目的文献。在日本，这本简要指南非常著名，也很流行，已经出售了上千册。然而，它较欠缺美术、科技方面的中国经典著作的研究。同时，它也没收录齐备个别汉诗诗人和散文作家的文学著作。(3)邓嗣禹（Teng Ssu-yü）和毕乃德（Knight Biggerstaff）《中国参考书目解题》（*An Annotated Bibliography of Selected Chinese Reference Works*，剑桥，哈佛大学出版社，1950修订版）。参考书和书目对始建一中文馆藏而言，是很重要的。虽然我们不可能立即购买所有列出的著作，但贵馆应争取时常购入日本图书市场上所供应的书籍。(4)张之洞（Chang Chi-tung）和缪荃孙（Miao Ch'uan-sun）《书目答问补正》。该著最初完成于1875年，但最好使用范希曾（Fan His-tsêng）的修订版，南京江苏国学图书馆（1931）出版。这一书目，遴选了约2266种重要的中国著作，是中国图书馆员和书商使用了将近80年的"圣经"。在购买了容小姐和长泽规矩也教授书目中所列的全部图书之后,对汉学研究而言,这本书将会是最有用的综合书目。2. 日文图书。购书指南如下:(1)酒井宇吉(Sakai Ukichi)《日本名籍百种》(*The Best Hundred Japanese Books*,东京,一诚堂[Isseido],1930年)。(2)国际文化振兴会(Kokusai Bunka Shinkokai)《日本研究指南》(*A Guide to Japanese Studies*,国际文化振兴会出版,东京,1937年)。(3)国际文化振兴会《关于日本的重要日文著作的书目登记》(*Bibliographical Register of Important Works Written in Japanese on Japan*,从1932年到1938年的7册,国际文化振兴会出版,东京,1937-1949年)。(4)日本外务省文化事务部《有关日本文化与科学的代表性著作的书目》(*A Bibliography of representative writings on Japanese culture and science*,东京,1947年)。(5)John W. Hall《日本历史:日本参考和研究资料指南》(*Japanese History:A Guide to Japanese Reference And Research Materials*,安娜堡,密歇根大学出版社,1954年,日本研究中心书目丛书第4种)。(6)费正清(John King Fairbank)和板野正高(Masataka Banno)《日本对近代中国的研究:19和20世纪的历史和社会科学研究书目指南》(东京,Charles E. Tuttle Co.,1955年)。(7)日法文化会馆(Maison Franco-Japonaise)"Bibliographie des principales publications periodiques de L'Empire Japonaise"(见:《日法文化会馆通报》[*Bulletin de la Maison Franco-Japonaise*],Tome XII,N. 2-4,1941,巴黎和东京)。(8)日本国会图书馆(National Diet Library)《日本学术期刊名录》(*Directory of Japanese Learned Periodicals*,1952年,东京)。以下是可信赖的日本书商机构,其中擅长经营中文图书的有:(1)山本书店(Yamamoto Shoten Co., Ltd.):No. 7, 2-chome, Kanda Jinbo-cho, Chiyoda-ku, Tokyo;(2)琳琅阁书店(Rinrokaku Bookstore):71 Morikawa cho, Bunkyo-ku, Tokyo;(3)汇文堂(Ibundo Shoten):Teramachi, Marutamachi, Nakakyo-ku, Kyoto。擅长经营日文图书的有:(4)一诚堂(Isseido)书店:Kanda, Jimbo-cho, Chiyoda-ku, Tokyo;(5)文久堂书店(Bunkodo Book Store):8, 1-chome, Kanda, Surugadai, Chiyoda-ku, Tokyo;(6)临川书店(The Rinsen-Shoten Bookstore):Higashi-Imadegawa-dori, Sakyo-ku, Kyoto。以下是适合美国图书馆的几家香港的中国书商:(1)Willing Book Company:Room 7, No. 20, Ice House Street, Hong Kong;(2)古今图书公司(C. M. Chen Co.,擅长于中文旧书):324 King's Road (1st Floor), Hong Kong;(3)香港东方书局(Oriental Book Company):82 Castle Peak Road, Mezz. Flr., Kowloon, Hong Kong;(4)智源书局(Appollo Book Co.):42 Wellington St., Hong Kong。3. 分类法。什么样的分类法对贵馆而言是最好的,其答案很大程度上取决于贵馆馆藏的性质。如果你们致力于购买大部分中日文现代科技图书和西文科技图书译本,那么《杜威十进分类法》或者《日本十进分类法》是最好的。如果你们想购买更多的传统中日文典籍,以及经典学科的现代专著,那么应该使用哈佛燕京《汉和图书分类法》。《汉和图书分类法》是中国传统的四部分类法(经,史,子,集)的改编和扩充。四部法起于公元220至265年间,并在1773-1781年间逐渐形成标准,《四库全书》就采用了四部法。四部法是在中国和日本尚未接触西方之前唯一得到广泛使用的分类法。我们图书馆在1927年采用了这个传统体系,并将之扩展为9个主要类别,并最终出版了《汉和图书分类法》(*A Classification Scheme for Chinese and Japanese Books*,美国学术团体协会[ACLS],华盛顿特区,1943年,共361页)。我们所有的图书,包括关于中国,日本和韩国等的西方著作,都用这个分类法进行分类。现在,美国和英国的以下图书馆使用了《汉和图书分类法》:华盛顿大学(西雅图),康奈尔大学,哥伦比亚大学(只为中文图书),加州

大学伯克利分校,加州大学洛杉矶分校,芝加哥大学,胡佛战争图书馆,斯坦福大学(只为中文图书),哈佛,耶鲁,安大略大学(加拿大)和(英国)牛津大学中文系图书馆。这里我想说,我们没有建议任何图书馆使用我们的系统。他们是在对几个现有的分类法进行全面研究之后作出了他们自己的选择。因此,我会建议你和毕汉思教授花一点时间学习《杜威十进分类法》、《日本十进分类法》和《汉和图书分类法》,以便判断哪个分类法会最适合贵馆的馆藏。如果贵学院稍后加入国立大学,他们的总图书馆使用了布利斯分类法(Bliss system),那么你的远东馆藏将会不得不采用别的分类法,因为布利斯分类法完全不适用于远东图书。4. 编目。在毕汉思教授的建议之下,贵学院的注册员去年12月给我们寄来一份订单,想要一套我们出版的卡片,那是我们为已出版的3册馆藏目录《汉籍分类目录》(卷一儒家经典,1938年;卷二哲学和宗教,1939年;卷三历史科学[考古学和人类学,传记,历史和地理],1940年)内所列中文图书而制作的卡片,这些目录卡片以实价120美元出售,含邮资,在你向哈佛燕京学社订购的收据上已列明。因为我们书库内没有更多的卡片了,因此我们不得不写信给所有以前的订户,请他们再卖一套给我们。加州大学伯克利分校图书馆已回函确认他们会返回一套卡片(多年前他们曾向我们购买了3套卡片)。我请他们直接从伯克利寄给贵学院一套包含12195种文献的12530张卡片。他们将会以最初的价格120美元外加邮资从洛杉矶寄到堪培拉,请将此事告知毕汉思教授。因为在1949年7月国会图书馆开始了合作编目计划,哈佛燕京汉和图书卡片只能通过国会图书馆的卡片部购买。我们以及其他美国远东图书馆所提供的卡片都在卡片底部带有"标准的"为作者和书名所写的罗马拼音:中文用威氏拼音(Wade-Giles),日文用修订的赫氏拼音(Modified Hepburn),以及韩文用麦氏拼音(McCune-Reischauer)。这个计划大约有25000到30000张卡片,很可能已出版并出售。我们图书馆已经提供了该总数的主要份额。请让你那里的学院图书馆员给国会图书馆卡片部写信找出这些出版的卡片。使用哈佛燕京分类法的图书馆所提供的卡片都带有该分类法的分类号。使用这些卡片,可减轻并加快你们的图书编目。如果还有其他你希望讨论的内容,或者在这封信中我有言之不详的地方,还请相告。(HYL Archives: Letter of Alfred K'aiming Ch'iu to Frank C. Langdon, May 6, 1955)

5月7日

裘开明致函程其保:感谢你5月1日来函告知将定期给我馆赠送台湾出版的《"中央日报"》(中文版),我们已将迄今收到的所有报纸置于图书馆的显眼地方,供学生和教员使用。借此机会,我向你和贵委员会表示诚挚的感谢。另外,你在4月26日来函中说,"教育部长"张晓峰对我在1955年4月华盛顿远东会议上发布的论文感兴趣,希望能为我刊发此文,对此我很抱歉地告诉你,论文的英文版已确定将在一个美国图书馆杂志上发表,中文版还正在撰写中,但我已答应提交给《"清华"学报》刊发。(HYL Archives:裘开明致程其保信函,1955年5月7日)

裘开明致函加州大学图书馆订购部主任 Dorothy Keller:非常感谢你在4月29日来函告知我大约有18600张印制的中文卡片可以再次向其他图书馆出售。可否请你将这些卡片和一式三份的账单寄给澳大利亚堪培拉大学学院东方语言系?他们想要购买一套我馆的卡片,但是我馆库存已没有剩下的卡片了,因此,我们不得不向以前订购我们卡片的几个订户去函,询问他们是否能重新卖回给我馆。我非常高兴贵馆可以给堪培拉大学提供额外的一套目录卡片。因为贵馆当时是以原价120美元订购这一套卡片,我想如果以这一价格外加邮资费用向堪培拉出售的话,应该是比较公平合理的。(HYL

Archives：Letter of Alfred K'aiming Ch'iu to Dorothy Keller，May 7，1955)

裘开明致函胡佛图书馆中文文库主管芮玛丽(Mary Clabaugh Wright)，函寄用于交换的复本目录。(HYL Archives：Letter of Alfred K'aiming Ch'iu to Mary Clabaugh Wright，May 7，1955)

裘开明致函 Daisy Te-hsien Tsai：很遗憾告诉你我馆今年暂无职位空缺，若你明年仍对我馆感兴趣，请于复活节再来函询问。(HYL Archives：Letter of Alfred K'aiming Ch'iu to Daisy Te-hsien Tsai，May 7，1955)

裘开明致函郑慧雯(Hwei-wen Cheng)：很遗憾你不能接受我馆提供的实习生职位，若对编目员职位感兴趣，可于明年再申请。(HYL Archives：Letter of Alfred K'aiming Ch'iu to Hwei-wen Cheng，May 7，1955)

裘开明致函 Jean Chowu Huang：很遗憾告诉你我馆中文部暂无职位空缺。(HYL Archives：Letter of Alfred K'aiming Ch'iu to Jean Chowu Huang，May 7，1955)

裘开明致函 Chin Tieh-cheng：很遗憾告诉你我馆暂无职位空缺。(HYL Archives：Letter of Alfred K'aiming Ch'iu to Chin Tieh-cheng，May 7，1955)

5月11日

郑慧雯(Hwei-wen Cheng)致函裘开明，告知不能接受汉和图书馆所提供实习生职位，但对编目员职位感兴趣。(HYL Archives：Letter of Hwei-wen Cheng to Alfred K'aiming Ch'iu，May 11，1955)

5月14日

Poodchong Wanglee 致函裘开明：我是位泰籍华人，能说普通话、广州话、汕头话，现就读于宾夕法尼亚大学，希望在贵馆谋求一个暑期职位。(HYL Archives：Letter of Poodchong Wanglee to Alfred K'aiming Ch'iu，May 14，1955)

5月15日

陈之藩(Chih-fan Chen)致函裘开明：我毕业于天津国立北洋大学(编者注：即天津大学。)，现于费城宾西法尼亚大学研究院就读，拟觅一暑期工作，个人情况可询胡适。(HYL Archives：陈之藩致裘开明信函，1955年5月15日)

5月16日

顾慰华(Walter Ku)致函裘开明：感谢你为我提供的暑假工作，目前我还不知道暑假能否上班，请你暂时为我保留这份工作。(HYL Archives：Letter of Walter Ku to Alfred K'aiming Ch'iu，May 16，1955)

5月18日

裘开明致函陈之藩(Chih-fan Chen)，告知汉和图书馆暂无职位空缺。(HYL Archives：Letter of Alfred K'aiming Ch'iu to Chih-fan Chen，May 18，1955)

裘开明致函 Poodchong Wanglee，告知汉和图书馆暂无职位空缺。(HYL Archives：Letter of Alfred K'aiming Ch'iu to Poodchong Wanglee，May 18，1955)

5月19日

香港古今图书公司(C. M. Chen Book Compoany)致函裘开明，说明裘订购的图书到货、寄送等的详细情况。(HYL Archives：Letter of C. M. Chen Book Company to Alfred K'aiming Ch'iu，May 19，1955)

5月27日

裘开明致函日本国会图书馆(National Diet Library)国际事务部主任 T. Ichikawa，申请购买 Syunsetu Tatuno 编《续日本纪》*Syoku Nihongi*(卷七)缩微胶卷。(HYL

Archives: Letter of Alfred K'aiming Ch'iu to T. Ichikawa, January 10, 1956)

6月3日

　　Yasuhito Hirabayashi致函裘开明：我从未对宫内（Miyauchi）夫妇夫妇说过每小时只支付85美分报酬是廉价劳动力等此类的话。我对自己现在的工作和收入很满意，这个星期我没来上班是因为外出忙于其他事务。可能是我与宫内夫妇以及高濑保（Tamotsu Takase）先生之间的交流存在误会，请求你原谅。另外，星期天我将动身离开剑桥返回皮博迪学院（George Peabody College）参加暑期课程。（HYL Archives: Letter of Yasuhito Hirabayashi to Alfred K'aiming Ch'iu, June 3, 1955）

6月7日

　　顾慰华致函裘开明，告知下个暑假将不能来馆上班。（HYL Archives：顾慰华致裘开明函，1955年6月7日）

6月14日

　　堪培拉大学学院（Canberra University College）日语高级讲师Frank C. Langdon致函裘开明：非常高兴收到你详细的回复，感谢你为我提供了如此多的帮助。加州大学图书馆能够提供的中文图书印刷目录卡片，是我们非常想购买的，所以我们正在设法跟他们商洽购买这些卡片。我们很高兴接受你推荐的有关购买中日文图书的书目指南方面的建议。在我11月份动身赴日本购书之前，我们计划详细查看这些目录，我们急需建立起我们图书馆的核心馆藏资源。我们已向贵馆申请制作《史学年报》所刊容媛（Yuan Jung）的书目文章的缩微胶卷。经过对分类问题的慎重考虑，我们倾向于采用你的《汉和图书分类法》。我们图书馆的计划还未被官方所批准，但是我们现在所进行的准备工作是明智的，这有利于我的日本之行。澳大利亚国会图书馆已在购买东方图书方面寻求我们的帮助，现在澳大利亚有关日本和中国的研究工具和设施的发展看起来是顺利的。我们希望一旦财政计划获准通过，我们很快就可获得一位胜任的东方图书馆长和部分馆员，以确保图书馆事务建立在正规运作的基础上。在这关键的时期，我们对你来函所给予的帮助，以及为我们所作出的其他努力报以深深的感激。我们真诚地希望这些初始的成果能够得以全面应用，从而体现出你的贡献。感谢你告诉我叶理绥（Serge Elisséeff）先生在日本会给予我们协助。我期待在明年11月讲学之前能够参观贵馆。我希望下一次来美国时，有机会在剑桥停留，向你和叶理绥教授表示我个人的感激之意。（HYL Archives: Letter of Frank C. Langdon to Alfred K'aiming Ch'iu, June 14, 1955）

6月20日

　　Hideo Nakane致函裘开明，就汉和图书馆邀请他来馆工作之事，向裘开明询问详细情况。（HYL Archives: Letter of Hideo Nakane to Alfred K'aiming Ch'iu, June 20, 1955）

7月1日

　　裘开明致函Donald L. Philippi：感谢你将所有资料寄还我馆。非常高兴获悉你将要开始从事西文编目工作，我认为西文编目经验对你日后的中日文编目工作来说，将是一种很好的准备和训练。希望你的报告出版后，能够送给我馆两至三本。（HYL Archives: Letter of Alfred K'aiming Ch'iu to Donald L. Philippi, July 1, 1955）

7月4日

　　香港古今图书公司（C. M. Chen Book Company）致函裘开明：兹附上已寄出包裹的图书目录，部分预订图书尚未到货。相应的发票寄到后一个月内，如果汉和图书馆能够通过航空信付款，那么，古今图书公司会提供相应的5%的折扣。（HYL Archives: Letter of

C. M. Chen Book Company to Alfred K'aiming Ch'iu, July 4, 1955)

7月13日

裘开明致函胡佛图书馆中文文库主管芮玛丽(Mary Clabaugh Wright)：兹奉上汉和图书馆所需20种书籍的目录，希望贵馆能以等价交换的方式寄给汉和图书馆这些复本。(HYL Archives：Letter of Alfred K'aiming Ch'iu to Mary Clabaugh Wright, July 13, 1955)

7月22日

裘开明致函美国学术团体协会(ACLS)Shirley Duncan Hudson：在收到你6月27日的来函后，我让我们负责中文铅字的员工去查找商务印书局的铅字小册子，但因一直未找到，所以至今才回复你。幸运的是，我在办公室的文件里找到一份5号中文铅字的小册子，是由日本东京大日本铅印公司(Dai Nippon Printing Type Co.)发行的。波士顿唐人街的上海印刷公司经理告我，现在从香港进口一套4号汉字铅字要近2000美元，目前的价格是每磅铅字约0.85美元。如将海关关税等费用计算在内，每磅约1美元。至于国会图书馆的中文铅字，要视乎铅字的保存状况，即铅字是整齐排列，还是印刷后随便堆积在一起。如果是后者，那么它们只能按每磅0.15美元的价格售出，如果排列整齐，那么总价值约500美元。这仅是估算，因为我没看到铅字的保存状况。重新分检铅字并按汉字要求排列好需要很多费用。你能否帮忙查找一下还有多少册1943年印制的《哈佛燕京汉和图书分类法》？(HYL Archives：Letter of Alfred K'aiming Ch'iu to Mrs. Shirley Duncan Hudson, Public Affairs Officer of ACLS, July 22, 1955)

7月29日

裘开明致函香港古今图书公司(C. M. Chen Book Company)：除贵公司7月15日发票(C-169)上所列部分图书尚未收到之外，我馆已收到其余全部图书包裹，希望8月中旬或8月底收到剩余图书。我们将会在8月的第一周支付贵公司编号为C-169发票的书款，我们已要求财务员以航空挂号信而不是海运信的方式支付，由此我们希望你能在图书寄达我馆之前收到付款，请为我馆提供发票5%的折扣优惠，在下一次开具发票时予以扣除。美国商业运作的通常做法是在同一张发票上打折扣，注明该发票必须在特定时期内支付，折扣才生效，否则在超出规定的时间之外，必须支付全额费用。此外，请按照我馆所列书目寄送图书。(HYL Archives：Letter of Alfred K'aiming Ch'iu to C. M. Chen Book Company, July 29, 1955)

8月1日

裘开明致函金村繁(Shigeru Kanamura)，询问是否愿意在汉和图书馆工作两年，并详细告知如何办理签证手续，以及相关薪酬发放标准等事宜。(HYL Archives：Letter of Alfred K'aiming Ch'iu to Shigeru Kanamura, August 1, 1955)

8月6日

金村繁(Shigeru Kanamura)致函裘开明：我预计将于9月上旬前往美国，哈佛燕京学社能否寄来700美元支票，用于支付我的旅费和其他费用？另外，请告诉我作为交换馆员的项目编号，以便我办理签证手续。(HYL Archives：Letter of Shigeru Kanamura to Alfred K'aiming Ch'iu, August 6, 1955)

8月12日

裘开明致函金村繁(Shigeru Kanamura)：一旦你定下确切赴美日期后，我们将给你寄去机票，其他费用则由学社和航空公司直接结算。你到汉和图书馆后担任的工作是日文书编目。(HYL Archives：Letter of Alfred K'aiming Ch'iu to Shigeru Kanamura, August 12,

1955)

裘开明致函荷兰莱顿汉学研究院教授何四维(Anthony F. P. Hulsewé):兹奉上正式的赠书致谢函,希望你将来能向哈佛燕京学社捐赠更多有关研究汉代法律的著作。我更感谢你在前言中提到我的名字。你对前人研究汉代法律的调查非常缜密。因为你对杨鸿烈的《中国法律发达史》评价相当高,我不知道你是否看过杨鸿烈的其他关于中国法律对东亚国家法制体系影响方面的著作,如《中国法律在东亚诸国之影响》,上海商务印书馆,1937年。如果贵馆没有此书,我们愿意把我们的复本寄给你……欢迎你有机会再次来汉和图书馆做研究,我们愿意通过各种方式为你服务。(HYL Archives:Letter of Alfred K'aiming Ch'iu to Anthony F.P. Hulsewé, August 12, 1955)

8月15日

汉和图书馆从即日起至9月11日闭馆,进行藏书清点和清洁工作。闭馆期间,研究人员以及远东语言部和东亚地区研究项目组的学生可以带上所需书籍(除了标记"R"和"B"的馆藏以外)到怀德纳图书馆总阅览室使用。拥有图书馆钥匙的用户不得把钥匙外借他人。(HYL Archives:Note of Chinese-Jpanese Library)

8月26日

费正清(John King Fairbank)致函裘开明:我想下一年我们要着手研究图书馆在每年8月闭馆期间,研究人员如何使用汉和图书馆的问题。因为每年都有一些人需按期限完成他们的学位论文,8月份他们必须在图书馆继续自己的工作或利用文献。有一些读者要去多伦多和田纳西大学教学,另外还有很多研究人员假期被分配有研究工作任务,还有一些与新项目相关的人员。很自然,很多用户要提前从图书馆借出自己需要的文献,以免图书馆闭馆时造成不便。但是,有些特定文献资料和参考书籍不能随便外借,其包括许多英语期刊和参考书等。考虑以上需求,为避免更多的费用开支,我希望能对某些特别人员进行安排。本月我已经遇到了需要将钥匙借给一两个人,让他们使用阅览室和参考书的问题。(HYL Archives:Letter of John King Fairbank to Alfred K'aiming Ch'iu, August 26, 1955)

8月29日

日本国会图书馆(National Diet Library)国际事务部主任T. Ichikawa致函裘开明,要求购买一份汪敬熙(Wang Ging-Hsi)著作的缩微胶卷。(HYL Archives:Letter of Alfred K'aiming Ch'iu to T. Ichikawa, January 10, 1956)

8月31日

金村繁(Shigeru Kanamura)致函裘开明:我即将取得的签证类型为"临时工作人员"(temporary worker),暂时无法告知从日本出发的确切时间。由于在日本购买机票不收税,而美国则要征收10%的旅行税,所以,我希望在日本购买机票。(HYL Archives:Letter of Shigeru Kanamura to Alfred K'aiming Ch'iu, August 31, 1955)

9月20日

裘开明致函金村繁(Shigeru Kanamura):请你到泛美航空公司东京办事处购买从东京到波士顿的机票,并在抵达旧金山以后发电报到汉和图书馆,告知抵达波士顿的确切时间。(HYL Archives:Letter of Alfred K'aiming Ch'iu to Shigeru Kanamura, September 20, 1955)

10月7日

Franz Joseph Meier致函裘开明:我们今日已向哈佛大学出版社订购《哈佛燕京学社汉学引得丛刊》第35种和特刊第13种。因为我担心通过正常途径不能获得,所以想请问你是否知道如果是这样的话,能否通过交换《引得丛刊》早期出版的卷册而获得上述卷册?我们有很多早期的复本,早期卷册目前的收藏价格是多少?我在我所能接触到的目录中都找不到早期出版的卷册。能否寄给我一份你所说的自制的中文书函套的样品给我?这对我们非常有用。顺便问一下,你或你的助理在慕尼黑观光或者蜜月旅行发生了什么事?希望你一切都还好。(HYL Archives: Letter of Franz Joseph Meier to Alfred K'aiming Ch'iu, October 7, 1955)

10月13日

裘开明致函日本国会图书馆(National Diet Library)副馆长 Hideo Nakane 言:金村繁(Shigeru Kanamura)先生已于10月4日下午顺利抵达波士顿机场。在他到达之前住宿问题已经安排妥当。我们会尽最大的努力,让他在美国的时候,使他和我馆都受益,这自不必说。我们希望他的到来成为日本国会图书馆和美国其他图书馆开展馆员交换活动的开始。(HYL Archives: Letter of Alfred K'aiming Ch'iu to Hideo Nakane, October 13, 1955)

10月20日

裘开明提交第29次《馆长年度报告》(1954年7月1日至1955年6月30日),其主要内容如下:1. 图书馆馆藏发展情况。1954—1955年度,汉和图书馆新增藏书量总计7389种,13396册。其中,中文图书新增3545种7287册;日文图书新增3174种5308册;藏文图书新增12种12册;满文图书新增1种4册;蒙文图书新增1种2册;韩文图书新增323种395册;西文图书新增333种391册。截至1955年7月1日,哈佛大学汉和图书馆藏书总量为73271种284356册。其中,中文图书43651种222435册;日文图书23581种51133册;藏文图书26种676册;满文图书129种1061册;蒙文图书26种351册;韩文图书703种1416册;西文图书5155种7284册。汉和图书馆1954—1955年度的中文图书购书方针及经费来源情况与1952—1953年度馆长报告所述相同。1954—1955年度,共计购买中文图书3545种7287册,其中,古籍1469种4657册,当代图书1963种2493册,其他中文书(包括赠送和交换书籍)113种137册。在过去的9年里(1946—1955年),中文图书年平均增长量为2000种6000册。自1946年以后,图书馆职员为新书编目的数量多于古籍的数量,虽然新书编目比古籍编目容易,但是图书馆至少把一半的时间用于新书编目,因为新书的种数几乎是古籍的两倍。1946—1955年,通过购买、交换和赠送所得的日文馆藏数量如下:

各种渠道所获日文馆藏统计(1946—1955)

年份	购买		赠送与交换		新增总数	
	种数	册数	种数	册数	种数	册数
1946—1947	43	171	240	376	283	547
1947—1948	865	1254	69	167	934	1421
1948—1949	1400	2095	1928	2734	3328	4829
1949—1950	564	776	590	677	1154	1453
1950—1951	3305	7891	236	291	3541	8182
1951—1952	1250	2716	316	738	1566	3454

续表

年份	购买		赠送与交换		新增总数	
	种数	册数	种数	册数	种数	册数
1952—1953	618	1828	211	378	829	2206
1953—1954	1325	3020	204	305	1529	3325
1954—1955	3027	5064	147	241	3174	5305
合计	12397	24815	3941	5907	16338	30722
年平均增长量	1377	2757	438	656	1815	3413

在连续出版物方面，1954—1955年度，中文新刊新增180种，馆藏总量达到1924种。日文连续出版物新增69种，馆藏总量达到1512种。韩文连续出版物新增11种，馆藏总量达到19种。西文连续出版物新增26种，馆藏总量达到340种。截至1955年7月，汉和图书馆共有各语种连续出版物共计3795种。新增中文连续出版物共2246期，日文连续出版物共2044期，韩文连续出版物共29期，西文连续出版物共612期。随着连续出版物收藏数量的增长，需要专辟一个办公室用于处理和装订连续出版物，并安排专人负责此工作。目前由陈观胜（Kenneth Chen）博士腾出的12—B房暂时用于此用途。希望此房间能够永久作为期刊处理和装订的场所，直到图书馆搬新馆。

1954—1955年度，汉和图书馆购买的完整的或几乎完整的重要日文和韩文期刊有：(1)《满洲学报》(*Manshu gakuhō*)第1—7卷，1932—1942年；(2)《国语国文学年鉴》(*Kokugo Kokubun gakunenkan*)第1—3卷，1938—1940年；(3)*Anthropos*第1—3卷，1946—1948年；(4)《丁酉伦理》(*Teiyu rinri*)，第23—548期，1904—1949年；(5)《图书馆杂志》(*Tosho kan zasshi*)第3期至今，1908年至今；(6)《汉学会杂志》(*Kan gakkai zasshi*)第1—2卷，1933—1944年；(7)《文章》(*Munjang*)，第1卷第1—3、5期，1939—1948年；(8)《震檀学报》(*Chindan hakpo*)第1—11卷，1934—1939年。丛书和方志类，1954—1955年度，新增中文丛书18种，含219种独立著作，中文丛书总藏量达到1297种。日文丛书1953—1954年度新增43种，1954—1955年度新增54种，日文丛书总藏量达到1040种。新增方志5种45册，中文方志总藏量达到2895种30733册。

哈佛燕京学社汉和图书馆馆藏中国方志一览表（1955年7月1日）

省份	行政分区总数	已知现存方志种数	馆藏总数	
			种数	册数
河北省	160	573	301	2577
山东省	117	506	264	2177
河南省	118	453	213	1895
山西省	121	386	163	1059
陕西省	98	338	237	1853
甘肃省	106	144	43	405

续表

省份	行政分区总数	已知现存方志种数	馆藏总数	
			种数	册数
江苏省	80	527	258	2811
浙江省	90	507	210	2875
安徽省	69	278	99	1458
江西省	93	428	121	2622
湖北省	81	318	130	1426
湖南省	88	303	107	1505
四川省	157	477	305	2602
福建省	72	272	83	1283
广东省	108	375	127	1553
广西省	120	163	45	499
贵州省	73	92	23	217
云南省	105	190	47	887
满洲3省*	130	163	66	584
西北省份	113	69	53	445
共计	2099	6562	2895	30733

＊编者注：此为哈佛图书馆分类方法。

2.馆藏编目、分类情况……各语种目录新增目片数统计如下：中文书作者－书名四角号码目录新增目片6740张（其中3773张为临时草片），作者－书名罗马字母目录新增目片2265张（其中12张为临时草片），分类主题目录新增目片1882张，排架目录新增目片275张，以上共计11162张；日文书作者－书名四角号码目录新增目片7317张（其中2626张为临时草片），作者－书名罗马字母目录新增目片3570张（其中1035张为临时草片），分类主题目录新增目片2452张，排架目录新增目片1764张，以上共计15103张；韩文书作者－书名四角号码目录新增目片64张，作者－书名罗马字母目录新增目片37张，主题-排架目录新增目片14张，以上共计115张；西文书作者－书名目录新增目片1006张，排架－主题目录新增目片365张，以上共计1371张。各语种目录合计新增目片27751张……1954－1955年度，汉和图书馆的各类装订业务仍由哈佛大学装订厂承接，由于未将合订报纸的费用计入其中，所以1954－1955年度用于装订的平均费用远远低于1953－1954年度。在日本的装订价格约是在美国装订的一半，即(a)函套装每套1.20美元,(b)期刊装订每册1.20美元。因此所有线装书的函套和所有过刊的装订都在日本进行。3.合作编目与书本式目录情况。本年度汉和图书馆向国会图书馆合作编目计划提交编目数据总计3508条，被采纳3795条，共收到卡片目录31950张，其中中文编目数据提交1973条，被采纳1773条，收到卡片目录17730张；日文编目数据提交1535条，被采纳1422条，收到卡片目录14220张。免费获得的卡片目录如果由汉和图书馆自己印刷,需要经费 1597.50 美元,如果从国会图书馆购买则需 639.00 美元。在馆藏日籍书本式目录方面,在对比了报价和样品后,汉和图书馆决定请 Kaimei-do 公司承印馆藏日籍书本式目录,请山本达郎(Tatsuro Yamamoto)作为代表与 Kaimei-do 公司洽谈印刷合同问题。只要印刷的细节问题确定,合同谈妥后,我们将把草片寄给 Kaimei-do 公司排印第一卷儒家经典、哲学和宗教(不含佛教)类书目。首期款项 5000 美元已到帐,保存在波士顿哈佛同学会的财务部门。《中文丛书简明目录》和《中文善本书目》两部书目正在编撰中。建议叶理绥(Serge Elisséeff)社长把其所撰写的文章《哈佛燕京图书馆》(刊于《哈佛大学图书馆通讯》[*Harvard University Library Bulletin*],1956 年 1 月)复印若干份,寄给所有对汉和图书馆有兴趣的学者和研究者以及访问学者。4. 阅览室与书库。1954—1955 年度,汉和图书馆的 3 个阅览室利用率都很高,用户主要是哈佛燕京学社的学生以及来自其他大学的访问学者和学生。东侧阅览室(人文科学)和西侧阅览室(区域研究)内的所有座位全部满员。应在阅览室增设一个永久性的类似于保安人员或保管员的岗位,负责保管读者的包,防止图书馆的书籍和期刊未办理借阅手续被读者带走。增设这样一个额外的岗位,每年财务预算需要增加 2400 美元。博伊斯顿堂东翼 3 楼新书库的新书架并没有减轻书库空间的压力。日文书库的很多书架再次满架。近期需要更多的空间用于藏书。董事会必须把图书馆重建和博伊斯顿堂改造事宜马上提上日程,积极寻求空间拥挤问题的解决方案。5. 流通服务和参考咨询工作。1954 年 7 月 1 日—1955 年 6 月 30 日间,汉和图书馆馆藏外借量总计 3240 种 5854 册。其中:中文图书外借 1169 种 3276 册;日文图书(含部分韩文书)外借 1199 种 1589 册;西文图书外借 872 种 989 册。本年度,图书馆外借服务开放的时间共 264 天 44 周,日均外借图书 22 册。以上馆藏流通的数据不包括隔夜借还的数量和馆内阅览的数量。1954—1955 年度,通过馆际互借向汉和图书馆借书的机构共有 38 所,共有 35 名来自其他机构的学者在汉和图书馆做研究(机构名单及学者名单略)。文献外借给其他机构数量总计 205 种 897 册,其中:中文图书 163 种 817 册;日文图书 29 种 66 册;西文图书 13 种 14 册。在参考咨询工作方面,随着 1954—1955 年度开始的访问学者项目以及 1946 年开始的区域研究计划,图书馆有限的馆员只能提供有限的参考咨询和指引服务这一点受到了批评。在过去的几年里,馆员大量的时间都用于为撰写学位论文的学生查找资料。除了现任印第安那大学副教授的邓嗣禹(Teng Ssu-yü)以外,区域研究计划再没有聘请过合适的人引导学生利用图书馆。如果图书馆在未来需要为区域研究计划承担此项工作,则有必要在下一年的财务预算中增加聘请一名优秀的参考咨询馆员的预算。6. 人事变动。1954 年 10 月底,宫内泰子(Yasuko Miyauchi)因病辞职。1954 年 11 月 1 日,图书馆聘请陈谭韶英(Ch'en Tan Chao-ying)接任宫内泰子的工作,负责日文连续出版物。1955 年 6 月底,高濑保(Tamotsu Takase)辞职,7 月底结束在汉和图书馆的工作,8 月 1 日开始前往斯坦福大学胡佛战争图书馆担任编目员。日本国会图书馆(National Diet Library)金村繁(Shigeru Kanamura)先生于 1955 年 10 月 4 日抵达波士顿,接任首席日文编目员一职。1955 年 6 月 1 日,聘请高全惠星(Chun Hesung Koh)担任韩文编目助理。吴婉莲(Dorothea Wan Lien Wu)、William Henry Winship、刘楷贤(Liu K'ai-hsien)和金圣河(Sungha Kim)将继续在馆工作。7. 图书馆财务。

1954—1955 年度图书馆预算

开支项目		金额（单位：美元）	
图书	中文书	4500	9000
	日文书	2800	
	韩文书	1000	
	西文书	700	
装订		3500	
保险		1500	
办公经费（文具、特快专递，电话等）		750	
设备		500	
国会图书馆合作编目		750	
薪水和津贴	阅览室主任	3000	18590
	高级中文编目员	3000	
	初级中文编目员	2700	
	首席日文编目员	2100	
	初级日文书助理	2100	
	初级中文书助理	1860	
	书库管理员	1860	
	小工（Page boy，兼职）	1000	
	社会保险与退休补贴	970	
总计		34590	

1954—1955 年度支出统计

开支项目		金额（单位：美元）	
图书	中文书	4853.09	11143.97
	日文书	4295.78	
	韩文书	1084.83	
	西文书	910.27	
装订		1629.36	
图书保险		1330	

续表

开支项目		金额(单位：美元)	
设备		371.36	
办公经费	水电	222.11	679.72
	印刷和文具	187.79	
	电话和电报	167.25	
	邮费和特快专递等	70.40	
	服务费	2.67	
	照片	28.5	
	其他	1	
国会图书馆合作编目		734.25	
薪水与津贴	哈佛学生	1846.95	19426.02
	正式员工	13597.68	
	临时工	2881.81	
	退休金与养老金	733.07	
	社会保险	366.51	
合计		35314.68	

1954—1955年度另有购买中韩文书籍的专项拨款20000美元，1953—1954年度的专项拨款结余1763.91美元，共计21763.91美元，支出情况如下：1955年1月25日，琳琅阁书店(Rinrokaku Book Co.)703.21美元；1955年3月15日，文光堂书店(Bunkodo Book Store)430.80美元；1955年4月7日，文光堂书店364.44美元；1955年5月16日，S. S. Chen Co. 223.07美元；1955年5月16日，临川书店(Rinsen Co.)491.11美元；1955年7月6日，S. S. Chen Co. 246.90美元；1955年7月6日，汇文堂(Ibundo Book Co.)866.96美元；1955年7月6日，琳琅阁书店357.02美元；1955年7月6日，文光堂书店434.89美元；1955年7月25日，文光堂书店103.86美元；1955年7月30日，哈佛校友会(Harvard Club)2550.00美元；1955年7月31日，其他书商2664.31美元。以上共计9466.57美元，结余12297.54美元。(HYL Archives：Chinese-Japanese Library of the Harvard-Yenching Institute at Harvard University Report of the Librarian for 1954-1955)

10月27日

　　孟治(Chih Meng)致函裘开明，函请裘开明给华美协进社(China Institute in America)新社员Lee Hsing-ya博士提供一些波士顿地区的会议信息。(HYL Archives：Letter of Chih Meng to Alfred K'aiming Ch'iu, October 27，1955)

10月28日

　　蒲友书(Yu-shu Pu)致函裘开明：我要求Ray Lue把我的这片小纸放入他致你的函中，只是想向你问好。我刚刚收到《美国华人图书馆员名录》(*Directory of Chinese*

Librarians in the United States of America），发现自己亦在其上。很高兴能与你从事相同的职业，并交换意见。你是我们这群人中的前辈。（HYL Archives：Letter of Yu-shu Pu to Alfred K'aiming Ch'iu, October 28，1955）

11月5日

北尾精三（Seizo Kitao）致函裘开明：我们书店现有一批精良的日文古籍和过刊出售，随函附上日文版书目，请贵馆挑选。（HYL Archives：Letter of Seizo Kitao to Alfred K'aiming Ch'iu, November 5, 1955）

11月9日

日本国际文化会馆图书馆馆员 Hide Inada 致函裘开明，询问哈佛燕京图书馆是否有可能聘任她从事日文资料的整理工作。Hide Inada 小姐曾于1951年在美国威斯康星大学图书馆学院学习图书馆学一年，希望借此机会完成在美国大学的图书馆学课程。（HYL Archives：Letter of Miss Hide Inada, Library of the International House of Japan, Tokyo, Japan, to Alfred K'aiming Ch'iu, November 9,1955）

11月14日

哈佛燕京学社董事会召开会议，学社社长（叶理绥，Serge Elisséeff）汇报裘开明提交的《1954—1955年度馆长年度报告》。董事会投票表决通过：增加1250美元的拨款，作为参考咨询馆员的工资。（HYI Archives：Trustees Meetings Minutes 1954-1956）

11月16日

香港古今图书公司（C. M. Chen Book Compony）致函裘开明：11月14日来函订购的图书已经寄出。另外，在你几次来函欲订购的图书订单中，我们经搜集后只获得4种，兹附上这4种可得图书的价格表。（HYL Archives：Letter of C. M. Chen Book Company to Alfred K'aiming Ch'iu, November 16, 1955）

11月24日

日本出版贸易株式会社（Japan Publications Trading Company）总裁 M. Mochizuki 致函裘开明，代表日本出版贸易株式会社向裘开明致以感恩节的祝福。（HYL Archives：Letter of M. Mochizuki to Alfred K'aiming Ch'iu, November 24，1955）

11月27日

裘开明致函密歇根大学图书馆 G. Raymond Nunn：我已将新的复本寄给了 Edwin G. Beal, Jr.、Man-Hing Yue Mok 夫人、Charles E. Hamilton、Howard P. Linton、吴文津（Eugene Wu）等。现就你11月10日的来函答复如下：哈佛燕京学社汉和图书馆1954—1955年度日文图书总的采购量分别为：购买书籍3027种5064册；通过交换获得书籍147种241册；总计3174种5305册。哈佛燕京学社汉和图书馆经常与之保持合作的日本书商，包括一诚堂（Isseido）、文光堂（Bunkodo）、日本出版贸易株式会社（Japan Publications Trading Company）等。为了不偏向任何机构，我不特别推荐任何书店，我认为这些机构商业素质都非常好。日本书商规定的订购预付款的要求并不是他们的错，是合理的。而 Charles E. Tuttle Co. 和一诚堂不要求提供预付款。汉和图书馆通过与日本国会图书馆（National Diet Library）的书刊交换合作关系，获得日本政府文献。哈佛法律图书馆也购买了一些日本政府出版物。哈佛自世界各国获取的政府文献不能完全满足用户使用，但这个问题正被哈佛大学图书馆的新馆长，历史学教授 Paul H. Buck 博士关注。汉和图书馆中国和日本的政府出版物很大程度上依靠与国会图书馆的馆际互借来满足用户的需求。自1954年哈佛燕京学社设置了一项访问学者项目后，每年有

3—4位来自日本的学者、教授。汉和图书馆依靠交换《哈佛亚洲学报》(*Harvard Journal of Asiatic Studies*)以及这些访问学者的帮助获得日本出版的文献和地方出版物。汉和图书馆已经建立了一个令人满意的日本期刊定购系统。(HYL Archives：Letter of Alfred K'aiming Ch'iu to G. Raymond Nunn, November 27, 1955)

11月30日

裘开明致函房兆楹(Chao-ying Fang)：哈佛燕京学社愿意为你提供咨询馆员的职位，并可参加一项晚清中国政治与经济项目的研究，希望你能接受这个职位。(HYL Archives：Letter of Alfred K'aiming Ch'iu to Chao-ying Fang, November 30, 1955)

12月2日

裘开明致函香港东方书局(Oriental Book Company) H. C. Tien：感谢寄来你写给费正清(John King Fairbank)教授的信函。请继续处理我们对香港出版的一两份中文期刊的订购业务。请不必寄来《国学基本丛书》等重印书……1949年前的汉学著作的重印本我们也不需要，除非这些版本经过修订或增补。请你对所购书籍的重新装订工作加以监督。(HYL Archives：Letter of Alfred K'aiming Ch'iu to H. C. Tien, December 2, 1955)

12月9日

房兆楹(Chao-ying Fang)致函裘开明，婉拒哈佛燕京学社提供的咨询馆员职位。(HYL Archives：Letter of Chao-ying Fang to Alfred K'aiming Ch'iu, December 9, 1955)

12月13日

裘开明致函房兆楹(Chao-ying Fang)，分析哈佛燕京学社所提供的职位及项目研究的好处及发展空间，希望房兆楹能接受。(HYL Archives：Letter of Alfred K'aiming Ch'iu to Chao-ying Fang, September 13, 1955)

12月17日

裘开明致函美国图书馆协会(ALA)分类编目委员会东方文献编目专门委员会主席G. Raymond Nunn：我现在告诉你哈佛的日文转换分词实践非常接近服部四郎(Shiro Hattori)教授的"德本罗马字"(Romaji Tokuhon)用法。服部四郎教授两年前在美国，并且我相信他在密歇根大学停留了好几个月。因此你一定见过他或者已经知道他的罗马拼音方案。对于 Charles E. Hamilton、Andrew Kuroda 和 Allan Paul 这3位努力工作的先生提交的报告，我必须说的是每一份报告都有一些优点……以上只是我们哈佛的基本看法。于震寰(Zunvair Yue)先生已经就 Kuroda 的论文写了一篇较长的评论，并且还写了一篇哈佛分词一般规则的论文，该规则与服部四郎教授的"德本罗马字"大致一致。(HYL Archives：Letter of Alfred K'aiming Ch'iu to G. Raymond Nunn, Chairman, ALA-DCC Special Committee on Cataloging Oriental Materials, Library of University of Michigan, December 17, 1955)

12月21日

美国图书馆协会(ALA)分类编目委员会东方文献编目专门委员会主席G. Raymond Nunn 致函裘开明：兹奉上你在12月17日来信中要求的 Charles E. Hamilton 和 Andrew Kuroda 规则，供你研究该问题使用。在我附给你的1955年12月20日的信中，你会发现我对《最终报告》的状况还是相当乐观的。对于我们来说，这是一次长途跋涉的旅程，然而报告的原则现在不仅被国会图书馆接受了，而且也被在很大程度上代表图书馆利益的美国图书馆协会分类编目委员会接受了。我们现在必须加倍努力地研究分词、字母化和以日文及韩文为主的连字符问题。我相信东方文献整理委员会采取以日文为基础处理韩文的步骤是正确的，因此，我们必须集中精力研究日文问题……(HYL Archives: Letter of G. Raymond Nunn, Chairman, ALA-DCC Special Committee on Cataloging Oriental Materials, Library of University of Michigan, to Alfred K'aiming Ch'iu, December 21, 1955)

12月

　　费正清(John K. Fairbank)致函房兆楹(Chao-ying Fang)：很高兴你与裘开明一直保持联系，哈佛燕京学社汉和图书馆将为你保留所提供职位的预算，希望你明年夏天可以加入我们。(HYL Archives: Letter of John K. Fairbank to Chao-ying Fang, December, 1955)

1956年
59岁

1月5日

　　何炳棣致函裘开明：前批蒙惠借诸书，仅有一种尚在刘记，其余均已用完，本月9日(敝校图书馆还书期限)以前必可全部璧还无误。兹又有一批书需要参考，书单想日内即可由敝校图书馆寄上，兹不赘列。惟借单空间大小，有两种号法注明。第一类即是晚清的举人履历，普通称作《直省乡试同年齿录》，所以别于明经通谱(拔贡履历)者也。晚所需要者为光绪1880以后之乡试齿录。贵馆所有几种，乞全部惠借为祷。1880以前之乡试齿录，大都已详抄录，只有《道光甲辰(1844)直省同年录》一种尚待重检。此外客夏蒙惠示一种《明代进士书名录》(此非确切的书名)。贵馆共有两部，一部在楼下参考书中，一部在书库放在"齿录"架之最上一格。书库中一部客夏稍稍翻阅，无暇详抄，发现其中有若干页印刷欠佳，有缺字。最为费心稍稍翻检楼下一部，为无缺字，惠借最感。数年来自修，端赖贵馆格外源源供应，心感之处，难以言状，谢不胜谢。晚今夏自5月10日至9月10日参加费(John King Fairbank)先生处工作，整整四月，必多机会聆教也……另平邮寄上最近拙作一短篇，另二份乞转洪(煨莲)老师及柯立夫(Francis W. Cleaves)先生为感。(HYL Archives: 何炳棣致裘开明信函, 1956年1月5日)

1月10日

　　裘开明致函日本国会图书馆(National Diet LIbrary)国际事务部主任 T. Ichikawa：关于你8月29日来函要求获得汪敬熙(Wang Ging-Hsi)文献的缩微胶卷之事，我们起初无法确定作者和书名，因为我们的中文书库中没有此部藏书。几天前贵馆参考咨询部的一名馆员寄给在此的金村繁(Shigeru Kanamura)先生你8月29日信件的复印件和8月17日写给Edwin G. Beal, Jr.先生的信的复印件，根据这些信，他拼出了Wang Ging-His的正确威妥玛拼法为汪敬熙。据此信息我们确定了作者和他的书，这根本不是一部中文著作，而是一部用英文写的著作。据说此书藏在哈佛学院图书馆(怀德纳图书馆)，我们已经让照相复制部直接连同账单一起把缩微胶卷寄给你。关于我们所需的2种缩微胶卷，请按照1955年3月16日和5月27日写给你的信中所列的书名制作，分别是：(1)尾崎正义(Masayoshi Ozaki)编《船载书目》(*Hakurai Syomoku*)十卷；(2) Tatuno Syunsetu编《续日本纪》(*Syoku Nihongi*)七卷。请把以上缩微胶卷连同账单一并寄来。

(HYL Archives: Letter of Alfred K'aiming Ch'iu to T. Ichikawa, January 10, 1956)

裘开明致函日本国会图书馆 Tayama：斯坦福大学胡佛图书馆的高濑保(Tamotsu Takase)先生告诉我们，你承担了影印出版《理藩院则例》蒙文原始文献的项目，每套价格约为 45 美元。你能否为我馆预留一套。书和发票到了以后，我们可以通过日本国会图书馆付款或直接付款给你……(HYL Archives: Letter of Alfred K'aiming Ch'iu to Tayama, January 10, 1956)

1月16日

裘开明致函美国图书馆协会(ALA)分类编目委员会东方文献专门委员会主席 G. Raymond Nunn：很高兴读到 Miwa Kai 女士 1955 年 12 月 16 日提交给你的评论。我同样感到要决定 Charles E. Hamilton 先生、Andrew Kuroda 先生和 Allan M. Paul 先生 3 人提交的 3 篇优秀论文中，哪一篇应该用作日文罗马化统一规则手册的基础是一件极其困难的工作。正如我在前一封信中所言，每一篇论文都有许多优点，但是每一篇又有一些质疑的地方。我们的副馆长于震寰(Zunvair Yue)自 1948 年以来就一直在主管我们图书馆的日文藏书，他在完成的两篇论文中已经概述了我们对 Kuroda 先生的优秀论文的评论，并且还提出了我们对于中日韩文罗马化问题的立场要点……最后，我衷心地赞同 Kai 女士的立场……(HYL Archives: Letter of Alfred K'aiming Ch'iu to G. Raymond Nunn, Chairman, Committee on American Library Resources on the Far East of the Association for Asian Studies, 430 University Library, the University of Michigan. January 16, 1956)

1月30日

密歇根大学图书馆 G. Raymond Nunn 致函裘开明：我今年 2 月至 6 月将在日本，在我离开的这段时间里，我们决定提前对我馆所藏的主要中文丛书进行分析编目，包括《四部丛刊》、《四部备要》和《四库全书初编》。为书中的每一独立书名编制一张目录卡片。然而，在我们着手工作之前，我们不想重复编制其他图书馆已经编过目的书，如果你能告诉我们你所知道的可以从美国的哪些远东图书馆获得这些出版物已编目过的分析目录卡片，我们将不胜感激。如果没有这类丛书的分析目录卡片，我们打算首先从《四部丛刊》做起，如果时间允许的话，接下来再编《四库全书初编》……(HYL Archives: Letter of G. Raymond Nunn to Alfred K'aiming Ch'iu, January 30, 1956)

2月1日

裘开明致函英属哥伦比亚大学历史系何炳棣(Ho Ping-ti)教授：非常感谢你的来信，和随信寄来的你关于《中国的美国食用植物》(American Food Plants in China)的文章和山本书店图书目录第 35 期。我们很高兴通知你，你所需该目录内的图书在敝馆均有入藏，因为该目录在 1954 年 2 月首次出版之时，我们就已经订购并于 8 月收到那些图书。我想在该目录出版了两年之后的今天(1954 年 2 月—1956 年 2 月)，我们很可能已无法得到其中的一些书了，毕竟全世界的图书馆都在采购这样的中文图书。我们另函寄返山本(Yamamoto)书店目录第 35 期的另外一份复本，内标注了你的目录中所显示的相同编号。我们将会保留此目录，作为我们购买这类书籍的部分理由。我希望你不会介意这样的交换。我们希望有机会能购买一份明万历《广东地方志》的缩微胶卷。这样的缩微胶卷将会比在山本书店目录第 35 期所列的价格要便宜。希望很快能在博伊斯顿堂(Boylston Hall)与你会面。(HYL Archives: Letter of Alfred K'aiming Ch'iu to Ho Ping-ti, February 1, 1956)

2月9日

裘开明致函哈佛大学法学院图书馆采访部主管 Myrtle A. Moody：随函附寄一份丢

失书籍的船运清单,请你核对此批书是否误寄给了法学院图书馆。这些书是文光堂书店(Bunkōdo Book Store)寄给汉和图书馆几箱书中的两箱,内容为法律类书籍。(HYL Archives:Letter of Alfred K'aiming Ch'iu to Myrtle A. Moody, February 9, 1956)

2月14日

裘开明致函 Spaulding-Moss 公司印刷部(Printing Department of Spaulding-Moss Company):1954年11月16日,贵公司 Larimer Greenough 先生来我馆向我们展示了静电复印技术。我们给了他一些我们图书馆的卡片,请其尝试复印。自那以后,我们便再也没有他的消息,虽然他当时向我们保证将在几个星期内告知我们结果。我们曾反复致电贵公司希望联系到他。不知他是否仍是贵公司职员,或者离开多久了?请查找我馆的卡片并寄回。(HYL Archives:Letter of Alfred K'aiming Ch'iu to Printing Department of Spaulding-Moss Company, February 14, 1956)

2月16日

李瑞爽致函裘开明求兼职。(HYL Archives:李瑞爽致裘开明信函,1956年2月16日)

2月19日

何炳棣致函裘开明:上批惠借书中有李周望《国朝历科题名碑录初集》,系楼下参考架上常用之书。蒙特别通融,感激不胜。数日前又由敝校图书馆向贵馆函借书籍及期刊数种,兹不再重列。惟日前翻温刘记,发现有一清代举人录尚待重检,为借单上所未列。书名:《嘉庆丙子(1816)科各省乡试同年齿录》为蒙一并与其他数种同时寄下,最感。山本书店所需土地诸书均早已购到,欣慰何似。就此一端已足徵。先生主持馆务,效率精神非他人所能及,受惠学人,固不限哈佛同仁同学也。谨此附谢,并致敬意。敬请道安。(HYL Archives:何炳棣致裘开明信函,1956年2月19日)

2月20日

裘开明向美国图书馆协会(ALA)分类编目委员会东方文献编目专门委员会代理主席和委员寄送个人撰写的日文分词规则工作文本。(HYL Archives:Alfred K'aiming Ch'iu. "Working paper for Japanese word division rules". February 20, 1956)

2月21日

荆磐石致函裘开明,告知李瑞爽即将赴哈佛深造,希望裘开明能给予照顾。(HYL Archives:荆磐石致裘开明信函,1956年2月21日)

2月24日

裘开明致函 West Caldwell 图书馆副馆长 Mary E. Vorwerk:兹附上你撰写关于美国中日文图书编目研究报告所需的一些参考文章,包括我写的《中文图书印刷目录卡片》("Printed Cards for Chinese Books". *Library Journal*. Vol. 64, No. 5 [March 1, 1939]:178-180),以及南加州大学图书馆学院1955年毕业的 Donad L. Philippi 先生的毕业论文,主题是关于美国图书馆的东方文献馆藏等。请你用完这些文章后尽快返还。(HYL Archives:Letter of Alfred K'aiming Ch'iu to Mrs. Mary E. Vorwerk, February 24, 1956)

2月25日

日本国会图书馆(National Diet Library)国际事务部主任 T. Ichikawa 致函裘开明:我们已经收到汉和图书馆寄来的汪敬熙(Wang Ging-Hsi)的《皮肤电反应》(*Galvanic skin reflex*)一书的缩微胶卷,并正在尊经阁文库(Sonkeikaku Library)为汉和图书馆寻找所需缩微胶卷。(HYL Archives:Letter of T. Ichikawa to Alfred K'aiming Ch'iu, February 25, 1956)

2月27日

裘开明致函国会图书馆东方部中文组代理组长 Edwin G. Beal, Jr.：如果国会图书馆计划在日本大规模地制作中国方志缩微胶卷，最好先对全美图书馆所藏中文方志进行普查。（随函答复其2月20日来信对摩梭文手稿的咨询；向国会图书馆借阅日本各主要图书馆所藏37种中国方志的目录。）(HYL Archives：Letter of Alfred K'aiming Ch'iu to Edwin G. Beal, Jr., February 27, 1956)

2月28日

裘开明致函李瑞爽（Ruey-Shuang Lee），告知汉和图书馆目前没有空缺岗位。(HYL Archives：Letter of Alfred K'aiming Ch'iu to Lee Ruey-Shuang, February 28, 1956)

3月5日

West Caldwell 图书馆副馆长 Mary E. Vorwerk 致函裘开明：感谢你2月24日来函，所提建议对我甚有帮助，其中包括你与 Donald L. Philippi 的通信。获悉陈鸿舜（Ch'en Hung-shun）先生现在北京附近，这意味着不管政治形势如何，中美图书馆界之间的合作还是有可能的。我的报告将于周五（3月9日）完成。我对东方图书非常感兴趣，因为我曾有幸赴中国学习。(HYL Archives：Letter of Mrs. Mary E. Vorwerk to Alfred K'aiming Ch'iu, March 5, 1956)

3月7日

裘开明致函日本国会图书馆（National Diet Library）国际事务部主任 T. Ichikawa：感谢你2月25日寄来的航空信，并告知你已经收到了我馆为贵馆制作的汪敬熙（Wang Ging-Hsi）的《皮肤电反应》(Galvanic skin reflex)一书的缩微胶卷。此缩微胶卷可使用联合国教科文组织的配给券（UNESCO coupons）与哈佛结账。请直接和怀德纳图书馆照相复制部结算。非常感谢贵馆花费精力为我们到著名的尊经阁文库（Sonkcikaku Library）寻找缩微胶卷。我们等着你的好消息。(HYL Archives：Letter of Alfred K'aiming Ch'iu to T. Ichikawa, March 7, 1956)

3月10日

美国国务院 Gregory Henderson 致函裘开明：我的妻子正在柏林探望她的母亲，她已经与我的老朋友、加州大学 Ferdinand D. Lessing 教授的女儿 Frau Koerner 博士/夫人取得了联系。Koerner 博士/夫人现在是德国民族学博物馆东亚区（the Ostasiatische Abteilung of Voelkekunde Museum, Berlin-Dahlem）的主管。显然，Koerner 博士有4册《永乐大典》想出售。我附上她写的有关《永乐大典》册数的纸条（《永乐大典》卷4908－4999，卷1033，卷903－904，卷13189－13190）。她说她想要2000美元1册。我不知道她是否能减少一点。显然，她已经在向美国国会图书馆兜售这些《永乐大典》。她要我写信给哈佛燕京告诉这个信息，并且等你的询问或者答复。我没有对这些书作评价，我没有看过这些书，对其价值也无从判断。我能说的是，Koerner 博士值得推荐，她在中国领域非常有实力，她出生和生长在中国，中文很流利。关于韩国研究，我希望你在订购日本天理大学（Tenri University）出版的《朝鲜学报》(Chosen Gakuho)。这是一个有关韩国学术的优秀资源。(HYL Archives：Letter of Mr. Gregory Henderson, US Department of State, Washington D.C., to Alfred K'aiming Ch'iu, March 10, 1956)

3月12日

费正清（John King Fairbank）教授向哈佛大学图书馆馆长 Paul H. Buck 提交在远东地区进行中日文图书采购的计划草案，内容包括：1. 汉和图书馆继续购买1800年前的历史方面的远东中日文文献。2. 大学图书馆继续购买西文的远东历史文献。3. 关于从 1800 年以来的远东历史方面的中日文文献的政策。4. 预计每年使用 3000 美元经费用于购买远东历史文献，扩充博伊斯顿堂（Boylston Hall）的馆藏资源，其中约 1500 美元购买中文出版物，1000 美元购买日文出版物，500 美元购买西文出版物。5. 关于购书经费拨款的分配问题，哈佛燕京学社将继续每年拨款 1000 美元，中国经济和政治研究项目的经费将会继续提供给大学图书馆总计 1000 美元的经费，2/3 来源于经济研究项目预算，1/3 来源于中国政治研究项目预算。最终安排尚未确定。(6) 委员会建议学院图书馆每年提供 1000 美元的经费。（Report of John King Fairbank to Paul H. Buck，March 12，1956）

3月15日

密歇根大学图书馆编目馆员 Margaret W. Ayrault 致函裘开明：随函附 1 月 30 日 G. Raymond Nunn 先生写给你的信。我至今未收到你的回信，也不确定你是否收到该信，又或者是你的信寄来时丢失了。但无论如何，你能否近期答复我与 Nunn 先生咨询的问题？关于此事我们非常迫切地需要作个决定。（HYL Archives：Letter of Margaret W. Ayrault to Alfred K'aiming Ch'iu，March 15，1956）

3月16日

哈佛大学图书馆馆长 Paul H. Buck 决定采纳费正清（John King Fairbank）3 月 12 日提交的在远东地区进行中日文文献采购的计划。（HYL Archives：Letter of Paul H. Buck to John King Fairbank，March 16，1956）

3月19日

密歇根大学出版社销售经理 Henry M. Fujii 致函裘开明，询问汉和图书馆是否订购该社出版的 *Occasional Paper* 现刊和过刊。（HYL Archives：Letter of Henry M. Fujii to Alfred K'aiming Ch'iu，March 19，1956）

3月20日

裘开明致函密歇根大学图书馆编目馆员 Margaret W. Ayrault：1. 国立北平图书馆在 1937—1938 年曾为《四部丛刊》《四部备要》《四库全书初编》和《选印宛委别藏四十种》印刷过中文目录卡片，卡片上没有罗马拼音。美国主要的远东图书馆都有这些卡片。哈佛每种丛书有一套目录卡片。如果贵馆想复制这些卡片，我们可以把我们的这套借给你们。2. "国立中央图书馆"（之前在南京、重庆，现在在台湾）战前也为《四库全书初编》编印过一套目录卡片……这些卡片为中英文对照，书名译成英文，作者姓名罗马化。哈佛也有一套此目录卡片，我们也愿意将其复印供其他图书馆使用。3. 在北京图书馆和"国立中央图书馆"印刷目录卡片出现之前，汉和图书馆也为这 4 部中文丛书做过完整的分析编目。1938—1940 年我馆出版了 3 卷《汉籍分类目录》以及随书的目录卡片，这些分析款目包含并分散在以下一些主题：儒家经典、哲学、宗教、考古学、传记、历史和地理（共计 12530 张目录卡片）……G. Raymond Nunn 先生信中提到的 4 部丛书的分析款目的校样在剑桥都有保存……4. 事实上，贵馆在中文和日文目录卡片上采用了完全不同的格式，即垂直两栏，一栏是纯粹的英文，卡片右侧一栏是作者和书名的中国汉字，这种格式在全国都没有图书馆采用。如果贵馆坚持这 4 部中文丛书的分析目录卡片采用你们自己的格式，那么你们就必须自己对其进行编目。（HYL Archives：Letter of Alfred K'aiming Ch'iu to Margaret W. Ayrault，March 20，1956）

李瑞爽致函裘开明，函寄工作申请表。（HYL Archives：李瑞爽致裘开明信函，1956 年 3 月 20 日）

3月21日

美国国会图书馆袁同礼致函裘开明:关于台湾出版之西文图书,各图书馆编目时有用"Formosa"或用"Taiwan"冠其书者,办法颇不一致。下月美国图书馆协会(ALA)CCS委员会在纽约开会时可否由兄提议一律改为"台湾"以期一致。遇必要时可将弟名列入也。(HYL Archives:袁同礼致裘开明信函,1958年3月21日)

裘开明致函李瑞爽(Ruey-Shuang Lee),告知汉和图书馆现有一兼职岗位空缺,询问是否愿意应聘。(HYL Archives:Letter of Alfred K'aiming Ch'iu to Ruey-Shuang Lee, March 21, 1956)

3月22日

裘开明致函密歇根大学出版社销售经理Henry M. Fujii:贵校日本研究中心计划与我馆交换《亚洲学报》(*Journal of Asiatic Studies*),因此我们不再向贵社订购了。(HYL Archives:Letter of Alfred K'aiming Ch'iu to Henry M. Fujii, March 22, 1956)

3月23日

李瑞爽致函裘开明:关于工作一事能蒙先生如此厚爱,感恩无已。当即束装就道前往工作,随时聆教。惟于修读学位之前暑假期中,若有Full Time工作,尚请先生分神为生留意,以求稍有积蓄,免于攻读时间而困窘于经济。关于入学一事,生于1954年即获许可,真至去秋到哈佛为止,后因请求今年入学,故迟迟至今。1956至57年入学许可书尚未得到,前者业已寄信请求,6月1日可能寄下。关于目前为Special Student一事,恐须先生多为作主,以防有何困难。目前复活节假期,生正医胃肠疾,月底定到波市。(HYL Archives:李瑞爽致裘开明信函,1956年3月23日)

3月25日

李瑞爽致函裘开明,告知将于3月31日抵达波士顿。(HYL Archives:李瑞爽致裘开明信函,1956年3月25日)

3月26日

裘开明致函李瑞爽(Ruey-Shuang Lee):应你3月20日和23日两封来函的要求,我很高兴地通知你,我馆从4月2日开始可以给你提供一个全职的学生助理的岗位。报酬和之前信中告诉你的一样,一小时1美元。如果你现在的身份是学生签证,你必须和美国移民归化局协商,在正常的学期期间不要到正规的大学注册,并接受一份全职的工作。大多数情况,移民归化局不会允许外国学生担任全职的工作,而是要求他们在一所学校注册并上少量的课(比如,在哥伦比亚大学修15个学分)。所以你要小心,不要违反移民规定。外国学生可以在暑假期间做全职的工作。在你到达之前,你需要我们为你找间房子吗?位于博伊斯顿堂(Boylston Hall)的汉和图书馆恰好在哈佛广场地铁站附近。你可以从南站(South Station)乘地铁到剑桥,在哈佛广场下车。图书馆从上午9点开放到下午5点,星期六和星期日的下午闭馆。所以你如果计划这几天到,请提前通知我们,如果图书馆闭馆,我好能去南站接你。(HYL Archives:Letter of Alfred K'aiming Ch'iu to Lee Ruey-Shuang, March 26, 1956)

裘开明致函K. Tanaka:我已收到317.6美元的购书发票,大的订单通过分期付款是个好主意……但是不要将所有的书都列在一张发票上,也不要一次装运过来。最好分多次,每次少量地寄送过来。随函附上12份绝版中文书籍的订书单……(HYL Archives:Letter of Alfred K'aiming Ch'iu to K. Tanaka, March 26, 1956)

刘年玲(Liu Nien-Ling)致函裘开明:感谢你和你的夫人在我上次来波士顿的时候

给予我的招待,暑假毕业后我想在哈佛找工作。(HYL Archives: Letter of Liu Nien-Ling to Alfred K'aiming Ch'iu, March 26, 1956)

澳大利亚国家图书馆 I. Raymond 致函裘开明:澳大利亚国家图书馆现在致力于建立一个东方语言研究文献馆藏。这是图书馆的一个新里程。馆长 H. L. White 先生急切希望吸收外馆的经验,以便使图书馆的组织运作能从初始就具备高效率。White 先生曾向我征询中文图书分类、编目和参考服务等方面的建议……如果你有任何看法或者有其他重要的想法,我都会心怀感激地接受你的建议,并将之转给国家图书馆。我们将非常感激你提供的任何帮助。(HYL Archives: Letter of I. Raymond to Alfred K'aiming Ch'iu, March 26, 1956)

裘开明先生致函美国国务院 Gregory Henderson:非常感谢你 3 月 10 日有关 Frau Koerner 博士/夫人兜售 4 册《永乐大典》的来信。我已经查过这 4 册《永乐大典》,发现石井大慧(Iwai Hirosato)博士在《还历纪念东洋史论丛》(东京,1940 年 108－160 页)上发表的一篇论文中全部有记载。这 4 册《永乐大典》属于我 25 年以前曾经参观过的德国民族学博物馆所有。在做了这个查证以后,叶理绥(Serge Elisséeff)教授很想知道我们是否有合法的权利去购买属于他国公共机构的东西。我们想知道你的夫人是否能够在柏林通过某种私人渠道而不是直接从 Koerner 博士那里,查出这 4 册《永乐大典》珍本的合法拥有权是否在 Koerner 博士手中。可能石井大慧(Iwai Hirosato)教授在做《永乐大典》存本调查时误把属于 Ferdinand D. Lessing 教授个人的一些东西列入了德国民族学博物馆的馆藏。不管怎么说,在我们开始遇到试图获得这些珍本的麻烦以前,我们想知道这 4 册《永乐大典》的确切合法拥有者。至于这 4 册《永乐大典》的价格,当然没有定数,而是"随行就市"("charge what the traffic will bear")。根据我个人了解的战前《永乐大典》在各市场上销售的价格,我感到其价格太高。在北京每册的售价在 300－500 美元之间。在欧洲则是 1000 美元一册。正是在这个价格上,经后来的伯希和(Paul Pelliot)推荐,我们从一个法国女士那里购买了一册《永乐大典》。非常感谢你关心我们的韩文馆藏。我们已经有了定期收到的《朝鲜学报》(*Chosen Gakuho*)。(HYL Archives: Letter of Alfred K'aiming Ch'iu to Mr. Gregory Henderson, US Department of State, Washington D. C., March 26, 1956)

3 月 27 日

李瑞爽致函裘开明,告知他将 4 月 1 日到图书馆拜访裘开明。(HYL Archives:李瑞爽致裘开明函,1956 年 3 月 27 日)

4 月 5 日

密歇根大学出版社销售经理 Henry M. Fujii 致函裘开明,告知已经为汉和图书馆取消了原有订单。另外,5 月份将出版罗越(Loehr)著《中国青铜武器》(*Chinese Bronze-age Weapons: the Werner Jannings Collection in the Chinese National Palace Museum, Peking*)一书。此书出版前的订价为 15.00 美元,出版后的订价为 17.50 美元,现在是否需要提前预定?(HYL Archives: Letter of Henry M. Fujii to Alfred K'aiming Ch'iu, April 5, 1956)

4 月 16 日

哈佛燕京学社董事会召开会议,会议投票表决批准图书馆馆员 1956－1957 年的工资预算从 26600 美元降到 24000 美元。(HYI Archives: Trustees Meetings Minutes 1954-1956)

4 月 18 日

芝加哥自然历史博物馆 Kenneth Starr 致函裘开明:我们博物馆近期计划购买《四

部丛刊》,包括百衲本《二十四史》,但因香港气候的关系,原打算购买的那套书受损了,现在只能买到《二十四史》。但我们仍然希望能买到《四部丛刊》,在钱存训(Tsuen-hsuin Tsien)先生的建议下,特写信给你,请你提供建议,如何才能得到一套比较便宜的《四部丛刊》,购买或者交换都行……我们将非常感谢你能提供的任何建议。(HYL Archives: Letter of Kenneth Starr to Alfred K'aiming Ch'iu, April 18, 1956)

4月26日

明尼苏达州大学研究生院学生 Wen-pei Li 致函裘开明,求汉和图书馆暑期职位。(HYL Archives: Letter of Wen-pei Li to Alfred K'aiming Ch'iu, April 26, 1956)

4月30日

Tang Yun-the 致函裘开明,为大女儿找工作,希望女儿能够移民美国。(HYL Archives: Letter of Tang Yun-the to Alfred K'aiming Ch'iu, April 30, 1956)

5月1日

堪培拉大学东方研究学院日文高级讲师 Frank C. Langdon 致函裘开明:你去年提供给我们的有关图书馆事务的建议,已证明是非常有价值的,为此我想再次向你表示感谢。我们已经决定采纳你们的分类法为我们东方研究图书馆的藏书进行分类。我们向在堪培拉的另外两所拥有东方图书馆藏的图书馆,如澳大利亚国立大学图书馆和澳大利亚国家图书馆力荐贵馆分类法。但这两个图书馆更愿意采用修订后的《杜威十进分类法》。不过,悉尼大学计划采用你们的分类法。我们通过你从加州大学伯克利分校东亚图书馆获得的贵馆中文图书印刷目录卡片,对我们的参考和分类工作非常有用。我们感到遗憾的是卡片没有覆盖日文图书,因为我们也计划在日文图书分类上使用你们的分类法。最近我们收到你寄来的日文期刊清单,对我们的这方面的工作有所帮助。我们已经不断地收到这种类型的哈佛燕京出版物,为此我们深深的感谢你。主管我们中文系的毕汉思(Hans Bielenstein)教授,今年1月份曾在剑桥,他对你们美好的图书馆印象深刻。而我在哈佛大学本科学习以及毕业生工作期间,就经常使用贵馆。你们已经达到了一个旁人难以企及的标准。你们的目录卡片使用方便,我们计划大部分遵照这些卡片的样式。在其他图书馆的要求下,我们同意在卡片的顶部将作者一书名作罗马化处理,以方便无法阅读那些文字的图书馆职员的工作。我们不想采用罗马字和汉字混合的形式……本次来函我主要希望获得由张忠绂(Chang Chung-fu)编写的《中华民国外交史》(国立北平大学1936年出版,602页),哈佛燕京编号2489/1352。我相信该著只出版了1册,因为费正清(John King Fairbank)和刘广京(Kwang Ching Liu)合编的《近代中国,中文著作书目指南,1898—1937》(*Modern China, A Bibliographical Guide to Chinese Works*, 1898—1937,剑桥:哈佛大学出版社,1950年,第43页,第241项)只著录了1册。加州大学伯克利分校东亚图书馆收藏有该书的1943年再版版本,纸质很差。我想贵馆应该收藏有1935年的版本,据此版本进行照相复制效果会更好些。随函附寄一张15美元的支票,用于支付为此书制作缩微胶卷负片的费用,以及用航空邮寄至澳大利亚的邮资。我们都将非常感激你的帮助。我们会将此书保存在我们图书馆。我刚自东京学习了5个月回来,我在东京的书店或图书馆均找不到这本书。我亦曾向香港、台北和北京发出过订单,但至今仍没有结果。(HYL Archives: Letter of Frank C. Langdon to Alfred K'aiming Ch'iu, May 1, 1956)

山白玉(San Ok Paik)致函裘开明:我是韩国人,现就读于 Clark 大学,将于6月获得硕士学位,懂多国语言,希望在汉和图书馆谋一职位。(HYL Archives: Letter of San Ok

Paik to Alfred K'aiming Ch'iu, May 1, 1956)

5月2日

裘开明致函 Wen-pei Li,告知汉和图书馆近期暂无职位空缺。(HYL Archives: Letter of Alfred K'aiming Ch'iu to Wen-pei Li, May 2, 1956)

5月3日

Choo Tong-He 致函裘开明求职。(HYL Archives: Letter of Choo Tong-He to Alfred K'aiming Ch'iu, May 3, 1956)

5月4日

裘开明致函芝加哥自然历史博物馆 Kenneth Starr:关于你4月18日来函所询如何购买一套《四部丛刊》一事,你可致函以下两个经销商中任何一个:1.古今图书公司(C. M. Chen Book Company,香港);(2)山本书店(Yamamoto Shoten Co., Ltd.,日本东京)。如果贵馆经费预算有限,希望用有限的预算发展基础中文馆藏资源,我建议你先购买乾隆版《二十四史》(或影印版)和中华书局出版的《四部备要》。百衲本《二十四史》和《四部丛刊》只对深入比较研究宋、元、明版本的学者来说非常重要。但在此之前,应当先购买一些汉学基础文献的好版本。我认为,《四部备要》、乾隆《二十四史》、1815年阮元的《十三经注疏》(世界书局,二卷,影印重印版),上述这些都属于汉学学者需要利用的基本书籍。作为一个致力于考古学和人类学的专业图书馆,我希望你能找到更多资金发展这两类馆藏,而让芝加哥大学图书馆和西北大学图书馆购买和收藏基本的汉学书籍。希望能在剑桥与你会见。(HYL Archives: Letter of Alfred K'aiming Ch'iu to Kenneth Starr, May 4, 1956)

裘开明致函山白玉(San Ok Paik),告知汉和图书馆近期暂无职位空缺。(HYL Archives: Letter of Alfred K'aiming Ch'iu to San Ok Paik, May 4, 1956)

5月5日

李瑞爽致函裘开明:前周来纽,瞬已一周。哥大教授对生连日缺席,甚为嗔怒,其理由为哥大外国学生,除学生护照外,尚有官员护照、访问护照。惟学生护照之外国学生定要按时上课,故须在此应付1、2周。下周四决定来哈佛。纽约市立图书馆东洋部份藏书亦多,该处有汤用彤先生《印度哲学史略》,每日下学,则去42街图书馆,落得清闲读书,亦甚快乐。一利一弊,经济损失自不计较耳。生为虔诚宗教徒,凡事凭靠宗教信仰,对事从不执着,惟少对人言,以防常人笑也。下周四来校,若得脱身,或于下周二、三前去。日前因每日坐车来往,拟迁哥大附近友人宅中小住,可在来往车费上稍为节省。单身在外,生存不易。惟在哲学修行境界上看,奋斗乃是最光荣之事。故平生遭遇,从不记忆逆境或顺境,又况乎在哈佛能获先生之厚助也。自当更为努力,奋斗在前,以不负先生之望也。(HYL Archives:李瑞爽致裘开明信函,1956年5月5日)

5月9日

芝加哥自然历史博物馆 Kenneth Starr 致函裘开明:感谢你5月4日来函提出的对我们非常有用的建议,非常感激你对我们的关注。我在4月18日给你的信中提到,我们博物馆不久前通过香港的古今图书公司(C. M. Chen Book Company)已购入百衲本《二十四史》。数年前,博物馆已经有了此书的一种版本,但我们一直想找到一个更好的版本。我们仍然希望能买到《四部丛刊》,如果买不到,我们有可能考虑你所建议的《四部备要》,我们会谨慎购买一部纸质比较好的。我特别关注你提出的有关我们采购重点的建议,我们应专注于考古学与人类学。事实上,这几年来,我们一直尝试将采购限制在考古和文化历史层面,如考古学、人类学、语言学、民族艺术、地方志等等。我希望你下次到芝加哥时,能来访我们博物馆。非常感谢你对我们问题的关注。(HYL Archives: Letter of Kenneth Starr to Alfred K'aiming Ch'iu, May 9, 1956)

5月21日

裘开明致函 Tang Yun-the,告知汉和图书馆未来一段时间没有职位空缺,并对 Tang Yun-the 的女儿办理移民提出建议。(HYL Archives: Letter of Alfred K'aiming Ch'iu to Tang Yun-the, May 21, 1956)

Choo Tong-He 致函裘开明,询问在汉和图书馆工作的报酬情况。(HYL Archives: Letter of Choo Tong-He to Alfred K'aiming Ch'iu, May 21, 1956)

5月23日

Adelaide A. Del Frate 致函裘开明:兹奉还你的论文《美国图书馆采访远东出版物的问题》(*Problems of Acquiring Far Eastern*)。我已通知《专业图书馆》(*Special Library*)杂志的编辑 Mary L. Allison 与你联系,以便发表你的这篇论文。(HYL Archives: Letter of Adelaide A. Del Frate to Alfred K'aiming Ch'iu, May 23, 1956)

5月29日

费正清(John King Fairbank)致函裘开明:随函附寄一份有关满洲经济包括一般经济统计,尤其是人口与工业在内的出版物目录。这份目录是由孙恭度(Kungtu C. Sun)先生在国会图书馆为我们的研究计划编制的,是他在国会图书馆无法找到的一批文献资料。孙先生希望我们能查找到这些文献在日本的收藏单位。我们已将此目录给了 Chuzo Ichiko 教授,他正欲返回日本,同时我们也将目录复件寄给你,希望你们也能帮助联系书商或日本国内其他个人,尽可能多地搜集这些文献。我们将非常感激你的帮助,因为这些资料包含了一批非常有价值的数据。(HYL Archives: Letter of John King Fairbank to Alfred K'aiming Ch'iu, May 29, 1956)

6月6日

南加州大学图书馆学院 Donald L. Philippi 致函裘开明:我将会把去年自贵馆借出的研究资料以独立包裹邮寄形式寄还。这些资料对我的研究报告的准备工作有很大的价值。我非常幸运能够利用到由你和专门委员会提供给我的这么多资料。尽管我非常希望能够进入日文编目领域,但在南加州没有这一特别领域的受聘机会。斯坦福大学胡佛图书馆仅能提供任期一年的职位,伯克利机会更少,因此我发现我现在面临两种选择,或者离开这个州,或者在洛杉矶地区寻找一份普通的编目工作。因为家庭因素,所以我决定选择后者,努力深入日文编目领域。请接受我对拖延这么长时间才归还贵馆研究资料的歉意,我也诚挚地感谢你们提供给我这么有帮助的资料。(HYL Archives: Letter of Donald L. Philippi to Alfred K'aiming Ch'iu, June 6, 1956)

6月8日

裘开明致函费正清(John King Fairbank)教授:5月29日来函收悉,今早我已和孙恭度(Kungtu C. Sun)先生进行了深入的交谈,他可从《满铁调查丛书》(98卷)中找到一部非常重要的出版物,即《"满洲国"人民所得及国富计算书》(*the Nation income of the Manchurian people with a plan for calculating such national income*),这是我们在一个日本书商目录中发现的,并已于4月份订购。我将致函该书商,要求他们以航空信件方式将书寄给我们。关于其他书目,孙先生已对他的目录进行了精简,剩下4种必不可少的重要书目。这4种书目属连续出版物,即使在日本图书市场都很难找到。如果我们委托一个书商采购,有可能需要数年后才能获得全部完整的卷册。因此我们赞同最快获得这些有关满洲统计的连续出版物的方式,就是请日本国会图书馆(National Diet Library)制作日本图书馆所藏这些连续出版物的缩微胶卷。总计约有 60 期普通日文期刊,每期 1.5 美元,制作成缩微胶卷成本约 100 美元。这些资料的缩微胶卷仅对特别项目有用,普通大众对其需求并不大。此外,孙先生今后如果需要类似的文献,可以允许他利用这些缩微胶卷。因此,你可以参考这些资源的采购成本,绝大多数缩微胶卷将必须由你们的研究计划承担。你是否批准拨款购买这些资料?(HYL Archives:Letter of Alfred K'aiming Ch'iu to John King Fairbank,June 8,1956)

6 月 12 日

堪培拉大学东方研究学院日语高级讲师 Frank C. Langdon 致函裘开明:我曾在 5 月 1 日来信索取张忠绂(Chang Chung-fu)的《中华民国外交史》的缩微胶卷,并附上一张美元支票以支付缩微和航空邮寄至堪培拉的费用。但是我还没有收到回复,所以再次提出需求,并附上上封邮件复本。(HYL Archives:Letter of Frank C. Langdon to Alfred K'aiming Ch'iu,June 12,1956)

6 月 15 日

费正清(John King Fairbank)向裘开明提交备忘录,内容如下:按照保守的预计,现代中国研究计划对汉和图书馆研究空间的需求如下:到 1966 年仅现代中国的研究者就需要在书库中设置 40 个小隔间、桌子或小休息室,在阅览研究室中需要 30 张桌子。阅览研究室:1. 文科硕士候选人:他们第一年主要是进行语言学习,被指定安排在阅览研究室进行学习,这里词典等都很容易找到。即使是博士候选人和高级研究者进行翻译工作时,也可以在阅览研究室使用手边集中的参考书。大约 20 个东亚区域研究硕士生需要这个研究空间。当候选人的数量和质量提高时,我们预计仅中国研究一二年级的学生就可达到 20 人。2. 博士候选人和中国研究项目的高级研究者需要至少 10 个小阅览室,供 30 名从事中国研究的研究者或 50 至 60 名从事东亚研究的学者使用。预计上述人员不需要在书库工作。对书库阅览台的需求:3. 目前,福特基金和卡耐基基金已经资助了 15 个研究者,主要是董事会指定的对现代中国进行研究的研究者。鉴于现在中国人口爆炸和政治动荡的形势,我认为这样的研究可能不会逐渐减少,反而会增加,研究人员预计将达到 20 人。4. 历史和远东语言双学位的博士候选人现在有 20 人,大部分住校。其他学位的候选人和硕士在不断增加,预计 10 年后至少会有 25 至 30 名博士生。5. 访问学者、教授、来自福特基金会、洛克菲勒基金会及富布莱特基金会和其他合作伙伴的学者,以及来自于东亚的客座教授,利用中日文文献进行研究,今年的数量至少为 6 人,并会逐年增加。以上 3、4、5 类人员显示约 40 人需要进入书库研究。综上所述共有 70 人需要利用汉和图书馆,再加上日文、韩文和蒙古文研究人员亦有 70 人,总共 140 人。对现代主题的研究涉及到大量来自于中国大陆的、不断增长的出版物。研究人员可能会被安排在邓斯特(Dunster)大街 16 号或是新图书馆的较高楼层进行研究。但不管怎样,都需要进入书库,并需要指定小隔间和阅览台。研究室也在需求之列,作为指导使用中日文著作的空间。随着反战研究和教学的发展,未来的研究将会吸引越来越多的学生和教员的注意。基本原则是中文文献必须作为一个整体保持在一起。研究者和学习者就能很好的获得它们。若每张桌子容纳两人,仅现代中国研究人员就需要 35 张桌子,东亚研究需要 70 张桌子。研究室则是一项长期的实惠有效的投资。(HYL Archives:Memorandum of John King Fairbank to Alfred K'aiming Ch'iu,June 15,1956)

6月16日

裘开明致函国会图书馆东方部中文组副组长 Edwin G. Beal, Jr.：感谢你统计远东文献合作编目计划编制的目录卡片，也感谢你协助核对明版中国哲学著作者一览表。你所统计的全部中、日、韩文目录卡片总量比国会图书馆馆长年度报告中的数字更全面，而明代著作一览表可用于从日本订购此类书籍的缩微胶卷。波士顿缩微图片公司……为我馆未能出版的3卷《汉籍分类书目》制作了16mm的缩微胶卷，这3卷《汉籍分类书目》分别为：社会科学卷、语言文学卷和艺术卷。我希望能够利用这些底片在贵馆制作规格为3×5吋的印刷卡片。如果贵馆亦准备好为全国汉籍联合目录印刷卡片，敝馆非常愿意订购1套。波士顿缩微图片公司的定价为：如订购一套，每张卡片6美分；如订购5套以上，每张卡片5美分。我希望贵馆照相复制部复制这些印刷卡片的价格能低于商业价格。我们将另外寄给你一份缩微胶卷样本，供贵馆核查。（HYL Archives：Letter of Alfred K'aiming Ch'iu to Edwin G. Beal, Jr., June 16, 1956）

6月18日

David Weber 交给裘开明一份为哈佛学院图书馆副馆长 Douglas W. Bryant 撰写的机密备忘录，希望裘开明能指出其中的错误，并加以润色。（HYL Archives：Letter of David Weber to Alfred K'aiming Ch'iu, June 18, 1956）

6月20日

国会图书馆国际图书馆关系部助理 Mary Ann Adams 致函裘开明：台北"中央博物馆"的李霖灿（Li Lin-ts'an）先生在美访学，计划7月23日上午10时参观汉和图书馆，不知你是否有空接待。随函附李霖灿的个人简介。（HYL Archives：Letter of Mrs. Mary Ann Adams to Alfred K'aiming Ch'iu, June 20, 1956）

6月22日

裘开明致函堪培拉大学东方研究学院 Frank C. Langdon 教授：感谢你6月12日的来函，信中附有你在5月1日来函中提出索取有关张忠绂（Chang Chung-fu）先生的《中华民国外交史》的缩微胶卷。我查过怀德纳图书馆照片复制部门，他们的记录显示已经把该书的缩微胶卷于5月21日通过海运信件方式寄给你了。你寄来的支票只有15美元，但是缩微胶卷本身就用了11.5美元，因此很可能不够钱以航空邮递方式给你寄去。我希望这次延迟不会造成你很大的不便。我个人并不知道怀德纳图书馆为什么没有按照你信中所请求的以航空邮递方式寄出，因为我已经将你在5月1日寄来的邮件连同我们提供缩微处理的那本书一起给他们了。关于从美国的图书馆购买中、日文图书资源卡片目录的问题，现在已简单多了，你可以给华盛顿的国会图书馆卡片部寄去订单。该部门出售来自9家图书馆制作的卡片目录。根据国会图书馆东方部的 Edwin G. Beal, Jr. 博士的报告，以下是目前从华盛顿国会图书馆可以得到的卡片目录总量。

1949—1955年度国会图书馆远东图书合作编目项目印制的卡片量统计

提供复本的图书馆	中文	日文	韩文	总量
耶鲁大学图书馆		92		92
国会图书馆	11767	6388	1370	19525
芝加哥大学图书馆	3672			3672

续表

提供复本的图书馆	中文	日文	韩文	总量
哥伦比亚大学图书馆	1567	2274		3841
哈佛大学图书馆	11926	8584	5	20515
密歇根大学图书馆	961	4768	4	5733
西北大学图书馆	8	12		20
斯坦福大学图书馆	3994			3994
加州大学洛杉矶分校图书馆	207	193		400
华盛顿州立大学图书馆	1069	663		1732
合计	35171	22974	1379	59524

如果贵馆只需要哈佛提供的卡片，你可以在订单中特别说明。可是，由芝加哥、哥伦比亚（仅中文文献）、斯坦福、华盛顿州立大学，和加州大学提供的卡片也使用哈佛的分类号，因为这些图书馆使用的是与我馆同样的分类法。澳大利亚国家图书馆已通过在纽约的澳大利亚参考图书馆与我们写信联系，希望得到有关于中文和日文图书分类法和目录设置等方面的建议。我希望你和毕汉思（Hans Bielenstein）教授能亲自给他们提供必要的帮助，因为你们离他们那么近。我已经告诉 H. L. White 馆长你们的名字。（HYL Archives：Letter of Alfred K'aiming Ch'iu to Frank C. Langdon，June 22，1956）

6月

《"清华"学报》新1卷第1期在台北创刊。发行人为梅贻琦；编辑委员会委员为：何廉（主席）、李田意（秘书）、柳无忌、蒲薛凤、梅贻宝、杨联陞；顾问编辑为：李书华、李济、李方桂、沈刚白、房兆楹、洪业（洪煨莲）、胡适、袁同礼、许烺光、陈世骧、陈受颐、陈荣捷、裘开明、董作宾、赵元任、邓嗣禹、刘崇鋐、萧公权。裘开明从此时起到1977年逝世前一直担任该学报的顾问编辑。（见《"清华"学报》各期）

7月1日

赖肖尔（Edwin Oldfather Reischauer）被聘为哈佛燕京学社社长，原社长叶理绥（Serge Elisséeff）退休回法国。赖肖尔是叶理绥的学生，任期 1956—1963 年。其父是美国东来的传教士。赖肖尔 1910 年出生于日本，1931 年获美国奥柏林学院（Oberlin College）学士学位，1932 年获哈佛大学硕士学位，1933—1938 年获哈佛燕京学社奖学金，在法国、日本和中国研究日本语言和历史，1939 年获哈佛大学博士学位，后任哈佛大学远东语言系助理教授、副教授等职。赖肖尔上任后立即开始大力建设韩籍馆藏，哈佛燕京学社图书馆的韩籍藏书的预算既超过了中文藏书的预算，也超过了日文藏书的预算。因此，韩籍藏书的增长十分可观。（*A Classified Catalogue of Korean Books in the Harvard-Yenching Institute Library at Harvard University*〔《哈佛大学哈佛燕京学社图书馆韩籍分类目录》〕Cambridge, Massachusetts, 1962：i-ii & 张寄谦《哈佛燕京学社》。见：《燕大文史资料》第6辑，1992，3：38—60）

孙恭度（Kungtu C. Sun）博士致函裘开明：非常感谢3年前我在剑桥时你给予我的友好与启发，很抱歉未能尽早写信向你致谢。现有两件事希望能获得你的建议：其一，你提供给我的复本目录中有两种日文出版物对我的研究工作非常重要。因我计划在华盛顿多停留一段时间,我希望你能够将这两种书邮寄给我。如可以,此事是否须按照什么特别的程序来处理? 其二,国会图书馆收藏有一部分"南满"铁路株式会社和其他日本机构的出版物复本,其中一些复本具有很高的价值,对我的研究工作也非常有用。遵照哈佛中国政治与经济研究委员会(Committee on Chinese Economic and Political Studies)的指示,我应设法获得组成我的研究报告基础的重要参考文献的复本或缩微胶卷。由于可通过哈佛大学图书馆和国会图书馆之间的某种协议获得国会图书馆的复本图书,因此我想知道你能否写信联系 Edwin G. Beal, Jr. 博士或其他人,为贵馆获得这些复本图书制定一个协议? 哥伦比亚大学已与国会图书馆签署了复本交换协议,但国会图书馆仍有很多复本资源。如果你认为此项协议有必要签订,我可寄给你一份复本目录并附注释说明,显示这些复本书的内容和价值。我也愿意作为贵馆在国会图书馆挑选复本的代理。我相信这些出版物将对中国和[中国]"满洲"研究非常有价值。获得这些文献将会节省中国研究委员会部分支出。(HYL Archives:Letter of Kungtu C. Sun to Alfred K'aiming Ch'iu, July 1, 1956)

7月2日

日本国会图书馆(National Diet LIbrary)国际事务部主任 T. Ichikawa 致函裴开明,函寄 1956 年 4 月 1 日至 6 与 30 日期间日本国会图书馆寄给汉和图书馆的印刷目录卡片的发票。(HYL Archives:Letter of Alfred K'aiming Ch'iu to T. Ichikawa, July 11, 1956)

7月3日

裴开明致函在华盛顿的孙恭度(Kungtu C. Sun)博士:今早收到你的来函,非常感谢。关于"满洲"国民收入和"满洲"农业生产力与人口关系这两种对你研究非常有重要的日文出版物,将会于 7 月 19 日自东京寄来,可能会于 7 月下旬寄达。一旦收到,我会通过费正清(John King Fairbank)博士办公室寄给你。我非常高兴你愿意担任我们在华盛顿的代理,帮助我们挑选国会图书馆与哈佛交换的有价值的复本书籍。我将致函 Edwin G. Beal, Jr. 博士商谈此事,并寄给他我们的复本目录。非常感谢你不计麻烦制定一份此类复本目录,请你寄给我们复本目录原件和复印件各一份,以便我们经过与馆藏核对,并排除不必要的复本后,我们可寄给 Beal 博士一份目录复制件,以进行交换。关于"满洲"统计资料目录现在费正清博士手中,待他寄还给我们后,我会从东京订购这些资料的缩微胶卷。非常感谢你的协助。(HYL Archives:Letter of Alfred K'aiming Ch'iu to Kungtu C. Sun, July 3, 1956)

7月6日

裴开明致函国会图书馆东方部日文组组长 Edwin G. Beal, Jr.:费正清(John King Fairbank)教授主持的中国经济研究项目组成员孙恭度(Kungtu C. Sun)正在贵馆做研究,孙先生现被委任为我馆的代表,挑选贵馆的日文复本,尤其是关于"满洲国"的文献。贵馆是否愿意用这些日文复本交换我馆的中日文佛教文献? 我希望过几天能寄给你一份我馆的复本目录供贵馆挑选……贵馆国际图书馆关系部助理(International Library Relations Assistant)Mary Ann Adams 夫人来函,言摩梭语专家李霖灿(Li Lin-ts'an)将于 7 月 23 日来访我馆。请你致电转告她这个时间很合适。我们还将带领李先生参观皮博迪人类学博物馆(Peabody Museum of Anthropology)。(HYL Archives:Letter of Alfred K'aiming Ch'iu to Edwin G. Beal, Jr., July 6, 1956)

7月10日

孙恭度(Kungtu C. Sun)博士致函裴开明:很抱歉没能及时回复你的来函。因我儿子在纽约的教育问题,我在周末去了趟纽约。我将着手编制复本书目,并会寄给你两份复制件。由于国会图书馆的复本文献不是很容易整合,因此我可能需要一些时间。很多复本图书未编目,也不可能同时列出。我想最好的方式是先编制一个初步的目录,在不断查找的过程中再不断增加入新发现的书目。我想感谢你答应为我寄来关于"满洲"国民收入和财富及满洲土地资源力的出版资料。上周五我从堆积如山的未编目图书中找书时,发现了这两方面的出版物。因此不必麻烦你再为我寄送了。秋季我会有机会在剑桥利用这些文献。我将尽快寄给你初步的复本书目,但有可能不会早于下周一,因为我才刚开始进行一些统计计算。(HYL Archives:Letter of Kungtu C. Sun to Alfred K'aiming Ch'iu, July 10, 1956)

7月11日　裘开明致函日本国会图书馆(National Diet Library)国际事务部主任 T. Ichikawa:随函附上4种关于"满洲"统计数据的日文期刊目录,这些期刊是费正清(John King Fairbank)教授所需的研究资料,他现在正在从事中国经济研究项目。你能否在东京的图书馆查询这4种期刊的文章并制成缩微胶卷底片?发票抬头开具"马萨诸塞州剑桥邓斯特(Dunster)街16号中国经济与法律研究计划"。该缩微胶卷的结算,我们可以根据你的要求,或者直接付现金给你,或者给你联合国教科文组织的配给券(UNESCO coupons)。(HYL Archives:Letter of Alfred K'aiming Ch'iu to T. Ichikawa, July 11, 1956)

7月17日　孙恭度(Kungtu C. Sun)博士致函裘开明:随函附寄建议复本目录,供你检查和核对。我已经挑选出所有复本,并将它们放在一个专门的地方,但请不要在你给 Edwin G. Beal, Jr. 博士的信函中提及此事。其中有部分复本书国会图书馆很可能不希望交换,尤其是关于农村的出版物复本,因为他们此类书每种仅有两个复本,并且未经编目。但我将会与负责日文文献的 Andrew Kuroda 先生商谈此事,希望他能同意让我们获得。在这份目录中我重点罗列了普通出版物和农业出版物。因为有关工业等领域的书籍没有多少复本,但是我会在对这些文献全面调查后,尽力提供相关目录。我相信一定有很多文献汉和图书馆已有收藏,但我希望其中的一部分书目对交换计划有用。请随时让我获悉 Beal 博士的反馈,以便我能明确进一步开展工作。复本书目中包括:《"南满州"铁道株式会社十年史》、《"南满州"铁道株式会社第二次十年史》、《"南满州"铁道株式会社三十年略史》、《"满洲"中央银行十年史》、《"满洲"经济年报》(1933、1934、1935、1938、1939)、《"满洲"经济研究年报》(1941)、《"满蒙"年鉴》(1932)、《"满洲"年鉴》(1933、1936、1937、1938、1940)、《"满洲"经济行政年报》(1943)、《"满洲"/农业》、《"满洲"/矿业》、《"满洲"/森林》、《"满洲"/水产学》、《"满洲"农学/自然环境》、《"满洲"/农学经营》、《"满洲"/牧羊》、《"满洲"交通统计集成》、《"满洲"重要物资经制读本》等。(HYL Archives:Letter of Kungtu C. Sun to Alfred K'aiming Ch'iu, July 17, 1956)

7月18日　国会图书馆东方部中文组代理组长 Edwin G. Beal, Jr. 致函裘开明,商谈制作缩微胶卷事宜。(HYL Archives:Letter of Edwin G. Beal, Jr. to Alfred K'aiming Ch'iu, July 18, 1956)

7月24日　国会图书馆东方部代理部长 Edwin G. Beal, Jr. 致函裘开明:最近我和孙(恭度)博士谈了我馆日文书复本的问题。我本意是(现在依然是)我馆关于"满洲"、韩国等的日文书籍每种有两册。尽管如此,他告诉我很多时候他都发现有3个以上复本。我很乐意把超过两个的复本送交我馆的交换与赠书部用于交换。孙博士现在正在编制此类文献的目录。关于佛教文献,国会图书馆购买的当代文献更多一些。(HYL Archives: Letter of Edwin G. Beal, Jr. to Alfred K'aiming Ch'iu, July 24, 1956)

孙恭度(Kungtu C. Sun)博士致函裘开明:我17日寄给你的信函中附一份有关"满洲"的复本目录,想必你已收到。昨日 Edwin G. Beal, Jr. 博士在与的我交谈中,告知我他寄给你的信函中似乎提到很多文献尚未编目,他会在这些准备好交换后联系你。我告诉他显然有空间用于交换,因为有很多文献复本。他告诉我由于我帮他们通知日文组编制部分图书的书目,并帮助他们对未编目的图书排架,他愿意推荐我所挑选的图书进行交换,如果我能证明我所挑选的书已有两个复本,我就可以挑选第三复本,并编制目录给他们,以便他们能够向国会图书馆交换部推荐此复本交换书目。我立即着手对我寄给你的书目进行检查,发现其中有一些文献仅有两个复本,因此我对目录作了修改,并新增了一些目录进去。我将附两份目录给你。请让官员仔细检查贵馆是否有收藏其中的图书,并尽快告知我。我认为你没有必要寄给 Beal 博士一份目录,你仅告诉你授权我为贵馆代理即可,以方便处理复本挑选事务。我会尽量制定与贵馆馆藏不重复的副本目录。(HYL Archives: Letter of Kungtu C. Sun to Alfred K'aiming Ch'iu, July 24, 1956)

7月25日

亚洲基金会图书计划主席 Carlton Lowenberg 致函裘开明:亚洲基金会的赠书亚洲学生计划(Books For Asian Students Program)有时会收到来自亚洲的赠书,那是由在该计划下的大学和学院的图书馆员和学生们寄出以示感谢之情的礼物。函内所列书名是来自锡兰(今斯里兰卡)的一些赠书,他们都是用僧伽罗语(Sinhalese)撰写的。我们很乐意如你们所愿地寄一套给你们以作馆藏。(HYL Archives: Letter of Carlton Lowenberg to Alfred K'aiming Ch'iu, July 25, 1956)

7月27日

裘开明致函在华盛顿的孙恭度(Kungtu C. Sun):感谢你7月17日来函并附国会图书馆日文复本书目。本周一我馆馆员完成了对这些有关"满洲"的书目核查工作,我们制定了一份新的哈佛所需复本书目,并已将复件寄给了 Edwin G. Beal, Jr. 博士。我们正准备寄还你第一次的书目——"哈佛所需国会图书馆复本资料",其中标记有"H"的目录表示我馆已有收藏,剩余其他书目则已复制到我们提交给 Beal 博士的新目录中了。昨日我收到你24日信函及所附简化目录,今早我收到 Beal 博士24日的信函,他希望与哈佛交换我馆收藏的佛教复本图书。因你第2份目录仅是第1份目录的简化版,我们将不再核查。我希望你能为我们取得我们提交 Beal 博士书目中的所有图书。请在你下一份寄来的复本目录中增加一些新的书目。(HYL Archives: Letter of Alfred K'aiming Ch'iu to Kungtu C. Sun, July 27, 1956)

7月30日

裘开明致函国会图书馆东方部代理部长 Edwin G. Beal, Jr.,商讨关于两馆之间交换书籍、制作中文汉学期刊缩微胶卷以及在全国联合目录项目中复印汉和图书馆未出版的中文目录卡片事宜。随函附有汉和图书馆希望从国会图书馆交换获得的关于"满洲"的日文文献目录、2份供国会图书馆选择的日文佛教文献目录、汉和图书馆所藏32种中文汉学期刊目录,以及波士顿缩微图片公司公司制作的2张目录卡片样品。(HYL Archives: Letter of Alfred K'aiming Ch'iu to Edwin G. Beal, Jr., July 30, 1956)

8月1日

裘开明致函国会图书馆东方部代理部长 Edwin G. Beal, Jr.,介绍金村繁(Shigeru

Kanamura)的情况,告知因金村繁即将回日本国会图书馆(National Diet Library)担任参考咨询部书目指导组的主管,希望到国会图书馆参考咨询部访问学习,请 Edwin G. Beal, Jr. 接待。(HYL Archives：Letter of Alfred K'aiming Ch'iu to Edwin G. Beal, Jr., August 1, 1956)

8月13日

金村繁(Shigeru Kanamura)致函裘开明,说明已经收到裘开明寄来的支票,并告知裘开明他在华盛顿的地址。(HYL Archives：Letter of Shigeru Kanamura to Alfred K'aiming Ch'iu, August 13, 1956)

8月15日

裘开明致函刘年玲(Liu Nien-Ling),告知汉和图书馆现有一个文员职位空缺,及其工作起始时间和待遇情况,函询是否愿意接受此职位。(HYL Archives：Letter of Alfred K'aiming Ch'iu to Liu Nien-Ling, August 15, 1956)

8月16日

裘开明为李瑞爽开具工作表现证明。(HYL Archives：李瑞爽之工作表现证明, August 16, 1956)

8月23日

哈佛大学远东语言系工资处致函裘开明,询问金村繁(Shigeru Kanamura)和高全惠星(Hesung Chung Koh)的休假情况,以便计算2人的假期薪水。(HYL Archives：Letter of Payroll Department to Alfred K'aiming Ch'iu, August 23, 1956)

8月30日

孙恭度(Kungtu C. Sun)博士致函裘开明：感谢你来函及所附书目。在此我必须对我的轻率向你表示道歉,因为我刚刚根据 Edwin G. Beal, Jr. 博士的要求向他提交一份目录,但未先寄给你核查。这是因为正如我7月24日写给你的信函中所言,根据 Beal 博士制定的原则,我们仅能获得一书的第3复本,而非第2复本；除非能够证明某书已有两个复本,否则国会图书馆不会将该书交换给我们。我此前寄给你的较早的书目因是按照第2复本原则来编制的,因此我们不受新规则的约束,仅有部分图书需要舍弃；其次,包括耶鲁、哥伦比亚和密歇根等在内的多所学校在国会图书馆设立了专门的书架,用于及时获取图书的第3复本。在这种竞争的局面下我们的行动必须快速……我必须加快我的工作进度,以便能在下个月月底之前获得全部资料。本函附寄我已提交给 Beal 博士的书目,及相关说明。我相信很多新列的书目你已要求获得。如果你认为这些复本对图书馆是一种负担,我相信这些书其后可用来与其他机构交换,或者如果你找不到空间存放这些书,你可以将这些书给我。在 Beal 博士核查了书目之后我会向你汇报相关信息。(HYL Archives：Letter of Kungtu C. Sun to Alfred K'aiming Ch'iu, August 30, 1956)

9月5日

国会图书馆东方部中文组代理组长 Edwin G. Beal, Jr. 致函裘开明：关于交换,我们已经从贵馆3A和3B两份目录中挑选出了希望购买的16种书(78册)……我馆已经把孙(恭度)博士为哈佛挑选的51册书挑选出,并转交给了我馆的交换与赠书部邮寄。关于缩微胶卷,感谢你寄给我的关于哈佛与国会图书馆所藏32种汉学期刊对照表。我把你的目录的复印件寄给了范德隆(Piet van der Loon)博士,他将带着这份资料参加本周在巴黎举行的青年汉学家大会。请你相信我会随时向你报告事情的进展……关于复制哈佛未出版的书本式目录中的各条书目,非常感谢寄来的目录卡片复制品的样本。波士顿的缩微图片公司制作的卡片看上去不错。尽管如此,我仍怀疑在我们确定了远东文献联合目录的发展计划以及人事安排后,每个图书馆是否会订购一套目录……远东文献联合目录的编辑原则已经得到订购用户普遍的认可,但是我尚未物色到合适的人选担任此工作;我已经放弃了原有的人事安排……为了目录卡片复制项目,我馆现在正在尽力从各个渠道收集资金……(HYL Archives: Letter of Edwin G. Beal, Jr. to Alfred K'aiming Ch'iu, September 5, 1956)

9月7日

孙恭度(Kungtu C. Sun)博士致函裘开明:非常抱歉在寄出上封给你的信函后现在才得以向你汇报我与国会图书馆东方部联系的情况。在我处理副本书目时,Edwin G. Beal, Jr. 博士非常友善,他接纳了我提出的建议,即我与他们的馆员一起查找这些图书,实际证实他们有收藏第3复本。第2天,Andrew Kuroda 先生亦证实了这件事。但是他们都非常繁忙,只到8月27日后 Kuroda 先生才抽出时间与我核对这些书目。那时我发现一些第3复本图书无法找到,不过大部分已找到,并取出来交给了国会图书馆东方部办公室保管。同时,Beal 博士允诺将寄一份备忘录要求获准许可将这些书寄给哈佛。但是当我今天去拜访 Kuroda 先生是我发现这些书仍旧在东方部未寄出。我希望他们能尽快寄给你们,但是此事处理效率如此之慢,令人感到非常失望。我想你一定非常焦急,故此致函告知你相关信息。(HYL Archives: Letter of Kungtu C. Sun to Alfred K'aiming Ch'iu, September 7, 1956)

9月11日

美国专业图书馆协会编辑 Mary L. Allison 致函裘开明:去年4月份专业图书馆协会在波士顿举行的采访培训班上,你的演讲报告《美国图书馆采访远东出版物的问题》("Problems of Acquiring Far Eastern")已被美国空军地球物理图书馆(Airforce Geophysics Library)的 *Mary Quint* 整理后寄给我们专业图书馆协会,我们协会决定将此文刊登在1957年1月出版的《专业图书馆》(*Special Libraries*)上,12月初将寄呈清样供你校对,如果你打算对稿件作任何补充或修改,请于11月20日前通知编辑部。另外,你是否有近照,请连同论文一并寄来。(HYL Archives: Letter of Mary L. Allison to Alfred K'aiming Ch'iu, September 11, 1956)

9月12日

刘年玲(Liu Nien-Ling)致函裘开明,告知正在考虑是否接受汉和图书馆文员一职,周末再予以答复。(HYL Archives: Letter of Liu Nien-Ling to Alfred K'aiming Ch'iu, September 12, 1956)

9月15日

孙恭度(Kungtu C. Sun)致函裘开明:昨日,Andrew Kuroda 先生告诉我他收到了贵馆寄来的一部分图书,他也在两三天前向你们寄去了一批书。因你们寄来的图书多于他们寄给你们的,他建议可以申请挑选部分新的复本图书。因我在你寄给我的复本书目中发现仅有一套不完整的《"满洲国"五年计划》(*the Five-Year Plan of the Manchoukuo*)文献,这部分文献非常有用,我不知道汉和图书馆究竟是否有收藏,因此我冒昧擅自向国会图书馆东方部提交了一份复本目录,本函附寄给你检查。之所以这样做,是因为据我所知国会图书馆只有一套额外的复本。如果你发现贵馆有复本,请告诉我,以便我在此处修改目录。或者你可以直接致函 Edwin G. Beal, Jr. 博士或 Kuroda 先生。但如果你希望对目录作出相关修正,请告知我。(HYL Archives: Letter of Kungtu C.

Sun to Alfred K'aiming Ch'iu, September 15, 1956）

9月18日

耶鲁大学图书馆 Charles D. Hickey 致函裘开明, 咨询如何办理日文书进口美国的许可证。(HYL Archives: Letter of Charles D. Hickey to Alfred K'aiming Ch'iu, September 18, 1956)

金宗顺 (Kim Chong-Soon) 致函裘开明, 申请兼职。(HYL Archives: Letter of Kim Chong-Soon to Alfred K'aiming Ch'iu, Spetember 18, 1956)

房兆楹的夫人杜联喆 (Lienche Tu) 致函裘开明: 为了我在哥伦比亚大学有关近代中国士绅与政治的研究计划,我正在调查全美图书馆现有的《职员录》和《中华缙绅全书》。我已经有机会查过馆藏的包括: 胡佛研究中心, 哥伦比亚东亚图书馆, 加州大学伯克利分校和国会图书馆。如你所知, 这些官员名单都按一年4个季度发布。我非常想知道贵馆现在有哪些馆藏, 包括年份以及季度期号。如果这个工作有额外的花费, 我很愿意支付, 如果你能给我一个帐单复印件的话。(房) 兆楹对他自己到剑桥的时间如此短暂, 以致于无法去你家中拜访感到非常遗憾和失望。(HYL Archives: Letter of Fang Lien-che to Alfred K'aiming Ch'iu, September 18, 1956)

裘开明致函杜联喆 (Lienche Tu): 作为对你9月18日来函回复, 非常高兴告知你我馆还有一些有关中国官员及其职级的季报目录清单。如果你想知道有哪些的话, 最便宜的方法是将我馆排架目录以及分类主题目录下所有的卡片都制成缩微胶卷。如感觉此不好用, 也可以复印成卡片大小, 但就贵多了。不管是哪种方法, 你或者你的研究计划小组都需要将你决定选用缩微胶卷或卡片的订单发送给哈佛大学怀德纳图书馆复制部, 该馆将会直接将成品和帐单都发送给你。问候 (房) 兆楹。(HYL Archives: Letter of Alfred K'aiming Ch'iu to Fang Lien-che, September 18, 1956)

9月19日

亚洲基金会东京办公室日本代表 Robert B. Hall 致函裘开明: 不久前, 我们送给你们一册日文复本《劳工关系委员会十年发展回顾》(*Looking Back on the Ten Years Steps of Labor Relations Commissions*)。另函附送第2版的日文复本《劳工问题年表》(*Chronological Table of Labor Problems*, 1945年8月至1955年8月)。这本供你们日文馆藏使用的日文书内有英文序言。这项研究由亚洲基金赞助, 是该基金日本—美国书本交换计划的一部分。(HYL Archives: Letter of to Robert B. Hall to Alfred K'aiming Ch'iu, September 19, 1956)

9月23日

Joh H. Lin 致函裘开明, 告知推迟回图书馆上班的时间, 并解释推迟的原因。(HYL Archives: Letter of Joh H. Lin to Alfred K'aiming Ch'iu, Spetember 23, 1956)

9月27日

裘开明致函耶鲁大学图书馆的 Charles D. Hickey: 关于从日本进口书籍的许可问题, 你没有指明你希望从日本进口哪种书。由于美国法律规定对中国禁运, 所以对在共产主义中国生产的物品 (包括书籍) 都需要进口许可证。而且, 任何美国机构为支付这种进口而汇款给中国大陆, 必须从美国财政部的代理机构——纽约联合储备银行获得汇款许可。据我所知, 美国大学从美国政府得到许可在中国大陆购买书籍的事宜正由美国研究图书馆协会争取。例如两年前, 哈佛获得了为购买中国大陆出版物支付5000美元的许可。关于这个事情, 请你写信给怀德纳图书馆的 Douglas W. Bryant, 他负责相关事情。来自中国大陆的中国书籍不能从其他国家进口,因为这仍然不能避免禁运,我想这就是你的日本代理商要求你提供进口许可的原因。对于进口日本书籍或在日本出版的其他语言的出版物,就没必要有进口许可证。但是日本书商要求外国购买者提前支付书单,因为日本政府实行外汇管制法,日本货品的所有出口者必须向日本海关出示外币必要数目的收据或这种数据的证明(特别是美元)。因为这样的外汇管制法,日本书商总是先寄来美国图书馆书籍订单的发票,在收到美元支付的收据后才会寄来书籍。相对于订单的提前支付而言,我建议使用进口许可证,它能保证一个像耶鲁这样的有声望的机构在买到书籍之后再支付书款。这可能是你的日本代理商想让你出示进口许可证的第2个原因。希望以上信息能解除你的疑惑。(HYL Archives:Letter of Alfred K'aiming Ch'iu to Charles D. Hickey, September 27, 1956)

9月28日

裘开明致函孙恭度(Kungtu C. Sun)博士:感谢你9月15日来函附寄有一份"满洲"出版物目录,这份目录已寄给Edwin G. Beal, Jr. 博士。我们与国会图书馆的书刊交换是以附有定价的图书为基础的。我们正准备寄给他们一批有77册大开本的中日文佛教著作,总价格为123.45美元。请尽力帮我们对之前从国会图书馆挑选的51册满洲文献复本图书总价,以及10本你9月15日来函所附目录中的图书的价格进行估计。如果总价未达到123.45美元,请根据你的判断在国会图书馆另外挑选一些中日文图书复本,并寄给我们目录以作核查。(HYL Archives:Letter of Alfred K'aiming Ch'iu to Kungtu C. Sun, September 28, 1956)

10月1日

孙恭度(Kungtu C. Sun)博士致函裘开明:非常感谢你9月28日的来函。我上次给你的书目中所列图书,均属于非常机密的关于《"满洲国"五年计划》(the Five-Year Plan of the Manchoukuo)的文献,很难对这些图书定价。我给你的第一份目录中所列图书想必你已经收到,我相信在书的封底标有价格。除非Edwin G. Beal, Jr. 博士回复你表示同意,否则我将不会作任何努力,因为第3复本的图书并不多,如果不仅要查找图书的第3复本,还要查找另外两个复本以确认该书是否确实是第3复本,这一工作需要花费相当多的时间。实际上,即使我现在和以后将所有第3复本的图书都甄选出来,我还是要将这些书交给Andrew Kuroda自己妥善保管。我听闻上个星期四以来他尚未对这些书采取任何措施,而书目中有一册书好像忘记在桌子上了。我相信有很多人,包括来自日本的人士会对这些书抱有浓厚的兴趣。如果Beal博士请你挑选更多的图书,请告诉我。我希望我能在华盛顿停留至本月的20日。(HYL Archives:Letter of Kungtu C. Sun to Alfred K'aiming Ch'iu, October 1, 1956)

10月5日

裘开明致函亚洲基金会东京办公室主任Robert B. Hall:你送给哈佛大学远东计划的两本书:《劳工关系委员会十年发展回顾》(*Looking Back on the Ten Years Steps of Labor Relations Commissions*)和《劳工问题年表》(*Chronological Table of Labor Problems*),现已转交我们图书馆永久保存使用,致谢。(HYL Archives:Letter of Alfred K'aiming Ch'iu to Robert B. Hall, October 5, 1956)

10月11日

国会图书馆东方部中文组代理组长Edwin G. Beal, Jr. 致函裘开明:我已让交换与赠书部将你们所需要的文献寄出。到目前为止,贵馆以 77 册书交换了国会图书馆 61 册书,在等价交换的原则上,国会图书馆将会再寄给贵馆 16 册书。袁同礼(Yuan Tung-li)博士已经让我们为你查找关于研究我馆所藏《三才图会》版本中匈奴国图片的文章。我馆所拥有的 2 个版本为后期重刻本(重刻于万历年间)。如果你希望复印,我们建议你直接向我馆的照相复制部提交申请……(HYL Archives: Letter of Edwin G. Beal, Jr. to Alfred K'aiming Ch'iu, October 11, 1956)

10 月 12 日

京都大学人文科学研究所图书馆馆长 Wakimoto Sigeru 致函裘开明,告知已向汉和图书馆寄来《山西古迹志》一书。(HYL Archives: Letter of Wakimoto Sigeru to Alfred K'aiming Ch'iu, October 12, 1956)

10 月 19 日

裘开明致函孙恭度(Kungtu C. Sun)博士:根据 Edwin G. Beal, Jr. 博士按照逐页计算标准进行书刊交换的计划,我授权你为哈佛从国会图书馆满文藏书中挑选 14 册额外的文献。你愿意承担此项工作吗？Beal 博士在 10 月 11 日的来函中指出我们可再挑选 16 册图书,但是我们只寄给了国会图书馆 75 册书,而非原来计划的 77 册,所差的两册书已被密歇根大学取走了。(HYL Archives: Letter of Alfred K'aiming Ch'iu to Kungtu C. Sun, October 19, 1956)

10 月 22 日

孙恭度(Kungtu C. Sun)博士致函裘开明:非常感谢你 10 月 19 日寄来的航空信,因我搬到了新的地址,故延迟回信。我很高兴得知你们仍旧有权获得额外的 14 册书,我非常愿意为贵馆服务。但因我计划于本周末离开华盛顿,并且我还有很多没有完成的工作,我想最好先保留这 14 册图书配额,等过一些时间再挑选。很难找到第 3 复本的图书,除非你们能够接受贵馆已有收藏的那些旧的出版物。不管怎样,如果我改天有机会来华盛顿,我将尽力帮助你们。现在,我想请你帮一个忙,我之前在复本目录中列有两本国会图书馆不愿意提供的书,因为他们仅收藏有一个复本。我已找出这两种书的馆藏地址,并将之交付 Andrew Kuroda 先生,告知他我希望向贵馆提出借书申请,因这两种有关满洲农业的书籍属大部头的书籍,如果制作缩微胶卷,使用起来极不方便,因此你能否写封信安排他们将书借给我。我担心此项安排时间紧迫,但是我希望你能即刻安排此事,以便我能在返回剑桥后及时用到这两本书。不管是否可能,烦请你回复我。(HYL Archives: Letter of Kungtu C. Sun to Alfred K'aiming Ch'iu, October 22, 1956)

10 月 23 日

裘开明致函香港古今图书公司(C. M. Chen book Company):我们已经在 10 月份支付了所有的费用。延迟支付是因为学社的管理层有变更。学社新的主管和新的秘书在 9 月学院开学之前都无法履行他们的职责,并且除了负责订购图书和查验发票到账的馆长提出支付申请之外,所有账单的支付还需要得到主管或者他的代表(例如秘书)的同意。我们向你保证这样的延误在不远的将来不会再次发生,因为我们学社的管理层变动每隔 20 或 30 年才发生一次。(HYL Archives: Letter of Alfred K'aiming Ch'iu to C. M. Chen Book Company, October 23, 1956)

10 月 24 日

裘开明致函胡佛图书馆中文文库主管芮玛丽(Mary Clabaugh Wright),附寄汉和图书馆访问学者 Tadao Ishikawa 教授所需的 5 种中文书籍的清单,请求胡佛图书馆把缩微胶卷和账单寄送给该教授。(HYL Archives: Letter of Alfred K'aiming Ch'iu to Mary Clabaugh Wright, October 24, 1956)

10月25日

哈佛大学韩国研究所(Korea Institute)所长高全惠星(Hesung Chung Koh)致函裘开明:随函附上一份韩国研究所最近的小册子,并将另外函寄一份我们的议事程序,以便你了解到更多建设韩文馆藏的信息。正如你所见到的,我们致力于提供教育资料,诸如翻译文本等,协助韩国学生,促进韩美两国的文化交流。你可能会有兴趣了解,在研究所的资助下,3 名学习教育学、心理学和政治学的韩国研究生在夏天的时候翻译了 Robert Ulich 的《人类职业》(The Human Career),H. E. Garrett 的《基础统计学》(Elementary Statistics)以及从知名的国际政治方面的新书中节选的文章……邀请你出席于 10 月 28 日下午 3 时在第一公理会教堂(First Congregational Church)举行的韩美文化俱乐部活动。借此机会我想告诉你,我非常喜欢在汉和图书馆的工作,虽然我现在已不在那里工作了,但是我的兴趣一直在图书馆,尤其是韩文文献方面。(HYL Archives: Letter of Hesung Chung Koh to Alfred K'aiming Ch'iu, October 25, 1956)

10月26日

裘开明致函亚洲学会(AAS)美国远东图书馆资源委员会主席 G. Raymond Nunn 博士:我由衷地同意你 1956 年 10 月 8 日的意见,Charles E. Hamilton 先生为起草如此优秀的《中日韩文罗马化、字母化、标点与分词手册》(Manual of Romanization, Capitalization, Punctuation and Word Division for Chinese, Japanese and Korean)付出了艰辛的努力,值得我们所有人赞扬和感谢。我于 10 月 13 日收到了该手册(10 月 23 日又收到了你寄来的一册)。因为该手册非常重要,所以我和我的同事立即对其中的每一个条款进行了细致的研究。以下是我们的研究结果,共分 4 个部分:1. 罗马化拼音方案;2. 分词(特别是日文);3. 表音法;4. 编目规则……(HYL Archives: Letter of Alfred K'aiming Ch'iu to G. Raymond Nunn, Chairman, Committee on American Library Resources on the Far East of the Association for Asian Studies, 430 University Library, the University of Michigan, October 26, 1956)

胡佛图书馆中文文库主管芮玛丽(Mary Clabaugh Wright)致函裘开明:你 10 月 24 日来函所申请的文献缩微胶卷存在版权问题,如果是个人以个人名义购买则允许提供。请告知 Tadao Ishikawa 教授所需的 5 种书目的更详细信息,以便准确挑选文献。(HYL Archives: Letter of Mary Clabaugh Wright to Alfred K'aiming Ch'iu, October 26, 1956)

10月30日

康奈尔大学图书馆采访部致函汉和图书馆日文部:6 月购买的《哈佛汉和图书馆馆藏日文论文集与期刊》2 本已到。(HYL Archives: Letter of Acquisition Division of Cornell University to Japanese Division of Chinese-Japanese Library, October 30, 1956)

10月

裘开明提交第 30 次《馆长年度报告》(1955 年 7 月 1 日至 1956 年 6 月 30 日),其主要内容如下:1. 图书馆馆藏情况。1955—1956 年度,汉和图书馆新增藏书量总计 5894 种 15485 册。其中,中文图书新增 3216 种 9254 册;日文图书新增 2032 种 5248 册;藏文图书新增 9 种 10 册;满文图书新增 5 种 6 册;蒙文图书新增 12 种 13 册;韩文图书新增 201 种 378 册;西文图书新增 419 种 576 册。截至 1956 年 7 月 1 日,哈佛大学汉和图馆藏书总量为79165种299841册。其中,中文图书46867种231689册;日文图书25613种56381册;藏文图书35种686册;满文图书134种1067册;蒙文图书38种364册;韩文图书904种1794册;西文图书5574种7860册。汉和图书馆1955—1956年度的中文书购书方针及经费来源情况与1952—1953年度馆长报告所述相同。1955—1956年度,共计购买中文书3216种9254册,其中,古籍1439种6141册,当代图书1534种1891册,其他中文书(包括赠送和交换书籍)243种1222册。在过去的10年里(1946—1956年),中文书年平均增长量为2088种6333册……自1946年以后,图书馆职员为新书编目的数量多于古籍的数量,虽然新书编目比古籍编目容易,但是图书馆至少把一半的时间用于给新书编目,因为新书的种数几乎是古籍的两倍。1955—1956年度,共计购买日文书2032种5248册,其中1879种5029册通过购买获得,153种219册通过赠送或交换方式获得。在过去的10年里(1946—1956年),年均购买日文书1428种2984册,每年通过赠送或交换获得日文书409种613册,日文书年平均增长量为1837种3597册。据粗略估计,在过去的10年里所购买的18370种日文书中,大约1/5,即约3600种为日本雕版印刷的中文书籍。我们每年平均购买约1850种日文书,这些书中有一半为绝版书。换句话说,在日本每年出版的大量新书中,我们一年购买的不足10%,即大约900种。关于汉和图书馆的购书政策。我们的购书政策以两个要素为基础,(1)满足我们教员和学生的需求;(2)增强我们在东方学研究的各个领域方面的中日文藏书……哈佛燕京学社的教员和学生的研究兴趣这些年发生了很大变化,从20世纪20年代末的关注佛教和儒家经典研究,发展到关注中国文学和佛教,再发展到关注包括佛教、艺术、考古、语言、文学和历史在内的远东各个领域的研究。报告附两份图书馆委员会的报告,一份是1928年12月14日会议的报告,一份是1934年10月22日会议的报告,此次会议是叶理绥(Serge Elisséeff)教授担任哈佛燕京学社社长以后召开的第一次图书馆委员会会议。这两份报告显示了学社早期对中国和日本研究各个领域的兴趣。把它们附在这里,只是为了说明到目前为止我们采访政策的基础,而不是为了限制学社和图书馆未来在藏书和研究项目上沿何种路线发展。在连续出版物方面,1955—1956年度,中文新刊新增115种,汉和图书馆的中文连续出版物总量达到2039种。日文连续出版物新增147种,馆藏总量达到1659种。韩文连续出版物新增4种,馆藏总量达到23种。西文连续出版物新增16种,馆藏总量达到356种。截止到1956年7月,汉和图书馆共有各语种连续出版物共计4077种。新增中文连续出版物共2331期,日文连续出版物共3399期,韩文连续出版物共93期,西文连续出版物共702期,共计6525期。随着连续出版物收藏数量的增长,需要专辟一个办公室用于处理和装订连续出版物,并安排专人负责此工作。目前由陈观胜(Kenneth Chen)博士腾出的12—B房暂时用于此用途,希望此房间能够永久作为期刊处理和装订的场所,直到图书馆搬新馆。丛书和方志类,1955—1956学年度,新增中文丛书11种,含221种独立著作,中文丛书总藏量达到1308种。日文丛书新增17种,日文丛书总藏量达到1057种。新增方志10种65册,中文方志总藏量达到2905种30798册。

哈佛燕京学社汉和图书馆馆藏中国方志一览表（1956年7月1日）

省份	行政分区总数	已知现存方志种数	馆藏总数	
			种数	册数
河北省	160	573	302	2585
山东省	117	506	266	2196
河南省	118	453	214	1899
山西省	121	386	163	1059
陕西省	98	338	237	1853
甘肃省	106	144	43	405
江苏省	80	527	259	2823
浙江省	90	507	210	2875
安徽省	69	278	99	1458
江西省	93	428	121	2622
湖北省	81	318	131	1432
湖南省	88	303	107	1505
四川省	157	477	305	2602
福建省	72	272	83	1283
广东省	108	375	128	1561
广西省	120	163	46	503
贵州省	73	92	43	217
云南省	105	190	49	891
满洲3省*	130	163	66	584
西北省份	113	69	53	445
共计	2099	6562	2925	30798

* 编者注：此为哈佛图书馆分类方法。

2.馆藏编目、分类情况……各语种目录新增目片数统计如下：中文书作者—书名四角号码目录新增目片11005张（其中8058张为临时草片），作者—书名罗马字母目录新增目片7899张（其中198张为临时草片），分类主题目录新增目片2805张，排架目录新增目片2573张，以上共计24282张；日文书作者—书名四角号码目录新增目片3809张（其中2666张为临时草片），作者—书名罗马字母目录新增目片6675张（其中1576张为临时草片），分类主题目录新增目片1814张，排架目录新增目片1392张，以上共计23750张；韩文书作者—书名四角号码目录新增目片500张，作者—书名罗马字母目录新增目片291张，主题-排架目录新增目片299张，以上共计1090张；西文书作者—书名目录新增目片999张，排架—主题目录新增目片406张，以上共计1405张。各语种目录合计新增目片 50527 张……1955－1956 年度，汉和图书馆的各类装订业务仍由哈佛大学装订厂承接。在日本的装订价格远低于在美国装订，即(a)函套装每套 1.25 美元，(b)期刊装订，每卷 1.20 美元。因此所有线装书的函套和所有过刊的装订都在日本进行。3. 合作编目与书本式目录印刷计划。1949－1955 年国会图书馆远东文献合作编目计划各合作馆提交的中日韩文图书编目数据如下：

国会图书馆合作编目计划所印卡片目录统计（1949－1955）

合作馆名称	中文	日文	韩文	合计
耶鲁大学图书馆		92		92
国会图书馆	11767	6388	1370	19525
芝加哥大学图书馆	3672			3672
哥伦比亚大学	1567	2274		3841
哈佛大学图书馆	11926	8584	5	20515
密歇根大学图书馆	961	4768	4	5733
西北大学图书馆	8	12		20
斯坦福大学图书馆	3994			3994
加州大学洛杉矶分校图书馆	207	193		400
华盛顿州立大学图书馆	1069	663		1732
合计	35171	22974	1379	59524

在国会图书馆合作编目计划的所有合作馆中，汉和图书馆所提交的编目数据最多，其次为国会图书馆。在中文和日文方面，哈佛在过去的 6 年里所编的图书多于国会图书馆。国会图书馆只是在韩文书编目方面走在其他图书馆的前列。向合作编目项目提交更多的编目数据的好处体现在两个方面：(1)得到免费赠送的卡片(每条数据赠送相应的 10 张卡片)；(2)更多哈佛的卡片被美国其他的远东图书馆中日文文献目录采用。关于美国图书馆协会远东文献编目专门委员会的新动向，目前专门委员会正在考虑以下 4 个问题：(1)远东文献编目规则；(2)排架卡片的罗马化方法；(3)罗马化中日韩文的分词；(4)表音法(orthography)。并就这些问题举行了一系列会议，第 1 个问题基本解决，不久《美国图书馆协会编目条例》和《国会图书馆描述性编目条例》修订本将出版，未来所有远东文献都将按照这两部修订后的条例编目。幸运的是，修订后的规则非常接近哈佛一直使用的规则，非专业人士很难注意到过去的卡片目录和根据修订规则编制的新卡片目录之间微小的区别。关于第 2 个问题，即罗马化方法的问题，基本上一致同意中文采用威氏法(Wade-Giles system)，日文采用修订赫氏法(Modified Hepburn system)，韩文采用麦氏法(McCune-Reischauer system)，只在一点上有分歧，即是否把字母"b"、"p"、"m"之前的"n"变成"m"。委员会倾向于国会图书馆和加州大学的意见，采用 1954 年新版的小酒井字典(Kenkyusha Dictionary)，不把"n"变成"m"，但是哈佛大学和少数图书馆支持使用战前采用的旧版小酒井字典，《远东季刊》(*Far Eastern Quarterly*)(第 15 卷第 2 期，pp. 329－331)亦推荐使用后者。裘开明就此问题征询叶理绥(Serge Elisséeff)教授和 Valdo Viglielmo 博士的意见，2 人亦赞成使用旧版小酒井字典，即修订赫氏法。第 3

和第 4 个问题正在考虑和讨论中。在参加国会图书馆合作编目项目的过程中,本馆的各项编目工作也在推进,共有 4 项编目计划:(1)继续出版汉籍书本式目录;(2)编印所有日文馆藏的书本式目录;(3)编印中文丛书简明目录;(4)中文善本解题目录。希望能够得到董事会的资助。4. 读者服务。1955－1956 年度,汉和图书馆的 3 个阅览室使用率都很高,用户主要是哈佛燕京学社的学生以及来自其他大学的访问学者和学生。东侧阅览室(人文科学)和西侧阅览室(区域研究)内的所有座位全部满员。关于借还服务,最初哈佛和拉德克利夫学院(Radcliffe College)的所有学生享有在本馆借书的特权。自从太平洋战争以及随后中国与西方世界隔绝,学社成员和远东语系以及东亚区域研究项目组的学生借书回家使用的特权受到了限制。其他院系的学生只能借本馆的书在其所属的院系图书馆研究小间内使用,而不允许把书带回住所或宿舍。采用这些限制措施是为了将图书丢失数量降到最小,在目前的情况下这种政策不会取消。因为这种限制政策,使馆藏流通的数量从来都不大,本馆本质上是研究型图书馆。1955 年 7 月 1 日－1956 年 6 月 30 日间,汉和图书馆馆藏外借量总计 4127 种 7949 册。其中:中文外借 1768 种 4952 册;日文(含部分韩文书)外借 1386 种 1908 册;西文外借 973 种 1089 册。本年度,图书馆外借服务开放的时间共 264 天,44 周,日均外借图书 30 册。以上馆藏流通的数据不包括隔夜借还的数量和馆内阅览的数量。参考咨询服务方面的情况与 1954－1955 年度馆长报告的汇报相同。5. 馆际互借与对外服务。因为我馆在国内远东研究的学生和学者中间享有盛誉,而我们自己的毕业生在美国各重要大学担任教学或研究工作,我们自然收到大量的馆际互借请求。另外,国会图书馆实行的限制政策,不外借期刊和中文方志,使得来自其他图书馆的互借请求集中在了哈佛,我们的肩上担起了沉重的馆际互借任务。汉和图书馆希望努力减轻重担,只向馆际互借申请馆提供除了珍稀书库以外的馆藏以及一般性的参考咨询服务、书目指导服务。除了外借服务,我们还为校外学者制作本馆所藏珍稀文献的缩微胶卷和照片。另外汉和图书馆还经常核查馆际互借申请清单,为不能到馆的外校研究者编制各个主题的参考书目。已经提交董事会决定是否继续向校外学者提供此类服务,如果继续提供,必须提供相应充足的财务预算。1955－1956 年度,通过馆际互借向汉和图书馆借书的机构共 35 所。文献外借给其他机构数量总计 396 种 859 册,其中:中文 205 种 643 册;日文 97 种 116 册;西文 94 种 100 册。6. 图书馆人事。汉和图书馆职员由 3 个层次组成:(1)专业人士,即受过图书馆技术训练的人士;(2)文员,即从事专业技术含量不高或日常事务的人士;(3)学生助理。

汉和图书馆全职职员名单

姓名	职务	受聘日期	职责	薪水
裘开明	馆长	1927	统筹管理,负责所有购买事务,担任学生和教授们所从事的研究项目的顾问,校外的参考咨询工作,馆际互借、中文书、珍稀文献和复杂文献的编目,指导日文编目,回答一切与图书馆有关的问题。	理事会任命

续表

姓名	职务	受聘日期	职责	薪水
于震寰（Zunvair Yue）	副馆长	1948	负责日文编目。地下层所有工作人员的统筹指导。	理事会任命
刘楷贤（Liu K'ai-hsien）	高级编目员	1949	专业等级，中文古籍编目。	3700美元
William H Winship	阅览室主管	1945	专业等级，负责流通和保管图书，维持3个阅览室的秩序，同时管理西文期刊。	3500美元
吴婉莲（Dorothea Wan Lien Wu）	第二中文编目员	1951	专业等级，关于远东地区中文文献和西文文献的编目。	3300美元
Chimyo Horioka	第一日文编目员	1956年1月	专业等级，日文佛教文献编目。	3600美元
荒川哲郎（Arakawa Tetsuro）	第二日文编目员	1956年9月	专业等级，普通日文文献编目。	3000美元
陈谭韶英（Chao-ying T. Chen）	连续出版物助理	1955年1月	文员，负责登录每日收到的中日文期刊，以及装订连续出版物。	2100美元
刘年玲（Liu Nien-Ling）	归档员	1956年9月	文员，Winship先生的助理，负责流通台和排列卡片目录。	1824美元
黄星辉（Julius Hsin-hui Huang）	书库管理员	1956年9月	文员，管理书库。	2100美元
Hiroko I. Oka	普通日文助理	1956年10月	文员，核算购书发票，为中日文卡片编制四角号码。	1824美元

报告后还附有斯坦福大学和加州大学图书馆中日文编目员的薪水报告以及1956年1月学院与研究型图书馆报告的复印件,该报告中包括了1954－1955年度美国各大学和学院图书馆的工资水平。比较数据显示,汉和图书馆员工的收入偏低。裘开明建议汉和图书馆的专业馆员的工资水平应依照怀德纳图书馆以及哈佛其他院系图书馆的工资水平,文员的工资水平应参照哈佛大学人事处制定的《工作手册》。哈佛各院系图书馆(如法律、经济、医学等)的图书馆员和助理馆员的工资范围在3260美元到11000美元。怀德纳图书馆专业馆员的最低工资是每年3240美元,每年涨工资的最低幅度为120美元。

7. 图书馆财务。

1955－1956年度图书馆预算

开支项目		金额(单位:美元)	
图书	中文书	4500	9000
	日文书	2800	
	韩文书	1000	
	西文书	700	
装订		3500	
保险		1500	
办公经费(文具、特快专递,电话等)		750	
设备		500	
国会图书馆合作编目		950	
薪水和津贴	阅览室主任	3200	20320
	高级中文编目员	3300	
	初级中文编目员	3000	
	首席日文编目员	3100(含旅费)	
	初级日文书助理	1800	
	初级中文书助理	2000	
	书库管理员	2100	
	小工(兼职)	670	
	社会保险与退休补贴	1150	
总计		36520	

1955－1956 年度支出统计

开支项目		金额（单位：美元）	
图书	中文书	4786.56	10987.69
	日文书	4471.4	
	韩文书	535.05	
	西文书	1194.68	
装订		2930.98	
图书保险		1330.00	
设备与办公经费		1119.93	
国会图书馆合作编目		935.60	
薪水与津贴	正式员工	15162.51	20265.94
	临时工	2866.48	
	学生	569.10	
	退休金与社会保险	1000.75	
	旅费	667.10	
合计		37570.14	

1955－1956 年度另有购买中韩文古籍的专项拨款，1954－1955 年度的专项拨款结余 12297.54 美元。支出情况为：1955 年 10 月 10 日，山本（Yamamoto）书店 1484.4 美元；1955 年 10 月 18 日，山本书店 1256.40 美元；1955 年 12 月 12 日，琳琅阁（Rinrokaku）书店 1294.37 美元；1956 年 3 月 22 日，Historia Sinica 600 美元；1956 年 3 月 22 日，琳琅阁书店 1007.65 美元；1956 年 5 月 11 日，汇文堂（Ibundo）1337.35 美元；1956 年 9 月 26 日，山本书店 2149.3 美元；1956 年 9 月 26 日，琳琅阁书店 1273.36 美元；1956 年 9 月 26 日，琳琅阁书店 418.86 美元。以上共计 10821.69 美元，结余 1475.65 美元。(HYL Archives: Chinese-Japanese Library of the Harvard-Yenching Institute at Harvard University Report of the Librarian for 1955-1956)

11 月 2 日

亚洲学会（AAS）美国远东图书馆资源委员会主席 G. Raymond Nunn 博士向美国图书馆协会（ALA）分类编目委员会东方文献编目专门委员会的全体委员分发裘开明博士关于分词手册的意见。(HYL Archives: Dr. A. K. Chiu's conmments on the word-division manual. From G. Raymond Nunn, Chairman, to members of the ALA-DCC Special Committee on Cataloging Oriental Materials. November 2, 1956)

11 月 5 日

亚洲基金会图书计划主席 Carlton Lowenberg 致函裘开明：在 7 月 25 日我曾致函提供一套僧伽罗语（Sinhala）图书，但我们还没有收到你的回复。所提到的这些书是锡兰（今斯里兰卡）赠予我们"赠书亚洲学生计划"的礼物。感谢通过这个计划大学和学院图书馆员以及学生赠送的图书。我们还有一套，并乐意赠予作为贵馆馆藏。(HYL

Archives: Letter of Carlton Lowenberg to Alfred K'aiming Ch'iu, November 5, 1956)

11月8日

裘开明致函叶理绥(Serge Elisséeff):作为哈佛燕京学社图书馆馆长,我很荣幸地随函递交截止到1956年6月30日的年度报告。这是一份相当长的报告,因为提供某些关于图书馆的背景信息,对于一些新任董事是有必要的。为了完善并作为永久性的记录,插入了惯例性的统计数据,他们能够不用花费太多时间轻易地跳读。尽管如此,我希望你能注意报告中的以下部分:8—13页的采访政策,24—26页的合作编目和编印书本式目录的计划,31—36页向校内外读者的提供服务的情况,以及37—39页的职员薪水。关于后者,我寄给你两封信以及美国图书馆协会关(ALA)于大学和学院工资的统计,即1956年1月出版的《大学与研究图书馆》(College and Research Libraries)。一般来说,其他图书馆的初级编目员年薪为3500美元,高级编目员的薪水为4000美元。我听说怀德纳图书馆专业编目员的最低工资也低于纽约、华盛顿以及西海岸地区的平均水平。怀德纳图书馆的最低年薪为3240美元,而我们的年薪还低于怀德纳图书馆。我认为每个职务的年薪上调500美元是合适的。涨薪水对于低职称人员来说尤其急迫。关于以上建议,我知道每年另外增加5500美元的拨款是困难的。这笔拨款可以来自于学社或学校。有一个显著的事实就是图书馆向东亚区域研究计划和中国经济政治研究计划提供免费服务。希望他们每年能够从各种基金会所获的赞助中拨出5000美元,这个数目不高于他们每名研究者的年薪。我们所有的职员都觉得他们向东亚区域研究计划和中国经济政治研究计划提供免费服务,自己领取低廉的薪水,是很不公平的。(HYL Archives: Letter of Alfred K'aiming Ch'iu to Serge Elisséeff, November 8, 1956.)

11月13日

哈佛燕京学社董事会召开会议。董事会讨论了裘开明提交的馆长报告,并从中摘取7项要点写入会议备忘录中,这7项要点涵盖了图书馆1955—1956年度的购书总数、图书馆的采访政策、参加国会图书馆合作编目计划的情况、出版书本式目录的计划、馆际互借和向校外读者提供服务的情况、职员薪水水平以及购书目的。针对以上问题,学社社长接受了第2条"以教职工需求"为宗旨的购书原则;而第4条关于图书编目方面的建议被推迟;关于第5条图书馆人手紧缺的问题,社长提出图书馆应面向所有合法用户开放,尤其是亚洲人;关于第6条职员薪水问题,经过商议,会议决定1956年1月1日至6月30日期间增拨3000美元用于增加馆员工资。本次会议亦讨论了董事会条例和图书馆章程条例,尤其是用于亚洲教育的资金这一条款的解释。(HYI Archives: Trustees Meetings Minutes 1954-1956)

11月15日

美国图书馆协会(ALA)副主席 Maud L. Moseley 致函裘开明:感谢你寄给我你给 G. Raymond Nunn 先生的有关《汉密尔顿氏分词手册》(Hamilton's Word-division Manual)的评论。即使我现在不是分类编目委员会的委员,我仍然一直对分词已经取得的进步有兴趣且有印象……Krader博士已经坚定了我的信念:你的贡献是最大的,而且你的这封信本身就表明你一直在继续着有价值的工作。(HYL Archives: Letter of Maud L. Moseley, Vice-President, ALA, Library of University of Washington, to Alfred K'aiming Ch'iu, November 15, 1956)

11月19日

日本出版贸易株式会社(Japan Publications Trading Company)总裁 M. Mochizuki

致函裘开明,祝贺裘开明感恩节快乐。(HYL Archives：Letter of M. Mochizuki to Alfred K'aiming Ch'iu, November 19, 1956)

11月20日

裘开明致函胡佛图书馆中文文库主管芮玛丽(Mary Clabaugh Wright)：请把Tadao Ishikawa所需文献的照相底片和账单寄给汉和图书馆,正片和另一份账单寄给Ishikawa。因为不能将底片出售给个人,汉和图书馆将会支付制作底片的费用。以后如果再有读者需要正片,我们将会在出售之前征得斯坦福大学图书馆的许可。(HYL Archives：Letter of Alfred K'aiming Ch'iu to Mary Clabaugh Wright, November 20, 1956)

11月23日

中国经济与政治研究中心费正清(John King Fairbank)致函裘开明,询问是否可为该中心订购《明清时代商人》一书。(HYL Archives：Letter of John King Fairbank to Alfred K'aiming Ch'iu, November 23, 1956)

11月28日

裘开明致函美国国会图书馆东方部日文组主任Edwin G. Beal, Jr.博士：兹附上耶鲁大学远东文库主管的一封来信,该信亦反对对赫氏日语罗马化拼音(Hepburn Romanization System for Japanese)作任何改变。最可惜的是,在过去我们考虑这个问题时,你不在东方部,没有为我们提供你个人对这个问题和其他重要的东方编目技术问题的有益见解。我知道国会图书馆东方文献整理委员会首先提出了赫本日语罗马拼音的修改方案(在"b"、"p"和"m"之前不将"n"改变为"m"),而且我不知道这种修改是否得到了你的同意。迄今为止,我已经与在哈佛的西方日语教师和日本本国的学者谈过,例如：叶理绥(Serge Elisséeff)教授、Valdo Viglielmo博士和Chimyo Horioka教授等,他们都反对这种只是在新版的《小酒井(Kenkyusha)词典》(1954年版)中使用过的变化。而且,你当然知道《远东季刊》(Far Eastern Quarterly)的编辑也反对该新拼音方案⋯⋯而且,在大学图书馆,我们图书馆员必须按照教授们的意见工作,如果教授们不喜欢一个罗马化拼音方案,图书馆馆长就无法强行采用⋯⋯烦请你转告贵馆赠书与交换部,将孙恭度(Kungtu C. Sun)先生从贵馆复本书中挑选出的第2批日文"满洲"出版物寄给我们。孙先生曾多次和我提到这10本书,因为他所做的研究需要用到这些文献。(HYL Archives：Letter of Alfred K'aiming Ch'iu to Dr. Edwin G. Beal, Jr., Chief of Japanese Section, Library of Congress, November 28,1956)

美国专业图书馆协会编辑Mary L. Allison致函裘开明,告知因未接到裘开明任何关于修改或补充稿件的通知,故已把其原稿交给印刷厂付印,大约两周后可把样稿寄出,并再次询问是否能提供可配在文章中的作者照片。(HYL Archives：Letter of Mary L. Allison to Alfred K'aiming Ch'iu, November 28, 1956)

11月29日

裘开明致函耶鲁大学图书馆的Warren M. Tsuneishi：感谢你寄来11月16日致G. Raymond Nunn的信件。我已经将此信转交国会图书馆Edwin G. Beal, Jr.博士。我希望他能坚持保留先前修订版的赫氏法(Hepburn system),这样我们就不需要修改我们的卡片了。我之前在给Beal的信中说,我们必须与大学教授的意见保持一致,如果他们中的大部分倾向使用旧的小酒井(Kenkyusha)拼音法,我们就不能使用修订版的小酒井拼音法。至于在3.B.2和3.B.3部分,于震寰(Zunvair Yue)先生和我改变了看法,与Charles E. Hamilton的立场保持一致,即对一些复合名字简写,例如将东京大学写成东大,并以东大归档。(HYL Archives：Letter of Alfred K'aiming Ch'iu to Warren M. Tsuneishi, November 29, 1956)

11月30日

裘开明致函美国专业图书馆协会编辑 Mary L. Allison,函寄个人照片以及《美国图书馆采访远东出版物的问题》("Problems of Acquiring Far Eastern")一文的原件。(HYL Archives：Letter of Alfred K'aiming Ch'iu to Mary L. Allison, November 30, 1956)

12月3日

美国国会图书馆东方部日文组主任 Edwin G. Beal, Jr. 博士致函裘开明：我完全赞同你关于在"b"、"p"和"m"之前使用"m"的意见,但是国会图书馆东方文献整理委员会至少在目前还是支持使用"n"。在过去的几天中,我已经收集了许多参考资料,这些参考资料清楚地表明西方的日本学生在用赫本日语罗马拼音写作时在该位置一致使用"m"。我相信我们图书馆员应该沿用这种使用,并且如果要作改变的话,我相信应该由学者自己发起。我希望尽快完成一份有关该主题的陈述给 G. Raymond Nunn 先生。(HYL Archives：Letter of Dr. Edwin G. Beal, Jr., Chief of Japanese Section, Library of Congress, to Alfred K'aiming Ch'iu, December 3,1956)

裘开明致函亚洲基金会图书计划主席 Carlton Lowenberg：非常感谢你两封来信提及要向我们提供一套僧伽罗语(Sinhala)书籍。哈佛燕京学社关注研究的重点是远东领域,我们没有像康奈尔大学或宾夕法尼亚大学等大学那样有人研究东南亚领域的著作。在哈佛大学,印度和锡兰(今斯里兰卡)的书籍都由梵文和印度研究系收藏,系主任是 Daniel H. H. Ingalls。如果你能将书按以下地址寄出：曼彻斯特,剑桥,怀德纳图书馆,梵文和印度研究系,Ingalls 教授,我肯定他们收到后会很高兴。(HYL Archives：Letter of Alfred K'aiming Ch'iu to Carlton Lowenberg, December 3, 1956)

12月8日

郑华(Cheng Emily H.)致函裘开明,申请暑期兼职。(HYL Archives：Letter of Cheng Emily H. to Alfred K'aiming Ch'iu, December 8, 1956)

12月12日

美国专业图书馆协会编辑 Mary L. Allison 致函裘开明：随函附上你的照片和论文样稿。感谢你寄来的你的照片,但是恐怕寄来得太迟,赶不及刊登在杂志上了,所以我社把照片归还给你,同时一并寄上你论文的样稿。请校对文中第1页正文和第2页脚注中提到的美国远东图书馆的数量以及正文第13页中提到的字典的准确书名。(HYL Archives：Letter of Mary L. Allison to Alfred K'aiming Ch'iu, December 12, 1956)

裘开明致函胡佛图书馆中文文库主管芮玛丽(Mary Clabaugh Wright),商讨 Tadao Ishikawa 向胡佛图书馆中文文库购买所需共产主义文献缩微胶卷一事,并告知汉和图书馆需要 1946 年和 1947 年 1、2月份的《日本时代》复本。(HYL Archives：Letter of A. K'aiming Ch'iu to Mary Clabaugh Wright, December 12, 1956)

12月13日

亚洲学会(AAS)美国远东图书馆资源委员会主席 G. Raymond Nunn 博士致函裘开明：你可能一直不知道我为什么在过去的3个星期没有给你回信。在这段时间,东方文献整理委员会(the Orientalia Processing Committee)一直在国会图书馆全面研究讨论是否要改变"b"、"p"或者"m"之前的"n"这个问题。我已经通过信件和电话与 Edwin G. Beal, Jr. 博士联系过,他已经提出要改正以前的决定,但是一直没有成功。我不相信有机会使大家接受"股份有限公司"(Kabushiki Kaisha)是一种"牢固建立"的形式。下一步将要采取的行动就是把整个事情交给专门委员会讨论,我计划明天做此事。我不得不把问题交给只是有表决权的委员来决定,但是将会全面考虑你的意见。同时,东方文献整理委员会对 Charles E. Hamilton 先生的手册提出了进一步修改的一些意见,但是在整体上接受了该手册……密歇根大学正在考虑购买一些韩文资料,如果你能推荐一个汉城的书店,我们将非常感谢……(HYL Archives: Letter of G. Raymond Nunn, Chairman, Committee on American Library Resources on the Far East of the Association for Asian Studies, 430 University Library, the University of Michigan, to Alfred K'aiming Ch'iu, December 13, 1956)

12月19日

密歇根大学远东图书馆馆长 G. Raymond Nunn 致函裘开明,询问关于《支那小说字汇》(*Shina shōsetsujii*)一书的相关信息,并希望通过馆际互借借用此书。(HYL Archives: Letter of G. Raymond Nunn to A. K'aiming Ch'iu, December 19, 1956)

12月21日

美国专业图书馆协会编辑 Mary L. Allison 致函裘开明:我已收到你关于要求印制你在《专业图书馆》(*Special Libraries*)第1期发表的文章的抽印本的来信。我社规定印制抽印本的最小起印数量为100份。你的文章为7页,印成抽印本后为8页,印刷成本为21.80美元(100份)……如果你只需要25份,我建议你订购25本杂志,可以有10%折扣的优惠,价格为16.88美元。你作为投稿者还可获赠3本……(HYL Archives: Letter of Mary L. Allison to Alfred K'aiming Ch'iu, December 21, 1956)

12月27日

裘开明致函密歇根大学远东图书馆馆长 G. Raymond Nunn:感谢你12月13日、17日、18日、19日和21日的来信……随函附上我对你在12月17日的备忘录中提出的问题的回答(附件《关于 Nunn 先生赞成维持"n"在"b"、"m"和"p"之前的原有公务目录位置不变的答复》["Answer to Mr. Nunn's Arguments in Favor of Retaining the Original OPC Position that "n" Be Unchanged bofore'b','m' and'p'"])包括4个部分:1.未来趋势;2.日本与"西方"拼音方案;3.语言学情感与通常使用的罗马化拼音方案;4.编目的一致性。因为我不是委员会的投票委员,我只能综合哈佛燕京学社所有中国学研究者的意见,表达一下我自己的观点。所以从某种意义上来说,我只是向你转达他们的观点。如何处理我的意见请你自酌,这份意见书还将寄给委员会的其他成员。请按照你的意愿随意使用我提交的这篇论文,该论文还同时寄给了委员会的其他委员……关于填写你的日文馆藏调查表的事情,在我们透漏一些对外机密信息之前,我想知道更多关于你的研究目的以及你合作者的名字。当然,你知道我必须撰写并向学社社长提交关于图书馆事务的年度报告。在我的报告里会陈述日文编目的问题和统计数据,但是这些报告是不公开的……读到你声明中"日文书编目工作积压的数量和已编目的数量一样多"这句话让我感到很吃惊。如果是这样的话,全国所有远东图书馆的声誉将很坏,这说明我们没有很好地尽到我们的责任。你是否还想做一个关于日文编目的调查并出版调查结果?……关于我论文的题目,我想正如你所知道的,在10月初我已经寄给 Harrison 教授了。题目为《中国雕版印刷中的色彩和插图》("The Use of Color and Illustrations in Chinese Wood-block printing")。我不想三句话不离本行地讨论编目、分类问题等。我认为大家都已经讨厌这些话题了。最好还是少说一些这类话题,多做些编目。25年前我馆毫不犹豫的使用并不完善的工具,如威氏拼音、赫氏(Hepburn)拼音、王氏四角号码法,并率先对馆藏进行编目。今天我馆已经拥有完整的目录体系。虽然并不完美,但是实用,我们的读者能够自己找到所需要的东西……随函附上的是贵校柯迂儒（James I. Crump, Jr.）教授所需的《支那小说字汇》（*Shina shōsetsujii*）一书的编目草片，这是我们从未提交给国会图书馆的书中的一种。当然，你知道中日文献国家联合目录非常不完善，因为这么多年都没有人关心这一问题……我馆目前尚未入藏韩文丛书 *Ch'ulp'an munhwa*。我馆的韩文馆藏很薄弱（除了一些中文著作的善本刻书），这一领域正是赖肖尔（Edwin Oldfather Reischauer）教授正在努力加强的一块。我们已经从韩国汉城的 Tongmun-gwan（147 Kwan hun-dong, Chongno-ku, Seoul）购买了一些韩文书，但是其价格相当贵，所有者为 Yi Kyom-no。另外两个地方是：(1)韩国汉城的 Soo-Do Publishing Co.（108, Su Song Dong, Seoul，社长为 Pyun U-Kyun 先生）和(2)韩国汉城的韩国出版者协会（Korean Publishers Associatio, 85 2nd Ka, Chong-No, Seoul, 会长为金昌集[Kim Chang Chip]先生）……关于4月份委员会开会地点的问题，我必须询问怀德纳图书馆馆长和哈佛学院院长办公室，看学校大礼堂是否有空档给我们使用，下一封信我将答复你，因为现在他们都不在。（HYL Archives：Letter of Alfred K'aiming Ch'iu to G. Raymond Nunn, Chairman, Committee on American Library Resources on the Far East of the Association for Asian Studies, 430 University Library, the University of Michigan, December 27, 1956）

  香港古今图书公司（C. M. Chen Book Company）致函裘开明：我们已经寄出了一些函内编号的图书。你在1956年12月7日曾要求订购的那些图书，不仅在香港无法找到，而且在内地也很难找到全套图书了，但我们会继续在各个联系点尝试寻找有无其他复本。（HYL Archives：Letter of C. M. Chen Book Company to Alfred K'aiming Ch'iu, December 27, 1956）

1957 年
60 岁

1月9日

  裘开明致函美国国会图书馆东方文献整理委员会主席 C. Summer Spalding：感谢你12月28日的来函和随信寄来的贵委员会主要立场的说明。你的来信和 Andrew Kuroda 先生的说明重点落在两个问题的争论上：1. 在字母"b"、"p"和"m"之前是否将"n"改变为"m"；2. "n"的使用代表了日语罗马化的现代趋势，因此是"向前看"。在我们看来，第一个争论的问题是一个错误的日语复合词语言分析。所有的和英词典，包括1954年版的小酒井（Kenkyusha）词典，都采用了用连字号连接词语的形式："aen-ban"，而不是"aenban"。在该连字号连接的形式中，即使是按照赫本日语罗马拼音"n"也不应该改为"m"……说赫氏日语罗马拼音和威氏汉语罗马拼音（Wade-Gile System）现在都不代表日本和中国的现代罗马化趋势，这是对的。如果美国国会图书馆和美国图书馆协会想紧跟这两个国家的现代趋势，那么，我们就应该完全放弃赫氏日语罗马拼音而采用"日本式"（nihon-shiki）的日语罗马拼音，放弃威氏汉语罗马拼音而采用汉语的拉丁化拼音方案。至于哪种拼音方案是否能够准确地贴上"向前看"的标签，现在还是一个大问题,只有时间能够告诉我们一切。很多年以前,当在《杜威十进分类法》中采用简化拼音时,它也贴上了"向前看"的标签。但是,现在这种"向前看"在哪里呢?为什么《杜威十进分类法》后来的版本逐渐放弃了简化拼音?为此,我们希望西方的日本研究学者继续不变地使用赫氏罗马拼音,因为 Edwin G. Beal, Jr. 博士的调查已经完全揭示了这个现实。(HYL Archives:Letter of Alfred K'aiming Ch'iu to C. Summer Spalding, Chairman, Orientalia Processing Committee, Library of Congress. January 9,1957)

1月14日

胡佛图书馆的 Ike Nobutaka 致函裘开明,询问是否需要《日本时代》的缩微胶卷,制作费用为 65 美元至 70 美元。(HYL Archives:Letter of Ike Nobutaka to Alfred K'aiming Ch'iu, January 14, 1957)

1月18日

裘开明致函胡佛图书馆 Ike Nobutaka:1月14日来函收悉,鉴于制作《日本时代》缩微胶卷的费用过高,我们决定不需要贵馆制作了。(HYL Archives:Letter of Alfred K'aiming Ch'iu to Ike Nobutaka, January 18, 1957)

日本国会图书馆国际事务部主任 T. Ichikawa 致函裘开明,告知已寄来 *Hakurai Shanoku* 和《续日本纪》(*Shoku Nihongi*)二书的缩微胶卷。(HYL Archives:Letter of T. Ichikawa to Alfred K'aiming Ch'iu, March 21, 1957)

1月24日

裘开明致函亚洲学会美国远东图书馆资源委员会主席 G. Raymand Nunn 博士:我再次由衷地感谢你在日语罗马化"m"与"n"问题的投票中像英国运动员一样站在我们一边。我还要非常感谢你把我的意见提交给委员会,虽然作为代表和顾问我在此事上没有投票权。不管怎么样,我们都应该松一口气,在你的有力领导下,经过大约两年的艰辛努力,美国图书馆界东方文献编目的困难问题现在已经得到了"满意"的结论。美国图书馆的未来几代人将一定会感谢你在主导专门委员会工作中的能力与贡献。如果你决定4月4日和5日在剑桥举行美国图书馆协会编目委员会东方文献编目专门委员会会议,我们可以让它在新的拉蒙特图书馆(Lamont Library)召开。最近刚担任拉蒙特图书馆馆长的 William B. Ernst 先生(他的准确头衔是哈佛学院图书馆本科生服务副馆长),很乐意让我们使用拉蒙特图书馆的一个或者两个房间,如果我们把开会的时间定在上午9点至下午5点。值得在下次会议中讨论的一个重要问题是国会图书馆中日文图书联合目录,正如你所知,该目录非常不完整。我希望我们委员会向由 Verner M. Clapp 先生担任主席的福特基金会图书馆发展计划申请经费资助,以改善和完成华盛顿特区的全国中日韩文图书联盟。(HYL Archives:Letter of Alfred K'aiming Ch'iu to G. Raymand Nunn, Chairman, Committee on American Library Resources on the Far East of the Association for Asian Studies, 430 University Library, the University of Michigan, January 24,1957)

1月29日

韩国驻联合国大使 Col. Ben C. Limb 致函裘开明:我们已寄给贵馆一部分近期的韩国出版物,希望对贵馆韩文馆藏文献资源建设和学生利用有所帮助。如果贵馆有任何需求,请来函告知,我们将最大限度地予以协助。另外,贵馆是否需要一些专门出版物?(HYL Archives:Letter of Col. Ben C. Limb to Alfred K'aiming Ch'iu, January 29, 1957)

1月30日

哈佛燕京学社在提出的计划中指出:关于图书馆和空间需求不断发展和膨胀的问

题,如果仍旧停留在目前的水平,图书馆在日文馆藏资源方面将继续处于过度薄弱的地位,日文馆藏涵盖的所有现代学科领域的文献质量参差不齐,在韩语和越南语文献资源领域更为不充分。哈佛燕京学社任何发展计划都必须要求在图书馆预算方面有相应的增长。同样地,如果哈佛燕京学社开展的项目计划有任何大的扩展,那么学社、图书馆和其他在哈佛的东亚研究活动,以目前甚至计划中的建筑空间规模来看,都将变得与学社发展完全不适应。(HYI Archives:Trustees Meetings Miniutes 1957-1959)

1月

裘开明撰"Problems of Acquiring Far Eastern Publications for American Libraries"发表于 *Special Libraries*,Vol. 48,No. 1(January 1957):19-25。

2月4日

哈佛大学(Simmons College)图书馆馆长 Dustin M. Burke 通知裘开明考核汉和图书馆的学生助理。(HYL Archives:Letter of Dustin M. Burke to Alfred K'aiming Ch'iu, February 4, 1957)

2月16日

西蒙斯大学图书馆学院院长 Kenneth R. Shaffar 致函裘开明,请求填写学生实习表现报告表。(HYL Archives:Letter of Kenneth R. Shaffar to Alfred K'aiming Ch'iu, February 26, 1957)

2月19日

韩国驻联合国大使 Col. Ben C. Limb 致函裘开明:贵馆已经收到我们寄去的33册韩文出版物。我们很高兴收到贵馆所需的其他图书目录,我们已写信与韩国国内联系,请他们寄来相关书目,以帮助贵馆发展韩文馆藏资源。(HYL Archives:Letter of Col. Ben C. Limb to Dr. Alfred K'aiming Ch'iu, February 19, 1957)

2月20日

下午3:00—4:30,裘开明参加在博伊斯顿堂15号社长办公室召开的会议,出席会议的还有社长赖肖尔(Edwin Oldfather Reischauer)教授、费正清(John King Fairbank)教授,以及怀德纳图书馆采访部 Philip J. McNiff,Edwin E. Williams 和 John A. Riggs 三位先生。会议讨论了中国和日本每年新出版文献的数量、订购价格以及在远东地区购买这两类新书的途径,并一致形成以下决议:1. 终止在香港东方书局(Oriental Book Company)订购中文新书的合同,因为该书局总是寄来许多学社不需要的书籍和没有价值的资料。此事由费正清教授写信知会该书局的经理。2. 赖肖尔教授指示裘开明取消通过怀德纳图书馆从 Charles E. Tuttle 公司订购日文期刊的合同,因为该公司的期刊价格过高。3. 1957—1958年度购买中日韩文文献的经费分配如下:中文书购书经费2000美元,购入1000—1500种;日文书购书经费2000美元,购入1000—1500种;韩文书购书经费500美元,购入250—350种;以上共计拨款4500美元,购书2250—3350种。购书经费来源如下:哈佛学院图书馆拨款1500美元;区域研究计划拨款1500美元;哈佛燕京学社拨款1500美元;共计4500美元。4. McNiff 先生计划怀德纳图书馆今后将不再为区域研究计划订购任何文献,而是改为每年从哈佛学院图书馆的账目中划拨1500美元到学社的账目中,所有购买中日文书籍的发票交由裘开明审核并支付。(HYL Archives:Chinese-Japanese Library of the Harvard-Yenching Institute at Harvard University Report of the Librarian for 1956-1957)

Choo Tong-He 致函裘开明,申请汉和图书馆的暑期全职工作。(HYL Archives:

Letter of Choo Tong-He to Alfred K'aiming Ch'iu, February 20, 1957)

国会图书馆东方部部长 Horace I. Poleman 致函裘开明:尽管《美国图书馆协会编目条例》和《国会图书馆编目条例》已经修订,但是,如果要真正开始实施东方文献合作编目计划,还需一段时间筹集经费、招聘人员以及收集采用新编目规则的经验,所以目前的过渡阶段仍将继续实施原有的远东文献目录卡片复制计划,欢迎各馆继续提交按照新的编目条例编制的目录卡片。(HYL Archives:Letter of Horace I. Poleman to Alfred K'aiming Ch'iu, February 20, 1957)

2月22日

伯利亚学院(Berea College)院长 Francis S. Hutchins 致函裘开明:我有一名以前的学生 Kung Te-Ta,长沙人,曾工作于美国驻韩国军队,物理专业出身,语言能力强,刚移民至美国,请你帮忙为他推荐一份工作。(HYL Archives:Letter of Francis S. Hutchins to Alfred K'aiming Ch'iu, February 22, 1957)

2月26日

裘开明致函亚洲学会美国远东图书馆资源委员会主席 G. Raymand Nunn 博士:感谢你2月22日的来函。我很高兴得知你的日文资料编目问题研究的结论是反对在日本设立集中编目处的建议。除了费用以外,我和 Charles E. Hamilton 都非常怀疑日本编目的质量,日本国会图书馆卡片目录就非常明显。大多数的日本图书馆员抄袭西方太多,可是在中日文图书的分类编目中,我们需要完全明白基本技术原则,然后将其有机地应用于东方的具体情形。我高兴地告诉你,哈佛大学拉蒙特图书馆(Lamont Library)馆长 William B. Ernst 先生很高兴地同意我们在4月1日,以及4日和5日开会时使用拉蒙特图书馆的设施。请确定所有的会议是否都是上午9点至下午5点……(HYL Archives:Letter of Alfred K'aiming Ch'iu to G. Raymand Nunn, Chairman, Committee on American Library Resources on the Far East of the Association for Asian Studies, 430 University Library, the University of Michigan, February 26,1957)

金宗顺(Kim Chong-Soon)致函裘开明,申请汉和图书馆的暑期全职工作。(HYL Archives:Letter of Kim Chong-Soon to Alfred K'aiming Ch'iu, February 26, 1957)

2月27日

中国经济与政治研究委员会主席费正清(John King Fairbank)教授致函裘开明:前不久,我与 Philip J. McNiff 博士和其他部分人士在会议中进一步讨论了购书的问题,我应将此记录在案,即:我认为从东方书局(Oriental Book Company)超量订购图书的责任大部分在我,因为我此前虽制定了计划安排,但却没有据此开展订购。令我更为不安的是其中由我安排的一项订购,使哈佛大学图书馆因此负债。我希望我们未来的计划能确保增加图书馆在远东领域的资助经费。我想我们没有任何理由对现在已成无效订购的图书表示遗憾,因为我们现在拥有关于中国大陆政权早些年的文献,这是中国史研究中的一个关键部分,对未来的历史学家从事这一时期的相关研究有着重要的价值。兹附上我给东方书局的信函副本供你参考。(HYL Archives:Letter of John King Fairbank to Alfred K'aiming Ch'iu, February 27, 1957)

2月28日

裘开明致函国会图书馆东方部中文组组长 Edwin G. Beal, Jr.:去年秋天 G. Raymond Nunn 先生提出在东京设立一个为美国图书馆所藏中日文文献进行编目的中心。我当即对此提议表示反对,因此我馆没有向他递交我馆的日文编目统计数据。最近他已经放弃了这个想法,但是仍希望进行一项关于美国图书馆日文藏书资源编目成本的调查。故我馆把日文书编目的统计数据寄给了他。我考虑到你可能有兴趣了解我所持立场的原因和我馆日文编目的相关数据,我将两封信随函附寄给你,并请阅毕归还。我所做的一切努力,目的是在于促进全国联合目录计划和美国远东文献合作编目计划的发展。正如你所知,数年前我是第一个向恒慕义(Arthur William Hummel)博士建议发起这一计划的人。当然,当得知修订后的《美国图书馆协会编目条例》和《国会图书馆编目条例》在不久将开始应用,我对该计划的进展感到非常的高兴。我很高兴从 C. Sumner Spalding 先生 2 月 13 日写给 Nunn 先生的信函中得知,你已开始研究远东文献目录卡片的格式和款目印刷方法了……在我看来,最终的解决方案是由美国政府购买一套中日韩文活字印刷卡片,并还可用于其他用途……(HYL Archives: Letter of Alfred K'aiming Ch'iu to Edwin G. Beal, Jr., February 28, 1957)

3 月 7 日

裘开明致函亚洲学会美国远东图书馆资源委员会主席 G. Raymand Nunn 博士:感谢你 3 月 4 日的来信和所附《分词手册》(*the Word-division Manual*)的最终修订本。我们准备按照最近修订的 ALA 和 RDC 规则,以及刚收到的《分词手册》定稿,开始编制我们的中日文新书。我希望美国图书馆协会编目委员会和国会图书馆能尽快批准这两个文本。在中日韩三个部分的实际工作中,我们需要更多份的上述文本,请各寄 3-4 份上述文本给我们……(HYL Archives: Letter of Alfred K'aiming Ch'iu to G. Raymand Nunn, Chairman, Committee on American Library Resources on the Far East of the Association for Asian Studies, 430 University Library, the University of Michigan, March 7, 1957)

裘开明致函密歇根大学图书馆馆长 G. Raymond Nunn:感谢你 3 月 4 日的来函及所附修订本《分词手册》。我于 2 月 20 日还收到了 Horace I. Poleman 博士的来函。我馆准备按照新修订的《美国图书馆协会编目条例》和《国会图书馆编目条例》,以及刚刚收到的最终版《分词手册》,对中日文文献进行编目……从目前我馆中日韩文三个编目小组的实际工作来看,我们还额外需要几份上述两个修订后的《编目条例》。每个文件你能否寄给我们三到四份?……我们应该努力促成远东文献合作编目项目的成功,这样可以减少每个图书馆编目的成本。为了促使所有图书馆都愿意购买远东文献合作编目项目编制的目录卡片,我们不仅应该按照统一的编目条例进行目录卡片正确编制,还应该讲究卡片完善的格式,并能够及时发行目录卡片。(HYL Archives: Letter of Alfred K'aiming Ch'iu to G. Raymond Nunn, March 7, 1957)

3 月 11 日

裘开明致函伯利亚学院(Berea College)院长 Francis S. Hutchins:根据 Kung Te-Ta 的情况,建议此人到中学教书。(HYL Archives: Letter of Alfred K'aiming Ch'iu to Francis S. Hutchins, March 11, 1957)

3 月 13 日

国会图书馆东方部中文组组长 Edwin G. Beal, Jr. 致函裘开明:国会图书馆已经筹集到了将首批 12 种中文期刊制成缩微胶卷的经费。我赞同你 2 月 28 日来函中对印刷远东文献目录卡片的建议。(HYL Archives: Letter of Edwin G. Beal, Jr. to Alfred K'aiming Ch'iu, March 13, 1957)

3 月 17 日

Betty W. Wong 致函裘开明,感谢裘开明在其实习期间所提供的指导。(HYL Archives: Letter of Betty W. Wong to Alfred K'aiming Ch'iu, March 17, 1957)

3月19日

美国太平洋关系研究所执行干事 William L. Holland 致函裘开明,邀请裘开明参加 1958 年 2 月在巴基斯坦(Pakistan)拉哈尔市(Lahore)召开的"南亚和东亚的外交政策问题"国际学术研讨会:自 1951 年麦卡伦委员会(McCarran Committee)对太平洋关系研究所进行攻击后,研究所面临着各种困难。鉴于此种现状,我希望你能够为研究所做些宣传,帮助研究所从学生、教师等阶层吸收会员,并向所有对亚洲问题有兴趣的人推荐研究所的出版物。我们诚邀你加入太平洋关系研究所,随函附上相关材料。(HYL Archives: Letter of William L. Holland to Alfred K'aiming Ch'iu, March 19, 1957)

3月21日

裘开明致函日本国会图书馆国际事务部主任 T. Ichikawa:我们的一名研究员需要参考一种音乐方面的珍贵日文手稿,即藤原师长(Fujiwara Moronaga)著的《三五要录》。我们希望贵馆可以把以下两部分文献制成缩微胶卷:1.《内阁文库图书目录》"和书门第三编"第 413 页第 24719 号图书《三五要录》十卷五册;2.《帝国图书馆和汉图书书名目录》增加第 8 编第 61 页第 271 号图书《三五要录乐目录》。请将以上缩微胶卷连同发票一起寄给我们。(HYL Archives: Letter of Alfred K'aiming Ch'iu to T. Ichikawa, March 21, 1957)

裘开明致函 Robert L. Gitler:你非常熟悉的荒川哲郎(Tetsuro Arakawa)先生 9 月份即将返回日本,因为他受日本政府和在日本的美国教育委员会资助的时间已到。自去年 8 月起,他作为培训生成为我们的馆员。在他离开之前,我们非常希望你能推荐一两位可以代替荒川哲郎,且目前在美国接受高级培训的日裔图书馆员,每月有 250 美元(未扣除收入税)的一般生活补助。美国图书馆协会编目委员会东方文献编目专门委员会将和亚洲学会(Association for Asian Studies)年会一起于 4 月 1 日,4 日和 5 日在哈佛大学拉蒙特图书馆(Lamont Library)召开,希望你作为美国图书馆协会的代表出席此次会议。(HYL Archives: Letter of Alfred K'aiming Ch'iu to Robert L. Gitler, March 21, 1957)

裘开明致函山口玲子(Reiko Yamaguchi):我已拜读了你有关儿童图书馆的大作。若你希望访问美国,哈佛大学图书馆可提供编目员职位,请尽快告知我是否接受这份工作。(HYL Archives: Letter of Alfred K'aiming Ch'iu to Reiko Yamaguchi, March 21, 1957)

3月22日

裘开明致函亚洲学会美国远东图书馆资源委员会主席 G. Raymand Nunn 博士:感谢你昨天早上打来长途电话。我已经与哈佛法学图书馆馆长 Earl C. Borgeson 先生约定 4 月 2 日上午 10 点见面。我也已经告诉哈佛大学图书馆副馆长 Douglas W. Bryant 先生有关我们即将举行的会议的内容。请你直接寄一两份会议日程草稿给 Borgeson 先生和 Bryant 先生……我会在 3 月 31 日下午到波士顿洛根机场(Logan Airport)去接你,如果你到达得早,我就先带你去旅馆,但是如果你到达波士顿时接近晚饭时间,我们就先一起吃晚餐。请确定航班时间后及时电话告知。(HYL Archives: Letter of Alfred K'aiming Ch'iu to G. Raymand Nunn, Chairman, Committee on American Library Resources on the Far East of the Association for Asian Studies, 430 University Library, the University of Michigan, March 22, 1957)

裘开明致函哈佛大学法学院图书馆馆长 Earl C. Borgeson,邀请他 4 月 2 日星期二上午 10 点会见 G. Raymond Nunn 先生,并函附有关远东文献编目条例的资料。(HYL Archives: Letter of Alfred K'aiming Ch'iu to Earl C. Borgeson, March 22, 1957)

3月25日

亚洲学会美国远东图书馆资源委员会主席 G. Raymand Nunn 博士致函裘开明：感谢你 3 月 22 日的来信和安排我与 Earl C. Borgeson 先生会面……我不能确定我什么时候从安娜堡（Ann Arbor）到波士顿，但是我一旦确定时间后会立即告诉你。（HYL Archives：Letter of G. Raymand Nunn, Chairman, Committee on American Library Resources on the Far East of the Association for Asian Studies, 430 University Library, the University of Michigan, to Alfred K'aiming Ch'iu. March 25, 1957）

3月26日

裘开明致函钱存训：下周美国亚洲学会在波城开会，兄若来此处赴会，请速示知何日何时抵达，以便到站迎接。又弟等拟于下礼拜二（4 月 2 日）晚 6 时半，请吾兄及其他来此赴会之诸友在寒舍便饭。祈请此时间留出为盼。匆此敬请顺颂。内子附笔问候！尊嫂夫人前乞代问好。（HYL Archives：裘开明致钱存训信函，1957 年 3 月 26 日）

哈佛大学法学院图书馆馆长 Earl C. Borgeson 致函裘开明，感谢裘开明寄来资料。（HYL Archives：Letter of Earl C. Borgeson to Alfred K'aiming Ch'iu, March 26, 1957）

裘开明致函伦敦大学亚非学院图书馆副馆长 John Lust：我已将你 3 月 20 日寄来的用于出售或交换的贵馆馆藏中文复本的书目转寄给密歇根大学安娜堡（Ann Arbor）分校图书馆，该馆馆长将会与你联系，而我馆只计划购买目录所列《商务官报》一种。（HYL Archives：Letter of Alfred K'aiming Ch'iu to John Lust, March 26, 1957）

哈佛燕京学社董事会召开会议，讨论图书馆馆长裘开明提出的特别采购基金的申请。裘开明认为，随着学社在韩国研究领域的不断发展，迫切需要建立该领域的专门馆藏，将需要约 5000 美元才能购买到年代比较久远的韩文书籍，以此建立韩文馆藏的基础。同时，还需要 5000 美元继续用于中日文古籍的订购，以增强汉和图书馆在中日文文献领域的基础，而该领域是哈佛燕京学社汉和图书馆最有影响力的馆藏。Daniel H. H. Ingalls 先生强烈建议购买目前出现在图书市场上的德格本（Derge edition）藏文《丹珠尔》和《甘珠尔》，并指出学社在中文、蒙古文和藏文佛教经典文献方面的收藏是独具特色的，但却一直缺少重要的德格本。会议投票表决通过：为图书馆拨款 15000 美元用于购买特别文献：5000 美元用于购买近代韩文书籍；5000 美元用于购买近代中日文图书；5000 美元用于购买德格本藏文《丹珠尔》和《甘珠尔》。（HYI Archives：Board of Harvard-Yenching Institute Trustees Meeting, March 26, 1957）

3月27日

美国图书馆协会图书馆教育部行政秘书和资格鉴定委员会秘书 Robert L. Gitler 致函裘开明：感谢你 3 月 21 日的来函，函中你希望推荐日裔馆员接替荒川哲郎（Tetsuro Arakawa）先生目前的职位……事实上，目前还没有哪个在美国的而且我又认为能够推荐给你的人选。在密歇根州有一两个来自日本的学生，但我相信对他们而言中断学业会是一个极大的错误。例如其中的一位学生，我并不认为他会让自己完全投入到贵馆的工作中。因此，目前我没有人选可供推荐。我建议你给我在庆应义塾大学（Keio University）的同事写信。我相信他们能为你推荐一个工作能力非常强的人选，而一旦我想到更多建议的时候，我会与你联系。感谢你邀请我参加亚洲学会（Association for Asien Studies）年会，但届时我必须去参加一个图书馆学校的评估。我相信来自密歇根大学的 G. Raymond Nunn 先生——作为这一技术处理领域的美国图书馆协会代表，将会参加本次会议。（HYL Archives：Letter of Robert L. Gitler to Alfred K'aiming Ch'iu, March

27, 1957)

4月2—4日

远东协会(Far Eastern Association)年会在波士顿召开,汉和图书馆为此将所藏的104种带有插图以及套印本善本书(中文45种,日文48种,韩文11种)在怀德纳图书馆展出。裘开明在会上宣读论文《中国雕版印刷书籍中的色彩与插图》("The Use of Color and Illustrations in Chinese Wood Block Printing")。会议期间,他带领国会图书馆东方部中文组的 Edwin G. Beal, Jr. 等人参观汉和图书馆。(HYL Archives: Chinese-Japanese Library of the Harvard-Yenching Institute at Harvard University Report of the Librarian for 1956-1957)

4月5日

Marion Ho 致函裘开明,申请汉和图书馆暑期兼职。(HYL Archives: Letter of Marion Ho to Alfred K'aiming Ch'iu, April 5, 1957)

4月8日

亚洲学会美国远东图书馆资源委员会主席 G. Raymand Nunn 博士致函裘开明:你可能记得在星期四的讨论中,你提到你现在正在从事《丛书集成》全套分析目录的罗马化工作。一旦这项工作完成了,我们将有兴趣为我们密歇根大学的《丛书集成》订购一套该目录。请告诉我一套卡片目录的大致价格是多少。你还提到你们正在复制一批《丛书集成》,我们急于补齐全套的《丛书集成》,很想得到后附目录中所缺的数目。我们愿意为我们需要的缺遗支付每册高达30美分的价钱(这是香港目前的市价)。(HYL Archives: Letter of G. Raymand Nunn, Chairman, Committee on American Library Resources on the Far East of the Association for Asian Studies, 430 University Library, the University of Michigan, to Alfred K'aiming Ch'iu, April 8, 1957)

哈佛大学法学院图书馆编目部 Margaret Moody 致函裘开明,感谢裘开明邀请他和 Kinoshita 太太参加上星期举行的美国图书馆协会与远东协会联合委员会会议。(HYL Archives: Letter of Margaret Moody to Alfred K'aiming Ch'iu, April 8, 1957)

4月10日

金宗顺(Kim Chong-Soon)致函裘开明,告知他因准备考试的缘故,辞去在汉和图书馆的工作。(HYL Archives: Letter of Kim Chong-Soon to Alfred K'aiming Ch'iu, April 10, 1957)

4月11日

美国公理会海外传道部(American Board of Commissioners for Foreign Missions, ABCFM)图书馆馆长助理 June Russell 致函裘开明:根据我们电话交流的内容,特寄本函及5个包裹的中日文小册子等(多数为中文),希望物尽其用。你承诺寄给我们贵馆的相关资料目录,我理解贵馆将所有小册子的目录整理出来需要一段时间……(HYL Archives: Letter of June Russell to Alfred K'aiming Ch'iu, April 11, 1957)

4月15日

山口玲子(Reiko Yamaguchi)致函裘开明:感谢你为我提供编目员职位,但因时间关系暂不能接受,期待将来还有机会。(HYL Archives: Letter of Reiko Yamaguchi to Alfred K'aiming Ch'iu, April 15, 1957)

4月18日

裘开明致函日本国际文化会馆馆长 Gordon Bowles 教授:你离开剑桥已经很长时间了,哈佛燕京图书馆已经发展得相当大了(约有30多万册藏书)。因为每年采购的日文图书增加了很多,我们需要增加日文编目馆员。去年,你们的图书馆员 Hide Inada 小姐写信告诉我,她想来我们图书馆工作几年。我想知道你是否同意放她走,以及是否乐意推荐她做日文编目馆员。一旦收到你的推荐信,我们就会给她发出邀请信,日文编目馆员的起薪是大约 3000 美元,哈佛燕京学社将支付东京到剑桥的旅行费用。(HYL Archives:Letter of Alfred K'aiming Ch'iu to Professor Gordon Bowles, Director, International House of Japan, Minatu-ku,Tokyo, Japan, April 18,1957)

4月23日

裘开明致函郑华(Emily H. Cheng),告知汉和图书馆没有暑期兼职空缺。(HYL Archives:Letter of Alfred K'aiming Ch'iu to Emily H. Cheng, April 23, 1957)

裘开明致函 Marion Ho,告知汉和图书馆暑假期间没有空余的学生助理岗位。(HYL Archives:Letter of Alfred K'aiming Ch'iu to Marion Ho, April 23, 1957)

裘开明致函中国经济与政治研究计划执行委员会主席费正清(John King Fairbank)教授:前几日根据你们研究人员的请求,我馆向史华慈(Benjamin Isadore Schwartz)教授寄送了 3 期 1957 年国际书店的《中文新书目录》,希望他通过系统核查这些书目,以确定需要我馆购买的图书。请你让 Cheng 小姐汇集核查过的书目,然后交由我馆处理这些订购事宜,以尽早发出订购单。我馆希望能够有效利用有限的预算经费,购买研究人员实际所需要的资源。对一些绝版书籍的订购,我馆非常欢迎听取来自教学和研究人员的合理建议和要求。正如我此前所言,由于需要购买珍稀古籍,如清代末期出版的丛书等,我馆不得不向监督视察委员会(the Overseers' Visiting Committee)寻求资助一部分专项资金。(HYL Archives:Letter of Alfred K'aiming Ch'iu to John King Fairbank, April 23, 1957)

4月24日

中国留美同学会 Ellen M. Studley 致函裘开明:最近我得知你做了一份留美中国图书馆员的名单,如果你能给我一份,我将不胜感激。我希望能了解一下这一群体的人数,也希望你能在我们的新闻快报里撰写一个有关这个职业领域的相关说明。据我所知,许多中国年青人认为,成为图书馆馆员是那些对英国文学与历史感兴趣的人进入人文领域的最好渠道。如果能够让我们了解这些图书馆员,并让他们也成为我们快报的读者,将不胜感激。(HYL Archives:Letter of Ellen M. Studley to Alfred K'aiming Ch'iu, April 24, 1957. See:B4-170)

4月28日

C. K. Hsieh 致函裘开明:我现在就读于加州大学伯克利分校图书馆学院,将于 9 月毕业。因我本身具有中日语言及历史背景,我希望能在图书馆的东方馆藏部门工作。贵馆拥有美国最好的东方馆藏,不知是否有适合我的职位空缺。随信附上我的个人履历。若暂无空缺,我恳请将来贵馆有职位空缺时你能想起我。(HYL Archives:Letter of C. K. Hsieh to Alfred K'aiming Ch'iu, April 48, 1957)

4月29日

William C. Berges 致函裘开明:也许你还记得,我曾于 1956 年春季在哈佛学习中文,期间我与你谈论过学习图书馆学的计划,并想找一个与东亚语言馆藏有关的职位。我曾于去年秋季入读加州大学图书馆学院,将于 6 月获得图书馆学硕士学位。这一学期,我非常幸运地能跟随 Ch'eng 教授学习中国小说以获得学分。本校东亚图书馆馆长 Elizabeth Huff 小姐建议我写信给你,询问汉和图书馆是否有可能的职位空缺。我一直在本校东亚图书馆兼职,但他们暂无全职专业图书馆员职位空缺提供。我同时也向哈佛图书馆的 David Weber 提交了申请,因此,若贵馆没有职位空缺,我也许会从事一般性的参考咨询或编目工作,并继续我的中文学习。希望能得到你的建议。(HYL Archives:Letter of William C. Berges to Alfred K'aiming Ch'iu, April 29, 1957)

5月6日

晚,裘开明出席国会图书馆东方部中文组的会议,介绍汉和图书馆所藏中文旧报纸的情况。(HYL Archives:Letter of Edwin G. Beal, Jr. to Alfred K'aiming Ch'iu, May 7, 1957)

5月7日

西蒙斯大学(Simmons Colleges)图书馆学院院长Kenneth R. Shaffar致函裘开明,感谢其帮助填写该学院学生的实习表现报告表。(HYL Archives:Letter of Kenneth R. Shaffar to Alfred K'aiming Ch'iu, May 7, 1957)

国会图书馆东方部中文组组长Edwin G. Beal, Jr.致函裘开明:国会图书馆有可能得到一笔资助用于制作《大公报》和《申报》过刊的缩微胶卷。从你5月6日晚在会议上的描述来看,汉和图书馆所藏上述旧报纸比国会图书馆的更完整。请告知汉和图书馆所藏报纸的年限,每种的数量,制作缩微胶卷的成本估计为多少,以及能否在哈佛大学制作等问题。(HYL Archives:Letter of Edwin G. Beal, Jr. to Alfred K'aiming Ch'iu, May 7, 1957)

5月13日

裘开明参加在哈佛大学图书馆副馆长办公室召开的汉和图书馆新馆计划第一次会议,参加会议的还有建筑公司的4名代表,怀德纳图书馆副馆长Douglas W. Bryant和Dorothy Weber先生,以及哈佛燕京学社社长赖肖尔(Edwin Oldfather Reischauer)。会上,建筑公司的代表向与会者展示了1957年5月9日绘制的新馆蓝图,在此基础上,裘开明等人提出了相应的修改意见,以及对新楼功能布局的建议。(HYL Archives:Chinese-Japanese Library of the Harvard-Yenching Institute at Harvard University Report of the Librarian for 1956-1957)

5月14日

哈佛燕京学社社长赖肖尔(Edwin Oldfather Reischauer)致函白思达(Glen William Baxter)、Chen、柯立夫(Francis W. Cleaves)、裘开明、Eckstein、叶理绥(Serge Elisséeff)、费正清(John King Fairbank)、海陶玮(James Robert Hightower)、洪煨莲(William Hung)、裴泽(John C. Pelzel)、史华慈(Benjamin Isadore Schwartz)、Valdo Viglielmo、Vare和Yang:正如你们所知,哈佛燕京学社正在筹划将图书馆和其他设施搬迁到神学院路2号(2 Divinity Avenue)。目前正在起草有关新建筑和将学社设置在该建筑之内的计划。我恳请你们在这些计划成为不可改变的蓝图之前提出你们对于这些计划的意见,并请于5月15日星期二下午4点到博伊斯顿堂21室召开小组会议审核该建筑草图。(HYL Archives:Letter of Edwin O. Reischauer to Messrs, Baxter, Chen, Cleaves, Ch'iu, Eckstein, Elisséeff, Fairbank, Hightower, Hung, Pelzel, Schwartz, Viglielmo, Vare and Yang, May 14, 1957)

5月22日

韩语研究协会(Korean Language Research Society)主席Choi Hyon Pai致函裘开明:我非常自豪地赠送给贵馆《标准韩语字典》(*Standard Korean Dictionary*)第1卷和第2卷各一本。该书由我们韩语研究协会编写,共6卷,此为前两卷。我打算在其出版以后约一个月内寄给你其他4卷。这部字典是第一部纯韩语的字典。虽然我们用了28年编写,但从严格意义上来说这部字典仍然不是绝对完善的。我只希望这部字典对那些对韩语感兴趣的人来说是有用的。因为我们研究所在未来的研究中非常需要关于语言学方面的参考资料,我们非常诚恳地希望,如果有可能的话,你能把贵馆多余的复本寄给我们。随函附上了关于《标准韩语字典》出版的剪报。(HYL Archives：Letter of Choi Hyon Pai to Alfred K'aiming Ch'iu, May 22, 1957)

京都大学人文科学研究所图书馆馆长 Wakimoto Sigeru 致函裘开明：我已收到汉和图书馆寄来的《哈佛亚洲学报》第 19 卷第 3、4 期。此外,根据你 1 月 24 日来函的请求,我将会给贵馆寄送 Shoho 第 46、47 期。(HYL Archives：Letter of Wakimoto Sigeru to Alfred K'aiming Ch'iu, May 22, 1957)

6 月 2 日

裘开明为荒川哲郎(Tetsuro Arakawa)开具在汉和图书馆实习的证明(HYL Archives：荒川哲郎的实习证明, June 2, 1957)

6 月 5 日

傅路特(Luther Carrington Goodrich)致函裘开明：我正在写明义士(James Mellon Menzies)的讣闻,因被他发表的两篇短文吸引,所以请你帮助查找这两篇中文短文的准确篇名和页码。(HYL Archives：Letter of Luther Carrington Goodrich to Alfred K'aiming Ch'iu, June 5, 1957)

6 月 11 日

刘广京(Kwang Ching Liu)致函裘开明：贵馆正在编目来自美国公理会海外传道部(American Board of Commissioners for Foreign Missions, ABCFM)的传教士文献,是否有可能在编目完成后借给我一套目录卡片? 此事我已于昨日向你提及。我们希望能够在 7 月份期间开始编制有关这部分资源的解题目录。如果方便的话,你们能否等我们完成书目编制工作后,再将这些文献送到装订厂? (HYL Archives：Letter of Kwang Ching Liu to Alfred K'aiming Ch'iu, June 11, 1957)

6 月 12 日

芝加哥大学远东图书馆馆长钱存训(Tsuen-hsuin Tsien)致函裘开明：获悉汉和图书馆正在编制一套《丛书集成》的分析目录卡片。芝加哥大学远东图书馆希望订购该丛书的分析卡片。请告知有关成本、完成时间、订购程序,以及哈佛、国会图书馆是否印刷此分析片,遵照什么格式等问题……(HYL Archives：Letter of Tsuen-hsuin Tsien to Alfred K'aiming Ch'iu, June 12, 1957)

6 月 18 日

裘开明致函香港交流书报社(Chiao Liu Publication Service)：感谢贵公司 6 月 10 日来函,及对我馆此前的订购所做出的高效处理。兹附上 10 种报纸和 38 种杂志的目录,请增入我馆 1957 年的订购目录中,帮助我们搜集所有这些报刊的过期资料。我馆此前均是委托其他机构订购,现在我们希望所有的报刊均委托贵公司订购,请及时反馈可能订购到的信息,并在收到本函后尽快答复我们有关这些报刊的数量、卷期、订购等信息。(HYL Archives：Letter of Alfred K'aiming Ch'iu to Chiao Liu Publication Service, June 18, 1957)

6 月 19 日

中国经济与政治研究计划执行委员会主席费正清(John King Fairbank)教授致函裘开明：我们愈来愈担心自北京尚未寄到的出版物。我相信你们已在着手应对这一紧急事件。但我不知是否需要立即向香港或其他地方的书商代理发去一份完整的订购单复本,请他们帮助订购这些图书。我们每月的工资总支出中一大部分投入到弥补我们资源的缺口。由于所订购的图书运寄延误,我们无法完全弥补过去 6 个月的资源缺口。因此,我认为现在应该采取订购复本的特别措施。如果从北京寄来的前6个月的文献无法收到,相比这些文献丢失的损失,我们以复本文献目前的成本购买这些复本将是一个比较小的投资。请告诉我现在应该采取什么措施,我们能提供什么协助?(HYL Archives:Letter of John King Fairbank to Alfred K'aiming Ch'iu, June 19, 1957)

6月24日

香港交流书报书社K. S. Loh致函裘开明,感谢哈佛燕京学社汉和图书馆决定将有关报刊的订购全部委托给该社,并就来自中国大陆的书刊价格和折扣进行说明。此外,对裘开明6月18日来函向该社订购的一部分期刊,并委托搜集这些报刊的过期卷期一事,以及相关邮寄事宜进行说明。(HYL Archives:Letter of K. S. Loh to Alfred K'aiming Ch'iu, June 24, 1957)

6月25日

裘开明致函香港交流书报社(Chiao Liu Publication Service):关于我馆向贵公司订购的来自北京的当代政治报刊,我们注意到贵公司寄来的《书讯》1957年6月16日第0063号上有几种合订的期刊和报纸,请为我馆保留。本函另附一些需要订购的资料目录,请帮助我馆订购。对于贵公司承诺一旦收到来自中国大陆的相关订购文献,迅即发送给我馆的计划,我对此非常赞赏。我们也已收到了你们此前寄来的图书……(HYL Archives:Letter of Alfred K'aiming Ch'iu to Chiao Liu Publication Service, June 25, 1957)

6月26日

裘开明致函国会图书馆东方部中文组组长Edwin G. Beal, Jr.,函附汉和图书馆所藏《申报》《大公报》目录。(HYL Archives:Letter of Edwin G. Beal, Jr. to Alfred K'aiming Ch'iu, July 12, 1957)

6月27日

裘开明致函美国国会图书馆东方文献整理委员会主席C. Summer Spalding:对于你们东方文献整理委员会有关美国图书馆协会中文地方志编目规则(第20版)的建议,我对公务目录管理持保留意见,即中文地方志不应该按书名归类,而应该按地理标目归类,理由如下:1.地方志大多数是由省或县政府编撰并由政府委员会(ALA 81)发行的官方出版物。这种委员会的中文名称通常是修志局前面加上省名或者县名这种简单的方式。2.美国图书馆协会编目规则的精神与普鲁斯条例或者欧洲的其他规则不一样,是作者主款目。这种方法从学术的角度解决了强调作者和著作文本的第一责任的问题,而允许过多地在东方文献编目中使用书名主款目,则会有悖于美国图书馆协会规则的这种区别。3.中文地方志书名的起首部分有很多不同的特点,例如:重修、续修、续、朝代名、省名、年号等等。如果按照书名归类,这些不同的起首词就会给我们带来许多编目的麻烦,并会引起读者在查找某个特定省或者县的地方志名称时产生混乱。4.经济——如果使用地理名称标目,就会省去书名卡片和主题卡片。为了提供更多的信息,我会寄给你一篇我在我们委员会1955年华盛顿(特区)会议上宣读的论文《用于远东图书的作者款目原则》("Principles of Author Entry as Applied to Far Eastern Books")。(HYL Archives:Letter of Alfred K'aiming Ch'iu to C. Summer Spalding, Chairman, Orientalia Processing Committee, Library of Congress. June 27,1957)

6月30日

裘开明致函亚洲研究学会美国远东图书馆资源委员会(Association for Asian Studies Committee on Far Eastern Library Resources)主席G. Raymand Nunn:Charles

E. Hamilton 先生对于美国图书馆协会 81A 规则的修订意见很好,将有助于我们制定一项规则,处理由非真名委员会编撰的著作。因此,我想在 81A 规则下再添加一个段落,虽然我在下面要说的是中国地方志的问题……(HYL Archives: Letter of Alfred K'aiming Ch'iu to G. Raymand Nunn, Chairman, Committee on American Library Resources on the Far East of the Association for Asian Studies, 430 University Library, the University of Michigan, June 30, 1957)

7月2日

裘开明致函费正清(John King Fairbank)教授,并抄送哈佛大学图书馆副馆长 Douglas W. Bryant:我和汉和图书馆,与你和中国经济与政治研究中心一样,都非常担心自北京尚未寄到的出版物。我馆寄往北京的订购单在3月份进行了更新,并于4月29日向国际书店(Quezi Shudian)发去一份电报,指示该书店通过航空邮寄方式向我馆寄来《人民日报》和《新华月报》。4月30日我们又发去一封长函详细说明。很快,我馆意识到其中必定出了什么差错,因此又向我馆的另一新代理机构——香港交流书报社(Chiao Liu Publication Service)寄去一份有关北京出版物的订购单复本。近日我们收到来自北京和香港两地的好消息:交流书报社通过航空邮寄方式寄来了10种最新两期的报纸,以及38册杂志;亦收到来自北京的1957年6月22日版《人民日报》,该份报纸的收讫章表明其他报纸已自北京寄来,但很可能被旧金山邮局扣押了。另外一件可以证明的事情是我馆自1957年1月以来,收到了北京寄来的所有科技类期刊。基于上述原因,我已请求哈佛大学图书馆副馆长 Douglas W. Bryant 先生向美国政府提出此事。Bryant 先生非常友好、合作,他已承诺尽他所能帮助解决此事。同时,我馆确信可以从香港交流书报社获得复本。请你通知史华慈(Benjamin Isadore Schwartz)教授及其他中国经济与政治研究中心的人员前来图书馆利用这些新资源。(HYL Archives: Letter of Alfred K'aiming Ch'iu to John King Fairbank, July 2, 1957)

7月9日

中国经济与政治研究计划执行委员会主席费正清(John King Fairbank)教授致函怀德纳图书馆副馆长 Douglas W. Bryant:裘开明博士7月2日来函向我解释了保证中文出版物安全的问题,我希望你能就此事向主管当局提出强烈的抗议,因为我们已对此投入了相当多的资金,现已使需要这批文献的研究人员完全陷入停顿。我需要强调的是,现在在哈佛开展的有关当代中国的研究是目前世界上该领域为数不多的几个研究项目之一,我们完全依靠适当的并且源源不断的文献资料。如果美国政府在某种程度上阻碍我们开展研究,那么应该立即阻止这种愚蠢的行为。(HYL Archives: Letter of John King Fairbank to Douglas W. Bryant, July 12, 1957)

7月12日

国会图书馆东方部中文组组长 Edwin G. Beal, Jr. 致函裘开明:通过核查你寄来的贵馆所藏《申报》、《大公报》目录,发现贵馆所缺个别期数恰为国会图书馆有藏,但总的来说,贵馆所藏这两种报纸涵盖的时间更长、更完整,故我们将着手筹集制作缩微胶卷的经费。(HYL Archives: Letter of Edwin G. Beal, Jr. to Alfred K'aiming Ch'iu, July 12, 1957)

7月15日

密歇根大学远东图书馆馆长 G. Raymond Nunn 致函裘开明:我们最近收到两批北京图书馆的资料。所有收到的资料都非常有价值,并得到教师们的好评。我们打算用我校出版社出版的资料作为交换。在我们寄送资料之前,我想从你那里了解一下信息:1. 汉和图书馆是否收到过北京图书馆的交换资料?2. 事实上,你们在进行交换工作时,即向中国大陆寄送书籍、期刊等,是否存在困难?……我希望下星期二能够召开专门委员会会议,讨论你所提出的方志问题。(HYL Archives: Letter of G. Raymond Nunn to Alfred K'aiming Ch'iu, July 15, 1957)

7月17日

中午11:00—12:00,裘开明参加在哈佛大学图书馆副馆长办公室召开的汉和图书馆新馆计划第二次会议,参加会议的还有怀德纳图书馆副馆长 Douglas W. Bryant 和哈佛燕京学社社长赖肖尔(Edwin Oldfather Reischauer)。会上,Bryant 首先展示了5月17日绘制的新楼效果图以及神学路2号旧楼的部分情况,然后三人一起审阅并讨论了从地下室到顶层(4楼)每层的布局(编者注:详细布局情况略。)。新楼所有的承重支柱都在建筑物的外部,内部不设任何支柱。书库没有窗户,因此没有自然光源。这种设计的优点在于:1. 书库可多容纳48000册书;2. 书籍不会受到光线的损害;3. 降低安装空气净化装置的成本;4. 降低空气净化装置每年的运行成本,每年只需400—800美元。新楼的书库共可以容纳810000册书,共有25间办公室,60个学生阅览座位。新馆的建设费用,3/8由文理学院支付,其余5/8由哈佛燕京学社支付。改造旧楼的全部费用由学社承担,董事会为此拨款525000美元。会议还在1957年3月21日和5月21日两次拟订的新楼建设预算的基础上,讨论对预算进行压缩的可能性。(HYL Archives: Chinese-Japanese Library of the Harvard-Yenching Institute at Harvard University Report of the Librarian for 1956-1957)

7月26日

裘开明致函国会图书馆东方部中文组组长 Edwin G. Beal, Jr. :《申报》和《大公报》在送交贵馆制作缩微胶卷之前,我们需要一段时间的整理。待缩微胶卷制成后,哈佛计划买一套,并弃用原版报纸,这样亦省却了把这些报纸从怀德纳图书馆迁往位于神学院路2号的地理系大楼新馆舍的麻烦。费正清(John King Fairbank)教授建议我请日本国会图书馆制作《申报》1872—1922年各期的缩微胶卷,请你与该馆联系此事。随函附上一份日本科学史方面的日文书籍目录,拜托你转交国会图书馆日文部,请日文部在其中贵馆有入藏的书名后做标记。此份日文书荐购目录是日本访问学者中山茂(Shigeru Nakayama)所列。此外,还拜托你委托贵馆日文部代查一篇日文期刊文章的书名和作者,该文发表在日本大众杂志《改造》(*Kaizo*)1923年2月号,内容是介绍德国哲学家胡塞尔(Edmund Husserl)。(HYL Archives: Letter of Alfred K'aiming Ch'iu to Edwin G. Beal, Jr., July 26, 1957)

7月31日

裘开明收到韩国汉城延世大学(Yonsei University)闵泳珪(Minn Young-gyu)教授6月所寄的第一批代购韩文古籍,共21包,内含韩文古籍105种426卷,其中复本11种25卷,另有3种不完整,共花费购书经费898055韩元,当时汇率为1:500,即折合美元1796.11元。(HYL Archives: Chinese-Japanese Library of the Harvard-Yenching Institute at Harvard University Report of the Librarian for 1960-1961)

8月3日

Kyoko Inoue 致函裘开明:我现在就读于圣荷西州立大学(San José State College),学习图书馆学专业。我希望毕业后能到图书馆工作。在其中一门图书馆学课程中,我了解了贵校出色的图书馆。因此特写信给你询问我是否有可能于1958年6月毕业后到贵馆工作。我出生于日本东京,曾在上海呆过8年。(HYL Archives: Letter of Kyoko Inoue to

Alfred K'aiming Ch'iu, August 3, 1957)

8月10日

叶理绥教授（Serge Eliséeff）致函裘开明：非常感谢你到波士顿洛根机场（Logan Airport）为我们送行，非常感谢你用美味的中国晚宴为我们饯行。一个人离开一个业已活动了20多年的地方，与朋友们分离总是令人非常痛苦。我将永远铭记我在哈佛的岁月，和由你精心组织的精美的哈佛燕京学社图书馆。我们飞往巴黎的旅途一路平安愉快，儿媳妇到机场迎接我们。因为我们的公寓尚未竣工，我们在我儿子的公寓住了3个星期。在7月的第一周，Vadime（Eliséeff）在结束了他为期6周的中国旅行之后回来了。他访问了南京、杭州、长沙，在北京停留了一个多星期的时间，在敦煌也花了一个多星期的时间，那里的壁画给他留下了深刻的印象。6月，我在索邦高等研究院（Ecole des Hautes Études at the Sorbonne）的同事选举我担任历史部（Historical Section）成员，并同意我开设一门有关德川时代的社会（Society of the Tokupawa Period）的课程。巴黎的图书馆中有关现代日本的新出版物少得可怜，他们请我编一个有关18世纪和19世纪日本历史和社会学的目录。我这里没有任何目录。如果可能的话，请用航空给我邮寄一份一诚堂（Isseido）书店和岩波（Iwanami）书店的目录，我将非常感谢。这将是对我的极大帮助。我的儿子Nikita（Eliséeff）和他一家现在都在法国，我们很高兴能够全家团聚，享受全家团聚和看望我们的孙子的快乐。我们夫妻向你和你的夫人（曾宪文）致以衷心的问候。（HYL Archives：Letter of Serge Eliséeff to Alfred K'aiming Ch'iu, August 10, 1957）

8月13日

Takeko N. Katoh来函告知裘开明他来汉和图书馆报到的行程安排。（HYL Archives：Letter of Takeko N. Katoh to Alfred K'aiming Ch'iu, August 13, 1957）

8月17日

汉和图书馆从即日起至9月15日期间闭馆，但是拥有特别通行证的研究人员和访问学者被允许进入阅览室和书库，开放时间为：星期一至星期五上午9点到下午5点。图书馆的主要馆员和书库服务员要为这些特殊的用户服务。（HYL Archives：Note of Chinese-Japanese Library, August 17, 1957）

8月19日

裘开明致函孙恭度（Kungtu C. Sun）（信函由国会图书馆日文组转交）：非常感谢你7月9日自纽约的来函。我很高兴得知你将再次去华盛顿国会图书馆查找有关满洲的日文文献资料。请你编制一份国会图书馆的复本目录，以便在你返回剑桥后我们可向国会图书馆申请交换复本。我馆将于8月19日至9月15日期间闭馆，但我已开具了一个特别许可证供你使用，现保存在邓斯特街16号（16 Dunster Street）Briggs夫人处。请你到她那里去拿许可证，以便你可在闭馆期间使用图书馆。我馆大部分馆员均已休假。非常感谢你提出的宝贵建议。（HYL Archives：Letter of Alfred K'aiming Ch'iu to Kungtu C. Sun, August 19, 1957）

8月20日

裘开明致函叶理绥（Serge Eliséeff）教授：非常感谢你8月10日来函。欣悉你已经在巴黎安居，衷心地祝贺你当选为索邦高等研究院历史部（the Historical Section at the Sorbonne）成员。兹以航空邮寄的方式给你寄去你所需要的目录。请稍后将两种已经编入图书馆馆藏目录的一诚堂（Isseido）目录还给我们。谢谢。代问叶理绥夫人和你的孩子们好。（HYL Archives：Letter of Alfred K'aiming Ch'iu to Serge Eliséeff, 75 Boulevard Périere,

Paris 17, France. August 20, 1957)

8月22日

孙恭度(Kungtu C. Sun)致函裘开明：感谢你本月19日来函。我非常愿意编制一份有关第三个复本的目录，但是，由于最近 Shimitsu 先生刚刚被任命为国会图书馆东方部日文组组长，他们对大量图书进行了一次重新整理，书太多，以至于我查找自己需要的参考书就花费了好几天。此外，我对 Shimitzu 先生并不像对 Andrew Kuroda 先生那样熟悉。在书目完善之前，我必须与这里的馆员协力查找那些有第三个复本的图书。鉴于上述这些原因，我认为最好暂时将此事延期。我非常感激你批准了一个特别证供我使用，如果我9月15日到达剑桥，我会去取许可证。(HYL Archives: Letter of Kungtu C. Sun to Alfred K'aiming Ch'iu, August 22, 1957)

9月10日

香港古今图书公司致函裘开明，告知汉和图书馆订购的图书的到货、寄送等详细情况，以及1956年4月25日订购的图书中有一本书价格降低了，因此公司也相应降低了订购这本书的费用。(HYL Archives: Letter of C. M. Chen Book Company to Alfred K'aiming Ch'iu, September 10, 1957)

9月11日

下午3:00—5:30,裘开明参加在哈佛大学图书馆副馆长办公室召开的汉和图书馆新馆计划第三次会议，出席会议的还有怀德纳图书馆副馆长 Douglas W. Bryant 和 Dorothy Weber 先生，新楼的建筑设计师之一及其助手，哈佛燕京学社社长赖肖尔(Edwin Oldfather Reischauer)以及白思达(Glen William Baxter)博士。会议的主要议题是讨论新楼的初步预算，寻求一个更为经济的方案，力图使整个新楼的建设成本接近董事会投票通过的总预算。会上，设计师递交了整个工程的成本估算表(详细内容略)，赖肖尔提交了他所制定的整个工程的时间进度表(详细内容略)。赖肖尔希望能在本年10月份的第二个星期签订正式的合同并动工。(HYL Archives: Chinese-Japanese Library of the Harvard-Yenching Institute at Harvard University Report of the Librarian for 1956-1957)

9月20日

裘开明致函米田小男(John Y. Oda)，告知图书馆岗位有空缺，并说明该岗位的工作内容、待遇和人选要求。(HYL Archives: Letter of Alfred K'aiming Ch'iu to John Y. Oda, September 20, 1957)

9月23日

迪凯特公共图书馆(Decatur Public Library)致函裘开明，核实黄星辉(Julius Hsin-hui Huang)的工作经历。(HYL Archives: Letter of Mary T. How to Alfred K'aiming Ch'iu, September 23, 1957)

9月24日

裘开明致函哈佛大学图书馆馆长 Paul H. Buck：以下是对你6月11日来信中所列问题的答复，以及我馆提交给 David Weber 的统计报告。我们的统计报告是在6月30日学年刚结束时完成的。但是因为从审计办公室获得我馆经费支出数字很不易，故推迟了对你的调查问卷的答复。问题1和2的答案，在我们的统计报告中已回答。问题3：我馆没有照相复制的卡片缩微胶卷。但是有192卷中日文善本和手稿的缩微胶卷。问题4：我们的非书馆藏资源如下，(1)600卷佛教主题的画轴；(2)200张石刻和青铜器拓片。问题5：至1957年6月30日，我馆有书库管理员的职位空缺。问题6：兹附上我馆兼职馆员名单,以及来自波士顿学院和哈佛的学生助理名单。问题 7:哈佛学生的工作时间总数是 579 个小时,其他学生的工作时间是 4365 个小时。问题 8:我馆的两个预期新职位是:韩文编目员——专业岗位;书库管理员——准专业岗位。问题 9:1956－1957 年的经费支出:工资 33425 美元,书刊购买 12896 美元,装订 1854 美元。(HYL Archives:Letter of Alfred K'aiming Ch'iu to Paul H. Buck, September 24, 1957)

9 月 25 日

京都大学人文科学研究所图书馆馆长 Wakimoto Sigeru 致函裘开明,告知已收到《哈佛亚洲学报》第 20 卷的第 1、2 期。(HYL Archives:Letter of Wakimoto Sigeru to Alfred K'aiming Ch'iu, September 25, 1957)

9 月 30 日

Hachele F. Greene 致函裘开明,告知米田小男(John Y. Oda)的通信地址。(HYL Archives:Letter of Hachele F. Greene to Alfred K'aiming Ch'iu, September 30, 1957)

10 月 3 日

米田小男(John Y. Oda)致函裘开明,告知接受汉和图书馆的聘用。(HYL Archives:Letter of John Y. Oda to Alfred K'aiming Ch'iu, October 3, 1957)

10 月 5 日

裘开明致函米田小男(John Y. Oda),告知希望他能从 10 月中旬开始上班,上班前需要体检。(HYL Archives:Letter of Alfred K'aiming Ch'iu to John Y. Oda, October 5, 1957)

10 月 6 日

香港交流书报社(Chiao Liu Publication Service)致函裘开明:我公司近期能够向贵馆寄去《人民教育》1957 年第 1 期。我们仍在继续搜集其他相关的过期报刊。我们对现在所有报刊订购资源将采取每个星期向贵馆邮寄一次的方式。此外,K. S. Loh 先生指出自上次 6 月 25 日收到你的来信后就再没有音信了,我公司担心是否我们在合作中发生了什么障碍,希望我们双方进一步保持交流。(HYL Archives:Letter of Chiao Liu Publication Service to Alfred K'aiming Ch'iu, October 6, 1957)

10 月 8 日

密歇根大学安娜堡(Ann Arbor)分校图书馆参考咨询馆员 Margaret I. Smith 致函裘开明,询问汉和图书馆是否藏有 1684 年以前出版的关于插花方面的日文书籍,若有,Mary Coklly Wood 太太希望通过馆际互借借阅。(HYL Archives:Letter of Margaret I. Smith to Alfred K'aiming Ch'iu, October 8, 1957)

10 月 10 日

裘开明收到 Eleanore Murray 致 Philip J. McNiff 的信函,函中说明并解释德格版(Derge edition)藏文大藏经开价 8000－9500 美元的原由,希望哈佛大学能够接受此价格,购买此套书。裘开明认为制作此套书缩微胶卷的价格不会超过 5000 美元,且缩微胶卷形式就能够满足研究者的需要。(HYL Archives:Letter of Eleanore Murray to Philip J. McNiff, October 6, 1957)

米田小男(John Y. Oda)致函裘开明,告知到汉和图书馆上班的日期。(HYL Archives:Letter of John Y. Oda to Alfred K'aiming Ch'iu, October 10, 1957)

10 月 11 日

京都大学人文科学研究所图书馆馆长 Wakimoto Sigeru 致函裘开明,告知将会向汉和图书馆寄送 Shoho 第 26－36、41、43、44 和 51 期。(HYL Archives:Letter of Wakimoto Sigeru to Alfred K'aiming Ch'iu, September 12, 1957)

10 月 14 日

下午 4：00－5：30，裘开明参加在博伊斯顿堂 15 号社长办公室召开的会议，出席会议的还有社长赖肖尔（Edwin Oldfather Reischauer）教授、海陶玮（James Robert Hightower）、Yang、白思达（Glen William Baxter）博士，以及图书馆委员会的两名成员。会议讨论图书馆补充采购图书的事宜，与会代表采纳了社长的建议：1. 地区限制在美国、日本和韩国。2. 图书主题：(1) 人文科学类：艺术和考古学类书籍主要由波士顿美术馆（Boston Museum of Fine Arts）负责收藏，尤其是昂贵的复制品；语言和文学类、历史类、宗教和哲学类——无需购太多，因为汉和图书馆这两类的馆藏已经比较完善了。(2) 社会科学类：经济类；政治和法律类——应与法律图书馆多联络；社会学和人类学；教育类。3. 以上所述各类书籍在采购时注意保持平衡。4. 购买中日韩文雕版古籍的专项经费在未来几年将减少，而将增加购买日文书的购书经费，尤其是关于日本现代历史和政治体制方面的文献。（HYL Archives：Chinese-Japanese Library of the Harvard-Yenching Institute at Harvard University Report of the Librarian for 1956-1957）

裘开明致函香港交流书报社（Chiao Liu Publication Service）：由于亚洲型流感蔓延，我和我馆很多馆员同事都不幸患流感，也因此至今才与贵公司联系。请你们寄来在 8 月 19 日、9 月 29 日来函中所提到的期刊。只要这些期刊的发行已经具备了一定的品质和稳定性，我馆将会对这部分期刊进行正式的订购。我会在下一封信函中寄来更多自 6—4 号（除 12 号）目录中挑选的订购目录。烦请你们寄来即将寄抵我馆的中文图书的目录（第 12 号）。（HYL Archives：Letter of Alfred K'aiming Ch'iu to Chiao Liu Publication Service, October 14, 1957）

10 月 16 日

香港交流书报社（Chiao Liu Publication Service）K. S. Loh 致函裘开明：我公司现已开始了 1958 年度所有中国大陆出版的报刊的续订等工作，兹附上完整的订购书目，供贵馆参考，其中标记有 * 号的是贵馆在 1957 年度已经订购了的，我公司期待贵馆续订 1958 年度的这些报刊。我们已经在催促很多用户尽早竞购，因为出版商希望尽早获得订单。此外，需要提醒你注意的是，中国政府部门在过去的几个月间已批准了很多报刊的开放出口和订购，其中包括一些令人非常感兴趣的文献，敬请你来函回复。（HYL Archives：Letter of K. S. Loh to Alfred K'aiming Ch'iu, October 16, 1957）

10 月 21 日

香港交流书报社（Chiao Liu Publication Service）K. S. Loh 致函裘开明：感谢你本月 14 日的来函，祝贺你和你的同事病愈康复。我公司将把 8 月 19 日、9 月 19 日通信中所列的报刊寄给贵馆，并将有关账目费用计入相应的成本中去。我们相信贵馆将会对这部分刊物进行定期的订购。此外，我已将国际书店（Quezi Shudian）即将出版的书籍目录寄给你，我们希望能收到贵馆进一步的订购单。（HYL Archives：Letter of Chiao Liu Publication Service to Alfred K'aiming Ch'iu, October 21, 1957）

10 月 29 日

国会图书馆东方部中文组组长 Edwin G. Beal, Jr. 致函裘开明：我已致函日本国会图书馆，请求该馆制作《申报》1872－1922 年各期的缩微胶卷，日本国会图书馆已表示同意配合此项目。如果贵馆所藏报纸能够在华盛顿国会图书馆的照相复制服务部制作缩微胶卷，国会图书馆将拨款 2500 美元用于运作此项目。希望你致函 G. Raymond Nunn 先生，请其发起此项合作计划，召集其他各个图书馆加入，这样的话，该项目的运行将不会有困难。(HYL Archives: Letter of Edwin G. Beal, Jr. to Alfred K'aiming Ch'iu, October 29, 1957)

中国经济与政治研究计划执行委员会主席费正清(John King Fairbank)教授致函裘开明:我们现在非常迫切希望从中国华中地区获得一种报纸,如《长江日报》,我们建议可将该报替代香港《星岛日报》,因为我们已有一种香港报纸。我们将继续设法订购《人民日报》和《新华月报》,因为这些对我们的研究非常有用。(HYL Archives: Letter of John King Fairbank to Alfred K'aiming Ch'iu, October 29, 1957)

10月30日

裘开明致函密歇根大学安娜堡(Ann Arbor)分校图书馆参考咨询馆员 Margaret I. Smith:我馆没有关于插花方面的日文雕版文献。波士顿美术博物馆亚洲艺术部有很多这类书籍。请让 Mary Coklly Wood 太太致函亚洲艺术部主管富田幸次郎(Kojiro Tomita)先生。有一本 Jinkyushi 所写的 *Rikka seidō shū*,前言写于 1684 年,与另外两种出版于 1890 年代的书装订在一起,也许 Wood 太太会感兴趣。索书号为 J6878/0112。如果你需要的话,请递交申请给怀德纳图书馆负责馆际互借的 Celice Reynolds 小姐。(HYL Archives: Letter of Alfred K'aiming Ch'iu to Margaret I. Smith, October 30, 1957)

裘开明致函 Kyoko Inoue:感谢你来函询问我馆的职位聘任情况。我馆目前暂时没有职位空缺,明年 6 月可能会有。随信附上哈佛大学职位申请表,请填写后尽早寄回。我们将会考虑你的资历和经验,并与其他申请者进行比较。(HYL Archives: Letter of Alfred K'aiming Ch'iu to Kyoko Inoue, October 30, 1957)

10月

香港大学图书馆馆长 Dorothea Scott 夫人访问汉和图书馆。(HYL Archives: Letter of Mrs. Dorothea Scott to Alfred K'aiming Ch'iu, May 2, 1958)

11月3日

裘开明致函香港交流书报社(Chiao Liu Publication Service):请将 10 月 26 日来函中所列新的期刊复本及发票寄来。汉和图书馆正在修改下一年的订购目录,将在两个星期内寄给贵社最终确定的订购目录。贵社以后每周寄来所有最新的出版物(目录)是个非常好的计划。另外,请对 1957 年 7 月 1 日—1958 年 7 月 1 日间所寄的图书装箱进行编号。一旦寄出打包的书箱,请其立即发来货运清单,并注明与箱号相对应的邮寄登记号码……请寄来即将寄抵汉和图书馆的国际书店中文图书的发货单。(HYL Archives: Letter of Alfred K'aiming Ch'iu to Chiao Liu Publication Service, November 3, 1957)

11月8日

裘开明写信回复胡佛研究所图书馆的芮玛丽(Mary Clabaugh Wright)对汉和图书馆圣诞节期间开馆时间的询问:汉和图书馆在即将到来的圣诞节和新年期间将闭馆,时间可能是 12 月 23—25 日和 1958 年 1 月 1 日,其他时间正常开放,包括星期六早上。(HYL Archives: Letter of Alfred K'aiming Ch'iu to Mary Clabaugh Wright, November 8, 1957)

Whashin 工业公司(Whashin Industrial Co., Inc.)经理 Kim Seung Moon 致函裘开明,表示该公司可以向汉和图书馆提供韩文古籍,并随函附上一份目录。(HYL Archives: Letter of Kim Seung Moon to Alfred K'aiming Ch'iu, November 8, 1957)

11月11日

亚洲研究学会执行董事 Paul C. Sherbert 致函裘开明:我是作为一个与亚洲研究学会有同样信念的人给你写信的,亚洲和美国彼此都迫切需要大量的认识和理解。我们的目的是帮助美国民众了解亚洲生活和文化的巨大差异,运用更准确的认识来面对我们共同的问题。通过像你这样的人的广泛参与,我们相信亚洲协会能够发展其长远的计划,并在美国的教育和文化生活中得到富有意义的效果。我们同样相信你将会发现成员的活动对个人是有裨益的。这些活动的细节在随函附上的小册子内会进行说明。我真诚地希望你加入我们。(HYL Archives：Letter of Paul C. Sherbert to Alfred K'aiming Ch'iu, November 11, 1957)

11月14日

裘开明致函国会图书馆东方部中文组组长 Edwin G. Beal, Jr.：你提出合作制作《申报》、《大公报》缩微胶卷是一个很好的建议,请你写信给 G. Raymond Nunn 先生说明这件事情的整个经过。关于国会图书馆与我馆共同缺少的报纸,两馆有必要编制一份馆藏缺失报纸清单,然后由你致函台湾"国立中央"图书馆,由我致函北京图书馆,请这两所图书馆提供所缺《申报》、《大公报》各期的缩微胶卷。此外,还请你转告 Goodwin 太太,我馆没有她所需的《文学年报》1941年第7期和《金陵学报》1940年第10卷第1—2期。(HYL Archives：Letter of Alfred K'aiming Ch'iu to Edwin G. Beal, Jr., November 14, 1957)

11月16日

香港交流书报社(Chiao Liu Publication Service) K. S. Loh 因未收到10月16日致裘开明信函的回复,特此致信再次详述前信内容,催促汉和图书馆尽快反馈1958年度订购书目。(HYL Archives：Letter of K. S. Loh to Alfred K'aiming Ch'iu, November 16, 1957)

11月19日

Robert Masato Matsui 致函裘开明求职。(HYL Archives：Letter of Robert Masato Matsui to Alfred K'aiming Ch'iu, November 19, 1957)

11月20日

Kyoko Inoue 致函裘开明：感谢你的来函。非常荣幸有机会申请贵馆的工作。我已经尽力填写好我的职位申请表,希望能令你满意。如需任何其他信息,请来函告知。(HYL Archives：Letter of Kyoko Inoue to Alfred K'aiming Ch'iu, November 20, 1957)

11月26日

裘开明致函 Robert Epp：你的新房怎么样？我们希望你现在已经在新房里把家安顿好了。我们有很多卡片等着你来做,你愿意在你方便的时候尽快来上班吗？(HYL Archives：Letter of Alfred K'aiming Ch'iu to Robert Epp, November 26, 1957)

裘开明致函 Robert Masato Matsui：随函附寄申请空缺职位的申请表,请寄来你前任雇主的推荐信。我馆明年8月份日文编目员将会有空缺,如果你符合条件,我们会考虑录用你。(HYL Archives：Letter of Alfred K'aiming Ch'iu to Robert Masato Matsui, November 26, 1957)

裘开明致函 Kyoko Inoue：你能否告知我们你何时能来我馆开始日文编目员的工作,你是否满意前6个月的实习期起薪每月270美元？正如你所知,根据移民法,你只能分三个阶段在美国图书馆里从事实习生的工作,每一阶段为期6个月。18个月后,你必须返回日本。但是如果你希望继续在我馆工作,我们将设法向华盛顿移民局申请为你改变身份,这样你就能留在美国。(HYL Archives：Letter of Alfred K'aiming Ch'iu to Kyoko Inoue, November 26, 1957)

11月

裘开明提交第31次《馆长年度报告》(1956年7月1日至1957年6月30日),其主要内容如下：1. 图书馆馆藏情况。1956—1957年度,哈佛大学汉和图书馆新增藏书量总计7329种13503册,其中:中文图书新增4186种7523册,馆藏中文图书总量达51053种239212册;日文图书新增2488种5166册,馆藏日文图书总量达28101种61547册;藏文图书无新增,馆藏藏文图书总量为35种686册;满文图书无新增,馆藏满文图书总量达134种1067册;蒙文图书新增6种,11册,馆藏蒙文图书总量达44种375册;韩文图书新增158种234册,馆藏韩文图书总量达1062种2028册;西文图书新增491种569册,馆藏西文图书总量达6065种8429册。截至1957年6月30日,馆藏图书总量86494种313344册。在过去几年里,汉和图书馆所购中日韩文书可粗略地分为两大类:(1)传统工艺(即雕版印刷的线装书)的古籍;(2)西式装订方式的新出版物。1956—1957年度,新增中文古籍936种3690册,中文新书3250种3833册,新增日文古籍825种2183册,日文新书1663种2983册,新增韩文古籍32种79册,韩文新书126种155册,中日韩文古籍共计新增1793种5952册,新书共计新增5039种6971册。从以上数据中可以清楚地看出,图书馆所购的新出版物远远多于古籍。原因显而易见,雕版印刷的古籍在中日书市上很难购得,而古籍的价格也相当昂贵。中日两国出版物的发展趋势是采用现代印刷法和西式装订技术,这对美国的图书馆来说是一个好消息,因为西式装订的书籍更节省书库空间。关于汉和图书馆的采访政策,我认为,尽管古籍的初始购书价格和后续的维护费用都很高,但是古籍必须在图书馆采访政策中占据相当的地位。首先,我们必须摒弃许多西方人所持有的误解,即中国现在的领导人烧毁中国古籍,摧毁中国传统文化。事实上,毛泽东烧毁的只是蒋介石的著作和其他国民党出版物,而台湾"当局"发言人所指责的"有目的地、系统地破坏中国古籍"并不是事实。另一方面,新中国政府严格执行"南京政府"颁布的旧律,严禁国宝(古董和古书)出口。现在我们在中国大陆买不到雕版印刷的古籍,而这类文献将能提升我馆馆藏在未来几代美国汉学家心目中的地位。我认为购买中国古籍就是保护中国文化这种观点,是自作多情,也是错误的。哈佛燕京学社把自己当成是中国、日本和韩国文化的守护者,这是自以为是。保护关于中国、日本和韩国的历史与文化的文献和记录,这很明显不是我们的责任,而是他们各自的国家图书馆的责任。如果学社所藏的善本书,它们的复本在中国和日本已经难得一见,那么这样的保护中国文化遗产只是我们的附加目的。我们的目的是什么?很明显,答案就是"研究",即研究中国、日本和韩国的过去与现在。为了研究这些国家的历史,获取木版印刷的古籍是必须的,有时是绝对必要的。采用现代装订法的古籍现代翻印版不如原版可靠。因此进行严肃的学术研究时,对于很多有各种版本的中文书,必须选择最早和最接近原著时间的版本。所以,除非是中国、日本和韩国的权威机构经过长时间的比较,对挑选出来的古籍善本采用影印的方式再版,比如《百衲本二十四史》、《李朝实录》等,我们可以购买,否则只要东京、京都或香港的书店有卖,我们将继续购买我馆未入藏的重要文献的雕版本。虽然我们不能期望学社的图书馆达到中国、日本和韩国的国家图书馆那种程度,但是我们必须努力达到这三个国家的著名大学和学术机构的图书馆的水平……换句话说,我们图书馆的馆藏必须享有声望。只有购买古籍的传统雕版本和现代基本专著的权威版本才能使我们的图书馆享有声望。目前我馆在中文文献的收藏上基本可以达到东洋文库(Toyo Bunko)的水平,但是在韩文文献的收藏方面落后于东洋文库。东洋文库拥有最好的在日本印刷的雕版韩文古籍(大多数是用中文撰写的)馆藏。哈佛的韩文和日文文献,尤其是关于明治的文献,还落后于加州大学伯克利分校,而在十年前,我们仅次于国会图书馆,排名第二,在中日文文献收藏方面领先于美国其他大学图书馆。在日文文献方面,我们只能普通地排在第三或第四的位置上,从数量和质量上来衡量,第一名属于国会图书馆,第二名是加州大学。即使是第三名的位置,我们很可能不久就会被密歇根大学取代……在过去的一年里,社长召开了两次关于图书馆事务方面的会议,试图制定一个新的采访政策。在连续出版物方面,1956—1957 年度,中文新刊新增 140 种,汉和图书馆的中文连续出版物总量达到 2179 种;日文连续出版物新增 196 种,馆藏总量达到 1855 种;韩文连续出版物新增 8 种,馆藏总量达到 31 种;西文连续出版物新增 30 种,馆藏总量达到 386 种。截至 1957 年 7 月,汉和图书馆共有各语种连续出版物共计 4451 种。新增中文连续出版物 3688 期,新增日文连续出版物 4206 期,新增韩文连续出版物 163 期,新增西文连续出版物 594 期,共计新增 8651 期。另外,汉和图书馆的期刊还参加了由英国剑桥大学范德隆(Piet van der Loon)博士主持的汉学期刊缩微胶卷计划。欧洲的青年汉学家挑选出了 32 种最重要的汉学期刊,汉和图书馆提供了其中的 14 种期刊用于制作缩微胶卷,这 14 种汉学期刊在美国其他图书馆或者根本未入藏,或者收藏的不全。其余的 18 种汉学期刊,汉和图书馆有入藏,但同时国会图书馆也有入藏。另外,《申报》和《大公报》的缩微胶卷亦是以汉和图书馆所藏作为底本进行制作的。汉和图书馆收有 1923 年至今的《申报》和《大公报》,而国会图书馆只拥有 1931 年以后的《申报》和《大公报》。我认为汉和图书馆目前的问题是从中国大陆获得这两种报纸早期出版物的缩微胶卷。可以通过和美国图书馆协会远东资料委员会资源与技术科学部合作,制作缩微胶卷的底片,并发行正片。如果开展这一合作计划,则每个订购馆需支付 500 到 1000 美元。缩微胶卷制作完成后,我们就可以弃用这两种报纸,因此就可以节省把这两份报纸从怀德纳图书馆搬到神学院路 2 号新馆舍的成本,还可以把宝贵的书库空间腾给其他书籍。过去的一年里,图书馆新购中文丛书 11 套 562 册,丛书馆藏量达到 1319 种。日文丛书新增 91 种 347 册,总藏量达到 1148 种。中文方志类藏书增加了 2 种 21 册,中文方志总藏量达到 2927 种 30819 册。2. 馆藏编目、分类情况……汉和图书馆现在面临的一个严峻的问题是,编目速度无法跟上文献的增长速度,未编目的单行本书目数据和未编的丛书分析款目共计积压了 5000—6000 条。自 1950 年 12 月 3 日开始,学校规定每周工作 35 小时,我认为,如果严格执行学校的规定,则图书馆的编目速度会更加缓慢,所以,为保证编目数量,或者图书馆馆员继续每星期工作 38 小时,或者增加编目人员。截至 1957 年暑假结束,汉和图书馆所藏韩文图书编目工作全部完毕,共计 1166 种 2534 册,其中中国经学类 29 种 98 册,哲学类 42 种 100 册,宗教类 89 种 139 册,考古学和人类学 7 种 7 册,传记 68 种 94 册,历史和地理类 230 种 596 册,社会科学类 173 种 210 册,中国语言与文学类 171 种 658 册,韩语类 72 种 116 册,韩国文学 170 种 198 册,其他语言和文学类 5 种 5 册,艺术类 28 种 34 册,科学与技术类 26 种 29 册,总论类 56 种 250 册。图书馆计划把馆藏韩文图书简明目录排版印刷 50 套。另外,各语种目录新增目片数量统计如下:中文书作者—书名四角号码目录新增目片 17523 张(其中 6242 张为临时草片),作者—书名罗马字母目录新增目片 6187 张(其中 3 张为临时草片),分类主题目录新增目片 6553 张,排架目录新增目片 6393 张,以上共计 36656 张;日文书作者—书名四角号码目录新增目片 7264 张(其中 3094 张为临时草片),作者—书名罗马字母目录新增目片 6052 张(其中 1367 张为临时草片),分类主题目录新增目片 811 张,排架目录新增目片 765 张,以上共计 14892 张;韩文书作者—书名四角号码目录新增目片 668 张,作者—书名罗马字母目录新增目片 808 张,主题-排架目录新增目片 152 张,以上共计 1628 张;西文书作者—书名目录新增目片 927 张,排架—主题目录新增目片 386 张,以上共计 1313 张。各语种目录合计新增目片 54489 张……3. 合作编目。在过去的一年中,美国和加拿大的远东图书馆合作编目领域所发生的重大事件就是完成了编制《编目规则》(A Code of Cataloging Rules)和《罗马化、字母化、标点和分词手册》(A Manual of Romanization, Capitalization, Punctuation, and Word Division)的工作。而这两部被官方采纳并推行的规则和指南,与汉和图书馆25年来使用的编目规则和指南极为相似。从此以后,美国所有图书馆将使用统一的编目规则为中、日、韩文文献编目,而我希望继续保持汉和图书馆在此项领域的领导地位。4.读者服务。由于博伊斯顿堂空间局促,很多研究生和来自东方的访问学者纷纷投诉图书馆过于拥挤,另外还投诉图书馆夜间不开放。关于借还服务,自1956—1957学年秋季开学以后,学校所有做东亚研究的学生都有权外借图书馆的藏书。裘开明希望图书馆在搬入新馆以后,所有木刻版文献都加上禁止馆外流通的标志。1956年7月1日—1957年6月30日间,汉和图书馆馆藏外借量总计4475种8607册。其中:中文外借2208种5730册;日文(含部分韩文书)外借1429种1938册;西文外借838种939册。图书馆外借服务开放的时间全年共264天,44周,日均外借图书约31册。这一流通数据不包括隔夜借还的数量和馆内阅览的数量。在参考咨询服务方面,待图书馆搬新馆以后将出版新版的汉和图书馆指南。同时,裘开明认为非常有必要为区域研究项目组聘请一名兼职教师,指导研究生如何利用图书馆的资源搜集学位论文所需的资料。为迎接远东协会(Far Eastern Association)年会,汉和图书馆举办了中、日、韩文善本书展……5.馆际互借与对外服务。向外界学者提供的服务主要包括在文献中检索信息以及提供研究所需资料的缩微胶卷和复印件。这类服务已经拓展到除美国和加拿大以外的英国、法国和德国的学者。这类服务主要涉及到中文古籍和中日文的学术性期刊。1956—1957年度,通过馆际互借向汉和图书馆借书的机构共有43所。文献外借给其他机构数量总计162种,484册,其中:中文71种,321册;日文68种,135册;西文23种,28册。6.图书馆人事。黄星辉(Julius Hsin-hui Huang)于1957年8月份辞去书库管理员一职,赴俄亥俄州扬斯敦(Youngstown)公共图书馆担任专业编目员。由于工资低、工作繁重,书库管理员一职很难找到接任的人选。后来聘请了井上瑞见(Zuiken Inouye)接任此职。图书馆其他岗位的工作人员没有变动。目前图书馆有2名日文编目员,1名韩文编目员,2名中文编目员。在图书馆搬新馆以后,需要再增加1名日文编目员和1名中文编目员……而外增加这两个编制每年需多拨款7000美元。7.图书馆财务。

1956—1957年度图书馆预算

开支项目		金额(单位:美元)	
图书	中文书	4000	9700
	日文书	2800	
	韩文书	1000	
	西文书	700	
装订		2500	
保险		1500	
办公经费(文具、特快专递、电话等)		850	

续表

开支项目		金额(单位:美元)	
设备(2个目录柜)		1000	
国会图书馆合作编目		950	
差旅费		1500	
薪水和津贴	原始拨款	25320	27870
	补充拨款	2550	
总计		45870	

1956—1957年度支出统计

开支项目		金额(单位:美元)	
图书	中文书	4088.92	12895.92
	日文书	6881.92	
	韩文书	1246.82	
	西文书	678.26	
装订		1854.32	
图书保险		1468.05	
设备		1123.39	
办公经费		901.52	
国会图书馆合作编目		597.97	
差旅费		1424.55	
薪水与津贴	正式员工	18657.78	24680.39
	临时工	4204.10	
	学生助理	705.00	
	退休金与社会保险	1113.51	
其他		2886.55	
合计		47832.66	
赤字		1952.66	

8. 图书馆搬新馆计划。为制定图书馆搬新馆之计划,1956—1957年度共召开了3次会议。图书馆还对藏书进行了一次除尘工作,除尘的费用计入搬馆费用中。关于藏书如何在新馆布局的问题。在比较中外图书馆在中日韩文文献布局实践的基础上,我认为

汉和图书馆新馆在文献布局上应采取一种折中的办法,即在每一层书库都把中文馆藏和日文馆藏平行排架,一侧为中文书,一侧为日文书。这种折中的布局方法是一种全新的方法,没有一个图书馆尝试过。由于在新馆里面空间不是问题,这种平行布局中日文文献的方法带给研究者的好处就是,可以把所需的中日文资料集中在同一层楼或邻近的楼层。(HYL Archives：Chinese-Japanese Library of the Harvard-Yenching Institute at Harvard University Report of the Librarian for 1956-1957)

12月1日

Robert Masato Matsui 致函裘开明,告知已请人写推荐信,并决定根据裘开明的建议,修读编目和分类的理论方面的课程,并进行实践。(HYL Archives：Letter of Robert Masato Matsui to Alfred K'aiming Ch'iu, December 1, 1957)

12月9日

Kyoko Inoue 致函裘开明：非常感谢贵馆为我提供日文编目员职位,很遗憾我恐怕不能接受这个职位。我刚自纽约布鲁克林公共图书馆(Brooklyn Public Library)儿童部获得了一个职位。经慎重考虑,我认为该职位更适合,因此我决定去纽约。感谢你对我的照顾,希望能有机会参观贵馆并拜访你。(HYL Archives：Letter of Kyoko Inoue to Alfred K'aiming Ch'iu, December 19, 1957)

12月13日

裘开明收到小野纪彰(Noriaki Ono)为 Robert Masato Matsui 写的推荐信。(HYL Archives：Letter of Noriaki Ono to Alfred K'aiming Ch'iu, December 12, 1957)

12月15日

香港交流书报社(Chiao Liu Publication Service) K. S. Loh 致函裘开明：此前我曾写信告知你关于近期中国大陆开放出口的部分新的报刊,并询问贵馆订购一事,但不幸的是这些报刊出版量非常有限,同时又有很多用户订购,因此我公司希望你将贵馆的总括授权书给我们,以便收集样本复本,这样还可以节省时间和经费。请你及时来函回复。(HYL Archives：Letter of K. S. Loh to Alfred K'aiming Ch'iu, December 15, 1957)

12月16日

中国经济与政治研究计划执行委员会主席费正清(John King Fairbank)教授致函裘开明：我们委员会非常赞同把关于当代中国的中英文报纸制成缩微胶卷,并会努力为该项目筹集资金。委员会认为最急迫需要制成缩微胶卷的是《大公报》和《申报》的所有各期以及《万国公报》、《北华捷报》(North China Herald)。(HYL Archives：Letter of John King Fairbank to Alfred K'aiming Ch'iu, December 16, 1957)

12月18日

裘开明致函 Robert Masato Matsui 询问他是否愿意以培训生的身份到汉和图书馆担任日文编目馆员,并介绍相应的待遇情况以及如何改申护照诸事。(HYL Archives：Letter of Alfred K'aiming Ch'iu to Robert Masato Matsui, December 18, 1957)

12月22日

Robert Masato Matsui 致函裘开明,表示愿意以培训生的身份在汉和图书馆担任日文编目馆员。(HYL Archives：Letter of Robert Masato Matsui to Alfred K'aiming Ch'iu, December 22, 1957)

12月26日

裘开明致函 Robert Masato Matsui 询问他何时可以到汉和图书馆上班,并建议其自学日文编目。(HYL Archives：Letter of Alfred K'aiming Ch'iu to Robert Masato Matsui,

December 26, 1957)

本年

裘开明担任哈佛大学哈佛燕京学社汉和图书馆馆长(Librarian of Chinese and Japanese Library of Harvard-Yenching Institute at Harvard University)和远东语言系中国语言文学讲师(Lecturer in the Chinese Language and Literature),办公地点为博伊斯顿堂(Boylston Hall)13号。自本年起,裘开明在哈佛大学登记的个人住址由30 Mellen Street改为37 Gorham Street, Cambridge, MA.,此后长期住在此处。(*Harvard University Catalogue*, 1957-1958. Cambridge: Harvard University, November 1957)

裘开明所制定的东亚文献编目规则经美国图书馆协会推荐,被美国所有东亚图书馆采纳,从此成为美国东亚文献编目工作的基础。(HYL Archives: Wu Eugene. Alfred K'aiming Ch'iu and the Harvard-Yenching Library, 1984)

哈佛大学哈佛燕京学社汉和图书馆副馆长于震寰(Zunvair Yue)编成一份《韩籍分类简目》,分送有关机关。当时汉和图书馆韩籍藏书合计1124种2659册。

哈佛燕京学社董事会拨发了一批数目可观的经费,用于汉和图书馆发展韩文藏书。裘开明受社长赖肖尔(Edwin Oldfather Reischauer)教授委托,制定在韩国内外搜购韩文文献的最佳方案。故开明聘请延世大学(Yonsei University)的闵泳珪(Minn Yong-gyu)教授负责在韩国采访韩文文献。同年,亚洲基督教高等教育联合董事会(United Board for Christian Higher Education in Asia)也拨款给汉和图书馆,用于发展韩文馆藏。(HYL Archives: Memoire of Kim Sungha to Wu Eugene, January 5, 1967)

1958年
61岁

1月1日

黄星辉(Julius Hsin-hui Huang)致函裘开明,告知他目前无法回剑桥,所以无法应聘汉和图书馆的职位,并详细介绍自己在俄亥俄州扬斯敦(Youngstown)市的生活情况、扬斯敦公共图书馆的情况以及扬斯敦的气候。(HYL Archives: Letter of Julius Hsin-hui Huang to Alfred K'aiming Ch'iu, January 1, 1958)

Robert Masato Matsui致函裘开明,告知根据裘开明的建议,他正在自学日文编目。(HYL Archives: Letter of Robert Masato Matsui to Alfred K'aiming Ch'iu, January 1, 1958)

1月4日

孙恭度(Kungtu C. Sun)自纽约致函裘开明:我于去年7月份离开剑桥。祝愿你在享受了一个愉快的假期后,身体健康。我大多数时间一直在国会图书馆进行我的研究,但很抱歉未能找到你上次来函所提及的第3个复本。除了你们已获得的那些,国会图书馆实际上已没有此类复本。Edwin G. Beal, Jr.博士一个月前辞去了日文组组长职务,新任组长清水治(Osamu Shimizu)先生是一位和蔼可亲的人,但我需找到合适的图书后,才能为你提供建议。这次希望你能帮我一个忙,经费正清(John King Fairbank)教授同意,我现在纽约完成研究论文。我经常需要参考《满洲农业要览》(General Agricultural Survey of Manchuria)一书,以核查数据。尽管国会图书馆有此书的两个复本,但不允许我以个人身份借出。我记得贵馆藏有此书,可否借给我2至3个星期?并请通过邮寄寄给我,我会于1月底将此书带回剑桥。(HYL Archives:Letter of Kungtu C. Sun to Alfred K'aiming Ch'iu,January 4,1958)

1月5日

蒋彝致函裘开明:顷得香港柳存元先生来函,提及明抄本草事,特剪陈阅。柳存元函内容如下:一、裘先生迄未见;二、郭君之书,与意大利本不同之处为,他所藏之本系进呈御制本,本上多这几个字"御制……",而意大利本是较早之抄本,但不是宫内原本;三、此本之偷出,系由于中正殿大火,其事已见上次寄美之长文中。因系宫内本,故无私人图章,但纸质及笔墨均可证明是明纸明抄。(HYL Archives:蒋彝致裘开明信函,1958年1月5日)

1月9日

钱存训(Tsuen-hsuin Tsien)致函裘开明:……前闻贵馆编制《丛书集成》分析片,曾于去年6月间致函探寻,未蒙见覆。未知此项工作是否仍在进行,卡片是否自印,抑交LC(国会图书馆)翻印?敝馆拟订购一套(每种约3张加added entries),不知共计价格若干?何时可以完成?采用旧式或新章?何种印刷?均恳便中见示。敝处中文编目工作可于6月前大致完成,惟丛书尚待分析。敝意此种工作以各馆合作为佳,不知我公对此有何高见?如从事分析工作,应从哪几种大部丛书开始,可对各馆合作有所贡献?得暇请见教为幸。(于)震寰兄并此道候。(HYL Archives:钱存训致裘开明信函,1958年1月9日)

1月10日

裘开明致函文光堂书店海外部Kenji Arai:很高兴收到贵部用独立包裹寄来的1957年第8—12期《历史评论》(Rekishi hyoron)。请你们按照这种方式寄送所有我们订购的期刊,不要将它们和图书混在一起。对于通过挂号邮递图书方式寄送有许多包裹的大型航运清单,有两种方法,其一是贵部前主管所使用的方法,即制做一份完整清单,对应发票的时间列出书目;其二是香港的世界书局所采用的较简洁的方法。随函附样本供参考。此清单没有列明完整的书名,而是仅显示发票的款项编号,每个编号指向一张特定发票上特定的图书。在使用这种航运清单的简化版时,重要的是给所有在特定发票上的图书做连贯的编号(可以用一个特定的号码或者特定的日期予以区分)。这样在确定任何一个特定包裹的内容时,只需要提供一个所赋予的发票上特定图书书名的编号就可以了,而不需要写上所有图书的全名。在开出发票的时候请贵部保持为图书书名提供清单编号的关系。这些清单编号或者我们的订单号可以像以下这种形式放在连续款目编号后……请开出1958年订购的所有期刊的完整发票(一式三份),以及独立邮寄或者每周邮递当期期刊的邮资账单。另外请寄给我们本函内所列目录5和6的图书的发票。(HYL Archives:Letter of Alfred K'aiming Ch'iu to Kenji Arai,January 10,1958)

裘开明致函在纽约的孙恭度(Kungtu C. Sun)教授:感谢你1月4日的来函,很抱歉你所需要的《满洲农业要览》(General Agricultural Survey of Manchuria)一书丢失了,此书好像除了你之外没有人用过,索书号为J4398.11/6351,你是否将此书给了其他人?(HYL Archives:Letter of Alfred K'aiming Ch'iu to Kungtu C. Sun,January 10,1958)

1月13日

亚洲研究学会远东图书馆资源委员会主席 G. Raymond Nunn 致函裘开明：随函附寄一份调查问卷，请你填写，这份问卷已经发送给美国和加拿大所有收藏有远东图书的图书馆。本次调查完成后，将由钱存训（Tsuen-hsuin Tsien）博士统计并撰写有关中文图书的报告草稿，日文图书的报告则由我完成。这些报告的总述将在美国东方学会和远东协会的联合会议举行之前完成。我们希望最后这份总述能与南亚、东南亚和近东藏书的报告一起出版。对图书馆馆藏远东图书资源进行调查对图书馆有很大价值，特别是在发展馆际互借和图书联合采访等方面。大部分远东图书的统计数据已经发表在《远东研究》上。尽管这些数据非常具有价值，但都没有提供图书主题方面的标准化评估数据。因此，调查问卷的核心是对图书主题进行调查……请你对第7、8部分的回复尽可能地达到准确。请将这调查问卷于2月15日之前完成并寄回安娜堡（Ann Arbor）。（HYL Archives: Letter of G. Raymond Nunn to Alfred K'aiming Ch'iu, January 13, 1958）

孙恭度（Kungtu C. Sun）自纽约致函裘开明：非常感谢你1月16日的来函，得知我想借出的图书丢失了，我感到非常失望。这是一部非常有价值的书。这本书不是在书桌上，就是在书库中你分配给我的桌子抽屉里。此书从未带出书库。此外，每次我带出什么东西的时候我均会与 Witcham 先生或其他值班人员商议，并留下一张卡片。很遗憾此书丢失了，为此我可能需要再次去华盛顿一趟，核查一些统计数据，我希望你们能够找到此书。（HYL Archives: Letter of Kungtu C. Sun to Alfred K'aiming Ch'iu, January 13, 1958）

孙恭度（Kungtu C. Sun）再次致函裘开明：我想提醒你注意，即在中国研究计划中对"满洲"经济研究有兴趣的人不止我一个人，例如 S. H. Chou 博士也从事这一领域的研究，我离开剑桥时，他有一个日本助理。也可能是计划之外的其他人借阅过此书。我仅希望能提请你注意此书可能不仅我一个人使用过。（HYL Archives: Letter of Kungtu C. Sun to Alfred K'aiming Ch'iu, January 13, 1958）

1月14日

哈佛学院图书馆 Thomas Little 致函裘开明：兹奉还陈观胜（Kenneth Chen）所撰《藏文三藏经》一文。阅过此文，并根据之前所了解的信息，我认为应该对图书馆所藏藏文丹珠尔（Choni Tanjur）的缩微胶卷编目。国会图书馆在其1928年度馆长报告第313—316页中描述过《丹珠尔》（Tanjur）大藏经及如何将这一资源购入馆的过程。我们发现在我们的目录卡片中有其所提的图书。Joseph F. Rock 在《国家地理杂志》第54卷第1928期上发表的文章中也记述了《丹珠尔》（Tanjur）大藏经，并有照片……（HYL Archives: Letter of Thomas Little to Alfred K'aiming Ch'iu, January 14, 1958）

1月15日

裘开明致函国会图书馆东方部中文组组长 Edwin G. Beal, Jr.，请求国会图书馆照相复制服务部为汉和图书馆制作《律话》一书的缩微胶卷底片，制作费用从汉和图书馆账户内支出。因国会图书馆藏有两册《永乐大典》，询问该馆是否愿意将复本与汉和图书馆交换。（HYL Archives: Letter of Alfred K'aiming Ch'iu to Edwin G. Beal, Jr., January 15, 1958）

裘开明致函文光堂书店海外部 Kenji Arai：感谢贵书店将日文期刊各期用单独包裹的方式运送的新安排。请尽快寄来我们订购的、目前仍存留在贵书店内的图书。日本海关要求每份独立的装箱清单附在独立的包裹中，而包裹一到东京，则请以航空信件方式寄来全部的航运清单。同时，请将自1957年12月31日起至今完整的财务报表以及季度财务报表寄给我们。（HYL Archives: Letter of Alfred K'aiming Ch'iu to Kenji Arai, January

15，1958)

裘开明致函在纽约的孙恭度(Kungtu C. Sun)教授：感谢你1月13日的两封来函。的确，我们在你使用过的桌子抽屉里发现了《满洲农业要览》(General Agricultural Survey of Manchuria)一书。如果没有你明确的指示，我们真的找不到这本书。这又是一个证明，所有图书馆用户不论是教师还是学生，在他们从书架上取出任何书时必须给总出纳台(William Henry)Winship先生一张卡片，显示这本书新的确切存放地址。根据你的指示，我们现将此书寄至你在纽约的地址。请你回剑桥后带回此书。(HYL Archives：Letter of Alfred K'aiming Ch'iu to Kungtu C. Sun, January 15，1958)

1月16日

Theresa Chou Hung致函裘开明求职。(HYL Archives：Letter of Theresa Chou Hung to Alfred K'aiming Ch'iu, January 16，1958)

国会图书馆东方部中文组组长Edwin G. Beal, Jr.致函裘开明：我已收到汉城USIS寄来的一包178页的复印资料，并将在国会图书馆制作成缩微胶卷后，再转寄给哈佛燕京学社。(HYL Archives：Letter of Edwin G. Beal, Jr. to Alfred K'aiming Ch'iu, January 16，1958)

北京国际书店出口部主任致函裘开明，告知已收到汉和图书馆通过香港汇出的汇款，并说明关于汉和图书馆通过国际书店订购1958年中文报刊的情况。(HYL Archives：Letter of Director of Export Department to Alfred K'aiming Ch'iu, January 16，1958)

1月20日

台湾省立师范大学图书馆馆长王振鹄(Wang Chen-Ku)致函哈佛燕京学社汉和图书馆，推荐该馆馆员Paul Su-Lun Tai先生申请哈佛燕京学社汉和图书馆馆员职位。(HYL Archives：Letter of Wang Chen-Ku, Chief Librarian, Taiwan Normal University Library, Taibei, China, to Chinese-Japanese Library, Harvard-Yenching Institute, January 20，1958)

裘开明致函金圣河(Sungha Kim)：在新任社长赖肖尔(Edwin Oldfather Reischauer)的领导下，汉和图书馆的韩文馆藏迅速增长，并在位于地质勘探研究所(Institute of Geographical Exploration)后面的神学路2号建了学社和图书馆的新楼，新楼的一楼和地下室全部归图书馆使用。我们计划于8月份搬馆到新楼，因此正在增加馆员，新增韩文编目馆员的岗位，起薪为每年3000到4000美元，应聘者需要有工作经验、受过专门训练。工作时间为每周34小时，一年有4个星期的带薪假期。你今年夏天从南州大学毕业后是否愿意应聘？如果愿意，什么时候能开始上班？(HYL Archives：Letter of Alfred K'aiming Ch'iu to Sungha Kim, January 20，1958)

裘开明致函国会图书馆东方部日文组组长清水治(Osamu Shimizu)，恭贺清水治担任国会图书馆东方部日文组组长，并建议国会图书馆日文组今后在退还合作编目卡片的时候，能将相关编号写在卡片的右下角。(HYL Archives：Letter of Alfred K'aiming Ch'iu to Osamu Shimizu, January 20，1958)

裘开明收到哈佛大学图书馆馆长Paul H. Buck转交的国会图书馆编目部主任Jone W. Cronin的信函。信函内容如下：国会图书馆将于1958年2月3日启动中日韩文资料目录卡片印刷计划，编目的中日韩文资料不限出版日期；按照修订后的美国图书馆协会以及国会图书馆编目条例对东方图书进行编目，并为目录卡片编制主题词，国会图书馆的藏书编制国会图书馆分类号；该计划由全美各远东图书馆合作完成，订购时按照作者和书名订购目录卡片。原来的东方图书目录卡片合作复制计划于1958年1月25日结束。(HYL Archives：Letter of Jone W. Cronin to Paul H. Buck, January 16，1958)

裘开明致函 Theresa Chou Hung，函告暑假期间汉和图书馆将有岗位空缺，并随函附职位申请表。(HYL Archives：Letter of Alfred K'aiming Ch'iu to Theresa Chou Hung, January 20，1958)

1月21日

裘开明致函国会图书馆编目部主任 Jone W. Cronin：哈佛确定加入国会图书馆新的远东图书合作编目计划，我赞同你在来函中的提议。关于向国会图书馆提交目录卡片一事，有4点疑问。首先，你来函说卡片添加国会图书馆分类号，指的是哪部分类法？是贵馆的中日文图书分类法，还是用于整个图书馆的国会图书馆分类？……第二，当贵馆使用来自其他图书馆的卡片印刷卡片时，贵馆是否会在卡片上添加提交馆的分类号和索书号？第三，贵馆是否还会继续执行向提交馆免费赠送根据所提交编目数据而印制的卡片之规定？第四，贵馆目前是否暂时接受为编制主题词的编目数据？因为目前汉和图书馆只能确保编制分类目录，待稍后财务状况允许时才能顾及编制主题目录。(HYL Archives：Letter of Alfred K'aiming Ch'iu to Jone W. Cronin, January 21，1958)

1月22日

裘开明致函美国学术团体协会出版秘书：请邮寄5本我与其他人合著的《汉和图书分类法》(1943年版)和发票，并请清点所剩图书。我们正在考虑出版有附加内容、修订内容及索引的第2版。(HYL Archives：Letter of Alfred K'aiming Ch'iu to Publication Secretary of ACLS, January 22，1958)

中国经济与政治研究计划执行委员会主席费正清(John King Fairbank)教授致函裘开明：我在密歇根见到了G. Raymond Nunn，他向我解释了他现在正在进行的一项富有建设性的计划，即对美国远东图书馆馆藏资源进行评估。他领导的亚洲学会远东图书馆资源委员会已分发了一份有大量问题的调查问卷，非常希望你能够填写此问卷。尽管我无法判定此项计划的具体细节，但我对此留有深刻的印象。(HYL Archives：Letter of John King Fairbank to Alfred K'aiming Ch'iu, January 22，1958)

1月23日

金圣河(Sungha Kim)致函裘开明，询问汉和图书馆韩文编目馆员岗位的最高年薪是多少：我对你来函中所提到的工作非常感兴趣，在图书馆工作也是我最初的梦想，但是哈佛的工资比美国西岸低得太多了，加州的起薪是每月375美元。我想你也是对哈佛的薪酬体系无能为力的……(HYL Archives：Letter of Sungha Kim to Alfred K'aiming Ch'iu, January 23，1958)

1月24日

裘开明致函国会图书馆东方部日文组组长 Edwin G. Beal, Jr.：由于 Jone W. Cronin 宣布原有的目录卡片合作复制计划于今年1月25日结束，所以，请你把我们于1月22日、23日最后寄给贵馆东方部的两包按照旧编目规则编目的中日韩文图书目录卡片中的日文和韩文卡片转交给清水治(Osamu Shimizu)博士。请问按照新的编目规则编目的东方图书目录卡片应该提交给哪个部门？(HYL Archives：Letter of Alfred K'aiming Ch'iu to Edwin G. Beal, Jr., January 24，1958)

1月29日

裘开明致函亚洲学会美国远东图书馆资源委员会主席 G. Raymand Nunn 博士，感谢他寄来美国与加拿大远东藏书调查问卷，表示将全力回答问卷，并就问卷中的"册"(Volume)、"种"(Title)、"丛书"等提出修改意见。(HYL Archives：Letter of Alfred K'aiming

Ch'iu to G. Raymand Nunn, 430 University Library, the University of Michigan, January 29,1958)

裘开明致函中国经济与政治研究计划执行委员会主席费正清(John King Fairbank)教授：你1月22日来函收到，函中你要求我们必须完整地填写Nuun先生的调查问卷。昨日我收到了这份问卷，现附寄问卷复本和一封我致G. Raymond Nunn先生的信函。请你与赖肖尔(Edwin Oldfather Reischauer)教授商量后填写问题10和11，并寄还给我。(HYL Archives：Letter of Alfred K'aiming Ch'iu to John King Fairbank, January 29, 1958)

1月30日

国会图书馆编目部主任C. Sumner Spalding致函裘开明：我根据Jone W. Cronin先生指示，回复你1月21日来函的询问。在我回答你的问题之前，我认为简略说明我们的政策能够解释清楚我们开展此计划的方法。我所说的政策，简单的来说就是我们努力把远东资料的目录最大限度地整合到其他语种图书的标准化编目计划中。这一政策适用于各个环节，包括编目、分类、卡片的订购、卡片的印刷——事实上，对于各个方面来说都是有效的……卡片上印有国会图书馆索书号，表示该书国会图书馆有藏。我们将要使用的分类法是标准的国会图书馆分类法。所有向国会图书馆递交编目数据的图书馆都可以免费获赠相应的目录卡片。所有的卡片必须有主题词标目，具体的操作方法将由宫常石(Warren T. Tsuneishi)先生写信向你说明。(HYL Archives：Letter of C. Sumner Spalding to Alfred K'aiming Ch'iu, January 30, 1958)

国会图书馆东方部日文组组长清水治(Osamu Shimizu)致函裘开明：遵照你1月20日来函的意见，今后将在目录卡片右下角用铅笔书写编号。(HYL Archives：Letter of Osamu Shimizu to Alfred K'aiming Ch'iu, January 30, 1958)

1月31日

亚洲学会远东图书馆资源委员会主席G. Raymand Nunn博士回复裘开明先生1月29日来信，感谢裘开明对美国与加拿大远东藏书调查问卷提出的修改意见，并探讨有关中国"丛书"的相关问题。(HYL Archives：Letter of G. Raymand Nunn, 430 University Library, the University of Michigan, to Alfred K'aiming Ch'iu, January 31,1958)

裘开明致函芝加哥东方研究所远东图书馆馆长钱存训(Tsuen-hsuin Tsien)：很抱歉，因国会图书馆合作编目计划的不确定，故迟迟未能回复你1957年6月12日、1958年1月9日的来函。尽管我馆自1957年7月起已开始根据新的编目规则对一些中日文书籍进行编目，但迄今未向国会图书馆提交任何按照新的格式编制的目录卡片复本。1957年下半年提交给国会图书馆的所有书目仍遵循的是旧格式。我馆在五六年前已完成《丛书集成》分析书名的编目，并制成原本和副本卡片各一套，副本较早前就编入四角号码目录中，但是我们没有时间将所有的手抄草片全部抄录到合适的空白卡片上以用于复制。随函所附我给国会图书馆和G. Raymond Nunn先生的信函副本，清楚地表明如果希望国会图书馆接受草片目录，将必须遵循新的国会图书馆目录格式。因此，我馆不再继续复制丛书分析卡片，但会以照相方式对它们进行复制。本地有一家公司可以每张卡片6美分的价格承接这一工作。按照每条目录(3张附加卡片)平均0.2美元的成本计算，3000条目录总成本为600美元。我不知贵馆及其他一些图书馆是否愿意加入我们这个计划。换句话说，如果国会图书馆可接受草片目录并重新编辑、更新格式(所有已在卡片上的信息，如作者时代、作者和书名罗马化、每条目录的数字序列号)等，我馆则将不会进行复制工作。鉴于上述背景，我建议合作图书馆可购买国会图书馆分析片，每张3美分，同一序列号码的卡片每套300美元。本函附丛书中文目录，拟将此作为美国图书馆该类联合目录的基础,具体目录包括:《丛书集成》、《元明十种丛书》、《四库珍本丛书》、《北平图书馆丛书》、《百衲本二十五史》、《仁寿本二十五史》。请你提供一些更重要的目录。(HYL Archives:Letter of Alfred K'aiming Ch'iu to Tsuen-hsuin Tsien, January 31, 1958)

2月5日

Theresa Chou Hung 致函裘开明:非常感谢你的来信。随信附上我填好的职位申请表。职位一栏我没有填写,因为我希望能够从事研究和教学工作,任何对这一未来目标有帮助的工作我都愿意接受。家里的亲戚托我询问 Knight Biggerstaff 教授的中文名,我想你也许知道或者可以查到。若你能通过名信片告知,我将感激不尽。有人告诉我他目前在康奈尔。因为没有他的地址,我无法直接写信给他。(HYL Archives:Letter of Theresa Chou Hung to Alfred K'aiming Ch'iu, February 5, 1958)

2月9日

密歇根大学图书馆 G. Raymond Nunn 致函裘开明,推荐密歇根大学图书馆学院日本硕士研究生 Mayumi Taniguchi 小姐前来佛燕京学社汉和图书馆馆员谋求工作职位。(HYL Archives:Letter of G. Raymond Nunn, the University of Michigan Library, Ann Arbor, Michigan, to Alfred K'aiming Ch'iu, February 9,1958)

2月11日

日本友人荆磐石致函裘开明:前日在哈佛快叙,至为畅欢。十余年未晤旧友,得以重叙,为快为快。兹介绍友人李瑞爽先生,系前日本东京大学,研究印度哲学,曾代表我国出席日本世界佛学代表大会。顷来哈佛深造,人地生疏,尚祈我兄以前辈姿照,不吝金玉指导为祷。(HYL Archives:荆磐石致裘开明信函,1958年2月11日)

2月12日

加州大学伯克利分校东亚图书馆馆长 Elizabeth Huff 致函裘开明:按照 Yaoita 先生的要求,我为你和我馆各制作了一份 Gakujutsu zasshi hokokusho mokuroku 缩微胶卷。另外,我将要参加春季的亚洲学会年会,你是否会参加,期待与你的会面。(HYL Archives:Letter of Elizabeth Huff to Alfred K'aiming Ch'iu, February 12, 1958)

2月14日

美国学术团体协会公共事务官员 Shirley Duncan Hudson 致函裘开明:协会现仅剩19本《汉和图书分类法》,而单行本共产主义和共产党分类表也用完了。这些书都没有包装,质量很差,我已从协会的华盛顿办公室免费给你寄来5本。另请问协会是否拥有此书版权,由于没有复本,协会将考虑印制第2版。(HYL Archives:Letter of Mrs. Shirley Duncan Hudson to Alfred K'aiming Ch'iu, February 14, 1958)

2月16日

李瑞爽致函裘开明:昨晤荆磐石先生,藉悉先生近状,并承赐介,殊深欣慰。晚生为北平师范大学学生,后因战乱,辗转流亡,毕业于师范学院。毕业后,台湾选送第一批官费留日研究生,晚生亦滥竽充数赴日留学。43年春,毕业于东京帝大研究院。后经指导教授宫本先生推荐,获哈佛研究资格。昨冬来贵国,曾往哈佛,一因学期已始,二因准备未及,故暂回纽约,入哥大学读英文。时光荏苒,匆匆又逾一期,距前申请入学时间,尚有半年。每因无暇读书而感烦闷。目前正拟往哈佛借机研读。虽对入学后之生计已有准备,但半年之生计,因美国生活之高,颇感踌躇。闻先生掌哈佛中文图书馆有年,未悉先生可否以爱护后辈心情,赐一 part time 工作,若每周能有20元收入,晚生拟即往哈佛,跟随先生研读,以期于入学后,即能应付自如。不情之请,尚乞宽恕。乞赐示覆,不胜感

祷。(HYL Archives：李瑞爽致裘开明信函,1958年2月16日)

2月17日

亚洲学会远东图书馆资源委员会主席G. Raymand Nunn博士回复裘开明先生,感谢裘开明寄回填写完毕的美国与加拿大远东藏书调查问卷,并表示同意将裘开明先生提出的《丛书集成》主题编目问题列入议事日程。(HYL Archives：Letter of G. Raymand Nunn, 430 University Library, the University of Michigan to Alfred K'aiming Ch'iu, February 17, 1958)

裘开明致函金圣河(Sungha Kim)：感谢你的来函。迟至今日方答复的原因是我们下一年度的预算刚刚获得学社社长的通过。我很高兴地以年薪4000美元向你提供韩文编目员一职,每周工作35小时,外加每年4周假期。请尽快告知我们你是否愿意接受这一职位。目前我们馆的韩文编目员一职由一韩裔研究生担任,薪水较我们向你提供的要低很多。我与学社新社长赖肖尔(Edwin Oldfather Reischauer)教授就这一职位问题长谈。我的建议是学社应聘请一位受过专业训练的、愿意长期久留在我们馆发展韩文馆藏的韩文图书馆员,而社长则像大多数教授一样,认为一个好的韩裔研究生即可暂时承担这一工作。经过我再三要求需要一名受过训练的韩裔图书馆员,他最终同意我的建议。我们向你提供的薪水也许不具备吸引力,但确已比哈佛大学图书馆为新毕业的图书馆学学生的最高薪水高出200美元。正如你所知,自两年前Doo Soo Suh博士离开前往西雅图华盛顿大学后,我们就一直没有聘请长期的韩裔人员。目前,我们的韩文课程也是由一名韩裔研究生担任。我知道很快要任命一名从事韩国研究的美国学者。我希望你能看到如果你接受哈佛的这一职位,对你的祖国和你都是有益的。我认为将来我们发展韩文馆藏的可能性是巨大的。随着韩文馆藏以及购书经费的增加,韩文编目员一职的薪水也将相应增加。1957至58年度,学社董事会通过了一项5000美元的专门经费用于购买韩文经典(主要从中国购入),我想这一专项经费在下一年度将继续生效,也许还能有所增加。因此,如你所见,我们真的需要一名韩文编目员。至于那些主要以中文撰写的韩文旧籍的编目工作,于震寰(Zunvair Yue)和我将乐于助你一臂之力。虽然新英格兰的图书馆工资水平较西岸低,但波士顿的生活花费也相应较低。此外,我们的周工作时间只有35个小时,比其他地方图书馆的38或40小时较少。等待你的答复。(HYL Archives：Letter of Alfred K'aiming Ch'iu to Sungha Kim, February 17, 1958)

裘开明致函Charlotte Bedford,通知她从1958年8月1日开始上班,并告知相应的待遇。(HYL Archives：Letter of Alfred K'aiming Ch'iu to Mrs. Charlotte Bedford, February 17, 1958)

2月18日

裘开明致函Robert Masato Matsui,告知已决定正式录用他担任日文编目馆员。(HYL Archives：Letter of Alfred K'aiming Ch'iu to Robert Masato Matsui, February 18, 1958)

芝加哥东方研究所远东图书馆馆长钱存训(Tsuen-hsuin Tsien)致函裘开明：感谢你1月31日来函并附你致G. Raymond Nunn和其他人的信函,感谢寄来汉和图书馆丛书目录复制本。我同意你关于极有必要对中日文丛书联合目录编目情况进行调查的观点,我相信绝大多数图书馆没有做任何分析片,图书馆在此领域开展合作事业非常必要且极具意义。由于身兼多项工作,我还没有时间查阅此目录,考虑到此后贵馆可能会将此目录供其他图书馆复印等,因此我会将此目录归还。在所有目录未查阅完之前,我馆没有其他的目录提供,但我会在稍后提供芝加哥大学图书馆扩充馆藏的增补目录。(HYL Archives：Letter of Tsuen-hsuin Tsien to Alfred K'aiming Ch'iu, February 18, 1958)

2月20日

文光堂书店海外部 Kenji Arai 致函裘开明：随函附上发票。印制卡片工作会在《纳本周报》出版两周后立即停止，该截止时间非常严格。鉴于印制卡片环节的经费剧减，自去年以来我们就不再印制额外的卡片。尽管我们努力争取了，但书店仍无法随所订购的出版物寄送卡片。因此，我们想请你在查看《纳本周报》之后立即告知贵馆欲订购出版物的卡片号码，我们或许还可以给贵馆寄送印制卡片。请告知我们卡片是夹在所属出版物中同时寄送，还是分开寄送。在我们书店寄出《纳本周报》之后10天内就需要收到卡片号码，否则将无法寄送卡片。卡片每张价格为5日元。此外，我们书店正在努力寻找贵馆订单中的非卖出版物。另外，《支那币制改革关系之资料》(日本银行，售价150日元，1卷)已另函邮寄给你了。(HYL Archives：Letter of Kenji Arai to Alfred K'aiming Ch'iu, February 20, 1958)

2月24日

国会图书馆编目部主任 C. Sumner Spalding 致函裘开明，函附远东图书资料合作编目程序指南以及国会图书馆印刷卡片订购指南。(HYL Archives：Letter of C. Sumner Spalding to Alfred K'aiming Ch'iu, February 24, 1958)

Charlotte Bedford 致函裘开明，表示她对初级中文编目员的工作很感兴趣，但是目前还不能决定是否接受这份工作，希望了解更多关于汉和图书馆待遇方面的信息，并希望届时可以边工作边读博士。(HYL Archives：Letter of Mrs. Charlotte Bedford to Alfred K'aiming Ch'iu, February 24, 1958)

2月25日

香港古今图书公司致函裘开明，说明订购图书的到货、寄送等详细情况。函列《著名私人藏品目录》中裘开明所感兴趣的图书目录、册数以及价格等信息，并告知该公司已购买了所列目录中的图书。(HYL Archives：Letter of C. M. Chen Book Company to Alfred K'aiming Ch'iu, February 25, 1958)

裘开明致函文光堂书店海外部 Kenji Arai：请贵书店按照本函所列图书的编号寄给我们图书，并每本书请寄6张卡片。请贵书店一收到日本国立国会图书馆的卡片后，就以航空信方式寄送每本书的一张卡片。由于我馆一直通过交换或者赠送等渠道收到许多日文图书，因此对这些图书，我希望通过贵书店从日本国会图书馆获得卡片。因此本函列出了一些书的编号，请订购相应的印制卡片(每本6张)。(HYL Archives：Letter of Alfred K'aiming Ch'iu to Kenji Arai, February 25, 1958)

2月27日

裘开明回复 Charlotte Bedford，告知汉和图书馆目前的雇员情况、工作待遇、工作时间等情况，并请她尽快告知是否愿意接受这份工作。(HYL Archives：Letter of Alfred K'aiming Ch'iu to Mrs. Charlotte Bedford, February 27, 1958)

3月1日

香港交流书报社(Chiao Liu Publication Service) K. S. Loh 致函裘开明，向汉和图书馆推荐北京艺术出版社出版的《中国戏曲服装图案》。(HYL Archives：Letter of K. S. Loh to Alfred K'aiming Ch'iu, March 1, 1958)

3月6日

裘开明致函延世大学(Yonsei University)图书馆馆长闵泳珪(Minn Young-gyu)教授：感谢你长期以来为汉和图书馆搜购雕版韩文古籍，兹赠送一套汉和图书馆《汉籍分类目录》，其中收录韩文书籍 1124 种 2659 册。另随函附寄几份订购目录和订购单，请你为搜购。请你单独编制为汉和图书馆代购图书的账目，并寄来为汉和图书馆购买韩文古籍的发货单副联，以便结算。(HYL Archives：Letter of Alfred K'aiming Ch'iu. to Minn Young-gyu, March 6, 1958)

3月10日

　　Charlotte Bedford 致函裘开明表示愿意接受初级中文编目员的工作，但是希望从 9 月 1 日开始上班。(HYL Archives：Letter of Mrs. Charlotte Bedford to Alfred K'aiming Ch'iu, March 10, 1958)

3月17日

　　裘开明致函芝加哥公共图书馆 Dorothy Weber，推荐原汉和图书馆馆员吴婉莲(Dorothea Wan Lien Wu)求职。(HYL Archives：Letter of Alfred K'aiming Ch'iu to Dorothy Weber, March 17, 1958)

3月18日

　　裘开明致函亚洲学会美国远东图书馆资源委员会主席 G. Raymand Nunn 博士：我已经寄给你 30 份带有封面的印本哈佛日文丛书目录。请你在复制完中文丛书的字顺目录以后，将它们与下面的介绍文字一起寄出："作为远东区域资源调查的一部分和有效发展远东图书馆之间合作编目必需的第一步，现向所有回答了大型调查问卷的图书馆分发这两份中日文丛书目录，希望各图书馆以此目录核查各自馆藏的中文丛书和日文丛考。该项调查的结果将作为中文丛书和日文丛考联合目录的基本数据由某知名协会出版，其后这两种联合目录的年度补编将在某种专业期刊上发表。为了经济而便捷地编制联合目录，乃以印本哈佛日文丛考目录作为各图书馆查核的基础。哈佛还编撰了该目录的补编，将从剑桥寄给各图书馆。中文丛书字顺目录是北平图书馆在中日战争以前编辑出版的旧中文丛书联合目录的重印本。之所以在美国重印该字顺目录，是因为其收录精谨，尽管较旧。但是，通过综合美国国会图书馆的 200 种丛书目录和哈佛大学汉和图书馆自 1946 年以来采购编目的丛书目录，哈佛已经编撰了一套 1930 年以后出版的丛书补充目录。哈佛汉和图书馆将发行这套北平目录的补编目录，哈佛汉和图书馆还编撰了北平图书馆各馆藏丛书罗马拼音字顺目录……在核查这两份中日文丛书目录时，要求各图书馆另用纸张报告各自的馆藏……"(HYL Archives：Letter of Alfred K'aiming Ch'iu to G. Raymand Nunn, Chairman, 430 University Library, the University of Michigan. March 18,1958)

3月19日

　　裘开明致函美国国会图书馆东方部日文组组长 Edwin G. Beal, Jr. 博士：3 月 13 日来信收到，非常感谢寄来 200 种丛书目录和房女士（杜联喆）为该目录编制的分析索引。我很高兴收到这份目录，因为它正是编制我的丛书书名目录补编所需要的东西。我们有房女士目录中所列的大部分图书，只有几种不在我们图书馆，而这些对于我打算编制的丛书目录补编最有价值。这 200 种丛书中的大部分都在日本京都东方文化研究所图书馆，而且该图书馆的分类目录是在吉川幸次郎(KojiroYoshikawa)教授的指导下编制的，题为《东方文化研究所汉籍分类目录》，并有内容分析索引。而新编写的书目《内阁文库汉籍分类目录》也收录有贵馆所藏的 200 种丛书，在其主索引中包含有分析款目。当然，我馆在卡片目录中亦对丛书内容编制了作者和书名分析目录（罗马化目录和四角号码目录）。因此，我不知道贵馆是否打算邀请房夫人到华盛顿为贵馆所藏所有其他丛书编制分析索引，并出版房夫人的目录……(HYL Archives：Letter of Alfred K'aiming Ch'iu to Dr.

Edwin G. Beal, Jr., Chief of Japanese Section, Library of Congress. March 19,1958)

3月20日

李瑞爽致函裘开明：工作一事，荷蒙先生垂爱，感恩无已。谨随函奉上申请表一纸，不适之处，请赐斧正。惟关于工作时间一节，颇甚踌躇，若于6月间得往哈佛，距开学时间尚有两个月，当可做 full time，但于9月后则必须 part time，此点敬希先生为留意。总之无论如何，一有机会便决心往哈佛以求跟随先生学习。《中国佛教杂志》、太虚大师所创办之《海潮音》，未悉贵馆曾保留否，生业已函知该社请每月奉赠贵馆两部，今后当按月奉寄也。再者中国佛教杰出人才太虚大师所著《太虚大师全书》未悉贵馆保藏否？烦于忙中抽间示知是幸。（HYL Archives：李瑞爽致裘开明信函，1958年3月20日）

Elsa留便条告知裘开明，Lucian Soucy在电话里通知他被征入伍，因此无法再到汉和图书馆工作。（HYL Archives：Memorandum of Elsa to Alfred K'aiming Ch'iu, March 20, 1958）

3月21日

裘开明致函香港交流书报社（Chiao Liu Publication Service）：哈佛教授、研究人员和研究生愿意在即将寄来的国际书店（Quezi Shudian）出版的中文图书目录和其他书商编制的书目中选书。在美国图书馆界，教授和学生有优先选书权，馆员只有权利订购和编排图书。如果贵公司还知道哪些有价值的书未列入书目中，可以帮助我们补充。关于空白订单和委托订单，我馆有过惨痛的经验，也绝不会再试。我建议你们作为书商仅仅负责提供每一学科领域有价值的新的出版物目录，然后由用户选择他们想要的出版物即可。我馆将会按照原来的程序从目录上订购所需图书……请贵公司帮助搜集《考古学报》第6期、《上海文汇报》2月期、《人民中国》（蒙古语）、《中国画报》（蒙古语），以及内蒙古出版的《草原》（文学杂志）。（HYL Archives：Letter of Alfred K'aiming Ch'iu to Chiao Liu Publication Service, March 21, 1958）

裘开明致函加州大学伯克利分校东亚图书馆馆长 Elizabeth Huff：我已收到 *Gakujutsu zasshi hokokusho mokuroku*，请寄账单给我。另外，我很高兴得悉你将会参加在纽约召开的学会年会。贵馆韩文馆藏发展迅速，已超过了其他所有的图书馆，而贵馆在日文图书的数量上也超过哈佛、密歇根和哥伦比亚大学。（HYL Archives：Letter of Alfred K'aiming Ch'iu to Elizabeth Huff, March 21, 1958）

裘开明致函 David C. Weber，询问哈佛大学各学院图书馆是否可以同意馆员在工作时间内选修课程。（HYL Archives：Letter of David C. Weber to Alfred K'aiming Ch'iu, March 21, 1958）

哈佛大学图书馆 David C. Weber 来函告知裘开明，同意哈佛大学各学院图书馆馆员在不影响工作的情况下，可在工作时间内选修哈佛大学课程。（HYL Archives：Letter of David C. Weber to Alfred K'aiming Ch'iu, March 21, 1958）

3月26日

宋晞致函裘开明：1955年夏天，与镜湖（吴镜汀）兄等登先生避暑山庄拜访，并承赏以午餐，此情此景，仿佛如昨。自纽约迁来华府后，更少机会赴波城请益，惟以尊从佳胜为颂。兹有恳者，"外交部"受"中华"大藏经会之托，向海外调查与搜集有关，由中文、梵文、藏文、巴利文重译为英文、法文、德文之经佛目录及敦煌佛经之收藏情形等，前由曹"参事"文彦函贵校图书馆洽询，嗣接贵校大学部图书馆 R. H. Haynes 复函，语焉不详。恐只以大学部图书馆为限。兹附奉曹参事（曹文彦）致贵校图书馆函副本一份，敬祈就中文图书馆收藏重译佛经情形查后，无任感激。（HYL Archives：宋晞致裘开明信函，1958年3

月26日)

3月27日

裘开明致函 Charlotte Bedford：我们已经同意你从1958年9月1日开始来图书馆上班，担任中文编目工作，但是我目前尚未签发正式的录用通知。(HYL Archives：Letter of Alfred K'aiming Ch'iu to Mrs. Charlotte Bedford，March 27，1958)

3月28日

哈佛大学图书馆行政助理H. Gordon Bechanan向裘开明转交Hung I. Wang的求职信和简历。(HYL Archives：Memorandum of H. Gordon Bechanan to Alfred K'aiming Ch'iu，March 28，1958)

3月31日

香港交流书报社(Chiao Liu Publication Service)K. S. Loh致函裘开明，告知汉和图书馆委托订购的《四部总录艺术编》(上、下)已经由该公司订购，并简提请汉和图书馆注意，由于中国大陆政府开放出口的几种报刊出版时间有所变更，相关订购事宜也有所变化。(HYL Archives：Letter of K. S. Loh to Alfred K'aiming Ch'iu，March 31，1958)

Charlotte Bedford致函裘开明，表示很高兴在汉和图书馆找到工作。(HYL Archives：Letter of Mrs. Charlotte Bedford to Alfred K'aiming Ch'iu，March 31，1958)

4月3日

美国图书馆协会远东资料专门委员会会议在哥伦比亚大学东亚图书馆举行，裘开明博士、Miwa Kai女士、Audrey Smith女士、Grace E. M. May女士、钱存训(Tsuen-hsuin Tsien)博士、Ruth Krader博士、Charles E. Hamilton先生、吴文津(Eugene Wu)先生、G. Raymond Nunn先生出席会议。列席会议者17人。会议讨论的主要问题包括：中日文丛书联合目录，复制丛书集成分析卡片目录及其向图书馆发行的建议案，修订国会图书馆分类法建议案，主题标目、丛书编目、专门委员会的未来等等。(HYL Archives：Minutes of the meeting of the ALA-CCS Special Committee on Far Eastern Materials，1957/1958 No. 10)

4月11日

斯坦福大学胡佛研究所中文文库主管芮玛丽(Mary Clabaugh Wright)教授致函裘开明：感谢你寄来881种中文丛书的罗马拼音目录和中文丛书目录补编。为了向你有效地报告我们的馆藏，请原谅我问你几个粗浅的问题。1.丛书目录补编第一行提到的字顺目录(1－881号款目)与按字母顺序编排的罗马拼音目录(1－881号款目)是相同吗？如果不同，那么字顺目录是什么意思？2.你准备好了"丛书"的定义吗？如果没有丛书的定义，我们将很难报告我们收藏的在这两种目录中没有收录的丛书。你告诉我们这些信息后，吴文津(Eugene Wu)先生愿意去做这项查对工作。很高兴在纽约见到你。(HYL Archives：Letter of Professor Mary Clabaugh Wright，Curator of Chinese Collection，the Hoover Institution，Stanford，California，to Alfred K'aiming Ch'iu，April 11，1958)

4月15日

哈佛燕京学社召开董事会会议，学社社长赖肖尔(Edwin Oldfather Reischauer)汇报图书馆的工作，会议讨论有关图书馆的事项如下：1.关于图书馆预算，提议在本年度增加5315美元经费，除去已用于购买德格版大藏经的专项经费，增加的经费用于图书馆工资调整，以及一个半的新职位的增加，包括一个编目主管和一个兼职日文助理(除日文编目员之外)，这两个职位有助于减少编目严重的积压工作。社长赖肖尔先生指出，哈佛所有图书馆都调整了工资，自然汉和图书馆也不得不增加工资，即便如此，汉和图书馆的工资调整平均仍低于怀德纳图书馆，只相当于怀德纳图书馆的最低水平。2. 关于裘开明博士的工资问题，赖肖尔社长提议增加 2000 美元，并指出，作为在美国，甚至有可能在世界东方图书馆领域一位最卓越的人物，裘博士应该获得至少 10000 美元的工资待遇，这是哈佛大学各主要图书馆分馆馆长最低工资水平。国会图书馆日文部新任主任的工资为 9200 美元。赖肖尔认为在每次为教授增长工资时，增加裘开明博士的工资十分合理。3. 关于加强现代图书和韩文图书的采购问题，赖肖尔指出在富有才干的裘开明博士的领导下，图书馆的馆藏资源和服务持续发展，不断取得令人满意的进步。截至 1958 年 1 月 1 日，图书馆总藏书量为 320901 册。应不断加强韩文和日文现代图书的采购，努力使汉和图书馆全部馆藏实现更好的平衡……关于韩文图书的购买，Fenn 博士指出如果图书馆通过汉城的延世大学（Yonsei University）购买韩文书籍的话，将有可能利用到面向部分教育和慈善机构许可的 850∶1 美元的特别汇率。赖肖尔指出他将和裘开明博士调查此事。赖肖尔教授解释了预算中的 4500 美元"专项现代资金"，指出这笔用于东亚现代图书的资金由下列部分组成，即怀德纳图书馆、东亚研究中心和学社 3 方，每方出资 1500 美元。也就是说，其中将有 3000 美元来自学社预算之外。他进一步解释东亚研究中心拨付 1200 美元的图书馆薪水是该中心研究学者和学生增加给图书馆职员繁重工作的一种象征性补偿。4. 会议全票表决通过 T－1417 决议：推荐任命于震寰（Zunvair Yue）先生为汉和图书馆副馆长，任期 3 年，年薪 5300 美元；表决通过 T－1418 决议：推荐任命刘楷贤（Kai-hsien Liu）先生为汉和图书馆中文编目主管，任期 3 年，年薪 4800 美元。（HYI Archives：Meeting of the Board of Trustees Held on April 15, 1958）

4 月 21 日

裘开明致函胡佛研究所中文部主管芮玛丽（Mary Clabaugh Wright）教授：非常感谢你 4 月 11 日来信询问丛书调查的问题。是的，丛书目录补编第一行提到的字顺目录与按字母顺序编排的罗马拼音目录是相同的，而我经 G. Raymond Nunn 先生寄给你的字顺目录是按号码顺序编排的，每一个款目都分配了一个固定的号码。当你查到罗马拼音丛书书名前面的号码时，你就能够在字顺目录中查到丛书的准确汉字。只有 1－881 号主款目有罗马拼音索引。补编目录的 882－1358 号款目则是按笔划编排的，没有罗马拼音索引。为了这次美国图书馆丛书与丛考调查，现提出如下"丛书"的定义供采用："根据本联合目录的编制目的，丛书是指两种或者两种以上具有不同书名的著作同时按照一个集合书名以一套或者在某一时期内以一册或者两册或者一册的部分连续出版的集成。"请寄来你和吴文津（Eugene Wu）先生的修改意见。（HYL Archives：Letter of Alfred K'aiming Ch'iu to Professor Mary Clabaugh Wright, Curator of Chinese Collection, the Hoover Institution, Stanford, California, April 21, 1958）

裘开明致函美国国会图书馆编目部东方语言组主任宫常石（Warren T. Tsuneishi），告知已经收到国会图书馆寄来的卡片目录，并言：芮玛丽（Mary Clabaugh Wright）女士请我给她提供用于远东图书的"丛书"（series）术语的定义，兹附上我给芮玛丽女士的信件。因为美国远东图书馆资源委员会已经指定你和我负责起草该术语的定义，所以请你斧正我的初稿。（HYL Archives：Letter of Alfred K'aiming Ch'iu to Warren T. Tsuneishi, Head of Far Eastern Languages Section, Descriptive Cataloging Division, Library of Congress, April 21, 1958）

加州大学伯克利分校东亚图书馆馆长 Elizabeth Huff 致函裘开明：请接受我赠送的 *Gakujutsu zasshi hokokusho mokuroku*，因为此书成本很低，我订购了两个复本。很遗憾我只在纽约会议上短暂地见到你,我很遗憾你今年夏天不能来洛杉矶。G. Raymond Nunn 先生的新委员会可能会在冬季集会,我粗略地看了一眼 Nunn 先生提议的计划,我相信这一计划需要一段很长时间的商议和考虑。(HYL Archives：Letter of Elizabeth Huff to Alfred K'aiming Ch'iu, April 21, 1958)

William C. Berges 致函裘开明,申请汉和图书馆编目员职位。(HYL Archives：Letter of William C. Berges to Alfred K'aiming Ch'iu, April 21, 1958)

4 月 23 日

裘开明致函 Theresa Chou Hung,通知 Theresa Chou Hung 从 7 月 1 日星期二上午 9 点开始上班。(HYL Archives：Letter of Alfred K'aiming Ch'iu to Theresa Chou Hung, April 23, 1958)

4 月 24 日

裘开明致函亚洲学会远东图书馆资源委员会主席 G. Raymand Nunn 博士：祝贺你高效、快速地完成了《美国远东图书馆合作发展建议》初稿和美国图书馆协会 ALA－CCS 专门委员会纽约会议录。兹附上我给芮玛丽女士和宫常石(Warren T. Tsuneishi)先生的信件,我听说宫常石先生同意我对"丛书"(Series)的定义,我想请你把该定义复印一页并发给你寄送连续出版物目录的所有图书馆。你的《远东藏书调查》在期刊上发表时或者发表以后,请你寄给我 10 份以上你在纽约会议上派发的《图书馆藏远东、中国和日本研究资料》(Library resources for Research on the Far East, China and Japan)的基本大纲。(HYL Archives：Letter of Alfred K'aiming Ch'iu to G. Raymand Nunn, April 24, 1958)

胡佛研究所图书馆芮玛丽(Mary Clabaugh Wright)致函裘开明：你是希望将现代作家的文学选集也归入其中吗?多产作家鲁迅有相当多的选集。你想将清代政治家的完整图书或较少的一部分图书也包括在你的定义中吗?这部分图书数量是非常巨大的。我们会将两种目录上的 1,358 条款目与我们的馆藏进行核对。但是我认为你对丛书的定义,使得将书架上的书与每一张卡片进行核对变成一项很骇人的任务。(HYL Archives：Letter of Mary Clabaugh Wright to Alfred K'aiming Ch'iu, April 24, 1958)

裘开明致函 William C. Berges：我馆中文编目员一职已有人选。4 月的第一个星期我在纽约参加亚洲学会会议时,曾听加州大学伯克利分校东亚图书馆馆长 Elizabeth Huff 小姐说,她的图书馆有一个中文编目员和一个日文编目员的空缺,你若有兴趣,可与之联系。(HYL Archives：Letter of Alfred K'aiming Ch'iu to William C. Berges, April 24, 1958)

4 月 25 日

Theresa Chou Hung 致函裘开明：很荣幸你告知我被贵馆聘为初级编目员。在接受任职前,我想知道我可以向哪个办公机构咨询住房信息。(HYL Archives：Letter of Theresa Chou Hung to Alfred K'aiming Ch'iu, April 25, 1958)

4 月 26 日

Theresa Chou Hung 致函裘开明,询问汉和图书馆对初级编目馆员未来进修问题的规定。(HYL Archives：Letter of Theresa Chou Hung to Alfred K'aiming Ch'iu, April 26, 1958)

4 月 30 日

裘开明致函 Theresa Chou Hung：哈佛规定不申请学位的旁听生可以上免费的课,否则一律都必须交学费。一般来说图书馆不允许全职工作人员利用正常上班时间去上课。晚上 5 点钟以后有面向馆员的课程可学。如果正常上班时间不上班,那么会从薪水中减去相应的报酬。30多年前我初到哈佛图书馆工作的时候，曾经利用正常上班时间去上课，但都要从薪水中扣掉相应的钱。以现有的待遇，你是否愿意接受我馆的聘用？(HYL Archives: Letter of Alfred K'aiming Ch'iu to Theresa Chou Hung, April 30, 1958)

Theresa Chou Hung 致函裘开明，确认接受初级编目员一职。(HYL Archives: Letter of Theresa Chou Hung to Alfred K'aiming Ch'iu, April 30, 1958)

5月2日

裘开明致函美国学术团体协会公共事务办公室 Shirley Duncan Hudson：我已收到5本《汉和图书分类法》，非常感谢你。该书未曾在任何知识产权局注册过，不受知识产权保护，因此没有人拥有此书的知识产权。不知协会能否出版第2版？如果不行，将需要寻找一个出版商。另请告知 Mortimer Graves 先生现在哪里办公及目前的职位。我馆欲购两本戴维森(Martha Davidson)编《中文作品英、法、德译书目》第2卷，我们已有第1卷，即诗歌之外的文学部分，烦请寄送。(HYL Archives: Letter of Alfred K'aiming Ch'iu to Mrs. Shirley Duncan Hudson, Public Affairs Officer of ACLS, May 2, 1958)

香港大学图书馆馆长 Dorothea Scott 致函裘开明，询问新版的《汉和图书分类法》是否已经出版，如已出版，希望购买一部；如未出版，则希望从汉和图书馆购得一部1943年版《汉和图书分类法》。(HYL Archives: Letter of Mrs. Dorothea Scott to Alfred K'aiming Ch'iu, May 2, 1958)

5月5日

美国学术团体协会公共事务办公室 Shirley Duncan Hudson 致函裘开明：为了慎重考虑《汉和图书分类法》重版一事，董事会需要了解更多细节。协会现在的计划中没有为出版计划预算的资金，但可以作为一个特殊案例来考虑。我建议你在向董事会提交详细计划之前，可以先联系一下商务印书馆。Mortimer Graves 先生已从协会退休了，现在住在马萨诸塞州 West Newbury。董事会已拨款给耶鲁大学远东出版社出版戴维森(Martha Davidson)编《中文作品英、法、德译书目》第2卷。如果贵馆想购买第2卷，请你写信给耶鲁大学的 George A. Kennedy 教授，售价为6.5美元。另外，请告知你将如何安排商务印书馆出版《汉和图书分类法》。(HYL Archives: Letter of Mrs. Shirley Duncan Hudson to Alfred K'aiming Ch'iu, May 5, 1958)

5月7日

李瑞爽致函裘开明：东方学会在纽约开会，得以借谒尊颜，惜因匆忙归来，未能聆教，深以为憾。耶鲁已近学期之末，考试已毕，约在本周末停课，学生全将离去。晚生拟留耶鲁。惟自5月17日起至6月16日止，约一月余，无事可做，有意外出赚钱，而又无路可由，未悉先生能否顾念晚生经济之困窘，允来贵馆工作一个月？虽然时节甚短，然对晚生经济实有大补也。况前者曾蒙先生提拔，鼎助之恩，没齿难忘，果能再来跟随先生，非仅惠助晚生生活，亦可借得随进聆教也。如何之处，至乞荷示。(HYL Archives: 李瑞爽致裘开明信函, 1958年5月7日)

5月8日

裘开明致函 Chawan. Chawanidchaya：因为我馆在搬到神学路2号之前有很多工作要做，所以你最好在6月1日开始上班。因受建筑行业联合会罢工影响，新楼完工时间可能要推迟一个月左右。但无论如何，我们最迟必须在7月底之前开始搬馆。(HYL Archives: Letter of Alfred K'aiming Ch'iu to Chawan. Chawanidchaya, May 8, 1958)

5月13日

新英格兰图书装订公司董事长 Samuel H. Donnell 致函裘开明：原哈佛大学装订厂

将由大学所有单位转为私人所有单位,并采用新名字为"新英格兰图书装订公司"。我公司仍将保留技巧娴熟的员工,也会继续提供高质量的装订服务。并且,我公司正在计划于今年秋季搬迁至新的地址,新厂址设于临近目前所在的这个地区的一个极容易找到的地方。(HYL Archives:Letter of Samuel H. Donnell to Alfred K'aiming Ch'iu, May 13, 1958)

5月14日

裘开明致函香港大学图书馆馆长 Dorothea Scott:我们已经收到了 Scott 先生的《中国古典戏剧》(*The Classical Theatre of China*)一书,这是一部从专业层面上研究中国古典戏剧最好的西文著作。美国学术团体协会(ACLS)告诉我们,他们大约还有 12 套 1943 年华盛顿出版的《哈佛燕京汉和图书分类法》。因此我把你的信转发给了美国学术团体协会公共事务办公室的 Shirley Duncan Hudson 夫人处……我现在正在收集使用我馆分类法的用户,包括斯坦福大学胡佛图书馆、加州大学伯克利分校和洛杉矶分校图书馆、哥伦比亚大学远东图书馆、芝加哥大学远东图书馆、华盛顿大学图书馆、普林斯顿大学图书馆和耶鲁大学远东文库等对分类法修改和扩充的意见,再加上我馆的修订和完善意见,将作为修订分类法第 2 版的资料。分类法的索引编制工作已经完成了一半。我将会寄给你一份《共产主义和共产党图书分类表》,以及建议美国和加拿大两国图书馆连续出版物(中文丛书和日文丛书)联合目录使用的分类大纲,该大纲是我于 1958 年 4 月在纽约召开的亚洲学会年会上提出的。亚洲学会刚组建了远东图书馆资源委员会。密歇根大学远东图书馆馆长 G. Raymond Nunn 先生担任主席。正如你所知,Nunn 先生是一名英国图书馆工作者,曾在伦敦大学学习图书馆学和日本学。在接受远东协会委员会任命之前,Nunn 先生曾担任美国图书馆协会远东资料编目特别委员会主席,该特别委员会用了 4 年的时间修订美国图书馆协会中日韩文图书编目规则,相关成果发表在国会图书馆《编目服务通讯》(*Cataloging Services Bulletin*)1957 年 7 月第 42 期上,本函亦附寄该文的复本一份。如果你对这两个协会所开展的活动感兴趣,请致函 Nunn 先生索取相关资料。(HYL Archives:Letter of Alfred K'aiming Ch'iu to Mrs. Dorothea Scott, May 14, 1958)

裘开明致函李瑞爽(Ruey-Shuang Lee)通知其开始上班的日期。(HYL Archives:Letter of Alfred K'aiming Ch'iu to Lee Ruey-Shuang, May 14, 1958)

5月20日

何炳棣致函裘开明(函件标注"机密"[Confidential]):久未函候,想近况佳胜,新馆即将落成,贵馆必有一番新气象。兹有两事奉恳。一、年前本校曾接《蒲坂书楼藏书目录》5 册,系严文郁(罗斯福纪念图书馆[Roosvelf Memerial Library]、战时联大图书馆主任)□□□。此批典籍在今日颇为难得,近得严氏函,索价 65000 美元。敝校颇有意谈价。晚在联大任教时,对严君为人颇多观察,不敢完全相信。渠此番极力隐藏书生姓名住址,想象中必有一番把戏。晚无意剥夺严氏应有之佣金(commission),但渠如中饱过多,不特对书生欠公,且必增加讲价之困难。该书目想先生必早经过目,内中不少明代文集、传记,虽有价值,但收藏完备如贵馆者,至多亦不过对一二十种发生兴趣。先生如知该书主人姓名住址(澳门、香港)未审能否赐知。此间非万不得已时不拟致函书主。为不知该书主人,能否航函。介绍一两位香港旧书界精练之士,俾晚函请代探一切。此事无论如何,当守万分秘密。再该馆藏(Collection)尊意是否认为值 50000 美元,亦乞示知,最感。盖图书之事,晚甚少经验,端赖先生指教。如成交则内中若干种可与贵馆交换复本(duplicates)。二、晚自 9 月 1 日至明年 8 月底,足足 12 月将在哥伦比亚写作(*Seuier*

Research Fellow，*East Asian Institute*），现拟即日动手撰晚清社会活动（*Social Activity*）一专刊，重需乡试齿录一种，只贵馆有嘉庆丙子科（1816）《直省乡试同年齿录》。此录两年前曾用过，但在若干细节须重检对，先此申请，明日即由本校图书馆正式经馆际互借请借。晚计划 8 月下旬携眷东行，至迟明春当携眷赴康桥一行。重晤之期不远。一切多谢。伊同兄不日即返哈佛收集中古史料，必能面详。（HYL Archives：何炳棣致裘开明信函，1958 年 5 月 20 日）

加州大学伯克利分校东亚图书馆馆长 Elizabeth Huff 致函裘开明：目前在我馆从事日本手稿馆藏工作的京都大学（Kyoto University）图书馆学教授 Chikao Ogura 先生，将会在本月和下月参观多个大学和图书馆，将在 6 月 2—6 日到波士顿，请代为接待。（HYL Archives：Letter of Elizabeth Huff to Alfred K'aiming Ch'iu, May 20, 1958）

5 月 21 日

Robert Masato Matsui 致函裘开明：我计划于 5 月 30 日或 31 日到汉和图书馆拜访，请问贵馆的开馆时间。（HYL Archives：Letter of Robert Masato Matsui to Alfred K'aiming Ch'iu, May 21, 1958）

5 月 23 日

裘开明致函 Robert Masato Matsui：因 5 月 30 日是阵亡将士纪念日，汉和图书馆将闭馆。请你在 5 月 31 日上午来访。（HYL Archives：Letter of Alfred K'aiming Ch'iu to Robert Masato Matsui, May 23, 1958）

5 月 27 日

裘开明致函英属哥伦比亚大学远东研究系何炳棣（Ping-ti Ho）教授：感谢你 5 月 20 日来函。我已于今早收到了你寄来的馆际互借申请。我馆收藏有以下年份的《直省乡试同年齿录》：1808 年、1810 年、1813 年、1819 年和 1821 年，但无 1816 年。你在两年前借的是此书的 1821 年本。待你告知我需要此书的年份后，我们会直接通过航空信寄给你。我很高兴得知贵校现已集资购买西南联合大学图书馆严文郁（Yen Wen-yu）先生提供的私人图书馆藏书。我极为反对任何科系的学者或一个学术机构教职员参与商业活动，但是我知道有不少中国学者已经在做这样的事情，包括大学者罗振玉（Chen-yü Lo）和著名的画家张大千。因此，你应该视严文郁先生为一个商人，并继而与他做生意，即对此部分藏书提出一个非常低的价格，以便他无法从交易中获得太多的收益。如果想知道该私人藏书原来的主人，这是很困难的事情，因为他们通常将该批藏书交给两家以上的机构来处理，并且经常性地改变藏书楼的名字。许多年前，恒慕义（Arthur William Hummel）博士的儿子（Arthur William Hummel, Jr.），原是香港美国文化大使随员，曾提供给我们这一私人藏书楼。我以前就看过此份书目，但现在已不记得内容了。如果你愿意寄给我们该私人藏书楼的详细目录，我们会仔细检查全部的书目，并对整批藏书商量达成一些合理的价格。如果其中有一些书目是我馆感兴趣的，我们也会订购这样的图书。希望很快能在图书馆见到你。（HYL Archives：Letter of Alfred K'aiming Ch'iu to Ping-ti Ho, May 27, 1958）

5 月 29 日

斯坦福大学胡佛图书馆芮玛丽（Mary Clabaugh Wright）致函裘开明，函寄 200 张汉和图书馆订购的中文书目录卡片。（HYL Archives：Letter of Mary Clabaugh Wright to Alfred K'aiming Ch'iu, May 29, 1958）

5 月 30 日

斯坦福大学胡佛图书馆芮玛丽（Mary Clabaugh Wright）致函裘开明，函寄一份近现代汉学图书采访计划调查问卷。问卷内容包括:(1)图书馆每年用于1912年后的出版物的采访经费是多少? 是否集中于有关当前局势的领域? 每年购买图书的种类有多少? 从大陆、香港、台湾购买的报纸各有多少种?(2)图书馆的书刊采访是努力保持广泛的范围还是专于特殊的领域? 是仅限于购买学术出版物还是包括其他类出版物? 图书订单由谁确定? 来自教职员和学生的图书购买请求所占比例。(3)关于此问卷的内容还需要咨询哪些人?(4)在美国推广图书采访计划是否有风险?(5)是否愿意对根据此次调查形成的报告提出深入的建议?(HYL Archives: Letter of Mary Clabaugh Wright to Alfred K'aiming Ch'iu, May 30, 1958)

6月17日

香港古今图书公司致函裘开明:我公司已寄给你图书编号,函内所列订单的图书一到货,我们会随即寄给贵馆。我公司已订购了一些图书,但最终并未到货,有可能是因为这些书已售罄或不允许出口。我公司正在联系并查询原因。而另有一些书因属雕版印刷,故未到货。此类书在两个月之前就规定不允许自北京出口,但如果从上海等地区出口还是有可能的。(HYL Archives: Letter of C. M. Chen Book Company to Alfred K'aiming Ch'iu, June 17, 1958)

6月18日

Harold Shadick致函裘开明:我承担了Larry Sickman的计划中关于梁清标(清初官员和书画鉴藏家)传记的撰写任务。他希望我能查找一些梁清标艺术活动的资料,但直到现在我对此还是一无所获。我所能看到的传记资料几乎全部都是他的为官资料。最有希望获得线索的可能是梁清标自己写的杂记,但我现在还未获得。随函附上我查找到的他的所有著作目录,显然大部分是不完整的或者仅是副标题。这是我在国会图书馆和我们这里的图书馆所能找到的全部资料。你如果能告诉我贵馆还收藏有哪些图书,并可允许我通过馆际互借获得,我将不胜感激。在我最近一次去哈佛的两天里,我本希望到你这里来亲自查看这些书籍,不过由于我们委员会的工作占用了所有的时间,我没有办法来博伊斯顿堂。(HYL Archives: Letter of Harold Shadick to Alfred K'aiming Ch'iu, June 18, 1958)

袁同礼(Yuan Tung-Li)致函裘开明,推荐Kathryn Chang小姐到汉和图书馆求职。(HYL Archives: Letter of Yuan Tung-Li to Alfred K'aiming Ch'iu, June 18, 1958)

6月19日

金圣河(Sungha Kim)致函裘开明:上周我完成了图书馆学学业,继续在原来那家书店工作。我之前告诉你我将于10月初到馆工作,而现因9月初我在波士顿将会有落脚的地方,我想将工作时间提前到9月份。暑期结束重开馆时请告诉我。另外,我知道哈佛正在寻找一位韩国教授,如果人选已经确定,能否请你告诉我他的姓名。(HYL Archives: Letter of Sungha Kim to Alfred K'aiming Ch'iu, June 19, 1958)

6月23日

为了将汉和图书馆馆藏图书迁移至神学路2号新馆,裘开明聘请Astor Exterminating and Cleaning公司对全部馆藏进行除尘。此项工作直至7月16日才全部完成。(HYL Archives: Chinese-Japanese Library of the Harvard-Yenching Institute at Harvard University Report of the Librarian for 1957-1958)

6月27日

美国学术团体协会Shirley Duncan Hudson致函裘开明:根据Mortimer Graves先

生的建议,特向你询问出售一套铅字的潜在价值。大约在1935年,协会向上海商务印书馆购买了两套5号中文铅字。哈佛有一套,另一套由协会存于国会图书馆,以便自用或由其他组织使用。现在国会图书馆要求协会另找地方存放这套铅字。所以我们准备存在西海岸或其他能方便找到的地方。Graves先生提到有本小册子详细记录了所有汉字的号码。但因为无法找到了,故此询问你,并请你估算出售这部分铅字的价格。(HYL Archives：Letter of Mrs. Shirley Duncan Hudson to Alfred K'aiming Ch'iu, June 27, 1959)

7月11日

韩国Chang Suk Lee致函裘开明：根据你1958年4月11日的来函,我们已将名为《自由文学》的书籍独立包装,通过普通邮寄方式寄给贵馆了。贵馆所需另一部份现代文学和阅读统计报告图书,因无库存,需在下一次寄出。(HYL Archives：Letter of Chang Suk Lee to Alfred K'aiming Ch'iu, July 11, 1958)

7月14日

汉和图书馆雇用24名工人和2辆大货车,开始把博伊斯顿堂的藏书搬往位于神学路2号的新馆。在此之前,馆员已经把馆藏全部打包、装箱并编号。图书搬运工作持续4个星期。(HYL Archives：Chinese-Japanese Library of the Harvard-Yenching Institute at Harvard University Report of the Librarian for 1957-1958)

7月16日

位于博伊斯顿堂的汉和图书馆藏书全部除尘完毕。(*Chinese-Japanese Library of the Harvard-Yenching Institute at Harvard University Report of the Librarian for 1957-1958*)

Charlotte Bedford致函裘开明,申请变更为兼职上班。(HYL Archives：Letter of Mrs. Charlotte Bedford to Alfred K'aiming Ch'iu, July 16, 1958)

7月18日

马大任(John T. Ma)致函裘开明：我现在就读于哥伦比亚大学图书馆学院,将于夏天获得硕士学位,希望在贵馆谋得一职。随信附上简历,希望8月到9月间有机会见面。(HYL Archives：Letter of John T. Ma to Alfred K'aiming Ch'iu, July 18, 1958)

7月22日

金圣河(Sungha Kim)与裘开明通长途电话。(HYL Archives：Letter of Alfred K'aiming Ch'iu to Sungha Kim, July 23, 1958)

7月23日

裘开明致函金圣河(Sungha Kim),函寄正式聘任金圣河为主管韩文编目之高级编目馆员的聘书,并言：请你从9月15日开始上班。E. Wagner先生将从韩国回来教韩文课程。现在我馆正忙于把整个图书馆搬到神学路2号,希望8月中旬能搬完。(HYL Archives：Letter of Alfred K'aiming Ch'iu to Kim Sungha, July 23, 1958)

7月24日

裘开明致函袁同礼,告知汉和图书馆暂时没有职位空缺提供给Kathryn Chang小姐。(HYL Archives：Letter of Alfred K'aiming Ch'iu to T. L. Yuan, July 24, 1958)

7月31日

裘开明致函马大任(John T. Ma)：很高兴你将来访,我馆将于1958年8月16日搬至新址。(HYL Archives：Letter of Alfred K'aiming Ch'iu to John T. Ma, July 31, 1958)

8月4日

香港交流书报社(Chiao Liu Publication Service)K. S. Loh致函裘开明,函询是否

订购《人民手册 1958》。(HYL Archives：Letter of Chiao Liu Publication Service to Alfred K'aiming Ch'iu, August 4, 1958)

8月5日

马大任(John T. Ma)来函告知裘开明,将于8月21日前往哈佛与裘开明见面。(HYL Archives：Letter of John T. Ma to Alfred K'aiming Ch'iu, August 5, 1958)

8月6日

哈佛大学远东语言系柯立夫(Francis W. Cleaves)致函裘开明：随信附上 M. Adrien Maisonneuve 7月11日写给我的信函。我8月4日给他回了信。请你尽最大努力搜购《爨文丛刻》(*Lolo Manuscripts*,彝文手稿),如果将这批手稿加入图书馆原有的馆藏中,我们就拥有了世界上最优秀的这类收藏。(HYL Archives：Letter of Francis W. Cleaves to Alfred K'aiming Ch'iu, August 6, 1958)

8月6日—7日

韩国汉城延世大学闵泳珪(Minn Young-Gyu)教授向汉和图书馆邮寄代购的第2批韩文古籍,共25包,内含韩文古籍34种212册。(HYL Archives：Chinese-Japanese Library of the Harvard-Yenching Institute at Harvard University Report of the Librarian for 1960-1961)

8月8日

汉和图书馆馆藏文献从博伊斯顿堂旧馆搬迁到神学路2号新馆的搬迁工作结束,共搬运馆藏文献6000箱(38英寸×15英寸×10英寸)。(HYL Archives：Chinese-Japanese Library of the Harvard-Yenching Institute at Harvard University Report of the Librarian for 1957-1958)

8月9日

Robert Masato Matsui 致函裘开明,因办理签证的需要,请求开具一份为期一年的实习证明寄给移民局,随函附证明文件的样本。(HYL Archives：Letter of Robert Masato Matsui to Alfred K'aiming Ch'iu, August 9, 1958)

8月11日

汉和图书馆新馆阅览室正式开放。原计划开放时间为8月4日,但是由于建筑公司和设计公司的问题,导致阅览室未能按时完工,故正式开放日期延迟到11日。是日,图书馆开始搬运办公设备,于8月20日全部搬完。(HYL Archives：Chinese-Japanese Library of the Harvard-Yenching Institute at Harvard University Report of the Librarian for 1957-1958)

香港交流书报社(Chiao Liu Publication Service)K. S. Loh 致函裘开明：近期北京已出版了由中国大陆多家佛教组织机构汇编和收集的大量有关佛教的著作出版物,超过约5000册,许多是完整成套的丛书。现奉上相关目录,请予以关注并回复。(HYL Archives：Letter of Chiao Liu Publication Service to Alfred K'aiming Ch'iu, August 11, 1958)

8月14日

俄勒冈州立大学图书馆馆员 Phillip W. J. Ho 致函裘开明：James T. C. Liu 教授告诉我贵馆有可能有一个参考馆员的新职位,我对此有兴趣,故写信来申请该职位。(HYL Archives：Letter of Mr. Phillip W. J. Ho, the Oregon State College Library, Oregon, to Alfred K'aiming Ch'iu, August 14,1958)

9月2日

澳大利亚国立大学图书馆馆长 A. L. G. McDonald 致函裘开明,请求《前蒙古纪事本末》和《后蒙古纪事本末》两种书的缩微胶卷。(HYL Archives：Letter of A. L. G. McDonald to Alfred K'aiming Ch'iu, September 2, 1958)

9月4日

美国图书馆协会编目与分类委员会主席 Gertrude L. Oellrichune Russell 致函裘开明，邀请裘开明担任远东资料委员会顾问。(HYL Archives：Letter of Gertrude L. Oellrichune Russell to Alfred K'aiming Ch'iu, September 4, 1958)

9月11日

Robert Epp 致函裘开明，告知即将赴纽约。(HYL Archives：Letter of Robert Epp to Alfred K'aiming Ch'iu, September 11, 1958)

9月19日

纽约的东方书店(Paragon Book Gallery)致函哈佛大学图书馆，告知已获有宋版《杜工部集》25卷22册，绢面，桃签，元代装裱，开价20000美元，有兴趣可联系购买。(HYL Archives：Letter of Max Facerber, Paragon Book Gallery, New York, N. Y., to Harvard University Library, September 19,1958)

9月22日

加州大学远东图书馆馆长 Man-Hing Yue Mok 致函裘开明：加州大学东方语言系新来的陈观胜(Kenneth Chen)教授告诉我贵馆收藏有一套《续藏经》的复本。我们非常想拥有一套，贵馆是否愿意出让，不管是通过礼物赠送和交换形式，还是通过付费均可。希望你为我馆的建设提供宝贵的建议。(HYL Archives：Letter of Mrs. Man-Hing Yue Mok to Alfred K'aiming Ch'iu, September 22, 1958)

9月24日

克雷斯商业与经济图书馆(Kress Library of Business and Economics)副馆长 Dorothea D. Reeves 致函裘开明：我们知道最近出版了亚当·斯密(Adam Smith)的《国富论》(The Wealth of Nations)中文译本。在我馆 Vanderblue 文库中所藏的最新版本是上海商务出版社1930年出版的3卷本。我们希望找到最近出版的这个版本，以便为 Vanderblue 文库获得复本。你是否可以为我们提供一个可以购买该复本的香港书商？我们将非常感激你的帮助。(HYL Archives：Letter of Dorothea D. Reeves to Alfred K'aiming Ch'iu, September 24, 1958)

9月29日

美国图书馆协会编目与分类委员会主席、新泽西州纽瓦克公共图书馆(Newark Public Library)Gertrude L. Oellrichune Russell 致函裘开明：这几天事情已经逼近最后期限，我已火烧眉毛了。我们必须在10月5日前提交委员会名单，以便在《美国图书馆协会通讯》上公布委员会名单。因此请你尽快告诉我们，你是否可以确定在名单上添加你的名字。如果不行，当然我希望不会是这样，我们将需要找到另外一个人来担任委员会顾问一职。我非常希望你将会给我以肯定的答复。(HYL Archives：Letter of Gertrude L. Oellrichune Russell to Alfred K'aiming Ch'iu, September 29, 1958)

10月1日

裘开明回复美国图书馆协会编目与分类委员会主席 Gertrude L. Oellrichune Russell：感谢你9月4日和29日来函邀请我继续担任远东资料委员会顾问，我非常荣幸担任此职。之所以延迟回复你，是由于我馆在进行新馆搬迁工作。你知道当一个图书馆馆长不得不搬迁一个拥有330000册馆藏的图书馆时，他会有多么忙碌。我们图书馆已经从使用了30年的旧馆址迁移到一个可容纳800000册馆藏的全新的大楼。我非常抱歉遗漏了你的信，延迟了答复。(HYL Archives：Letter of Alfred K'aiming Ch'iu to Gertrude L. Oellrichune Russell, Chairman of ALA RTSD CCS, October 1, 1958)

10月3日

Harold Shadick致函裘开明：得知你今夏的搬馆计划，我能理解你未能及时回复我此前的咨询。除了《棠村随笔》这本对我非常重要的著作之外，我已经找到了可能找到的所有有关梁清标的资料。（HYL Archives：Letter of Harold Shadick to Alfred K'aiming Ch'iu, October 3, 1958）

10月7日

哈佛燕京学社社长赖肖尔（Edwin Oldfather Reischauer）、裘开明向图书馆用户发布《哈佛燕京学社汉和图书馆关于在阅览隔间和指定桌位使用图书的规定》，公布包括隔间及指定桌位的使用，借书，还书，工具书、其他书籍及个人财产的保管，打字，吸烟和夜晚使用时间等8条规定。其中特别说明：虽然此规定不是针对学社教师和工作人员的办公室或研究室而定，但亦希望所有相关人员遵守两条简单的规定：第一，禁止将阅览室标有R或B的书籍带到办公室或研究室；第二，将书库中的书籍借到办公室或研究室使用前需填写相关表单。（HYL Archives：Letter of Edwin Oldfather Reischauer and Alfred K'aiming Ch'iu to users, October 7, 1958）

10月11日

Theresa Chou Hung致函裘开明：我住院3个星期，现已出院，但医生建议休息几个月，请保留我的岗位，停发工资。（HYL Archives：Letter of Theresa Chou Hung to Alfred K'aiming Ch'iu, October 11, 1958）

10月15日

皮博迪学院（George Peabody College）Ethel C. Swiger致函裘开明，寄赠该院韩文图书馆学校（Korean Library School）研究生编写的《韩文工具书指南》（Guide to Korean Reference Books）。（HYL Archives：Letter of Ethel C. Swiger to Alfred K'aiming Ch'iu, October 15, 1958）

10月21日

香港大学图书馆馆长Dorothea Scott致函裘开明：受洛克菲勒基金的资助，香港大学将派我校图书馆冯平山图书馆副馆长Ng Tung-king小姐赴美做访问学者3个月，即从1958年11月到1959年2月，到美国国会图书馆和美国、加拿大两国其他主要东方图书馆学习中日韩文图书编目的新规则。Ng小姐毕业于香港大学，在伦敦受过专业的图书馆学训练，从1953年开始负责港大图书馆的中文部。她希望在12月14－16日访问剑桥，我希望她用一天的时间在贵社图书馆学习你们的编目方法。我还给Douglas W. Bryant博士写了信，请他安排一次对哈佛各主要图书馆的快速参观。如果你能安排一个人带领Ng小姐参观，我将非常感谢。她会致电你的秘书确认抵达后的安排。（HYL Archives：Letter of Mrs. Dorothea Scott to Alfred K'aiming Ch'iu, October 21, 1958）

10月22日

裘开明致函克雷斯商业与经济图书馆（Kress Library of Business and Economics）副馆长Dorothea D. Reeves：我非常抱歉因为图书馆搬迁之后事务甚多，所以一直没有回复你9月24日的来函。在香港代理亚当·斯密（Adam Smith）著作中文译本最好的经销商是香港交流书报社（Chiao Liu Publication Service），我们从他们那里购买了大部分新的中文出版物。（HYL Archives：Letter of Alfred K'aiming Ch'iu to Dorothea D. Reeves, October 22, 1958）

10月24日

台湾大学李定一（Din-yi Lee）致函裘开明：握别瞬已4月有余，迟至今日始修书问候,至盼宥谅。留居哈佛两载,一切诸承照拂,铭感勿忘。今后贵馆凡有所命,希随时示之,当竭力以赴,藉报两年来哈燕学社诸公爱护之忱也。临行前承面示与沈宝环先生洽询编贴书目事,以返国之初,适逢小儿入院治眼疾,无暇赴台中,延至本月初始托人向沈先生探询。顷已得沈先生大示并寄到全部索引。据沈示称因前交此项资料之 John Philip Emerson 未言明用途,但嘱向蔡一谔先生询问,而蔡先生亦无所知,故沈先生以为或系赠送东海大学之资料。仅安存而未处理。今由定处转来消息,始知所以,然既有馆务,又需授课,实无须臾之暇可为料理,故将原件由邮寄上(引沈先生致定函)。该资料一大包,已于数日前收到,立即详加审阅,并探询较切实之情况,谨将打听及初步洽商所得实情,略陈如后,希即于指示至祷。一、据概略估计,共约卡片一万四五千张。其中用红笔改正之书目,须抄写卡片上者约二千张左右。二、附寄之卡片,为目前台湾出品之最佳者,不知道适合否? 定亦托文具店代求洋纸,但尚无结果。若由日本进口纸再行切片,但耗时甚多,手续亦将繁杂。且据内行人称,日纸优于台纸者实有限。请示若在此地求而不得洋纸,台纸可否? 三、据初步估计剪贴及抄录全部卡片,需两人工作 6 个月。因原有纸张质地颇不佳(很易碎破),须极细心有耐性之工作,而抄录又需中文与英文之工笔字也。四、所需费用,目前难作准确预算,惟可粗作估计,聊供参考:甲、卡片:若用台纸,则共需美金 30 元。用洋纸则不详,大约贵一倍。乙、薪津:每人每月以美金 50 元左右为宜,若能多则更佳。盖此地公教人员月薪不过 30 元左右,然有房舍、实物配给、年终奖金等额外收入。若私人机关之仅支薪给者(普通文员),大约均在美金 50 之左。此事既为短期工作,较之私人机关顾人又略有不同。若以两人工作六月计,约需款六百元左右。鄙见则以较上数略高为宜。丙、杂支:卡片柜、邮费等(即卡片寄美费用)约 50 元至 100 元(此项尚未打听明白,此处仅凭常识估计)……(HYL Archives:李定一致函裘开明信函,1958 年 10 月 24 日)

11 月 7 日

裘开明收到韩国汉城延世大学(Yonsei University)闵泳珪(Minn Young-Gyu)教授寄来的为汉和图书馆代购的第 2 批韩文古籍,共 25 包,内含韩文古籍 34 种 212 册,其中 5 种 13 册为复本,另有 4 种不完整,共花费购书经费 205930 韩元,折合 228.84 美元(当时汇率为 1∶900)。(HYL Archives:Chinese-Japanese Library of the Harvard-Yenching Institute at Harvard University Report of the Librarian for 1963-1964)

11 月 10 日

芝加哥大学东方语言文学系钱存训(Tsuen-hsuin Tsien)致函亚洲学会美国远东图书馆资源委员会主席 G. Raymand Nunn 博士:鉴于你 11 月 6 日的备忘录,我想就"法明顿计划"(the Farmington Plan)远东计划中芝加哥大学和哈佛大学"中国史"资料的划分提出一小点修改意见。在最初的计划中,芝加哥是接受从古代到南北朝的中国史资料,而哈佛是隋至清。因为宋和明是芝加哥大学教学科研的重要领域,我想提议把芝加哥大学接受资料的时限延长到明朝,而哈佛大学只接受清朝的资料,我知道这是哈佛教学科研的重点……我明白建议分配方案是以现有学科力量而不是研究兴趣为基础的,但是,我相信这种安排会比原来的方案更有利于资料的利用。我打算把这封信的复本寄给哈佛的裘开明博士,并请他告诉你对这项调整的看法。(HYL Archives:Letter of Tsuen-hsuin Tsien, the University of Chicago, to G. Raymand Nunn, Chairman, Committee on American Library Resources on the Far East of the Association for Asian Studies, 430 University Library, the University of Michigan, November 10,1958)

日本驻美国总领事馆副总领事泷川真久（Masahisa Takigawa）致函裘开明：应日本东方文化研究所请求，日本外务省请日本驻美总领事馆转交给汉和图书馆两种出版物——东方文化研究所出版的《国际东方学者会议纪要》（1957年第2期）和东京宗教问题研究所编的《当代日本宗教》（Religions in Japan at Present）。这两种出版物将另外邮寄来。东方文化研究所希望能与汉和图书馆交换美国出版的类似的东方学出版物。（HYL Archives：Letter of Masahisa Takigawa to Alfred K'aiming Ch'iu, November 10, 1958）

11月14日

加州大学图书馆东方图书馆馆长 Man-Hing Yue Mok 致函裘开明：在陈观胜（Kenneth Chen）博士的建议下，我曾于9月22日写信给你，谈及《续藏经》的复本一事。因为陈博士非常渴望得到这套书，所以再次来函询问可否出售该书。最近我馆购买了一套20卷的郑振铎（Cheng Chen-to）编的《中国版画史图录》，我们希望了解一下该书是否完整，希望你能告诉我该套丛书的实际出版卷册信息。（HYL Archives：Letter of Man-Hing Yue Mok to Alfred K'aiming Ch'iu, November 14, 1961）

11月15日

韩国汉城延世大学（Yonsei University）闵泳珪（Minn Young-Gyu）教授向汉和图书馆邮寄代购的第3批韩文古籍。（HYL Archives：Chinese-Japanese Library of the Harvard-Yenching Institute at Harvard University Report of the Librarian for 1963-1964）

11月20日

裘开明致函 Betty W. Woang，告知汉和图书馆目前有空缺岗位以及该岗位的工作和待遇情况。希望 Betty W. Woang 能放弃在哥伦比亚学习，转到拉德克利夫学院（the Radcliffe College）上课，这样就可以来图书馆上班，图书馆愿意适当地补偿她在哥伦比亚的学费损失。（HYL Archives：Letter of Alfred K'aiming Ch'iu to Betty W. Woang, November 20, 1958）

裘开明提交第32次《馆长年度报告》（1957年7月1日至1958年6月30日）（报告后有3份关于汉和图书馆搬迁新馆的附件），其主要内容如下：1. 图书馆馆藏情况。1957－1958年度，哈佛大学汉和图书馆新增藏书量总计5090种11935册，其中：中文图书新增2705种6493册，馆藏中文图书总量达53758种245705册；日文图书新增1730种3601册，馆藏日文图书总量达29831种65148册；藏文图书新增3种320册，馆藏藏文图书总量为38种1006册；满文新增7种28册，馆藏满文图书总量达141种1095册；蒙文图书新增6种18册，馆藏蒙文图书总量达50种393册；韩文图书新增197种751册，馆藏韩文图书总量达1259种2779册；西文图书新增442种724册，馆藏西文图书总量达6507种9153册。截至1958年6月30日，馆藏图书总量91584种325279册。1957－1958年度，汉和图书馆新增中文古籍809种3929册，新书1896种2564册，新增日文古籍825种2183册，日文新书463种1465册，新增韩文古籍141种537册，韩文新书56种214册，中日韩文古籍共计新增1413种5931册，新书共计新增3219种4914册。从图书馆图书采访的渠道上来看，20072册书通过购买所得，1442册书通过赠送或交换所得，还有421册为连续出版物合订本。期刊中丢失的卷册不计入统计数据中。关于汉和图书馆的采访政策，我认为最基本的两个原则是馆藏平衡原则和馆藏特色化原则。针对第一个原则，显然我们应该购买更多的我们馆藏薄弱的各个领域的图书。针对第二个原则，我们应亚洲学会远东图书馆资源委员会的要求，根据"法明顿计划"（Farmington Plan）购买我馆馆藏实力雄厚的各个领域中即将出版的新书和重要的古籍。根据1958

年11月6日最新公布的"法明顿计划",下一年度哈佛需要购买的中文图书主要包括佛教和道教、中国历史、中国方志、法律、教育、音乐、艺术、中国语言学、印刷与出版以及图书馆学10大类;日文图书主要包括远东哲学与宗教、远东历史和法律3大类;该计划未对哈佛应该重点购买的韩文图书作出规定。我认为"法明顿计划"实际上并没有对任何一所图书馆的采访政策作出严格的限制,所以汉和图书馆在未来的图书采访工作中可以根据自己的需要、按照馆藏平衡发展的原则开展购书工作,同时兼顾特色馆藏,但是为了实现这两个原则,董事会每年必须拨发更多的购书经费(在现有预算的基础上增加50%)。在连续出版物方面,1957—1958年度,中文新刊新增145种,汉和图书馆的中文连续出版物总量达到2324种;日文连续出版物新增110种,馆藏总量达到1965种;韩文连续出版物新增6种,馆藏总量达到37种;西文连续出版物新增24种,馆藏总量达到410种。截至1957年7月,汉和图书馆共有各语种连续出版物4736种。过去的一年里,我馆用于购买中文期刊的经费为970美元,购买日文期刊的经费为500美元,购买韩文期刊的经费为50美元,购买西文期刊的经费为150美元,订购期刊的总支出约为1670美元。装订期刊的经费支出与订购期刊的经费支出相近。装订的支出总额为3242.50美元,其中约有一半用于期刊装订,另外一半用于普通图书装订。因此,上一年图书馆用于连续出版物的总支出为3000美元。期刊能够反映最新的重要研究成果,反映关于中国、日本和韩国的国际、国内的热点问题,所以图书馆用于期刊的大笔支出是值得的。关于丛书和方志类图书,过去的一年我馆新购中文丛书292册,总量达到1339种;日文丛书新增93种347卷,总藏量达到1241种。今年4月份,以油印的方式出版并发行了收录超过360种日文丛书的书目,是为我馆1954年在剑桥出版的日文丛书目录的补充。中文方志类藏书增加了4种25册,总藏量达到2931种30844册。2.图书馆从博伊斯顿堂搬迁到神学路2号。1957—1958年度,汉和图书馆的主要工作是搬迁新馆,包括发通知收回所有外借的馆藏图书、馆藏除尘(此项工作由Astor Exterminating and Cleaning公司承接,1958年6月23日动工,7月16日完工)、打包装箱、编号、搬书。8月11日新馆阅览室开放使用。在我的建议下,新馆的设计图共做了3大修改,分别是:(1)在新楼东南角的安全出口前方建了一个排水井和一道约5英寸高的矮渠。在建这样一个排水井之前,一下雨,雨水就会流进安全出口。现在地下书库就可以保持干燥。(2)在善本书库前面加一段走廊,方便工作人员(如门卫、女工、消防员、邮差、电工、推销人员、维修人员、普通工人等)。这段走廊经过旧楼的地下书库,连接地下室装卸区的升降机和空调机房,以及通往地下室外面的工作人员入口,包裹和成箱的书就是通过这个入口从后面的停车场搬进地下室。在原始的设计图中没有这段走廊,门直接从地下室装卸区的升降机通往善本书库……(3)第三个修改就是完全放弃了设计师所设计的字典式(Dictionary Files)布局……3.馆藏编目、分类情况……截至1958年暑假结束,汉和图书馆已编目的韩文图书共计1210种2599册,其中中国经学类34种103册,哲学类46种104册,宗教类89种139册,考古学和人类学7种7册,传记68种94册,历史和地理类237种615册,社会科学类182种221册,中国语言与文学类171种658册,韩语类72种116册,韩国文学176种204册,其他语言和文学类6种13册,艺术类29种35册,科学与技术类27种30册,总论类66种260册。另外,各语种目录新增目片数统计如下:中文书作者—书名四角号码目录新增目片7700张(其中3118张为临时书名草片),作者—书名罗马字母目录新增目片4609张(其中406张为临时作者草片),分类主题目录新增目片298张,排架目录新增目片1150张,以上共计13757张;日文书作者—书名四角号码目录新增目片 4080 张(其中 2869 张为临时书名草片),作者—书名罗马字母目录新增目片 3228 张(其中 1439 张为临时作者草片),分类主题目录新增目片 885 张,排架目录新增目片 2545 张(其中 2053 张为临时作者草片),以上共计 10738 张;韩文书作者—书名四角号码目录新增目片 404 张(其中 272 张为临时书名草片),作者—书名罗马字母目录新增目片 189 张(其中 92 张为临时作者草片),主题—排架目录新增目片 42 张,以上共计 635 张;西文书作者—书名目录新增目片 1036 张,排架—主题目录新增目片 401 张,以上共计 1437 张。各语种目录合计新增目片 26567 张……4. 读者服务。图书馆在过去一年中,全年开放。甚至在暑假将全部馆藏从博伊斯顿堂搬往神学路 2 号期间也没有闭馆。因此,我们图书馆在美国图书馆史上又创下了一项纪录,即一所图书馆在其把馆藏 30 多万卷图书从一个馆舍搬到一英里外的另一个馆舍期间,继续开馆面向读者服务。1957 年 7 月 1 日—1958 年 6 月 30 日间,汉和图书馆馆藏外借量总计 5055 种 8807 册。其中中文外借 2363 种 5429 册;日文(含部分韩文书)外借 1658 种 2211 册;西文外借 1034 种 1167 册。1957—1958 年度,通过馆际互借向汉和图书馆借书的机构共有 40 所。图书外借给其他机构数量总计 150 种 621 册,其中中文 90 种 491 册;日文 48 种 114 册;西文 12 种 16 册。在参考咨询服务方面,主要是通过口头或书面的方式解答学生、访问学者以及其他机构的研究者的问题。我本年所写的很多信都是解答读者问题的,很多学者出版的专著中都有对汉和图书馆的致谢。据我们所知,最近刊登在 *Freer Gallery of Art Occasional Papers* 上的一篇文章,以及普林斯顿大学远东艺术讲师方闻(Fong Wen)博士所撰的《罗汉和通天桥》("The Lohans and A Bridge to Heaven")(华盛顿,1958),都对学社的馆长和副馆长表示了诚挚的谢意。应法国、英国、澳大利亚和美国的学者的要求,图书馆制作和提供了学社所藏的一些珍稀图书,尤其是中文善本书的缩微胶卷。5. 图书馆人事。在过去的一年里,图书馆职员中有 7 名为全职,2 名为兼职,还有 1 名职员的工作时间是全职时间的三分之二……正式的工作人员有裘开明(馆长)、于震寰(Zunvair Yue,副馆长)、William Henry Winship(阅览室主任)、刘楷贤(Liu K'ai-hsien,中文编目主管)、吴婉莲(Dorothea Wan Lien Wu,中文编目馆员)、Chimyo Horika(兼职佛教编目馆员)、荒川哲郎(Tetsuro Arakawa,日文编目馆员)、Hiroko I. Oka 夫人(日文书采访助理)、Choo Tong-He 小姐(兼职韩文编目馆员)和陈谭韶英(Ch'en Tan Chao-ying,连续出版物助理,工作时间为全职时间的三分之二)。以上人员,除了 Oka 夫人以外,整个学年都在馆任职,Oka 夫人于春天离开我馆……其岗位由另一名很有能力又漂亮的日本年轻女士 Fumiyo Iwano 小姐接任。井上瑞见(Zuiken Inouye)先生,一名很能干的书库管理员,1957 年秋天在我馆工作了仅一个半月,就应美国政府的号召参军了,这对于我们来说是个损失。其后,他的工作由其他临时工作人员和学生助理分担。6. 图书馆财务。

1957—1958 年度图书馆预算

开支项目		金额（单位：美元）	
图书（常规拨款）	中文书	4000	11000
	日文书	4000	
	韩文书	2300	
	西文书	700	
图书（新出版物专项拨款）	哈佛学院图书馆	1500	3000
	区域研究计划组	1500	
图书（善本书专项拨款）	德格版大藏经	5000	15000
	韩文古籍	5000	
	中日文古籍	5000	
装订		2500	
保险		1500	
办公经费和设备		950	
国会图书馆合作编目		1250	
薪水和津贴*		26116	
总计		61316	

*不含理事会雇员裘开明、于震寰和刘楷贤的薪水，三人薪水共计 19264 美元。

1957—1958 年度支出统计

开支项目		金额（单位：美元）	
图书	中文书*	14138.85	27692.09
	日文书	8059.99	
	韩文书	4603.44	
	西文书	889.81	
装订		3247.23	
图书保险		1516.67	

续表

开支项目		金额（单位：美元）	
办公经费和设备	设备	14.69	724.2
	日常办公用品，打印和文具	326.87	
	电话、电报	255.13	
	邮资、特快专递等	64.64	
	差旅费	24	
	影印（目录卡片）	38.87	
国会图书馆合作编目		1229.59	
薪水与津贴	正式员工**	16332.65	21664.94
	临时工	3041.95	
	学生助理	1078.6	
	退休金与社会保险	1211.74	
其他（荒川（Arakawa）先生的薪水）		3242.5	
合计		59317.22	
结余		1998.78	
预算		61316	

* 其中 5000 美元用于购买德格版大藏经；** 不含理事会雇员的薪水。
(HYL Archives：Chinese-Japanese Library of the Harvard-Yenching Institute at Harvard University Report of the Librarian for 1957-1958)

11月24日

裘开明致函哈佛燕京学社社长赖肖尔（Edwin Oldfather Reischauer）：由于收集所有数据存在困难，尤其是收集各个学科中日韩文馆藏情况图表中（见馆长报告第 28—31 页）所需数据的困难，本年度报告已经写了很长时间，直到上周才完成。除了上述 4 页以外，请你注意第 5—8、9—10、19—25、34—35 和 38—40 页的有关内容。(HYL Archives：Letter of Alfred K'aiming Ch'iu to Director Edwin Oldfather Reischauer, November 24, 1958)

11月26日

香港大学冯平山图书馆 Ng Tung-king 致函裘开明，告知由于旅途上的耽搁，到访汉和图书馆的时间改为 12 月 17 日。(HYL Archives：Letter of Ng Tung-king to Alfred K'aiming Ch'iu, November 26, 1958)

11月29日

文光堂书店海外部 Kenji Arai 致函裘开明：你所订购的图书将会在这个月运到。这些非卖出版物现在日本很难获得，我们逐间出版社地寻找，耗费了很多时间。因为这些非卖出版物是由公共安全部门出版的，所以，我们将会通过美国驻东京大使馆直接寄给贵馆。(HYL Archives：Letter of Kenji Arai to Alfred K'aiming Ch'iu, November 29, 1958)

12月1日

裘开明致函美国移民归化局（Immigration and Naturalization Service）：……为了图书馆的持续发展和扩大，对现有的馆藏进行加工和编目显然是非常必要的。目前就日文书的情况来说，只有那些日本学方面的学者，或是对日本（以及其他东方国家）文学、历史、哲学、宗教和艺术等类型日文书籍非常熟悉的人，才能担任这项工作。换句话说，担任这项工作的人必须是受过正统日本教育的人。这个人还必须受过或愿意接受图书馆学方面的训练。具备这种综合素质的人在美国人当中几乎没有，包括在美籍日裔人当中也几乎没有，而Fumiyo Iwano完全具备这种综合素质；虽然我还认识两三位具备这种素质的人，但他们已经成为和我们性质类似的图书馆的终身馆员了，对于他们所在的图书馆来说，他们都是不可缺少的人才。我们图书馆的日本馆员主要依靠交换、并提供其深造的机会和往返路费的方式，以及招纳在美国学习图书馆学的日本学生，这些学生招来后，我们还要对他们进行6到18个月的实际技能训练。这种方式决不意味着可以解决我们的问题，因为大多数时间都用在了培训上，而为图书馆实际服务的时间却不多，而且没有一个人能够连续、一直不间断地在图书馆工作到底。这使得编目工作远远落在后面，现在我们有上千本书等待加工后才能给学生和研究者使用。这是我们要求至少引进一位永久的日文编目员的根本原因。因此，如果我们能够聘用Fumiyo Iwano小姐，我馆的工作将可以充分发挥其作用；Fumiyo Iwano小姐从1958年1月1日开始在我馆当实习生，她的'F'签证到1958年的12月31日到期。我已经给她提供了一个永久性的岗位，她也表示愿意接受；当然我们的聘用关系还要视她能否留在美国而定。向哈佛燕京学社的社长请示以后，我请执行秘书把Fumiyo Iwano小姐作为第一人选递交关于她的申请书。这份申请表的确没有地方填写我以上所论述的理由。我相信这明显也不属于美国就业局（United States Bureau of Employment Security）的服务范围。在美国很多机构都需要这样的服务（主要的两个就是哈佛燕京学社和国会图书馆东方部），而且这些机构在专业人士都非常有名。这些机构的职员一直都关注这类型的人才，没有一个不够资格的人会被接受和吸纳。这些图书馆，都各自保存着可能人选的档案，馆长们为了各自的工作都定期地和这些人联络。我可以毫不怀疑地说，目前没有一位美国公民或长期居住者有能力在我们图书馆承担起Fumiyo Iwano小姐所能承担的工作。（Report to Immigration and Naturalization Service, December 1, 1958）

12月5日

裘开明致函胡佛研究所图书馆的芮玛丽（Mary Clabaugh Wright）：你5月29日来函中提到将贵馆中文书卡片赠送给我们，此事已经在我们6月6日的信中正式确认。我们想告诉你和吴文津（Eugene Wu）先生，这些卡片对我馆的编目工作帮助很大。其后，我馆又收到了贵馆寄来的更多有价值的卡片，这使我馆得以建成新的按罗马字母排序的作者—书名联合目录。这些卡片是如此有用，所以我们很希望通过复制以获得更多的卡片，以用于各类目录。因此这封信的目的是想获得你的许可。如果贵馆有这些卡片的多余卡片，而且愿意以每张3美分的价格出售给我馆的话，我馆就可以不必自己复制而直接从贵馆购买了。请为我馆查找一下共产主义国家边境地区法律和法规的第2批卡片。早些时候我馆请怀德纳图书馆与贵馆联系，要求复制第一批卡片。贵馆是否有收到复制请求？如果没有，请现在开始为我们制作缩微胶卷，请将缩微胶卷和账单寄给我馆……（HYL Archives: Letter of Alfred K'aiming Ch'iu to Mary Clabaugh Wright, December 5, 1958）

12月10日

裘开明致函亚洲学会远东图书馆资源委员会主席 G. Raymand Nunn 博士：非常感谢你12月5日的来信和寄来的1—16期通讯。我们对你1958年11月6日起草的计划没有修改意见。正如你已经陈述的那样，该计划是在各图书馆现有力量的基础上起草的，并非像 Ruth Krader 博士提倡的那样着眼于不同大学的未来计划和打算。现在钱存训（Tsuen-hsuin Tsien）博士正在倡导一个新的以未来计划为基础的分配方案，这将给你的计划带来混乱，因为在我看来，这种分配只能有一个唯一的基准，那就是现有力量。我肯定哈佛的宋代和明代资料要多余芝加哥大学。如果钱存训博士不信的话，我们可以找一些标准的书目来查对和比较这两个图书馆的藏书……根据 H. S. Hibbett 教授的建议，哈佛大学将购买大量的明治以前的日本小说，而且根据我们的新社长赖肖尔（Edwin Oldfather Reischauer）教授的决定，我们将大量地发展现代日本史和韩国研究。哈佛已经承诺通过洛克菲勒基金会给韩文主任200000美元，而学社董事会将配套支持。我们现在有10000美元采购韩文图书的经费。但是，我们将不会要求你把我上面提到的明治以前的日本小说、现代日本史和韩国研究这3个领域分配给哈佛，因为按照目前的实力，我们的韩文藏书还没有加州大学伯克利分校的好，而且我们的现代日本史馆藏还比较弱。但是哈佛在日本经济图书方面很强。我不知道为什么不把该领域分配给我们。所以，我们都不要抱怨，而应该坚持现有的计划。（HYL Archives：Letter of Alfred K'aiming Ch'iu to G. Raymand Nunn, Chairman, Committee on American Library Resources on the Far East of the Association for Asian Studies, 430 University Library, the University of Michigan, December 10, 1958）

胡佛研究所图书馆的芮玛丽（Mary Clabaugh Wright）致函裘开明：感谢你12月5日的来信。我已经给吴文津（Eugene Wu）先生看了，很高兴你认为我馆的卡片很有用。如果你希望长期订购我馆的卡片，可以以每张3（美）分的价格提供给你。但必须是长期订单，因为我们能负担这些卡片复制的唯一途径就是不管我们自己的需要如何，原稿的简易平板印刷机都要对每一种进行每次10张的制作……至于你的第2个缩微胶卷的请求，我们还没收到怀德纳图书馆更早时候的申请。更多时候，我们还并不清楚我们是否有你所需要的资料，因为这些丛书还没有整理好。下面的这些著作你需要缩微胶卷吗：《抗日根据地政策条例集·第一辑：陕甘宁之部》和《第二辑：晋察冀之部》。（HYL Archives：Letter of Mary Clabaugh Wright to Alfred K'aiming Ch'iu, December 10, 1958）

12月12日

裘开明致函胡佛研究所图书馆的芮玛丽（Mary Clabaugh Wright）：……我馆想长期订购贵馆每一种中文复印卡片。请为我馆制作你在1958年12月10日来信里提到的两种书的缩微胶卷。请寄送胶卷和发票到我馆。（HYL Archives：Letter of Alfred K'aiming Ch'iu to Mary Clabaugh Wright, December 12, 1958）

12月18日

裘开明致函香港大学图书馆馆长 Dorothea Scott：Ng Tung-king 小姐已于昨晚抵达。从今天早上开始她将参观哈佛的各个图书馆，直到下个星期一，即12月21日，前往多伦多。和她交谈后，我对贵馆是否有需要购买完整的威氏拼音中文书目录卡片产生了疑问。首先，值得考虑的就是引进成本的问题。除非贵校能够从洛克菲勒基金会申请到大笔资助购买1949年至今国会图书馆发行的中文目片，否则贵校很难找到购买这些卡片的足够经费。第二，可以考虑根据字形编排中文目片，可采用加州大学伯克利分校图书馆采用的基本笔画排列法,或采用哈佛、伦敦大学 Simon 教授以及京都帝国大学中文索引研究所(Institute of Chinese Indexing of Kyoto Imperial University)所采用的王氏四角号码法。两种方法……我比较倾向后者,不是因为后者更好,而是因为更简单、更机械化。采用这种方法,只需雇佣一名初级文员协助建立目录体系,更加经济。经年节省下来的薪水支出是很可观的。第三,即使贵馆拥有一套完整的罗马化中文卡片目录,依然存在问题,即香港的学生和广东的普通公众是否会使用这类目录。当然,它更适合学习中文的西方学生,而贵馆的中文书库不是在美国……我在 5 月 14 日信中提及的书将由 Ng 小姐带回。(HYL Archives: Letter of Alfred K'aiming Ch'iu to Mrs. Dorothea Scott, December 18, 1958)

12 月 19 日

胡佛图书馆的芮玛丽(Mary Clabaugh Wright)致函裘开明:同意汉和图书馆按每张 3 美分的价格长期订购胡佛图书馆的中文复制卡片,允许汉和图书馆复制胡佛图书馆的书名卡片。将会通过海运寄送《抗日根据地政策条例集·第一辑:陕甘宁之部》和《第二辑:晋察冀之部》两书的缩微胶卷。(HYL Archives: Letter of Mary Clabaugh Wright to Alfred K'aiming Ch'iu, December 19, 1958)

裘开明致函台湾大学教授李定一(Lee Din-yi):感谢你 10 月 24 日关于编贴书目计划的信,通常敝馆书本目录的清样(Book Catalogue Proof-sheets)都是切割成 3×5 大小的卡片。随函寄上日本国会图书馆日文卡片的样本。最好找到和这种卡片类似的卡片。白思达(Glen William Baxter)博士同意按月寄费用给你,用于给工作人员发工资。请按以下格式编写开支清单或账单的复印件给我们:……(格式示例略)我们一收到你的账单就汇钱给你。因此,请一个月给我们寄一次如上例的账单……(HYL Archives: Letter of Alfred K'aiming Ch'iu to Lee Din-yi, December 19, 1958)

12 月 22 日

联合国因欲聘荒川哲郎(Tetsuro Arakawa)到所属图书馆工作,故来函向裘开明调查其资历情况。(HYL Archives: Letter of Leone Muller to Alfred K'aiming Ch'iu, December 22, 1958)

12 月 31 日

钱存训致函裘开明:敝馆现正扩充日文书藏,兹有数事求教,尚兄便中赐知一二,俾供参考:(一)大著分类法增订本何时出版?出版前是否可得增订计划一份(复印或其他方法)?旧版有无存书?如尚有存,拟再购二部应用,并请寄一发票,以便付款。(二)贵馆日文及高丽文是否与中国书分别排列?如何识别?是否加 JK 于书号之前?卡片系分排或合排?(三)敝处所购均系日本文学及日文汉学书,贵处是否仍有印排印卡片出售?新编书籍是否自印?如有样张及订购办法,并乞见示。(四)前闻贵馆印有简化字体表一种,是否出售?如有存,拟购五十份供分发学生之用;如无,可否赐寄一份由此间翻印?因大陆寄来之表,纸式太大,不便复印,且由繁至简,不太合用,而 Yale(耶鲁)之书,又太繁且贵,故望得贵处表也。专此顺颂。年安。并贺阖府新禧。(HYL Archives: 钱存训致裘开明信函,1958 年 12 月 31 日)

本年

裘开明担任哈佛大学哈佛燕京学社汉和图书馆馆长(Librarian of Chinese and Japanese Library of Harvard-Yenching Institute at Harvard University)和远东语言系

中国语言文学讲师(Lecturer in the Chinese Language and Literature)。哈佛燕京学社汉和图书馆由博伊斯顿堂(Boylston Hall)迁至新馆址 2 Divinity Avenue，Harvard University。裘开明在哈佛大学登记的个人住址为 37 Gorham Street，Cambridge，MA。(Harvard University Catalogue, 1958 – 1959. Cambridge: Harvard University, November 1958)

国会图书馆主持的东方图书卡片复制计划(Oriental Card Reproduction Program)于本年结束。截止到该计划结束时，汉和图书馆共向国会图书馆提交中文编目数据约17000 条，日文编目数据 10000 条，韩文编目数据 300 条，分别约占该计划全部书目数据的 32％、33％和 17％。(HYL Archives: Alfred K'aiming Ch'iu. Cataloguing at Harvard-Yenching Library: Accomplishments and Prospects.)

金圣河(Kim Sungha)先生被任命为高级韩文编目员，同时负责韩文图书的采访工作。从此，在裘开明的领导下，哈佛开始完整、系统地建设韩文馆藏。(HYL Archives: Alfred K'aiming Ch'iu. Cataloguing at Harvard-Yenching Library: Accomplishments and Prospects.)

1959 年
62 岁

1月4日

密歇根大学图书馆学院日本硕士研究生 Mayumi Taniguchi 致函裘开明，申请汉和图书馆的工作职位。(HYL Archives: Letter of Mayumi Taniguchi, Ann Arbor, Michigan, to Alfred K'aiming Ch'iu, January 4, 1959)

1月7日

钱存训致函裘开明：顾立雅(Herrlee Glessner Creel)先生现需用《申子》辑佚本，除玉函山房本已有外，尚有严可均及黄以周所辑两种，严可均辑本一卷收入《四录堂类集》(嘉庆道光间刊本)，此间未入藏，黄以周辑本仅见其《申子叙》刊入《儆季杂著》，但不知辑本何在。贵馆丛书丰富，且有分析片，或能找到线索，倘有此二种，请示知页数，以便 photostat(直接复印)为幸。又如贵处尚有其他辑本，并求见示至感。专此奉恳，并请年安。(HYL Archives: 钱存训致裘开明信函，1959 年 1 月 7 日)

1月8日

西蒙斯大学学生注册主管 Margaret K. Gonyea 致函裘开明，请求对图书馆学研究生入学申请人 Jane Ho 小姐作出个人的评价。(HYL Archives: Letter of Mrs. Margaret K. Gonyea, Registrar, Simmons College, Boston, Ma., to Alfred K'aiming Ch'iu, January 8, 1959)

裘开明致函 Mayumi Taniguchi：目前尚不能确定究竟是今年 7 月还是 9 月会有一个职位空缺，但是欢迎前来申请该职位。(HYL Archives: Letter of Alfred K'aiming Ch'iu to Miss Mayumi Taniguchi, Ann Arbor, Michigan, January 8, 1959)

1月10日

台湾大学教授李定一(Din-yi Lee)致函裘开明：感谢你 1958 年 12 月 19 日来函及所

寄新年贺卡。我与一些工作人员进行了谈话,并作了一些市场调查后,在此向你汇报"中文目录剪贴项目"的相关问题。兹附上我在台湾所能找到的最好的卡片,我认为该卡片非常类似你寄给我的日本卡片。购买25000张这类卡片需花费82美元。在目前的情况下,几乎不可能从日本进口卡片。有一个职员没有工作用的桌子,如果可能的话,请允许我们买一张桌子,价格大约15美元。预计这个项目1959年2月初将正式开始,在7、8月份将全部完成。另外寄上开支清单,如果可以寄现金或支票则较为方便。中文目录剪贴项目的开支如下:1.卡片材料费82美元(仅第一个月);2.文员补贴100美元;3.其他材料设备费55美元(仅第一个月),其中剪刀、胶水等15美元,办公桌15美元,卡片目录盒25美元;4.寄往哈佛的船运邮费35美元(将在7月份支付,现仅是估计的价格)。共计272美元。(HYL Archives：Letter of Din-yi Lee to Alfred K'aiming Ch'iu, January 10, 1959)

京都大学人文科学研究所图书馆馆长 Wakimoto Sigeru 致函裘开明,告知已于1月9日寄出了《云冈石窟》(*Yüan Kang Cave Publication*)(第11—16卷)。(HYL Archives：Letter of Wakimoto Sigeru to Alfred K'aiming Ch'iu, January 10, 1959)

1月13日

裘开明致函一诚堂(Isseido)书店经理 Ukichi Sakai,告知哈佛大学已经分两次以支票形式支付一诚堂的购书费。(HYL Archives：Letter of Alfred K'aiming Ch'iu to Ukichi Sakai, January 13, 1959)

1月15日

香港大学图书馆馆长 Dorothea Scott 致函裘开明：Ng Tung-king 小姐对冯平山图书馆采用的目录卡片排列法的表述可能引起了你的误会,事实上冯平山图书馆排列中文目录卡片采用的是王氏四角号码法,而 Ng 小姐可能只是对引入罗马化索引的可能性进行一些探索,以方便学校里越来越多的外国留学生使用。另,我将于2月7日与我的丈夫一起动身返回欧洲,休假8个月,并于10月份回到香港。(HYL Archives：Letter of Mrs. Dorothea Scott to Alfred K'aiming Ch'iu, January 15, 1959)

Mayumi Taniguchi 就求职一事再致函裘开明。(HYL Archives：Letter of Mayumi Taniguchi to Alfred K'aiming Ch'iu, January 15, 1959)

1月19日

裘开明致函哈佛燕京学社财务员 McGeorge Bundy,请求为汉和图书馆聘请的寒假助理发放薪水。(HYL Archives：Letter of Alfred K'aiming Ch'iu to McGeorge Bundy, January 19, 1959)

1月21日

澳大利亚国立大学图书馆馆长 A. L. G. McDonald 致函裘开明：N. Stockdale 先生访问贵馆后,告诉我你已安排贵馆制作并寄来我在1958年12月23日来信中提及的图书的缩微胶卷,我非常感谢。此外,我校一名学生急需一份材料,请求贵馆提供复本。(HYL Archives：Letter of A. L. G. McDonald to Alfred K'aiming Ch'iu, January 21, 1959)

1月23日

裘开明致函西蒙斯大学学生注册主管 Margaret K. Gonyea：1月8日询问对 Jane Ho 小姐看法的来信已经收到,Jane Ho 小姐是一位优秀的学生和较好的中国历史与文学学者,其唯一的不足是,英语听力没有英语阅读力好。她文静而含蓄,具备在图书馆担任编目员的基本素质。(HYL Archives：Letter of Alfred K'aiming Ch'iu to Mrs. Margaret K. Gonyea, Registrar, Simmons College, Boston, Ma., January 23, 1959)

  裘开明收到韩国汉城延世大学(Yonsei University)寄来的汉和图书馆请该校代购的第 3 批韩文古籍,共 7 包,内含韩文古籍 10 种 42 册,其中 1 种不完整,共花费购书经费 213185 韩元,按当时汇率 1∶900,折合美元 236.87 元。(HYL Archives:Chinese-Japanese Library of the Harvard-Yenching Institute at Harvard University Report of the Librarian for 1963-1964)

1 月 29 日

  裘开明致函台湾大学教授李定一(Din-yi Lee):随函附上一张 272 美元的支票以支付你 1 月 10 日寄来的第一张开支清单。白思达(Glen William Baxter)博士已同意你给两位从事中文目录卡片工作的职员购买一张办公桌的请求。请每个月把裁剪好并贴在卡片上的卡片草片以印刷品挂号的方式寄到剑桥,这些清样是差不多 20 年前在北平印制的。请每个月寄给我们一次人工费支出以及其他必要开销的清单。期望整个工作在 7 月 1 日之前可以完成。(HYL Archives:Letter of Alfred K'aiming Ch'iu to Din-yi Lee,January 29,1959)

2 月 2 日

  钱存训致函裘开明:奉到 1 月 30 日专书并承抄示《申子佚文》及序跋三件,至深感动,已转交顾立雅(Herrlee Glessner Creel)先生。伊嘱代致谢意。再王润时著《商君书·斠诠》附录有《申子佚文》辑本(民国四年作者自印),弟曾函询国会图书馆,该处未入藏,如贵馆有此书,能否交 Inter Library Loan(馆际互借)赐下一阅是托。《远东藏书概况》弟之抽印本尚未收到,惟 Nunn 君(G. Raymond Nunn)处加印 100 份,即函嘱再寄奉数册备用不误。(HYL Archives:钱存训致裘开明信函,1959 年 2 月 2 日)

2 月 4 日

  裘开明致函钱存训:王润时所著《商君书斠诠》,敝处尚未入藏。又严可均所辑《申子佚文》已收入《全上古三代秦汉三国六朝文》第 4 卷第 6 至 8 页,不知与收入《四录堂类集》者是否相同?(HYL Archives:裘开明致钱存训信函,1959 年 2 月 4 日)

  裘开明致函加州大学伯克利分校远东图书馆馆长 Elizabeth Huff:Esther Morrison 小姐在她最近来访的时候告诉我,贵馆正在出版一部新的图书目录,名为《东亚图书馆新编图书目录》(Newly Cataloged Books in the East Asiatic Library)。此目录对我馆的工作非常有用,可否请贵馆以礼物赠送的方式寄给我们一套?如不能获得免费赠送,我馆愿意订购该书目。你是否参加今年 3 月在华盛顿召开的亚洲学会(AAS)会议?请你告诉 Charles E. Hamilton 先生我将会参加 3 月 24 日星期二举行的美国图书馆协会(ALA)远东资料委员会会议。另请告知房夫人杜联喆(Lienche Tu),我馆藏有《中华缙绅全书》(Chung-Hua chinshen ch'uan-shu)一书,以及 1913、1917、1922、1923、1914 和 1919 年份的《河南同官录》(A Complete List of Officials for Honan Province),这些藏书均可通过馆际互借借阅。(HYL Archives:Letter of Alfred K'aiming Ch'iu to Elizabeth Huff,February 4,1959)

2 月 10 日

  Charlotte Bedford 致函裘开明,告知她计划休假一段时间,并询问休假期间薪酬的计算方法。(HYL Archives:Letter of Charlotte Bedford to Alfred K'aiming Ch'iu,February 10,1959)

2 月 11 日

  日本图书馆学会主席 Seiichi Kitera 致函裘开明,推荐同志社大学图书馆(the

Doshisha University Library)小野纪彰(Noriaki Ono)先生申请哈佛燕京学社汉和图书馆馆员职位。(HYL Archives: Letter of Seiichi Kitera, Chairman, Board of Director, Japan Institutution for Library Science, Osaka, Japan, to Alfred K'aiming Ch'iu, February 11, 1959)

加州大学伯克利分校远东图书馆馆长 Elizabeth Huff 致函裘开明：我馆 1957 年秋季发行的《东亚图书馆新编图书目录》(Newly Cataloged Books in the East Asiatic Library)是对目录卡片进行照片复制形成的一个简单目录，目的在于使教职员们了解当前的馆藏采购情况。这也是我们应对经费缺少的一种举措。我们从没想到这份刊物会在校外受到关注，因此我馆没有额外的复本，很抱歉我们仅能寄给贵馆该刊物的最后两期。但我们将来会给贵馆寄上此后出版的全部卷期。我们还会给你寄来一份房兆楹夫人杜联喆(Lienche Tu)所编的索引复本。我已向房夫人和 Charles E. Hamilton 先生介绍了你的情况，Charles 和我很可能参加在华盛顿召开的亚洲学会(AAS)会议，我希望届时我们能够见面。很遗憾我不能在剑桥停留，他们向我描述了贵馆的雅致，我非常想参观贵馆新馆，在此向你表示祝贺。(HYL Archives: Letter of Elizabeth Huff to Alfred K'aiming Ch'iu, February 11, 1959)

2月16日

钱存训致函裘开明：前奉 2 月 4 日手教，敬悉一一，承示严可均所辑《申子佚文》，至感。此本及叙文数种，前均已买到，惟《说郛》所收一条未见到，多承见告，感谢不尽。拙文《远东藏书概况》，弟等所得抽印本均已分完，惟 Asia Society 添印 150 份，AAS(编者注：亚洲学会。)添印 100 份，不知是否有存？兄已函 Nunn 君(G. Raymond Nunn)请告再寄来若干，并将尊意转达，请告再添印若干出售。惟版已拆毁，如要添印，只有用 offset 方法复印，惟所费较多(100 份约 70 元，500 份约 90 元)，如 AAS 能垫款，或可试也。现将兄处所存另封寄来二本，先兄备用，乞查收是幸。(HYL Archives: 钱存训致裘开明信函, 1959 年 2 月 16 日)

2月18日

裘开明致函 Mayumi Taniguchi：我非常高兴地将邀请你加入我们员工的时间延长到明年秋季。在你对我们的聘任条件满意后，我们哈佛燕京学社的社长会给你一份正式的聘书。为此，我随信寄给你一份 1959 年的哈佛大学图书馆《雇员人事信息》(Personnel Information for Employees)。你的聘任从第一级的"一级图书馆员"(Librarian I)开始，年薪 4000 美元，每周工作 35 小时。由于预算的困难，我们只能在 9 月 15 日以后聘用你，因为现在在这里的日文图书馆员到 9 月底才会离开。(HYL Archives: Letter of Alfred K'aiming Ch'iu to Miss Mayumi Taniguchi, Ann Arbor, Michigan, February 18, 1959)

裘开明致函北京国际书店(Guozi Shudian)，订购 1959 年度的各类中文报刊，并函告汉和图书馆的新通信地址。(HYL Archives: Letter of Alfred K'aiming Ch'iu to Guozi Shudian, February 18, 1959)

3月1日

台湾大学李定一(Din-yi Lee)致函裘开明：感谢你 1959 年 1 月 29 日来信寄来 272 美元支票。中文目录剪贴计划已经开始，起初进展相当慢，以后会快一些。我在本月底会按照你的要求用挂号给你寄来贴好的卡片。非常感谢白思达(Glen William Baxter)博士同意我们购买一张有抽屉的桌子，使我们在不工作时可以把卡片锁起来。待本计划完成以后，我们会以合理的价格将该桌子卖掉。随函附上 3 月份的开支清单及文员补贴

100 美元。(HYL Archives: Letter of Din-yi Lee to Alfred K'aiming Ch'iu. March 1,1959)

3月3日

裘开明致函通知一诚堂(Isseido)书店 Ukichi Sakai：请寄来我馆在贵店 1957 年 12 月第 25 期目录上勾选图书的购书发票。(HYL Archives: Letter of Alfred K'aiming Ch'iu to Sakai U., March 3, 1959)

裘开明致函北京国际书店(Guozi Shudian)：请寄来《中文新书目录》(*Catalogue of Forthcoming Books in Chinese*)。已收到贵处寄来我馆所订 1959 年中文书刊的购书发票，请告知应往何处汇款。随函附上 1958 年度丢失的中文书刊的目录，请补寄。(HYL Archives: Letter of Alfred K'aiming Ch'iu to Guozi Shudian, March 3, 1959)

3月5日

裘开明致函亚洲学会(AAS)美国远东图书馆资源委员会主席 G. Raymand Nunn 博士：非常感谢你 2 月 13、16 日的来信和 16 日下午 4 点打来电话。贵委员会 1958－1959 年通讯第 20 期以及所附去年的报告刚刚收悉。根据你的请求，我现在附上一份我 1957 年 6 月 26 日给 Edwin G. Beal, Jr. 的信，信中说明了哈佛大学藏《申报》和《大公报》所需拍摄胶卷的数量。Beal 有一份哈佛大学《申报》和《大公报》缺期目录。请你复印一份我给 Beal 的信以后将原件退还给我。我已经从本地的旅行社查出从波士顿到华盛顿的往返机票含税价格是 60.72 美元。按每天 13 美元计算，3 天的费用将是 39 美元。所以请你先寄给我 100 美元的差旅费。(HYL Archives: Letter of Alfred K'aiming Ch'iu to G. Raymand Nunn, Chairman, Committee on American Library Resources on the Far East of the Association for Asian Studies, 430 University Library, the University of Michigan. March 5,1959)

3月9日

裘开明致函柳存元(Liu Tsun-yan)：你的朋友蒋彝(Chiang Yee)再三要求我就《本草品汇精要》手稿一事与你通信，从你提供的复印页来看，该手稿原藏于清朝皇宫，现由你香港的一位朋友收藏。就我所知，波士顿地区可能对这一手稿感兴趣的两家机构是美术博物馆的亚洲艺术部和哈佛大学 Houghton 善本图书馆(Houghton Library of Rare Books)的书画刻印艺术部(Department of Graphic Art)。你可以致函这两个机构的负责人。同时，随信附上香港大学 Hofer 先生撰写的发表在《东方学杂志》(*Journal of Oriental Studies*)上的有关这部书的文章。至于我们图书馆，则确实无力购买如此珍贵的手稿。(HYL Archives: Letter of Alfred K'aiming Ch'iu to Liu Tsun-yan, March 9, 1959)

3月18日

裘开明致函加州大学图书馆东方图书馆馆长 Man-Hing Yue Mok，同意以 900 美元价格向该馆售出《大藏经》(Tripitaka)。其中 450 美元为全套 720 册图书的价格；另外 450 美元用于为该套书的 150 个硬布函套上印制铅字，每个字 3 美元。(HYL Archives: Letter of Alfred K'aiming Ch'iu to Mrs. Man-Hing Yue Mok, March 18, 1959)

裘开明致函加州大学图书馆馆际互借部主任 Margaret D. Uridge：我们通过馆际互借寄给贵校的一本 Nicolson 先生著《吴县志》中有一页被撕破了。虽然该页已修补，但仍有几个字看不清楚。烦请寄送贵馆制作的缩微胶卷中该页的正片。(HYL Archives: Letter of Alfred K'aiming Ch'iu to Margaret D. Uridge, March 18, 1959)

裘开明致函 Harold Shadick：随函附上你上次来函所询梁清标(清代早期官员、艺术收藏家)的有关资料，以及从我馆馆藏的各种书目文献和文学诗选中查找到的其著作及与其相关的零散资料。我馆只藏有少数你所提供的书目中所列的文献。(HYL Archives:

Letter of Alfred K'aiming Ch'iu to Harold Shadick, March 18, 1959)

柳存元致函裘开明：去年蒋（彝）兄函告先生，对友人郭君书籍出售事关爱情情，无任感荷。郭君系弟伯郭世五（葆昌）哲嗣，对中国瓷器最为精审。出售家藏，迫于经济，实属无奈。顷奉3月10日大函指点，已将尊函共郭君拜读。径遵嘱致函霍佛君，候其复信。郭君对先生热忱帮助，甚为感激。（HYL Archives：柳存元致裘开明信函，1959年3月18日）

3月25日

王方宇致函裘开明：今手边有大本《四书集注》一部，据说是宋版，谨将照片两页奉上，敬请鉴定。如有意一见原书，当设法奉呈。（HYL Archives：王方宇致裘开明信函，1959年3月25日）

3月31日

王方宇致函裘开明：前上一函请问《四书集注》版本问题，今日李瑞爽君转告尊见，甚为钦服。此书系香港友人寄来，谓系宋版，方宇当时以为有疑窦数点。今闻雅教，复校阅明代版本图录，见明正统12年丁卯司礼监刊《礼记集说》版式页8行，行14字，与此书正同，字体亦极相似，但《礼记》刻工较此《四书集注》优胜，因此，方宇颇疑此《四书集注》或系翻司礼监本，不知是否，特此再书请教并致谢意。（HYL Archives：王方宇致裘开明信函，1959年3月31日）

4月2日

加州大学高级图书馆助理Victor K. C. Yu致函裘开明：Esther Morrison博士今年1月份自剑桥回来时，提到贵馆直接从北京订购《人民日报》，我想向你了解有关书商和价格的信息。（HYL Archives：Letter of Victor K. C. Yu to Alfred K'aiming Ch'iu, April 2, 1959）

4月6日

裘开明致函美国驻韩国大使馆文化专员Gregory Henderson：因我馆丢失了《精选韩国期刊月度索引论文摘要》的封面页，导致怀德纳图书馆在获得联合目录信息过程中遇到问题，能否请你为我们提供该著作的出版者信息。另请寄来该出版物的最新刊期。（HYL Archives：Letter of Alfred K'aiming Ch'iu to Gregory Henderson, April 6, 1959）

文光堂书店（Bun Koolo Book Store）海外部主任Kenji Arai致函裘开明：本函所附目录为Jintaro Fujii博士所藏历史科学类书籍，其中包括一些善本。因其继承人希望此藏书不被拆散，我们认为最好的办法就是由像贵馆这样优秀的图书馆买下此批藏书，并将之良好保存。此批藏书售价950000日元，折合2638.89美元（邮资另计）。不知贵馆是否有意购入？（HYL Archives：Letter of Kenji Arai to Alfred K'aiming Ch'iu, April 6, 1959）

4月10日

裘开明致函亚洲学会（AAS）秘书Ronald S. Anderson教授：兹附上我赴华盛顿特区参加资源委员会会议的详细旅行费用账目和账单收据。G. Raymand Nunn博士已经允许我们开销3月20—22日3天的费用，为了参加美国图书馆协会（ALA）在美国国会图书馆召开的远东编目委员会会议，我用3月21—23日的3天来代替原来的3天。你可能记得，我们亚洲学会董事会在1954年时曾任命我为该委员会的亚洲学会代表。我希望我没有滥用在华盛顿的时间，而且我的花费符合规定。请将34.87美元的开支寄到我上面的地址。谢谢。（HYL Archives：Letter of Alfred K'aiming Ch'iu to Professor Ronald S. Anderson, Secretary, the Association for Asian Studies, the University of Michigan, April 10, 1959）

4月13日

裘开明致函京都大学人文科学研究所图书馆馆长Wakimoto Sigeru：希望购买孙承

泽编《元朝典故编年考》一书的缩微胶卷,此书在《东方文化研究所汉籍分类目录》(1943年出版,第304页)中可查到,收入《螺树山房丛书》。请先将孙承泽所写序言的复印件寄来,稍后再寄全书的缩微胶卷。请将复印及制作缩微胶卷的账单或双联发票连同航空邮费一并寄给我馆,以便支付。(HYL Archives:Letter of Alfred K'aiming Ch'iu to Wakimoto Sigeru, April 13, 1959)

4月15日

台湾大学教授李定一(Din-yi Lee)致函裘开明:请原谅我们迟至今日才给贵馆寄上卡片目录索引。等最初两个月过后,我们将每月寄一次。昨日(即4月14日)通过船运寄出的两箱目录卡片属自然科学、农业技术和丛书类。这些目录索引卡片按照邮寄单排列顺序。粘贴和抄写工作,将按你1959年1月29日来函所示,于7月1日之前全部完成。前次函件附有3月份开支清单,不知道是否收到。随函附上4月份的开支清单。(HYL Archives:Letter of Din-yi Lee to Alfred K'aiming Ch'iu, April 15, 1959)

4月16日

京都大学人文科学研究所图书馆馆长Wakimoto Sigeru致函裘开明:《元朝典故编年考》一书的缩微胶卷全部制作完毕,将于本日下午寄出,但我们的藏本没有序言,仅有摘要。请贵馆直接与承制缩微胶卷的公司结算制作费用。(HYL Archives:Letter of Wakimoto Sigeru to Alfred K'aiming Ch'iu, April 16, 1959)

加州大学图书馆东方图书馆馆长Man-Hing Yue Mok:感谢你同意我馆购买贵馆中文《大藏经》(*Tripitaka*)复本。本校有幸聘请到陈(观胜)教授及其夫人,我常在校园里碰见他们。(HYL Archives:Letter of Mrs. Man-Hing Yue Mok to Alfred K'aiming Ch'iu, April 16, 1959)

4月17日

裘开明致函美国学术团体协会(ACLS)公共事务办公室Shirley Duncan Hudson:在美国国际合作计划(United States International Cooperation Program)的资助下,为将来更好地参与公共事务,部分韩国和中国大学图书馆的馆长正在皮博迪学院(George Peabody College)接受培训。他们最近参观了我馆,表示非常想获得哈佛燕京学社的《汉和图书分类法》。若贵处还有剩余的书,能否按以下地址寄给他们:1.韩国汉城檀国大学(Don kook University)图书馆Joung H. Yoo;2.台湾台北罗斯福路"国立台湾大学图书馆"赖永祥(Yung-hsiang Lai);3.台湾台北和平东路台湾交通大学图书馆。(HYL Archives:Letter of Alfred K'aiming Ch'iu to Mrs. Shirley Duncan Hudson, April 17, 1959)

4月21日

裘开明致函日本女子大学(Japan Women's University)图书馆副馆长Rosamond H. Clark:你1月27日给哈佛大学图书馆副馆长David Weber先生的信和3月28日给我们的馆员刘(楷贤)先生的信均已收到。我高兴地告诉你,从今年9月1日起,哈佛燕京图书馆将有一个日文初级编目员的职位开放,哈佛大学受训馆员的起薪是每周工作35个小时,每年3120美元。如果Kazuko Tauaka小姐能够全职工作,这将是她的薪金。但是,如果她想在西蒙斯大学攻读学位的话,那么她最多只能工作三分之二或者一半的时间,这样一来,她的薪金也会按比例减少。附件是一份申请表,请Kazuko Tauaka小姐填完后寄回给我们。(HYL Archives:Letter of Alfred K'aiming Ch'iu to Miss Rosamond H. Clark, Assistant Librarian, Japan Women's University, Tokyo, Japan, April 21,1959)

哈佛燕京学社董事会召开会议,社长赖肖尔(Edwin Oldfather Reischauer)陈述了图书馆预算的相关问题。赖肖尔指出图书馆预算需要增加的原因是：1.图书馆良好的环境使得服务不断扩展；2.图书馆需要加强一直忽略的文献收藏领域建设，以满足用户需求的增长和变化，满足学社利益的不断变化。赖肖尔先生认为，这些增加的成本很大程度地反映了两个事实：其一，学社担付了哈佛大学更大比例的图书馆流通工作；其二，图书馆要努力满足哈佛大学现代研究领域的学生更为频繁的需求。因此，哈佛大学应该提高给汉和图书馆的拨款，当前拨款额仅为图书馆预算的4.9%。我们希望远东研究中心将资助基金增加到1440美元，实际上减少了120美元，最终只有1320美元。由于韩文图书剩余经费的不断积累，本年度图书采购预算为4000美元，少于往年。6位图书馆在职馆员的工资增长经费总额为1360美元，这些馆员所要求的工资增长额比哈佛其他绝大多数图书馆都要低。图书馆提议增加职位，这将导致预算的大幅增加。包括分管日文文献的副馆长、兼职顾问、韩文助理编目员、流通借还助理和夜班学生助理，后两种职位反映了图书馆使用率的增长，前3个职位则是学社建设韩文和日文馆藏的需要，尤其是现代日本历史与文化，这是图书馆最薄弱的领域，应集中力量增强这一领域的发展。为了实现这一目标，社长赖肖尔提议必须至少每年以年薪6000美元从日本聘请一位一流的馆员。根据这一建议，图书馆未来几年将以均衡适度的方式建设日文馆藏。他补充指出这一人选的出现会使原副馆长于震寰（Zunvair Yue）先生从日文馆藏建设的工作中解脱出来，集中精力进行中文馆藏建设，尤其是图书馆面临的第二大难题，即需要更多地建设现代中文馆藏，与传统经典馆藏保持平衡。会议就图书馆现代东亚历史资源的适度发展是否应该是学社的职责进行讨论，一致认为无论这一发展如何迫切，它都超出了学社早期的目标和内涵——发展一个作为汉学研究基础的图书馆，帮助和确保传统中国文化资源的保存。Bundy主席宣布，现代亚洲研究无疑非常重要，但该领域文献资源的提供是哈佛大学的职责，而不是哈佛燕京学社的职责。他认为对学社社长来说，向哈佛学院图书馆施加压力使其承担这一重任是较为适当和明智的。并且认为学社聘请一位日本顾问来理清目前面临的日文馆藏发展问题是一种较为有效的举措。赖肖尔指出自己和裘开明博士均认为日本国会图书馆（National Diet Library）的助理参考馆员矶部重治（Shigeharu Isobe）先生是个合适的人选，而他本人也愿意来汉和图书馆工作。建议从差旅和应急拨款中为矶部重治提供交通费。董事会最终决定批准这一计划。董事们也普遍认识到这一计划很可能持续一年以上的时间，尽管学社预算没有承诺超过一年的资助。（HYI Archives：Meeting of the Board of Trustees Held on April 21, 1959）

4月23日

美国国会图书馆中文部主任Edwin G. Beal, Jr.致函裘开明：我们照相复制部已经表示愿意承担《全国总书目》（1949—1954、1955、1956和1957年）和《全国新书目》（1958年）的胶卷制作和复制工作。照相复制部还将收集《全国主要报刊资料索引》的胶卷。（HYL Archives：Letter of Edwin G. Beal, Jr., Head of Chinese Section, Library of Congress, to Alfred K'aiming Ch'iu. April 23, 1959）

4月28日

美国学术团体协会（ACLS）公共事务办公室Shirley Duncan Hudson致函裘开明：我们已请求存有贵社《汉和图书分类法》的哥伦比亚出版社向你4月17日来函中所列出3处地址免费寄送《汉和图书分类法》，但所寄图书并未装订。请你代为向他们解释这些书没有装订的原因。（HYL Archives：Letter of Shirley Duncan Hudson to Alfred K'aiming Ch'iu, April 28, 1959）

4月30日

汉和图书馆学生工 Edward H. Parker, Jr. 致函裘开明,对汉和图书馆提出两点建议:其一,图书馆提早开放和延长晚间开放时间;其二,提高其夜班学生工的报酬。(HYL Archives: Letter of Edward H. Parker, Jr. to Alfred K'aiming Ch'iu, April 30, 1959)

4月

裘开明参加亚洲学会(AAS)远东图书馆资源委员会在华盛顿召开的会议,在会上宣读了论文,内容包括亚洲学会本年春天所主持的图书馆中日文文献未来采访计划的调查结果,以及汉和图书馆在法明顿计划(Farmington Plan)中承担的责任。(HYL Archives: Chinese-Japanese Library of the Harvard-Yenching Institute at Harvard University Report of the Librarian for 1958-1959)

5月1日

澳大利亚国立大学图书馆馆长 A. L. G. McDonald 致函裘开明:我已收到《谢康乐年谱》一书的缩微胶卷,但其中有数页遗失,烦请贵馆给我们寄来遗失页的复印件。(HYL Archives: Letter of A. L. G. McDonald to Alfred K'aiming Ch'iu, May 1, 1959)

Charlotte Bedford 致函裘开明,表示希望在春季学期结束后恢复全职上班。(HYL Archives: Letter of Mrs. Charlotte Bedford to Alfred K'aiming Ch'iu, May 1, 1959)

5月4日

京都大学人文科学研究所图书馆馆长 Wakimoto Sigeru 致函裘开明,告知已收到《哈佛亚洲学报》(Harvard Journal of Asiatic Studies)第20卷第3/4期(1957年12月)。(HYL Archives: Letter of Wakimoto Sigeru to Alfred K'aiming Ch'iu, May 4, 1959)

裘开明致函加州大学中文研究中心 Victor K. C. Yu,答复对方4月30日来函,并告知获得《人民日报》的最好途径是通过香港交流书报社(Chiao Liu Publication Service)。(HYL Archives: Letter of Alfred K'aiming Ch'iu to Victor K. C. Yu, May 4, 1959)

5月5日

裘开明致函印第安纳大学图书馆 Mary Helen Stanger,推荐 Charlotte Bedford 求职。(HYL Archives: Letter of Alfred K'aiming Ch'iu to Mary Helen Stanger, May 5, 1959)

5月6日

裘开明致函芝加哥大学远东图书馆馆长钱存训(Tsuen-hsuin Tsien)教授:自你在华盛顿会议上叫我为贵馆明年的另一个中文编目员职位推荐人选以来,我一直在为你找合适的人选。现在我找到了一个,她就是 Josephine T. Chen 小姐,美国天主教大学图书馆学院的毕业生,过去3年一直担任哈佛大学设计研究生院图书馆的主管编目员。设计研究生院图书馆馆长 Katherine McNamara 女士一直劝她留在薪水更高的哈佛,但是因为个人的原因,她想换个工作的地方,想进入东亚领域。她在北京出生和受教育,所以完全熟悉威氏拼音(Wade-Giles System)……请告知贵馆雇员的一般情况,例如起薪、周工作时间、假期和其他雇用福利。(HYL Archives: Letter of Alfred K'aiming Ch'iu to Professor Tsuen-hsuin Tsien, Librarian, Far Eastern Library, University of Chicago, May 6, 1959)

裘开明致函美国图书馆协会远东资料委员会主席(ALA RTSD CCS FEMC, Chairman)Charles E. Hamilton:非常感谢你寄来1959年3月24日在华盛顿召开的 FEMC 和 OPC 联合会议纪要。如你还有额外复本,可否请你再寄给我3至4份,以供我馆馆员使用? 在华盛顿会议上,Elizabeth Huff 小姐提及贵馆下学期可能需要一两个或更多的中文编目员。在此,我向你推荐 Josephine T. Chen 小姐,她毕业于美国天主教大学图书馆学院,过去3年里一直是哈佛设计研究院图书馆的首席编目员。她的导师Katherine McNamara是该学院图书馆馆长。Chen小姐同时具有西方教育背景和汉语知识背景,能够胜任中文编目工作。贵馆若有意,请告知相关信息,包括工资、周工作时间、假期和其他任职福利等。(HYL Archives:Letter of Alfred K'aiming Ch'iu to Charles E. Hamilton,May 6,1959)

裘开明致函汉和图书馆学生工Edward H Parker,Jr.:你所提及的图书馆提早开放和延长晚间开放时间,以及提高夜班学生工报酬的两项建议,因均涉及预算,暂时不能解决。(HYL Archives:Letter of Alfred K'aiming Ch'iu to Edward H. Parker,Jr.,May 6,1959)

5月7日

裘开明致函韩国教育部,询问 *Chosun Wangjo Sillog* 一书的情况。(HYL Archives:Letter Alfred K'aiming Ch'iu to of Chai Yu Choi,May 22,1959)

5月8日

美国图书馆协会远东资料委员会主席(ALA RTSD CCS FEMC,Chairman)、加州大学东亚图书馆首席编目员Charles E. Hamilton致函裘开明:随函附上你来函索要的3月24日在华盛顿召开的FEMC和OPC联合会议纪要3份,及一份年度报告。本馆人事部主管Marion Milczewski先生已经收到Josephine T. Chen小姐的中文编目员职位申请资料。我馆员工薪水需综合考虑职位和员工的资格后才能决定。目前我馆正在考虑该职位的3位应聘者。我相信Milczewski先生审阅了Chen小姐的申请资料后,会立即向她提供更详细的信息。很高兴在华盛顿见到你,非常感谢你一直以来对远东资料委员会工作给予关注。(HYL Archives:Letter of Charles E. Hamilton to Alfred K'aiming Ch'iu,May 8,1959)

台湾大学(Japan Women's University)教授李定一致函裘开明:本年3月及4月曾先后上两函,均系挂号,谅已鉴及。迄未奉到复示,不识何故。剪贴及抄写工作,仍在进行中,因涂改多,而纸腐朽,剪及贴均易破碎,自是小心为之。目前我之处境颇尴尬。不知先生是否亦有困难,故为赐示。总之,无论如何,弟必将此事为之完成,以副先生殷切托付之至意。(HYL Archives:李定一致裘开明信函,1959年5月8日)

5月11日

日本女子大学(Japan Women's University)图书馆副馆长Rosamond H. Clark致函裘开明:感谢你4月21日的来信和给Kazuko Tauaka小姐在哈佛燕京图书馆提供的全职日文初级编目员的职位。同时告知Kazuko Tauaka小姐将放弃该职位的原因(内容与本年6月21日Kazuko Tauaka致裘开明信函的内容基本相同)。(HYL Archives:Letter of Rosamond H. Clark,Assistant Librarian,Japan Women's University,Tokyo,Japan,to Alfred K'aiming Ch'iu,May 11,1959)

裘开明收到韩国汉城延世大学(Yonsei University)寄来代购的第4批韩文古籍,内含韩文古籍38种362册,其中3种4册为复本,3种8册不完整,共花费购书经费731.50美元。(HYL Archives:Chinese-Japanese Library of the Harvard-Yenching Institute at Harvard University Report of the Librarian for 1960-1961)

哈佛大学克雷斯商业与经济图书馆(Kress Library of Business and Economics)副馆长Dorothea D. Reeves致函裘开明:我馆最近购买并装订了1931年版的亚当·斯密《国富论》,不知贵馆能否帮忙给该书题上中文书名。(HYL Archives:Letter of Dorothea D. Reeves to Alfred K'aiming Ch'iu,May 11,1959)

5月12日

澳大利亚国立大学图书馆馆长A. L. G. McDonald致函裘开明：你早前曾答应给我们提供3本书的缩微胶卷，我们目前只收到其中两份，第3本《至远译语》(出自《事林广记》第十章内)至今尚未收到。因我校一学生急需此书参考，请贵馆尽快寄来。(HYL Archives：Letter of A. L. G. McDonald to Alfred K'aiming Ch'iu, May 12, 1959)

裘开明致函澳大利亚国立大学图书馆馆长A. L. G. McDonald：我已于5月1日将你的来函和《齐鲁大学校刊》(*Journal of Cheeloo University*)1936年第6期转交哈佛大学图书馆照相复制部，并已提醒他们尽快拍摄遗失的那几页内容。你在此前的来函中提到需要元朝著作《事林广记》某部分的缩微胶卷，不巧照相复制部遗失此函，可否请你让你的学生再次告知所需章节？(HYL Archives：Letter of Alfred K'aiming Ch'iu to A. L. G. McDonald, May 12, 1959)

5月13日

裘开明致函京都大学人文科学研究所图书馆馆长Wakimoto Sigeru，告知已收到《元朝典故编年考》一书的缩微胶卷，并已与承制公司结账。(HYL Archives：Letter of Alfred K'aiming Ch'iu to Wakimoto Sigeru, May 13, 1959)

5月18日

香港交流书报社(Chiao Liu Publication Service)K. S. Loh致函裘开明：由于目前中国大陆的局势和出口政策的原因，我们无法购到贵馆订购的《北京晚报》，特表歉意。(HYL Archives：Letter of K. S. Loh to Alfred K'aiming Ch'iu, May 18, 1959)

裘开明致函澳大利亚国立大学图书馆馆长A. L. G. McDonald：你5月12日来函所询缩微胶卷一事，我已请怀德纳图书馆照相复制部门处理，他们会尽快给你寄来。(HYL Archives：Letter of A. L. G. McDonald to Alfred K'aiming Ch'iu, May 18, 1959)

5月19日

亚洲学会(AAS)远东图书馆资源委员会主席G. Raymand Nunn博士致函裘开明：兹附上美国远东图书馆需求调查草案，请提供信息和评论意见。并邀请裘开明先生参加计划在6月18—19日在华盛顿特区美国国会图书馆召开关于该调查草案的专门会议。(HYL Archives：Letter of G. Raymand Nunn, the University of Michigan, to Alfred K'aiming Ch'iu, May 19, 1959)

5月20日

裘开明回复俄勒冈州立大学图书馆馆员Phillip W. J. Ho1958年8月14日的求职来信：因为高层决策的困难，一直没有答复你的参考馆员职位申请。过去两年中，因为图书馆的发展和哈佛远东领域的教学与科研活动的增加，我们一直感到需要再聘一位高级管理人员，例如一个副馆长或者一位参考馆员。因此，James T. C. Liu教授提到了你，并建议你申请这里的新职位。自去年8月搬迁到如今的新址以来，学生越来越多，也越来越需要多一位高级负责人。哈佛燕京学社社长已经与我和其他教授开过几次会议讨论此事。大家讨论的一致意见是，为了图书馆的未来发展和馆藏的均衡增长，希望聘请一位固定的日本图书馆员担任另一位副馆长(我们已经有一位副馆长是中国人)。有鉴于此，已经决定不再聘请另一个中国人担任参考馆员，而是将现在的副馆长转去担任参考部主任，因为他懂中文和日文，熟悉中日文馆藏。我们的社长赖肖尔教授(Professor Edwin Oldfather Reischauer)已经去信邀请日本国会图书馆(National Diet Library)的一位著名日本图书馆员来我们这里担任主管日文藏书的副馆长。很抱歉因为最高层决策的变化,我们不能考虑你或者其他中国人馆员申请高级职位。(HYL Archives: Letter of Alfred K'aiming Ch'iu to Mr. Phillip W. J. Ho, the Oregon State College Library, Oregon, May 20, 1959)

5月22日

韩国教育部部长 Chai Yu Choi 致函裘开明,告知 *Chosun Wangjo Sillog* 一书的相关情况。(HYL Archives: Letter of Chai Yu Choi to Alfred K'aiming Ch'iu, May 22, 1959)

5月25日

裘开明致函台湾大学李定一(Din-yi Lee):感谢你4月9日和5月8日的来信。我迟迟没有回复,是因为我们一直在等待寄来的卡片。上周,我们终于收到了两木箱主题为自然科学、农业和技术的卡片目录。你们的剪贴工作很出色,卡片做得很好。现在我们正在将这些卡片排入主题目录柜中,非常感谢。因为这个财政年度就要结束了,请把收尾工作的人工费发票(复印一份)寄来。我们没有收到你所寄附有3月份发票的函件,一定是邮寄过程中丢失了,所以3月份的报酬还没寄给你。请把3月、5月、6月以及7月部分的工资和邮费的发票一起寄来。(HYL Archives: Letter of Alfred K'aiming Ch'iu to Din-yi Lee, May 25, 1959)

6月1日

Charlotte Bedford 向裘开明提交辞呈,并希望在裘开明方便的时候与之商谈其休假的问题。(HYL Archives: Letter of Charlotte Bedford to Alfred K'aiming Ch'iu, June 1, 1959)

6月2日

台湾大学教授李定一(Din-yi Lee)致函裘开明:感谢你5月来函。很高兴你已经收到了第一批索引卡片。很遗憾你没有收到我3月份的函件。因还未收到4月份的文员工资,随函附上从3月至6月的文员补助支出清单。若近日收到4月份的支票,我将寄还给你。到目前为止,我只收到了272美元的支票。工作可于7月底完成,最后一次的卡片目录邮寄单将于7月10日左右寄出。学社不用汇寄7月份的费用了,因为粘贴和抄写工作将在6月底完成。7月初的工作只是汇总支票,填写邮寄单和邮寄卡片,这些都是每次出货以前我需做的工作。最初预算中的"其他办公设备"为55美元,其中包括剪刀15美元,书桌15美元,以及卡片目录箱25美元。我估算有误,剪刀和浆糊的支出超过37美元。因此将书桌和纸箱卖了大约25美元来弥补。所以,全部工作的支出为400美元。很高兴我的工作令你满意。语言文学类数日内付邮。(HYL Archives: Letter of Din-yi Lee to Alfred K'aiming Ch'iu, June 2, 1959)

6月5日

裘开明致函亚洲学会(AAS)美国远东图书馆资源委员会主席 G. Raymand Nunn 博士,感谢其5月19日的来信和所附的信件与日期为1959年5月4日的该委员会工作文稿,并就该工作文稿的相关问题提出具体的修改意见。(HYL Archives: Letter of Alfred K'aiming Ch'iu to G. Raymand Nunn, June 5, 1959)

6月8日

裘开明致函亚洲学会(AAS)美国远东图书馆资源委员会主席 G. Raymand Nunn 博士:感谢你6月1日来信邀请参加6月18—19日在美国国会图书馆召开的会议。我已经与 Philip J. McNiff 先生全面讨论了工作文稿,他将作为哈佛的代表和美国研究图书馆协会远东委员会主席的身份参加会议。无论 Philip J. McNiff 先生在会上提出什么建议,将均代表我的想法和意见。我上周已经给你寄来了有关工作文稿的意见。我不参加会议的另一个原因是,我希望你能省下我去华盛顿特区的旅费,并把这笔钱给我,用于聘请助手,帮助推进《远东期刊联合目录》(the Union List of Far Eastern Series)……(HYL Archives:Letter of Alfred K'aiming Ch'iu to G. Raymand Nunn, the University of Michigan. June 8,1959)

6月9日

印第安纳大学历史系教授邓嗣禹(Ssu-yü Teng)致函裘开明:我们正打算编制一部汉和文献的书目。去年荒川哲郎(Tetsuro Arakawa)来函表示对此项工作有兴趣。如果他仍在你手下工作,能否请你把随函所附函件转交给荒川先生?虽然印第安纳大学希望编制一部出色的东方文献目录,但不经你的允许就动用你的员工是不合适的。另外,作为一名东方图书馆学专家,我们非常信任你对个人能力的判断以及你的推荐。(HYL Archives:Letter of Ssu-yü Teng to Alfred K'aiming Ch'iu, June 9, 1959)

6月15日

Charlotte Bedford致函裘开明,请假准备参加美国图书馆协会(ALA)会议。(HYL Archives:Letter of Charlotte Bedford to Alfred K'aiming Ch'iu, June 15, 1959)

台湾大学教授李定一(Din-yi Lee)致函裘开明:昨日收到100美元的支票,是4月份的人工钱。在收到寄来的其他支票前,我将暂时保存这张支票。如果后续寄来的其他支票中包括4月份的工钱,我则把这张支票寄还。(HYL Archives:Letter of Din-yi Lee to Alfred K'aiming Ch'iu, June 15, 1959)

6月17日

严文郁致函裘开明:久未聚谈,系念殊深……今接香港友人寄来抄本书影两种,求为介绍出售,兹特附呈一阅,如贵馆有意收购,即请示知。对于书价有何意见亦请函告,以便与前途函商可也(《湖山集》,四库全书本,四册,宋吴芾撰,50000港元。《篋中集》,四册,陈维崧辑,5000港元)。(HYL Archives:严文郁致裘开明信函,1959年6月17日)

6月21日

日本女子大学(Japan Women's University)图书馆助理馆员Kazuko Tauaka致函裘开明:感谢你4月21日给Rosamond H. Clark女士的来信和为我提供的年薪3120美元的日文初级编目员全职工作职位。这是一个诱人的机会,但是,正如Clark小姐给你的信中所言,我到美国的主要兴趣是在西蒙斯大学攻读图书馆学,而且我们的校长Jodai女士极力要我一年后回校工作。Clark小姐已经考虑过我希望获得的奖学金可能不足以维持我在西蒙斯一年的费用,我可能要一边读书,一边在你们图书馆做一点工作。但是,当她就此事写信给西蒙斯大学图书馆学院院长Kenneth R. Shaffer先生时,他回答说,如果我希望在一年内完成图书馆学课程的学习,那么我就不应该做外面的工作。而且,我刚从亚洲基金会得知,他们已经批准给我全额奖学金,以支付我在西蒙斯大学一年的全部费用。所以,我将全力学习,没有时间到贵馆工作。很抱歉我失去了在贵馆的工作机会,但我希望你允许我将来到贵馆参观学习。(HYL Archives:Letter of Miss Kazuko Tauaka, Japan Women's University, Tokyo, Japan, to Alfred K'aiming Ch'iu, June 21,1959)

6月23日

加州大学伯克利分校东亚图书馆编目员Charles E. Hamilton致函裘开明:非常感谢你6月8日的来信和随信寄来的你给G. Raymond Nunn先生的关于《远东丛书联合目录》(Union List of Far Eastern Series)的信件。你请我对"两种联合目录的区别"发表意见,我当然没有资格去判断哪种说法对不收录单本丛书的第3版《远东丛书联合目录》有用。迄今为止,你的《远东丛书联合目录》将收录以前没有收录的许多丛书。现在的问题不是简单地从书目中抽去选出的款目,因此,我想很多图书馆员可能更喜欢在两种目录中保持一定的重复著录……(HYL Archives：Letter of Charles E. Hamilton, Chief Cataloger, East Asiatic Library, University of California, Berkeley, Ca., to Alfred K'aiming Ch'iu, June 23, 1959)

7月3日

纽约州 Claire Vier 致函哈佛大学图书馆：我有一本好像用红木封面装订的书,该书是我从中国购买的有关"苗子"的精美中国手绘原画和手书。"苗子"是生活在中国西部大山中的特殊中国人部落。该书包括 80 页的绘画和文字,描述他们 80 个苗寨的不同生活状况与风俗。我想把它卖给图书馆或者博物馆,如果你们有兴趣,请与我联系。(HYL Archives：Letter of Claire Vier, Granville, N.Y., to Harvard Uniersity Library, July 3, 1959)

韩国汉城延世大学(Yonsei University)向汉和图书馆邮寄代购的第 5 批和第 6 批韩文古籍。(HYL Archives：Chinese-Japanese Library of the Harvard-Yenching Institute at Harvard University Report of the Librarian for 1960-1961)

7月14日

芝加哥大学图书馆馆长办公室人事主管 Iris Byler 致函裘开明：不久以前,钱存训(Tsuen-hsuin Tsien)先生向我提到你推荐 Josephine T. Chen 小姐担任中文编目员。我们现在还不能确定是否有经费提供这个职位,所以我现在没法告诉你在这件事上能否帮忙。现在还没有确定最终的薪金水平,我们的标准工作周是 37 周半和一年 4 周的假期。学校支付图书馆职员的社会安全保险、学校资助的退休金和团体人寿保险。如果 Chen 小姐有兴趣以后申请这个职位,请将信中所附的个人记录表转交给 Chen 小姐,并叫她填好以后寄给我们。(HYL Archives：Letter of Iris Byler, Head of Personnel, Office of the Director, Library of the University of Chicago, to Alfred K'aiming Ch'iu, July 14, 1959)

7月15日

Charlotte Bedford 致函裘开明：我想 7 月 16 日(星期二)上午 8 点上班,下午 2 点开始为 Carroll 教授的演讲录音,希望获得你的批准。另外,我希望在 8 月份之前或 8 月 3 日最后一天上班时拿到我 8 月份工资的两张支票。如果不能,则请使用我留下的两个有地址的信封邮寄给我。(HYL Archives：Letter of Mrs. Charlotte Bedford to Alfred K'aiming Ch'iu, July 15, 1959)

7月17日

裘开明致函荒川哲郎(Tetsuro Arakawa)：随函寄上印第安纳大学一个岗位的邀请函。我希望你对此感兴趣,愿意放弃纽约联合国图书馆的工作。邓嗣禹(Ssu-yü Teng)教授确实非常需要人手帮助其从事科研和教学工作。以后除了在图书馆工作以外,他们完全有可能让你在那里教授基础的日文课程。因此,到印第安纳大学工作对于你未来在美国的发展而言是个好机会。在联合国,你只是大机器上的一颗螺丝钉,很难发挥出自己杰出的才能。(HYL Archives：Letter of Alfred K'aiming Ch'iu to Tetsuro Arakawa, July 17, 1959)

8月6日

裘开明致函美国移民归化局,申请延长 Theresa Chou Hung 在美国的签证。(HYL Archives：Letter of Alfred K'aiming Ch'iu to Immigration and Naturalization Service, August 6, 1959)

8月15日

裘开明上午 7 点应邀参加在哈佛燕京学社聚会厅(Common Room)举行的韩国独

立日庆祝活动。(HYL Archives：韩国独立日庆典邀请函)

文光堂书店(Bunkodo Book Store)海外部主任 Kenji Arai 致函裘开明：贵馆是否需要订购我们 5 月 11 日函所附出版物目录所列图书？感谢订购 *Meiji Ishin Shiryo Mokuroku*，书已寄出。贵馆 6 月 5 日寄来发票所支付的订单和其他订单的图书均在运寄准备中。由于本书店现有外币现金赤字，根据日本海关管理条例，我们暂时无法寄出这些订单的图书。请贵馆尽快支付 1959 年 5 月 21 日、6 月 13 日、6 月 18 日和 7 月 1 日的款项。(HYL Archives：Letter of Kenji Arai to Alfred K'aiming Ch'iu, August 15, 1959)

8 月 17 日

韩国汉城延世大学(Yonsei University)向汉和图书馆邮寄代购的第 7 批韩文古籍。(HYL Archives：Chinese-Japanese Library of the Harvard-Yenching Institute at Harvard University Report of the Librarian for 1960-1961)

8 月 26 日

香港交流书报社(Chiao Liu Publication Service)K. S. Loh 致函裘开明，告知汉和图书馆订购的《丛书集成》的寄运情况，并感谢裘开明向克利夫兰市博物馆推荐该社。(HYL Archives：Letter of K. S. Loh to Alfred K'aiming Ch'iu, August 26, 1959)

9 月 1 日

京都大学人文科学研究所图书馆馆长 Wakimoto Sigeru 致函裘开明，询问汉和图书馆是否有意获得《京都大学人文科学研究所藏甲骨文字》一书，并以之作为交换书籍。(HYL Archives：Letter of Wakimoto Sigeru to Alfred K'aiming Ch'iu, September 1, 1959)

9 月 6 日

Malcolm F. Reed 致函裘开明，商谈明版《大藏经》(*Tripitaka*)的事宜。(HYL Archives：Letter of Malcolm F. Reed to Alfred K'aiming Ch'iu, November 21, 1959)

9 月 7 日

文光堂书店(Bunkodo Book Store)海外部 Kenji Arai 致函裘开明：我书店现有《孝明天皇纪》170 卷出售，不知贵馆是否还想订购这部书。该书价格是 200000 日元(556 美元)，外加 40 美元的邮资和装帧费用。裘开明在函件原稿末写道：《孝明天皇纪》，117 册外首卷 2 册，每册约 50 页，明治二十四至三十八年编纂，松浦辰男为编辑委员，明治三十九年宫内省印。600 美元太贵。(HYL Archives：Letter of Kenji Arai to Alfred K'aiming Ch'iu, September 7, 1959)

9 月 14 日

台湾大学教授李定一致函裘开明：前寄来之 400 元支票及 100 元支票均先后收到。因 400 元支票收到较迟，故将 100 元支票付出。按照尊示，尚需找回贵馆 100 元。此间汇出美金甚困难，今日始向友人处筹得 100 元支票，兹随函寄上，希查收，并赐复。卡片谅已全部收到。(HYL Archives：李定一致裘开明信函，1959 年 9 月 14 日)

9 月 22 日

香港古今图书公司(C. M. Chen Book Company)致函裘开明，说明汉和图书馆所订图书到货和寄送的详细情况。并言：非常抱歉由于订购单上的《五十名家书札》误写为《五十名家诗札》，因此我们只能寄给贵馆《书札》而非《诗札》。(HYL Archives：Letter of C. M. Chen Book Company to Alfred K'aiming Ch'iu, September 22, 1959)

Charles Wang 致函裘开明：我有一部《王荆文公诗》，相信是唯一存世的宋代原刻本。如果贵馆感兴趣，我将自费携书到贵馆，请你及其他专家过目。我愿以合理的价格出售。(HYL Archives：Letter of Charles Wang to Alfred K'aiming Ch'iu, September 22, 1959)

9月25日

日本驻美国总领事馆副总领事泷川真久(Masahisa Takigawa)致函裘开明：应日本东方文化研究所的要求，日本外务省请我处转交1种出版物给贵馆，即东方文化研究所编《1957年日本出版的东方学著作与文章》(Books and Articles on Oriental Subjects Published in Japan during 1957)，此出版物将另函寄上。请你在11月1日之前回复我处是否希望继续收到此类出版物及所需数量。若未在此日期前接到回复，我处将把贵馆从邮件列表中删除。(HYL Archives：Letter of Masahisa Takigawa to Alfred K'aiming Ch'iu, September 25, 1959)

10月4日

Yoshiko Yoshimura致函裘开明求职。(HYL Archives：Letter of Yoshiko Yoshimura to Alfred K'aiming Ch'iu, October 4, 1959)

10月7日

Theresa Chou Hung向裘开明汇报西文编目工作的进展。(HYL Archives：Letter of Theresa Chou Hung to Alfred K'aiming Ch'iu, October 7, 1959)

10月9日

裘开明收到韩国汉城延世大学(Yonsei University)所寄代购的第5批和第6批韩文古籍。第5批共36包，内含韩文古籍133种373册，含复本2种2册，其中1种不完整，共花费购书经费165000韩元，当时汇率为1：750，折合220美元；第6批共30包，内含韩文古籍112种301册，含复本1种4册，共花费购书经费625200韩元，当时汇率为1：900，折合694.67美元。(HYL Archives：Chinese-Japanese Library of the Harvard-Yenching Institute at Harvard University Report of the Librarian for 1963-1964)

Theresa Chou Hung向裘开明提交休假申请。(HYL Archives：Letter of Theresa Chou Hung to Alfred K'aiming Ch'iu, October 9, 1959)

10月13日

京都大学人文科学研究所图书馆馆长Wakimoto Sigeru致函裘开明：应作者贝塚茂树(Shigeki Kaizuka)的要求，将《京都大学人文科学研究所藏甲骨文字》一书赠予贵馆。(HYL Archives：Letter of Wakimoto Sigeru to Alfred K'aiming Ch'iu, October 13, 1959)

10月15日

裘开明收到韩国汉城延世大学(Yonsei University)所寄代购的第7批韩文古籍，共4包，内含韩文古籍12种31册，共花费购书经费175.72美元。(HYL Archives：Chinese-Japanese Library of the Harvard-Yenching Institute at Harvard University Report of the Librarian for 1963-1964)

10月19日

裘开明致函日本驻美国总领事馆副总领事(Deputy Consul General)泷川真久(Masahisa Takigawa)，告知收到所寄《1957年日本出版的东方学著作与文章》(Books and Articles on Oriental Subjects Published in Japan during 1957)一书，并表示希望以后继续获得此类赠书。(HYL Archives：Letter of Alfred K'aiming Ch'iu to Masahisa Takigawa, October 19, 1959)

裘开明致函台湾大学教授李定一(Din-yi Lee)并抄送哈佛燕京学社副社长白思达(Glen William Baxter)：感谢你9月14日来函中所附除去剪贴卡片目录的费用后，归学社所有的盈余共计100美元的两张支票。因为支票是个人支票，填写的汇兑人是个人而不是学社，这不符合哈佛关于图书馆财务的规定。因此我将这两张支票留为己用。过一段时间，我将把同样是100美元的空白支票填写上哈佛燕京学社的名字，交给学社。我们已经收到了全部文学类的目录卡片，并请了一名学生在图书馆把这些目录卡片与另一份书本目录中的对应款目进行核对，到目前为止，几乎没有发现错误。非常感谢你在台湾对于这项艰巨工作的全力监督。待目录最终出版时，我们将对你对于该项目的巨大贡献作出奖励。（HYL Archives：Letter of Alfred K'aiming Ch'iu to Din-yi Lee，October 19，1959）

裘开明致函香港古今图书公司（C. M. Chen Book Company）S. L. Chang Chen：随函附上目录卡片样品。Chen先生几年前曾在信中告诉我们，你们的抄写员可以为我们复制这样的卡片。能否请你们的抄写员复制一份这张卡片，并请告知复制10张和1张的费用。我们每年需要制作几千张卡片，同时我们也需要同一书法家为我们制作用于古籍的中国式函套书名的铅字，这种书法风格符合我们的要求。此前航运中有一套 *Kuo ts'ang ts'ung shu*，遗失了其中一本，请补寄给我们。（HYL Archives：Letter of Alfred K'aiming Ch'iu to S. L. Chang Chen，October 19，1959）

10月29日

裘开明致函John Musgrave：关于哈佛燕京《汉和分类法》中韩国哲学著作如何分类的问题，我们的分类法在中国哲学和日本哲学之间给韩国哲学安排了1420—1429类号。1420是一般著作，1422用于韩国儒学和儒学哲学家。我馆的排架目录中，不同哲学家的著作采用王云五四角号码法按照作者号码排列，而在分类目录里不同的作者按照时间顺序排列。（HYL Archives：Letter of Alfred K'aiming Ch'iu to John Musgrave，October 29，1959）

11月2日

Isabelle E. Williams致函汉和图书馆：随函附上傅路特（Luther Carrington Goodrich）《中国文明与文化历史》课程大纲的发票复印件。我处正在进行图书清仓。请贵馆寄来1.5美元的支票。（HYL Archives：Letter of Isabelle E. Williams to Chinese-Japanese Library of Harvard-Yenching Institute，November 2，1959）

11月3日

香港交流书报社（Chiao Liu Publication service）K. S. Loh致函裘开明：随函附上汉和图书馆1960年向我社订购书刊的发货单，总值2763港币。我社1960年全年约400种中国大陆书刊资料的出售目录已于9月份航空邮寄给贵馆。目录中有很多新的1958至1959年度期刊。若贵馆欲补充订购，请不要晚于11月20日。感谢你向美国多个对中文资源感兴趣的机构推荐我社，欢迎贵馆对我社业务和服务提出宝贵的改进意见。随函附上近期出版的一些艺术书籍目录，供贵馆参考和订购。（HYL Archives：Letter of K. S. Loh to Alfred K'aiming Ch'iu，November 3，1959）

11月6日

N. Farquhar致函裘开明及哈佛燕京学社社长叶理绥（Serge Elisséeff）：通知他们，汉和图书馆馆员Fumiyo Iwano在加拿大发生车祸。（HYL Archives：Letter of N. Farquhar to Alfred K'aiming Ch'iu，November 6，1959）

11月18日

裘开明致函日本一诚堂（Isseido）书店：兹附上我们在一诚堂第20、22和31期目录上勾选的拟购买图书的书目编号，请你们把书和发票一并寄来。请问是否可以把整套的《日本佛教协会学报》（*The Journal of Japanese Buddhist Association*）拆开单买，我们只购第11年，即1938年的部分。另外，我曾转交韩国访问学者Bang Han Kun教授选购书籍的函件,请你们以 Bang Han Kun 的名字单独开列发票,并交我们转交。(HYL Archives: Letter of Alfred K'aiming Ch'iu to Isseido, November 18, 1959)

11月21日

纽约日本奖学金基金会 Malcolm F. Reed 致函裘开明:我不知道你是否收到我9月6日的有关《大藏经》(Tripitaka)的来信。在那封信中,我提到《大藏经》的拥有者开价100000美元。我已经告诉他,正在询问你是否对《大藏经》有兴趣。(HYL Archives: Letter of Mr. Malcolm F. Reed, Japan Scholarship Foundation, Inc. Westfield, New Jersey, to Alfred K'aiming Ch'iu, November 21, 1959)

12月5日

裘开明提交第33次《馆长年度报告》(1958年7月1日至1959年6月30日),其主要内容如下:1.图书馆馆藏情况。1958—1959年度,哈佛大学汉和图书馆新增藏书量如下:

哈佛大学汉和图书馆馆藏统计(1958—1959年度)

文献语种	新增馆藏		馆藏总量	
	新增种数	新增册数	馆藏种数	馆藏册数
中文	2473	7450	56231	253155
日文	2639	4993	32470	70141
藏文	0	0	38	1006
满文	0	0	141	1095
蒙文	0	0	50	393
韩文	438	1128	1697	3907
西文	269	358	6776	9511
合计	5819	13929	97403	339208

……日文书的采访主要根据日本国会图书馆(National Diet Library)每周出版的《纳本周报》(Current Publications),由裘开明和 Hibbert 教授、克雷格(Albert M. Craig)教授、矶部重治(Shigeharu Isobe)先生选定;中文书的采访主要根据中国北京国际书店每月出版的《中文图书预订目录》(Catalogue of Forthcoming Books in Chinese),由海陶玮(James Robert Hightown)教授、Yang 教授、费正清(John King Fairbank)教授以及邓斯特(Dunster)街16号的研究者们选定;韩文书由日文编目馆员金圣河(Sungha Kim)选购,并通过韩国延世大学(Yonsei University)的闵泳珪(Minn Young-gyu)教授以及日本的几个古书商购买韩国古籍。新到馆的269种358册西文书大多数都是英文书,其中近一半(126种151册)是通过捐赠或交换获得。由于新图书馆距怀德纳图书馆比博伊斯顿堂要远,所以教员和学生要求我馆购买更多关于中国、日本和韩国的西文书。由于课程安排上关于远东的入门课程增加,以及一批非专业的研究人员进行东亚研究,这一切使得图书馆必须购买更多西文文献。因此,未来几年购买西文书的预算必须适当增加,以满足这些额外的需求。1958—1959年度,新增中文书中有1325种为新书,1148种为古籍;325种通过交换或赠送所得,2148种通过订购所得。新增日文书中有1657种为新书,982种为古籍;245种通过交换或赠送所得,2394种通过订购所得。新增韩文书中

有 322 种为新书,116 种为古籍;87 种通过交换或赠送所得,351 种通过订购所得。在连续出版物方面,1958－1959 年度,中文新刊新增 289 种,中文连续出版物总量达到 2613 种。日文连续出版物新增 368 种,馆藏总量达到 2333 种。韩文连续出版物新增 53 种,馆藏总量达到 90 种。西文连续出版物新增 231 种,馆藏总量达到 641 种。蒙文连续出版物新增 2 种,馆藏总量为 2 种。截至 1959 年 7 月,汉和图书馆共有各语种连续出版物共计 5679 种。1958－1959 年度,汉和图书馆收到并登录的期刊册数分别为:中文 4175 册,日文 1982 册,韩文 296 册,西文 1099 册,蒙文 12 册。丛书和方志类,过去的一年我馆新购中文丛书 11 种 359 册,总量达到 1350 种。日文丛书新增 156 种,总藏量达到 1397 种。中文方志类藏书增加了 3 种 14 册,总藏量达到 2934 种 30858 册。关于未来的采访计划……等到矶部重治先生 9 月份担任主管日文文献的副馆长后,将重新制定整个文献采访政策。矶部先生就我馆采访工作的流程提出了 3 条主要意见:(1)继续从日文国会图书馆《纳本周报》中选取新出版物,并连同印刷卡片目录一起订购;(2)继续购买精良的古籍,比较从东京(Tokyo)、京都(Kyoto)、大阪(Osaka)和香港空运来的各个书商的不同二手书目录的报价;(3)定期浏览各类藏书的主题分类目录,与所出版的权威书目进行核对,编制我馆所需要订购的图书的目录。为了编制这样一个图书目录,我们自然需要咨询各研究领域的专家学者。在采访数量上,矶部先生也持有不同意见,他认为订购的数量应该占每年日本新出版学术著作总数的 15% 左右,即每年新购日文书应在 4000 种左右。而现刊的订购每年应达到 400 种(包括赠送和交换的)。这样一个采访政策意味着每年的预算要增加,还要增加一名工作人员。2. 馆藏编目分类情况。从 1958－1959 年度开始,图书馆的日文新书开始采用日本国会图书馆印刷的卡片目录,在订购新书的同时即订购随书的卡片目录。这一举措导致斯坦福大学胡佛研究所也采用同样的工作流程……另外,各语种目录新增目片数统计如下:中文书作者－书名四角号码目录新增目片 3721 张,新增临时草片 2072 张,作者－书名罗马字母目录新增目片 3272 张,新增临时草片 670 张,分类主题目录新增目片 1377 张,排架目录新增目片 1395 张,以上共计新增目片 9765 张,新增临时草片 2742 张,合计 12507 张;日文书作者－书名四角号码目录新增目片 2891 张,新增临时草片 5499 张,作者－书名罗马字母目录新增目片 2090 张,新增临时草片 2056 张,分类主题目录新增目片 1420 张,排架目录新增目片 2724 张,以上共计新增目片 9125 张,新增临时草片 7555 张,合计 16680 张;韩文书作者－书名四角号码目录新增目片 18 张,新增临时草片 152 张;作者－书名罗马字母目录新增目片 0 张,新增临时草片 348 张,排架－主题目录新增目片 338 张,以上共计新增目片 356 张,新增临时草片 500 张,合计 856 张;西文书作者－书名目录新增目片 512 张,新增临时草片 12 张,排架－主题目录新增 289 张,新增临时草片 3 张,以上共计新增目片 801 张,新增临时草片 15 张,合计 816 张……3. 读者服务。过去的一年图书馆全年开放。暑假期间,馆员轮流休假。图书馆星期一至星期五晚上 7 点到 10 点开放。每晚开放期间,包括馆长在内的专业馆员每晚轮流一人值班,向学生提供参考咨询服务。书库入口由一名学生助理,即数学系大三的学生 Edward H. Parker, Jr. 看守。一般情况,考试期间阅览室满员,平时约有 12 个读者左右。晚上开放期间,图书馆约有 1/5 的阅览座位被使用……1958－1959 年度,通过馆际互借向汉和图书馆借书的机构共有 46 所。在参考咨询服务方面,主要是通过口头或书面的方式解答学生、访问学者以及其他机构的研究者的问题。我本人所写的很多信都是解答读者问题的。我们的主要精力集中在采访和编目工作上,根据怀德纳图书馆的规定,"如果学者希望对哈佛的馆藏作深入的研究,图书馆可以要求其支付一定的费用",我们限制了对校外学者的参考咨询服务……图书馆实行开架制度,鼓励用户进入书库查找自己所需要的文献。这种制度深受读者欢迎,但是图书馆也同时面临着个别读者素质低下的问题,有些读者取书不作登记,或乱放书籍。为了改善这种情况,图书馆采取了4条措施……4.图书馆人事。在过去的一年里,图书馆职员中有9名为全职,3名为兼职。另外还有9名学生助理和12名临时工。图书馆用到这么多人手,主要是因为搬新馆。Charlotte Bedford 夫人代替吴婉莲(Dorothea Wan Lien Wu)担任中文编目馆员;Robert Masato Matsui 先生代替荒川哲郎(Tetsuro Arakawa)担任日文编目馆员;金(Kim)小姐代替陈谭韶英(Ch'en Tan Chao-ying)担任连续出版物助理(Serials Assistant);Suh 小姐代替 Choo Tong-He 小姐担任兼职韩文编目馆员。另外新增两个岗位,由 Michiko I. Totman 夫人和 Michiko H. Kwok 夫人担任。流通台新增加了 Wang Diana Y. 夫人。另外新增的两名馆员分别是,金圣河(Sungha Kim)担任高级韩文编目馆员,Theresa Chou Hung 小姐担任初级日文编目馆员。于震寰(Zunvair Yue,副馆长)、William Henry Winship(阅览室主任)、刘楷贤(Liu K'ai-hsien,首席中文编目馆员)、Chimyo Horika(兼职佛教编目馆员)、Fumiyo Iwano(日文书采访助理)继续在图书馆任职。5.图书馆财务。

1958－1959 年度图书馆预算

开支项目		金额(单位:美元)	
图书(常规拨款)	中文书	2000	12500
	日文书	3000	
	韩文书	2300	
	西文书	700	
	当代书专项经费(学社、怀德纳图书馆和 EAS 中心各占 1/3)	4500	
图书(新出版物专项拨款)	韩文古籍	6000	10000
	中日文古籍	4000	
装订		2500	
办公经费		850	
国会图书馆合作编目		1250	
薪水和津贴*		34283	
总计		61383	

*不含理事会雇员裘开明、于震寰和刘楷贤的薪水,3人薪水共计22512美元。

1958—1959 年度支出统计

开支项目		金额（单位：美元）	
图书	中文书	8756.48	20506.03
	日文书	6499.05	
	韩文书	4237.66	
	西文书	1012.84	
装订		3342.41	
图书保险		481.05	
办公经费和设备	设备	73.20	1453.64
	水电、打印和文具	805.85	
	电话、电报	363.21	
	邮资、特快专递等	118.02	
	服务费	27.75	
	影印（目录卡片）	65.61	
国会图书馆合作编目		1128.22	
薪水与津贴	正式员工	27958.82	36251.67
	临时工	4437.30	
	学生助理	1743.95	
	特别拨款	44.40	
	退休和保险补助	5.33	
	退休金与社会保险	2061.87	
其他（荒川[Arakawa]先生的薪水）		897.20	
合计		64060.22	
预算		61383.00	
赤字		2677.22	

（HYL Archives：Chinese-Japanese Library of the Harvard-Yenching Institute at Harvard University Report of the Librarian for 1958-1959）

12月6日

　　日本奖学金基金会Malcolm F. Reed致函裘开明：如你能尽快告知贵馆是否对我在最近给你写的信中所提到的明版《大藏经》（*Tripitaka*）感兴趣，我将不甚感激。因我急于将你的答复告知该藏品的主人Murata先生。随信附上回邮信封。（HYL Archives：Letter of Malcolm F. Reed to Alfred K'aiming Ch'iu, December 6, 1959）

12月10日

裘开明致函纽约日本奖学金基金会 Malcolm F. Reed：感谢来信提及开价100000美元的明《大藏经》(the Ming Tripitaka)。因为等待哈佛燕京学社董事会12月15日开会，所以，一直没有回信。我们对明版《大藏经》有兴趣，不是这种难以置信和不可能的价格。我可以肯定没有哪个图书馆敢与这样开价的拥有者作进一步的商谈。请告知你想我们把 Murata 先生的《大藏经》目录退到何处。就 Murata 先生的信息而言，我想告诉你在台北"国立中央图书馆"有一部与 Murata 先生所有的一样的明版《大藏经》。美国各图书馆可以联合购买其缩微胶卷，价格是500美元一套。当你拥有缩微胶卷时，你就拥有准确的文本，学者就不会太在意其原本。所以，Murata 先生在开出如此难以置信的价格前最好三思而后行。(HYL Archives：Letter of Alfred K'aiming Ch'iu to Mr. Malcolm F. Reed, Japan Scholarship Foundation, Inc. Westfield, New Jersey, December 10, 1959)

12月12日

裘开明致函李文森(Joseph Richmond Levenson)博士：感谢你同意作为我社在香港的代表，通过募赠或购买的方式，为我社采购有关近现代中国政治意识的新出版物。图书馆收到的所有捐赠将以正式方式予以确认。对于我馆订购的出版物，哈佛大学财务处将在收到书商的发货单复印件后向对方支付书款。(HYL Archives：Letter of Alfred K'aiming Ch'iu to Joseph Richmond Levenson, December 12, 1959)

12月20日

香港中文大学新亚书院图书馆馆长 Y. M. Tseng 致函裘开明：我将通过水陆路信件寄给贵馆一套我们校长钱穆(Ch'ien Mu)博士所著的书。你可能会发现，除了新出版的书以外，还有一些书是写于中日战争之前和期间的。这些书1949年以后在中国大陆就禁止出售了，因为它们不符合共产主义路线，为了满足对这些书感兴趣的学生以及图书馆的需要，故在香港和台湾大量再版，有的做了修订，有的未做。随函附上中文书单：《庄老通辩》、《中国思想史》、《学龠》、《中国思想通俗讲话》、《两汉经学紧固文平议》、《庄子纂笺》、《国史新论》、《人生十论》、《四书释义》、《秦汉史》、《中国历史精神》、《国史大纲(上、下)》、《中国历代政治得失》、《中国近三百年学术史(上、下)》、《先秦诸子系年(上、下)》、《宋明理学概述(上、下)》、《中国文化史导论》、《国学概论》、《阳明学述要》和《文化学大义》。(HYL Archives：Letter of Y. M. Tseng to Alfred K'aiming Ch'iu, December 20, 1959)

12月21日

Eugene Boardman 致函裘开明：我们计划安排你在中国区域研究专家会议上发言，该会议由华盛顿大学的 Franze Michael 主持。如你不满意此种安排，请来函告知。会议论文摘要需在1月中旬之前提交给 Michael 先生。(HYL Archives：Letter of Eugene Boardman to Alfred K'aiming Ch'iu, December 21, 1959)

12月30日

哈佛大学学生雇用办公室(Student Employment Office)函请裘开明填写在汉和图书馆工作的学生助理的工作表现。(HYL Archives：Letter of Dustin M. Burke to Alfred K'aiming Ch'iu, December 30, 1959)

本年

汉和图书馆聘请日本国会图书馆(National Diet Library)的矶部重治(Shigeharu Isobe)先生负责清点日文馆藏的工作，同时作为汉和图书馆的高级日文编目员，负责日文编目工作。从此,在裘开明总的领导下,汉和图书馆开始完整、系统地入藏日文藏书。(HYL Archives: Alfred K'aiming Ch'iu, Cataloguing at Harvard-Yenching Library: Accomplishments and Prospects)

  汉和图书馆的韩文文献开始按照美国图书馆协会(ALA)和国会图书馆1958年所颁布的东亚文献编目规则,采用新的目录卡片格式和主题词表编目,而中文文献和日文文献则继续使用汉和图书馆原有的编目格式和规则进行编目,同时再按照新的格式和规则进行编目,并将数据提交给国会图书馆合作编目项目组。即从1959年开始,汉和图书馆的中日文文献同时采用两套不同编目规则的目录体系,这种状况一直持续到1965年。(HYL Archives: Alfred K'aiming Ch'iu, Cataloguing at Harvard-Yenching Library: Accomplishments and Prospects)

  自本年到1965年间,汉和图书馆开始使用在日本国会图书馆(National Diet Library)以及美国的胡佛研究所(Hoover Institution)编印的卡片目录。(HYL Archives: Alfred K'aiming Ch'iu, Cataloguing at Harvard-Yenching Library: Accomplishments and Prospects)

1960 年
63 岁

1月5日

  汉和图书馆馆员 Theresa Chou Hung 向裘开明递交辞呈。(HYL Archives: Letter of Theresa Chou Hung to Alfred K'aiming Ch'iu, January 5, 1960)

1月10日

  裘开明致函 Yoshiko Yoshimura:随信附上职位申请表,请填好后寄回。由于 Robert Masato Matsui 计划夏天后回密歇根大学完成其图书馆学博士学位,因此,希望你能来我馆顶替他日文书籍编目员一职。起薪是每年4000美元,每周工作35小时,一年有4周的假期。工作6个月后薪水可能有所调整。若你在我馆工作满18个月,并续约,我们将乐于支持你获得永久居民签证。(HYL Archives: Letter of Alfred K'aiming Ch'iu to Yoshiko Yoshimura, January 10, 1960)

1月14日

  裘开明致函钱存训:除夕赐示,敬悉拙编《汉和图书分类法》增订部分颇有数处,惟因无暇整理,故一时难再出版。旧版尚有少数存书,请向 American Council of Learned Society(美国学术团体协会)洽购(attention of Hudson)。增补项目复印时,自当寄呈请教。敝馆日文韩文书籍及目片皆分别排列,书号皆加J、K字样,以为识别。旧编手抄日文书片子目录曾于1945年前后摄制影片存于L.C.(国会图书馆),复制一份不难。1948年自行编印新收书目片,为时甚暂,为数不多,自1949年即与L.C.合作编印新书目片,由L.C.发售,随时可以购买。惟自1959年起敝处添用日本国立国会图书馆所印目片,故与L.C.合作方面日文片减少。又敝处所用简化字体表一种,乃非卖品,香港商务印书馆出版之四角号码汉字简化及异体字检查表系由简见繁,价仅港币4角5分,似可多置若干部备用也。(信末注:因事忙未即复,故请于[震寰]翁代笔。)(HYL Archives:裘开明致钱存训信函,1960年1月14日)

1月20日

裘开明致函密歇根大学Ralph Alanson Sawyer,推荐Robert Masato Matsui申请密歇根大学奖学金。(HYL Archives: Letter of Alfred K'aiming Ch'iu to Ralph Alanson Sawyer, January 20, 1960)

裘开明致函马萨诸塞州精神病中心(Massachsetts Mental Center)Robert F. Moore:感谢贵院病人Hua夫人长时间以来对汉和图书馆藏书的保管,我馆韩文部主管金圣河(Sungha Kim)先生已经把属于图书馆的书全部取回。(HYL Archives: Letter of Alfred K'aiming Ch'iu to Robert F. Moore, January 20, 1960)

裘开明致函Yoshiko Yoshimura,告知汉和图书馆目前有一个日文编目工作的职位空缺,并附寄空白求职申请表。(HYL Archives: Letter of Alfred K'aiming Ch'iu to Yoshiko Yoshimura, January 20, 1960)

汉和图书馆学生助理Edward H. Parker, Jr.致函裘开明:因期末考试缘故,需要请假。(HYL Archives: Letter of Edward H. Parker, Jr. to Alfred K'aiming Ch'iu, January 20, 1960)

1月21日

May Yang致函裘开明,告知报到上班的日期。(HYL Archives: Letter of May Yang to Alfred K'aiming Ch'iu, January 21, 1960)

1月25日

耶鲁大学东亚图书馆John Musgrave致函裘开明:盛宣怀(Sheng Hsuan-huai)的后人欲出售家族所藏资料,请你告知以何种价格购入是合理的。(HYL Archives: Letter of John Musgrave to Alfred K'aiming Ch'iu, January 25, 1960)

1月26日

印第安纳大学性学研究所代理所长Paul H. Gebhard致函裘开明:我发现我们图书馆严重缺乏中国情色文献。除了一些廉价的现代版本以外,我们所拥有的全部就只是《金瓶梅》(各种版本)和《素娥篇》。因此,我浏览了高罗佩(Robert H. van Gulik)的目录,并从中挑选出被他称为房中术、春宫图的书。随函附上书名列表一页。如果贵馆有藏(或者还有其他你认为重要的书),请通知我们,我们接下来会考虑采用何种方式复制。(HYL Archives: Letter of Paul H. Gebhard to Alfred K'aiming Ch'iu, January 26, 1960)

1月27日

裘开明致函文光堂书店(Bunkodo Book Store):请贵书店尽快为我馆提供《纳本周报》(*Current Publications*),订购截止日期临近,请待日本国会图书馆(National Diet Library)一发行,即刻通过航空快递方式寄来。另外,每本书需8张卡片,其中一张请通过航空形式寄送。随函附上日文图书订单。(HYL Archives: Letter of Alfred K'aiming Ch'iu to Bunkodo Book Store, January 27, 1960)

1月28日

Kirsten A. Seaver致函裘开明:Philip J. McNiff希望你将随信附上的《岭南大学董事会档案总览》(*General Guide to the Trustees of Lingnan University Archives*)归档。(HYL Archives: Letter of Kirsten A. Seaver to Alfred K'aiming Ch'iu, January 28, 1960)

2月3日

James R. Morita致函裘开明:我从密歇根大学亚洲图书馆馆长G. Raymond Nunn博士那听说贵馆需要一名图书馆员,因此我写信自荐。我将于6月份结束在密歇根大学

A. M. L. S. 的工作，希望到远东图书馆长期工作。我 1931 年出生于美国俄勒冈州，在日本长大。我在日本冈山大学(Okayama University)获得学士学位，并于去年在密歇根大学获得硕士学位，从事远东研究。我曾在密歇根大学图书馆工作，有选购图书的经验。我还在日本研究中心担任过研究助理。本人已婚，有一 14 个月大的女儿，我的妻子在安娜堡公共图书馆(Ann Arbor Public Library)工作。有关我的个性和品格，你可以咨询日本研究中心主任 John W. Hall 博士、密歇根大学图书馆学系主任 Rudolph H. Gjelsness 博士、密歇根大学政治学系 Robert E. Ward 博士以及密歇根大学亚洲图书馆馆长 G. Raymond Nunn 博士。(HYL Archives：Letter of James R. Morita to Alfred K'aiming Ch'iu, February 3, 1960)

Robert Masato Matsui 致函裘开明：我已办妥在密歇根大学攻读远东研究硕士学位的注册手续。(HYL Archives：Letter of Robert Masato Matsui to Alfred K'aiming Ch'iu, February 3, 1960)

2 月 10 日

裘开明致函 Yoshiko Yoshimura：不知你是否收到我们 1 月 20 日寄至你家中地址的函件。信中我们向你提出我馆现在有日文编目员的职位空缺。由于我们正在做下一年度的预算，再加上现另有一名职位申请人，我们希望尽快知道你是否接受这一职位。(HYL Archives：Letter of Alfred K'aiming Ch'iu to Yoshiko Yoshimura, February 10, 1960)

裘开明致函 James R. Morita：随信附上职位申请表，请填好后寄回。我们自 7 月 1 日起有一日文编目员职位空缺。去年雪城大学图书馆学院(Syracuse Library School)的一位女生前来应聘，我们将这一职位提供给了她。但到目前为止，她还没有决定是否接受，因为我们的薪水较低，起薪是 4000 美元一年。如果她不接受我们所提供的职位，我们将在你和另一位去年申请的候选人当中作出选择。(HYL Archives：Letter of Alfred K'aiming Ch'iu to James R. Morita, February 10, 1960)

Yoshiko Yoshimura 致函裘开明，表示接受日文编目员一职。(HYL Archives：Letter of Yoshiko Yoshimura to Alfred K'aiming Ch'iu, February 10, 1960)

Lucy Chang 致函裘开明：感谢你允许我到贵馆做调查工作。但由于贵馆离我所在的地方太远，我不得不遗憾地放弃这个珍贵的机会。自上次 K. Y 和我到你办公室拜访你，已经过去两年了。你的本地口音让我想起了我祖母的家族。我母亲的祖父母跟你是同一个家族的。我的祖父母是姚氏家族的成员，在当地是很大的家族，你肯定比我知道得清楚。能见到同一个祖地的朋友是很有意思的，但是由于我们仓促地离开，去了纽约，让我错过了去拜访裘夫人的机会。由于 K. Y 的犹豫，我直到去年春季才开始学习图书馆学。我已经修习的课程有：图书和图书馆的使用，图书编目，参考工具书和人文社会科学参考文献，研究方法，美国图书馆学的发展、组织和管理。在冬季学期后，我只剩下一门课程以及期末考试。我的情况很好，完成学业之外，我已经能够在这个城市的医学机构里做兼职图书馆员。当然，微薄的收入仅能维持我日常的花费。西雅图的天气很不好，使我想换个环境，因为我决定继续留在美国不回台湾了，我儿子也将在 6 月毕业。因此，我给你写了这封信。我为人诚实可靠，能与其他人顺利交流。如果你能将我作为候选人考虑，我将不胜感激。附件是 K. Y 的信和申请书。我的成绩记录会在我完成课程后连同其他推荐信一起寄给你。有些朋友建议我去斯坦福工作，但是有些人建议我到贵处的远东部。我自己想继续在医学机构里工作，但还没有下决心。我希望得到你的建议。(HYL Archives：Letter of Lucy Chang to Alfred K'aiming Ch'iu, February 10, 1960)

2月11日

Robert Masato Matsui 致函裘开明:我正在撰写有关东方图书编目的报告,希望得到你的意见。(HYL Archives:Letter of Robert Masato Matsui to Alfred K'aiming Ch'iu, February 11, 1960)

2月13日

Yoshiko Yoshimura 致函裘开明,再次表示接受日文编目员一职。(HYL Archives:Letter of Yoshiko Yoshimura to Alfred K'aiming Ch'iu, February 13, 1960)

2月14日

James R. Morita 致函裘开明:很高兴听说汉和图书馆有职位空缺,随信附上填好的职位申请表,请在选择时考虑我的经验和学位。(HYL Archives:Letter of James R. Morita to Alfred K'aiming Ch'iu, February 14, 1960)

2月15日

Fumiyo Iwano 致函裘开明,希望能够稍微延长几天假期。(HYL Archives:Letter of Fumiyo Iwano to Alfred K'aiming Ch'iu, February 15, 1960)

2月16日

裘开明致函 Yoshiko Yoshimura:感谢你接受我馆的职位,随信附上我们人事办公室的登记表。我们希望你能在7月1日之前的几天提早到达,以便能在7月1日真正开始工作。你首次来,可以先住在国际学生中心,直到在图书馆附近找到合适的公寓或单间。建议你提前给中心写信申请房间,该中心只为没有收入的学生提供住所,因此他们不可能让你长期居住。(HYL Archives:Letter of Alfred K'aiming Ch'iu to Yoshiko Yoshimura, February 16, 1960)

2月19日

裘开明致函 Fumiyo Iwano,批准延长其假期,并告知欢迎休假结束后回来工作,图书馆已作好了他来上班的安排。(HYL Archives:Letter of Alfred K'aiming Ch'iu to Fumiyo Iwano, February 19, 1960)

2月20日

Yoshiko Yoshimura 致函裘开明,询问能否从8月份毕业以后开始上班。(HYL Archives:Letter of Yoshiko Yoshimura to Alfred K'aiming Ch'iu, February 20, 1960)

2月25日

裘开明致函 Yoshiko Yoshimura,批准他从8月份开始上班。(HYL Archives:Letter of Alfred K'aiming Ch'iu to Yoshiko Yoshimura, February 25, 1960)

K. S. Lau 致函裘开明:谨代表于震寰(Zunvair Yue)之家人,打探于震寰在美的地址。(HYL Archives:Letter of K. S. Lau to Alfred K'aiming Ch'iu, February 25, 1960)

哥伦比亚大学图书馆 Miwa Kai 致函裘开明:非常感谢你迅速的回复。得知贵馆收藏有全套《大日本续藏经》(*Dainippon Zokuzookyoo*),我们很高兴。在需要查阅该套著作时,我们会通过常规渠道提出正式的馆际互借请求。(HYL Archives:Letter of Miwa Kai to Alfred K'aiming Ch'iu, January 25, 1960)

Fumiyo Iwano 致函裘开明,感谢裘开明准假。(HYL Archives:Letter of Fumiyo Iwano to Alfred K'aiming Ch'iu, February 25, 1960)

3月1日

裘开明致函 K. S. Lau,告知其于震寰(Zunvair Yue)在美国的地址。(HYL Archives:Letter of Alfred K'aiming Ch'iu to K. S. Lau, March 1, 1960)

Yoshiko Yoshimura 致函裘开明：具体上班日期另函告知。（HYL Archives：Letter of Yoshiko Yoshimura to Alfred K'aiming Ch'iu, March 1, 1960）

3月7日

Robert Masato Matsui 致函裘开明，表示因经济拮据，希望能够预支暑期的工资。（HYL Archives：Letter of Robert Masato Matsui to Alfred K'aiming Ch'iu, March 7, 1960）

3月9日

裘开明致函 James R. Morita：感谢你寄回填好的职位申请表。是的，你的教育水平和经验都给人留下深刻的印象，我们有兴趣让你成为我们的日文编目员。但在决定之前，我们需要你的教授以及你前任雇主的推荐信。另外，我们主管日文馆藏的副馆长矶部重治（Shigeharu Isobe）和我希望能于4月11日至13日在纽约召开的亚洲学会（AAS）年会上与你见面。此外，鉴于你的教育水平和经验，如果你获得聘用，我们将为你提供高于4000美元的年薪。（HYL Archives：Letter of Alfred K'aiming Ch'iu to James R. Morita, March 9, 1960）

裘开明致函 Robert Masato Matsui：我已经告诉于（震寰）先生关于你的高级编目课程论文一事。因为你平时和 G. Raymond Nunn 先生有联系，他一定会给你这篇论文写意见。他和我在同一个委员会，他拥有全部资料。我建议你撰写美国图书馆整理远东书籍的技术和方法，尤其是在编目和分类方面。正如你所知，美国图书馆员现在正被图书馆理论中的"一语论"（one-word philosophy）所困扰。他们认为各种语言、各种文化的书应该按照一个体系分类，按照一种标准编目。这个可行吗？或者说，这对于全世界所有图书馆来说，是最好的解决方法吗？为什么日本的国会图书馆（National Diet Library）不采纳《美国国会图书馆分类法》或《杜威分类法》？美国图书馆的远东书籍应该采纳和美国本土普通书籍一样的分类法吗？（HYL Archives：Letter of Alfred K'aiming Ch'iu to Robert Masato Matsui, March 9, 1960）

裘开明致函耶鲁大学东亚图书馆 John Musgrave：我馆正在尽力确认盛宣怀（Sheng Hsuan-huai）所藏资料的价格。但是目前还没有确定。费维恺（Albert Feuerwerker）博士不知道价格。这样贵馆可以尝试尽量以合适的价格购得这些资料。你可以写信给 George K. D. Yeh 先生。但我反对美国各图书馆对同一种书哄抬价格的惯例。假如耶鲁有兴趣购买这些资料，哈佛不会投标。同时我们购买的任何珍本，也欢迎耶鲁学者或学生能在我馆使用。这也正是贵校吴讷孙（Nelson Ikon Wu）教授这些年倡导的理念。我希望耶鲁买下资料后也能慷慨地让哈佛学者或学生使用。很多年前，在我馆为从博伊斯顿堂搬到神学院路2号作准备时，贵校图书馆馆长 James T. Babb 教授让 Andrew D. Osborn 博士（哈佛大学图书馆编目部主任）问我能否去纽黑文帮助重新组织贵馆的远东馆藏。当时，我忙于我馆新馆的建设计划和迁移工作，没有接受这项重要的任务。现在我馆或多或少都建立了新部门，因此我有更多的时间做其他的事情。现在，耶鲁的事务在你的管理下发展得很好。但是如果你和 Babb 教授仍然想要我去考察耶鲁的事务，我很高兴能在这个暑假前往。当然我不会收取任何费用。正如你所知，我在1947年为加州大学伯克利分校做过同样的工作。我应他们馆长 Donald Coney 博士的邀请，去该馆考察了两周时间。他们支付了我的往返费用和住宿费，仅此而已。（HYL Archives：Letter of Alfred K'aiming Ch'iu to John Musgrave, March 9, 1960）

3月12日

香港 Matthew Wu 致函哈佛燕京学社汉和图书馆：我拥有44页孙中山博士在北伐

期间撰写的信件、命令和委任状手稿。这些原件真品是我们家多年的珍藏,现分类装在 3 个相簿之中。如果你有兴趣的话,我将寄给你一些手稿的书影,并和你商谈售价。我想提醒的是,"台湾当局"和中国政府都想要这批手稿,但是由于我个人的原因,我希望把这些手稿提供给你们学校。(HYL Archives：Letter of Mr. Matthew Wu, Hong Kong, to Alfred K'aiming Ch'iu, March 12,1960)

3 月 15 日

裘开明致函 Robert Masato Matsui：可以预支薪水,但是必须在暑假补上这些工时。如果因为生病或其他原因不能回来上班,必须把钱退回。(HYL Archives：Letter of Alfred K'aiming Ch'iu to Robert Masato Matsui, March 15, 1960)

3 月 16 日

密歇根大学图书馆学系 Rudolph H. Gjelsness 致函裘开明：James R. Morita 是名优秀的学生,值得推荐到汉和图书馆任职。(HYL Archives：Letter of Rudolph H. Gjelsness to Alfred K'aiming Ch'iu, March 16, 1960)

3 月 17 日

James R. Morita 致函裘开明：感谢你来函表示有意聘用我。我已经把你来函中的内容转告给密歇根大学图书馆学系主任 Rudolph H. Gjelsness 博士,并请其为我的工作能力作出评估。我还请密大亚洲图书馆 G. Raymond Nunn 博士给你寄出我的推荐函。由于工作的原因,我无法参加亚洲学会(AAS)年会,希望另觅机会与你见面。我将与你保持联系。(HYL Archives：Letter of James R. Morita to Alfred K'aiming Ch'iu, March 17, 1960)

3 月 18 日

裘开明致函印第安纳大学性学研究所代理所长 Paul H. Gebhard：我已经浏览了贵所所需的中文文献书目。为了让我的回答更清楚,我把你所需的 32 种文献分为以下几组：1.春宫图(Erotic albums)：我馆没有藏品,仅存于高罗佩(Robert H. van Gulik)的书中,如《江南消夏》(V-plate 15－20),《惊春图》,《青楼剡景》,《繁华丽锦》,《风流绝畅》(V-complete text and plate 11),《风月机关》,《花营锦阵》(V),《胜蓬莱》(V-plate 9),《东方春意》,《燕寝怡情》,《鸳鸯秘谱》(V-plate 13－14)。2.古代著作,现已失传：《交接经》,《容成经》,《汤盘庚阴道》,《天一阴道》,《天老杂子阴道》,《务成子阴道》,《尧舜阴道》。3.无关引用(Irrevelant quotation)：《二酉堂丛书》。4.房中术：(Y 表示收录在叶德辉的《双梅影暗丛书》；V 表示收录在高罗佩的《明代春宫画》；T 代表收录在 1958 年河出书房新社[Kawade Shobō]*Tōyō seiden shū*；H 表示除了 Y、V、T 以外,哈佛有藏,但是不重要)《既济真经》VT,《修真演义》VT,《玄女经》H《平津馆丛书》卷三以及其他版本,《入药镜》H《道藏》第 60 和 125 卷,《道藏辑要》第 5 卷,《百战必胜》,《素女经》Y,《素女方》YH《平津馆丛书》卷十,《素女妙论》V,《洞玄子》YV,《玉房指要》Y,《玉房秘诀》Y。我们还有一本书,在高罗佩的书中没有提到,即《摄生总要》,这是一本相当重要的春宫图和房中术类的书籍。5.小说：《觉后禅》H。除了《金瓶梅》以及上面提到的那种以外,我们还藏有一些情色小说,如：《控鹤监秘记》、《灯花梦》、《痴婆子传》、《如意君传》、《浓情快史》、《杏花天》、《桃花影》、《春灯迷史》、《两肉缘》、《隔簾花影》、《贪欢报》、《浪史奇观》、《婆罗岸全书》、《情中奇》、《绮楼重梦》、《品花宝鉴》、《野叟曝言》、《醒世姻缘传》。我馆愿意向你提供任何你所需要的文献的复制本。申请书请寄往马萨诸塞州剑桥 38 号怀德纳图书馆照相复制部。你能否告诉我贵馆所藏《素娥篇》有多少页,是小说还是房中术类书籍？(HYL Archives：Letter of Alfred K'aiming Ch'iu to Paul H. Gebhard，March 18，1960)

  耶鲁大学东亚图书馆的 John Musgrave 致函裘开明：你3月9日来信中提到关于购买盛宣怀(Sheng Hsuan-huai)所藏资料之事，前天我与芮玛丽(Mary Clabaugh Wright)教授就此事进行了商讨。我们非常同意先生提出的美国的东方图书馆应该采取必要而恰当的行动。因此只要哈佛所关注的资料，耶鲁就不会插手。希望未来3周能有机会在纽约见面商谈此事。同时我们有一个问题，即中国政府是否会将盛宣怀的资料视作国家财产，对此问题芮玛丽和吴讷孙(Nelson Ikon Wu)的倾向是与盛先生联系。另外，由于暑假期间，我将会在西蒙斯大学逗留7周，刘先生在度假，所以无法邀请你在此期间考察耶鲁东亚图书馆的情况。(HYL Archives：Letter of John Musgrave to Alfred K'aiming Ch'iu，March 18，1960)

  Robert Masato Matsui 致函裘开明：感谢你应允预支薪水给我，你及时寄来的支票解决了我的燃眉之急。(HYL Archives：Letter of Robert Masato Matsui to Alfred K'aiming Ch'iu，March 18，1960)

3月21日

  裘开明致函 Lucy Chang：感谢你2月10日的来信，以及所附个人信息和你丈夫的来信。推迟给你答复，是因为我在等待早前申请人的回复，我们打算从中选出一人作为我们的中文编目员。你知道，我们在中文部只有两个职位提供给专业编目员。我们现在已有一名中文编目员，去年9月又邀请了 Daisy H. Tao(陶)夫人，她是台北"国立中央图书馆"编目部主管。几个月过去了，还不确定她是否能离开台湾。如果她不能来，我们当然很高兴邀请你来。但是上周我们收到了一封陶夫人的电报，说所有的法律程序已经完成，她会在4月4日离开台北来剑桥。这样至少现在不能为你提供职位了。助理文员的职位也由学生占满了，而且每小时只有1—1.25美元的报酬。(HYL Archives：Letter of Alfred K'aiming Ch'iu to Lucy Chang，March 21，1960)

3月22日

  裘开明致函 James R. Morita：感谢你的来函，我们同时收到了 Rudolph H. Gjelsness 博士给你写的推荐函。我们对你非常感兴趣，希望你也对我们提供的年薪5000美元的高级日文编目员一职感兴趣。但在我们正式聘用你之前，我们必须与你会面。矶部重治(Shigeharu Isobe)先生和我都希望先与你见面。如果你在4月11日不方便到纽约，是否可于4月的晚些时候到剑桥一趟。如果我们最后没能正式聘用你，我们将支付你的来回路费；当然如果你最终不能接受我们提供的上述职位，路费需由你自付。(HYL Archives：Letter of Alfred K'aiming Ch'iu to James R. Morita，March 22，1960)

3月24日

  裘开明致函 Keiko Nakada，告知汉和图书馆没有职位空缺。(HYL Archives：Letter of Alfred K'aiming Ch'iu to Miss Keiko Nakada, Gaunesville, Florida，March 24，1960)

3月26日

  James R. Morita 致函裘开明：感谢你的来函以及贵馆在福利方面给我的特殊考虑，我对这一职位更加感兴趣了。我想我到剑桥与你会面，比在纽约与你会面更有意义，我将于4月底的某个时间造访剑桥。同时，我想请你在时间允许的情况下向我介绍工作环境、图书馆员的权益以及哈佛为图书馆员提供的机会。(HYL Archives：Letter of James R. Morita to Alfred K'aiming Ch'iu，March 26，1960)

3月28日

  梁肇庭(Leong Sow Theng)致函裘开明，申请暑期工作职位。(HYL Archives：Letter

of Leong Sow Theng to Alfred K'aiming Ch'iu, March 28, 1960)

3月29日

裘开明致函北京国际书店(Kuo Chi book Co.)：已经收到贵店2月23日寄出的《人民日报》，希望以后能继续通过航空信邮寄报纸；另外，至今未收到贵店寄来我馆订购1960年度中文报纸的发票，请查明。(HYL Archives: Letter of Alfred K'aiming Ch'iu to Kuo Chi Book Co., March 29, 1960)

3月30日

裘开明致函James R. Morita：随信附上哈佛大学图书馆《1959年雇员人事信息》(*Personnel Information for Employees, 1959*)，里面包括了工作环境、权益以及机会等信息。一般情况，我们图书馆遵循哈佛大学图书馆有关雇员福利的规定。我们给你提供的高级日文编目员一职的薪水属于图书馆员二级，我们从未向新职员提供过如此高的薪水，即使一些在馆工作两三年的编目员也不能达到这一薪水水平。正如我之前跟你说过的，哈佛的薪水标准虽然较低，但同时工作时间也较少。当你计划好后，请通知我你来剑桥的时间。(HYL Archives: Letter of Alfred K'aiming Ch'iu to James R. Morita, March 30, 1960)

4月4日

James R. Morita致函裘开明：感谢你的来信及资料。我明白贵馆给我提供了不寻常的待遇，为此我深感荣幸。我暂定于4月15日造访剑桥，计划将于上午到达，下午的早些时候到贵馆。请告知这一安排是否合适。周五对我来说较为方便，因此我还可以将时间改在4月22日或29日。很遗憾我发现G. Raymond Nunn博士没有给我写推荐函。事实上是他希望我能留在密歇根大学亚洲图书馆工作。我想你下周在纽约见到他后即知。无论如何，我将按照自己的意愿作出选择。我对于贵馆提供给我的职位非常感兴趣，如在剑桥会面后贵馆决定正式聘用我，我将荣幸地接受。(HYL Archives: Letter of James R. Morita to Alfred K'aiming Ch'iu, April 4, 1960)

裘开明致函梁肇庭(Leong Sow Theng)：由于暑期没有岗位空缺，故无法提供工作机会。(HYL Archives: Letter of Alfred K'aiming Ch'iu to Leong Sow Theng, April 4, 1960)

4月5日

俄克拉荷马大学Tse-Feng Chen Ting致函裘开明，询问是否可以在哈佛燕京学社汉和图书馆谋求一个从事中文或者日文藏书工作的职位。(HYL Archives: Letter of Mrs. Tse-Feng Chen Ting, Norman, Oklahoma, to Alfred K'aiming Ch'iu, April 5, 1960)

裘开明致函香港九龙交流书报社(Chiao Liu Publication Service)：感谢贵社2月22日、28日，3月27日、29日的来信。函附汉和图书馆和学社勾选的书目，内含62种书籍。请尽早寄来这些书籍，寄出时，将每张书目卡片插入对应的书中。订单上的书不论能否供应，请在3个月后返还给汉和图书馆。我馆目前多与(中国)北京和欧洲的书商合作，还没有与(中国)香港和日本的书商进行书目交流的经验，我们认为把不需要的书籍退回给书商是一件麻烦的事情。此外，哈佛的职员认为他们拥有的知识和判断力，比绝大部分中国和日本书商要高。(HYL Archives: Letter of Alfred K'aiming Ch'iu to Chiao Liu Publication Service, April 5, 1960)

4月6日

胡佛图书馆吴文津(Eugene Wu)致函裘开明：我对贵馆从埃德加·斯诺(Edgar Snow)处购得的越南文献很感兴趣，希望能订购影印本或缩微胶卷，但是在复制前，我想先通过馆际互借借出审阅。(HYL Archives: Letter of Eugene Wu to Alfred K'aiming Ch'iu, April 6, 1960)

4月7日

裘开明致函James R. Morita:兹附上哈佛大学地图,很高兴你将于4月15日周五前来剑桥,我们期待与你会面并请你参观我们的新馆。购票时,请索取车票的发票以便报销。(HYL Archives: Letter of Alfred K'aiming Ch'iu to James R. Morita, April 7, 1960)

4月10日

James R. Morita致函裘开明:我将于4月15日上午10点30分抵达波士顿,下午1点后造访图书馆。我注意到你在地图上标记的星号,非常感谢。(HYL Archives: Letter of James R. Morita to Alfred K'aiming Ch'iu, April 10, 1960)

4月11日

裘开明赴纽约参加亚洲学会(AAS)年会。(HYL Archives: Letter of Alfred K'aiming Ch'iu to James R. Morita, April 9, 1960)

4月12日

亚洲学会(AAS)美国图书馆远东资源委员会第4次会议在哥伦比亚大学东亚图书馆举行,Edwin G. Beal, Jr.博士、G. Raymond Nunn博士(主席)、裘开明、钱存训(Tsuen-hsuin Tsien)、童世纲(Shih-kong Tung)、袁同礼(Yuan Tung-Li)等出席会议。会议讨论的主题包括:敦煌资料、民国以前中国出版的西文报纸、中共文献缩微胶卷等21个问题。(HYL Archives: Fourth Meeting of the Association for Asian Studies Committee on American Library Resources on the Far East. April 12, 1960)

哈佛燕京图书馆日文编目员Robert Masato Matsui致函裘开明:我认为James R. Morita是日文编目员的合适人选,若他能到我馆工作,双方都将获益。(HYL Archives: Letter of Robert Masato Matsui to Alfred K'aiming Ch'iu, April 12, 1960)

香港交流书报社(Chiao Liu Pnhlication Service)K. S. Loh致函裘开明:我社在财政年度结算时发现贵馆还有部分经费结余,因中国的出口禁令,这部分资金无法退还,建议贵馆再订购一些书籍,以用完剩余经费。(HYL Archives: Letter of Chiao Liu Publication Service to Alfred K'aiming Ch'iu, April 12, 1960)

汉和图书馆向怀德纳图书馆提交印第安纳大学所需文献清单,请照相复制部制成缩微胶卷。清单如下:

序号	书名	尺寸	卷数	每卷附加页
1	摄生总要	12cm	8	66
2	控鹤监秘记	24cm	1	10
3	灯花梦	13cm	2	26
4	痴婆子传	24cm	1	50
		26cm	1	40
5	如意君传	26cm	1	46
6	浓情快史	19cm	2	66
7	杏花天	27cm	4	72

续表

序号	书名	尺寸	卷数	每卷附加页
8	桃花影	24cm	4	40
9	春灯迷史	23cm	4	56
10	两肉缘	23cm	1	100
11	隔簾花影	25cm	8	112
12	贪欢报	23cm	6	50
13	浪史奇观	23cm	4	90
14	婆罗岸全书	18cm	10	62
15	情中奇	18cm	2	42
16	绮楼重梦	17cm	12	100
17	品花宝鉴	19cm	24	128
18	野叟曝言	25cm	20	134
19	醒世姻缘传	23cm	20	130
20	觉后禅	23cm	4	120
21	春梦琐言	19cm	1	9

（HYL Archives：缩微胶卷制作清单，April 12，1960）

4月14日

耶鲁大学东亚图书馆 John Musgrave 致函裘开明：就在耶鲁复制卡片之事，我已与编目部的主管 Bernice Field 女士讨论过。由于空间有限，她表示无法开展此项工作，建议你致电波士顿大学副馆长 Mary Herrick 女士，因为她大约 10 天前与卫斯理学院（Wellesley College）等相关学校代表商谈过在波士顿公司复制卡片的问题。（HYL Archives：Letter of John Musgrave to Alfred K'aiming Ch'iu, April 14, 1960）

4月15日

下午，裘开明与哈佛燕京学社社长赖肖尔（Edwin Oldfather Reischauer）面试应聘者 James R. Morita。（HYL Archives：Letter of James R. Morita to Alfred K'aiming Ch'iu, April 17, 1960）

4月17日

James R. Morita 致函裘开明：感谢你在我造访剑桥的时候给予我的热情招待。哈佛燕京学社图书馆友善的工作人员、优质的馆藏、有组织的工作系统以及便利的建筑和设施都给我留下了深刻的印象。我希望我能获得工作机会。（HYL Archives：Letter of James R. Morita to Alfred K'aiming Ch'iu, April 17, 1960）

4月18日

裘开明发电报给 James R. Morita：哈佛燕京图书馆决定正式聘用你为高级日文编目员。（HYL Archives：Telegraph of Alfred K'aiming Ch'iu to James R. Morita, April 18, 1960）

James R. Morita 致函裘开明：接到你的电报，得知贵馆决定以先前提出的条件正式聘用我,我非常荣幸地接受这一职位。随信附上回程车票的收据。(HYL Archives：Letter of James R. Morita to Alfred K'aiming Ch'iu, April 18, 1960)

印第安纳大学性学研究所代理所长 Paul H. Gebhard 致函裘开明:已经收到来自怀德纳图书馆照相复制部的通知,我所决定购买你所推荐的全部 21 种文献的缩微胶卷。关于印第安纳大学图书馆所藏的《素娥篇》,共 3 卷,每卷的尺寸约为 10.5 英寸×6 英寸,每卷约 50－55 页(包括 2 页插图)。由哥伦比亚大学的王际真(Wang Chi-chen)购得。此书作者不明,只有两个笔名:方壶仙客和邺华生;刻工为黄一楷。此书大约成于 1610 年左右。(HYL Archives：Letter of Paul H. Gebhard to Alfred K'aiming Ch'iu, April 18, 1960)

4 月 19 日

国会图书馆东方部中文组组长 Edwin G. Beal, Jr. 致函裘开明:应你的要求,再次寄奉 *New Serial Titles* 报告的说明书和样本。(HYL Archives：Letter of Edwin G. Beal, Jr. to Alfred K'aiming Ch'iu, April 19, 1960)

4 月 20 日

国会图书馆东方部中文组组长 Edwin G. Beal, Jr. 致函裘开明:随函附上《国会图书馆季刊》2 月号,其中刊载有贵馆年度采访报告。(HYL Archives：Letter of Edwin G. Beal, Jr. to Alfred K'aiming Ch'iu, April 20, 1960)

4 月 21 日

James R. Morita 致函裘开明:我已收到白思达(Glen William Baxter)正式聘用我为高级日文编目员的信函。我将不断提升自己并努力工作,期待加入你的团队。另外,请问贵馆的薪酬是如何计算的。(HYL Archives：Letter of James R. Morita to Alfred K'aiming Ch'iu, April 21, 1960)

4 月

裘开明在波士顿会晤从新加坡来美的友人贺光中,赠送《汉和图书馆汉籍分类目录》和《日本全集目录》。(HYL Archives：贺光中致裘开明信函,1961 年 8 月 11 日)

胡佛研究所东亚图书馆馆长吴文津(Eugene Wu)来访汉和图书馆,与裘开明商谈汉和图书馆是否能把关于 1949 年后中国大陆和 1945 年后台湾出版物的馆藏简短报告附在 Peter Berton 指南中等事宜。(HYL Archives：Letter of Eugene Wu to Alfred K'aiming Ch'iu, July 10, 1961)

5 月 3 日

裘开明致函 James R. Morita:因为白思达博士(Glen William Baxter)和我想给你一份学社的聘书,所以迟迟没有回复你的来信。目前社长赖肖尔(Edwin Oldfather Reischauer)已经同意,我们已将你的姓名提交哈佛大学,如果哈佛大学接受我们学社的建议(一般不会质疑),你将会收到头衔为哈佛燕京学社汉和图书馆高级日文编目员的哈佛大学职员正式聘书。这一聘用将由哈佛大学秘书 David W. Bailey 先生于 6 月初发出。该聘用为期一年,可以续聘。(HYL Archives：Letter of Alfred K'aiming Ch'iu to James R. Morita, May 3, 1960)

5 月 7 日

James R. Morita 致函裘开明:对于贵馆建议给我学社的聘书,我感激不尽,我今后将加倍努力地工作,以回报你。G. Raymond Nunn 博士最终不得不放弃将我留在密歇根大学亚洲图书馆的想法,并祝贺我获得到贵馆工作的机会。同时我已经拒绝其他工作机会,只待通过期终考试后,即到剑桥工作。来回路费的支票已经收到,非常感谢。(HYL Archives: Letter of James R. Morita to Alfred K'aiming Ch'iu, May 7, 1960)

5月9日

哈佛大学东亚研究中心费维恺(Albert Feuerwerker)致函裘开明:你也许还记得我曾跟你提过密歇根大学从贵馆中文藏书中挑选和购买复本的可能性。现在学校委托我挑选1000种书,运往安娜堡分校图书馆,你方无需准备目录。这可以减少人力消耗。唯一的问题是此次购买工作要尽可能在本财务年度内完成,我担心这会给你带来不便。如果将来有审核中文复本工作的需要,我愿意向贵馆馆员提供一切帮助。(HYL Archives: Letter of Albert Feuerwerker to Alfred K'aiming Ch'iu, May 9, 1960)

5月13日

裘开明致函国会图书馆编目部连续出版物组组长Mary Ellis Kahler:我馆将继续通过怀德纳图书馆提交远东连续出版物报告,故我馆的连续出版物将会使用同样的"MH"标记。(HYL Archives: Letter of Alfred K'aiming Ch'iu to Mrs. Mary Ellis Kahler, May 13, 1960)

5月18日

裘开明致函国会图书馆东方部中文组组长Edwin G. Beal, Jr.:汉和图书馆没有入藏新刊物《新青年》,所藏《新青年》截止到第9卷第6期(1922年7月)。我馆将加入国会图书馆组织的两个新连续出版物联合目录项目。(HYL Archives: Letter of Alfred K'aiming Ch'iu to Edwin G. Beal, Jr., May 18, 1960)

5月20日

胡佛图书馆吴文津(Eugene Wu)致函裘开明:很高兴上个月在纽约见到你。很遗憾我再一次错过了去剑桥的机会。下一次到东部时,我一定要去你的新馆参观。我们对贵馆收藏的埃德加·斯诺(Edgar Snow)的缩微资料很感兴趣。我们可以在确定订购复制本之前获得一份资料目录吗?当然,假如你感觉这行不通的话,你可以将所有的文献资料做成缩微胶卷给我馆吗?假如贵馆照相复制部需要支付账单,请将发票开给斯坦福大学胡佛研究所中文部。(HYL Archives: Letter of Eugene Wu to Alfred K'aiming Ch'iu, May 20, 1960)

5月22日

Robert Masato Matsui致函裘开明:我将于6月回馆上班。(HYL Archives: Letter of Robert Masato Matsui to Alfred K'aiming Ch'iu, May 22, 1961)

5月25日

哈佛大学东亚研究中心费维恺(Albert Feuerwerker)致函裘开明:我犹豫是否要就复本之事再次写信给你,但是我最近收到密歇根大学图书馆的来信,这封信使我陷入相当艰难的境况。我已经收到他们寄来的经费,这笔经费是用于购买你欲处理掉的复本的,但是我现在被告知"这笔钱必须在本财务年度内用完。即所购之书必须在6月底之前寄达、确认并将发票寄往哈佛,如果有可能,最好在6月份第3个星期之前完成"。我知道这对于你和你的馆员来说很困难,但是在你还没有把书集中在一起之前,是否有可能让我自己从复本中进行挑选?否则,我很担心我手中这笔用于购买复本的钱不能在最后期限之前用完。为此我个人愿意提供任何我所提供的帮助。(HYL Archives: Letter of Albert Feuerwerker to Alfred K'aiming Ch'iu, May 25, 1960)

5月27日

裘开明致函胡佛图书馆吴文津(Eugene Wu):兹奉上你申请的埃德加·斯诺(Edgar

Snow)的中国共产党文献目录。请在你需要制作缩微胶卷的文献旁作标记,然后寄还给我馆。我馆一收到你的回函,即把所需文献交给怀德纳图书馆,他们会寄给你缩微胶卷和账单。附件是 4 种中文期刊的目录,据 Tse-tsung Chao 的报告说,这些缩微胶卷的底片都在贵馆。你能让贵馆照相复制部制作这些胶卷的正片给我馆吗?请将复制的底片页寄送给我们。东京东亚文库亚洲研究中心的 Akira Nagazumi 来信说他们还没收到你同意为我们制作《解放日报》正片的许可。你能尽快给予许可吗?(HYL Archives: Letter of Alfred K'aiming Ch'iu to Eugene Wu, May 27, 1960)

6月8日

韩国汉城延世大学(Yonsei University)教授闵泳珪(Minn Young-Gyu)向汉和图书馆邮寄代购的第 8 批韩文古籍。(HYL Archives: Chinese-Japanese Library of the Harvard-Yenching Institute at Harvard University Report of the Librarian for 1960-1961)

6月9日

裘开明致函文光堂书店(Bunkodo Book Store):我馆至今还未收到在贵公司订购的 146 种图书;如果推迟到 1960 年 7 月 31 日之后,我馆将取消这一订单。请贵公司尽快寄送,并在 1960 年 7 月 31 日之后返回所有的订单。(HYL Archives: Letter of Alfred K'aiming Ch'iu to Bunkodo Book Store, June 9, 1960)

6月10日

哈佛大学东亚研究中心费维恺(Albert Feuerwerker)致函裘开明:密歇根大学安娜堡分校图书馆从汉和图书馆复本书目录中选出决定购买的中文书有:王韬的《韬园文录外编》7 册、《皇朝经世文编》24 册、《皇朝经世文续编》32 册、《国朝官史》10 册、《台湾郑氏纪事》3 册和《顺天乡试同年齿录(光绪十七年)》4 册。请问以上 6 种书的售价各为多少。若未来汉和图书馆有西式装订的中日文复本出售,密歇根大学安娜堡分校图书馆亦有兴趣购买。裘开明在此函上批注:《韬园文录外编》7 册 10 美元,《皇朝经世文编》24 册及《皇朝经世文续编》32 册共 56 美元,《国朝官史》10 册 12 美元,《台湾郑氏纪事》3 册 5 美元,《顺天乡试同年齿录(光绪十七年)》4 册 5 美元;以上共计 88 美元。(HYL Archives: Letter of Albert Feuerwerker to Alfred K'aiming Ch'iu, June 10, 1960)

裘开明致函胡佛图书馆吴文津(Eugene Wu):感谢你 6 月 2 日的来信。应你的要求,我馆已将埃德加·斯诺(Edgar Snow)的关于中国共产党的文献资料送交怀德纳图书馆,请该馆制成缩微胶卷(除了第 105 号"斗争")。不久你将收到缩微胶卷和怀德纳图书馆的账单。同时请将斯诺的文献目录还给我们。关于 Chow 博士从贵馆借出一些中国共产党期刊的请求,我已经跟他谈了相关问题。他仅仅是想要浏览一下所有的书名而不是仔细地进行研究。因此你能通过馆际互借借给我馆 4 卷缩微胶卷和第 3、4 批其他期刊吗?我们不想订这些期刊的缩微胶卷,因为它们太贵了。(HYL Archives: Letter of Alfred K'aiming Ch'iu to Eugene Wu, June 10, 1960)

6月14日

胡佛图书馆吴文津(Eugene Wu)致函裘开明:感谢你 6 月 10 日来函。我们很期待埃德加·斯诺(Edgar Snow)文献资料的缩微胶卷。我会将斯诺的文献目录寄还给你。我馆馆际互借部上周已经将 Chow 先生申请的书籍和期刊寄送,贵馆现在应该已经收到了。(HYL Archives: Letter of Eugene Wu to Alfred K'aiming Ch'iu, June 14, 1960)

6月19日

James R. Morita 致函裘开明:非常开心地告诉你,我在获得密歇根大学图书馆学文学硕士学位的同时,收到了哈佛大学秘书寄来的正式聘书,再次向你表示感谢。我已经准备好搬到剑桥。现在我想请你允许我将部分行李寄往图书馆。我希望不会干扰图书馆的正常运作。我将于24日离开安娜堡(Ann Arbor),以便在正式上班前有时间寻找寓所和安置家人。在此之前,我仍在密歇根大学亚洲图书馆进行工作的交接。(HYL Archives:Letter of James R. Morita to Alfred K'aiming Ch'iu, June 19, 1960)

Yoshiko Yoshimura 致函裘开明:我计划于6月24日前往波士顿,如果可能的话,我想造访贵馆并拜访你。我还希望能找到一处寓所。另外还有一件事情要麻烦你,因移民局程序的需要,请你再给我写一封类似你1月20日写给我的函件,说明我的工作环境、薪水和工作开始日期(8月16日),函件的落款为7月15日左右。(HYL Archives:Letter of Yoshiko Yoshimura to Alfred K'aiming Ch'iu, June 19, 1960)

6月22日

乔治皮博迪学院(George Peabody College)黄景星(Josephine Hwang)致函裘开明:恕晚冒昧,毛遂自荐,缘本校同学赵、吴两先生刻自全国各地参观归来,谈及贵校图书馆之荣誉使晚仰慕异常。素仰先生提携后辈不遗余力,故敢惊劳先生告晚贵校有无图书馆员之空缺,俾便申请该项工作(黄景星1958年台湾大学外文系毕业,本年8月将从皮博迪学院图书馆系硕士毕业)。(HYL Archives:黄景星致裘开明信函,1960年6月22日)

6月24日

裘开明致函Tse-Feng Chen Ting,告知因为有一位图书馆员意外辞职,现在正好有一个中文编目员的职位空缺,请填妥申请表,如果可能的话,则希望前来面试。(HYL Archives:Letter of Alfred K'aiming Ch'iu to Mrs. Tse-Feng Chen Ting, Norman, Oklahoma, June 24,1960)

裘开明引领新聘者 Yoshiko Yoshimura 参观汉和图书馆。(HYL Archives:Letter of Yoshiko Yoshimura to Alfred K'aiming Ch'iu, June 27, 1960)

裘开明致函 Yoshiko Yoshimura:我们很高兴向你提供日文书籍编目员实习生的职位,年薪为4000美元,每周工作35小时,每年有4周假期。你可于1960年8月16日开始工作。(HYL Archives:Letter of Alfred K'aiming Ch'iu to Yoshiko Yoshimura, June 24, 1960)

裘开明致函密歇根大学亚洲图书馆馆长 G. Raymond Nunn:随函附上6种93册中文书发票的第三联,这些书是贵校远东史新任教授费维恺(Albert Feuerwerker)亲自从我馆的复本中挑选出来的。你能否在6月30日之前通过贵校财务处结算这批书费。书的价格请参考日本知名书商,如东京山本书店(Yamamoto Shoten)、琳琅阁(Rinro kaku Bookstore)以及京都的汇文堂(Ibundo)最近的中文书目录。价格中包括了中式四合函套和运费。过几天,费维恺博士将来我馆挑选日文书复本以及其他当代中文书。关于期刊,我稍后寄一份目录给你。(HYL Archives:Letter of Alfred K'aiming Ch'iu to G. Raymond Nunn, June 24, 1960)

6月25日

加州大学图书馆东方图书馆馆长 Man-Hing Yue Mok 致函裘开明及裘夫人曾宪文:我们将在7月10日左右到剑桥探访你们,并参观汉和图书馆。我们将在那里停留大概两周,然后会去纽约和华盛顿。我们非常希望你们在那段时间里都不会离开剑桥。我已经超过20年没有见过裘夫人了,我期待这次愉快又兴奋的会面。(HYL Archives:Letter of Man-Hing Yue Mok to Alfred K'aiming Ch'iu and Mrs. Ch'iu, June 25, 1960)

6月27日

Yoshiko Yoshimura 致函裘开明,告知尚未找到住所。(HYL Archives:Letter of

Yoshiko Yoshimura to Alfred K'aiming Ch'iu, June 27, 1960)

6月28日

纽约市皇后区公共图书馆(Queens Borough Public Library)致函裘开明,核实吴婉莲(Dorothea Wan Lien Wu)的工作经历。(HYL Archives：Letter of Max Fiks to Alfred K'aiming Ch'iu, June 28, 1960)

裘开明致函加州大学图书馆采购部主管 Richard O'Brien：随信附上贵馆在6月6日来信中订购的一套中文《大藏经》(*Tripitaka*)的发票(一式三联)。因受太平洋战争影响,无法买到需要替换的复本,因此该书报价会减少15美元。而无论是在日本还是中国,现在都已经很难买齐全套书了。不知你是否仍愿购买这套书,以及你希望以何种方式寄送。(HYL Archives：Letter of Alfred K'aiming Ch'iu to Richard O'Brien, June 28, 1960)

7月10日

加州大学东方图书馆馆长 Man-Hing Yue Mok 与丈夫来剑桥探访裘开明夫妇,并参观和使用汉和图书馆。(HYL Archives：Letter of Man-Hing Yue Mok to Alfred K'aiming Ch'iu and Mrs. Ch'iu, September 15, 1960)

7月20日

裘开明致函皮博迪学院黄景星(Josephine Hwang)：我们想给你提供一个职位,但是没有新职位的预算,而所有的老职位在很久以前就填满了。当你来东部时,希望你来参观我们的图书馆。如果你明年4月还在美国的话,可以再次申请我们图书馆的职位。(HYL Archives：Letter of Alfred K'aiming Ch'iu to Josephine Hwang, George Peabody College, Tennessee, July 20, 1960)

7月22日

加州大学图书馆采购部主管 Richard O'Brien 致函裘开明：根据你6月28日来函中谈到的中文《大藏经》(*Tripitaka*)的情况,经过仔细考虑,我馆决定不订购这套书,并返还发票。(HYL Archives：Letter of Richard O'Brien to Alfred K'aiming Ch'iu, July 22, 1960)

7月28日

裘开明收到韩国汉城延世大学(Yonsei University)所寄代购的第8批韩文古籍,共12包,内含韩文古籍65种255册,含复本1种1册,其中2种不完整,共花费购书经费631750韩元,当时汇率为1∶1150,折合美元549.35元。(HYL Archives：Chinese-Japanese Library of the Harvard-Yenching Institute at Harvard University Report of the Librarian for 1963-1964)

7月29日

加州大学东亚图书馆艾尔文(Richard Gregg Irwin)致函裘开明：我很遗憾你未能参加1959年6月在华盛顿召开的CALRFE会议。而我自己因为要参加该会议,无法到访剑桥。我很想看看贵馆的新馆舍。我现在正在为因搭设棚架而带来的越来越尖锐的问题烦恼。此次写信的目的是希望得到你的帮助。我馆所藏叶时的《礼经会元》,因为缺乏出版年和地点,所以难以确定版本。此书为雕版印刷,每半页有7行,每行20个字。卷一的第3a页从"刑欲行周公之道"开始,以"十六卫八百"结束。可否请你查看一下贵馆所藏1739年的版本(525/4964),并对比我馆没有收藏的两种丛书《正谊斋丛书》和《经学五种》,看看是否对应。如果对应,请你帮我们复制一两页,以便我们能够对照比较,完成最后确认的程序。我们会支付以上工作所需的费用。希望没有给你带来太多的麻烦。我们非常感谢有像你这样一位惠予援助的朋友。(HYL Archives：Letter of Richard Gregg Irwin to Alfred K'aiming Ch'iu, July 29, 1960)

8月2日

哈佛大学克雷斯商业与经济图书馆副馆长 Dorothea D. Reeves 致函裘开明：你能否告诉我贵馆是否定期收到《经济学书目季刊》(*Quarterly Bibliography of Economics*)，并将之入藏？如果你们已经入藏，那么我们将不再继续收藏此刊物。另外，烦请贵馆将随函附上的亚当·斯密馆藏加以编目。(HYL Archives: Letter of Mrs. Dorothea D. Reeves, Assistant Curator of Kress Library of Business and Economics of Harvard University to Alfred K'aiming Ch'iu, August 2, 1960)

8月5日

裘开明完成《四角号码目录卡片编排规则》(*Filing Rules for Cards in the Four-Corner-Number Catalog*)的第4次修订。修订后的规则全文如下：一、排卡号码的分配。1.卡片左上角的排卡号码按照王氏四角号码法编制：(1)每张卡片上第1行的5位数字代表款目（作者项，机构名，或书名项）中第1个字（汉字或假名）的完整四角号码。(2)第2行的6位数代表款目中第2个字左上角、右上角和左下角，第3个字的左上角和右上角以及第4个字的左上角。例如：国语学习法（Kokugo gakushuho）——60153/016771：60153代表"国"字的完整四角号码，016代表"语"字的左上角、右上角和左下角的号码，77代表"学"字的左上角和右上角的号码，1代表"习"的左上角的号码。2.如果书名中含有阿拉伯数字，则转换成汉字数字的写法再取四角号码，"零"(10307)代表阿拉伯数字"0"。例如：1051年度＝一零五一年度——10000/103601（不是千五十一）。3.如果书名以字母开头，则第1行取3个字母；第2行通常取字母后面的第1个、第2个和第3个汉字。例如：NHK——NHK；UNESCO运动——UNE/373240。4.如果书名中间含有字母，把字母当作汉字处理，用四角号码"99999"表示，取号方法按照规则1。例如：日本YWCA史——60100/502995；阿Q正传——71220/999102；阿Q画传——71220/999502。二、排列方法。1.按照卡片第1行数字排列卡片。2.每个汉字有一张指引卡（汉字指引卡片）。3.当有两个以上汉字拥有同样的号码，按照王氏四角号码字典里的排列顺序排列。4.在汉字指引卡后集中所有首汉字相同的卡片。(1)按照第2行数字分组排列卡片。(2)在排列号相同的一组中，如果款目不同，按照款目中第1个不同的汉字的四角号码（无论是否标明）排列。例如：60100/500003——日中文法，日中交法，日史文法，日史交法，日史交法论；60100/502004——日本育英会，日本商标法，日本废娼运动史，日本文坛，日本文艺，日本交坛史，日本交坛会。5.如果是人名，先按责任者（包括所有责任方式，包括编者和译者等）名排列，再按传记的主人公排列，最后按书名排列。例如：27727/247444——岛崎藤村（作者），岛崎藤村（传记的主人公），岛崎藤村（书名）。6.如果有两个以上的款目号码相同，如果是按照作者编号，则按书名排列卡片；如果是按传记主人公或书名编号，则按作者排列卡片。7.如果一本书有不同版本，最新的版本排在最前。8.参考卡片（Reference cards）排在其他相同款目卡片之后。9.书名卡片中书名以字母开头的卡片排在99999/999999之后。在这一组之下，先按字母顺序排，再按第2行的数字排。10.书名卡片中在书名以汉字开头后面有字母款目，排列在相同款目和排列号的卡片之后。11.在排列卡片目录时，黄色目录草片和印刷的目录卡片不能压在目录抽屉下面，目录卡片杆不能从目录抽屉里抽出来。在排列目录的时候，先点清黄色目录草片和印刷卡片的数目。三、卡片目录的维护。专门安排一个人维护卡片目录，履行以下职责……(HYL Archives: Alfred K'aiming Ch'iu, Filing Rules for Cards in the Four-Corner-Number Catalog, August 5, 1960)

8月12日

裘开明致函克雷斯商业与经济图书馆副馆长 Dorothea D. Reeves：我们已经收到了《经济学书目季刊》(*Quarterly Bibliography of Economics*)。因该刊包含了亚洲和欧洲语言的图书和论文，如在贵馆保留其复本，将可以方便贵馆所在校园的人使用。其双语种的特点不会给贵馆馆员带来麻烦。兹附上亚当·斯密书目的编目草片。(HYL Archives: Letter of Alfred K'aiming Ch'iu to Mrs. Dorothea D. Reeves, August 12, 1960)

8月15日

裘开明致函纽约市皇后区公共图书馆(Queens Borough Public Library)，证明吴婉莲(Dorothea Wan Lien Wu)的工作经历及工作表现。(HYL Archives: Letter of Alfred K'aiming Ch'iu to Max Fiks, August 15, 1960)

8月22日

日本国会图书馆(National Viet Library)馆际互借服务部主任 I. Hatsukade 致函裘开明：另函我们将寄上我馆1960年6月号和7月号的《国际交换通讯》(*International Exchange Newsletter*)，该通讯按月出版，目的是促进和推动国内外图书馆间出版物的国际交换。通讯中刊登关于出版物国际交换和国外图书馆动向的新闻和消息，面向日本重要的图书馆、研究团体和学术机构发行。我们现在计划在未来几期介绍海外出版物国际交换的经验，以及为日本图书馆员所熟知的东方图书馆馆长。如果你能寄给我们一些你的近照，配上你对日本图书馆员的寄语，或者是关于出版物交换的文章，我们将不胜感激。《国际交换通讯》未来的各期在出版后，我们都会寄给贵馆。如果需要过刊，我们也愿意把贵馆需要的各期寄奉。(HYL Archives: Letter of I. Hatsukade to Alfred K'aiming Ch'iu, August 22, 1960)

9月9日

裘开明致函香港交流书报社(Chiao Liu Publication Service)K. S. Loh，就如何处理支付该社书费一事提出建议。(HYL Archives: Letter of K. S. Loh to Alfred K'aiming Ch'iu, September 18, 1960)

9月12日

麻省大学硕士生金能旺致函裘开明：久仰大名，无缘领教，至以为怅，弟前曾参观贵馆，获悉珍藏中文古籍图书文献甚为丰富，且经先生主持馆务以来，日见进展，至为钦慕。弟……对于图书管理编目及杂志整理等工作甚感兴趣，今夏于麻省大学研究院完成硕士学业，是拟向贵馆申请工作。(金能旺曾任职湖南国立师范学院图书馆，后至马来西亚任教华侨中学，兼图书馆主任)(HYL Archives: 金能旺致裘开明信函,1960年9月12日)

9月13日

韩国汉城延世大学(Yonsei University)教授闵泳珪(Minn Young-Gyu)向汉和图书馆邮寄代购的第9批韩文古籍。(HYL Archives: Chinese-Japanese Library of the Harvard-Yenching Institute at Harvard University Report of the Librarian for 1960-1961)

澳大利亚堪培拉大学东方研究学院院长毕汉思(Hans Bielenstein)致函裘开明：我们的图书馆正在迅速成长，现在需要聘请一名图书馆馆长负责馆藏建设和图书馆职员管理等相关事务。我们理想中的人选应具备深厚的远东文化知识背景，因为其主要职责是通过制定明智的采访计划来建立一个图书馆。很少西方学者符合这一条件，但有不少中国学者可以胜任。我们最初设置这一职位时，已有合适的人选，因此没有对外宣传。但后来此人并未申请。你可否给我们推荐一些合适的人选？这一馆长头衔将在联邦大学有相当的威望,年薪是 2800 澳元,折合 6200 美元。再加上澳大利亚的生活消费水平较美国低许多,税务也较轻,因此,这一薪水大致相当于美国的 8000 美元。大学会给馆长提供一套 3 房的公寓,租金每周仅需 7—8 澳元。一个图书馆的好坏主要取决于是否有一名优秀的馆长。若你能帮我们推荐一位合适的人选,我们将不胜感激。除你之外,我不知道谁还能给我们更好的建议。我还时常回想起在贵馆做研究的那几个月时光。我的妻子于 7 月 29 日生下女儿 Danielle。我的朋友和同事 Igor de Rachewiltz 到美国参加了芮沃寿(Arthur Frederick Wright)关于中国思潮的会议。他打算参观哈佛,你可能早就见到他了。(HYL Archives:Letter of Hans Bielenstein to Alfred K'aiming Ch'iu, September 13, 1960)

9 月 14 日

裘开明致函文光堂书店(Bunkodo Book Store):随函附上 1960 年 7 月"《中国台湾关系资料》",上面标有编号者是我馆欲订购的图书,请贵书店将这些图书寄来。(HYL Archives:Letter of Alfred K'aiming Ch'iu to Bunkodo Book Store, September 14, 1960)

9 月 15 日

加州大学图书馆东方图书馆馆长 Man-Hing Yue Mok 致函裘开明:我丈夫和我非常感谢你和裘夫人在我们拜访剑桥和贵馆期间给予我们的热情招待。我们非常享受在那里的学习和生活。贵馆是美国最好的研究型图书馆,我们期待将来有机会再次前往。我对贵馆的复本非常感兴趣。随函附上我们急需的中文和日文书籍目录各一份。我想知道贵馆是否可以将复本出售给我们,并请告知售价。我正在申请一笔专项经费用于购买复本。(HYL Archives:Letter of Man-Hing Yue Mok to Alfred K'aiming Ch'iu, September 15, 1960)

9 月 16 日

裘开明致函麻省大学硕士生金能旺:我们图书馆现在有一个书库管理员职位,可在下周星期一或者星期二上午 9—10 点前来面谈该职位之事。(HYL Archives:Letter of Alfred K'aiming Ch'iu to Mr. Neng-Wong Chin, University of Massachusetts, September 16,1960)

9 月 18 日

香港交流书报社(Chiao Liu Publication Service)K. S. Loh 致函裘开明:贵馆紧急订购的 7 种图书,我社仅找到 3 种,其中《小说月报》是稀缺的旧杂志。我们已将其余 4 种未找到的图书记录在册,一有线索即刻告知。(HYL Archives:Letter of K. S. Loh to Alfred K'aiming Ch'iu, September 18, 1960)

9 月 19 日

匹兹堡大学现代语言文学系柳无忌(Liu Wu-chi)致函裘开明:我校将在匹兹堡建一所小型的、专供研究生和教员使用的中文图书馆,打算采用你的分类法,我们希望获得或购买几本《汉和图书分类法》。(HYL archives:Letter of Liu Wu-chi to Alfred K'aiming Ch'iu, September 19, 1960)

哈佛大学克雷斯商业与经济图书馆副馆长 Dorothea D. Reeves 致函裘开明:感谢贵馆为帮助我们编目亚当·斯密的图书。我馆已决定不再继续保存《经济学书目季刊》(*Quarterly Bibliography of Econonucs*),因为我们觉得欧洲语言的书目已经包含了我们所有的各类索引。因此我们将此刊物随函寄上,请贵馆以合适的方式处理。(HYL Archives:Letter of Mrs. Dorothea D. Reeves to Alfred K'aiming Ch'iu, September 19, 1960)

9 月 23 日

麻省大学硕士生金能旺致函裘开明:关于贵馆之工作机会,因感迁居非易,致难以如

愿效劳,至以为歉,尚祈赐谅为本。(HYL Archives:金能旺致裘开明信函,1960 年 9 月 23 日)

9 月 30 日

裘开明致函文光堂书店(Bunkodo Book Store)海外部 Kenji Arai:感谢贵书店愿意处理我馆的订单。然而,由于我馆没有在第一时间收到贵书店寄来的 SBRK 目录,所以很多我馆想要的图书都已经售罄。为避免这一情况再次发生,请你转告 Hara 先生,今后用航空信给我馆寄送目录。同时,我想直接提醒你注意的另一个重要问题是,许多日文新书是在前 3 年出版的,我们只收到这些书的日本国会图书馆卡片,却没有收到图书。我曾于 2 月 2 日随函附上日本国会图书馆卡片号码清单,并请贵书店按清单为我馆搜购图书,可至今我们只收到其中的很少数图书。最后,请贵书店致函山口大学(Yamaguchi University)和广岛大学(Hiroshima University),询问这两所大学是否愿意通过贵店寄给我馆两本著作。(HYL Archives:Letter of Alfred K'aiming Ch'iu to Kenji Arai, September 30, 1960)

10 月 5 日

裘开明致函文光堂书店(Bunkodo Book Store)海外部 Kenji Arai:请寄来标有编号的我馆选购图书。你们 1959 年 11 月 8 日的发票中所列的已编号的图书曾于去年 12 月在贵店大火中被毁,可否请尽力保证让我们得到这些书的第 2 个复本。当然你知道我们想要发票上的全部图书,因为我们已经支付了全部费用。但是如果你们不能得到全部的图书,还请尽可能快地提供发票内所列的已编号的图书。我校一些教授和学生抱怨贵书店处理他们的订单非常缓慢,如果这样的抱怨持续下去,我们将考虑从别的地方订购图书。(HYL Archives:Letter of Alfred K'aiming Ch'iu to Kenji Arai, October 5, 1960)

10 月 11 日

京都大学人文科学研究所图书馆馆长 Wakimoto Sigeru 致函裘开明:希望用我校最近出版的《金史语汇集成》和《后汉书语汇集成》交换哈佛大学出版社最近出版的杨庆堃(C. K. Yang)撰《共产主义革命中的中国家庭》。《金史语汇集成》和《后汉书语汇集成》二书已经寄出。(HYL Archives:Letter of Wakimoto Sigeru to Alfred K'aiming Ch'iu, October 11, 1960)

10 月 13 日

费正清(John King Fairbank)致函裘开明:我已获悉芮玛丽(Mary Clabaugh Wright)1960 年 10 月 5 日信函中的内容,相信由她提供担保,有可能成功开展她所提及的书刊订购工作。另获悉芮玛丽的编目员已离职,现在她需要一名新的助理,我想征询你的建议。(HYL Archives:Letter of John King Fairbank to Alfred K'aiming Ch'iu, October 13, 1960)

10 月 16 日

Robert Masato Matsui 致函裘开明:时光如箭,我美好的夏天梦一般地就过去了,我回到安娜堡(Ann Arbor)已经一个月了。我非常怀念我的故乡,但波士顿的夏天美妙而又美丽,实际上,每个周末我都会去海滩,去听露天交响乐,每天和我的老朋友们在一起。我非常喜欢夏天,尤其是新英格兰的夏天。随着秋天的到来,我微微地感到痛苦,虽然我不是一个诗人。裘博士,感谢你去年夏天给我的仔细、周到的关照。你无法想象我是多么的感激你,多么觉得亏欠你。希望将来我有机会能回报你。裘博士,我非常非常高兴在这个远离我家乡的强大国家里,有人能够理解和接受我。正如柏拉图所言,比起芦苇,人类是孤独的造物者,所以人类需要他人更多的理解和尊重。这样看来,我是一个非常快乐的人。这一切给了我在有生之年追求生活和成功的力量与信心。裘博士,我把你当作父亲一样向别人说起你,因为我真的觉得你就像我的父亲一样。希望你不要为此而生气。再次感谢你对我的悉心关照。自从我回到安娜堡,我一直和 Hideo Kaneko 先生有联系,他在俄勒冈州大学完成他的哲学课程学习后,就到了密歇根大学学习图书馆学。他看上去是一个诚实而又有能力的人。他告诉我,他非常钦佩你完美的人格和你在燕京图书馆取得的成就,他希望能够成为你的属下。他还向我表达了他希望永远留在美国的想法。裘博士,如果你能认真考虑是否录用他的问题,我将非常感激你,虽然这取决于学社的政策和预算情况。他将于1961年的5月份或8月份获得图书馆学硕士学位。这学期,我将专攻远东研究,并参加获得博士学位所必须通过的法语考试。我发现在一段时间内集中精力于一个领域,而不是同时学习两个不同领域的东西,是很有必要的。无论如何,我都会尽力向你所希望的那样,尽快完成学业,然后回到我的家——哈佛大学法学院图书馆。上周末,我受邀请和我朋友全家去尼亚加拉瀑布,那里我已经去过5次了。但我不能拒绝他的邀请,因为他是我最好的朋友,而且他们的英语不太流利。我们经过加拿大到达那里,然后沿着美国的伊利湖回来。来回的路途几乎都是由我驾驶汽车的。这个瀑布总是那么壮观,尤其是在晚上的时候。这是我第一次晚上到瀑布。总之,他们很高兴我和他们一起去。然而,我不得不抓紧时间把落下的课程补回来。现在已经是凌晨2点了,我就此停笔。裘博士,请向在贵馆工作的我的老朋友们问好。希望你自己多保重,我会再写信给你的。(HYL Archives:Letter of Robert Masato Matsui to Alfred K'aiming Ch'iu, October 16,1960)

10月18日

澳大利亚堪培拉大学东方研究学院院长毕汉思(Hans Bielenstein)致函裘开明:我想知道你是否收到我早前给你写的有关东方图书馆馆长人选问题的信。我们渴望尽快填补这一职位空缺。如果你能推荐合适人选,我们将不胜感激。(HYL Archives:Letter of Hans Bielenstein to Alfred K'aiming Ch'iu, October 18,1960)

10月21日

裘开明致函斯坦福大学胡佛图书馆高濑保(Tamotsu Takase):随函附上我馆希望交换的图书目录,请贵馆通过铁路快运将书寄来。(HYL Archives:Letter of Alfred K'aiming Ch'iu to Tamotsu Takase, October 21,1960)

裘开明致函哥伦比亚大学东亚图书馆馆长 Howard P. Linton:来访我校的巴黎大学施拉姆博士告知我,他看到贵馆收藏了一些《历史研究》现刊。你能否告诉我们如何从红色中国购得这种美国禁止进口的刊物?(HYL Archives:Letter of Alfred K'aiming Ch'iu to Howard P. Linton, October 21,1960)

10月28日

Dorothea Scott 致函裘开明:你可能记得我是香港大学图书馆的前任馆长。我与我的丈夫今夏离开了香港,将在美国待上一年或两年。我现在在哥伦比亚工作,是 Logsdon 博士的主任助理。在 Howard P. Linton 先生的杰出领导下,哥大东亚图书馆正计划搬迁至原来的法学图书馆。原法学图书馆明年春天将搬到新馆址。我尝试在搬迁工作中给予帮忙。Linton 先生和我都很期待看到贵馆的崭新面貌。1957年我参观贵馆时,你们的搬迁工作还处在计划阶段。我们计划11月3日星期四下午到达剑桥,整个星期五也在剑桥。希望你能尽快告诉我们,这个时间你是否方便。(HYL Archives:Letter of Mrs. Dorothea Scott to Alfred K'aiming Ch'iu, October 28,1960)

10月31日

裘开明致函Dorothea Scott:我于今早收到你10月28日来信。我们会准备好一切,等待你和Howard P. Linton先生周四下午(11月3日)和周五(11月4日)来访。星期四晚上6:30,你们能和我一起共进晚餐吗?我希望你们能抽出时间。(HYL Archives: Letter of Alfred K'aiming Ch'iu to Mrs. Dorothea Scott, October 31, 1960)

11月1日

斯坦福大学胡佛图书馆高濑保(Tamotsu Takase)致函裘开明:已将汉和图书馆所需的37册图书寄出,总价值18.5美元。(HYL Archives: Letter of Tamotsu Takase to Alfred K'aiming Ch'iu, November 1, 1960)

11月2日

加州大学图书馆采访部主任助理Marion Murdoch致函裘开明,询问是否有最新版本的《汉和图书分类法》出售以及售价。(HYL Archives: Letter of Marion Murdoch to Alfred K'aiming Ch'iu, November 2, 1960)

11月3日

裘开明接待来访的哥伦比亚大学东亚图书馆的Howard P. Linton和Dorothea Scott夫人,引领参观汉和图书馆,交流经验,并设晚宴。(HYL Archives: Letter of Mrs. Dorothea Scott to Alfred K'aiming Ch'iu, November 3, 1960)

11月15日

Dorothea Scott致函裘开明:我不记得是否已经写信感谢你在我和我丈夫最近访问哈佛期间友善地接待我们。我之前忙于搬迁公寓。我想两封感谢信总比一封都没有好。Howard P. Linton先生和我印象最深刻的是,见到了贵馆的崭新面貌,体会到你为合理布置图书馆所付出的努力。你们所有的经验于我们都是一种借鉴,我们在制定行动计划的时候会借用这些经验。你是我们的向导,给了我们很多灵感。还要感谢你的款待,让我们享用了一次愉快的晚宴。(HYL Archives: Letter of Mrs. Dorothea Scott to Alfred K'aiming Ch'iu, November 15, 1960)

11月23日

裘开明致函Shin-yu Iwano:请贵社为我馆订购整套日文《大藏经》(*Tripitaka*),共100卷,并将购书发票(副本)寄给我们,我们收到发票后即可汇款给贵社。贵社寄书给我们时请采用挂号印刷品邮件的方式,不要用包裹邮递。邮寄费可一并计算在发票内。(HYL Archives: Letter of Alfred K'aiming Ch'iu to Shin-yu Iwano, November 23, 1960)

11月28日

英国文化协会驻日本代表F. J. Ronald Bottrall致函裘开明:我们打算聘用荒川哲郎(Tetsuro Arakawa),希望通过你了解他在美国的学习工作情况。(HYL Archives: Letter of F. J. Ronald Bottrall to Alfred K'aiming Ch'iu, November 28, 1960)

12月2日

裘开明致函文光堂书店(Bunkodo Book Store):请贵店通过航空专递方式寄送1960年度订购的最后一批新出版物,以防止像去年一样,因遇上圣诞节高峰期,没能及时收到最后一批书。(HYL Archives: Letter of Alfred K'aiming Ch'iu to Bunkodo Book Store, December 2, 1960)

Shin-yu Iwano致函裘开明:随函附上订购日文《大藏经》(*Tripitaka*)的发票副本,出版社至今已出版45卷《大藏经》,收到汇款后即用挂号印刷品邮件寄奉。(HYL Archives: Letter of Shin-yu Iwano to Alfred K'aiming Ch'iu, December 2, 1960)

12月5日

澳大利亚堪培拉大学东方研究学院院长毕汉思(Hans Bielenstein)教授致函裘开明:最近你曾与我们的新任正馆长 Graneek 先生会面。你向他提及鲁光桓(Kwang-huan Lu)先生的名字,认为他会是我们东方图书馆馆长的可能人选。如果你能告诉我有关鲁先生的一些详细信息,我将不胜感激。我们在聘任人员方面承受了一些压力。若你能尽快写信给我,我或能避免在此事上作出草率的决定。我现在真是工作过度,非常向往你那极富吸引力的图书馆里的宁静和学术氛围。(HYL Archives: Letter of Hans Bielenstein to Alfred K'aiming Ch'iu, December 5, 1960)

12月6日

Lawrence G. Shelton 致函裘开明,告知结束在汉和图书馆的勤工俭学工作。(HYL Archives: Letter of Lawrence G. Shelton to Alfred K'aiming Ch'iu, December 6, 1960)

12月7日

裘开明收到韩国汉城延世大学(Yonsei University)所寄代购的第9批韩文古籍,共8包,内含韩文古籍33种151册,其中1种不完整,共花费购书经费357920韩元,当时汇率为1∶1000,折合美元357.92元。(HYL Archives: Chinese-Japanese Library of the Harvard-Yenching Institute at Harvard University Report of the Librarian for 1963-1964)

12月8日

韩国汉城延世大学(Yonsei University)教授闵泳珪(Minn Young-Gyu)向汉和图书馆邮寄了代购的第10批韩文古籍。(HYL Archives: Chinese-Japanese Library of the Harvard-Yenching Institute at Harvard University Report of the Librarian for 1960-1961)

12月13日

裘开明致函日本国会图书馆(Natimal Diet Library)馆际互借服务部 I. Hatsukade:请继续寄给我们《自然科学》(Natural Science)的日文版,因为我馆读者,尤其是日本学生和日裔居民需要这类索引。(HYL Archives: Letter of Alfred K'aiming Ch'iu to I. Hatsukade, December 13, 1960)

裘开明致函加州大学东方图书馆馆长 Man-Hing Yue Mok:随函附上一份贵馆急需的日文图书目录,上有我们馆藏复本的价格。请在返回给我们这份目录时寄给我们一份正式的订单,并删去你不需要的条目。(HYL Archives: Letter of Alfred K'aiming Ch'iu to Man-Hing Yue Mok, December 13, 1960)

12月19日

加州大学东方图书馆馆长 Man-Hing Yue Mok 致函裘开明:感谢你同意出售贵馆的复本给我馆,随函附上我馆亟需的日文书目录。我馆想了解贵馆希望如何寄送购买复本应付费用的发票?虽然预缴费不符合我馆的常规程序,但是如果贵馆希望提前收到书款,我馆可以安排。(HYL Archives: Letter of Man-Hing Yue Mok to Alfred K'aiming Ch'iu, December 19, 1960)

12月20日

密歇根大学 Hideo Kaneko 致函裘开明:我将于1961年6月从密歇根大学图书馆学硕士毕业,请问是否可以在哈佛燕京学社汉和图书馆谋求一个从事与日文和英文藏书有关的工作职位。(HYL Archives: Letter of Mr. Hideo Kaneko, Ann Arbor, Michigan, to Alfred K'aiming Ch'iu, December 20,1960)

裘开明致函 Yoshiko Yoshimura:我们很高兴把你的日文图书编目员实习生的聘期延长6个月,即从1961年2月15日到8月15日。(HYL Archives: Letter of Alfred K'aiming

Ch'iu to Yoshiko Yoshimura, December 20, 1960)

12月21日

Gregory Henderson 致函裘开明：我们将把之前已谈好的、出售给贵馆的藏文《高丽大藏经》(15卷)、《明季名贤集》(大东文化研究所，1卷)、《韩国汉文学史·下卷》(崔海钟，1卷)、《法政论丛·第六辑》(1卷)、"中央大学"校论文集·第三辑》(1卷)和《新兴大学校论文集》(1卷)运往贵馆，请贵馆支付200美元的购书费。(HYL Archives：Letter of Gregory Henderson to Alfred K'aiming Ch'iu, December 21, 1960)

12月27日

裘开明致函澳大利亚堪培拉大学东方研究学院院长毕汉思(Hans Bielenstein)教授：非常感谢你在9月13日、10月18日和12月5日的3封来信。你让我为贵校推荐一名东方图书馆馆长，这一重要工作使我感到非常荣幸。如果我还年轻，我会让自己接受这个职位，因为在一所很好的国立大学发展一个一流的东方图书馆，是一个很有吸引力的挑战。我长时间没回信，是因为我一直在跟几个人，包括我馆的一名馆员商量。商量的结果使我确信，现在在加州大学伯克利分校工作的的房兆楹(Fang Chaoying)先生及其夫人杜联喆(Lienche Tu)是最佳人选。哥伦比亚大学东亚图书馆馆长 Howard P. Linton 先生，以及 Dorothea Scott 夫人(前香港大学图书馆馆长，现在是哥伦比亚大学图书馆的馆长助理)在3周前曾参观我馆。他们计划把他们的东亚图书馆搬到一个新的馆址。Scott 夫人和我谈及英联邦大学图书馆需要一名优秀的图书馆馆长来发展他们的东亚馆藏。据我们所知，牛津、剑桥、澳大利亚、英属哥伦比亚、多伦多和(中国)香港都需要优秀的图书馆馆长来发展他们的中文和日文馆藏。英属哥伦比亚大学刚刚聘任了前香港大学馆长助理为新的东方图书馆馆长。这样一来，港大失去了原来的馆长和馆长助理。Scott 夫人也同意我的看法，认为房兆楹先生是贵校的最佳人选。他不仅仅是一位受过训练的图书馆员，同时更是一位不错的学者。在美国的中国人中，我可以毫不犹豫地评价他为清史、特别是清初历史的首席权威。他懂满文、日文和韩文。他现在在加州大学担任韩文馆藏编目工作。房夫人杜联喆是一位中文书编目专家。他们俩都曾在哈佛燕京图书馆组建的早期帮助过我，包括在北京的燕京大学时期和在剑桥的哈佛大学时期(也就是1934年，在他们去华盛顿帮助恒慕义[Arthur William Hummel]博士开展清代书目项目之前)。名义上，在那几年他们是我的助手，但实际上，他们是我的老师。Graneek 先生——贵馆馆长——告诉我房先生不想待在澳大利亚。但是我想，如果贵校能为他和他夫人提供较高的职位，他们可能会愿意接受。我所指的是，如果房先生和房夫人都能够被聘为高级讲师，或者类似的级别，同时又担任东方图书馆馆长的话，他们可能会被说服。如你所知，耶鲁刚刚聘任了一对夫妇：芮沃寿(Arthur Frederick Wright)教授和芮沃寿的夫人芮玛丽(Mary Clabaugh Wright)。鲁光桓(Kwang-huan Lu)先生是非常好的人选，也是一名非常好的中国学者。他毕业于天津南开大学历史专业。他在华盛顿大学的远东研究所做了好些年的研究助理。然后他去了哥伦比亚大学图书馆学校深造，从图书馆学专业毕业并获得硕士学位。他自毕业以后即在哥伦比亚大学东亚图书馆工作，担任中文资料编目员。我向 Graneek 先生提到鲁先生的名字，他说你们学校可能会聘任一位伦敦人(英国人?)做东方图书馆馆长。如果是那样的话，鲁先生将会是很好的中文图书助理。希望以上我的个人意见能对你在建立一所优秀的东方图书馆方面有所帮助。(HYL Archives：Letter of Alfred K'aiming Ch'iu to Hans Bielenstein, December 27, 1960)

12月30日

  Robert Masato Matsui致函裘开明：祝你新年快乐！矶部重治（Shigeharu Isobe）先生写信告诉我，今年你在燕京图书馆举办了一个小型的圣诞派对。我多希望我也参加了，和大家一起分享圣诞节的快乐。我在底特律的朋友家待了5天。他们全家人心地都很善良、很体贴人。尤其是他父亲，是一位著名的药剂师，非常懂得生活。这是我到美国以后第一次感到家的温暖，过得最愉快的一个节日。以前，我以为自己是个感情不丰富的人，但是那天晚上，我发现我是一个感情丰富的人。我感到很不习惯，我无法控制我心中的感情。按照日本的传统，男人无论在什么情况下，不管是高兴还是悲伤都不应该流泪，但在回家的路上我还是不禁流泪了。裘博士，我接受你关于我毕业后工作问题的建议。我预计明年夏天获得远东研究的硕士学位，在1961年底完成获得博士学位所需的全部工作。关于我的博士论文，我打算回到图书馆再写。由于你建议我毕业后回哈佛法学院图书馆，我一直在仔细考虑这个问题。然而我很想知道在法律图书馆负责日文馆藏的馆员职位到底能否得到。因为在我的心中，关于明年我有自己的计划。另一个原因在于，毕业后为了保险起见，我必须开始到其他图书馆应聘。裘博士，比起其他图书馆，我个人非常希望能重回故地哈佛大学。如果在图书馆我能找到工作，我坚信我会在燕京图书馆和法律图书馆之间建立起紧密的联系，这对燕京图书馆很有意义。因为我有法律的教育背景，这也是我所渴望的。裘博士，你能否就这个问题和法律图书馆的馆长Bougson先生谈谈，还是我直接和他联系比较好？如果你能尽快告诉我你的意见，我将不胜感激。（信中附个人简历一份）（HYL Archives：Letter of Robert Masato Matsui to Alfred K'aiming Ch'iu, December 30, 1960）

本年

  裘开明提交第34次《馆长年度报告》（1959年7月1日至1960年6月30日），其主要内容如下：
1.图书馆馆藏情况。1959—1960年度，哈佛大学汉和图书馆新增藏书量如下：

哈佛大学汉和图书馆馆藏统计（1959—1960年度）

文献语种	新增馆藏		馆藏总量	
	新增种数	新增册数	馆藏种数	馆藏册数
中文	1524	5103	57755	258258
日文	2867	5662	35337	75803
藏文	2	2	40	1008
满文	2	2	143	1097
蒙文	0	0	50	393
韩文	733	1410	2430	5317
西文	589	747	7365	10258
合计	5717	12926	103120	352134

1959—1960年度汉和图书馆所购的日文古籍数量多于所购的日文新书的数量，本年所

购日文新书数量为1637种,占日本国会图书馆新书通报1959年第31-50期,1960年第1-29期所列新出版物总数的13%。之所以购买更多的日文古籍,是为了弥补在各个主题领域藏书的缺陷。中文新书方面,裘开明汇报说,从中国大陆购买新书越来越难,有两个原因:(1)很多出版物都限制出口,尤其是杂志,杂志的出口会带来诸如罚款和关押的惩罚;(2)经济衰退,导致纸张短缺,使得可出口的书籍出版数量减少,一种书的出版数量有限,很快就被国内消费者买光,几乎不可能剩下给国外市场。这一时期中国大陆所出版的书籍的纸张很不好,类似抗战时期重庆出版的书籍的纸张。在所购买的1524种中文书中,仅2/5,即600种是购自中国大陆和台湾的新书,其余的为购自日本的旧木刻文献和绝版的当代中国文献。也就是说,我馆购自东京、京都和大阪的中文书多于购自香港和台北的。韩文书方面,像往年一样,我馆继续从汉城的汎文社(Panmun Book Co.)购买韩文新书,通过延世大学(Yonsei Universtiy)的闵泳珪(Minn Young-Gyu)教授购买韩国作家所写的经典古籍(大多数用中文撰写)。还有一些韩文经典著作是在日本著名的中文书店购买的,如东京的汇文堂(Ibundo)、京都的山本书店(Yamamoto Shoten)和琳琅阁(Rinrokaku)。1959-1960年度,新增中文书中有603种为新书,921种为古籍;226种通过交换或赠送所得,1298种通过订购所得。新增日文书中有1200种为新书,1667种为古籍;160种通过交换或赠送所得,2707种通过订购所得。新增韩文书中有255种为新书,478种为古籍;235种通过交换或赠送所得,354种通过订购所得。连续出版物方面,1959-1960年度,中文新刊新增49种,中文连续出版物总量达到2662种。日文连续出版物新增179种,馆藏总量达到2512种。韩文连续出版物新增52种,馆藏总量达到142种。西文连续出版物新增30种,馆藏总量达到671种。蒙文连续出版物新增1种,馆藏总量为3种。截至1960年7月,汉和图书馆共有各语种连续出版物共计5990种。1959-1960年度,汉和图书馆收到并登录的期刊册数分别为:中文3969册,日文4192册,韩文412册,西文1439册,蒙文8册,共计10020册……关于丛书和方志类文献,过去的一年我馆新购中文丛书17种293册,内含351种独立著作,总量达到1367种。日文丛书新增46种660册,内含约600种独立文献,总藏量达到1443种。韩文丛书新增20种95册,内含独立著作95种,韩文丛书总藏量达约65种。中文方志类藏书增加了12种60册,总藏量达到2946种30918册。2.馆藏编目分类情况……另外,各语种目录新增目片数统计如下:中文书作者—书名四角号码目录新增目片2117张,新增临时草片1680张,作者—书名罗马字母目录新增目片1668张,新增临时草片553张,分类主题目录新增目片188张,排架目录新增临时草片1450张,以上共计新增目片3979张,新增临时草片3683张,合计7656张;日文书作者—书名四角号码目录新增目片2457张,新增临时草片5964张,作者—书名罗马字母目录新增目片2877张,新增临时草片3368张,分类主题目录新增目片631张,排架目录新增目片681张,新增临时草片4743张,以上共计新增目片6646张,新增临时草片14075张,合计20721张;韩文书作者—书名四角号码目录新增目片203张,新增临时草片732张,作者—书名罗马字母目录新增目片416张,新增临时草片706张,排架—主题目录新增临时草片739张,以上共计新增目片619张,新增临时草片2177张,合计2796张;西文书作者—书名目录新增目片276张,新增临时草片53张,排架—主题目录新增409张,以上共计新增目片685张,新增临时草片53张,合计738张。由于搬新馆的缘故,导致中日文文献未编目的数量达到4000多种。虽然已经在新馆办公了2年,但是仍有积存的书籍未编目,希望再用2年的时间,实现所有馆藏编目完毕。图书馆购买各类目录卡片的支出情况如下:(1)日本国会图书馆(National Diet Library)目录卡片,每种书 8 张卡片,33 美分;(2)国会图书馆目录卡片,每种书 6 张目录卡片,46 美分;(3)国会图书馆哈佛编目目录卡片,每种书 6 张目录卡片,67 美分;(4)复印目录卡片(以我馆的目录卡片为主卡),每种书 6 张卡片,53 美分。除此以外,图书馆还在怀德纳图书馆采用机械化的方式复制目录卡片,印刷每种书的目录卡片的成本如下:(1)拷贝、排版主印版(每种书一版),25 美分;(b)印刷,15 美分;(c)材料费,7 美分。无论印刷价格如何,为馆藏印刷卡片目录的成本约为每种书 50 美分。这笔支出计入到馆藏编目成本中,则每种书依其性质的不同编目成本从 2 美元到 5 美元不等。美国的图书馆必须解决出版物过剩的问题。为了解决这个问题,平均每本书(善本书和精装本除外)的原始价格仅是解决这一问题微不足道的一方面而已。在合作编目方面,主要分为两部分:一是对连续出版物编目,国会图书馆计划于 1961 年出版累积目录 New Serial Titles(1950－1960),为此,我馆提交了截止到 1960 年 9 月的约 610 种日文期刊,98 种韩文期刊和约 500 种中文连续出版物的编目数据,这些出版物均为 1950 年以后创刊的。1950 年以前出版的连续出版物已经由国会图书馆《连续出版物联合目录》(Union List of Serials)办公室收集,并陆续寄往该办公室。我馆所藏约 6000 种连续出版物正在为国会图书馆制作完整的缩微胶卷,由怀德纳图书馆承制。国会图书馆获得了来自国家科学基金会的资助,出版完整的美国图书馆所藏远东连续出版物联合目录,作为即将出版的、由洛克菲勒和福特基金会资助的《连续出版物联合目录》第 3 版的补充卷。在专著编目方面,1959－1960 年度,汉和图书馆向国会图书馆合作编目项目提交的各语种专著的主目录卡片分别为中文 389 种,日文 541 种,韩文 459 种。另外我馆还向国会图书馆"规范档"(Authority File)提交了 235 种中文规范卡片,225 种日文规范卡片和 370 种韩文规范卡片。提交书目数据的数量如此少,是因为:(1)按照和西文书一样的新规则进行编目,花费的时间更多;(2)我馆编目馆员变动频繁,人员不稳定。3.读者服务。过去的一年图书馆全年开放。暑假期间,馆员轮流休假。图书馆星期一至星期五白天 9 点至 5 点、晚上 7 点到 10 点开放;星期六白天 9 点到 12 点开放。暑假和圣诞节晚上,图书馆闭馆。每晚由专业馆员中的正式馆员轮流一人值班,向读者提供参考咨询服务。除了善本书库的善本书以外,书库中的所有藏书均可在晚上或白天外借。1959－1960 年度,通过馆际互借向汉和图书馆借书的机构共有 36 所。参考咨询服务方面,主要是通过口头或书面的方式解答学生、访问学者以及其他机构的研究者的问题。所有参考咨询服务的档案都保存在馆长办公室。自 1960 年 7 月 1 日起,怀德纳图书馆制定了行之有效的面向哈佛和拉德克利夫学院(Radcliffe College)以外的用户服务的收费办法。因此董事会应该考虑是否要执行怀德纳图书馆所制定的规定,目前,大波士顿地区的所有东方学生和教授使用图书馆或借书都没有任何限制。1959－1960 年度清点馆藏,发现中文图书丢失 1100 种,其中 200 种为错架;日文图书丢失 2500 种,其中 700 种为错架;韩文图书丢失 158 种,其中 101 种为错架。4.图书馆人事。在过去的一年里,图书馆职员中有 12 名为全职,6 名为兼职馆员,21 名为学生助理。日文编目部,James R. Morita 代替 Robert Masato Matsui 担任高级编目馆员;新聘 Yoshiko Yoshimura 担任初级编目馆员。在中文编目部,Daisy H. Tao 夫人接任 Charlotte Bedford 夫人的职位,Margaret C. Fung 夫人接任 Theresa Chou Hung 的职位,Fumiyo Iwano 接任 Kim 小姐担任期刊助理。下一年度图书馆的人事安排情况如下:馆长裘开明,副馆长于震寰(Zunvair Yue)、矶部重治(Shigeharu Isobe)和刘楷贤(Liu K'ai-hsien),阅览室和书库主任 William Henry Winship,高级韩文编目馆员金圣河(Sungha

Kim),高级日文编目馆员 James R. Morita,中文编目馆员 Daisy H. Tao 夫人和 Margaret C. Fung 夫人,初级日文编目馆员 Yoshiko Yoshimura,期刊助理 Fumiyo Iwano,赠书与交换书助理 Michiko H. Kwok 夫人,日文采访助理 Michiko I. Totman 夫人,书库助理 Lawrence D. Edsall,兼职佛教专家 Chimyo Horioka,兼职西文编目馆员 Kim Junghi Suh 夫人,兼职流通馆员 Diana Y. Wang 夫人,兼职韩文助理 Yoon Soo Won 小姐,兼职中文书采访助理 Thelma Yuen,兼职流通助理吕媚嫄(Lui May-Yuen)小姐。5.图书馆财务。

1959－1960 年度图书馆预算

开支项目		金额(单位:美元)	
图书(常规拨款)	中文书	2000	12500
	日文书	3000	
	韩文书	2300	
	西文书	700	
	当代书专项经费	4500	
图书(善本书专项拨款)	韩文古籍	4000	10000
	中日文古籍	6000	
装订		2500	
办公经费		850	
国会图书馆合作编目		1250	
薪水和津贴	理事会雇员	22512	
	东方语言系聘请人员	34283	
总计		83895	

1959－1960 年度支出统计

开支项目		金额(单位:美元)	
图书	中文书	13005.67	32884.73
	日文书	15172.33	
	韩文书	3230.24	
	西文书	1476.49	
装订		5649.94	
办公经费		1339.63	
差旅费		1349.98	

续表

开支项目		金额（单位：美元）
国会图书馆合作编目		495.17
薪水与津贴	理事会雇员	26400
	东方语言系聘请人员	39760.93
合计		107880.38
收益		2582.18
		105298.2
预算		91670
赤字		13628.2

（HYL Archives：Chinese-Japanese Library of the Harvard-Yenching Institute at Harvard University Report of the Librarian for 1959-1960）

1961年
64岁

1月6日

美国联合基督教会图书馆（United Church Board for World Ministries Library）馆长Mary Walker致函裘开明：我们得到两套铅笔素描收藏品（共229幅画作），这些素描由赵望云（Chao Wang Yun）所画，描绘河北的乡村生活，还附有冯玉祥（Feng Yu-hsiang）将军的题诗。这些著作原本刊登在1933年的《大公报》（Ta-Kung-Pao）上。后来的10年，这些画作以"来自乡村生活的图片收藏"为题被收集起来。这些画作非常有趣，带有强烈的社会气息。可是他们都被印在质量很差的纸张上，而且已经严重破损。我想知道贵馆是否藏有这些画作，可否向我们提供关于这些著作的信息。裘开明在信上手写批注："我馆有两本赵望云的画，现在都不在架上。赵望云的毛笔画有独创的技巧和风格，取材来自平民生活，难能可贵。"（HYL Archives：Letter of Mary Walker to Alfred K'aiming Ch'iu, January 6, 1961）

1月11日

夏威夷大学丁爱博（Albert E. Dien）致函裘开明：我最近已到夏威夷大学担任中国文库主管，接替几年前去世的谭卓垣（Chewk-woon Taam）博士的职位。过去这里的图书分类编目使用的是《杜威十进分类法》，我想给用你的分类法。因此，我写信给你征求你的意见。我们有一部你编的《汉和图书分类法》（1943年），是否有更新的版本，如果有，在哪里可以购买？（HYL Archives：Letter of Albert E. Dien, University of Hawaii, to Alfred

K'aiming Ch'iu, January 11,1961)

Shin-yu Iwano 致函裘开明：我社于1月10号收到了贵馆订购日文《大藏经》的汇款，金额为223.40美元，在此表示感谢。现附上收据副本，并将截至本月10号前出版的47卷《大藏经》另函用挂号印刷品的方式寄给贵馆。今后出版的《大藏经》我社将每两卷邮寄一次。另附：我还要特别感谢你对我女儿 Fumiyo Iwano 的照顾。我已听说在她生病的时候，你对她照顾得很好。（HYL Archives：Letter of Shin-yu Iwano to Alfred K'aiming Ch'iu, January 11, 1961)

1月12日

芝加哥大学东方研究所远东图书馆馆长钱存训（Tsuen-hsuin Tsien）教授致函裘开明，询问有关 James R. Morita 的情况。（HYL Archives：Letter of Tsuen-hsuin Tsien to Alfred K'aiming Ch'iu, January 12, 1961)

1月13日

裘开明致函西蒙斯大学图书馆学院 Margaret K. Gonyea，推荐汉和图书馆馆员 Elizabeth Lee Wang 去该学院读书。（HYL Archines：Letter of Alfred K'aiming Ch'iu to Margacet K. Gonyea, January 13, 1961)

1月16日

大安株式会社 Jitsuya Kobayashi 致函裘开明，商谈期刊订购与汇款事宜。（HYL Archives：Letter of Jitsuya Kobayashi to Alfred K'aiming Ch'iu, January 16, 1961)

裘开明致函 Yi In Ho：哈佛燕京图书馆现在有一个韩文助理的职位空缺，如果有兴趣的话，请在图书馆办公时间内（周一至周五9：00—17：00）前来面谈该项工作事宜，来前先电话预约。（HYL Archives：Letter of Alfred K'aiming Ch'iu to Miss Yi In Ho, Radcliffe Graduate Center, Cambridge, Massachusetts, January 16,1961)

1月17日

裘开明致函 Lydia K. M. Liao：哈佛燕京学社汉和图书馆现在有一个学生助理的职位开放，请在任何一天的下午前来面谈该项工作事宜。（HYL Archives：Letter of Alfred K'aiming Ch'iu to Miss Lydia K. M. Liao, Boston, Massachusetts, January 17,1961)

1月19日

加州大学图书馆东方图书馆馆长 Man-Hing Yue Mok 致函裘开明：我们已收到我馆购买贵馆日文图书的发票，并已通知财务部门支付贵馆143.5美元的书费。请贵馆以图书邮寄的方式寄送图书，不要采用铁路快递，这样我馆可以节省一些开销。因不知具体邮资，所以我们未预缴此项费用。不知贵馆能否替我馆预付邮资。我们将会在收到贵馆的通知后立即偿还。陈观胜（Kenneth Chen）一家很快就要离开这里，我们会非常想念他们。（HYL Archives：Letter of Mrs. Man-Hing Yue Mok to Alfred K'aiming Ch'iu, January 19, 1961)

1月30日

上午11时，裘开明参加在神学路2号122室召开的东亚研究教师委员会图书馆分委会（Library Subcommittee of the Faculty Committee on East Asian Studies）会议。同时出席会议的还有费正清（John King Fairbank）、H. S. Hibbett、海陶玮（James Robert Hightower）、E. Wagner 和 Yang。会议由海陶玮先生致开场白，阐述图书馆分委会的责任，仅在于单纯地向哈佛燕京学社社长提供顾问咨询，哈佛燕京学社社长在决定图书馆方针政策方面拥有完全独立的权利。会议讨论的第一项议题是哈佛图书馆系统向校外用户提供服务是否要收取50美元的费用。哈佛燕京学社图书馆用户中有相当大一部分是校外用户,主要来自波士顿地区。目前图书馆的政策是所有用户均可借书,至少是允许其进入各类书库的。与会人员认为向校外用户收取费用与哈佛燕京学社的宗旨和目的是不符的,但是就近期清点馆藏发现馆藏流失现象严重的情况,与会代表们认为应该采取必要的措施防止馆藏继续丢失。经过讨论,一致决定进出书库应办理许可证,该证件在秋季开学的时候由图书馆主动向远东语言系、区域研究项目组、联合培养攻读学位项目的所有学生发放,119号办公室负责办理证件。其他符合条件的用户想进入书库看书,须向图书馆提出申请并办理相关证件,由学社主管部门签字方生效。若有学生或其他访客拜访图书馆内部办公的老师,须预先向119号办公室提出申请,在放行之前,秘书必须通过对讲机与被拜访者联系确认。出入图书馆的检查制度由门口处的总台负责,并由一名馆员负责监督。为了进一步的安全起见,会议决定:大多数馆藏禁止馆外流通,包括连续出版物、中日文丛书、所有的雕版印刷书籍以及一些半个多世纪前出版的活字印刷本。会议的第二项议程是关于图书馆西文书的采访政策。讨论决定购买西文书主要由怀德纳图书馆负责,大多数西文书继续保存在怀德纳图书馆。考虑到目前汉和图书馆的馆藏迅速增长,不必把怀德纳图书馆所藏关于远东学研究的文献移到神学路2号。为了避免出现不必要的复本,同时保证馆藏覆盖面的全面性,考虑设立合作采访馆员的岗位。费正清教授建议由怀德纳图书馆采访部的 Y. T. Feng 小姐担任此职。费正清教授和海陶玮教授将会晤 Philip J. McNiff,商谈此事的可行性。会议还通过了图书馆提供通识教育课程参考书目所列书籍的提案。关于每位教师向图书馆推荐各自所在学科领域文献的问题,裘开明建议编制一本流动的新书目录,并在其后附上教师名单,所有有兴趣的教师均可在目录上做标记,推荐需要购买的书籍。裘开明还向分委会提交了一份中日文期刊和专著的计划订购书目。会议于中午12:20结束。(HYL Archives:Chinese-Japanese Library of the Harvard-Yenching Institute at Harvard University Report of the Librarian for 1960-1961)

1月

海陶玮(James Robert Hightower)致函裘开明:应赖肖尔(Edwin Oldfather Reischauer)教授之邀,我将在东亚研究教师委员会(Faculty Committee on East Asian Studies)下设立图书馆分委会(Library Subcommittee),其职责是向哈佛燕京学社社长提供制定图书馆政策的建议。我希望你能担任分委会的委员,并出席暂定于1月30日星期一11时在赖肖尔教授办公室召开的第一次会议。(HYL Archives:Chinese-Japanese Library of the Harvard-Yenching Institute at Harvard University Report of the Librarian for 1963-1964)

自本月起,汉和图书馆启用新的日文订书系统以及新的日文新书采购代理商,确定与东京出版销售株式会社(Tokyo Shuppan Hambai Co. Ltd.)建立合作关系,在日本采购新书。战前,汉和图书馆主要通过一诚堂(Isseido)和文久堂(Bunkyudo)购买日文书籍。1945年二战刚刚结束后,由于美元兑换日元困难,汉和图书馆通过佛蒙特州拉特兰(Rutland, Vt)市的 Charles E. Tuttle 公司在日本代购日文书籍,该公司由美军驻日本部队的军官 Tuttle 开设。稍后,在哈佛大学日本校友会(Harvard Club of Japan)的推荐下,从1953年开始,汉和图书馆在文光堂(Bunkōdo Book Store)购书,这是由一诚堂出口部(Export Department of the Isseido)的前经理成立的一家小书店。在此期间汉和图书馆还从一诚堂和日本出版贸易株式会社(Japan Publications Trading Company)购书。并逐渐地停止从 Tuttle 处购书,因为其价格高于其他日本书店的供货价。自1959年矶部重治(Shigeharu Isobe)先生负责日文文献采访以后,汉和图书馆重新制定了日文文献采访政策。由于文光堂的服务在某些方面一直没有改进,故从1959—1960年度末开始寻找新的书商,后确立与东京出版销售株式会社(Tokyo Shuppan Hambai Co. Ltd.)合作。自1961年春天开始正式结束与文光堂购买新书的合作。古籍和绝版书通过几家书店购买,比如一诚堂、Gannan-do、Rinsen Shoten、Rinrokuko、Nihon Shobō、Komiyama Shoten、Keio Shobō 和日本出版贸易株式会社,这些书店均会定期出版绝版书目录。(HYL Archives：Chinese-Japanese Library of the Harvard-Yenching Institute at Harvard University Report of the Librarian for 1961-1962)

钱存训致函裘开明：久未奉候,敬维阖府安吉,公私佳胜,为颂为慰。兹有恳者,敝校自去年以来增设日文系,并开始扩充日文藏书。现拟于下年度(七月一日或九月一日起)添请 Bibliographer(编目员)一人(另有编目二人[一人已定,尚需再觅一人],半日助理二人)担任采访工作,并主管日文部分事务。去年□间 Mr. Nunn(G. Raymond Nunn)曾介绍该校 Morita(James R. Morita)君来此。因当时预算未定,未能来此。后闻伊已受尊处之聘一年。最近因此间日文系教授 Dr. McClellan 之敦促,伊亦颇有意来此,惟伊在我公主管之下,故非得我公首肯,弟不敢贸然相邀,故此先行函征我公同意,当再与其详洽一切。此间一切草创(日文分类亦采用尊法,另寄来新书目一份),亟需一妥善人手主持。如能有经我公训练之人到此,则更为理想矣。又此君工作,能力及性情品格如能见告一二,尤所感祷也。今春亚洲学会在芝(加哥)举行,极望吾兄偕嫂夫人到此一游。匆匆即请。请即惠复。(HYL Archives：钱存训致裘开明信函,1961年1月)

2月1日

裘开明收到韩国汉城延世大学(Yonsei University)所寄代购的第10批韩文古籍,共6包,内含韩文古籍25种108册,其中1种不完整,共花费购书经费330780韩元,当时汇率为1∶1000,即折合美元330.78元。(HYL Archives：Chinese-Japanese Library of the Harvard-Yenching Institute at Harvard University Report of the Librarian for 1963-1964))

2月2日

荷兰莱顿汉学院何四维(Anthony F. P. Hulsewé)致函裘开明：因为我们图书馆是按照你的分类法编排图书(该分类法是你题赠给戴闻达(Jan Julius Lodewijk Duyvendak)教授的图书之一!),所以,如果你能够告诉我以下问题,我将非常感谢。(1)自三册本《汉籍分类目录》出版以后,是否还出版了其他印本目录或者补编?可以获得这些目录吗?(2)自与这三册目录一起发行的第一大套卡片目录以后,是否还印刷了其他的图书馆目录卡片?(3)如果你已经做了我在前面两个问题中提到的事情,那么,你是如何处理大量的"共产主义中国"文献的?(4)现在是否有一部"中国法律"类目(特别是民国时期)更加详细的分类法?(5)你的1943年版图书分类法已经修订了吗?如果已经修订,可以获得修订版吗?(HYL Archives：Letter of Anthony F. P. Hulsewé, Sinologisch Institute, Leiden, Holland, to Alfred K'aiming Ch'iu, February 2, 1961)

裘开明致函芝加哥东方研究所远东图书馆钱存训(Tsuen-hsuin Tsien)：非常感谢你1月12日来函询问我对 James R. Morita 先生的评价。我认为 James R. Morita 是名非常优秀的技术图书馆员,安静、尽责并愿意努力工作。随着经验的积累,他应该可以成为美国远东图书馆界的领军人物。我确定他正在朝这个方向发展,因为他年轻而具有雄心。我们非常遗憾不能为他提供更高级的职位,薪水也不高。因此,如果芝加哥方面可以为他提供更高级的职位、更高的薪水,他也许会接受。关于他的未来,我与他交谈过多次，我也给了他不带私心的建议。然而，他将自己做出选择，我不会以任何方式给他造成影响。（HYL Archives：Letter of Alfred K'aiming Ch'iu to Tsuen-hsuin Tsien, February 2, 1961）

2月3日

文光堂书店（Bunkodo Book Store）致函裘开明，希望知道汉和图书馆取消订阅《纳本周报》（*Current Publication*）的原因。（HYL Archives：Letter of Bunkodo Book Store to Alfred K'aiming Ch'iu, February 3, 1961）

2月6日

裘开明回复密歇根大学 Hideo Kaneko 的求职信：今年6月底可能会有一个职位空缺，请填妥信中所附申请表，并及时寄回。（HYL Archives：Letter of Alfred K'aiming Ch'iu to Mr. Hideo Kaneko, Ann Arbor, Michigan, February 6, 1961）

2月9日

英国文化协会驻日本代表 F. J. Ronald Bottrall 再次致函裘开明询问荒川哲郎（Tetsuro Arakawa）在美国的学习和工作情况。（Letter of F. J. Ronald Bottrall to Alfred K'aiming Ch'iu, February 9, 1961）

2月13日

裘开明写函答复求职者 Mrs. Diokson H. Leavens 的求职申请。（HYL Archives：Letter of Alfred K'aiming Ch'iu to Mrs. Diokson H. Leavens, February 13, 1961）

2月15日

裘开明致函英国文化协会驻日本代表 F. J. Ronald Bottrall，介绍荒川哲郎（Tetsuro Arakawa）在汉和图书馆工作期间的表现，而荒川哲郎的学习情况，则建议致函西蒙斯大学了解。（HYL Archives：Letter of Alfred K'aiming Ch'iu to F. J. Ronald Bottrall, February 15, 1961）

2月16日

匹兹堡大学图书馆采访部副主任 Marion Murdoch 致函裘开明：我们东亚图书馆急需再获得一部你编撰的《汉和图书分类法》（1943年），我们得知该分类法已经绝版而且不再有卖的，因此，我们想知道你是否有剩余的可以寄给我们，或者帮我们提供可以购买的线索。如果1943年版《汉和图书分类法》完全买不到，那么你是否准备在不远的将来发行《汉和图书分类法》的新版或者修订版。（HYL Archives：Letter of Marion Murdoch, the General Library of University of Pittsburgh, to Alfred K'aiming Ch'iu, February 16, 1961）

2月17日

国会图书馆远东文献部主任 Warren M. Tsuneishi 致函裘开明：由于卡片部最近错误地把较重的空白卡片寄给了贵馆，导致贵馆最近提交给合作编目项目组的卡片重量不合标准，现已通知卡片部重新寄500张空白卡片给贵馆。（HYL Archives：Letter of Warren M. Tsuneishi to Alfred K'aiming Ch'iu, February 17, 1961）

2月21日

裘开明完成《哈佛大学哈佛燕京学社图书馆藏明代类书概述（上）》（*An Annotated Catalogue of Ming Encyclopedias and Reference Works in the Chinese-Jpanese Library of the Havard-Yenching Institute at Havard University* [1]）的撰写。（HYL Archives：An Annotated Catalogue of Ming Encyclopedias and Reference Works in the Chinese-Jpanese Library of the Havard-Yenching Institute at Havard University [1]）

2月27日

香港交流书报社（Chiao Liu Publication Service）经理 K. S. Loh 致函裘开明：汉和

图书馆未收到《新建设》(No. 136，1960)、《国际问题论丛》(No. 3，1960)和《民主评论》(V. 10，No. 5，1959)3种期刊，其原因是这3种期刊或属禁止出口的杂志，或已售完，无法订阅。希望能找到其他替代期刊寄给汉和图书馆。(HYL Archives：Letter of K. S. Loh to Alfred K'aiming Ch'iu，February 27，1961)

2月

新亚书院图书馆(New Asian College Library)馆长Y. M. Tseng致函裘开明：兹向你介绍我在新亚书院图书馆的好朋友兼助理周锐(Chow Jui)。他已经跟随我五年，受过相应的图书馆学训练，并在南京立法院图书馆服务过很多年，是一个极聪明、能干的人。他现在正在游历美国、欧洲以及亚洲的一些国家，学习最新的图书馆管理技术和其他相关的问题。希望你能尽可能的帮助他，我和钱穆(Ch'ien Mu)校长将不胜感激。自从我们上次在剑桥相逢又告别已经过去13年了。这么多年间，我们的祖国经历了太多的变故。所以我的生活状况发生了彻底的变化。1947年我成为一名商人。1948年年底，我从欧洲回国，但是这里的一切都让人觉得如此沮丧，使我不得不做出决定——离开大陆，放弃我从事了近一生的纺织厂经理的职业，在我的业余爱好里寻找乐趣，我已经坚持数年从事中国文学和历史研究。接下来的这么多年里，我白手起家开始组织新亚书院(New Asian College)。在我们最困难的时候，哈佛燕京学社很多善良的教授，如叶理绥(Serge Elisseeff)和赖肖尔(Edwin Oldfather Reischauer)，给了我们非常宝贵而又及时的帮助。如果没有哈佛燕京学社和雅礼—中国协会(Yale-in-China Association)在经费上的资助，我们可能永远都无法建立起我们的图书馆。就我个人而言，我尤其感激我在剑桥期间你授予我在博伊斯顿堂图书馆所享有的特权。我从未想过，当命运彻底改变我的生活，我在贵馆度过的几周竟对我有如此大的意义。你赠给我的《汉和图书分类法》大作竟预言了我自己某一天也会成为图书馆长。周先生将转达我对你和你家人的问候，如果你对我校有兴趣的话，毫无疑问，他可以回答任何问题。(HYL Archives：Letter of Y. M. Tseng to Alfred K'aiming Ch'iu，February，1961)

3月8日

大安株式会社Jitsuya Kobayashi致函裘开明，说明期刊订购汇款及汉和图书馆订购《中国共产党在日历史》的相关事宜。(HYL Archives：Letter of Jitsuya Kobayashi to Alfred K'aiming Ch'iu，March 8，1961)

3月17日

香港交流书报社(Chiao Liu Publication Service)经理K. S. Loh致函裘开明：贵馆3月10日来函订购的24种书刊，其中23种已确认购得。我们正在当地图书市场搜集中国大陆的书目。贵馆仅订购了台湾《革命文献》的第15至20卷，是否要订购第21至22卷？(HYL Archives：Letter of K. S. Loh to Alfred K'aiming Ch'iu，March 17，1961)

3月20日

宾州Lorraine Chen-yi Lee致函裘开明：感谢你热忱帮助我利用哈佛燕京学社汉和图书馆的中国童谣馆藏。今天，在我用完所有的书后，我把书全部还给贵图书馆了。我高兴地告诉你，经过我的调查，贵馆的中国童谣馆藏的数量在美国的著名大学和公共图书馆包括国会图书馆中最多。祝贺！此外，我想知道贵馆是否有职位空缺可以申请。(HYL Archives：Letter of Lorraine Chen-yi Lee，Marywood College，Scranton，Pennsylvania，to Alfred K'aiming Ch'iu，March 20，1961)

3月21日

裘开明回复密歇根大学Hideo Kaneko3月2日的来信：很抱歉，在你长时间不提交申请表期间，我们接收了德克萨斯大学图书馆学院一位日文图书馆员的申请。现在他的院长已经再次来信说，这位年青的日本人图书馆员想从今年夏季开始作为受训者在哈佛工作，所以，将没有另外的日文图书馆员空缺。此事的发生超出了我们的控制，非常抱歉。（HYL Archives：Letter of Alfred K'aiming Ch'iu to Mr. Hideo Kaneko, Ann Arbor, Michigan, March 21, 1961）

裘开明致函 Yasuko Nogami：从今年夏天到明年秋天期间，图书馆的日文文员助理岗位有空缺；随函寄上空白申请表，请你安排时间来面试，面试时会介绍更多的相关信息。（HYL Archives：Letter of Alfred K'aiming Ch'iu to Yasuko Nogami, March 21, 1961）

3月22日

裘开明写函答复求职者 Young Ran Kim 的求职申请。（HYL Archives：Letter of Alfred K'aiming Ch'iu to Young Ran Kim, March 22, 1961）

3月23日

大安株式会社 Jitsuya Kobayashi 致函裘开明：我社刚将发票和资料寄上。很遗憾上海市报刊图书馆的《中文期刊目录》以及张静卢辑注的《中国现代出版史料 丙编》因缺货需取消订单。（HYL Archives：Letter of Jitsuya Kobayashi to Alfred K'aiming Ch'iu, March 23, 1961）

4月8日

Eiji Yutani 致函裘开明：我是华盛顿大学图书馆学院的研究生，将于今年 8 月获得硕士学位。我想寻找一份与日文资料有关的工作。我是土生的美国公民，但在日本长大，在日本接受小学和中学教育。我于 1951 年毕业于冈山文理初级学院（Okayama Junior College of Liberal Arts and Sciences）。1953 年回到美国。1957 年毕业于华盛顿大学，获政治学学士学位，1960 年获华大远东史硕士学位。曾学习古代汉语，还曾学过两年时间的德文。自 1959 年 10 月起，我在华盛顿大学远东图书馆兼职，负责日文期刊、复制、未编目的日本政府出版物、制作著者卡片以及整理卡片等工作。我想咨询贵馆是否有职位空缺，如果有，你能否告诉我并寄给我一份职位申请表。（HYL Archives：Letter of Eiji Yutani to Alfred K'aiming Ch'iu, April 8, 1961）

4月10日

加州大学图书馆东方图书馆馆长 Man-Hing Yue Mok 致函裘开明：你寄给我馆的日文图书已安全抵达。此外，我馆对贵馆的中文复本亦感兴趣，贵馆能否提供目录。如果在 6 月底之前我馆购买复本的经费有盈余，我们将用于购买中文复本。（HYL Archives：Letter of Mrs. Man-Hing Yue Mok to Alfred K'aiming Ch'iu, April 10, 1961）

4月11日

香港孟子教育基金会（Mencius Education Foundation）图书馆馆长 Betty W. Wong 致函裘开明：首先我想告诉你，我已于一个月前回到香港，受聘于孟子教育基金会图书馆，担任馆长一职。不知你是否还记得我？我在西蒙斯大学学习图书馆学的时候，曾在哈佛燕京实习过。后来我到杜克大学担任编目馆员，接着回到加州攻读英文硕士学位，其后我又到马里兰大学图书馆担任编目馆员至今年 1 月份。孟子教育基金会图书馆是一个非常小的图书馆，只是为了满足香港高校学生和教师的需求。目前，它同时也具备公共图书馆性质，因为很多孩子和无业者可以来馆读书。尽管如此，不久以后将成立中文大学图书馆，孟子教育基金会图书馆很可能归入其中。目前我们的藏书超过 87000 种，其中中文书超过 72000 种。我们还拥有关于广东省的特色馆藏。我致函给你，是想向你询问图书馆的组织和技术方面的建议。我们有3个人从事中文出版物的编目工作,1个人从事英文资料编目,但是她们都未经过专业训练。关于中文编目方面,我们编目的工具有:刘国钧《中国图书分类法》、程长源《中文图书标题法》、日本东方文化所《汉籍分类目录》、何多源《中文参考书指南》、臧励龢《中国人名大辞典》、沈乾一《丛书目录汇编》、上海图书馆编《中国丛书综录》、《中国历代图书大辞典》、屈万里《图书版本要旨》、许世英《中国目录学史》。我想知道,在这些书中你是如何进行选择的。随着图书馆的发展,《中国图书分类法》及《中文图书标题法》是否会不适应未来的发展?另外,你是否赞成我为中文期刊、报纸做标目?(HYL Archives:Letter of Betty W. Wong to Alfred K'aiming Ch'iu, April 11, 1961)

4月12日

大安株式会社 Jitsuya Kobayashi 致函裘开明,说明期刊订购的事宜。(HYL Archives:Letter of Jitsuya Kobayashi to Alfred K'aiming Ch'iu, April 12, 1961)

4月14日

裘开明致函 Eiji Yutani:我馆在7月将有一专业日文编目员的职位空缺,该职位的起薪为每年4200至4500美元,视应聘者的资格和经验而定。随信附上空白职位申请表,请填写详细的信息。寄回申请表时请同时附上贵学院教授及前雇主的推荐函。(HYL Archives:Letter of Alfred K'aiming Ch'iu to Eiji Yutani, April 14, 1961)

香港交流书报社(Chiao Liu Publication Service)经理 K. S. Loh 致函裘开明:此函是为了向你解释我社为何无法订购到贵馆需要的645种书籍。其一,这些图书很多是国际书店(Quozi Shudian)即将出版的新书,但现在尚未上市。其二,近两年中国加强了对出口图书资料的审查和限制。目前我社在广东和上海没有代理处,而中国又没有私营的图书商和代理商。所以我社主要通过中国国有出版社在香港的分社订购图书,或者直接从本地的二手书市场购书。我社会尽量搜集到这645种书的10%,并及时通知你。希望贵社继续向我们订购图书,最好能从我社的书目中或香港其他出版商的书目中选购图书。(HYL Archives:Letter of K. S. Loh to Alfred K'aiming Ch'iu, April 14, 1961)

4月18日

哈佛燕京学社董事会召开会议。出席会的有哈佛燕京学社董事会主席 F. Gregg Bemis、Smith、白思达(Glen William Baxter)等,会议讨论了学社的财政收支、安全管理等问题。并通过决议:裘开明将于1964年6月底退休,由白思达接任汉和图书馆馆长一职。会议还讨论了裘开明的项目资金和薪水增长等问题。(HYI Archives:Trustees meetings minutes 1960-1963)

4月21日

Eiji Yutani 致函裘开明:我对于你函中所提的职位非常感兴趣,已经填好职位申请表。你在信中指出该职位空缺于7月开始,而我需到8月18日才能完成学业获得图书馆学硕士学位,在此之前我无法开始工作,不知是否会对贵馆的工作安排造成影响。虽然我对到贵馆工作非常感兴趣,但我同时也向其他藏有远东馆藏的图书馆发出了求职信,并在考虑其中一个图书馆。因此我希望能知道贵馆所提供的这一职位更详细的信息,如在开始的时候是否会有高级日文编目员指导我工作,贵馆的编目人员规模,其中有多少人从事日文书籍编目等。华盛顿大学图书馆学学院院长 Irving Lieberman 博士、副教授 Marion Peterson、华大法律图书馆馆长兼教授 Marian G. Gallagher、华大远东图书馆馆长 Ruth Krader 博士、普林斯顿大学历史系教授 Marius B. Jansen 博士将分别给你寄出我的推荐函。(HYL Archives: Letter of Eiji Yutani to Alfred K'aiming Ch'iu, April 21, 1961)

4月23日

James R. Morita致函裘开明:感谢你到医院看我,还带来鲜花。我已经出院,现在家中调养。医生说我要至少再休息两个星期。我非常清楚现在不是放下工作的时候,我将尽早回馆。(HYL Archives: Letter of James R. Morita to Alfred K'aiming Ch'iu, April 23, 1961)

4月25日

华盛顿大学图书馆学学院院长Irving Lieberman博士致函裘开明,推荐Eiji Yutani到汉和图书馆求职。(HYL Archives: Letter of Irving Lieberman to Alfred K'aiming Ch'iu, April 25, 1961)

华盛顿大学法律图书馆馆长兼教授Marian G. Gallagher致函裘开明,推荐Eiji Yutani到汉和图书馆求职。(HYL Archives: Letter of Mrs. Marian G. Gallagher to Alfred K'aiming Ch'iu, April 25, 1961)

4月28日

裘开明致函Eiji Yutani:感谢你的来信及填好的职位申请表。我们刚刚接到你的两封推荐函。根据你优秀的成绩以及你的老师和前雇主的高度推荐,我们愿意为你提供之前向你提到的职位,年薪定为4500美元。我馆的日文馆藏约有80000册,由副馆长矶部重治(Shigeharu Isobe)负责,由我全面监督。矶部先生毕业于东京帝国大学,专业是日本史,他曾在日本国会图书馆工作过10年,1959年到我馆。与他一起工作的有6名日裔助理,其中两个半属于专业级别,其他为准专业职位。矶部先生之下有一高级日文编目员,不过将于6月离开;该职位级别为图书馆员二级,享受哈佛大学聘任待遇(即教职员待遇)。如果你今年接受日文编目员这一职位,将来你很有可能被提升为高级编目员。请尽快告知是否接受该职位,因我们还有另一候选人。你可于8月中旬开始工作。(HYI Archives: Letter of Alfred K'aiming Ch'iu to Eiji Yutani, April 28, 1961)

5月1日

Shin-yu Iwano致函裘开明:接东京中央邮局通知,日本修改了图书邮寄管理条例,大东出版社出版的日文《大藏经》开本大小的图书只能作为出口商品来处理。为了避免缴纳出口税,我决定不再以出版社名义邮寄此书,改以个人名义(秘书Shoken Yazaki先生)邮寄。(HYL Archives: Letter of Shin-yu Iwano to Alfred K'aiming Ch'iu, May 1, 1961)

5月3日

Eiji Yutani致函裘开明:我愿意接受哈佛燕京学社汉和图书馆提供的日文编目员一职。我希望能在8月18日取得硕士学位后再到哈佛大学报到,希望能先了解有关住宿问题的信息。(HYL Archives: Letter of Eiji Yutani to Alfred K'aiming Ch'iu, May 3, 1961)

5月5日

裘开明致函Eiji Yutani:很高兴你接受我们所提供的职位。由于你8月18日才完成学业,或许不可能在8月21日或22日开始工作;但是,如果你能在这两天开始工作,将方便我们的工作安排。请在8月中旬告诉我你的航班时间和航班号,以便我到机场接你。至于8月份在哈佛大学和我们图书馆附近找到合适的寓所则并非难事。最好的方法是你来到此处后先在基督教男青年会(YMCA)住几天,然后再找合适的寓所。在此之前,你可以将你的函件和行李寄往我馆。(HYL Archives: Letter of Alfred K'aiming Ch'iu to Eiji Yutani, May 5, 1961)

  胡佛图书馆馆长吴文津(Eugene Wu)致函裘开明:再一次感谢在剑桥时你盛情的招待和慷慨的帮助;我馆昨日已收到所需要的缩微胶卷,收到发票后我们会立即付款。(HYL Archives: Letter of Eugene Wu to Alfred K'aiming Ch'iu, May 5, 1961)

5月15日

  Eiji Yutani致函裘开明:感谢你来函告诉我关于住宿的详细情况。我想我能于8月21或22日开始工作。很荣幸能在你的领导下,成为美国最出色大学最出色图书馆中的一员。(HYI Archives: Letter of Eiji Yutani to Alfred K'aiming Ch'iu, May 15, 1961)

  Marius B. Jansen致函裘开明,推荐Eiji Yutani到汉和图书馆求职。(HYL Archives: Letter of Marius B. Jansen to Alfred K'aiming Ch'iu, May 15, 1961)

5月24日

  加州大学伯克利分校东亚图书馆Charles E. Hamilton致函裘开明:得知你计划发行新版的《汉和图书分类法》,我非常感兴趣。我将乐意接受你的邀请,提供评论、批评和建议,但是,我首先有兴趣知道原版的修订范围有多广。很多有问题的地方需要审核。如果能够得到你的帮助,我将尝试着提供一份有详有略的更改表,这些更改既是我们做的,也是我们希望在新版中看到的。自然这需要花费一些时间去编撰,请提供有关你的时间表和你希望详细评论的程度,非常感谢。(HYL Archives: Letter of Charles E. Hamilton, East Asiatic Library, University of California, Berkeley, to Alfred K'aiming Ch'iu, May 24, 1961)

6月9日

  裘开明向亚洲学会美国图书馆远东资源委员会主席(夏威夷大学东亚图书馆)捐款100美元,支持委员会出版论文。(HYL Archives: 裘开明捐赠收据)

  华盛顿大学远东图书馆馆长Marion A. Milczewski致函裘开明:Robert Masato Matsui来我校远东图书馆求职,希望你能对其工作能力惠予评价。(HYL Archives: Letter of Marion A. Milczewski to Alfred K'aiming Ch'iu, June 9, 1961)

  哈佛燕京学社董事会代理董事长白思达(Glen William Baxter)致函哈佛大学图书馆副馆长Douglas W. Bryant:哈佛燕京学社董事会向我咨询有关调整汉和图书馆馆员工资,使之达到与包括怀德纳图书馆在内的所有哈佛大学图书馆相应职位馆员的薪水相当水平之事。随信附上裘开明有关大部份人员的数据,以及图书馆1961至1962年度预算。关于是否继续聘任William Henry Winship的问题,我对裘开明的继任者是继续聘用还是解聘Winship拭目以待;无疑,Winship有其优点,但我不确定对于其所申请的工作而言,这些优点是否重要。随信附上Eiji Yutani的聘用登记材料,Eiji Yutani已经接受裘开明提供的日文编目员职位,评估后请将表格寄回。(HYL Archives: Letter of Glen William Baxter to Douglas W. Bryant, June 9, 1961)

6月13日

  裘开明致函华盛顿大学远东图书馆Marion A. Milczewski,推荐Robert Masato Matsui到该馆求职。(HYL Archives: Letter of Alfred K'aiming Ch'iu to Marion A. Milczewski, June 13, 1961)

6月21日

  大安株式会社Jitsuya Kobayashi致函裘开明,询问购书的付款方式。(HYL Archives: Letter of Jitsuya Kobayashi to Alfred K'aiming Ch'iu, June 21, 1961)

6月22日

  胡佛图书馆馆长吴文津(Eugene Wu)致函裘开明:前一段时间你寄给我的工具书缩

微胶卷已经收到。我希望再订购贵馆所藏《人民日报索引》1951年3—6期、9—12期，1952年1—4期，1953年1和3期，1957年11期，以及《光明日报索引》1954年20—21期的缩微胶卷。(HYL Archives：Letter of Eugene Wu to Alfred K'aiming Ch'iu, June 22, 1961)

6月27日

大安株式会社 Jitsuya Kobayashi 致函裘开明：《光明日报》、《中国资料月报》和《大安月报》部分卷期已经售光，若需要，我社可为贵馆制作缩微胶卷。(HYL Archives：Letter of Jitsuya Kobayashi to Alfred K'aiming Ch'iu, June 27, 1961)

6月30日

Robert Masato Matsui 致函裘开明，函中感谢裘开明为其给华盛顿大学远东图书馆写推荐信，并诉说最近的精神压力。(HYL Archives：Letter of Robert Masato Matsui to Alfred K'aiming Ch'iu, June 30, 1961)

6月

裘开明撰《哈佛大学哈佛燕京学社图书馆藏明代类书概述（上）》(*An Annotated Catalogue of Ming Encyclopedias and Reference Works in the Chinese-Japanese Library of the Harvard-Yenching Institute at Harvard University*)[1]发表于《清华学报》（台湾）新2卷第2期（1961年6月）：93—115。

裘开明致函哈佛大学图书馆副馆长 Douglas W. Bryant，商量是否继续聘用 William Henry Winship。(HYL Archives：Letter of Glen William Baxter to Douglas W. Bryant, June 9, 1961)

7月5日

裘开明致函 Yoshiko Yoshimura：我们很高兴将你的日文图书编目员实习生聘期再延长6个月，即从1961年8月15日至1962年2月15日。对于你在日文图书编目上的优秀工作表现以及与其他馆员的通力配合，我们深表感谢。(HYL Archives：Letter of Alfred K'aiming Ch'iu to Yoshiko Yoshimura, July 5, 1961)

7月6日

汉和图书馆在亚洲基督教高等教育联合董事会（The United Board for Christian Higher Education in Asia）存放3000美元，用于作为1961—1962年度延世大学图书馆（Yonsei University Library）为汉和图书馆代购韩文文献的经费。(HYL Archives：Letter of Alfred K'aiming Ch'iu to Kinn Yong Guk, July 2, 1962)

7月10日

胡佛图书馆馆长吴文津（Eugene Wu）致函裘开明：去年4月我参观贵馆时，曾向你询问是否有可能将贵馆1949年后中国大陆出版物和1945年后台湾出版物的馆藏简报附在 Peter Berton 的指南里，希望能得到你的答复。我刚收到了国会图书馆馆藏报告，兹奉上一份供你参考。如果贵馆能送交给我馆一份类似的馆藏简报，我将感激不尽。(HYL Archives：Letter of Eugene Wu to Alfred K'aiming Ch'iu, July 10, 1961)

7月12日

文光堂书店海外部 Kenji Arai 致函裘开明：年前收到贵馆矶部重治（Shigeharu Isobe）先生的一封来信，告知从今以后不再需要《纳本周报》(*Nohon shuho*，日本国会图书馆采购图书的每周报告)，继而来自贵馆的订单完全中断了。我写信询问，结果一个月后收到的答复是：因为某些原因，图书馆延缓订购书店新书。但这并没有提前预告给我们。这对我店着实是一个打击，因为长期以来，哈佛大学已经成为我书店的工作重心。

在日本，提前半年或者一年预先通知供应商中断订货是一种惯例。因此，我怀疑你是否知道矶部先生以这样的方式作出的个人决定。矶部先生曾指出我店正式出版物的价格和相关的一些资料相当昂贵。事实上，在日本，这些资料都是难以获得的，我们的定价是切合实际的。矶部先生指出的另外一点是我店过去供应给贵馆的连续出版物都是未正式订购的。期刊是不断出版的，贵馆前任负责日文馆藏的主管曾对我们提供这些刊物表示感谢。当然，这本应是书商做的工作，同时也是顺应图书馆的需求。如果你觉得这些期刊已经不需要了，可以通知我们，我们会从订单中取消。而贵馆现在的做法使我店陷入瘫痪状态，很多准备发给图书馆的连续出版物，这几个月都不得不滞留在仓库中。希望你能认真考虑这一问题。(HYL Archives：Letter of Kenji Arai to Alfred K'aiming Ch'iu, July 12, 1961)

7月13日

荒川哲郎(Tetsuro Arakawa)致函裘开明，表示希望能够再回汉和图书馆工作。(HYL Archives：Letter of Tetsuro Arakawa to Alfred K'aiming Ch'iu, July 13, 1961)

裘开明致函韩国国家图书馆馆长：我馆从贵馆第78、79号公告中所列一批近期出版物书目中挑选出了一些对哈佛研究非常有价值的书籍，希望贵馆能协助我们获取这批图书。关于支付费用的问题，我们可以直接寄给贵馆馆长，或贵馆在美国的指定账户。或者如果贵馆同意，也可以从哈佛大学报刊中选择你们需要的图书和期刊进行交换，哈佛大学将会通过航空邮寄方式寄给贵馆。随函附上我馆拟选购书目。(HYL Archives：Letter of Alfred K'aiming Ch'iu to Librarian of National Library of Korea, July 13, 1961)

7月14日

裘开明致函南加州大学图书馆学院院长Boaz博士：我谨推荐今年6月以来一直在哈佛燕京学社汉和图书馆做助理工作的Noriko Kobayashi小姐前来攻读图书馆学位。你们以前的编目教授Hazel Dean小姐是我在纽约公共图书馆学校的同班同学，自她从贵学院退休以后，我与她失去了联系，如果方便的话，请告知她的联系地址。(HYL Archives：Letter of Alfred K'aiming Ch'iu to Dr. Martha T. Boaz, Director, School of Library Science, University of Southern California, Los Angeles, Ca., July 4, 1961)

7月17日

芝加哥大学远东图书馆James R. Morita致函裘开明：获悉贵馆有大量复本图书意欲出售，我们希望收到贵馆含价格信息的复本目录以供参考。(HYL Archives：Letter of James R. Morita to Alfred K'aiming Ch'iu, July 17, 1961)

7月24日

澳大利亚堪培拉大学东方研究学院毕汉思(Hans Bielenstein)教授致函裘开明：我的学生Enid Bishop小姐将要取得哥伦比亚大学图书馆学硕士学位。她计划8月16日到哈佛，停留至9月1日，想到贵馆参观学习几个星期，以便获得更多的经验。不知你那段时间是否在剑桥。另外，我已经接受哥伦比亚大学的聘请，希望将来有更多机会拜访贵馆，增进交流。(HYL Archives：Letter of Hans Bielenstein to Alfred K'aiming Ch'iu, July 24, 1961)

7月27日

裘开明为Yoon Soo Won开具曾在汉和图书馆工作的证明。(HYI Archives：Yoon Soo Won的工作证明, July 27, 1961)

7月28日

Eiji Yutani致函裘开明，告知前往剑桥的行程安排及开始工作的时间。(HYL

Archives: Letter of Eiji Yutani to Alfred K'aiming Ch'iu, July 28, 1961)

8月8日

韩国汉城延世大学(Yonsei University)教授闵泳珪(Minn Young-Gyu)向汉和图书馆邮寄了代购的第11批韩文古籍。(HYL Archives: Chinese-Japanese Library of the Harvard-Yenching Institute at Harvard University Report of the Librarian for 1960-1961)

8月11日

新加坡马拉雅大学(University of Malaya)贺光中致函裘开明:弟自去年4月坡城唔别后即携眷赴巴黎住至11月,然后漫游欧洲,于将近年底始返星洲。忆在坡城蒙惠赠大著《汉和图书分类目录》三巨册(又《日本全集目录》一册),以飞机携带不便存留尊处。今已返星,望吉便饬介付邮寄下,非微内子编目有所遵循,即凡求学之士亦将有所津逮,不胜企幸。本年9月港大银禧纪念会议,又明年台北汉学会议,未知有缘唔见否也?(HYL Archives: 贺光中致裘开明信函,1961年8月11日)

裘开明致函Eiji Yutani:感谢你7月28日的来信,告诉我们你将乘坐联合航空公司734航班于8月20日星期天上午11:50时到达波士顿。我将到洛根(Longan)机场接你,并带你到剑桥基督教男青年会(YMCA)。你的薪水从8月16日算起,所以你到了以后,过几天就可以收到半个月的薪水。如果你从8月23日开始上班,将有两个整天找一处合适的住所。8月21日,星期一下午2时你必须到在Little Hall的人力资源办公室Coffey小姐处报到,到学校健康中心体检。你的体检结果将在8月23日拿到。在哈佛不做体检是不可以上班的。随函寄上缴税单。请在你方便的时候尽快填写并寄给我们。(HYL Archives: Letter of Alfred K'aiming Ch'iu to Eiji Yutani, August 11, 1961)

8月18日

芝加哥大学远东图书馆James R. Morita致函裘开明:随函附上我馆向贵馆订购的19种复本图书清单,总价为246.6美元。请贵馆把图书连同发票一起寄来。另外,我想了解贵馆第1期复本目录中所列《佛教大辞典》的详细书目信息。我馆亦有兴趣向贵馆订购一些重要的专论复本,请贵馆寄来第2期复本目录。(HYL Archives: Letter of James R. Morita to Alfred K'aiming Ch'iu, August 18, 1961)

8月22日

波士顿美术馆馆长富田幸次郎(Kojiro Tomita)致函裘开明,转交Hsieh Sheng Hou给富田幸次郎的信函,Hsieh Sheng Hou在函中言:我是一名来自台湾的中国学生。家父侯如埔藏有一套《三希堂法帖》,希望出售给公共博物馆。该套法帖1945年购于北平,是原拓善本,装订古雅,完整无缺,附以香木封皮,经久勿损。随函附上中文索引和部分图片。不知贵博物馆是否有意购买?(HYL Archives: Letter of Hsieh Sheng Hou to Director of Museum of Fine Arts, August 22, 1961)

8月25日

香港交流书报社(Chiao Liu Publication Service)经理K. S. Loh致函裘开明,商讨为汉和图书馆代购北朝鲜出版物事宜。(HYL Archives: Letter of K. S. Loh to Alfred K'aiming Ch'iu, August 25, 1961)

9月1日

吕媚媛(Lui May-Yuan)致函裘开明,提交辞呈。(HYL Archives: 吕媚媛致裘开明信函,1961年9月1日)

9月12日

Enid Bishop致函裘开明,感谢裘开明在她参观哈佛期间所提供的帮助。(HYL

Archives: Letter of Enid Bishop to Alfred K'aiming Ch'iu, September 12, 1961)

9月14日

卫斯廉大学(Wesleyan University)Olin 图书馆馆长 Wyman W. Parker 致函裘开明:Olin 图书馆计划收藏中文书籍,打算使用你的《汉和图书分类法》,我们希望能得到一部《汉和图书分类法》,借用或者购买均可。(HYL Archives: Letter of Wyman W. Parker, Wesleyan University, to Alfred K'aiming Ch'iu, September 14, 1961)

9月20日

Michiko I. Totman 致函裘开明:很抱歉这么久没有写信给你。希望你和你的家人都很好。我想孩子们应该都回学校上学了。或许 Tohan 已经写信告诉你,我8月去拜访过他们。我见到了 Saito 先生,他向我介绍了几位那里的其他朋友。看起来,他们很尊重作为哈佛燕京学社图书馆代表的我,因为他们和我讲话都很有礼貌,并带领我们(Conrad 和我一起去的)参观了整幢大楼,有大约2000人在这幢大楼里上班。金圣河先生(Sungha Kim)是否告诉你,Tohan 将得到一批北朝鲜的书。上个星期我去拜访他们的时候,我听说 Tohan 正在向你们图书馆寄一些文学和历史方面的北朝鲜图书,随书寄送的还有一张发货清单。他们还有一些珍贵的北朝鲜图书出售,我建议他们寄一份书目给你,因为这批书我没有权力决定要不要。我不定期的可以收到 Tohan 寄来的卡片。(HYL Archives: Letter of Michiko I. Totman to Alfred K'aiming Ch'iu, September 20, 1961)

9月25日

克雷斯商业与经济图书馆馆长 Dorothea D. Reeves 致函裘开明:我们有个用来安放日文版亚当斯密《国富论》的函匣。我们想在函匣上题写日文书名,不知贵馆能否为我们题字。(HYL Archives: Letter of Mrs. Dorothea D. Reeves to Alfred K'aiming Ch'iu, September 25, 1961)

9月28日

裘开明收到马来西亚大学新加坡分校图书馆馆长 Jean M. Waller 来函:自从你上次收到我馆中文馆藏书目第1卷至今已经很多年了。年底我馆将出版馆藏书目第2卷,第3卷的出版工作正在进行中,第4卷是索引。你对我馆书目的评价对于我馆来说非常宝贵。希望你能就以下几点为我们的书目给出意见:(1)对各类藏书的涵盖程度;(2)书目信息的准确性;(3)每条款目的著录情况(每条款目著录的详细程度等);(4)书目的总体结构;(5)作为一部原创性的著作对图书馆学的影响;(6)从第1卷书目的编写情况,可否判断出馆员的专业素质? (7)在东亚以及西方国家有多少人有能力编写类似的中文书目。(HYL Archives: Letter of Jean M. Waller to Alfred K'aiming Ch'iu, 1961)

9月29日

裘开明致函 Michiko I. Totman:很高兴收到你9月20日寄来的有趣的明信片和长信。随函寄上9月报酬的支票。我建议你在日本不要只靠着这份薪水过活。图书馆付薪水给你,只能通过两种途径:(1)通过你每个月寄来的发票,图书馆把这部分费用当作"购买服务(Services purchased)"归入账目的第67类。按照这种做法,你的薪水将不必扣除社会保险税。(2)每个月按照临时工工资支付报酬。按照这种做法,要从你的薪水中扣掉社会保险税。现在,是按照第二种方法支付报酬,因为这可以为你提供社会保障。如果不想按照现在使用的这种方式获得报酬,那么请每个月给图书馆寄来为图书馆提供服务的收费凭证,以及所做的日本国会图书馆卡片目录。图书馆今年又多了很多学生,除此以外一切如常。日文课的一年级有45名学生,中文课的一年级有60多名学生。

Were博士的办公室已经被当作课室了,而Were博士的助理金(Kim)小姐的房间已经归还给图书馆,作为研究室(seminar room),里面允许打字和吸烟。经典阅览室(Classical Reading Room)每天早上9时仍被作为初级日语班的教室。系里没有足够多的办公室提供给教师,没有足够多的研究小间(stalls)给研究生用,也没有足够多的教室用于上课。图书馆将挪走一些书,再腾出12个研究小间,但是目前还想不出把书放去哪里。新的女士卫生间(Ladies' Room)被腾出来给井上瑞见(Zuiken Inouye)教授和Niwa小姐使用。白思达(Glen William Baxter)博士说这只是一个临时的安排,所以还是希望能把它归还给图书馆作为女职员的卫生间。还有一个好消息要告诉你和所有关心哈佛远东研究的人,数学系及其附属的统计系将搬到新的行为科学大楼,这栋大楼将于明年(1962年)动工,选址在哈佛大学出版社所在的位置,这栋大楼由密歇根州底特律市的著名日裔设计师山崎实(Minoru Yamasaki)设计。另外,如果你见到赖肖尔(Edwin Oldfather Reischauer)博士夫妇,麻烦转告他们以上这些消息,并代我向他们问好。(HYL Archives:Letter of Alfred K'aiming Ch'iu to Michiko I. Totman, September 29, 1961)

胡佛研究所东亚图书馆馆长吴文津(Eugene Wu)致函裘开明:我曾经写信给你,提到过将1949年后中国大陆出版物和1945年后台湾出版物的馆藏简短报告附在Peter Berton的指南附录里的可能性。我目前正与当代中国研究委员会合作。当前的工作是进行文献调查,已经收到了加州大学伯克利分校、加州大学洛杉矶分校(UCLA)、芝加哥大学(Chicago)、康奈尔大学(Cornell)和所有政府图书馆的相关报告。华盛顿大学(Washington)、密歇根大学(Michigan)和耶鲁大学也来函表示会尽快送交。因此,如果你能送交给我们一份汉和图书馆这个专题的馆藏简报的话,我将不胜感激。(HYL Archives:Letter of Eugene Wu to Alfred K'aiming Ch'iu, September 29, 1961)

10月2日

Robert Masato Matsui致函裘开明,感谢裘开明的推荐,帮助其在华盛顿大学远东图书馆找到了工作,并汇报他在西雅图的生活和工作近况。(HYL Archives:Letter of Robert Masato Matsui to Alfred K'aiming Ch'iu, October 2, 1961)

10月3日

京都大学人文科学研究所图书馆馆长Wakimoto Sigeru致函裘开明:作为交换书籍,我们希望贵馆能够寄来哈佛大学1959年出版的巴兰脱(Conrad Brandt)、史华慈(Benjamin Isadore Schwartz)与费正清(John King Fairbank)合著的《中国共产主义文献史》(*Documentary History of Chinese Communist*);贵馆是否已经收到我馆7月10日寄出的 *Zirni Manuscript* 一书?我们最近将寄给贵馆一本《皇海文海索引稿》(*Kokai-Bunkai-Sakuin-Ko*)。(HYL Archives:Letter of Wakimoto Sigeru to Alfred K'aiming Ch'iu, October 3, 1961)

10月4日

国会图书馆远东文献部主任Warren M. Tsuneishi致函裘开明,询问汉和图书馆是否有可用于交换的哈佛大学东亚研究中心的出版物。(HYL Archives:Letter of Warren M. Tsuneishi to Alfred K'aiming Ch'iu, October 4, 1961)

10月5日

美国联合基督教会图书馆(United Church Board for World Ministries Library)专家项目主管Laurence J. Kipp致函裘开明:自1955年以来,美国图书馆协会国际关系委员会(IRC)与国务院一起,为美国引进了来自各个不同国家的5批图书馆员。这个项目开展得如此成功,以致国际关系委员会非常乐意继续进行另一项类似的项目,这次的项目面向12位来自各国图书馆的馆员。国际关系委员会主席Raynard C. Swank让我向你解释1961—1962年度的项目,希望你能协助完成。这批图书馆员将会在10月15日抵达华盛顿,进行为期两周的指定项目学习,在西蒙斯大学图书馆学院参加3周的研讨班学习,并将完成为期7周(1961.11.19—1962.1.6)的实习。这12名馆员中有10位男性,2位女性,年龄在40岁上下。他们都是富有经验并精于专业的图书馆员。如果我们根据他们各自的特点,向他们提供美国图书馆的相关信息,这批队伍中的每一位成员都将会在他/她的国家的图书馆事业中发挥重要作用。因此,这个项目中最重要的部分,就是安排每位图书馆员到一所美国图书馆进行为期7周的实习,在那里他/她将会得到单独的指导。在这批图书馆员中,有一位来自日本的Mamoru Nogami先生,他所在的图书馆给他安排了特殊的任务,因此我们不知道你是否可以接受Nogami先生在贵馆进行为期2至3周的学习,并让他与你一起工作。国际关系委员会的委员明白,他们正在要求各图书馆馆长们在这个项目上投入大量的时间和精力。参加了之前五个项目的图书馆馆长们不但投入满腔热情,同时也发现他们自己的图书馆从中受益。因此,我们对该项目充满信心,并希望得到你的协助。你是否可以在贵馆安排Nogami先生以临时馆员的身份实习?由于我们前期准备时间不多,如果你能参与这个项目,可否尽快通知我?(HYL Archives:Letter of Mrs. Laurence J. Kipp to Alfred K'aiming Ch'iu, October 5, 1961)

10月10日

美国联合基督教会图书馆(United Church Board for World Ministries Library)专家项目主管Mrs. Laurence J. Kipp致函裘开明:感谢你致电告知我,愿意带领Mamoru Nogami先生参观哈佛燕京学社及图书馆。Nogami先生是一名严谨的日本史研究者,相信他会非常珍惜这次机会。(HYL Archives:Letter of Mrs. Laurence J. Kipp to Alfred K'aiming Ch'iu, October 10, 1961)

10月16日

韩国延世大学图书馆(Yonsei University Library)Kinn Yong Guk教授致函裘开明:希望以后贵馆可以通过纽约第一花旗银行(the First National City Bank of New York)把代购韩文文献的购书经费汇给我馆。(HYL Archives:Letter of Alfred K'aiming Ch'iu to Kinn Yong Guk, July 2, 1962)

10月17日

国会图书馆远东文献部主任Warren M. Tsuneishi致函裘开明,询问汉和图书馆是否有藏其所需要申请馆际互借的文献。(Letter of Warren M. Tsuneishi to Alfred K'aiming Ch'iu, October 17, 1961)

裘开明致函芝加哥大学远东图书馆James R. Morita:感谢你8月18日、9月28日的来函,新学年伊始,再加上需培训新馆员,工作较为繁忙,直到本周才将贵馆所订购的复本图书汇集起来。请你查收所附发货单的复印件,我们即将通过铁路快递寄出书籍。(HYL Archives:Letter of Alfred K'aiming Ch'iu to James R. Morita, October 17, 1961)

10月20日

香港交流书报社(Chiao Liu Publication Service)经理K. S. Loh致函裘开明:因一直未收到你对前几封信的回复,故再次致函给你,商讨关于为贵馆代购北朝鲜出版物之事。随函寄上最近从北朝鲜得到的三份韩文书目,请你挑选。另外,请贵馆更新订购1962年度韩文书报的清单。(HYL Archives:Letter of K. S. Loh to Alfred K'aiming Ch'iu,

October 20,1961)

10月24日

裘开明致函芝加哥大学远东图书馆James R. Morita：我已将打算寄给贵馆的日文复本书打包成51个小包裹，并在今天上午交付剑桥邮局寄去，请注意查收。（HYL Archives：Letter of Alfred K'aiming Ch'iu to James R. Morita, October 24,1961）

10月27日

裘开明致函京都大学人文科学研究所图书馆馆长Wakimoto Sigeru：感谢你寄来Zirni Manuscript和《皇海文海索引稿》（*Kokai-Bunkai-Sakuin-Ko*）。我们将另函给贵所寄去《中国共产主义文献史》（*Documentary History of Chinese Communist*）和《共产主义革命中的中国家庭》（*The Chinese Family in the Communist Revolution*）。（HYL Archives：Letter of Alfred K'aiming Ch'iu to Wakimoto Sigeru, October 27,1961）

芝加哥大学远东图书馆James R. Morita致函裘开明：感谢你10月17日和24日的来函，请你确认我馆将寄往波士顿邮局的邮寄资费总额。此外，我馆将寄给贵馆由我校开出的支票，用于支付购书费用。如贵馆有其他馆藏复本书籍出售，请寄一份含价格信息的目录给我馆。（HYL Archives：Letter of James R. Morita to Alfred K'aiming Ch'iu, October 27,1961）

10月30日

裘开明致函芝加哥大学远东图书馆James R. Morita，解释关于邮寄费用问题的一些误会，告知支票应支付给邮局。（HYL Archives：Letter of Alfred K'aiming Ch'iu to James R. Morita, October 30,1961）

11月1日

裘开明收到韩国汉城延世大学（Yonsei University）寄来所代购的第11批韩文古籍，共28包，内含韩文古籍89种419册，含复本11种24册，共花费购书经费1365170韩元，当时汇率为1∶1300，即折合美元1055.79元。（HYL Archives：Chinese-Japanese Library of the Harvard-Yenching Institute at Harvard University Report of the Librarian for 1963-1964）

11月6日

裘开明致函Michiko I. Totman：兹附上支付你10月报酬的支票。我们已经顺利收到你编制的两大捆卡片，一切都很好。请允许我对你提供的大力帮助表达衷心的感谢。图书馆除了新建了女士卫生间（Ladies' Room）外，最近没有什么重要的新闻。因为太忙了，女士卫生间（Ladies' Room）还没有安装家具，不过最近一两天之内就会开始着手挑选家具了。另外还有两个有趣的好消息，傅路特太太（Mrs. Luther Carrington Goodrich）生了一个漂亮的小女儿，丁（Ting）太太生了一个健壮的小男孩。这两对夫妇和图书馆的所有员工都很开心。（HYL Archives：Letter of Alfred K'aiming Ch'iu to Michiko I. Totman, November 6,1961）

11月30日

裘开明提交第35次《馆长年度报告》（1960年7月1日至1961年6月30日），其主要内容如下：1.图书馆馆藏情况。1960—1961年度，哈佛大学汉和图书馆新增藏书量如下：

哈佛大学汉和图书馆馆藏统计（1960—1961年度）

文献语种	新增馆藏		馆藏总量	
	新增种数	新增册数	馆藏种数	馆藏册数
中文	1505	3480	59260	261738
日文	3144	5093	38481	80896
藏文	3	6	43	1014
满文	4	4	147	1101
蒙文	5	39	55	432
韩文	531	1123	2961	6440
西文	392	493	7757	10751
合计	5584	10238	108704	362372

1960—1961年度汉和图书馆购买的日文新书数量多于购买的日文古籍数量，本年购买的日文新书数量为1670种，占日本国会图书馆新书通报1960年第30—49期。1961年第1—29期所列新出版物总数的14%。中文新书方面，在过去的两年里，由于书籍和期刊的出口限制，从中国大陆购买新出版物变得非常困难。自1956年以来，中文书增长数量年年下降。新增1505种中文书中，约有390种为经典著作的传统雕刻本，其余的1115种中，有776种新出版物购自[中国]大陆，149种新出版物购自[中国]香港和[中国]台湾，另外还有190种1950年以前出版的著作，这些书很久以前已经绝版。

1949—1958年共产主义中国新出版物统计及1949—1961哈佛所购中文新书统计

年份	共产主义中国新出版物种数	占1949—1958出版总数的百分比	报告年度	哈佛所购中文新书种数*
1949	287	0.35	1948—1949	400
1950	1061	1.30	1949—1950	535
1951	2109	2.58	1950—1951	496
1952	2320	2.84	1951—1952	1700
1953	4633	5.68	1952—1953	1537
1954	6931	8.49	1953—1954	862
1955	10128	12.41	1954—1955	1963
1956	15359	18.82	1955—1956	1534
1957	14104	17.28	1956—1957	3250
1958	24688	30.25	1957—1958	1896
1959	—	—	1958—1959	1325

续表

年份	共产主义中国新出版物种数	占1949—1958出版总数的百分比	报告年度	哈佛所购中文新书种数*
1960	—	—	1959—1960	603
1961	—	—	1960—1961	1115
合计	81620	100.00		17216
平均（1949—1958）	8162		平均（1949—1961）	1324

* 绝大多数购自中国大陆，部分购自中国台湾和中国香港。

在韩文图书方面，根据1956—1961年的统计数据，汉和图书馆购买每册韩文文献、日文文献和中文文献的平均价格分别为3.92美元、1.99美元和1.25美元。韩文古籍的购买来源主要有：(1)1957年至1961年，汉城延世大学（Yonsei University）教授闵泳珪（Minn Young-Gyu）为我馆购买了共和国成立之前出版的韩文古籍，659种2762册；(2)来自Imanishi韩文图书馆的复本；(3)来自商业渠道。关于在韩国成立哈佛燕京图书馆购书委员会（Book Committee for the Barvard-Yenching Library）的可能性。国立汉城大学（Seoul National University）教授韩（沍）功（Han Wookeun），1961—1962年度以洛克菲勒访问学者的身份在哈佛学习，他对我馆所藏韩文馆藏相当不满意。他认为我馆的韩文馆藏在数量和质量上都不足。所以他建议E. Wagner教授，在1962年秋天他回韩国以后成立购书委员会，邀请所有曾在哈佛做访问学者的韩文教授担任委员。这个委员会将协助我馆以合理的价格采购韩文古籍和韩文新书。1960—1961年度，新增中文书中有925种为新书，580种为古籍；144种通过交换或赠送所得，1361种通过订购所得。新增日文书中有1577种为新书，1567种为古籍；299种通过交换或赠送所得，2845种通过订购所得。新增韩文书中有329种为新书，202种为古籍；159种通过交换或赠送所得，233种通过订购所得。在连续出版物方面，1960—1961年度，中文新刊新增50种，中文连续出版物总量达到2712种。日文连续出版物新增170种，馆藏总量达到2682种。韩文连续出版物新增45种，馆藏总量达到187种。西文连续出版物新增21种，馆藏总量达到692种。蒙文连续出版物新增1种，馆藏总量为4种。截至1961年6月30日，汉和图书馆共有各语种连续出版物共计6277种。新增期刊的刊名在馆长办公室存档。1960—1961年度，汉和图书馆收到并登录的期刊册数分别为：中文3450册，日文3617册，韩文700册，西文1409册，蒙文3册，共计9179册。在丛书和方志类文献方面，过去一年我馆新购中文丛书18种241册，内含174种独立著作，总量达到1385种。日文丛书新增122种约510册/卷，内含约600种独立著作，总藏量达到1565种。1954年出版的《哈佛大学哈佛燕京图书馆日文图书和期刊目录》中仅收录了1027种丛书，约49500种独立著作。不久我们将出版这部目录的补充卷，内含1954年出版书目所收录的全部著作。韩文丛书新增2种15册，内含独立著作13种，韩文丛书总藏量达约67种。中文方志类藏书增加了6种17册，总藏量达到2952种30935册。2. 馆藏编目分类情况……各语种目录新增目片数统计如下：中文书著者—书名四角号码目录新增目片3066张，新增临时草片2705张，著者—书名罗马字母目录新增目片2895张，新增临时草片 2344 张,分类主题目录新增目片 0 张,排架目录新增目片 1018 张,新增临时草片 1536 张,以上共计新增目片 6979 张,新增临时草片 6585 张,合计 13564 张;日文书著者—书名四角号码目录新增目片 4312 张,新增临时草片 1056 张,著者—书名罗马字母目录新增目片 6838 张,新增临时草片 3344 张,分类主题目录新增目片 0 张,排架目录新增目片 3208 张,新增临时草片 1003 张,以上共计新增目片 14358 张,新增临时草片 5403 张,合计 19761 张;韩文书著者—书名四角号码目录新增目片 1182 张,新增临时草片 867 张,著者—书名罗马字母目录新增目片 2819 张,新增临时草片 1264 张,排架—主题目录新增目片 688 张,以上共计新增目片 4689 张,新增临时草片 2131 张,合计 6820 张;西文书著者—书名目录新增目片 956 张,新增临时草片 475 张,排架—主题目录新增 327 张,新增临时草片 85 张,以上共计新增目片 1283 张,新增临时草片 560 张,合计 1843 张。在合作编目方面,1960－1961 年度,汉和图书馆向国会图书馆合作编目项目提交的各语种专著的主目录卡片分别为中文 535 种,日文 490 种,韩文 823 种,合计 1848 种;另外向国会图书馆"规范档(Authority File)"提交了 282 种中文规范卡片,248 种日文规范卡片和 644 种韩文规范卡片,合计 1174 种。因为国会图书馆合作编目项目的目录卡片到我馆的速度很慢,我们必须从其他两个途径获取印刷目录卡片:(1)日本国会图书馆;(2)哈佛怀德纳图书馆。3.读者服务。过去的一年图书馆全年开放。暑假期间,馆员轮流休假。图书馆星期一至星期五白天 9 点到 17 点、晚上 7 点到 10 点开放;星期六白天 9 点到 12 点开放。暑假和圣诞节晚上,图书馆闭馆。过去的两年里,每晚由专业馆员中的正式馆员轮流一人值班,向读者提供参考咨询服务。除了善本书库的善本书以外,书库中的所有藏书均可在晚上或白天外借。

馆藏流通统计(1960－1961 年度)

文献语种	中文	日文	韩文	西文	合计
外借种数	2815	2452	148	2592	8027
外借册数	6360	2872	174	2696	12102

各语种文献外借给其他机构情况统计(1960－1961 年度)

文献语种	中文	日文	韩文	西文	合计
外借种数	58	52	1	21	132
外借册数	132	77	1	21	231

1960－1961 年度,通过馆际互借向汉和图书馆借书的机构共有 35 所。在参考咨询服务方面,主要是通过口头或书面的方式解答学生、访问学者以及其他机构的研究者的问题。所有参考咨询服务的档案都保存在馆长办公室。自 1960 年 7 月 1 日起,怀德纳图书馆向校外学者提供借书服务收费 50 美元。1961 年 1 月 30 日,东亚研究教师委员会图书馆分委会召开了有关汉和图书馆向校外学者提供外借服务是否收费的专门会议,与会人员反对收费。尽管如此,为了防止馆藏大量丢失,图书馆制定了关于校外学者在图书馆借书的限定政策。1960－1961 年度,共有来自东京大学、牛津大学、巴黎大学、加州大学

等研究机构的 26 名校外学者到汉和图书馆做研究（具体名单略）。1960—1961 年度清点馆藏时发现中文文献丢失 1512 种，其中 488 种为错架；日文文献丢失 1153 种，其中 250 种为错架；韩文文献丢失 57 种，其中 39 种为错架。1961 年夏天，全部韩文馆藏都移到了新的馆藏地点——图书馆主楼的东翼。在东侧书库尽头有两间新房间已分隔完毕并布置家具，一间作为韩文书库办公室，一间作为女馆员休息室。此项改造工程花费了学社 3000 美元。韩文馆藏移走后，新馆舍的一楼和地下室用于存放日文书和西文出版物。全部日文书保存在图书馆最西侧地下室中文馆藏书架之后。图书馆发展迅速，再过两年我们将使用到新馆舍三楼的空间。我们希望到时候统计学系可以在计划建设的行为科学系的大楼里找到合适的办公场所。4. 图书馆人事。在过去的一年里，图书馆职员中有 14 名为全职，6 名兼职馆员，另有若干学生助理。学生助理中有 4 名是哈佛的学生，其他 20 名来自波士顿地区的大学，学生助理共工作了 5274 小时（899＋4375）。日文编目部的 James R. Morita 于 6 月底辞职，前往薪水更高的芝加哥大学图书馆任职，由 Eiji Yutani 继任高级日文编目馆员，此人毕业于华盛顿大学，拥有远东学的硕士学位和图书馆学硕士学位。流通部的 Diana Yen Wang 夫人辞职，由 Li Ta-wen 小姐接任；Michiko I. Totman 夫人回日本，由 Yutaka Kayama 小姐接任其职。韩文部新聘 Choi Namhi Kim 太太。下一年度图书馆的人事安排情况如下：馆长裘开明，副馆长于震寰（Zunvair Yue）、矶部重治（Shigeharu Isobe）和刘楷贤（Liu K'ai-hsien），阅览室和书库主任 William Henry Winship，高级韩文编目馆员金圣河（Kim Sungha），日文编目馆员 Eiji Yutani 和 Yoshiko Yoshimura，中文编目馆员 Daisy H. Tao 太太和 Margaret C. Fung 太太，赠书与交换书助理 Michiko H. Kwok 太太，韩文书库助理 Choi Namhi Kim，书库助理 Lawrence D. Edsall，兼职佛教专家 Chimyo Horioka，兼职西文编目馆员 Kim Junghi Suh 太太，兼职期刊助理 Fumiyo I. Huntington 太太，兼职中文书采访助理萧镜汝（James Hsiao）和 Shelly Chang，兼职日文书采访助理 Kayama Yutaka 小姐，兼职流通助理 Li Ta-wen 小姐。5. 图书馆财务。

1960—1961 年度图书馆预算

开支项目		金额（单位：美元）	
图书（常规拨款）	中文书	3000	14500
	日文书	4000	
	韩文书	2000	
	西文书	1000	
	当代书专项经费	4500	
图书（善本书专项拨款）	韩文古籍	3000	6000
	中日文古籍	3000	
装订		3000	
办公经费		1200	
设备		1200	

续表

开支项目		金额(单位:美元)
国会图书馆合作编目		800
薪水和津贴	理事会雇员	37856
	系雇员	32324
	差旅费	2000
机动支出		1000
总计		99880

1960－1961年度支出统计

开支项目		金额(单位:美元)	
图书	中文书	7728.48	24930.26
	日文书	11309.74	
	韩文书	4939.24	
	西文书	952.80	
装订		3799.21	
设备		2949.37	
办公经费		1247.87	
差旅费		4316.99	
国会图书馆合作编目		1208.38	
薪水与津贴	理事会聘用人员	38279.00	
	系聘用人员	38790.61	
合计		115521.69	
收益		13434.72	
实际支出		102086.97	
预算		99880.00	
赤字		2206.97	

(HYL Archives: Chinese-Japanese Library of the Harvard-Yenching Institute at Harvard University Report of the Librarian for 1960-1961)

12月19日

芝加哥大学远东图书馆 James R. Morita 致函裘开明:我校图书馆学院学生 Tamiko Matsumura 小姐欲拜访贵馆,请你批准其查阅资料,并对其研究提供相关帮助。

(HYL Archives: Letter of James R. Morita to Alfred K'aiming Ch'iu, December 19, 1961)

本年

钱存训致函裘开明：芝加哥大学图书馆正在扩充日文馆藏，故想请教先生几个问题：(1)大著分类法增订本何时出版，是否可在出版前获得增订文稿一份，旧版有无存书，拟再购2部，请寄发票，以便付款；(2)哈佛燕京学社汉和图书馆的日文、韩文是否与中文书分别排列，如何识别，相关卡片等如何排列；(3)芝加哥大学图书馆所购均系日本文学及日文汉学书籍，哈佛是否有卡片出售，对新编的书籍是否自印卡片，是否有可订购样张；(4)是否出售该馆印行的简化字体表，若出售，拟购50份。(HYL Archives：钱存训致裘开明信函，1961年)

1962 年
65 岁

1月3日

Tamiko Matsumura 致函裘开明求职。(HYL Archives: Letter of Tamiko Matsumura to Alfred K'aiming Ch'iu, January 3, 1962)

1月8日

裘开明在麻省剑桥完成《哈佛大学哈佛燕京学社图书馆韩籍简目》中英文序言的撰写。中文序言曰：韩立国以通古斯人种之扶余族为骨干，然自纪元前1122年周武王灭殷，多数殷民随宗室箕子避难辽东建国朝鲜，使当地渔猎生活之人民进入农耕社会。此后文化多来自汉族大陆。在1446年韩国谚文未发明以前，文书册籍皆用汉文，且中国二大文化体系儒学及佛学皆由韩传入日本，故欲研究东方文化，韩国之载籍，实为不可或缺之资料。本馆有鉴于此，创立之初即聘韩国学者河敬德先生襄助收集。自二次大战及韩战终后更积极为之，曾于1957年由副主任于君镜宇(于震寰)编成韩籍书目，分送有关机关。当时藏书合计1124种2659册。1958年夏聘金君圣河专力韩籍文库事务，进展益速。至今日馆藏韩籍已达3414种7698册。兹为各方学者利用本馆书籍方便起见，重编简目，凡收3160种6570册，余254种当入补编。本馆同人学识有限，陋误之处，敬祈指教，俾获补正是幸。附注：凡出版年皆附记西历纪年，著录中未指明年号之出版年皆系檀君纪元，未指明出版地者皆系汉城。(1962年1月8日，裘开明谨识于麻省剑桥。)英文序言曰：在1927年哈佛学院图书馆(Widener Library)设立单独的汉和文库时，韩籍混排在汉籍之中。1951年韩籍分开成为单独的馆藏，藏书仅372册。从1951年到1955年，韩籍馆藏增长甚慢，4年间只增加了大约1000册(从372册增加到1416册)。然而，1956年7月1日赖肖尔(Edwin Oldfather Reischauer)担任哈佛燕京学社社长后立即迈开了建立韩籍馆藏的有力步伐。在过去的6年中，韩籍藏书的预算既超过了中文藏书的预算，也超过了日文藏书的预算。因此，韩籍藏书的增长十分可观，到1957年7月1日时，总数已经达到1124种2659册。那时，哈佛燕京学社图书馆主管日韩藏书的于震寰

(Zunvair Yue)副馆长编制了一份《韩籍分类简目》,并将其影印本分发到我们的相关单位。1958年8月1日,金圣河(Sungha Kim)先生被聘为主管韩文编目的高级编目馆员。他与于震寰合作全力建设和分编整个韩籍馆藏。在我写这个序言时,韩籍馆藏已经达到3414种7698册。为了方便想利用我们韩籍馆藏的读者,我们用平版印刷印行这部《韩籍分类简目》的修订本,以便能够向更大的圈子发行更多的副本。然而,这部《韩籍分类简目》只收录了3160种6570册韩籍,剩下的254种将编入以后的补编。由于《韩籍分类简目》是在韩籍的采购、编目和参考服务的繁重工作中仓促编就,因此难免有错误。敬请读者发现错误时不吝赐教。(A Classified Catalogue of Korean Books in the Harvard-Yenching Institute Library at Harvard University(哈佛大学哈佛燕京学社图书馆韩籍简目). Cambridge, Massachusetts, 1962:i—ii)

耶鲁大学教授吴讷孙(Nelson Ikon Wu)致函裘开明:去年7月,J. LeRoy Davidson教授来函告知我,他们家的生活陷入了更加混乱的境地,时间自不用说,钱亦完全没有剩余。而在洛杉矶的一次火灾中他们的房屋完全被毁。Davidson回复我12月6日去函的疑问时,告知我这所房子像洛杉矶其他600座被毁的房屋一样,完全成为了废墟。我记得Davidson以前在康涅狄格哈姆登(Hamden)的家非常漂亮,有很多东西都无可取代——艺术作品、书籍、照片、档案、剪报和手稿等。当我听说这场火灾的消息时,经他允许,我向他的朋友们通报了他财产损失的情况。我认为没有比把Davidson原有的一切再现给他是更好的帮助了。我们要带着特定的工具重建他们的工作室,这样他们才能重新投入工作。你能否贡献你的著作,用以建立Davidson新的藏书?而杂志的复本是最难得到的,但是也是最需要的……在他的上封来函中有很多令人鼓舞的消息。他们"顺利"进行,并"开始思考重建的事项"。请将你的捐赠直接寄给Davidson的办公室,地址是加州大学艺术史系。我确信Davidson全家会允许你帮忙传播消息。我只能写信给有限数量的学者,我希望每一位都能很快的回复Davidson。(HYL Archives:Letter of Nelson Ikon Wu to Alfred K'aiming Ch'iu, January 8, 1962)

日本东京大安株式会社董事长Jitsuya Kobayashi致函裘开明,寻求出售《碛砂本大藏经》。函件上有裘开明手书批语:我们不想购买这套珍藏,因为我馆已藏有《大藏经》的缩微胶卷。(HYL Archives:Letter of Jitsuya Kobayashi to Alfred K'aiming Ch'iu, January 8, 1962)

1月9日

Tamiko Matsumura致函裘开明,询问汉和图书馆是否接受他的职位申请。(HYL Archives:Letter of Tamiko Matsumura to Alfred K'aiming Ch'iu, January 9, 1962)

1月11日

康奈尔大学马大任(John T. Ma)致函裘开明:我已收到哈佛燕京图书馆拟出售的馆藏文献复本第5号书目清单,并已将此书目交给我们负责中文计划的教师Harold Shadick和毕乃德(Knight Biggerstaff)教授审阅。他们非常高兴,已在书目清单上标记出需要购买的图书,我将会尽快寄来我们勾选的书目清单。在康奈尔大学建设中文图书馆对我而言,既有趣,又有挑战性。自从我10月到这里后,已为图书馆增购了约1400种书籍。然而,我们已用完了本财政年度的全部采购经费,我们希望不久能从福特基金会(Ford Foundation)获得一些经费。我深刻地认识到,康奈尔大学中文图书馆必须依赖与美国其他主要的中文图书馆进行合作。我始终感激你的建议,及给予我们的合作。(HYL Archives:Letter of John T. Ma to Alfred K'aiming Ch'iu, January 11, 1962)

1月12日

裘开明致函Tamiko Matsumura：我们打算聘你为初级日文编目员，年薪4500美元，每周工作35小时，暑假有4周的假期。为了避免我们有从芝加哥大学图书馆挖人的嫌疑，我们不能给你高过芝加哥大学图书馆的薪酬。但是如果你在我们这里工作表现突出的话，我们将会提高对你的待遇。如你计划1962年7月1日来上班，我们将支付你从芝加哥到剑桥的费用。函附一份申请表，请填写完尽早寄来。（HYL Archives：Letter of Alfred K'aiming Ch'iu to Tamiko Matsumura, January 12, 1962）

1月17日

耶鲁大学图书馆远东图书馆Warren M. Tsuneishi致函裘开明：很高兴上周五见到你，非常感谢你的热情款待。矶部重治（Shigeharu Isobe）先生给我看了贵馆中日文文献的复本目录清单。我已经从贵馆中文复本目录清单中选择了24种需要购买的图书，现将我们遴选的图书清单寄给你，请你告诉我们这批书的估价。如果我们能接受贵馆提出的价格，我们会正式订购这些书籍。此外，请你注意，中文复本图书放置在贵馆的地下室，最重要的一部分文献是一些绝版的战前书籍，其中大部分是多卷本，保存在木箱中……约有60种，我仅对其中29种进行了潦草的标注。能否烦请贵馆寄给我一份其他未标注书籍的目录清单？我想再次与我馆的目录进行核对。（HYL Archives：Letter of Warren M. Tsuneishi to Alfred K'aiming Ch'iu, January 17, 1962）

1月19日

Tamiko Matsumura致函裘开明：我可以接受汉和图书馆的待遇，将于1962年7月1日开始上班。另外，请告知我拿到学位后是否可以提高年薪。（HYL Archives：Letter of Tamiko Matsumura to Alfred K'aiming Ch'iu, January 19, 1962）

1月22日

下午4时，裘开明出席在神学路2号122号室举行的东亚研究教师委员会图书馆分委会会议，出席会议的还有费正清（John King Fairbank）、H. S. Hibbett、海陶玮（James Robert Hightower）、E. Wagner和Yang；另外白思达（Glen William Baxter）列席会议。裘开明汇报图书馆文献增长的数量，以及订购的日文期刊的情况。与会者询问所订期刊中是否包含纯娱乐性的大众杂志，图书馆是建立纯粹的学术性馆藏还是为那些邻近地区的亚洲人提供非研究性的馆藏服务，通过航空邮件方式邮寄订购的中国、日本和韩国报纸是否合理，经讨论决定继续采取航空邮件的方式邮寄这类报纸。裘开明提出1961年丢失文献1556册，占整个年度所购文献数量的13%以上，且高于1960年度的文献丢失数量。对此，与会者认为应该加强对馆藏文献的管理，并提出以下具体措施：加强对文献馆外借阅流通的监控，加强对图书馆主要入口的管理，检查携带出馆的图书。此外，当务之急是更换图书馆的门锁，只为教师以及高级图书馆员配备钥匙；图书馆需张贴告示，引起大家对丢书问题的重视，并公布对违反图书馆规定的读者处罚的办法，即任何人非法携带书籍出图书馆，将受到罚款，第一次违反规定罚款5美元，第二次违反规定罚款10美元，第三次违反规定则中止其借书权。对于长期以来严重存在的个人长时间借阅大量书籍的问题，裘开明提出应采用统一的借书卡，每位读者自己携带借书卡，卡上登记该读者所借阅书籍的书名，并在图书馆出纳台保存借书卡的借书记录。并制定新的借阅规定：学生借阅书籍的限量为10册；教师和研究员则可以放宽至50册；分管阅览室的学生可以另外借多20本，但仅限于在他们自己分管的阅览室内阅读使用；馆外人员借阅书籍的限量为3册。在馆际互借方面，任何一所借阅图书的机构每次借阅的限额不能超过

10册。哈佛大学的访问学者、短期学者,与馆外人员同等对待,但可以允许他们利用阅览室或者办公室,在那里,他们每次最多可以查阅图书20册。经讨论,图书馆分委会议决通过上述建议,并决定从1962年6月开始实行新的借阅卡和借阅规定。(HYL Archives：Chinese-Japanese Library of the Harvard-Yenching Institute at Harvard University Report of the Librarian for 1961-1962)

1月23日

裘开明致函松泽八百(Yaho Matsuzawa),询问他何时到馆开始上班。(HYL Archives：Letter of Alfred K'aiming Ch'iu to Yaho Matsuzawa, January 23, 1962)

裘开明致函Tamiko Matsumura：……我在1月12日信中提到,我们与你签订的聘用期限是1962年到1963年,在这段合同期内,你的工资不会改变。在哈佛工作满一年,再次续聘的时候会根据应聘者的能力和下一年度的财务预算增加报酬(5000美元或更多)。续聘也不是机械进行的,而是根据应聘者上一年度的表现而决定的。从你的三封信中来看,你过于强调你在美国获得的学位。我们图书馆不单单关注你在美国的教育背景,你被聘用是因为你已经在日本的大学取得图书馆学学位,并且在日本和美国都有在图书馆工作的丰富经验。我觉得庆应大学图书馆学的毕业生即使没有在美国继续深造也是很出色的。国会图书馆的Ai M. K. Kawaguchi小姐和斯坦福大学胡佛图书馆的高濑保(Tamotsu Takase)先生所取得的成绩足以证明这一点。(HYL Archives：Letter of Alfred K'aiming Ch'iu to Tamiko Matsumura, January 23, 1962)

1月24日

Tamiko Matsumura致函裘开明,表示可以接受汉和图书馆的待遇,愿意来馆工作。(HYL Archives：Letter of Tamiko Matsumura to Alfred K'aiming Ch'iu, January 24, 1962)

1月26日

松泽八百(Yaho Matsuzawa)致函裘开明,告知开始上班的日期。(HYL Archives：Letter of Yaho Matsuzawa to Alfred K'aiming Ch'iu, January 26, 1962)

裘开明回复Tamiko Matsumura,告知如何办理哈佛大学的报到手续。(HYL Archives：Letter of Alfred K'aiming Ch'iu to Tamiko Matsumura, January 26, 1962)

2月11日

Eiji Yutani致函裘开明：请你原谅我这么久没给你写信。你是如此的善良、体贴,感谢你在我在剑桥住院期间经常来医院看望我,这给了我极大的鼓励。你不顾有关规定,在我在剑桥和西雅图康复期间仍保留我馆员的位置,给我以无微不至的关照,这些都让我非常地感激。我会永远记着你对我的关怀。很高兴地告诉你,1月24日晚11:30,我哥哥已带我回到了我在西雅图的家中,目前我的身体正在稳步地恢复中。我希望我能在3月初回到剑桥开始工作……(HYL Archives：Letter of Eiji Yutani to Alfred K'aiming Ch'iu, February 11, 1962)

Tamik Matsumura致函裘开明,感谢裘开明答应帮他寻找住所。(HYL Archives：Letter of Tamiko Matsumura to Alfred K'aiming Ch'iu, February 11, 1962)

2月12日

美智子(Michiko Qki)致函裘开明,申请汉和图书馆兼职工作。(HYL Archives：Letter of Michiko Qki to Alfred K'aiming Ch'iu, February 12, 1962)

美国联合基督教会图书馆(United Church Board for World Ministries Library) Mary Walker致函哈佛大学图书馆馆长Paul H. Buck博士,并抄送裘开明：根据美国公理会(American Board of Commissions for Foreign Missions)、安多佛神学院(Andover

Theological Seminary)和哈佛学院在1941年签订的协议,存放在哈佛学院的美国公理会手稿、图书和其他资料所有权仍属于公理会。在1961年12月5日的会议中,美国联合基督教会董事会(现为美国董事会)(the Board of Directors of the United Church Board for World Ministries [succeeding the American Board])投票决定,将董事会保存在哈佛大学各图书馆的印刷型文献(不包括手稿)作为礼品捐赠给哈佛大学,美国联合基督教会只保留手稿档案的所有权。(HYL Archives:Letter of Mary Walker to Paul H. Buck, February 12,1962)

2月15日

裘开明致函美智子(Michiko Qki):通常我们很难聘请一个工作时间这么短的人员,因为图书馆的工作需要经验和实践。但因你这么急切地需要一份工作,我们会尽量为你在图书馆安排一份两个星期的工作。我们为高中生提供的初期报酬是一小时1美元。这样两个星期你就可以赚到70美元。我想,像你这样的年轻女生,可以选择剑桥39区Temple街9号剑桥基督教女青年会(Y. W. C. A.),那里是最经济的住所。在剑桥38区Garden街10号的留学生中心也有房间提供给来访学生,但是房租比较高。请你自己与这两个地方联系,告诉他们你面临的困境,他们都会比较体谅你的。(HYL Archives:Letter of Alfred K'aiming Ch'iu to Michiko Qki, February 15,1962)

2月20日

美智子(Michiko Qki)致函裘开明,表示很高兴能到汉和图书馆做兼职工作。(HYL Archives:Letter of Michiko Qki to Alfred K'aiming Ch'iu, February 20,1962)

2月27日

裘开明致函耶鲁大学远东图书馆John Musgrave,希望购得该馆所藏《现代佛学》前7期的缩微胶卷。(HYL Archives:Letter of Alfred K'aiming Ch'iu to John Musgrave, February 27,1962)

3月1日

印第安纳大学性学研究所代理所长Paul H. Gebhard致函裘开明:我们已将本研究所所藏的《素娥篇》(Su-wo-p'ien)一书制成尺寸为120的缩微胶卷,如汉和图书馆有需要,我们将寄来一份底片,以交换汉和图书馆所藏长度相似的情色文献缩微胶卷。(HYL Archives:Letter of Paul H. Gebhard to Alfred K'aiming Ch'iu, March 1,1962)

耶鲁大学远东图书馆John Musgrave致函裘开明,告知耶鲁大学没有收藏《现代佛学》前7期的缩微胶卷。(HYL Archives:Letter of John Musgrave to Alfred K'aiming Ch'iu, March 1,1962)

3月7日

裘开明回复波士顿学院韩国硕士生Young C. Kim的夏季职位求职信:哈佛燕京图书馆现在和不久的将来都没有职位空缺,现在收到的学生求职信太多,但是我们无法给他们提供工作,因为我们没有预算。(HYL Archives:Letter of Alfred K'aiming Ch'iu to Mr. Young C. Kim, Boston College Graduate School, Mass, March 9,1962)

3月12日

康奈尔大学马大任(John T. Ma)致函裘开明:我将与Harold Shadick教授一起参加在波士顿举行的亚洲学会(Association for Asian Studies)会议,请你在会议之前告诉我如何订购汉和图书馆的复本。(HYL Archives:Letter of John T. Ma to Alfred K'aiming Ch'iu, March 12,1962)

3月15日

裘开明回复威尔逊学院香港学生 Shirley S. Y. Chan 的夏季职位求职信：哈佛燕京图书馆明年夏季没有职位空缺，现在在这里工作的学生都想增加工作时间，我们都没有足够的预算去提供额外的帮助。宾夕法尼亚大学图书馆也有一个较大的中文馆藏，可以与他们联系，或许他们会聘用你。（HYL Archives：Letter of Alfred K'aiming Ch'iu to Miss Shirley S. Y. Chan, Wilson College, Chambersburg, Pa. March 15, 1962）

3月23日

裘开明致函亚洲学会美国远东图书馆资源委员会主席 G. Raymand Nunn 博士：我高兴地告诉你，哈佛燕京学社代理社长白思达（Glen William Baxter）博士已经同意我们委员会在4月3日下午开会时使用学社的公共聚会厅。他还想邀请我们委员会的委员在会后作为学社的嘉宾饮茶。请立即通知协会秘书处将此信息列入会议通知。（HYL Archives：Letter of Alfred K'aiming Ch'iu to G. Raymand Nunn, Chairman, Committee on American Library Resources on the Far East of the Association for Asian Studies, University of Hawaii, March 23, 1962）

密歇根大学亚洲图书馆馆长 Yukihisa Suzuki 致函裘开明：亚洲学会（Association for Asian Studies）在波士顿召开年会期间，我非常想来参观贵馆，并向你请教一些关于远东语文献资料方面的问题。诚如你所知，我已经接任了 G. Raymond Nunn 先生的职务，如你能就远东文献管理和发展赐教，我将不胜感激。（HYL Archives：Letter of Yukihisa Suzuki to Alfred K'aiming Ch'iu, March 23, 1962）

3月27日

裘开明致函密歇根大学亚洲图书馆馆长 Yukihisa Suzuki：……很高兴得知你将来波士顿参加亚洲学会会议并参观我馆。请接收我迟到的祝贺，祝贺你担任密歇根大学亚洲图书馆馆长。我认为密歇根是个重要的研究中心，未来它将在美国继续发挥其在远东研究领域的巨大影响。我很愿意跟你探讨我们互相之间任何感兴趣的问题。（HYL Archives：Letter of Alfred K'aiming Ch'iu to Yukihisa Suzuki, March 27, 1962）

裘开明致函马大任（John T. Ma）：很高兴得知你将来参观我馆，欢迎你和 Harold Shadick 教授，并期待届时讨论彼此共同感兴趣的话题。（HYL Archives：Letter of Alfred K'aiming Ch'iu to John T. Ma, March 27, 1962）

3月28日

印第安纳大学亚洲研究编目馆员 Nina W. Matheson 来言：印第安纳大学博士候选人黄培（Huang Pei）最近曾到哈佛大学汉和图书馆搜集研究资料，他告诉我们贵馆购买了一套24册的《上谕内阁》。我们对此书非常感兴趣。因为黄先生希望使用该书，在此我冒昧地向贵馆提出正式的订购请求。我们希望为我校的亚洲研究项目建立强大的中日文馆藏，但正如你所了解的，许多重要的文献很难购得，如贵馆有多余的复本可以出售给我们，我们将非常感激。（HYL Archives：Letter of Nina W. Matheson to Alfred K'aiming Ch'iu, March 28, 1962）

4月10日

耶鲁大学图书馆远东图书馆 Warren M. Tsuneishi 致函裘开明，询问如何鉴别中日韩文善本，以及确定善本的时限和标准。（HYL Archives：Letter of Warren M. Tsuneishi to Alfred K'aiming Ch'iu, April 10, 1962）

4月16日

徐家璧致函裘开明：……下月弟将有短期休假，亟拟利用时间前来康桥拜谒，并拟在尊馆实习一周,对于中文图书馆管理方法至希惠赐教导,以为将来工作借镜,未悉届时对于先生暨馆务方便否？如蒙俯允,弟将于5月13日（星期日）抵埠,14日至18日为实习期,即示知当可另改他日也。回忆弟已多年未行北上,近年尊馆已移新址,人事变迁甚多,管理方法亦多改进,此皆弟所欲观光领悟者,倘承许诺,收获自甚丰富也。(HYL Archives：徐家璧致裘开明信函,1962年4月16日)

密歇根大学亚洲图书馆馆长Yukihisa Suzuki致函裘开明：请接受我对你热情、友好的款待表示最诚挚的谢意。在参观了贵馆琳琅满目的馆藏资源,了解了贵馆良好的组织情况后,我从中学到了许多全新的经验。十分感激你慷慨地向我提出的建议和给予我的鼓励。管理远东图书馆对于我来说是一个全新的尝试,我希望你能成为我智慧的源泉。(HYL Archives：Letter of Yukihisa Suzuki to Alfred K'aiming Ch'iu, April 16, 1962)

4月18日

国会图书馆东方部中文组组长Edwin G. Beal, Jr. 致函裘开明,函告David Hawkes教授的新地址,并向汉和图书馆申请通过馆际互借为Hawkes教授借阅所需文献。(HYL Archives：Letter of Edwin G. Beal, Jr. to Alfred K'aiming Ch'iu, April 18, 1962)

5月1日

裘开明致函清水治（Osamu Shimizu）,解释说明汉和图书馆寄给国会图书馆的日文目录卡片数据。(HYL Archives：Letter of Alfred K'aiming Ch'iu to Osamu Shimizu, May 1, 1962)

5月4日

裘开明致函耶鲁大学图书馆远东图书馆Warren M. Tsuneishi：……我们非常欢迎你的助理徐家璧（Chia-pi Hsu）前来参观我馆,学习我们的管理。祝贺你有这样好的一名助手。他很文静,而且对编目技术很有天赋。他拥有很好的中国学术背景。你知道有好多在美国受训的中国馆员都缺乏中国背景,有的甚至都没接触过中文书籍！至于将远东书籍转移到善本室的标准,我们还没有确定善本的出版时限。一般我们会把明代和明以前的版本放在善本室,但是在我们的普通书库里也有很多明版书籍。另一方面,在我们的善本室里还有一些清代版本,如1640年后或同期出版的书籍,以及毛泽东的战前著作。正如你所知,出版时间是确定善本的重要因素,但有时并不是决定性因素。(HYL Archives：Letter of Alfred K'aiming Ch'iu to Warren M. Tsuneishi, May 4, 1962)

国会图书馆东方部中文组组长Edwin G. Beal, Jr.致函裘开明,向汉和图书馆订购俞平伯所著《燕知草》、《中国新文学大系》两种书的缩微胶卷,并请裘开明在缩微胶卷制作完毕后直接寄往自己的住址。(HYL Archives：Letter of Edwin G. Beal, Jr. to Alfred K'aiming Ch'iu, May 4, 1962)

5月5日

Arnulf H. Petzold致函裘开明：自从收到你1957年6月25日的来信以及你7月14日寄来的最后一张500美元的支票以后,我就再也没有收到你或贵社关于处理佛教文献复本的任何消息……我希望这批书已经出售完毕,兹随函附上转让全部佛教藏书剩余尚未支付的667.16美元账单。你曾在1950年3月9日的来信中承诺5年后,无论复本出售与否,都会支付给我2000美元,请你履行承诺。(HYL Archives：Letter of Arnulf H. Petzold to Alfred K'aiming Ch'iu, May 5, 1962)

5月8日

裘开明致函Tamiko Matsumura：在你抵达波士顿之前,你可以把行李寄到图书馆。关于帮你找住所的问题,我已经和几名日裔馆员谈过这个问题。我们都认为你暂时住在位于剑桥39区中央广场(Central Square)的基督教女青年会(Y. W. C. A.),或位于剑桥38区的Garden街和Chauncy街的留学生中心比较好,然后再按照Philips Brooks House提供的大学住房表自己找个住所。基督教女青年会(Y. W. C. A.)和留学生中心都只允许你住一至两个星期,因为当一个人的收入超过最低限度的时候,就不可以在这两个地方长期居住了。正如你所知道的,这两个地方是社会公共服务机构而不是赢利机构。这个月末或6月初,你写信给这两个地方提前预约房间,否则你到了可能就没有住的地方了。你确定行程安排后请再写信给我。(HYL Archives:Letter of Alfred K'aiming Ch'iu to Tamiko Matsumura, May 8, 1962)

5月9日

耶鲁大学图书馆远东图书馆Warren M. Tsuneishi致函裘开明:感谢你来信告知有关善本的相关事宜。根据你的需要,现随信附上我对馆藏善本的初步查询结果,我想当中应有对你有用的资料。希望你不介意我把你的来函以及我个人的备忘录转发给Elizabeth Huff博士和Edwin G. Beal, Jr. 博士。(HYL Archives:Letter of Warren M. Tsuneishi to Alfred K'aiming Ch'iu, May 9, 1962)

5月11日

裘开明致函Lee Wei-Ming,询问Lee太太何时回波士顿,告知6月汉和图书馆有一个主要负责图书馆馆刊工作的全职岗位空缺。(HYL Archives:Letter of Alfred K'aiming Ch'iu to Lee Wei-Ming, May 11, 1962)

耶鲁大学图书馆远东图书馆Warren M. Tsuneishi致函裘开明:在我们对《韩籍简目》进行编目时,我注意到贵馆的名字已经缩写为"哈佛燕京学社图书馆"。这是官方名称的改变吗?贵馆所有的出版物是否都将使用这个新名称?我想确认此事。(HYL Archives:Letter of Warren M. Tsuneishi to Alfred K'aiming Ch'iu, May 11, 1962)

5月13日

徐家璧开始在汉和图书馆参观、实习。(HYL Archives:徐家璧致裘开明信函,1962年6月6日)

5月15日

裘开明回复日本交换学生Yaho Matszawa的夏季职位求职信:哈佛燕京图书馆现在没有夏季职位空缺,因为所有的老馆员都想在夏季继续为图书馆工作,其中一些甚至想增加工作时间。(HYL Archives:Letter of Alfred K'aiming Ch'iu to Miss Yaho Matszawa, Chapel Hill School, Waltham, Mass, May 15,1962)

5月16日

日本国际基督教大学(International Christian University)日语系主任小出富美子(Fumiko Koide)致函裘开明:兹附上一份关于日语外语教学调查问卷,请惠予帮助填写。不知贵馆是否拥有关于各研究所开展日语教学所使用的教材以及其他资料,如果有的话,能否提供以用于举办展览。(HYL Archives:Letter of Fumiko Koide to Alfred K'aiming Ch'iu, May 16, 1962)

5月17日

马大任(John T. Ma)致函裘开明:兹附上我们从汉和图书馆复本目录中挑选的第三份图书清单,请告知这些复本的价格。我下个月将会前往日本、台湾、香港、新加坡、印度和欧洲,以购买中文书和有关中国的研究资料。(HYL Archives:Letter of John T. Ma to Alfred K'aiming Ch'iu, May 17, 1962)

5月19日

徐家璧结束在汉和图书馆的实习,离开波士顿。(HYL Archives:徐家璧致裘开明信函,1962年6月6日)

5月21日

胡佛图书馆馆长吴文津(Eugene Wu)致函裘开明:希望你能在6月底前将贵馆关于1949年后中国大陆出版物和1945年后台湾出版物的馆藏报告寄给我一份,Peter Berton和我都希望将这些资料整理好转交给当代中国研究委员会……(HYL Archives:Letter of Eugene Wu to Alfred K'aiming Ch'iu, May 21, 1962)

5月22日

裘开明致函Arnulf H. Petzold:佛教文献的复本至今尚未售出多少,我们在7月1日时会支付给你667.16美元。(HYL Archives:Letter of Alfred K'aiming Ch'iu to Arnulf H. Petzold, May 22, 1962)

裘开明致函国会图书馆东方部中文组组长Edwin G. Beal, Jr.:俞平伯所著《花匠》和《中国新文学大系》两种著作的缩微胶卷售价约为2.50美元,而《燕知草》暂时未在馆藏书架上找到,请直接向怀德纳图书馆照相复制部订购。我馆又通过怀德纳图书馆寄给国会图书馆3套韩文目录卡片,共计2173张。Allen B. Veaner先生将再寄给你两箱当代中国大陆中文报刊的目录卡片。(HYL Archives:Letter of Alfred K'aiming Ch'iu to Edwin G. Beal, Jr., May 22, 1962)

裘开明致函Richard A. Gard:《韩籍简目》售价为2美元,购书款需支付给哈佛燕京学社。我馆已对1943年出版的《汉和图书分类法》进行了修订和扩充,如有兴趣,可以借出复本制成缩微胶卷。(HYL Archives:Letter of Alfred K'aiming Ch'iu to Richard A. Gard, May 22, 1962)

哈佛燕京学社董事会投票通过资助在哈佛成立韩国研究机构的议案。(HYL Archives:Preliminary Announcement of the Proposed Expansion of Harvard-Yenching Institute Activities in Korea)

5月28日

日本国际基督教大学(International Christian University)图书馆馆长Tane Takahashi致函裘开明,告知已经收到通过袁同礼(Yuan Tung-li)博士转交的交换赠书《1905—1960年留美中国学生博士论文指南》(*A Guide to Doctoral Dissertations by Chinese Students in America 1905-1960*)。(HYL Archives:Letter of Tane Takahashi to Alfred K'aiming Ch'iu, May 28, 1962)

6月6日

徐家璧致函裘开明:上月由尊馆见习返纽,曾于21日修书叩谢,谅承鉴及。刻下璧业于6月1日开始在耶鲁上班,诸事尚在学习体验之中,希望不久即可熟谙。前在尊处所学各节,均极有用,今后得机,自当引用。兹者哥大旧同事袁道丰君,因系短期聘用,将于本月底结束。彼因对图书馆工作,极感兴趣,盼能得机继续其事,前闻尊处拟于暑期着手编制书本目录,排片抄写工作,均需人协助,如能延请袁君襄助(无论为长期或短期),想定能胜任愉快。袁君国学根底极佳,且为人勤奋,故敢冒昧推荐。兹随函奉上袁履历一份,至恳从长考虑,如能获得职位,皆先生之赐也。倘在事前,有约谈之必要,彼自当遵命前来,一切乞惠示敝处为感……(HYL Archives:徐家璧致裘开明信函,1962年6月6日)

6月11日

哥伦比亚大学蒋彝致函裘开明:上二月,承费神代查并赐知关于吾国古代天文文物事,此即就敝校可得者而用之。一时琐细羁缠未能早时复谢,深为惭悚,尚乞大德谅之!闻七兄归后各节渐渐复原,皆大欢喜,可贺可贺!前盛意嘱为书写补壁,窃愿献丑,如先生将欲书文字及大小尺寸见告,自当遵命,奉上指正。夫人(曾宪文)前乞代问好。再者尊处有刘复《敦煌掇琐》可借出否?(HYL Archives:蒋彝致裘开明信函,1962年6月11日)

6月12日

Michiko I. Totman 致函裘开明:我已经很久没有给你写信了。希望你和你的家人一切都好。时间过得真快,我已经来日本10个多月了。非常感谢你寄来的支票。它对我们在这里的生活很有帮助。(HYL Archives：Letter of Michiko I. Totman to Alfred K'aiming Ch'iu, June 12, 1961)

7月2日

裘开明致函韩国延世大学图书馆 Kinn Yong Guk 教授:我们申请到了派我馆韩文部主任金圣河(Sungha Kim)前往韩国、日本、台湾和香港购买韩文文献的经费,哈佛燕京学社决定金圣河此行购书的所用经费都通过延世大学图书馆(Yonsei University Library)支付,请你给予协助。汉和图书馆已会汇给亚洲基督教高等教育联合董事会(The United Board for Christian Higher Education in Asia)3000美元的购书经费,请你支取出来。另外,请问1961年7月6日汉和图书馆汇给亚洲基督教高等教育联合董事会的1961－1962年度购书经费3000美元是否够用?很抱歉,我们无法按照你的要求将经费汇入纽约第一花旗银行(First National City Bank of New York)。(HYL Archives：Letter of Alfred K'aiming Ch'iu to Kinn Yong Guk, July 2, 1962)

7月12日

芝加哥大学远东图书馆 James R. Morita 致函裘开明:Tohan 从东京 Shuppan Hambai 公司寄到芝加哥大学远东图书馆的日本国会图书馆目录卡片有误,因为这些卡片大部分以四角号码形式编排,应该属于汉和图书馆。如果哈佛收到号码为62－2400至62－2699的目录卡片,请注意这些卡片有可能属于芝加哥大学远东图书馆。(HYL Archives：Letter of James R. Morita to Alfred K'aiming Ch'iu, July 12, 1962)

7月13日

裘开明致函哥伦比亚大学蒋彝(Chiang Yee):根据你6月11日来函的请求,我已将刘复的《敦煌掇琐》(6卷3函,分类号－2137/0491B)寄至哥伦比亚大学图书馆供你借用。我们很抱歉没能早点将书寄给你,因为哈佛有位教授在使用。非常感谢你同意为我们的阅览室制作一张装饰用的横幅卷轴。卷轴的尺寸可能是6英尺×2英尺,绘画和书法,或者是纯粹的书法均可。在此向你致以最美好的祝福。(HYL Archives：Letter of Alfred K'aiming Ch'iu to Chiang Yee, July 13, 1962)

7月19日

密歇根大学历史系教授孔宝荣(Paul A. Cohen)致函裘开明:我正在进行关于王韬的研究,尤其是19世纪末王韬在中国提倡改良和译介西方文化方面的作用,所以,请求通过馆际互借向汉和图书馆借阅《弢园文录外编》一书。(HYL Archives：Letter of Paul A. Cohen to Alfred K'aiming Ch'iu, July 19, 1962)

7月31日

哥伦比亚大学图书馆馆际互借服务负责人 John N. Waddell 致函裘开明:近期通过馆际互借系统,收到贵馆寄来的《敦煌掇琐》(6卷3函),分类号是－2137/0491B。我们无法找到这些书的请求记录,这些文献应该是在没有通过我们发出正式请求的情况下寄来的，我们东亚图书馆的 Howard P. Linton 先生无法确认文献的借阅者。贵馆是否错寄给我们了？我们曾犹豫是否将这几卷书寄还给贵馆，函请告知。(HYL Archives：Letter of John N. Waddell to Alfred K'aiming Ch'iu, July 31, 1962)

8月2日

裘开明致函芝加哥 James R. Morita：我建议你将你撰写的论文以英文形式在美国图书馆学会《大学和研究图书馆》(College and Research Libraries)杂志上发表。你为我们寄来四角号码和罗马化的目录卡片，确实是考虑细致而周到。这些目录卡片是此前日本的 Michiko I. Totman 女士帮助我们完成的，但她误寄给了你们。我也非常高兴获悉 Tamiko 小姐现在已到芝加哥工作……我馆已增加了日文编目员职位，矶部重治(Shigeharu Isobe)先生和 Yoshiko Yoshimura 小姐正准备编制我们的日文书本式目录，该计划将在未来5—6年内完成。(HYL Archives：Letter of Alfred K'aiming Ch'iu to James R. Morita, August 2, 1962)

裘开明致函哥伦比亚大学图书馆际互借服务负责人 John N. Waddell：应贵校蒋彝(Chiang Yee)教授请求，我们将分类号为—2137/0491B 的刘复著作《敦煌掇琐》(6卷3函)寄给贵馆。我于7月13日写信给他，请他与你联系，但显然他尚未向贵馆索取这些书。他的地址是：520 West 123rd Street, New York 27。请你与他联系。(HYL Archives：Letter of Alfred K'aiming Ch'iu to John N. Waddell, August 2, 1962)

8月9日

密歇根大学历史系教授孔宝荣(Paul A. Cohen)致函裘开明，询问哈佛大学能否将《弢园文录外编》制成缩微胶卷。(HYL Archives：Letter of Paul A. Cohen to Alfred K'aiming Ch'iu, Argust 9, 1962)

8月13日

哈佛燕京学社董事会副主任白思达(Glen William Baxter)致函哈佛大学图书馆 Paul H. Buck 馆长：因为我们学社已经为汉和图书馆配置了现代化的空调设备，所以向哈佛大学图书馆提出收回几年前因地方狭窄和安全原因寄存在霍顿图书馆(Houghton Library)的蒙文与藏文文献，藏于汉和图书馆的善本室。哈佛燕京学社董事会经投票表决同意将蒙文与藏文文献迁回汉和图书馆，裘开明希望在劳动节后开始这批文献的迁移工作。(HYL Archives：Letter of Glen William Baxter to Paul H. Buck, August 13, 1962)

8月18日

裘开明致函胡佛研究所东亚图书馆馆长吴文津(Eugene Wu)：随函附上我馆的简介，供你编写指南参考。很抱歉耽搁了这么久才把我的文章寄给你。当时写这篇文章容易，只用了一个晚上的时间，但收集和整理统计数据却很困难，花费了大量时间。通过文章中的数据，我希望人们能够很清楚地了解哈佛所藏1949年以后的中文出版物情况。我没有写任何关于编目的情况，以及其他为便于用户使用而对当代文献所做的整理工作的内容。我认为这些有关技术方面的细节与主题无关……6月份我到纽约参加了社会科学研究会(Social Science Research Council)为编写 JPRS 报告而召开的一次会议。随函附上我为此次会议所写报告的复印件和会议集的复印件，希望对你有用。会上，我强烈批评了 R. Sorich 编的题为《当代中国》(Contemporary China)的书目索引，因为他只是用数字编码逐条罗列了所有的文献，并只对主题内容进行了简单的索引。令我感到高兴的是，最后所有与会代表都赞同我的观点，他们均认为主题索引是 JPRS 报告最重要的指引。另外，Merle Goldman 夫人需要参考利用1942年7—12月的《解放日报》，能否借用贵馆缩微胶卷?(HYL Archives: Letter of Alfred K'aiming Ch'iu to Eugene Wu, Argust 18, 1962)

裘开明致函密歇根大学历史系教授孔宝荣(Paul A. Cohen):8月9日来函收悉,我认为你最好让贵校图书馆或贵校缩微胶卷制作部在安娜堡把《蒉园文录外编》制成缩微胶卷。我馆没有制作缩微胶卷的设备,而怀德纳图书馆工作通常也很繁忙,需要等很久才能把书制成缩微胶卷……(HYL Archives: Letter of Alfred K'aiming Ch'iu to Paul A. Cohen, Argust 18, 1962)

8月

汉和图书馆韩文部的金圣河(Kim Sungha)动身前往日本、韩国和香港进行为期3个月的韩文文献考察工作。经学社批准,裘开明指示金圣河与延世大学(Yonsei university)的闵泳珪(Minn Yong-gyu)教授进行商谈,由闵泳珪为他聘请一位助手,协助他为汉和图书馆采购韩文文献所聘任助理的职责为:(1)协助采访图书;(2)协助汉和图书馆对所采购的韩文文献进行预编目;(3)参与《哈佛大学哈佛燕京学社图书馆韩籍简目》第二卷的出版工作。(HYL Archives: Memoire of Kim Sungha to Eugene Wu, January 5, 1967)

9月10日

胡佛研究所东亚图书馆馆长吴文津(Eugene Wu)致函裘开明:感谢你8月18日寄来你撰写的汉和图书馆概况。我将把你的和其他图书馆馆长所写的概况一起交给编辑,他将会进行一些文字上的改动,以保证语言风格上的一致性。在你概况中的第4页中提到:"1961年,约有200种中国大陆学术性期刊、610种日文学术性期刊以及98种韩文学术性期刊制成了缩微胶卷,并收录在由国会图书馆编辑的、即将出版的累积性目录《1950—1960年新连续出版物目录》中。1962年春,图书馆所藏大约6000种连续出版物的缩微胶卷已经寄往国会图书馆。"我理解这里是指期刊目录的缩微胶卷,而不是指期刊本身的缩微胶卷。如果是的话,我希望你能够修改一下句子,以避免引起歧义,误以为国会图书馆已经拥有了哈佛全部东亚连续出版物的缩微胶卷。另外,胡佛研究所没有《解放日报》的缩微胶卷,其底片保存在东洋文库(Toyo Bunko),但是可以代为请求东洋文库为汉和图书馆制作一份拷贝。(HYL Archives: Letter of Eugene Wu to Alfred K'aiming Ch'iu, September 10, 1962)

9月14日

裘开明致函胡佛研究所东亚图书馆馆长吴文津(Eugene Wu)言:感谢你9月10日来信指出我文章中关于我馆连续出版物馆藏的歧义处。麻烦你对文章中的第4页做修改。麻烦你帮忙致函东洋文库(Toyo Bunko),为我们制作一份《解放日报》缩微胶卷的拷贝。(HYL Archives: Letter of Alfred K'aiming Ch'iu to Eugene Wu, September 14, 1962)

9月16日

胡佛研究所东亚图书馆馆长吴文津(Eugene Wu)来言:感谢你9月14日的来信。我已经对存在问题的那段话进行了修改。我们将致函东洋文库(Toyo Bunko),请他们为贵馆制作一份《解放日报》缩微胶卷的拷贝。(HYL Archives: Letter of Eugene Wu to Alfred K'aiming Ch'iu, September 16, 1962)

9月28日

裘开明回复史密斯学院历史系研究生 Shigeko Mori 的夏季职位求职信:哈佛燕京图书馆直到明年夏季都没有职位空缺。倘若有老馆员辞职的话,才会有职位空缺。如果你希望到图书馆工作的话,请在 1963 年 4 月底以前再联系。(HYL Archives:Letter of Alfred K'aiming Ch'iu to Shigeko Mori, Smith College, Northampton,Mass, September 28,1962)

9 月 29 日

黄培(Huang Pei)致函裘开明:乐聆教诲,已逾半载。每忆今年初在贵馆搜集资料,时屡承照拂之处,辄感长者之德惠。敬祈贵体康泰,起居纳福,为祷……前在贵馆时承长者爱护,面允转让多余之《上谕内阁》[即雍正《上谕内阁》]一部,及晚回此后,当即告邓(嗣禹)柳(无忌)二师,遂由敝校图书馆出面寄上正式请购信一件及订单(号码为 124634)一纸,均于本年 3 月 29 日发出,量必已达左右。惟迄未奉得回示,想系先生事忙所致。兹晚以需用此书甚急,拟肯先生嘱左右将书寄下,一待接获该书,敝校当照价付款,决不延误。若有手续未全处,敬祈示知,当如尊见照办……(HYL Archives:黄培致裘开明信函,1962 年 9 月 29 日)

9 月 30 日

慕尼黑大学(Munich University)博士生 Wener Beyer 致函裘开明:请原谅我直接给你写信,我是慕尼黑大学傅海波(Herbert Franke)教授的学生,正在撰写关于同治时期(1862—1874 年)国家财政问题的论文,因需要参考的两本书在欧洲找不到,一本是《赋役全书》,因赋税不断变化,该书还有一个版本名为《新编赋役全书》。贵馆是否藏有本书的整个同治时期部分?是哪个省的?如有可能,你能否请通过馆际互借寄至慕尼黑?或者可复印,费用是多少?第二种是罗玉东(Lo Yü-tung)先生的一篇文章,书名为《光绪朝补救财政之方策》,发表于北京《中国近代经济史研究集刊》第 1 卷第 2 期,1933 年 5 月,189—270 页。你能否帮我复印?……(HYL Archives:Letter of Wener Beyer to Alfred K'aiming Ch'iu, Speptember 30,1962)

10 月 1 日

裘开明致函黄培:接奉 9 月 29 日手书,敬悉种切。关于《雍正上谕》[即雍正《上谕内阁》]一书,敝馆所藏两部,并非重本,故不拟出售。亦请便中转告邓(嗣禹)柳(无忌)二教授。至于阁下需用此书,可请贵校用馆际互借方法,迳(径)向敝馆借出。借书期限稍可变通,直待用完……(HYL Archives:裘开明致黄培信函,1962 年 10 月 1 日)

10 月 4 日

裘开明致函慕尼黑大学(Munich University)傅海波(Herbert Franke)教授:请代我向你的学生 Wener Beyer 表示由衷的感谢,他赠给我一部你研究中国墨的宝贵学术著作。我会借助字典慢慢地阅读。你所开列的关于这一主题的所有中日文著作书目中,我最感兴趣的是方于鲁(Fang Yü-lu)的《方氏墨谱》,此书我馆藏有最早的明版(1589),以及程君房(Cheng Chün-fang)的《程氏墨苑》,此书我馆只藏有 1923 年日文版的《图本丛刊》(Zohon sōkan)本。我记得原始的彩色明版本收藏在伦敦大学图书馆。(HYL Archives:Letter of Alfred K'aiming Ch'iu to Herbert Franke, October 4,1962)

裘开明致函 Wener Beyer:……同治时期(1862—1874)的两种中文书,我馆可以为你制作缩微胶卷(两本书的价格约为 15—10 美元)。我馆的《赋役全书》有几个版本,但是只有一个版本,即江苏省的符合你所需要的时期,其书名为《江苏省减赋全案》,1866 年刻本,8 册。而罗玉东(Lo Yü-tung)的著作是一篇很长的期刊文章……同样制成缩微胶卷……除以上两种著作以外,以下两种可能对你同样有用,它们是:1.《皇朝续文献通考》,刘锦藻(Liu Chin-tsao)编,上海,商务印书馆,1936 年,4 卷。2.《中国财政史》,胡钧(Hu Shün)撰,上海,商务印书馆,1920 年,408 页。如果你在德国找不到这两种书,我们愿意为你制作缩微胶卷,尤其是第二本,现在已经非常罕见。当然,另外你还可以参考1957年加州斯坦福大学出版社出版的芮玛丽(Mary Clabaugh Wright)编写的《中国保守主义的最后抵抗——同治中兴》(*Last Stand of Chinese Conservatism: The T'ung-chih restoration*)一书后面所列的文献来源。芮氏夫妇(芮沃寿、芮玛丽)今年将在英国(可能是牛津)。如果你能见到他们并向他们咨询关于你的论文,对你会很有帮助。由于美国图书馆制度规定,馆际互借只限于国内,所以我们不能把书寄到海外。(HYL Archives: Letter of Alfred K'aiming Ch'iu to Wener Beyer, October 4, 1962)

10月5日

哈佛燕京学社代理社长白思达(Glen William Baxter)致函汉和图书馆所有读者:近年来,尤其是1961－1962年度,汉和图书馆文献丢失数量惊人,根据赖肖尔(Edwin Oldfather Reischauer)任命的顾问委员会[由裘开明、费正清(John King Fairbank)教授、H. S. Hibbett教授、海陶玮(James Robert Hightower)教授、E. Wagner教授以及Yang教授组成]的意见,我们将采取如下必要的措施:第一,图书馆将由一名门卫在大门内检查所有离馆读者手持或包内所装的图书,所有教师亦将受到检查;第二,除教师或其他图书馆工作人员认识的在馆藏区办公或研究的人外,必须出示由馆长签名的书库准入证方能进入,只有当班的服务人员可以打开通往书库的大门;第三,必须严格执行图书馆规定,任何试图或非法将书籍或期刊移出图书馆的人,将被禁止再次使用图书馆,在馆内不同馆藏间移动书籍或期刊,将被处以罚款,初犯罚款5美元,二犯罚款10美元,三犯禁止使用图书馆;第四,图书馆大门门锁已更换,只有教师可以申请获得新配的钥匙,研究人员及其他相关人员将不能在周日、周六下午及周一至周五晚上10点后使用图书馆设备或办公室。这些限制的实施实非出于本人以及顾问委员会的意愿,因为这一措施的实施必将给读者造成诸多不便。但不断丢失图书的这一恶劣情况如继续下去的话,将给读者造成的更大损失,与此相比,这些措施必须实行。(HYL Archives: Letter of Executive Director of Harvard-Yenching Institute to Users of Library)

日本国际基督教大学(International Christian University)图书馆馆长Tane Takahashi致函裘开明,告知已收到汉和图书馆寄来的交换赠书华兹生(Burton Watson,华生)编《唐代诗人寒山的100首诗》(*100 Poems by the T'ang Poet Han-shan*,1962年出版)。(HYL Archives: Letter of Tane Takahashi to Alfred K'aiming Ch'iu, October 5, 1962)

10月8日

裘开明致函胡佛研究所东亚图书馆馆长吴文津(Eugene Wu):你们所需的《人民日报》索引和《光明日报》索引已经制成缩微胶卷,由于1952年3月的《人民日报》索引丢失,无法制作缩微胶卷,但汉和图书馆藏有《人民日报》索引1952年第5期,如果你们需要,请将缩微胶卷的订购单寄往哈佛大学图书馆照相复制部。另外,我们亦向胡佛研究所东亚图书馆请求订购《中国现代出版史料 丙编》的缩微胶卷。(HYL Archives: Letter of Alfred K'aiming Ch'iu to Eugene Wu, October 8, 1962)

10月10日

赖肖尔(Edwin Oldfather Reischauer)自东京致函裘开明:我从日本外务省获得一部《当代韩国传记辞典》(*Gendai Chosen Jimmei Jiten*),现已通过海运邮件寄给汉和图书馆,请注意查收。(HYL Archives: Letter of Edwin Oldfather Reischauer to Alfred K'aiming Ch'iu, October 10, 1962)

10月14日

慕尼黑大学(Munich University)博士生 Wener Beyer 致函裘开明,感谢裘开明在10月4日回信中提供论文写作的参考文献线索,并请求制作《江苏省减赋全案》、《光绪朝补救财政之方策》和《中国财政史》三种书的缩微胶卷。(HYL Archives: Letter of Wener Beyer to Alfred K'aiming Ch'iu, October 14, 1962)

10月15日

胡佛研究所东亚图书馆馆长吴文津(Eugene Wu)致函裘开明:请把《人民日报》索引1952年第5期列入我订购的缩微胶卷目录中。我馆将把订单寄给哈佛大学图书馆。《中国现代出版史料》即将制成缩微胶卷,待制作工作完成,你即可付款给斯坦福大学财务处。另函请你在制作缩微胶卷时最好每帧之间不要留空白,这样可以大大节省成本。(HYL Archives: Letter of Eugene Wu to Alfred K'aiming Ch'iu, October 15, 1962)

10月16日

国会图书馆东方部中文组组长 Edwin G. Beal, Jr. 致函裘开明:因 Allen B. Veaner 先生寄来的《大公报》目录卡片未注明出版地,故将卡片寄还汉和图书馆,请标明出版地后再寄回国会图书馆……我希望我们今年能够募集到经费把最后一部分报纸制成缩微胶卷……等我了解了更多信息时再致函给你。因为贵馆所藏《申报》涵盖的时限比敝馆长,因此在哈佛制作《申报》的缩微胶卷比较合理……(HYL Archives: Letter of Edwin G. Beal, Jr. to Alfred K'aiming Ch'iu, October 16, 1962)

10月23日

裘开明致函在日本东京的赖肖尔(Edwin Oldfather Reischauer):上周,我们已收到你寄来的《当代韩国传记辞典》(Gendai Chosen Jimmei Jiten),并已给日本外务省发去正式的致谢函。(HYL Archives: Letter of Alfred K'aiming Ch'iu to Edwin Oldfather Reischauer, October 23, 1962)

10月25日

裘开明安排汉和图书馆馆员 William Henry Winship 把《江苏省减赋全案》、《光绪朝补救财政之方策》和《中国财政史》三种书送到怀德纳图书馆制作缩微胶卷。(HYL Archives: 汉和图书馆制作缩微胶片申请表, 1962年10月25日)

裘开明致函国会图书馆东方部中文组组长 Edwin G. Beal, Jr.:我们已在《大公报》目录卡片上填写了出版地,并将寄回贵馆。请问有哪些图书馆藏有《支那学》第11卷第1期,上面刊有吉川幸次郎(Kojiro Yoshikawa)所撰《诸宫调琐谈》一文。如国会图书馆有藏,可否请复印一份寄给我。我非常感激你早前帮我们确认藏有叶德辉所著两种中文著作馆藏地点而做的努力,我馆已从西雅图华盛顿大学借得这两种书。而我们原来藏有的这两种书已丢失。在过去的两三年里,我馆丢失了上千册书……我已得知贵馆日文部已经聘请了专人负责日文联合目录计划……我希望你能筹集到经费,在专人的负责下,完成中文联合书目。(HYL Archives: Letter of Alfred K'aiming Ch'iu to Edwin G. Beal, Jr., October 25, 1962)

10月29日

裘开明致函斯坦福研究所国际发展研究中心(International Development Center of Stanford Research Institute)Frank L. Turner 博士:很遗憾我们对你的研究帮不到什么忙。根据我们的采访政策,我们优先购买以下领域的文献:哲学、历史与文学。我们在科学技术类的馆藏实力并不强。我们偶尔会收到日本国会图书馆寄来的科技类期刊。如果日本国会图书馆中断寄送这些期刊,我们的馆藏则将无法更新。我们不提供科技出版物方面的专门服务。关于日文出版物的有关情况如下:1.自1961年1月开始,我们从下列书商处订购新的日文出版物:(1)现刊(约270种)从日本出版贸易株式会社(Japan Publications Trading Company)和东京出版销售株式会社(Tokyo Shuppan Hambai Co. Ltd.)订购;(2)其他类新出版物从东京出版销售株式会社(Tokyo Shuppan Hambai Co. Ltd.)订购。2.主要通过由日本国会图书馆编辑出版的《纳本周报》获取书目信息。3.可以向美国用户推荐日本和中国学生,帮忙将中文或日文文章译成英文。4.提供一般的馆际互借服务以及缩微胶卷形式或复印形式的资料复制品。如果用户需要文献检索服务,检索参考资料,我们可推荐一些来自东方国家的学生,并收取比较便宜的费用。5.请不要把我馆列入你编写的日文科技类文献的报告中,因为正如我在前面说的那样,我馆的科学技术类文献非常少。(HYL Archives:Letter of Alfred K'aiming Ch'iu to Frank L. Turner, October 29, 1962)

马来西亚大学图书馆代理馆长Lim Beda致函裘开明:听说《国会图书馆分类法》不适用于中文图书的分类,并且最近两年有些滞后,有人建议中文图书分类使用《杜威十进分类法》。因此,希望你能寄来一份关于这个问题的官方文件。(HYL Archives:Letter of Lim Beda to Alfred K'aiming Ch'iu, October 29, 1962)

11月3日

金圣河(Kim Sungha)自日本、南韩和香港访书返回美国。(HYL Archives:Chinese-Japanese Library of the Harvard-Yenching Institute at Harvard University Report of the Librarian for 1961-1962)

11月6日

哈佛大学东亚研究中心主任费正清(John King Fairbank)致函裘开明:我们计划在11月17日星期六与东亚文明访问委员会(the East Asian Civilization Visiting Committee)共同举行的晚宴之后邀请哈佛本地的一些人做几个非正式的发言。这些发言将不会列成专门的议程,也不会办成任何形式的正式社交活动,我们希望场面非常轻松。我想在这种情形下每个人都会对你的简短讲话表示极大的兴趣,尤其是如果你能够追忆往事和汉和图书馆馆藏历史发展的话。我谨代表John Cowles主席预先给你写这封信,希望你能够为该沙龙准备15—20分钟的讲话。John Cowles主席还会邀请其他人讲话,但是我们将不会费心去预先给他们写信。你对往事的回忆将是对这次活动的最有价值的贡献,所以我才提前将这个信息告诉你,期待你为我们的历史景观增添光彩。(HYL Archives:Letter of John King Fairbank to Alfred K'aiming Ch'iu, November 6, 1962)

11月9日

金圣河(Sungha Kim)致函裘开明,汇报在日本、南韩和香港采访图书的情况:此次访书是成功的,我所到的多数地方,以及我所接触到的人都给予了我热情地接待,并果断地表示愿意协助我们购书。访问日本和香港的主要目的是搜寻北朝鲜的文献。与我当初的想法相反,主营北朝鲜文献的最大书商九月书房(Kugatsu shobō)非常合作……这为我们在日本寻找为我馆购书的代理商带来了契机,在日本购买北朝鲜的原版书并不难。在离开剑桥前你曾嘱咐我在日本购买的所有资料,我都已转交给日本出版贸易株式会社(Japan Publications Trading Company),委托该公司寄给我们。我建议九月书房也采用同样的交易方式,他们很乐意采取这样的渠道,认为这胜过他们自己直接寄书到美国。我在香港考察了两家书店,香港交流书报社和智源书局(Apollo Book Company),

这两家书店库存中没有太多的北朝鲜文献。这是可以理解的,因为香港不像日本,对北朝鲜文献的需求非常有限……交流书报社想获取一份韩文文献的总括订购单,但是我非常怀疑,即使我们提供总括订购单给他们,他们也不一定能从北朝鲜买到书。我认为,由于日本拥有大量的韩文出版物,北朝鲜政府定期通过海运向日本出口非机密性的文献,因此在日本购买文献比在香港容易得多。我选择韩文文献的政策非常宽泛。只要包含一定的研究价值,不管什么领域的我都会买。在日本,我还考察了一些拥有大量韩文文献的研究机构和图书馆。尤其是天理大学(Tenri University)和东洋文库(Tōyō Bunko)的收藏给我留下了深刻印象。此行我所购买的北朝鲜文献包括:日本九月书店的现代文献 91 种 107 册,香港智源书局的现代文献 10 种 10 册。我在韩国汉城的 3 个月期间,建立了两个文献购买中心:一个是延世大学(Yonsei Universtiy)图书馆,一个是汎文社(Panmun Book Co.)……因哈佛燕京学社在学术界享有很高的声誉,而且在援助学术机构和团体发展方面所取得的令人瞩目的成就,使我很容易地能够与图书馆以及高等教育机构接触。我收到了很多来自知名大学附属研究机构的赠书。所到之处我经常会遇到一些机构,要求与我们图书馆建立交换关系。但是由于纸质资料的笨重以及价格因素,我都尽量避免确定这样的关系。我只是与以下机构建立了政府出版物和不对外出售的内部资料的交换关系,这些机构包括:韩国国家图书馆、韩国国会图书馆及国立汉城大学图书馆。我此行的主要目的还包括在南韩尽可能多地购买经典文献和绝版文献。临行前,我准备了一份我们未购得的现代出版物的目录,以及希望获得的经典文献目录。在汉城有相当多的新书店和二手书店。我有幸购买到了目录上所列的大部分现代文献以及许多以前未知的出版物。有两个人为我们搜访这些文献提供了帮助。他们拥有二十多年的访书经验,知道各类书到什么地方去买……在他们的协助下,我们在未来将能买到更多的书。在我所购买的文献中,有很多非常有价值手稿以及早已绝版的文献。我还成功地填补了我们期刊馆藏的缺陷,购买了许多连续出版物。在韩国所购的书籍和期刊目前正在当地进行装订或重装。韩国的装订成本低于美国,而且这能减轻馆员处理这批文献时的工作负担。我在南韩所购文献的数量如下:古籍 150 种 490 册,现代文献 450 种 850 册,共计 600 种 1340 册。所购文献均交给汎文社邮寄给我们。很多人协助我馆搜访图书,在他们的帮助下我此行非常顺利。我尤其要特别感谢以下几位先生:(1)延世大学的闵泳珪(Minn, Young-gyu)教授;(2)国立汉城大学的 Kim Kye Suk 教授;(3)汎文社的 Liu Yong Guk 先生(编者注:函中金圣河向裘开明详细介绍了闵泳珪教授和 Kim Kye Suk 教授,此处略。)。我认为此行非常有价值。我觉得面对面的沟通比通信更重要。我此行接触到的大多数人都知道我们图书馆的存在,但并不是很了解我馆在西方学术界的地位。他们很怀疑韩文文献在美国会被广泛使用,很多人还担忧重要文献逐渐流向海外会不会有一天造成本地资源的枯竭。我极力向他们解释哈佛燕京学社图书馆的重要作用以及作为学术研究中心的地位,以及南韩文献在哈佛大学的重要性和在韩国国内任何一个地方一样。我认为时不时派人到韩国搜访图书,或者至少找一个人为我们工作,这是可行的。我发现很多书在任何目录中都没有收录……书市上的古籍数量明显减少。最近几年,知名大学里成立了很多东方学研究中心。据我所知,在韩国东南部地区仍有一些私人藏书可以购买得到。但是这些书在汉城是买不到,因为在中途已经被一些大学买走,这些大学诸如东国大学(Kyŏngbuk University)、大邱大学(Taegu University)、Ch'ŏnggu。这意味着在将来,我们必须依赖于对我们所需的资料制作缩微胶卷。因此,我建议我们应该帮助那些拥有丰厚古籍馆藏的中心建立缩微胶卷制作部门,例如在国立汉城大学。延世大学图书馆几年前购买并开始使用缩微胶卷制作设备。我认为他们所购得的设备在性能和功率上非常落后,不足以满足制作大量副本的需要……(HYL Archives: Chinese-Japanese Library of the Harvard-Yenching Institute at Harvard University Report of the Librarian for 1961-1962)

11月15日

裘开明提交第36次《馆长年度报告》(1961年7月1日至1962年6月30日),其主要内容如下:1. 图书馆馆藏情况。1961—1962年度,哈佛大学汉和图书馆新增藏书量如下:

哈佛大学汉和图书馆馆藏统计(1961—1962年度)

文献语种	新增馆藏		馆藏总量	
	新增种数	新增册数	馆藏种数	馆藏册数
中文	1858	3949	61118	265687
日文	1703	4777	40184	85673
藏文	0	0	43	1014
满文	1	8	148	1100
蒙文	1	6	56	438
韩文	688	1813	3649	8253
西文	344	473	8101	11224
合计	4595	11026	113299	373389

在中文文献采访方面,过去的3年里(自1959年10月开始),由于书籍、期刊和报纸的出口限制,从中国大陆购买新出版物非常困难。1961—1962年度从中国大陆购得中文书694种841册,从台湾和香港购得中文书406种642册,购得1950年之前出版的书籍374种410册,线装书364种1368册,其中前两项为新书,后两项为绝版图书。在日文文献采访方面,选书主要是依据日本国会图书馆出版的《纳本周报》。所购得的1703种日文书中,有1162种3154册为新出版物,541种1623册为绝版图书(其中19种为雕版印刷、线装的中文古籍)。1961—1962年度,汉和图书馆订购的日文新书为1915种,占日本国会图书馆《纳本周报》1961年第30期至1961年第29期所列新出版物总数的12%;所订购的1915种日文书中有1516种订购了日本国会图书馆的目录卡片,其他399种采用黄色手写订购单,订购单上列明每本著作的作者、书名以及其他数目信息。从1961年1月起,汉和图书馆启用新的订书系统和新的日文新书采购代理商。古籍和绝版书通过几家书店购买,比如一诚堂、Gannan-do、Rinsen Shoten、Rinrokuko、Nihon Shobo、Komiyama Shoten、Keio Shobo和日本出版贸易株式会社,这些书店均会定期出版绝版书目录。在韩文书方面,由于去年延世大学(Yonsei University)管理部门的变更以及总体上的不稳定因素,闵泳珪(Minn Young-gyu)教授没有为我馆购买书籍。大多数韩文新书和古籍购自汉城的汎文社(Panmun Book Co.)。金圣河(Sungha Kim)于1962年7月底前往韩国采访韩文文献,并于11月3日回美国。在连续出版物方面,1961—1962年度,中文新刊新增50种,中文连续出版物总量达到2762种。日文连续出版物新增170种,馆藏总量达到2852种。韩文连续出版物新增45种,馆藏总量达到

232 种。西文连续出版物新增 21 种,馆藏总量达到 713 种。蒙文连续出版物新增 1 种,馆藏总量为 5 种。截至 1962 年 6 月 30 日,汉和图书馆共有各语种连续出版物共计 6564 种。新增期刊的刊名在馆长办公室存档。1961—1962 学年度,汉和图书馆收到并登录的期刊册数分别为:中文 2860 册,日文 2862 册,韩文 378 册,西文 1262 册,蒙文 9 册,共计 7371 册……关于丛书和方志类文献,过去一年我馆新购中文丛书 21 种 171 册,内含 171 种独立著作,总量达到 1406 种。日文丛书新增 109 种约 399 册,内含约 1146 种独立文献,总藏量达到 1674 种。其中最重要的连续出版物有:(1)《西域文化研究》(*Saiiki bunka kenkyū*),5 卷,西域文化研究会编(Saiiki Bunka Kenkyūkai),京都法藏馆(Hōzōkan),1958 年。(2)《明代满蒙史料:李朝实录抄》(*Mindai Man-Mo shiryō:Ri-chō jitsuroku*)和《明代满蒙史料:明实录抄》(*Mindai Man-Mo shiryō:Min jitsuroku*),25 卷,京都大学文学部(Kyōto Daigaku Bungakubu),1954—1959 年。(3)《梁川星岩全集》(*Yanagawa seigan zenshū*),5 卷,岐阜梁川星岩全集刊行会(Gifu Yanagawa seigan zenshū Kankōkai),1956—1958 年。(4)《古典文库》(*Koten bunko*),170 卷,东京古典文库(Koten Bunko),1946 年—。(5)《古俳书文库》(*Ko haisho bunko*),20 卷,大阪天青堂(Tenseidō),1924—1926 年。韩文丛书新增 24 种 47 册,内含独立著作 80 种,韩文丛书总藏量达 91 种。中文方志类藏书增加了 14 种 45 册,总藏量达到 2966 种 30980 册。2. 馆藏编目分类情况……另外,各语种目录新增目片数统计如下:中文书作者—书名四角号码目录新增目片 8487 张,新增临时草片 2705 张,作者—书名罗马字母目录新增目片 8278 张,新增临时草片 3061 张,分类主题目录新增目片 0 张,排架目录新增目片 0 张,以上共计新增目片 16765 张,新增临时草片 5766 张,合计 24538 张;日文书作者—书名四角号码目录新增目片 6177 张,新增临时草片 982 张,作者—书名罗马字母目录新增目片 11265 张,新增临时草片 816 张,分类主题目录新增目片 0 张,排架目录新增目片 0 张,以上共计新增目片 17442 张,新增临时草片 1798 张,合计 21202 张;韩文书作者—书名四角号码目录新增目片 727 张,新增临时草片 476 张,作者—书名罗马字母目录新增目片 1472 张,新增临时草片 1324 张,排架—主题目录新增目片 0 张,以上共计新增目片 2199 张,新增临时草片 1800 张,合计 4674 张;西文书作者—书名目录新增目片 402 张,新增临时草片 321 张,排架—主题目录新增 0 张,以上共计新增目片 402 张,新增临时草片 321 张,合计 1025 张……在合作编目方面,汉和图书馆在所有合作馆中,是向《全国联合目录》提交中日韩文文献书目数据最多的图书馆。1961—1962 年度,汉和图书馆向国会图书馆合作编目项目提交的各语种专著的主目录卡片分别为中文 316 种,日文 692 种,韩文 296 种,合计 1214 种;另外向国会图书馆"规范档(Authority File)"提交了 125 种中文规范卡片,355 种日文规范卡片和 80 种韩文规范卡片,合计 560 种。由于国会图书馆合作编目项目的目录卡片到汉和图书馆的速度很慢,所以必须在怀德纳图书馆自印目录卡片,1961—1962 年度在怀德纳图书馆印刷的中文目录卡片共 1165 种 11650 张,日文目录卡片共 1275 种 12750 张,韩文目录卡片共 987 种 5937 张,共计 3427 种 30337 张。3. 读者服务。过去的一年图书馆每周向读者开放 58 小时,即星期一至星期五白天 9 点至 17 点、晚上 7 点到 10 点开放;星期六白天 9 点到 12 点开放。只有暑假和圣诞节晚上图书馆闭馆。有趣的是,自我馆从 1958 年秋天开始实施这样的开馆时间安排以后,哈佛的很多图书馆都开始效仿……藏书流通情况如下:

馆藏流通统计(1961年7月1日—1962年6月30日)

序号	流通类别	种数	册数
1	馆内借阅	1953	3379
2	馆外借阅	8100	9537
3	哈佛图书馆间文献传递	70	117
4	馆际互借(已包含在第2项中)	209	352

1961—1962年度,通过馆际互借向汉和图书馆借书的机构共有50所。在参考咨询服务方面,主要是通过口头或书面的方式解答学生、访问学者以及校外机构研究者的问题。所有参考咨询服务的档案都保存在馆长办公室。关于校外学者利用图书馆的问题,来自波士顿地区甚至更远地区的研究机构的学者和研究人员利用我馆的人数比往年更多了。我们仍在执行不向校外学者收取费用的旧政策。1961—1962年度,共有24名校外学者到汉和图书馆做研究,报告中详列了这些学者的姓名、所在机构以及研究领域。1961—1962年度暑假清点中文日文和西文馆藏时发现:中文文献丢失1388种,日文文献丢失317种,西文文献丢失616种,工具书丢失62种,善本室丢失4种。由于馆藏丢失现象严重,教师委员会图书馆分委会召开会议决定对馆藏实行严格的管理制度。4.图书馆人事。在过去的一年里,图书馆职员中有12名为全职,8名兼职馆员,这些兼职馆员每星期共计工作150小时(相当于4名全职馆员的工作时间)。另有3名哈佛的学生助理,全年共计工作1461小时,25名临时工全年共计工作6698小时。图书馆的人事安排情况如下:(1)哈佛大学雇员——馆长裘开明,副馆长于震寰(Zunvair Yue)、矶部重治(Shigeharu Isobe)和刘楷贤(Liu K'ai-hsien),高级韩文编目馆员金圣河(Sungha Kim);(2)在册雇员——阅览室和书库主任William Henry Winship,中文编目馆员Daisy H. Tao太太和Margaret C. Fung太太,日文编目馆员Eiji Yutani和Yoshiko Yoshimura,赠书与交换书助理Michiko H. Kwok太太(第一学期)和Sadako K. Graves夫人(第二学期),韩文书库助理Choi Namhi Kim,书库助理Lawrence D. Edsall,兼职佛教专家Chimyo Horioka,兼职西文编目馆员Kim Junghi Suh太太,兼职期刊助理Fumiyo I. Huntington太太,兼职中文书采访助理Chang Shelly,兼职日文书采访助理Yutaka Kayama小姐,兼职流通助理Li Ta-wen小姐。(学生助理和临时工名单略)5.图书馆财务。

1962—1963年度图书馆预算

开支项目		金额(单位:美元)	
图书(常规拨款)	中文书	3000	10000
	日文书	4000	
	韩文书	2000	
	西文书	1000	
当代书专项经费		4500	

续表

开支项目		金额（单位：美元）	
图书（善本书专项拨款）	韩文古籍	3000	6000
	中日文古籍	3000	
装订		3000	
办公经费		1200	
设备		1200	
国会图书馆合作编目	汉和图书馆	800	1600
	怀德纳图书馆	800	
薪水和津贴	理事会雇员	43153	
	系雇员	40730	
机动支出		1000.00	
总计		112383	

1961—1962年度支出统计

开支项目		金额（单位：美元）	
图书	中文书	10148.62	26232.78
	日文书	8388.99	
	韩文书	6024.92	
	西文书	1720.25	
装订		5029.37	
设备		1688.40	
办公经费		1276.89	
国会图书馆合作编目		3075.93	
薪水与津贴（系雇员）	哈佛学生助理	1841.80	
	正式职员	32481.93	
	临时工	8940.35	
	养老保险和社会保险	2925.73	
薪水（学社雇员）	工资	33750.00	38390.63
	退休补贴	4640.63	

续表

开支项目	金额（单位：美元）
其他（含差旅费）	1947.72
合计	123831.53
收益	6648.34
实际支出	117183.19
预算	112383.00
赤字	4800.19

（HYL Archives：Chinese-Japanese Library of the Harvard-Yenching Institute at Harvard University Report of the Librarian for 1961-1962）

11月16日

哈佛燕京学社代理社长白思达（Glen William Baxter）致函日本东京 Seisyu Maeda：我谨代表哈佛大学和汉和图书馆感谢你向哈佛大学赠送你的豪华限印本个人诗集《夜曲》（Nocturne）。我们已将该著转交汉和图书馆供师生借阅。（HYL Archives：Letter of Glen William Baxter to Seisyu Maeda，November 16，1962）

香港交流书报社经理 K. S. Loh 致函裘开明，寻求出售一批私人收藏的清代珍本，包括《资治通鉴附释文辨误并目录》、《资治通鉴补》、《九通》、《结一庐朱氏剩余丛书》、《纪录汇编》、《说铃前集后集继集》及《五经图》。（HYL Archives：Letter of K. S. Loh to Alfred K'aiming Ch'iu，November 16，1962）

11月19日

哈佛燕京学社董事会召开董事会议，会议决定：为了履行本年5月22日会议通过的资助有关韩国研究的决议，从1963年春天开始，在财政预算中设立专项经费用于支持有关韩国的研究。这笔专项经费主要用于7个方面，其中包括提供经费购买韩文文献，考虑在韩国国立汉城大学（Seoul National University）或延世大学（Yonsei University）建立一个缩微胶卷制作中心等。（HYL Archives：Preliminary Announcement of the Proposed Expansion of Harvard-Yenching Institute Activities in Korea）

11月26日

达特茅斯学院陈荣捷（Chen Wing-tsit）教授致函裘开明：感谢许多学者的帮助，我的《传习录》英语翻译稿已完成多时，将会由哥伦比亚大学出版社在1963年1月出版。我现在也已经完成了《近思录》的英语翻译，但是有一些中文和日文注释我没能找到出处。如果你有任何有关这些资料的信息，请告诉我，那样我就能够去借，制缩微胶卷，购买或者复印。我会非常感激你的。（HYL Archives：Letter of Wing-tsit Chen to Alfred K'aiming Ch'iu，November 26，1962）

12月6日

哈佛燕京学社代理社长白思达（Glen William Baxter）致函哈佛大学图书馆怀德纳图书馆（Widener Library）馆长 Paul H. Buck 教授，并抄送裘开明：我已与裘开明讨论了关于将那些用于保存与保护藏文和蒙古文文献的设备放置在汉和图书馆善本室的相关事宜。裘开明告诉我，哈佛没有任何一处地方存储图书和手稿的条件可与霍顿图书馆（Houghton Library）相比，汉和图书馆也不例外。然而，我认为藏文文献和蒙古文文献与藏于善本室的中文古籍同样古旧、珍贵、有价值。的确,将这些文献存放在汉和图书馆善本室并不像存放在霍顿图书馆那样,会有宽敞和整洁的环境和条件,甚至也许会更加拥挤,更不容易与其他资源分开存放,但这不会对他们造成损害,因为很少人会用到这些资源,而且实际上人们多数已意识到这些资源在上架、使用和重新上架的过程中,谨慎小心的重要性。善本室的资源只有馆长才有钥匙,而且除了远东语言系的老师之外其他人都要在馆长的陪同下才能在该室停留。裘开明自开始就不希望将藏文和蒙古文文献移至神学路 2 号,这并不是出于对其安全性的担忧,而是因为这些资料将把所有可用的空间占用了。对此,我并不担心,我认为这些资料未来几年中不会需要更多的空间,这不仅是因为很难再获得这类文献,而且也因为这类文献不是现在采购政策的重点。这是我所能够提供的所有保证。如果不能够有效地确保这些资料顺利安全地转移,我能做的就是向学社董事会提议明年春季对图书馆进行重新改造,但是这是一个非常值得怀疑的计划。(HYL Archives：Letter of Glen William Baxter to Paul H. Buck, December 6, 1962)

香港交流书报社(Chiao Liu Publication Service)经理 K. S. Loh 致函裘开明：贵馆从我社善本书目第 RB-1042 号中挑选的一批订购图书已经装箱寄出。贵馆对 3 种图书的价格提出异议,但是,我们不得不说的是,这几种书籍出自中国旧时贵族之手,廉价出售其图书会伤此人自尊。(HYL Archives：Letter of K. S. Loh to Alfred K'aiming Ch'iu, December 6, 1962)

12 月 7 日

刘楷贤、于震寰留便条给裘开明：善本书的钥匙,我们想还是照你的老办法好,即与后门钥匙一并交 William Henry Winship 先生保管,但是不要摆在出纳柜的抽屉里。(HYL Archives：刘楷贤、于震寰留言条,1962 年 12 月 7 日)

12 月 10 日

哈佛大学图书馆馆长 Paul H. Buck 致函哈佛燕京学社董事会代理社长白思达(Glen William Baxter),表示对白思达 12 月 6 日来函中的详细解释非常满意。(HYL Archives：Letter of Paul H. Buck to Glen William Baxter, December 10, 1962)

12 月 28 日

裘开明致函延世大学(Yonsei University)图书馆馆长闵泳珪(Minn Young-gyu)：……我们非常感激你过去在我们购买大量经典韩文图书方面所给予的巨大帮助。如果没有你的友好协助,我们不可能这么迅速地建立起韩文馆藏。关于增补汉和图书馆韩籍分类目录,希望你把全部完整的书目校样寄给汉和图书馆,以便加以修改和更正。(HYL Archives：Letter of Alfred K'aiming Ch'iu to Minn Young-gyu, December 28, 1962)

12 月 31 日

裘开明致函达特茅斯学院陈荣捷(Chen Wing-tsit)教授,根据陈荣捷曾提出韩国人撰述的《近思录》书目的需求,提供查找到的书目资料,如：(1)《近思录口诀》,李珥著,久失传,当系训点之类；(2)《近思录疾书》,李翼著,旧日朝鲜总督府藏有写本等等,供其参考。(HYL Archives：Letter of Alfred K'aiming Ch'iu to Wing-tsit Chen, December 31, 1962)

本年

《哈佛大学哈佛燕京学社图书馆韩籍简目》(平版印刷本)(*A Classified Catalogue of Korean Books in the Harvard-Yenching Institute Library at Harvard University*, Cambridge, Massachusetts, 1962)在麻省剑桥印行,共收录 1951-1960 年入藏的韩文

书籍 3160 种 6570 册。

1963 年
66 岁

1月7日

　　国会图书馆编目部远东文献组负责人王承栋(Joseph En-pao Wang)致函裘开明：随函退回贵馆的译著编目请求。除了国会图书馆采访政策声明(1958 年 7 月 11 日版)中列出的译著以外，其他译著国会图书馆不再进行编目和编辑，这份采访政策声明中关于译著部分规定的复本一并寄给你。不久，我馆还会退还一些已编目但还未编印目录卡片的译著。(HYL Archives：Letter of Joseph En-pao Wang to Alfred K'aiming Ch'iu, January 7, 1963)

1月11日

　　裘开明致函东亚研究中心主管费正清(John King Fairbank)教授：12 月 14 日来信和 1 月 10 日来信均已收到，关于你在信中询问的有关中国经典著作基本书目，我认为以下三种书是最好的参考书。(1)容媛(Jung Yuan, 1912—)的《经籍要目答问》(《史学年报》1938 年第 2 卷第 5 期第 463—473 页)。容小姐在请教了许多燕京大学从事中国研究的教授之后，列出了这份书目。(她谦虚地把我的名字也列入她的序言，因为当时我正在燕京出版我馆中文图书目录，我对她的书目提供了一些建议。)容小姐是中国著名考古学家容庚的妹妹，在她所专长的领域也是一名知名学者。此文以单行本形式再版后，被我馆收藏。V. P. Dutt 博士可以借出这本小册子或者收有本书目的《史学年报》，到怀德纳图书馆复印。(2)长泽规矩也(Nagasawa Kikuya, 1902—)的《支那学入门书略解》(东京, Bunkyudo, 1st ed. 1930, rev. ed., 1948, 155p., 哈佛燕京图书馆索书号为：BJ9550/7358)。长泽规矩也教授可称为当代日本首屈一指的中国书籍目录学家。他尤其擅长中国经典著作目录，是这一领域的权威。该书目对于汉学研究者而言是一本很好的入门书籍，并附有日文简要注释。(3)张之洞(Chi-tung Chang, 1837—1909)和缪荃孙(Ch'üan-sun Miao, 1844—1919)的《书目答问》。《书目答问》的编撰始于张之洞，并在 1875 年由缪荃孙完成，此书很可能是中国学者、图书馆员和书商应用最广泛的一种中文图书目录。后来，范希曾(His-tsêng Fan, 1900—1931)对《书目答问》加以修订，遂成《书目答问补正》(南京国学图书馆, 1931 年。台北新兴书局再版, 1956 年。哈佛燕京图书馆索书号为：B9550/1333.41B)。范希曾的修订版大大提高了这本书实用性，所以最近台湾又有再版。我相信房兆楹(Chaoying Fang)博士和海陶玮(James Robert Hightower)教授在他们的"中国文献与汉学"课程上仍在使用这一书目。本函复印件已转寄 Dutt 博士。(HYL Archives：Letter of Alfred K'aiming Ch'iu to John King Fairbank, January 11, 1963)

1月15日

　　胡佛研究所东亚图书馆馆长吴文津(Eugene Wu)致函裘开明：我馆共收藏了自

1954 年到 1960 年出版的 25 期《近代史资料》(总号 1—25)。我们很乐意把贵馆所需的各期制成缩微胶卷,但是有几点需要你们补充说明。以下是期号和出版日期方面的馆藏信息:1954 年第 1—3 期;1955 年第 1—4 期(总号 4—7 期);1956 年第 1—4 期(总号 8—11 期);1957 年第 1—6 期(总号 12—17 期);1958 年第 1—6 期(总号 18—23 期);1959 年第 1 期(总号 24 期);1960 年第 1 期(总号 25 期)。希望你能来信说明贵馆所谓的 1955 年第 3—6 期和 1956 年第 1—6 期指的是哪几期。(HYL Archives: Letter of Eugene Wu to Alfred K'aiming Ch'iu, January 15, 1963)

1 月 16 日

裘开明致函麻省理工大学图书馆 Natalie N. Nicholson 副馆长:据我所知,贵馆因从《杜威十进分类法》改为《国会图书馆分类法》之需正在扩大编目人员。如果你们确实是在增添新的编目员,那么,我向你推荐布兰地斯大学(Bandeis University)图书馆的编目员 Joanna K. H. Liu 女士,请惠予考虑。(HYL Archives: Letter of Alfred K'aiming Ch'iu to Natalie N. Nicholson, Associate Director, MIT Library, January 16, 1963)

1 月 23 日

裘开明致函美国驻日本大使赖肖尔(Edwin Oldfather Reischauer)博士:最近,负责出版你关于圆仁(Ennin)日记的两部著作的出版社询问我们,是否藏有作为卷首的慈觉大师肖像(Portrait of Jikaku Daishi)。我们知道这幅肖像的原始来源,即是现在在兵库县(Hyogo)一乘寺(在神户西北 25 英里处)所收藏的"圣德太子与天台宗法师肖像"(Portraits of Prince Shotoku and Learned Priests of the Tendai-sect)。但是我们无法在馆藏任何一本书中找到此肖像的彩色照片。在《佛像图典》(佐和隆研,1962 年,第 199 页)中有这幅肖像的黑白图片。请问你是否能从一乘寺得到这副肖像的彩色复制件,或者从西方或日本出版的书籍、期刊中复印一份给我们。(HYL Archives: Letter of Alfred K'aiming Ch'iu to Edwin Oldfather Reischauer, January 23, 1963)

1 月 24 日

鲁光桓致函裘开明:先生吾界先进,群龙之首,敢以佳音,渎为陈达,想当为长者所乐闻也。附此并微有所请者,敝馆中文书籍拟委托香港三育(不知贵馆知此家否)包购,拟与之订定总括订购单合同。闻贵馆与交流定有是项合同,不知可否赐为 Xerox(复印件)一份,以资观摩?(HYL Archives:鲁光桓致裘开明信函,1963 年 1 月 24 日)

1 月 25 日

Robert Masato Matsui 致函裘开明:感谢你们全家赠送给我和妻子的新婚礼物,我们非常喜欢。我时常回忆起在哈佛燕京学社图书馆的美好日子,那段时光是我一生中最愉快和享受的日子,也很喜欢波士顿地区的一切——文化的激励、美妙的海滩,以及众多的娱乐中心。想必你已从 Fukuda 小姐那里获悉一些关于我的现状。到了西雅图以后,我度过了一段非常艰难的时期。Ruth Krader 博士和我难以很好地相处与合作。尽管 Krader 博士作为朋友是一个非常亲切、可爱、友好的人,但是与之一起工作却很难。两个星期前,馆长命令他将日文部的职权交给我,我个人对 Krader 博士感到很抱歉,但我相信这一决策顺应图书馆的发展。自图书馆给予日文部自治权后,在所有同事的支持下,取得了很大的成绩。我希望我能够把远东图书馆的日文馆藏建设成为美国最好的馆藏之一。我也希望你能替我感到骄傲。Fukuda 小姐给了我巨大的帮助。从她身上,我学到了图书馆管理的很多经验。我的父母很喜欢我的妻子 Adelina,她在学术上也很有成就,我以她为骄傲,我觉得自己是世界上最幸福的人。我决定创办一份通讯,向从事日本研究的教师通报最新的书目。我也非常希望出版一部《日文图书分类目录》,就像贵馆出版的韩文分类目录一样。我对贵馆的韩文分类目录印象深刻,这部目录对编目、馆际互借及书目研究都很有帮助。我亦对贵馆的书本式目录感到非常钦佩。我现在知道自己为什么无论到哪里都以你为骄傲了。希望你保重身体,并代我向裘夫人(曾宪文)致以问候。(HYL Archives:Letter of Robert Masato Matsui to Alfred K'aiming Ch'iu, January 25, 1963)

1月27日

哈佛燕京学社副社长(代理社长)白思达(Glen William Baxter)致函裘开明:我不得不提醒你,来自审计员办公室的半年财务报告显示,图书馆预算中的一些项目的开支在12月底已经大大超过了预算的一半。因此,如果图书馆的开支在本财政年度的下半年像上半年的速度一样继续下去的话,那么,图书馆的预算将会再度超支。这种情况绝对不能再发生……你应该知道如果图书馆员工的薪酬按照现在的比例增长的话,那么该项目的预算则刚好在预算之内。所以,如果没有人辞职或辞退的话,你就不能再增加雇员……当然,我很同情你的想法,因为如果我们不及时购买那些珍贵的图书的话,那么其他的有钱的图书馆就会将其争购而去。但是如果我们按照此原则行事而不考虑预算的话,那么我们的财政责任将没有任何限制。正如你所知道的那样,图书馆顾问委员会最近建议我向董事们提出设立总额为10000—15000美元的专项基金。该基金将存放在哈佛大学审计员办公室或者司库办公室,以便在需要购买意外发现的重要图书时启用。这将有利于馆长做好每年图书馆采购的详细预算,而不至于在意外发现需要购买的重要图书而又无法购买时感到不安,因为该项专门基金可以解决这类问题。我不知道董事们对这项建议会有何反应,但是我会在今年4月的会议上向他们提交此项建议,或者在4月份以前新董事长任命时直接提交给董事长。如果此项基金真的设立了的话,我想图书馆馆长和董事长每次动用此项基金均应咨询图书馆委员会。(HYL Archives:Letter of Glen William Baxter to Alfred K'aiming Ch'iu, January 27, 1963)

1月28日

韩国汉城延世大学(Yonsei University)向汉和图书馆邮寄代购的第12批韩文古籍。(HYL Archives:Chinese-Japanese Library of the Harvard-Yenching Institute at Harvard University Report of the Librarian for 1963-1964)

1月

闵泳珪(Minn Yong-gyu)教授推荐延世大学(Yonsei University)图书馆学院毕业生Kim Mun-gyong担任自己的助理,为汉和图书馆采购韩文文献以及协助出版韩文馆藏目录。Kim Mun-gyong在延世大学图书馆的编制下,但不属于任何一个部门,其薪水由延世大学支付,再由哈佛燕京学社与延世大学结算。(HYL Archives:Memoire of Kim Sungha to Eugene Wu, January 5, 1967)

2月19日

裘开明致函胡佛研究所东亚图书馆馆长吴文津(Eugene Wu):感谢你寄来的关于我馆的最新介绍。这是一篇精彩的文章。你对东亚文献的描述非常出色。我馆所藏薛博士的《共产主义运动在中国,1927-1937》(*Chinese Communist Movement*, 1927-1937)在1960年时丢失。请你再寄一份给我们。我们还未收到贵馆订购《人民日报》和《光明日报》索引缩微胶卷的请求。请把你们的订购单寄到怀德纳图书馆照相复制部。(HYL Archives:Letter of Alfred K'aiming Ch'iu to Eugene Wu, February 19, 1963)

2月21日

裘开明致函胡佛研究所东亚图书馆馆长吴文津(Eugene Wu)：我馆需要《近代史资料》总号第1—3期和6—16期。我馆藏有第4—5期和第17—25期。请把这几期为我馆制成缩微胶卷，以完善我馆馆藏。(HYL Archives：Letter of Alfred K'aiming Ch'iu to Eugene Wu, February 21, 1963)

2月26日

裘开明收到哈佛燕京学社办公室转来的耶鲁大学图书馆远东部函件。函云：查1937年北平燕京大学图书馆据馆藏钞本排印明代董其昌辑《神庙留中奏疏汇要》40卷共14册1种，后似归哈佛燕京学社发售，该书是否有存货。裘开明在信末批注：查董其昌之《神庙留中奏疏汇要》一书系燕京大学图书馆丛书之一，其序跋皆见《燕京大学图书馆报》，惜本馆于途中轶落，战争继续，未能补，哈佛燕京学社亦未能代也。特此奉问，敬颂。2月26日。(HYL Archives：耶鲁大学图书馆远东部致哈佛燕京学社信函, 1963年2月21日)

耶鲁大学图书馆Warren M. Tsuneishi致函裘开明：我计划于3月1日即星期五前往剑桥，大概10点至10点半间到达，想与你和矶部重治(Shigeharu Isobe)先生讨论在文献采访和编目过程中使用日本国会图书馆卡片的问题，请问是否方便。(HYL Archives：Letter of Warren M. Tsuneishi to Alfred K'aiming Ch'iu, February 26, 1963)

2月28日

美国亚洲学会主席普利查德(Earl Hampton Pritchard)致函裘开明，邀请裘开明参加亚洲学会第15届年会于1963年3月26日中午12点在费城本杰明富兰克林酒店举行的年会午宴。(HYL Archives：Letter of Earl Hampton Pritchard, President, Association for Asian Studies, Tucson, Arizona, to Alfred K'aiming Ch'iu, February 28, 1963)

裘开明致函鲁光桓(Kwang-huan Lu)：非常感谢你于1月24日寄来的有趣而又有启发性的信，信中告诉了我贵馆近期的发展。去年秋天韦慕庭(Clarence Martin Wilbur)教授参观我馆时，他告诉我，哥伦比亚正在找人担任东亚图书馆(中文部)的负责人。当我知道唐德刚(T. K. Tong)博士就是他们所找的负责人时，我非常高兴。请将我最美好的祝福和热情的问候转达给他。我们最欣喜的莫过于不久唐博士将参观我馆。可能我们会谈一些我们两个图书馆的合作问题。自从我担任耶鲁大学远东图书馆顾问后，Warren M. Tsuneishi博士和徐家璧(Chia-pi Hsu)先生曾分别来访过，与我讨论了一些技术方面的问题。Tsuneishi博士这周五会再来和我谈国会图书馆卡片在图书订购和编目中的作用，我们从1958年开始采用国会图书馆的卡片。目前我馆从香港订购中文图书，尚未利用任何代理处理订单。我们过去和现在都从交流书报社购买图书，但该社从未从我们这里拿到过总括订单。我们从他们的书目上选择书名，订购我们需要的图书。我们没把选择权委托给任何代理机构或个人。事实上，没人比剑桥的工作人员更了解，或应该了解图书馆的需求。我们请我们的教工和研究生对他们研究所需的文献提出建议和意见，然后把书籍的订购单寄给在香港、台湾和日本的不同经销商。哪个经销商有书，报价合理，我们就在哪里买。仅此而已。(HYL Archives：Letter of Alfred K'aiming Ch'iu to Kwang-huan Lu, February 28, 1963)

3月5日

裘开明回复美国亚洲学会主席普利查德(Earl Hampton Pritchard)的邀请函，表示愉快地接受邀请，将参加亚洲学会第15届年会于1963年3月26日中午12点在费城本杰明富兰克林酒店举行的年会午宴。(HYL Archives：Letter of Alfred K'aiming Ch'iu to Earl

Hampton Pritchard, President, Association for Asian Studies, Tucson, Arizona. March 5, 1963)

3月6日

裘开明收到韩国汉城延世大学(Yonsei University)所寄代购的第12批韩文古籍,共10包,内含韩文古籍40种116册,含复本2种2册,共花费购书经费39599韩元,当时汇率为1:130,即折合美元304.60元。(HYL Archives: Chinese-Japanese Library of the Harvard-Yenching Institute at Harvard University Report of the Librarian for 1963-1964))

3月8日

哈佛大学图书馆 William A. Jackson 致函裘开明:随信附上陆军少尉 Colonel Thomas Phillips III 的来函。有几点需要说明一下。我清楚地记得我们之前与 Major Thomas Phillips 的会面,我想你也记得。佛经的情况确实极好,但以我看来年代不会早于15或16世纪。由于所有类书都已划归燕京收藏,我想哈佛大学图书馆没有必要再购入这套佛经,因此我跟 Colonel Thomas Phillips III 说,我会把他的来函转给燕京图书馆。(HYL Archives: Letter of William A. Jackson to Alfred K'aiming Ch'iu, March 8, 1963)

随函附2月28日 Colonel Thomas Phillips III 致 William A. Jackson 的信函,函云:1955年4月,我的继父 Major Thomas Phillips 曾带着佛经(Sutra of Buddha)复印件到哈佛图书馆拜访你与裘开明先生,当时你们对该佛经产生了兴趣。据我回忆,该佛经的价值主要体现在两个方面:其一,是保存状态良好的手稿;其二,没有与之同时代的其他版本。该套佛经共500卷。父亲造访期间,手稿经过哥伦比亚大学、国会图书馆和 Freer Gallery 美术馆的东方学专家鉴定。Willard F. Libby 博士发明了碳14年代测定法,经其要求,在加州大学洛杉矶分校(U.C.L.A.)的实验室里鉴定了随机选出的一卷佛经,测定结果是该手稿的年代并不是之前认为的15世纪(1400),而是界于1115至1368之间的金或元代。该套佛经可以整套或部分出售,价格可以商量。我能否建议哈佛大学如果没有足够的购买经费,也许可以以之作为课税减免项目。(HYL Archives: Letter of Colonel Thomas Phillips III to William A. Jackson, February 28, 1963)

3月11日

Eiji Yutani 致函问候裘开明。(HYL Archives: Letter of Eiji Yutani to Alfred K'aiming Ch'iu, March 11, 1963)

3月12日

Noriko Kobayashi Asano 致函裘开明:我要很高兴地告诉你,我就要成为图书馆专业馆员了。2月份的时候,我从南加州大学图书馆学院毕业,获得图书馆学硕士学位。我在哈佛大学图书馆期间,你对图书馆事业的赤诚和热爱影响了我,使我走上了学习图书馆学的道路。我非常兴奋。我打算在洛杉矶地区的大学图书馆找一份工作。(HYL Archives: Letter of Noriko Kobayashi Asano to Alfred K'aiming Ch'iu, March 12, 1963)

3月15日

裘开明致函问候 Eiji Yutani。(HYL Archives: Letter of Alfred K'aiming Ch'iu to Eiji Yutani, March 15, 1963)

裘开明致函 Noriko Kobayashi Asano:知道你在西海岸生活和事业都很稳定,我感到非常高兴。如果你愿意在洛杉矶加州大学图书馆工作的话,你可以去拜访东方图书馆馆长 Man-Hing Yue Mok。她是哥伦比亚大学的毕业生,战前曾在国立北平图书馆工作过。我和她很熟。祝福你,并衷心地祝你新婚快乐。(HYL Archives: Letter of Alfred K'aiming Ch'iu to Noriko Kobayashi Asano, March 15, 1963)

3月22日

裘开明完成《印刷哈佛大学汉和图书馆远东藏书印刷目录卡片：1938—1963》(*Printed Cards for Far Eastern Books from Harvard University Chinese-Japanese Library，1938—1963*)一文的撰写。（程焕文. 裘开明图书馆学论文选集. 桂林：广西师范大学出版社，2003.9：166—174。）

哥伦比亚大学图书馆唐德刚(T. K. Tong)致函裘开明：很荣幸地告诉你，近期我被任命为哥伦比亚东亚图书馆(中文部)的负责人。自3月1日开始，我一直在做全职工作。因为我们部里的情况很不好，各种需要立即解决的事情占据了我所有的时间，以至到现在我才有时间给你写信。作为一个领域的新手，我请求你能不断地给我建议，不加保留地给我指导。我希望有机会拜访你，聆听你的亲身教导。借此机会，还想请你帮忙复制贵馆收藏的中文期刊《中国金融》的部分卷期。我将需要的卷期单独列在一张纸上。我们希望能制作缩微胶卷负片。不知你可否帮忙？我们迫切需要像《中国金融》这样的资料，你的账单一到我们就会支付相应的费用。(HYL Archives：HYL Archives：Letter of T. K. Tong to Alfred K'aiming Ch'iu, March 22, 1963)

3月25—29日

裘开明赴费城，参加亚洲学会(Association for Asian Studies)第15届年会。在亚洲学会美国图书馆远东资源委员会(Committee on American Library Resources on the Far East)会议上，裘开明提交了题为《哈佛大学汉和图书馆印刷卡片》会议论文。会议期间，芝加哥大学远东图书馆馆长和康奈尔大学图书馆中文主管请裘开明推荐一名受过适当专业培训的东方图书馆馆员到所在图书馆担任日文编目员，以整理日文馆藏。(HYL Archives：Letter of Alfred K'aiming Ch'iu to Glen William Baxter, April 15, 1963)

3月28日

大安株式会社Jitsuya Kobayashi致函裘开明，询问有关《向导》期刊的订购问题。(HYL Archives：Letter of Jitsuya Kobayashi to Alfred K'aiming Ch'iu, March 28, 1963)

4月3日

康奈尔大学图书馆中文部负责人马大任(John T. Ma)致函裘开明：很高兴得知贵馆的丛书分析目录已完成，并且卡片已经可以销售。对于我馆尚未进行分析编目的丛书，我们准备订购贵馆的卡片。下订单前，我希望贵馆能寄来《丛书集成》和《四部备要》的卡片样本，并希望了解如何在康奈尔大学图书馆的卡片目录体系中使用贵馆的卡片。另外，请贵馆帮忙制作《期刊目录(修订版)》(北平，中华民国新民会，1942年)的缩微胶卷正片。(HYL Archives：Letter of John T. Ma to Alfred K'aiming Ch'iu, April 3, 1963)

萧镜汝(James Hsiao)致函裘开明，求暑期兼职。(HYL Archives：萧镜汝致裘开明信函，1963年4月3日)

4月8日

胡佛研究所东亚图书馆馆长吴文津(Eugene Wu)致函裘开明：在费城的时候我已经和你提过，Berton-Wu指南已经进入编写的最后阶段。大约两年前我请你写过一篇需要附在书后的文章，现在我寄回给你，请你大概更新一下，再增加一些这一阶段的信息。随函附上经Edwin G. Beal, Jr.修改后的《国会图书馆介绍》的复印件给你作为参考。劳烦你尽量在本月底将修改后的版本寄给我。(HYL Archives：Letter of Eugene Wu to Alfred K'aiming Ch'iu, April 8, 1963)

4月9日

裘开明致函康奈尔大学图书馆中文部负责人马大任(John T. Ma)：兹附上从国立

北平图书馆寄来的期刊目录,以及卡片样本和发票。请从 3 种不同的卡片样本中选出你想要使用的纸张。关于《四部备要》,我们使用的是其他图书馆的卡片,加上部分自己所编制的分析卡片。之前从国立北京图书馆得到的所有卡片都没有加注拼音。我们可以在制作缩微胶卷前为所有卡片上加上拼音,但费用必须由贵馆承担。我馆这套书的分析卡片已经按照罗马字母顺序分散排入目录。《期刊目录》的负片现存于胡佛研究所图书馆,你可以请他们帮你冲印一份。再制作一份负片会非常昂贵。(HYL Archives:Letter of Alfred K'aiming Ch'iu to John T. Ma,April 9,1963)

哈佛燕京学社副社长(代理社长)白思达(Glen William Baxter)致函裘开明:之前你与图书馆委员会的其他成员一致同意采取特殊措施以制止读者将未办理借出手续的书籍从书架上取走或是保留在私人办公室内专用的行为。相关的处罚规定告示已经张贴。但目前许多书籍仍被违反规定地保留在私人办公室。本人坚持必须实行处罚措施。请于 4 月 12 日周五对所有办公室进行检查,将所有违反规定放置的书籍上架,同时,请列出每个办公室被清查出的书籍数量及相关人员姓名。(HYL Archives:Letter of Glen William Baxter to Alfred K'aiming Ch'iu,April 9,1963)

4 月 11 日

裘开明致函胡佛研究所东亚图书馆馆长吴文津(Eugene Wu):你是否收到我馆订购 1962－1963 年度《全国新书目》(总号 185－200,1962 年 5－12 月;总号 201－203,1963 年 1－2 月)复印件的订单,金额为 18.50 美元。关于修改我所撰写的我馆介绍之事,我不清楚我是否需要加入 1962 年 1 月以后的数据。这些数据见随函所附的两页附件上。因为 Edwin G. Beal,Jr. 博士加入了国会图书馆 1962 年 7 月 1 日以后的统计数据,我觉得只有一两所图书馆的数据更新至 1963 年 4 月 1 日,是不明智的。最好为所有图书馆的报告都划定一个统一的日期。尽管如此,我还是希望听听你对这个问题的建议,我将按照你的决定来做。(HYL Archives:Letter of Alfred K'aiming Ch'iu to Eugene Wu,April 11,1963)

裘开明致函萧镜汝(James Hsiao),告知欢迎他暑期来汉和图书馆做兼职工作。(HYL Archives:裘开明致萧镜汝信函,1963 年 4 月 11 日)

4 月 15 日

裘开明致函哈佛燕京学社副社长(代理社长)白思达(Glen William Baxter):现奉上汉和图书馆 1963－1964 年度暂时预算。预算总额为 165825.55 美元,比上年度的预算 140719.50 美元大约增加了 25000 美元。在明年,或许在未来不远的几年中,如果汉和图书馆要保持在美国和加拿大远东图书馆中的领导地位,就必需此数额预算,现谨将原因说明如下:在过去的两三年中,美国的远东研究就一直在加速发展,这种发展为许多远东图书馆的馆藏发展产生了新的压力,提出了各种新的需求。其发展的主要因素一直以来有如下数端:1. 福特基金会(the Ford Foundation)向许多大学提供了大量的机构拨款,以资助其远东研究的发展。2. 政府和大学之间建立了许多有关远东资料的采购和整理的新的关系。3. 社会科学研究理事会(the Social Science Research Council,SSRC)和美国学术团体协会(the American Council of Learned Societies,ACLS)联合组织了当代中国委员会,以促进当代中国研究的发展。4. 组织了一个中国经济国家研究计划。5. 组织了一个日本现代化研究计划。所有这些个别的和联合的事件,已经引发了许多人员不足,但是拥有充足资金购买图书和雇用东方图书馆员的团体和机构从事资料获取和整理活动。所以,中、日、韩古籍和绝版图书的价格比第二次世界大战末时的行情已经增长了至少 1/3。在 1963 年 3 月 25—29 日在费城召开的亚洲学会(the Association for Asian Studies)第 15 届年会上，芝加哥大学远东图书馆馆长和康奈尔大学图书馆中文主管曾要求本人推荐一名受过适当专业培训的东方图书馆员去担任其日文编目员，以整理其日文馆藏。芝加哥大学提供的起始薪水为 5500 美元，康奈尔大学则将为 5700 美元。我已经为芝加哥大学推荐了一名将于今年夏天从西蒙斯大学图书馆学院(Simmons College Library School)毕业的日本女生，现在正在从我们以前的日文馆员中寻找一人，去填补康奈尔大学的职位空缺。我之所以提及这些事情，是想说明我们支付给我们的具有三到五年中日文图书编目经验的中文和日文编目馆员的薪金仅仅只有 5500 美元。所以，与美国的其他重要远东图书馆的薪金相比，我们的薪金水平只处于中游。至于去年购买图书，我们已经在近期的东京日本善本拍卖会上丧失了几次购买精品的机会，因为我们不能提供足够高的价钱去购买这些精品。在此再列举两个例证：康奈尔大学去年已经花了 47000 美元购买远东图书，而耶鲁大学每年的花费也在 27000 美元左右。实际上，明年预算中的图书购置费仅增加了我们尚欠延世大学的 3000 美元韩国古籍购买款，因为闵泳珪(Minn Young-gyu)教授已经为我们图书馆购买了很多韩国经典图书，而我们还没有付款。如果哈佛及其研究生想为其远东系与东亚研究感到骄傲的话，那么这项图书购置费就应从哈佛大学的资金中进行调剂，也就是说，应该在正常的预算之外提供一些专门的资助。在工资预算部分，我建议增加两个职位，即一个薪金为 2400 美元的兼职中文编目馆员和一个薪金为 4200 美元的全职日文佛教图书编目馆员。正如你会从这封信后面所附的最新统计报告(截至 1963 年 4 月 1 日)所看到的那样，在过去的 3 个季度中(1962 年 7 月 1 日至 1963 年 4 月 1 日)，中文图书的增长量差不多是日文的两倍。现在日文部有 3 个编目馆员，而中文馆藏只有两个受过培训的编目馆员，所以明年我们必须招聘一个兼职中文编目馆员，以加强刘(楷贤)先生的力量。至于需要一名新的日文佛教图书编目馆员问题，这是因为 Chimyo Horioka 先生辞职的原因。他现在被波士顿美术博物馆全职聘用，每周只能为我们从事一天的日文佛教图书编目工作。这个时间太少了，以至于不能赶上日文哲学和宗教图书的编目速度。所幸的是，我们有机会邀请 Shinko Sayeki 先生明年到馆任职，他是 M. Nagatomi 教授竭力推荐的一位日本佛教学者。我强力推荐董事们为其明年的任职提供必要的预算。兹附上：1. 1963—1964 年度建议预算；2. 统计报告；3. Shinko Sayeki 先生简历；4."哈佛大学汉和图书馆印刷卡片"，此论文曾在今年 3 月在费城举办的亚洲学会美国图书馆远东资源委员会(Committee on American Library Resources on the Far East, Association for Asian Studies)会议上发表。(HYL Archives：Letter of Alfred K'aiming Ch'iu to Glen William Baxter, April 15, 1963)

4 月 16 日

裘开明致函哥伦比亚大学图书馆唐德刚(T. K. Tong)：非常感谢你 3 月 22 日的来信。我这么久没回复你，是因为我们一直在努力寻找《中国金融》的全部卷期。1950 年、1951 年和 1952 年的所有卷期都丢失了。我知道胡佛图书馆和国会图书馆所藏的《中国金融》更完整。如果你们还需要 1959 年卷期的缩微胶卷，请告诉我。我馆将很乐意为贵馆制作。(HYL Archives：Letter of Alfred K'aiming Ch'iu to T. K. Tong, April 16, 1963)

4 月 17 日

哥伦比亚大学图书馆唐德刚(T. K. Tong)致函裘开明：感谢你 4 月 16 日的来函。很遗憾哈佛收藏的《中国金融》1950 年、1951 年和 1952 年的所有卷期均丢失。我希望贵馆最后能找到这些卷期。既然这个杂志不是一种罕见的文献，我馆能从芝加哥或康奈尔得到那些卷期,请贵馆不必继续为我们查找了。我们自己有一些 1959 年的卷期。如果今后我们需要其他卷期,我会再写信给你寻求帮助的。(HYL Archives: Letter of T. K. Tong to Alfred K'aiming Ch'iu, April 17, 1963)

4 月 18 日

哥伦比亚大学东亚图书馆代理馆长埃文斯(Luther H. Evans)致函哈佛燕京图书馆:长期以来,哥伦比亚大学是美国从事中国研究和教育的主要中心之一。哥伦比亚大学东亚图书馆收藏有一部分关于中国研究的中西文重要藏书。目前哥伦比亚大学非常努力地强化研究当代中国事务的计划。东亚图书馆设立了一间当代中国阅览室以示支持。当代中国阅览室给研究学者和学生提供了一个工作区域,在这里能够找到精选的有关中国大陆和台湾的社会科学和人文科学的保存本。尤其包括:关于当代中国文献的专门目录;关于当代中国的最重要的英文和其它西文图书;关于大陆和台湾的中文传媒和无线电台的最重要的英文译文和无线电监测服务的完整档案;关于当代中国的最重要的英文(有些是其它西文)期刊和连续出版物;在大陆和台湾出版的最重要的中文现刊和连续出版物;有关当代中国的由多个国家的众多不同组织以不同形式发行的小册子、报告、再版书、零散论文和其它资料的收藏等。我们相信这是一间特别的阅览室,在东亚图书馆已有馆藏的基础上增补了大量研究资料。随着其不断发展,将为在纽约地区从事当代中国研究提供很大的便利。因此,我们想知道你是否愿意:(1)将阅览室列入你的邮件列表,以便你可以把有关当代中国的图书、小册子、研究报告和其它报告、再版本、不定期论文和出版告示免费捐赠给我们;(2)你如果出版销售有关当代中国的图书和其它资料,请将通知寄到当代中国阅览室。(HYL Archives: Letter of Luther H. Evans to Harvard-Yenching Library, April 18, 1963)

4 月 26 日

哥伦比亚大学图书馆唐德刚(T. K. Tong)致函裘开明:能够再次致函先生请求帮助,我甚感荣幸。明代传记项目的负责人傅路特(Luther Carrington Goodrich)博士曾告诉我,哈佛燕京学社汉和图书馆藏有 89 种明代传记,是相当好的藏品。其中有些传记哥伦比亚没有。傅路特要求我们向贵馆申请所缺传记的缩微胶卷。请你将下面所列的 5 种图书各做一个缩微胶卷给我们,万分感谢!第 10 种王宗沐《皇明名臣言行录》;第 24 种曹溶《明人小传》;第 25 种沈佳《明儒言行录续编》;第 26 种陈盟《崇祯阁臣行略》;第 85 种俞宪《盛明百家诗》。(HYL Archives: Letter of T. K. Tong to Alfred K'aiming Ch'iu, April 26, 1963)

裘开明致函康奈尔大学图书馆中文部负责人马大任(John T. Ma):随函附上一名在洛杉矶的日本馆员的申请信。你曾在费城的亚洲学会(Association for Asian Studies)年会上向我提起,希望找一位日文编目员,在此我建议你考虑一下 Tateoka 小姐的申请。不久前,我曾寄给你几份中文丛书卡片的复印件样本,不知你是否需要我们为贵馆制作复印件。(HYL Archives: Letter of Alfred K'aiming Ch'iu to John T. Ma, April 26, 1963)

4 月 29 日

哈佛燕京学社董事会召开会议。会议主要讨论寻找裘开明馆长接任者的问题。经过远东语言系、东亚研究中心(East Asian Research Center)和大学图书馆的永久雇员(permanent members)的座谈,以及对相关人员的走访后,来自美国各主要远东图书馆的 11 名候选人中,有 5 人因管理经验、知识背景、年龄等原因被明确排除在考虑范围之内,这5人分别是加州大学伯克利分校的 Charles E. Hamilton、台湾大学的万惟英 (Weiying Wan)、康奈尔大学的马大任 (John T. Ma)、普林斯顿大学的童世纲 (Tung Shih-kang) 和芝加哥大学的钱存训 (Tsuen-hsuin Tsien);有2人存在很大的争议:汉和图书馆的副馆长刘楷贤 (Liu K'ai-hsien),与会者认为他本身也到了即将退休的年龄,并且担心其能力和经验不足以胜任馆长一职,而国会图书馆法律部 (Law Section of the Library of Congress) 的 Hsieh 先生则也存在着年龄太大的问题,而且缺少图书馆学背景;另外4位候选人为国会图书馆的 Edwin G. Beal, Jr.、哥伦比亚大学的唐德刚 (T. K. Tong) 先生、爱荷华大学的张馨保 (Chang Hsin-pao) 以及斯坦福大学的吴文津 (Eugene Wu),此4人各有优缺点。Edwin G. Beal, Jr. 是裘开明的第一推荐,但是他本人已经明确拒绝邀请,他目前的工作待遇优于哈佛大学所能提供的待遇,他比较希望能够兼职担任教学工作,而远东语言系目前无法聘任他来系任教。哥伦比亚大学的唐先生年龄有些偏大(年过50岁),目前正在哥伦比亚大学图书馆学院学习,同时担任图书馆的工作。他是一位值得尊敬的学者,但是他作为哥伦比亚大学远东图书馆的馆长,所取得的成绩值得进一步调查、研究。爱荷华大学的张馨保曾是哈佛的毕业生,未受过图书馆学训练,亦无相关经验,目前也不是很清楚他是否对此项工作有兴趣,但他是一名值得考虑的人选。吴文津作为一名馆长所取得的成就有目共睹,他作为一名管理者所具备的控制力和创造力也是公认的。因此应该作为馆长的第一人选。而且他本人也非常渴望到哈佛工作,他熟悉美国图书馆界的情况,了解国际上远东文献资源的情况,因此,作为图书馆馆长的继任者,他最具竞争力。另外,根据费正清 (John King Fairbank) 和大学图书馆的建议,汉和图书馆必须建立当代文献馆藏,而这个领域正是吴文津的专长。目前汉和图书馆当代文献的馆藏位居斯坦福大学之后,排在第二位。而反对吴文津的主要意见集中于,他尚未取得博士学位,从未做过任何独立的学术研究。会上裘开明同意埃文斯 (Luther H. Evans) 博士的观点,认为图书馆在文献采访方面要体现学术性,能够通过参考咨询工作指导研究者;图书馆馆长必须首先是一位优秀的管理者,还应该是图书馆方面的专家。裘开明认为:吴文津 (Eugene Wu) 是一位优秀的馆长,他具备上述所说的两点,他既是一名优秀的管理者,还是一名图书馆学专家,在美国,除了耶鲁大学的 Warren M. Tsuneishi 和国会图书馆的 Beal 博士,再无人能超越其上。通过他所领导的图书馆,可以看出他作为馆长的第三个优点在于——他具备活力和雄心。他的第四个优点在于,他比任何人都了解远东文献资源的网络协作。而张馨保没有什么管理经验,但与吴文津相比,更善于同员工相处。他不了解国家图书馆网络协作,他还需要学习图书馆学。但是张馨保和吴文津一样,是个有活力有雄心的人。换句话来说,在实际工作的磨砺和变化中,他们中的任何一个都具备可发展的空间。当然,作为一名学者,张馨保能够融汇传统与现代,虽然他对传统文化了解不多,但是他认同传统文化。在满足目前我们大多数学生对文献采访和参考咨询工作的需要方面,张馨保比吴文津更合适。会议还讨论了裘开明退休后的计划,即用5—6年的时间完成哈佛燕京《汉籍分类目录》的修订工作,该项目的经费则在下次会议再讨论。会议还讨论了为裘开明增加薪水的问题。另外,在此次会议上,现任哈佛燕京学社社长赖肖尔 (Edwin Oldfather Reischauer) 辞职,董事会对学社社长进行了新的任命,推选裴泽 (John C. Pelzel) 为新任社长。(Librarians[1963-1964] Conferential File for Director & Asse Dir. Only. See: HYI Archives: Librarian-Candidates for 1963 & Trustees Meetings Minutes 1960-1963)

　　裘开明收到8种北朝鲜出版物。(HYL Archives: Letter of sb. to Alfred K'aiming Ch'iu,

April 29, 1963)

4月30日

美国图书馆协会出版部主管助理Bill Katz致函裘开明:《日本参考书指南》(*Nihon no Sankotosho*)的作者想通过美国图书馆协会出版她的专著译稿,我们想请你对此事提供建议,随函附上:(1)作者Naomi Fukuda(Librarian of The International House of Japan Library)致美国图书馆协会出版部Paulin J. Love夫人的信函,函中阐述了对《日本参考书指南》(*Nihon no Sankotosho*)出版英译版的设想和计划;(2)以多种字体胶印的书稿复印件;(3)简要的项目综述;(4)包括三种待选印刷方法的预期费用评估。请你在考察这些内容之后,回答以下问题:(1)你是否认为这本书的质量达到由美国图书馆协会出版的水平?关于这本著作,你有无任何保留意见?如果是,会是什么?(2)你是否认为美国图书馆协会有需要出版这本书的英文版吗?你能否列举理由?(3)你认为这本书的英文译稿会有多大的读者群?(4)如果你熟悉这本书的日文原版,或是了解其声誉,那么,你对英译本有何建议?(5)在发行英译版方面,你有无发现任何作者所遗漏的问题?(6)你是否认为有必要给书名和作者都附上日文字母?(请留意第一页的例子)作者对这个问题有不同的意见,考虑到一方面这可能会有助于排序,但另一方面她也意识到这会增加出版费用,甚至可能并不是那么有用。(7)你对于英译版本,还有什么需要补充或者删减的建议吗?(HYL Archives: Letter of Bill Katz to Alfred K'aiming Ch'iu, April 30, 1963)

5月4日

哈佛燕京学社副社长(代理社长)白思达(Glen William Baxter)致函裘开明:图书馆委员会之前希望对把未办理借出手续的书籍擅自保留在图书馆私人办公室内的行为采取措施,并张帖了相关告示。但至今未见成效。若不采取措施,这种情况将继续恶化。检查所有办公室是否是William Henry Winship的职责,还是其他人的职责?请指定人员定期执行检查。(HYL Archives: Letter of Glen William Baxter to Alfred K'aiming Ch'iu, May 4, 1963)

5月6日

裘开明致函松泽八百(Yaho Matsuzawa),询问暑假期间能否到汉和图书馆上班。(HYL Archives: Letter of Alfred K'aiming Ch'iu to Yaho Matsuzawa, May 6, 1963)

裘开明致函韩国国家图书馆书刊交换部:此前我们从贵馆第87-89号公告中发布的书目上挑选了一些图书,请贵馆尽可能全的把这些书寄给我馆,感谢贵馆对我馆韩文馆藏资源建设所给予的帮助和贡献。(HYL Archives: Letter of Alfred K'aiming Ch'iu to Exchange Division, National of Library of Korea, May 6, 1963)

哈佛大学W. Henry Boud致函裘开明,转交两封信函,并请裘开明答复W. D. Burton夫妇的咨询(HYL Archives: Letter of W. Henry Boud to Alfred K'aiming Ch'iu, May 6, 1963)。信函一:W. D. Burton夫妇致W. Henry Boud(4月23日):去年我们曾携带一套藏文手稿来哈佛大学。当时由于裘开明博士不在哈佛,我们未能与之见面。不知近期他是否方便与我们见面?昨日,我们已经寄出该手稿的复印页(HYL Archives: Letter of Mr. and Mrs. W. D. Burton to Henry Boud, April 23, 1963)。信函二:W. Henry Boud致W. D. Burton夫妇(5月6日):手稿复印页已收到。藏文资料已转到哈佛燕京学社收藏。我已将你们的来信和复印页转给裘开明博士,他将与你联系。(HYL Archives: Letter of W. Henry Boud to Mr. and Mrs. W. D. Burton, May 6, 1963)

5月10日

松泽八百(Yaho Matsuzawa)致函裘开明,告知暑假可以到汉和图书馆上班。(HYL

Archives：Letter of Yaho Matsuzawa to Alfred K'aiming Ch'iu，May 10，1963)

5月15日

大英博物馆东方印本图书和手稿部（Department of Oriental Printed Books and Manuscripts Of British Museum）助理 E. D. Grinstead 致函裘开明：我以个人的名义给你写信，想知道哈佛燕京学社是否会帮助英国的远东图书馆购买一些更具代表性的中国历史资料缩微胶卷。最近在英国牛津举办的远东图书馆会议上，我们决定尽所有努力建立一个长江各省的县志缩微胶卷馆藏。我知道在这方面哈佛燕京学社馆藏的实力，因此希望能从贵馆借阅一些县志用以制作我们的缩微胶卷，这样做能有效的减少费用。如果贵社同意这个建议，大英博物馆可以接收和保管这些县志，其中一部分将交给伦敦大学亚非学院（School of Oriental and African Studies，SOAS）制作缩微胶卷，其余的则在大英博物馆制作缩微胶卷。在正式申请之前，我希望能得到你的个人建议，像这样的计划是否可行。对你提供的任何帮助，我们，不仅仅是大英博物馆，而且还有全英国的图书馆员和学者都会很感激你。（HYL Archives：Letter of E. D. Grinstead to Alfred K'aiming Ch'iu，May 15，1963)

5月16日

康奈尔大学图书馆中文部负责人马大任（John T. Ma）致函裘开明：很高兴得知 Tateoka 小姐可以应聘我馆的职位，我们会尽快和她联系。我已经建议图书馆设立这个职位，但不知何时能找到经费来支付这个职位的薪水。非常感谢你寄来的卡片样本。我们想用较厚的纸张（随信附上）制作卡片，我们希望贵馆按照之前寄给你们的目录制作一套丛书的分析目录卡片，并加上罗马拼音，请把卡片和账单直接寄来。附言：费正清（John King Fairbank）教授及其夫人费慰梅（Wilma Canon Fairbank）几周前曾到访，但因为我在休假，所以错过了与他们会面的机会。我将会在6月中旬拜访你，不知道贵馆是否仍有复本可以提供交换或者出售？（HYL Archives：Letter of John T. Ma to Alfred K'aiming Ch'iu, May 16，1963)

5月20日

密歇根大学中国研究中心助理研究员 David H. Bau 致函裘开明，询问中文期刊《财政》的出版地和出版者，以及《谕折汇存》（1894—1907）、《政治公报》（1908—1911）、《政府公报》（1912—1926）、《国风报》（1910—1911）4种中文期刊缩微胶卷的馆藏信息。（HYL Archives：Letter of David H. Bau to Alfred K'aiming Ch'iu，May 20，1963)

哥伦比亚大学东亚图书馆 Hung I. Wang 致函裘开明：可能你还记得我。你在参加美国图书馆远东资源委员会（Committee on American Library Resources on the Far East）年会的途中曾经来过我们哥伦比亚大学东亚图书馆，我们在书库里有过一次非常愉快的交谈，虽然我们谈话的时间很短暂，但是，你对我们善本的广泛了解，你在图书馆工作实践上的宝贵经验，以及你独特的人格证实：你的确是一位公认的伟大的图书馆馆长。谢谢你建议我拜访贵馆。现在我正在准备。如果天气好，我可能6月5日（星期三）来哈佛大学。希望你还没有休假，我期待见到你。（HYL Archives：Letter of Hung I. Wang to Alfred K'aiming Ch'iu，May 20，1963)

哥伦比亚大学图书馆唐德刚（T. K. Tong）致函裘开明：我在4月26日的来信中曾经请你为我们制作5种明代传记的缩微胶卷。近日，傅路特（Luther Carrington Goodrich）博士让我看了你的来函，你在函中说哈佛尚有第2种万斯同《明史列传》和第13种童时明《昭代明良录》的缩微胶卷。他想让我们将这两种书也列入订购单。请你将这两种书加入我们此前的订单中,总数增至 7 种。因本财政年临近结束,东亚图书馆本年预算所余资金有限。我们可能无法在这件事情上支付太高的费用。你能否帮我们粗略估算一下制作缩微胶卷所需的全部费用? 期待你的答复。(HYL Archives：Letter of T. K. Tong to Alfred K'aiming Ch'iu, May 20, 1963)

5 月 21 日

斯坦福大学亚洲语言系 Donald H. Shively 教授致函裘开明:随函附上我刚从东京 Shibunkakau 得到的目录。我已经在一些书前面做了记号,建议你核对后,订购贵馆所未入藏的书。在此着重推荐购买第 2744 号书,即《元曲永乎遗稿》。(HYL Archives：Letter of Donald H. Shively to Alfred K'aiming Ch'iu, May 21, 1963)

裘开明致函哥伦比亚大学图书馆唐德刚(T. K. Tong):关于为贵馆制作明代传记著作胶卷一事,现说明如下:第 12 种沈应魁(编者注:原文如此,疑有误。)《皇明名臣言行录》,可用原本为你们做一份负片;第 2、13、24、25、26 种,我馆只有正片,负片在国会图书馆,请让国会图书馆帮你冲印一套;第 85 种俞宪《盛明百家诗》的负片正在台湾和日本制作。待收到负片后,我馆会为你制作一份。(HYL Archives：Letter of Alfred K'aiming Ch'iu to T. K. Tong, May 21, 1963)

5 月 24 日

芝加哥大学图书馆远东图书馆中文编目员 Min-sun Chen 致函裘开明,请求汉和图书馆帮忙复制《岭南学报》1952 年第 12 期中缺损的两页。(HYL Archives：Letter of Min-sun Chen to Alfred K'aiming Ch'iu, May 24, 1963)

5 月 27 日

香港交流书报社(Chiao Liu Publication Service)经理 K. S. Loh 致函裘开明,汇报处理汉和图书馆订单的进展,并向汉和图书馆推荐 7 种新书籍,其中包括一小部分石刻拓片。(HYL Archives：Letter of K. S. Loh to Alfred K'aiming Ch'iu, May 27, 1963)

5 月 28 日

裘开明致函香港勤生行(Kun Sang Hong)李汝党,订购 9 种书籍。(HYL Archives：李汝党致裘开明信函,1963 年 7 月)

5 月 29 日

裘开明致函斯坦福大学亚洲语言系 Donald H. Shively 教授:非常感谢你 5 月 20 日和 27 日两次来函向我馆推荐购买古籍。我们已经向东京 Shibunkakau 下了 37 种书的订单,一些是矶部重治(Shigeharu Isobe)先生勾选的,但大部分是你推荐的,其中包括非常重要的《元曲永乎遗稿》。我们将以 112 美元的价格购买胡佛图书馆所藏《东区志》的缩微胶卷。请转告吴文津先生把缩微胶卷和单据寄到我馆。(HYL Archives：Letter of Alfred K'aiming Ch'iu to Donald H. Shively, May 29, 1963)

裘开明致函 Hung I. Wang:非常感谢你 1963 年 5 月 20 日来函。我们非常高兴地欢迎你来我馆参观。6 月 5 日星期三,我们会准备好一切。夏季图书馆的开放时间是周一至周五 9 点—17 点;19 点—22 点,周六和周日闭馆。烦请转告唐(德刚)博士,明代的传记著作中,国会图书馆收藏有第 10 种王宗沐《皇明名臣言行录》的缩微胶卷。(HYL Archives：Letter of Alfred K'aiming Ch'iu to Hung I. Wang, May 29, 1963)

香港大学图书馆馆长 H. Anthony Rydings 致函裘开明:港大负责冯平山图书馆的副馆长 Kan Lai-bing 小姐将于 7 月 9 日左右参观贵馆,请惠予以接待。(HYL Archives：Letter of H. Anthony Rydings to Alfred K'aiming Ch'iu, May 29, 1963)

6月3日

哥伦比亚大学韦慕庭（Clarence Martin Wilbur）致函裘开明，介绍正在研究陈裕仁（Eugene Chen）生平的哥伦比亚大学研究生 Donald Sutton，请求允许该研究生在汉和图书馆查阅资料数周。（HYL Archives：Letter of Clarence Martin Wilbur to Alfred K'aiming Ch'iu, June 3, 1963）

6月4日

美国图书馆协会出版部主管助理 Bill Katz 致函裘开明，请求裘开明对美国图书馆协会出版《日本参考书指南》（*Nihon no Sankotosho*）英译本的可行性提供意见。（HYL Archives：Letter of Bill Katz to Alfred K'aiming Ch'iu, June 4, 1963）

6月6日

裘开明致函香港大学图书馆馆长 H. Anthony Rydings，表示欢迎 Kan Lai-bing 小姐来访。（HYL Archives：Letter of Alfred K'aiming Ch'iu to H. Anthony Rydings, June 6, 1963）

6月12日

裘开明致函美国图书馆协会出版部主管助理 Bill Katz 先生，回复他5月1日和6月4日关于美国图书馆协会出版《日本参考书指南》（*Nihon no Sankotosho*）英译本的来信：我认为这个项目必须在一些组织的赞助下进行，如美国学术团体协会（American Council of Learned Societies），他们有兴趣为日文研究和一般性日本研究提供便利。我的这一观点是基于以下原因而提出的：(1)对于不懂日文，以及不需要处理日文资料的美国图书馆员而言，这本书没有多大的用处；(2)对于美国大学图书馆日文馆藏的管理者及馆员而言，他们不需要这本著作的英文译本。他们早已读过日文版原著，并知道如何使用它；(3)这本英文译本仅仅对二三年级懂得日文的美国大学生有用，他们会希望了解有哪些重要的日文参考书可以利用。而那些三年级以上的学生，一般都知道如何使用日文原著。因此，这本书应该作为语言研究的辅助材料出版。美国图书馆协会是否愿意支持这样的研究，需要由你们自己决定。如果在美国出版该书的英文版，则应该提供书名与作者的全部拼写（Kanji 汉字和 Kana 假名）。（HYL Archives：Letter of Alfred K'aiming Ch'iu to Bill Katz, June 12, 1963）

6月13日

哥伦比亚大学东亚研究所 James W. Morley 教授致函裘开明：我们的东亚图书馆决定建立有关国际军事法庭远东审判会议录的日文馆藏。为此，我们需要大量的缩微胶卷或复印本。我们馆藏中可能有接近3000页资料的缩微胶卷丢失了。贵馆是否有这一系列的完整收藏？如果有，是否可让我们把所需的书页缩微或复印？如果可以，费用是多少？我们应如何安排这件事情？非常感谢你的帮忙。随函附上相关目录。（HYL Archives：Letter of James W. Morley to Alfred K'aiming Ch'iu, June 13, 1963）

6月14日

裘开明接待来访的康奈尔大学图书馆中文部负责人马大任。（HYL Archives：Letter of John T. Ma to Alfred K'aiming Ch'iu, June 17, 1963）

美国图书馆协会出版部主管助理 Bill Katz 致函裘开明：感谢你对出版英文版《日本参考书指南》（*Nihon no Sankotosho*）所提供的意见，我相信你的评价将会对编辑委员会决定这个项目的未来发展有所帮助。（HYL Archives：Letter of Bill Katz to Alfred K'aiming Ch'iu, June 14, 1963）

意大利 La Bibliofila 的 Carla C. Marzoli 致函裘开明：我冒昧的请 Philip Hofer 先

生转告你随函所附4种中文古籍的内容。我已经认识贾德纳（Charles Sidney Gardner）先生很多年了，他告诉我中国事务专家 E. D. Grinstead 先生查阅过的这些书。贾德纳先生建议我了解这些书有哪些已收藏在国会图书馆亚洲部。此外，他们对像贵馆这样重要的图书馆非常感兴趣。如果你对这些书感兴趣，我可以听从你的安排提供所有你所需的详细信息。可能你会对这些书感兴趣，它们是中国政府官方奖赏给一位意大利法官的礼品。在我们大使的资助下，这位法官曾于1933年被派往中国，担任中国政府的中国刑法改革法律顾问。（HYL Archives：Letter of Carla C. Marzoli to Alfred K'aiming Ch'iu, June 14, 1963）

6月15日

哥伦比亚大学东亚图书馆的 Hung I. Wang 致函裘开明：能够拜访知名的汉和图书馆，并在一个典型的扬州风格的餐馆里，得到一名其贡献将永载中日研究和图书馆学史册的伟大图书馆馆长的款待，我非常高兴，也甚感荣幸。这次造访，我从你和你的图书馆中学到了很多：现代结构的建筑，精心设计的办公室，整洁的书库，三种目录。我还对两件事情印象深刻：一件是按一种分类体系将中文、日文、韩文图书统一排架。这只有在你的伟大领导下才能成功实现。另外一个就是你温暖、谦虚、真诚的人格。我不会忘记你所说的：对一个图书馆员而言，心先于一切。在你那里，我有更多需要学习的，但时间太短了。我能做的唯一事情是期待第二次造访。希望我下次在哈佛见到你时，你尚未结束的书目工作已经结束，你们将拥有40万卷的馆藏。无论你何时来到纽约，请到哥伦比亚稍作停留，让我请你吃纽约风格的中式晚餐，以示我对你的敬重。唐德刚（T. K. Tong）博士和傅路特（Luther Carrington Goodrich）教授向你致以最诚挚的问候。（HYL Archives：Letter of Hung I. Wang to Alfred K'aiming Ch'iu, June 15, 1963）

6月17日

康奈尔大学图书馆中文部负责人马大任（John T. Ma）致函裘开明：非常感谢你上周五对我到访贵馆的招待和帮助。我想，购买贵馆的复本图书比我们从我馆期刊目录里抽取多余卡片的工作要紧急得多。那么多的访问者到贵馆书库里看来看去，我怕又有另一个 G. Raymond Nunn 选走了好本子。因此，如果可能的话，我想请你立刻雇佣一个学生开始登记复本，我们会按照1.25美元的时薪支付报酬。登记时不必著录所有的书目数据，只需要提供书名、作者和出版日期。可以先从当代书籍做起，后做古籍。我相信这需要花费贵馆职员大量的时间来给每种书定价。为了节省时间，我建议不要对每本书定价（除了那些特别珍贵的古籍），你只要告诉我，我馆所勾选的图书的总价格，然后打包出售给我们即可。为了加快整个进程，这个学生可以每做完一页书目就通过航空信件把书目寄给我们，我们的助理也就可以立即开始比对我们的馆藏。这样一来，我们几乎可以做到一完成复本的登记工作，就立即告诉你我们所要的书籍，然后，你就可以把我们要的书放在一起，告诉我们包括邮费在内的所有费用。我想，我们大概可以购买贵馆一半的复本。（HYL Archives：Letter of John T. Ma to Alfred K'aiming Ch'iu, June 17, 1963）

6月18日

胡佛研究所东亚图书馆馆长吴文津（Eugene Wu）致函裘开明：请问贵馆是否有藏1954年上海出版的4卷本《古本戏曲丛刊》？如果有的话，请为我馆制作一份缩微胶卷。（HYL Archives：Letter of Eugene Wu to Alfred K'aiming Ch'iu, June 18, 1963）

6月25日

裘开明致函康奈尔大学图书馆中文部负责人马大任（John T. Ma）：我们已经为贵

馆聘用了一名考古学的中国研究生施振民为贵馆编制复本图书目录，并已经开始工作。怀德纳图书馆正在制作日文规范档卡片缩微胶卷。普林斯顿想要购买一套，如果贵馆同时订一套，会比分别订购优惠，不知你是否有意订购。怀德纳图书馆刚购买了一台大型施乐（Xerox）复印机，几周后就可以以低于5美分的价格复制哈佛大学的所有图书馆卡片。一旦运作正常，怀德纳图书馆就会舍弃使用简易平版印刷机印刷卡片了。（HYL Archives：Letter of Alfred K'aiming Ch'iu to John T. Ma，June 25，1963）

7月1日

芝加哥大学远东图书馆馆长钱存训（Tsuen-hsuin Tsien）致函裘开明：何炳棣（Ping-ti Ho）博士来函说他已经获得贵馆的准许，向我馆出售《钦定总管内务府现行则例》。我馆在收到账单后会支付相关费用。我们还希望购买其他中日文书籍复本。Tamiko Matsumura小姐现在在我馆兼职，看得出，她先前在贵馆工作的收获很大。（HYL Archives：Letter of Tsuen-hsuin Tsien to Alfred K'aiming Ch'iu，July 1，1963）

7月2日

康奈尔大学图书馆中文部负责人马大任（John T. Ma）致函裘开明：随函附上书目前5页，上面已经勾选了我馆希望购买的图书。施振民如已做完复本登记工作，请帮忙挑选丛书卡片，为我馆每一套丛书的每本著作都复制一张分析卡片。不知单独一馆申请施乐（Xerox）复制的费用是多少；如果同时多馆订购的话，费用又如何计算。我还希望了解贵馆是否有藏（元）陈绎曾撰《古文矜式》，我们希望得到复制本。（HYL Archives：Letter of John T. Ma to Alfred K'aiming Ch'iu，July 2，1963）

7月3日

哥伦比亚大学教授狄百瑞（William Theodore De Bary）致函裘开明：我正在研究日本的儒家思想，从东方期刊的联合卡片目录中发现，有一些文章可能是哥伦比亚大学没有而贵馆有收藏的。随函附上相关目录，你能否帮我确认这些论文可否从贵馆获得，以及制作成缩微胶卷的费用。待了解这些信息后，我希望能通过哥伦比亚大学图书馆订购这些论文。（HYL Archives：Letter of William Theodore De Bary to Alfred K'aiming Ch'iu，July 3，1963）

康奈尔大学图书馆中文部负责人马大任（John T. Ma）致函裘开明：感谢你补足我馆缺少的卷期，使我馆收齐全套的《新华半月刊》。我希望施振民能够先处理登记馆藏杂志复本的工作。（HYL Archives：Letter of John T. Ma to Alfred K'aiming Ch'iu，July 3，1963）

7月8日

裘开明致函康奈尔大学图书馆中文部负责人马大任（John T. Ma）：我们已经把你在目录中勾选的书抽出放在一起了，并将《文学津梁》里陈绎曾的《文说》《古文矜式》拿到怀德纳图书馆复制部复制。施振民先生已完成所有古籍的登记工作，但因为必须入院做一个重要的手术，因此无法立即进行期刊的登记工作。学生中难以选出胜任这项工作的人。对于一套完整的日文规范档卡片（大约10000张，先做成缩微胶卷，再做成施乐（Xerox）复印件），如果只有一所图书馆需要，价格为800美元；如果有两所图书馆同时需要，价格为600美元；如果三所图书馆分摊，则价格仅为530美元。芝加哥的钱存训（Tsuen-hsuin Tsien）博士曾致函给我，表示想订购一套。（HYL Archives：Letter of Alfred K'aiming Ch'iu to John T. Ma，July 8，1963）

大英博物馆东方印本图书和手稿部E. D. Grinstead致函裘开明：我得知贵馆出版了馆藏韩文图书目录的缩微胶卷。如果我们能购得一套，那会有助于我们为大英博物馆的韩文旧书进行编目。如果贵馆可以出售,可否请你寄来一式两份的发票。如果贵馆要求交换,请让我们知道交换的价格是多少,以及你想要交换什么样的书?(HYL Archives:Letter of E. D. Grinstead to Alfred K'aiming Ch'iu, July 8, 1963)

香港勤生行(Kun Sang Hong)李汝党致函裘开明:5月28日来函订购的9种书,除《梁谿全集》未能购得外,其余8种已于7月3日寄出,并由敝社代支邮费港币11.5元,随函寄上发票两纸,另附专目十纸,以供选择。(HYL Archives:李汝党致裘开明信函,1963年7月8日)

哥伦比亚大学东亚研究所所长韦慕庭(Clarence Martin Wilbur)致函裘开明:应贾祖麟(Jerome Grieder)博士的要求,现将本研究所所藏胡适日记的缩微胶卷借给贵馆,请贵馆于暑假末期归还,希望贵馆在保管胡适日记缩微胶卷期间不要擅自翻制缩微胶卷。(HYL Archives:Letter of Clarence Martin Wilbur to Alfred K'aiming Ch'iu, July 8, 1963)

7月9日

康奈尔大学图书馆中文部负责人马大任(John T. Ma)致函裘开明:贵馆是否有藏《古文声系》一书,如果有的话,我们希望通过馆际互借获取。我已从贵馆复本书目录中勾选了我馆所需的近代中国书籍,请问价格几何?另外丛书卡片的复制工作进展如何?(HYL Archives:Letter of John T. Ma to Alfred K'aiming Ch'iu, July 9, 1963)

7月11日

裘开明致函哥伦比亚大学东亚研究所James W. Morley教授:很抱歉我馆馆藏中没有贵校图书馆丢失的有关国际军事法庭远东审判会议录的日文文献的完整版本。这部日文文献的一部分是1948年东京富山房(Fuzambo)出版的,分两卷。我馆仅有第1卷,包括记录1—22。(HYL Archives:Letter of Alfred K'aiming Ch'iu to James W. Morley, July 11, 1963)

裘开明致函哥伦比亚大学教授狄百瑞(William Theodore De Bary):根据你7月3日来函所附日文期刊目录,我馆已核查了馆藏,并将有收藏的期刊的索书号和页码附在每篇论文旁,约63页。没有标注索书号的论文表示我馆未收藏。缩微胶卷每页收费6美分,复印费是每页20美分。无论你选择哪种形式,请将订购单寄到马萨诸塞州剑桥38号哈佛大学图书馆照相复制部。(HYL Archives:Letter of Alfred K'aiming Ch'iu to William Theodore De Bary, July 11, 1963)

7月12日

Felix Reichmann致函裘开明:马大任(John T. Ma)对购买贵馆的日文规范卡片非常感兴趣,但我觉得费用太高,所以尚未批准。如果有多个图书馆希望购买卡片,卡片价格会下降的话,我们还是有意向购买。(HYL Archives:Letter of Felix Reichmann to Alfred K'aiming Ch'iu, July 12, 1963)

裘开明致函康奈尔大学图书馆中文部负责人马大任(John T. Ma):随函附上古籍复本目录以及学生助理施振民的工作时间表,请你直接将报酬支票寄给他。(HYL Archives:Letter of Alfred K'aiming Ch'iu to John T. Ma, July 12, 1963)

裘开明致函香港勤生行(Kun Sang Hong),订购书籍14种。(HYL Archives:李汝党致裘开明信函,1963年7月12日)

7月15日

裘开明致函大英博物馆东方印本图书和手稿部E. D. Grinstead:感谢你7月8日有关我们韩文书目的来信。这部书目是可出售的,价格为2美元,含邮资。这部书目包括我馆自1961年6月以来的馆藏,从那以后,我们经典名著和当代领域的馆藏都增加了一倍。尽管我们计划在明年某个时候出版增补卷,但我们不能确定何时才能向海内外发行。如果你感兴趣,那么卡片目录也是值得拥有的。目前,我们印制了几套目录卡片,售价为每张0.03美元。如果是以编目为目的的话,这些卡片会比书本式目录更有用。无论如何,我们将给你寄来一套韩文书目,并附上一式两份的发票和一些卡片样本。(HYL Archives:Letter of Alfred K'aiming Ch'iu to E. D. Grinstead, July 15, 1963)

7月16日

哥伦比亚大学教授狄百瑞(William Theodore De Bary)致函裘开明:7月3日来信收到,非常感谢。兹附上我们打算复制的论文目录和12.60美元的支票。如果能够双面复印,则更好。(HYL Archives:Letter of William Theodore De Bary to Alfred K'aiming Ch'iu, July 16, 1963)

裘开明致函康奈尔大学图书馆中文部负责人马大任(John T. Ma):我们已经收到贵馆副馆长Felix Reichmann的来信,Felix Reichmann表示对我们的日文规范卡片感兴趣,但没有表示要下单订购。目前,怀德纳图书馆复制部门已经将这些卡片制成缩微胶卷。如果普林斯顿、康奈尔和芝加哥没有办法达成协议将缩微胶卷复制成施乐(Xerox)复制卡片的话,我们就会将缩微胶卷卖给普林斯顿,因为他们是第一个订购的。不管情况如何,恐怕这些复制卡片的价钱都不会少于500美元一套。所以真正的问题在于,你是否现在就想要一套,以节省职员的劳动和时间(肯定会减少你编目的花费),或者干脆就不要了。(HYL Archives:Letter of Alfred K'aiming Ch'iu to John T. Ma, July 16, 1963)

7月17日

康奈尔大学图书馆中文部负责人马大任(John T. Ma)致函裘开明:我已经在复本书目录上勾选了需要购买的图书。此外,我还查到了《古文声系》的详细书目信息,不知贵馆是否有藏《古文声系》,能否通过馆际互借获取。(HYL Archives:Letter of John T. Ma to Alfred K'aiming Ch'iu, July 17, 1963)

7月21日

斯坦福大学亚洲语言系Robert Epp致函裘开明:我想得到两篇有关日本研究的澳大利亚国立大学博士论文,其一是关于1889年日本普选,其二是关于明治官僚机构。不知贵馆是否有缩微胶卷,或者能否从其他图书馆得到复本。(HYL Archives:Letter of Robert Epp to Alfred K'aiming Ch'iu, July 21, 1963)

7月22日

康奈尔大学图书馆中文部负责人马大任(John T. Ma)致函裘开明:Felix Reichmann博士会致函给你告知我馆有关购买贵馆日文规范档的决定。在收到他的函件之前,请不要将胶卷交给普林斯顿大学。另附上我馆欲购贵馆复本的清单。(HYL Archives:Letter of John T. Ma to Alfred K'aiming Ch'iu, July 22, 1963)

7月23日

香港勤生行(Kun Sang Hong)李汝党致函裘开明:7月12日订购14种书籍的来函已收到,办妥以后将另函告知。(HYL Archives:李汝党致裘开明信函,1963年7月23日)

7月24日

Michiko I. Totman致函裘开明:时间过得很快,这是我在东京的最后一个夏天了。Conrad Totman的工作进展缓慢,我很担心我们得在日本再多呆几个月。我们当初决定申请在日本呆到1963年8月,但现在看来8月底我才能完成我的工作。秋天的时候,Conrad和我将忙于打印论文草稿、打包书籍和家庭日用品,并搬家到我父母家里住。在回美国以前,我们打算去旅游一下,和亲友们道别,然后和 Connie 的父母过圣诞节,并于 1964 年 1 月份回到剑桥。我希望你能及时收到这封信,并告诉 Tohan 更改邮寄手续。如果你允许我这样做,我将通知 Tohan。1964 年春节期间,我将忙于论文打印,但是如果到时候你需要助理并有空缺,我很乐意做兼职。我在日本期间,感谢你提供工作给我。(HYL Archives:Letter of Michiko I. Totman to Alfred K'aiming Ch'iu, July 24, 1963)

7 月 26 日

韩国汉城延世大学(Yonsei University)向汉和图书馆邮寄代购的第 13 批韩文古籍。(HYL Archives:Chinese-Japanese Library of the Harvard-Yenching Institute at Harvard University Report of the Librarian for 1963-1964)

7 月 29 日

西蒙斯大学学生注册主管 Margaret K. Gonyea 致函裘开明,请求对申请入学攻读图书馆学研究生的 Susan T. Bau 女士给予推荐和评价。(HYL Archives:Letter of Mrs. Magaret K. Gonyea, Registrar, Simmons College, Mass., to Alfred K'aiming Ch'iu, July 29, 1963)

胡佛研究所东亚图书馆馆长吴文津(Eugene Wu)来函,请裘开明修改关于汉和图书馆的介绍,拟将该介绍收入吴文津编的《现代中国研究指南》(*Guide to Research on Modern China*)。(HYL Archives:Letter of Eugene Wu to Alfred K'aiming Ch'iu, July 29, 1963)

7 月 31 日

香港勤生行(Kun Sang Hong)李汝党致函裘开明:7 月 12 日来函订购的 14 种书已寄出,并代支邮费港币 21 元,随函附发票两纸及专目八纸。(HYL Archives:李汝党致裘开明信函,1963 年 7 月 31 日)

7 月

裘开明接待来访的香港大学负责冯平山图书馆副馆长 Kan Lai-bing 小姐,并赠给港大图书馆一部《哈佛燕京学社图书馆韩籍简目,1962》(*Classified Catalogue of Korean Books in the Harvard-Yenchong Insitute Library*,1962),赠送给 Kan Lai-bing 小姐个人一部《汉和图书馆汉籍分类目录》。(HYL Archives:Letter of H. Anthony Rydings to Alfred K'aiming Ch'iu, January 3, 1964)

8 月 1 日

裘开明致函延世大学(Yonsei university)图书馆馆长闵泳珪(Minn Young-gyu):我打算在增补的馆藏韩文书目第二卷的长条校样中再增加 1000 条款目,大约在 10 月初会把需要增加的 1000 条款目的卡片寄出。(HYL Archives:Letter of Alfred K'aiming Ch'iu to Minn Young-gyu, August 1, 1963)

裘开明致函斯坦福大学亚洲语言系的 Robert Epp:我们将从澳大利亚国立大学订购那两篇博士论文的缩微胶卷,以供你在本馆使用。(HYL Archives:Letter of Alfred K'aiming Ch'iu to Robert Epp, August 1, 1963)

裘开明致函大英博物馆东方印本图书和手稿部 E. D. Grinstead:关于你 5 月 15 日以个人名义寄来的函件中谈到将我们的一些中国善本书运至大英博物馆,并在那里进行缩微胶卷复制一事,我也以个人名义给你答复。在给出明确答复之前,我需要与我校的几位相关人士进行商谈。哈佛大学图书馆副馆长 Douglas W. Bryant 先生,他刚于 7 月底返回哈佛。Bryant 先生的看法是,从哈佛大学图书馆的任何部门往海外寄送图书是不明智的(虽然我们的研究所是独立的法人实体,然而我们图书馆仍是哈佛大学图书馆系统的一部分),因为存在丢失的危险,特别是对于一些仅有一本的馆藏而言,风险太大。

目前几乎没有把哈佛的图书运送到海外的先例,无论是以馆际互借还是制作缩微胶卷为目的。此外,他说哈佛现在有一个很好的照相复制实验室,可以对正文做缩微胶卷或是用施乐(Xerox)复印机复制。如果贵馆给我馆下一缩微胶卷的正式订单,且量较大的话,他说可以考虑为大英博物馆提供特殊的价格优惠。我想,你希望在英国制作书本缩微胶卷,而不是在美国进行的主要原因是因为在英国处理费用较低。然而,如果把图书从美国寄送到英国,你将不得不支付高昂的邮费和保险费用。如此高的花费将几乎抵消在英国进行缩微胶卷复制的价格优势。随函附上一份书目供你参考。(HYL Archives: Letter of Alfred K'aiming Ch'iu to E. D. Grinstead, August 1, 1963)

裘开明致函怀德纳图书馆副馆长 Allen B. Veaner:随函附上康奈尔大学订购一套日文规范档卡片的订单,请你将最后估算的包含邮费在内的价格告知 Felix Reichmann 博士(康奈尔大学图书馆副馆长)以及童世纲(Tung Shih-kang)(普林斯顿大学图书馆葛思德东方图书馆)。(HYL Archives: Letter of Alfred K'aiming Ch'iu to Allen B. Veaner, August 1, 1963)

裘开明致函康奈尔大学图书馆中文部负责人马大任(John T. Ma):由于人员上的变动,定价事宜会推后,贵馆有可能到秋季学期开始时(9月的第三和第四周)才能收到所有的图书。Allen B. Veaner(怀德纳图书馆副馆长)会致函贵馆副馆长 Felix Reichmann 博士,告知 22266 张日文规范档卡片的最终价格。日文规范档卡片的数量之所以这么多,是因为我们还收录了国会图书馆和哥伦比亚大学图书馆的日文规范档卡片,所有的卡片按照王氏四角号码排列。这些规范档卡片非常丰富而有用。只要会读,贵馆任何一名员工都可以从卡片上可靠的规范档得知名字的写法、罗马化拼写、作者生卒年月。正如你所知,哥伦比亚大学东亚图书馆有一套自己的日文规范档卡片(按字母顺序),放在日文公共目录里,但如果不知怎么读作者名的话,就一点用都没有了。(HYL Archives: Letter of Alfred K'aiming Ch'iu to John T. Ma, August 1, 1963)

8月2日

裘开明致函 Michiko I. Totman:欢迎你1964年1月回到图书馆做兼职工作。另外,你不用继续验收 Tohan 寄给你的新卡片了,请尽快完成你现在手头的事情,这样你就可以在这个月底结束手头的工作。麻烦你告诉我们你父母家的地址,这样我们就可以寄8月份的支票给你。另外,请写信告诉 Tohan,更改邮寄日本国会图书馆目录卡片的手续。(HYL Archives: Letter of Alfred K'aiming Ch'iu to Michiko I. Totman, August 2, 1963)

8月6日

澳大利亚国家图书馆馆长 H. L. White 博士致函裘开明:最近几周,我馆正在对东方馆藏进行研究,以提高馆藏覆盖面。考虑到补充日文出版物的较佳做法是指定日本书商作为代理。我馆拟从以下所列的书商中进行选择(按照我们喜好程度进行排列):(1)文光堂书店(Bunkodo Book Store);(2)日本出版贸易株式会社(Japan Publications Trading Company);(3)一诚堂书店(Isseido Bookstore);(4)Charlies E. Tuttle 公司(Charles E. Tuttle Company);(5)丸善株式会社(Maruzen Co. Ltd);(6)Overseas Courier Service, Inc. (for serial publications);(7)Yushodo Co. Ltd.。我们现在想委托文光堂书店作为我馆的代理。我知道哈佛燕京学社曾委托文光堂书店以及一些其他的日本书商作为代理,我们想了解你对这些公司服务的评价。我们希望代理能为我馆采购当代专著资料,并能为我馆提供订购和持续订购服务。我们希望代理可靠、快捷,能用英语良好沟通,了解西方商贸法则,价格合理且诚信。(HYL Archives: Letter of H. L. White to Alfred K'aiming Ch'iu, August 6, 1963)

8月7日

西蒙斯大学学生注册主管 Margaret K. Gonyea 致函裘开明,请求对申请入学攻读图书馆学研究生的 Diana Yen Wang 女士给予推荐和评价。(HYL Archives: Letter of Mrs. Magaret K. Gonyea, Registrar, Simmons College, Mass., to Alfred K'aiming Ch'iu, August 7, 1963)

8月8日

裘开明致函香港勤生行(Kun Sang Hong),订购书籍46种。(HYL Archives:李汝党致裘开明,1963年8月19日)

8月14日

裘开明致函澳大利亚国家图书馆馆长 H. L. White:关于选择日文图书采购代理商的事情,一般来说,新出版物和现刊的代理机构,文光堂(Bunkōdo Book Store)最好。与你清单上的其他机构比较来说,文光堂更符合你的要求,因为它通常会向它的客户提供个性化的服务。你名单上的第二家机构是一个庞大的进出口公司,不只是经营日文书,还经营各类日文文章。他们通常会在书商目录所列的书籍上加收 10%—15% 的管理费,但是他们能够从所有日文书商处采购你所需要的图书。第三家是一家历史悠久的著名的书店,同时经营新旧书籍。在经营二手书和绝版书领域是最好的,通常拥有很丰富的资源。我相信它一定拥有很多与日本的大学和学校的业务。第四家和第五家只擅长购买在日本和远东出版的西文出版物。而第二家在这方面也做得很好。第六家专营报纸。第五家和第六家在纽约市都有办事处。在订购日文报纸方面,我主要是通过第六家代理。每年所出版的日文书中值得购买的在 15000 到 20000 种之间。我馆现在每年购买其中的 10% 左右,每种书的平均价格为 3 美元,每本书的平均价格为 2 美元。所有的书都会收录在日本国会图书馆的《纳本周报》(*Nōhon Shūhō*)上。你目前需要购置的除了新书以外,建立贵馆馆藏的最好途径是向东京、京都和大阪的书商索要目录。你的馆员需要花一些时间核对目录,为贵馆画出值得购买的文献。如果你不想通过写日文信给各个书商的方法订购书(我们是这样做的),你可以把你的订书单寄给文光堂或日本出版贸易株式会社(Japan Publications Trading Company)。(HYL Archives: Letter of Alfred K'aiming Ch'iu to H. L. White, August 14, 1963)

8月15日

裘开明致函胡佛研究所东亚图书馆馆长吴文津(Eugene Wu):随函附上即将收入你的大作《现代中国研究指南》(*Guide to Research on Modern China*)的汉和图书馆介绍的修订稿。你6月18日来函询问我馆所藏《古本戏曲丛刊》(*Gigantic Chinese Drama Series*)的情况,全书共4卷。我馆仅有1958年出版的第4卷,详细情况可在《中国丛书综录》第1卷第929至938页上查到。(HYL Archives: Letter of Alfred K'aiming Ch'iu to Eugene Wu, August 15, 1963)

华盛顿特区乔治敦大学中文讲师 C. N. Tay 致函裘开明,表示希望购买一部裘开明编写的《汉和图书分类法》。(HYL Archives: Letter of C. N. Tay to Alfred K'aiming Ch'iu, August 15, 1963)

裘开明致函澳大利亚国家图书馆馆长 A. L. G. McDonald,向该馆订购两篇有关日文研究的博士论文的缩微胶卷;并表示,如不能制作缩微胶卷,则希望通过馆际互借借出。(HYL Archives: Letter of Alfred K'aiming Ch'iu to A. L. G. McDonald, August 15, 1963)

8月16日

裘开明致函西蒙斯大学学生注册主管 Margaret K. Gonyea 推荐 Diana Yen Wang 入学：Diana Yen Wang 女士自 1958 年 9 月至 1961 年 10 月在哈佛燕京学社汉和图书馆流通台担任助理，她性格开朗而且非常聪明。（HYL Archives：Letter of Alfred K'aiming Ch'iu to Mrs. Magaret K. Gonyea, Registrar, Simmons College, Mass., August 16, 1963）

裘开明致函西蒙斯大学学生注册主管 Margaret K. Gonyea 推荐 Susan T. Bau 入学：Susan T. Bau 女士一直在哈佛燕京学社汉和图书馆担任采访助理，她非常能干和细心，我全力推荐。（HYL Archives：Letter of Alfred K'aiming Ch'iu to Mrs. Magaret K. Gonyea, Registrar, Simmons College, Mass., August 16, 1963）

裘开明致函胡佛研究所东亚图书馆馆长吴文津（Eugene Wu），询问胡佛研究所东亚图书馆是否有入藏广州出版的《南方日报》1949 年 12 月到 1952 年 10 月各期报纸。如有，汉和图书馆欲购买缩微胶卷。（HYL Archives：Letter of Alfred K'aiming Ch'iu to Eugene Wu, August 16, 1963）

裘开明致函芝加哥大学远东图书馆馆长钱存训（Tsuen-hsuin Tsien）：我馆出售光绪年间《钦定总管内务府现行则例》的价格为 30 美元，不知贵馆是否决定购买。贵馆所订购的《丛书集成》两套分析卡片，已交怀德纳图书馆照相复制部制作。（HYL Archives：Letter of Alfred K'aiming Ch'iu to Tsuen-hsuin Tsien, August 16, 1963）

康奈尔大学图书馆中文部负责人马大任（John T. Ma）致函裘开明：随函附上最后一份选购贵馆古籍复本的清单，请问这批书的总价是多少？施振民是否已经康复，登记期刊复本的工作进展如何？我馆已经买了《万有文库》第一和第二集简编（500 种），贵馆是否有这些书的分析卡片？（HYL Archives：Letter of John T. Ma to Alfred K'aiming Ch'iu, August 16, 1963）

8月19日

香港勤生行（Kun Sang Hong）李汝党致函裘开明：8 月 8 日订购 46 种书籍的来函已收到，办妥以后将另函告知。（HYL Archives：李汝党致裘开明信函，1963 年 8 月 19 日）

8月20日

裘开明致函华盛顿特区乔治敦大学中文讲师 C. N. Tay：《汉和图书分类法》一书很久以前就已经售完，目前有一些缺页的复本，如果想要的话可以出售，残缺的部分可以从华盛顿特区乔治敦大学或国会图书馆复印补齐。从哈佛大学照相复制部购买复印件，每页 20 美分。（HYL Archives：Letter of Alfred K'aiming Ch'iu to C. N. Tay, August 20, 1963）

8月21日

胡佛研究所东亚图书馆馆长吴文津（Eugene Wu）致函裘开明：我馆已经入藏《南方日报》，此报可以在联合研究所（Union Research Institute）获得缩微胶卷，其费用一定会低于 5200 港元。我将就《古本戏曲丛刊》（Gigantic Chinese Drama Series）致函 Edwin G. Beal, Jr.，我相信此书在美国是没有的，只有剑桥大学图书馆和伦敦大学亚非学院（School of Oriental and African Studies, SOAS）图书馆藏有前三卷。（HYL Archives：Letter of Eugene Wu to Alfred K'aiming Ch'iu, August 21, 1963）

8月28日

澳大利亚国立大学图书馆参考馆员 Norma Galloway 夫人致函裘开明：你 8 月 15 日关于申请制作两篇博士论文缩微胶卷的来信已经收到，一般而言，我们很乐意在图书馆制作这些文献的缩微胶卷，但必须首先征得作者的许可。R. H. B. Mason 博士正在本校做讲师,我们与他联系,他不同意复制或出借他的论文,因为他打算修改他的论文,并在去日本学习一段时间后再出版。Andrew Frazer 博士现在在英国的亚非学院(School of Oriental and African Studies,SOAS),他离开本校时曾提供家庭住址,请贵馆与之联系,若获得他的许可,我们将立即为贵馆制作缩微胶卷。(HYL Archives:Letter of Mrs. Norma Galloway to Alfred K'aiming Ch'iu, August 28, 1963)

9月14日

香港勤生行(Kun Sang Hong)李汝党致函裘开明:我们收到汉和图书馆用于支付购书款的汇票;代购的 30 种专籍已寄出,其中《堪舆汇刊》原书平装 25 册,现改订精装 3 册,改装费 18 元,邮费 21 元,保险费 6.8 元,附上发票两份四纸,保险单一纸,专目四纸。(HYL Archives:李汝党致裘开明信函,1963 年 9 月 14 日)

9月17日

耶鲁大学图书馆 Warren M. Tsuneishi 致函裘开明,为该校芮玛丽(Mary Clabaugh Wright)教授的学生查找关于明清两代军队历史以及清末民初中国留日学生的资料。(HYL Archives:Letter of Warren M. Tsuneishi to Alfred K'aiming Ch'iu, September 17, 1963)

9月19日

印第安纳大学性学研究所(Institute for Sex Research, Inc. of Indiana University)档案与文献部主任 Cornelia V. Christenson 致函裘开明:我们刚刚寄给哈佛信托公司(Harvard Trust Co.)一张 537.24 美元的支票,用于支付购买 21 种情色文献缩微胶卷的账目。不知贵馆是否有兴趣与研究所交换《素娥篇》(*Su-wo-p'ien*)的缩微胶卷,该胶卷共 103 帧,每一帧的拍摄费用为 8 美分,即全部缩微胶卷价格共计 8.24 美元,其尺寸规格为 120 的胶卷,每帧显示两页,该缩微胶卷可改制成 35mm 幻灯片,或者重新制成汉和图书馆所需要的标准缩微胶卷。(HYL Archives:Letter of Cornelia V. Christenson to Alfred K'aiming Ch'iu, September 19, 1963)

9月24日

哈佛燕京学社副社长(代理社长)白思达(Glen William Baxter)致函裘开明:图书馆委员会建议就墨子刻(Thomas Metzger)先生的情况对现行规定做两点例外处理。墨子刻先生现在正在为准备毕业论文从事专门研究工作,并参与社会科学课程(课程代号 111)的教学。其一,允许墨子刻先生从星期一到星期五在下午 5 点到 7 点之间继续使用图书馆;其二,他可以将他已经存放在其阅览座位的雕版图书在周末借出图书馆使用……(HYL Archives:Letter of Glen William Baxter to Alfred K'aiming Ch'iu, September 24, 1963)

香港勤生行(Kun Sang Hong)李汝党致函裘开明:8 月 8 日来函订购的 46 种专籍,除之前分两批寄出共 39 种书以外,其余 7 种于 9 月 19 日业已寄出,代支邮费港币 11.5 元,附呈发票二纸及专目五纸。(HYL Archives:李汝党致裘开明信函,1963 年 9 月 24 日)

裘开明致函大英博物馆东方印本图书和手稿部(Department of Oriental Printed Books and Mss. Of British Museum):我们将另函给贵馆寄送哈佛大学的韩文目录卡片,并附一式两份的发票。你们可能会注意到,我们的韩文卡片大部分是从 1958 年开始按照国会图书馆有关亚洲出版物编目新条例进行编制的。这些平版印刷的卡片并未涵盖我馆所有的馆藏。对于当前的出版物,我们正参加国会图书馆的合作编目计划;因此,我们的许多卡片在华盛顿印制。如果你想订购一套完整的在华盛顿印制的卡片,请直接与国会图书馆联系。至今为止,我们仍在哈佛大学使用简易平版印刷的方式复制卡片。为了配合整个大学的大量需求,大学图书馆已经安装了新的施乐(Xerox)静电复印机。

因为用这台新机器印制每张卡片的费用为3美分多，所以从现在起，我们不得不收取每张卡片5美分的费用。(HYL Archives：Letter of Alfred K'aiming Ch'iu to Department of Oriental Printed Books and Mss. Of British Museum, September 24, 1963)

10月1日

北卡罗莱纳大学教堂山分校图书馆学院学生陈兴夏(Hsing-hsia Chen)致函裘开明，要求借阅《哈佛大学哈佛燕京学社汉和图书馆汉籍分类目录》。(HYL Archives：Letter of Hsing-hsia Chen to Alfred K'aiming Ch'iu, October 1, 1963)

10月2日

密歇根大学图书馆 Mary Rollman 致函裘开明：不知道你是否收到我们9月10日的来信，我们通过馆际互借为费维恺(Albert Feuerwerker)教授借阅了 Yuji Muramatsu 著 *Chugoku keizai no shakai taisei*(Tokyo, Toyo Keizai Shimposha, 1949)。我们还希望制作一份此书的缩微胶卷，不知可否？书的归还日期为9月20日，我们是否可以申请延期？(HYL Archives：Letter of Mary Rollman to Alfred K'aiming Ch'iu, October 2, 1963)

裘开明致函印第安纳大学性学研究所(Institute for Sex Research, Inc. of Indiana University)档案与文献部主任(Curator of Archives and Collections)Cornelia V. Christenson：请将《素娥篇》(*Su-wo-p'ien*)的缩微胶卷连同发票一并寄来，我馆收到后即付款。贵所现在已经拥有了我馆所藏这一主题(情色文献)善本的全部缩微胶卷，我馆所藏这些文献是已故的齐如山(Ch'1 Ju-shan, 1877—1962)教授的旧藏。(HYL Archives：Letter of Alfred K'aiming Ch'iu to Cornelia V. Christenson, October 2, 1963)

裘开明致函大安株式会社 Jitsuya Kobayashi：我馆收到贵社8月20日寄来之期刊续订通知，告知我馆在贵社所订《越南新闻》至今年年底期满。我馆已经与北京国家图书馆建立了该种期刊的交换计划，因此明年我们将不再续订。(HYL Archives：Letter of Alfred K'aiming Ch'iu to Jitsuya Kobayashi, October 2, 1963)

10月4日

裘开明致函密歇根大学图书馆 Mary Rollman：贵馆所借 Yuji Muramatsu 著 *Chugoku keizai no shakai taisei* 一书可以延期至10月20日归还，贵馆亦可为此书制作缩微胶卷。(HYL Archives：Letter of Alfred K'aiming Ch'iu to Mary Rollman, October 4, 1963)

印第安纳大学性学研究所(Institute for Sex Research, Inc. of Indiana University)档案与文献部主任(Curator of Archives and Collections)Cornelia V. Christenson 致函裘开明：已经把《素娥篇》(*Su-wo-p'ien*)的缩微胶卷连同发票一并寄出。(HYL Archives：Letter of Cornelia V. Christenson to Alfred K'aiming Ch'iu, October 4, 1963)

裘开明致函芝加哥大学图书馆远东图书馆馆长钱存训(Tsuen-hsuin Tsien)：由于我馆满文版《平定朔漠方略》的复制本有缺卷，请允许我们借用贵馆的满文版《平定朔漠方略》制作缩微胶卷。随函附上馆际互借申请表。另外，亦随函附上《钦定总管内务府现行则例》的发货单，请注意查收。(HYL Archives：Letter of Alfred K'aiming Ch'iu to Tsuen-hsuin Tsien, October 4, 1963)

裘开明致函康奈尔大学图书馆中文部负责人马大任(John T. Ma)：我馆已根据你10月1日来函的要求制作了丛书卡片，我馆将为此收取劳务费。为了满足贵馆的需要，施振民或者他的室友 Chiu 先生都可以晚上到我馆进行复制工作。他们的工作进度很快，建议你致函鼓励他们。随函附上期刊复本目录及复制劳务费账单。(HYL Archives：Letter of Alfred K'aiming Ch'iu to John T. Ma, October 4, 1963)

10月8日

台湾中央研究院历史语言研究所蓝乾章馆长致函裘开明,推荐台湾大学历史系毕业生 Chang Chih-yu 小姐应聘哈佛燕京学社汉和图书馆的工作职位。(HYL Archives: Letter of Librarian Chien-chang Lan, Institute of History and Philology, Academia Sinica, Taiwan, to Alfred K'aiming Ch'iu, October 8, 1963)

裘开明收到韩国汉城延世大学(Yonsei University)所寄代购的第13批韩文古籍,共31包,内含韩文古籍131种305册,含复本12种27册,其中1种不完整,共花费购书经费104228韩元,当时汇率为1:130,即折合美元801.75元。(HYL Archives: Chinese-Japanese Library of the Harvard-Yenching Institute at Harvard University Report of the Librarian for 1963-1964)

10月9日

芝加哥大学图书馆远东图书馆馆长钱存训(Tsuen-hsuin Tsien)致函裘开明:《钦定总管内务府现行则例》复印本已收到,我馆将尽快付款。《平定朔漠方略》相关卷期已复制完成,建议贵馆通过与我馆交换复本的方式获得。(HYL Archives: Letter of Tsuen-hsuin Tsien to Alfred K'aiming Ch'iu, October 9, 1963)

10月11日

哈佛燕京学社图书馆管理委员会召开会议。会议一致通过:吴文津(Eugene Wu)作为汉和图书馆继任馆长的第一候选人;张馨保(Chang Hsin-pao)为馆长职位的第二候选人;裘开明继续担任馆长职务至1965年6月30日。(HYI Archives: The Chinese-Japaness Library Report, 1964)

10月15日

耶鲁大学教授张光直(Kwang-chih Chang)致函裘开明:Magdalene Von Dewall 博士以前曾在汉堡大学(Hamburg University)学习,现到耶鲁继续进行博士后研究,计划于本周参观哈佛,如果能在周六之前到达,她希望能见到你。她的专业是中国考古学,对这个领域的馆藏比较感兴趣。如果你能允许她进入书库,我将非常感激。(HYL Archives: Letter of Kwang-chih Chang to Alfred K'aiming Ch'iu, October 15, 1963)

10月18日

裘开明致函芝加哥大学图书馆远东图书馆馆长钱存训(Tsuen-hsuin Tsien):我十分赞同你10月9日来函所提建议,我馆愿意通过交换获得《平定朔漠方略》。请你将该书的部分卷册复印本以及部分卷册的缩微胶卷、支票一并寄来。(HYL Archives: Letter of Alfred K'aiming Ch'iu to Tsuen-hsuin Tsien, October 18, 1963)

10月24日

亚利桑那大学东方研究委员会主席普利查德教授(Earl Hampton Pritchard)致函哈佛大学历史系费正清教授(John King Fairbank):我们正在招聘亚利桑那大学东方研究图书馆馆长,现在正在剑桥经营东方学会(the oriental Society)的陈(Charles Kwang Hsiang Chen)先生已经引起了我们的注意。我们希望找到一位能够负责东方研究图书馆中日文资料采访编目和全面管理图书馆的人。可能你不了解陈先生,如果是这样的话,请帮忙把这封信转交给熟悉陈先生的人,并请他为我们提供宝贵的评价意见。(HYL Archives: Letter of Professor Earl H. Pritchard, Chairman of the Committee on Oriental Studies, University of Arizona, Tucson, Arizona, to Professor John King Fairbank, Department of History, Harvard University, October 24, 1963)

10月28日

裘开明致函松泽八百（Yaho Matsuzawa），询问圣诞节期间其可否到汉和图书馆上班。(HYL Archives: Letter of Alfred K'aiming Ch'iu to Yaho Matsuzawa, October 28, 1963)

10月30日

加州大学东亚图书馆首席编目员 Charles E. Hamilton 致函裘开明：最近几个月我们获得了一些旧的韩国图书，让我惊喜的是，哈佛已经为国会图书馆做了这些图书的编目工作。我在此谨提醒你其中一张卡片上的一些明显错误，作者和罗马化书名为：Chin-hung Kang. ed. *Wangyuje silgi*。卡片上作者一栏为：姜震兴编。但是在我们发现原书的封面和封底的人名都是：震馨。卡片上书名一栏为：《玩休齐实纪》，但原书的第三个字实为：斋。罗马化拼音须改为：wanhyujae。如果你确认这几个错误，贵馆可能要让国会图书馆再版相关卡片（K62－1119）。(HYL Archives: Letter of Charles E. Hamilton to Alfred K'aiming Ch'iu, October 30, 1963)

11月1日

大英博物馆东方印本图书和手稿部助理 E. D. Grinstead 致函裘开明：贵馆9月24日寄来的韩文卡片已经收到，这些卡片对我们特别有用，尤其是在古籍编目时。我们要感谢你的热心配合，帮助我们建立起了韩文目录。现在在亚非学院（School of Oriental and African Studies, SOAS）有一套韩文目录，我们希望从现在开始，在伦敦图书馆里也可以很好的使用韩文文献了。(HYL Archives: Letter of E. D. Grinstead to Alfred K'aiming Ch'iu, November 1, 1963)

11月5日

亚利桑那大学东方研究委员会主席普利查德（Earl Hampton Pritchard）教授致函裘开明：现在正在剑桥经营东方学会（the oriental Society）的陈先生（Charles Kwang Hsiang Chen）已经申请了我们亚利桑那大学东方研究图书馆负责人的职位。他在申请书中提到他现在正与你共事，所以，我请你对他给予评价。我们希望东方研究图书馆负责人熟悉中日文资料的采访编目，并且全面管理图书馆。我想知道你是否觉得陈先生足以胜任此职。请惠予回复，衷心感谢。(HYL Archives: Letter of Professor Earl Hampton Pritchard, Chairman of the Committee on Oriental Studies, University of Arizona, Tucson, Arizona, to Alfred K'aiming Ch'iu, November 5, 1963)

裘开明致函胡佛研究所东亚图书馆馆长吴文津（Eugene Wu）：感谢你寄来的中文复本书目录，请把其中第10号《政治协商会代表群像》和第24号《考察日本中小企业报告书》寄给我馆。另外，我们正在请东洋文库（Toyo Bunko）制作《民立报》的缩微胶卷正片。你能否给东洋文库馆长 Tagawa 先生写一封推荐信，请他为我们制作缩微胶卷？(HYL Archives: Letter of Alfred K'aiming Ch'iu to Eugene Wu, November 5, 1963)

11月8日

胡佛研究所东亚图书馆馆长吴文津（Eugene Wu）致函裘开明：已经把贵馆所需的《政治协商会代表群像》和《考察日本中小企业报告书》寄出，邮费为0.60美元。另外，我已经致函东洋文库，请他为贵馆制作《民立报》的缩微胶卷。我很高兴地阅读了你寄来的 *Harvard Foundation News Letters*。我相信沿着这些方针，贵馆将有很大发展空间。(HYL Archives: Letter of Eugene Wu to Alfred K'aiming Ch'iu, November 8, 1963)

11月12日

裘开明致函加州大学东亚图书馆编目主管 Charles E. Hamilton：非常感谢你10月

30日来信提醒我们注意我馆所编的一张目录卡片上的错误。将"齐"误作"斋",这是我们前韩文编目助理的一个常犯的错误。例如,在1962年我馆出版的韩籍简目中,第7页和第8页上,所有的几个"齐"应该都是"斋"。而将"馨"误作"兴",是国会图书馆的错误,中国排字员很容易就将"兴"和"馨"这两个近音字排错。国会图书馆已经停止为战前远东出版物出版卡片了,因此我们通过使用复印机的方法来复制韩文卡片。如果你需要任何编目数据,我们都很乐意按成本价向你提供复制卡片。(HYL Archives: Letter of Alfred K'aiming Ch'iu to Charles E. Hamilton, November 12, 1963)

11月16日

新罕布什尔大学图书馆汪燮(Sheh Wong)致函裘开明:海陶玮(James Robert Hightower)博士告诉我,如果我想申请哈佛燕京学社汉和图书馆的职位的话,就应该写信给你。我是一个地道的中国人,拥有台湾师范大学中国语言文学专业的学士学位,日本东京明治大学(Meiji University)政治学专业的文学硕士学位,和美国田纳西州乔治皮博迪大学(Gorge Peabody College)图书馆学专业的文学硕士学位。我现在在新罕布什尔大学(the University of New Hampshire)图书馆工作,计划明年到哈佛大学远东语言系攻读研究生,我希望能够在贵馆获得一份兼职或者全职的工作,以获得实践培训和经济支持。根据我的背景和经历,我很适合在东方文献图书馆服务。我工作努力,认真负责,能与同事们很好的合作,并将不断提高自己。感谢你能考虑我。(HYL Archives: Letter of Mr. Sheh Wong, Durham, New Hampshire, to Alfred K'aiming Ch'iu, November 16, 1963)

11月18日

裘开明致函芝加哥大学图书馆远东图书馆馆长钱存训(Tsuen-hsuin Tsien),请尽快为汉和图书馆制作满文版《平定朔漠方略》缩微胶卷,并寄来费用发票。(HYL Archives: Letter of Alfred K'aiming Ch'iu to Tsuen-hsuin Tsien, November 18, 1963)

11月21日

裘开明致函耶鲁大学图书馆Warren M. Tsuneishi:我馆所藏麦健曾《中国铁道问题参考资料索引》一书已经遗失,建议你向日本国会图书馆或是东京大学东洋文化研究所借阅缩微胶卷。(HYL Archives: Letter of Alfred K'aiming Ch'iu to Warren M. Tsuneishi, November 21, 1963)

11月26日

芝加哥大学图书馆远东图书馆馆长钱存训(Tsuen-hsuin Tsien)致函裘开明:贵馆购买我馆满文版《平定朔漠方略》一书部分卷册的缩微胶卷,已交付制作。鉴于本书在我馆利用率很低,我提议把本书未制作缩微胶卷的卷册通过交换形式交换给贵馆,希望贵馆能提供有关中国机构、地方史、传记或者私人藏书方面的中日文文献复本给我们。(HYL Archives: Letter of Tsuen-hsuin Tsien to Alfred K'aiming Ch'iu, November 26, 1963)

12月4日

康奈尔大学图书馆中文部负责人马大任(John T. Ma)致函裘开明:随函附上一份我馆中国共产党科学与技术期刊目录。我们希望了解我们所购贵馆复本图书的估算总价,以及复制丛书卡片的进展。(HYL Archives: Letter of John T. Ma to Alfred K'aiming Ch'iu, December 4, 1963)

12月6日

裘开明致函胡佛研究所东亚图书馆馆长吴文津(Eugene Wu),告知汉和图书馆决定购买胡佛研究所东亚图书馆1963年11月11日提供的日文书复本目录上所列的第14、

16、17、20、21、54、55、84、183、218、305、306、307、308、316、317 和 391 号图书。(HYL Archives: Letter of Alfred K'aiming Ch'iu to Eugene Wu, December 6, 1963)

12月10日

裘开明致函日本国会图书馆馆际互借服务部：我们已经收到截至第45期的《纳本周报》，但是没有第28、37—40期。能否把这5期寄给我们，以使我们的收藏完整。(HYL Archives: Letter of Alfred K'aiming Ch'iu to Division for Interlibrary Services of Natioanl Diet Library, December 10, 1963)

12月11日

胡佛研究所东亚图书馆秘书Naomi Penaat致函裘开明：感谢你12月6日来函询问我馆日文书复本情况。今天我们向贵馆寄出了以下几种书：第14、16、17、55、183、218、308、316和391号。其他的(第20、21、54、84、305、306、307和317)已经售出。以上书的发票将由斯坦福大学审计办公室寄出。(HYL Archives: Letter of Naomi Penaat to Alfred K'aiming Ch'iu, December 11, 1963)

12月15日

慕尼黑大学(Munich University)教授傅海波(Herbert Franke)致函裘开明：我记得1960年我参观你们瑰丽的图书馆时，在位于地下室的珍稀情色文献书库中，有一本非常有趣的短篇小说集《春梦琐言》的原稿抄本。到目前为止我知道它是一部日本抄本，年代大概是明治早期。如果能让我拥有此珍稀短篇小说集的缩微胶卷或复印本，我将不胜感激。当然，复印本最好。当然我会付钱给你们。(HYL Archives: Letter of Herbert Franke to Alfred K'aiming Ch'iu, December 15, 1963)

12月16日

裘开明完成第37次《馆长年度报告》(1962年7月1日至1963年6月30日)，其主要内容如下：1.图书馆馆藏情况。1962—1963年度，哈佛大学汉和图书馆新增藏书量如下：

哈佛大学汉和图书馆馆藏统计(1962—1963年度)

文献语种	新增馆藏		馆藏总量	
	新增种数	新增册数	馆藏种数	馆藏册数
中文	2624	5058	63742	270745
日文	1592	3084	41776	88757
藏文	0	0	43	1014
满文	0	0	148	1109
蒙文	0	8	56	446
韩文	1176	2017	4825	10270
西文	481	727	8582	11951
合计	5873	10894	119172	384292

在中文文献采访方面，1962—1963年度从中国大陆购得的中文书是939种1103册，从台湾和香港购得的中文书是830种1252册，购得1950年之前出版的书籍497种785册，线装书358种1918册，其中前两项为新书，后两项为绝版图书。在日文文献采访方面，选书主要是依据日本国会图书馆出版的《纳本周报》(*Current Publications*)。所

购得的1592种日文书中,944种为新出版物,648种为绝版图书(其中13种为雕版印刷、线装的中文古籍)。1962－1963年度,汉和图书馆订购的日文新书为1631种,占日本国会图书馆《纳本周报》1962年第19期至1963年第12期所列新出版物总数的10.5%;所订购的1631种日文书中,有1320种订购了日本国会图书馆的目录卡片,其余的采用手写的黄色订购单,订购单上列明每本著作的作者、书名以及其他书目信息。本年度图书馆继续采用1961－1962年度馆长报告中所确定的图书订购流程。在韩文书方面,由于去年延世大学(Yonsei University)管理部门的变更以及总体上的不稳定因素,闵泳珪(Minn Young-gyu)教授没有为我馆购买书籍。大多数韩文新书和古籍购自汉城的汎文社(Panmun Book Co.)。1962－1963年度新增的韩文书中有很多都是金圣河(Sungha Kim)先生1962年夏天考察韩国时所购买和订购的。在连续出版物方面,1962－1963年度中文新刊新增129种,中文连续出版物总量达到2891种。日文连续出版物新增54种,馆藏总量达到2906种。韩文连续出版物新增51种,馆藏总量达到283种。西文连续出版物新增92种,馆藏总量达到805种。蒙文连续出版物新增0种,馆藏总量仍为5种。截至1963年6月30日,汉和图书馆共有各语种连续出版物共计6890种。新增期刊的刊名在馆长办公室存档……关于丛书和方志类文献,过去的一年我馆新购中文丛书32种242册,内含659种独立著作,总量达到1438种。日文丛书新增55种约179册,内含约270种独立文献,总藏量达到1729种。韩文丛书新增6种36册,内含独立著作14种,韩文丛书总藏量达约97种。中文方志类藏书增加了3种8册,总藏量达到2969种30988册。2.馆藏编目分类情况……另外,各语种目录新增目片数统计如下:中文书作者—书名四角号码目录新增目片3271张,新增临时草片5493张,作者—书名罗马字母目录新增目片1294张,新增临时草片1937张,分类主题目录新增目片0张,排架目录合计新增目片2542张,以上共计新增目片4564张,新增临时草片7430张,合计14537张;日文书作者—书名四角号码目录新增目片2887张,新增临时草片319张,作者—书名罗马字母目录新增目片5303张,新增临时草片300张,分类主题目录新增目片0张,排架目录合计新增目片1372张,以上共计新增目片8180张,新增临时草片619张,合计10171张;韩文书作者—书名四角号码目录新增目片492张,新增临时草片376张,作者—书名罗马字母目录新增目片1200张,新增临时草片2515张,分类主题目录新增目片0张,排架目录合计新增703张,以上共计新增目片1692张,新增临时草片2891张,合计5286张;西文书作者—书名目录新增目片903张,新增临时草片219张,排架—主题目录新增374张,新增临时草片113张,新增西文书名卡片158张,以上共计新增目片1435张,新增临时草片332张,合计1716张……在合作编目方面,汉和图书馆在所有合作馆中,是向《全国联合目录》提交中、日、韩文文献书目数据最多的图书馆。1962－1963学年度,汉和图书馆向国会图书馆合作编目项目提交的各语种专著的主目录卡片分别为中文729种,日文381种,韩文98种,合计1208种;另外向国会图书馆"规范档(Authority File)"提交了314种中文规范卡片、143种日文规范卡片和27种韩文规范卡片,合计484种。由于国会图书馆合作编目项目的目录卡片到汉和图书馆的速度很慢,所以必须在怀德纳图书馆自印目录卡片,1962－1963年度在怀德纳图书馆印刷的中文目录卡片共1280种15360张,韩文目录卡片共514种6682张,共计1794种22042张。3.读者服务。过去的一年图书馆每周向读者开放58小时,即星期一至星期五白天9点到17点、晚上7点到10点开放;星期六白天9点到12点开放。只有暑假和圣诞节晚上图书馆闭馆。夜间开放期间也提供外借服务。

馆藏流通统计(1962年7月1日—1963年6月30日)

序号	流通类别	种数	册数
1	馆内借阅	1443	3443
2	馆外借阅	8285	9918
3	哈佛图书馆间文献传递	107	298
4	馆际互借(已包含在第2项中)	211	474

1962—1963年度,通过馆际互借向汉和图书馆借书的机构共有52所。在参考咨询服务方面,主要是通过口头或书面的方式解答学生、访问学者以及校外机构研究者的问题。所有参考咨询服务的档案都保存在馆长办公室。关于校外学者利用图书馆的问题,来自波士顿地区甚至更远地区的研究机构的学者和研究人员利用我馆的人数比往年更多了。我们仍在执行不向校外学者收取费用的旧政策。1962—1963年度,共有64名校外学者到汉和图书馆做研究,报告中详列了这些学者的姓名、所在机构以及研究领域。在缩微胶卷服务方面,除了向到馆的学者提供服务,为其制作所需的珍惜文献的缩微胶卷,汉和图书馆还向日本、中国、欧洲和美国的学术机构制作缩微胶卷。并编制了缩微胶卷目录。北京图书馆和台湾的世界书局(World Book Company)请求获取哈佛所藏的两卷著名的明代百科全书——《永乐大典》的缩微胶卷。而问题在于把缩微胶卷交给哪个机构,以便他们出版这两卷《永乐大典》的纸质版。1962—1963年度暑假清点中文、日文和西文馆藏时发现,截至1963年10月30日,累计丢失中文文献2028种3368册,截至1963年11月21日累计丢失日文文献823册,截至1963年10月23日累计丢失韩文文献53种55册,截至1963年9月13日累计丢失西文文献756种。4.图书馆人事。在过去的一年里,图书馆职员中有13名为全职,9名兼职馆员,这些兼职馆员每星期共计工作185小时(相当于5名全职馆员的工作时间)。另有5名哈佛的学生助理,全年共计工作1976小时,17名临时工全年共计工作5626小时。图书馆的人事安排情况如下:(1)理事会雇员——馆长裘开明,副馆长于震寰(Zunvair Yue)、矶部重治(Shigeharu Isobe)和刘楷贤(Liu K'ai-hsien),高级韩文编目馆员金圣河(Kim Sungha)和高级日文编目馆员Yoshiko Yoshimura小姐;(2)系雇员——阅览室和书库主任William Henry Winship,中文编目馆员Daisy H. Tao夫人,日文编目馆员Tamiko Matsumura和Kimiko I. Voorhees夫人,韩文书库助理Choi Namhi Kim,书库助理Lawrence D. Edsall,兼职中文编目馆员Margaret C. Fung夫人和Su-Lee C. Huang夫人,兼职西文编目馆员Kim Junghi Suh夫人,兼职赠书与交换书助理Sadako K. Graves夫人,兼职日文书采访助理Yutaka Kayama小姐,兼职中文书采访助理Shelly Chang,兼职期刊助理Yukiko Pluard夫人,兼职流通助理Lucy Altree夫人,兼职佛教专家Chimyo Horioka,办公室秘书Mark A. Revallion。(学生助理和临时工名单略)5.图书馆财务。

1963—1964 年度图书馆预算

开支项目		金额（单位：美元）	
图书（常规拨款）	中文书	3000	10000
	日文书	4000	
	韩文书	2000	
	西文书	1000	
当代书专项经费		1500	
图书（善本书专项拨款）	韩文古籍	3000	6000
	中日文古籍	3000	
装订		4000	
办公经费		1200	
国内差旅费		600	
设备		1500	
国会图书馆合作编目		1200	
薪水和津贴	理事会雇员	51924	108085
	系雇员	51483	
	临时雇员	4678	
机动支出		1500	
总计		135585	

1962—1963 年度支出统计

开支项目		金额（单位：美元）	
图书	中文书	17900.34	36372.40
	日文书	10241.53	
	韩文书	6105.17	
	西文书	2023.82	
	蒙文书	101.54	
装订		5892.49	
设备		930.48	
办公经费 设备		1377.86 1453.64	

续表

开支项目		金额(单位:美元)	
国会图书馆合作编目		1924.60	
薪水与津贴（系雇员）	哈佛学生助理	2528.35	57069.48
	正式职员	42914.60	
	临时工	7400.33	
	养老保险和社会保险	4226.20	
薪水(学社雇员)		49801.50	
其他(含从拉蒙特图书馆迁移大藏经的478.70美元)		787.38	
合计		154156.19	
收益		4250.16	
实际支出		149906.03	
预算		135585.00	
赤字		14321.03	

（HYL Archives：HYL Archives：Chinese-Japanese Library of the Harvard-Yenching Institute at Harvard University Report of the Librarian for 1962-1963）

12月17日

裘开明致函哈佛燕京学社副社长(代理社长)白思达(Glen William Baxter)：现随信奉上我的汉和图书馆第37年度报告(1962—1963年度)。因为需要对图书馆在各个方面运作的所有有关问题进行说明，所以该报告文字较长。因为你是个大忙人，我想提请你注意报告中的下列部分：资料采购(第1、4、6、8页)，目前收到的报刊(第11页)，资料整理(第13页)，外借服务概况(第24页)，馆际互借(第25—26页)，校外学者利用图书馆情况(第27—31页)，校外机构的缩微胶卷服务(第32页)，其中有一个政策问题需要董事们决定，图书馆丢失馆藏的问题(第33—34页)，开支报告，特别是图书购置费的超支数目(第39页)。为了避免图书购置费超支，可能董事们需要为采购重要的和珍贵的日本文献另外设置一笔应急图书基金，这些日本文献通常间或在日本书市，特别是在图书拍卖中出现，它们是日本知识传统的一部分。在本年度，我们获得了两次这样的机会去购买我们图书馆绝对需要的图书。一部是在1963年10月的一次东京图书拍卖中我们用777美元购买的由日本政府印刷局(Japanese Government Printing Office)出版的《远东国际军事法庭会议录》(*The Proceedings of International Military Tribunal for the Far East*,極東國際軍事裁判)。该会议录在开庭期间每天出版并只向有关的各方分发。据报道，该会议录的发行量仅为200份。该会议录亦有由美国政府印刷署出版的英文版行世，但是在东京出版的日文版与美国版略有不同，尤其是在日本证人的证言方面有所不同。日本版对于现代日本研究非常重要,因为它提供的信息比美国版的更多。另一部是通过一诚堂书店(Isseido Book Company)用 1333 美元购买的日本宫内厅(Department of Imperial Household)于 1906 年出版的 121 卷本《孝明天皇档案》(*The Record of the Emperor Kōmei*)。明治天皇(Emperor Meiji)的父亲孝明天皇的官方档案(1831—1866)是由日本政府官员编辑的。该书收录了大量绝无仅有的历史史料,是研究明治维新,尤其是研究宫廷与幕府时代将军政府之间关系的最重要史料之一。由于购买了上述两部文献,如果董事们不为这些重要且必需的史料著作增拨一笔专门款项的话,那么今年的购书基金又会超支。克雷格(Albert M. Craig)教授建议购买明治初期的《府县资料》(*Fuken Shiryō, Historical Document of the Courties of Japan in the Early Meiji Era*)缩微胶卷,该缩微胶卷共 376 盘,计 4000 美元,可从雄松堂书店(Yusho-do Book Company)购得。该书是 19 世纪后期(明治初期)日本地方政府所撰写的地方概况报告集成。中央政府从各地政府收集到这些报告后编辑成此著。其原稿本一直存放在日本内阁图书馆,在此以前从未出版过。但是,我们没有钱去购买这些缩微胶卷,好在一旦有了钱我们随时都可以买得到这些缩微胶卷。另外还需要购买两个目录卡片柜,共计需要 2200 美元。今年预算中的设备拨款是 1000 美元,所以还需要增拨 1500 美元才够开支。因为我明年就要退休,我非常想整理好卡片目录,因此再增加两个目录卡片柜是绝对必要的。(HYL Archives: Letter of Alfred K'aiming Ch'iu to Dr. Glen William Baxter, December 17, 1963)

12 月 19 日　哈佛燕京学社副社长(代理社长)白思达(Glen William Baxter)致函裘开明:在昨天的董事会会议上,董事们投票决定:应该给予远东语言系和相关系的教授、副教授和助理教授借用善本室钥匙的权力,使他们在需要查阅有关善本内容时每次均能够进出。这并不是说将向这些教授每人发一把钥匙交他们自己保管。他们每次要借用钥匙的时候,可以找你,William Henry Winship 先生,或者 Comeau 小姐签名后借用,并且无论谁借用钥匙都必须注明借用时间和归还时间。他们可以多带一个人进入善本室,但是如果超过一个人的话就必须经过你或者我的同意。我请求董事们在投票时不考虑包括讲师在内,因为讲师有时是短期聘用的,不能与更高职称的教师相比,但是这项优惠政策可以由你和我自行决定适用于那些讲师,我希望在现在聘用的讲师中 Pian 女士和 Itasaka 先生能够享受这项优惠政策。此项投票不是由我提议的,而是由一位董事,即 Daniel H. H. Ingalls 教授提议的,并已被全体董事一致通过。所以,此事已经成为哈佛燕京学社的一项官方规定。(HYL Archives: Letter of Glen William Baxter to Alfred K'aiming Ch'iu, December 19, 1963)

　　大安株式会社 Jitsuya Kobayashi 致函裘开明,说明《人民手册(1963)》的订购问题。(HYL Archives: Letter of Jitsuya Kobayashi to Alfred K'aiming Ch'iu, December 19, 1963)

1964 年
67 岁

1月3日

裘开明致函慕尼黑大学(Munich University)教授傅海波(Herbert Franke)：我们将寄给你《春梦琐言》的复印本，价格为 2 美元。另外，你可能知道，高罗佩(Robert H. van Gulik)博士 1950 年在东京印刷此书时仅印了 200 部。在很多情况下，原稿上的标点比印刷版上面的标点更容易辨认……(HYL Archives: Letter of Alfred K'aiming Ch'iu to Herbert Franke, January 3, 1964)

香港大学图书馆馆长 H. Anthony Rydings 致函裘开明，感谢裘开明赠给港大图书馆《哈佛燕京学社图书馆韩籍简目，1962》，并希望该目录出版增补卷时，可以再寄给港大一部。(HYL Archives: Letter of H. Anthony Rydings to Alfred K'aiming Ch'iu, January 3, 1964)

1月6日

哈佛大学汉和图书馆东亚研究委员会召开会议，决定：1. 裘开明继续担任馆长，直到继任者完全熟悉图书馆的业务；2. 汉和图书馆现在面临着图书丢失、空间拥挤、向用户提供缩微胶卷以及经费方面的问题，新上任的馆长必须面对这些问题；3. 讨论对继任馆长应具备的资质和能力；4. 搜集更多关于芝加哥图书馆钱存训(Tsuen-hsuin Tsien)馆长和胡佛研究所(Hoover Institution)的吴文津(Eugene Wu)的信息；5. 委员会一致赞成，在 H. S. Hibbett 先生不在期间，由费正清(John King Fairbank)代替其职。(HYI Archives: Harvard University Faculty Committee on East Studies Sub-committee on the Chinese-Japanese Library, January 1, 1961)

1月17日

下午 3—5 时裘开明出席在白思达(Glen William Baxter)办公室召开的图书馆咨询委员会(Library Advisory Committee)会议。参加会议的还有克雷格(Albert M. Craig)、费正清(John King Fairbank)、H. S. Hibbett、海陶玮(James Robert Hightower)、E. Wagner、Yang 和白思达。根据裘开明的提议，与会者讨论裘开明在提交给哈佛燕京学社董事会的《馆长年度报告》中提到的如下问题：1. 图书馆丢书问题。尽管图书馆采取了专门的措施防止丢书，但仍然屡禁不止。丢书现象主要发生在 3 个主要语种的书库，尤以西文书库最为严重。从丢书的数量上来看，应该是经过精心策划的、有组织的偷窃。经过对图书馆被盗的薄弱环节以及发生盗窃的可能时间进行较长时间的讨论后，最后一致认为应该加强夜间开馆时的安全措施，尤其是把守大门的学生岗位，应挑选非东亚学领域的学生担任，但是委员会拒绝支付用于聘请夜间专职门卫的额外经费。另外委员会还一直认为应该采取措施控制丢书的现象，费正清先生认为应该向怀德纳图书馆借鉴经验，并请他们帮助，并决定同 Douglas W. Bryant 商谈此事，而进一步的防范措施还需要深入的讨论。2. 未列入年度预算的机动购书经费。裘开明向委员会汇报了年度预算中用于购书的经费统计，共计 23500 美元，能购买的中日韩文新出版物的数量仅占出版总量的不到10%,只能维持现有的现刊订购数量;而用于购买古籍善本的钱则所剩无几,希望能有一笔10000美元到15000美元的机动经费用于购买古籍善本,此项机动经费不列入年度拨款中。经委员会讨论,一致通过裘开明的建议。3.扩大编目部的空间。由于卡片目录室的空间有限,未来将不能容纳所有的目录卡片。裘开明建议将1950年以前的目录卡片编制成书本式的馆藏目录并出版,以便可以移走一部分目录卡片。另外一种缓解空间压力的办法是移走重复的目录卡片,只保留罗马化目录和四角号码目录。对于此项问题,会上未能作出决定。4.柯立夫(Francis W. Cleaves)的满文藏书。柯立夫欲以10000美元的价格向图书馆出售自己的满文藏书。虽然目前没有专门研究满文的研究者,但是费正清认为图书馆应该买下这批藏书,以增强馆藏实力。白思达表示日本方面强烈渴望购得此批藏书。海陶玮在询问了这批藏书的性质后,决定待书目提交给委员会审查后再作是否购买的决定。在会议最后,海陶玮向裘开明引介George Everett Potter,此人原来是远东语系的研究生,后成为美国陆军二级军士长(Master Sergeant),现希望应聘图书馆流通部主任一职。经委员会对其资格的审查和讨论,同意他于1964年7月1日上任。(HYL Archives: Chinese-Japanese Library of the Harvard-Yenching Institute at Harvard University Report of the Librarian for 1963-1964)

1月20日

慕尼黑大学教授傅海波(Herbert Franke)致函裘开明:我已收到《春梦琐言》汉和图书馆藏本的复印本。我拥有一部你提到的高罗佩(Robert H. van Gulik)博士印刷的版本。在我看来,印刷版在拼写和标点上都有一些错误。如果贵馆善本书库又增加了我感兴趣的资料,我们希望能够得到复印本。(HYL Archives: Letter of Herbert Franke to Alfred K'aiming Ch'iu, January 20, 1964)

1月28日

白思达(Glen William Baxter)致函钱存训(Tsuen-hsuin Tsien):由于一些复杂的原因,哈佛燕京学社汉和图书馆内部对未来的发展以及政策问题还存在一系列不同的观点,因此推迟继任馆长上任的时间,裘开明将继续在图书馆工作一年。(HYL Archives: Letter of Glen William Baxter to Tsuen-hsuin Tsien, January 28, 1964)

1月29日

韩国汉城延世大学(Yonsei University)向汉和图书馆邮寄代购的第14批韩文古籍。(HYL Archives: Chinese-Japanese Library of the Harvard-Yenching Institute at Harvard University Report of the Librarian for 1963-1964)

1月31日

香港勤生行(Kun Sang Hong)李汝党致函裘开明,告知已收到汉和图书馆支付购书款的汇单。(HYL Archives:李汝党致裘开明信函,1964年1月31日)

2月4日

哈佛大学图书馆副馆长H. Gordon Bechanan致函裘开明,商谈有关William Henry Winship是否应该退休一事。(HYL Archives: Letter of H. Gordon Bechanan to Alfred K'aiming Ch'iu, February 4, 1964)

2月6日

康奈尔大学图书馆中文编目馆员马大任(John T. Ma)致函裘开明:你能否告诉我贵馆是否收藏有下列书籍:1.罗香林著《粤东之风》(上海北新书局,1929);2.罗香林著《先考幼山府君年谱》(广东希山书藏,1936);3.罗香林著《方志目录》(广州市立中山图书馆);4.罗香林著《乙堂文存》(广东希山书藏,1947)。此外,我非常感谢你的来函。我已经发送订单,请求贵馆将我馆未收藏的《东西洋考每月统纪传》4期做成复印件。据悉贵馆所藏该著可能是完整的一套,你是否了解详情?期待我们能在华盛顿会面。(HYL Archives:Letter of John T. Ma to Alfred K'aiming Ch'iu, February 6, 1964)

2月16日

亚利桑那大学东方研究委员会主席普利查德(Earl Hampton Pritchard)教授致函裘开明:在圣诞节以前,我曾经就Charles Kwang Hsiang Chen先生的事给你写信,但是迄今未见回复,可能是信寄丢了,所以,我再附一份原信的副本,希望你有空时给我写一封信,评价我校东方图书馆馆长应聘者Charles Kwang Hsiang Chen先生。因为我们正急于寻找一个能够胜任馆长工作,且有能力发展我们东方研究图书馆的人,所以请惠予回复你的评价。(HYL Archives:Letter of Earl Hampton Pritchard, Chairman of the Committee on Oriental Studies, University of Arizona, Tucson, Arizona, to Alfred K'aiming Ch'iu, February 16, 1964)

2月18日

哈佛燕京学社副社长白思达(Glen William Baxter)致函裘开明:我很高兴地再次确知你希望通过进一步销售复本书来获得一些额外收入。但是,在复本书销售没有具体实施,并没有在本财政年度内落实收入之前,我们不能指望使用这些收入。请不要用我们还没有的收入去下任何图书采购订单。我想可以考虑从缩微胶卷基金中拿出1000美元用于帮助支付已经购买的图书费用。这样一来,在缩微胶卷基金中会只留下350美元,这个数额应该是足够的,因为近年来该基金一直有较大节余,在任何情况下保留太多余额都不经济。所以,我已经要求审计员办公室做了转账处理……(HYL Archives:Letter of Glen William Baxter to Alfred K'aiming Ch'iu, February 18, 1964)

2月28日

裘开明回复亚利桑那大学东方研究委员会主席普利查德教授(Earl Hampton Pritchard)1963年11月5日和1964年2月12日请求就亚利桑那大学东方图书馆馆长候选人发表意见的来函:你心中的人选是我的朋友,但是我真的不能推荐他应聘你在11月来信中所提到的职位。他一年前才来到哈佛燕京图书馆,在值班台做夜班助理,既没有经验,又没有图书馆背景。他是一位著名的记者,著有多部中文小说,目前还经营着东方学会(American Oriental Society),是一个为美国消费者服务的图书经销商。并且,他年龄太大(年过50),不适合选择一份新的职业。我已经与同样收到你的请求信的海陶玮(James Robert Hightower)教授商讨过打算向你们推荐的候选人。我们知道现在在新罕布什尔大学(the University of New Hampshire)有一位很好的华人图书馆员(汪燮),他拥有图书馆学学位和日本明治大学(Meiji University)毕业的日本研究学位。今年新年假期,他曾来过哈佛大学,我曾与他谈起过此事。他表示如果有一个好的职位则有兴趣到贵校工作。(HYL Archives:Letter of Alfred K'aiming Ch'iu to Professor Earl Hampton Pritchard, Chairman of the Committee on Oriental Studies, University of Arizona, Tucson, Arizona, February 28,1964)

裘开明致函胡佛研究所东亚图书馆馆长吴文津(Eugene Wu),告知哈佛燕京图书馆决定购买胡佛研究所东亚图书馆《日文书复本目录》(List of Japanese Duplicates)第2册上所列的第552、555、641(昭和十三年版)和1003号图书。(HYL Archives:Letter of Alfred K'aiming Ch'iu to Eugene Wu, February 28, 1964)

裘开明致函康奈尔大学图书馆中文编目馆员马大任(John T. Ma):你在来信中要求将我馆所藏珍贵的中文期刊《东西洋考每月统纪传》制作成缩微胶卷,我馆现有以下卷期:道光癸巳(1833)6—12月、道光甲午(1834)1—5月、道光乙未(1835)1—6月,丙申(1836)缺,道光丁酉(1837)1—12月、道光戊戌(1838)1—5月,7—8月。1836年目录是错的,应该是1837年。我们已经将你选中的书刊标明价格,希望你能很快收到书单。请向怀德纳图书馆照相复制部寄发订单,要求该部制作缩微胶卷,并说明你要的种类。华盛顿见。(HYL Archives: Letter of Alfred K'aiming Ch'iu to John T. Ma, February 28, 1964)

3月7日

国会图书馆编目部远东文献组负责人王承栋(Joseph En-pao Wang)致函裘开明,请求汉和图书馆出借《二十五史》。(HYL Archives: Letter of Joseph En-pao Wang to Alfred K'aiming Ch'iu, March 7, 1964)

3月9日

裘开明致函康奈尔大学图书馆中文编目馆员马大任(John T. Ma):非常感谢你给了我一份你对《中国丛书综录》的分析评论,其中你提出了2个问题:1.过去丛书的各个版本里收录了百分之几的中国出版物;2.平均每套丛书有多少个人专著。早在二战以前我就对这两个问题做了一些统计研究,下面两个数字可以告诉你答案:我们现在有大约1500种丛书,战后已经很难买到古旧的中国丛书了。到1963年7月1日为止,我们的目录里有42756种个人独立著作。(HYL Archives: Letter of Alfred K'aiming Ch'iu to John T. Ma, March 9, 1964)

3月11日

康奈尔大学图书馆中文编目馆员马大任(John T. Ma)致函裘开明:非常高兴看到你3月9日来信,并告诉我你有关丛书的统计数字。对我而言,这是非常宝贵的信息。非常感谢你告诉我。我希望有一天你能有时间将你对中国书籍的广博知识写成一本有关中国书籍或者图书馆学的精深综合书籍,那一定对所有的图书馆馆员和汉学家都有巨大的帮助。(HYL Archives: Letter of John T. Ma to Alfred K'aiming Ch'iu, March 11, 1964)

3月12日

裘开明致函康奈尔大学图书馆中文编目馆员马大任(John T. Ma):你2月6日来信要求得到罗香林教授(他儿子在我们东方语言系学习)的4部著作,我们有其中2本,分别是:《先考幼山府君年谱》(希山丛著);《乙堂文存》。这两本书都可以馆际互借或者在哈佛做成缩微胶卷或者复印件。希望很快能在华盛顿见到你。(HYL Archives: Letter of Alfred K'aiming Ch'iu to John T. Ma, March 12, 1964)

3月23日

裘开明收到韩国汉城延世大学(Yonsei University)所寄代购的第14批韩文古籍,共28包,内含韩文古籍97种207册,含复本18种63册,共花费购书经费100772韩元,当时汇率为1:130,即折合美元775.20元。(HYL Archives: Chinese-Japanese Library of the Harvard-Yenching Institute at Harvard University Report of the Librarian for 1963-1964)

3月28日

慕尼黑大学(Universität München)教授傅海波(Herbert Franke)致函裘开明:上次你热心地为我复印贵馆所藏《春梦琐言》一书,这使我鼓起勇气再次打扰你。我1960年做的笔记显示贵馆善本书库存有《痴婆子传》和《控鹤监秘记》(写春园版)。我非常希望能获得这两种书的复印件。如果贵馆藏有《僧尼孽海》,我也希望能拿到一个复印本。欧洲的图书馆根本不藏这类书。我想你已经收到了我寄给你的复印《春梦琐言》一书的钱……（HYL Archives：Letter of Herbert Franke to Alfred K'aiming Ch'iu，March 28，1964）

3月31日

裘开明致函耶鲁大学教授吴讷孙（Nelson Ikon Wu）：很抱歉上个月你来参观汉和图书馆时未能与你相见。我正准备将慕是龙的《书说》，连同他的中文函件以及回函复印件寄给怀德纳图书馆的照相复制部处理。（HYL Archives：Letter of Alfred K'aiming Ch'iu to Nelson Ikon Wu，April 31，1964）

4月3日

裘开明致函哈佛燕京学社副社长白思达（Glen William Baxter）：依照你3月31日的要求，我专门拟定了一份关于日本东亚研究理事会（the Japan Council for East Asian Studies）提交的由日本京都大学人文科学研究所仓田淳之助（Junnosuke Kurata）教授主编的《东洋史研究文献》（*Annual Bibliography of Oriental Studies*）两年期（1962年和1963年）预算报告的评语，以供你和裴泽（John C. Pelzel）教授参考。该评语共分5个部分，除肯定了支持该目录编撰的意义以外，重点对该书目的收录范围、书刊购置费用和总预算等提出了具体的建议……（HYL Archives：Letter of Alfred K'aiming Ch'iu to Glen William Baxter，April 3，1964）

4月6日

耶鲁大学图书馆Warren M. Tsuneishi致函裘开明：Cecilia Lee女士将于6月从华盛顿大学图书馆学校拿到学位，现正在耶鲁图书馆远东部工作，计划于4月18日星期六参观汉和图书馆，如果不方便，则可在星期五参观，请告知什么时间合适前往参观。（HYL Archives：Letter of Warren M. Tsuneishi to Alfred K'aiming Ch'iu，April 6，1964）

4月7日

白思达（Glen William Baxter）致函裘开明，邀请裘开明参加4月13日下午2时召开的图书馆管理委员会会议。（HYL Archives：Letter of Glen William Baxter to Alfred K'aiming Ch'iu）

裘开明致函慕尼黑大学（Universität München）教授傅海波（Herbert Franke）：你3月28日来函中提到的3种书共计135页，可致函哈佛学院图书馆照相复制部申请获得复制本，因为校外机构向哈佛大学各个分馆提出的复制本邮寄申请都由此部门统一处理。（HYL Archives：Letter of Alfred K'aiming Ch'iu to Herbert Franke，April 7，1964）

4月8日

裘开明致函耶鲁大学图书馆远东部的Warren M. Tsuneishi，建议Cecilia Lee于4月17日（星期五）参观汉和图书馆。（HYL Archives：Letter of Alfred K'aiming Ch'iu to Warren M. Tsuneishi，April 8，1964）

4月10日

裘开明致函哈佛燕京学社社长裴泽（John C. Pelzel）和副社长白思达（Glen William Baxter），汇报汉和图书馆面临的问题，认为问题主要如下：1. 采访问题。汉和图书馆的采访政策主要依据哈佛燕京学社的教员和学生的兴趣与需求制定，而最近几年，教员和学生的兴趣与需求发生了很大变化，更加倾向于关注现代和当代的中国、日本与韩国，甚至有用户建议，为了节约经费，图书馆无需购买中文原版书，只需要购买复印本即可。因此，汉和图书馆有必要为未来的采访工作制定新的政策。无论制定何种采访政策，学社的图书馆都应该放眼中日韩三国的重要图书馆，与其相媲美。2. 读者服务。在叶理绥

(Serge Elisséeff)教授领导时期,汉和图书馆的藏书只向远东语言系和东亚区域计划(East Asian Regional Program)的学生提供外借服务。而第二任社长赖肖尔(Edwin Oldfather Reischauer)博士上任后,更改了汉和图书馆的借阅政策,汉和图书馆的藏书向大波士顿地区的所有东亚学生和居民提供外借服务。另外,自1953年夏天图书馆迁到神学院路2号新馆址后,每天的开放时间也延长了。这都导致图书馆最近几年丢书现象严重。所以,我再次建议哈佛燕京学社董事会开会决定,学社的图书馆是研究型图书馆还是服务机构。3.馆际互借与为其他机构服务。在过去的3年里,平均每年有50名来自美国、欧洲、日本和中国各大学的教授和研究生以访问学者的身份来到哈佛,使用学社图书馆的资源。然而,由于怀德纳图书馆制定的大学限制政策,汉和图书馆不能向欧洲、澳大利亚和马来亚等海外地区外借图书,所以只能向外国机构提供中韩文献的缩微胶卷和复印件。在叶理绥教授领导时期,他要求申请文献传递的机构支付制作缩微胶卷负片和正片的费用,然后只寄正片给申请馆,负片留作其他机构申请借阅时再使用。但是这个操作过程过于麻烦,因此不久即不再采用,而改用直接出售胶卷的负片给其他机构,且未经许可,不得以任何方式复制胶卷……4.面向哈佛和拉德克利夫学院(Radcliffe College)师生的参考咨询服务。不管一所大学教研人员的研究能力多强,有多少专家,都不可避免地会需要图书馆的参考咨询服务,获取他们不熟悉领域的信息。因此未来在选择馆员的时候,应该把考察应聘人员的学术背景和研究能力,与考察他们的管理能力和技术能力并重。这就为学社社长和董事会在人员聘用问题上提出了问题。5.图书馆资源的可获取性。在选择使用图书馆提供的不同类型的目录和书目指导服务方面,图书馆应该让用户能够从目录中获得帮助,从而使资源更容易被获取。(1)分类体系。制定分类法最重要的就是使分类法适合图书馆的各类型藏书,而使用《国会图书馆分类法》或《杜威十进分类法》类分东亚文献,则是计图书适应分类法。令人欣慰的是,时至今日,美国越来越多的中日韩文献的分类采用以中国传统四部分类法为基础的哈佛燕京《汉和图书分类法》。(2)作者和书名目录:每种目录(中日韩3种语种文献的目录各一部)按下列两种方法排列:(a)按标准的罗马化拼音字母顺序排列;(b)按王云五四角号码法排列。以上两种方法适合排列所有用汉字或假名书写的卡片。汉和图书馆作者—书名目录的重要特征在于,涵盖了中日韩丛书中所有作者和书名的分析款目的号码。而现在的问题是:(a)是否继续采用这两种方法排列卡片。(b)是否继续为丛书编制分析目录。(3)主题目录。采用何种形式组织主题目录?是根据某种逻辑体系建立分类主题目录并编制索引,还是根据《国会图书馆主题词表》按字母顺序排列建立主题目录?耶鲁大学是采用第二种方法,用这种方法,可以在一个主题目录下查找到所有语种的文献。但是按照第二种方法编制主题目录,图书馆工作人员所耗费的劳动和时间与对读者的使用价值之间不成比例。(HYL Archives: Letter of Alfred K'aiming Ch'iu to Director and Assistant Director of Harvard-Yenching Instistute, April 4, 1964)

4月16日

裘开明致函香港商务印书馆:请寄来函中所列《王瑶卿说戏》、《京韵大鼓》、《梅花大鼓》等图书的双联发票。(HYL Archives: Letter of Alfred K'aiming Ch'iu to the Commercial Press[Hong Kong], April 16, 1964)

4月17日

柯立夫(Francis W. Cleaves)致函裴泽(John C. Pelzel),告知愿意把个人所藏的满文书籍及手稿以10000美元的价格卖与哈佛燕京学社。同时,裘开明已经清点了这批满文藏书,并编制了详细的书目清单。(HYL Archives：Letter of Francis W. Cleaves to John C. Pelzel，April 17，1964)

裘开明致函芝加哥大学远东图书馆馆长钱存训(Tsuen-hsuin Tsien)：怀德纳图书馆照相影印部将会直接把芝加哥大学远东图书馆所订购的两套《丛书集成》分析卡片和账单复印件寄给你。另外,请你寄来《平定朔漠方略》的账单复印件。(HYL Archives：Letter of Alfred K'aiming Ch'iu to Tsuen-hsuin Tsien，April 17，1964)

4月20日

芝加哥大学远东图书馆馆长钱存训(Tsuen-hsuin Tsien)致函裘开明：感谢你4月17日的来信,并为芝加哥大学远东图书馆安排印制两套《丛书集成》分析卡片。兹附上满文版《平定朔漠方略》(7卷)的账单。(HYL Archives：Letter of Tsuen-hsuin Tsien to Alfred K'aiming Ch'iu，April 20，1964)

4月22日

裘开明致函哈佛燕京学社社长裴泽(John C. Pelzel)：感谢你寄来加州大学东亚图书馆1962－1963年度报告的复印件。将此报告与汉和图书馆同年度报告的对比,汉和图书馆在未来的计划和发展中有以下几点值得注意：1. 馆藏文献收藏范围和增长速率：汉和图书馆比哥伦比亚图书馆多了一些中国少数民族的书籍,两者的年增长速度分别为2.9%和3.5%。2. 1962－1963年度的经费支出：汉和图书馆比哥伦比亚图书馆的开支多出1/3,其中采访经费多5%。人事费用支出亦比哥伦比亚多。3. 收入来源比较：哈佛董事会和哈佛校友会对哈佛东亚研究的贡献较小。(HYL Archives：Letter of Alfred K'aiming Ch'iu to John C. Pelzel，April 22，1964)

4月23日

汉和图书馆以10000美元的价格购买的柯立夫(Francis W. Cleaves)满文藏书移交到馆。这批藏书共151种1257册,分装成240箱。(HYI Archives：Manchu Collection-Purchased from Prof. Cleaves，May 15，1964)

裘开明致函裴泽(John C. Pelzel)：到目前为止已收到柯立夫(Francis W. Cleaves)教授的满文藏书151种(其中26种有不同的版本)1257册,分装为240箱。汉和图书馆的满文藏书原有164种1109册,购买了这批有价值的藏书后,满文藏书总量达到315种2366册；无论从数量还是质量上,在美国都处于领先地位。在柯立夫教授的满文藏书中,仅有29种与原有馆藏相重复,23%的复本率是很低的。有51种共299册书在两本非常权威的满文书籍目录：1933年出版的李德启(Li Teh ch'i)、于道泉(Yu Dawchyuan)编《国立北平图书馆和故宫图书馆满文书籍联合目录》(*A Union Catalogue of Manchu Books in the National Library of Peiping and the Library of the Palace Museum*)和1936年出版福克斯(Walter Fuchs)编 *Beitrage zur Mandjurischen Bibliographie und Literatur* 中均没有记载。这些文献主要是政府文献,包括在不同战略地区满族军队司令部报告的手稿。这些文献对于研究清史很有价值。在51种未记载文献中还有一系列珍本,包括满族家谱、满语学习手册和印刷精美的《盛京赋》(*Sheng Ching Fu*)。柯立夫教授的满文藏书即使在日本也没有,其藏书将使哈佛大学成为全世界重要的满族研究中心。(HYI Archives：Letter of Alfred K'aiming Ch'iu to John C. Pelzel，April 23，1964)

4月24日

裘开明致函斯坦福大学胡佛研究所东亚图书馆,函请邮寄《日文书复本目录》(*List*

of Japanese Duplicates)第 3 册上所列第 2111、1222、1225、1272（昭和十四、十六、十七年度版 3 册）、1297、1301、1302、1325（昭和六年版 7 卷）、1331、1337 和 1264 期到汉和图书馆。（HYL Archives：Letter of Alfred K'aiming Ch'iu to East Asian Collection of Hoover Institution of Stanford University，April 24，1964）

　　哈佛燕京学社董事会举行董事会议，社长裴泽（John C. Pelzel）汇报关于汉和图书馆的报告与计划，会议通过的相关预算和决议如下：一、关于哈佛燕京学社汉和图书馆的发展报告和计划。1. 社长裴泽先生汇报了图书馆目前存在的主要问题：（1）图书馆发展的成本急速增长，导致不久将会有可能威胁到学社在亚洲的计划；（2）裘开明馆长的继任者必须尽快任命。裴泽回顾并阐明了白思达（Glen William Baxter）先生在上两次会议中提出的一些问题，即：由于汉和图书馆图书馆经费支出的平稳增长，在过去 7 年间学社对哈佛总部的经费投入不断增加，已由占学社收益的 30％增长到超过 35％，而且学社总部的行政管理支出并不计算在内。与此同时，学社通过缩减图书馆采购预算的方式来平衡这种增长的措施并没有成功，而且似乎更近于一种非常有问题的节省开支的方式。在预期上，所有类别的支出都将继续快速地增长，导致的结果之一是，多年后学社总预算将会与预期收益持平，但是仍然还会面临图书馆迫切需要自累积收益中获得额外开支的问题。一个更为重大的后果是未来预算也将是完全支出预算，以至于哈佛本部直接与学社在亚洲的计划形成竞争。因此，除非学社本部的费用得到控制，否则学社在亚洲的计划很有可能将会开始受到影响和损害。鉴于这些问题和现状，希望：（1）寻求获得新的捐款，或者确保每年来自政府资源或私人捐助的捐款基金，以稳定地增加图书馆经费数额。（2）由学校增加投入。社长裴泽先生在他所拟定的关于汉和图书馆的报告和计划中提出了解决这些问题的方法，并在此前已与图书馆咨询委员会、哈佛大学图书馆系统的馆长们，Franklin L. Ford 主席，以及 F. Gregg Bemis 先生进行了广泛的讨论。Ford 主席向董事会保证，哈佛大学愿意并准备向汉和图书馆提供比过去更多的财政资助，并参与哈佛燕京学社对汉和图书馆的管理和进一步发展。Ford 主席指出他本人作为主席和董事，基本上接受裴泽教授的报告中建议的维护学社和哈佛大学利益的条款。2. 汉和图书馆 1964－1965 年度普通预算。如果提供给图书馆的经费为 173723 美元，学社将承担 151486 美元；如果提供给图书馆 179723 美元的资金，学社将承担 121776 美元。董事会一致同意由哈佛燕京学社和哈佛大学联合支持汉和图书馆发展的原则。董事会目前关注的是，签订这种联合支持汉和图书馆发展的协议，以全面保护学社目前已建立的馆藏资源的所有权和未来由学社基金采购的文献资源的所有权，确保学社在建立和维持图书馆的目标上的立场。总体上，哈佛燕京学社应继续发展，并从根本上完善图书馆的综合馆藏和传统馆藏，而哈佛大学主要负责增加图书馆既有的社会科学资源馆藏。这些类型的资源采购比例应根据学社社长的计划，由学社和哈佛大学共同提议的图书馆管理委员会负责。图书馆的决策将遵循双方共同制定的规则。任何由董事会决议的事情或任何有关图书馆的其他计划，如果在未来的规划发展中没有成行，没有获得董事会的满意，则将予以废除或修正。3. 董事会最终作出以下决议：（1）投票表决通过：提请哈佛大学为哈佛燕京学社汉和图书馆 1964－1965 年度普通预算提供资助。自此以后，哈佛燕京学社计划在哈佛的有关图书馆、教学、研究和出版的混合预算中占学社非限制性收益的 30％，进一步的详细备忘录将附于此会议备忘录中。（2）投票表决：邀请文理学院院长与哈佛燕京学社董事会主席联合任命组成一个汉和图书馆管理委员会。该委员会将包括赞助机构双方和通常利用汉和图书馆的教职员代表。该委员会将负责向董事会推荐政策、预算和图书馆人事的主要任命,包括图书馆馆长的任命在内。此外,该委员会将确保图书馆按照董事会决议支持的条款运作。(3)投票表决:汉和图书馆采购的动产资源所有权,除去哈佛大学向图书馆普通预算捐资采购的资源之外,将依据《哈佛燕京学社与哈佛大学有关汉和图书馆财产划分的协议》确定和分配。该项协议由哈佛燕京学社董事会董事长和哈佛大学授权代表共同签署,将附于本会议备忘录中。(4)投票表决:聘请吴文津(Eugene Wu)先生担任哈佛燕京学社汉和图书馆馆长,薪水不可超出哈佛大学教授薪金水平,任期5年,其后希望对他的重新任命没有专门任期限制,但要遵守哈佛大学关于管理人员职务任命的政策规定。(5)投票表决批准由学社社长和副社长请求Ford主席向哈佛学院院长和教职员提出推荐建议:裘开明馆长目前的任期,按照正常情况将于1964年8月31日结束,推荐延长其任期至1965年8月31日。在裴泽(John C. Pelzel)教授提交的1964-1965年度图书馆预算中,包括了一项为裘开明博士的薪水自15000美元增加到的16000美元的费用。这是因为裘开明博士已为图书馆服务超过了30年,在绝大部分时间里他始终是领取非常低的薪水,此外他最小的儿子下一年将攻读大学,近期裘开明博士从哈佛借出5000美元的教育贷款。Ford主席指出这种在延聘期间增加薪水的举措对裘开明博士本人和学社都是有益的。因为这并不是普通地增加其相应的退休收入和减少董事会本已计划给他的补助养老金。二、特别图书馆预算。1.新任馆长搬迁费用津贴。向图书馆新任馆长吴文津先生提供2000美元用于他搬家至剑桥的费用。2.设备。图书馆目前迫切需要增添设备,尤其是目录柜。图书馆馆长(裘开明)认为未来5年间需要用于采购设备的资金约为3500美元。3.已绝版的韩文图书。图书馆近期已获得了一些绝版的韩文书籍,这些书籍目前通常很难获得,多数靠延世大学(Yonsei University)的闵泳珪(Minn Young-gyu)先生帮助获得。如果图书馆从其总预算中支付这部分约4000美元的购书款,那么总预算中用于购买韩文书籍的资金将所剩无几。社长裴泽认为学社现在在韩国研究方面有特别的兴趣,学社应为韩国研究建立一个小规模的馆藏。4.满族文献采购。该项事宜已经在董事会去年12月份的会议上进行了讨论。裴泽指出,图书馆馆长(裘开明)已自那时以来仔细检查了柯立夫(Francis W. Cleaves)教授的收藏资源,并列出目录。这批文献共有1257册,置于240个书箱中,包括151种著作(其中26种是同一书名不同版本的书籍),这批文献中与图书馆重复的书籍不到1/4。管理委员会确信柯立夫教授可能会以高于其出价给学社10000美元的价格卖到国外。委员会建议迅速购买这批文献,因为它将使学社成为西方规模最大、最好的满族文献收藏机构。5.应急采购资金。由裘开明博士和图书馆咨询委员会建议的这项资金将促进图书馆尽可能快地购买到珍稀、重要的且多数属于已绝版的古籍。这些书籍很有可能会落入其他购买者手里。从10000美元储备资金中采购的书籍将首先需要汉和图书馆管理委员会和学社社长的批准。6.亚洲学会保证金。图书馆咨询委员会建议存款1000美元用于未来图书馆通过由亚洲学会(AAS)在台湾设立的中文资料与研究援助服务中心(Chinese Meterials and Rersearch Aids Service Center)购买再版中文书籍和难以获得的文献。

1963—1964年度正式修订的总财务预算(美元)

预算类别	金额
收入预算	
1964年3月31日财务员估计——投资收入	812869
1963—64年度来自出版物销售的估计收入	6000
总计	818869
支出预算	
管理	
薪水,退休补贴及其他补贴	21049
杂费(Fees)	3834
学社总部一般支出	5000
会议和公共休息室活动费,包括演讲	1000
国内外差旅费	3500
特别支出(裘开明博士的哈佛教育贷款的担保人保证金)	2600
补助养老金(伯烈伟[Sergei Polevoy])	978
董纳姆(Wallace B. Donham)计划	3700
管理支出费用(安全、审计、立法)	9000
总计	50661
在哈佛的教学、研究和出版	
薪水,退休补贴及其他补贴	92871
出版物——包括估计约6000美元销售收入的使用	20000
总计	112871
汉和图书馆,从哈佛燕京获得的资金	148023
具体见P.792;$20605额外来自于其他基金	
哈佛为亚洲人的项目	
访问学者项目	95000
研究生奖学金	80000
总计	175000
亚洲计划	
亚洲研究理事会	120000

预算类别	金额
亚洲机构	165100
捐赠给汉城国立大学图书馆的缩微胶卷设备（通过哈佛大学采购）	6500
总计	291600
特别拨款（必要的话来自剩余收入）	
亚洲基督教高等教育专项基金，亚洲调查；或者如果1963－1964年度调查未施行，1964－1965年度的预支付	25000
1964－1965年度的预支付	25000
普通预算加特别拨款 总计	803155
支出后的剩余收入估计	15714

哈佛燕京学社汉和图书馆收入预算（美元）

预算类别	金额（美元）
1964年3月31日财务员估计——投资收入	810665
1963－1964年度来自出版物销售的估计收入	7000
总计	817665

哈佛燕京学社汉和图书馆支出预算（美元）

人员	金额	其他资源备注（美元）
管理职位人员		
裘开明	16000	
刘楷贤（Liu Kai－hsien）副馆长	8700	
于震寰（Zunvair Yue）副馆长	8700	
矶部重治（Shigeharu Isobe）副馆长（薪水8700美元）	4350	加NDEA基金的3150美元
Yoshiko Yoshimura，资深日文编目员	6500	
Daisy H. Tao，资深中文编目员（薪水6300美元）	3150	加NDEA基金的1125美元
Margaret D. Fung，中文编目员	6300	

续表

人员	金额	其他资源备注（美元）
合计	61400	
普通雇员		
阅览室和流通部（George Everett Potter）	4800	
William Henry Winship 先生的末次假期	427	
第三中文编目员 1/2 时间	2400	
第二日文编目员（Funie Tateoka 女士）（薪水 5500 美元）	2750	加 NDEA 基金的 2750 美元
第三日文编目员（Kimiko I. Voorhees 女士）	4800	
第二韩文编目员		加 NDEA 和 CEAS 基金的 4750 美元
期刊编目员（Yukiko Pluard 女士）4/5 时间	3840	
捐赠和交换助理（Sadako K. Graves 女士）	4500	
中文订购助理（Suzan T. Bau 女士）	3840	
书架服务员（Stack Attendant）	3600	
流通助理（Lucy Altree 女士）	3600	
西文书编目员（Choi Namhi Kim 女士）1/2 时间	2500	
日文图书馆馆长顾问	1200	
门卫	3300	
以上合计	46057	
退休，社会安全等	4260	加 NDEA 和 CEAS 基金的 695 美元
合计	50317	
临时工		
晚班	800	

续表

人员			金额	其他资源备注(美元)
男女侍应			2000	
贴图书编目号码学生工			900	
暑期馆藏清点工作者			1000	
合计			4700	
社会安全			176	
以上合计			4876	
图书馆人力费用总计			125803	加上16820美元：总计142623美元
采购				
当代出版物		中文	5000	
		日文	4500	
		韩文	2000	
		西文	1000	
从东亚研究中心得到的当代资源捐赠			5000	哈佛大学经费资源：东亚研究中心5000美元，东亚研究委员会2595美元，国防教育计划政府契约13842美元，大学图书馆支持国会图书馆编目计划800美元，人文学院捐赠35710美元，合计：57947美元。
合计			17500	
未出版图书		中文	3000	
		日文	6000	
		韩文	3000	
合计			12000	
其他支出		装订	3500	
		国会图书馆合作编目	2000	
		行政办公支出	1500	
		差旅	600	
合计			7600	

续表

人员	金额	其他资源备注（美元）
汉和图书馆支出总计	179723	
非学社基金支出	57947	
哈佛燕京学社支出费用	121776	

(HYI Archives：Appendix：Director's Report and Proposals Regarding the Chinese-Japanese Library, Meeting of the Board of Trustees Held on April 24，1964)

本月

赖肖尔(Edwin Oldfather Reischauer)社长任期届满，由裴泽(John C. Pelzel)教授接任其职，担任哈佛燕京学社社长。同时，Paul H. Buck教授宣布退休，Merle Fainsod教授继任哈佛大学图书馆委员会主任，Douglas W. Bryant先生成为新一届大学图书馆馆长，汉和图书馆与怀德纳图书馆的关系变得比以往几年更为密切。教师委员会图书馆分委会进一步扩大，新增了代表大学图书馆的Bryant先生和代表文理学院的学社董事Daniel H. H. Ingalls教授担任委员。因此，成立于1961年1月的教师委员会改组为哈佛大学哈佛燕京学社汉和图书馆管理委员会(Managing Committee for the Chinese-Japanese Library)，裴泽(John C. Pelzel)担任主席。(HYL Archives：Chinese-Japanese Library of the Harvard-Yenching Institute at Harvard University Report of the Librarian for 1963-1964)

哈佛燕京学社新任社长裴泽(John C. Pelzel)向董事会提交《社长关于汉和图书馆的报告和计划》(Director's Report and Proposals Regarding the Chinese-Japanese Library)：汉和图书馆目前存在两个问题，一是图书馆的成本支出迅速增长，以至于有可能在不久的将来影响学社亚洲计划的开展；二是裘开明馆长的继任者必须尽快任命。我将按照规则处理以下问题：1. 成本。远东语言系和图书馆的成本由1957—1961年间占每年总预算的30％增长到35％，如果包括图书馆专门预算在内，则1964—1965年已增长至38％。这种增长完全是因为将图书馆运营的维持费占学社收益的比例从不足13％增长到了大约20％。相比之下，由于哈佛大学近期承担了教学的费用，东方语言系的经费支出则保持了较好的控制。2. 图书馆预测。图书馆固定成本增加，尤其是薪水和工资两项。哈佛大学图书馆Douglas W. Bryant先生告诉我未来一两年内，人力的成本将会大幅上涨。近几年我们试图保持采购预算的稳定，使之在总预算中所占的比例下降。在图书馆总支出中，采购经费从1960—1961年的18％下降到1963—1965年的14％。但这种努力在1962—1963年度却没有成功，该年度采购费用接近于1963—1964年，这是由于这一年自2月份后图书馆就没有采购图书。对此，图书馆委员会和我本人均不希望再继续这项尝试，因为：(1)远东图书单价迅速上涨。(2)书籍采购目前不仅必须紧跟目前的出版速度，抓住机会采购已绝版的中日文书籍来充实馆藏，而且要建立韩文馆藏的基础。(3)目前当代中国领域的书籍采购比例尚不足够。图书馆委员会尚无法估计这些资源的需求，除非董事会批准相关提案，不然将不会有专门的计划实施。目前的压力表明，希望至少在扩大该领域的采购比率方面有一个计划。(4)大学图书馆正将约20％的预算用于采购。由此，将采购预算维持在低水平，从长远来看对图书馆的长期发展是有害的。长远来看,图书馆在几年内,应独立、合理地要求占有学社收益的25%或者更多,加上哈佛本部则至少应为40%。3. 对亚洲计划的影响。迄今为止,亚洲计划没有受到哈佛本部支出成本不断增长的影响,主要是因为支出尚未达到学社的收益。实际上在1957—1961年度亚洲计划支出仅占收益的40%—45%,现在达到了57%。但是好景不长,今年仅总预算就完全耗尽了年度收益。因此图书馆委员会非常希望设立图书馆特别预算,而此项预算将必须依赖于累计收益。尽管建立韩文馆藏的资助锐减,但总额仍与上一年接近。远东地区目前正陷入通货膨胀,也提高了我们往来客户的单价,很明显他们希望由学社补助以扩展他们的工作。因此,随着学社拨付图书馆费用的增长,学社预算将在未来完全耗尽现期收益,学社的哈佛本部和亚洲计划将相互竞争。这种情况下,我们将面临严峻的挑战,不仅会影响学社向任何其他目标发展的自由,而且将加速恶化目前图书馆面临的窘境。可能采取的措施如下:(1)有可能将动用学社的累计收益。然而我认为这项计划将使这种储备资金仅仅可用于维持目前计划的质量,且会在不到10年时间内被耗尽。(2)目前我无法估计学社的亚洲计划能够节省的存款数额。我们希望从新的教师委员会获得一项他们对这些亚洲计划的评估,以及其质量的改进。在我此次考察中,将继续这种评估并考虑其他选择。否则,我将不会尝试任何方法去获得财政资金,因此又回到图书馆的问题上。(3)建议制定一个新的图书馆制度。这种可能性当然必须由新的图书馆长来调查研究。否则,结果可能是令人失望的。(4)图书馆比以往任何时候都有必要获得学社以外其他机构或来源的重要资助。在过去,这种资助在图书馆总预算中所占比例很小,而且在不断地缩减。4. 总体建议。(1)我建议可以寻求学社和哈佛本部对图书馆的资助,保持其在年度收益中占稳定的比例。1957—1961年间,远东语言系、图书馆和出版物加起来仅占收益的30%。收益的增加必然会使学社对图书馆的资助增加,但是在接下来的几年间,如果图书馆的费用需要增加,那么援助资金将必须得到更快的增长。(2)关于图书馆的援助资源,目前最大的独立捐助者是政府NDEA援助金(The Government NDEA Grant),1964—1965年度将提供约占总外援的2/3的资金。对此,我认为将来NDEA援助金如果没有问题的话,很可能会不断的增加。我尚未有机会调查学社接收定期的和有实质价值的援助的可能性,包括捐助、每年确定的奖助金,以及来自其他政府代理机构或私人基金等。待我从亚洲返回后,我将进一步调查此事。然而,如果这种援助无法预期,我们难以想象学社如何能避免由图书馆不断上涨的预算而引起的威胁。然而,只有学校够提供合理的帮助,才能维持图书馆馆藏目前良好的发展现状。如果可行的话,学社将提供114000美元而非151000美元。学校(包括东亚研究中心和大学图书馆)将提供46000美元而非8400美元。学校可能今年没有必要捐助如此大的金额,因为这部分捐助数额超过了来自累计收入的专门图书馆预算27500美元。5. 学社与大学合作的模式。学社与哈佛大学合作,双方应该各自履行相应的权利和义务,进行全面的合作管理。哈佛燕京学社在东亚研究方面享有的声誉以及学社每年的财政收入,使得哈佛大学在很多方面需要与哈佛燕京学社进行合作。6. 特别建议。图书馆的联合支持各方,可以通过在新采购的书籍上贴上学校藏书标签的方式来确保显示捐助及财产的类型和数量比例。剩余部分包含图书馆大部分的图书,将属于学社所有。两种财产没有物理空间上的分割,这样可以避免读者在使用图书馆过程中遇到麻烦和障碍。我建议由董事会和大学联合批准成立一个远东图书馆委员会。该委员会将包括资助机构的代表,确保他们各自的利益,也应该包括使用图书馆的教职员代表。委员会将被要求向资助机构推荐基本的政策,并被授权在全部获批准的政策范围内管理运作图书馆。委员会总的成员数应相对比较少,教职员代表应至少是轮替的。决议可由主要的成员投票决定。委员会主席应由资助机构在每个学期协商任命……图书馆馆长在由委员会批准的任期内,负责为图书馆运营制定所有政策事务的建议草案,包括预算等在内,并提交委员会。图书馆馆长将不属于委员会的成员组。馆长制定的包括财务预算在内的各项政策都要向远东图书馆委员会征求意见,获得批准后进行实施,馆长不能担任委员会的成员。7. 关于图书馆馆长人选。1963年10月11日,本届图书馆委员会一致通过吴文津先生(Eugene Wu)作为继任馆长的第一候选人。张馨保(Chang Hsin-pao)先生为馆长职位的第二人选。白思达博士在给F. Gregg Bemis先生的信中提出,如果要推荐吴文津先生,那么学社就必须有专门的基金,以用于吴文津先生想建立的当代中国文献馆藏。我与图书馆委员会的所有成员进行了讨论,包括裘开明博士,以及有关远东图书馆问题的美国其它大学的教职员。由于汉和图书馆和图书馆委员会将聘任吴文津先生仅一个学期,吴文津也尚未完成其博士学位,并且他尚比较年轻,而他在斯坦福的薪水据说接近10000美元。图书馆委员会和我主张不应一开始就将吴文津先生的地位确定为高于哈佛全职教授的待遇。但是我们建议他的薪水其后会在哈佛全职教授薪水范围内得到不断提高。建议以适当的奖助金方式支付吴文津先生家人移居至剑桥的费用。我请求裘开明博士同意在接下来的一年内继续任职,裘开明博士对此表示同意。因此裘开明将继续担任馆长职务至1965年6月30日他的继任者上任时。(HYI Archives: The Chinese-Japaness Library Report, 1964)

5月4日

韩国汉城延世大学(Yonsei University)向汉和图书馆邮寄代购的第15批韩文古籍。(HYL Archives: Chinese-Japanese Library of the Harvard-Yenching Institute at Harvard University Report of the Librarian for 1963-1964)

5月6日

耶鲁大学图书馆远东部Warren M. Tsuneishi致函裘开明,告知该馆高级中文编目员David Hu将于6月2日参观汉和图书馆。(HYL Archives: Letter of Warren M. Tsuneishi to Alfred K'aiming Ch'iu, May 6, 1964)

5月7日

裘开明致函耶鲁大学图书馆远东部Warren M. Tsuneishi,告知欢迎David Hu于6月2日参观汉和图书馆。(HYL Archives: Letter of Alfred K'aiming Ch'iu to Warren M. Tsuneishi, May 7, 1964)

5月11日

斯坦福大学胡佛研究所图书馆馆长吴文津(Eugene Wu)致函裘开明:请帮助核查随函所寄关于宋史书籍的目录,如果汉和图书馆有收藏,则请回函告知版本信息。(HYL Archives: Letter of Eugene Wu to Alfred K'aiming Ch'iu, May 11, 1964)

5月13日

哈佛大学政治系教授、苏联研究中心主任Merle Fainsod继Paul H. Buck之后当选为哈佛大学图书馆馆长(Director of the Harvard University Library),将于7月1日正式上任。哈佛大学图书馆副馆长(Associate Director of the Harvard University Library)Douglas W. Bryant将出任哈佛大学总馆(怀德纳图书馆)馆长(University Librarian)。(HYL Archives: Merle Fainsod Selected Head of University Library, May 13, 1964)

5月14日

Kim Mun-gyong致函金圣河(Sungha Kim):为了方便延世大学(Yonsei

University)图书馆兑换汉和图书馆寄来的购书款,节省时间,我建议贵馆将购书款直接寄给闵泳珪(Minn Young-gyu)教授,而不要寄到延世大学审计办公室。(HYL Archives：Letter of Kim Mun-gyong to Sungha Kim, May 14, 1964)

5月15日

裘开明致函胡佛研究所图书馆馆长吴文津(Eugene Wu)：5月11日来信收到,我已经核查了汉和图书馆的馆藏,现寄回有关宋史书籍的书目。在书目上已做了标记的14种关于宋史书籍在汉和图书馆均有收藏,另外2种汉和图书馆未藏,其中序号为5的文献在京都人文科学研究所(Kyoto Institute for Humanistic)图书馆有藏,序号为8的文献在东京静嘉堂文库(Seikado Bunko)有藏,这两部文献的胶卷可通过在东京的日本国会图书馆国际业务部获得。(HYL Archives：Letter of Alfred K'aiming Ch'iu to Eugene Wu, May 15, 1964)

5月19日

陈澄之致函裘开明,告知他已结束在汉和图书馆为期15个月的工作,将于6月1日启程离开剑桥。(HYL Archives：陈澄之致裘开明,1964年5月19日)

5月20日

康奈尔大学图书馆地图缩微文本和报纸部Marie Gast致函裘开明：我们计划制作《今日新闻》的缩微胶卷,但是我们现在仅有该报纸1963年3月至今的卷期。马大任(John T. Ma)先生告诉我,哈佛有该报纸的回溯卷期,亦没有拍摄的计划。是否可将贵馆所藏的这份报纸借给我们拍摄？任何早于1963年3月的卷期均可以。我们愿意支付所有邮费。(HYL Archives：Letter of Marie Gast to Alfred K'aiming Ch'iu, May 20, 1964)

5月26日

裘开明致函Edwin G. Beal, Jr.：已收到你5月5日和11日来函,及随函所附馆际互借申请,我们已将你所要求外借的《大公报》天津版1929－1937年,和重庆版1945－1946年各期,从书库中检出并寄去。(HYL Archives：Letter of Alfred K'aiming Ch'iu to Edwin G. Beal, Jr., May 26, 1964)

裘开明致函俄勒冈大学图书馆副馆长Donald T. Smith：感谢你5月13日的来信,我惊喜地得知你现在在俄勒冈大学。你遇到的是一个老问题,即,没有大量和充足图书馆员的图书馆应该如何进行诸如中日文之类特殊图书的编目。现在只有两种方法：1. 集中编目；2. 各图书馆自己编目。因为现在美国国会图书馆已经不像以前那样迅速和高效地提供远东图书的集中编目,每个图书馆只好尽力自己编目。以下是有助于你解决问题的方法：1. 通过类似日本出版贸易有限公司之类的书商订购日本国会图书馆印刷的现行日本出版物卡片目录。利用日本国会图书馆出版发行的《纳本周报》(Nohon Shuho),可以同时选购图书和订购其目录卡片。2. 对于已绝版的图书,你可以订购哈佛大学的日文目录卡片,每张售价3.5美分。我们在怀德纳图书馆用复印机印刷卡片。日本国会图书馆不印刷旧书和绝版书的目录卡片。你们的中文编目员能够阅读汉字,应该有能力处理这项工作。(HYL Archives：Letter of Alfred K'aiming Ch'iu to Mr. Donald T. Smith, Assistant University Librarian, the Library of University of Oregon, May 26, 1964)

5月29日

胡佛研究所图书馆馆长吴文津(Eugene Wu)致函裘开明,感谢裘开明帮忙核对书目。(HYL Archives：Letter of Eugene Wu to Alfred K'aiming Ch'iu, May 29, 1964)

5月

哈佛燕京学社董事会主席F. Gregg Bemis与哈佛大学行政副校长L. Gard

Wiggins 签署《哈佛燕京学社与哈佛大学有关汉和图书馆财产划分的协议》(*Agreement between the Harvard-Yenching Institute and Harvard University: Property Provisions concerning the Chinese-Japanese Library*)。该协议共有以下 10 条:1. 所有在 1964—1965 年度之前根据预算购置的图书馆可动产将是哈佛燕京学社的财产。2. 在此之后,在确定哈佛燕京学社和哈佛大学对这些财产的所有权的过程中,将只涉及那些依照汉和图书馆常规年度预算购置的物品。那些仅仅只是用哈佛燕京学社账户购置的物品将列入特别附加预算之中。3. 指明为哈佛大学所有的所采购的图书将按下列顺序确定:第一为西文图书,第二为与 1911 年以后的中国和 1868 年以后的日本有关的资料,第三为在上述时间以前出版的原版著作的复制品。哈佛燕京学社有兴趣继续建立与远东传统时期和文化有关的藏书。4. 通常可动产的所有权应根据图书采购和资产购置的预算数量将每个资助方对汉和图书馆的资助额换算为汉和图书馆总预算的一个百分比来确定。任何一方都可以会同另一方一起明确其资助图书采购和资产购置的数量和用途,以及其随后的财产所有权。5. 当来自非哈佛大学和哈佛燕京学社资源的资金用于汉和图书馆预算时,在此该资金来源还没有确定财产所有权的情况下,哈佛大学汉和图书馆管理委员会将向资助者推荐一种计算其各自产权的方法。6. 各项物品应按照其对于汉和图书馆的实际费用来指明其各自的所有者。7. 任何一个可动产的单件物品都不能由哈佛大学和哈佛燕京学社共同拥有。8. 图书馆馆长应保存指明哈佛大学和哈佛燕京学社财产的档案记录,并在这些财产上标示一个可识别的标记(如果是图书,则采用适当的藏书票)。任何资助者提出需要该财产档案的需求都应予以满足,并提供一份财产清单。9. 所有物品都应按照上述方法在其购置的当年底之后的适当期限内登记和标记。10. 根据所有权独有的基本原则,哈佛燕京学社和哈佛大学的财产在汉和图书馆内不应做有形的彼此分隔。(HYL Archives: Letter of John C. Pelzel to Alfred K'aiming Ch'iu, April 26, 1965)

6月4日

哈佛燕京学社副社长白思达(Glen William Baxter)致函裘开明:在 7 月 1 日由社长委任和组织汉和图书馆管理委员会之前,本人继续在学社管理委员会的授权下处理图书馆事务。以下是夏季安排:1. 在夏季,图书馆星期一至星期五晚上开放时间为 7 点到 10 点。2. 夜晚开放时,书籍不能借出,即使先前已登记借出,在此期间内汉和图书馆的书也不能带出图书馆。3. 晚间进入书库要出示正式的授权许可。4. 晚间每一个进入图书馆的人都要登记,显示进入时间和离开时间。5. 除非新的管理委员会决定,否则图书馆的安全措施不能改变。(HYL Archives: Letter of Glen William Baxter to Alfred K'aiming Ch'iu, June 4, 1964)

胡佛研究所图书馆秘书 Naomi Penaat 致函裘开明,询问寄给汉和图书馆的《现代中国档案选集》(*Gendai Shina no kiroku*)缩微胶卷中的第 19 号和第 21 号胶卷是否有问题(HYL Archives: Letter of Naomi Penaat to Alfred K'aiming Ch'iu, June 4, 1964)

国会图书馆编目部远东文献组王承栋(Joseph En-pao Wang)致函裘开明:Ai M. K. Kawaguchi 小姐计划赴剑桥参加 6 月 11 日举行的她朋友的研究生毕业典礼,如果 6 月 10 日贵馆日文部的馆员们有空,Kawaguchi 小姐希望能参观图书馆日文部,并与馆员们探讨一些关于日文文献复本的问题。6 月 17 日和 18 日,我想借休假的机会拜访你以及于震寰(Zunvair Yue)、刘楷贤(Liu K'ai-hsien)和金圣河(Sungha Kim)诸位先生。如果你有空的话,我想请教一些关于哈佛燕京学社汉和图书馆馆藏中日文文献复本的问题……(HYL Archives：Letter of Joseph En-pao Wang to Alfred K'aiming Ch'iu, June 4, 1964)

华盛顿大学远东图书馆馆长 Ruth Krader 致函裘开明，表示希望再订购 1 或 2 套《汉和图书分类法》、韩文古籍和当代韩文文献的目录卡片，询问订购价格，以及当代中文文献目录卡片每年大约的订价。(HYL Archives：Letter of Ruth Krader to Alfred K'aiming Ch'iu, June 4, 1964)

6月5日

裘开明回复国会图书馆编目部远东文献组王承栋(Joseph En-pao Wang)：欢迎你们下个星期来访波士顿地区。矶部重治(Shigeharu Isobe)先生、Yoshiko Yoshimura 小姐非常愿意与你们讨论关于日文文献方面的问题；于震寰(Zunvair Yue)、刘楷贤(Liu K'ai-hsien)和金圣河(Sungha Kim)诸位先生都做好了迎接你们来图书馆参观的准备。(HYL Archives：Letter of Alfred K'aiming Ch'iu to Joseph En-pao Wang, June 5, 1964)

6月8日

徐先雁致函裘开明：家父藏有古书两部(宋版《事文类聚》和明版《文献通考》)，现拟出售。承袁先生同礼之介绍，闻先生所主持之哈佛大学图书馆中文部尚无这两部书，不知贵馆可有意购买？恳请先生帮忙，家父当以明版《易传》全套或售出价之廿分之一酬谢。(HYL Archives：徐先雁致裘开明, 1964年6月8日)

6月12日

裘开明致函胡佛研究所图书馆东亚部秘书 Naomi Penaat：已收到你 6 月 4 日询问关于《现代中国档案选集》(*Gendai Shina no kiroku*)缩微胶卷事宜的来函。你寄给我馆的第 21 号和第 19 号胶卷非常好，没有一点瑕疵。(HYL Archives：Letter of Alfred K'aiming Ch'iu to Naomi Penaat, June 12, 1964)

6月18日

裘开明收到韩国汉城延世大学(Yonsei University)寄来的由该校代购的第 15 批韩文古籍，共 29 包，内含韩文古籍 122 种 215 册，含复本 14 种 45 册，购书经费支出总计 108402 韩元，当时汇率为 1∶255，即折合美元 425.10 元。(HYL Archives：Chinese-Japanese Library of the Harvard-Yenching Institute at Harvard University Report of the Librarian for 1963-1964)

6月19日

裘开明致函康奈尔大学图书馆中文编目馆员马大任(John T. Ma)：兹附上我们的复本书单，我们将通过铁路快递寄给贵馆中国古籍和现代图书的复本，除非你告诉我其中哪部分是你不要的。其他图书馆如芝加哥和夏威夷大学都表示希望购买你认为太昂贵的那些书籍。如果你不想要，请告知我们。我们的财政年即将于 6 月底结束，如果你能在本财政年结束前付款，我们将不胜感激。(HYL Archives：Letter of Alfred K'aiming Ch'iu to John T. Ma, June 19, 1964)

6月23日

康奈尔大学图书馆中文编目馆员马大任(John T. Ma)致函裘开明：6 月 19 日来信收到，感谢你寄来复本书单。我查看过书单，发现价格都很合理，因此我们会购买所有你标价了的书籍。请尽快将这些书寄给我们。有关付款的问题，我很抱歉地告诉你，我们今年的财政年已经结束，7 月 1 日前不能再付款。另外，我们图书馆的做法是必须收到图书后才能付款。但我会催促我们的采购部门收到图书后加快付款的速度。你是否需要根据书单来邮寄图书？如果需要，我则将书单寄还给你；如果不是，我希望能保留用以核对寄来的图书。我没有在书单里看到复本期刊,如果你制作了复本期刊目录,请寄给我。你是否找到了你的继任者?我想要找到一个有足够能力接替你位置的人一定非常困难。请告知我哈佛的进展。(HYL Archives:Letter of John T. Ma to Alfred K'aiming Ch'iu, June 23,1964)

6月25日

香港商务印书馆致函裘开明:我们在4月15日寄给你的信函中对中文录音带一事作了回答,现作进一步的补充说明,我们想知道贵馆现在是否仍对上述资料感兴趣。正如你所知,我们一直小心地保留这些资料,等待你们的指示。待收到你们支付所要论文的支票后,即刻装运寄给贵馆。同时,请注意你们的支票应以支付给黄汉生(Hanson F. S. Hwang)向该出版社定购的藏书(名义),因为这样做我们在谈判香港市场的草案会更容易一些。等待你们进一步的消息。(HYL Archives:Letter of Commercial Press, Hong Kong to Alfred K'aiming Ch'iu, June 25,1964)

7月1日

哈佛大学政治系教授、苏联研究中心主任Merle Fainsod正式接任哈佛大学图书馆馆长职务。(HYL Archives:Merle Fainsod Selected Director of the Harvard University Library, May 13,1964)

7月3日

新罕布什尔州汉诺威达特茅斯学院(Dartmouth College)中国文化与哲学教授陈荣捷(Chan Wing-tsit)致函裘开明:你近来可好?祝愿你身体健康。我现在檀香山,将一直呆到8月9日。去年4月我曾寄给你们一份书刊目录,请贵馆帮助核查是否有收藏,但至今未未收到你们的回复。我没有写信给馆长,因为我不知道你的继任者的姓名。原本我想如果你在剑桥就写信给你,但我猜想你很可能在科德角(Cape Cod)度假,而且我亦不想打扰你的继任者。我现在正欲致函白思达(Glen William Baxter)博士请求协助。但是,你仍活跃在图书馆界,如能惠赐帮助,我将不胜感激。在此致以诚挚的敬意!(HYL Archives:Letter of Chan Wing-tsit to Alfred K'aiming Ch'iu, July 3,1964)

7月17日

香港商务印书馆致函裘开明:我们于6月25日寄给你一封信,函询是否还需要订购中文录音带等资料,至今未收到回复。我们想知道贵馆是否还需要你们订购的资料。如果你们认为获得中文资料进口许可有困难,建议你们向哈佛大学馆长助理Mary Lou Little小姐咨询一下具体细节。因我们刚寄给哈佛大学音乐图书馆大量中文资料,这些中文资料是2个月前凭B10027号进口许可证订购的。当你们拿到货物装运进口许可证后,请通知我们,并将支票寄给我们,请注意将支票寄给黄汉生(Hanson F. S. Hwang)先生。(HYL Archives:Letter of the Commercial Press [Hong Kong] to Alfred K'aiming Ch'iu, July 17,1964)

7月30日

裘开明修订《汉和图书馆研究室和阅览室使用须知》。(HYL Archives:汉和图书馆研究室和阅览室使用须知,July 30,1964)

7月

哈佛燕京学社社长裴泽(John C. Pelzel)起草《关于哈佛燕京学社支持哈佛大学教学、研究与出版活动和哈佛大学支持哈佛燕京学社汉和图书馆之备忘录》,其主要内容如下:哈佛燕京学社将继续对哈佛大学给予积极支持,为促进哈佛大学在亚洲高等教育的进一步发展提供坚实的基础。哈佛燕京学社收益的30％将用于亚洲高等教育的总预算。哈佛大学不仅希望继续支持远东语言系,而且在继续使用汉和图书馆的过程中,还将与哈佛燕京学社共同支持汉和图书馆的发展。哈佛燕京学社将制定(详细说明)将收益的2％－4％用于出版的计划,学社教学和研究预算将根据哈佛大学提供给远东语言系的预算制定。图书馆管理委员会负责起草汉和图书馆的预算方案,并分别提交给学社社长和文理学院院长。学社社长将整合全部的预算,形成提交给哈佛燕京学社董事会的预算方案。学社会继续专门为上述预算雇佣的人员提供薪水。在哈佛大学的同意下,同时也将用于图书馆预算的支出。上述哈佛燕京学社和哈佛大学预算采购的资产的所有权将依照专门的协议确定。聘任一部分人员组成哈佛大学哈佛燕京学社汉和图书馆管理委员会,为哈佛燕京学社和哈佛大学监管图书馆。委员会主席和其他成员将由哈佛燕京学社董事会主席和哈佛大学文理学院院长协定任命。委员会将根据由任命者核准的程序运作,交付授权政策、预算和涉及图书馆馆长职位的事务,以及检查图书馆馆长根据董事会和哈佛大学协议制定的决策进行图书馆的管理。图书馆所有人事任命将继续按照由文理学院院长推荐,并由哈佛燕京学社董事会同意的方式进行。这些任命将遵照哈佛大学行政管理人员管理规则进行。授权签署账单的人员和反对已核准的图书馆预算的证明人将根据学社董事会主席和文理学院院长协议委任。(HYI Archives: Memorandum Regarding Support by the Harvard-Yenching Institute to Teaching, Research, and Publication Activities at Harvard University and Support by Harvard University to the Chinese-Japanese Library of the Harvard-Yenching Institute[Profeesor Pelzel's Draft], July, 1964)

8月3日

哈佛燕京学社汉和图书馆管理委员会举行第一次会议,出席会议的人员有:代理主席Daniel H. H. Ingalls教授,海陶玮(James Robert Hightower)教授,Douglas W. Bryant先生,白思达(Glen William Baxter)先生。费正清(John King Fairbank)教授未出席会议。会议讨论了以下问题:1.正式通过汉和图书馆管理委员会议事程序。2.关于吴文津(Eugene Wu)及其夫人来访的系列日程安排。3.关于选择吴文津先生担任汉和图书馆馆长:裴泽(John C. Pelzel)教授在致Daniel H. H. Ingalls教授的信函中提出,希望管理委员会要求吴文津先生尽快作出决定,因为裴泽认为还有一个最好的人选——万惟英(Wei-ying Wan)先生。万惟英是台湾大学图书馆学副教授,"中央"图书馆馆员,具有明尼苏达大学图书馆学学位,近期抵达密歇根大学作交换访问学者,很可能接受香港新中文大学图书馆馆长一职。4.图书馆钥匙的分配:根据哈佛大学图书馆政策和汉和图书馆以往的实践情况,会议决定教授、副教授、助理教授和讲师有权拥有图书馆钥匙。5.流通:调整非流通的雕版图书的管理规则,可能将这部分图书作为保留书籍在周末时提供外借。任何有资格的人员每次最多可以借出两套。裘开明博士应邀参加后半部分会议,他对此表示有点不愿意,但同意试行一个月,并由委员会汇报结果。委员会决定凡是没有正式的哈佛关系的人员,不论与哈佛燕京学社和哈佛大学教职员多么熟知,都没有特权在访问哈佛期间将图书借出馆外,除非经这些人员所属机构的图书馆和我们之间进行特殊的协议安排,白思达先生认为这是对赖肖尔(Edwin Oldfather Reischauer)先生担任社长时所实行政策的较大改变,赖肖尔先生主张学社的目的是面向所有亚裔人士提供全面和自由的服务。白思达先生认为此事须在学社董事会上重新讨论。6.应急采购资金:委会会正式表决批准此前由图书馆馆长(裘开明)提议并由白思达先生核查书目的2项图书采购计划:其一为关于安南(Annamese)历史、法律和地理的54册中文文献,成本为2276.95美元;其二是由日本宫内省(Japanese Imperial Household Ministry)出版的《孝明天皇纪》(Records of the Emperor Kōmei),成本为2390.28美元。7.越南文献缩微胶卷:针对Truong-buu-Lam博士此前建议哈佛燕京学社将之前拨给西贡历史研究所(the Institute of Historical Research in Saigon)的3000美元预算用于1964—1965年度越南历史文献翻译的经费,转为购买西贡研究所拥有的正片或缩微胶卷文献。就此管理委员会展开讨论,希望借此推进越南文献缩微胶卷计划的展开。8.《永乐大典》:裘开明指出北京和台北的机构请求缩微复制哈佛所藏《永乐大典》,对此学社和哈佛的一致意见是,对方必须以同等价值的资料回馈哈佛。9.预算与支出:白思达向委员会汇报,1963—1964年度图书馆支出维持在168000美元的预算之内,部分原因是图书馆使用了一些周转账户、书目出售收益,以及多年来累积的购置费500美元。但最直接的原因是图书馆约有14000美元的书款在7月1日前并没有支付出去。即便如此,图书馆采购支出了31000美元,远远超出18500美元的采购预算。如果所有的账单都支付了的话,经费总额是45000美元,远远超出原来预算数额的两倍。在7月1日之后支付的14000美元中,有4000美元是董事会理事投票表决批准用于购买韩文书籍的拨款,但另外10000美元的账款将使图书馆今年的常规采购预算从29500美元减少到19500美元——这个数字比1963—1964年批准的采购预算大,但现任馆长(裘开明)对此可能并不在意。白思达指出,他将控制付款,但发现虽然裴泽教授授权他控制书刊订购,但要做到这点并不容易。在图书馆参与国会图书馆联合编目计划中,原来的预算为1200美元(包括来自大学图书馆的800美元),去年却支出了3366美元,但裘开明制定的1964—1965年预算仅为2000美元。这表明裘开明(裘开明未出席这部分讨论)并非根据过往的经验制定预算,而是在他除人事之外签订了需要执行的合同后,根据是否有可能通过董事会同意的经验而制定预算。由此,采购经费相对于其他支出预算占很小的比例只是一个预算假象,即使不包含推迟到下一年支付的债务,1964—1965年度实际要支付的采购费用占18.4%。白思达提出他将试图核查过量的订单是否会给下任馆长的1965—1966年预算带来太多债务,但他无法保证做到这点,因为他也并非是全职监管图书馆。并且没有人有权对裘开明博士太苛刻,他认为裘博士过往以来在东亚研究领域里的服务和贡献是任何人都不可忽视的。Bryant说学校对东亚图书合作编目的捐款应该增加,但没有具体说明时间。关于William Henry Winship先生的聘用问题,Ingalls和Bryant强烈反对继续聘任Winship先生,海陶玮和白思达不同意投票表决,直接解雇Winship。然而,白思达预言此项决定要人事部通过并不容易。(HYI Archives: Managing Committee for the Chinese-Japanese Library, First Meeting, August 3, 1964)

  汉和图书馆管理委员会通过哈佛燕京学社社长裴泽(John C. Pelzel)制定的《哈佛大学哈佛燕京学社汉和图书馆管理委员会暂行章程草案》:1.本委员会的活动将遵照此条例附带的附件A和附件B中的备忘录和协议的相应条款,遵照哈佛燕京学社和哈佛大学所签署的协议中关于汉和图书馆的规定。2.委员会会议由主席召集,必要时可由代理主席召集,或有两名以上的委员共同召集,会议通知提前一个星期向全体委员下达。委员会一年至少召开两次会议,每次会议在哈佛燕京学社董事会会议前3周到前1周期间召开。会议须有半数以上委员出席方有效。3.委员在开会当天若不在波士顿,可预先通知主席,并派其他人作为代表行使其投票权。4.委员会的职责包括:审议年度预算、图书馆政策和学社的图书馆人事聘任;编撰图书馆工作报告,交由学社社长提交给哈佛燕京学社董事会,由文理学院院长提交给哈佛大学。监督图书馆馆长根据图书馆的赞助机构之间的协议进行的图书馆管理工作。5.正常情况下,图书馆馆长履行图书馆行政管理职能,但在缺少一个高素质的馆长情况下,管理委员会将承担图书馆管理职责。图书馆馆长将负责向委员会提交年度预算和年度报告,该报告与其他需要委员会考虑和讨论的建议和报告,均应至少在委员会会议召开前一周提交。6.委员会应履行对董事会和学校的责任,提交由委员会讨论批准后的图书馆馆长拟定的年度预算、报告和特别提案,或提交管理委员会的文件。7.由管理委员会决定的政策必须详细、明确,以适用和包含涉及图书馆的一切事务,除馆长根据自己的认定对图书馆的管理,以及除学社社长对神学路2号馆藏空间的分配之外,应包含图书馆采购、资产购买、图书馆条件和图书利用、编目系统等。8.图书馆馆长应是图书馆管理委员会的秘书。(HYI Archives: Managing Committee for the Chinese-Japanese Library, First Meeting, August 3, 1964)

8月20日

裘开明致函 Yang May,告知汉和图书馆没有职位空缺。(HYL Archives: Letter of Alfred K'aiming Ch'iu to Yang May, August 20, 1964)

8月21日

韩国汉城延世大学(Yonsei University)向汉和图书馆寄出代购的第16批韩文古籍。(HYL Archives: Chinese-Japanese Library of the Harvard-Yenching Institute at Harvard University Report of the Librarian for 1963-1964)

8月31日

哈佛燕京学社副社长白思达(Glen William Baxter)致函裘开明:现转来审计员办公室有关汉和图书馆1964年6月份的财务记录……虽然这次超支的数额部分是因为上年度赤字,但是希望今年不要再出现超支的情况。避免超支的唯一办法就是要求每个馆员在采购图书时都必须高度地小心,"只订购那些非常必需的图书"。我将把此信同时发给图书馆的有关工作人员,使他们明白这不是一个建议,而是一个"命令"。在预算期限到来之前,即使预算期限是下个月,也不可授权进行任何图书采购……(HYL Archives: Letter of Glen William Baxter to Alfred K'aiming Ch'iu, August 31, 1964)

9月9日

哈佛燕京学社副社长白思达(Glen William Baxter)致函裘开明:由于最近图书馆周边发生多起盗窃事件,为了安全起见,请不要在汉和图书馆办公室保存大笔图书馆罚款的现金。一旦图书馆罚金累积到25美元时,请及时转交给Comeau小姐或者我本人,并同时附上一份类似我在后面所附的存款凭证(Credit Voucher)。(HYL Archives: Letter of Glen William Baxter to Alfred K'aiming Ch'iu, September 9, 1964)

9月14日

康奈尔大学图书馆中文编目馆员马大任(John T. Ma)致函裘开明:我刚刚收到(台湾)"中央研究院"近代史研究所主任郭廷以(Tsing-I Kuo)的来函,其中附有他的一位朋友收藏的中文古籍的目录——《青石山庄收藏古籍善本目录》。如你感兴趣,请与他联系。(HYL Archives: Letter of John T. Ma to Alfred K'aiming Ch'iu, September 14, 1964)

9月24日

哈佛燕京学社副社长白思达(Glen William Baxter)致函裘开明,转发汉和图书馆8月份开支账单,并就有关开支项目作一定的说明。(HYL Archives: Letter of Glen William Baxter to Alfred K'aiming Ch'iu, September 24, 1964)

9月30日

胡佛研究所图书馆馆长吴文津(Eugene Wu)致函裘开明:近一年多来,在东京大学

(Tokyo University)卫藤沈吉(Shinkichi Eto)教授的引介下,我一直在与东京阳明文库(Yomei Bunko)商谈关于近卫氏家族藏书的事宜,希望能制作近卫笃麿(Atsumaro Konoe)和近卫文麿(Fumimaro Konoe)日记的缩微胶卷。现在他们已经答应了我的要求,实际制作工作即将开始。近卫笃麿日记约11盘胶卷,近卫文麿日记约9盘。前者的某些部分尚未制成胶卷,卫藤教授已经答应赴东京再行核对,并决定哪些需要制成缩微胶卷。他估计再有5盘胶卷即可完成。全部制作成本,包括答谢阳明文库、卫藤教授的费用以及其他费用,估计需要580美元。如果你有兴趣为汉和图书馆购买一套该缩微胶卷的正片,请尽快告知我们,我将试着让他们答应多制作一份。当然,费用由我们共同承担。我初步估算,包括邮费在内,我们的费用大约在420美元左右……这些日记即使在日本也尚未公开,我想很少有研究者用过这些资料。由于这是专门性的资料,今后可能也很少有人到我馆使用。但是它们又非常重要,尤其对研究中日关系以及太平洋战争前期历史,它们作为史料的价值毫无疑问。我觉得未来它们也没有公开出版的可能性。因此我们最好买下它们。但是在购买前我们最好先确定原始日记的时间段。(HYL Archives: Letter of Eugene Wu to Alfred K'aiming Ch'iu, September 30, 1964)

香港勤生行(Kun Sang Hong)李汝党致函裘开明:来函所订购的6种书籍已经邮寄,代支包装费港币4元,邮费21元,随函附呈发票2纸及书目6纸。现敝行除经营旧书籍外,并兼营各项新书籍,举凡中国香港、中国大陆、中国台湾及日本等处之出版刊物,均可代客购办。最近敝行复蒙联合国图书馆发下Blanket Order(总括订单)一份,在指定范围及限额之内,可由敝行随时酌宜代购书籍……(HYL Archives:李汝党致裘开明信函,1964年9月20日)

10月9日

裘开明收到韩国汉城延世大学(Yonsei University)于8月21日所寄出的由该校代购的第16批韩文古籍,共17包,内含韩文古籍49种181册,含复本1种2卷,其中1种不完整,共花费购书经费68800韩元,当时汇率为1∶255,即折合美元269.80元。(HYL Archives: Chinese-Japanese Library of the Harvard-Yenching Institute at Harvard University Report of the Librarian for 1963-1964)

10月17日

香港中文大学李直方(Lee Chik-fong)致函裘开明:我现正在香港大学中文系攻读硕士学位,我的导师是中文系教师饶宗颐先生。我现正在撰写论文,内容涉及谢宣城(Hsueh Hsuan-cheng)诗歌的原文举例和注释。我希望能在1965年5月前完成论文,这样我就有可能参加接下来的硕士学位考试。我听说饶宗颐先生上个月曾参观贵馆。他告诉我在贵馆见到了郝立权(Ho Li-chuan)所撰的《谢宣城诗注》(*Commentaries on the Poems of Hsueh Hsuan-cheng*)。这本书大约是20年前在中国出版的。饶先生说在今天,很可能只有在像贵馆这样享有盛誉的图书馆才可以见到,因为在香港各图书馆的目录中都找不到,在台湾各著名图书馆中也未见到。该著对我的研究非常有价值,在此我请问你能否将此书复印……我愿意支付全部的复印费和邮费。(HYL Archives: Letter of Lee Chik-fong to Alfred K'aiming Ch'iu, October 17, 1964)

10月20日

裘开明致函胡佛研究所图书馆馆长吴文津(Eugene Wu),表示汉和图书馆愿意参加胡佛研究所图书馆制作近卫笃麿(Atsumaro Konoe)和近卫文麿(Fumimaro Konoe)日记缩微胶卷的项目,并共同承担制作费用,请吴文津寄来发票。(HYL Archives: Letter of

Alfred K'aiming Ch'iu to Eugene Wu，October 20，1964)

10 月 24 日

香港勤生行(Kun Sang Hong)李汝党致函裘开明：奉 9 月 29 日订购书籍 3 种的来函，除其中《闽百三十家人诗存》未能购得，其余 2 种已经寄出，代支包装费港币 5 元，邮费 21 元，保险费 12.6 元，随函附呈发票 2 纸，保险单 1 纸。(HYL Archives：李汝党致裘开明信函,1964 年 10 月 24 日)

10 月 26 日

K. Nakao 致函裘开明：兹附上碛砂版《大藏经》目录(全)及序文，应此套书所有者的要求，我谨询问汉和图书馆是否有兴趣购买，售价为 70000 美元。(HYL Archives：Letter of K. Nakao to Alfred K'aiming Ch'iu，October 26，1964)

11 月 2 日

胡佛研究所图书馆馆长吴文津(Eugene Wu)致函裘开明：感谢你 10 月 20 日来函告诉我你愿意与我馆共同分担制作近卫氏(Konoe)日记缩微胶卷的费用。有一个令你高兴的消息就是，阳明文库(Yomei Bunko)已经同意制作缩微胶卷让全美图书馆都可以使用。因此我现在正在起草通知，征集更多的订购者。我相信最后每个订购者所需承担的费用比我之前估算的要低很多。我将随时向你通报订购项目的进展，待胶卷制作完毕，即邮寄给你。(HYL Archives：Letter of Eugene Wu to Alfred K'aiming Ch'iu，November 2，1964)

香港大学中文系饶宗颐致函裘开明：……前月在波士顿□承款接，厚谊难忘。又蒙出示哈佛宋元佳椠，更深感纫。当日曾作绝句二首，兹□呈乞教。哈佛图书馆裘开明教授出示宋元精椠，因题二绝：万卷辛勤聚此堂，宋廛犹有十三王。残编遥出东宫月，异地同传楮墨香。(《汉书景十三王传》袁克文旧藏)。东维题记久讹传，廉石新藏竟不全。能省误书良一适，况从山水会心源。(元本《图绘宝鉴》，孙季逑所见者尚缺杨维桢一序，津逮本有序矣，而舛误竟至三处，当以是本为最善)。拙编《香港大学冯平山图书馆善本书录》(连抄本共二百余种)，前年暑假已编成初稿，因他事搁置，兹拟重加厘善，冬间或可复写成编，当邮呈匡正，看可否付梓。另有恳者，门人李直方君□得谢宣城诗注照片一份，付上李君原函，希垂察为荷……(HYL Archives：饶宗颐致裘开明信函,1964 年 11 月 2 日)

11 月 4 日

裘开明致函康奈尔大学图书馆中文编目馆员马大任(John T. Ma)，请邮寄函内所列图书及其双联发票。(HYL Archives：Letter of Alfred K'aiming Ch'iu to John T. Ma，November 4，1964)

11 月 6 日

康奈尔大学图书馆中文编目馆员马大任(John T. Ma)致函裘开明，感谢汉和图书馆选购他们的复本图书，告知已另函寄送裘开明所需要的 4 种图书。(HYL Archives：Letter of John T. Ma to Alfred K'aiming Ch'iu，November 6，1964)

11 月 12 日

香港勤生行(Kun Sang Hong)李汝党致函裘开明，告知已收到汉和图书馆用于支付购书款的汇单，另附寄书目 2 纸。(HYL Archives：李汝党致裘开明信函,1964 年 11 月 12 日)

11 月 14 日

陈荣捷(Chan Wing-tsit)致函裘开明：你即将收到我赠与贵馆的以下图书：《中国哲学史教学资料汇编》、《两汉纪》(上、下)、《双剑誃诸子新证》(于省吾,1962)。在此谨向你致以最美好的祝福。(HYL Archives：Letter of Chan Wing-tsit to Alfred K'aiming Ch'iu, November 14, 1964)

11月18日

裘开明致函陈荣捷(Chan Wing-tsit)，感谢陈荣捷赠送图书。(HYL Archives：Letter of Alfred K'aiming Ch'iu to Chan Wing-tsit, November 8, 1964)

11月19日

荷兰莱顿汉学研究院何四维(Anthony F. P. Hulsewé)致函裘开明：汉学研究所的中文图书馆很早就开始采用你编的《汉和图书分类法》。在众多的分类法中，这部至今仍是最好的，但由于我们研究所没有受过专业训练的馆员，所以在该分类法的使用过程中遇到了一些困难，特来函请教，并询问汉和图书馆计划何时出版完整的书目。(HYL Archives：Letter of Anthony F.P. Hulsewé to Alfred K'aiming Ch'iu, November 19, 1964)

11月23日

白思达(Glen William Baxter)致函图书馆管理委员会：自7月1日迄今，图书馆采购情况如下：整个财政年的预算是29500美元，支出27011美元，剩余2489美元。但这并非说明自从7月来图书馆买了这么多的书，大约12000美元用于支付6月底到期的账单。尽管如此，仍然意味着在5个月内购买了价值15000美元的图书，超过了12个月预算的一半。这个速度比起去年支出的速度要慢了，说明对裘开明博士不断提出的书面与口头警示已生效。这一情况使图书馆和它的使用者陷入困境。在剩余仅2489美元的余额情况下，图书馆已无法在剩余的7个月里继续购买现有的出版物，更不必说还有许多人提出购买缩微胶卷和书籍的特别要求。另外，延世大学(Yonsei University)图书馆告知欠他们1600美元，我们在过去的一些年里从他们那里购买的书籍尚未付款，我们正等着相关的凭证。如果延世大学的数字正确的话，那么我们采购经费的余额将是889美元。有点值得大家欣慰的是目前预算外的图书馆收入(罚款、卡片、目录复本销售)已达2845美元，加去年预算之外的政府合同管理费收入2295美元，目前采购的经费是6029美元，再加上裘开明博士在办公支出与服务方面设法节省的资金，显然，总数仍然不足以应付剩下的7个月。如果管理委员会希望能对这种情况做些补救，必须立刻找寻其他资金。一个可能的来源是哈佛燕京学社，不过也不可能得到很多经费。董事会已经通过一个原则，不能将多于学社收入30%的经费用于哈佛的教研、出版与图书馆活动。这是协议实行的第一年，给图书馆一大笔"特殊"经费就是一个很显眼的例外了。因此我们难以要求董事会违反30%的原则。然而，学社并未把某项收入计算在内——政府合同管理费——付给汉和图书馆运作的费用，今年大概有3000美元。至少这个数额的30%应用于图书馆，还可以争取把这3000美元全部作为图书馆"赚取"的钱，因为学社也没有采取其他额外的行动。(HYL Archives：Letter of Glen William Baxter to Managing Committee for the Chinese-Japanese Library, November 23, 1964)

11月24日

耶鲁大学客座研究员简又文致函裘开明：……日前到贵校参观，兹蒙亲自招待，导游书城，深觉藏书丰富，琳琅满目。惜未能多事停留，细读要籍为憾。尤威先生毅力热诚，以四十年精神心血，建成此中国文化堡垒于异国，功绩不朽，至为钦佩。至于作关于冯玉祥与西北军事迹讲辞一篇，查系在1927年秋间发表于上海《申报》，连载多日。如能查出抄录，存之贵馆中国近代史书架上，或可为研究者作补充资料也。另有《我所认识之西北军及冯玉祥》小册，则加利福尼亚大学图书馆藏有一本。可由贵馆函诘其影印一份，亦是

为现代史补充资料……（HYL Archives：简又文致裘开明信函，1964年11月24日）

11月25日

裘开明致函荷兰莱顿汉学研究院何四维（Anthony F. P. Hulsewé）：11月19日来信收悉，关于分类书目未来几卷的出版问题，我打算明年退休以后就把我的时间都用于此项目。的确，为了此项工作，我已经做了多方面的准备，但是现在作为代理馆长，我几乎没有时间从事此事。幸好学社董事会挑选出了我的接班人。他就是吴文津（Eugene Wu），现在还是斯坦福大学胡佛研究所东亚图书馆馆长。我可能在今年退休，但是如果吴先生不能在明年秋天到任的话，学校则要求我再代理一年。（HYL Archives：Letter of Alfred K'aiming Ch'iu to Anthony F. P. Hulsewé, November 25, 1964）

11月26日

香港勤生行（Kun Sang Hong）李汝党致函裘开明：奉11月16日订购4种书籍的来函，现除《盐法纲要》未能购得以外，其余三种已经邮寄，代支包装费港币3元，邮费9元，随函附呈发票2纸……兹有藏家存有《大清一统志》（嘉庆重修）一套，乃国史馆穆彰阿纂，中国文献出版社影印线装，共二百册，订价港币900元……（HYL Archives：李汝党致裘开明信函，1964年11月26日）

11月30日

裘开明致函哈佛燕京学社副社长白思达（Glen William Baxter）：图书馆现有馆藏已超过40万册，并在未来的4-5年内将很快达到50万册。目前新的大楼中已经没有任何多余的空间可以容纳资源，除非采取以下两个步骤：1. 取消所有或者54个小研究隔间，在这些区域安装书架；2. 请统计学系从三楼迁走，腾出三楼的空间。为了应急，图书馆将尽力把所有的新闻报纸资源迁移至新英格兰贮存图书馆，这将在主楼中腾出约100个书架的空间，可容纳10万册书。我已与怀德纳图书馆就报纸资源迁移问题进行了交流和协商，Philip J. McNiff副馆长告诉我，他们将就此事召开会议，并向我反馈结果。无论如何，必须向学校当局提出帮助解决空间的问题。（HYL Archives：Letter of Alfred K'aiming Ch'iu to Glen William Baxter, November 30, 1964）

12月1日

裘开明致函印第安纳大学历史系教授邓嗣禹（Teng Ssu-yü）：你需要的书已交给怀德纳图书馆照相复制部制作复本，制作完毕后将同账单一起寄到印第安纳大学。你需要的另一篇Chiang Ti撰、刊登于《山西师范学报》上的文章，汉和图书馆没有入藏。（HYL Archives：Letter of Alfred K'aiming Ch'iu to Teng Ssu-yü, December 1, 1964）

1964年7月1日至11月30日，汉和图书馆馆藏资源新增总量为2023种3622册，其中，中文文献新增760种1270册，日文文献新增767种1526册，泰文与满文文献无增长，蒙古文新增1册，韩文文献新增354种910册，西文文献新增142种175册。馆藏文献资源总量达127643种402124册，其中，中文文献67343种278502册，日文文献44382种94088册，泰文文献43种1024册，满文文献148种1109册，蒙古文文献59种461册，韩文文献6486种14194册，西文文献9182种12756册。（HYL Archives：Statistical Report of the Chinese-Japanese Library of the Harvard-Yenching Institute, December 1, 1964）

哈佛燕京学社副社长白思达（Glen William Baxter）致函汉和图书馆管理委员会，函附4个关于美国图书馆远东文献馆藏对比数字和财务情况的统计表，并言：因我尚未从裘开明处获得这些统计，很可能裘开明还没有这些数据，请暂时不要将这些统计情况告知他。在表格4"美国远东图书馆财务状况（1963-1964）"中，一些机构的数字可能没有哈佛准确。不过哈佛的数字来源于裘开明,裘开明很可能是在年终所有账目结算完成之前对该表进行统计填写的,因此数据也不准确。此外,完全按照统计问题的要求填写相关的数字是一件很困难的事情,例如福利是否应包含在薪水总额中(在哈佛,最高为15％)？如果其他大部分机构都没有包含在内,那么他们为了保持收支平衡则必须增加"福利"一项。另外,我猜想表格中"预算"栏要求填写的数据,是假设完全等同于实际支出情况下的数据,但汉和图书馆的情况并非如此。我认为裘开明是以实际支出而不是预算为基础得出这些数据的,因此我根据我自己的支出统计和1963－1964年度图书馆财务经费,对表格四做了一些纠正,见下表:

哈佛	预算(美元)			收入来源(美元)			
	图书	工资薪水	其他	学社	NDEA	基金	总计
显示	30961	127630	9415	149962	12244	5800	168006
应是	40960	132619	8631	162423(1)	14787(2)	5000(3)	182210

(1)哈佛燕京学社,东亚研究委员会,大学图书馆;(2)不包括25％的额外费用;(3)东亚研究中心。

1963－1964年度,图书馆支出其经费的22.4％用于采购,比哥伦比亚的25％、耶鲁的33％和伯克利的30％要低。每个人都知道,这些图书馆都没有像我们汉和图书馆一样向那么多外人和其他机构提供服务。如果与其他提供同等服务的图书馆比,例如国会图书馆,22.4％与6％比是个相当好的数字了。当然,国会图书馆可以得到大量不要钱的书籍。

表1:美国图书馆远东资料馆藏(截至1964年6月30日)

图书馆	中文	日文	韩文	其他(1)	总数
加州大学(伯克利)(2)	142650	112838	8458	—	263946
芝加哥	139009	20685	200	1000	160894
哥伦比亚	165000*	65000*	2000*	1000*	233000*
哈佛	277292	92562	13284	1569	384707
夏威夷(3)	53761	61993	2995	—	118749
胡佛	70000	45000	1500	—	116500
国会图书馆	346377	453911	25039	6258*	831585
密歇根(安娜堡)	53877	77620	652	—	131149
普林斯顿	154368	18161	576	2050*	175155
华盛顿	84096	19124	2743	—	105963
耶鲁	75000	35000	1000	—	111000

(1)包含满文、蒙文、摩梭文,但不包括藏文;(2)东亚图书馆与中国研究中心藏书的数据;(3)夏威夷大学东西方中心与东方图书馆。

续表

表 2：美国图书馆远东馆藏的采购、整理与人员（截至 1964 年 6 月 30 日）

图书馆	1963—1964采购数量	尚未编目数	使用分类法	全职职员	仍需职员数
亚利桑那	(4000)	8000	Chiu	—	1
英属哥伦比亚	1830	75870	LC	3	1
加州大学(伯克利)	10748	71688	Chiu	21.5	2
加州大学(洛杉矶)	10040	24220	Chiu	3.75	2
芝加哥	12207	2000	Chiu	8.5	1
芝加哥博物馆	200	(5000)	LC	1.5	—
克莱蒙特	(2000)	(5000)	Dewey LC	—	—
哥伦比亚	(7500)	20000*	Chiu NDC	13*	—
康奈尔	11792	(50000)	LC	8	2
DeYoung 博物馆	500	—	LC	2	—
杜克	215	1600	Dewey	1.5	—
福格(Fogg)博物馆	325	500	Own	—	1
Freer	155	—	P'i	—	—
哈佛	13380	3948	Chiu	17	1
夏威夷	3883	11580	LC	21	6
Hinomoto	849	1000	NDC	2	1
胡佛	4900	14500	Chiu NDC	15	2
伊利诺斯	—	7200	—	—	2
印第安纳	(5000)	(5000)	LC	2	—
爱荷华	4000	1090	LC	1	—
堪萨斯	3568	1500	Dewey	2	—
国会图书馆	12732	311000	LC	42	3
马里兰	40	68000	LC	1.3	3
MIT	—	400	—	1.5	—

续表

图书馆	1963—1964采购数量	尚未编目数	使用分类法	全职职员	仍需职员数
城市博物馆	200	—	—	1	—
密歇根(安娜堡)	11565	21800	LC	11	4
密歇根(长辛)	195	580	LC	1	1
中东部图书馆中心	215	10	Size	0.12	—
明尼苏达	2250	20150	四库	—	1
国家农业	(2000)	—	—	4	—
国家医学	(1500)	—	Own	3	—
纽约公共	1400	3100	NYPL	6	1
北卡罗来纳	(3000)	(5000)	—	—	—
俄亥俄	983	1663	LC	2	1
俄勒冈	40	3320	Dewey	—	1
宾夕法尼亚	(1000)	3000*	Chiu	1.5	—
匹兹堡	3500	3500	LC	1	—
普林斯顿	8599	1064	Chiu	5	1
皇家安大略博物馆	120	250	Dewey	1	—
西东	2500	1300	LC	1.5	1
德克萨斯	1512	2075	Dewey	1.75	—
多伦多	14219	(75000)	LC	2	—
弗吉尼亚	800	33000	—	1	2
华盛顿(西雅图)	5374	30767	Chiu	11.5	3
华盛顿(圣路易斯)	—	—	—	—	1
威斯康星	(3000)	(5000)	LC	—	—
耶鲁	11100	13245	Chiu LC	13	1
总计	184936	913620		234.92	46

表3:15个美国主要远东图书馆的发展

图书馆	开始时间	1930	1935	1940	1945	1950	1955	1960	1964
英属哥伦比亚	1959	—	—	—	—	—	—	70000	82100
加州大学（伯克利）	1896	22541	35000	50000	75000	100000	130000	237000	263946
加州大学（洛杉矶）	1948	—	—	—	—	20000	40000	55000	80200
芝加哥	1936	—	—	50000	91324	112148	117148	128341	160894
哥伦比亚	1920	40000	80000	113000	159391	173743	185880	209008	233000
康奈尔	1918	700	7785	21435	24500	44300	44650	70000	85200
哈佛	1879	46186	100471	157969	183620	219508	276696	344102	384707
夏威夷	1925	2000	4000	27670	54713	57207	70029	71458	118945
胡佛	1945	—	—	—	—	40000	60000	100500	116500
国会图书馆	1869	148930	183367	232663	249000	624507	702133	777636	831575
密歇根	1948	—	—	—	—	12538	60694	91480	131149
普林斯顿	1926	80000	90000	100000	110000	130000	135451	146644	175155
多伦多	1939	—	—	50000	50000	50000	50000	53482	79694
华盛顿（西雅图）	1947	—	—	—	—	20000	50000	86595	105963
耶鲁	1878	7000	15000	25000	35000	50000	62608	89781	111000
总计		347357	515623	827737	1032548	1653951	1985289	2531027	2960028

表 4：美国远东图书馆财务状况（1963－1964）

图书馆	预算			收入			总计
	书	薪金	其他	机构	NDEA	基金会	
亚利桑那	11300	500	—	2500	800	8500	11000
英属哥伦比亚	6000	14000	—	20000	—	—	20000
加州大学（伯克利）	52274	110267	9155	109941	15000	46755	171696
加州大学（洛杉矶）	10000	22000	—	31000	—	1000	32000
芝加哥	42646	41650	3000	32750	13850	40696	87296
哥伦比亚	15861	37661	8357	40812	—	21067	61462
康奈尔	27416	34046	—	28149	22244	11089	61879
DeYoung 博物馆	1700	—	—	1700	—	—	1700
福格（Fogg）博物馆	3000	—	—	3000	—	—	3000
哈佛	30961	127630	9415	149962	12244	5800	168006
夏威夷	(20000)	(100000)	(154670)	(274670)	—	—	274670
Hinomoto	2000	—	400	—	—	2400	2400
胡佛	42000	68970	1800	112470	—	300	112770
印第安纳	(8000)	(15000)	—	(23000)	—	—	(23000)
爱荷华	9455	6748	200	14948	1455	—	16403
堪萨斯	10000	6500	1000	12500	—	5000	17500
国会图书馆	20000	317000	—	317000	—	20000	337000
马里兰	250	8000	300	8550	—	—	8550
MIT	4300	6800	2200	—	—	13300	13300
密歇根（安娜堡）	40800	47509	2000	53500	3800	—	90309
密歇根（长辛）	3000	6000	—	8000	—	1000	9000
中东部图书馆中心	1000	500	—	—	—	1500	1500
明尼苏达	2400	750	50	3050	150	—	3200
国家农业	(5000)	30834	—	35834	—	—	(35834)

续表

图书馆	预算			收入			总计
	书	薪金	其他	机构	NDEA	基金会	
国家医学	5000	(25000)	—	30000	—	—	(30000)
纽约公共	6000	30000	—	36000	—	—	36000
北卡罗来纳	10000	—	—	10000	—	—	10000
西北	600	5400	—	6000	—	—	6000
俄亥俄	4800	15500	3000	23300	—	—	23300
俄勒冈	6000	—	—	1000	—	5000	6000
宾夕法尼亚	(2000)	(8000)	—	(10000)	—	—	(10000)
匹兹堡	2258	2548	—	2258	2548	—	4806
普林斯顿	20000	40000	—	60000	—	—	60000
皇家安大略博物馆	8342	5300	150	6450	—	7342	13792
西东	4500	—	—	1000	1500	2000	4500
德克萨斯	3600	7800	—	11400	—	—	11400
多伦多	10000	8000	—	8000	—	10000	18000
弗吉尼亚	10000	1000	250	—	—	11250	11250
华盛顿(西雅图)	13248	25989	—	22589	16648	—	39237
华盛顿(圣路易斯)	6100	—	—	4100	—	2000	6100
耶鲁	35000	73000	—	54000	—	54000	108000
总计	516811	1249902	195947	1569433	90219	303008	1962660

12月3日

上午,汉和图书馆管理委员会在怀德纳图书馆Bryant先生的办公室举行会议,白思达(Glen William Baxter)、Douglas W. Bryant,费正清(John King Fairbank),海陶玮(James Robert Hightower)和Daniel H. H. Ingalls参加会议。会议讨论的主要内容如下:1.应急采购基金:正式批准通过从应急(临时)储备资金中支出1600美元,用于订购韩文报纸《东亚日报》(*Dong-a Ilbo*),紧急基金剩余2333美元。2.财务:白思达汇报指出,由于上一年过量使用采购经费,未付款的账单转入今年构成沉重的转账款,图书馆在5个月内已支出了12个月采购预算的大部分资金。经过不断地提醒,图书订购人员在图书订购上已更具有选择性,但即便如此,采购预算可能会在明年2月或者3月份耗尽。对此,提出几种解决方式:(1)暂时停止所有采购;(2)寻求额外资金支持;(3)或者继续一些必要的采购,将未付款的转账款留至6月30日。而后者将会极大地牵制即将到任的新图书馆馆长。其他人认为如果终止采购，将会损失惨重，因为许多需要采购的重要书籍在几个月后将无法购买到。Bryant 先生指出，学校图书馆现在不可能提供任何资金，而向董事会 Franklin L. Ford 主席请求额外的非限制资金也是不明智的。白思达先生指出，哈佛燕京学社本年度已经提供了 30000 美元的专项图书馆经费，超出哈佛燕京学社最新严格规定的用于教育出版和图书馆运营的 30％ 标准。因此今年不能再向学社请求额外的资金。他提到一个小的例外，即因国防教育法案（NDEA）合同中有关图书馆运作规定，大学应付给学社一项政府合同管理费。由于这项经费没有包括进学社的收益统计中，因此没有计算入 30％ 之内，并可能被视为图书馆的额外收益，而不计入学社的普通账目，管理委员会要求白思达先生就此事与学社的社长和董事会商议，白思达先生指出这项费用总数很可能是 3000 美元。Daniel H. H. Ingalls 先生认为最好在本年年终之前继续将采购维持在一个接近正常的比例，即使这意味着 1965－1966 年度开始会有一笔相当大的债务。他相信哈佛燕京学社将会拨一笔专款来偿付这些债务，以作为对旧的图书馆体制的最后的整顿清理。所有人均赞成这个解决方法，但白思达先生却认为作为社长的裴泽（John C. Pelzel）教授，以及 30％ 规则的制订者会反对此项建议。3. 关于购买三井缩微胶卷问题：会议提出，如果没有白思达先生对订购目录的逐条审核，图书馆不能进行任何订购。鉴于目前紧张的预算，白思达询问管理委员会有关 Donald. H. Shively 教授要求订购的三井家族和企业纪录的缩微胶卷的意见，Shively 教授需要利用这些资料进行目前的研究，管理委员会强烈要求他首先尝试从哈佛高级研究基金中获取资金支持。会议指示图书馆馆长从现有资金中拨款 500 美元订购三井记录的缩微胶卷，以满足 Shively 教授的研究需要。4. 越南文献：费正清教授指出，正在制作阮朝档案（the Nguyen dynasty archives）缩微胶卷，越美学会（The Vietnamese-American Society）可提供一套该缩微胶卷，对即将在哈佛成立的肯尼迪图书馆开价 5000 美元。费正清教授仍然希望能在法国远东学院（Ecole Francaise D'Extreme-Orient）离开越南前能找到经费购买更多的缩微资料，并认为汉和图书馆应该致力于尽一切可能从印度支那（Indo-China）获取中文资源。5. 空间和使用问题：在费正清的鼓励下，东亚研究委员会准备向远东文化视察委员会（the Visiting Committee on Far Eastern Civilizations）提交一份有关空间需求的备忘录。白思达先生向代表们分发了一封来自裘开明的信函，裘开明提出，在新的图书馆大楼中已完全没有容纳图书的空间，建议通过将报纸资源迁移到新英格兰贮存图书馆，在"旧"的建筑基础上腾出空间。白思达先生根据计算指出，在新的大楼中还有 50 个空的书架，认为裘开明的估计显然是夸张了，但同意裘开明提出的图书馆藏书空间将很快达到饱和的说法。白思达指出，他无法从裘开明那里获得有关图书馆原始的馆藏空间量，转让给其他使用者后导致的空间减少量，以及因分类造成的闲散空间、书架英尺数、相应书籍册数等更加精确的数字。Bryant 先生提议请求怀德纳图书馆的 Gennaro 先生帮助。白思达已经向 CEAS 提交了部分暂定数字，但稍晚会在 Gennaro 先生的帮助下获得专业的精确的调查。Bryant 先生认为将报纸迁移到新英格兰储存图书馆不可行，因为那里的空间已经满了，建议寻求资金支持将这些资源缩微化。Bryant 认为完全由图书馆自己承担这项工作耗资巨大，比为报纸单独建立一个新的存放空间耗资更多。图书馆应利用现有的缩微胶卷取代报纸，可通过与其他机构合作以降低成本，并扩大影响。Bryant 建议裘博士和 Philip J. McNiff 就报纸的缩微胶卷是否现在就可获得，或者将来有可能获得的问题进行商议。6. 历史阅览室：费正清强调了在汉和图书馆设立东亚历史阅览室的需求。海陶玮和白思达原则上对此表示同意，但认为在空间不足的情况下,除非占用图书馆的书库,否则这一提议是无法实现的。Bryant 认为将东亚历史文献从怀德纳图书馆历史阅览室分离出来是个错误,Ingalls 对此表示同意,认为需要重新衡量这项安排的可能性。7. 与其他图书馆的对比:白思达先生搜集了 50 所美、加图书馆 1963－1964 年东亚馆藏与服务支出的统计数字,他对数字的可靠性表示怀疑。他指出,汉和图书馆采购经费约占图书馆总经费的 22.4%,比耶鲁、伯克利、哥伦比亚要低,但根据 Bryant 的说法,大约是哈佛图书馆系统的平均数。8. 其他杂项:会议简单讨论了部分人事与操作上的问题。裘开明博士感觉他的权威在退休之后或多或少被取代了,倾向于拒绝在许多人事和程序事务上作出决定。会议同意只要裘博士在任,就不改变他制定的有关读者分类及相关权利的规则。会议同意白思达先生负责解决一些次要的人事与程序问题。Bryant 和海陶玮谈及,自从 George Everett Potter 取代 William Henry Winship 到流通部与阅览室就任后,工作取得很大的进展。Potter 目前工作遇到的困难主要是他的职责与权限尚未被清晰地界定。(HYI Archives: Managing Committee for the Chinese-Japanese Library, Meeting of December 3, 1964)

12 月 4 日

哈佛燕京学社副社长白思达(Glen William Baxter)致函裘开明:哈佛大学汉和图书馆管理委员会已要求我确定今年还有多少可用于书刊采购的余额必须用于续订购。请你在 1965 年 1 月 1 日之前给我准备一份续订期刊的目录和每一种期刊的价格。图书馆管理委员会无意提出明年取消这些重要的订购项目的建议。当然,没有用的期刊应该暂时不续订……管理委员会也无意延迟任何订单的付款。所有账单应该按期支付。为此,我请求在 12 月 15 日以前把现在需支付的所有图书发票交给我……(HYL Archives: Letter of Glen William Baxter to Alfred K'aiming Ch'iu, December 4, 1964)

12 月 10 日

北卡罗来纳大学教堂山分校图书馆中文编目员 Ruby S. Chen 致函裘开明,要求订购《哈佛大学哈佛燕京学社汉和图书馆汉籍分类目录》1939－1940 年度第 6 卷。(HYL Archives: Letter of Ruby S. Chen to Alfred K'aiming Ch'iu, December 10, 1964)

12 月 11 日

哈佛燕京学社副社长白思达(Glen William Baxter)致函裘开明:在哈佛大学汉和图书馆管理委员会 12 月 3 日会议之后,我曾告诉你管理委员会认为最好继续日常的图书采购……但是,我刚刚收到裴泽(John C. Pelzel)教授的电报,他不愿意汉和图书馆在任何情况下在本财政年度末留下未支付的债务。裴泽教授正在给你写信。根据他的指示,我必须请你和你的馆员不要再发送任何采购单。(HYL Archives: Letter of Glen William Baxter to Alfred K'aiming Ch'iu, December 11, 1964)

康奈尔大学图书馆中文编目员马大任(John T. Ma)致函裘开明:我校 John. W Lewis 教授和高英茂(Yinmao Kau)先生正在对唐山进行研究。不知你能否给我们一份贵馆"3056"(河北)类号下的一套目录卡片? 能否帮助我们将贵馆收藏的所有唐山当地的报纸都制成缩微胶卷? 我了解到贵馆藏有一部分《唐山劳动日报》,请问还有其他的唐山报纸吗? 是否需要通过照相复制部寄送订单? 我随函附上一封给该部门的信,烦请将此信转给他们。(HYL Archives: Letter of John T. Ma to Alfred K'aiming Ch'iu, December 11, 1964)

12 月 12 日

白思达(Glen William Baxter)致函哈佛燕京学社社长裴泽(John C. Pelzel):图书馆

管理委员会认为,即使清算了图书馆本年度总计 12000 美元的订购账单,今后还是会面临无法补救的损失与后果。每个人都说应开展必要的图书采购,但没有人能够说出谁可以决定什么才是必须购买的资源,他们甚至寄希望于 1965 年 6 月 30 日前在未支付的账单中能剩下约 5000－8000 美元。Douglas W. Bryant 先生指出:每个人都明白在处理有关裘开明博士问题上的困难,唯一可做的就是等他退休后将所有事情一笔勾销。管理委员会希望在 1965－1966 年采购预算中增加 5000 至 8000 美元,甚至更多的经费,以偿付未支付的剩余账单。Daniel H. H. Ingalls 先生建议向学社请求在 1965－1966 年预算中提供专项经费用于弥补赤字。在此我重申,今年学社已经做了足够的工作,仅提供专项预算就达 30500 美元。任何超过学社原定的用于支持教育、出版和图书馆的经费上限比例 30% 之外的支出,均应来自于其他经费资源。大家都主张延期考虑资金从何而来的问题,但又不能停止必要的采购,尤其是来自中国大陆的重要历史和文学研究资源。因为这些资源在他们出版几个月后将难以获得。我已经给了裘开明博士确切的定购单,并发给图书馆每一个部门一份副本。在你没有进一步的指示之前,我不会批准支付任何类型的采购债务。海陶玮(James Robert Hightower)先生、费正清(John King Fairbank)教授和 Yang 先生今天早上得知目前的状况,都感到很沮丧。但我告诉他们发展图书馆并不是我的职责,我只是负责监管图书馆的财务事务。在很多事情上,我已经反复地重申:当预算达到限制额度时,我将不会签署任何账单或允许任何进一步的订购。虽然目前预算支出尚未达到限制额度,我已正在停止目前所有的订购。这不仅是因为你发来的电报指示,也因为我必须储留足够的资金以支付从 1 月 1 日开始的期刊续订费用。裘开明博士正在制定一个包括价格在内的完整订购目录。我将删除其中不重要的书目。但麻烦的是,每个人提出的重要标准不一致,例如裘开明近期不想再续订 the English summaries of the North Asia Press,但 E. Wagner 则强烈反对取消订购,最后我同意了续订,费用为 125 美元。关于你电报中所提及的事情,如果我理解无误的话,我认为政府合同管理费包括在你认为不应该向学社提出请求的经费中。我认为这是唯一应向学社提出的请求。这部分经费没有包含在收益统计中,我想或许是我的错,因为我此前没有太多的考虑过这一点。由于这一部分事先难以统计,所以我一直回避对此事的考虑。大学没有责任向我们提供这部分经费,不过在过去,大学一直都在给予我们支持。未来,大学很可能将坚持向图书馆提供资助……我认为 F. Gregg Bemis 先生不会找任何理由拒绝向图书馆拨款。我甚至不用参考董事会的意见就可以判定这一点。因为这是我几年前对审计办公室的指令。当时他们对于将经费分配给学社的普通收益账户中而不是图书馆独立的账户上表示质疑,我当时之所以这么做是因为我们当时是图书馆唯一的支持机构。而现在我不能改变我当初的指令,除了因为我不是学社社长外,还因为审计员总是希望所有的事情都如往年的运作方式一样,如果改变的话,他们会对此产生疑问。我可以寄给审计师一封来自 F. Gregg Bemis 的信件,这可使这部分资金直接转至图书馆的独立账户上……(HYI Archives: Letter of Glen William Baxter to John C. Pelzel, December 12, 1964)

12 月 13 日

哈佛燕京学社社长裴泽(John C. Pelzel)致函裘开明:鉴于截至 12 月 1 日,汉和图书馆本年度预算经费的 90% 已经用于支付收到的各种账单,根据过去 5 个月的经费使用情况,哈佛燕京学社将无法支付明年 1 月以后至 7 月之间的账单。由于过去数年来汉和图书馆连年赤字,已造成诸多不便,建议采取必要措施取消已经发出的书刊订购单。

(HYL Archives：Letter of John C. Pelzel to Alfred K'aiming Ch'iu, December 13，1964)

哈佛燕京学社社长裴泽（John C. Pelzel）致函哈佛燕京学社副社长白思达（Glen William Baxter）：随函附我同时寄给裘开明博士的一封信函复印件。这是一封冗长的信，但是我认为他应该了解事情的整个情况。通过不断的反复重申，我希望确保他能够充分地了解目前的状况。如果裘开明博士不立即采取措施取消订购，那么我想你应与图书馆管理委员会立即着手展开取消订购行动。但我希望他能被轻易地劝服，以尽快展开这一行动，维护我们的声誉。如果你赞成我的上述建议，此事仍需获得图书馆管理委员会批准。如果全部同意，你们还须注意此事有可能涉及到潜在的法律问题和困难。这些问题应由学社和哈佛大学图书馆的两方律师共同处理。你可自己私下设定一个允许裘开明博士支出的订购经费限额，可考虑限定为 5000 美元，也可放宽至 6000－7000 美元，或者甚至可以是下半年采购预算的 1/4。因为在本年度的第一个季度，裘博士仍旧在职，处于掌权地位。我对你不得不代替我做这些事情感到十分抱歉。在你清楚了如何开展行动后，请告知 F. Gregg Bemis 先生，看他是否有什么建议。在我们还没有形成一个明确的专门行动方案之前，我不想去打扰 Bemis 先生。Douglas W. Bryant 也应该告知 Franklin L. Ford 先生，或大学其他必要获悉此事的相关人士。（HYL Archives：Letter of John C. Pelzel to Glen William Baxter, December 13，1964）

哈佛燕京学社副社长白思达（Glen William Baxter）发电报给哈佛燕京学社社长裴泽（John C. Pelzel）：已收到你致裘开明的信函。委员会反对取消全部订购，保留对 3000 种图书的订购。据最新数据显示，有 7000 种图书可在未来学社偿付完所有未付款账单后订购，多数为韩文资源，E. Wagner 认为这些均属绝对有必要订购的图书。现在取消这部分订购，将会保留未支付的韩文预算经费。相比之下，日文图书未进行总括订购，仅保留部分特别图书的订购。本月无订购图书，多数订购图书已在运载的路上。在目前这种情况下，我们不是去试图取消订单，而是将所有未来的订购单由我来审查，在你未返回之前，我仅批准对极为重要的文献资源的订购。（HYL Archives：Letter of Glen William Baxter to John C. Pelzel, December 13，1964）

12 月 14 日

哈佛燕京学社副社长白思达（Glen William Baxter）致函裘开明：如果你还没有与 Philip J. McNiff 先生联系有关从汉和图书馆馆藏报纸目录中遴选出可提供缩微胶卷形式利用的报纸事宜的话，请尽快办理此事。可能有一个人会捐赠约 5000 美元以采购此种缩微胶卷，在他的热情冷淡下来之前，我们应找出我们需要多少用于制作胶卷的报纸，以及这些缩微胶卷将占用我们的多少馆舍。（HYL Archives：Letter of Glen William Baxter to Alfred K'aiming Ch'iu, December 14，1964）

12 月 16 日

裘开明致函纽约康奈尔大学图书馆中文编目馆员马大任（John T. Ma）：根据你 12 月 11 日希望将所有唐山资料制成缩微胶卷的来信，我们翻阅了所有的《唐山劳动日报》和 3056 类目下的所有 70 张卡片，并将这些东西转交给怀德纳图书馆复制部门。在查看你编制的目录时，我们发现你没有《唐山县志》（1880 年出版，8 册）。你是否也希望我们为贵馆复制这本重要的著作？感谢你寄来的非常吸引人的圣诞贺卡及上面你孩子的诗意般的名字。另请查看 Wilson Bulletin 第 300 页吴文津（Eugene Wu）的事情。（HYL Archives：Letter of Alfred K'aiming Ch'iu to John T. Ma, December 16，1964）

12 月 17 日

加州大学图书馆馆长 Donald Coney 教授致函裘开明：得知你从汉和图书馆退休的

消息,我感到很遗憾,但是,令人高兴的是,你选择了吴文津(Eugene Wu)先生继任馆长之职。(HYL Archives: Letter of Donald Coney to Alfred K'aiming Ch'iu, December 17, 1964)

12月23日

　　哈佛燕京学社副社长白思达(Glen William Baxter)博士致函裘开明:在你向我保证图书馆没有由图书供应商决定的总括订购单和特定图书订单的拖欠债务总额不超过1500美元的情况下,我授权你取消订购中国大陆期刊,这部分资料我们最终可通过从北京交换获得。你告知我这样可节省约500美元的经费。由于图书订购在近期已经最小化了,并且大部分已订购图书有可能已经寄运途中,所以通过取消所有尚未结算定购单所节省下来的少部分经费无法证明订购中存在的混乱问题。目前最重要的是,在没有首先与我进行逐条清查订单之前,你不能再发任何图书订单。我会与有关人员一起负责着手处理订购过程中的每一件事。在本月内或者裴泽(John C. Pelzel)教授回来之前,我只批准最必要的订单。图书馆12月份图书采购支付款额显示,我们已经支出了今年上半个财政年度允许支出经费的3/4,总计26245.20美元,其中中文7470.78美元,日文14796.74美元,韩文2418.20美元,西文1559.48美元。不难看出,图书馆现在所面临的这种尴尬的境地主要是由日文图书采购所造成的。上述支出均来自普通预算,不包括从专项应急经费中支出的经费。具体经费细目为:普通预算29500美元,1963-1964剩余政府拨款2294.96美元,12月份馆藏复本出售收益2651.50美元,12月份书目出售所得24.10美元,12月份图书馆罚款所得347美元,共计经费34817.56美元。12月份支出26245.20美元,因此现在允许支出的经费总额为8572.36美元。我们有可能设法获得约3000美元的经费,我鼓励你尽力从馆藏复本出售中获得更多的收入。然而,如果我们不能得到这笔额外资金,那么我们就不能放松目前绷紧的节约措施。(HYL Archives: Letter of Glen William Baxter to Alfred K'aiming Ch'iu, December 23,1964)

　　哈佛燕京学社副社长白思达(Glen William Baxter)博士致函图书馆管理委员会诸委员:裴泽(John C. Pelzel)教授强烈反对即使图书馆在财政年底造成了巨大的拖欠债务,仍允许图书采购继续接近正常比例的建议。作为哈佛燕京学社社长,他不愿意向学社董事会申请在下一年为图书馆提供追加拨款来填补赤字。裴泽同时也致函裘开明先生,命令他取消所有尚未起运图书的未付款订单,以图书馆重组为理由向供应商提出解释。在我的坚持下,12月份所有的订购均已减至最小化,因而将不会导致图书馆出现巨大的损失。裴泽教授授权我在他2月1日回来之前,对所有订单进行逐项核查,仅批准必要的订购(问题是谁确认什么是必需的)。我正在避免取消对多数期刊的续订。不过,我们正在取消中国大陆期刊订购(其中多数期刊为英文),我们最终可依靠与北京交换获得其中的部分期刊。过去我们坚持支付续订这些资源是为了更快地获得它们,并且绝大多数在收到的数月之后,都作为交换复本转给了东亚研究中心使用。那些希望在汉和图书馆迅速找到这些期刊的最新卷期的前沿研究学者(如谢文孙[Winston Wen-sung Hsieh]),可能此后会感到失望。上述权宜之计将使我们的期刊续订债务从1000美元减少至500美元左右(或者如裘博士所言)。如果任何人想提出抗议,认为为了节省500美元而延迟数月获得上述资源,实为得不偿失,那么希望伴随抗议之声捐赠出500美元,以用于恢复这些复本的订购。(HYL Archives: Letter of Glen William Baxter to The Library Managing Committee, December 23,1964)

　　Philip J. McNiff致函白思达(Glen William Baxter):已收到裘开明博士关于汉和图书馆馆藏报纸的信函和馆藏报纸目录,接下来我将考察缩微胶卷的实用性,并撰写报告。我将拨款 5000 美元，作为制作馆藏报纸缩微胶卷的启动资金。(HYI Archives：Letter of Philip J. McNiff to Glen William Baxter，December 23，1964)

12月24日

香港交流书报社(Chiao Liu Publication Service)经理 K. S. Loh 致函裘开明：已收到你 12 月 23 日发来的电报，对于贵馆因预算原因，取消 1965 年度除北京《人民日报》和《红旗》杂志之外所有期刊的订购一事，因时间已接近 12 月底，取消如此大批量的订购是不可能的，因为我公司已与出版商确认了订单，并已汇款至台湾或大陆相关出版单位。换句话说，一旦已汇款，任何情况下都不能更改订单。甚至在亚洲一些特定区域，如果没有官方许可，此种事件属于非法融资行为。希望贵馆能够理解我们的处境，我们必须遵守出版商的规则，一旦支付订购款则不能再取消，出版商也必须遵守对外贸易法。鉴于贵馆是出于预算原因而希望取消订购，我公司可为贵馆提供信用账户，帮助你们度过难关，贵馆可以在下一个财政年度支付书款。(HYL Archives：Letter of K. S. Loh to Alfred K'aiming Ch'iu，December 24，1964)

12月28日

香港勤生行(Kun Sang Hong)李汝党致函裘开明：1964 年 12 月 3 日来函订购的 4 种书，因缺售已久，至今未能搜得，仅《古本戏曲丛刊》现只有 4 集发售，计 120 册，订价为港币 1000 元，邮费等项另计，如有需要则代为订购。另外，你寄来的汇单业已收到。(HYL Archives：李汝党致裘开明信函，1964 年 12 月 28 日)

12月30日

裘开明完成第 38 次《馆长年度报告》(1963 年 7 月 1 日至 1964 年 6 月 30 日)，其主要内容如下：1. 图书馆馆藏情况。1963—1964 年度，哈佛大学汉和图书馆新增藏书量总计 6448 种 14010 册，其中：中文文献新增 2841 种 6547 册，馆藏此类文献总量达 66583 种 277292 册；日文文献新增 1839 种 3805 册，馆藏此类文献总量达 43615 种 92562 册；藏文文献无新增，馆藏此类文献总量为 43 种 1014 册；满文文献无新增，馆藏此类文献总量为 148 种 1109 册；蒙文文献新增 3 种 14 册，馆藏此类文献总量为 59 种 460 册；韩文文献新增 1307 种 3014 册，馆藏此类文献总量达 6132 种 13284 册；西文文献新增 458 种 630 册，馆藏此类文献总量达 9040 种 12581 册。截至 1964 年 6 月 30 日，馆藏文献总量 125620 种 398302 册。另外，还获得中文档案 1 种 15 件，日文地图 1 张，日文信札 1 箱，日本画 1 幅。

文献获取渠道统计(1963—1964 年)

语种	赠送		购买		交换		合计	
	种数	册	种数	册	种数	册	种数	册
中文	140	1153	2678	5361	23	33	2841	6547
日文	239	384	1590	1590	10	54	1839	3805
藏文	0	0	0	0	0	0	0	0
满文	0	0	0	0	0	0	0	0
蒙文	0	0	3	14	0	0	0	0

续表

语种	赠送		购买		交换		合计	
	种数	册	种数	册	种数	册	种数	册
韩文	5	9	1200	2744	102	261	1307	3014
西文	237	265	213	353	8	12	458	630
合计	621	1811	5684	11839	143	360	6448	14010

1963—1964年度,在中文文献采访方面,从中国大陆购得中文书736种900册,从香港地区购得中文书445种576册,从台湾地区购得中文书616种1200册,购得1950年之前出版的书籍580种679册,线装书471种2955册,其中前3项为新书,后2项为绝版图书。在日文文献采访方面,选书主要是依据日本国会图书馆出版的《纳本周报》(*Nohon Shuho*)。所购得的1839种日文书中,1215种为新出版物,624种为绝版图书(其中9种为雕版印刷、线装的中文古籍,27种为旧刊)。1963—1964学年度,汉和图书馆订购的日文新书为2261种,占日本国会图书馆《纳本周报》1963年第13—50期以及1964年第1—22期所列新出版物总数的11%;所订购的2261种日文书中有1836种订购了日本国会图书馆的目录卡片。本年度图书馆继续采用1961—1962年度馆长报告中所确定的图书订购流程。在韩文书方面,闵泳珪(Minn Young-gyu)教授领导的延世大学(Yonsei University)图书馆多年来帮助汉和图书馆购买雕版韩文古籍。历年通过这一渠道所购文献的册数和所用经费数如下:1960—1961年度,购入韩文新书371种553册,韩文古籍160种570册;1961—1962年度,购入韩文新书367种573册,古籍321种1813册;1962—1963年度,购入韩文新书816种1049册,古籍360种968册;1963—1064年度,购入韩文新书523种1024册,古籍784种1990册。4年共计购入韩文新书2077种3190册,韩文古籍1625种5341册(新书指1900年以后出版的专著与期刊,文字为汉—韩对照或纯韩文;古籍指1900年以前出版的以汉字书写的文献)。在连续出版物方面,1963—1964年度,中文新刊新增50种,馆藏总量达2941种;日文连续出版物新增50种,馆藏总量达2956种;韩文连续出版物新增22种,馆藏总量达305种。馆长办公室对新增期刊刊名存档。本年度汉和图书馆收到并登录的期刊册数分别为:中文3885册,日文4633册,韩文574册,西文1719册,蒙文22册,共计10833册。关于丛书和方志类文献,本年度新购中文丛书25种1207册,内含1003种独立著作,总量达到1463种。日文丛书新增82种约279册,内含约528种独立文献,总藏量达到1811种。韩文丛书新增11种31册,内含独立著作52种,韩文丛书总藏量达约108种。中文方志类藏书增加了4种8册,总藏量达到2973种30996册。2.馆藏编目分类情况。1963—1964年度,馆藏文献编目工作持续发展,各语种馆藏文献编目共计5469种,9068册。其中中文2406种3454册;日文1444种2677册;韩文文献1186种2367册;西文文献433种570册……另外,各语种目录新增目片数统计如下:中文书作者—书名四角号码目录新增目片9088张,新增临时草片4981张,作者—书名罗马字母目录新增目片8158张,新增临时草片1919张,分类主题目录新增目片0张,排架目录合计新增目片2406张,以上共计新增目片17246张,新增临时草片6900张,合计26552张;日文书作者—书名四角号码目录新增目片2350张,新增临时草片614张,作者—书名罗马字母目录新增目片

4519张,新增临时草片1045张,分类主题目录新增临时草片313张,排架目录合计新增目片1444张,以上共计新增目片6869张,新增临时草片1972张,合计10285张;韩文书作者—书名四角号码目录新增目片1144张,新增临时草片619张,作者—书名罗马字母目录新增目片2576张,新增临时草片1728张,分类主题目录新增目片0张,排架目录合计新增1186张,以上共计新增目片3720张,新增临时草片2347张,合计7253张;西文书作者—书名目录新增目片697张,新增临时草片493张,排架—主题目录新增285张,新增临时草片261张,西文主题卡片新增287张,新增临时草片18张,以上共计新增目片1269张,新增临时草片772张,合计2041张……在合作编目方面,汉和图书馆在所有合作馆中,是向《全国联合目录》提交中文和韩文文献书目数据最多的图书馆。1963—1964年度,汉和图书馆向国会图书馆合作编目计划提交的各语种著作的主目录卡片分别为:中文568种,韩文419种,合计987种;另外向国会图书馆"规范档(Authority File)"提交了228种中文规范卡片和112种韩文规范卡片,合计340种。由于国会图书馆合作编目项目的目录卡片寄给汉和图书馆的速度很慢,所以汉和图书馆必须在怀德纳图书馆自印目录卡片。1963—1964年度汉和图书馆在怀德纳图书馆印刷的中文目录卡片共计1200种14400张,日文目录卡片共106种706张,韩文目录卡片共1098种8172张,共计2404种23278张。除以上提到的近几年编制的原始目录卡片外,在过去的几年里我馆还对日本国会图书馆、美国其他各图书馆以及本馆所编制的原始目录卡片进行复印,共复印了日本国会图书馆所编目录卡片188种814张,美国国会图书馆所编目录卡片238种1846张,胡佛图书馆所编目录卡片331种1821张,哈佛所编目录卡片3053种6106张,共计3810种10587张。3.读者服务。过去的一年,汉和图书馆每周向读者开放58小时,即星期一至星期五白天9点至5点、晚上7点到10点开放;星期六白天9点到12点开放。只有暑假和圣诞节晚上图书馆闭馆。夜间开放期间也提供图书外借服务。

馆藏流通统计(1963年7月1日—1964年6月30日)

语种		办公室使用	小隔间使用	校内馆间传递	馆际互借	隔夜使用	外借使用	合计
中文	种数	79	774	42	130	46	3084	4155
	册数	220	2323	113	372	66	4201	7295
日文	种数	39	317	14	61	10	2349	2790
	册数	49	480	21	105	10	2621	3286
韩文	种数	7	7	—	13		168	195
	册数	7	7	—	26	—	187	227
西文	种数	20	193	1	22	1410	2115	3761
	册数	124	227	1	30	1468	2193	3943
合计	种数	145	1291	57	226	1466	7716	10901
	册数	300	3037	135	533	1544	9202	14751

1963—1964 年度,通过馆际互借向汉和图书馆借书的机构共有 65 所。在参考咨询服务方面,主要是通过口头或书面的方式为学生、访问学者以及校外机构研究者解答问题。所有参考咨询服务的档案都保存在馆长办公室。关于校外学者利用图书馆的问题,来自波士顿地区甚至更远地区的研究机构的学者和研究人员利用我馆的人数比往年更多了。我们仍在施行向校外学者不收取费用的旧政策。1963—1964 年度,共有 32 名校外学者到汉和图书馆做研究。在缩微胶卷服务方面,除了向到馆的学者提供服务,为其制作所需的珍惜文献的缩微胶卷,汉和图书馆还向日本、中国、欧洲和美国的学术机构制作缩微胶卷。并编制了缩微胶卷目录。1963—1964 年度,暑假清点中文、日文和西文馆藏情况如下:1962—1963 学年度清点馆藏时,发现丢失中文文献 2047 种 3207 册,清点过程中找回 987 种 1621 册,即丢失中文文献 1060 种 1586 册,1963—1964 学年度清点时又发现 698 种 1090 册中文文献丢失,即累计丢失中文文献 1758 种 2676 册;上一年度发现丢失日文文献 832 册,清点过程中找回 446 册,截至 1964 年 10 月 2 日仍累计丢失日文文献 688 册(386 册古籍,302 册新书);韩文文献除去找回的馆藏,截至 1964 年 10 月 31 日累计丢失 45 种 47 册;西文文献除去找回的馆藏,截至 1964 年 11 月累计丢失 403 种。

4. 图书馆人事。在过去的一年里,图书馆共有 15 名全职馆员,8 名兼职馆员,这些兼职馆员每星期工作 160 小时(相当于 4.5 名全职馆员的工作时间)。此外还有 8 名哈佛的学生助理,全年共计工作 2230 小时,20 名临时工全年工作共计 5914 小时。图书馆的人事安排情况如下:(1)理事会聘任——馆长裘开明,副馆长于震寰(Zunvair Yue)、矶部重治(Shigeharu Isobe)和刘楷贤(Liu K'ai-hsien),高级韩文编目馆员金圣河(Sungha Kim)和高级日文编目馆员 Yoshiko Yoshimura 小姐;(2)在册雇员——阅览室和书库主任 William Henry Winship,中文编目馆员 Daisy H. Tao 夫人和,Fung Margaret C. 夫人,日文编目馆员 FunieTateoka 和 Kimiko I. Voorhees 夫人,佛学专家 Shinko Sayeki,赠书与交换书助理 Sadako K. Graves 夫人,韩文书库助理 Choi Namhi Kim 夫人,书库助理 Lawrence D. Edsall,办公室秘书 Mark A. Ravallion,兼职中文编目馆员 Huang Su-Lee C. 夫人,兼职西文编目馆员 Kim Junghi Suh 夫人,兼职日文书采访助理 Yutaka Kayama 小姐,兼职中文书采访助理 Chang Shelly,兼职中文书库助理 Suzan T. Bau,兼职日文书库助理 Michiko I. Totman,兼职期刊助理 Yukiko Pluard 夫人,兼职流通助理 Lucy Altree 夫人,兼职佛教顾问 Chimyo Horioka。历年来汉和图书馆管理权的变迁情况如下:上溯到 1927 年,哈佛学院图书馆(College Library)初设汉和文库(Chinese-Japanese Collection),受怀德纳图书馆馆长领导。1929 年夏,汉和文库迁至博伊斯顿堂(Boylston Hall),成为哈佛燕京学社汉和图书馆(Chinese-Japanese Library of the Harvard-Yenching Institute)……馆长受大学图书馆馆长(已故的白雷格(Robert Pierpont Blake)博士)和文理学院(Faculty of Arts and Science)院长(已故的 George Henry Chase 博士)的双重领导,二人均为哈佛燕京学社董事。George Henry Chase 院长曾担任学社教育委员会(Education Committee)主席。在前社长上任之前主席行使学社执行干事之职。1934 年,叶理绥(Serge Elisséeff)教授担任学社社长。自此开始,馆长只接受学社社长的领导,负责管理和建设图书馆,而社长在日常工作中与馆长保持密切的联系,监管馆长的工作。1956 年,赖肖尔(Edwin Oldfather Reischauer)博士从叶理绥博士手中接任社长一职,学社的活动领域逐步扩大。赖肖尔担任社长期间曾有很长一段时间不在剑桥,故在图书馆的管理上,馆长被赋予更大的责任和自主权,因此我认为有必要成立一个指导委员会,指导图书馆制定各项政策。根据此建议,赖肖尔博士成立了一个教师委员会(Faculty Committee),任命海陶玮(James Robert Hightower)教授担任主席。1964年4月,赖肖尔教授任届期满,由裴泽(John C. Pelzel)教授接任其职,担任学社社长。同时,Paul H. Buck教授宣布退休,Merle Fainsod教授继任大学图书馆馆长,Douglas W. Bryant先生成为新的总馆(怀德纳)图书馆馆长,汉和图书馆与怀德纳图书馆的关系变得比以往几年更密切。教师委员会图书馆分委会进行扩大化,新增了代表大学图书馆的Bryant先生和代表文理学院的学社董事Daniel H. H. Ingalls教授担任委员。因此成立于1961年1月的教师委员会成为哈佛大学哈佛燕京学社汉和图书馆管理委员会(Managing Committee for the Chinese-Japanese Library of the Harvard-Yenching Institute at Havard University)。5. 图书馆财务。

1963—1964年度图书馆预算

开支项目		金额（单位：美元）	
图书 （常规拨款）	中文书	4000	11000
	日文书	4000	
	韩文书	2000	
	西文书	1000	
当代书专项经费		6500	
图书 （善本书专项拨款）	韩文古籍	3000	6000
	中日文古籍	3000	
装订		3000	
办公经费		1200	
国内差旅费		600	
设备		1000	
国会图书馆合作编目		1200	
怀德纳图书馆复印目录卡片		800	
薪水和津贴	理事会雇员	55883	133766.97
	系雇员	65640	
	NDEA提供的薪金和津贴资助经费	12243.97	
机动支出		1000	
总计		166066.97	

1963—1964年度支出统计

开支项目		金额(单位:美元)	
图书	中文书	11776.08	30960.91
	日文书	10903.95	
	韩文书	6932.71	
	西文书	1348.71	
装订		3353.48	
设备		920.46	
办公经费		1668.08	
差旅费		172.59	
国会图书馆合作编目		2566.08	
薪水与津贴（部门雇员）	哈佛学生助理	3408.90	73944.01
	正式职员	57288.29	
	临时工	7807.85	
	养老保险和社会保险	5438.97	
薪水与津贴(学社雇员)		56222.13	
合计		169807.74	
收益		678.35	
实际支出		169128.39	
预算		166066.97	
赤字		3061.42	

(HYL Archives: Chinese-Japanese Library of the Harvard-Yenching Institute at Harvard University Report of the Librarian for 1963-1964)

本年

暑假期间，裘开明携家人赴普利茅斯度假。(HYL Archives: Letter of William Henry Winship to Alfred K'aiming Ch'iu, August 11, 1964)

1965 年
68 岁

1月8日

裘开明致函香港中文大学李直方（Lee Chik-fong）：已将你所需的郝立权（Ho Li-chuan）的《谢宣城诗注》(*Commentaries on the Poems of Hsueh Hsuan-cheng*)交付怀德纳图书馆制作缩微胶卷，这会比直接复印全书便宜。由于怀德纳图书馆照相复制部的业务非常繁忙，故推迟到现在才给予答复。(HYL Archives: Letter of Alfred K'aiming Ch'iu to Lee Chik-fong, January 8, 1965)

1月11日

哈佛燕京学社社长裴泽（John C. Pelzel）致函白思达（Glen William Baxter）：我认为现在是取消图书馆部分杂志订购的好时机。我相信我们应该考虑为亚洲访问学者的读物以及我们自己的学生和教职员的休闲阅读开展一些工作。但是，正如你所建议的，如果我们现在订购诸如好莱坞风格的杂志、《主妇之友》(*Shufu no tomo*)等之类的杂志的话，是为了什么？收藏这种不适当杂志仅是采购问题的一部分，即采购质量问题。现在我尚无足够的数据去说明这一问题。我当然也不希望将这份担忧转嫁给裘开明博士。但是每当我查看办公室外面的那些日语书架上的书时，我始终有一种感觉，即我们收藏有相当多的对我们没有什么意义的流行画册，以及就我自己研究的领域中一些二三流的资料。我担心我们的二级馆藏资源的质量，如果没有馆员们的进一步关注，是不可能提高的。这个问题需要我们找个时间开会讨论。(HYL Archives: Letter of John C. Pelzel to Glen William Baxter, January 11, 1965)

1月12日

康奈尔大学图书馆马大任（John T. Ma）致函裘开明：感谢贵馆为我们制作了《唐山劳动日报》缩微胶卷，并提供河北的卡片复本。吴文津（Eugene Wu）下周二到Ithaca，我们正在为他准备一个欢迎晚会。中文计划的职员和图书馆职员将与他共进晚餐，希望让他增重几磅再离开此地。我馆还希望能与贵馆合作，一起制作一份较为完整的《今日新闻》缩微胶卷，因为国会图书馆对购买一套这种报纸的缩微胶卷很感兴趣。(HYL Archives: Letter of John T. Ma to Alfred K'aiming Ch'iu, January 12, 1965)

1月15日

裘开明致函康奈尔大学图书馆马大任（John T. Ma）：兹附上本馆所藏《今日新闻》卡片的3份复印件。吴文津（Eugene Wu）正在此处忙于他的调查工作，将会在周一离开剑桥前往贵处。(HYL Archives: Letter of Alfred K'aiming Ch'iu to John T. Ma, January 15, 1965)

1月18日

裘开明致函加拿大多伦多大学图书馆采访部主任Agatha Leonard，答复该馆购买

《哈佛大学哈佛燕京学社汉和图书馆汉籍分类目录》的请求。(HYL Archives: Letter of Alfred K'aiming Ch'iu to Agatha Leonard, January 18, 1965)

1月19日

白思达(Glen William Baxter)致函 John Cowles,商讨为馆藏报纸缩微拍照和保存的成本问题:目前迫在眉睫的问题是书架的容量问题,主要困难在于传统的东方书籍在开本和装订方面不同于西方书籍,因此很难推算每个书架所能容纳的册数,我就这一问题也曾请教过裘开明,也未得到准确的答复。(HYI Archives: Letter of Glen William Baxter to John Cowles, January 19, 1964)

1月22日

加拿大多伦多大学图书馆采访部代理主任 Elizabeth Page 致函裘开明,请求订购《哈佛大学哈佛燕京学社汉和图书馆汉籍分类目录》第1、2卷,并询问绝版的第3卷是否有复印本或缩微胶卷出售。(HYL Archives: Letter of Elizabeth Page to Alfred K'aiming Ch'iu, January 22, 1965)

哈佛燕京图书馆汉和图书馆副馆长矶部重治(Shigeharu Isobe)致函裘开明:我父亲今年81岁了,自1962年秋摔倒后一直卧床。最近接到日本兄长的来信,父亲自去年12月起身体愈发虚弱,不知能否挺过今年冬天。而我自1959年离开日本,已有6年未见父面。因此,如果我能获得允许在2月休明年的年假,我想花3到4个星期回日本探望父亲。(HYL Archives: Letter of Shigeharu Isobe to Alfred K'aiming Ch'iu, January 22, 1965)

1月24日

芝加哥大学政治学系副教授邹谠(Tang Tsou)致函汉和图书馆,询问汉和图书馆是否藏有《新华》半月刊或月刊部分卷期,以及《红旗》的部分卷期,希望借阅。(HYL Archives: Letter of Tang Tsou to Harvard University Chinese-Japanese Library, January 24, 1965)

1月31日

裘开明修改《哈佛大学哈佛燕京图书馆韩籍简目二编》英文序言。(Alfred K'aiming Ch'iu. "Preface". *A Classified Catalogue of Korean Books in the Harvard-Yenching Library, Harvard University, Volume II* [《哈佛大学哈佛燕京图书馆韩籍简目二编》]. Cambridge, Massachusetts, 1966: ii)

2月4日

白思达(Glen William Baxter)致函裘开明:随函附上汉和图书馆本财政年度上半年支出的汇总账目(截至1964年12月31日),不包括从特别预算中支出的经费。此账目显示图书馆采购支出总计26668美元,而该类预算为29500美元,但这并不代表还有8000美元可供采购支出,因为图书馆多数其他类预算不是接近就是超过了各类预算的上半年限额。由账目可知,下半年支出经费为40848.37美元。将采购支出完全除外,如果下半年图书馆其他运作支出与上半年比例接近的话,支出总额将为40800美元,其中工资31000美元,社会福利2800美元,办公费用2000美元,装订费3500美元,以及编目费用1500美元。因此,现在必须要做的两件事情是:1.削减上述支出经费,2.从图书馆的复本或其他资源出售收益中获得一些额外资金。我相信我们可以从目前的《国防教育法案》政府合同(NDEA contract)经费中获得约3000美元的额外资金。很显然,图书馆普通雇员和临时雇员的工资预算也将会超支,该类预算总计55193美元,上半年支出33643美元,剩余21550美元。自现在至本年度6月30日期间,图书馆现有普通雇员工资总额将为20890美元,福利补贴总额为1830美元,总计22770美元。如果上半年支出约7000美元的工资给临时雇员的话,工资预算将像其他类别的预算一样超支。请你尽快尽可能多地出售馆藏复本资源,以便在6月30日前能及时获得收益,同时,请注意必须在订购图书过程中万分谨慎。裴泽(John C. Pelzel)教授现已返回剑桥,所有订购单均需提交给他,由他批准。他即将与管理委员会协商解决这一问题。采购预算经常被认为不够充足,实际这很明显是因为此项预算总是超支。除去其它类别的预算,本年度采购预算比例节减了。如果加上从专项预算中支出的图书采购费用,图书馆采购支出经费总额如下(1月份支出除外):

图书采购支出情况

语种	普通预算支出	专项预算支出	总计
中文	7188.69	3676.95	10865.64
日文	16052.58	2390.28	18442.81
韩文	2006.62	5551.1	7557.72
西文	1420.47		1420.47
总计			38236.64

1964—1965年度上半年支出情况

预算和其他收益	美元
哈佛燕京学社预算	121776
哈佛大学预算	57947
复本出售等其他收益(截至12月31日)	3058.14
截至12月31日总确定资金	182781.15
支出	
薪水	
学社(12个月)	68900
普通薪水(6个月)	23873.04
退休、社会福利保险等	7600.86
合计	107720.1
办公支出	2124.4
图书采购	
中文	7188.69
日文	16052.53
韩文	2006.62

续表

西文	1420.47
合计	26668.31
装订费	3920.13
编目支出（国会图书馆合作计划）	1499.84
支出总额	141932.78
下半年结余（Balance now available for second half）	40848.37

（HYL Archives：Letter of Glen William Baxter to Alfred K'aiming Ch'iu, February 4, 1965）

2月12日

裘开明致函美国图书馆远东资源委员会主席 Edwin G. Beal, Jr.：根据你提出今年4月召开委员会旧金山特别会议的建议，请你增加一个讨论和行动的项目，即，组织一个专门委员会修订和更新《哈佛燕京汉和图书分类法》的各个部分。该委员会应该由已经使用和正在使用该分类法的主要远东图书馆的代表组成。根据钱存训（Tsuen-hsuin Tsien）博士的调查，在15个主要东亚图书馆中，有10个正在使用《哈佛燕京汉和图书分类法》分类中文图书或者中日文图书。在所有调查的图书馆中，已经分类的3499758册图书中有1521065册图书是采用《哈佛燕京汉和图书分类法》分类的。因为大量的图书都是按该分类法分类的，所以，组成一个由委员会，像《杜威十进分类法》委员会一直在从事《杜威十进分类法》的修订工作一样，开展集中和协调各个图书馆提出的所有修订意见，这相当重要。最后，在钱存训的报告出版时，请去掉我的名字，并把分类法的名称改为"《哈佛燕京分类法》"，因为该分类法是很多图书馆员帮助完成的，我只是其中之一，既不能要求对整个分类法的所有权，也不能完全为其中的错误负责。（HYL Archives：Letter of Alfred K'aiming Ch'iu to Edwin G. Beaal, Jr., Chairman, Committee on American Library Resources on Far East of the Association of Asian Studies, Library of Congress, Washington D. C. February 12, 1965）

2月15日

哈佛燕京学社社长裴泽（John C. Pelzel）致函汉和图书馆管理委员会委员，递交备忘录，其主要内容如下：1. 我恭敬地请你们注意这份备忘录的机密内容。2. 在我们提交1965－1966年度图书馆预算之前，我认为不是一次专门的会议就能完成这么多事情的。应该在3月份的最后一个星期或者4月份的第一个星期对预算进行考虑。我应该至少提前一个星期获得一份你们手中的预算草案。同时在会议上，我将讨论并施行我们的财政和管理政策。因此，大约一个下午或在晚上约3个小时的会议就差不多了。请你们尽快告知Comeau小姐你们方便的日期和时间。3. 预算问题。(1)历史。据白思达（Glen William Baxter）介绍，赖肖尔（Edwin Oldfather Reischauer）先生担任社长期间将图书馆采购预算保持在低水平，却允许裘开明博士每年创下赤字，允许图书馆支出与需求在某种程度上保持一致的上升，但没有承认永久的上升。当赖肖尔离任后，白思达先生认为有必要提高工资，设法使人员预算部分得到相应的提高。然而，为了努力扭转总成本过度增长的局面，他将采购预算控制在早期的水平。裘开明博士每年不断扩大图书采购赤字，使得这种简单的权宜之计的努力也毫无成效，白思达先生无法阻止这种采购预算侵占其他预算，并产生赤字的情况，我相信很大程度上明显是由裘开明博士造成的。当我任职社长后,我曾猜测采购预算很贫乏,但是因为近年来的超支使我无法支持这种假设……在讨论这一问题之前,我们必须等吴文津(Eugene Wu)先生首先开展一项全面的研究。我认为图书馆在所有项目上的成本将会明显地持续上升。如果学社没有开始卸掉自己对远东高等教育最初的主要职责,仅学社自己是无法对这些成本提供支持的。因此,我提议联合资助的解决办法,该提议已被董事会和 Franklin L. Ford 主席接受。这很可能是我们尽快扭转图书馆发展质量迅速下降的唯一办法。我倾向于优先考虑保持联合支持图书馆的协议,包括我们的预算困难,尤其是"适当的人际关系"。我认为如果确保这项协议,应包括以下几项事宜:第一,图书馆的支持方接受这一解决方案,这看起来是如此的慷慨,以至于使我感觉我们对他们确实有人情债。另外,我认为如果预算被管理委员会毫无异议地接受,这将是图书馆与其发起者之间的一个具有法律约束力的契约。在这种情况下,如果不是紧急情况,那么图书馆就不能出现赤字,所有其他超支必须由图书馆从自己下一年度的正常预算中予以弥补。否则,我希望管理委员会和图书馆馆长因无法胜任而辞职,或者被解雇,这继而也会危及到联合支持的协议。非常抱歉在我去年春季离开之前,我们没有机会讨论这些事情和相关的财政与政策管理事务。现在令我非常怀疑的是,现在的图书馆体制继续施行下去是否会有效。在我去年春季离开时,裘开明博士很显然已明白我建立的新体制,白思达先生和我专门通过注入新的更多的自由预算来请求裘开明博士的合作。然而,令人震惊的是,在白思达先生秋季末期给管理委员会的备忘录中显示,图书馆比以往更加肆意地超支,裘开明博士看起来无法控制预算。因此,我认为裘开明博士不能再被授予管理委员会控制范围内的任何自主权利。在我给白思达先生的一封信函中,我要求他提请管理委员会授权他对裘开明博士今后的采购具有审批权,并有权取消一些现有的可能造成过量赤字的订购,从而实现对采购的控制。当我知道管理委员会(在白思达先生收到我的信函之前)没有提出任何此类监管行动的提案时,我仍坚持我的计划,并致函裘开明博士,在简述我所了解的上述历史和情况下,我要求他自愿服从白思达先生的领导,确立白思达先生在订购图书方面独立的决定权,并取消上述白思达先生所建议取消的图书订购。我告知裘开明博士我将不同意任何用于弥补赤字的拨款请求,我将不会对请求学社董事会捐助这样的拨款作任何努力。我告诉裘开明博士,我将尽力严格执行从 1965—1966 年度图书馆预算中弥补他今年创下的所有赤字的规定,并就我们对吴文津(Eugene Wu)先生的图书馆体制所造成的侵犯表示道歉。裘开明回复表示同意此事。同时,我致函白思达先生,告知他如果裘开明博士同意,请他按照原来的计划对图书馆预算进行管理和规划,以不高于 5000 美元的赤字去规划,这 5000 美元是我认为在吴文津先生到任之前有可能从下一年的预算中弥补,同时又不会造成损害的一个限额。自 12 月底这项政策已经开始实行。我很抱歉按照我的主观意愿实施这些措施。尽管我对这些方法的成效也感到怀疑。当然令我主观地强行实施这些措施的原因是裘开明博士的行为。举一些示例来看:去年春季约距离财政年结束 6 周时,白思达先生和我要求裘开明博士提供一份我们已订购图书的经费估计总额,他告诉我们约为 2000—3000 美金。6 周后,他提交给白思达先生的支票却超过了 12000 美元。其中多数支票显示的订购时间是在他给我们那荒谬的评估之前。另外,当去年 12 月份现行图书馆体制开始生效后,裘开明博士告诉白思达先生有待结算的订单将形成账单,总数不超过 1500 美元。白思达先生对此几乎没有取消任何订单,他从来都支持全体教员的特别订购要求。然而自从裘开明博士交给我们这个预算评估后,我们已不得不支付超过他预算 3 倍的账单,而且账单仍不断地寄来。我们已经支付出去等于全年采购预算总额的经费,比裘开明博士去年的支出提高了50%。同样,裘开明博士已将临时雇员的工资预算超支了60%——这一预算与他要求的数额相同,也等于他去年所花费的总数,该项支出比例并没有上升。我认为这种超支行为似乎有两个可能性的解释。在多数情况下,我认为对这个实施了严重不正当行为的人进行控告是正当的,也支持立即对他免职。我相信在目前的情形下这还不是一个正确的解释,但是我认为正确的是,我们必须判定裘开明博士如此缺乏管理责任或技能,以至于必须要求收回他的任何管理自主权。实际上他本应该同意去年退休,但他没有,而我也没有认识到他所造成的问题的严重程度,这是我的过错。对于他的管理行为,我现在相信几乎是不可预知的。白思达先生多年前已经发现不可能从裘开明博士处获得任何有关管理事务的信息与答复,包括他如何订购图书,他的记录(这似乎是不存在的,并且甚至在他的记忆里也是不可靠的),甚至是他手中掌握的账单和票据,现在我也发现事实如此。有鉴于此,我并不相信他所保证的"没有长期订单",我并不会对现在支付多年前的订单感到惊讶,我也对白思达先生不得不花费他第一年的时间去设法发现和停止裘开明博士几乎没有止境的图书供应资源不感到惊奇。我相信叶理绥(Serge Elisséeff)先生在任时一定亲自担任了图书馆日常管理者的角色,但那是对智慧和管理工资的浪费。我不会再花费我的时间或让白思达先生花费时间在图书馆的监管上,毫无疑问我们已经在这些低级的追求上浪费了好几万美元的工资。(2)建议。(a)我要求在下一次会议上回顾本年度图书馆管理委员会、白思达先生和我的工作,并且与向哈佛燕京学社董事会和哈佛大学提交的年终报告相协调,对这些工作进行评价。(b)白思达先生和我将继续竭尽全力对裘开明博士(采购图书)进行严格的监管。我无意取消拖欠的订单,因为我相信没有任何办法发现那些订单是什么,或者在缺少一个明确的判断下停止这些订购将对我们弊大于利,然而我必须要求全体馆员节约图书采购经费,直到吴文津先生11月1日就任。我无意承诺会兑付任何更多的采购订单,除非订购者声明在吴文津先生能够决定事务之前该项订购必须实现。如果你们有任何意见建议,或者明确反对这项政策,我希望你们立刻告知我,以便能在下次会议上进行讨论。(c)今年肯定会出现赤字,但我认为这个度是无法预知的……(d)我强烈建议批准裘开明先生从1965年6月30日起退休,也即他现在延期任职的结束时间。我希望刘楷贤(Liu K'ai-hsien)在此期间担任代理馆长,并且希望批准白思达先生和我在吴文津先生上任之前继续我们对图书馆的监管职责。(e)令人遗憾并需要我们警醒的是,我相信裘开明博士将向新的管理部门提出非常危险的提议,无疑他不能直接对预算产生影响,但是我肯定他对图书馆的态度和他的人际关系是一种破坏源。我希望能通过他接受另外一所大学图书馆的职位来阻止这一问题的发生,我不想就此事专门提议,但我对此保留。未来我们将与危险同在,我希望不惜任何行动维护图书馆的利益。我们可通过在另一个大楼中分配给他一间办公室来解决此事,有可能是神学院路7号,让他在那里尽可能多做一些他自己的工作。(f)对于我们未来的财政政策,建议展开以下措施:①管理委员会指示新任馆长对图书馆资产和人力状况进行一项仔细的调查,对有关财务事务的政策、计划和预算提出专门的提案。②如果管理委员会在没有特别异议情况下接受学社和哈佛大学制定的预算,那么此项预算如果不是出于应急原因,那么就将担负任何赤字的偿付。(g)下一年的采购预算。《国防教育法案》提供了约50000美元用于支出人员薪金,另外Donald. H. Shively先生确信能够获得来自政府的10000美元图书拨款。这些经费包括:1962—1963年度的20000美元采购费,即占1962—1963年度总预算154000美元的13%;1963—1964年度31000美元采购费,即占1963—1964年总预算

172000 美元中的 18%；另外 47000 美元采购费，即占本年普通和专项预算总和 203000 美元中的 23%。本年度如果没有柯立夫(Francis W. Cleaves)满文藏书专项经费 10000 美元的话，新预算中的采购经费将为 13000 美元，即多于本年预算的 30%。总预算将为：学社的拨款将从 145000 美元下调至 127000 美元，哈佛大学拨款将从 38000 美元增长至 52000 美元，《国防教育法案》和 EARC 拨款将从 20000 美元增加至 31000 美元。(3)吴文津将于 3 月份抵达剑桥，帮助我们制定新的预算。我已要求裘开明在 3 月 1 日前提交草案，我将把我的修正意见复本给吴文津，请他提出建议，但是建议除非他计划来剑桥，否则他不需要到场。我认为在他有时间开展图书馆工作之前，他不会对图书馆提出一些主要的改革建议，我更希望在目前这一阶段他尚未熟悉图书馆存在的这些问题。(HYI Archives：Confidential：Memo to Managing Committee for the Chinese-Japanese Library-Messrs. Bryant, Fairbank, Hightower and Ingalls from John C. Pelzel, February 15, 1965)

2 月 16 日

北卡罗来纳大学教堂山分校图书馆人文科学部助理参考咨询馆员 Eileen McIlvaine 向裘开明申请订购《哈佛大学哈佛燕京学社汉和图书馆汉籍分类目录》。(HYL Archives：Letter of Eileen McIlvaine to Alfred K'aiming Ch'iu, February 16, 1965)

2 月 17 日

裘开明致函斯坦福大学胡佛研究所图书馆：根据贵馆馆际互借办公室的答复，贵馆提供中文期刊缩微胶卷的服务，烦请为我馆制作《中国青年》第 1—80 期(1923 年 10 月至 1924 年 12 月)的缩微胶卷。请把缩微胶卷和发票寄给我馆。(HYL Archives：Letter of Alfred K'aiming Ch'iu to Hoover Institution Library of Stanford University, February 17, 1965)

耶鲁大学图书馆远东 Warren M. Tsuneishi 致函裘开明，申请外借 *Shakaigaku Hyoron* 第 3 卷第 2 期(1953 年)和第 7 卷第 1 期(1956 年)。(HYL Archives：Letter of Warren M. Tsuneishi to Alfred K'aiming Ch'iu, February 17, 1965)

2 月 18 日

裘开明致函北卡罗来纳大学教堂山分校图书馆人文科学部助理参考咨询馆员 Eileen McIlvaine：《哈佛大学哈佛燕京学社汉和图书馆汉籍分类目录》第 1、2 卷有售，售价为 6 美元，另加邮费，请寄订单来。第 3 卷只有缩微胶卷出售，请向哈佛大学图书馆照相复制部订购。(HYL Archives：Letter of Alfred K'aiming Ch'iu to Eileen McIlvaine, February 18, 1965)

2 月 19 日

裘开明致函加拿大多伦多大学图书馆采访部代理主任 Elizabeth Page：《哈佛大学哈佛燕京学社汉和图书馆汉籍分类目录》第 1、2 卷及购书发票已另函寄出，至于第 3 卷，估计复印一本要 96 美元，因此已经制作了缩微胶卷，价格为 15 美元。如果要购买复印本或缩微胶卷的话，请汇款至哈佛大学图书馆照相复制部。(HYL Archives：Letter of Alfred K'aiming Ch'iu to Elizabeth Page, February 19, 1965)

2 月 22 日

香港勤生行李汝党致函裘开明：已收到汉和图书馆支付购书款的汇单，另有 4 种新出版的影印书籍，是否有兴趣购买。(HYL Archives：李汝党致裘开明信函, 1965 年 2 月 22 日)

2 月 25 日

裘开明致函耶鲁大学图书馆远东部 Warren M. Tsuneishi：汉和图书馆仅藏有 *Shakaigaku Hyoron* 第 3 卷第 2 期(1953 年)，共 106 页，价格是 6 美元，请直接邮寄订单给哈佛大学图书馆照相复制部。(HYL Archives: Letter of Alfred K'aiming Ch'iu to Warren M. Tsuneishi, February 25, 1965)

3月1日

裘开明致函耶鲁大学教授芮玛丽(Mary Clabaugh Wright):哈佛东亚研究中心的谢文孙(Winston Wen-sung Hsieh)已经寄给我馆香港联合研究机构(URI)的共产主义中国选集目录的复印件,并要求我们提供我馆有藏而URI目录中未收录的图书的书目信息。在我馆完成任务之前,想咨询你和你的委员会成员是否对以下领域有兴趣:艺术和考古、人类学和民族学、音乐和表演艺术,这些在URI目录中被忽视了,但是在哈佛燕京馆藏中有揭示。在URI目录所列学科上增加细类,我馆可以自己完成,不需要额外的帮助。但是假如你和委员会的其他成员有兴趣知道在美国图书馆中,上述所列领域中的书籍情况,我馆则需要贵委员会提供一些财政补贴,用以制作共产主义中国文献的完整目录。以我们计划的目录和URI目录为基础,可以尝试完成美国图书馆1949—1965年中国共产主义出版物联合目录。同时我有兴趣知道耶鲁藏有多少URI目录中收录的书籍。(HYL Archives: Letter of Alfred K'aiming Ch'iu to Mary Clabaugh Wright, March 1, 1965)

3月4日

耶鲁大学教授芮玛丽(Mary Clabaugh Wright)致函裘开明:从谢文孙(Winston Wen-sung Hsieh)、John Lindbeck和你之间的通信中,我有很明显的错觉,就是你将向John Lindbeck报告香港联合研究机构(URI)目录中收录的关于共产主义中国文献的哈佛馆藏记录。因此我想问,是否能将这样一个目录的复印件送给"当代中国联合委员会"(JCCC)下属委员会一份。因为下属委员会本月要举行会议,我们想是否能在URI目录列举的款目上增加一些款目,我们是否可以提供资金支持你完成一个更完整的目录。JCCC目前没有更多的经费,只有一些经费用于对文献的必要调查。你会收到我的信。耶鲁的馆藏当然没有哈佛的多。我正让Warren M. Tsuneishi写信给你,告诉你我们所拥有的馆藏数量。(HYL Archives: Letter of Mary Clabaugh Wright to Alfred K'aiming Ch'iu, March 4, 1965)

3月9日

耶鲁大学图书馆东亚部Warren M. Tsuneishi致函裘开明,介绍馆藏共产主义中国的文献数量。(HYL Archives: Letter of Warren M. Tsuneishi to Alfred K'aiming Ch'iu, March 9, 1965)

3月21日

香港勤生行李汝党致函裘开明:奉本月11日大函,俱悉一切,关于《东方杂志》一项,业已全批为本港藏家购去,容俟日后如再有该书时,当再报达。(HYL Archives: 李汝党致裘开明信函,1965年3月21日)

3月22日

裘开明致函加州大学图书馆馆长Donald Coney教授:非常感谢你去年12月来信,对我将要退休致以问候。我将参加下周在旧金山举行的亚洲学会(AAS)年会,这将给我一个机会去见证:自我最初在1947年的调查以来,你的东亚图书馆在Elizabeth Huff小姐、艾尔文(Richard Gregg Irwin)教授和Charles E. Hamilton先生的指导下,已获得的迅速成长和巨大发展。(HYL Archives: Letter of Alfred K'aiming Ch'iu to Donald Coney, March 22, 1965)

3月23日

裘开明致函哈佛燕京学社社长裴泽(John C. Pelzel)、副社长白思达(Glen William

Baxter)：鉴于图书馆管理委员会将在本月底召开会议，而哈佛燕京学社4月份将召开年度会议，我诚恳地汇报图书馆相关事务，以供讨论和决定：1. 与美国和加拿大其他远东图书馆相比较，汉和图书馆的发展情况。根据汉和图书馆截至1965年3月31日的统计报告，图书馆的藏书规模超过了400000册，正逐渐增长至500000册，已成为仅次于国会图书馆的第二大东亚图书馆。去年夏季，美国亚洲学会（AAS）美国图书馆远东资源委员会在芝加哥大学东亚图书馆馆长钱存训（Tsuen-hsuin Tsien）教授的领导下，开展了一项调查，就美国远东藏书现状和人员需求进行研究，重新制定了3个统计表，显示截至1964年6月30日各图书馆的发展规模、增长比例、1963—1964年度资产、业务和人员等。从表中可以看出，本馆总藏量和中文、韩文馆藏量位居所有大学前列，但是日文馆藏不及加州大学伯克利分校。因为伯克利分校在二战后不久就购买了一个著名的大规模的日本私人藏书（三井家族），组成了3大著名馆藏：明治（Meiji）文献Murakami文库，克尔台湾藏书，以及经典韩文文献Asami文库（the Asami collection of Classical Korean Literature）。为了实现本馆馆藏不同文献资源之间的平衡，在接下来的几年中需要在日文文献领域投入更多的资金，以便更迅速地增加日文文献资源量。在日本学研究的不同领域中，本馆馆藏在现代学者的专题研究文献方面是充足的，但是在日本基础文献资源的收藏上却不够。我们应该在这部分资源建设上投入大量的资金，尤其是在历史和社会科学领域。最近采购的福冈史料所（Fuken Shiryo）收藏的日本早期明治时代国家历史文献、三井家族史料（Mitsui-ke Shiryo, Mitsui Corporation）和《远东国际军事审判速记录》（*Kyokuto Kokusai Gunji Saibansho Saiban Sokkiroku*）就是好的范例。这3大系列非常昂贵，但是如果我们的教授和学生想要根据很好的文献资源开展他们的学术研究，没有任何便宜的方式。在此，附上矶部重治（Shigeharu Isobe）先生的文献资源和学术期刊采购记录。在我们积极地保持我们馆藏的领导地位的过程中，我们很不幸地已经连续几年超出预算了。我们非常感谢董事会每年都会核准拨给我们额外的资金以弥补预算赤字。纵观美国各种图书馆的采购数字，我们可以理解其中超支的原因。例如，1963—1964年度，哈佛购买的图书数量多于美国其他主要的图书馆。对比数字如下：哈佛13380册，国会图书馆12732册，康奈尔大学11792册，密歇根大学11565册，加州大学伯克利分校10748册，加州大学洛杉矶分校10040册，其他均低于10000册。只有加拿大多伦多大学图书馆采购量超过哈佛大学，为14219册。这是因为它作为新馆才刚刚起步。2. 图书目录——出版计划与印刷估价。（1）日文图书目录。日文馆藏大约有80000至83000条记录。第一卷包含儒家经典、哲学和宗教（尤其是佛教），将有16800条记录。16条记录一页，将有1050页。这项估价由两个著名的出版公司提供。印刷500份均需12000美元。完成日文图书目录，5卷是必要的，这就意味着总数为60000美元。每卷单价24美元。如果我们以25美元出售，共出售300卷的话，会获得7500美元的收益，这就意味着我们将收回多半的成本。此项估算的参照依据是Eric B. Ceadel编《剑桥大学图书馆现代日文图书分类目录》（*Classified Catalogue of Modern Japanese Books in Cambridge University Library*，1961年出版，552页，售价为15美元）。为开始印刷日文图书目录，我请求建议董事会在未来五年间每年拨款6000美元。书目销售的收入则用来支持后续书目卷册的印刷。（2）《汉籍分类目录》。3卷829页的《汉籍分类目录》出版于1938—1940年，获得洛克菲勒基金（Rockefeller Foundation）10000美元的资助。这些书目收录了有关儒家经典、哲学和宗教、考古学和人类学、家谱、传记以及历史和地理图书的12195条书目记录，并以同样的格式印制成12530张单元卡片。《汉籍分类目录》排版共计1991页,容纳约18600条记录。截至1938年7月1日,加上已经印刷的《汉籍分类目录》中收录的共计约30800条的记录,则总数为114973条。自那时至1965年3月31日,中文馆藏增加至279824册,总藏量估计约80000种。《汉籍分类目录》将有4250页,其中750页为索引。按照12000美元1000页的日文图书目录成本价格计算,成本总数为60000美元。因此,未来5年内有必要每年拨款6000美元。通过出售300份日文图书目录可以获得7500美元收入。其后,该项计划至1970年全部完成后,将可以维持自我运转。(3)空间问题和报纸。未来几年间,图书馆将面临中日韩文藏书空间紧迫的问题。我建议直接的解决办法是,将堆积在神学院路2号主楼的所有报纸迁移。目前,报纸占用了18排书架,每排6个书架,总共108个书架。每个书架可上架图书200册,腾出的空间将能够容纳21600册图书,这些数字是图书馆两年的文献增长量。今年年初,我们向白思达博士提出一份获得签署的建议,即我们将采取行动,设法获得神学院楼(Divinity Hall)采用钢制书架贮存报纸的地下室。沿着神学院路的其他几栋大楼的地下室,也将把与行为科学相关的研究中心和机构腾出。学校必须清楚的是,空间援助仅仅是暂时的,真正的解决办法是允许将报纸制成缩微胶卷或者其他替代品。届时我们将弃用报纸,或将他们送给需要这些报纸的机构。函附:(1)美国图书馆远东资源馆藏报告;(2)美国15个主要远东馆藏发展报告;(3)图书馆统计报告(1965年3月31日)和矶部先生采购提议;(4)日文和中文图书编目说明。(HYL Archives: Letter of Alfred K'aiming Ch'iu to Director and Associate Director, Harvard-Yenching Institute)

3月25日

美国图书馆远东资源委员会主席Edwin G. Beal, Jr.发布《亚洲学会美国图书馆远东资源委员会特别通知》:目前已经有大约30位同仁准备出席4月3日(星期六)的委员会晚宴,以庆祝裘开明博士退休。或许出席的人员会超过30人,但是我们相信现在这个数字相当确定。我还高兴地通知,除了裘开明博士以外,赵元任(Y. R. Chao)教授和夫人(杨步伟)将作为荣誉嘉宾出席晚宴。经过与Elizabeth Huff博士的多次电话商量,我们已经确定晚宴的地点为旧金山格兰特大街950号Kuo Wah餐厅。Kuo Wah餐厅无法给我们提供单独包间(唯一的一个包间很早就被另外一个团体预定了),但是能够给我们提供一排宴会厅沿墙的宴会台。令人满意的是,Kuo Wah餐厅可能拥有该地区最好的厨师,并且我们感到非常荣幸的是,中国烹饪法的世界最主要代表之一(你们大多数人可能在家里使用她的烹饪著作——我知道我们是这样)赵夫人已经答应亲自点菜。价格尚未完全确定,我们希望每人总共大约5美元。至于饮料,我们同意采用每个人到时候自己点自己喜欢的饮料的方式(个人自己付款)。因为协会的年度工作会议和招待会将在当天举行,所以我们决定将晚宴的时间改为晚上7点至凌晨1点半。我们没有筹划正式的程序或者发言,但是,我们希望那里将安静得足够我们中的一些人发表一些感言,回忆和感谢裘博士长期的和各种各样的服务。第2天(星期日,4月4日),Huff博士和她的同事将邀请我们在下午2点参观加州大学(伯克利)东亚图书馆……(HYL Archives: Conmmittee on American Library Resources on the Far East of the Association of Asian Studies Special Announcement: Part II. Edwin G. Beal, Jr., Library of Congress, Washington D. C., March 25, 1965)

裘开明致函芝加哥大学东方语言系教授顾立雅(Herrlee Glessner Creel),再次感谢顾立雅在1964年圣诞节期间寄赠个人所撰的《中国官僚机构的起始:县》一文,认为该文具有较高学术价值,建议扩充成一本独立的著作予以出版,同时希望顾立雅另寄一份复本,以便汉和图书馆入藏,供学生使用。函中亦询问顾立雅是否参加下周的亚洲学会(AAS)年会。(HYL Archives: Letter of Alfred K'aiming Ch'iu to Herrlee Glessner Creel, March 25, 1965)

3月26日

美国图书馆远东资源委员会主席 Edwin G. Beal, Jr. 致函裘开明:我们期待着下星期六晚上在 Kuo Wah 餐厅与你见面。我们还希望你星期六下午能够参观加州大学东亚图书馆。Elizabeth Huff 女士告诉我,她相信你自1946年12月提出建议设立该东亚图书馆以后就一直没有再去过那里。(HYL Archives: Letter of Edwin G. Beal, Jr., Chairman, Conmmittee on American Library Resources on the Far East, Library of Congress, Washington D. C., to Alfred K'aiming Ch'iu, March 26,1965)

3月30日

汉和图书馆管理委员会在哈佛燕京学社办公室召开会议,裴泽(John C. Pelzel)、白思达(Glen William Baxter)、Douglas W. Bryant,费正清(John King Fairbank)、海陶玮(James Robert Hightower),Daniel H. H. Ingalls 出席会议。会议讨论的主要内容如下:1. 预算;2. 裘开明博士退休的日期;3. 图书馆重命名问题;4. 书本目录的准备;5. 空间需求。在通过了上次会议——1964年12月3日的会议纪要后,委员会讨论了图书馆1965—1966年的预算草案。Bryant 认为所列出的大部分员工的薪水都比7月1日实行的大学图书馆人事修订案中规定的水平要低,但考虑到汉和图书馆将在来年进行重组,他建议暂时不作变更,并在1966—1967年做"真正的估算"。预算中包括了吴文津(Eugene Wu)提出的,要求配备一个行政助理的薪水,但 Bryant 建议去掉此项,因为吴文津担任馆长一段时间以后,更能知道需要什么样的秘书。委员会投票:同意在1965—1966年预算中将行政秘书职位从人事预算中删除,并不表示在以后预算中会包含此职位。海陶玮教授认为,吴文津难以用3600美元年薪找到一个有能力的秘书,不过在11月之前都不可能找到一个新秘书,这个金额可能只是9个月而非12个月的薪水,即一个月的月薪高于300美元。围绕采购经费问题,以及经费如何在中、日、韩、西文语种之间,在版和绝版书之间分配,进行了相当多的讨论。在提交的预算案中,裴泽在裘开明和吴文津分别提出的比例中选了一个中间的数字,增加了日文的数量,但所有语种文献购书经费都少于吴文津提出的数字。通过的预算数字与图书馆的特点一致,均用于加强最有需要的馆藏。大家同意实际上购买图书不应刻板地按照比例(这大部分取决于能否买到),但应由预先制定的总体政策作为指南。对于在版和绝版图书之间比例的讨论,白思达表示,只有每年的预算数据,事实上真正的购买只按照语种分类。但是他表示,可以在目录里增加代码表示新旧,这样将来就可以对此作出区分。委员会认为这个想法很好。委员会同意从预算中提出2000美元用于雇佣额外工作人员在夏季进行全面清点工作。吴文津希望1965年进行一次彻底而细致的盘点,作为一个全新开始。Bryant 认为2000美元不充裕,除非正式员工也大量参与这项工作。白思达表示,以前一直是这样的。海陶玮建议 George Everett Potter 负责这项工作,主席说吴文津也同意如此,但认为正式的清点应该在馆长或代理馆长的监控(吴文津也应在盘点现场)之下进行。大家质疑彻底的清点是否需要把图书馆闭馆时间从平常的两周延长到更长时间。但对于十分依赖图书馆藏书的学者而言,他们只能在夏季使用图书馆,委员们认为两周已经是极限了。Bryant 认为盘点虽然绝对没有办法在那两周内完成,但仍然可以在开馆后继续进行,那样对读者就不会过于不便。他希望将来可以完全不必闭馆。关于预算的讨论,委员会投票表决:修订汉和图书馆的预算为 216900 美元,并提交给哈佛燕京学社和哈佛大学两个图书馆的资助机构考虑,之前提交的预算案则附在本会议录的后面。裴泽认为,最好不要将这个预算交给现任图书馆馆长管理,因为他在 11 月份下任馆长到任前,只有几个月的工作时间。这几个月里,吴文津会不时地到剑桥来,这对临时代理馆长可能有更多影响。裴泽表示,他会尽量说服裘开明同意接受明尼苏达大学的邀请,至少是临时去帮助他们建设中文馆藏。看起来裘开明正在考虑这个提议,不过并没有考虑长期从事这项工作,因为他希望哈佛燕京学社能让他为哈佛燕京图书馆藏书编制书本式目录。委员会投票表决:向社长和理事们建议裘开明退休时间从 1965 年 6 月 30 日开始生效,现有任命终止,并邀请刘楷贤(Liu K'ai-hsien)在吴文津正式接任之前任代理馆长。裴泽指出,学社的理事们曾经讨论过是否将"哈佛大学哈佛燕京学社汉和图书馆"重新命名,因为现在韩文和其他藏书已有相当数量,但决定在裘开明退休之前都不会改名,因为汉和图书馆和裘开明的终身服务难以分离。白思达认为,在联合资助图书馆的协议出台前,董事会曾想把图书馆的名字命名为"哈佛燕京学社图书馆"。在裴泽的建议下,管理委员会投票表决:向图书馆的资助方哈佛燕京学社和哈佛大学建议,自 1965 年 7 月 1 日起,图书馆更名为"哈佛燕京图书馆"。关于对裘开明提出的计划的讨论,裘开明希望,自馆长职位退休后,哈佛燕京学社能让他作为主编,继续筹备为所有藏书编制书本式目录。裴泽指出,吴文津总的来说同意这项计划,认为这样的目录是大家所需要的,但认为,作为图书馆的正式出版物,管理委员会和馆长不能将所有的责任都推给裘开明。委员们对除了裘开明的酬劳和其他工作人员的参与外,仅仅只是印刷所需的经费数量感到惊讶,此预算是裘开明估算出来的。裴泽总结说,整个计划大约要花费 250000 美元,用大概 5 年时间,而 Bryant 认为可能要花 10 年时间,认为要仔细研究一下其他取代性的生产工艺,而在旧金山的亚洲学会(AAS)会议上也讨论过,通过多种途径支持建设一个东方文献联合目录,如果成功的话,整件事情的基础就完全不一样了。委员会一致同意裴泽的决定,即通知裘开明,其计划需要进行深入研究和调查,并且此计划不会提交给 4 月 27 日的董事会会议,也不会在 1965—1966 年预算中体现。费正清重申他最近为东亚历史研究博士研究生寻求安排合适的东亚历史阅览室的努力,因为博士研究生需要获得阅览有关亚洲的非流通西文书籍的权利,Bryant 说他会再次和怀德纳图书馆历史部讨论,把这些书放到那里的历史阅览室内。费正清教授又强调,必须联合有关东亚研究的所有部门和委员会,不断地向哈佛当局提出自身对空间的紧急需求,以引起他们的关注,图书馆是这方面最急需解决的实体。他敦促管理委员会修改和起草由他提出、并曾于去年秋天提交给远东文化访问委员会的有关空间问题的备忘录。所有人原则上同意这个意见。海陶玮表示,希望图书馆能将"中央研究院"李济博士手中独一无二的中国大众文学缩微胶卷买回来,李博士表示愿意给哈佛燕京学社这个机会。收藏该缩微胶卷大概要 3000—4000 美元,裴泽表示他将在 7 月 1 日代理馆长上任后,立刻向其提出此事,动用现有常规经费中购买绝版图书的经费。Bryant 指出,如果几个机构一起合作购买就会更便宜一些,但海陶玮认为,不能确定"中央研究院"是否愿意这样做,今年迟些时候他可在台湾跟进这件事。根据总的管理原则,委员会同意预算应当是切实可行的,如果财务年度结束时发现有很多未支付账单,无论数额多少,应该使用下一财务年度的预算支付,而不应向图书馆的资助者申请拨款支付"赤字"。作为可立刻执行的方法,大家同意,主席最好在本财务年度结束前,仍然要求所有的订购均必须通过他签字方可确认。裴泽和白思达表示,目前还没有看出会出现"赤字"的可能,如果情况真正出现,届时再咨询委员会。附件:哈佛燕京图书馆 1965—1966 年预算。
1. 支出预算（美元）
(1) 人事

学社雇员	预算
裘开明,馆长（年薪 16000 美元）3 个月	4000
吴文津,馆长（年薪 14000 美元,9 个月,从 1965 年 10 月 1 日起付）	10875
刘楷贤,副馆长	9000
于震寰(Zunvair Yue),副馆长	9000
矶部重治(Shigeharu Isobe),副馆长	9000
金圣河(Sungha Kim),高级韩文编目员	8000
Yoshiko Yoshimura,高级日文编目员	6900
Margaret C. Fung,中文编目员	6600
Daisy H. Tao,高级中文编目员	6600
退休、社会保险等等 15%	10496
合计	80471
常规雇员	
秘书（尚未聘请）	3600
阅览室与流通主任(George Everett Potter)	5500
第三中文编目员（尚未聘请）	6200
第二日文编目员(Funie Tateoka)	6000
第三日文编目员(Kimiko I. Voorhees)	5000
第二韩文编目员（尚未聘请）	4750
连续出版物编目 4/5 时间(Yukiko Pluard)	4000
日文采购助理(Yutaka Kayama)	4500
赠书与交换助理（尚未聘请）	4800
中文采购助理(Suzan T. Bau 和 Lucy Altree)	6000
书库整理(Lawrence D. Edsall)	3600
流通助理(Yeh)	3000
西文书编目 1/2 时间(Kim Junghi Suk)	2500

续表

日文参考馆员 1/5 时间(Chimyo Horioka)	1200
保卫(尚未聘请)	3300
养老金、社会保险等等,9.25%	5915
合计	69865
临时雇员(兼职)	
晚上服务(Chang)	800
寻书	2000
登记索书号的学生	900
夏季盘点工作人员	2000
社会保险 3.75%	214
合计	5914
图书馆所有人员花费总额	156250

(2)图书采购

图书类别	语种	预算
在版书	中文	13000
	日文	11000
	韩文	2500
	西文	2000
	合计	28500
绝版资料	中文	10000
	日文	6000
	韩文	5500
	合计	21500
采购总额		50000

(3)其他花费

装订	3500
国会图书馆合作编目	2000
办办公经费	4000
差旅费	750

续表

	金额
设备与更换（包括图书馆办公室、书桌、椅子、增加的设备、打字机、邮资、内部通话）	5000
合计	15250

2. 收入预算

哈佛燕京学社	金额
常规预算(68/125/4205—2)	139000
特别经费(68/302/4205—2)	4600
合计	143600
哈佛大学	
文理学院	46648
东亚研究中心（来自基金会）	5000
合计	51648
美国教育部（根据《国防教育法案》[NDEA]）	26252
	221500

3. 预算总额：221500 美元。（HYL Archives：Managing Committee for the Harvard-Yenching Library, Meeting of March 30, 1965）

3月31日

　　明尼苏达大学副校长 Donald K. Smith 就聘请裘开明事宜致函明尼苏达大学 Ziebarth 院长、马瑞志（Richard B. Mather）教授、Hurrell 院长、McLaughlin 教授、E. B. Stanford 教授：马瑞志教授将需要给现在在旧金山的裘开明一些明确的答复。为了使我们的通信明确无误，我建议我们可以授权马瑞志教授准备聘书。如果我的建议获得 Ziebarth 院长和 Stanford 教授的同意，那么马瑞志教授可以按下述方法处理此事：1. 我了解到裘开明教授在第一年将在本校图书馆全职工作，从第二年起将可能改为兼职工作。所以，我建议我们给裘开明提供一个年薪 11000 美元（1965—1966 年）的访问教授全职职位。我们的理解应该是超过退休年龄的访问教授职位必须是一年一年地聘任。

　　2. 我建议 Stanford 先生与马瑞志先生、Hurrell 先生一起确定那位裘开明喜欢与其共事的年青馆员的职务。我们的理解是，如果他的证书全部齐备，我们应该准备为之提供一个年薪 7000—7500 美元的职位。3. 如果裘开明教授同意，我认为我们在今后两年应该稍微扩大藏书采购计划，一年投资约 10000 美元。Stanford 教授想与 Shepherd 副校长和我一起制定管理此项投资的办法。4. 可以确定的是，我们能够通过由国际项目现有的福特（Ford）基金支付他们的全部或者部分薪金。一旦我们准确地知道我们需要多少经费，我们将需要向 McLaughlin 教授提出正式的经费申请，而国际项目执行委员会则需要按我们的要求付诸实施。（Archives of University of Minnesota Libraries：Letter of Donald K. Smith to Dean Ziebarth, Professor Mather, Dean Hurrell, Professor McLaughlin, Professor Stanford, March 31, 1965）

4月1日

斯坦佛大学胡佛图书馆吴文津（Eugene Wu）致函哈佛燕京学社社长裴泽（John C. Pelzel）：感谢你寄来裘开明的书目计划，我赞同裘开明关于哈佛燕京图书馆书目需求的意见和观点，尤其是对图书馆书目室空间现在极为短缺这一点表示认同。书目室已经没有空间存放不断新增的目录柜了。因此，图书馆书目出版物将有助于解决图书馆目前面临的最大的空间压力问题。此外，它还将有助于为学术研究者和世界图书馆界提供最有价值的参考工具。但是，我认为这项工作不是一个人能够完成的，这是一个宏大的计划，需要精心地规划、监管和实施。但就我对计划的解读，我不太清楚是只有裘先生一个人去实施该项任务，还是将组织一个馆员团队来协助他开展这项工作。无论怎样，我认为，作为哈佛燕京图书馆馆长，我会很大程度上被牵涉到这项计划当中。如果这项计划在我回到剑桥之后开始进行，那么我认为在第一年中，出于多种原因，我不会有充裕的时间投入到此项计划中来。这项计划实施前，我需要很长时间去了解图书馆和馆员。我认为我在第一年中把自己的精力分散到其他事情与领域中是不明智的。如果图书馆现在的馆员也要加入到这项计划中来，似乎是没有必要的，除非是组织一个专门的计划团队。在没有清楚地了解该项计划究竟需要多长时间、以什么方式进行、所需人员数量之前，我拒绝组织馆员参与这项计划。在我不明确正在做的事情之前，去组织馆员参与任何此类计划、项目是不合理的。我非常高兴看到图书目录编辑和出版，也非常赞赏裘先生的建议和对此项计划的积极参与。但现在实施这项计划无疑会造成更多的混乱，并且使很多已经困扰图书馆的困难更加复杂。（HYL Archives：Letter of Eugene Wu to John C. Pelzel，April 1，1965）

4月2日

哥伦比亚大学图书馆 Miwa Kai 致函裘开明，函附哥伦比亚大学日本讲师 Shumpei Okamoto 希望汉和图书馆帮助查找的书目清单，请裘开明帮助注明馆藏信息。（HYL Archives：Letter of Miwa Kai to Alfred K'aiming Ch'iu，April 2，1965）

4月5日

哈佛燕京学社社长裴泽（John C. Pelzel）致函斯坦佛大学胡佛图书馆吴文津（Eugene Wu）：图书馆管理委员会对裘开明的书目计划的看法与你的观点一样。3月30日投票表决后，我告诉裘开明我们对书目计划很有兴趣，但是并不能从1965—1966年度开始实施。我希望裘开明与你在下一年合作协调，进一步扩展该项计划，有可能考虑在1966—1967年开始实施。自上次会议之后，我还没有机会见到裘开明，因为他现在在加州，但是管理委员会正在提出议案，即裘开明博士于7月30日退休，同时由刘（楷贤）先生负责代理执行图书馆馆长职责。我将力促裘开明博士接受他已经收到的下一年的职位邀请，但是我还不确定他的计划是什么。（HYL Archives：Letter of John C. Pelzel to Eugene Wu，April 5，1965）

4月8日

明尼苏达大学图书馆副馆长 Ralph H. Hopp 致函印第安纳大学图书馆学系主任 Margaret I. Rufsvold：明尼苏达大学图书馆收集东方馆藏已有相当时日，现在必须组织该馆藏以供使用，我们近期已与裘开明博士商谈有关明尼苏达着手组织和发展东方馆藏的事宜。鉴于明尼苏达大学图书馆现有 2 万册东方藏书，而贵系有不少来自台湾的学生，请惠予推荐懂中国古籍的在校学生或已毕业的学生来馆工作。（Archives of University of Minncsota Libraries：Letter of Rolph H. Hopp to Margaret I. Rufsvold，April 8，1965）

明尼苏达大学图书馆副馆长 Ralph H. Hopp 向明尼苏达大学助理副校长 Donald T. Smith 提交《明尼苏达大学图书馆东方文库备忘录》：目前我们已经完成与裘开明博士的商谈，裘开明博士将从1965年11月1日开始到明尼苏达大学图书馆东方文库工作。现需 Donald T. Smith 助理副校长审批该项预算，并指明该项预算的经费来源。该预算案包括1965—1966和1966—1967两个年度的预算，每个年度的预算包括职员薪金（1965—1966年度1800美元和1966—1967年度26700美元）、设备费用（每年度1000美元）、图书购置费（每年度5000美元）3项，其中职员薪金包括4项：1. 裘开明博士年薪12000美元（1965年11月1日—1966年6月30日8000美元，1966年7月1日—1967年6月30日12000美元）；2. 编目员1人年薪8000美元；3. 资深管理员1人年薪3500美元；4. 学生工每周30小时，每小时1.50美元。（Archives of University of Minnesota Libraries：Memorandum from Ralph H. Hopp to Donald T. Smith, April 8, 1965）

4月9日

裘开明致函明尼苏达大学斯拉夫与东方语言系（Department of Slavic and Oriental Languages）马瑞志（Richard B. Mather）教授：感谢你在家中热忱接待我，以及对本年秋季在明尼苏达大学启动新的东亚图书馆项目的理解与支持。我已经与 Michiko Kwok 女士商讨了有关聘请郑保罗（Paul Cheng）的事情。Michiko Kwok 女士已经写信给郑保罗，要求郑保罗给你函寄他曾就读过的英国利兹大学、香港大学、多伦多大学和东京国际基督教大学的老师所写的推荐信。兹附上一份供明尼苏达大学选购的哈佛燕京图书馆复本目录，以及两份香港远东图书公司的订购目录（一份是台湾重印图书目录，另一份是原版古籍目录），建议在有资金的情况下可先订购原版古籍。（Archives of University of Minnesota Libraries：Letter of Alfred K'aiming Ch'iu to Richard B. Mather, April 9, 1965）

裘开明致函胡佛研究所东亚图书馆代理馆长高濑保（Tamotsu Takase）：很高兴上个星期参观了你们漂亮的图书馆，并得知现在这所著名的图书馆由你负责。应哈佛大学东亚研究中心 Stephen Hay 教授的请求，怀德纳图书馆和我馆计划向贵馆购买中国左翼周刊《中国青年》第1—80期（1923年10月至1924年12月）的缩微胶卷。烦请你询问贵馆照相复制部是否制作了该杂志的缩微胶卷。如果有，请采用收件人付费的航空信寄给我们。我们只需要一份拷贝。感谢你参加1965年4月3日星期六在 Kuo Wah 咖啡厅的晚宴。（HYL Archives：Letter of Alfred K'aiming Ch'iu to Tamotsu Takase, April 9, 1965）

钱存训致函裘开明：新城金山小聚，至为欣慰。贵处复本书单近日始收到，立即查处拟购数种，即请检出，交邮寄来。另附书单备用。原单中有方志、族谱等多种，惜已为捷足者先得，不胜抱憾。如尚有其他复本，务乞先将书单航空快邮寄示一份，不胜感激之至。（HYL Archives：钱存训致裘开明信函，1965年4月9日）

4月12日

胡佛研究所东亚图书馆代理馆长高濑保（Tamotsu Takase）致函裘开明：感谢你4月19日的来信。很高兴你能来访问我馆，我们将乐意向你提供任何帮助。关于中国的左翼周刊《中国青年》的缩微胶卷，我已经核对了我们的目录，大约一周前用平信寄了一份拷贝给你。不久你就会收到。（HYL Archives：Letter of Tamotsu Takase to Alfred K'aiming Ch'iu, April 12, 1965）

4月14日

木内民夫（Tamio Kiuchi）致函裘开明，商讨关于出售《官员录》的事宜。（HYL Archives：Letter of Tamio Kiuchi to Alfred K'aiming Ch'iu, April 14, 1965）

4月15日

裘开明致函哥伦比亚大学图书馆Miwa Kai：你4月25日的来信收到，我们已经根据你寄来的目录核对过我们的馆藏，现附上我们已经标记和注释的目录清单。(HYL Archives：Letter of Alfred K'aiming Ch'iu to Miwa Kai, April 15, 1965)

4月18日

哈佛燕京学社社长裴泽(John C. Pelzel)向汉和图书馆管理委员会提交备忘录：裘开明非常同意在未来的一年中与吴文津(Eugene Wu)先生一起准备新的书目计划。但他坚决反对7月1日至11月1日吴文津接管图书馆这一段(过渡)时期管理委员会的计划。他反对这一时期由任何一个副馆长作为代理馆长负责图书馆，他认为，他们中没有一个人完全了解这一职位的职责，因而不能履行相关的职责，或者很好地向吴文津先生解释说明这些职责。他现在确认他大约10月1日接受明尼苏达州立大学一个顾问的职位聘任，并停留至本学年结束。但是他明确计划留在这里，直至出发去明尼苏达，他认为他所拥有的图书馆馆长的独特知识和职责，要求他亲自向吴文津汇报、说明，并移交工作。同样，裘开明认为在这一段时期，他一个人可以胜任馆长职务——如他所说，如果我们愿意他继续负责，他可以不计报酬，并通过信件等方式让吴文津先生签署决定。白思达(Glen William Baxter)先生和我相信，没有其他人真正足够了解作为代理图书馆馆长的职责。并且，很明显裘开明认为这是为维护荣誉必须做的事情。因此我建议我们废除之前的两项投票表决结果：1. 不推荐裘开明博士7月1号之后的重新聘任；2. 任命刘(楷贤)先生作为代理图书馆馆长。我建议：1. 我们向Franklin L. Ford主席建议，裘开明任期截止日从1965年7月1日延至9月30日。吴文津从10月1日起就任。2. 建议哈佛燕京学社董事会支付总数为4600美元的经费，作为专门支付裘开明博士在这一时期的薪水。因为Ford主席已经核准了我们此前的预算，因此我制定了新的计划。如果这个增加的数额被增加至原来的预算，那么负担将全部落在学校身上。我应该向你们每一位请求一个凭证，或者这份备忘录的反馈，以便存档。Douglas W. Bryant先生建议我们额外支付裘开明3个月的报酬，作为学期的报酬。我对此表示反对，因为我正向董事会提出建议，建议他们把裘开明每年的退休金增至6000美元。费正清(John King Fairbank)教授建议我们自裘开明那里获得一份手写的、关于他10月份赴明尼苏达州的声明。我正在向裘开明请求。但是我认为我们无法制定这样一个声明给学社董事会和主席。如果你们有什么充分的建议，能使这些提议纳入投票表决中，请给我回复。(HYL Archives：Memorandum from John C. Pelzel to the Library Managing Committee, April 18, 1965)

4月20日

哈佛学院图书馆馆长Douglas W. Bryant致函哈佛燕京学社社长裴泽(John C. Pelzel)：同意你对1965年7月1日至11月1日汉和图书馆过渡期间的建议的更改，相信这些更改不仅是明智的，而且从你最近与裘开明的交流来看，很可能也是完全必要的。我撤回早前提出的有关在裘开明实际工作终止之后，支付他3个月等价的正常薪水的建议，我认为我们向董事会提议提高裘开明退休后的退休金是一个比较好的处理方式。(HYL Archives：Letter of Douglas W. Bryant to John C. Pelzel, April 26, 1965)

4月23日

康奈尔大学图书馆马大任(John T. Ma)致函裘开明：我已完成对你寄来的期刊复本目录的查对工作。由于在此期间，我们购买了一些书刊，因此之前的选择会有一些变动。请问我们所选书刊的总价是多少，请尽快寄送这些杂志。(HYL Archives：Letter of

John T. Ma to Alfred K'aiming Ch'iu, April 23, 1965)

4月26日

哈佛燕京学社社长裴泽(John C. Pelzel)致函裘开明：根据哈佛燕京学社与哈佛大学去年拟定的财产划分协议，去年双方已经作出了联合支持哈佛大学汉和图书馆的安排，哈佛大学现在拥有1964年7月1日以后所购买图书的一定比例的产权。根据哈佛燕京学社与哈佛大学每年支持哈佛大学汉和图书馆总预算的相对数额的实际变化，哈佛大学所拥有的产权比例每年都会有所不同。本年的比例是：73%归哈佛燕京学社所有，27%归哈佛大学所有。此百分比并非指图书的数量，而是指图书的价值。因为今年的图书采购预算是29500美元，所以该预算的27%，或价值7965美元的图书现在属于哈佛大学的财产。根据该协议的第3条（见后附协议一份），指明为哈佛大学所有的所采购的图书将按下列顺序确定：第一为西文图书，第二为与1911年以后的中国和1868年以后的日本有关的资料，第三为在上述时间以前出版的原版著作的复制品。请你安排馆员在今年所采购的图书中选择价值约为7965美元的图书贴上哈佛学院图书馆藏书票。
(HYL Archives: Letter of John C. Pelzel to Alfred K'aiming Ch'iu, April 26, 1965)

4月27日

哈佛燕京学社董事会召开会议，与图书馆有关的讨论和决议如下：1. 管理预算。学社社长建议为裘开明博士退休后的一般退休金提供补贴。这样，在任何裘开明不能以适当薪水受聘的年份中，他都可以得到每年总计6000美元的退休收入。然而，有关裘开明博士在1965年9月30日退休后的计划，尚有很多不确定因素。显然，他将接受明尼苏达州立大学远东图书馆1965—1966财务年度带薪馆长一职的聘请。裘开明博士希望花费几年时间，致力于编制一部新版的哈佛燕京图书馆馆藏目录。尽管他自己声称不希望接受这项工作的报酬，但是社长裴泽(John C. Pelzel)认为，如果裘开明博士担负此项服务，他应该获得相应的报酬。裴泽建议董事会批准根据具体情况，在限制基金范围内，并在获得董事会主席或Franklin L. Ford主席的批准后，拨付此项补充性退休金，并在下一次董事会会议上汇报相关支出情况。董事会批准为裘开明博士增补退休金的提议。2. 与哈佛大学联合的项目计划。根据学社与哈佛大学在1964年签署的协议，学社将预期年度收益的30%用于联合项目计划的支出，按照此规定，1965—1966年度学社预算拨款总额为262000美元（总预期年度收益874000美元的30%），其中支持图书馆的经费为139000美元。(1)管理。社长裴泽认为现在就明确地估算新的图书馆管理支出为时过早，因为管理委员会才运行了9个月，新任馆长亦要到秋季才能上任。裴泽认为在由学社和哈佛大学共同建立起来的政策基础上，图书馆管理委员会相信会获得有效的运作，图书馆也将继续照常运行。但需要强调一个一直存在的问题，即图书馆采购经费超支的问题。由于超支的趋势将持续存在，图书馆馆长（裘开明）被要求从1964年12月开始向学社递交所有的订购单，首先须获得学社副社长白思达(Glen William Baxter)的批准，待裴泽从亚洲返回剑桥后，由其作为图书馆管理委员会主席批准。这显示今年图书馆所有支出将不能超过预算费用连同额外的复本出售收益，以及其他未计算进预算的收益的总额。裴泽指出，他作为管理委员会的主席，主张寻求合理的预算，努力确保图书馆馆长（裘开明）与管理委员会保持一致，期望所有的赤字能够从下一年的正常预算之中获得偿付。董事会收到管理委员会迄今3次会议的备忘录，包括委员会管理其程序的议事程序。董事会投票表决通过：批准由图书馆管理委员会在1964年8月3日决议的议事程序，该项议事程序将增入本次会议备忘录中。(2)图书馆总预算。将社长裴泽作为管理委员会主席所陈述的图书馆总预算列入学社预算中,提交给董事会,由作为合作双方的学社和哈佛大学正式批准共计 216900 美元的预算,来源包括:哈佛燕京学社 139000 美元,美国教育署 26252 美元,哈佛大学 51648 美元(其中 46648 美元来自文理学院,5000 美元来自东亚研究中心)。委员会考虑到图书馆现实的压力,将采购经费设定为 50000 美元,有一定比例的增长,这一增长是根据《国防教育法案》(the National Defense Education Act),获得政府按照比例所拨付的 10000 美元的资助。裴泽强调,在新任馆长未到任之前,图书馆管理委员会不能对有关现代文献资源采购的特别项目的任何需求进行评估。本次所提议的预算或多或少地显示了近年来传统文献和现代文献相结合的采购方针。董事会将所获得的以下统计数据加入备忘录中:① 截至 1964 年 6 月 30 日美国远东图书馆馆藏规模;② 在过去 35 年间这些主要图书馆的发展情况;③ 上述图书馆从事编目工作的人员规模和数量;④ 自 1964 年 7 月日汉和图书馆采购量。(3)Langer 教授认为,按照采购图书册数比例,人员成本——包括两个新增的编目岗位和现有馆员工资适当的增加额——似乎超出了比例。(4)裴泽指出汉和图书馆馆员工资水平仍然低于怀德纳图书馆。对此,管理委员会认为,只有在新任馆长进行人员状况评估后,再试图去追赶怀德纳图书馆的工资水平才是明智之举。(5)动产所有权规则。根据动产协议(见 1964 年 4 月 4 日备忘录,884 页),由提议的预算购买的动产:73% 属于学社,其余 27% 归属哈佛大学所有。裴泽指出,因《国防教育法案》合同中没有相关产权的规定,因此在动产所有权评估中美国政府从所有权评估中被排除。(6)裘开明的馆长任期问题。新任图书馆馆长吴文津(Eugene Wu)先生将于 7 月后抵达剑桥,并直到 10 月份才能真正开始负责图书馆。管理委员会在 3 月 30 日会议上,经投票表决通过裘开明博士的任职至 6 月 30 日到期,并请一位副馆长作为代理馆长,至吴文津上任为止。裴泽认为按照此举,图书馆可拟定正常预算,由作为合作者的校方代表 Franklin L. Ford 主席予以批准。在财政年最初的 3 个月将不设置馆长的薪水。然而,裴泽认为此举是草率的,因为这并未获得裘开明博士的同意。管理委员会因此同意,延续裘开明博士任职时间 3 个月,这项建议获得 F. Gregg Bemis 先生和 Ford 主席的批准同意。因为图书馆正常预算已经与哈佛大学校方议定,裴泽建议支付裘开明博士 3 个月任职薪水和津贴的费用为 4600 美元,该项费用由学社在学社与哈佛大学联合支持图书馆的经费之外,即学社自己的预算中予以拨付。对此,董事会表示同意。(7)感谢裘开明博士作为馆长的贡献和服务。董事会表决通过 T−1556 决议案:哈佛燕京学社董事会全体董事对裘开明博士 38 年来全心全意地为哈佛大学哈佛燕京学社汉和图书馆服务,使之达到今日在西方世界无可匹敌的地位表示深切和永远的感谢;对裘开明博士作为一位学者蔚为传统领域的最杰出榜样和学贯中西的造诣表示敬意和钦佩,F. Gregg Bemis 先生代表董事会邀请裘开明博士作为董事会会议晚宴的客人,届时将在介绍他的时候宣读这份感谢决议。(8)图书馆书本式目录。裘开明博士长期以来一直希望编撰和出版图书馆新的书本式目录。1938—1940 年间已出版了前 3 卷《汉籍分类目录》,1954 年出版了 1 卷日籍书本式书目,还有 1 卷韩文书目正在印刷出版中。裘开明博士在信函中陈述了这项计划,并请求在 1965—1966 年度顺利实施这项计划。董事会董事对此项计划抱有兴趣,管理委员会在 3 月份的会议上讨论了裘开明博士的这项计划,但认为该项计划比较复杂,不应该立即批准此项建议。裴泽也建议董事会此次会议暂时对此不予表决。管理委员会和学社社长对此计划的争论主要是:①关于书本式目录的价值和其相应的巨大的成本尚未完全得到确证。②裘开明博士对成本的评估似乎不甚合理。仅关于印刷出版成本估计为 120000

美元,其中半数通过销售收回,持续5年的时期,但是并没有提供编辑成本,所谓编辑成本主要包括图书馆员检查目录卡片,制定统一的登录款目等。其他机构的经验显示,这项工作可能需要非常多的时间和人力。③裘开明博士拒绝采用近年来此类目录计划出版所形成的特定方式。而是鼓励私营出版商承担该计划,并资助所有的费用,包括编辑和印刷等。对此,管理委员会并不清楚他是否已经有适当的方法,来改善他所建议的高昂的印刷成本。④关于书本式目录将成为图书馆的官方正式目录,以及在未来的几年中有可能占用馆员很大一部分工作时间的问题。如果这项计划要完全实施,必须从三方协作开始,即裘开明博士作为编辑者、吴文津作为新的图书馆馆长,以及图书馆管理委员会三方的合作。管理委员会已经请求裘开明和吴文津根据上述和其他情况,研究该项计划的所有问题,在1966年管理委员会春季会议之前,尽快递交一份详细的文本计划。(9)图书馆的名称。将图书馆更名为"哈佛燕京图书馆"是裘开明和新任馆长吴文津共同的意见,也是图书馆管理委员会的建议。这也是国际上的普遍叫法。这种名称尤为显示了学社在建设和维持图书馆馆藏资源上的主导地位,同时也包含了学社与哈佛大学之间的关系。会议投票表决:哈佛大学哈佛燕京学社汉和图书馆更名为"哈佛燕京图书馆",上述更名自1965年7月1日起生效。(10)图书馆审计。①用于图书馆的所有收益,无论来自什么资源,均通过哈佛审计办公室计入哈佛燕京图书馆独立的账户,而非哈佛燕京学社在哈佛的普通账户。这些资金将包括罚金、复本书籍销售的收益,以及哈佛大学根据与美国教育署之间的合同,所获得的图书馆运作管理经费。②来自哈佛大学、美国政府,以及其他非哈佛燕京学社的经费,都不被视为哈佛燕京学社的收益。③学社账户每年审计显示的图书馆经费仅是从哈佛燕京学社投资收益中支出的经费总户,这部分经费支出并无分类。④要求审计员对1964—1965财政年度图书馆递交给学社的报告中所附有关图书馆的所有账目进行分析,提供10份上述账目给图书馆馆长、管理委员会和校方相关权威了解。⑤要求审计员为他们的报告递交独立的账单,分别写明哈佛燕京学社和哈佛燕京图书馆。图书馆1966—1967年度预算,包括备付审计成本……(HYI Archives: Meeting of the Board of Trustees Held on April 27,1965)

4月30日

耶鲁大学图书馆东亚部 Warren M. Tsuneishi 致函裘开明:福岛县立图书馆的 Zensaku Kuwabara 上个月曾经在耶鲁撰写朝河贯一(Kanichi Asakawa)教授的传记,并委托耶鲁大学图书馆向汉和图书馆赠送1965年(昭和四十年)发行的福岛县立图书馆佐藤文库目录。现另函寄来,请查收。(HYL Archives: Letter of Warren M. Tsuneishi to Alfred K'aiming Ch'iu, April 30, 1965)

4月

应明尼苏达大学斯拉夫与东方语言系(Department of Slavic and Oriental Languages)马瑞志(Richard B. Mather)教授及其同事的邀请,裘开明到明尼苏达大学访问,考察东亚地区计划(East Asian Area Program)的状况,并会见学校的行政官员和该专业的教授。通过会见上自明尼苏达大学校长Wilson,下至东亚语言系与东亚历史系的学生,裘开明了解到:明尼苏达大学的官员、教师和学生对远东非常有兴趣,并想在此建立一所好的图书馆,因为在芝加哥和西雅图之间的整个大西北,还没有一所像样的东亚图书馆。裘开明提出:正像古罗马一样,一所好的图书馆不可能在一两年内建成。他于今年、明年和后年在此全职工作,只能为明尼苏达大学东亚图书馆的创建作一个开端,由于家人和哈佛大学其他公务的原因,他每年只有一个季度的空余时间。因此,第一要务是找一个受过适当培训,并对此项工作有兴趣的青年人逐渐开始负责东亚图书馆。第二要务是成立一个教师咨询委员会(A Faculty Advisory Committee),监督东亚图书馆馆员的工作,并制定东亚图书馆发展的政策方针。是为裘开明与明尼苏达大学图书馆东亚图书馆之间合作的开始。(Archives of University of Minnesota Libraries: Alfred K'aiming Ch'iu. Semi-Annual Report of the East Asian Library as of December 31, 1965)

5月1日

裘开明修订《哈佛大学哈佛燕京图书馆韩籍简目二编》英文序言。(Alfred K'aiming Ch'iu. "Preface". *A Classified Catalogue of Korean Books in the Harvard-Yenching Library, Harvard University, Volume II* [《哈佛大学哈佛燕京图书馆韩籍简目二编》]. Cambridge, Massachusetts, 1966:ii)

5月5日

唐德刚致函裘开明:前月三藩之盛会,恭祝先生退休,晚未克趋前参与盛典,至为心疚。敬维道体康强,公私迪吉,定符下祷也。哥大图书馆积重难返,晚殊难为力,每思趋前请益,皆不克如愿。我公有暇,尚恳不遗葑菲,时锡教言也。敬有恳者,晚顷奉台北李宗黄前辈辱书,嘱代为影印《模范之广州市》一书,为中山先生百年冥诞之纪念。唯晚馆是书于1962年清查时即已遗失,无法应命。而李公候书甚急,因不揣冒昧,专呈奉渎,并将李公原函一并呈阅。可否请我公于哈佛代李先生将该书代摄胶卷一套寄往台北?恭此奉请。以忝在后学之末,久承爱护,故敢不揣冒昧,专呈上渎。除另函李先生直接与我公商函外,特此奉恳至祈,撼屋乌之爱,嘱从者惠予鼎助,刚叩感无际矣。(HYL Archives:唐德刚致裘开明信函,1965年5月5日)

5月7日

裘开明致函耶鲁大学图书馆东亚部 Warren M. Tsuneishi(附寄致 Zensaku Kuwabara 的感谢函):你在之前的来信提到李滨的关于太平天国革命的著作《中兴别记》,不知贵馆能否为我馆制作一份该著的缩微胶卷?另附上简又文教授发表在《申报》上的《冯玉祥将军与西北军》系列文章的复印件。请转交 Zensaku Kuwabara。(HYL Archives: Letter of Alfred K'aiming Ch'iu to Warren M. Tsuneishi, May 7, 1965)

5月11日

耶鲁大学图书馆东亚部 Warren M. Tsuneishi 致函裘开明:汉和图书馆所需的李滨《中兴别记》的缩微胶卷底片已借给芝加哥大学,待归还后即制作正片寄给贵馆。(HYL Archives: Letter of Warren M. Tsuneishi to Alfred K'aiming Ch'iu, May 11, 1965)

5月24日

芝加哥大学东亚图书馆中文编目员 Min-sun Chen 致函汉和图书馆:除了《点石斋丛画》(十卷)之外,芝加哥大学东亚图书馆已收到从汉和图书馆中文复本-C1目录中订购的所有复本书籍,请贵馆核查并反馈信息,以便向贵馆支付相关书籍费用。(HYL Archives: Letter of Min-sun Chen to Harvard University Chinese-Japanese Library, May 24, 1965)

5月26日

裘开明致芝加哥大学东亚图书馆中文编目员 Min-sun Chen:根据你5月24日来信的请求,我馆已寄出《点石斋丛画》复本。(HYL Archives: Letter of Alfred K'aiming Ch'iu to Min-sun Chen, May 26, 1965)

哈佛学院图书馆副馆长 Philip J. McNiff 致函哈佛燕京学社图书馆管理委员会主任裴泽(John C. Pelzel)教授,商讨哈佛燕京图书馆藏书票事宜,并随信附上两份建议印在藏书票上的文字模板。(HYL Archives: Letter of Philip J. McNiff to John C. Pelzel, May 26,

1965)

5月28日

哈佛燕京学社图书馆管理委员会副主任白思达（Glen William Baxter）致哈佛学院图书馆副馆长 Philip J. McNiff，代哈佛燕京学社图书馆管理委员会主任裴泽（John C. Pelzel）教授回复有关燕京图书馆藏书票文字的意见。（HYL Archives：Letter of Glen William Baxter to Philip J. McNiff, May 28, 1965）

5月29日

哈佛燕京学社社长裴泽（John C. Pelzel）致函吴文津（Eugene Wu）：图书馆管理委员会曾投票表决通过裘开明于6月30日退休的决议，同时决定刘楷贤（Kai-hsien Liu）先生作为其后4个月的代理图书馆馆长。然而，当裘开明自西海岸返回时，我发现他强烈地反对让刘先生或者其他任何人成为过渡期的代理馆长。我推断其中有他与现任图书馆馆长助理之间的个人关系因素。另外，裘开明显然一直不让他们了解馆长的工作职责，以致我们无法从中选择一人代理馆长一职。最终，裘开明坚决留在这里，直到初秋。如果要整顿他在任期间的图书馆体制，需要展开很多工作。并且，他决定与你说明工作情况，并亲自将这些复杂、不公开的事务移交给你。换句话说，促使他留下来有很多客观和非客观的原因，因此管理委员会改变了决定，将他的馆长任期延长至9月30日。在这期间，他非常想与你进行几次交流，以解释说明图书馆事务的进展。我希望你不要介意。这看起来对他意味着很多，因此我不知如何拒绝他。裘开明博士现在计划接受明尼苏达州大学图书馆东亚图书馆的顾问职位，并于9月或者10月初期去那里，将停留很长时间，或者至少是下一学年的剩余时间。管理委员会答复了裘开明博士的书目计划，并附专门评论，其中包括一项声明指出书目计划必须联合管理委员会和你从头开始筹划。裘博士似乎非常同意这一点。管理委员会建议由他与 Douglas W. Bryant 一起制定一个新的计划草案。如果你有可能的话，9月底将与管理委员会一起对这份草案给予反馈意见，接下来你和裘开明博士将于明年3月份之前制定出一个最终的计划。这样我们才能及时把计划提交给4月份的董事会会议。裘开明博士显然希望将目录印刷出版，而不是从卡片上照相复制。从计算机上直接印刷是怎样的，那样是否可以减少成本，还有其他一些问题，请你来到剑桥后仔细考虑。裘博士主张将几乎没有编辑时间的图书馆员工都包括进该项计划中。大部分卡片的修正、核对工作等已经完成。当然，我没有时间去核对。图书馆预算没有被修改即获得了通过，董事会已单独拨款用于支付裘开明额外工作而增加的经费。同时，从7月1日起图书馆更名为哈佛燕京图书馆。裘开明博士告诉我，他非常高兴让你在今年夏天接管图书馆财产目录。（HYL Archives：Letter of John C. Pelzel to Eugene Wu, May 29, 1965）

5月

裘开明完成《四库失收明代类书考》初稿（见：《四库失收明代类书考》，《香港中文大学中国文化研究所学报》，第2卷第1期[1969]：43—58）

6月2日

哈佛学院图书馆副馆长 Philip J. McNiff 致函哈佛燕京学社图书馆管理委员会副主任白思达（Glen William Baxter），商讨哈佛燕京图书馆藏书票事宜。（HYL Archives：Letter of Philip J. McNiff to Glen William Baxter, June 2, 1965）

6月3日

哈佛燕京学社社长裴泽（John C. Pelzel）致函图书馆管理委员会委员：哈佛燕京学

社董事会于4月27日召开了董事会议,管理委员会已向哈佛燕京学社董事会提交了管理委员会前3次会议的备忘录。我汇报了管理委员会的运作情况,具体说明如下:管理委员会迄今仅运作了9个月(在这期间,管理委员会主任上任也仅3个月)。新的图书馆馆长直至1965年秋季才能就任。现在存在图书采购有可能超支的问题。委员会自1964年12月份已要求图书馆馆长(裘开明)提交所有的订购单,由管理委员会副主任和主任预先审批。这一程序虽比较麻烦,但却比较有效,因为这一措施确保了图书馆所有的开支都不会超过预算。管理委员会和现在负责图书馆财务的副馆长将继续致力于确保图书馆不出现大幅度赤字的工作。希望这种持续不断的监督在新任馆长到任后能够使图书馆经费宽松下来。图书馆管理委员会主任的基本政策是对任何事务均要求适当的预算。我将努力确保图书馆馆长与管理委员会保持一致,并且希望所有的赤字从下一年的正常预算中得以偿付。管理委员会的角色已被接受,管理委员会相信根据学社和哈佛大学共同确立的发展政策,图书馆将会有效地运作,图书馆内部运作也将有显著的变化。董事会通过了几项图书馆议案:表决通过图书馆管理委员会的议事程序,表决通过图书馆的名称从7月1日开始更改为"哈佛燕京图书馆",批准图书馆管理委员会提出的1965—1966年度221500美元预算,以及有关动产所有权的分配,即用上述预算所购买的动产中,73%为哈佛燕京学社所有,27%为哈佛大学所有。此外,批准了管理委员会近期提出的建议,即裘开明馆长任职期延长至1965年9月10日,他的工资预算包含于专项经费中。董事会接受了管理委员会的建议,即在裘开明与其他人员对他所提出的书目计划进行进一步的研究之前,该项书目计划暂不实施。管理委员会希望这项研究能及时完成,以便委员会能在1966年春季董事会会议之前制定出明确的计划。Franklin L. Ford先生同意上述所有的决议。我已请裘开明在夏季与吴文津(Eugene Wu)先生和Douglas W. Bryant先生合作,共同完成关于书目计划的一个新的提案,并于9月下旬提交给管理委员会,管理委员会由此可在裘先生和吴先生1966年春季制定最终的提案之前提出进一步的建议。(HYI Archives: Memorandum from John C. Pelzel to The Library Managing Committee, June 3, 1965)

6月8日

裘开明通知汉和图书馆全体馆员:过去对哈佛的毕业典礼有些误解,毕业典礼不是一个假期,因为它没有列在校历上。图书馆要如期开放。假如有人欲在毕业典礼日外出,请提前通知Sadako K. Graves夫人安排调岗,且要补回工作时间。(HYL Archives: Letter of Alfred K'aiming Ch'iu to Staff of Chinese-Japanese Library, June 8, 1965)

6月21日

康奈尔大学图书馆马大任(John T. Ma)致函裘开明:随函附上我们目前可以交换或出售的书单。吴文津(Eugene Wu)计划今天离开斯坦福去剑桥,请转告吴文津我的住址。(HYL Archives: Letter of John T. Ma to Alfred K'aiming Ch'iu, June 21, 1965)

6月22日

裘开明致函哈佛大学Holyoke管理中心中心副主任N. F. Wessell:兹附上招聘韩文编目员的广告,请登报。(HYL Archives: Letter of Alfred K'aiming Ch'iu to N. F. Wessell, June 22, 1965)

6月23日

哥伦比亚大学图书馆唐德刚(T. K. Tong)致函裘开明:敝馆刚从"中央研究院"购得一套缩微胶卷版《历代宝案》。这是一套十分古老的文献典藏。如果你可将贵馆馆藏同种文献的编目卡片复印一份给我们,就能节省我们编目的时间。既然我们也使用你的分类法编目,我们正好就可以复制你们卓越的工作成果,分编我们这套《历代宝案》。在此,先提前对你给予的帮助表示感谢。(HYL Archives: Letter of T. K. Tong to Alfred K'aiming Ch'iu, June 23, 1965)

6月24日

裘开明致函康奈尔大学图书馆马大任(John T. Ma):感谢你寄来馆藏复本目录,兹附上我们已经勾选了图书的贵馆复本目录,请寄来我们勾选的图书。(HYL Archives: Letter of Alfred K'aiming Ch'iu to John T. Ma, June 24, 1965)

6月25日

哈佛大学图书馆副馆长 H. Gordon Bechanan 致函裘开明:根据你6月24日的建议,我查阅了自1月份以来申请哈佛图书馆职位的4位韩裔人士资料……哈佛大学人事办公室来电询问你预备登报的招聘广告中的内容是否与移民服务部门的要求一致,认为如果使用"编目员"一词,意味着寻找一名具有图书馆学学位的专业图书馆员,而此类人员的最低工资是每年6200美元。如果学校相关机构问起,我将难以签署声明。因此建议使用"书目助理"一词,以便于处理。(HYL Archives: Letter of H. Gordon Bechanan to Alfred K'aiming Ch'iu, June 25, 1965)

6月26日

裘开明报告"哈佛燕京学社"及"哈佛大学图书馆"藏书票使用原则及方法。"哈佛燕京学社"藏书票用于:第一,使用哈佛燕京学社购书经费购买的书籍,通常是传统形式的书籍或经挑选的现代著作;第二,直接赠送给图书馆的书籍;第三,由哈佛燕京学社办公室转交的书籍。"哈佛大学图书馆"藏书票用于使用哈佛大学购书经费购买的书籍,通常是当代出版物和现代著作。藏书票使用方法:第一,当收到书籍并审核复印的发票后,将字母"Y"或"H"标在发票上每一条书名的前面,该标志以后将转抄到发票原件上,作为付款代码;第二,当赠送或购买的书籍登记入册时,根据发票上的字母在每本书书名页的背面标注;第三,根据字母贴相应的藏书票,如无字母,则贴"哈佛燕京学社"藏书票。(HYL Archives: Alfred K'aiming Ch'iu. The Principle and Method for the Use of the Bookplates of Harvard-Yenching Institute and Harvard University Library, June 26, 1965)

6月31日

康奈尔大学图书馆马大任(John T. Ma)致函裘开明:我从9月1日开始,将到胡佛研究所担任东亚图书馆馆长,除继续保持吴文津(Eugene Wu)建立的近代中国馆藏的优秀品质外,将计划为斯坦福大学图书馆购买更早期的中国书籍。在8月中离开康奈尔大学之前,我希望能将中国近代出版的第一本杂志——《东西洋考每月统记传》缩微化。你寄来的复印件与我们的版本不一致,因为双方的页码不同,这说明这份杂志在1833—1834年至少有两个版本。为了收齐版本,请求你提供1834—1835年(甲午,乙未)所有卷期的复印件,以便进行比对。(HYL Archives: Letter of John T. Ma to Alfred K'aiming Ch'iu, June 31, 1965)

7月2日

裘开明致函日本国会图书馆(National Diet Library)馆际互借服务部,请求提供如下文献的缩微胶卷:明治元年的《官员录》,明治二年和三年的《职员录》,明治五年的《珍袖官员录》,明治七年的《掌中官员录》,明治八年三月的《掌中官员录》,明治八年十一月的《官员录》,明治十年十二月的《改正官员录》,明治十一年十二月和明治十二年十二月的《改正官员录》(彦根页),明治十三年十二月、十四年十一月、十五年十二月、十六年十一月、十七年二月、十八年七月的《改正官员录》(彦根正三),明治十九年九月和二十年十二月的《改正官员录》(彦根正三)。(HYL Archives:Letter of Alfred K'aiming Ch'iu to Division of Inter-Library Services of National Diet Library, July 2, 1965)

7月8日

白思达(Glen William Baxter)致函哈佛燕京学社社长裴泽(John C. Pelzel):裘开明申请自7月1日开始,为图书馆6位馆员提高工资,其中有几位没有增加工资的馆员已在预算中有单独指定。按照裘开明的建议,这6位馆员的工资总额为1073美元,小于预算允许的数额。尽管我完全支持这些建议,但仍需要经过你的批准。今年未增加工资的馆员提出抗议,并不令人惊奇。多数图书馆员报酬低已是普遍事实,而今年完全没有增加任何薪金的馆员非常不满意,这引起了民心问题。我并不了解为什么这些馆员没有增加工资。裘开明告诉我,他正在起草一个预算草案准备提交给你和吴文津(Eugene Wu)先生,通常情况下,他只是复制前一年的预算。裘开明认为,除具有图书馆学学位的专业人员是根据哈佛大学图书馆政策增加工资之外,其他人也应该适当地增加工资。近期的董事会会议备忘录显示,你向董事会汇报哈佛燕京图书馆工资比例仍然略微低于怀德纳图书馆,委员会认为在新任馆长对图书馆人员状况进行评估之前,不要试图去与怀德纳图书馆的水平相比是比较明智的。我认为即使现在提议增加的工资数额仍然不符合怀德纳图书馆的标准,但目前的工资标准已是由裘开明参考怀德纳图书馆的工资定期增长普通政策而计算过的。我认为等吴先生决定未来的工资标准是比较合理的。但是如果从7月1号起只提高专业人员的工资,而其他人则完全等待吴先生的决定是不合理的做法,因为这有可能要等待几个月。我建议你参考哈佛大学图书馆副馆长 H. Gordon Bechanan 的意见。这些职员已在这里工作了很多年了,就裘开明所了解的情况来看,他们的工作都是令人满意的。函附几位馆员的情况,以及通过计算整理出来的几位馆员工资与预算对比表,供作参考。(HYL Archives:Letter of Glen William Baxter to John C. Pelzel, July 8, 1965)

7月9日

白思达(Glen William Baxter)致函裘开明:你所建议的为 Yutaka Kayama, Lucy Altree, Suzan T. Bau, Choi Namhi Kim 和 Yukiko Pluard 诸位夫人、Lawrence D. Edsall 先生增加薪水的建议已经由裴泽(John C. Pelzel)教授核准。请你告诉他们,7月份增加的薪水部分将于7月26日发放到他们的账户上,因为7月12日的账单已经出具。(HYL Archives:Letter of Glen William Baxter to Alfred K'aiming Ch'iu, July 9, 1965)

裘开明致函哥伦比亚大学图书馆唐德刚(T. K. Tong):6月23日来函收到,兹附上我馆《历代宝案》目录卡片的草片复本,请按贵馆需要使用,不必归还。我正在等吴文津(Eugene Wu)来接替我这里的职位,9月初我就可以离开了。你一定听说了这个好消息,康奈尔大学图书馆马大任(John T. Ma)1965年9月1日将就任胡佛东亚图书馆馆长。这样,你会看到"国立中央大学"的毕业生负责着3个美国最大的大学东亚图书馆——哈佛、哥伦比亚和胡佛,其主题范围从孔子到毛泽东。我们以你们3人为傲。(HYL Archives:Letter of Alfred K'aiming Ch'iu to T. K. Tong, July 9, 1965)

7月10日

密歇根大学图书馆总馆万惟英致函裘开明:日前晋谒,崇阶叩承,感馔饮和食,德备感深情。返此,适值美国图书馆协会年会,晤及旧友,为人大快心意。贵馆珍藏为世间所阙者,辱承应允,代为摄成小型胶卷,至深铭感。此间苟有可洪□驰之处,尤乞随时示知……费维恺(Albert Feuerwerker)先生瞩我附意。(HYL Archives:万惟英致裘开明信函,1965年7月10日)

7月19日

郑保罗(Paul Cheng)先生携夫人和两岁的儿子自英格兰到达美国马塞诸萨州剑桥哈佛大学。(Archives of University of Minnesota Libraries：Alfred K'aiming Ch'iu. Semi-Annual Report of the East Asian Library as of December 31，1965)

哈佛燕京学社图书馆管理委员会副主任白思达(Glen William Baxter)致函裘开明,代哈佛燕京学社管理委员会主任裴泽(John C. Pelzel)教授答复划分传统馆藏与现代馆藏的标准：1911年之前出版或再版的中文书籍、1868年之前出版或再版的日文书籍、1945年之前出版或再版的韩文书籍属于传统书籍,其余属于现代书籍。(HYL Archives：Letter of Glen William Baxter to Alfred K'aiming Ch'iu, July 19, 1965)

7月21日

郑保罗(Paul Cheng)开始在哈佛燕京图书馆工作,为赴明尼苏达大学东亚图书馆做准备。除在各部门实习一遍以外,郑保罗还从哈佛的复本藏书中专门为明尼苏达大学挑选了大约500册图书。(Archives of University of Minnesota Libraries：Alfred K'aiming Ch'iu. Semi-Annual Report of the East Asian Library as of December 31，1965)

7月30日

马大任(John T. Ma)致函裘开明：感谢你购买我们的馆藏复本,但遗憾的是有些图书在你下订单以前就已卖出。康奈尔大学选定的我的继任者是密歇根大学的图书馆员William C. C. Hu,他下周会到任。请你告诉吴文津(Eugene Wu)这些信息。(HYL Archives：Letter of John T. Ma to Alfred K'aiming Ch'iu, July 30, 1965)

7月31日

裘开明致函马大任(John T. Ma),感谢马大任寄送1965年7月27日第8份书单,并从中勾选了11册书。(HYL Archives：Letter of Alfred K'aiming Ch'iu to John T. Ma, July 31, 1965)

7月

1965年7月号的《图书馆学报》(台湾私立东海大学图书馆编印)的封面为裘开明夫妇合影,照片下题"最近退休的图书馆界先进裘开明博士及夫人",扉页上题"谨以本刊奉献于我国留美学人图书馆界先进裘开明博士,以酬谢其四十年来对图书馆事业所作之贡献"。本期《图书馆学报》还刊登了童世纲所撰英文文章"A Tribute to Alfred K'ai-Ming Ch'iu",文中评价道：裘博士是一名拥有杰出才能和丰富经验的图书馆馆长。他不仅是一名管理者,还是一位目录学家；不仅是一名编目馆员,还是一名参考咨询馆员；总之,他不仅是一名图书馆员,更是一位学者……(《图书馆学报》,1965年7月)

8月2日

裘开明致函马大任(John T. Ma)：我已寄出贵馆所需之期刊,共7个纸箱。另外,去年贵馆曾向我馆购买日文规范卡片,现在我馆计划再出版4000张新卡片,不知康奈尔是否需要这套新的……吴文津(Eugene Wu)7月28日,即上周三到了剑桥,不过他一直忙于为他一家四口找房子的事情。(HYL Archives：Letter of Alfred K'aiming Ch'iu to John T. Ma, August 2, 1965)

8月4日

哈佛燕京学社图书馆管理委员会副主任白思达(Glen William Baxter)致函裘开明：你6月26日关于"哈佛燕京学社"及"哈佛大学图书馆"藏书票使用原则及方法的说明写得很清楚,将放在哈佛燕京学社图书馆管理委员会主任裴泽(John C. Pelzel)的办公桌上待其返回后提出意见。使用原则足以全年适用：藏书票的目的是为了标明所属,但哈佛大学图书馆并没有占有所有现代著作的意图；每年一定比例的购书预算用于购买大学图书馆所需的书籍,本年度

(1964—1965年度)是27％,只有用这27％购买的现代著作才应贴上"哈佛大学图书馆"藏书票,其余的书籍,不管现代与否,都应贴上"哈佛燕京学社"藏书票。(HYL Archives: Letter of Glen William Baxter to Alfred K'aiming Ch'iu, August 4, 1965)

8月10日

裘开明致函香港商务印书馆:请将《出版月刊》(台湾商务印书馆发行)自第1卷第2期起列入哈佛燕京图书馆航空邮寄订单。另外,如能找到王云五编《四部丛刊初编缩本书录及附张》、《万有文库会要目录样张预约简章》,请寄给我们5本,并附以上书目的双联账单。(HYL Archives: Letter of Alfred K'aiming Ch'iu to the Commercial Press, Hong Kong, August 10, 1965)

8月13日

裘开明致函明尼苏达大学Romeyn Taylor教授,请帮忙了解在明尼苏达大学图书馆附近租房的情况,以便郑保罗(Paul Cheng)到明尼苏达大学后可以帮忙寻找住房。(Archives of University of Minnesota Libraries: Letter of Alfred K'aiming Ch'iu to Romeyn Taylor, August 13, 1965)

8月18日

徐有守(Yu-shou Hsu)致函哈佛燕京图书馆:根据贵馆10日寄来订购一年的《出版月刊》的订单,兹附上发票,请尽早将订款寄来。另,来函所言及的两种连续出版物的样本已通过海运寄送给贵馆。(HYL Archives: Letter of Yu-shou Hsu to Harvard-Yenching Library, August 18, 1965)

8月23日

在哈佛燕京图书馆从事4个星期的实习工作之后,郑保罗(Paul Cheng)于8月中旬到达明尼阿波利斯,并自本日开始在明尼苏达大学东亚图书馆工作。(Archives of University of Minnesota Libraries: Alfred K'aiming Ch'iu. Semi-Annual Report of the East Asian Library as of December 31, 1965)

8月27日

明尼苏达大学图书馆特藏部主任Richard Bernard致函裘开明,告知同意聘请一名学生从哈佛燕京图书馆的目录中抽取和复印明尼苏达大学东亚图书馆藏书的目录卡片。(Archives of University of Minnesota Libraries: Letter of Richard Bernard, Chief of Department of Special Collections, University of Minnesota Library, to Alfred K'aiming Ch'iu, August 27, 1965)

裘开明致芝加哥大学远东图书馆馆长钱存训(Tsuen-hsuin Tsien):我很乐意接受你的邀请,于1967年夏季到芝加哥大学图书馆学院讲授中文编目课程。我正式的个人信息如下:裘开明(纽约公共图书馆学校[NYPL]图书馆学院毕业,获哈佛大学博士学位),原厦门大学图书馆馆长,中华图书馆学会编目委员会主任,哈佛大学哈佛燕京图书馆馆长。另外,哈佛燕京图书馆正在为亚利桑那大学和明尼苏达大学重印《四部备要》分析片,如果芝加哥大学有意参加此计划,请你将订单寄至怀德纳图书馆照相复制部。(HYL Archives: Letter of Alfred K'aiming Ch'iu to Tsuen-hsuin Tsien, August 27, 1965)

9月1日

裘开明在明尼苏达大学东亚图书馆工作的聘期自本日开始。裘开明开始在哈佛燕京图书馆为郑保罗(Paul Cheng)挑选的大约500本图书选配目录卡片。(Archives of University of Minnesota Libraries: Alfred K'aiming Ch'iu. Semi-Annual Report of the East Asian Library as of December 31, 1965)

9月3日

裘开明完成第 39 次《馆长年度报告》(1964 年 7 月 1 日至 1965 年 6 月 30 日),其主要内容如下:1. 图书馆馆藏情况。1964—1965 年度,哈佛大学汉和图书馆中文书新增 1526 种 3177 册,日文书新增 1339 种 2920 册,藏文书未增长,满文书新增 146 种 1104 册,蒙文书新增 1 册,韩文书新增 576 种 1420 册,西文书新增 384 种 500 册,合计新增 3971 种 9122 册。馆藏总量为:中文图书 68109 种 280469 册,日文图书 44954 种 95482 册,藏文图书 43 种 1014 册,满文图书 294 种 2213 册,蒙文图书 59 种 461 册,韩文图书 6708 种 14704 册,西文图书 9424 种 13081 册,合计 129591 种 407424 册。在 1964—1965 年度新增文献中,赠送的图书共有 761 种 1122 册,其中中文书 291 种 551 册,日文书 202 种 338 册,韩文书 20 种 24 册,西文书 248 种 209 册。购买的书籍共有 3115 种 7823 册,其中中文图书 1164 种 2504 册,日文图书 1133 种 2568 册,满文图书 146 种 1104 册,蒙文图书 1 册,韩文图书 536 种 1355 册,西文图书 136 种 291 册。交换获得的书籍共有 95 种 177 册,其中中文图书 71 种 122 册,日文图书 4 种 14 册,韩文图书 20 种 41 册。另外,获得中国地图 3 幅,日文缩微胶卷 5 种 432 盘,日语磁带 3 份,日本画轴 1 卷,韩国报纸 160 份,中文录音带 7 盒。在中文文献采访方面,1964—1965 年度从中国大陆购得的中文图书是 391 种 509 册,从中国香港购得的中文图书是 248 种 305 册,从中国台湾购得的中文图书是 306 种 633 册,购得 1950 年之前出版的书籍 240 种 451 册,线装书 354 种 1017 册,其中前 3 项为新书,后两项为绝版图书。在日文文献采访方面,选书主要是依据日本国会图书馆(National Diet Library)出版的《纳本周报》(*Current Publications*)。所购得的 1339 种日文图书中,746 种为新出版物,555 种为绝版图书(其中 53 种 777 册为雕版印刷、线装的中文古籍,21 种为旧刊),另外还有 41 种 158 册现刊,5 种 435 盘缩微胶卷以及 1 卷画轴。1964—1965 年度,汉和图书馆订购的日文新书为 866 种,占日本国会图书馆《纳本周报》1964 年第 23—49 期以及 1965 年第 1—22 期所列新出版物总数的 4.8%。本年度图书馆继续采用 1961—1962 年度馆长报告中所确定的图书订购流程。在韩文图书方面,1964—1965 年度购买韩文新出版物 308 种 667 册,古籍 268 种 753 册(新书指 1900 年以后出版的专著与期刊,文字为汉—韩对照或纯韩文;古籍指 1900 年以前出版的以汉字书写的文献)。在连续出版物方面,1964—1965 年度,中文连续出版物新增 55 种,中文连续出版物总量达到 2996 种。日文连续出版物新增 61 种,馆藏总量达到 3017 种。韩文连续出版物新增 37 种,馆藏总量达到 342 种。西文连续出版物新增 24 种,馆藏总量达到 829 种。新增期刊的刊名在馆长办公室存档。1964—1965 年度,汉和图书馆收到并登录的期刊册数分别为:中文 2963 册,日文 2976 册,韩文 606 册,西文 1812 册,蒙文 13 册,共计 8370 册。关于丛书和方志类文献,过去一年新购中文丛书 14 种 326 册,内含 201 种独立著作,总量达到 1477 种。日文丛书新增 67 种约 345 册,内含约 859 种独立文献,总藏量达到 1878 种。韩文丛书新增 5 种 23 册,内含独立著作 10 种,韩文丛书总藏量达约 113 种。中文方志类藏书增加了 7 种 37 册,总藏量达到 2980 种 31033 册。2. 馆藏编目分类情况。1964—1965 年度,共计编目图书 5055 种 10230 册,其中中文图书 2093 种 4692 册,日文图书 1872 种 3375 册,韩文图书 705 种 1710 册,西文图书 385 种 453 册……另外,各语种目录新增目片数统计如下:中文书著者—书名四角号码目录新增目片 5366 张,新增临时草片 3946 张,著者—书名罗马字母目录新增目片 2212 张,新增临时草片 11791 张,分类主题目录新增目片 0 张,排架目录合计新增目片 2093 张,以上共计新增目片 7578 张,新增临时草片 15737

张,合计 25408 张;日文书著者－书名四角号码目录新增目片 6215 张,新增临时草片 680 张,著者－书名罗马字母目录新增目片 8578 张,新增临时草片 2403 张,分类主题目录新增临时草片 7443 张,排架目录合计新增目片 1872 张,以上共计新增目片 22236 张,新增临时草片 3083 张,合计 27191 张;韩文书著者－书名四角号码目录新增目片 1095 张,新增临时草片 37 张,著者－书名罗马字母目录新增目片 1998 张,新增临时草片 1805 张,分类主题目录新增目片 0 张,排架目录合计新增 705 张,以上共计新增目片 3093 张,新增临时草片 1842 张,合计 5640 张;西文书著者－书名目录新增目片 901 张,新增临时草片 363 张,排架－主题目录新增 570 张,新增临时草片 204 张,西文主题目录卡片新增 154 张,新增临时草片 12 张,以上共计新增目片 1625 张,新增临时草片 579 张,合计 2204 张……在合作编目方面,汉和图书馆在所有合作馆中,是向《全国联合目录》提交中韩文文献书目数据最多的图书馆。1964－1965 年度,汉和图书馆向国会图书馆合作编目项目提交的各语种专著的主目录卡片分别为中文 531 种,韩文 171 种,合计 702 种;另外向国会图书馆"规范档"(Authority File)提交了 200 种中文规范卡片和 47 种韩文规范卡片,合计 247 种。由于国会图书馆合作编目项目的目录卡片寄到汉和图书馆的速度很慢,所以必须在怀德纳图书馆自印目录卡片,1964－1965 年度在怀德纳图书馆印刷的中文目录卡片共 2175 种 21863 张,日文目录卡片共 850 种 6902 张,韩文目录卡片共 1493 种(其中 986 种主目录卡片)7692 张,共计 4518 种 36457 张。3. 读者服务。过去一年图书馆每周向读者开放 58 小时,即星期一至星期五白天 9 点至 17 点、晚上 19 点到 22 点开放;星期六白天 9 点到 12 点开放。只有暑假和圣诞节晚上图书馆闭馆。但由于丢书现象严重,从 1964 年 1 月 1 日开始,夜间开放期间停止外借服务。未来是否会恢复夜间借书取决于接下来的馆藏清点工作的结果,即清点数据所表明的馆藏丢失数量是否大幅度减少。

馆藏流通统计(1964 年 7 月 1 日—1965 年 6 月 30 日)

语种		办公室内使用	小隔间内使用	校内馆间传递	馆际互借	外界使用	合计
中文	种数	105	1076	144	133	3223	4681
	册数	213	3057	511	599	5671	10051
日文	种数	103	577	11	143	2391	3225
	册数	244	988	37	219	2854	4342
韩文	种数	8	39	5	20	371	443
	册数	8	53	6	31	419	517
西文	种数	22	309	8	32	2299	2670
	册数	89	387	8	33	2458	2975
合计	种数	238	2001	168	328	8284	11019
	册数	552	4485	562	882	11402	17885

1964—1965 年度,通过馆际互借向汉和图书馆借书的机构共有 90 所。在参考咨询服务

方面，主要是通过口头或书面的方式解答学生、访问学者以及校外机构的研究者的问题。所有参考咨询服务的档案都保存在馆长办公室。关于校外学者利用图书馆的问题，来自波士顿地区甚至更远地区的研究机构的学者和研究人员利用汉和图书馆的人数比往年更多了。图书馆仍在执行不向校外学者收取费用的旧政策。1964—1965 年度，共有 53 名校外学者到汉和图书馆做研究。在缩微胶卷服务方面，除了向到馆的学者提供服务，为其制作所需的珍惜文献的缩微胶卷，汉和图书馆还向日本、中国、欧洲和美国的学术机构制作缩微胶卷。并编制了缩微胶卷目录。4. 图书馆人事。在过去的一年里，图书馆职员中有 14 名为全职馆员，6 名兼职馆员，这些兼职馆员每星期共计工作 129.5 小时（相当于 3.5 名全职馆员的工作时间）。另有 7 名哈佛的学生助理，全年共计工作 1512 小时，25 名临时工全年共计工作 9541.5 小时。图书馆的人事安排情况如下：(1) 理事会雇员——馆长裘开明，副馆长于震寰（Zunvair Yue）、矶部重治（Shigeharu Isobe）和刘楷贤（Liu K'ai-hsien），高级韩文编目馆员金圣河（Sungha Kim），高级日文编目馆员 Yoshiko Yoshimura 小姐，高级中文编目馆员 Daisy H. Tao 夫人，中文编目馆员 Margaret C. Fung 夫人；(2) 在册雇员——阅览室和书库主任 George Everett Potter，日文编目馆员 Tateoka Funie 夫人和 Kimiko I. Voorhees 夫人，赠书与交换书助理 Sadako K. Graves 夫人，书库助理 Lawrence D. Edsall，办公室秘书 Mark A. Ravallion，兼职西文编目馆员 Kim Junghi Suh 夫人，兼职日文书采访助理 Kayama Yutaka 小姐，兼职中文书采访助理 Suzan T. Bau 夫人，兼职期刊助理 Yukiko Pluard 夫人，兼职中文书库助理 Lucy Altree 夫人，兼职佛教顾问 Chimyo Horioka，学生助理和临时工（名单略）。5. 图书馆财务。1964—1965 年度图书馆总体财务预算为：人员经费预算共计 142623 美元，其中：8 名学社雇员的年薪 68900 美元，缴纳退休及社会保险（15%）10335 美元，共计 79235 美元；14 名职员的年薪 53557 美元，缴纳退休及社会保险（9.25%）4955，共计 58512 美元；学生助理（若干名）的报酬 4700 美元，缴纳社会保险（3.75%）176 美元，共计 4876 美元。文献采访预算共计 29500 美元，其中：中文新出版物 5000 美元，日文新出版物 4500 美元，韩文新出版 2000 美元，西文新出版物 1000 美元；东亚研究中心（East Asian Research Center）当代文献购书经费 5000 美元；中文古籍 3000 美元，日文古籍 6000，韩文古籍 3000 美元。其他支出预算共计 7600 美元，其中：装订 3500 美元，国会图书馆合作编目项目 2000 美元，办公经费 1500 美元，差旅费 600 美元。以上汉和图书馆预算总额 179723 美元，其中 57947 美元来自哈佛大学的拨款，故哈佛燕京学社实际拨款 121776 美元。哈佛大学的拨款主要由以下部分组成：东亚研究中心（或基金会批准）拨款 5000 美元，东亚研究委员会（Committee on East Asian Studies）（文科和理科－无限制）2595 美元，根据《国防教育法案》（National Defense Education Act）获得的政府合同费拨款 13842 美元，大学图书馆合作编目项目拨款 800 美元，文理学院额外拨款 35710 美元。1964—1965 年度图书馆专项拨款合计 30500 美元，其中：新馆长从加州搬家到剑桥的费用 2000 美元；设备（亟需款项，尤其需要添置卡片目录柜，自 1958 年搬新馆后再未添置）3500 美元；采访经费中，韩文古籍（通过韩国延世大学［Yousei University］的闵泳珪（MinnYoung-gyu）博士购得 E. Wagner 亟需的文献）4000 美元，柯立夫（Francis W. Cleaves）教授的满文藏书（图书馆委员推荐购买，并开会通过）10000 美元，机动购书经费（裘开明提议设立，采购图书馆委员会批准购买的善本书、重要文献、绝版文献的最早版本，或购买学社董事会董事长批准购买的文献）10000 美元，台湾亚洲研究出版中心用于重印珍稀文献的保证金 1000 美元。

1964—1965年度汉和图书馆支出统计(单位:美元)

支出项目		68/125/4205-2	68/302 4205-2	68/750 4285-2	68/743 7035-2	东亚研究委员会 33/105/0001-1	合计
薪水	理事会任命雇员	61400.00	—	—	7500.00	—	68900.00
	退休保险等	9210.00	—	—	1125.00	—	10335.00
	合计						79235.00
	正式雇员	15010.12	2520.00	21657.76	4125.06	2375（Tateoka）	45687.94
	学生助理	748.20	—	1200.13	126.87	—	2075.20
	临时工	4322.20	—	7793.36	272.50	—	12388.06
	合计						60151.20
	养老保险等	1545.13	233.10	2285.82	391.48		4455.53
	合计						64606.73
	薪水与津贴合计						143841.73
购书	中文书	6088.94	3676.95	3230.99	1660.24		14657.12
	日文书	12345.17	2390.28	6627.38	1246.46		22609.29
	韩文书	1120.15	5551.10	1876.66	1200.78		9748.69
	西文书	659.11	—	1325.73	134.30		2119.14
	购书经费合计						49134.24
装订		2226.25	—	4899.24	—		7125.49
编目项目		1412.21	—	650.64	—		2062.85
设备		—	3695.84	5.00	—		3700.84
办公经费		415.06	—	991.84	—		1406.90
差旅费		—	—	360.86	—		360.86
新馆长搬家费		—	2000.00	—	—		2000.00
图书馆合计支出							209632.91

1964—1965年度经费实际来源统计:哈佛燕京学社实际拨款143004.52美元,其中常规预算(68/125/4205-2)122937.25美元,图书馆专项拨款(68/302/4205-2)20067.27美元;文理学院实际拨款35710.00美元;东亚研究中心实际拨款5000.00美元;哈佛学院图书馆(Harvard College Library)实际拨款800.00美元;东亚研究委员会(33/105/0001

—1)实际拨款2375.00美元,仅用于支付Funie Tateoka 的薪水;政府合同经费(22355. 68—4572.99)17782.69美元;预算外收入213886.96美元,其中从政府管理费中得到的图书馆经费3809.28美元,罚款收入450.00美元,出售设备收入35.00美元,出售目录和卡片141.52美元,出售复本4778.95美元。1964—1965年度实际支出合计209632. 91美元,结余经费4254.05美元。(HYL Archives: Chinese-Japanese Library of the Harvard-Yenching Institute at Harvard University Report of the Librarian for 1964-1965)

9月17日

裘开明开始在明尼苏达大学东亚图书馆工作。其时,东亚图书馆聘请的职员有3人:一位为日本早稻田大学毕业,嫁给一位建筑专业中国留学研究生的日本女士,另一位为来自北京的医学预科中国学生,第三位为担任打字员的美国女孩。(Archives of University of Minnesota Libraries: Alfred K'aiming Ch'iu. Semi-Annual Report of the East Asian Library as of December 31, 1965)

9月20日

明尼苏达大学图书馆召开午餐预备会议——"图书馆与学院职员汉和藏书会议",参加会议的成员包括:E. B. Stanford,Beresford,Richard Bernard,郑保罗(Paul Cheng),裘开明,Edward M. Copeland,Seigfried Feller,Ralph H. Hopp,Liu,马瑞志(Richard B. Mather),Romeyn Taylor 和 Wang,会议讨论了如下6个方面的问题:1. 裘开明博士建议采用"东亚图书馆"(East Asian Library)作为汉和藏书的名称,因为该名称可以包含中、日、韩、蒙资料的馆藏,且符合当前学者的使用习惯。鉴于该名称可能意味着不包括现收藏在东方讨论室(The Oriental Seminar)的西亚语言资料,Stanford博士建议此项建议宜容后继续考虑。2. 裘开明博士认为东方讨论室的书库拥挤,已无足够的工作和阅览空间,建议将藏书移至东方讨论室所在楼层的主书库。3. 裘开明博士建议为汉和藏书成立一个由图书馆和学院职员组成的咨询委员会,并表明他在哈佛早已建立这种有益的委员会。明尼苏达大学图书馆馆长Stanford博士同意裘开明博士的建议,并进一步提名建立了由与东亚图书馆有关的人员组成的东亚图书馆咨询委员会。该顾问委员会委员名单如下:主席马瑞志(中文教授),委员:Romeyn Taylor(历史副教授),Edward M. Copeland(日语副教授),Seigfried Feller(助理教授和主管采访馆员)、Paul Berrisford(助理教授与主管编目馆员)、Henry Scholberg(Ames图书馆南亚部馆员)和Richard Bernard(助理教授和社会科学文献部主任),当然委员裘开明和郑保罗(Paul Cheng)。4. 裘开明博士提出他正在编制一份哈佛燕京图书馆汉和藏书复本销售目录,其中部分复本在别处已无法购得,这些复本可充实明尼苏达大学的汉和藏书,不应错过此机会。此外,裘开明博士提出尼苏达大学在加强"经典"(古籍)藏书采购的同时更应该增加古籍重印本的购置,还应采购中国和日本出版的现行出版物、缩微胶卷。裘开明博士提出应结合本地的实际情况建立专藏,例如:明尼阿波利斯艺术研究所(Minneapolis Institute of Art)可根据高本汉(Bernhard Karlgren)编《Alfred F. Pillsbury藏中国青铜器目录》(*A Catalogue of the Chinese bronzes in the Alfred F. Pillsbury Collection*)采购有关著作,农学院可以收集有关中国农业的资料。5. Stanford博士提出中日文资料现在是否与普通馆藏一起排架和编目的问题,Beresford博士说:通常只有在这些资料具有西文翻译书名时才与普通馆藏一起排架和编目。Stanford博士建议这些资料应与东亚资料一起编目。6. 裘开明博士建议:从总目录导入东亚藏书的最好方法是采用主题导卡的方法,而不是将中日文目录卡片与西文目录卡片混排。与会代表同意:如果这两种藏书的主题标目可以并列的话，此方法将比较理想。此外，裘开明博士建议按照哈佛大学的方法采用威氏（Wade-Gile）拼音法将所有书名罗马化，采用赫氏（Hepburn）拼音法将日文书名罗马化，并采用哈佛燕京图书馆的编目制度。（Archives of University of Minnesota Libraries：Meeting of Library and College Staff Members on the Chinese and Japanese Book Collection，September 20，1965）

9月中旬

裘开明到达位于明尼阿波利斯明的尼苏达大学。（Archives of University of Minnesota Libraries：Alfred K'aiming Ch'iu. Semi-Annual Report of the East Asian Library as of December 31，1965）

9月30日

裘开明正式从哈佛大学哈佛燕京学社汉和图书馆馆长一职退休。哈佛燕京学社董事会称裘开明为"最能代表中西传统及建树之典型学者"，并将该年出版之《哈佛亚洲学报》（*Harvard Journal of Asiatic Studies*）题献给裘开明，以致尊崇，并表其功。（HYL Archives：Harvard-Yenching Library at Harvard University Report of the Librarian for 1965-1966）

10月1日

吴文津（Eugene Wu）正式接任哈佛大学哈佛燕京学社哈佛燕京图书馆馆长一职（HYL Archives：Harvard-Yenching Library at Harvard University Report of the Librarian for 1965-1966）

裘开明被聘为哈佛燕京图书馆特藏部终身荣誉主任（Honorary Curator of Rare Books in the Chinese-Japanese Library without limit of time）。其职责是为购买善本书和善本书编目提供意见。（HYL Archives：Letter of Franklin L. Ford to Nathan M. Pusey，March 22，1967）

10月15日

裘开明完成《哈佛大学哈佛燕京图书馆韩籍简目二编》英文序言的撰写：1962年哈佛燕京图书馆出版第一部《哈佛大学哈佛燕京学社图书馆韩籍简目》后各地急切地需求持续不断，这表明需要及时发行定期性的补编。第一部《哈佛大学哈佛燕京学社图书馆韩籍简目》以1961年6月的馆藏为基础，收录了3200种6500册韩文图书。其后，哈佛燕京图书馆的韩籍馆藏增加了一倍多，到1964年底已经达到大约6600种14500册。如同第一部简目一样，二编只收录用韩文撰写或者由韩国作者用传统中文撰写的著作，而不收录有关韩国的西文著作。在二编的后面附有一编和二编的合编索引，其中包括人名索引和书名索引，每个罗马化的款目均按麦氏法（McCune-Reischauer System）排列。大多数使用该目录的人都会熟悉韩文字母顺序，但是，为了帮助希望按罗马字顺检索人名和书名的使用者，在索引的前面附有标明罗马化款目所在索引页码的表。二编主要由哈佛燕京图书馆高级韩文编目馆员金圣河（Sungha Kim）编辑，主管中日文以外文种藏书的于震寰（Zunvair Yue）副馆长给与了协助。（Alfred K'aiming Ch'iu. *A Classified Catalogue of Korean Books in the Harvard-Yenching Library*，*Harvard University*，Volume II［《哈佛大学哈佛燕京图书馆韩籍简目二编》］. Cambridge，Massachusetts，1966：ii）

10月27日

裘开明致函吴文津（Eugene Wu）：关于你10月19日来函中提到的补充韩文馆藏书目一事，这是赖肖尔（Edwin Oldfather Reischauer）博士管理时期遗留下来的问题。正如你所知，赖肖尔教授一直致力于加强哈佛对韩国的研究。在他担任学社社长的最初两年里投入了大量经费购买韩文书籍，其投入经费超过了购买中文书籍的经费。我们计划出版馆藏韩文书目(实际上只是一份索书单),马上就得到了他的批准。出版的目的在于:1. 购买汉城延世大学(Yonsei University)的书籍时防止出现复本。2. 鼓励学生开展对韩国的研究。我们馆藏韩文书目的成功超出了我的预料。人们对韩文书籍非常感兴趣并非常想知道哈佛燕京图书馆有哪些韩文馆藏。所以我和金圣河(Sungha Kim)先生、于震寰(Zunvair Yue)先生以及 E. Wagner 教授计划出版馆藏韩文书目第 2 卷,并为这两卷书目编制一个详细的索引。这个项目得到了时任学社代社长的白思达(Glen William Baxter)博士的大力支持。白思达博士答应从学社的出版经费中拨一部分钱用于出版韩文书目增补卷,其余的从韩文书籍基金中拨款。出版馆藏韩文书目增补卷的工作开始于 1963—1964 学年,当时金先生在韩国为图书馆买书。金先生去韩国的经费来自于洛克菲勒基金(Rockefeller Grant)资助的哈佛韩国研究经费(这笔经费主要用于 Wagner 博士主持的韩国研究项目)。我不清楚来自洛克菲勒基金的经费是否还有剩余,如果有,我们可以用于出版馆藏韩文书目。最好是等到白思达博士感恩节回来的时候,他可能会向你提供关于这个项目的其他信息。我认为除了完善和巩固图书馆的卡片目录以外,这种方法可以让用户更长久地熟悉和了解图书馆的资源。这个造福后人的项目有两方面的意义:1. 是一部图书馆的专藏书目。你在胡佛研究所主持的"20 世纪中国领导人"项目就是一个很好的榜样;2. 每 5 年增补一次,可以完善图书馆各种馆藏的书目。我非常愿意为哈佛的中日韩文馆藏做这样的事。已经出版的馆藏韩文书目不是我理想中的样子,它只是一个检索列表,而不是一部真正的书目。美国的许多远东图书馆都定期出版馆藏清单,我认为这样做既浪费钱又浪费精力,因为这些书单既不完整也不完善,对任何一本特定的书都没有参考价值。至于我们计划出版的馆藏日文书目,要和矶部重治(Shigeharu Isobe)先生商量此事……我计划出版所有的日文卡片(每页 18 张卡片)。我不打算我们的书目像所有其他各类馆藏卡片目录那样,在 G. K. Hall 公司采用平版印刷的方法印刷……不清晰……又贵。一部真正好的馆藏目录,不只是反映一定馆藏的目录,还要包含各个主题的参考书目。要出版一本这样的书目,必须要有一个机构或基金会来承担这项工作。哈佛燕京学社在编目和制作卡片目录方面已经投入了很多经费。目前对于我们来说最担心的问题是,不知道哪个机构愿意资助书目的印刷费用。不能把这件事交给 G. K. Hall 公司做。在正式出版前,我想选择一部分馆藏日文书目给日本的学者校阅……(HYI Archives: Letter of Alfred K'aiming Ch'iu to Eugene Wu, October 27, 1965)

11 月 24 日

明尼苏达大学东亚图书馆顾问委员会举行第一次会议,根据裘开明的建议,经明尼苏达大学图书馆馆长和各部主任的批准,正式将原来的馆名"东方文库"(Oriental Collections)改为"东亚图书馆"(East Asian Library)。本月明尼苏达大学"东亚图书馆"馆名第一次在《明尼苏达大学图书馆职员名册》(*Staff Roster of the University Libraries*)上使用。(Archives of University of Minnesota Libraries: Alfred K'aiming Ch'iu. Semi-Annual Report of the East Asian Library as of December 31, 1965)

11 月 29 日

哈佛燕京学社董事会主席(F. Gregg Bemis)与哈佛大学行政副校长 L. Gard Wiggins 签订《哈佛燕京学社与哈佛大学关于哈佛燕京图书馆资产的协议》,协议内容如下:1. 在 1964—1965 年度以前按预算购买的所有哈佛燕京图书馆动产应是哈佛燕京学社的资产。2. 只有按照哈佛燕京图书馆正常年度预算购买的项目才将其所有权分配给哈佛燕京学社和哈佛大学。3. 分配给哈佛大学所有的采购物品应该先从西文图书中选定,然后再从中、日、韩文当代资料中选定。4. 在 1964—1965 年度及以后购买的动产的所有权应该按照哈佛燕京学社在规定年份给哈佛大学支持的比例来确定,其具体程序见后附《关于哈佛燕京学社支持哈佛大学教学、科研和出版活动与哈佛大学支持哈佛燕京图书馆的备忘录》(*Memorandun Regarding Support by the Harvard-Yenching Instutute to Teaching, Research, and Publication Activities at Harvard University and Support By Harvard University to the Harvard-Yenching Library*)。但是,任何一方都必须取得另一方的同意,才能指定其采购物品和资本购置的数量和用途,以及其相应的所有权。5. 当用作哈佛燕京图书馆预算的经费来自哈佛大学和哈佛燕京学社以外的来源时,哈佛燕京图书馆的管理委员会应该在尚未指定资产所有权时建议资助经费者提出计算各自产权的方法。6. 资产项目应该按图书馆的实际花费分配给各自所有者。7. 哈佛燕京学社和哈佛大学不应共同拥有单件的动产项目。8. 哈佛燕京图书馆馆长应该保持标明哈佛燕京学社和哈佛大学资产的记录,并还应该在资产上做上永久的标记(在书盒上,适当的藏书票)。9. 所有的项目都必须在购置的当年年底以前的合理时间内按照上述方法登记和标记。10. 哈佛燕京学社和哈佛大学的资产,在各自所有的基础上,不应该在哈佛燕京图书馆内彼此在形式上分隔。11. 本协议的条款在任何时候都可以由协议的双方修改和完善,而且任何一方可以在任何财政年度开始以前的 60 天通知终止其中的条款。(HYI Archives: Agreement Between the harvard-Yenching Institute and Harvard Unievrsity: Property Provisions Concerning the Harvard-Yenching Library, November 29,1965)

《关于哈佛燕京学社支持哈佛大学教学、科研和出版活动与哈佛大学支持哈佛燕京图书馆的备忘录》:哈佛燕京学社希望继续积极支持哈佛大学远东语言系的教学和研究,以及哈佛燕京图书馆和哈佛燕京学社主办的出版物,以保持其在促进亚洲高等教育活动中的坚实基础。哈佛燕京学社对这些项目预算的支持总额不应超过其现有收入(指下一年度预算,包括一般性账目、限制性账目以及学社出版物出售所得的收入)的 30%。哈佛大学因为有兴趣继续使用远东教学与研究资料的宏富藏书,因此希望与哈佛燕京学社共同支持哈佛燕京图书馆。在哈佛燕京学社上述年度资助总额中,学社通常应明确源自出版项目 2%—4% 收入的使用情况,此工作是社长的职责之一。学社有关教学和研究的预算应与哈佛大学关于远东语言系的预算相协调。学社将指明上述年度资助预算用于雇员工资以及用于哈佛燕京图书馆的部分。哈佛燕京图书馆的预算每年应该由其管理委员会制定,并提交给哈佛燕京学社社长和文理学院院长,以获得哈佛燕京学社和哈佛大学的批准。学社社长需将此预算及其本人关于由学社支付部分的建议提交燕京学社董事会。图书馆预算的平衡(董事会将授权学社负责)应是哈佛大学的职责。在哈佛大学的同意下,学社将明确其支付图书馆预算的方式。使用图书馆预算购买的动产的所属权,将根据相关协议决定。哈佛燕京图书馆应该由哈佛燕京学社和哈佛大学指派的哈佛燕京图书馆管理委员会成员负责监管。该管理委员会主席应该由哈佛燕京学社董事会主席和哈佛大学文理学院院长协商指定。管理委员会应在董事会及大学批准的章程下运作,包括制订政策、拟定预算、与图书馆馆长相关的事务,以及监督图书馆馆长的管理。所有与图书馆有关的学社任命仍需在文理学院院长的建议下,获得学社董事会同意。此类任命应遵守哈佛大学行政管理人员的规章。有权签署与图书馆预算有关的账单的人员的任命应获得学社董事会主席及文理学院院长的同意……(HYI Archives: Memorandun Regarding Support by the Harvard-Yenching Instutute to Teaching, Research, and

Publication Activities at Harvard University and Support By Harvard University to the Harvard-Yenching Library, November 29, 1965)

12月2日

哈佛燕京图书馆管理委员会召开秋季会议,会议讨论了两份报告,其一为裘开明提交的图书馆1964—1965年度工作报告(1964年7月1日至1965年6月30日);其二为哈佛燕京图书馆管理委员会提交给哈佛燕京学社董事会和Franklin L. Ford主席的1964—1965年度图书馆运作报告(草案)。会议讨论了裘开明递交的报告,并有几页复印资料提供给委员会,包括1964—1965年度通过馆际互借向汉和图书馆提出借书申请的90个机构,裘开明博士记录的53名非哈佛大学学者在哈佛燕京图书馆做研究的登记表,以及1964—1965年度预算。经讨论,与会者认为裘开明的报告是可行的。同意将管理委员会的报告草案于12月29日递交给哈佛燕京学社董事会,其内容包括图书馆经费支出、图书馆采购、图书资产所有权、丢书问题、流通服务、图书目录,以及图书馆在神学院路2号的馆藏空间问题、馆员工资等。(HYL Archives: Managing Committee for the Harvard-Yenching Library, Meeting of December 2, 1965)

12月14日

裘开明致函裴泽(John C. Pelzel):……我们全家人视你1965年9月7日的来函为"珍宝",我的家人认为我过去因为图书馆的工作而忽略了他们(和他们在一起的时间太少了)。你和白思达(Glen William Baxter)博士非常关照我。没有必要为我的退休举办什么仪式,因为毕竟我没有离开剑桥去其他地方定居。如果举办什么仪式的话,请等到我完成馆藏书目工作以后再举行。我现在的问题是:在大家的协助下,我已经为哈佛访购了400000多册藏书,但是,这些藏书还没有一部编制精良可以永久保存的目录。受古老的东方传统的影响,我总是认为作为临时的、便于使用的卡片目录有一天会被可以永久保存的目录而代替。这就是为什么我和赖肖尔(Edwin Oldfather Reischauer)博士只为卡片目录规划了比较小的空间的原因。我一直想出版一部包括作者索引、书名索引和主题索引在内的分类目录,款目罗马化,汉字用四角号码编码;取消从1927年到1965年6月30日的所有藏书的目录卡片,把宝贵的空间用于图书馆其他业务的扩展和发展。在一个现代化的图书馆里,藏书、读者与卡片目录都在争夺空间。在我看来,卡片目录是这三者中最不重要的。美国图书馆早前编制庞大笨重的卡片目录的谬论应该得到修正,通过编制书本式目录来取代卡片目录,把巨型的字典式目录分成几部分,形成"分立式目录"。现在的趋势是缩减卡片目录的尺寸,因为现在城市的地价都太贵了,宝贵的空间应该首先用于读者服务和藏书。如果12月24日到1月2日的圣诞节假期你不离开的话,我打算利用这个时间和你商量我的书本式目录的项目。如果你不在的话,我将会和吴文津(Eugene Wu)以及白思达博士商量这件事,可能之后会把我们讨论的结果形成备忘录给你,并递交董事会。(HYI Archives: Letter of Alfred K'aiming Ch'iu to John C. Pelzel, December 14, 1965)

12月21日

明尼苏达大学图书馆东亚图书馆顾问裘开明向明尼苏达大学图书馆馆长E. B. Stanford博士和副馆长Ralph H. Hopp博士提交《东亚图书馆半年报告》(1965年7月1日—12月31日)。其主要内容如下:我于1965年4月访问明尼苏达大学时曾提出:建立明尼苏达大学东亚图书馆的第一要务是找一个受过适当培训并对此项工作有兴趣的青年人逐渐开始负责东亚图书馆。第二要务是成立一个教师咨询委员会(A Faculty

Advisory Committee)监督东亚图书馆馆员的工作,并制定东亚图书馆发展的政策方针。令人极为满意的是上述两个目标现在均已达成。东京国际基督教大学、香港大学、多伦多大学、和英国利兹大学的毕业生郑保罗(Paul Cheng)先生已应邀前来担任讲师和东亚图书馆馆长。东亚图书馆咨询委员会(the East Asian Library Advisory Committee)已于1965年9月20日成立。截至1965年10月15日,东亚图书馆共有中、日、韩、满、蒙、藏、西文藏书2357种18650册,其中中文藏书1764种16105册,日文藏书553种2363册;共有中、日、韩文期刊74种,其中13种为现刊。重要的藏书主要有:文选楼《十三经注疏》、《皇朝经解》、明版《性理大全》、影印《宋碛版大藏经》、《钦定协纪辨方书》、《大清历朝实录》、《汉魏诗乘》、《集千家注杜工部诗集》等。在来明尼苏达大学之前,我已分别向东京、香港、台北和纽约的书商函索订购目录,待我到达明尼苏达大学时,各订购目录已先后寄达,因而订购工作得以迅速开展。我还通过亚洲学会(AAS)美国图书馆远东资源委员会主席、美国国会图书馆 Edwin G. Beal, Jr. 办公室向美国和加拿大的各远东图书馆发出了购买复本图书的请求。其后,收到了哈佛大学、耶鲁大学、伊利诺斯大学、俄亥俄州立大学和密苏里圣露易斯华盛顿大学寄来的复本。最幸运的是,明尼苏达大学已经成功地购买了前法国索邦(Sorbonne)大学白乐日(Etienne Balazs,1905-1963)教授的藏书。白乐日教授曾是法国宋史研究项目的组织者和领导者,其后美国也在哥伦比亚大学建立了明代历史传记研究项目。白乐日教授不仅是一位汉学家,而且还是历史学家和诗人。该图书馆共有中文图书208种(234册)、期刊10种、日文著作103种(136册)、期刊14种,西文著作167种、期刊45种。总售价1800美元,价格低得难以置信。根据1964年美国图书馆东亚藏书调查报告,明尼苏达大学东亚图书馆的藏书量名列第12位。如果每年增加25000册馆藏,那么在未来2—3年内将可能上升至前11位。在藏书的整理上,首先是为全部藏书加盖馆藏章;其次是按卷次顺序整理古籍,并加函套,然后是最大限度地利用美国国会图书馆、哈佛燕京图书馆和芝加哥大学远东图书馆的印刷卡片进行编目;再次是建立罗马化著者与书名排检目录。目前已从芝加哥大学远东图书馆购买了9000张日文卡片和6000张中文卡片,计划再从哈佛燕京图书馆、胡佛战争图书馆(Hoover War Library)和美国国会图书馆购置卡片目录,然后将此4家的目录编成一个联合目录,以供师生研究和馆员编目使用。此外,计划购买哈佛燕京图书馆的和汉著者权威卡以供师生和馆员使用。总计编目的图书数量如下:中文图书1082种5389册,日文图书470种2165册。(Archives of University of Minnesota Libraries: Letter of Alfred K'aiming Ch'iu, Visiting Professor and Consultant of East Asian Library, to E. B. Stanford, Director, and Dr. Ralph H. Hopp, Associate Director, University of Minnesota Libraries. & Alfred K'aiming Ch'iu. Semi-Annual Report of the East Asian Library as of December 31, 1965)

12月24—31日

裘开明从明尼苏达大学返回剑桥家中过圣诞节,并与吴文津(Eugene Wu)、白思达(Glen William Baxter)商谈修订、出版汉和图书馆馆藏书本式目录项目之事。(HYI Archives: Letter of John C. Pelzel to Alfred K'aiming Ch'iu, February 15, 1966)

本年

《哈佛亚洲学报》(*Harvard Journal of Asiatic Studies*)第25卷(1964—1965)卷首为裘开明肖像和英文题献页,其英文题献辞如下:"In honor of a great librarian this volume is dedicated to Alfred K'aiming Ch'iu. In gratitude for four decades of devoted service to libraries, scholars, and students and in admiration for the library that he was served."(谨将本卷献给裘开明,以向伟大的图书馆馆长表示敬意。感谢裘开明为图书馆、学者和学子竭诚服务40年,并对其创建的哈佛燕京学社汉和图书馆表示钦佩。)该卷的7—18页,刊登裘开明所撰"Reminiscences of a Librarian"(《一位馆长的回忆》),文后附著作目录。

裘开明撰"Reminiscence of A Librarian"发表于 *Harvard Journal of Asiatic Studies*,Vol.25(1965):7—18。

费正清(John King Fairbank)、赖肖尔(Edwin Oldfather Reischauer)和克雷格(Albert M. Craig)合著《东亚文明史》卷二:《东亚:近代变革》(*East Asia:The Modern Transformation*,*A History of East Asian Civilization*,*Volume two*,Boston:Houghton Mifflin Company,1965)出版,题献页写道:"谨以此著献给裘开明,1927—1929年哈佛学院图书馆汉和文库主管,1929年至今哈佛大学哈佛燕京学社汉和图书馆馆长。"(For Alfred Kaiming Chiu, Custodian of the Chinese and Japanese Works in the Harvard College Library, 1927-1929; Librarian, 1929-, of the Chinese-Japanese Library of the Harvard-Yenching Institute at Harvard University)。费正清、赖肖尔和克雷格三位著者在该著的《鸣谢》(写于1964年7月)中言:"最后,我们谨将本卷题献给裘开明博士,以聊表几代学人向裘开明博士创建哈佛大学汉和图书馆工作的谢忱。"(见该著第ix页。)

自本12月起至1977年裘开明逝世前,裘开明一直担任哈佛燕京图书馆顾问兼古籍部荣誉主任(Honorary Curator of Rare Books in Chinese and Japanese Library of Harvard-Yenching Institute at Harvard University)。(Alfred K'aiming Ch'iu. *Who's Who in the World*. 2nd Edition, 1974-1975. Wilmette, IL: *Marquis Who's Who*, 1973:200. & Harvard University Catalogue, 1965-1966. Cambridge: Harvard University, November 1965)

自本年起至1966年,裘开明一直担任明尼苏达大学访问教授和东亚图书馆馆长。(Alfred K'aiming Ch'iu. *Who's Who in the World*. 2nd Edition, 1974-1975. Wilmette, IL: *Marquis Who's Who*, 1973:200)

1966年
69岁

1月1—2日

裘开明留在剑桥家中,与家人过节。(HYL Archives: Letter of John C. Pelzel to Alfred K'aiming Ch'iu, February 15, 1966)

1月25日

明尼苏达大学新闻部发布题为"哈佛大学教授、著名华人图书馆长裘开明编目'你'的亚洲藏书"("Harvard Professor A. K. Chiu—Renowned Chinese Librarian Cataloguing 'U' Asian Collection")的新闻。该新闻报道言:世界著名的汉和图书馆权威今年将在明尼苏达大学东亚图书馆工作,从事现存藏书的编目,并帮助规划其发展,以使之成为中西部较好的东亚图书馆之一。这位专家就是哈佛大学名誉教授、原哈佛燕京图书馆馆长裘开明……裘开明博士去年9月到达时,位于沃尔特图书馆(Walter Library)3楼的明尼苏达大学东亚图书馆藏有大约18000册图书……该馆主要藏有中文与日文图书,还包括一些韩文、蒙文、满文、藏文图书。自裘开明到达以来,他对这些藏书进行了组织、装订和编目,其工作还包括书名的罗马化与编制单独的检索卡片。裘开明博士在哈佛大学的助手之一,郑保罗(Paul Cheng)亦随其来到明尼苏达大学协助此项工作,明年还将有一名日文编目员和一名中文编目员来此协理工作。此外,裘开明博士正在与从事中日研究的教师合作,共同制定东亚图书馆的长期规划。裘开明博士说:该规划包括两个部分:一是努力跟上目前亚洲出版的现行著作;二是充实基本著作、经典著作和参考书……自裘开明博士去年9月到校以来,东亚图书馆已经采购了1600册图书……裘开明博士补充说:明尼苏达大学具有发展其东亚图书馆的良机,因为在此地区几乎不存在竞争。他说:"在芝加哥与西雅图之间几乎没有东亚图书馆。"自然,他认为这是一个非常重要的领域。他说:任何语言的价值均有赖于两件事,"讲这种语言的人的数量和使用这种语言的文献的数量"。"现在日本在世界上具有特别重要的意义","并像一美丽的少女一样正吸引着红色中国"。他补充道:这正是美国需要更多受过远东历史、语言、文化、政治和工业培训的人员的一个例证。明尼苏达大学现在开设有东南亚研究的硕士学位专业,到1968年时将开设中文与日文博士学位。东亚图书馆的发展将对这些领域的学生具有基本的重要意义……裘开明博士在明尼苏达大学的工作受到了由学校国际项目办公室管理的福特基金会(Ford Foundation)的支持。(Archives of the University of Minnesota Libraries: Harvard Professor A. K. Chiu—Renowned Chinese Librarian Cataloguing "U" Asian Collection. University of Minnesota News Service, January 25, 1966)

2月14日

吴文津(Eugene Wu)致函裘开明:感谢你的来信,以及所提供的关于哈佛燕京书目缩微胶卷的信息。兹奉上一份中文图书目录,这份目录来自我在香港的一位熟人,他想出售这批书。我们对其中的一些书感兴趣,但是书主想一次性全部售出。不知道明尼苏达是否有兴趣买这批书?目前价格还没有谈定。在备注栏做标记的书是哈佛已有的。你可以不管它们。裴泽(John C. Pelzel)先生不久前从新墨西哥州(New Mexico)回来了。我告诉他我们关于书本式目录计划的谈话。他急于想看到一份详细的方案,如果你方便的话,就在4月份的董事会会议上提交方案。我很乐意在方案提交给董事会前帮你润色一下。如果在3月份的第一个星期里你能完成草案的话,我们就有足够的时间商谈细节问题。(HYL Archives: Letter of Eugene Wu to Alfred K'aiming Ch'iu, February 14, 1966)

2月15日

哈佛燕京学社社长裴泽(John C. Pelzel)致函裘开明:很抱歉,你圣诞节回家的时候我没有机会见到你……我写信给你是想提醒你,如果你仍打算出版书本式目录的话,请提交一份新的提案。董事会将在4月末召开会议,因为这个项目需要大笔经费,所以除非他们在4月份充分讨论这个提案,否则我认为这个项目在1966—1967财务年度实施的可能性不大。当然,首先管理委员会得通过这个提案,管理委员会将在4月中旬召开会议。另外,我觉得在你形成提案提交委员会前,你至少还需要两到三周的时间来研究它。所以,我和吴文津(Eugene Wu)希望能在3月20日之前看到你的提案书。正如我之前告诉你的那样,管理委员会绝对不会反对你去年的提案……比较关键的是以下几点：1. 你计算的印刷费用为 120000 美元，大约一半的成本可以通过销售回收。目前印刷成本迅速增长，委员会担心超支的问题。另外，你的提案没有包括编辑成本，而是假设让图书馆现有的工作人员参加这项工作。不幸的是，因为地下室还有大量未编目的文献，同时我们的文献购置经费不断迅速增长，我们目前的馆员在未来几年里将每天都忙于日常工作，而无暇在书目这件事上花太多的时间，而且有一位馆员可能不得不退休。这当然会大大增加项目的成本。就图书馆目前经费持续稳定增长的状况来看，书本式书目项目的额外成本问题必须认真考虑，以确保管理委员会、董事会和学校批准这个项目。2. 还有一个空间问题。目前图书馆所有的空间都用于图书馆日常运作了，即使这样还很拥挤。在我们占据整条神学路之前，这种局面不会有所改观；而图书馆扩大到整条神学路还要至少 3 年的时间。因此，如果编辑书目所需要的空间超出你办公室的空间的话，必须事先和吴文津计划一下。3. 制版方法。我们相当赞同这一点，即书目不像其他许多目录胶卷那样不清楚。而常规的印刷方法比其他方法要贵很多。所以要充分调查采用何种方法可以使成本相对较低，并且便于阅读。综上所述，正如我去年告诉你的那样，首先必须强调这个项目的价值，这样董事会才会批准这个项目。其次，计算清楚项目的各项支出，并留出费用超支的余地。再次，充分调查所有技术方面的问题。当然提案必须要使大学图书馆（因为他们承担我们 1/3 的预算经费，并且无论在何种情况下这个比例在未来都会迅速增长，即使没有书本式目录这个项目）、董事会和系里的用户满意。请原谅我在这里提一个小小的个人问题。你每年有额外的退休金 6000 美元。如果你主持馆藏书目项目的话，预算里还会为你提供相应的薪水。我不清楚这笔薪金是取代你的退休金，还是额外发给你。白思达（Glen William Baxter）先生会找你谈这个问题。（HYL Archives：Letter of John C. Pelzel to Alfred K'aiming Ch'iu, February 15, 1966）

2 月 18 日

裘开明致函裴泽（John C. Pelzel）：非常感谢你在 2 月 15 日来信中向我提出的关于出版《哈佛燕京图书馆馆藏目录》（*Book Catalogue of the Harvard-Yenching Library*）的宝贵建议。鉴于有必要彻底考察出版物所有技术方面的细节问题，以及需要聘请一名令人满意的工作人员，我今年将不提交工作计划了。我将接受香港中文大学的邀请，从 1966 年 9 月份开始担任他们的第一任大学图书馆馆长（我已经收到明尼苏达大学续聘的邀请，但是回绝了）。这对于我来说是一个绝好的机会，可以更彻底地考察哈佛燕京图书馆馆藏书目在日本、（中国）台湾和（中国）香港的出版问题。这也给了我一个调查中日韩出版物、再版哈佛燕京《汉和图书分类法》（*Harvard-Yenching Classification Scheme*）的机会。为此我需要学社大约 2000 美元的项目资助经费。这两个星期里，我将通过学社的图书馆提交一份关于分类法再版的提案。（HYL Archives：Letter of Alfred K'aiming Ch'iu to John C. Pelzel, February 18, 1966）

2 月 21 日

裘开明致函吴文津（Eugene Wu）：非常感谢你 2 月 14 日寄来的胡汉民女婿藏书的中文目录。明尼苏达不像哈佛，没有专藏目录。明尼苏达能否买得起全部书籍取决于书籍所有者的开价。我认为你非常明智，没有为哈佛购买这批书，因为同样的书有其他更好的版本。因为明尼苏达的经费有限，我们的政策是买中文古籍的影印本以及（中国）台湾、（中国）香港和日本最近出版的书籍。我们确实买不起这批书，不过如果价格合理的话，图书馆咨询委员会可能会考虑购买。这个委员会的主席是马瑞志（Richard B. Mather）教授。麻烦你转达我们的意见。至于出版馆藏目录的建议，我已经写信给裴泽

(John C. Pelzel)博士,今年我不打算做此事,因为下学年我要去香港工作。我将有机会更彻底地考察印刷技术方面的细节,还能为这个项目聘请一名编辑人员。在香港的工作也给我们一个出版新版哈佛燕京《汉和图书分类法》(*Harvard-Yenching Classification Scheme*)的契机。出版新版分类法迫在眉睫,因为在使用这部分类法的图书馆里,这本书由于长期使用已经残旧。正如你所知,在未来的5年里,又有亚利桑那大学、华盛顿大学(Washington University at St. Louis)和明尼苏达大学也将使用这部分类法。因此,我认为哈佛燕京图书馆有责任不断完善这部分类法。(中国)台湾和澳大利亚的图书馆也写信给我,想再邮购几套,不过我们已经没有库存了,因为这本书10年前就停印了。关于再版和修订哈佛燕京《汉和图书分类法》,我认为最好能成立一个修订委员会,由哈佛燕京学社图书馆的馆长担任主席。我的意思就是为哈佛燕京《汉和图书分类法》成立一个专门的机构。我已经就再版事宜致函加州大学伯克利分校的Charles E. Hamilton。你觉得是否应该向所有使用这部分类法的图书馆发出通知征询意见?再版这部分类法,并加上一个完善的索引,需要大约2000－3000美元的费用。1943年出版的第一版印刷了200册,用了1000美元,当时这笔经费来自于美国学术团体协会。你可以先写一个提案,在4月份的会议上提交给学社董事会。如果印刷200册的话,我认为可以卖出100册,每册定价10美元,则有1000美元的收益。另随函附上康奈尔大学图书馆的信,信中说他们将还回哈佛燕京的旧报《今日新闻》。(HYL Archives：Letter of Alfred K'aiming Ch'iu to Eugene Wu, February 21, 1966)

2月24日

吴文津(Eugene Wu)致函裘开明:首先祝贺你被聘为香港中文大学图书馆的馆长。我认为对于你来说,回到你多年前创办的著名的中文大学图书馆继续你的事业,是一个非常合适的选择。对于你将不能再为我馆书本式目录项目提供建议,我深感遗憾。我希望这个项目能够解决我馆在编目和目录维护工作中存在的问题。尽管如此,你在接下来的日子里能有更多的机会考察远东地区书目出版的各个方面,是一件非常好的事情。我希望到了1967年,你还能向我们提出宝贵建议。至于哈佛燕京《汉和图书分类法》,如果我没记错的话,CALRFE任命Charles E. Hamilton为分委会的主席,负责论证分类法修订的可行性⋯⋯但是我认为这个项目还没有一个最佳的实施方案,也没有足够的信息供我们参考,以计算成本。我想先找个机会和你彻底探讨这个问题,然后再向哈佛燕京学社董事会提交报告。我非常希望从你这里得到Charles E. Hamilton对修订工作的意见。(HYL Archives：Letter of Eugene Wu to Alfred K'aiming Ch'iu, February 24, 1966)

3月1日

裘开明致函吴文津(Eugene Wu):随函附上C. K. Chee先生的中文信,他毕业于南洋大学,取得图书馆学硕士学位,现在明尼苏达大学德鲁斯分校(Duluth Branch)图书馆担任助理参考馆员。Chee先生非常乐意到东亚图书馆工作,尤其是中文馆藏丰厚的图书馆。从他的信中你就可以看出他的中文非常好。不知你是否愿意明年聘他到哈佛燕京图书馆担任编目工作?明尼苏达大学图书馆中文文库下一年的财务预算中仅提供了一名编目员的岗位,而馆长郑保罗(Paul Cheng)先生想聘一名日文编目员。Chee先生的地址是:1711 Stuart Ct. Duluth 3, Minnesota。另随函附上Charles E. Hamilton先生关于修订哈佛燕京《汉和图书分类法》的信,他是加州大学伯克利分校东亚图书馆的编目主任。1964年,CALRFE在旧金山召开的会议上,主席Edwin G. Beal, Jr.博士就明确表态:修订分类法是哈佛燕京图书馆的工作,与CALRFE无关。我记得Hamilton是

《美国东亚图书联合目录》(the National Union Catalog of East Asian Books)小组的主席。我们可以邀请他担任分类法修订委员会委员。如果在 1966—1967 年度的预算里没有安排分类法印刷费用这一项,那么在 1967 年我们根本无法开展出版新版分类法的工作。如果你打算把这个项目列在哈佛燕京学社的出版项目中,并以编辑索引的办公补贴和在香港印书的名义申请 3000 美元的经费,则必须先向出版委员会递交一份独立的申请。但是出版委员会批准这个项目的可能性非常小。如果你打算向图书馆管理委员会申请这个项目,那么就必须把它列入图书馆的工作计划中。关于这件事我还没有考虑成熟……(HYL Archives: Letter of Alfred K'aiming Ch'iu to Eugene Wu, March 1, 1966)

3月8日

吴文津(Eugene Wu)致函裘开明:……我已经让 H. Gordon Bechanan 先生去联系 C. K. Chee 先生,因为他负责我们招聘准备阶段的全部工作。关于分类法的问题,我认为采用以下方式可能最好:在调查出未来几年需要彻底修订分类法的图书馆之前,重印一定数量的分类法,能够满足下一财政年度的需要即可。为此,我打算制定一份重印分类法以及方案设计准备阶段的财务预算表,其中方案设计的准备阶段将召集使用哈佛燕京《汉和图书分类法》的图书馆召开一系列区域性会议。这个项目的成功与否,很大程度上取决于你的参与以及其他图书馆的合作,因为独立完成分类法的修订工作超出了哈佛燕京图书馆的能力范围。我将向你提供所有的后勤保障,你只要向我们提供必要的指导、监督和建议即可。作为哈佛燕京《汉和图书分类法》的创立者,谁都不能取代你在修订工作中的重要地位。(HYL Archives: Letter of Eugene Wu to Alfred K'aiming Ch'iu, March 8, 1966)

3月10日

裘开明致函吴文津,商量《哈佛燕京分类法》再版和修订的相关事宜。(HYL Archives: Letter of Eugene Wu to Alfred K'aiming Ch'iu, March 22, 1966)

3月22日

吴文津(Eugene Wu)致函裘开明:感谢你 3 月 10 日关于《哈佛燕京分类法》再版和修订的来函。裴泽(John C. Pelzel)教授和 Douglas W. Bryant 先生原则上批准我分两个阶段实施修订分类法的建议,并由 Charles E. Hamilton 先生代替我,负责修订工作……但是我尚未与 Charles 联系,打算在纽约召开的亚洲学会图书馆会议上和他讨论这个问题。目前当务之急的问题是,再版分类法需要多少资金。你所提到的第一版的印版保存在哪里? 你还记得 1942 年第一版是在哪家公司印刷的吗?……你认为我们需要重印多少本? 我自己倾向于少印……Bob Irick 回美国了。大概过 10 天我会见到他,届时会与他商讨这个问题。另外,如果你能估算出成本的话,麻烦你告诉我,因为这项工作要申请专项经费……(HYL Archives: Letter of Eugene Wu to Alfred K'aiming Ch'iu, March 22, 1966)

3月

大学合作委员会远东图书馆分委员会委员裘开明(明尼苏达大学东亚图书馆馆长)、Yukihisa Suzuki 先生(密歇根大学亚洲图书馆馆长)、钱存训(Tsuen-hsuin Tsien,芝加哥大学远东图书馆馆长)、Jen-Yi Wang(威斯康星大学东亚藏书主管)、严文郁(Wan-Yu Yen,俄亥俄大学东亚图书馆馆长)提出建议实施的项目 6 项:1.编制美国中西部 11 个大学(东亚)图书馆的期刊联合目录;2.建立一个参考书循环馆藏;3.编制东亚方言出版物联合目录;4.在暑期学校开办图书馆员培训班;5.建立最便捷的馆际互借方法;6.开展以美国国会图书馆卡片未著录的图书为对象的合作编目工作。此外，密歇根大学的 Yukihisa Suzuki 先生还提出了与上述 6 个项目相应的另外 8 项建议项目。(Archives of the University of Minnesota Libraries：Minutes of Far Eastern Library Subcommittee, Committee on Institutional Cooperation，March 22，1966)

4 月 4 日

裘开明作为明尼苏达大学图书馆的代表乘列车自明尼阿波利斯赴纽约市参加在 Americana 宾馆(Hotel Americana)举行的亚洲学会年会美国图书馆东亚资源委员会会议。(HYL Archives：the Annual Meeting of the Association for Asian Studies-Committee on American Library Resources on the Far East & Letter of Alfred K'aiming Ch'iu to Dr. Ralph H. Hopp, April 15，1966)

4 月 6 日

裘开明乘列车自纽约市返回明尼阿波利斯。(HYL Archives：Letter of Alfred K'aiming Ch'iu to Ralph H. Hopp, April 15，1966)

4 月 15 日

裘开明向明尼苏达大学图书馆馆长 Ralph H. Hopp 提交参加亚洲学会年会的报告，与会费用总计 149.37 美元。报告中提到在参加亚洲学会年会其间，裘开明曾乘公共汽车自纽约赴新泽西州萨莫维尔(New York City-Somerville，New Jersey)普林斯顿大学图书馆参观，并为明尼苏达大学选购复本，期间在一亲戚家住宿。(HYL Archives：Letter of Alfred K'aiming Ch'iu to Ralph H. Hopp, April 15，1966)

6 月 28 日

裘开明致函明尼苏达大学图书馆馆长 Ralph H. Hopp：根据你关于将东亚图书馆从 329 号及其邻近房舍迁移到地下层 13 号和 14 号室的指示，郑保罗(Paul Cheng)和我已经做了一个初步调查，兹将研究的调查结果奉上。目前在 3 楼东亚图书馆共有 102 架(按单面书架计算)藏书，据计算，地下层的两间房仅可容纳 119 架(单面书架)藏书。所以，新的馆舍内设置 17 架藏书为宜，这同样更利于将读者阅览区、馆员工作区和藏书区三者分开。此议是否妥当，请予定夺。但即便如此，新的馆舍仍然无法满足两年后藏书增长的空间需求，请问是否可以为东亚图书馆保留 3 楼那间小的藏书室和另一间大房间？同时，去年冬在法国采购的 Balazs 藏书(Balazs Library)现已运抵明尼苏达大学。我们是否可以在地下层开包清点这 5 箱书，并将其先锁在未来的馆长办公室内，以免在几周的时间内上下搬运浪费宝贵的人力？(Archives of the University of Minnesota Libraries：Letter of Alfred K'aiming Ch'iu to Ralph H. Hopp, June 28，1966)

9 月

裘开明自本月起开始担任香港中文大学图书馆馆长。(Library Activities in Hong Kong. See：The Association for Asian Studies，INC. Committee on American Library Resources on the Far East News Letter No. 19〔April 28，1967〕：9-10)

10 月 28 日

裘开明致函芝加哥大学远东图书馆副馆长 James R. Morita：我们在一家旅馆住了近一个月以后，最后搬进了一套英式的漂亮新公寓，该公寓位于香港九龙亚皆老街 146 号汉园 11 栋 B 座(146 Argyle Street，Hon Yuen, Flat 11 B, Kowloon)，现已初步安下心来，在香港中文大学工作。目前，香港中文大学的研究所和中心办公室暂时安置在弥敦道(Nathan Road)的 3 个大办公楼中，这 3 个大办公楼彼此相距几个街区，3 个学院则分散在香港和九龙，只有崇基书院(Chung Chi College)已经搬进位于九龙新界马料水的香港中文大学最终校址；香港中文大学图书馆也将迁至此地，我正在制定新馆的规划。香港各图书馆的日文书籍甚少，各图书馆日文出版物的数量与质量加起来竟还不如明尼苏达大学图书馆的日文馆藏量，因此我准备先采购最重要的日文参考书和汉学著作。我在日本时曾在京都和东京参观过几个书店，并受到多年以前曾见过的汇文堂（Ibundo）经理大岛夫人（Mrs. Oshima）和一诚堂（the Isseido Book Co.）董事长 Ukichi Sakai 先生的热忱接待。因为我与 Ukichi Sakai 董事长的父亲是故交，并与其已有近40年的业务联系，所以 Ukichi Sakai 董事长甚为热情周到，他一直陪在我左右，并开着自己的汽车送我到东京的神田（Kanda）和本乡（Hongo）区的各个书店。在各个书店，我均为他们向明尼苏达大学图书馆和香港中文大学图书馆供应图书做了临时安排。但问题是明尼苏达大学图书馆本年度已无此项经费，而香港中文大学图书馆的日文图书购置预算又很少。因为美国各图书馆之间竞争激烈，香港的书价，尤其是中文古籍与大陆绝版出版物的价格非常高，而香港本地的图书馆缺乏与英美机构的竞争能力，因为本地书商更喜欢将书籍售给海外，以换取美元和英镑。不知我们香港人有何办法。当然香港的机构建立图书馆的时间太晚了，如果像哈佛大学在40年以前就开始建立哈佛燕京图书馆那样的话，他们也会有一批很好的图书馆。现在的香港图书馆馆长仍然相当忽视中文古籍、日文著作和中国大陆的重要出版物。明尼苏达大学东亚图书馆的郑保罗（Paul Cheng）于10月24日来信说 Kihei Abe 女士尚未到达明尼苏达大学，不知何故。我在东京时曾与她、间宫富士（Fujio Mamiya）先生、Fukuda 女士和 Natsumura 女士一起吃过中国餐，她告诉我她准备于10月的第一周出发去美国，或许她没有乘飞机，而是乘轮船到美国。我希望她现在已经到了美国。我曾告诉郑保罗将她送到贵馆，在你的手下工作一段时间，请尽力予以帮助。（Archives of the University of Minnesota University Libraries：Letter of Alfred K'aiming Ch'iu to James R. Morita，October 28，1966）

11月8日

裘开明复函明尼苏达大学东亚图书馆馆长郑保罗（Paul Cheng），建议郑保罗向美国国会图书馆去函订购中文图书缩微胶卷目录，但缩微胶卷太贵不宜轻易购买；另外，香港中文大学已制作一套有关中国共产党资料的缩微胶卷，定价约1万美元，因明尼苏达大学收藏的中国大陆资料甚少，可申请专门的基金购买一套。并函请郑保罗在方便的时候寄一份明尼苏达大学东亚图书馆新书登记目录和一册四角号码排检规则，以供香港中文大学图书馆使用。（Archives of the University of Minnesota University Libraries：Letter of Alfred K'aiming Ch'iu to Paul Cheng，November 8，1966）

12月9日

哈佛燕京学社董事会召开会议，新任图书馆馆长吴文津（Eugene Wu）向董事会提交了任后的第一份馆长报告。裴泽（John C. Pelzel）汇报图书馆现期和未来的预算，指出1965—1966年度结束时，图书馆剩余27566美元经费，而非董事会春季会议上所估计的9800美元。图书馆支出基本与预算持平，但收益大于预期数额，这主要是因为美国教育部拨给了图书馆19311美元费用。Franklin L. Ford 主席要求仅为1966—1967年度图书馆预算拨付55464美元。裴泽提出管理委员会经数次修订后的图书馆本年度预算。收益预算显示，图书馆实际增加的收益为27566美元，文理学院拨付55464美元。支出预算增加1000美元。董事会表决通过 T-1586 决议，批准通过由图书馆管理委员会提交的哈佛燕京图书馆1966—1967年度预算。关于图书馆总体预算，董事会批准了两项学社专门拨款，用于本年度图书馆专项支出的费用。一项用于1966年夏季清点馆藏，完成一份完整的馆藏详细目录,一项则用于内部建造和安防措施。图书馆馆藏资源夏季清点工作是图书馆发展历史上第一次彻底的馆藏清点工作,查出共丢失专著3060册,期刊1881册。裴泽指出,这一书刊丢失数字少于此前由裘开明预先估计的数目,表明截至1966年6月30日,图书馆总的书刊丢失量小于总馆藏资源量的1‰。对此,重新更换全部需要的文献是不可能的,但是图书馆馆长估计,如果置换为成本,约为40000美元。关于将文理学院的资助改入1966—1967年度预算,学社社长建议用预算购买的图书和动产资源的70%归学社所有,30%归哈佛大学所有。董事会主席和董事对此表示同意。关于董事会希望将图书馆的复本捐赠给东亚地区与学社有联系的小的教会学校事宜,学社社长汇报指出,现担任香港中文大学临时代理馆长的裘开明,近期请求将汉和图书馆日文复本书刊捐赠给香港中文大学图书馆。香港三大新发展高校之一的香港崇基学院(Chung Chi College)长期获得学社捐赠书刊,同时学社亦给予另一所大学——新亚书院(New Asia College)巨大的帮助。裘开明现在正在将所有这些学校的馆藏资源合并,建立一所中心图书馆。因此,学社社长提议将日文复本图书捐赠给香港中文大学,并由该校支付运费。董事会全体一致批准此提案。根据吴文津馆长的建议,并经对远东语言学系全体教员和其他图书馆用户进行的全面调查,管理委员会一致通过:正式终止使用和取消四角号码法编排的目录卡片,以便集中统一使用更容易、更通用的按照字母排序的罗马化目录卡片。董事会认为这是管理委员会职责范围内事务,故不对此表决。(HYL Archives: Harvard-Yenching Institute Minutes of December 9, 1966)

本年

自本年起至1970年,裘开明一直担任香港中文大学图书馆馆长和教授。(Alfred K'aiming Ch'iu. *Who's Who in the World*. 2nd Edition, 1974-1975. Wilmette, IL: *Marquis Who's Who*, 1973:200)

《哈佛大学哈佛燕京图书馆韩籍简目二编》(*A Classified Catalogue of Korean Books in the Harvard-Yenching Library, Harvard University*, Volume Ⅱ. Cambridge, Massachusetts, 1966)在麻省剑桥印行,正文题名为《韩籍简目补编(1961年7月1日—1964年12月31日)》。

《哈佛燕京图书馆计划研究初步草案》涉及哈佛燕京图书馆在未来10年内的发展计划,包括以下7个方面的主要内容:资源、维护与保存、编目与分类、服务、机器化与自动化、人员、空间。裘开明在该《草案》上对特别关注或存有疑问的问题进行标注,其内容如下:第一,不同类型馆藏之间的差距决定了未来5至10年内馆藏发展应优先考虑当代文献的回溯性购买,以及有关日本和韩国研究的传统材料资料的收集。回溯性购买所需花销,决定于期望填补的差距的大小和特点,近期内将开展调查以确定数量;据推测,仅中国部分,未来10年需投入15000至20000美元。第二,保持传统文献收藏的优势,建立近代和当代文献馆藏,以支持哈佛远东近现代研究,这是哈佛燕京图书馆馆藏发展政策的指导目标。由于哈佛燕京图书馆在近现代文献收藏上的不足,未来几年的馆藏发展将优先考虑这方面的文献,并将启动一个可能持续5年的应急计划,但这不代表减少传统文献馆藏建设的投入。第三,馆藏发展的多方面要求,突出了哈佛燕京图书馆与哈佛大学内外各图书馆之间的协调与合作问题。第四,目前,哈佛燕京图书馆与哈佛大学外的图书馆之间的合作主要是复本交换,其他形式的合作,如团体缩微复制计划,将越来越重要,但大学之间的合作在较近的未来内难以实现。虽然美国远东研究持续发展,但许多新的研究中心所拥有的远东馆藏数量有限,因此适合西方语言出版物的"法明顿计划"无法应用于远东文献。未来5至10年较有可能的合作领域是现有图书馆资源的自愿合并,从而支持大规模的再版和缩微复制计划。第五,哈佛燕京图书馆不剔除馆藏,但将馆藏复本用于交换或售与其他图书馆。目前约半数中文复本已编制目录,大部分已售出;日文和韩文复本因人员短缺尚未清点,不知何时能开展此项工作。第六,大学教师与馆员之间的合作有益于馆藏的选择。从事日本及韩国问题研究的教师与馆员之间的合作,多于从事中国问题研究的教师与馆员之间的合作,但在近现代中文文献的馆藏建设上,教师与馆员之间的合作已逐渐增加。自1965年10月起,举行了一系列由馆员和从事远东研究的教员共同参加的资源会议,这些会议被证明具有价值,未来将定期举行。哈佛燕京学社的访问学者计划使得每年都有一定数量的学者前来哈佛从事远东研究,期望将来能从那些以哈佛燕京图书馆馆藏作为研究基础的学者中获得专门领域的馆藏发展建议。第七,书籍装订是哈佛燕京图书馆的主要问题。二战后的传统线装出版物不再配有传统布质封面或函套,这些材料需要从远东地区专门订购,且原文书名需手工印制,此项工作费时甚多。1965年11月新合同签订之前,新英格兰装订公司(New England Bindery)一直未能提供满意的服务。哈佛燕京图书馆采购的所有图书在运来剑桥之前,先在远东地区进行装订,此项措施平均可节约1/3的开支。赠送和交换的图书与期刊,则仍在美国装订。考虑到缩微复制的可能性,哈佛燕京图书馆没有对报纸进行装订的计划。第八,报纸的缩微复制花费目前无法估计,需要进行大量的原始复制。同其他图书馆的合作显得较有希望,需进行进一步的调查。第九,是否需要一名保卫。第十,善本室由于处于遍布蒸汽管道及水管的地下室,所以存在危险,最好的解决方法是重新安置善本室,但目前没有合适的地方。馆员暂时将管道下面的书架清空。不知道此项工作是否已经开展。第十一,除韩文资料外,所有主题编目均未开展。中文和日文图书的分类目录代替了主题目录,分类编目亦未能及时更新,不知何故。各语种馆藏另有作者和书名罗马字顺目录,以及作者和书名四角号码目录,前者不完整但使用率高,后者是图书馆唯一的完整目录,但更多的是图书馆员在使用,因为读者不熟悉四角号码法。必须尽早有一名主任编目员负责整个编目工作,以避免混乱的情况。由于参加国会图书馆发起的远东图书合作编目计划,本馆的编目工作被延误;目前已与国会图书馆达成协议,将未编辑的卡片返还本馆,以供复制,同时将减缓参与该项目的进程。第十二,短期内应对需要保留的目录进行全面的回溯,若干问题需要仔细检讨。第十三,中文和韩文资料的编目工作因缺少编目人员而进展比日文资料编目要缓慢。第十四,目前滞后的编目工作,中文6000种,日文1000种及韩文500种,若不增加人手,近几年内都无法完成。第十五,主题目录可以帮助用户对馆藏进行利用,成为受欢迎的参考咨询工具。第十六,特殊服务方面。可以考虑在馆内设置复印机,可以考虑发行出版物,出版哈佛燕京图书馆书目丛书将对世界学术界做出重要贡献。第十七,此外,还应关注机器化与自动化、人员不足、空间紧缺等问题。(Harrard-Yenching Librarg Planning Study[A prelinninary draft] See: HYI Archives file: Library-Planning Study, 1966. Survey on East Asian Libraries.)

1967 年
70 岁

2月16日

哈佛燕京学社管理委员会主任裴泽（John C. Pelzel）致函哈佛大学文理学院院长 Franklin L. Ford：哈佛大学哈佛燕京学社汉和图书馆已于1965年7月1日正式改名为哈佛燕京图书馆，请在今后的文件中使用新的名称；另外，由于吴文津（Eugene Wu）于1965年10月1日被任命为馆长时相关材料仍使用旧名，亦请根据新名称修改。（HYL Archives：Letter of John C. Pelzel to Franklin L. Ford, February 16, 1967）

2月27日

哈佛大学文理学院院长 Franklin L. Ford 致函哈佛大学校长 Nathan M. Pusey：应哈佛燕京学社管理委员会主任裴泽（John C. Pelzel）要求，转告哈佛燕京图书馆更名一事。（HYL Archives：Letter of Franklin L. Ford to Nathan M. Pusey, February 27, 1967）

3月17日

哈佛燕京学社社长裴泽（John C. Pelzel）致函哈佛燕京学社董事会董事、文理学院院长 Franklin L. Ford：因为图书馆已更名，故建议把裘开明现在的头衔改为哈佛燕京图书馆善本部荣誉主任（Honorary Curator of Rare Books in the Harvard-Yenching Library）。（HYL Archives：Letter of John C. Pelzel to Franklin L. Ford, March 17, 1967）

3月22日

哈佛燕京学社董事会董事、文理学院院长 Franklin L. Ford 致函哈佛大学校长 Nathan M. Pusey：根据哈佛燕京学社社长裴泽（John C. Pelzel）3月17日的建议，申请把裘开明现在的头衔改为哈佛燕京图书馆善本部荣誉主任（Honorary Curator of Rare Books in the Harvard-Yenching Library），此头衔的生效时间向前追溯至1965年10月1日。（HYL Archives：Letter of Franklin L. Ford to Nathan M. Pusey, March 22, 1967）

4月25日

明尼苏达大学东亚图书馆郑保罗（Paul Cheng）致函裘开明，希望裘开明在本年暑期能够重返明尼苏达大学工作，因为学校图书馆特藏部已经提供了薪金预算，此外，芝加哥大学本年将不开办远东图书馆馆员暑期学校，希望能够有更多的时间向裘开明学习图书馆学知识。（Archives of the University of Minnesota Libraries：Letter of Paul Cheng to Alfred K'aiming Ch'iu, April 25, 1967）

4月28日

本日的《亚洲学会美国图书馆远东资源委员会通讯》报道：裘开明自1966年9月开始担任香港中文大学图书馆馆长以来，不仅为香港中文大学中心图书馆，而且为整个香港图书馆界建立了管理与技术的方法。其目前的主要工作如下：1. 与香港中文大学的建筑师一起规划新的总馆建筑。2. 为香港中文大学中心图书馆建立起汉和藏书，其中包括最近购买的拥有50多部明版中文古籍和大量清初版古籍的两个特藏。人们认为香港中文大学的4个图书馆,即中心图书馆、崇基图书馆、新亚书院图书馆、联合书院图书馆的中文藏书,可能比香港大学冯平山图书馆的中文藏书更好。3. 正在筹划在中心图书馆内编制香港中文大学全部图书与期刊的联合目录,并出版联合图书目录。4. 主持香港图书馆协会的一个委员会的工作,以编撰全香港图书馆的期刊联合目录。(Library Activities in Hong Kong. See: The Association for Asian Studies, INC. Committee on American Library Resources on the Far East Newsletter No. 19 (April 28, 1967): 9—10)

5月26日

裘开明致函明尼苏达大学图书馆馆长Ralph H. Hopp:我本年暑期无法离开香港,到明尼苏达大学图书馆工作,因为自1967年香港中文大学图书馆副馆长Margaret Fung夫人辞职以来,迄今仍未找到一位副馆长,而没有副馆长则无人在我离开期间代理行使馆长职能。此外,因为越南战争正在进行中,可能会波及香港,我不想将夫人(曾宪文)一人单独留在香港达3个月之久。我计划1968年暑期到明尼苏达大学图书馆工作,以帮助郑保罗(Paul Cheng)将东亚图书馆搬进位于西岸的新图书馆。(Archives of the University of Minnesota Libraries: Letter of Alfred K'aiming Ch'iu to Ralph H. Hopp, May 26, 1967)

5月30日

裘开明向明尼苏达大学提交《明尼苏达大学东亚图书馆未来采购计划建议》。该建议共包括如下6个方面:1. 基本书目与参考书;2. 哲学与宗教图书;3. 儒家经典;4. 历史图书;5. 缩微胶卷;6. 一般图书。(Archives of the University of Minnesota Libraries: "Suggestions on the Future Acquisition Program for the East Asian Library, University of Minnesota", Submitted by Alfred K'aiming Ch'iu, May 30, 1967)

6月1日

明尼苏达大学图书馆馆长Ralph H. Hopp致函裘开明,表示理解裘开明暂时无法离开香港中文大学图书馆于暑期访问明尼苏达大学,并希望待裘开明博士返美时能够见面。同时告知明尼苏达大学东亚图书馆将于1968年搬入明尼苏达大学图书馆新馆及进展情况。(Archives of the University of Minnesota Libraries: Letter of Ralph H. Hopp to Alfred K'aiming Ch'iu, June 1, 1967)

1968年
71岁

8月20日

哈佛燕京图书馆馆长吴文津(Eugene Wu)致函裘开明(37 Gorham Street, Cambridge, MA):为了庆祝哈佛燕京图书馆40周年馆庆,并认可你对哈佛燕京图书馆长期、卓越和无私奉献的服务,我已经决定将你的照片悬挂在哈佛燕京图书馆的显著位置,以示敬意。兹奉上我为此选定的你的照片的副本,谨供你个人使用。(HYI Archives:

Letter of Eugene Wu to Alfred K'aiming Ch'iu, August 20, 1968)

8月24日

裘开明在明尼苏达大学东亚图书馆致函哈佛燕京学社副社长白思达(Glen William Baxter)博士:谨为香港中文大学图书馆请求提供哈佛燕京学社资助的《第二次亚洲历史学家会议论文集》(*International Association of Historians of Asia Second Biennial Conference Proceedings*, October 6—9, 1962, hold at Taibei, China. 原名:亚洲各国学者会议, *Chinese Historical Association*)。如果哈佛燕京学社还有剩余的论文集,请寄一本到九龙弥敦道545号香港中文大学图书馆。同样,我们很想获得所有可以获得的各期《哈佛亚洲学报》(*Journal of Asiatic Studies*)。我将于9月5日离开此地去剑桥,不过那时你可能已经走了。希望10月份在香港见到你。我想裴泽(John C. Pelzel)教授9月6日(星期五)会在哈佛燕京学社。如果他方便的话,我想见他几分钟。(HYI Archives: Letter of Glen William Baxter to Alfred K'aiming Ch'iu, August 24, 1968)

8月31日

哈佛燕京学社副社长白思达(Glen William Baxter)致函在明尼苏达大学东亚图书馆的(East Asian Library, University of Minnesota)裘开明:我在我的办公室、裴泽(John C. Pelzel)先生的办公室和地下室都没有找到你需要的那些出版物。因为我本周末要去塔尔萨(Tulsa, Oklahoma)和亚洲,我会叫Comeau小姐与吴(文津)先生继续去找,但是我不知道哈佛燕京图书馆是否还有多余的复本。如果没有,我建议你写信给许倬云(Hsü Cho-yün),我知道他现在是台大历史系主任,无论如何他都可以给你一册。我遗憾地告诉你,裴泽先生9月18号以前都不在办公室。我10月底左右会在香港,期待在那里见到你。(HYI Archives: Letter of Glen William Baxter to Alfred K'aiming Ch'iu, August 31, 1968)

11月25日

哈佛燕京学社副社长白思达(Glen William Baxter)致函住在香港九龙亚皆老街146号(Argyle Street, Kowloon, Hong Kong)的裘开明博士夫妇:非常感谢我最近在香港停留期间你们的热情接待。在香港见到你们真是太好了,因为去年夏天我只是非常短暂地见过开明,而完全没有见过裘夫人(曾宪文)。我在(东京)羽田机场(Haneda Airport)见到了清水治(Osamu Shimizu)。我们一到旧金山,他就试穿中国长袍。实际上,我希望这件中国长袍不合他的身,那么我就可以自己留着。他喜欢这件中国长袍,而且感到很舒适;只是袖子有点长,而袖子可以在这里改短。他要我向你介绍他,并对你们帮忙做中国长袍表示感谢。他在旧金山停留了一天后就来到了波士顿,但是我在赶到新英格兰之前,在旧金山停留了一周,在塔尔萨(Tulsa, Oklahoma)又停留了一周。所以在离开了这么长时间后,我现在极忙。在我的邮件中,有一封叶理绥(Serge Elisséeff)先生的长信,他对他未能在巴黎见到你表示歉意。他现在有所改善,但是仍然离不开轮椅,而且叶理绥夫人的身体也不太好。但是令他们高兴的是,他们的孩子和孙子们住得不远,且经常看望他们。Vadime Elisséeff还在(巴黎)赛努奇博物馆(the Musée Cernuschi),而Nikita Elisséeff在里昂,都不太远。非常感谢你给纪念张馨保(Chang Hsin-pao)奖学金基金的捐助。我已经把一张现金支票和一封给基金会的信交给了PΦ兄弟会基金会(the Rho Psi Brothers Foundation),我肯定基金会将会寄给你感谢信。很高兴你能见到(张)馨保的兄弟姐妹,他们在我看来都是勤奋工作的好心人。吴文津(Eugene Wu)告诉我分类目录并未放弃,只是因为要尽快着力更新主要的罗马化目录,才暂时搁置。我很快会就此事和其他的一些事写信给你。Comeau 小姐也会写信给你。(HYI Archives：Letter of Glen William Baxter to Alfred K'aiming Ch'iu, November 25, 1968)

本年

根据哈佛燕京图书馆管理委员会秋季会议的提议，哈佛燕京图书馆开展对美国国内主要东亚图书馆的问卷调查，共向加州大学伯克利分校东亚图书馆、芝加哥大学远东图书馆、哥伦比亚大学东亚图书馆、夏威夷图书馆东西方中心图书馆、胡佛研究所东亚文库、国会图书馆、密歇根亚洲图书馆、普林斯顿东方图书馆和耶鲁大学东亚图书馆9所东亚图书馆发放了调查问卷，其中胡佛研究所东亚文库未返回问卷。在完成调查的基础上，提出了《东亚图书馆调查报告》。该报告就哈佛燕京图书馆等9个东亚图书馆1964－1967年间在管理、馆藏发展、编目、参考咨询、流通、服务时间、人员规模等方面的一些问题进行了比较。(HYL Archives：《东亚图书馆调查报告》)

1969 年
72 岁

1月16日

芝加哥大学远东图书馆馆长钱存训(Tsuen-hsuin Tsien)致函香港中文大学图书馆馆长裘开明：我们已经获得教育总署(Office of Education)的非正式通知，我们的"远东图书馆员暑期训练班(Institute for Far Eastern Librarianship)"计划已经获得良好的评价，但是正式的通知需到1月底或2月才会下达。暑期训练班的开办时间是1969年6月23日－8月1日，共6个星期，每位教员需连续授课两周，每周5天，每天2个小时。由于你有兴趣在暑期训练班讲授"图书馆系统(Library Systems)"课程，请确认是否可以在今年暑期，即7月7－18日前来芝加哥大学。计划支付的酬金为20个讲座共1000美元，但是无旅费……(Letter of Tsuen-hsuin Tsien to Alfred K'aiming Ch'iu, January 16, 1969. 复印件由钱存训先生惠予提供)

1月29日

香港中文大学图书馆馆长裘开明致函芝加哥大学远东图书馆馆长钱存训(Tsuen-hsuin Tsien)：我将高兴地接受你的邀请，赴芝加哥大学为远东图书馆员暑期训练班讲授图书馆系统(Library Systems)课程。我将用10次讲座的酬金支付从香港到旧金山的部分国际旅费，希望暑期学校能够支付从旧金山到芝加哥的往返机票，因为此乃国内旅费。对于其他教员亦可依此办理。自过去两年以来，我一直在香港中文大学校外进修部(Extramural Studies Department)讲授中国目录学和中文编目两门课程。我的讲稿将作为我早年出版的《中国图书编目法》的修订本出版。我正在让哈佛大学的于震寰(Zunvair Yue)给你寄一份我的讲稿，请惠予审阅，并批评指正。(Letter of Alfred K'aiming Ch'iu to Tsuen-hsuin Tsien, January 29, 1969. 复印件由钱存训先生惠予提供)

2月20日

美国国会图书馆东方部主任宫常石(Warren T. Tsuneishi)致函裘开明：我刚刚接到钱存训(Tsuen-hsuin Tsien)2月10日关于远东图书馆员暑期训练班(Institute for Far Eastern Librarianship)的通知，很高兴我们将共同讲授同一门课程。现在我们有机会在香港见面，国会图书馆海外工作部部长Donald Jay先生和我将赴香港和曼谷办理图书馆事务，希望在香港时能够拜访你。我们计划在3月1日前后到达香港，并将在文华洲际酒店(Mandarin Intercontinental Hotel)住至3月6日。希望能够花一个晚上的时间与你一起讨论我们的中日图书馆体系(Chinese/Japanese Library Systems)讲座的范围。(Letter of Warren T. Tsuneishi to Alfred K'aiming Ch'iu, February 20, 1969. 复印件由钱存训先生惠予提供)

2月24日

芝加哥大学远东图书馆馆长钱存训致函香港中文大学图书馆馆长裘开明：大驾能拨冗参加此间暑期训练班，曷胜欣慰。关于经费一节，尚在与教育总署磋商之中……希望能付吾兄之内陆旅费也。宫常石先生不日到港，希望吾兄与其商议一较为具体之大纲（教学及实习）……（钱存训致裘开明信函，1969年2月24日。复印件由钱存训先生惠予提供）

3月17日

香港中文大学图书馆馆长裘开明致函芝加哥大学远东图书馆馆长钱存训(Tsuen-hsuin Tsien)：宫常石(Warren T. Tsuneishi)博士上周已到香港，我们已经讨论过我们共同讲授的课程的有关问题。我将寄给你我授课的大纲和《中国图书编目法（增订本）》后半部［前半部现在哈佛于震寰(Zunvair Yue)处，我已让他寄给你］。希望在7月5日或6日见到你。(Letter of Alfred K'aiming Ch'iu to Tsuen-hsuin Tsien, March 17, 1969. 复印件由钱存训先生惠予提供)

3月27日

裘开明致函钱存训：2月24日大札及贵校暑期东方图书馆学研究课程表已照尊示开列，（开）明所担任中文部分之讲稿大纲于昨日寄上，因恐邮包失落，兹在附呈一份。至于拙著《中国图书编目法（增订本）》前半部早寄于震寰兄审阅，请向伊取回。后半部已于昨日寄上，请兄详校多加指正，不胜盼祷。又暑期在支地（编者注：即芝加哥。）住宿问题可否请兄在International House代订一房，是为至托。（裘开明致钱存训信函，1969年3月27日。复印件由钱存训先生惠予提供。）

3月

裘开明主编、李祖惠(Flossy Tsu-wei Lee)副主编的《香港中文大学图书馆及各学院图书馆藏期刊联合目录》在香港新界沙田印行（正文325页），内页题献"蒙李校长卓敏博士赐题封面书名特此鸣谢"，内有裘开明撰《香港中文大学图书馆及各学院图书馆藏期刊联合目录序及略例》，落款"裘开明谨识于九龙安利大厦一九六九年三月"。

4月30日

芝加哥大学远东图书馆馆长钱存训(Tsuen-hsuin Tsien)致函裘开明，信中除谈及远东图书馆员暑期训练班(Institute for Far Eastern Librarianship)的有关教学大纲问题以外，特告知讲课等酬金将是1500美元，另外将补贴自旧金山至芝加哥的往返经济舱机票费用。（钱存训致裘开明信函，1969年4月30日。复印件由钱存训先生惠予提供）

4月

裘开明在香港九龙汉园完成《四库失收明代类书考》("Ming Encyclopedias and

Reference Works Unrecorded in the Ssu-k'u chu'uan-shu")初稿的订正。(见:《四库失收明代类书考》,《香港中文大学中国文化研究所学报》第2卷第1期(1969):43—58)

5月31日

裴开明回复钱存训4月30日来函,告知教学资料与讲稿两周前已经寄出,授课大纲修订稿将于近日寄出,另随信附上住房申请表。(裴开明致钱存训信函,1969年5月31日。复印件由钱存训先生惠予提供)

6月10日

钱存训回复裴开明6月3日来函,信中除谈及远东图书馆员暑期训练班(Institute for Far Eastern Librarianship)有关的教学大纲问题以外,特告知已帮裴开明在四角俱乐部(The Quadrangle, 1155 E. 57th Street)代订一单人房,每天房价为9.5美元,且所有教员将都在此下榻。并请裴开明告知飞机航班与时间,以便接机。(钱存训致裴开明信函,1969年6月10日。复印件由钱存训先生惠予提供)

6月23日

芝加哥大学图书馆学研究生院"远东图书馆员暑期训练班"开学。该暑期训练班旨在满足美国图书馆远东藏书,尤其是中文与日文藏书飞速发展的迫切需求,为中日文图书、图书馆和图书贸易,远东文献的管理、组织和整理,以及中日文书目、参考书和图书馆研究技能提供专业化的培训指导。暑期训练班分中文班和日文班,每个班学习时间均为6周,包括讲座和实习,共开设6门核心课程:11/21.中文/日文图书馆资源;12/22.中文/日文图书馆制度;13/23.中文/日文参考书。负责暑期训练班的教职员如下:主任:钱存训(Tsuen-hsuin Tsien)博士(芝加哥大学远东语言与文学系教授、东亚图书馆馆长);副主任 Howard W. Winger 博士(芝加哥大学图书馆学研究生院教授、《图书馆季刊》执行主编);讲师:裴开明博士(香港中文大学图书馆馆长)、James R. Morita 博士(芝加哥大学日本文学助理教授、东亚图书馆日文馆员)、Yukihisa Suzuki(密歇根大学亚洲图书馆主任、日本目录学讲师)、宫常石(Warren T. Tsuneishi)博士(国会图书馆东方部主任、夏威夷大学图书馆学访问讲师)、万惟英(Weiying Wan)(耶鲁大学东亚图书馆馆长、原台湾大学图书馆学副教授)、吴光清(Kuang-Tsing Wu)博士(国会图书馆中文与韩文组主任)。此外,尚有特别讲师与顾问如下:Lester Asheim、Edwin G. Beal, Jr.、Herman H. Fussler、Edwin McClellan、Philip J. McNiff、吴文津(Eugene Wu)。裴开明编《汉和图书分类法》(1943年华盛顿美国学术团体协会[American Council of Learned Societies]出版)被列为中文班和日文班共同的学习参考书。(The University of Chicago Graduate Library School, Institute For Far Eastern Librarianship, June 23 - August 1, 1969. 该折叠式小册子原件由钱存训先生惠予提供。)

7月7—18日

裴开明应钱存训(Tsuen-hsuin Tsien)邀请在芝加哥大学"远东图书馆员暑期训练班(Institute for Far Eastern Librarianship)"讲学,其中星期一至星期五上午9:00—11:00时为面授课,下午1:30—4:30为实习课,讲授内容为"中文文献采访与整理(Acquisition and Processing of Chinese Materials)",该课程共分10讲,大纲要点如下:

第一讲:组织与管理

一、远东文献与西方文献:并行馆藏还是混合馆藏

1.远东地区图书馆之实践

2.并行馆藏之优点:西方与东方

3. 混合馆藏之争论

4. 欧美图书馆之实践

二、远东文献整理之组织

1. 人员

2. 预算

3. 采编之组织

4. 馆藏组织

第二讲：选择与采访

一、传统形式之中文古籍：选择之工具

1.《书目答问》

2.《四库全书简明目录》

3.《增订四库简明目录标注》

4.《贩书偶记》

二、民国时期出版物(1912－1948)

1. 国立北平图书馆编《中文书目季刊》

2. 邓嗣禹(Teng Ssu-yü)与毕乃德(Knight Biggerstaff)编《中国参考书选目解题》(*An Annotated Bibliography of Selected Chinese Reference Works*)

3. 费正清(John King Fairbank)与刘广京(Kwang Ching Liu)编《近代中国：1898—1937年中文著述指南》(*Modern China: a Bibliographical Guide to Chinese Works, 1898—1937*)

4.《全国中文期刊联合目录》

三、当代中文出版物(1949－　)

1. Peter Berton 与吴文津(Eugene Wu)编《当代中国：研究指南》(*Contemporary China: A Research Guide*)

2.《全国总书目》

四、中文文献之书市

1. 台湾与香港之书市

2. 日本之汉籍书市

第三讲：著录

一、美国图书馆远东出版物编目简史

1. 美国学术团体协会(The American Council of Learned Societies)项目

2. 哈佛燕京项目及其图书目录与印刷卡片

3. 美国国会图书馆卡片复制项目(1949－1958)

二、美国远东图书编目规则之最终规则化

三、1967年版新英美规则之应用

四、远东之情形

1. 日本编目规则(1965)

2. 台湾中央图书馆之编目规则(1953)

3. 刘国钧等编《图书馆目录》(1957)

4. 裘开明著《中国图书编目法》

第四讲：联合讲座(由宫常石博士负责)

第五讲:远东图书分类法与主题法历史

第六讲:美国国会图书馆分类法及其修订(联合讲座由宫常石博士负责)

第七讲:哈佛燕京制与日本十进制

第八讲:罗马化与索引制度

第九讲:号码索引制(王云五四角号码法)

第十讲:自动化问题(联合讲座由宫常石博士负责)

(Alfred K'aiming Ch'iu. "The Outlines of Acquisition and Processing of Chinese Materials"〔Ten Lectures offered at the Institute of Far Eastern Librarianship, the Graduate Library School, University of Chicago, June23-August 1, 1969.〕该教学大纲原件由钱存训先生惠予提供)

8月1日

芝加哥大学图书馆学研究生院"远东图书馆员暑期训练班(Institute for Far Eastern Librarianship)"结束。(The University of Chicago Graduate Library School, Institute For Far Eastern Librarianship, June 23-August 1, 1969. 该折叠式小册子原件由钱存训先生惠予提供)

10月13日

香港中文大学图书馆馆长裘开明博士致函哈佛燕京学社副社长白思达(Glen William Baxter)博士:你可能已经听说在7月和8月我曾在Stillman医务处(Stillman Infirmary)接受了两个多星期的肺结核强化治疗。我于8月12日返回香港,香港中文大学批准我休3个月的病假。我现在接受黄大夫(Dr. M. H. Huang)的治疗,他是一位肺结核专家,曾在西南联大医学院和英格兰受训。我现在好多了,可能一两个月后就能重新开始工作。我的肺结核是今年夏天在哈佛大学的例行体检中发现的,因为我没有显示出任何的病症。现在已经发现了,我感到幸运。非常感谢你寄来台湾省立博物馆出版的《第二次亚洲历史学家会议论文集》(International Association of Historians of Asia Second Biennial Conference Proceedings, Taiwan Provincial Museum),兹附上感谢信。(HYI Archives: Letter of Alfred K'aiming Ch'iu to Glen William Baxter, October 13, 1969)

10月16日

哈佛燕京学社副社长白思达(Glen William Baxter)博士致函香港中文大学图书馆馆长裘开明博士:我知道你去Stillman医务处(Stillman Infirmary)做过一次检查,但是不知道你在那里住了很多天,现在听说你是在接受肺结核强化治疗,我大吃一惊。在体检的过程中发现这种感染,的确是万幸,我真诚地希望你在这里接受的治疗和香港黄大夫(Dr. Huang)的治疗,能使你迅速康复。最鼓舞人心的是,你现在感到你一两个月后就能重新开始工作,但是在你重新开始工作的时候,请尽量节制你自己,不要工作得太辛苦和太久。毫无疑问,黄大夫会提醒你注意休息,但是我希望将是裘夫人(曾宪文)来担此重任。Comeau小姐和裴泽(John C. Pelzel)向你问好,并衷心地祝愿你早日完全康复。他们也和我一样,力劝你把健康放在第一位,别做得太多太快。(HYI Archives: Letter of Glen William Baxter to Alfred K'aiming Ch'iu, October 16, 1969)

12月15日

裘开明回复钱存训11月函:得悉东方图书馆学暑期学校成绩良好,一切皆由兄筹划之周到,及主持方法之优美,望能于他年再续办一次耳。(开)明自离支城(芝加哥)往波城(波士顿)拜访亲友,在哈大医务处检查身体,发现在香港染受痨病,右肺上端颇受损伤,即入院诊治约三星期,于8月中旬始返港,另由一肺病专家继续治疗。现在病假中,在家静养,故久未修书致谢。兄、嫂等在暑期中款待之盛情,无任感愧。现得医生许可,暂到学校做半工,但一时恐难望于短期返校担任全日工作,故已辞职。拟于明春回美休养也。(裘开明致钱存训信函,1969年12月15日。复印件由钱存训先生惠予提供)

本年

裘开明撰《四库失收明代类书考》("Ming Encyclopedias and Reference Works Unrecorded in the Ssu-k'u chu'uan-shu")发表于《香港中文大学中国文化研究所学报》第2卷第1期(1969):43—58。

1970年
73岁

1月29日

哈佛大学人事办公室Joan Bruce致函哈佛燕京学社白思达(Glen William Baxter)博士:为了回答你最近的请求,我们已经查阅了裘开明博士的档案记录,以确定他是否符合远东系向他支付特别补助金的条件。你可能知道,1964年(裘开明先生的正常退休年)生效的补助退休金规定:服务20年或20年以上的个人一年可领取相当于5000美元的退休金,或者最后5年平均薪水的50%。无论哪一个数额都较少。如果必要的话,总计数额会包括从哈佛大学服务中取得的退休金,50%的基本社会保险金和远东系支付的特别补助金。从1964年8月31日起,裘开明先生一年从哈佛大学服务中领取3852.72美元,另加50%的社会保险金(762美元),总计4614.72美元。因此,根据1964年的退休金规定,裘开明先生一年可以从远东系领取385.28美元的补助退休金。(HYI Archives: Letter of Joan Bruce, Personnel Office, Harvard University, to Glen William Baxter, January 29, 1970)

2月16日

香港中文大学图书馆馆长裘开明致函哈佛燕京图书馆馆长吴文津(Eugene Wu):现在你可能已经知道去年我的健康一直不太好。现在我好多了,医生已经允许我在这里非全日性地工作。可能还需要一些时日,我才能开始全日工作。鉴于香港中文大学图书馆的整个建筑项目因为1967年的政治原因和建筑材料的价格上涨而延期,新图书馆可能要到1971年底或者1972年初才会完工。因为健康的原因,我的确不能在香港住这么久。所以,我已经辞去了这里的馆长职务。我们计划在3月底取道欧洲离开这个殖民地,希望在6月初到达纽约。这给我带来了未来在你的手下在哈佛燕京图书馆工作的问题。我对你去年夏天告诉我的两项计划非常感兴趣:(1)中文善本提要目录,(2)以编委会的名义,修订《(哈佛燕京)汉和图书分类法》。对于这两项计划,我可以增加第三个计划:出版哈佛燕京图书馆中文图书主题总目。正如你所知,30多年前发行的《汉籍分类目录》(3卷为普通印刷,6卷为校样)现在已经非常过时。起初,我热望出版一个续编,收录1937年以来收藏的所有图书,用普通活字印刷。因为这么大的一部目录的排版费用会太多，所以我们可能还是必须采用胶印的办法，直接排印现有的卡片目录。从前，G. K. Hall 先生曾多次建议我出版一部哈佛燕京图书馆分类卡片目录的书本式目录，每页 21 张卡片目录，就像他为加州大学伯克利分校和伦敦大学编辑出版的汉和图书目录一样。如果我们把此工作移交给霍尔公司（G. K. Hall & Co.），那么哈佛燕京学社方面只需要很少的一点花费。如果哈佛燕京学社能拨出一笔适当的款项，那么我们就能够为整个目录编一套没有汉字的全罗马化的作者和书名索引。依此方法，哈佛燕京学社的中文藏书总目将可供美国人和其他学生世代使用。我希望刘楷贤（Liu Kai-hsien）和他的同事已经完成了大部分专著的编目。我准备帮忙从事书名分析编目，例如丛书中的个别著作。我曾将此类书名的大多数卡片目录留在一旁以便编入未来的分类目录。我希望我当年放在一旁的卡片目录盒中的这些作者和书名已经全部罗马化的卡片目录仍然可以使用。至于《（哈佛燕京）汉和图书分类法》的修订，最好是再设立一个以你为主任的编辑委员会，因为你比我年轻得多，而且我想看到《（哈佛燕京）汉和图书分类法》在未来不断修订，与时俱进。因为《汉和图书分类法》已被如此多的图书馆采用，且用此分类法分类的图书数量超过了 300 万册，所以，哈佛燕京学社应该感到有一些责任去保持《汉和图书分类法》做必要的增补和修订。我们再次见面时，我会提出这些问题供你考虑。如果我能够在中文编目部附近的书库中有一个工作的地方的话，那将非常方便我将来的工作。我将深深地感谢你可能给我的任何帮助。此外，我另函给你寄了一个挂号图书邮包，其中有：(1)《香港中文大学中国文化研究所学报》1969 年第二卷第一期的抽印本《四库失收明代类书考》。(2)我和艾龙（Elling O. Eide）写的《重印古本戏曲丛刊第一至四期通告》。附注：《四库失收明代类书考》是哈佛燕京图书馆藏明代类书提要目录，我希望《重印古本戏曲丛刊》将填补全美远东藏书的重大空白。我和艾龙已经耗费了大量精力与时日收集该丛刊的原本，并将其带来香港重印。虽然我对这个项目的财政不感兴趣，但是我希望看到这些重印的图书在学界和学者中更广泛地传播。在某种程度上，这将弥补我 1966 年 9 月希望为哈佛燕京图书馆购买这部丛刊原本未成功的缺憾。（HYI Achives：Letter of Alfred K'aiming Ch'iu to Eugene Wu, February 16, 1970）

2 月 17 日

香港中文大学图书馆馆长裘开明致函哈佛燕京学社副社长白思达（Glen William Baxter）博士：兹奉上我于 2 月 16 日给吴文津（Eugene Wu）信函的副本，从中你可以了解未来我在哈佛燕京图书馆更多的工作计划。烦请你将此事告知裴泽（John C. Pelzel）教授，我在开始任何职位的工作之前必须获得他的同意。我已经与建筑师 Szeto Wei 先生一起完成了（香港中文大学）新图书馆蓝图的所有细节设计。我是（香港中文大学）"图书馆建筑委员会"的主席，现在该委员会已经解散。我希望该设计方案是最终的方案，且无人更改。我会再次回香港参加 1972 年的香港中文大学图书馆正式开馆典礼。在另一份附件中，我给你寄来了我给吴文津先生的信中提到的同样的资料。请将这份《重印古本戏曲丛刊第一至四期通告》转给海陶玮（James Robert Hightower）教授。（HYI Achives：Letter of Alfred K'aiming Ch'iu, Librarian, the Chinese University of Hong Kong, to Glen William Baxter, Associate Director, the Harvard-Yenching Institute, February 17, 1970）

6 月 17 日

明尼苏达大学图书馆馆长 Ralph H. Hopp 致函裘开明博士，告知近日图书馆曾与东亚语言系马瑞志（Richard B. Mather）博士和 Edward Copeland 博士召开会议，主管分类编目的副馆长 Paul Berrisford 先生建议自 1970 年 7 月 1 日起明尼苏达大学东亚图书馆采用美国国会图书馆分类法。(Archives of the University of Minnesota Libraries: Letter of Ralph H. Hopp to Alfred K'aiming Ch'iu, June 17, 1970)

12月8日

哈佛燕京学社召开董事会议,在董事会议上,Dunlop 院长说:哈佛燕京学社很快就会考虑 1967 年 7 月 1 日以前退休人员的补助退休金问题。赖肖尔(Edwin Oldfather Reischauer)先生提出:裘开明博士退休前一直以显著不足的薪水建设着哈佛燕京图书馆。洪煨莲(William Hung)先生多年来一直是哈佛燕京学社在燕京大学中排在最后的一个人,并且在中国各种变化中一直孤立无援。这些都是非常特别的个案,值得董事们研究考虑。董事们同意:社长本年度应该向洪煨莲先生支付 1500 美元的顾问费,向裘开明博士支付 1000 美元的顾问费,时间追溯到 1970 年 7 月 1 日。此外,董事们指示社长关注哈佛大学的退休金决策,如果可能的话,将这项顾问费改变成补助退休金支出,如果这项补助金不能使他们每个人的退休总收入不低于 7500 美元,那么社长应采取适当的行动,将其提高到与哈佛大学决策所规定的退休金相一致的水准。(HYI Achives: Attachment of the Minutes of December 8, 1970, P1455, Letter of Director John C. Pelzel to whom it may concern, August 15, 1975)

本年

裘开明先生卸任香港中文大学图书馆馆长一职,从香港返回美国,继续担任哈佛燕京图书馆善本部荣誉主任,每天至少工作 4 小时,专门负责他以前收集的中文古籍的分类和编目工作。(William Sheh Wong. *Alfred K'aiming Ch'iu and Chinese American Librarianship*. College & Research Libraries, September 1978, Vol. 39, No. 5:384-388)

1971 年
74 岁

4月13日

哈佛大学人事办公室 Joan Bruce 给人事办公室主任 John B. Butler 关于哈佛燕京退休人员退休金数据的函件显示:裘开明博士共计服务 33 年,最后的平均薪水为 9750 美元,现在的年退休金为 4123 美元,年增长额度为 730 美元,自 1970 年 7 月 1 日生效的新退休金为 4853 美元。备注:参加 CREF 项目最低保险费的折扣为近 38%。洪煨莲(William Hung)共计服务 14 年,最后的平均薪水为 6000 美元,现在的年退休金为 3750 美元(包括 2887 美元的补助金)。伯烈伟(Sergei Polevoy)共计服务 13 年,最后的平均薪水为 3900 美元,现在的年退休金为 1049 美元(包括 978 美元的补助金)。(HYI Archives: Letter of Joan Bruce, Personnel Office, Harvard University, to John B. Butler on the subject of Pension Data for Yenching's Retired Corporation Appointees, April 13, 1971)

4月15日

哈佛大学人事办公室主任 John B. Butler 致函哈佛燕京学社白思达(Glen William

Baxter)博士:兹来函确认我们昨天讨论的有关你们的 3 位退休人员退休金增加额度的计算结果。裘开明博士将会收到 730 美元的年增长退休金,自 1970 年 7 月 1 日起开始生效。这项增长数额将把裘开明博士在哈佛大学服务的年退休金增加到 4853 美元。洪煨莲(每年退休金为 3750 美元)和伯烈伟(Sergei Polevoy,每年退休金为 1049 美元)的退休金将不会有任何改变。根据我们的档案记录,他们两人现在都在领取补助金,这些补助金加上他们从哈佛大学获得的基本退休收入超过了确定退休金增长方案所提出的收入水平。(HYI Archives: Letter of John B. Butler, Director, Personnel Office, Harvard University, to Glen William Baxter, April 15, 1971)

4 月 26 日

哈佛大学人事办公室 Joan Bruce 致函哈佛燕京学社白思达(Glen William Baxter)博士:兹来函确认本人星期五在电话中向你报告的裘开明博士退休金修改数目。我们在先前的通信中提到:裘开明博士将会收到 730 美元的年增长退休金。那时我们的保险统计员没有核实该项调整。他们现在已经查核了计算结果,并确定裘开明博士将会收到 429 美元的年增长退休金,而不是 730 美元。这项增长数额将把裘开明博士在哈佛大学服务的年退休金增加到 4552 美元。(HYI Archives: Letter of Joan Bruce, Manager of Benefits, Administration, Personnel Office, Harvard University, to Glen William Baxter, April 26, 1971)

6 月 1 日

哈佛大学《给已退休的退休计划参与者增加退休金的报告》显示:裘开明于 1964 年退休,1970 年 7 月 1 日以前的年退休金为 4123 美元,增加额度为 429 美元,自 1970 年 7 月 1 日生效的新退休金为 4552 美元。(HYI Archives: Report of Pension Increase to Retired Participants in the Retirement Plan for Officers of Instruction and Administration, 1950, Harvard University, June 1, 1971)

11 月 23 日

裘开明致函汪燮:来书收悉,恭祝荣受博士学位,以先生之渊博才学主持明大(明尼苏达大学)东亚图书馆,该馆将来发展必然蒸蒸日上,(开)明将拭目以待焉。承询《古本戏曲丛刊》一事,兹奉该书通告一份〔由明及艾龙(Elling O. Eide)代撰〕,请向香港东方公司预约可也……去夏因病返美,现贱体仍欠佳,写字手发抖,暂在家养休,知注特告。(裘开明致汪燮信函,1971 年 11 月 23 日。复印件由汪燮先生惠予提供。)

11 月

艾龙(Elling O. Eide)在其所撰《汉学研究方法:教学与学习问题》("Methods in Sinology: Problems of Teaching and Learning")一文中,将哈佛燕京《汉和图书分类法》视为研究和学习汉学的门径之一,并对《汉和图书分类法》做了如下评价:"I am saddened by the tendency among new institutions to opt for Library of Congress classification rather than for the Harvard-Yenching system. …… With the more traditional and logical groupings of the Harvard-Yenching system, a student can learn methodology and bibliography just by browsing down the shelves and, coming of age in such a library, he will be at home in all the most important collections in America, save that in the Library of Congress itself……I regard Harvard-Yenching classification as the third and final key to the teaching and learning problem……"(Elling O. Eide. "Methods in Sinology: Problems of Teaching and Learning". *The Journal of Asian Studies*, 1971.11, Vol. XXXI, No. 1: 131-141)

本年

裘开明为《1607—1950年著名美国妇女：传记辞典》撰写的"Marry Elizebeth Wood"（韦棣华）辞条出版。(Edward T. James. *Nptable American Women 1607-1950: A Biographical Dictionary*. The Belknap Press of Harvard University Press, Cambridge, MA. 1971: 647-648)

1972 年
75 岁

6月22日

国会图书馆卡片部主任Loran P. Karsner致函裘开明，确认裘开明的通信地址，以便邮寄裘开明邮订的国会图书馆《编目服务》(*Cataloging Service*)简报。(HYL Archives: Letter of Loran P. Karsner to Alfred K'aiming Ch'iu, June 22, 1972)

8月15日

裘开明提交《哈佛燕京图书馆善本部1971—1972年度报告》，其主要内容如下：1971—1972年度，善本部继续对保存在善本室的善本古籍进行鉴别工作；其中部分是书库中已编目书籍，但大部分是自1941—1963年间从北京和日本购买回来后一直保存在地下室二层的书籍。虽已完成了一部分，但仍有很多善本书急需鉴别并迁移到善本室，中文善本书预计有4000种50000册。除了以上工作，参考助理馆员和流通部馆员还花费大量时间在编目和未编目的馆藏中搜查善本书。另外，1972年4—6月间，在图书馆阅览室举行了明代雕版书展览。附录：《中文善本书统计数据表》、《1971—1972年度善本书编目统计表》。(HYL Archives: Harvard-Yenching Library at Harvard University Report of the Librarian for 1971-1972)

1973 年
76 岁

1月4日

应英联邦大学协会助理秘书P. B. Hetherington先生的要求，裘开明为汪燮（William Sheh Wong）博士申请香港大学图书馆副馆长职位写推荐信。该推荐信从6个方面说明了汪燮是该职位的极佳人选。(Letter of Alfred K'aiming Ch'iu to P. B. Hetherington, Esq. Assistant Secretary, the Association of Commonwealth Universities, London, England, January 4, 1973。复印件由汪燮先生惠予提供。)

9月25日

裘开明提交《哈佛燕京图书馆古籍善本部1972—1973年度报告》，其主要内容如下：1972—1973年度，善本部主要工作之一是完成中文古籍善本书财产清册工作，在此期间订正了过去清册中所存在的错误。善本部在过去的3年中一直在查核和编目1950年以后从日本购买回来的未编目的中文古籍中的善本。其他工作还包括：举办明代套版图书展览、古籍善本部迁移的准备工作，即准备将地下二层的善本部转移到书库顶层，所有的中文善本都要用不同颜色的标签做标记，以备辨识，以及参考咨询服务。前些年，流通部馆员花费了大量时间去查找馆际互借中需要的善本书。报告后附《中文善本书统计数据表》以及《1972—1973年度善本书编目统计表》。(HYL Achives: Harvard-Yenching Library at Harvard University Report of the Librarian for 1972-1973)

本年

本年裘开明家住：37 Gorham Street, Cambridge, MA. 02138, USA。(Alfred K'aiming Ch'iu. *Who's Who in the World*. 2nd Edition, 1974—1975. Wilmette, IL: *Marquis Who's Who*, 1973:200)

哈佛燕京学社《1973年杂项收入领受者财务报告书》(Statement for Recipients of Miscellaneous Income, 1973, Form 1099—MISC, Copy C for Payer)报告：1973年支付给裘开明（验证号码：013—26—2265）的非雇用者费用为1250美元。(HYI Archives: Letter of Director John C. Pelzel to whom it may concern, August 15, 1975)

1974年
77岁

3月31日

裘开明出席在波士顿市希尔顿饭店(Statler Hilton Hotel)举行的中文合作编目第三次会议(Third Conference on Chinese Cooperative Cataloging)。会议的议题之一是讨论哈佛燕京《汉和图书分类法》修订的问题。围绕这一议题，来自国会图书馆和美国28所大学图书馆的48名代表参与了讨论，就哈佛燕京《汉和图书分类法》是否需要修订、采用何种方式修订以及如何选择和增加新的类目和分类号问题发表意见。此次会议的目的重在讨论问题，而不急于作出决定。在讨论中，裘开明说："我在哈佛燕京图书馆工作期间编写了这部分类法，所以这部分类法属于图书馆，也是以图书馆来命名的。随着时间的流逝，在美国国内使用哈佛燕京分类法的图书馆似乎越来越少，而这类藏书的数量越来越多。但是这部分类法仍然在欧洲使用，那里的汉学研究图书馆之所以倾向于使用它，是因为它更接近中国传统藏书的四部分类法。现在讨论关于分类号的问题，这是杜威制定的规则，他认为数字是神圣的。用到一部分类法中的数字是什么没关系，但是，某个数字一旦被采用，就要保持它的权威。现在并没有一部完善的分类法，也没有一套理想的图书分类的编号制度。所以，我们必须通过实践来解决不同图书馆以不同的方式使用同样的数字的问题。所以当我们集中各个图书馆采用的所有新的编号制度时,我们还应该考虑采用这种编号制度的书在另一种编号制度下的分类。如果不同图书馆在使用一种编号制度时有矛盾,那么就把大多数图书馆所使用的分类编号作为标准。"哈佛大学哈佛燕京图书馆馆长吴文津(Eugene Wu)表示:在哈佛燕京分类法修订的问题上,哈佛燕京图书馆会充分考虑这次会议中各位代表发表的意见和所提出的疑问,并探求解决的办法;同时也希望得到更多关于这一问题的建议。(HYL Archives: Proceedings of the Third Conference on Chinese Cooperative Cataloging, March 31, 1974)

春

哈佛燕京图书馆中文参考与采访部副馆长刘楷贤(Liu Kai-hsien)请病假,裘开明暂时代替其工作。(HYL Archives: Harvard-Yenching Library at Harvard University Report of the Librarian for 1974-1975)

5月16日

耶鲁大学贝尼克善本与手稿图书馆(the Beinecke Rare Book and Manuscript Library)参考咨询助理Halyna Lobay致函裘开明:耶鲁大学贝尼克善本与手稿图书馆的西藏文库主任正在研究达赖喇嘛,请问汉和图书馆是否有权威的达赖喇嘛六世的传记,如果有希望能借到全书的缩微胶卷,请告知所需费用。(HYL Archives: Letter of Halyna Lobay to Alfred K'aiming Ch'iu, May 16, 1974)

9月

裘开明提交《哈佛燕京图书馆善本部1973—1974年度报告》,其主要内容如下:1973—1974年度善本部进行了两项主要活动:其一是在1974年1—2月将地下室的善本馆藏迁移到第三层的善本室中;其二是两次善本古籍展览的准备工作。其他的工作主要是善本的鉴别,在清点古籍的过程中,鉴别混在普通古籍中的善本,并进行分类整理,归入善本馆藏。此外是参考咨询服务,在为来访者和研究者使用善本和提供复印服务工作上花费了很多时间和精力。附《馆藏中文善本总藏量统计》和《1973—1974年度善本书编目统计表》。(HYL Archives: Harvard-Yenching Library at Harvard University Report of the Librarian for 1973—1974)

本年

哈佛燕京学社《1974年杂项收入领受者财务报告书》(Statement for Recipients of Miscellaneous Income, 1974, Form 1099-MISC, Copy C for Payer)报告:1974年支付给裘开明(验证号码:013-26-2265)的非雇用者费用为2500美元。(HYI Achives: Letter of Director John C. Pelzel to whom it may concern, August 15, 1975)

1975 年
78 岁

4月7日

吴文津(Eugene Wu)致函哈佛大学东亚研究中心主任傅高义(Ezra F. Vogel)教授,函告因财政问题,哈佛燕京图书馆暂时没有能力采纳傅高义教授建立现代化日文阅览室的提议,函中逐条陈述图书馆财政情况,并提出权宜之计。(HYL Archives: Letter of Eugene Wu to Ezra F. Vogel, April 7, 1975)

4月13日

叶理绥(Serge Elisséeff)教授在巴黎逝世,享年86岁。叶理绥1889年1月13日,出生于圣彼德堡一个富裕的农民家庭。(HYL Archives: Serge Elisséeff. *Harvard Gazette*, May 27, 1977:11)

6月1日

裘开明致函汪燮(William Sheh Wong):感谢你邀请我参加明尼苏达大学东亚图书馆成立10周年庆典。很遗憾,我将不克出席此次盛典,因为近期已获得中国驻加拿大大使馆的批准,我与家人今年夏秋能够访问中国大陆。我们计划到欧洲、中东、远东和中国大陆旅行。因为此事取决于那时的具体情形和我们计划访问的国家,所以我不知道何时返回美国。我对于错过此次盛典深表遗憾。(Letter of Alfred K'aiming Ch'iu to William Sheh Wong, June 1, 1975。复印件由汪燮先生惠予提供。)

夏

裘开明经由香港到中国大陆。在参观位于燕京大学校园旧址的北京大学图书馆时,发现所有旧燕京藏书仍采用的是哈佛燕京《汉和图书分类法》。北京大学图书馆馆长告诉裘开明,这批书不会重新编目和分类,将在新图书馆专设一个部门保存这批藏书。(HYL Archives: Printed Cards for Far Eastern Books from Harvard University Chinese-Japanese Library, 1938 – 1963)

8月15日

哈佛燕京学社社长裴泽(John C. Pelzel)签发证明函,内容如下:兹证明在公历1974年,慈善机构哈佛燕京学社按每季度625美元分4个季度从哈佛燕京学社财务办公室向裘开明博士直接发放了总共2500美元的报酬。该报酬是用来替代裘开明博士的哈佛大学固定退休金的补助以及社会保险金的补助,而没有向裘开明博士提出任何要求或者暗示他应该以履行对哈佛燕京学社的现有服务作为回报。详情如下:裘开明博士在退休前受雇于哈佛燕京学社,担任中日韩文藏书的图书馆馆长近40年。1971年,美国财政部国内税收服务署(The IRS, Internal Revenue Service, United States Department of the Treasury)裁定哈佛燕京学社是一个"资助机构",从此以后,哈佛燕京学社就利用管理机构来分发工资、退休金等,例如哈佛大学即是这类管理哈佛燕京学社的管理机构之一。关于裘开明博士退休的问题,哈佛燕京学社的董事们认为:多年来他的薪水一直太少,以至于仅(从哈佛大学)领取固定退休金和社会保险金不能提供他和他的夫人的体面生活标准。正如后附《董事会会议记录》复印件中的相关部分所言:1970年12月8日,董事们投票决定向他支付报酬,具体数额每年由董事们议决,作为他的其他所有退休收入来源的一项补助金。那时,哈佛大学人事处已通知我:他们正在复审整个退休金制度,在复审工作完成以前,他们不能管理哈佛燕京学社董事们提出的这类补助金,并建议由哈佛燕京学社财务办公室直接向裘开明博士支付上述补助金。我那时和现在都是哈佛燕京学社的社长,除了作为"顾问费",我想不出在哈佛燕京学社的行政预算中支付这笔补助金的任何适当开支项目,虽然我想强调的是,董事们和我本人都无意要求裘开明博士为了这笔"费用"而去做任何工作。哈佛大学人事处一直拒绝管理这笔补助退休金,因此,这笔经费一直按照"顾问费"的成规在继续支付。附件一《哈佛燕京学社董事会议记录》(Minutes of December 8,1970,P1455)中 Dunlop 院长说:哈佛燕京学社很快就会考虑1967年7月1日以前退休人员的补助退休金问题。赖肖尔(Edwin Oldfather Reischauer)先生提出:裘开明博士退休前一直以显著不足的薪水建设着哈佛燕京图书馆。洪煨莲(William Hung)先生多年来一直是哈佛燕京学社在燕京大学中排在最后的一个人,并且在中国各种变化中一直孤立无援。这些都是非常特别的个案,值得董事们研究考虑。董事们同意:社长本年度应该向洪煨莲先生支付1500美元的顾问费,向裘开明博士支付1000美元的顾问费,时间追溯到1970年7月1日。此外,董事们指示社长关注哈佛大学的退休金决策,将这项顾问费改变成补助退休金支出,在这成为可能的时候,如果这项补助金不能使他们每个人的退休总收入不低于7500美元,那么社长应采取适当的行动,将其提高到与哈佛大学决策一致的水准。附件二哈佛燕京学社《1973年杂项收入领受者财务报告书》(Statement for Recipients of Miscellaneous Income,1973,Form 1099－MISC,Copy C for Payer)报告:1973年支付给裘开明(验证号码:013－26－2265)的非雇用者费用为1250美元。附件三哈佛燕京学社《1974年杂项收入领受者财务报告书》(Statement for Recipients of Miscellaneous Income,1974,Form 1099－MISC,Copy C for Payer)报告:1974年支付给裘开明(验证号码:013－26－2265)的非雇用者费用为2500美元。(HYI Achives:Letter of Director John C. Pelzel to whom it may concern,August 15,1975)

9月30日

裘开明提交《哈佛燕京图书馆善本部1974－1975年度报告》,其主要内容如下:去年所进行的工作是继续鉴别书库书架上和地下室的馆藏未编目善本古籍。令人高兴的是,我们甄选出17种142册明版书,56种386册清版书,21种173册稿本和5种7册现代版本书籍,并将它们迁移到三楼的善本部。我馆善本书籍在世界宗教文化节上进行了展览,这是我馆善本第一次在远地进行展览。为了编写《哈佛和东亚时事通讯》,我撰写了一份关于中日韩珍贵地图和地图集的报告,并于1975年春提交给东亚研究大学协会理事会。为了解本馆馆藏明版明代别集的实力,善本部对美国东岸图书馆馆藏中明版明代别集进行了比较,主要是与国会图书馆和普林斯顿大学葛思德(Gest)图书馆馆藏进行对比。参考咨询服务很多时间集中于为来访者和研究者使用善本和复印提供服务工作上。神户(Kobe)大学的岩见宏教授自1974年4月始在我馆进行明代历史的研究。1975年夏,当我经由香港去中国大陆时,一些学者表达了出版齐如山先生(Chi Ju-Shan)旧藏中国戏剧和小说作品目录的愿望,这有益于学术团体,我们将会编制该馆藏文献的目录。兹将编辑齐如山中国戏剧和小说馆藏目录的计划汇报如下……附《馆藏中文善本总数统计——1975年9月1日》和《1973-1974年度善本书编目统计表》。(Harvard-Yenching Library at Harvard University Report of the Librarian for 1974-1975)

12月

《清华学报》自新11卷第1、2期合刊开始变更编辑出版成员,发行人为张明哲;出版委员会委员为:李济、李榦、蒲薛凤、刘崇鋐、钱思亮;编辑委员会委员为:杨联陞(主席)、李田意(秘书)、何炳棣、柳无忌、蒲薛凤、张琨、梅贻宝、刘崇鋐、刘广京;经理为赵赓飏;顾问编辑为:王伊同、李方桂、李书华、李卓敏、沈刚白、吴幹、周法高、房兆楹、洪业(洪煨莲)、施友忠、许烺光、陈受颐、陈荣捷、陈观胜、裘开明、赵元任、刘子健、蒋彝、邓嗣禹、萧公权、钱存训、顾敦鍒。裘开明自1956年起到1977年逝世前一直担任该学报的顾问编辑。(见《清华学报》各期)

本年

裘开明致函汪燮:关于《性理大全》一书(开)明早疑贵馆所藏者非永乐版,曾请郑保罗君将该书首尾二页照Xerox二张寄来,但郑君因即欲离明大(明尼苏达大学),亦未办此事。可否请先生寄下二张照片与敝馆所藏三种版本对照一下,以定其确系何种版刻也。附上Recommendation(推荐信)一纸,希能有补君之请求焉。(裘开明致汪燮信函。复印件由汪燮先生惠予提供。)

1976年
79岁

2月26日

明尼苏达大学东亚语言系教授、系主任马瑞志(Richard B. Mather)致函裘开明:去年秋季本校举行东亚图书馆10周年庆典,先生因客观原因无法前来参加盛典,兹奉上感谢状,我谨代表你在这里工作时所认识的所有人以及其他所有曾受益于你的帮助的人们——明尼苏达大学行政机关、明尼苏达大学图书馆、东亚研究全体教师和学生——致以问候。由明尼苏达大学校长、图书馆馆长、东亚语言系主任和东亚图书馆委员会主席联名签署的英文感谢状全文如下:Dr. Alfred K'aiming Ch'iu, "It takes ten years to grow a tree; a hundred years to educate a man." Building a library is not easier than educating a man. In recognition of the inestimable value of your services in establishing the East Asian Library of the University of Minnesota during 1965—1966, this citation of gratitude and message of remembrance is hereby presented to you on the occasion of the celebration of the tenth anniversary of the East Asian Library, October 30th, 1975.(裘开明博士:"十年树木,百年树人。"创建一所图书馆之艰辛不亚于百年树人。值

此1975年10月30日举行东亚图书馆10周年庆典之际,谨向你颁发此感谢状和纪念词以感谢你在1965—1966年创建明尼苏达大学东亚图书馆期间所作出的极其宝贵的贡献。)(Archives of the University of Minnesota Libraries: Letter of Richard B. Mather to Dr. Alfred K'aiming Ch'iu, February 26, 1976)

3月21日

裘开明参加在加拿大多伦多举行的亚洲研究学会第28届年会,在东亚图书馆委员会学术研讨会上发表题为《哈佛燕京图书馆中文善本书》(Chinese Rare Books in the Harvard-Yenching Library)的学术论文。(William Sheh Wong. *Alfred K'aiming Ch'iu and Chinese American Librarianship*. College & Research Libraries, September 1978, Vol. 39, No. 5:384-388)

7月1日

哈佛燕京学社决定将哈佛燕京图书馆的管理权移交给哈佛学院图书馆。(Harvard-Yenching Joins College Library. HUL Notes, No. 386〔August 19,1976〕)

8月上旬

哈佛大学校长Derek C. Bok代表哈佛学院院长和全体教员,与哈佛燕京学社董事会主席赖肖尔(Edwin Oldfather Reischauer),在哈佛燕京图书馆移交哈佛学院图书馆管理交接协议上签字。从此,哈佛燕京图书馆纳入哈佛学院图书馆管理体系,但是哈佛燕京学社董事会仍保留部分管理上的特权,例如:享有推荐和聘任哈佛燕京图书馆馆长的优先权;哈佛燕京学社董事会还享有在文理学院的教师中推荐不少于3名的人选加入由9人组成的图书馆管理委员会的权利;哈佛燕京图书馆馆长的年度报告通过哈佛燕京学社社长提交给文理学院院长及哈佛燕京学社董事会,通过哈佛学院图书馆馆长提交给哈佛大学图书馆馆长以及图书馆委员会。(Harvard-Yenching Joins College Library. HUL Notes,No. 386〔August 19,1976〕)

9月14日

童世纲(Tung Shih-kang)致函裘开明:承先生嘱托,影印藏经《经律异相卷第三十一》一事,才完成。兹奉上影印藏经《经律异相卷第三十一》的封面、书名页及正文前四页。(HYL Archives:童世纲致裘开明信函,1976年9月14日)

10月24日

裘开明致函汪燮:9月10日尊函询问《笺注唐贤绝句三体诗注》一书之版本,早已收到,因病搁置,至今始复,迟误之罪,尚祈宥之!此书哈大有明内府翻刻元大德九年(1305)本,版式与《瞿氏铁琴铜剑楼宋元金书影》集部元版第34号一样,今特附上可知贵馆所藏非元本也……(裘开明致汪燮信函,1976年10月24日。复印件由汪燮先生惠予提供。)

10月28日

裘开明回复汪燮(William Sheh Wong)10月20日来函,告知乐意推荐汪燮申请图书馆资源委员会(Council on Library Resources)研究员基金以研究普林斯顿大学和美国图书馆的中文善本古籍。并言:自己目前的健康状况不太好,医生说已有早期心绞痛(Angina),须注意健康。(Letter of Alfred K'aiming Ch'iu to William Sheh Wong, October 28, 1976.复印件由汪燮先生惠予提供。)

1977 年
80 岁

3 月

哈佛燕京图书馆馆长吴文津(Eugene Wu)邀请哈佛燕京图书馆同人在哈佛广场燕京餐馆设宴庆贺裘开明先生 80 寿诞。(据哈佛燕京图书馆朱宝梁先生回忆。)

4 月 13 日

吴文津(Eugene Wu)致函裘开明,邀请裘开明出席 4 月 29 日上午 11 时在哈佛燕京学社的聚会厅(Common room)召开的图书馆视察委员会(Library Visiting Committee)会议,并请裘开明就哈佛燕京图书馆的历史作 10 至 15 分钟的演讲。(HYL Archives: Letter of Eugene Wu to Alfred K'aiming Ch'iu, April 13, 1977)

5 月 12 日

哈佛学院图书馆致函裘开明,邀请裘开明参加 5 月 19 日下午 4—5 时举行的哈佛学院图书馆退休员工欢送会。(HYL Archives: Reception of Harvard College Library, May 12, 1977)

6 月 6 日

裘开明收到哈佛燕京图书馆的新增满文书籍目录后,在上面批注:《御制增订清文鉴索引》(1—8 卷,一函)、《满汉文公文成语》(1 卷)、《满汉文官衙名目》(1 卷)、《满汉文衙署名目》(1 卷)应入简目。(HYL Archives:哈佛燕京图书馆新增满文书籍目录,1977 年 6 月 6 日)

夏

汪燮(William Sheh Wong)在获得图书馆资源委员会(Council on Library Resources)研究员基金后,乃于本年夏到哈佛大学拜访裘开明先生。(汪燮先生旁注,见:Letter of Alfred K'aiming Ch'iu to William Sheh Wong, October 28, 1976。复印件由汪燮先生惠予提供)

11 月 13 日

裘开明在美国马萨诸塞州剑桥奥本山医院逝世(Mount Auburn Hospital, Cambridge, Massachusetts)。(Alfred K'aiming Ch'iu, Book Specialist. Boston Globe, November 14, 1977)根据健康委员会(Board of Health)证书,裘开明乃因心脏冠动脉疾病和心脏病发作(心肌梗塞)逝世。(Letter of Meg L. Winslow, Curator of Historical Collections of Mount Auburn Cemetery to Cheng Huanwen, February 7, 2002)

11 月 17 日

裘开明葬礼于上午 10 时在美国马萨诸塞州剑桥圣詹姆斯圣公会教堂举行(St. James Episcopal Church, 1991 Massachusetts Avenue, Cambridge, Massachusetts)(Alfred K'aiming Ch'iu, Book Specialist. Boston Globe, November 14, 1977)

裘开明安葬在美国马萨诸塞州剑桥奥本山公墓阿扎尼路 10319 号墓(Lot 10319,

Azalea Path，Mount Auburn Cemetery，Cambridge，Massachusetts)(1981 年 6 月 2 日移葬于奥本山公墓阿扎尼路 10366 号墓）。(Letter of Meg L. Winslow，Curator of Historical Collections of Mount Auburn Cemetery to Cheng Huanwen，February 7，2002)

12 月 9 日

哈佛燕京图书馆馆长吴文津(Eugene Wu)致函哈佛燕京学社社长克雷格(Albert M. Craig)教授：裘开明博士在今年 11 月 13 日逝世以前的几年中一直是哈佛燕京图书馆的顾问。其工作多半是主管哈佛燕京图书馆中文善本藏书的编目。这是裘开明博士热爱的一项工作，尽管他一年的顾问酬金只有象征性的 2500 美元，并且每天要在图书馆工作 3—4 个小时。哈佛燕京图书馆从中获益匪浅，因为裘开明博士给该项工作带来了在西方任何地方都无与伦比的深奥知识和专业技能。你要我提出计算裘开明博士在逝世之前的今年头两个季度的合理报酬的根据，我会说：他一年平均工作 550 小时，在他逝世之前的今年头两个季度，他至少工作了 250 小时。因此，我建议给他的夫人（曾宪文）付足今年第二季度的 625 美元费用。(HYI Archives：Letter of Librarian Eugene Wu to Director Albert M. Craig，December 9，1977)

12 月 10 日

下午 2—2：30，台湾图书馆界在位于台北市复兴南路 2 段 280 号的圣约翰座堂举行"裘开明博士追思礼拜"，追思礼拜由圣公会台湾教区圣约翰座堂牧正陈大同牧师主礼，蒋复璁、蓝乾章、雷法章、张鼎钟等人参加追思礼拜。(《裘开明博士追思礼拜》手册，1977 年)

12 月 12 日

哈佛燕京学社副社长白思达(Glen William Baxter)致函哈佛燕京学社财务办公室 Henry J. Ameral：哈佛燕京学社 1977—1978 年度预算包括按季度从财务办公室支付给裘开明的顾问费用 2500 美元。我悲痛地告诉你：这位著名的学者和馆长已于 1977 年 11 月 13 日逝世。他在过去的 80 年间一直献身于哈佛燕京学社和哈佛燕京图书馆的事业，并因此而成为哈佛燕京图书馆荣誉馆长。兹附上现任馆长(吴文津，Eugene Wu)有关裘开明博士担任顾问的信件。请尽快签发一张 625 美元的支票，不必等到原定支付报酬的 12 月 31 日……(HYI Archives：Letter of Associate Director Glen William Baxter to Henry J. Ameral，December 12，1977)

12 月 15 日

哈佛燕京学社社长克雷格(Albert M. Craig)教授致函裘开明夫人曾郁（曾宪文，Mrs. Yu-ti Ch'iu)：我在香港从李卓敏(Li Choh Ming)处获悉你丈夫逝世的噩耗。自我在博伊斯顿堂读研究生时起，我认识你的丈夫已有 24 年之久，我怀念他在图书馆里文雅、微笑的面容。我无法用语言来表达我们对他为哈佛燕京图书馆、哈佛燕京学社和哈佛大学几代学人所作的一切贡献的感谢。兹附上一张 625 美元的支票，是为裘开明博士今年第二季度（9—12 月）担任顾问的酬金。我们知道这点象征性的报酬并不能反映你丈夫所做工作的价值……我谨代表哈佛燕京学社的全体董事和我个人，向你表达我们最深切的慰问。(HYI Archives：Letter of Director Albert M. Craig to Mrs. Yu-ti Ch'iu，December 15，1977)

英汉人名索引

【说明】

1. 本索引的标目排列采用英汉姓名混合制：凡是中国人的姓名，则一律以中文姓名作为主标目，以英文姓名作为参见标目；其他国家人物的姓名，则一律以英文姓名或者姓名拼音作为主标目，以中文姓名或者中文译名作为参见标目。

2. 中英文主标目和参见标目，一律采用姓在前名在后的方式，其中英文姓名全部改为姓在前名在后，并以逗号","隔开姓和名；而华人的姓名拼音，如果原材料中采取的是姓在后名在前的顺序，则在标目时改为姓在前名在后，也以逗号","隔开；如果原材料中是姓在前名在后的顺序，则不做任何处理。所有中英文标目均按姓名的英文字顺（中文姓名则取汉语拼音）混合排列。

3. 中英文主标目后的索引指向全部为年谱正文中每一条目的日期代码，其表达方式为"年-月-日"，例如："63-8-12"，即指年谱正文中"1963 年 8 月 12 日"条目。"63-8/"即指年谱正文中"1963 年 8 月"条目，"63/"即指年谱正文中"1963 年"最后的"本年"条目，"63 年春"即指年谱正文中"1963 年春"条目。

4. 对于只知姓氏不知全名者，为了便于区分多个同姓但身份不同的人，则在姓氏之后的括号内加注身份或工作单位。

5. 鉴于档案材料中的部分已婚女士常冠有夫姓，或直接以某某夫人相称，为了避免错误，一般都在名字的后面用括号加注"（Mrs.）"，以示区别。

A

Abe, Kihei
50-10-19,66-10-28

Ackerman, Edward A.
50-2-9,50-2-16

Adams, Mary Ann(Mrs.)
56-6-20,56-7-6

Adelina
63-1-25

Adkinson, Burton W.
54-5-26,54-6-4,54-6-8

Adolph, William H.(窦维廉)
48-1-26,48-3-19,48-5-3,48-6-4,48-6-22,48-8-19

Alexander W. von Staël-Holstein(钢和泰)
28-2-28,28-5-28,28/,30-11-15,32-9-4,32-11-14,36-11-

14,36/,37-3-25,37-4-22,38-4-11
Alexander W. von Staël-Holstein(Mrs.)(钢和泰夫人)
37-3-25,38-4-11,38-11-14
Alexéièv, Basil M.
46-1-3,46-3-21
Allison, Mary L.
56-5-23,56-9-11,56-11-28,56-11-30,56-12-12,56-12-21
Almond, Nina
47-7-24,47-10-8,49-6-16
Altree, Lucy(Mrs.)
63-12-16,64-4-24,64-12-30,65-3-30,65-7-9,65-9-3
Altree, Wayne
52-4-14,52-8-12,53-3-2,53-3-19
Ameral, Henry J.
77-12-12
Anderson, Larz(Mrs.)
38-10-21,38-11-14
Anderson, Ronald S.
59-4-10
Anesaki, A.
31-7-1
Anesaki, Masaharu(姉崎正治)
14/,16/,27-7-11
Aonin
52-10-30
Aoyagi, Shoko(Rev.)
53-3-6,53-3-10,53-3-18,53-10-27
Arai, Kenji
58-1-10,58-1-15,58-2-20,58-2-25,58-11-29,59-4-6,59-8-15,59-9-7,60-9-30,60-10-5,61-7-12
Arakawa, Tetsuro(荒川哲郎)
56-10/,57-3-21,57-3-27,57-6-2,58-11-20,58-12-22,59-6-9,59-7-17,59-12-5,60-11-28,61-2-9,61-2-15,61-7-13
Arima, Noriko
54-6-25,54-9-18,54-10-7
Arthur, Maclean. J.
32-9-7,32-9-20
Asakawa, Kanichi(朝河贯一)
36-9-29,46-7-25,65-4-30
Asano, Noriko Kobayashi
63-3-12,63-3-15
Asheim, Lester
69-6-23

Atkins, Nathaniel N.
34-3-21,34-3-23
Awano, R.
42-10-28
Ayrault, Margaret W.
56-3-15,56-3-20
埃德加·斯诺(见:Snow, Edgar)
艾尔文(见:Irwin, Richard Gregg)
艾克(见:Ecke, Gustav)
艾龙(见:Eide, Elling O.)
艾士宏(见:Eichhorn, Werner)
埃文斯(见:Evans, Luther H.)
岸本英夫(见:Kishimoto, Hideo)

B

Babb, James T.
48-2-9,60-3-9
Bailey, B. A. DeVere
33-8-11,33-8-14
Bailey, David W.
60-5-3
Baker, Margaret E.
54-4-14,54-12-1
Balazs, Etienne(白乐日)
65-12-21
Bang Han Kun
59-11-18
Barber, George G.(巴伯)
28-1-4,28-1-5,30-3-17,32-4-11,32-11-14,33-4-24,34-9-5,37-11-8,38-4-11,46-11-14
Barcus, Thomas R.
46-8-7
Barnett, Milton L.
47-7-25,47-7-30
Barrett, W. P.
47-6-9
Barton, James L.(巴顿)
28-1-4,28-1-5,30-3-17,32-4-11,32-11-14,33-4-24
Bass, Walter E.
53-6-8
Battit, David
43-10-26

Battit, N.
38-6-11,38-7-23,38/
Bau, David H.
63-5-20
Bau, Suzan T. (Mrs.)
63-7-29,63-8-16,64-4-24,64-12-30,65-3-30,65-7-9,65-9-3
Baxter, Glen William(白思达,白一平)
57-5-14,57-9-11,57-10-14,58-12-19,59-1-29,59-3-1,59-10-19,60-4-21,60-5-3,61-4-18,61-6-9,61-9-29,62-1-22,62-3-23,62-8-13,62-10-5,62-11-16,62-12-6,62-12-10,63-1-27,63-3-25日至29日,63-4-9,63-4-15,63-5-4,63-9-24,63-12-17,63-12-19,64-1-17,64-1-28,64-2-18,64-4-3,64-4-10,64-4-7,64-4-24,64-6-4,64-7-3,64-8-3,64-8-31,64-9-9,64-9-24,64-11-23,64-11-30,64-12-1,64-12-3,64-12-4,64-12-11,64-12-12,64-12-13,64-12-14,64-12-23,65-1-11,65-1-19,65-2-4,65-2-15,65-3-23,65-3-30,65-4-18,65-4-27,65-5-28,65-6-2,65-7-8,65-7-9,65-7-19,65-8-4,65-10-27,65-12-14,65-12-24日至31日,66-2-15,68-8-24,68-8-31,68-11-25,69-10-13,69-10-16,70-1-29,70-2-17,71-4-15,71-4-26,77-12-12

Bayley, Florence T.
30-12-23,31-1-13,31-2-11,34-10-11,37年3月初,37-3-10,37-3-25,37-4-22,37-5-17,37-6-15,37-6-18,37-6-24,37-7-12,37-7-13,37-7-15,37-9-27,37-10-21,37-11-15,37-11-26,37-12-10,38-4-23,38-6-11,38-6-21,38-7-23,38-12-20,40-5-13

Beal, Edwin G. Jr.
37/,43-12-4,43-12-8,43-12-16,44-5-12,44-5-17,44-6-20,44-12-13,44-12-28,45-1-18,45-1-23,45-2-22,45-3-24,45-4-3,45-5-14,45-6-6,45-7-11,45-7-13,45-7-17,45-11-3,46-8-17,47-10-14,48-12-21,48-12-31,49-1-12,49-4-26,49-10-4,49-11-8,49-11-23,50-5-5,51-1-18,51-3-7,51-8-20,51-11-20,51-12-11,52-3-4,52-4-1日至3日,52-10-30,53-5-21,53-7-15,53-7-24,54-1-14,54-1-25,54-2-2,54-2-5,54-2-11,54-2-17,54-3-4,54-3-26,54-3-31,54-4-9,54-4-21,54-4-28,54-4-29,54-5-6,54-7-9,54-9-27,54-12-4,54-12-8,55-2-9,55-11-27,56-1-10,56-2-27,56-6-16,56-6-22,56-7-1,56-7-3,56-7-6,56-7-17,56-7-18,56-7-24,56-7-27,56-7-30,56-8-1,56-8-30,56-9-5,56-9-7,56-9-15,56-9-28,56-10-1,56-10-11,56-10-19,56-11-28,56-11-29,56-12-3,56-12-13,57-1-9,57-2-28,57-3-13,57-4-2日至4日,57-5-7,57-6-26,57-7-12,57-7-26,57-10-29,57-11-14,58-1-4,58-1-15,58-1-16,58-1-24,58-3-19,59-3-5,59-4-23,60-4-12,60-4-19,60-4-20,60-5-18,62-4-18,62-5-4,62-5-9,62-5-22,62-10-16,62-10-25,63-4-8,63-4-11,63-4-29,63-8-21,64-5-26,65-2-12,65-3-25,65-3-26,65-12-21,66-3-1,69-6-23

Beals, Ralph A.
45-3-14,45-4-21,45-5-26,45-6-6,45-8-3,46-4-4,46-4-11

Bechanan, H. Gordon
58-3-28,64-2-4,65-6-25,65-7-8,66-3-8

Beda, Lim
62-10-29

Bedford, Charlotte
58-2-17,58-2-24,58-2-27,58-3-10,58-3-27,58-3-31,58-7-16,59-2-10,59-5-1,59-5-5,59-6-1,59-6-15,59-7-15,59-12-5,60/

Bee(哈佛大学)
33-8-11,33-8-15

Beech, Joseph
37-11-8

Bemis, F. Gregg
61-4-18,64-4-24,64-4/,64-5/,64-12-12,64-12-13,65-4-27,65-11-29

Beresford(明尼苏达大学)
65-9-20

Berges, William C.
57-4-29,58-4-21,58-4-24

Bernard, Richard
65-8-27,65-9-20

Berrisford, Paul
65-9-20,70-6-17

Berry, Thomas(伯利)
26/

Berry, Thomas(Mrs.)(伯利夫人)
26/

Berton, Peter
61-7-10,61-9-29,62-5-21

Beyer, Wener
62-9-30,62-10-4,62-10-14

Bielenstein, Danielle
60-9-13

Bielenstein, Hans(毕汉思)
54-12-13,55-4-22,55-5-6,56-5-1,56-6-22,60-9-13,60-10-18,60-12-5,60-12-27,61-7-24

Biggerstaff, Camilla(毕乃德夫人)
47-7-30,54-11-5,54-11-12
Biggerstaff, Knight(毕乃德)
33-8-11,33-8-15,36-6-6,36-9-29,38-12-20,39-4-29,39-5-4,39-11-2,47-7-25,47-7-30,48-4-9,54-11-5,54-11-12,55-4-11,62-1-11
Biller, Edna
32-10-27
Bingham, Woodbridge(宾板桥)
32-1-15,32-4-15,32-11-4,32-11-13,33-5-8,47-3-19,47-3-27,47-7-30,52-6-12,52-8-15
Birnbach
52-7-10,52-7-11,52-9-25
Bishop, Carl W.
34-2-28
Bishop, Enid
61-7-24,61-9-12
Black, John Donald
33-4-1
Black, Wm.
42-10-28
Blake, Robert Pierpont(白雷格)
28-7-24,28-12-14,29/,30-1-16,31-2/,31-4-8,31-5-6,31-5-18,31-5-25,31-6-28,31-10-23,31-10/,31-11-20,31-12-5,31/,32-1-6,32-1-20,32-4-11,32-5-27,32-5-28,32-7-1,32-10/,32-11-14,33-4-5,33-4-22,33-4-24,33-8-15,34-1-23,34-2-7,34-3-16,34-4-9,34-5-4,34-6-13,34-7-9,34-7-11,34-7-18,34-8-7,34-8-9,34-8-24,34-8-30,34-9-1,34-9-5,34-10-11,34-10-16,34-10-22,34-11-9,34-11-23,34-12-6,34-12-10,34-12-11,34-12-12,34-12-15,34-12-16,34-12-21,35-11-18,35/,36-3-3,36-3-9,36-3-14,37-4-22,37-5-17,37-7-15,37-11-8,46-11-14,50-5-9,64-12-30
Blakeslee, George H.
27-2/,32-3-16
Block, Donald
34-7-30
Blum, Robert
54-12-21
Boardman, Eugene
51-4-16,59-12-21
Boaz
61-7-14

Bodde, Derk(卜德)
38/,49-11-3,52-9-18
Bok, Derek C.
76年8月上旬
Boots, Bishop Logan
43-8-27,43-9-10
Borgeson, Earl C.
55-2-25,55-3-1,55-3-3,57-3-22,57-3-25,57-3-26
Bostwick, Arthur E.(鲍士伟)
33-4-28,33/
Bottrall, F. J. Ronald
60-11-28,61-2-9,61-2-15
Boud, W. Henry
63-5-6
Bougson(哈佛大学法律图书馆馆长)
60-12-30
Bowles, Gordon
48-5-29,57-4-18
Boyd, Julian P.
50-12-28
Boyden, Ronald W.(博伊顿)
27/,28-1-4,28-1-5,30-3-17
Brand
38-2-10,48-5-24,50-5-26,50-7-24
Brasch, Frederick E.
32-10-20
Bray, Elizabeth K.
43-7-6
Brewitt-Taylor, C. H.(邓罗)
31-4-8
Briggs(Mrs.)
57-8-19
Brinkley, R. C.(Mrs.)
41-10-21
Brinkley, Robert
41-10-21
Britton, Roswell S.(白瑞华)
34-6-30,34-7-6,34-7-7,34-7-9
Brock, Donald
32-10-17,32-10-19
Brothers, Edwards
47-4/
Brotherton, Nina C.

45-2-19,46-2-26,46-3-25
Brown, Charles H.
43-11-29,45-2-19,45-2-28,45-3-5,45-3-14,45-3-19,45-3-20,45-3-21,45-3-22,45-3-29,45-4-13,45-4-21,45-5-12,45-10-1,45-11-29,46-9-17,47-10-4,47-11-12,47-11-27,48-1-26,48-3-25,48-4-5,48-5-29,48-6-4,48-6-8,48-6-14,48-8-5,48-10-6,48-10-18,48-10-19,48-10-25,48/,49-1-27,49-2-9,49-2-25,49-4-7,49-5-2,49-5-10,49-5-31,49-6-17,50-3-20,50-4-7,50-5-20,50-6-2,50-6-5,50-11-14,51-1-29,51-3-7,51-3-13,51-3-28,52-1-9,52-1-14,52-1-16,52-3-28,52-4-1,52-4-2,52-4-3,53-1-6
Brown, Delmar
47-1-29,47-3-19
Brown, George Wm.
33-11-10,33-11-12
Bruce, Joan
70-1-29,71-4-13,71-4-26
Bryant, Douglas W.
47-4-10,47-4-25,47-5-2,47-5-29,47-6-14,47-6-18,47-6-19,52-9-18,52-11-21,54-2-25,54-6-11,56-6-18,56-9-27,57-3-22,57-5-13,57-7-2,57-7-9,57-7-17,57-9-11,61-6-9,61-6/,63-8-1,64-1-17,64-4/,64-5-13,64-8-3,64-12-3,64-12-12,64-12-13,64-12-30,65-3-30,65 4 18,65-4-20,65-5-29,65-6-3,66-3-22
Buck, M. G.
34-1-9
Buck, Paul H.
46-11-14,53-10-27,55-11-27,56-3-12,56-3-16,57-9-24,58-1-20,62-2-12,62-8-13,62-12-6,62-12-10,64-4/,64-5-13,64-12-30
Buenger, Karl(宾格尔)
50-9-4
Bumstead, F. M.
34-1-18
Bundy(哈佛燕京学社)
54-11-8,59-4-21
Bundy, McGeorge
59-1-18
Burke, Dustin M.
57-2-4
Burks, Ardath W.
54-12-4,54-12-8,55-1-31,55-3-21
Burns, Albert W.
47-10-23,48-10-27,49-10-24
Burton, W. D.
63-5-6
Burton, W. D. (Mrs.)
63-5-6
Buruse, Wintree
45-3-29
Buteler(柏德纳)
26-10-9
Butler, John B.
71-4-13,71-4-15
Byler, Iris
59-7-14
巴伯(见:Barber, George G.)
巴顿(见:Barton, James L.)
白乐日(见:Balazs, Etienne)
白雷格(见:Blake, Robert Pierpont)
白瑞华(见:Britton, Roswell S.)
白思达(见:Baxter, Glen William)
白一平(见:Baxter, Glen William)
柏德纳(见:Buteler)
坂卷俊三(见:Sakamaki, Shunzo)
坂野志雄(见:Sakanishi, Shio)
鲍士伟(见:Bostwick, Arthur E.)
北尾精三(见:Kitao, Seizo)
贝塚茂树(见:Kaizuka, Shigeki)
毕范宇
48-9-2
毕汉思(见:Bielenstein, Hans)
毕乃德(见:Biggerstaff, Knight)
毕乃德夫人(见:Biggerstaff, Camilla)
宾板桥(见:Bingham, Woodbridge)
宾格尔(见:Buenger, Karl)
伯利(见:Berry, Thomas)
伯利夫人(见:Berry, Thomas[Mrs.])
伯烈伟(见:Polevoy, Sergei)
伯希和(见:Pelliot, Paul)
博爱理
31-9-15
博晨光(见:Porter, Lucius Chapin)
博恒理(见:Porter, Henry Dwight)
博伊顿(见:Boyden, Ronald W.)
卜德(见:Bodde, Derk)

布多马
31-9-15

C

C, T. F.
32-4-9

C. C. Tim
48-6-2

Carlson, William K.
47-10-23,48-10-27

Carroll
59-7-15

Carter, Edward C.
32-3-29,32-4-4,32-4-15,33-4-15

Carver, T. N.
27-7-25

Castle, William R.
30/,38-2-17

Ch'ien Ta-hsin(见:钱大昕)

Cha Lincoln H.(见:查修)

Chai Yu Choi
59-5-22

Chan Shau-wing
46-12-12

Chan Wing-tsit(见:陈荣捷)

Chan, Shirley S. Y.
62-3-15

Chang
33-8-11,33-8-15

Chang Chih-yu
63-10-8

Chang Francis Y.(见:张敷荣)

Chang Fu-yung(见:张福运)

Chang Hsing-lang(见:张星烺)

Chang Hsin-pao(见:张馨保)

Chang Hwei-lan
41-4-16

Chang Shelly
61-11-30,62-11-15,63-12-16,64-12-30

Chang Yuan-chi(见:张元济)

Chang(哈佛大学)
33-8-11,33-8-15

Chang(汉和图书馆)
65-3-30

Chang, F. Y.
54-8-4,54-8-6

Chang, Kathryn
58-6-18,58-7-24

Chang, Kwang H.
35-7-23,35-7-29,35-8-28,35-8-30,35-9-3,35-9-4,35-9-14

Chang, Kwang-chih(见:张光直)

Chang, Leo
54-4-5

Chang, Lucy
60-2-10,60-3-21

Chao Feng-tien
37-11-17

Chao Yen-sheng
49-11-3

Chao, Kuo-chun(见:赵国钧)

Chao, Tse-tsung
60-5-27

Chao, Y. Q.(见:赵英琪)

Chao, Y. R.(见:赵元任)

Chapin, Helen B.
40-1-5,40-1-11,40-1-23

Chase, George Henry
27/,28-1-4,28-1-5,28-2-28,28-4-10,28-5-28,28-7-14,28-8-7,28-8-18,28-10-24,28-11-20,29-10-28,29-11-29,29/,30-1-11,30-1-22,30-1-24,30-1-28,30-3-12,30-3-17,30-11-15,30-12-23,30-12-24,30/,31-2-11,31-4-8,31-4-27,31-5-6,31-5-18,31-5-25,31-6-17,31-6-26,31-8-11,32-1-15,32-2-13,32-2-23,32-3-16,32-4-7,32-4-9,32-4-11,32-4-22,32-5-27,32-11-14,33-1-14,33-4-22,33-4-24,34-1-12,34-1-23,34-1-30,34-2-23,34-3-20,34-3-28,34-8-9,34-10-8,34-10-9,34-10-11,34-10-16,36-1-17,37-3-25,37-4-22,37-5-17,37-6-18,37-7-13,37-11-8,37-11-26,38-1-13,38-2-10,38-4-6,38-4-11,38-11-14,40-11-18,64-12-30

Chawanidchaya, Chawan.
58-5-8

Chee, C. K.
66-3-1,66-3-8

Chen

57-5-14
Ch'en Feng-hsiung
38-2-10
Chen Huang-hsun
48-8-3
Ch'en Hung-shun(见:陈鸿舜)
Ch'en Shih-hsiang(见:陈世骧)
Chen Shih-tsai(见:陈世材)
Ch'en Tan Chao-ying(见:陈谭韶英)
Ch'en Yen(见:陈衍)
Chen Yuan(见:陈垣)
Chen, C. M.
59-10-19
Chen, C. Y.(见:陈其瑗)
Chen, Charles Kwang Hsiang
63-10-24,63-11-5,64-2-16
Chen, Chih-fan(见:陈之藩)
Chen, F. T.
31-1-13
Chen, Hsing-hsia(见:陈兴夏)
Chen, Josephine T.
59-5-6,59-5-8,59-7-14
Chen, Kenneth(见:陈观胜)
Chen, Min-sun
63-5-24,65-5-24,65-5-26
Chen, Ruby S.
64-12-10
Chen, S. C.
35-2-11,35-3-26,35-3-28,35-4-5 日至 7 日,35-4-9,35-4-14,35-4-15,35-4-30,35-5-4,35-5-6,35-5-17,35-7-29
Ch'en, S. C.
48-6-7,48-8-13,49-10-24,50-5-26,50-7-21,51-2-21
Chen, S. L. Chang(Mrs.)
59-10-19
Cheng(Miss)
57-4-23
Ch'eng(Prof.)
57-4-29
Cheng, Emily H.(见:郑华)
Cheng, Hwei-Wen(见:郑慧雯)
Cheng, Paul(见:郑保罗)
Cherau, F. Gaston
53-8-18,53-10-5

Ch'i Ju-shan(见:齐如山)
Chi Kuo-liang(见:齐国樑)
Ch'i Ssu-ho(见:齐思和)
Chi, T. K.
45-3-5,45-3-6,45-6-19,45-10/
Chiang Fu-Tsung(见:蒋复璁)
Chiang Yee(见:蒋彝)
Ch'ien Mu(见:钱穆)
Chih, Y. J.(见:郅玉汝)
Chin Tieh-cheng
55-4-27,55-5-7
Chin, Isabel
46-2-26,46-4-14,46-7-25
Chiu
63-10-4
Ch'iu, Chuang-i(见:裘庄仪)
Ch'iu, Hsuan-i(见:裘宣仪)
Ch'iu, Hua-i(见:裘华仪)
Ch'iu, Lienfang(见:裘廉芳)
Ch'iu, May-i(见:裘美仪)
Ch'iu, Wang Feng(见:裘王凤)
Ch'iu, Wei-i(见:裘威仪)
Choi Hyon Pai
57-5-22
Choo Tong-He
56-5-3,56-5-21,57-2-20,58-11-20,59-12-5
Chou, I-liang(见:周一良)
Chou, S. H.
58-1-13
Chow Jui(见:周锐)
Chow, Bacow F.
34-11-1,34-11-7
Chow, Felton
44-4-21
Chow, M. E.
31-7-1
Chow(博士)
60-6-10
Christenson, Cornelia V.
63-9-19,63-10-2,63-10-4
Chu His
51-1-9
Chuang yen(见:庄严)

Chun Chu-Hwa
55-5-5,55-5-6
Chung, Clara Hui-yin(见:钟慧英)
Claflin, William H. Jr.
38-4-11,38-11-14,46-11-14
Clapp
44-12-13,44-12-28,45-2-22,48-1-26
Clapp, Verner M.
57-1-24
Clark, Edwin N.
51-11-19,54-12-8
Clark, Rosamond H.
59-4-21,59-5-11,59-6-21
Clark, Walter Ernest
30-1-6,30/,32-7-1,33-4-24,34-10-11,34-10-16,34-10-22,37-11-8,38-4-11,38-11-14,46-11-14,53-11-12
Claytor, B. A.
32-5-20
Cleason
53-8-18
Cleaves, Francis W.(柯立夫,克利夫,柯立甫)
42-10-28,46-10/,46-11-14,47-7-18,52-8-8,53-3-9,56-1-5,57-5-14,58-8-6,64-1-17,64-4-17,64-4-23,64-4-24
Clift, David H.
45-5-31,47-3-26,47-4-5,47-4-8,47-5-2,48-1-22,48-1-28,48-1-29,48-2-13,48-2-21,48-5-11,48-5-14,48-10-19,48-10-27,48-11-1,48-12-3,49-1-12,49-5-3,49-5-11,49-6-17,49-7-13,50-7-21
Coffey(哈佛大学人力资源办公室)
61-8-11
Cohen, Paul A.(孔宝荣,柯文,柯保安)
62-7-19,62-8-9,62-8-18
Cole, Arthur H.
35-6-5,41-7-3,41-7-10,54-2-19,54-2-26
Cole, William
51-10-18
Comeau
63-12-19,64-9-9,65-2-15,68-8-31,68-11-25,69-10-16
Conant
37-3-25
Coney, Donald
46-11-22,47-1-15,47-1-29,47-2-28,47-3-7,47-3-19,47-3-24,47-3-27,47-4-5,47-5-2,47-5-8,50-3-12,60-3-9,64-12-17,65-3-22
Connie
63-7-24
Connolly, John J.
54-11-24
Cook, Elmer J.(Rev.)
45-10-10,45-10-18
Cook, Frederic W.
28-1-5
Cookingham, Mary(郭美瑞)
37-4-22,37-7-12,37-7-13,37-10-21,38-6-1,38-8-26,38-10-26,38-11-10,38-11-21,38-12-14,39-1-16,39-2-17,39-11-16
Coolidge, Archibald Cary(柯立芝)
27-2-1,27-2/,27-7-16,27/,28-1-4,28-1-12,28-5-28,32-1-15,32-7-7
Copeland, Edward M.
65-9-20,70-6-17
Correia, Frank
50-10-19
Cory, John Mackenzie
46-11-14,46-11-22
Cowles, John
62-11-6,65-1-19
Cox, John Hadley
49-10-6,50-5-20
Craig, Albert M.(克雷格)
59-12-5,63-12-17,64-1-17,77-12-9,77-12-15
Craig, Florence M.
34-12-10,34-12-22,35-1-16,35-4-10,35-4-19,35-4-26,35-5-13,35-5-16,35-6-5,35-6-18,35-7-10,35-7-19,35-7-25,35-10-30,35-11-8,35-11-20,35-11-23,35-12-12
Crawford, Hanford
28-7-14
Crawford, Hanford(Mrs.)
28-7-14
Creel, Herrlee Glessner(顾立雅)
36-1-16,36-1-20,36-2-14,36-2-20,36-5-6,36-5-8,36-5-13,38-11-4,38-11-10,41-7-7,41-7-10,41-7-16,41-8-5,41-8-20,41-8-26,42-6-9,47-10-9,47-10-14,48-1-15,48-4-14,48-7-23,48-7-27,48-7-30,48-9-3,48-12-3,50-5-26,50-6-3,52-11-26,53-3-25,54-5-12,55-1-26,55-2-2,55-2-15,59-1-7,59-2-2,65-3-25

Cressaty, Margaret
39-1-17,39-1-23
Cressey, George Babcock(葛德石)
32-12-5,32-12-7,33-7-19,33-7-21,33-9-25,33-9-27,33-10-16,33-10-27
Cronin, Jone W.
58-1-20,58-1-21,58-1-24,58-1-30
Crum, William Leonard
33-4-1
Crump, James I. Jr.(柯迂儒,柯润璞)
51-4-22,51-5-17,52-11-10,53-2-5,53-2-18,56-12-27
Cumming, E. D.
33-6-1
Currier, T. Franklin
26/,27-2/,27-7-11,28-11-20,30-1-16,35-6-25
Cushing, Caleb(顾圣,顾盛,库欣)
14/
Custer, Benjamin A.
54-7-22,54-7-26,54-7-30
Cutter, Charles Ammi(卡特)
27-2/
蔡一谔
58-10-24
蔡咏春(Ts'ai Yung-ch'un)
48-10-24,49-10/,50-10-19
仓石武四郎(见:Kuraishi, Takeshiro)
曹文彦(Wen-yen Tsao)
58-3-26
长泽规矩也(见:Kikuya, Nagasawa)
朝河贯一(见:Asakawa, Kanichi)
陈宝琛
31-6/
陈澄之
64-5-19
陈尺楼
37-3-14
陈春绮
46-7-20
陈大同
77-12-10
陈观胜(Kenneth Chen)
46-11-14,48-5-3,48-5-5,48-8-3,48-8-9,48-10-14,48-10-23,48-10-27,48-11/,49-3-10,49-4-11,49-5-13,49-6-10,49-10-24,49-12-2,50-5-20,50-7-21,53-3-9,53-3-12,55-10-20,56-10/,58-1-14,58-9-22,58-11-14,59-4-16,61-1-19,75-12/
陈观胜夫人
59-4-16
陈鸿舜(Ch'en Hung-shun)
31-9-15,40-12-9,41-3-4,41-3-17,41-4-3,41-5-7,41-5-10,41-5-12,41-6-2,41-6-10,41-8-16,41-10-1,41-10-21,42-2-25,42-3-16,42-3-21,43-7-26,43-8-10,43-8-17,43-9-14,43-9-22,43-10-21,43-10-23,43-11-10,43-11-20,43-12-6,44-1-15,45-9-20,46-2-27,46-3-16,46-3-28,46-4-1,46-4-9,46-10/,46-11-22,46-11-23,46-11-30,47-8-24,47-8-25,48-1-26,48-3-19,48-5-5,48-6-22,48-9-29,49-12-2,50-7-26,56-3-5
陈晋贤
50-9-9
陈其田
40-9-21
陈其瑗(C. Y. Chen)
39-12-9
陈荣捷(Chan Wing-tsit)
56-6/,62-11-26,62-12-31,64-7-3,64-11-14,64-11-18,75-12/
陈世材(Chen Shih-tsai)
35-12-23,36-5-6,36-6-13,37/,38-6-11,38/,39-11-2
陈世骧(Ch'en Shih-hsiang)
51-6-19,51-7-6,52-9-17,52-11-26,56-6/
陈受颐
55-3-28,56-6/,75-12/
陈潭韶英(Ch'en Tan Chao-ying)
55-10-20,56-10/,58-11-20,59-12-5
陈兴夏(Hsing-hsia Chen)
63-10-1
陈衍(Ch'en Yen)
23/,53-3-25
陈垣(Chen Yuan)
28-2-10,32-1-15,33-1-14
陈之藩(Chen, Chih-fan)
55-5-15,55-5-18
陈宗登
20年春,22-1-18
程其保
48-4-10,55-4-26,55-5-1,55-5-7

程希孟
48-7-25

程蕴辉
32-2-3

崔书琴(Tsui Shu-chin)
32-10-12,53-2-3,53-2-13

D

Danton, J. Perian
52-1-14

David, Charles W.
45-3-20

Davidson, J. LeRoy
62-1-8

Davis, Arthur V.
24年春,26-5-27

De Bary, William Theodore(狄百瑞)
63-7-3,63-7-11,63-7-16

Dean
54-11-2

Dean, Hazel
61-7-14

Demiéville, Paul Henri(戴密微)
23/

Dewey, Melvil(杜威)
26/,27-2/

Dien, Albert E.(丁爱博)
61-1-11

Dong, G. L.(见:邓光禄)

Donham, Wallace B.(董纳姆)
24年春,26-6-17,26-11-12,27-7-16,27/,28-1-4,28-1-5,28-1/,28-5-28,30-3-17,30-12-24,32-2-23,32-4-11,34-8-24,34-9-1,34-10-11,34-10-16,34-11-9,37-11-8,38-4-11,38-11-14,46-11-14,50-5-16,53-7-11,64-4-24

Donnell, Samuel H.
58-5-13

Doo, Ding U(见:杜定友)

Doppelt M. J.
48-3-18,48-3-24

Downs, Robert B.
50-2-17,51-3-28,52-1-14,52-4-1日至3日

Drew, Edward Bangs(杜维德)

14/

Drew, Lucy
49-4-29

Dsang, Lincoln(张凌高)
38-2-22

Dubs, Homer Hasenplug Jr.(德效骞)
42-2-27,42-8-24,42-11-7,45-3-17,45-4-8,45-10-10,45-10-18,48-2-27,48-10-14,49-1-5

Dunlop
70-12-8,75-8-15

Dutt, V. P.
63-1-11

Duyvendar, Jan Julius Lodewijk(戴闻达)
31-7-1,35-4-11,35-4-23,39-11-2,40-2-23,40-10-29,40-12-11,40-12-28,45-12-7,46-3-27,46-4-21,61-2-2

大慈弥一博(见:Kazahiro, Ojimi)

大森丰子(见:Omori, Toyoko Cecilia)

戴密微(见:Demiéville, Paul Henri)

戴闻达(见:Duyvendar, Jan Julius Lodewijk)

戴志骞
34-10-17

德效骞(见:Dubs, Homer Hasenplug Jr.)

邓光禄(G. L. Dong)
45-11-29

邓罗(见:Brewitt-Taylor, C. H.)

邓嗣禹(Teng Ssu-yü)
36-6-6,41-7-7,41-7-10,42-6-6,42-6-9,42-7-14,42-7-16,42-8-7,42-8-18,42-12-23,42-12-30,43-1-7,43-2-1,43-2-25,43-3-10,43-4-6,43-4-22,43-6-29,43-7-23,43-7-29,43-8-5,43-12-3,43-12-14,44-10-14,44-10-16,45-5-3,45-8-27,45-9-18,45-9-20,46-4-30,47-10-14,48-1-15,48-3-8,48-3-15,48-3-31,51-7-31,51-8-8,51-10-24,51-10-31,52-4-12,52-9-17,52-9-23,53-2-3,53-2-13,53-3-4,53-9-23,53-10-2,54-10-22,54-11-3,55-10-20,56-6/,59-6-9,59-7-17,62-9-29,62-10-1,64-12-1,75-12/

邓嗣禹夫人(Teng Ssu-yü[Mrs.])
51-11-28

邓衍林(Teng Yen-lin)
46-10/,47-6-9,48-6-24

邓之诚
31-9-15

狄百瑞(见:De Bary, William Theodore)

丁爱博(见:Dien, Albert E.)

丁家立(见:Tenney, Charles Daniel)
丁绪宝
32-8-30,32-10-16
董纳姆(见:Donham, Wallace B.)
董作宾
55-3-28,56-6/
都留重人(见:Tsuru, Shigeto)
窦维廉(见:Adolph, William H.)
杜定友(Ding U Doo)
35/
杜联喆(Lienche Tu)
30-5-28,31-2-27,31-3-5,32-1-7,32-1-15,32-2-13,32-2-14,32-2-23,32-4-22,33-1-14,33-1-19,33-4-26,33-4-29,33-5-3,33-9/,33-12-28,34-1-8,34-7-9,34-7-30,34-10-20,35-8-10,43-7-12,43-8-10,51-4-22,51-4-23,52-10-30,53-6-22,53-6-26,54-7-15,54-7-30,56-9-18,58-3-19,59-2-4,59-2-11,60-12-27
杜威(见:Dewey, Melvil)
杜维德(见:Drew, Edward Bangs)
杜先生(文明书局汉口分店经理)
09/

E

Eastman, L. A.
31-8-18
Ecke, Gustav(艾克)
23/
Eckstein
57-5-14
Edgell, G. H.
48-9-29
Edison, Charles
52-5-19,53-3-9,53-12-2
Edsall, Lawrence D.
60/,61-11-30,62-11-15,63-12-16,64-12-30,65-3-30,65-7-9,65-9-3
Eggert, Dorothy M.
43-7-16,43-7-26,43-8-10,43-8-17,43-8-31,43-9-14,43-9-22,43-10-21,43-10-23,43-11-20,43-12-3,43-12-6,44-6-15,45-5-16,46-3-16,46-3-28,46-4-1,46-4-9,46-11-23,46-11-30
Eichhorn, Werner(艾士宏)
51-10-5
Eide, Elling O.(艾龙)
70-2-16,71-11-23
Eliot, Charles W.
14/
Elisséeff, Nikita
57-8-10,68-11-25
Elisséeff, Serge(叶理绥,英利世夫)
28-2-10,28/,30/,32-11-14,32/,33-4-24,34-3-9,34-7-1,34-9/,34-10-8,34-10-11,34-10-16,34-10-22,34-11-23,34-12-6,34-12-11,34-12-14,34-12-15,34-12-16,34-12-20,34-12-21,35-1-29,35/,36-1-17,36-3-9,36-3-14,36-3-20,36-4-20,36-5-13,36-10-6,36-10-29,36-12-14,37-1-1,37-3-25,37-4-14,37-4-22,37-5-17,37-6-24,37-7/,37-9-27,37-10-21,37-11-8,37-11-10,37-11-11,37-11-15,37-11-24,37-11-26,37-11-29,37-12-7,37-12-10,38-1-4,38-1-13,38-1-17,38-1-26,38-2-3,38-2-5,38-2-10,38-2-17,38-2-18,38-2-22,38-2-24,38-3-5,38-3-13,38-3-15,38-3-21,38-4-4,38-4-7,38-4-8,38-4-11,38-4-14,38-4-15,38-4-23,38-5-9,38-5-17,38-6-10,38-6-11,38-6-17,38-6-21,38-7-23,38-9-30,38-10-6,38-10-10,38-10-21,38-11-10,38-11-12,38-11-14,38-12-1,38-12-8,38-12-14,38/,39-1-16,39-2-17,39-5-15,39-7-31,39-8-8,39-10-24,39-10-25,39-11-2,39-11-13,39-11-22,39/,40-1-9,40-1-10,40-1-18,40-10-29,41-2-26,41-5-16,41-5-23,41-7-30,41-9-9,41-10-13,42-4-13,42-6-9,42-11-10,43-3-6,43-4-12,43-5-28,43-10-21,43-10-23,43-12-22,44-11-13,45-2-3,45-2-23,45-3-5,45-4-3,45-11-28,45-12-4,46-3-6,46-3-7,46-11-14,47-3-16,47-4/,47-5-29,47-10-23,47-12-15,48-3-16,48-5-5,48-6-4,48-9-29,48-11-13,48-11-23,49-4-29,49-5-13,49-6-21,49-9-27,49-10-6,49-11-14,50-5-16,50-10-30,50-11-13,50-11-27,51-11-5,52-1-28,52-3-10,52-4-29,52-10-22,52-10-23,52-11-3,52-11-26,52-11/,52-12-2,52-12-9,52-12-12,52-12-19,53-1-26,53-2-20,53-3-2,53-3-10,53-3-18,53-4-6,53-4-16,53-4-27,53-4-28,53-5-4,53-5-6,53-5-29,53-6-30,53-7-11,53-10-27,54-4-11,54-4-23,54-5-17,54-10-15,54-11-8,55-3-18,55-4-22,55-6-14,55-10-20,55-11-14,56-3-26,56-7-1,56-10/,56-11-8,56-11-28,57-5-14,57-8-10,57-8-20,59-11-6,61-2/,64-4-10,64-12-30,68-11-25,75-4-13
Elisséeff, Serge(Mrs.)(叶理绥夫人)
37-6-24,38-10-21,57-8-10,57-8-20,68-11-25

Elisséeff, Vadime
54-10-28,57-8-10,68-11-25

Elsa
58-3-20

Emerson, John Philip
52-5-9,52-9-4,52-10-2,53-6-18,58-10-24

England, George Allan
29-6-4,29-6-16,29-12-1,29-12-3

Eoyang, Thomas T.
35-9-14,35-10-14

Epp, Robert
57-11-26,58-9-11,63-7-21,63-8-1

Ernst, William B.
57-1-24,57-2-26

Eto, Shinkichi(卫藤沈吉)
64-9-30

Evans, C. A.
46-2-26,49-12-2

Evans, Luther H.(埃文斯)
63-4-18,63-4-29

F

Fahs, Charles B.
38-11-21,42-5-28,47-4/,47-9-24,47-10-6,47-10-9,47-10-23,49-4-26,49-5-9,49-6-21,49-6-24

Fainsod, Merle
64-4/,64-5-13,64-7-1,64-12-30

Fairbank, John King(费正清)
39-11-2,39/,41-10-21,43-3-6,43-11-29,43-12-22,44-10/,45-9/,46-10/,46-12-12,47-2-6,47-5-1,47-6-2,47-10-1,47-10-6,47-10-23,48-3-11,48-3-15,48-3-16,48-5-24,48-6-7,48-8-13,49-3-7,49-4-29,49-5-29,49-6-7,49-6-16,49-6-27,49-7-27,49-8-19,49-8-31,49-9-1,49-9-27,49-10-24,49-11-10,49-11-23,49-11-28,49-12-2,49-12-4,49-12-8,50-2-27,50-4-11,50-4-21,50-5-23,50-5-24,50-5-26,50-5-30,50-7-5,50-7-24,50-7-25,50-7-26,50-8-3,50-8-30,50-9-19,50-9-20,50-9-28,50-10-30,50-12-4,50-12-14,50-12-21,51-1-12,51-1-16,51-1-26,51-2-2,51-2-6,51-2-21,51-4-2,51-4-26,51-4-30,51-5-18,51-6-14,51-10-18,51-11-1,52-4-14,52-5-9,52-5-12,52-6-12,52-8-14,52-9-4,52-9-18,52-10-2,52-10-23,52-11-3,53-2-20,53-2-26,53-2-27,53-3-2,53-3-16,53-3-18,53-3-19,53-3-20,53-3-23,53-3-27,53-4-12,53-4-25,53-5-5,53-5-6,53-5-7,53-5-15,53-5-29,53-6-18,53-9-3,54-1-11,54-1-25,54-6-4,54-10-25,54-11-12,54-12-3,54-12-9,55-2-2,55-8-26,55-12-2,55-12/,56-1-5,56-3-12,56-3-16,56-5-29,56-6-8,56-6-15,56-7-3,56-7-6,56-7-11,56-11-23,57-2-20,57-2-27,57-4-23,57-5-14,57-6-19,57-7-2,57-7-9,57-7-26,57-10-29,57-12-16,58-1-4,59-1-22,58-1-29,59-12-5,60-10-13,61-1-30,62-1-22,62-10-5,62-11-6,63-1-11,63-4-29,63-5-16,63-10-24,64-1-6,64-1-17,64-8-3,64-12-3,64-12-12,65-3-30,65-4-18,65/

Fairbank, Wilma Canon(费慰梅)
42-2-3,43-12-22,46-3-7,46-3-21,46-7-17,48-4-9,48-10-6,48-10-27,63-5-16

Falk, Myron S. Jr.
51-11-29,52-1-23

Fang Hao(见:方豪)

Fang Lien-che(见:杜联喆)

Fang Wen(见:方闻)

Fang, Chaoying(见:房兆楹)

Farquhar, N.
59-11-6

Feller, Seigfried
65-9-20

Feng Kwok-ying(见:冯国英)

Feng, Han-ye(见:冯汉骥)

Feng, Paul
35-7-29,35-8-30,35-9-3

Feng, Y. T.
61-1-30

Fenn
58-4-15

Feuerwerker, Albert(费维恺)
60-3-9,60-5-9,60-5-25,60-6-10,60-6-24,63-10-2,65-7-10

Field, Bernice
60-4-14

Finnamore, M.
33-4-27

Firth, Gordon R.
52-12-8,52-12-9

Fisher, H. H.
45-3-29

Fitch, Geraldine Townsend
51-11-19
Fong(中国工程社留美分社)
35-9-4
Fong, Louis B. C.
43-4-14,43-10-1
Forbes, W. Cameron
51-10-18
Ford, Franklin L.
64-4-24,64-12-3,64-12-13,65-2-15,65-4-18,65-4-27,65-6-3,65-12-2,66-12-9,67-2-16,67-2-27,67-3-17,67-3-22
Fraenkel, Hans(傅汉思)
50-5-19,50-5-29
Franck, Marga
52-2/,52-4-1 日至 3 日,52-5-2,52-11/
Franke, Herbert(傅海波)
62-9-30,62-10-4,63-12-15,64-1-3,64-1-20,64-3-28,64-4-7
Frate, Adelaide A. Del
56-5-23
Frazer, Andrew
63-8-28
Frazier, Margaret A.
46-3-27,46-3-28,46-4-4
Freeburn, James B.
52-4-27
Frillmann, Paul W.
51-1-19,51-2-2,51-2-6,51-3-10,53-2-27
Fu An(见:傅安)
Fu Chen-chih
46-10-23
Fuchs
53-7-10
Fuchs, Florence C.
33-8-7
Fujii, Henry M.
56-3-19,56-3-22,56-4-5
Fujii, Jintaro
59-4-6
Fukuda
49-1-21,63-1-25,66-10-28
Fukuda, Naomi

63-4-30
Fung, Margaret(Mrs.)
67-5-26
Fung, Margaret C.(Mrs.)
60/,61-11-30,62-11-15,63-12-16,64-4-24,64-12-30,65-3-30,65-9-3
Fussler, Herman H.
69-6-23
范德隆(见:Loon, Piet van der)
方豪(Fang Hao)
52-4-28,52-8-12
方闻(Fang Wen)
58-11-20
房联喆(见:杜联喆)
房兆楹(Chaoying Fang)
31-2-1,31-3-4,31-3-5,31-9-15,32-1-7,32-1-15,32-2-14,33-1-14,33-4-29,34-1-4,34-1-8,34-1-25,34-7-20,34-8-8,34-10-20,35-8-10,49-8-10,49-10-15,49-11-4,52-10-30,52-12-15,55-11-30,55-12-9,55-12-13,55-12/,56-6/,56-9-18,60-12-27,63-1-11,75-12/
费维恺(见:Feuerwerker, Albert)
费慰梅(见:Fairbank, Wilma Canon)
费正清(见:Fairbank, John King)
冯大同
41-10-6
冯国英(Feng Kwok-ying)
29-12-30,30-1-5,47-7/,47-10-9
冯汉骥(Han-ye Feng)
30-1-16,31-2-11,31-4-27,31-5-18,31-5-25,31-6-17,31-6-26,31-10/,32-7-1,32-8-30,32-10-16,32-10/,32-11-10,33-8-15,33-11-10,33-11-13,34-10-20,35-2-14,35-4-5 日至 7 日,35-9-4,36-9-1,36/,37-4-22,37-6-18,37-6-24,37-7-14,37-7-15,37-11-11,37/,38-3-13,38/,43/
冯家升
45-9-20
服部四郎(见:Hattori, Shiro)
服部宇之吉(见:Hattori, Unokichi)
福尔谋
22-1-18
福永千利(见:Yanaga, Chitoshi)
傅安(Fu An)
42-3-6,42-3-9
傅高义(见:Vogel, Ezra F.)

傅海波(见:Franke, Herbert)

傅汉思(见:Fraenkel, Hans)

傅路德(见:Goodrich, Luther Carrington)

傅路特(见:Goodrich, Luther Carrington)

傅路特夫人(见:Goodrich, Luther Carrington[Mrs.])

傅寿崑

30-7-15,41-7-15,41-10-6

傅增湘

31-6/

富路德(见:Goodrich, Luther Carrington)

富田幸次郎(见:Tomita, Kojiro)

G

Gale(加州大学伯克利分校)

32-4-22

Gallagher, Marian G.(Mrs.)

61-4-21,61-4-25

Galloway, Norma(Mrs.)

63-8-28

Galt

38-12-14

Gard, Richard A.

62-5-22

Gardner, Charles Sidney(贾德纳)

27-2/,27/,31-7-1,32-4-18,32-4-20,32-7-1,33-4-5,33-4-22,33-4-24,33-10-31,34-10-11,34-10-16,34-10-22,34-11-23,34-12-6,34-12-10,34-12-14,34-12-15,34-12-16,34-12-20,34-12-21,35-4-27,36-11-5,36-11-9,36-12-5,36-12-11,37-1-1,37-4-14,37-4-22,37-5-17,37-10-21,38-2-18,38-4-8,38-5-9,38-10-10,38-10-19,38-8-11,39-11-2,39-11-16,39-11-22,39/,40-3-23,40-4-17,41-11-26,47-4/,47-10-1,48-1-28,49-1-21,63-6-14

Garrison, Lieutenant

44-12-13

Garside, B. A.

32-11-14

Gaskill, Gussie D.

32-5-25,33-6-19,33-8/,35-6-9,35-8-9,35-8-10,36-9-29,47-7-8,47-7-18,47-7-30,47-10-8,49-5-13,49-5-17,49-6-17,52-3-28,53-5-21,55-3-21

Gast, Marie

64-5-20

Gates, Jean

36-5-9,36-5-13,36-8-12,36-8-17,36-8-24,54-4-21

Gaw, Harry(见:高尚荫)

Gaylord, A. H.

34-1-27,34-2-2

Gebhard, Paul H.

60-1-26,60-3-18,60-4-18,62-3-1

Gennaro

64-12-3

Gerloff(Mrs.)

53-4-20,53-7-10

Gershevsky, Ruth Hale(Mrs.)(见:Hale, Ruth)

Gest, Guion Moore(葛思德)

30/,34-8-7,34-8-9,34-8-24,34-8-30,34-9-1,34-9-5,34-10-11,34-10-16,34-11-9,34-11-23,34-12-10,34-12-11,34-12-12

Gest, Sylvia

34-11-9

Getty, Lillian B.

39-2-10

Gibb, Thoms C.

48-4-9

Giles, Lionel(翟林乐)

31-4-8

Gillis, I. V.(吉利斯)

29-11-29,30-8-12,31-7-1

Gillis, Mabel R.

34-12-5,34-12-10,34-12-20,35-4-10,35-4-27

Gilman, Alfred Alonzo(Mrs.)(孟良佐夫人)

20-10-8

Gilman, Alfred Alonzo(Rev.)(孟良佐)

20-6-26,20-10-8

Gitler, Robert L.

52-10-22,52-11-11,52-12-2,53-6-18,57-3-21,57-3-27

Gjelsness, Rudolph H.

54-4-1,54-4-19,60-2-3,60-3-16,60-3-17,60-3-22

Glahn, Else

54-10-8

Glasscock, Elizabeth

52-1-17

Gleason, A.(Mrs.)

34-4-13

Gleason, Henry Allan Jr.

54-1-22

Golann, Cecill Paige

44-5-8,44-5-13

Goldberg

43-12-16

Goldman, Merle(Mrs.)

62-8-18

Gonyea, Margaret K.

59-1-8,59-1-23,61-1-13,63-7-29,63-8-7,63-8-16

Goodrich, Luther Carrington(傅路特,傅路德,富路德)

34-2-7,34-2-28,34-6-13,34-6-15,34-7-9,39-1-11,39-5-23,41-1-16,41-1-17,41-1-20,41-1-22,41-7-24,43-8-10,46-3-16,46-7-24,51-4-17,51-4-23,51-4-25,51-5-15,51-9-27,52-5-14,53-3-9,53-3-12,53-3-19,57-6-5,59-11-2,63-4-26,63-5-20,63-6-15

Goodrich, Luther Carrington(Mrs.)(傅路特太太)

61-11-6

Goodwin(Mrs.)

57-11-14

Gookin, Edward L.

35-6-7,35-10-7

Gordon, Elisabeth L.(Mrs.)

48-10-2

Graneek

60-12-5,60-12-27

Graves, Mortimer

28-11-24,28-12-29,31-7-1,31-11-12,31-11-16,31-11-19,32-3-3,32-3-8,32-4-15,32-4-18,32-4-20,32-5-20,32-6-2,32-6-7,32-10-20,33-1-19,33-2-3,33-10-4,33-10-10,33-10-22,33-10-27,33-10-31,33-12-2,33-12-6,34-2-7,34-2-10,34-4-23,34-6-13,34-6-15,34-6-28,34-7-6,34-7-9,34-7-17,34-7-30,35-9-13,35-9-17,37-5-21,37-11-5,38-10-6,38-10-10,38-10-14,38-10-19,38-10-20,38-10-26,38-11-10,38-11-21,39-4-15,39-4-21,39-11-16,40-2-12,41-11-26,42-8-24,42-11-7,43-3-27,43-7-7,44-2-5,44-3-10,44-4-7,45-4-25,45-5-1,48-2-19,48-2-27,48-3-1,58-5-2,58-5-5,58-6-27

Graves, Sadako K.(Mrs.)

62-11-15,63-12-16,64-4-24,64-12-30,65-6-8,65-9-3

Green, Elizabeth

33-3-20

Greene, Hachele F.

57-9-30

Greene, Roger S.(格林)

28-1-4,30-12-24,32-3-16,34-8-24,34-9-1,34-11-23,37-6-18,37-11-8,38-11-14,46-11-14

Greene, Ruth A.

49-4-15,49-6-2

Greenough, Larimer

56-2-14

Greenwood, Langdon

34-9-12,34-9-18

Grew

42-10-28

Grieder, Jerome(贾祖麟)

63-7-8

Griffith, Arthur E.

51-5-1,51-5-8

Grinstead, E. D.

63-5-15,63-6-14,63-7-8,63-7-15,63-8-1,63-11-1

Gulik, Robert H. van

64-1-3

Gutzlaff, Charles(郭实腊)

38-11-14

钢和泰(见:Alexander W. von Staël-Holstein)

钢和泰夫人(见:Alexander W. von Staël-Holstein[Mrs.])

高濑保(见:Takase, Tamotsu)

高麟英(Lin-ying Kao)

47-4-2,47-5-13,47-6-10

高梦旦

20年夏

高全惠星(Chun Hesung Koh)

52-11/,53-10-27,55-5-2,55-5-4,55-10-20,56-8-23,56-10-25

高尚荫(Harry Gaw)

34-11-1,34-11-7,34-11-17,35-2-14,35-2-18,35-3-26,35-3-28,35-4-5日至7日,35-4-19,35-4-30,35-5-2,35-5-4,35-7-29

高学中

35-10-14

高英茂(Kau, Yinmao)

64-12-11

戈鲲化(Ko, K'un-Hua)

14/

格林(见:Greene, Roger S.)

葛德石(见:Cressey, George Babcock)
葛受元(Andrew Son Yuen Ko)
30-3-18,30-3-20,30-3-28,30/,31-7-1,32-7-1,34-11-14,34-11-19
葛思德(见:Gest, Guion Moore)
耿靖民(Jin-min Ken)
39-7-18
宫常石(见:Tsuneishi, Warren T.)
宫本
58-2-16
宫内泰子(见:Miyanchi, Yasuko)
龚礼贤(Kung Li-hsien)
31-10-23
顾敦鍒
75-12/
顾家杰(Chia-chieh Ku)
49-1-12,49-5-3
顾颉刚(Ku Chieh-kang)
31-9-15,31-10-23,32-2-3,33-1-14,47-6-18
顾立雅(见:Creel, Herrlle Glessner)
顾圣(见:Cushing, Caleb)
顾盛(见:Cushing, Caleb)
顾廷龙(Ku Ting-lung)
32/,35/,37/,38/,39-10-25,39-10/,41-5-23,41-12-30,43-10-21,45-9-20,46-3-16,46-3-19,46-11-22,47-4-5,47-4-10,47-6-18,48-5-11
顾慰华(Walter Ku)
55-4-18,55-5-16,55-6-7
关富权
38-12-20
关瑞林
30-7-15,37/,38/,41-7-15
关延庚
41-10-6
桂质柏(John C. B. Kwei)
20年春,22-6-24,26-10-5,26/,27-7-11,30-1-6,30-2-4,30-2-12,30-4-19,45-11-29
郭葆昌(见:郭世五)
郭秉文
26-10-5
郭大维
54-5-10
郭华骏
20/
郭君(郭世五哲嗣)
59-3-18
郭美瑞(见:Cookingham,Mary)
郭实腊(见:Gutzlaff, Charles)
郭世五(郭葆昌)
59-3-18
郭廷以(Tsing-I Kuo)
64-9-14

H

Haagen, Cordelia L. (Mrs.)
45-3-19,45-5-3,45-5-4,52-6-7,52-6-30,52-8-14,52-11-6,52-12-4,53-2-2,53-3-9,53-3-12,53-4-1,53-10-7,53-10-16
Haberler G.
42-10-28
Hackett, Roger
52-10-23
Hagerty, Michael J.
27-8-17,42-11-10
Hague, Hilda L.
38-1-13,38-4-14
Hahm, R. C.
43-10-26,45-10/
Hale, Ruth
45-3-21,48-9-28
Hall
48-1-28
Hall, Ardelia
38-3-13
Hall, Charles Martin
14-12-27,24年春,25-9-10,26-5-27,26-6-17,26-11-12,27/
Hall, G. K.
48-11-13,49-5-31,51-3-7,51-5-10,52-11-26,70-2-16
Hall, John W.
51-11-16,53-2-12,53-2-18,53-2-23,54-1-16,54-1-30,54-3-31,54-5-5,54-5-10,54-5-17,60-2-3
Hall, Robert B.
48-9-3,56-9-19,56-10-5
Hamilton, Charles E.

39-11-30,49-12-5,49-12-27,50-5-8,50-5-16,50-9-9,51-2-9,51-3-23,51-8-8,53-3-18,53-3-25,53-4-21,53-7-15,54-8-12,54-8-19,54-9-13,54-9-17,54-9-20,54-9-27,54-11-26,55-1-28,55-2-18,55-2-28,55-3-21,55-11-27,55-12-17,55-12-21,56-1-16,56-10-26,56-11-29,56-12-13,57-2-26,57-6-30,58-4-3,59-2-4,59-2-11,59-5-6,59-5-8,59-6-23,61-5-24,63-4-29,63-10-30,63-11-12,65-3-22,66-2-21,66-2-24,66-3-1,66-3-22

Hamilton, Clarence Herbert
47-4/
Hamilton, Maxwell M.
32-1-6
Han
32-4-18
Han Wookeun(韩沰功)
61-11-30
Han, T. C.(见:韩德章)
Handy, E. S. Craighill
33-1-19
Hanson, Anna M.
45-2-19,45-2-22
Har, K. D.
28-11-20
Hara(日本文光堂书店)
60-9-30
Hardy, May G.
54-5-12
Harrington, Frank
37-6-18,38-6-11,38/,39-11-2,41-10-21,42-10-28
Harris, George J.
28-8-18
Harrison
56-12-27
Hart, Henry H.
47-10-23
Haskell, Paul
43-10-26,52-1-28,52-2-12
Hatsukade, I
60-8-22,60-12-13
Hattori, Shiro(服部四郎)
55-12-17
Hattori, Unokichi(服部宇之吉)
14/,16/

Hawkes, David
62-4-18
Hawley, W. M.
44-3-10
Hay, Stephen
65-4-9
Haynes, R. H.
46-3-27,58-3-26
Healy, Aliec M.
27-12-13
Henderson, Gregory
52-8-14,54-4-11,54-4-23,54-8-11,56-3-10,56-3-26,59-4-6,60-12-21
Hensley, Richard G
35-7-19
Hepburn, Dollie B.
51-5-25,51-6-12
Herrick, Mary
60-4-14
Hetherington, P. B.
73-1-4
Heyl, Lawrence
50-12-28
Hibbert
59-12-5
Hibbett, H. S.
52-1-28,58-12-10,61-1-30,62-1-22,62-10-5,64-1-6,64-1-17
Hickey, Charles D.
56-9-18,56-9-27
Higgins, Doris F.
46-8-5
Hightower, James Robert(海陶玮)
46-11-14,49-11-10,49-11-23,53-1-13,57-5-14,57-10-14,59-12-5,61-1-30,61-1/,62-1-22,62-10-5,63-1-11,63-11-16,64-1-17,64-2-28,64-8-3,64-12-3,64-12-12,64-12-30,65-3-30 ,70-2-17
Hill, Elizabeth
38-11-16,38-11-18
Hills, Sophie C.
40-7-11
Hirabayashi, Yasuhito
54-4-26,54-5-19,54-5-24,55-6-3

Hiraga, Yoshihiko(平贺义彦)
52-10-10,52-10-14
Hirosato, Iwai(石井大慧)
56-3-26
Ho Kuo-liang
41-11-21
Ho To-yan(见:何多源)
Ho, Jane
59-1-8,59-1-23
Ho, Marion
57-4-5,57-4-23
Ho, Phillip W. J.
58-8-14,59-5-20
Ho, Ping-ti(见:何炳棣)
Ho, Yi In
61-1-16
Hodous, Lewis
39-2-11
Hofer
59-3-9
Hofer, Philip
63-6-14
Hofman, G.
48-2-19,48-2-27,53-4-20
Holland, William L.
57-3-19
Holmes, Donald C.
48-5-7,51-1-9
Holt, John W.
47-9-9
Holzman
54-4-29
Hook, Florence H.
35-6-25
Hopp, Ralph H.
65-4-8,65-9-20,65-12-21,66-4-15,66-6-28,67-5-26,67-6-1,70-6-17
Hoppe, Frederick W.
42-10-28,43-10-26
Hopper, B. C.
32-10-12,32-10-14
Horioka, Chimyo
55-1/,56-10/,56-11-28,58-11-20,59-12-5,60/,61-11-30,62-11-15,63-4-15,63-12-16,64-12-30,65-3-30,65-9-3
Hornbeck, Stanley Kuhl(亨培克)
27-2/,28-5-28
Hostetter
51-4-28
Hou Jen-Chih(见:侯仁之)
Hou, Hsieh Sheng
61-8-22
How, Julie Lien-ying(见:夏连荫)
Howard, S. F.
37-12-2,38-1-17,38-1-20,38-4-6
Hsiao, James(见:萧镜汝)
Hsiao, Y. E.
32-7-23,34-1-5,34-1-6,34-1-8,34-2-6,34-2-23
Hsieh(国会图书馆法律部)
63-4-29
Hsieh, C. K.
57-4-28
Hsieh, Winston Wen-sung(见:谢文孙)
Hsü Cho-yün(见:许倬云)
Hsu Shih-chang(见:徐世昌)
Hsu Ti-shan(见:许地山)
Hsu Ying-chong
47-11-30,47-12-31,48-1-5,48-1-31,48-2-24,48-3-3,48-3-20,48-4-7,48-5-12,48-5-14,48-5-20,48-5-22,48-6-28,48-6-29,48-7-7,48-7-8,48-7-22,48-8-9,48-8-17,48-9-3,48-9-9,48-9-27,48-10-5,48-12-23,49-3-23,49-5-13,50-5-20
Hsu, Chia-pi(见:徐家璧)
Hsu, James Chia-ling(见:徐家麟)
Hsu, Liang(见:徐亮)
Hsu, Theodore E.
35-9-4
Hsu, Yu-shou(见:徐有守)
Hu Shih(见:胡适)
Hu Thomas C. S.(见:胡庆生)
Hu, David
64-5-6,64-5-7
Hu, William C. C.
65-7-30
Hu, William Yen Chen(见:胡延钧)
Hua(Mrs.)

60-1-20

Huang Hui-chun(见:黄惠春)

Huang Pei(见:黄培)

Huang Su-Lee C.(Mrs.)
63-12-16,64-12-30

Huang, Jean Chowu
54-6-11,55-4-25,55-4-26,55-5-7

Huang, Julius Hsin-hui(见:黄星辉)

Huang, M. H.
69-10-13,69-10-16

Hudson, Shirley Duncan (Mrs.)
55-7-22,58-2-14,58-5-2,58-5-5,58-5-14,58-6-27,59-4-17,59-4-28

Huff
38-6-11

Huff, Elizabeth
47-1-15,47-2-28,47-3-7,47-3-19,47-3-24,47-4-5,47-4-10,47-4-25,47-5-2,47-5-8,47-5-29,47-6-18,49-4-7,50-12-21,51-3-28,51-4-16,51-8-8,51-9-26,52-4-1 日至 3 日,52-10-28,53-3-25,53-4-21,54-7-22,57-4-29,58-2-12,58-3-21,58-4-21,58-4-24,58-5-20,59-2-4,59-2-11,59-5-6,62-5-9,65-3-22,65-3-25,65-3-26

Hughes, Ernest Richard(修中诚)
48-6/

Hughes, M.
51-5-31

Hulsewé, Anthony F. P.(何四维)
55-8-12,61-2-2,64-11-19,64-11-25

Hume, Edward H.(胡美)
38-4-11,38-11-14,39-4-23,39-4-25,39-4-30,39-7-11,39-7-13,39-7-17,39-8-10,43-8-14,43-8-19,44-10-31,44-11-6,44-11-8,46-11-14,47-1-6,47-2-24

Hume, Samuel J.
47-1-6,47-3-10

Hummel, Arthur William(恒慕义)
31-7-1,32-4-15,32-4-18,33-4-24,33-10-10,33-10-23,34-5-22,34-12-5,34-12-10,35-12-10,35-12-23,36-8-17,38-12-9,39-1-18,39-5-6,39-5-9,39-8-14,39-8-17,39-12-4,39-12-9,40-1-13,43-3-29,43-5-28,43-12-22,43/,45-2-3,45-3-5,45-3-6,45-4-3,45-10/,47-8-4,48-4-9,48-4-14,48-5-7,48-10-25,48-12-21,48-12-31,49-1-27,49-4-7,49-5-17,49-6-17,49-7-7,49-8-12,49-8-22,49-8-30,49-11-3,49-11-4,50-5-5,51-1-9,51-1-12,51-1-18,51-3-28,52-4-1,52-4-2,52-4-3,52-8-8,53-1-6,53-6-8,53-7-24,54-1-14,54-2-5,54-3-24,54-5-26,57-2-28,58-5-27,60-12-27

Hummel, Arthur William Jr.
53-5-20,58-5-27

Hung, Theresa Chou
58-1-16,58-1-20,58-2-5,58-4-23,58-4-25,58-4-26,58-4-30,58-10-11,59-8-6,59-10-7,59-10-9,59-12-5,60-1-5,60/

Hung, William(见:洪煨莲)

Hung, William(Mrs.)(见:洪煨莲夫人)

Huntington, Fumiyo I.
61-11-30,62-11-15

Hurrell
65-3-31

Hutchins, Francis S.
40-1-19,40-1-25,57-2-22,57-3-11

Hwang, Hanson F. S.(见:黄汉生)

Hwang, Josephine(见:黄景星)

海士芬
40-3-30,40-5-13

海陶玮(见:Hightower, James Robert)

韩德章(T. C. Han)
34-6/

韩良臣
20/

韩沽功(见:Han Wookeun)

何炳棣(见:Ping-ti Ho)
53-9-19,53-11-11,53-12-21,53-12-26,54-2-20,54-2-24,54-3-1,54-3-12,54-6-29,55-1-14,55-2-21,55-3-22,56-1-5,56-2-1,56-2-19,58-5-20,58-5-27,63-7-1,75-12/

何多源(Ho To-yan)
41-2-26,41-4-5,41-4-29,41-5-5,41-5-20,41-5-28,41-6-3,41-6-11,41-6-24,41-6-25,41-6-28,41-7-7,41-7-12,41-7-30,41-9-9,41-10-7,41-10-13,41-10-21,41-11-3,51-2-2,51-2-9,51-4-6,51-4-30,51-5-2,51-5-9,51-6-7

何廉
55-3-28,55-4-30,56-6/

何四维(见:Hulsewé, Anthony F. P.)

河敬德
62-1-8

贺光中
60-4/,61-8-11

贺麟
30-7-18

亨培克(见：Hornbeck, Stanley Kuhl)

恒慕义(见：Hummel, Arthur William)

洪煨莲(洪业, William Hung)
28-1-12,28-2-10,28-2-28,28-4-10,28-5-28,28-7-14,28-8-7,28-8-18,28-11-20,28-11-30,28-12-14,28/,29-4-1,29-4-5,30-1-6,30-1-16,30-11-15,30-11-18,30/,31-1-13,31-2-1,31-2-11,31-2/,31-4-8,31-5-18,31-5-25,31-6-28,31-9-15,31-10-6,31-10-7,31-10-23,31-11-12,31-12-25,31/,32-1-15,32-4-1,32-6-4,32-10/,33-1-14,33-4-24,33-9/,34-3-9,34-3-12,34-5-4,34-7-1,37-4-14,37-4-22,37-10-21,37-11-8,37-11-24,37-12-10,38-1-13,38-2-5,38-2-10,38-2-18,38-2-22,38-4-4,38-4-7,38-4-14,38-6-10,38-7-23,38-8-26,38-9-1,38-10-6,38-10-26,38-11-14,38-12-8,38-12-14,39-1-16,39-3-15,39-4-12,39-10/,39-11-22,39/,40-1-18,40-2-28,40-3-23,40-4-17,40-5-13,40-9-21,41-3-4,41-5-10,41-5-12,41-5-16,41-6-2,41-8-16,41-10-21,46-2-27,46-6/,46-7-15,46-10/,46-11-14,46-11-22,46-12-12,46-12-20,47-1-6,47-3-10,47-5-2,48-10-6,48-10-27,50-7-26,51-2-9,52-9-17,52-11/,53-3-9,53-7-10,53-7-31,55-1-26,55-3-28,56-1-5,56-6/,57-5-14,70-12-8,71-4-13,71-4-15,75-8-15,75-12/

洪煨莲夫人(William Hung [Mrs.])
28-7-14,46-7-15

洪业(见：洪煨莲)

侯仁之(Hou Jen-Chih)
51-2-21

侯如埔
61-8-22

胡登元夫人
46-3-16

胡教授
36-11/

胡美(见：Hume, Edward H.)

胡庆生(Hu Thomas C. S.)
20年春,20年夏

胡适(Hu Shih)
50-12-15,51-1-9,51-5-18,51-9-27,51-11-19,52-5-14,54-10-28,55-3-28,55-5-15,56-6/

胡延钧(William Yen Chen Hu)
48-8-31,48-9-22,48-10-19,48-11/

华莱士(见：Wallace, Henry Agard)

华乐(见：Waller, M. L.)

荒川哲郎(见：Arakawa, Tetsuro)

黄宝铭
41-10-6

黄德宾
22-1-18

黄夫人
46-3-16

黄汉生(Hanson F. S. Hwang)
41-6-3,41-6-24,41-6-28,41-9-9,41-11-3,64-6-25,64-7-17

黄惠春(音译, Huang Hui-chun)
23-7-1

黄景星(Josephine Hwang)
60-6-22,60-7-20

黄培(Huang Pei)
62-3-28,62-9-29,62-10-1

黄维廉
48-7-15

黄伟楞
20年春,22-1-18

黄星辉(Julius Hsin-hui Huang)
34-5-16,34-5-22,34-10-20,35-6-7,35-11-1,49/,50-7-21,50-8-19,50-12-4,51-1-19,51-2-2,51-2-6,51-2-14,51-2-21,51-3-10,51-4-11,51-5-8,52-11-3,56-10/,57-9-23,57-11/,58-1-1

黄延毓
41-2-26,41-4-29,41-6-11,41-6-25,41-7-7,41-7-12,41-7-30,41-9-9,41-10-13

黄延毓夫人
41-4-5,41-4-29

黄育贤
30-5-30

霍佛
59-3-18

I

Ichikawa, T.
49-9-27,51-5-26,51-7-6,51-9-3,51-9-19,51-12-3,52-9-30,52-11-21,53-2-24,53-3-6,54-12-16,55-3-16,55-4-23,55-5-27,55-8-29,56-1-10,56-2-25,56-3-7,56-7-2,56-7-11,57-1-18,57-3-21

Ichiko, Chuzo
56-5-29
Iijima(《朝日新闻》)
55-4-20
Inada, Hide
55-11-9,57-4-18
Ingalls, Daniel H. H.
56-12-3,57-3-26,63-12-19,64-4/,64-8-3,64-12-3,64-12-12,64-12-30,65-3-30
Inoue, Kyoko
57-8-3,57-10-30,57-11-20,57-11-26,57-12-9
Inouye, Zuiken(井上瑞见)
57-11/,58-11-20,61-9-29
Irick, Bob
66-3-22
Irwin, Richard Gregg(艾尔文)
49-6-10,49-10-15,49-10-25,49-11-4,49-11-25,49-12-2,49-12-16,49-12-28,50-1-6,50-1-18,50-1-29,50-2-7,50-2-26,50-4-3,50-4-6,50-4-10,50-5-3,50-5-10,50-5-12,50-5-19,50-5-29,50-10-14,51-2-9,51-2-21,51-3-23,51-7-4,51-7-20,51-8-8,51-10-2,52-3-10,53-3-18,53-3-25,53-4-21,53-5-21,54-1-14,54-5-10,54-6-2,54-6-9,55-2-18,55 3 1,55 3-4,60-7-29,65-3-22
Ishikawa, Tadao
56-10-24,56-10-26,56-11-20,56-12-12
Isobe, Shigeharu(矶部重治)
59-4-21,59-12-5,59/,60-3-9,60-3-22,60-12-30,60/,61-1/,61-4-28,61-7-12,61-11-30,62-1-17,62-8-2,62-11-15,63-2-26,63-5-29,63-12-16,64-4-24,64-6-5,64-12-30,65-1-22,65-3-23,65-3-30,65-9-3,65-10-27
Isoda, H.
53-12-24,53-12-31
Itasaka
63-12-19
Iwamuro, Yoshiaki
53-2-12,53-2-21,53-3-16,53-3-18
Iwano, Fumiyo
58-11-20,58-12-1,59-11-6,59-12-5,60-2-15,60-2-19,60-2-25,60/,61-1-11
Iwano, Shin-yu
60-11-23,60-12-2,61-1-11,61-5-1

J

Jackson, William A.
53-3-12,53-3-19,63-3-8
Jansen
52-9-4
Jansen, Marius B.
49-4-26,54-1-14,54-2-17,61-4-21,61-5-15
Jao, Yu-wei
53-3-27,53-5-6,53-6-18
Jay, Donald
69-2-20
Jodai(西蒙斯大学)
59-6-21
Johnson, Homer H.
24年春,26-5-27,26-6-17,26-11-12,30-3-17
Johnson, Janet
50-11-21
Johnson, R. B.
35年10月中旬,39-4-5
Jones, Joseph
52-11/
Jones, Virginia Lacy(Mrs.)
54-4-1,54-5-5,54-5-10
Jones, Wellington D.
32-4-11,32-4-15
Jung Keng(见:容庚)
Jung, Angela Chih-ying(见:荣之颖)
Jung, Yuan(见:容媛)
矶部重治(见:Isobe, Shigeharu)
吉川幸次郎(见:Yoshikawa, Kojiro)
吉利斯(见:Gillis, I. V.)
吉野源三郎(见:Yoshino, Genzaburo)
季志仁(John T. J. K)
51-11-22,51-12-14
贾保罗(见:Kramers, Robert Paul)
贾德纳(见:Gardner, Charles Sidney)
贾祖麟(见:Grieder, Jerome)
间宫富士(见:Mamiya, Fujio)
简又文
64-11-24
蒋复璁(Chiang Fu-Tsung)
31-7-1,35/,39-7-2,39-7-10,39-11-2,48-7-15,49-2-9,51-10-2,77-12-10

蒋廷黻(T. F. Tsiang)
51-5-9,51-11-19
蒋彝(Chiang Yee)
58-1-5,59-3-9,59-3-18,62-6-11,62-7-13,62-8-2,75-12/
金昌集(见:Kim Chang Chip)
金村繁(见:Kanamura, Shigeru)
金梁
38-12-20
金能旺
60-9-12,60-9-16,60-9-23
金森德次郎(见:Kanamori,Tokujiro)
金圣河(见:Kim, Sungha)
金宗顺(见:Kim Chong-Soon)
荆磐石
52-5-9,56-2-21,58-2-11,58-2-16
井上瑞见(见:Inouye, Zuiken)

K

K, John T. J.(见:季志仁)
Kahler, Mary Ellis(Mrs.)
60-5-13
Kai, Miwa
56-1-16,58-4-3,60-2-25,65-4-2,65-4-15
Kaizuka, Shigeki(贝塚茂树)
59-10-13
Kan Lai-bing
63-5-29,63-6-6,63-7/
Kanamori, Tokujrro(金森德次郎)
54-11-19,54-12-16,54-12-18
Kanamura, Shigeru(金村繁)
55-3-8,55-8-1,55-8-6,55-8-12,55-8-31,55-9-20,55-10-13,55-10-20,56-1-10,56-8-1,56-8-13,56-8-23
Kaneko, Hideo
60-10-16,60-12-20,61-2-6,61-3-21
Kano, Toshio
54-7-22,54-8-24,54-9-10
Kao, Lin-ying(见:高麟英)
Karlgren
54-10-8
Karsner, Loran P.
72-6-26
Kashiwagi, Akira

54-6-25
Kataoka, H.
52-10-14,52-11-8,52-12-27,53-1-26,53-2-9,53-4-6,53-5-4,53-5-13
Kates, George
51-2-21
Katoh, Takeko N.
57-8-13
Katz, Bill
63-4-30,63-6-4,63-6-12,63-6-14
Kau, Yinmao(见:高英茂)
Kawaguchi, Ai M. K.
62-1-23,64-6-4
Kayama, Yutaka
61-11-30,62-11-15,63-12-16,64-12-30,65-3-30,65-7-9,65-9-3
Kazahiro, Ojimi(大慈弥一博)
52-10-10,52-10-14
Keitaro, Amano
32-12-31,33-2-4
Keller, Carl T.
32-4-11,32-11-14,33-4-24,34-10-16,37-11-8,38-4-11,38-10-21,38-11-14,46-11-14
Keller, Dorothy
45-5-3,47-5-1,49-4-25,54-5-7,55-4-29,55-5-7
Ken, Jin-min(见:耿靖民)
Kendall(Mrs.)(加州大学伯克利分校东方语言系秘书)
47-3-7
Kennedy, George A.
39-5-23,39-6-20,44-2-24,46-7-25,48-1-28,48-5-11,49-4-14,58-5-5
Keppler
51-1-12
Kiang, T. H.(Mrs.)
30/
Kikuya, Nagasawa(长泽规矩也)
63-1-11
Kim Chang Chip(金昌集)
56-12-27
Kim Chong-Soon(金宗顺)
56-9-18,57-2-26,57-4-10
Kim Junghi Suk(Mrs.)
60/,61-11-30,62-11-15,63-12-16,64-12-30,65-3-30,65-

9-3

Kim Kye Suk

62-11-9

Kim Mun-gyong

63-1/,64-5-14

Kim Seung Moon

57-11-8

Kim(Miss)

59-12-15,60/

Kim(Were 博士的助理)

61-9-29

Kim, Choi Namhi(Mrs.)

61-11-30,62-11-15,63-12-16,64-4-24,64-12-30,65-7-9

Kim, Sungha(金圣河)

53-9/,54-10-15,55-10-20,58-1-20,58-1-23,58-2-17,58-6-19,58-7-22,58-7-23,58/,59-12-5,60-1-20,60/,61-9-20,61-11-30,62-1-8,62-7-2,62-8/,62-11-3,62-11-9,62-11-15,63-12-16,64-5-14,64-6-4,64-6-5,64-12-30,65-3-30,65-9-3,65-10-15,65-10-27

Kim, Young C.

62-3-7

Kim, Young Ran

61-3-22

King(杭州丁先生)

31-5-25

King, Myra Yin-Suan

51-2-28,53-3-30,53-4-10,53-4-21,53-5-6,53-5-20

Kinn Yong Guk

61-10-16,62-7-2

Kinoshita(Mrs.)

57-4-8

Kipp(哈佛大学图书馆馆长助理)

49-1-5,50-10-19

Kipp, Laurence J.

61-10-5,61-10-10

Kishimoto, Hideo(岸本英夫)

30/,31-7-1,32-11-14,33-4-5,34-7-11

Kitao, Seizo(北尾精三)

55-11-5

Kitera, Seiichi

59-2-11

Kiuchi, Tamio(木内民夫)

65-4-14

Knight, Francis P.(赖特)

14/

Ko, Andrew Son Yuen(见:葛受元)

Ko, K'un-Hua(见:戈鲲化)

Kobayashi, Jitsuya

61-1-16,61-3-8,61-3-23,61-4-12,61-6-21,61-6-27,62-1-8,63-3-28,63-10-2,63-12-19

Kobayashi, Noriko

61-7-14

Koerner, Frau

56-3-10,56-3-26

Koh, Chun Hesung(见:高全惠星)

Koide, Fumiko(小出富美子)

62-5-16

Kojima, S.

54-11-19

Koloynehi, Chinyoho

52-6-24

Koo, T. K.

46-3-21,46-11-23,48年9上旬,50-12-21,51-1-14,51-4-23

Koo, T. Z.

35-8-30,35-9-3

Kountz, Albert G. Jr.

44-2-17,45-5-21

Kozaki, Kaz

53-3-16,53-3-18,55-3-8

Krader, Ruth

51-10-2,55-2-16,55-4-25,56-11-15,58-4-3,58-12-10,61-4-21,63-1-25,64-6-4

Kramers, Robert Paul(贾保罗)

50-4-4

Krueger, Ruth

52-2-23

Ku Chieh-kang(见:顾颉刚)

Ku Ting-lung(见:顾廷龙)

Ku, Chia-chieh(见:顾家杰)

Ku, Jiu

32-5-25,32-12-2

Ku, Walter(见:顾慰华)

Kumatsu, Tadatoshi G.

54-2-25

Kung Li-hsien(见:龚礼贤)

Kung Te-Ta
56-2-22,56-3-11
Kung(福州龚先生)
31-5-25
Kuo
38-8-26
Kuo, Richard
35-5-17,35-7-29
Kuo, Tsing-I(见:郭廷以)
Kuraishi, Takeshiro(仓石武四郎)
Kuroda, Andrew
55-12-17,55-12-21,56-1-16,56-7-17,56-9-7,56-9-15,
56-10-1,56-10-22,57-1-9,57-8-22
Kuwabara, Zensaku
65-4-30,65-5-7
Kwak, Carl Chungsoon
42-5-16
Kwei
44-10/
Kwei, John C. B.(见:桂质柏)
Kwok, Michiko
65-4-9
Kwok, Michiko H.(Mrs.)
59-12-5,60/,61-11-30,62-11-15
卡特(见:Cutter, Charles Ammi)
柯保安(见:Cohen, Paul A.)
柯立夫(见:Cleaves, Francis W.)
柯立甫(见:Cleaves, Francis W.)
柯立芝(见:Coolidge, Archibald Cary)
柯润璞(见:Crump, James I. Jr.)
柯文(见:Cohen, Paul A.)
柯迂儒(见:Crump, James I. Jr.)
克雷格(见:Craig, Albert M.)
克利夫(见:Cleaves, Francis W.)
孔宝荣(见:Cohen, Paul A.)
库欣(见:Cushing, Caleb)

L

Lacy, Mary G.
34-4-17,34-4-23
Lai, Yung-hsiang(见:赖永祥)
Laird, Catherin
39-5-23,39-5-24,39-5-29,39-6-2
Lam, L. P.
47-8-7
Lam, Truong-buu
64-8-3
Lancour, Harold
50-3-20,50-4-4
Lane, Richard
54-4-4,54-4-9
Lane, W. C.
28-11-20
Langdon, Frank C.
55-4-22,55-5-6,55-6-14,56-5-1,56-6-12,56-6-22
Langer
65-4-27
Larson, Emily T.
27-12-5,27-12-9
Latourette(耶鲁大学)
32-3-8
Latte-Simon, H. M. G.
42-6-6,42-6-9,42-10-28
Lattimore, Owen(赖德懋)
33-11-22,33-11-23,33-11-24,34-2-28,34-3-2,34-3-14
Lau, K. S.
60-2-25,60-3-1
Laufer, Berthold(劳费尔)
28-12-29,33-8-14,33-9-8,33-9-15,33-11-29,34-11-23,
36-7-31
Leach
50-12-4
Leavens, Diokson H.(Mrs.)
61-2-13
Lee Chik-fong(见:李直方)
Lee Hsing-ya
55-10-27
Lee Ruey-Shuang(见:李瑞爽)
Lee Wei-Ming
62-5-11
Lee Wei-Ming(Mrs.)
62-5-11
Lee, Cecilia
64-4-6,64-4-8
Lee, Chang Suk

58-7-11
Lee, Din-yi(见:李定一)
Lee, Johnson G. S.(见:李继先)
Lee, K. K.
41-7-3,41-7-15,41-7-28,41-10-9
Lee, Lorraine Chen-yi
61-3-20
Lee, Weiting
40-6-14,40-9-24,40-10-5,41-2-3,41-12-11
Leonard, Agatha
65-1-18
Leong Sow Theng(见:梁肇庭)
Leowenthal, Rudalf
50-9-4
Lessing, Ferdinand D.
36-1-6,36-9-29,39-7-18,56-3-10,56-3-26
Leupp, Harold L.
27-8-17,34-12-19,35-6-26,35-7-3,35-7-9,35-7-27,35-8-2,35-12-27,36-1-9,38-11-1,45-3-21,46-8-5
Levedag, Werner
50-6-3,50-8-15,50-9-10,50-9-20,50-10-3,50-10-27,50-11-22,50-12-5,50-12-13,50-12-29,51-1-2,51-1-5,51-1-22,51 1 28,51-2-20,51-2-28,51-4-18,51-4-29,51-5-8,51-5-10,51-5-13,51-6-7,51-10-8,51-12-17
Levenson, Joseph Richmond(李文森,勒文森,列文森)
50-12-21,51-1-16,51-2-2,51-2-6,51-2-9,51-3-10,51-4-2,51-4-6,51-4-16,51-4-30,51-5-2,51-5-9,51-6-7,51-6-14,51-7-31,51-10-18,53-3-2,53-3-19,59-12-12
Levis, Irene
42-2-23,42-3-4
Lewis, John. W.
64-12-11
Li An-che(见:李安宅)
Li Choh Ming(见:李卓敏)
Li Fang-kuei(见:李方桂)
Li Lin-ts'an(见:李霖灿)
Li Shu-ch'un(见:李书春)
Li Ta-wen
61-11-30,62-11-15
Li, Augustine F.(见:李芳馥)
Li, Chien-nung(见:李剑农)
Li, Kuan-I(见:李观仪)
Li, P. C.(商务印书馆香港办事处)

47-10-4,47-10-14
Li, Wen-pei
56-4-26,56-5-2
Liang Hece
47-5-10
Liang, S. Y.(见:梁思永)
Liao, Lydia K. M.
61-1-17
Libby, Willard F.
63-3-8
Liebenthal, Walter
53-3-12
Lieberman, Irving
61-4-21,61-4-25
Lim Boon Keng(见:林文庆)
Limb, Col. Ben C.
55-3-28,55-4-22,55-4-28,57-1-29,57-2-19
Limm Paul
43-10-26
Lin, Joh H.
56-9-23
Lindbeck, John
65-3-4
Ling, Su-hua nee(见:凌叔华)
Linton, Howard P.
47-5-20,47-5-22,47-5-23,47-7-18,47-8-4,48-2-11,48-2-19,48-2-25,48-4-22,48-5-15,48-10-25,48-11-17,48/,49-3-25,50-8-17,50-9-22,50-9-28,50-12-12,50-12-21,51-1-14,51-3-13,51-4-11,51-5-11,51-5-15,52-2-18,52-3-12,52-3-27,52-3-28,52-5-2,52-5-14,52-9-17,53-1-26,53-2-23,53-11-30,54-1-12,54-1-14,54-1-22,54-1-23,54-1-25,54-7-7,55-1-31,55-3-21,55-3-23,55-11-27,60-10-21,60-10-28,60-10-31,60-11-3,60-11-15,60-12-27,62-7-31
Lippman, Wm.
52-6-19,52-7-14,52-7-15,52-9-26,54-12-1
Little, Mary Lou
64-7-17
Liu
65-9-20
Liu Bong-chun
51-2-9
Liu I-Cheng(见:柳诒徵)

Liu K'ai-hsien(见:刘楷贤)
Liu Kou Ik
33-9-27,33-9-30
Liu Nien-Ling(见:刘年玲)
Liu Tsun-yan(见:柳存元)
Liu Wu-chi(见:柳无忌)
Liu Yong Guk
62-11-9
Liu Yu-wan(见:刘驭万)
Liu, Chen Pearl
35-8-28
Liu, Han-Hsiang Chiu(见:刘裘翰香)
Liu, James T. C.
58-8-14,59-5-20
Liu, Joanna K. H.
63-1-16
Liu, Kwang Ching(见:刘广京)
Livingston, Hunt Jr.
44-10/,44-11-6,45-4-11,45-10/
Livingston, Dorothy F.(Mrs.)
50-7-14,50-7-21
Lo Ch'uan-Fang
32-4-20,32-4-28
Lo Hsiu-chen(见:罗秀贞)
Lo, Chen-yu(见:罗振玉)
Lobay, Halyna
74-5-16
Logsdon(哥伦比亚大学)
60-10-28
Loh, K. S.
57-6-24,57-10-6,57-10-16,57-10-21,57-11-16,57-12-15,58-3-1,58-3-31,58-8-4,58-8-11,59-5-18,59-8-26,59-11-3,60-4-12,60-9-9,60-9-18,61-2-27,61-3-17,61-4-14,61-8-25,61-10-20,62-11-16,62-12-6,63-5-27,64-12-24
Loomis
33-4-15
Loon, Piet van der(范德隆,龙彼得)
56-9-5,57-11/
Lord, Milton Edward
35-7-13,35-7-19,54-10-28
Love, Paulin J.
63-4-30

Lowell, A. Lawrence(洛厄尔)
28-1-5
Lowenberg, Carlton
56-7-25,56-11-5,56-12-3
Lowenthal, Rudolf
54-1-22,54-1-25
Lu Kuang-lai
46-10-23
Lu, Kwang-huan(见:鲁光桓)
Lucas(福格艺术博物馆)
54-10-28
Luce, Henry Winter(路思义)
22/
Lue, Ray
53-5-21,55-10-28
Luh, C. J.
35-4-15,35-5-17
Lui May-Yuan(见:吕媚嫄)
Luke, Lorraine(Mrs.)
51-4-16
Lust, John
57-3-26
Lydenberg, Marry M.
45-3-8
Lyle, Floyd
39-5-4,39-6-8
Lynch, Carty
43-10-26
赖德懋(见:Lattimore, Owen)
赖邵华(见:Reischauer, Edwin Oldfather)
赖世和(见:Reischauer, Edwin Oldfather)
赖特(见:Knight, Francis P.)
赖肖尔(见:Reischauer, Edwin Oldfather)
赖肖尔夫人(见:Reischauer, Edwin Oldfather[Mrs.])
赖永祥(Yung-hsiang Lai)
59-4-17
蓝乾章
63-10-8,77-12-10
劳费尔(见:Laufer, Berthold)
勒文森(见:Levenson, Joseph Richmond)
雷法章
20/,77-12-10
雷海云

22-1-18

李安宅(Li An-che)
38-2-5,45-12-4,46-2-14,46-2-17,46-3-7,46-6-15,46-6-25,46-7-17,46-9-4

李安宅夫人(见:于式玉)

李定一(Din-yi Lee)
58-10-24,58-12-19,59-1-10,59-1-29,59-3-1,59-4-15,59-5-8,59-5-25,59-6-2,59-6-15,59-9-14,59-10-19

李方桂(Li Fang-kuei)
46-11-14,55-3-28,56-6/,75-12/

李芳馥(Augustine F. Li)
39-5-24,39-7-3,39-7-6,39-7-10

李榦
75-12/

李观仪(Kuan-I Li)
50-9-28,50-11-3,50-11-16

李汉杰
22-6-24

李辉祖
20/,22-6-24

李济
55-3-28,56-6/,65-3-30,75-12/

李继先(Johnson C. S. Lee)
47-10-8,49-6-16,49-7-20,49-7-23,49-8-10,49-8-13,49-8-19,49-9-1,49-10-10,49-10-27,50-1-2,50-1-14,50-5-24,50-6-5,50-7-21

李剑农(Chien-nung Li)
50-4-21

李霖灿(Li Lin-ts'an)
56-6-20,56-7-6

李汝党
63-5-28,63-7-8,63-7-23,63-7-31,63-8-19,63-9-14,63-9-24,64-1-31,64-9-30,64-10-24,64-11-12,64-11-26,64-12-28,65-2-22,65-3-21

李瑞爽(Lee Ruey-Shuang)
56-2-16,56-2-21,56-2-28,56-3-20,56-3-21,56-3-23,56-3-25,56-3-26,56-3-27,56-5-5,56-8-16,58-2-11,58-2-16,58-3-20,58-5-7,58-5-14,59-3-31

李书春(Li Shu-ch'un)
37-4-14,38-3-5,38-4-14,38-5-9,38-9-1,38-9-30,38-10-6,38-10-11,38-10-12,38-11-15,38-11-16,38-12-8,38-12-14,39-1-16,39-2-1,39-2-17,39-2-21,39-3-8,39-3-15,39-5-28,39-8-11,39-10-25,39-11-22,40-1-10,40-2-1,40-2-26,40-3-4,40-3-23,40-3-30,40-4-17,40-5-13,40-5-16,40-7-11,40-7-27,40-9-6,40-10-31,40-11-22,41-5-16,45-10-20,45-12-6,46-1-18,46-2-27,46-3-22,46-7-2,46-9-2,46-10/,47-1-6,47-2-24

李书德
41-10-6

李书华
55-3-28,56-6/,75-12/

李田意
55-3-28,56-6/,75-12/

李廷芳
20/

李文森(见:Levenson, Joseph Richmond)

李小缘
39-7-6

李贻栋
20/',22-6-24

李直方(Lee Chik-fong)
64-10-17,64-11-2,65-1-8

李卓敏(Li Choh Ming)
69-3/,75-12/,77-12-15

李宗黄
65-5-5

历农
48-4-25

梁启超
42-7-14

梁思懿
42-7-14

梁思永(S. Y. Liang)
30/

梁思庄
44-12/,46-2-27

梁肇庭(Leong Sow Theng)
60-3-28,60-4-4

列文森(见:Levenson, Joseph Richmond)

林博士
46-12-12

林文庆(Lim Boon Keng)
53-5-29

林语堂
23/

凌叔华(Su-hua nee Ling)

54-10-28,54-11-24
铃木虎雄
54-10-8
刘崇鋐
55-3-28,56-6/,75-12/
刘栋
41-10-6
刘宫鹦
51-11-4,51-11-28,51-12-14,52-4-27,52-5-12,52-5-22,
52-12-4
刘广京(Kwang Ching Liu)
49-4-29,51-2-9,57-6-11,75-12/
刘国钧
31-10/,39-7-6
刘国蓁
51-3-9
刘楷贤(Liu K'ai-hsien)
37/,38/,39-2-1,44-12/,45-2-14,45-12-4,46-2-27,46-3-29,46-8-17,46-12-20,47-8-24,47-10-4,47-11-12,47-11-27,48-1-26,48-2-8,48-2-14,48-2-25,48-3-19,48-4-22,48-4-25,48-6-4,48-6-22,48-8-19,48-9-17,48-9-29,48-10-27,48-11-10,48-11-15,48-12-15,48-12-31,49-2-1,49-10-24,49-12-9,50-2-17,50-3-20,50-4-4,50-8-29,50-9-9,50-9-30,50-10-10,50-10-19,50-11-14,50-12-9,50-12-26,51-1-10,51-1-29,51-3-7,51-4-28,51-5-29,51-6-23,51-7-28,51-9-14,51-9-18,51-10-6,51-11-4,51-11-28,51-12-14,52-1-31,52-4-27,52-5-12,52-5-22,52-7-5,52-11/,52-12-4,53-10-27,54-10-15,55-10-20,56-10/,58-11-20,59-4-21,59-12-5,60/,61-11-30,62-11-15,62-12-7,63-4-15,63-4-29,63-12-16,64-4-24,64-6-4,64-6-5,64-12-30,65-2-15,65-3-30,65-4-5,65-4-18,65-5-29,65-9-3,70-2-16,74年春
刘年玲(Liu Nien-Ling)
56-3-26,56-8-15,56-9-12,56-10/
刘裘翰香(Han-Hsiang Chiu Liu)
53-11-30,54-1-14,54-1-28,55-1-26,55-2-1,55-2-4
刘先生(耶鲁大学)
60-3-18
刘驭万(Liu Yu-wan)
45-2-3,45-2-23,45-3-5,45-3-6,45-4-3
刘子健
75-12/
柳存元(Liu Tsun-yan)

58-1-5,59-3-9,59-3-18
柳无忌(Liu Wu-chi)
55-3-28,56-6/,60-9-19,62-9-29,62-10-1,75-12/
柳诒徵(Liu I-Cheng)
35/
龙彼得(见:Loon,Piet van der)
泷川真久(见:Takigawa,Masahisa)
卢本桐
22-1-18
鲁光桓(Kwang-huan Lu)
60-12-5,60-12-27,63-1-24,63-2-28
鲁迅(周树人)
23/
陆述文
38-10-6,38/
陆秀
33-9/
陆教授
40-1-9,40-1-18
路思义(见:Luce,Henry Winter)
吕媚嫄(Lui May-Yuan)
60/,61-9-1
栾植新
48-4-22,48-5-3,48-5-5,48-5/,48-10-14
罗克(见:Rock,Joseph F.)
罗维勤
38-10-6,39-10-25,40-11-22,41-1-16,41-3-22,41-9-27,41-10-6,41-12-30
罗香林
64-3-12
罗秀贞(Lo Hsiu-chen)
46-12-12
罗振玉(Chen-yu Lo)
31-6/,32-5-28,58-5-27
洛厄尔(见:Lowell,A. Lawrence)

M

Ma, John T.(见:马大任)
Macdonald, Mary Alice
36-3-4
Mackenzie, Jessie Bell
53-11-5

Maeda, Seisyu
62-11-16
Maeshall, John
41-5-12
Mahoney, Orcena
54-7-22,54-7-26
Maisonneuve, M. Adrien
58-8-6
Malone, Carroll B.
39-1-5,39-1-10,39-1-14
Mamiya, Fujio(间宫富士)
28-12-10,29-1-5,29-1-16,29-3-9,29-4-14,31-3-10,31-9-4,31-9-11,31-10-24,32-7-20,32-8-30,32-8-31,32-11-3,32-12-31,33-2-4,33-5-31,33-8-9,34-1-14,34-2-19,34-3-12,34-7-13,34-8-7,34-8-29,34-9-28,34-11-14,39-9-30,39-11-29,40-1-4,40-1-11,52-8-6,52-9-11,52-11/,52-12-3,52-12-19,53-9-18,53-10-16,53-11-4,53-11-24,54-1-5,54-1-12,54-2-15,54-12-2,55-3-10,55-4-20,66-10-28
Mao Kun(见:毛坤)
March, Benjamin(马尔智)
33-8-14,34-2-7,34-6-16,34-6-28,34-7-6,34-7-17
Marshall, John
35-11-21,35-11-22,36-6-15,36-6-19,41-5-12,42-3-16,42-3-24
Marzoli, Carla C.
63-6-14
Mason, R. H. B.
63-8-28
Mather, Richard B.(马瑞志)
65-3-31,65-4-9,65-4/,65-9-20,66-2-21,70-6-17,76-2-26
Matheson, Nina W.
62-3-28
Matsui, Robert Masato
57-11-19,57-11-26,57-12-1,57-12-13,57-12-18,57-12-25,57-12-26,58-1-1,58-2-18,58-5-21,58-5-23,58-8-9,59-12-5,60-1-10,60-1-20,60-2-3,60-2-11,60-3-7,60-3-9,60-3-15,60-3-18,60-4-12,60-5-22,60-10-16,60-12-30,60/,61-6-9,61-6-13,61-6-30,61-10-2,63-1-25
Matsukata, Tane
45-11-29
Matsumura, Tamiko
61-12-19,62-1-3,62-1-9,62-1-12,62-1-19,62-1-23,62-1-24,62-1-26,62-2-11,62-5-8,62-8-2,63-7-1,63-12-16
Matsuo
47-7-24
Matsuzawa, Yaho(松泽八百)
62-1-23,62-1-26,63-5-6,63-5-10,63-10-28
Matszawa, Yaho
62-5-15
Maurice, T. Price
32-11-25,32-11-29,32-12-7,32-12-10
Maurois, André
54-10-28
May, Grace E. M.
54-5-26,54-7-22,54-12-8,55-2-16,58-4-3
Mayeda, Tamon
39-1-14,41-11-14,41-11-17
Mayo, L. S.
34-1-25
McCarthy, C.
46-3-16,46-4-1,46-4-9
McClellan
61-1/
McClellan, Edwin
69-6-23
McCune, Evelyn B.(Mrs.)
52-10-30
McCutcheon, Victor H.
35-10-20
McDonald, A. L. G.
53-11-30,54-1-14,58-9-2,59-1-21,59-5-1,59-5-12,59-5-18,63-8-15
McIlvaine, Eileen
65-2-16,65-2-18
McKinnon, Elizabeth
47-5-2,47-5-8,47-5-29
Mclaughlin(明尼苏达大学)
65-3-31
McLean, Philip T.
47-11-6,50-7-10,52-12-15,54-12-15,54-12-23,55-2-18,55-3-8,55-3-14
McNamara, Katherine
59-5-6
McNiff, Philip J.

52-5-12,57-2-20,57-2-27,57-10-10,59-6-8,60-1-28,61-1-30,64-11-30,64-12-3,64-12-14,64-12-23,65-5-26,65-5-28,65-6-2,69-6-23

Mead, Lawrence M.
51-5-8

Mei, Kuang-ti(见:梅光迪)

Meier, Franz Joseph
53-4-20,53-7-10,53-7-31,55-10-7

Melcalf, Luetta(Mrs.)
49-3-23,49-4-19,49-5-2

Mencken, H. L.
34-7-3,34-7-9,34-7-12

Meng, Chih(见:孟治)

Meng, Paul
28-7-3

Menzies, James Mellon(明义士)
57-6-5

Merritt, Gertrude
49-1-5

Metcalf, Keyes D.
32-4-9,38-5-5,39-5-10,39-8-8,41-11-26,45-2-28,45-3-5,47-6-2,47-10-1,47-11-6,47-12-15,48-9-29,48-10-6,49-8-4,49-9-1,49-11-28,49-12-2,49-12-4,49-12-8,50-4-11,50-5-26,50-7-26,50-8-30,50-9-19,50-9-28,51-4-2,51-6-8,51-10-18,51-11-1,52-3-3,52-5-12,52-9-25,52-9-26,52-12-4,53-3-27,53-4-12,53-5-6,53-9-3,54-4-5,54-11-19,55-3-18

Metzger, Judson D.
52-11-20

Metzger, Thomas A.(墨子刻)
63-9-24

Meuvret, Colette
49-6-21,49-6-24

Miao, Ch'üan-sun(见:缪荃孙)

Michael, Franze
59-12-21

Milam, Carl H.
33-4-15,45-3-14

Milczewski, Marion A.
59-5-8,61-6-9,61-6-13

Miller, Emily V. D.
33-4-28

Mills, Emma Delong
50-6-15

Mills, Harriet
49-11-3,49-11-28

Minn Young-gyu(闵泳珪)
57-7-31,57/,58-3-6,58-8-6,58-8-7,58-11-7,58-11-15,59-12-5,60-6-8,60-9-13,60-12-8,60/,61-8-8,61-11-30,62-8/,62-11-9,62-11-15,62-12-28,63-1/,63-4-15,63-8-1,63-12-16,64-4-24,64-5-14,64-12-30,65-9-3

Mitsutomi, Amy M.(Mrs.)
51-10-18,52-11/,53-10-27

Miyanchi, Yasuko(宫内泰子)
54-10-15,55-10-20

Miyazaki, Arthur Makoto
54-9-18,54-10-7

Mochizuki, M.
52-3-20,55-11-24,56-11-19

Mok
60-9-15

Mok, Man-Hing Yue(Mrs.)
50-2-8,50-2-24,50-3-12,50-6-10,50-6-19,54-11-2,54-11-26,55-11-27,58-9-22,58-11-14,59-3-18,59-4-16,60-6-25,60-7-10,60-9-15,60-12-13,60-12-19,61-1-19,61-4-10,63-3-15

Monrad, A. M.
34-4-13

Monroe A. E.
41-7-3,41-7-10

Montgomery, Hugh
49-6-27,49-6-28

Moody, Margaret
54-1-25,54-2-2,57-4-8

Moody, Myrtle A.
56-2-9

Moore, Robert F.
60-1-20

Mori, Shigeko
62-9-28

Morimoto, Kenzo(森本贤三)
36-7-6,36-8-3

Morita, James R.
60-2-3,60-2-10,60-2-14,60-3-9,60-3-16,60-3-17,60-3-22,60-3-26,60-3-30,60-4-4,60-4-7,60-4-10,60-4-12,60-4-15,60-4-17,60-4-18,60-4-21,60-5-3,60-5-7,60-6-

19,60/,61-1-12,61-1/,61-2-2,61-4-23,61-7-17,61-8-18,61-10-17,61-10-24,61-10-27,61-10-30,61-11-30,61-12-19,62-7-12,62-8-2,66-10-28,69-6-23

Morley, James W.
63-6-13,63-7-11

Morrison, Esther
59-2-4,59-4-2

Morsch, Lucile M.
54-4-29,54-5-28,54-12-6,55-2-3,55-2-16,55-2-23,55-2-26,55-3-1,55-3-4,55-3-15,55-3-22

Morse, William
37-4-22,37-7-13,38-3-4,38-3-12

Moseley, Maud L.
54-2-17,54-4-29,54-5-4,54-5-21,54-5-26,54-5-28,54-5-29,54-6-25,54-7-8,54-7-22,54-7-30,54-12-4,54-12-8,55-2-16,56-11-15

Moser, Charles K.
45-2-27,45-3-28

Mueller, Paul
48-10-6

Muller, James
24 年秋

Murata
59-12-6,59-12-10

Murdoch, Marion
60-11-2,61-2-16

Murray, Eleanore
57-10-10

Murugala, J. Q.
45-12-6,45-12-11

Musgrave, John
59-10-29,60-1-25,60-3-9,60-3-18,60-4-14,62-2-27,62-3-1

马大任(John T. Ma)
58-7-18,58-7-31,58-8-5,62-1-11,62-3-12,62-3-27,62-5-17,63-4-3,63-4-9,63-4-26,63-4-29,63-5-16,63-6-14,63-6-17,63-6-25,63-7-2,63-7-3,63-7-8,63-7-9,63-7-12,63-7-16,63-7-17,63-7-22,63-8-1,63-8-16,63-10-4,63-12-4,64-2-6,64-2-28,64-3-9,64-3-11,64-3-12,64-5-20,64-6-19,64-6-23,64-9-14,64-11-4,64-11-6,64-12-11,64-12-16,65-1-12,65-1-15,65-4-23,65-6-21,65-6-24,65-6-31,65-7-9,65-7-30,65-7-31,65-8-2

马尔智(见:March, Benjamin)

马季明
31-9-15

马瑞志(见:Mather, Richard B.)

马先生
31-12-25

麦倩曾
31-9-15

毛坤(Mao Kun)
37 年 3 月初,38-1-13

梅光迪(Kuang-ti Mei)
24/,27-2/,27-7-11,28-5-28,28-11-30,28-12-14,28/,30-1-16,32-5-27,33-4-5,36-1-16

梅兰芳
54-10-15

梅贻宝
55-3-28,56-6/,75-12/

梅贻琦(梅月涵)
30-5-30,30-10-22,55-3-28,55-4-30,56-6/

梅月涵(见:梅贻琦)

美智子(见:Qki, Michiko)

孟良佐(见:Gilman, Alfred Alonzo[Rev.])

孟良佐夫人(见:Gilman, Alfred Alonzo[Mrs.])

孟治(Chih Meng)
34-11-20,35-6-1,35-6-4,35-6-5,35-6-6,35-7 18,35-7-23,35-9-3,35-9-21,35-10-3,35-10-11,35-10-28,35-10-30,36-4-15,36-10-8,36-10-10,36-10-15,38-12-29,39-1-4,39-11-6,44-10-10,45-3-29,47-10-4,48-1-26,50-3-20,55-10-27

米田小男(见:Oda, John Y.)

闵泳珪(见:Minn Young-gyu)

明义士(见:Menzies, James Mellon)

墨子刻(见:Metzger, Thomas A.)

木内民夫(见:Kiuchi, Tamio)

N

Nagatomi, M.
63-4-15

Nagazumi, Akira
60-5-27

Nakada, Keiko
60-3-24

Nakane, Hideo

54-11-19,55-4-13,55-6-20,55-10-13

Nakao, K.
64-10-26

Nakayama, Shigeru(中山茂)
57-7-26

Natsumura
66-10-28

Nesbitt, Elizabeth
54-4-5

Ng Tung-king
58-10-21,58-11-26,58-12-18,59-1-15

Nicholson, Natalie N.
63-1-6

Nieh Ch'ung-ch'i(见:聂崇岐)

Nivison, David Shepherd(倪卫德)
50-9-6,50-9-22,53-9-22

Niwa
52-11/,61-9-29

Nobutaka, Ike
57-1-14,57-1-18

Nogami, Mamoru
61-10-5,61-10-10

Nogami, Yasuko
61-3-21

Norland, Wilhelm
51-11-19

North, Eric M.(诺斯)
28-1-4,28-1-5,28-2-28,30-3-17,32-1-20,32-4-11,32-11-14,33-4-24,34-9-5,36-4-27,37-11-8,38-2-24,38-11-14,43-5-28,46-11-14,53-4/

Nunn, G. Raymond
52-4-12,52-4-23,52-4-24,52-5-21,52-11-10,53-2-2,53-2-5,53-2-12,53-2-18,53-3-9,53-5-21,54-4-29,54-5-4,54-5-6,54-5-18,54-5-19,54-5-21,54-5-28,54-6-9,54-6-15,54-6-24,54-7-22,54-7-23,54-7-30,54-8-6,54-8-12,54-8-19,54-8-21,54-9-9,54-9-14,54-9-17,54-9-20,54-9-27,54-10-4,54-10-15,54-10-18,54-11-19,54-12-4,54-12-8,54-12-15,55-1-28,55-1-31,55-2-3,55-2-8,55-2-13,55-2-16,55-2-23,55-2-26,55-3-1,55-3-22,55-4-5,55-4-16,55-11-27,55-12-17,55-12-21,56-1-16,56-1-30,56-3-15,56-3-20,56-10-26,56-11-2,56-11-15,56-11-29,56-12-3,56-12-13,56-12-19,56-12-27,57-1-14,57-2-26,57-2-28,57-3-7,57-3-22,57-3-25,57-3-27,57-4-8,57-6-30,57-7-15,57-10-29,57-11-14,58-1-13,58-1-22,58-1-29,58-1-31,58-2-9,58-2-17,58-2-18,58-3-18,58-4-3,58-4-21,58-4-24,58-5-14,58-11-10,58-12-10,59-2-2,59-2-16,59-3-5,59-4-10,59-5-19,59-6-5,59-6-8,59-6-23,60-2-3,60-3-9,60-3-17,60-4-4,60-4-12,60-5-7,60-6-24,61-1/,62-3-23,62-3-26,63-6-17

倪卫德(见:Nivison, David Shepherd)

聂崇岐(聂筱珊,Nieh Ch'ung-ch'i)
38-1-13,38-1-26,38-2-5,38-3-5,38-8-16,38-10-6,39-10/,40-11-22,41-1-16,43-10-21,46-1-18,46-10-23,48-10-27

聂文惠
20/

聂筱珊(见:聂崇岐)

诺斯(见:North, Eric M.)

O

O'Brien, Richard
60-6-28,60-7-22

Oatfield, Harold
49-5-16,49-5-19,49-5-23,49-8-31

Oda, John Y.(米田小男)
57-9-20,57-9-30,57-10-3,57-10-5,57-10-10

Ogura, Chikao
58-5-20

Oka, Hiroko I.(Mrs.)
56-10/,58-11-20

Okada, Naro
52-1-28,52-2-27,52-7-7,52-7-31,53-6-30

Okamoto, Shumpei
65-4-2

Omori, Toyoko Cecilia(大森丰子)
55-1-8,55-1-12,55-1-25

Ono, Noriaki(小野纪彰)
57-12-13,59-2-11

Osborn, Andrew D.
47-10-1,50-10-19,60-3-9

Oshima(Mrs.)(汇文堂经理)
66-10-28

Otsuki, June
54-4-19,55-3-13,55-3-16,55-4-18,55-4-22,55-4-23,55-4-26

Ou, C. W.
30/
Owen, T. M.
54-12-13

P

Paauw, Douglas S.
54-10-25,54-11-12,54-12-3
Page, Elizabeth
65-1-22,65-2-19
Paik, San Ok(山白玉)
56-5-1,56-5-4
Palmer, Foster M.
50-6-28
Parker, Edward H. Jr.
59-4-30,59-5-6,59-12-5,60-1-20
Parker, Wyman W.
61-9-14
Parsons, E.
26/
Parsons, Talcott(帕森斯)
Patten, Nathan Van
35-4-27,35-6-5,35-7-19,35-10-19,35-11-8
Patterson, Ernest Minor
34-12-12
Paul, Allan M.
51-10-4,51-10-30,55-12-17,56-1-16
Peake, Cyrus H.
31-7-1,39-3-20,39-3-29,39-3-31,41-12-30
Pearson, J. D.(皮尔森)
51-9-8,51-9-26,51-10-5,51-10-25
Peck, Willys Huggles
31-11-20,45-11-29
Pei, Tsungli
31-7-1
Pelliot, Paul(伯希和)
28-2-10,28-5-28,28-7-24,28-10-24,28-11-30,28-12-14,28/,31-4-8,31-5-6,32/,36/,49-11-14,49-11-23,56-3-26
Pelzel, John C.(裴泽、佩尔泽尔)
48-10-27,57-5-14,63-4-29,64-4-3,64-4-10,64-4-17,64-4-22,64-4-23,64-4-24,64-4/,64-7/,64-8-3,64-12-3,64-12-11,64-12-12,64-12-13,64-12-23,64-12-30,65-1-11,65-2-4,65-2-15,65-3-23,65-3-30,65-4-1,65-4-5,65-4-18,65-4-20,65-4-26,65-4-27,65-5-26,65-5-28,65-5-29,65-6-3,65-7-8,65-7-9,65-7-19,65-8-4,65-12-14,66-2-14,66-2-15,66-2-18,66-2-21,66-3-22,66-12-9,67-2-16,67-2-17,67-2-27,67-3-17,67-3-22,68-8-24,68-8-31,69-10-16,70-2-17,75-8-15
Penaat, Naomi
63-12-11,64-6-4,64-6-12
Perkins, P. D.
46-3-21
Peters(Miss)
47-10-14
Peterson, Marion
61-4-21
Peterson, Olga M.
44-1-7
Pettus, William Bacon(裴德士)
27/
Petzold, Arnulf H.
49-6-8,49-6-14,49-6-28,49-8-28,49-12-8,50-1-11,50-2-2,50-3-6,50-3-9,50-4-24,50-5-3,50-5-8,50-5-11,50-6-3,50-8-15,50-9-7,50-9-10,50-9-19,50-9-23,50-10-3,50-10-6,50-11-30,50-12-5,51-1-2,51-1-15,51-2-20,51-2-28,51-3-1,51-4-16,51-4-29,51-5-10,51-5-13,51-5-18,51-6-24,51-9-30,51-10-7,51-10-8,51-12-17,62-5-5,62-5-22
Petzold, Bruno
48/,49-6-8,50-1-11,50-4-17,50-10-19,51-1-2
Philippi, Donald L.
54-11-2,54-11-26,54-12-3,55-2-9,55-2-17,55-3-1,55-3-8,55-7-1,56-2-24,56-3-5,56-6-6
Phillips, Colonel Thomas III
63-3-8
Phillips, Major Thomas
63-3-8
Pian
63-12-19
Pickall, Anna
52-11/
Pirie, James W.
50-7-26
Pluard, Yukiko(Mrs.)

63-12-16,64-4-24,64-12-30,65-3-30,65-7-9,65-9-3

Plummer
53-2-5,53-2-18

Poleman, Horace I.
57-2-20,57-3-7

Polevoy, Sergei(伯烈伟)
37-11-24,38-1-13,38-2-5,38-2-10,38-3-5,42-10-28,46-11-14,64-4-24,71-4-13,71-4-15

Porter, Henry Dwight(博恒理)
28-2-10

Porter, Lucius Chapin(博晨光)
28-2-10,28-2-28,28-5-28,28-11-20,28-11-30,28/,29-4-5,30/,31/,32-1-15,32-2-13,32-2-14,32-2-23,37-4-14,37-11-15,39/

Porter, Mary C.
32-4-20

Potter, George Everett
64-1-17,64-4-24,64-12-3,65-3-30,65-9-3

Pottinger, David T.(包先生)
39-1-19,39-2-1

Powell, B. E.
45-3-20,45-5-4

Pratt, Anne
49-3-7

Pritchard, Earl Hampton(普利查德)
37-5-21,53-8-4,53-8-13,54-2-2,63-2-28,63-3-5,63-10-24,63-11-5,64-2-16,64-2-28

Pu, Yu-shu(见:蒲友书)

Pusey, Nathan M.
67-2-27,67-3-22

Pyun U-Kyun
56-12-27

帕森斯(见:Parsons, Talcott)

潘景郑
45-9-20

裴德士(见:Pettus, William Bacon)

裴泽(见:Pelzel, John C.)

佩尔泽尔(见:Pelzel, John C.)

彭道真
48-7-15

彭人丰
20/,22-1-18

皮尔森(见:Pearson, J. D.)

皮高品
31-2-1

平贺义彦(见:Hiraga, Yoshihiko)

蒲薛凤
55-3-28,56-6/,75-12/

蒲友书(Yu-shu Pu)
55-10-28

普利查德(见:Pritchard, Earl Hampton)

Q

Qki, Michiko(美智子)
62-2-12,62-2-15,62-2-20

Quint, Mary
56-9-11

齐白石
54-5-10

齐国樑(Chi Kuo-liang)
32-2-3,32-3-10,32-5-27,32-5-28

齐如山(Ch'i Ju-shan)
53-12-9,54-10-15

齐思和(Ch'i Ssu-ho)
38-9-1,38-10-6,39-3-15,39-5-28

钱存训(Tsuen-hsuin Tsien)
41-4-22,43/,47-10-9,47-10-14,48-1-15,48-4-14,48-7-27,50-5-24,50-5-26,50-6-3,50-6-12,50-12-9,50-12-26,51-1-29,51-4-24,51-5-10,51-7-3,51-8-7,52-3-26,52-5-15,52-7-18,52-8-1,52-11-20,52-11-26,53-3-25,53-4-16,53-7-6,53-7-9,53-7-19,53-8-10,53-8-13,54-5-10,54-5-21,54-6-7,54-11-10,54-11-12,55-1-26,55-2-2,55-2-15,55-2-17,56-4-18,57-3-26,57-6-12,58-1-9,58-1-13,58-1-31,58-2-18,58-4-3,58-11-10,58-12-10,58-12-31,59-1-7,59-2-2,59-2-4,59-2-16,59-5-6,59-7-14,60-1-14,60-4-12,61-1-12,61-1/,61-2-2,61/,63-4-29,63-7-1,63-7-8,63-8-16,63-10-4,63-10-9,63-10-18,63-11-18,63-11-26,64-1-6,64-1-28,64-4-17,64-4-20,65-2-12,65-3-23,65-4-9,65-8-27,66-3/,69-1-16,69-1-29,69-2-20,69-2-24,69-3-17,69-3-27,69-4-30,69-5-31,69-6-10,69-6-23,69-7-7 日至 18 日,69-12-15,75-12/

钱大昕
54-10-8

钱穆(Ch'ien Mu)
59-12-20,61-2/

钱思亮
75-12/
清水治（见：Shimizu, Osamu）
裘夫人
32-5-27,32-7-23,33-5-3,33-5-8,36-10-10,37 年 3 月初,
37-4-22
裘华仪（Hua-i Ch'iu）
39-8-24
裘开明姨夫
03/
裘廉芳（Lienfang Ch'iu）
98-3-11,03/,09/
裘美仪（May-I Ch'iu）
23-7-1,47-3-16,47-7-30,48-3-16,48-7-15
裘王凤（Wang Feng Ch'iu）
98-3-11
裘威仪（Wei-i Ch'iu）
39-8-24
裘宣仪（Hsuan-i Ch'iu）
39-8-24
裘庄仪（Chuang-I Ch'iu）
39-8-24

R

Rachewiltz, Igor de
60-9-13
Rahder, J.
48-11-13
Rand
34-12-10
Rand, Christopher
49-12-2
Randall, W. M.
32-4-20
Ravallion, Mark A.
64-12-30,65-9-3
Ravenholt, M. S.
50-7-25
Raymond, I.
56-3-26
Reece, F. J.
46-4-9,50-12-26,51-1-10,51-4-28,51-6-23

Reed, Malcolm F.
59-9-6,59-11-21,59-12-6,59-12-10
Reeves, Dorothea D. (Mrs.)
58-9-24,58-10-22,59-5-11,60-8-2,60-8-12,60-9-19,61-9-25
Reichmann, Felix
63-7-12,63-7-16,63-7-22,63-8-1
Reischauer, Edwin Oldfather（赖肖尔，赖邵华、赖世和）
37-1-1,37-8-14,38-2-3,38-2-10,38-3-13,38-3-15,38-4-4,38-4-6,38-4-7,38-4-11,38-4-14,38-5-9,38-6-10,38-6-17,38-11-14,39/,41-7-15,41-10-9,41-10-21,42-6-9,46-11-14,47-10-9,48-10-27,49-1-21,49-6-8,49-6-14,49-9-27,49-10-24,51-9-27,52-8-14,52-10-23,52-11-3,54-4-21,56-7-1,56-12-27,57-2-20,57-5-13,57-5-14,57-7-17,57-9-11,57-10-14,57/,58-1-20,58-1-29,58-2-17,58-4-15,58-10-7,58-11-24,58-12-10,59-4-21,59-5-20,60-4-15,60-5-3,61-1/,61-2/,61-9-29,62-1-8,62-10-5,62-10-10,62-10-23,63-1-23,63-4-29,64-4-10,64-4/,64-8-3,64-12-30,65-2-15,65-10-27,65-12-14,70-12-8,75-8-15,76 年 8 月上旬
Reischauer, Edwin Oldfather(Mrs.)（赖肖尔夫人）
61-9-29
Reischauer, Robert
37-8-14
Remer, C. F.
41-10-2,41-10-7
Revallion, Mark A.
63-12-16
Reynolds
47-10-14
Reynolds, Celice
57-10-30
Rice, Warner Grenelle
48-11-29,49-1-21,49-3-25,51-3-28,51-4-22,52-1-9,52-1-14,52-4-1 日至 3 日,52-4-24,52-5-21,52-11-10,53-2-2,53-2-5,53-2-12,53-2-18,53-2-23
Rideout(Mrs.)
48-8-13
Riggs, John A.
57-2-20
Ripperger, Helmut
40-2-5
Robinson

45-3-8
Rock, Joseph F.(罗克)
40-11-18,44-11-13,46-4-1,46-10/,46-11-14,50-5-16
Roerich, George H.
29-7-23
Rollman, Mary
63-10-2,63-10-4
Roots, Bishop
28-7-24
Rothwell, C. Easton
52-12-15
Rowe, David N.
39-3-25,39-4-1,39-4-5
Rufsvold, Margaret I.
65-4-8
Rundle, Walter G.
48-5-24
Russell, Gertrude L. Oellrichune
58-9-4,58-9-29,58-10-1
Russell, June
57-4-11
Rydings, H. Anthony
63-5-29,63-6-6,64-1-3
饶宗颐
64-10-17,64-11-2
任之恭
30-10-22,34-11-7
荣之颖(容芷英,Jung, Angela Chih-ying)
54-5-12,54-5-21
容庚(容希白,Jung Keng)
28-2-10,31-9-15,47-7-17
容希白(见:容庚)
容媛(Yuan Jung)
55-5-6,63-1-11
容芷英(见:荣之颖)
芮玛丽(见:Wright, Mary Clabaugh)
芮沃寿(见:Wright, Arthur Frederick)

S

Saeger, W. C.
37-6-15
Sakai, Ukichi
59-1-13,59-3-1,66-10-28
Sakamaki, Shunzo(坂卷俊三)
36-1-11,36-1-16
Sakanishi, Shio(坂野志雄)
32-8-30
Sanner, Marian
55-2-16,55-2-26
Sano, Kiokichi(佑野恭吉)
53-3-9,53-3-12
Sansom, George Bailey
35-11-29,47-4/,48-11-17
Sawyer, Ralph Alanson
60-1-20
Sayeki, Shinko
63-4-15,64-12-30
Schafer, Edward
53-3-18
Schevill, William E.
46-3-28
Scholberg, Henry
65-9-20
Schwartz, Benjamin Isadore(史华慈,施华慈,许华茨)
48-5-24,50-5-26,50-6-28,50-7-24,54-6-4,57-4-23,57-5-14,57-7-2
Schwegmann
45-2-22
Scott, Dorothea(Mrs.)
53-5-29,53-6-8,57-10/,58-5-2,58-5-14,58-10-21,58-12-18,59-1-15,60-10-28,60-10-31,60-11-3,60-11-15,60-12-27
Seaver, Kirsten A.
60-1-28
Seki, Hozen
53-3-6,53-3-10
Sekino, Sada
31-7-1
Seng Hong-kong(见:沈宏康)
Seng, Harris Bao Huan(见:沈宝环)
Seng, Samuel Tsu-jung(见:沈祖荣)
Shadick, Harold
58-6-18,58-10-3,59-3-18,62-1-11,62-3-12,62-3-27
Shaffar, Kenneth R.
48-3-24,48-3-26,48-5-13,48-6-3,57-2-16,57-5-7,59-6-

21

Shattuck, Henry
30-3-17,32-4-11,32-11-14,33-4-24,36-12-14,37-5-17,37-6-24,37-7-12,37-7-13,37-11-8,38-2-10,38-4-11

Shaw, Charles Bunsen
47-11-12,48-1-26,48-2-8,48-2-14,48-2-25,48-3-19,48-4-25

Shea, John E.
47-5-1

Shelton, Lawrence G.
60-12-6

Shen, Eugene
28-6-14

Shepherd(明尼苏达大学副校长)
65-3-31

Shera, Jesse Hauk(谢拉)
45-3-20,45-5-3,46-4-15,48-8-5,48-10-19

Sherbert, Paul C.
57-11-11

Shimitsu(美国国会图书馆东方部日文组组长)
57-8-22

Shimizu, Osamu
49-4-7,51-3-28,52-4-1 日至 3 日,58-1-4,58-1-20,58-1-24,58-1-30,62-5-1,68-11-25

Shimoyama, K.(清水治)
38-2-5

Shimoyama, Shigemaru(下山重丸)
32-5-21,32-6-8,34-4-23,35-7-6

Shimpo, Hokubei
53-3-2

Shirato
50-5-30

Shiratori
48-11-13

Shively, Donald. H.
48-10-27,50-5-20,50-5-29,51-5-26,51-7-23,51-8-3,52-5-12,53-8-20,54-5-4,63-5-21,63-5-29,64-12-3,65-2-15

Shively, John R.
48-5-12,49-1-12

Shores, Louis
53-5-6,53-5-20

Shou, Te-fen(见:寿德棻)

Shove, Raymond H.
54-3-22

Shryock, John K.(萧洛克)
36-9-29

Shui, Edwin
30-1-9,30-1-10

Sickman, Larry
58-6-18

Sigeru, Wakimoto
56-10-12,57-5-22,57-9-25,57-10-11,59-1-10,59-4-13,59-4-16,59-5-4,59-5-13,59-9-1,59-10-13,60-10-11,61-10-3,61-10-27

Simon
58-12-18

Simpson, T. W.
48-5-29

Siu, Huei-Lan Org(见:萧翁辉兰)

Smith, Audrey
58-4-3

Smith, Donald T.
64-5-26,65-3-31,65-4-8

Smith, John E.
50-3-6,50-6-14

Smith, Margaret I.
57-10-8,57-10-30

Smith, Thomas C.
52-10-23

Snow, Edgar(埃德加·斯诺)
60-4-6,60-5-20,60-5-27,60-6-10,60-6-14

Soucy, Lucian
58-3-20

Spalding, C. Sumner
57-1-9,57-2-28,57-6-27,58-1-30,58-2-24

Spear, Margaret B.(桑美德)
31-9-15

Spencer, Dorothy
54-8-13,54-11-3

Sprague
53-6-8

Sprague, Howard B.
52-9-19

Stanford, E. B.
65-3-31,65-9-20,65-12-21

Stanger, Mary Helen

59-5-5
Stanton, J. W.
36-9-29
Starr, Kenneth
56-4-18,56-5-4,56-5-9
Steiger, George Nye(施达格)
27-2/
Steiner, H. Arthur
54-6-4
Stelle, Charles C.
42-5-28,42-6-8,42-6-9
Stevens, David H.
34-11-9,35-10-28,35-11-7,35-11-8,35-11-9,35-11-12,35-11-29,35-12-5,35-12-10,35-12-20,35-12-21,35-12-23,36-11-5,36-11-10,36-11-12,36-11-16,36-11/,36-12-5,36-12-9,36-12-11,36-12-12,36-12-14,37-4-14,37-4-22,38-3-5,38-3-15,38-10-6,39-10-27,39-11-10,39-11-29,41-3-4,41-4-3,47-4/,49-4-26
Stewart
26-5-27
Stewart, Rolland C.
54-6-9
Stillman, E. G.
47-10-23,48-10-27,49-10-24
Stockdale, N.
59-1-21
Stone
38-5-11
Stroven, Carl
45-5-12,45-10-1,45-10-18
Stuart(耶鲁大学)
48-2-9
Stuart, John Leighton(司徒雷登)
25/,26-6-17,27/,28-2-10,28-2-28,28-5-28,28-7-14,30-1-22,30-3-17,31-2-11,31-9-15,31-10-23,32-3-16,32-4-11,33-4-24,36-6-24,37-10-21,38-4-7,38-4-14,38-5-9,38-6-10,40-9-21,46-1-18
Studley(中国留美同学会)
57-4-24
Suh(Miss)(汉和图书馆)
59-12-15
Suh, Doo Soo
55-4-5,55-4-22,58-2-17

Sullivan, Ada M.
50-12-4,51-1-19,51-2-2,51-2-6,51-2-21
Sullivan, Michael
52-12-9,52-12-12
Sun E-tu Zen(见:孙任以都)
Sun Shu-wan(见:孙述万)
Sun, Kungtu C.(见:孙恭度)
Suter, Rufus O.
33-10-27,33-10-31
Sutton, Donald
63-6-3
Suzuki, Yukihisa
62-3-23,62-3-27,62-4-16,66-3/,69-6-23
Swank, Raynard C.
61-10-5
Swann(原葛思德图书馆长)
34-12-10
Swann, Nancy Lee
36-5-5,36-5-13,36-5-14,36-6-20,36-6-26
Swiger, Ethel C.(Mrs.)
58-10-15
Swisher, Earl(施维许,史楞书)
33-8-11,33-8-15,36-9-29,47-7-30,48-8-31,48-9-22
Sze, Alfred Sao-ke(见:施肇基)
Sze, Palmer C.
35-5-17,35-7-5,35-9-3
桑美德(见:Spear, Margaret B.)
森本贤三(见:Morimoto, Kenzo)
沙鸥
37-3-14,38-5-9
山白玉(见:Paik, San Ok)
山本达郎(见:Yamamoto, Tatsuro)
山口玲子(见:Yamaguchi, Reiko)
山崎实(见:Yamasaki, Minoru)
上田俊夫(见:Ueda, Toshio)
沈宝环(Harris Bao Huan Seng)
49-1-27,58-10-24
沈刚白
55-3-28,56-6/,75-12/
沈宏康(Seng Hong-kong)
36-6-11,36-6-23
沈祖荣(Samuel Tsu-jung Seng)
20年春,20年夏,35/,37年3月初,37-11-11,38-1-13,

39-10-3,49-1-27

施达格(见:Steiger, George Nye)

施华慈(见:Schwartz, Benjamin Isadore)

施拉姆
60-10-21

施维许(见:Swisher, Earl)

施友忠
75-12/

施肇基(Alfred Sao-ke Sze)
35-8-30,35-9-1,35-9-3,35-9-5

施振民
63-6-25,63-7-2,63-7-3,63-7-8,63-7-12,63-8-16,63-10-5

石井大慧(见:Hirosato, Iwai)

石星五
48-9-20

史华慈(见:Schwartz, Benjamin Isadore)

史经华
20/,22-6-24

史憐书(见:Swisher, Earl)

寿德菜(Te-fen Shou)
52-4-6,52-5-1,52-5-2

寿景伟
26-10-5

司徒雷登(见:Stuart, John Leighton)

松泽八百(见:Matsuzawa, Yaho)

宋美龄
42-6/,42-10-28

宋晞
58-3-26

孙恭度(Kungtu C. Sun)
56-5-29,56-6-8,56-7-1,56-7-3,56-7-6,56-7-10,56-7-17,
56-7-24,56-7-27,56-8-30,56-9-5,56-9-7,56-9-15,56-9-
28,56-10-1,56-10-19,56-10-22,56-11-28,57-8-19,57-8-
22,58-1-4,58-1-10,58-1-13,58-1-15

孙任以都(Sun E-tu Zen)
52-6-9,52-7-16,52-7-18

孙述万(Sun Shu-wan)
32-2-3,32-2/,41-4-29

孙云畴
48-6-24

孙振西
20/

T

Taam, Chewk-woon(见:谭卓垣)

Tagawa
63-11-5

Tai, Julie Rummelhoff
35/

Tai, Paul Su-Lun
58-1-20

Takahashi, Tane
62-5-28,62-10-5

Takakusu, J.
29-2-25

Takase, Tamotsu(高濑保)
53-4-27,53-6-18,53-9-18,53-10-5,54-10-15,55-3-13,
55-6-3,55-10-20,56-1-10,60-10-21,60-11-1,62-1-23,
65-4-9,65-4-12

Takenaka, Masap
54-2-11

Takigawa, Masahisa(泷川真久)
58-11-10,59-9-25,59-10-19

Takiwa, Daijo
31-7 1

Tan Wei-hon(见:谭维翰)

Tanaka, K.
56-3-26

Tanaka, Keitaro
54-3-13

Tanaka, Kenro
51-8-11,51-9-7,51-10-9,51-10-24,51-10-30,51-12-8,
52-1-3,52-1-15,52-1-17,52-1-31,52-4-14,52-4-18,52-5-
20,52-6-9,52-7-25,52-9-19,52-10-6,52-10-8,52-10-10,
52-10-14,52-11-6,52-11-10,52-12-2,53-4-16,53-4-28,
53-5-1,53-12-24,53-12-31,54-3-13

Tanaka, M.
54-2-5,54-2-8,54-2-26,54-3-20,54-5-21

Tang Pei-sung(见:汤佩松)

Tang Yun-the
56-4-30,56-5-21

T'ang, Edgar Chiho(见:汤吉禾)

Taniguchi, Mayumi
58-2-9,59-1-4,59-1-8,59-1-15,59-2-18

Tao, Clinton W.(见:陶维勋)

Tao, Daisy H.(Mrs.)
60-3-21,60/,61-11-30,62-11-15,63-12-16,64-4-24,64-12-30,65-3-30,65-9-3
Tao, L. K.(见:陶孟和)
Tateoka
63-4-26,63-5-16
Tateoka, Funie(Mrs.)
64-4-24,64-12-30,65-3-30,65-9-3
Tauaka, Kazuko
59-4-21,59-5-11,59-6-21
Taube, Mortimer
45-6-19
Tauber, Maurice F.
45-3-22,45-5-16,47-5-22,47-5-23,47-7-2,47-7-17,47-8-4
Tay C. N.
63-8-15,63-8-20
Tayama
56-1-10
Tayian, Florence
45-2-19
Taylor, Romeyn
65-8-13,65-9-20
Tead, Ordway
51-11-19
Teng Ssǔ-yü(见:邓嗣禹)
Teng Ssǔ-yü(Mrs.)(见:邓嗣禹夫人)
Teng Yen-lin(见:邓衍林)
Tenney, Charles Daniel(丁家立)
14/
Terry
43-9-14
Thomas, Little
58-1-14
Thompsoh
51-2-6
Thompson, Margaret
36-12-14,48-6-14
Tien Ruth Ching-hsing(见:田清心)
Tien, H. C.
52-11-8,52-12-10,52-12-26,53-1-23,53-2-9,53-2-18,53-2-20,53-2-27,53-3-2,53-3-16,53-3-18,53-3-19,53-3-20,53-3-23,53-3-31,53-4-3,53-4-12,53-4-25,53-5-5,53-5-6,53-5-7,53-5-15,53-5-29,53-6-5,54-1-29,54-3-20,54-10-25,54-11-17,54-12-3,55-2-2,55-2-7,55-2-21,55-12-2
Tien, Hung-tu(见:田洪都)
Tien, Hung-tu(Mrs.)(见:田洪都夫人)
Tien, S. C.
53-10-27
Timmerman, Hazel B.
36-8-12,36-8-17
Ting(Mrs.)
61-11-6
Ting, Tse-Feng Chen
60-4-5,60-6-24
Tjan Tjoe Som(见:曾珠森)
Tohan
61-9-20,62-7-12,63-7-24,63-8-2
Tomita, Kojiro(富田幸次郎)
46-12/,48-10/,49-10/,50-6/,51-4-23,51-6/,51-9-27,52-10/,54-5-10,57-10-30,61-8-22
Tong, T. K.(见:唐德刚)
Totman, Conrad
61-9-20,63-7-24
Totman, Michiko I.(Mrs.)
59-12-5,60/,61-9-20,61-9-29,61-11-6,61-11-30,62-6-12,62-8-22,63-7-24,63-8-2,64-12-30
Towle, Betram
51-9-27
Ts'ai Yung-ch'un(见:蔡咏春)
Tsai, Daisy Te-hsien
55-5-7
Tsai, Mark
45-1-2,45-1-8,45-9-6,45-10-16
Tsao Tsu-ping
36-6-15,36-6-19
Tsao, Wen-yen(见:曹文彦)
Tse, T. S.
34-7-9
Tseng, David H. L.
Tseng, Katherine Yu(见:曾宪文)
54-5-7,54-5-12
Tseng, Mark H. S.(见:曾宪三)
Tseng, Y. M.
59-12-20,61-2/

Tsiang, T. F.（见：蒋廷黻）
Tsien, Tsuen-hsuin（见：钱存训）
Tsou, Tang（见：邹谠）
Tsui Shu-chin（见：崔书琴）
Tsui（哈佛大学）
33-8-11,33-8-15
Tsuji, S.
37/,38/
Tsuneishi, Warren M.
51-12-17,51-12-27,52-1-23,53-1-6,53-2-5,53-2-12,53-5-21,53-5-29,54-2-11,54-4-6,54-4-9,54-5-29,54-6-7,54-6-9,54-7-4,54-7-7,54-7-8,54-7-14,54-7-16,54-8-6,56-11-29,61-2-17,61-10-4,61-10-17,62-1-17,62-4-10,62-5-4,62-5-9,62-5-11,63-2-26,63-2-28,63-4-29,63-9-17,63-11-21,64-4-6,64-4-8,64-5-6,64-5-7,65-2-17,65-2-25,65-3-4,65-3-9,65-4-30,65-5-7,65-5-11
Tsuneishi, Warren T.（宫常石）
58-1-30,58-4-21,58-4-24,69-2-20,69-3-17,69-6-23,69-2-24,69-7-7 日至 18 日
Tsunoda
36-1-11
Tsuru, Shigeto（都留重人）
42-10-28,50-7-14,51-9-6
Tsurumi
42-10-28
Tu, Lienche（见：杜联喆）
Tung Shih-kang（见：童世纲）
Tung, C. J.
37/,38/
Tung, Yuenching Wu（见：吴元清）
Turner, Frank L.
62-10-29
Tuttle, Charles E.
46/,47-1/,48-1-26,48-2-27,48-4-21,48-6-2,48-6-4,48-7-22,48-10-27,49-10-12,49-10-24,61-1/
太虚大师
58-3-20
谭邦萃
22-6-24
谭维翰（见：Tan Wei-hon）
51-4-30,51-6-7,51-7-31
谭卓垣（Chewk-woon Taam）
33-6-24,33-6-26,41-4-29,45-10-1,50-1-7,61-1-11

汤吉禾（Edgar Chiho T'ang）
22-1-18,30-1-16,30-2-4,30/,31-1-13,31-2-1,31-5-18,31-5-25,31-6-17,31-6-22,31-7-1,31/,32-4-22,32-10/,32-11-24
汤佩松（Tang Pei-sung）
30-10-22,32-10-20
唐昌晋
48-9-2,48-12-8
唐德刚（T. K. Tong）
63-2-28,63-3-22,63-4-16,63-4-17,63-4-26,63-4-29,63-5-20,63-5-21,63-5-29,63-6-15,65-5-5,65-6-23,65-7-9
唐视培
52-5-9
陶孟和（L. K. Tao）
30/
陶维勋（Clinton W. Tao）
51-5-18,51-8-23,51-10-2
田洪都（田京镐，Hung-tu Tien）
30-1-6,30-1-16,30-1-22,30-1-28,30-2-4,30-3-12,30-3-28,30-7-15,30-9-10,30-11-15,30-12-23,30-12-26,30/,31-2-1,31-2-11,31-2/,31-3-26,31-4-8,31-4-27,31-5-18,31-6-17,31-6-22,31-7-1,31 年夏,31-9-15,31-9-29,31-10-23,31-10/,31-11-12,31-11-16,31-12-25,31/,32-2-3,32-3-16,32-9-20,32-10/,33-4-15,33-4-29,33-5-3,33-9/,33-11-21,34-2-9,34-3-16,34-5-4,34-10-16,35-4-23,35-10-23,37-1-1,37-4-14,37-10-21,38-3-21,38-7-23,38-8-26,38-9-1,38-9-30,38-10-6,38-10-11,38-10-26,38-11-4,38-12-8,38-12-10,38-12-14,39-1-16,39-2-23,39-3-15,39-3-30,39-5-15,39-5-28,39-7-31,39-8-11,39-10-25,39-10/,39-11-12,39-11-22,40-1-10,40-2-1,40-2-28,40-3-4,40-3-23,40-3-30,40-4-17,40-5-13,40-5-16,40-6-19,40-7-27,40-9-6,40-10-16,40-11-22,41-1-16,41-3-22,41-5-16,41-6-10,41-6-21,41-7-15,41-9-10,41-9-27,41-10-1,41-10-4,41-12-30,43-7-22
田洪都夫人（Mrs. Tien, Hung-tu）
31-10/
田京镐（见：田洪都）
田清心（Tien Ruth Ching-hsing）
51-6-13,51-10-26
佟起翔
38-10-9,38/,41-12-30
童敦三（见：童世纲）
童世铎

22-1-18
童世纲(童敦三,Tung Shih-kang)
38-6-11,45-2-14,45-5-14,45-10-9,45-11-28,46-2-25,
46-2-27,46-5-13,46-7-12,46-7-15,46-8/,46-10/,47-5-
10,47-8-24,47-10-23,48-5/,48-7-23,48-10-27,50-4-1,
50-5-24,50-10-19,50-11-20,50-12-15,50-12-28,51-1-9,
51-1/,51-5-18,51-10-18,52-12-8,52-12-9,54-7/,60-4-
12,63-4-29,63-8-1,65-7/,76-9-14
童吴元清(见:吴元清)

U

Ueda(Mrs.)
48-11-15
Ueda, Toshio(上田俊夫)
54-5-6
Uong, D. D.
35-9-4
Uridge, Margaret D.
59-3-18
Uyeda, Kazuko
49-10-24,51-10-18

V

Vaclp, Maucaicy Vauz
48-1-29
Vail, W. G.
38-11-14
Vare
57-5-14
Veaner, Allen B.
62-5-22,62-10-16,63-8-1
Vetch(法国书店店主)
51-4-23
Vier, Claire
59-7-3
Viglielmo, Valdo
56-10/,56-11-28,57-5-14
Vogel, Ezra F.(傅高义)
75-4-7
Von Dewall, Magdalene

63-10-15
Voorhees, Kimiko I.(Mrs.)
63-12-16,64-4-24,64-12-30,65-3-30,65-9-3
Vorwerk, Mary E.(Mrs.)
56-2-24,56-3-5

W

Waddell, John N.
62-7-31,62-8-2
Wadman
37-7-12,37-7-13
Wadsworth, Robert W.
52-9-2,52-11-26
Wagman, Frederick H.
48-10-25,49-7-27,49-8-4,50-5-26
Wagner, E
58-7-23,61-1-30,61-11-30,62-1-22,62-10-5,64-1-17,
64-12-12,64-12-13,65-9-3,65-10-27
Walker, Carl I.
49-10-24,50-10-19,51-10-18
Walker, Mary
61-1-6,62-2-12
Wallace, Henry Agard(华莱士)
45-10/
Waller, Jean M.
61-9-28
Waller, M. L.(华乐)
31-9-15
Walne
34-7-17
Walne, Florence
35-7-9,47-3-7
Walsh, Charles J.
48-11-23
Wan, Ruth G.(Mrs.)
48-3-25,48-4-5
Wan, Shen-wu
36-1-29
Wan, Weiying(见:万惟英)
Wang
65-9-20
Wang Chen-Ku(见:王振鹄)

Wang Chi-chen(见:王际真)

Wang Chung-ming(见:王重民)

Wang Wên-san(见:王文山)

Wang, C. P.
34-5-22,34-5-23

Wang, Charles
59-9-22

Wang, Chin-ling(见:王金玲)

Wang, Diana Yen(Mrs.)
59-12-5,60/,61-11-30,63-8-7,63-8-16

Wang, Donald
50-3-3

Wang, Elisabeth Tê-chên(见:王德箴)

Wang, Elizabeth Lee
61-1-13

Wang, Harriet O. S. (Mrs.)
48-9-29

Wang, Hung I.
58-3-28,63-5-20,63-5-29,63-6-15

Wang, Jen-Yi
66-3/

Wang, Joseph En-pao(见:王承栋)

Wang, K. S.
54-5-7,54-5-12

Wang, Phyllis Chiu Chu
50-10-21,50-11-1,51-7-8,51-7-20

Wang, S. C.
31-7-1

Wang, Sheng-chih(见:王胜之)

Wanglee, Poodchong
55-5-14,55-5-18

Ward
48-10-6

Ward, Robert E.
60-2-3

Ware, James Roland(魏鲁男,魏楷)
33-4-5,34-6-15,34-10-11,34-10-16,34-11-23,35-8-28,
35-11-18,36/,37-4-22,37-6-18,37-10-21,38-1-17,38-2-
18,38-4-8,38-5-9,38-7-23,38-9-30,39-3-8,39-11-2,
39/,40-1-10,40-4-17,40-10-29,40-11-22,41-1-16,41-3-
22,43-10-21,46-11-14

Warner, Langdon
33-8-14,34-10-16

Watanabe, K.
29-2-25

Webb, Margaret(Mrs.)
43-3-7,43-10-26

Weber, David
54-4-9,56-6-18,57-4-29,57-9-24,58-3-21,59-4-21

Weber, Dorothy
57-5-13,57-9-11,58-3-17

Weeks(Mrs.)(加州大学伯克利分校图书馆馆长秘书)
47-1-15

Wei Francis C. M.(见:韦卓民)

Wei Tingsen S.(见:卫挺生)

Wei, Szeto
70-2-17

Welfel, Emeilia E.
47-10-14

Welling, V. K.
48-1-26

Wen
54-11-2

Wen, Hon S. T.
38-6-10

Weng, Hsing-ching(见:翁兴庆)

Wenley, A. G.
47-4/

Were 博士(哈佛燕京学社)
61-9-29

Wessell, N. F.
65-6-22

White, Carl M.
43-10-23,46-4-9,47-3-19

White, H. L.
56-3-26,56-6-22,63-8-6,63-8-14

Wiener, Myron
45-5-24

Wiggins, L. Gard
64-5/,65-11-29

Wiiliam, Edwin E.
53-3-19

Wilbur, C. Martin
36-11-12,38-12-9

Wilbur, Clarence Martin(韦慕庭)
50-9-28,50-12-12,51-4-25,51-5-9,51-11-30,63-2-28,

63-6-3,63-7-8
Wilcoxsan, E. M.
36-7-31,36-8-3,36-8-11
Williams, Edwin E.
50-9-20,51-11-1,52-3-3,52-3-30,57-2-20
Williams, Isabelle E.
59-11-2
Williamson, C. C.
38-11-4,42-2-25,43-8-10
Wilson
65-4/
Wilson, Eugene H.
48-9-22,48-10-19,48-11-16,48-11/
Wilson, G. G.
34-10-11,34-10-16
Wing, Donald G.
45-4-13,45-5-8,47-10-1,52-2-12
Winger, Howard W.
69-6-23
Winship, William Henry
45-10/,46-10/,47-10-23,48-10-27,49-10-24,50-10-19,52-11/,53-10-27,54-10-15,55-10-20,56-10/,58-1-15,58-11-20,59-12-5,60/,61-6-9,61-6/,61-11-30,62-10-25,62-11-15,62-12-7,63-5-4,63-12-16,63-12-19,64-2-4,64-4-24,64-8-3,64-12-3,64-12-30
Witcham(汉和图书馆)
58-1-13
Wittfogel, Karl August(魏复古)
47-3-27,47-5-15
Wlbur
50-5-30
Wong, A. W.
27-7-11
Wong, Betty W.
57-3-17,58-11-20,61-4-11
Wong, Vi-lien
35-7-13,35-7-19
Wong, William Sheh(见:汪燮)
Wong, Yün-wu(见:王云五)
Wood, Mary Coklly
41-12-3,41-12-9,57-10-8,57-10-30
Wood, Mary Elizabeth(韦棣华)
99/,02/,10/,20年春,20年夏,26-10-5,26-10-7,31-5-1

Wood, Robert E.(韦德生)
99/
Woodbury, Robert S.
50-10-19
Woods, James H.(伍兹)
14/,26-5-27,27/,28-1-4,29-10-28,30-1-16,30-3-17,31-5-25,31-6-26,31/,32-4-11,32-11-14
Woodward, Annie C.
38-12-17
Work, June
44-5-2
Wright, Arthur Frederick(芮沃寿)
47-7-18,48-7-2,48-7-7,48-11-23,49-5-19,49-5-25,49-5-31,49-10-18,49-10-21,50-5-24,50-9-6,53-2-18,60-9-13,60-12-27,62-10-4
Wright, Mary Clabaugh(芮玛丽)
46-12-12,47-5-26,47-6-2,47-7-18,47-8-6,47-8-7,47-10-1,47-10-23,47-11-6,47-11-26,48-11-10,48-11-23,49-2-25,49-4-29,49-7-20,49-7-23,49-8-2,49-8-10,49-8-13,49-8-23,49-10-10,49-10-27,49-11-3,49-11-10,50-1-2,50-1-14,50-6-5,50-7-10,50-7-21,50-10-5,50-11-7,50-11-20,50-12-4,50-12-7,50-12-8,50-12-14,50-12-21,51-1-9,51-1-18,51-3-7,51-4-6,51-4-11,51-4-16,51-4-30,51-5-8,51-5-21,51-6-8,51-7-6,51-7-27,51-7-31,51-8-8,51-8-23,51-9-26,51-10-2,51-10-30,51-11-16,51-12-13,51-12-14,51-12-19,52-2-10,52-2-28,52-3-30,52-6-12,52-7-17,52-7-22,52-8-27,52-9-4,52-9-23,52-10-2,52-10-13,52-10-28,52-10-30,52-11-3,53-2-5,54-12-6,55-2-9,55-3-3,55-3-21,55-4-21,55-5-7,55-7-13,56-10-24,56-10-26,56-11-20,56-12-12,57-11-8,58-4-11,58-4-21,58-4-24,58-5-29,58-5-30,58-12-5,58-12-10,58-12-12,58-12-19,60-3-18,60-10-13,60-12-27,62-10-4,63-9-17,65-3-1,65-3-4
Wrterstee, Grescott. B.
63-3-30
Wu Channellor
31-10-7
Wu Kuei-chen(见:伍贵珍)
Wu Yuencheng(见:吴元清)
Wu, Dorothea Wan Lien(见:吴婉莲)
Wu, Eugene(见:吴文津)
Wu, Kuang-Tsing(见:吴光清)
Wu, Matthew

60-3-12
Wu, Nelson Ikon(见:吴讷孙)
Wu, Paul Yen-lung(见:吴砚农)
Wu, Pearl(见:吴宝珠)
万惟英(Weiying Wan)
63-4-29,64-8-3,65-7-10,69-6-23
汪长炳
37年3月初
汪燮(William Sheh Wong)
63-11-16,64-2-28,71-11-23,73-1-4,75-6-1,75/,76-10-24,76-10-28,77年夏
王宝贤
22-6-24
王承栋(王恩保,Joseph En-pao Wang)
50-5-19,54-6-29,63-1-7,64-3-7,64-6-4,64-6-5
王重民(Wang Chung-ming)
43-8-10,45-2-3,45-10/
王道平
20/,22-1-18
王德箴(Elisabeth Tê-chên Wang)
39-6-20
王德郅
30-10-22
王恩保(见:王承栋)
王方宇
54-4-6,59-3-25,59-3-31
王际真(Wang Chi-chen)
34-7-17,60-4-18
王金玲(Chin-ling Wang)
51-9-12,51-9-27
王克私
31-9-15
王润琴
41-10-6
王润蘇
22-6-24
王胜之(Sheng-chih Wang)
50-5-13,50-9-19,50-9-21
王文山(Wang Wên-san)
44-4-21,45-2-3,45-2-23,45-3-5,45-4-3,45-10
王肖珠
50-7-21,50-11-20,51-1-9
王伊同

75-12/
王毓铨
39-9-22
王云五(Yün-wu Wong)
27-7-11,28-11-20,30-4/,30/,39-7-6,47-4/
王振鹄(Wang Chen-Ku)
58-1-20
王振华
20/
韦德生(见:Wood, Robert E.)
韦棣华(见:Wood, Mary Elizabeth)
韦慕庭(见:Wilbur, Clarence Martin)
韦应芳
20/
韦卓民(Wei Francis C. M.)
38-12-9,39-2-17,39-7-31,39-11-2,39-11-11
卫藤沈吉(见:Eto, shinkichi)
卫挺生(Wei Tingsen S.)
51-4-22,51-5-17
魏复古(见:Wittfogel, Karl August)
魏楷(见:Ware, James Roland)
魏鲁男(见:Ware, James Roland)
文田
43-7-22
翁兴庆(Hsing-ching Weng)
49-7-5
吴宝珠(Pearl Wu)
52-2-23
吴大猷
34-11-1
吴幹
75-12/
吴光清(Kuang-Tsing Wu)
35/,41-4-22,43-8-10,45-1-8,54-2-5,54-3-31,69-6-23
吴镜汀(镜湖)
58-3-26
吴鲁强
30-5-30
吴讷孙(Nelson Ikon Wu)
60-3-9,60-3-18,62-1-8,64-3-31
吴婉莲(Dorothea Wan Lien Wu)
50-6-13,50-6-25,51-6-8,51-10-18,52-11/,53-10-27,54-2-15,54-6-24,54-10-15,55-10-20,56-10/,58-3-17,58-

11-20,59-12-5,60-6-28,60-8-15

吴文津(Eugene Wu)
53-1-15,53-2-19,53-3-7,53-6-22,54-7-8,54-7-22,54-7-30,55-2-26,55-3-22,55-11-27,58-4-3,58-4-11,58-4-21,58-12-5,58-12-10,60-4-6,60-4/,60-5-20,60-5-27,60-6-10,60-6-14,61-5-5,61-6-22,61-7-10,61-9-29,62-5-21,62-8-18,62-9-10,62-9-14,62-9-16,62-10-8,62-10-15,63-1-15,63-2-19,63-2-21,63-4-8,63-4-11,63-4-29,63-5-29,63-6-18,63-7-29,63-8-15,63-8-16,63-8-21,63-10-11,63-11-5,63-11-8,63-12-6,64-1-6,64-2-28,64-4-24,64-4/,64-5-11,64-5-15,64-5-29,64-8-3,64-9-30,64-10-20,64-11-2,64-11-25,64-12-16,64-12-17,65-1-12,65-1-15,65-2-15,65-3-30,65-4-1,65-4-5,65-4-18,65-4-27,65-5-29,65-6-3,65-6-21,65-6-31,65-7-8,65-7-9,65-7-30,65-8-2,65-10-1,65-10-27,65-12-14,65-12-24 日至 31 日,66-2-14,66-2-15,66-2-21,66-2-24,66-3-1,66-3-8,66-3-10,66-3-22,66-12-9,67-2-16,68-8-20,68-8-31,68-11-25,69-6-23,70-2-16,70-2-17,74-3-31,75-4-7,77-3/,77-4-13,77-12-19,77-12-12

吴先生
60-6-22

吴砚农(Paul Yen-lung Wu)
52-2-23

吴钰祥
38/,46-10-23

吴元清(Wu Yuencheng)
46-4-30,48-5-12,48-5-13,48-6/,48-10-27,49-10-12,49-10-24,50-5-24,50-10-19,51-5-18,51-10-18,51-12-18,52-1-17

伍贵珍(Wu Kuei-chen)
38-5-5,38/

伍兹(见:Woods,James H.)

X

下山重丸(见:Shimoyama,Shigemaru)
夏连荫(Julie Lien-ying How)
51-4-24,51-4-25,51-5-9,51-5-11

夏先生
47-7-24

萧公权
55-3-28,56-6/,75-12/

萧镜汝(James Hsiao)

61-11-30,63-4-3,63-4-11

萧洛克(见:Shryock,John K.)
萧树柏
40-9-21

萧翁辉兰(Huei-Lan Org Siu)
45-3-28

小出富美子(见:Koide,Fumiko)
小野纪彰(见:Ono,Noriaki)
谢拉(见:Shera,Jesse Hauk)
谢文孙(Winston Wen-sung Hsieh)
64-12-23,65-3-1,65-3-4

邢云林
40-9-6,41-10-4,41-12-30

修中诚(见:Hughes,Ernest Richard)
徐鼎
20/

徐继崧
20/,22-6-24

徐家璧(Chia-pi Hsu)
46-11-23,46-11-30,48-3-20,48年3月底,48-6-24,51-5-25,62-4-16,62-5-4,62-5-13,62-5-19,62-6-6,63-2-28

徐家麟(徐行,James Chia-ling Hsu)
20/,34-6-16,34-6-28,34-7-6,35-11-1,36-1-20,36-2-14,36-2-20,36-3-4,36/,37-4-22,37-5-17,37-7-14,37-7-15,37-9-27,37-10-21,37-11-8,37-11-10,37-11-11,37-11-15,37-12-10,37/,38-1-4,38-1-13,38-2-5,38-2-10,38-3-21,38-4-8,38-4-11,38-6-11,38-7-23,38-10-10,38/,39-7-1,39-7-31,39-11-2

徐亮(Liang Hsu)
49-10-7,47-10-23,51-4-6,51-4-11,51-5-8

徐森玉
35-8-28

徐世昌(Hsu Shih-chang)
31-6/,32-2-3,32-3-10,32-5-27,32-5-28

徐禧
35-8-28

徐先雁
64-6-8

徐信符
23/

徐有守(Yu-shou Hsu)
65-8-18

许达聪

20年春,22-6-24
许地山(Hsu Ti-shan)
31-2-1,31-9-15
许华茨(见:Schwartz, Benjamin Isadore)
许烺光
55-3-28,56-6/,75-12/
许倬云(Hsü Cho-yün)
68-8-31
宣印谭
22-1-18

Y

Y, K.
60-2-10
Yamagiwa, Joseph Koshimi
48-1-29,48-2-2,48-4-9,48-5-29,48-6-4,48-6-8,48-9-3,48/,49-1-21,49-2-25,49-3-23,49-3-25,49-4-7,49-4-29,49-5-2,49-10-21
Yamaguchi, Reiko(山口玲子)
50-5-13,50-9-19,50-9-21,51-4-23,51-4-30,51-5-1,51-5-8,51-5-9,51-5-28,51-5-31,51-6-12,51-10-18,52-10-22,52-11/,57-3-21,57-4-15
Yamamoto, Tatsuro(山本达郎)
53-10-27,55-10-20
Yamasaki, Minoru(山崎实)
61-9-29
Yanaga, Chitoshi(福永千利)
48-2-9,48-2-21,48-3-2,48-5-11,48-5-14
Yang Shao-chen(Mrs.)
41-4-16
Yang Yüeh-ch'ing(见:杨月卿)
Yang Zuo-ping(见:杨左平)
Yang(哈佛燕京学社图书馆管理委员会)
46-11-14,49-11-23,57-5-14,57-10-14,59-12-5,61-1-30,62-1-22,62-10-5,64-1-17,64-12-12
Yang(美国国会图书馆)
54-4-21
Yang, C. K.
44-3-21
Yang, Chen-Tek(见:杨泉德)
Yang, May
60-1-21,64-8-20

Yang, S. C.
30/,31-7-1
Yao, C. F.
49-4-15,50-3-20,50-11-6,51-10-30
Yaoita
58-2-12
Yazaki, Shoken
61-5-1
Yeh The-hui(见:叶德辉)
Yeh(Mrs.)
65-3-30
Yeh, Agnes H.
48-1-22,48-10-10,49-2-5
Yeh, George K. D.
60-3-9
Yeh, Victor C.
49-2-5
Yen Chun(见:严群)
Yen Wen-yu(见:严文郁)
Yen, X. Y.
31-7-1
Yi Kyom-no
56-12-27
Yoo, Joung H.
59-4-17
Yoon Soo Won
60/,61-7-27
Yoshida, Saddo
54-5-5,54-5-10
Yoshida, Tatsuo
54-11-19
Yoshikawa, Kojiro(吉川幸次郎)
53-1-13,53-1-29,58-3-19
Yoshimura, Yoshiko
59-10-4,60-1-10,60-1-20,60-2-10,60-2-13,60-2-16,60-2-20,60-2-25,60-3-1,60-6-19,60-6-24,60-6-27,60-12-20,60/,61-7-5,61-11-30,62-8-2,62-11-15,63-12-16,64-4-24,64-6-5,64-12-30,65-3-30,65-9-3
Yoshino, Genzaburo(吉野源三郎)
51-9-6,52-12-19
Young, Hobart
47-8-6,47-8-7,47-10-1,47-10-6,47-11-6,47-11-26,48-2-3,48-11-10,48-11-24,49-2-7

Young, P. T.
35-4-15
Yü Chih-p'ei(见:虞芝佩)
Yü Shih-yü(见:于式玉)
Yu, S.
37/
Yu, Victor K. C.
59-4-2,59-4-30,59-5-4
Yuan The-fen
46-10-23
Yuan Tung-li(见:袁同礼)
Yuan, Ch'ang(见:袁昶)
Yue, Zunvair(见:于震寰)
Yuen, Jack
49-6-10
Yuen, Thelma
60/
Yutani, Eiji
61-4-8,61-4-14,61-4-21,61-4-25,61-4-28,61-5-3,61-5-5,61-5-15,61-6-9,61-7-28,61-8-11,61-11-30,62-2-11,62-11-15,63-3-11,63-3-15
严群(Yen Chun)
39-5-29,39-5-31
严绍诚(见:严文郁)
严文郁(严绍诚,Yen Wen-yu)
35/,37-3-14,39-2-23,39-5-24,39-11-2,41-4-29,41-6-11,41-7-7,41-7-30,41-9-9,45-11-29,46-3-16,46-3-28,46-4-1,46-4-9,48-2-27,49-1-27,50-12-15,55-2-2,55-2-19,58-5-20,58-5-27,59-6-17,66-3/
岩见宏
75-9-30
颜先生(国立北平图书馆驻渝办事处)
41-10-13
杨步伟
65-3-25
杨联陞
35-8-10,54-2-20,55-3-28,56-6/,75-12/
杨泉德(Chen-Tek Yang)
50-1-7
杨月卿(Yang Yüeh-ch'ing)
50-10-19
杨左平(Yang Zuo-ping)
32-1-29,32-1-30,32-2/,32-3-30,32-5-24,33-10-4

杨作平
37-3-14
叶德辉(Yeh The-hui)
28-7-24
叶恭绰
31-6/
叶理绥(见:Elisséeff, Serge)
叶理绥夫人(见:Elisseeff, Serge [Mrs.])
英利世夫(见:Elisséeff, Serge)
佑野恭吉(见:Sano, Kiokichi)
于镜宇(见:于震寰)
于式玉(Yü Shih-yü)
38-2-5,38-3-15,45-12-4,46-2-14,46-2-17,46-2-26,46-3-6,46-3-7,46-3-21,46-6-15,46-6-25,46-7-17,46-9-4,46-9-11,46-9/,46-10/,47-3-16,47-10-23,48-1-28,48-3-19,48-5-11,48-5-14,48-10-27
于震寰(于镜宇,Zunvair Yue)
34-10-17,39-6/,39-7-10,39-7-11,39-8-23,39-10-3,39-11-2,39-11-8,39-11-23,39-12-1,40-10-31,41-5-12,41-10-4,41-10-21,42-10-28,43-10-26,43/,44-10/,45-10-9,45-10/,45-11-28,45-12-4,46-2-27,46-3-21,46-6/,46-7-12,46-7-15,46-10/,46-11-22,47-3-16,47-5-29,47-10-23,48-3-8,48-3-16,48-7-15,48-7-23,48-8-2,48-10-27,49-4-7,49-10-24,50-5-24,50-5-26,50-9-19,50-11-13,51-4-24,51-10-18,52-11/,53-1-26,53-2-12,53-7-11,54-5-10,55-1-26,22-12-17,56-1-16,56-10/,56-11-29,57/,58-1-9,58-2-17,58-4-15,58-11-20,59-4-21,59-12-5,60-1-14,60-2-25,60-3-1,60-3-9,60/,61-11-30,62-1-8,62-11-15,62-12-7,63-12-16,64-4-24,64-6-4,64-6-5,64-12-30,65-3-30,65-9-3,65-10-15,65-10-27,69-1-29,69-3-17,69-3-27
虞芝佩(Yü Chih-p'ei)
35-5-28,35-6-7,36-6-23,36-6-26
袁昶(Ch'ang Yuan)
43/
袁道丰
62-6-6
袁庚西
35-8-28
袁守和(见:袁同礼)
袁同礼(袁守和,Yuan Tung-li)
28-11-20,29-3-21,30-5-20,30-5-28,30-11-15,30-12-23,31-4-8,31-10/,32-4-1,32-4-7,32-4-11,32-6-4,33-4-28,

34-5-16,34-5-22,34-5-23,34-6-28,34-10-20,35-12-10,
35-12-23,39-5-24,39-7-6,41-9-9,41-10-13,43-3-6,43-4-
12,43-11-29,43-12-22,43/,45-1-8,45-2-3,45-2-19,45-
2-23,45-3-5,45-3-14,45-3-21,45-4-3,45-4-21,45-4-25,
45-5-1,46-2-27,46-3-29,46-4-15,46-11-23,47-10-6,48-
8-5,48-9/,49-1-27,51-3-13,51-7-6,51-7-27,52-4-28,
52-6-9,52-8-12,53-2-13,54-1-11,54-1-22,56-3-21,56-
6/,56-10-11,58-6-18,58-7-24,60-4-12,62-5-28,64-6-8

岳良木
35-5-6

岳尚增
20/

Z

Ziebarth(明尼苏达大学)
65-3-31

Zien(Ms.)
49-1-5

曾宪华
52-2-23

曾宪三(Mark H. S. Tseng)
39-5-1,39-5-4,39-5-6,39-5-9,39-5-17,39-5-19,39-5-24,
39-6-8,39-7-1,39-8-8,39-11-2,40-5-21,40-7-11,40-10-
31,41-10-21

曾宪文(曾郁, Katherine Yu Tseng)
39-7-6,39-8-24,41-3-4,46-4-30,47-10-14,49-8-10,50-2-
8,50-6-3,50-9-30,51-4-24,51-11-4,52-4-28,53-7-6,53-
7-9,56-3-26,57-3-26,57-8-10,60-6-25,62-6-11,63-1-
25,65-7/,67-5-26,68-11-25,69-10-16,77-12-9,77-12-15

曾郁(见:曾宪文)

曾珠森(Tjan Tjoe Som)
49-12-16,50-1-30,50-4-29

查修(Cha Lincoln H.)
20年春,22-6-24,35/,47-4-5,47-4-8,47-4-10,47-4-25,
47-5-2,47-5-29,47-6-14,47-6-18,47-6-19,48-5-11

翟林乐(见:Giles, Lionel)

张大千
58-5-27

张鼎钟
77-12-10

张敷荣(Chang Francis Y.)
35-6-18,35-7-17,35-7-25,35-11-8,35-11-20,35-12-7,
35-12-12

张福运(Chang Fu-yung)
14/

张光直(Kwang-chih Chang)
63-10-15

张洪元
30-10-22

张琨
75-12/

张凌高(见:Dsang, Lincoln)

张明哲
75-12/

张晓峰
55-4-26,55-5-7

张馨保(Chang Hsin-pao)
63-4-29,63-10-11,64-4/

张星烺(Chang Hsing-lang)
31-7-1

张炎炳
22-6-24

张雨楼
35-8-28

张元济(Chang Yuan-chi)
20年夏,47-6-18

张云辉
53-6-8,53-6-16,53-6-24,53-10-20,53-11-20,54-7-25,
54-8-6

张之洞
27-2/,32-7-1

章新民
34-6-15

赵
31-10/

赵□华
40-9-21

赵不凡
36-1-22,36-2-3

赵虞飏
75-12

赵国钧(Kuo-chun Chao)
49-8-31,49-9-1,50-5-26,50-7-24,50-8-30,50-9-20,50-
11-7,50-11-20,50-12-4,50-12-7,50-12-14,51-4-2,51-5-
2

赵先生
60-6-22
赵英琪(Y. Q. Chao)
49-3-23,49-4-18,49-4-19,49-5-2
赵元任(Y. R. Chao)
24/,32-10-16,41-4-16,41-6-2,48-9-2,48-12-8,52-9-17,55-3-28,56-6/,65-3-25,75-12/
郑保罗(Cheng, Paul)
65-4-9,65-7-19,65-7-21,65-8-13,65-8-23,65-9-1,65-9-20,65-12-21,66-1-25,66-3-1,66-6-28,66-10-28,66-11-8,67-4-25,67-5-26,75/
郑华(Emily H. Cheng)
56-12-8,57-4-23
郑慧雯(Hwei-Wen Cheng)
55-1-28,55-2-2,55-2-19,55-4-29,55-5-7,55-5-11
郑杰书
31-10-23
郑樵
32-7-1
郅玉汝(Y. J. Chih)
54-7-25,54-8-6
中山茂(见:Nakayama, Shigeru)
钟慧英(Clara Hui-yin Chung)

30-5-20,30-5-28,31-1-13,31-2-11
周三爷(天津)
35-8-28
周诚浒
22-1-18
周法高
75-12/
周锐(Chow Jui)
61-2/
周田
30-10-22
周一良(Chou, I-liang)
45-9-20,46-3-16,46-11-22,48-3-16
朱士嘉
38-5-17,43-8-10,45-9-20
朱友材
20/
庄严(Chuang yen)
53-3-12
姊崎正治(见:Anesaki, Masaharu)
邹谠(Tang Tsou)
65-1-24

计算机
信息技术基础

(第二版)

JISUANJI XINXI JISHU JICHU

主 编 吴洁明
副主编 万 励
　　　　林 芳

广西师范大学出版社
GUANGXI NORMAL UNIVERSITY PRESS